Das Buch

Mit diesem Hit-Lexikon halten Sie das umfassendste Verzeichnis der Rock- und Popmusik in den Händen, das zurzeit erhältlich ist. Es enthält in alphabetischer Ordnung topaktuelle Informationen über alle Interpreten und Gruppen, die zwischen 1962 und Frühjahr 2002 in den amerikanischen, britischen und deutschen Charts waren. Am Schluss des zweiten Bandes finden Sie ein ausführliches Interpreten-, Gruppen- und Titelregister. Letzteres umfasst sämtliche Top-Ten-Hits der letzten vierzig Jahre in Deutschland, Großbritannien und den USA.

Die Autoren

Frank Laufenberg gilt als einer der versiertesten Kenner der internationalen Rock- und Pop-Szene. Er gehörte 1970 zu den Mitbegründern von SWF 3 und leistete mit Sendungen wie »Pop Shop« oder der Reihe »Facts und Platten« Pionierarbeit auf dem Gebiet der Musiksendungen. Von 1980 bis 1990 moderierte er für den WDR 400-mal die Fernsehsendung »WWF Club«. Für das ZDF moderierte er mehrere Jahre den »Schülerexpress«, für den Bayerischen Rundfunk 250-mal die TV-Quizshow »Supergrips«, und für etliche Jahre war er der Gastgeber in der musikalisch herausragenden ARD-Sendung »Ohne Filter«. Von Laufenberg erschienen zahlreiche Bücher zum Thema Rock- und Popmusik: Monographien über Joe Cocker, Cliff Richard und Deep Purple, eine CD-Serie mit Buch über die Geschichte der Popmusik, ein Buch über »Die besten LPs aller Zeiten«, ein »Tagebuch der Rock- und Popmusik« in zwei Bänden und mit »Völlig losgelöst« ein Werk über die Musik der 80er Jahre. Inzwischen arbeitet Laufenberg wieder vorwiegend für den SWR.

Ingrid Laufenberg studierte Anglistik, Ethnologie sowie Theater-, Film- und Fernsehwissenschaften und arbeitete als Journalistin und Übersetzerin. Sie hat Romane und Sachbücher aus dem Englischen ins Deutsche übersetzt, darunter die »Enzyklopädie des Jazz«, ein Buch über John Lennon und die Autobiographie von Chuck Berry. Für mehrere TV-Anstalten war sie als Rechercheurin, Redakteurin, Aufnahmeleiterin, Autorin und Übersetzerin tätig.

Frank Laufenberg
Ingrid Laufenberg

Frank Laufenbergs Hit-Lexikon des Rock und Pop

Band 1: A–L

Ullstein

Editorischer Hinweis: Bei manchen Hits, die erst Ende 2001 bzw. Anfang 2002 in den Charts auftauchten, besteht die Möglichkeit, dass sie nach Redaktionsschluss noch höhere Positionen erreichen konnten.

Besuchen Sie uns im Internet:
www.ullstein-taschenbuch.de

Umwelthinweis:
Dieses Buch wurde auf chlor- und säurefreiem Papier gedruckt.

Ullstein Taschenbuchverlag
Der Ullstein Taschenbuchverlag ist ein Unternehmen der
Econ Ullstein List Verlag GmbH & Co. KG, München
Originalausgabe
1. Auflage Oktober 2002

Umschlaggestaltung: Thomas Jarzina, Köln
Titelabbildung: Picture Press, Hamburg
Gesetzt aus der Frutiger, Linotype
Satz: KompetenzCenter, Düsseldorf
Druck und Bindearbeiten: Clausen & Bosse, Leck
Printed in Germany
ISBN 3-548-36362-8

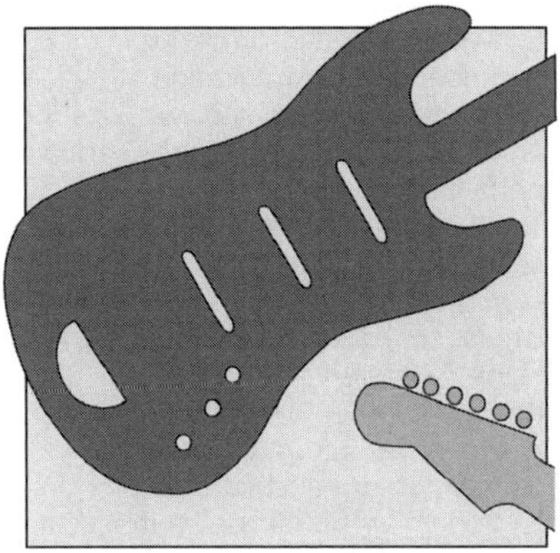

Vorwort

Ob ein Pop-Interpret für ein Lexikon wichtig oder unwichtig ist, entscheidet in den meisten auf dem Markt befindlichen Publikationen der Autor. So kann die subjektive Ansicht über Künstler interessant und amüsant sein, aber stets bleibt die Frage, weshalb der eine erwähnt wird und der andere nicht. In diesem Lexikon sind all diejenigen aufgeführt, die zwischen 1962 und 2002 eine Platte unter den ersten 10 der Singlehitparaden in Deutschland, den USA oder Großbritannien hatten. Für das vorliegende »Hit-Lexikon des Rock und Pop« – der Nachfolgeausgabe des zuvor in mehreren Auflagen erschienenen »Rock- und Pop-Lexikons« – wurden die Hitparaden bis zum 1. 4. 2002 berücksichtigt.

Sollten Sie in diesem Lexikon einen Interpreten vermissen, so wird es daran liegen, dass er keinen Top-10-Hit hatte. In der Tat gibt es viele bekannte Künstler, bei denen man verwundert feststellt, dass sie dieses Kriterium nicht erfüllen. Wenn also z. B. Velvet Underground fehlt, hat das nichts mit unserem Geschmack zu tun, sondern mit der Tatsache, dass diese gerade von den Kritikern als wichtig bezeichnete Band in den US-Single-Charts keine einzige Notierung hat. Und auch in den amerikanischen LP-Charts konnte sich das erfolgreichste Album von Velvet Underground »VU« im Jahr 1985 gerade mal bis auf Platz 85 hochhangeln. Lou Reed hingegen, der als Solist Hits hatte, ist im Lexikon selbstverständlich zu finden.

Auch wurde nach den ersten Auflagen gerade von Lesern aus den fünf neuen Bundesländern bemängelt, dass die großen Interpreten aus der ehemaligen DDR fehlen. Subjektiv betrachtet mag das richtig und auch bedauernswert sein. Objektiv kann nur festgestellt werden, dass kaum einer der in der DDR bekannten Künstler in der Bundesrepublik in den Charts stand, geschweige denn unter den ersten 10.

Nach jedem aufgeführten Interpreten finden Sie eine Liste all seiner Top-10-Hits. Hinter den jeweiligen Titeln steht in Klammern zuerst der Monat und dann das Jahr, in dem die Nummer in die Charts kam, danach, in welchem Land, und schließlich die höchste Platzierung des jeweiligen Hits. Stand der Hit in mehreren Ländern in den Charts, dann lesen Sie z. B.: »(4/68 US 2, GB 3; 6/68 D 10)«. Die Platte ist also im April 1968 in die amerikanische Hitparade eingestiegen; im selben Monat kam sie in die britische Hitparade; in Deutschland hingegen wurde sie erst im Juni in den Charts notiert.

Im Laufe der letzten Jahre wurde die Single-Hitparade immer unwichtiger. Inzwischen werden wesentlich mehr Alben als Singles verkauft. Das hat uns dazu veranlasst, in diesem Lexikon die erfolgreichsten Alben der Künstler aufzuführen. In vielen Fällen ergibt sich dadurch eine neue Wertung der Interpreten. Speziell einige amerikanische Rapper kamen mit ihren Singles nur knapp unter die ersten 10 der Charts, wohingegen ihre Alben Platinerfolge erzielten. Damit der Musikfan auch darüber einen Überblick hat, wurde gegenüber dem früheren »Rock- und Pop-Lexikon« diese Neuerung eingeführt. Wir können uns vorstellen, dass die Bedeutung der Singleplatte im Laufe der nächsten Jahre noch weiter zurückgeht. In der amerikanischen Single-Hitparade werden bereits in zunehmendem Maße sogenannte »album cuts« aufgeführt. Das bedeutet, dass diese Platte gar nicht als Single erschienen ist, von den Rundfunkanstalten jedoch dieser Titel vom Album eines Interpreten besonders häufig eingesetzt wurde. In den USA wird die Hitparade noch aus Verkäufen *und* Radioeinsätzen zusammengestellt.

Nicht mehr berücksichtigt wurde die Schweizer Hitparade. Das hat zwei Gründe. Zum ersten ist sie fast identisch mit der deutschen Hitparade. Ganz wenige nationale Künstler schaffen es unter die ersten 10 – und die haben für den restlichen Markt keinerlei Bedeutung. Zweitens ist inzwischen ein Buch erschienen mit dem Titel »33 Jahre Schweizer Hitparade – Single Charts«, geschrieben von Gusty Hufschmid. Wer also speziell über den Schweizer Markt informiert sein möchte, findet dort alles Wichtige.

Auch diesmal möchten wir uns bei Frank Ehrlacher aus Bergisch Gladbach bedanken, der mit der Fortführung der Top-10-Listen und bei kniffligen Fragen sehr hilfreich war. Ansonsten: Wenn wenig Text zum Interpreten vorhanden ist, lagen bis zum Redaktionsschluss keine weiteren Informationen über den/die Künstler vor. Weitere Anregungen nehmen wir gerne entgegen und Sie können uns auch auf etwaige Fehler oder Versäumnisse aufmerksam machen. Sollten Sie Fragen zu den Künstlern haben, bitten wir um einen adressierten und frankierten Rückumschlag.

Unsere Anschrift:

Frank und Ingrid Laufenberg
Postfach 240 128
76504 Baden-Baden

E-Mail: frank.laufenberg@t-online.de

Baden-Baden, Mai 2002
Frank und Ingrid Laufenberg

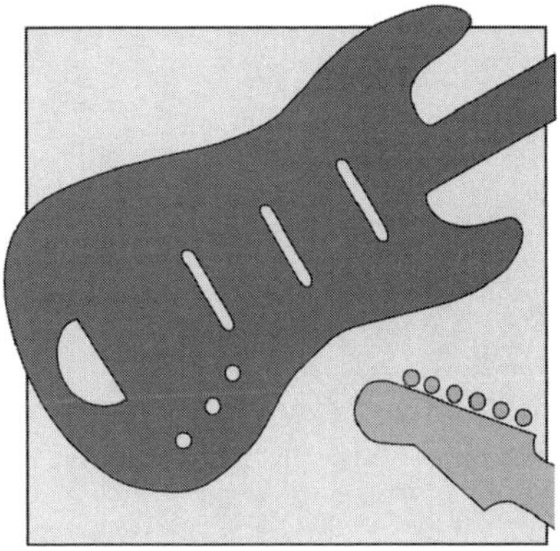

Abkürzungen

Hinter den aufgeführten Interpreten, soweit es sich nicht um Solisten handelt, steht vermerkt, welches Instrument sie spielen. Wir sind sicher, dass die meisten Leser die entsprechenden Kürzel kennen. Trotzdem hier einige Erklärungen der am häufigsten vorkommenden Abkürzungen:

v	Vocal
g	Gitarre
key	Keyboard
d	Drums
b	Bass
syn	Synthesizer
sax	Saxophon
rap	Rapper
bj	Banjo
tr	Trumpet
p	Piano/Klavier
acc	Accordeon
conga	Conga
per	Percussion
pos	Posaune
tuba	Tuba
sou	SOU
harm	Harmonium
dj	DJ
vln	Violin
fiddle	Fiddle
harp	Harp
org	Organ
mix	Mixer
c	Cello
mand	Mandoline
mo	Mouth-Organ
clarinet	Clarinet
fl	Flute
flageolett	Flageolett
panflöte	Panflöte
computer	Computer
bongos	Bongos
cymbals	Cymbals
vibraphon	Vibraphon
horns	Horns
kamm	Kamm
klarinette	Klarinette
tamb	Tamburin
oboe	Oboe
manola	Manola
pedal steel	Pedal Steel
flh	Flügelhorn
bl	Bandleader
tab	Tabla
wb	Washboard
mundh	Mundharmonik
fa	Fagott

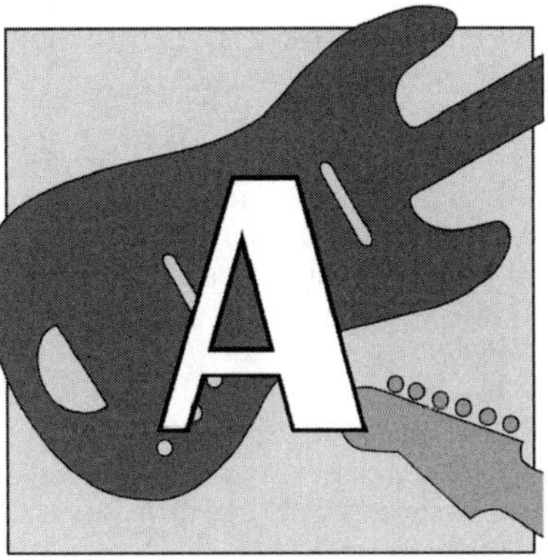

A

DAN CARTER b (Großbritannien), MARK CHAPMAN g (Großbritannien), ADAM PERRY d (Großbritannien, in Leeds), GILES PERRY key (Großbritannien, in Leeds), JASON PERRY v (Großbritannien, in Leeds)

Die Gruppe aus Yorkshire/Suffolk versuchte sich bereits seit etlichen Jahren auf dem Markt. Jason und Adam Perry sind Zwillinge, Giles ihr jüngerer Brucer. Sie sah sich musikalisch zwischen Blink-182 und Police. 1997 kam es zu der Besetzung, die das erste Album »How Ace Are Buildings« aufnahm. Es folgten »Exit Stage Right« (1998) und »Monkey Kong« (8/99 GB-LP 62). Ihre erste Single-Chartnotierung hatten sie mit »Foghorn« (2/98 GB 63). Alle nachfolgenden Singles kamen nicht in die Top 40 – bis zu »Nothing«. 2002 erschien das Album »Hi-Fi Serious«.

Nothing (3/02 GB 9)
Punk, Rock

A1

BEN ADAMS v (Großbritannien, * 22. 11. 1981), CHRISTIAN INGEBRIGTSEN v (Norwegen, * 25. 1. 1977 in Oslo), PAUL MARAZZI v (Großbritannien, * 24. 1. 1975 in Wanstead/East London), MARK READ v, p (Großbritannien, * 7. 11. 1978 in Kingston)

Teenagerfrischfleisch in der Mitte des Jahres 1999 – Adams hatte vorher im Chor der Westminster Abbey gesungen, Ingebrigtsen besuchte das Institute for Performing Arts in Liverpool, das von Paul McCartney gegründet wurde, und er ist der Sohn eines Popstars aus Norwegen. Read hatte in der Coverband seiner Eltern rund um die Welt auf Kreuzfahrtschiffen Hits nachgespielt und Marazzi war vor seinem Engagement bei A1 Model für Dior. Die Nummer »Be The First To Believe« hatte Peter Cunnah von D:ream geschrieben. Mit »Take On Me«, einer Coverversion des A-ha-Titels, stieg die Band am 9. 9. 2000 gleich auf Platz 1 der britischen Charts ein. Ihr erfolgreichstes Album hieß »Here We Come« (12/99 GB-LP 20).

Be The First To Believe (7/99 GB 6)
Summertime Of Our Lives (9/99 GB 5)
Everytime/Ready Or Not (11/99 GB 3)
Like A Rose (3/00 GB 6)
Take On Me (9/00 GB 1)
Same Old Brand New You (11/00 GB 1)
No More (3/01 GB 6)
Caught In The Middle (2/02 GB 2)
Boy Group

A†

A† v (USA, als Andre Levins in Hempstead/Long Island/New York)

Zum Zeitpunkt seines ersten Hits war A† sechzehn Jahre alt. Mit dreizehn gewann er einen Talentwettbewerb in New York, der vom Def Jam Gründer Russell Simmons veranstaltet wurde. Noch in demselben Jahr erschien seine Debüt-LP »The Latch-Key Child« (9/96 US-LP 36). Daraus ausgekoppelt wurde »All I See« (8/96 US 66). Sängerin bei dieser Aufnahme war Shakira Atily. Richtig erfolgreich wurde er, nachdem er Walter Murphys Version von »A Fifth Of Beethoven« mit einem Raptext versah: »Enjoy Yourself« (11/98 D 30). Im Januar 1999 erschien mit »Hempstead High« sein nächstes Album.

Enjoy Yourself (2/99 GB 5)
Rap

A Flock Of Seagulls

FRANK MAUDSLEY v, b (Großbritannien, * 10. 11. 1959 in Liverpool), PAUL REYNOLDS g (Großbritannien, * 4. 8. 1962 in Liverpool), ALI SCORE v, d (Großbritannien, * 8. 8. 1956 als Alister Score in Liverpool), MIKE SCORE v, g, key (Großbritannien, * 5. 11. 1957 in Liverpool)
Bevor sich die Gruppe 1979 in Liverpool zusammenschloss, waren zwei der Mitglieder Friseure, einer Elektriker und einer Automechaniker. Die Band entnahm ihren Namen dem Buch ›Jonathan Livingston Seagull‹. Ihre erste Single hieß »Modern Love Is Automatic«. Sie veröffentlichten sie 1981. Bezeichnet wurde das, was A Flock Of Seagulls machte, als eine hypnotische Mischung aus New Romantic und Psychedelic Rock, beeinflusst durch ihre Liebe zu Kraftwerk. Danach zog es sie in die USA, wo sie drei Wochen bleiben wollten – daraus wurden sieben Monate. Dort hatten sie auch ihren größten Hit mit »I Ran (So Far Away)« (6/82 D 31). Zu dem Song wurden Mike und Frank inspiriert, als sie ein Foto von einem Ufo sahen, das zwei Menschen jagte. 1983 erhielten sie ihre höchste Auszeichnung, einen Grammy für die Best Rock Instrumental Performance. Weitere Hits: »Space Age Love Song« (6/82 GB 34, 11/82 US 30), »Wishing (If I Had A Photograph Of You)« (12/82 D 37, 5/83 US 26), »Transfer Affection« (6/83 GB 38) und »The More You Live, The More You Love« (7/84 GB 26, 8/84 D 37). Ihre erfolgreichsten Alben waren »A Flock Of Seagulls« (4/82 GB-LP 32, 5/82 US-LP 10) und »Listen« (5/83 GB-LP 16, US-LP 16).
Mitte der 80er Jahre wurde aus New Wave der Schnee von gestern, und die Möwen zogen wieder ab. Mike Score arbeitet vielleicht wieder als Friseur – das war seine Profession vor seiner Karriere als Popper.
1986 erschien die LP »Dream Come True«, auf der sich die Band als Trio zeigte – Paul Reynolds hatte die Gruppe verlassen. Seinen Part übernahmen auf der LP diverse Gitarristen.

I Ran (So Far Away) (7/82 US 9)
Wishing (If I Had A Photograph Of You) (11/82 GB 10)
New Romantic

Aaliyah

AALIYAH v (USA, * 16. 1. 1979 als Aaliyah Dana Haughton in Brooklyn/New York City, † 25. 8. 2001)
Aaliyah gehört zu denen, die vom Talent des Produzenten Robert Kelly profitierten. Damit man ihren Namen auch richtig ausspricht, wurde auf den Plattenhüllen immer in Klammern ›Ah-lee-yah‹ vermerkt. 1994 galt sie als eine der großen US-Entdeckungen – ihr Debütalbum »Age Ain't Nothing But A Number« (6/94 US-LP 18, 7/94 GB 23) wurde alleine im Vorverkauf 450 000 mal abgesetzt. Ende 1994 erreichte diese Platte Platinstatus. Zwei Auskopplungen aus diesem Album wurden internationale Erfolge und erreichten in den USA die Top 10. Einer dieser Hits, »At Your Best (You Are Love)«, stammte im Original von den Isley Brothers und ist auf der 1976er LP »Harvest For The World« zu finden. Bemerkenswert ihre Verschmelzung aus R&B und Dance-Groove. Ihre Plattenfirma kündigte sie folgendermaßen an: ›Welcome to the next level of soul‹. 1994 heiratete sie am 31. August

ihren Produzenten Robert Kelly – zu diesem Zeitpunkt war sie 15 Jahre alt. 1996 erschien ihr zweites Album »One In A Million« (9/96 US-LP 20), das mehr als 2 Millionen Exemplare verkaufte.
Ihre Hits außerhalb der Top 10: »Down With The Clique« (5/95 GB 33), »The Things I Like« (9/95 GB 33), »If Your Girl Only Knew« (8/96 US 11, 8/96 GB 21, 5/97 RE-GB 15), »Got To Give It Up« (11/96 GB 37), »Journey To The Past« (4/98 GB 22), aus dem Film »Dr. Doolittle« »Are You That Somebody?« (6/98 US 21, 9/98 GB 11, 11/98 D 31), »I Don't Wanna« (1/00 US 35), und »We Need A Resolution« (7/01 GB 20).
Zusammen mit dem chinesischen Actionstar Jet Li spielte sie im Film »Romeo Must Die«, der im Frühjahr 2000 in die US-Kinos kam und von den Kritikern freundlich besprochen wurde. Im selben Jahr spielte sie eine junge Sängerin im Harlem der 60er Jahre in »Sprakle« und einen Vampir in »Queen Of The Damned«. Auftritte von ihr waren in zwei Folgen der High-Tech-Filme »Matrix« geplant.
Als nächstes Album erschien »Aaliyah« (7/01 D-LP 9, 8/01 US-LP 1, 8/01 GB-LP 5).
Um für den Titel »Rock The Boat« (9/01 US 14) ein Video zu drehen, befand sich Aaliyah im August 2001 auf der Bahamas-Insel Abaco. Nach Beendigung des Drehs wollte sie am 25. 8. mit acht Begleitern, darunter eine Vertreterin ihrer Plattenfirma Virgin und ein Visagist, von Marsh Harbour (etwa 160 Kilometer nördlich von Nassau) zurück nach Opa-Locka/Florida fliegen. Noch während des Starts stürzte die Maschine ab, schlug nur 80 Meter hinter der Startbahn auf und ging in Flammen auf. Es wurde vermutet, einer der beiden Motoren der Cessna 402 sei ausgefallen – andere Beobachter behaupteten, die Cessna sei viel zu überladen gewesen.
Nach ihrem Tod – wie bei so vielen anderen Interpreten auch – schossen Aaliyahs Platten in den internationalen Hitparaden nach oben. Als nächste Single kam »More Than A Woman« (11/01 D 34, 2/02 US 25).

Back And Forth (4/94 US 5)
At Your Best (You Are Love) (9/94 US 6)
The One I Gave My Heart To (10/97 US 9)
Try Again (3/00 US 1; 6/00 D 5; 7/00 GB 5)
More Than A Woman (1/02 GB 1)
Rhythm & Blues, Soft Soul, Soul

ABBA

BENNY ANDERSSON key (Schweden, * 16. 12. 1946 als Goran Bror Benny in Stockholm), AGNETHA FÄLTSKOG v, g (Schweden, * 5. 4. 1950 in Jonkoping), FRIDA LYNGSTAD v (Norwegen, * 15. 11. 1945 als Anni-Frid Synni in Bjorkasen/Narvik), BJÖRN ULVAEUS v, g (Schweden, * 25. 4. 1945 in Göteborg)
Zehn Jahre lang war die Band Schwedens musikalischer Exportartikel Nummer 1. Für viele gelten Abba als die legitimen Nachfolger der Beatles. Was die Verkäufe angeht, könnte das stimmen. Für den Bereich Innovationen waren Abba jedoch nicht zuständig.
Acht Jahre nach ihrem ersten Zusammentreffen feierten Björn und Benny mit dem Sieg beim Grand Prix Eurovision 1974 ihren internationalen Durchbruch als Interpreten und Songschreiber. 1966 war Björn Mitglied der Folkgruppe Hootenany Singers und Benny bei der Rockgruppe Hep Stars. Aus einer erst lockeren Autorenbeziehung wurde ab 1971 ein ernsthaftes Songschreiberteam, das von dem Musikmanager und Exlehrer Stig Anderson verstärkt wurde. 1969 hatte Björn Agnetha Fältskog kennen gelernt, die schon von klein auf erst in Tanzkapellen, später Schnulzen gesungen hatte. Ebenfalls 1969 traf Benny auf die in Norwegen

geborene Anni-Frid Lyngstad, die sich jahrelang mit mäßigem Erfolg als Jazzsängerin versucht hatte. Björn und Agnetha waren von 1971 bis 1978, Benny und Anni-Frid von 1978 bis 1981 verheiratet. 1972 erschien mit »People Need Love« die erste Platte, die als Gemeinschaftswerk der vier Musiker gewertet werden kann. Auf der Plattenhülle standen als Interpreten Björn & Benny, Agnetha & Frida. 1973 nahmen sie als Abba mit »Ring Ring« an der Vorausscheidung für den schwedischen Europatitel für den Grand Prix teil – und siegten nicht. Ein Jahr später brachte »Waterloo« die Wende – und das, obwohl dieser kleine Ort in Belgien als Synonym für Niederlagen steht. Der Song gewann nicht nur die Vorausscheidung in Schweden, sondern gleich den ganzen Wettbewerb. Dass ein Sieger beim Grand Prix Spitzenreiter in der britischen und deutschen Hitparade wird, ist nicht selten – dass er aber auch ein Top-10-Erfolg in den USA wird, ist die absolute Ausnahme. 1982 strich das Quartett nach einer unglaublichen Serie von Hits die Segel. Im Windschatten des Abba-Erfolges hatten Agnetha und Frida als Solistinnen einige Hits. Björn und Benny erarbeiteten zusammen mit Tim Rice das Musical »Chess«. 1992, wohl weil viele das Synthetikgedudel dieser Zeit satt waren, erlebten die Platten von Abba ein Comeback. Neben den Beatles zählen Abba zu den erfolgreichsten Formationen aller Zeiten. Kommerziell scheint das richtig – vom Stellenwert der Musik her sind die beiden Bands nicht zu vergleichen. Dass Erasure hingingen und im Tuntenlook einige Songs der vier Schweden neu aufnahmen, darf man Abba nicht vorwerfen. Im Herbst 1994 erschien eine CD-Box mit dem Titel »Thank You For The Music«. Insgesamt waren vier CDs in dieser Box, auf denen sich auch sechs bisher unveröffentlichte Stücke der Formation befanden.

Die erfolgreichsten Alben von Abba: »Waterloo« (6/74 D-LP 6, 6/74 GB-LP 28), »The Best Of Abba« (10/75 D-LP 1), »Abba« (1/76 GB-LP 13), »Greatest Hits« (4/76 GB-LP 1, 9/76 US-LP 48, 9/96 D-LP 2), »Arrival« (11/76 GB-LP 1, 12/76 D-LP 1, 1/77 US-LP 20), »The Album« (2/78 GB-LP 1, 2/78 D-LP 2, 2/78 US-LP 14), »Voulez-Vous« (5/79 GB-LP 1, 5/79 D-LP 1, 7/79 US-LP 19), »Greatest Hits, Vol. 2« (11/79 GB-LP 1, 11/79 D-LP 6), »Super Trouper« (11/80 GB-LP 1, 11/80 D-LP 1, 12/80 US-LP 17), »A wie Abba« (5/81 D-LP 1), »The Visitors« (12/81 GB-LP 1,12/81 D-LP 1, 1/82 US-LP 29), »The Singles (The First Ten Years)« (11/82 GB-LP 1, 11/82 D-LP 5), »I Love Abba« (10/83 D-LP 10), »Thank You For The Music« (11/83 GB-LP 17), »Gold/Greatest His« (10/92 GB-LP 1, 10/92 D-LP 1, 10/93 US-LP 63, 1/99 RE-GB-LP 1), »More Abba Gold« (6/93 D-LP 9, 6/93 GB-LP 14, 8/99 RE-GB-LP 13) und »The Complete Singles Collection« (12/99 D-LP 10).

Waterloo (4/74 GB 1, D 1; 6/74 US 6)
Honey Honey (7/74 D 2)
I Do, I Do, I Do, I Do, I Do (4/75 D 6)
S.O.S. (8/75 D 1; 9/75 GB 6)
Mamma Mia (12/75 D 1, GB 1)
Fernando (3/76 GB 1, D 1)
Dancing Queen (8/76 GB 1, D 1; 12/76 US 1)
Money Money Money (11/76 GB 3, D 1)
Knowing Me Knowing You (2/77 GB 1, D 1)
The Name Of The Game (10/77 GB 1, D 7)
Take A Chance On Me (1/78 D 3; 2/78 GB 1; 4/78 US 3)
Eagle (5/78 D 6)
Summer Night City (9/78 D 6, GB 5)
Chiquitita (1/79 D 3; 2/79 GB 2)
Does Your Mother Know (5/79 D 10, GB 4)
Angeleyes/Voulez-Vous (7/79 GB 3)
Gimme Gimme Gimme (A Man After Midnight) (10/79 D 3, GB 3)
I Have A Dream (12/79 GB 2, D 4)
The Winner Takes It All (8/80 GB 1, D 4; 11/80 US 8)
Super Trouper (11/80 GB 1, D 1)
Lay All Your Love On Me (7/81 GB 7)
One Of Us (12/81 D 1, GB 3)
The Day Before You Came (11/82 D 5)
Grand Prix, Pop

Siehe auch: Lyngstad, Frida

Abbot, Russ

RUSS ABBOT v (Großbritannien, * 16. 9. 1947)
Russ begann seine Karriere als Schlagzeuger gründete dann seine Gruppe Black Abbots, die 1977 einen Plattenvertrag erhielt. Richtigen Erfolg hatte er schließlich als Komiker – fünfmal gewann er in GB einen Award als ›Funniest Man On Television‹. 1980 bekam Russ einen Plattenvertrag als Solist. Zwischen 1982 bis 1984 wurde er mit drei Platten in den GB-Charts verzeichnet: »A Day In The Life of Vince Prince« (2/82 GB 61), »Atmosphere« und »All Night Holiday« (7/85 GB 20). Sein erfolgreichstes Album hieß »I Love A Party« (11/85 GB-LP 12). Später spielte er auch in TV-Serien mit – so z. B. den Ted Fenwick in »September Song«.

Atmosphere (12/84 GB 7)
Pop

Abbott, Gregory

GREGORY ABBOTT v, key, d (USA, * 2. 4. 1954 in New York City)
Hier paart sich Intelligenz mit Soulmusik. Bevor Gregory Abbott mit »Shake You Down« 1986 einen Spitzenreiter in den USA hatte, studierte er Psychologie und lehrte Englisch an der Berkeley-Universität. Verheiratet ist er mit der Soulsängerin Freda Payne. Abbott schrieb sich alle seine Songs selbst, spielt auf seinen Platten Schlagzeug und Keyboards und, wie man in der US-Presse lesen konnte, ›vereinigt den Soul von Marvin Gaye, die Anziehungskraft von Lionel Richie und die Ausstrahlung von Miami-Vice-Star Philip Michael Thomas in sich‹. Na ja, das scheint mir eine schwere Bürde zu sein.

Shake You Down (10/86 GB 6, US 1)
Soul

Siehe auch: Payne, Freda

ABC

GRAHAM BROAD d (Großbritannien), DAVID CLAYTON key (Großbritannien), MARTIN DAVID FRY v (Großbritannien, * 9. 3. 1958 in Manchester), BRAD LANG b (Großbritannien), MARK LICKLEY b (Großbritannien), DAVID PALMER d (Großbritannien, * 29. 5. 1961 in Chesterfield), DAVID ROBINSON d (Großbritannien, * 2. 4. 1953), STEPHEN SINGLETON syn, sax (Großbritannien, * 17. 4. 1959 in Sheffield), MARK WHITE g, syn (Großbritannien, * 1. 4. 1961 in Sheffield)
Warum immer nur über Musik schreiben? Warum nicht selbst machen? Das mag sich 1980 Martin Fry, der Herausgeber des Sheffielder Magazins ›Modern Drugs‹ gesagt haben, nachdem er mit Mark White und Stephen Singleton, zwei Mitgliedern der Gruppe Vice Versa, ein Interview gemacht hatte. Die drei taten sich zusammen, und man wählte den Gruppennamen ABC, ›weil diese Buchstabenkombination weltweit bekannt ist‹, wie Martin richtig bemerkte. Nachdem sie eine eigene Plattenfirma Neutron gegründet hatten, machten sie 1981 einen Vertrag mit Phonogram Records, die ihre Platten vertrieben. Mit »Tears Are Not Enough« hatten sie noch im selben Jahr ihren ersten Top-20-Hit. Was folgte, war ein Achterbahnkurs durch Glamour und Brit-Funk, Violinen und Schmalz. Das Debütalbum »Lexicon Of Love« wurde 1982 der Soundtrack dieser Zeit. ›Die LP wurde‹, so konnte man Jahre später lesen, ›zum Manna für Hedonisten, wirkte wie eine Fairlight-Sounds-getränkte Frank Sinatra Revue, eine Mischung aus London Allnighter, Las Vegas Sensation und L'amour 2000‹. Die Liste der Erfolge geht bis in das Jahr 1987 – da erkrankte Martin Fry ernsthaft und konnte erst nach einer längeren Pause mit ABC weiterarbeiten.
Die erfolgreichsten Alben von ABC: »The Lexicon Of Love« (7/82 GB-LP 1, 8/82 D-LP 23, 9/82 US-LP 24), »Beauty Stab«

(11/83 GB-LP 12), »Alphabet City« (10/87 GB-LP 7) und »Absolutely« (4/90 GB-LP 7) 1991 erschien mit »Abracadabra« wieder eine neue, bemerkenswerte CD. Als Mitglieder werden nur noch Martin Fry und Mark White aufgeführt. Danach tritt eine lange Pause ein, zu der Fry sagt: ›Ich habe nicht fünf Jahre Urlaub gemacht oder war im Gefängnis, ich musste nur meine Leidenschaft für die Musik zurückfinden.‹ Im März 1997 erschienen die Single »Stranger Things« und das Album »Skyscraping«. Neben ihm waren an dieser Produktion der Gitarrist Keith Lowndess und Glenn Gregory von Heaven 17 beteiligt.
2001 war ABC wieder da. Sie tourten als Vorprogramm von Robbie Williams durch GB. Ende des Jahres erschien das Album »Look Of Love; The Very Best Of ABC«. Darauf drei neue Titel, z. B. auch die Single »Peace And Tranquility«.

Poison Arrow (2/82 GB 6)
The Look Of Love (3/82 GB 4)
All Of My Heart (9/82 GB 5)
Be Near Me (8/85 US 9)
When Smokey Sings (7/87 US 5)
Elektro-Pop, New Romantic

Abdul, Paula

PAULA ABDUL v (USA, * 19. 6. 1962 in Los Angeles/Kalifornien)
Die Vorfahren von Paula Abdul stammen aus Syrien, Brasilien und Franko-Kanada – warum daraus nun eine begnadete Tanzmaus werden sollte, lässt sich wohl nur darauf zurückführen, dass sie bereits mit sieben ihre ersten öffentlichen Auftritte hatte und somit der Drill früh begann. Mit 17 brachte sie den Cheerleadern des bekannten Basketballteams der L.A. Lakers die Tanzschritte bei. Wenig später entschied sie sich für eine Karriere als Choreografin und brachte Interpreten wie Janet Jackson und Mick Jagger Bewegungsabläufe näher. 1988 erschien ihre erste eigene Single mit dem Titel »Straight Up«. 1992 erklärte eine Backgroundsängerin, nicht Paula, sondern sie habe die Leadstimme bei diversen Plattenaufnahmen gesungen. Paula konnte die Vorwürfe entkräften. Im Zeitalter von MTV ist ja in der Tat nicht nur die Stimme, sondern auch die Präsentation wichtig – das Auge isst ja mit. Ihr Video zur Platte »Opposites Attract« ist ein wahrer Augenschmaus. Sie tritt darin zusammen mit der Zeichentrickfigur MC Skat Cat auf – sehr gut. Am 29. 9. 1992 heiratete sie den Schauspieler Emilio Estevez, von dem sie sich am 10. 5. 1994 wieder trennte. Mit »My Love Is For Real« (6/95 US 28, GB 28) stand Paula Mitte 1995 zum letzten Mal in den Top 40.
Paulas erfolgreichste Alben waren »Forever Your Girl« (7/88 US-LP 1, 4/89 GB-LP 5, 5/90 RE-GB-LP 3), »Shut Up And Dance (The Dance Mixes)« (5/90 US-LP 7, 11/90 GB-LP 40), »Spellbound« (6/91 US-LP 1, 7/91 GB-LP 4) und »Head Over Heels« (7/95 US-LP 18).

Straight Up (12/88 US 1; 3/89 D 3, GB 3)
Forever Your Girl (3/89 US 1)
Cold Hearted (6/89 US 1)
(It's Just) The Way That You Love Me (9/89 US 3)
Opposites Attract (12/89 US 1; 4/90 GB 2)
Rush, Rush (5/91 GB 6, US 1)
The Promise Of A New Day (7/91 US 1)
Blowing Kisses In The Wind (10/91 US 6)
Pop

Abrams, Colonel

COLONEL ABRAMS v (USA, in Detroit/Michigan)
1976 war Colonel Abrams Leadsänger in der Band 94 East – Gitarrist war Prince. Die nächste Station war die New-Jersey-Gruppe Surprise Package. Überraschend für Colonel (er heißt wirklich so!) war dann sein erster Solo-Hit »Trapped« (11/85 D 13), der in die britische und deutsche Hitparade, nicht aber in die US-Top-100 kam. Auch in der Folgezeit erzielte er zwar gute Ergebnisse in

den amerikanischen R&B-Charts – für die Top 100 reichte es nicht. Lediglich die britischen Popfans blieben ihm, der sich die meisten seiner Nummern selbst geschrieben hat, treu. Mit dem Titel »I'm Not Gonna Let You« (2/86 GB 24) gelang ihm noch ein weiterer Top-40-Hit.

Trapped (8/85 GB 3)
Rhythm & Blues

Siehe auch: Prince

Absolutely Fabulous

CHRIS LOWE key (Großbritannien, * 4. 10. 1959 als Christopher Sean in Blackpool), JOANNA LUMLEY v (Großbritannien), JENNIFER SAUNDER v (Großbritannien), NEIL TENNANT v (Großbritannien, * 10. 7. 1954 als Neil Francis in North Shields/Northumberland)
Die Platte dieser Formation musste in GB einfach ein Hit werden! Es gab etliche Gründe dafür:
1. Die Pet Shop Boys Tennant und Lowe haben den Song geschrieben, spielen mit und sind die Produzenten.
2. Jennifer Saunder und Joanna Lumley spielen in GB die Hauptrollen in der recht erfolgreichen BBC-Comedy-Sendung ›Absolutely Fabulous‹ zwei Frauen, die absolut kein Blatt vor den Mund nehmen.
3. Es handelt sich bei der Platte um die offizielle Comic-Relief-Platte – also eine Benefiz-Veröffentlichung. Der Erlös geht voll als Entwicklungshilfe in die Dritte Welt. Die Platte enthielt neben dem Gesang der beiden Schauspielerinnen Dialoge aus der TV-Sendung. Zumindest für Jennifer Saunders waren die Top 10 keine neue Erfahrung. Sie sang mit Bananarama als Teil von La Na Nee Nee Noo Noo die Nummer »Help« (2/89 GB 3), die ebenfalls aus der Serie Comic-Relief stammte.

Absolutely Fabulous (6/94 GB 6)
Comic Relief, Pop

Siehe auch: Pet Shop Boys

Ace

FRAN BYRNE d (Irland, * 17. 3. 1948 in Dublin), PAUL CARRACK v, key (Großbritannien, * 22. 4. 1951 in Sheffield/Yorkshire), TERRY COMER b (Großbritannien, * 23. 2. 1949 in Burnley/Lancashire), PHIL HARRIS v, g (Großbritannien, * 18. 7. 1948 in Muswell Hill/London), ALAN KING v, g (Großbritannien, * 18. 9. 1945 in Kentish Town/London), STEVE WITHERINGTON d (Großbritannien, * 26. 12. 1953 in Enfield/Middlesex)
Kurz nachdem die Band Ace im Dezember 1972 erstmals zusammen spielte und sich Ace Flash & The Dynamos nannte, merkten sie, dass ihnen dieser Name etwas zu lang geraten war, und kürzten ihn dankenswerterweise auf Ace. Alle Mitglieder hatten vorher in anderen britischen Bands gespielt. Carrack, Witherington und Comer kamen von Warm Dust. King und Harris waren vorher bei Action und Mighty Baby. Mit »Five-A-Side« (3/75 US-LP 11) erschien 1974 die Debüt-LP von Ace, auf der sich das ausgezeichnete Stück »How Long« befand. 1977 trennte sich die Gruppe nach nur drei LPs. Paul Carrack machte als Solist weiter, sang mit Squeeze und wurde schließlich Mitglied bei Mike & The Mechanics. Die übrigen Mitglieder von Ace gingen fast geschlossen zu Frankie Miller.

How Long (3/75 US 3)
AOR (Adult Orientated Rock), Pop

Siehe auch: Carrack, Paul; Mike & The Mechanics; Miller, Frankie

Ace Of Base

JONAS PETTER ›JOKER‹ BERGGREN (Schweden, * 21. 3. 1967 in Göteborg), LINN BERGGREN (Schweden, * 31. 10. 1970 als Malin in Göteborg), JENNY BERGGREN (Schweden, * 19. 5. 1972 in Göteborg), ULF ›BUDDAH‹ EKBERG (Schweden, * 6. 12. 1970 in Göteborg)

Optisch und akustisch schließt Ace Of Base die Lücke, die Abba hinterlassen hat. Die drei Geschwister Jenny, Malin und Jonas und ihr Freund Ulf stammen aus der schwedischen Stadt Göteborg. Sie schickten erste Demobänder an verschiedene Plattenfirmen, von denen eine das kommerzielle Potenzial von Ace Of Base erkannte. Ihre erste Single »Wheel Of Fortune« stand erst in der schwedischen, dann in der dänischen Hitparade. International erfolgreich wurde »All That She Wants«. Hier war als zusätzlicher Produzent Denniz Pop zum Team gekommen. Denniz hatte vorher vor allen Dingen mit den Erfolgen von Dr. Alban auf sich aufmerksam gemacht.
›Ihr unverwechselbarer Sound – mit federleichten Ohrwurmmelodien, tanzbaren Beats und fröhlich poppigen Arrangements‹, wie ihre Plattenfirma sagt, verhalf ihnen zum Durchbruch. An der optischen Darstellung in ihren Videos kann es nicht gelegen haben. Hier sah es eher so aus, als wären sie der Erfinder der Zeichensprache in der Popmusik. 1995 waren sie mit »Living In Danger«, »Lucky Love« und »Beautiful Life« international meist um die Position 20 in den Singlecharts zu finden.
Die erfolgreichsten Alben: »Happy Nation« (3/93 D-LP 1, 6/93 GB-LP 1), »The Sign« (12/93 US-LP 1 – neunfach Platin) und »The Bridge« (11/95 D-LP 8, 12/95 US-LP 29).
1996 machte die Formation Pause – oder war sie fertig? Nein! Im März 1998 erschien die Single »Life Is A Flower« – damit wurde das Album »Flowers« (6/98 D-LP 3) und die Beendigung einer dreijährigen Kreativpause angekündigt. Ebenfalls aus diesem Album: »Cruel Summer«, eine Coverversion des alten Hits von Bananarama. Die nächsten Singlehits waren »Always Have, Always Will« (12/98 GB 12) und »Everytime It Rains« (4/99 GB 22).
Für 2002 wurde ein neues Album der Band annonciert.

All That She Wants (1/93 D 1; 5/93 GB 1; 9/93 US 2)
Wheel Of Fortune (4/93 D 4)
Happy Nation (8/93 D 7)
The Sign (11/93 D 1; 1/94 US 1, GB 2)
Don't Turn Around (3/94 D 6; 5/94 GB 5, US 4)
Cruel Summer (7/98 US 10; 10/98 GB 8)
Life Is A Flower (7/98 GB 5)
Pop

Ad Libs

DANNY AUSTIN v (USA), NORMAN DONEGAN v (USA), HUGH HARRIS v (USA), MARY ANN THOMAS v (USA), DAVE WATT v (USA)
Das Vocal-Quintett aus Newark/New Jersey, das sich 1962 unter dem Gruppennamen Creators formierte, schaffte eine gelungene Kombination aus Rhythm & Blues und Doo-Wop. 1965, nach Umbenennung in Ad Libs, schafften sie mit dem Titel »The Boy From New York City« einen Top-10-Hit in den USA. Produzenten waren die erfolgreichen Songschreiber Jerry Leiber und Mike Stoller. Diesen Erfolg konnten sie nie wiederholen. Er war wohl auch mehr auf den Titel als auf die Interpreten zurückzuführen. 1981 gelang es Manhattan Transfer, diese Nummer erneut in die Top 10 zu bringen.

The Boy From New York City (1/65 US 8)
Doo Wop, One Hit Wonder, Rhythm & Blues

Siehe auch: Manhattan Transfer

Adam & Eve

ADAM v (Deutschland, * 23. 2. 1943 als Hartmut Schairer in Stuttgart), EVE v (Tschechische Republik, * 26. 3. 1938 als Eva Partowa in Pilsen, † 17. 9. 1989)
Zuerst waren es die aus der Tschechei nach Deutschland übersiedelte Eva Partowa und der Engländer Johnnie Christian Dee, die das Duo Adam & Eve ab 1966 bildeten. Mitte der 60er Jahre hatte Eva in

Paris den in einer Gruppe spielenden Stuttgarter Hartmut Schairer kennengelernt, der sie für seine Gruppe engagierte. Als die Idee eines Duos geboren wurde, wollte Hartmut nicht und schlug statt dessen den Briten Dee vor. Der galt jedoch als unzuverlässig und großmäulig – herrlich die Zeiten, in denen die beiden als Paradiesvögel in einem mit Rasen überzogenen Cadillac durch die Gegend fuhren. Nach den ersten Plattenaufnahmen wurde Dee dann doch gegen Hartmut Schairer eingetauscht. 1970 erschien die Single »Hey, Neandertalman« – noch im selben Jahr wurden sie von den Lesern der Zeitschrift Schallplatte zum beliebtesten deutschsprachigen Duo gewählt. »Wenn die Sonne erwacht in den Bergen« war 1972 ihre erste Platte unter den Top 30 – der TV-Regisseur Truck Branss zu diesem Zeitpunkt zu den beiden: ›Keiner schnulzt so gottbegnadet wie ihr.‹ Im selben Jahr heirateten die beiden in Wiesbaden – TV und Yellowpress hatten ihre helle Freude. Ihre Version von »Tu t'en Vas«, im Original ein Titel von Alain Barrière und Noelle Cordier, brachte dem Duo 1975 den einzigen Top-10-Hit. Bis 1978 folgten noch einige kleinere Hits. 1982 ließen sie sich wieder scheiden. Trotzdem zogen die beiden regelmäßig von 1984 bis 1990 in Frühling und Herbst durch die USA und tourten dort. Das Sands in Las Vegas war an den beiden interessiert und bot täglich 6000 Dollar – Adam/Hartmut wollte nicht in den USA bleiben. Adam wurde ein erfolgreicher Produzent und Songschreiber – so entdeckte er die Sängerin Ute Krummenast, der er den Künstlernamen Claudia Jung verpasste. Auch Andy Borg, die Gruppe Fernando Express, Isabell Varell oder Maria Bonelli gehörten zu seinen Klienten. Eve starb 1989 in Chicago an Unterleibskrebs.

Das erfolgreichste Album des Duos war »Paradise Of Sounds« (5/67 D-LP 31).

Du gehst fort (8/75 D 10)

Deutscher Schlager

Siehe auch: Cindy & Bert

Adam & The Ants

ADAM ANT v (Großbritannien, * 3. 11. 1954 als Stuart Leslie Goddard in London), MERRICK d (Großbritannien, * 3. 3. 1954 als Chris Hughes in London), TERRY LEE MIALL d (Großbritannien, * 8. 11. 1958 in London), KEVIN MOONEY b (Großbritannien), MARCO PIRRONI v, g, per (Großbritannien, * 27. 4. 1959 in London), GARY TIBBS b (Großbritannien, * 25. 1. 1958 in London)

Diese Gruppe wurde im April 1977 gegründet. In den Anfangstagen von Adam & The Ants fiel auf, dass sich Adam Ant offensichtlich mehr um sein Outfit als um die Musik kümmerte. Er wirkte wie eine Mixtur aus dem Roten Korsar und dem Letzten Mohikaner oder wie ein selbst inszeniertes Gesamtkunstwerk. Mag ja sein, dass er zu Zeiten von »Kings Of The Wild Frontiers« wirklich nach neuen Grenzen suchte und dabei half, den New Romantic Style mitzukreieren. Für die Ewigkeit konnte das jedoch nicht gedacht sein. Mit Nummern wie »Stand And Deliver« und »Prince Charming« belegten Adam & The Ants den Spitzenplatz in der britischen Hitparade. Außerdem gelangen ihnen noch fünf weitere Top-10-Hits. Ab Mai 1982 erschienen seine Platten nur noch als Adam Ant. »Goody Two Shoes« war wenig später seine erste Nummer 1 in GB ohne die Ants. Zwischen 1980 und 1982 war die große Zeit von Adam & The Ants. Wie es weiterging, siehe unter Adam Ant als Solist.

Die erfolgreichsten Alben: »Kings Of The Wild Frontier« (11/80 GB-LP 1, 7/81 D-LP 11), »Dirk Wears White Socks« (1/81 GB-LP 16) und »Prince Charming« (11/81 GB-LP 2, D-LP 21)

Dog Eat Dog (10/80 GB 4)
Antmusic (12/80 GB 2)
Kings Of The Wild Frontier (2/81 GB 2)
Stand And Deliver (5/81 D 8, GB 1)
Prince Charming (9/81 D 10, GB 1)
Ant Rap (12/81 GB 3)

Glitter-(Glam)-Rock, New Romantic

Siehe auch: Ant, Adam

Adamo, Salvatore

SALVATORE ADAMO v (Italien, * 31. 10. 1943 in Cosimo/Sizilien)
Sicher hätte es niemanden gewundert, wenn der auf Sizilien geborene und in Belgien aufgewachsene Sänger Salvatore Adamo – der Vater war wohl einer der vielen italienischen Bergleute im belgischen Kohlerevier – irgendwann einmal in einem Werbesong für Heiserkeitstropfen aufgetaucht wäre. 1960 gewann er mit dem selbstgeschriebenen Chanson »Si j'osais« einen Nachwuchswettbewerb von Radio Luxemburg. 1962 machte er seine ersten Plattenaufnahmen und entwickelte sich schnell zum Star in Frankreich, Belgien und auch der Bundesrepublik. Zwischen 1964 und 1973 konnte er jede Menge Hits landen, so z. B. »Vous Permettez Monsieur«, »Es geht eine Träne auf Reisen«, seine Deutlichmachung des Spruchs, dass es nicht auf die Größe ankommt: »Ein kleines Glück« und »Inch' Allah«. Dieses Chanson entstand während einer Tournee im Nahen Osten. Nachdem er in Beirut und Teheran gespielt hatte, kam er nach Jerusalem. Die Situation dort entsetzte ihn, und in Tel Aviv schließlich schrieb er »Inch' Allah«. Als im Juni 1967 der Sechstagekrieg ausbrach, wurde diese Nummer von den arabischen Truppen benutzt, um das Nahen israelischer Truppen anzukündigen. Das Lied wurde immer als Kriegslied missverstanden, die versöhnliche Botschaft nicht erkannt. Erst als 1978 Richard Anthony eine ägyptische Version des Titels aufnahm, war Adamo ›rehabilitiert‹. Seine sympathische und zurückhaltende Art sicherte ihm auch nach seiner Zeit in den Hitparaden eine stattliche Anzahl von treuen Fans.
Seine erfolgreichsten Alben waren »Mein Name ist Adamo« (8/67 D-LP 12) und »Adamo international« (1/68 D-LP 18).

Es geht eine Träne auf Reisen (11/68 D 2)
Ein kleines Glück (3/70 D 6)
Chanson, Deutscher Schlager

Adams, Bryan

BRYAN ADAMS v (Kanada, * 5. 11. 1959 in Kingston/Ontario)
Nachdem Bryan Adams 1976 der Leadsänger der Gruppe Sweeney Todd gewesen war, traf der 18jährige 1977 auf Jim Vallance, mit dem er eine Partnerschaft als Songschreiber einging. Interpreten wie Loverboy, BTO, Kiss oder Bonnie Tyler übernahmen Lieder der beiden. 1981 boten sie einige Songs der Plattenfirma A&M an, die vorschlug, gegen die symbolische Zahlung von einem Dollar vier der Lieder mit Bryan Adams zu produzieren. Jim Vallance wurde der Drummer der Band, die Bryan Adams begleitete. Schon ab 1982 war Adams auch in den USA ein Star. Eine seiner schönsten Nummern aus dieser Zeit war vom Album »Reckless« der Titel »Summer Of '69«. Die Liste seiner Hits geht bis in das Jahr 1987, und für viele schien damit das Kapitel Bryan Adams beendet. 1991 landete er mit »(Everything I Do) I Do It For You« aus dem Film »Robin Hood« den Hit des Jahres. Filmmusiken scheinen ihm Glück zu bringen. Zusammen mit Rod Stewart und Sting sang er 1993 in der wer weiß wievielten Neufassung von »Die drei Musketiere« den Titel »All For Love«. Für den Streifen »Don Juan DeMarco« mit Johnny Depp, Marlon Brando und Faye Dunaway sang er »Have You Ever Really Loved A Woman«. Und das Jahr 1996 endete für Bryan mit einem weiteren Hit aus einem Film: ›Liebe hat zwei Gesichter‹ hieß der Streifen, für den er zusammen mit Barbra Streisand »I Finally Found Someone« sang. Auch wenn Bryan gerne ein richtiger Rocker wäre – seine Erfolge hat er mit Balladen.
Weitere Singleerfolge außerhalb der Top 10: »There Will Never Be Another

Tonight« (11/91 GB 32, 12/91 US 31), »All I Want Is You« (7/92 GB 22), »Do I Have To Say The Words?« (8/92 US 11, 9/92 GB 30), »Star« (11/96 GB 13), »18 Til I Die« (4/97 GB 22), »Back To You« (12/97 GB 18), »I'm Ready« (3/98 GB 20), »On A Day Like Today« (10/98 GB 13).
Bei »When You're Gone« sang, ohne dass es besonders groß vermerkt war, Mel C. von den Spice Girls mit, und als Gast von Chicane hatte er den Hit »Don't Give Up«.
Die erfolgreichsten Alben: »Cuts Like A Knife« (2/83 US-LP 8, 3/86 GB-LP 21), »Reckless« (11/84 US-LP 1, 3/85 GB-LP 7), »Into The Fire« (4/87 US-LP 7, D-LP 7, GB-LP 10), »Waking Up The Neighbours« (10/91 US-LP 6, GB-LP 1, D-LP 1), »So Far So Good« (11/93 US-LP 6, GB-LP 1, D-LP 1), »Live! Live! Live« (8/94 GB-LP 17), »18 'Til I Die« (6/96 GB-LP 1, D-LP 4, US-LP 31), »Unplugged« (12/97 D-LP 8, GB-LP 19), »On A Day Like Today« (10/98 GB-LP 11, 11/98 D-LP 5) und »The Best Of Me« (11/99 GB-LP 12, D-LP 7).

Straight From The Heart (3/83 US 10)
Run To You (11/84 US 6)
Heaven (4/85 US 1)
Summer Of '69 (6/85 US 5)
Heat Of The Night (3/87 US 6)
(Everything I Do) I Do It For You (6/91 US 1, GB 1, D 1)
Can't Stop This Thing We Started (9/91 US 2)
Thought I'd Died And Gone To Heaven (2/92 GB 8)
Please Forgive Me (10/93 D 3, US 7, GB 2)
All For Love (11/93 US 1; 1/94 GB 2, D 1)
Have You Ever Really Loved A Woman (4/95 US 1, GB 4, D 3)
The Only Thing That Looks Good On Me Is You (6/96 GB 6)
I Finally Found Someone (11/96 US 8; 2/97 GB 10)
When You're Gone (12/98 GB 3)
Cloud # 9 (5/99 GB 6)
AOR (Adult Orientated Rock), Soft Rock

Siehe auch: Chicane

Adams, Oleta

OLETA ADAMS v, key (USA, * 4. 5. 1962 in Yakima/Seattle/Washington)
Oleta nahm mit ihrem eigenen Trio Anfang der 80er Jahre zwei selbstfinanzierte Alben auf, die sich jedoch nur schlecht verkauften. 1985 wurde sie in einer Hotelbar in Kansas City durch Roland Orzabal und Curt Smith von Tears For Fears entdeckt. Die beiden Briten baten Oleta, sie bei den Aufnahmen zu ihrem dritten Album »The Seeds Of Love« zu unterstützen. Ihre Mitwirkung beim Stück »Woman In Chains« machte dieses zu einem bemerkenswerten Popsong und führte zu einem eigenen Plattenvertrag bei der Tears-For-Fears-Firma Phonogram. Ihre erste Hitnotierung war »Rhythm Of Life« (3/90 GB 52).
Ihre Top-40-Hits: »Get Here«, »Don't Let The Sun Go Down On Me« (9/91 GB 33), »Never Knew Love« (10/95 GB 22), »Rhythm Of Life (Remix)« (12/95 GB 38).
Mit »Circle Of One« (5/90 GB-LP 49, 9/90 US-LP 20, 3/91 RE-GB-LP 1) erschien 1990 die erste Solo-CD von Oleta, 1993 veröffentlichte sie mit »Evolution« (8/93 GB-LP 10) ein weiteres sehr gut gemachtes Album. Später wandte sie sich dem Bereich Gospelmusik zu.

Get Here (12/90 US 5; 1/91 GB 4)
Pop

Siehe auch: Tears For Fears

Adamski

ADAMSKI key, d, mix (Großbritannien, * 4. 12. 1967 als Adam Tinley in New Forst)
Die Plattenfirma des ›Soundtüftlers‹, wie die kleinen Mixer gerne genannt werden, spricht auch gerne vom ›Hexenmeister des Acid House Rock, der in seiner Giftküche neue Grooves zaubert‹. Ende der 80er Jahre trat Adamski bei Warehouse-Partys mit Keyboard, Samplers und Drum Machines auf und brachte die Tanzfläche zum Kochen. Die erste erfolgreiche Platte von ihm, es ist der Titel »N-R-G«, wurde dann auch nicht von Adamski geschrie-

ben, sondern ›created‹. Auf seiner zweiten Single, die sogar die Spitze der britischen Hitparade erreichte, sang Seal mit, der wenig später zum eigenständigen Solokünstler avancierte. Im New Musical Express erklärte Adamski in einem Interview: ›Die Zukunft liegt in der Vergangenheit.‹ Wie wahr, aber da konnten die Musiker auch noch selbst Instrumente spielen. Sein erfolgreichstes Album hieß »Doctor Adamski's Musical Pharmacy« (10/90 GB-LP 8).
Anfang der 90er Jahre zog er nach Los Angeles, um dort im Musikgeschäft Fuß zu fassen. Stattdessen wurde er von den ›music business sharks‹ untergebuttert und befand sich schließlich auf einer ›24 hour party‹. 1992 wurde seine Tochter Bluebell geboren, was ihn wieder zu Sinnen kommen ließ. Er zog nach Bologna/Italien, arbeitete für eine italienische Plattenfirmen, als Songschreiber und als DJ. Anfang 2000 war er mit »In The City« in der italienischen Hitparade.

Killer (4/90 D 2, GB 1)
The Space Jungle (9/90 GB 7)
Acid-House

Siehe auch: Seal

Adiemus

KARL JENKINS sax, p (Großbritannien), MIKE RATLEDGE key (Großbritannien), MIRIAM STOCKLEY v (Großbritannien)
Mike Ratledge und Karl Jenkins hatten sich in der Gruppe Soft Machine kennengelernt. Soft Machine gehörte zu den wichtigsten und progressivsten britischen Bands der späten 60er Jahre. Ausgerechnet zwei ehemaligen Mitgliedern dieser Formation gelang es, mit einer Werbemelodie, die sie für die US-Fluggesellschaft Delta Airlines geschrieben hatten, in die Hitparaden zu kommen. Im Hintergrund spielte das London Philharmonic Orchestra und die Sängerin Miriam Stockley rödelte in einer, wie Ratledge es formulierte, inhaltslosen Phantasiesprache. Sah man den dazugehörigen TV-Spot, in dem Delfine im Formationsflug aus den Wellen hüpften und die Welt so schön war, dass man gleich wegfliegen wollte, hatte die Melodie durchaus was – ohne das Brimborium war sie eher fad. Kurz darauf hatten sie auch ihren einzigen Albumerfolg: »Songs Of Sanctuary« (5/95 D-LP 8). Die Nachfolgesingle »Kayama« kam nur noch knapp in die deutsche Hitparade. »Cantilena« war eine Single, die Anfang 1997 erschien und zu der in der TV-Werbung Boris Becker beschwor, seine starke Rückhand hätte er dank der leckeren Nutellabrote, die er schon seit Jahrhunderten essen würde – oder so ähnlich. Dazu setzte es auch ein neues Album mit dem Titel »Cantata Mundi« (3/97 GB-LP 15). Als Interpreten wurden jetzt Adiemus 2 angegeben. Im Herbst 1998 erschien das Album »Adiemus III – Dances Of Time«.

Adiemus (2/95 D 6)
Pop

Adventures Of Stevie V

STEVIE V v (Großbritannien, * 9. 8. 1963 als Steven Vincent in Bedfordshire), MICK WALSH key, MELODIE WASHINGTON v
Stevie war Mitglied in der Tanztruppe Touchdown, als er zusammen mit Sängerin Melodie Washington und Multiinstrumentalist Mick Walsh das Projekt Adventures Of Stevie V startete, in dem er als Songschreiber und Produzent fungierte. Noch nie gab es so viele erfolgreiche Menschen im Musikgeschäft, die kaum ein Instrument richtig beherrschen, wie Anfang der 90er Jahre. In jener Zeit waren Eintänzer, Visualisten und Computertechniker in einem Maße erfolgreich, wie es ungesünder kaum noch geht. Dieses Projekt war ein weiterer Beweis für diese These. Im Herbst 1997 wurde »Dirty Cash (Money Talks)«

als Remix wiederveröffentlicht. Trotzdem blieb es nur bei einer weiteren Hitnotierung: »Body Language« (9/90 GB 29).

Dirty Cash (Money Talks) (4/90 GB 2)
Pop

Aerosmith

TOM HAMILTON b (USA, * 31. 12. 1951 in Colorado Springs), JOEY KRAMER d (USA, * 21. 6. 1950 in New York City), JOE PERRY g (USA, * 10. 9. 1950 in Boston/Massachusetts), STEVEN TYLER v (USA, * 26. 3. 1948 als Steven Victor Tallarico in New York City), BRAD WHITFORD g (USA, * 23. 2. 1952 in Winchester/Massachusetts)
Zeit seines Musikerlebens musste sich Steven Tyler vorhalten lassen, er sei eine Schmalspurausgabe von Mick Jagger. Ähnlichkeiten sind in der Tat vorhanden – besonders im Lippenbereich. Über etliche Jahre hinweg war Aerosmith die beliebteste amerikanische Hard-Rockband. 1970 fanden die Mitglieder in Sunapee, New Hampshire, zusammen. 1973 schafften sie mit dem Titel »Dream On« ihren ersten Charteintritt in die US-Hitparade. Gerade dieser Titel sollte sich dann Anfang 1976 zum ersten Top-10-Erfolg für Aerosmith mausern, als er erneut veröffentlicht wurde. Ende der 70er Jahre wurde Aerosmith in den USA auf die gleiche Stufe gestellt mit Bands wie Led Zeppelin oder den Rolling Stones – das muss den Jungs wohl zu Kopf gestiegen sein. Joe Perry stieg 1979 aus und gründete sein eigenes Projekt. 1981 verließ auch Brad Whitford die Band. Zusammen mit Derek St. Holmes nahm er als Whitford & St. Holmes noch im selben Jahr eine Platte auf. Der Stern von Aerosmith begann zu sinken. Da das Joe Perry Project wenig auf die Beine brachte, mag Joe vielleicht sogar erfreut gewesen sein, als es im April 1984 zu einer Reunion der Erfolgsformation kam. Ab 1987 waren sie wieder in den Charts, erfolgreicher als in ihrer ersten Hochzeit. Dazu hatte wohl auch beigetragen, dass die Rapper von Run DMC den 1976er Hit »Walk This Way« von Aerosmith zusammen mit Steven Tyler und Joe Perry neu aufnahmen und erfolgreich in die Hitparaden brachten. Jetzt interessierten sich auch wieder die Kids für Aerosmith, die sich nun auch von Alkohol und Drogen zurückzogen, denen sie nach 1984 in besonderem Maße gefrönt hatten. In den 90er Jahren sahen Aerosmith gegen ähnlich gelagerte jüngere Bands wie z. B. Guns N' Roses jedoch schon wieder sehr alt aus. Bei der Grammy-Verleihung 1995 erhielten Aerosmith für ihren Song »Crazy« einen Preis in der Kategorie Best Rock Performance By A Group With Vocal. Inzwischen macht sich auch die Tochter von Steven Tyler einen Namen. In den Filmen »Silent Fall«, »Empire Records« und »Stealing Beauty« spielte Liv Tyler mit und erntete dafür viel Lob. Aus dem Film »Armageddon« stammte der Hit »I Don't Want To Miss A Thing«, der in den USA am 5. 9. 1998 gleich auf Platz 1 in die Charts einstieg.
Die erfolgreichsten Alben der Gruppe: »Aerosmith« (10/73 US-LP 21), »Get Your Wings« (4/74 US-LP 74), »Toys In The Attic« (4/75 US-LP 11), »Rocks« (5/76 US-LP 3), »Draw The Line« (12/77 US-LP 11), »Live! Bootleg« (11/78 US-LP 13), »Night In The Ruts« (12/79 US-LP 14), »Aerosmith's Greatest Hits« (11/80 US-LP 53 – zehnfach Platin!), »Classics Live!« (4/86 US-LP 84), »Permanent Vacation« (9/87 US-LP 11, 9/87 GB-LP 37), »Pump« (9/89 US-LP 5, 9/89 GB-LP 3), »Pandora's Box« (12/91 US-LP 45), »Get A Grip« (5/93 US-LP 1, 5/93 GB-LP 2, 5/93 D-LP 3), »Big Ones« (11/94 US-LP 6, 11/94 GB-LP 7, 11/94 D-LP 5), »Nine Lives« (3/97 GB-LP 4, 3/97 D-LP 3, 4/97 US-LP 1) und »A Little South Of Sanity« (10/98 GB-LP 36, 11/98 US-LP 12).

Nach einer Pause legten Aerosmith im Jahr 2001 wieder richtig los. Am 19. März des Jahres wurden sie in die Rock and Roll Hall of Fame aufgenommen. Im Frühjahr veröffentlichten sie mit »Just Push Play« (3/01 US-LP 2, GB-LP 7, D-LP 6) ihr 18. Studioalbum, aus dem als erste Single »Jaded« ausgekoppelt wurde. Zu diesem Zeitpunkt äußerte sich Steven Tyler in Interviews über seine langjährige Alkoholabhängigkeit. Er habe aus seinen jahrelangen Ausschweifungen die Konsequenz gezogen: ›Ich bin inzwischen ein verdammt nüchterner Typ. Ich habe Bier und Whiskey im Haus, aber ich trinke nichts, weil ich nicht wieder zurück in die alten Zeiten fallen will.‹

Dream On (1/76 US 6)
Walk This Way (11/76 US 10)
Angel (1/88 US 3)
Love In An Elevator (9/89 US 5)
Janie's Got A Gun (11/89 US 4)
What It Takes (3/90 US 9)
Cryin' (11/93 D 7)
I Don't Want To Miss A Thing (8/98 D 1; 9/98 GB 4, US 1)
Jaded (1/01 US 7)
Hard Rock, Pop

Afroman

AFROMAN v (USA, als Joseph Foreman)
27 Jahre war der Kalifornier alt, als er mit »Because I Got High« (8/01 US 13) einen weltweiten Partyhit hatte. Geschrieben hat er den Song laut eigener Aussage, nachdem er mit einem Freund Weed geraucht hatte und beide total high waren. Er habe nichts mehr auf die Reihe bekommen und sich darüber so amüsiert, dass er gleich diesen Song schrieb. Ein schöner Einstieg – ob es jedoch für mehr reicht? Auf jeden Fall regte dieses Lied Stefan Raab zu seinem Hit »Wir kiffen« an. Als nächste Single erschien »Crazy Rap« (3/02 D 37).

Because I Got High (10/01 GB 1, D 1)
Crazy Rap (2/02 GB 10)
Rap

After 7

MELVIN EDMONDS v (USA, in Indianapolis/Indiana), KEVON EDMONDS v (USA, in Indianapolis/Indiana), KEITH MITCHELL v (USA)
Kevon und Melvin sind Brüder von Kenneth Edmonds, der zusammen mit L.A. Reid gegen Ende der 80er Jahre in den USA ein überaus erfolgreiches Songschreiber- und Produzentenduo bildete. Außerdem ist Kenneth Edmonds alias Babyface auch als Interpret erfolgreich gewesen. Keith Mitchell – um diesen Klüngel zu vervollständigen – ist ein Cousin von L.A. Reid. Das Team L.A. und Babyface verschaffte den Verwandten aus Indianapolis einen netten Plattenvertrag und sorgte mit »Ready Or Not« und »Can't Stop« 1990 für zwei Millionseller in den USA und dafür, dass das Geld von After 7 in der Familie blieb. Ihre erste Hitnotierung war »Heat Of The Moment« (10/89 US 74, 11/90 RE-US 19), die erst in einer längeren Version zum Hit wurde. »Nights Like This« (5/91 US 24) aus dem Film »The Five Heartbeats« und »'Til You Do Me Right« (7/95 US 31) blieben die einzigen weiteren Top-40-Hits in den Pop-Charts. Ansonsten war das Trio bis 1997 regelmäßig in den R&B-Charts zu finden. Ihr Album »After 7« (10/89 US-LP 35) erreichte Platinstatus.

Ready Or Not (3/90 US 7)
Can't Stop (7/90 US 6)
Pop, Rhythm & Blues

Siehe auch: Edmonds, Kevon

After The Fire

PETER BANKS v, g (Großbritannien), PETE KING d (Großbritannien), ANDY PIERCY v, b (Großbritannien), JOHN RUSSELL g (Großbritannien)
Die Ursprünge von After The Fire gehen zurück bis ins Jahr 1972. Die Besetzung und die Musikrichtungen wechselten bis zum Übertritt in das Profilager 1977 sehr

oft. Der ehemalige Physiklehrer Peter Banks ist der Einzige, der aus den Anfangstagen übrig geblieben ist. Im Laufe der Geschichte der Gruppe wurde diese produziert von Mack, Muff Winwood, Rupert Hine und anderen Cracks. Trotzdem blieb der Erfolg hinter den Erwartungen zurück. Nur ein einziges Mal sollte die Gruppe international Erfolg haben: Nachdem sie von Falco den Song »Der Kommissar« übernommen hatten, schafften sie in den USA einen Top-10-Hit. Die Nummer »1980 – F« von After The Fire wurde die Titelmusik zur TV-Sendung ›Na Sowas!‹

Der Kommissar (2/83 US 5)
Pop, Rock

Aguilera, Christina

CHRISTINA AGUILERA v (USA, * 18. 12. 1980 als Christina Maria Aguilera in Staten Island/New York City)
1999 wurde sie als Gegenspielerin von Britney Spears in den USA gestartet und hatte trotz ihres eher spröden Sex-Appeals mit ihrer Debütplatte »Genie In A Bottle« (7/99 D 14) gleich einen weltweiten Hit. Mit acht Jahren trat Christina in der US-TV-Show »Star Search« auf. Mit 12 Jahren trat sie neben Britney Spears, JC und Justin von 'N Sync in Walt Disneys Fernsehsendung ›Mickey Mouse Club‹ auf. Nachdem sie mit ihren Eltern längere Zeit außerhalb der USA verbracht hatte, kam sie 1998 zurück. Zu diesem Zeitpunkt suchte man für den Soundtrack zum Disney-Zeichentrickfilm »Mulan« noch eine junge Stimme. Christina schickte ein Demo ein und wenig später sang sie für diesen Soundtrack den Titel »Reflections«. Noch in derselben Woche unterschrieb sie einen Vertrag mit der RCA. Den Hit »Nobody Wants To Be Lonely« sang sie zusammen mit Ricky Martin. 2001 schlossen sich Christina Aguilera, Lil' Kim, Mya und Pink zusammen, um eine Neuaufnahme des Titels »Lady Marmalade« zu singen. Das Stück stammte aus dem Nicole Kidman/Ewan McGregor-Musical »Moulin Rouge«. Als Benefizplatte zugunsten des United Ways September 11th Fund und Artists Against Aids Worldwide sang Christina als Teil der Formation All Star Tribute eine Coverversion des Marvin-Gaye-Titels »What's Going On«.
Ihre erfolgreichsten Alben: »Christina Aguilera« (9/99 US-LP 1, D-LP 13, 10/99 GB-LP 21) und »My Kind Of Christmas« (11/00 US-LP 28). Bei der Grammy-Verleihung 2000 gewann sie eine Auszeichnung als Nachwuchskünstlerin des Jahres.

Genie In A Bottle (7/99 US 1; 8/99 D 2; 10/99 GB 1)
What A Girl Wants (11/99 US 1; 2/00 GB 3)
I Turn To You (4/00 US 3)
Come On Over Baby (All I Want Is You) (8/00 US 1; 11/00 GB 8)
Nobody Wants To Be Lonely (2/01 D 5; 3/01 GB 4)
Lady Marmalade (4/01 US 1; 6/01 GB 1; 7/01 D 1)
Pop

Siehe auch: All Star Tribute

A-Ha

MAGS FURUHOLMEN v, key (Norwegen, * 1. 11. 1962 als Magne Furuholmen in Oslo), MORTEN HARKET v (Norwegen, * 14. 9. 1959 in Kongsberg), PAL WAAKTAAR v, g (Norwegen, * 6. 9. 1961 in Oslo)
Bereits Ende der 70er Jahre machten Magne und Pal in ihrer Heimat Norwegen zusammen Musik mit diversen Bands wie z. B. Spider Empire, aus denen später Bridges werden sollte. 1981 trafen die beiden auf Morten, der seinerseits in verschiedenen Bands gesungen hatte, zuletzt in der Soulgruppe Souldier Blue. Die drei realisierten, dass sie mit ihren bisherigen musikalischen Aktivitäten auf keinen

grünen Zweig kommen würden. Auch war ihnen bewusst, dass der norwegische Plattenmarkt keine großen Einkünfte erlaubte. Die drei orientierten sich nach Großbritannien. Magne kam auf den Namen A-Ha, weil er mit Recht der Meinung war, dass dieser Begriff in vielen Sprachen ein Aha-Erlebnis auslöst. Getreu dem Motto, dass der Teeniemarkt regelmäßig nach neuen frischen Gesichtern verlangt, griffen die Briten zu. Ende 1983 erhielten sie einen Plattenvertrag bei WEA Records, und im Januar 1984 produzierten sie in London »Take On Me«.

Die Platte wurde zwar in Norwegen ein Erfolg, in Großbritannien fiel sie jedoch erst einmal durch. Im Mai 1985 wurde der Titel erneut produziert, diesmal unter der Leitung von Alan Tarney. Wieder fiel der Titel durch. Im Juli 1985 wurde die Platte in den USA veröffentlicht, und der dortige Ableger von WEA entschloss sich, 100 000 Dollar in ein Video zu investieren, damit MTV das Stück spielen konnte, und jetzt wurde es ein Hit. In den folgenden Jahren konnte sich die Gruppe vor allen Dingen in Großbritannien und in der Bundesrepublik behaupten. Ihren anfänglichen Ruch einer Teenieband konnten sie im Laufe der Jahre ablegen.

Ihre Top-40-Hits außerhalb der Top 10: »The Sun Always Shines On T.V.« (11/85 US 20), »Train Of Thought« (4/86 D 14), »Hunting High And Low« (6/86 D 11), »I've Been Losing You« (10/86 D 15), »Cry Wolf« (1/87 D 20), »Manhattan Skyline« (2/87 GB 13, 3/87 D 28), »The Blood That Moves The Body« (6/88 GB 25, 6/88 D 23), »Touchy!« (8/88 GB 11, 9/88 D 13), »You Are The One (Remix)« (12/88 GB 13, 1/89 D 30), »Crying In The Rain« (10/90 GB 13), »I'll Call Your Name« (1/91 D 37), »Move To Memphis« (11/91 D 39), »Dark Is The Night« (6/93 GB 19) und »Shapes That Go Together« (3/94 GB 27).

Die erfolgreichsten Alben: »Hunting High And Low« (7/85 US-LP 15, 11/85 D-LP 10, GB-LP 2), »Scoundrel Days« (10/86 D-LP 4, GB-LP 2), »Stay On These Roads« (5/88 D-LP 4, GB-LP 2), »East Of The Sun, West Of The Moon« (10/90 D-LP 6, 11/90 GB-LP 12), »Headlines And Deadlines – The Hits Of A-Ha« (11/91 GB-LP 12) und »Memorial Beach« (6/93 GB-LP 17).

Im August 1995 erschien mit »A Kind Of Christmas Card« eine Soloplatte von Morten Harket. Es folgte kurz darauf das Album »Wild Seed«. Auch Pal versuchte sich als Solist. Magne konnte sich als Maler etablieren. 1998 kam die Gruppe auf Bitten des Nobelpreiskomitees zur Verleihung des Friedensnobelpreises wieder zusammen. Mitte 1999 unterschrieben sie bei ihrer alten Plattenfirma WEA einen neuen Vertrag. Es folgte im Frühjahr 2000 das Album »Minor Earth – Major Sky« (5/00 D-LP 1) und die Single »Summer Moved On« (6/00 GB 33) und im April 2002 das Album »Lifelines«, aus dem die Single »Forever Not Yours« ausgekoppelt wurde.

Take On Me (7/85 US 1; 9/85 D 1, GB 2)
The Sun Always Shines On TV (12/85 D 5, GB 1)
Train Of Thoughts (4/86 GB 8)
Hunting High And Low (6/86 GB 5)
I've Been Losing You (10/86 GB 8)
Cry Wolf (12/86 GB 5)
The Living Daylights (7/87 D 8, GB 5)
Stay On These Roads (3/88 D 7, GB 5)
Crying In The Rain (10/90 D 6)
Summer Moved On (4/00 D 8)
AOR (Adult Orientated Rock), Elektro-Pop

Air Supply

RUSSELL HITCHCOCK v (Australien, * 15. 6. 1949 in Melbourne), GRAHAM RUSSELL v, g (Australien, * 1. 6. 1950 in Nottingham/England)

Russell und Graham lernten sich 1976 in Sydney kennen, als sie zusammen in einer Produktion des Musicals »Jesus

Christ Superstar« auftraten. Noch im selben Jahr erschien ihre Debütsingle »Love And Other Bruises«, die in Australien überaus erfolgreich war und sie veranlasste, aus der Produktion von »Jesus Christ Superstar« auszusteigen, um sich voll auf Air Supply zu konzentrieren. 1977 spielten sie im Vorprogramm von Rod Stewart. Rod war von den Softrockern so begeistert, dass er sie spontan einlud, auch bei seiner anschließend geplanten USA-Tournee den Supporting Act zu übernehmen. Das weitete den Kreis der Plattenkäufer erheblich aus. Ab 1980 bis 1986 brachten sie es in den USA auf über zehn Hits, darunter die drei Millionseller »All Out Of Love«, »The One That You Love« und – produziert und geschrieben von Jim Steinman – »Making Love Out Of Nothing At All«. 1988 trennten sie sich und versuchten sich beide ohne größeren Erfolg als Solisten. 1991 kamen sie wieder zusammen – ohne allerdings in den Charts Spuren zu hinterlassen. Im Mai 1993 erschien die Balladen-CD »The Vanishing Race«.
Ihre erfolgreichsten Alben waren »Lost In Love« (5/80 US-LP 22), »The One That You Love« (6/81 US-LP 10), »Now And Forever« (6/82 US-LP 25) und »Greatest Hits« (8/83 US-LP 7).

Lost In Love (2/80 US 3)
All Out Of Love (6/80 US 2)
Every Woman In The World (10/80 US 5)
The One That You Love (5/81 US 1)
Here I Am (Just When I Thought I Was Over You) (9/81 US 5)
Sweet Dreams (12/81 US 5)
Even The Nights Are Better (6/82 US 5)
Making Love Out Of Nothing At All (7/83 US 2)
AOR (Adult Orientated Rock), Soft Pop

Akens, Jewel

JEWEL AKENS v (USA, * 12. 9. 1940 in Houston/Texas)
Da sich die Eltern eine Tochter gewünscht hatten, hatte man sich bereits auf den Vornamen Jewel festgelegt. So wurde ein Junge ihr Juwel. In den 50er Jahren zog Jewel Akens von Texas nach L.A. Er arbeitete mit Eddie Daniels und war Mitglied bei Eddie & The Four Tunes, Jewel & Eddie, The Four Dots und Astro-Jets. Mit dem Novelty-Song »The Birds And The Bees«, in dem uns anhand von Vögeln und Bienen der große Zusammenhang des Lebens erklärt wird, hatte Akens als Solist einen Top-10-Hit. Da unsere Schöpfungsgeschichte keine Variationen zulässt, fiel ihm kein weiterer Hit ein. Jewel arbeitete später als Produzent.

The Birds And The Bees (1/65 US 3)
One Hit Wonder, Rhythm & Blues

Al B. Sure!

AL B. SURE! v (USA, als Albert Brown in Boston/Massachusetts)
In seinem Künstlernamen Al B. Sure! will er sich offensichtlich Selbstsicherheit suggerieren und garniert das Ganze vorsichtshalber noch mit einem charakteristischen Ausrufezeichen. Seine erste Platte wurde 1988 gleich ein Knüller und sein größter Hit: »Nite And Day«. Kurz zuvor hatte er den Sony Innovator Award gewonnen. Der erfolgreiche Produzent und Interpret Quincy Jones hatte seine Songs aus über fünfzig Bewerbungen ausgewählt und ihm damit zum Sieg verholfen. Mit seinem Cousin Kyle West hatte Al vor seiner Karriere an Songs gebastelt – jetzt wurde West Als Produzent und Mitautor. Seine größten Albumerfolge waren »In Effect Mode« (5/88 US-LP 20) und »Private Times… And The Whole 9!« (11/90 US-LP 20). Als Gast von David Bowie sang er auf dessen Hit »Black Tie White Noise« (6/93 GB 36).

Nite And Day (4/88 US 7)
Rhythm & Blues

Albert, Morris

MORRIS ALBERT v (Brasilien, * 7. 9. 1951 als Morris Albert Kaisermann in Rio de Janeiro)

Morris Albert wurde als Sohn einer französischen Mutter und eines palästinensischen Vaters geboren. Mit dem Titel »Feelings« gelang ihm im Jahre 1975 ein weltweiter Hit. In den USA war es sogar ein Millionseller. Möglich, dass das Herrn Kaisermann gar nicht so recht war, denn wäre die Nummer ein Hit nur in Brasilien geblieben, wäre möglicherweise nie aufgefallen, dass es sich um eine ziemlich dreiste Kopie des Titels »Pour Toi« handelt, der im Jahre 1956 von dem Franzosen Louis Gasté geschrieben wurde. Aber erst 1985 wurde ein Verfahren gegen Morris Albert angestrengt – der verlor nicht nur das, sondern auch noch 250 000 englische Pfund, die er als Strafe zahlen musste. In Brasilien tritt er noch heute auf.

Feelings (6/75 US 6, 9/75 GB 4)
One Hit Wonder, Soft Pop

Alcazar

ANNIKAFIORE v (Schweden), ANDREAS LUNDSTEDT v (Schweden), TESS v (Schweden)

Der Titel »Spacer« von Sheila B. Devotion stand Pate für »Crying At The Discotheque« (12/01 GB 13) – für einen neuen Text war zum Teil Alexander Bard, einst Mitglied bei Army Of Lovers, verantwortlich. Das Video zum Hit zeigte, dass sich die drei von Alcazar nicht ganz ernst nehmen – aber auch, dass kein neuer Trend im Herbst 2001 zu hören war und die Musikschaffenden wieder auf die alten Stile zurückgriffen. Tess war vorher Direktorin einer Musik Theater Company, Annikafiore spielte in einem Abba-Musical die Rolle der Frida. Bevor die Platte in die deutschen Charts kam, hatte sie bereits in Frankreich, Italien und Griechenland abgeräumt. Nachfolgehit wurde »Sexual Guarantee« (3/02 GB 30).

Crying At The Discotheque (7/01 D 3)
Disko

Alda

ALDA OLAFSDOTTIR v (Island, * 9. 7. 1972)

Geboren wurde sie auf Island, als 13-Jährige verschlug es sie nach Schweden. Mit 15 wurde sie für zwei Jahre Sängerin in einer bulgarischen Band. Zurück in Island wurde sie Mitglied bei Stjornin und tourte mit Meat Loaf. Seit einiger Zeit ist sie in ihrer Heimat recht erfolgreich. Ihr zweiter internationaler Hit hieß »Girls Night Out« (12/98 GB 20).

Real Good Time (8/98 GB 7)
Pop

Alessi

BOBBY ALESSI v (USA, * 12. 7. 1953 in West Hempstead/New York), BILLY ALESSI v (USA, * 12. 7. 1953 in West Hempstead/New York)

Die eineiigen Zwillinge begannen ihre musikalische Karriere in der Band Barnaby Bye, in der der ehemalige Blues-Magoos-Sänger Peppy Castro das Sagen hatte. 1977 gelang den beiden songschreibenden Brüdern als eigenständiges Duo Alessi mit der Nummer »Oh, Lori« ein Top-10-Hit in England – die Amerikaner waren von dem Titel nicht begeistert. 1982 nahm Quincy Jones die beiden für sein Plattenlabel Qwest unter Vertrag – es blieb bei unter ferner sangen. Ihre Lieder wurden von Olivia Newton-John, Richie Havens oder Frankie Valli nachgesungen – als Hintergrundsänger hört man sie auf Platten von Barbra Streisand, Art Garfunkel, Samantha Sang, John Lennon oder Rick Springfield.

Oh, Lori (7/77 GB 8)
One Hit Wonder, Soft Pop

Alex

ALEX JOLING v (Deutschland, * 17. 1. 1963 als Alexander Joling in Stuttgart)
Der Sohn eines Diplomaten wuchs in Pakistan und Brasilien auf. 1972 kam die Familie nach Bonn. Hier machte Alex nach der Schule (›Die war für mich die Hölle‹) eine Lehre als Drucker. Dann wurde er Gastronom und war Anfang 2000, als er Bewohner im Container von ›Big Brother‹ wurde, Besitzer zweier gutgehender Szenekneipen in Bonn. Nach der Fernseh-WG machte er wie die meisten ehemaligen Insassen dieses Containers auch ein Plättchen: »Ich will nur dich«. Das sagte er schließlich auch Jenny Elvers, drehte ihr ein Kind an und war nach fünf Monaten wieder solo und um viel Promotion reicher. Er drohte Ende 2000 an, sich auf die Musik zu konzentrieren, Moderationen zu machen und Filmangebote zu prüfen. Zur Veröffentlichung eines anderen Container-Stars schrieb die Plattenfirma: ›Das Jahr 2000 wird in die Geschichte eingehen als ein Jahr, in dem die Normalität erst zum Medienereignis und schließlich zur Popkultur wurde.‹ 2001 spielte Alex in dem Actionfilm »Die Python« als deutscher Söldner seine erste Kinohauptrolle.

Ich will nur dich (6/00 D 3)
Pop

Alex Party

SHANIE CAMPBELL v (Großbritannien), ALEX NATALE v, dj (Italien), GIANNI VISNALDI g (Italien), PAOLO VISNALDI key (Italien)
Zwei Produzenten und ein DJ steckten hinter diesem Projekt. Dazu gesellte sich Shanie. Die drei Jungs schrieben die Musik, Shanie die Texte. Ihre erste Hitnotierung hatten Alex Party mit »Saturday Night Party« (12/93 GB 49, 5/94 RE-GB 29). Bei der Wiederveröffentlichung hieß das Werk »Saturday Night Party (Read My Lips)«. Weitere Hits außerhalb der Top 10: »Wrap Me Up« (11/95 GB 17) und eine weitere Version von »Read My Lips (Saturday Night Party)« (11/96 GB 28) – mal sehen, wie oft sich dieses Spiel noch wiederholen lässt.

Don't Give Me Your Live (2/95 GB 2)
Dance, Pop

Siehe auch: Livin' Joy

Alexander, Peter

PETER ALEXANDER v (Österreich, * 30. 6. 1926 als Peter Neumayer in Wien)
»Das machen nur die Beine von Dolores« war die erste Platte, die Peter Alexander am 27. 9. 1951 in Wien aufgenommen hat. Dort hatte er unter seinem richtigen Namen vorher als Schauspieler am Bürgertheater gearbeitet, bis der Laden dichtmachte. Seine Lebensgeschichte bis zu diesem Zeitpunkt schwankt zwischen oben und unten: Sein Elternhaus ist gutsituiert, seine Jugend unbeschwert – aber dann kommt der Krieg, und 1943 wird er als Flakhelfer eingezogen. Nach Kriegsende gerät er in britische Gefangenschaft. Erst langsam kristallisiert sich das schauspielerische Talent des Peter Neumayer heraus. Silvester 1945 ist er Musiker im englischen Offiziersclub in Wilhelmshaven, 1946 erfolgt sein erster Auftritt als Schauspieler im Gefangenenlager in Jever. Auch nach seiner ersten Platte im September 1951 ging es für Peter Alexander nicht Schlag auf Schlag. Erst langsam fand sich richtiges Repertoire für ihn. In den ersten Jahren sang er meist Nachzieher von Schlagern, die in der Bundesrepublik bereits Hits waren – bestimmt waren sie für den österreichischen Markt.
Und dann kam der Herbst 1953. Im Deut-

schen Theater in München gewann Peter Alexander einen Schlagerwettbewerb mit der Nummer »La Bella Musica« – er landete vor dem damaligen Publikumsliebling Vico Torriani und vor der kleinen Conny Froboess. Danach gelang ihm Hit auf Hit – die große und bis heute anhaltende Karriere von Peter Alexander nahm ihren Lauf. Im Juli 1952 hatte er den Titel »Die süßesten Früchte fressen nur die großen Tiere« aufgenommen, der sich nicht zu einem Hit entwickelte. Als er dieselbe Nummer im November 1953 noch einmal aufnahm – diesmal im Duett mit Laila Negra –, wurde der Titel ein Hit für Peter, der sich inzwischen auch als Schauspieler etabliert hatte. Er spielte meist in typischen Nachkriegsschmonzetten à la »Verliebte Leute« – keine große Kunst, sondern Spaß war gefragt.

Kaum ein deutschsprachiger Künstler kann auf eine Karriere wie die von Peter Alexander zurückschauen. Die Spanne seiner Top-10-Hits in der deutschen Hitparade reicht von 1954 bis 1981. Und trotz dieser langen Erfolgsserie: schon fast sprichwörtlich ist sein Lampenfieber.

Die erfolgreichsten seiner vielen Alben in den deutschen Charts: »Wiener Spaziergänge« (11/62 D-LP 5), »Spaziergang durch das Land der Operette« (12/64 D-LP 6), »Peter Alexander in Paris« (11/66 D-LP 7), »Wie es euch gefällt« (4/67 D-LP 9), »Peter Alexander serviert Spezialitäten aus Böhmen, Ungarn, Österreich« (9/67 D-LP 5), »Schlager-Rendezvous mit Peter Alexander, 1. Folge« (12/67 D-LP 1), »Schlager-Rendezvous mit Peter Alexander, 2. Folge« (12/68 D-LP 6), »Peter Alexander-Show« (12/69 D-LP 2), »Im Land der Lieder« (10/69 D-LP 7), »Schlager-Rendezvous mit Peter Alexander, 3. Folge« (4/70 D-LP 7), »Mein Geschenk für dich« (1/71 D-LP 2), »Stars in Gold« (3/71 D-LP 5), »Leben heißt Lieben« (7/71 D-LP 8), »Schlager-Rendezvous mit Peter Alexander« (8/76 D-LP 10), »Das goldene Schlageralbum« (3/79 D-LP 7) und »Aus Böhmen kommt die Musik« (11/83 D 6).

Im Laufe der Jahre zog sich Peter Alexander mehr und mehr aus dem TV-Showgeschäft zurück und stellte im Februar 2001 fest: ›Das Fernsehen ist brutal, ordinär und billig geworden. Ich möchte nicht auf der Bühne sterben – eher mit Gummistiefeln im Forellenbach.‹

Das süße Mädi (10/55 D 10)
Der Mond hält seine Wacht (10/55 D 1)
Eventuell (11/55 D 1)
Schon wieder mal (10/56 D 6)
Auf der Piazza von Milano (10/56 D 3)
Im Hafen unserer Träume (11/56 D 10)
Ich weiß, was dir fehlt (12/56 D 1)
Ein bisschen mehr (8/57 D 4)
Das tu' ich alles aus Liebe (9/57 D 3)
Das ist alles längst vorbei (2/58 D 9)
O Josefin (6/58 D 6)
Bambina (6/58 D 2)
Mandolinen und Mondschein (3/59 D 3)
Ich zähle täglich meine Sorgen (2/60 D 2)
Bist du einsam heut' nacht (1/61 D 4)
Missouri Cowboy (3/61 D 10)
Wenn erst der Abend kommt (3/63 D 6)
Verliebt, verlobt, verheiratet (6/63 D 7)
Nachts hör' ich immer alle Uhren schlagen (9/63 D 8)
Seide und Samt (10/64 D 7)
Schenk mir ein Bild von dir (3/65 D 2)
Fräulein Wunderbar (8/65 D 7)
Aba Heidschi Bum Beidschi (12/65 D 10)
Moderne Romanzen (11/66 D 4)
Spanisch war die Nacht (3/67 D 9)
Verbotene Träume (8/67 D 1)
Der letzte Walzer (10/67 D 1)
Delilah (4/68 D 1)
Komm und bedien' dich (9/68 D 9)
Liebesleid (2/69 D 1)
Oh Lady Mary (2/70 D 5)
Hier ist ein Mensch (11/70 D 2)
Unser täglich Brot ist die Liebe (11/72 D 8)
Irgendwo brennt für jeden ein Licht (10/73 D 9)
Die kleine Kneipe (5/76 D 2)
Und manchmal weinst du sicher ein paar Tränen (4/79 D 9)
Der Papa wird's schon richten (11/81 D 3)
Deutscher Schlager

Alexia

ALEXIA v (Italien, * 19. 5. 1967 als Alexia Aquilani in La Spezia)
Tra-La-La-Pop aus Italien, den die Plattenfirma freundlich als ›ultimativen Sommerhit‹ ankündigte. »Uh La La La« war 1997 zuerst in Italien, Spanien, Finnland und Deutschland in den Charts. Zum Frühlingsanfang 1998 kam die Platte in GB auf den Markt und erreichte sofort die Top-10. Alexia hatte bereits Hiterfahrung: Sie war die Sängerin auf der Nummer »Think About The Way (Bom Digi Bom)« (5/94 D 14, 8/94 GB 42, 9/96 RE-GB 38) von Ice MC. In Italien hatte sie als Solistin 1995 die Nummer 1 in den Charts mit dem Titel »Me & You«. Gleiches gelang ihr ein Jahr später mit »Summer Is Crazy« und »Number 1«. Weitere internationale Notierungen waren »Gimme Love« (6/98 GB 17) und »The Music I Like« (10/98 GB 31).

Uh La La La (3/98 GB 10)
Dance, Pop

Alford, John

JOHN ALFORD v (Großbritannien)
Mike Stock und Matt Aitken konnten sich Mitte der 90er Jahre zurücklehnen – sie waren satt. Als zwei Drittel des Produzenten- und Songschreiberteams Stock/Aitken/Watermann hatten sie mehrere Schäfchen im Trockenen. Aber genau zu diesem Zeitpunkt erkannten sie auch, dass viele Plattenkäufer mit der Musik jener Tage wenig anfangen konnten und sich nach den alten Songs sehnten. Den Wunsch konnten sie ihnen erfüllen. Interpreten wie Robson & Jerome und eben jener John Alford wurden durch Stock/Aitken produziert – heraus kamen Coverversionen alter Hits. Alford hatte seinen ersten Erfolg mit »Smoke Gets In Your Eyes« (2/96 GB 13) und seinen letzten mit »If/Keep On Running« (11/96 GB 24). John war 1996 gerade mal 24 Jahre alt und konnte trotzdem auf eine langjährige Karriere als TV-Schauspieler zurückblicken. Schon mit 6 spielte er seine ersten Rollen. In den 90er Jahren wurde er populär, als er in der TV-Serie ›London's Burning‹ den Feuerwehrmann Billy Ray spielte. Genau in dieser Serie sah ihn Mike Stock und machte mit ihm einen Plattenvertrag. Mike wusste, dass Aussehen über dünne Stimmchen geht – Technik macht es möglich. Mit diesem Prinzip hatten er und seine beiden Kumpels doch über Jahre gearbeitet und viel Geld verdient.

Blue Moon/Only You (5/96 GB 9)
Soft Pop

Ali, Tatyana

TATYANA ALI v (USA, * 24. 1. 1979 in Long Island/New York City)
Tatyana spielte zusammen mit Will Smith in der TV-Serie »The Fresh Prince Of Bel Air« die Rolle der Ashley Banks. In einer Folge sollte sie ein Lied singen – sie machte es und startetete damit ihre Gesangskarriere. Als erstes Album erschien »Kiss The Sky«. »Daydreamin'« war eine Auskopplung daraus. Zu hören waren auf dieser Single Samples aus »Black Cow« von Steely Dan. Produzent war Rodney Jerkins, der auch für Hits von Brandy & Monica verantwortlich war. Als Rapper machten auf »Daydreamin'« Lord Tariq und Peter Gunz mit, bei »Boy You Knock Me Out« Will Smith. Ihr bisher letzter Top-40-Hit war »Everytime« (6/99 GB 20).

Daydreamin' (8/98 US 6; 11/98 GB 6)
Boy You Knock Me Out (2/99 GB 3)
Pop, Soul

Alias

FREDDY CURCI v (Kanada), STEVE DEMARCHI v, g (Kanada), MIKE DROSIER d, ROGER FISHER g (USA, * 14. 2. 1950), STEVE FOSSEN b (USA, * 15. 11. 1949)

Die beiden erstgenannten Musiker waren Mitglieder in der kanadischen Band Sheriff, die mit dem Titel »When I'm With You« im Mai 1983 als größten Erfolg einen Platz 61 in der amerikanischen Hitparade erreichten. Wenig später trennte sich die Gruppe. Platte und Gruppe waren für die meisten lange vergessen, als 1988 eine amerikanische Radiostation begann, den Titel verstärkt einzusetzen.
Andere zogen nach, worauf sich die Plattenfirma Capitol entschloss, sie erneut zu veröffentlichen. Im November 1988 kam sie in die US-Hot-100, am 4. 2. 1989 wurde sie Nummer 1 und ein Millionseller. Freddy Curci arbeitete zu diesem Zeitpunkt in Toronto als Kurier. Während er ein Paket ablieferte, hörte er im Hintergrund seine alte Platte. Er musste lachen, woraufhin er von der Empfangsdame gefragt wurde, worüber er lache. Erst wollte er es nicht sagen, als dann insistiert wurde, bemerkte er, dass er der Sänger dieser Platte sei. Daraufhin wurde die Frau sauer und wollte den Sicherheitsdienst rufen. Capitol versuchte verzweifelt, die Musiker von Sheriff wieder zu versammeln. Da jedoch einige anderweitig in festen Vertragsverhältnissen waren, kamen nur Curci und DeMarchi. Zu diesen beiden gesellte man Roger Fisher, ehemaliges Mitglied bei Heart, und zwei in der Musikerszene von L. A. bekannte Cracks. Zuerst wollte man sich wieder Sheriff nennen, doch dann einigte man sich schließlich auf Alias. Mit »More Than Words Can Say« gelang Alias im Herbst 1990 ein erneuter Hit. Es folgte noch »Waiting For Love« (1/91 US 13) – und tschüs! 1994 veröffentlichte Freddy Curci mit »Dreamer's Road« seine erste Solo-LP.

More Than Words Can Say (9/90 US 2)
Rock

Siehe auch: Sheriff

Alice

ALICE v (Italien, * 26. 2. 1954 als Carla Bissi in Forli/Rimini)
Im persönlichen Gespräch mit diesem italienischen Star stellt man schnell fest, dass sie aus dem Land stammt, in dem die Mimosen blühen. Vielleicht ist sie aber auch nur ein wenig introvertiert. ›Ich habe immer gemacht, was ich für richtig hielt. Ich erforsche mich, versuche mich zu entdecken, zu entwickeln. Eine Zeit lang sah jeder in mir nur eine attraktive Frau, die am besten mit seichten Popsongs zu vermarkten ist. Niemand betrachtete mich als ernst zu nehmende Sängerin und Komponistin‹. Ende der 60er Jahre trat Alice bereits beim Festival in San Remo auf – sie war gerade 15. Hierzulande begann ihre Karriere mit dem Titel »Per Elisa« 1981 und hatte ihren Höhepunkt mit »Una Notte Speciale« 1982. 1984 versuchte man sie auch dem deutschen Publikum näherzubringen und ließ sie zusammen mit Stefan Waggershausen den Song »Zu nah am Feuer« singen. In Deutschland erreichte die Platte Platz 13. Die alten Hits will sie inzwischen nicht mehr singen. 1992 veröffentlichte sie in ihrer mittlerweile über 20jährigen Karriere das zwölfte Soloalbum. 1994 erschien »Il Vento Caldo Dell'Estate« und 1999 »Exit«. Die erste Singleauskopplung aus »Exit« war »Open Your Eyes«, und auf diesem Titel sang Skye Edwards von der britischen Formation Morcheeba mit.
Ihr erfolgreichstes Album hieß »Per Elisa« (5/82 D-LP 16).

Una Notte Speciale (3/82 D 7)
Pop

Alice Deejay

MILA key (Niederlande), JUDY PRONK v (Niederlande), YU-TIN key (Niederlande)
Ganz ohne Zweifel war Judy die Hauptakteurin in diesem Tulpen-Dance-Pop-

Trio. Auf Plattenhüllen war meist sie alleine abgebildet. Hinter ihr standen etliche Mixfummler, die für den Sound verantwortlich waren. Danski und DJ Delmundo hatten bereits die Vengaboys in die Hitparaden gebracht. Pronti, Kalmani, M. van der Kruy und R. Schutrups halfen ebenfalls beim Sound des Trios mit. Der Name Alice Deejay sollte ›märchenhaft, magisch, massentauglich‹ klingen. Angelehnt war er an die Erzählung ›Alice im Wunderland‹. Die erste Hitnotierung »Better Off Alone« (9/99 D 32, 4/00 US 27) brachte es sogar in die Top 30 der US-Charts. Weitere Hits außerhalb der Top 10: »Will I Ever« (6/00 D 33), »The Lonely One« (10/00 GB 16) und »Celebrate Our Love« (2/01 GB 17). Ebenfalls erfolgreich war das Album »Who Needs Guitars Anyway« (7/00 GB-LP 8).

Better Off Alone (7/99 GB 3)
Back In My Life (12/99 GB 4)
Will I Ever (7/00 GB 7)
Dance, Techno

Siehe auch: DJ Jurgen Presents Alice Deejay

Alien Ant Farm

TERENCE CORSO v, g (USA, * 28. 11. 1971 in Riverside/Kalifornien), MIKE COSGROVE d (USA, * 7. 11. 1975 in Long Beach/Kalifornien), DRYDEN MITCHELL v (USA, * 15. 6. 1976 in Redendo Beach/Kalifornien), TYE ZAMORA v, b (USA, * 30. 5. 1977 in Artesia/Kalifornien)
Das Quartett aus Riverside/Kalifornien formierte sich 1996. Alle hatten schon musikalische Erfahrungen in diversen Gruppen hinter sich. Der Gruppenname fiel Corso ein, während er am Schreibtisch so vor sich hin träumte und überlegte, ob es nicht toll wäre, wenn die menschliche Rasse quasi von einer außerirdischen Intelligenz auf der Erde wie Haustiere gehalten würde. 1999 erschien das Debütalbum der Gruppe mit dem (hinter)sinnigen Titel »Greatest Hits« – es erhielt bei den L.A. Music Awards als beste independent Album ausgezeichnet wurde. Als die ebenfalls aus Kalifornien stammende Formation Papa Roach mit ihrer eigenen Plattenfirma New Noize kam, war die Alien Ant Farm die erste Formation, die unter Vertrag genommen wurde. Ihr erster internationaler Hit war die Coverversion des Michael-Jackson-Hits »Smooth Criminal« (8/01 US 23). Ihr erstes Erfolgsalbum hieß »ANThology« (3/01US-LP 11) und wurde mit Platin ausgezeichnet.

Smooth Criminal (9/01 D 5, GB 3)
Movies (2/02 GB 5)
Rock

Alive & Kicking

VITO ALBANO d (USA), PEPE CORDONA v (USA), JOHN PARISIO g (USA), BRUCE SUDANO v, org (USA), SANDY TODER v (USA), THOMAS WILSON b (USA)
Dieses Pop- und Rock-Sextett stammte aus New York und hatte das Glück, dass im Frühjahr 1970 Tommy James & The Shondells auseinandergefallen waren. Tommy James strebte nun eine Solokarriere an und hatte sich als ersten Titel, den er singen wollte, die Nummer »Tighter, Tighter« geschrieben. Während der Produktion befiel Tommy die Angst, er könne die Nummer nicht richtig hinkriegen. Deshalb war er damit einverstanden, sie mit Alive & Kicking zu produzieren. Es erschienen noch zwei weitere Singles und eine LP, aber es blieb bei diesem einzigen Erfolg. Pepe Cardona sagte später, er habe Tommy James' Bubblegum-Touch nicht gemocht – Heavy Rock hätte ihren Vorstellungen mehr entsprochen. Das war wohl auch der Grund, weshalb Tommy James die Band fallenließ. Bruce Sudano wurde später Mitglied von Brooklyn Dreams und der Ehemann von Donna Summer.

Tighter, Tighter (6/70 US 7)
Pop, Rock

Alizée

ALIZÉE JACOTET v (Frankreich, * 21. 8. 1984 in Ajaccio/Korsika)

Entdeckt und gefördert wurde sie von Mylène Farmer. Mit der Nummer »Moi ... Lolita« stand sie in Frankreich wochenlang auf Platz 1 der Charts. Auch in Belgien und der Schweiz war sie überaus erfolgreich. Auch ihr Album »Gourmandises« verkaufte sich mehr als 300 000 mal.

Moi ... Lolita (9/01 D 5; 2/02 GB 9)
Pop

All About Eve

TIM BRICHENO g (Großbritannien, * 6. 7. 1963 in Huddersfield/Yorkshire), ANDY COUSIN b (Großbritannien, * 28. 6. 1963 in Huddersfield/Yorkshire), MARK PRICE d (Großbritannien, * 10. 8. 1959 in Nelson/ Lancashire), JULIANNE REGAN v, p (Großbritannien, * 30. 6. 1962 in Coventry/ Warkshire), MARTY WILLSON-PIPER g (Großbritannien)

In den späten 80er Jahren setzte sich diese Band mit einer Mixtur aus Rock-, Blues- und Folk-Elementen durch. Vor allem die klare und charismatische Stimme von Julianne Regan bestimmt den Sound der Platten. Julianne hatte vorher als Musikjournalistin gearbeitet. Die Band nannte sich zuerst Swarm, dann setzten sich Juliannes Vorstellungen von Hexenzauber, Tarotkarten und Hippiemystik durch, und es entstand 1985 All About Eve. Songs auf ihrer ersten CD wie »Flowers In Our Hair« oder »Gypsy Dance« belegen Juliannes Vorlieben. Ab Ende 1987 konnte sich All About Eve zumindest in der britischen Hitparade regelmäßig platzieren. Die Hits außerhalb der Top 10: »Wild Hearted Woman« (1/88 GB 33), »Every Angel« (4/88 GB 30), »What Kind Of Fool« (11/88 GB 29), »Road To Your Soul« (9/89 GB 37), »December« (12/89 GB 34), »Scarlet« (4/90 GB 34), »Farewell Mr. Sorrow« (6/91 GB 36) und »Phased (EP)« (10/92 GB 38).

Ihre erfolgreichsten Alben: »All About Eve« (2/88 GB-LP 7), »Scarlet And Other Stories« (10/89 GB-LP 9) und »Touched By Jesus« (9/91 GB-LP 17).

Mitte 1990 verließ Bricheno die Band und ging zu Sisters Of Mercy. Für ihn kam von The Church Marty Wilson-Piper. Im Frühjahr 1993 war es dann ganz aus – Julianne gründete erst Harmony Ambulance, schrieb ab 1994 zusammen mit Bernard Butler, vorher Suede, einige Songs, bevor sie schließlich im Frühjahr 1995 einen Solovertrag unterzeichnete.

Martha's Harbour (7/88 GB 10)
Blues, Folk, Rock

All Saints

NATALIE APPLETON v (Kanada, * 14. 3. 1973), NICOLE APPLETON v (Kanada, * 7. 12. 1974), MELANIE BLATT v (Großbritannien, * 25. 3. 1975), SHAZNAY T. LEWIS v (Großbritannien, * 14. 10. 1975)

Die Ursprünge dieser Mädchengruppe gehen zurück in das Jahr 1993. Blatt und Lewis hatten ein Duo gegründet, das es immerhin zu einer Singleveröffentlichung brachte. Nachdem die kein Hit wurde, baten sie 1995 die beiden kanadischen Schwestern Appleton, sich ihnen anzuschließen. »I Know Where It's At« wurde im Herbst 1997 ihr erster Hit und zeigte das Quartett selbstbewusst: ›Mit den Spice Girls möchten wir nicht verglichen werden. Wir sehen besser aus als die Spice Girls und haben mehr im Kopf.‹ Wenn das kein Qualitätsnachweis ist. Am 24. 11. 1997 erschien das Album »All Saints« (12/97 GB-LP 2, 3/98 US-LP 40) – daraus ausgekoppelt wurde der Hit »Never Ever«. Anfang 2. 2. 1998 stieg die Platte auf Platz 34 in die deutsche Hitparade ein und erreichte schließlich Platz 18. Mit einer Cover-Version des Red Hot Chilli Peppers Songs »Under The Bridge« stieg All Saints am 9. 5. 1998 auf Platz 1 in die GB-Charts ein. Die B-Seite war ebenfalls eine Coverversion: »Lady Marmalade«, einst ein Hit für LaBelle. Und auch »Bootie Call« schaffte auf Anhieb den Sprung auf Platz 1. In der Liste der britischen No. 1-Hits war »Bootie Call« der 800. Spitzenreiter seit 1952. Nach einer Pause legten All Saints Anfang 2000 wieder los. »Pure Shores« stieg am 26. 2. 2000 wieder gleich auf Platz 1 in GB ein. Ein weiteres Erfolgsalbum wurde »Saints And Sinners« (10/00 GB-LP 1).

I Know Where It's At (9/97 GB 4)
Never Ever (11/97 GB 1; 7/98 US 4)
Under The Bridge/Lady Marmalade (5/98 GB 1)
Bootie Call (9/98 GB 1)
War Of Nerves (12/98 GB 7)
Pure Shores (2/00 GB 1)
Black Coffee (10/00 GB 1)
All Hooked Up (1/01 GB 7)
Pop

All Seeing I

DJ PARROT dj (Großbritannien, als Barrett), DEAN HONER dj (Großbritannien), RUBBER JOHNNY dj (Großbritannien, als Jason Buckel)
Dieses Rave-Trio war schon seit Anfang der 90er Jahre im britischen Musikbusiness unterwegs. DJ Parrot hatte den ›Bleep-Techno-Sound‹ mitentwickelt. Honer war Produzent analoger Dance-Experimente und Rubber Johnny hatte für mehre Underground-Labels Platten gemastert. Sie bezeichneten sich stets als ›Vandalen, die nur von anderen Leuten stehlen, um daraus etwas anderers, etwas Neues im Bereich der Dance-Musik zu schaffen‹. Mit »Beat Goes On« (3/98 GB 11) hatten sie ihren ersten Hit. Der Titel war als »The Beat Goes On« 1967 ein Hit für Sonny & Cher, geschrieben von Sonny Bono. Mit »Walk Like A Panther« hatte das Trio einen ersten Top-10-Hit. Mitgeschrieben wurde dieser Titel von Jarvis Cocker von der Gruppe Pulp. Tony Christie wurde als Sänger dieser Platte benannt. Der hatte vorwiegend in der ersten Hälfte der 70er Jahre in den Charts abgeräumt und war dann in einen Tom-Jones-Las-Vegas-Stil geglitten. Ihr bisher letzter Top-40-Hit: »First Man In Space« (9/99 GB 28).

Walk Like A Panther '98 (1/99 GB 10)
Rave, Techno

Siehe auch: Christie, Tony

All Star Tribute

Als Benefizplatte zugunsten des United Ways September 11th Fund und Artists Against Aids Worldwide sang Christina Aguilera als Teil der Formation All Star Tribute eine Coverversion des Marvin-Gaye-Titels »What's Going On« (10/01 US 27). Mit dabei waren außerdem die Backstreet Boys, Bono, Mary J. Blige, Destiny's Child, Puff Daddy, Guestlove, Jermaine Dupri (der den Titel auch produzierte), Fred Durst, Eve, Perry Farrell (Jane's Addiction), Jagged Edge, Chris Martin (von Coldplay), Pat Monhahan (von Train), Monica, T Boz & Chili, Nelly Furtado, Nona Gaye, Darren Hayes, Wyclef Jean, Alicia Keys, Lil' Kim, Aaron Louis (von Staind), Jennifer Lopez, Nelly, 'N Sync, Nas, Gwen Stefani, Britney Spears, Michael Stipe, Usher, Scott Weiland und Ja Rule.

What's Going On (11/01 GB 6)
Pop, Rhythm & Blues

All-4-One

TONY BOROWIAK v (USA, * 12. 10. 1972 in Lancaster/Kalifornien), JAMIE JONES v, key, sax (USA, * 6. 11. 1974 in Lancaster/Kalifornien), DELIOUS KENNEDY v (USA,

* 21. 12. 1970 in New York City), ALFRED NEVAREZ v (USA, * 18. 5. 1973 in Lancaster/Kalifornien)
Das aus drei Schwarzen und einem Weißen bestehende Quartett aus Los Angeles gehörte zu den großen Gewinnern des Jahres 1994, ihre Single »I Swear« war die meistverkaufte Platte. Vorher war noch »So Much In Love«, die Coverversion eines Spitzenreiters der US-Charts der Gruppe Tymes von 1963, erschienen. Auch »I Swear« war keine Originalnummer von All-4-One: Der Countrysänger John Michael Montgomery hatte den Song einige Monate zuvor veröffentlicht, konnte aber in den Popcharts keine hohe Platzierung erreichen. Jamie Jones, die Leadstimme, zeigte jedoch auf der Debüt-CD, dass er auch ein Talent als Songschreiber hat. Der Name der Band soll, so das Credo der gemischtrassigen Formation, eine Pro-Unity-Botschaft formulieren. Musikalisch fusionieren sie Doo-Wop, Rhythm and Blues, Pop und Jazz – und machen daraus ein Gemisch, das speziell in den 50er und 60er Jahren in den USA sehr beliebt war. Ihr A-cappella-Gesang ist allerdings nicht von schlechten Eltern. Das meinte auch das Grammy-Gremium, das der Gruppe 1995 einen Preis für die Best Pop Performance By A Group With Vocal verlieh. Ihre erfolgreichsten Alben: »All-4-One« (4/94 US-LP 7, 7/94 GB-LP 25, D-LP 7) und »And The Music Speaks« (6/95 US-LP 27).

So Much In Love (1/94 US 5)
I Swear (4/94 US 1; 6/94 D 1, GB 2)
I Can Love You Like That (6/95 US 5)
Soft Soul

Allen, Donna

DONNA ALLEN v (USA, in Key West/Florida)
Nachdem sie, in Tampa/Florida aufgewachsen, als Cheerleader der Tampa Bay Buccaneers gelernt hatte, die Beine in die Luft zu werfen, war sie für das Showgeschäft prädestiniert. In den frühen 80er Jahren sang sie erst mit Bands wie Hi-Octane und Trama, dann mit ihrer eigenen Band Donna Allen & Company. 1986 erschien ihr Debütalbum »Perfect Timing« – und mit ihrer tanzorientierten Musik lag sie da auch genau richtig. Von ihrer Plattenfirma wurde sie als ›The Black Madonna‹ angepriesen. Nach zwei Top-10-Hits in Großbritannien war sie mit dem Ausklang der 80er Jahre selbst verklungen. Die letzte Notierung unter ihrem Namen gelang ihr mit »Real« (1/95 GB 34). Als Gast von East 57th ST hatte sie noch den Hit »Saturday« (10/97 GB 29).

Serious (4/87 GB 8)
Joy And Pain (6/89 GB 10)
Dance

Allen, Keith

siehe Black Grape

Allman Brothers Band

GREGG ALLMAN v, key (USA, * 8. 12. 1947 in Nashville/Tennessee), DUANE ALLMAN g (USA, * 20. 11. 1946 in Nashville/Tennessee † 29. 10. 1971), DICKEY BETTS g (USA, * 12. 12. 1943 in Palm Beach), JAI JAI JOHANSON d (USA, * 8. 7. 1944 als John Lee Johnson in Ocean Springs), CHUCK LEAVELL key (USA), BERRY OAKLEY b (USA, * 4. 4. 1948 in Chicago/Illinois † 11. 11. 1972), BUTCH TRUCKS d (USA, * 11. 5. 1947 als Claude Hudson in Jacksonville/Florida), LAMAR WILLIAMS b (USA, † 25. 1. 1983)
Die Ursprünge der Allman Brothers Band gehen zurück in das Jahr 1959. Zusammen mit seinem Bruder Gregg gründete der Ausnahmegitarrist Duane Allman

1959 die Kings. Bis 1965 spielten sie in diversen Bands, gründeten Allman Joys, Hourglass und schließlich die Allman Brothers Band. Nebenher war Duane der Top-Sessiongitarrist in den Muscle Shoals Studios in Memphis. Von seinen vielen Arbeiten sind zwei ganz besonders bemerkenswert: Er spielte zusammen mit Eric Clapton auf »Layla« von Derek & The Dominos und »Loan Me A Dime« mit Boz Scaggs. Auf der LP »Eat A Peach« (3/72 US-LP 4) sind die letzten drei Studioaufnahmen von ihm zu finden. Am 29. Oktober 1971 versuchte er mit seinem Motorrad einem LKW auszuweichen und verunglückte. Nach einer dreistündigen Operation erlag er seinen Verletzungen.
Während sich sein Bruder Duane auf das Gitarrenspiel konzentrierte, spielte Gregory Lenoir, so seine vollständigen Vornamen, Keyboards und sang auch hin und wieder. Nach dem Tod seines Bruders machte Gregg 1975 mehr durch seine immerhin neun Tage dauernde Heirat mit Cher auf sich aufmerksam als durch seine Musik.
Das, was die Allman Brothers machten, nennt man Southern Rock. Sie formierten sich 1969 in Macon, Georgia. Dank der außerordentlichen spielerischen Leistung von Duane Allman konnte sich die Band schnell eine große Anhängerschaft erspielen. Vor allen Dingen ihre Live-Auftritte müssen gigantisch gewesen sein. So verwundert es nicht, dass die Mitte 1971 erschienene Liveplatte »At Fillmore East« (7/71 US-LP 13) ihr erster und die im Frühjahr 1972 veröffentlichte LP »Eat A Peach« ihr zweiter Millionseller wurde. Abgesehen von Duanes bereits erwähnten letzten drei Studioaufnahmen handelt es sich bei »Eat A Peach« ebenfalls um eine Liveplatte. Nach dem Tod von Duane war es nicht sein Bruder Gregg, der die Band weiter leitete, sondern Dickey Betts. Er war es auch, der den größten Singlehit der Gruppe gesungen und geschrieben hat: »Ramblin' Man«. Nachdem sich die Gruppe 1972 nach dem Tod von Duane gerade wieder konsolidiert hatte, verunglückte am 11. 11. 1972 unter beängstigend ähnlichen Umständen wie Duane Allman der Bassist Berry Oakley. Er wurde ersetzt durch Lamar Williams, ein weiteres neues Mitglied wurde der Keyboarder Chuck Leavell. 1976 fiel die Band auseinander, weil Gregg in einem Drogenprozess gegen einen früheren Roadmanager aussagte. Die anderen Musiker wollten deshalb nicht weiter mit ihm zusammenarbeiten. Dickey Betts gründete Great Southern; Leavell, Williams und Johansen Sea Level. 1978 kamen Betts und Gregg Allman wieder mit einer neuen Allman-Brothers-Line-up. Anfang der 80er Jahre fiel die Band erneut auseinander, um sich 1989 wieder zu reformieren. 1991 und 1992 erschienen jeweils neue LPs der Allman Brothers Band. Von der alten Garde waren Gregg, Dickey Betts und Butch Trucks mit dabei, neu waren Haynes, Woody und Neel. Neel verließ die Band 1990 wieder und wurde durch Quinones ersetzt. 1994 veröffentlichten sie die CD »Where It All Begins«. Am 12. Januar 1995 wurden die Allman Brothers in die Rock and Roll Hall of Fame aufgenommen. Im Frühjahr 1996 spielten sie im Shrine Auditorium in Los Angeles/Kalifornien das Stück »Jessica«. Anlass: Mit dieser Nummer hatten sie einen Grammy gewonnen, und zwar als bestes Rock-Instrumental. Neben den bereits erwähnten Alben hatten die Allman Brothers den größten Erfolg mit »Brothers And Sisters« (8/73 US-LP 1), »Win, Lose Or Draw« (9/75 US-LP 5) und »Enlightened Rouges« (3/97 US-LP 9).

Ramblin' Man (8/73 US 2)
Southern Rock

allSTARS

Die allSTARS sind ein weiteres Kunstprodukt, das durch eine Fernsehsendung in die Charts gepusht wurde. Als Promotionpartner suchte Carlton-TV Burger King aus. In 600 Burger-King-Restaurants in Großbritannien sah die Fast-Food-Generation, wie man aussehen kann. Als erste Single der fünf erschien »Best Friends« (6/01 GB 20). Dann folgte die Doppel-A-Single »Things That Go Bump In The Night« (9/01 GB 12) mit der Coverversion des Duran-Duran-Titels »Is There Something I Should Know«. Das alles wurde begleitet von einer massiven Kampagne, in der den Kindern alles Mögliche an Merchandising angedreht wurde. Das ging von Armbändern über Kosmetiktäschchen bis hin zu Fotoalben und Bilderrahmen, die in 390 Geschäften der Kette Claire's Accessories verkauft wurden. Das Management hinter den allSTARS betreut auch die Steps oder a1. Bei »Land Of Make Believe« handelt es sich um eine Coverversion der Bucks-Fizz-Nummer.

The Land Of Make Believe (1/02 GB 9)
Teeniestar

Allure

LINNIE BELCHER v (USA), ALIA DAVIS v (USA), LALISHA MCLEAN v (USA), AKISSA MENDEZ v (USA)
Mariah Carey hatte 1996 ihr eigenes Plattenlable ›Crave‹ gegründet, für das sie neue Künstler suchte und auch fand. Allure wurde von Mariah noch im selben Jahr unter Vertrag genommen. Die vier Mädchen hatten sich an der New Yorker Talentschmiede ›La Guardia School of Performing Arts‹ kennen gelernt und etliche Jahre geprobt, bis sie den Plattenvertrag erhielten. Als erstes Album erschien »Allure«, aus dem die Single »Head Over Heals« (3/97 US 35, GB 18) ausgekoppelt wurde – die Mädchen wurden auf der Platte vom Star-Rapper Nas unterstützt. Die zweite Single »All Cried Out« (1/98 GB 12), wie die erste mitproduziert von Mariah Carey, brachte Allure den ersten Top-10-Hit in den USA. Bei dieser Aufnahme half gesanglich das Quartett 112. Der Song war im Original mit Lisa Lisa & Cult Jam bereits 1986 schon einmal in den US-Top-10 gewesen.

All Cried Out (8/97 US 4)
Pop, Rhythm & Blues

Almond, Marc

MARC ALMOND v (Großbritannien, * 9. 7. 1957 als Peter Marc Almond in Southport/ Liverpool)
Für viele Briten ist Peter Marc Almond ein ›Torch Singer‹, was man freundlich als ›einen Sänger von sentimentalen Liebesliedern‹ bezeichnen kann oder unfreundlich als einen ›Schnulzenheini‹. 1979 gründete er zusammen mit Dave Ball das Duo Soft Cell. Dieses Weichtier hatte mit »Tainted Love« im Herbst 1981 einen weltweiten Hit. Anfang 1984 fiel das Duo auseinander, und Marc machte als Solist weiter. Zusammen mit Bronski Beat hatte er 1985 den Hit »I Feel Love (Medley)«. Sein größter Hit als Solist war 1992 »The Days Of Pearly Spencer«, außerdem stand er zusammen mit Pop-Legende Gene Pitney und dessen 1967er Hit »Something's Gotten Hold Of My Heart« auf Platz 1 in Großbritannien und der Bundesrepublik. Ende 1996 verhalf er einem weiteren US-Altmeister zu neuen Plattenehren. Zusammen mit P.J. Proby sang er den alten Cupid's Inspiration-Hit »Yesterday Has Gone« aus dem Jahre 1968. Sein erfolgreichstes Album hieß »Stars We Are« (12/88 D-LP 9).
Zusammen mit dem deutschen Duo Rosenstolz und Nina Hagen tauchte Marc 2001 wieder auf: »Total Eclipse« (3/01 D 22). Mitte 2001 reformierte sich Soft Cell wieder.

I Feel Love (Medley) (4/85 GB 3)
Something's Gotten Hold Of My Heart (1/89 D 1, GB 1)
Tainted Love (5/91 GB 5)
The Days Of Pearly Spencer (4/92 GB 4)
Elektro-Pop

Siehe auch: Soft Cell

Alpert, Herb

HERB ALPERT v, tr, bl (USA, * 31. 3. 1935 in Los Angeles/Kalifornien)
Nachdem der Sohn eines russischen Emigranten und einer ungarischen Mutter für zwei Jahre in der 6. Army Band gespielt hatte, begann er 1958 zusammen mit dem Versicherungsvertreter Lou Adler Songs zu schreiben. Vier ihrer Lieder wurden von der kleinen Plattenfirma Keen angenommen, und gleichzeitig wurden sie als festangestellte Songschreiber engagiert. Zu diesem Zeitpunkt war Sam Cooke Star der Plattenfirma Keen. Zusammen mit ihm schrieben Herb und Lou die vier Hits »Love You Most Of All«, »Everybody Likes To Cha Cha Cha«, »Only Sixteen« und »Wonderful World«.
Als Autor wurde das Pseudonym Barbara Campbell angegeben – dies war in Wirklichkeit der Mädchenname von Sam Cookes Frau. 1959 lehnte Keen den Alpert/Adler-Song »Baby Talk« ab. Sie boten ihn der Plattenfirma Dore Records an, die ihn annahm und mit Jan & Dean veröffentlichte. Es wurde ein Platz 10 in der amerikanischen Hitparade. Herb Alpert drängte es, selbst Platten aufzunehmen. Für die Plattenfirma RCA sang er als Dore Alpert. Nebenher spielte er kleine Rollen in Hollywood-Produktionen. Bewundern konnte man ihn in einer Szene im Film »Die Zehn Gebote«. Moses kommt von der Entgegennahme eben jener vom Berg. Unten steht einer und spielt Trommel – das ist Herb Alpert. 1962 trennten sich Lou Adler und Herb Alpert. Herb schloss sich mit Jerry Moss, einem Produzenten von RCA, zusammen, und aus den Initialen ihrer Nachnamen gründeten die beiden die Plattenfirma A&M. Ihre ersten Unternehmungen wurden aus Herb Alperts Garage getätigt. Im Oktober 1962 nahm Herb den Titel »The Lonely Bull« auf. Er spielte im Multi-Track-Verfahren den Trompetenpart und kreierte damit sein Markenzeichen. Für die Produktion der Platte hat er 65 Dollar bezahlt. A&M veröffentlichte sie als The Tijuana Brass. Schon im Dezember waren 700 000 Platten verkauft. Damit begann eine lange Karriere sowohl als Interpret wie auch als Plattenboss. So nahm er für seine Firma Künstler wie Flying Burrito Brothers, Joe Cocker, Carole King und vor allen Dingen die Carpenters unter Vertrag und wurde damit zu einem der größten Plattenmogule seiner Zeit. Im Oktober 1989 verkauften Alpert und Moss ihre Plattenfirma an die Polygram für 460 Millionen Dollar. Für eine Firma, die in der Garage begann, ein netter Schnitt. Und weil das einmal gut geklappt hatte, versuchte Herb es zusammen mit seinem Geschäftspartner Moss und einer neu gegründeten Plattenfirma, die die beiden ALMO Records nannten. Auf diesem Label veröffentlicht Herb weiterhin Platten.
Die erfolgreichsten seiner Alben: »The Lonely Bull« (12/62 US-LP 10), »South Of The Border« (1/65 US-LP 6), »Whipped Cream & Other Delights« (5/65 US-LP 1, 4/66 GB-LP 2, 7/66 D-LP 24), »Going Places« (10/65 US-LP 1, 1/66 GB-LP 5, 6/66 D-LP 28, 8/66 RE-GB-LP 4), »Herb Alpert's Tijuana Brass Volume 2« (1/66 US-LP 17), »What Now My Love« (5/66 US-LP 1, GB-LP 18, 9/66 D-LP 11), »S.R.O.« (12/66 US-LP 2, 2/67 GB-LP 5), »Herb Alpert Brand New« (3/67 D-LP 3), »Sounds Like« (6/67 US-LP 1, 7/67 GB-LP 21, 11/67 D-LP 34), »Herb Alpert's Ninth« (12/67 US-LP 4, 2/68 GB-LP 26, D-LP 9), »The Beat Of The Brass« (5/68 US-LP 1, 6/68 GB-LP 4, 9/68 D-LP 23), »Greatest Hits« (5/70 GB-LP 8), »Rise«

(10/79 US-LP 6, 11/79 GB-LP 37), »Goldener Trompetensound« (3/80 D-LP6) und »Keep Your Eyes On Me« (4/87 US-LP 18).

The Lonely Bull (10/62 US 6)
Taste Of Honey (9/65 US 7)
Spanish Flea (12/65 GB 3)
This Guy's In Love With You (5/68 US 1; 7/68 GB 3)
Rise (7/79 US 1)
Diamonds (4/87 US 5)
Instrumental, Pop

Alphaville

RICKY ECHOLETTE g, key, b (Deutschland, * 6. 8. 1960 als Wolfgang Neuhaus), MARIAN GOLD v (Deutschland, * 26. 5. 1958 als Hartwig Schierbaum), BERNHARD LLOYD key (Deutschland, * 2. 6. 1960 als Bernd Gössling), FRANK MERTENS key (Deutschland, * 26. 10. 1961)
Die Ursprünge dieser Gruppe liegen im Jahr 1982. Die Jungs zogen, weil ihre finanziellen Möglichkeiten sehr beschränkt und ihre elektronischen Musikinstrumente und Übungsräume teuer waren, von Berlin in das billigere Münster um. Zuerst arbeiteten sie in einem Multi-Media-Projekt namens Nelson – daraus wurde dann Alphaville. Zur ersten Single »Big In Japan«, die am 5. 1. 1984 erschien, Sänger Gold: ›Wir sind Autodidakten und Fans, wir mögen Kino und Filmmusik, Roxy Music, Throbbing Gristle und Beethoven. Atmosphäre. Überschneidungen, Assoziationen, neue Harmonien. Das alles passiert in ALPHAVILLE, unserer Traumstadt. ALPHAVILLE kann überall sein. ALPHAVILLE ist der Drehort für unsere Musik.‹ Der Erfolg dieser ersten Platte war enorm. Mitte 1984 sprach man von der erfolgreichsten Neuentdeckung der deutschen Rockszene. Kritiker jedoch waren der Meinung, dass hier ein Einheitssound der computergesteuerten Keyboards regierte und dass es Alphaville mit aalglattem Styling und dem eingängigen Refrain der Nummer »Big In Japan« geschafft hatte. 1985 ging Frank Mertens, für ihn kam Ricky Echolette. Da inzwischen genug Geld vorhanden war, zogen sie wieder nach Berlin und nahmen als Produktionsort für ihre zweite LP die ›Billigstadt‹ New York. Vielleicht ist es in der Tat eine zu große Belastung, wenn gleich die erste Platte ein solcher Erfolg wird wie »Big In Japan«. Diesen Singlehit konnten sie nicht mehr wiederholen, obwohl noch eine ganze Reihe interessanter Aufnahmen erschienen ist. Zu einer im Februar 1992 erschienenen Compilation mit den Hits von Alphaville sagte Bernhard Lloyd: ›Popmusik ist eigentlich ein reiner Konsumartikel. Aber alle Leute, die ernsthaft in diesem Medium arbeiten, versuchen genau das Gegenteil: Sie versuchen, etwas Unvergängliches zu machen.‹ Im September 1992 veröffentlichte Marian Gold eine Solo-LP, was allerdings nicht das Ende der Band bedeutete. Für 1993 war die vierte LP von Alphaville angekündigt, die schließlich unter dem Titel »Prostitute« im August 1994 erschien. Längere Zeit hörte man nichts mehr von der Band. Dann erschien mit »Wishful Thinking« im April 1997 eine neue Single. Zwischenzeitlich war aus Alphaville ein Duo geworden: Marian Gold und Bernard Lloyd machten unter dem Namen weiter.
Ihre erfolgreichsten Alben: »Forever Young« (10/84 D-LP 3) und »Afternoons In Utopia« (6/86 D-LP 13).

Big In Japan (2/84 D 1; 8/84 GB 8)
Sounds Like A Melody (6/84 D 3)
Forever Young (10/84 D 4)
Elektro-Pop

Altered Images

MICHAEL »TICH« ANDERSON d (Großbritannien), CEASAR g (Großbritannien),

CLARE GROGAN v (Großbritannien, * 17. 3. 1962), STEPHEN LIRONI g, d (Großbritannien), TONY MCDAID b (Großbritannien), JOHN MCELHONE b (Großbritannien, * 21. 4. 1963 in Schottland), JIM MCKINVEN g (Großbritannien)

Diese Formation aus Glasgow kam 1979 zusammen und erhielt nach einigen Radiosessions bei der BBC einen Plattenvertrag. Vielleicht spielte dabei auch die Tatsache mit, dass Sängerin Clare Star in den Kultfilmen »Gregory's Girl« und »Comfort & Joy« mitgewirkt hatte. Im selben Jahr noch gingen sie mit Siouxsie And The Banshees auf Tournee. Ihr erster kleinerer Hit war Anfang 1981 die Single »Dead Pop Stars« (3/81 GB 67). Mit »Happy Birthday« hatten sie im Herbst 1981 ihren größten Erfolg. 1984 trennten sich die Mitglieder von Altered Images. Clare verfolgte weiter ihre Schauspielkarriere, machte Soloplatten und kam 1989 mit der Gruppe Universal Love School. McElhone ging zu Hipsway und später zu Texas.

Die erfolgreichsten Alben der Band: »Pink Blue« (5/82 GB-LP 12) und »Bite« (6/83 GB-LP 16).

Happy Birthday (9/81 GB 2)
I Could Be Happy (12/81 GB 7)
Don't Talk To Me About Love (3/83 GB 7)
Pop

Altern 8

MARK ARCHER computer (Großbritannien), CHRIS PEAT computer (Großbritannien)

Das UFO-Instrumental-Produktions-Duo Altern 8 aus Stafford, England, gehörte zu den Tanz-Techno-Gruppen, die 1991 in die Charts kamen und von denen keiner wusste, wer dahinter steckte. Wenn man sich die Musik anhört, scheint das auch unerheblich zu sein. Selbst die Presseveröffentlichungen zur jeweiligen Platte ließen die Adressaten im Dunkeln tappen: ›Sie nahmen die Platte in ihrem eigenen 48-Spur-La-Song-Studio auf. »Activ-8« ist ein Liebeslied an einen S-100 Sampler‹. Warum sie es ablehnten, die Mitglieder der Band zu nennen, wurde folgendermaßen erklärt: ›Identität ist eine Geißel des 20. Jahrhunderts. Anonymität ist ein viel interessanteres Konzept.‹ Eine aktivierte Alternative? Oder war ihnen einfach nur die Musik peinlich?! Auf dem Album »Full On . . . Mask Hysteria« (7/92 GB-LP 11) ließen sich Mark Archer und Chris Peat als Altern 8 feiern. Als Gastsängerin wurde bei »Evapor 8« P. P. Arnold genannt. Weitere Hits außerhalb der Top 10: »Infiltrate 202« (7/91 GB 28) und »Hypnotic ST-8« (7/92 GB 16).

Activ 8 (Come With Me) (11/91 GB 3)
Evapor 8 (4/92 GB 6)
Dance, Techno

Althea & Donna

ALTHEA FORREST v (Jamaika), DONNA REID v (Jamaika)

Die beiden Schulmädchen waren 17 bzw. 18 Jahre alt, als sie mit ihrem selbstgeschriebenen Novelty-Song »Uptown Top Ranking« in ihrer Heimat eine Nummer 1 hatten. Als Musiker waren unter anderem der Schlagzeuger Sly Dunbar und der Bassist Robbie Shakespeare zu hören. Ende 1977 wurden auch die Briten auf die eingängige Melodie mit dem jamaikanischen Mundarttext aufmerksam – die Platte schaffte es in GB an die Spitze. Das lag wohl auch daran, dass »Uptown Top Ranking« wochenlang ein Gesprächsthema der Briten war. Alle wollten den Text interpretieren – keiner verstand ihn. Der Ausdruck »Uptown Top Ranking« bedeutet in der jamaikanischen Umgangssprache, sich aufzubrezeln und um die Häuser zu ziehen. Das Original dieses Stücks stammte von Trinity und hieß »Three

Piece Suite«. Die Schreibweise von Althea Forrest wurde von den Briten umgeändert in Althia Forest. Ein Nachfolgehit gelang Althea & Donna nicht. 2002 lebten beide inzwischen in New York. Donna arbeitete für die Stadt New York, Althea für einen US-Ableger der Züricher Versicherung. Angeblich arbeiteten sie bereits seit 1995 an neuen Titeln – ein Ergebnis wurde bisher nicht gehört.

Uptown Top Ranking (12/77 GB 1)
One Hit Wonder, Reggae

Ama, Shola

SHOLA AMA v (Großbritannien)
Die junge Britin wartete in der Hammersmith-U-Bahn-Station auf einen Zug, als ein Mann sie ansprach und bat, ihm etwas vorzusingen. Sie tat es und der Mann stellte sich als Kwame von der Formation D-Influence heraus, der Shola für sein Plattenlabel Freakstreet unter Vertrag nahm. Ihre Debüt-Single »Celebrate« erschien 1995 und wurde ein Flop. Im März 1996 unterschrieb sie an ihrem 17. Geburtstag einen Plattenvertrag mit der WEA. »You Might Need Somebody« wurde schließlich im Frühjahr 1997 ihre erste Hitnotierung und gleichzeitig ihr erster Top-10-Hit. Der Song war 1980 mit Turley Richards Platz 54 in den USA und mit Randy Crawford 1981 Platz 11 in GB. Nachfolger »You're The One I Love« stieg am 30. 8. 1997 auf Platz 3 der GB-Charts ein. »Who's Loving My Baby« (11/97 GB 13), »Much Love« (2/98 GB 17) und »Someday I'll Find You« (4/98 GB 28) blieben außerhalb der Top-10 hängen. Ihr bisher erfolgreichstes Album war »Much Love« (9/97 GB-LP 6). Nach einer Pause kam mit »Imagine« (4/00 GB 24) wieder mal ein Hit.

You Might Need Somebody (4/97 GB 4)
You're The One I Love (8/97 GB 3)
Pop

Amazulu

NARDO BAILEY d (als John), SHARON BAILEY per (Großbritannien, * 22. 11. 1957), LESLEY BEACH sax (* 30. 9. 1954), CLAIRE KENNY b, ANN-MARIE TERESA ANTOINETTE RUDDOCK v (* 2. 7. 1961), MARGO SAGOV g
Britischer Versuch, eine Ska-Band auf die Beine zu stellen. Auf der ersten Singleveröffentlichung »Cairo« stand zu lesen: ›Die Bandmitglieder oder deren Eltern stammen zum größten Teil aus Honduras, Brasilien und der Karibik. So ist es nicht verwunderlich, dass Reggae, Blues und Calypso Hauptbestandteile der Musik von Amazulu sind. In den Texten beschäftigen sich die Mädchen auch mit gesellschaftlichen Problemen wie sozialer Ungerechtigkeit und Unterdrückung von Minderheiten. Ihr Hauptanliegen aber ist, das Publikum zu unterhalten und einfach gute Musik zu machen.‹ Ihren ersten Erfolg hatten sie mit »Excitable« (7/85 GB 12). Danach scheint es zu Schwierigkeiten in der Formation gekommen zu sein. Übrig blieben die Sängerin Ann-Marie, Sharon und Lesley. Weitere Hits außerhalb der Top 10: »Don't You Just Know It« (11/85 GB 15), »Too Good To Be Forgotten« (8/86 D 31), »Montego Bay« (9/86 GB 16) und »Mony Mony« (10/87 GB 38), die Coverversion des alten Tommy-James-&-The-Shondells-Hits – sehr kritischer Text.

Too Good To Be Forgotten (5/86 GB 5)
Pop, Ska

Ambassadors Of Funk

EINSTEIN rap, SIMON HARRIS dj, mix
Hinter dieser Kunstgruppe steht Simon Harris, der als Meistermixer bezeichnet wird. Unter ein simples kleines Melodiechen des Computerspiels Supermarioland legte er einen ebenso einfachen House-Track und darüber die Stimme eines M.C.

Mario. Auf diese Art und Weise wurde, wie die Plattenfirma schrieb, ›der knuffige Schnauzbartträger im Hausmeisterlook für Millionen junger und alter Gameboy-Freaks mindestens so groß wie Michael Jackson und der Terminator zusammen. Als Held des gleichnamigen Gameboy-Spiels Supermarioland erlebt er tagtäglich millionenfach Abenteuer. Untermalt vom Supermarioland-Theme, mit dem Kids in aller Welt Schulhöfe, Straßenbahnen und Spielplätze beschallen.‹ Das könnte man allerdings auch als akustischen Terror bezeichnen. Wie dem auch sei – für die Hersteller der Gameboyspiele eine gelungene Promotionmaßnahme. Die Platte zum Spiel wurde im Winter 1992 ein britischer Top-10-Hit und ein deutlicher Beweis, wer für die Singlehits der 90er Jahre verantwortlich ist: die Kids. Da kam Katzenjammer auf! Vor seiner Zeit als Ambassadors Of Funk hatte Simon Harris Platten unter seinem Namen veröffentlicht. Die erfolgreichsten waren »Bass (How Long Can You Go)« (3/88 GB 12) und »Here Comes That Sound« (10/88 GB 38).

Supermarioland (10/92 GB 8)
Funk, One Hit Wonder

Ambrosia

BURLEIGH DRUMMOND d (USA, * 25. 9. 1951), CHRISTOPHER NORTH key (USA), DAVID PACK v, g (USA, * 15. 7. 1952), JOE PUERTA v, b (USA, * 2. 7. 1951)
Ambrosia formierte sich 1970, sie spielten typischen West Coast Sound. Fünf Jahre sollte es dauern, bis sie mit »Holdin' On To Yesterday« ihren ersten Erfolg hatten. Ihre Hochzeit erlebten sie zwischen 1978 und 1980. North hatte bereits 1977 die Band verlassen. Nach 1982 fiel zwar die Band auseinander, für einzelne Produktionen kamen die Musiker jedoch wieder zusammen. Schon vorher hatten sie auch als Studiomusiker gearbeitet. So waren Dave, Joe, Burleigh und Christopher auf der hervorragenden Platte »Tales Of Mystery And Imaginations« von Alan Parsons Project zu hören. David selbst hatte als Solist für den Film »White Nights« gearbeitet und Plattenaufnahmen mit Quincy Jones und Patti Austin gemacht. Joe Puerta spielte auf Veröffentlichungen von Chi Coltrane, Al Stewart und Chris Rea. In der zweiten Hälfte der 80er Jahre tauchte er als Musiker bei Bruce Hornsby wieder auf. 1996 kam es kurzfristig zu einer Neuauflage der Band. Auf einem Album erschienen noch einmal die größten Hits von Ambrosia und drei neue Titel.
Ihr erfolgreichstes Album hieß »Life Beyond L.A.« (8/78 US-LP 19).

How Much I Feel (9/78 US 3)
Biggest Part Of Me (4/80 US 3)
Soft Pop, West Coast

Amen Corner

DENNIS BRYON d (Großbritannien, * 14. 4. 1949 in Cardiff/Wales), ANDY FAIRWEATHER-LOW v, g (Großbritannien, * 2. 8. 1948 in Cardiff/Wales), NEIL JONES g (Großbritannien, * 25. 3. 1949 in Llanbradach/Wales), ALLEN JONES sax (Großbritannien, * 6. 2. 1947 in Swansea/Wales), MIKE SMITH sax (Großbritannien, * 4. 11. 1947 in Neath/Wales), CLIVE TAYLOR b (Großbritannien, * 27. 4. 1949 in Cardiff/Wales), BLUE WEAVER org (Großbritannien, * 11. 3. 1947 als Mick in Cardiff/Wales)
Amen Corner kam 1966 in Cardiff, Wales, zusammen. Alle sieben Mitglieder waren vorher in diversen anderen, lokal bekannten Gruppen gewesen. 1967 erhielten sie einen Plattenvertrag, und gleich ihre erste Singleplatte, der »Gin House Blues«, wurde ein Top-20-Erfolg. 1968/69 hatte die Gruppe hintereinander vier Top-10-Hits in Großbritannien – und das muss ihnen zu Kopf gestiegen sein, denn 1970 lösten sie sich auf. Fairweather-Low, Weaver, Bryon,

Taylor und Neil Jones machten weiter als Fair Weather und hatten Mitte 1970 mit »Natural Sinner« einen weiteren Top-10-Hit. Allen Jones und Mike Smith machten zusammen mit Andy Bowen die Band Judas Jump. Ende 1970 trennten sich die Musiker endgültig, Andy Fairweather-Low hatte jeweils 1974 und 1975 Solo-Top-10-Erfolge, Derek ›Blue‹ Weaver wurde ein erfolgreicher Studiomusiker – so ist er z. B. auf etlichen Produktionen der Bee Gees zu hören und spielte auch mit Keef Hartley und den Strawbs. Weaver versuchte sich auch als Solist – er nannte sich Wynder K. Frog. »(If Paradise Is) Half As Nice« wurde 1993 für eine Eiswerbung verwendet. Das erfolgreichste Album von Amen Corner: »Explosive Company« (11/69 GB-LP 19).

Bend Me, Shape Me (1/68 GB 3)
High In The Sky (7/68 GB 6)
(If Paradise Is) Half As Nice (1/69 GB 1)
Hello Suzie (6/69 GB 4)
Beat, Pop

Siehe auch: Fair Weather; Fairweather-Low, Andy

America

GERRY BECKLEY v, g (USA, * 12. 9. 1952 in Fort Worth/Texas), DEWEY BUNNELL v, g (Großbritannien, * 19. 1. 1951 in Harrogate/Yorkshire), DAN PEEK v, g (USA, * 1. 11. 1950 in Panama City/Florida)
Die drei Amerikaner trafen sich 1967 auf der Central High School in Bushey Park in London. Alle drei waren Söhne von US-Air-Force-Offizieren, die in Großbritannien stationiert waren. 1970, gerade war die Schule beendet, gründeten sie ein Folk-Rock-Quintett, das sich Daze nannte und bald zum Trio wurde. Sie spielten im Roundhouse vor, um sich dort für Auftritte zu bewerben. Man nahm sie, und in der Folgezeit spielten sie dort als Vorgruppe für verschiedene etablierte Bands.
Wenig später erhielten sie einen Plattenvertrag. Jetzt nannten sie sich America und begannen mit den Arbeiten an ihrer ersten LP. Mit »A Horse With No Name« erschien Ende 1971 ihre erste Single, die ein weltweiter Hit wurde. Im Februar 1972 gingen sie zurück in die USA und spielten dort während einer Nordamerikatour im Vorprogramm der Everly Brothers. In der Folgezeit erschienen einige sehr schöne Platten, etliche davon produziert von George Martin, der auch die Verantwortung für die Hits der Beatles trug. Im Mai 1976 verließ Dan Peek die Band und wurde als Solist erfolgreich mit christlich angehauchtem Material. Die beiden anderen machten als Duo weiter. Mit der Nummer »The Last Unicorn« aus dem gleichnamigen Film erreichten sie 1984 noch einmal mit einer sehr schönen Singleplatte zumindest die Top 40 der deutschen Charts. Zehn Jahre dauerte es, bis mit »Hour Glass« 1994 wieder eine neue CD von America erschien. Im August 1998 kam mit »Human Nature« ein weiteres Album. Bei der Produktion hatten dem Duo Interpreten wie Tom Petty, Robert Lamm, Jasan Scheff, Carl Wilson oder Timothy B. Schmit geholfen. Erste Singleauskopplung war »From A Moving Train«.
Die erfolgreichsten Alben der Band waren »America« (1/72 GB 14, 2/72 US-LP 1), »Homecoming« (12/72 GB-LP 21, US-LP 9), »Holiday« (7/74 US-LP 3), »Hearts« (4/75 US-LP 4), »History/America's Greatest Hits« (11/75 US-LP 3) und »Hideaway« (5/76 US-LP 11).

A Horse With No Name (1/72 US 1, GB 3)
I Need You (5/72 US 9)
Ventura Highway (10/72 US 8)
Tin Man (8/74 US 4)
Lonely People (12/74 US 5)
Sister Golden Hair (4/75 US 1)
You Can Do Magic (7/82 US 8)
Rock, West Coast

American Breed

AL CINER v, g (USA, * 14. 5. 1947 in Chicago/Illinois), CHARLES CHUCK COLBERT

v, b (USA, * 30. 8. 1944 in Chicago/Illinois), LEE ANTHONY GRAZIANO d (USA, * 9. 11. 1943 in Chicago/Illinois), GARY LOIZZO v, g (USA, * 16. 8. 1945 in Chicago/Illinois)
Das aus Chicago stammende Quartett nannte sich ursprünglich Gary And The Nite Lites. Nach der Namensänderung in American Breed hatten sie mit »Step Out Of Your Mind« einen Top-30-Hit in den USA, bevor es dann Ende 1967 für »Bend Me Shape Me« eine goldene Schallplatte setzte. In Großbritannien hatten sie mit dieser Nummer keinen Erfolg – er wurde ihnen durch die Version der britischen Formation Amen Corner streitig gemacht. Mit »Green Light« hatten sie noch einmal einen Top-40-Hit, dann war die Hochzeit ihrer Mischung aus Pop, Bubblegum und Soul vorbei. Ciner, Colbert und Graziano gründeten eine neue Formation: Ask Rufus, aus denen dann Rufus wurde.

Bend Me Shape Me (12/67 US 5; 2/68 D 9)
Bubblegum, Pop, Soul

Ames, Ed

ED AMES v (USA, * 9. 7. 1927 als Ed Urick in Malden/Massachusetts)
Das jüngste Mitglied des Familienquartetts Ames Brothers ging einige Zeit nach Auflösung der Band 1960 nach New York, um dort Schauspielunterricht zu nehmen. Nach einigen Bühnenproduktionen übernahm Ed Ames die Rolle des Indianers Mingo in der US-Fernsehserie ›Daniel Boone‹. Die Singerei ließ ihn aber nie ganz los. Mit dem Titel »Try To Remember« aus dem Musical »The Fantasticks« hatte Ed 1964 den ersten von insgesamt sieben Soloerfolgen. Daraus konnte er gutes Kapital schlagen: Bis Ende der 70er Jahre war er mit Club- und TV-Auftritten gut im Geschäft. Seine erfolgreichsten Alben hießen »My Cup Runneth Over« (3/67 US-LP 4) und »Who Will Answer? And Other Songs Of Our Time« (2/68 US-LP 13).

My Cup Runneth Over (1/67 US 8)
Pop

Amorosi, Vanessa

VANESSA AMOROSI v (Australien, * 8. 8. 1981 in Melbourne)
Bereits im Alter von vier Jahren begann Vanessa mit Ballett- und Jazztanzunterricht. Als 12-Jährige begann sie mit öffentlichen Auftritten als Sängerin. 1997 wurde sie von Jack Strom entdeckt, und 1998 unterschrieb sie ihren ersten Plattenvertrag. Ihre Debütsingle erschien 1999 und hieß »Have A Look«. Innerhalb von sieben Wochen erreichte sie in Australien Goldstatus. Weltweit wurde Vanessa bekannt, als sie im Jahre 2000 bei der Eröffnung der Olympischen Spiele in Sydney das Lied »Absolutely Everybody« sang. Sofort wurde mit »The Power« (12/00 D-LP 7) auch ein erstes internationales Album angekündigt. Sowohl Single als auch Album wurden vom Deutschen Axel Breitung in den Bishop Audio Studios in Hamburg produziert. Nächste Single wurde »Shine« (2/01 D 38). Als zweites Album, auch wieder produziert von Axel Breitung, kam »Turn To Me«. Daraus wurde als erste Single »Everytime I Close My Eyes« (1/02 D 23) ausgekoppelt.

Absolutely Everybody (9/00 GB 7; 10/00 D 5)
Pop

Amos, Tori

TORI AMOS v, p (USA, * 22. 8. 1963 als Myra Ellen in Newton/North Carolina)
1991 erschien Toris Debütalbum »Little Earth Quakes«. Ihr Vater, ein Methodistenprediger, hatte ihr bereits in jüngsten Jahren das Pianospielen beigebracht. Das führte dazu, dass sie bereits mit fünf Jah-

ren ein Stipendium für das Peabody Conservatory in Baltimore gewann. Mit 13 gab sie in einer Homosexuellenbar in Washington/D.C., ihr Debüt vor Publikum. Es folgten die Ochsentour durch Clubs und die obligaten Demobänder an Plattenfirmen. 1980 wurde mit »Baltimore/Walking With You« ihre erste Platte veröffentlicht – sie ließ sie auf eigene Rechnung pressen und nannte sich Ellen Amos. Als sich nichts tat, zog sie enttäuscht nach London. 1988 war sie wieder auf Platte zu hören: diesmal als Mitglied der Gruppe Y Kant Tori Read. Mitte der 80er Jahre hatte sie begonnen, eigene Songs zu komponieren. 1991 erschien ihre erste Soloplatte als Tori Amos: »Me And A Gun«/»Silent All These Years«/»Upside Down«/ Thoughts« waren auf einer EP zu hören, die zuerst in GB erschien. Schnell war über sie zu lesen: ›Tori Amos ist ein amerikanisches Mädchen, das über wilden Sex, Unterdrückung, Kreuzigung und Schwangerschaft in einer beängstigend ausdrucksstarken Weise singt. Ihre Intensität macht es unmöglich, von diesen Songs nur leicht gestreift zu werden. Mit aufgerichtetem Rücken und einer roten Haarmähne bearbeitet sie das Klavier, zieht die Zuhörer in ihren Bann.‹ Anfang der 90er Jahre gab es eine ganze Flut neuer weiblicher Singer/Songwriter, die von den Medien mit Freude aufgenommen wurden. 1994 wurde zumindest in GB, denn nur dort konnte sie sich bisher richtig durchsetzen, zum Erfolgsjahr. Mit »Cornflake Girl« und »Pretty Good Year« erreichte sie die Top 10. Das ist eigentlich unverständlich, da die Briten ja schon Kate Bush haben. Anfang 1997 machte der Mixer Armand van Helden aus dem Stück »Professional Widow (It's Got To Be Big)«, im Original zu finden auf dem Album »Boys For Pele«, einen ›Star Trunk Funkin' Mix‹ – was immer das sein soll! So bis zur Unkenntlichkeit von der Originalvorlage verändert, stieg diese Single am 18. 1. 1997 auf Platz 1 der britischen Hitparade ein.

Ihre erfolgreichsten Alben waren »Little Earthquakes« (1/92 GB-LP 14, 4/92 US-LP 54), »Under The Pink« (2/94 GB-LP 1, US-LP 12), »Boys For Pele« (2/96 US-LP 2, GB-LP 2, D-LP 9), »From The Choirgirl Hotel« (5/98 US-LP 5, GB-LP 6), »To Venus And Back« (10/99 GB-LP 22, US-LP 12, D-LP 11) und »Strange Little Girls« (10/01 US-LP 4).

Als Backgroundsängerin ist Tori auf den Alben »Last Days Of The Century« von Al Stewart und »Mosquitos« von Stan Ridgway zu hören.

Cornflake Girl (1/94 GB 4)
Pretty Good Year (3/94 GB 7)
Professional Widow (It's Got To Be Big) (1/97 GB 1)
Folk, Rock

Anastacia

ANASTACIA NEWKIRK v (USA, * 17. 9. 1973 in Manhattan/New York City)

Ihre Kindheit verbrachte Anastacia in Chicago und kehrte als Teenager nach Manhattan zurück. Als sie fünf Jahre alt war, verließ der Vater die Familie – beide Eltern waren klassisch ausgebildete Sänger. Mit 17 wurde Anastacia professionelle Tänzerin und trat in Videos von z. B. Salt 'N' Pepper auf. Ein Jahr später hatte sie Jobs als Studiosängerin. 1997/8 machte sie beim MTV-Nachwuchswettbewerb »The Cut« mit – und danach rief angeblich sogar Michael Jackson bei ihr an und wollte sie für sein Plattenlabel unter Vertrag nehmen. Sie unterschrieb jedoch bei einer anderen Plattenfirma. Ihr Debütalbum »Not That Kind« (7/00 D-LP 2, 10/00 GB-LP 2) brachte der Sängerin und Songschreiberin, die inzwischen wegen ihres Freundes, eines Filmschauspielers, in L.A. lebt, in Deutschland den Durchbruch. In den USA stieg die Single »I'm Outta Love«

zweimal in die Charts ein – kam aber nicht über einen Platz 92 hinaus. In Deutschland und in der Schweiz kam die kraftvolle und mit einer Sexy-Stimme ausgestattete Anastacia besser an. Als nächste Hitnotierungen folgten »Not That Kind« (2/01 GB 11), »Cowboys And Kisses« (6/01 GB 28), »Made For Lovin' You« (8/01 GB 27) und »Paid My Dues« (12/01 GB 14).
Ende 2001 erschien mit »Freak Of Nature« (12/01 D-LP 1, 12/01 GB-LP 7) ein neues Album.

I'm Outta Love (5/00 D 6; 9/00 GB 6)
Paid My Dues (11/01 D 3)
One Day In Your Life (3/02 D 9)
Dance, Pop, Rhythm & Blues

Anders, Christian

CHRISTIAN ANDERS v (Österreich, * 15. 1. 1945 als Antonio Schinzel in Bruck an der Mur)
Mit der knapp sechs Minuten dauernden Single »Geh nicht vorbei« hatte Christian Anders seinen ersten großen Erfolg. Obwohl seine Plattenfirma damals darauf bestand, dass diese Aufnahme gekürzt werden sollte, setzte er sich dagegen zur Wehr und behielt Recht. Zu diesem Zeitpunkt waren normale Schlager in der Bundesrepublik nicht über eine Laufzeit von fünf Minuten hinausgekommen. Die Plattenfirmen befürchteten, die Rundfunksender würden so lange Stücke nicht spielen. Zumindest in dem Fall eine Fehleinschätzung.
Anders gehörte schon früh zu den wenigen deutschsprachigen Interpreten, die die Regeln des Schlagergeschäftes richtig verstanden haben: Nur wer selbst komponiert, textet, arrangiert, produziert, verlegt und dann auch noch selbst singt, kann das Optimum an einer Platte verdienen. Wenn er dann auch noch eine eigene Plattenfirma hat, stimmt alles hundertprozentig. Die von Anders hieß Chranders Records. Die Liste seiner Hits reicht bis ins Jahr 1979. Dann hörte man längere Zeit nichts mehr von ihm. Inzwischen wurde bekannt, dass er in den USA als Fernsehprediger mit dem Namen Lanoo noch mehr und noch einfacher Geld verdient. In den frühen 90er Jahren kehrte er für diverse peinliche Fernsehauftritte nach Deutschland zurück. Als nix mehr ging, kettete er sich am 18. 6. 1994 nackt an das Tor der JVA Aschaffenburg, um die Freilassung seines Bruders Dieter Schinzel zu erkämpfen. Der SPD-Politiker und Europa-Abgeordnete saß dort ein, weil er in eine Falschgeldaffäre verstrickt war. Anders zeigte bei dieser Ankettungsnummer lediglich, dass auch Lanoo nur einen kurzen Draht zum Lieben Gott hat.
Im März 2000 war er Mitglied einer Truppe, die unter dem Oberbegriff ›ZDF-Hitparade‹ durch 40 deutsche Städte tourte. Von den Fans dieser Sendung und der entsprechenden Veranstaltung wurde Anders ausgepfiffen. Solange er seine alten Hits sang, war alles in Ordnung. Dann bat er die Zuschauer um eine Meditationspause – das führte zu Unmut. Und als er dann als weißer Engel ›Deva‹ verkleidet auf die Bühne trat, setzte es Buhrufe und Pfiffe. Unbeirrt warb er für den wahren Buddhismus und warnte vor Weltverschwörung und Großkapital. Er sei auserkoren, ›die Wahrheit zu verbreiten‹ – mag ja sein, aber nicht, wenn er neben Patrick Lindner und Roland Kaiser in der ZDF-Tour-Hitparade auftritt!

Geh nicht vorbei (7/69 D 1)
Es fährt ein Zug nach Nirgendwo (3/72 D 1)
Deutscher Schlager

Anderson, Angry

ANGRY ANDERSON v (Australien, als Gary Anderson)
Zusammen mit der Heavy-Metal-Band

Rose Tattoo startete Angry Anderson in seiner Heimat Australien in den späten 70er Jahren. Dem Image dieser Band tat er sicher keinen Gefallen, als er 1988 in der Seifenoper-TV-Serie ›Nachbarn‹ den Titel »Suddenly« sang. Er untermalte die Szene, in der Kylie Minogue Jason Donovan heiratete. Das ging den Briten so sehr zu Herzen, dass die Platte Ende 1988 unter die ersten 10 in der Hitparade kam und Angry Anderson damit zum ›Lovely Anderson‹ machte.

Suddenly (11/88 GB 3)
Pop

Anderson, Bill

BILL ANDERSON v (USA, * 1. 11. 1937 als James William III Anderson in Columbia/ South Carolina)
James William Anderson III. galt bereits ab 1958 als erfolgreicher Countrysänger, Songschreiber und Schauspieler. Sein Spitzname war Whispering Bill. 1961 wurde er Mitglied der Grand Ole Opry. Anfang der 60er Jahre gelangen Bill Anderson einige Crossover-Hits in die Popcharts, darunter der Top-10-Erfolg »Still«. Der Song wurde 1963 der US-Country-Song des Jahres. In den Country-Hitparaden war er bis in die 90er Jahre erfolgreich. Bill war als Schauspieler in diversen Filmen zu sehen und moderierte die TV-Game-Show ›Fandango‹.

Still (4/63 US 8)
Country

Anderson, Carl

CARL ANDERSON v (USA, * 27. 2. 1945 in Lynchburg/Virginia)
siehe Loring, Gloria

Anderson, G. G.

G. G. ANDERSON (Deutschland, * 4. 12. 1949 als Gerd Grabowski in Eschwege)
Nachdem er unter den Pseudonymen Alexander Marco und Tony Bell aufgetreten war, wurde er Schlagzeuger in Begleitbands von Christian Anders und Michael Holm. Nebenher komponierte er für Interpreten wie Heino, Roland Kaiser, Juliane Werding, Rex Gildo, Audrey Landers, Engelbert oder Laura Branigan. Ab Ende der 70er Jahre versuchte er sich selbst als Platteninterpret. Mit »Mama Lorraine« hatte er seinen ersten und gleichzeitig auch größten Erfolg. In den Hitparaden wurde er zwar nicht mehr unter den ersten 10, aber bis in die 90er Jahre regelmäßig verzeichnet. Aus zwei Musikern seiner Begleitband wurden die Wildecker Herzbuben, die er wiederum produzierte.

Mama Lorraine (8/81 D 10)
Deutscher Schlager

Anderson, Laurie

LAURIE ANDERSON v (USA, * 5. 6. 1947 in Chicago/Illinois)
1981 nahm die New Yorker Multi-Media-Künstlerin den Titel »O Superman« auf. Wie Laurie Anderson später zugab, hatte sie mit dem Erfolg am wenigsten gerechnet. Die Single, eine fast acht Minuten dauernde Platte, auf der recht wenig passiert, passte auch in der Tat nicht in das gängige Hitparadenkonzept. Jedenfalls verschaffte es ihr einen langen Plattenvertrag, der etliche Alben und 1984 eine 5-LP-Box ermöglichte. Mit ihren Arbeiten auf dem Popmusiksektor bewegt sie sich meist in Randgebieten und nicht auf kommerziellem Weg – trotzdem beeinflusste ihre Arbeit die Popmusik bis in die 90er Jahre; Vergleiche zwischen »O Superman« und Army Of Lovers zeigen dies. Nach längerer Pause veröffentlichte sie Ende 1994 das Album »Bright Red«.

O Superman (10/81 GB 2)
Pop

Anderson, Lynn

LYNN ANDERSON v (USA, * 26. 9. 1947 in Grand Forks/North Dakota)
Ihre – im wahrsten Sinne des Wortes – ersten Sporen verdiente sich Lynn Anderson als ausgezeichnete Reiterin. So war sie im Jahr 1966 die ›California Horse Show Queen‹. Ihre Mutter war die Songschreiberin Liz Anderson, die auch als Country-Interpretin erfolgreich war. Ihr Vater war der Country-Music-Autor Casey Anderson. Kein Wunder also, dass Lynn dieselbe Richtung einschlug. Schon 1967 hatte sie ihren ersten Country-Top-10-Hit. Mit dem von Joe South geschriebenen Millionseller »Rose Garden« gelang ihr der größte Crossover-Erfolg in den Pophitparaden. Die Liste ihrer Hits auf dem Country-Sektor reicht bis zum Ende der 80er Jahre. Ihr erfolgreichstes Album war »Rose Garden« (1/71 US-LP 19).

Rose Garden (11/70 US 3; 2/71 D 1, GB 3)
Country

Anderson, Sunshine

SUNSHINE ANDERSON v (USA, * 1975 in Charlotte/North Carolina)
Macy Gray entdeckte das Talent von Sunshine Anderson und managte sie. Im April 2001 erschien ihr Debütalbum »Your Woman« (5/01 US-LP 5), aus dem ihre erste Hitsingle ausgekoppelt war.

Heard It All Before (6/01 GB 9)
Rhythm & Blues, Soul

Andre, Peter

PETER ANDRE v (Großbritannien, * 27. 2. 1973 in Harrow-London)
1995 war der in GB geborene und im Alter von 10 Jahren mit seinen Eltern nach Australien ausgewanderte Andre zusammen mit East 17 und später mit Boyzone auf Tour durch Deutschland – damals mehr oder weniger unbeachtet. Erst der Charterfolg »Mysterious Girl« brachte ihm Mitte 1996 europaweit Beachtung. Es war weniger der Song, der die Mädchenherzen höher schlagen ließ, sondern das Begleitvideo, das Peter mit offenem Hemd zeigte. Das ist noch nichts Besonderes, all die kleinen Jungs von den Boy-Groups machen das – aber Peter hatte unter dem Hemd das, was schnell zu seinem Markenzeichen wurde und immer dann zur Sprache kam, wenn von ihm die Rede war: den Waschbrett-Bauch. Körperlich also fit für den Tanz auf der Bühne, war er schnell in ›Bravo‹ und allen angeschlossenen Teenieblättern ein Star. Erste Erfolge hatte Peter in Neuseeland. Dort stand er 1995/6 mit der Nummer »Get Down On It« auf Platz 1 der Charts. In Australien veröffentlichte Platten waren ebenfalls sehr erfolgreich. Seine erste Hitnotierung in GB war die Nummer »Turn It Up« (6/95 GB 64). Nachfolger »Mysterious Girl« (9/95 GB 53, 6/96 RE-GB 2) erreichte bei der Erstveröffentlichung eine schlappe Platzierung. Es folgte »Only One« (3/96 GB 16). Dann kam das Video mit dem Waschbrett-Bauch und damit der Erfolg. Jetzt war auch Deutschland reif für das Waschbrett. Ihn als reinen Teenieschwarm zu bezeichnen scheint mir falsch. Immerhin schreibt er an allen seinen Hits mit. »All About Us« wurde vom US-Interpret Montell Jordan geschrieben und auch produziert. Außer ihm war auf der Platte auch noch die Rapperin Lil' Bo Poop zu hören. Peter Andres erfolgreichstes Album war »Natural« (10/96 GB-LP 1).
»Kiss The Girl« stammte aus dem Walt-Disney-Film »The Little Mermaid«.

Mysterious Girl (6/96 GB 2; 7/96 D 7)
Flava (9/96 GB 1)

I Feel You (12/96 GB 1)
Natural (3/97 GB 6)
All About Us (8/97 GB 3)
Lonely (11/97 GB 6)
Kiss The Girl (7/98 GB 9)
Boy Group, Pop

Andrews, Chris

CHRIS ANDREWS v (Großbritannien, * 15. 10. 1942 in Romford/Essex)
Er war um die 15 Jahre alt, als er begann, Musik zu schreiben und zu interpretieren. Das machte er wie viele andere britische Musiker jener Tage vorwiegend und gerne in Hamburg. Auf der Reeperbahn nachts nach halb eins waren die jungen Musikspunde von der Insel bekanntlich gut im Geschäft. Eine eigene Gruppe nannte sich Chris Ravel & The Ravers. Ravel war Chris Andrews. Adam Faith hatte 1963 seinen letzten Top-10-Hit in Großbritannien mit »The First Time« – geschrieben von Chris Andrews. Danach ging es voll los: Sandie Shaw, die lange Dürre mit den Barfüßen, hatte mit den Titeln »Girl Don't Come« und »Long Live Love«, wieder geschrieben durch Chris, Top-10-Hits. Immer nur für andere schreiben wollte er dann auch nicht. Mit dem Bekenntnis, dass er ein Mann von gestern sei, hatte er schließlich im Herbst 1965 einen eigenen Top-10-Erfolg. Danach sank sein Stern als Interpret langsam, aber stetig. Nachdem in England nichts mehr für ihn zu holen war, siedelte er in die Bundesrepublik über. Auch hier versuchte er sich als Songschreiber und Interpret und kam mit »Pretty Belinda« 1969 noch einmal unter die ersten 10. Seither tritt er vorwiegend als »Yesterday Man« auf.

Yesterday Man (10/65 D 1, GB 3)
To Whom It Concerns (2/66 D 3)
Pretty Belinda (6/69 D 5)
Beat, Pop

Aneka

ANEKA v (Großbritannien, als Mary Sandeman in Schottland)
Diesen Namen fand Mary Sandeman im Telefonbuch von Edinburgh, und offensichtlich kam er ihr japanisch genug vor. Die schottische Sängerin, die normalerweise traditionelle Lieder in Gälisch sang, wollte auch einmal einen Pophit haben und machte dafür auf Japanisch. Mit Kimono und Perücke sang Aneka vom »Japanese Boy« und schaffte es mit diesem Novelty-Song immerhin an die Spitze der britischen Hitparade. Weitere Singles und ein Album folgten, waren aber zum Scheitern verurteilt. Jetzt singt Mary wieder gälische Lieder beim Festival in Edinburgh.

Japanese Boy (8/81 D 3, GB 1)
One Hit Wonder, Pop

Angels

PHYLLIS »JIGGS« ALLBUT v (USA, * 24. 9. 1942 in Orange/New Jersey), BARBARA ALLBUT v (USA, * 24. 9. 1940 in Orange/New Jersey), LINDA JANSEN v (USA, in Hillside/New Jersey), PEGGY SANTIGLIA v (USA, * 4. 5. 1944 in Bellview/New Jersey)
Das Trio aus Orange, New Jersey, begann Ende der 50er Jahre als Starlets. 1960 machten sie ihre ersten Plattenaufnahmen, jetzt schon als Angels. Ihre ersten Hitnotierungen waren »'Til« (10/61 US 14) und »Cry Baby Cry« (2/62 US 38). Danach verließ Linda Jansen das Trio und wurde durch Peggy Santiglia ersetzt. Jetzt kam im August 1963 mit dem Spitzenreiter der amerikanischen Hitparade »My Boyfriend's Back« der größte Erfolg der Angels – eine simple Nummer, aber ein unwiderstehlich typisches Beispiel für die Musik der damaligen Girl Groups wie auch Shirelles, Marvelettes, Crystals oder Chiffons. Mit »I Adore Him« (10/63 US 25) kam ein letzter Top-40-Hit, nach 1964

blieben die Hits ganz aus. 1967 trennte man sich. Jiggs und Peggy traten später zusammen mit dem Sänger und Gitarristen Stan Sirico wieder als Angels auf.

My Boyfriend's Back (8/63 US 1)
Pop

Animals

ERIC BURDON v (Großbritannien, * 11. 5. 1941 in Walker/Newcastle-On-Tyne), CHAS CHANDLER b (Großbritannien, * 18. 12. 1938 als Bryan James in Heaton/ Tyne And Wear, † 17. 7. 1996), BARRY JENKINS d (Großbritannien, * 22. 12. 1944 in Leicester), ALAN PRICE v, key, p (Großbritannien, * 19. 4. 1941 in Fairfield/County Durham), DAVE ROWBERRY key (Großbritannien, * 27. 12. 1943 in Newcastle), JOHN STEEL d (Großbritannien, * 4. 2. 1941 in Gateshead/Durham), HILTON VALENTINE g (Großbritannien, * 21. 5. 1943 in North Shields)
1962 formierten sich die Animals in Newcastle, als Eric Burdon zur Alan Price Combo kam. Alle Mitglieder hatten vorher in diversen Gruppen Erfahrungen gesammelt. Auf den Namen Animals kamen sie, weil sie zu diesem Zeitpunkt eine ausgesprochen tierische Bühnenshow hinlegten. Ab Mai 1963 spielten sie für zwei Monate im Hamburger Star-Club, im Dezember nahmen sie eine Demo-EP auf. Es wurden 50 Kopien gepresst und an die Fans verkauft. Exemplare der Platte drangen bis nach London, und die Gruppe erhielt Angebote, dort aufzutreten. Im Januar 1964 zogen sie nach London und unterschrieben einen Plattenvertrag mit dem aufstrebenden Produzenten Mickie Most. Wenig später erschien mit »Baby Let Me Take You Home« (4/64 GB 21) die erste Single der Animals. Im Juli desselben Jahres wollte die Plattenfirma das Stück »House Of The Rising Sun« nicht veröffentlichen, weil es ihnen mit viereinhalb Minuten Laufzeit zu lang erschien. Man hatte Angst, dass die Platte im Radio nicht eingesetzt würde. Mickie Most und die Gruppe bestanden auf der Veröffentlichung, und es wurde eine Nummer 1 in der Hitparade auf beiden Seiten des Atlantiks und ein Millionseller. Danach waren sie erfolgreich mit Titeln wie »I'm Crying«, Nina Simones »Don't Let Me Be Misunderstood« (Frau Simone hat die Version der Animals überhaupt nicht gefallen), »Bring It On Home To Me« oder »We've Gotta Get Out Of This Place«. Im Mai 1965 kündigte Alan Price an, dass er die Gruppe verlassen werde: einmal wegen musikalischer Differenzen, zum anderen wegen seiner unerträglichen Flugangst, die jede Tour für ihn zu einer Tortur machte. Er ließ die alte Alan Price Combo wiederaufleben und war damit erst einmal recht erfolgreich. Für Price kam Dave Rowberry zu den Animals. 1966 wollte Mickie Most mit der Gruppe einen neuen Vertrag machen. Eric Burdon lehnte das ab, weil ihm die angebotenen Musiktitel nicht gefielen. Die Animals wechselten zur Decca. Die Band schaffte noch zwei weitere Hits, aber dennoch beginnt es zu kriseln. Steel verließ die Band, ging nach Newcastle zurück und wurde dort ein erfolgreicher Geschäftsmann. Für ihn kam Barry Jenkins. Im Herbst 1966 wurden die Zerwürfnisse in der Gruppe immer größer. Während die einen die legale Droge Alkohol vorzogen, schmiss Burdon LSD-Trips ein. Im September fiel die Gruppe auseinander, im Oktober standen als Animals auf der Bühne: Eric Burdon, Barry Jenkins, John Weider, Danny McCullough und Tom Parker. Im selben Monat erschien mit »See See Rider« die letzte Single der Originalbesetzung, allerdings nur in den USA. Ironischerweise wurde das dort der zweiterfolgreichste Song der Band. Als Interpreten wurden jedoch schon Eric Burdon & The Animals genannt. Anfang 1967 siedelte Burdon

nach Kalifornien über und nahm die Animals mit Ausnahme von Tom Parker mit. Neumitglied wurde Vic Briggs. Mit »San Franciscan Nights« erscheint wieder einmal eine Aufnahme, die sowohl in den USA als auch in Großbritannien unter die ersten 10 kommt. Inzwischen war auch im Frühjahr die erste Solo-LP von Burdon erschienen, die »Eric Is Here« hieß. Mitte 1968 verließen mit Briggs und McCullough wieder zwei Mitglieder Burdon, für sie kamen Zoot Money und Andy Summers. Zu diesem Zeitpunkt erfolgte auch die Umbenennung in Eric Burdon & The New Animals. Ende 1968 gab Burdon bekannt, dass die Band auseinandergehen werde. Als letzte Hiteintragung erschien im Januar 1969 die alte Johnny-Cash-Aufnahme »Ring Of Fire«. Während die meisten Musiker zurückgingen nach Großbritannien, blieb Burdon in den USA und tat sich zusammen mit der Formation Night Shift, die ihren Namen in War änderte und als Eric Burdon & War Anfang 1971 auf Europatournee ging. Von den Animals wurde der Klassiker »House Of The Rising Sun« im Oktober 1972 in Großbritannien wiederveröffentlicht und erreichte Platz 25, im September 1982 das gleiche Spiel – diesmal Platz 11. 1977 und 1983 kam die Originalbesetzung der Animals noch einmal zusammen, um jeweils ein Album zu veröffentlichen – das Publikum blieb gleichgültig, obwohl die Platten sicher nicht schlecht waren. 1994 wurden die Animals in die Rock and Roll Hall of Fame aufgenommen. Valentine und Steel waren auch noch Ende der 90er Jahre als Animals II unterwegs.
Die erfolgreichsten Alben der Band waren »The Animals« (9/64 US-LP 7, 11/64 GB-LP 6), »Animal Tracks« (5/65 GB-LP 6), »The Best Of The Animals« (2/66 US-LP 6), »Most Of The Animals« (4/66 GB-LP 4, 9/71 RE-GB-LP 18), »Animalisms« (5/66 GB-LP 4, 12/66 US-LP 33) und »Animalization« (8/66 US-LP 20).

House Of The Rising Sun (6/64 GB 1; 8/64 D 10, US 1)
I'm Crying (9/64 GB 8)
Don't Let Me Be Misunderstood (2/65 GB 3)
Bring It On Home To Me (4/65 GB 7)
We Gotta Get Out Of This Place (7/65 GB 2)
It's My Life (10/65 GB 7)
Don't Bring Me Down (7/66 GB 6)
Beat, Rock

Siehe auch: Price, Alan; Burdon, Eric

Animotion

Paul Antonelli key, Paul Engemann v, Don Kirkpatrick g, Frenchy O'Brien d, Charles Ottavio b, Astrid Plane v, Cynthia Rhodes v, Bill Wadhams v, g
Mit dem Titel »Obsession« gelang dem Techno-Pop-Quintett im Januar 1985 ein erster Top-10-Hit. Diesem Erfolg lief die Gruppe mehrere Jahre hinterher, zumindest in der Bundesrepublik gelang ihnen noch einmal ein Hit. 1988 wurden vier der fünf Mitglieder ausgewechselt. Neuer Sänger war Paul Engemann und weibliches Aushängeschild der Band Cynthia Rhodes, die in »Dirty Dancing« und »Staying Alive« mitgespielt hatte und am 8. 1. 1989 Richard Marx heiratete. »Room To Move« stammte aus dem Film »My Stepmother Is An Alien«. Ihr erfolgreichstes Album war »Strange Behavior« (5/86 D-LP 19). Danach hörte man nichts mehr von der Band Animotion.

Obsession (1/85 US 6; 4/85 GB 5, D 8)
I Engineer (4/86 D 2)
Room To Move (2/89 US 9)
Pop, Techno

Anka, Paul

Paul Anka v (Kanada, * 30. 7. 1941 in Ottawa/Ontario)
Obwohl Anka bis in die 90er Jahre dem Plattengeschäft treu geblieben ist, hat er in einem Interview Folgendes erzählt: ›Ich hatte meine große Zeit in den Jahren von

1957 bis 1962, nachdem die erste Rock-'n'-Roll-Welle abgeebbt war. Kurz vor meinem 16. Geburtstag im Frühjahr 1957 lieh ich mir von meinem Vater 100 Dollar und machte mich auf den Weg nach New York. Ich wollte die fünf Songs, die ich geschrieben hatte, an den Mann bringen. Eins der Lieder beschrieb meine Liebe zu dem drei Jahre älteren Babysitter Diana. Und genau dieses Lied machte mich quasi über Nacht zum Teenagerstar, und ich wusste, wie es weitergehen müsste. Ich reihte in diesen Jahren Hit an Hit, wie »Lonely Boy«, »Put Your Head On My Shoulder«, »You Are My Destiny« oder »Puppy Love«. Mit 19 Jahren war ich Millionär.‹
Hätte er zu diesem Zeitpunkt aufgehört – von den Tantiemen könnte er heute noch zehren. Aber im Gegensatz zu seinen Erfolgspendants Elvis Presley oder Cliff Richard, die zeit ihres Erfolges bei den Plattenfirmen RCA oder EMI blieben, verkaufte sich Paul Anka an die Firmen, die die meisten Dollars auf den Tisch legten. Und auch ansonsten wusste er, wie man den schnellen Dollar machen konnte: Er schrieb so viele Stücke, dass er sie alle gar nicht aufnehmen konnte.
1963 – er hatte Geld wie Heu – heiratete er in Paris, und er hätte spätestens jetzt zum jüngsten und reichsten Frührentner im US-Business werden können. Ende der 60er Jahre packte ihn wieder die Lust, selbst im Studio zu stehen, selbst Platten zu produzieren. Der erneut große Wurf gelang ihm 1974, als er mit einer erst einmal auf der Plattenhülle nicht genannten Sängerin das Stück »You're Having My Baby« sang. Dagegen ist ja auch nichts zu sagen, aber dann stellte sich heraus, dass der weiße Paul Anka in diesem Lied ein Baby mit der Farbigen Odia Coates hat. Das war etlichen puritanischen US-Bürgern zuviel. Ihr Idol aus den Jugendjahren jetzt zusammen mit einer Farbigen? Außerdem wurde Anka von einer Frauenbewegungsgruppe angegriffen, weil er in dem Lied von ›my‹ Baby sang und nicht von ›our‹. Das Gerangel um die Platte erwies sich als ausgezeichneter Promotiongag. Im August 1974 hatte Anka nach 15 Jahren wieder den ersten Platz in der US-Hitparade. In dem Film »Der weiße Hai« ist der Titel übrigens teilweise zu hören: aus einem tragbaren Radio am Strand von Amity. Auch seine nächsten beiden Top-10-Hits sang er mit Odia Coates (gestorben am 19. 5. 1991 im Alter von 49 Jahren an Brustkrebs). Einer davon war, um es den Spießern auch schön zu zeigen, »I Don't Like To Sleep Alone«. Nach 1978 legte er die nächste Pause ein, und inzwischen sind seine Plattenveröffentlichungen nur noch sporadisch und bei immer wechselnden Firmen. 1993 wurde Paul Anka in die Songwriters Hall of Fame aufgenommen.
Seine erfolgreichsten Alben waren »Paul Anka Sings His Big 15« (7/60 US-LP 4) und »Anka« (8/74 US-LP 9).
Auch als Songschreiber und Texter für andere Interpreten hat Paul Anka ein glückliches Händchen. So war z. B. sein Titel »It Doesn't Matter Anymore« für Buddy Holly die einzige Nr. 1 in GB. Der Titel »She's A Lady« war 1971 ein Millionseller für Tom Jones und 1969 schrieb Paul den englischen Text zum ursprünglich französischen Lied »My Way«, das durch Frank Sinatra zum Welthit wurde. Zwischen 1958 und 1962 spielte Paul in etlichen Hollywoodfilmen. Für den Kriegsfilm »The Longest Day« (1962) komponierte er den Titelsong und spielte auch selbst mit. Auch noch in den 90er Jahren war er im Plattengeschäft – produziert durch Jack White (!). In den USA gilt er nach wie vor als populärer Entertainer der gehobenen Las-Vegas-Klasse.

Diana (7/57 GB 1, US 1; 12/57 D 2)
I Love You Baby (11/57 GB 3)
You Are My Destiny (1/58 US 7, GB 6)
(All Of A Sudden) My Heart Sings (1/59 GB 10; 5/59 D 7)

Lonely Boy (6/59 D 8, US 1, GB 3)
Put Your Head On My Shoulder (8/59 US 2; 10/59 GB 7)
It's Time To Cry (11/59 US 4)
Puppy Love (2/60 US 2)
My Home Town (5/60 US 8)
Dance On Little Girl (5/61 US 10)
Zwei Mädchen aus Germany (4/64 D 4)
Kiddy Kiddy Kiss Me (12/64 D 7)
(You're) Having My Baby (7/74 US 1; 9/74 GB 6)
One Man Woman/One Woman Man (11/74 US 7)
I Don't Like To Sleep Alone (3/75 US 8)
Times Of Your Life (11/75 US 7)
Pop

Ann Lee

ANN LEE v (Großbritannien, * 12. 11. 1972 in Sheffield)
Wohl weil es ihr in ihrer Heimat zu verregnet war, zog es Ann nach Italien. Dort verdiente sie sich ihr Geld als Sängerin in Diskos. Hier wurde sie von einem Talentscout entdeckt – und ihre erste Single »2 Times« wurde ein europäischer Dancehit. Es folgte »Voices« (3/00 GB 27). Dabei blieb es.

2 Times (7/99 D 5; 10/99 GB 2)
Dance, One Hit Wonder

Another Bad Creation

ROMELL CHAPMAN v (USA, * 15. 6. 1978 in Atlanta/Georgia), DEMETRIUS PUGH v (USA, * 23. 9. 1979 in Atlanta/Georgia), MARLISS PUGH v (USA, * 15. 4. 1982 in Atlanta/Georgia), CHRIS SELLER v (USA, * 19. 10. 1978 in Atlanta/Georgia), DAVE SHELTON v (USA, * 11. 11. 1982 in Atlanta/Georgia)
Michael Bivins von der Gruppe Bell Biv DeVoe managte und produzierte diese Gruppe aus Atlanta, die 1990 mit Sieben- bis Zwölfjährigen gegründet wurde. Bell selbst war in seinen Kindertagen Mitglied einer ähnlich gelagerten Formation gewesen, der New Edition. Schon aus diesem Grunde wusste er, wie man Kinder ranzieht, um schließlich daraus wieder neue Formationen und Einzelsänger zu kreieren. Die erste Platte der Kids, »Iesha«, wurde ein Millionseller. Bivins rapte im Hintergrund zur Unterstützung der dünnen Stimmchen. Beim zweiten Hit »Playground« ließ er zwei Mitglieder von Boyz II Men mitsingen. So sorgte sich also Michael Bivins schon früh um die Zukunft der Kinder – und um seine!
Das erfolgreichste Album der Formation war »Coolin' At The Playground Ya' Know!« (3/91 US-LP 7) – es wurde mit Platin bedacht.

Iesha (1/91 US 9)
Playground (4/91 US 10)
Rap, Rhythm & Blues

Another Level

MARK BARON v (Großbritannien), DANE BOWERS v (Großbritannien), BOBAK KIANOUSH v (Großbritannien), WAYNE WILLIAMS v (Großbritannien)
Diese R&B-Gruppe wurde vom amerikanischen Rapper Jay-Z unter Vertrag genommen. Der hatte mit Northwestside ein eigenes Label gegründet. Bekannte und erfolgreiche Produzenten wie Gordon Chambers (Mary J. Blige), Andrea Martin (En Vogue) oder Cutfather & Joe (Mark Morrison) kümmerten sich um die Debütplatte des Quartetts. Dafür ist Platz 6 für »Be Alone No More« fast schon schwach. Die nächste Single »Freak Me« stieg dafür am 18. 7. 1998 gleich auf Platz 1 in GB ein. Es handelte sich dabei um eine Coverversion eines Hits der Formationen Shai und Silk aus dem Jahre 1993. Silk hatte damals mit ihrer Version von »Freak Me« die Spitzenpostion in den USA belegt. »I Want You For Myself« machte Another Level zusammen mit Dennis Coles, alias

Ghostface Killah alias Tony Starks vom Wu-Tang Clan. »Be Alone No More« (4/99 GB 11) wurde durch Cutfather & Joe neu gemixt und kam erneut in die Charts. Bei der Nummer »Summertime« wurde als Gast TQ angegeben. Aus dem Film »Notting Hill« stammte der Titel »From The Heart« (7/99 D 29). Ihre erfolgreichsten Alben waren »Another Level« (11/98 GB-LP 13) und »Nexus...« (9/99 GB-LP 7).

Be Alone No More (2/98 GB 6)
Freak Me (7/98 GB 1)
Guess I Was A Fool (11/98 GB 5)
I Want You For Myself (1/99 GB 2)
From The Heart (6/99 GB 6)
Summertime (9/99 GB 7)
Bomb Diggy (11/99 GB 6)
Pop, Rhythm & Blues

Siehe auch: True Steppers; TQ; Dane

Ant, Adam

ADAM ANT v (Großbritannien, * 3. 11. 1954 als Stuart Leslie Goddard in London)
Seine ersten elf Hits erschienen als Adam & The Ants. Im Frühjahr 1982 entschloss er sich, die nachfolgenden Platten unter seinem Pseudonym Adam Ant zu veröffentlichen. Mit »Goody Two Shoes« und »Friend Or Foe« gelangen ihm auch im Alleingang zwei Hits. Danach schien seine Karriere vorbei zu sein. Als Retter in der Not holte er sich Phil Collins als Produzenten für »Puss 'N Boots«. Der Erfolg gab dieser Entscheidung Recht. Dann bröckelte der Lack immer mehr ab, und die Figur schillerte immer weniger. 1985 durfte er den britischen Teil des Live-Aid-Konzertes im Wembley Stadium in London eröffnen. Rückblickend sah er das als einen Höhepunkt seiner Karriere an und bemerkte: ›Ich hatte einen Punkt erreicht, an dem ich das Gefühl hatte, es jetzt nicht mehr besser machen zu können. Ein idealer Zeitpunkt also, um auszusteigen und einmal etwas anderes zu machen.‹ Adam wandte sich wieder seiner alten Liebe, der Schauspielerei, zu. 1990 versuchte er – inzwischen lebte er fest in den USA – mit der CD »Manners And Physique« ein Comeback, das als nicht sonderlich gelungen bezeichnet werden kann. Zumindest der Song »Room At The Top« (2/90 GB 13, 3/90 US 17) brachte ihm in GB und in den USA nach langer Zeit mal wieder einen überraschenden Hit. Im April 1995 erschien mit »Wonderful« wieder ein neues Album von Adam. Die Auskopplung des Titelsongs »Wonderful« (2/95 GB 32, 4/95 US 39) war wieder ein kleinerer Erfolg.
Seine erfolgreichsten Alben waren »Friend Or Foe« (10/82 GB-LP 5, 12/82 US-LP 16), »Strip« (11/83 GB-LP 20), »Manners And Physique« (3/90 GB-LP 19) und »Antmusic – The Very Best Of Adam Ant« (8/93 GB-LP 6).

Goody Two Shoes (5/82 D 5, GB 1)
Friend Or Foe (9/82 GB 9)
Puss 'N Boots (10/83 GB 5)
Glitter-(Glam)-Rock

Siehe auch: Adam & The Ants

Ant & Dec

DECLAN DONNELLY v (Großbritannien, * 25. 9. 1975 in Newcastle), ANTHONY MCPARTLIN v (Großbritannien, * 18. 11. 1975 in Newcastle)
Bis Mitte 1996 hatten Ant & Dec ihre Platten als PJ & Duncan veröffentlicht. Dann waren sie die Pseudonyme ihrer TV-Arbeit in der Serie ›Byker Grove‹ satt und wollten nun unter ihren richtigen Namen erfolgreich sein. Ihre erste Single als Ant & Dec war »Better Watch Out«. Nachfolger wurde »When I Fall In Love« (11/96 GB 12). Bei Shout« sang im Hintergrund Andy Bell von Erasure mit – »Walk On The Wild Side« von Lou Reed ließ grüßen. Die Erfolge des Duos beschränkten sich mehr oder weniger auf GB und da auch immer knapp um die Position 10 herum. Mit der TV-Show

›Ant & Dec Unzipped‹ waren sie auf Channel 4 in GB wieder auf dem Bildschirm. Ihr erfolgreichstes Album war »The Cult Of Ant & Dec« (5/97 GB-LP 15).

Better Watch Out (8/96 GB 10)
Shout (3/97 GB 10)
Boy Group, Pop

Siehe auch: PJ & Duncan

Anthony, Marc

MARC ANTHONY (USA, * 16. 9. 1968 als Marco Antonio Muniz in New York City)
Marc kommt aus derselben Talentschmiede wie Ricky Martin – er war ebenfalls Mitglied in der Boygroup Menudo. Ab 1991 machte er Soloplatten. Er veröffentlichte etliche Alben, die speziell auf dem lateinamerikanischen Markt sehr erfolgreich waren. Mitte der 90er Jahre wurde er einem breiten Publikum bekannt, als er die Hauptrolle in Paul Simons Broadway-Musical »The Capeman« spielte. Nun tauchte er mit dem Album »Contra La Corriente« (11/97 US-LP 74) erstmals in den US-Pop-Charts auf. 1997/98 war er der erste Latin-Sänger, der den New Yorker Madison Square Garden füllte. 1998 sang er im Duett mit Tina Arena den Titelsong zum Hollywood-Film »The Mask Of Zorro«: »I Want To Spend My Lifetime Loving You«. Im Duett mit seiner damaligen Freundin Jennifer Lopez sang er auf deren Debütalbum »On The 6«. Dann spielte er in dem Martin-Scorcese-Film »Bringing Out The Dead« neben Nicolas Cage. 1999 wurde Marc mit einem Grammy für die Best Tropical Latin Performance ausgezeichnet. Im selben Jahr erschien die Single »I Need To Know«. Ebenfalls erfolgreich: das Album »Marc Anthony« (10/99 US-LP 8). Ende 2001 kam Marc mit dem Album »Libre«.

I Need To Know (9/99 US 3)
You Sang To Me (2/00 US 2)
Latin Pop

Anton aus Tirol Feat. DJ Ötzi

DJ ÖTZI v (Österreich, * 7. 1. 1971 als Gerry Friedle in St. Johann/Tirol)
›DJ Ötzi ist der gefragteste Event-DJ in Österreich und legt mittlerweile auch auf Mallorca, in der Türkei und Süddeutschland auf‹, schrieb die Plattenfirma des Künstlers. Um die Platte richtig genießen zu können, muss der Alkoholpegel ein bestimmtes Maß und der Geschmack eine bestimmte Tiefe erreicht haben – UltimaTIEF heißt dann auch die Firma, die die Platte ursprünglich in Österreich veröffentlichte. Im Ski- oder auch Badeurlaub gelten andere Gesetze als im Rest des Jahres – drum ist das schon alles o. k. Der gelernte Koch Gerry Friedle war zum Zeitpunkt des Erfolges knapp 30 Jahre alt. Vielleicht findet er ja noch ein anderes Tiroler Volkslied, das er mit Technobeat unterlegen kann, und hat einen zweiten Hit. »Das Album« (5/00 D-LP 7) war jedenfalls ein weiterer Knüller.

Anton aus Tirol (2/00 D 1)
Pop

Siehe auch: DJ Ötzi

Apache Indian

APACHE INDIAN v (Großbritannien, * 11. 5. 1967 als Steve Kapur in Birmingham)
Hinter dem Pseudonym Apache Indian verbirgt sich ein in GB geborener und in Birmingham ansässiger Sänger mit asiatischen Eltern. 1993 erschien sein auf Jamaika produziertes Debütalbum »No Reservations«, das für den Mercury Music Prize nominiert wurde. Sein Stil wurde als ›original British Bhangra-Muffin-Sound‹ bezeichnet. Von der EP »Nuff Vibes« bohrte sich besonders die Nummer »Boom Shack-A-Lack« in die Ohren. Seine Verbindung von indianischen und asiatischen Einflüssen klang durchaus melodiös.
Seine weiteren Hits außerhalb der Top 10:

»Arranged Marriage« (1/93 GB 16), »Chok There« (3/93 GB 30), »Wreckx Shop« (5/94 GB 26) zusammen mit Wreckx-N-Effect, »Make Way For The Indian« (2/95 GB 29) mit Tim Dog und »Ragamuffin Girl« (4/95 GB 31) mit Frankie Paul. Nachdem ihm kein weiterer Hit mehr gelang, schmiss ihn 1997 seine Plattenfirma Island raus.

Nuff Vibes (EP) (8/93 GB 5)
Ragamuffin

Apollo 100

CLEM CATTINI d (Großbritannien, * 28. 8. 1938 in London), VIC FLICK (Großbritannien), TOM PARKER key (Großbritannien, in Newcastle-on-Tyne)
Diese Formation ist eine der typischen britischen Studiobands, die nach Ablauf einer richtigen Produktion noch schnell eine Nachtschicht anhängen. Der Keyboarder Tom Parker gilt als der Kopf von Apollo 100. Außer ihm spielten noch Vic Flick, Clem Cattini, Z. Jenkins, Jim Lawless, Brian Odgers und andere. Mit einer Adaption von Johann Sebastian Bachs »Jesu, meine Freude«, die bei Klassikfans zu Brechreiz führen würde, hatte die Band Anfang 1972 einen Top-10-Hit in den USA. Das war's! Parker spielte später mit Doggerel Bank auf zwei Alben Keyboard und wirkte bei Produktionen von Status Quo, Gerry Rafferty oder Chris White mit.

Joy (1/72 US 6)
Instrumental, One Hit Wonder

Apollo Four Forty

TREVOR GRAY v, key (Großbritannien), HOWARD GRAY v, b (Großbritannien), NOKO v, g, key (Großbritannien)
Als ›Rave-Jazz‹ wurde die Musik des 1990 gegründeten Trios aus Liverpool von der britischen Musikpresse bezeichnet. Erfolg sollten sie haben, nachdem sie von Liverpool nach London umgezogen waren und ihr eigenes Plattenlabel Stealth Sonic gegründet hatten. Ihre erste Hitnotierung hatte die Gruppe mit »Astral America« (1/94 GB 36). Nachfolger »Liquid Cool« (11/94 GB 35) und »(Don't Fear) The Reaper« (3/95 GB 35) blieben ebenfalls im Mittelfeld der britischen Charts hängen. Inzwischen hatten sich die Musiker auch als Remixer für Interpreten wie U2, Shabba Ranks, EMF, Pop Will Eat Itself, Deep Forest oder Scritti Politti einen Namen gemacht. »Krupa« (7/96 GB 23, 9/96 RE-GB 24, 10/96 D 38) war eine Hommage an den legendären Jazz-Drummer Gene Krupa und hatte schon ein wenig mehr Erfolg als die ersten Singles – das lag allerdings daran, dass in GB damit die Sunkist-Werbung untermalt wurde und die Fußball-Show ›Ran‹ dies Stück als Themenmelodie einsetzte. Im Frühjahr 1997 erschien schließlich mit »Ain't Talkin' 'Bout Dub« der erste Top-10-Hit. Als Sängerin war auf der Nummer Mary Mary zu hören. Gesampelt wurde »Ain't Talkin' 'Bout Love« der Gruppe Van Halen aus dem Jahre 1978. Die Plattenhülle zeigte Jimi Hendrix, wie er am 25. 9. 1967 in der Royal Festival Hall in London versucht, dem britischen Politiker Jeremy Thorpe das Gitarrenspiel beizubringen. Als Gäste von Jean-Michel Jarre war Apollo Four Forty beim Titel »Rendez-Vous 98« (7/98 GB 12) zu hören. Die Platte war anlässlich der Fußball-WM 1998 erschienen. Danach bearbeitete das Trio die John-Williams-Komposition »Lost In Space« aus der gleichnamigen TV-Serie der 60er Jahre und hatte seinen zweiten Top-10-Hit. Nach einem weiteren Jahr folgte mit »Stop The Rock« der nächste Hit unter den ersten 10. Gesungen wurde er von Mary Mary, einst Leadvocals bei Gaye Bykers On Acid. Als Grundlage für die Nummer stand »Caroline« von Status

Quo Pate. Mit »Gettin' High On Your Own Supply« (9/99 GB-LP 20) hatte das Trio einen Albumerfolg. »Charlie's Angels 2000« (12/00 GB 29) war der Titelsong des gleichnamigen Films.

Ain't Talkin' 'Bout Dub (2/97 GB 7)
Lost In Space (8/98 GB 4)
Stop The Rock (8/99 GB 10)
House, Rave

Appleby, Kim

KIM APPLEBY v (Großbritannien, * 28. 8. 1961 in London)
Kim Appleby zählte zusammen mit ihrer Schwester Mel vor ihrer gemeinsamen Gesangskarriere als Mel & Kim zur Crème de la crème der Londoner Fotomodellszene. Getreu dem Motto des Produzententeams Stock/Aitken/Waterman, dass, wer gut aussieht, auch gut singen kann, nahmen die drei die zwei unter Vertrag und schneiderten ihnen ein paar Nümmerchen auf den dünnen Leib (oder umgekehrt). 1989 wurde bekannt, dass Mel an Krebs litt. In der Yellow-Press und Teeniepresse wurde diese Tatsache ausgewalzt. Kim sang nach dem Tod ihrer Schwester als Solistin weiter. Ende 1991 ließ ihr Erfolg deutlich nach.

Don't Worry (11/90 D 8, GB 2)
G.L.A.D. (2/91 GB 10)
Pop

Siehe auch: Mel & Kim

Applejacks (GB)

MARTIN BAGGOT g (Großbritannien), PHILIP CASH g (Großbritannien), MEGAN DAVIES b (Großbritannien), DON GOULD org (Großbritannien), AL JACKSON v (Großbritannien)
Nachdem die Plattenfirma Decca 1962 die Beatles abgelehnt hatte, machten sie sich aus Angst vor weiteren Flops zum Geschäftsprinzip, dass jeder, der bei ihnen vorspielte, einen Plattenvertrag bekam. Dazu gehörten auch die Applejacks aus Solihull, West Midlands, die mit ihrer ersten Plattenveröffentlichung »Tell Me When« im März 1964 auch in der Tat einen Top-10-Hit landeten. Ihre zweite Veröffentlichung war die Nummer »Like Dreamers Do« (6/64 GB 20), eine Komposition von Lennon/McCartney, die sie bei ihrer damaligen Decca-Audition vorgetragen hatten. Es folgte noch »Three Little Words (I Love You)« (10/64 GB 23), und danach waren sie wieder verschwunden.

Tell Me When (3/64 GB 7)
Pop

Aqua

RENÉ DIF v (Dänemark, * 17. 10. 1969 in Frederiksberg), CLAUS NORREEN (Dänemark, * 5. 6. 1970 in Charlottenlund), LENE GRAWFORD NYSTROM v (Norwegen, * 2. 10. 1973 in Tonsberg/Oslo), SOREN RASTED (Dänemark, * 13. 6. 1969 in Blovstrad)
Drei Dänen und die norwegische Sängerin Lene waren Mitte 1997 die Sensation in den USA. Mit dem Song »Barbie Girl« schossen sie am 6. 9. 1997 auf Platz 7 in die dortigen Singlecharts. Bis zu diesem Zeitpunkt hatten sie in Dänemark mit »Roses Are Red« und »My Oh My« zwei Platinsingles und mit dem Album »Aquarium« (9/97 US-LP 7, 11/97 GB-LP 10, D-LP 6) eine Nummer 1 in den dortigen LP-Charts. »Barbie Girl« war erst in ganz Skandinavien ein Hit, bevor das Lied auch in Japan, den USA und Europa überzeugen konnte. Nachdem die Platte in GB auf Platz 2 eingestiegen war, verdrängten sie eine Woche später, am 1. 11. 1997, die Spice Girls von Platz 1. Mitte 1998 gewannen Aqua und deren Plattenfirma MCA einen Rechtsstreit gegen die Spielzeugfirma Mattel Inc. Die hatten wegen Copyrightverletzung des Begriffs ›Barbie‹ geklagt.

Im August 2001 wurde bekannt, dass sich die Gruppe aufgelöst hat – sie wollte ›eine Pause von unbestimmter Dauer machen‹. Lene und ihr Mann Rene Dif, ebenfalls Mitglied bei Aqua, planten Soloveröffentlichungen.

Barbie Girl (9/97 D 1, US 7; 10/97 GB 1)
Doctor Jones (12/97 D 7; 2/98 GB 1)
Turn Back Time (5/98 GB 1)
My Oh My (8/98 GB 6)
Cartoon Heroes (2/00 GB 7)
Pop

Aquagen

OLAF DIECKMANN dj (Deutschland), GINO MONTESANO dj (Deutschland)
Zwei DJs aus Essen stellten am Ende der 90er Jahre fest: »Ihr seid so leise!«. Das fanden die Fans auch – und deshalb grölten sie herzhaft mit. Es folgten mit »Partyalarm (Und ab geht's)« (5/00 D 26), »Phatt Bass« mit den Warp Brothers und »Tanz für mich« (8/00 D 45) – verstärkt durch Comedy-Star Ingo Appelt – weitere Hits. Am 21. 8. 2000 erschien ihr Debütalbum »Abgehfaktor – Das Album«.

Ihr seid so leise! (10/99 D 3)
Phatt Bass (12/00 GB 9)
Hard To Say I'm Sorry (3/02 D 5)
Dance

Siehe auch: Warp Brothers

Arabesque

SANDRA LAUER v (Deutschland, * 18. 5. 1962 in Saarbrücken), MICHAELA ROSE, JASMIN VETTER
Das Trio nahm im Oktober 1978 eine erste Langspielplatte auf, darauf war mit »Hello Mr. Monkey« auch die erste Single der drei zu finden. Die Platte wurde in der Bundesrepublik ein Flop. Die Japaner jedoch sorgten dafür, dass sie 38 Wochen in ihrer Hitparade war, sich über 500 000-mal verkaufte und Arabesque ihre erste goldene Schallplatte bescherte. In Deutschland sollte sich Arabesque erst nach einem Wechsel der Plattenfirma und des Images langsam durchsetzen. Außer »Marigot Bay« gelang ihnen mit »In For A Penny« (9/81 D 25) noch ein weiterer Erfolg. 1982 lernte Sandra Michael Cretu kennen – sie heiratete ihn später –, der mit ihr eine Solokarriere anpeilte. Mit »Maria Magdalena« gelang Sandra im Juli 1985 ein Riesenhit, und damit war Arabesque erledigt.

Marigot Bay (2/81 D 8)
Disko

Siehe auch: Sandra

Arcadia

SIMON LE BON v (Großbritannien, * 27. 10. 1958 in Bushey/Hertfordshire), NICK RHODES key (Großbritannien, * 8. 6. 1962 als Nicholas Bates in Birmingham), ROGER TAYLOR d (Großbritannien, * 26. 4. 1960 in Birmingham)
Nachdem im Jahre 1985 Andy und John Taylor von Duran Duran neben ihrer Tätigkeit bei dieser Gruppe ein anderes Projekt namens Powerstation gegründet hatten, wollte der Rest nicht nachstehen und gründete im August Arcadia. Mit dem Titel »Election Day« – auf dieser Produktion ist auch Grace Jones zu hören – gelang ihnen im Herbst ein weltweiter Hit. Die Fans von Duran Duran ließen ihre Idole nicht hängen und kauften sie auch in einer anderen Verpackung. Aus der produzierten Langspielplatte »So Red The Rose« (12/85 GB-LP 30, 12/85 US-LP 23) wurden noch zwei weitere Stücke ausgekoppelt: »The Promise« (1/86 GB 37) und »Goodbye Is Forever« (2/86 US 33). Im Juni 1986 kam Duran Duran, jetzt als Quartett und ohne Andy Taylor, wieder mit Neuproduktionen zurück.

Election Day (10/85 US 6, GB 7)
Pop
Siehe auch: Duran Duran

Archer, Tasmin

TASMIN ARCHER v (Großbritannien, * 13. 8. 1963 in Bradford/Yorkshire)

1992 gehörte sie zu den großen Entdeckungen des Jahres. Bereits einige Jahre zuvor hatte die in England geborene Tochter jamaikanischer Eltern mit dem Gitarristen John Hughes und dem Pianisten John Beck gearbeitet.

Die drei lernten sich in den Bradford's Flexible Response Studios kennen, wo Tasmin Archer als Backgroundsängerin und Toilettenfrau arbeitete. Als sie dann endlich einen Plattenvertrag bei der EMI unterschrieben, hatten sie ihr gesamtes Material für die erste CD bereits fertig. Für die Produktion wurden mit Elliot Randal, Robbie Mc Intosh und Paul Wickens drei profilierte Produzenten verpflichtet. »Great Expectations« (10/92 GB-LP 8) erfüllte die Erwartungen, die man in Tasmin setzte.

Sleeping Satellite (9/92 GB 1)
AOR (Adult Orientated Rock), Pop

Archies

RON DANTE v (USA, * 22. 8. 1945 als Carmine Granito in Staten Island/New York), ANDY KIM v (Kanada, * 5. 12. 1946 als Androwis Jovakim in Montreal), DON KIRSHNER (USA), TONI WINE (USA)

Zu den ganz großen Machern hinter der Bubblegum- und Teeniemusik Ende der 60er Jahre gehört Don Kirshner. Er war es z. B., der die Monkees erfand. Die Monkees setzte er zusammen, um damit im Fernsehen kleine Geschichtchen zu zeigen, die mit Musik durchsetzt waren, die nach den jeweiligen Episoden zu Hits wurden. Bei der Suche nach geeigneten Mitgliedern für die Monkees tat er sich schwer – und Menschen haben hin und wieder auch eigene Meinungen, die sie vertreten. Drum scheint es nur folgerichtig, dass sein nächstes Projekt Zeichentrickfiguren waren, die er aus der Comicserie ›The Archies‹ übernahm. Studiomusiker und Leadsänger Ron Dante plus Andy Kim und Sängerin Toni Wine nahmen die Stücke zu den jeweiligen Episoden auf. ›Watch for the Archies in color every Saturday morning on the CBS-TV network‹ wurde auf die Plattenhülle gedruckt, und somit machte die Hülle Werbung für die Sendung und die Sendung Werbung für die Platte. Nachdem die Archies einige kleinere Hits hatten, erschien mit dem Titel »Sugar Sugar« eine der meistverkauften Singles in der Geschichte von RCA Records – und die hatten immerhin auch Elvis Presley unter Vertrag. Der Titel war übrigens ursprünglich für die Monkees geschrieben worden, aber die hatten ihn abgelehnt. Nach diesem weltweiten Hit erschien mit »Jingle Jangle« ein weiterer Erfolg, bevor sie wieder in der Versenkung verschwanden. Ron Dante sollte noch bei anderen Projekten, z. B. den Cuff Links, die Leadstimme singen und damit Erfolg haben.

Sugar Sugar (7/69 US 1; 10/69 D 1, GB 1)
Jingle Jangle (11/69 US 10; 1/70 D 7)
Bubblegum

Siehe auch: Cuff Links

Architechs feat. Nana

TREY AKABAHN (Großbritannien in London), CITY AKABAHN (Großbritannien in London)

Das Geschwister-Duo aus West-London erhielt einen Plattenvertrag, nachdem die beiden einen Bootleg-Garagenmix von Brandy und Monicas »The Boy Is Mine« hingefummelt hatten. Danach durften sie noch weitere Remixe machen und schließlich auch mit »Body Groove« einen eigenen Titel. Geschrieben wurde »Body Groove« von den Brüdern Akabahn. Es folgte die Single »Show Me The Money« (4/01 GB 20), allerdings ohne Nana.

Body Groove (10/00 GB 3)
Dance

Arena, Tina

TINA ARENA v (Australien, * 1. 11. 1967 als Philopina Lidia in Melbourne)
Als ›Tiny Tina‹ war sie bereits mit 8 Jahren Moderatorin der TV-Sendung »Young Talent Time«. Ihre erste Platte war 1985 »Turn Up The Beat«, die jedoch keine Spuren in den Charts hinterließ. 1989 folgte der zweite Versuch: »I Want Your Body« vom Album »Strong As Steel«, das zumindest in Australien erfolgreich wurde: Platz 2 in den Charts. Ende 1991 zog sie nach Los Angeles und traf dort auf den Produzenten David Tyson. Unter seiner Regie entstand das Album »Don't Ask« (5/95 GB-LP 11), auf dem eine ganze Reihe von Kompositionen zu finden waren, an denen Tina mitgeschrieben hatte. 1995 schaffte es die zu diesem Zeitpunkt 27-Jährige, sich international durchzusetzen. Zuerst war sie in GB erfolgreich, danach folgten die USA – dort schaffte ihr erster Hit »Chains« im Frühjahr 1996 Platz 38. Es folgten »Heaven Help My Heart« (8/95 GB 25) und eine Coverversion von »Show Me Heaven« (12/95 GB 29), im Original ein Titel von Maria McKee. Hier konnte Tina zeigen, dass sie über eine großartige Stimme verfügt. 1995 heiratete sie ihren Manager Ralph Carr. »Sorrento Moon (I Remember)« (8/96 GB 22) zeigte erneut, wo die Fans von Tina wohnen. 1998 erschien mit »In Deep« ein neues Album von Tina. Foreigner Mick Jones hatte einige der Nummern darauf produziert. »Whistle Down The Wind« (6/98 GB 24) aus dem gleichnamigen Musical von Andrew Lloyd-Webber und Jim Steinman brachte ihr einen weiteren Hit.

Chains (4/95 GB 6)
Pop

Argent

ROD ARGENT v, key (Großbritannien, * 14. 6. 1945 in St. Albans/Hertfordshire), RUSS BALLARD v, g (Großbritannien, * 31. 10. 1947 in Waltham Cross/Hertfordshire), JOHN GRIMALDI vln, c, mand (Großbritannien, * 25. 5. 1955 in St. Albans/Hertfordshire), BOB HENRIT d (Großbritannien, * 2. 5. 1944 als Robert in Broxbourne/Hertfordshire), JIM RODFORD b (Großbritannien, * 7. 7. 1945 in St. Albans/Hertfordshire), JOHN VERITY v, g, b (Großbritannien, * 3. 7. 1949 in Bradford/Yorkshire)
Im Frühjahr 1969 war, obwohl sich die britische Band bereits im Dezember 1967 aufgelöst hatte, plötzlich der Titel »Time Of The Seasons« von den Zombies bis auf den 3. Platz der amerikanischen Hitparade gelangt. Aus den USA flatterten Angebote ein, und man wollte bis zu 20 000 Dollar für ein einziges Konzert der Zombies bezahlen. Rod Argent, dessen eigenes Projekt nur schwer in die Gänge kam, war der Einzige der Original-Zombies, der sich breitschlagen ließ, wieder unter diesem Gruppennamen aufzutreten und erneut Platten zu produzieren. Mit einigen Studiomusikern nahm er das Stück »Imagine The Swan« auf, das in den USA veröffentlicht und kein Hit wurde. Im Juli 1969 versuchte man es erneut als Zombies, dieses Mal mit »If It Don't Work Out« – so war's dann auch. Zu diesem Zeitpunkt tourten durch die USA etliche Bands, die sich Zombies nannten, und jetzt schmiss auch Rod Argent das Handtuch und gründete seine eigene Gruppe unter seinem Namen. Aus den Trümmern dieser Nach-Zombies-Zeit ist lediglich der Bassist Jim Rodford übrig geblieben, der Rods Cousin ist. »Tragedy« (6/72 GB 34) und »God Gave Rock And Roll To You« (3/73 GB 18) – 1992 ein Hit für die Gruppe Kiss – waren die weiteren Erfolge von Argent. Ihr erfolgreichstes Album war »All Together Now« (4/72 GB-LP 13, 7/72 US-LP 23). 1974 verließ Russ Ballard die Band. Für ihn kamen mit John Verity und John Grimaldi zwei neue Mitglieder. 1976 fiel die Band auseinander,

und Rod versuchte sich als Solist. In der Verkleidung als San José gelang ihm pünktlich zur Fußballweltmeisterschaft mit »Argentine Melody (Cancionde Argentina)« (6/78 GB 14) ein Hit. Unter dem Titel stand: feat. Rodriguez Argentina. Als Studiomusiker war Rod bei unzähligen Produktionen mit dabei. Auch als Produzent hatte er Erfolge. Zu seinen Entdeckungen gehörten z. B. Tanita Tikaram und Joshua Kadison.

Hold Your Head Up (3/72 GB 5; 6/72 US 5)
Rock

Armatrading, Joan

JOAN ARMATRADING v, g (West Indies, * 9. 12. 1950 in Basseterre/St. Kitts)
1958 zog die Familie von den Westindischen Inseln nach Birmingham. 1964 schrieb Joan Armatrading ihren ersten Song, 1969 traf sie auf Pam Nestor, mit der sie eine Songschreiber- und Bühnenpartnerschaft einging. 1974 veröffentlichten die beiden ein von Gus Dudgeon produziertes Album mit dem Titel »Whatever's For Us«. Pam war mit dem Ergebnis nicht zufrieden und verabschiedete sich. Joan unterschrieb einen Solovertrag bei A&M Records. Ihre weiteren Singlehits waren »Me Myself I« (6/80 GB 21) und »Drop The Pilot« (2/83 GB 11).
Ihre erfolgreichsten Alben: »Joan Armatrading« (9/76 GB-LP 12), »Show Some Emotion« (10/77 GB-LP 6), »To The Limit« (10/78 GB-LP 13), »Me Myself I« (5/80 GB-LP 5, 6/80 US-LP 28, D-LP 23), »Walk Under Ladders« (9/81 GB-LP 6), »The Key« (3/83 GB-LP 10, D-LP 24, 4/83 US-LP 32), »Track Record« (11/83 GB-LP 18), »Secret Secrets« (2/85 GB-LP 14) und »The Very Best Of Joan Armatrading« (3/91 GB-LP 9). Joan gilt als erste britische schwarze Songschreiberin und Sängerin, die es mit weißen Kolleginnen aufnehmen konnte.

Love And Affection (10/76 GB 10)
Pop, Soul

Armstrong, Louis »Satchmo«

LOUIS »SATCHMO« ARMSTRONG v, tr (USA, * 4. 8. 1901 in New Orleans, † 6. 7. 1971)
Duke Ellington, einer der ganz Großen des Jazz, hat über Louis Armstrong gesagt: ›Er ist die Inhaltsangabe des Jazz.‹ Man kann mit fast allen Jazzmusikern sprechen und sie dann fragen, wer sie musikalisch beeinflusst hat – immer ist von Louis Armstrong die Rede. Der Mann war ein Vollblutmusiker, der es liebte, Menschen mit Musik zu unterhalten, sie zu erfreuen. Das machte er schon im Jahre 1907, also, als er gerade sieben Jahre alt war. Er sang auf den Straßen seiner Heimatstadt New Orleans, und Passanten schmissen ihm Pennys zu. Dann lernte er Kornett zu spielen. Später wechselte er zur Trompete, und das hat er ein Leben lang mit dem für ihn typischen Gesang kombiniert. In den frühen 20er Jahren trat er in die Band seines Idols ein – die von Joe ›King‹ Oliver. Wenig später spielte er mit Fletcher Henderson, und schon ab 1923 hatte er eine eigene Band, die er Louis Armstrong & His Hot Fives nannte. 1932 spielte er zum erstenmal im Londoner Palladium und danach in allen Ländern dieser Erde. Immer wenn er auftrat, kamen die Jazzmusiker der entsprechenden Region, um Louis zu sehen und vielleicht mit ihm zu spielen. Genau das machte er oft und gerne. Später sagte er einmal, dass er zwar nie verstanden habe, was die anderen Mitspieler dann sagten, aber das machte nichts – er liebe auch »Rigoletto« und würde nichts verstehen. Und wenn Musiker miteinander musizieren, dann brauchen sie keine Worte. Voraussetzung ist, dass sie sich gegenseitig akzeptieren. Und Louis zu akzeptieren war kein Prob-

lem. Er selbst muss auch als Mensch ein solcher Pfundskerl gewesen sein, dass er seinerseits mit allen konnte. Auch als Filmschauspieler – er stellte sich meist selbst dar – war er erfolgreich. Erinnert sei an »High Society« neben Bing Crosby, Frank Sinatra und Grace Kelly. Louis brauchte nur mit den großen braunen Augen zu rollen, sein blütenweißes Taschentuch aus der Tasche zu zaubern, sein breites Grinsen aufzusetzen und zur Trompete zu greifen – schon hatte er gewonnen. Harry James, ein weiterer populärer amerikanischer Jazztrompeter, gewann einst einen Jazz-Poll und wurde von Journalisten bestürmt, sich dazu zu äußern. Er sagte: ›Wie kann ich nur diesen Preis erhalten, wo es doch Louis Armstrong gibt?‹ Ob Jazz oder fast schon seichter Pop wie bei »What A Wonderful World«, Louis Armstrong nahm man alles ab. Und auch als er 1959 zusammen mit der kleinen Gabriele »Uncle Satchmo's Lullaboy« in Englisch/Deutsch sang, war er glaubwürdig. Zu den bahnbrechenden Neuerungen, die er in der Jazzmusik einführte, gehörte, dass er den Jazz zu einem Podium für Solisten machte, nachdem er vorher eine Bandangelegenheit gewesen war. Außerdem war er einer der treibenden Kräfte in der Entwicklung des Scat-Gesangs. Vor allen Dingen war er es aber, der die Jazzmusik auch bei dem weißen Publikum salonfähig machte. Wenn man bedenkt, aus welchen beschränkten Verhältnissen Louis Armstrong stammt, grenzt sein weltweiter Erfolg schon fast an ein Wunder – erreicht hat er ihn durch seine einzigartige Persönlichkeit. Nachdem man lange nichts mehr von Louis in den Hitparaden gehört hatte, verwandte die Bierfirma Guinness seinen Song aus dem 1969 erschienenen James-Bond-Film »Im Geheimdienst Ihrer Majestät«, »We Have All The Time In The World«, für ihre Fernsehwerbung. Daraufhin riefen Hunderte Briten die EMI an und baten um eine Wiederveröffentlichung der Aufnahme, die daraufhin im November 1994 prompt in die britischen Top 10 kam. 1990 wurde Armstrong in die Rock and Roll Hall of Fame aufgenommen. Louis und seinem Scat-Gesang setzte 1996 der US-Sänger Scatman John ein Denkmal. Im Video zum Song »Everybody Jam« strahlt Louis mit John um die Wette!

Als Geburtstag feierte Louis übrigens immer den 4. Juli 1900. Es hätte ihm halt Spaß gemacht, am Unabhängigkeitstag geboren zu sein.

Seine erfolgreichsten Alben waren »Satchmo At Symphony Hall« (6/51 US-LP 10), »Satch Plays ›Fats‹ (Waller)« (10/55 US-LP 10), »Hello Dolly!« (5/64 US-LP 1, 6/64 GB-LP 11, 7/64 D-LP 21) und »We Have All The Time In The World – The Very Best Of Louis Armstrong« (12/94 GB-LP 10).

You Won't Be Satisfied (Until You Break My Heart) (4/46 US 10)
(When We Are Dancing) I Get Ideas (9/51 US 10)
Takes Two To Tango (12/52 GB 6)
Theme From The Threepenny Opera (4/56 GB 8)
Uncle Satchmo's Lullaby (7/59 D 9)
Hello, Dolly! (2/64 US 1; 6/64 D 8, GB 4)
What A Wonderful World (2/68 GB 1; 5/68 D 8; 7/89 D 6)
We Have All The Time In The World (11/94 GB 3)
Jazz, Pop

Army Of Lovers

ALEXANDER BARD v (Südafrika, * 17. 3. 1961), JEAN-PIERRE BARDA v (Frankreich, * 7. 3. 1967 in Paris), MICHAELA DE LA COUR v (Schweden, * 16. 8. 1966 in Helsingborg), LA CAMILLA v (* 23. 10. 1964 als Camilla Maria Skogreenemark), DOMINIKA PECZYNSKI v

Als besonderes Kennzeichen dieses in Schweden gegründeten Trios wurde schrilles Styling angegeben, als musikalische Richtung: Sie mixen Hip-Hop, Latino und Ethno zu kommerziellem Dance-Pop. Den Namen »Army Of Lovers« fanden sie im gleichnamigen, 1979 entstandenen Film von Rosa von Praunheim, der über die Arbeit der Homosexuellen-Bewegung erzählt. Als erste Single erschien im April 1990 »Ride The Bullet« (4/92 D 22), die jedoch erst bei einer Wiederveröffentlichung zum Hit wurde. Ihren ersten großen Erfolg hatten sie mit »Crucified« Ende 1991. Danach stieg La Camilla aus und wurde durch de la Cour und Dominika ersetzt. 1997 kam Bard mit einem neuen Projekt: Vacuum nannte sich ein von ihm zusammengestelltes Trio, dessen erste Single »I Breathe« zumindest in Skandinavien und in Italien in den Charts stand. Im Frühjahr 1998 kam als nächste Platte »Tonnes Of Attraction«.

Crucified (11/91 D 5)
Obsession (1/92 D 7)
Dance

Arnee & The Terminators

RICHARD EASTER syn (Großbritannien), MIKE WOODMANS syn (Großbritannien)
Inspiriert durch den Film »Terminator 2«, fummelten im August 1991 die beiden BBC-Mitarbeiter Richard Easter und Mike Woodmans mit ihren Synthesizern eine Novelty-Platte mit dem Titel »I'll Be Back« hin. ›Arnee‹ Arnold Schwarzenegger wird darauf parodiert und hat, wie auch im Film, wenig zu sagen – und das ist auch gut so. Easter und Woodmans drohten für 1992 eine weitere Platte an. In den Hitparaden tauchte sie nicht auf. Wahrscheinlich warten sie auf »Terminator 3«.

I'll Be Back (8/91 GB 5)
One Hit Wonder, Pop

Arnold, David, & Propellerheads

DAVID ARNOLD (Großbritannien), ALEX GIFFORD key, b, sax (Großbritannien), WILL WHITE d (Großbritannien)

Für seine Musik zum Film »Independence Day« gewann David Arnold einen Grammy. Auch James Bond und »Tomorrow Never Dies« profitierten von Arnold. Erstmals tauchte sein Name im Zusammenhang mit einem Hit von Björk auf: »Play Dead« (10/93 GB 12) wurde in den Charts als ›Björk & David Arnold‹ geführt. Mitte 1997 erhielt David den Auftrag, alte James-Bond-Melodien aufzumöbeln. Es erschien das Album »Shaken & Stirred – The David Arnold James Bond Project« (11/97 GB-LP 11). Darauf befanden sich Zusammenarbeiten mit Pulp, Iggy Pop, Chrissie Hynde, ABC oder McAlmong. Eine erfolgreiche Singleauskopplung war »On Her Majesty's Secret Service« mit dem Duo Propellerheads. Das Duo war 1996 gestartet. Der zu diesem Zeitpunkt 33jährige Gifford hatte seit 1991 als Tontechniker gearbeitet, so auch für die Gruppe Grid. Er lernte Will White kennen, der in ihrer gemeinsamen Heimatstadt Bath mit der HipHop-Band Junkwaffel in einem Club spielte. Die beiden entschlossen sich zu einer Zusammenarbeit und mixten als erste erfolgreiche Arbeit Titel der Gruppe 808 State. Propellerheads ist ein amerikanischer Slangausdruck für abgedrehte Computerfreaks. Ihre erste Hitnotierung hatten sie mit »Take California« (12/96 GB 69). Es folgte »Spybreak!« (5/97 GB 40) und dann mit »On Her Majesty's Secret Service« in Zusammenarbeit mit Arnold der erste Top-10-Hit. Sehr schön ihre Zusammenarbeit mit Shirley Bassey bei dem Titel »History Repeating« (12/97 GB 19). Ihr Debütalbum war »Decksandrumsandrockandroll« (2/98 GB-LP 6).

On Her Majesty's Secret Service (10/97 GB 7)
Pop

Arnold, Eddy

EDDY ARNOLD v (USA, * 15. 5. 1918 als Richard Edward Arnold in Henderson/Tennessee)

Dieser ›Tennessee-Plow-Boy‹, so sein Spitzname, wurde populär an Nashvilles Grand Ole Opry Anfang der 40er Jahre, als er der Sänger in der Band Pee Wee King & His Golden West Cowboys war. Bis 1943 blieb er bei dieser Gruppe. Ab 1945 übernahm Colonel Tom Parker sein Management und machte ihn zum Star, wie er es ein Jahrzehnt später auch mit Elvis Presley tat. Eddy Arnold ist einer der erfolgreichsten Country-Interpreten aller Zeiten und gilt als der erste, der in Country- und Pophitparaden gleichermaßen erfolgreich war. Seine große Zeit war zwischen 1947 und 1966. Bis Anfang der 70er Jahre hat Arnold weit über 60 Millionen Platten verkauft.

Seine Top-40-Hits waren »I'll Hold You In My Heart (Till I Can Hold You In My Arms)« (11/47 US 22), »Anytime« (5/48 US 17), »What A Fool I Was« (5/48 US 29), »Bouquet Of Roses« (6/48 US 13), »Texarcana Baby« (7/48 US 18), »Just A Little Lovin' (Will Go A Long, Long Way)« (9/48 US 13), »A Heart Full Of Love (For A Handful Of Kisses)« (12/48 US 23), »Then I Turned And Walked Slowly Away« (1/49 US 30), »Don't Rob Another Man's Castle« (3/49 US 23), »One Kiss Too Many« (5/49 US 23) »I'm Throwing Rice (At The Girl I Love)« (8/49 US 18), »I Wouldn't Know Where To Begin« (11/56 US 22), »Make The World Go Away« (10/65 US 6, 2/66 GB 8), »I Want To Go With You« (2/66 US 36) und »The Last Word In Lonesome Is Me« (5/66 US 40).

Seine erfolgreichsten Alben: »All Time Hits From The Hills« (1/48 US-LP 5), »To Mother« (4/49 US-LP 2), »Eddy Arnold Sings« (1/50 US-LP 5) und »My World« (10/65 US-LP 7). 1966 wurde Eddy in die Country Music Hall of Fame aufgenommen.

Make The World Go Away (10/65 US 6; 2/66 GB 8)
Country

Arrested Development

RASA DON v, d (USA, * 22. 11. 1968 als Donald Jones in New Jersey), MONTSHO ESHE (USA, * 23. 12. 1974 als Temelca Garther in Georgia), DIONNE FARRIS v (USA, in Bordentown/New Jersey), HEADLINER dj (USA, * 26. 7. 1967 als Timothy Barnwell in Savannah/Georgia), KWESI dj (USA), NADIRAH v (USA), BABA OJE (USA, * 15. 5. 1932 in Laurie), SPEECH v, rap (USA, * 25. 10. 1968 als Todd Thomas in Milwaukee/Wisconsin), AERLE TAREE v (USA, * 10. 1. 1973 als Taree Jones in Milwaukee/Wisconsin)

Ganz ohne Zweifel haben sie was von Sly & The Family Stone. Um diesen Eindruck auch noch zu verstärken, nahmen sie als Vorlage für ihren zweiten Hit »People Everyday« die Nummer »Everyday People« von Sly. Ihre Musik selbst bezeichnen sie als ›cultural-southern-hiphop-folk-ethnic-funk‹ oder schlicht als ›life music‹. Die aus zwei Frauen und vier Männern bestehende Kommune hat sich in der Nähe von Atlanta angesiedelt. Der geistige Kopf von Arrested Development erklärt den Gruppennamen – Arrested Development = Entwicklungshemmung – folgendermaßen: ›Zu viele schwarze Jugendliche haben sich eine destruktive Mentalität zu eigen gemacht. Reiner Materialismus, geringe Selbstachtung, Individualismus, Mangel an Respekt für Ältere und das Leben im Allgemeinen haben die Afrikaner des 20. Jahrhunderts in ihren Kommunen heimgesucht.‹ »3 Years, 5 Months And 2 Days In The Life Of ...« (4/92 US-LP 7, 10/92 GB-LP 3), das Debütalbum der Band, versuchte, entsprechende Anstöße in puncto Freiheit und spiritueller Evolution zu vermitteln. Der Titel bezog sich im Übrigen auf die Zeitspanne zwischen der Gründung der Formation und der Unterzeichnung ihres Plattenvertrages. Bis Ende 1996 verkaufte sich diese Platte 4 millionenmal. Ihre erste Single »Tennessee« wurde ein Millionseller. Im

Gegensatz zu vielen anderen eintönigen Rap- und Hip-Hop-Platten war sie sehr melodisch. »Revolution« stammte aus dem Film »Malcolm X«. Als nächstes Erfolgsalbum folgte »Zingalamduni« (6/94 GB-LP 16).

Tennessee (4/92 US 6)
People Everyday (8/92 US 8; 10/92 GB 2)
Mr. Wendal (12/92 US 6)
Mr. Wendal/Revolution (1/93 GB 1)
Funk, HipHop, Rap

Siehe auch: Farris, Dionne

Arrington, Steve

STEVE ARRINGTON v, d (USA, in Dayton/Ohio)
Bevor Arrington 1978 als Schlagzeuger und Sänger bei der Funkband Slave einstieg, hatte er bereits mit etlichen anderen Formationen, so z. B. mit Pete & Sheila Escovedo, auch bekannt als Sheila E. mitgespielt. 1982 gründete er seine eigene Band Hall Of Fame. Ab 1985 veröffentlichte er seine Platten als Solist, und mit dem Titel »Feels So Real« traf er 1985 den Geschmack der Briten und der Deutschen. Bei einer anschließenden Tour durch Großbritannien predigte er in erster Linie über seine Hinwendung zum Christentum und den neugefundenen Glauben. Mit »Dancin' In The Key Of Life« (7/85 GB 21) gelang ihm ein typischer Hitnachzieher. Nach einem kurzen Zwischenspiel bei einer anderen Plattenfirma verschwand er aus der Musikszene.

Feels So Real (4/85 GB 5)
Rhythm & Blues

Arrival

DYAN BIRCH v (Großbritannien, * 25. 1. 1948 in Liverpool), CARROLL CARTER v (Großbritannien, * 10. 6. 1948 in Liverpool), FRANK COLLINS (Großbritannien, * 25. 10. 1947 in Liverpool), LLOYD COURTNEY (Großbritannien, * 20. 12. 1947 in Cheshire), DON HUME (Großbritannien, * 31. 3. 1950 in Watford/Hertfordshire), PADDY MCHUGH (Großbritannien, * 28. 8. 1946 in Liverpool), TONY O'MALLEY (Großbritannien, * 15. 7. 1948 in Liverpool)
Das Septett kam Ende der 60er Jahre in Liverpool zusammen. Dyan Birch, ein Angestellter der Firma NEMS, hatte sie gegründet. Nachdem sie Tony Hall von der Plattenfirma Decca ein Demoband geschickt hatten, übernahm der sofort ihr Management. Im Januar 1970 erschien »Friends« und Mitte desselben Jahres »I Will Survive« (6/70 GB 16) – und genau das schafften sie nicht. Birch, Collins und McHugh tauchten später in der Formation Kokomo wieder auf.

Friends (1/70 GB 8)
Pop

Arrows

JAKE HOOKER v, g, sax (USA, * 3. 5. 1952 in New York City), ALAN MERRILL v, b (USA, * 19. 2. 1951 in New York City), PAUL VARLEY d (Großbritannien, * 24. 5. 1952 in Preston/Lancashire)
1973 entdeckte Mickie Most die drei und versuchte, mit ihnen eine seiner üblichen Teeniebands zu gründen, indem er ihnen ein paar Nümmerchen auf den Leib schneiderte, sie produzierte, in die Hitparaden bugsierte und an ihnen das Interesse verlor, nachdem sie bei den Teenies nicht mehr ankamen. Das war schon im Sommer 1975 der Fall. Es erschienen zwar noch weitere Platten der Arrows, darunter »My Last Night With You« (2/75 GB 25), diesmal produziert von Phil Coulter, aber die Luft war raus. Hooker und Merrill schrieben die Nummer »I Love Rock 'n' Roll«, die 1982 ein weltweiter Hit und Platin für Joan Jett & The Blackhearts wurde. Beim Titel »Everybody Get Up«

(9/98 GB 2, 10/98 D 25) der Gruppe Five waren Samples aus diesem Stück zu hören.

A Touch Too Much (5/74 GB 8)
Pop

Arsenal FC

Beim Hit dieses Londoner Fußballvereins handelte es sich um eine Coverversion des Donna-Summer-Titels mit einem veränderten Text. Es war die dritte Hitnotierung des Clubs – die beiden anderen waren »Good Old Arsenal« (5/71 GB 16) und »Shouting For The Gunners« (5/93 GB 34). Beim zweiten Hit wurden Tippa Irie und Peter Hunnigale als ›featuring‹ hervorgehoben. Die meisten Platten dieser Fußballclubs von der Insel hatten für das restliche Europa keinerlei Bedeutung. Die erfolgreichste Clubmannschaft war, was die Hitparadenpositionen in GB anging, Manchester United.

Hot Stuff (5/98 GB 9)
Pop

Siehe auch: Manchester United Football Club

Art Of Noise

ANNE DUDLEY key (Großbritannien, * 7. 5. 1956 in London), J. J. JECZALIK key (Großbritannien, * 11. 5. 1955), GARY LANGAN (Großbritannien)

Die drei Mitglieder trafen sich in den frühen 80er Jahren und gehörten zum Produktionsteam um Trevor Horn, das verantwortlich war für Hits von z. B. ABC, Dollar, Frankie Goes To Hollywood und Malcolm McLaren. Das ursprüngliche Ziel der Gruppe war, in erster Linie einen Sound zu produzieren, der zeitlos und anonym sein sollte. Ihre erste Platte »Close (To The Edit)« war im Übrigen die erste Veröffentlichung auf dem ZTT-Label von Trevor Horn mit der Nummer ZTPS 01. Für eine Neuaufbereitung des 1959er Hits »Peter Gunn« nahmen sie den damaligen Originalgitarristen Duane Eddy und dessen typischen Twanging-Sound. Die erfolgreichste Single von Art Of Noise war 1988 eine Neubearbeitung der Prince-Nummer »Kiss«, gesungen von Tom Jones. Mitte des Jahres 1990 trennte sich das Trio. In der Folgezeit erschienen drei CDs, die alle von sich behaupteten, sie würden »The Best« bringen. Ihr erfolgreichstes Album war »In Visible Silence« (4/86 GB-LP 18). Anne Dudley wurde eine erfolgreiche Arrangeurin, z. B. für die Pet Shop Boys.

Close (To The Edit) (11/84 GB 8)
Peter Gunn (3/86 GB 8)
Kiss (10/88 GB 5)
Pop, Techno

Artful Dodger

PETE DEVEREUX key (Großbritannien, in Oxford), MARK HILL key, per (Großbritannien, in Cwmbran/Wales)

Das Duo Artful Dodger fand sich in Süd-Wales zusammen. Hill war in seiner Jugend ein begnadeter Trinker. Devereux war 1996 bei der Fußball-EM in GB als Hooligan verhaftet worden, hatte mehr als 50 Strafzettel wegen Falschparkens bekommen und nahm Drogen. Diese beiden fanden sich 1999 zusammen und erfanden wenig später das, was als 2Step erfolgeich werden sollte. Artful Dodger feat. Craig David wurden Ende 1999 als die Interpreten des ersten Hits genannt. Beim zweiten Hit »Movin Too Fast« war es Romina Johnson, die das Produktionsduo, das in Southampton beheimatet ist, verstärkte. Bei »Woman Trouble« wurden als weitere Mitspieler Robbie Graig feat. Craig David genannt und bei »Please Don't Turn Me On« war Lifford der Sänger. Er war vorher Leadsänger der Formation Public Demand, die ihren einzigen Hit mit der Nummer »Invisible« (2/97 GB 41)

hatte. Zusammen mit Michelle Escoffery hatte Artful Dodger den Hit »Think About Me« (3/01 GB 11). Escoffery hatte vorher im Hintergrund bei Plattenaufnahmen von Stevie Wonder, Shola Ama und George Michael gesungen. Außerdem war sie eine erfolgreiche Songschreiberin im Team mit Damage, Hinda Hicks oder Tina Turner. Artful Dodger arbeiteten als erfolgreiche DJs und Remixer. So wurden Titel von Sisqo und All Saints von ihnen veredelt.
Mitte 2001 trennten sich Pete Devereux und Mark Hill. Hill machte als Artful Dodger weiter. Der nächste Hit »Twentyfourseven« wurde mit der Stimme vom All Saints Girl Melanie Blatt aufgenommen. Mit Dreem Team vs. Artful Dodger und »It Ain't Enough« (12/01 GB 20) hatten sie einen weiteren Hit.

Re-Rewind The Crowd Say Bo Selecta (12/99 GB 2)
Movin Too Fast (3/00 GB 2)
Woman Trouble (7/00 GB 6)
Please Don't Turn Me On (11/00 GB 4)
Twentyfourseven (9/01 GB 6)
Pop

Siehe auch: David, Craig

Ärzte

BELA B. v, d (Deutschland, * 14. 12. 1964 als Dirk Felsenheimer in Berlin), RODRIGO GONZALES v, g, key, d, b, tr (Chile, * 19. 5. 1968 in Valpariso), SAHNIE b (Deutschland, * 12. 6. 1964 als Hans Ruge), THE INCEDIBLE HAGEN b (Deutschland, * 18. 2. 1961 als Hagen Liebing), FARIN URLAUB v, g (Deutschland, * 27. 10. 1964 als Jan Vetter-Marciniak in Berlin)
Diese deutschsprachige Fun-Punkband wurde 1982 in Berlin von Farin und Bela gegründet. Wer neben den beiden den Bass spielte, war ziemlich wurscht. Schnell wurden die Ärzte zu Stammkunden bei der Bundesprüfstelle und der Schrecken aller besorgter Eltern. 1983 gewannen sie den Berliner Senats-Rock-Wettbewerb und veröffentlichten im selben Jahr ihre Debüt-Mini-LP »Uns geht's prima«. Sie verkauften immerhin so viel, dass sie ab 1985 bei der CBS unter Vertrag waren. Ihr offizielles Debütalbum hieß »Debil«. Ihre Musik bezeichnen sie selber als Soda-Pop. Etliche Platten der Ärzte hatten im Funk recht wenig Gelegenheit, zu Gehör zu kommen. Texte wie ›Hannelores Tag ist grau, denn Helmut K. schlägt seine Frau‹ waren nichts für öffentlich rechtliche Ohren. Aber Berliner Mutterwitz, Szenejargon und Pubertätshumor brachten der Gruppe schnell eine große Fangemeinde, und sie wurde die Idolband der 12- bis 18jährigen. 1989 löste sich die Band nach sechs LPs auf, weil ihnen angeblich die Sache zu groß geworden war. Farin machte die Gruppe King Kong, Bela gründete Depp Jones. 1993 kamen sie erneut zusammen und hatten diesmal mit dem Song »Schrei nach Liebe«, der sich gegen den Rechtsextremismus wendet, einen ersten Top-10-Hit. Die Tatsache, dass in diesem Lied die Nazis deutlich als Arschlöcher tituliert wurden, half dabei. Solch klare Aussagen sind in Hitparadensendungen sonst nicht zu hören und durchaus wünschenswert. Auch in »Ein Song namens Schunder« war es eine eher provokative Sprache, die die Kids aufhorchen ließ – aber, wie die Ärzte im Song selbst vermuten, wurde wahrscheinlich ›einfach nicht genau zugehört‹ und lediglich die Tatsache, dass hier einer den anderen in die ›Fresse‹ schlägt, blieb hängen. Trotzdem sollten die Ärzte weiter versuchen, in ihren Texten Tatsachen zu vermitteln. Auch andere Singles der Ärzte wie »Westerland« (10/88 D 34), »Zu spät ...« (2/89 D 25), »Bitte bitte« (5/89 D 18), »Mach die Augen zu« (12/93 D 31), »Friedenspanzer« (4/94 D 32), »Quark« (9/94 D 37), »Hurra« (12/95 D 25), »3-Tage-Bart« (6/96 D 30), »Mein Baby war beim Frisör« (9/96 D 43), »Goldenes Handwerk« (9/98

D 36), »1/2 Lovesong« (11/98 D 28), »Elke (live)« (11/99 D 28) erreichten passable Hitparadenpositionen.
1998 kamen sie mit einem der Hits des Jahres in die Charts: »Ein Schwein namens Männer (Männer sind Schweine)«. Der Song stammte vom Album »13«, das am 8. 6. 1998 gleich auf Platz 1 in den deutschen LP-Charts einstieg.
Die weiteren Erfolgsalben: »Das ist nicht die ganze Wahrheit« (5/88 D-LP 6), »Nach uns die Sintflut – live« (11/88 D-LP 1), »Die Ärzte früher!« (2/89 D-LP 4), »Bestie in Menschengestalt« (10/93 D-LP 2), »Das Beste von früher bis jetzt« (10/94 D-LP 6), »Planet Punk« (10/95 D-LP 2), »Le Frisur« (6/96 D-LP 4), »Wir wollen nur deine Seele« (12/99 D-LP 4), »Runter mit den Spendierhosen, Unsichtbarer!« (11/00 D-LP 1).
›Bravo‹ bezeichnete die Ärzte im September 2000 als ›Die lustigste Band der Welt!‹. Sich das von ›Bravo‹ zu verdienen, war sicher harte Arbeit. Ab Herbst 2000 bastelten die einzelnen Mitglieder der Ärzte nebenher an Solokarrieren. Von Farin erschien die Single »Glücklich« (9/01 D 30) und das Album »Endlich Urlaub« (11/01 D-LP 3).

Schrei nach Liebe (9/93 D 9)
Ein Song namens Schunder (9/95 D 4)
Ein Schwein namens Männer (Männer sind Schweine) (4/98 D 1)
Wie es geht (9/00 D 5)
Manchmal haben Frauen . . . (11/00 D 4)
Punk

Ash

MARK HAMILTON b (Großbritannien, * 21. 3. 1977), CHARLOTTE HATHERLY g (Großbritannien, * 20. 6. 1979 als Charlotte Franklin in Hammersmith/London), RICK MCMURRAY d (Großbritannien, * 11. 7. 1975 in Larne, Co. Antrim/Nordirland), TIM WHEELER v, g (Großbritannien, * 4. 1. 1977 in Downpatrick, Co. Down/Nordirland)

Für das aus Downpatrick/Nordirland stammende Trio schien der Punk weiterzuleben. Sie klangen wie eine unbekümmerte Mischung aus den Ramones und den Undertones. 1992 gegründet, machten sie ihre erste Bekanntschaft mit der britischen Hitparade 1995 mit der Nummer »Kung Fu« (4/95 GB 57), kurz danach erschienen »Girl From Mars« (8/95 GB 11), »Angel Interceptor« (10/95 GB 14) und dann »Goldfinger« und »Oh Yeah«. Das erste Album der Band war »1977« (5/96 GB-LP 1). Im August 1997 nahm die Band als viertes Mitglied die Gitarristin Charlotte Hatherley auf und veröffentlichten die Single »A Life Less Ordinary« aus dem gleichnamigen Film. Mit »Nu-Clear Sounds« (10/98 GB-LP 7) erschien im Herbst 1998 das zweite Album der Band. Daraus ausgekoppelt: »Jesus Says« (10/98 GB 15). Nach einer Pause kam Ash Anfang 2001 mit »Shining Light« und dem Album »Free All Angels« (5/01 GB-LP 1). Es folgten »Burn Baby Burn« (4/01 GB 13), »Sometimes« (7/01 GB 21), »Candy« (10/01 GB 20) und »There's A Star« (1/02 GB 13).

Goldfinger (4/96 GB 5)
Oh Yeah (7/96 GB 6)
A Life Less Ordinary (10/97 GB 10)
Shining Light (2/01 GB 8)
Punk

Ashanti

ASHANTI (USA, als Douglas)
Die Plattenfirma Murder Inc verhalf einigen Nachwuchskünstlern aus New York, und da speziell aus Hollis/Queens, zum Erfolg. Dazu gehörte Ja Rule, der im Herbst 2001 den Titel »Always On Time« veröffentlichte, bei dem als Gast Ashanti zu hören war. Ashanti wurde schnell zum neuen Star der HipHop-Szene und stand 2002 als Gast von Fat Joe mit dem Titel »What's Luv?« erneut in den US-Top 10.

»Foolish« war ihre erste eigenständige Platte. In der letzten Märzwoche 2002 verlieh ihr der Billboard einen Platz in der Geschichte der Pop-Charts. Ashanti sei die erste Frau, die gleichzeitig drei Titel unter den ersten 10 der Hitparade hatte – die Titel mit Ja Rule und Fat Joe und ihre Soloplatte – und der zweite Act überhaupt, der dieses in den USA schaffte. Der erste waren die Beatles.

Foolish (2/02 US 9)
HipHop, Rhythm & Blues

Ashcroft, Richard

RICHARD ASHCROFT v, g (Großbritannien, * 11. 9. 1971 in Wigan)
Im Frühjahr 1999 wurde bekannt, dass sich Ashcroft von der Band The Verve getrennt hatte und bereits seit Ende 1998 an einem Soloalbum arbeitete. Mit »A Song For The Lovers« erschien im Februar 2000 seine erste Solosingle, die auf sein erstes Soloalbum hinweisen sollte, das schließlich Mitte 2000 kam und »Alone With Everybody« (7/00 GB-LP 1, 7/00 D-LP 10) hieß. Es folgten die Singles »Money To Burn« (6/00 GB 17) und »Come On People (We're Making It Now)« (9/00 GB 21).

A Song For The Lovers (4/00 GB 3)
Britpop

Siehe auch: The Verve

Ashford & Simpson

NICKOLAS ASHFORD v (USA, * 4. 5. 1942 in Fairfield/South Carolina), VALERIE SIMPSON v (USA, * 26. 8. 1946 in Bronx/ New York City)
1963 kam Nick nach New York, um einen Job als Musiker zu finden. Dort lernte er Valerie kennen. Die beiden taten sich zu einem Texter-Komponisten-Team zusammen, das für einen Verlag schrieb. Mit dem Ray-Charles-Titel »Let's Go Get Stoned« gelang den beiden 1966 ihr erster Top-40-Hit in den USA als Autoren. Daraufhin wurde Tamla Motown auf sie aufmerksam, und die beiden unterschrieben einen Exklusivvertrag für dieses Label. Bereits innerhalb des ersten Vertragsjahres hatten Marvin Gaye, Tammi Terrell und Diana Ross Hits mit Songs, geschrieben von Ashford & Simpson. Neben ihrer Arbeit als Songschreiberin betätigte sich Valerie auch als Sängerin und Sessionmusikerin, Nick als Produzent. Ab 1972 erschienen Soloplatten von Valerie. 1974 heirateten die beiden. Der nächste Schritt: Platten im Duett. Mit »Solid« gelang dem Duo 1984 der bisher größte Singlerfolg. Ihre erfolgreichsten Alben sind »Is It Still Good To Ya« (9/78 US-LP 20), »Stay Free« (9/79 US-LP 23) und »Solid« (11/84 US-LP 29, 3/85 D-LP 11). Neben ihren Aktivitäten in der Plattenindustrie sind Nickolas und seine Frau Besitzer des erfolgreichen New Yorker Restaurants 20/20, 20 West 20th Street.

Solid (1/85 D 2, GB 3)
Soul

Ashton, Gardner & Dyke

TONY ASHTON v, key (Großbritannien, * 1. 3. 1944 in Blackburn/Lancashire, † 28. 5. 2001), ROY DYKE d (Großbritannien, * 13. 2. 1945 in Liverpool), KIM GARDNER b (Großbritannien, * 27. 1. 1946 in Dulwich/London, † 24. 10. 2001)
Als Anfang der 60er Jahre jede Band aus Liverpool einen Plattenvertrag bekam, war auch die Band von Tony Ashton und Roy Dyke, The Remo Four, mit dabei. 1968 gründeten sie mit Gardner, der von Creation kam, das Trio Ashton, Gardner & Dyke, das mit dem »Resurrection Shuffle« im Januar 1971 einen Hit schaffte. Nachdem sich kein weiterer Erfolg einstellte, fiel das Trio 1972 auseinander. Tony

Ashton wurde Mitglied bei Family, dann beim Deep-Purple-Ableger Paice, Ashton & Lord und Studiomusiker bei unendlich vielen Plattenaufnahmen. In den frühen 80er Jahren moderierte er in Großbritannien auf dem TV Channel 4 eine Musiksendung. Dyke wurde Gründungsmitglied bei Badger, zu denen später auch Gardner kam. 2001 starben Tony Ashton und Kim Gardner an Krebs.

Resurrection Shuffle (1/71 GB 3)
Pop, Rock

Siehe auch: Creation

Asia

GEOFF DOWNES v, key (Großbritannien), STEVE HOWE v, g (Großbritannien, * 8. 4. 1947 in London), GREG LAKE v, b (Großbritannien, * 10. 11. 1947 in Poole/Dorset), MANDY MEYER g (Schweiz), CARL PALMER d (Großbritannien, * 20. 3. 1947 in Birmingham), PAT THRALL g, JOHN WETTON v, b (Großbritannien, * 12. 7. 1949 in Derby)

Als sich diese Band im Frühjahr 1981 zusammenfand, war wieder einmal von einer Supergruppe die Rede. In der Tat hatten alle vier Musiker auch schon etliche Erfolge aufzuweisen. So war John Wetton vorher Mitglied bei UK, Roxy Music, Uriah Heep und King Crimson; Steve Howe ehemaliges Yes-Mitglied; Carl Palmer hatte Emerson und Lake hinter sich gelassen; Downes kam von Yes und den Buggles. Fast ein Jahr lang brauchte man, bis das Debütalbum der Band erschien, das weltweit Beachtung fand und mit »Heat Of The Moment« gleich den größten Singleerfolg der Band beinhaltete. Obwohl auch das im August 1983 erschienene zweite Album »Alpha« wieder recht erfolgreich war, verließ John Wetton die Band und wurde durch Greg Lake, Palmers ehemaligen Mitspieler von EL&P, ersetzt. 1985 stieg Steve Howe aus, um später GTR zu gründen, und wurde durch den Krokus-Gitarristen Mandy Meyer ersetzt. Dann kehrte John Wetton zurück; trotzdem fiel 1986 die Band auseinander, weil alle Mitglieder an anderen Projekten interessiert waren. 1990 kamen Carl Palmer, John Wetton und Geoff Downes noch einmal als Asia zusammen. Als Gitarrist spielte nun Pat Thrall von Go, Automatic Man und der Pat Travers Band mit. Die erfolgreichsten Alben für Asia waren »Asia« (4/82 US-LP 1 – vierfach Platin –, GB-LP 11, 5/82 D-LP 6) und »Alpha« (8/83 US-LP 6, GB-LP 5, D-LP 11).

Heat Of The Moment (4/82 US 4; 7/82 D 7)
Don't Cry (7/83 US 10)
Rock

Assembly

VINCE CLARKE key, syn (Großbritannien, * 3. 7. 1960 in Basildon/Essex), FEARGAL SHARKEY v (Großbritannien, * 13. 8. 1958 in Londonderry/Nord Irland)

Nachdem Vince Clarke bereits mit Depeche Mode und Yazoo erfolgreich gewesen war, bildete er zusammen mit Feargal Sharkey, vorher Leadsänger der Undertones, das Duo Assembly, das es auf genau einen Hit brachte: »Never Never«. 1985 gründete Vince Clarke Erasure, Feargal begann eine Solokarriere.

Never Never (11/83 GB 4)
Elektro-Pop, One Hit Wonder

Siehe auch: Depeche Mode; Yazoo; Erasure

Associates

BILLY MACKENZIE v (Großbritannien, * 27. 3. 1957 in Dundee/Schottland, † 23. 1. 1997), ALAN RANKINE

›In ihrer Heimat England gehören die Associates mit ihrer intelligenten Collage aus Pop, Pomp und New Wave zu den interessantesten Vertretern des Neo-Pop, der das Erbe des Punk-Aufbruchs verwal-

tet‹, charakterisierte die Plattenfirma 1985 die Musik der Associates. Billy und Alan hatten sich 1976 zur Kabarett-Combo Absorbic Ones zusammengeschlossen und 1979 in Associates umbenannt. Sie gründeten ihr eigenes Label und hatten bald darauf den Hit »Party Fears Two«. Nach einigen weniger erfolgreichen Platten kümmerte sich Billy um andere Projekte, und erst 1984 erschienen wieder neue Titel der Gruppe. Da sie auch nicht von Erfolg gekrönt waren, trennten sich die beiden Musiker im Februar 1985. Billy MacKenzie behielt den Namen Associates und den musikalischen Stil bei. Ende 1996 – er hatte gerade einen neuen Plattenvertrag erhalten – starb seine Mutter. Er litt danach an starken Depressionen und wurde am 23. 1. 1997 tot im Hause seines Vaters aufgefunden.
Das erfolgreichste Album der Associates hieß »Sulk« (5/82 GB-LP 10).

Party Fears Two (2/82 GB 9)
New Wave, Pop

Association

GARY ALEXANDER v, g (USA, * 25. 9. 1943 in Chattanooga/Tennessee), TED BLUECHEL JR. v, d (USA, * 2. 12. 1942 in San Pedro/Kalifornien), BRIAN COLE v, b (USA, * 8. 9. 1942 in Tacoma/Washington, † 2. 8. 1972), RUSS GIGUERE v, g (USA, * 18. 10. 1943 in Portsmouth/New Hampshire), TERRY KIRKHAM v, key (USA, * 12. 12. 1941 in Salina/Kalifornien), LARRY RAMOS JR. v, g (USA, * 19. 4. 1942 in Kauai/Hawaii), JIM YESTER v, g (USA, * 24. 11. 1939 in Birmingham/Alabama)
Diese Formation, die sich aus Mitgliedern diverser Folkbands aus Kalifornien zusammensetzte, kam Ende 1965 zusammen. 1966 erhielten sie einen Plattenvertrag, und mit »Along Comes Mary« – es wurde immer behauptet, es handle sich hier um einen Drogensong – hatten sie wenig später ihren ersten Top-10-Hit. Mit »Cherish«, »Windy« und »Never My Love« veröffentlichte die Gruppe noch 1966 und schon 1967 drei Millionseller. 1968 kam als weiteres Mitglied der Hawaiianer Larry Ramos zur Band. Ende 1969 ließ der Erfolg der Formation nach. Es kam zu weiteren Umbesetzungen in der Gruppe. 1980 kamen noch einmal die überlebenden Originalmitglieder mit einigen weiteren Musikern zusammen. Die dabei entstandene Produktion blieb bedeutungslos. Im September 1990 wurde aufgelistet, welche Lieder der letzten fünfzig Jahre am häufigsten im Radio gespielt wurden. Auf Platz 1 landete Paul McCartneys »Yesterday«, auf Platz 2 »Never My Love«.
Die erfolgreichsten Alben der Band: »And Then . . . Along Comes The Association« (8/66 US-LP 5), »Insight Out« (7/67 US-LP 8) und »Association's Greatest Hits« (12/68 US-LP 4).

Along Comes Mary (6/66 US 7)
Cherish (8/66 US 1)
Windy (5/67 US 1)
Never My Love (8/67 US 2)
Everything That Touches You (2/68 US 10)
Soft Pop

Astley, Rick

RICK ASTLEY v, d (Großbritannien, * 6. 2. 1966 als Richard Paul Astley in Newton-Le-Willow/Warrington)
16jährig begann Rick als Drummer bei Give Way. 1984 wurde er Leadsänger der Soulformation FBI. Dort wurde er vom Erfolgsproduzententeam Stock/Aitken/Waterman entdeckt, die ihn – wenn man der Plattenfirma glauben darf – ›zunächst als guten Geist in den S/A/W-Studios beschäftigten. Er musste Besorgungen machen, Kaffee kochen und Essen bereiten. Hier und dort sang er die Back Vocals mit, bis S/A/W endlich mit »Never Gonna Give You Up« das richtige Material für ihn

gefunden hatten‹. Die Platte wurde Platz 1 in insgesamt 15 Staaten der Erde. Damit schien Rick festgelegt als scheuer Teeniesänger mit Pubertätsimage. In schneller Folge erschien Hit auf Hit. Als die 80er Jahre ausklangen, verabschiedete sich Astley vom Produzententeam S/A/W, und man vermutete, damit sei seine Karriere auch beendet. Mit »Cry For Help« erschien jedoch Anfang 1991 eine Platte, die aufzeigte, dass Rick wirklich ein exzellenter Soulsänger ist. Ende 1993 lief sein Vertrag mit RCA aus und damit verschwand Rick Astley zusehends in der Versenkung.
Seine erfolgreichsten Alben: »Whenever You Need Somebody« (11/87 GB-LP 1, D-LP 1, 1/88 US-LP 10), »Hold Me In Your Arms« (12/88 GB-LP 8, D-LP 3, 1/89 US-LP 19) und »Free« (3/91 GB-LP 9, D-LP 8, US-LP 31).
Rick schien mit seinem Leben ausgesprochen unglücklich zu sein. Über diese Zeit erzählte er später: ›Es klingt wie ein Klischee. Aber in der Welt herumzujetten und ständig jemanden zu haben, der alles für einen erledigt, hat mit wirklichem Leben nichts zu tun. Es hat mich krank gemacht. Ich wollte mein eigenes Leben.‹ In seinem Haus in Richmond baute er sich ein eigenes Studio, in dem er regelmäßig neue Kompositionen einspielt, die er als Musik der Kategorie Adult Contemporary Singer/Songwriter beschreibt. Anfang 1998 sagte er: ›Sollte ich nie wieder eine Chance im Musikgeschäft erhalten, ist es auch gut.‹ Er erhielt die Chance. 2001 erschien mit »Keep It Turned On« wieder ein neues Album von Rick – es fiel nicht sonderlich auf.

Never Gonna Give You Up (8/87 D 1, GB 1; 12/87 US 1)
Whenever You Need Somebody (10/87 GB 3, D 1)
When I Fall In Love/My Arms Keep Missing You (GB 2, D 6)
Together Forever (2/88 D 5, GB 2; 4/88 US 1)
It Would Take A Strong Strong Man (7/88 US 10)
She Wants To Dance With Me (9/88 GB 6, D 10; 12/88 US 6)
Take Me To Your Heart (11/88 GB 8, D 10)
Hold Me In Your Arms (2/89 GB 10)
Cry For Help (1/91 US 7, GB 7)
Pop, Soul

Aswad

DONALD BENJAMIN g, BRINSLEY FORDE v, g (* 16. 10. 1953), TONY GAD v, g (* 11. 11. 1957), COURTNEY HEMMINGS key, RAS GEORGE LEVI b, ANGUS ZEB (* 24. 9. 1959 als Gaye)
In den Anfangstagen dieser Gruppe, die sich 1975 in London formierte, spielten neben den obengenannten Musikern noch Donald Benjamin, git; Courtney Hemmings, key; Ras George Levi, bass. 1976 erhielten sie als die erste britische Reggae-Band einen Vertrag bei Island Records. Die ersten Veröffentlichungen platzierten sich meist nur in den Reggae-Charts, und es folgte ein ständiges Auf und Ab, diverse Wechsel zwischen großen und kleinen Plattenlabels. 1986 wechselte die Band ihr Management und schrumpfte zum Trio. 1988 hatte sie mit dem von Diane Warren und Albert Hammond geschriebenen Song »Don't Turn Around« einen Spitzenreiter in GB. Der Song wird im Original von Tina Turner gesungen.
Fiel Aswad – arabisch für ›schwarz‹ – in den Nichthitparadentagen dadurch auf, dass sie kritische Texte und keine Coverversionen sangen, so nahmen sie nach dem Nummer-1-Hit von 1988 immer häufiger eben genau die auf.
Die weiteren Top-40-Hits: »Give A Little Love« (5/88 GB 11), »Beauty's Only Skin Deep« (4/89 GB 31), »On And On« (7/89 GB 25), »Next To You« (8/90 GB 24), »How Long« (7/93 GB 31) mit Yazz, »Shine« (6/94 GB 5, 8/94 D 39), »Warriors« (9/94 GB 33) und »You're No Good« (2/95 GB 35). Ihre erfolgreichsten Alben

waren »Distant Thunder« (4/88 GB-LP 19) und »Greatest Hits« (8/95 GB-LP 20).

Don't Turn Around (2/88 GB 1)
Shine (6/94 GB 5)
Reggae

atb

ANDRÉ TANNENBERGER dj (Deutschland, in Thüringen)
Nachdem die Nummer »9PM (Till I Come) (11/98 D 14) in den deutschen Charts war, kam sie über etliche Importfirmen nach GB. Als die Platte dann richtig veröffentlicht wurde, sprang sie am 3. 7. 1999 in GB von 0 auf 1. »Don't Stop« (3/99 D 13) erreichte die GB-Charts mit einer zeitlichen Verzögerung von sieben Monaten. André Tannenberger entwickelte sich Ende der 90er Jahre zu einem der führenden Dance-Produzenten. In seinem Studio in Bochum fummelte er an Titeln von Enigma, William Orbit, Bob Marley, A-Ha und Moby. Nebenher veröffentlichte er das Album »Movin' Melodies«, das im Rückblick als Trendsetter der Trance-Welle gilt. Im September 2000 veröffentlichte atb ein neues Doppelalbum. Als erste Single erschien daraus »The Summer« (6/00 D 21). Atb gehörte neben DJ Mellow-D, Schiller, Sunbeam, Talla, 2XLC und Taucher auch zu den Trance All Stars, die mit »The First Rebirth« (12/99 D 18) und »Ready Fo Flow« (3/00 D 35) Hits hatten. Für atb folgte der Hit »The Fields Of Love« (1/01 GB 16), bei dem York mitwirkte. Dann kamen »Let U Go« (6/01 GB 34) und »Hold You« (12/01 D 18). Als Album erschien »Dedicated« (2/02 D-LP 10).

9PM (Till I Come) (7/99 GB 1)
Don't Stop (10/99 GB 3)
Killer (3/00 GB 4)
Let U Go (5/01 D 7)
Disko

ATC

SARAH EGGLESTONE v (Australien, * 4. 4. 1975 in Melbourne), JOE MURRAY v (Neuseeland, * 5. 7. 1974 in Christ Church), TRACEY PACKHAM v (Großbritannien, * 30. 7. 1977 in Crawley/West-Sussex), LIVIO SALVI v (Italien, * 25. 1. 1977 in Bergamo)
Die vier Mitglieder der Gruppe lernten sich 1997 kennen, als sie gemeinsam in Hamburg Darsteller im Musical »Cats« waren. Ein Jahr später gründeten sie ATC, was ›A Touch Of Class‹ bedeuten soll. Der erfolgreiche deutsche Produzent Alex Christensen fummelte für das Quartett den Ohrwurm »Around The World (La La La La La)« (2/01 US 28). Alex hatte ein glückliches Produzenten-Händchen. U 96, Rollergirl, Tom Jones oder Marky Mark wurden von ihm betreut. Die nächsten Hits für ATC waren »Why Oh Why« (2/01 D 16) und »I'm In Heaven (When You Kiss Me)« (11/01 D 22).

Around The World (La La La La La) (6/00 D 1)
My Heart Beats Like A Drum (Dam Dam Dam) (9/00 D 3)
Pop

A-Teens

JOHN DHANI LENNEVALD v (Schweden, * 24. 7. 1984 in Stockholm), SARA HELENA LUMHOLT v (Schweden, * 25. 10. 1984 in Stockholm), AMIT SEBASTIAN PAUL v (Schweden, * 29. 10. 1983 in Boden/ Pitea), MARIE ELEONOR SERNEHOLT v (Schweden, * 11. 7. 1983 in Stockholm)
Zuerst nannten sie die vier Kids aus Stockholm Abba Teens, dann nur noch A-Teens. Als Grund wurde angegeben: ›Wir wollen in Zukunft nicht nur Abba-Songs singen, sondern auf unserem zweiten Album werden wir auch eigene Titel präsentieren‹. Mal abwarten, ob sie damit auch so erfolgreich sind wie mit ihren Nachzie-

hern alter Abba-Hits. Warum bei den jugendlichen Fans von den A-Teens die alten Abba-Lieder wieder erfolgreich wurden, weiß kein Mensch. Die Vorlagen für die Hits waren auf dem Markt – der Stellenwert von Abba auch Ende 1999/Anfang 2000 ungebrochen.
Die Top-40-Hits außerhalb der Top 10: »Mamma Mia« (9/99 GB 12), »Super Trouper« (12/99 GB 21), »Gimme! Gimme! Gimme!« (4/00 D 33), »Halfway Around The World« (10/01 GB 30).
Das erste Erfolgsalbum hieß »The Abba Generation« (2/00 D-LP 2), es folgte »Teen Spirit« (3/01 D-LP 5).

Mamma Mia (10/99 D 10)
Super Trouper (1/00 D 4)
Upside Down (12/00 D 10; 5/01 GB 10)
Pop

Atlanta Rhythm Section

BARRY BAILEY g (USA, * 12. 6. 1948 in Decatur/Georgia), JAMES R. COBB g (USA, * 5. 2. 1944 in Birmingham/Alabama), DEAN DAUGHTRY key, b (USA, * 8. 9. 1946 in Kinston/Alabama), PAUL GODDARD b (USA, * 23. 6. 1945 in Rome/Georgia), RONNIE HAMMOND v (USA, * 10. 11. 1950 in Macon/Georgia), RODNEY JUSTO v, ROBERT NIX d (USA, * 8. 11. 1944), ROY YEAGER d (USA, * 4. 2. 1946 in Greenwood/Mississippi)
1970 trafen sich einige Studiomusiker bei der Aufnahme einer Roy-Orbison-Platte in Georgia und beschlossen, eine eigene Band zu formieren. So entstand aus den Trümmern der Classic IV und ehemaligen Begleitmusikern von Roy Orbison die Atlanta Rhythm Section. Schon nach der ersten Langspielplatte verließ Sänger Rodney Justo die Band und wurde durch Ronnie Hammond, einen ehemaligen Aufnahme-Ingenieur, ersetzt. Nach den Top-10-Hits verließ Nix die Band und wurde durch Roy Yeager ersetzt. 1981 erschien mit »Quinella« das letzte Album. Danach hörte man etliche Jahre nichts mehr von ihnen – als ARS erschien 1989 das Album »Truth In A Structured Form«, auf dem mit Bailey und Daughtry zwei Mitglieder aus den Anfangstagen von Atlanta Rhythm Section mitspielten. Außerdem waren darauf Ronnie Hammond, der nach der ersten LP zur Band kam, der Gitarrist Steve Stone, der Bassist J.E. Garnet und der Schlagzeuger Sean Burke zu hören. Auf einer 1991 erschienenen Hitcompilation stand zu lesen: ›As the 80s dawned, MTV became the dominant form of pop-music expression; the boys from Doraville, Georgia, were like a country town where the railroad didn't stop anymore.‹
Ihre erfolgreichsten Alben waren »A Rock And Roll Alternative« (1/77 US-LP 11) und »Champagne Jam« (4/78 US-LP 7).

So In To You (1/77 US 7)
Imaginary Lover (3/78 US 7)
AOR (Adult Orientated Rock), Rhythm & Blues, Soul

Siehe auch: Classics IV

Atlantic Starr

CLIFFORD ARCHER b (USA, * 25. 5. 1951), SHARON BRYANT v (USA, * 14. 8. 1956 in Westchester County/New York), PORTER CARROLL v, d (USA, * 24. 4. 1953), KORAN DANIELS sax (USA, * 18. 6. 1958), JONATHAN LEWIS pos (USA, * 5. 12. 1953 in White Plains/New York), DAVID LEWIS v, g (USA, * 8. 9. 1958 in White Plains/New York), WAYNE LEWIS v, key (USA, * 13. 4. 1957 in White Plains/New York), PORSCHA MARTIN (USA), JOSEPH PHILLIPS per (USA, * 2. 5. 1949), DAMON RENTIE (USA), WILLIAM SUDDERTH tr (USA, * 18. 4. 1950), AISHA TANNER v (USA, * 27. 7. 1973 in Oakland/Kalifornien), BARBARA WEATHERS v (USA, * 7. 12. 1963 in Greensboro/North Carolina)

Atlantic Starr wurde 1976 in White Plains, New York, mit acht Männern und einer Frau gegründet. Ab 1978 waren sie zuerst in der R&B-Hitparade erfolgreich. 1979 kam für Damon Rentie Koran Daniels. Nachdem sie sich 1984 zu einem Quintett verkleinerten – es blieben die drei Brüder Wayne, David und Jonathan Lewis und Joseph Phillips; Sharon Bryant wurde gegen Barbara Weathers ausgetauscht – erreichten sie auch die Pophitparaden. 1989 stieg Barbara Weathers aus und wurde nun ihrerseits durch Porscha Martin ersetzt. Das Jahr 1992 begann mit einem weiteren großen Erfolg: »Masterpiece«. Ihre erfolgreichsten Alben sind »Brilliance« (3/82 US-LP 18), »As The Band Turns« (5/85 US-LP 17) und »All In The Name Of Love« (4/87 US-LP 18).

Secret Lovers (12/85 US 3; 3/86 GB 10)
Always (3/87 US 1; 6/87 GB 3)
Masterpiece (2/92 US 3)
Rhythm & Blues, Soul

Atomic Kitten

JENNY FROST v (Großbritannien, * 22. 2. 1978 in Liverpool), NATASHA MARIA HAMILTON v (Großbritannien, * 17. 7. 1982 in Kensington/Liverpool), KERRY JAYNE ELIZABETH KATONA v (Großbritannien), ELIZABETH MARGARET MCCLARNON v (Großbritannien, * 10. 4. 1981 in Liverpool)

Das Liverpooler Mädchentrio tauchte mit dem Titel »Right Now« erstmals in den Hitparaden auf. Kerry war vorher Mitglied der Porn Kings. Ihren Namen hatten sie sich bei ihrem Stylisten abgeschaut, der eine eigene Klamottenkollektion mit dem Namen Automatic Kitten herausgebracht hatte. Die drei gingen als Vorgruppe von 911 auf Tournee und wurden in der TV-Sendung ›Roadshow‹ präsentiert. »I Want Your Love« beinhaltete Samples aus »Justified And Ancient« von KLF und aus dem Film »The Big Country«, gespielt vom Prager Philharmonie Orchester. Das erste Album »Right Now« (11/00 GB-LP 39, 5/01 D-LP 6, 8/01 RE-GB-LP 1) erschien im Herbst 2000. Ein richtiger Erfolg wurde es erst, nachdem »Eternal Flame« die Spitze der GB-Charts erreicht hatte. Daraus ausgekoppelt wurden »Follow Me« (10/00 GB 20) und auch die von Andy McCluskey (OMD) mitgeschriebene Nummer »Whole Again«, die am 10. 2. 2001 gleich auf Platz 1 der GB-Charts einstieg und diese Position 4 Wochen hielt – für britische Hitparadenverhältnisse des 21. Jahrhunderts ungewöhnlich lang. McCluskey hat die Karriere des Trios von Anfang an begleitet. Auch schon an der Nummer »Right Now« hatte er mitgeschrieben. Als Kerry Anfang 2001 von Bryan McFadden (Westlife) ein Kind erwartete, stieg sie aus. Für sie kam als Ersatz Jenny Frost, die vorher bei Precious gesungen hatte. »Eternal Flame« war eine Coverversion der gleichnamigen Bangles-Nummer.

Right Now (12/99 GB 10)
See Ya (4/00 GB 6)
I Want Your Love (7/00 GB 10)
Whole Again (2/01 GB 1; 3/01 D 1)
Eternal Flame (8/01 D 5, GB 1)
Pop

Siehe auch: Precious

Atomic Rooster

JOHN CANN v, g (Großbritannien), VINCENT CRANE org (Großbritannien, * 21. 5. 1943 in Reading/Berkshire, † 1. 2. 1989), JOHN DU CANN v, g (Großbritannien), CHRIS FARLOWE v (Großbritannien, * 13. 10. 1940 als John Henry Deighton in London), NICK GRAHAM b (Großbritannien), PAUL HAMMOND d (Großbritannien), PRESTON HYMAN d (Großbritannien), CARL PALMER d (Großbritannien, * 20. 3. 1947 in Birmingham)

Vincent Crane und Carl Palmer waren es 1969 Leid, immer wieder »Fire« mit Crazy

World of Arthur Brown zu spielen. Crane hatte diesen Hit geschrieben und war nun der Meinung, er könne sich eine eigene Band leisten. Aber schon 1970 verließ Carl Palmer die Band und wurde Mitbegründer von Emerson, Lake & Palmer. In der Folgezeit wechselten die Musiker in schneller Folge. Einer der Sänger war 1972/73 einer der besten R&B-Sänger Europas, Chris Farlowe. Ihren größten Hit hatten Atomic Rooster mit »The Devil's Answer«. Zu diesem Zeitpunkt war John Cann Gitarrist und Sänger und Paul Hammond der Schlagzeuger. 1974 löste Crane die Gruppe auf. 1979 ließ er sie wiederaufleben, dieses Mal spielten neben ihm John Cann und der Schlagzeuger Preston Hyman. Nach zwei erfolglosen Alben gab Crane sein Projekt endgültig auf. 1983 spielte er mit Dexy's Midnight Runners auf Tour und auf der LP »Don't Stand Me Down«. Nachdem er schon lange an Depressionen litt, nahm er sich im Februar 1989 das Leben. Die erfolgreichsten Alben der Formation waren »Death Walks Behind You« (1/71 GB-LP 12) und »In Hearing Of Atomic Rooster« (8/71 GB-LP 18).

The Devil's Answer (7/71 GB 4)
Rock

Auger, Brian

BRIAN AUGER p, org (Großbritannien, * 18. 7. 1939 in Bihar/Indien)
Der in Indien geborene Brian wuchs in London auf. Musikalisch wurde Brian Auger Mitte der 50er Jahre beeinflusst durch Jazzmusiker wie Herbie Hancock und Horace Silver. Anfang der 60er Jahre – bis zu diesem Zeitpunkt hatte er mehr akustisches Piano gespielt – wechselte er zu einer Hammond-B3-Orgel. Damit entwickelte er sein für ihn typisches Spiel, das später als kreativ und improvisationsreich bezeichnet wurde. Mit Steampacket, bei denen Rod Stewart, Long John Baldry oder Julie Driscoll sangen, kam er dem Rhythm & Blues und später dem Rock näher. Nachdem Steampacket auseinandergefallen war, gründete Brian zusammen mit Julie Driscoll, voc, Gary Boyle, g, David Ambrose, b, und Clive Thacker, d, die Formation Trinity. Wie die musikalische Richtung der Band aussehen sollte, wusste man offensichtlich selbst nicht, denn sie spielten abwechselnd in Jazz- und Rock-Clubs. Das änderte sich, als sie im März 1968 mit dem Bob-Dylan-Titel »This Wheel's On Fire« in die Hitparaden kamen. Damit waren sie, ob gewollt oder nicht, in Richtung Flower-power und Hippiekultur festgelegt. Danach erschien »Road To Cairo« des amerikanischen Folksängers David Ackles und schließlich mit »Indian Rope Man« eine Richie-Havens-Komposition. 1969 stieg Julie Driscoll aus und versuchte sich zuerst einmal als Solistin und später bei weiteren Bands. Brian Auger konzentrierte sich wieder mehr auf Rhythm & Blues und gründete dann als seine Begleitband Oblivion Express. Mit dieser Formation erschienen etliche hervorragende Langspielplatten, die jedoch nichts für die Hitparaden waren. Bemerkenswert auch seine neuerliche Zusammenarbeit mit Julie, die inzwischen Keith Tippetts geheiratet hatte, auf der 1978 erschienenen LP »Encore«. Das erfolgreichste Album von Julie Driscoll & The Brian Auger Trinity war »Open« (6/68 GB-LP 12).

This Wheel's On Fire (4/68 GB 5)
Jazz, Rock

Aurora

NAIMEE COLEMAN v (Irland, in Dublin), SACHA COLLISSON dj (Großbritannien), SIMON GREENAWAY dj (Großbritannien)
»Ordinary World« ist im Original im Jahre 1993 ein Hit für Duran Duran gewesen.

Die beiden Jungs von Aurora hatten sich im Club Manumission auf Ibiza getroffen und bereits als Dive mit dem Titel »Boogie« (2/98 GB 35) in den Charts gestanden. Simon ist der Sohn des Sängers und Songschreibers Roger Greenaway. Sacha hatte bereits mit Phil Manzanera in einer Gruppe gespielt. Der erste Hit von Aurora war die Nummer »Hear You Calling« (6/99 GB 71, 2/00 RE-GB 17). Dieser Titel wurde von Sally Anne Marsh gesungen, ihr einziger Top-10-Erfolg von Naimee Coleman.

Ordinary World (9/00 GB 5)
Pop

Austin, Patti

PATTI AUSTIN v (USA, *10. 8. 1948 in New York City)
Das Patenkind von Quincy Jones trat bereits mit vier Jahren in Harlems Apollo Theater auf. Zu den großen Förderern von Patti zählen Sammy Davis jr. und Dinah Washington. Mit 16 ging sie zusammen mit Harry Belafonte auf Tournee, mit 19 nahm sie unzählige Werbejingles auf. Später sollte sie in New York als eine der meistbeschäftigten Sessionsängerinnen arbeiten, so ist sie auf Platten von Michael Jackson, Billy Joel, Frankie Valli, Roberta Flack, George Benson, Joe Cocker, Steely Dan, Paul Simon und vielen anderen CTI- und CBS-Künstlern zu hören. 1981 sang sie dann auf der LP »The Dude« von Quincy Jones und erhielt nun von ihrem Patenonkel einen Plattenvertrag. Im Duett mit James Ingram hatte sie mit dem Titel »Baby Come To Me« einen Millionseller. Dazu trug sicher bei, dass es sich hierbei um die Titelmelodie der TV-Serie ›General Hospital‹ handelte. In den folgenden Jahren hatte Patti Austin immer mal wieder kleinere Hits. 1988 spielte sie mit in dem Film »Tucker«.

Baby Come To Me (4/82 US 1)
Rhythm & Blues

Average White Band

PETE ABBOTT d, ROGER BALL key, sax (Großbritannien, *4. 6. 1944 in Broughty Ferry/Schottland), MALCOLM DUNCAN sax (Großbritannien, *24. 8. 1945 in Montrose/Schottland), STEVE FERRONE d (Großbritannien, *25. 4. 1950 in Brighton/Sussex), ALAN GORRIE v, g, key, b (Großbritannien, *19. 7. 1946 in Perth/Schottland), ELIOT LEWIS v, g, key, b, ROBBIE MCINTOSH d (Großbritannien, *6. 5. 1950 in Dundee/Schottland, †23. 9. 1974), ONNIE MCINTYRE v, g (Großbritannien, *25. 9. 1945 in Lennonxtown/Schottland), HAMISH STUART v, g (Großbritannien, *8. 10. 1949 in Glasgow)
Als sich die Gruppe 1972 in Schottland formierte, hatten alle Mitglieder bereits in anderen Bands gespielt. Erste Aufmerksamkeit erzielte die Gruppe, als sie im Januar 1973 Eric Claptons Comeback-Konzert im Rainbow Theatre in London eröffneten. Danach erschien ihre erste LP, die jedoch wenig beeindruckte. Jetzt kürzten sie ihren Namen von Average White Band auf AWB ab. Mit »Pick Up The Pieces« gelang ein Millionseller. Im Herbst 1974 starb Robbie McIntosh an einer Drogenvergiftung und wurde durch Steve Ferrone ersetzt. Nach 1975 haben sie weitere Platten veröffentlicht. 1977 erschien die LP »Benny And Us« mit Soulsänger Ben E. King, 1978 bildeten sie die Backup-Band für Chaka Khan, 1982 trennten sie sich, weil sich nach eigener Aussage ihre musikalischen Vorstellungen zu weit auseinanderentwickelt hatten, sofern sie überhaupt noch Ideen hatten. Hamisch Stuart arbeitete für George Benson, Jeffrey Osborne, die Temptations, Diana Ross und schließlich für Paul McCartney. Duncan spielte mit Eurythmics, wurde dann Sessionmusiker und gründete eine Bläserformation namens Out Of Order, die z. B. bei »Deeply Dippy« von Right Said Fred zu hören ist. Nächste Station war seine Con-

traband. Gorrie versuchte sich als Solist, arbeitete als Song- und Werbejingleschreiber und startete schließlich mit Ball und McIntyre einen Comebackversuch als AWB. Bevor es dazu kam, war Ball zur Architektur zurückgekehrt und konzentrierte sich da vor allem auf Hochhäuser. Vor der AWB-Reunion hatte McIntyre vor allem für Werbejingles gearbeitet. Steve Ferrone konzentrierte sich auf die Arbeit als Sessionmusiker, u. a. für Eric Clapton. Ende 1996 kam dann mit »Every Beat Of My Heart« eine neue Single und mit »Soul Tattoo« ein neues Album von der AWB. Die Besetzung war Gorrie, Lewis, McIntyre, Ball und Abbott.

Die erfolgreichsten Alben: »AWB« (9/74 US-LP 1, 3/75 GB-LP 6), »Cut The Cake« (6/75 US-LP 4, 7/75 GB-LP 28), »Soul Searching« (7/76 US-LP 9), »I Feel No Fret« (3/79 GB-LP 15) und »Shine« (5/80 GB-LP 14). 2000 erschien Stuarts Soloalbum »Sooner Or Later«.

Pick Up The Pieces (12/74 US 1; 2/75 GB 6)
Cut The Cake (4/75 US 10)

AOR (Adult Orientated Rock), Rhythm & Blues, Soul

Ayman

AYMAN v, dj (Deutschland, in Berlin)

Ayman wurde als Sohn tunesischer Eltern 1975 geboren. Am Anfang seiner Karriere wurde er als ›ein neuer Stern am deutschen Soul-Himmel‹ gefeiert. Fest steht, dass er sich mit Erfolg in das bisher von Xavier Naidoo beherrschte Territorium drängte. Seit er 14 Jahre alt ist, eifert er musikalischen Vorbildern wie Stevie Wonder und Keith Sweat nach. Entdeckt wurde er 1998 vom Produzententeam Triple M, die bereits mit Acts wie Music Instructor und The Boyz ihre Hitnasen bewiesen hatten. Sie engagierten Ayman als Background-Sänger für »Schmerz in mir«, das erste Solo-Projekt von Ex-Tic Tac Toe-Girlie Ricky. Der Titel floppte zwar, aber Ayman erhielt trotzdem die Chance, eine Soloplatte zu veröffentlichen. Seine erste Single hieß »1000 Mal«. Danach erschien »Mein Stern« und das Album »Hochexplosiv« (4/00 D-LP 5). Die nächsten Hits waren »Nur eine Nacht« (7/00 D 19), »Dieser Brief« (11/00 D 20) zusammen mit seinem Idol Keith Sweat, »Nur die Wahrheit zählt« (3/01 D 25) mit Naima – das Titelthema der dritten »Big Brother«-Staffel – und »Du bringst die Liebe mit« (9/01 D 40). Bei der Echo-Verleihung des Jahres 2001 erhielt Ayman zwei Auszeichnungen: als Künstler national Rock/Pop und als nationaler Newcomer.

Mein Stern (1/00 D 4)

Pop, Soul

Az Yet

DION ALLEN v (USA), DARRYL ANTHONY HAWES v (USA), MARC NELSON v (USA), SHAWN RIVERA v (USA), KENNY TERRY v (USA)

Zusammen mit ihrem Schwiegersohn Kenny Edmonds veranstaltete Jacqueline McQuarn einen Nachwuchswettbewerb. Dabei entdeckten sie Az Yet, und Edmonds alias Babyface nahm sie mit auf eine Solotournee durch die USA, um sie dem Publikum vorzustellen. Ursprünglich bestand die Gruppe aus vier Mitgliedern. Marc Nelson, der in den Anfangstagen von Boyz II Men mitmischte, kam als fünfter hinzu. Er ist der Sohn von Phyllis Nelson, die 1985 in GB mit »Move Closer« einen Platz 1 hatte. Edmonds alias Babyface verpasste den Jungs aus Philadelphia eine Mischung aus Gospel, R&B, HipHop, Jazz und Blues – eben alle Elemente, die in der Regel auch in der schwarzen Musik der 90er Jahre zu finden sind. »Last Night« hat seinen Erfolg sicher nicht nur Babyface zu verdanken, sondern auch der Tatsache, dass der Titel aus dem Film »Der verrückte Professor«

mit Eddie Murphy stammt. Peter Cetera sang auf Coverversion des Chicago-Hits »Hard To Say I'm Sorry« mit, was zum Erfolg sicher beigetragen hat.

Last Night (8/96 US 9)
Hard To Say I'm Sorry (2/97 US 8; 6/97 GB 7)
HipHop, Rhythm & Blues

Siehe auch: Cetera, Peter

Aznavour, Charles

CHARLES AZNAVOUR v (Frankreich, * 22. 5. 1924 als Shahnour Varenagh Aznavourian in Paris)

Charles zählt zum Kreise derer, die durch Edith Piaf gefördert wurden. Zu seinen großen Hits in Frankreich gehören »Viens Au Creux De Mon Epaule« (1954), »Sur Ma Vie« (1955), »On Ne Sait Jamais« (1956), »Sa Jeunesse (Hier Encore)« (1957), »Je Ne Peux Pas Rentrer Chez Moi« (1959), »Tu Te Laisse Aller« (1960), »Je M'Voyais Déjà« (1961), »La Mama« (1963), »La Bohème« (1966), »Désormais« (1969), »Mourir D'Aimer« (1971) und »Comme Ils Disent« (1973). Außerhalb von Frankreich war er vor allem mit »Du lässt dich gehn« (10/62 D 14) und »She« erfolgreich. Als Filmschauspieler beeindruckte er mit der Hauptrolle in »Schießen Sie auf den Pianisten« (1959). In »Die Blechtrommel« 1979 und »Der Zauberberg« 1981 übernahm er markante Nebenrollen. Seinen Erfolg kommentiert Aznavour, der sich nach wie vor als Armenier und nicht als Franzose betrachtet (seine Eltern waren vor seiner Geburt nach Frankreich geflohen), so: ›Ich war klein und bedeutungslos, also musste ich reich und berühmt werden.‹

Sein außerhalb Frankreichs erfolgreichstes Album war »A Tapestry Of Dreams« (9/74 GB-LP 9). In Deutschland hatte er seinen größten LP-Erfolg mit »Charles Aznavour« (6/65 D-LP 12).

She (6/74 GB 1)
Chanson

Aztec Camera

RODDY FRAME v, g (Großbritannien, * 29. 1. 1964 in East Kilbride/Schottland)

Obwohl Aztec Camera als eine Gruppe bezeichnet werden muss, war es doch immer der kreative Kopf, Songschreiber, Sänger und Gitarrist Roddy Frame, der für diese Formation stand. 1980 gegründet, spielte der Schotte Roddy, der sich als Fan von Neil Young bezeichnet, mit immer wechselnden Musikern. Auf Plattenhüllen ist meist er alleine abgebildet. Anfang der 80er machte Roddy eine Musik, die heute in den 90ern und ›Unplugged‹-Jahren hochaktuell ist: akustische Musik ohne aufwändige Produktionen. In der Hochzeit der Synthesizer handelte er sich mit diesem Stil jedoch den Vorwurf ein, nur die 60er Jahre aufleben zu lassen. Für sein zweites Album »Knife« (9/84 GB-LP 14) gewann er als Produzenten Dire-Straits-Chef Mark Knopfler.

Die weiteren Top-40-Hits: »Oblivious« (2/83 GB 47, 11/83 RE-GB 18), »All I Need Is Everything/Jump« (9/84 GB 34), »How Men Are« (2/88 GB 25), »Working In A Gold Mine« (12/88 GB 31) und zusammen mit dem Frontmann von BigAudio Dynamite, Mick Jones, »Good Morning Britain« (10/90 GB 19). Das erfolgreichste Album der Gruppe hieß »Love« (11/87 GB-LP 10).

Somewhere In My Heart (4/88 GB 3)
Pop, Rock

Azzido Da Bass

INGO MARTENS dj (Deutschland, in Hamburg)

Der zum Zeitpunkt seines Hits 29jährige Martens begann 1996 als Discjockey zu arbeiten. 1999 wurde die Nummer »Dooms Night« einer der Hits der Love Parade in Berlin. Dann erhielt das Stück den Ritterschlag durch Norman Cook. Er benannte diese Nummer als eine der Platten des Jahres. »Dooms Night« kam im März 2000 erstmals in die britische Hitparade und erreichte Platz 58. Nach Cooks Aussage kam sie erneut in die Charts, dieses Mal unter die Top 10.

Dooms Night (10/00 GB 8)
Dance

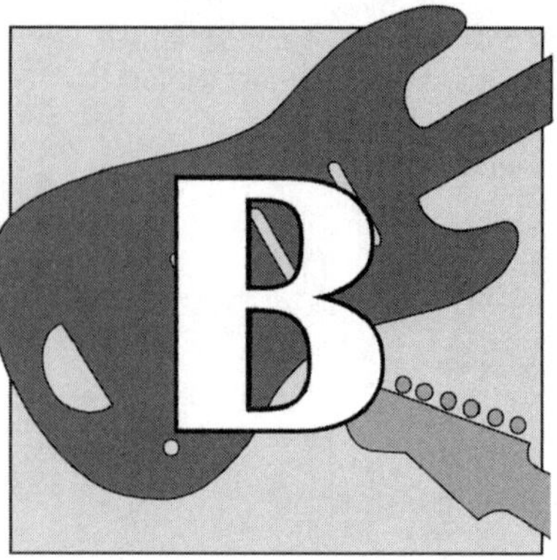

B., Jon

JON B. v (USA, * 11. 11. 1974 als Jonathan Buck in Rhode Island)
Der Sohn eines Musikprofessors und einer Konzertpianistin wurde zwar in Rhode Island geboren, wuchs jedoch in Kalifornien auf. Er erhielt eine solide musikalische Ausbildung an Keyboards, Gitarre, Bass und Schlagzeug. Auch als Songschreiber war er schon recht früh erfolgreich und schrieb Hits für Toni Braxton, Az Yet, After Seven oder Color Me Badd. »Someone To Love« stammte aus dem Film »Bad Boys«, in dem Will Smith eine Hauptrolle spielte. Nachfolgehit wurde »Pretty Girl« (9/95 US 25). Im Januar 1998 stieg er mit »Are U Still Down« auf Platz 29 der amerikanischen Hitparade ein. Der Titel konnte jedoch keine Plätze mehr gutmachen und stieg langsam, aber sicher ab. Nachdem der Titel sechzehn Wochen in der US-Hitparade war und immer um die Position 50 gestanden hatte, wurde ab dem 23. Mai nicht mehr »Are U Still Down«, sondern »They Don't Know« (10/98 GB 23) als A-Seite genannt. Daraufhin kletterte das Stück kontinuierlich wieder nach oben, bis es schließlich nach 21 Wochen die Top 10 erreicht hatte. Das erste Album von Jon hieß »Bonafide« (6/95 US-LP 79). Es folgten »Cool Relax« (10/97 US-LP 33) und »Pleasures U Like« (4/01 US-LP 6).

Someone To Love (4/95 US 10)
They Don't Know (1/98 US 7)
Pop

B, Melanie

MEL B v (Großbritannien, * 29. 5. 1973 als Melanie Brown in Leeds/Yorkshire)
Als Mel B hatte sie ihre ersten Erfolge als Mitglied der Spice Girls. Mit »I Want You Back« hatte sie ihren ersten eigenständigen Hit – allerdings auch nicht so ganz allein: Missy Misdemeanor Elliott rappte auf der Platte. Die Nummer hatte Melanie während der Tournee der Spice Girls in New York aufgenommen. Das Stück war für den Film »Why Do Fools Fall in Love« bestimmt. Am 26. 9. 1998 stieg es auf Platz 1 in die GB-Charts ein. Melanie beeilte sich, Gerüchten über eine Trennung der Spice Girls vorzubeugen: ›Wir halten zusammen und vertrauen uns völlig, aber wir wollen uns auch nicht gegenseitig beschränken. Wenn wir etwas auf eigene Faust machen wollen, tun wir das auch.‹
Am 13. 9. 1998 heiratete Mel Jimmy Gulzar und unter großer Anteilnahme der Medien brachte sie in London am 19. 2. 1999 die Tochter Phoenix Chi zur Welt. Jetzt veröffentlichte sie ihre Platten als Melanie G. Unter diesem Kürzel hatte sie mit »Word Up« (7/99 GB 14), der Coverversion eines Cameo-Hits, Erfolg. Melanie G war mit ihrer Nummer auch auf dem Soundtrack des Erfolgsfilms »Austin Powers« zu finden.
2000 ließ sich Melanie von ihrem Kurzzeitehemann wieder scheiden (Zitat Melanie: ›Er war nur auf mein Geld scharf‹). Logischerweise veröffentlichte sie danach ihre Soloplatten wieder als Melanie B. So erschien dann auch die Single »Tell Me«

und wenig später das Album »Hot«. Auf dem Album wirkten etliche Stars der Black-Music-Szene mit, z. B. Teddy Riley, Sisqo oder Missy Elliott. Als nächste Singles folgten »Feels So Good« und das von Tochter Phoenix Chi inspirierte »Lullaby« (6/01 GB 13).

I Want You Back (9/98 GB 1)
Tell Me (10/00 GB 4)
Feels So Good (3/01 GB 5)
Pop, Rap

Siehe auch: Spice Girls

B., Stevie

STEVIE B. v (USA, als Steven Bernard Hill in Miami)
Stevie begann seine Karriere in der High-School-Band L.U.V. – Love, Unity, Virtue. Ab Mitte der 70er Jahre kümmerte er sich mehr um Produktionen und schrieb für andere Songs, die er auf seinem eigenen Plattenlabel Midtown veröffentlichte. Darauf erschien auch seine erste Platte »Standing Out For Love«, die sich mäßig verkaufte. Nebenher eröffnete er den Nachtclub ›Bump‹, promotete Shows und Konzerte in ganz Florida. 1986 baute er sich ein eigenes Tonstudio und holte sich Künstler von der Straße. Darunter waren auch die Jungs, die als B.V.S.M.P. Hits haben sollten. 1987 nahm die New Yorker Plattenfirma LMR Stevie unter Vertrag, nachdem sie seinen Titel »Party Your Body« gehört hatten. Ein Jahr später tauchte die erste Platte von Stevie B. in der US-Hitparade auf. Mit »I Wanna Be The One« (2/89 US 32) hatte er seinen ersten Top-40-Erfolg. »In My Eyes« (5/89 US 37), »Love Me For Life« (2/90 US 29) und »Love & Emotion« (6/90 US 15) folgten. »Because I Love You (The Postman Song)« bescherte ihm schließlich einen Welthit. Auch erfolgreich wurde »I'll Be By Your Side« (2/91 US 12). Seine letzte Hitnotierung war »Dream About You/Funky Melody« (2/95 US 29).

Because I Love You (The Postman Song) (10/90 US 1; 1/91 GB 6, D 9)
Disko, Rhythm & Blues

B.B.E.

BRUNO QUARTIER, BRUNO SANCHIONO, EMMANUEL TOP (Frankreich, in Lille)
Das Kürzel B.B.E. steht für die drei Vornamen der Tüftler, die in der zweiten Hälfte des Jahres 1996 das Verlangen der Plattenkäufer nach Instrumentalmusik befriedigten. Musikalisch ähnlich gelagert wie Robert Miles, schafften es Bruno, Bruno und Emmanuel mit der Nummer »Seven Days And One Week« in die Charts. Emmanuel wurde 1971 geboren und kam Ende der 80er Jahre nach Belgien. Dort traf er auf Bruno Sanchioni, mit dem er 1991 das in der Technoszene bekannte Label Attak Records gründete. Künstler wie Brainwave, Plexus oder Age Of Love waren dort unter Vertrag. Zu den beiden stieß Bruno Quartier, der ihnen 20 selbst geschriebene Demos vorspielte. Darunter die Nummer »Seven Days And One Week«, die schließlich zum ersten Hit der drei wurde. Zuerst war der Titel die Hymne aller Ibiza-Fans, dann in ganz Spanien und in Frankreich und schließlich in Deutschland und GB. Der Titel des Stückes soll sich angeblich auf die Zeit beziehen, die sie gebraucht haben, um die Nummer fertigzustellen – das scheint mir ein wenig lang zu sein für solch ein dürftiges Nümmerchen. Nachfolger »Flash« machte dann deutlich, dass Emmanuel Top der musikalische Kopf der Formation war. Ihr Video zum Hit wurde in GB von einigen TV-Stationen nicht gesendet, weil darin eine Szene enthalten ist, die den Handel mit Drogen zeigt. MTV war das wurscht und sendete. Nicht in die Top 10 kamen »Desire« (2/98 GB 19) und »Deeper Love (Symphonic Paradise)« (5/98 GB 19).

Seven Days And One Week (7/96 D 3; 10/96 GB 3)
Flash (3/97 GB 5)
House, Trance

B. Bumble & The Stingers

ERNIE FREEMAN p, bl (USA, * 16. 8. 1922 in Cleveland/Ohio, † 16. 5. 1981), RENE HALL (USA), AL HASSAN (USA), PLAS JOHNSON (USA), EARL PALMER (USA)

Sessionmusiker aus Los Angeles – dazu gehörten Plas Johnson, Rene Hall, Earl Palmer und Al Hassan – nahmen zusammen mit dem Pianisten Ernie Freeman Anfang 1961 eine Adaption von Rimski-Korsakows »Hummelflug« als »Bumble Boogie« (3/61 US 21) auf. Einen richtigen Knüller landeten sie mit dem Pianisten Lincoln Mayorga, als sie ein Jahr später Tschaikowskis »Nussknacker« zum »Nut Rocker« (3/62 US 23, 1/72 RE-GB 19) verknackten. Die Platte gefiel den Briten so außerordentlich gut, dass es zu einer Wiederveröffentlichung kam. Auf Tournee als B. Bumble ging ein gewisser R. C. Gamble mit ganz anderen Musikern.

Nut Rocker (4/62 GB 1)
Instrumental, Rock

B.T. Express

MICHAEL JONES org (USA, * 26. 12. 1950), BARBARA JOYCE LOMAS v (USA, * 19. 5. 1952), LESLIE MING d (USA, * 17. 11. 1951), LOUIS RISBROOK b (USA, * 27. 6. 1953), WILLIAM RISBROOK sax, fl (USA, * 14. 1. 1951), DENNIS ROWE per (USA, * 23. 10. 1949), RICHARD THOMPSON g (USA, * 6. 1. 1951), CARLOS WARD sax (USA, * 1. 5. 1947), OLANDO »TERRELL« WOODS d (USA)

1972 nannte sich die New Yorker Formation zunächst King Davis House Rockers, dann Madison Street Express und schließlich B.T. Express – B.T. steht für Brooklyn Trucking. Als in der ersten Hälfte der 70er Jahre Diskomusik eine schöne Portion Funk benötigte, um beim Publikum anzukommen, war die Hochzeit von B.T. Express. Mit »Do It ('Til You're Satisfied)« und »Express« hatten sie zwei Millionseller. Nach 1976 war der Express wieder abgefahren. Auch erfolgreich die Alben »Do It ('Til You're Satisfied)« (11/74 US-LP 5) und »Non-Stop« (8/75 US-LP 19).

Do It ('Til You're Satasfied) (9/74 US 2)
Express (1/75 US 4)
Disko, Rhythm & Blues

B.V.S.M.P.

FREDERICK EUGENE BYRD v (USA, * 15. 9. 1971), PERCY NATHAN RODGERS v (USA, * 9. 2. 1970), CALVIN WILLIAMS v (USA, * 7. 9. 1966)

B.V.S.M.P. ist die Abkürzung für ›Baby Virgo And The Simple Mind Persuaders‹. Die drei Diskointerpreten gehörten zum Stamm der Musiker, die Stevie B. 1987 in Florida von der Straße in sein Tonstudio holte. In ihrer Heimat USA konnten sie in den Pophitparaden keinen Fuß fassen. Ein amerikanischer Discjockey, der einige Wochen bei Freunden in Kassel zu Besuch war, brachte eine US-Pressung von »I Need You« mit. Aus Spaß legte er an einigen Abenden in der Woche in einer großen Diskothek Platten auf, darunter auch die von B.V.S.M.P. Der Titel kam so gut an, dass schon am nächsten Tag eine große Nachfrage in den Kasseler Plattengeschäften entstand. Zuerst wurde die Platte über Import besorgt, dann erschien sie offiziell. Ihre einzigen weiteren Erfolge waren »Be Gentle« (6/88 D 12) und »Anytime« (10/88 D 21). Danach waren sie wieder vergessen. Alle drei Hits hatten sie sich selbst geschrieben.

I Need You (1/88 D 3; 7/88 GB 3)
Disko

B'witched

LINDSAY ARMAOU v, g (Irland, * 18. 12. 1980), KEAVY LYNCH v, g (Irland, * 15. 12. 1979), EDELE LYNCH v (Irland, * 15. 12. 1979), SINEAD O'CARROLL v, key (Irland, * 14. 5. 1978)

Der Titel »C'est La Vie« stieg am 6. 6. 1998 gleich auf Platz 1 in die britischen Charts ein. Es handelte sich bei B'witched um ein Mädchenquartett, das als die »jüngste Girlgroup aller Zeiten« verkauft wurde, die den Spitzenplatz in GB auf Anhieb belegte. Der Bruder der Zwillinge, Shane Lynch, ist Mitglied der Gruppe Boyzone. Edele und Keavy hatten 1997 mit der Gruppe Sassy bereits einen ersten Sturm auf die Hitparaden versucht. Die zweite Single von B'witched, »Rollercoaster«, stieg am 3.10. auf Platz 1 in GB ein. Und auch ihr Album »B'witched« (10/98 GB-LP 3, 4/99 US-LP 12) wurde ein Erfolg. Die dritte Single der Mädchen, »To You I Belong«, stieg zum Jahresende am 19. 12. 1998 wieder auf Platz 1 in GB ein. »Blame It On The Weatherman« erreichte am 27. 3. 1999 auf Anhieb Platz 1 in GB.

Das zweite Album hieß »Awake And Breathe« (10/99 GB-LP 5). »I Shall Be There« (12/99 GB 13) muss eine Enttäuschung für die Mädchen gewesen sein: nicht mal Top 10. Als Gäste waren auf dem Titel Ladysmith Black Mambazo zu hören. Es folgte »Jump Down« (4/00 GB 16) – wie wahr!

C'est La Vie (6/98 GB 1; 2/99 US 9)
Rollercoaster (10/98 GB 1)
To You I Belong (12/98 GB 1)
Blame It On The Weatherman (3/99 GB 1)
Jesse Hold On (10/99 GB 4)
Pop

B-15 Projekt

ANGUS CAMPBELL (Großbritannien), IAN WALLMAN dj (Großbritannien)

Angus ist der Cousin von Ali und Robin Campbell (UB40) und Ian war Radio-DJ bei Choice FM in Birmingham. Die beiden kamen 1996 zusammen und benannten sich nach dem Postbezirk, in dem sie ihre ersten Studioaufnahmen machten. Der Hit ist ein Remix eines Titels, der zuerst auf dem Label Oracabessa veröffentlicht wurde, das Ali Campbell und Brian Travers gehört. Ihr Hit wurde als ›einzigartige Verbindung von Reggae, 2Step und UK-Garage‹ bezeichnet. Jetzt wissen wir alles. Als Gäste waren auf dem Titel Chrissy D und Lady G zu hören. Als Mixer des Titels betätigten sich auf der Single unter anderem Artful Dodger und Tom Novy.

Girls Like Us (6/00 GB 7)
Pop, Reggae

B-52's

KATE PIERSON v, org (USA, * 27. 4. 1948 in Weehawken/New Jersey), FRED SCHNEIDER v, key (USA, * 1. 7. 1951 in Newark/Georgia), KEITH STRICKLAND d (USA, * 26. 10. 1953 in Athens/Georgia), RICKY WILSON g (USA, * 19. 3. 1953 in Athens/Georgia, † 12. 10. 1985), CINDY WILSON v, g (USA, * 28. 2. 1957 in Athens/Georgia)

Der Gruppenname dieser im Oktober 1976 in Athens/Georgia zusammengekommenen Band leitet sich ab von einem Südstaatenspitznamen für die hochtoupierten und dann mittels Haarspray in Form gehaltenen Bienenkorbfrisuren. Cindy und Kate, die beiden weiblichen Mitglieder der Band, demonstrierten das anschaulich. Mitte 1979 erschien die erste LP, und darauf war auch der erste Erfolg »Rock Lobster«. Dieses Stück war vorher als Privatpressung in einer Auflage von 2000 Stück gepresst worden. Chris Blackwell von Island Records hörte es und nahm die Gruppe daraufhin unter Vertrag. B-52's brachten eine gelungene Mischung aus frühem Rock 'n' Roll, Punk

und Funk, die speziell bei den amerikanischen Studenten und den New-Wave-Fans ankam. Nach dem Tode von Cindys Bruder Ricky 1985 wurde es eine Zeit lang still um die Band. 1991 stieg Cindy Wilson aus. Der Rest machte als Trio – für eine Tournee stieg Julee Cruise ein – weiter. 1994 kamen sie als BC-52's für den Song »(Meet) The Flintstones« aus dem Film über die wohl prominenteste Steinzeitfamilie. Da diese ja bekanntlich vor Christus lebten, musste ja aus B auch BC (Before Christ) werden.
Die erfolgreichsten Alben waren »The B-52's« (8/79 US-LP 59, 9/79 GB-LP 22), »Wild Planet« (9/80 GB-LP 18, US-LP 18), »Mesopotamia« (2/82 GB-LP 18), »Cosmic Thing« (7/89 US-LP 4, 3/90 GB-LP 8 – vierfach Platin) und »Good Stuff« (7/92 GB-LP 8, US-LP 16).
Mitte 1998 erschien das Album »Time Capsule: Songs For A Future Generation«. Darauf eine Ansammlung ihrer größten Hits – aber auch zwei neue Songs, bei denen neben Kate auch wieder Cindy Wilson sang. 2002 wurde das Material der B-52's erneut ausgeschlachtet. Insgesamt 35 Stücke aus dem Katalog der Band erschienen als Doppel-CD: »Nude On The Moon: The B-52's Anthology«.

Love Shack (9/89 US 3)
Roam (12/89 US 3)
Love Shack (3/90 GB 2)
(Meet) The Flintstones (7/94 D 9, GB 3)
New Wave, Rock

Baby Bird

HUW CHADBOURN key (Großbritannien, * 7. 12. 1963), ROBERT GREGORY d (Großbritannien, * 2. 1. 1967), STEPHEN JONES v (Großbritannien, * 16. 9. 1962 in Telford), JOHN PEDDER b (Großbritannien, * 29. 5. 1962), LUKE SCOTT g (Großbritannien, * 25. 8. 1969)
Mastermind dieses Projekts ist Steven Jones, der zu Hause in seinem Schlafzimmer ab Mitte 1988 über 400 Stücke schrieb und produzierte. Er gründete sein eigenes Plattenlabel und veröffentlichte hintereinander innerhalb von sechs Monaten vier Alben, auf denen nur seine Kompositionen zu hören waren, die er im Alleingang produziert hatte. Mitte 1995 erschien das Album »I Was Born A Man«, im Oktober 1995 »Bad Shave«, im Dezember 1995 »Fatherhood« und im April 1996 »The Happiest Man Alive«. 1996 erhielt er einen Plattenvertrag und gründete die Formation Baby Bird. Einige Titel aus seinen ersten vier Alben und dazu einige neue Titel veröffentlichten sie schließlich im Oktober 1996 auf dem Album »Ugly Beautiful« (11/96 GB-LP 9) zusammen. Auf diesem Album auch die erste Hitsingle »Goodnight« (8/96 GB 28) und »You're Gorgeous«. Ab 1997 schrieb sich der Gruppenname in einem Wort. Im August 1998 erschien mit »There's Something Going On« (9/98 GB-LP 28) wieder ein Album. Die weiteren Single-Hits von Babybird: »Candy Girl« (2/97 GB 14), »Cornershop« (5/97 GB 37), »Bad Old Man« (5/98 GB 31), »If You'll Be Mine« (8/98 GB 28), »Back Together« (2/99 GB 22), »The F-Word« (3/00 GB 35).

You're Gorgeous (10/96 GB 3)
Pop

Baby D

BABY D v (Großbritannien, als Dorothy Fearon), DICE key (Großbritannien, als Claudio Galdez), MC NINO key (Großbritannien)
Bereits 1992 erschien die Nummer »Let Me Be Your Fantasy« des Londoner Trios in GB und erreichte Platz 1 der Dance-Charts. Als sie Ende 1994 erneut veröffentlicht wurde, stieg sie direkt auf Platz 3 der Pop-Charts ein und erreichte eine Woche später die Spitze. Mitbesitzer der

Plattenfirma, bei der Baby D ihre Aufnahmen veröffentlichen, ist Phil Fearon, einst mit der Gruppe Galaxy erfolgreich und inzwischen der Ehemann von Sängerin Dorothy. Ihr Bruder Claudio Galdez spielt im Trio als Dice die Keyboards. Die ersten Hits von Baby D in den Charts waren »Destiny« (12/93 GB 69) und »Casanova« (7/94 GB 67). Von den Hörern des britischen Senders Kiss 100FM wurde »Let Me Be Your Fantasy« (1/95 D 31) zur beliebtesten Dance-Platte aller Zeiten gewählt. Bei »(Everybody's Got To Learn Sometimes) I Need Your Loving« handelte es sich um eine Coverversion des Hits »Everybody's Got To Learn Sometimes« des Duos Korgis. Ihre vorerst letzte Hitnotierung war »Take Me To Heaven« (4/96 GB 15). Auch erfolgreich das Album »Deliverence« (2/96 GB-LP 5). Nach längerer Pause bescherte »Let Me Be Your Fantasy (Remix 2000)« (9/00 GB 16) Baby D eine erneute Hitnotierung.

Let Me Be Your Fantasy (11/94 GB 1)
(Everybody's Got To Learn Sometime) I Need Your Loving (6/95 GB 3)
So Pure (1/96 GB 3)
House

Babyface

BABYFACE v, g, syn (USA, * 10. 4. 1959 als Kenneth Edmonds in Indianapolis)
Babyface begann seine Karriere 1977 bei Manchild. Danach war er als Gitarrist und Keyboarder für den Sound der Gruppe Deele erfolgreich verantwortlich. In derselben Formation spielte auch L.A. Reid. 1989 heiratete Reid die Sängerin Pebbles, Deele fiel auseinander, und Babyface begann eine Solokarriere. Reid und Babyface bildeten nun in der R&B-Szene ein sehr erfolgreiches Songschreiber- und Produktionsteam. Singles der Jacksons, von Karyn White, Bobby Brown, Paula Abdul, Sheena Easton, Whitney Houston, Boyz II Men, Mariah Carey, Madonna, Eric Clapton, Tony Braxton, Celine Dion und vielen anderen mehr wurden von diesen beiden betreut. 1992 erhielt Babyface einen Grammy als Produzent des Jahres, einen weiteren für den besten R&B-Song des Jahres: »End Of The Road«, gesungen von Boyz II Men. 1994 wurde er wieder mit zwei Grammys bedacht: Produzent des Jahres und Album des Jahres: »Bodyguard«. 1995 erhielt er für sein Lied »I'll Make Love To You« einen Grammy als Best R&B Song und für »When Can I See You« einen in der Kategorie Best Male Rhythm & Blues Vocal Performance. 1996 rechnete seine Plattenfirma zusammen: 16 Nummer-1-Hits in den USA hatte er inzwischen geschrieben – dazu kamen 32 Top-10-Hits. Als Autor bzw. Produzent verkaufte er mehr als 26 Millionen Singles sowie 72 Millionen Alben. Aber auch als Interpret war Babyface weiter erfolgreich. 1995 war er als Gast auf dem Titel »Someone To Love« von Jon B. zu hören. 1996 erschien das Album »The Day« (11/96 US-LP 6, GB-LP 34), auf dem als Gastsänger L.L.Cool J und Jody Watley mitwirkten. Die erste Singleauskopplung »This Is For The Lover In You« (11/96 GB 12) war im Original ein Stück der Gruppe Shalamar aus dem Jahre 1981. Die ganze Familie Edmonds scheint musikalisch zu sein: Seine Brüder waren mit der Gruppe After 7 erfolgreich. Eine weitere Bestätigung für Babyface als Produzent erlebte er bei der Grammy-Verleihung 1997. Er erhielt einen Preis als bester Produzent für »Change The World« mit Eric Clapton und als bester Songschreiber einer R&B-Komposition, nämlich für »Exhale (Shoop Shoop)«. Zusammen mit Stevie Wonder gelang Babyface der Hit »How Come, How Long« und mit Jay-Z und Foxy Brown »Sunshine« (10/97 GB 25, D 18). Und als hätte er nicht genug zu tun: Zusammen mit seinen Brüdern und Jodeci firmierte er im Projekt Mile-

stone und hatte den Hit »I Care 'Bout You« (8/97 US 23). Der Song stammte aus dem Film »Soul Food«. Weitere Erfolgsalben waren »Tender Love« (8/89 US-LP 89) und »For The Cool In You« (9/93 US-LP 16).
Nach einer längeren Pause kam er mit dem Titel »There She Goes« (5/01 US 31).

It's No Crime (8/89 US 7)
Whip Appeal (2/90 US 6)
When Can I See You (6/94 US 4)
This Is For The Lover In You (10/96 US 6)
Everytime I Close My Eyes (2/97 US 6)
How Come, How Long (7/97 GB 10)
Rhythm & Blues, Soft Soul

Siehe auch: Deele

Babylon Zoo

JAS MANN v, g (Großbritannien, * 24. 4. 1971 in Wolverhampton)
Mitte 1994 kam die Nummer »Inside« von Stiltskin bis auf Platz 1 der britischen Charts – geholfen hatte die Werbung für die Jeansmarke Levis. Danach hörte man von dieser Gruppe nichts mehr. Knapp zwei Jahre später wurde erneut ein Hosenhit Nummer 1 in GB – und sogar in Deutschland: Babylon Zoo mit »Spaceman«. Der TV-Spot war futuristisch angelegt und die Musik passte gut dazu. Jedenfalls erntete Jas Mann, der hinter diesem Projekt steht, reichlich Lob für seine Musik. Die britische Presse feierte ihn als neuen kommenden Star. »Animal Army« (4/96 GB 17) und »The Boy With The X-Ray Eyes« (10/96 GB 32) wurden Nachfolgehits. Ebenfalls erfolgreich: das Album »The Boy With X-Ray Eyes« (2/96 GB-LP 6). Jas Mann mangelt es nicht an Einschätzung seiner Person: ›Babylon Zoo wird die erfolgreichste Gruppe in der Geschichte der Musik werden, das glaube ich ehrlich.‹ Seinen nächsten Auftritt in den Charts bestritt er mit der möglicherweise sehr ernst gemeinten Aussage: »All The Money's Gone« (2/99 GB 46).

Spaceman (1/96 D 1, GB 1)
Rock

Baccara

MAYTE MATHEOS v (Spanien, * 7. 3. 1951), MARIA MENDIOLA v (Spanien, * 4. 5. 1952)
Im Januar 1977 traten diese beiden Tänzerinnen in der Ferienhochburg Tres Islas auf der Insel Fuerteventura auf. Sie hatten vorher beim Fernsehballett in Madrid die Beine geschwungen. Zwei Mitarbeiter der RCA aus Hamburg – da sieht man mal wieder, was Urlaubsstimmung und spanischer Wein anrichten können – versprachen den beiden Mädchen eine Plattenkarriere in Deutschland und wollten sie für Probeaufnahmen verpflichten. In diesem Fall wurde wirklich was draus. Im März 1977 kamen die beiden nach Hamburg und nahmen einen vom ehemaligen Rattles-Musiker Frank Dostal geschriebenen Text auf, der glaubwürdig versicherte: »Yes Sir, I Can Boogie«. Die Platte wurde ein Millionseller. 1978 vertraten sie Luxemburg beim Grand Prix Eurovision mit der Nummer »Parlez-Vous Français« und wurden Siebte. Ihr erfolgreichstes Album war »Baccara« (12/77 D-LP 13, 3/78 GB-LP 26). Mit dem Ausklang der 70er Jahre waren sie wieder verschwunden. Maria Mendiola versuchte es 1989 mit einer neuen Partnerin, Marissa Perez, als New Baccara – ohne Erfolg. Auftritte der beiden gab es bis weit in die 90er Jahre.

Yes Sir, I Can Boogie (6/77 D 1; 9/77 GB 1)
Sorry, I'm A Lady (8/77 D 1; 1/78 GB 8)
Darling (1/78 D 6)
The Devil Sent You To Lorado (11/78 D 4)
Disko, Grand Prix

Bacharach, Burt

BURT BACHARACH p (USA, * 12. 5. 1928 in Kansas City/Missouri)
Dieser Songschreiber der Extraklasse begann seine Karriere als Pianist auf US-Basen während des Koreakrieges. Danach begleitete er US-Künstler auf deren Tourneen durch die USA – darunter war u. a. Vic Damone, der ihn feuerte. Ab Ende der 50er Jahre bildete er zusammen mit Hal David ein Songschreiberduo, das die meisten frühen Hits für Dionne Warwick schrieb. Bereits 1958 hatte Marty Robbins einen Hit mit der Bacharach/David-Nummer »The Story Of My Life«. Auch Perry Como (»Magic Moments«), Gene McDaniels und Frankie Vaughan (»Tower Of Strength«), Gene Pitney (»The Man Who Shot Liberty Valance« und »Twenty Four Hours From Tulsa«), Tom Jones (»What's New Pussycat«), B.J. Thomas (»Raindrops Keep Fallin' On My Head«) oder Herb Alpert (»This Guy's In Love With You«) und viele andere profitierten vom Songschreibertalent der beiden. Im Mai 1965 stand Burt selbst einmal unter den ersten 10 einer internationalen Hitparade. Zum selben Zeitpunkt erreichte auch eine Version von Billy J. Kramer die britische Hitparade – aber lediglich Platz 12. Seine erfolgreichsten Alben: »Hitmaker – Burt Bacharach« (5/65 GB-LP 3), »Portrait In Music« (4/71 GB-LP 5) und »Burt Bacharach« (6/71 US-LP 18).
In den USA galt Burt auch als Sex-Symbol. Nach einer dreijährigen Ehe mit der Sängerin Paula Stewart heiratete er die Schauspielerin Angie Dickinson. 1977 wurde er von ihr geschieden und heiratete fünf Jahre später Carole Bayer Sager. Mit ihr schrieb er in den 80er Jahren etliche Hits, darunter die Nummer »On My Own« und die Musik für den Film ›Arthur‹, für die sie einen Oscar erhielten. 1991 wurden sie wieder geschieden.
2001 wurde Bacharach in Stockholm mit dem ›Polarpreis‹ als ›absolut wichtiger Architekt der modernen Popmusik‹ ausgezeichnet. Der Preis ist 230 000 DM wert.

Trains And Boats And Planes (5/65 GB 4)
Instrumental, Pop

Bachelors

DECLANE CLUSKY v, mo (Irland, * 12. 12. 1942 in Dublin), CONLETH CLUSKY v, mo (Irland, * 18. 11. 1941 in Dublin), SEAN JAMES STOKES v, mo (Irland, * 13. 8. 1940 in Dublin)
Das aus Dublin stammende Trio nannte sich Ende der 50er Jahre Harmony Chords und spielte vorwiegend Folkmusik. Die drei begleiteten sich selbst auf Mundharmonikas. 1961 traten sie in Schottland auf und wurden dort von einem Unternehmer entdeckt, der sie dem Decca-A&R-Mann Dick Rowe vorstellte. Rowe zögerte zunächst, machte dann aber doch einen Vertrag mit den Jungs und benannte sie in Bachelors um. Rowe war es auch, der sie davon überzeugte, Oldies wie »Charmaine«, »Diane« oder »Ramona« wieder aus der Versenkung zu holen und neu aufzunehmen. Ab 1963 bis Mitte 1967 lief es gut für die Bachelors, dann machten sie ihre eigenen Konkurrenten groß. Ihr letzter Erfolg war eine Version des Simon-&-Garfunkel-Hits »The Sound Of Silence«. Er kam am 17. 3. 1966 in die GB-Charts – und Simon & Garfunkel dadurch zu unverhoffter Promotion. Eine Woche später, am 24. 3. 1966, hatten sie »Homeward Bound« in den Charts und ab diesem Zeitpunkt Erfolg. So verhalfen die Bachelors Simon & Garfunkel zum Erfolg – und manövrierten sich selbst ins Aus.
Ihre erfolgreichsten Alben waren »The Bachelors And 16 Great Songs« (6/64 GB-LP 2), »More Great Song Hits From The Bachelors« (10/65 GB-LP 15), »Hits

Of The Sixties« (7/66 GB-LP 12), »Golden All Time Hits« (7/67 GB-LP 19), »World Of The Bachelors« (6/69 GB-LP 8) und »World Of The Bachelors Volume 2« (8/69 GB-LP 11).

Charmaine (1/63 GB 6)
Diane (1/64 GB 1; 4/64 US 10)
I Believe (3/64 GB 2)
Ramona (6/64 GB 4)
I Wouldn't Trade You For The World (8/64 GB 4)
No Arms Can Ever Hold You (12/64 GB 7)
Marie (6/65 GB 9)
The Sound Of Silence (3/66 GB 3)
Soft Pop

Bachman-Turner Overdrive

CHAD ALLAN v, g (Kanada, als Allan Kobel), TIM BACHMAN g (Kanada, in Winnipeg/Manitoba), ROBBIE BACHMAN d (Kanada, * 18. 2. 1953 in Winnipeg/ Manitoba), RANDY BACHMAN v, g (Kanada, * 27. 9. 1943 in Winnipeg/Manitoba), BLAIR THORNTON g (Kanada, * 23. 7. 1950 in Vancouver), C.F. »FRED« TURNER v, b (Kanada, * 16. 10. 1943 in Winnipeg)

Randy war in den 60er Jahren Mitglied der sehr erfolgreichen kanadischen Formation Guess Who. 1969 stieg er aus, machte erst eine Solo-LP und gründete dann zusammen mit seinem Bruder Robbie und den anderen oben genannten Musikern Brave Belt. Diese Band nahm 1971/72 zwei erfolglose Alben auf, woraufhin sich Chad Allan verabschiedete. Für ihn kam mit Tim Bachman ein weiterer Bruder hinzu, und jetzt erfolgte die Namensänderung in Bachman-Turner Overdrive – den ›Overdrive‹ entlieh man einem Truckermagazin. Musikalisch bewegte sich die Band auf Hard-Rock-Pfaden – 24 Plattenfirmen lehnten Demobänder ab, bis endlich eine Zusage kam. 1973 erschien die erste LP als B.T.O. und hinterließ wieder wenig Eindruck. Jetzt ging Tim Bachman, für ihn kam Blair Thornton zu B.T.O. – und damit der Erfolg. Die Single »Takin' Care Of Business« ging in die Hitparaden, dann erschien mit »You Ain't Seen Nothing Yet« ein Millionseller. Von nun an ging's bergab. Nach ein paar weiteren Hits trennte sich Randy 1977 von B.T.O., die jetzt endgültig in die Bedeutungslosigkeit fielen. 1984 wollten Randy, Tim und C.F. erneut auf die Überholspur – der Overdrive stotterte nur müde und soff ab.

Ihre Erfolgsalben waren »Bachman-Turner Overdrive II« (1/74 US-LP 4, 3/75 D-LP 34), »Not Fragile« (8/74 US-LP 1, 12/74 GB-LP 12, 1/75 D-LP 6), »Four Wheel Drive« (5/75 US-LP 5, 6/75 D-LP 19) und »Best Of B.T.O. (So Far)« (8/76 US-LP 19).

You Ain't Seen Nothing Yet (9/74 US 1; 11/74 D 1, GB 2)
Hey You (6/75 D 9)
Hard Rock

Backstreet Boys

NICHOLAS GENE CARTER v (USA, * 28. 1. 1980 in Jamestown/New York), HOWARD DWAINE DOROUGH v (USA, * 22. 8. 1973 in Orlando/Florida), BRIAN THOMAS LITTRELL v (USA, * 20. 2. 1975 in Lexington/Kentucky), ALEXANDER JAMES MCLEAN v (USA, * 9. 1. 1978 in West Palm Beach/Florida), KEVIN SCOTT RICHARDSON v (USA, * 3. 10. 1971 in Lexington/Kentucky)

Wöchentliche Berichterstattung darüber, wie es den Jungs gerade geht, fand man in der Teeniepresse des Jahres 1997 zuhauf. Wenn nach den legitimen Nachfolgern von Take That gesucht wurde, dann sind das die Backstreet Boys. Clever zusammengestellt und mit ihrem Liedmaterial so ausgerichtet und weichgespült, dass sie auch der Oma nicht weh tun. Diese Musik ist genau das, was das Radio am Ende der 90er Jahre braucht. Andere Boy-Groups vor den Backstreet Boys haben gezeigt, wie es weitergehen wird. Aber zuerst sammeln sie jede Menge Hits. Nachdem sie mit ihren Songs vorwiegend in Europa erfolgreich waren, stieg ihre Single »Quit Playing Games (With My Heart)« in der letzten Juniwoche 1997 auf Platz 24 in den USA ein und erreichte schließlich die Top 10.

Die erfolgreichsten Alben: »Backstreet Boys« (5/96 D-LP 1, 9/96 GB-LP 12, 8/97 US-LP 4), »Backstreet's Back« (8/97 D-LP 1, GB-LP 1), »Millennium« (5/99 GB-LP 2, D-LP 1, 6/99 US-LP), »Black & Blue« (12/00 D-LP 1, US-LP 1), »Greatest Hits – Chapter One« (11/01 GB-LP 5, D-LP 4, US-LP 4).

We've Got It Goin' On (11/95 D 4)
I'll Never Break Your Heart (2/96 D 5; 11/96 GB 8)
Get Down (You're The One For Me) (6/96 D 5)
We've Got It Goin' On (8/96 GB 3)
Quit Playing Games (With My Heart) (10/96 D 1; 1/97 GB 2; 6/97 US 2)
Anywhere For You (3/97 D 3, GB 4)
Everybody (Backstreet's Back) (7/97 D 2; 8/97 GB 3; 4/98 US 4)
As Long As You Love Me (10/97 D 3, GB 3)
All I Have To Give (2/98 GB 2, D 8; 1/99 US 5)
I Want It That Way (4/99 US 6; 5/99 D 1, GB 1)
Larger Than Life (10/99 D 5, GB 5)
Show Me The Meaning Of Being Lonely (1/00 US 6; 2/00 D 3; 3/00 GB 3)
The One (6/00 GB 8)
Shape Of My Heart (10/00 US 9; 11/00 D 2, GB 4)
The Call (2/01 GB 8)
Drowning (1/02 GB 4)
Boy Group, Soft Pop

Backus, Gus

Gus Backus v (USA, * 12. 9. 1937 als Donald Edward Backus in Southampton/New York)

Nachdem er in die US Air Force einberufen worden war, gründete er 1955 mit ein paar Kumpels die Dell-Vikings. Die Formation, bestehend aus drei Schwarzen und zwei Weißen, sang R&B und hatte 1957 zwei Top-10-Hits in den USA. Kurz danach trennte sich das Quintett – ein Teil machte als Del Vikings Platten, und dazu gehörte Gus. Ende der 50er Jahre wurde er in die Bundesrepublik versetzt. Nach Beendigung seines Militärdienstes blieb er in Deutschland – mittlerweile hatte Gus eine Deutsche geheiratet – und begann eine Karriere als Schlagersänger. Mitte 1959 nahm Gus in Wien für die Polydor eine deutschsprachige Version des Elvis-Hits »A Fool Such As I« als »Ab und zu« auf. Es folgten weitere deutschsprachige Coverversionen der Hits von Lloyd Price oder Paul Anka, Paul Evans und Slim Dusty. Aus dessen »A Pub With No Beer« machte Gus »Ich steh' an der Bar und habe kein Geld«. Die Zeit von Gus kam mit »Brauner Bär und weiße Taube« im Herbst 1960. Auch das war eine Coverversion eines US-Hits. Im Original hieß das Werk »Running Bear« und wurde von Johnny Preston gesungen. Nun ging es Schlag auf Schlag, Hit auf Hit. Bis 1962 schaffte er alleine acht Top-10-Hits. Sein erfolgreichstes Album hieß »Ich hab' mein Herz in Germany verloren« (9/62 D-LP 16).

Nach 1967 tauchte er nicht mehr in den Charts auf, und in den 70er Jahren schien er wie vom Erdboden verschluckt. Selbst Schlagerkollegen von einst erzählten, er sei in die USA zurückgegangen und dort verstorben. Seine deutsche Frau, die immer noch in München lebte, klärte den Irrtum auf und erzählte, er lebe als Vorarbeiter auf den Ölfeldern von Texas. 1986 kam er wieder für kurze Zeit in die Bundesrepublik und versuchte ein Comeback, scheiterte und ging wieder in die USA. Im Februar 2002 war zu lesen, dass er wieder nach Germering bei München zurückgekehrt ist, weil er seine frühere zweite Ehefrau Heidelore aus den Jahren 1968 bis 1974 erneut heiraten will.

Muss i denn (12/60 D 4)
Da sprach der alte Häuptling (1/61 D 3)
Der Mann im Mond (9/61 D 1)
Sauerkraut-Polka (1/62 D 2)
No Bier, no Wein, no Schnaps (4/62 D 7)
Das Lied vom Angeln (7/62 D 4)
Linda (8/62 D 4)
Er macht mich krank, der Mondschein an der Donau (4/63 D 8)
Deutscher Schlager

Bad Boys Blue

TREVOR BANNISTER v (Großbritannien, in Grimsby), JOHN MCINERNEY v (Großbritannien, * 17. 9. 1958 in Liverpool), MO RUSSEL v, TREVOR TAYLOR v (Jamaika, * 11. 1. 1958), ANDREW THOMAS v (USA, * 20. 5. 1952 in Los Angeles/Kalifornien)
Von ihrer Plattenfirma wurde die Musik der Bad Boys Blue als ›Pop Dance mit souligem Einschlag‹ bezeichnet. 1984 erschien die erste Single, 1985 hatten sie ihren größten Erfolg mit »You're A Woman«. Danach, wieder Zitat der Plattenfirma im Februar 1991: ›. . .erschienen 7 LPs, 17 Singles. Bis auf zwei Ausnahmen erreichten alle Kurzrillen Top 20.‹ Irgendwann 1989 ging der Jamaikaner Trevor Taylor verloren und für ihn kam Trevor Bannister, was für die Musik völlig unerheblich ist. Wenig später machten sie als Duo weiter. 1993 wunderten sie sich wohl selbst: Ihr Titel »Save Your Love« tauchte in den amerikanischen Hot 100 auf. 1998 war die Gruppe plötzlich wieder in den Charts: »You're A Woman '98« (6/98 D 52). Gleichzeitig erschien mit »Back« ein neues Album. Als Besetzung wurde nun McInerney, Thomas und Russel genannt.

You're A Woman (5/85 D 8)
Dance

Bad Boys Inc.

ALLY BEGG v (Großbritannien), TONY DOWDING v (Großbritannien), MATTHEW PATEMAN v (Großbritannien), DAVID ROSS v (Großbritannien)
Mit »Don't Talk About Love« (8/93 GB 19) erschien die erste Single der vier Briten, die nach der Vorlage aller Teeniegruppen mehr nach Aussehen und weniger nach musikalischen Gesichtspunkten ausgesucht waren. Die Teenmagazine berichteten demzufolge über ›schmachtende Seufzer aus Teenagerkehlen‹ und von ›kollektivem Aufschrei, wenn die vier Traumboys ihre Hüften im Takt mit dem Rhythmus vor- und zurückzucken lassen‹. Hinter den 19- bis 21jährigen Mitgliedern von Bad Boys Inc. stand der Produzent Ian Levine, der bereits Take That, die Pasadenas, Junior oder KWS musikalisch betreut hatte. »More To This World« stieg auf Anhieb auf Platz 10 ein. Die weiteren Hits außerhalb der Top 10: »Whenever You Need Someone« (10/93 GB 26), »Walking On Air« (12/93 GB 24), »Take Me Away (I'll Follow You)« (7/94 GB 15) und »Love Here I Come« (9/94 GB 26). Ihr einziges Erfolgsalbum war »Bad Boys Inc.« (6/94 GB-LP 13).

More To This World (5/94 GB 8)
Boy Group

Bad Company

BOZ BURRELL b (Großbritannien, * 1. 8. 1946 als Raymond in Lincoln/Lincolnshire), ROBERT HARD v, BRIAN HOWE v (Großbritannien), SIMON KIRKE v, d (Großbritannien, * 28. 7. 1949 in Shrewsbury/Shropshire), MICK RALPHS v, g (Großbritannien, * 31. 3. 1944 in Hereford), PAUL RODGERS v (Großbritannien, * 17. 12. 1949 in Middlesborough)
Als Paul Rodgers 1973 die Formation Bad Company gründete, sah er in ihnen die legitimen Nachfolger von Free. Er und Kir-

ke kamen daher, Mick hatte vorher bei Mott The Hoople gespielt und Boz mit King Crimson. 1974 erschien ihre Debüt-LP »Bad Company« (6/74 GB-LP 3, 7/74 US-LP 1), die ein weltweiter Erfolg wurde und die Single »Can't Get Enough« enthielt. Die weiteren Hits außerhalb der Top 10: »Movin' On« (1/75 US 19), »Good Lovin' Gone Bad« (3/75 GB 31, 4/75 US 36), »Young Blood« (3/76 US 20), »Rock 'n' Roll Fantasy« (3/79 US 13), »If You Needed Somebody (11/90 US 16), »Walk Through Fire« (8/91 US 28) und »How About That« (9/92 US 38).
Die weiteren Erfolgsalben: »Straight Shooter« (4/75 GB-LP 3, US-LP 3), »Run With The Pack« (2/76 GB-LP 4, US-LP 5), »Burnin' Sky« (3/77 GB-LP 17, US-LP 15), »Desolation Angels« (3/79 GB-LP 10, US-LP 3), »Rough Diamonds« (8/82 GB-LP 15, 9/82 US-LP 26), »10 From 6« (1/86 US-LP 137) und »Holy Water« (6/90 US-LP 35).
Nach Auflösung der Gruppe 1983 gründete Paul Rodgers die Band Firm. 1986 reformierte sich Bad Company mit Mick Ralphs, Simon Kirke, Boz Burrell und dem neuen Sänger Brian Howe, der von Ted Nugent kam. 1992 erschien mit »Here Comes Trouble« in der Besetzung Brian, Simon und Mick eine weitere ausgezeichnete Platte der Band. Im Frühjahr 1995 verließ Howe die Gruppe, und für ihn kam Robert Hard. Im selben Jahr erschien mit »Company Of Strangers« ein neues Album.

Can't Get Enough (8/74 US 5)
Feel Like Makin' Love (7/75 US 10)
Rock

Siehe auch: Free

Bad English

JONATHAN CAIN key (USA, * 26. 2. 1950 in Chicago/Illinois), DENE CASTRONOVO d, RICKY PHILLIPS key, NEAL SCHON g (USA, * 27. 2. 1954 in San Mateo/Kalifornien), JOHN WAITE v, b, mundh (Großbritannien, * 4. 7. 1954 in Lancaster/Lancashire)
1989 – John Waite war nun schon sechs Jahre als Solist unterwegs – gründete er mit Bad English eine Band, bei der man wieder einmal von Rock Supergroup sprach. Das lag sicher daran, dass auch Neal Schon schon etliche Erfolge mit anderen Bands zu verbuchen hatte. So hatte er z. B. mit Journey gespielt. Das erfolgreichste Album dieser Formation hieß schlicht »Bad English« (7/89 US-LP 21). »Backlash«, die zweite LP der Band, die im August 1991 erschien, konnte den Anfangserfolg nicht wiederholen. Geradeaus-Rock mit ein paar prominenten Musikern alleine macht eben noch keine Supergruppe. 1992 tauchten Schon und Castronovo bei Hardline auf.

When I See You Smile (9/89 US 1)
Price Of Love (12/89 US 5)
Rock

Siehe auch: Waite, John

Bad Manners

WINSTON BAZOOMIES harm (Großbritannien), BUSTER BLOODVESSEL v (Großbritannien, * 6. 9. 1958 als Douglas Trendle), LOUIS COOK g (Großbritannien), DAVID FARREN b (Großbritannien), GUS HERMAN tr (Großbritannien), PAUL HYMAN tr (Großbritannien), CHRIS KANE sax (Großbritannien), ANDREW MARSON sax (Großbritannien), ALAN SAYANG mo (Großbritannien), JIM SCOTT per (Großbritannien), STEVE SMITH mo (Großbritannien), MARTIN STEWART key (Großbritannien), BRIAN TUITTI d (Großbritannien)
Als Ende der 70er Jahre in GB das Ska-Fieber tobte, fand sich diese chaotische Truppe um Buster Bloodvessel, den glatzköpfigen Fettsack mit der 50-cm-Zunge, zusammen. Sie stöberten im Programm der gesamten Popmusik der letzten 100 Jahre immer wieder Titel auf, denen sie ein

sehr eigenes neues Leben einhauchten. Ob Offenbachs »Can Can«, Louis Primas »Buona Sera« oder Millies »My Boy Lollipop«, nichts war vor Bad Manners sicher. Nachdem einige Mitglieder wechselten, hatten sich die Briten 1983 an der Band satt gesehen und gehört und bestanden wieder auf besseren Manieren. Das erfolgreichste Album der Band war »Gosh It's Bad Manners« (10/81 GB-LP 18).

Special Brew (9/80 GB 3)
Can Can (6/81 GB 3)
Walking In The Sunshine (9/81 GB 10)
My Girl Lollipop (My Boy Lollipop) (7/82 GB 9)
Ska

Baddiel & Skinner

DAVID BADDIEL v (Großbritannien), IAN BROUDIE v, g, key (Großbritannien, * 4. 8. 1958 in Liverpool), FRANK SKINNER v (Großbritannien)

Baddiel & Skinner sind zwei britische Komödianten, die z. B. die TV-Serie ›Fantasy Football League‹ präsentieren, aber auch im Radio und im gesamten journalistischen Bereich recht erfolgreich sind. Offensichtlich traute man den beiden aber nicht zu, den offiziellen Fußballsong für die Europameisterschaft 1996 im eigenen Land alleine zu singen. Die Gruppe Lightning Seeds alias der Solist Ian Broudie machte beim Titel »Three Lions« mit – und mit diesen vereinten Kräften kam die Platte am 1. 6. 1996 in die GB-Charts und erreichte auf Anhieb Platz 1. Während der EM verließ die Nummer die Spitze und kehrte dahin wieder zurück am 6. 7. 1996. In Deutschland erreichte die Platte in den Charts gerade mal Platz 49 – wohl weil die zurückkehrende deutsche Mannschaft das Lied während etlicher Ehrungen und TV-Termine auf den Lippen hatte: ›Football's coming home‹ grölten Klinsmann und die anderen Buben eines gewissen Berti mit Fahnen den eben diese schwenkenden Fans entgegen. So hatten sich die Engländer das sicher nicht gedacht: sie hatten den besseren Song zur EM – Deutschland hat sie gewonnen. Zur Weltmeisterschaft 1998 gab es eine Neuauflage der »Three Lions«. Auch Lightning Seeds war wieder mit von der Partie. Zum Titel gab es ein Video, das die Engländer auf der Reise nach Frankreich zeigte. Auf einer französischen Autobahnraststätte trafen sie auf deutsche Fans, die durch Geoff Hurst, Chris Evans und Robbie Williams dargestellt wurden. Schlimmer wäre es gewesen, sie wären auf britische Hooligans getroffen. In Deutschland erreichte der Titel immerhin Platz 17.

Three Lions (6/96 GB 1)
Three Lions '98 (6/98 GB 1)
Pop

Siehe auch: Lightning Seeds

Badfinger

TOM EVANS v, b (Großbritannien, * 5. 6. 1947 in Liverpool, † 18. 11. 1983), MIKE GIBBINS d (Großbritannien, * 12. 3. 1949 in Swansea/Wales), RON GRIFFITHS b (Großbritannien), PETE HAM v, g, p (Großbritannien, * 27. 4. 1947 in Swansea/Wales, † 23. 4. 1975), DAVID JENKINS g (Großbritannien), JOEY MOLLAND v, g, key (Großbritannien, * 21. 6. 1947 in Liverpool)

In Wales waren Ham, Gibbins, Jenkins und Griffiths dem Semi-Professional Bill Collins aufgefallen, der ihr Manager wurde. Als man für David Garrick eine Begleitgruppe für den Titel »Dear Mrs. Applebee« suchte, fiel die Wahl auf die Iveys, wie sich die Jungs zu diesem Zeitpunkt nannten. Über Mel Evans kam ein Demoband zu Paul McCartney, der sie im Juli 1968 für die neue Beatles-Firma Apple Records unter Vertrag nahm. Als neuer Mann kam jetzt für Jenkins Tom Evans zur Band, der vorher bei der Liverpooler Band

Calderstones gespielt hatte. Im November 1968 erschien mit »Maybe Tomorrow« die Debüt-Single der Iveys. Einen Monat später gab es Streit zwischen Griffiths und Evans, was dazu führte, dass Griffiths aus der Band gegangen wurde. Für ihn kam nun Joey Molland, und Tom Evans übernahm den Bass. Molland hatte vorher mit etlichen Bands, z. B. den Merseys, gespielt. Nachdem sich die ersten Platten der Gruppe als wenig verkäuflich erwiesen, entschloss sich Apple im September 1969, die Gruppe in Badfinger umzubenennen. Paul McCartney produzierte mit ihnen für den Filmsoundtrack »The Magic Christian« seine Komposition »Come And Get It«. »No Matter What« und »Day After Day« – Letzterer ein Millionseller und produziert von George Harrison – wurden weitere internationale Hits. Badfinger waren voll in der Beatles-Maschinerie integriert, und als die auseinander fielen, spielten sie mit Harrison bei dessen Benefizkonzert für Bangladesch im Madison Square Garden in New York am 1.8. 1971. Im Frühjahr 1972 nahm Nilsson die Ham-Evans-Komposition »Without You« auf und hatte damit einen Riesenhit. Im Dezember 1973 erschien die letzte Platte von Badfinger auf dem Apple-Label. Drei Monate später begann der Abstieg der Gruppe. Schwierigkeiten mit der neuen Plattenfirma, dem Management und finanzielle Probleme veranlassten Molland noch im selben Jahr, die Band zu verlassen. Ham bekam tiefe Depressionen, die dazu führten, dass er sich in der Garage seines Londoner Hauses erhängte. Danach fielt die Gruppe endgültig auseinander. Molland gründete Blue Goose und dann Natural Gas, Evans spielte mit Dodgers, Gibbins verschwand erst in der Versenkung und tauchte Jahre später als Schlagzeuger auf »It's A Heartache« von Bonnie Tyler wieder auf. 1978 kam es zu einer Neubildung von Badfinger. Von den alten Musikern waren Molland und Evans mit dabei. Ohne nennenswerte Hits zu haben, bestand Badfinger bis Anfang November 1983. Nach einer USA-Tour trennte man sich wieder. Tom Evans hatte jahrelang dafür gekämpft, einen gerechten Anteil an den Tantiemen zu bekommen, speziell für seine Komposition »Without You«. Unter sehr ähnlichen Umständen wie Peter Ham beging er am 1983 ebenfalls Selbstmord. So erlebte er nicht mehr, wie Mariah Carey aus »Without You« (1/94 US 3, 2/94 GB 1, 3/94 D 1) erneut einen Welthit machte. Nach 1989 zog immer noch eine Band durch die USA, die sich Badfinger nannte. Mit dabei Molland und Gibbins.

Come And Get It (1/70 US 7, GB 4)
No Matter What (10/70 US 8; 1/71 GB 5)
Day After Day (12/71 GB 10, US 4)
Pop

Badu, Erykah

ERYKAH BADU v (USA, * 26. 2. 1971 als Erica Wright in Dallas/Texas)
Erstmals hörte man Erykah 1997 mit dem Titel »On&On« (1/97 US 12, 4/97 GB 12). Speziell in den amerikanischen Rhythm-&-Blues-Charts konnte sie mit »Next Lifetime« (6/97 GB 30) und »Tyrone« überzeugen. Wie »On&On« belegten auch die anderen beiden Platten darin den Spitzenplatz. Auch ihre ersten beiden Alben »Baduizm« (3/97 US-LP 2, GB-LP 17) und »Live« (12/97 US-LP 4) standen 1997 auf dem Spitzenplatz der amerikanischen Rhythm-&-Blues-Album-Charts. Als Gast von Busta Rhymes hatte sie den Hit »One« (7/98 GB 23) und als Gast der Gruppe The Roots gelang ihr der Top-40-Hit »You Got Me« (2/99 US 39, 3/99 GB 31, 5/99 D 25). Ansonsten ließ sie die Jahre 1998/99 – zumindest was Plattenaufnahmen anging – ruhiger angehen. Nach einem solchen Auftakterfolg sicher zu verstehen. 2000 legte sie wieder

los mit »Bag Lady«. Es folgte das Album »Mama's Gun« (12/00 US-LP 11). Auch als Schauspielerin wusste sie zu überzeugen. Neben Michael Caine sah man sie in »The Cider House Rules« (»Gottes Werk und Teufels Beitrag«).

Bag Lady (8/00 US 6)
Rhythm & Blues

Bäumler, Hans-Jürgen

HANS-JÜRGEN BÄUMLER v (Deutschland, * 28. 1. 1942 in Dachau)
In den 90er Jahren verdingte sich der ehemalige Kufenläufer Hans-Jürgen Bäumler als riskanter TV-Moderator. 1964, nachdem er zusammen mit seiner Schlittschuhpartnerin Marika Kilius fünfmal die Deutsche Paarlaufmeisterschaft gewonnen hatte, Europameister und Olympiasieger geworden war, versuchten sich die beiden getrennt und zusammen als Sänger. Singende Sportler waren in den 60er Jahren in Deutschland keine Ausnahmeerscheinung. Ob Bubi Scholz, Franz Beckenbauer, Martin Lauer, Toni Sailer, Willy Kuhweide, Gerd Müller, Carl Kaufmann, Manfred Schnelldorfer, Hermann Schridde, Alwin Schockemöhle, Charly Dörfel, Erwin und Helmut Kremers oder Petar Radi Radenkovic (»Bin i Radi – bin i König«) – alle durften sie mal. Neben Martin Lauer waren vor allem Hans-Jürgen und Marika erfolgreich. Die beiden genossen in ihrer Zeit eine Popularität, wie sie später das Nichtpaar Steffi Graf und Boris Becker erreichte. Hans-Jürgen und Marika drehten einige nichtssagende Filmchen und hatten mit »Honeymoon in St. Tropez« (6/64 D 2) einen gemeinsamen Hit. Beide brachten es auch auf Solo-Top-10-Erfolge. 1969 spielte Hans-Jürgen den Trapezartisten Viggo Dorian in der TV-Serie ›Salto Mortale‹. Mit ›Riskant‹ war er Ende der 80er Jahre als Quizmaster bei RTL zu sehen.

Wunderschönes fremdes Mädchen (6/64 D 3)
Sorry Little Baby (3/65 D 7)
Deutscher Schlager

Siehe auch: Kilius, Marika

Baez, Joan

JOAN BAEZ v (USA, * 9. 1. 1941 in Staten Island/New York)
Das Durchhaltevermögen dieser ›Königin des Protestes‹ seit 1959 bis ins 21. Jahrhundert ist schon enorm. Ihre Mutter war eine schottische Lehrerin, der Vater ein mexikanischer Physiker. In ihrer Kindheit wurde Joan mit den Rassenproblemen ihres Landes konfrontiert. Wegen ihrer dunklen mexikanischen Hautfarbe wurde sie nicht selten als ›Nigger‹ beschimpft. Diese Jugendjahre waren wohl prägend und nährten in ihr eine Abneigung gegen jeglichen Konformismus. 1959 sang sie zum erstenmal beim Newport Festival. Im Oktober 1960 erschien ihre erste LP, auf der allerdings noch wenig von Protest, dafür mehr von Folk wie »All My Trials« die Rede ist. Nach demselben Strickmuster, fast ausschließlich Traditionals und schottische Balladen, wurde auch ihre zweite LP aufgenommen, die im September 1961 erschien. Vorher, im April 1961, hatte sie in Gerde's Folk City in Greenwich Village, New York, Bob Dylan kennen gelernt, der zu diesem Zeitpunkt ein noch kleineres Licht als sie selbst war. 1962 erscheint eine Live-LP von ihr, die sich in der amerikanischen LP-Hitparade bis auf Platz 10 hocharbeiten kann. Im Mai 1963 ist sie der Topstar beim Monterey Folk Festival in Kalifornien. Mit dabei der von ihr protegierte Bob Dylan. Im Juli 1963 tritt sie wieder beim Newport Folk Festival auf und stellt dem Publikum Bob Dylan vor. Was die beiden miteinander hatten und ob überhaupt, überlasse ich gerne der Yellowpress. Fest steht, dass Joan Baez Anfang der 60er Jahre die erfolgreichere

Künstlerin war und somit Bob Dylan auf die Sprünge geholfen hat. Es scheint, dass sie auf Plattenproduktionen recht wenig Wert legte und statt dessen ihre Energie lieber in humanitäre Aktionen und Aktivitäten steckte. Joan Baez schaffte es, zum Synonym des sozialen Engagements für eine ganze Generation zu werden. Sie nutzte die Popularität, die sie durch ihre Platten erhielt, um für die Menschenrechte zu kämpfen. Sie war präsent bei Live Aid, ging mit auf die Amnesty-International-Tour, marschierte mit Martin Luther King in Mississippi, sang für Sacharow in Moskau und arbeitete mit und für diverse Bürgerrechtsbewegungen. In mehr als dreißig Jahren sind über fünfzig Langspielplatten erschienen, und musikalisch orientiert sie sich inzwischen an der aktuellen Musikentwicklung. Auf der 1988 erschienenen LP »Recently« nimmt sie Coverversionen von Titeln, die Peter Gabriel, U2 oder Dire Straits geschrieben haben, auf. Ihr 1989er Album »Speaking Of Dreams« ist durchaus autobiografisch zu sehen. Im Song »China« setzt sie sich mit den blutig niedergeschlagenen Studentenrevolutionen auf dem Platz des Himmlischen Friedens auseinander. Für das Duett »El Salvador« konnte sie Jackson Browne gewinnen. Auf dieser CD ist auch eine Version des Klassikers »My Way« zusammen mit den Gypsy Kings. Der ›Stern‹ schrieb unter der Überschrift ›Die unbeirrbare Johanna‹: ›Joan Baez wird oft die Mutter der Popmusik genannt, doch die kleine Frau mit der großen Stimme sieht sich selbst als Politikerin.‹ 1992 veröffentlichte sie ihre hervorragende CD »Play Me Backwards«.

Ihre erfolgreichsten Alben: »Joan Baez, Vol. 2« (11/61 US-LP 13), »Joan Baez« (3/62 US-LP 15), »Joan Baez In Concert« (10/62 US-LP 10), »Joan Baez In Concert, Part 2« (12/63 US-LP 7, 7/64 GB-LP 8, 2/66 D-LP 25), »Joan Baez No. 5« (11/64 US-LP 12, 5/65 GB-LP 3), »Joan Baez« (6/65 GB-LP 9), »Farewell Angelina« (10/65 US-LP 10, 11/65 GB-LP 5, 3/66 D-LP 30), »Joan Baez On Vanguard« (7/69 GB-LP 15), »Blessed Are« (9/71 US-LP 11), »Diamond & Rust« (5/75 US-LP 11) und »Joan Baez – ihre schönsten Lieder« (11/81 D-LP 4).

There But For Fortune (7/65 GB 8)
The Night They Drove Old Dixie Down (8/71 US 3; 10/71 GB 6)
Folk

Baha Men

Patrick Carey g, Rick Carey v, Jeff Cher d, Tony Flowers per, Colyn Grant key, Omerit Hield v, Marvin Prosper rap (als Knowles), Herschel Small g, Isaiah Taylor b

Die Musik dieser Formation ist eine Kombination aus traditioneller Musik der Bahamas, auch Junkanoo genannt, mit Pop, Latin Rhythmen, Rap und HipHop. Das Debütalbum dieser Band mit dem Titel »Junkanoo« erschien 1992. Es folgten die Alben »Kalik« 1994, »I Like What I Like« 1997, »Doong Spank« 1998 und »Who Let The Dogs Out« 2000 (8/00 US-LP 5). Dieses Album erreichte nach wenigen Wochen Platin und der Titelsong »Who Let The Dogs Out« (7/00 US 40) fand Verwendung in dem Film »Rugrats In Paris«. Der Erfolg für die Formation kam, nachdem sie sich mit Prosper, Rick Carey und Hield vestärkt hatte. Sie brachten die HipHop-Einflüsse in die vorher eher traditionalistische Band. Es folgte als nächste Hitnotierung »You All Dat« (2/01 GB 14). Als Gastsänger wurde darauf Imaani Coppolo genannt. Der Song beinhaltete einen Sample aus »The Lion Sleeps Tonight«.

Who Let The Dogs Out (10/00 GB 2; 11/00 D 6)
HipHop, Pop, Rap

Bailey, Philip

PHILIP BAILEY v, per (USA, * 8. 5. 1951 in Denver/Colorado)
Die Karriere von Philip begann als Zwanzigjähriger in der Band Earth, Wind & Fire. Er spielte darin Percussion und war Co-Leadsänger. Ab 1983 machte Philip auch Soloplatten. Seinen größten Erfolg hatte er mit dem Millionseller »Easy Lover«, den er zusammen mit Phil Collins sang. Phil hatte den Titel mitgeschrieben, die dazugehörige LP »Chinese Wall« (11/84 US-LP 22, 3/85 GB-LP 29) produziert und darauf Percussion gespielt. Neben seinen reinen Pop-Produktionen veröffentlicht Philip Bailey regelmäßig Alben, die sich mit christlichen Themen beschäftigen.

Easy Lover (11/84 US 2; 1/85 D 5; 3/85 GB 1)
Rhythm & Blues

Siehe auch: Earth, Wind & Fire

Bainbridge, Merril

MERRIL BAINBRIDGE v (Australien, * 2. 6. 1968 in Melbourne)
1995 wurde das Jahr für Merril. In Australien lag ihre Debüt-Single »Mouth« sechs Wochen lang auf Platz 1. Von dort aus eroberte sie zunächst die USA und kam dann später auch in die britische Hitparade. Ihre ersten Erfahrungen sammelte sie in Melbourner Bands. Dort lernte sie den aus Malaysia stammenden Produzenten Siew kennen, der mit ihr drei Demosongs aufnahm und an die Plattenfirma Gotham Multimedia schickte, die John Farnham gehört. Der erkannte offensichtlich das Potenzial und so erschien noch 1995 das Album »The Garden.« Bis auf den Pet-Shop-Boys-Titel »Being Bored« hat Merril alle Titel selbst geschrieben bzw. mitgeschrieben. Für die LP-Charts reichte es nicht.

Mouth (9/96 US 4)
AOR (Adult Orientated Rock)

Baker, Adrian

ADRIAN BAKER v (Großbritannien)
Die Briten bezeichneten den Sänger, Songschreiber, Produzenten und Multiinstrumentalisten Adrian Baker als Brian Wilson für Arme. Der Engländer begann in den späten 60er Jahren mit den Pebbles, die es 1971 auf zwei Singleveröffentlichungen brachten. Es folgte Playground und später Gidea Park. Diese Formation war keine – es war Adrian Baker unter einem Pseudonym. Gidea Park hatte 1981 zwei Singlehits, einer davon, »Beach Boy Gold«, zeugt von seiner Affinität zu Brian Wilson. Als Solist hatte er mit einer Coverversion des alten Four-Seasons-Hits »Sherry« seinen einzigen Hit. Die Erfüllung aller Träume erlebte er, als er Anfang der 80er Jahre die Chance hatte, für kurze Zeit in der Touring Band der Beach Boys mitzuspielen.

Sherry (7/75 GB 10)
Pop

Baker, Anita

ANITA BAKER v (USA, * 20. 12. 1957 in Toledo/Ohio)
Anita Baker, die über eine begnadete Stimme verfügt, begann 1976 in der Soulformation Chapter 8. 1984 – die Band hatte es auf keinen Top-100-Hit in den USA gebracht – versuchte sich Anita als Solistin. An »Giving You The Best That I Got« hat sie auch mitgeschrieben. Ihre Debüt-LP »The Songstress« aus dem Jahre 1983 wurde nach ihren Erfolgen 1991 wiederveröffentlicht. Die Rückseiten des Covers sind ein schönes Beispiel dafür, wie man einen Künstler stylen kann. Anita, die inzwischen sieben Grammys gewonnen hat, machte eine längere Pause und veröffentlichte im Herbst 1994 die CD »Rhythm Of Love« (9/94 GB-LP 14, 10/94 US-LP 3). Ausgekoppelt wurde »Body And Soul« (9/94 US 36). Darauf

spielten Cracks wie George Duke, Nathan East, Joe Sample oder Steve Ferrone mit. Anita war jedoch mehr eine LP-Verkäuferin. Ihre weiteren Erfolgsalben: »Rapture« (4/86 US-LP 11, 5/86 GB-LP 13), »Give You The Best That I Got« (10/88 GB-LP 9, 11/88 US-LP 1) und »Compositions« (7/90 US-LP 5, GB-LP 7).
1996 erhielt Anita einen Grammy als beste R&B-Sängerin.

Sweet Love (8/86 US 8)
Giving You The Best That I Got (9/88 US 3)
Rhythm & Blues, Soul

Baker, Arthur & The Blackbeat Disciples

ARTHUR BAKER mix (USA, * 22. 4. 1955 in Boston/Massachusetts)
Baker erntete seine ersten Lorbeeren als Produzent, Mixer und Remixer. Hits von Freeze, New Edition, Cyndi Lauper, Bruce Springsteen, Bob Dylan, Fine Young Cannibals, U2, Rolling Stones, Paul McCartney oder Hall & Oates wurden von ihm neu abgemischt. Wer so gut mixen kann, kann auch sicher selbst Platten aufnehmen. Zur Veröffentlichung von »The Message Is Love« schrieb seine Plattenfirma: ›Arthur Baker veröffentlichte jetzt die erste LP unter seinem Namen. Allerdings lässt er, was er nicht kann: singen. Dazu lud er sich eine handverlesene Schar bekannter Gäste ins Studio. Einer dieser Gäste ist die Soul-Legende Al Green.‹ Somit dürfte wohl Al der Erfolg dieser Platte zuzuschreiben sein.

The Message Is Love (12/89 D 6)
Pop

Baker, George

GEORGE BAKER v (Niederlande, * 8. 12. 1944 als Johannes Bouwens)
George Baker Selection – so nannte er seine Formation, in der er selbst sang, Gitarre und Tasteninstrumente spielte – ist ein weiteres hübsches Beispiel dafür, dass aus den Niederlanden durchaus kommerzielle Popmusik und nicht nur Käse kommen kann – oder umgekehrt. Seinen ersten internationalen Erfolg feierte er mit »Little Green Bag« (3/70 US 21). Mit dem Ende der 70er Jahre ließ sein Erfolg nach, und gerade als man dachte, die Radiowellen wären wieder sauber und man könne ungestört hineintauchen, kam er mit »Santa Lucia By Night« (9/85 D 31) wie ein Hai aus der Tiefe.
Das erfolgreichste Album hieß ebenfalls »Paloma Blanca« (6/75 D-LP 1).

Paloma Blanca (5/75 D 1; 9/75 GB 10)
Morning Sky (11/75 D 2)
Wild Bird (8/76 D 7)
Pop

Baldry, Long John

LONG JOHN BALDRY v (Großbritannien, * 12. 1. 1941 in East Maddon/London)
Die erste Liebe des großen John galt Ende der 50er Jahre dem Folk und der Jazzmusik. Nachdem er mit Ramblin' Jack Elliott getourt war, widmete er sich mehr dem Rhythm & Blues. Über die Stationen Blues Incorporated, Hoochy Coochy Men und Steampacket kam er zu Bluesology. Alle diese Gruppen haben teilweise hervorragende Platten aufgenommen, die sich jedoch nicht sonderlich verkauften. Mag sein, dass Long John Baldry sich aus diesem Grunde entschloss, eine Solokarriere zu beginnen. Mit »Let The Heartaches Begin« war er auf Pop festgelegt, und es folgten einige weitere Stücke, die in diese Kerbe schlugen: »When The Sun Comes Shining Thru« (8/68 GB 29), »Mexico« (10/68 GB 15) und »It's Too Late Now« (2/69 GB 21). Glücklich gemacht hat es ihn wohl nicht, denn viele spätere Platten belegen, dass seine Liebe

zum Rhythm & Blues ungebrochen blieb. Ende der 70er Jahre zog John nach Vancouver, Kanada. Eine 1992 erschienene LP mit dem Titel »It Still Ain't Easy« – damit spielt er auf die 1971 erschienene LP »It Ain't Easy« an – wurde in Vancouver produziert. 1993 – inzwischen kanadischer Staatsbürger – kehrte er nach GB zurück. Im Cartoon ›Sonic The Hedgehog‹ sprach er die Stimme des Captain Robotnick, bei ›Winnie The Pooh‹ machte er ebenfalls als Sprecher mit.

Let The Heartaches Begin (11/67 GB 1)
Pop, Rhythm & Blues

Balin, Marty

MARTY BALIN v, g (USA, * 30. 1. 1942 als Martin Jerel Buchwald in Cincinnati/ Ohio)
Marty arbeitete sich erst einmal durch verschiedene künstlerische Berufe – Maler, Bildhauer, Tänzer –, bis er in den frühen 60er Jahren eine Plattenkarriere begann. Er wirkte in einer Produktion der »West Side Story« mit und nahm 1962 mit »I Specialized In Love« und »Nobody But You« erste Soloplatten auf. Danach wurde er in Los Angeles Mitglied der Formation Town Criers. In ihm reifte der Plan, eine eigene Band zusammenzustellen, und als erstes Mitglied für diese neue Gruppe fand er Paul Kantner, mit dem er 1965 Jefferson Airplane gründete, die 1967 mit »Somebody To Love« ihren ersten internationalen Erfolg hatten. 1971 verließ er die Band, um 1974 aus dem Torso Jefferson Starship zu formieren. Im September 1978 hatte er wieder genug vom Gruppendasein, präsentierte ein Jahr später die Rockoper »Rock Justice«, und im Frühjahr 1981 erschien seine erste Soloplatte »Hearts«. Mit »Atlanta Lady« (9/81 US 27) gelang ihm noch ein weiterer Top-40-Hit. 1985 bildeten Paul Kantner, Marty und Jack Casady, drei Urmitglieder von Jefferson Airplane, die KBC Band. 1989 schloss sich dann der Kreis: Die fünf Urmitglieder aus den ersten Erfolgstagen von Jefferson Airplane, Grace Slick, Paul Kantner, Marty Balin, Jack Casady und Jorma Kaukonen kamen unter ihrem alten Namen wieder zusammen.

Hearts (5/81 US 8)
AOR (Adult Orientated Rock)

Siehe auch: Jefferson Airplane/Jefferson Starship

Ball, Kenny

KENNY BALL tr, bl (Großbritannien, * 22. 5. 1930 in Ilford/Essex)
Nachdem Kenny in diversen Dixielandbands gespielt hatte, gründete er 1958 Kenny Ball & His Jazzmen. Im Sommer 1959 veröffentlichten sie ihre erste Single, »Waterloo«. Ende der 50er, Anfang der 60er Jahre war die große Zeit von Chris Barber, Mr. Acker Bilk und anderen Traditional-Jazz-Bands. In diese Zeit passte der Stil von Kenny Ball exakt. Das dokumentiert sich in den LPs »Midnight In Moscow« (3/62 US-LP 13) und »The Best Of Ball, Barber And Bilk« (8/62 GB-LP 1). »Samantha« (2/61 GB 13) war seine erste Hitnotierung. Es folgten etliche Top-10-Hits. Auch das Album »Kenny Ball's Golden Hits« (9/63 GB-LP 4) war ein Erfolg, aber dann kam die Hochphase des Mersey-Beats und seine Art von Musik war bei den Plattenkäufern nicht mehr gefragt. 1968 spielte er mit Louis Armstrong auf dessen letzter Europatour. Und mögen auch die Plattenverkäufe von Kenny zurückgegangen sein – im TV, im Radio und in den Clubs spielte Kenny bis in die 90er Jahre.

Midnight In Moscow (11/61 GB 2; 2/62 US 2)
March Of The Siamese Children (2/62 GB 4)
The Green Leaves Of Summer (5/62 GB 7)
Sukiyaki (1/63 GB 10)
Jazz

Ball, Michael

MICHAEL BALL v (Großbritannien, * 27. 7. 1962 in Stratford-Upon-Avon)
Alex Dillingham ist ein junger Engländer in dem Musical »Aspects Of Love« von Andrew Lloyd Webber. Diese Rolle wurde gespielt von Michael Ball. Der hatte schon einmal in einem Musical mitgewirkt, nämlich »Les Misérables«, geschrieben von Alain Boublil und Claude-Michel Schönberg. Die vergangenen Jahre zeigen, dass in den Musicals von Webber immer wieder kommerzielle Titel stecken, die als Single ausgekoppelt hoch in die Hitparaden kamen. Dies geschah auch mit »Love Changes Everything«. 1992 belegte Michael Ball mit »One Step Out Of Time« (4/92 GB 20) beim Grand Prix Eurovision in Malmö den zweiten Platz. Ansonsten wird er sich wohl mehr der Bühnenarbeit widmen. Trotzdem brachte er zwischen 1993 und 1996 immer mal wieder eine Single in die britische Hitparade. Seine erfolgreichsten Alben: »Michael Ball« (5/92 GB-LP 1), »Always« (7/93 GB-LP 3), »One Careful Owner« (8/94 GB-LP 7), »First Love« (1/96 GB-LP 4), »The Musicals« (11/96 GB-LP 20), »The Movies« (11/98 GB-LP 13) und »The Very Best Of Michael Ball In Concert In The Royal Albert Hall/Christmas« (11/99 GB-LP 18).

Love Changes Everything (1/89 GB 2)
Grand Prix, Pop

Baltimora

BALTIMORA v (Großbritannien, * 23. 5. 1957 als Jimmy McShane in Londonderry, † 28. 3. 1995)
Als Sänger und Tänzer machte Baltimora in Italien sein Glück. Seine Karriere begann er als Backgroundsänger, so z. B. bei »Automatic Lover« von Dee D. Jackson. Mit dem Titel »Tarzan Boy« hatte er 1985 einen weltweiten Hit. In den USA erreichte die Platte im Herbst 1985 Platz 13. Als das Stück 1993 in dem Film »Teenage Mutant Ninja Turtles Teil 3« verwandt wurde, kam es erneut in die US-Hitparade und erreichte Platz 51. Diese kommerzielle Nummer hätte aber auch Rumpelstilzchen singen können und wäre ein Erfolg geworden. Als Nachfolgesong erschien »Woody Boogie« (9/85 D 20). Danach verschwand der Tarzan Boy wieder im Disco-Dschungel. Er starb an Aids.

Tarzan Boy (5/85 D 3; 8/85 GB 3)
Disko

Siehe auch: Jackson, Dee D.

Bamboo

ANDREW LIVINGSTONE dj (Großbritannien)
Der Londoner DJ Andrew ›Doc‹ Livingston hatte sich vor diesem Hit bereits einen Namen als Remixer und Produzent gemacht. Als Grundlage für die Nummer »Bamboogie« nahm er den Titel »Get Down Tonight« von KC & The Sunshine Band. Zum Hit wurde dieses Recyclewerk allerdings erst, als die Bierfirma Bud Ice es als Hintergrundmusik für ihre Werbung benutzte und damit in die Ohren der Hörer paukte. Perez Prado hatte mit »Guaglione« für Guinness, die Hollies mit »He Ain't Heavy He's My Brother« für Miller Lite geworben – und damit wurden die Songs wieder zu Hits – Prost. Die Nachfolgesingle »The Strutt« (7/98 GB 36) tat sich etwas schwerer mit den Charts.

Bamboogie (1/98 GB 2)
Disko, House, Pop

Bananarama

SARAH DALLIN v (Großbritannien, * 17. 12. 1961 in Bristol), SIOBHAN FAHEY v (Großbritannien, * 10. 9. 1957 in London), JACQUIE O'SULLIVAN v (Großbri-

tannien, * 7. 8. 1960 in London), KEREN JANE WOODWARD v (Großbritannien, * 2. 4. 1961 in Bristol)
Die drei Mädels lernten sich in London kennen. Sarah und Siobhan studierten Journalismus, Keren arbeitete bei der BBC. Zunächst sangen sie auf Privatveranstaltungen und in Pubs, bis dann der Sex-Pistols-Schlagzeuger Paul Cook ihre erste Single produzierte: »Aie A Mwana«. Der Gruppenname Bananarama sollte eine Kombination aus der britischen TV-Kindersendung ›The Banana Splits‹ und dem Roxy-Music-Song »Pyjamarama« sein. Im April 1982 erschien mit »Really Saying Something« die Coverversion eines Velvelettes-Titels aus dem Jahre 1965. Überhaupt ist es auffällig, dass die meisten ihrer großen Hits wie »Na Na Hey Hey Kiss Him Goodbye«, »Venus« oder »I Want You Back« Coverversionen sind. Im August 1987 heiratete Siobhan Fahey Dave Stewart von den Eurythmics und gründete später Shakespeare's Sister. Sie wurde durch Jacquie O'Sullivan ersetzt, die aber ihrerseits 1991 ausstieg. 1989 hatte Bananarama zusammen mit LaNaNeeNeeNooNoo die Comic-Relief-Platte »Help« – einst ein Hit der Beatles – die wie die meisten Benefiz-Songs aus dieser Ecke auch ein Top-10-Hit wurde. Kennzeichen von Comic Relief ist eine knallrote Clownsnase, mit der die jeweiligen Künstler auf den Plattenhüllen abgebildet werden. Comic Relief ist eine britische Wohlfahrtsorganisation, die mit den Einnahmen der Platten zu einem Drittel britische und den beiden anderen Dritteln afrikanische Hilfsprojekte unterstützt. La Na Nee Nee Noo Noo waren die drei TV-Komikerinnen Dawn French, Jennifer Saunders und Kathy Burke, die im Fernsehen als witzige Bananarama-Kopie aufgetreten waren. Nach 1991 machten Sarah und Keren als Duo weiter. Die Hits des Duos waren »Movin' On« (8/92 GB 24) und »More, More, More« (3/93 GB 24).
Die erfolgreichsten Alben: »Deep Sea Skiving« (3/83 GB-LP 7), »Bananarama« (4/84 GB-LP 16, 6/84 US-LP 30), »True Confessions« (8/86 US-LP 15) und »The Greatest Hits Collection« (10/88 GB-LP 3).

It Ain't What You Do It's The Way You Do It (2/82 GB 4)
Really Saying Something (4/82 GB 5)
Shy Boy (7/82 GB 4)
Na Na Hey Hey Kiss Him Goodbye (2/83 GB 5)
Cruel Summer (7/83 GB 8; 7/84 US 9)
Robert de Niro's Waiting (3/84 D 7, GB 3)
Venus (5/86 D 2, US 1, GB 8)
I Heard A Rumour (7/87 US 4)
Love In The First Degree (10/87 GB 3)
I Want You Back (4/88 GB 5)
Help! (2/89 D 8, GB 3)
Pop

Band Aid

BOB GELDOF v (Irland, * 5. 10. 1954 als Robert Frederick Zenon in Dun Laoghaire)
Im November 1984 sieht Bob Geldof in der BBC einen Bericht über den Hunger in Äthiopien. Er entschließt sich, mit Hilfe seiner Musikerfreunde eine Platte zu produzieren, von der jeglicher Gewinn zugunsten der Hungerhilfe in Äthiopien abgeführt wird. Am 25. 11. 1984 treten sich 36 Künstler in den SARM Studios in Nottinghill, London, gegenseitig auf die Füße und bringen unter dem Namen Band Aid eine All-Star-Besetzung zusammen, die es bis dato nicht gab. Neben Bob Geldof und Midge Ure, die das Stück »Do They Know It's Christmas« geschrieben haben, stehen z. B. Paul McCartney, David Bowie, Bananarama, Phil Collins, Duran Duran, George Michael, Spandau Ballet, Sting, Jody Watley, Paul Weller, Paul Young und einzelne Mitglieder der Formationen Culture Club, Heaven 17, Kool & The Gang, Status Quo und U2. Der ›Save The Children Fund‹ organisiert die Vorstellung des Werkes am 17. Dezember in der Royal Albert Hall

während eines Ethiopia Benefit Concert. Die Platte steigt in die britische Hitparade auf Platz 1 ein, bleibt dort fünf Wochen, verkauft mehr als drei Millionen Exemplare und wird die meistverkaufte Single aller Zeiten. Ein Jahr später kommt die Platte erneut in die britische Hitparade. Sie unterscheidet sich vom Vorgänger dadurch, dass auf der B-Seite Künstler wie David Bowie oder Paul McCartney spezielle Weihnachtsgrüße loslassen. 1989 produzieren Stock/Aitken/Waterman eine neue Version von »Do They Know It's Christmas«. Jetzt singen Cliff Richard, Lisa Stansfield, Chris Rea, Kylie Minogue, Jason Donovan, Matt Goss und Marti Pellow. Auch diese Produktion steigt in der britischen Hitparade auf Platz 1 ein.

Do They Know It's Christmas (12/84 D 1, GB 1; 12/85 GB 3; 12/89 GB 1)

Pop

Siehe auch: USA For Africa; Band Für Afrika

Band Für Afrika

Die deutsche Ausgabe von Band Aid. Nachdem die deutschsprachigen Interpreten vor Ohren geführt bekamen, wie ihre britischen Kollegen Geld für Afrika sammelten, zogen sie nach. Alphaville, BAP, Ina Deter, Extrabreit, Geier Sturzflug, Herbert Grönemeyer, Gitte Haenning, Hans Hartz, Heinz Rudolf Kunze, George Kranz, Klaus Lage, Udo Lindenberg, Wolf Maahn, Peter Maffay, Ulla Meinecke, Marius Müller-Westernhagen, Münchener Freiheit, Nena, Rheingold, Rodgau Monotones, Spider Murphy Gang, Spliff, Trio und Juliane Werding machten mit. Vom Verkaufserlös jeder Single wurde ein Mindestspendenanteil von 2,– DM festgelegt. Auf der Plattenhülle stand zu lesen: ›Die Künstler legen Wert auf die Feststellung, dass wirklich niemand außer den Spendenempfängern an dieser Schallplatte profitiert. Komponist, Texter, Musiker, Produzent, Schallplattenfirma und Verlag verzichten auf jeglichen Verdienst.‹ Dieser Vermerk war notwendig, denn dass mit Benefizplatten Geschäfte gemacht wurden und werden, ist so selten nicht.

Nackt im Wind (2/85 D 3)

Pop

Siehe auch: Band Aid; USA For Africa

Band ohne Namen

CLAUS CAPEK key (Deutschland, * 22. 11. 1976), GUY GROSS v, rap (Deutschland, * 7. 1. 1976)

Mitte der 90er Jahre lernten sich der Deutschamerikaner Guy und der Berliner Claus Capek bei der Produktion eines Präsentationsvideos über Berlin kennen. Claus war bei diesem Projekt für die Musik verantwortlich, Guy für die Moderation. Die beiden beschlossen, als gemeinsames Projekt die allianz zu gründen. Mit Hilfe von Kommilitonen, die mit Claus an der Musikhochschule in Berlin studiert hatten, wurde eine Live-Band zusammengestellt. 1997 gewannen sie etliche Bandwettbewerbe, darunter auch den Rio-Reiser-Preis. Mitte 1999 erschien ihre Debütsingle »Knockin'« (7/99 D 71). Sie brachte deutsche Raps, kombiniert mit eingängigen englischen Refrains. Dieser deutsch-englische Mix brachte ihnen mit »Boys« (11/99 D 14) auch einen ersten größeren Erfolg – allerdings auch die Aufmerksamkeit der gleichnamigen Versicherungsgesellschaft. Da zwischen einem Berliner Duo, das deutsch-englisch rappt und singt, und einer Versicherungsgesellschaft von der Größe der Allianz eine wahnsinnige Verwechslungsgefahr besteht, musste das Duo seinen Namen ablegen. Ab sofort nannten sie sich Band ohne Namen. Der Rechtsstreit brachte den beiden Jungs mehr Aufmerksamkeit als alle bisherigen Plattenveröffentlichungen. Mit »Sex Control« (2/00 D 34) und »Take My Heart« waren sie im neuen Namens-Outfit erfolgreich. Anfang des Jahres 2001 erreichten sie mit »Boys« (1/01 GB 15) unter der Gruppenbezeichnung BON ihre erste Platzierung in der britischen Hitparade. Es folgte »Slipping Into You« (9/01 D 21).

Take My Heart (5/00 D 7)
Pop

Bangles

SUSANNA HOFFS v, g (USA, * 17. 1. 1957 in Newport Beach/Kalifornien), VICKI PETERSON v, g (USA, * 11. 1. 1958 in Los Angeles/Kalifornien), DEBBI PETERSON v, d (USA, * 22. 8. 1961 in Los Angeles/Kalifornien), MICHAEL STEELE v, b (USA, * 2. 6. 1954), ANNETTE ZILINSKAS v, b (USA, * 6. 11. 1964 in Van Nuys/Kalifornien)

The Fans, The Colours, The Supersonic Bangs, The Bangs – alles Vorläufer der in L.A. gegründeten Bangles, die im Juni 1982 ein Minialbum mit fünf Songs veröffentlichten. Vorher hatten sie schon unbemerkt als Bangs »Getting Out Of Hand« auf den Markt gebracht. Auch dieses Minialbum brachte zwar keine Verkaufserfolge, aber 1983 einen Vertrag mit der CBS. Zu diesem Zeitpunkt verließ Annette Zilinskas die Bangles und wurde Mitglied bei Blood On The Saddle. Für sie kam die Original-Leadsängerin der Runaways, Michael Steele. Ihr erstes Hitalbum hieß »All Over The Place« (8/84 US-LP 80). Im Januar 1986 sollte der große Erfolg kommen. »Manic Monday«, geschrieben von Prince unter dem Pseudonym Christopher, erreichte nur deshalb nicht Platz 1, weil zu diesem Zeitpunkt Meister Prince mit »Kiss« diesen besetzt hielt. Im September 1989 sprach man von ›unüberwindbaren Schwierigkeiten‹ und leitete damit die Trennung ein. Susanna Hoffs, die in der Band mehr und mehr im Mittelpunkt gestanden hatte, kündigte an, sie werde als Solistin weiterarbeiten, was sie dann auch 1991 tat. Schon 1986 hatte sie sich ein zweites Standbein als Schauspielerin aufgebaut.

Die erfolgreichsten Alben der Bangles: »Different Light« (2/86 US-LP 2, 3/86 GB-LP 3, D-LP 21), »Everything« (11/88 US-LP 15, 12/88 GB-LP 5) und »Greatest Hits« (5/90 US-LP 97, 6/90 GB-LP 4). Im Herbst 2000 planten die Bangles ein Comeback. Im September starteten sie eine Club-Tour durch die USA.

Manic Monday (1/86 GB 2, US 2; 3/86 D 2)
Walk Like An Egyptian (9/86 GB 3, US 1; 11/86 D 1)
Hazy Shade Of Winter (11/87 US 2)
In Your Room (10/88 US 5)
Eternal Flame (2/89 GB 1, US 1; 5/89 D 4)
AOR (Adult Orientated Rock)

Bano, Al & Romina Power

AL BANO v (Italien, * 20. 5. 1943 als Albano Carrisi), ROMINA POWER v (USA, * 2. 10. 1951)

1967 wählten die Italiener Al Bano zum beliebtesten Newcomer des Jahres. Mit »Nel Sole« hatte er im selben Jahr einen Millionseller in Italien und konnte sich als Star etablieren. Romina Power ist die Tochter von Tyrone Power, dem bekannten US-Mantel-und-Degen-Schauspieler. Ende der 60er Jahre müssen sich die beiden kennen gelernt haben, denn schon 1970 hatten sie im Duett mit »Storia Di Due Innamorati« einen Top-10-Hit in Italien. Dort erschienen weiter Soloplatten von Al, und auch Romina machte sich als Solistin einen Namen, so z. B. bereits 1969 mit »Aqua Di Mare«. In den 90er Jahren gab es immer wieder Gerüchte um eine Trennung der beiden. 1996 erschien das Album »Ancora« mit der Ankündigung, dies sei für die nächsten drei oder vier Jahre das letzte gemeinsame Werk. Romina spielte mit Erfolg in der italienischen TV-Serie ›Rückkehr des Sandokan‹. Unter dem Namen Al Bano Carrisi veröffentlich-

te Al ab 1997 Soloplatten. Am 3. März 1999 wurde das ›italienische Schlagertraumpaar‹ nach 28jähriger Ehe geschieden. Vor allem die Trauer um ihre verschollene Tochter Ylenia setzte dem Ehepaar zu. Die Tochter war 1993 als 23jährige in der Nähe von New Orleans verschwunden. ›23 Jahre unserer Ehe waren das Paradies, die letzten fünf waren die Hölle‹, sagte Al Bano.
Ihre erfolgreichsten Alben waren »Felicità« (5/82 D-LP 17) und »Amore Mio« (4/83 D-LP 3).

Sharazan (11/81 D 7)
Felicità (3/82 D 6)
Schlager

Banton, Pato

PATO BANTON v (Großbritannien, als Patrick Murray in Birmingham)
Nachdem er kurze Zeit Mitglied bei Crucial Music war, begann er eine Solokarriere als Pato Banton. Pato ist der Name einer jamaikanischen Eule, die als besonders weise und als echte Nachteule gilt. In DJ-Kreisen bezeichnet man einen besonders schwergewichtigen Discjockey als Banton. Aus diesen beiden Begriffen setzt sich also der Künstlername von Patrick zusammen. Nachdem er mit Ranking Roger von The English Beat einige Platten aufgenommen hatte, veröffentlichte er sein erstes Soloalbum mit dem Titel »Never Give In«. Zwischendurch machte er aber auch immer wieder mit Roger im Duett Aufnahmen. Sein 1989 erschienenes Album »Visions Of The World« machte ihn in Reggae-Kreisen zum Star. Ziggy Marley nahm ihn mit im Vorprogramm seiner Amerikatour. Nachdem Titel von ihm schon an der Spitze der Hitparade in Puerto Rico standen und sich in Brasilien platzieren konnten, gelang ihm mit einer Neuversion von »Baby Come Back«, im Original ein Titel der Equals, ein Hit. Zum Erfolg dürfte beigetragen haben, dass Ali und Robin Campbell von UB40 mitgesungen haben. Als Gast von Sting sang Pato auf »This Cowboy Song« (2/95 GB 15) mit. Dann kam er wieder als Solist: »Bubbling Hot« (4/95 GB 15). Nun revanchierte sich Sting und sang bei Patos Version von »Spirits In The Material World« (1/96 GB 36) mit. Seinen bisher letzten Erfolg hatte Banton mit der Formation Reggae Revolution: »Groovin'« (7/96 GB 14)

Baby Come Back (10/94 GB 1)
Reggae

BAP

WOLFGANG BOECKER d (Deutschland), MANFRED »SCHMAL« BOECKER sax, per (Deutschland, * 22. 4. 1952 in Köln), STEVE BORG b (Deutschland, * 5. 10. 1953 als Stefan Kriegeskorte in Heidenheim), ALEXANDER »EFFENDI« BÜCHEL key (Deutschland, * 29. 1. 1957 in Leverkusen), JAN DIX d (Deutschland, * 19. 11. 1956 in Hannover), CHERYL HACKETT v, per, HANS HERES g (Deutschland), KLAUS »MAJOR« HEUSER g (Deutschland, * 27. 1. 1957 in Leverkusen), WOLFGANG KLEVER b (Deutschland), WERNER KOPAL b (Deutschland), HELMUT KRUMMINGA v, g (Deutschland), MICHAEL NASS v, key, p, acc (Deutschland), WOLFGANG NIEDECKEN v, g (Deutschland, * 30. 3. 1951 in Köln), BERND ODENTHAL v, key (Deutschland), JENS STREIFLING v, g, sax, mundh (Deutschland), JÜRGEN ZÖLLER d (Deutschland, * 27. 9. 1947 in Köln)
Als im November 1979 im Anno-Saal des Kölner Stollwercks die erste LP von BAP » . . . rockt andere kölsche Leeder« (11/83 D-LP 21) vorgestellt wurde, merkte man der Platte die liebenswerte Unprofessionalität noch an. Auf der Plattenhülle war eine Postkarte mit dem Kölner Dom aufgeklebt. Wolfgang Niedecken machte keinen Hehl daraus, dass die Bandmitglie-

der in mühevoller Kleinarbeit die Postkarten selbst auf die Hüllen geklebt hatten. Dass daraus das Multiunternehmen BAP werden konnte, war zu diesem Zeitpunkt noch nicht zu ahnen. Auch ihre zweite LP »Affjetaut« (1/83 D-LP 11) brachten sie noch bei der relativ kleinen Plattenfirma Eigelstein heraus. Von der ersten zur zweiten LP hatte es bereits etliche Umbesetzungen in der Band gegeben. Hans Heres, Wolfgang Klever und Bernd Odenthal hatten wohl nicht geglaubt, dass BAP einmal über die Grenzen von Köln hinaus bekannt werden könnte. Es stiegen neu ein: Steve Borg und der ›Major‹. Man stellte fest, dass der Vertrieb der LPs bei Eigelstein miserabel lief. BAP schmorte im eigenen Saft, weil sich die meisten Auftritte im Kölner Raum bewegten, wo sich allerdings beim Publikum so langsam Übersättigungssymptome bemerkbar machten. Der Wechsel zu einer Plattenfirma mit funktionierendem Vertrieb wurde unumgänglich. Es liegen mehrere Angebote vor. Man unterschrieb bei der EMI Electrola, wohl auch, weil diese Firma in Köln ansässig ist. 1981 erschien dann »Für usszeschnigge« (10/81 D-LP 1) mit Titeln wie »Verdamp lang her«, »Jraaduss« oder »Jupp«. Zwei Auftritte vor dem Rolling-Stones-Konzert im Müngersdorfer Stadion finden statt. Die Band macht eine Tournee durch ganz Deutschland. 1982 kommt »Vun drinne noh drusse« (9/82 D-LP 1) auf den Markt und verdrängt auf Platz 1 der deutschen LP-Charts »Für usszeschnigge«. Somit belegt BAP die ersten beiden Plätze. Jetzt wurden auch die beiden ersten Alben von BAP wieder veröffentlicht und kamen in die Charts. Um die Zeit zum nächsten Studioalbum »Zwesche Salzjebäck un Bier« (6/84 D-LP 1) zu überbrücken, kam das Live-Album »Bess demnähx« (8/83 D-LP 1).

Obwohl die im unverfälschten kölschen Dialekt gesungenen Songs lediglich im Dunstkreis des Kölner Domes verstanden werden, entwickelt sich die Band zu einem gesamtdeutschen Phänomen. Das mag auch an der klaren politischen Aussage von Wolfgang Niedecken liegen, der aus seinen Einstellungen keinen Hehl macht. Für viele Bayern oder Nordlichter ist der Unterschied zwischen BAP und Bruce Springsteen – den verstehen sie auch kaum – unerheblich. Was den Vertrieb von Merchandise-Ikonen für die Fans angeht, gibt es wenig Unterschiede zwischen BAP und, sagen wir, den Bay City Rollers. Man kann sich natürlich aber auch auf den Standpunkt stellen, dass der Fan danach verlangt. Als Wolfgang Niedecken mit einigen Freunden, die er Komplizen nennt, 1987 die LP »Schlagzeiten« (4/87 D-LP 5) veröffentlicht, wird viel darüber gemunkelt, dass die Band nun auseinanderfällt. Bis jetzt spielen sie immer noch zusammen. Ende 1992 gehören BAP zu den Mitinitiatoren der Aktion »Arsch huh, Zäng ussenander«, die die Mitbürger dazu auffordert, nicht tatenlos dem aufkommenden Ausländerhass zuzuschauen, sondern ›sich aufzurappeln und dagegen anzureden‹. Weitere Erfolgsalben: »Ahl Männer, aalglatt« (2/86 D-LP 1), »Da Capo« (9/88 D-LP 1), »X für e U« (11/90 D-LP 1), ». . . Affrocke« (9/91 D-LP 5) und »Pik sibbe« (9/93 D-LP 2). Ende 1994 kündigte Wolfgang Niedecken für Februar 1995 sein Soloalbum »Leopardefell« an. Darauf befanden sich 17 deutsche Versionen von Bob-Dylan-Kompositionen, die Niedecken mit kölschem Text versehen hat. Als Produzent fungierte BAP-Kollege Alexander Büchel. 1995 erschien »Wahnsinn/Die Hits 79–95« (10/95 D-LP 5), auf der zwei neue Titel der Gruppe zu finden waren, z. B. »Ich danz met dir«. Als Single ausgekoppelt kam diese Nummer auch in die deutsche Hitparade. Mit enormem Werbeaufwand und einer Zugfahrt durch Deutschland wurde 1996 die BAP-CD »Amerika« (9/96

D-LP 2) vorgestellt. Am 8. 2. 1999 stieg ein weiteres Album der Band, »Comics & Pin-Ups« (2/99 D-LP 1) gleich auf Platz 1 der LP-Charts ein. Es folgten »Tonfilm« (9/99 D-LP 2) und »Aff un zo« (6/01 D-LP 1), die ebenfalls auf Platz 1 der Charts einstieg. In der Besetzung hatte sich einiges verändert. Neben Wolfgang Niedecken spielten und sangen jetzt Krumminga, Streifling, Nass, Kopal, Zöller und Hackett.

Obwohl es die Gruppe sicher nie drauf angelegt hatte, schaffte sie außer dem unten erwähnten Top-10-Hit noch einige Single-Erfolge: »Verdamp lang her« (8/82 D 13), »Kristallnach« (9/82 D 25), »Bunte Trümmer« (12/85 D 30), »Time Is Cash, Time Is Money« (6/86 D 24), »Alles em Lot« (11/90 D 36), »Widderlich« (9/93 D 38), »Aff un zo« (6/01 D 28). Fortsetzung folgte... mit »Övverall« (3/02 D-LP 8).

Fortsetzung folgt... (9/88 D 10)
Rock

Barclay James Harvest

LES HOLROYD v, key, b (Großbritannien, * 12. 3. 1948 in Bolton/Lancashire), JOHN LEES v, g (Großbritannien, * 13. 1. 1947 in Oldham/Lancashire), MEL PRITCHARD d (Großbritannien, * 20. 1. 1948 als Melvyn in Oldham/Lancashire), WOOLLY WOLSTENHOLME v, key (Großbritannien, * 15. 4. 1947 als Stuart in Oldham/Lancashire)

Im britischen Städtchen Oldham wurde Barclay James Harvest 1966 aus zwei aus dem Ort stammenden Formationen gegründet: den Blues Keepers und den Hearts & Souls & The Wickeds. Ab 1967 arbeiteten sie als Profis – ein ortsansässiger Geschäftsmann hatte ihnen ein Bauernhaus zum Üben und Wohnen zur Verfügung gestellt. 1968 erschien die erste Single von BJH, »Early Morning«. In den folgenden Jahren wurden etliche Singles und LPs veröffentlicht. Der große Erfolg wollte jedoch nicht gelingen. Hochschulen und Universitäten beherbergen den Großteil der BJH-Fans. 1974 unterschrieben sie bei einer anderen Plattenfirma einen Vertrag, und mit einer Live-LP kam das erste Album auf den Markt, das sich in der englischen Hitparade platzieren kann. 1977 gelang es ihnen, auf dem Kontinent Fuß zu fassen und speziell in Deutschland die Fans zu begeistern. Im Juni 1979 verließ Wolstenhome die Gruppe, um eine Solokarriere anzustreben. Als Trio nahmen John, Les und Mel »Eyes Of The Universe« auf, das sich allein in der Bundesrepublik innerhalb weniger Tage über 500 000-mal verkaufte und Platinstatus erreichte. Der Erfolg der Formation auf dem Kontinent war inzwischen so groß, dass viele Briten der Meinung waren, Barclay James Harvest sei eine deutsche Formation. Und in der Tat, während sie in GB nie über einen Platz 49 in der Singlehitparade hinaus kamen, hatten sie 1980 in Deutschland mit »Life Is For Living« gar einen Platz 2 in den Charts. Die Musik von Barclay James Harvest wurde von den einen als Art- oder Fantasy-Rock bezeichnet, von anderen als klampfenschwangere Lagerfeuermusik mit Pfadfinderromantik.

Ende der 80er Jahre versank die Band langsam aber sicher in Vergessenheit. Mitglieder verließen die Gruppe, die zeitweise auf das Duo Lees und Holroyd schrumpfte.

Ihre größten LP-Erfolge waren »Octoberon« (10/76 GB-LP 19, 1/77 D-LP 40), »Gone To Earth« (10/77 GB-LP 30, 12/77 D-LP 10), »XII« (10/78 D-LP 18, GB-LP 31), »Eyes Of The Universe« (11/79 D-LP 3), »Turn Of The Tide« (5/81 D-LP 2), »Berlin – A Concert For The People« (2/82 D-LP 1, 7/82 GB-LP 15), »Ring Of Changes« (5/83 GB-LP 36, 6/83 D-LP 4), »Victims Of Circumstance« (4/84 D-LP 4, GB-LP 33),

»Face To Face« (2/87 D-LP 9), »Welcome To The Show« (3/90 D-LP 10) und »Best Of« (11/91 D-LP 9).
In den 90er Jahren kamen gerade mal drei Alben von BJH, darunter »Caught In The Light« (1993) und »River Of Dreams« (1997).
Lees und Holroyd hatten offensichtlich sehr unterschiedliche Ansichten, wie sich die Band musikalisch weiterentwickeln sollte. Trotzdem trennten sie sich nicht, sondern kamen überein, jeder solle erst mal ein Solowerk vorlegen. Das von Lees erschien Ende 2000 und hieß »Nexus«. Von der alten Truppe holte er sich Wolstenholme zur Verstärkung.

Life Is For Living (12/80 D 2)
Pop, Rock

Bardo

STEPHEN FISCHER v (Großbritannien), SALLY ANN TRIPLETT v (Großbritannien)
Dieses aus einem Mann und einer Frau bestehende Duo ist eine der vielen unsäglichen Konstruktionen, die speziell für den Grand Prix Eurovision zusammengeschmiedet werden. Die beiden, die so bedeutend sind, dass ihre Plattenfirma es nicht einmal für notwendig hielt, ihre Namen auf die Plattenhülle zu drucken, hatten mit »One Step Further« den Titel, der GB 1982 in Harrogate, GB, beim Grand Prix vertrat. Bardo erreichte nur Platz 7, gewonnen hat Nicole mit »Ein bisschen Frieden«. In der britischen Hitparade erreichten sie einen Platz 2, und einen weiteren Schritt gab's dann nicht mehr. Stephen Fischer hatte vorher mit Red Hot gesungen und es abgelehnt, Mitglied bei Bucks Fizz zu werden. Sally Ann hatte bereits mit der Gruppe Prima Donna 1980 beim Grand Prix teilgenommen.

One Step Further (4/82 GB 2)
Grand Prix, One Hit Wonder, Pop

Bare, Bobby

BOBBY BARE v (USA, * 7. 4. 1935 als Robert Joseph Bare in Ironton/Ohio)
Die Geschichte erzählt, dass Bobby, kurz bevor er zum Militärdienst eingezogen wurde, den Titel »All American Boy« aufgenommen hatte. Er verkaufte die Aufnahme mit allen Rechten für 50 Dollar an eine Plattenfirma. Der Titel war eine Persiflage auf die Einziehung Elvis Presleys zum Militär. Im Dezember 1958 erschien »All American Boy« in den amerikanischen Charts. Bobby Bare wird sich sicher gewundert haben, denn als Interpret stand unter dem Titel Bill Parsons. Die Plattenfirma argumentierte, man habe einen anderen Namen nehmen müssen, weil Bobby ja noch bei Capitol unter Vertrag sei. In der Tat hat er für Capitol 1956 seine ersten Platten aufgenommen. Während Bobby als Soldat Griffe klopfte, zog dieser Billy Parsons durch die USA und bewegte zu Bobbys Aufnahme die Lippen. Ein früher Fall von Milli-Vanilli-Money-Making-Manie. Zurück von Uncle Sam, versuchte sich Bobby Bare als eigenständiger Interpret und schaffte neben seinen regelmäßigen Erfolgen in den Country-Charts auch einige Pophits: »Shame On Me« (7/62 US 23), »Detroit City« (6/63 US 16, 7/64 D 40), »500 Miles Away From Home« (10/63 US 10) und »Miller's Cave« (2/64 US 33). Für den Film »Teenage Millionaire« schrieb er Twistsongs für Chubby Checker. Im Film »A Distant Trumpet« spielte er selbst mit. Bobby sang auch in deutscher Sprache und hatte Erfolg mit »Alle glauben, dass ich glücklich bin« (4/65 D 26). Wir auch.

All American Boy (12/58 US 2)
500 Miles Away From Home (10/63 US 10)
Country

Barenaked Ladies

ANDREW CREEGGAN conga (Kanada, * 4. 7. 1971), JIM CREEGGAN key, b (Kana-

da, * 12. 2. 1970), KEVIN HEARN key (Kanada, * 3. 7. 1969), STEVEN PAGE v, g (Kanada, * 22. 6. 1970 in Scarborough/ Ontario), ED ROBERTSON v, g (Kanada, * 25. 10. 1970 in Ontario), TYLER STEWART d (Kanada, * 21. 9. 1967)
Diese Rockgruppe aus Scarborough in der Nähe von Toronto wurde 1988 gegründet und veröffentlichte 1991 ihr erstes Album mit dem Titel »Barenaked Lunch«. Ihre zweite LP, »Gordon History«, tauchte in den kanadischen Charts auf, erreichte die Spitze und blieb ein Jahr unter den ersten 10. 1993 gewannen sie einen Juno Award als beste Gruppe des Jahres in Kanada. »Maybe You Should Drive« (1994) und »Born On A Pirate Ship« (1996) kamen zwar auch in die US-LP-Charts, erreichten allerdings nicht die ersten 100. 1996 verließ Andrew Creeggan die Band. Für ihn kam später Kevin Hearn. International erfolgreicher wurden sie 1997, als sie erstmals die US-Charts erreichten: mit dem Album »Rock Spectacle« (7/97 US-LP 86) und den Singles »The Old Apartment« und »Brian Wilson«, die jedoch nicht unter die ersten 50 kamen. Der große Erfolg kam mit dem Album »Stunt« (7/98 US-LP 3, 3/99 GB-LP 20), das dreifach Platin erhielt. Daraus ausgekoppelt war der Hit »One Week«. Es folgte »It's All Been Done« (5/99 GB 28). 2000 kamen »Maroon« (9/00 US-LP 5) und »Pinch Me« (9/00 US 15).

One Week (10/98 US 1; 2/99 GB 5)
Rock

Barlow, Gary

GARY BARLOW v (Großbritannien, * 20. 1. 1971 in Frodsham/Cheshire)
Der 13. 2. 1996 wurde zum Trauertag der weiblichen Minderjährigen auf dem halben Globus. Die Gruppe Take That hielt in Manchester eine Pressekonferenz ab und erklärte, sie werde auseinandergehen. Klar war zu diesem Zeitpunkt, dass die einzelnen Mitglieder von Take That aus ihrem Teenager-Ruhm für sich selbst Kapital schlagen wollten. Gerade Gary Barlow traute man dabei am meisten zu. Seine erste Singleveröffentlichung »Forever Love« erschien und stieg am 20. Juli 1996 gleich als Nummer 1 in die britische Hitparade ein. Gleiches gelang am 10. 5. 1997 »Love Won't Wait«. Mitautor des Titels war ›CC‹ – dahinter verbirgt sich Madonna. Es folgten die Singles »So Help Me Girl« (7/97 GB 11, 10/97 US 44), »Open Road«, »Stronger« (7/99 GB 16) und »For All That You Want« (10/99 GB 24).
Auch in den USA interessierten sich die Fans zwischenzeitlich wieder mehr für Gary. Die Nummer »Forever Love« fand Verwendung im Film »The Leading Man« von Jon Bon Jovi. Garys erfolgreichstes Album war »Open Road« (6/97 GB-LP 1, 6/97 D-LP 10).

Forever Love (7/96 D 5, GB 1)
Love Won't Wait (5/97 GB 1)
Open Road (11/97 GB 7)
Pop

Siehe auch: Take That

Barrie, J. J.

J. J. BARRIE v (Kanada, * 7. 7. 1933 als Barrie Authors in Ottawa)
Erst war er Manager von Blue Mink und Ocean, dann wurde aus ihm ein Songschreiber. Zusammen mit Terry Britten schrieb er im Frühjahr 1976 die Nummer »Where's The Reason«, die Barrie als Demo aufnahm. Ein Produzent war der Meinung, Barrie solle auch auf Platte das Stück singen, was er schließlich tat. Die Veröffentlichung wurde ein Flop. Barrie hatte jetzt aber Blut geleckt und nahm für sein eigenes Plattenlabel Power Exchange »No Charge« auf. Dieser Titel stand im Januar 1976 mit der amerikanischen Sängerin Melba Montgomery in den US-Country-Charts und erreichte Platz 1. Im

Titel will ein kleiner Junge Geld für eine Gefälligkeit, die er für die Mutter erledigt hat. Statt Bargeld setzt es Belehrung: Was habe sie nicht alles für das kleine Balg bis zum heutigen Zeitpunkt getan, ohne dafür je eine Bezahlung zu verlangen. Bei Barrie singt die inzwischen verstorbene Vicki Brown, Frau des britischen Popstars Joe Brown, Mutter der erfolgreichen Sängerin Sam Brown und als Mitglied der Vernons Girls Anfang der 60er Jahre selbst in den Hitparaden, ohne auf der Plattenhülle genannt zu werden, mit. Nach dem Tränendrüsensong liefen für Barrie die Geschäfte als Interpret und auch als Plattenfirmenbesitzer schlecht. Er ging zurück nach Kanada und arbeitete dort wieder im Management. 1980 versuchte er sich erneut als Songschreiber und Sänger in GB – ohne Erfolg.

No Charge (4/76 GB 1)
One Hit Wonder, Pop

Barrière, Alain

ALAIN BARRIÈRE v (Frankreich, als Bellec in La Trinité-sur-Mer/Bretagne)
1964 lieferte der 1935 geborene Barrière mit den Titeln »Elle était si jolie« und »Ma Vie« zwei große Hits. Zehn Jahre lang hörte man kaum etwas von ihm, bevor er dann 1974 zusammen mit der Sängerin Noelle Cordier und der selbst geschriebenen Nummer »Tu T'en Vas« wieder an der Spitze der französischen Hitparade stand. Für eine französisch gesungene Aufnahme hatte er in Deutschland damit einen großen Erfolg.

Tu T'en Vas (7/75 D 2)
Pop

Barron Knights

BARRON ANTHONY v, b (Großbritannien, * 15. 6. 1940 als Anthony Michael John Osmond in Abingdon/Berkshire), BUTCH BAKER v, g, bj (Großbritannien, * 16. 7. 1941 als Leslie John Baker in Amersham/ Buckinghamshire), DAVE BALLINGER d (Großbritannien, * 17. 1. 1941 in Slough/ Buckinghamshire), DUKE D'MOND v, g (Großbritannien, * 25. 2. 1945 als Richard Palmer in Dunstable/Bedfordshire), PETER LANGFORD v, g (Großbritannien, * 10. 4. 1943 in Durham)
Medleys waren und sind bei den Briten sehr beliebt. Barron Knights machten Medleys, aber nicht auf die herkömmliche Art und Weise, sondern als Parodie. Sie versuchten zwar, die Originale der entsprechenden Gruppen zu treffen, brachten dabei aber einen völlig anderen Text dar. 1963 traten sie nach den Beatles in der Christmas Show auf und eroberten GB im Sturm. In ihrem ersten Hit »Call Up The Groups« wurden die Beatles oder Stones, Searchers oder Dave Clark 5 auf den Arm genommen. Auch »Pop! Go The Workers« und »Merrie Gentle Pops« waren nach demselben Muster gestrickt. Versuche, eigenes Material in die Charts zu bringen, schlugen fehl. Nach 1968 standen sie für fast zehn Jahre zwar nicht mehr in den Hitparaden, waren aber als Livekünstler in ganz GB gefragt, und in den 80er Jahren waren die Barron Knights ein gefragter Show-Act in GB. Ihr erfolgreichstes Album war »Night Gallery« (12/78 GB-LP 15).

Call Up The Groups (7/64 GB 3)
Pop Go The Workers (3/65 GB 5)
Merry Gentle Pops (12/65 GB 9)
Live In Trouble (10/77 GB 7)
A Taste Of Aggro (12/78 GB 3)
Pop

Barry, Len

LEN BARRY v (USA, * 12. 6. 1942 als Leonard Borrisoff in Philadelphia/Pennsylvania)
Die ersten Spuren von Len Barry in den

Hitparaden findet man 1961 als Mitglied der Dovells. Hier sang er z. B. die Nummer »Bristol Stomp«. Nachdem er bei der Band ausgestiegen war, versuchte er eine Solokarriere, die zuerst einmal gut anlief. Nach seinen beiden Top-10-Hits gelang ihm mit »Somewhere« (3/66 US 26) nur noch ein Erfolg. Nachdem er sich Ende der 60er Jahre aufs Songschreiben und Produzieren konzentriert hatte, wurde er nach Beendigung seiner Karriere als Kellner in einer Bar in Philadelphia gesehen. 1991 erlitt er – auf der ersten von einer Reihe von Oldie-Revival-Tourneen durch GB – eine schwere Salmonellenvergiftung.

1-2-3 (9/65 US 2; 11/65 GB 3)
Like A Baby (1/66 GB 10)
Pop

Basement Jaxx

FELIX BUXTON dj (Großbritannien), SIMON RATCLIFFE dj (Großbritannien)
Felix und Simon trafen sich während einer Bootsparty. 1994 gründeten sie das Plattenlabel Atlantic Jaxx, auf dem sie EP's von US-Dance-Interpreten veröffentlichten. In der Dogstar Bar in Brixton gründeten sie 1997 den Basement Jaxx Club. Ihre erste Platte in den Charts hieß »Fly Life« (5/97 GB 19). Ihr zweiter Auftritt in den Charts war »Red Alert«. Ein Album mit dem Titel »Remedy« (5/99 GB-LP 4) erschien am 10. 5. 1999. Die nächsten Hitnotierungen waren »Jump N' Shout« (11/99 GB 12), »Bingo Bango« (4/00 GB 13) und »Jus 1 Kiss« (10/01 GB 23). Der letzte Titel stammte von »Rooty« (7/01 GB-LP 5). Inzwischen verkaufen sie ihre Musik als ›Nu House‹ – auch schön.

Red Alert (5/99 GB 5)
Rendez-vu (8/99 GB 4)
Romeo (6/01 GB 6)
Where's Your Head At (12/01 GB 9)
House

Basil, Toni

TONI BASIL v (USA, als Antonia Basilotta in Philadelphia/Pennsylvania)
›Hier ist sie!‹ schrieb die deutsche Plattenfirma 1981 zur Veröffentlichung der ersten LP von Toni Basil. ›Die Vereinigung von Rock and Roll mit dem Hollywood-Sex-Appeal einer Jane Russell.‹ – Na ja. Die amerikanische Tänzerin und Sängerin, geboren im Jahre 1950, war schon in den 60er Jahren für die Choreografie von US-Pop-Shows wie ›Hullabaloo‹ oder ›Shindig‹ verantwortlich. Ende der 60er Jahre half sie den Monkees im Film »Head« auf die Sprünge, spielte mit in »Easy Rider« und war 1974 in »American Graffiti« involviert. David Bowie, Bette Midler, Tina Turner, die Pointer Sisters, Devo, Manhattan Transfer oder Melissa Manchester bedienten sich ihrer Fähigkeiten, Bewegungsabläufe so zu koordinieren, dass sie schick aussehen. Als das Medium Video aufkam, brach Tonis große Zeit an. Selbst Talking Heads konnten auf sie bei ihren Videoproduktionen nicht verzichten. 1981 nahm sie zusammen mit ihrer Tanztruppe Lockers im Hintergrund die LP »Word Of Mouth« (2/82 GB-LP 15, 11/82 US-LP 22) auf – darauf war die Chinn-Chapman-Komposition »Mickey«. In den USA erhielt der Titel Platin. Der Song war im Original durch die Gruppe Racey gesungen worden und hieß bei ihnen »Kitty«. Mitte 1984 war ihr Hitparadentanz wieder vorbei. Nix mit: ›Waren Disco und New Wave die Phänomene der 70er, hier ist das musikalische Heroin der 80er Jahre!‹, wie die Firma die Künstlerin angepriesen hatte.

Mickey (2/82 GB 2, 9/82 US 1)
Pop

Bass, Fontella

FONTELLA BASS v, key (USA, * 3. 7. 1940 in St. Louis)

In den frühen 60er Jahren tourte sie als Keyboarderin und Sängerin mit der Little Milton Band durch die USA. Nebenher machte Fontella Bass auch einige Platten, die ab 1965 auch erfolgreich waren. Mit dem Titel »Rescue Me« hatte Fontella Ende 1965 einen Knüller. Es folgten 1966 noch einige Top-40-Hits: »Don't Mess Up A Good Thing« (2/65 US 33), und »Recovery« (12/65 US 37, 1/66 GB 32). Fontella heiratete Ende der 60er Jahre den Trompeter Lester Bowie, dem sie nach Paris folgte. Zurück in den USA, nahm sie später einige schöne, aber nicht erfolgreiche Platten auf.
Der Brite Aston Haarvey war Ende der 90er Jahre Mitglied der Formation Freestylers. Alleine machte er das Projekt Nu Generation, das den Titel »In Your Arms (Rescue Me)« (1/00 GB 8) aufnahm – als Sample wurde der alte Hit von Fontella verwendet, die auf diese Art und Weise plötzlich im Jahre 2000 wieder in den Top 10 stand.

Rescue Me (10/65 US 4)
Soul

Bassey, Shirley

SHIRLEY BASSEY v (Großbritannien, * 8. 1. 1937 in Cardiff/Wales)
Zwischen 1957 und 1973 war die Waliserin regelmäßig in den GB-Charts vertreten. In der ›Christmas Show‹ des Komikers Al Read trat sie 1955 erstmals in London auf. Read hatte über ein Jahr lang eine Show laufen, die sich ›Such Is Life‹ nannte – Shirley blieb in London und machte mit. Ihre kraftvolle Stimme – sie hatte den Spitznamen ›Shirley The Belter‹ – wurde beim Publikum immer beliebter. Ihr größter Hit in den USA sollte »Goldfinger« werden – eine von insgesamt drei Titelmelodien, die sie für James-Bond-Filme sang. Diese Hitsträhne ging bis 1973 – dann sollte sie erst 1987 wieder mal in den Charts auftauchen. Zusammen mit dem Schweizer Duo Yello erreichten sie und der Titel »The Rhythm Divine« die Hitparade. Aber auch wenn sie nicht in den Charts steht, geht es Shirley Bassey sicher nicht schlecht. Als Livekünstlerin ist sie für jede Gala eine Bereicherung – auch noch in den 90er Jahren. Ende 1996 war sie auf einer Singleplatte von Chris Rea zu hören: »Disco La Passione«. Und im Dezember desselben Jahres erschien mit »He Kills Everything You Love« die Titelmelodie der TV-Serie ›Die Gang‹, die mit Uwe Ochsenknecht in der Hauptrolle ab 1997 in der ARD lief. Als Gast der Propellerheads sang sie auf »History Repeating« (12/97 GB 19). Knapp zwei Jahre später folgte »World In Union« (10/99 GB 35). 1991 war dieser Titel das Thema zur Fußballweltmeisterschaft gewesen und wurde damals von Kiri Te Kanawa gesungen. Shirley nahm diese Aufnahme zusammen mit Bryan Terfel auf. Mitte 2000 musste Shirley eine geplante Tournee aus gesundheitlichen Gründen absagen. Vom Management wurde verlautet, sie müsse sich ein halbes Jahr Pause gönnen.
Ihre erfolgeichsten Alben waren »Shirley« (2/61 GB-LP 9), »Something« (8/70 GB-LP 5), »Something Else« (5/71 GB-LP 7), »Never, Never, Never« (6/73 GB-LP 10), »The Shirley Bassey Single Album« (3/75 GB-LP 2) und »25Th Anniversary« (11/78 GB-LP 3).

Banana Boat Song (2/57 GB 8)
Kiss Me Honey Honey Kiss Me (12/58 GB 3)
As I Love You (1/59 GB 1)
As Long As He Needs Me (8/60 GB 2)
You'll Never Know (5/61 GB 6)
Reach For The Stars/Climb Ev'ry Mountain (7/61 GB 1)
I'll Get By (11/61 GB 10)
What Now My Love (8/62 GB 5)
I (Who Have Nothing) (9/63 GB 6)
Goldfinger (1/65 US 8; 4/65 D 8)
Something (6/70 GB 4)
For All We Know (8/71 GB 6)
Never Never Never (3/73 GB 8)
Pop

Bassheads

Was diese britische Band (?) veranstaltete, beschrieb die Plattenfirma so: ›Eines der Phänomene der englischen Clubszene ist der unglaubliche Erfolg von White Label Produkten. Dies sind Bootlegs von Advance-Tapes, die ohne Einverständnis der Plattenfirmen gepresst werden, und die Künstler gehen ebenfalls leer aus.‹ So ist die erste Single von Bassheads angeblich in GB zu Spitzenpreisen von bis zu 25 Pfund gehandelt worden, bis sie offiziell erschien – das wäre nicht nötig gewesen. Als sie dann auf den Markt kam, war die Nachfrage so groß, dass sie im November 1991 auf Platz 8 der GB-Charts einstieg und dann sogar Platz 5 erreichte. Die Nachfolgesingles hießen »Back To The Old School« (5/92 GB 12) und »Who Can Make Me Feel Good?« (11/92 GB 38) – und dann schien das Interesse an dieser Kunstformation langsam nachzulassen. Mitglieder der Band werden auf den Singles nicht genannt – wie auch, wenn alles nur zusammengesampelt ist? Im März 1993 erschien ihr Debütalbum »C.O.D.E.S.«.

Is There Anybody Out There? (11/91 GB 5)
Techno

Bass-O-Matic

MC INNA ONE STEP rap, MUSGRAVE v, WILLIAM ORBIT mix (Großbritannien, als Wainwright)
Bass-O-Matic war eine weitere Gruppe, deren einziges Interesse zu sein schien, den Diskos die Tanzflächen zu füllen. Sphärische Keyboardklänge, dazu die soulige Stimme von Musgrave und der Rap vom MC – das zusammen ergab einen »Fascinating Rhythm«, wie der erste und einzige Hit dieser Formation hieß. Nachfolgenummern waren schon unter ›ferner rappten‹. Orbit, der Kopf hinter diesem Projekt, machte auch Platten mit der Gruppe Torch Song und als Strange Cargo. Auch als Solist stand William Orbit in den Charts.

Fascinating Rhythm (9/90 GB 9)
Disko, One Hit Wonder, Rap

Siehe auch: Orbit, William

Batt, Mike

MIKE BATT v, key, bl (Großbritannien, * 6. 2. 1950 in Southampton)
Batt begann seine Karriere als Songschreiber und Produzent. 1973 schrieb und sang er für eine Kinder-TV-Sendung in GB Songs als The Wombles. Die brachten es bis Ende 1975 immerhin auf vier Top-10-Hits. Aber auch als Produzent und Songschreiber arbeitete er weiter und betreute Steeleye Span, Troggs, Family, Kursaal Flyers oder Linda Lewis. Für Art Garfunkel schrieb er 1979 die Nummer »Bright Eyes«, die ein Spitzenreiter in GB wurde und aus dem Zeichentrickfilm »Watership Down« stammte. In Deutschland hatte Mike zwei Songs in den Top 40: »Lady Of The Dawn« (3/80 D 16) und »The Winds Of Change« (1/81 D 29). Gelungen auch seine weiteren Filmmusiken und Musicals, z. B. »Caravans« oder »The Hunting Of The Snark«. Bemerkenswert sein Album »Schizophonia« – das Londoner Symphony Orchestra mit der Gitarre von Chris Spedding, einem Berbergebet, dem Gesang von Mike Batt, Bachs »Bourrée« und »Don't Let Me Be Misunderstood« von den Animals zu kreuzen, grenzt schon an musikalische Schizophrenie.
Nachdem man in den Charts lange nichts mehr von Mike Batt gesehen hatte, kam er Ende 2000 wieder als Wombles in Zusammenarbeit mit Roy Wood und dem Titel »I Wish It Could Be A Wombling Christmas« (12/00 GB 22). Bei dieser Nummer handelte es sich um eine Kombination der beiden Songs »I Wish It Could Be Christmas Everyday« der Gruppe Wizzard und »Wombling Merry Christmas« der Wombles.

Summertime City (8/75 GB 4)
Instrumental, Soft Pop

Siehe auch: Wombles

Bay City Rollers

ERIC FAULKNER g (Großbritannien, * 21. 10. 1954 in Edinburgh), DEREK LONGMUIR d (Großbritannien, * 19. 3. 1950 in Edinburgh), ALAN LONGMUIR b (Großbritannien, * 20. 6. 1948 in Edinburgh), PAT MCGLYNN g (Großbritannien, * 31. 3. 1958 in Edinburgh), LESLIE MCKEOWN v (Großbritannien, * 12. 11. 1955 in Edinburgh), IAN MITCHELL g (Großbritannien, * 22. 8. 1958 in Schottland), STUART WOOD g (Großbritannien, * 25. 2. 1957 in Edinburgh)

Schon 1967 gründeten die beiden Brüder Longmuir in ihrer Heimatstadt Edinburgh die Saxons, einen Vorläufer der Bay City Rollers. Tam Paton war zu diesem Zeitpunkt Bandleader im ›Edinburgh Palais‹ – vorher war er Militärpolizist und fliegender Kartoffelhändler gewesen. Er sah die Jugendlichen spielen und erkannte darin ihr Potenzial als Teenstars. Also schmiss er seinen Job hin und wurde ihr Manager. Den Namen Bay City Rollers soll er gefunden haben, indem er eine Nadel wahllos irgendwo auf eine amerikanische Landkarte steckte. Sie steckte in Bay City, Utah. Man stelle sich vor, die Nadel hätte den Ort Harts in West Virginia getroffen: dann wären aus den Jungs die Harts Rollers geworden. Was sie gefährlich in die Nähe dessen gebracht hätte, was sie musikalisch machten. Bis 1971 wechselten die Mitglieder innerhalb der Gruppe noch häufig. Dann erhielten sie einen Plattenvertrag, und Jonathan King produzierte mit ihnen eine Neuaufnahme des 1965er-Hits »Keep On Dancing« von den Gentrys. Die nächste Single wurde ein Flop, dann kam als neuer Gitarrist Eric Faulkner. »Manana« (11/72 D 25) wurde veröffentlicht, und damit hatte die Band ihren ersten Erfolg in Deutschland. Aber erst nachdem Stuart Wood und Leslie McKeown im Januar 1973 zur Band stoßen, beginnt die ›Rollermania‹. Inzwischen legen sich die Jungs als Bühnenkleidung den so genannten Tartan-Look zu, der schnell von den Fans übernommen wird. Die Jahre 1975/76 bringen Hit auf Hit. Dann verlässt Alan Longmuir die Band und wird ersetzt durch Ian Mitchell. Stuart Wood übernimmt den Bass. Mit dem Abschied von Alan gibt es auch den ersten Bruch im Teenie-Image der Gruppe. Faulkner wäre im April 1976 in Tam Patons Haus fast an einer Überdosis Drogen gestorben, und das, obwohl die Jungs nach außen hin nicht rauchten, nicht tranken und auch sonst nichts vom Leben hatten. Ian Mitchell bleibt nicht lange bei der Band. Er verlässt sie im August 1977, um eine eigene Gruppe zu gründen. Später sieht man ihn in einem Pornostreifen als Hauptdarsteller. Für ihn kommt Pat McGlynn. Im Herbst 1978 steht fest, dass die Zeit der Bay City Rollers vorbei ist. Eric Faulkner geht und versucht eine Solokarriere mit einigem Erfolg in Japan. Der Rest spielt bis in die 80er Jahre in GB und in den USA bei kleineren Veranstaltungen und in Clubs. 1982 wird Tam Paton wegen Unzucht mit Minderjährigen für drei Jahre ins Gefängnis geschickt. 1989 – die Gruppe ist jetzt nur noch in Japan populär, dort sind die Fans noch treuer als in Deutschland – erscheint für den dortigen Markt die CD »Collection Memorial«. Jährlich touren die unterschiedlichsten Exmitglieder der Bay City Rollers über die Insel. Billy Lyall, der in den Anfangstagen der Gruppe mitgespielt hatte, formiert 1973 die Gruppe Pilot. Er stirbt 1989 an Aids.

Die erfolgreichsten Alben der Band: »Rollin'« (10/74 GB-LP 1), »Once Upon A Star« (5/75 GB-LP 1), »Bay City Rollers« (9/75 US-LP 20), »Wouldn't You Like It« (12/75 GB-LP 3), »Dedication« (9/76 GB-LP 4, US-LP 26, 11/76 D-LP 5) und »It's A

Game« (7/77 US-LP 23, 8/77 D-LP 4, GB-LP 18).

Keep On Dancing (9/71 GB 9)
Remember (Sha-La-La) (2/74 GB 6)
Shang-A-Lang (4/74 GB 2)
Summer Love Sensation (7/74 GB 3)
All Of Me Loves All Of You (10/74 GB 4)
Bye Bye Baby (3/75 GB 1, D 10)
Give A Little Love (7/75 GB 1)
Saturday Night (10/75 US 1; 3/76 D 10)
Money Honey (11/75 GB 3; 2/76 US 9)
Love Me Like I Love You (4/76 GB 4)
I Only Wanna Be With You (9/76 GB 4, D 9)
It's A Game (5/77 D 4)
You Made Me Believe In Magic (6/77 US 10)
Boy Group

Bazuka

TONY CAMILLO (USA)
Der amerikanische Produzent Tony Camillo nahm mit einer Crew von Studiomusikern, mit denen er auch ansonsten arbeitete, im Frühjahr 1975 die Instrumentalaufnahme »Dynomite – Part I« auf, die als Tony Camillo's Bazuka erschien und zur Überraschung aller Beteiligten ein Hit wurde. Tony hatte auch schon an Platten von Gladys Knight & The Pips oder den Persuasions mitgearbeitet. Nach seinem Bazuka-Hit gründete er zusammen mit Bob Marcucci, der Frankie Avalon oder Fabian betreut hatte, die Camillo/Marcucci Productions.

Dynomite – Part I (4/75 US 10)
Instrumental, One Hit Wonder

bbmak

MARK BARRY v (Großbritannien, * 26. 10. 1978 in Manchester), CHRISTIAN BURNS v (Großbritannien, * 18. 1. 1974 in Liverpool), STEPHEN MCNALLY v (Großbritannien, * 4. 6. 1978 in Liverpool)
Das Trio aus dem Nordwesten Englands bildete ihren Gruppennamen aus den Anfangsbuchstaben ihrer Nachnamen. Es legte Wert auf die Feststellung, dass sie keine Boyband sind, sondern ihre Instrumente selbst spielen und ›auf peinliche Tanzeinlagen völlig verzichten will‹. Bereits Mitte der 90er Jahre machten die drei Jungs erste Gesangsversuche – zuerst noch in unterschiedlichen Bands. Im Oktober 1996 beschlossen sie, ein Trio zu gründen. Etliche Demos wurden produziert, angeboten und abgelehnt. 1998 nahmen sie an einem Showcase in einem Liverpooler Club teil und erhielten wenig später einen Plattenvertrag. Ihr erstes Album wurde nur in Asien veröffentlicht. Das Stück »Back Here« (8/99 GB 37, 4/00 US 13) wurde zuallererst in Japan ein Hit. In GB schickte sie das Management im Frühjahr 2001 auf eine gemeinsame Tournee mit Mel C. In Deutschland wurde zu diesem Zeitpunkt das erste Album »Sooner Or Later« (6/00 US-LP 38) veröffentlicht. Für eine Boygroup sind die Jungs aber auch wirklich schon zu alt – Mut zur Lücke!

Back Here (2/01 GB 5)
Still On Your Side (5/01 GB 8)
Pop

Beach Boys

GLEN CAMPBELL v, g (USA, * 22. 4. 1936 in Billstown/Arkansas), AL JARDINE v, g (USA, * 3. 9. 1942 in Lima/Ohio), BRUCE JOHNSTON v, g, key, b (USA, * 27. 6. 1944 in Peoria/Illinois), MIKE LOVE v (USA, * 15. 3. 1941 in Baldwin Hills/Kalifornien), DAVID MARKS (USA), DENNIS WILSON v, d (USA, * 4. 12. 1944 in Hawthorne/Kalifornien, † 28. 12. 1983), CARL WILSON v, g (USA, * 21. 12. 1946 in Hawthorne/Kalifornien, † 8. 2. 1998), BRIAN WILSON v, key, b (USA, * 20. 6. 1942 in Hawthorne/Kalifornien)
Als am 8. 12. 1961 die erste Platte der Beach Boys, »Surfin'«, erschien, konnte

niemand ahnen, dass sich diese Gruppe bis in die 90er Jahre behaupten würde. Das Auf und Ab in der Band war gewaltig. Zwischen 1963 und 1967 war die erste große Phase dieser Gruppe. 1976 und 1988 sollten sie jeweils wieder einen Top-10-Hit in den USA haben, nachdem man lange der Meinung war, sie seien wieder ganz weg vom Fenster. Drogenprobleme am Anfang der 70er Jahre drohten die Band zu sprengen. Während die Konstante in der Band Mike Love war, versuchte Brian Wilson, seine Ideen durchzusetzen. Während den Beatles mit »Sgt. Pepper« ein Multimillionseller-Album gelang, konnte sich das wenig vorher entstandene Werk »Pet Sounds« der Beach Boys nicht einmal zum einfachen Millionseller mausern. Daran hatte Brian Wilson schwer zu knabbern. Dem ohnehin introvertierten, von Beruhigungsmitteln abhängigen Brian fiel es immer schwerer, sich auf neue Kompositionen zu konzentrieren. Um sich herum baute er eine eigene Scheinwelt auf, die darin gipfelte, dass in seinem Wohnzimmer das Piano in einem Sandkasten zu stehen hatte. Während er komponierte, wollte er mit den Zehen im Sand spielen. Auf der anderen Seite: Die Tatsache, dass Brian nur auf einem Ohr hören konnte, machte in den Anfangstagen den Erfolg der Gruppe aus. Da er keine Single-Abmischung in Stereo machen konnte, schaffte er den typischen knalligen Beach-Boys-Sound, der sich speziell in den kleinen Autoradios als überaus präsent darstellte. Alle nachträglichen Stereo-Abmischungen der frühen Beach-Boys-Hits sind bei weitem nicht so gut wie die Mono-Originale. Bevor sie als Beach Boys ab 1962 Erfolg haben sollten, firmierten sie als Kenny & The Cadets, Carl & The Passions und Pendletones. Schon vor 1961 hatten sie als Mitglieder einer Folkgruppe bei dem Verleger Hite Morgan vorgespielt. Nachdem die drei Brüder Wilson aus Hawthorne, Kalifornien, und Cousin Mike Love – dessen Mutter Emily ist Vater Murray Wilsons jüngere Schwester – Anfang der 60er Jahre die Begeisterung der Kalifornier fürs Surfen bemerkt hatten und ihren musikalischen Stil in diese Richtung veränderten, lud Morgan die Pendletones zu sich nach Hause ein, um mit ihnen den Song »Surfin'« einzuspielen. Nachdem diese Aufnahme floppte, nahmen die Jungs den Titel neu auf, und nun fanden sie in Candix eine Plattenfirma, die ihn veröffentlichen wollte. Candix jedoch lehnten den Namen Pendletones ab und schlugen Surfers vor. Das gefiel den Jungs wieder nicht, und so einigte man sich auf Beach Boys. Auch dieses Mal kam die Platte nicht in die Hitparaden. Al Jardine verließ die Gruppe und wurde ab März 1962 durch David Marks ersetzt, der schräg gegenüber von den Wilsons wohnte. Ein Jahr später kam Jardine wieder zurück. Vater Murray Wilson wollte es nun wissen und bot »Surfin'« diversen Plattenfirmen an. Bei Capitol Records fand er Interesse, und man machte mit den Beach Boys »Surfin' Safari«. Candix hatte inzwischen noch einmal »Surfin'« veröffentlicht. Dieses Mal wurde es ein Platz 75 in den US-Charts. Nebenbei: Die Originalpressung dieser Single mit der Nummer Candix 331 ist in den USA nicht unter 200 Mark zu haben. »Surfin' Safari« (8/62 US 14) wurde der erste nennenswerte Erfolg für die Beach Boys. Im Frühjahr 1963 erschien »Surfin' U.S.A.« – erst als »Surfin' U.S.A.« 1974 wiederveröffentlicht wurde, stand der richtige Autor unter dem Titel: es war eine Adaption der Chuck-Berry-Nummer »Sweet Little Sixteen«.

Die ersten persönlichen und gesundheitlichen Schwierigkeiten stellten sich bei Brian Wilson im Dezember 1964 ein. Er wollte nicht weiterhin mit der Gruppe auf Tournee gehen und wurde kurzfristig durch Glen Campbell ersetzt, der seinerseits im April durch Bruce Johnston Ersatz fand. Bruce hatte vorher zusammen mit Terry Melcher, dem Sohn von Doris Day, zwei Top-100-Hits als Bruce & Terry gehabt. Zur Bühnenband gehörte eine Zeit lang Daryl Dragon, der später zusammen mit Tennille als Captain & Tennille erfolgreich wurde. Der erste Millionseller gelang den Beach Boys mit »I Get Around«, der zweite Ende 1966 mit »Good Vibrations«. Dieser Titel zeigte schon an, dass sich die Beach Boys musikalisch von ihrem ›Fun-Fun-Fun‹-Image lösten. Ende der 60er Jahre dann die Krise und 1988 der Platinhit »Kokomo« aus dem Film »Cocktail«. Dazwischen lagen zumindest zwei Top-10-Erfolge: 1976 »Rock And Roll Music«, eine Coverversion des Chuck-Berry-Hits, in den USA und 1979 »Lady Lynda«. »Lady Lynda« ist die musikalische Bearbeitung der Kantate Nr. 147 »Jesus bleibet meine Freude«. Dennis Wilson, von dem man wusste, dass er als einziger der Beach Boys ein wirklicher Surfer war, ertrank 1983. Dieser tragische Unfall brachte Brian, der 1982 aus der Gruppe geworfen worden war, um mit einem Kampfgewicht von 320 Pfund eine Entziehungskur anzutreten, wieder zur Räson, und im Juli 1988 erschien die erste Soloplatte von Brian Wilson. Im selben Jahr wurden die Beach Boys in die Rock and Roll Hall of Fame aufgenommen. Musikalisch wird der Name Wilson inzwischen durch Brians Töchter Wendy und Carnie fortgeführt, die zwei Drittel des Trios Wilson Phillips bildeten. Im September 1991 erschien ›Wouldn't It Be Nice‹, eine Biografie von Brian Wilson, an der Greil Marcus mitgeschrieben hat. Auch in den weiteren 90er Jahren verkauften sich die Alben der Beach Boys gut. Verschiedene ältere Platten brachten es als CD-Version zu Platin. Ende 1992 erschien mit »Summer In Paradise« das erste Studioalbum der Band seit sieben Jahren. 1993 kam eine Box mit fünf CDs unter dem Titel »Good Vibrations: 30 Years Of The Beach Boys« auf den Markt, die noch im selben Jahr vergoldet wurde. Auch in den nächsten Jahren erschienen immer wieder Greatest-Hits-Zusammenstellungen, die dann auch regelmäßig in den britischen und amerikanischen Albumcharts auftauchen. Wie schon bei den Beatles versuchte nun Capitol Records, älteres und bisher unveröffentlichtes Material der Beach Boys zu verkaufen. So kamen im Herbst 1997 »The Pet Sounds Sessions (Produced By Brian Wilson)« mit vier CDs auf den Markt. Den Erfolg wie die Beatles-Anthologien hatten die Beach Boys damit nicht. Ihr bisher letzter Auftritt in den Singlecharts: Zusammen mit Status Quo machten sie eine Neuaufnahme von »Fun Fun Fun« (3/96 GB 24). Carl Wilson starb Anfang 1998 an Lungenkrebs. Mitte 1998 erschien mit »Your Imagination« wieder eine neue Single von Brian Wilson. Wenig später kam ein gleichnamiges Album.

Die erfolgreichsten Alben: »Surfin' U.S.A.« (5/63 US-LP 2, 9/65 GB-LP 17), »Surfer Girl« (10/63 US-LP 7, 3/67 GB-LP 13), »Little Deuce Coupe« (11/63 US-LP 4), »Shut Down, Volume 2« (4/64 US-LP 13), »All Summer Long« (8/64 US-LP 4), »Beach Boys Concert« (11/64 US-LP 1, 4/65 D-LP 14), »The Beach Boys Today!« (3/65 US-LP 4, 8/65 D-LP 14, 4/66 GB-LP 6), »Summer Days (And Summer Nights!!)« (7/65 US-LP 2, 10/65 D-LP 18, 7/66 GB-LP 4), »The Beach Boys' Party« (11/65 US-LP 6, 2/66 GB-LP 3, 2/66 D-LP 4), »Pet Sounds« (5/66 US-LP 10, 7/66 GB-LP 2, 9/66 D-LP 12), »Best Of The Beach Boys« (7/66 US-LP 8, 11/66 GB-LP 2), »Surf Beat Fun« (7/66 D-LP 6), »The Best Of The Beach Boys, Vol. 2« (8/67 US-LP 50, 10/67 GB-LP 3), »Smiley Smile« (11/67 GB-LP 9), »Wild Honey« (12/67 US-LP 24, 3/68 GB-LP 7, 3/68 D-LP 20), »Friends« (9/68 GB-LP 13), »The Best Of The Beach Boys, Vol. 3« (11/68 GB-LP 9), »20/20« (3/69 GB-LP 3, 5/69 D-LP 23),

»Greatest Hits« (9/70 GB-LP 5), »Surf's Up« (9/71 US-LP 29, 11/71 GB-LP 15), »Holland« (1/73 US-LP 36, 2/73 GB-LP 20), »Endless Summer« (7/74 US-LP 7), »Spirit Of America« (5/75 US-LP 8), »20 Golden Greats« (7/76 GB-LP 1), »15 Big Ones« (7/76 US-LP 8, 7/76 GB-LP 31), »Die 20 größten Hits« (10/77 D-LP 2), »The Very Best Of The Beach Boys« (7/83 GB-LP 1), »Summer Dreams – 28 Classic Tracks« (6/90 GB-LP 2) und »20 Good Vibrations – The Greatest Hits« (4/96 US-LP 198, 3/00 RE-US-LP 95).

Surfin' U.S.A. (3/63 US 3)
Surfer Girl (8/63 US 7)
Be True To Your School (11/63 US 6)
Fun, Fun, Fun (2/64 US 5)
I Get Around (5/64 US 1; 7/64 GB 7)
When I Grow Up (To Be A Man) (9/64 US 9)
Dance, Dance, Dance (11/64 US 8)
Help Me Rhonda (4/65 US 1; 7/65 D 10)
California Girls (7/65 US 3)
Barbara Ann (1/66 US 2, GB 3, D 2)
Sloop John B. (4/66 GB 2, US 3, D 1)
God Only Knows (7/66 GB 2)
Wouldn't It Be Nice (7/66 US 8)
Good Vibrations (10/66 US 1, GB 1, D 8)
Then I Kissed Her (5/67 GB 4)
Heroes And Villains (8/67 GB 8)
Do It Again (9/67 D 4; 7/68 GB 1)
I Can Hear Music (2/69 GB 10)
Break Away (6/69 GB 6)
Cottonfields (5/70 GB 5)
Rock And Roll Music (6/76 US 5)
Lady Lynda (6/79 GB 6)
Wipeout (8/87 GB 2)
Kokomo (9/88 US 1; 1/89 D 7)
Pop, Surf-Music

Siehe auch: Fat Boys

Beagle Music Ltd.

HOLGER JULIAN KOPP (Deutschland)
›Ice In The Sunshine – was passt besser in die Jahreszeit als dieser poppige Sommertitel? Positive Frische, eine Supermelodie und poppige Diskorhythmen lassen die Assoziation von Urlaub, Strand und guter Laune entstehen. Ein Sommerhit, wie er besser nicht sein kann.‹ Das war die Information, die die Plattenfirma der Veröffentlichung von »Ice In The Sunshine« beilegte. Trotz dieser Informationsflut wurde die Platte im August 1986 ein Top-10-Hit in Deutschland. Dann war der Sommer vorbei, und alles schmolz wie das Eis in der Sonne. Der Kopf dieser Gruppe war Holger Julian Kopp, der die kleine Melodie eigentlich für einen Werbespot von Langnese geschrieben hatte. Dass sich Werbemelodiechen zu veritablen Hits aufblasen lassen, gibt es schon seit vielen Jahrzehnten – und immer noch. Anfang 1995 kam mit »The Kiss (Gammon)« mal wieder eine neue Platte von Beagle Music Ltd. Diesmal handelte es sich um eine Melodie zu einem TV-Spot für eine Herrenduftserie.

Ice In The Sunshine (8/86 D 10)
One Hit Wonder, Pop

Beastie Boys

KING AD-ROCK v (USA, * 31. 10. 1966 als Adam Horovitz in Manhattan/New York City), MIKE D v (USA, * 20. 11. 1965 als Michael Diamond in New York City), MCA v (USA, * 15. 8. 1965 als Adam Yauch in Brooklyn/New York City/New York)
Adam Yauch und Mike Diamond hatten die Gruppe zusammen mit Kate Schellenbach und John Berry 1981 als The Young & The Useless gegründet. Die vier nannten sich schließlich Beastie Boys – dann gingen Kate (sie wurde später Mitglied bei Luscious Jackson) und John Berry (tauchte später bei Thwig auf) – dafür kam 1982 Adam Horovitz. 1983 machten die drei weißen New Yorker Rap zum Bestandteil ihrer Bühnenshow. Mitte 1984 begleitete das Trio Madonna auf einer US-Tournee. Wenig später erschien die erste Single, »Rock Hard«. Ihr Debütalbum »Licensed To Ill« (11/86 US-LP 1,1/87 GB-LP 7) wurde das erste Rap-Album, das einen Platz 1 in der amerikanischen Pophitparade belegte – und galt lange als das kommerziell

erfolgreichste dieses Genres. Die weiteren Erfolgsalben: »Paul's Boutique« (8/89 US-LP 14), »Check Your Head« (5/92 US-LP 10) und »Ill Communication« (6/94 US-LP 1, 6/94 GB-LP 10).
In Großbritannien hatte sich die Presse auf die Beastie Boys eingeschossen und regte sich regelmäßig über ihre Bühnenauftritte und ihr Benehmen in der Öffentlichkeit auf. Das schien allerdings nicht zu schaden. Und als 1992 die dritte LP der Beastie Boys, »Check Your Head«, erschien, konnte man lesen: ›Aus den Lümmeln des Jahres 1987 sind Leute geworden.‹ Ihre Musik, anfänglich rüder Rap, hatte sich inzwischen in der Tat zu einer Mixtur aus Hip-Hop, Jazz und Rock 'n' Roll entwickelt.
Wer es schon immer wissen wollte, was denn ›Beastie‹ bedeutet, hier die Lösung: Boys entering anarchistic states towards internal excellence. Unter diesem Eindruck heiratete Adam Horovitz die Schauspielerin Ione Skye. Es handelt sich dabei um die Tochter des britischen Protestsängers Donovan. Am 14.7. 1998 erschien mit »Hello Nasty« (7/98 GB-LP 1, D-LP 1, 8/98 US-LP 1) wieder ein neues Album, das am 18.7. bzw. 20.7. bzw. 1.8. 1998 gleich auf Platz 1 der englischen/deutschen/amerikanischen LP-Charts einstieg.
Von der Presse wurde die Band Mitte 1998 in Deutschland bejubelt. Der ›Spiegel‹ schrieb in einem Artikel unter der Überschrift ›Urschrei nach guter Laune‹ den kurzen und prägnanten Satz: ›Hello Nasty ist so wunderbar verspielt wie seine Vorgänger, es vermischt wie gewohnt schlauen HipHop mit Elementen aus Jazz, Funk und Soul, mit TV-Moderationen und bizarren Knistergeräuschen – hinzu kommt eine Eleganz, an der sich die Erfahrung der Beastie Boys ablesen lässt, eine Lässigkeit, die es den drei Helden zwischendurch auch mal erlaubt, einfach nur gut gelaunt herumzubrüllen‹. Und der ›Stern‹ in derselben Woche: ›Auch Hello Nasty offenbart keine Anzeichen, dass die drei irgendwann erwachsen werden‹. Es folgte noch »Beastie Boys Anthology: The Sounds Of Science« (12/99 GB-LP 36, US-LP 19).
Ende 2001 schlossen die Beastie Boys ihr Plattenlabel Grand Royal, weil es zu viele Verluste machte. Einer, der auf diesem Label seine Platten veröffentlichte und zu den Verlusten beigetragen hatte: Sean Lennon.

(You Gotta) Fight For Your Right (To Party!) (12/86 US 7)
She's On It (7/87 GB 10)
Intergalactic (7/98 GB 5)
HipHop, Jazz, Pop, Rap, Rock

Beat

ANDY COX g (Großbritannien, * 25. 1. 1956 in Birmingham), EVERETT MORTON d (West Indies, * 5. 4. 1951 in St. Kitts), RANKING ROGER v (Großbritannien, * 21. 2. 1961 als Roger Charlery in Birmingham), SAXA sax (Jamaika), DAVID STEELE key, b (Großbritannien, * 8. 9. 1960 in Isle of Wight), DAVE WAKELING v, g (Großbritannien, * 19. 2. 1956 in Birmingham)
Ende der 70er Jahre. Gruppen wie Selecter, Bodysnatchers, Specials, Fun Boy Three, Madness oder Bad Manners werden als Two-Tone-Bands bezeichnet. Im September 1978 – in GB besteht ein großes Interesse an dieser Mischung aus Reggae, Ska und Bluebeatmusik – findet sich die weitere Two-Tone-Band Beat zusammen. Kopf ist Dave Wakeling, der als Sänger, Gitarrist und Songschreiber fungiert. Um ihre erste Single zu produzieren, müssen sie sich 500 Pfund leihen. Es ist eine Coverversion des Smokey-Robinson-Titels »Tears Of A Clown«, der sich alleine in England über 300 000-mal verkauft. Die Jungs von Beat sind clever und etablieren ihr eigenes Plattenlabel, das sie von Arista

vertreiben lassen. Was sie in ihren Anfangstagen machten, war Drei-Minuten-Pop der einfachen Art. Erfolgreich waren sie damit auch auf ihren Alben: »Just Can't Stop It« (5/80 GB-LP 3), »Wha'ppen« (5/81 GB-LP 3), »What Is Beat? (The Best Of The Beat)« (6/83 GB-LP 10) und »BPM ... The Very Best Of The Beat« (2/96 GB-LP 13).
Schon auf der zweiten LP, im Mai 1981 veröffentlicht, verlor das multirassische Ensemble aus Birmingham genau diese Leichtigkeit. Die Intention der Band: Sie wollten sich von einem Image befreien, das sie als leichtgewichtige, oberflächliche Tanz- und Spaßcombo abtat. Sie drehten die Schraube zu weit und manövrierten sich selbst in eine Sackgasse. Während der Vorbereitungen zum dritten Album im April 1982 erkrankte der 53-jährige Jamaikaner Saxa schwer an der Lunge, die Ärzte verordneten Auftrittsverbot. Als Verkaufshemmer für ihre Platten attestierte die deutsche Vertragsfirma der Band deren wachsendes politisches Engagement. Benefizkonzerte, meist zugunsten von Kampagnen der Anti-Atomwaffen- und -Kernkraft-Bewegung und gegen Arbeitslosigkeit, fanden beinahe häufiger statt als kommerzielle Konzerte. Mitte 1983 trennte man sich. Sinnigerweise standen sie zu diesem Zeitpunkt auf Platz 3 der britischen Hitparade mit einem Remix von »Can't Get Used To Losing You«, aufgenommen 1980. Dave Wakeling gründete mit Ranking Roger die Formation General Public, die sich nach zwei Alben wieder trennte. Nach einigen Querelen arbeiteten die beiden zumindest als Songschreiber wieder zusammen. Wakeling ließ sich schließlich in L.A. nieder, versuchte eine Solokarriere und engagierte sich verstärkt für Greenpeace. David Steele und Andy Cox holten sich den Sänger Roland Gift und bilden mit ihm zusammen die Fine Young Cannibals.

Tears Of A Clown/Ranking Full Stop (12/79 GB 6)
Hands Off – She's Mine (2/80 GB 9)
Mirror In The Bathroom (5/80 GB 4)
Too Nice To Talk To (12/80 GB 7)
Can't Get Used To Losing You (4/83 GB 3)
Beat

Beatles

PETE BEST d (Indien, * 24. 11. 1941 als Randolph Peter in Madras), GEORGE HARRISON v, g (Großbritannien, * 24. 2. 1943 in Wavertree/Liverpool, † 29. 11. 2001), JOHN LENNON v, g (Großbritannien, * 9. 10. 1940 in Liverpool, † 8. 12. 1980), PAUL MCCARTNEY v, g, b (Großbritannien, * 18. 6. 1942 als James Paul in Liverpool), RINGO STARR v, d (Großbritannien, * 7. 7. 1940 als Richard Starkey in Liverpool), STU SUTCLIFFE b (Großbritannien, * 23. 6. 1940 in Edinburgh, † 10. 4. 1962)
Bei dieser Band wird in den meisten Fällen mit Superlativen nicht gegeizt. Die Literatur ist mannigfaltig und umfangreich. Wann die Beatles was und warum gemacht haben, lässt sich fast auf den Tag genau nachvollziehen. Drum hier am Anfang zwei Zahlen, die verblüffend für diejenigen sind, die die Zeit der Beatles nicht erlebt haben, auf der anderen Seite von ihren Eltern vom Stellenwert dieser Formation gehört haben. Zwischen Oktober 1962 und März 1970 veröffentlichten die Beatles 22 Singles. In einem ähnlich kurzen Zeitraum sind 13 LPs und 14 EPs erschienen. Auf den EPs ist in der Regel schon wieder Material, das auf Single oder LP vorliegt. Das war es. Mehr haben sie offiziell nicht herausgebracht. Und wer diese Platten hat, hat das Beste der Beatles zu Hause stehen. Sogenannte ›Rare‹ oder ›Ultra Rare Tracks‹ sind völlig überflüssig und geben in den meisten Fällen auch nicht das wieder, was die Gruppe für veröffentlichungswürdig befand. Man

kann gegen Bootlegs rechtliche Bedenken haben, aber Schwarzpressungen kommen auf den Markt gegen die ausdrücklichen Interessen und Wünsche der Interpreten und sind somit vom moralischen Standpunkt her ein Schlag ins Gesicht der Künstler. Als am 5. 10. 1962 mit »Love Me Do/P.S. I Love You« die erste Single der Beatles erschien, waren sie keinesfalls mehr Frischlinge in der Szene. Wie viele britische Musiker hatten sie die Hamburger Ochsentour durch Kaiserkeller, ›Top Ten‹, ›Star-Club‹ und andere Etablissements hinter sich; hatten in Löchern gehaust; hatten sich mit ›Hallo Wach‹ im Stundenrhythmus durch die Tage gequält, hatten mit Stu Sutcliffe in Hamburg einen Mitspieler aus den Anfangstagen verloren. Als die Beatles nach einem Gastspiel im Star-Club nach Liverpool zurückkehrten, blieb Stu in Hamburg, um Malerei zu studieren. Bei ihrer Rückkehr nach Hamburg am 11. 4. 1962 mussten sie erfahren, dass Stu einen Tag zuvor an einem Gehirntumor gestorben war. Zwei Tage später, am 13. April, wurde der legendäre Star-Club mit dem Plakat eröffnet: ›Die Not hat ein Ende! Die Zeit der Dorfmusik ist vorbei!‹. Am 22./23. 6. 1961 hatten die Beatles in der Hamburg-Harburger Friedrich-Ebert-Halle unter dem Produzenten Bert Kaempfert als Begleitmusiker von Tony Sheridan und auch ohne ihn einige Stücke aufgenommen. Darunter war die Nummer »My Bonnie« (12/61 D 32, 2/64 US 26). Allerdings – auf der Plattenhülle werden die Beatles nicht einmal erwähnt, und auf der Platte selbst steht Tony Sheridan & The Beat Brothers. Bert Kaempfert, der ja in den Jahren danach bewies, dass er einen guten Riecher für erfolgreiche Musik besaß, hat das musikalische Potenzial der Beatles nicht erkannt. So sollte es der Band auch gehen, als sie am 1. 1. 1962 bei der Plattenfirma Decca in London ein Probeband aufnahm. Die Zeit der Gitarrenbands sei vorbei, wurde ihnen gesagt, und damit waren sie abgelehnt.

Ende Oktober 1961 soll ein potenzieller Plattenkäufer in dem Schallplattengeschäft NEMS im Liverpooler Stadtteil Whitechapel nach der Platte »My Bonnie« von den Beatles gefragt haben. Der Geschäftsführer hieß Brian Epstein. Er besorgte dieses merkwürdige Stück und verkaufte innerhalb kürzester Zeit 200 Exemplare. Anfang Dezember 1961 traf er sich mit der Gruppe und schlug vor, ihr Manager zu werden gegen eine Beteiligung von 25 Prozent an all ihren Einkünften. Er besorgte den Beatles die Probeaufnahme im Decca-Studio. Er war es auch, der am Ball blieb und ihnen am 6. 6. 1962 einen Vorspieltermin bei Parlophone besorgte. Die Beatles spielten also in ihren Anfangstagen zu fünft. Und selbst eingefleischte Fans von John, Paul, George und Ringo sind der Meinung, dass Stu Sutcliffe und Pete Best in den Anfangstagen der Band die Publikumslieblinge der Gruppe waren. Stu hatte was von James Dean, Pete von Eddie Cochran. Stu blieb in Hamburg, verlobte sich mit Astrid Kirchherr und starb. Pete Best wurde im wahrsten Sinne des Wortes aus der Gruppe hinausgeekelt, bevor die erste offizielle Single erschien. Bei den Probeaufnahmen für Parlophone im Juni 1962 war er noch dabei. Als die Beatles zur ersten regulären Aufnahme erschienen, hatten sie den Nachfolger Ringo Starr am Schlagzeug sitzen. Der wiederum überzeugte den Produzenten George Martin nicht. Wohl aus diesem Grund hatte er bereits einen Ersatzdrummer mitgebracht. Dass sich Ringo im Laufe der Jahre zum Knuddel-Beatle entwickeln würde, konnte man nicht ahnen. Die erste Single der Beatles war auch noch nicht der absolute Renner, aber schon »Please Please Me«, veröffentlicht am 11. 1. 1963, wurde ein Platz 2 und »From Me To You«, genau vier Monate später auf den Markt gebracht, ein

Platz 1 in der britischen Hitparade. Von diesem Zeitpunkt an bis Mitte 1970 dominierten die Beatles weltweit die Hitparaden. Bemerkenswert ist der musikalische Wandel der Gruppe – zwischen »Love Me Do« und »Let It Be« liegen Welten. Als sich die Gruppe im April 1970 trennte, war sich niemand bewusst, dass damit ein Katalysator für die Entwicklung der Pop-Musik verloren gegangen war. Wer auch immer in den 60er Jahren versucht hat, im Popgeschäft Fuß zu fassen, lehnte sich an die Entwicklung an, die die Beatles vorgaben. Viele amerikanische Gruppen versuchten, britischer als die Beatles zu klingen, und schafften es nicht. Viele britische Bands inklusive der Rolling Stones beobachteten genau, was von den vier aus Liverpool als Marschrichtung vorgegeben wurde. Bis in die 70er und 80er Jahre reicht der Einfluss der Beatles, und wer immer mal einen Spitzenreiter in GB hatte, wurde schon mit ihnen verglichen, und alles sprach von einer neuen ›Beatlemania‹. Bei manchen Interpreten, wie z. B. den Bay City Rollers oder der Gruppe Knack, eine absolute Frechheit. Wie viele Platten die Beatles inzwischen verkauft haben, dürfte nur sehr schwer nachzuvollziehen sein. Gerade mit der aufkommenden CD wurde der Gesamtkatalog noch einmal neu veröffentlicht, und bei einer solchen Gelegenheit wird festgestellt, dass alleine Paul McCartney in der Nach-Beatles-Zeit doppelt soviel Platten herausbrachte wie die Beatles. 1988 wurden die Fab Four in die Rock and Roll Hall of Fame aufgenommen.

Am 30. 11. 1994 veröffentlichte die EMI weltweit ein angeblich neues Album. Darauf zu hören 56 Songs, die die Beatles in den frühen 60er Jahren für die BBC aufgenommen hatten. George Martin bearbeitete die Nummern, die sicher nur für den harten Kern der alten Beatles-Fans gedacht waren. Der jedoch hatte die meisten Nummern schon als Schwarzpressungen in der Sammlung. Als Single erschien die alte Bacharach-David-Nummer »Baby It's You«, die sich am 1. 4. 1995 auf Anhieb unter den ersten 10 der britischen Charts platzierte. 1995 wurde eine TV-Serie über die Geschichte der Fab Four ausgestrahlt, zu der eine Soundtrack-CD-Box mit dem Titel »Beatles Anthology« erschien. Hierzu gingen die drei überlebenden Beatles ins Studio und nahmen neue Songs auf. Grundlage waren alte Bänder, die John Lennon einst als Demos aufgenommen hatte. Als erste Veröffentlichung kam im Herbst 1995 die Single »Free As A Bird« in die Plattenläden und in die Charts. Schließlich erschien pünktlich zum Weihnachtsfest 1995 die Doppel-CD »Anthology 1«, die in etlichen internationalen Albumcharts auf Platz 1 einstieg. Allein in den USA wurde bereits nach wenigen Wochen Platin vergeben – insgesamt wurden bisher über 6 Millionen Exemplare verkauft. Im Frühjahr 1996 kam dann »Anthology 2« – auch diese Doppel-CD erreichte wieder Spitzenpositionen. Diesmal war als Appetithäppchen die Single »Real Love« auf den Markt gekommen, die insgesamt gesehen schlechter abschloss als »Free As A Bird« und auch langweiliger war. Und auch »Anthology 3« wurde wieder ein internationaler Verkaufserfolg – obwohl nun langsam die Luft raus war. Allen drei Anthologien war gemein, dass sie bisher unveröffentlichtes Material beinhalteten, das aber trotzdem auf der einen oder anderen Bootleg-CD schon einmal zu hören war. Meist waren es die Versionen von bekannten Nummern, die die Beatles damals als nicht so gut wie die empfanden, die dann veröffentlicht wurden. In manchen Fällen muss allerdings heute eingeräumt werden, dass die Beatles auch mal daneben lagen. Alles in allem wurde durch die sechs Anthology-CDs erneut der hohe Stellenwert der Beatles in der Popgeschichte dokumentiert. Und ehrlich: So manche verworfene

Version eines Titels von damals ist unglaublich viel besser als das, was Ende der 90er Jahre manchmal auf Platz 1 in irgendwelchen Charts stand! Die Grammy-Verleihung 1997 brachte den Beatles drei Preise: »Free As A Bird« wurde als bester Popgesang einer Gruppe ausgezeichnet. Zwei Preise erhielten sie für die besten Musikvideos. Als Ende April 1997 nachgerechnet wurde, welche Popstars im Jahre 1996 das meiste Geld verdient hatten, lagen die Beatles mit einer Einnahme von 48 Millionen Pfund 27 Jahre nach ihrer Auflösung auf Platz 1! Auf den nachfolgenden Rängen: Oasis mit 25 Millionen Pfund, Queen mit 20, Pink Floyd mit 15, George Michael und die Rolling Stones mit jeweils 13, Sting mit 12, Rod Stewart mit 11 und Bush und Simply Red mit jeweils 9,5 Millionen Pfund.

Die erfolgreichsten Alben der Band waren »Please Please Me« (4/63 GB-LP 1, 3/64 D-LP 5, 3/87 RE-GB-LP 32), »With The Beatles« (11/63 GB-LP 1, 1/64 D-LP 1, 3/87 RE-GB-LP 40), »Meet The Beatles!« (2/64 US-LP 1), »Introducing... The Beatles« (2/64 US-LP 2), »The Beatles' Second Album« (4/64 US-LP 1), »The American Tour With Ed Rudy« (6/64 US-LP 20), »A Hard Day's Night« (7/64 GB-LP 1, US-LP 1, 1/71 RE-GB-LP 30, 3/87 RE-GB-LP 30), »Something New« (8/64 US-LP 2, 12/64 D-LP 38), »Beatles Beat« (8/64 D-LP 6), »Yeah! Yeah! Yeah!« (9/64 D-LP 1) – die deutsche Ausgabe von »A Hard Day's Night« –, »Beatles For Sale« (12/64 GB-LP 1, 1/65 D-LP 1), »The Beatles' Story« (12/64 US-LP 7), »Beatles '65« (1/65 US-LP 1, 4/65 D-LP 9), »The Early Beatles« (4/65 US-LP 43), »Beatles VI« (6/65 US-LP 1, 8/65 D-LP 15), »Help!« (8/65 GB-LP 1, US-LP 1, 9/65 D-LP 1, 7/71 RE-GB-LP 33), »Rubber Soul« (12/65 GB-LP 1, US-LP 1, 1/66 D-LP 1), »Yesterday... And Today« (7/66 US-LP 1, 8/66 D-LP 13), »Revolver« (8/66 GB-LP 1, 9/66 US-LP 1, D-LP 1), »A Collection Of Beatles Oldies« (12/66 GB-LP 7), »Sergeant Pepper's Lonely Hearts Club Band« (6/67 GB-LP 1, US-LP 1, 7/67 D-LP 1, 6/87 RE-GB-LP 3, 6/92 RE-GB-LP 6), »Magical Mystery Tour« (12/67 US-LP 1, 1/68 GB-LP 31, 2/68 D-LP 8), »The Beatles (White Album)« (12/68 GB-LP 1, US-LP 1, D-LP 1, 9/87 RE-GB-LP 18), »Yellow Submarine« (2/69 GB-LP 3, US-LP 2, 3/69 D-LP 5), »Abbey Road« (10/69 GB-LP 1, US-LP 1, D-LP 1, 10/87 RE-GB-LP 30), »Hey Jude« (2/70 US-LP 2), »Let It Be« (5/70 GB-LP 1, US-LP 1, 6/70 D-LP 4), »The Beatles 1967–1970« (4/73 US-LP 1, 5/73 GB-LP 2, 6/73 D-LP 2, 10/93 RE-GB-LP 4), »The Beatles 1962–1966« (4/73 US-LP 3, 5/73 GB-LP 3, D-LP 2, 10/93 RE-GB-LP 3), »Rock 'n' Roll Music« (6/76 GB-LP 11, US-LP 2, 7/76 D-LP 10), »The Beatles At The Hollywood Bowl« (5/77 GB-LP 1, US-LP 2, 6/77 D-LP 10), »Love Songs« (11/77 US-LP 24, 12/77 GB-LP 7), »20 Golden Hits« (4/79 D-LP 4), »Beatles Ballads« (11/80 GB-LP 40, 8/81 RE-GB-LP 17), »Reel Music« (4/82 US-LP 19), »20 Greatest Hits« (10/82 GB-LP 10, 11/82 US-LP 50), »Past Masters – Vol. 1« (4/88 US-LP 149), »Past Masters – Vol. 2« (4/88 US-LP 121), »Live At The BBC« (12/94 GB-LP 1, US-LP 3, D-LP 5), »Anthology 1« (12/95 GB-LP 2, US-LP 1, D-LP 1), »Anthology 2« (3/96 GB-LP 1, 4/96 US-LP 1, D-LP 4) und »Anthology 3« (11/96 GB-LP 4, US-LP 1, D-LP 9).

1999 kam der Film »Yellow Submarine« erneut in die Kinos. Dazu erschien »Yellow Submarine – Songtrack« (9/99 GB-LP 8, 9/99 D-LP 11, 10/99 US-LP 15). Zum Weihnachtsfest 2000 erschien ein neues Album der Beatles, das 27 Nummer-1-Hits beinhaltete und demzufolge auch »1« (11/00 GB-LP 1, 11/00 D-LP 1, 12/00 US-LP 1) hieß. Die Platte stieg sowohl in GB als auch in Deutschland und den USA gleich auf Platz 1 der Charts ein und war im Jahr 2001 sowohl in Deutschland als auch in den USA das meistverkaufte Album des Jahres.

Please Please Me (1/63 GB 2; 2/64 US 3)
From Me To You (4/63 GB 1)
She Loves You (8/63 GB 1; 1/64 D 7, US 1)
Twist And Shout (10/63 D 10; 3/64 US 2)
I Want To Hold Your Hand (12/63 GB 1, US 1, D 1)
Can't Buy Me Love (GB 1, US 1)
Do You Want To Know A Secret (3/64 US 2)
Komm, gib mir deine Hand (4/64 D 5)
Sie liebt dich (4/64 D 7)
Love Me Do (4/64 US 1; 10/82 GB 4)
P.S. I Love You (5/64 US 10)
A Hard Day's Night (7/64 US 1, GB 1; 9/64 D 2)
Long Tall Sally (8/64 D 7)
I Should Have Known Better (11/64 D 6)
I Feel Fine (12/64 GB 1, US 1, D 3)
She's A Woman (12/64 US 4)
Eight Days A Week (2/65 US 1, D 5)
Ticket To Ride (4/65 GB 1, US 1, D 2)
Rock And Roll Music (4/65 D 2)
Help! (7/65 GB 1, US 1, D 2)
Yesterday (9/65 US 1; 11/65 D 6; 3/76 GB 8)
Day Tripper (12/65 US 5)
We Can Work It Out (12/65 D 2, US 1)
Day Tripper/We Can Work It Out (GB 1)
Michelle (2/66 D 6)
Nowhere Man (3/66 US 3, D 3)
Paperback Writer (6/66 GB 1, US 1, D 1)
Yellow Submarine/Eleanor Rigby (8/66 GB 1, D 1, US 2)
Penny Lane (2/67 US 1, D 1)
Penny Lane/Strawberry Fields Forever (2/67 GB 2)
Strawberry Fields Forever (2/67 US 8)
All You Need Is Love (7/67 US 1, D 1, GB 1)
Hello Goodbye (11/67 GB 1, US 1, D 1)
Magical Mystery Tour (Doppel-EP) (12/67 GB 2)
Lady Madonna (3/68 D 2, GB 1, US 4)
Hey Jude (9/68 D 1, US 1, GB 1)
Ob-La-Di, Ob-La-Da (2/69 D 1)
Get Back (4/69 GB 1, US 1, D 1)
Ballad Of John And Yoko (6/69 GB 1, D 1, US 8)
Something (10/69 US 3)
Come Together (10/69 US 1)
Something/Come Together (11/69 GB 4, D 1)
Let It Be (3/70 GB 2, US 1, D 1)
The Long And Winding Road (5/70 US 1)
Got To Get You Into My Life (6/76 US 7)
Beatles Movie Medley (6/82 GB 10)
Baby It's You (4/95 GB 7)
Free As A Bird (12/95 GB 2, US 6)
Real Love (3/96 GB 4)
AOR (Adult Orientated Rock), Beat, Boy Group, Mers

Siehe auch: Harrison, George; Lennon, John; McCartney, Paul; Starr, Ringo

Beatmasters

P. P. ARNOLD v (USA, als Patricia in Los Angeles/Kalifornien), BETTY BOO v (Großbritannien, * 6. 3. 1970 als Alison Moira Clarkson in London), PAUL CARTER rap, CLAUDIA FONTAINE v (Großbritannien), MANDA GLANFIELD rap (Großbritannien), RICHARD WALMSLEY rap (Großbritannien, * 28. 9. 1962)

Die Beatmasters tauchten 1987 in der englischen House- und HipHop-Szene auf. Alle drei Mitglieder begannen ihre Karriere als Komponisten von Werbejingles. Als Abwechslung von diesen Auftragsarbeiten und zu ihrem eigenen Vergnügen produzierten sie »Rok Da House« und überredeten ihre Freunde, die Cookie Crew, dazu zu rappen. Das Demo dieser Aufnahme verteilten sie an Discjockeys, die diese Nummer auch tatsächlich spielten. Ein Musiker brachte das Demo zu einer Plattenfirma, und zur allgemeinen Überraschung wurde das Stück zum Hit. Damit etablierten sich die Beatmasters als bestes britisches Diskoproduktionsteam. Sie fummelten an Stücken von Cookie Crew, Hot Line, MC Merlin, Yazz oder Viola Wills. Sich selbst verschafften sie nebenher zwei weitere Top-10-Hits. Da sie offensichtlich auf vokale Hilfe angewiesen sind, haben Claudia Fontaine, P. P. Arnold oder auch Betty Boo bei den Aufnahmen mit ihren Stimmen herhalten müssen.

Rok Da House (1/88 GB 5)
Who's In The House (4/89 GB 8)
Hey DJ I Can't Dance (To That Music You're Playing)/Ska Train (8/89 GB 7)
HipHop, House

Beats International

DAVID BARBAROSSA d (Großbritannien, * 6. 12. 1957 als Barbe), ANDY BOUCHER key (Großbritannien, * 1. 7. 1966), NORMAN COOK v, g, b (Großbritannien,

* 31. 7. 1963 als Quentin in Brighton/Sussex), LINDY LAYTON v (Großbritannien, * 7. 12. 1970 als Belinda Kimberley), LITZER NOEL v (* 3. 9. 1962 als Lester John), MC WILSKI rap

Nachdem sich die Housemartins 1988 aufgelöst hatten, versuchte sich Norman Cook zuerst als Solist. 1990 war er dann Mitbegründer von Beats International, die mit »Dub Be Good To Me« gleich einen Hit hatten. Ihr erfolgreichstes Album war »Let Them Eat Bingo« (4/90 GB-LP 17). Nebenher versuchte sich Norman mit Erfolg als Remixer für Aufnahmen von James Brown, Coldcut, Fine Young Cannibals oder Sisters of Mercy. Cook dürfte zu denjenigen gehören, die der teilweise stumpfsinnigen Dance-Floor-Szene ein bisschen Leben eingehaucht haben. Auch als treibende Kraft hinter Formationen wie Freak Power, Mighty Dub Kats oder Fatboy Slim steckte immer wieder Norman Cook.

Dub Be Good To Me (2/90 GB 1; 3/90 D 4)
Won't Talk About It (5/90 GB 9)
Dance

Siehe auch: Mighty Dub Kats; Freak Power; Housemartins; Fatboy Slim

Beau Brummels

RON ELLIOTT v, g (USA, * 21. 10. 1943 in Haddsburg/Kalifornien), RONALD MEAGHER g, b (USA, * 2. 10. 1941 in Oakland/Kalifornien), DECLAN MULLIGAN b (Irland, in Tipperary), JOHN PETERSEN d (USA, * 8. 1. 1942 in Rudyard/Michigan), SAL VALENTINO v (USA, * 8. 9. 1942 als Salvatore Williard Spampinato in San Francisco)

Die Beau Brummels sollten die amerikanische Antwort auf die britische Beat-Invasion sein. 1964 fanden die Musiker in San Francisco zusammen. Obwohl die anderen Musiker alle irischer Abstammung waren, schien das einzige in Irland geborene Mitglied der Gruppe, Declan Mulligan, nicht zum amerikanischen Image dieser Band zu passen. Nach der ersten Langspielplatte verließ er die Gruppe. Was diese ›amerikanische Antwort‹ heute im Rückblick zustande gebracht hat, ist mehr als kläglich. Ihr erster Hit war »Laugh, Laugh« (1/65 US 15). Dann folgte ihr größter Hit »Just A Little« und schließlich noch »You Tell Me Why« (7/65 US 38). Ihr erfolgreichstes Album wurde durch Sly Stone produziert: »Introducing The Beau Brummels« (5/65 US-LP 24).
Querelen innerhalb der Band, Umbesetzungen und Richtungslosigkeit führten dazu, dass 1967 nur noch Elliott und Valentino übrig blieben. Ende 1968 war das Kapitel Beau Brummels erst einmal erledigt. Valentino machte einige Solosingles, bevor er die Band Stone Ground gründete. Elliott veröffentlichte ein Soloalbum und kam in den frühen 70er Jahren mit Pan wieder zu Potte. 1974 kam die Originalband erneut zusammen, veröffentlichte im April 1975 eine schlaffe Platte und verschwand dann endgültig von der Bildfläche.

Just A Little (4/65 US 8)
Beat

Beautiful South

JACQUELINE ABBOTT v (Großbritannien, * 10. 11. 1973), BRIANA CORRIGAN v (Großbritannien, in Antrim/Nord Irland), PAUL HEATON v, g (Großbritannien, * 9. 5. 1962 in Birkenhead), DAVID HEMINGWAY v, d (Großbritannien, * 20. 9. 1960 in Hull), DAVID ROTHERAY g (Großbritannien, * 9. 2. 1961 in Hull), DAVID STEAD d (Großbritannien, * 15. 10. 1962 in Huddersfield), SEAN WELCH b (Großbritannien, * 12. 4. 1960 in Enfield)

Im Mai 1989 wurde Beautiful South aus den Trümmern der Housemartins gegründet. Mitglieder dieser Band waren Paul Heaton, Dave Hemmingway und der ehemalige Housemartins-Roadie David

Stead. Gleich mit ihrer ersten Platte, »Song For Whoever«, einer sanften Ballade über die unbedachte Frauendiskriminierung in Popsongs, hatte die Gruppe Erfolg. Sarkasmus, Ironie, feine Beobachtungsgabe zeichnen die Texte dieser Gruppe aus. Die Songs erzählen kleine Alltagsgeschichten, verpackt in originelle Arrangements und differenzierte Rhythmen. Paul Heaton: ›Wir wollen Stellung beziehen, aber wir verarbeiten ernste Themen lieber etwas sarkastisch. Wir wollen die Leute zwar nicht auf den Arm nehmen, uns aber deutlich von diesen Stock/Aitken/Waterman-Produktionen absetzen.‹ Als ›Ironie der Ironie‹ bezeichnet er den Umstand, dass Beautiful South in den Charts neben Jason Donovan, Kylie Minogue und Rick Astley standen. ›Schön, wenn Leute neben Schrott auch anspruchsvolle Popsongs mögen.‹ Im Januar 1994 gab es einen heftigen Streit zwischen Heaton und Corrigan – Briana trennte sich darauf sofort von der Band und wurde durch Jacqueline Abbott ersetzt.

Die erfolgreichsten Alben von Beautiful South: »Welcome To The Beautiful South« (11/89 GB-LP 2), »Choke« (11/90 GB-LP 2), »0898« (4/92 GB-LP 4), »Miaow« (4/94 GB-LP 6), »Carry On Up The Charts – The Best Of The Beautiful South« (11/94 GB-LP 1), »Blue Is The Colour« (11/96 GB-LP 1) und »Quench« (10/98 GB-LP 1). Im Oktober 2000 erschien das Album »Painting It Red« (10/00 GB-LP 2), als erste Single wurde »Closer Than Most« (10/00 GB 22) ausgekoppelt. Es folgte »Solid Bronze – Great Hits« (11/01 GB-LP 10).

Song For Whoever (6/89 GB 2)
You Keep It All In (9/89 GB 8)
A Little Time (10/90 GB 1)
Rotterdam (10/96 GB 5)
Don't Marry Her (12/96 GB 8)
Perfect 10 (10/98 GB 2)
Pop

Siehe auch: Housemartins

Bécaud, Gilbert

GILBERT BÉCAUD v (Frankreich, * 24. 10. 1927 als Francois Silly in Toulon, † 18. 12. 2001)

Seine weltweite Karriere begann 1963. Aber schon vorher hatte der erfolgreiche Student des Konservatoriums von Nizza in Bars am Piano sein Geld verdient. Dort traf er auf Jacques Pills, dessen Begleiter er wurde und der ihn durch die ganze Welt mitnahm. Dann schrieb Bécaud »Je T'ai Dans La Peau«. Die beiden beschlossen, das Chanson Edith Piaf vorzustellen. Pills heiratete die Piaf, und sie machte aus dem Song den ersten großen Erfolg für den Komponisten Bécaud. 1953 trat Bécaud erstmals im Olympia auf. 1954 sorgte er an gleicher Stelle für Aufruhr: 4 000 Jugendliche prügelten sich um 2 000 Plätze. Wer einmal einen Auftritt von Bécaud gesehen hat, weiß, warum er sich schon zu diesem Zeitpunkt den Spitznamen ›Monsieur 100 000 Volt‹ einheimste. 1956 übernahm er die Hauptrolle im Film »Le Pays D'où Je Viens«. Die Filmmusik schrieb er selbst. Dann kam der internationale Bécaud mit Erfolgen in Japan, der Bundesrepublik, der UdSSR und den USA. Die englischen Versionen von »Je T'appartient«/»Let It Be Me«, »Et Maintenant«/»What Now My Love« oder »Seul Sur Son Etoile«/»It Must Be Him« erreichten Spitzenpositionen in der britischen und amerikanischen Hitparade. Schon 1973 erschien eine Kassette mit 6 LPs unter dem Titel »20 Jahre Chansons von Gilbert«. Über 200 Titel sind darauf enthalten. 1974 wurde er Ritter der Ehrenlegion und in der Bundesrepublik Träger des Bundesverdienstkreuzes. Anfang 1997 bereitete man sich auf den 70. Geburtstag von Gilbert Bécaud vor. Die Plattenfirma stellte Folgendes fest: ›Dabei steht der Name Gilbert Bécaud für eine Kontinuität, die ihresgleichen sucht. Er begeisterte immer wieder durch hervorragende Kompositionen, eine fantastische Stimme

und ein künstlerisches Charisma, das ihm in seiner mehr als vierzigjährigen Karriere zu Weltruhm verhalf. Es lohnt sich auch 1997, in die erfrischende Musikwelt des Gilbert Bécaud einzutauchen. Der Charme dieser französischen Institution ist zeitlos.‹
Sein größter deutschsprachiger Erfolg war »Nathalie« (9/65 D 17). Seine erfolgreichsten Alben außerhalb Frankreichs waren »Gilbert Bécaud '67« (4/67 D-LP 18) und »Gilbert Bécaud Live International – Monsieur 100 000 Volt persönlich« (5/67 D-LP 15).
Er starb unter großer Anteilnahme der französischen Bevölkerung.

A Little Love And Understanding (3/75 GB 10)
Chanson

Beck

BECK v, g (USA, * 8. 7. 1970 als Beck David Campbell in Kansas City)
In den späten 80er Jahren zog es Beck nach New York. Bei der kleinen unabhängigen Plattenfirma erhielt er einen Plattenvertrag. 1993 unterschrieb er bei David Geffen und dessen Plattenfirma. Als er 1994 mit seinem Debütalbum »Mellow Gold« (3/94 US-LP 13) erschien, traf er genau den Geschmack der sogenannten ›Slacker‹ – das sind Leute, die an sich und der heutigen Gesellschaft zweifeln und am liebsten den ganzen Tag rumhängen. Manchmal werden sie auch als Generation X oder No-Future-Generation bezeichnet. Beck selbst sieht das anders – in einem Interview äußerte er: ›Ich war nie einer von diesen Durchhängern. Ich habe immer versucht, genug Geld zu verdienen. Diese ganze Slacker-Scheiße ist für Leute, die es sich leisten können, depprimiert zu sein.‹ Beck legte eine Mischung aus Folk, HipHop, Punk, Blues und Rock vor, die 1994 diejenigen begeisterte, die mit Techno und Disko nichts am Hut hatten. Nachdem er Ende der 80er, Anfang der 90er Jahre ein Jahr lang als Obdachloser in der Lower East Side von New York herumgelungert hatte, tat er sich, zurück in L.A., mit Karl Stephenson zusammen. Die beiden schrieben den Song »Loser« und nahmen ihn in einer vierstündigen Session auf. Im Song wurden Samples von »I Walk On Guilded Splinter« von Dr. John verbraten. Nachdem der Titel erst auf einem kleinen unabhängigen Label veröffentlicht wurde, erhielten sie einen Plattenvertrag mit einer der großen Plattenfirmen. Nun wurde »Loser« vergoldet. Als musikalisches Vorbild gibt Beck den Folksänger Woody Guthrie an, dessen Songs er bereits bei seinen Eltern immer wieder und gerne gehört hat. Mitte 1996 veröffentlichte er das Album »Odelay« (7/96 US-LP 16, GB-LP 17). Daraus ausgekoppelt die Singles »Where It's At« (6/96 GB 35) und »Devil's Haircut« (11/96 GB 22). Für seinen Gesang auf »Where It's At« erhielt er 1997 einen Grammy in der Kategorie bester männlicher Rockgesang. Außerdem bekam er einen weiteren Preis in der Kategorie alternative Musik für sein Album »Odelay«. Mit »Mutations« (11/98 US-LP 13, GB-LP 24) und »Midnite Vultures« (12/99 GB-LP 19, US-LP 34) erschienen seine nächsten Alben.

Loser (1/94 US 10)
Grunge

Beck, Robin

ROBIN BECK v (USA, * 7. 9. 1956 in New York City)
Als Geburtsjahr von Robin wurde von der Plattenfirma 1961 angegeben, 1956 dürfte realistischer sein. Als sie mit »First Time« im Herbst 1988 an die Spitze der britischen und deutschen Hitparade kam, war sie laut eigener Aussage schon über 30, also konnte 1961 nicht stimmen. In ihrer Heimat hatte Robin viele Jahre als

Backgroundsängerin gearbeitet. So soll sie für Chaka Khan, David Bowie, Irene Cara oder Michael McDonald gesungen haben. Mit letzterem Namen dürfte sie auf jeden Fall vertraut sein – in Florida hat sie als Bedienung in einem Fast-Food-Restaurant gearbeitet. Da man einer über Dreißigjährigen nicht zumuten wollte, vom ersten Mal zu singen, machte man sie jünger. Und da sie klein und zierlich ist, war das aus der Ferne durchaus glaubhaft. Das Lied war ursprünglich lediglich ein Werbejingle für Coca-Cola und wurde dann zum Popsong aufgeblasen. Mit »Save Up All Your Tears« und »Tears In The Rain« (10/89 D 22) hatte sie bei uns Nachfolgehits. Nach längerer Zeit hörte man Mitte 1994 wieder von Robin Beck. Zusammen mit Dan Lucas veröffentlichte sie die Single »If You Need Me Tonight«. Ihre Solosingle »Close To You« kam Ende 1994 knapp in die deutschen Hot 100.

First Time (10/88 GB 1; 12/88 D 1)
Save Up All Your Tears (3/89 D 10)
Pop

Beckham, Victoria

VICTORIA BECKHAM (Großbritannien, * 19. 4. 1975 als Victoria Adams in Goff's Oak/Hertfordshire)
Sie war ›Posh Spice‹. Unter großer Anteilnahme der Medien brachte Victoria am 4. 3. 1999 in einer Londoner Kinderklinik Sohn Brooklyn Joseph zur Welt. Brooklyn deshalb, weil er im New Yorker Stadtteil Brooklyn gezeugt worden sei – wenn das Mode wird! Vater ist der britische Fußballstar David Beckham, den sie wenig später am 4. 7. 1999 heiratete. Als Victoria Beckham war sie maßgeblich am Hit »Out Of Your Mind« (8/00 GB 2) von True Steppers beteiligt. Ebenfalls unter diesem Namen erschien »Not Such An Innocent Girl«. Ihr Debütalbum hieß schlicht und ergreifend »Victoria Beckham« (10/01 GB-LP 10) – für ein Spice Girl aus dem Beckingham Palace ein schlappes Ergebnis. Kurz danach schmiss Victoria ihre Managerin Nancy Phillips raus – sie habe sie zu oft in die Medien gebracht und deshalb habe das Publikum irgendwann genug von ihr gehabt und das Album ignoriert. Auf die Idee, dass das vielleicht einfach an der Qualität des Werkes lag, kam Posh nicht.

Not Such An Innocent Girl (9/01 GB 6)
A Mind Of Its Own (2/02 GB 6)
Pop

Siehe auch: Spice Girls

Bedingfield, Daniel

DANIEL BEDINGFIELD v (Großbritannien, in South London)
Als am 8. 12. 2001 der Titel »Gotta Get Thru This« auf Platz 1 der britischen Charts einstieg, dachten viele, hier würde eine Danielle singen und nicht ein Daniel. Seine hohe Stimme erinnert manchmal an Michael Jackson. Zum Zeitpunkt seines ersten Hits war Daniel 21 Jahre alt. Er war ein typischer Vertreter jenes Genres, das man um 2000 herum als Garage Sound bezeichnete. Allerdings hat er diesen ersten Hit nicht in der Garage, sondern in seinem Schlafzimmer aufgenommen. Schlafzimmer- oder Bedroom-Sound würde allerdings irgendwie komisch klingen. Angeblich haben sich die Plattenfirmen um ihn geprügelt, nachdem er seinen selbst gefummelte Platte in Clubs mit viel Erfolg angetestet hatte.

Gotta Get Thru This (12/01 GB 1)
Pop

Bee Gees

DENNIS BRYON d (Großbritannien, * 14. 4. 1949 in Cardiff/Wales), ROBIN GIBB v (Großbritannien, * 22. 12. 1949 in Douglas/Isle of Man), MAURICE GIBB (Großbritannien, * 22. 12. 1949 in Dou-

glas/Isle of Man), BARRY GIBB v (Großbritannien, * 1. 9. 1946 in Douglas/Isle of Man), VINCE MELOUNEY g (Australien, * 18. 8. 1945 in Sydney), COLIN PETERSON d (Australien, * 24. 3. 1946 in Kinearoy/Queensland), ALAN RELF g, BLUE WEAVER org (Großbritannien, * 11. 3. 1947 als Mick in Cardiff/Wales)
Musikalisch war das, was die Bee Gees in ihrer ersten Erfolgsphase brachten, eintönig und sehr gleichförmig. Auf einen Sound eingeschworen, werden viele Musiker erst wach, wenn es schon zu spät ist. In der Karriere der Bee Gees gab es mehrere Einbrüche – und die waren immer darauf zurückzuführen, dass sie sich zuwenig von der Stelle rührten. Ehe es bemerkt wurde, hatten sich das Publikum und der Geschmack in andere Richtungen bewegt. Dazu kommt, dass eine Schicht von Fans gestern vielleicht noch treu zu ihren Idolen stand, heute aber schon ganz andere Interessen hat. Die Bee Gees hatten zwischen 1967 und 1970 einen enormen Erfolg. Was dann kam, war, wie ›Die Welt‹ schrieb, ›ein Witz, über den sie selbst nicht mehr lachen mochten‹. Zugegeben, mit den Kritikern hatten es die teilweise simplen und dabei doch sehr erfolgeichen Melodien der drei Brüder nie einfach. Dazu kamen einfältige Texte, mit denen die Gruppe sich stets als gerade gut genug für den Teeniemarkt qualifizierte. Aber nicht die Kritiker entscheiden über den Verkaufserfolg einer Platte, sondern die Käufer. Und die haben sich in den ersten drei Erfolgsjahren der Band so häufig für deren Produkte entschieden, dass die drei danach ausgesorgt hatten. Barry und die Zwillinge Maurice und Robin wurden auf der Isle of Man geboren. Sie wuchsen in Manchester auf und absolvierten dort noch als Vor-Teens im Dezember 1955 ihre ersten Auftritte. 1958 emigrierte die Familie nach Australien. In ihrer neuen Heimatstadt Brisbane machten die Brüder genau da weiter, wo sie in Manchester aufgehört hatten. Einem Mann namens Bill Goode gehörte in der Nähe von Brisbane der Speedway Circus – zwischen den einzelnen Autorennen traten die Jungs auf. Bill Goode brachte die drei mit dem lokalen Discjockey Bill Gates zusammen. Und ab jetzt – man betrachte die Initialen BG bei Rennpistenbesitzer, Plattenaufleger und den Brothers Gibb – gab es die Bee Gees. 1963 erschien mit »Three Kisses Of Love« die erste Platte der Bee Gees. 1966 wurden sie in Australien zur beliebtesten Gruppe gewählt. Aber dieser riesige Kontinent mit seinen nur knapp 16 Millionen Einwohnern war der Band für ihre ehrgeizigen Pläne zu dünn besiedelt. Zu diesem Zeitpunkt war die Welt der Beatles-Fans noch in Ordnung. Platte nach Platte erschien und kam in die Hitparaden. Aber hinter den Kulissen wusste das Managment um die Querelen innerhalb der Band. Und sollten die Beatles vielleicht nicht in den nächsten Monaten auseinanderdriften, für den Teeniemarkt waren sie mit LPs wie »Sgt. Pepper« auf jeden Fall verloren. Der Sergeant erschien bekanntlich am 26. 5. 1967. Es galt, Nachfolger für die zu erwartende Lücke zu finden. Die Beatles wurden durch NEMS Enterprises vertreten, die der Gruppe selbst und ihrem Manager Brian Epstein gehörten. Ein Direktor der Firma war Robert Stigwood – und der hatte die Bee Gees, nachdem sie in Australien mit der Nummer »Spicks And Specks« souverän die Hitparade anführten, nach London zum Vorspielen eingeladen. Sie überzeugten, erhielten einen lukrativen Plattenvertrag, und die Weltkarriere begann. Während dieser Anfangsjahre in England bestanden die Bee Gees aus fünf Musikern. Der erste Erfolg der Band war »New York Mining Desaster 1941«, im Herbst desselben Jahres kam »Massachusetts«. Jetzt ging es Schlag auf Schlag, Hit auf Hit. Zu ersten Schwierigkeiten innerhalb der Band kam es schon Ende 1968.

Maurice verkündete, es sei durchaus möglich, dass sich die Gruppe innerhalb der nächsten zwei Jahre auflösen würde. Melouney ging im März 1969 und schrieb und produzierte für Ashton, Gardner & Dyke. Peterson wurde im September desselben Jahres rausgeschmissen. Robin hatte sich mit seinen Brüdern zerstritten und versuchte sich als Solist. Barry und Maurice zogen nach, waren aber recht erfolglos. Im Dezember 1970 kamen die drei wieder zusammen. Robin erzählte dem Time Magazine: ›Wären wir nicht miteinander verwandt, wir wären nie wieder zusammengekommen.‹

In den USA sind die drei weiter erfolgreich. In Europa bröckelt der Erfolg, und 1974 sind sie mitten in ihrem Karrieretief. Dann stellen sie im April 1975 eine neue Begleitband mit dem Gitarristen Alan Kendall, dem Drummer Dennis Bryon und dem Tastenspieler Blue Weaver zusammen und erleben den zweiten Aufwind. »Jive Talkin'« wird im August 1975 Spitzenreiter in den USA. Vom weichen Sound der ersten Phase haben sie sich zu Diskokönigen entwickelt. »You Should Be Dancing« führt geradewegs zum Film »Saturday Night Fever« und Songs wie »Stayin' Alive« oder »Night Fever«. Die Bee Gees sind Top. Das Auf und Ab geht weiter: 1981 sind sie wieder auf dem Boden angelangt, und in den 80er Jahren kommt manch gute, aber auch manch miese Platte der Brüder. 1989 haben sie mit »One« nach zehn Jahren mal wieder einen Top-10-Hit in den USA. Als Songschreiber und Produzent hat sich vor allem Barry Gibb etabliert – und was die Brüder bis in die 90er Jahre an Umsätzen gemacht haben, dürfte für mehrere Leben reichen, denn alleine ihre LPs wurden über 100 Millionen mal verkauft, aber Größe ist nicht alles: »Size Isn't Everything« heißt eine weitere Albumveröffentlichung des Trios Ende 1993. Darauf befindet sich die Single »For Whom The Bell Tolls«. 1996 hielten zwei Kompositionen der Bee Gees die Spitze der britischen Charts: Take That und Boyzone hatten mit »How Deep Is Your Love« und »Words« Hits des Trios nachgesungen. Im März 1997 kam ihr neues Album »Still Waters«, mit dem eine Welttournee eingeläutet wurde, aus dem »Alone« ausgekoppelt wurde. Im Januar desselben Jahres erhielten sie den American Music Award für ihr Lebenswerk, im Februar den Brit Award für ihren außergewöhnlichen Beitrag zur Musik. Im Mai wurden sie in die Rock and Roll Hall of Fame aufgenommen. Neben Elvis Presley, den Beatles, Michael Jackson und Paul McCartney gehören sie zu den fünf erfolgreichsten Schallplattenkünstlern aller Zeiten.

Die erfolgreichsten Alben der Band: »The Bee Gees' 1st« (8/67 GB-LP 8, US-LP 7, D-LP 4), »Horizontal« (2/68 GB-LP 16, US 12, 3/68 D-LP 1), »Idea« (8/68 US-LP 17, 9/68 GB-LP 4, D-LP 3), »Rare Precious And Beautiful« (8/68 D-LP 15), »Odessa« (2/69 US-LP 20, 4/69 GB-LP 10, 5/69 D-LP 4), »The Best Of The Bee Gees« (7/69 US-LP 9, 11/69 GB-LP 7, 1/70 D-LP 26), »Main Course« (6/75 US-LP 14, 9/75 D-LP 29), »Children Of The World« (10/76 US-LP 8, 12/76 D-LP 36), »Here At Last ... Bee Gees ... Live« (6/77 US-LP 8), »Saturday Night Fever« (11/77 US-LP 1 – fünfzehnfach Platin, 3/78 GB 1, 4/78 D-LP 1), »Bee Gees 20 Greatest Hits« (4/78 D-LP 4), »Spirits Having Flown« (2/79 GB 1, US 1, D-LP 1), »Bee Gees Greatest« (11/79 GB-LP 6, US-LP 1), »Staying Alive« (3/83 D-LP 8, 7/83 US-LP 6, 10/83 GB-LP 14), »Gold & Diamonds« (3/83 D-LP 4), »E.S.P.« (10/87 GB-LP 5, D-LP 1), »One« (4/89 GB-LP 29, 5/89 D-LP 4) »The Very Best Of The Bee Gees« (11/90 GB-LP 8, 3/97 RE-GB-LP 6), »Best Of Bee Gees 67–89« (12/90 D-LP 9), »High Civilization« (4/91 D-LP 2, GB-LP 24), »Still Waters« (3/97 GB 2, D-LP 2, 5/97 US-LP 11) und »Live One Night Only« (9/98 GB-LP 4, D-LP 5).

Nach einer Pause erschien im Frühjahr 2001 mit »This Is Where I Came In« (4/01 GB-LP 6, D-LP 3, 5/01 US-LP 16) ein neues Album. Daraus ausgekoppelt wurde »This Is Where I Came In« (3/01 D 25, 4/01 GB 18). Es folgte »Their Greatest Hits – The Record« (11/01 GB-LP 5, 11/01 D-LP 10).
Anfang 2002 wurden die Bee Gees von der Königin mit dem Verdienstorden des britischen Empire bedacht – eigentlich erschreckend spät nach z. B. den Beatles.

New York Mining Desaster 1941 (6/67 D 10)
Massachusetts (9/67 GB 1, D 1)
World (11/67 GB 9, D 1)
Words (1/68 GB 8; 2/68 D 1)
Jumbo (4/68 D 5)
I've Got To Get A Message To You (8/68 GB 1, US 8, D 3)
I Started A Joke (12/68 US 6)
First Of May (2/69 GB 6, D 3)
Tomorrow Tomorrow (7/69 D 6)
Don't Forget To Remember (8/69 GB 2, D 9)
I.O.I.O. (4/70 D 6)
Lonely Days (12/70 US 3)
How Can You Mend A Broken Heart (6/71 US 1)
Run To Me (7/72 GB 9)
Jive Talkin' (5/75 US 1, GB 5)
Nights On Broadway (10/75 US 7)
You Should Be Dancing (7/76 US 1, GB 5)
Love So Right (9/76 US 3)
How Deep Is Your Love (9/77 US 1, GB 3)
Stayin' Alive (12/77 US 1; 2/78 GB 4, D 2)
Night Fever (2/78 US 1, 4/78 GB 1, D 2)
Too Much Heaven (11/78 GB 3, US 1; 12/78 D 10)
Tragedy (2/79 GB 1, US 1, D 2)
Love You Inside Out (4/79 US 1)
You Win Again (9/87 D 1, GB 1)
Ordinary Lives (4/89 D 8)
One (7/89 US 7)
Secret Love (3/91 GB 5, D 2)
For Whom The Bell Tolls (12/93 GB 4)
Alone (3/97 D 6, GB 5)
Beat, Disko, Pop

Siehe auch: Gibb, Barry; Gibb, Andy; Gibb, Robin

Beenie Man

BEENIE MAN v (Jamaika, * 22. 8. 1973 als Anthony Moses Davis in Waterhouse/ Kingston)
Gerade acht Jahre war Beenie, was ein jamakanisches Slangwort für klein ist, als er seine erste Nummer eins in den Charts hatte – allerdings nur auf Jamaika. Während und nach dem Stimmbruch war erst einmal Pause – dann wurde er erneut ein Star in der Dancehall-Szene der Insel. 1997 erhielt er in GB einen Preis als der beste internationale Reggaekünstler. Mit »Who Am I« hatte der ›Kleine Mann‹ seine erste Hitnotierung in GB. Als Gast von Jamelia gelang Beenie der Hit »Money« (3/00 GB 5), zusammen mit Mya »Girls Dem Sugar« (3/01 GB 13).

Who Am I (3/98 GB 10)
Reggae

Siehe auch: Jamelia

Bega, Lou

LOU BEGA v (Deutschland, * 13. 4. 1975 als David Lubega in München)
Mit »Mambo No. 5 (A Little Bit Of...)« gelang ihm seine erste Hitnotierung. Lous Mutter ist Sizilianerin, der Vater kommt aus Uganda. Auch erfolgreich: sein Album »A Little Bit Of Mambo« (7/99 D-LP 3, 9/99 US-LP 3). »Mambo No. 5 (A Little Bit Of...)« basierte auf der Nummer »Mambo No. 5« von Perez Prado aus dem Jahr 1948. Auch in Österreich, Norwegen, der Schweiz, den Niederlanden, Schweden, Belgien, Spanien, Griechenland, Irland, Dänemark, Finnland, Frankreich, Südafrika, Neuseeland, Kanada und Australien wurde »Mambo No. 5 (A Little Bit Of...)« Spitzenreiter in den Charts – er dürfte einer der größten Hits des Jahres 1999 sein. Es folgte »I Got A Girl« (9/99 D 19).
2000 war Lou für den Grammy in der Sparte ›bester männlicher Pop-Sänger‹ nominiert – er verlor gegen Sting. Lous Bemerkung dazu: ›Es ist ja schon mal was, bei so einer Veranstaltung überhaupt dabei zu sein‹. Recht hat der Mann – und gegen Sting zu verlieren, ist ja nicht sooo

schlimm. Für »Mambo No. 5« einen Nachfolger zu finden war schlimmer. Im Mai 2001 versuchte er es mit dem Titel »Gentleman« (5/01 D 35). Es folgte das Album »Ladies And Gentlemen«. Ein großer Fan des Albums war offensichtlich Muhammed VI., König von Marokko. Der hatte ihn am 21. 8. 2001 zu seinem 38. Geburtstag als Stargast eingeladen und ihn von einem Auftritt in Polen extra mit seiner Privatmaschine abholen lassen.

Mambo No. 5 (A Little Bit Of...) (5/99 GB 1, D 1; 8/99 US 3)
Pop

Bell, Archie & The Drells

LEE BELL (USA), ARCHIE BELL v (USA, * 1. 9. 1944 in Henderson/Texas), CORNELIUS FULLER, WILLIE PARNELL (USA, * 12. 4. 1945), L.C. WATTS, JAMES WISE (USA, * 1. 5. 1948)
Diese Gruppe fand sich 1965 in Henderson, Texas, der Heimatstadt von Bell, noch während der gemeinsamen Schulzeit zusammen. Ihre erste Platte machten sie 1967. Im Frühjahr 1968, die Soulmusik war gerade auf ihrem Höhepunkt, hatten sie mit dem Titel »Tighten Up« einen Millionseller. Ursprünglich war es die B-Seite einer Single der Formation. Ein Discjockey hatte die Platte umgedreht und begonnen, die andere Seite zu spielen. Nach »I Can't Stop Dancing« ging es langsam, aber sicher wieder bergab. Das lag u. a. daran, dass Archie Bell zum Zeitpunkt der Hits in der Armee war, sich in Vietnam verletzte und davon erholen musste, so dass er nicht öffentlich auftreten konnte. Für Livekonzerte hatte man einen Musiker engagiert, der den Part von Bell spielte – vom Band kam Archie. Nach 1970 war der Erfolg dahin, später gestartete Neuversuche in den USA scheiterten. Zumindest in GB hatten sie mit »(There's Gonna Be) A Showdown« (12/68 US 21, 1/73 GB 36), »Here I Go Again« (10/72 GB 11) und »Soul City Walk« (5/76 GB 13) noch Top-40-Hits. An der Ostküste der USA war Archie auch Anfang der 90er Jahre immer noch als Sänger unterwegs.

Tighten Up (3/68 US 1)
I Can't Stop Dancing (7/68 US 9)
Rhythm & Blues

Bell, William

WILLIAM BELL v (USA, * 16. 7. 1939 als William Yarborough in Memphis/Tennessee)
1953 schon soll er, 14-jährig, in der Band von Rufus Thomas mitgespielt haben. 1957 gehörte er zu den Gründern der Band Del Rios. Später sang er im Orchester von Phineas Newborn. Zwischen 1962 und Mitte 1965 war er in der US-Army und setzte danach seine Solokarriere, mit der er bereits 1961 mal kurz begonnen hatte, weiter fort. »Private Number« sang er im Duett mit Judy Clay, als Solist den Millionseller »Tryin' To Love Two«. Inzwischen war er Besitzer der von ihm gegründeten Plattenfirmen Peach Tree und Wilbe. Bei Letzterer erschienen ab Mitte der 80er Jahre seine Platten.
Seine Komposition »I Forgot To Be Your Lover« (1/69 US 45) wurde mit Billy Idol als »To Be A Lover« (10/86 US 6, 10/86 GB 22, 10/86 D 28) ein weltweiter Hit.

Private Number (11/68 GB 8)
Tryin' To Love Two (2/77 US 10)
Soul

Bell & Spurling

In Zeiten der mobilen Telefone – witzigerweise in Deutschland auch Handy genannt – waren viele sehr ungeschickt hingefummelte Melodiechen nur für die Ohren der Kids bestimmt. »Sven Sven Sven« schien für die Mobiles auch wie geschaffen. Bell & Spurling war ein Komödianten-Duo, das mit diesem Song »Sven Sven Sven« eine Verbeugung vor dem neuen Trainer der englischen Nationalmannschaft machen wollte, der Sven Goran Eriksson hieß – und da wären wir ja schon wieder beim Handy.

Sven Sven Sven (10/01 GB 7)
Pop

Bell Biv DeVoe

RICKY BELL v (USA, * 18. 9. 1967 in Boston), MICHAEL BIVINS v (USA, * 10. 10. 1968 in Boston), RONNIE DEVOE v (USA, * 17. 11. 1967 in Boston)
Maurice Starr hatte genau den richtigen Riecher, als er sich Anfang der 80er Jahre sagte, dass eine Kindertruppe wie die Osmonds oder die Jackson 5 in den USA fehlte. Um den schwarzen und weißen Markt zu bedienen, suchte er sich Kinder, die er zu Bands zusammenschließen konnte. In Boston fand er fünf Jungs, die zwischen 13 und 15 Jahre alt waren, und machte mit ihnen 1983 New Edition. Diese Formation war vom Gründungsjahr bis 1989 recht erfolgreich. Drei ehemalige Mitglieder von New Edition gründeten 1990 ihre eigene Band, die sie nach ihren Nachnamen benannten. Ihre Musik: Hip-Hop-Beats, gemischt mit Rap und Gesang. Bei ihrer zweiten Platten ließen die drei auf die Hülle drucken: ›Our music is mentally hip-hop, smoothed out on the R&B tip with a pop feel appeal to it.‹ Von Maurice Starr hat Michael Bivins gelernt, wie man Kindertruppen aufbaut. Er förderte Another Bad Creation. Die Band, die nach Ansicht von Maurice Starr den weißen Markt bedienen sollte, war übrigens New Kids On The Block. Als Gäste von Luther Vandross und Janet Jackson waren Bell Biv DeVoe auf »The Best Things In Life Are Free« zu hören. Ihr erfolgreichstes Album erhielt vierfach Platin: »Poison« (4/90 US-LP 5, 9/90 GB-LP 35). Weitere erfolgreiche Alben waren »WBBD – Bootcity! The Remix Album« (9/91 US-LP 18) und »Hootie Mack« (7/93 US-LP 19).
Was immer sie geritten haben mag: 1996 kam New Edition wieder zusammen. Nicht nur dass die fünf Urmitglieder dabei waren, als Sechster machte auch noch Johnny Gill mit. Weitere Informationen unter New Edition.

Poison (4/90 US 3)
Do Me! (6/90 US 3)
The Best Things In Life Are Free (5/92 US 10; 8/92 D 8, GB 2)
HipHop, Rhythm & Blues

Bell Book & Candle

ANDY BIRR v, g (Deutschland), JANA GROSS v (Deutschland), HENDRIK RÖDER b (Deutschland)
Im Mai 1997 wurde die Single »Rescue Me« veröffentlicht – und jeder war der Meinung, das sei eine neue Single der Cranberries oder von Sheryl Crow. Falsch: Bell Book & Candle sind aus Berlin und wurden dort vom Team ›turbo beat‹ betreut. Langsam kletterte die Platte in die deutsche Hitparade und erreichte im Oktober die Top 10. Andy Birr ist der Sohn des Puhdys-Gitarristen und -Sängers Dieter Birr. Auch Hendrik Röder stammt aus einer musikalischen Familie. Jana kellnerte in der Stammkneipe der beiden. Irgendwann entstand die Idee, ein Trio zu gründen. Mit einem so schnellen Erfolg hatten die drei allerdings nicht gerechnet. Am 26. 1. 1998 erschien ihr Debütalbum »Read My Sign« (2/98 D-LP 4). Darauf mit drei Ausnahmen Eigenkompositionen. Ein Titel stammte von Sheryl Crow: »Destiny«. Mit einem Nachfolgehit tat sich die Gruppe schwer.

Rescue Me (8/97 D 3)
Pop

Bellamy Brothers

DAVID BELLAMY v (USA, * 16. 9. 1950 in Darby/Florida), HOWARD BELLAMY (USA, * 2. 2. 1946 in Darby/Florida)

Die Bellamy Brothers absolvierten bereits 1958 ihre ersten professionellen Auftritte. Bis sie richtig Erfolg haben sollten, dauerte es noch eine geraume Zeit. Als Songschreiber hatte David 1973 den Millionseller »Spiders And Snakes«, gesungen von Jim Stafford. 1976 gelang ihnen mit »Let Your Love Flow« ein weltweiter Hit. Nach »If I Said You Had A Beautiful Body Would You Hold It Against Me« tauchten sie fast ausschließlich in den US-Country-Charts auf. Mit »Too Much Is Not Enough« (1986) und »Kids Of The Baby Boom« (1987) belegten sie dort Platz 1. In den 90er Jahren war der Deutsche Ralph Siegel ihr Produzent.

Let Your Love Flow (1/76 US 1; 4/76 D 1, GB 7)
If I Said You Have A Beautiful Body Would You Hold It Against Me (8/79 GB 3)
Country, Schlager

Belle Epoque

MARCIA BRISCUE v, EVELYNE LENTON v, JUSY FORTES LISBOA v

Als sich die Diskoszene Ende der 70er Jahre ihrem Ende zuneigte, schaffte es das weibliche Disko-Trio Belle Epoque, das angeblich aus Paris stammte, mit einer verhunzten Version des Los-Bravos-Hits »Black Is Black« in die Hitparaden. Gemanagt wurden die drei durch eine Firma, die in Italien ansässig war. Das Stück, ›angeregt‹ durch die Erfolge von Silver Convention, war eine Beleidigung für die Ohren und wohl nur in Diskotheken mit voller Lautstärke und im Colarausch zu genießen.

Black Is Black (9/77 D 2, GB 2)
Miss Broadway (12/77 D 8)
Disko

Belle Stars

STELLA BARKER g (Großbritannien, * 6. 9. 1954), CLARE HIRST key, sax (Großbritannien), MIRANDA JOYCE sax (Großbritannien, * 26. 7. 1962), JENNIE MCKEOWN v (Großbritannien), SARAH-JANE OWEN g (Großbritannien), JUDY PARSONS d (Großbritannien), LESLEY SHONE b (Großbritannien)

Diese Frauenband kam mit dem Beginn der 80er Jahre und auf dem Höhepunkt der Two-Tone-Music à la Specials und Madness als Bodysnatchers zusammen. Mit »Let's Do Rock Steady« (3/80 GB 22) gelang ihnen ein Hit. Nachdem Two Tone abflaute, war es an der Zeit, die musikalische Richtung zu ändern. Sowohl bei den Bodysnatchers als auch bei den Belle Stars, die man als Nachfolgegruppe ansehen kann, waren jeweils sieben Mädchen. Trotzdem erfolgten zwischen Bodysnatchers und Belle Stars einige personelle Veränderungen. Ab 1982 waren sie international erfolgreich. Ihr Song »Iko Iko« (6/82 GB 35, 3/89 US 14, 5/89 D 30) wurde später für den Film »Rain Man« wieder neu aufgelegt. »The Clapping Song« (7/82 GB 11) und »Sweet Memory« (4/83 GB 22) blieben die einzigen weiteren Notierungen. 1986 schrumpfte die Gruppe auf nur noch drei Mitglieder – Sarah-Jane, Miranda und Lesley. Ihr erfolgreichstes Album hieß »The Belle Stars« (2/83 GB-LP 15).

Sign Of The Times (1/83 GB 3)
Pop

Bellini

GOTTFRIED ENGELS (Deutschland), RAMON ZENKER (Deutschland, * 11. 11. 1968 in Willich)

Hinter dem Gruppennamen dieses Kölner Projektes verstecken sich die Bellini Brothers, zu denen Gottfried Engels und Ramon Zenker gehören. Engels hatte Erfolge als Produzent hinter Zhi-Vago, Zenker war der Lenker hinter Celvin Rootane, Interactive, Perplexer oder auch Hardfloor. Der Song ist eine Mischung aus Samba-Elementen, brasilianischen Vocals und House-Beat. Dargestellt wurde die Nummer von fünf Tänzern und Tänzerinnen: dem Marokkaner Mustafa Makhoufi, der 1994 die ›Bravo Girl & Boy-Wahl‹ gewann, der Brasilianerin Dandare Santos-Silva, der Deutschen Tanja Niethen, der Indonesierin Dewi Sulaeman und der Thailänderin Khoei-Arsa-On-Uma – alle Figuren sind jedoch jederzeit austauschbar, da sie für den Sound der Aufnahmen nicht notwendig sind. Die Vorlage zu »Samba De Janeiro« wurde durch den brasilianischen Spitzenmusiker Airto Moreira und dessen »Celebration Suite« geliefert. Zumindest für Tanja Niethen war Bellini ein schönes Sprungbrett: Sie ist inzwischen die Frau von Joey Kelly.

Samba De Janeiro (6/97 D 2; 9/97 GB 8)
Dance

Bells

CHARLES CLARKE g (Kanada), CLIFF EDWARDS v (Kanada), DOUG GRAVELLE d (Kanada), JACKI RALPH v (Kanada), MICHAEL WAYE b (Kanada), DENNIS WILL key (Kanada)
Die Gruppe wurde 1965 gegründet, als Jacki Ralph Cliff Edwards auf einer Skipiste in der Nähe ihrer Heimatstadt Montreal traf. Sie sang in einer Folkgruppe, während er Rock 'n' Roll spielte. Sie entschieden sich, einiges zusammenzuschmeißen, so z. B. ihre musikalischen Talente. Ab 1968 waren sie in Kanada erfolgreich, und mit »Stay Awhile« hatten sie bereits einen Millionseller, bevor auch nur eine US-Radiostation den Titel gespielt hatte. Im Gegensatz zu dem in Kanada zu dieser Zeit vorherrschenden wilden Rock war die Musik der Bells zart und einfühlsam – aber schlussendlich auch ein weiteres One-Hit-Wonder.

Stay Awhile (3/71 US 7)
One Hit Wonder, Pop

Beloved

GUY GOUSDEN d (Großbritannien), TIM HARVARD b (Großbritannien), HELENA MARSH v (Großbritannien), JON MARSH v, g (Großbritannien, * 3. 3. 1965), STEVE WADDINGTON g, key (Großbritannien)
1983 starteten Jon, Guy und Tim als Journey Through. Ein Jahr später kam der Cambridge-Student Steve als vierter Mann hinzu, und man benannte sich um in Beloved. Aus der ursprünglichen Psychedelicband wurde nun eine mehr Poporientierte Gruppe. Nachdem sie von John Peel in dessen BBC-Sendung eingeladen worden waren, veröffentlichten sie vier Singles auf einem britischen Independent Label. 1988 trennten sich Guy und Tim von Beloved. Das verbleibende Duo aus Jon Marsh und Steve Waddington erhielt einen Vertrag bei einer der großen britischen Firmen. »The Sun Rising« (10/89 GB 26, 8/97 RE-GB 31) war ihre erste Bekanntschaft mit den Charts. Nachfolger wurde »Hello« (1/90 GB 19). Nach einigen weiteren, nicht sonderlich erfolgreichen Singles schien Beloved in eine Sackgasse geraten zu sein. Steve trennte sich 1991 von Jon und wurde durch dessen Frau Helena ersetzt. Der Versuch des Ehepaares Marsh, eine Synthese aus Pop und House zu finden, wurde von den beiden perfektioniert. Sie schrieben und produzierten »Sweet Harmony«. Weitere Hits hatten sie mit »You've Got Me Thinking« (4/93 GB 23), »Outer Space Girl« (8/93 GB 38) und »Satellite« (3/96 GB 19). Ihre erfolgreichsten Alben waren »Happiness« (3/90 GB-LP 14) und »Conscience« (2/93 GB-LP 2).

Sweet Harmony (1/93 GB 8; 3/93 D 6)
Pop

Ben

GIM v (Indien, * 3. 4. 1981 in Cochin), BEN v (Südkorea, * 15. 5. 1981 als Bernhard Albrecht Matthias Lasse Blümel in Berlin)
Sieben Jahre lang spielte Ben Cello, bevor er mit 16 anfing zu singen, auf Schulveranstaltungen auftrat und Gesangs–, Schauspiel- und Tanzunterricht an der Hochschule der Künste nahm. Im November 2001 schrieb er »Engel« und suchte mit Hilfe des ProSieben Moderators Andreas Türck in der Sendung ›Love Stories‹ eine einfühlsame Duettpartnerin. Sie wurde in der deutsch-indischen Sängerin Gim aus Köln gefunden. Seine Plattenfirma schrieb zur Single: ›Von Ben wird man 2002 noch viel hören. Unter anderem wird er auch sein Talent als Hauptdarsteller in einem großen neuen deutschen Kinofilm unter Beweis stellen können.‹

Engel (2/02 D 2)
Pop

Benatar, Pat

PAT BENATAR v (USA, * 10. 1. 1953 als Patricia Andrzejewski in Lindenhurst/ Long Island/New York)
Als sie 1979 ihre erste Platte veröffentlichte, wurde Pat Benatar von ihrer Plattenfirma als ›die neue Rocksängerin‹ bezeichnet. Als ihre Idole gab sie die englischen Rocksänger Robert Plant, Roger Daltrey und Paul Rogers an. Denen versuchte sie auch ansonsten nachzueifern: ›Ich versuche, mich so maskulin wie sie zu geben, doch im Endeffekt wirkt auch das bei mir sehr feminin.‹ Zu ihren Rockerrequisiten zählten ab sofort Lederjacke und Stilettos.
Eine weitere Aussage der ›Kleinen mit der großen Stimme‹: ›Ich mag keinen Unsinn singen oder Reimchenlieder trällern. Mein Grundsatz lautet: Jeder Song muss meiner Philosophie entsprechen, sonst kann ich nichts mit ihm anfangen!‹ Für ihr Debütalbum »In The Heat Of The Night« (10/79 US-LP 12) schrieben Nicky Chinn und Mike Chapman Songs, die schon hochphilosophische Nummern für Smokie und Sweet verfassten. »Crimes Of Passion« (8/80 US-LP 2) brachte ihr einen ersten Grammy für das beste Album des Jahres 1980, und in den drei darauffolgenden Jahren wurde sie jeweils mit dem Grammy für die ›Best Female Rock Vocal Performance‹ ausgezeichnet. Mit Titeln wie »Hit Me With Your Best Shot« 1980 und »Love Is A Battlefield« 1983 hatte sie zwei Millionseller in den USA.
Im Film »Union City« sah man sie auch als Schauspielerin. 1989 spielte sie in der ABC-TV-Serie ›Torn Between Two Fathers‹. 1990 zog man Bilanz: mehr als 30 Millionen verkaufte Platten. Ihre weiteren Erfolgsalben: »Precious Time« (7/81 US-LP 1, GB-LP 30), »Get Nervous« (11/82 US-LP 4), »Live From Earth« (10/83 US-LP 13, 2/84 D-LP 7), »Tropico« (11/84 US-LP 14, GB-LP 31, D-LP 26), »Best Shots« (11/87 GB-LP 6, 11/89 US-LP 67) und »Wide Awake In Dreamland« (7/88 US-LP 28, GB-LP 11).

Hit Me With Your Best Shot (10/80 US 9)
Love Is A Battlefield (9/83 US 5; 2/84 D 3)
We Belong (10/84 D 9, US 5)
Invincible (7/85 US 10)
Rock

Bendix, Ralf

RALF BENDIX v (Deutschland, * 16. 8. 1924 als Karl-Heinz Schwab in Dortmund)
Am Düsseldorfer Flughafen war der studierte Jurist und Volkswirt Direktor der

deutschen Niederlassung der US-Fluggesellschaft TWA. Mitte der 50er Jahre sammelte er in einer regionalen Fernsehsendung in Pittsburgh Erfahrungen als Sänger. Hier in Deutschland machte er sich einen Spaß daraus, bei Nachwuchswettbewerben gegen vollgesoffene Witzbolde anzutreten, die besser ihren Gesang in der Badewanne abgelassen hätten. Dagegen wirkte Bendix wie ein professioneller Entertainer. Nachdem er mal wieder einen Nachwuchswettbewerb gewonnen hatte, erhielt er einen Schallplattenvertrag. Mit einer deutschen Version von »16 Tons« als »Sie hieß Mary-Anne« hatte er einen ersten Hit. Bis 1967 tauchte er regelmäßig in den Verkaufscharts auf. Auch als Produzent, Songschreiber und Entdecker weiterer Talente war Bendix recht erfolgreich. So kann der Erfolg von Heino auf ihn zurückgeführt werden.

Sie hieß Mary-Anne (5/56 D 2)
Minne Minne Haha (6/56 D 8)
Wo meine Sonne scheint (11/57 D 8)
Buona Sera (1/58 D 5)
Bambina (6/58 D 8)
Come Prima (11/58 D 5)
Babysitter-Boogie (3/61 D 1)
Striptease-Susi (1/62 D 9)
Mama, hol den Hammer (3/62 D 10)
Deutscher Schlager

Bennato, Edoardo

EDOARDO BENNATO v (Italien, in Neapel)
Als Edoardo Bennato zusammen mit Gianna Nannini und dem Titel »Un Estate Italiana« die deutsche Hitparade erreichte, mag er für unsere Ohren ein neuer Name gewesen sein. In Italien aber erschien 1974 seine erste LP, und er wurde dort im Laufe der nächsten Jahre ein Superstar.Seine Karriere hatte der Ex-Architekturstudent in den ausklingenden 60er Jahren als Straßenmusiker in London begonnen. Erst 1973 kehrte er nach Italien zurück. »Un Estate Italiana« wurde wohl auch nur bei uns so ein großer Erfolg, weil es die Hymne zur Fußballweltmeisterschaft 1990 in Italien war. Seine Musik, so hat die ›Münchner Abendzeitung‹ geschrieben, ›macht klar, wo er wirklich steht: ganz nah bei internationalen Größen wie Huey Lewis oder Bruce Springsteen‹. Ende 1991 erschien mit »Il Paese Dei Balocchi« auch bei uns eine LP, die zeigte, was Edoardo alles draufhat. Wunderschön das Stück »Here Comes Bo Diddley«, bei dem er mit dem amerikanischen Altmeister zusammen spielt und singt. Im Titelstück zu ›Spielzeugland‹ beleuchtet er ironisch die italienischen Verhältnisse und setzt sich mit dem zeitgemäßen Problem der Asylantenfrage auseinander. In einem anderen Song geht es um das Ende des Kommunismus oder um Musiker, die sich selbst zu Märtyrern ernennen und hintenrum Stargagen kassieren. Edoardo Bennato ist ohne Zweifel in die Reihe der intelligenten Rock 'n' Roller zu stellen. Einsichten zu vermitteln, Verständnis zu wecken – das sind zentrale Anliegen von Edoardo. Deshalb auch seine Forderung, dass seinen im Ausland erscheinenden Platten Übersetzungen der Songtexte beiliegen müssen. Zu Zeiten der LPs wurde das meist eingehalten, mit dem Aufkommen der CDs wurde es jedoch wohl vergessen. 1995 veröffentlichte er mit »Le Ragazze Fanno Grandi Sogni« ein weiteres gelungenes Album. Die Songs für dieses Album hatte er nach einem schweren Autounfall geschrieben und betrachtete sie als eine Art Wiedergeburt in künstlerischer und persönlicher Hinsicht.

Un Estate Italiana (6/90 D 2)
Rock

Bennett, Cliff

CLIFF BENNETT v (Großbritannien, * 4. 6. 1940 in Slough/Berkshire)

Eine Mixtur aus Rock 'n' Roll und R&B – das schwebte dem Briten Cliff Bennett vor, als er 1959 seine Band Rebel Rousers, benannt nach einem Hit von Duane Eddy, gründete. Zur Gruppe gehörten zeitweilig Musiker wie Frank Allen – später Leadsänger der Searchers –, Roy Young, Nicky Hopkins oder Chas Hodges. 1961 veränderte Cliff den Sound seiner Band, indem er zwei Bläser aufnahm. Das hörte Joe Meek, der sie daraufhin produzierte. Die Aufnahmen wurden keine Hits, weil sich zu diesem Zeitpunkt Beat mit Bläsersätzen nicht durchsetzen konnte. Nachdem die erste Liverpoolwelle abgeebbt war, kam mit »One Way Love« 1964 und dem Beatles-Cover »Got To Get You Into My Life« 1966 der Erfolg. 1968 trennte sich die Gruppe. Cliff gründete zunächst Toe Fat, 1971 Cliff Bennett's Rebellion und 1974 Shanghai. Dann war Cliff es leid, als Musiker durch die Lande zu ziehen. Ende der 70er Jahre verließ er das Showgeschäft und fand einen Job bei der P&O Shipping Line. Dort war er so erfolgreich – speziell mit seinen Kunden im Mittleren Osten –, dass er schließlich eine eigene Schifffahrtsgesellschaft gründete. Hin und wieder trat er bis zum Ende der 90er Jahre immer wieder mit einer reformierten Gruppe Rebel Rousers auf, ohne aber sein anderes Standbein zu vernachlässigen.

One Way Love (10/64 GB 9)
Got To Get You Into My Life (8/66 GB 6)
Rhythm & Blues, Rock 'n' Roll

Benson, George

GEORGE BENSON v, g (USA, * 22. 3. 1943 in Pittsburgh/Pennsylvania)
Ob Pop oder Jazz, Rock oder Funk, George Benson dürfte alles können. Dabei wird jedoch deutlich, dass sein Gitarrenstil sehr von Wes Montgomery beeinflusst wurde. In seinen Jugendjahren machte er Rhythm & Blues und nahm schon 1954 seine erste Platte auf. Als 19-Jähriger war er Begleiter von Brother Jack McDuff, und in den frühen 70er Jahren er Hausmusiker der Plattenfirma CTI Records. Für etliche Jahre gehörte George nun der Sparte Jazz an. Das wird jedoch in den USA nicht so eng gesehen. 1976 tauchte er in den Pophitparaden auf. Inzwischen sang er auch.
Von Benson kauften sich die Fans jedoch noch lieber Alben als Singles. Seine erfolgreichsten: »Breezin'« (4/76 US-LP 1), »In Flight« (2/77 US-LP 9, 3/77 GB-LP 19), »Weekend In L.A.« (2/78 US-LP 5), »Livin' Inside Your Love« (3/79 US-LP 7, GB-LP 24), »Give Me The Night« (7/80 GB-LP 3, 8/80 US-LP 3), »The George Benson Collection« (11/81 US-LP 14, GB-LP 19), »In Your Eyes« (6/83 GB-LP 3, US-LP 27), »20/20« (1/85 GB-LP 9, 2/85 D-LP 40), »The Love Songs« (10/85 GB-LP 1), »While The City Sleeps ...« (9/86 GB-LP 13), »Twice The Love« (9/88 GB-LP 16) und »Essentials ... The Very Best Of George Benson« (4/98 GB-LP 8).

This Masquerade (6/76 US 10)
On Broadway (3/78 US 7)
Give Me The Night (7/80 GB 7, US 4)
Love X Love (10/80 GB 10)
Turn Your Love Around (10/81 US 5)
In Your Eyes (9/83 GB 7)
Jazz, Pop, Rhythm & Blues

Benton, Brook

BROOK BENTON v (USA, * 19. 9. 1931 als Benjamin Franklin Peay in Camden/South Carolina, † 9. 4. 1988)
1953 machte Brook Benton seine erste Soloplatte. Vorher hatte er mit den Camden Jubilee Singers, Bill Langford's Langfordairs, den Jerusalem Stars und The Sandmen gesungen. Die ersten fünf Jahre als Solist waren recht erfolglos. Mit dem selbst geschriebenen Song »It's Just A

Matter Of Time« erreichte er erstmals die Top 10. Die Zeitspanne seiner Hitparadeneintragungen reichte für den ausgezeichneten Soft-Soul- und R&B-Sänger bis in das Jahr 1970. Besonders schön sind seine Duette mit Dinah Washington: »Baby (You've Got What It Takes)« und »A Rockin' Good Way (To Mess Around And Fall In Love)«. Anhörenswert sein »Hotel Happiness« und der Millionseller »Rainy Night In Georgia«, geschrieben von Tony Joe White. In »The Boll Weevil Song« setzte er dem Baumwollkapselkäfer ein musikalisches Denkmal. Durch die 70er Jahre machte er weiter Plattenaufnahmen und trat auch bis in die 80er Jahre live auf. Mit 56 Jahren erkrankte er an Rückenmarksmeningitis und starb an einer daraus resultierenden Lungenentzündung.

It's Just A Matter Of Time (1/59 US 3)
So Many Ways (10/59 US 6)
Baby (You've Got What It Takes) (1/60 US 5)
A Rockin' Good Way (To Mess Around And Fall In Love) (5/60 US 7)
Kiddio (8/60 US 7)
The Boll Weevil Song (5/61 US 2)
Hotel Happiness (11/62 US 3)
Rainy Night In Georgia (1/70 US 4)
Rhythm & Blues, Soft Soul

Berger

SASCHA BERGER (Deutschland, * 7. 5. 1976 in Saarbrücken)
Berger ist der Sohn von Norbert und Jutta Berger, die als Cindy & Bert in den 70er Jahren erfolgreich waren. Im Oktober 1999 erschien mit »Heiligenschein« seine Debütsingle. An Text und Musik hatte er mitgearbeitet. Im Gegensatz zu seinen Eltern wurde er recht deutlich: ›Traut nicht meinem Heiligenschein, Mütter sperrt die Töchter ein.‹ Oder ›Ich hab mehr Porno im Kopf als Sarah Young zwischen den Beinen‹ – und das nicht nur immer wieder sonntags. Es folgte »Besser als das Letzte« im Frühjahr 2000, und dann schaffte er mit dem Erkennungssong der zweiten »Big Brother«-Staffel einen Hit. Danach erst einmal nichts mehr – ein weiteres Big-Brother-Opfer?

Zeig mir dein Gesicht (10/00 D 2)
Pop

Siehe auch: Cindy & Bert

Berghagen, Lars

LARS BERGHAGEN v (Schweden, * 13. 5. 1945 in Stockholm)
In seinem Heimatland war Lars Berghagen ab Mitte der 60er Jahre ein erfolgreicher Sänger, der die meisten seiner Songs selbst komponiert und getextet hat. Er hatte dort eine eigene TV-Show und wurde bei uns durch seine Zusammenarbeit mit Wencke Myhre bekannt. Mitte der 70er Jahre glaubte man, ihn auch als Schlagerstar in Deutschland starten zu können. Zumindest einmal gelang ihm mit »Es war einmal eine Gitarre« ein internationaler Hit. Und zurück in die Fjorde.

Es war einmal eine Gitarre (4/75 D 9)
Deutscher Schlager

Berlin

ROB BRILL d (USA, * 21. 1. 1956), JOHN CRAWFORD b (USA, * 17. 1. 1960), DAVID DIAMOND syn (USA), TERRI NUNN v (USA, * 26. 6. 1961), RICK OLSEN g (USA, * 20. 8. 1956), MATT REID key (USA, * 15. 4. 1958)
John Crawford gründete diese Formation im Sommer 1979 in Los Angeles. In den folgenden zwei Jahren sollte die Besetzung ständig wechseln, bis man Mitte 1981 zu einer einigermaßen permanenten Besetzung kam. Obige Besetzung hatte 1983 die ersten Erfolge. 1986 – wohl weil es das Liebesthema aus dem Film »Top Gun« war – hatte der Titel »Take My Breath Away« weltweit Erfolg.

Wer aber nun glaubte, Berlin könne diesen wiederholen, irrte sich. Die Sängerin Terri Nunn verließ 1987 die Gruppe und versuchte sich als Solistin. Damit fielen alle Beteiligten in die Bedeutungslosigkeit zurück.
Berlins erfolgreichste Alben waren »Pleasure Victim« (2/83 US-LP 30) und »Love Life« (3/84 US-LP 28).

Take My Breath Away (6/86 US 1; 9/86 GB 1, D 3; 10/90 GB 3)
Elektro-Pop

Berri

BERRI v (Großbritannien, als Rebecca Sleight in Beverly/Hull)
Berri wurde in einem Club in Leeds von C. Saunders und R. Llyod, zwei Produzenten des Labels Three Beat Music, entdeckt. Die beiden hatten bereits als New Atlantic in den Charts gestanden: »I Know« (2/92 GB 12) und »Take Off Some Time« (11/94 GB 26). Die drei zusammen machten eine Neuaufnahme des Songs »Sunshine After The Rain« (11/94 GB 26), der ein Top-10-Hit mit Elkie Brooks gewesen war, und nannten sich New Atlantic/U4EA featuring Berri. Im Sommer 1995 nahmen sich die beiden Produzenten den Titel noch einmal vor, machten einen Remix und veröffentlichten das Stück erneut. Diesmal wurde als Interpretin nur Berri genannt. Nachfolge-Hit wurde »Shine Like A Star« (12/95 GB 20). Immerhin hatte Berri zu diesem Zeitpunkt mit http:/www.connect.org.uk/3beat/berri ihre eigene Seite im Internet – was hat es ihr genutzt?

The Sunshine After The Rain (9/95 GB 4)
Pop

Berry, Chuck

CHUCK BERRY v, g (USA, * 18. 10. 1926 als Charles Edward Anderson Berry in St. Louis)
Als 1986 in St. Louis sein 60. Geburtstag gefeiert wurde, kamen u. a. Eric Clapton, Keith Richards, Robert Cray, Etta James und Linda Ronstadt zu einem Konzert zu seinen Ehren. Chuck Berry ist zeit seines Lebens ein Geschäftsmann gewesen. Aus diesem Grunde wurde dieses Ereignis als »Hail Hail Rock 'n' Roll« verfilmt. Berry gilt als der Mann, der dem Rock 'n' Roll auf die Beine geholfen hat. Als er 1955 seine ersten Platten aufnahm und mit »Maybellene« einen Hit in den USA hatte, schuf er etwas, was nicht nur die Rock-, sondern auch die Country-Fans mochten. Und gerade die Country-Music-Freunde wussten nicht, dass der Sänger des Liedes ein Farbiger war. Er wurde noch lange nach diesem Erfolg von Clubs im Süden der USA gebucht und dann nicht zum Auftritt zugelassen, weil die Besitzer erst an der Tür feststellten, dass Chuck Berry ja ein Schwarzer war. Über die Schwierigkeiten, die er am Anfang seiner Karriere und in seiner Jugendzeit hatte, hat er in seiner Autobiografie geschrieben. Darin erfährt man, dass er sein Leben und seinen Erfolg voll ausgekostet hat. Das brachte ihn mehrfach ins Gefängnis. In diesem Buch schreibt er auch, welche Begebenheit ihn auf welchen Song gebracht hat. Und da ist natürlich auch von »Johnny B. Goode« die Rede. Man hatte es vorher schon immer vermutet, aber jetzt wurde es Gewissheit: Johnny B. Goode, der Junge vom Lande, trägt autobiografische Züge. Chuck wollte schon in frühester Jugend ein geachteter Gitarrenspieler werden und übte sich die Finger wund. Es ist die Geschichte eines Jungen, der es schließlich zu ›Fame and Fortune‹ brachte. Zuerst sollte die Zeile heißen ›a colored boy named Johnny B. Goode‹, aber dann hatte er doch Angst, die weißen Fans würden das nicht mögen, und machte aus ›colored‹ ›country‹. Als »Johnny B. Goode« auf den Markt kam, war Chuck Berry bereits ein gemachter Mann und

hatte Titel wie »Roll Over Beethoven« oder »Sweet Little Sixteen« in die Hitparaden gebracht. Kaum einer der großen Rock- und Beatmusiker Anfang der 60er Jahre nannte nicht Chuck Berry als sein großes Vorbild. Ob Beatles oder Rolling Stones – sie spielten in ihren Anfangstagen Titel von ihm auch auf Platte nach. Was irgendwann ob seiner vielen erfolgreichen Songs in Vergessenheit geraten ist: Chuck Berry war ein einflussreicher Gitarrist. So spielen wie er, das wollten John Lennon, Keith Richards oder Eric Clapton. Im Februar 1985 bekam er einen Grammy für sein Lebenswerk. In der Laudatio hieß es, er sei einer der einflussreichsten und kreativsten Köpfe in der Geschichte der amerikanischen Populärmusik, ein Komponist und Künstler, dessen Talent wesentlich zur Entwicklung des Rock 'n' Roll zu einer der wichtigsten Musikrichtungen beigetragen hat. Als 1986 die Rock and Roll Hall of Fame eröffnet wurde, gehörte Chuck Berry zu den ersten, die aufgenommen wurden. Mitte 1989 wurde in St. Louis – ähnlich wie in Hollywood – ein Walk of Fame eingerichtet, und Chuck befand sich unter den ersten 10, die dort gewürdigt wurden. Auch in den 90er Jahren spielt Chuck Berry regelmäßig und ist weltweit auf Tournee. Im September 1995 spielt er bei einem Benefizkonzert für die Rock and Roll Hall of Fame in Cleveland. Er wird begleitet von Bruce Springsteen und der E-Street Band.
Die weiteren Hits außerhalb der Top 10: »Roll Over Beethoven« (6/56 US 29, 11/63 D 31), »Carol« (8/58 US 18), »Almost Grown« (3/59 US 32), »Back In The U.S.A.« (6/59 US 37), »Go Go Go« (7/63 GB 38), »Run Rudolph Run« (12/63 GB 36), »Nadine (Is It You?)« (2/64 GB 27, 3/64 US 23), »You Never Can Tell« (8/64 US 14, 8/64 GB 23), »Promised Land« (1/65 GB 16) und »Reelin' & Rockin'« (12/72 US 27, 2/73 GB 18). Sein größter Hit »My Ding-A-Ling« hatte mit Rock 'n' Roll allerdings recht wenig zu tun. Dieser Titel und der Nachfolger waren beide am 3. 2. 1972 beim Lanchester Arts Festival in Coventry/Großbritannien aufgenommen worden. Begleitet wurde er von der damaligen Besetzung der Average White Band.
Seine erfolgreichsten Alben waren »Chuck Berry« (5/63 GB-LP 12), »Chuck Berry On Stage« (8/63 US-LP 29, 10/63 GB-LP 6), »More Chuck Berry« (12/63 GB-LP 9), »His Latest And His Greatest« (5/64 GB-LP 8), »You Never Can Tell« (10/64 GB-LP 18), »The London Chuck Berry Sessions« (6/72 US-LP 8) und »Motorvatin'« (2/77 GB-LP 7).
Seinen 75. Geburtstag feierte er in St. Louis im Club Pageant mit 1500 Gästen. Denen rief er von der Bühne aus zu: ›Ihr sucht euch aus, was ihr hören wollt, und ich spiele es‹. Im Vorprogramm hatte Little Richard gespielt. Wieder so ein Abend, bei dem man gerne dabei gewesen wäre. Bei dieser Gelegenheit kündigte er an, Mitte 2002 ein neues Album veröffentlichen zu wollen.

Maybellene (8/55 US 5)
School Days (4/57 US 3)
Rock And Roll Music (11/57 US 8)
Sweet Little Sixteen (2/58 US 2)
Johnny B. Goode (4/58 US 8)
Let It Rock/Memphis Tennessee (10/63 GB 6)
No Particular Place To Go (5/64 GB 3, US 10)
My Ding-A-Ling (8/72 US 1; 10/72 GB 1)
Rock 'n' Roll

Berry, Dave

DAVE BERRY v (Großbritannien, * 6. 2. 1941 als David Holgate Grundy in Woodhouse/Yorkshire)
Weil David ein glühender Verehrer von Chuck Berry war, gab er sich den Künstlernamen Berry. Ab 1961 hatte er als Backing Group die Cruisers, mit denen er fast ausschließlich Hits von Chuck nachspielte. Im Laufe der Jahre sollten in Daves

Band u. a. Jimmy Page, John Paul Jones, Eric Stewart oder Graham Goldman spielen. Sein erster Hit war eine britische Version von Chuck Berrys »Memphis Tennessee« (9/63 GB 19). Dass man mit Nachziehern auf Dauer keine eigene Karriere aufbauen kann, wurde ihm irgendwann auch klar. Versuche, in den 70er Jahren noch einmal Plattenerfolge zu erzielen, schlugen fehl. 1992 kam ein Film namens »The Crying Game« in die Kinos. Darin ist selbstverständlich auch Dave Berrys Version des Songs zu hören, allerdings auch eine Neuauflage von Boy George. Bis zum Ende der 90er Jahre trat Dave Berry bei Oldie-Veranstaltungen auf. Besonders in den Niederlanden hatte er eine enorme Anhängerschaft.

Crying Game (8/64 GB 5)
Little Things (3/65 GB 5)
Mama (6/66 GB 5)
Pop, Rock 'n' Roll

Berry, Mike

MIKE BERRY v (Großbritannien, * 24. 9. 1942 als Michael Bourne in Northampton)
Wie der bekannte Plattenproduzent Joe Meek war Mike Berry ein Fan von Buddy Holly. Bei Joe Meek ging das Faible für Buddy Holly so weit, dass er sich am 3. 2. 1967, Buddys Todestag, erschoss. Mike Berry beließ es bei einer Nummer, die »Tribute To Buddy Holly« (10/61 GB 24) hieß. Begleitet wurde er von den Outlaws, zu deren Mitgliedern Richie Blackmore und Chas Hodges gehörten. In den 70er Jahren arbeitete er vorwiegend und mit Erfolg als Schauspieler für das britische Fernsehen. Dann stand er im August 1980 plötzlich erneut in den Charts mit »The Sunshine Of Your Smile«, produziert von seinem alten Kollegen Chas Hodges. Mit »If I Could Only Make You Care« (11/80 GB 37) gelang ihm noch ein weiterer Top-40-Hit. Auch durch die 90er Jahre trat er bei den typischen Oldie-Veranstaltungen auf, machte gleichzeitig aber auch immer noch TV-Werbung. 1997 tourte er mit dem Musical »Stupid Cupid« durch GB.

Don't You Think It's Time? (1/63 GB 6)
The Sunshine Of Your Smile (8/80 GB 9)
Pop, Rock 'n' Roll

Berry, Nick

NICK BERRY v (Großbritannien, * 16. 4. 1961 in Woodford/Essex)
Der junge Schauspieler hatte seine erste Hauptrolle in der britischen Seifenoper ›EastEnders‹ als Darsteller eines ehrgeizigen Jugendlichen, der Entertainer werden möchte. Im wirklichen Leben ging dieser Traum in Erfüllung. Danach konzentrierte er sich zunächst weiter auf die Schauspielerei. 1992 spielte er in der Serie ›Heartbeat‹ einen Polizisten und sang dafür auch den Titelsong – die alte Nummer von Buddy Holly.

Every Loser Wins (10/86 GB 1)
Heartbeat (6/92 GB 2)
Pop

Bianco, Bonnie

BONNIE BIANCO v (USA, * 19. 8. 1963 als Lory Lynn Bianco)
Bonnie Bianco sang zusammen mit dem Franzosen Pierre Cosso das von dem italienischen Autorenteam Oliver Onions geschriebene Stück »Stay«, das dann im Fernsehrockmärchen »Cinderella« zu hören war. Die beiden spielten in dieser Kurzserie auch die Hauptrollen. Mit »Miss You So« gelang Bonnie ein Nachfolgehit und mit »Just Me« (6/87 D-LP 7) ein erfolgreiches Album. Danach ging Aschenputtel die Erbsen zählen. Eine begnadete Sängerin war sie nicht.

Miss You So (5/87 D 9)
Stay (3/89 D 1)
Pop

Siehe auch: Cosso, Pierre

Big Country

STUART ADAMSON v, g, syn (Großbritannien, * 11. 4. 1958 in Manchester, † 16. 12. 2001), MARK BRZEZICKI d (Großbritannien, * 21. 6. 1957 in Slough), TONY BUTLER b (Großbritannien, * 13. 2. 1957 in Ealing/London), CLIVE PARKER (Großbritannien), BRUCE WATSON g (Kanada, * 11. 3. 1961 in Timmins/Ontario), ALAN WISHART (Großbritannien), PETER WISHART key (Großbritannien, * 9. 3. 1962 in Dunfermline Fife/Schottland)
Adamson hatte Mitte 1981 frustriert die britische Punkband Skids verlassen. Zusammen mit seinem alten kanadischen Freund Watson wollte er etwas Neues probieren. Im September kam es zur Gründung von Big Country. Es spielten zuerst Peter Wishart – er sollte später zu Runrig gehen –, dessen Bruder Alan und Clive Parker mit. Nachdem sie im Frühjahr 1982 Alice Cooper auf dessen GB-Tournee begleitet und der sie rausgeschmissen hatte, schmiss Adamson seinerseits mit Ausnahme von Watson alle raus. Im April 1982 kam es zu der Besetzung, wie sie oben steht. Ab Februar 1983 war die Band regelmäßig in der britischen Singlehitparade vertreten. Die Band war bis in die 90er Jahre erfolgreich. Auf der 1991 erschienenen LP »No Place Like Home« werden nur noch Adamson, Butler und Watson als feste Mitglieder genannt und auch im Bild gezeigt. Brzezicki spielt aber trotzdem noch mit. Obwohl keins der Mitglieder in Schottland geboren wurde, wird Big Country immer als schottische Band bezeichnet. Das liegt wohl auch am ›Dudelsack‹-Gitarrensound, den die Band häufig anklingen lässt. Die erfolgreichsten Alben: »The Crossing« (8/83 GB-LP 3, 9/83 US-LP 18), »Steeltown« (10/84 GB-LP 1), »The Seer« (7/86 GB-LP 2, D-LP 16), »Peace In Our Time« (10/88 GB-LP 9) und »Through A Big Country – Greatest Hits« (5/90 GB-LP 2).
Am 7. 11. 2001 verabschiedete sich Stuart in Nashville/Tennessee, wo er seit fünf Jahren lebte, von seinem Sohn Callum. Am 15.11. wurde er in Atlanta beim Fußball-Länderspiel Irland gegen den Iran zum letzten Mal gesehen. Danach verlor sich seine Spur. Der Musiker hatte seit längerer Zeit gegen seine Alkoholsucht und Depressionen gekämpft. Er erhängte sich in seinem Hotelzimmer auf Hawaii.

Fields Of Fire (400 Miles) (2/83 GB 10)
Chance (9/83 GB 9)
Wonderland (1/84 GB 8)
Look Away (4/86 GB 7)
Pop, Rock

Siehe auch: Skids

Big Fun

PHILIP CRESWICK v (Großbritannien, * 12. 10. 1965 in Charlwood/Surrey), MARK GILLESPIE v (Großbritannien, * 28. 11. 1966 in Elgin/Schottland), JASON JOHN v (Großbritannien, * 18. 3. 1967 in Coventry/Warwickshire)
Drei Jungs, die aussehen, als wären sie frisch dem Neckermann-Katalog entsprungen und hätten erfolgreich einen Haarstylistenkurs absolviert, müssten doch wohl zu Hitparadenehren kommen. Big Fun galten in den Anfangstagen als Schottlands Antwort auf Bros. Sie waren eine typische Wegwerfproduktion aus dem Haus Stock/Aitken/Waterman.
Ex-2 Top-10-Hits und »Handful Of Promises« (3/90 GB 21) und »You've Got A Friend« (6/90 GB 14) mit dem weiteren S/A/W-Star Sonia – und hopp: zurück an die Kleiderständer. Ihr erfolgreichstes Album war »A Pocketful Of Dreams« (5/90 GB-LP 7).

Can't Shake The Feeling (11/89 GB 8)
Blame It On The Boogie (12/89 GB 4)
Boy Group

Big Mountain

GREGORY T BLAKNEY key, d, TONY CHIN g (Jamaika), LYNN COPELAND b, JEROME CRUZ v, g, SANTA DAVIS d (USA), SHANI HARRIOTT v, MICHAEL HYDE key (USA), MIKE LUALLIN b, JAMES MCWHINNEY v, per, QUINO MCWHINNEY v, g, per, MANFRED REINKE v, p, org, LANCE RHODES d, WILLIAM SHIVELY b (USA), BILLY STOLL key

Die Reggae-Gruppe stammt ausnahmsweise nicht aus der Karibik oder GB, sondern aus San Diego, USA. Lediglich Tony Chin ist Jamaikaner. Kopf und Konstante in der Band ist der Sänger und Songschreiber Quino, dessen Eltern aus Mexiko bzw. Irland stammen. Wer neben ihm in der Gruppe spielt, ist recht uninteressant. 1986 begann er als Sänger bei der Gruppe Shiloh. Anfang der 90er benannte sich die Band dann in Big Mountain um. Als Vorlage für den Namen nahm man das indianische Big-Mountain-Hopi-Reservat, um den Kampf der Ureinwohner Amerikas zu unterstützen. 1992 wurde die Debüt-CD »Wake Up« veröffentlicht, auf der neben ihm Cruz, Reinke, Blakney und Luallin als feste Mitglieder genannt wurden. Ausgekoppelt wurde aus dieser CD die Single »Touch My Light«, die die erste Eintragung der Gruppe in den Charts war, es aber nur auf Platz 51 in den USA schaffte. Schon ein Jahr später war von den genannten außer Quino keiner mehr dabei. Die restlichen oben genannten Musiker waren auf der 94er CD »Unity« zu hören – daneben spielte eine ganze Reihe fähiger und bekannter Studiomusiker mit. Die Nummer »Baby, I Love Your Way«, im Original ein Titel von Peter Frampton, wurde einer der Sommerhits des Jahres 1994. Er stammte aus dem Film »Reality Bites«, was sicher zum Erfolg der Nummer beigetragen hat. Die Nachfolgesingle »Sweet Sensual Love« schaffte schon nicht mehr den Sprung unter die ersten 50. Mitte 1997 spielte die Band bei einigen deutschen Reggae-Festivals in der aktuellen Besetzung Quino und James McWhinney, Chin, Stoll, Davis, Hyde und Shively. Gleichzeitig erschien ein neues Album mit dem Titel »Free Up«.

Baby I Love Your Way (2/94 US 6; 5/94 GB 2, D 9)
Reggae

Biggs, Barry

BARRY BIGGS v (Jamaika)

Barry Biggs war einer der vielen Jamaikaner, die mit ihrem Soft-Reggae auch in GB erfolgreich waren. Zwischen 1976 und 1981 gelangen ihm sechs Hitnotierungen. Die Erfolgreichsten neben seinem Top-10-Hit waren »Work All Day« (8/76 GB 38), »You're My Life« (4/77 GB 36) und »Three Ring Circus« (7/77 GB 22).

Side Show (12/76 GB 3)
Reggae

Bilk, Acker Mr.

MR. ACKER BILK clarinet (Großbritannien, * 28. 1. 1929 als Bernhard Stanley in Pensford/Somerset)

Mr. Acker Bilk war stets ein richtiger Kumpel. Acker ist ein britisches Slangwort für Kumpel. Noch während seiner Militärzeit 1947 in Ägypten – es muss dort wohl ziemlich langweilig gewesen sein – lernte er das Klarinettespielen. 1954 wurde er Mitglied bei Ken Colyer, 1958 war er so weit, eine eigene Band zu gründen. Zusammen mit der Paramount Jazz Band führte Bilk den britischen Boom des Traditional Jazz Anfang der 60er Jahre an. Zwischen 1960 und 1963 und dann noch einmal 1976 hatte er seine erfolgreichste Zeit. 1976 war er mit »Aria« plötzlich wieder in den Top 10. Wie Chris Barber und Kenny Ball ist Mr. Acker Bilk noch heute eine feste Größe im britischen Musikgeschäft.

Auch seine Alben waren sehr erfolgreich: »Seven Ages Of Acker« (3/63 GB-LP 6), »Acker Bilk's Omnibus« (4/60 GB-LP 14), »Acker« (4/61 GB-LP 17), »Golden Treasury Of Bilk« (4/61 GB-LP 11), »Best Of Barber And Bilk Volume 1« (5/61 GB-LP 4), »Best Of Barber And Bilk Volume 2« (11/61 GB-LP 8), »Stranger On The Shore« (5/62 GB-LP 6, US-LP 3), »Best Of Ball, Barber And Bilk« (8/62 GB-LP 1), »A Taste Of Honey« (5/63 GB-LP 17), »Sheer Magic« (6/77 GB-LP 5) und »Evergreen« (11/78 GB-LP 17).

Summer Set (1/60 GB 5)
Buona Sera (12/60 GB 7)
That's My Home (7/61 GB 7)
Stranger On The Shore (11/61 GB 2; 3/62 US 1)
Aria (8/76 GB 5)
Instrumental, Jazz

Billy Joe & The Checkmates

BILLY JOE (USA, * 21. 3. 1919 als Louis Bideu in El Paso/Texas)

Billy Joe arbeitete in den 50er Jahren als Komiker und hatte seine ersten Erfolge in der New Yorker ›Lew Bedell Show‹. In den frühen 60er Jahren nannte er sich Billy Joe Hunter. Die Instrumentalnummer »Percolator« klang, als ob Kaffee durch einen Filter tropft. Diese Wirkung wurde mit Hilfe eines Xylophons erzielt. Um der damaligen Twistmode gerecht zu werden, setzten Billy und Ernie Freeman – mit dem er den Titel zusammen geschrieben hatte – noch in Klammern ›Twist‹ hinter »Percolator«.

Percolator (Twist) (1/62 US 10)
Instrumental, One Hit Wonder

Bino

BINO v (Italien, * 24. 4. 1953 als Benedetto Arico in Palermo)

Bino war als Gastarbeiter nach Deutschland gekommen und in Oldenburg heimisch geworden. Dort sang er in Eisdielen oder bei Festen und in Diskotheken. Sein einziger Hit »Mama Leone« wurde von Renate Vaplus und einem gewissen Benedetto Arico geschrieben. Renate Vaplus ist ein Pseudonym von Drafi Deutscher, und Arico ist Bino selbst. Auf der Plattenhülle zur LP »Mama Leone« versteigt sich die Plattenfirma zu einem Text, wie er überflüssiger nicht sein kann. Auszug: ›Übrigens war Bino vor einigen Tagen in seiner italienischen Heimatstadt Palermo, Sizilien. Mit viel Wein und noch mehr Gesang wollte ich den Erfolg mit meiner Familie teilen, erzählt Bino weiter. Und bei einer Prozession während seines Besuches opferte seine Mama ihre goldenen Ohrringe der heiligen Jungfrau Maria mit der innigen Bitte, dass ihr Sohn Bino für seine Mama Leone eine goldene Schallplatte in Deutschland und Italien erhalten möge.‹ Das sind Informationen!

Mama Leone (7/78 D 4)
Mama Leone (deutsche Version) (9/78 D 5)
Schlager

Birkin, Jane & Serge Gainsbourg

JANE BIRKIN v (Großbritannien, * 14. 12. 1946 in Chelsea/London), SERGE GAINSBOURG v (Frankreich, * 2. 4. 1928 als Lucien, † 2. 3. 1991)

Die britische Schauspielerin wurde bekannt durch den Film »Blow Up« 1966, in dem sie sich recht offenherzig dem Fotografen David Hemmings zeigte. Zusammen mit Serge Gainsbourg, mit dem sie erst sehr befreundet und später verheiratet war, nahm sie den Titel »Je T'Aime ... Moi Non Plus« auf, den Serge zuvor schon mit Brigitte Bardot produziert hatte. Nach Abhören des fertigen Bandes distanzierte sich Brigitte davon, und Serge war gezwungen, es neu aufzunehmen. Den Stöhnakt übernahm nun Jane. Die Platte wurde in ganz Europa ein Erfolg. In Frankreich hatte Jane Birkin mit »Ex-Fan Des Sixties« 1978, wieder geschrieben durch Serge, noch einmal einen Hit. Serge starb am 2. 3. 1991 eines natürlichen Todes, wie die Presse erstaunt vermerkte – sie hatte wohl anderes erwartet. Janes und Serges gemeinsame Tochter Charlotte, geboren 1972, wurde ab 1984 als Schauspielerin bekannt. Zu ihren wichtigsten Rollen gehörte u. a. »Das freche Mädchen« 1985, wofür sie den César bekam.

Je T'Aime... Moi Non Plus (7/69 D 3, GB 2; 10/69 GB 1)
Pop

Bishop, Elvin

ELVIN BISHOP g (USA, * 21. 10. 1942 in Tulsa/Oklahoma)
Elvin war zwischen 1965 und 1968 Leadgitarrist in der Paul Butterfield Blues Band. Im Frühjahr 1976 erschien die Soloplatte »Fooled Around And Fell In Love« von Elvin Bishop, die ein Millionseller wurde. Auf der Plattenhülle wurde nicht erwähnt, dass der Sänger des Titels Mickey Thomas, der spätere Leadsänger von Starship, war. Und dem dürfte Bishop diesen Erfolg zu verdanken haben. Ansonsten waren die Platten von Elvin Bishop nicht für Singlehitparaden geeignet. Sein erfolgreichstes Album hieß »Struttin' My Stuff« (1/76 US-LP 18).

Fooled Around And Fell In Love (3/76 US 3)
Blues, Rock

Biz Markie

BIZ MARKIE rap (USA, * 8. 4. 1964 als Marcel Hall in Harlem/New York)
Biz Markie schaffte im Frühjahr 1990 mit der Platinplatte »Just A Friend« einen gewaltigen Einstieg in die Szene. Es handelte sich bei dem Song um eine Rap-Version des Freddie-Scott-Hits »(You) Got What I Need« aus dem Jahre 1968. Kurz darauf hat er einen gewaltigen Ausstieg: Man hörte von ihm im Herbst 1991 lediglich in den R&B-Charts. Dort sang er »What Comes Around Goes Around«. Wie wahr! Er spielte mit im Film »The Meteor Man«.

Just A Friend (1/90 US 9)
Rap

Bizarre Inc.

ANGIE BROWN v (Großbritannien), ANDREW MEECHAM (Großbritannien), DEAN MEREDITH (Großbritannien), CARL TURNER (Großbritannien)
Die drei von Bizarre Inc. sollten die britische Antwort auf American Garage und Deep House Sound sein. Ende 1991 erschien ihre erste Single mit dem Titel »Playing With Knifes«. Dazu schrieb ›Network Press‹: ›Das ist es. Hier sind die Techno-Sub-Sechzehntel, und da kommt der deepe Break, klassischer House lässt grüßen. Diese Idee ist neu und funktioniert überall. Bravo.‹ Jetzt weiß jeder Bescheid. Ende 1992, verstärkt durch die Sängerin Angie Brown, gelang ihnen ein weiterer Top-10-Erfolg. Weitere Hits außerhalb der Top 10 waren »Such A Feeling« (9/91 GB 13), »Took My Love« (2/93 GB 19), »Keep The Music Strong« (3/96 GB 33), »Surprise« (7/96 GB 21) und ein Remix von »Playing With Knifes« (3/99 GB 30).

Playing With Knifes (11/91 GB 4)
I'm Gonna Get You (10/92 GB 3)
Dance, Techno

Bizz Nizz

JEAN – PAUL DECOSTER, PETER NEEFS

Eine Truppe, die speziell für Diskotheken Musik produzierte. Eintönige, fast stumpfsinnige Titel, deren Laufzeit selten unter 6 Minuten lag, kamen dabei heraus. Mit der Aufforderung »Don't Miss The Partyline« hatten Peter Neefs und Jean-Paul De Coster, die beiden Köpfe der Band, ihren einzigen Hit. Die Partyline war zu diesem Zeitpunkt unter Diskofreaks der absolute Knüller. Es galt, geheime Treffpunkte von Diskoereignissen kurzfristig unter einer Telefonnummer zu erfragen. Dabei fanden diese Partys in Lagerhallen, Bunkern und an Orten statt, an denen es eigentlich nicht gestattet war. Was verboten ist, macht's halt noch interessanter. Da während der Partys häufig Drogen wie Speed, Crack oder andere Designerdrogen konsumiert wurden, bot sich als Nachfolger für den ersten Hit von Bizz Nizz geradezu der Titel »Get Into Trance« (11/90 D 28) an.

Don't Miss The Partyline (3/90 GB 7; 5/90 D 10)
Disko, One Hit Wonder

Björk

BJÖRK v, p, fl (Island, * 21. 11. 1965 als Björk Gudmundsdóttir in Reykjavik)

Ein Lehrer hatte von der 11-jährigen Björk eine Amateuraufnahme des Titels »I Love To Love« von Tina Charles gemacht und das Band an den isländischen Sender Radio 1 geschickt. Die sendeten das Band und prompt erhielt die Kleine einen Plattenvertrag. Jetzt sang sie Coverversionen großer Hits und war recht erfolgreich. Irgendwie war das aber nicht die Musik, die Björk wirklich mochte. 1979 gründete sie die New-Wave-Combo Exodus, ein Jahr später Jam 80. 1981 gab es erneut eine Neugründung: Tappi Tikarrass, die das Minialbum »Bitid Fast I Vitid« veröffentlichten. Dann folgte die Punkband Kukl, in der auch ihr Freund Thor Eldon Jonson mitspielte, den sie 1986 heiratete und von dem sie sich 1988 wieder scheiden ließ. 1986 kam dann die Formation Skyurmolarnin (was so viel wie Zuckerwürfel auf Isländisch heißt), die erst auf Island und dann als Sugarcubes auch in GB erfolgreich wurde. Der einzige Top-40-Hit wurde »Hit« (1/92 GB 17). Die Alben »Life's Too Good« (5/88 GB-LP 14), »Here Today, Tomorrow, Next Week« (10/89 GB-LP 15) und »Stick Around For Joy« (2/92 GB-LP 16) waren da schon erfolgreicher. Von den Kritikern wurde die Band hoch gelobt – trotzdem war es wohl immer noch nicht die Erfüllung für Björk. 1990 erschien, obwohl offiziell immer noch Mitglied der Sugarcubes, ihr Soloalbum »Gling-Glo«, auf dem sie vorwiegend Jazz-Standards sang. Im Herbst löste Björk die Band endgültig auf und konzentrierte sich nur noch auf ihre Solosachen. In der Folge veröffenlichte sie etliche sehr gute Platten, die sich vor allem durch ihre Unterschiedlichkeit auszeichneten. Multi-Kulti, Experimental-HipHop, Mainstream, Schmalz, Techno – alles ist auf Platten von Björk enthalten. 1993 erschien das Album »Debut« (7/93 GB-LP 3, US-LP 61). Im Laufe der nächsten Monate sollte sich die Platte mehr als 2,5 millionenmal verkaufen. Es folgte das Album »Post« (6/95 GB-LP 2, D-LP 6, 7/95 US-LP 32). Bei der Nummer »It's Oh So Quiet«, aufgenommen mit einem 20köpfigen Orchester, handelte es sich um eine Coverversion eines Stückes, das Betty Hutton 1948 aufgenommen hatte. Im September 1996 schickte ihr ein verrückter amerikanischer Fan eine Briefbombe – das Attentat misslang. Björk war schockiert – vor allem hatte sie das Video des ›Fans‹ geschockt, der sich vor laufender Kamera nach dem Basteln der Bombe erschossen hatte. Sie flog nach Spanien und wollte dort eigentlich nur ein Wochenende bei ihrem Schlagzeuger Trevor

Moroy verbringen – dann blieb sie länger als ein halbes Jahr. Dort nahm sie nach einiger Zeit in einem Studio in El Madronal das Album »Homogenic« (10/97 GB-LP 4, D-LP 10).
2000 überraschte Björk als Filmschauspielerin. Am 21. 5. 2000 wurde sie bei den 53. Internationalen Filmfestspielen in Cannes als beste Schauspielerin ausgezeichnet. Sie spielte in dem Streifen »Dancer In The Dark« des dänischen Regisseurs Lars von Trier die Hauptrolle. Der Ausflug in die Schauspielerei soll einmalig bleiben. Während der Dreharbeiten soll es zwischen Björk und dem Regisseur heftig gekracht haben. Aber es gibt ja sicher auch noch andere Regisseure! Zum Film wurde das Album »Selmasongs – Soundtrack zum Film Dancer In The Dark« veröffentlicht. Alle Titel hatte Björk geschrieben.
Im Frühjahr 2001 erschien mit »Vespertine« (9/01 GB-LP 8, D-LP 3) wieder ein neues Album von Björk. Sie erzählte im Vorfeld darüber: ›Wenn du drei Jahre an einem Film arbeitest, dann ist es wie eine große Befreiung, wenn du dich wieder mit den Songs beschäftigen kannst, die in deinem Kopf sind – wenn also draußen und drinnen dasselbe passiert. Die Platte ist sehr introvertiert, ruhig, friedlich, eins mit sich selbst. Sie dreht sich darum, wie man sein eigenes Paradies unterm Küchentisch findet – also sehr heimlichtuerisch.‹ Aus dem Album ausgekoppelt wurden »Hidden Place« (8/01 GB 21), »Pagan Poetry« (11/01 GB 38), »Cocoon« (3/02 GB 35).

Army Of Me (5/95 GB 10)
It's Oh So Quiet (11/95 GB 4)
Hyperballad (2/96 GB 8)
Pop

Black

COLIN VEARNCOMBE v (Großbritannien, * 26. 5. 1962 in Roby/Liverpool)
Im Januar 1981 gründete Colin mit dem Keyboarder Dave Dickie und dem Bassisten Jimmy Sangster das Trio Black. Von da an bis 1985 erschienen einige Singles, die jedoch alle erfolglos waren. Dann trennte sich Colin von seinen Mitspielern und machte alleine weiter, allerdings immer noch unter dem Namen Black – und hatte jetzt Erfolg, auch mit seinem Album »Wonderful Life« (9/87 GB-LP 3, D-LP 9). Auch schön: »Paradise« (1/88 GB 38) und »Everything's Coming Up Roses« (1/88 D 11). Mitte 1991 erschien die LP »Black«. Anlässlich dieser Veröffentlichung äußerte er sich zu seiner Arbeit als Solist: ›Black wird niemals eine Band sein. Es bedeutet mir sehr viel, mich damit allein identifizieren zu können. Es genügt, wenn die daran beteiligten Musiker das tun, was ich von ihnen erwarte.‹ Immerhin taten Robert Palmer und Sam Brown, was Colin von ihnen erwartete. 1993 kam er mit der CD »Are We Having Fun Yet« auf den Markt. Seine letzte Hitnotierung war eine neue Version von »Wonderful Life« (3/94 GB 42).
1999 entdeckte Black das Internet als Vertriebsweg. Er veröffentlichte nun seine Platten wieder unter seinem richtigen Namen. ›Wenn du Black eingibst, kommen ungefähr 500 000 Ergebnisse. Mit Colin Vearncombe landest du bei mir.‹ 2002 war sein aktuelles Album »Water On Snow« nur über das Internet zu haben.

Sweetest Smile (6/87 GB 8)
Wonderful Life (8/87 GB 8; 10/87 D 2)
Soft Pop

Black, Cilla

CILLA BLACK v (Großbritannien, * 27. 5. 1943 als Priscilla Maria Veronica White in Liverpool)
In ihren Anfangstagen las man in der Presse immer die Geschichte vom Garderobenmädchen, das zum Superstar wurde.

Ein Kern Wahrheit ist darin – sie war wirklich das Garderobenmädchen im Liverpooler Cavern Club, in dem die Großen des Mersey-Beats auftraten. Im Gegensatz zu so vielen Stars, die 1963/64 in die Charts gespült wurden, nur weil sie aus Liverpool kamen und eine Gitarre halten konnten, hatte Cilla wirklich Talent und Stimme. Die wurde nicht erst von Brian Epstein, der sie schließlich managte, erkannt. Schon im Juli 1961 stand bereits ein längerer Artikel über ›Swinging Cilla‹ in der Zeitschrift ›Mersey-Beat‹. Darin stand zu lesen, dass ihr der Jazzer Kenny Ball angeboten hatte, mit ihm zu singen. Cilla bekam, so steht es wirklich in diesem Artikel, ›cool feet‹, also kalte Füße, und sagte den Auftritt ab. Auch weitere Angebote lehnte sie ab – so sollte sie z. B. mit in den Hamburger Star-Club. Stimme war vorhanden – aber vor Publikum war alles aus. Die Bands aus Liverpool wussten auch um ihre tolle Stimme. Immer wenn abends das Publikum den Laden verlassen hatte, sangen sie zusammen mit Cilla ein paar Lieder. Dann kam plötzlich der Liverpool-Boom. Alle machten Platten, und nun überwand auch Cilla ihre Scheu. »Love Of The Loved« (10/63 GB 35), ihre erste Platte, war eine Komposition von Lennon/McCartney. Aber noch war der Beatles-Boom nicht so groß, dass alles, was den Jungs aus der Feder floss, auch ein Hit wurde. Dann sang Cilla ein Stück von Dionne Warwick nach: »Anyone Who Had A Heart«. Als 1965 der Liverpool-Boom wieder vorbei war und viele Interpreten wieder in den Gully gespült wurden, hielt sich Cilla Black tapfer. Bis 1971 tauchte sie regelmäßig in den Charts auf.
Ihre erfolgreichsten Alben waren »Cilla« (2/65 GB-LP 5), »Cilla Sings A Rainbow« (5/66 GB-LP 4), »Sher-Oo« (4/68 GB-LP 7) und »The Very Best Of Cilla Black« (1/83 GB-LP 20).
Seit 1984 moderiert Cilla Black im britischen Fernsehen die Sendung ›Blind Date‹ und schaffte es dadurch, zur meistgesehenen Moderatorin in GB zu werden. 1997 erhielt sie für ihre TV-Arbeit von Königin Elizabeth II. den Verdienstorden OBE (Officer of the Order of the British Empire).

Anyone Who Had A Heart (2/64 GB 1)
You're My World (5/64 GB 1)
It's For You (8/64 GB 7)
You've Lost That Lovin' Feelin' (1/65 GB 2)
Love's Just A Broken Heart (1/66 GB 5)
Alfie (3/66 GB 9)
Don't Answer Me (6/66 GB 6)
Step Inside Love (3/68 GB 8)
Surround Yourself With Sorrow (2/69 GB 3)
Conversations (7/69 GB 7)
Something Tells Me (Something Is Gonna Happen Tonight) (11/71 GB 3)
Merseybeat, Pop

Black, Roy

ROY BLACK v (Deutschland, * 25. 1. 1943 als Gerhard Höllerich in Straßberg/Augsburg, † 9. 10. 1991)
Bevor er mit »Du bist nicht allein« Mitte 1965 seinen ersten Top-10-Hit hatte, wollte Roy Black ein Rocker sein. Wie sehr er sich das wünschte, sollten viele seiner Fans erst nach seinem Tod erfahren. Titel wie »Ganz in Weiß«, »Dein schönstes Geschenk« oder »Schön ist es, auf der Welt zu sein« – mit Anita Hegerland, der späteren Frau von Mike Oldfield – brachten ihn zwar in die Hitparaden, waren ihm aber gleichzeitig auch zuwider. In der zweiten Hälfte der 60er Jahre war Roy in Deutschland der Superstar und spielte in etlichen Schulbank- und Heimatfilmen mit. Bis 1973 hatte er Hit auf Hit, dann ließ sein Erfolg nach. Seine erfolgreichsten Alben: »Roy Black« (11/66 D-LP 2), »Roy Black – 2« (11/67 D-LP 1), »Ich denk an dich« (12/68 D-LP 6), »Ich hab dich lieb« (5/69 D-LP 5), »Concerto d'amour« (12/69 D-LP 6) und »Rosenzeit« (11/91 D-LP 5).
In den 80er Jahren knüpfte er langsam, aber sicher an seine Erfolge wieder an

und war gerade auf dem Höhepunkt einer neuen Sympathiewelle in der Fernsehserie ›Ein Schloss am Wörthersee‹, als er für alle Beteiligten überraschend in einer Fischerhütte in Oberbayern starb. Schon vorher hatte man über seine Herzkrankheit viel in der einschlägigen Boulevardpresse lesen können. Das dürfte wohl auch die Todesursache gewesen sein.

Du bist nicht allein (7/65 D 4)
Ganz in Weiß (1/66 D 1)
Leg dein Herz in meine Hände (7/66 D 3)
Goodnight My Love (12/66 D 1)
Frag nur dein Herz (3/67 D 4)
Meine Liebe zu dir (6/67 D 1)
Bleib bei mir (2/68 D 1)
Wunderbar ist die Welt (6/68 D 9)
Ich denk' an dich (11/68 D 2)
Das Mädchen Carina (5/69 D 1)
Dein schönstes Geschenk (11/69 D 1)
Für dich allein (12/70 D 2)
Schön ist es, auf der Welt zu sein (8/71 D 2)
Deutscher Schlager

Black Box

DANIELE DAVOLI dj (Italien), MIRKO MILONI, CATHERINE QUINOL v (Frankreich, * 15. 1. 1967), VALERIO SIMPLICI
Black Box ist ein Projekt, hinter dem der Discjockey Daniele Davoli steht, der nach zehnjähriger Berufserfahrung so viele Platten gehört hatte, dass er mit Recht der Meinung war, das könne er auch. Dazu holte er sich Mirko Miloni und Valerio Simplici. Die Italo-House-Musik hatte Ende der 80er Jahre mehrere weltweite Hits erreicht. Ein typischer Vertreter war die Nummer »Ride On Time«. Für die Nummer wurden Teile aus »Love Sensation«, einer Nummer von Loleatta Holloway, gesampelt. Präsentiert wurde das Lied vom französischen Model Cathérine Quinol. Sie soll angeblich den dritten Hit von Black Box, »Everybody Everybody«, gesungen haben. Die Amerikaner wussten es besser: Sängerin war Martha Wash von den Weather Girls. Während es die meisten Italo-House-Interpreten mal gerade auf einen Hit brachten, konnte sich Black Box mehrere Jahre behaupten. Mit »Not Anyone« (6/95 GB 31) und »I Got The Vibration/A Positive Vibration« (4/96 GB 21) tauchten sie nach längerer Pause wieder auf. Ihr erfolgreichstes Album hieß »Dreamland« (5/90 GB-LP 14).

Ride On Time (8/89 D 5, GB 1)
I Don't Know Anybody Else (2/90 GB 4)
Everybody Everybody (8/90 US 8)
Fantasy (11/90 GB 5)
Strike It Up (4/91 US 8)
Disko

Bläck Fööss

KARL FRIEDRICH BIERMANN v, g, per (Deutschland, * 6. 6. 1946), TOMMY ENGEL v, d (Deutschland, * 28. 11. 1949 in Köln), RALPH GUSOVIUS v, d, acc (Deutschland), FRED HOOCK key (Deutschland), JOKO JAENISCH key (Deutschland), ROLF LAMMERS p, acc, org (Deutschland), GÜNTHER »BÖMMEL« LÜCKERATH v, g, bj, mand (Deutschland, * 20. 6. 1948), HARTMUT PRIESS g, b, mand (Deutschland, * 19. 8. 1942 in Berlin), WILLY SCHNITZLER v, syn, p, acc (Deutschland, * 4. 8. 1951), PETER SCHÜTTEN v, g (Deutschland, * 4. 8. 1943), ERRY STOCKLOSA v, g, per (Deutschland, * 25. 10. 1947)
Aus Kölner Beatbands wie Blizzards, Rolling Beats, Beat Stones oder Black Beats kamen die einzelnen Musiker, aus denen sich schließlich die Stowaways formierten. Sie spielten im Vorprogramm von Howard Carpendale oder Peter Maffay und begleiteten diverse Künstler, darunter Graham Bonney, auf der Bühne. Nebenher spielte diese Beatband auch noch Stimmungsmusik – da die Mitglieder jedoch eine Trennung zwischen Beat und Stimmung haben wollten, firmierten

sie dann unter anderen Namen, z. B. Sandwich. 1970 spielten sie ihre erste Platte ein – es war statt des erhofften Beatsongs eine Stimmungsnummer: »Rievkooche-Walzer«. Hier nannten sie sich erstmals Bläck Fööss. Nach einigen Wechseln sitzt nun seit etlichen Jahren Willy Schnitzler an den Tasten. Songs wie »Drink doch eine met« oder »Mer losse d'r Dom en Kölle« machten die Bläck Fööss in Köln und Umgebung zu Stars. Ihre Mischung aus Milieuschilderung, Appellen an menschliche Solidarität, Protestliedern und Rocknummern ist einzigartig. Ihre Musikalität und ihr Satzgesang suchen in Deutschland ihresgleichen. Dass die Bläck Fööss der Beatmusik und da speziell den Beatles musikalisch immer noch sehr verbunden sind, lässt sich aus ihren ausgezeichneten Langspielplatten deutlich heraushören. Zu den schönsten und erfolgreichsten Nummern gehören »Mannen« (eine verniederländischte A-cappella-Witzversion von Herbert Grönemeyers »Männer«), »Katrin« und »Frankreich, Frankreich«.

Ihre bundesweit erfolgreichsten Alben: »Links eröm, rächs eröm« (12/77 D-LP 7), »Mer han 'nen Deckel« (1/79 D-LP 3), »Uns Johreszigge« (2/80 D-LP 10), »... D'r Rhing erop, d'r rhing eraf...« (12/80 D-LP 12), »Un de Bläck Fööss – Live« (3/81 D-LP 4), »Wenn et jöck...« (11/81 D-LP 15), »Mir klääve am Lääve« (12/84 D-LP 12), »Schöne Bescherung« (10/85 D-LP 16) und »Bläck Fööss & Fründe« (8/89 D-LP 7).

Für eine 1990 erschienene Doppel-CD schrieb der Produzent Klaus Voormann, der mit den Beatles, Manfred Mann und vielen anderen gespielt hat, ins Coverheft: ›Gute, stabile Bühnen-Acts sind in Deutschland schon immer eine Rarität gewesen! Und unter diesen Raritäten kenne ich nur eine Band, die vom Rap zum Bauerntanz, vom Reggae zum Rock, von der Ballade zum astreinen A-cappella-Song alles professionell und glaubwürdig beherrscht: die Bläck Fööss.‹ Mit »Nix es ömesöns« (1991), »A Capella« (1993) und »Rheinhotel« (1994) erschienen weitere schöne CDs der Band. 1994 wurde bekannt, dass sich Sänger Tommy Engel nun endgültig von der Gruppe trennen werde, um eigene Projekte – darunter L.S.E. – voranzutreiben. Ob das endgültig ›dat Eng vum Leed‹ ist, ›weil keiner vun uns zwei üvver singe Schatte springe kann‹, wird die Zeit zeigen. Oder ist es doch so, wie er im letzten, von ihm auf »Rheinhotel« gesungenen Lied »Eng Vum Leed« singt und gedichtet hat: ›Die einzije Sucht, die mir noch kenne, is die, vörenander wegzerenne‹?

Im Frühjahr 1995 kam als Ersatz für Engel Karl Friedrich Biermann, der vorher als Solist aufgetreten war. Hauptberuflich arbeitete er als Dozent an der Kölner Sporthochschule und war fünf Jahre lang Konditionstrainer der Kölner Haie. Ebenfalls neu: Schlagzeuger Ralph Gusovius.

Frankreich, Frankreich (5/85 D 9)
Pop

Black Grape

MARK »BEZ« BERRY per (Großbritannien, * 18. 4. 1964 in Manchester), PAUL ›KERMIT‹ LEVERIDGE v (* 10. 11. 1969), STEPHEN LIRONI key, GED LYNCH g, d (Großbritannien, * 19. 7. 1968), SHAUN WILLIAM RYDER v (Großbritannien, * 23. 8. 1960 in Little Hulton/Manchester), DANNY SABER b (* 22. 12. 1966), PAUL ›WAGS‹ WAGSTAFF g (Großbritannien, * 28. 12. 1964)

Nachdem die Happy Mondays sich drogenbedingt getrennt hatten, versuchte sich deren Kopf Shaun Ryder erst als Monday und schließlich als Black Grape. Von den Happy Mondays blieb noch Mark Berry. Die anderen Musiker spielten vorher bei Ruthless Rap Assassins – Leveridge und Lynch – und bei Paris Angels – Wagstaff. Ihr Debütalbum »It's Great When You're Straight...Yeah« (8/95 GB-LP 1) erschien Mitte 1995 und sprang am 19.8.95 von Null auf Eins in den Albumcharts. Diverse Auskoppelungen erreichten mühelos die britischen Top-10. Beim Hit »England's Irie« kamen zur Stammbesetzung der Gruppe als Gäste noch Joe Strummer und Keith Allen als Sänger hinzu. Ein weiteres Erfolgsalbum war »Stupid Stupid Stupid« (11/97 GB-LP 11).

1999 kamen Happy Mondays wieder zusammen. Der Grund: Es galt Steuerschulden in enormer Höhe zu begleichen, wie Shaun verkündete.

Reverend Black Grape (6/95 GB 9)
In The Name Of The Father (8/95 GB 8)
Fat Neck (5/96 GB 10)
England's Irie (6/96 GB 6)
Dance, Rap, Rock

Siehe auch: Happy Mondays

Black Lace

ALAN BARTON v (Großbritannien, * 16. 9. 1953 als Alan Lesley in Barnsley/Yorkshire, † 23. 3. 1995), COLIN ROUTH v (Großbritannien)

Die Gruppe formierte sich 1977 und vertrat mit dem Titel »Mary Ann« England 1979 beim Grand Prix Eurovision. Zu diesem Zeitpunkt bestand die Band allerdings aus vier Musikern. Nachdem »Mary Ann« den 7. Platz belegt hatte, trennte sich die Gruppe. 1983 kam sie als Duo wieder zusammen. Colin und Alan vermittelten ihren Landsleuten mit Titeln wie »Superman«, »Agadoo« oder »Do The Conga« einen Hauch von spanischer Urlaubsfreude. Mit »Party Party – 16 Great Party Icebreakers« (12/84 GB-LP 4) und »Party Party 2« (12/85 GB-LP 18) lockerten sie das britische Weihnachtfest auf – dann ließ der Erfolg nach.

Colin verließ 1985 das Duo und wurde durch Dean Michael ersetzt. 1987 schloss sich Alan Barton als Ersatz für Chris Norman der Formation Smokie an. Daraufhin kehrte Colin zu Black Lace zurück und machte erst mit Dean, dann mit dessen Ersatz Rob Hapcroft weiter. Rob sah aus wie Alan und sang wie Alan. Alan wiederum sah aus wie Chris Norman und sang wie Chris Norman. Ende 1994 machte Black Lace eine eigene Version von »Cotton Eye Joe«, die sich jedoch gegen das Original von Rednex nicht durchsetzen konnte. Im März 1995 verunglückte Barton mit Smokie nach der Rückkehr von einem Auftritt in der Nähe von Köln auf vereister Fahrbahn. Einige Tage später erlag er in einem Kölner Krankenhaus seinen Verletzungen.

Superman (Gioca Jouer) (9/83 GB 9)
Agadoo (6/84 GB 2)
Do The Conga (11/84 GB 10)
Grand Prix, Pop

Black Legend

ENRICO FERRARI (Italien), CIRO SASSO (Italien), SPOONFUL v (Großbritannien, als Elroy Powell)

Wieder einmal hatte sich jemand einen Song von Barry White vorgeknöpft und daraus eine Coverversion gefummelt. Black Legend war ein Produzententeam aus Italien mit einem farbigen britischen Sänger. »You See The Trouble With Me« (7/00 D 39) erreichte auch die deutschen Top 40.

You See The Trouble With Me (6/00 GB 1)
Pop

Black Sabbath

VINNIE APPICE (USA, als Vincent in Staten Island/New York City), GEEZER BUTLER b (Großbritannien, * 17. 7. 1949 als Terry in Birmingham), RONNIE JAMES DIO (USA, * 10. 7. 1947 als Ronald Padavona in

Portsmouth/New Hampshire), DAVE DONATO, IAN GILLAN v (Großbritannien, * 19. 8. 1945 in Hounslow/Middlesex), TONY IOMMI g (Großbritannien, * 19. 2. 1948 in Birmingham), OZZY OSBOURNE v (Großbritannien, * 3. 12. 1948 als John Michael in Birmingham), BILL WARD d (Großbritannien, * 5. 5. 1948 in Birmingham)

Die Ursprünge der Band gehen zurück in das Jahr 1967. Die vier gründeten in Birmingham die Bluesband Polka Tulk, die sich schnell in Earth umbenannte. Mit ihrer Jazz-Blues-Fusion kamen sie speziell beim Livepublikum in ganz Europa an. Ab Februar 1969 nannte man sich schließlich Black Sabbath und legte sich ein dazu passendes makabres Image zu. Im Januar 1970 erschien ihre erste Single, wenig später ihre erste LP »Black Sabbath« (3/70 GB-LP 8, 6/70 D-LP 8, 8/70 US-LP 23). Mit »Paranoid« schafften sie im August 1970 in GB ihren ersten Top-10-Erfolg. In Deutschland wurde die Platte sogar Spitzenreiter in der Hitparade. Der Titel gilt heute als Klassiker unter den frühen Heavy-Metal-Platten. 1974 entwickelte sich Osbourne zum Alkoholiker. Mit der musikalischen Richtung der Band war er immer weniger einverstanden. Es zog sich noch bis 1979 hin, dann verließ er Black Sabbath endgültig, gründete Blizzard Of Oz und startete danach eine erfolgreiche Solokarriere. Für ihn stieg von Rainbow Ronnie James Dio ein. Im November 1980 verließ Billy Ward die Gruppe und wurde durch Vinnie Appice, den jüngeren Bruder von Carmine, ersetzt. 1981 kam es erneut zu Schwierigkeiten zwischen Iommi und seinem Sänger. Ein Jahr später schmiss auch Dio das Handtuch und wurde durch Dave Donato ersetzt. 1983 war kurzzeitig auch mal Ian Gillan der Sänger der Band. Der ging aber dann wieder im Frühjahr 1984, weil sich Deep Purple reformierte. 1986 nannte sich die Gruppe Black Sabbath with Tony Iommi, denn er war der einzige, der von der alten Garde noch übrig geblieben war. Zu den bekannteren Musikern, die danach noch mit ihm zusammen spielten, gehören Glenn Hughes oder auf der 1990er LP »Tyr« Cozy Powell und Neil Murray. 1991 kehrte Ronnie Dio erneut zu Black Sabbath zurück. Mit »Dehumanizer« erschien 1992 ein Album in der Besetzung Dio, Iommi, Butler und Vinnie Appice. Daraus ausgekoppelt wurde die Single »TV Crimes« (6/92 GB 33), mit der die Gruppe nach längerer Abwesenheit aus der britischen Hitparade Mitte 1992 mal wieder in den Top 40 stand. Mitte 1995 erschien mit »Forbidden« ein neues Studioalbum von Black Sabbath in der Besetzung Martin, Iommi, Powell und Murray.

Die erfolgreichsten Alben der Formation: »Black Sabbath« (3/70 GB-LP 8, 6/70 D-LP 8, 8/70 US-LP 23), »Paranoid« (9/70 GB-LP 1, 10/70 D-LP 2, 2/71 US-LP 12), »Master Of Reality« (8/71 GB-LP 5, 9/71 US-LP 8, D-LP 5), »Black Sabbath Volume 4« (9/72 GB-LP 8, 10/72 US-LP 13, D-LP 14), »Sabbath Bloody Sabbath« (12/73 GB-LP 4, 1/74 US-LP 11), »Sabotage« (8/75 US-LP 28, 9/75 GB-LP 7), »We Sold Our Soul For Rock 'n' Roll« (2/76 GB-LP 35, US-LP 48), »Technical Ecstasy« (11/76 GB-LP 13), »Never Say Die« (10/78 GB-LP 12), »Heaven And Hell« (4/80 GB-LP 9, 5/80 D-LP 37, 6/80 US-LP 28), »Black Sabbath Live At Last« (7/80 GB-LP 5), »Mob Rules« (11/81 GB-LP 12), »Live Evil« (1/83 GB-LP 13, 2/83 D-LP 37), »Born Again« (9/83 GB-LP 4, 10/83 US-LP 39, D-LP 37) und »Reunion« (11/98 US-LP 11).

2001 zog die ›Ozzfest-Tour‹ durch die Lande – es spielten zusammen Ozzy Osbourne, Tony Iommi, Geezer Butler und Bill Ward. Das war die Originalbesetzung von Black Sabbath. Geplant war auch ein neues Album, das im Frühjahr 2002 erscheinen soll.

Paranoid (8/70 GB 4; 10/70 D 1)
Heavy Metal

Black Slate

ELROY BAILEY b, KEITH DRUMMOND v, CHRIS HANSON g, DESMOND MAHONEY d, ANTHONY RIGHTLY key, CLEDWYN ROGERS g
Die sechsköpfige Reggaegruppe setzte sich zusammen aus Musikern, die teilweise aus GB, teilweise von Jamaika kamen. Mit dem selbst geschriebenen Stück »Amigo« hatte die Formation im September 1980 ihren einzigen Top-40-Hit.

Amigo (9/80 GB 9)
One Hit Wonder, Reggae

Black Watch, Band Of The

Es gibt mehrere Beispiele dafür, dass sich Militärkapellen durchaus zwischen Popsongs in GB behaupten können. Dies hier ist eins. Mag sein, dass sie der Erfolg der Royal Scots Dragoon Guards im Jahre 1972 beflügelt hat – die erreichten mit ihren Pipes and Drums und dem Titel »Amazing Grace« gar einen Platz 1 in GB. Neben »Scotch On The Rocks« hatte die Formation mit »Dance Of The Cockoos (The Laurel & Hardy Theme)« (12/75 GB 37) einen Nachfolgehit. Das Album »Scotch On The Rocks« (2/76 GB-LP 11) war auch recht erfolgreich.

Scotch On The Rocks (8/75 GB 8)
Instrumental

Blackbyrds

DONALD BYRD tr (USA, * 9. 12. 1932 in Detroit/Michigan)
Der Doktor der Musikethnologie, der sowohl von den Rock- als auch den Jazzmusikern als ausgezeichneter Trompeter anerkannt wird, gründete die Blackbyrds 1973, als er an der Howard University in Washington/D.C. lehrte. Musik war allerdings mehr als nur sein Hobby. Nachdem er ab 1951 bis 1953 in der Air Force Band gespielt hatte, wurde Donald 1955 Mitglied bei George Wallington. Danach spielte er mit den Art Blakey Jazz Messengers und gründete Anfang der 60er Jahre seine eigene Gruppe. Ansonsten sind die Künste von Donald auf etlichen Soloplatten zu hören oder er spielt als Begleitmusiker von John David Souther, Herbie Hancock oder Cannonball Adderley.
Die erfolgreichsten Alben der Blackbyrds: »City Life« (11/75 US-LP 16), »Unfinished Business« (11/76 US-LP 34) und »Action« (10/77 US-LP 43).

Walking In Rhythm (2/75 US 6)
Instrumental, Jazz, Rock, Soul

Blackfoot Sue

DAVE FARMER d (Großbritannien, * 2. 3. 1952 in Birmingham), TOM FARMER v, key, b (Großbritannien, * 2. 3. 1952 in Birmingham), EDDIE GOLGA g, key (Großbritannien, * 4. 9. 1951 in Birmingham), ALAN JONES v, g (Großbritannien, * 5. 1. 1950 in Birmingham)
Tom und Dave Farmer und Eddie Golga kamen zusammen, als sie zwölf Jahre alt waren. Sie gründeten die Gruppe Virus. 1970 kam Alan Jones zu diesen dreien, und es entstand Gift. Ab Januar 1972 nannten sie sich Blackfoot Sue. Im selben Jahr wechselten sie ihre Plattenfirma und hatten mit der selbst geschriebenen Nummer »Standing In The Road« einen Hit. »Sing Don't Speak« (12/72 GB 36) wurde ein zweiter Erfolg. Nach 1977 fiel die Gruppe auseinander.

Standing In The Road (8/72 GB 4)
Pop, Rock

BLACKstreet

CHAUNCEY ›BLACK‹ HANNIBLE v (USA), DAVID HOLLISTER v (USA), LEVON LITTLE v (USA), MARK MIDDLETON v (USA), TEDDY RILEY v (USA, * 8. 10. 1966 in Harlem/New York City), JOE STONESTREET v (USA), ERIC WILLIAMS v (USA)
Diese Formation kam 1993 zusammen. Entdeckt wurden die drei restlichen Musiker von Teddy Riley. Dessen erste Karrierestation war zwischen 1980 und 1983 die Gruppe Fame. Dann folgte Kids At Work, die mit »Sugar Baby« (8/84 R&B 50) ihren größten Erfolg hatten. 1985 gründte Teddy mit Aaron Hall und Timmy Gatlin das Trio Guy. Das Debütalbum »Guy« (7/88 US-LP 27) wurde mehr als zweimillionenmal verkauft. Nachfolger »The Future« (12/90 US-LP 16) schaffte Platin. 1991 löste er Guy auf und kam zwei Jahre später mit BLACKstreet. Das Debütalbum »BLACKstreet« (7/94 US-LP 52, GB-LP 35) erhielt auch wieder Platin. Die weiteren Top-40-Hits und die Gastauftritte der Band bei anderen Künstlern waren »Baby Be Mine« (6/93 GB 37), »Booti Call« (6/94 US 34), »U Blow My Mind« (2/95 GB 39), »Get Me Home« (3/97 GB 11), »(Money Can't) Buy Me Love« (12/97 GB 18), »The City Is Mine« (6/98 GB 38) als Gäste von Jay-Z, als Gäste von Janet Jackson »I Get Lonely« (4/98 GB 5, 5/98 US 3), »Take Me There« (12/98 US 14) mit Mya, Mase und Blinky Blink, »Girlfriend/Boyfriend« (4/99 GB 11) mit Janet Jackson, Ja Rule und Eve und »Get Ready« (7/99 GB 32) als Gäste von Mase. Weitere Erfolgsalben waren »Another Level« (9/96 US-LP 3, GB-LP 26) und »Finally« (4/99 US-LP 9, GB-LP 27).
Teddy hat sich einen großen Namen als Produzent gemacht. Michael Jackson, Keith Sweat, New Kids On The Block, Kool Moe Dee, SWV, Wrecks-N-Effect, Bobby Brown und viele andere profitierten davon.

Before I Let You Go (10/94 US 7)
No Diggity (10/96 GB 9, US 1)
Don't Leave Me Now (4/97 GB 6)
Fix (9/97 GB 7)
Take Me There (12/98 GB 7)
HipHop, Rap, Rhythm & Blues, Soul

Blackwood, Richard

RICHARD BLACKWOOD v (Großbritannien, * 15. 5. 1972 in Clapham/South London)
Richard ist ein Neffe des britischen Interpreten Junior Giscombe. Dessen Nummer »Mama Used To Say« diente Blackwood als Grundlage seines ersten eigenen Hits »Mama – Who Da Man«. Richard Blackwood wurde Ende der 90er Jahre als Stand-Up Comedian ein Star im britischen TV. Er präsentierte bei MTV eine eigene Show, die jedes Wochenende ausgestrahlt wurde. Im Channel 4 hatte Richard eine weitere Show, die jede Woche mehr als zwei Millionen Zuschauer hatte. Richard galt als britische Antwort auf Will Smith. Auf dem Hit »1-2-3-4 Get With The Wicked« waren neben Richard noch Deetha und General Levy als Gäste zu hören. Im September 2000 erschien sein erstes Soloalbum mit dem Titel »I Know You'll Love To Hate This«. Als Single erschien »Someone There For Me« (11/00 GB 23).

Mama – Who Da Man? (6/00 GB 3)
1-2-3-4 Get With The Wicked (9/00 GB 10)
Pogo

Siehe auch: Junior

Blancmange

NEIL ARTHUR v, g (Großbritannien, * 15. 6. 1958 in Lancashire), STEVEN LUSCOMBE key (Großbritannien, * 29. 10. 1954)
Neil Arthur begann seine musikalische Karriere 1978 bei den Viewfinders. Als er auf Steven Luscombe traf, gründeten sie gemeinsam L 360. Nachdem dieses Projekt nicht funktionierte, trennten sie sich,

kamen erneut zusammen und gründeten nun das New-Wave-Synthie-Duo Blancmange – den Namen hatten sie von einem britischen Pudding übernommen, wie auf zwei Singlehüllen zu sehen ist. Nach der Produktion ihrer dritten LP 1985 trennten sie sich. Bereits ab 1984 hatte Luscombe mit seiner Formation India Company begonnen, Platten zu veröffentlichen, später auch als Blue World On Anagram. Neil Arthur beteiligte sich zunächst an einem Studio und konzentrierte sich dann aufs Songschreiben, u. a. für russische und kanadische Künstler. Das erfolgreichste Album war »Mange Tout« (5/84 GB-LP 8, 5/84 D-LP 28).

Living On The Ceiling (10/82 GB 7)
Blind Vision (5/83 GB 10)
Don't Tell Me (4/84 GB 8)
Disko, Elektro-Pop, New Wave

Blanco, Roberto

ROBERTO BLANCO v (Tunesien, * 7. 6. 1937 als Roberto Zerquera in Tunis)
Roberto wurde in Tunis als Sohn kubanischer Eltern geboren. Nachdem Billy Mo seinen Tirolerhut genommen hatte, wurde Roberto Blanco zum Vorzeigeschwarzen im deutschen Fernsehen. Er ist ständiger Gast in den typischen Unterhaltungsshows. Und wenn nicht da, sitzt er bei Tennisübertragungen in der ersten Reihe. Der Verlauf seiner Schlagerkarriere drückt sich am besten in seinem einzigen Top-10-Hit aus: »Heute so, morgen so«. Seit 1971 ist er deutscher Staatsangehöriger. 2001 hieß es, Roberto sei seines Schlagerimages überdrüssig und er wolle jetzt etwas anderes probieren. So kam er zusammen mit Gordon und Raphael, die sich Disco Boys nannten, mit einer Neuaufnahme des Hernandez-Titels »Born To Be Alive« als House-Musiker.

Heute so, morgen so (7/69 D 10)
Deutscher Schlager

Blane, Marcie

MARCIE BLANE v (USA, * 21. 5. 1944 in Brooklyn/New York City)
Marcie Blane gehört in die lange Reihe der Künstler, denen ein einziger Hit gelang und die danach wieder in der Versenkung verschwanden. Nach einigen weiteren Platten, die versuchten, sich an diesen Erfolg anzulehnen, stieg sie aus dem Musikgeschäft aus.

Bobby's Girl (10/62 US 3)
Pop

Blank & Jones

PIET BLANK (Deutschland), JASPA JONES (Deutschland)
Mit »Heartbeat« (4/98 D 56) hatten die beiden Kölner ihre erste Hitnotierung. »Flying To The Moon« (11/98 D 40) wurde veröffentlicht als Piet Blank & Jaspa Jones, ebenso »Cream« (5/99 D 32, 6/99 GB 24) und »After Love« (8/99 D 23). Ihr erster Top-20-Hit war »The Nightfly« (5/00 D 19). Auch die nächsten Singles des Duos kamen meist über die Clubs in die Charts: »DJ Culture« (9/00 D 31), »Beyond Time« (12/00 D 22) und »DJs, Fans & Freaks (D.F.F.)« (5/01 D 37). Angeblich war Til Schweiger ein Fan des DJ- und Produzententeams. Für den Film »Jetzt oder nie – Zeit ist Geld« wurde Musik gesucht – Til erinnerte sich an die beiden und ließ sich Material schicken. Das Stück »Beyond Time« wurde schließlich im Film verwendet. Mit »Desire« gelang ihnen ihr erster Top-10-Hit, ihr erstes Erfolgsalbum hieß »Nightclubbing« (5/01 D-LP 10).

Desire (2/02 D 10)
Trance

Blaque

SHAMARI FEARS v (USA), NATINA REED v (USA), BRANDI WILLIAMS v (USA)
Die drei Mädchen aus Atlanta/Georgia hatten mit der Nummer »808« (7/99 GB 31), produziert von R. Kelly, ihre erste Hitnotierung. Auf Nachfolger »Bring It All To Me« (10/99 US 63) sangen als Gäste 'N Sync mit – wenig später wurde die Platte mit neuen Mixen und ohne 'N Sync dann doch noch ein Hit. Sowohl in England als auch in Deutschland erschienen die Platten des Trios unter dem Gruppennamen Blaque Ivory. Ihr erfolgreichstes Album hieß »Blaque« (6/99 US-LP 53).

808 (4/99 US 10)
Bring It All To Me (10/99 US 5)
Dance, Rhythm & Blues

Blessid Union Of Souls

EDDIE HEDGES d (USA), JEFF PENCE g (USA), C.P. ROTH key (USA), ELIOT SLOAN v (USA)
Das Quartett aus Cincinnati hatte mit »I Believe« (5/95 GB 29), einem Lied über Obdachlosigkeit, Rassismus und Drogenmissbrauch, einen ersten Hit. Der schöne Satzgesang und das seichte Piano haben da wohl für viele Ohren den Inhalt in den Hintergrund gerückt. Es folgten noch »Let Me Be The One« (8/95 US 29), »I Wanna Be There« (5/97 US 39) und »Hey Leonardo (She Likes Me For Me)« (6/99 US 33). Lag der Erfolg doch nur an der schönen Melodie von »I Believe«? Mag man fast glauben!

I Believe (2/95 US 8)
Rhythm & Blues, Soul

Blige, Mary J.

MARY J. BLIGE v, rap (USA, * 11. 1. 1971 in Bronx/New York City)
Marys Markenzeichen: coole Rapper-Attitüden und eine Fanclubadresse in der Bronx. In der Tat – sie wurde in der Bronx geboren, aufgewachsen in Savannah/Georgia. Schon dort sang sie in einem Kirchenchor. Nachdem ihre Familie nach Yonkers/New York gezogen war, sang sie auch dort weiter in Kirchen. In einer Shopping Mall machte sie in einem Karaoke-Studio eine Demoplatte. Sie sang Anita Baker's Titel »Caught Up In The Rapture« nach – und dieser Nachzieher brachte ihr einen Plattenvertrag ein. Danach ging es Schlag auf Schlag. In den USA wurde sie 1992 als ›Queen Of HipHop Soul‹ gefeiert. Mit den Titeln »You Remind Me« (6/92 US 29) und »Real Love« hatte sie Millionseller in den US-Charts. Ihr Debütalbum »What's The 411?« (8/92 US-LP 6) verkaufte sich alleine in den USA drei Millionen mal. Nachfolger »My Life« (12/94 US-LP 7) brachte es zu Doppelplatin. Darauf zu hören: ein weiteres Familienmitglied. Schwester LaTonya J. Blige steuerte die Backing Vocals bei. »Share My World« (4/97 GB-LP 8, 5/97 US-LP 1) stieg sogar gleich auf dem Spitzenplatz in den USA ein. Als Gast des Rappers Method Man war sie auf einem Medley aus zwei Titeln zu hören, die das Duo Ashford & Simpson geschrieben hatten: »I'll Be There For You/ You're All I Need To Get By«. Der Film »Waiting To Exhale« bescherte ihr den Solohit »Not Gon' Cry«. »Everything« (9/97 US 24) aus dem Album »Share My World« basierte auf der Nummer »You Are Everything«, 1974 ein Hit für Diana Ross und Marvin Gaye. »As« war ein Duett mit George Michael. Als Gast von Wyclef Jean hatte sie den Hit »911« (10/00 US 38, 11/00 D 12, 12/00 GB 9).
Ihr nächstes Erfolgsalbum war »Mary« (8/99 GB-LP 5, 9/99 US-LP 2) – als Gäste waren darauf Aretha Franklin, Eric Clapton, K-Ci Hailey, George Michael, Elton John, Babyface oder Lauryn Hill zu hören. 2001 erschien mit »No More Drama« (9/01 US-LP 2) ein neues Album von Mary.

Daraus ausgekoppelt wurden der Titel »Family Affair«, geschrieben von Dr. Dre, und »No More Drama« (12/01 US 15). Es folgte »Dance For Me« (2/02 GB 13).

Real Love (8/92 US 7)
Not Gon' Cry (1/96 US 2)
Everything (8/97 GB 6)
As (3/99 GB 4)
Family Affair (7/01 US 1; 9/01 D 10; 10/01 GB 8)
HipHop, Soul

Siehe auch: Jean, Wyclef

Blink-182

TRAVIS LANDON BARKER d (USA, * 14. 11. 1975), TOM DELONGE v, g (USA, * 13. 12. 1975 als Thomas Matthew), MARK ALLEN HOPPUS v, b (USA, * 15. 3. 1972)
Gegründet wurde die Band 1992 von Tom DeLonge, 1998 tauchte das Trio aus San Diego erstmals in den Charts auf. Ihr Titel »Dammit (Growing Up)« erreichte jedoch lediglich die US-Airplay-Charts. Zumindest die Rundfunkmenschen liebten also diese Band. Die Nummer stammt vom Album »Dude Ranch« (7/97 US-LP 67). Zu diesem Zeitpunkt war der Schlagzeuger noch Scott Raynor. 1999 kamen sie mit ihrem neuen Drummer Travis Barker und hatten mit »What's My Age Again?« (7/99 US 58, 10/99 GB 38, 7/00 RE-GB 17) einen ersten Hit. Diese Nummer war auf dem Album »Enema Of The State« (6/99 US-LP 9, 3/00 GB-LP 21) zu finden. Alleine in den USA verkaufte die Gruppe davon fünf Millionen Exemplare. Ebenfalls auf diesem Album: »All The Small Things« (2/00 D 11). Die Plattenfirma der Gruppe sagte klar, um was es Blink 182 geht: ›Mädels, Masturbation und Nonsens im allgemeinen und speziellen.‹ Bei der MTV-Award-Verleihung am 7. September 2000 wurde »All The Small Things« als Best Group Video ausgezeichnet. Der Clip nahm die Backstreet Boys auf den Arm.
Als nächstes Album folgte »The Mark, Tom, And Travis Show (The Enema Strikes Back!)« (11/00 US-LP 8). 2001 kamen sie mit »Take Off Your Pants And Jackets« (6/01 GB-LP 4, US-LP 1, 7/01 D-LP 1). Die Platte stieg sowohl in den USA als auch in Deutschland gleich auf Platz 1 der LP-Charts ein. Die nächsten Singlehits: »The Rock Show« (7/01 GB 14) und »First Date« (10/01 GB 31).

All The Small Things (12/99 US 6; 3/00 GB 2)
Rock

Blockster

BLOCKSTER dj (Großbritannien, als Brandon Block)
Hinter dem Hit »You Should Be ...« stand die Nummer »You Should Be Dancing«, 1976 ein Erfolg für die Bee Gees. Blockster ist DJ beim Sender KISS FM. Zusammen mit Tall Paul hatte er für das Frühjahr 1999 das Projekt Grifters und die Veröffentlichung der Nummer »Flash« geplant. Von Blockster kam noch »Grooveline« (7/99 GB 18). Für den Erfolg von Blockster waren die beiden Produzenten Ricky Morrison und Fran Sidoli verantwortlich, die vorher schon Erfolge als State Of Mind gehabt hatten und 2001 als M&S pres. The Girl Next Door kamen.

You Should Be ... (1/99 GB 3)
Pop

Siehe auch: M&S pres. The Girl Next Door

Blondie

CLEMENT BURKE d (USA, * 24. 11. 1955 in New York City), JIMMY DESTRI key (USA, * 13. 4. 1954 in Brooklyn/New York City), DEBBIE HARRY v (USA, * 1. 7. 1945 als Deborah in Miami/Florida), CHRIS STEIN g (USA, * 5. 1. 1950 in Brooklyn/New York), GARY VALENTINE b
Blondie formierte sich in New York im August 1974. Deborah Harry hatte bis zu

diesem Zeitpunkt als ›Playboy‹-Bunny mit den Stilettos und Wind In The Willows gearbeitet. Ihre Musik wurde sowohl vom Punk als auch von den Girl-Groups der 60er Jahre beeinflusst. Nach einigen Umbesetzungen fand sich obige Besetzung zusammen, die 1976 ihre Debüt-Single »X-Offender« veröffentlichte. Ab 1978 – es hatte inzwischen weitere Personalwechsel gegeben – war Blondie erfolgreich. Speziell mit der alten Randy-&-The-Rainbows-Nummer »Denise« – bei Blondie wurde aus der Frau ein Mann und damit »Denis« – erreichten sie einen internationalen Durchbruch.

Die erfolgreichsten Alben von Blondie waren »Plastic Letters« (2/78 GB-LP 10), »Parallel Lines« (9/78 GB-LP 1, 9/78 US-LP 6, 3/79 D-LP 9), »Eat To The Beat« (10/79 GB-LP 1, 10/79 US-LP 17, 10/79 D-LP 23), »Autoamerican« (11/80 GB-LP 3, 12/80 US-LP 7), »Best Of Blondie« (10/81 GB-LP 4, 10/81 US-LP 30), »The Hunter« (6/82 GB-LP 9, 6/82 US-LP 33), »The Complete Picture – The Very Best Of Deborah Harry & Blondie« (3/91 GB-LP 3), »Atomic – The Very Best Of Blondie« (7/98 GB-LP 12) und »Atomic/Atomix – The Very Best Of Blondie« (2/99 GB-LP 12).

Der Erfolg hielt bis in das Jahr 1982 an. Dann trennte sich die Band. Chris Stein wollte gerade sein eigenes Plattenlabel gründen, da wurde er ernsthaft krank. Deborah kümmerte sich um die schwere Hautkrankheit von Chris, pflegte ihn wieder gesund und startete danach eine Karriere als Solistin und als Filmschauspielerin. Von »Atomic« (9/94 RE-GB 19), »Heart Of Glass« (7/95 RE-GB 15) und »Union City Blues« (10/95 RE-GB 31) erschienen Remixe. Im Frühjahr 1998 wurde gemeldet, dass sich Blondie wiedervereinigt habe. Deborah, Chris Stein, Jimmy Destri und Clem Burke nahmen das Album »No Exit« (2/99 D-LP 18, GB-LP 3, 3/99 US-LP 18) auf und kündigten eine Welttournee an. Ihre Single »Maria« stieg am 13.2. 1999 auf Platz 1 der britischen Hitparade ein. Damit hat Blondie einen neuen Rekord gesetzt: Ihre letzte Nummer 1 in GB hatte die Band im November 1980 mit »The Tide Is High«, und damit sind sie in GB diejenigen, die den größten Abstand zwischen zwei neu aufgenommenen Spitzenreitern haben. Nächster Top-40-Hit: »Nothing Is Real But The Girl« (6/99 GB 26).

Denis (2/78 GB 2; 4/78 D 9)
(I'm Always Touched By Your) Presence Dear (5/78 GB 10)
Hanging On The Telephone (11/78 GB 5)
Heart Of Glass (1/79 US 1, GB 1; 3/79 D 1)
Sunday Girl (5/79 D 6, GB 1)
Dreaming (9/79 GB 2)
Atomic (2/80 GB 1)
Call Me (2/80 US 1; 4/80 GB 1)
The Tide Is High (11/80 GB 1, US 1)
Rapture (1/81 GB 5, US 1)
Maria (2/99 D 3, GB 1)
New Wave, Pop

Siehe auch: Harry, Deborah

Blood, Sweat & Tears

DAVE BARGERON v, pos (USA, * 6. 9. 1942 in Athol/Massachusetts), RANDY BRECKER tr (USA, * 27. 11. 1945 in Philadelphia/Pennsylvania), DAVID CLAYTON-THOMAS v (Großbritannien, * 13. 9. 1941 als David Thomsett in Surrey), BOBBY COLOMBY v, d, per (USA, * 20. 12. 1944 in New York City), JIM FIELDER b (USA, * 4. 10. 1947 in Denton/Texas), JERRY FISHER (USA, * 1. 3. 1942 in De Kalb/Texas), DICK HALLIGAN v, key, pos, fl (USA, * 29. 8. 1943 in Troy/New York), JERRY HYMAN pos (USA, * 19. 5. 1947 in Brooklyn/New York), STEVE KATZ v, g, harm (USA, * 9. 5. 1945 in New York), AL KOOPER (USA, * 5. 2. 1944 in Bronx/New York), JERRY LACROIX (USA, * 10. 10. 1943 in Alexandria/Louisiana), FRED LIPSIUS sax, p (USA, * 19. 11. 1943 in New York City), LEW SOLOFF tr (USA, * 20. 2. 1944 als Lewis in Brooklyn/New York), JERRY WEISS tr (USA, * 1. 5. 1946 in New

York City), CHUCK WINFIELD tr (USA, * 5. 2. 1943 in Monessen/Pennsylvania)
Al Kooper gelang 1967 bei der Gründung von Blood, Sweat & Tears eine zu diesem Zeitpunkt einzigartige Mischung aus Jazz und Rock. Er und Steve Katz hatten vorher im Blues Project gespielt, dessen Instrumentierung ihnen jedoch noch zu dünn war. Kooper hatte als Al Cassidy in Folk-Clubs gespielt, ist auf Platten von Bob Dylan als Keyboarder zu hören, war als 13-Jähriger bei den Royal Teens und deren Hit »Short Shorts«, zählte zu seinen Freunden Paul Simon und schrieb für Gary Lewis 1965 »This Diamond Ring«. Bereits nach der ersten LP von Blood, Sweat & Tears verließ er diese Band wieder, machte Soloplatten und war als Sessionmusiker auf vielen hochkarätigen Platten zu hören, so z. B. »Electric Ladyland« von Jimi Hendrix oder »Let It Bleed« von den Rolling Stones. Als Produzent hatte er Erfolg mit Lynyrd Skynyrd. Nach der ersten LP »Child Is Father To The Man« im Jahre 1968 veränderte sich die Besetzung. Von den acht Musikern der ersten LP waren auf den beiden nachfolgenden noch fünf zu hören. Neben Al hatten Randy Brecker und Jerry Weiss die Gruppe verlassen. Neu hinzu kam der in England geborene und in Kanada aufgewachsene David Clayton-Thomas als Leadsänger. Neu waren auch Chuck Winfield, Lew Soloff und Jerry Hyman. Damit war die Band auf neun Mitglieder angewachsen. Aus der zweiten LP wurden drei Stücke ausgekoppelt, die jeweils 1969 einen Platz 2 in der amerikanischen Singlehitparade erreichten: »You've Made Me So Very Happy«, »Spinning Wheel« und »And When I Die«. Alle drei Singles wurden im übrigen Millionseller. Diese zweite LP kann man heute im Rückblick als die stärkste von Blood, Sweat & Tears bezeichnen. Alles, was danach kam, versuchte sich immer daran zu orientieren, schaffte jedoch meist nur einen Abklatsch. Auf der vierten LP 1971 kam für Jerry Hyman Dave Bargeron, und ab 1972 kam neues Blut, »New Blood« ins Spiel. David Clayton-Thomas hatte die Band verlassen, für ihn kam Jerry Fisher und damit ein völlig neuer Sound. Der wiederum wurde durch Jerry LaCroix ersetzt, was die Sache nur noch schlimmer machte. 1976 kam Clayton-Thomas wieder zurück. Es erschien die gut gemachte Live-LP »In Concert«, aber die Ideen waren verbraucht. Auch spätere Versuche von David Clayton-Thomas, mit völlig unbekannten Musikern als Blood, Sweat & Tears zu spielen, trieben den Fans nur noch die Tränen in die Augen. ›What goes up, must come down‹.
Die erfolgreichsten Alben der Formation: »Blood, Sweat & Tears« (2/69 US-LP 1, 4/69 GB-LP 15), »Blood, Sweat & Tears 3« (7/70 US-LP 1, 8/70 GB-LP 14, 11/70 D-LP 39), »B, S & T; 4« (7/71 US-LP 10) und »Blood, Sweat & Tears Greatest Hits« (3/72 US-LP 19).

You've Made Me So Very Happy (3/69 US 2)
Spinning Wheel (5/69 US 2)
And When I Die (10/69 US 2)
Jazz Rock

Bloodhound Gang

DJ Q-BALL dj (USA, * 8. 10. 1974 als Harry Dean in Limerick/Pennsylvania), EVIL JARED b (USA, * 5. 8. 1971 als Jared Henegan), LOOPIS LUPUS THUNDER g (USA, * 8. 8. 1972 als Matthew Stigliano in Philadelphia/Pennsylvania), JIMMY POP ALI v (USA, * 27. 8. 1972 als James Franks in Los Angeles/Kalifornien), SPANKY G d (USA), WILLIE d (USA, * 24. 10. 1973 als William Brehony in Pottsville/Pennsylvania)
Erstmals tauchte diese Gang 1997 mit dem Titel »Fire Water Burn« in den amerikanischen Mainstream Rock Tracks auf. Bis zu diesem Zeitpunkt hatten die Jungs der Band schon einiges hinter sich. Sie

begannen ihre Karriere 1993 an der Temple Universität in Philadelphia. Sie benannten sich nach einer Bande aus dem Computerspiel ›3-2-1 Contact‹. Als erste Platte erschien »Use Your Fingers«, die floppte. Danach fiel die Band auseinander und Ende 1995 kam sie wieder zusammen. Angeblich wollte Madonna sie unter Vertrag nehmen – eine andere Firma schnappte ihr die Gang vor der Nase weg. Ein Mitglied der Band über ihre Musik: »Wir sind fünf Loser, die Lärm machen und den als Musik bezeichnen.« Speziell die Deutschen zeigten sich von diesem »völlig durchgeknallten Haufen« beeindruckt. Die Gruppe mixt Brachialgitarren mit HipHop, Disko mit Kinderlied, Punk Rock mit Sample-Technologie. Dazu meist schlüpfrige Texte, die dafür sorgen, dass man sie in ihrem Heimatland nicht so häufig im Radio hört. Bei uns versteht's mal wieder keiner. Drummer Spanky G wurde Mitte 1999 durch Willie abgelöst. Ihr zweiter Erfolg »The Bad Touch« stieg in Deutschland am 20. 9. 1999 gleich auf Platz 3 der Single-Charts ein. Im November 1999 startete die Band eine Tour durch Deutschland unter dem Motto »Hooray For Boobies« (10/99 D-LP 1, 3/00 US-LP 14) – »Ein Hoch auf die Titten«.
Es folgten »The Ballad Of Chasey Lain« (2/00 D 12, 9/00 GB 15), »Mope« (8/00 D 34), »The Inevitable Return Of The Great White Dope« (10/00 D 35).

Along Comes Mary (6/99 D 6)
The Bad Touch (9/99 D 1; 4/00 GB 4)
Rock

Bloodstone

WILLIS DRAFFEN g (USA), ROGER DURHAM v, per (USA), CHARLES LOVE g, sax (USA), CHARLES MCCORMICK v, b (USA), EDDIE SUMMERS v, d (USA), HENRY WILLIAMS v, per (USA)
Diese aus Kansas City stammende Soulband wurde 1962 als Sinceres gegründet. Anfang der 70er Jahre gingen sie für längere Zeit nach England. Schicksalsjahr für die Band war 1973. Roger Durham starb, und es gelang ihnen mit der Nummer »Natural High« ein Millionseller. 1976 waren sie im Film »Train Ride To Hollywood« als Sinceros zu sehen. Musikalisch wurde Bloodstone immer mit Sly & The Family Stone verglichen. Bis 1984 hatten sie regelmäßig Hits in den amerikanischen R&B-Charts. Dann war ihre Zeit vorüber.

Natural High (4/73 US 10)
Soul

Bloom, Bobby

BOBBY BLOOM v (USA, in New York City, † 28. 2. 1974)
In den 60er Jahren arbeitete der Sänger und Songschreiber vorwiegend für andere, so war er z. B. Mitautor des Tommy-James-Hits »Mony Mony«. Er galt als gesuchter Studiomusiker und wurde dann Mitglied in der Gruppe Imaginations. Nach »Montego Bay« gelang Bobby mit »Heavy Makes You Happy« (1/71 GB 31) nur noch ein weiterer Hit, und es wird vermutet, dass das der Grund für seinen Selbstmord war. Man kann allerdings auch lesen, dass der Pistolenschuss ein Unfall war. Jedenfalls konnte Bobby nicht mehr erleben, wie seine Nummer 1986 ein Hit für die britische Gruppe Amazulu wurde.

Montego Bay (8/70 US 8, GB 3)
One Hit Wonder, Pop

Blow Monkeys

MICK ANKER b (Großbritannien, * 2. 7. 1957), DR. ROBERT v, g (Großbritannien, * 2. 5. 1961 als Bruce Robert Howard in Norfolk), NEVILLE HENRY sax (Groß-

britannien, * 28. 10. 1959), TONY KILEY d (Großbritannien, * 16. 2. 1962)
Der Gruppenname ist ein Slangausdruck von Jazzmusikern für Saxophonisten. Der musikalische Kopf dieser Formation ist ganz ohne Zweifel Dr. Robert. Der Schotte wanderte 1976 mit seiner Familie nach Australien aus und erlernte dort das Gitarrenspiel. In Sydney gründete er 1980 seine erste Band, kehrte aber 1981 nach GB zurück und formierte noch im selben Jahr die Blow Monkeys. Im Januar 1982 wurde auf einem Independent Label die erste Single »In Cold Blood« veröffentlicht. In den Hitparaden tauchten die Blow Monkeys, die sich durch sehr engagierte Texte auszeichnen, erstmals im Jahre 1986 auf. Ohne seine Band und mit der Sängerin Kym Mazelle hatte Dr. Robert im Frühjahr 1989 mit »Wait!« einen weiteren Top-10-Hit.
Die erfolgreichsten Alben der Blow Monkeys waren »She Was Only A Grocer's Daughter« (4/87 GB-LP 20) und »Choices – The Singles Collection« (8/89 GB-LP 5).

It Doesn't Have To Be This Way (1/87 GB 5)
Pop

Siehe auch: Howard, Robert

Blue

ANTONY COSTA v (Großbritannien, * 23. 6. 1981 in Middlesex/Nordlondon), DUNCAN JAMES v (Großbritannien, * 7. 4. 1979 in Salisbury), LEE RYAN v (Großbritannien, * 17. 6. 1983), SIMON WEBBE v (Großbritannien, * 30. 3. 1979 in Manchester)
Antony hatte seine Karriere als Schauspieler in den TV-Produktionen »Grange Hill«, »The Bill« und der BBC-Serie »Chalk« begonnen. Im August 2000 traf er Duncan, ebenfalls Schauspieler, der sich schon erfolglos in den Bands Tantrum und Volume 5 versucht hatte. Die beiden beschlossen, die Schauspielerei aufzugeben und statt dessen eine Gruppe zu gründen. Duncan kannte Lee, ebenfalls Schauspieler, von gemeinsamen Castings und holte ihn zur Gruppe. Lee seinerseits brachte seinen Mitbewohner Simon mit – und fertig war Blue. Der erste Albumerfolg hieß ebenfalls »All Rise« (12/01 GB-LP 2). Geschrieben und produziert wurde »If You Come Back« von Ray Ruffin, dem Sohn der Motown-Legende Jimmy Ruffin.

All Rise (6/01 GB 4)
Too Close (9/01 GB 1)
If You Come Back (11/01 GB 1)
Fly By II (3/02 GB 6)
Boy Group, Pop, Rhythm & Blues

Blue, Barry

BARRY BLUE v (Großbritannien, * 12. 12. 1950 als Ronald Roker)
Mit dem Titel »Storm In A Teacup«, 1972 von ihm und Lynsey de Paul geschrieben, gelang Barry Blue ein Hit für die Fortunes. Schon vorher hatten andere Interpreten Kompositionen des Briten übernommen. Mit und für Lynsey de Paul schrieb er in der ersten Hälfte der 70er Jahre weitere erfolgreiche Nummern. Nach 1974 verschwand Barry wieder als Interpret. Als Cry Sisco! gelang ihm noch der Hit »Afro Dizzi Act« (9/79 GB 42, 1/90 RE-GB 70). Aus seiner Begleitgruppe wurden die Rubettes.

(Dancing) On A Saturday Night (7/73 GB 2; 9/73 D 9)
Do You Wanna Dance (11/73 GB 7)
Pop

Blue Boy

LEX BLACKMORE key, computer (Großbritannien, in Brighton), MARLENA SHAW v (USA, als Burgess in New Rochelle/New York)
Wie Mishra von White Town hatte auch Blue Boy seine Platte im Schlafzimmer und völlig alleine aufgenommen. Er ver-

suchte anonym zu bleiben, wurde aber schließlich als der rund 25-jährige Discjockey Lex Blackmore aus Brighton identifiziert. Lex lebte in Glasgow, als er seinen Hit »Remember Me« hinfummelte. Ob das allerdings sein richtiger Name ist und so stimmt, werden wir sehen. Der Gesangspart war ein Sample aus einer Nummer der amerikanischen Sängerin Marlena Shaw, die daran einst selbst mitgeschrieben hatte. 1944 geboren, gab sie ihr Debüt als 10-Jährige im Apollo Theater in Harlem. Zwischen 1967 und 1972 sang sie in der Band von Count Basie. Marlena war die erste Sängerin, die beim sonst nur von Männern dominierten Plattenlabel Blue Note unter Vertrag kam. Ihr größter Poperfolg war ihre Version des Titels »Mercy, Mercy, Mercy« (3/67 US 58).
Mit »Sandman« (8/97 GB 25) kam Blue Boy noch einmal in die Charts.

Remember Me (2/97 GB 8)
Pop

Blue Diamonds

RIEM DE WOLFF v (Indonesien, * 15. 4. 1943), RUUD DE WOLFF v (Indonesien, * 12. 5. 1941, † 18. 12. 2000)
Die Brüder Rudy und Riem de Wolff wurden in Indonesien geboren und kamen 1949 nach Holland. Die beiden versuchten sich als Kopie der Everly Brothers und hatten demzufolge 1959 auch ihren ersten Hit mit einer Coverversion von »('Til) I Kissed You«. Mit dem 1927 geschriebenen Stück »Ramona« gelang den Blue Diamonds 1960 ein großer Hit, den sie in fünf Sprachen aufgenommen haben. Ihre weiteren Hits außerhalb der Top 10: »Ahoi-Ohe« (6/61 D 11), »Ein Schiff fährt nach Schanghai« (11/61 D 13), »Blaues Boot der Sehnsucht« (5/62 D 30), »Angelina, lass das Weinen« (8/62 D 30), »My Sunny Sunshine« (4/63 D 37), »Sweet Lorraine, komm wieder« (5/64 D 36), »Rag Mop« (6/64 D 40) und »Gib mir dein Wort, Linda Lou« (7/65 D 39). Ihre Bilanz Ende 1992: über 25 Millionen verkaufte Platten. Bis zum Tod von Ruud traten die beiden regelmäßig bei Galas in Holland auf.

Ramona (11/60 D 1)
Wie damals in Paris (5/61 D 3)
Sukiyaki (8/63 D 2)
Pop

Blue Magic

KEITH »TED« BEATONS v, THEODORE MILLS v, RICHARD PRATT v, WENDELL SAWYER v, VERNON SAWYER v
Diese fünf Soulsänger aus Philadelphia brachten in die Musik der 70er Jahre das Doo-Wop-Feeling der 50er. 1974 hatten sie mit dem Millionseller »Sideshow« ihren größten Hit. Einziger weiterer Top-40-Hit war »Three Ring Circus« (10/74 US 36). 1981 verließ Richard Pratt die Band. Auf der 1974 erschienenen LP »It's Only Rock 'n' Roll« der Rolling Stones sind Blue Magic bei dem Song »If You Really Want To Be My Friend« zu hören.

Sideshow (5/74 US 8)
Soul

Blue Mink

MADELINE BELL v (USA, * 23. 7. 1942 in Newark/New Jersey), ROGER COULAM org, HERBIE FLOWERS b (Großbritannien), JONATHAN v (Großbritannien, * 19. 8. 1940 als Roger James Cook in Bristol), BARRY MORGAN d (Großbritannien)
Madeline Bell und Roger Cook konnten bereits auf eine langjährige Karriere zurückblicken, als sie 1969 mit einigen Studiomusikern in England Blue Mink gründeten. Ihr erster Hit schien wie ein Programm: »Melting Pot«. Danach fiel die Formation wieder auseinander. Grund

dafür mag auch die Tatsache gewesen sein, dass so talentierte und erfahrene Musiker ihre eigenen Wege suchen wollten.

Melting Pot (11/69 GB 3)
Good Morning Freedom (3/70 GB 10)
Banner Man (5/71 GB 3)
Randy (6/73 GB 9)
Pop

Blue Nature

NATALIE v (Deutschland, * 28. 8. 1980 als Schumakov in Jemanshelinsk/Russland)
Natalie kam als Zwölfjährige mit ihren Eltern in die Bundesrepublik und wohnte in Hannover. In einer Disko machte sie nach dem Besuch des Filmes »Titanic« bei einem Karaokewettbewerb mit und sang die Nummer »My Heart Will Go On«. Ein Produzent sprach sie danach an und lud sie zu einem Vorsingen ein. Als Ergebnis sang sie aus dem Film »Titanic« die Nummer »A Life So Changed«, die als Blue Nature veröffentlicht wurde. Es folgte »Return To Paradise«, basierend auf »Conquest Of Paradise«. Ende 2000 kam Natalie unter ihrem Namen und sang, unterstützt vom Warschauer Symphonieorchester, mit »Fight To Win« (1/01 D 48) die ›offizielle DSV Hymne zum RTL Skispringen‹.

A Life So Changed (4/99 D 7)
Pop

Blue Pearl

DURGA MCBROOM v (USA, * 16. 10. 1962 in Los Angeles/Kalifornien), YOUTH key, d, b (Großbritannien, * 27. 12. 1960 als Martin Glover)
1989 ging Durga mit Pink Floyd auf Welttournee. Hier lernte sie ihren neuen musikalischen Partner kennen: den Produzenten Youth, der vorher mit Killing Joke und Brilliant gearbeitet hatte. Diese beiden zusammen gründeten das Bandprojekt Blue Pearl, das mit der afrokaribisch angehauchten Single »Naked In The Rain« einen Hit hatte. Im Studio wurden die beiden von zwei prominenten Gastmusikern unterstützt: David Gilmour und Rick Wright von Pink Floyd. Blue Pearl blieb auch danach weiter im Geschäft und hatte mit »Little Brother« (11/90 GB 31) und »(Can You) Feel The Passion« (1/92 GB 14) weitere Top-40-Hits. Eine überarbeitete Version des einzigen Top-10-Hits kam als »Naked In The Rain '98« (7/98 GB 22) erneut in die GB-Charts.

Naked In The Rain (7/90 GB 4)
Dance

Blue Swede

MICHAEL AREKLEW g (Schweden), LADISLAV BALAZ key (Schweden), TOM BERGER tr, flh (Schweden), ANDERS BERGLUND key (Schweden), HINKE EKESTUBBE sax (Schweden), JAN GULDBÄCK d (Schweden), BO LILJEDAHL b (Schweden), BJÖRN SKIFS v (Schweden)
Diese 1972 durch Skifs gegründete Band bestand aus Musikern, die vorher alle in für dieses Land typischen Tanzbands gespielt hatten. Skifs war zu diesem Zeitpunkt in seiner Heimat kein Unbekannter mehr. 1966 wurde er Mitglied bei den Slamcreepers. Der Vortragsstil dieser Band erinnerte an Slade. Ab 1970 versuchte er sich als Solist, trat in Nightclubs, TV-Shows und in Musicals auf, z. B. in »Godspell«. Zusammen mit dem Produzenten Bengst Palmer wollte er 1972 versuchen, den internationalen Markt zu knacken und gründete Blue Swede. Man nahm sich die Nummer »Hooked On A Feeling« vor, die 1968 ein Millionseller für B. J. Thomas und 1971 ein Hit für Jonathan King gewesen war. Zum Erstaunen aller Beteiligten schaffte Blue Swede ebenfalls einen Millionseller. Nach 1975 zogen sie

sich wieder in ihr Stammland zurück. Dort hießen sie übrigens nie Blue Swede, sondern Björn Skifs & The Blablus.

Hooked On A Feeling (2/74 US 1)
Never My Love (8/74 US 7)
Pop, Rock

Blue System

DIETER BOHLEN v, g (Deutschland, * 7. 2. 1954 in Oldenburg)
Nach einigem Ärger mit seinem Kollegen Thomas Anders – die beiden waren Modern Talking – machte Dieter ab Ende 1987 als Solist unter dem Namen Blue System weiter. ›Hörzu‹ schrieb über Bohlen: ›Applaus für Dieter Bohlen, den erfolgreichsten deutschen Musikproduzenten aller Zeiten, Erfinder von Modern Talking, Sänger und Produzent bei Blue System, weltweit rund 80 Millionen verkaufte LPs, 300 goldene, 50 Platinplatten!‹ Sein erfolgreichstes Album ist »Backstreet Dreams« (5/93 D-LP 5). 1998 kamen Anders und Bohlen wieder als Modern Talking zusammen – und hatten erneut Erfolg!

My Bed Is Too Big (5/88 D 10)
Under My Skin (10/88 D 6)
Magic Symphony (9/89 D 10)
Disko

Siehe auch: Modern Talking

Bluebells

NEAL BALDWYN b (Großbritannien), LAURENCE DONEGAN b (Großbritannien), CRAIG GANNON g (Großbritannien, * 30. 7. 1966), ROBERT HODGENS v, g (Großbritannien, * 6. 6. 1959), RUSSEL IRVINE g (Großbritannien), DAVID MCCLUSKEY v, d (Großbritannien, * 13. 1. 1964), KENNETH MCCLUSKEY v, flageolett (Großbritannien, * 8. 2. 1962)
Die schottische Band Bluebells hatte im März 1983 ihren ersten Erfolg in den Hitparaden. Genau ein Jahr später gelang ihnen mit »I'm Falling« (3/84 GB 11) ein Hit. Danach wurden Donegan und Irvine ausgetauscht gegen Baldwyn und Gannon, und sie veröffentlichten »Young At Heart«. Nach zwei weiteren Notierungen verschwand die Band 1985 und löste sich 1987 auf. Die Brüder McCluskey veröffentlichten später ein Album mit Folksongs. Anfang 1993 verwandte ein TV-Spot für VW in GB als musikalische Untermalung »Young At Heart«. Danach setzte eine enorme Nachfrage nach dem Song ein – und als die Platte im März 1993 wieder erschien, erreichte sie in nur zwei Wochen Platz 1 in GB.

Young At Heart (6/84 GB 8; 3/93 GB 1)
Pop

Blues Image

MANUEL BERTEMATTI per (USA), MALCOLM JONES b (USA), FRANK »SKIP« KONTE syn, p, org (USA), JOE LALA d (USA), MIKE PINERA v, g (USA, * 29. 9. 1948 in Tampa/Florida)
Die Band wurde Mitte der 60er Jahre gegründet und nannte sich ab 1966 Blues Image. 1968 kam mit Frank Konte ein weiteres Mitglied hinzu. Die Band ließ sich in New York nieder und eröffnete mit ›The Image‹ einen eigenen Club. 1969 erhielten sie einen Plattenvertrag und veröffentlichten ihr erstes Album. 1970 schafften sie mit »Ride Captain Ride« einen Millionseller. Danach ging die Band auseinander. Pinera wurde kurz Mitglied bei Iron Butterfly. Konte spielte mit Three Dog Night, Lala wurde Sessionmusiker und machte sich einen Namen durch seine Mitarbeit bei Crosby, Stills, Nash & Young. Die restlichen Mitglieder gründeten eine neue Band namens Manna. Pinera spielte noch mit Cactus, Ramatam, Thee Image, Alice Cooper und als Solist.

Ride Captain Ride (5/70 US 4)
Rock

Blues Magoos

PEPPY CASTRO v, g (USA, * 16. 6. 1949 als Emil Thielhelm), GEOFF DAKING d (USA, in Deleware), MIKE ESPOSITO g, (USA, in Deleware), JOHN FINNEGAN d (USA), RONNIE GILBERT b, (USA, * 25. 4. 1946 in Bronx/New York City), DENNIS LAPORE g (USA), RALPH SCALA v, org (USA, * 12. 12. 1947 in Bronx/New York City)
Die Formation Blues Magoos fand sich 1964 in der New Yorker Bronx zusammen. 1966 begannen sie mit Plattenaufnahmen und konnten noch im selben Jahr mit ihrem Psychedelic Rock einen Hit verbuchen: »(We Ain't Got) Nothin' Yet«. Nach der Veröffentlichung ihres dritten Albums trennte sich die Gruppe. Thielhelm machte mit anderen Musikern unter demselben Namen weitere Platten. 1970 übernahm Peppy eine Rolle im Musical »Hair«, danach spielte er in verschiedenen Bands, so z. B. Balance. Als Songschreiber liefert er Material für Kiss oder Cher.

(We Ain't Got) Nothin' Yet (12/66 US 5)
Psychedelic, Rock

Blues Traveler

BRENDAN HILL d (Großbritannien, * 27. 3. 1970 in London), CHAN KINCHLA g (USA, * 29. 5. 1969 als Chandler in Hailton/Oregon), JOHN POPPER v, mundh (USA, * 29. 3. 1967 in Cleveland/Ohio), BOBBY SHEEHAN b (USA, * 12. 6. 1968 in Summit/New Jersey)
Diese Band formierte sich 1988. 1989 erschien ihr Debütalbum, das allerdings erst 1991 erste Spuren in der amerikanischen LP-Hitparade hinterließ. 1992 – die Gruppe ist gerade dabei, ihr drittes Album zu produzieren – fährt Popper mit seinem Motorrad in einen Plymouth und verbringt das folgende Jahr in einem Rollstuhl. Das hindert ihn allerdings nicht daran, aufzutreten. Der große Erfolg stellt sich mit dem vierten Album der Band ein, das bezeichnenderweise »four« (11/94 US-LP 8) heißt und sich innerhalb eines Jahres fünf Millionen mal verkauft. Daraus ausgekoppelt wird die Single »Run-Around«. Ebenfalls von »four«: »Hook« (10/95 US 23). Mitte 1996 erscheint mit »Live From The Fall« (7/96 US-LP 46) eine Live-Doppel-CD. Das Album klang gut, denn Blues Traveler gehören zu jenen amerikanischen Bands, die sich ihren Erfolg durch unermüdliches Touren von einer US-Küste zur anderen hart erarbeitet haben. Ihr nächstes Album war »Straight On Till Morning« (7/97 US-LP 11).

Run-Around (3/95 US 8)
Blues, Rock

Bluetones

EDS CHESTERS d (Großbritannien, * 24. 10. 1971), ADAM DEVLIN g (Großbritannien, * 17. 9. 1969 in Staines/Middlesex), SCOTT MORRISS b (Großbritannien, * 10. 10. 1973 in Hounslow/London), MARK MORRISS v, g (Großbritannien, * 17. 10. 1971 in Hounslow/London)
Die Bluetones gehörten zu den Bands, die Mitte der 90er Jahre dem BritPop zugerechnet wurden. Ähnlich wie hierzulande die Boy-Groups lösten sich in GB die Brit-Pop-Bands schnell hintereinander ab. Die beiden Brüder Mark und Scott Morriss aus London waren erklärte Buffalo-Springfield-Fans. 1991 kamen die Bluetones zusammen, 1993 gab es die ersten öffentlichen Auftritte, meist in Pubs in der Nähe von London. 1994 waren erste Demoaufnahmen fertig, und sie erhielten einen Plattenvertrag. Ende des Jahres erschien mit »Return To Spender« die erste EP. Ihre

erste Hitnotierung in den Singlecharts war »Are You Blue Or Are You Blind« (6/95 GB 31). Es folgten »Bluetonic« (10/95 GB 19) und die unten erwähnten Top-10-Hits. Am 24. Februar 1996 erschien ihr Debütalbum »Expecting To Fly« (2/96 GB-LP 1), das in die britische Albumhitparade gleich auf Platz 1 einstieg. Nach einer längeren Pause meldete sich die Band im Februar 1998 mit »Solomon Bites The Worm« in den Charts zurück Es folgten »If« (5/98 GB 13) und »Sleazy Bed Track« (8/98 GB 35). Mit »Return To The Last Chance Saloon« (3/98 GB-LP 10) erschien ihr zweites Album. Dann folgten wieder mit einem zeitlichen Abstand »Autophilia« (5/00 GB 18) und »Science & Nature« (5/00 GB-LP 7).

Slight Return (2/96 GB 2)
Cut Some Rug/Castle Rock (5/96 GB 7)
Marblehead Johnson (9/96 GB 7)
Solomon Bites The Worm (2/98 GB 10)
Pop

Blümchen

BLÜMCHEN v (Deutschland, * 20. 4. 1980 als Jasmin Wagner in Hamburg)
Niedlich und so singend wie die Teenies, die sie lieben und verehren – das ist Blümchen. Der alte Hase Ulf Krüger – auch ›Dr. No‹ genannt –, der die goldenen Tage des Hamburger Beats erlebte und irgendwann einsehen musste, dass Anspruch und Kommerz selten Hand in Hand gehen, war bei der Produktion und beim Schreiben der Songs hilfreich. »Herz an Herz« und »Kleiner Satelllit« hätten auch gut Anfang der 80er Jahre in der NDW, der Neuen Deutschen Welle, laufen können. »Herz an Herz« (2/86 D 64) war mit der Gruppe Paso Doble schon einmal in den Charts gewesen. Mitte 1996 erschien ihr erstes Album »Herzfrequenz«, auf dem sie schrieb: ›Ich danke meiner Mama, meinem Papi und meinem Bruder für ihre Liebe und ihr Vertrauen.‹ Auf diesem Album war als Superbonus noch ein CD-ROM-Teil. Da waren dann ›eine ausführliche Biografie sowie reizende Kinderfotos zu sehen‹. Blümchens Stimme war so dünn, dass sie bei Plattenproduktionen durch eine Studiosängerin namens Alex ›verstärkt‹ wurde. Die beiden Stimmen verschmolzen beim endgültigen Produkt zu einer und wurden dann auch noch schneller abgespielt, was die Höhe der Stimmlage verändert – welche Sängerin weiter vorne lag, weiß wohl nur Ulf Krüger. »Nur geträumt ...« war eine Neuauflage des alten Nena-Hits und die erste Auskopplung ihres zweiten Albums »Verliebt ...«. Und als die Sesamstraße 25. Geburtstag feierte, sang Blümchen das Lied »Seasam-Jam (Der, Die, Das)« (12/97 D 26). Mitte 1998 übernahm sie die Moderation der ›Mini-Playback-Show‹. Eine Coverversion der Ideal-Nummer »Blaue Augen« (6/98 D 19) brachte Blümchen einen weiteren Hit. Ihre erfolgreichsten Alben waren »Verliebt ...« (5/97 D-LP 7) und »Jasmin« (10/98 D-LP 8).
Am 11. Februar 2001 hatte Blümchen ausgeblüht. In Gerolzhofen bei Würzburg trat Blümchen – zu diesem Zeitpunkt immerhin schon 20 Jahre alt – zum letzten Mal unter ihrem Künstlernamen auf. Sie sagte, sie wolle damit ihre 1995 begonnene Karriere beenden. Das letzte Konzert sahen rund 500 Zuschauer, die zwischen 8 und 40 Jahre alt waren. Am Ende des Konzerts verkündete sie, mit einem neuen künstlerischen Konzept zurückzukommen. Eine große deutsche Tageszeitung startete sofort die Aktion ›Bild sucht das neue Blümchen‹.

Herz an Herz (1/96 D 4)
Kleiner Satellit (Piep, Piep) (4/96 D 9)
Nur geträumt ... (4/97 D 6)
Gib mir noch Zeit (9/97 D 9)
Deutscher Schlager, Rave

Siehe auch: Bravo All Stars

Blum, Hans

HANS BLUM v (Deutschland, * 23. 5. 1928 in Hannover)

Blum begann als Chorleiter und Arrangeur für die EMI und gründete 1951 das Hansen Quartett. Wer auch immer in den 50er und 60er Jahren etwas zu singen hatte, wurde davon begleitet. Lale Andersen, Ralf Bendix, Fred Bertelmann, Eve Boswell, Angele Durand, Bibi Johns, Barbara Kist, Bruce Low, Wolfgang Sauer und viele andere ließen sich von diesem Quartett unterstützen. Ableger davon waren die Hansen Boys & Girls, der Hansen Chor oder die Hansen Sänger. Insgesamt brachte es Blum auf knapp 30 Pseudonyme. Seit Beginn des deutschen Fernsehens machte Blum mit. Er begleitete Peter Frankenfeld auf seinen Tourneen. Danach war er als Songschreiber erfolgreich, bis er – sozusagen zum Spaß – ab 1974 als Henry Valentino Platten aufnahm. Mit »Ich hab' dein Knie gesehn« (12/74 D 11) hatte er einen ersten Hit. »Im Wagen vor mir« sang er zusammen mit Uschi.

Von Blum stammen so erfolgreiche Titel wie »Beiß nicht gleich in jeden Apfel«, »El Lute«, »Harlekin«, »Das schöne Mädchen von Seite 1«, »Zigeunerjunge« oder »Zucker im Kaffee«.

Charlie Brown (7/59 D 5)
Im Wagen vor mir (10/77 D 8)
Deutscher Schlager

Blur

DAMON ALBARN v (Großbritannien, * 23. 3. 1968 in Whitechapel/London), GRAHAM COXON g (Deutschland, * 12. 3. 1969 in Rinteln/Hannover), ALEX JAMES v, b (Großbritannien, * 21. 11. 1968 in Dorset), DAVE ROWNTREE d (Großbritannien, * 8. 5. 1963 in Colchester/Essex)

Im Frühjahr 1990 veröffentlichte dieses 1989 in London gegründete Quartett, das sich zuerst Seymour nannte, seine Debüt-Single »She's So High«. Ihre Musik gilt als Rave, den man zu jenem Zeitpunkt als die Pop-Musik der 90er Jahre anpries. 1991 erschien ihre erste LP, »Leisure« (9/91 GB-LP 7). Mit der zweiten CD »Modern Life Is Rubbish« (5/93 GB-LP 15) zeigte sich Blur musikalisch wie ausgetauscht. Sie lehnten sich musikalisch an die typische britische Pop-Musik der 60er und 70er Jahre an. Manchmal klangen sie wie Pink Floyd, dann wie Kinks, Teardrop Explodes oder auch wie Sex Pistols. Die Singleauskopplung »For Tomorrow« war eine Hommage an den jungen David Bowie. »Parklife« (4/94 GB-LP 1), die dritte CD, stieg in den britischen Albumcharts gleich auf Platz 1 ein und verdrängte damit Pink Floyd und »Division Bell« von der Spitze. Nun wurde die Musik von Blur als Electro-Disko bezeichnet. 1995 entstand ein Kampf in den Medien zwischen Blur und der Gruppe Oasis. In der Presse beschimpften sich die Gruppen gegenseitig und bezeichneten sich selbst jeweils als die wahren Britpop-Champs. Am 26. August 1995 erschien die Single »Country House«, die in der ersten Woche knapp 300 000 Exemplare verkaufte und sofort auf Platz 1 einstieg. Wenig später kommt mit »The Great Escape« (9/95 GB-LP 1) ein neues Album der Gruppe, das ebenfalls sofort auf Platz 1 springt. Im Frühjahr 1997 erschien das Album »Blur« (2/97 GB-LP 1), das die Gruppe in Island aufgenommen hatte. Damon hatte sich dort ein Haus gekauft. Die Auskopplung »Beetlebum« kam am 1. 2. 1997 gleich auf Platz 1 in die Charts und zeigte einmal mehr, wer Blur auch inspiriert hat. Weitere Singlehits außerhalb der Top 10 waren »M.O.R.« (9/97 GB 15), »Coffee † TV« (7/99 GB 11) und »No Distance Left To Run« (11/99 GB 14). Ebenfalls erfolgreich die Alben »13« (3/99 GB-LP 1, 3/99 D-LP 6) und »The Best Of« (11/00 GB-LP 3).

2001 kam Damon Albarn mit der Formation Gorillaz.

There's No Other Way (4/91 GB 8)
Girls And Boys (3/94 GB 5)
Parklife (9/94 GB 10)
Country House (8/95 GB 1)
The Universal (11/95 GB 5)
Stereotypes (2/96 GB 7)
Charmless Man (5/96 GB 5)
Beetlebum (2/97 GB 1)
Song 2 (4/97 GB 2)
On Your Own (6/97 GB 5)
Tender (3/99 GB 2)
Music Is My Radar (10/00 GB 10)
Britpop, Pop

Siehe auch: Gorillaz

Bob & Earl

BOBBY DAY v (USA, * 1. 7. 1930 als Robert Byrd in Fort Worth, Texas, † 27. 7. 1990), BOBBY GARRETT v (USA), EARL LEE NELSON v (USA, * 8. 9. 1928 in Lake Charles/Louisiana), BOB RELF v (USA)
1950 gründete Bobby Day die Hollywood Flames, bei denen Earl Nelson Leadsänger war. 1960 gründeten die beiden Soulsänger Bob & Earl. Bobby Day wurde jedoch bald durch Bob Relf ersetzt, weil er seine Solokarriere fortsetzen wollte. Mit »Harlem Shuffle« hatten Bob & Earl 1963 lediglich einen Platz 44 in der amerikanischen Singlehitparade. Die gleiche Platte wurde sechs Jahre später in GB ein Top-10-Hit. Die zwischenzeitlich aufgenommenen Singles kamen an diesen Erfolg nicht heran. Earl nahm als Jay Dee und Jackie Lee Soloplatten auf. Jackie Lee hatte in den USA 1965 mit »The Duck« einen Platz 14. Der Name setzte sich aus dem zweiten Vornamen seiner Frau und seinem eigenen zweiten Vornamen zusammen. Im Duo wurde Relf durch Bobby Garrett ersetzt. Die neue Formation Bob & Earl nahm in den 70ern gemeinsam und auch alleine weitere Platten auf.

Harlem Shuffle (3/69 GB 7)
One Hit Wonder, Soul

Bob & Marcia

BOB ANDY v (Jamaika, als Keith Andersen), MARCIA GRIFFITHS v (Jamaika)
Das Duo hatte mit der Reggae-Nummer »Young, Gifted And Black« im Frühjahr 1970 den Nerv der britischen Jugendlichen getroffen. Der Song stammte ursprünglich von Nina Simone. Mit »Pied Piper« (6/71 GB 11) schafften sie noch einen Nachfolgehit. Danach waren sie auf Jamaika in der Reggae-Szene als Solisten weiterhin erfolgreich.

Young, Gifted And Black (3/70 GB 5)
Reggae

Bob B. Soxx & The Blue Jeans

FANITA JAMES v (USA), DARLENE LOVE v (USA, * 26. 7. 1938 als Darlene Wright in Los Angeles/Kalifornien), BOBBY SHEEN (USA, † 23. 11. 2000)
Anfang der 60er Jahre produzierte Phil Spector eine Reihe von Formationen, die mit wechselnden Musikern und Sängern operierten. Darlene Love und Fanita James hatten mit den Blossoms gesungen, die im Hintergrund auf Hits von Elvis Presley, Paul Anka, Bobby Darin, den Mamas & Papas, Beach Boys, Dionne Warwick und vielen anderen zu hören waren. Den Blossoms selbst gelang Mitte des Jahres 1961 nur ein Platz 79 mit einem Antwortsong auf Ernie K-Does »Mother-In-Law«, »Son-In-Law«. Im Herbst 1962 kamen sie unter die Fittiche von Phil Spector. Der nahm mit Darlene Love & The Blossoms die Titel »He's A Rebel« und »He's Sure The Boy I Love« auf und veröffentlichte sie unter dem Namen der Crystals. Da Phil die Rechte an diesem Namen hatte, konnte er darunter singen lassen, wen immer er wollte. »He's A Rebel« wurde Spitzenreiter in den USA. Im Winter 1962 nahmen Darlene und Fanita zusammen mit Soxx eine neue Version von »Zip-A-Dee Do-Dah« aus dem

Film »Song Of The South« aus dem Jahre 1947 auf. Das Trio hatte mit »Why Do Lovers Break Each Other's Heart?« (2/63 US 38) noch einen weiteren Top-40-Hit und fiel dann auseinander. Nachdem man über viele Jahre nichts mehr von Darlene Love gehört hatte, stand sie im Dezember 1992 wieder in der britischen Hitparade mit dem Song »All Alone On Christmas« aus dem Film »Kevin allein in New York«.

Zip-A-Dee Do-Dah (11/62 US 8)
Pop

Bob The Builder

NEIL MORRISSEY (Großbritannien)
Scoob The Digger, Muck The Bulldozer, Roley The Steamroller – und natürlich Bob The Builder sind die Hauptfiguren in einer Kinderserie der BBC. Und wenn dann Bob The Builder singt, kaufen die Kinder seine Platte. Die Single-Hitparade ist eben inzwischen die Hitparade der Kinder. Mit einer weiteren Coverversion des einstigen Perez-Prado-Hits »Mambo No 5« hatte Bob fast genau zwei Jahre nach Lou Bega einen weiteren Spitzenreiter in GB. Die Platte stieg am 15. 9. 2001 auf Platz 1 ein – und hatte in der Woche zuvor 102 000 Exemplare verkauft. Im Herbst 2001 genügte das für die Spitze. Jetzt war es auch Zeit für ein Album. Es hieß »The Album« (10/01 GB-LP 4).

Can We Fix It (12/00 GB 1)
Mambo No 5 (9/01 GB 1)
Pop

Bocelli, Andrea

ANDREA BOCELLI v (Italien, * 22. 9. 1958 in Lajatico/Toskana)
Zum Hit »Time To Say Goodbye« siehe alles unter Sarah Brightman, denn hier wurde sie an erster Stelle und dann Andrea genannt. Bei »Vivo Per Lei – Ich lebe für sie« kam zuerst sein Name, dann der seiner diesmaligen Gesangspartnerin Judy Weiss. Zumindest in der Schweiz war der Titel auf Anhieb ein Knüller: Er stieg auf Platz 6 in den Charts ein und erreichte schließlich die Spitze. In Deutschland war der Zuspruch zurückhaltender. Hier kam die Platte erst einmal bis auf Platz 45 und fiel dann wieder runter. Andrea konnte das egal sein, denn seine Alben waren in Deutschland wie in der Schweiz überaus erfolgreich. Judy Weiss war in den Popcharts lediglich mit dem Titel »Cinderella« (1/93 D 73) aufgefallen. Andrea war als Kind durch eine schleichende Augenkrankheit erblindet. Mit sieben begann er Klavier zu lernen, während seines Jurastudiums jobbte er als Pianospieler in Bars, lernte Flöte, Klarinette und Saxophon und entdeckte schließlich seine Stimme. Er wurde von Zucchero entdeckt und gefördert. Andrea trat mehrmals beim San-Remo-Festival auf, gewann etliche internationale Preise und debütierte mit dem Album »Il Mare Calmo Della Sera«. Dem folgte das mehr Pop-orientierte »Bocelli« (12/96 D-LP 1), auf dem auch das Duett mit Sarah Brightman zu hören war, dann das Klassik-Album »Viaggio Italiano«, »Romanza« (2/97 D-LP 2, 5/97 GB-LP 6, 12/97 US-LP 35) und »Aria – The Opera Album« (2/98 GB-LP 33, 4/98 D-LP 6, US-LP 59). Seine große Stärke ist zweifellos seine Vielseitigkeit. Er singt italienische Balladen, Popsongs oder Opernarien. Es folgte »Sogno« (4/99 US-LP 4, D-LP 6, 6/99 GB-LP 4). Sein nächster Singlehit war »Canto Della Terra« (9/99 GB 25, 7/00 RE-GB 24), dann kam das Album »Arie Sacre« (11/99 US-LP 22, GB-LP 20, 12/99 D-LP 3). Bei der Klassik-Echo Verleihung 2000 erhielt er einen Preis für sein Lied »Sacred Arias«. Das nächste Erfolgsalbum wurde »Cieli Di Toscana« (10/01 GB-LP 3, D-LP 3, 11/01 US-LP 11).

Time To Say Goodbye (12/96 D 1)
Soft Pop

Siehe auch: Brightman, Sarah

Böttcher, Gerd

GERD BÖTTCHER v (Deutschland, * 18. 7. 1936 in Berlin, † 26. 2. 1985)
Nach einer Lehre als Gärtner – der Junge sollte was Anständiges lernen – wurde er Vokalist bei einem Berliner Tanzorchester und nahm Gesangsunterricht. 1960 sang er bei Werner Müller vor, der von Böttcher überzeugt war. Müller legte nun die musikalische Richtung fest, und ab Mitte 1960 stand Gerd bis 1967 regelmäßig in der deutschen Hitparade. Sein erster Top-10-Hit war eine deutsche Version von der Barcarole aus »Hoffmanns Erzählungen«, die bei ihm »Adieu – Lebe wohl – Goodbye« hieß. »Geld wie Heu« war eine Cover-Version des Pat-Boone-Hits »Johnny Will«. Unter dem Pseudonym Buchholz schrieb Müller den Titel »Für Gabi tu' ich alles«, der zum bekanntesten Stück von Gerd Böttcher wurde. Zwischen 1961 und 1962 sang Böttcher neben seiner Solokarriere zusammen mit Detlef Engel im Duett, z. B. den Hit »Weil du meine große Liebe bist«. Es sollte der Versuch sein, den Erfolg der Blue Diamonds zu kopieren. Nach 1968 war er aus dem Geschäft. Böttcher tingelte auf Kaffeefahrten und vor Supermärkten. Er war schwer alkoholkrank, und das führte auch zu seinem frühen Tode.

Adieu – Lebe wohl – Goodbye (2/61 D 8)
Weil du meine große Liebe bist (7/61 D 8)
Geld wie Heu (2/62 D 2)
Ein Dutzend andre Männer (7/62 D 5)
Für Gabi tu' ich alles (11/62 D 4)
Meine Braut, die kann das besser (4/63 D 8)
Deutscher Schlager

Bohannon, Hamilton

HAMILTON BOHANNON v, d (USA, * 7. 3. 1942 in Newman/Georgia)
Hamilton Bohannon begann als Schlagzeuger in der Band von Stevie Wonder, in der er von 1965 bis 1967 spielte. Danach wurde er, der auf ein abgeschlossenes Studium als Musiklehrer zurückblicken konnte, Bandleader und Arrangeur für die Künstler der Plattenfirma Motown. Ab 1974 machte er eigene Platten. Sein größter Erfolg war »Disco Stomp«, mit »South African Man« (2/75 GB 22) und »Foot Stompin' Music« (7/75 GB 23) gelangen ihm zwei weitere.

Disco Stomp (5/75 GB 6; 8/75 D 3)
Dance, Soul

Böhse Onkelz

MATTHIAS ›GONZO‹ RÖHR g, KEVIN RUSSELL v (Deutschland), PETER ›PE‹ SCHOROWSKY d (Deutschland), STEPHAN WEIDNER b (Deutschland)
Sie machen Musik, die, wie der Spiegel schrieb, ›den Frust vieler Kids am Rande der Wohlstandsgesellschaft‹ formuliert. Wenn das alles so einfach wäre! Besonders die Alben der Band waren erfolgreich: »Heilige Lieder« (9/92 D-LP 5), »Die Weisse« (10/93 D-LP 10), »Hier sind die Onkelz« (10/95 D-LP 5), »E.I.N.S.« (11/96 D-LP 4) und »Live in Dortmund« (9/97 D-LP 4). Der Singlehit »Terpentin« stammte vom Album »Viva Los Tioz« (9/98 D-LP 1), das am 21. 9. 1998 gleich auf Platz 1 der LP-Charts einstieg. Die Single hatte, wie es die Plattenfirma trefflich formulierte, ›ambitioniert-rockige, messerscharfe Gitarrenriffs, mitgröl-hymnenhaften Gesang und natürlich der nicht immer ganz ernst gemeinte, onkelz-typische Textpathos‹. Das nächste Erfolgsalbum war »Gestern war heute noch morgen« (3/01 D-LP 3).

Terpentin (8/98 D 7)
Dunkler Ort (2/00 D 2)
Keine Amnestie für MTV (3/02 D 2)
Heavy Metal, Punk

Bolton, Michael

MICHAEL BOLTON v (USA, * 26. 2. 1953 als Michael Bolotin in New Haven/Connecticut)
Michaels Erfolg begann als Songschreiber für Kenny Rogers, Jefferson Starship oder Jennifer Rush. Angeblich hat er seine erste Rockband bereits mit 13 Jahren gegründet. Mit 15, seine Mutter musste für ihn unterschreiben, bekam er einen ersten Plattenvertrag. Nach zwei erfolglosen Soloalben als Michael Bolotin, 1975/76 mit Hilfe von David Sanborn und Andy Newmark aufgenommen, gründete er 1979 Blackjack, mit denen er ebenfalls zwei Flop-LPs aufnahm. 1981 trennte sich die Gruppe wieder. 1983 tauchte er erstmals als Solist in der US-Singlehitparade auf. Mit »How Am I Supposed To Live Without You« stand Laura Branigan Mitte 1983 auf Platz 12 der US-Singlecharts. Michael Boltons Art, Rockballaden zu singen, wird in den USA als ›blue-eyed soul‹ bezeichnet, und er hatte bis in die 90er Jahre damit Erfolg. Im Frühjahr 1994 stand Michael Bolton in einem Prozess, den die Isley Brothers gegen ihn angestrengt hatten, vor Gericht, weil er wesentliche Elemente aus deren Titel »Love Is A Wonderful Thing« für seinen gleichnamigen Hit verwandt hatte. Der Richter gab den Isley-Brüdern Recht, und Michael musste zahlen. Das war für ihn sicher kein Problem.
Seine erfolgreichsten Alben: »The Hunger« (10/87 US-LP 46), »Soul Provider« (7/89 US-LP 3, 3/90 GB-LP 4), »Time, Love & Tenderness« (5/91 US-LP 1, GB-LP 2), »Timeless (The Classics)« (10/92 US-LP 1, GB-LP 3), »The One Thing« (11/93 GB-LP 4, 12/93 US-LP 3, D-LP 5), »Greatest Hits 1985–1995« (9/95 GB-LP 2, 10/95 US-LP 5, D-LP 8), »This Is The Time – The Christmas Album« (10/96 US-LP 11), »All That Matters« (11/97 US-LP 39, GB-LP 20).
Im Frühjahr 2002 kam Michael mit der Single und dem Album »Only A Woman Like You«.

How Am I Supposed To Live Without You (10/89 US 1; 2/90 GB 3)
How Can We Be Lovers (3/90 GB 10, US 3)
When I'm Back On My Feet Again (5/90 US 7)
Love Is A Wonderful Thing (4/91 US 4)
Time, Love And Tenderness (7/91 US 7)
When A Man Loves A Woman (10/91 GB 8, US 1)
Said I Loved You . . . But I Lied (11/93 US 6)
Can I Touch You . . . There? (9/95 GB 6)
Pop, Rhythm & Blues, Soul

Bomb The Bass

TIM SIMENON computer (Großbritannien, * 21. 6. 1967 in Brixton/London)
Hinter dem Techno-Dance-Projekt verbirgt sich Tim Simenon mit wechselnden Musikern. Von seiner Plattenfirma wird er als Talentförderer, Studiofreak und einer der jüngsten, aber auch innovativsten Produzenten Europas bezeichnet. So war er z. B. mitverantwortlich für Neneh Cherrys »Buffalo Stance« und »Manchild«, Adamskis »Killer« und Seals »Crazy«. Mit »Beat Dis« hatte Tim einen ersten eigenen Erfolg. Sein wohl schönster Hit war »Winter In July«. Bis Ende 1995 hatte Tim noch zwei weitere Top-40-Hits: »Bug Powder Dust« (10/94 GB 24) und »Darkheart« (12/94 GB 35). Die erfolgreichsten Alben waren »Into The Dragon« (10/88 GB-LP 18) und »Unknown Territory« (8/91 GB-LP 19).

Beat Dis (2/88 D 6, GB 2)
Megablast/Don't Make Me Wait (8/88 GB 6)
Say A Little Prayer (11/88 GB 10)
Winter In July (7/91 GB 7)
Dance, Techno

Bombalurina

TIMOTHY MALLETT dj (Großbritannien, * 18. 10. 1956)
Alte, angestaubte Hits aufzupolieren und

sie für die heutigen Kids tanzbar zu machen, war die Spezialität dieser britischen Studiotruppe, hinter der sich der Discjockey Timothy Mallett verbarg. Koproduzent seiner Titel war Musical-Tycoon Andrew Lloyd Webber. So machten sie aus dem alten Brian-Hyland-Titel »Itsy Bitsy Teenie Weenie Yellow Polka-Dot Bikini« eine House-Version. Ein Nachfolgehit war »Seven Little Girls Sitting In The Backseat« (11/90 GB 18), einst ein Hit der Avons, und dann war diese Formation ausgestanden.

Itsy Bitsy Teenie Weenie Yellow Polka-Dot Bikini (7/90 GB 1; 9/90 D 9)
Disko

Bomfunk MC's

B.O.W. (Finnland, als Raymond Ebanks in Helsinki), DJ GISMO dj (Finnland, als Ismo Lappalainen in Turku)
Hinten stehen der Drummer Willy und der Bassist Ari. An der rechten Seite der Bühne steht DJ Gismo an seinen Turntables – und vorne tanzt und toastet sich B.O.W. (steht für Brother of Word) die Seele aus dem dünnen Leib. Zur Bühnenshow gehört auch die Breakdancetruppe Savage Feet-Crew. Bomfunk MC's bietet nicht nur etwas, was selbst die taubsten Ohren noch wahrnehmen, sondern auch was für die Augen. B.O.W. begann seine Karriere als Breakdancer und Sprayer, teilweise unter dem Namen MC Raymond. Gismo war schon vor seiner Zeit mit Bomfunk MC's in Finnland ein bekannter Mann – er galt als der beste House-DJ des Landes. »B-Boys & Flygirls« (9/00 D 18) und »Uprocking Beats« (12/00 GB 11) waren die nächsten Single-Erfolge.

Freestyler (5/00 D 1; 8/00 GB 2)
HipHop, House

Bon Jovi

JON BON JOVI v, g (USA, * 2. 3. 1962 als Jonathan Francis Bongiovi in Perth Sayreville/New Jersey), DAVID BRYAN key (USA, * 7. 2. 1962 als Rashbaum in Edison/New Jersey), RICHIE SAMBORA g (USA, * 11. 7. 1959 in Perth Amboy/Woodbridge/New Jersey), ALEC JOHN SUCH b (USA, * 14. 11. 1955 in Yonkers/New York), TICO TORRES d (USA, * 7. 10. 1953 als Hector in New York City)
Die Band, die sich an der Grenze zwischen Rock und Heavy Metal bewegt, wurde in New Jersey von Bongiovi und Rashbaum gegründet. Nachdem sich diese beiden bereits auf der High-School kennen gelernt und in einer R&B-Coverband namens Atlantic City Expressway gespielt hatten, kam es jedoch erst 1983 zu einem Plattenvertrag. 1987 war die LP »Slippery When Wet« in den USA das bestverkaufte Rockalbum des Jahres. Es folgten Hit auf Hit, Tour auf Tour, bis Ende der 80er Jahre Bongiovi keine Lust mehr an der Band hatte. Er spielte im Film »Young Gun II« mit und nahm als Jon Bon Jovi die Nummer »Blaze Of Glory« auf, die Mitte 1990 eine Nummer 1 in den USA wurde. Als Mitspieler waren darauf Jeff Beck, Aldo Nova und Randy Jackson zu hören. Es mag allerdings auch an Streitigkeiten mit Richie Sambora gelegen haben, dass die Band zerbrach – jedenfalls stand 1992 in den Zeitungen, die beiden hätten sich wieder vertragen, und es würden nun weitere Platten der Band Bon Jovi folgen, was mit »Keep The Faith« auch der Fall war. 1994 erschien die CD »Cross Road«, die mit Ausnahme von zwei Titeln die Hits der vergangenen Jahre brachte. Besonders die Nummer »Always« von »Cross Road« konnte sich in den internationalen Charts durchsetzen. Mitte 1995 kam als nächstes Album »These Days«, auf dem sich wieder eine Reihe von potenziellen Hits befand. Auch als Schauspieler hat sich Jon inzwischen einen Namen ge-

macht. Seine letzte Hitnotierung im Jahr 1996 hieß »Hey God« und erreichte in GB Platz 13. Im Mai 1997 erschien mit »Midnight In Chelsea« ein Vorbote zum kommenden Soloalbum »Destination Anywhere«. Die Single war während seines dreimonatigen Aufenthalts in London entstanden – Jon hatte sich dort für die Dreharbeiten zum Film »The Leading Man« aufgehalten. Weitere Singlehits: »Queen Of New Orleans« und »Janie, Don't Take Your Love To Town« (11/97 GB 13, D 38).

Die erfolgreichsten Alben: »Bon Jovi« (2/84 US-LP 43), »7800 Fahrenheit« (5/85 US-LP 37, GB-LP 28, D-LP 40), »Slippery When Wet« (9/86 US-LP 1, GB-LP 6, D-LP 11), »New Jersey« (10/88 US-LP 1, GB-LP 1, D-LP 4), »Blaze Of Glory/Young Guns II« (8/90 US-LP 3, GB-LP 2, 9/90 D-LP 4), »Keep The Faith« (11/92 US-LP 5, GB-LP 1, D-LP 2), »Cross Road« (10/94 GB-LP 1, D-LP 1, 11/94 US-LP 8), »These Days« (6/95 D-LP 1, 7/95 US-LP 9, GB-LP 1) und »Destination Anywhere« (6/97 GB-LP 2, D-LP 1, 7/97 US-LP 31). Die Alben »Blaze Of Glory/Young Guns II« und »Destination Anywhere« wurden unter dem Namen Jon Bon Jovi veröffentlicht.

Nach einer Pause kehrte er mit »Crush« (6/00 GB-LP 1, D-LP 1, 7/00 US-LP 9) wieder in die Charts zurück. Das Album stieg am 10.6. bzw. 12. 6. 2000 gleich auf Platz 1 in GB und Deutschland ein. Es folgte »One Wild Night – 1985–2001« (5/01 GB-LP 2, D-LP 3).

Im September 2001 wurde bekannt, dass Jon Bon Jovi in der Kultserie »Ally McBeal« die bis dato von Robert Downey Jr. gespielte Rolle übernimmt. Im Frühjahr 2002 arbeitete er an einem neuen Album mit dem Arbeitstitel »Bounce«. Erscheinungstermin soll der Herbst 2002 sein.

You Give Love A Bad Name (9/86 US 1)
Livin' On A Prayer (10/86 GB 4; 12/86 US 1)
Wanted Dead Or Alive (4/87 US 7)
Bad Medicine (9/88 US 1)
Born To Be My Baby (11/88 US 3)
I'll Be There For You (3/89 US 1)
Lay Your Hands On Me (6/89 US 7)
Living In Sin (10/89 US 9)
Blaze Of Glory (7/90 US 1)
Keep The Faith (10/92 D 8, GB 5)
Bed Of Roses (1/93 US 10; 3/93 D 10)
In These Arms (5/93 GB 9)
Dry County (3/94 GB 9)
Always (9/94 D 4, US 4, GB 2)
Please Come Home For Christmas (12/94 GB 7)
Someday I'll Be Saturday Night (2/95 GB 7)
This Ain't A Love Song (6/95 D 9, GB 6)
Something For The Pain (9/95 GB 8)
Lie To Me (11/95 GB 10)
These Days (3/96 GB 7)
Midnight In Chelsea (6/97 D 9, GB 4)
Queen Of New Orleans (8/97 GB 10)
It's My Life (5/00 D 2; 6/00 GB 3)
Say It Isn't So (9/00 GB 10)
One Wild Night (5/01 GB 10)
AOR (Adult Orientated Rock)

Bonds, Gary »U.S.«

GARY »U.S.« BONDS v (USA, * 6. 6. 1939 als Gary Anderson in Jacksonville/Florida)

Nachdem er in etlichen Gospelgruppen gesungen hatte, kam Gary »U.S.« Bonds Anfang 1960 nach Norfolk, Virginia, und traf dort auf den Produzenten Frank Gauida. Der hatte eine sehr eigene Produktionstechnik – alles von ihm klang immer so, als habe er es in seiner Garage mit billigsten Mitteln aufgenommen. Damit traf er jedoch den Nerv der damaligen Jugendlichen genau. Mit Gary nahm er die Nummer »New Orleans« auf. Lange hörte man nichts mehr von Gary, bis Bruce Springsteen mit ihm die Platte »This Little Girl« (4/81 US 11) und »Out Of Work« (6/82 US 21) produzierte. Dieser Erfolg mag weniger Garys Qualitäten, sondern vielmehr Springsteens Popularität zu verdanken sein.

Sein erfolgreichstes Album war »Dance 'Til Quarter To Three« (6/61 US-LP 6).

New Orleans (10/60 US 6)
Quarter To Three (5/61 US 1; 7/61 GB 7)
School Is Out (7/61 US 5)
Dear Lady Twist (12/61 US 9)
Twist, Twist, Senora (3/62 US 9)
Rock

Bone Thugs-n-Harmony

FLESH-N BONE rap (USA, als Stanley Howse in Cleveland/Ohio), WISH BONE rap (USA, als Byron McCane), BIZZY BONE rap (USA, als Charles Scruggs), LAYZIE BONE rap (USA, * 23. 9. 1977 als Steven Howse in Cleveland/Ohio), KRAYZIE BONE rap (USA, als Anthony Henderson in Cleveland/Ohio)
Rapper, Produzent und Plattenfirmenbesitzer Eazy-E alias Eric Wright (* 7. 9. 1963 in Campton/Kalifornien, † an Aids am 26. 3. 1995) entdeckte dieses aus Cleveland stammende Quintett. In ihren Anfangstagen nannten sie sich noch Bone Enterprise oder Band Aid Boys. Mit »thuggish-ruggish-Bone« (9/94 US 22) hatten die Jungs ihren ersten Hit und Millionseller. In »1st Of Tha Month« (8/95 US 14, 11/95 GB 32, 11/96 RE-GB15) wurde »I Just Wanna Be Your Girl« von Chapter 8 gesampelt. Im Titel »Tha Crossroads« (6/96 D 15) wurde »Make Me Say It Again Girl« der Isley Brothers aus dem Jahre 1975 verarbeitet. Weitere Hits außerhalb der Top 10: »Days Of Our Livez« (2/97 GB 37), »Look Into My Eyes« (7/97 GB 16) aus dem Film »Batman & Robin«, »If I Could Teach The World« (10/97 US 27) und zusammen mit Mo Thugs Family »Ghetto Cowboy« (11/98 US 15).
Ihre erfolgreichsten Alben: »Creepin On Ah Come Up« (7/94 US-LP 12), »E. 1999 Eternal« (8/95 US-LP 1, 8/96 GB-LP 39), »The Art Of War« (8/97 US-LP 1), »The Collection Volume One« (12/98 US-LP 32) und »BTNHRESURRECTION« (3/00 US-LP 2).

Tha Crossroads (5/96 US 1; 8/96 GB 8)
Look Into My Eyes (6/97 US 4)
HipHop, Rap

Boney M.

MARCIA BARRETT v (Jamaika, * 14. 10. 1945 in Catherine's), BOBBY FARRELL (Aruba, * 6. 10. 1949), LIZ MITCHELL v (Jamaika, * 12. 7. 1952 in Clarendon), PATTY ONYEWENJO, SHARON STEVENS, REGGIE TSIBOE, MAIZIE WILLIAMS v (West Indies, * 25. 3. 1951 in Montserrat)
Als 1975 »Baby Do You Wanna Bump« erschien, hat wohl keiner damit gerechnet, dass sich die Spur dieser Formation bis in die 90er Jahre ziehen sollte. Ohne Zweifel war es die Stimme von Liz Mitchell, die die meisten Songs trug. Liz war auf Jamaika geboren und kam Ende der 60er Jahre nach Deutschland. Hier spielte sie 1969 in der Berliner Version von »Hair« mit. Anfang der 70er Jahre wurde sie Mitglied bei den Les Humphries Singers, und mit Malcolm Magaron, einem weiteren Mitglied dieser Truppe, machte sie Malcolm Locks. Von ihrer Freundin Marcia Barrett, die in Hamburg wohnte, kam der Vorschlag, gemeinsam zu einer Gruppe zu gehen, die Frank Farian gegründet hatte – Boney M. Der Produzent Frank Farian sagte später einmal, dass alle Mitglieder dieser Band austauschbar seien, ohne dass die Gruppe darunter leiden würde – nur nicht Liz. 1976 kam mit »Daddy Cool« der erste Knüller. Als nach zehn Jahren Boney M. Bilanz gezogen wurde, zählte Farian 18 Platin- und 15 Gold-LPs, über 200 Gold- und Platin-Singles und rund 150 Millionen verkaufte Tonträger in aller Welt. Wessen Stimmen neben der von Liz auf den Platten sonst noch zu hören sind, bleibt das kleine Geheimnis von Farian. Ende der 80er Jahre schmiss Farian eine neue Ausgabe von Boney M. auf den Markt. Neben Liz sangen und standen nur dekorativ herum:

Reggie Tsiboe, Patti Onyewenjo und Sharon Stevens. Aber nicht diese Kombination kam beim Publikum an, sondern die alte. Ende 1992 hatte die mit einem Megamix alter Nummern wieder einen Hit.
Die erfolgreichsten Alben der Band: »Take The Heat Off Me« (10/76 D-LP 2, 4/77 GB-LP 40), »Love For Sale« (7/77 D-LP 1), »Nightflight To Venus« (7/78 D-LP 1, GB-LP 1), »Oceans Of Fantasy« (9/79 GB-LP 1, 10/79 D-LP 1), »The Magic Of Boney M.« (4/80 GB-LP 1, 5/80 D-LP 2), »Boonoonoonoos« (11/81 D-LP 15), »Christmas Album« (1/82 D-LP 14), »The Best Of 10 Years« (2/86 D-LP 3, 9/86 GB-LP 35) und »Gold – 20 Super Hits« (1/93 D-LP 5, 3/93 GB-LP 14).
1999 wurde »Ma Baker« (2/99 D 28, 5/99 GB 22) von Sash! gemixt und kam erneut in die Charts als Boney M. vs. Sash! 2001 kam erneut ein »Greatest Hits«-Album der Band. Als Single erschien im Dezember »Daddy Cool 2001«, gemixt von Jewels & Stone.

Daddy Cool (7/76 D 1; 12/76 GB 6)
Sunny (12/76 D 1, 3/77 GB 3)
Ma Baker (5/77 D 1, GB 2)
Belfast (10/77 D 1, GB 8)
Rivers Of Babylon (4/78 D 1)
Rivers Of Babylon/Brown Girl In The Ring (4/78 GB 1)
Rasputin (9/78 GB 2, D 1)
Mary's Boy Child – Oh My Lord (12/78 GB 1, D 1)
Painter Man (3/79 GB 10)
Hooray! Hooray! It's A Holi-Holiday (4/79 GB 3, D 4)
El Lute (8/79 D 1)
I'm Born Again (12/79 D 7)
I See A Boat (On The River) (4/80 D 5)
Felicidad (Margherita) (12/80 D 6)
Happy Song (12/84 D 7)
Boney M. Megamix (12/92 GB 7)
Disko

Bonnet, Graham

GRAHAM BONNET v, g (Großbritannien, * 12. 12. 1947 in Skegness/Lincolnshire)
Als eine Hälfte des Duos Marbles hatte Graham im September 1968 den Top-10-Hit »Only One Woman«, geschrieben und betreut durch die Bee Gees. Nachdem das Duo auseinander gefallen war, versuchte sich Bonnet als Solist. Aber es sollte mehr als zwölf Jahre bis zu seinem nächsten Hit dauern: »Night Games«. Als Studiomusiker spielten Cozy Powell, Micky Moody, Gary Twigg und Jon Lord auf diesem Hit. Dazwischen lag eine Zeit als Filmschauspieler – Bonnet hatte immer was von einem James-Dean-Image – und ein Jahr als Mitglied in Ritchie Blackmore's Rainbow. Dort hatte er den scheidenden Ronnie James Dio abgelöst und auf dem Album »Down To Earth« (7/79 D-LP 19, 8/79 GB-LP 6) gesungen, das zu den meistverkauften LPs der Gruppe gehört.

Night Games (3/81 GB 6)
One Hit Wonder, Pop

Siehe auch: Marbles

Bonney, Graham

GRAHAM BONNEY v (Großbritannien, * 2. 6. 1945 als Bradley in Stratford/London)
Nachdem Bonney in den britischen Bands Expresso Five und Riot Squad gesungen hatte, entschloss er sich im November 1965 zu einer Solokarriere. Mit »My Little World Is All Blue« erschien seine erste Single, die ein Flop war. Danach kam »Super Girl« (3/66 GB 19) auf den Markt. Schnell wurde ihm klar, dass er bei uns mehr Erfolg als in GB haben würde. Er sang vorwiegend in deutscher Sprache und blieb irgendwann einmal gleich ganz hier wohnen. Seinen letzten Verkaufshit hatte er 1973.

Super Girl (7/66 D 8)
Das Girl mit dem La-La-La (11/66 D 8)
Siebenmeilenstiefel (10/67 D 6)
Deutscher Schlager, Pop

Bono, Sonny

SONNY BONO v (USA, * 16. 2. 1935 als Salvatore in Detroit/Michigan, † 5. 1. 1998)
Bevor er mit Cher als Sonny & Cher Erfolge haben sollte, hatte Bono bereits eine lange Karriere hinter sich. Erst arbeitete er für Specialty Records als A&R-Direktor, schrieb mit am Hit »She Said Yeah« von Larry Williams, später gecovert von den Rolling Stones, und nahm unter zahlreichen Pseudonymen – z. B. Don Christy, Sonny Christy oder Ronny Sommers – Platten auf. Dann wurde er Sessionmusiker für den Produzenten Phil Spector und schrieb zusammen mit Jack Nitzsche die Nummer »Needles And Pins«, später ein Hit für Jackie DeShannon und die Searchers. 1963 traf Bono auf Cher – die beiden heirateten und nahmen Platten als Caesar & Cleo auf. 1965, nun als Sonny & Cher, hatten sie mit »I Got You Babe« ihren ersten Erfolg. Bono hatte die Nummer geschrieben, produziert und arrangiert. Noch im selben Jahr hatte Sonny als Solist den Hit »Laugh At Me«. Der Erfolg des Duos überwog und hielt bis 1973. 1974 ließen sich die beiden scheiden, Cher wurde ein Solostar, Sonny Restaurantbesitzer und Bürgermeister in Palm Springs von 1988 bis 1992. Er kündigte an, bald für den Senat zu kandidieren, und 1994 schaffte er es dann auch. Er starb am 5. 1. 1998 nach einem Skiunfall. In der Presse las man nach seinem Tod, er habe stets im Schatten von Cher gestanden – sieht man sich an, dass er es war, der die meisten Hits der beiden im Alleingang geschrieben hat, kann das so nicht richtig sein.

Laugh At Me (8/65 GB 9, US 10)
Pop

Siehe auch: Sonny & Cher

Bonzo Dog Doo-Dah Band

NEIL INNES v, g, p (Großbritannien, * 9. 12. 1944 in Danbury/Essex), RODNEY SLATER sax (Großbritannien, * 8. 11. 1941 in Crowland/Lincolnshire), LARRY SMITH d (Großbritannien, * 18. 1. 1944 in Oxford), ROGER RUSKIN SPEAR sax (Großbritannien, * 29. 6. 1943 in Hammersmith/London), VIVIAN STANSHALL v, tr (Großbritannien, * 21. 3. 1943 in Shillingford/Oxfordshire, † 5. 3. 1995)
Von zwei Kunststudenten wurde diese Band, die auf den ersten Blick wie eine britische Revivalband aus den 20er Jahren aussah, 1965 gegründet. Zuerst nannten sie sich Bonzo Dog Dada Band und machten satirische Trad-Jazz-Nummern, später dann Bonzo Dog Doo-Dah Band. 1966 erschien mit »My Brother Makes The Noise For The Talkies« die erste Single. Nach ihrem Auftritt im Beatles-Film »Magical Mystery Tour« – sie sangen »Death Cab For Cutie« – produzierte Paul McCartney als Apollo C. Vermouth mit der Band den Titel »I'm The Urban Spaceman«. Weitere Hits hatten sie nicht, aber eine Latte von Platten, auf denen der typisch britische Flachs blühte. Im Januar 1970 fiel die Band auseinander.
Neil Innes wurde kurzzeitig Mitglied bei McGuinnes-Flint, initiierte 1972 ein Revival der alten Gruppe als Bonzo Dog Band und arbeitete ab 1973 als Solist. Danach wurde er Sänger von Werbejingles, spielte TV-Rollen und arbeitete als Komponist, so z. B. für Monty Python. Eric Idle von Python und Neil machten 1977 die Rutles, eine Persiflage auf die Beatles. Neil spielte Ron Nasty, den John Lennon der Rutles. Stanshall kam 1995 bei einem Feuer in seiner Londoner Wohnung ums Leben.

I'm The Urban Spaceman (11/68 GB 5)
Pop

Boo, Betty

BETTY BOO v (Großbritannien, * 6. 3. 1970 als Alison Moira Clarkson in London)

Betty ist die Tochter einer Schottin und eines Malaien. Zuerst war sie Mitglied im Rap-Trio She-Rockers, dann im Duo Hit'N'Run. Im August sang sie erstmals als Betty Boo auf der Hitsingle »Hey DJ I Can't Dance To That Music You're Playing« der Beatmasters. Ihr Künstlername war einer Comicfigur der 30er Jahre entliehen. Danach machte sie Soloplatten. Ihre Debüt-CD »Boomania« (9/90 GB-LP 4) verkaufte sich in GB über 400 000 mal. Für ihre zweite CD »Grrr! It's Betty Boo« schrieb sie alle Songs selbst. Vergleiche mit anderen Interpreten wehrte sie ab mit den Worten: ›Ich möchte lieber eine erste Betty Boo anstatt eine zweite Madonna sein.‹ Besonders ihre witzigen Videos heben sie aus dem Wust von Dance-Acts heraus.

Doin' The Do (5/90 GB 7)
Where Are You Baby (8/90 GB 3)
Dance

Boo Radleys

TIMOTHY BROWN b (Großbritannien, * 26. 2. 1969 in Wallasey), MARTIN CARR g (Großbritannien, * 29. 11. 1968 in Thurso/Schottland), ROBERT CIEKA d (Großbritannien, * 4. 8. 1968 in Birmingham), STEVE HEWITT d (Großbritannien, * 22. 3. 1971 in Northwich), SICE v, g (Großbritannien, * 18. 6. 1969 als Simon Rowbottom in Wallasey)
Die Gruppe formierte sich 1988 in Liverpool. 1990 erschien ihr Debütalbum »Ichabod And I«, das wenig Eindruck machte. Danach verließ Hewitt die Band und wurde durch Cieka ersetzt. Aber erst ein Wechsel der Plattenfirma 1992 sollte den Erfolg bringen. Ihr Album »Everything's Alright Forever« bescherte ihnen einen Platz 55 in den LP-Charts. Dann kam das Album »Giant Steps« (8/93 GB-LP 17), das sie einen großen Schritt nach vorne brachte. Ab 1995 klappte es dann auch in den Singlecharts. Nach dem ersten Hit »Wake Up Boo!« erschien die CD »Wake Up!« (4/95 GB-LP 1). Unverkennbar sind die Einflüsse der Byrds auf die Boo Radleys. Als drittes Erfolgsalbum kam »C'mon Kids« (9/96 GB-LP 20). Im Frühjahr 1999 löste sich die Gruppe auf. Carr gründete Brave Captain, Sice und Cieka hatten bereits 1996 die Formation Eggman gegründet.

Wake Up Boo! (3/95 GB 9)
Pop, Psychedelic

Boogie Box High

ANDROS GEORGIOU (Großbritannien)
Hinter dieser Formation stecken ein paar britische Studiomusiker und Andros Georgiou, ein Vetter von George Michael. Mit einer aufgewärmten Dance-Version des Bee-Gees-Titels »Jive Talkin'« schaffte Andros Mitte 1987 einen einzigen Top-10-Erfolg – und das war alles. Danach war die hochgekochte Verwandtschaft zu George Michael wohl ausgereizt.

Jive Talkin' (7/87 GB 7)
Dance, One Hit Wonder

Booker T. & The M.G.'s

STEVE CROPPER g (USA, * 21. 10. 1941 in Willow Spring/Missouri), DONALD »DUCK« DUNN b (USA, * 24. 11. 1941 in Memphis/Tennessee), AL JACKSON d (USA, * 27. 11. 1935 in Memphis/Tennessee, † 1. 10. 1975), BOOKER T. JONES org (USA, * 12. 11. 1944 in Memphis/Tennessee), LEWIS STEINBERG b (USA)
Die Band wurde 1962 in Memphis als ein Ableger der Mar-Keys gegründet. Speziell auf vielen Aufnahmen der Plattenfirma Stax sind die Musiker von Booker T. zu hören. M.G.'s ist eine Abkürzung von Memphis Group. Ob auf »In The Midnight Hour« von Wilson Pickett, »Hold On I'm

Coming« von Sam & Dave oder »Walkin' The Dog« von Rufus Thomas – immer spielen Booker T. & The M.G.'s. Sie selbst hatten mit dem Titel »Green Onions« ihren ersten Millionseller. Das erfolgreichste Album hieß ebenfalls »Green Onions« (11/62 US-LP 33, 7/64 GB-LP 11). Im März 1964 wurde Steinberg gebeten, die Band zu verlassen, und für ihn kam Donald Dunn. 1968 trennte sich die Band und kam 1973 noch einmal kurzfristig zusammen. Cropper und Dunn spielten mit den Blues Brothers, Jones wurde erfolgreicher Produzent – so betreute er Aufnahmen von Earl Klugh, Bill Withers und Rita Coolidge, mit deren Schwester Priscilla er verheiratet ist. Auch als Soulsänger genießt Jones einen guten Namen. Al Jackson wurde von einem Einbrecher, der in sein Haus in Memphis eindrang und den er dabei überraschte, erschossen. 1992 wurde die Formation Booker T. & The M.G.'s in die Rock and Roll Hall of Fame aufgenommen. Bei der Grammy-Verleihung 1995 erhielt Booker T. für den Titel »Cruisin'« einen Preis in der Kategorie Best Pop Instrumental.

Green Onions (8/62 US 3; 12/79 GB 7)
Hang 'Em High (11/68 US 9)
Time Is Tight (3/69 US 6; 5/69 GB 4)
Instrumental, Jazz, Soul

Boomtown Rats

PETER BRIQUETTE b (Irland, * 2. 7. 1954 als Patrick Cusack), GERRY COTT g, SIMON CROWE d, JOHNNY FINGERS key (Irland, * 10. 9. 1956 als John Moylett), BOB GELDOF v (Irland, * 5. 10. 1954 als Robert Frederick Zenon in Dun Laoghaire), GERRY ROBERTS v, g (* 16. 6. 1954)

Für den ›New Musical Express‹ hatte Bob Geldof als Musikjournalist Interviews mit Elton John oder Little Richard geführt. 1975 war er der Meinung, er könne selbst Musik machen. Er gründete in Dun Laoghaire/Irland die Nightlife Thugs, aus denen schließlich die Boomtown Rats wurden. Die Band spielte in ihren Anfangstagen eine Mixtur aus New Wave und Punk. Im August 1977 erschien mit »Looking After No. 1« (8/77 GB 11) die erste Platte in den britischen Charts. Die Hits außerhalb der Top 10: »Mary Of The 4th Form« (11/77 GB 15), »She's So Modern« (4/78 GB 12), »Diamond Smiles« (11/79 GB 13), »Elephant's Graveyard (Guilty)« (1/81 GB 26), »Up All Night« (6/81 D 38) und »House On Fire« (3/82 GB 24).

Ihre erfolgreichsten Alben: »Boomtown Rats« (9/77 GB-LP 18), »Tonic For The Troops« (7/78 GB-LP 8), »The Fine Art Of Surfacing« (11/79 GB-LP 7, 12/79 D-LP 35), »Mondo Bongo« (1/81 GB-LP 6, 2/81 D 16) und »Loudmouth – The Best Of The Boomtown Rats And Bob Geldof« (7/94 GB-LP 10).

1984 verschwanden die Boomtown Rats, und dafür tauchte der Solist Bob Geldof auf. Seine Top-40-Hits: »This Is The World Calling« (11/86 GB 25, 12/86 D 28) und »The Great Song Of Indifference« (6/90 GB 15, 7/90 D 20). Bereits 1982 hatte Geldof ohne seine Bandkollegen gearbeitet, als er die Hauptrolle im Film »The Wall« spielte, der auf der 1979 erschienenen Pink-Floyd-LP basierte. Bob schrieb und organisierte zusammen mit Midge Ure das Band-Aid-Projekt »Do They Know It's Christmas«, das pünktlich zu Weihnachten 1984 auf Platz 1 in GB und Deutschland stand. Dann organisierte er das Live-Aid-Konzert am 13. 7. 1985 für die Hungerhilfe Äthiopien. Für seine Verdienste wurde er von der Queen geadelt, und man brachte ihn sogar als Anwärter für den Friedensnobelpreis ins Gespräch. In den 90er Jahren hatte Geldof Erfolg mit einer eigenen TV-Produktionsfirma, die für den Channel 4 die Sendung »The Big Breakfast« produzierte.

Am 11. 5. 1996 konnte man in der Presse

lesen, dass Geldof von seiner Ehefrau Paula Yates geschieden wurde. Die beiden hatten immer als das ›Goldene Paar‹ des Rock 'n' Roll gegolten. Mitte 1994 bereits hatte sich Yates von Geldof getrennt, um mit Michael Hutchence (INXS) zu leben. Im November 1997 wurde Michael im Zimmer 524 des Ritz-Carlton Hotel in Sydney tot aufgefunden, nachdem er sich mit einem Gürtel erhängt hatte. Am 17. 9. 2000 fand man Paula Yates tot in ihrer Londoner Wohnung auf. Nach dem Tode von Hutchence war sie mehrfach in Kliniken wegen ihrer Depressionen behandelt worden.
Nach längerer Pause kam Bob 2001 mit dem Album »sex age & death«.

Like Clockwork (6/78 GB 6)
Rat Trap (10/78 GB 1)
I Don't Like Mondays (7/79 GB 1; 9/79 D 6)
Someone's Looking At You (1/80 GB 4)
Banana Republic (11/80 D 3, GB 3)
New Wave, Punk, Rock

Boone, Daniel

DANIEL BOONE v (Großbritannien, * 31. 7. 1942 als Peter Lee Sterling in Birmingham)
Boone gründete 1958 die Beachcombers und ging 1959 nach London. Er wurde Mitglied einer Band namens Bruisers, die im August 1963 mit »Blue Girl« einen Platz 31 in der britischen Hitparade hatte. Mitte der 60er Jahre arbeitete er als Sessionmusiker und traf dabei auf den Komponisten Les Reed. Für Kathy Kirby schrieb Boone den Titel »I Belong«, mit dem die Sängerin 1965 Platz 2 beim Grand Prix Eurovision in Neapel belegte. Für Tom Jones arrangierte Daniel die Nummer »It's Not Unusual«. 1966 erschien die erste Soloplatte von Boone unter seinem richtigen Namen. Aber erst als Daniel Boone sollte in den 70er Jahren der Erfolg kommen: »Daddy Don't You Walk So Fast« (8/71 GB 17) einen Hit. Ein Jahr später erschien »Beautiful Sunday«. Nach 1973 war er aus den Hitparaden verschwunden.

Beautiful Sunday (4/72 D 1)
Pop

Boone, Debby

DEBBY BOONE v (USA, * 22. 9. 1956 als Deborah Anne in Hackensack/New Jersey)
Debby ist die Tochter von Pat Boone und die Enkelin von Red Foley. Ab 1969 sang sie in dem Familienprojekt Boone Family und nebenher noch mit ihren Schwestern in einem Gospelquartett. 1977 schaffte sie den Song des Jahres in den USA. Ihre Version von »You Light Up My Life« aus dem gleichnamigen Film stand zehn Wochen lang auf Platz 1 der amerikanischen Singlehitparade. Mit diesem Song gewann sie drei Grammys, so z. B. den für den besten Newcomer des Jahres 1977. Nach 1978 war sie wieder aus den Pophitparaden verschwunden, gilt allerdings als populäre Sängerin zeitgenössischer christlicher Lieder. 1982 heiratete sie Gabriel Ferrer, den Sohn von Rosemary Clooney und José Ferrer. 1990 trat sie als Maria in einer Neuauflage des Broadway-Musicals »The Sound Of Music« auf.
Ihr einziges erfolgreiches Album hieß ebenfalls »You Light Up My Life« (10/77 US-LP 6) und erhielt ebenfalls Platin.

You Light Up My Life (9/77 US 1)
Soft Pop

Boone, Pat

PAT BOONE v (USA, * 1. 6. 1934 als Charles Eugene in Jacksonville/Florida)
Zwischen all den Rockern, die sich in den Hitparaden durchgesetzt hatten, tauchte

immer wieder ein Name auf, der für ein sauberes, ehrliches Amerika stand: Pat Boone, der ein weitläufiger Verwandter des alten Waldläufers Daniel Boone ist. Daniel hatte sich für ein großes und starkes Amerika die Füße plattgelaufen – sein Ur-Ur-Urenkel wollte es mit allen Mitteln erhalten. 1955, als Elvis noch in Memphis auf Dorffesten spielte, hatte Pat Boone seinen ersten großen Hit: »Ain't That A Shame« – ein Titel, den der Farbige Fats Domino geschrieben und ebenfalls aufgenommen hatte. Das saubere Amerika setzte sich durch, und die Version vom Clean-Cut-Boy Pat wurde der größere Erfolg, obwohl die Nummer von Fats stärker war. Boone spielte seine größte Stärke bei allen folgenden Titeln immer wieder aus: sanfte, zarte Stimme, die von Friede, Freude, Eierkuchen sang und sich deutlich vom Rock 'n' Roll zu unterscheiden suchte. Anfang 1956 wollte er dann doch mal kurz auf den Rock-'n'-Roll-Zug springen und nahm die Titel »Tutti Frutti« und »Long Tall Sally« auf. Nicht, dass das nun keine Hits wurden, aber mit der zarten Masche lag er besser. Und die verfolgte er konsequent. Bis ins Jahr 1963 tauchte er regelmäßig in den internationalen Hitparaden auf. Auch seine deutschen Fans kamen mit Songs wie »Speedy Gonzales« oder »Memphis Tennessee« auf ihre Kosten. Dann wurde auch er ein Opfer der Beatles, die in GB wie in den USA Wegbereiter für den britischen Beat waren. Und jetzt war Boone nun wirklich zu alt, um darauf einzuschwenken. Außerdem war er nun mal kein Brite. Über viele Jahre tourte er mit seiner Frau und seinen Töchtern, darunter auch Debby Boone, und irgendwann hörte man nichts mehr von ihm. Plötzlich, im Frühjahr 1997, veröffentlichte er eine neue CD mit dem Titel »No More Mr. Nice Guy«. Der Titelsong war im Original ein Stück von Alice Cooper und damit wurde auch der Untertitel der CD – ›In A Metal Mood‹ – erklärt. Pat Boone sang Jazz- und Big-Band-Coverversionen von Heavy-Metal-Nummern wie »Smoke On The Water« von Deep Purple, »Enter Sandman« von Metallica oder »Stairway To Heaven« von Led Zeppelin. Begleitet wurde er auf dieser Platte von Jazzmusikern, aber auch von Richie Blackmore, Dweezil Zappa, dem Sohn von Frank, oder Ronnie James Dio. Das ist ungefähr so, als würde Peter Alexander eine CD mit den größten Hits der Toten Hosen, der Doofen, der Bates und der Ärzte aufnehmen, ohne dabei ganz auf seine kleine Kneipe zu verzichten. 1998 kam Pat wieder mit einer neuen Idee. Er hatte eine Million Dollar gesammelt, mit dem er jetzt sein ›Gold Label‹ gründen wollte. Boone wollte damit ehemals erfolgeichen Künstlern wie Al Martino oder Perry Como unter Vertrag nehmen, die wegen mangelnden kommerziellen Potenzials keinen Plattenvertrag mehr hatten oder bekamen – wie Pat selbst wohl auch.

Die erfolgreichsten Alben von Pat: »Four By Pat« (9/57 US-LP 5), »Pat's Great Hits« (10/57 US-LP 3), »Star Dust« (7/58 US-LP 2, 11/58 GB-LP 10) und »Love Letters« (4/80 D-LP 7).

Ain't That A Shame (7/55 US 1; 11/55 GB 7)
At My Front Door (Crazy Little Mama) (10/55 US 7)
I'll Be Home (2/56 US 4; 4/56 GB 1)
Long Tall Sally (US 8)
I Almost Lost My Mind (6/56 US 1)
Friendly Persuasion (Thee I Love) (9/56 US 5; 12/56 GB 3)
Chains Of Love (9/56 US 10)
Don't Forbid Me (12/56 US 1; 2/57 GB 2)
Tutti Frutti (2/57 D 5)
Why Baby Why (3/57 US 5)
Love Letters In The Sand (5/57 US 1; 7/57 GB 2)
Remember You're Mine (8/57 US 6)
Remember You're Mine/There's A Gold Mine In The Sky (9/57 GB 5)
April Love (10/57 US 1; 12/57 GB 7)
A Wonderful Time Up There (2/58 US 4; 4/58 GB 2)
It's Too Soon To Know (2/58 US 4; 4/58 GB 7)
Sugar Moon (5/58 US 5, GB 6)
If Dreams Came True (7/58 US 7)

Moody River (5/61 US 1)
Johnny Will (12/61 GB 4)
Speedy Gonzales (6/62 GB 2, US 6; 8/62 D 1)
Rosmarie (11/63 D 7)
Pop, Schlager

Boothe, Ken

KEN BOOTHE v (Jamaika, in Kingston)
Mit einem Reggae-Nachzieher des Bread-Hits »Everything I Own« hatte Ken seinen größten Hit. Nachfolger war »Crying Over You« (12/74 GB 11), und danach war er auf dem internationalen Markt wieder vergessen. In seiner Heimat hatte er vor seinem Soloerfolg in diversen Reggaegruppen gesungen und war danach in dieser Szene weiterhin erfolgreich.

Everything I Own (9/74 GB 1)
Reggae

Borelly, Jean-Claude

JEAN-CLAUDE BORELLY tr, bl (*2.7. 1953)
Zusammen mit seinem Orchester stand der Name diese Trompeters als Interpret auf der »Dolannes Melodie«, die 1974 in dem französischem Film »Ein Totenhemd hat keine Taschen« zu hören war. Neben Jean-Claude spielen auf diesem Hit die beiden Autoren des Songs mit: Die Gitarre zupft Paul de Senneville, die Panflöte bläst Oliver Toussaint. Alleine in Frankreich wurden 1,35 Millionen Platten abgesetzt, in Deutschland wurde die Aufnahme ebenfalls vergoldet. Teile des Stückes erinnern übrigens sehr an die Nummer »Summer (The First Time)« von Bobby Goldsboro, der 1973 ein weltweiter Hit war – Zufall? Es blieb bei diesem einen internationalen Erfolg für den Franzosen Borelly. Seine erfolgreichsten Alben waren »Dolannes Melodie« (1/76 D-LP 8) und »Midnight Melody« (11/79 D-LP 5).

Dolannes Melodie (9/75 D 1)
Instrumental, Pop

Borg, Andy

ANDY BORG v (Österreich, *2.11. 1960 als Andreas Meier in Wien)
Beim ORF-Wettbewerb ›Die große Chance‹ wurde Andy entdeckt – und griff zu. Zuerst produzierte ihn der alte Fuchs Kurt Feltz, dann Adam Schairer, der sich einst als Adam beim Duo Adam & Eve engagierte. Borgs erste Platte war gleich ein Millionseller: »Adios Amor«. Auch seine Alben »Adios Amor« (7/82 D-LP 2) und »Zärtliche Lieder« (4/84 D-LP 12) setzten sich durch. Seit dieser Zeit ist er durchgängig erfolgreich. Für viele Jahre moderierte er ab 1996 ›Die Schlagerparade der Volksmusik‹ im SWR.

Adios Amor (6/82 D 1)
Arrivederci Claire (11/82 D 8)
Deutscher Schlager

Boston

BRAD DELP v, g (USA, *12.6. 1951 in Boston/Massachusetts), BARRY GOUDREAU g (USA, *29.11. 1951 in Boston/Massachusetts), SIB HASHIAN d (USA, *17.8. 1949 in Boston/Massachusetts), JIM MASDEA d (USA), GARY PHIL g (USA), TOM SCHOLZ g, key (USA, *10.3. 1947 in Toledo/Ohio), FRAN SHEEHAN b (USA, *26.3. 1949 in Boston/Massachusetts)
Tom Scholz ist der Kopf dieser Formation, die 1975 im Keller seines Hauses entstand. Er hatte so lange an einigen Demobändern herumgebastelt, bis er einen Plattenvertrag erhielt. Dann erst suchte er sich die Musiker für seine Gruppe zusammen. Sie nannten die Band nach ihrer gemeinsamen Heimatstadt Boston. »More Than A Feeling« wurde für die Gruppe der erste Hit. In schneller Folge erschienen bis

Ende 1979 weitere Singles und LPs. Dann veröffentlichte Barry Goudreau 1980 eine Solo-LP und verließ Boston 1982 ganz, um die Formation Orion The Hunter zu gründen. Lange Zeit hörte man nichts mehr von der Band, bis sie 1986 mit Scholz, Delp, dem Gitarristen Gary Phil und dem Drummer Jim Masdea mit der LP »Third Stage« wiederauftauchte. Als Single wurde »Amanda« ausgekoppelt. Boston veröffentlichten jetzt ihre Platten nicht mehr bei der CBS, sondern bei MCA. Das führte zu einem Rechtsstreit zwischen Scholz und der CBS. Scholz behauptete, die CBS würde ihm noch Tantiemen schulden – CBS klagte, Boston habe einen Fünfjahresvertrag mit zehn zugesagten LPs nicht eingehalten. Die Gerichte brauchten sieben Jahre für eine Entscheidung: CBS verlor in allen Punkten und musste Scholz insgesamt 20 Millionen Dollar nachzahlen. Im Mai 1995 startete Boston eine Welttour. Während dieser Tournee kündigte ihre Plattenfirma MCA an, den Vertrag mit ihnen zu kündigen.
Die erfolgreichsten Alben von Boston: »Boston« (9/76 US-LP 3, 2/77 GB-LP 11, D-LP 4), »Don't Look Back« (9/78 US-LP 1, GB-LP 9, D-LP 10), »Third Stage« (10/86 US-LP 1, GB-LP 37, 11/86 D-LP 25), »Walk On« (6/94 US-LP 7) und »Greatest Hits« (6/97 US-LP 47).
2001 wurde nach langer Pause ein neues Album von Boston angekündigt.

More Than A Feeling (9/76 US 5)
Don't Look Back (8/78 US 4)
Amanda (9/86 US 1)
We're Ready (12/86 US 9)
Rock

Boucher, Judy

JUDY BOUCHER v (Großbritannien)
Mit dem Titel »Can't Be With You Tonight« hatte die farbige Sängerin, die auf St. Vincent geboren wurde und mit 15 nach England kam, ihre erste Hitnotierung. Dem Titel tut man sicher nicht Unrecht, wenn man ihn als Superschnulze bezeichnet, die sowohl inhaltlich wie auch musikalisch für die Serie ›Fast food für Klammerblues-Tänzer‹ geeignet war. Der Song wurde bekannt, nachdem er im britischen Frühstücksfernsehen die Aerobic-Künste von Mad Lizzy untermalte. Judy schaffte mit »You Caught My Eyes« (7/87 GB 18) einen typischen Nachfolgehit. Danach war sie wieder verschwunden.

Can't Be With You Tonight (4/87 GB 2)
Pop

Bourke, Toby

TOBY BOURKE v
Toby war der erste Interpret, der 1996 auf dem Label Aegean unterschrieb, das George Michael gehört. Als er die Nummer »Waltz Away Dreaming« aufnahm, bat ihn George, eine Zeile mitsingen zu dürfen. Der Titel stieg gleich auf Platz 10 in die britische Hitparade ein – was Toby wohl George zu verdanken hatte. Die eine Zeile, die er mitsang, widmete er seiner Mutter Lesley, die kurz zuvor gestorben war.

Waltz Away Dreaming (6/97 GB 10)
One Hit Wonder, Pop

Bow Wow Wow

MATTHEW ASHMAN g, p (Großbritannien, † 21. 11. 1995), LEIGH GORMAN b (Großbritannien), ANNABELLA LWIN v (Burma, * 31. 10. 1965 als Myant Myant Aye in Rangoon)
Im Oktober 1979 wurde Malcolm McLaren Manager von Adam & The Ants. Die Erfolge dieser Band waren zu diesem Zeitpunkt gerade auf dem Nullpunkt. Mc-

Laren drängte die Ants, sich von Adam zu trennen, und brachte die drei zu diesem Zeitpunkt aktuellen Mitglieder mit der vierzehnjährigen Annabella zusammen. Mitte 1980 erschien mit »C30, C60, C90, Go« die erste Platte von Bow Wow Wow. Als Promotiongag für die nächste, »Your Cassette Pet«, hatte sich McLaren ausgedacht, dass dieser Song nur als Kassette zu haben war. Nach 1983 war die Zeit von Bow Wow Wow wieder vorbei. Die drei Jungs versuchten sich kurze Zeit als Chiefs Of Relief, und Annabella versuchte nach einer längeren Pause, eine Solokarriere zu starten – ohne Erfolg. Ende 1995 starb Gitarrist Ashman im Alter von 35 Jahren nach einem diabetischen Koma. Dave Barbarossa tauchte später als Schlagzeuger der Gruppe Republica auf.

Go Wild In The Country (1/82 GB 7)
I Want Candy (6/82 GB 9)
Punk

Bowie, David

DAVID BOWIE v, sax (Großbritannien, * 8. 1. 1947 als David Robert Jones in London)
1963 spielte er erstmals in der Öffentlichkeit: In der Band von Altjazzer Ronnie Scott blies er das Saxophon. Immerhin war David zu diesem Zeitpunkt gerade 15 Jahre alt. 1964 gründete David mit Schulfreunden die King Bees, die Mitte desselben Jahres »Liza Jane« veröffentlichten. Ende 1964 wurde er Mitglied bei der Londoner Band Manish Boys, die Anfang 1965 die Single »I Pity The Fool« veröffentlichte. Da auch dieses Projekt wenig Erfolg hatte, löste es sich Mitte des Jahres auf, und David gründete Lower Third. Auch diese Band veröffentlichte eine erfolglose Single unter dem Namen David Jones. 1966 änderte David Jones seinen Nachnamen in Bowie. Er war es satt, immer darauf angesprochen zu werden, ob er Mitglied bei der US-Gruppe Monkees sei. Im Februar 1966 löste sich Lower Third wieder auf, und David machte als Solist weiter. Mit »Do Anything You Say« erschien seine erste Solosingle. Bis Anfang 1968 erschienen weitere erfolglose Singles. Er bewarb sich bei Apple Records, die ihn ablehnten, und gründete für sieben Monate das Trio Feathers. 1969 erschien mit »Space Oddity« die Platte, die den Erfolg von Bowie begründete. Danach trat wieder eine fast dreijährige Pause ein, doch ab Mitte 1972 bis ins 21. Jahrhundert verstand er es, sich gängigen Trends anzupassen und erfolgreich zu sein. Zwischendurch war der vielseitige Bowie als Filmschauspieler in »Labyrinth« und »Absolute Beginners« zu sehen, spielte am Broadway den »Elephant Man« und gründete 1988 eine Spielwiese namens Tin Machine. 1993 veröffentlichte Bowie mit der CD »Buddah Of Suburbia« die Musik zu dem BBC-Fernsehspiel ›Buddah‹.
Seine Top-Alben: »The Rise And Fall Of Ziggy Stardust And The Spiders From Mars« (7/72 GB-LP 5), »Hunky Dory« (9/72 GB-LP 3), »Space Oddity« (11/72 GB-LP 17, US-LP 16), »Aladdin Sane« (5/73 GB-LP 1, US-LP 17), »Pin-Ups« (11/73 GB-LP 1, US-LP 23, 3/83 RE-GB-LP 1), »Diamond Dogs« (6/74 GB-LP 1, US-LP 5, 7/74 D-LP 40), »David Live« (10/74 US-LP 8, 11/74 GB-LP 2), »Young Americans« (3/75 US-LP 9, 4/75 GB-LP 2), »Station To Station« (2/76 GB-LP 5, US-LP 3), »Changesonebowie« (6/76 GB-LP 2, US-LP 10), »Low« (1/77 GB-LP 2, US-LP 11), »Heroes« (10/77 GB-LP 3, 11/77 US-LP 35), »Stage« (10/78 GB-LP 5), »Lodger« (6/79 GB-LP 4, US-LP 20), »Scary Monsters And Super Creeps« (9/80 GB-LP 1, 10/80 US-LP 12, D-LP 8), »The Very Best Of David Bowie« (1/81 GB-LP 3), »Christiane F. Wir Kinder vom Bahnhof Zoo« (5/81 D-LP 5), »Rare« (1/83 D-LP 13), »Let's Dance« (4/83 GB-LP 1, US-

LP 4, 5/83 D-LP 2), »Ziggy Stardust – The Motion Picture« (11/83 GB-LP 17), »Tonight« (10/84 GB-LP 1, US-LP 11, D-LP 8), »Never Let Me Down« (5/87 GB-LP 6, US-LP 34), »Changesbowie« (3/90 GB-LP 1, D-LP 7, 4/90 US-LP 39), »Black Tie White Noise« (4/93 GB-LP 1, US-LP 39), »The Singles Collection« (11/93 GB-LP 9), »Outside« (10/95 GB-LP 8, US-LP 21), »Earthling« (2/97 GB-LP 6, 3/97 US-LP 39), »The Best of 1969/1974« (11/97 GB-LP 8) und »Hours ...« (10/99 GB-LP 5, D-LP 4).

1996 wurde Bowie in die Rock and Roll Hall of Fame aufgenommen – damit bewahrheitete sich die Aussage des 8-jährigen David zumindest zum Teil. Er hatte in diesem Alter verkündet, er wolle der größte Rockstar in England werden. Im Frühjahr 1997 ging er an die Börse und verkaufte Anteile einer 50-Millionen-Dollar-Anleihe an Lizenzen seiner älteren Platten mit viel Erfolg. Ein cleverer Schachzug: Die Lizenzen, die er so im Laufe der nächsten Jahre eingestrichen hätte, bekam er auf diese Art und Weise sofort.

Im Jahr 2000 durchforstete David das Archiv der BBC nach alten Mitschnitten von ihm. Die erschienen am 26. 9. 2000 als Doppel-CD: »Bowie At The Beeb« (10/00 GB-LP 7). Für eine befristete Zeit wurde als so genannte Limited Edition noch eine dritte CD hinzugelegt, die David im BBC Radio Theatre in London am 27. 6. 2000 aufgenommen hatte.

2001 lief Davids Vertrag mit der Plattenfirma Virgin aus. Bei der Gelegenheit kündigte er an, er wolle mit dieser ›slow and lumbering‹ Plattenindustrie nicht mehr zusammenarbeiten und werde im nächsten Jahr ein neues Album auf seinem eigenen Label ISO veröffentlichen. ISO ist eine Abkürzung vom nordeuropäischen Wort Isolar = Insel. Im Juni 2002 erschien mit »Heathen« ein erstes Album auf diesem Label. Produziert wurde es von Tony Visconti, der in den frühen Erfolgsjahren von David schon für dessen Platten verantwortlich war – vertrieben wurde es durch Columbia-Records.

Space Oddity (9/69 GB 5)
Starman (6/72 GB 10)
The Jean Genie (12/72 GB 2)
Drive-In Saturday (4/73 GB 3)
Life On Mars (6/73 GB 3)
The Laughing Gnome (9/73 GB 6)
Sorrow (10/73 GB 3)
Rebel Rebel (2/74 GB 5)
Knock On Wood (9/74 GB 10)
Fame (6/75 US 1)
Space Oddity (10/75 GB 1)
Golden Years (11/75 GB 8, US 10)
Sound And Vision (2/77 GB 3; 5/77 D 6)
Boys Keep Swinging (5/79 GB 7)
Ashes To Ashes (8/80 D 9, GB 1)
Fashion (11/80 GB 5)
Under Pressure (11/81 GB 1)
Peace On Earth – Little Drummer Boy (11/82 GB 3)
Let's Dance (3/83 GB 1, US 1, D 2)
China Girl (6/83 D 6, GB 2, US 10)
Modern Love (9/83 GB 2)
Blue Jean (9/84 US 8, GB 6)
This Is Not America (3/85 D 5)
Dancing In The Street (8/85 US 7, GB 1, D 5)
Absolute Beginners (3/86 GB 2, D 7)
Jump They Say (3/93 GB 9)
AOR (Adult Orientated Rock), Glitter-(Glam)-Rock

Box Tops

RICK ALLEN org (USA, * 28. 1. 1946 in Little Rock/Arkansas), TOM BOGGS d (USA, * 16. 7. 1947 in Wynn/Arkansas), ALEX CHILTON v, g, harm (USA, * 28. 12. 1950 in Memphis/Tennessee), BILLY CUNNINGHAM b, p (USA, * 23. 1. 1950 in Memphis/Tennessee), JOHN EVANS org (USA), DANNY SMYTHE d (USA), GARY TALLEY g (USA, * 17. 8. 1947 in Memphis/Tennessee)

»The Letter« war der erste und letzte Titel, der wirklich von den Box Tops eingespielt wurde. Die Mitglieder dieser Band aus Memphis hatten sich als weiße Soulgruppe formiert, den Titel aufgenommen

– und wurden vom Erfolg überrascht. Nachdem sie damit einen weltweiten Hit gelandet hatten, wurden alle Musiker bei weiteren Produktionen durch Sessionprofis ersetzt. Alex Chilton beklagte später, er habe sich ständig vorschreiben lassen müssen, wie er was zu singen habe. Aber er war zu jung, um sich darüber zu beschweren. Zur Zeit des großen Erfolges von »The Letter« war Alex gerade mal 16. Schlagzeuger Tom Boggs stellte fest: ›Es ist schon seltsam, dass man die Gruppe nach »The Letter« nicht weiterspielen ließ. Wenn sie doch gut genug ist, um einen Vier-Millionen-Seller aufzunehmen, müsste man ihr doch noch eine Chance geben.‹ Mit »Cry Like A Baby« hatten die Box Tops 1968 einen weiteren Millionseller. 1970, völlig erschöpft von vielen Tourneen und fest davon überzeugt, dass sie nicht das Geld bekamen, das sie eigentlich verdienten, löste sich die Band auf. Chilton kam zu der Kultband Big Star, deren Alben Vorläufer des New Wave Pop waren. Sowohl mit Big Star wie auch als Solist in der New Yorker Clubszene hatte er Einfluss auf die Musikentwicklung, kam aber selbst nie in die Hitparaden. Die Replacements nannten einen Song »Alex Chilton«. Zu diesem Zeitpunkt war der Besungene gerade Tellerwäscher in New Orleans. Inzwischen sind von Alex etliche neue, zum Teil recht bemerkenswerte LPs erschienen. Mitte 1997 kündigten Box Tops an, in der Besetzung Chilton, Talley, Smythe, Cunningham und Evans ein neues Album aufzunehmen, auf dem die persönlichen R&B-Favoriten der Musiker zu hören sein würden.

The Letter (8/67 GB 5, US 1; 11/67 D 5)
Cry Like A Baby (3/68 US 2)
Rock

Boy George

BOY GEORGE v (Großbritannien, * 14. 6. 1961 als George O'Dowd in Eltham/Kent) Anfang der 80er Jahre tauchte George in der Londoner Clubszene auf, die gerade die neue Romantik entdeckte. Immer in Begleitung von Marilyn und in auffallende Kostüme gehüllt, erregte er bald auch die Aufmerksamkeit von Malcolm McLaren. Der ließ ihn unter dem Namen Lieutenant Lush für ein Konzert mit Bow Wow Wow singen. Mit dem früheren Discjockey und Bassisten Mikey Craig gründete George die Band In Praise Of Lemmings. Dann kamen Schlagzeuger Jon Moss und der Gitarrist/Keyboarder Roy Hay dazu, und man nannte sich Culture Club. Zwischen 1982 und 1986 war diese Formation sehr erfolgreich. In der Öffentlichkeit wurde die Formation immer mit Boy George gleichgesetzt, was sicher an seinem unstillbaren Drang lag, sich zu produzieren. Diesem Drang gab er ab 1987 verstärkt nach und veröffentlichte seine Platten als Boy George. »Everything I Own« war einst ein Hit von Bread und Ken Boothe gewesen. Danach ließ sein Erfolg allerdings nach, und er schien ganz verschwunden zu sein, als im Frühjahr 1991 die Formation Jesus Loves You auftauchte, hinter der sich wieder Boy George verbarg. Gemeinsam mit seinem alten Freund Jeremy Healy hatte er 1988 das innovative Dance-Floor-Label More Protein gegründet. Es sollte ein Forum für zeitgenössische und fantasievolle Tanzmusik schaffen. Anfang der 90er Jahre war George dann dem Hare-Krishna-Tempel beigetreten und widmete dieser Sekte den Song »Bow Down Mister«. Die Nummer »The Crying Game« (9/92 GB 22, 3/93 US 15) aus dem gleichnamigen Film veröffentlichte er wieder als Boy George. Im Frühjahr 1995 kam mit »Cheapness & Beauty« ein Album, von dem Kritiker behaupteten, es höre sich an ›wie das Gegenteil von Culture-Club-Songs und simpler Pop-Musik‹. Im Herbst 1998 kam es zu einer Wiedervereinigung von Culture Club. 2001 wurde bekannt, dass George an einem Musical über die ›New Romantic‹-

Zeit arbeitete – es waren halt seine besten Jahre. Außerdem soll er sich wieder mit einem neuen Album vom Culture Club beschäftigen.

Everything I Own (3/87 D 8, GB 1)
Bow Down Mister (5/91 D 6)
Dance, New Romantic, Pop

Siehe auch: Culture Club

Boy Meets Girl

GEORGE MERRILL key (USA, in Seattle/Washington), SHANNON RUBICAM v (USA, in Seattle/Washington)
Begonnen hatten Shannon und George zusammen mit David Lindquist als Trio. Betreut wurden sie zu diesem Zeitpunkt von Thom Bell, der Shannon und George auch bei vielen Studioproduktionen einsetzte. Nebenher begannen die beiden, gemeinsam Songs zu schreiben. Eine erste LP des Duos Shannon und George, die sich jetzt Boy Meets Girl nannten, erschien im Frühjahr 1985, darauf der Hit »Oh Girl« (4/85 US 39). Nachdem Whitney Houston Ende 1985 mit »How Will I Know« einen Platz 1 in den USA und Mitte 1987 einen weiteren Spitzenreiter und Platin mit »I Wanna Dance With Somebody (Who Loves Me)« geschafft hatte und bekannt wurde, dass beide Songs von Shannon und George geschrieben worden waren, bekamen sie mit Kusshand einen neuen Plattenvertrag bei RCA. Auf der Ende 1988 erschienenen LP »Reel Life« befand sich der Hit »Waiting For A Star To Fall«. Im selben Jahr heirateten Shannon und George.

Waiting For A Star To Fall (9/88 US 5; 12/88 GB 9)
Soft Pop

Boyce, Tommy

TOMMY BOYCE v (USA, * 29. 9. 1944 in Charlottesville/Virginia, † 23. 11. 1994)
Zusammen mit seinem Kollegen Bobby Hart (* 1944 in Phoenix) hat Tommy jede Menge Hits für andere geschrieben. Vor allem die Monkees profitierten vom Talent der beiden Autoren. Seinen ersten Erfolg als Songschreiber hatte Tommy 1961 mit dem Titel »Pretty Little Angel Eyes«, den Curtis Lee zum Hit machte. Aber auch Jay & The Americans, Little Anthony & The Imperials oder Tommy Sands hatten Hits mit Songs von Boyce und Hart. Tommy selbst hatte als Solointerpret schon im Jahr 1962 sein Glück versucht. Als er es ab 1967 im Duo mit Bobby Hart versuchte, klappte es zumindest einmal richtig mit »I Wonder What She's Doing Tonight«. 1975 zogen die beiden zusammen mit den ehemaligen Monkees Davy Jones und Mickey Dolenz durch die Lande und machten auch eine gemeinsame LP. In den späten 70er Jahren zog Tommy nach England und arbeitete mit Künstlern wie Iggy Pop oder Meat Loaf. Schließlich zog er wieder in die USA, ließ sich in Nashville nieder und trat dort auch auf. Im Herbst 1994 beging er Selbstmord.

I Wonder What She's Doing Tonight (12/67 US 8)
Pop

Boyer, Jacqueline

JACQUELINE BOYER v (Frankreich, * 23. 4. 1941 als Ducos in Paris)
Jacqueline wurde in eine musikalische Familie geboren. Die Mutter Lucienne war in den 30er Jahren ein Star in Frankreich und hatte sogar zwei Titel in der amerikanischen Hitparade: »Hands Across The Table« (11/34 US 2) und »Speak To Me Of Love (Parlez-Moi D'Amour)« (12/34 US 5). Außerdem war sie eine bekannte Kabarettkünstlerin und leitete ihr eigenes Kabarett auf dem Montmartre. Dort trat auch Jacquelines Vater Jacques Pills, zeitweise Ehemann von Edith Piaf, auf. Mit

ihm sammelte Jacqueline ihre ersten Bühnenerfahrungen. 1960 gewann sie mit »Tom Pillibi« (4/60 GB 33, 5/60 D 21) den Grand Prix Eurovision. Sie trat mit internationalen Größen wie Marlene Dietrich, Charles Trénet, Jerry Lewis, Charles Aznavour, Zarah Leander auf. In Deutschland war sie bis 1969 in der Hitparade vertreten.

Mitsou (6/63 D 8)
Mucho Amore (3/69 D 10)
Grand Prix, Schlager

Siehe auch: Böttcher, Gerd

Boys Club

GENE HUNT v (USA, * 24. 9. 1967 als Eugene Wolfgramm in Samoa/South Pacific), JOE PASQUALE v (USA)
Das Duo Boys Club formierte sich 1988 in Minneapolis. Hunt war vorher Mitglied in der Familientruppe Jets, Pasquale Mitglied bei King's English. Mit ihrer Debütplatte »I Remember Holding You«, geschrieben von Joe Pasquale, hatte die Band gleich ihre erste und einzige Hitnotierung.

I Remember Holding You (10/88 US 8)
One Hit Wonder, Pop

Boys Town Gang

Die Formation Boys Town Gang, bestehend aus austauschbaren Interpreten, hatte in der Hochzeit der Diskomusik Anfang der 80er Jahre mit einer Neuauflage des alten Frankie-Valli-Hits »Can't Take My Eyes Off You« einen Hit. Auch ihre anderen Titel waren lediglich schlappe Aufgüsse von ehemaligen Hits. Mit Vorliebe knöpfte sich die Formation Soulnummern wie »Ain't No Mountain High Enough« oder »Signed, Sealed, Delivered (I'm Yours)« vor.

Can't Take My Eyes Off You (7/82 GB 4)
Dance, Disko, One Hit Wonder

Boytronic

BRYLLYANT BERGER v (Deutschland, * 3. 9. 1960 als Holger Wobker in München), CLAUS DUKAYE (Deutschland, * 16. 1. 1961 als Klaus Dufke in Hamburg), BELA LAGONDA key, RALF MARTENS, HAYO PANARINFO per, computer, CLAUDETTE STOCKHAUSEN (als Claus), MARK WADE v, CHRISTIAN WINKLER (* 1. 8. 1962)
Die Musik dieser 1983 gegründeten Synthieformation zielte auf das jüngere Dance-Publikum. Der Kopf der Band war wohl Holger Wobker – wer neben ihm in der Gruppe spielte, war ziemlich egal. Wie austauschbar Mitglieder sind, zeigen die vielen Wechsel innerhalb der Band. Boytronic hatte im ›Melody Maker‹ eine Anzeige geschaltet und einen neuen Sänger gesucht. Aus über hundert Bewerbern wurde Mark Wade ausgesucht, der ein gefragtes Model der englischen Mode- und Videoszene war. Wie heißt es in der Biografie der Plattenfirma richtig: Namen sind und bleiben Schall und Rauch. Mit »You« gelang der Band in den Anfangstagen in der Besetzung Wobker, Dufke und Winkler im September 1983 ein Erfolg, den sie nicht wiederholen konnte.

You (9/83 D 10)
Dance, Elektro-Pop

Boyz

FLOW v (Deutschland, * 13. 10. 1976 als Florian Fischer in Berlin), KANE v (Deutschland, * 15. 8. 1978 als Adel Salah Mahmoud Eid el Tawil in Berlin), SALVATORE v (Deutschland, * 27. 10. 1980 als Di Blasi in Berlin), STEPHANE v (Italien, * 8. 3. 1979 als Kroll-Marongi in Genua), T-SOUL v (Deutschland, * 3. 7. 1978 als Tarek Hussein in Berlin)
Zusammengewürfelte Boy Group aus Berlin, die dank ›Bravo‹, PopRocky und Popcorn in die Mädchenherzen traf und

deren Verfallsdatum schon feststand: bis fünf neue Jungs bei den Mädels gefragt sind! Also schnell ein paar Platten und ein Album auf den Markt und die Halbwertszeit ist überschritten. »Round And Round« (5/97 D 27), »Let Me Show You The Way« (9/97 D 44), »Shame« (4/98 D 28) und »Memories« (4/99 D 35) waren die Notierungen außerhalb der Top 10.

Im Herbst 1999 kam es zu Schwierigkeiten zwischen der Gruppe und ihrem Managment Tripple M. Schließlich trennte man sich und die Jungs durften sich nicht mehr Boyz nennen. Bei der Gelegenheit kamen auch gleich ein paar Unwahrheiten ans Tageslicht. Flow musste sich auf Drängen von Tripple M zwei Jahre jünger machen: ›Ich war ihnen für eine Boy Group zu alt. Ich musste meine Lehre als Bankkaufmann unterschlagen, damit meine Biografie stimmt.‹ Die fünf Mitglieder, die zusammenbleiben wollen, kündigten an: ›Obwohl wir uns zufällig kennen gelernt haben, weiß jeder, dass wir inzwischen die besten Freunde sind. Ich kenne kaum einen Menschen besser als die anderen vier. Und der Zoff mit Tripple M hat uns noch mehr zusammengeschweißt. 2000 wollen wir neu beginnen – ohne Lügen und ohne Vorschriften. Mit neuem Namen und einem neuen Album.‹

One Minute (11/97 D 9)

Boy Group

Siehe auch: Bravo All Stars

Boyz II Men

MICHAEL »BASS« MCCARY v (USA, * 16. 12. 1971 in Philadelphia/Pennsylvania), WANYA »SQUIRT« MORRIS v (USA, * 19. 7. 1973 in Philadelphia/Pennsylvania), NATHAN »ALEX VANDERPOOL« MORRIS v (USA, * 18. 6. 1971 in Philadelphia/Pennsylvania), SHAWN »SLIM« STOCKMAN v (USA, * 26. 9. 1972 in Philadelphia/Pennsylvania)

Die vier trafen sich an der Kunsthochschule in Philadelphia und gründeten 1988 die Formation Boyz II Men. Michael Bivins von Bell Biv DeVoe nahm die Sänger unter seine Fittiche und brachte sie zur Plattenfirma Motown. Unter anderem arbeiteten sie als Backgroundsänger für Stevie Wonder und Another Bad Creation. Die Musik von Boyz II Men lehnt sich an die Soulmusik der 60er Jahre an. Ihre erste LP hieß »Cooleyhighharmony« (6/91 US-LP 3, 10/91 GB-LP 7) und wurde in den USA über neun Millionen mal kauft. Mitte 1992 sang das Quartett auf dem Soundtrack zum Film »Boomerang« die Nummer »End Of The Road«. Als Single ausgekoppelt, hielt sie sich länger auf Platz 1 der US-Charts als alle anderen Stücke nach 1955. Bis zu diesem Zeitpunkt hatte Elvis Presley mit »Don't Be Cruel/Hound Dog« – 11 Wochen auf Platz 1 – diesen Rekord gehalten. »End Of The Road« schaffte es 13 Wochen und wurde damit natürlich auch die Platte des Jahres 1992 in den USA. Lange hielt der Rekord jedoch nicht. Am 28. 11. 1992 kam Whitney Houston mit »I Will Always Love You« in die US-Charts und blieb 14 Wochen auf Platz 1. Im gesamten Jahr 1992 hat es in den USA nur zwölf Spitzenreiter gegeben. 1994 erschien ihre zweite CD »II« (9/94 US-LP 1, GB-LP 17), die sich alleine in den USA über 12 Millionen mal verkaufte. »I'll Make Love To You« und »On Bended Knee« wurden daraus ausgekoppelt. 1995 erhielten sie zwei Grammys: einmal für »II« als Best Rhythm & Blues Album und einmal für »I'll Make Love To You« als Best R&B Performance By A Group With Vocal. Als Gesangsgäste von L.L.Cool J gelang ihnen der Hit »Hey Lover« (11/95 US 3, GB 17). »One Sweet Day« nahmen sie zusammen mit Mariah Carey auf. Mit diesem Titel hielten sie insgesamt 16 Wochen den Spitzenplatz in den USA. Damit war wieder ein neuer Rekord aufgestellt, was die Verweildauer einer Platte auf Platz 1 der US-Charts angeht. Die weiteren er-

folgreichen Alben: »Christmas Interpretations« (10/93 US-LP 19), »The Remix Collection« (11/95 US-LP 17), »Evolution« (10/97 US-LP 1, GB-LP 12, D-LP 8).
Nach einer längeren Pause kehrte das Quartett im Herbst 2000 mit dem Album »Nathan Michael Shawn Wanya« (9/00 US-LP 4) zurück. Es folgte »Legacy – The Greatest Hits Collection« (2/02 GB-LP 2).

Motownphilly (6/91 US 3)
It's So Hard To Say Goodbye To Yesterday (9/91 US 2)
End Of The Road (7/92 US 1; 9/92 D 6, GB 1)
In The Still Of The Nite (I'll Remember) (11/92 US 3)
I'll Make Love To You (8/94 GB 5, US 1)
On Bended Knee (11/94 US 1)
Water Runs Dry (4/95 US 3)
One Sweet Day (12/95 GB 6, US 1)
4 Seasons Of Loneliness (9/97 GB 10, US 1)
A Song For Mama (12/97 US 7)
Rhythm & Blues

Boyzone

KEITH DUFFY v (Irland, * 1. 10. 1974), STEPHEN GATELY v (Irland, * 17. 3. 1976 in Dublin), MICHAEL GRAHAM v (Irland, * 15. 8. 1972), RONAN KEATING v (Irland, * 3. 3. 1977 in Dublin), SHANE LYNCH v (Irland, * 3. 7. 1976)
Boyzone war die irische Ausgabe von Take That. Die Mitglieder der Gruppe waren zwischen 17 und 22 Jahre alt, als sie 1994 aus dem Nichts nach oben kamen. Ihr erster Hit war wohl kalkuliert. »Love Me For A Reason« war die Coverversion eines Osmonds-Hits aus dem Jahre 1974, auf der B-Seite befand sich mit »Daydream Believer« ein Hit der Monkees von 1967. Sah es erst so aus, als würden sie so schnell in der Versenkung verschwinden, wie sie daraus aufgetaucht waren, so konnten sie sich 1995/96 speziell bei den weiblichen Fans durchsetzen. Ende 1996 war es dann so weit, dass Singles der Gruppe direkt auf Platz 1 in den GB-Charts einstiegen. Auch in Deutschland konnte sich die Formation inzwischen ein Stammpublikum sichern – Take That war weg, also musste was Neues her. Alle Beteiligten – außer den Fans – sind sich darüber im Klaren, dass das Verfallsdatum schon irgendwo lauert. Entweder sind sie irgendwann zu alt für die 14-jährigen Fans – oder sie haben Soloambitionen und trennen sich, um dann ähnlich wie Take That einzeln die Hitparaden zu bevölkern. In der Regel ist das jedoch auch nur von kurzem Erfolg gekrönt. 1995 erschien ihr Debüt-Album »Said And Done« (9/95 GB-LP 1). Darauf eine Coverversion der Cat-Stevens-Nummer »Father And Son«, die der Gruppe den ersten Top-20-Erfolg in Deutschland bescherte. Auf ihrem zweiten Album »A Different Beat« (11/96 GB-LP 1) befand sich mit »Words« eine Coverversion des Bee-Gees-Hits aus dem Jahr 1968. Ob Cat Stevens oder Bee Gees, die heutigen Fans von Boyzone kennen die Originale nicht – deshalb wissen sie nicht, wie die Songs sonst klingen können. Und auch »Isn't It A Wonder« war eine weitere Auskopplung aus »A Different Beat«. »Picture Of You« war die Titelmelodie zu einem Film von Mr. Bean. »Baby Can I Hold You« war der 10. Top-5-Hit in Folge in GB – damit stellte die Gruppe den Rekord von Kylie Minogue ein, die ebenfalls ihre ersten 10 Hits in die Top 5 brachte. »Baby Can I Hold You« war eine Coverversion eines Hits von Tracy Chapman aus dem Jahre 1988. Mit »All That I Need« schaffte die Gruppe aus dem Stand Platz 1 in GB. Es war eine Auskopplung aus dem dritten Album »Where We Belong« (6/98 GB-LP 1). Auch ihr nächster Hit, »No Matter What«, schaffte den Sprung von ›0‹ auf ›1‹. Den Song hatten Andrew Lloyd Webber (Musik) und Jim Steinman (Text) geschrieben. Er war gedacht für ein neues Musical namens »Whistle Down The Wind«. Boyzone-Mitglied Shane Lynch hat noch Zwillingsschwestern – Edele und Keavy –, die bei

der Gruppe B'witched mitmachten. 1999 folgte noch das Album »By Request« (6/99 GB-LP 1, D-LP 4).
2000 kamen einzelne Mitglieder von Boyzone als Solisten.

Love Me For A Reason (12/94 GB 2)
Key To My Life (4/95 GB 3)
So Good (8/95 GB 3)
Father And Son (11/95 GB 2)
Coming Home Now (3/96 GB 4)
Words (10/96 GB 1, D 7)
A Different Beat (12/96 GB 1)
Isn't It A Wonder (3/97 GB 2)
Picture Of You (8/97 GB 2)
Baby Can I Hold You/Shooting Star (12/97 GB 2)
All That I Need (5/98 GB 1)
No Matter What (8/98 GB 1; 10/98 D 2)
I Love The Way You Love Me (12/98 GB 2)
When The Going Gets Tough (3/99 GB 1)
You Needed Me (5/99 GB 1)
Every Day I Love You (12/99 GB 3)
Boy Group

Siehe auch: Gately, Stephen; Keating, Ronan

Bragg, Billy

BILLY BRAGG v (Großbritannien, * 20. 12. 1957 als Steven William Bregg in Barking/Essex)
Billy gründete 1977 die Punk-R&B-Gruppe Riff Raff, die bis 1981 bestand. Danach arbeitete er eine Zeit lang als Straßenmusikant und erhielt 1983 einen Plattenvertrag als Solist. 1985 hatte er mit der EP »Between The War« (3/85 GB 15) seinen ersten Erfolg. Seine Version des Beatles-Titels »She's Leaving Home« dürfte nur deshalb Nr. 1 geworden sein, weil es Teil eines Kinderhilfsprojektes Child Helpline war, für das Künstler Lennon-McCartney-Songs aufgenommen hatten. Gesanglich unterstützt wurde er von Cara Tivey.
Besonders durch sein politisches Engagement hat Billy Bragg mehrfach Aufsehen erregt: Im Oktober 1984 wurde er mit anderen vor dem South Africa House in London wegen eines Sit-ins gegen die Apartheidpolitik festgenommen. Im November 1986 wurde er wegen mutwilliger Zerstörung verurteilt – er hatte während einer Anti-Atom-Demonstration den Flughafenzaun in Norfolk durchgeschnitten. Zu seinem Hit »Sexuality« (7/91 GB 27) schrieb seine Plattenfirma: ›Er gilt als eine der wichtigsten Stimmen im britischen Rockgeschäft, und seine Kritik an sozialen oder politischen Mißständen hat Gewicht im Land.‹
Seine erfolgreichsten Alben waren »Brewing Up With Billy Bragg« (10/84 GB-LP 16), »Talking With The Taxman About Poetry« (10/86 GB-LP 8), »Workers' Playtime« (10/88 GB-LP 17), »Don't Try This At Home« (9/91 GB-LP 8) und »William Bloke« (9/96 GB-LP 16).

She's Leaving Home (5/88 GB 1)
Pop

Bran Van 3000

PIERRE BERGEN key (Kanada), JAMES DESALVIO v (Kanada), STEVE HAWLEY rap (Kanada), JAYNE HILL v (Kanada), NICK HYNES g (Kanada), ROB JOANISSE d (Kanada), SARA JOHNSTON v (Kanada), STEPHANE MORAILLES v (Kanada)
Die Band wurde im Frühjahr 1997 von dem DJ und ehemaligen Video-Regisseur James DeSalvio, der den Spitznamen Bran Man trägt, in New York gegründet. Mitte 1998 erschien mit »Glee« ihr Debütalbum. Darauf befand sich auch ihr erster Singlehit »Drinking In L.A.« (6/98 GB 34). Der Song wurde erst zum Erfolg, nachdem er in GB in einer TV-Werbung für Rolling Rock Bier benutzt wurde. »Astounded« (6/01 GB 40) erschien als Bran Van 3000 feat. Curtis Mayfield.

Drinking In L.A. (8/99 GB 3)
HipHop, Pop

Brand New Heavies

CARLEEN ANDERSON v (Großbritannien), SIMON BARTHOLOMEW g (Großbritannien, * 16. 10. 1965), N'DEA DAVENPORT v (USA, in Atlanta), SIEDAH GARRETT v (USA, in Hollywood/Kalifornien), LASCELLES GORDON g, per (Großbritannien), JAN KINCAID d (Großbritannien, * 17. 5. 1966), ANDREW LEVY b (Großbritannien, * 20. 7. 1966), JIM WELLMAN sax (Großbritannien)

Mitte der 80er Jahre machten Levy, Bartholomew und Kincaid als Trio erstmals unter dem Namen Brand New Heavies von sich reden. Sie spielten eine Kombination aus Funk und Jazz und hatten mit ihren Liveauftritten viel Erfolg – trotzdem zogen sie sich nach einer ausverkauften England-Tournee mit dem James Taylor Quartet erst einmal zurück. Im Frühjahr 1988 erschien ihre Debütsingle »Got To Give«. Nach einigen Umbesetzungen erreichten sie mit »Never Stop« (10/91 GB 43) erstmals die britischen Charts. Es folgten »Dream Come True« (2/92 GB 24), »Ultimate Trunk Funk EP« (4/92 GB 19), »Don't Let It Go To Your Head« (8/92 GB 24) und »Stay This Way« (12/92 GB 40). Danach trat eine kleine Pause ein, in der sich Gordon und Wellman wieder verabschiedeten. Dann folgten »Dream On Dreamer« (3/94 GB 15), »Back To Love« (6/94 GB 23), »Midnight At The Oasis« (8/94 GB 13), »Spend Some Time« (11/94 GB 26) und »Close To You« (3/95 GB 38). Im Herbst 1997 erschien eine Cover-Version der Carole-King-Nummer »You've Got A Friend«. Als neue Sängerin wurde mit Siedah Garrett wiederum eine Amerikanerin verpflichtet. Siedah hatte ab 1983 in den USA mit Quincy Jones gearbeitet und mit Michael Jackson die Nummer »Man In The Mirror« geschrieben und auch mitgesungen. Es gelangen ihr auch einige R&B-Hits, darunter die Nummer »K.I.S.S.I.N.G.« (6/88 R&B 16). Auch bei »I Just Can't Stop Loving You« von Michael Jackson sang Siedah im Hintergrund. Zusammen mit Dennis Edwards war sie auf dem Hit »Don't Look Any Further« aus dem Jahre 1984 zu hören. Aber schon nach einem Album verließ Siedah die Brand New Heavies wieder und wurde durch Carleen Anderson ersetzt. Die nächsten Singlehits der Gruppe waren »Shelter« (1/98 GB 31) – der Titel stammte noch von dem Album mit Siedah als Sängerin – und »Saturday Nite« (9/99 GB 35). Die erfolgreichsten Alben der Band: »Brother Sister« (4/94 GB-LP 4), »Shelter« (5/97 GB-LP 5) und »Trunk Funk – The Best Of The Brand New Heavies« (9/99 GB-LP 13).

You've Got A Friend (10/97 GB 9)
Funk, Pop, Soul

Brandes, Will

WILL BRANDES v (Deutschland, * 11. 1. 1928 in Peine, † 8. 4. 1990)

Nach einer kaufmännischen Lehre ließ sich Brandes zum Operntenor ausbilden. Im Januar 1959 sang er zusammen mit Conny Froboess den Titel »Teenager Melody«. Im November kam er als Solist mit einer deutschen Version des Rocco-Granata-Hits »Marina«. Seinen größten Hit hatte er mit »Baby Twist«, einem Titel, der an den Erfolg des Ralf-Bendix-Hits »Babysitter Boogie« anknüpfen sollte – es klappte. Ein Jahr später schlug man noch einmal in die gleiche Kerbe: »Baby-Babbel-Bossa-Nova«. Danach war das Thema ausgereizt und Will Brandes tauchte nicht wieder in den Hitparaden auf.

Teenager Melodie (1/59 D 7)
Marina (11/59 D 7)
Baby Twist (11/62 D 2)
Baby-Babble-Bossa-Nova (12/63 D 9)
Deutscher Schlager

Brandy

BRANDY v (USA, * 11. 2. 1979 als Brandy Rayana Norwood in McComb/Mississippi)
Als Brandy Ende 1994 in den amerikanischen Hitparaden auftauchte, war sie gerade mal 15 Jahre alt. Sie hatte aber bereits Erfahrungen im Kirchenchor und auch durch Auftritte in TV-Sendungen gesammelt. Dass sie zudem eine vielseitige Künstlerin ist, zeigte sie, als sie eine Hauptrolle in der amerikanischen TV-Serie ›Thea‹ übernahm. Mit ihrer Debüt-Single »I Wanna Be Down« erreichte sie im Oktober 1994 die Spitze der amerikanischen R&B-Singlecharts. Aus dem Film »Waiting To Exhale« stammte »Sittin' Up In My Room«. Zusammen mit Mase gelang ihr »Top Of The World«. Ihre erfolgreichsten Alben: »Brandy« (10/94 US-LP 20), »Never S-A-Y Never« (6/98 US-LP 2, D-LP 10, GB-LP 19) und »Full Moon« (3/02, GB-LP 9, D-LP 8, US-LP 2). Die Coverversion des Phil-Collins-Titels »Another Day In Paradise« sang Brandy zusammen mit ihrem Bruder Ray J.
Ray J wiederum veröffentlichte mit Lil' Kim als Gast die erfolgreiche Single »Wait A Minute« (5/01 US 30). Der richtige Name von Ray J ist Willie Ray Norwood. Er wurde 1981 in McComb/Mississippi geboren und wuchs in Kalifornien auf. Seine ersten Platten machte er 1996. Mit »Let It Go« (3/97 US 25) hatte er einen ersten Top-40-Hit. In den USA spielte er in den TV-Serien »The Sinbad Show« und neben seiner Schwester in »Moesha« mit. Außerdem sah man Ray J in dem Film »Steel«.
Brandy war Ende 2001 als Gast von Michael Jackson auf dessen Album »Invincible« bei der Nummer »Unbreakable« zu hören. Als Solistin kam sie mit »What About Us?« (2/02 D 13).

I Wanna Be Down (10/94 US 6)
Baby (2/95 US 4)
Brokenhearted (9/95 US 9)
Sittin' Up In My Room (12/95 US 2)
Have You Ever? (10/98 US 1)
Top Of The World (10/98 GB 2)
Another Day In Paradise (4/01 D 2; 6/01 GB 5)
What About Us (1/02 US 7; 2/02 GB 4)
Rhythm & Blues

Siehe auch: Brandy & Monica

Brandy & Monica

BRANDY v (USA, * 11. 2. 1979 als Brandy Rayana Norwood in McComb/Mississippi), MONICA v (USA, * 24. 10. 1980 als Monica Arnold in Atlanta/Georgia)
Der gemeinsame Hit der beiden auch als Solistinnen erfolgreichen Damen kam nach nur zwei Wochen auf Platz 1 der US-Charts. In GB stieg die Platte gleich auf Platz 2 ein.

The Boy Is Mine (5/98 US 1; 6/98 D 5, GB 2)
Pop, Rhythm & Blues

Siehe auch: Monica; Brandy

Branigan, Laura

LAURA BRANIGAN v (USA, * 3. 7. 1957 in Brewster/New York)
Laura sang zuerst in der Gruppe hinter Leonard Cohen. Ab 1982 war sie dann selbst als Solistin erfolgreich. Mit einem Nachzieher des italienischen Hits »Gloria«, geschrieben von Umberto Tozzi, hatte sie einen Millionseller. Mit »How Am I Supposed To Live Without You« (7/83 US 12) verschaffte sie dem Songschreiber Michael Bolton einen ersten Erfolg. Produzent von Laura war der Deutsche Jack White. Laura Branigan betätigte sich auch als Schauspielerin. Sie war zu sehen in der TV-Show ›Chips‹, 1984 im Film »Mugsy's Girl« und 1989 in »Backstage – Hinter der Bühne«. Ihr erfolgreichstes Album war »Self Control« (4/84 US-LP 23, 6/84 D-LP 5, 8/84 GB-LP 16).

Gloria (7/82 US 3; 12/82 GB 6)
Solitaire (3/83 US 7)
Self Control (4/84 D 1, US 4; 7/84 GB 5)
Pop

Brasseur, André

ANDRÉ BRASSEUR org (Belgien)
André Brasseur hatte in den 60er Jahren mit seiner Hammondorgel einen eigenen Sound geschaffen. Angepriesen wurde er von seiner Plattenfirma auch als André Brasseur & His Multi-Sound Organ. Die meisten seiner Titel schrieb er selbst, so auch »Early Bird«, seine einzige Hitnotierung in den deutschen Charts.

Early Bird (6/66 D 5)
Instrumental

Bravo All Stars

Der Erlös dieses Hits ging an die Nordoff/Robbins Musiktherapie-Stiftung, die es sich zur Aufgabe gemacht hat, ein menschenwürdiges Leben für Behinderte und Kranke zu ermöglichen. Ohne Gage stellten sich folgende Interpreten in den Dienst der Sache: Backstreet Boys, Caught In The Act, Touché, Scooter, Aaron Carter, The Moffats, Gil, Blümchen, Squeezer, 'N Sync, The Boyz, Mr. President und R'n'G – alles Interpreten, die auch in der wöchentlich erscheinenden Jugendzeitschrift ›Bravo‹ gefördert wurden und bei den Kids des Jahres 1998 angesagt waren. Produzenten der Platte waren Alex Christensen (U96) und Frank Petersen, der auch schon für Andrea Bocelli und Sarah Brightman gearbeitete hatte. Alex und Frank hatten »Let The Music Heal Your Soul« auch geschrieben. Ende August kam die Nummer auch in die britische Hitparade und erreichte immerhin Platz 36. In den USA schaffte das Stück Ende 1998 Platz 60.

Let The Music Heal Your Soul (6/98 D 6)
Pop

Braxton, Toni

TONI BRAXTON v (USA, * 7. 10. 1968 in Severn/Maryland)
Toni, nicht nur Sängerin, sondern auch Songschreiberin, erregte die Aufmerksamkeit der Produzenten Babyface und L.A. Reid, als sie zusammen mit ihren vier Schwestern Tamar, Trina, Towanda und Traci als Braxtons die Single »The Good Life« veröffentlicht hatte. Das führte dazu, dass sie zusammen mit Babyface den Titel »Give U My Heart« (7/92 US 29) für den Soundtrack zum Film »Boomerang« lieferte. Nachfolger »Love Shoulda Brought You Home« (11/92 US 33, 12/94 GB 33) – hier wurde sie als alleinige Interpretin genannt – stammte ebenfalls aus »Boomerang«. Danach verfolgte sie ihre Solokarriere weiter, bei der sie von Babyface und L. A. Reid unterstützt wurde. 1993 gewann sie einen Grammy als beste neue Künstlerin. Als Single erschien im selben Jahr die Nummer »Another Sad Love Song«. Kurz darauf wurde ihr erstes Album veröffentlicht. 1995 erhielt sie einen Grammy für ihren Song »Breathe Again« in der Kategorie Best Female Rhythm & Blues Vocal. Der anhaltende Erfolg von Toni Braxton brachte auch ihren Schwestern Glück, die weiterhin als Braxtons Platten veröffentlichten. Für ihren 1996er Hit »Un-Break My Heart« erhielt Toni Braxton bei der Grammy-Verleihung 1997 eine Auszeichnung für den besten weiblichen Popgesang. Außerdem wurde sie als beste R&B-Sängerin ausgezeichnet.
Ihre erfolgreichsten Alben: »Toni Braxton« (7/93 US-LP 1, 1/94 GB-LP 4, 3/94 D-LP 7) und »Secrets« (6/96 GB-LP 15, 7/96 US-LP 2, D-LP 2).
Nach 1997 trat eine Pause ein, weil sich Toni mit ihrer Plattenfirma zertritten hatte. Ende 2000 erzählte Toni, sie sei in den letzten drei 90er Jahren finanziell schwer angeschlagen, ja sogar pleite gewesen. Anfang 2000 war der Streit mit ihrer Plattenfirma beigelegt und es erschien mit »He Wasn't Man Enough« eine neue Single und mit »The Heat« (5/00 GB-LP 3, D-LP 3, US-LP 2) ein neues Album.

Another Sad Love Song (7/93 US 7)
Breathe Again (10/93 US 3; 1/94 GB 2)
You Mean The World To Me (4/94 US 7)
You're Makin' Me High/Let It Flow (6/96 US 1; 7/96 GB 7)
Un-Break My Heart (10/96 US 1; 11/96 D 2, GB 2)
I Don't Want To (5/97 GB 9)
He Wasn't Man Enough (3/00 US 2; 4/00 GB 5)
Pop, Rhythm & Blues

Bread

MIKE BOTTS d (USA, in Sacramento/Kalifornien), DAVID GATES v, key (USA, * 11. 12. 1940 in Tulsa/Oklahoma), JIM GORDON d (Großbritannien), JAMES GRIFFIN v, g, LARRY KNECHTEL v, g (USA), ROBB ROYER v, g
Diese Band formierte sich 1968 in L.A. als Pleasure Faire und hatte 1970, nun als Bread, mit dem Millionseller »Make It With You« ihren Durchbruch. Nach der ersten LP schied Jim Gordon aus und wurde durch Mike Botts ersetzt. 1971 erhielten James Griffin und Robb Royer einen Oscar für den besten Filmsong des Jahres 1970. Es war »For All We Know« aus »Lovers And Other Strangers«. Kurz danach verließ Royer Bread, und für ihn kam der Multiinstrumentalist Larry Knechtel. Die Hitserie der Band hielt an bis Ende 1972. »If« wurde 1975 ein Platz 1 in GB für den entzückenden Telly Savalas. »Baby I'm-A Want You« wurde Ende 1971 ein weiterer Millionseller. »Everything I Own« wurde später ein Erfolg mit Ken Boothe und Boy George. 1973 löste sich die Gruppe auf. David Gates machte als Solist einige sehr schöne Platten. 1976 kam die Gruppe noch einmal kurz zusammen und hatte auch wieder Erfolg. Alle Hits von Bread wurden von David Gates geschrieben und produziert.
Die erfolgreichsten Alben von Bread: »On The Waters« (8/70 US-LP 12, 9/70 GB-LP 34), »Baby I'm-A Want You« (2/72 US-LP 3, 3/72 GB-LP 9), »The Best Of Bread« (10/72 GB-LP 7, 3/73 US-LP 2), »Guitar Man« (11/72 US-LP 18), »Lost Without Your Love« (1/77 GB-LP 17), »The Sound Of Bread« (11/77 GB-LP 1) und »David Gates & Bread: Essentials« (7/97 GB-LP 9).

Make It With You (6/70 US 1; 8/70 GB 5)
It Don't Matter To Me (9/70 US 10)
If (3/71 US 4)
Baby I'm-A Want You (10/71 US 3)
Everything I Own (1/72 US 5)
Lost Without Your Love (11/76 US 9)
Soft Pop, West Coast

Break Machine

LINDELL BLAKE (USA), LINDSAY BLAKE (USA), CORTEZ JORDAN (USA)
Zu den Förderern des Happy-Disco-Sounds in den USA gehörte der französische Produzent Jacques Morali. Er war es, der auch der Formation Village People auf die Sprünge half. 1984 versuchte er Ähnliches mit dem Trio Break Machine. Zumindest die Briten waren 1984 vom Disco-Tanz-Sound der drei begeistert. Ihre letzte Hitnotierung war »Are You Ready« (8/84 GB 27). Genau. 1985 wurden schon wieder andere Interpreten durch die Diskotheken getrieben. Ihr erfolgreichstes Album hieß »Break Machine« (6/84 GB-LP 17).

Street Dance (2/84 GB 3)
Breakdance Party (5/84 GB 9)
Disko

Breakfast Club

STEPHEN BRAY, GARY BURKE, EDDIE GILROY, DAN GILROY, MADONNA v, d (USA, * 16. 8. 1958 als Madonna Louise Ciccone in Bay City/Michigan)
In diesem in New York beheimateten Dance-Pop-Quartett war einst in den frühen 80er Jahren für kurze Zeit Madonna Mitglied gewesen. Möglicherweise hat

sie sich deshalb später bei dem Kopf der Band, Stephen Bray, bedankt und ihn ihre LP »True Blue« coproduzieren lassen. Den Song »True Blue« hat Bray auch mitgeschrieben. Im Zuge des Erfolges von Madonna kam der Breakfast Club ins Gespräch und hatte mit »Right On Track« einen Erfolg. Zu mehr reichte es nicht.

Right On Track (3/87 US 7)
Dance, Pop

Breathe

MICHAEL DELAHUNTY b (Großbritannien), DAVID GLASPER v (Großbritannien, * 4. 1. 1965), MARCUS LILLINGTON g (Großbritannien, * 28. 2. 1967), IAN »SPIKE« SPICE d (Großbritannien, * 18. 9. 1966)
Breathe kam 1988 mit einer außergewöhnlich guten Debüt-LP auf den Markt. Sie spielten eine gelungene Mischung aus Philly-Sound und Soul-Pop. Vor allem ließ die Ballade »Hands To Heaven« viel erwarten. Noch im selben Jahr stieg der Bassist Delahunty aus. Ihr erfolgreichstes Album hieß »All That Jazz« (6/88 US-LP 34, 10/88 GB-LP 22).

Hands To Heaven (4/88 US 2; 7/88 GB 4)
How Can I Fall? (9/88 US 3)
Don't Tell Me Lies (1/89 US 10)
Phillysound, Pop, Soul

Breck, Freddy

FREDDY BRECK v (Deutschland, * 21. 1. 1942 als Gerhard Breker in Sonnenberg)
Seinen ersten Erfolg hatte Freddy Breck im Juli 1972 mit einer aufgemotzten Version von Verdis »Gefangenenchor« aus der Oper »Nabucco«: »Überall auf der Welt«. Mit »So In Love With You« erreichte er im April 1974 einen Platz 44 in der britischen Hitparade. Seine erfolgreichsten Alben waren »Überall auf der Welt« (2/73 D-LP 25) und »Rote Rosen für dich« (9/73 D-LP 5). Inzwischen ist er auch als Moderator bei verschiedenen Rundfunkanstalten im Geschäft und schreibt Titel für das Naabtal-Duo, die Kastelruther Spatzen und Konsorten.

Überall auf der Welt (7/72 D 7)
Bianca (1/73 D 2)
Rote Rosen (7/73 D 2)
Deutscher Schlager

Brennan, Walter

WALTER BRENNAN v (USA, * 25. 7. 1894 in Swampscott/Massachusetts, † 21. 9. 1974)
Der Schauspieler Walter Brennan hatte seine erste Filmrolle im Jahre 1924. Im Laufe der Jahre sollte er drei Oscars für die beste Nebenrolle in den Filmen »Come And Get It« 1936, »Kentucky« 1938 und »The Westerner« 1940 gewinnen. Zwischen 1957 und 1963 spielte er in der TV-Serie ›The Real McCoys‹ den Großvater.

Old Rivers (4/62 US 5)
Pop

Brewer & Shipley

MIKE BREWER v (USA, in Oklahoma City), TOM SHIPLEY v (USA, in Mineral Ridge/Ohio)
Das Folk-Rock-Duo Brewer & Shipley aus Los Angeles hatte mit »One Toke Over The Line« einen Hit. Ansonsten war ihre Musik wohl für die Pophitparaden wenig geeignet. Danach tauschten die beiden das sonnige Los Angeles gegen Missouri ein und veröffentlichten weitere Platten – jedoch ohne Erfolg. Ende der 70er Jahre trennten sie sich. Shipley tauchte später als Studiotechniker auf, vor allem bei Produktionen von Joni Mitchell.

One Toke Over The Line (2/71 US 10)
Folk, Rock

Brian & Michael

MICHAEL COLEMAN v (Großbritannien), KEVIN PARROTT v (Großbritannien)
Colemans elegischer Abgesang auf den Maler L. S. Lowry, der am 23. 2. 1976 gestorben war, beeindruckte seinen Produzenten Kevin Parrott so sehr, dass die beiden den Titel kurzerhand als Duo Brian & Michael aufnahmen: »Matchstalk Men And Matchstalk Cats And Dogs«. Parrott war der Meinung, dass Brian & Michael entschieden besser klang als Kevin & Michael. Ein Nachfolgehit gelang ihnen nicht. Im Hintergrund auf ihrem einzigen Hit ist der St. Winifred's School Choir zu hören – der 1980 mit »There's No-One Quite Like Grandma« selbst einen Platz 1 erreichen sollte.

Matchstalk Men And Matchstalk Cats And Dogs (2/78 GB 1)
One Hit Wonder, Pop

Brice, Pierre

PIERRE BRICE v (Frankreich, * 6. 2. 1929 als Pierre Louis de Bris in Brest)
Der Besuch der Schauspielschule in Paris war für seinen größten Erfolg als Schauspieler, die Rolle des Winnetou in zahlreichen Karl-May-Verfilmungen, sicher nicht notwendig. Auch seine vielen Fernsehrollen bis hin zum ›Schloss am Wörthersee‹ hätte Pierre Brice aus dem Handgelenk spielen können. Stattdessen hätte ihm eine kleine Gesangsausbildung bei seinem einzigen Hit »Ich steh' allein« nicht geschadet.

Ich steh' allein (4/65 D 9)
Deutscher Schlager

Brick

JIMMY BROWN v, sax (USA), REGGIE HARGIS v, g (USA), EDDIE IRONS v, d (USA), DONALD NEVINS v, key (USA), RAY RANSOM v, b (USA)
Die Musiker dieser 1972 in Atlanta gegründeten Disko-Jazz-Formation hatten ab Anfang der 70er Jahre als Studiomusiker begonnen. Mit »Dusic« (8/77 US 18) gelang ihnen noch ein weiterer Hit, und danach waren sie nur noch ›another brick in the wall‹. Ihr erfolgreichstes Album war »Brick« (9/77 US-LP 15).

Dazz (10/76 US 3)
Disko, Funk

Brickell, Edie

EDIE BRICKELL v (USA, * 10. 3. 1966 in Oak Cliff/Texas)
Während ihrer Studienzeit in Dallas hörte sich Edie Brickell öfter in Clubs die Band New Bohemians an. Nach einiger Zeit stand sie mit ihnen auf der Bühne. Nachdem sie sich in Dallas profiliert hatten, bot ihnen die Plattenfirma Geffen im November 1986 einen Vertrag an. Von den ursprünglichen New Bohemians war nur noch Bassist Brad Houser dabei, dazu kamen Gitarrist Kenny Withrow, Percussionist John Bush, Gitarrist Wes Martin und Drummer Matt Chamberlain. Als erste LP erschien »Shooting Rubberbands At The Stars« (9/88 US-LP 4, 2/89 GB-LP 25), als Single wurde »What I Am« ausgekoppelt. Edie sicherte sich damit einen Ruf als gute Songschreiberin und Sängerin. Am 30. 5. 1992 heiratete sie Paul Simon. 1994 veröffentlichte sie mit dem Album »Picture Perfect Morning« ihr Solodebüt. Alle Songs für diese CD hat sie selbst geschrieben, produziert wurde sie von Paul Simon und Roy Halee. Als Gastmusiker sind Dr. John, Paul Simon, Art und Cyril Neville oder Michael Brecker zu hören. Bei dem Song »Good Times« wird sie gesanglich von Barry White unterstützt. Trotzdem reichte es bei diesem hervorragend gemachten Song lediglich in GB für einen Top-40-Hit.

What I Am (11/88 US 7)
Folk, Rock

Bridges, Alicia

ALICIA BRIDGES v (USA, * 15. 7. 1953 in Lawndale/North Carolina)
Die Sängerin und Songschreiberin hatte mit »I Love The Night Life (Disco 'Round)« ihren einzigen Erfolg. Damit war Alicia Bridges auf das Thema Disko festgelegt, und als das Fieber nachließ, wurde sie wieder vergessen. 1994 kam »I Love The Night Life (Disco 'Round)« im Film »The Adventures Of Priscilla Queen Of The Desert« vor. Daraufhin wurde die Single erneut veröffentlicht, kam aber im Oktober 1994 gerade mal knapp in die britischen Top 75. Ihr erfolgreichstes Album war »Alicia Bridges« (9/78 US-LP 33).

I Love The Night Life (Disco 'Round) (7/78 US 5)
Disko

Brighouse & Rastrick Brass Band

Immer zu Weihnachten haben die Briten merkwürdige Platten unter den ersten 10 der Hitparade stehen. So auch Weihnachten 1977: Die Brighouse & Rastrick Brass Band, eine in Nordengland sehr bekannte und beliebte Blaskapelle, hatte mit dem ein Jahr zuvor aufgenommenen Stück »Floral Dance« ihren einzigen Hit. Diese mit viel Bläsern und Blech gespielte Nummer hatte eine durchaus eingängige Melodie. Auch erfolgreich: das Album »Floral Dance« (1/78 GB-LP 10).

Floral Dance (11/77 GB 2)
Instrumental, One Hit Wonder

Brightman, Sarah

SARAH BRIGHTMAN v (Großbritannien, * 14. 8. 1961)
Sarah war 18 Jahre alt, als Jeff Calvert – der mit »Barbados« als Interpret und Autor eine Nr. 1 in GB hatte – den Song »I Lost My Heart To A Starship Trooper« schrieb. Sarah arbeitete zu diesem Zeitpunkt in einer Tanzgruppe namens Hot Gossip und war regelmäßig in der Kenny Everett Video-Show zu sehen. Ein Nachfolgehit erreichte nicht einmal mehr die ersten 50, und somit schien der Name Sarah Brightman erledigt. 1983 kam sie mit der Nummer »Him« auf den Markt, produziert von Andrew Lloyd Webber. Zwischen »Starship Trooper« und »Him« lagen Welten, und bei dem nächsten Hit ging es noch einmal in eine andere Dimension. Zusammen mit Diskantsänger Paul Miles-Kingston sang sie »Pie Jesu«. Es handelte sich dabei um eine Benefizplatte zugunsten der Aktion ›Save The Children‹. Mit Steve Harley, einst der Kopf von Cockney Rebel, sang sie »The Phantom Of The Opera«. Dann kam »Wishing You Were Somehow Here Again«. Die letzten vier erwähnten Titel wurden alle zusammen mit Andrew Lloyd Webber erarbeitet, mit dem sie zu diesem Zeitpunkt verheiratet war. Als Sarah in »Aspects Of Love« sang, war sie bereits die Exfrau. Mitte 1992 sang sie mit José Carreras »Amigos Para Siempre (Friends For Life)« (7/92 GB 11) unter den ersten 20 in GB. Zusammen mit dem seit seiner Geburt blinden italienischen Tenor Andrea Bocelli gelang ihr Ende 1996 ein Spitzenplatz in Deutschland. Hintergrund: Henry Maske hatte groß angekündigt, seinen letzten Boxkampf zu liefern und sich dann schöneren Dingen des Lebens zuzuwenden. Er verlor zwar, aber Gewinner war die Melodie, die anlässlich dieses Kampfes aufgenommen und gesungen wurde: »Time To Say Goodbye«. Die Platte entwickelte sich zur meistverkauften Single aller Zeiten in Deutschland. Mehr als 2,8 Millionen Platten wurden abgesetzt.

Sarah hatte bereits schon einmal von Maske profitiert. Ihr Song »A Question Of Honour« (10/95 D 15) war auch ein Titel für einen Maske-Boxkampf gewesen. Gewinner von Maskes Abschiedsvorstellung war auch Andrea, dessen Album »Bocelli« ebenfalls Ende 1996 Platz 1 in den LP-Charts in Deutschland erreichte. Auch den Briten gefiel »Time To Say Goodbye«, dort als ›classical crossover‹ bezeichnet. Ihr erfolgreichstes Album war »Timeless« (6/97 GB-LP 2), aufgenommen mit dem London Philharmonic Orchestra.

I Lost My Heart To A Starship Trooper (11/78 GB 6)
Pie Jesu (3/85 GB 3)
The Phantom Of The Opera (1/86 GB 7)
All I Ask Of You (10/86 GB 3)
Wishing You Were Somehow Here Again (1/87 GB 7)
Time To Say Goodbye (12/96 D 1; 5/97 GB 2)
Pop

Siehe auch: Bocelli, Andrea

Bristol, Johnny

JOHNNY BRISTOL v (USA, * 3. 2. 1939 in Morganton/North Carolina)
Johnny begann seine Karriere 1960, als er zusammen mit Jackey Beaver als Johnny & Jackey Platten aufnahm. 1961 nahmen die beiden das Stück »Someday We'll Be Together« auf, das 1969 in der Version der Supremes ein Hit werden sollte. Nachdem das Duo keinen Erfolg hatte, wurde Bristol Songschreiber und Produzent für Motown. Er arbeitete mit Edwin Starr, David Ruffin, Stevie Wonder oder den Detroit Spinners. 1973 verließ er Motown und wurde Hausproduzent bei CBS. Dort wollte er nun seine selbst geschriebene und gesungene Nummer unterbringen – man ließ ihn nicht, und so verkaufte er sie an MGM. Die veröffentlichten »Hang On In There Baby«. Sein erfolgreichstes Album hieß ebenfalls »Hang On In There Baby« (10/74 GB-LP 12). Obwohl er bis in die 90er Jahre weitere gute Platten veröffentlichte, wollte ihm eine Wiederholung dieses ersten Hits nicht gelingen.

Hang On In There Baby (6/74 US 8; 8/74 GB 3)
One Hit Wonder, Soul

B-Rock & The Bizz

LEVIRT AGGE rap (USA), B-ROCK rap (USA, als Baron Agee in Mobile/Alabama), T.BIRD rap (USA, als Thaddeus Maye)
Das Trio aus Atlanta hatte mit »My Baby Daddy« seinen ersten Hit. Chef B-Rock war angeblich als Produzent von »Whoomp! There It Is« vorher schon erfolgreich gewesen. Der Text von »My Baby Daddy« handelt von unverheirateten Eltern und den Vätern, die sich wenig um ihre Kinder kümmern. Im Song zu hören: ein Sample von »Best Of My Love« von der Gruppe Emotions. Als Unterstützung für das Trio sang Kitty Thomas mit. B-Rock & The Bizz wurden in den USA als Trendsetter des Jahres 1997 gehandelt: als BASS wird die Musik bezeichnet, die sie produzieren.

My Baby Daddy (4/97 US 10)
Rap, Rhythm & Blues

Bro'Sis

FAIZ v (Deutschland, * 29. 8. 1980 in Köln), GIOVANNI v (Deutschland, * 4. 3. 1978 als Zarella in Hechingen/Stuttgart), HILA v (Deutschland, * 26. 7. 1983 in Tel Aviv/Israel), INDIRA v (Deutschland, * 30. 9. 1979 in Groß-Gerau), ROSS v (Großbritannien, * 9. 7. 1977 in Bridgnorth), SHAHAM v (USA, * 18. 11. 1978 als Joyce in Fort Carson/Colorado)
Bro'Sis waren die Sieger der zweiten ›Popstars‹-Staffel von RTL2 – die ersten Gewinner waren No Angels. Als erstes Werk des Sextetts Bro'Sis erschien am 3. 12. 2001 »I Believe«. Gleichzeitig wurde in den Medien genüsslich ausgebreitet,

dass die Gruppe während des Castings durch Entzug von menschlichen Grundbedürfnissen wie Wasser oder Schlaf gepeinigt wurde. Auch wurden künstlich Situationen geschaffen, damit sich die möglichen Kandidaten schlecht fühlten oder körperlich litten. Nach Überzeugung einer vorzeitig als Jurorin ausgeschiedenen Fachfrau wurden zwei Mädchen, ›bei denen es zwar etwas zu gucken gab, die aber keine Silbe singen konnten, durchgeschleppt. Ein guter Rapper hingegen wurde nach Hause geschickt.‹ Laut Aussage der Jurorin wurde die Jury von der Produktionsfirma wie Marionetten behandelt.

Egal – »I Believe« stieg am 17. 12. 2001 gleich auf Platz 1 der deutschen Hitparade ein. Und man kann auch nicht sagen, dass zu diesem Zeitpunkt wenig Singles verkauft wurden und die Platte deshalb sofort auf 1 einstieg. In einer Woche hatte die Gruppe 790 000 Exemplare von »I Believe« verkauft. Ob die Musiker davon viel sehen, ist zweifelhaft. Sie sind angeblich für 4 000 Mark im Monat angestellt. Im Februar 2002 veröffentlichte Shaham zusammen mit dem US-Sänger Brandon Perkins, der bei der US-Army in Mannheim stationiert war, die Duett-Single »Bodyrock«. Den Vertrag für diese Aufnahme hatte Shaham bereits Anfang 2001 unterschrieben. Erst danach entschloss er sich, am ›Popstars‹-Casting teilzunehmen. Glückliche Fügung?

Ihr erstes Album »Never Forget (Where You Came From)« (2/02 D-LP 1) stieg am 11. Februar gleich auf Platz 1 ein.

I Believe (12/01 D 1)
Do You (3/02 D 3)
Pop

Brokken, Corry

CORRY BROKKEN v (Niederlande, * 3. 12. 1932 in Breda)

Corry war nach ihrem Jurastudium zunächst als Richterin tätig. Als Sängerin erregte sie erstmals internationale Aufmerksamkeit, als sie 1957 beim Grand Prix Eurovision mit dem Lied »Net Als Toen« gewann. Im darauffolgenden Jahr belegte sie bei derselben Veranstaltung mit »Heel De Wereld« nur noch Platz 8. 1960 sang sie eine deutsche Version des Edith-Piaf-Hits »Milord«, die sie auch in Deutschland bekannt machte. Ihren größten Hit bei uns hatte sie fünf Jahre später: Mit der deutschen Coverversion von »La Mamma«, im Original ein Hit von Charles Aznavour.

La Mamma (1/65 D 9)
Grand Prix, Schlager

Bronski Beat

STEVE BRONSKI key, per (Großbritannien, * 7. 2. 1960 als Forrest in Glasgow), JONATHAN HELLYER v (Großbritannien), JOHN-JON v (Großbritannien, * 26. 2. 1961 als John Andrew Foster), JIMMY SOMERVILLE v (Großbritannien, * 22. 6. 1961 in Glasgow), LARRY STEINBACHEK key, per (Großbritannien, * 6. 5. 1960 in London)

Das Trio Bronski Beat wurde im Jahre 1983 gegründet. Nachdem sie einmal im Vorprogramm von Tina Turner gespielt hatten, erhielten sie prompt einen Plattenvertrag. Die keyboardlastige Computermusik dieser Formation traf in der ersten Hälfte der 80er Jahre genau den Nerv der Dance-Floor-Generation, ihre Texte den Nerv bestimmter Randgruppen. Im Song »Smalltown Boy« sangen sie über die Probleme eines schwulen Jungen. »Why« drehte sich um einen pädophilen Freund, der durch seine sexuellen Vorlieben in größte Schwierigkeiten geriet. Im April 1985 hatten Bronski Beat zusammen mit Marc Almond den Hit »I Feel Love«. Danach trennte sich Somerville von Bronski Beat und ging zu den Communards. Für ihn kam John-Jon Foster. Mit ihm sollte der Formation der letzte Top-10-Hit gelingen. 1988 wurde Foster seinerseits durch Jonathan Hellyer ersetzt. Die letzte interessante Aufnahme von Bronski Beat, jetzt nur noch bestehend aus Larry und Steve, war »Cha Cha Heels« im Juli 1989. Den Vokalpart übernahm Eartha Kitt. Die erfolgreichsten Alben von Bronski Beat waren »The Age Of Consent« (10/84 GB-LP 4, D-LP 10, 1/85 US-LP 36), »Truthdare Doubledare« (5/86 GB-LP 18, D-LP 21) und »Bronski Beat Singles Collection 84–90« (12/90 D-LP 4).

Smalltown Boy (6/84 D 3, GB 3)
Why? (9/84 D 5, GB 6)
I Feel Love (Medley) (4/85 GB 3)
Hit That Perfect Beat (11/85 GB 3; 1/86 D 4)
Disko, Pop

Siehe auch: Communards; Somerville, Jimmy

Brooklyn Bounce

STEPHAN »DAMON« BEHRENS v (Deutschland), DENNIS BOHN v (Deutschland), ULRICA BOHN v (Deutschland), RENE »DIABLO« BOUNCE v, ALEJANDRA CUEVAS-MORENO v, MAEVA EHOULAN v

Hinter dieser Hamburger Formation steckten die beiden Produzenten Dennis Bohn und Matthias Menck. Auf der Bühne stellten Damon alias Stephan Behrens, Ulrica Bohn und Maeva Ehoulan die Gruppe dar. Ihr Erstlingswerk »Theme (Of Progressive Attack)« war zuerst ein echter Clubhit in Deutschland, bevor sich der Hit bis in die Top 10 hochhangelte. Nachfolger »Get Ready To Bounce« kam schon Mitte April 1997 auf den Markt – eindeutig zu schnell, denn die erste Single stand immer noch unter den ersten 10. Anfang Mai stieg »Get Ready To Bounce« auf Platz 6 in Deutschland ein. Die nächsten Singles: »The Real Bass« (11/97 D 23) – Behrens machte jetzt auf Dr. Frankenstein, seine beiden Eintänzerinnen auf Salombo – und »The Music's Got Me« (2/98 D 39). Nach einer längeren Pause meldete sich die Formation zurück und hatte den Hit »Bass, Beats & Melody«. Immer noch dabei war Ulrica, die 1997 Dennis Bohn geheiratet hatte. Statt Maeva sang jetzt Alejandra Cuevas-Moreno. Auf der Hülle waren neben den beiden Mädels noch zwei weitere Gestalten abgebildet: Stephan »Damon« Behrens und René »Diablo« Bounce. Bounce war vorher der Frontmann der Gruppe 666. 2001 kamen sie mit »Born To Bounce« (3/01 D 22). Ihre Plattenfirma ließ dazu verlauten: ›Beim Progressive-Smashburner »Born To Bounce« bestimmen rockige Parts die Hookline mitsamt der enorm eingängigen Melodie, während Leder und Nieten als ultrahippe Fashiontools fungieren. Wie die Bouncer aber immer noch einen draufsetzen, ergänzen unschuldige Barock- und Rokoko-Elemente die kühle Heavy-Metal-Stilebene. Todcooler True Metal trifft auf Rokoko-Progressive-House.‹ Da muss man erst mal drauf kommen. Als nächste Single erschien »Club Bizarre« (11/01 D 12).

Theme (Of Progressive Attack) (2/97 D 9)
Get Ready To Bounce (5/97 D 6)
Bass, Beats & Melody (11/00 D 4)
Rave

Brooklyn Bridge

LES CAUCHI v (USA, * 18. 12. 1942), FRED FERRARA v (USA, * 6. 10. 1940), JOHNNY MAESTRO v (USA, * 7. 5. 1939 als John Mastrangelo in Brooklyn/New York), JIM ROSICA g (USA, * 22. 4. 1947)

1960 verließ Johnny Maestro die Erfolgsformation Crests, um eine Solokarriere zu starten. Das ließ sich erst einmal ganz gut an, dann kam der große Knick. Er versuchte, die Crests zu reformieren. Das schlug fehl. Schließlich wurde er Mitglied im Vokalquartett Del-Satins. Aus dieser Formation und Rhythm Method, einer

Sieben-Mann-Band, entstand 1967 Brooklyn Bridge. Nach dem Millionseller »Worst That Could Happen« flachte der Erfolg wieder ab, und nach 1970 hörte man nichts mehr von Brooklyn Bridge in den Hitparaden. Als Live-Act war Brooklyn Bridge – inzwischen immer wechselnde Musiker mit Johnny Maestro – bis in die 90er Jahre erfolgreich.

Worst That Could Happen (12/68 US 3)
Pop

Brooklyn Dreams

JOE »BEAN« ESPOSITO v (USA), EDDIE HOKENSON v (USA), BRUCE SUDANO v, org (USA)

Dieses aus New York stammende Gesangstrio hatte Ende 1977 seinen ersten Eintrag in die amerikanische Singlehitparade. Sie lieferten typische amerikanische Fahrstuhlmusik, die keinem weh tut und bei der man nicht zuhören muss. Speziell Bruce Sudano hatte bereits Erfahrungen als erfolgreicher Musiker hinter sich. Er war Mitglied bei Alive & Kicking. Verheiratet war Bruce mit Donna Summer. Um Brooklyn Dreams und damit ihrem Ehemann auf die Sprünge zu helfen, sang Donna mit dem Trio 1977 den Millionseller »Heaven Knows«. Anfang der 80er Jahre fiel Brooklyn Dreams auseinander. 1983 hatte Joe Esposito einen Titel unter den Top 100, 1988 sang er mit Brenda Russell den Top-10-Hit »Piano In The Dark«.

Heaven Knows (1/79 US 4)
Pop

Brooks, Elkie

ELKIE BROOKS v (Großbritannien, * 25. 2. 1945 als Elaine Bookbinder in Salford/ Manchester)

Mit 15 begann sie ihre Karriere als ›Manchesters Brenda Lee‹, sang dann in der Eric Delaney Band und ab 1970 mit der zwölfköpfigen Jazz-Rock-Gruppe Dada, in der auch ihr Mann Peter Gage und Robert Palmer Mitglieder waren. Mit diesen beiden gründete sie 1972 Vinegar Joe. Nach einigen guten, aber nicht sonderlich erfolgreichen Platten versuchte sie sich ab 1974 als Solistin. Mit »Pearl's A Singer« kam der Erfolg. Neben Maggie Bell ist Elkie Brooks sicher eine der besten britischen Sängerinnen. Ihr Bruder Anthony Bookbinder war unter dem Pseudonym Tony Mansfield einst der Schlagzeuger in der Erfolgsformation von Billy J. Kramer & The Dakotas.

Ihre erfolgreichsten Alben: »Pearls« (11/81 GB-LP 2), »Pearls II« (11/82 GB-LP 5), »No More The Fool« (12/86 GB-LP 5) und »The Very Best Of Elkie Brooks« (12/86 GB-LP 10).

Pearl's A Singer (4/77 GB 8)
Sunshine After The Rain (8/77 GB 10)
No More The Fool (11/86 GB 5)
AOR (Adult Orientated Rock), Pop, Rock

Brooks, Garth

GARTH BROOKS (USA, * 7. 2. 1962 als Troyal Garth in Lubo/Oklahoma)

Innerhalb weniger Jahre gelang es Garth, zum absoluten Star aufzusteigen. Seine Mutter machte als Collen Carroll in den 50er Jahren Platten und trat regelmäßig in der TV-Sendung ›Red Foley's Ozark Jubilee Show‹ auf. Mit seiner LP »Ropin' The Wind« (9/91 US-LP 1, 2/92 GB-LP 41) schaffte Garth 1991 etwas, was einem anderen Country-Künstler noch nie vergönnt war: Sie sprang von null auf eins in den US-Pop-LP-Charts.

Seine erste LP, die nur »Garth Brooks« (5/90 US-LP 13) hieß, erschien 1989, seine zweite, »No Fences« (9/90 US-LP 3), folgte 1990. Mitte 1998 hatte er alleine in den USA von seiner ersten LP sieben Millio-

nen, von seiner zweiten 14 Millionen, von der dritten, »Ropin' The Wind«, elf Millionen Exemplare verkauft – ein weiterer Rekord für einen Country-Interpreten. Auch die nächsten Platten brachten unglaubliche Verkäufe: »Beyond The Seasons« (9/92 US-LP 2), eine Weihnachtsplatte, setzte drei Millionen Exemplare ab, »The Chase« (10/92 US-LP 1) sechs, »In Pieces« (9/93 US-LP 1, 2/94 GB-LP 2) ebenfalls sechs, »The Hits« (12/94 US-LP 1, GB-LP 11) zehn und »Fresh Horses« (12/95 US-LP 2, GB-LP 22) vier Millionen.
In den amerikanischen LP-Pop-Charts hatte er also seine Supererfolge – in die US-Single-Charts kam er anfangs nicht. Anders bei den Briten: »The Red Strokes« (1/94 GB 13) und »Standing Outside The Fire« (4/94 GB 28).
»Sevens« (12/97 US-LP 1) hieß sein Album, das er Ende 1997 veröffentlichte und das am 13. 12. 1997 gleich auf Platz 1 der US-LP-Pop-Charts einstieg. Schon nach nur drei Wochen waren fünf Millionen Alben verkauft. Am 23. 5. 1998 stieg sein Album »The Limited Series« (5/98 US-LP 1) wieder auf dem Spitzenplatz in die US-Charts ein. Gleiches gelang »Double Live« (12/98 US-LP 1) am 5. 12. 1998 – und schon nach nur vier Wochen waren mehr als 12 Millionen Doppelalben zum Preis von rund 27 Dollar alleine in den USA verkauft. 1999 legte er sich das Pseudonym Chris Gaines zu. Unter diesem Namen sang er nur mehr Pop-orientierte Songs – und hatte mit »Lost In You« einen ersten Top-10-Hit in den USA. Dazu erschien das Album »In ... The Live Of Chris Gaines« (10/99 US-LP 2). Dann kam zur Weihnachtszeit »The Magic Of Christmas« (12/99 US-LP 7) – wieder als Garth Brooks.
2001 wurden seine gesammelten Verkäufe in den USA mit 100 Millionen Alben angegeben. Im November erschien mit »Scarecrow« (12/01 US-LP 1) nach vierjähriger Pause wieder ein neues Studioalbum von Garth unter seinem Namen – es stieg am 1.12. gleich auf Platz 1 der US-LP-Charts ein. Eine erste Auskopplung war »Wrapped Up In You«. Brooks hatte angekündigt, nie wieder auf der Bühne stehen zu wollen. Am 9. 12. 2001 machte er da wohl eine Ausnahme: in »Lime Creek Christmas« spielte er im Roy-Acuff-Theatre in Nashville neben dem Schauspieler Anthony Zerbe in einer Show, die nach einem unvollendeten Roman von Joe Henry inszeniert worden war. Es ging um einen Weihnachtsabend auf einer Western-Ranch. Brooks sang zu seiner Akustikgitarre dem Anlass entsprechende Liedchen.

Lost In You (9/99 US 5)
Country, Pop

Brooks, Meredith

MEREDITH BROOKS v, g (USA, * 12. 6. 1966 in Corvalis/Oregon)
In den 80er Jahren kam Brooks nach L.A. und wurde dort Leadgitarristin bei den Graces, die von der ehemaligen Go-Go-Gitarristin Charlotte Caffey gegründet worden waren. Brooks spielte auf einem Album dieser Gruppe mit. Danach nahm sie für ihre letzten 140 Dollar ein Demo der Nummer »Bitch« auf, das schließlich zu einem Plattenvertrag mit Capitol Records führte. Im Frühjahr 1997 erschien ihr erstes Album »Blurring The Edges« (5/97 US-LP 22, 8/97 GB-LP 5, D-LP 7). Darauf befand sich auch ihr erster Hit »Bitch«. Zwei der großen US-Handelsketten weigerten sich, die Single wegen des Titels (Bitch = Nutte) ihren Kunden anzubieten – erst nachdem die Platte sich trotzdem in die Top 10 gekämpft hatte, nahmen auch sie die Single in ihr Sortiment. Allerdings wurde sie in einer Hülle angeboten, die den Titel nicht erkennen ließ. USA – Land der begrenzten Unmöglichkeiten und viel Lister!

Bitch (4/97 US 2; 8/97 GB 6)
Pop

Bros

LUKE GOSS d (Großbritannien, * 29. 9. 1968 in London), MATTHEW GOSS v, key (Großbritannien, * 29. 9. 1968 in London), CRAIG LOGAN g (Großbritannien, * 22. 4. 1969 in Kirkcaldy/Fife/Schottland)
Die Zwillinge Goss und ihr alter Schulfreund Logan begannen ihre gemeinsame Arbeit 1984 als Cavier, änderten jedoch den Bandnamen in Gloss und schließlich in Bros um. Das Trio erhielt im April 1987 einen Plattenvertrag und veröffentlichte vier Monate später seine erste Single »I Owe You Nothing«. Diese Platte wurde jedoch erst ein Hit und Spitzenreiter, nachdem »When Will I Be Famous« ein Hit war. Danach wurden sie zu erklärten Teenagerlieblingen, bis die Zwillinge im Januar 1989 Craig Logan aus der Band warfen. Der Erfolg der beiden Brüder ging zwar nicht rapide zurück, ließ aber nach. Schließlich trennten sich die Brüder. Die Behauptung einer deutschen Jugendzeitschrift, ›Bros stellen die Beatles-Erfolge in den Schatten!‹, halte ich für übertrieben. Es mag so aussehen, als hätten die Brüder in den vier Jahren Hit-Zeit viel Geld verdient – aber nach 1991 standen sie ohne Geld da. Angeblich hatte sie das Management über den Tisch gezogen. Luke versuchte sich mit einer eigenen Band, die keinerlei Hits hatte. Später spielte er kleine Rollen in kleinen Theatern. Dann erhielt er eine Rolle in »Grease« und tourte schließlich mit anderen Stars der 80er Jahre wie Sonia oder Sinitta über die Dörfer. Matt versuchte sich weiterhin als Sänger – hinterließ aber auch keine Spuren in den Charts. Craig Logan sollte in den 90er Jahren Vizepräsident der International Pop Marketing der EMI werden.
Ihre erfolgreichsten Alben waren »Push« (4/88 GB-LP 2, D-LP 6), »The Time« (10/89 GB-LP 4) und »Changing Faces« (10/91 GB-LP 18).

When Will I Be Famous? (1/88 GB 2; 3/88 D 4)
Drop The Boy (3/88 D 9, GB 2)
I Owe You Nothing (6/88 GB 1)
I Quit (9/88 GB 4)
Cat Among The Pigeons/Silent Night (12/88 GB 2)
Too Much (7/89 GB 2)
Chocolate Box (10/89 GB 9)
Sister (12/89 GB 10)
Boy Group

Brother Beyond

STEVE ALEXANDER d (Großbritannien, * 20. 11. 1962 in Ystredoynlais/Wales), CARL FYSH key (Großbritannien, * 25. 1. 1963 in Oxfordshire), NATHAN MOORE v (Großbritannien, * 10. 1. 1965 in Stamford Hill), DAVID WHITE g (Großbritannien, * 2. 6. 1965 in London)
Zur Veröffentlichung ihrer Debüt-LP »Get Even« im November 1988 schrieb die Plattenfirma des Quartetts: ›Zum Leben erweckt vor rund zwei Jahren von vier gutaussehenden Burschen, die ihre ersten musikalischen Erfahrungen wie üblich in diversen Kellerbands sammelten, begann die Band mit frisch-melodiösem, Soul-influenced Pop, der auch die Tanzböden in Schwingungen versetzte‹ – kann man es schöner sagen? Hinter der Band stand das Produzententeam Stock/Aitken/Waterman, das in der zweiten Hälfte der 80er Jahre den richtigen Riecher hatte, was die Teenager wollten. Nathan Moore wurde später Mitglied bei Worlds Apart – um ihn den anderen Mitgliedern dieser Teenieband anzugleichen, wurde er einfach ein paar Jährchen jünger gemacht. Ihr erfolgreichstes Album hieß »Get Even« (11/88 GB-LP 9).

The Harder I Try (7/88 GB 2)
He Ain't No Competition (11/88 GB 6)
Boy Group

Brotherhood Of Man

TONY BURROWS v (Großbritannien, * 14. 4. 1942 in Exeter), MARTIN LEE v (Großbritannien, * 26. 11. 1949 in Surrey), LEE SHERIDAN v (Großbritannien, * 11. 4. 1949 in Bristol), SANDRA STEVENS v (Großbritannien, * 23. 11. 1949 in Leeds), NICKY STEVENS v (Großbritannien, * 3. 12. 1951 in Carmarthen/Wales)
Erstmals wurde die Formation Ende 1969 von Songschreiber Tony Hiller gegründet. Er nahm den Sessionsänger Tony Burrows und gruppierte um ihn herum Studiomusiker. Burrows hat auch den Leadgesang für Ivy League, Flower Pot Men, Edison Lighthouse, Pipkins, White Plains und viele andere Pseudo-Bands übernommen. Nach »United We Stand« war schnell wieder Schluss. Als Tony Hiller 1976 eine Gruppe suchte, die mit seiner Komposition GB beim Grand Prix Eurovision vertreten sollte, erinnerte er sich wieder an den Gruppennamen Brotherhood Of Man. Völlig andere Sänger wurden nun nach dem Vorbild Abba zusammengestellt: zwei Jungs, zwei Mädchen. Die Rechnung ging auf. Sieger wurde »Save Your Kisses For Me«. Die beiden Jungs in der Band, Martin Lee und Lee Sheridan, hatten den Song übrigens mit Tony Hiller zusammen geschrieben. Ebenso »Angelo« und »Figaro«, immer schön haarscharf am Abba-Sound angelehnt. Ihre erfolgreichsten Alben waren »Love And Kisses From« (4/76 GB-LP 20), »B For Brotherhood« (8/78 GB-LP 18), »Brotherhood Of Man« (10/78 GB-LP 6) und »Brotherhood Of Man Sing 20 Number One Hits« (11/80 GB-LP 14). Mit dem Ablauf der 70er Jahre war der Erfolg der Truppe vorbei. Sie traten vorwiegend an zweitklassigen Veranstaltungsorten auf und waren schließlich ganz verschwunden.

United We Stand (2/70 GB 10)
Save Your Kisses For Me (3/76 D 2, GB 1)
Oh Boy (The Mood I'm In) (2/77 GB 8)
Angelo (7/77 GB 1)
Figaro (1/78 GB 1)
Grand Prix, Pop

Brothers

CLAREL BAYOU v, GLARY BAYOU d, DANIEL BAYOU v, g, LINDSEY BAYOU v, g
Eine Chance, sich auf dem britischen Musikmarkt zu etablieren, war die TV-Sendung ›Opportunity Knocks‹. Wer diesen TV-Nachwuchswettbewerb gewann, hatte gute Karten bei den Plattenfirmen. Die Brothers gehörten mit der Nummer »Sing Me« zu den Gewinnern dieses Wettbewerbs. Auf der Plattenhülle zu »Sing Me« stehen die angegebenen Namen. Es ist aber auch zu lesen, dass es fünf Brüder waren, die 1963 von der Insel Mauritius nach GB kamen und 1975 diese Formation gründeten. Auf dem Cover waren auch fünf Musiker abgebildet – der letzte Name war verloren gegangen. Und da es eine wahre One-Hit-Wonder-Gruppe war, wurde der Fehler auch nie korrigiert

Sing Me (1/77 GB 8)
One Hit Wonder, Pop

Brothers Johnson

LOUIS JOHNSON b (USA, * 13. 4. 1955 in Los Angeles/Kalifornien), GEORGE JOHNSON v, g (USA, * 17. 5. 1953 in Los Angeles/Kalifornien)
Die beiden Brüder Johnson, lange als Wunderkinder bezeichnet, wurden durch Quincy Jones entdeckt, protegiert und produziert. 1971 schlossen sie sich Billy Preston an. Mitte der 70er Jahre spielten sie auf Platten von Quincy Jones. Ihre erfolgreichsten Alben waren »Look Out For # 1« (3/76 US-LP 9), »Right On Time« (5/77 US-LP 13), »Blamm!!« (8/78 US-LP 7) und »Light Up The Night« (2/80 GB-

LP 22, US-LP 5). Beide Brüder sind gesuchte Studiomusiker.

I'll Be Good To You (5/76 US 3)
Strawberry Letter 23 (7/77 US 5)
Stomp! (2/80 US 7, GB 6)
Funk, Pop

Brothers Keepers

Brothers Keepers war ein Zusammenschluss afrodeutscher HipHop-, Soul- und Reggaekünstler, die in der Debatte um rassistische Gewalt ein Statement abgaben. Anlass war, dass im Juni 2000 der Mozambikaner Alberto Adriano von drei Skinheads zu Tode geprügelt worden war. Für diese Platte schlossen sich Torch, G.E.R.M., Xavier Naidoo, Tyron Ricketts, Sékou, Afrob, Adé und Don Abi von Bantu, Denyo77, Samy Deluxe, D-Flame, Ono, Chima und Ebony Price zusammen. Ein Anliegen von Brothers Keepers ist es, sich für die Rechte in Deutschland lebender Afrikaner und für Deutsche afrikanischer Abstammung einzusetzen.

Adriano (Letzte Warnung) (7/01 D 5)
Rap

Siehe auch: Söhne Mannheims; Naidoo, Xavier

Brow, Roy Chubby

siehe Smokie

Brown, Arthur

ARTHUR BROWN v (Großbritannien, * 24. 6. 1942 als Wilton in Whitby/Yorkshire), VINCENT CRANE org (Großbritannien, * 21. 5. 1943 in Reading/Berkshire, † 1. 2. 1989)
Bevor er mit dem Welthit »Fire« als Crazy World Of Arthur Brown seinen einzigen großen kommerziellen Erfolg hatte, sang er in Bands wie Blues And Brown, Southwest Five, Arthur Brown Union und Arthur Brown Set. 1966 ging er nach Paris, schaute sich in der Theaterszene um und lernte offensichtlich viel. 1967 kehrte er nach London zurück und gründete mit Vincent Crane Crazy World Of Arthur Brown, die speziell beim Underground-Publikum schnell Fans fanden. Dann gelang der schon erwähnte Superhit, auch das Album zur Single wurde ein Hit: »Crazy World Of Arthur Brown« (7/68 GB-LP 2, 9/68 US-LP 7), und danach ging alles wieder abwärts. 1969 trennte sich die Band, Crane gründete Atomic Rooster, Brown machte als Solist Platten, die alle durchweg interessant, aber schlecht verkäuflich waren. Anfang der 80er Jahre machte er einen erneuten Versuch mit Crane – gut produziert, aber wieder kein Hit. Brown ist auch auf der ersten LP von Alan Parsons als Sänger zu hören. Seit 1992 ist er Partner in einer Musiktherapiepraxis mit dem Namen Healing Songs Therapy.

Fire (6/68 GB 1; 8/68 US 2, D 3)
One Hit Wonder, Pop, Rock

Brown, Bobby

BOBBY BROWN v (USA, * 5. 2. 1969 als Robert Baresford in Roxbury/Boston/Massachusetts)
Bobby begann seine Karriere in der US-Kindertruppe New Edition, die sich 1982 formierte. 1986 löste sich Bobby von dieser Band und machte als Solist weiter. 1991 gründete Bobby in Atlanta sein eigenes Aufnahmestudio und sein Plattenlabel Bosstown. Am 18. 7. 1992 heiratete er Whitney Houston – ob viele seiner weiblichen Fans abgesprungen sind? Wenn ja, dann wahrscheinlich nicht, weil er mit ihr verheiratet ist, sondern wegen seiner Art, mit ihr umzuspringen. Die Liste seiner Hits setzte sich trotzdem fort. Verschiedene Remixe von älteren Aufnahmen kamen erneut speziell in die britische

Hitparade. Als sich New Edition Mitte 1996 wieder zusammenschloss, war Bobby Brown mit von der Partie. Die erfolgreichsten Alben von Bobby Brown: »Don't Be Cruel« (7/88 US-LP 1, 1/89 GB-LP 3), »Dance! ... Ya Know It!« (12/89 US-LP 9, GB-LP 26) und »Bobby« (9/92 US-LP 2, GB-LP 11).

Don't Be Cruel (7/88 US 8)
My Prerogative (10/88 US 1; 12/88 GB 6)
Roni (1/89 US 3)
Every Little Step (3/89 US 3; 5/89 GB 6)
On Our Own (6/89 GB 4, US 2)
Rock Wit'cha (8/89 US 7)
She Ain't Worth It (5/90 US 1)
Humpin' Around (8/92 D 10, US 3)
Good Enough (10/92 US 7)
Two Can Play That Game (Remix 1995) (4/95 GB 3)
Humpin' Around (Remix 1995) (7/95 GB 8)
Rhythm & Blues

Siehe auch: New Edition

Brown, Foxy

FOXY BROWN v (USA, * 6. 9. 1979 als Inga Fung Marchant in Brooklyn/New York City)
»Foxy Brown« hieß ein Film, der 1974 gedreht wurde und in dem Pamela Grier die Hauptrolle spielte. Grier galt in den 70er Jahren als die in jeder Beziehung üppige (voluptuous!) Heroine in schwarzen Filmen und in allen Lagen – und wenn man sich Marchant betrachtet, ist auch sie voluptuous gebaut. Und auch ansonsten sieht sie nicht aus, als wäre sie eine Kostverächterin. In den US-R&B-Charts tauchte der Name Foxy Brown erstmals 1990 mit dem Tracy-Chapman-Titel »Sorry (Baby Can I Hold You)« auf. Immerhin wäre, wenn es sich denn damals um Frl. Marchant aus Brooklyn gehandelt hat, die Sängerin zum damaligen Zeitpunkt noch nicht einmal 10 Jahre alt gewesen. Ein frühreifes Früchtchen! 1995 war sie zusammen mit L.L. Cool J. in einem Studio und rappte mit ihm auf der Nummer »I Shot Ya«. Auch andere Interpreten wie Total, Jay-Z, Case, Toni Braxton oder Dr. Dre nutzten die stimmgewaltige Foxy bei Plattenproduktionen. Ende 1996 erschien schließlich mit »Ill Na Na« (12/96 US-LP 7) das erste Soloalbum von Foxy Brown. Als Gäste waren darauf Method Man, Blackstreet und andere zu hören. Auf dem Album enthalten: »I'll Be« und »Get Me Home« (3/97 GB 11). »I'll Be« beinhaltete Samples von »I'll Be Good« von Rene & Angela und »Rapture« von Blondie. Als Gast war auf der Platte der Rapper Jay-Z zu hören. Und noch ein Hit aus dem Jahre 1997: »Big Bad Mamma« (9/97 D 30, GB 12) mit Dru Hill. Ihr Album »Chyna Doll« (2/99 US-LP 1, D-LP 7) stieg in den USA am 13. Februar auf Platz 1 ein. Das nächste Album war »Broken Silence« (8/01 US-LP 5). Als Single kam »Oh Yeah« (9/01 GB 27).

I'll Be (2/97 US 7; 6/97 GB 9)
HipHop, Rap

Siehe auch: Jay-Z

Brown, Ian

IAN BROWN v (Großbritannien, * 20. 2. 1963 als Ian George Brown in Ancoats/ Lancashire)
Ian begann seine Profikarriere mit den Stone Roses, die sich 1984 formierten. Speziell bei der alternativen Pop-Presse wurde die Band schnell beliebt und konnte in den Independent Charts erste Erfolge erzielen. 1996 trennte sich die Gruppe. Mit »My Star« erschien Ians Debüt als Solist. Es folgten die Top-40-Hits »Corpses« (4/98 GB 14), »Can't See Me« (6/98 GB 21), »Love Like A Fountain« (11/99 GB 23), »Dolphins Were Monkeys« (2/00 GB 5), »Golden Gaze« (6/00 GB 29), »F.E.A.R.« (9/01 GB 13), »Whispers« (2/02 GB 33). Seine erfolgreichsten Alben: »Unfinished Monkey Business« (2/98 GB-LP 4), »Golden Greats« (11/99 GB-LP 14) und »Music Of The Spheres« (10/01 GB-LP 3).

1998 musste Ian Brown für vier Monate ins Gefängnis, weil er an Bord einer British Airways Maschine so die Sau rausgelassen hatte, dass er wegen ›Gefährdung des Luftverkehrs‹ angeklagt wurde. Die Fluggesellschaft verhängte gegen Brown ein lebenslanges Flugverbot – für ihre Firma.

My Star (1/98 GB 5)
Dolphins Were Monkeys (2/00 GB 5)
Pop

Siehe auch: Stone Roses, UNKLE

Brown, James

JAMES BROWN v (USA, * 3. 5. 1928 in Macon/Georgia)
Den Spitznamen ›Godfather of Soul‹ hat er sich mit Recht verdient. Wer ihn je auf der Bühne gesehen hat, weiß, warum er als der ›hardest working man in show business‹ gilt. In den R&B-Charts belegt er 1996 in der Auflistung der erfolgreichsten Interpreten aller Zeiten vor Aretha Franklin Platz 1. 1954 wurde er Mitglied bei den Gospel Starlighters in Atlanta, wenig später gründete er die Famous Flames in Macon, Georgia. Er kombinierte Gospel mit Rhythm & Blues und schuf damit das, was man später als Soul Music bezeichnen sollte. Nicht wenige behaupten, dass James Brown auch der Anschieber für andere Formen der schwarzen Musik war, z. B. HipHop, Funk oder Disko. Im Januar 1956 erhielt er mit seiner Truppe einen Plattenvertrag, wenig später erschien mit »Please, Please, Please« die erste Platte von James Brown & The Famous Flames. Die Platte kam zwar nicht in die Hot 100, aber überall, wo Brown auftrat, wurde sie in den nächsten Jahren gut verkauft. Schon zu diesem Zeitpunkt war es vor allem der Livekünstler, der das Publikum in den Bann zog. Ende 1958 kam mit »Try Me« der erste Charterfolg – bis Ende 1986 kamen noch 93 weitere hinzu. Seine beiden Millionseller kamen nicht in die Top 10. Das dürfte ein Beweis dafür sein, dass die Käufer von James-Brown-Platten eher bei den R&B- und nicht bei den Popfans zu suchen sind. »Get On The Good Foot – Part 1« und »The Payback – Part 1« waren diese Millionseller. Nach 1977 schien die Karriere von Brown beendet, da tauchte er plötzlich mit »Living In America« aus dem Film »Rocky IV« wieder auf. 1986 gehörte James Brown zu den ersten Künstlern, die in die neu gegründete Rock and Roll Hall of Fame aufgenommen wurden. Ende 1988 erhielt er sechs Jahre Gefängnis, weil er sich auf einer Interstate mit der Polizei ein Rennen lieferte und weil er mit seinem Revolver herumfuchtelte. Im Februar 1991 wurde er wieder entlassen, um den Rappern, M.C.s und HipHoppern zu zeigen, wo der richtige Hammer hängt. Die Reaktionen: »James Brown Is Dead« von L.A. Style, gekontert von Holy Noise mit »James Brown Is Still Alive«, woraufhin die Formation Traumatic Stress fragte: »Who The Fuck Is James Brown?«. Für viele schwarze Künstler ist James Brown das ganz große Idol und ein Vorbild – trotz Knast. 1992 erhielt er einen Grammy für sein Lebenswerk. Seine erfolgreichsten Alben waren »Live At The Apollo« (6/63 US-LP 2, 10/69 D-LP 32), »Pure Dynamite! Live At The Royal« (2/64 US-LP 10), »I Can't Stand Myself (When You Touch Me)« (3/68 US-LP 17), »The Best Of James Brown – The Godfather Of Soul« (10/87 GB-LP 17) und »Sex Machine – The Very Best Of James Brown« (11/91 GB-LP 19). Mit »Funk On Ah Roll« (4/99 GB 40) gelang ihm zumindest in GB mal wieder ein Top-40-Hit. Hier hatte James Samples seines Hits »Hot Pants« verbraten.

Papa's Got A Brand New Bag Part I (7/65 US 8)
I Got You (I Feel Good) (11/65 US 3)
It's A Man's Man's Man's World (4/66 US 8)
Cold Sweat – Part 1 (7/67 US 7)
I Got The Feelin' (3/68 US 6)
Say It Loud – I'm Black And I'm Proud (Part 1) (9/68 US 10)
Living In America (12/85 GB 5, US 4)
Rhythm & Blues, Soul

Brown, Jocelyn

JOCELYN BROWN v (USA, * 25. 11. 1950 in Kingston/North Carolina)
Jocelyn hatte ihren ersten Erfolg mit der Nummer »Somebody Else's Guy« (4/84 GB 13, 6/84 US 75). Luther Vandross, George Benson oder auch John Lennon griffen gerne auf sie zurück, wenn sie eine gute Backgroundsängerin benötigten. Jocelyn hat im Laufe der Jahre etliche Soloplatten besungen – erfolgreich war sie aber meist mit anderen: »Always There« (8/91 D 20) mit Incognito, »Don't Talk Just Kiss« mit Right Said Fred, »No More Tears (Enough Is Enough)« (6/94 GB 13) und »Gimme All Your Lovin'« (10/94 GB 22) im Duett mit Kym Mazelle, mit Todd Terry und Martha Wash auf »Keep On Jumpin'« und mit Nuyorican Soul bei »It's Alright, I Feel It« (5/97 GB 26), »I Am The Black Gold Of The Sun« (10/97 GB 31), mit Da Mob und »Fun« (5/98 GB 33) und mit Jamestown »Ain't No Mountain High Enough I Believe« (8/98 GB 35). Zwischendurch war sie Sängerin in den Diskoformationen Inner Life und Salsoul Orchestra.

Always There (6/91 GB 6)
Pop

Siehe auch: Right Said Fred; Terry, Todd

Brown, Joe

JOE BROWN v (Großbritannien, * 13. 5. 1941 in Swarby/Lincolnshire)
Ende der 50er Jahre sang er in der Skifflegruppe Spacemen. Ab 1959 traten dieselben Musiker als Joe Brown & The Bruvvers auf. Meist sangen sie amerikanische Hits nach – und das machten sie auch vorwiegend auf ihren Platten. Nachdem sie 1962/63 Top-10-Hits hatten, kamen die Musiker aus Liverpool und räumten die anderen aus dem Weg. In den frühen 70er Jahren gründete Joe mit seiner Frau Vicki, die Anfang der 60er Jahre als Vicki Haseman als eines der Vernons Girls selbst in der britischen Hitparade gestanden hatte, die auf Country getrimmte Truppe Brown's Home Brew. Das Gebräu wollte keiner. Joe versuchte sich nebenher auch noch als Schauspieler. Vicki starb 1991 an Krebs. Joes Tochter Sam Brown wurde Ende der 80er Jahre eine erfolgreiche Sängerin. 1996 tourten Vater und Tochter durch Großbritannien, 1997 erschien von Joe das Album »Fifty-Six And Taller Than You Think«.
Joes erfolgreichste Alben waren »A Picture Of You« (9/62 GB-LP 3) und »Joe Brown – Live« (5/63 GB-LP 14).

A Picture Of You (5/62 GB 2)
It Only Took A Minute (11/62 GB 6)
That's What Love Will Do (2/63 GB 3)
Beat, Pop

Brown, Peter

PETER BROWN v (USA, * 11. 7. 1953 in Blue Island/Illinois)
Der Multiinstrumentalist, der sich auch noch als Songschreiber, Maler und Bildhauer betätigte, gilt als der Erste in der Popgeschichte, der eine goldene Platte für eine Disko-Maxi-Single bekommen hat. Es handelt sich dabei um die Nummer »Do You Wanna Get Funky With Me« (9/77 US 18). »Dance With Me« sang Peter Brown zusammen mit Betty Wright, die auf der Plattenhülle nicht genannt wurde. Sein erfolgreichstes Album war »A Fantasy Love Affair« (1/78 US-LP 11). Nach 1979 war er wieder aus den Hitparaden verschwunden.

Dance With Me (3/78 US 8)
Funk

Brown, Sam

SAM BROWN v (Großbritannien, * 7. 10. 1964 in Stratford/London)
Sam war durch ihre Eltern musikalisch

sehr vorbelastet: Vater Joe Brown war in den 50er/60er Jahren ein erfolgreicher Interpret, ihre Mutter Vicki eins der Vernons Girls. Sam begann schon recht früh als Backgroundsängerin für Platten der Small Faces, von Adam & The Ants, Phil Collins, Barclay James Harvest, Hue & Cry, Steve Marriott oder Spandau Ballett. Ihre erste Solo-LP veröffentlichte sie 1988. Im selben Jahr hatte sie mit »Stop!« ihren größten Hit. Es folgten noch »Can I Get A Witness?« (5/89 GB 15) und »Kissing Gate« (5/90 GB 23). Ihr erfolgreichstes Album hieß ebenfalls »Stop!« (3/89 GB-LP 4). Von der Musikbranche enttäuscht, zog sie sich aus dem Geschäft zurück und widmete sich ihrer neu gegründeten Familie. 1995 lud David Gilmour sie ein, bei der Pink-Floyd-Tournee »Division Bell« mitzuwirken – sie willigte ein. Nach längerer Abwesenheit aus den Charts kam sie im August 1995 zusammen mit Fish und dem Titel »Just Good Friends« in die unteren Ränge der britischen Hitparade. Im April 1997 erschien mit »Box« wieder ein neues Album von Sam.

Stop! (11/88 D 7; 2/89 GB 4)
Pop

Browne, Jackson

JACKSON BROWNE v, g, p (Deutschland, * 9. 10. 1948 in Heidelberg)
Jackson wurde in Heidelberg geboren und kam 1951 nach Los Angeles. Schon früh begann der ausgezeichnete Gitarrist, Pianist und Songschreiber mit der Nitty Gritty Dirt Band. 1967/68 spielte er mit Tim Buckley und Nico, ab 1969 hatte er Erfolg als Songschreiber für Tom Rush, die Byrds, Bonnie Raitt oder Linda Ronstadt. 1972 hatte er seinen ersten Erfolg als Solist: »Doctor My Eyes«. Er ist auch Mitautor vom ersten Hit der Eagles, »Take It Easy«. Die Liste seiner Erfolge reicht bis zum Ende der 80er Jahre. Weitere Hits waren »Here Come Those Tears Again« (2/77 US 23), »Running On Empty« (2/78 US 11), »Stay/The Load-Out« (6/78 US 20), »Stay« (7/68 GB 12), »Boulevard« (7/80 US 19), »That Girl Could Sing« (9/80 US 22), »Lawyers In Love« (7/83 US 13), »Tender Is The Night« (9/83 US 25), mit Clarence Clemons und der Schauspielerin Darryl Hannah – damals Jacksons Freundin – »You're A Friend Of Mine« (10/85 US 18) und »For America« (3/86 US 30). Seine erfolgreichsten Alben: »Jackson Browne« (3/72 US-LP 53), »For Everyman« (11/73 US-LP 43), »Late For The Sky« (10/74 US-LP 14), »The Pretender« (11/76 US-LP 5, 12/76 GB-LP 26), »Running On Empty« (1/78 US-LP 3, GB-LP 28), »Hold Out« (7/80 US-LP 1) und »Lawyers In Love« (8/83 US-LP 8, GB-LP 37, D-LP 24).

Doctor My Eyes (3/72 US 8)
Somebody's Baby (7/82 US 7)
AOR (Adult Orientated Rock), West Coast

Browne, Tom

TOM BROWNE tr, p (USA, in New York)
Im Alter von elf Jahren begann der Jazztrompeter mit Klavierunterricht. Sein Interesse am Jazz erwachte, als er ein Album von Ornette Coleman hörte. 1975 spielte er seine ersten Gigs mit der Weldon Irvine Group, danach mit ›Sony‹ Fortune und der Fatback Band. Sein Debüt als Solist gab er 1979 mit »Browne Sugar« – der 14-jährige Marcus Miller spielte hier den Bass. Das Stück »Funkin' For Jamaica (N.Y.)« konnte nur in GB begeistern. Tom spielte Trompete, der Gesang kam von Toni Smith. Möglich, dass viele Briten das N.Y. dieser Funk-Nummer nicht richtig zu deuten wussten. Jamaica (N.Y.) gehört zu New York City. So befindet sich dort z. B. der Kennedy Airport. Sein erfolgreichstes Album war »Love Approach« (7/80 US-LP 18).

Funkin' For Jamaica (N.Y.) (7/80 GB 10)
Funk

Brownstone

KINA COSPER v (USA), MAXEE v (USA), MIMI v (USA), NICCI v (USA)
Dieses Mädchentrio wurde von Michael Jackson entdeckt und auch produziert. Nicci, Maxee und Mimi stammten angeblich aus New Orleans, Detroit und Guyana. Auf ihrem ersten Album »From The Bottom Up« (1/95 US-LP 29, 4/95 GB-LP 18) befand sich auch ihr bisher größter Hit »If You Love Me«. Der Song beinhaltet Samples von »Spellbound« mit K-Solo. Hits außerhalb der Top 10: »Grapevyne« (7/95 GB 16), »I Can't Tell You Why« (9/95 GB 27), »5 Miles To Empty« (5/97 US 39, GB 12) und »Kiss And Tell« (9/97 GB 21). Ein weiteres Erfolgsalbum wurde »Still Climbing« (5/97 GB-LP 19).
1995 wurde Mimi aus gesundheitlichen Gründen gegen Kina Cosper ausgewechselt. Mimi galt weiterhin als ›stilles‹ Mitglied, was wohl heißt, dass sie im Studio mitsingt, aber nicht mehr öffentlich auftritt.

If You Love Me (12/94 US 8; 4/95 GB 8)
Soul

Brownsville Station

T. J. CRONLEY d (USA), ANTHONY DRIGGINS b (USA), CUB KODA v, g, harm (USA, * 1. 10. 1948 als Michael John, † 1. 7. 2000), MICHAEL LUTZ v, g, b (USA, * 15. 6. 1949), BRUCE NAZARIAN v, key, b (USA), HENRY WECK v, d (USA, * 27. 7. 1949)
Gegründet wurde die Band Brownsville Station, die frühen Punk-Rock spielte, 1969 als Station in Ann Arbor, Michigan. Wenig später setzte man noch Brownsville davor. 1971 ging Drummer Cronley, und für ihn kam Henry Weck. Mit »The Red Back Spider« hatten sie im Dezember 1972 ihren ersten Singlerfolg. 1973 verließ der Bassist Anthony Driggins die Band und wurde nicht ersetzt. Mit »Smokin' In The Boys Room« hatte die Band einen Millionseller. Diesen Erfolg konnten sie nicht wiederholen. Ab Sommer 1975 spielten sie wieder als Quartett. Neu zur Band kam der Gitarrist Bruce Nazarian. 1979 trennte sich die Band, Koda machte als Solist weiter und tauchte außerdem noch im selben Jahr auf einer LP von Blackfoot auf.

Smokin' In The Boys Room (10/73 US 3)
Rock

Bruce & Bongo

BONGO v (Großbritannien, * 19. 3. 1955 als Douglas Wilgrove), BRUCE v (Großbritannien, * 13. 1. 1955 als Bruce Hammond Earlam)
Bruce Hammond Earlam und Douglas Wilgrove machten den Ausdruck »Geil« salonfähig. Es handelte sich um zwei britische Soldaten, die ihren Dienst in Deutschland hinter sich gebracht hatten und nun hängen geblieben waren. »Geil« hieß der einzige große Erfolg von Bruce & Bongo. Die Nachfolgeplatte hieß »Hi-Ho – Heigh Ho – Whistle While You Work« (6/86 D 29) und stammte ursprünglich aus dem Walt-Disney-Film »Schneewittchen« – die Deutschen pfiffen drauf und fanden das gar nicht mehr so geil.

Geil (3/86 D 1)
Schlager

Brühl, Heidi

HEIDI BRÜHL v (Deutschland, * 30. 1. 1942 in München, † 8. 6. 1991)
Ihre Karriere begann bereits mit zwölf Jahren beim Film. Mit einer Hauptrolle in

»Die Mädels vom Immenhof« gelang ihr 1955 der Durchbruch. 1959 gelang ihr Gleiches auf Platte – sie sang »Chico Chico Charlie«. Mit »Wir wollen niemals auseinandergehn« vertrat sie 1960 beim Grand Prix Eurovision Deutschland und belegte den zweiten Platz. In der deutschen Hitparade ein Millionenhit – damit hatte sie sich endgültig etabliert. In den 60er Jahren machte sie sich auch international einen Namen. 1962 spielte sie in dem MGM-Film »Captain Sindbad« eine Hauptrolle. Zusammen mit Robert Trehy sang sie das Album »Annie Get Your Gun« (10/63 D-LP 6). Sie heiratete 1964 den amerikanischen Schauspieler Brett Halsey und zog mit ihm nach Rom. Heidi Brühl sang in Musicals wie »Annie Get Your Gun« oder »My Fair Lady« und ging 1970 für einige Jahre in die USA. Dort trat sie z. B. neben Sammy Davis jr. in Las Vegas auf. Ihre Schlagerkarriere dauerte bis 1967. Danach hatte sie noch eine Eintragung in die deutsche Hitparade aus dem Jahre 1981: »You Are A Part Of My Heart« (10/81 D 45). Ansonsten arbeitete sie hauptsächlich als Musikverlegerin, Managerin und Produzentin.
Aus der Narkose während einer Brustkrebsoperation wachte sie nicht mehr auf.

Chico Chico Charlie (8/59 D 5)
Wir wollen niemals auseinandergehn (4/60 D 1)
Hundert Mann und ein Befehl (4/66 D 8)
Deutscher Schlager

Bryson, Peabo

PEABO BRYSON v (USA, * 13. 4. 1951 in Greensville/South Carolina)
Seine ersten Erfolge feierte er als Sänger der Gruppe Al Freeman & The Upsetters ab 1965. Zwischen 1968 und 1973 war er Mitglied bei Moses Dillard & The Tex-Town Display. Trotzdem machte er 1970 seine ersten Soloplatten – seine erste Chartnotierung hat er jedoch Anfang 1976 unter Michael Zager's Moon Band feat. Peabo Bryson: »Do It With Feeling«. Seine große Zeit kam in den 80er Jahren. Zusammen mit Roberta Flack hatte er den Hit »Tonight, I Celebrate My Love«. Peabo Bryson gilt auch als erfolgreicher Produzent. 1991 sang er zusammen mit Celine Dion den Titelsong zum Disney-Film »Beauty And The Beast«, für den sie einen Oscar erhielten. Gleiches gelang ihm zusammen mit Regina Belle (* 15. 7. 1963) und dem Song »A Whole New World« aus dem Disney-Zeichentrickfilm »Aladdin«. 1992 heiratete er Juanita Leonard, die vorher mit dem Boxer Sugar Ray Leonard verheiratet gewesen war. Als Gast von Kenny G. sang er »By The Time This Night Is Over« (5/93 US 25).

Tonight, I Celebrate My Love (8/83 GB 2)
If Ever You're In My Arms Again (5/84 US 10)
Beauty And The Beast (1/92 US 9; 5/92 GB 9)
A Whole New World (12/92 US 1)
Pop, Rhythm & Blues, Soul

Bucketheads

KENNY GONZALEZ (USA)
Der Discjockey und Produzent Kenny ›Dope‹ Gonzalez fummelte aus der 1979 erschienenen Nummer »Streetplayer« der Gruppe Chicago den Titel »The Bomb! (These Sounds Fall Into My Mind)«, der sich Ende 1994 in den britischen Clubs zu einem Knüller mauserte. Es dauerte jedoch noch einige Monate, bis die Platte in die GB-Charts kam. Die beiden, die einst den Titel für Chicago geschrieben hatten, waren inzwischen keine Mitglieder der Band mehr. Man musste sie in Colorado, wo sie sich angesiedelt hatten, suchen, um sie um Erlaubnis für die Bearbeitung zu bitten. Anfang 1996 kam »Got Myself Together« (1/96 GB 12). Bei diesem Titel wurden Samples der Nummer »Movin'« von Brass Construction verwendet.

The Bomb! (These Sounds Fall Into My Mind) (3/95 GB 5)
Techno

Buckingham, Lindsey

LINDSEY BUCKINGHAM v, g (USA, * 3. 10. 1947 in Palo Alto/Kalifornien)
Seine Karriere begann Lindsey als Folksänger, bevor er Mitglied in der Rockband Fritz wurde. In dieser Gruppe sang Stevie Nicks, und als 1971 die Formation zerbrach, machten die beiden als Buckingham-Nicks ein Duo und veröffentlichten eine gemeinsame LP. 1974 gingen beide gemeinsam zu Fleetwood Mac, die diese Blutauffrischung auch dringend nötig hatten – sie lieferten dieser Band neuen Schwung. Für viele gilt Lindsey als die Triebfeder des großen Erfolges von Fleetwood Mac ab 1975. Ab Anfang der 80er Jahre veröffentlichte er nebenher Soloplatten. Im Juni 1988 gab er bekannt, dass er Fleetwood Mac verlassen wolle – für ihn kamen Billy Burnett und Rick Vito. 1992 veröffentlichte er die CD »Out Of The Cradle«, auf die die Plattenfirma einen Sticker klebte, auf dem ›The Architect of Fleetwood Mac‹ stand. Das dürfte leicht übertrieben sein, denn als Fleetwood Mac gebaut wurde, sollte es noch gut sieben Jahre dauern, ehe Lindsey zur Band stieß. Den bisher letzten Auftritt in einer Hitparade hatte Lindsey im Frühjahr 1993 mit der Nummer »Soul Drifter« in Deutschland. Die Platte erreichte Platz 53. 1997 kehrte Lindsey zu Fleetwood Mac zurück.

Trouble (10/81 US 9)
AOR (Adult Orientated Rock), Rock, West Coast

Siehe auch: Fleetwood Mac

Buckinghams

BOB ABRAMS g (USA, * 24. 2. 1955 in Ohio), NICK FORTUNE b (USA, * 1. 5. 1946 als Nicholas Fortuna in Chicago/Illinois), CARL GIAMMARESE g (USA, * 21. 8. 1947 in Chicago/Illinois), MARTY GREBB org (USA, * 2. 9. 1946 in Chicago/Illinois), DENNIS MICCOLI org (USA), JON JON POULOS d (USA, * 31. 3. 1947 in Chicago/Illinois, † 26. 3. 1980), TOM SCHECKEL d (USA, * 19. 11. 1954 in Chicago/Illinois), BRUCE SOBOROFF key (USA, * 31. 8. 1952 in Chicago/Illinois), DENNIS TUFANO v, g (USA, * 11. 9. 1946 in Chicago/Illinois)
Mit Buckinghams probierte der Produzent James William Guercio den Chicago-Rock-Sound aus, den er schließlich mit Chicago perfektionierte. Die Buckinghams wurden 1966 gegründet. 1967 tauschte die Band Miccoli gegen Marty Grebb aus – der Erfolg ließ nach und ging 1968 gegen null, als bekannt wurde, die Band würde sich mit Drogen aufputschen. 1970 trennte man sich, Poulos wurde Manager einiger lokaler Bands und starb 1980 an einer Überdosis Drogen. Tufano und Giammarese machten als Duo weiter und hatten 1973 mit »Music Everywhere« eine Platte unter den ersten 100 in den USA. Marty Grebb spielte mit Chicago und gründete die Fabulous Rhinestones.

Kind Of A Drag (12/66 US 1)
Don't You Care (3/67 US 6)
Mercy, Mercy, Mercy (6/67 US 5)
Rock

Buckner & Garcia

JERRY BUCKNER key (USA), GARY GARCIA v (USA)
Das aus Atlanta/Georgia stammende Duo Buckner & Garcia hatte mit der Novelty-Nummer »Pac-Man Fever« einen Millionseller. Hier wurde über das entsprechende Video-Spiel gesungen – eine Masche, die sich in den nächsten Jahren ausbreiten sollte. Ob in den USA oder in GB: Die beliebten Video-Games der Kids wurden mit Liedlein bedacht, deren Tiefgang gleich

null war. Fast food für die McDonald's-Generation. So schnell, wie das Duo hochgekommen war, fiel es auch wieder hinten runter. Es reichte noch für das Gold-Album »Pac-Man Fever« (3/82 US-LP 24).

Pac-Man Fever (1/82 US 9)
Pop, Techno

Bucks Fizz

JAY ASTON v (Großbritannien, * 4. 5. 1961 in London), CHERYL BAKER v (Großbritannien, * 8. 3. 1954 als Rita Crudgigton in Bethnal Green/London), BOBBY G v (Großbritannien, * 23. 8. 1953 als Robert Gubby in London), KAREN LOGAN v (Großbritannien), MIKE NOLAN v (Irland, * 7. 12. 1954 in Dublin), SHELLEY PRESTON v (Großbritannien, * 16. 5. 1964 in Salisbury/Wiltshire), DAVID VAN DAY v (Großbritannien, * 28. 11. 1956 in Brighton)

Cheryl Baker gehörte der Formation Co-Co an, die 1978 zusammengestellt worden war, um GB beim Grand Prix Eurovision zu vertreten. Als die beiden Songschreiber Nichola Martin und Andy Hill wieder etwas wie Abba, zwei Jungs, zwei Mädels, für den Grand Prix 1981 suchten, schauten und hörten sie sich Hunderte von Sängern und Sängerinnen an, kamen auf die oben erstgenannten vier und nannten sie Bucks Fizz. Mit der Nummer »Making Your Mind Up« siegten sie. Erst danach entschloss man sich, die Band weiterbestehen zu lassen. Im Gegensatz zu etlichen anderen Interpreten konnte sie ihren Gewinn konservieren und für etliche Jahre erhalten. Im Dezember 1984 verletzte sich Mike Nolan bei einem Unfall mit dem Bandbus schwer – die Karriere schien beendet. Nun wurde auch das Verhältnis zwischen Andy Hill und Sängerin Jay Aston bekannt – Hill war inzwischen jedoch mit seiner Songschreiberpartnerin Martin verheiratet, und es gab Zoff. Für Aston wurde als Ersatz die bis zu diesem Zeitpunkt völlig unbekannte Shelley Preston in die Gruppe genommen. Mit ihr kam der Hit »New Beginning (Mamba Seyra)«. Nach 1988 war die Luft raus. Trotzdem machte die Gruppe weiter. In der zweiten Hälfte der 90er Jahre ersetzte David Van Day, einst Guys & Dolls und Dollar, Mike Nolan.

Die erfolgreichsten Alben von Bucks Fizz waren »Bucks Fizz« (8/81 GB-LP 14), »Are You Ready?« (5/82 GB-LP 10) und »Hand Cut« (3/83 GB-LP 17).

Making Your Mind Up (3/81 D 5, GB 1)
The Land Of Make Believe (11/81 GB 1; 2/82 D 3)
My Camera Never Lies (3/82 GB 1)
Now Those Days Are Gone (6/82 GB 8)
If You Can't Stand The Heat (11/82 GB 10)
When We Were Young (6/83 GB 10)
New Beginning (Mamba Seyra) (6/86 GB 8)
Grand Prix, Pop

Buffalo Springfield

RICHIE FURAY g (USA, * 9. 5. 1944 als Richard in Dayton/Ohio), KEN KOBLUN b (USA), DEWEY MARTIN d (Kanada, * 30. 9. 1942 als Dewayne Midkiff in Chesterville/Ontario), JIM MESSINA v, g (USA, * 5. 12. 1947 in Maywood/Kalifornien), BRUCE PALMER b (Kanada, in Liverpool), STEPHEN STILLS v, g, key, b (USA, * 3. 1. 1945 in Dallas/Texas), NEIL YOUNG v, g (Kanada, * 12. 11. 1945 in Toronto)

Im Frühjahr 1966 kam diese ausgezeichnete Gruppe in L.A. zusammen. Die Geschichte erzählt, dass in einem der typischen L.A.-Verkehrsstaus Stephen Stills und Richard Furay vor sich ein Auto mit einem Kennzeichen aus Ontario/Kanada sahen. Dann entdeckte Stills, dass darin ein Kumpel von ihm saß, nämlich Neil Young. Der hatte noch einen weiteren Kanadier im Wagen, Bruce Palmer – und die vier entschlossen sich, eine Band zu gründen. Nachdem Dewey Martin als fünfter Mann dazugekommen war, begannen sie als Herd, änderten dann aber ziemlich schnell den Namen in Buffalo Springfield um. »For What It's Worth (Stop, Hey What's That Sound)« sollte ihr größter Singlehit werden. Bruce Palmer bekam Schwierigkeiten, weil er kein gültiges Visum und keine Arbeitserlaubnis für die USA hatte und zudem noch mit Drogen erwischt wurde. Für ihn kam Ken Koblun und schließlich Jim Messina. Zwischenzeitlich war Neil Young auch mal kurz ausgestiegen und durch Doug Hastings ersetzt worden. Im Mai 1968 fiel die Gruppe auseinander. Stills und Young waren später bei Crosby, Stills, Nash & Young wieder zusammen. Furay und Messina gründeten Poco. 1997 wurde die Gruppe in die Rock and Roll Hall of Fame aufgenommen. Ihr erfolgreichstes Album war »Retrospective/The Best Of Buffalo Springfield« (3/69 US-LP 42).

For What It's Worth (Stop, Hey What's That Sound) (1/67 US 7)

Rock, West Coast

Buffalo, Tom

BILL JANOVITZ g, v, TOM MAGINNIS d, CHRIS COLBOURNE b, v

Das Rocktrio aus Boston kam Ende der 80er Jahre über das amerikanische College-Radio. Ihre Alben »(big red letter day)« 1993 und »Sleepy Eyed« 1995 blieben die einzigen kleineren Erfolge.

Am 1. November 1999 erschien das Tribute-Album »Fire & Skill – The Songs Of The Jam«. Etliche britische und amerikanische Interpreten spielten neue Versionen der Titel dieser Gruppe. Schon vorher wurde die Single »Going Underground« ausgekoppelt. Wohl um sicher zu sein, dass die Platte auch in die Single-Hitparade kommt, machte man eine Double-A-Side und nahm noch »Carnation« in der Version von Liam Gallagher (Oasis) & Steve Cradock (Ocean Colour Szene) hinzu. Das erfolgreichste Album war »(Big Red Letter Day)« (10/93 GB-LP 17).

Going Underground: Carnation (10/99 GB 6)

Pop

Siehe auch: Ocean Colour Scene; Oasis

Buffett, Jimmy

JIMMY BUFFETT v (USA, * 25. 12. 1946 in Pascagoula/Mississippi)

Nachdem Jimmy Buffett Journalismus studiert und für einige Zeit als Korrespondent für das Magazin ›Billboard‹ in Nashville gearbeitet hatte, erhielt er im Sommer 1970 einen Plattenvertrag. Seine Lieder, so sagte er einmal, sind zu 90 Prozent autobiografisch. Sie handeln von Frauen und Saufen, Faulenzen und Segeln. Von seiner Debüt-LP »Down To Earth« wurden angeblich glatt 324 Exemplare verkauft. Ab 1973 sollte sich das ändern, im Mai 1974 erreichte er mit »Come Monday« zum erstenmal die Top 30, »Margaritaville« wurde ein Jahr später sein größter Hit. Seit dieser Zeit erscheinen regelmäßig schöne, relaxte Platten von ihm – und sie erzählen noch immer von seinen Lieblingsbeschäftigungen. Anfang der 90er gründete er mit Margaritaville eine eigene Plattenfirma und kreierte eine eigene Kollektion von Tropenbekleidung.

Seine erfolgreichsten Alben waren »Changes In Latitudes, Changes In Attitudes« (2/77 US-LP 12), »Son Of A Son Of A Sailor« (4/78 US-LP 10), »Volcano« (9/79 US-LP 14), »Songs You Know By Heart – Jimmy Buffetts Greatest Hits« (11/85 US-LP 100), »Boats, Beaches, Bars & Ballads« (6/92 US-LP 68), »Fruitcakes« (6/94 US-LP 5), »Barometer Soup« (8/95 US-LP 6), »Banana Wind« (6/96 US-LP 4), »Christmas Island« (10/96 US-LP 27) und »Don't Stop The Carnival« (5/98 US-LP 15). Ende der 90er Jahre veröffentlichte er seine Biografie unter dem Titel »A Pirat Looks At 50«. Dann kam das Album »Beach House On The Moon« (6/99 US-LP 8).

Margaritaville (4/77 US 8)
Pop

Buggles

GEOFF DOWNES v, key (Großbritannien), TREVOR HORN v, g (Großbritannien, * 15. 7. 1949 in Hertfordshire)

Nachdem Trevor Horn in der Band von Tina Charles gespielt hatte, mit der er auch befreundet war, gründete er 1979 zusammen mit Geoff das Duo Buggles. Gleich die erste Veröffentlichung wurde ein Hit: »Video Killed The Radio Star«. Am 1. 8. 1981 eröffnete MTV seine Sendungen mit genau diesem Video. Die Buggles wussten gar nicht, wie Recht sie hatten. 1980 wurden beide Buggles Mitglieder bei Yes. Trevor ersetzte Jon Anderson, Geoff an den Tasten Rick Wakeman. Aber schon nach einer LP und einer US-Tournee fiel Yes wieder auseinander. Die Buggles kamen noch einmal kurz zusammen und veröffentlichten eine zweite LP mit dem beziehungsreichen Titel »Adventures In Modern Recording«. Dann gründete Downes mit Steve Howe Asia, und Trevor Horn wurde ein einflussreicher Produzent, der speziell mit den Bands ABC, Dollar und Frankie Goes To Hollywood erfolgreich wurde. Letztgenannte Gruppe veröffentlichte ihre Hits auf dem Horn-eigenen Label ZTT. Trevor schreibt man auch den Erfolg von »Do They Know It's Christmas« der Band Aid zu. Musiker, die mit ihm gearbeitet haben, bezeichnen ihn als knallhart, was wohl noch freundlich ausgedrückt ist.

Video Killed The Radio Star (9/79 GB 1; 11/79 D 2)
Elektro-Pop

Bunton, Emma

EMMA BUNTON v (Großbritannien, * 21. 1. 1976 als Emma Lee in London)

Als Gast des Duos Tin Tin Out sang Emma Bunton den Titel »What I Am« (11/99 GB 2). Es handelte sich dabei um eine Coverversion des Edie-Brickell-Titels.

2001 tauchte Emma wie schon zuvor ihre Bandkolleginnen von den Spice Girls als Solistin auf. Mit »What Took You So Long?« (4/01 GB 1, 4/01 D 36) erreichte sie am 14. April gleich auf Anhieb die Spitze der GB-Charts. Ihr erstes Album hieß »A Girl Like Me« (4/01 GB-LP 4). Als nächste Singles kamen »Take My Breath Away« (9/01 GB 5), »We're Not Gonna Sleep Tonight« (12/01 GB 20).

Ende 2001 wurde bekannt, dass ihre Plattenfirma plante, ihren Vertrag zu kündigen. Ihre drei Singles hätten alle nicht so eingeschlagen, wie man es sich erhofft habe – ›sie war prima als Spice Girl, aber solo hat sie den Durchbruch nicht geschafft‹. Im März 2002 unterschrieb sie einen Managementvertrag mit Simon Fuller. Der hatte die Spice Girls in ihren Anfangstagen produziert. 1997 hatten sich die Mädchen von ihm getrennt, weil er ›die Band zu sehr kontrollierte‹. Danach managte Fuller die Gruppe S Club 7.

What Took You So Long? (4/01 GB 1)
Take My Breath Away (9/01 GB 5)

Siehe auch: Tin Tin Out; Spice Girls

Burdon, Eric

ERIC BURDON v (Großbritannien, * 11. 5. 1941 in Walker/Newcastle-On-Tyne)

Zwischen 1964 und 1966 war Eric Burdon der Sänger der Animals. Ab 1966 nannte sich diese Formation, nachdem Alan Price die Band verlassen hatte, Eric Burdon & The Animals. Nach 1969 hatte Burdon schwere Drogenprobleme, die er erst im Laufe der Jahre wieder in den Griff bekam. Als Eric Burdon & War gelang ihm ein großer Erfolg mit »Spill The Wine«. Die gesamte LP »Eric Burdon Declares War« (5/70 US-LP 18, 9/70 D-LP 14) ist noch heute empfehlenswert. Ein weiteres Erfolgsalbum war »The Black Man's Burdon« (2/71 D-LP 20). Danach schien er wie vom Erdboden verschluckt. Udo Lindenberg buddelte ihn Ende der 70er Jahre wieder aus und nahm ihn mit auf Tournee. Es erschienen nun auch wieder neue Platten, und 1977 und 1983 kam es jeweils für eine LP-Produktion zu einer Reunion der alten Animals. Wer über diesen außergewöhnlich guten Sänger – ohne Zweifel hat er eine der besten weißen Bluesstimmen – mehr wissen will, sollte seine Autobiografie lesen: ›I Used To Be An Animal, But I'm All Right Now‹.

See See Rider (9/66 US 10)
San Franciscan Nights (8/67 US 9; 10/67 US 7)
Spill The Wine (5/70 US 3)
Rock

Siehe auch: War; Animals

Burnette, Rocky

ROCKY BURNETTE v (USA, * 12. 6. 1953 als Johnathan in Memphis/Tennessee)
Der Sohn von Johnny Burnette schrieb bereits ab 1967 Songs, die später von den Osmonds und David Cassidy aufgenommen wurden. In den frühen 70er Jahren veröffentlichte er seine erste Solo-LP, und seinen größten Hit »Tired Of Toein' The Line« schrieb er in weniger als 20 Minuten. 1980/82 erschien jeweils eine LP von ihm, 1983 formierte er dann sein New Rock 'n' Roll Trio zusammen mit Paul Burlison (dem einzigen Überlebenden des Johnny Burnette Trios) und Johnny Black, dem Bruder des Presley-Bassisten Bill Black. So schließt sich der Kreis.

Tired Of Toein' The Line (5/80 US 8)
Rock 'n' Roll

Bus Stop

MARK HALL dj (Großbritannien), GRAHAM SAMPSON rap (Großbritannien), GRAHAM TURNER dj (Großbritannien)
Mitte 1998 fiel vielen Musikschaffenden nichts anderes mehr ein, als auf die Popmusikgeschichte zurückzugreifen. Es wurde kurzerhand ein Revival der 70er Jahre angekündigt. Damit motivierten sie die Neuaufnahmen alter Platten, die meist im Original besser klangen als die Nachzieher. Bei »Kung Fu Fighting« konnten sich die drei jungen Briten als Sänger nur Carl Douglas vorstellen – der hatte auch schon das Original gesungen. In den letzten Jahren hatten viele Interpreten angefragt, ob sie die Originalstimme von Douglas sampeln dürften – er hatte immer abgelehnt. Diesmal sagte er zu und deshalb standen auch auf der Platte als Interpreten ›Bus Stop featuring Carl Douglas‹. Mit den Titeln »You Ain't Seen Nothing Yet« (10/98 GB 22), bei dem Randy Bachman von BTO mitwirkte und der aus der ITV-TV-Serie »Gladiators« stammte, und »Jump« (4/99 GB 23) gelangen noch weitere Hits.

Kung Fu Fighting (5/98 GB 8)
Disko, Pop

Siehe auch: Douglas, Carl

Bush

ROBIN GOODRIDGE d (Großbritannien, * 10. 9. 1966 in Crawley/Sussex), DAVE PARSONS b (Großbritannien, * 2. 7. 1962 in Uxbridge/London), NIGEL PULSFORD g (Großbritannien, * 11. 4. 1965 in Newport/Gwent/Wales), GAVIN ROSSDALE v, g (Großbritannien, * 30. 10. 1967 in Kilburn/London)
Das Quartett wurde 1992 in London gegründet. Beeinflusst durch die Sex Pistols oder die Pixies spielte sich die Band durch kleine britische Clubs. Aber nicht in GB, sondern in den USA sollten sie ihre ersten Erfolge haben. Anfang 1995 brachte Bush das Album »Sixteen Stone« (1/95 US-LP 4) in die US-LP-Charts. Nach rund einem Jahr hatte sich das Album alleine in

den USA mehr als sechs millionenmal verkauft – damit war es die meistverkaufte Debütplatte einer britischen Band in den USA – noch vor den Beatles! In den britischen Medien galt das besondere Interesse Gavin, der der aktuelle Freund der Sängerin Gwen Stefani von No Doubt war. Auch die ersten Single-Hitnotierungen hatten Bush in den USA: »Comedown« (9/95 US 30) und »Glycerine« (1/96 US 28). »Machinehead« (4/96 US 43, 6/96 GB 48) aus dem Film »Fear« war dann die erste Platte auch in den britischen Charts. Ihr zweites Album »Razorblade Suitcase« (12/96 US-LP 1, 2/97 GB 4) war wieder ein großer Erfolg. Daraus ausgekoppelt wurde »Swallowed«. Und noch ein weiterer Top-40-Hit: »Greedy Fly« (6/97 GB 22). Dann das Album »The Science Of Things« (11/99 US-LP 11, GB-LP 28). Nach einer Pause kam Bush mit »Golden State« (11/01 D-LP 10) wieder zurück.

Swallowed (3/97 GB 7)
Pop

Bush, Kate

KATE BUSH v (Großbritannien, * 30. 7. 1958 als Catherine in Bexleyheath/Kent)
Dave Gilmour von Pink Floyd hörte die zu jenem Zeitpunkt 16-jährige Kate Bush eigene Lieder singen und war begeistert. Er bezahlte ihr ein Studio für Demo-Aufnahmen und verschaffte ihr einen Vertrag bei der EMI. Die entschied weise, mit Kate als Sängerin noch zu warten, und ermutigte sie, weitere Lieder zu schreiben, ihre Stimme auszubilden und Tanz- und Schauspielunterricht zu nehmen. Das machte sie auch und sammelte nebenher Live-Erfahrung in Londoner Pubs mit der K. T. Bush Band. Im Januar 1978 wurde dann ihre erste Platte veröffentlicht: »Wuthering Heights«, nach dem gleichnamigen Roman von Emily Brontë. Im Duett mit Peter Gabriel sang sie 1986 »Don't Give Up«. Ihre Liebe zur Literatur zeigte sich 1989 wieder auf »Sensual World«: Sie übernahm den Monolog der Molly Bloom aus James Joyce' ›Ulysses‹. 1990 ehrte die EMI die inzwischen seit 16 Jahren zur Firma gehörende Sängerin durch die Veröffentlichung der Box »A Woman's Work«. Kates außergewöhnliche Sensibilität zeigt sich nicht nur in ihren Songs, sondern auch in der Umsetzung als Video. 1993 veröffentlichte sie die CD »The Red Shoes«, aus der z. B. die Single »Rubberband Girl« ausgekoppelt wurde. Zusammen mit Larry Adler kam Kate Mitte 1994 mit der Single »The Man I Love« (7/94 GB 27). Die erfolgreichsten Alben: »The Kick Inside« (3/78 GB-LP 3, 7/78 D-LP 21), »Lionheart« (11/78 GB-LP 6, 12/78 D-LP 25), »Never For Ever« (9/80 GB-LP 1, D-LP 5), »The Dreaming« (9/82 GB-LP 3, 10/82 D-LP 23), »Hounds Of Love« (9/85 GB-LP 1, D-LP 2, 10/85 US-LP 30), »The Whole Story« (11/86 GB-LP 1, 12/86 D-LP 11), »The Sensual World« (10/89 GB-LP 2, D-LP 10) und »The Red Shoes« (11/93 GB-LP 2, US-LP 28).
1993 inszenierte sie den Film »The Line, The Curve And The Cross«, der auf sechs Titeln ihres Albums »The Red Shoes« basierte. Im Jahr 2000 plauderte Peter Gabriel aus, dass Kate Bush seit mehr als einem Jahr Mutter eines Sohnes sei. Gleichzeitig wurde bekannt, dass sie an einer neuen CD arbeitete.

Wuthering Heights (2/78 GB 1)
Man With The Child In His Eyes (6/78 GB 6)
Kate Bush On Stage EP (9/79 GB 10)
Babooshka (7/80 GB 5)
Running Up That Hill (8/85 GB 3; 9/85 D 3)
Don't Give Up (11/88 GB 9)
Pop

Busta Rhymes

BUSTA RHYMES rap (USA, * 20. 5. 1972 als Trevor jr. Smith in Brooklyn/New York)

Die Karriere von Busta begann als Mitglied des HipHop-Quartetts Leaders Of The New School aus Uniondale im Staate New York. Zusammen mit MC Charlie Brown, genannt ›The Freestyle Wizzar‹, MC Dinco D, ›The Rhyme Scientist‹ und Cut Monitor Milo gelang ihnen im Herbst 1993 ein kleiner Hit in den R&B-Charts: »What Next?«. Nicht nur die Kollegen hatten Spitznamen, auch Busta hatte: ›The Mighty Infamous‹. Einige Monate vor ihrem eigenen Chart-Entry hatten sie als Gäste von James Brown auf dessen Platte »Can't Get Any Harder« gerappt – allerdings auch nur in den R&B-Charts. Als Gastrapper war Busta im Herbst 1994 ohne seine Kumpels bei Craig Mack und der Nummer »Flava In Ya Ear« zu hören – und die brachte es zu Platinruhm in den USA. Wahrscheinlich war nun auch die Zeit reif für Busta als Solist. Mit »WOO-HAH!! Got You All In Check« kam er im März 1996 in die US-Charts. Nach 5 Wochen – die Platte hatte sich inzwischen auf Platz 13 hochgearbeitet – wurde in den Charts zusätzlich noch die Nummer »Everything Remains Raw« genannt. Damit war es zumindest in den USA ein Double-A-Side-Hit. Top-40-Nachfolgesingles waren »It's A Party« (9/96 GB 23), »Do My Thing« (5/97 GB 39), »Put Your Hands Where My Eyes Could See« (10/97 GB 16), »Dangerous« (12/97 GB 32), mit »Turn It Up/Fire It Up (Remix)« eine weiterer Top-10-Hit und »One« (7/98 GB 23) mit Erykah Badu als Gast. Seine Alben brachten alle Platin: »The Coming« (4/96 US-LP 6), »When Disaster Strikes...« (10/97 US-LP 3, GB-LP 34). Im März 1999 erreichte er die US-Charts mit der Nummer »What's It Gonna Be«, auf der als Gast Janet Jackson zu hören war. Es folgten »E.L.E.: Extinction Level Event * The Final World Front« (1/99 US-LP 12), »Anarchy« (7/00 US-LP 4) und »Genesis« (12/01 US-LP 7).
Busta versuchte sich auch als Filmstar. So sah man ihn zum Beispiel in einer Neuauflage des Streifens »Shaft«. 2001 spielte er eine Hauptrolle in »Forrester – Gefunden!«. Als Gast von M.O.P. war Busta auf dem Titel »Ante Up« (5/01 D 21, 8/01 GB 7) zu hören. Es folgten »Break Ya Neck« (11/01 US 26, 1/02 D 17, 3/02 GB 11) und feat. P. Diddy & Pharrell »Pass The Courvoisier Part II« (3/02 US 29).

WOO-HAH!! Got You All In Check (3/96 US 8; 5/96 GB 8)
Dangerous (1/98 US 9)
Turn It Up (Remix)/Fire It Up (4/98 GB 2; 5/98 US 10, D 7)
Gimme Some More (1/99 GB 5)
What's It Gonna Be?! (3/99 US 3; 5/99 GB 6)
HipHop, Rap

Siehe auch: Monstars; Mack, Craig

Butler, Jerry

JERRY BUTLER v (USA, * 8. 12. 1939 in Sunflower/Mississippi)
Jerry Butler begann wie so viele seiner amerikanischen Soulsängerkollegen in einer Gospelgruppe. Zusammen mit Curtis Mayfield war er Mitglied bei den Northern Jubilee Gospel Singers. Danach entdeckte er seine Liebe zum Rhythm & Blues und wurde Mitglied bei den Quails, um schließlich 1957 wieder mit Mayfield zu den Roosters zu gehen, aus denen wenig später die Impressions wurden. Nach deren Hit »For Your Precious Love« (6/58 US 11) machte Jerry als Solist weiter. »Let It Be Me« sang er zusammen mit Betty Everett. 1969 hatte er den Millionseller »Only The Strong Survive«. 1971 ein weiterer Millionseller mit »Ain't Understanding Mellow« im Duett mit Brenda Lee Eager. Bis in die 80er Jahre erschienen Platten von Jerry. Danach ließ er sich in den Stadtrat seiner Heimatstadt Chicago wählen.

He Will Break Your Heart (10/60 US 7)
Let It Be Me (9/64 US 5)
Only The Strong Survive (3/69 US 4)
Soul

Byrd, Gary

GARY BYRD rap, dj (USA, * 13. 3. 1949 in Buffalo/New York)

Mit 15 Jahren wurde Gary der jüngste Discjockey seiner Heimat, des US-Staates New York. Er versuchte sich schon früh als Rapper, bezeichnete das jedoch als ›Plattenjournalismus‹. Mitte der 70er Jahre lernte er Stevie Wonder kennen und schrieb für dessen LP »Songs In The Key Of Life« zu zwei Titeln den Text. Zehn Jahre später revanchierte sich Wonder und schrieb mit Byrd »The Crown«, die Geschichte der Schwarzen von der Antike bis zu Malcolm X. Der Titel erschien mit der Interpretenbezeichnung als Gary Byrd & The G.B. Experience. Stevie Wonder hatte die Platte produziert, arrangiert und wirkte darauf mit. Das lag wohl auch daran, dass die Nummer die erste Veröffentlichung auf seinem eigenen Label Wondirection war. Weitere Erfolge blieben aus. Gary wurde Moderator der unterschiedlichsten Fernsehsendungen und wandte sich der Gospelmusik zu.

The Crown (7/83 GB 6)
One Hit Wonder, Pop, Rap

Byrds

SKIP BATTIN v, b (* 2. 2. 1934 als Clyde Battin), GENE CLARK v, g (USA, * 17. 11. 1941 als Harold Eugene Clark in Tipton/Missouri, † 24. 5. 1991), MICHAEL CLARKE d (USA, * 3. 6. 1944 als Michael James Dick in New York City, † 19. 12. 1993), DAVID CROSBY v, g (USA, * 14. 8. 1941 als David van Cortland in Los Angeles/Kalifornien), CHRIS HILLMAN b (USA, * 4. 12. 1942 in Los Angeles/Kalifornien), KEVIN KELLEY d (* 25. 3. 1943, † 6. 2. 2002), JIM ROGER MCGUINN v, g (USA, * 13. 7. 1942 in Chicago/Illinois), GENE PARSONS v, d (USA, * 9. 4. 1944), GRAM PARSONS v, g, key (* 5. 11. 1946 als Cecil Ingram Connor, † 19. 9. 1973), CLARENCE WHITE v, g (* 7. 6. 1944, † 14. 7. 1973), JOHN YORK v, b

Die Byrds wurden 1964 in L.A. gegründet. McGuinn, Clark und Crosby bildeten zuerst das Trio Jet Set. Noch im selben Jahr nahmen sie als Beefeaters die Single »Please Let Me Love You« auf – ein Flop. Ende desselben Jahres kamen dann Hillman und Clarke dazu. Im November 1964 bekamen sie als Byrds einen Plattenvertrag bei der CBS. Als Debüt-Single erschien »Mr. Tambourine Man«. Damit gelang ihnen, das Songschreibertalent Bob Dylans mit der von ihnen so bewunderten musikalischen Auffassung der Beatles zu verknüpfen. Allerdings: Von den Byrds ist auf dieser Platte nur McGuinn an der Gitarre zu hören. Ansonsten spielen Hal Blaine Schlagzeug, Larry Knechtel Bass oder Leon Russell Keyboards. Der Gesang stammte von McGuinn, Crosby und Gene Clark. Auf der Debüt-LP spielten die Byrds alle Instrumente selbst. Diese Urbesetzung der Byrds hielt nur ein Jahr. Gene Clark war der Erste, der die Band verließ. Die restlichen vier machten als Quartett weiter, bis im Oktober 1967 David Crosby wegging, um mit Stephen Stills und Graham Nash Crosby, Stills & Nash zu gründen. Für drei Wochen kehrte Gene Clark zurück. Ab Dezember 1967 bis zum Oktober 1968 kamen als neue Mitglieder der Schlagzeuger Kevin Kelley und der Keyboarder und Gitarrist Gram Parsons. Während der Welttournee der Gruppe 1968 verließ Gram die Band, weil er nicht damit einverstanden war, dass die Byrds in Südafrika spielen sollten. Für ihn kam Clarence White. Gram Parsons gründete Ende 1968 die Flying Burrito Brothers und nahm von den Byrds dann auch noch gleich Chris Hillman mit. Auch Kevin Kelley verließ die Byrds, und somit blieben Ende 1968 nur Roger McGuinn und Neuzugang Clarence White übrig. Die holten sich John York als Bassisten und Gene Parsons als Schlagzeuger. Diese Formation hielt bis September 1969. Dann verließ John York die Byrds, um Mitglied im Sir Douglas Quintet zu werden. Skip Battin, ein Veteran des 50er-Jahre-Duos Skip & Flip, ersetzte ihn, und damit begann die längste Laufzeit einer Besetzung der Byrds. 1973 versuchten die Urmitglieder ein Comeback. Sie nahmen das Album »Byrds« auf, das kein Erfolg wurde. Dann wurde im Juli 1973 Clarence White von einer betrunkenen Frau überfahren, während er nach einem Konzert das Equipment in einen Lkw räumte. In den 70er Jahren spielten diverse Musiker der Byrds als Duo oder Trio zusammen. Im Januar 1989 spielten McGuinn, Crosby und Hillman wieder als Byrds zusammen, um die Rechte an diesem Namen zu sichern. Gene Clark und Michael Clarke wollten als Byrds auf Tournee gehen – das galt es zu verhindern. Im August 1990 nahmen McGuinn, Crosby und Hillman vier neue Lieder auf, die schließlich in einer Box mit neunzig Nummern der Byrds veröffentlicht wurden. Im Januar 1991 wurde die Band in die Rock and Roll Hall of Fame aufgenommen. Mike Clarke starb im Dezember 1993 an Leberversagen.

Die erfolgreichsten Alben der Band: »Mr. Tambourine Man« (6/65 US-LP 6, 8/65 GB-LP 7, 1/66 D-LP 35), »Turn! Turn! Turn!« (1/66 US-LP 17, 4/66 GB-LP 11), »The Byrds' Greatest Hits« (9/67 US-LP 6), »The Notorious Byrd Brothers« (5/68 GB-LP 12), »Dr. Byrds And Mr. Hyde« (5/69 GB-LP 15), »Untitled« (10/70 US-LP 40, 11/70 GB-LP 11) und »Byrds« (3/73 US-LP 20).

Mr. Tambourine Man (5/65 GB 1, US 1; 8/65 D 2)
All I Really Want To Do (8/65 GB 4)
Turn! Turn! Turn! (To Everything There's A Season) (10/65 US 1; 12/65 D 8)
Folk, Rock

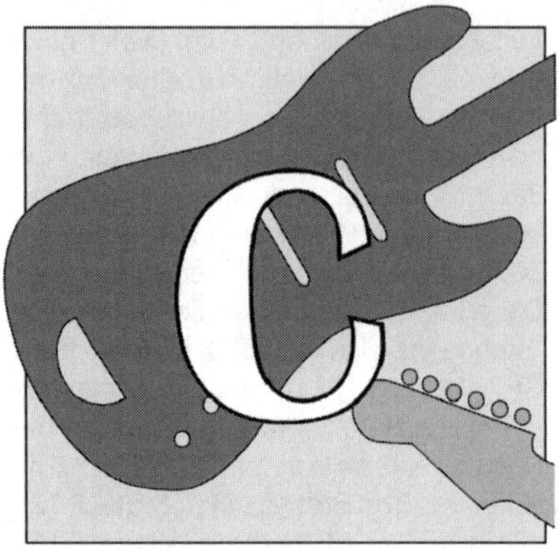

C, Melanie

MEL C v (Großbritannien, * 12. 1. 1974 als Melanie Chisholm in Widnes/Lancashire)

Ihr Spitzname bei den Spice Girls war ›Sporty Spice‹. Wie auch die anderen Mädchen der Band versuchte sie sich ab 1998 als Solistin. Beim Hit »When You're Gone« (12/98 GB 3,12/98 D 14) von Bryan Adams sang sie als Mel C mit, ohne dass es besonders groß vermerkt war. Ab Herbst 1999 kam sie als Melanie C. Bei dem Titel »Never Be The Same Again« war als Gast Lisa ›Left Eye‹ Lopes von TLC zu hören. Ende April 2000 erschienen in der britischen Presse Bilder von Melanie im Bikini. Flugs wurde sie zur ›Beefy Spice‹ ausgerufen. Sie reagierte in Interviews: ›Das ist so unverantwortlich. Diese Art Artikel tragen dazu bei, dass viele Mädchen magersüchtig werden.‹ Im Oktober 2000 wurde bekannt, dass sie unter Depressionen litt. Sie habe Probleme mit dem Stress des Lebens im Rampenlicht und mit Enttäuschungen im Privatleben. Als nächster Hit kam »If That Were Me« (12/00 GB 18).

Ihr erfolgreichstes Soloalbum bisher: »Northern Star« (10/99 GB-LP 4, 11/99 D-LP 7).

Goin' Down (10/99 GB 4)
Northern Star (12/99 GB 4)
Never Be The Same Again (4/00 D 5, GB 1)
I Turn To You (8/00 GB 1, D 2)
Pop

Siehe auch: Spice Girls

C., Roy

ROY C. (USA, als Roy Charles Hammond in New York City)

Roy C. begann in den frühen 60er Jahren als Mitglied der Genies, die R&B sangen. Aber erst als Solist unter dem Namen Roy C. sollte er Erfolg haben: »Shotgun Wedding« (7/66 D 14). 1972 wurde die Platte noch einmal in GB veröffentlicht. Alle weiteren Anstrengungen von Roy auf diversen Plattenlabeln und bei seiner eigenen Firma Alaga blieben ohne Erfolg. Er betätigte sich später als Manager von Mark IV. Sein Hit »Shotgun Wedding« wurde von Rod Stewart 1993 aufgenommen und sowohl als Single wie auch auf der CD »Lead Vocalist« veröffentlicht.

Shotgun Wedding (4/66 GB 6; 11/72 GB 8)
One Hit Wonder, Pop

C & C Music Factory

ROBERT CLIVILLÉS dj (USA, * 30. 8. 1964 in New York City), DAVID COLE key (USA, * 3. 6. 1962 in Johnson City/Tennesse, † 24. 1. 1995)

Robert und David lernten sich in einer Disko in Manhatten kennen. Robert legte Platten auf, David spielte dazu mit seinen Keyboards. Was das Publikum besonders gut fand, hatten sie schnell heraus – es bot sich also an, diese Erfahrungen für musikalische Projekte umzusetzen. Sie suchten nach einer Mischung aus HipHop, Rock, Soul und Techno. Erstmals hatten sie Erfolg, als sie 1988 Natalie Cole bei der Produktion von »Pink Cadillac« halfen und die Platte ein internationaler

Hit wurde. Zusammen mit dem Rapper Freedom Williams produzierten sie ihre erste eigene Platte, für die es im November 1990 Platin gab: »Gonna Make You Sweat (Everybody Dance Now)«. Als Interpreten standen auf der Platte C & C Music Factory Featuring Freedom Williams, im Video bewegte die aus Liberia stammende Zelma Davis zum Text die Lippen. Es dürfte jedoch Martha Wash sein, die hier in der Hauptsache neben Freedom William zu hören ist. Martha Wash sang mit Two Tons O' Fun, später bekannt als Weather Girls, und als Solistin. Die beiden Nachfolgehits »Here We Go« und »Things That Make You Go Hmmm...« erhielten 1991 Gold. Im Februar 1992 erschien eine CD, auf der die beiden ihre »Greatest Remixes« vorstellten. Titeln von Lisa Lisa And Cult Jam, Seduction und eigenen Stücken wurde noch einmal neues Leben eingehaucht. Clivillés und Cole dürften zu den weltweit erfolgreichsten Remixern gehören, von deren Talent Whitney Houston, Mariah Carey, Aretha Franklin und viele andere profitierten. Insgesamt gewannen sie in den USA 28 Grammys, davon fünf American Music Awards, fünf Billboard Awards und zwei MTV Video Awards. David Cole starb am 25. 1. 1995 an Komplikationen, die eine spinale Meningitis, also eine Hirnhautentzündung mit Auswirkungen auf das Rückenmark, nach sich zog. Er war 32 Jahre alt.
Ihr erfolgreichstes Album war »Gonna Make You Sweat« (1/91 US-LP 2, 2/91 GB-LP 8).

Gonna Make You Sweat (Everybody Dance Now) (11/90 US 1; 12/90 D 1, GB 3)
Here We Go (3/91 US 3)
Things That Make You Go Hmmm... (7/91 GB 4, US 4)
HipHop, Techno

C.C.S.

HARRY BECKETT tr (Großbritannien, * 30. 5. 1935 in St. Michael Parish/Barbados), JON CAMERON p (Großbritannien), TONY CARR d (Großbritannien), LES CONDON tr (Großbritannien), HERBIE FLOWERS b (Großbritannien), SPIKE HEATLEY b (Großbritannien), ALEXIS KORNER v, g (Frankreich, * 19. 4. 1928 als Alexis Körner in Paris, † 1. 1. 1984), JIM LAWLESS per (Großbritannien), BILL LE SAGE per (Großbritannien, * 20. 1. 1927 in London), HENRY LOWTHER tr (Großbritannien, * 11. 7. 1941 in Leicester), DON LUSHER pos (Großbritannien, * 6. 11. 1923 in Peterborough/Cambridgeshire), BARRY MORGAN d (Großbritannien), DANNY MOSS sax (Großbritannien, * 16. 8. 1927 in Redhill/Surrey), RONNIE ROSS sax (Indien, * 2. 10. 1933 in Kalkutta, † 12. 12. 1991), PETER THORUP v, RAY WARLEIGH fl (Großbritannien), JOHNNIE WATSON pos (Großbritannien), KENNY WHEELER tr (Kanada, * 14. 1. 1930 in Toronto)
C.C.S. war eine lose Verbindung von Musikern, die bevorzugt eine Kombination Rhythm & Blues und Big-Band-Jazz machten. Verwunderlich ist, dass in den ersten drei der 70er Jahre diese Musik tatsächlich erfolgreich war. Chef des Ganzen war Alexis Korner, der sich in der Vergangenheit als Boss diverser Gruppen hervorgetan hatte, die alle nicht sonderlich erfolgreich waren. Der in Paris geborene Österreicher hatte schon in den 50er Jahren seine Vorliebe für den Blues entdeckt. 1961 – inzwischen in GB ansässig – gründete er Blues Incorporated, in der viele junge englische Musiker ihr Handwerk lernten. Zu den ersten Mitgliedern gehörten Cyril Davies, Charlie Watts und Dick Heckstall-Smith. Bis die Band 1967 auseinanderfiel, waren dabei Mick Jagger, Jack Bruce, Ginger Baker, Eric Burdon, Paul Jones, Lee Jackson, Danny Thompson, Hughie Flint, Graham Bond, Long John Baldry und Terry Cox. Alexis half bei

der Gründung von Led Zeppelin und der Gruppe Free. C.C.S. ist eine Abkürzung für ›Collective Consciousness Society‹. Diese Gemeinschaft des kollektiven Bewusstseins brachte Alexis Korner zum ersten Mal finanzielle Erfolge. Zweiter Sänger der Band war der Däne Peter Thorup, mit dem Korner bereits seit 1968 als Duo aufgetreten war. Dass die Band 1973 wieder auseinander fiel, lag in der Hauptsache daran, dass die meisten der vielen Mitglieder C.C.S. nicht als ihre Haupteinnahmequelle betrachteten. Für sie war es ein Spaß, eine Art Nebenbeschäftigung. Die meisten der ausgezeichneten Musiker dieser Gruppe verdienten ihre Brötchen als vielbeschäftigte Studio-Cracks. Projekte von Korner nach dieser Zeit waren wie die davor: musikalisch nicht schlecht, kommerziell daneben. Alexis wurde zu Recht als der Vater des britischen Rhythm & Blues bezeichnet.
Die Hits außerhalb der Top 10: »Whole Lotta Love« (10/70 GB 13), »Brother« (3/72 GB 25) und »Band Played The Boogie« (8/73 GB 36). Das erfolgreichste Album war »C.C.S.« (4/72 GB-LP 23).

Walkin' (2/71 GB 7)
Tap Turns On The Water (9/71 GB 5)
AOR (Adult Orientated Rock), Jazz, Rock

Cadogan, Susan

SUSAN CADOGAN v (Jamaika)
Mit dem seichten Reggae »Hurt So Good« hatte sie ihren einzigen Top-10-Hit. Im Original war das Lied von Katie Love gesungen worden. Danach gelang Susan mit »Love Me Baby« (7/75 GB 22) noch ein weiterer Eintrag in den Charts, und dann war sie wieder vergessen. Während »Hurt So Good« hoch in den Charts stand, war sie selbstverständlich in GB, um Promotion zu machen. Dabei äußerte Susan Cadogan in einem Interview, sie habe Heimweh nach Jamaika – vielleicht ist sie aus diesem Grund nicht mehr nach GB gekommen und hatte deshalb keine weiteren Hits.

Hurt So Good (4/75 GB 4)
Reggae

Cafferty, John & The Beaver Brown Band

MICHAEL ANTUNES sax (USA), JOHN CAFFERTY v, g (USA in Narragansett/Rhode Island), ROBERT COTOIA key (USA), GARY GRAMOLINI g (USA), PAT LUPO b (USA), KENNY JO SILVA d (USA)
Die US-Band John Cafferty & The Beaver Brown Band aus Narragansett, Rhode Island, schwamm musikalisch im Fahrwasser von Bruce Springsteen. Besonders an der Ostküste hatte sie sich ab 1977 eine eigene Fangemeinde aufbauen können. Mit »Tender Years« (1/84 US 78, 11/84 RE-US 31) veröffentlichte die Band 1980 ihre erste Single, die zumindest ein lokaler Erfolg wurde. Danach erhielten sie das Angebot, die Musik für den Film »Eddie & The Cruisers« zu schreiben und aufzunehmen. Sie nahmen an, und der Film wurde 1983 zwar kein großer Kassenknüller, war aber 1984 ein Knaller im Kabel-TV. Als Single aus »Eddie & The Cruisers« (10/83 US-LP 9) wurde »On The Dark Side« ausgekoppelt. Der Film handelt von Eddie Wilson, einem Rockstar der späten 50er/frühen 60er Jahre, der zusammen mit seiner Band, den Cruisers, sehr erfolgreich ist. Eine neue Platte von ihm ist bereits aufgenommen, da verunglückt er tödlich bei einem Autounfall. Seine Leiche wird jedoch nicht gefunden, und eine Reporterin geht der mysteriösen Story nach. Sie findet heraus, dass die Bänder von der neu aufgenommenen LP ebenfalls nicht zu finden sind. Vermutungen kommen auf: Waren die neuen Nummern so progressiv, dass sie nicht mehr in das Konzept der Plattenfirma passten? Fürch-

tete die Industrie, Eddie würde sich sein eigenes Image zerstören und es wäre besser, ihn zu beseitigen, damit er als Legende in die Plattengeschichte eingehen könne? An wen sollte diese Story erinnern? An Otis Redding vielleicht, dessen Flugzeug aus nie geklärten Umständen abstürzte? Es wurde oft der Verdacht geäußert, dass die weiße Plattenindustrie Reddings Maschine manipuliert hatte, um diesen unbequemen und immer mehr Macht gewinnenden Mann zu beseitigen. Oder sollte an Sam Cooke erinnert werden, der in einem Motel unter sehr dubiosen Umständen erschossen wurde? Oder an James Dean, der seine besten Filme schon gedreht hatte, an Buddy Holly oder Eddie Cochran – in diesem Fall gibt es zumindest eine Namens- und Unfallgleichheit! In die deutschen Kinos ist der Film nicht gekommen, obwohl die zu diesem Zeitpunkt recht populäre Helen Schneider darin eine Hauptrolle spielte. In der Folge schrieb die Band für »Rocky IV«, »Cobra« und »Eddie & The Cruisers II« weiter Filmsongs, konnte den Erfolg jedoch nicht wiederholen. Weitere Top-40-Hits: »Tough All Over« (5/85 US 22) und »C-I-T-Y« (8/85 US 18).

On The Dark Side (8/84 US 7)
AOR (Adult Orientated Rock), Rock

Caldwell, Bobby

BOBBY CALDWELL v, per (USA, * 15. 8. 1951 in New York City)
Der Sänger und Multiinstrumentalist begann in den frühen 70er Jahren seine Karriere als Perkussionist bei Johnny Winter. Mit der selbst geschriebenen Nummer »What You Won't Do For Love«, einer jazzangehauchten Ballade, hatte Bobby Caldwell seinen größten Soloerfolg. Dazu hat sicher beigetragen, dass die Single, die in Herzform und rotem Vinyl erschien, zum Valentinstag 1979 ein passendes Geschenk war. Nebenher verdiente er sich seine Dollars als Jingle- und Songschreiber für Werbung, TV-Serien und Filme. Sängerinnen wie Dionne Warwick, Natalie Cole oder Roberta Flack profitierten von seinem Songschreibertalent.

What You Won't Do For Love (12/78 US 9)
One Hit Wonder, Pop

Calling

ALEX BAND v (USA, * 8. 6. 1981), AARON KAMIN g (USA, * 10. 8. 1977), BILLY MOHLER b (USA, * 22. 2. 1974), NATE WOOD d (USA, *3. 10. 1979), SEAN WOOLSTENHULME g (USA, * 1. 3. 1981)
The Calling war eine typische Rockgruppe aus der Region, die in der US-Musik als SoCal bezeichnet wird. Das ist Southern California, also das südliche Kalifornien bzw. alles, was in der Nähe von LA spielt. Als erstes Album erschien im November 2001 »Camino Palmero«. Die Songs werden meist von Alex und Aaron geschrieben. Die beiden wuchsen im San Fernando Valley auf und lernten sich in den 90er Jahren kennen, als Aaron mit Alex Schwester ging. Aaron war damals 15 Jahre alt, Alex ein paar Jahre älter.
Ein A&R-Mann der RCA entdeckte Aaron und Alex und bot ihnen einen Vorvertrag an und damit die Möglichkeit, sich in Ruhe um die Zusammenstellung einer Band zu kümmern. Die erste Formation nannte sich Generation Gap – ihr erster Schlagzeuger war immerhin 58 Jahre alt, der Bassist 40. Im Film »Coyote Ugly« spielte The Calling live den Titel »Wherever You Will Go«, der sich daraufhin zu einem Hit entwickelte.

Wherever You Will Go (11/01 US 5)
Rock

Calloway

VINCENT CALLOWAY v, pos (USA, in Cincinnati/Ohio), REGGIE CALLOWAY v, tr (USA, als Reginald in Cincinnati/Ohio)
Die beiden Brüder waren Mitglieder der R&B-und-Funk-Gruppe Midnight Star, die sich 1978 formierte und bis 1988 etliche Hits hatte. Ab Mitte der 80er Jahre begannen die Brüder erfolgreich, andere Künstler zu produzieren. 1988 gründeten sie ihr eigenes Duo Calloway. Mit dem frommen Wunsch »I Wanna Be Rich« hatten sie einen Millionseller – Wunsch erfüllt. Ein Nachfolgehit gelang bisher nicht.

I Wanna Be Rich (2/90 US 2)
Funk, One Hit Wonder, Rhythm & Blues

Siehe auch: Midnight Star

Cameo

LARRY BLACKMON v, d (USA, * 29. 5. 1956 in New York City), WAYNE COOPER v (USA), THOMAS JENKINS v (USA), GREGORY JOHNSON key (USA), NATHAN LEFTENANT v (USA)
Die Gruppe wurde 1974 als New York City Players gegründet. Ab 1976 nannten sie sich Cameo, und nachdem 1984 mit »She's Strange« zum erstenmal eine Notierung in den US-Popcharts aufgetaucht war, wurde aus der Band ein Trio. Es blieben Blackmon, Jenkins und Leftenant. Nach 1988 machte das Trio eine Pause, und ab 1990 erschienen neue Platten von Cameo, auf denen deutlich gemacht wurde, dass nur Larry Blackmon das Sagen in der Band hatte. Als Besitzer von Atlanta Records kümmerte er sich außerdem um die Förderung junger Künstler. Das erfolgreichste Album der Gruppe war »Word Up!« (9/86 US-LP 8, 10/86 GB-LP 7, 12/86 D-LP 34). Larry arbeitete später als Produzent – so wurde z. B. die Debütplatte von Bobby Brown durch ihn produziert. Zwischen 1991 und 1994 war er Vizepräsident bei Warner-Reprise-Records. Danach veröffentlichte er auf seinem eignen Plattenlabel ›Way 2 Funky‹ das Album »Face Of Funk« und tourte mit Teena Marie und der Gap Band.

Word Up! (8/86 US 6, GB 3; 10/86 D 3)
Funk, Soul

Cameron, Andy

ANDY CAMERON v (Großbritannien)
Cameron nutzte gegen Ende der 70er Jahre die Vorliebe von Fußball- und Popfans für das Schottenmuster. So waren es z. B. die Gruppe Bay City Rollers und der Sänger Rod Stewart, die keine Gelegenheit ausließen zu zeigen, wie kleinkariert sie sich geben können. Camerons einziger Hit »Ally's Tartan Army« war eine Hommage an die schottische Fußballmannschaft, die sich 1978 für die Weltmeisterschaft qualifizierte.

Ally's Tartan Army (3/78 GB 6)
One Hit Wonder, Pop

Camisra

PAUL NEWMAN (Großbritannien)
Tall Paul heißt nicht nur so, sondern ist es auch – er ist knapp zwei Meter groß. Als Tall Paul hatte er mit »Rok Da House« (3/97 GB 12) einen ersten Hit – es war seine Erkennungsmelodie als DJ. Auch hinter Camisra steckte lediglich Paul Newman. Nachfolgehits waren »Feel The Beat« (7/98 GB 32) und »Clap Your Hands« (5/99 GB 34).

Let Me Show You (2/98 GB 5)
Disko, House

Camouflage

OLIVER KREYSSIG d (Deutschland, * 4. 9. 1965 in Bönnigheim), HEIKO MAILE (Australien, * 12. 1. 1966 in Sydney),

MARCUS MEYN v (Deutschland, * 2. 5. 1966 in Pforzheim)
Dieses Trio aus dem süddeutschen Bietigheim behauptete am Anfang seiner Karriere: ›Wir sind kein Depeche-Mode-Abklatsch‹. Zumindest lehnte sich das Synthie-Trio an diese Formation an. Mit »The Great Commandment« (10/87 D 14, 12/88 US 59) hatten sie einen ersten Hit, außerhalb der Top 10 folgte noch »Strangers Thoughts« (3/88 D 20). Das Stück »Love Is A Shield« wurde zum größten Erfolg von Camouflage. Im April 1991 erschien die dritte LP der Band, die inzwischen zum Duo geschrumpft war. Oliver Kreyssig war gegangen. 2001 wurde »The Great Commandment« erneut veröffentlicht.

Love Is A Shield (5/89 D 9)

Elektro-Pop

Campbell, Ali

ALI CAMPBELL v (Großbritannien, * 15. 2. 1959 als Alistair Campbell in Birmingham)
Anfang des Jahres 1995 gründete Ali Campbell sein eigenes Label Kuff. Auf diesem Label veröffentlichte er als Solist seine Debüt-Single »That Look In Your Eyes«. Wenig später erschien sein Soloalbum »Big Love« (6/95 GB-LP 6). Im selben Jahr traten auch UB40 gemeinsam auf, z. B. in der Late Show mit David Letterman. Gleichzeitig erschienen aber auch weitere Singles von Ali, z. B. »Let Your Yeah Be Yeah« (8/95 GB 25) und im Duett mit seiner Frau Kibibi eine Neuauflage von »Somethin' Stupid« (12/95 GB 30). Wie dem auch sei, für die Fans besteht zwischen Platten von UB40 und Soloplatten von Ali kaum ein Unterschied – dafür ist Alis Stimme auf den UB40-Platten zu prägnant.

That Look In Your Eyes (5/95 GB 5)

Pop, Reggae

Siehe auch: UB40

Campbell, Glen

GLEN CAMPBELL v, g (USA, * 22. 4. 1936 in Billstown/Arkansas)
Der Sänger und Ausnahmegitarrist schaffte es, sowohl in den Pop- als auch in den Country-Charts erfolgreich zu sein. Er begann 1954 in der Band seines Onkels Dick Bill und blieb bis 1958. 1960 war er Mitglied bei den Champs. 1961 kam er als Solist und hatte mit »Turn Around, Look At Me« (10/61 US 62) seine erste Hitnotierung. Nebenher profilierte er sich als Studiomusiker und begleitete 1965 die Beach Boys. Ab 1967 begann mit »By The Time I Get To Phoenix« (10/67 US 26) seine erfolgreiche Zeit. Zwischen 1968 und 1972 hatte er seine eigene TV-Show, ›The Glen Campbell Goodtime Hour‹. Und ›Goodtime‹ war auch meist seine Musik. Schöne Songs, die nicht weh taten. Mit »Wichita Lineman«, »Galveston«, »Rhinestone Cowboy« und »Southern Nights« gelangen ihm vier Millionseller. Erfolgreich war er auch im Duett mit Bobbie Gentry, Anne Murray und Rita Coolidge. Die Liste seiner Pophits reicht bis in die 80er Jahre, die der C&W-Erfolge bis in die 90er. Neben seinen vielen Talenten schaffte es Glen auch noch, im Filmgeschäft erfolgreich zu sein. So spielte er z. B. 1969 neben John Wayne die Hauptrolle in »True Grit«. Ein weiterer Filmerfolg war 1970 »Norwood«.
Seine erfolgreichsten Alben: »Gentle On My Mind« (12/67 US-LP 5), »By The Time I Get To Phoenix« (12/67 US-LP 15), »Bobbie Gentry & Glen Campbell« (10/68 US-LP 11), »Wichita Lineman« (11/68 US-LP 1), »Galveston« (4/69 US-LP 2), »Glen Campbell – Live« (9/69 US-LP 13, 1/70 GB-LP 16), »Try A Little Kindness« (2/70 US-LP 12, 5/70 GB-LP 37), »The Glen Campbell Album« (12/70 GB-LP 16), »Glen Campbell's Greatest Hits« (4/71 US-LP 39, 11/71 GB-LP 8), »Rhinestone Cowboy« (8/75 US-LP 17) und »20 Golden Greats« (11/76 GB-LP 1). In den 90er Jahren tauchte er verstärkt in den Sparten

Gospel und Contemporary Christian Music auf. 1994 erschien seine Biografie ›Rhinestone Cowboy: An Autobiografy‹. 1996 war er mit Kenny Rogers und Tammy Wynette auf Tournee, 1997 Headliner einer Tour durch GB.

Wichita Lineman (11/68 US 3; 1/69 GB 7)
Galveston (3/69 US 4)
All I Have To Do Is Dream (12/69 GB 3)
Honey Come Back (5/70 GB 4)
It's Only Make Believe (9/70 US 10; 11/70 GB 4)
Rhinestone Cowboy (5/75 US 1; 10/75 GB 4)
Southern Nights (2/77 US 1)
Country, Pop

Campbell, Junior

JUNIOR CAMPBELL v (Großbritannien, * 31. 5. 1947 als William Campbell, Jr. in Glasgow/Schottland)
Junior begann seine Karriere als Mitglied von Dean Ford & The Gaylords. 1966 änderte die Band ihren Namen in Marmalade um und hatte eine stattliche Latte von Hits. Ab 1972 startete Campbell ein Soloprojekt, das musikalisch sehr an Marmalade angelehnt war und deutlich zeigte, dass er es auch gewesen war, der in der Band die Richtung angegeben hatte. Nach »Sweet Illusion« (6/73 GB 15) lief seine Solokarriere schon wieder aus. Campbell zog sich aus der ersten Reihe zurück, um als Songschreiber für das Fernsehen erfolgreich zu sein.

Hallelujah Freedom (10/72 GB 10)
Pop

Siehe auch: Marmalade

Campbell, Tevin

TEVIN CAMPBELL v (USA, * 12. 11. 1978 in Waxahachie/Texas)
Als Zehnjähriger erhielt er eine Rolle in der TV-Show ›Wally & The Valentines‹. Quincy Jones sah ihn, erkannte sein Talent und wurde zum Förderer des Jungen. Erstmals stand Tevin im April 1990 in den Hitparaden mit »Tomorrow (A Better You, A Better Me)« (5/90 US 75) – unter der Aufnahme war Quincy Jones Featuring Tevin Campbell zu lesen. Prince produzierte und schrieb Tevins Hit »Round And Round« (12/90 US 12) für den Film »Graffiti Bridge«, in dem Tevin auch zu sehen war. Der Titel entwickelte sich zum Millionseller. Auch noch hoch in den Charts: »Always In My Heart« (6/94 US 20). Die erfolgreichsten Alben waren »T.E.V.I.N.« (12/91 US-LP 38) und »I'm Ready« (11/93 US-LP 18).

Tell Me What You Want Me To Do (11/91 US 6)
Can We Talk (10/93 US 9)
I'm Ready (3/94 US 9)
Rhythm & Blues

Can

HOLGER CZUKAY b (Deutschland, * 24. 3. 1938 in Danzig), DAVID JOHNSON fl, MICHAEL KAROLI g (Deutschland, * 29. 4. 1948 in Straubing, † 17. 11. 2001), JAKI LIEBEZEIT d (Deutschland, * 26. 5. 1938 in Dresden), MALCOLM MOONEY v, IRMIN SCHMIDT key (Deutschland, * 29. 5. 1937 in Berlin), KENJI DAMO SUZUKI v (Japan, * 16. 1. 1950)
Bevor die Gruppe im Dezember 1968 mit ihrer Debüt-LP begann, hatten sie ohne den amerikanischen Sänger Malcolm Mooney und mit dem Flötisten David Johnson gespielt. Schmidt und Czukay hatten beide von Karl-Heinz Stockhausen gelernt, hatten Neue Musik auf ihre Fahne geschrieben. Das, was sie spielten, war ohne Zweifel sehr experimentell und unkommerziell. Mit Liebezeit und Karoli gelang es, eine Brücke zwischen Popmusik und Avantgarde zu schlagen. Kritiker verglichen Can in ihrer frühen Phase mit Velvet Underground. Ihre erste LP »Monster Movie« aus dem Jahre 1969 brachte als Highlight die zwanzigminütige Nummer »Yoo Doo Right«, die ein Extrakt aus einer

zwölfstündigen Improvisationssession war. Mooney verließ Ende 1969 die Band und wurde durch den Japaner Suzuki ersetzt, der seinerseits 1973 wieder ging. Danach arbeitete Can mit wechselnden Sängern und fiel 1978 auseinander. Offiziell hat sich Can nie aufgelöst, die Musiker blieben untereinander mehr oder weniger freundschaftlich verbunden. Ende 1986 kamen die fünf Musiker der ersten Besetzung noch einmal zusammen und nahmen mit »Rite Time« ein Album auf, das erst 1989 erschien. Für Singlehitparaden war die Musik von Can sicher nie geeignet. Trotzdem gelang es der Band zweimal: mit »Spoon«, einer Melodie aus einem Krimi, der ›Das Messer‹ (!) hieß, und mit »I Want More« (8/76 GB 26). Can dürfte zu den wenigen deutschen Bands gehören, die einflussreich für die internationale Musik waren. Mit ihrer Mischung aus improvisierter und ethnischer Musik waren sie ihrer Zeit weit voraus. Holger Czukay Anfang 1997: ›Vielleicht sind wir lebendiger denn je. Das liegt daran, dass unsere Musik heute ihrer Zeit nicht mehr voraus ist, sondern endlich von einer Menge Menschen verstanden wird.‹ Geplant war für 1997 ein Tribute-Album, auf dem Beck, Sonic Garden oder That Dog Can-Material neu aufnehmen. Und dazu gibt es noch ein Can-Remix-Album, auf dem DJs bzw. Musiker wie Westbam, The Orb oder Brian Eno ihre eigenen Can-Versionen präsentieren.
Ihr erfolgreichstes Album war »Tago Mago« (10/71 D-LP 38).

Spoon (12/71 D 6)
Elektro-Pop, Rock

Candy Flip

DIZZIE DEE (Großbritannien, als Daniel Spencer), RIC PEET (Großbritannien, als Richard Anderson-Peet)
Die beiden Musiker von Candy Flip waren zuerst Mitglied in der House-Band This Ain't Chicago, bevor sie sich entschlossen, die alten Hippietage wieder neu zu beleben. Sie liefen in Klamotten herum, als wären sie direkt aus dem Katalog für den schicken Teenager der 60er Jahre entsprungen. Zuerst veröffentlichte das Duo »Love Is Life«, dann verwurschtelten sie den alten Beatles-Klassiker »Strawberry Fields Forever« zu einem Dance-Titel. Mehr wollte den beiden nicht gelingen.

Strawberry Fields Forever (3/90 GB 3)
Dance, House, One Hit Wonder

Candyman

CANDYMAN rap (USA, * 25. 6. 1968 als John Shaffer in Los Angeles/Kalifornien)
Candyman arbeitete ab 1983 als Tänzer und Rapper – z. B. mit Tone-Loc –, bevor ihm im August 1990 mit »Knockin' Boots« eine Platinplatte gelang. Die Nummer war zusammengesampelt aus »Tonight Is The Night« von Betty Wright und »Ooh Boy« von Rose Royce – das Ganze dann noch mit einem »Groovin'«-Feeling von den Young Rascals gemixt. Nachfolger »Melt In Your Mouth« – hier wurde zur Melodie »Could It Be I'm Falling In Love« der Spinners gerappt – brachte es lediglich in den US-R&B-Charts unter die ersten 50. Sein erfolgreichstes Album war »Ain't No Shame In My Game« (10/90 US-LP 40).

Knockin' Boots (9/90 US 9)
Pop, Rhythm & Blues

Canned Heat

MARK ANDES b (USA, * 19. 2. 1948 in Philadelphia/Pennsylvania), STUART BROTMAN b, FRANK COOK d, ADOLPHO ›FITO‹ DE LA PARRA d (Mexico, * 8. 2. 1946 in Mexico City), BOB HITE v (USA, * 26. 2.

1945 in Torrance/Kalifornien † 5. 4. 1981), HARVEY MANDEL g (USA, * 11. 3. 1945), LARRY TAYLOR b (USA, * 26. 6. 1942 als Samuel in Brooklyn/New York), HENRY VESTINE g (USA, * 25. 12. 1944 in Washington/D.C., † 20. 10. 1997), ALAN WILSON v, g, harm (USA, * 4. 7. 1943 in Boston/Massachusetts, † 3. 9. 1970)

Der Bluesmusiker Tommy Johnson nahm im Jahre 1928 eine Nummer auf, die »Canned Heat Blues« hieß. Auf dieses Stück geht angeblich der Gruppenname der 1965 in L.A. gegründeten Band zurück. Er spiegelt die Vorliebe der Musiker wider, die sich in ihren Anfangstagen vor allem auf den musikalischen Geschmack von Alan Wilson verließen. Der trug den Spitznamen ›Blind Owl‹, was wohl eine Anspielung auf seine dicken Brillengläser war. Der zweite wichtige Mann in der Band war Bob Hite, der seinerseits den Spitznamen ›The Bear‹ trug. Hier war es wohl die körperliche Konstitution, die diesen Namen förmlich anbot. In den Anfangstagen der Band kam es zu etlichen Umbesetzungen: Stuart Brotman verließ die Band, um Mitglied bei Kaleidoscope zu werden, und wurde durch Mark Andes ersetzt, der aber auch nicht lange bei der Band blieb. Er ging zu Spirit, und für ihn kam Larry Taylor, ein erfahrener Studiomusiker, der bereits mit Jerry Lee Lewis getourt und auf Platten der Monkees mitgespielt hatte. Der Jazzdrummer Frank Cook wurde 1968 durch den Mexikaner Adolfo De La Parra ersetzt. Der erste große Erfolg der Band war ihr Auftritt beim Monterey Pop-Festival am 16. 6. 1967. Die Band traf genau den Nerv der amerikanischen Jugendlichen jener Tage. Sie wurden von den Hippies, Freaks, Blues-, Rock- und Psychedelic-Fans akzeptiert. Im Oktober 1967 erschien ihr Debütalbum. Der größte Hit von Canned Heat wurde eine Komposition von Wilbert Harrison: »Let's Work Together«. Damit war der Höhepunkt der Gruppe erreicht – der Abstieg begann, und er dokumentierte sich im Tode von Vordenker Alan Wilson. Im »Canned Heat Blues« von Tommy Johnson wird die stimulierende Wirkung eines Produktes namens Sterno, eines Rohrreinigungsmittels, besungen. An den Dosen zu schnüffeln machte high – Klebstoffschnüffler der 80er Jahre wissen, wovon die Rede ist. Es gab in den USA nicht wenige, die behaupteten, die Band habe sich den Gruppennamen wegen ihrer Vorliebe für stimulierende Mittelchen ausgesucht. Von den Mitgliedern wurde auf die Liebe zum Blues verwiesen. Wie dem auch sei: Am 3. 9. 1970 wurde Al Wilson tot aufgefunden. Er starb an einer Überdosis Drogen. Ob es ein Unfall oder Selbstmord war, werden wir wohl nie erfahren. Ohne Wilson, den John Lee Hooker einmal als den besten Harmonikaspieler aller Zeiten bezeichnete, ließ der Biß von Canned Heat nach. Es kam zu weiteren Wechseln in der Band – und als Bob Hite 1981 nach einem Herzschlag starb, war von den Originalmitgliedern niemand mehr mit dabei. Was Anfang der 90er Jahre dann immer noch als Canned Heat durch die Lande zog, wäre besser in der Dose geblieben.

Weitere Hits außerhalb der Top 10 wurden »Going Up The Country« (12/68 US 11, 1/69 GB 19, 3/69 D 36) und »Sugar Bee« (7/70 D 39). Die erfolgreichsten Alben der Band waren »Boogie With Canned Heat« (2/68 US-LP 16, 6/68 GB-LP 5), »Living The Blues« (12/68 US-LP 18, 2/69 D-LP 26), »Canned Heat Cookbook« (2/70 GB-LP 8), »Canned Heat '70 Concert« (7/70 GB-LP 15).

On The Road Again (7/68 GB 8)
Let's Work Together (1/70 GB 2; 3/70 D 6)
AOR (Adult Orientated Rock), Rock, West Coast

Cannon, Freddy

FREDDY CANNON v, g (USA, * 4. 12. 1939 als Frederick Anthony Picariello in Lynn/ Massachusetts)
Cannon wurde als ›der letzte Rock-'n'-Roll-Star‹ bezeichnet. In der Tat war er einer der letzten Vertreter des wilden, lauten Rock. Als Freddy Karmon war er Mitte der 50er Jahre Chef von Freddy Karmon & The Hurricanes, 1956 spielte er die Leadgitarre beim Hit »Ka-Ding Dong« der G-Clefs. Danach machte er ein Demo eines Titels, den er zusammen mit seiner Mutter geschrieben hatte und der als »Tallahassee Lassie« sein erster Hit wurde. 1965 beendete er seine Karriere und wurde Promotionmann für die Plattenfirma Buddah-Records. Bei Oldie-Revivals trat er noch manchmal auf, und mit den Belmonts, der alten Band von Dion, hatte er 1981 mit »Let's Put The Fun Back in Rock 'n' Roll« mal wieder einen Charterfolg.
Sein erfolgreichstes Album war »The Explosive Freddy Cannon« (2/60 GB-LP 1).

Tallahassee Lassie (5/59 US 6)
Way Down Yonder in New Orleans (11/59 US 3; 1/60 GB 3)
Palisades Park (5/62 US 3)
Pop, Rock 'n' Roll

Cantrell, Blu

BLU CANTRELL v (USA, in Providence/ Rhode Island)
25 Jahre war Blu alt, als sie mit »Hit 'Em Up Style (Oops!)« (11/01 GB 12) ihren ersten Hit schaffte. Der Titel war nach Blus Angaben eine Abrechnung mit ihrem Exfreund, der sie immer wieder betrogen hatte. Angeblich hat sie das musikalische Talent ihrer Mutter geerbt – die war, laut Aussage der Tocher, eine »begnadete Jazzsängerin«. Ihr erstes Album hieß »So Blu« (8/01 US-LP 8).

Hit 'Em Up Style (Oops!) (5/01 US 2)
Pop, Rhythm & Blues

Capaldi, Jim

JIM CAPALDI v, d (Großbritannien, * 24. 8. 1944 in Evesham/Worcestershire)
Dieser Schlagzeuger, Sänger und Songschreiber spielte bereits mit 17 Jahren zusammen mit Luther Grosvenor und Dave Mason in einer Band, die sich Hellions nannte. Daraus wurde später Deep Feeling und im April 1967 Traffic. Obwohl er bis zum Ende dieser Band im Dezember 1974 dabei blieb, machte er nebenher ab 1972 auch Soloplatten. Schon seit den Tagen vor Traffic ist Capaldi mit Steve Winwood befreundet. Die gelegentliche Zusammenarbeit der beiden geht bis in die 90er Jahre. 1994 veröffentlichten sie als Traffic die CD »Far From Home«. 2001 nahm Jim im Can-Studio in Weilerswist das Album »Living On The Outside« auf. Geholfen haben ihm dabei Paul Weller, George Harrison, Ian Paice, Gary Moore oder Steve Winwood. Die Tasten bedient bei etlichen Stücken der Deutsche Helmut Zerlett.

Love Hurts (10/75 GB 4)
AOR (Adult Orientated Rock)

Siehe auch: Traffic

Capitols

SAMUEL GEORGE v, d (USA, † 17. 3. 1982), RICHARD MITCHELL MCDOUGALL v, p (USA), DONALD NORMAN STORBALL v, g (USA)
Dieses R&B-Trio aus Detroit begann als 3 Caps. Als Capitols hatten sie mit »Cool Jerk« ihren einzigen Hit. 1969 trennten sie sich, Storball, der die Nummer »Cool Jerk« geschrieben hat, wurde Polizist. Samuel George wurde 1982 während eines Familienstreits erstochen. Ein Wiederhören mit »Cool Jerk« gab es 1992/93 gleich zweimal. In den Filmen »Kevin allein in New York« mit Macaulay Culkin und »Night And The City« mit Robert De Niro und Jessica Lange fand er erneut Verwendung.

Cool Jerk (4/66 US 7)
One Hit Wonder, Rhythm & Blues

Cappella

RODNEY BISHOP v (Großbritannien, * 19. 12. 1967 in Lambeth/London), ETTORE FORESTI v, KELLY OVERETT v (Großbritannien, * 19. 3. 1972 in Ipswich)
Cappella tauchte erstmals 1988 mit »Push The Beat/Bauhaus« (4/88 GB 60) in der britischen Hitparade auf. Produziert wurde Cappella von P. Feroldi und Gianfranco Bortolotti. Die zweite Single »Helyom Halib« (5/89 GB 11) war schon erfolgreicher. Nach einer weiteren Hitnotierung Ende 1989 war das Kapitel Cappella anscheinend ausgestanden. Im Frühjahr 1992 kam mit »Take Me Away« (1/92 GB 25) Cappella zurück. »U Got 2 Know« (5/93 D 21) brachte den ersten Top-10-Hit. Immer noch wurde als Interpret Ettore Foresti genannt. Seine Plattenfirma bezeichnet den in Brescia geborenen Ettore als ›professionellen Tänzer und Choreografen‹. 1994 waren auf den von Cappella veröffentlichten Aufnahmen als Interpreten die beiden Briten Kelly Overett und Rodney Bishop abgebildet. Ob sie nun wirklich singen oder ob Foresti jemals gesungen hat, wird das Geheimnis von Bortolotti bleiben, der mit einem weiteren Disko-Act, The 49ers, ebenfalls erfolgreich war. »Move It Up/Big Beat« (10/94 GB 16, D 33) und »Tell Me The Way« (9/95 GB 17) wurden außerhalb der Top 10 erfolgreich. Im Herbst 1997 erschien mit »U Tore My World Apart« eine neue Single von Cappella – diesmal war auf der Plattenhülle eine Frau abgebildet, ohne dass erklärt wurde, wer sie ist.
Das erfolgreichste Album war »U Got 2 Know« (3/94 D-LP 10, GB-LP 10).

U Got 2 Know (4/93 GB 6)
U Got 2 Let The Music (10/93 D 3, GB 2)
Move On Baby (2/94 D 4, GB 7)
U And Me (6/94 GB 10)
Disko

Siehe auch: 49ers

Cappuccino

CAPPUCCINO rap (Deutschland, * 11. 1. 1974 als Kartsen Löwe in Braunschweig)
Seine Wurzeln liegen in der 84er Breakdancezeit. 1992 begann er zu rappen und gründete 1993 in seiner Heimatstadt Braunschweig die Band Licence To Rime. Dann erste Erfolge mit der Formation Jazzkantine. Bei diesem Projekt machte auch Ole Sander mit, der das erste Album von Cappuccino, das Mitte 1997 erschien, betreute. Dieses Debütalbum hieß »Lautsprecher«. Daraus ausgekoppelt wurde als erste Single die Nummer »Männer«, die sich nicht behaupten konnte – im Gegensatz zur zweiten Single »Du fehlst mir«. Nachfolger wurde »Regenbögen« (1/99 D 23). Sein erfolgreichstes Album war »Nur die besten überleben« (3/99 D-LP 19).

Du fehlst mir (10/97 D 5)
HipHop, Rap

Capstick, Tony

TONY CAPSTICK b (Großbritannien, in Sheffield)
Der Folksänger und Komiker hatte seine ersten Erfolge in den 70er Jahren, als Folk-Comedians wie Billy Connolly, Jasper Carrott, Fred Wedlock oder Mike Harding erfolgreich waren. Capstick machte zusammen mit der Gruppe Hedghog Pie eine Mixtur aus Skiffle, Folk, Traditionals und Bob Dylan. Nachdem er auf einen populären TV-Werbespot der Firma Hovis Bread eine Parodie aufgenommen hatte, kam er zur Überraschung aller in die GB-Charts. Als Interpreten dieses Titels wur-

den Tony Capstick & The Carlton Maine/ Frickley Colliery Band angegeben. Das war der einzige Pop-Erfolg für Capstick.

The Sheffield Grinder/Capstick Comes Home (3/81 GB 3)
Folk, One Hit Wonder, Pop

Captain & Tennille

DARYL DRAGON key (USA, * 27. 8. 1942 in Los Angeles/Kalifornien), TONI TENNILLE v (USA, * 8. 5. 1943 in Montgomery/Alabama)
Toni und Daryl lernten sich bei der Produktion des Rockmusicals »Mother Earth« kennen. Toni sang darin und war einer der Autoren – Daryl, der Sohn des bekannten amerikanischen Orchersterchefs Carmen Dragon, spielte Keyboards in der Hausband des Marines-Memorial-Theaters in Los Angeles, wo das Ganze aufgeführt wurde. Die beiden taten sich zusammen und gingen mit den Beach Boys auf Tournee. Mike Love von den Beach Boys war es, der Daryl den Spitznamen Captain gab. Im Frühjahr 1974 nahmen Captain & Tennille mit »The Way I Want To Touch You« ihre erste gemeinsame Platte auf und heirateten am 14. 2. 1974, am Valentinstag. Im April 1975 gelang ihnen mit der Neil-Sedaka-Nummer »Love Will Keep Us Together« ein Millionseller. Im September desselben Jahres wurde nun ihre erste Platte, »The Way I Want To Touch You«, erneut veröffentlicht und erreichte ebenfalls Goldstatus. Gleiches gelang 1976 »Lonely Night (Angel Face)«, »Shop Around« und »Muskrat Love«. Mit »Do That To Me One More Time« hatte das Duo einen weiteren Millionseller. Nach 1980 wurde es ruhiger um die beiden. Inzwischen waren sie im Fernsehen so etabliert, dass sie eine eigene Show hatten, in der Toni die Moderatorin und Daryl der musikalische Leiter war. Ab 1984 veröffentlichte Toni Soloalben. Die erfolgreichsten Alben des Duos waren »Love Will Keep Us Together« (6/75 US-LP 2), »Song Of Joy« (3/76 US-LP 9) und »Come In From The Rain« (4/77 US-LP 18).

Love Will Keep Us Together (4/75 US 1)
The Way I Want To Touch You (9/75 US 4)
Lonely Night (Angel Face) (1/76 US 3)
Shop Around (5/76 US 4)
Muskrat Love (9/76 US 4)
You Never Done It Like That (8/78 US 10)
Do That To Me One More Time (10/79 US 1; 2/80 GB 7)
AOR (Adult Orientated Rock), Pop

Captain Hollywood Project

TONY DAWSON-HARRISON v, rap (USA, * 9. 8. 1962 in Newark/New Jersey)
Dahinter verbirgt sich in der Hauptsache der Amerikaner Tony Dawson-Harrison, der 1980 mit der US-Army nach Deutschland kam. Er war ehemaliger Weltmeister im Breakdance und Elektroboogie und ob dieser Talente nach Beendigung seiner Militärzeit des öfteren in der TV-Sendung ›Formel 1‹ zu sehen. Nachdem er während der IFA 1987 gleich in etlichen TV-Shows aufgetreten war, gab man ihm die Möglichkeit, eine eigene Band zu gründen, die er Captain Hollywood Project nannte. 1988 erschien »Deborah«, 1989 »Soul Sister«. Beide Platten floppten. Erfolg hatte er hingegen als Rapper bei der Formation Twenty 4 Seven. Im Sommer 1991 versuchte sich Tony erneut als Captain Hollywood. Es erschien »Rock Me« und schließlich »More And More« (5/93 US 17). Auch 1995 kamen weitere Platten von Captain Hollywood in die Charts: »Flying High« und »Find Another Way« schafften dabei Plätze um die Position 20 herum. Sein erfolgreichstes Album hieß »Love Is Not Sex« (4/93 D-LP 9).
Nach einer längeren Pause erschien im Mai 2001 mit »Danger Sign« eine neue Platte von ihm. 1998 hatte er sich ein eigenes Studio im Rheinland gebaut.

More And More (10/92 D 1)
Only With You (2/93 D 4)
Dance

Siehe auch: Twenty 4 Seven

Captain Jack

LIZA DA COSTA v (Deutschland, * 26. 3. 1968 in Flörsheim), FRANKY GEE v, rap (Kuba, * 19. 2. 1962 als Francisco Gutierrez in Havanna)
Um notfalls die Interpreten austauschen zu können, sind auf den Platten von Captain Jack lediglich Zeichnungen zu finden. Chef des Unternehmens ist Udo Niebergall, der 1992 die Nummer »Vamos A La Playa« remixte. Gleiches tat er 1994 mit »Major Tom«. Im Sommer 1995 startete er Captain Jack. Wenig später hatte er mit dem gleichnamigen Titel einen ersten Hit. Ob die, die da als Captain Jack auf Bühnen stehen, auch die sind, die auf den Platten singen, weiß nur Udo. Weitere Erfolge wurden »Soldier Soldier« (6/96 D 11), »Little Boy« (9/96 D 27), »Get Up! (A Banda)« (8/99 D 23) mit den Gipsy Kings und »Iko Iko« (6/01 D 22). Im März 1997 erschien das Album »Operation Dance«. Anfang 2002 machte Captain Jack zusammen mit DJ Ötzi eine neue Version von »Don't Ha Ha«.

Captain Jack (11/95 D 3)
Drill Instructor (3/96 D 4)
Dance, Rap

Captain Sensible

CAPTAIN SENSIBLE b (Großbritannien, * 23. 4. 1954 als Raymond Burns in Balham/London)
Zusammen mit der britischen Punkgruppe Damned hatte Captain Sensible seine ersten Erfolge. 1982 unterschrieb er nebenher einen Solovertrag und veröffentlichte den alten Richard-Rodgers-Oscar-Hammerstein-Titel »Happy Talk« aus dem Musical »South Pacific«. 1984 stieg er bei Damned aus, spielte für einige spezielle Auftritte aber auch immer wieder mal mit seinen alten Kumpels. Seine 1991 veröffentlichte LP »Revolution Now« hinterließ wenig Spuren.

Wot (2/82 D 4)
Happy Talk (6/82 GB 1)
Glad It's All Over/Damned On 45 (3/84 GB 6)
Pop

Cara, Irene

IRENE CARA v, p (USA, * 18. 3. 1959 in New York City)
Irene Cara trat bereits als Kind im spanisch sprechenden Radio und TV in ihrer Heimatstadt auf. Mit acht spielte sie im Broadway-Musical »Maggie Flynn«, mit zehn sang sie zusammen mit Roberta Flack und Sammy Davis jr. zu Ehren von Duke Ellington im Madison Square Garden. Ab 16 war sie verstärkt in Fernsehserien zu sehen, so z. B. in ›Roots‹. 1980 bewarb sie sich um eine Rolle in »Fame«, die sie auch erhielt. Schließlich durfte sie den Titelsong singen und hatte damit ihren ersten großen Hit. Es folgten weitere Filme, z. B. »Cotton Club«, und weitere Hits, z. B. »Out Here On My Own« (8/80 US 19), »Flashdance ... What A Feeling«, »Why Me?« (10/83 US 13, D 17) und »Breakdance«. Dann gab es vertragliche Schwierigkeiten mit ihrer Plattenfirma, und es sollte einige Zeit dauern, bis sie schließlich 1987 ihre Gesangskarriere fortsetzen konnte. Nach einer Pause kehrte Irene Cara Anfang 2001 als Gast von DJ Bobo mit »What A Feeling« in die Charts zurück.

Fame (6/80 US 4; 7/82 GB 1)
Flashdance ... What A Feeling (4/83 US 1; 6/83 D 3, GB 2)
Breakdance (3/84 US 8)
What A Feeling (2/01 D 3)
Dance, Pop

Caravelles

ANDREA SIMPSON v (Großbritannien, * 12. 9. 1945), LOIS ANN WILKINSON v (Großbritannien, * 3. 4. 1944 in Sleaford/ Lincolnshire)

Lois Wilkinson und Andrea Simpson sangen 1963 mit »You Don't Have To Be A Baby To Cry« total gegen den Trend. Während der britische Beat aus Liverpool alles an die Wand drückte, was nicht mit drei Gitarren und Schlagzeug gespielt wurde, sangen diese beiden Britinnen eine leichte Ballade. Allerdings: Bei diesem einen Hit sollte es bleiben. Lois Wilkinson machte als Lois Lane (nicht zu verwechseln mit der holländischen Formation) Soloplatten und sang bei der BBC aktuelle Hits, als während der Beschränkung der Needle-Time weniger Platten gespielt werden durften. Andrea behielt den Gruppennamen Caravelles und trat bis Ende der 80er Jahre mit immer wechselnden Partnerinnen auf.

You Don't Have To Be A Baby To Cry (8/63 GB 6; 11/63 US 3)
One Hit Wonder, Soft Pop

Cardigans

LARS-OLOF JOHANSSON key (Schweden, * 23. 2. 1973), BENGT LAGERBERG d (Schweden, * 5. 7. 1970), NINA PERRSON v (Schweden, in Karlskoga), MAGNE SVENINGSSON b (Schweden, * 4. 4. 1972), PETER SVENSSON g (Schweden)

»Carnival« (6/95 GB 72, 12/95 RE-GB 35), »Sick And Tired« (9/95 GB 34), »Rise And Shine« (2/96 GB 29), »Lovefool« (9/96 GB 21, 5/97 RE-GB 4) und »Been It« (12/96 GB 56) – das ist die Ausbeute dieser schwedischen Formation aus Jönköping, die 1992 zusammenfand. Sängerin Nina hauchte mit ihrer Lolita-Stimme gleich auf dem 1994 erschienenen Debüt-Album »Emmerdale« in einer Art und Weise, dass ihr und der Gruppe das Etikett ›Kitsch-Pop‹ angehängt wurde. ›Der Sound der Cardigans hat seine Wurzeln in der jazzy Nightclub-Atmosphäre der Sixties. Zu ihren Vorbildern zählt die Band Nancy Sinatra und Lee Hazlewood‹, schreibt ihre Plattenfirma über die Band. Aber auch die Easy-Listening-Welle, die von vielen technogenervten Rundfunkredakteuren und Radiohörern Mitte der 90er Jahre geradezu herbeigewünscht wurde, half der neuen Band, sich zu etablieren. Als »Carnival« in GB die Charts erreichte, in Japan die Gruppe frenetisch gefeiert wurde und einen Spitzenplatz in der Hitparade errang, wurde man auch hierzulande auf sie aufmerksam. Eine Tournee durch Deutschland, die zweite LP »Life« und »Rise And Shine« brachten der Gruppe auch hierzulande viel Presse – aber keinen Hit. Der Rundfunk spielte die Nummern – die Käufer blieben aus. Als drittes Album erschien 1996 »First Band On The Moon«. Die Auskopplung »Lovefool« kam im Herbst 1996 fast in die britischen Top 20 – und dann kam für die Nummer ein glücklicher Umstand: Die Platte fand Verwendung in einer Neuverfilmung von Shakespeares »Romeo & Julia«, die speziell beim jugendlichen Publikum gut ankam. Vom Easy-Listening-Sound hatte sich die Gruppe inzwischen weitestgehend entfernt – der Ruf einer ›Cocktail-Lounge-Band‹ haftete ihr ob ihres cremigen Sounds immer noch an. »My Favourite Game« (10/98 GB 14) und »Hanging Around« (7/99 GB 17) waren weitere Top-40-Hits.

»First Band On The Moon« (10/96 GB-LP 18, 1/97 US-LP 35) und »Gran Turismo« (10/98 GB-LP 9) wurden die erfolgreichsten Alben der Band.

Lovefool (4/97 D 6; 5/97 GB 2)
Erase/Rewind (3/99 GB 7)
Pop

Siehe auch: Jones, Tom

Carey, Mariah

MARIAH CAREY v (USA, * 27. 3. 1970 in Long Island/New York)

1988 suchte die Plattenfirma der Sängerin Brenda Kaplan, die als Brenda K. Starr Platten aufnahm, eine geeignete Backgroundsängerin. Mariah Carey, die in New York als Kellnerin arbeitete, hatte seit ihrem vierten Lebensjahr von ihrer Mutter, die einst an der New Yorker Oper gesungen hatte, Gesangsunterricht erhalten. Mariah bewarb sich für den Job als Backgroundsängerin – mit Erfolg. Brenda K. war von Mariahs Stimme – die sieben Oktaven umfasst! – so angetan, dass sie das Demoband weiterreichte. Daraufhin erhielt Mariah einen Solovertrag. 1989 verbrachte sie mit den Aufnahmen für ihre erste Platte, und im April 1990 stellte die CBS sie in New York dem Publikum vor. Sie sang, nur von Richard Tee am Piano begleitet, drei Titel. Das Publikum war begeistert. Es folgten Auftritte in ›NBC Tonight‹ und bei Arsenio Hall, und ihre Debüt-Single »Vision Of Love« wurde ein Millionseller. Ihre Debüt-LP »Mariah Carey« (6/90 US-LP 1, 9/90 GB-LP 6) hielt sich 22 Wochen auf dem Spitzenplatz der amerikanischen LP-Charts. Kein Wunder also, dass sie 1991 zwei Grammys erhielt: als beste Sängerin und als beste neue Künstlerin. Am 5. 6. 1993 heiratete sie Tommy Mottola, Präsident der Plattenfirma Sony Music, bei der sie unter Vertrag ist. Mitte 1997 wurden Gerüchte laut, dass sich Mariah von Ehemann Mottola trennen werde – diese Gerüchte bewahrheiteten sich später. Am 13. 9. 1997 erschien mit »Honey« ihre nächste Single in den USA-Charts sofort auf Platz 1. Weitere erwähnenswerte Platzierungen: »Butterfly« (12/97 GB 22) und »My All« (6/98 D 30). »When You Believe« sang sie im Duett mit Whitney Houston. Ihr Hit »I Still Believe« war im Original 1988 ein Platz 13 in den USA für Brenda K. Starr gewesen. Von dem Hit »Against All Odds (Take A Look At Me Now)« gab es mehrere Versionen. Im Juni 2000 war Mariah alleine mit diesem Stück auf Platz 29 in Deutschland. Ende September 2000 stieg »Against All Odds (Take A Look At Me Now)« auf Platz 1 der britischen Hitparade ein, und bei dieser Version sang Westlife mit.

Ihre weiteren Erfolgsalben waren »Emotions« (10/91 US-LP 4, GB-LP 4), »MTV Unplugged EP« (6/92 US-LP 3, 7/92 GB-LP 3), »Music Box« (9/93 US-LP 1, GB-LP 1, D-LP 1), »Merry Christmas« (11/94 US-LP 3, GB-LP 32), »Daydream« (10/95 US-LP 1, GB-LP 1, D-LP 1), »Butterfly« (9/97 GB-LP 2, D-LP 7, 10/97 US-LP 1), »#1s« (11/98 GB-LP 10, US-LP 4, D-LP 10) und »Rainbow« (11/99 GB-LP 8, D-LP 3, US-LP 2).

Im April 2001 unterschrieb Mariah einen Plattenvertrag bei Virgin Records – für vier Alben kassierte sie 80 Millionen Dollar. Das erste Album bei dieser Company erschien am 20. 8. 2001 und hieß »Glitter« (9/01 GB-LP 10, D-LP 7, US-LP 7). Es war auch der Soundtrack zu ihrem Kinofilm »All That Glitters«. Darin spielt sie die Sängerin Billie auf dem Weg zum Starruhm. Ausgekoppelt aus diesem Soundtrack wurde »Loverboy« (6/01 US 2, 7/01 GB 12). Der nächste Singlehit war »Never Too Far/Don't Stop Funkin' 4« (12/01 GB 32), als Gast wirkte Mystikal mit. Anfang 2002 wollte sich Virgin aus dem Vertrag mit Mariah freikaufen und bot angeblich knapp über 50 Millionen Dollar an – nur damit Mariah bei ihnen keine Platten mehr macht. Viel Geld für wenig Leistung.

Jetzt wehte Mariah auch aus dem Feuilleton der Wind ins Gesicht – die SZ sprach im Januar 2002 vom ›Pleitenpechundpannenpüppchen‹. Mariahs Auftritt beim 60. Geburtstag von Muhammad Ali am 17. 1. 2002 trieb jedem Betrachter Röte ins Gesicht – nicht ob des lasziven Auftritts, sondern wegen der Peinlichkeit ihres Versuchs, Marilyn Monroes Auftritt anlässlich des Geburtstages von John F. Kennedy zu

kopieren. Die mit dem Hintern wackelnde Mariah stand vor dem von Parkinson geschüttelten Ali in einer Art und Weise, die dem Betrachter die Schamröte ins Gesicht trieb.
Am 23. 1. 2002 wurden Fakten geschaffen und Zahlen genannt: EMI/Virgin veröffentlichte in London, dass sie sich von Mariah mit 32 Millionen Euro freigekauft hätte. Gleichzeitig wurde auch bekannt, dass ihr Plattenvertrag rund 114 Millionen Euro hätte bringen können. Da allerdings das Album »Glitter« weit hinter den Erwartungen zurückblieb – es wurden ›nur‹ zwei Millionen Exemplare verkauft – und da der gleichnamige Film gefloppt war, sah die EMI keine Möglichkeit, an diese Garantiesumme heranzukommen.

Vision Of Love (6/90 US 1; 8/90 GB 9)
Love Takes Time (9/90 US 1)
Someday (1/91 US 1)
I Don't Wanna Cry (4/91 US 1)
Emotions (8/91 US 1)
Can't Let Go (11/91 US 2)
Make It Happen (2/92 US 5)
I'll Be There (5/92 US 1, GB 2)
Dreamlover (8/93 US 1, GB 9)
Hero (10/93 GB 7, US 1)
Without You/Never Forget You (1/94 GB 1, US 3; 3/94 D 1)
Anytime You Need A Friend (6/94 GB 8)
Endless Love (9/94 GB 3, US 2)
All I Want For Christmas Is You (12/94 GB 2)
Fantasy (9/95 US 1, GB 4)
One Sweet Day (12/95 US 1, GB 6)
Open Arms (2/96 GB 4)
Always My Baby (4/96 US 1; 6/96 GB 3)
Honey (9/97 US 1, GB 3)
My All (5/98 US 1; 6/98 GB 4)
When You Believe (12/98 GB 4, D 8)
I Still Believe (2/99 US 4)
Heartbreaker (9/99 US 1; 10/99 D 9; 11/99 GB 5)
Thank God I Found You (12/99 US 1; 3/00 GB 10)
Against All Odds (Take A Look At Me Now) (9/00 GB 1)
Loverboy (6/01 US 2)
Pop

Carey, Tony

TONY CAREY v, g, key (USA, * 16. 10. 1952 in Fresno/Kalifornien)
Der Sänger, Gitarrist, Keyboarder und Songschreiber begann seine Karriere in der US-Gruppe Blessings. Im September 1975 wurde er bis zum Mai 1977 Mitglied in Ritchie Blackmores Rainbow. 1978 kam er für einen Sessionjob für zwei Wochen nach Frankfurt – er blieb in Deutschland hängen und arbeitete in den folgenden Jahren als Solist, als Kopf vom Planet P Projekt, das es 1983 zumindest zu einem Eintrag in die US-Charts mit »Why Me?« brachte, oder als Studiomusiker. Seine Nummer »A Room With A View« war in der TV-Serie ›Wilder Westen inklusive‹ zu hören. TV-Melodien haben sich zwischenzeitlich zu einer seiner Spezialitäten entwickelt. Dass sich Tony Carey geschickt zwischen Rock- und Softmusik bewegen kann, zeigt seine lang anhaltende und vielseitige Karriere.

A Room With A View (1/89 D 3)
Pop, Rock

Carlisle, Belinda

BELINDA CARLISLE v (USA, * 17. 8. 1958 in Hollywood/Kalifornien)
Im Mai 1985 gaben die 1978 gegründeten Go-Go's bekannt, dass sie sich trennen würden. Belinda musste sich von dem langjährigen Stress mit dieser Band erst einmal erholen – trotzdem war klar, dass sie schon aufgrund ihres Äußeren auch weiterhin im Geschäft bleiben würde. Ziemlich genau ein Jahr später gab sie ihr erstes Solokonzert, und die Single »Mad About You« wurde im selben Monat ihr erster Hit. In der Folgezeit erschienen in regelmäßigen Abständen sehr schöne und meist auch erfolgreiche Platten von Belinda. Wie ihre Go-Go-Kollegin Jane Wiedlin setzte Belinda ihre Popularität verstärkt für Umwelt- und Tierschutz-

maßnahmen ein. Inzwischen hatte sie Morgan Mason, Sohn des Schauspielers James Mason, geheiratet. Als die Go-Go's 1994 wieder ins Studio gingen, um einige neue Titel aufzunehmen, war Belinda Carlisle auch mit dabei. Die Platte erschien und hinterließ wenig Eindrücke. Belinda veröffentlicht weiter Soloproduktionen, mit denen sie speziell in England erfolgreich ist.

Ihre erfolgreichsten Alben: »Belinda« (6/86 US-LP 13), »Heaven On Earth« (10/87 US-LP 13, 1/88 GB-LP 4), »Runaway Horses« (10/89 US-LP 37, 11/89 GB-LP 4), »Live Your Life Be Free« (10/91 GB-LP 7), »The Best Of Belinda Volume 1« (9/92 GB-LP 1),, »Real« (10/93 GB-LP 9), »A Woman And A Man« (10/96 GB-LP 12) und »A Place On Earth – The Greatest Hits« (11/99 GB-LP 15).

In den 90er Jahren zog Belinda Carlisle nach Frankreich, wo sie mit ihrem Mann und ihrem Sohn lebt. 2001 erschien mit »God Bless The Go-Go's« ein neues Album der Band – Belinda war mit dabei.

Mad About You (5/86 US 3)
Heaven Is A Place On Earth (9/87 US 1; 12/87 D 3, GB 1)
I Get Weak (1/88 GB 10, US 2)
Circle In The Sand (4/88 GB 4, US 7; 6/88 D 9)
Leave A Light On (10/89 GB 4)
(We Want) The Same Thing (10/90 GB 6)
In Too Deep (7/96 GB 6)
Always Breaking My Heart (9/96 GB 8)
Pop

Siehe auch: Go-Go's

Carlton, Carl

CARL CARLTON (USA, in Detroit/Michigan)

Carl Carlton war gerade zwölf Jahre alt, als er einen Plattenvertrag erhielt. Die Firma Golden World war der Meinung, in ihm sei der neue Little Stevie Wonder zu sehen. Schon nach seiner Debütsingle »Nothin' No Sweeter Than Love« war der Firma klar, dass sie falsch lag, und sie entließ ihn wieder aus dem Vertrag. Es sollte noch vier Jahre dauern, bis er zu seiner ersten Hitparadennotierung kam. Mit »Everlasting Love«, in GB 1968 eine Nummer 1 in der Hitparade mit Love Affair, hatte Carl seinen größten Hit. »She's A Bad Mama Jama (She's Built, She's Stacked)« (7/81 GB 34, 8/81 US 22) wurde ein Millionseller. In den R&B-Hitparaden hielt sein Erfolg bis 1986 an.

Everlasting Love (9/74 US 6)
Rhythm & Blues, Soul

Carmen, Eric

ERIC CARMEN v (USA, * 11. 8. 1949 in Cleveland/Ohio)

Nachdem die US-Band Raspberries, die zwischen 1970 und 1975 erfolgreich war, auseinandergebrochen war, machte Eric Carmen als Solist weiter. Bei »All By Myself« ließ Rachmaninow mit dem zweiten Satz aus seinem zweiten Klavierkonzert grüßen. Ende 1976 produzierte er in London mit Gus Dudgeon eine neue LP. Bis zum Jahr 1980 hatte Eric noch ein paar kleinere Hits, dann verschwand er für fünf Jahre. Richtig erfolgreich wurde er Ende 1987 mitl »Hungry Eyes« aus dem Film »Dirty Dancing«. Beim Nachfolgehit »Make Me Lose Control« ließ Phil Spector grüßen. Er hätte auch heißen können ›You've Lost That Lovin' Tears Of A Clown To Save The Last Dance Under The Boardwalk For Me‹.

Für Shaun Cassidy schrieb Eric die Nummern »That's Rock 'n' Roll« und »Hey Deanie«.

All By Myself (12/75 US 2)
Hungry Eyes (11/87 US 4)
Make Me Lose Control (5/88 US 3)
AOR (Adult Orientated Rock), Pop

Siehe auch: Raspberries

Carnes, Kim

KIM CARNES v, p (USA, * 20. 7. 1945 in Los Angeles/Kalifornien)

Die Sängerin, Pianistin und Songschreiberin war zusammen mit ihrem Mann Dave Ellington und Kenny Rogers in den späten 60er Jahren Mitglied der New Christy Minstrels. 1971 verließen Kim und Dave die Gruppe und nahmen für den Film »Vanishing Point« (»Fluchtpunkt San Francisco«) den Titel »Nobody Knows« auf. Ihre Solo-LP »Kim Carnes« 1975 brachte ihr zwar wohlwollende Kritiken ein, größeren Erfolg hatte sie jedoch zusammen mit ihrem Mann als Songschreiber für Größen wie Frank Sinatra, Barbra Streisand und Kenny Rogers. Außerdem sang und schrieb sie zahlreiche Werbejingles. In den Charts ist die Sängerin mit der Reibeisenstimme seit 1978 vertreten. Ihren ersten großen Hit hatte sie im März 1980 im Duett mit Kenny Rogers: »Don't Fall In Love With A Dreamer«. Als Solistin gelang ihr der erste Knüller mit »Bette Davis Eyes«. Als Songschreiberin hat sie sich sowohl auf dem Pop- als auch auf dem Rock- und Country-Sektor profiliert. Bei dem Projekt USA For Africa mit dem Hit »We Are The World« war Kim auch dabei. Ihr erfolgreichstes Album war »Mistaken Identity« (5/81 US-LP 1, 6/81 GB-LP 26, 7/81 D-LP 3).

Don't Fall In Love With A Dreamer (3/80 US 4)
More Love (5/80 US 10)
Bette Davis Eyes (3/81 US 1; 5/81 D 1, GB 10)
AOR (Adult Orientated Rock), Pop

Carpendale, Howard

HOWARD CARPENDALE v (Südafrika, * 14. 1. 1946 in Durban)

Bevor er 1966 in die Bundesrepublik kam, war er in Südafrika schon als bester Elvis-Imitator bekannt. 1963 schloss er sich der Beatgruppe The Kinsmen an und gewann mit ihnen den Wettbewerb ›Battle of the Beat‹ von Radio Springbock. Seine erste Plattenaufnahme »Endless Sleep« wurde ein Achtungserfolg. 1965 ging er nach England, um dort als Profi-Kricketspieler Karriere zu machen. Nachdem das nicht gelungen war, schlug er sich mit dem Schreiben von Artikeln für eine südafrikanische Zeitung durch und nahm zur Überbrückung einen Job als Sänger bei einer Beatband an, die in Deutschland gastierte. Nach einem Gastspiel in Wuppertal fuhr er nach Köln und sprach dort bei der Schallplattenfirma EMI Electrola vor. Zu seiner eigenen Überraschung erhielt er einen Vertrag für eine Platte. Im November 1966 erschien mit »Lebenslänglich« seine erste Single. Da sich die Platte über 60 000-mal verkaufte, wurde Carpendales Vertrag verlängert, und er beschloss, vorerst in Deutschland zu bleiben. Seit 1969 ist er regelmäßig in der deutschen Hitparade vertreten. Seinen ersten Hit hatte er mit »Das schöne Mädchen von Seite 1«. 1989 veröffentlichte er seine Autobiografie ›Von oben sieht alles anders aus‹. Seine erfolgreichsten Alben: »Mein Weg zu dir« (12/79 D-LP 3), »Eine Stunde für dich« (10/80 D-LP 12), »Such mich in meinen Liedern« (11/81 D-LP 4), »Musik, das ist mein Leben« (4/83 D-LP 10), »Hello Again« (2/84 D-LP 3), »Howard Carpendale« (11/84 D-LP 8), »Mittendrin« (9/85 D-LP 6), »Ganz nah« (2/91 D-LP 8) und »Ich bin da« (5/94 D-LP 7).

Im Februar 2001 erschien das Album »Alles okay« (2/01 D-LP 9). Daraus ausgekoppelt: die Single »Ruf mich an«, eine Coverversion des Ronan-Keating-Hits »Life Is A Rollercoaster«.

Das schöne Mädchen von Seite 1 (6/70 D 6)
Du fängst den Wind niemals ein (9/74 D 8)
Deine Spuren im Sand (3/75 D 3)
Tür an Tür mit Alice (2/77 D 8)
Ti Amo (11/77 D 2)
Nachts, wenn alles schläft (10/79 D 3)
Wie frei willst du sein? (1/80 D 6)

Wem (8/81 D 9)
Hello Again (2/84 D 5)
Deutscher Schlager, Pop

Carpenters

KAREN CARPENTER v, d (USA, * 2. 3. 1950 in New Haven/Connecticut, † 4. 2. 1983), RICHARD CARPENTER key, p (USA, * 15. 10. 1946 in New Haven/Connecticut) Richard und Karen begannen 1967 zusammen mit dem Bassisten Wes Jacobs als Jazz-Instrumentaltrio. Richard spielte Tasteninstrumente, seine Schwester Karen Schlagzeug. Sie nahmen zwei Singles auf und gewannen dann den Battle of the Bands Contest in der Hollywood Bowl in Los Angeles. Danach erhielt das Richard Carpenter Trio einen Vertrag bei der RCA, es wurden jedoch keine Platten veröffentlicht. 1968 verließ Jacobs das Trio, um Musik zu studieren. Mit ihrem Freund John Bettis bildeten die Geschwister für kurze Zeit die Gruppe Spectrum. 1969 hörte Herb Alpert Demobänder der Carpenters, wie sich Richard und Karen jetzt nannten, und war von der kristallklaren Stimme Karens so begeistert, dass er ihnen einen Plattenvertrag anbot. Noch im selben Jahr erschien ihre erste LP. Ihre Debüt-Single war eine Coverversion der Beatles-Nummer »Ticket To Ride«. Als Nächstes erschien eine recht unbekannte Komposition von Bacharach/David, die Dionne Warwick sieben Jahre vorher aufgenommen hatte: »(They Long To Be) Close To You«. Es wurde ein Millionseller. Insgesamt hatten die Carpenters bis 1974 neun weitere Millionseller. Ende der 70er Jahre ließ ihr Erfolg nach, und es tauchten ernste gesundheitliche Probleme auf. Richard war tablettensüchtig und kam 1978 in eine Entziehungsklinik, Karen litt immer stärker an Magersucht, an deren Folgen sie 1983 starb. 1985 nahm Richard das Soloalbum »Time« auf, das, 1987 veröffentlicht, ein Flop wurde. Am 1. 1. 1989 brachte CBS TV ›The Karen Carpenter Story‹ mit Cynthia Gibb in der Titelrolle. Sie erzielte Top-Einschaltquoten. Im April 1990 wurde die Hitzusammenstellung »Only Yesterday« für zwei Wochen Nummer 1 in der britischen LP-Hitparade. Die weiteren Erfolgsalben: »Close To You« (9/70 US-LP 2, 1/71 GB-LP 23), »Carpenters« (6/71 US-LP 2, 10/71 GB-LP 12), »Ticket To Ride« (4/72 GB-LP 20), »A Song For You« (7/72 US-LP 4, 9/72 GB-LP 13), »Now & Then« (6/73 US-LP 2, 7/73 GB-LP 2), »The Singles 1969–1973« (12/73 US-LP 1, 1/74 GB-LP 1), »Horizon« (6/75 GB-LP 1, 6/75 US-LP 13), »A Kind Of Hush« (7/76 GB-LP 3, 7/76 US-LP 33), »Passage« (10/77 GB-LP 12), »The Singles 1974–1978« (12/78 GB-LP 2), »Beautiful Moments« (10/80 D-LP 1), »Made In America« (6/81 GB-LP 12), »Voice Of The Heart« (10/83 GB-LP 6), »Yesterday Once More« (10/84 GB-LP 10, 5/85 US-LP 144) und »Only Yesterday« (3/90 GB-LP 1).

(They Long To Be) Close To You (6/70 US 1; 9/70 GB 6)
We've Only Just Begun (9/70 US 2)
For All We Know (2/71 US 3)
Rainy Days And Mondays (5/71 US 2)
Superstar (9/71 US 2)
Hurting Each Other (1/72 US 2)
Goodbye To Love (7/72 US 7)
I Won't Last A Day Without You/Goodbye To Love (9/72 GB 9)
Sing (2/73 US 3)
Yesterday Once More (6/73 GB 2, US 2)
Top Of The World (10/73 US 1, GB 5)
Please Mr. Postman (11/74 US 1; 1/75 GB 2, D 10)
Only Yesterday (3/75 US 4, GB 7)
Calling Occupants Of Interplanetary Craft (10/77 GB 9)
Soft Pop

Carr, Vikki

VIKKI CARR v (USA, * 19. 7. 1938 als Florencia Bisenta De Casillas Martinez Cardona in El Paso/Texas)

In Los Angeles studierte Vikki Carr Musik, danach trat sie in einem Nachtclub auf. Mit dessen Orchester ging sie nach Las Vegas, Hawaii und Reno, wo sie sich einer anderen Band anschloss, bevor sie eine Solokarriere startete. 1962 trat sie regelmäßig in der Ray Anthony Show auf. 1967 war der englische Nachzieher des Gilbert-Bécaud-Hits »Seul Sur Son Etoile« als »It Must Be Him« ein internationaler Hit. 1971 hatte sie ihre letzte Hitnotierung. Danach kümmerte sie sich vor allem um eine Stiftung für Chicano-Kinder. Ihre Plattenveröffentlichungen reichen bis in die 90er Jahre. 1995 erhielt sie einen Grammy für ihre LP »Recuerdo A Javier Solis« in der Kategorie Best Mexican/American Album. Ihr erfolgreichstes Album hieß ebenfalls »It Must Be Him« (8/67 GB-LP 12, 10/67 US-LP 12). Als Geburtsjahr liest man auch 1941 oder 42.

It Must Be Him (6/67 GB 2; 9/67 US 3)
Pop

Carra, Raffaella

RAFFAELLA CARRA v (Italien, * 18. 6. 1942 als Raffaella Pallone in Bologna)
Raffaella studierte klassisches Ballett in Rom, nahm Schauspielunterricht und bekam angeblich schon als 17-Jährige eine Rolle als Opernsängerin. 1965 übernahm sie eine Nebenrolle in »Colonel von Ryan's Express«, in dem Frank Sinatra und Trevor Howard die Hauptdarsteller waren. Der Film spielte zwischen Mittelitalien und der Schweizer Grenze im Jahre 1943 – Heimspiel für Raffaella Carra. Anfang der 70er Jahre begann ihre Karriere als Sängerin. Mit »Ma Che Musica Maestro« hatte sie 1970 ihren ersten Top-10-Hit in Italien – bis 1982 gelangen ihr sechs weitere Erfolge unter den ersten zehn. 1972 nahm sie ein Angebot für eine eigene TV-Show an, in der sie ihrer Leidenschaft Singen frönen konnte. Auch außerhalb von Italien war Raffaella sehr erfolgreich. TV-Shows in Frankreich und Spanien – und auch Hits in Deutschland, der Schweiz und GB. Ihr GB-Hit war in Italien lediglich als B-Seite veröffentlicht worden, erreichte aber in Frankreich Platz 1. Vielseitig und ›Pronto, Raffaella‹.

A Far L'Amore Cominicia Tu (Liebelei) (9/77 D 4)
Do It Do It Again (4/78 GB 9)
Schlager

Carrack, Paul

PAUL CARRACK v, key (Großbritannien, * 22. 4. 1951 in Sheffield/Yorkshire)
Carrack gilt als eine der bekanntesten Stimmen in der Popmusik, zu der einem jedoch kein Gesicht einfällt. Kein Wunder, wenn man seine vielen Stationen sieht. Erste Erfolge als Leadsänger der Gruppe Ace, danach 1977 Frankie Miller, 1978 Roxy Music, dann 1980 eine Soloplatte und schließlich 1981 Mitglied von Squeeze. 1982 erreichte er als Solist mit »I Need You« (9/82 US 37) zum erstenmal die Top-40. Danach ging er zu Eric Clapton, bis er 1985 Leadsänger bei Mike & The Mechanics wurde. 1987 nahm er nebenher wieder als Solist Platten auf und hatte mit »Don't Shed A Tear« seinen größten Hit. Die Qualitäten von Paul wurden 1994 auf der CD »Paul Carrack Collection« gewürdigt. Hier schaffte man es, auch plattenfirmenübergreifend Titel, die Paul für Ace, Squeeze, mit Carlene Carter, Mike & The Mechanics und als Solist gesungen hatte, zusammenzufassen. Im Beiheft kann man mit Staunen nachlesen, auf wie vielen Platten und in wie vielen weiteren Formationen er noch mitgesungen hat. 2002 kam er mit dem sehr schön gemachten Soloalbum »Satisfy My Soul«. Er hatte es fast im Alleingang in seinem Heimstudio aufgenommen und so gut wie alle Instrumente selbst gespielt.

Don't Shed A Tear (11/87 US 9)
AOR (Adult Orientated Rock), Pop

Siehe auch: Mike & The Mechanics; Ace

Carrell, Rudi

RUDI CARRELL v (Niederlande, * 19. 12. 1934 als Rudolf Wybrand Kesselaar in Allamaar)
Ihm kann man nicht nachsagen, dass er an mangelndem Selbstbewusstsein leidet. Er begann in seiner Heimat als Schlagersänger und gewann dort 1960 beim holländischen Songfestival. Im selben Jahr hatte er mit »Wat een geluck« seinen größten Hit in den Niederlanden. Danach moderierte er im Land der Tulpen über vierzig Shows und wurde 1964 mit der Silbernen Rose von Montreux für die Sendung ›Allein auf der Insel‹ ausgezeichnet. Nun wurde er auch im deutschen Fernsehen beschäftigt und hatte Sendungen wie ›Am laufenden Band‹, ›Rudi Carrell Show‹, ›Rudi's Tages-Show‹, ›Herzblatt‹ oder ›Rudis Tiershow‹. Auch bei uns sang er einige Liedchen, so z. B. fragte er im verregneten Jahr 1975: »Wann wird's mal wieder richtig Sommer?« (5/75 D 18). Im November 2001 erhielt Rudi Carrell beim »Deutschen Comedy Preis 2001« die Ehrenauszeichnung für sein Lebenswerk.

Goethe war gut (10/78 D 9)
Deutscher Schlager

Carroll, Dina

DINA CARROLL v (Großbritannien, * 21. 8. 1968)
Zusammen mit dem britischen Soul-Pop-Duo Quartz hatte Dina Carroll, Tochter eines Afroamerikaners und einer Schottin, Anfang 1991 ihren ersten Top-10-Hit in GB: »It's Too Late«. Nachdem Quartz nichts mehr gelang, versuchte sich Dina ab 1992 als Solistin. »Ain't No Man« und »Special Kind Of Love« erreichten im selben Jahr jeweils Platz 16 in GB. Im Januar 1993 erschien ihr Debütalbum »So Close« (1/93 GB-LP 2) und errang in GB innerhalb weniger Wochen den Status einer Doppelplatinplatte. Inzwischen wurde sie von der britischen Presse als ›neue Hoffnung für den Soul‹ oder ›britische Soul-Entdeckung des Jahres‹ gefeiert. Ende 1993 sang sie »The Perfect Year« und beschrieb damit treffend den Ablauf des gesamten Jahres, was sie betraf. Die Musik zu diesem Song stammte von Andrew Lloyd Webber. Danach trat eine Pause ein. Fast drei Jahre nach ihrem Hit »Perfect Year« war sie wieder hoch in den Charts mit einer Nummer, die Barry Blue 1992 mit der von ihm protegierten Mädchengruppe Asia Blue 1992 veröffentlicht hatte: »Escaping«. Dina machte mehr aus dem Titel: Sie erreichte Platz 3, Asia Blue 50. Dann erschien als nächstes Album »Only Human« (10/96 GB-LP 2), das auf Platz 2 in den Charts einstieg und Gold erreichte. »Only Human« (12/96 GB 33) als Single erreichte knapp die Top 40. Nach einer weiteren Pause erschien mit »One Two Three« (10/98 GB 16) ein weiterer Hit. Es war eine Auskopplung aus einem Album, das im November 1998 erschien und »Dina Carroll« hieß. Es folgte »Without Love« (7/99 GB 13). Nach einer Pause kam sie mit »Someone Like You« (6/01 GB 38).

Don't Be A Stranger (10/93 GB 3)
The Perfect Year (12/93 GB 5)
Escaping (9/96 GB 3)
Pop, Soul

Siehe auch: Quartz

Carroll, Ronnie

RONNIE CARROLL v (Großbritannien, * 18. 8. 1934 als Ronald Cleghorn in Belfast)
Über die verschiedensten Berufe – Milchmann, Automechaniker, Bäcker oder Klempner – kam er zur ›Hollywood Doub-

les Show‹, in der er Nat King Cole darstellte. Cole, der ihn angeblich einmal in Liverpool gesehen hatte, fragte ihn danach: ›Was machst du da? Willst du mich kaputt machen?‹ Ronnie Carroll sang in Clubs und Variétés, bis er Mitte der 50er Jahre im Fernsehen auftrat. Danach erhielt er einen Plattenvertrag und stand ab 1956 in den britischen Charts. Bis in die 80er Jahre war Ronnie in GB in Clubs zu hören.

Roses Are Red (8/62 GB 3)
Say Wonderful Things (3/63 GB 6)
Pop

Carrott, Jasper

JASPER CARROTT v (Großbritannien, * 14. 3. 1945 in Birmingham)
Carrott gehört zu jenem Typus Entertainer, wie er nur in GB zu finden ist. Allroundtalente, die in Folk-Clubs, Colleges oder Universitäten auftreten und das Publikum mit den unterschiedlichsten Dingen unterhalten – eben mit dem, was früher das Variété anbot. Das machte Jasper Carrott ab 1969, 1972 bekam er bei der BBC eine eigene Radioshow, die ›Folk-Club‹ hieß, und ab 1975 hatte er auch Fernsehsendungen. Darin sang er Songs wie »Aston Villa Skinhead Song« oder »Viva El Moscow«, hielt Monologe wie z. B. ›For Eric, My Idol‹, eine Hommage an Eric Idle. Auf »Funky Moped/Magic Roundabout«, seinem einzigen Hit, spielten mit Jeff Lynne, Bev Bevan und Richard Tandy gleich drei Mitglieder von ELO mit. Ansonsten verkauften sich von Jasper die Alben besser: »Rabbits On And On« (10/75 GB-LP 10), »The Unrecorded Jasper Carrott« (10/79 GB-LP 19) und »Beat The Carrott« (9/81 GB-LP 13).

Funky Moped/Magic Roundabout (8/75 GB 5)
Pop

Cars

ELLIOT EASTON g (USA, * 18. 12. 1953 als Elliot Shapiro in Brooklyn/New York), GREG HAWKES key, RIC OCASEK v, g (USA, * 23. 3. 1949 als Richard Hawkes in Baltimore/Maryland), BENJAMIN ORR v, b (USA, * 9. 8. 1947 als Benjamin Orzechowski in Cleveland/Ohio, † 3. 10. 2000), DAVID ROBINSON d (Großbritannien, * 2. 4. 1953)
Aus der Bostoner Gruppe Cap'n Swing wurde 1976 Cars. Ab 1977 begann eine ungewöhnlich erfolgreiche Karriere, die bis zum Auseinanderbruch der Gruppe im Jahre 1988 anhielt. In dieser Zeit erschienen sechs Alben, die alle jeweils über 1 Million mal verkauft wurden. Ihr Debütalbum »The Cars« (7/78 US-LP 18, 12/78 GB-LP 29) ragte dabei heraus: sie verkauften es 6 Millionen mal. Dabei muss festgestellt werden, dass dies lediglich dem Songschreibertalent Ric Ocasek zu verdanken ist, der alle Songs im Alleingang schrieb und der Leadsänger der Gruppe war. Mitte 1978 tauchte die erste Single der Cars, »Just What I Needed« (6/78 US 27, 2/79 GB 17), in den Charts auf. »Drive« wird übrigens nicht von Ric, sondern von Benjamin Orr gesungen. Die zweite Hitplatzierung in GB wurde sicher dadurch gefördert, dass laut Ric alle Tantiemen aus dem Verkauf dieser Platte dem Band Aid Trust zur Verfügung gestellt werden. Obwohl Ric Ocasek sicher nicht zu den schönsten Popstars der Geschichte gehört, wusste er doch das Medium Video für sich einzusetzen. Das Video zu »You Might Think« wurde 1984 als ›Best Video Of The Year‹ von MTV ausgezeichnet. Schon ab 1983 tauchte Ric auch als Solist in den US-Charts auf: »Emotion In Motion« (9/86 US 15). Ob schön oder nicht schön: Ric heiratete 1989 das Supermodel Paulina Porizkowa. Die erfolgreichsten Alben der Cars: »Candy-O« (6/79 US-LP 3, 7/79 GB-LP 30), »Panorama« (9/80 US-LP 5), »Shake It Up« (11/81

US-LP 9), »Heartbeat City« (4/84 US-LP 3, 10/84 GB-LP 25, 11/84 D-LP 15) und »The Cars Greatest Hits« (11/85 US-LP 12, GB-LP 27).

My Best Friend's Girl (11/78 GB 3)
Shake It Up (11/81 US 4)
You Might Think (3/84 US 7)
Drive (8/84 GB 5, US 3; 10/84 D 4; 8/85 GB 4)
Tonight She Comes (11/85 US 7)
AOR (Adult Orientated Rock)

Carter, Aaron

AARON CARTER v (USA, * 7. 12. 1987 in Jamestown/New York)
Aaron ist der kleine Bruder von Nick, und Nick ist einer der Backstreet Boys. Das schien schon zu genügen, um auch eine Plattenkarriere zu starten. Aaron hatte bereits mit sieben Jahren die Gruppe Dead End gegründet – und als er (und besonders seine Mutte Jane) befürchtete, mit denen in einer Sackgasse zu landen, löste er die Band wieder auf und versuchte sich als Solist. Da die deutschen Teenieplattenkäufer immer jünger wurden, kauften sie auch die Platte des gleichaltrigen Aaron, der mit »Crush On You« am 1. 9. 1997 gleich in die deutschen Top 10 einstieg. Im Original war die Nummer einst ein Hit für die Jets gewesen. Als Vorprogramm der Backstreet Boys stellte Aaron seine Platte im August/September 1997 den deutschen Fans vor. Der nächste Hit »I'm Gonna Miss You Forever« (3/98 D 13, GB 24) kam nicht so gut an wie die Vorgänger – als Aussage eines 10-Jährigen einfach auch zu unglaubwürdig. Seine Version des Beach-Boys-Klassikers »Surfin' USA« (6/98 D & GB 18) konnte auch nur noch Minderjährige begeistern. Danach trat eine Pause ein, die im August 2000 beendet war. Sein Album »Aaron's Party (Come And Get It)« (10/00 US-LP 4) kam am 14. 10. 2000 in die LP-Charts und sprang auf Platz 16 – dann fiel es langsam nach unten und machte Ende April 2001 einen Satz in die Top 10. Ab dem 4. 4. 2001 stand Aaron auch auf der Bühne: in »Seussical – The Musical« spielte er in New York am Broadway. Das Musical basiert auf einer Sammlung des US-Kinderbuchautors Dr. Seuss. Von ihm stammt zum Beispiel die Geschichte für den Film »Der Grinch«. Das nächste Album hieß »Oh Aaron« (8/01 US-LP 7).

Crush On You (9/97 D 5; 11/97 GB 9)
Crazy Little Party Girl (2/98 GB 7)
Pop, Teeniestar

Siehe auch: Bravo All Stars

Carter, Clarence

CLARENCE CARTER v, g (USA, * 14. 1. 1936 in Montgomery/Alabama)
Clarence Carter, seit seinem ersten Lebensjahr blind, machte seine ersten Platten als eine Hälfte des Duos Clarence & Calvin, auch bekannt als C & C Boys. Clarence sang und spielte Gitarre, Calvin sang ebenfalls und spielte Piano. Nachdem sein Partner Calvin Thomas (auch unter dem Namen Calvin Scott bekannt) sich nach einem schweren Autounfall 1966 aus dem Musikgeschäft hatte zurückziehen müssen, versuchte sich Clarence alleine. Seine erste Hitnotierung hatte er mit »Thread A Needle« (6/67 US 98). Seine größten Hits waren die Millionseller »Slip Away«, »Patches« und »Too Weak To Fight« (11/68 US 13). Nach 1973 war die Hitzeit für Clarence beendet. Für einige Zeit war er mit der Sängerin Candi Staton verheiratet.

Slip Away (7/68 US 6)
Patches (7/70 US 4; 10/70 GB 2)
Rhythm & Blues, Soul

Carter, Mel

MEL CARTER v (USA, * 22. 4. 1939 in Cincinnati/Ohio)

Dieser Soulsänger und Schauspieler begann seine Karriere bereits als Neunjähriger in einer Show von Lionel Hampton. Schon als Vierjähriger hatte Mel Carter in Radiosendungen seiner Heimatstadt gesungen. Über mehrere Stationen und Gospelgruppen, z. B. die Carvetts, die durch seine Mutter geleitet wurden, kam es Ende der 50er Jahre zu seinen ersten Soloplatten. 1957 hatte man ihn in den USA zum Top-Gospeltenor des Jahres gewählt. Erfolgreich wurde er ab 1963: sein größter Hit »Hold Me, Thrill Me, Kiss Me« war 1953 ein Hit von Karen Chandler. Seine Plattenkarriere war nach 1966 beendet – dafür wurde er jetzt immer häufiger als Schauspieler beschäftigt. Mel spielte mit in Serien wie ›Quincy‹, ›Sanford & Son‹, ›Dr. med. Marcus Welby‹ oder ›Magnum‹.

Hold Me, Thrill Me, Kiss Me (6/65 US 8)
Soul

Carter U.S.M.

FRUITBAT v, g, d (Großbritannien, * 12. 2. 1958 als Leslie Carter in London), JIM BOB v, g, d (Großbritannien, * 22. 11. 1960 als James Morrison in London)
Jim Bob und Fruitbat, beide aus dem Süden Londons, hatten schon ab Anfang der 80er Jahre in Bands wie Ballpoint, End, Dead Clergy, Peter Pan's Playground oder Jamie Wednesday zusammen oder auch alleine gespielt, bevor sie sich 1988 entschlossen, sich eine Drum-Machine zu kaufen und das Duo Carter U.S.M. zu gründen. U.S.M. steht für Unstoppable Sex Machine. Was nun kam, war wie eine Mixtur aus Glam-Rock, Punk, Techno und Pop. Sie begannen, für eine kleine britische Plattenfirma aus Samples die Single »Sheltered Life« zu produzieren, die wenig Eindruck hinterließ. Als nächste Platte erschien »Sheriff Fatman«, die ebenfalls floppte. Ihre Live-Auftritte wurden jedoch zu ›Manic Pop-Rock At Its Best‹, wie der britische ›Record Mirror‹ im Januar 1991 schrieb. Sie standen auf der Bühne, umzingelt von Tapemaschinen und Drum-Computern, sangen und sprachen und spielten dazu Gitarren. Das Duo wurde in GB zur absoluten Kultband – jetzt fehlten nur noch die Hits. Nach dem Erfolg von »30 Something« wechselten sie zu einer größeren Plattenfirma, und »Sheriff Fatman« (6/91 GB 23) wurde erneut veröffentlicht. Weitere Hits: »After The Watershed« (10/91 GB 11), »Rubbish« (1/92 GB 14), »Do Re Mi So Far So Good« (7/92 GB 22), »The Impossible Dream« (11/92 GB 21), »Lean On Me I Won't Fall Over« (9/93 GB 16), »Lenny And Terence« (10/93 GB 40), »Glam Rock Cops« (3/94 GB 24), »Let's Get Tattoos« (11/94 GB 30), »The Young Offender's Mum« (2/95 GB 34) und »Born On The 5th Of November« (9/95 GB 35).
Ihre erfolgreichsten Alben waren »30 Something« (3/91 GB-LP 8, 2/92 RE-GB-LP 21), »1992 – The Love Album« (5/92 GB-LP 1), »Post Historic Monsters« (9/93 GB-LP 5) und »Worry Bomb« (2/95 GB-LP 9).

The Only Living Boy In New Cross (4/92 GB 7)
Techno

Cartoons

BOOP v (Dänemark), BUZZ b (Dänemark), PUDDY v (Dänemark), SHOOTER g (Dänemark), SPONGE key, sax (Dänemark), TOONIE v (Dänemark)
Cartoons sind Zeichentrickfiguren. Toonie, Sponge und Shooter hatten jahrelang im Vorprogramm von Künstlern wie Fats Domino oder Jerry Lee Lewis die Stimmung mit Cover-Versionen alter Rock-'n'-Roll-Nummern angeheizt. Dann entschlossen sie sich, den Sound der 50er mit 90er-Dance-Tunes aufzupolieren. Heraus kam etwas, was sie selbst als ›Technobilly‹

bezeichneten. Auch ihr Erscheinungsbild wurde aufgemöbelt: überdimensionale Haartollen, knallbuntes Bühnenoutfit, eigenwillige Schuh-Kreationen, Gitarren und Bässe im Pistolen- bzw. Karottendesign. Dann kamen zu den vier Musikern mit Puddy und Boop noch zwei Tänzerinnen im Elvis-Look – fertig waren Cartoons. Das dänische Sextett hatte 1998 mit »DooDah!« eine erste Platte veröffentlicht, die es in ihrer Heimat unter die ersten 10 brachte. Dann folgte »Witch Doctor«, ihr erster internationaler Hit. »Witch Doctor« war 1958 ein internationaler Hit für Ross Bagdasarian alias David Seville alias Chipmunks gewesen. Es folgten die Singles »DooDah!« und »Aisy Waisy« (9/99 GB 16). Ihr erfolgreichstes Album hieß »Toonage« (4/99 GB-LP 17).

Witch Doctor (4/99 GB 2)
DooDah! (6/99 GB 7)
Pop

Cascades

JOHN GUMMOE v, g (USA), EDDIE SNYDER p (USA), DAVID STEVENS b (USA), DAVID WILSON sax (USA, † 14. 11. 2000), DAVID ZABO d (USA)

Die Cascades formierten sich Ende der 50er Jahre in San Diego, Kalifornien. Nachdem sie 1962 in einem Club entdeckt worden waren, erhielten sie einen Plattenvertrag. Ihre erste Single »Second Chance« war ein Flop, aber ihre zweite Chance konnten sie nutzen. »Rhythm Of The Rain« entwickelte sich zum Softrock-Klassiker, der bis heute in Oldie-Sendungen gefragt ist. Sie nahmen insgesamt drei Alben auf und waren bis 1969 noch unter ›ferner liefen‹ in den Charts notiert, dann trennten sie sich. Wilson starb 2000 im Alter von 63 Jahren an Krebs.

Rhythm Of The Rain (1/63 GB 5, US 3)
One Hit Wonder, Soft Pop

Case

CASE (USA, in New York City)

Case gehörte zur neuen Generation von Rhythm-&-Blues-Sängern/Songschreibern, die R&B mit New Jack und Soul kombinierten. Mit dem Titel »Touch Me Tease Me« (5/96 US 14, 9/96 GB 26), bei dem er von Mary J. Blige und Foxy Brown begleitet wurde, tauchte Case erstmals in den Charts auf. Das Stück stammte aus dem Film »The Nutty Professor« mit Eddie Murphy. Es war auch zu finden auf seinem Debütalbum »Case« (8/96 US-LP 42). Immerhin dauerte es zweieinhalb Jahre, bis er seinen nächsten Hit hatte: »Faded Pictures«. Bei diesem Titel wurde er begleitet von Joe, und er stammte aus dem Film »Rush Hour« mit Jackie Chan. Es folgte »Happily Ever After« (6/99 US 15) aus dem Album »Personal Conversation« (5/99 US-LP 33) und dann schließlich »Missing You« von dem Album »Open Letter« (5/01 US-LP 5).

Faded Pictures (12/98 US 10)
Missing You (2/01 US 4)
Rhythm & Blues

Siehe auch: Joe

Cash, Johnny

JOHNNY CASH v (USA, * 26. 2. 1932 in Kingsland/Arkansas)

Für viele US-Bürger ist Johnny Cash die Inkarnation des amerikanischen Traums: von 0 auf 100 in einem Leben, Rags to Riches, von der Armut zum Wohlstand aus eigener Kraft! Johnny Cash ist eins von sieben Kindern, die Ray und Carrie Cash geboren wurden. In seinem Roman ›Früchte des Zorns‹ schreibt John Steinbeck über das harte Leben wandernder Farmarbeiter in Kalifornien – die Familie Cash hätte darin eine Hauptrolle spielen können. So und nicht anders erging es der Familie in der Zeit der Depression. Herumziehen, wo es Baumwolle zu pflücken gab – und im harten Winter von 1935, Johnny war gerade drei Jahre alt, musste die Familie wie so viele andere mit all ihren Habseligkeiten auf der Ladefläche eines Lastwagens 250 Meilen nach Dyess/Arkansas fahren, weil die Regierung dort ein Lager für die Wanderarbeiter eingerichtet hatte, die keine Bleibe mehr fanden. Diese Zeit hat der junge Johnny Cash nie vergessen und auch nie überwunden. Eine eigene kleine Farm der Familie wurde 1937 durch Hochwasser des Mississippi überflutet. Diese Geschichte hat Johnny im Lied »5 Feet High And Rising« beschrieben. 1950 kam er zur US Air Force und war für etliche Zeit in der Bundesrepublik stationiert. Nach seiner Entlassung 1954 ließ er sich in Memphis nieder, gründete eine Familie und eine eigene Band und erhielt schließlich bei der Plattenfirma, die auch dem jungen Elvis Presley seine erste Chance gab, einen Plattenvertrag. In diesen Jahren schrieb und sang er seine besten Stücke. Sein erster Hit war 1956 der Titel »I Walk The Line«, seine erfolgreichste LP war ganz ohne Zweifel »Johnny Cash At San Quentin« (7/69 US-LP 1, 8/69 GB-LP 2). Wie der Titel vermuten lässt, war sie live aufgenommen worden. Nun ist San Quentin keine todschicke Disko in L.A., keine In-Kneipe in New York und auch kein Open-air-Gelände mit einem atemberaubenden Blick auf den Pazifischen Ozean – es ist ein Gefängnis in Kalifornien. Das hat für einen auftretenden Künstler natürlich auch seine Vorteile: Die Zuhörer sind dankbar und lassen sich die Chance einer Abwechslung nicht entgehen. Viele haben immer wieder behauptet, er habe selbst längere Zeit in Gefängnissen verbracht und könne sich somit in die Psyche der Insassen versetzen. In der Tat war Johnny ehemaliger Drogenkonsument, aber für einen längeren Gefängnisaufenthalt reichte es nie. Vielleicht kommt diese alte Geschichte auch nur von einer Story in dem Magazin ›Life‹, das einmal schrieb, der Mann habe ein Gesicht wie von einem Steckbrief. Irgendwie verdächtig ist für einen so genannten aufrechten Amerikaner natürlich auch jemand, der sich in seinen Liedern für langhaarige Hippies, rechtlose Indianer und eingesperrte Kriminelle einsetzt – und dann auch noch für lau im Knast auftritt. Na – so ganz umsonst war's ja auch nicht. Immerhin wurde davon und vom Auftritt im Folsom Prison eine LP gemacht. Besonders die Nummer vom Jungen, dessen Vater ihm den Vornamen Sue, also einen Mädchennamen, gegeben hatte, kam bei den Gefangenen gut an. Diese Geschichte wurde ein Millionseller und sein größter Single-Erfolg.

Seine größten LP-Erfolge waren »The Fabulous Johnny Cash« (12/58 US-LP 19), »Johnny Cash's Greatest Hits Volume 1« (7/67 US-LP 82), »Johnny Cash At Folsom Prison« (6/68 US-LP 13, 8/68 GB-LP 8), »Johnny Cash At St. Quentin« (7/69 US-LP 1, 8/69 GB-LP 2), »Hello, I'm Johnny Cash« (2/70 US-LP 6, 3/70 GB-LP 6), »The World Of Johnny Cash« (8/70 GB-LP 5), »The Johnny Cash Show« (12/70 GB-LP 18), »The Johnny Cash Collection (His Greatest Hits, Volume II)« (10/71 US-LP 94), »The Man In Black« (11/71 GB-LP 18), »A Thing Called Love« (5/72 GB-LP 8), »Star Portrait« (4/72 D-LP 15, 10/72 GB-LP 16), »The Man In Black – The Definitive Collection« (8/94 GB-LP 15).

Ab 1961 arbeitete er viel mit June Carter zusammen, die er 1968 heiratete. Seine Tochter Rosanna und seine Stieftochter Carlene Carter sind beide erfolgreiche Country-Sängerinnen. 1980 wurde Johnny in die Country Music Hall Of Fame, 1992 in die Rock and Roll Hall of Fame aufgenommen. 1985 hatte er zusammen mit Willie Nelson, Kris Kristofferson und Waylon Jennings das Album »Highwayman« aufgenommen. 1990 erschien »Highwayman 2«. 1995 kamen die vier als Highwaymen mit dem Album »The Road Goes On Forever«.

1993 war er auf der CD »Zooropa« von U2 als Gast bei dem Song »The Wanderer« zu hören. 1994 veröffentlichte Cash die von Kritikern hochgelobte Platte »American Recordings«. Er kehrte darauf wieder zu seinen Wurzeln zurück: Cash begleitete seinen Gesang alleine auf der Gitarre. Die Fans zeigten sich weniger begeistert als die Kritiker. 1995 erhielt Cash für »American Recordings« bei der Grammy-Verleihung eine Auszeichnung in der Kategorie Best Contemporary Folk Album. Die rührige Plattenfirma Bear Family Records hat mit einigen CD-Boxen das umfangreiche Werk von Johnny Cash dokumentiert. Besonders »The Man In Black 1954 – 1958« bzw. »The Man In Black 1959 – 1962« zeigen die Qualitäten von Cash. 1996 erschien mit »Unchained« wieder ein zu Recht hochgelobtes Album von Cash. An den Mitspielern – Tom Petty, Steve Ferone, Mick Fleetwood oder Lindsey Buckingham – merkt man, dass auch viele Rockmusiker Hochachtung vor diesem Plattenkünstler haben. Die CD-Hülle zeigt im Übrigen deutlich: Johnny Cash hat aufgehört, sich die Haare zu färben.

1997 musste er eine geplante Tournee absagen, weil er an dem Shy-Drager-Syndrom litt. Es handelt sich dabei um eine neurologische Störung, ähnlich der Parkinsonschen Krankheit – nur unangenehmer und sehr viel seltener. Für »Unchained« erhielt er bei der Verleihung am 25. 2. 1998 einen Grammy in der Sparte ›Best Country Album‹. Ende der 90er Jahre wohnte er vorwiegend in seinem Haus in Cinnamon Hill auf Jamaika. Anfang 2000 schien es Johnny besser zu gehen – er arbeitete an einem neuen Album, das dann auch im Herbst erschien, »Solitary Man« hieß und von Kritikern als ›Alters- und Meisterwerk‹ bezeichnet wurde.

A Boy Named Sue (7/69 US 2; 9/69 GB 4)
A Thing Called Love (4/72 GB 4)
Country

Casinos

BOB ARMSTRONG (USA), PETE BOULTON (USA), MICKEY DENTON (USA), BILL HAWKINS (USA), GLEN HUGHES (USA), GENE HUGHES (USA), TOM MATTHEWS (USA), JOE PATTERSON (USA), RAY WHITE (USA)

Nachdem Gene, Glen, Pete, Joe und Ray mit ihrer 1958 gegründeten Band in ihrer Heimatstadt Cincinnati recht erfolgreich geworden waren, unterzeichneten sie einen Vertrag bei einer kleinen Plattenfirma. Erfolg hatten sie nicht, und das änderte sich auch nicht nach einem Labelwechsel. Mitte der 60er Jahre vergrößerte sich die Doo-Wop-Gruppe auf neun Mitglieder. Mit einer Coverversion des John-D.-Loudermilk-Titels »Then You Can Tell Me Goodbye« kam dann endlich der ersehnte Erfolg. Ihre zweite und letzte Notierung hieß »It's All Over Now« (4/67 US 65) – und das stimmte. Geschrieben wurde diese Nummer von Don Everly. Aus Gene Hughes, der sich nach dem Auseinanderbruch der Band erfolglos als Solist versuchte, wurde später eine bekannte Persönlichkeit im Musikgeschäft von Nashville.

Then You Can Tell Me Goodbye (1/67 US 6)
Doo Wop, One Hit Wonder, Pop

Cassidy, David

DAVID CASSIDY v (USA, * 12. 4. 1950 in New York City)

Er ist der Sohn des Schauspielers Jack Cassidy, seine Stiefmutter ist die Oscar-Preisträgerin Shirley Jones. David absolvierte seine musikalische und schauspielerische Ausbildung an der David Craig School of Musical Comedy und spielte zunächst kleinere Rollen in Broadway-Musicals. Es folgten Rollen in TV-Serien wie ›Ironside‹ oder ›Bonanza‹. Im Herbst 1970 startete die Fernsehserie ›The Partridge Family‹, zu deren Mitgliedern David und seine Stief-

mutter gehörten. In jeder Folge wurde ein Liedlein geträllert, und einige wurden zu Hits. Ab 1971 betätigte sich David nebenher auch als Solist.
Seine erfolgreichsten Alben: »Cherish« (2/72 US-LP 15, 5/72 GB-LP 2), »Rock Me Baby« (2/73 D-LP 9, GB-LP 2), »Dreams Are Nothin' More Than Wishes« (11/73 GB-LP 1) und »Cassidy Live« (8/74 GB-LP 9).
1978 erklärte er: ›Ich muss einfach aufhören zu arbeiten. Ich habe 18 Stunden am Tag sieben Tage die Woche gearbeitet. Jetzt ist es genug.‹ Nach etlichen Jahren Abwesenheit aus den Hitparaden hatte er sich 1985 offensichtlich erholt. Im September 1990 gelang ihm mit »Lyin' To Myself« (9/90 US 27) mal wieder eine Hitnotierung.
Die Musik hat er allerdings nie aus den Augen verloren. Mitte der 80er Jahre spielte er am Broadway in dem Musical »Joseph And The Amazing Technicolor Dreamcoat«, 1987 übernahm er Cliff Richards Part im Londoner Musical »Time«. 1993 spielte er wieder am Broadway zusammen mit seinem Halbbruder Shaun und Petula Clark in »Blood Brothers«. Im selben Jahr war er in der deutschen Fernsehserie ›Ein Schloss am Wörthersee‹ zu sehen – er spielte einen Sänger. 1994 erschien seine Autobiografie ›Come On, Get Happy‹. 1998 wurde ein neues Album von ihm angekündigt. Zum gleichen Zeitpunkt sprach man von einem geplanten Album mit den größten Hits der Partridge Family/David Cassidy, auf dem sich vier bis dahin unveröffentlichte Aufnahmen der Partridge Family befinden sollten. Dazu Cassidy: ›Das sind zwei ganz unterschiedliche Projekte. Meine Angst ist, dass das Publikum mich als eine Art Dinosaurier betrachtet, der gar keine zeitgemäße Musik mehr macht – obwohl ich genau das tue.‹ Es erschien schließlich das Album »Old Dog, New Trick«, das wenig beeindruckte. Mitte 2001 ging er auf eine ausgedehnte US-Tournee, im Oktober 2001 erschien mit »Then And Now« (10/01 GB-LP 5) sein nächstes Album.

Cherish (11/71 US 9)
Could It Be Forever/Cherish (4/72 GB 2)
How Can I Be Sure (9/72 GB 1)
Rock Me Baby (1/73 D 9)
I'm A Clown/Some Kind Of A Summer (3/73 GB 3)
Daydreamer/The Puppy Song (10/73 GB 1)
If I Didn't Care (5/74 GB 9)
The Last Kiss (2/85 GB 6; 4/85 D 10)
Pop, Teeniestar

Siehe auch: Partridge Family

Cassidy, Shaun

SHAUN CASSIDY v (USA, * 27. 9. 1958 in Los Angeles/Kalifornien)
Shaun, Sänger und Schauspieler, ist der Sohn des Schauspieler-Ehepaares Jack Cassidy und Shirley Jones und damit Halbbruder von David Cassidy. Ähnlich wie David wurde auch Shaun durch eine TV-Serie, die sich vorwiegend an ein jugendliches Publikum richtete, bekannt. In ›The Hardy Boys‹ spielte er zwischen 1977 und 1979 Joe Hardy. Während dieser Zeit hatte er auch seine größten Erfolge als Sänger. Danach spielte er für zwei Jahre in der TV-Comedy-Serie ›Breaking Away‹ und war nach deren Ende 1981 mit 23 Jahren für die kleinen amerikanischen Teeniemädels schon zu alt. Ab 1987 spielte er in der amerikanischen Seifenoper ›General Hospital‹, 1989 versuchte er ein Comeback als Sänger. 1993 spielte er zusammen mit David und Petula Clark am Broadway im Musical »Blood Brothers«.
Seine erfolgreichsten Alben waren »Shaun Cassidy« (6/77 US-LP 3), »Born Late« (11/77 US-LP 6) und »Under Wraps« (8/83 US-LP 33).

Da Doo Ron Ron (5/77 US 1)
That's Rock 'n' Roll (7/77 US 3)
Hey Deanie (11/77 US 7)
Pop, Teeniestar

Cassius

BOOMBASS dj (Frankreich), PHILLIPE ZDAR dj (Frankreich)
Zdar hatte mit Etienne de Crecy als Motorbass bereits Platten aufgenommen. In Frankreich war er ein bekannter DJ, der auch in Diskos in London Platten aufgelegt hatte. Zusammen mit Boombass bildete er das Duo Cassius, das etliche Platten von MC Solaar produziert hatte. Für ihren ersten eigenen Hit entliehen sie Samples aus der Nummer »Love Is Just A Breath Away« von Donna Summer. Es folgte »Feeling For You« (5/99 GB 16).

Cassius 1999 (1/99 GB 7)
Dance

Cast

KEITH O'NEILL d (Großbritannien, * 18. 2. 1969), JOHN POWER v, g (Großbritannien, * 14. 9. 1967), LIAM TYSON g (Großbritannien, * 7. 9. 1969), PETER WILKINSON g, b (Großbritannien, * 9. 5. 1969)
1994 wurde diese Gruppe in Liverpool gegründet. Sänger und Gitarrist John Power war vorher kurz bei den La's gewesen. Die Musikrichtung, die er und seine Kollegen zu spielen versuchten, lehnte sich an die Byrds, R.E.M. oder Psychedelic Rock der 60er/70er Jahre an. Als erste Single erschien »Finetime« (7/95 GB 17). Es folgten »Alright« (9/95 GB 13) und das Album »All Change« (10/95 GB-LP 7). Das Jahr 1996 brachte der Band drei Top-10-Hits hintereinander. Schon sprach man davon, Cast seien die Nachfolger von Oasis. Im April 1997 erschien mit »Mother Nature Calls« (4/97 GB-LP 3) ein weiteres erfolgreiches Album der Band – darauf »Free Me«. »I'm So Lonely« (11/97 GB 14) und »Magic Hour« (8/99 GB 28) erreichten noch respektable Platzierungen. Auch das Album »Magic Hour« (5/99 GB-LP 6) setzte sich durch.

Sandstorm (1/96 GB 8)
Walkaway (3/96 GB 9)
Flying (10/96 GB 4)
Free Me (4/97 GB 7)
Guiding Star (6/97 GB 9)
Live The Dream (9/97 GB 7)
Beat Mama (5/99 GB 9)
Folk, Psychedelic, Rock

Cast From Casualty

Casualty ist eine BBC-Serie, die in einem Krankenhaus spielt – endlich mal was Neues. Diejenigen, die da mitspielen, sind angeblich die Interpreten einer neuen Version von »Everlasting Love«. Von diesem Titel wurden im Laufe der Jahre immer wieder neue Versionen aufgenommen. Die Originalversion stammte von dem Amerikaner Robert Knight, der damit im September 1967 Platz 13 in den US-Charts erreichte. Die britische Gruppe Love Affair hatte im Januar 1968 einen Spitzenreiter in GB und Platz 12 in Deutschland mit »Everlasting Love«. Es folgten Carl Carlton, Rex Smith zusammen mit Rachel Sweet, Gloria Estefan, Worlds Apart und Sandra, die alle mit diesem Titel in diversen internationalen Hitparaden erfolgreich waren. Damit entwickelte sich dieses Stück nach »White Christmas« und »Unchained Melody« zu der Nummer, die im Laufe der Jahre am erfolgreichsten gecovert wurde. Wer aus Casualty wirklich mitgesungen hat oder wer einfach nur zum Gruppenbild am Operationstisch den Mund aufmachte, wird wohl nur der Produzent wissen.

Everlasting Love (3/98 GB 5)
Pop

Siehe auch: Wheatley, Rebecca

Castor, Jimmy

JIMMY CASTOR v, sax (USA, * 2. 6. 1943 in New York City)
Jimmy war bereits in seinen Jugendtagen

mit Frankie Lymon zusammen, den er 1957 bei den Teenagers ersetzte. Ein Jahr zuvor hatte er bereits den selbst geschriebenen Titel »I Promise To Remember« mit seiner eigenen Formation Jimmy Castor & The Juniors aufgenommen – ohne Erfolg. Frankie Lymon coverte die Nummer und kam zumindest in die Hitparade. Bei »Rinky Dink« von Dave ›Baby‹ Cortez aus dem Jahr 1962 und »The Loco-Motion« von Little Eva spielte Jimmy Saxophon. Sein erster Soloerfolg wurde 1966 verzeichnet: »Hey, Leroy, Your Mama's Calling You« (12/66 US 31). 1972 gründete er The Jimmy Castor Bunch – und mit diesem Haufen hatte er seine größten Erfolge: »Troglodyte (Cave Man)« und »The Bertha Butt Boogie (Part 1)« (2/75 US 16). In beiden Songs ging es um zwischenmenschliche Beziehungen nach dem Motto »In der Steinzeit war alles besser«. Später schwenkte er zu sehr auf die Diskomasche um.

Troglodyte (Cave Man) (5/72 US 6)
Disko, Funk, Soul

Casuals

HOWARD NEWCOMBE v, g, tr (Großbritannien, in Lincoln), ROBERT O'BRIEN v, d (Großbritannien, in Bridge of Allen/Schottland), ALAN TAYLOR v, g, b (Großbritannien, in Halifax/Yorkshire), JOHNNY TEBB v, org (Großbritannien, * 1. 10. 1945 in Lincoln)

Ende der 60er Jahre gewannen die Casuals dreimal in der britischen Talentshow ›Opportunity Knocks‹. Dann verließen sie GB und gingen nach Italien. In Mailand wurden sie zur Attraktion und kehrten erst 1968 in ihre Heimat GB zurück, als ihre Single »Jesamine« in die Charts kam. Danach gelang ihnen mit »Toy« (12/68 GB 30, 2/69 D 27) noch eine Notierung, aber Ende der 60er Jahre waren sie von der Bildfläche verschwunden.

Jesamine (8/68 GB 2; 11/68 D 9)
Pop

Catatonia

PAUL JONES b (Großbritannien, * 5. 2. 1960 in Colwyn Bay/Wales), CERYS MATTHEWS v (Großbritannien, * 11. 4. 1969), OWEN POWELL g (Großbritannien, * 9. 7. 1967 in Cambridge), ALED RICHARDS d (Großbritannien, * 5. 7. 1969 in Carmathen/Wales), MARK ROBERTS g (Großbritannien, * 3. 11. 1969 in Colwyn Bay/Wales)

1996 erschien mit »Way Beyond Blues« (10/96 GB-LP 40) das Debütalbum dieser aus Cardiff/Wales stammenden Gruppe. Mit »Sweet Catatonia« (2/96 GB 61) hatten sie ihre erste Hitnotierung. Es folgten »You've Got A Lot To Answer For« (9/96 GB 35) und »I Am The Mob« (10/97 GB 40). Die Plattenfirma über die Gruppe: ›Eine eingängige Gesangsmelodie mit der rotzfrechen Stimme von Cerys Matthews auf einer ohrwurmartigen und souverän gespielten instrumentalen Grundlage zeigt: Diese Band hat gelernt und sich enorm weiterentwickelt.‹ Das war zu der Single »Mulder And Scully« zu lesen. Mit dieser Single wurde angedroht, ›in nächster Zeit alle Vorstellungen über Gitarrenpop über den Haufen zu werfen‹. Außerdem erfuhr man: Die Gruppe ›verzichtet auf jedes moralische Feigenblatt und ignoriert jeden Trend.‹ Ihr zweites Album »International Velvet« (2/98 GB-LP 1) wurde ebenfalls ein Erfolg.

Es folgte, am 24. 4. 1999 gleich auf Platz 1 eingestiegen, »Equally Cursed And Blessed« (4/99 GB-LP 1). Ein Grund für diesen Erfolg war auch die Tatsache, dass das Album in der Woolworth-Kette zum Preis von 4.99 Pfund verkauft wurde.

Mitte 1999 nahm sich Sängerin Cerys eine Auszeit von der Band. Sie sang ein bisschen bei Space oder zusammen mit

Tom Jones. 2001 kam die Band wieder und veröffentlichte das Album »Paper, Scissors, Stone«. Daraus ausgekoppelt wurde »Stone By Stone« (8/01 GB 19). Kurz nach Erscheinen der Platte verließ Cerys die Band, um sich in einer Therapie um ihre gesundheitlichen Probleme zu kümmern. Sie kündigte an, sich danach um eine Solokarriere zu bemühen.

Mulder And Scully (1/98 GB 3)
Road Rage (5/98 GB 5)
Dead From The Waist Down (4/99 GB 7)
Pop

Catch

ANDY DUNCAN d, per (Großbritannien), DON SNOW v, key (Kenia, * 13. 1. 1957 in Nairobi), CHRIS WHITTEN d, per (Großbritannien, * 26. 3. 1959)
Don hatte musikalische Erfahrungen als Sänger, Keyboarder oder Songschreiber mit den Sinceros, Lene Lovich und der Formation Squeeze gesammelt, bevor er im Frühjahr 1983 bei einer Studioproduktion auf Andy Duncan traf. Der hatte als Schlagzeuger für David Bowie, Toyah, Wham!, Madness oder John Martyn gearbeitet. Die beiden hatten dieselbe Affinität zu Dance Music und stellten ihre Soloaktivitäten zurück, um gemeinsam die Nummer »25 Years« aufzunehmen, die von einem Farmer handelt, der nach arbeitsreichem Leben wegen eines kleinen Diebstahls 25 Jahre Gefängnis bekommt. Zum Zeitpunkt des einzigen Top-10-Hits trennten sich Snow und Duncan. Für Andy kam Chris Whitten als Ersatz. Der alte Schwung war jedoch weg, und die Nachfolgeplatten der Catch waren nicht mehr erfolgreich.

25 Years (10/83 D 3)
AOR (Adult Orientated Rock), One Hit Wonder, Pop

Catch, C. C.

C. C. CATCH v (Niederlande, * 31. 7. 1964 als Caroline Müller)
Der Erfolgsproduzent Dieter Bohlen entdeckte die Niederländerin mit dem Künstlernamen Caro in einer Diskothek in der Nähe von Hamburg. Dort war sie als Leadsängerin des Osnabrücker Mädchenquartetts Optimal aufgetreten. Da sie bereits seit sieben Jahren in Deutschland wohnte, hatte sie kaum noch einen holländischen Akzent. Caro hatte sich in harter Kleinarbeit autodidaktisch eine Bühnenausbildung erworben, die sie durch Auftritte bei über hundert Talentwettbewerben, von denen sie über die Hälfte gewann, perfektionierte.
Auf der Internationalen Funkausstellung 1985 in Berlin hatte sie ihren ersten Erfolg mit »I Can Lose My Heart Tonight« (9/85 D 13). 1989 trennte sich C. C. Catch von ihrem Entdecker und Produzenten Bohlen und zeigte, wie es ihre neue Plattenfirma schrieb, ›dass sie anspruchsvolle und internationale Pop-Musik machen kann und endgültig die alten Klischees abgeworfen hat‹. Produzent war jetzt u. a. Andy Taylor von Duran Duran, was aber nicht mehr half. Ihr erfolgreichstes Album hieß »Catch The Catch« (5/86 D-LP 6). Die Formation Krayzee machte 1998 einen Mix von alten C. C. Catch-Nummern, der als »C. C. Catch Megamix« (10/98 D 33) in die Charts kam. 2001 verkündete Dieter Bohlen in seiner typisch charmanten Art: ›Für Leute wie C. C. Catch, die am Mikro ohne Ende rumeiern, habe ich die Geduld nicht mehr. Bei der musste ich früher stundenlang dasitzen und ein Wort ans nächste schneiden.‹ Das hätte er uns auch früher sagen können. Vermutet haben wir es sowieso!

'Cause You're Young (2/86 D 9)
Strangers By Night (4/86 D 9)
Heartbreak Hotel (9/86 D 8)
Backseat Of Your Cadillac (10/88 D 10)
Disko, Pop

Catrins Madison Club/Club Argentina/Honolulu/Indonesia/Italia/Manhattan

SILVIO FRANCESCO v, Klarinette (Frankreich, * 13. 7. 1927 in Paris), CATERINA VALENTE v (Frankreich, * 14. 1. 1931 in Paris)

Insgesamt sechs Clubs waren Tarngeschäfte, hinter denen sich die Geschwister Caterina Valente und Silvio Francesco verbargen. Zwischen 1956 und 1963 nahmen die beiden unter den Clubnamen und unter ihren richtigen Namen Platten auf, die dann wiederum mit den Soloplatten der beiden konkurrierten. Meist brachten diese Clubs lediglich ein paar Hits raus und verschwanden dann wieder in der Versenkung. Der Club Manhattan brachte es auf keinen Top-10-Erfolg. Sinn und Zweck dieses »Namen-wechsel-dich-Spiels« kann nur gewesen sein, die Allmacht von Caterina in den deutschen Hitparaden zwischen 1955 und 1962 zumindest ein wenig zu vertuschen. So war es den Ansagern – DJs gab's ja noch nicht – möglich, erst einen Titel von Caterina, dann einen Club und schließlich die Geschwister anzukündigen – und nur der Kundige wusste gleich, dass es sich immer wieder um dieselben Personen handelte.

Steig in das Traumboot der Liebe (Club Indonesia) (4/56 D 1)
Die goldenen Spangen (Club Indonesia) (8/56 D 9)
O Billy Boy (Club Argentina) (12/56 D 1)
Ich wär' so gern bei dir (Club Italia) (4/57 D 2)
Roter Wein (Club Italia) (9/58 D 9)
Itsy Bitsy Teenie Weenie Honolulu-Strand-Bikini (Club Honolulu) (8/60 D 1)
Madison in Mexico (11/62 D 4)
Deutscher Schlager

Siehe auch: Valente, Caterina

Cats

THEO KLOUWER d (Niederlande, * 30. 6. 1947), ARNOLD MÜHREN b (Niederlande, * 28. 1. 1944), JAAP SCHILDER g (Niederlande, * 9. 3. 1943), CEES VEERMAN v (Niederlande, * 6. 10. 1943), PIET VEERMAN v, g (Niederlande, * 1. 3. 1943)

Die Glanzzeit der Cats in ihrer Heimat Holland lässt sich nur mit der Beatlemania in GB vergleichen. 1964 traten sie zum erstenmal gemeinsam auf und versuchten sich danach bei mehreren Nachwuchswettbewerben. Ihren großen Durchbruch in Deutschland hatten sie mit dem Stück »One Way Wind«. Ab Mitte der 70er Jahre war ihr Erfolg zumindest in Deutschland beendet. Eine in den USA veröffentlichte LP der Cats brachte gute Kritiken in den Fachzeitschriften ›Billboard‹, ›Record World‹ und ›Cash Box‹, kam aber trotzdem nicht unter die ersten 200.

One Way Wind (11/71 D 4)
Let's Dance (6/72 D 3)
Be My Day (4/74 D 4)
Pop, Soft Pop

Caught In The Act

LEE BAXTER v (Großbritannien, * 16. 7. 1972 in Liverpool), BENJAMIN BOYCE v (Großbritannien, * 23. 8. 1971 in London), ELOY DE JONG v (Niederlande, * 13. 3. 1973 in Den Haag), BASTIAAN RAGAS v, p (Niederlande, * 30. 6. 1972 in Lisse)

Eine weitere geschickt zusammengestellte Boy Group, die einzig und alleine auf die Geldbörsen der Teenies ausgerichtet war. Nett und freundlich kamen die vier Jungs daher wie alle Boy Groups jener Tage und auch die der Vergangenheit. Gleich ihre erste Hitnotierung »Love Is Everywhere« war ein Top-10-Erfolg. Weiter ging es mit »My Arms Keep Missing You« (5/95 D 26), »Let This Love Begin« (8/95 D 24), »You Know« (11/95 D 17), »Ain't Just Another Story« (7/96 D 35), »Bring Back The Love« (11/96 D 33), »Do It For Love« (5/97 D 11), »Babe« (8/97

D 35) und »Hold On« (8/98 D 33). Die Erfolge von CITA, wie die Fans die Gruppe abkürzten, beschränkten sich auf den deutschsprachigen Markt. Ihre erfolgreichsten Alben waren »Caught In The Act Of Love« (7/95 D-LP 6), »Forever Friends« (5/96 D-LP 2) und »Vibe« (7/97 D-LP 4). Im August 1998 trennte sich die Gruppe. Als Begründung wurde bekannt, dass der Vertrag mit ihrer Plattenfirma ausgelaufen war und nicht verlängert wurde. 1999 kam Boyce als Solist und hatte einen ersten Erfolg mit »Change« (6/99 D 66). Es folgte »10 000 Light Years«.

Love Is Everywhere (1/95 D 10)
Don't Walk Away (4/96 D 9)
Baby Come Back (4/98 D 10)
Boy Group

Siehe auch: Bravo All Stars

C-Block

THERESA BALTIMORE v, PRESTON ›GOLDIE‹ HOLLOWAY rap, MR. P.P.O.P. rap (USA, * 2. 2. 1967 als James Richard White in Pittsburgh/Pennsylvania), RED DOGG rap (USA, * 24. 12. 1969 als Georgio Joseph in South Central-L.A.)
Mr. P. und Red Dogg, so ihre Künstlernamen, lernten sich in der US-Army in Deutschland kennen. Wie so viele G.I.'s vor ihnen sahen sie ihre Chance als Popstars in der Bundesrepublik. 1994 wurden sie aus dem Militärdienst entlassen und ließen sich in Fulda nieder. Die beiden machten auf harte Gangsta-Rapper – Fotos zeigten sie jedoch freundlich grinsend, was dazu kaum passt. Vor allem der stämmige Pop ist eher aus der Serie freundlicher Nachbar. »So Strung Out« handelt vom Elend, das die Droge Crack anrichtet. Zu dem Duo gesellte sich bei der Aufnahme die Sängerin Gomez, die allerdings angeblich nur für dieses Projekt eingekauft wurde. Der Gruppenname C-Block bezieht sich auf den Zellenblock in US-Gefängnissen, in dem die Psychofälle sitzen. Im Herbst 1997 wurde bekannt, dass neben Red Dogg jetzt Preston Holloway rappte, dass die Sängerin Theresa Baltimore fest in das Team aufgenommen sei und dass Mr. P. alias P.O.P. gefeuert wurde. Der nächste Hit war »Broken Wings« (3/98 D 27).

So Strung Out (12/96 D 4)
Time Is Ticking Away (5/97 D 5)
Eternal Grace (12/97 D 8)
HipHop, Rap

Celentano, Adriano

ADRIANO CELENTANO v, g (Italien, * 6. 1. 1938 in Mailand)
Was dieser Mann schon alles hinter sich hat, ist abenteuerlich. Und dabei sollte man ruhig davon ausgehen, dass er alles, was er heute erfolgreich macht, nie gelernt hat – in dem Sinne, dass er Unterricht nahm. Celentanos Familie war bettelarm. Adriano machte eine Lehre als Scherenschleifer und dann als Uhrmacher, aber das war alles nicht, was er wollte. Er sah und hörte Elvis Presley – das war es, was er wollte. Also her mit einer Gitarre und so spielen wie Elvis. Und da der ja bekanntlich ebenfalls nur einige Griffe auf der Gitarre klopfen konnte, hatte Celentano das schnell raus. Beim San Remo Festival 1959 gewann er den Schlagerwettbewerb. Seine ersten Platten zeigen den rockigen Celentano, aber nachdem Elvis auf die seichte Welle umgestiegen war, machte ihm Adriano das nach. Im Gegensatz zu Elvis, der die Platten besang und sich ansonsten nicht um das Geschäft kümmerte, ist der Junge aus den armen italienischen Verhältnissen cleverer. Er gründete einen eigenen Musikverlag, eine eigene Konzertagentur und schließlich seine eigene Plattenfirma. Was er will, ist Kontrolle über das Gesamtprodukt und damit Kohle aus dem Ge-

samtverdienst. Seine Firma nennt er Clan Records, und mit einem Clan zieht er auch ständig durch die Lande. Dazu gehören die gesamte Verwandtschaft, Angestellte, angeblich ein paar Freundinnen und natürlich seine Frau Claudia Mori – selbst eine in Italien und Spanien erfolgreiche Sängerin – und ein Priester. Wieviel davon wahr ist, weiß niemand. Auf Claudias Hit »Non Succedera Più« (6/82 D 12) singt Adriano mit, und seinen größten Erfolg »Azzurro« schrieb Paolo Conte. Sein erfolgreichstes Album in Deutschland hieß »Viva Italia« (6/80 D-LP 2). Erfolge feiert Celentano auch mit seinen Filmen. Und wenn er auch in den 80er oder 90er Jahren nicht mehr hoch in den Single-Charts auftauchte – in Italien blieb er ein Superstar. Mit seinem Album »Io Non So Parlar D'Amore« stand er im Januar 2000 auf Platz 1 der italienischen LP-Charts.

Una Festa Sui Prati (6/67 D 10)
Azzurro (10/68 D 6)
Rock, Schlager

Cerrone

CERRONE (Frankreich, als Jean-Marc in Paris)
Zusammen mit Giorgio Moroder gilt er als Europas wichtigster Beitrag zum Disko-Sound. Mit achtzehn war er Orchesterleiter beim Club Méditerranée. Mit zwanzig hatte er einen lukrativen Vertrag mit dem französischen Produzenten Barclay. Dass seine Platten immer den jeweiligen Trend der Zeit trafen, erklärt sich durch folgende Aussage von Cerrone: ›Ich produziere nicht Schallplatten, um irgendwelchen Minderheiten meine persönlichen musikalischen Vorstellungen aufzuzwingen. Musikgelüste dieser Art sollte man besser zu Hause im eigenen Keller austoben. Mir ist es wichtiger, Musik zu machen, die breite Bevölkerungsschichten anspricht – ich möchte also bewusst kommerziell arbeiten. Warum das heute bei vielen Leuten verpönt ist, will nicht in meinen Kopf.‹ Mit dieser Einstellung hatte er bis 1979 mehr als zehn Millionen Platten verkauft.

Super Nature (7/78 GB 8)
Disko

Cetera, Peter

PETER CETERA v, b (USA, * 13. 9. 1944 in Chicago/Illinois)
Cetera gehörte zu dem Team, das 1966 Chicago Transit Authority gründete, die sich ab Juli 1969 nur noch Chicago nannten. Neben seinen Erfolgen mit dieser ersten Jazz-Rock-Formation hat er ab 1981 auch Soloplatten veröffentlicht. 1985 trennte Peter Cetera sich endgültig von Chicago, und ab 1986 begann seine Hitzeit. »The Next Time I Fall« sang er mit Amy Grant, »After All« mit Cher. Als Gast der Gruppe Az Yet gelang ihm der Hit »Hard To Say I'm Sorry« (2/97 US 8, 6/97 GB 7). Sein erfolgreichstes Album hieß »Solitude/Solitaire« (7/86 US-LP 23).

Glory Of Love (6/86 US 1; 8/86 GB 3)
The Next Time I Fall (9/86 US 1)
One Good Woman (7/88 US 4)
After All (3/89 US 6)
AOR (Adult Orientated Rock), Pop

Siehe auch: Chicago; Az Yet

Chad & Jeremy

JEREMY CLYDE v, g (Großbritannien, * 22. 3. 1941), CHAD STUART v, g, org (Großbritannien, * 10. 12. 1941)
Chad und Jeremy, beide Schauspielschüler, versuchten sich ab 1964 als musikalisches Duo Chad & Jeremy. Sie klangen wie Peter & Gordon oder David & Jonathan, und davon waren die Briten wenig begeistert. Ganz anders die Amerikaner, denen besonders der typisch britische Stil

der beiden gefiel. »Yesterday's Gone« (5/64 US 21) war der erste Hiterfolg der beiden. Bis Ende 1966 hatten sie noch etliche Hitnotierungen, z. B. »Willow Weep For Me« (11/64 US 15), »If I Loved You« (2/65 US 23), »Before And After« (5/65 US 17), »I Don't Wanna Lose You Baby« (8/65 US 35) und »Distant Shores« (7/66 US 30). Ihr erfolgreichstes Album hieß »Yesterday's Gone« (9/64 US-LP 22). 1967 trennten sie sich und versuchten sich wieder als Schauspieler. Jeremy Clyde sah man 1976 in der TV-Serie ›Sexton Blake‹ in einer Hauptrolle. Stuart beschäftigte sich weiter mit Musik und schrieb Musicals, von denen man jedoch wenig hörte.

A Summer Song (8/64 US 7)
Folk, Pop

Chairmen Of The Board

EDDIE CUSTIS v (USA), GENERAL NORMAN JOHNSON v (USA, * 23. 5. 1943 in Norfolk/Virginia), HARRISON KENNEDY v (Kanada, in Ontario), DANNY WOODS v (USA, * 10. 4. 1944 in Atlanta/Georgia)
Nachdem General Norman Johnson 1968 die Gruppe Showmen verlassen hatte, scharte er drei weitere Sänger um sich und sang Soulmusik, als wäre er eine Mischung aus Levi Stubbs von den Four Tops und Billy Stewart. Zuerst nannte sich die in Detroit beheimatete Gruppe Gentlemen, dann schnell Chairmen Of The Board. Gleich ihre Debüt-Single wurde ein Millionseller: »Give Me Just A Little More Time«. Bis 1973 erschienen weitere Singles, die sich sowohl in den USA als auch in GB platzieren konnten. Dabei hatte die Band schon 1971 aufgehört, neue Platten aufzunehmen. Die Plattenfirma veröffentlichte trotzdem bis 1976 weitere Singles und auch LPs. Alle Mitglieder arbeiteten danach als Solisten. Speziell Johnson hatte auch als Songschreiber – von ihm stammt der Clarence-Carter-Hit »Patches« – und als Produzent Erfolg. Er betreute z. B. Honey Cone und 100 Proof. Johnson behielt auch die Rechte am Gruppennamen – und wenn die ehemaligen Mitglieder Lust hatten, arbeiteten sie auch mal wieder als Aufsichtsratsvorsitzende zusammen.

Give Me Just A Little More Time (1/70 US 3; 8/70 GB 3)
You've Got Me Dangling On A String (11/70 GB 5)
Soul

Chakachas

GASTON BOOGAERTS b (Belgien, * 31. 7. 1921)
Das belgische Sextett leitete Gaston Boogaerts. Mit der für Diskotheken und Schlafzimmer sehr geeigneten Nummer »Jungle Fever« gelang der Band ein Millionseller. Die erste Hitnotierung dieser Formation stammt aus dem Jahre 1962 – da hatten sie in GB Erfolg mit »Twist Twist« (1/62 GB 48). Aber schon 1958 war die Band in einigen europäischen Hitparaden mit der Nummer »Eso Es El Amor« vertreten. Eine Wiederholung des Erfolges von »Jungle Fever« gelang der Gruppe nicht.

Jungle Fever (1/72 US 8)
Disko, Pop

Chamberlain, Richard

RICHARD CHAMBERLAIN v (USA, * 31. 3. 1935 in Los Angeles/Kalifornien)
Erfinder der Doktorspiele im Fernsehen war er zwar nicht, aber er hatte damit ab 1961 als Dr. Kildare im US-TV großen Erfolg. Ben Casey oder Marcus Welby M.D. waren seine direkten Konkurrenten im Medical Center – Dr. Kildare war der Smarteste. Als die Serie mit ihm in eine

Phase trat, in der jeder dem Hauptdarsteller jedes gebrauchte Auto mit noch so viel gefahrenen Kilometern abkaufen würde, sahen seine Manager die Zeit gekommen, ihn auch stimmlich auszubeuten. Seine erste Platte war dann auch zweckmäßigerweise nach seiner Erfolgsserie benannt: »Theme From Dr. Kildare«. Danach wurden in schneller Folge – man weiß ja nie, wie lange eine Serie mit Erfolg läuft – sieben weitere Singles auf den Markt geworfen. Und da die Stimme von Richard Chamberlain nicht so gewaltig war, dass man ihr zu viel zumuten wollte, ließ man ihn kleine, bekannte Melodien trällern. »Love Me Tender« (10/62 US 21, 11/62 GB 15), »All I Have To Do Is Dream« (2/63 US 14), »Hi-Lili, Hi-Lo« (2/63 GB 20) und »True Love« (7/63 GB 30). Auch in GB war man vom Doktor und den lieben Platten so angetan, dass er dort vier Hitnotierungen aufweisen kann. Aber dann kamen die bösen Beatles. Mit so etwas wollte man unseren braven Doktor nicht antreten lassen – er warf die Mullbinden und widmete sich wieder der Schauspielerei. Inzwischen kennen wir ihn als verliebten Kardinal oder als japanischen Haudegen. Speziell die ›Dornenvögel‹ haben ihn hierzulande so hochstilisiert, dass seine Seligsprechung sicher vom überwiegenden Teil der Bevölkerung nicht ungern gesehen worden wäre. Ob Lila der Kurie oder Kimono des ›Shogun‹, dem Mann steht einfach alles. Sein erfolgreichstes Album, auf dem sich alle genannten Hits befinden: »Richard Chamberlain Sings« (2/63 US-LP 5, 3/63 GB-LP 8). Seine gesanglichen Fähigkeiten setzte er auch auf der Bühne in dem Musical »My Fair Lady« ein. Er sang und spielte die Rolle des Prof. Higgins.
2001 wurde mal wieder nachgefragt, was denn Richard Chamberlain macht. Er teilte mit, er sei Rentner, liebe es, den ganzen Tag faul am Strand zu liegen, hin und wieder ein Bild zu malen und gelegentlich zu schauspielern, wenn ihm ein interessantes Projekt angeboten wird. Seit 1990 lebt er auf Hawaii.

Theme From Dr. Kildare (Three Stars Will Shine Tonight) (6/62 US 10)
Soft Pop

Champaign

PAULI CARMAN v (USA, * 5. 9. 1953), MICHAEL DAY g, key (USA), RENA JONES v (USA, * 17. 3. 1954), ROCKY MAFFIT d (USA), MICHAEL REED b (USA), LEON REEDER g (USA), DANA WALDEN key (USA)
Die Band benannte sich bei ihrer Gründung 1981 nach ihrer Heimatstadt in Illinois. Sie war ein Zusammenschluss von Musikern, die bereits in einigen Bands gespielt hatten. Die Instrumentalisten waren weiß, die beiden Sänger Carman und Jones schwarz. Bis zu ihrer Trennung 1985 nahmen sie drei LPs auf, die sich nicht sonderlich gut verkauften. 1990 kamen sie noch einmal kurz zusammen, um eine vierte LP zu produzieren. Ansonsten versuchte sich Pauli Carman als Solist.

How 'Bout Us (5/81 GB 5)
One Hit Wonder, Pop

Chandler, Gene

GENE CHANDLER v (USA, * 6. 7. 1937 als Eugene Dixon in Chicago/Illinois)
1955 gründete er die Gaytones, 1957 ging Gene zu den Dukays und für drei Jahre zur US-Army. Die meiste Zeit seiner Zugehörigkeit zur Armee verbrachte er in Deutschland. Dann kehrte er zu den Dukays zurück und hatte mit denen 1961/62 zwei kleinere Hits. Nun nahm die Band den Titel »Duke Of Earl« auf, den sie auf einem neuen Plattenlabel veröffentlichen wollte. Ihre alte Plattenfirma verbot ihnen, den Namen Dukays zu verwenden.

Bis zu diesem Zeitpunkt hieß Gene Chandler noch Eugene Dixon – Eugene verließ die Band, nannte sich Gene Chandler und wurde mit dem Titel im Januar 1962 Spitzenreiter in der US-Hitparade. Um die Verwirrung komplett zu machen: Als Interpret wurde auf der Platte The Duke Of Earl angegeben. Erst seine dritte Hitnotierung erschien dann wirklich unter seinem Künstlernamen. Die Reihe seiner Hits reicht bis an den Anfang der 80er Jahre. Etliche seiner größeren Erfolge nach »Duke Of Earl« wurden von Curtis Mayfield geschrieben, so z. B. »Just Be True« (7/64 US 19) oder »Nothing Can Stop Me« (4/65 US 18). Seinen einzigen Millionseller hatte Gene mit »Groovy Situation« (7/70 US 12). Mit »Does She Have A Friend« (6/80 GB 28) stand Gene in den britischen Charts.

Duke Of Earl (1/62 US 1)
Rhythm & Blues

Changing Faces

CASSANDRA LUCAS v (USA, in New York City), CHARISSE ROSE v (USA, in New York City)
Die beiden Sängerinnen aus New York wurden von dem aus Chicago stammenden Rhythm-&-Blues-Künstler R. Kelly unter die Fittiche genommen. Er betreute sie als Songschreiber und Produzent und verhalf ihnen so zu ihrem ersten Hit »Stroke You Up«, der sich mehr als 500 000-mal verkaufte. Kelly selbst ist auf der Aufnahme der Changing Faces auch zu hören, allerdings klingt er so wie Oskar aus der Mülltonne. Der Anspruch der beiden Sängerinnen: ›Ein dezidiert femininer Blick auf den ewigen Kampf der Geschlechter. Unsere Songs könnten helfen, die Unsicherheiten zwischen Mann und Frau aus dem Weg zu räumen.‹ Nachfolgehit wurde »Foolin' Around« (11/94 US 38). »G.H.E.T.T.O.U.T« wurde wieder durch R. Kelly besorgt. »Time After Time« (4/98 GB 35) featurete als Gast Jay-Z.

Stroke You Up (7/94 US 3)
G.H.E.T.T.O.U.T. (5/97 US 8; 7/97 GB 10)
Rhythm & Blues

Channel, Bruce

BRUCE CHANNEL (USA, * 28. 11. 1940 in Jacksonville/Texas)
Schon während seiner Schulzeit begann die musikalische Karriere von Bruce Channel. Anfang der 60er Jahre erhielt er für sechs Monate ein Engagement in der Louisiana Hayride Show, was ihm zu einem Plattenvertrag verhalf. Gleich der erste war dann auch wieder einmal der größte Hit: »Hey! Baby«. Mundharmonikaspieler auf dieser Platte war übrigens Delbert McClinton. In den USA sollte Bruce kein weiterer Hit mehr gelingen, in GB hingegen hatte er mit dem Stück »Keep On« im Juni 1968 noch einmal einen Platz 12. Das Stück »Hey! Baby« wurde mit DJ Ötzi 2001 ein Skihütten- und Ballermann-Hit.

Hey! Baby (1/62 US 1; 3/62 GB 2)
Pop

Chantays

BRIAN CARMAN g, sax (USA), BOB MARSHALL p (USA), BOB SPICKARD g (USA), WARREN WATERS b (USA), BOB WELSH d (USA)
Diese kalifornische Formation fand sich während ihrer High-School-Zeit 1962 zusammen. Bereits ein Jahr später landete sie ihren größten Hit mit dem Instrumental »Pipeline« (4/63 GB 16) – ursprünglich war dieser Titel als B-Seite vorgesehen. Nach einigen weiteren Singleveröffentlichungen und einer Umbesetzung löste sich die Formation auf. Im Zuge des Revivals der Surf Music tauchten in den 80er

Jahren wieder einige Musiker unter dem Namen Chantays auf.

Pipeline (3/63 US 4)
One Hit Wonder, Pop, Surf-Music

Chao, Manu

Als ›König des Latino-Reggae‹ wurde Manu Anfang 2001 bezeichnet. Als ›Star aus dem Untergrund‹. Sein Vater war der marokkanische Schriftsteller Ramón Chao – Manu wuchs in Paris in einem Viertel mit vielen afrikanischen Immigranten auf. 1986 gründete er die Ethnopunk-Band Mano Negra. Nachdem sich die Band 1994 wieder aufgelöst hatte, ging Chao auf Reise. Immer wieder und besonders gerne zog es ihn nach Südamerika. 1998 nahm er das Album »Clandestino« auf, das zu einem Hit wurde. Weltweit verkaufte es sich mehr als zwei Millionen Mal. Besonders die Singleauskopplung »Bongo Bong« machte ihn auch in Deutschland zum Star. Mit »Proxima Estacion: Esperanza« (6/01 D-LP 4) erschien nach einer längeren Pause ein neues Album. Daraus ausgekoppelt »Me Gustas Tu«, das sehr nach »Bongo Bong« klang.

Bongo Bong (3/00 D 7)
Latin Pop, Reggae

Chapin, Harry

HARRY CHAPIN v, g (USA, * 7. 12. 1942 in New York City, † 16. 7. 1981)
Der vielseitig begabte Sohn eines Big-Band-Drummers gründete seine erste Gruppe mit seinen Brüdern Tom und Stephen. 1968 führte er bei dem für den Oscar nominierten Film »Legendary Champions« Regie. 1971 gründete er eine neue Formation mit John Wallace, Ron Palmer und Tim Scott, mit der er in New Yorker Clubs spielte. 1972 erhielt er einen Plattenvertrag und veröffentlichte die LP »Heads and Tails« mit der Singleauskopplung »W-O-L-D«. Sein Hit »Cat's In The Cradle« handelt von der Gefahr, die Karriere über die Familie zu stellen und damit alles zu zerstören. Die Zeitschrift ›L.A. Free Press‹ bezeichnete ihn einmal als ›Jacques Brel der Arbeiterklasse‹. Chapin hatte ein Auge für die kleinen und großen Sorgen des täglichen Lebens. Er beobachtete seine Umwelt genau, diagnostizierte die Fehler und Schwächen seiner Mitmenschen und verarbeitete seine Beobachtungen und Erfahrungen in seinen Liedern. In seinen Songs erzählt er Geschichten, die ›voller Zynismus, Frustration und sehnsüchtigem Verlangen‹ sind, wie die Zeitschrift ›Crawdaddy‹ schrieb. Der ehemalige Philosophie- und Architekturstudent, der mehr als 300 Dokumentarfilme gedreht hat (einige davon preisgekrönt), einen Lyrikband veröffentlichte und seine Konzerte als Multimediashow betrachtete, gehörte zur Clique der politisch und sozial engagierten Stars in Amerika. Jahr für Jahr gab er Dutzende von Konzerten für die Welthungerhilfe. Von den Einnahmen seiner Konzerte gab er außerdem immer einen Teil an diese Organisation ab, der meist 50 Prozent überschritt. Während Harry mit seinem Auto auf dem Weg zu einem solchen Benefizkonzert war, verunglückte er tödlich auf dem Long Island Expressway. Sein Hit »Cat's In The Cradle« wurde im Frühjahr 1993 ein Erfolg für die Formation Ugly Kid Joe. Chapins erfolgreichste Alben waren »Verities & Balderdash« (9/74 US-LP 4) und »Greatest Stories – Live« (5/76 US-LP 48).

Cat's In The Cradle (10/74 US 1)
AOR (Adult Orientated Rock), Folk, Rock

Chapman, Tracy

TRACY CHAPMAN v (USA, * 20. 3. 1964 in Cleveland/Ohio)

Sie war die Entdeckung des Jahres 1988. Die Amerikaner zeichneten sie dafür mit dem Grammy Award für den besten neuen Künstler aus. Bis 1986 studierte sie Ethnologie an der Tufts University in Massachusetts. Nachdem ihre erste LP erschienen war, las man zuerst, sie würde sich zu sehr auf den Spuren von Joan Armatrading bewegen. Es wurde ihr zwar attestiert, dass sie singen kann, aber ihre Arrangements würden doch sehr konventionell wirken, hübsch verpackt, aber letztlich doch zu versöhnlich. Immerhin verkaufte sich das Album weltweit neunmillionenmal. Für »Give Me One Reason« erhielt sie 1997 einen Grammy als bester Rocksong des Jahres. Besonders ihre Alben verkauften sich sehr gut: »Tracy Chapman« (4/88 US-LP 1, 5/88 GB-LP 1, 7/88 D-LP 1) setzte über vier Millionen Exemplare ab. Es folgten »Crossroads« (10/89 US-LP 9, GB-LP 1, D-LP 1) , »Matters Of The Heart« (2/92 GB-LP 19), »New Beginning« (12/95 US-LP 4), »Telling Stories« (2/00 D-LP 5, 3/00 US-LP 33) und »The Collection« (10/01 D-LP 3, GB-LP 3).

Fast Car (6/88 US 6, GB 5)
Give Me One Reason (4/96 US 3)
AOR (Adult Orientated Rock), Folk

Charlatans

JON BAKER g, MARTIN BLUNT b (Großbritannien, * 21. 5. 1964), JON BROOKES d (* 21. 9. 1968), TIM BURGESS v (Großbritannien, * 30. 5. 1967 als Timothy Allan in Salford/Manchester), MARK COLLINS g, ROB COLLINS key (Großbritannien, * 23. 2. 1963 in Sedgeley, † 23. 7. 1996), TONY RODGERS key

Im Sommer 1988 kam die Formation im Zuge der Manchester-Mode zusammen. Sie verarbeiteten Melodien der 60er Jahre, Hammondorgel-Riffs und ein lockeres Lebensgefühl. Ihre Debüt-Single »Indian Rope«, die 1990 nur als Maxi erschien, verkaufte sich gut genug, um einen neuen Plattenvertrag einzubringen. Ihr erster Top-10-Hit war ein an die Byrds angelehnter Popsong. Mit ihrer 1990 erschienenen LP »Some Friendly« (10/90 GB-LP 1) konnten sie den Spitzenplatz der britischen LP-Charts erobern. Es folgten die Alben »Between 10th And 11th« (4/92 GB-LP 21) und »Up To Our Hips« (4/94 GB-LP 8). 1991 verließ Jon Baker die Band und wurde durch Marc Collins ersetzt. 1993 schienen die Charlatans am Ende: Ihr Keyboarder Collins wurde zu acht Monaten Gefängnis verurteilt, weil er bei einem bewaffneten Raubüberfall als Fahrer des Fluchtfahrzeuges agiert hatte. Aber im August 1995 war die Band wieder da und veröffentlichte ein Album, das am 9. 9. 1995 auf Platz 1 der GB-LP-Charts einstieg: »The Charlatans«. Autofahren war wohl die Leidenschaft von Collins. Am 23. 7. 1996 verunglückte er bei einem Verkehrsunfall in seinem BMW tödlich. Er war nur 32 Jahre alt. »One To Another« kam nach dem Tode von Collins auf den Markt und wurde der größte Singleerfolg der Band. Auch der Nachfolgehit »North Country Boy« war noch vor dem Tode von Collins eingespielt worden. Im April 1997 erschien mit »Tellin' Stories« (5/97 GB-LP 1) ein neues Album der Charlatans. Darauf zum Angedenken an Collins die Nummer »Rob's Theme«. Der ausgekoppelte Titelsong »Tellin' Stories« (11/97 GB 16) erreichte nicht die Top 10. Burgess, Mark Collins, Blunt und Brookes waren jetzt die aktuellen Mitglieder der Band. Ihr nächstes Album hieß »Melting Pot« (3/98 GB-LP 4). 1999 kam als neuer Keyboarder Tony Rodgers. In demselben Jahr lief ihr Plattenvertrag mit Beggar's Banquet aus und die Gruppe unterschrieb einen neuen Vertrag bei Universal Records. Erfolgreich wurden die Alben »Us And Us Only« (10/99 GB-LP 2) und »Wonderland« (9/01 GB-LP 2). 2001 wurde bekannt, dass Tony sich wegen Hodenkrebs einer Chemotherapie unterziehen musste.

The Only One I Know (6/90 GB 9)
One To Another (9/96 GB 3)
North Country Boy (4/97 GB 4)
How High (6/97 GB 6)
Rave, Rock

Charlene

CHARLENE D'ANGELO v (USA, * 1. 6. 1950 als Duncan in Hollywood/Kalifornien)
Die aus Hollywood stammende Charlene D'Angelo, verheiratete Duncan, verheiratete Oliver, unterschrieb 1974 einen Vertrag bei Tamla Motown. Damit gehörte sie neben der Gruppe Rare Earth, Teena Marie und Bobby Darin zu den wenigen weißen Interpreten dieser Firma. 1977 nahm sie die Platte »I've Never Been To Me« auf, die sich jedoch erst im Frühjahr 1982 zu einem Hit mausern sollte. Zu diesem Zeitpunkt hatte Charlene Tamla bereits seit zwei Jahren verlassen – und die USA auch. Die deutsche Vertretung ihrer Plattenfirma schrieb 1982 nach dem Hit über Charlene: ›Charlene, deren persönliche Biografie sich wie ein dickes Kapitel eines Charles-Dickens-Romans liest (als Kind kränkelnd, allzufrüh unglücklich verheiratet, Scheidung, Alkohol- und Drogenabhängigkeit, Selbstfindung und soziales Engagement, Bekehrung zum aktiven Christentum), hatte sich nach ihren nicht sonderlich erfolgreichen Aufnahmen ins Privatleben zurückgezogen und betrieb mit ihrem Mann einen Tante-Emma-Laden mit Poststation in einem englischen Kleinstädtchen.‹ Nach ihrem Top-10-Hit nahm ihre alte Plattenfirma sie erneut unter Vertrag und stellte ihr für den Titelsong einer neuen LP als Mitsänger Stevie Wonder zur Seite. Trotzdem erreichte sie als Singleauskopplung nicht einmal die Top 40. 1985 verließ Charlene Tamla wieder und ist seitdem nicht wieder aufgetaucht.

I've Never Been To Me (3/82 US 3; 5/82 GB 1)
Pop

Charles, Ray

RAY CHARLES v, p (USA, * 23. 9. 1930 als Ray Charles Robinson in Albany/Georgia)
Er ist ganz ohne Zweifel einer der vielseitigsten und beständigsten amerikanischen Musiker – was er alles draufhat, ist schon erstaunlich. Charles gehört zu den Pionieren des R&B, kann sich als Jazz-, Pop-, Soul- oder gar Countrysänger und Pianist hören lassen, schrieb eine ganze Latte von großen Hits. Seine Karriere beginnt schon im Jahre 1949. Mit sieben Jahren hatte der Junge, der in sehr ärmlichen Verhältnissen aufwuchs, wegen eines grünen Stars sein Augenlicht ganz verloren. Er lernte Brailleschrift und konnte schon mehrere Instrumente spielen, als er die Schule verließ. Mit 15 war er Vollwaise und tingelte durch Clubs in Florida. Eine Reise quer durch die USA führte ihn nach Seattle. Hier fand er als Pianist – er spielte im Stil von Nat ›King‹ Cole – in diversen Nachtclubs Arbeit. Er nannte das von ihm gegründete Trio McSon Trio. 1949 hatte er mit dem »Confession Blues« seinen ersten Hit. Es war ein Platz 2 in der Rhythm-&-Blues-Hitparade. In den folgenden Jahren, speziell ab 1954 für die Plattenfirma Atlantic, sollte er bis 1957 Hit auf Hit in der R&B-Hitparade landen, darunter die Nummer »I've Got A Woman«, die mit zum Besten gehört, was 1955 an Rhythm & Blues auf dem Markt war. 1959 nahm er den Titel »What'd I Say« auf, der zu seinem ersten Pop-Hit wurde. Das Stück »Georgia On

My Mind« zeigte erstmals seine Vielseitigkeit. Es war sicher kein Rhythm & Blues – Frankie Trumbauer hatte damit 1931 einen Top-10-Hit –, sondern eine Mixtur aus Soul und Country. Nun war Country Music Ray Charles nicht fremd. In seinen Jugendjahren hatte er in Florida in der weißen Hillbilly-Band Florida Playboys gespielt. Vor allem der Millionseller »I Can't Stop Loving You« war beim Erscheinen sehr umstritten. Als er diesen 1958 von Don Gibson geschriebenen Titel aufnahm, geschah das für eine LP mit dem Titel »Modern Sounds In Country And Western Music«. Der Produzent spielte ihm unter vielen anderen zur Auswahl stehenden Titeln auch das Original von »I Can't Stop Loving You« vor. Ray hörte nur die ersten beiden Zeilen des Songs und entschloss sich sofort, diesen Titel auf die neue LP zu nehmen. Die Mitarbeiter der Plattenfirma, bei der Charles unter Vertrag war, zeigten sich von dem ganzen Projekt wenig begeistert. Sie gingen so weit, Ray von dem Plan abzubringen, eine Country-LP aufzunehmen. Warum, kann man leicht erraten: Sie befürchteten, Ray würde alle seine in den letzten Jahren mit seinen R&B-Platten gewonnenen Fans vor den Kopf stoßen und verlieren. Ray setzte sich durch – wie wir heute wissen, zu Recht. 1986 war Ray Charles einer der ersten, die in die Rock and Roll Hall of Fame aufgenommen wurden. 1987 sang er auf einer Platte mit Billy Joel den Titel »Baby Grand«. Anfang der 90er Jahre hatte er zusammen mit Chaka Khan und Quincy Jones den Hit »I'll Be Good To You« (11/89 US 18). Dass er bei Jung und Alt gleichermaßen ankommt, zeigt sich daran, dass die Initiatoren von USA For Africa ihn für den Titel »We Are The World« 1985 gewinnen konnten. Und als es darum ging, die Jugendlichen vom Genuss einer klebrigen braunen Brause zu überzeugen, nahm man 1992 ebenjenen Ray Charles als Protagonisten. 1994 erhielt er einen Grammy für »A Song For You« als bester R&B-Sänger des Jahres 1993.

Seine erfolgreichsten Alben waren »The Genius Of Ray Charles« (2/60 US-LP 17), »Ray Charles In Person« (7/60 US-LP 13), »The Genius Hits The Road« (10/60 US-LP 9), »Dedicated To You« (3/61 US-LP 11), »Genius + Soul = Jazz« (3/61 US-LP 4), »What'd I Say« (8/61 US-LP 20), »Do The Twist!« (12/61 US-LP 11), »Modern Sounds In Country And Western Music« (4/62 US-LP 1, 7/62 GB-LP 6), »The Ray Charles Story« (8/62 US-LP 14, 2/63 D-LP 23), »Ray Charles' Greatest Hits« (8/62 US-LP 5, 7/63 GB-LP 16,10/63 D-LP 19), »Modern Sounds In Country And Western Music (Volume Two)« (11/62 US-LP 2, 2/63 GB-LP 15), »Ingredients In A Recipe For Soul« (8/63 US-LP 2), »Sweet & Sour Tears« (3/64 US-LP 9), »Crying Time« (3/66 US-LP 15).

What'd I Say (Part 1) (7/59 US 6)
Georgia On My Mind (9/60 US 1)
One Mint Julep (3/61 US 8)
Hit The Road Jack (9/61 US 1, GB 6)
Unchain My Heart (11/61 US 9)
I Can't Stop Loving You (5/62 GB 1, US 1; 8/62 D 8)
You Don't Know Me (7/62 US 2; 9/62 GB 9)
You Are My Sunshine (11/62 US 7)
Take These Chains From My Heart (4/63 GB 5, US 8)
Busted (9/63 US 4)
Crying Time (12/65 US 6)
Country, Pop, Rhythm & Blues, Soul

Charles, Ray

RAY CHARLES bl (USA, * 13. 9. 1918 als Charley Raymond Offenberg in Chicago/Illinois)

Dieser Ray Charles war Arrangeur und Orchesterleiter für viele amerikanische Fernsehshows und Gewinner von zwei Emmys. Ob ›Perry Como Show‹, ›Glen Campbell Good Time Hour‹ oder ›Sha-Na-Na‹, den Ton gab Ray an. Ab 1955 hatte er als Ray Charles Singers auch Erfolge in der amerikanischen Pophitparade. Die Ray Charles Singers sind auf mehreren großen Hits von Perry Como zu hören, so z. B. bei »Papa Loves Mambo«, »Tina Marie«, »Hot Diggity (Dog Ziggity Boom« oder »Caterina«. Mit »Love Me With All Your Heart (Cuando Calienta El Sol)« tummelte sich Ray zwischen all den Beatles-Titeln, die zu diesem Zeitpunkt scharenweise die amerikanische Hitparade bevölkerten. »Al-Di-La« (7/64 US 29) und »One More Time« (11/64 US 32) waren seine Top-40-Hits. Sein erfolgreichstes Album war »Something Special For Young Lovers« (4/64 US-LP 11).

Love Me With All Your Heart (Cuando Calienta El Sol) (4/64 US 3)
Pop

Charles, Tina

TINA CHARLES v (Großbritannien, * 10. 3. 1955 als Tina Hoskins)
Sie begann ihre Karriere als Sängerin der Studioformation 5000 Volts. Ab 1976 sang sie dann als Solistin. Nachdem man lange nichts mehr von Tina Charles gehört hatte, wurde die Platte »I Love To Love« als Wiederveröffentlichung ein erneuter Erfolg. Befreundet war sie zum Zeitpunkt ihrer großen Hits mit einem Bassisten der Formation Northern Lights, einem gewissen Trevor Horn.

I Love To Love (But My Baby Loves To Dance) (2/76 D 6, GB 1; 7/87 D 5)
Dance Little Lady Dance (8/76 GB 6; 10/76 D 8)
Dr. Love (12/76 GB 4)
Disko

Siehe auch: 5000 Volts

Charles & Eddie

EDDIE CHACON v (USA, * 22. 8. 1963 in Oakland/Kalifornien), CHARLES PETTIGREW v (USA, * 12. 5. 1963 in Philadelphia/Pennsylvania, † 6. 4. 2001)
Charles und Eddie veröffentlichten im Oktober 1992 ihre Debüt-LP »Duophonic« (12/92 GB-LP 19, 1/93 D-LP 6). Dazu schrieb die Plattenfirma: ›Charles Pettigrew und Eddie Chacon sind beide 28 Jahre alt. Sie trafen sich eines Tages zufällig in der New Yorker U-Bahn. Über das seltene Exemplar der Vinylscheibe »Trouble Man« von Marvin Gaye, die Charles gerade in einem Second-Hand-Laden gekauft hatte, kamen sie ins Gespräch und entdeckten Gemeinsamkeiten: die Liebe zur Soulmusik und die Tatsache, dass sie zu dieser Zeit im selben Studio Probeaufnahmen machten. Also versuchten sie, gemeinsam etwas auf die Beine zu stellen. Wer bei Charles & Eddie an Duos wie Sam and Dave, Hall and Oates und Marvin and Tammi denkt, liegt durchaus richtig ... Dies ist Soul-Food für die 90er, macht aber auch klar, weshalb Charles Pettigrew, der aus Philadelphia stammt und Jazzgesang in Boston studierte, und Eddie Chacon, der in Oakland aufwuchs, einhellig eine Platte wie »What's Going On« von Marvin Gaye zur ›Bibel ihrer Generation‹ erklären.‹ Schöner kann man es nicht sagen. Ihre Debüt-Single »Would I Lie To You?« erschien im August 1992 in der US-Hitparade und erreichte Platz 13. Die nachfolgenden Singles »N.Y.C. (Can You Believe This City?)« (2/93 GB 33, 3/93 D 32), »House Is Not A Home« (5/93 GB 29) und »24-7-365« (5/95 GB 38) erreichten nur noch mittlere Positionen in GB und in Deutschland, in den USA kamen sie überhaupt nicht mehr in die Charts. Charles starb an Krebs.

Would I Lie To You? (10/92 D 1, GB 1)
Soft Soul

Chas & Dave

MICK BURT d (Großbritannien, * 23. 8. 1943), CHAS HODGES v, p (Großbritannien, * 28. 12. 1943 in London), DAVE PEACOCK v, g (Großbritannien, * 24. 5. 1945 in London)

Als die drei Musiker 1977 einen Vertrag bei der EMI erhielten, hatten sie schon eine ganze Latte von Bands durchlebt. So war z. B. Chas Mitglied bei den Stormers, den Outlaws, Cliff Bennett & The Rebel Rousers, Roy Young Band, Black Claw und 1969 Gründungsmitglied von Heads, Hands & Feet, die 1973 nach drei sehr schönen LPs wieder auseinander fielen. Dave traf 1970 bei Black Claw erstmals auf Chas. 1975 waren beide gemeinsam in der Albert Lee Band. Die Musik von Chas & Dave ist eine Mischung aus Rock 'n' Roll mit Cockney-Texten, ›Rockney‹. Das war außerdem der Spitzname von Mick Burt und der Name ihrer Plattenfirma. In den 80er Jahren waren sie in GB häufig in TV-Shows zu sehen und nahmen noch einige Platten auf, die sich jedoch nicht in den Charts durchsetzen konnten. Zusammen mit dem Fußballteam Tottenham Hotspurs hatten sie den Hit »Ossie's Dream (Spurs Are On Their Way To Wembley)«. Dave war auch auf Platten von Magna Carta und Dave Edmunds zu hören.

Die erfolgreichsten Alben des Duos waren »Chas & Dave's Knees Up – Jamboree Bag No. 2« (10/83 GB-LP 7), »Chas & Dave's Greatest Hits« (11/84 GB-LP 16), »Jamboree Bag No. 3« (11/85 GB-LP 15) und »Street Party« (4/95 GB-LP 3).

Rabbit (11/80 GB 8)
Ain't No Pleasing You (3/82 GB 2)
Snooker Loopy (5/86 GB 6)
Pop, Rock 'n' Roll

Siehe auch: Matchroom Mob Whith Chas & Dave; Tottenham Hotspur F.A. Cup Final

Cheap Trick

JON BRANT b (USA, * 20. 2. 1954), BUN E. CARLOS d (USA, * 12. 6. 1951 als Brad Carlson in Rockford/Illinois), RICK NIELSEN v, g (USA, * 22. 12. 1946 in Rockford/Illinois), TOM PETERSSON v, b (USA, * 9. 5. 1950 als Tom Peterson in Rockford/Illinois), ROBIN ZANDER v, g (USA, * 23. 1. 1952 in Loves Park/Illinois)

Die Ursprünge dieser ›Hard-Rockband mit Witz‹ gehen zurück in das Jahr 1969. Rick Nielsen hatte bereits seit 1961 in diversen Bands seiner Heimatstadt Rockford, Illinois, gespielt. Jetzt gründete er mit Petersson und Carlos die Gruppe Fuse, die ein erfolgloses Album veröffentlichte. 1971 benannte sich die Gruppe in Sick Men Of Europe um. 1973 schließlich – jetzt war als vierter Mann Robin Zander mit dabei – kamen sie als Cheap Trick. 1977 erschien die erste LP dieser Formation. 1980 hatte Petersson die Band verlassen und war durch Jon Brant ersetzt worden. 1988 kehrte Petersson zurück – und mit ihm der Erfolg. Mit dem Stück »Don't Be Cruel« erreichte zum erstenmal nach dem Tode von Elvis Presley eine Coverversion eines seiner Hits die amerikanischen Top 10. Robin Zander veröffentlichte im Duett mit Ann Wilson von der Gruppe Heart im Frühjahr 1990 das Stück »Surrender To Me« aus dem Film »Tequila Sunrise«. 1993 veröffentlichte Zander ein Soloalbum, auf dem neben ihm Cracks wie Mike Campbell von Tom Petty's Heartbreakers mitspielten, J.D. Souther oder Maria McKee mitsangen. 1994 veröffentlichte Cheap Trick die CD »Woke Up With A Monster«, auf der u. a. die gut gemachte Nummer »Ride The Pony« zu finden war. Das erfolgreichste Album von Cheap Trick bleibt das im April 1978 in Japan live aufgenommene »Cheap Trick At Budokan« (2/79 US-LP 4, GB-LP 29). Es fand immerhin 3 Millionen Käufer. Im Juni 1997 erschien das Album »Cheap Trick«, auf dem von Balladen bis

rockigen Nummern alles zu hören war. Besonders auffällig die Nummer »Say Goodbye«, die unüberhörbar von den Beatles beeinflusst war.
Die weiteren Erfolgsalben: »Heaven Tonight« (6/78 US-LP 48), »Dream Police« (10/79 US-LP 6) und »Lap Of Luxury« (5/88 US-LP 16).

I Want You To Want Me (4/79 US 7)
The Flame (4/88 US 1)
Don't Be Cruel (7/88 US 4)
Rock

Siehe auch: Wilson, Ann

Checker, Chubby

CHUBBY CHECKER v (USA, * 3. 10. 1941 als Ernest Evans in Andrews/South Carolina)
Die musikalische Karriere des Hühnchenrupfers, der sich zum Twistkönig mauserte, begann 1958, als er dem Songschreiber Karl Mann vorgestellt wurde, der gleich seine Debüt-Single »The Class« schrieb. Der Künstlername war eine Anlehnung an Fats Domino und wurde ihm von der Frau des Discjockeys Dick Clark verliehen, in dessen Fernsehsendung ›American Bandstand‹ er mehrfach Gast war. Ihr war die Ähnlichkeit von Ernest Evans mit dem jungen Fats Domino aufgefallen: Fats = Chubby, Domino = Checker. Diese erste Single »The Class« verschickte Familie Clark 1958 als Weihnachtskarte. Bekannt wurde Chubby 1960 mit dem Nachzieher eines Songs von Hank Ballard & The Midnighters: »The Twist«. Der Titel wurde zum Markenzeichen der Twistmanie. Zwischen den beiden Notierungen von »The Twist« machte er noch einen weiteren Tanz populär: »Pony Time«. »The Twist« gilt übrigens als der einzige Titel in der Geschichte der amerikanischen Hitparade – mit Ausnahme von Bing Crosbys Weihnachtslied »White Christmas« –, der ganz aus der Hitparade rausgefallen war und es dann wieder schaffte, auf Platz 1 zu kommen. Eine weitere erfolgreiche Twistaufnahme machte Checker mit »Let's Twist Again«. Es folgten noch Twisthits wie »Twistin' USA« und »Slow Twistin'«, dann zeigte sich im Frühjahr 1962 mit dem »La Paloma Twist«, dass die Masche ausgelutscht war. Daraufhin kreierte Checker den Limbo. Seine Top-40-Zeit war Mitte 1964 beendet. Zwischendurch erschienen immer mal wieder Platten von Chubby Checker, so 1983 die LP »The Change Has Come«, aber für die Hitparaden schien er endgültig verloren. Dann nahmen im Frühjahr 1988 die Fat Boys zusammen mit Chubby Checker eine neue Version von »The Twist« auf und standen damit im Juni 1988 auf Platz 16 in den US-Charts.
Viele rechneten nun mit einem Twist-Revival. Es kam nicht. Mit seiner Gruppe The Wild Cats ging Chubby bis zum Ende der 90er Jahre auf Tour. Die erfolgreichsten Alben: »Twist With Chubby Checker« (10/60 US-LP 3, 1/62 GB-LP 13), »Let's Twist Again« (9/61 US-LP 11), »For Twisters Only« (12/61 US-LP 8, 3/62 GB-LP 17), »Your Twist Party« (12/61 US-LP 2), »Bobby Rydell/Chubby Checker« (12/61 US-LP 7), »For Teen Twisters Only« (3/62 US-LP 17) und »Limbo Party« (12/62 US-LP 11).
Am 4. August 2001 veröffentlichte Chubby Checker eine ganzseitige Anzeige in der amerikanischen Musikzeitschrift ›Billboard‹. Darin forderte er die Verantwortlichen auf, ihn endlich in die Rock and Roll Hall of Fame aufzunehmen. Er wolle mehr Geld und vor allen Dingen mehr Ruhm, weil er in unvergleichlicher Weise die Art zu tanzen verändert habe. Er wolle gewürdigt werden, solange er am Leben sei. In dieser Anzeige behauptet er auch, der einzige Interpret zu sein, der mit einem Titel – in seinem Fall »The Twist« – zweimal an der Spitze der Charts gestanden hat. Hier irrt Herr Checker: Bing Crosby hat es mit »White Christmas« sogar dreimal geschafft.

The Twist (8/60 US 1; 11/61 US 1)
Pony Time (1/61 US 1)
Let's Twist Again (6/61 US 8; 12/61 GB 2)
The Fly (9/61 US 7)
Slow Twistin' (3/62 US 3)
Popeye The Hitchhiker (9/62 US 10)
Limbo Rock (9/62 US 2)
Let's Twist Again/The Twist (11/75 GB 5)
The Twist (Yo, Twist) (6/88 GB 2; 7/88 D 1)
Twist

Siehe auch: Fat Boys

Cheech & Chong

TOMMY CHONG (Kanada, * 24. 5. 1938 in Edmonton/Alberta), RICHARD »CHEECH« MARIN (USA, * 13. 7. 1946 in Watts/Kalifornien)
Cheech und Chong trafen sich in der Band City Lights in Kanada, die aus vier Obenohne-Tänzerinnen, einem Mimen und eben Cheech & Chong bestand. Tommy Chong hatte vorher mit Bobby Taylor & The Vancouvers gespielt, die den Hit »Does Your Mama Know About Me« (4/68 US 29) hatten. Dann entdeckte der Chef der Truppe, Bobby Taylor, Jackson 5 und löste die Band auf. City Lights hielten sich auch nicht lange, Cheech & Chong spielten bei diversen anderen kanadischen Bands und gingen schließlich nach Los Angeles, in die Heimatstadt von Cheech. Im berühmten Club Troubadour war der Montag der spezielle Tag für Spaßvögel. Comedy wurde nun die Sache von Cheech & Chong. Lou Adler von A&M Records sah sie und nahm sie gleich unter Vertrag. Zwischen 1971 und 1974 hatte das Duo vier Millionseller in der US-LP-Hitparade: »Cheech And Chong« (9/71 US-LP 28), »Big Bambu« (7/72 US-LP 2), »Los Cochinos« (9/73 US-LP 2) und »Cheech & Chongs's Wedding Album« (10/74 US-LP 5). Die beiden nahmen die Szene auf die Schippe – und eben genau diese Szene konnte sich darüber totlachen. In der Hauptsache beobachteten sie ihre eigenen Angewohnheiten und die ihrer Freunde – schon hatten sie eine neue Platte zusammen. Cheech & Chong waren ausschließlich in Amerika erfolgreich. Nicht einmal die Engländer konnten sich mit dem Humor der beiden anfreunden. Ab 1980 waren sie auch in Filmen zu sehen.

Earache My Eye Featuring Alice Bowie (8/74 US 9)
Rock

Chef

ISAAC HAYES v, p (USA, * 20. 8. 1938 in Covington/Tennesse), TREY PARKER (USA), MATT STONE (USA)
Hinter diesem Pseudonym verbirgt sich Isaac Hayes. In der Zeichentrickserie »South Park« spricht er die Figur des ›Chef‹. Zum Weihnachtsfest 1999 kreierten die geistigen Väter der TV-Serie, Trey Parker und Matt Stones, die Platte »My Hankey The Christmas Poo«, die von Mr. Hankey interpretiert wurde.

Chocolate Salty Balls (PS I Love You) (12/98 GB 1)
Rhythm & Blues, Soul

Siehe auch: Hayes, Isaac; Mr. Hankey

Chelsea F.C.

Hierbei handelt es sich ganz ohne Zweifel um eine Ansammlung von Nichtsängern. Die Briten lieben es, wenn ihre besten Fußballmannschaften vor ein Mikrofon treten und belanglose Liedchen trällern. Manchmal ist es die Hymne auf den Verein, dann die auf die Fans und mal die auf den Fußball allgemein. Für den Chelsea F.C. schrieb Daniel Boone, der Anfang der 70er Jahre mit Titeln wie »Daddy, Don't You Walk So Fast« oder »Beautiful Sunday« erfolgreich war, das Lied »Blue Is The Colour«. Mit »No One Can Stop Us Now« (5/94 GB 23) und »Blue Day« (5/97 GB 22) kamen die Fußballer erneut in die Charts.

Bei »Blue Day« wurde als Interpreten Suggs & Co. feat. The Chelsea Team genannt. Ansonsten widmeten sich die Spieler glücklicherweise dem Fußball.

Blue Is The Colour (2/72 GB 5)
Schlager

Chemical Brothers

TOM ROWLANDS key (Großbritannien, * 11. 1. 1971 als Thomas Owen Mostyn in Henley-On-Thames), ED SIMONS key (Großbritannien, * 9. 6. 1970 als Edmund John in Dulwich/London)
»Leave Home« (6/95 GB 17) war die erste Hitnotierung des britischen Duos. »Life Is Sweet« (9/95 GB 25) und »Loops Of Fury EP« (1/96 GB 13) folgten. Der große Wurf sollte ihnen erstmals mit »Setting Sun« gelingen – die Platte stieg am 12. 10. 1996 gleich auf Platz 1 in GB ein. Den Gesang auf diesem Stück übernahm Noel Gallagher von Oasis, der auch den Text für die Nummer geschrieben hatte. Mit »Block Rockin' Beats« gelang den Chemical Brothers eine Wiederholung dieses Erfolges. Die Platte stieg am 5. 4. 1997 auf Platz 1 in GB ein. Den Gesang lieferte diesmal Schooly D. Mit »Elektrobank« (9/97 GB 17) gelang noch ein weiterer Singlehit – dann ward erst einmal nicht mehr von den Chemical Brothers gehört. Bei dem Hit »Let Forever Be« sang als Gast Noel Gallagher mit. Ihr erstes Album in den Charts war »Exit Planet Dust« (7/95 GB-LP 9). Nachfolger »Dig Your Own Hole« (4/97 GB-LP 1, US-LP 14) stieg am 19. 4. 1997 auf Platz 1 der Albumcharts in GB ein. Auch in den USA wussten die ›rockenden DJs‘ zu gefallen. Ihr Album stieg dort am 26. 4. 1997 auf Platz 14 ein. Und auch »Surrender« (7/99 GB-LP 1, US-LP 32, D-LP 7) kam am 3. 7. 1999 wieder von 0 auf 1 in GB. Bei »Out Of Control« (10/99 GB 21) stammte der Gesang von Bernard Sumner (Electronic) und Bobby Gillespie (Primal Scream). Als nächstes Album erschien »Come With Us« (2/02 GB-LP 1).

Setting Sun (10/96 GB 1)
Block Rockin' Beats (4/97 GB 1)
Hey Boy Hey Girl (6/99 GB 3)
Let Forever Be (8/99 GB 9)
It Began In Afrika (9/01 GB 8)
Star Guitar (1/02 GB 8)
Dance, HipHop, Rock

Cher

CHER v (USA, * 20. 5. 1946 als Cherilyn Sarkisian LaPierre in El Centro/Kalifornien)
Sie begann als Sessionsängerin bei Phil Spector. Zu diesem Zeitpunkt arbeitete bei Spector auch Sonny Bono, mit dem sie 1963 als Caesar & Cleo eine Platte veröffentlichte. 1964 heirateten die beiden, und Cher sang unter dem Pseudonym Bonnie Jo Mason »Ringo, I Love You«, eine Hommage an Ringo Starr. Das Jahr 1964 endete damit, dass Cher einen Plattenvertrag als Solistin hatte und Sonny & Cher einen Vertrag als Duo. Ab 1965 waren Sonny & Cher erfolgreich. Gleichzeitig funktionierte aber auch Chers Solokarriere. Nachdem sie 1974 von Sonny Bono geschieden worden war, erwarteten viele das Ende der Karriere von Cher. Sie war kurzfristig mit Gregg Allman verheiratet, der ihr wenig positive Impulse gab. Zumindest für GB klafft zwischen 1974 und 1987 eine Hitlücke, aber im Duett mit Meat Loaf hatte sie einen Hit mit »Dead Ringer For Love«. 1987 kehrte sie wieder in die Charts zurück. In den USA gelang ihr mit »Take Me Home« 1979 noch einmal ein Millionseller, aber mit dem Ende der 70er Jahre schien sie auch dort vergessen. In gewisser Hinsicht lassen sich da Parallelen ziehen zwischen Ike & Tina Turner und Sonny & Cher. In beiden Fällen stellte sich heraus, dass die Frauen, von der Last ihrer Partner befreit, nach einer Erholungspau-

se richtig Dampf geben konnten. Die Jahre ohne Hits ließ Cher jedoch nicht nutzlos verstreichen. Sie baute sich eine in den Anfängen belächelte Karriere als Schauspielerin auf. 1982 spielte sie ihre erste Hauptrolle in »Come Back To The Five And Dime, Jimmy Dean, Jimmy Dean«. Ein Jahr später war sie neben Meryl Streep in »Silkwood« zu sehen, was ihr eine Oscar-Nominierung einbrachte. Es folgten weitere Hauptrollen in »Mask« 1985, »Die Hexen von Eastwick«, »Suspect« und »Mondsüchtig« 1987. Spätestens 1988, nachdem sie für »Mondsüchtig« den Oscar als beste Schauspielerin erhalten hatte, verging den Kritikern das abfällige Lächeln. Man musste anerkennen, dass Cher sowohl ernste Rollen wie z. B. in »Mask« oder »Silkwood« spielen konnte als auch komische wie in »Mondsüchtig« oder ihrem 1990 entstandenen Streifen »Meerjungfrauen küssen besser«. Als Ende 1992 nach vielen weiteren Soloerfolgen ihre Plattenfirma eine Greatest-Hits-Kopplung veröffentlichte, schrieb sie über Cher: ›Nur wenige Frauen werden mit den Jahren attraktiver. Noch seltener werden sie beliebter und erfolgreicher.‹ Zumindest gibt es wenige Frauen, die auf dreißig Jahre Erfolg im Showgeschäft zurückblicken können. 1995 sang sie zusammen mit Chrissie Hynde und Neneh Cherry den Comic-Relief-Song des Jahres: »Love Can Build A Bridge«. Die Platte stieg gleich auf Platz 1 ein. Gitarrist bei diesem Werk war Eric Clapton. Es fällt auf, dass sie mit ihren Platten vorwiegend in England und in geringerem Maße in Resteuropa erfolgreich ist, weniger in den USA. Neben den schon erwähnten Hits in GB sollte man noch »Walking In Memphis« hervorheben, die Coverversion des Marc-Cohn-Hits, die Cher 1995 einen Platz 11 bescherte. Danach trat eine kleine Pause ein, die sie 1998 mit dem Album und der Single »Believe« beendete. Mit 52 Jahren, so stellte die britische Musikpresse fest, war Cher mit »Believe« die älteste Sängerin, die jemals Platz 1 der GB-Charts belegte. Die erfolgreichsten Alben von Cher: »All I Really Want To Do« (9/65 US-LP 16, 10/65 GB-LP 7), »Sonny Side Of Cher« (5/66 GB-LP 11), »Gypsys, Tramps & Thieves« (9/71 US-LP 16), »Cher« (12/87 US-LP 32, 1/88 GB-LP 26), »Heart Of Stone« (7/89 US-LP 10, 7/89 GB-LP 7), »Love Hurts« (6/91 GB-LP 1, 7/91 D-LP 6), »Greatest Hits 1965 – 1992« (11/92 GB-LP 1), »It's A Man's World« (11/95 GB-LP 10), »Believe« (11/98 GB-LP 7, 11/98 D-LP 1, 11/98 US-LP 4), »The Greatest Hits« (11/99 GB-LP 7, 11/99 D-LP 1). Im November 2000 veröffentlichte Cher das Album »not.com.mercial« exklusiv im Internet. Ende 2001 kam sie mit dem Album »Living Proof« (1/02 D-LP 13, 3/02 US-LP 9). Daraus ausgekoppelt wurde der Titel »Alive Again« (3/02 D 27), den sich die ARD als Lied für ihre Berichterstattung zu den Olympischen Winterspielen in Salt Lake City ausgesucht hatte.

All I Really Want To Do (8/65 GB 9)
Bang Bang (My Baby Shot Me Down) (3/66 US 2, GB 3)
You Better Sit Down Kids (10/67 US 9)
Gypsys, Tramps & Thieves (9/71 US 1; 11/71 GB 4)
The Way Of Love (1/72 US 7)
Half-Breed (8/73 US 1)
Dark Lady (1/74 US 1)
Take Me Home (2/79 US 8)
Dead Ringer For Love (11/81 GB 5)
I Found Someone (11/87 GB 5, US 10)
After All (3/89 US 6)
If I Could Turn Back Time (7/89 US 3; 9/89 GB 6)
Just Like Jesse James (10/89 US 8)
The Shoop Shoop Song (It's In His Kiss) (4/91 GB 1, D 3)
Love And Understanding (7/91 GB 10)
Love Can Build A Bridge (3/95 GB 1)
One By One (1/96 GB 7)
Believe (10/98 D 1, GB 1; 12/98 US 1)
Strong Enough (3/99 D 3, GB 5)
Music's No Good Without You (11/01 GB 8)
AOR (Adult Orientated Rock), Folk, Pop, Rock

Cherrelle

CHERRELLE v (USA, * 13. 10. 1965 als Cheryl Norton in Los Angeles/Kalifornien)
Nachdem sie ab 1978 vorwiegend als Studio- und Backgroundsängerin gearbeitet hatte, veröffentlichte Cherrelle 1984 ihre erste Solo-LP. In Soulkreisen waren ihre Platten erfolgreich, für die Pophitparaden reichte es nicht. 1985 nahm Cherrelle im Duett mit Alexander O'Neal den Titel »Saturday Love« auf. Es blieb der einzige große Erfolg für Cherrelle, die eine Cousine der Sängerin Pebbles ist. Bei ihrer 1991 erschienenen CD »The Woman I Am« fungierte Cherrelle erstmals auch als Co-Produzentin. Ihr erfolgreichstes Album hieß »High Priority« (1/86 GB-LP 17; 2/86 US-LP 36).

Saturday Love (12/85 GB 6)
One Hit Wonder, Soul

Cherry, Eagle-Eye

EAGLE-EYE CHERRY v (Schweden, * 7. 5. 1969 in Stockholm)
Der Vater die Jazz-Legende Don Cherry (18. 11. 1936 – 19. 10. 1995) – die Schwestern Neneh und Titiyo Cherry. Was blieb dem armen Jungen übrig, als auch in die Musik zu gehen. 1984 zog er nach Brooklyn, wo er u. a. mit Chers Tochter Chastitiy zur Schule ging und später Schauspielunterricht nahm. Nach dem Tod seines Vaters kehrte er nach Schweden zurück. Seine Debüt-Single »Save Tonight« (4/98 D 18), für die er den Text und die Musik geschrieben hat, kam im Frühjahr in die deutschen Charts und kletterte sehr langsam in den mittleren Bereich. In GB erschien die Platte gleich unter den ersten 10 der Charts. In den USA kam sie erst im Januar 1999 in die Top 10. Eagle-Eye bringt eine Mischung aus Blues, Südstaatenrock und HipHop – interessant. Sein erstes Album erschien im April 1998 und hieß »Desireless« (8/98 US-LP 45). In GB stieg das Album am 1. 8. 1998 auf Platz 3 der Charts ein. Sein nächster Hit kam mit »Are You Still Having Fun?« (4/00 GB 21).
Als Schauspieler war Eagle-Eye zu sehen in den Filmen »Born On The 4th Of July«, »The Doors« und »Arthur 2: On The Rocks« und in der TV-Serie »Cosby Show«.

Save Tonight (7/98 GB 6; 9/98 US 5)
Falling In Love Again (11/98 GB 8)
Pop

Cherry, Neneh

NENEH CHERRY v (Schweden, * 10. 3. 1964 als Neneh Mariann Karlsson in Stockholm)
Die in Schweden geborene und in New York aufgewachsene Neneh ist die Stieftochter des US-Jazztrompeters Don Cherry. Von New York zog sie nach London und wurde dort 1981 Sängerin der britischen Punkgruppe Rip, Rig & Panic. Nachdem diese auseinander gefallen war, machte sie mit einigen Exmitgliedern als Float Up CP weiter, sang im Hintergrund bei den Slits und auf dem The-The-Titel »Slow Train To Dawn«. 1988 nahm sie mit »Buffalo Stance« ihren ersten Erfolg auf. Die britischen Diskospezialisten Bomb The Bass hatten die Platte produziert, und die Mischung aus Hip-Hop, Rap und Soul traf genau den Nerv jener Tage. Nach einigen weiteren Hits wurde es wieder still um sie. Nach einer Pause von rund zwei Jahren und der Geburt eines Kindes machte sie ab 1992 weitere Platten. Zusammen mit dem Senegalesen Youssou N'Dour gelang ihr der sehr schöne Hit »Seven Seconds«. Sie sang englisch, er sang in Wolof, einem senegalesischen Dialekt. Zusammen mit Cher und Chrissie Hynde sang sie 1995 den Comic-Relief-Song »Love Can Build A Bridge«, der am 25.3.

auf Platz 1 einstieg. Mit »Woman« gelang ihr ein weiterer Solohit. »Buddy X 99« (11/99 GB 15) erschien als Neneh Cherry vs. Dreem Teem.
Ihr erfolgreichstes Album war »Raw Like Sushi« (6/89 GB-LP 2, D-LP 10, US-LP 40).

Buffalo Stance (12/88 GB 3; 1/89 D 2; 4/89 US 3)
Manchild (5/89 D 2, GB 5)
Kisses On The Wind (7/89 US 8)
Seven Seconds (6/94 D 3, GB 3)
Love Can Build A Bridge (3/95 GB 1)
Woman (8/96 GB 9)
Pop, Rhythm & Blues, World Music

Chic

ALFA ANDERSON v (USA, * 7. 9. 1946), BERNARD EDWARDS b (USA, * 31. 10. 1952 in Greenville/South Carolina, † 18. 4. 1996), LUCI MARTIN v (USA, * 10. 1. 1955), NILE RODGERS g, b (USA, * 19. 9. 1952 in New York City), TONY THOMPSON d (USA, * 15. 11. 1954 in Greenville/North Carolina), NORMA JEAN WRIGHT v (USA)
Die in New York City gegründete Diskotruppe um die beiden Produzenten Rodgers und Edwards war zwischen 1977 und 1979 in der entsprechenden Szene überaus erfolgreich. Mit dem Titel »Dance, Dance, Dance« hatten sie im Oktober 1977 ihren ersten Millionseller. »Le Freak« war genau ein Jahr später sogar eine Platinplatte. »I Want Your Love« und »Good Times« waren 1979 weitere Millionseller. 1978 hatte Wright die Band verlassen, um als Norma Jean eine Solokarriere zu starten – sie wurde durch Alfa Anderson ersetzt. Auch die anderen Mitglieder von Chic versuchten sich immer wieder mal mit anderen Projekten: Roundtree war eine Studiogruppe um Edwards, Rodgers spielte 1984 mit den Honeydrippers, Thompson trommelte mit Power Station. Und fast nebenher produzierten Edwards und Rodgers mit Erfolg Künstler wie Diana Ross, Madonna, David Bowie, Sister Sledge, Robert Palmer, Power Station oder Sheila B. Devotion. Bernard Edwards starb im April 1996 – er wurde tot in seinem Hotelzimmer in Tokio aufgefunden. Als Todesursache wurde Lungenentzündung angegeben.
Die erfolgreichsten Alben: »C'est Chic« (12/78 US-LP 4, 2/79 GB-LP 2, D-LP 10) und »Risque« (8/79 US-LP 5, GB-LP 29).

Dance, Dance, Dance (Yowsah, Yowsah, Yowsah) (10/77 GB 6, US 6)
Everybody Dance (4/78 GB 9)
Le Freak (10/78 GB 7, US 1; 1/79 D 5)
I Want Your Love (2/79 US 7, GB 4)
Good Times (6/79 GB 5, US 1)
Disko, Funk, Rhythm & Blues

Siehe auch: Honeydrippers

Chicago

DAWAYNE BAILEY g, PETER CETERA v, b (USA, * 13. 9. 1944 in Chicago/Illinois), BILL CHAMPLIN v, g, key, DONNY DACUS g, LAUDIR DE OLIVEIRA per (Brasilien), TERRY KATH v, g (USA, * 31. 1. 1946 in Chicago/Illinois, † 23. 1. 1987), ROBERT LAMM v, key (USA, * 13. 10. 1944 in Brooklyn/New York), LEE LOUGHNANE tr (USA, * 21. 10. 1946 in Chicago/Illinois), JAMES PANKOW pos (USA, * 20. 8. 1947 in Chicago/Illinois), WALTER PARAZAIDER sax (USA, * 14. 3. 1945 in Chicago/Illinois), CHRIS PINNICK g, JASON SCHEFF b, DANNY SERAPHINE d (USA, * 28. 8. 1948 in Chicago/Illinois)
Der Tag, an dem diese Gruppe in ebenjener Stadt gegründet wurde, die ihr den Namen gab, steht laut Walter Parazaider fest: 15. 2. 1967. Zwei Jahre übten die Jungs, schrieben Songs und bereiteten sich auf ihre erste LP vor, die schließlich 1969 erschien. Ähnlich wie bei Blood, Sweat & Tears kam der Erfolg nicht gleich mit der ersten, sondern mit der zweiten LP. Auf »Chicago II«, die im Januar 1970 veröffentlicht wurde, war der Titel »Make Me Smile«. Bis 1991 veröffentlichte die

Band, immer schön hintereinander numeriert, 21 LPs. Fast alle waren Millionseller. Die Anzahl der Top-10-Hits ist enorm, die populärsten Hits waren die Millionseller »Saturday In The Park«, »Just You 'N' Me«, »If You Leave Me Now«, »Hard To Say I'm Sorry« und »Look Away«. Musikalisch hat sich Chicago im Laufe der Jahre sehr weit von dem entfernt, was Parazaider in den Anfangstagen als Rock-'n'-Roll-Band mit Bläsern bezeichnet hat. Nach dem Tod von Terry Kath im Januar 1978 – er hatte mit einer geladenen Pistole gespielt, und ein Schuss hatte sich gelöst – begann sich das Mitgliederkarussell zu drehen. Für ihn kam Donnie Dacus, der nach einem Jahr die Band wieder verließ und durch Chris Pinnick ersetzt wurde. Der verließ die Gruppe, als 1981 der Keyboarder Bill Champlin kam. Peter Cetera, der schon 1981 seine erste Soloplatte veröffentlichte, ging endgültig 1985 – für ihn kam Jason Scheff, der Sohn der ausgezeichneten Bassisten Jerry Scheff. Jerry hat z. B. lange für Elvis Presley gespielt. Für Seraphine kam 1990 der Gitarrist DaWayne Bailey. Die Fans der Band aus den ersten fünf Jahren haben sich inzwischen sicher mit Grausen von dem abgewandt, was die Band veröffentlicht. Auf der anderen Seite ist spätestens mit »If You Leave Me Now« eine ganz neue Klientel hinzugekommen. Blood, Sweat & Tears und Chicago wurden in ihren Anfangstagen immer miteinander verglichen und waren auch noch bei derselben Plattenfirma. Heute im Rückblick muss festgestellt werden, dass Chicago gewonnen hat.

Die erfolgreichsten Alben: »Chicago Transit Authority« (5/69 US-LP 17, 9/69 GB-LP 9), »Chicago II« (2/70 US-LP 4, 3/70 D-LP 20, 4/70 GB-LP 6), »Chicago III« (1/71 US-LP 2, 3/71 D-LP 17, 4/71 GB-LP 31), »Chicago At Carnegie Hall« (11/71 US-LP 3), »Chicago V« (7/72 US-LP 1, 9/72 GB-LP 24), »Chicago VI« (7/73 US-LP 1), »Chicago VII« (3/74 US-LP 1), »Chicago VIII« (4/75 US-LP 1), »Chicago IX – Chicago's Greatest Hits« (11/75 US-LP 1), »Chicago X« (7/76 US-LP 3, 10/76 GB-LP 21, 2/77 D-LP 5), »Chicago XI« (10/77 US-LP 6, 11/77 D-LP 39), »Hot Streets« (10/78 US-LP 12), »Chicago 16« (6/82 US-LP 9, 8/82 D-LP 11), »The Feeling Of Chicago« (2/83 D-LP 8), »Chicago 17« (5/84 D-LP 12, 6/84 US-LP 4, 12/84 GB-LP 24), »19« (7/88 US-LP 37), »The Heart Of Chicago« (11/89 GB-LP 6) und »Greatest Hits 1982–1989« (12/89 US-LP 37).

I'm A Man (1/70 D 10, GB 8)
Make Me Smile (4/70 US 9)
25 Or 6 To 4 (7/70 US 4, GB 7)
Does Anybody Really Know What Time It Is? (11/70 US 7)
Beginnings (6/71 US 7)
Saturday In The Park (8/72 US 3)
Feelin' Stronger Every Day (6/73 US 10)
Just You 'N' Me (9/73 US 4)
(I've Been) Searchin' So Long (3/74 US 9)
Call On Me (6/74 US 6)
Old Days (4/75 US 5)
If You Leave Me Now (8/76 US 1; 10/76 D 3, GB 1)
Baby, What A Big Surprise (9/77 US 4)
Hard To Say I'm Sorry (6/82 US 1; 8/82 GB 4, D 6)
Hard Habit To Break (8/84 US 3; 10/84 GB 8)
You're The Inspiration (11/84 US 3)
Will You Still Love Me? (11/86 US 3)
I Don't Wanna Live Without Your Love (6/88 US 3)
Look Away (9/88 US 1)
You're Not Alone (1/89 US 10)
What Kind Of Man Would I Be? (12/89 US 5)
AOR (Adult Orientated Rock), Jazz, Pop, Rock

Siehe auch: Cetera, Peter

Chicane

Nick Bracegirdle key (Großbritannien, * 28. 2. 1971), Leo Elstob dj (Großbritannien, * 23. 7. 1971)

Das Projekt Chicane erreichte mit dem Titel »Offshore« (12/96 GB 14, D 34) erstmals die Charts. Als »Offshore '97« (9/97 GB 17) konnte der Titel sich erneut platzieren. Dieses Mal wurde Chicane von

Power Circle unterstützt. Die weiteren Top-40-Hits: »Sunstroke« (6/97 GB 21), »Lost You Somewhere« (12/97 GB 35), »Strong In Love« (10/98 GB 32) und »Saltwater« (6/99 GB 6, 7/99 D 16). »Saltwater« reaktivierte den Gesang der Clannad-Nummer »Theme From Harry's Game«. Maire Brennan sang auf dem Chicane-Titel als Gast mit. Auf »Don't Give Up« wurde als ›featuring‹ Bryan Adams genannt.
Im März 2000 erschien das Album »Behind The Sun« (4/00 GB-LP 10). Zu diesem Zeitpunkt arbeitete Nick gerade an einem Projekt zusammen mit Vangelis. Für Chicane ging es weiter mit »No Ordinary Morning/Halcyon« (7/00 GB 28).
Chicane kam auch in der Verkleidung als Disco Citizens und hatte die Top-40-Hits »Right Here Right Now« (7/95 GB 40) und »Footprint« (4/97 GB 34).

Saltwater (6/99 GB 6)
Don't Give Up (3/00 GB 1)
Disko

Chicory Tip

ROD CLOUTT g, syn, org (Großbritannien, * 26. 1. 1949 in Gillingham/Kent), DICK FORSTER g (Großbritannien), PETER HEWSON v (Großbritannien, * 1. 9. 1950 in Gillingham/Kent), BARRY MAYGER b (Großbritannien, * 1. 6. 1950 in Maidstone/Kent), BRIAN SHEARER d (Großbritannien, * 4. 5. 1951 in Lewisham/London)
Hewson gründete die Band Chicory Tip im Jahre 1968. Die von Giorgio Moroder geschriebene Nummer »Son Of My Father« war hierzulande als »Nachts scheint die Sonne« im September 1971 ein Hit für Michael Holm. Es gelangen mit »What's Your Name« (5/72 GB 13, D 32) und »Good Grief Christina« (3/73 GB 17) noch zwei weitere Top-20-Hits, dann war 1973 die Zeit dieser Band wieder vorbei.

Son Of My Father (1/72 GB 1)
Pop

Chiffons

PAT BENNETT v (USA, * 7. 4. 1947 als Patricia in Bronx/New York City), JUDY CRAIG v (USA, in Bronx/New York City), BARBARA LEE JONES v (USA, * 16. 5. 1943 in Bronx/New York City, † 15. 5. 1992), SYLVIA PETERSON v (USA, * 30. 9. 1946 in Bronx/New York City)
Aus den vier Chormädchen und Backgroundsängerinnen, die um die 15 waren, wurden 1960 die Chiffons. In demselben Jahr gelang ihnen mit »Tonight's The Night« ihre erste Chartplatzierung. Richtigen Erfolg hatten sie mit »He's So Fine«. Zwischendurch nahmen die Mädchen als Four Pennies für eine andere Plattenfirma weitere Platten auf, die jedoch nie in die Top 40 kamen. Stärkster Titel blieb »He's So Fine«. Die Melodie des Stückes war so eingängig, dass George Harrison sie unbewusst als Vorlage für »My Sweet Lord« genommen hat. Nachdem Ronnie Mack, dem Songschreiber von »He's So Fine«, die Ähnlichkeit der beiden Titel aufgefallen war, forderte er gerichtlich sein Recht. Harrison wurde im August 1976 für schuldig befunden und musste zwei Drittel der Tantiemen abtreten. Den Chiffons war das egal – sie hatten davon nichts. Sie versuchten es mit einer eigenen Version von »My Sweet Lord«, die allerdings kein Hit wurde.

He's So Fine (2/63 US 1)
One Fine Day (6/63 US 5)
Sweet Talkin' Guy (5/66 US 10; 3/72 GB 4)
Pop

Child

TIMOTHY ATACK d (Großbritannien, * 5. 4. 1959 in Wakefield/Yorkshire), KEITH ATACK g (Großbritannien, * 5. 4. 1959 in

Wakefield/Yorkshire), GRAHAM ROBERT BILBROUGH v, g (Großbritannien, * 23. 3. 1958 in Fairburn/Yorkshire), MIKE MCKENZIE b (Großbritannien, * 20. 8. 1955 in Edinburgh)
Child war eine der typischen britischen Teenie-Gruppen, die für den schnellen Gebrauch gegründet wurden. Nicht einmal eigenes Material wollte man den Jungs zugestehen. Es erschienen drei Coverversionen älterer Hits, und eine davon war Conway Twittys »It's Only Make Believe«. Die beiden anderen waren »When You Walk In The Room« (4/78 GB 38) und »Only You (And You Alone)« (4/79 GB 33). Nach 1979 waren die Jungs für Teenie-Zeitschriften zu alt und verschwanden wieder so schnell, wie sie gekommen waren.

It's Only Make Believe (7/78 GB 10)
Boy Group

Child, Jane

JANE CHILD v, p (Kanada, * 15. 2. 1969 in ScarboroughToronto/Ontario)
Die Tochter zweier ausgebildeter klassischer Musiker bekam schon als Kind von ihren Eltern Gesangs- und Geigenunterricht. Als Zwölfjährige sang sie im Kinderchor der Canadian Opera Company und studierte später am Royal Conservatory Of Music Piano. Mit 15 wurde sie Keyboarderin einer Rockband. Schließlich zog sie nach Los Angeles. Jane veröffentlichte 1989 ein ausgezeichnetes Debütalbum. Daraus ausgekoppelt wurde als Single »Don't Wanna Fall In Love« (5/90 GB 22), die ein Millionseller wurde. Als zweites Album erschien »Here Not There«. 1995 löste Warner Brothers den Plattenvertrag mit Jane. Auf einen Nachfolgehit wird gewartet.

Don't Wanna Fall In Love (2/90 US 2)
One Hit Wonder, Pop

Childliners

Eine Gruppe aus Sängerinnen und Sängern, die aus GB, Australien und den USA stammten, sang dieses weihnachtliche Lied. Außerhalb von GB hinterließ die Platte keine Spuren in den Hitparaden.

The Gift Of Christmas (12/95 GB 9)
One Hit Wonder, Pop

Chi-Lites

CREADLE JONES v (USA, in St. Louis/Missouri), ROBERT LESTER v (USA), EUGENE RECORD v (USA, * 23. 12. 1940 in Chicago/Illinois), MARSHALL THOMPSON v (USA, in Chicago/Illinois)
Die Ursprünge dieser R&B-Gruppe aus Chicago gehen zurück bis in die 50er Jahre. 1959 waren Eugene, Robert und ein Clarence Johnson in der Band Chantours, die eine Singleplatte aufnahm. Marshall und Creadle spielten zu dieser Zeit bei den Desidores. Aus den Chantours und den Desidores wurden 1960 die Hi-Lites, die nach etlichen Jahren ohne einen Hit ab 1966 als Chi-Lites erfolgreich waren. Das verdankt die Band vor allem dem Songschreibertalent des Leadsängers Eugene Record, der auch für andere Interpreten Hits geschrieben hat. Die Hitparadennotierungen der Chi-Lites reichen von 1966 bis 1984. Ihre erfolgreichsten Alben hießen »(For God's Sake) Give More Power To The People« (8/71 US-LP 12) und »A Lonely Man« (4/72 US-LP 5).

Have You Seen Her (10/71 US 3; 1/72 GB 3)
Oh Girl (4/72 US 1)
Homely Girl (3/74 GB 5)
Too Good To Be Forgotten (11/74 GB 10)
Have You Seen Her/Oh Girl (6/75 GB 5)
It's Time For Love (9/75 GB 5)
You Don't Have To Go (7/76 GB 3)
Rhythm & Blues, Soft Soul

Chilli Feat. Carrapicho

KALI FIELDS v, QUEEN B v (als Francisca Oppong), SEXY SLIM v (als Kimberly Hall)

›Boi‹ ist der Leitbulle, ›Bumba‹ das Schlagzeug. Mit anderen Worten: Rhythmus und Percussion geben den Ton an. »Boi Bumba« wurde uns als ›The Dance Summer Hit 1997‹ verkauft – und viele haben es geglaubt. Sommer 1997: Das war die Hochzeit der Brasilianischen Musik in Europa. Etliche Titel aus dieser Region – oder Musik, die so klang, als käme sie aus Brasilien – war zuhauf in den Charts zu finden. In Frankreich war »Tic, Tic Tac« bereits im Sommer 1996 Spitzenreiter in den Hitparaden – in Deutschland konnten sich die sieben Brasilianer, die sich Carrapicho nannten, zu diesem Zeitpunkt nicht durchsetzen. Wieder einmal war es der Produzent Frank Farian, der die Zeichen der Zeit richtig verstanden hatte und für den deutschen Markt eine Neuproduktion hinfummelte. Zusätzlich zu Carrapicho ließ er das Mädchentrio Chilli rappen und singen – und schon war ein tanzbarer Hit fertig.

Tic, Tic Tac (6/97 D 5)
One Hit Wonder, Pop

Chimes

PAULINE HENRY v (Großbritannien, * 29. 1. 1961), JAMES LOCKE d (Großbritannien), MIKE PENDEN b (Großbritannien)

Dieses Trio überraschte im Mai 1990 die Popwelt mit einem Nachzieher des U2-Titels »I Still Havent Found What Im Looking For«. In der Nachfolge dieses Hits kam »Heaven« (9/90 GB 24), ein Titel der Band aus dem Jahre 1989, erneut in die britische Hitparade. Danach wollte kein weiterer Hit mehr gelingen. Ab 1993 war Pauline als Solistin erfolgreich und hatte die Top-40-Hits »Too Many People« (9/93 GB 38), »Feel Like Making Love« (11/93 GB 12), 1975 ein Hit für die Gruppe Bad Company, »Can't Take Your Love« (1/94 GB 30), »Love Hangover« (12/95 GB 37) und »Never Knew Love Like This« (2/96 GB 40).

I Still Haven't Found What I'm Looking For (5/90 GB 6)
Pop, Soul

China Black

SIMON FUNG g, key (Großbritannien), ERROL REID v (Großbritannien)

Wie schon der Gruppenname dieses Duos deutlich macht, stammen Fungs Vorfahren aus Hongkong und Reids von den Westindischen Inseln. Die beiden veröffentlichten 1992 die Nummer »Searching«, die die Spitze der britischen Reggae-Charts für zehn Wochen hielt. Danach schien China Black in Vergessenheit zu geraten, bis der Titel Mitte 1994 erneut aufgenommen und veröffentlicht wurde. Im zweiten Anlauf klappte es, dieses Mal kam das Stück hoch in die Popcharts. Es folgten noch die Top-40-Hits »Stars« (10/94 GB 19), »Almost See You (Somewhere)« (2/95 GB 31) und »Swing Low, Sweet Chariot« 86/95 GB 15). Letztgenannter Hit war das Thema der englischen Rugby-Weltmeisterschaftsmannschaft. Veröffentlicht wurde es als Ladysmith Black Mambazo feat. China Black.

Searching (7/94 GB 4)
Pop, Reggae

China Crisis

GARY DALY v, g, key (Großbritannien, * 5. 5. 1962 in Kirkby/Merseyside), GARY JOHNSON b (Großbritannien), STEVE LEVY sax, oboe (Großbritannien), EDDIE LUNDON v, g, key (Großbritannien, * 9. 6.

1962 in Kirkby/Merseyside), BRIAN MCNEIL key (Großbritannien), KEVIN WILKINSON d (Großbritannien, † 17. 7. 1999)
Die Band begann 1982 mit Gary Daly und Eddie als Duo in Liverpool. Noch im selben Jahr erschien mit »African And White« die erste Single. Die restlichen Musiker kamen erst danach zur Gruppe. Mit dem Titel »Wishful Thinking« gelang der Gruppe der größte Hit. Nach 1987 trat eine Pause ein, und als nach zwei Jahren neue Platten erschienen, war die Band in einer Krise, obwohl ihr Produzent inzwischen der renommierte Walter Becker, einst Steely Dan, gewesen war. Auf dem amerikanischen Markt konnte sich China Crisis nicht etablieren. Ihr erfolgreichstes Album war »Flaunt The Imperfection« (5/85 GB-LP 9).

Wishful Thinking (1/84 GB 9)
Pop

Chocolate Puma

DJ ZKI dj (Niederlande), DOBRE dj (Niederlande)
Dieses Duo gab 1993 sein Debüt unter dem Namen Good Men. Zusammen mit DJ Jamez tauchte Dobre 1999 als Jark Prongo auf, 2000 als Trancesetters und Anfang 2001 als Tata Box Inhibitors, bevor Dobre und Zki dann als Chocolate Puma kamen. Ah ja!

I Wanna Be U (3/01 GB 6)
Dance

Siehe auch: Good Men

Christian

CHRISTIAN v (Deutschland, * 12. 3. 1972 als Christian Möllmann)
Ein weiterer Sänger, der dem Container von Endemol entsprungen ist. Innerhalb des selbst gewählten Gefängnisses gab man ihm den Namen ›Nominator‹ und Großmaul. Er selbst schätzte sich jedoch noch richtiger ein: »Es ist geil ein Arschloch zu sein«. Die Platte sprang am 21. 11. 2000 gleich auf Platz 1 der deutschen Hitparade – und machte deutlich, wer die Käufer solcher Werke und die Zuschauer von ›Big Brother‹ sind. Auch erfolgreich: sein Album »Nominator« (2/01 D-LP 3).

Es ist geil ein Arschloch zu sein (11/00 D 1)
Was kostet die Welt? (2/01 D 8)
Schlager

Christian, Dennie

DENNIE CHRISTIAN v (Deutschland, * 22. 5. 1956 als Bernd Althoff in Bensberg)
Dennie war Anfang der 70er Jahre einer der typischen Tralalasänger, der mit einer der vielen Versionen von »Rosamunde« einen Hit hatte. Damit hatte er sich für den Sektor Volksmusik prädestiniert. Christian arbeitete auf diesem Gebiet als Sänger und Moderator für Funk und Fernsehen. Schon Anfang der 80er Jahre war er nach Holland gezogen, wo er auch als Sänger recht erfolgreich ist. Den Holländern serviert er auch alljährlich das dortige Deutsche Schlagerfestival.

Rosamunde (1/75 D 3)
Deutscher Schlager

Christians

ROGER CHRISTIAN v, g (Großbritannien, * 13. 2. 1950 in Liverpool), RUSSELL CHRISTIAN v, sax (Großbritannien, * 8. 6. 1956 in Liverpool), GARRY A. CHRISTIAN v (Großbritannien, * 27. 2. 1955 in Liverpool), HENRY PRIESTMAN v, g, key (Großbritannien, * 21. 9. 1955 in Liverpool)
Der Erfolg dieser Band aus Liverpool ist auf ihre starke gesangliche Leistung zurückzuführen. Was die Christians

machen, scheint nur auf den ersten Höreindruck an Soulmusik zu erinnern. Pop, Country, Blues, zeitgenössischer Rock und auch Soul wird von diesem Trio, das als Quartett begann, verschmolzen. Fünf Brüder Christian sangen und spielten Anfang der 80er Jahre mit Equal Temperament, die von den Temptations und den Persuasions beeinflusst wurden. 1982 sah der Manager Pete Fulwell die Christian-Brüder im Fernsehen und verpflichtete sie für Demo-Aufnahmen. Hierbei trafen sie erstmals auf das ehemalige Mitglied der Yachts und von It's Immaterial, Henry Priestman. »Forgotten Town«, die Debüt-Single der Band, lobte der ›Melody Maker‹ folgendermaßen: ›Prächtige Stimmen und verzehrende Rhythmen, ein direkter Zusammenprall der 50er mit den 80er Jahren.‹ Kurz vor Abschluss der Aufnahmen für das erste Album verließ Roger die Band, um an einer Solokarriere zu basteln. In den USA konnte sich die Gruppe erstaunlicherweise nicht behaupten.

Zusammen mit Holly Johnson, Paul McCartney, Gerry Marsden und anderen britischen Musikern nahmen die Christians die alte Liverpoolhymne »Ferry 'Cross The Mersey« auf, die im Mai 1989 bis auf Platz 1 der britischen Charts kletterte. Die Platte hatten diese Künstler aus Liverpool zugunsten der Opfer der bis zu diesem Zeitpunkt größten Katastrophe in der europäischen Sportgeschichte aufgenommen. 2000 Fans ohne Eintrittskarten hatten am 15. April 1989 in Sheffield im Hillsborough-Fußballstadion die schon überfüllten Stehplätze gestürmt. 95 Menschen kamen dabei ums Leben. Der Reinerlös aus dem Verkauf dieser Schallplatte ging an den Hilfsfonds für die Opfer dieser Katastrophe.

Ihre erfolgreichsten Alben waren »The Christians« (10/87 GB-LP 2) und »Colour« (1/90 GB-LP 1).

Harvest For The World (10/88 GB 8)
Ferry 'Cross The Mersey (5/89 GB 1; 6/89 D 5)
Pop, Soul

Christie

MICHAEL BLAKELY v, d (Großbritannien, * 12. 1. 1947 in Bromley/Kent), JEFF CHRISTIE v, b, p (Großbritannien, * 12. 7. 1946 in Leeds), VIC ELMES v, g (Großbritannien, * 10. 5. 1947 in Dagenham/Essex), PAUL FENTON v, d (Großbritannien)

Jeff Christie spielte und sang in diversen britischen Bands – z. B. Outer Limits oder Epics –, bevor er 1968 den Titel »Yellow River« schrieb. Als Interpreten stellte er sich die Tremeloes vor, die jedoch dankend ablehnten. Wohl um zu beweisen, dass die Nummer ein potenzieller Hit ist, gründete Jeff zusammen mit Vic Elmes und Michael Blakely (dem Bruder von Alan Blakely, der bei den Tremeloes mitspielte!), mit denen er schon bei den Epics gespielt hatte, eine eigene Band und nahm die Nummer auf. Mit »San Bernadino« gelang ihm fünf Monate später mit dem neuen Schlagzeuger Paul Fenton noch einmal ein Hit. Dann schien er sich ausgeschrieben zu haben. 1972 war die Zeit dieser Gruppe vorüber.

Yellow River (5/70 D 2, GB 1)
San Bernadino (10/70 D 5, GB 7)
Pop

Christie, David

DAVID CHRISTIE v (USA, * 1. 1. 1952 als James Bolden)

»Saddle Up« (7/82 D 12) war der einzige Erfolg für den gebürtigen Amerikaner, der damals bereits seit vielen Jahren in Paris lebte. Bis zu diesem Hit hatte er sich vorwiegend als Songschreiber, auch unter dem Pseudonym James Bolden, hervorgetan, angeblich sollen seine Kompositionen, von diversen Künstlern vorgetragen, mehr als 25millionenmal verkauft worden sein. Zu seinen Kunden gehörten Grace Jones, Tina Charles oder Gloria Gaynor. Nach diesem Hit folgten noch einige Platten von David Christie, danach schrieb er wohl wieder mehr.

Saddle Up (8/82 GB 9)
One Hit Wonder, Pop

Christie, Lou

LOU CHRISTIE v (USA, * 19. 2. 1943 als Lugee Alfredo Giovanni Sacco in Glen Willard/Pennsylvania)
Lou begann in der Formation Classics, mit denen er 1960 seine erste Platte aufnahm – kein Hit. 1961 kam er dann als Lugee & The Lions – kein Hit. Der Erfolg kam als Lou Christie. In den frühen 70er Jahren hatte er Drogenprobleme. Nachdem er in London eine Entziehungskur hinter sich gebracht hatte, arbeitete er auf einer Bohrinsel, als Helfer auf einer Ranch und in anderen Jobs, die nichts mit Musik zu tun haben. In den späten 70er Jahren kehrte er nach New York zurück und arbeitete wieder als Backgroundsänger. Außerdem ging er hin und wieder auf Tournee und trat regelmäßig in Rock-'n'-Roll-Revival-Shows auf. 1981 tauchte er in der von Meco zusammengestellten Studiogruppe Cantina Band auf, die es mit dem Beach-Boys-Medley »Summer '81« genau auf einen Platz 81 in den US-Charts brachte. Seine spezielle Art zu singen erinnerte an Platten von Frankie Valli und Del Shannon. In den 90er Jahren war Lou wieder öfter in Europa auf so genannten ›60s Nostalgia Festivals‹ zu hören.

Two Faces Have I (3/63 US 6)
Lightnin' Strikes (12/65 US 1)
I'm Gonna Make You Mine (8/69 GB 2, US 10)
Pop

Christie, Tony

TONY CHRISTIE v, g (Großbritannien, * 25. 4. 1943 als Anthony Fitzgerald in Conisborough/Yorkshire)
Mit zwanzig Jahren wurde Tony, der sich das Gitarrenspiel selbst beigebracht hatte, Profi. 1967 heuerte ihn BBC Radio an. Tony sang in der Art seines Landsmannes Tom Jones. Sein erster Erfolg hieß dann auch »Las Vegas« (1/71 GB 21). 1971 war sein Jahr: Mit »I Did What I Did For Maria« hatte er in etlichen Ländern Europas Hit. Es folgte »Is This The Way To Amarillo« (11/71 GB 18), geschrieben von Neil Sedaka. »Don't Go Down To Reno« sollte für viele Jahre sein letzter Auftritt in den Top 10 bleiben – nur in der Schweiz schaffte er mit »Sweet September« (10/80 D 16) noch einmal den Sprung unter die ersten 10. Obwohl er bis in die 90er Jahre weiter Platten machte, konnte er solche Erfolge nicht wiederholen. Inzwischen wurde er Wahl-Spanier und produzierte seine Platten vorwiegend in Deutschland mit Hilfe von Jack White, Nick Munro oder Gerd Grabowski, auch bekannt als G.G. Anderson. Seine Plattenfirma bildete ihn auf den Hüllen so ab, als sei er der freundliche Versicherungsvertreter von nebenan. Anfang 1995 veröffentlichte Christie zusammen mit Vicky Leandros ein Duett. Ende der 90er Jahre hatte Tony dann plötzlich doch mal wieder einen Platz unter den ersten 10: Die britische Rave-Gruppe All Seeing I ließ ihn auf ihrer Platte »Walk Like A Panther« singen, die Anfang 1999 erfolgreich wurde.
Sein erfolgreichstes Album war »Welcome To My Music« (9/91 D-LP 7).

I Did What I Did For Maria (5/71 GB 2; 7/71 D 4)
Is This The Way To Amarillo (11/71 D 1)
Don't Go Down To Reno (5/72 D 5)
Walk Like A Panther (1/99 GB 10)
Pop, Schlager

Siehe auch: All Seeing I

Chumbawamba

JUDE ABBOTT tr (Großbritannien), FRANK BOFF v, g (Großbritannien, als Billy McCoid), MAVIS DILLON key (Großbritannien), BRUCE DUNSTON v, per (Großbritannien), NEIL FERGUSON g (Großbritannien), PAUL GRECO b (Großbritannien), HARRY DARREN HAMMERR d, per (Großbritannien), COMMON KNOWLEDGE v, key, acc (Großbritannien), BILLY MCCOID d (Großbritannien), MATTY MCFUSION v (Großbritannien), DANBERT NOBACON v, g (Großbritannien, als Alan Whalley), ALICE NUTTER v (Großbritannien), LOUISE MARY WATTS key (Großbritannien)

Alice Nutter versammelt seit den frühen 80er Jahren immer wieder andere Musiker um sich, die als Chumbawamba auftreten. 1982 veröffentlichte Alice unter dem Gruppennamen Skin Disease die Single »Back On The Streets«. Ein Jahr später gingen Chumbawamba zum ersten Mal auf eine größere Tournee und brachten ohne Plattenvertrag drei Musikkassetten auf den Markt. »Revolution« war im September 1985 die erste offizielle Plattenveröffentlichung der Formation. Im nächsten Jahr erschien ihr erstes Album »Pictures Of Starving Children Sell Records«, im Juli 1987 das Album »Never Mind The Ballots: Here's The Rest Of Your Life«, im Oktober 1988 »English Rebel Songs 1381–1914«, im Juli 1990 »Slap!«. Bis 1992 brachten sie in regelmäßigen Abständen Platten heraus. Keine davon konnte sich in den Charts platzieren. Mit »Enough Is Enough« (9/93 GB 56) kam ihre erste Singlenotierung. »Anarchy« (5/94 GB-LP 29) war das erste erfolgreiche Album. Mit »Tubthumping« (8/97 D 11) gelang ihnen der Durchbruch. Die Aufnahme brachte eine ungewöhnliche Mixtur aus Folk, Punk und Dance und blieb auf Platz 11 hängen. Ihr größter Albumerfolg ging Hand in Hand mit ihrem Singleerfolg: »Tubthumper« (9/97 GB-LP 19, US-LP 3, D-LP 18). Zur Fußballweltmeisterschaft 1998 wurde die Gruppe gebeten, den offiziellen Song der Briten zu singen. Darauf wollten sich Chumbawamba aber nicht einlassen, weil sie sich nicht auf eine Nation beschränken wollten. Die Nummer hieß schließlich »Top Of The World (Olé, Olé, Olé)« (6/98 GB 21).

Tubthumping (8/97 GB 2; 9/97 US 6)
Amnesia (1/98 GB 10)
Pop

Cindy & Bert

NORBERT BERGER v (Deutschland, * 12. 9. 1945 in Völklingen), JUTTA GUSENBURGER v (Deutschland, * 26. 1. 1948 in Zweibrücken)

Als sie Ende der 60er Jahre ihre ersten Platten veröffentlichten, blieben sie zunächst in ihren erlernten Berufen. Ab 1971 bildete das heute geschiedene Ehepaar auch hauptberuflich das Duo Cindy & Bert, das zwischen 1972 und 1979 etliche Hits landen konnte. »Aber am Abend, da spielt der Zigeuner«, im August 1974, war zwar kein Top-10-Erfolg, aber eine goldene Schallplatte. Nach der Trennung des Paares arbeitete Cindy zunächst wieder als Versicherungskauffrau, um dann jedoch erneut öffentlich aufzutreten und Platten aufzunehmen. Bert ist Musikverleger, arbeitet als Texter, Komponist, macht Synchronarbeiten und besitzt ein eigenes Tonstudio. Cindy arbeitete u. a. als Rundfunkmoderatorin. Mitte der 90er Jahre, als der deutsche Schlager eine Renaissance erlebte, kamen auch Cindy & Bert wieder zusammen. Ihr Sohn kam 2000 als Berger in die Hitparade.

Immer wieder sonntags (2/73 D 3)
Ich komm' bald wieder (7/73 D 10)
Deutscher Schlager

Siehe auch: Berger

Cinquetti, Gigliola

GIGLIOLA CINQUETTI v (Italien, * 20. 12. 1947 in Verona)

In Italien war Gigliola bereits mit elf Jahren ein Kinderstar. Mit »Non ho l'età« gewann sie 1964 das San-Remo-Festival und den Grand Prix Eurovision. Weltweit wurden von diesem Titel mehr als drei Millionen Exemplare verkauft. Danach spielte sie in etlichen Filmen mit, erhielt Auszeichnungen und goldene Schallplatten, und nach zehn Jahren wollte sie es noch einmal wissen: 1974 beteiligte sie sich wieder am Grand Prix und belegte mit »Si« (5/74 D 13) immerhin Platz 2. In GB war die Nummer als »Go (Before You Break My Heart)« ein Hit. 1991 moderierte sie gemeinsam mit dem Gewinner des Jahres 1990, Toto Cutugno, den Grand Prix in Rom. Die beiden waren an diesem Abend zweifellos die besten Künstler.

Non ho l'età (4/64 D 3)
Go (Before You Break My Heart) (5/74 GB 8)
Grand Prix, Pop

City Boy

STEVE BROUGHTON g (Großbritannien, * 20. 5. 1950), CHRIS DUNN b (Großbritannien), LAWRENCE »LOL« MASON v (Großbritannien), MIKE SLAMER g (Großbritannien), MAX THOMAS g, key (Großbritannien), ROY WARD d (Großbritannien)
Anfang der 70er Jahre begannen Lol, Steve, Mike und Max in der Gegend um ihre Heimatstadt Birmingham als Quartett aufzutreten. 1975 wurden sie Profis und nahmen Chris und Roy in die Gruppe auf. Nach zwei erfolglosen Alben gelang ihnen der Hit »5-7-0-5«. Sänger der Nummer war der Schlagzeuger Roy Ward. Es gelang lediglich noch ein weiterer nennenswerter Hit: »What A Night« (10/78 GB 39). Auch die Gründung eines eigenen Plattenlabels brachte nichts mehr. 1982 trennten sich City Boy. Mason gründete danach die Maisonettes und schrieb später Manuskripte für TV- und Radiosendungen. Mike Slamer ging in die USA und gründete dort mit Steve Walsh, der Kansas gerade verlassen hatte, die Gruppe Street. Nach zwei Alben ging Walsh jedoch zu Kansas zurück. Chris Dunn hatte City Boy bereits 1979 verlassen und wurde Studiomanager. Steve Broughton war ebenfalls 1979 gegangen und versuchte sich als Songschreiber. Zusammen mit Cyndi Lauper erarbeitete er die Hits »She-Bop« und »The Goonies Are Good Enough«. Danach schrieb er Songs für Junior, Stacy Lattisaw und andere. Roy Ward blieb dem Produzenten von City Boy, Mutt Lange, treu und sang bei dessen Produktionen, so z. B. bei Def Leppard, schon mal im Hintergrund. Als Leadsänger der Gruppe Tight Fit hatte Roy mit der Nummer »The Lion Sleeps Tonight« 1982 einen Platz 1 in den britischen Charts.

5-7-0-5 (7/78 GB 8)
Pop, Rock

Siehe auch: Tight Fit; Maisonettes

City High

CLAUDETTE ORTIZ v (USA), ROBERT PARDLO v (USA), RYAN TOBY v (USA)
Das Trio aus Willingboro/New Jersey war zwischen 19 und 23 Jahren alt, als sie ihre erste Platte veröffentlichten. Die drei waren eine weitere Entdeckung von Wyclef Jean – der in den dreien vielleicht die neuen Fugees sah? »What Would You Do?« (10/01 D 24) war der erste Erfolg. Es folgte »Caramel« (10/01 US 18) als City High feat. Eve. Zu ihrem ebenfalls 2001 erschienenen Debütalbum sagte die Gruppe: ›Es ist Musik zum Nachdenken. Wenn du zu den Songs getanzt hast, kommt der Moment, in dem du über die Worte reflektierst. Sie sollen dir etwas geben, was sich in deinen Gedanken festsetzt.‹

What Would You Do? (3/01 US 8; 10/01 GB 3)
Caramel (3/02 GB 9)
Pop

Clail, Gary

GARY CLAIL (Großbritannien)
Gary Clail, den man auch als den ›Klaus Kinski der britischen Musikszene‹ bezeichnete, begann Ende der 80er Jahre mit den Formationen Tackhead und On-U Sound System. 1989 erschien sein Debütalbum unter der Gruppenbezeichnung Gary Clail & On-U Sound System, das auf dem Label On U Sound erschien. Zu tanzbarer Musik machen sie engagierte Texte. Dann wechselte er zur RCA und veröffentlichte 1991 das Album »Emotional Hooligan«, 1996 bei einer anderen Plattenfirma »Keep The Faith«. Nach »Human Nature« folgte unter den Top 40 noch »Who Pays The Piper?« (11/92 GB 31).

Human Nature (3/91 GB 10)
Pop

Clannad

CIARAN BRENNAN v, b, syn (Irland), PÓL BRENNAN v, g, key (Irland), MÁIRE BRENNAN v, harp (Irland, * 4. 8. 1952 in Dublin), PÁDRAIN DUGGAN v, g, manola (Irland), NOEL DUGGAN v, g (Irland)
Der Gruppenname kommt aus dem Gälischen und bedeutet ›Familie‹. Wie man unschwer an den Namen der Mitglieder erkennen kann, sind hier auch etliche Verwandte vereint. Sie kamen 1970 zusammen und spielten in Leo's Taverne – sie gehörte Leo Brennan, dem Vater des Brennan-Teils der Formation. Er war vorher Musiker in einer der typischen Showbands gewesen. Ihre ersten großen Erfolge feierte Clannad in Deutschland. Erst danach wurde man in ihrer Heimat und in GB auf sie aufmerksam. 1982 kam der Hiterfolg. »Theme From Harry's Game« war die Titelmelodie für eine TV-Serie. Zusammen mit Bono von U2 nahmen sie das Stück »In A Lifetime« (1/86 GB 20, 6/89 RE-GB 17) auf. Im Laufe der Jahre kamen und gingen einzelne Familienmitglieder – zu denen, die mal dabei gewesen sind, gehört Enya, die Schwester von Máire. Máire veröffentlichte 1992 ihr erstes Soloalbum. Im Januar 1995 erschien mit »Misty Eyed Adventures« ihr zweites. Darauf eine sehr schöne Coverversion eines Hits von Joni Mitchell: »Big Yellow Taxi«. Ihre erfolgreichsten Alben waren »Pastpresent« (5/89 GB-LP 5) und »Banba« (5/93 GB-LP 5). Als Gast der Gruppe Chicane gelang Maire der Hit »Saltwater« (6/99 GB 6, 7/99 D 16).

Theme From Harry's Game (11/82 GB 5)
Folk, Pop

Siehe auch: Enya; Chicane

Clanton, Jimmy

JIMMY CLANTON v (USA, * 2. 9. 1940 in Baton Rouge/Lousiana)
Clanton gründete eine Band, die sich Rockets nannte und 1958 bei der Plattenfirma Ace vorspielte. Von der Band wollte die Firma nichts wissen, sie nahm nur Jimmy Clanton als Solist unter Vertrag. Mit Studiomusikergrößen aus New Orleans wie Huey ›Piano‹ Smith, Lee Allen oder Earl King wurden die drei Top-10-Hits aufgenommen. Nach 1963 war die Karriere wieder beendet. Zwischen 1972 und 1976 verdiente er seine Dollars als Discjockey.

Just A Dream (7/58 US 4)
Go, Jimmy, Go (7/59 US 5)
Venus In Blue Jeans (8/62 US 7)
Pop, Rhythm & Blues

Clapton, Eric

ERIC CLAPTON v, g (Großbritannien, * 30. 3. 1945 als Eric Patrick Clapp in Ripley/Surrey)
1993 war zweifellos das Jahr für den britischen Ausnahmegitarristen. Bei der Grammy-Verleihung konnte er sechs der

begehrten Trophäen entgegennehmen, eine für den Song »Tears In Heaven«, den er nach dem Tod seines Sohnes Conor geschrieben hatte, der im März 1991 mit vier Jahren aus einem Hochhaus gestürzt und gestorben war.
Die erste Gitarre bekam Clapton im Alter von 14 Jahren von seinen Großeltern geschenkt, bei denen er aufwuchs. Er spielte vor allem die Stücke der großen Bluesgitarristen nach. Zu seiner ersten Band, den Roosters, gehörte u. a. Tom McGuinness, später bei Manfred Mann und der Blues Band. Nach acht Monaten gingen Clapton und McGuinness, und nach einem kurzen Gastspiel bei Casey Jones & The Engineers ging Clapton zu den Yardbirds, die einen Ersatz für ihren Gitarristen suchten. Die Band verdankte ›Slowhand‹, wie er inzwischen hieß, zum großen Teil ihren Ruf. Als die Yardbirds auf Pop umschwenkten, ging Eric zu John Mayall's Bluesbreakers, da seine Liebe nun einmal dem Blues gehörte. In dieser Formation kam Clapton dann auch zu seinem zweiten Spitznamen: ›God‹. Clapton nahm nur eine LP mit den Bluesbreakers auf: »Bluesbreakers« aus dem Jahr 1963 wurde ein Klassiker.
Nächste Station war die Supergruppe Cream zusammen mit Jack Bruce und Ginger Baker, die zwei Jahre bestand. Danach machte er mit Baker, Steve Winwood und Rick Grech Blind Faith, eine weitere so genannte Supergruppe, die es nur auf ein Album brachte, veröffentlicht im August 1969. Bei der US-Tour von Blind Faith lernte Eric Delaney & Bonnie kennen und wurde deren Gitarrist. Clapton behauptete: ›Delaney & Bonnie sind ganz einfach die beste Popband der Welt.‹ Musikkritiker und Diskjockeys beteten ihm nach. Auch Mick Jagger war der Ansicht, einen überzeugenderen weißen Gospelklang nie gehört zu haben, und George Harrison bedauerte, dass die Gruppe nicht bei ihnen unter Vertrag stand. Als Delaney, Bonnie & Friends auf Tournee gingen, wurde klar, dass die Zuschauer nicht wegen des Ehepaares Delaney und Bonnie Bramlett gekommen waren, sondern wegen Clapton. Der hielt sich auf der Bühne zurück, was dazu führte, dass Clapton wegen der lauten und eindringlichen Rufe nach ›Eric‹ die Konzerte abbrach und die enttäuschte Menge die Geräte von der Bühne riß. Die Freundschaft bröckelte. Und noch 1970 widmete er sich einem neuen Projekt: Derek & The Dominoes. Wie man schon an diesem Gruppennamen merkt, wollte er auch hier versuchen, nicht im Vordergrund zu stehen. Der Plattenfirma verbot er sogar, seinen Namen auf die Hülle der LP »Layla And Other Assorted Lovesongs« zu drucken. Im April 1971 versuchten Derek & The Dominoes eine zweite LP zu produzieren, kamen aber wegen personeller Probleme nicht weiter. Speziell die Drogen hielten Clapton und auch die anderen Musiker von der Arbeit ab. Seine Auftritte wurden spärlicher. Im Oktober 1972 veröffentlichte seine Plattenfirma »Eric Clapton At His Best«, woraus zu schließen war, dass man nichts mehr erwartete. Am 13. 1. 1973 war es dann Pete Townshend, der im Londoner Rainbow Theater ein Comeback-Konzert für ihn organisierte. Trotz dieser Bemühungen seiner Freunde zog Clapton sich erst einmal zurück und machte eine Entziehungskur.
Im April 1974 ging er nach Miami, um dort eine neue LP aufzunehmen. Als erste Singleauskopplung erschien eine Coverversion des Bob-Marley-Hits »I Shot The Sheriff«, die ein Millionseller wurde – und das, obwohl die Amerikaner mit Reggae recht wenig anfangen können. Damit war Eric wieder auf der Gewinnerstraße. Inzwischen interessierte sich ein ganz neues Publikum für ihn, das teilweise noch nie von den Yardbirds oder

Cream gehört hatte und in Clapton einen gesunden, netten Mann sah, der nichts zu verbergen hatte.
In den 80er Jahren wurde der Erfolg immer größer. Seine LPs verkauften sich in rauen Mengen und wurden auch noch von den Kritikern gelobt. Sein Gitarrenstil hat sich im Laufe der mehr als dreißig Jahre, die er nun im Musikgeschäft ist, wenig verändert. Woran er gearbeitet hat und immer besser wurde, ist sein Gesang. Deutlich wurde das bei seiner 1992 erschienenen LP »Unplugged«, die ihm den Grammy als Album des Jahres einbrachte. Außerdem erhielt er Grammys als bester männlicher Rocksänger, Platte und Song des Jahres, bester männlicher Popsänger und als Songautor für »Layla«. Sicher ist es Geschmackssache, ob man »Layla« in der Version von Derek & The Dominoes mag oder ›unplugged‹ – gefühlvoller und zärtlicher ist ganz ohne Zweifel die neuere Version, die Ende 1992 bis auf Platz 12 der amerikanischen Singlehitparade kam.
1994 besann sich Clapton auf seine Wurzeln. Mit »From The Cradle« legte er eine CD vor, auf der Songs von Leroy Carr, Eddie Boyd, Willie Dixon, Elmore James oder McKinley Morganfield (= Muddy Waters) zu finden waren. Auf der Comic-Relief-Platte »Love Can Build A Bridge«, gesungen von Cher, Chrissie Hynde und Neneh Cherry spielte Eric die Gitarre und wurde extra auf der Plattenhülle erwähnt. Die Nummer »Change The World« aus dem Film »Phenomenon« mit John Travolta kam in GB unter die ersten 20, in Deutschland unter die ersten 30. Bei der Grammy-Verleihung Anfang 1997 erhielt Eric für genau diesen Titel eine Auszeichnung als bester Pop-Sänger (!). Außerdem wurde »Change The World« als Lied und als Platte des Jahres mit je einem Grammy bedacht. Produzent des Songs war Babyface, der für seine Arbeit auch noch einen Grammy kassierte.
Die erfolgreichsten Alben: »History Of Eric Clapton« (4/72 US-LP 6, 8/72 GB-LP 20), »461 Ocean Boulevard« (7/74 US-LP 1, 8/74 GB-LP 3, 9/74 D-LP 11), »No Reason To Cry« (9/76 GB-LP 8, 10/76 US-LP 15), »Slowhand« (11/77 US-LP 2, GB-LP 23), »Backless« (12/78 US-LP 8, GB-LP 18), »Just One Night« (5/80 US-LP 2, GB-LP 3, 6/80 D-LP 16), »Another Ticket« (3/81 US-LP 7, GB-LP 18, D-LP 26), »Time Pieces/The Best Of Eric Clapton« (4/82 GB-LP 20, 5/82 US-LP 101 – siebenmal Platin in den USA), »Behind The Sun« (3/85 GB-LP 8, D-LP 15; 4/85 US-LP 34), »August« (12/86 GB-LP 3, US-LP 37), »Crossroads« (5/88 US-LP 34), »Journeymen« (11/89 US-LP 16, GB-LP 2), »Unplugged« (9/92 US-LP 1 – zehnmal Platin, D-LP 3, GB-LP 2), »From The Cradle« (9/94 GB-LP 1, D-LP 6; 10/94 US-LP 1), »Pilgrim« (3/98 D-LP 3, US-LP 4, GB-LP 6), »Chronicles – The Best Of« (10/99 D-LP 3, GB-LP 6), »Reptile« (3/01 GB-LP 7, D-LP 2, US-LP 5).
Zusammen mit B.B. King nahm er das Album »Riding With The King« (6/00 D-LP 2; 7/00 US-LP 3) auf. Ziemlich überflüssig war Erics Engagement bei der dänischen Formation Beatchuggers. Für deren öde Dance-Nummer »Forever Man (How Many Times . . .?)« (11/00 GB 26) stellte er Samples aus seinem Titel »Forever Man« aus dem Jahr 1985 zur Verfügung.
Im Mai 2001 kündigte Eric an, er werde ›nie mehr auf Tournee gehen‹. An neuen Stücken wolle er jedoch weiter arbeiten.

Layla (5/72 US 10; 8/72 GB 7; 3/82 GB 4)
I Shot The Sheriff (7/74 GB 9, US 1; 9/74 D 4)
Lay Down Sally (1/78 US 3)
Promises (10/78 US 9)
I Can't Stand It (2/81 US 10)
Tears In Heaven (2/92 GB 5, US 2)
Love Can Build A Bridge (3/95 GB 1)
Change The World (5/96 US 5)
Blues, Pop, Rhythm & Blues, Rock

Siehe auch: Cream; Yardbirds

Clark, Claudine

CLAUDINE CLARK v (USA, * 26. 4. 1941 in Macon/Georgia)
Claudine studierte in Philadelphia Kompositionslehre, bevor sie 1958 ihre erste Single, »Angel Of Happiness«, aufnahm. Im Hintergrund sangen die Spinners, die Platte wurde trotzdem kein Erfolg. Nach weiteren Misserfolgen nahm sie 1962 »Disappointed« auf – ein Hit wurde jedoch die von ihr geschriebene B-Seite »Party Lights«. Alle weiteren Versuche, auch unter dem Pseudonym Joy Dawn, scheiterten.

Party Lights (6/62 US 5)
Pop, Rhythm & Blues

Clark, Dave, Five

DAVE CLARK d (Großbritannien, * 15. 12. 1942 in London), LENNY DAVIDSON g (Großbritannien, * 30. 5. 1944 in Enfield/ Middlesex), RICK HUXLEY b (Großbritannien, * 5. 8. 1942 als Richard in Dartford/ Kent), DENNIS PAYTON sax (Großbritannien, * 8. 8. 1943 in London), MIKE SMITH v (Großbritannien, * 12. 12. 1943 in London)
Dave Clark Five gelten als eine der ersten britischen Bands, die, ohne aus Liverpool oder vom Mersey zu stammen, den Weg an die Spitze geschafft haben. Da die Band aus Tottenham kam, nannte man es den Tottenham-Sound. Dave Clark war zwar der Leader dieser Band aus dem Norden Londons, aber nicht der Sänger. Der hieß Mike Smith, und dessen Namen hat man damals schon nicht gekannt. Dave Clark war der Schlagzeuger und zusammen mit Smith der hauptsächliche Songschreiber der Band. Am 3. 9. 1970 verkündete Dave Clark, seine Gruppe würde auseinander fallen. Dave machte zusammen mit Mike Smith von 1971 bis 1973 als Dave Clark & Friends weiter. 1986 kam im Londoner Dominion Theater das von Dave mitgeschriebene und produzierte Musical »Time« zur Uraufführung. Die Hauptrolle spielte Cliff Richard, später übernahm David Cassidy seinen Part.
Auch ansonsten ist er als Mentor von Musicals und als Händler von Rockvideos erfolgreich. Noch heute geht im Übrigen das Gerücht um, er habe Dave Clark Five gegründet, um für sein Lieblingsfußballteam, die Tottenham Hotspurs, Geld zu sammeln. Mitte 1993 wurde »Glad All Over« in England mal wieder veröffentlicht und kam unter die ersten 40. Die erfolgreichsten Alben von Dave Clark Five: »Glad All Over« (4/64 US-LP 3), »A Session With The Dave Clark Five« (4/64 GB-LP 3), »The Dave Clark Five Return!« (6/64 US-LP 5), »Coast To Coast« (1/65 US-LP 6), »Catch Us If You Can« (8/65 GB-LP 8), »The Dave Clark Five's Greatest Hits« (2/66 US-LP 9), »25 Thumping Great Hits« (3/78 GB-LP 7) und »Glad All Over Again« (4/93 GB-LP 28).

Glad All Over (11/63 GB 1; 2/64 US 6)
Bits And Pieces (2/64 GB 2; 4/64 US 4)
Can't You See That She's Mine (5/64 GB 10, US 4)
Because (8/64 US 3)
I Like It Like That (6/65 US 7)
Catch Us If You Can (7/65 US 4, GB 5)
Over And Over (11/65 US 1)
You Got What It Takes (4/67 US 7)
Everybody Knows (11/67 GB 2)
Red Balloon (9/68 GB 7)
Good Old Rock 'n' Roll (12/69 GB 7)
Everybody Get Together (3/70 GB 8)
Beat, Pop

Clark, Petula

PETULA CLARK v (Großbritannien, * 15. 11. 1932 als Petula Sally in Epsom/ Surrey)
Als im November 1988 Petula Clark in der britischen TV-Sendung ›Top Of The Pops‹ aufgetreten ist, werden sich viele Kids, die die Sendung regelmäßig sahen, sicher gewundert haben. Da sang ja eine Dame!

Diese Dame hatte bereits Anfang der 40er Jahre als Kinderstar ihre ersten Bühnenauftritte. Zwischen 1943 und 1951 wirkte Petula in mehr als zwanzig Filmen mit. 1950 gewann sie den Preis als beste Fernsehkünstlerin des Jahres. Bei der BBC hatte sie Erfahrung als Entertainerin sammeln können, und noch während des Krieges war sie unter dem Spitznamen ›The Force's Girl‹ über 500 mal vor Soldaten aufgetreten. Kein Wunder also, dass sich die Plattenindustrie Ende der 40er Jahre um diese ausgebildete Künstlerin riss. 1949 wurde mit »Put Your Shoes On Lucy« ihre erste Platte veröffentlicht. 1954 kam mit »The Little Shoemaker« auch wieder eher ein Kinderlied. »Sailor« war eine britische Version des Lolita-Hits »Seemann«. Für »Downtown« erhielt Petula in den USA – man lese und staune – einen Grammy für die beste Rock-'n'-Roll-Single des Jahres. »This Is My Song« war von Charlie Chaplin geschrieben. Nach 1972 war ihre Chart-Karriere zu Ende, als Schauspielerin blieb sie jedoch weiter erfolgreich im Geschäft. 1987 trat sie für längere Zeit in Caesar's Palace in Atlantic City auf, und 1988 kam sie mit einer aufgemotzten Version von »Downtown« – deshalb der anfangs erwähnte Auftritt in den ›Top of the Pops‹. So viel Professionalität wie bei Petula Clark habe ich selten bei einem Interpreten erlebt. Dazu kommt eine gehörige Portion sympathische Ausstrahlung, was wohl auch auf die langen Jahre an der Spitze zurückzuführen ist. Nur die kleinen Luschen sind es immer wieder, die auf den Putz hauen. Ihre erfolgreichsten Alben waren »Downtown« (2/65 US-LP 21) und »I Couldn't Live Without Your Love« (7/66 GB-LP 11).

The Little Shoemaker (6/54 GB 7)
Suddenly There's A Valley (11/55 GB 7)
With All My Heart (7/57 GB 4)
Alone (11/57 GB 8)
Sailor (1/61 GB 1)
Romeo (7/61 GB 3)
My Friend The Sea (11/61 GB 7)
Monsieur (9/62 D 1)
Casanova Baciami (2/63 D 2)
Cheerio (Chariot) (5/63 D 6)
Mille Mille Grazie (10/63 D 9)
Downtown (11/64 US 1, GB 2; 1/65 D 1)
I Know A Place (3/65 US 3)
My Love (12/65 US 1; 2/66 GB 4)
I Couldn't Live Without Your Love (6/66 GB 6, US 9)
This Is My Song (2/67 GB 1, US 3)
Don't Sleep In The Subway (6/67 US 5)
Downtown '88 (11/88 GB 10)
Pop

Clash

TOPPER HEADON d (Großbritannien, * 30. 5. 1955 als Nicky in Bromley/Kent), PETER HOWARD d (Großbritannien), MICK JONES g (Großbritannien, * 26. 6. 1953 in Brixton/London), NICK SHEPPARD g (Großbritannien), PAUL SIMONON b (Großbritannien, * 15. 12. 1955 in Brixton/London), JOE STRUMMER v (Türkei, * 21. 8. 1952 als John Graham Mellors in Ankara), VINCE WHITE g (Großbritannien)

Mitte 1976 formierte sich diese Punkband, die neben den Sex Pistols zu den wichtigsten Formationen dieses Genres zu zählen ist. Als sich Levi's Anfang 1991 entschloss, den Clash-Song »Should I Stay Or Should I Go« aus dem Jahre 1982 für seine Hosenwerbung einzusetzen, wurde es ein Erfolg. Zu diesem Zeitpunkt bestand die Gruppe bereits seit sechs Jahren nicht mehr. Mick Jones hatte bereits 1983 die Band verlassen und Big Audio Dynamite gegründet. Strummer spielte 1986 kurze Zeit mit den Pogues und verlegte sich dann auf Schauspielerei und Produktion. Die erfolgreichsten Alben von Clash: »Give 'Em Enough Rope« (11/78 GB-LP 2), »London Calling« (12/79 GB-LP 9, 2/80 US-LP 27), »Combat Rock« (5/82 GB-LP 2, 6/82 US-LP 7) und »The Story Of The Clash« (4/88 GB-LP 7). Mit »From Here To Eternity« (10/99 GB-LP 15)

veröffentlichte Clash ein Live-Album mit 17 Aufnahmen, die zwischen 1978 und 1982 aufgenommen wurden.
Im Jahre 2000 waren Joe Strummer & The Mescaleros auf Tournee und spielten als Vorprogramm der Who.

Rock the Casbah (10/82 US 8)
Should I Stay Or Should I Go (3/91 D 5, GB 1)
Punk, Rock

Classics IV

JAMES R. COBB g (USA, * 5. 2. 1944 in Birmingham/Alabama), DEAN DAUGHTRY key, b (USA, * 8. 9. 1946 in Kinston/Alabama), WALLY EATON g (USA), KIM VENABLE d (USA), JOE WILSON b (USA), DENNIS YOST v (USA)
Die Gruppe, die man in die Reihe der Soft-Rocker stellen muss, wurde 1965 in Jacksonville, Florida, gegründet. 1967 zogen sie nach Atlanta, was sich für sie als Glücksfall erwies. Sie arbeiteten als Sessionmusiker z. B. für Tommy Roe, Billy Joe Royal und die Tams, bevor sie mit »Spooky« ihren ersten Hit hatten. Ende 1969 erfolgte die Umbenennung der Gruppe in Dennis Yost & The Classics IV, was aber auch nicht verhindern konnte, dass der Erfolg bröckelte. Produzent Buddy Buie und J. R. Cobb hatten alle Hits der Formation geschrieben, und diese beiden plus Daughtry gründeten 1974 die Atlanta Rhythm Section. Das erfolgreichste Album von Classics IV war »Champagne Jam« (4/78 US-LP 7).

Spooky (12/67 US 3)
Stormy (10/68 US 5)
Traces (2/69 US 2)
Pop

Siehe auch: Atlanta Rhythm Section

Claudio, Rik & Roger

CLAUDIO, RIK, ROGER
An dem Titel »Memphis Tennessee«, im Original ein Stück von Chuck Berry, versuchten sich etliche Interpreten. Vor diesen dreien hatte es bereits Bernd Spier probiert. Am erfolgreichsten in Deutschland – nämlich Spitzenreiter im November 1964 – wurde Johnny Rivers.

Memphis Tennessee (11/64 D 9)
Deutscher Schlager

Clay, Judy

JUDY CLAY v (USA, * 12. 9. 1938 als Judith Grace Guions in St. Paul/Fayetteville/North Carolina, † 19. 7. 2001)
Judy begann ihre Karriere als Backgroundsängerin für Don Covay, Wilson Pickett und viele andere als Mitglied der Drinkard Singers – in dieser Gospelgruppe sangen übrigens Dionne Warwick und Cissy Houston. 1967 nahm Judy im Duett mit Billy Vera Platten auf, aber erst ein Duett mit William Bell, »Private Number«, sollte ihr einen Hit bescheren. 1970 machte die Soulsängerin noch weitere Platten, dann zog sie sich ganz aus dem Musikgeschäft zurück. Judy kam bei einem Autounfall ums Leben.

Private Number (11/68 GB 8)
One Hit Wonder, Rhythm & Blues, Soul

Clay, Tom

TOM CLAY v, dj (USA, in Los Angeles/Kalifornien, † 22. 11. 1995)
Vorne laberte salbungsvoll der Discjockey Tom Clay, im Hintergrund rödelten die Blackberries. Diese Kombination zermanschte die beiden Songs »What The World Needs Now Is Love« und »Abraham, Martin And John« zu einem bekömmlichen Brei, der nur den Amerikanern schmeckte, die noch nicht genau wussten, was John so alles angestellt hatte. Irgendwie war die Platte wie der Ausspruch von Kennedy im Angesicht der

Mauer: zuckrig, süß und, wenn drei Tage alt, ein Fall für die Bio-Tonne. Jedenfalls hatte Clay zu dem Zeitpunkt, als er die Ursprungsversion des Titels machte, nicht vor, sie zu veröffentlichen. Er spielte sie im Sender KGBS in L.A., für den er arbeitete. Zufällig hörte Berry Gordy Jr. von Motown in einer der Sendungen die Nummer und bot an, sie in einer ›geglätteten‹ Version zu veröffentlichen. Schnell wurde die Platte ein Hit. Nachfolgeprodukte wie »Whatever Happened To« oder Ähnliches kamen nicht mehr in die Charts. Clay, inzwischen bei einem Sender in Detroit unter Vertrag, ließ sich bestechen und spielte für 6 000 Dollar Platten von kleinen unabhängigen Firmen. Als es herauskam, wurde er gefeuert. Er starb im November 1995 im Alter von 66 Jahren an Krebs.

What The World Needs Now Is Love/Abraham, Martin And John (7/71 US 8)
One Hit Wonder, Pop

Clayderman, Richard

RICHARD CLAYDERMAN p (Frankreich, * 28. 12. 1953 als Phillipe Pagès in Paris)
Mit zwölf Jahren begann der Sohn eines Klavierlehrers am Pariser Konservatorium zu studieren. Nach vier Jahren gewann Richard Clayderman dort den ersten Preis – und wollte lieber Rockmusiker werden. Daraus wurde nie etwas, wenn er auch eine Zeit lang mit Johnny Hallyday und Michel Sardou spielte. Er lernte erst einmal etwas Vernünftiges und wurde Bankkaufmann, bevor er einen Plattenvertrag unterschrieb. 1977 hatte er dann seinen ersten großen Erfolg mit »Ballade Pour Adeline«. Im April 1979 stand der Titel wieder unter den ersten 10. Das lag daran, dass im ZDF-Krimi ›Der Alte‹ am 24. November als immer wiederkehrendes musikalisches Leitmotiv diese Nummer dem Fernsehzuschauer noch einmal um die Ohren geschlagen wurde. Das blieb zwar sein einziger Singlehit, aber dafür verkaufen sich seine LPs mit Musik, die von der Plattenfirma als ›Leckerbissen für ein akustisches Diner‹ bezeichnet wurde. Mit anderen Worten: leichtverdaulich. Zusammen mit der deutschen Sängerin Claudia Jung nahm er 1994 den Titel »Je T'aime Mon Amour (Wieviel Stunden hat die Nacht)« (10/94 D 29). Produzent war Adam Schairer, einst die Hälfte von Adam & Eve. Mögen seine Singles nicht sonderlich erfolgreich sein, seine Alben sind es umso mehr: »Ballade Pour Adeline« (1/78 D-LP 3), »Träumereien« (3/79 D-LP 1), »Träumereien 2« (11/80 D-LP 1), »Träumereien 3« (11/81 D-LP 7), »Richard Clayderman« (11/82 GB-LP 2), »Ein Weihnachtstraum« (12/82 D-LP 3) und »Ein Traum von Liebe« (12/83 D-LP 1).

Ballade Pour Adeline (12/77 D 6)
Instrumental, Pop

Clayton, Adam & Larry Mullen

ADAM CLAYTON b (Großbritannien, * 13. 3. 1960 in Chinnor/Oxfordshire), LARRY MULLEN JR. d (Irland, * 31. 10. 1961 als Laurence Mullen in Dublin)
Bei uns war die TV-Serie ›Kobra, übernehmen Sie‹ Ende der 60er, Anfang der 70er Jahre auch ein Renner. Die Serie, die zwischen 1966 und 1973 in den USA lief und zeitversetzt zu uns kam, galt als eine der besten aus dem Genre Spionage. Im Original hieß sie »Mission: Impossible« und handelte von Elite-Geheimpolizisten der IMF (Impossible Mission Force). Die Erledigung der Aufträge war immer so gut wie unmöglich – aber die Jungs vom IMF schafften es selbstverständlich immer. Das Tonband, auf dem die Secret Agents ihre Aufträge erhielten, zerstörte sich nach dem Abhören von selbst – man wollte selbstverständlich keine Spuren hinter-

lassen. Die Musik zur Original-TV-Serie schrieb Lalo Schifrin, der 1958 von Argentinien in die USA ausgewandert war. Etliche US-TV-Serien und Filme profitierten vom Talent des Pianisten und Komponisten Schifrin. Die Single zur Serie war 1968 in den USA erschienen und hatte lediglich Platz 41 in den Popcharts erreicht. 1996 kamen die Jungs von der IMF wieder – diesmal in die Kinos. Hauptdarsteller war Tom Cruise, der alleine schon ein volles Kino garantierte. Lalos Version war den Machern der 90er Jahre wohl zu antiquiert – sie baten Adam Clayton und Larry Mullen von U2, den Titel neu aufzunehmen. Die Platte wurden ein weltweiter Hit. Auch im Fernsehen der 90er Jahre tauchte schließlich ›In geheimer Mission‹ mit dem IMF wieder auf.

Theme From Mission: Impossible (5/96 US 7; 6/96 GB 7; 7/96 D 6)
Instrumental, Rock

Siehe auch: U2

Cleopatra

YONAH HIGGINS v (Großbritannien, * 27. 4. 1984 in Moss Side/Manchester), ZAINAM HIGGINS v (Großbritannien, * 5. 12. 1980 in Moss Side/Manchester), CLEOPATRA HIGGINS v (Großbritannien, * 30. 4. 1982 in Moss Side/Manchester)
Die drei schwarzen Schwestern sangen bei der Veröffentlichung ihres ersten Hits bereits seit fünf Jahren regelmäßig zusammen. Cleopatra, die Leadsängerin, war zum Zeitpunkt des Hits 14 Jahre alt. Ganz offensichtlich sollten die drei Teenies in die Kerbe hauen, die irgendwann Eternal, En-Vogue oder SWV zwangsläufig hinterlassen würden. Entdeckt wurden sie von Popstar Mark Morrison. Ihr Debütalbum hieß »Comin' Atcha« (6/98 GB-LP 20). Ihre Debüt-Single »Cleopatra's Theme« (7/98 US 26) wurde in den USA auf dem Madonna-Label Maverick veröffentlicht. »I Want You Back« ist die Coverversion eines Hits der Jackson 5 aus dem Jahre 1970.

Cleopatra's Theme (2/98 GB 3)
Life Ain't Easy (5/98 GB 4)
I Want You Back (8/98 GB 4)
HipHop, House, Soul

Cliff, Jimmy

JIMMY CLIFF v (Jamaika, * 1. 4. 1948 als James Chambers in St. Catherine)
Cliff gehörte zu den Ersten, die in Europa mit Reggae Erfolg hatten. Allerdings war sein Reggae nicht pur, sondern mit Streichern so unterlegt, dass er auch für europäische Ohren konsumierbar war. Seine erste Single hieß »Hurricane Hattie«, machte ihn auf Jamaika zum Star und verhalf ihm zu einem Plattenvertrag bei Island Records in England. Als Filmstar trat er in »The Harder They Come« 1972 auf – und spielte sich selbst: Ein junger Mann verlässt sein ländliches Zuhause, um in der Stadt sein Glück zu versuchen. 1986 agierte er im Film »Club Paradise«. Als Songschreiber gehören zu seinen schönsten Nummern »Many Rivers To Cross«, »You Can Get It If You Really Want« und »Sitting In Limbo«. 1992 veröffentlichte er die von der Kritik hochgelobte CD »Breakout«. Ende 1993 sang er den Johnny-Nash-Titel »I Can See Clearly Now« (11/93 US 18, 3/94 GB 23) in dem Film »Cool Runnings«. Mitte 1995 wurden auch die jüngeren Fans auf Jimmy Cliff aufmerksam. In dem Film »König der Löwen« sang er »Hakuna Matata«. Speziell in Afrika und Südamerika blieb er durch die 90er Jahre ein Star.

Wonderful World, Beautiful People (10/69 GB 6)
Wild World (8/70 GB 8)
Reggae

Climax

SONNY GERACI v (USA, in Cleveland/Ohio), ROBERT NEILSON d (USA), WALTER NIMS g (USA), VIRGIL WEBER key (USA), STEVE YORK b (Großbritannien, * 24. 4. 1948 in London)
Sonny Gerci, ehemals Leadsänger der Outsiders, gründete 1971 das Quintett Climax in Los Angeles zusammen mit seinem Bandkollegen Walter Nims. Die von Walter geschriebene Ballade »Precious And Few« wurde ein Millionseller. Bereits die zweite Single der Gruppe markierte das Ende ihres Hitparadendaseins. Trotzdem hielt Gerci die Gruppe mehr aus Spaß an der Freude weiterhin aufrecht, während Steve York zu Vinegar Joe ging und ein gesuchter Studiomusiker wurde, der gelegentlich auch Soloplatten veröffentlichte.

Precious And Few (1/72 US 3)
Pop, Rock

Siehe auch: Outsiders

Climax Blues Band

COLIN COOPER v, sax (Großbritannien, * 7. 10. 1939 in Stafford), PETER HAYCOCK v, g (Großbritannien, * 4. 4. 1952 in Stafford), DEREK HOLT b (Großbritannien, * 26. 1. 1949 in Stafford), RICHARD JONES key (Großbritannien), GEORGE NEWSOME d (Großbritannien, * 14. 8. 1947 in Stafford), ARTHUR WOOD key (Großbritannien)
Die Climax Blues Band wurde 1968 als Climax Chicago Blues Band gegründet. Irgendwann strich man Chicago aus dem Namen. Damit ging allerdings auch viel vom Blues verloren. Bis in die 90er Jahre wurden weitere, immer nach dem gleichen Muster gestrickte Platten auf den Markt gebracht. Mit »I Love You« (2/81 US 12) gelang ihnen noch ein weiterer Single-Erfolg. 1991 tauchte Haycock als Mitglied von E.L.O. Part Two auf.

Couldn't Get It Right (10/76 GB 10; 2/77 US 3)
Blues, Rock

Climie Fisher

SIMON CLIMIE v (Großbritannien, * 7. 4. 1960 in Fulham/London), ROB FISHER key, b, syn (Großbritannien, * 5. 11. 1959 in Cheltenham/Gloucestershire)
1981 entschloss sich Simon, Songschreiber zu werden, und unterschrieb einen Vertrag bei Chrysalis Music. Seine Lieder wurden durch Interpreten wie Pat Benatar, Smokey Robinson, Leo Sayer, Roger Daltrey oder Jeff Beck zu Hits. 1985 traf er während der Aufnahmen der Gruppe Scritti Politti auf Rob Fisher. Der hatte seinerseits 1982 nach einem Studium an der Universität in Bath zusammen mit Pete Byrne das Duo Naked Eyes gegründet. Im Dezember 1984 trennte sich dieses Duo. Rob traf auf Simon, und Mitte 1986 unterschrieben sie einen Plattenvertrag als Climie Fisher. Im August 1986 erschien ihre Debüt-Single »This Is Me«. Ihr erfolgreichstes Album war »Everything« (2/88 GB-LP 14, 2/88 D-LP 7). Nachdem Simon Climie für das Duo Aretha Franklin/George Michael den Hit »I Knew You Were Waiting (For Me)« mitgeschrieben hatte, war er als Songschreiber etabliert. Ende 1992 erschien mit »Soul Inspiration« eine Solo-LP von Simon Climie. Singleauskopplungen daraus konnten sich nicht unter den ersten 50 platzieren. 1997 kam Climie mit dem Projekt TDF heraus. Die Abkürzung steht für Totally Dysfunctional Family. Als Gitarrist spielte Eric Clapton ungenannt mit. Das Debütalbum hieß »Retail Therapy«. Fisher starb an einer Bauchspeicheldrüsenentzündung.

Love Changes (Everything) (11/87 D 7; 3/88 GB 2)
Rise To The Occasion (12/87 GB 10)
Elektro-Pop

Clock

STUART ALLAN key, LATANIA MITCHELL g, ODM MC v (Äthiopien, als Marcus Tho-

mas), PETER PRITCHARD mix, LORNA SAUNDERS v (Großbritannien, in Ipswich/ Suffolk), ANN MARIE SMITH v, TINKA v
Stuart Allan war DJ bei Piccadilly Radio in Manchester und galt als einer der 100 weltbesten seiner Zunft. Wie das festgestellt wurde, wird das kleine Geheimnis der Zeitschrift DJ bleiben, die eben jenes ermittelte. Die erste Chartnotierung für Clock kam mit »Holding On« (10/93 GB 66). Dann kamen »The Rhythm« (5/94 GB 28), »Keep the Fires Burning« (9/94 GB 36), »In The House« (11/95 GB 23) und »Holding On 4 U« (2/96 GB 27). Wer neben Rapper ODC MC sang, schien auf den ersten Platten völlig egal zu sein. Jedenfalls wurde auf den neuen Platten immer auch eine neue Sängerin genannt. Auf dem ersten Hit »Axel F.« – ursprünglich ein Harold-Faltermeyer-Hit aus dem Film »Beverly Hills« – war Latania Mitchell mit dabei. Bei »Whoomph! (There It Is)« sang Ann Marie Smith, bei »Everybody« Lorna Saunders alias Tinka. Lorna, inzwischen auch privat mit ODC MC verbandelt, konnte sich dann jedoch durchsetzen. Angeblich hat sie ihr Jura-Studium geschmissen, um bei Clock zu singen. Die wichtigen Köpfe sind auf jeden Fall Stuart Allan und Peter Pritchard – und die halten sich bei Auftritten dezent zurück. Im Herbst 1996 kam Clock mit einer Coverversion der Four-Seasons-Nummer »Oh What A Night« (9/96 GB 13) in die britische Hitparade. Damit deutete sich eine Änderung des Musikstils an: vom Euro-Dance zum Black-Dance. »It's Over« bestätigte diesen Trend. Eine Coverversion des Titels »U Sexy Thing« (10/97 GB 12) von Hot Chocolate und eine Coverversion von »That's The Way (I Like IT)« (1/98 GB 11) von KC & The Sunshine Band brachten Clock weitere Hits in GB. Es folgten »Rock Your Body« (7/98 GB 30) und »Blame It On The Boogie« (11/98 GB 16).

Axel F./Keep Pushin' (3/95 GB 7)
Whoomph! (There It Is) (7/95 GB 4)
Everybody (8/95 GB 6)
It's Over (3/97 GB 10)
Rap, Techno

Clout

CINDI ALTER v, g, BONES BRETTELL v, key, JENNIE GARSON v, g, p, INGI HERBST v, d, SANDIE ROBBIE v, g, LEE TOMLINSON v, b, fl
1978, während der jährlichen MIDEM in Cannes, einer Messe für Plattenrechte, wurde eine fünfköpfige Damengruppe aus Südafrika, die zu diesem Zeitpunkt auf Platz 1 der dortigen Hitparade stand, hart umkämpft. Das Rennen machte die französische Plattenfirma Carrère, die es schaffte, Clout mit dem Titel »Substitute« zu einem Top-10-Erfolg in den meisten europäischen Ländern zu führen. »Save Me« zeigte die Band in einer neuen Besetzung. Nun waren es vier Frauen und zwei Männer. 1981 löste sich die Formation dann auf.

Substitute (6/78 GB 2; 8/78 D 1)
Save Me (4/79 D 4)
Pop, Schlager

Clowns & Helden

GERO tr (Deutschland), WOLFGANG JENSEN v (Deutschland), CARSTEN PAPE v (Deutschland), ROBERT SCHÖN pos (Deutschland), BERND WESTERMANN key, d (Deutschland)
Die Titelzeile ihres einzigen Hits sangen Clowns & Helden so häufig, dass er einem förmlich aufgenötigt wurde. Mehr Erfolge gelangen dieser Gruppe aus Hamburg nicht. Carsten Pape gründete 1993 zusammen mit Kristian Vogelsang das Duo Vopa, das mit der witzigen Nummer »Komm wir reden über Sex« (7/93 D 68) auffiel.

Ich liebe Dich (1/87 D 4)
One Hit Wonder, Pop

Club House featuring Carl

Club House ist das Ergebnis eines Studioprojektes der italienischen Plattenfirma Media Records. Im Laufe der Jahre waren unter dem Oberbegriff Club House viele verschiedene Discjockeys und Musiker bei Plattenproduktionen beteiligt. Erstmals erschien die Formation mit einem Medley aus »Do It Again« von Steely Dan und »Billie Jean« von Michael Jackson als »Do It Again Meets Billie Jean« (7/83 GB 11), gesungen von Silver Pozzoli. Ein halbes Jahr später wurden nach demselben Muster »Superstition« von Stevie Wonder und »Good Times« von Chic zu »SUPERstition/GOOD times« verarbeitet. Diese Nummer erreichte nur noch Platz 59 in GB und wurde u. a. von La Bionda produziert. »I'm A Man – Ye Ke Ye Ke (Medley)« 1989 und »Deep In My Heart« 1991 waren weitere Hitnotierungen im unteren Bereich der britischen Charts. Nach einer langen Pause kümmerte sich der mit dem Cappella-Projekt beschäftigte Gianfranco Bortolotti um diesen eingeführten Gruppennamen und produzierte mit dem Sänger Carl Fanini, der vorher mit East Side Beat gesungen hatte, den Titel »Light My Fire«, der im Übrigen nichts mit der gleichnamigen Doors-Nummer zu tun hat. Carl Fanini ist ein Italo-Amerikaner, der in New York geboren wurde.

Light My Fire (4/94 GB 7)
Dance, House

Siehe auch: Pozzoli, Silver

Club Nouveau

DAVID AGENT v (USA), DENZIL FOSTER v, key (USA), KEVIN IRVING v (USA), JAY KING v, key (USA), THOMAS MCELROY v, key (USA), SAMUELLE PRATER v (USA), VALERIE WATSON v (USA)

Diese Formation aus Sacramento leitete der Sänger, Produzent und Plattenfirmeneigner Jay King. »Lean On Me« war ein Nachzieher des Bill-Withers-Stücks und wurde in den USA ein Millionseller. Vorher war er für die Produktionen des Timex Social Club zuständig. 1988 kam es zu Umbesetzungen in der Band. Prater, Foster und McElroy verließen die Gruppe und wurden durch Agent und Irving ersetzt. Agent verließ 1989 den Club wieder. Weitere Versuche, Hits zu landen, schlugen fehl. Aus Foster und McElroy wurde ein erfolgreiches Produzententeam – zu ihren Klienten gehörten Tony! Toni! Tone!, Alexander O'Neal oder der Timex Social Club. Außerdem machten sie Platten als Fmob. Ihr erfolgreichster Titel hieß »Dr. Soul«, auf der außerdem noch der Rapper MC Lyte zu hören war und der es in den US-R&B-Charts bis auf Platz 10 brachte. Das erfolgreichste Album von Club Nouveau hieß »Life Love & Pain« (12/86 US-LP 6).

Lean On Me (2/87 US 1; 3/87 GB 3; 4/87 D 9)
Disko, One Hit Wonder

Siehe auch: Timex Social Club

Clüver, Bernd

BERND CLÜVER v (Deutschland, * 10. 4. 1948 in Hildesheim)

Die TV-Sendung ›Talentschuppen‹ kam 1971 von der Funkausstellung in Berlin. Zu den Juroren, die die Leistung der Newcomer zu bewerten hatten, gehörten Peter Orloff und Peter Meisel – sie wählten als ihren Favoriten Bernd Clüver aus, und Orloff kümmerte sich anschließend um die Produktion. Seine Debütsingle »Sie kommt wieder« wurde ein Flop. Ab Februar 1973 kam dann die große Zeit für Bernd Clüver. »Der Junge mit der Mundharmonika« wurde ein Millionseller, ebenso »Der kleine Prinz«. Auf seiner ersten LP war zu lesen: ›Millionen Musikfreunde fühlen, dass hier ein neuer Star ohne Allüren entdeckt wurde. Die Beliebtheit des modernen Romantikers Bernd Clüver wächst mit jedem Tag.‹ Nachdem er einige Zeit als Rundfunkmoderator gearbeitet hatte, kam er in den 90ern mit Titeln zurück, die zwar im Radio gespielt, aber wenig gekauft wurden – es reichte jedenfalls nicht für die Verkaufscharts. Sein erfolgreichstes Album hieß ebenfalls »Der Junge mit der Mundharmonika« (9/73 D-LP 8).

Der Junge mit der Mundharmonika (2/73 D 1)
Der kleine Prinz (Ein Engel, der Sehnsucht heißt) (8/73 D 1)
Das Tor zum Garten der Träume (3/74 D 7)
Bevor du einschläfst (10/74 D 6)
Deutscher Schlager

Coast To Coast

Diese Studioband, bestehend aus fünf Männern und zwei Frauen, war Anfang der 80er Jahre mal wieder ein Versuch, Rockabilly-Feeling unter die Leute zu bringen. Mit der Nummer »(Do) The Hucklebuck«, die im Jahre 1948 geschrieben und mit Tommy Dorsey und seinem Orchester, Frank Sinatra und Paul Williams 1949 erfolgreich war, versuchte Coast To Coast Stimmung in die Bude zu zaubern. »Let's Jump The Broomstick« (5/81 GB 28), ihr zweiter Versuch, war schon weniger erfolgreich, und danach hörte man nichts mehr von ihnen.

(Do) The Hucklebuck (1/81 GB 5)
Pop, Rockabilly

Cochrane, Tom

TOM COCHRANE v, g (Kanada, * 13. 5. 1953 in Lynn Lake/Manitoba)
Im November 1977 stieß Tom, ein Cousin des Rockers Eddie Cochran, in Toronto auf das Trio Red Rider, das sich danach schnell zu einer der erfolgreichsten Bands in Kanada entwickelte. Tom hatte vorher schon unter seinem Namen einige Singles und eine LP aufgenommen, die jedoch floppten. Ab Ende der 80er Jahre erschienen die LPs der Formation als Tom Cochrane & Red Rider, und »Mad Mad World« (5/92 US-LP 46) hieß 1991 dann eine Langspielplatte, auf der nur noch von Tom Cochrane die Rede war. Anscheinend griff er jetzt mehr auf Elemente des Rhythm & Blues zurück. Cochrane hatte seit Jahren erzählt, dass er ein Fan von Otis Redding und Ben E. King sei. Die LP wurde Platte des Jahres in Kanada, erhielt mehrfach Platin und beinhaltete den Song »Life Is A Highway« .

Life Is A Highway (5/92 US 6)
AOR (Adult Orientated Rock), Rock

Cock Robin

PETER KINGSBERY v, key (USA, * 2. 12. 1952), ANNA LACAZIO v, key (USA, * 26. 1. 1962), LOUIS MOLINO d (USA, * 6. 9. 1954), CLIVE WRIGHT g (USA, * 2. 8. 1953)
Für eine der angenehmsten Überraschungen des Jahres 1984 sorgte das 1982 in Los Angeles gegründete amerikanische Rockquartett Cock Robin. »When Your Heart Is Weak« (3/85 US 35) war ihre erste Hitnotierung. 1987 blieben in der Band nur noch Peter und Anna übrig. 1989 erschien mit »First Love/Last Rites« schon der Schwanengesang der Formation. Möglich, dass der dominierende Kingsbery – er hat fast alle Songs im Alleingang geschrieben – der Meinung war, er könne auf feste Mitspieler verzichten. 1991 erschien mit »A Different Man« die erste Solo-LP von ihm.
Ihre Alben »Cock Robin« (11/85 D-LP 9) und »After Here Through Midland« (6/87 D-LP 5) erreichten lediglich in Deutschland große Verkaufszahlen.

When Your Heart Is Weak (11/85 D 8)
The Promise You Made (2/86 D 6)
AOR (Adult Orientated Rock), Pop

Cocker, Joe

JOE COCKER v (Großbritannien, * 20. 5. 1944 in Sheffield)

Mag Joe auf der Bühne aussehen, als würde er im nächsten Moment einen epileptischen Anfall haben, mag er Anlass zu der Hoffnung geben, dass er mal so alt wird, wie er heute schon aussieht, mag er volltrunken auf der Bühne stehen – seine Freunde haben ihm noch immer geholfen. Und gerade unter den Musikern hat Joe Cocker einen Stellenwert, den man nicht hoch genug einschätzen kann. Außerdem ist er ein wahres Stehaufmännchen – jedesmal, wenn er nach einer ausgedehnten Tournee von der Presse, von Funk und Fernsehen als absolut fertig beschrieben wurde, stand er wieder auf und machte eine neue LP, die ihn – zumindest was seine Stimme angeht – wieder in Hochform zeigte. Außer Freunden in der Musikbranche gab es allerdings auch ein paar Haie, die ihm im wahrsten Sinne des Wortes das Fell über die Ohren gezogen haben. Cocker müsste mit den Platten, die er in seiner nunmehr dreißig Jahre andauernden Karriere verkauft hat, zu den Millionären zählen – wird es aber wohl nicht sein. So machte er z. B. im Frühjahr 1970 eine ausgedehnte Tournee durch die USA – sie dauerte über drei Monate. Danach, so erzählte Joe Cocker über »Mad Dogs & Englishmen«, wie die Tour hieß: ›Die Sache war keinesfalls so groß, wie die Leute damals sagten. Aus dem Filmendprodukt war z. B. nicht ersichtlich, wie viele Belastungsmomente es hinter der Bühne gegeben hatte. Am Ende der Tour drehte ich fast durch. Ich sah absolut keinen Sinn mehr weiterzumachen. Ich wollte nur noch eins – in Ruhe darüber nachdenken, was ich eigentlich tun wollte. Von der ganzen Tour blieben für mich ganze 872 Dollar übrig.‹

Management und Plattenfirmen gingen nie zimperlich mit Cocker um – sie holten ihn auf die Bühne, obwohl er körperlich fertig war, sie schrieben über ihn in den Plattenbeilagen, was sie für richtig hielten. Zur Platte »With A Little Help From My Friends« schrieb die Plattenfirma über den gelernten Handwerker und Klempner aus Sheffield: ›Joe raffte sich erneut auf, um den Rohrleitungen und Bierfässern zu entkommen.‹ Dazu Joe Cocker selbst: ›Früher habe ich 100,00 DM pro Woche in den Kneipen von Sheffield für mein Gekreische bekommen und jeden Abend mehr als 5 Liter Bier getrunken. Da fühlte ich mich wohl.‹ Von Aufraffen ist bei Joe Cocker keine Rede. »With A Little Help From My Friends« war ein Titel, der im Original auf der Beatles-LP »Sgt. Pepper« zu finden war. Die Beatles brachten die Platte damals nicht als Single auf den Markt – Joe Cocker machte einen Nachzieher. Mit ihm zusammen spielten einige der besten britischen Studiomusiker auf der Platte – z. B. Jimmy Page, der zu Led Zeppelin gehörte. Im Hintergrund sangen Madeline Bell und Rosetta Hightower, die auch als Solistinnen erfolgreich waren.

»Up Where We Belong« sang er zusammen mit Jennifer Warnes. Inzwischen wirkt er wie ein geläuterter Alkoholiker. Er macht nicht mehr durch Spektakel oder Skandale von sich reden, sondern durch ehrliche Arbeit, gut gemachte Platten und ausverkaufte Konzerte. 1996 erschien das ausgezeichnete Album »Organic«. Zu der Vielzahl der Gastmusiker gehörten Randy Newman, Tony Joe White, Billy Preston, Dean Parks und Don Was. Eine weitere Bestätigung dafür, dass der Haupt-Fanclub von Joe Cocker in Deutschland sitzen muss: Im Februar 1997 verlieh ihm die Zeitschrift ›Hör Zu‹ die Goldene Kamera. Am 27. 8. 1997

startete er in Gent eine Europatournee, die bis zum 21. 12. 1997 andauerte. Anfang September 1997 erschien mit »Across From Midnight« ein neues Album von Joe. Gleichzeitig waren in Deutschland auch die ersten Kritiken zur laufenden Tournee zu lesen: ›Drei Generationen feierten den Megastar‹ schrieb ›Die Welt‹, ›Joe Cocker war wieder für zwei pure, unparfümierte Soul-Stunden gut‹ die ›Berliner Morgenpost‹.
Seine erfolgreichsen Alben: »With A Little Help From My Friends« (5/69 US-LP 35) »Joe Cocker!« (11/69 US-LP 11), »Mad Dogs And Englishmen« (9/70 GB-LP 16, US-LP 2), »Joe Cocker/With A Little Help From My Friends« (5/72 GB-LP 29), »Joe Cocker« (12/72 US-LP 30), »I Can Stand A Little Rain« (8/74 US-LP 11), »A Civilized Man« (4/84 D-LP 7), »Cocker« (4/86 D-LP 4), »Definite« (2/87 D-LP 1), »Unchain My Heart« (10/87 D-LP 2), »One Night Of Sin« (6/89 D-LP 2), »Live« (6/90 D-LP 5), »Night Calls« (10/91 D-LP 6, 4/92 GB-LP 25), »The Legend The Essential Collection« (6/92 GB-LP 4), »Best Of Joe Cocker« (11/92 D-LP 7), »Have A Little Faith« (9/94 D-LP 3, GB-LP 9), »Organic« (10/96 D-LP 5), »Across From Midnight« (9/97 D-LP 3), »Joe Cocker – Greatest Hits« (11/98 D-LP 10) und »No Ordinary World« (10/99 D-LP 3). Die Auflistung macht deutlich, dass Joe inzwischen mehr Alben verkauft als Singles, und das hauptsächlich in Deutschland.

With A Little Help From My Friends (10/68 GB 1; 12/68 D 3)
Delta Lady (9/69 GB 10)
The Letter (4/70 US 7)
You Are So Beautiful (1/75 US 5)
Up Where We Belong (8/82 US 1; 12/82 GB 7, D 6)
Pop, Rhythm & Blues

Cockney Rebel

STEVE HARLEY v (Großbritannien, * 27. 2. 1951 als Steven Nice in London)
siehe Harley, Steve

Coffey, Dennis

DENNIS COFFEY g (USA, in Detroit/Michigan)
Bereits als 15-Jähriger spielte Dennis Coffey Gitarre bei einer Schallplattensession. Ab 1968 – seine erste erfolgreiche Arbeit ist auf dem Temptations-Hit »Cloud 9« zu hören – machte er sich als Studiomusiker fast unersetzlich für den so genannten Tamla-Motown-Sound. Er spielte mit auf Veröffentlichungen der Temptations, der Supremes, der Jackson 5, der Four Tops, von Diana Ross und Stevie Wonder, aber auch mit Wilson Pickett, Gladys Knight oder Paul Anka, um nur einige zu nennen. 1970 veröffentlichte er seine erste Solo-LP, daraus ausgekoppelt die Instrumentalaufnahme »Scorpio«, die ein Millionseller wurde. Er kam noch auf einen weiteren Top-40-Hit: »Taurus« (2/72 US 18). Dennis arbeitete weiter als Studiomusiker und gründete später die Formation C.J. & Co., die es 1977 mit »Devil's Gun« (5/77 US 36) zu einem Hit brachte. Sein erfolgreichstes Album war »Evolution« (11/71 US-LP 36).

Scorpio (10/71 US 6)
Instrumental, Rock

Cogan, Alma

ALMA COGAN v (Großbritannien, * 18. 5. 1932 in London, † 26. 10. 1966)
Die Briten nannten sie ›the girl with the laugh in her voice‹ – das Mädchen mit dem Lachen in der Stimme –, das stimmt. Irgendwie klangen ihre Lieder immer freundlich, positiv. Genau das wollten die

Briten nach den langen Kriegsjahren auch hören. Also ist es kein Wunder, dass die kleine Alma Cogan schon 1948, im Alter von 16 Jahren, ihren stimmlichen Charme versprühte. Aber – so die Eltern – das Kind sollte erst mal was lernen und erwachsen werden, bevor sie im harten Showgeschäft ihre Fish and Chips verdienen konnte. Dann im Londoner West End die Show »High Button Shoes« – neun Pfund die Woche und das acht Monate lang. Im selben Ensemble eine junge Dame, die wie Alma ihre Karriere noch vor sich hatte: Audrey Hepburn. Mit zwanzig – also 1952 – durfte Alma dann mit Erlaubnis der Eltern die erste Plattenaufnahme machen. Die DJs bei den Sendern fanden sie nicht schlecht, kaufen wollte sie kaum einer. Anfang 1954 dann der erste große Hit mit »Bell Bottom Blues«, also einem Lied über die Hosen, wie sie von den Matrosen getragen wurden. Und da die Briten schon immer ein Seefahrervolk waren, viele Mädchen demzufolge auch Seemänner zum Freund oder Mann hatten, wurde dieser Song ein Hit – zumindest wird es heute im Nachhinein so erklärt. In GB gab es eine große und wichtige Hitparade zu dieser Zeit: ›Nations Top Twelve‹ – Alma erreichte Platz 4. Nach dem »Bell Bottom Blues« ging es Schlag auf Schlag: »Little Things Mean A Lot« kam im Jahre 1954 gleich dreimal in die britische Hitparade – immer wieder kurz rein und dann wieder raus. Alma Cogan war der Gesangsstar Nummer 1 in GB. Bis zum Ende der 50er Jahre nahm sie etliche Platten auf – fast alle kamen in die Verkaufshitparaden. Die 60er Jahre brachten ihr zumindest in ihrer Heimat nicht viel Glück. Dafür interessierten sich plötzlich die Deutschen für Alma. Von »Tennessee Waltz« gibt es viele Versionen, aber die deutsch gesungene von Alma wurde hierzulande der größte Hit. Zwei weitere Erfolge in deutscher Sprache waren »Ich war allein« (4/65 D 20) und »Hill Billy Boy« (5/65 D 39).

In Großbritannien war sie die erste Sängerin, die zwischen 1959 und 1961 über ITV eine regelmäßige TV-Sendung im Hauptprogramm hatte.

Bell Bottom Blues (3/54 GB 4)
I Can't Tell A Waltz From A Tango (12/54 GB 6)
Dreamboat (5/55 GB 1)
Never Do A Tango With An Eskimo (12/55 GB 6)
Tennessee Waltz (11/64 D 10)
Pop

Cohen, Leonard

LEONARD COHEN v (Kanada, * 21. 9. 1934 in Montreal)

Sein Auftritt beim Big Sur Festival 1967 brachte Cohen seinen ersten Erfolg. Für die einen brachte er mit seinen düsteren Songs die Bestätigung, dass das Leben schwierig und finster ist, für die anderen wirkte er wie singendes Valium. Bereits 1954 hatte er in einer Country-Gruppe namens Buckskin Boys gespielt. Danach machte er sich in seiner Heimat Kanada einen Namen als Dichter und Romanautor. 1956 erschien mit »Let Us Compare Mythologies« sein erster Gedichtband, zu seinen bekanntesten Werken gehören ›The Favourite Game‹ (1963), ›Flowers For Hitler‹ (1964) und ›Beautiful Losers‹ (1966).

Sein Titel »Suzanne« war auf seiner ersten LP »Songs of Leonard Cohen« (3/68 US-LP 83, 8/68 GB-LP 18, 4/69 RE-GB-LP 13) zu finden. Diese LP war die beste, die er je veröffentlicht hat. Weder in England noch in den USA brachte er es auf einen Top-10-Hit. Seine weiteren Erfolgsalben waren »Songs From A Room« (5/69 GB-LP 2), »Songs Of Love And Hate« (4/71 GB-LP 4).

Jennifer Warnes brachte 1987 auf ihrer LP »Famous Blue Raincoat« eine Kollektion von Leonard-Cohen-Songs, die wieder einmal zeigte, dass die Autoren eines Titels nicht unbedingt auch dessen beste

Interpreten sein müssen. Jennifers Version von »First We Take Manhattan« war sehr ansprechend. 1992 erschien Cohens Album »The Future«, auf dem er sich kritisch mit dem Extremismus auseinandersetzt. 1995 erschien ein Tribute-Album unter dem Titel »Power Of Songs: The Songs Of Leonard Cohen«, auf dem Elton John, Bono, Tori Amos, Suzanne Vega, Peter Gabriel und andere Lieder von ihm sangen. Ebenfalls 1995 wurde er buddhistischer Mönch und zog in ein Zen-Kloster auf dem Mount Baldy in Kalifornien. Dort lebte er fast fünf Jahre lang als Mönch nach den Regeln des Klosters. Im Sommer 1999 verließ er die Mönche und ließ sich in Los Angeles nieder. Im Frühjahr 2001 kam er mit »Field Commander Cohen: Tour Of 1979«, einem Mitschnitt aus dem Londoner Hammersmith Odeon vom 4.,5. und 6. Dezember 1979 und dem Brighton Dome Theatre vom 15. 12. 1979. Im Herbst 2001 erschien als neues Studioalbum »Ten New Songs«.

Lover Lover Lover (12/74 D 9)
Folk, Rock

Cola Boy

JANEY LEE GRACE (Großbritannien), ANDREW MIDGELEY (Großbritannien)
Typisches One-Hit-Wonder, das es mit einem leichten, flockigen Diskosound auf einen Hit brachte – und danach war Cola Boy wieder vergessen. Die Nummer war ebenso unbedeutend wie überflüssig. Außer der von Janey Lee gesungenen Titelzeile handelte es sich mehr um eine Instrumentalaufnahme. Als Produzent und Mixer wurde Saint Etienne genannt, als Cheftechniker Ian Catt. Ian ist Keyboarder, Gitarrist und Bassist in der Gruppe Saint Etienne, die ihre ersten Hits ab Mai 1991 in GB verbuchte. Andrew war angeblich ein Finanzbeamter, der nebenher als Hobby Musik machte. Nicht mal seine Eltern sollen gewusst haben, dass er eine Platte aufgenommen hatte. Erst als sie in den Läden stand, gestand er ihnen seine Untat.

7 Ways To Love (7/91 GB 8)
Disko, One Hit Wonder

Coldcut

MATT BLACK dj (Großbritannien), JONATHAN MOORE dj (Großbritannien)
Das aus Matt Black, Ex-Biochemiker und Computerprogrammierer, und Jonathan Moore, einst Kunstlehrer und Silberschmied, bestehende Duo kam 1986 zusammen. Kennen gelernt hatten sich die beiden in einem Londoner Schallplattengeschäft, und beide arbeiteten als DJs in der Clubszene. Das, was sie am besten konnten, war Sampeln, Soundtüfteln und Klänge zu Collagen zu verarbeiten. Auf ihren Plattenhüllen kann man manchmal die selbstironische Feststellung lesen: ›Sorry, but this just isn't music.‹ Sie machten das so gekonnt, dass es sogar bei engagierten Samplinggegnern Respekt und Anerkennung hervorrief. Bestes Beispiel ist da James Brown. Zuerst hatte er Coldcut verklagt, weil sie auch ein Stück von ihm gesampelt hatten, dann ließ er einen Titel von dem Team produzieren. Für etliche britische Interpreten waren Coldcut ein Karrieresprungbrett. Der größte Charterfolg der beiden featurete die Sängerin Yazz. Junior Reed, Lisa Stansfield oder Queen Latifah wurden ebenfalls nach ihren Produktionen mit Coldcut auch als Solisten erfolgreich, aber auch Titel von The Fall, Wee Papa Girl Rappers, Blondie, INXS, Eurythmics, Lindy Layton, The Orb oder They Might Be Giants profitierten vom Können der beiden Mixer. Im Herbst 1993 veröffentlichten sie die Single »Dreamer«. Dieses Mal featureten sie die Sängerin Janis Alexander.

Doctorin' The House (2/88 GB 6)
Disko, House

Coldplay

GUY BERRYMAN b (Großbritannien), JONNY BUCKLAND g (Großbritannien), WILL CHAMPION key, d (Großbritannien), CHRIS MARTIN v (Großbritannien)
Ihre erste Platte, »The Saftey EP«, erschien im April 1998 – die Band hatte sie selbst finanziert. 1999 erschien ihre nächste Single: »Brothers & Sisters«. Die brachte der Band einen Plattenvertrag mit Parlophone-Records. Auf diesem Label erschien zuerst »Shiver« (3/00 GB 35) und dann »Yello«. Im Juli 2000 wurde mit »Parachutes« auch das erste Album der Band veröffentlicht. Es stieg am 22.7. gleich auf Platz 1 der britischen LP-Charts ein. Mitte 2002 erschien das nächste Album.

Yellow (7/00 GB 4)
Trouble (11/00 GB 10)
Pop

Cole, Natalie

NATALIE COLE v (USA, * 6. 2. 1950 in Los Angeles/Kalifornien)
1975 war das große Jahr für Natalie Cole. Sie gewann einen Grammy als Best New Artist. Die Tochter des großen Nat King Cole hatte bereits mit ihrem Vater zusammen auf der Bühne gestanden. Ihr Debüt als Profi gab sie im Jahr 1961. »I've Got Love On My Mind« und »Our Love« waren jeweils Millionseller. Zwischen 1980 und 1985 verschwand sie ganz aus den Hitparaden. In Fachkreisen war davon die Rede, dass sie drogenabhängig war und eine Entziehungskur machen wollte. Ab 1987 war sie wieder erfolgreich, so auch mit der Bruce-Springsteen-Nummert »Pink Cadillac«. 1992 war sie dann wieder ganz oben. Ihr Album »Unforgettable« – es brachte Evergreens aus dem Repertoire ihres Vaters – kassierte vier Grammys. Höhepunkt bei der Grammy-Verleihung: Die Tochter sang im Duett mit ihrem toten Vater den Titelsong der LP. Die Technik macht inzwischen so etwas sowohl auf Platte als auch im Video möglich. Dieses Album wurde zum größten Erfolg für Natalie. Ihre weiteren erfolgreichen Alben waren: »Unpredictable« (3/77 US-LP 8), »Thankful« (12/77 US-LP 16), »Unforgettable: A Musical Tribute To Nat King Cole« (9/83 GB-LP 5) im Duett mit Johnny Mathis, »Good To Be Back« (5/89 GB-LP 10), »Unforgettable With Love« (6/91 US-LP 5 – siebenfach Platin, 7/91 GB-LP 11). Ab Anfang der 90er Jahre hatte Natalie im Fernsehen ihre Variety-Show ›Big Break‹. 1993 spielte Natalie in der TV-Serie ›I'll Fly Away‹, 1995 trat sie in dem Film »Lily In Winter« auf. Im Herbst 2000 veröffentlichte Natalie ihre Biografie »Angel On My Shoulder«. Darin erzählte sie offen, dass sie als Mädchen missbraucht wurde, im Rotlichtmilieu gearbeitet hatte und rauschgiftsüchtig war. In Harlem hatte sie für einen Zuhälter gearbeitet und Heroin gespritzt.
Im Februar 2001 trat sie in »Wetten, dass...?« auf und stellte gleichzeitig ein neues Album vor: »Love Songs« (3/01 D-LP 11).

This Will Be (8/75 US 6)
I've Got Love On My Mind (1/77 US 5)
Our Love (1/78 US 10)
Pink Cadillac (3/88 GB 5, US 5; 5/88 D 5)
Miss You Like Crazy (4/89 GB 2, US 7)
Pop, Rhythm & Blues, Soul

Cole, Nat King

NAT KING COLE v, p (USA, * 17. 3. 1917 als Nathaniel Adams Coles in Montgomery/Alabama, † 15. 2. 1965)
Aufgewachsen in Chicago, hatte Nat bereits 1943 seine eigene Band, die Royal

Dukes. Seine ersten Plattenaufnahmen machte er 1936 in der Gruppe seines Bruders Eddie. 1939 gründete er das Nat King Cole Trio, in dem Oscar Moore elektrische Gitarre spielte, was zum damaligen Zeitpunkt sehr außergewöhnlich war. Bassist war zunächst Wesley Prince, später Johnny Miller. Nat selbst spielte Piano – bereits seit seinem vierten Lebensjahr hatte er Unterricht gehabt. Schnell wurde das Trio als Instrumentalcombo in den gesamten USA populär. Als Nat dann auch noch zu singen begann, war seine künftige Karriere klar. Sein erster Hit hieß »Straighten Up And Fly Right«. Beim ersten Hinhören ein nettes Lied über Tiere, setzt sich Cole tatsächlich mit den Rassenproblemen in den USA auseinander. Die Liste seiner Hits reicht bis in das Jahr 1964. Wenig später starb er an Lungenkrebs. Für seine Verdienste wurde er 1990 mit einem Lifetime Achievement Grammy ausgezeichnet. Zu seinen Verdiensten gehört, dass er Wegbereiter für viele schwarze Sänger gewesen ist, die im Stil von Frank Sinatra und anderen weißen Interpreten auftraten. Dass er als Schwarzer die Ablehnung der weißen Amerikaner zu spüren bekam, dafür sorgten z. B. Mitglieder des White Citizens Council in Birmingham, die ihn 1956 dort während eines Auftritts verprügelten. Oder die Bewohner von Beverly Hills, die verhindern wollten, dass er sich dort ein Haus kaufte. Nat King Cole gilt als der erste schwarze Fernsehmoderator in den USA, obwohl am Anfang rassistische Sponsoren ihr Geld aus einer Serie rausziehen wollten, die er betreute. Als Filmschauspieler konnte man ihn 1958 in »St. Louis Blues« – er spielte W. C. Handy – oder noch kurz vor seinem Tod in »Cat Ballou« sehen. Ähnlich wie Louis Armstrong hat Nat King Cole es geschafft, mit seiner Musik über die Grenzen aller Genres hinaus das Publikum zu begeistern. 1987 tauchte er plötzlich wieder in der britischen Hitparade auf. 1994 nahm eine britische Versicherungsgesellschaft den Song »Let's Face The Music And Dance« (3/94 GB 30) als Hintergrund für einen Werbespot.

Seine erfolgreichsten Alben waren »The Nat King Cole Trio« (3/45 US-LP 1), »King Cole Trio – Volume 2« (7/46 US-LP 1), »King Cole Trio – Volume 3« (1/48 US-LP 4), »King Cole Trio – Volume 4« (7/49 US-LP 10), »Penthouse Serenade« (10/52 US-LP 19), »Two In Love« (1/54 US-LP 8), »10th Anniversary« (7/54 US-LP 7), »Love Is The Thing« (5/57 US-LP 1), »Wild Is Love« (10/60 US-LP 4), »Ramblin' Rose« (9/62 US-LP 3), »Nat King Cole Sings And The George Shearing Quintet Plays« (10/62 GB-LP 8), »L-O-V-E« (2/65 US-LP 4), »Unforgettable« (3/65 US-LP 30, GB-LP 11, 5/65 D-LP 18), »The Best Of Nat King Cole« (9/68 US-LP 187, 12/68 GB-LP 5), »20 Golden Greats« (4/78 GB-LP 1) und »Greatest Love Songs« (11/82 GB-LP 7).

Zusammen mit seiner Tochter Natalie – die Elektronik machte es möglich – hatte er mit »Unforgettable« (6/91 GB 19; 7/91 US 14) noch einen posthumen Hit.

Straighten Up And Fly Right (4/44 US 9)
You Call It Madness (9/46 US 10)
(I Love You) For Sentimental Reasons (11/46 US 1)
The Christmas Song (11/46 US 3)
Nature Boy (4/48 US 1)
Mona Lisa (6/50 US 1)
Orange Colored Sky (9/50 US 5)
Frosty The Snowman (1/51 US 9)
Too Young (4/51 US 1)
Somewhere Along The Way (5/52 US 8; 11/52 GB 3)
Walkin' My Baby Back Home (7/52 US 8)
Because You're Mine (12/52 GB 6)
Pretend (2/53 US 2; 4/53 GB 2)
Faith Can Move Mountains (2/53 GB 10)
Can't I? (8/53 GB 6)
Mother Nature And Father Time (9/53 GB 7)
Answer Me, My Love (2/54 US 6)
Tenderly (4/54 GB 10)
Smile (9/54 US 10, GB 2)
A Blossom Fell (2/55 GB 3; 5/55 US 2)
Darling, Je Vous Aime Beaucoup (3/55 US 7)

If I May (5/55 US 8)
Dreams Can Tell A Lie (1/56 GB 10)
Too Young To Go Steady (5/56 GB 8)
When I Fall In Love (4/57 GB 2; 12/87 GB 4)
Send For Me (6/57 US 6)
Looking Back (4/58 US 5)
That's You (5/60 GB 10)
Ramblin' Rose (8/62 US 2, GB 5)
Those Lazy-Hazy-Crazy Days Of Summer (5/63 US 6)
Jazz, Rhythm & Blues, Soft Pop, Soft Soul

Cole, Paula

PAULA COLE v, g (USA, * 5. 4. 1968 in Rockport/Massachusetts)
Paula Cole war eine weitere Singer/Songwriterin, die in der zweiten Hälfte der 90er Jahre den Sprung nach oben schaffte. Am Berklee College of Music in Boston hatte sie Jazz-Gesang studiert. 1993 wurde sie in New York von Terry Ellis, dem Chef der Plattenfirma Imago Records, entdeckt. Auf diesem Label erschien 1993 ihr Debütalbum »Harbinger«. Noch bevor es auf dem Markt war, hörte Peter Gabriel die Platte und war so begeistert, dass er Paula bat, ihn auf seiner 1993er ›Secret World Tour‹ zu begleiten. 1995 ging Imago Records bankrott, wenig später hatte Paula einen neuen Vertrag mit Warner Bros., die ihre Debüt-LP noch einmal veröffentlichten. Ihr zweites Album »This Fire« (2/97 US-LP 20) erschien Anfang 1997 und kletterte innerhalb von 10 Wochen in die Top 40. Die Single »Where Have All The Cowboys Gone?« (6/97 GB 15), in dem mal wieder das hohe Lied der frustrierten Hausfrau und des vor dem Fernseher biersaufenden Ehemanns und der verloren gegangenen Jugendträume gesungen wurde, traf offensichtlich den Nerv vieler Amerikanerinnen. Die Stimme von Paula Cole wurde mit der von Kate Bush verglichen – nicht ganz falsch, aber auch nicht ganz so nervig. Prominente Kollegen griffen in der Vergangenheit schon oft und gerne auf die Künste der Multi-Instrumentalistin und Sängerin zurück. Sting ließ sie während einer New-York-Show als ›Special Guest‹ auftreten, David Byrne verpflichtete sie als Gastsängerin für sein im Mai 1997 erschienenes Album. Peter Gabriel zu Paula: ›Eine einzigartige Stimme – darin, was sie sagt und wie sie es sagt‹. Paula begleitete Peter als Duettpartnerin auch während der Welttournee 1996. Am 28. 2. 1998 wurden in der Radio City Music Hall in New York City wieder die Grammys vergeben – Paula erhielt einen als ›Best New Artist‹.

Where Have All The Cowboys Gone? (4/97 US 8)
AOR (Adult Orientated Rock)

Collins, Dave & Ansil

ANSIL COLLINS (Jamaika), DAVE COLLINS (Jamaika)
Dieses Duo tauchte 1971 mehr oder weniger aus dem Nichts auf. Ihr Titel »Double Barrel« war die zweite Reggae-Platte, die es an die Spitze der britischen Hitparade brachte. Die erste war Desmond Dekkers »Israelites« gewesen. Um die beiden Interpreten Dave und Ansil Collins gab es beträchtliche Verwirrung, da niemand etwas über sie wusste und man sich selbst in GB unsicher war, wie man wohl den Namen richtig schreibt. In den USA wurde »Double Barrel« einer der ersten Reggae-Hits und erreichte immerhin Platz 22. Nach »Monkey Spanner« verschwanden sie wieder in der Bedeutungslosigkeit. Beide versuchten sich als Solisten, Dave wurde schließlich Mitglied bei der Formation Cargo.

Double Barrel (3/71 GB 1)
Monkey Spanner (6/71 GB 7)
Reggae

Collins, Edwyn

EDWYN COLLINS v, g (Großbritannien, * 23. 8. 1959 in Edinburgh)
Der 18-jährige Collins gründete in Schottland die Gruppe Nu-Sonics. Daraus wurde 1979 Orange Juice, deren Debüt-Single »Falling And Laughing« im Februar 1980 erschien. »Rip It Up« wurde im Frühjahr 1982 der einzige Top-10-Hit von Orange Juice. 1985 löste sich die Gruppe auf, 1987 erschien die erste Soloplatte von Collins: »Don't Shilly Shally«. Wie seine nachfolgenden Produktionen, die er teilweise in Köln aufnahm, war auch diese Platte nicht erfolgreich. 1991 hatte er sich als Produzent und Arrangeur etabliert. In einem eigenen Studio nahm er das Album »Expressly« auf, das im November 1994 erschien. Darauf war die Nummer »A Girl Like You« (9/95 US 32) zu finden, die sich erst zu einem Hit in Frankreich und Belgien und dann im restlichen Europa entwickelte. Die Nachfolgesingles »If You Could Love Me« und »Keep On Burning« verfügten nicht über das Hitpotenzial wie »A Girl Like You«. Vielleicht fehlte ihnen nur der eingängige Riff des Top-10-Hits. Mitte 1997 erschien die Single »The Magic Piper (Of Love)« (8/97 GB 32), die das Album »I'm Not Following You« ankündigte. Der Song war außerdem im Film »Austin Powers« zu hören. Edwyn hatte inzwischen seine Tantiemen am Hit »A Girl Like You« gut angelegt: er kaufte sich dafür im Londoner Stadtteil West-Hampstead das frühere Studio des Alan Parsons Projects.
Sein erfolgreichstes Album hieß »Gorgeous George« (7/95 GB-LP 8, 8/95 D-LP 7).

A Girl Like You (6/95 GB 6; 7/95 D 3)
AOR (Adult Orientated Rock), Pop

Siehe auch: Orange Juice

Collins, Judy

JUDY COLLINS v, g, p (USA, * 1. 5. 1939 in Seattle/Washington)
Sie galt über längere Zeit nach Joan Baez als Amerikas Folksong-Interpretin Nummer 2. Die in Seattle geborene Judy Collins wuchs in Denver als Tochter eines blinden Radioansagers auf. Es war der große Wunschtraum ihres Vaters, dass Judy eines Tages eine berühmte Konzertpianistin werden sollte. Mit zwölf Jahren erkrankte sie an Kinderlähmung, mit sechzehn – nach weiteren Jahren verbissenen Klaviertrainings – fing sie noch einmal von vorne an. Sie entdeckte für sich die Gitarre. Die Platte »Both Sides Now« machte sie einem breiteren Publikum bekannt. Die engagierte Interpretin und Songschreiberin zog zwischen 1962 und 1965 mit Pete Seeger und Phil Ochs durch den Süden der Vereinigten Staaten, um die Schwarzen zu ermuntern, von ihrem Wahlrecht Gebrauch zu machen. Später sang die überzeugte Pazifistin gegen den Vietnamkrieg. Ende der 60er Jahre begann sie, auch als Schauspielerin zu arbeiten und stand in der Produktion »Peer Gynt« des New Yorker Shakespeare-Festivals auf der Bühne. Anfang der 70er begann sie, Filme zu drehen. 1974 stellte sie »Antonia: das Porträt einer Frau« fertig. Der Film wurde vom ›Time Magazine‹ unter die zehn besten Filme des Jahres 1974 eingereiht und gewann mehrere amerikanische Filmpreise. Stephen Stills, mit dem sie einige Zeit liiert war, widmete ihr das Lied »Suite: Judy Blue Eyes«. 1993 veröffentlichte Judy eine CD, die sie Bob Dylan widmete: »Judy Sings Dylan . . . Just Like A Woman«. Ihre erfolgreichsten Alben waren »Wildflowers« (1/68 US-LP 5) und »Judith« (4/75 US-LP 17, 5/75 GB-LP 7). Nach wie vor ist sie stark politisch engagiert, inzwischen vor allen Dingen für die UNICEF.

Both Sides Now (11/68 US 8)
Amazing Grace (12/70 GB 5)
Send In The Clowns (5/75 GB 6)
Folk, Pop, Rock

Collins, Phil

PHIL COLLINS v, d (Großbritannien, * 30. 1. 1951 als Philips David Charles in Chiswick/London)

Mit fünf bekam Phil Collins seine erste Trommel geschenkt, und laut eigener Aussage wollte er nie etwas anderes als trommeln. Außer vielleicht auftreten: Er nutzte jede Chance, anderen Leuten etwas vorzuspielen, um sie zu unterhalten. So kam er schon als Kind zu einigen Radio- und Fernsehauftritten. Mit neun Jahren begann er, in einem Yachtclub zum Tanz aufzuspielen. Mit vierzehn Jahren übernahm er für neun Monate die Rolle des Artful Dodger in einer Theaterproduktion von ›Oliver Twist‹ und besuchte nebenher eine Schauspielschule. Gut möglich, dass er die Rolle des Dodger gerne noch länger gespielt hätte, aber der Stimmbruch machte den Part für ihn unmöglich. Nach einigen kleinen Rollen in BBC-Produktionen kam er noch einmal zu ›Oliver Twist‹ zurück, dieses Mal als Noah Claypole. Mit dreizehn machte Phil seinen ersten Ausflug zum Film. Er spielte 1964 in dem ersten Beatles-Film »A Hard Day's Night« mit. Man würde ihn jedoch beim besten Willen nicht entdecken – er ist nur in einer Publikumsszene dabei. Und bei allem Erfolg in der Musik lässt ihn die Schauspielerei bis heute nicht los. Er wirkte in einer Folge von ›Miami Vice‹ mit, spielte den legendären englischen Posträuber »Buster« in dem gleichnamigen Film und übernahm eine Nebenrolle in Steven Spielbergs »Hook«.

Mit einem Freund gründete Phil als Jugendlicher eine Band namens Real Thing. Später machte er semiprofessionelle Gigs mit der Band Charge und spielte mit Freehold. Als nächste Gruppe folgte dann Hickory. Die Songschreiber Howard und Blaikley boten ihnen ein Konzeptalbum und einen Plattenvertrag an. Die Gruppe wurde in Flaming Youth umbenannt, das Album erschien unter dem Titel »Ark II«. Sie bekamen gute Kritiken, aber keine Auftritte, und ihre Musik wurde dann immer unkommerzieller, als John Mayalls Bruder Rod zur Gruppe stieß. Zu diesem Zeitpunkt suchte die Formation Genesis einen neuen Schlagzeuger. Zusammen mit 14 anderen erschien Phil Collins zum Probespielen. Er erwies sich als Glücksgriff, denn er war nicht nur ein ausgezeichneter Schlagzeuger, sondern auch ein guter Songschreiber, Sänger und absolutes Showtalent. Außerdem muss er wohl ein Arbeitstier sein, denn neben der Bandarbeit spielte er auf sechs LPs der Formation Brand X mit, nimmt immer wieder Soloplatten auf, produziert und ist auf so vielen verschiedenen Produktionen als Studiomusiker zu hören, dass er vermutlich mit zwei Stunden Schlaf auskommt.

Seine Solokarriere startete Phil Collins 1981 mit der LP »Face Value«, die in GB gleich auf Platz 1 in den LP-Charts einstieg. Das gelang ihm 1985 mit dem Album »No Jacket Required« noch einmal. Außerdem gab es für diese LP drei Grammys. Geschichte ist inzwischen Phils Auftritt bei den Live-Aid-Konzerten in London und in Philadelphia. Zwischen diesen beiden Auftritten überquerte er den Atlantik mit einer Concorde. Ob als Solist oder im Duett mit anderen Künstlern, wie z. B. Philip Bailey (»Easy Lover«) oder Marilyn Martin (»Separate Lives«) – seine Solokarriere verläuft ebenso erfolgreich wie die mit Genesis. Er wurde mehrfach zum besten Schlagzeuger gewählt und erhielt 1991 gar einen Ehrendoktor der Universität in Boston. Besonders erwähnen sollte man, dass es ihm immer wieder gelingt, in seinen Songs aktuelle und brisante Themen populär zu verpacken. Gutes Beispiel: »Another Day In Paradise«. 1996 wurde bekannt, dass Walt Disney Phil Collins beauftragt hatte, einen Soundtrack für den 1998 in die Kinos kommenden Zeichentrickfilm »Tar-

zan« zu schreiben. Im selben Jahr gab er bekannt, dass er mit Genesis nicht mehr zusammen auftreten würde. Er wollte sich auf Filmmusiken, Jazzprojekte und natürlich seine Solokarriere konzentrieren. Zitat: ›Ich wünsche den Jungs für die Zukunft nur das Beste. Wir werden beste Freunde bleiben.‹ Mal sehen, wie lange es der ruhelose Collins ohne Genesis aushält. Im Sommer 2001 erschien »In The Air Tonite« (7/01 D 3) als Lil' Kim feat. Phil Collins.
Seine erfolgreichsten Alben waren »Face Value« (2/81 GB-LP 1, 3/81 US-LP 7, D-LP 2), »Hello, I Must Be Going!« (11/82 GB-LP 2, US-LP 8, D-LP 6), »No Jacket Required« (3/85 GB-LP 1, US-LP 1, D-LP 1) – zwölffach Platin –, »... But Seriously« (12/89 GB-LP 1, US-LP 1, D-LP 1), »Serious Hits... Live!« (11/90 GB-LP 2, US-LP 11, D-LP 1), »Both Sides« (11/93 GB-LP 1, US-LP 13, D-LP 1), »Dance Into The Light« (10/96 D-LP 1, 11/96 GB-LP 4, US-LP 23), »Phil Collins... Hits« (10/98 GB-LP 1, D-LP 2) und der Soundtrack zum Film »Tarzan« (5/99 D-LP 6; 6/99 US-LP 5).

In The Air Tonight (1/81 GB 2, D 1)
You Can't Hurry Love (11/82 US 10, GB 1; 1/83 D 3)
Against All Odds (Take A Look At Me Now) (2/84 US 1; 4/84 D 9, GB 2)
Easy Lover (11/84 US 2; 1/85 D 5; 3/85 GB 1)
One More Night (2/85 US 1; 4/85 GB 4, D 10)
Sussudio (5/85 US 1)
Don't Lose My Number (7/85 US 4)
Separate Lives (10/85 GB 4, US 1)
Take Me Home (3/86 US 7)
In The Air Tonight Remix '88 (6/88 GB 4; 8/88 D 4; 2/89 D 3)
A Groovy Kind Of Love (9/88 GB 1, US 1, D 3)
Two Hearts (11/88 D 3, GB 6, US 1)
Another Day In Paradise (11/89 GB 2, US 1, D 1)
I Wish It Would Rain Down (1/90 GB 7, US 3, D 8)
Do You Remember (4/90 US 4)
Something Happened On The Way To Heaven (8/90 US 4)
Both Sides Of The Story (10/93 GB 7)
Dance Into The Light (10/96 GB 9)
AOR (Adult Orientated Rock), Pop

Siehe auch: Genesis

Collins, Tyler

TYLER COLLINS v (USA, in Harlem/New York City)
Tyler wuchs, obwohl in New York geboren, in Detroit auf. Mit 17 war sie Leadsängerin in der Band Boys Next Door geworden. Ihre ausdrucksstarke Stimme fiel auf, und Tyler Collins erhielt einen Solovertrag bei einer Plattenfirma. Ihre erste Single hinterließ noch keinen Eindruck, aber mit »Girls Nite Out« klappte es dann.

Girls Nite Out (4/90 US 6)
Dance, One Hit Wonder, Rhythm & Blues

Color Me Badd

BRYAN ABRAMS v (USA, * 16. 11. 1969 in Oklahoma City), MARK CALDERON v (USA, * 27. 9. 1970 in Oklahoma City), KEVIN THORNTON v (USA, * 17. 6. 1969 in Oklahoma City), SAM WATERS v (USA, * 23. 7. 1970 in Oklahoma City)
Die vier Sänger von Color Me Badd kamen während ihrer Schulzeit in Oklahoma City 1985 als A-cappella-Gruppe zusammen. Nachdem ihnen verboten worden war, auf dem Schulgelände zu singen, traten sie auf der Straße und in kleinen Clubs auf. Sie kassierten einige Preise bei Talentwettbewerben und konnten schließlich im Vorprogramm von Stars wie Huey Lewis, den O'Jays oder Bon Jovi auftreten. Im Laufe der Zeit änderte sich ihr Stil von Doo Wop zu Doo Hop. Bei einem ihrer Vorprogrammauftritte wurde Robert Bell von Kool & The Gang auf sie aufmerksam und verhalf ihnen zu einem Plattenvertrag. »I Wanna Sex You Up« wurde in dem Film »New Jack City« als Untermalung für eine Stripteaseszene verwandt – und zu ihrem ersten großen Hit auf beiden Seiten des Atlantiks. Ihr Debütalbum »C.M.B.« (8/91 US-LP 3, 8/91 GB-LP 3) wurde über 3 Millionen mal verkauft. 1993 erschien ihre zweite CD »Time And Chance«. Auskopplungen daraus kamen international

nicht mehr in die Top 10. Mitte 1996 erschien »Now & Forever«.

I Wanna Sex You Up (4/91 GB 1, US 2; 6/91 D 4)
I Adore Mi Amor (7/91 US 1)
All 4 Love (8/91 GB 5; 11/91 US 1)
Doo Wop, Rhythm & Blues, Soul

Colter, Jessi

JESSI COLTER (USA, * 25. 5. 1947 als Mirriam Johnson Jennings in Phoenix/Arizona)
Ihre erste Karriere begann Anfang der 60er Jahre, als sie noch Miriam Eddy hieß. Zwischen 1962 und 1968 war sie mit dem Gitarrenstar Duane Eddy verheiratet. Als Miriam Eddy schrieb sie Songs für Country- und Popgrößen wie Dottie West, Don Gibson oder Nancy Sinatra. Nach der Scheidung von Duane ging sie im Oktober 1969 eine neue – sowohl private als auch musikalische – Ehe mit dem Country-&-Western-Sänger Waylon Jennings ein. Ihr erstes Album mit eigener Country Music wurde von Kritikern mit Lob bedacht, fiel aber beim Publikum durch. Es blieb bei einem Single-Hit. Ihr erfolgreichstes Album nahm sie zusammen mit Waylong Jennings, Willie Nelson und Tompall Glaser auf: »The Outlaws« (2/76 US-LP 10).

I'm Not Lisa (4/75 US 4)
Country

Colvin, Shawn

SHAWN COLVIN v, g (USA, * 10. 1. 1958 als Shanna in Vermillion/South Dakota)
Mit 10 Jahren erhielt Shawn ihre erste Gitarre. Nach der Schulzeit entschloss sie sich, Berufsmusikerin zu werden. Mitte der 70er Jahre zog sie nach Texas und wurde dort Mitglied in der Swing Band Dixie Diesels. Die nächsten Stationen waren San Francisco und New York City. Dort wurde sie Mitglied in der Band von Buddy Miller. Beeinflusst von Joni Mitchel wollte Shawn eigene Projekte verwirklichen – aber erst einmal sang sie im Hintergrund von Produktionen von Suzanne Vega. So ist Shawn z. B. auf »Luka«, dem größten Erfolg von Vega, zu hören. 1988 veröffentlichte Shawn auf einem kleinen Plattenlabel ein Live-Album, das zumindest bei den Verantwortlichen der Plattenindustrie Aufmerksamkeit erregte. Ein Jahr später brachte sie bei Columbia-Records mit »Steady On« ihr erstes Studio-Album heraus. Als Gäste wirkten David Sanborn, Bruce Hornsby und Suzanne Vega mit. Sie erhielt für diese LP einen Grammy in der Kategorie ›Best Contemporary Folk Recording‹. Das Album »Fat City« erschien 1992, »Cover Girl« (9/94 US-LP 48) zwei Jahre später. Singles von Shawn waren vorwiegend in GB erfolgreich – zusammen mit Mary Chapin Carpenter war »One Cool Remove« (1/95 GB 40) dort ihr vorerst größter Erfolg. Im Herbst 1996 erschien als nächstes Album »A Few Small Repairs« (10/96 US-LP 39). Der Album-Opener war die Nummer »Sunny Came Home« (5/98 GB 29), der ihr der Grammy-Verleihung 1998 für das Jahr 1997 den Preis als Song of the Year einbrachte.

Sunny Came Home (7/97 US 7)
AOR (Adult Orientated Rock), Folk

Commander Cody & His Lost Planet Airmen

»BUFFALO« BRUCE BARLOW b (USA, * 3. 12. 1948 in Oxnard/Kalifornien), DON BOLTON AKA THE WEST VIRGINIA CREEPER pedal stee (USA), COMMANDER CODY p (USA, * 19. 7. 1944 als George Frayne in Boise City/Idaho), LANCE DICKERSON d (USA, * 15. 10. 1948 in Livonia/Michigan), BILLY C. FARLOWE v, harp (USA, in Decatur/Alabama), BILL KIRCHEN g (USA, * 29. 1. 1948 in Ann Arbor/Michigan),

ANDY STEIN sax, fiddle (USA, * 31. 8. 1948 in New York City), JOHN TICHY g (USA, in St. Louis)
George Frayne gründete seine Band Commander Cody & His Lost Planet Airmen im Jahre 1968. Kann sein, dass das Ganze für ihn lediglich ein Mordsspaß sein sollte, denn wenn er mit seinen verlorenen Planetenmännern auf der Bühne stand, sah man acht alkoholisierte Freaks, die mehr oder weniger diszipliniert vor sich hin grölten. Der Aufwand ihrer Shows stand in krassem Gegensatz zu den eher dürftigen Umsatzzahlen ihrer Platten. Cody alias Frayne war schon der Meinung, es sei besser, dem ganzen Rummel den Rücken zuzukehren und sich nur noch der Malerei zu widmen. Immerhin besitzt er ein Kunstdiplom und hatte schon einige erfolgreiche Ausstellungen hinter sich. Doch dann musste er feststellen, dass ihn die Musik trotz aller früheren Fehlschläge und Frustrationen nicht los ließ. Er verkündete lauthals: ›Die acht schwankenden Besoffenen gibt's nicht mehr. Jetzt gibt's nur noch einen, und das bin ich.‹ »Hot Rod Lincoln«, eine Novelty-Nummer, blieb sein einziger Single-Erfolg.

Hot Rod Lincoln (3/72 US 9)
Rock

Commodores

WILLIAM KING syn, tr (USA, * 30. 1. 1949 in Alabama), RONALD LAPREAD b, tr (USA, * 4. 9. 1946), THOMAS MCCLARY g (USA, * 6. 10. 1949), J.D. NICHOLAS v (Großbritannien, * 12. 4. 1952 als James Dean in Watford/Hertshire), WALTER »CLYDE« ORANGE v, d (USA, * 10. 12. 1946 in Florida), LIONEL RICHIE v, key (USA, * 20. 6. 1949 in Tuskegee/Alabama), MILAN WILLIAMS g, key, d, pos (USA, * 28. 3. 1948 in Mississippi)
Lionel, William, Thomas, Milan, Ronald und Walter gründeten während ihrer Studienzeit 1968 die Band Jays. Die wurde zwar bald zu einer lokalen Attraktion, aber die Musiker betrachteten das vorerst nur als Hobby und machten alle ihre Abschlüsse: Walter in Musik, zwei in Elektrotechnik, die anderen in Betriebswirtschaft. Der Fankreis der Jays wurde immer größer, und bald fuhren sie zu ihrem ersten Gastspiel nach New York. Einen Monat spielten sie in einem Club in Harlem, und bald wurde die Plattenfirma Motown auf die Gruppe aufmerksam und nahm sie unter Vertrag. Erst einmal wurde dann der Name in Commodores geändert. Eine Tournee als Vorgruppe der Jackson 5 brachte die Formation erstmals vor ein großes Auditorium, ab 1974 waren sie erfolgreich. Lionel Richie war der Leadsänger dieser Formation und auch derjenige, der die meisten Hits geschrieben hatte. 1981 trennte er sich von der Band und sollte auch als Solist Erfolg haben. Viele waren der Meinung, dass damit die Commodores erledigt seien. Die verbleibenden Musiker verstärkten sich durch den Ex-Heatwave-Sänger J. D. Nicholas und schafften mit »Nightshift«, einer Hommage an Jackie Wilson und Marvin Gaye, erneut einen Hit.
Die erfolgreichsten Alben der Commodores waren »Commodores« (4/77 US-LP 3), »Commodores Live!« (11/77 US-LP 3), »Natural High« (5/78 US-LP 3, 6/78 GB-LP 8), »Midnight Magic« (8/79 US-LP 3, GB-LP 15), »Heroes« (6/80 US-LP 7), »In The Pocket« (7/81 US-LP 13) und »Love Songs« (8/82 GB-LP 5).

Sweet Love (12/75 US 5)
Just To Be Close To You (9/76 US 7)
Easy (6/77 US 4, GB 9)
Brick House (8/77 US 5)
Three Times A Lady (6/78 US 1; 8/78 GB 1)
Sail On (8/79 GB 8, US 4)
Still (9/79 US 1; 11/79 GB 4)
Lady (You Bring Me Up) (6/81 US 8)
Oh No (9/81 US 4)
Nightshift (1/85 US 3, GB 3; 3/85 D 4)
Pop, Rhythm & Blues, Soul

Siehe auch: Richie, Lionel

Communards

RICHARD COLES p (Großbritannien, * 23. 6. 1962 in Northampton), JIMMY SOMERVILLE v (Großbritannien, * 22. 6. 1961 in Glasgow)

Nachdem Jimmy Somerville im Frühjahr 1985 Bronski Beat verlassen hatte, gründete er mit dem klassisch ausgebildeten Pianisten Coles die Formation Committee. Als eine andere Gruppe die Rechte an diesem Namen für sich beanspruchte, nannten sie sich Communards. »Don't Leave Me This Way« war der Nachzieher eines Harold-Melvin-Hits. Interessant bei dieser Aufnahme war der Gegensatz zwischen Somervilles Falsettgesang und der rauen Stimme von Sarah Jane Morris. »Never Can Say Goodbye« war eine Coverversion des Jackson-5- und Gloria-Gaynor-Hits. Die Mischung aus Disko-Revival und Falsett-Pop war weiterhin erfolgversprechend, aber Jimmy Somerville entschloss sich, als Solist Karriere zu machen – mit Erfolg.

Die erfolgreichsten Alben der Communards waren »Communards« (8/86 GB-LP 7) und »Red« (10/87 GB-LP 4).

Don't Leave Me This Way (8/86 D 5, GB 1)
So Cold The Night (11/86 GB 8)
Never Can Say Goodbye (12/86 D 6; 11/87 GB 4)
Elektro-Pop

Siehe auch: Bronski Beat; Somerville, Jimmy

Como, Perry

PERRY COMO v (USA, * 18. 5. 1912 als Pierino Roland in Canonsburg/Pennsylvania, † 12. 5. 2001)

Fang dir eine Sternschnuppe, steck sie dir in die Tasche, und verwahr sie für einen verregneten Tag – womit wohl schlechte Zeiten gemeint sein sollen. Schön die Vorstellung, aber leider nicht realisierbar. Perry Como war der Sänger dieses Titels, und er gehörte zu den Interpreten, die wohl in schlechten Zeiten immer eine Sternschnuppe in der Tasche hatten. Jedenfalls hatte ihn das Glück über die Jahre nicht verlassen, und neben Frank Sinatra konnte er sich rühmen, zu denen zu gehören, die schon seit den 30er Jahren im Showgeschäft waren. Elf Jahre war er alt, als er das ehrbare Handwerk eines Friseurs erlernte, mit vierzehn hatte er in seiner Geburtsstadt einen eigenen Laden. Das war im Jahre 1926. Sieben Jahre lang betrieb er sein Geschäft, dann bewarb er sich in Cleveland, er war dort auf Urlaub, bei der Band von Freddy Carlone. Man nahm ihn, und er blieb für drei Jahre, wurde dann Sänger in der Band von Ted Weems bis zur Auflösung dieser Formation im Jahre 1942. Zurück in Canonsburg, wollte er wieder als Friseur arbeiten, die Leute rasieren, ihnen einen Haarschnitt verpassen und dabei ein Lied vorsingen – so wie er es in seiner Jugend gemacht hatte. Aber seine Sternschnuppe in der Tasche verhalf ihm Mitte 1943 zu einem Plattenvertrag mit dem US-Medienriesen RCA. Mitte 1983 feierte dieselbe Firma im Rockefeller Center in New York ein Fest zu Ehren von Perry, der vierzig Jahre dieser Firma treu geblieben war – und ihr viel Geld gebracht hatte. Seine erste Nummer 1«Till The End Of Time« basierte auf Chopins Polonäse in As-Dur und stammte aus dem Film »A Song To Remember«. Er sang mit den Fontane Sisters, mit Betty Hutton oder Eddie Fisher. Seine letzte Hitnotierung stammte aus dem Jahr 1974. Neben seiner Karriere als Sänger war er auch auf anderen Gebieten erfolgreich. Anfang der 40er Jahre hatte er mit dem ›Chesterfield Supper Club‹ seine eigene NBC-Radioshow, aus der Ende 1948 seine erste eigene TV-Show wurde. Bis 1963 war er regelmäßig mit eigenen Programmen im Fernsehen vertreten, teilweise auch hier bei uns in Deutschland in der ›Perry Como Show‹. Und während viele seiner Sängerkollegen aus den 30er und 40er Jahren Mitte der 50er Jahre auf den Rock 'n' Roll schimpften, lud sich Perry Fats Domino, die Everly Brothers oder Brenda Lee in seine Sendungen ein. Vielleicht haben seine Kollegen auch nur auf dem Rock 'n' Roll rumgehackt, weil sie ihre eigenen Felle wegschwimmen sahen. Das konnte Perry nicht passieren – er hatte ja seine Sternschnuppe in der Tasche und einen erlernten Beruf. 1933 hatte er Roselle geheiratet, die ihm 1943, als es darum ging, ob er nun wieder als Friseur arbeiten oder Solokünstler bei der RCA werden sollte, gesagt hatte, er könne seinen Friseursalon immer noch machen, wenn's mal mit der Singerei nicht mehr klappt. Es hat immer geklappt.

Seine erfolgreichsten Alben waren »Perry Como« (9/46 US-LP 4), »Merry Christmas Music« (11/46 US-LP 1, 11/47 RE-US-LP 2, 12/48 RE-US-LP 3, 11/49 RE-US-LP 4, 12/57 RE-US-LP 8, 12/58 RE-US-LP 9), »A Sentimental Date With Perry Como« (2/48 US-LP 1), »Supper Club Favorites« (3/49 US-LP 4), »I Believe« (2/54 US-LP 6), »So Smooth« (10/55 US-LP 7), »We Get Letters« (8/57 US-LP 8), »Como's Golden Records« (8/58 US-LP 24, 1/59 GB-LP 4), »Dear Perry« (11/58 GB-LP 6), »And I Love You So« (5/73 US-LP 34, 7/73 GB-LP 1) und »40 Greatest Hits« (10/75 GB-LP 1).

Bis in die späten 80er Jahre trat er regelmäßig in Las Vegas auf. 1992 erschien zu seinem 80. Geburtstag die Retrospektive-CD »The Living Legend«.

Long Ago (And Far Away) (4/44 US 8)
I Dream Of You (1/45 US 10)
I'm Gonna Love That Gal (7/45 US 4)
If I Loved You (7/45 US 3)
Till The End Of Time (8/45 US 1)
(Did You Ever Get) That Feeling In The Moonlight (8/45 US 9)
Dig You Later (A Hubba-Hubba-Hubba) (12/45 US 3)
They Say It's Wonderful (1/46 US 4)
I'm Always Chasing Rainbows (2/46 US 5)
You Won't Be Satisfied (Until You Break My Heart) (2/46 US 5)
Prisoner Of Love (3/46 US 1)
All Through The Day (5/46 US 8)
Surrender (6/46 US 1)
Sonata (12/46 US 9)
Winter Wonderland (12/46 US 10)
Chi-Baba, Chi-Baba (My Bambino Go To Sleep) (5/47 US 1)
When You Were Sweet Sixteen (7/47 US 2)
I Wonder Who's Kissing Her Now (8/47 US 2)
Because (3/48 US 4)
Far Away Places (1/49 US 4)
Forever And Ever (3/49 US 2)
Bali Ha'i (4/49 US 5)
A – You're Adorable (4/49 US 1)
Some Enchanted Evening (4/49 US 1)
A Dreamer's Holiday (10/49 US 3)
Hoop-Dee-Doo (4/50 US 1)
Patricia (9/50 US 7)
A Bushel And A Peck (10/50 US 3)
You're Just In Love (12/50 US 5)
If (1/51 US 1)
Maybe (6/52 US 3)
Don't Let The Stars Get In Your Eyes (12/52 GB 1, US 1)
Wild Horses (2/53 US 6)
Say You're Mine Again (4/53 US 3)
No Other Love (6/53 US 1)
You Alone (10/53 US 9)
Wanted (3/54 US 1; 6/54 GB 4)
Idle Gossip (6/54 GB 3)
Papa Loves Mambo (10/54 US 4)
Home For The Holidays (12/54 US 8)
Kokomo (I Love You So) (2/55 US 2)
Tina Marie (8/55 US 5)
Hot Diggity (Dog Ziggity Boom) (3/56 US 1)
Juke Box Baby (3/56 US 10)
Hot Diggity (Dog Ziggity Boom) (5/56 GB 4, D 10)
More (6/56 US 4; 9/56 GB 10)
Glendora (9/56 US 8)
Round And Round (2/57 US 1; 5/57 D 9)
Mi Casa Su Casa (My House Is Your House) (8/57 D 9)
Magic Moments (1/58 GB 1, US 4)
Catch A Falling Star (1/58 US 1; 3/58 GB 9)
Kew Pie Doll (4/58 US 6, GB 9)
Love Makes The World Go Round (11/58 GB 6)
Tomboy (2/59 GB 10)
Delaware (2/60 GB 3)
It's Impossible (11/70 US 10; 1/71 GB 4)
And I Love You So (4/73 GB 3)
For The Good Times (8/73 GB 7)
Pop

Congregation

BRIAN KEITH v (Großbritannien), ALAN PARKER g (Großbritannien)

Congregation war ein einmaliges Studioprojekt der beiden Komponisten Roger Cook und Peter Greenaway und des Produzenten John Burgess. Vor einen gemischten neunzigköpfigen Chor und ein Orchester stellten sie den erfahrenen Sänger Brian Keith. Das Duo David & Jonathan alias hatte die unglaublich eingängige Melodie »Softly Whispering I Love You« ursprünglich für sich geschrieben, aber erst in der Version von Congregation wurde es ein Hit. Da die Formation für Live-Auftritte oder gar Tourneen viel zu groß war, wurde sie nicht wiederbelebt. Der Titel hält sich jedoch bis heute.

Softly Whispering I Love You (11/71 GB 4; 1/72 D 10)
One Hit Wonder, Soft Pop

Conley, Arthur

ARTHUR CONLEY v (USA, * 4. 1. 1946 in Atlanta/Georgia)

Otis Redding entdeckte den 19-jährigen Arthur Conley und verhalf ihm zu einem Plattenvertrag. Seine ersten Aufnahmen machte er noch als Arthur & The Corvets. 1967 – die Soulwelle war auf dem Höhepunkt – traf er mit dem von Redding produzierten und von Otis und Arthur gemeinsam geschriebenen Titel »Sweet Soul Music« genau den Geschmack des Publikums. Hört man sich die Nummer jedoch etwas genauer an, fällt auf, dass sie sich an die einst von Sam Cooke geschriebene Nummer »Yeah Man« anlehnt. Im Soulfieber jener Tage merkte das wohl niemand. Mit »Shake, Rattle And Roll« (6/67 US 31) und »Funky Street« (4/68 GB 46, 5/68 US 14, 6/68 D 24) hatte Arthur zwei weitere Top-40-Hits. Danach war seine Zeit wieder vorüber, was wohl auch daran lag, dass sein Förderer Otis Redding im Oktober 1967 bei einem Flugzeugabsturz ums Leben gekommen war. Heute zieht Conley mit 60s-Revival-Tours durch die USA.

Sweet Soul Music (3/67 GB 7, US 2)
Rhythm & Blues, Soul

Connells

MIKE CONNELL v, g (USA), GEORGE HUNTLEY v, g, mand (USA), DOUG MACMILLAN v, g (USA), STEVE POTAK key, p, org (USA), PEELE WIMBERLEY d (USA)

Ende der 80er Jahre kam mit »Fun & Games« ein erstes Album der Connells in die amerikanischen LP-Charts. Wie auch die nachfolgenden Platten, standen sie eher im unteren Bereich. In ihrem Heimatland hatten sie offensichtlich sehr mit der Konkurrenz von Bands wie R.E.M. zu kämpfen. Und auch ihren einzigen internationalen Erfolg konnten sie überall, nur nicht in den USA, erzielen. Der Titel »'74–'75« wurde zuerst in Deutschland entdeckt. In GB wurde der Titel nur ein Platz 14. Das muss die britische Plattenfirma gewurmt haben, drum wurde die Platte dort im März 1996 erneut veröffentlicht. Dieses Mal erreichte sie nur Platz 21. In den Anfangstagen war die Band als Quintett angetreten. 1993 war als Keyboarder Steve Potak hinzugekommen.

'74–'75 (1/95 D 7)
AOR (Adult Orientated Rock)

Conniff, Ray

RAY CONNIFF pos, bl (USA, * 6. 11. 1916 in Attleboro/Massachusetts)

Er schrieb keine Hits – er nahm bestehende Melodien und arrangierte sie neu. Genau das konnte in den 50er und 60er Jahren keiner so gut und erfolgreich wie Ray. Conniff war mit der Musik verwachsen. Schon in jungen Jahren spielte er ausgezeichnet Posaune. Bob Crosby nahm ihn in sein Orchester, später spielte er mit Artie Shaw oder Glenn Gray und arrangierte Titel für die Harry James Band. In den späten 40er Jahren zog sich Conniff aus dem Musikgeschäft zurück. Um seine Frau und seine drei Kinder zu ernähren, nahm er Jobs an, die mit Musik nichts zu tun hatten. Aber immer noch interessierte er sich für Musik, hörte sich genau alle Platten an, die in den Hitparaden auftauchten, analysierte, warum dies nun ein Hit geworden war, und bastelte am Schlüssel, wie ein Schlager geschrieben und arrangiert sein müsse, um ihn zum Hit zu machen. 1953 war er so weit. Mitch Miller, der mit der Nummer »Brücke am Kwai« einen Hit hatte, war neben seiner Tätigkeit als Orchesterleiter auch noch ein wichtiger Mann bei CBS Amerika. Zu ihm ging Ray Conniff und erzählte ihm von seiner ›Erfolgstheorie‹. Mitch Miller ließ ihn machen – und mit der Nummer »Band Of Gold« von Don Cherry hatte Ray als Arrangeur 1955 seinen ersten Millionseller. Danach war er ein gefragter Mann. Ob Johnnie Ray oder Johnny Mathis, Frankie Laine oder Guy Mitchell – alle wollten sie als Arrangeur Ray Conniff. Der hatte inzwischen sein eigenes Orchester und seinen eigenen Sound entwickelt. Nun war er nicht mehr nur im Hintergrund von Gesangsstars, sondern auch eigenständig erfolgreich. Ray Conniff stand nun im Plattenschrank eines jeden Amerikaners, der zu Hause Partys feierte. Es gehörte plötzlich zum guten Ton, Platten von Ray Conniff zu besitzen – zumindest in der Geschmacksklasse, die hierzulande Platten von James Last im Schrank vorschrieb. Das Erfolgsgeheimnis von Conniff ist recht simpel und auch herauszuhören: ein Chor, meist bestehend aus zwölf Mädchen und dreizehn Jungs, wurde mit einem Orchester so gut gemixt, dass sie miteinander verschmolzen. Die Mischung war perfekt und wurde dann noch durch einen Hallraum gejagt. Damit war der Ray-Conniff-Sound fertig. Er machte Musik für diejenigen, die den Rock 'n' Roll nicht mochten. Sein größter Single Erfolg war das Thema von Lara aus dem Film »Dr. Schiwago«: »Somewhere My Love«.

Aber – von Ray kaufte man keine Singles, von ihm kaufte man Alben. Seine erfolgreichsten: »'S Wonderful!« (3/57 US-LP 11), »'S Marvelous« (12/57 US-LP 10), »'S Awful Nice« (6/58 US-LP 9, 6/60 GB-LP 13), »Concert In Rhythm« (9/58 US-LP 10), »Broadway In Rhythm« (5/59 US-LP 10, 8/64 D-LP 37), »Conniff Meets Butterfield« (11/59 US-LP 8) mit dem Jazztromperter Billy Butterfield, »Christmas With Conniff« (12/59 US-LP 14, 12/60 RE-US-LP 15, 12/61 RE-US 16), »It's The Talk Of The Town« (2/60 US-LP 8, 5/60 GB-LP 15), »Concert In Rhythm – Volume II« (3/60 US-LP 13), »Young At Heart« (8/60 US-LP 6), »Say It With Music (A Touch Of Latin)« (10/60 US-LP 4), »Hi-Fi Companion Album« (11/60 GB-LP 3, 4/66 RE-GB-LP 24), »Memories Are Made Of This« (2/61 US-LP 4, 5/61 GB-LP 14), »Somebody Loves Me« (9/61 US-LP 14, 7/62 D-LP 8), »So Much In Love« (2/62 US-LP 5), »'S Continental« (5/62 US-LP 6, 12/62 D-LP 12), »'S Wonderful!, 'S Marvelous« (12/62 GB-LP 18), »Bravo, Ray Conniff« (7/62 D-LP 7), »We Wish You A Merry Christmas« (12/62 US-LP 32, 12/62 GB-LP 12), »The Happy Beat« (3/63 US-LP 20, 6/63 D-LP 7), »Love Affair« (11/65 D-LP 12), »Happiness Is« (5/66 D-LP 20), »Somewhere My Love« (7/66 US-LP 3, 9/67 GB-LP 34, 12/66 D-LP 11), »Honey« (9/68 D-LP 17), »His Orchestra, His Chorus, His Singers, His Sound« (6/69 GB-LP 1), »I'd Like To Teach The World To Sing« (2/72 GB-LP 17), »Moon River« (11/79 D-LP 11).

Somewhere My Love (6/66 US 9)
Instrumental, Pop

Connolly, Billy

BILLY CONNOLLY v (Großbritannien, * 24. 11. 1942 in Glasgow)

Den Schotten einzuordnen, ist recht schwierig. Zusammen mit Gerry Rafferty war er bei den Humblebums. Was die beiden machten, könnte man als Folkmusik bezeichnen. Ab Anfang der 70er Jahre etablierte Billy sich als Solist und hatte seinen größten Erfolg mit einer Persiflage auf den Tammy-Wynette-Hit »D.I.V.O.R.C.E.«. Bei Connolly handelt es sich um eine Scheidung der besonderen Art: Ein schottischer Hund bringt ein Ehepaar auseinander. Das deutet schon auf die zweite Profession von Billy Connolly hin: Er ist ein sehr erfolgreicher Komiker in GB. Neben Michael Caine spielte er im Film »Water« einen Partisanen, der partout nicht reden wollte, dafür sein Anliegen sang – auf grauslige Art. Weitere Top-40-Hits waren »No Chance, No Charge« (7/76 GB 24), »In The Brownies« (8/79 GB 38) und »Supergran« (3/85 GB 32).

Seine erfolgreichsten Alben waren »Solo Concert« (7/74 GB-LP 8), »Cop Yer Whack Of This« (1/75 GB-LP 10), »Get Right Intae Him« (12/75 GB-LP 6) und »Atlantic Bridge« (12/76 GB-LP 20)

D.I.V.O.R.C.E. (11/75 GB 1)
Pop

Connor, Sarah

SARAH CONNOR v (Deutschland, * 13. 6. 1980 in Delmenhorst)

2001 tauchte diese junge Sängerin angeblich aus dem Nichts auf. Dabei hatte sie zu diesem Zeitpunkt schon einiges hinter sich – als Darstellerin im Musical »Linie 1«, als Sarah Gray und als Ex-Freundin von Martin Scholz, Sänger bei Touché. Jedenfalls freute sich ›Bravo‹ so sehr über einen neuen deutschen Star, dass die Zeitschrift sie gleich als die ›Diva aus Delmenhorst‹ verkaufte. Bei ihrem ersten Hit »Let's Get Back To Bed – Boy!« (10/01 GB 16) machte TQ mit. Ihre nächste Single hieß »French Kissing« (9/01 D 26). Mit der Ballade »From Sarah With Love« erreichte sie am 26. 11. 2001 Platz 1 in der deutschen Hitparade. Die Ähnlichkeit zum Titel »Unbreak My Heart« von Tony Braxton fiel sogar ›Bravo‹ auf – und für die war Sarah ein Superstar. Ende 2001 erschien ihr Debütalbum »Green Eyed Soul« (12/01 D-LP 3).

Let's Get Back To Bed – Boy! (5/01 D 2)
From Sarah With Love (11/01 D 1)
Pop, Rap

Siehe auch: TQ

Conny

CORNELIA FROBOESS v (Deutschland, * 28. 10. 1943 in Wriezen a. d. Oder)

Ach ja, wir neigen dazu, in Kistchen zu packen – und wer einmal in einer solchen Kiste ist, kommt nur ganz schwer wieder raus. Also, ein Kinderstar kommt logischerweise in die Kiste Kinderstars. Wenn er dann wenige Jahre später, vielleicht nach Stimmbruch oder Abitur, versucht, da weiterzumachen, wo er einst aufgehört hat, klappt das nur in ganz seltenen Fällen. Die kleine Cornelia war gerade siebeneinhalb Jahre alt, als sie »Pack die Badehose ein« sang. Der Papa hat das Stück geschrieben, und auch der nächste Hit stammte wieder aus der Feder des Papis: »Hei hei hei so eine Schneeballschlacht«. 1953 war ein lausiger Sommer, es regnete Bindfäden, und die inzwischen fast Zehnjährige sang: »Lieber Gott, lass die Sonne wieder scheinen – für Mama, für Papa und für mich«. Rührend und den Nerv der jungen Nation treffend. Aber dann schien es aus zu sein. Klar, einen Stimmbruch hatte sie nicht, aber ein Teenager hat auch noch andere Probleme. 1958 war sie dann wieder da. Sie hatte den Sprung vom Kinder- zum Teenie-Star geschafft: »Diana«, im Original eine Nummer von Paul Anka, der auch nicht viel älter war als Conny Froboess, wie sie sich jetzt nannte. Conny spielte in Filmen mit Peter Kraus und anderen. Und als sie auch dafür zu alt war, machte sie Platten wie »Lady Sunshine und Mister Moon« und »Zwei kleine Italiener« – mit diesem Stück gewann sie sogar das Deutsche Schlagerfestival 1961/62. Aber dann schien es endgültig aus zu sein. Aus den Teenie-Schuhen war sie raus und in der Teenie-Kiste abgelegt. Als Conny Froboess nahm sie noch weitere Platten auf und hatte im Duett mit Peter Alexander Erfolg: »Verliebt, verlobt, verheiratet«. Sie veränderte sich wieder. 1965 tauchte sie als Schauspielerin im Fernsehen auf und stand auf den Bühnen der Schauspielhäuser in Berlin, Wien, Hamburg und vor allem in München. Ende der 70er Jahre spielte sie an den Münchener Kammerspielen in Stücken von Wedekind und Botho Strauß. Eine vielseitige Kleine Cornelia also, die so unterschiedliche Preise wie den Großen Otto in Gold, einen Silbernen Bambi, den Goldenen Bildschirm, die Goldene Kamera und den Lubitsch-Preis gewonnen hat. Wie auch immer von uns eingruppiert: zu früh – wer weiß, was sie alles noch bringen wird.

Diana (1/58 D 2)
I Love You Baby (4/58 D 2)
Auch du hast dein Schicksal in der Hand (7/58 D 6)
Blue Jean Boy (10/58 D 3)
Teenager Melodie (1/59 D 7)
Hey Boys, How Do You Do (1/59 D 4)
Ob 15, 16, 17 Jahre alt (4/59 D 7)
Kleine Lucienne (8/59 D 8)
Midi-Midinette (7/60 D 4)
Zwei kleine Italiener (2/62 D 1)
Lady Sunshine und Mr. Moon (8/62 D 3)
Verliebt, verlobt, verheiratet (6/63 D 7)
Drei Musketiere (12/63 D 4)
Deutscher Schlager

Conny & Jean

JEAN METZ v (* 19. 8. 1940), CONNY METZ v (* 14. 10. 1947)

Conny Metz und Jean gelang im August 1982 als Conny & Jean mit einem deutschen Nachzieher des Al-Bano-&-Romina-Power-Hits »Felicità« der einzige Hit. Das war's.

Felicità (8/82 D 10)
Deutscher Schlager, One Hit Wonder

Conti, Bill

BILL CONTI p (USA, * 13. 4. 1942 in Providence/Rhode Island)

Der Komponist und Dirigent lernte seit seinem siebten Lebensjahr Klavierspielen, später auch Fagott. Nach der High-School studierte er Komposition in Louisiana und spielte nebenher in einem Symphonieorchester und in Nachtlokalen. Dann wechselte er an die berühmte Juilliard School of Music in New York, wo er seinen Abschluss machte. 1967 zog er mit seiner Frau nach Italien und schrieb und arrangierte zum erstenmal Filmmusiken. Nach seiner Rückkehr in die USA machte er sich auf diesem Gebiet schnell einen großen Namen. Seinen größten Erfolg hatte er mit seiner Musik für den Film »Rocky« im Jahre 1976, aus dem die Single »Gonna Fly Now« stammte. Zu den Textern der Platte gehörte im Übrigen eine gewisse Carol Connors, die unter ihrem richtigen Namen Annette Kleinbard Mitglied der Teddy Bears war, die im Dezember 1958 den Hit »To Know Him Is To Love Him« hatten. Conti wurde auch für weitere »Rocky«-Filmprojekte engagiert und ist außerdem verantwortlich für die Titelmelodien zu ›Der Denver Clan‹ oder ›Falcon Crest‹. 1983 erhielt er für seine Musik zu »The Right Stuff« einen Oscar.

Gonna Fly Now (4/77 US 1)
Instrumental

Contours

JOE BILLINGSLEA v (USA), HUEY DAVIS g (USA, in Columbus/Mississippi, † 23. 2. 2002), DENNIS EDWARDS v (USA, * 3. 2. 1943 in Birmingham/Alabama), BILLY GORDON v (USA), BILLY HOGGS v (USA), HUBERT JOHNSON v (USA, † 11. 7. 1981), SYLVESTER POTTS v (USA)

Die Berry-Gordy-jr.-Nummer »Do You Love Me (Now That I Can Dance)« traf im August 1962 genau den Geschmack des tanzwütigen Twist-Publikums. Möglich, dass Berry Gordy das so gar nicht gedacht hatte, aber der Zeitpunkt war richtig. Die Contours, gegründet 1959 in Detroit, hatten bis zum Jahre 1967 weitere Hitnotierungen, danach waren sie vergessen. Hubert Johnson beging 1981 Selbstmord. Als im Jahre 1988 der Film »Dirty Dancing« in die Kinos kam und darin die Nummer verwendet wurde, kam sie erneut in die Hitparaden und erreichte in den USA einen Platz 11. Die Briten konnten mit der Version der Contours wenig anfangen. Bei ihnen war im September 1963 die Version von Brian Poole & The Tremeloes ein Platz 1. Zumindest ein Mitglied der Contours sollte noch von sich hören lassen: Dennis Edwards. Er machte später Platten mit den Temptations und danach weitere als Solist.

Do You Love Me (8/62 US 3)
One Hit Wonder, Rhythm & Blues, Twist

Cooke, Sam

SAM COOKE v (USA, * 22. 1. 1931 als Samuel Cook in Clarksdale/Mississippi, † 11. 12. 1964)

Der Soulsänger und Songschreiber begann bei den Highway Q.C.'s und stieg 1950 bei den Soul Stirrers ein. Er blieb bis 1956 als deren Leadsänger. Dann interessierte er sich mehr für Popmusik und machte seine ersten Nicht-Gospel-Aufnahmen noch unter dem Namen Dale Cook. 1957 hatte er seinen ersten Hit mit »You Send Me«. Bis 1965 stand er regelmäßig in den Hitparaden, meist mit Songs, die er selbst geschrieben hatte. Am 11. 12. 1964 wurde er im Hacienda Motel am South Figueroa Blvd. in Los Angeles von der Hotelmanagerin Bertha Franklin aus angeblicher Notwehr erschossen. Die Umstände wurden nie richtig geklärt. Viele Interpreten sangen die Titel von Sam später nach, und viele berufen sich auf ihn als ihr Vorbild. Rod Stewart, Bobby Womack, Huey Lewis, Smokey Robinson, Marvin Gaye oder Mick Jagger – alle versuchten sie, ihm nachzueifern. Als 1986 die Rock and Roll Hall of Fame eröffnet wurde, gehörte Sam Cooke zu den Ersten, die aufgenommen wurden. In demselben Jahr war Cooke erstmals in der deutschen Hitparade vertreten. Eine US-Jeansfirma wollte bei ihren Kunden wieder das Feeling der 50er Jahre erzeugen und unterlegte einen Werbeclip mit der Musik »Wonderful World«. Obwohl hier ein Stimmenimitator auf Sam Cooke getrimmt wurde, verlangte man in den Plattenläden nach dieser Nummer und erhielt die von Sam Cooke. Mehr als zwanzig Jahre nach seinem Tode und fast dreißig Jahre nach dem Beginn seiner Karriere erreichte er somit die Hitparade in GB und Deutschland.

Seine erfolgreichsten Alben waren »Sam Cooke« (3/58 US-LP 16) und »The Man And His Music« (4/86 GB-LP 8, 6/86 D-LP 21). Im Frühjahr 2002 wurde mit viel Promotion die CD »Keep Movin' On« veröffentlicht – der Titelsong war ein bisher unveröffentlichtes Lied, das er kurz vor seinem Tod aufgenommen hat.

You Send Me (10/57 US 1)
Chain Gang (8/60 GB 9, US 2)
Cupid (7/61 GB 7)
Twistin' The Night Away (2/62 GB 6, US 9)
Another Saturday Night (4/63 US 10)
Shake (1/65 US 7)
Wonderful World (3/86 GB 2; 5/86 D 2)
Rhythm & Blues, Soul

Cookies

MARGORIE HENDRICKSE v (USA), DORETTA (DOROTHY) JONES v (USA), PAT LYLES v (USA), ETHEL »DOLLY« MCCRAE v (USA), MARGARET ROSS v (USA)
Dieses Gesangstrio aus New York, das in den frühen 50er Jahren gegründet wurde, hat im Verlauf seines Bestehens eine ganze Latte von Mitgliedern verschlissen. Sie begannen als Backing Group für Joe Turner, Chuck Willis und Ray Charles. Hendrickse, die sich inzwischen Margie Hendrix nannte, trennte sich von den Cookies und gründete die Raeletts, die nun die ständigen Begleiter von Ray Charles wurden. Der Rest nahm als neues Mitglied Margaret Ross auf. Neben ihrer Studioarbeit für Plattenaufnahmen von Neil Sedaka, Carole King oder Little Eva produzierten sie auch Soloplatten, mit denen sie 1962/63 erfolgreich waren. Ihre erste Hitnotierung »Chains« (11/62 US 17) gefiel den Beatles so gut, dass sie ihn auf ihrer ersten LP coverten. Ethel McCrae versuchte sich später als Solistin und hatte als Earl-Jean den Hit »I'm Into Somethin' Good« (6/64 US 38).

Don't Say Nothin' Bad (About My Baby) (3/63 US 7)
Rhythm & Blues

Coolidge, Rita

RITA COOLIDGE v (USA, * 1. 5. 1944 in Nashville/Tennessee)
Die Tochter eines Baptisten und einer Cherokee-Indianerin sang bereits in den 60er Jahren in ihrer Band R.C. & The Moonpies. In den späten 60er Jahren heiratete ihre Schwester Priscilla den Songschreiber und Produzenten Booker T. Jones, der mit der Band Booker T. & The MG's erfolgreich war. Das half Ritas Karriere. Sie nahm an der Joe-Cocker-Tour »Mad Dogs & Englishmen« teil und wurde Mitglied bei Delaney & Bonnie. 1969 hatte sie dann als Solistin die erste Notierung in den US-Charts. Zwischen 1973 und 1979 war sie mit Kris Kristofferson verheiratet und nahm mit ihm zusammen einige Platten auf. Ihr Spitzname war stets ›The Delta Lady‹ – Leon Russell, mit dem sie einst auch zusammengearbeitet hatte, widmete ihr das gleichnamige Lied. Seit den 80er Jahren hört man weniger von Rita Coolidge, deren Platten in ihrer gesanglichen Qualität recht unterschiedlich sind. 1983 nahm sie den Titelsong für den James-Bond-Film »Octopussy«, »All Time High« (7/83 US 36), auf. Ihre erfolgreichsten Alben waren »Anytime . . .Anywhere« (4/77 US-LP 6, 8/77 GB-LP 6) und »Very Best Of Rita Coolidge« (3/81 GB-LP 6).

(Your Love Has Lifted Me) Higher And Higher (5/77 US 2)
We're All Alone (6/77 GB 6; 9/77 US 7)
AOR (Adult Orientated Rock), Pop

Coolio

COOLIO rap (USA, * 1. 8. 1967 als Artis Ivey in Compton/Kalifornien)
Coolio gilt als einer der ersten Rapper aus L.A., die eigene Platten aufnahmen. Mit Verschnitten aus »Fantastic Voyage« der Gruppe Lakeside und »I'll Take You There« der Staple Singers gelang ihm der erste Hit »Fantastic Voyage«. Seine ersten Erfolge sammelte er auf Tourneen mit Ice-T und Ice Cube. Zusammen mit seinem Partner Wino – alias Bryan Dobbs – gründete er eine lockere Gemeinschaft von Hip-Hop-Musikern, -Tänzern und -Produzenten, die sich 40 Thevz nannte. 40 Thevz = 40 Diebe oder 40 Räuber – hätte sich Coolio da nicht besser den Künstlernamen Ali Baba zugelegt? Seinem ersten Album »It Takes A Thief« (8/94 US-LP 8) folgte »Gangsta's Paradise« (11/95 US-LP 9, GB-LP 18, D-LP 6) – es verkaufte sich innerhalb kürzester Zeit 2 Millionen mal. Der Titelsong gehörte zu den absoluten Hits des

Jahres 1995. Er stammte aus dem Film »Dangerous Minds«, in dem Michelle Pfeiffer die Hauptrolle spielte. Das Original des Stückes hieß »Pastime Paradise«, wurde gesungen von Stevie Wonder und war auf dessen 1976 erschienenem Album »Songs In The Key Of Life« zu hören. Coolios Single verkaufte sich innerhalb eines Jahres 3 Millionen mal alleine in den USA. Nachfolgende Auskopplungen, »Too Hot« und »1, 2, 3, 4 (Sumpin' New)«, erreichten in einigen Ländern wieder die Top 10, und wenn nicht das, so zumindest gute Platzierungen. Für »C U When U Get There« musste wieder einmal der Kanon von Pachelbel herhalten. Der Titel stammte aus dem Film »Nothing To Lose« und war von Coolio als Hommage an seine beiden erschossenen Rapper-Kollegen 2Pac und Notorious B.I.G. gedacht. Zu hören war der Hit auf dem Album »My Soul« (9/97 US-LP 37, GB-LP 28).

Fantastic Voyage (6/94 US 3)
Gangsta's Paradise (8/95 US 1; 10/95 D 1, GB 1)
Too Hot (1/96 GB 9)
1,2,3,4 (Sumpin' New) (3/96 US 5)
C U When U Get There (7/97 D 3, GB 3)
HipHop, Rap

Siehe auch: Monstars

Cooper, Alice

MICHAEL BRUCE g, key (USA, * 16. 3. 1948), GLEN BUXTON g (USA, * 10. 11. 1947 in Akron/Ohio, † 19. 10. 1997), JOZEFF CHIROWSKI key (Deutschland, * 2. 3. 1947), ALICE COOPER v (USA, * 4. 2. 1948 als Vincent Furnier in Detroit/ Michigan), DENNIS DUNAWAY b (USA, * 9. 12. 1948 in Cottage Grove/Oregon), STEVEN HUNTER g (USA, in Decatur/ Illinois), PENTTI OLAN d (Finnland, * 8. 7. 1946), JOHN PRAKASH b (Indien, in Bombay), NEAL SMITH d (USA, * 23. 9. 1947 in Akron/Ohio), RICHARD WAGNER g (USA, in Oelwein/Iowa)

Seine erste Rockgruppe, die Spiders, gründete er 1965 in Phoenix. 1966 änderte er dann seinen Namen in Alice Cooper, ging 1968 nach Los Angeles und 1969 zurück in seine Heimatstadt Detroit. 1971 – inzwischen hatte er sich eine ausgesprochen bizarre Bühnenshow zugelegt – hatte er mit »Eighteen« (2/71 US 21) seinen ersten Hit. In Europa war er erfolgreicher als in den USA. Kann sein, dass er den Ausstieg von Leadgitarrist Glen Buxton 1974 zum Anlass nahm, die kompletten anderen Musiker auszutauschen. Zu den Gründungsmitgliedern und der Erfolgsbesetzung der ersten Jahre gehörten – neben Buxton – Bruce, Smith und Dunaway. Ab 1975 bestand die neue Mannschaft aus Chirowski, Wagner, Hunter, Olan und John. Zwischen 1980 und 1989 hatte er eine Pause in den Charts eingelegt, und man war schon der Meinung, dass damit Guillotinen, Schlangen und anderes Getier endgültig von den Bühnen verschwunden seien. Was Alice Cooper ist bzw. sein soll, beschrieb seine Plattenfirma: ›Eine Band der dritten Rockgeneration; das Endprodukt der Wohlstandsgesellschaft; einer der bedeutendsten Vertreter des Dada-Rock; Psychiatrie-Rock.‹ Sein Gehabe als ›Alice im Plunderland‹ oder als ›Schreckschraube vom Dienst‹ konnte nicht überdecken, dass sein Rock eher von durchschnittlicher Qualität war. Ende 1997 eröffnete Cooper seine eigene Sport-Bar in Phoenix/Arizona.
Seine erfolgreichsten Alben waren »Killer« (12/71 US-LP 21, 2/72 GB-LP 27), »School's Out« (7/72 US-LP 2, GB-LP 4, 9/72 D-LP 3), »Billion Dollar Babies« (3/73 US-LP 1, GB-LP 1, 4/73 D-LP 9), »Muscle Of Love« (12/73 US-LP 10, 1/74 GB-LP 34), »Alice Cooper's Greatest Hits« (8/74 US-LP 8), »Welcome To My Nightmare« (3/75 US-LP 5, GB-LP 19), »Trash« (8/89 US-LP 20, GB-LP 2), »Hey Stoopid« (7/91 GB-LP 4, D-LP 7) und »The Last Temptation« (6/94 GB-LP 6).

Cooper machte weiter: »Brutal Planet« (6/00 GB-LP 38) und »DragonTown« (9/2001).

School's Out (6/72 D 4, GB 1, US 7)
Elected (10/72 D 3, GB 4)
Hello Hurray (2/73 GB 6)
No More Mr. Nice Guy (4/73 D 10, GB 10)
You And Me (4/77 US 9)
Poison (7/89 GB 2; 9/89 US 7)
AOR (Adult Orientated Rock), Glitter-(Glam)-Rock

Cordalis, Costa

COSTA CORDALIS v (Griechenland, * 1. 5. 1944 in Ellatia)
Cordalis kam als 16-Jähriger in die Bundesrepublik. Seit 1965 singt er Schlager – in jenem Jahr hatte er mit »Tränen in deinen Augen« (11/65 D 32) seinen ersten Hit.
Es folgten die Top-40-Hits »Und die Sonne ist heiß« (8/71 D 28), »SOS« (7/73 D 40), »Carolina, komm« (10/73 D 17), »Steig in das Boot heute nacht, Anna Lena« (4/74 D 15), »Santa Maria del Mare, adieu« (11/74 D 30), »Es stieg ein Engel vom Olymp« (5/75 D 19), »Shangri-La« (12/75 D 27), »Die Blumen der Nacht« (6/76 D 32), sein größter Hit »Anita«, »Die süßen Trauben hängen hoch« (6/77 D 19), »Don Pedro (Ein Küsschen in Ehren ...)« (11/77 D 33) und »Pan« (4/80 D 22). Um auf der einen Seite seine Fans und damit die Liebhaber des deutschen Schlagers nicht zu verlieren und auf der anderen Seite auch mal einen englischsprachigen Titel zu singen, gründete er 1992 zusammen mit seinen Kindern Lucas und Kiki und der aus Hawaii stammenden Kaui die Gruppe Let's Make It. Bis in das 21. Jahrhundert versuchte sich Costa immer wieder als Mittler zwischen Griechenland und Ballermann.

Anita (12/76 D 3)
Deutscher Schlager

Corina

CORINA v (USA, in New York)
1983 belegte sie den zweiten Platz beim Miss-Puerto-Rico-Schönheitswettbewerb. 1988 veröffentlichte Corina ihre erste Single, die speziell in den New Yorker Dance-Clubs erfolgreich war. Auch ihre nächsten Produktionen zielten mehr auf das Discopublikum. 1991 wurde sie als US-amerikanischer Shooting-Star bezeichnet, und mit der von ihr mitgeschriebenen Nummer »Temptation« gelang ihr ein einziger Hit.

Temptation (5/91 US 6)
Dance, One Hit Wonder

Cornelius, Peter

PETER CORNELIUS v (Österreich, * 29. 1. 1951 in Wien)
Seine Plattenfirma bezeichnet ihn als ›Songpoet der besonderen Sorte‹ und behauptet: In die Schublade Wiener Liedermacher hat er eigentlich nie gepasst. Nach einer Ausbildung als Bankkaufmann spielte er einige Monate im »Hair«-Ensemble, u. a. in Berlin und Hamburg. Danach tingelte er mit den Leaves. Mit dem Lied »Ich leb' in einer Wolke« gewann er 1973 als bester Komponist, bester Autor und bester Interpret einen Talentwettbewerb des Österreichischen Rundfunks. Nachdem er auf den Produzenten Michael Cretu getroffen war, erschien 1980 die LP »Der Kaffee ist fertig ...« . Sein erfolgreichstes Album in Deutschland war »Streicheleinheiten« (5/83 D-LP 4).

Du entschuldige – i kenn' di (11/81 D 8)
Deutscher Schlager

Cornelius Brothers & Sister Rose

BILLIE JO CORNELIUS v (USA), ROSE CORNELIUS v (USA), CARTER CORNELIUS v

(USA, † 7. 11. 1991), EDWARD CORNELIUS v (USA)
Die Originalformation von Cornelius Brothers & Sister Rose bestand zunächst nur aus den Brüdern Edward und Carter und ihrer Schwester Rose, die aus Dania/Florida stammen. Musikalisch versuchten sie sich mit einer Mixtur aus Soft Soul und Rhythm and Blues. 1971 erreichten sie mit »Treat Her Like A Lady« einen Millionseller, 1972 mit »Too Late To Turn Back Now«. 1973 nahm man als weiteres Mitglied die Schwester Billie Jo hinzu. Seit diesem Zeitpunkt ließ der Erfolg nach. 1976 trennte sich die Gruppe, als Carter sich einer schwarzen muslimischen Sekte anschloss. Er kümmerte sich die nächsten 15 Jahre um die musikalischen Belange der Sekte und plante gerade ein Pop-Comeback, als er im November 1991 starb.

Treat Her Like A Lady (4/71 US 3)
Too Late To Turn Back Now (5/72 US 2)
Pop, Rhythm & Blues

Cornershop

BEN AYRES g, key (Kanada, * 30. 4. 1968 als Benjamin in St John's), PETER BENGRY per (Großbritannien), ANTHONY SAFFERY key (Großbritannien), NICK SIMMS d (Großbritannien), AVTAR SINGH v, b (Indien, * 11. 5. 1965 in Punjab), TJINDER SINGH g (Großbritannien, * 8. 2. 1968 in New Cross/Wolverhampton)
Eine Hymne auf die guten alten Singleplatten und auf Asha Bhosle, die indische Soundtrackkönigin, brachte Cornershop mit »Brimful Of Asha« im August 1997 einen Platz 60 in der britischen Hitparade. Gründer waren die beiden indischstämmigen Brüder Tjinder und Avtar Singh, die vorher mit General Havoc gespielt hatten. Cornershop beinhaltete eine Mischung aus Punk, Brit-Pop und indischer Folklore und veröffentlichte schon 1993 eine erste Platte unter diesem Namen. Als es Ende 1997 galt, ein neues Schwein durch die Szene zu treiben, war ›Asian Culture‹ schnell der angesagte Trend, ›the next big thing‹. Die Plattenfirma stellte fest, die Band habe ›sämtliche Musikstile des Planeten angenommen‹, die Musikpresse bescheinigte ›vielseitige, intelligente und nicht langweilig werdende Musik für relaxte und fröhliche Stunden‹ und unterstellte der Gruppe, sie mache ›die Musik, die diesen Planeten retten könne‹. Ein US-Magazin wählte das Cornershop-Album »When I Was Born For The 7th Time« zur besten LP des Jahres 1997 – und John Peel machte »Brimful Of Asha« in seiner Weihnachtssendung ›Festive 50‹ zur Single des Jahres. Daraufhin wurde die Platte, inzwischen gemixt von Norman Cook, erneut veröffentlicht und kam diesmal am 28. 2. 1998 auf Anhieb auf Platz 1. Es folgte noch der Singlehit »Sleep On The Left Side« (5/98 GB 23), dann war es wieder aus mit ›Sikh/White Trash‹, wie die britische Presse schrieb. Ihr erfolgreichstes Album war »When I Was Born For The 7th Time« (9/97 GB-LP 17). Drei Jahre ließen sie sich Zeit für das neue Album »Handcream For A Generation«. Es wurde so angekündigt: ›ihr Ethno-Alternative wird von viel Humor zusammengehalten.‹ Längere Zeit hörte man nichts mehr von Cornershop, dann erschien »Lessons Learned From Rocky I To Rocky III« (3/02 GB 37).

Brimful Of Asha (2/98 GB 1)
Britpop, Pop, Punk

Corona

FRANCESCO BONTEMPI key (Italien, * 23. 7. 1957 in Marina Di Carrara), OLGA DE SOUZA v (Brasilien, * 16. 7. 1968 in Rio de Janeiro)
Als Lee Marrow hatte Francesco Bontempi 1985 den Top-10-Erfolg »Shanghai« in Deutschland. 1990 zog Olga De Souza von Rio nach Italien und gründete

1993 mit Bontempi das Duo Corona. Der Titel »The Rhythm Of The Night« kam im November 1994 in die amerikanische Singlehitparade und krabbelte langsam, aber stetig bis auf Platz 11.

The Rhythm Of The Night (6/94 D 8; 9/94 GB 2)
Baby Baby (4/95 GB 5)
Try Me Out (7/95 GB 6)
Dance

Siehe auch: Marrow, Lee

Corren, Carmela

CARMELA CORREN v (Israel, * 13. 2. 1938 als Bizman in Tel Aviv)
Angeblich wurde sie vom amerikanischen TV-Schaffenden Ed Sullivan 1956 entdeckt, als sie noch Soldatin in der israelischen Armee war. Ed lud sie nach New York in seine Fernsehshow ein. Erfolg in den USA hatte sie jedoch nicht. Dafür stand Carmela Corren ab 1961 bis 1965 mit zwölf Titeln in der deutschen Hitparade. Ihre Top-40-Hits waren »Sei nicht traurig, geliebte Mama« (11/61 D 24), »Eine Rose aus Santa Monica«, »Wann kommt der Tag« (7/62 D 19), »Die Nacht ist so schön« (9/62 D 40), »Surabaya« (12/62 D 24), »Rosen haben Dornen«, »Einmal reicht uns das Glück die Hände« (5/64 D 29), »Es kommt alles einmal wieder« (9/64 D 26), »Abschiednehmen tut so weh« (1/65 D 16) und »Einmal da kommst du wieder« (7/65 D 34).

Eine Rose aus Santa Monica (3/62 D 3)
Rosen haben Dornen (11/63 D 8)
Deutscher Schlager

Corrs

CAROLINE CORR v (Irland, * 17. 3. 1973 in Dundalk, Co. Louth), ANDREA CORR v (Irland, * 17. 5. 1974 in Dundalk, Co. Louth), SHARON CORR v, vln (Irland, * 24. 3. 1970 in Dundalk, Co. Louth), JIM CORR v, g, key (Irland, * 31. 7. 1968 als James Steven in Dundalk, Co. Louth)
Die vier Geschwister konnten sich mit ihren ersten Platten meist nur in den unteren Rängen der Charts behaupten. Das sollte sich ändern, als sie für das Album »Legacy: A Tribute To Fleetwood Mac's Rumours« den Titel »Dreams« coverten. In Deutschland hatten sich die vier seit 1996 konsequent zu den Lieblingen der Programmgestalter hochgearbeitet – nur kaufen die keine Platten. Also liefen die Platten zwar gut im Radio – kamen aber nicht unter die ersten 50 der Verkaufscharts. Speziell die Nummer »What Can I Do« (2/98 D 62, GB 53) hätte in der Tat eine bessere Platzierung verdient – erst als Remix sollte sie dann doch noch in die Charts kommen. Die erfolgreichsten Alben der Corrs: »Forgiven, Not Forgotten« (3/96 GB-LP 36, 1/99 RE-GB-LP 2), »Talk On Corners« (11/97 GB-LP 1, D-LP 9), »Unplugged« (11/99 GB-LP 9, D-LP 6), »In Blue« (7/00 GB-LP 1, D-LP 1, 9/00 US-LP 21) und »The Best Of Corrs« (11/01 GB-LP 6) auf den Markt gebracht. Leadsängerin der meisten Titel ist Andrea.

Dreams (5/98 GB 6)
What Can I Do (Remix) (8/98 GB 3)
So Young (11/98 GB 6)
Runaway (Remix) (2/99 GB 2)
Breathless (7/00 GB 1)
Pop

Cortez, Dave »Baby«

DAVE »BABY« CORTEZ key, p, org (USA, * 13. 8. 1938 als Davis Cortez Clowney in Detroit/Michigan)
Der Organist, Pianist und Songschreiber begann in der Gruppe Pearls, von 1955 bis 1957, war dann bei den Valentines und wurde schließlich in den späten 50er Jahren Session-Keyboarder. Er ist zu hören mit Gladys Knight & The Pips, den Isley

Brothers und den Chantels. Auf Tournee ging er mit Little Anthony & The Imperials. Nebenher hat er auch als David Clooney Soloplatten gemacht. Ende der 50er Jahre schrieb er einen Titel, den er »The Dog And The Cat« nannte. Er basierte auf einem Song namens »Short'nin' Bread« aus dem Jahr 1928. Es sollte ein Lied mit Pianobegleitung werden, aber ein Text wollte ihm nicht einfallen. Schließlich sah er in einer Ecke des Aufnahmestudios eine Orgel stehen und versuchte, die von ihm geschriebene Melodie darauf zu spielen. Bis zu diesem Zeitpunkt wurde die Orgel von den meisten Amerikanern als ein Instrument angesehen, das in die Kirche gehört. Zum ersten Mal wurde eine Orgel für einen Rhythm-&-Blues-Song verwendet. Die Nummer wurde in »The Happy Organ« umbenannt. Bis 1966 ist er in den Hitparaden zu finden. 1972 nahm er noch einmal eine LP auf.

The Happy Organ (3/59 US 1)
Rinky Dink (7/62 US 10)
Instrumental, Rhythm & Blues, Rock

Cosby, Bill

BILL COSBY v (USA, * 12. 7. 1937 in Philadelphia/Pennsylvania)
Fünf Emmys und neun Grammys hat er bis 1996 gewonnen. Der Komiker, Filmschauspieler und TV-Schaffende Bill Cosby gehört zu den höchstbezahlten Entertainern der USA. Seine ersten sieben Comedy-Alben wurden alle Millionseller. Bei uns wurde er erstmalig populär als Alexander Scott in der TV-Serie ›I Spy‹. Eine Sensation, denn bis zu diesem Zeitpunkt war noch nie ein Schwarzer Star einer Serie gewesen. Danach begann er 1969 mit der ›Bill Cosby Show‹, die 1972 in ›The New Bill Cosby Show‹ umbenannt wurde und 1976 schließlich nur noch als ›Cos‹ endete. Danach zog er sich erst einmal vom Fernsehen zurück, um sich anderen Dingen zu widmen, z. B. seinem Studium. 1977 hat er zum Dr. phil. promoviert. Als Dr. Heathcliff Huxtable begann er 1984 in der ›Cosby Show‹, die sich zu einem Dauerbrenner, auch im deutschen Fernsehen, entwickelte. Wie auch die vorherigen Cosby Shows richtete sie sich vorwiegend an Kinder. In der amerikanischen Singlehitparade tauchte Bill nur ein einziges Mal unter den ersten 10 auf. Seine erfolgreichsten Alben: »Bill Cosby Is A Very Funny Fellow, Right!« (6/64 US-LP 21), »I Started Out As A Child« (11/84 US-LP 32), »Wonderfulness« (5/66 US-LP 7), »Revenge« (5/67 US-LP 2), »To Russell, My Brother, Whom I Slept With« (4/68 US-LP 7) und »The Best Of Bill Cosby« (9/69 US-LP 51).

Little Ole Man (Uptight – Everything's Alright) (9/67 US 4)
Pop, Rhythm & Blues

Cosmic Gate

BOSSI dj (Deutschland, * 27. 2. 1967 als Stefan Bossems in Mönchengladbach), NIC CHAGALL dj (Deutschland, * 10. 11. 1972 als Claus Terhoeven in Duisburg)
Die beiden Jungs gingen den Weg, den viele DJs gehen, die nach einer Phase des Plattenauflegens begreifen, dass sie das auch können. Dabei ist es allerdings nicht vielen vergönnt, mit ihren Werken außerhalb der Dance-Charts und auch außerhalb von Deutschland erfolgreich zu sein. Cosmic Gate schreiben sich ihre Titel selbst. Mit »The Drums« (6/99 D 40) hatten sie ihren ersten Hit. »Somewhere Over The Rainbow« (8/00 D 29) war schon erfolgreicher, »Exploration Of Space« (2/01 D 12) kratzte schon an die Top-10. Letztgenannter Titel beinhaltete Vocals von T. Friebe. »Fire Wire« stammte vom Album »Rhythm & Drums« und konnte sich in GB durchsetzen – dafür bisher nicht in Deutschland.

Fire Wire (8/01 GB 9)
Dance

Cosso, Pierre

PIERRE COSSO v (Algerien, * 24. 9. 1961)
Nach der italienischen Fernsehserie ›Cinderella‹ und dem Kinofilm »La Boum – die Fête« wurde der in Algerien geborene Schauspieler zum Teenie-Star. Zusammen mit Bonnie Bianco sang er »Stay«. Danach galt es, schnell in die gleiche Kerbe zu hauen und eine weitere Platte zu veröffentlichen: »Face Your Life«. Der Schmusesound dieser Platten stellte nur geringe Anforderungen an die Gesangsqualitäten von Cosso, die damit auch ausgereizt waren. Ein neues Jahr, ein neuer Schwarm.

Stay (3/87 D 1)
Face Your Life (4/87 D 7)
Soft Pop

Siehe auch: Bianco, Bonnie

Costello, Elvis

ELVIS COSTELLO v (Großbritannien, * 25. 8. 1954 als Declan Patrick McManus in Liverpool)
Der Sohn des Bandleaders und Sängers Ross McManus – »Patsy Girl« (5/66 D 15) war sein bekanntester Hit zusammen mit dem Orchester von Joe Loss – begann schon sehr früh, eigene Songs zu schreiben. Mit 16 verließ er die Schule und wurde Computer-Operator in einer Fabrik in Liverpool. Nebenher trat er als D. P. Costello in Folk-Clubs auf – Costello ist der Mädchenname seiner Mutter. 1976 gründete er die Country-Rock-Gruppe Flip City, die ein Demo aufnahm und an die gerade gegründete Plattenfirma Stiff schickte. Die nahm Elvis unter Vertrag und veröffentlichte wenig später seine ersten Platten. Die Amerikaner bezeichneten ihn als führenden eklektischen Rocksänger, konnten aber ansonsten mit ihm recht wenig anfangen. Er hatte sich dort im März 1979 sehr unbeliebt gemacht, als er sich sehr rassistisch über schwarze amerikanische Musiker äußerte. Für den kommerziellen Markt sicher nur schwer verdaulich war seine 1993 erschienene LP »The Juliet Letters«, auf der er zusammen mit dem Brodsky Quartet spielte. Dem eigenwilligen Costello war das sicher egal. Seine erfolgreichsten Alben: »My Aim Is True« (8/77 GB-LP 14, 12/77 US-LP 32), »This Year's Model« (4/78 GB-LP 4, US-LP 30), »Armed Forces« (1/79 GB-LP 2, US-LP 10), »Get Happy!!« (2/80 GB-LP 2, 3/80 US-LP 11), »Trust« (1/81 GB-LP 9, 2/81 US-LP 28), »Almost Blue« (10/81 GB-LP 7), »Imperial Bedroom« (7/82 GB-LP 6, US-LP 30), »Punch The Clock« (8/83 GB-LP 3, US-LP 24), »Goodbye Cruel World« (7/84 GB-LP 10, US-LP 35), »The Best Of Elvis Costello – The Man« (4/85 GB-LP 8), »Spike« (2/89 GB-LP 5, US-LP 32), »Mighty Like A Rose« (5/91 GB-LP 5), »Brutal Youth« (3/94 GB-LP 2, US-LP 34) und »The Very Best Of Elvis Costello« (8/99 GB-LP 4).
1998 erschien ein Album von Costello zusammen mit Burt Bacharach: »Painted From Memory«. Für den Film »Notting Hill« nahm Elvis »She« (7/99 GB 19) auf, eine Coverversion des Charles-Aznavour-Hits aus dem Jahr 1974.

Oliver's Army (2/79 GB 2)
I Can't Stand Up For Falling Down (2/80 GB 4)
A Good Year For The Roses (10/81 GB 6)
Pop, Rock

Count Five

CRAIG ATKINSON d (USA, † 13. 10. 1998), SEAN BYRNE v, g (USA), ROY CHANEY b (USA), KEN ELLNER v, harm (USA), JOHN MICHALSKI g (USA)
Die 1964 in Kalifornien gegründete For-

mation gehört zu den typischen One-Hit-Wonders. Mit ihrem Garagen-Rock hatten sie einmal Erfolg: »Psychotic Reaction«. Ansonsten machten sie nur durch ihre Dracula-Capes von sich reden, die sie bei Auftritten trugen. Nach einer LP und weiteren Singles – alles Flops – trennten sich die Count Five 1968 wieder. Sean ging nach Irland zurück und tauchte ab und zu als Studiomusiker auf. Atkinson starb 1998 im Alter von 50 Jahren.

Psychotic Reaction (9/66 US 5)
One Hit Wonder, Psychedelic, Punk

Course

VINCENT HENDRIKS key (Niederlande), DEWI LOPULALAN v (Niederlande)
Aus zwei Titeln, die die Fugees erfolgreich veröffentlich hatten, machte Course ›Club House Remixes‹: »Ready Or Not« und »Killing Me Softly«. »Ready Or Not« war im Ursprung aber auch keine Nummer der Fugees, sondern als »Ready Or Not Here I Come (Can't Hide From Love)« Ende 1968 ein Top-40-Hit für die Delfonics. Die beiden Holländer Dewi und Vincent hatten sich 1990 bei einem Discjockey-Mix-Wettbewerb, dem DMC = Dutch Mixing Championship, kennen gelernt. Vincent hatte diesen Wettbewerb bereits 1989 und 1990 jeweils gewonnen. Dewi war die Leadsängerin des Projekts Course, das mit einer achtköpfigen Band durch die Lande zog. Als Vorbilder gab sie Gladys Knight und Patti LaBelle an. Auch »Ain't Nobody« war wieder eine Coverversion. Chaka Khan, KWS, Jaki Graham, Diana King und LL Cool J standen mit dem Song schon vorher in den Charts.

Ready Or Not (4/97 GB 5)
Ain't Nobody (7/97 GB 8)
HipHop, House

Cover Girls

EVELYN ESCALERA v (USA), CAROLINE JACKSON v (USA), LOUISE »ANGEL« SABATER v (USA), MARGO URBAN v (USA), MICHELLE VALENTINE v (USA), SUNSHINE WRIGHT v (USA)
Das aus New York stammende Gesangs- und Tanztrio tauchte 1987 erstmals in der amerikanischen Hitparade mit dem Titel »Show Me« auf. Bis 1989 kamen weitere mittlere Platzierungen der Cover Girls zustande. Dann verließ Sunshine Wright das Trio und wurde durch Margo Urban ersetzt. Mit ihr kam der erste Hit »We Can't Go Wrong«. Ein weiterer Erfolg gelang ihnen mit einem Rose-Royce-Hit aus dem Jahre 1978, der 1989 von den Fresh 4/Lizz E. schon einmal gecovert wurde: »Wishing On A Star«. Inzwischen war von der Ur-Formation nur noch Caroline Jackson dabei. Die beiden anderen Mädchen waren nun Evelyn Escalera und Michelle Valentine. Dieses System mit drei möglichst gut aussehenden Mädchen, die zu einem Trio zusammengestellt werden, funktioniert in den USA ja schon seit Urzeiten – siehe Andrews Sisters, McGuire Sisters oder Supremes. Die meisten der jeweils drei Cover Girls hatten vor ihrer Karriere als Interpretinnen als professionelle Models, Tänzerinnen in New Yorker Clubs oder Filmschauspielerinnen gearbeitet.

We Can't Go Wrong (12/89 US 8)
Wishing On A Star (5/92 US 9)
Dance

Covington, Julie

JULIE COVINGTON v (Großbritannien)
In den späten 60er Jahren besuchte die englische Sängerin und Schauspielerin die Universität. Der britische Songschreiber Pete Atkin überredete sie zu einer Gesangskarriere, die sie schließlich Anfang der 70er Jahre in eine satirische TV-Show

brachte. 1975 startete sie zusammen mit Rula Lenska und Charlotte Cornwell die TV-Serie ›Rock Follies‹. Die Musik dazu kam von Roxy-Music-Mitglied Andy Mackay. Mit den Rock Follies war sie auch unterwegs, als Andrew Lloyd Webber Julie sah und sie für die Titelrolle seines neuen Musicals »Evita« auswählte. Sie sang den Titel »Don't Cry For Me Argentina«. Allerdings wollte Julie Covington dann nicht in dem Bühnenmusical mitspielen, weil ihr die Rolle aus politischen Gründen nicht zusagte. Nun wurden die Briten auch auf die Rock Follies aufmerksam, und die drei genannten Sängerinnen plus Sue Jones-Davies hatten mit »O.K.?« einen Hit. Ende 1977 brachte Julie noch eine hervorragende Coverversion des Alice-Cooper-Hits »Only Women Bleed« (12/77 GB 12) auf den Markt. Die Plattenhülle zu dieser Aufnahme könnte eine Vorlage für Sinead O'Connor und ihr »Nothing Compares 2 U« gewesen sein. Heute arbeitet Julie hauptsächlich für Theater und Rundfunk.

Don't Cry For Me Argentina (12/76 GB 1; 3/77 D 4)
O.K.? (5/77 GB 10)
Pop

Cowsills

RICHARD COWSILL v (USA, * 26. 8. 1950 in Newport/Rhode Island), ROBERT COWSILL v, g (USA, * 26. 8. 1950 in Newport/Rhode Island), JOHN COWSILL d (USA, * 2. 3. 1956 in Newport/Rhode Island), BARBARA COWSILL v (USA, in Newport/Rhode Island, † 31. 1. 1985), SUSAN COWSILL v (USA, * 20. 5. 1960 in Newport/Rhode Island), BARRY COWSILL v, b (USA, * 14. 9. 1954 in Newport/Rhode Island), PAUL COWSILL v, key (USA, * 11. 11. 1952 in Newport/Rhode Island), WILLIAM COWSILL v, g (USA, * 9. 1. 1948 in Newport/Rhode Island)

Die Geschwister Cowsill wurden mit gelegentlicher Unterstützung ihrer Mutter Barbara zu ›America's First Family of Music‹. Familien, die sich in Gruppen zusammenschlossen, waren Ende der 60er Jahre in den USA sehr populär. Es gab die Osmonds, die Jackson 5 und eben die Cowsills. Ab 1963 machten die sechs Söhne samt Mutter Musik. 1965 erhielten sie einen Plattenvertrag, und mit Hilfe des Produzenten und Songschreibers Artie Kornfeld, der ihren ersten Hit »The Rain, The Park & Other Things« mitschrieb und produzierte, hatten sie ab 1967 Erfolg. Inzwischen hatte Richard Cowsill die Gruppe verlassen – statt seiner sang jetzt die Schwester Susan mit. Die fünf Brüder und ihre kleine Schwester bildeten, ob sie sich dessen bewusst waren oder nicht, die Vorlage für die Partridge Family, die ab 1970 erfolgreich war. 1969 war das letzte Erfolgsjahr für die Cowsills. Kurz nach dem letzten Hit verließ William die Familientruppe, um als Komponist Karriere zu machen. Die anderen versuchten sich noch bis 1972, trennten sich dann aber auch zumindest musikalisch. Im Alter von nur 56 Jahren starb Mutter Barbara im Januar 1985 an einem Emphysem. Robert, Paul, John und Susan schlossen sich 1990 noch einmal für eine Tournee zusammen.

The Rain, The Park And Other Things (9/67 US 2)
Hair (3/69 US 2)
Indian Lake (6/86 US 10)
Pop, Teeniestar

Cox, Deborah

DEBORAH COX v (Kanada, * 13. 7. 1974 in Toronto)
Mit »Sentimental« (9/95 US 27, 11/95 GB 34) hatte sie ihren ersten Hit in den Charts. Es folgte eine weitere Top-40-Notierung mit »Who Do U Love« (2/96

US 17, GB 31) und dann der erste Top-10-Hit. Für ihr erstes Album »Deborah Cox« (10/95 US-LP 102) gab es Gold. Nachfolger »One Wish« (10/98 US-LP 72) entwickelte sich dank des Singlehits ebenfalls zum Verkaufsrenner.

Nobody's Supposed To Be Here (10/98 US 3)
We Can't Be Friends (9/99 US 8)
Pop, Rhythm & Blues

Cranberries

MIKE HOGAN b (Irland, * 29. 4. 1973 in Moycross/Limerick), NOEL HOGAN v, g (Irland, * 25. 12. 1971 in Moycross/Limerick), FEARGAL LAWLER d (Irland, * 4. 3. 1971 in Parteen/Limerick), DOLORES O'RIORDAN v, g (Irland, * 6. 9. 1971 in Ballybricken/Limerick)
Diese Band begann 1990 als The Cranberry Saw Us. In den Anfangstagen war die Sängerin Dolores noch nicht mit dabei. Nachdem die drei festgestellt hatten, dass ›ihre Musik eigentlich zu weiblich war, um es mit einem männlichen Sänger zu versuchen‹ (Zitat der Plattenfirma), suchten sie über eine Anzeige eine Sängerin und fanden sie in Dolores. 1993 noch waren die Cranberries mehr ein Geheimtip. Nachdem sich ihr Song »Linger« (2/93 GB 74, 10/93 US 8, 2/94 GB 14) über das amerikanische College-Radio in die US-Top-10 geschlichen hatte, wurden sie international erfolgreich. Ihr Debütalbum »Everybody Else Is Doing It, So Why Can't We« verkaufte sich allein in den USA über 4 Millionen mal. Ihre zweite CD »No Need To Argue« übertraf bis Ende 1996 dieses Ergebnis noch um 1 Million. Weitere Top-40-Hits: »Dreams« (4/94 US 42, 5/94 GB 27), »Zombie« (10/94 GB 14), »Ode To My Family« (12/94 GB 38, 2/95 D 29), »I Can't Be With You« (3/95 GB 23), »Ridiculous Thoughts« (8/95 GB 20), »Salvation« (4/96 GB 13), »Free To Decide« (7/96 GB 33) und »When You're Gone« (11/96 US 22).
Die Erfolgsalben: »Everybody Else Is Doing It, So Why Can't We« (3/93 GB-LP 1, 7/93 US-LP 18), »No Need To Argue« (10/94 GB-LP 2, US-LP 6, 11/94 D-LP 1), »To The Faithful Departed« (5/96 GB-LP 2, D-LP 2, US-LP 4) und »Bury The Hatchet« (5/99 GB-LP 7, D-LP 1, US-LP 13).
Nach einer ›Kreativpause‹ kam die Band 1999 wieder in die Charts zurück: »Promises« (4/99 GB 13). Es folgte das Album »Wake Up And Smell The Coffee« (10/01 D-LP 7).

Linger (10/93 US 8)
Zombie (11/94 D 1)
AOR (Adult Orientated Rock), Rock

Crane, Les

LES CRANE v (USA, * 3. 12. 1935 als Lester Stein in San Francisco)
In den Jahren 1964/65 war Les der Moderator der ›ABC-Nightlife Talk Show‹. 1971 erklärte er den staunenden Amerikanern, dass auch sie ein Recht hätten, auf dieser Welt zu sein. Damit es ihnen auch klar wurde, unterlegte man »Desiderata«, so hieß das Werk, mit einer schwülstigen Musik. Der Text, der hier gesprochen wurde, stammte von Max Ehrmann, der das Gedicht ›Go Placidly Amid The Noise And Haste‹ 1909 verfasst hatte. Diese Zeilen hatten schon vorher Popmusiker beeindruckt: 1970 hatten sie sowohl Every Which Way, die Band des Ex-Nice-Drummers Brian Davidson, als auch King Crimson auf ihrem »Lizard«-Album verwendet. Les Crane erhielt für seine Interpretation 1971 einen Grammy in der Sparte Best Spoken Word Recording. Danach ging er glücklich und zufrieden wieder einer geregelten Arbeit nach. Welcher, ist nicht überliefert. Um auch den Deutschen ihre Rechte zu erklären, erschien auf der B-Seite der Single eine deutschsprachige Version, auf der die Stimme des bekannten Synchronspre-

chers Friedrich Schütter zu hören war. Sie erreichte in Deutschland im Frühjahr 1972 immerhin Platz 32.

Desiderata (10/71 US 8; 2/72 GB 7)
Pop

Crash Test Dummies

BENJAMIN DARVILL harm, mand (Kanada, * 4. 1. 1967 in Selkirk/Manitoba), MICHAEL DORGE d (Kanada, * 15. 9. 1960 in Winnipeg/Manitoba), ELLEN REID v, key, acc (Kanada, * 14. 7. 1966 als Ellen Lorraine in Selkirk/Manitoba), DAN ROBERTS b (Kanada, * 22. 5. 1967 in Winnipeg/Manitoba), BRAD ROBERTS v, g, p (Kanada, * 10. 1. 1964 als Bradley Kenneth in Winnipeg/Manitoba)
Das Jahr 1994 brachte dieser aus Winnipeg, Manitoba, stammenden Formation internationale Erfolge. Ohne Schlagzeuger Dorge hatten sie 1991 die CD »The Ghosts That Haunt Me« aufgenommen, auf der sich mit »Superman's Song« ein potenzieller Hit befand. Er brachte es in den USA jedoch nur bis auf Platz 56. Nun wurde als fünfter Mann Dorge hinzugenommen, und die Crash Test Dummies produzierten 1993 die CD »God Shuffled His Feet« (1/94 US-LP 9, 5/94 GB-LP 2, 5/94 D-LP 1). Frontman Brad Roberts verfügt über eine Stimme mit einem hohen Wiedererkennungswert. Bemerkenswert auch die fantasievollen und ironischen Texte und die Mixtur aus Folk und Rock. Das alles unterlegt mit einer Instrumentierung, die, wie die Plattenfirma sagt, ›traditionelle Requisiten aus der Renaissance wiederaufleben lässt‹. Der ›Stern‹ schrieb: ›Die Folk-Band eines asthmatischen Literaten brummt sich in die Charts.‹ Bei diesem Brummen blieb es vorerst mehr oder weniger. Die Nachfolg-Top-40-Hits: »Afternoons And Coffespoons« (7/94 GB 23, D 39) und »The Ballad Of Peter Pumpkinhead« (4/95 GB 30). 1996 erschien das Album »A Worm's Life«, aus dem mehrere Singles ausgekoppelt wurden, die wenig Eindruck hinterließen. 2001 kam Brad als Solist mit dem Album »Crash Test Dude«.

Mmm Mmm Mmm Mmm (1/94 US 4; 4/94 D 1, GB 2)
AOR (Adult Orientated Rock), Folk

Craven, Beverley

BEVERLY CRAVEN p (Sri Lanka, * 28. 6. 1963)
Beverley Craven wuchs auf dem Land auf, lernte mit sieben Klavierspielen und wurde eine so gute Schwimmerin, dass sie zumindest an den englischen Meisterschaften teilnehmen konnte. Mit 19 ging sie nach London und arbeitete zunächst als Kellnerin. Daneben bewarb sie sich bei allen möglichen Bands, war aber nie mit den Musikern zufrieden. Also schrieb sie erst einmal Songs, beeinflusst von Musikern wie Joni Mitchell, Kate Bush oder Billy Joel. Ende 1990 war es dann so weit: Sie veröffentlichte ihre Debüt-LP mit selbst verfassten Stücken, unterstützt von Simon Nicol und Dave Mattacks von Fairport Convention und produziert von Paul Samwell-Smith. Daraus ausgekoppelt wurde »Promise Me«. 1992 wurde sie als beste britische Newcomerin ausgezeichnet. Ihre erfolgreichsten Alben: »Beverley Craven« (3/91 GB-LP 3) und »Love Scenes« (10/93 GB-LP 4).

Promise Me (4/91 GB 3)
AOR (Adult Orientated Rock), Folk

Crawford, Johnny

JOHNNY CRAWFORD v (USA, * 26. 3. 1946 in Los Angeles/Kalifornien)
Johnny wurde bekannt als Schauspieler in der Fernsehserie ›The Rifleman‹, die ab 1958 für sechs Jahre im amerikanischen

Fernsehen lief, später bei uns als ›Westlich von Santa Fé‹. Er spielte darin die Rolle des Mark McCain, den Sohn des Hauptdarstellers Chuck Connors. Ab 1961 machte Johnny Platten und brachte es auf einen Erfolg. Nach 1964 war seine Plattenkarriere zu Ende. Nachdem Johnny erwachsen geworden war, erhielt er immer weniger Rollenangebote. In »Startrek« trat er 1967 noch einmal auf, in »The Invisible Man« 1975 und in dem Kenny-Rogers-TV-Film »The Gambler – The Adventure Continues« noch einmal 1983.

Cindy's Birthday (5/62 US 8)
Pop

Crawford, Michael

MICHAEL CRAWFORD v (Großbritannien, * 19. 1. 1942 als Michael Patrick Dumbell-Smith in Salisbury/Wiltshire)
Der Schauspieler und Sänger begann seine Profikarriere als Knabensopran in Benjamin Brittens »Let's Make An Opera« und setzte sie erfolgreich in Theater, Film und Fernsehen fort. Seine erste große Filmrolle hatte er in »Soap Box Derby« 1958, 1962 seine erste Hauptrolle in der Abenteuerserie ›The Adventures of Sir Francis Drake‹ als John Drake. 1963 stand er an der Seite von Steve McQueen in »The War Lover« vor der Kamera. Seitdem spielte er in vielen Kinoproduktionen und heimste unzählige Preise ein. So wurde er von der Queen zum Officer of the British Empire geadelt. Am bekanntesten ist er jedoch mit Maske: Er ist das Phantom der Oper. Für seine schauspielerischen Leistungen in Musicals wurde er mit dem Tony ausgezeichnet. »The Music Of The Night« stammte aus dem »Phantom der Oper«. Seine erfolgreichsten Alben waren »Songs From Stage And Screen« (11/87 GB-LP 12), »Michael Crawford Performs Andrew Lloyd Webber« (11/91 GB-LP 3, 11/91 US-LP 54) und »A Touch Of Music In The Night« (10/93 US-LP 39, 11/93 GB-LP 12).

The Music Of The Night (1/87 GB 7)
Pop

Crawford, Randy

RANDY CRAWFORD v (USA, * 18. 2. 1952 als Veronica in Macon/Georgia)
Crawford hatte ihre ersten Erfolge in GB. Zwischen 1979 und 1986 hatte sie dort zehn Hits. »Almaz« hatte sie selbst geschrieben. Beim Titel »Street Life« der Crusaders sang sie, ohne auf der Plattenhülle genannt zu sein, die Leadstimme – im August 1979 war die Platte ein Platz 5 in GB. Vor ihrer Popkarriere hatte sie mit Jazzgrößen wie George Benson oder Cannonball Adderley gesungen. Auch ihre Alben waren erfolgreich: »Now We May Begin« (6/80 GB-LP 10), »Secret Combination« (5/81 GB-LP 2), »Windsong« (6/82 GB-LP 7), »Miss Randy Crawford – The Greatest Hits« (10/84 GB-LP 10) und »The Very Best Of Randy Crawford« (3/93 GB-LP 8).
Im Duett mit dem Italiener Zucchero Fornaciari hatte sie mit »Diamante« (3/92 D 20) einen weiteren Hit.

Street Life (8/79 GB 5)
One Day I'll Fly Away (8/80 GB 2)
Almaz (11/86 GB 4)
Rhythm & Blues, Soft Pop

Siehe auch: Crusaders

Crazy Town

FAYDOEDEELAY b (USA, * 2. 5. 1976 als Doug Miller), JBJ d (USA, * 13. 5. 1960 als James jr. Bradley), EPIC MAZUR v (USA, * 31. 8. 1970 als Bret in New York City), SHIFTY SHELLSHOCK rap (USA, * 23. 8. 1974 als Seth Binzer), SQUIRREL g (USA, * 17. 10. 1970 als Craig Heilman in New York City), TROUBLE g (USA,

* 1. 5. 1970 als Antonio Lorenzo Valli in St. Louis)
Crazy Town fand sich Ende der 90er Jahre in Compton/Los Angeles zusammen. Sie besuchten dieselbe High School wie Ice Cube, Everlast und Danny Boy von House of Pain. Kopf der Gruppe ist der Sänger, Produzent und Soundmixer Epic Mazur. Er war auch für die Kombination aus Heavy Rock, Punk und HipHop zuständig. 1994 gründete er seine erste Band, die er Brimstone Sluggers nannte. 1998 startete er zusammen mit Adam Goldstein alias DJ AM das Projekt Crazy Town. DJ AM ist bei öffentlichen Auftritten für das Scratching zuständig. Frontmann in der Gruppe ist Shifty Shellshock, der auch das Sexsymbol der Band darstellt. Er war Mitglied der Skater-Gang Westside Crazies. Eine Kombination aus diesem Namen und dem Skateboard Dog Town bildete die Vorlage für den Gruppennamen. Mit dem Titel »Butterfly« hatten sie ihren ersten internationalen Erfolg. In diesem Song wird ein Sample aus dem Song »Pretty Little Ditty« von den Red Hot Chili Peppers verwandt. Nachdem sich die Single zu einem Hit entwickelt hatte, zog auch das Album »The Gift Of Game« (12/00 US-LP 9, 3/01 D-LP 6) nach. 2001 kauften sie sich in Hollywood ein eigenes Studio, in dem sie 2002 an einem Nachfolger für ihr Album »The Gift Of Game« arbeiteten.

Butterfly (1/01 US 1; 3/01 D 1; 4/01 GB 3)
HipHop, Punk, Rock

Cream

GINGER BAKER d (Großbritannien, * 19. 8. 1939 als Peter in Lewisham/London), JACK BRUCE v, b (Großbritannien, * 14. 5. 1943 als John Symon Asher in Bishop Briggs), ERIC CLAPTON v, g (Großbritannien, * 30. 3. 1945 als Eric Patrick Clapp in Ripley/Surrey)
Dieses Rocktrio wurde 1966 von Robert Stigwood zusammengestellt. Sie spielten vorwiegend auf Blues basierende Stücke, einige Traditionals und ansonsten Nummern, die Jack Bruce zusammen mit Pete Brown geschrieben hatte. Der clevere Robert Stigwood, der bei Brian Epstein gelernt hatte und der auf seinem RSO-Label – Markenzeichen ein schweineähnliches Tier – später mit den Platten der Bee Gees und Eric Clapton erfolgreich sein sollte, vermarktete die drei als Supergruppe. Damit war er richtungweisend für andere Projekte, die darauf basierten, dass aus bestehenden Gruppen die Protagonisten herausgenommen und zu einer neuen Band zusammengestellt wurden. In einigen Fällen, wie bei Cream, klappte das; in den meisten Fällen ging es daneben. Besonders die Amerikaner mochten das laute, leidenschaftliche und zügellose Spiel der Band, die in Konzerten ihre Stücke, was zum damaligen Zeitpunkt noch nicht so häufig gemacht wurde, in unendliche Länge ausdehnte. Erfolgreich waren vor allem die Alben der Band: »Fresh Cream« (12/66 GB-LP 6, 5/67 US-LP 39, 2/69 RE-GB-LP 7), »Disreali Gears« (11/67 GB-LP 5, 12/67 US-LP 4), »Wheels Of Fire (Double)« (7/68 US-LP 1, 8/68 GB-LP 3, 11/68 D-LP 15), »Wheels Of Fire (Single)« (8/68 GB-LP 7), »Goodbye« (2/69 US-LP 2, 3/69 GB-LP 1, 4/69 D-LP 9), »Best Of Cream« (7/69 US-LP 3, 11/69 GB-LP 6, D-LP 29), »Live Cream« (5/70 US-LP 15, 7/70 GB-LP 4, D-LP 30) und »The Cream Of Eric Clapton« (9/87 GB-LP 3, 3/95 US-LP 80). Im November 1968 war es mit Cream wieder vorbei. Ab Februar 1969 bis Februar 1970 spielte Clapton neben Ginger Baker; Ric Grech und Steve Winwood spielten in einer weiteren Supergruppe namens Blind Faith. Singles dieser Band kamen nicht in die Charts, dafür aber das Album »Blind Faith« (8/69 GB-LP 1, US-LP 1, 10/69 D-LP 5). 1993 wurde Cream in die Rock and Roll Hall of Fame aufgenommen.

Sunshine Of Your Love (1/68 US 5)
White Room (10/68 US 6)
Blues, Rock

Siehe auch: Clapton, Eric

Creation

JOHN DALTON b (Großbritannien, * 21. 12. 1947), ROBERT ANTHONY GARNER b (Großbritannien, * 15. 5. 1946 in Warrington), JACK JONES d (Großbritannien, * 8. 11. 1944 in Northampton), EDWIN MICHAEL PHILLIPS g (Großbritannien, * 15. 8. 1945 in Leyton), KENNY PICKETT v (Großbritannien, * 3. 9. 1942 als Kenneth George in Ware/Hertfordshire, † 10. 1. 1997), MICK THOMPSON g (Großbritannien)

Ihre Wurzeln gehen zurück in das Jahr 1963. Drei der späteren Creation-Mitglieder spielten in der Band von Jimmy Virgo & The Blue Jacks. Nachdem Virgo die Band verlassen hatte, kam für ihn Kenny Lee, und ab sofort nannte man sich Kenny Lee & The Mark Four. Beheimatet war die Formation in Enfield/Middlesex. Nachdem als neuer Gitarrist Edwin Phillips dazugekommen war und sich Kenny Lee wieder seinen richtigen Namen Kenny Pickett gegeben hatte, nannten sie sich nur noch Mark Four. Im Frühjahr 1964 unterschrieben sie einen Plattenvertrag und veröffentlichen vier Singles, die alle Coverversionen amerikanischer Hits waren. Dalton ging dann zu den Kinks, Thompson hörte ganz mit der Musik auf. Als neues Mitglied kam Bob Garner zur Gruppe, die sich jetzt Creation nannte und nur noch eigenes Material spielte. Ende 1966 erschien der Titel »Painter Man«, der es in GB in die Top 40 schaffte. Wenig später hatten sie hier noch einmal Erfolg mit dem Titel »Tom Tom« (7/67 D 14). In der Folge sollten Musiker wie Ronnie Wood oder Kim Gardner bei der Band kurze Gastspiele geben, was aber auch keinen Erfolg mehr brachte. Das endgültige Aus der Gruppe kam im Juni 1968. Kenny Pickett wurde Mitglied der Road Crew von Led Zeppelin und später erfolgreicher Songschreiber. So stammt von ihm z. B. der Titel »Grandad«, Ende 1970 mit Clive Dunn Spitzenreiter in der britischen Hitparade. Jack Jones gründete das Harmony Sextet Just Good Friends, mit dem er zwischen Dubai und der Isle of Man auftrat. Später sang er mit Charlie Barlow und dessen Orchester. Edwin Phillips veröffentlichte einige Solosingles und bildete dann mit Kenny Pickett ein Songschreiberteam. 1993 kam wieder eine Formation zusammen, die sich Creation nannte und bei der Pickett mitspielte. Sie erhielten einen Plattenvertrag bei einer Firma, die sich ebenfalls Creation nannte. Pickett starb 1997 nach einem Herzinfarkt.

Painter Man (4/67 D 8)
Beat, Pop

Siehe auch: Ashton, Gardner & Dyke

Creed

BRIAN MARSHALL b (USA), SCOTT PHILLIPS d (USA), SCOTT STAPP v (USA), MARK TREMONTI v, g (USA)

Die Formation wurde 1994 in Tallahassee/Florida gegründet. Nach 36 Wochen in der Hitparade kam die Nummer »Higher« im Juni 2000 in die Top Ten! »With Arms Wide Open« (1/01 GB 13) brauchte ebenfalls lange, bis die Platte im September 2000 unter die ersten 40 und dann die ersten 10 kam. Ihr erstes Erfolgsalbum war »My Own Prison« (10/97 US-LP 22) und wurde neunfach mit Platin ausgezeichnet. Es folgte »Human Clay« (10/99 US-LP 1, D-LP 9) mit zehnfach Platin. Die nächste erfolgreiche Single wurde »My Sacrifice« (3/02 GB 18), das nächste Album »Weathered« (12/01 D-LP 8, 12/01 US-LP 1).

Higher (9/99 US 7)
With Arms Wide Open (5/00 US 1)
My Sacrifice (10/01 US 4)
Grunge, Rock

Creedence Clearwater Revival

DOUG CLIFFORD d (USA, * 24. 4. 1945 in Palo Alto/Kalifornien), STU COOK key, b (USA, * 25. 4. 1945 in Oakland/Kalifornien), TOM FOGERTY v, g (USA, * 9. 11. 1941 in Berkeley/Kalifornien, † 6. 9. 1990), JOHN FOGERTY v, g (USA, * 28. 5. 1945 in Berkeley/Kalifornien)

1965 traten in San Francisco und Umgebung die, die später Creedence Clearwater Revival werden sollten, als Golliwogs, was so viel wie Vogelscheuchen bedeutet, auf. Sie hatten alberne Papierhüte auf dem Kopf, was die musikalische Qualität der Band allerdings auch nicht bereicherte. Zu diesem Zeitpunkt hatten sie gemeinsame Bands hinter sich wie Spider Web & The Insects und Blue Velvets. Schon 1961 hatten die Velvets einige Titel aufgenommen, die alle floppten. 1964 unterschrieb man einen Plattenvertrag bei einer kleinen Firma in San Francisco. Der Manager bestand darauf, dass sie ihren Namen in Golliwogs umändern sollten – keine gute Idee. Wer kauft schon Platten von einer Gruppe, die sich Vogelscheuchen nennt? Im Winter 1964/65 erschienen die ersten Platten, die deutlich von den Beatles beeinflusst waren. Dann musste John Fogerty zum Militär, und die drei anderen arbeiteten angeblich als Pförtner und in anderen ähnlich aufregenden Berufen. Als Mitte 1967 John zurückkam, nahmen die vier einen erneuten Anlauf. Dieses Mal war die Zeit günstiger, denn San Francisco war, ähnlich wie Liverpool für England, das Musik-Mekka für die Staaten geworden. Die Gruppen schossen aus dem Boden, und es gehörte zum guten Ton aller großen Plattenfirmen, eine Frisco-Band unter Vertrag zu haben. Jefferson Airplane, Country Joe & The Fish, Big Brother & The Holding Co., Moby Grape oder Grateful Dead beherrschten die Musikszene. Wer auf diese Art Musik nicht stand, dem wurden in San Francisco gezüchtete Blumen um die Ohren gehauen. Was Kansas City für die 30er, war San Francisco für die 60er Jahre. Als Golliwogs wollten die vier nun nicht mehr auftreten. Ein alter Freund der Band hieß Creedence, und in einer Fernsehwerbung für Bier hatten sie von Clearwater Revival gehört. Daraus wurde CCR. Im Juni 1968 erschien die erste LP, darauf der alte Hit von Dale Hawkins »Suzie Q«. Der brachte es in den USA im September 1968 bis auf Platz 11 in den Charts, wurde aber trotzdem ein Millionseller. In schneller Folge wurden Singles und LPs auf den Markt gebracht, die alle recht erfolgreich waren und es zu Gold und Platin brachten. 1970 war das erfolgreichste Jahr für Creedence Clearwater Revival. Sie kassierten eine riesige Latte von Preisen, zu denen Künstler des Jahres, Top Album Artists, Top International Pop Group und Ähnliches gehörten. Im Februar 1971 kam der Bruch. Tom Fogerty verließ die Gruppe, um sich seiner Familie zu widmen. Er versuchte sich später als Solist, verstrickte sich in rechtliche Schwierigkeiten mit seiner Plattenfirma und konnte trotz vieler Bemühungen und trotz einiger sehr ansprechender Platten nicht mehr an die alten Erfolge anschließen. Im November 1972 veröffentlichte die Plattenfirma der Gruppe folgenden Text: ›Creedence Clearwater Revival haben sich entschlossen, nicht mehr als Gruppe Aufnahmen zu produzieren. Die drei Mitglieder der Band – John Fogerty, Stu Cook und Doug Clifford – teilten diesen Entschluss ihrer Plattenfirma, für welche CCR seit ihrem Bestehen Aufnahmen machte, mit. Doug Clifford hat bereits seine erste Solo-LP vorgelegt, Stu Cook hat konkrete Pläne für sein zukünftiges Soloalbum. John Fogerty produziert zur Zeit seine erste LP mit den Blue Ridge Rangers.‹ John Fogerty, der die Hits der Band im Alleingang geschrieben hatte, versuchte in der Tat, den Geradeaus-Rock, den er mit CCR so erfolgreich gespielt hatte, fortzuführen. Allerdings

hatten sich die Kids der 70er Jahre schnell an technisch anspruchsvollere Bands gewöhnt. Als Blue Ridge Rangers bzw. als Solist gelangen John die Hits »Jambalaya (On The Bayou)« (12/72 US 16), »Hearts Of Stone« (3/73 US 37, 6/73 D 33), »Comin' Down The Road« (2/74 D 37) und »Rockin' All Over The World« (9/75 US 27, 10/75 D 40). Danach schien es vorbei zu sein. Im Nachhinein hörte man, dass er Schwierigkeiten mit seiner Plattenfirma hatte, die ihn für Jahre auf Eis legte. Doch dann: »The Old Man Down The Road« (12/84 US 10) und »Rock And Roll Girls« (3/85 US 20). Sein erfolgreichstes Soloalbum war »Centerfield« (1/85 US-LP 1, 2/85 D-LP 23). Dieses Album brachte ihm allerdings auch rechtliche Schwierigkeiten ein. Der Besitzer der Plattenfirma Fantasy, Saul Zaentz, verklagte Fogerty, weil er sich mit dem Titel »Zanz Kant Danz« persönlich angegriffen fühlte und weil »Old Man Down The Road« ein Plagiat des CCR-Titels »Run Through The Jungle« sei. Der Prozess wurde jedoch zu Fogertys Gunsten entschieden und Fantasy musste Fogerty alleine 1 Million Dollar an Anwaltskosten erstatten. Schon in den 70er Jahren hatte es Schwierigkeiten zwischen Fogerty und Fantasy gegeben: John musste auf sämtliche Tantiemen verzichten, um aus seinem Plattenvertrag herauszukommen. Deshalb weigerte er sich noch viele Jahre lang, bei Konzerten CCR-Songs zu singen.
Tom Fogerty veröffentlichte sechs Langspielplatten, die alle weit hinter dem zurückblieben, was CCR auf den Markt gebracht hatte. Er starb 1990 an Tuberkulose. 1993 wurde CCR in die Rock and Roll Hall of Fame aufgenommen.
Die erfolgreichsten Alben von CCR: »Creedence Clearwater Revival« (7/68 US-LP 52), »Bayou Country« (2/69 US-LP 7, 6/69 D-LP 33), »Green River« (9/69 US-LP 1, 11/69 D-LP 11, 1/70 GB-LP 20), »Willy And The Poor Boys« (12/69 US-LP 3, 2/70 D-LP 25, 3/70 GB-LP 10), »The Best Of Creedence Clearwater Revival« (3/70 D-LP 10), »Spirit Orgasmusz Of Jeronimo And Creedence Clearwater Revival« (4/70 D-LP 6), »Cosmo's Factory« (7/70 US-LP 1, 9/70 GB-LP 1, D-LP 4), »Pendulum« (12/70 US-LP 5, 1/71 GB-LP 23, D-LP 4), »Mardi Gras« (4/72 US-LP 12, 5/72 D-LP 10), »Creedence Gold« (12/72 US-LP 15), »Chronicle (The 20 Greatest Hits)« (3/76 US-LP 100) und »Hey Tonight« (2/81 D-LP 1).
1997 erschien mit »Blue Moon Swamp« mal wieder ein neues Album von Fogerty, für das er Anfang 1998 mit einem Grammy für das beste Rockalbum des Jahres ausgezeichnet wurde. Am 9. Juni 1998 veröffentlichte er mit »Premonition« ein neues Live-Album, auf dem nun auch wieder alte Songs von CCR zu hören waren.

Proud Mary (1/69 US 2; 4/69 D 4, GB 8)
Bad Moon Rising (5/69 US 2, D 8; 8/69 GB 1)
Green River (8/69 US 2; 10/69 D 8)
Down On The Corner (10/69 US 3; 1/70 D 2)
Travelin' Band (1/70 US 2; 3/70 GB 8, D 4)
Up Around The Bend (4/70 US 4; 6/70 D 3, GB 3)
Lookin' Out My Back Door (8/70 US 2, D 2)
Have You Ever Seen The Rain (1/71 US 8)
Hey Tonight (2/71 D 1)
Sweet Hitch-Hiker (7/71 D 6, US 6)
Rock, Southern Rock

Siehe auch: Fogerty, John

Cribbins, Bernard

BERNARD CRIBBINS v (Großbritannien, * 29. 12. 1928 in Oldham/Lancashire)
Der Schauspieler und Komiker veröffentlichte Anfang des Jahres 1962 die Platte »Hole In The Ground«. Nach seinem Titel »Right Said Fred« sollte sich in den 90er Jahren eine britische Band benennen. Durch die 60er Jahre machte er weitere Platten, darunter eine recht saftlose Version vom Beatles-Titel »When I'm Sixty-Four«. Cribbins sang seine Stücke im Stil

der britischen Varieteekünstler, der spätestens in den 70er Jahren nicht mehr gefragt war. Ähnlich erging es Val Doonican, in dessen TV-Show er 1971 regelmäßig zu sehen war.

Hole In The Ground (2/62 GB 9)
Right Said Fred (7/62 GB 10)
Pop

Crickets

ANDREW ACKERS p (USA), JERRY ALLISON d (USA, * 31. 8. 1939 in Hillsboro/Texas), TOMMY ALLSUP g (USA), DAVID BOX v, g (USA), DUDLEY A. BROOKS p (USA), SONNY CURTIS v, g (USA, * 9. 5. 1937 in Meadow/Texas), DON GUESS b (USA), ERNIE HALL (USA), GLEN D. HARDIN v, p (USA, * 18. 4. 1939 in Wellington/Texas), WAYLON JENNINGS g (USA, * 15. 6. 1937 in Littlefield/Texas, † 13. 2. 2002), JOE B. MAULDIN b (USA), JERRY NAYLOR v (USA, * 6. 3. 1939 in Stephenville/Texas), GORDON PAYNE (USA), ARTHUR RYERSON g (USA), HENRY EARL SINKS v (USA), NIKI SULLIVAN g (USA), LARRY WELBORN b (USA)
Ursprünglich waren die Crickets gegründet worden, um bei den Aufnahmen von Buddy Holly im Hintergrund mitzuwirken. Der Produzent Norman Petty legte fest, dass die Aufnahmen bei der Plattenfirma Coral als Crickets erscheinen sollten und die bei Brunswick als Buddy Holly. Beide Label waren im übrigen Unterfirmen von Decca Records. Als Erstes erschien im August 1957 »That'll Be The Day« als Titel der Crickets. Drei Monate später veröffentlichte Buddy Holly »Peggy Sue« und erreichte Platz 3. Die Aufnahme sollte zuerst »Cindy Lou« heißen, wurde dann aber nach der Freundin von Jerry Allison in »Peggy Sue« umgeändert. Noch im selben Monat waren wieder die Crickets an der Reihe mit »Oh, Boy!«. Im Herbst 1958 trennte sich Buddy Holly von den Crickets, die ohne ihn erst einmal in die Bedeutungslosigkeit fielen. Nach dem Tode von Buddy Holly am 3. 2. 1959 waren es vor allem die Briten, die weiter Platten von den Crickets kauften. Ausgemachte Fans der Crickets waren auch die Beatles – die gleichen Ursprünge der Namen sind offensichtlich. Nach 1964 war dann allerdings die große Zeit der Crickets – schon weil die Beatles inzwischen erfolgreich waren – vorbei. Zwischen 1964 und 1968 passierte nichts mehr mit den Crickets, dann kam eine Tournee durch GB und wieder Stille. Als 1971 in den USA eine Art Rock-'n'-Roll-Revival begann, war die Band wieder da. Die Crickets waren meist ein Trio – wenn man dann sieht, wer oben alles genannt wird, kann man zu einem anderen Ergebnis kommen. Die Mitglieder der Band wechselten häufig. Der Einzige, der von sich behaupten kann, er sei bei den ersten Platten mit Buddy Holly schon bei den Crickets gewesen, ist Jerry Allison. Er und Joe B. Mauldin dürften diejenigen sein, die am längsten dabei waren. Sehr erfolgreich war die Zusammenarbeit zwischen Curtis und Allison, was das Schreiben von Songs anging. Das erfolgreichste Album der Crickets war »Four More« (6/60 GB-LP 7).

That'll Be The Day (8/57 GB 1, US 1)
Oh, Boy! (11/57 GB 3, US 10)
Maybe Baby (3/58 GB 4)
Don't Ever Change (6/62 GB 5)
Rock 'n' Roll, Rockabilly

Siehe auch: Holly, Buddy

Croce, Jim

JIM CROCE v (USA, * 10. 1. 1943 in Philadelphia/Pennsylvania, † 20. 9. 1973)
Mit 29 Jahren – für viele im Popgeschäft ein Alter, in dem sie in den Ruhestand übertreten, weil ihr Verfallsdatum abgelaufen ist – hatte Jim Croce seine ersten Erfolge. Keiner konnte ihm nachsagen, er habe bis zu diesem Zeitpunkt auf der

faulen Haut gelegen. Mit 23 Jahren heiratete er seine Frau Ingrid und unterrichtete mit ihr in einem Music-Camp Kinder. Als Ingrid dann 1968 ein Stipendium für traditionelle Töpferkunst in Mexiko erhielt, zog er mit ihr. 1969 machten die beiden gemeinsam eine LP für Capitol Records – die Platte floppte. 1972 erschien mit »You Don't Mess Around With Jim« die erste erfolgreiche Single. Jetzt machte sich bezahlt, dass er in seinen Jugendjahren in New York gelebt und sich dort als Lastwagenfahrer, Gelegenheits- oder Straßenarbeiter und Leitungsleger seinen Lebensunterhalt verdient hatte. In dieser Zeit hatte er sich die Sprache der Arbeiter angeeignet. Diese Sprache spiegelte sich jetzt in seinen Liedern wider – manchmal mit ironischem Unterton, manchmal mit Wehmut, immer mit viel Gefühl für die so wichtigen Kleinigkeiten. Als er im September 1973 wie vor ihm Buddy Holly, Ritchie Valens, Big Bopper, Patsy Cline oder Otis Redding mit einer kleinen Privatmaschine abstürzte, hatte er seine richtige Karriere noch vor sich. Seinen ersten Millionseller »Bad, Bad Leroy Brown«, hat er noch erlebt – »Time In A Bottle« schaffte Gleiches erst im November 1973, da war er schon tot. »I'll Have To Say I Love You In A Song« ist für mich sein schönstes Lied. Seine erfolgreichsten Alben waren »You Don't Mess Around With Jim« (7/72 US-LP 1), »Life And Times« (2/73 US-LP 7), »I Got A Name« (12/73 US-LP 2) und »Photographs & Memories/His Greatest Hits« (10/74 US-LP 2).
1993 veröffentlichte Jims Sohn A.J. Croce seine sehr gelungene Debüt-CD. Unterstützt wurde er von Musikern wie Robben Ford, Ron Carter, Jim Keltner, produziert von T Bone Burnett.

You Don't Mess Around With Jim (7/72 US 8)
Bad, Bad Leroy Brown (4/73 US 1)
I Got A Name (10/73 US 10)
Time In A Bottle (11/73 US 1)
I'll Have To Say I Love You In A Song (3/74 US 9)
AOR (Adult Orientated Rock), Folk

Crosby, Bing

BING CROSBY v (USA, * 2. 5. 1901 als Harry Lillis in Tacoma/Washington, † 14. 10. 1977)
Crosby gehörte zu den ganz großen amerikanischen Unterhaltungskünstlern und muss in einem Atemzug mit Frank Sinatra, Louis Armstrong oder Glenn Miller genannt werden. In einer Auflistung der erfolgreichsten Interpreten der USA in den ersten 55 Jahren des 20. Jahrhunderts belegt er mit weitem Abstand vor Guy Lombardo und Paul Whiteman Platz 1. Im Laufe seiner Karriere hat er sich weit über 700 Millionen Dollar ersungen und in Filmen erspielt, die er gewinnbringend in Ölquellen, einer Fruchtsaftfabrik, einer Ranch mit über 5000 Stück Vieh, einer Bank, einer Trabrennbahn, einer Fernsehstation, einer Fabrik für Spielzeughunde und vielen anderen Unternehmungen anlegte. 1960 verlieh man Bing für über 200 Millionen verkaufter LPs eine Platin-Platte. 1962 gewann er den Life Time Achievement Grammy.
Der Mann sang einfach alles, was ihm unterkam: Tagesschlager, Lieder der Südsee, irische Folklore, Country-und-Western-Songs, Jazz und Schnulzen. Seine Karriere begann im Duett mit Al Rinker. Die beiden wurden 1926 von Paul Whiteman engagiert. Als dritter Mann kam Harry Barris hinzu, und sie nannten sich die Rhythm Boys. 1930 trennte sich das Trio von Whiteman, und Bing sang in der Band von Gus Arnheim. 1931 sang er den Titel »I Surrender, Dear«, der es bis auf Platz 3 der amerikanischen Hitparade brachte und Bing zu einem Vertrag mit dem CBS Radio verhalf. Im selben Jahr

begann seine Solokarriere, die bis in das Jahr 1960 anhielt. In der amerikanischen Hitparade werden insgesamt 340 Hits von ihm verzeichnet, darunter 23 mit den Andrews Sisters. Vierzigmal belegte er Platz 1, und sein Titel »White Christmas« gehört zu den meistverkauften Singleplatten aller Zeiten. Angegeben werden über dreißig Millionen verkaufte Exemplare. Bing wirkte in mehr als 50 Filmen mit. Für seine Rolle in »Going My Way« erhielt er 1944 einen Oscar. In den letzten Jahren seines Lebens verbrachte er seine Zeit am liebsten auf dem Golfplatz. Und in Spanien starb er dann auch während eines Golfspiels. Sein wahres Alter verschwieg er zeit seines Lebens – als Geburtsjahr liest man 1901, 1903 oder 1904.

Auch die Alben von Bing waren erfolgreich – und auch hier bilden die Weihnachts- und sonstigen Feiertags-LP's Ausnahmen: »Merry Christmas« (11/45 US-LP 1, 11/46 RE-US-LP1, 10/47 RE-US-LP 1, 10/48 RE-US-LP 1, 11/49 RE-US-LP 1, 12/50 RE-US-LP 1, 12/51 RE-US-LP 2, 12/52 RE-US-LP 3, 12/54 RE-US-LP 9, 11/57 RE-US-LP 1, 12/58 RE-US-LP 2, 12/59 RE-US-LP 17, 12/60 RE-US-LP 9, 12/61 RE-US-LP 22, 12/62 RE-US-LP 46), »St. Patrick's Day« (2/47 US-LP 3, 2/48 RE-US-LP 1, 3/49 RE-US-LP 3, 3/51 RE-US-LP 10), »St. Valentine's Day« (2/48 US-LP 3, 2/49 RE-US-LP 8), »Christmas Greetings« (12/49 US-LP 4, 12/51 RE-US-LP 8).

Seine ›normalen‹ Alben: »Going My Way« (10/45 US-LP 1), »The Bells Of St. Mary's« (3/46 US-LP 1), »Don't Fence Me In« (3/46 US-LP 2), »Blue Skies« (10/46 US-LP 2), »Emperor Waltz« (7/48 US-LP 2), »Stardust« (11/48 US-LP 10), »A Connecticut Yankee« (4/49 US-LP 5), »South Pacific« (6/49 US-LP 4), »Mr. Music« (1/51 US-LP 10), »Bing« (10/54 US-LP 9), »Join Bing And Sing Along« (10/60 GB-LP 7) und »Live At The London Palladium« (11/77 GB-LP 9).

The Singing Hills (3/40 US 3)
I'm Too Romantic (3/40 US 3)
April Played The Fiddle (6/40 US 10)
Sierra Sue (7/40 US 1)
Trade Winds (9/40 US 1)
Can't Get Indiana Off My Mind (9/40 US 8)
That's For Me (9/40 US 9)
Only Forever (9/40 US 1)
Along The Santa Fé Trail (2/41 US 4)
New San Antonio Rose (2/41 US 7)
Dolores (4/41 US 2)
'Til Reveille (8/41 US 6)
You And I (9/41 US 5)
The Whistler's Mother-In-Law (11/41 US 9)
Shepherd's Serenade (12/41 US 4)
Deep In The Heart Of Texas (2/42 US 3)
I Don't Want To Walk Without You (3/42 US 9)
Miss You (3/42 US 9)
Be Careful, It's My Heart (8/42 US 2)
White Christmas (10/42 US 1; 12/43 US 6; 12/44 US 1; 12/45 US 1; 12/46 US 1; 12/47 US 3; 12/48 US 6; 12/49 US 5; 12/55 D 6, US 7; 12/77 GB 5)
Moonlight Becomes You (12/42 US 1)
Sunday, Monday Or Always (8/43 US 1)
If You Please (9/43 US 5)
People Will Say We're In Love (10/43 US 2)
Oh, What A Beautiful Mornin' (10/43 US 4)
Pistol Packin' Mama (11/43 US 2)
Victory Polka (11/43 US 5)
I'll Be Home For Christmas (12/43 US 3)
Poinciana (2/44 US 3)
San Fernando Valley (3/44 US 1)
I Love You (4/44 US 1)
I'll Be Seeing You (4/44 US 1)
Swinging On A Star (5/44 US 1)
Amor (7/44 US 2)
Long Ago (And Far Away) (7/44 US 5)
Is You Is Or Is You Ain't (Ma' Baby) (9/44 US 2)
A Hot Time In The Town Of Berlin (9/44 US 1)
Too-Ra-Loo-Ra-Loo-Ral (10/44 US 4)
Don't Fence Me In (11/44 US 1)
Evelina (1/45 US 9)
The Three Caballeros (2/45 US 8)
Ac-Cent-Tchu-Ate The Positive (2/45 US 2)
Just A Prayer Away (4/45 US 4)
Yah-Ta-Ta Yah-Ta-Ta (Talk, Talk, Talk) (5/45 US 5)
You Belong To My Heart (6/45 US 3)
Baia (6/45 US 6)
On The Atchison, Topeka And The Santa Fe (7/45 US 3)
If I Loved You (8/45 US 8)
Along The Navjo Trail (9/45 US 2)
It's Been A Long, Long Time (10/45 US 1)

I Can't Begin To Tell You (11/45 US 1)
Aren't You Glad You're You? (12/45 US 8)
Symphony (1/46 US 3)
McNamara's Band (3/46 US 10)
Sioux City Sue (4/46 US 3)
Personality (4/46 US 9)
South America, Take It Away (8/46 US 2)
A Gal In Calico (1/47 US 8)
Tallahassee (7/47 US 10)
Feudin' And Fightin' (9/47 US 9)
You Do (11/47 US 8)
How Soon (Will I Be Seeing You) (11/47 US 6)
Whiffenpoof Song (11/47 US 7)
Now Is The Hour (1/48 US 1)
Ballerina (1/48 US 10)
Galway Bay (1/49 US 3)
Some Enchanted Evening (5/49 US 3)
Mule Train (11/49 US 4)
Dear Hearts And Gentle People (12/49 US 2)
Quicksilver (1/50 US 6)
Chattanoogie Shoe Shine Boy (2/50 US 4)
Play A Simple Melody (7/50 US 2)
Sam's Song (7/50 US 3)
Harbor Lights (11/50 US 8)
Sparrow In The Tree Top (3/51 US 8)
When You And I Were Young, Maggie, Blues (4/51 US 8)
Isle Of Innisfree (11/52 GB 3)
Silent Night (12/52 GB 8)
Zing A Little Zong (12/52 GB 10)
Changing Partners (3/54 GB 10, 4/54 GB 9)
True Love (9/56 US 3; 11/56 GB 4; 2/57 D 3)
Around The World (5/57 GB 5)
Peace On Earth – Little Drummer Boy (11/82 GB 3)
Pop

Crosby, Stills & Nash

DAVID CROSBY v, g (USA, * 14. 8. 1941 als van Cortland in Los Angeles/Kalifornien), GRAHAM NASH v, g (Großbritannien, * 2. 2. 1942 in Blackpool), STEPHEN STILLS v, g, key, b (USA, * 3. 1. 1945 in Dallas/Texas)

Das Trio gründete sich in Laurel Canyon/Kalifornien im Jahre 1968. Die Musiker kamen aus erfolgreichen Bands – Crosby hatte vorher mit den Byrds, Stills bei Buffalo Springfield und Nash bei den Hollies gespielt. Die ersten beiden Erfolge waren »Marrakesh Express« und »Suite: Judy Blue Eyes«, von Stephen Stills für Judy Collins geschrieben. Im August 1969 – das Trio trat in Woodstock auf – kam als vierter Neil Young zur Band, der vorher ebenfalls bei Buffalo Springfield mitgewirkt hatte. Der Song »Woodstock«, geschrieben von Joni Mitchell, erreichte im März 1970 Platz 11 in den USA und wurde von dem Quartett gespielt. 1974 trennte sich Neil Young wieder von den übrigen Mitspielern. 1988 kamen die vier noch einmal zusammen und veröffentlichten 1989 die ausgesprochen starke LP »American Dream«. Die Palette der Songs reichte von den finanziellen Schwierigkeiten einer mittelständischen amerikanischen Familie bis zur Verlogenheit von Fernsehpredigern und war musikalisch ausgesprochen vielseitig. Zwischendurch betätigten sich die einzelnen Musiker als Solisten oder miteinander in unterschiedlichen Duettkombinationen. Als Trio hatten sie die beiden genannten Top-10-Erfolge. Crosby, Stills, Nash & Young zeichneten sich aus durch starke Texte, solide musikalische Fähigkeiten und erstaunlich sauberen Satzgesang. Mit ihrer Musik beeinflussten sie eine ganze Generation amerikanischer Künstler. Die Behauptung, dass die Gruppe vom Einfluss her mit den Beatles gleichzusetzen ist, kann ich unterschreiben. Die Fans dieser Formation(en) sind wohl weniger unter den Singlekäufern zu suchen, sondern eher bei den LP-Konsumenten. Die erfolgreichsten Alben des Trios/Quartetts: »Crosby, Stills & Nash« (6/69 US-LP 6, 8/69 GB-LP 25), »Déjà Vu« (4/70 US-LP 1 – siebenfach Platin –, 5/70 GB-LP 5, 6/70 D-LP 39), »4 Way Street« (4/71 US-LP 1, 5/71 GB-LP 5), »So Far« (5/74 GB-LP 25, 9/74 US-LP 1), »CSN« (7/77 US-LP 2, GB-LP 23), »Daylight Again« (7/82 US-LP 8, 9/82 D-LP 31) und »American Dream« (12/88 US-LP 16). 1992 erschien eine CD-Box mit 77 Aufnahmen, von denen 25 vorher nicht veröffentlicht worden waren. Ende 1994 kam das Album »After The Storm«, und 1997 wurde die Gruppe in die Rock and Roll Hall of Fame aufgenommen. Nach mehr als 11 Jahren kamen Crosby, Stills, Nash & Young 1999 wieder für ein gemeinsames Album mit dem Titel »Looking Forward« (11/99 D-LP 10, US-LP 26) zusammen.

Just A Song Before I Go (5/77 US 7)
Wasted On The Way (6/82 US 9)
AOR (Adult Orientated Rock), Folk, West Coast

Siehe auch: Hollies; Byrds; Buffalo Springfield; Young, Neil

Cross, Christopher

CHRISTOPHER CROSS v (USA, * 3. 5. 1951 als Christopher Geppert in San Antonio/ Texas)

1971 wurde er Mitglied in der Hard-Rockband Flash, die in den USA im Vorprogramm von Led Zeppelin, Jefferson Airplane und Deep Purple spielte. Wenn man ihn später sah, mochte man das kaum glauben. 1973 verließ er die Formation und konzentrierte sich mehr auf das Schreiben von Popballaden. 1975 wurde er Mitglied in einer Band, die sich auf das Nachspielen von Top-40-Hits spezialisiert hatte. 1978 erhielt er einen Plattenvertrag, und Michael Omartian produzierte seine Debüt-LP »Christopher Cross« (2/80 US-LP 6, 2/81 GB-LP 14). Im Hintergrund sangen Cracks wie Michael McDonald, J.D. Souther, Don Henley und Nicolette Larson. »Ride Like The Wind« und »Sailing« stammten beide von dieser Debüt-LP, die sich im Laufe der Jahre mehr als fünf Millionen mal verkaufen sollte. Ebenfalls 1980 gewann er fünf Grammys: bester neuer Künstler, Platte des Jahres, Album des Jahres, Song des Jahres und bestes Arrangement. »Arthur's Theme (Best That You Can Do)« stammte aus dem Film »Arthur« mit Dudley Moore und Liza Minnelli. »Think Of Laura« wurde erfolgreich, weil die Nummer in der TV-Serie ›General Hospital‹ zu hören war. Ebenfalls noch erfolgreich: »Another Page« (2/83 US-LP 11, 2/83 D-LP 2, 2/83 GB-LP 4). Danach wurde es ruhiger um Christopher. Im November 1991 erreichte die britische Formation East Side Beat mit einer Dance-Version von »Ride Like The Wind« Platz 3 in Großbritannien. 1992 hörte man dann auch wieder etwas von Cross selbst. Er veröffentlichte die LP »Rendezvous«, aus der als erste Single »In The Blink Of An Eye« ausgekoppelt wurde. 1996 war er auf der CD »On Air« vom Alan Parsons Project zu hören – er sang die Nummer »So Far Away«, die auch als Single ausgekoppelt wurde.

Ride Like The Wind (2/80 US 2)
Sailing (6/80 US 1)
Arthur's Theme (Best That You Can Do) (8/81 US 1; 1/82 GB 7)
Think Of Laura (12/83 US 9)
Soft Pop, West Coast

Crow, Sheryl

SHERYL CROW (USA, * 11. 2. 1962 in Kennett/Missouri)

Als im Jahre 1993 ihr Debütalbum »Tuesday Night Music Club« (2/94 GB-LP 8, 3/94 US-LP 3, 3/94 D-LP 9) erschien, war Sheryl ›schon‹ dreißig Jahre alt. Von einer Nachwuchskünstlerin konnte man in dem Fall auch nicht sprechen, denn die studierte Musiklehrerin war als Backgroundsängerin mit Eric Clapton, Stevie Wonder, Michael Jackson oder Don Henley unterwegs gewesen. Das Debütalbum wurde von der Musikpresse beiderseits des Atlantiks gefeiert, an allen Songs hat Sheryl Crow selbst mitgeschrieben. Die Auskopplung »All I Wanna Do« brachte ihr schließlich weltweite Bekanntheit und außerdem bei der Grammy-Verleihung im Frühjahr 1995 die Preise als Record of The Year, Best New Artist und Best Pop Female

Performance. Anfang 1997 hatte Sheryl alleine in den USA ihr Debütalbum über 6 Millionen mal verkauft. Im September 1996 erschien ihr zweites Album »Sheryl Crow«. Ausgekoppelt wurden »If It Makes You Happy« und »Every Day Is A Winding Road«, Ende 1996 Platz 12 in GB. Bei der Grammy-Verleihung 1997 erhielt sie zwei Auszeichnungen: beste weibliche Rockstimme für den Song »If It Makes You Happy« und bestes Rockalbum für »Sheryl Crow«. Für den James-Bond-Film »Tomorrow Never Dies«, der im Dezember 1997 in die Kinos kam, sang sie den Titelsong. Mit »The Globe Sessions« (10/98 GB-LP 2, 10/98 D-LP 4) erschien das nächste Erfolgsalbum von Sheryl. »There Goes The Neighborhood« (12/98 GB 19), »Anything But Down« (3/99 GB 19) und »Sweet Child O' Mine« (9/99 GB 30) waren weitere Singlehits.

All I Wanna Do (8/94 US 2; 9/94 D 10; 11/94 GB 4)
Strong Enough (12/94 US 5)
If It Makes You Happy (9/96 US 10, GB 9)
A Change Would Do You Good (7/97 GB 8)
My Favorite Mistake (9/98 GB 9)
AOR (Adult Orientated Rock)

Crowd

Am 11. 5. 1985 kam es bei einem Fußballspiel im englischen Bradford-City-Stadion zu einer Katastrophe, als ein Feuer ausbrach und mehr als fünfzig Fans ums Leben kamen, darunter elf Kinder. Über 200 Menschen wurden verletzt. Inspiriert von Band Aid und ähnlichen Projekten, organisierte Graham Gouldman von 10cc eine Supergruppe, um den Angehörigen der Opfer zu helfen. Für die Aufnahme der Fußballhymne »You'll Never Walk Alone« – ursprünglich 1945 geschrieben von Rodgers und Hammerstein für ihr Musical »Carousel« – konnte er an die fünfzig Künstler gewinnen, darunter Paul McCartney, Kiki Dee, Tony Christie, Denny Laine, Colin Blunstone, Phil Lynott, Rick Wakeman, Rolf Harris, Smokie, Johnny Logan, Jim Diamond, John Entwhistle, Zac Starkey oder Gerry Marsden. Der hatte mit seiner Formation Gerry & The Pacemakers diesen Titel im Oktober 1963 an die Spitze der britischen Hitparade gebracht. Das gelang The Crowd im Juni 1985 ebenfalls.

You'll Never Walk Alone (6/85 GB 1)
Merseybeat

Crowded House

TIM FINN v, key (Neuseeland, * 25. 6. 1952 in Te Awamutu), NEIL FINN v, g, p (Neuseeland, * 27. 5. 1958 in Te Awamutu), MARK HART g, key (USA, * 2. 7. 1953 in Fort Scott/Kansas), PAUL HESTER d (Australien, * 8. 1. 1959 in Melbourne), CRAIG HOOPER g, NICK SEYMOUR b (Australien, * 9. 12. 1958 in Benalla/Victoria)
Diese Band, deren Mitglieder aus Neuseeland bzw. Australien kommen, wurde 1985 aus den Trümmern von Split Enz gegründet. Bei Split Enz hatten die Brüder Neil und Tim Finn und Paul Hester gespielt. 1985 trennte sich Tim wegen Schwierigkeiten mit seinem Bruder von der Formation und machte Soloplatten. Die Band löste sich dann ganz auf, und Neil und Paul gründeten 1986 mit Nick und Craig Crowded House. Nach Craigs Weggang machten sie als Trio weiter. 1986 veröffentlichten sie ihr Debütalbum »Crowded House« (8/86 US-LP 12), auf dem die Hitsingles »Don't Dream It's Over« und »Something So Strong« zu finden waren. 1991 vertrugen sich die Brüder Neil und Tim wieder, und Tim schloss sich Crowded House an. Gemeinsam wurde die ausgezeichnete LP »Woodface« (7/91 GB-LP 6) eingespielt, aus der »Weather With You« ausgekoppelt wurde. Ende 1991 hatte sich Tim allerdings wieder von der Gruppe getrennt,

um weitere Solopläne zu verfolgen. Für ihn kam Mark Hart zur Band. Im April 1994 verließ Hester die Band, die sich Mitte 1996 auflöste. Sozusagen zum Schluss erschien die Doppel-CD »Recurring Dream« (7/96 GB-LP 1), auf der einmal die großen Hits zusammengefasst waren, zum anderen Crowded House noch einmal live zu hören war. Neil Finn kam im Juni 1998 mit dem Soloalbum »Try Whistling This« (6/98 GB-LP 5). Nach einer längeren Pause erschien »Wherever You Are« (4/01 GB 32) und das Album »One Nil«.

Don't Dream It's Over (1/87 US 2)
Something So Strong (5/87 US 7)
Weather With You (2/92 GB 7)
AOR (Adult Orientated Rock), Soft Rock

Crown Heights Affair

WILIAM ANDERSON g (USA), JAMES AJAX BAYNARD tr (USA), SKIP BOARDLEY v (USA), BERT REID sax (USA), RAYMOND ROCK d (USA), PHIL THOMAS v (USA), MUKE WILSON g, b, org (USA)
Diese R&B-Disko-Formation aus Bedford-Stuyvesant in New York City wurde um den Sänger Phil Thomas als New Day Express gegründet und später in Crown Heights Affair umbenannt. In den USA konnten sie mit keiner ihrer Platten in die Top 40 kommen. In GB gelang ihnen mit »You Gave Me Love« ein Hit.

You Gave Me Love (5/80 GB 10)
Disko, One Hit Wonder, Rhythm & Blues

Cruise, Julee

JULEE CRUISE v (USA, * 1. 12. 1956 in Creston/Iowa)
1990 wurde in den USA, 1991 dann bei uns in Deutschland ein wahrer Kult um eine Fernsehserie ausgelöst: Die Rede ist von ›Twin Peaks‹, der von David Lynch inszenierten Geschichte um einen geheimnisvollen Mord in einer amerikanischen Kleinstadt. Neben Kirschkuchen wurde auch die Musik aus der Serie beliebt: »Falling«, gesungen von Julee Cruise, die in der Serie auch auftrat. Mit produziert wurde der Titel übrigens von David Lynch. Julee stieg 1991 als Ersatz für eine Tournee bei B-52's ein.

Falling (11/90 GB 7)
AOR (Adult Orientated Rock), One Hit Wonder, Pop

Crusaders

WILTON FELDER (USA, * 31. 8. 1940 in Houston/Texas), WAYNE HENDERSON pos (USA, * 24. 9. 1938 in Houston/Texas), STIX HOOPER d (USA, * 15. 8. 1938 als Nesbert in Houston/Texas), JOE SAMPLE key (USA, * 1. 2. 1939 in Houston/Texas)
Die Ursprünge dieser zeitgenössischen Jazz-Funk-Gruppe aus Houston, Texas, gehen bis zum Anfang der 50er Jahre zurück. Sie nannten sich zuerst Modern Jazz Sextet, dann Nite Hawks, dann Jazz Crusaders und schließlich nur noch Crusaders. Ab 1966 war die Formation erfolgreich, verkaufte jedoch vorwiegend LPs. Ein einziges Mal sollte ihnen ein Singlerfolg beschieden sein: »Street Life« wurde ein Superhit in GB und ein Platz 36 in den USA. Auf der Plattenhülle zu »Street Life« wurde nicht erwähnt, dass der Titel von Randy Crawford gesungen wurde. Trotzdem half der Hit vor allem Randys Karriere. 1981 machten die Crusaders zusammen mit Joe Cocker »I'm So Glad I'm Standing Here Today«. Das erfolgreichste Album der Crusaders hieß ebenfalls »Street Life« (6/79 US-LP 18, 7/79 GB-LP 10).

Street Life (8/79 GB 5)
Funk, Instrumental, Jazz

Siehe auch: Crawford, Randy

Crystals

BARBARA ALSTON v (USA, in Brooklyn/New York City), LA LA BROOKS v (USA, in Brooklyn/New York City), FRANCES COLLINS v (USA), DEE DEE KENNIBREW v (USA, als Delores Henry in Brooklyn/New York City), CLYDE KIRK v (USA), DARLENE LOVE v (USA, * 26. 7. 1938 als Darlene Wright in Los Angeles/Kalifornien), MARY THOMAS v (USA, in Brooklyn/New York City), PATRICIA WRIGHT v (USA, in Brooklyn/New York City)

Wer bei den Crystals aus Brooklyn, einer der bekanntesten und erfolgreichsten Girl Groups Anfang der 60er Jahre in den USA, mitgesungen hat, ist heute nur noch schwer nachvollziehbar. Die meisten Stücke wurden von Barbara Alston, Darlene Love oder La La Brooks als Leadvokalistinnen gesungen. Ansonsten war es eine Devise des Produzenten Phil Spector, dass er entschied, wer was singen darf. Er hat auch immer gesagt, dass er die Rechte an dem Namen Crystals habe und somit heuern und feuern könne. »He's A Rebel« hatte Gene Pitney geschrieben, Leadsängerin war Darlene Love. Bei »Da Doo Ron Ron (When He Walked Me Home)« und »Then He Kissed Me« war La La Brooks die Leadsängerin. Nach 1964 war die Erfolgszeit der Formation wieder vorbei.

He's A Rebel (9/62 US 1)
Da Doo Ron Ron (When He Walked Me Home) (4/63 US 3; 6/63 GB 5)
Then He Kissed Me (8/63 GB 2, US 6)
Pop, Rock 'n' Roll

Cuban Boys

RICARDO AUTOBAHN (Großbritannien), JENNY MCLAREN (Großbritannien), SKREEN B (Großbritannien), BL. UNDERWOOD (Großbritannien)

Die Band benannte sich nach ihrer ersten Single, die sie 1998 veröffentlichte und die die Nummer »Cuban Boys« des britischen Pianisten und Orchesterleiters Frank Chacksfield sampelte. Für eine Hitnotierung reichte es nicht. Auch ihre zweite Single, »Oh My God, They Killed Kenny«, verpasste die Charts. Hier wurde »The Bump« von Kenny verwurschtelt. In ihrem einzigen Top-10-Hit wurden Samples aus der »Hamsterdance Website« und von Roger Millers »Whistle Stop« verarbeitet.

Cognoscenti Vs. Intelligentsia (12/99 GB 4)
Pop

Cuff Links

RON DANTE v (USA, * 22. 8. 1945 als Carmine Granito in Staten Island/New York)

Diese Gruppe war zunächst nichts anderes als die mehrfach überspielte Stimme des Sängers Ron Dante, der fast parallel zur Hitzeit dieser Formation auch noch als Archies in den Charts stand. Nachdem der Titel »Tracy« im September 1969 ein Hit in den US-Charts geworden war, stellte der Produzent der Nummer schnell eine Gruppe zusammen, die in TV- und Live-Auftritten die Cuff Links darstellte. Danach verlor Ron Dante das Interesse an den Cuff Links. Für ihn kam als Ersatz Rupert Holmes. Nach zwei weiteren kleineren Hits, wovon »When Julie Comes Around« zumindest in GB noch erfolgreich wurde, war das Kapitel wieder abgeschlossen. Ron Dante hielt sich als Sänger von Werbe-Jingles über Wasser. Nachdem er zusammen mit Melissa Manchester und Valerie Simpson einen Werbespot für einen neuen Soft Drink namens Tom Boy aufgenommen hatte, freundete er sich mit dem Komponisten dieses Jingles – sein Name war Barry Manilow – an. Der Soft Drink kam über die Testphase nicht hinaus. Barry Manilow und Ron Dante produzierten hingegen gemeinsam eine ganze Latte von Hits – allerdings für Barry Manilow. Mitte der 70er

Jahre wollte es Ron noch einmal wissen und nahm »Sugar Sugar« erneut auf – diesmal unter seinem Namen. Die Platte kam nicht einmal unter die ersten 100 der amerikanischen Hitparade. Ron Dante als Cuff Links, Ron Dante als Archies, Ron Dante als Produzent – alles okay. Ron Dante als Solist – nein Dante. Rupert Holmes sollte später als Solist erfolgreich werden.

Tracy (9/69 US 9; 11/69 GB 4)
When Julie Comes Around (3/70 GB 10)
Pop

Siehe auch: Archies

Culture Beat

TANIA EVANS v (* 28. 5. 1967), JAY SUPREME key (USA, * 20. 5. 1965 in Paterson/New Jersey)
Tania aus GB und Jay aus den USA liehen Culture Beat zwar die Stimme – Kopf des Projektes war aber ohne Zweifel der aus Darmstadt stammende Torsten Fenslau. Der hatte ab 1988 mit Tonbandgeräten, Synthesizer, Drum-Computer und Sampler diverse Gruppen wie Out Of The Ordinary, Abfahrt, Klangwerk, Force Legato, LDC, No More Ugly Germans, Ideas For Imitators, Near Dark, Public Art, Real World produziert und/oder gemixt. Seinen ersten Charterfolg hatte er mit Out Of The Ordinary und »Play It Again (Los Ninos Mix)« (10/89 D 17). Wenig später kam die Nummer »Der Erdbeermund« (11/89 D 11) mit Culture Beat – gesprochen wurde der Villon-Text von dem Frankfurter Schauspieler Jo Van Nelsen. Es folgte der Titel »I Like You« (8/90 D 30) – und hier war dann auch erstmals Jay dabei. Schon im Jahr 1989 begann Torsten als DJ in der Frankfurter Flughafendiscothek Dorian Gray und konnte dort seine Mixe gleich beim fachkundigen Publikum testen. Im Laufe der nächsten Jahre baute Torsten seine Stellung als führender Techno-Produzent mehr und mehr aus. Er gründete sein eigenes ParaDox-Tonstudio, das Plattenlabel Abfahrt und den Get-Into-Magic-Musikverlag. Seine Stärke war laut eigener Aussage: ›das Ohr des Konsumenten zu erfassen‹. Ab Mitte 1993 hatte er das Ohr der Fans voll hinter sich – es hagelte Hit auf Hit. Torsten stand gerade ganz oben in der Gunst der Käufer, als er mit seinem Auto am 6. 11. 1993 auf der Autobahn tödlich verunglückte. Er war 29 Jahre alt. Die Nachfolge als Produzent trat sein Bruder Frank an. Ab1995 gelangen weitere Top-10-Hits.

Mr. Vain (5/93 D 1; 8/93 GB 1)
Got To Get It (9/93 D 4; 11/93 GB 4)
Anything (12/93 GB 5, D 4)
Inside Out (10/95 D 5)
Crying In The Rain (3/96 D 8)
Techno

Culture Club

BOY GEORGE v (Großbritannien, * 14. 6. 1961 als George O'Dowd in Eltham/Kent), MICHAEL CRAIG b (Großbritannien, * 15. 2. 1960 in Hammersmith/London), ROY HAY g, key (Großbritannien, * 12. 8. 1961 in Southend-on-Sea/Essex), JON MOSS d (Großbritannien, * 11. 9. 1957 in Wandsworth/London)
Der Kopf dieser im Jahre 1981 in London gegründeten Formation, Boy George, begann seine Karriere als kurzfristiges Mitglied bei Bow Wow Wow und gründete dann mit dem Ex-Discjockey Mikey Craig In Praise Of Lemmings. Nachdem mit John Suede ein Gitarrist hinzugekommen war, änderten sie den Namen in Sex Gang Children. Nun kam noch der Schlagzeuger Jon Moss hinzu, und George, inzwischen sind wir im Jahre 1981, nannte die Band Culture Club. Suede verließ die Formation und wurde durch Roy Hay ersetzt. Noch im selben Jahr nahmen sie ihre erste Single auf, die jedoch von ihrer Plattenfirma nicht veröffentlicht wurde. 1982 un-

terschrieben sie einen neuen Vertrag, und ihre erste Single erschien. Sie wurde ein Flop, ebenso der Nachfolger. Dann erschien »Do You Really Want To Hurt Me«. Anfang 1987 verkündete Boy George, dass er ab sofort nur noch als Solist arbeiten wolle. Das tat er dann auch sowohl unter seinem Namen als auch unter dem Namen Jesus Loves You.

Seine erfolgreichsten Alben hatte Boy George mit Culture Club: »Kissing To Be Clever« (10/82 GB-LP 5, 12/82 D-LP 8, 1/83 US-LP 14), »Colour By Numbers« (10/83 GB-LP 1, 10/83 D-LP 6, 11/83 US-LP 2 – vierfach Platin), »Waking Up With The House On Fire« (11/84 GB-LP 2, 11/84 US-LP 26, 11/84 D-LP 22), »From Luxury To Heartache« (4/86 GB-LP 10, 4/86 US-LP 32), »This Time« (4/87 GB-LP 8) und »Greatest Moments« (11/98 GB-LP 21) – darauf neben den großen Hits der Gruppe auf einer zweiten CD ein Mitschnitt der VH-1 Live-Music-Show ›Storytellers‹.

Do You Really Want To Hurt Me (9/82 GB 1; 11/82 D 1, US 2)
Time (Clock Of The Heart) (11/82 GB 3; 4/83 US 2)
Church Of The Poison Mind (4/83 GB 2; 10/83 US 10)
I'll Tumble 4 Ya (7/83 US 9)
Karma Chameleon (9/83 D 2, GB 1; 12/83 US 1)
Victims (12/83 GB 3)
It's A Miracle (3/84 GB 4)
Miss Me Blind (3/84 US 5)
The War Song (10/84 GB 2)
Move Away (3/86 GB 7)
I Just Wanna Be Loved (10/98 GB 4)
New Romantic, Pop

Siehe auch: Jesus Loves You; Boy George

Cummings, Burton

BURTON CUMMINGS v, key (Kanada, * 31. 12. 1947 in Winnipeg/Manitoba)

Cummings kam im Frühjahr 1966 für Chad Allen zu der 1963 gegründeten Formation Guess Who – und mit ihm die Hits. 1975 löste Burton Cummings die Gruppe auf und machte als Solist weiter. Seinen größten Hit hatte er mit »Stand Tall«. Im April 1985 hörte man mal wieder etwas von Burton: Zusammen mit anderen kanadischen Musikern nahm er die Benefizplatte »Tears Are Not Enough« auf. Das Projekt sollte an USA For Africa mit »We Are The World« heranreichen, wurde aber ein internationaler Flop, obwohl neben Burton Musiker wie Neil Young, Bryan Adams, Joni Mitchell, Anne Murray oder Gordon Lightfoot mitarbeiteten.

Stand Tall (10/76 US 10)
Soft Pop

Siehe auch: Guess Who

Cupid's Inspiration

WYNDHAM GEORGE g (Großbritannien, * 20. 2. 1947), ROGER GRAY (Großbritannien, * 29. 4. 1949), LAUGHTON JAMES b (Großbritannien, * 21. 12. 1946), T. (TERRY) RICE-MILTON v (Großbritannien, * 5. 6. 1946), GARFIELD TONKIN p (Großbritannien, * 28. 9. 1946)

Die britische Formation Cupid's Inspiration brachte es mit »Yesterday Has Gone«, einer Coverversion des Titels von Little Anthony & The Imperials, zu einem Hit. Den Erfolg dieser Debüt-Single konnte das Quintett trotz aller Bemühungen nicht wiederholen. Ende 1968 löste sich die Gruppe auf, und kurze Zeit später tauchten Terry und Roger mit den Neuzugängen Bernie Lee (g) und Gordon Haskell (b) wieder auf, um es mit einem progressiveren Stil zu versuchen. Auch das funktionierte nicht, und man trennte sich wieder. Rice-Miltons Soloversuche scheiterten, während Haskell, der früher mit Fleur De Lys gespielt hatte, zu King Crimson ging. Haskell sollte 2001 als Solist Furore machen.

Yesterday Has Gone (6/68 GB 4)
Pop

Siehe auch: Haskell, Gordon

Cure

PERRY BAMONTE key (Großbritannien, * 6. 9. 1960 in London), MICHAEL DEMPSEY b (Großbritannien), SIMON JONATHAN GALLUP b (Großbritannien, * 1. 6. 1960 in Duxhurst/Surrey), MATHIEU HARTLEY key (Großbritannien), PETER O'TOOLE v (Großbritannien), ROBERT JAMES SMITH v, g (Großbritannien, * 21. 4. 1959 in Blackpool/Lancashire), PORL THOMPSON g (Großbritannien, * 8. 11. 1957 als Paul Stephen in Wimbledon/London), PHIL THORNALLEY b (Großbritannien), LAURENCE ANDREW TOLHURST d (Großbritannien, * 3. 2. 1959 in Horley/Surrey), BORIS BRANSBY WILLIAMS d (Frankreich, * 24. 4. 1958 in Versailles)

1976 begann diese Formation als Easy Cure. Die Gründungsmitglieder hatten gerade ihre Schule fertig, als sie im ›Melody Maker‹ die Anzeige der deutschen Plattenfirma Hansa Records lasen, die unter der Überschrift ›Wanna Be A Recording Star?‹ nach neuen Bands suchte. Sie bewarben sich mit einem Demo, auf dem als vierter Mann der Sänger Peter O'Toole zu hören war. Sie erhielten einen Vertrag und 1000 Pfund, für die sie sich erst einmal Instrumente zulegten. Dann verließ Peter O'Toole die Gruppe und ging nach Israel in einen Kibbuz. Robert Smith übernahm nun den Leadgesang. Hansa ließ die Gruppe fallen, weil sie nicht bereit war, das aufzunehmen, was die Firma gerne gehabt hätte. Jetzt verließ Porl Thompson die Band und ließ den Rest, der sich auf Cure abkürzte, als Trio zurück. Im September 1978 nahmen sie ihre erste Platte auf, und im Dezember erschien mit »Killing An Arab« die von Albert Camus' ›Der Fremde‹ beeinflusste Debütsingle, die ein Flop war. Im Juni 1979 erschien ihre Debüt-LP. Im November desselben Jahres schmiss Smith Dempsey aus der Band. Für ihn kam Simon Gallup und mit Mathieu Hartley ein Keyboarder hinzu. Im April 1980 tauchten sie zum ersten Mal in der britischen Singlehitparade auf. Im Laufe der nächsten Monate und Jahre wechselten noch diverse Mitglieder, und Robert Smith beteiligte sich an anderen Projekten wie z. B. The Cult Heroes. Erst 1983 sollte die Band mit »The Love Cats« ihren ersten Top-10-Hit haben. Im Februar 1991 wählte man sie zur besten britischen Band.

Ihre erfolgreichsten Alben waren »Pornography« (5/82 GB-LP 8), »The Top« (5/84 GB-LP 10), »The Head On The Door« (9/85 GB-LP 7), »Standing On A Beach – The Singles« (5/86 GB-LP 4, 6/86 US-LP 48), »Kiss Me, Kiss Me, Kiss Me« (6/87 GB-LP 6, US-LP 35, D-LP 4), »Disintegration« (5/89 GB-LP 3, US-LP 12, D-LP 2), »Mixed Up« (11/90 GB-LP 8, US-LP 14), »Entreat« (4/91 GB-LP 10), »Wish« (5/92 GB-LP 1, US-LP 2, D-LP 6) und »Wild Mood Swings« (5/96 GB-LP 9, US-LP 12).

Nach langer Pause erschien mit »Bloodflowers« (2/00 D-LP 5, 3/00 US-LP 16) wieder ein neues Album von Cure. Im Herbst 2001 kamen eine neue Single mit dem Titel »Cut Here« und ein »Greatest Hits«-Album der Gruppe.

The Love Cats (10/83 GB 7)
Lullaby (4/89 GB 5; 5/89 D 3)
Love Song (8/89 US 2)
High (3/92 GB 8)
Friday I'm In Love (5/92 GB 6)
Pop, Rock, Techno

Curiosity

MIGUEL JOHN DRUMMOND d (Großbritannien, * 27. 1. 1964 in Middlesex), JULIAN GODFREY-BROOKHOUSE g (Großbritannien, * 13. 5. 1963 in London), BEN VOLPELIERE-PIERROT v (Großbritannien, * 19. 5. 1964 in London)

Nachdem Bassist Nicholas Throp Curiosity Killed The Cat verlassen hatte, strich die Band ›Killed The Cat‹ und machte als Trio weiter. Mit der Johnny-Bristol-Nummer

»Hang On In There Baby« schafften sie einen Hit.

Hang On In There Baby (4/92 GB 3)
Pop

Siehe auch: Curiosity Killed The Cat

Curiosity Killed The Cat

MIGUEL JOHN DRUMMOND d (Großbritannien, * 27. 1. 1964 in Middlesex), JULIAN GODFREY-BROOKHOUSE g (Großbritannien, * 13. 5. 1963 in London), NICHOLAS BERNARD THROP b (Großbritannien, * 25. 10. 1964 in London), BEN VOLPELIERE-PIERROT v (Großbritannien, * 19. 5. 1964 in London)
Die Band Curiosity Killed The Cat fand sich 1984 zusammen und erregte in ihrer Heimat GB erstmals nationales Aufsehen, als sie im November 1986 im Vorprogramm von Alison Moyet tourte. Zum selben Zeitpunkt erschien ihre Single »Down To Earth«. Lobend wurde in der britischen Presse hervorgehoben, dass die Gruppe eine Kombination aus Funk, Soul und Pop spielte. Aber auch Ausflüge in Midtempo-Pop und Jazz waren keine Seltenheit. Das könnte man vielseitig, aber auch richtungslos nennen. Im September 1989 kam die Single »Name And Number« auf den Markt, auf der bereits das Killed The Cat nur noch klein zu lesen war. 1992, nachdem Throp die Band verlassen hatte, nannte sie sich endgültig nur noch Curiosity. Ihr erfolgreichstes Album hieß »Keep Your Distance« (5/87 GB-LP 1).

Down To Earth (12/86 GB 3)
Misfit (6/87 GB 7)
Pop

Siehe auch: Curiosity

Curved Air

IAN ERYE b (Großbritannien), SONJA KRISTINA v (Großbritannien, * 14. 4. 1949 in Brentwood/Essex), FRANCIS MONKMAN key (Großbritannien, * 9. 6. 1949 in Hampstead/London), FLORIAN PILKINGTON-MIKSA d (Großbritannien, * 3. 6. 1950 in Rochampton/London), DARRYL WAY vln (Großbritannien, * 17. 12. 1948 in Taunton/Somerset), MIKE WEDGEWOOD b (Großbritannien, * 19. 5. 1950 in Derby)
Diese Gruppe kam im März 1970 zusammen und hatte sich zum Ziel gesetzt, mit Elektronik neue Klangbilder in der Popmusik zu schaffen. Allein die elektrische Violine von Darryl Way brachte Verfremdungen und Kreationen, die für die Popmusik neu waren. Es gelang ihnen, diesen elektronischen Rock mit klassischen Elementen zu mischen und aus dem, was andere experimentelle Musiker wie Stockhausen, John Cage, Cornelius Cardew, Ligeti oder Terry Riley entwickelt hatten, für sich einen neuen Sound zu schaffen. Francis Monkman, ein Absolvent der Royal Academy of Music, war schon damals davon überzeugt, dass der Computer in der Rockmusik eine entscheidende Rolle spielen würde, und sagte: ›Der Computer kann zwar nichts Eigenes schaffen, ohne vorprogrammiert zu sein. Aber ich sehe nicht ein, warum ich das, was wir Emotionen nennen, nicht in eine Computersprache umsetzen kann.‹ Die Musik von Curved Air war nicht sonderlich kommerziell, brachte aber einige sehr schöne Langspielplatten hervor. 1977 trennte sich die Gruppe. Kristina versuchte erfolglos, eine Solokarriere in Gang zu setzen, und Monkman formierte die Gruppe Sky, während der Schlagzeuger der letzten Tage, Stewart Copeland, der erfolgreichen Formation Police beitrat. Ihre erfolgreichsten Alben waren »Air Conditioning« (12/70 GB-LP 8), »Curved Air« (10/71 GB-LP 11) und »Phantasmagoria« (5/72 GB-LP 20).

Back Street Luv (8/71 GB 4)
Rock

Siehe auch: Police

Cut 'n' Move

Anfang der 90er Jahre mauserte sich diese Formation in ihrem Heimatland zu einem Knüller. Der ›Happy Sound‹ der Gruppe erhielt dort drei Grammys, einen Worldmusic Award, schaffte zwei Nummer-1-Hits und verkaufte von ihrem Debütalbum mehr als 200 000 Exemplare. Mit »Give It Up«, der Coverversion eines K.C. & The Sunshine Hits, schafften sie einen Hit. Dabei blieb es.

Give It Up (6/93 D 8)
Dance, One Hit Wonder

Cutting Crew

MARTIN BEEDLE d (Großbritannien, * 18. 9. 1961 in Hull/England), COLIN FARLEY v, b (Großbritannien, * 24. 2. 1959), KEVIN SCOTT MACMICHAEL g (Kanada, * 7. 11. 1951 in Halifax), NICK VAN EEDE v, g (Großbritannien, * 14. 6. 1958 in East Grinstead/Sussex)
1986 wurde das junge englisch-kanadische Quartett Cutting Crew mit dem Titel »(I Just) Died In Your Arms« über Nacht erfolgreich. Die Band wurde als die Neuentdeckung des Jahres 1986 gefeiert. In der Folgezeit erschienen weitere sehr schöne Platten von Cutting Crew. Auf der 1992 erschienenen LP »Compus Mentus« wurden als Mitglieder der Band nur noch Van Eede und MacMichael genannt. Diese beiden spielten auf der Platte mit wechselnden Studiomusikern. 1993 wurde das Ende der Gruppe verkündet. Van Eede wurde eine Zeit lang als Nachfolger von Phil Collins bei Genesis gehandelt und war sogar bei einem Vorsingtermin – das Projekt wurde aber erst einmal auf Eis gelegt. MacMichael spielte für zwei Jahre in der Band von Robert Plant, ging dann aber zurück nach Kanada und arbeitete dort an unterschiedlichsten Projekten. Beedle spielte in seiner Zeit nach Cutting Crew Schlagzeug für Zucchero, John Wilson und das weibliche Bluesrock-Duo Never The Bride. Farely spielte als Sessionmusiker, half der ehemaligen Pet-Shop-Boys-Backgroundsängerin Sylvia Mason und produzierte die Brit-Pop-Band Space Babies. Ihr erfolgreichstes Album war »Broadcast« (11/86 GB-LP 41, 12/86 D-LP 49, 3/87 US-LP 16).

(I Just) Died In Your Arms (8/86 D 4, GB 4; 3/87 US 1)
I've Been In Love Before (9/87 US 9)
Pop, Rock

Cyrkle

DON DANNEMAN g, p (USA, * 9. 5. 1944 in Brooklyn/New York), TOM DAWES v, g, bj (USA, * 25. 7. 1944 in Albany/New York), MARTY FRIED d (USA, in Wayside/New Jersey), EARL PICKENS g (USA)
Dawes, Danneman und Fried gründeten während ihrer Collegetage in Lafayette, Pennsylvania, in den frühen 60er Jahren eine Gruppe, die sie Rondells nannten. 1966 spielten sie in Trude Hellers Diskothek in New York City und dort sah sie der Beatles-Manager Brian Epstein. Er nahm sie als seine erste amerikanische Gruppe unter Vertrag und schlug ihnen vor, ihren Namen in Cyrkle zu ändern. Ihre erste Veröffentlichung war die Paul-Simon-Komposition »Red Rubber Ball«. Es gelang noch ein Nachfolgehit mit »Turn-Down Day« (8/66 US 16). Cyrkle wurde nun von Epstein aufgefordert, die Beatles während ihrer 1966er Amerikatournee zu begleiten. Zu diesem Zeitpunkt nahm man als weiteren Gitarristen Earl Pickens in die Band, der aber schnell durch Mike Losekamp ersetzt wurde. Dann starb 1967 Brian Epstein. Die Gruppe war wie paralysiert und löste sich kurz danach auf. Danneman und Dawes wurden in den 70er Jahren unabhängige Plattenproduzenten.

Red Rubber Ball (5/66 US 2)
Pop

Cyrus, Billy Ray

BILLY RAY CYRUS v (USA, * 25. 8. 1961 in Flatwoods/Kentucky)
Er wurde die Entdeckung des Jahres 1992 in der Country Music. Ähnlich wie Garth Brooks gehört er zur neuen Generation der Country-Musiker, die auch schon rein optisch mit den klassischen Rhinestone-Cowboys wenig gemein haben. Der Titel »Achy Breaky Heart« dürfte allerdings keine typische Country-Nummer sein. Er erinnert in der Art und Weise, wie danach getanzt wird, an einen der alten Reihentänze der 60er Jahre. Billy, der mit Zopf und Dreitagebart auftritt, verkörpert den Typus, den die Fans in ihren Country-Kneipen bis Anfang der 90er Jahre rausgeschmissen hätten. Schon seine nächste Aufnahme »Could've Been Me« kam in der amerikanischen Pophitparade nur bis auf Platz 72, in GB bis auf 24. 1993 erschien mit »I Won't Be The Last« eine weitere CD. Darauf die schöne Nummer »When I'm Gone«, die auch Elvis Presley gut gestanden hätte. Wohl aus diesem Grund ließ sich Billy von den Jordanairs begleiten, die auf vielen frühen Titeln Elvis gesanglich unterstützt hatten. Vor allem seine Alben waren erfolgreich: »Some Gave All« (6/92 US-LP 1, 8/92 GB-LP 9) und »It Won't Be The Last« (7/93 US-LP 3). Nach dem Abebben der Achy-Breaky-Heart-Tanzwelle ließ der Hype um seine Person nach. 2002 wohnte er in Toronto und spielte in der TV-Serie »Doc« eine Hauptrolle. Er arbeitete an einem neuen Album, das Mitte 2002 erscheinen und »Time Flies« heißen soll. Außerdem schrieb er das Drehbuch für einen semi-autobiografischen Film »Standing By The Fire« – darin auch seine Erlebnisse beim Waco/Texas-Desaster 1993, das er aus nächster Nähe verfolgte.

Achy Breaky Heart (5/92 US 4; 7/92 GB 3)
AOR (Adult Orientated Rock), Country

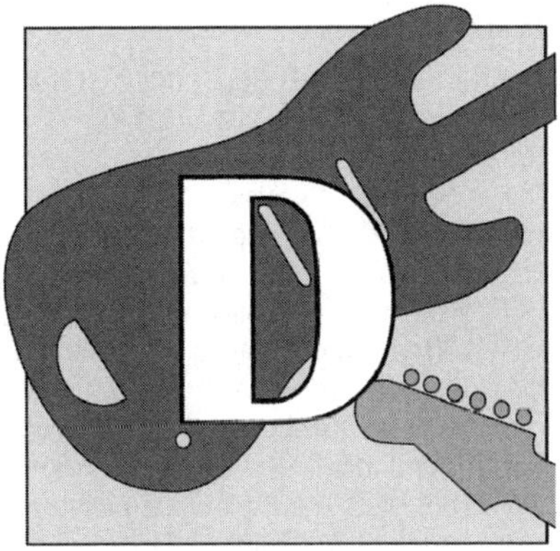

D, Thomas

THOMAS D v (Deutschland, * 30. 12. 1968 als Thomas Dürr in Ditzingen)
Thomas wurde bekannt als HipHopper mit den Fantastischen Vier. Das Quartett aus Stuttgart überraschte im Herbst 1992 mit »Die da!?!« Im Herbst 1997 kam er auch als Solist in die deutsche Hitparade: »Rückenwind« (11/97 D 37). Es folgte »Solo« (3/98 D 15) zusammen mit Nina Hagen und »Wish (Komm zu mir)« mit Franka Potente. Ein neues Album von ihm erschien im Frühjahr 2001: »Thomas D präsentiert Reflektorfalke – Lektionen in Demut« (5/01 D-LP 3).

Liebesbrief (2/00 D 9)
Rap

Siehe auch: Fantastischen Vier; Potente, Franka

D'Agostino, Gigi

GIGI D'AGOSTINO v, dj (Italien, * 17. 8. 1967 in Salerno/Kampanien)
Für die Techno-Kids war Gigi mit 33 Jahren eigentlich schon zu alt. Trotzdem schaffte er es, für genau dieses Publikum in seinem Keller alleine seine Hits zusammenzufeilen. Gigi arbeitete zunächst als Maurer, dann als Platzwart in einem Tennisclub und schließlich als Installateur. 1986 wurde ihm klar, dass man als DJ und Mixer keine berufliche Ausbildung, sondern nur das richtige Gespür braucht. In Italien wurde sein Mix »Psychodelic« ein großer Erfolg. Daraufhin ging er nach London, um seine Technik zu verfeinern. 2000 war sein Jahr. Vier Veröffentlichungen – drei Top-10-Hits. Lediglich »Another Way« (8/00 D 16) schaffte es nicht unter die ersten 10. Ebenfalls erfolgreich sein Album »L'amour toujours« (5/00 D-LP 10). Im Januar 2001 erschien seine fünfte Single: »Super« (2/01 D 24).

Bla Bla Bla (1/00 D 4)
The Riddle (5/00 D 4)
La Passion (11/00 D 2)
L'amour toujours (10/01 D 3)
Dance

D'Angelo

D'ANGELO v (USA, * 11. 2. 1974 als Michael D'Angelo Archer in Richmond/Virginia)
Mitte 1995 veröffentlichte D'Angelo sein Debütalbum »Brown Sugar«. Das ausgekoppelte Stück »Lady« blieb sein bisher einziger Top-10-Erfolg. Bei diesem Titel sang Erykah Badu mit. Das Album wurde von der Plattenfirma folgendermaßen erklärt: ›»Brown Sugar« ist nicht einfach nur ein Album, sondern ein aufeinander abgestimmter Songzyklus, gebildet aus zehn mit großer Sorgfalt zusammengefügten Kompositionen, die der Lust und der Leidenschaft unserer Jetzt-Zeit buchstäblich zu Leibe rücken.‹ Aha! Und für was steht dann die Nummer »Sh*t, Damn, Motherf*cker« auf dieser CD? Für sein Debütalbum »Brown Sugar« (7/95 US-LP 22) erhielt er Platin. Sein Album »Voodoo« (2/00 US-LP 1) sprang am 12. 2. 2000 gleich an die Spitze der US-Charts. Daraus die Singleauskopplung »Untitled (How Does It Feel)« (1/00 US 25).

Lady (3/96 US 10)
Soft Soul

D'Arby, Terence Trent

TERENCE TRENT D'ARBY v (USA, * 15. 3. 1962 in New York City)
Der Sänger und Songschreiber versuchte sich als Journalist, Boxer und Soldat. In letzterer Funktion schickte ihn die Army in die Bundesrepublik. Noch während seiner Militärzeit stieg er in die Frankfurter Band Touch ein. Anfang 1987 tauchte Terence dann, inzwischen in London ansässig, als Solist auf. Nach seinen ersten Hits wurde er als die ›Zukunft des Soul‹ gefeiert. In Interviews gab sich Terence nach diesen Erfolgen recht arrogant. Das brachte ihm in Presseberichten die wenig schmückenden Beinamen ›Großmaul‹ oder ›Schönling‹, aber auch ›New Prince Of Pop‹, ›Jahrzehntereignis‹ oder ›Soulwunder‹ ein. Seine erfolgreichsten Alben waren »Introducing The Hardline According To Terence Trent d'Arby« (7/87 GB-LP 1, 8/87 D-LP 4, 10/87 US-LP 4), »Neither Fish Nor Flash« (11/89 GB-LP 12), »Symphony Or Damn« (5/93 GB-LP 4), aus dem die Hits »Do You Love Me Like You Say?« (4/93 GB 14), zusammen mit Des'ree »Delicate« (6/93 GB 14), »She Kissed Me« (8/93 GB 16) und »Let Her Down Easy« (11/93 GB 18) ausgekoppelt wurden. 1995 wurde das Album » Vibrator« (4/95 GB-LP 11) veröffentlicht, aus dem die Single »Holding On To You« (4/95 GB 20) stammte.
Sechs Jahre lang hörte man nichts mehr von Terence. Dann kam mit »Wild Card« wieder ein neues Album von ihm. Er nannte sich jetzt Sananda Maitreya. Dazu sagte er: ›Ich bin ein spiritueller Mensch. Mein wahres Ich ist zu mir gekommen.‹

If You Let Me Stay (3/87 GB 7)
Wishing Well (6/87 GB 4; 1/88 US 1)
Sign Your Name (1/88 D 7, GB 2; 5/88 US 4)
Soft Soul

D.R.S.

BLUNT v (USA), DEUCE DEUCE v (USA), ENDO v (USA), JAIL BAIT v (USA), PIC v (USA)
Die Texte dieses aus New York stammenden Quintetts waren derart frauenfeindlich, dass sich die deutsche Vertretung von Capitol Records weigerte, die Platten hier zu veröffentlichen. Offensichtlich stand hier der Name der Band für das Programm. D.R.S. steht nämlich für Dirty Rotten Scoundrels, und das sind versaute Schurken. Muss man in der Tat nicht haben. Vergoldet wurde ihr Album »Gangsta Lean« (11/93 US-LP 34). Danach war das Kapitel erledigt.

Gangsta Lean (10/93 US 4)
One Hit Wonder, Rap

D-12

BIG PROOF rap (USA, als DeShaun Holton), BIZARRE rap (USA, als Rufus Johnson), SLIM SHADY EMINEM rap (USA, * 17. 10. 1972 als Marshall Bruce Mathers in St. Joseph/Missouri), KON ARTIS rap (USA, als Denine Porter), KUNIVA rap (USA, als Von Carlisle), SWIFT rap (USA, als Ondre Moore)
D-12 soll für ›Dirty Dozen‹ stehen – es sind jedoch nur sechs Rapper. Aber: Sie alle haben angeblich auch noch als eigenständige Musiker Erfolge vorzuweisen, weshalb es gilt, ihre Persönlichkeiten zu verdoppeln. Auch schön. Zumindest Eminem kann von sich behaupten, auch ohne den Rest auf eigenen Füße zu stehen. D-12 begleitete ihn während seiner Tour als Vorband. Ein Star in seinem eigenen Vorprogramm – das ist neu!
Big Proof begleitete Eminem bereits seit geraumer Zeit; Bizarre veröffentlichte 1997 sein Solo-EP »Attack Of The Weirdors« und behauptet von sich ›Niemand ist so geisteskrank wie ich‹ – da wollen wir ihm lieber nicht widersprechen. Kon Artis

gilt als Entdecker von Eminem und produzierte dessen Debütalbum »Infinite«. Swift kommt ebenfalls aus dem Umfeld von Eminem und machte auf dessen Album »The Marshall Mathers LP« mit. Kunia, Bizarre und Kon Artis rappen gemeinsam im Projekt Crew Da Brigade ›politische und sozial engagierte Texte‹.
Ihr Erfolgsalbum hieß »Devil's Night« (6/01 GB-LP 2, 7/01 D-LP 5, 7/01 US-LP 1). Hierzu gab's den Hinweis: ›Wenn jemand sich mit Worten wie Nutten oder Schwuchteln verletzt fühlt, möge er seine Stereoanlage bitte sofort ausschalten.‹ In der Tat – was darauf an Beschimpfungen und Beleidigungen über Schwule, Polizisten und Politiker zu hören ist, ist nur schwer sozial verträglich. In »Shit Can Happen« wird zum Beispiel Mariah Carey als Nutte beschimpft, Fred Durst von Limp Bizkit in einem anderen Titel als ›miese Tunte‹ bezeichnet, und auch Whitney Houston, Michael Jackson, George Michael, Kurt Cobain oder der an den Rollstuhl gefesselte »Superman« Christopher Reeves werden verhöhnt.

Shit On You (2/01 D 8; 3/01 GB 10)
Purple Pills (7/01 GB 2)
Rap

Siehe auch: Eminem

Da Brat

DA BRAT rap (USA, * 14. 4. 1974 als Shawntae Harris in Chicago)
Die junge Rapperin galt als die Neuentdeckung des Jahres 1994 im Bereich Urban Soul. Entdeckt wurde sie von dem Produzenten Jermaine Dupri, der auch schon Kris Kross gefördert hatte. Im selben Jahr erschien Da Brats Debüt-CD »Funkdafield« (7/94 US-LP 11). Gesampelt wurde beim Titelsong die Nummer »Between The Sheets« von den Isley Brothers. Nachfolgehits wurden »Fa All Y' All« (10/94 US 37), »Give It 2 You« (4/95 US 26) – hier sang Lorenz mit –, »Sittin' On Top Of The World« (10/96 US 30) – hier wurden Samples aus »Mary Jane« von Rick James verwurschtelt – , »Ghetto Love« (3/97 US 16), »Not Tonight« (7/97 US 6, 8/97 GB 11) als Gast von Lil' Kim und weiteren Mitstreitern: Left Eye, Missy ›Misdemeanor‹ Elliott und Angie Martinez, »Sock It 2 Me« (10/97 US 12, 11/97 GB 33) mit Missy Elliott, »The Party Continues« (3/98 US 29) mit J.D. und »What'chu Like« (6/00 US 26) – hier wurde als Gast Tyrese genannt. Ihr Album »Anuthatantrum« (11/96 US-LP 20) wurde mit Gold belohnt. Auch erfolgreich: »Unrestricted« (4/00 US-LP 5). Da Brat entwickelte sich im Laufe der Jahre zum ›schlagfertigen‹ Bad Girl und geriet wegen ihres losen Mundwerks und ihrer Handgreiflichkeiten immer wieder in die Schlagzeilen. Allerdings könnte das auch nichts anderes als Promotion sein. Sie musste wohl oder übel ihrem Image als ›eine der ersten weiblichen Rapper mit tougher Street-Credibility‹ gerecht werden. 1997 gab sie ihr Debüt als Filmschauspielerin in »Full Court Press«.

Funkdafield (6/94 US 6)
Rap

Da Hool

DA HOOL dj (Deutschland, als Frank Tomiczek)
Da Hool begann unter dem Namen D.J. Hooligan im Jahre 1990 als Produzent. Er führte Regie bei etlichen Projekten, war dann in den Diensten von East West Records und ist inzwischen Besitzer seines eigenen Plattenlabels B-Sides. Seine erste Hitnotierung hatte er als D.J. Hooligan mit »Rave Nation« (11/94 D 16). Als 1997 die Love Parade in Berlin zu einem Medienspektakel wurde, kam er mit »Meet Her At The Love Parade« (2/98 GB 15). Laut eigener Aussage ist er stolz, der

ersten Techno-Generation anzugehören. Auf »Bora Bora« (11/97 D 21, 8/98 GB 35) hätten ihn viele Techno-Gegner sicher gern hingewünscht. Und noch einmal in die gleiche Kerbe schlug »Meet Her At The Love Parade 2001« (7/01 GB 11).

Meet Her At The Love Parade (8/97 D 4)
Techno

da Silva, Rui feat. Cassandra

RUI DA SILVA dj (* in Lissabon/Portugal)
Da Silva wurde 1969 in Lissabon geboren. 1992 gründete er die Formation Underground Sound of Lisbon. Sein Partner war DJ Vibe. Das Duo veröffentlichte vier Singles, dann zog da Silva ins Londoner East End und gründete dort sein eigenes Plattenlabel Kismet. Sein erster Auftritt in der britischen Hitparade brachte ihm gleich Platz 1.

Touch Me (1/01 GB 1)
Dance

Dactyl, Terry

TERRY DACTYL v (Großbritannien, * 14. 3. 1947 als Jona Lewie)
Musikalisch erinnert »Seaside Shuffle« an das Gefühl von »In The Summertime«. Im Januar 1973 gelang Terry und seinen Dinosaurs mit »On A Saturday Night« ein weiterer kleiner Hit. Danach verließ Jona die Gruppe, gründete 1976 die Jive Bombers und unterschrieb ein Jahr später einen Vertrag als Solist.

Seaside Shuffle (7/72 GB 2)
Pop

Siehe auch: Lewie, Jona

Daddy Dewdrop

DADDY DEWDROP v (USA, als Richard Monda in Cleveland/Ohio)
Daddy Dewdrop (* 1952) war als Songschreiber und Produzent für eine Zeichentrickserie des Senders CBS engagiert, die »Sabrina & The Groovy Ghoulies« hieß und die immer Samstagvormittag lief. In einer dieser Folgen ließ Dewdrop die Groovy Ghoulies den Bubblegum-Novelty-Song »Chick-A-Boom (Don't Ya Jes' Love It)« singen – und das Publikum wollte das Stück als Platte haben. Ein weiterer Hit wollte ihm nicht gelingen, und damit reihte er sich in die Garde der One-Hit-Wonder ein. Eine Coverversion des Hits wurde Mitte 1975 noch einmal ein Top-40-Hit in GB. Interpreten waren 53rd And 3rd – dahinter verbarg sich mal wieder Jonathan King.

Chick-A-Boom (Don't Ya Jes' Love It) (3/71 US 9)
Bubblegum

Daddy DJ

CHARLY dj (Frankreich), JEAN-CHRISTOPHE BERVAL dj (Frankreich), DAVID LE ROY dj (Frankreich)
David und Jean-Christophe lernten sich kennen, als sie gemeinsam in Paris eine Tontechnikerschule besuchten. Später kam als Dritter Charly dazu, der als Remixer u. a. für Gigi d'Agostino gearbeitet hatte. Ihr erster Hit »Daddy DJ« belegte in Belgien und Frankreich den Spitzenplatz der Charts und verkaufte sich allein in Frankreich fast eine Million mal.

Daddy DJ (7/01 D 7)
Dance

Daft Punk

THOMAS BANGALTER key (Frankreich, * 1. 1. 1975), GUY-MANUEL DE HOMEM-CHRISTO key (Frankreich, * 8. 2. 1974)
Die Mitglieder dieses Duos trafen sich erstmals 1987, als sie gerade 14 Jahre alt wa-

ren und noch zur Schule gingen. 1992 gründeten sie mit Darlin' ihre erste Gruppe und veröffentlichten unter diesem Namen eine Single. 1993 unterschrieben sie einen Vertrag bei einer kleinen schottischen Plattenfirma. Diese veröffentlichte 1994 mit »New Wave« die erste Single des Duos als Daft Punk. Ihre erste LP hieß »Homework« (2/97 GB-LP 8). Von der Trendpresse wurde das Duo als ›absolute Reinkarnation von Disko‹ beschrieben. Mit Punk jedenfalls hatten sie nichts am Hut.
Die Singles-Hits: »Da Funk/Musique«, »Around The World« (5/97 D 16) und »Burnin'« (10/97 GB 30).
Zusammen mit Benjamin Cohen und Alan Queme bildete Thomas dann das Trio Stardust. Nach drei Jahren kam Daft Punk wieder zurück mit »One More Time«. Sänger des Stückes war die House-Legende Romanthony. Gleichzeitig wurde mit »Daft Punk Strikes Back One More Time!« ein neues Album angekündigt, das schließlich als »Discovery« (3/01 GB-LP 2, 3/01 D-LP 5) erschien. Singles daraus: »Digital Love« (6/01 GB 14), »Harder Better Faster Stronger« (11/01 GB 25).

Da Funk/Musique (2/97 GB 7)
Around The World (4/97 GB 5)
One More Time (11/00 D 7, GB 2)
Dance, Disko

Siehe auch: Stardust; Spacedust

Dale & Grace

GRACE BROUSSARD v (USA, in Prairieville/Louisiana), DALE HOUSTON v (USA, in Ferriday/Louisiana)
Das aus Louisiana stammende, am Rhythm & Blues-orientierte Popduo Dale & Grace (beide geboren 1944) hatte im Oktober 1963 einen Spitzenreiter in der amerikanischen Hitparade mit »I'm Leaving It Up To You«. Auch der Nachfolgesong »Stop And Think It Over« erreichte drei Monate später eine Top-10-Platzierung. Danach gelang ihnen kein weiterer Top-40-Erfolg mehr.

I'm Leaving It Up To You (10/63 US 1)
Stop And Think It Over (1/64 US 8)
Pop, Rhythm & Blues

Daltrey, Roger

ROGER DALTREY v (Großbritannien, * 1. 3. 1944 in Hammersmith/London)
Neben seinen Erfolgen als Sänger der Who versuchte sich Daltrey ab 1973 als Solist. Der in den 60er Jahren in GB sehr erfolgreiche Schlagerstar Adam Faith produzierte sein Debütalbum. »Giving It All Away« war eine Komposition von Leo Sayer und David Courtney. In den folgenden Jahren sind sehr schöne rockige Nummern von Daltrey erschienen. Trotzdem wollten ihn die Fans wohl mehr als Mitglied der Who oder im Kino sehen. So übernahm er Hauptrollen in »Tommy«, »Lisztomania«, »The Legacy«, »McVicar« oder »Buddy's Song«. Im letztgenannten Film spielt er den Vater von Chesney Hawkes, dessen Solokarriere damit begann. Inzwischen ist Roger, der gelegentlich auch in Shakespeare-Stücken auftritt, Besitzer einer Forellenzucht, macht sich ein gemütliches Leben und tritt nur noch gelegentlich auf. Sein erfolgreichstes Soloalbum ist »Ride A Rock Horse« (7/75 GB-LP 14, 8/75 US-LP 28).

Giving It All Away (4/73 GB 5)
AOR (Adult Orientated Rock)

Siehe auch: Who

Damage

ANDREZ v (Großbritannien, * 12. 2. 1979 als Harrfott), COREÉ v (Großbritannien, * 29. 3. 1978 als Coreé Leon Delaney Richards in London), JADE v (Großbritannien, * 12. 2. 1978 in London), NOEL v (Großbritannien, * 1. 1. 1978 in London),

RAS v (Großbritannien, * 3. 11. 1976 als Rahsaan J. in Bromfield)
Dieser aus London stammende R&B-Act schaffte mit »Anything« (7/96 GB 68) seine erste Chartnotierung. Es folgte »Love II Love« (12/96 GB 12). Bis zu diesem Zeitpunkt hatten sich die Jungs eher den Ruf einer Vorgruppe eingehandelt. So waren sie mit Aaliya, Hi-Five und Lo-Key auf Tour und sangen vor Boyzone bei deren 1996er Weihnachtstournee. Ein erstes Album erschien im März 1997 – es hieß wie der bis dato größte Hit ebenfalls »Forever« (4/97 GB-LP 13). Damage sollte wohl bei den schwarzen Mädchen die Top Boy Group werden. Alle Jungs waren 1996 zwischen 17 und 19 Jahre alt, sahen gut aus und konnten gut tanzen – ein bekanntes Strickmuster. Sie wurden verkauft als englische Herausforderung für Boyz II Men und All-4-One. »Wonderful Tonight« war eine Coverversion des Eric-Clapton-Titels. Ihre Abwesenheit aus den Charts war auch damit zu begründen, dass die Plattenfirma Big Life, auf der die Band ihre Aufnahmen veröffentlicht hatte, bankrott gegangen war. Mitte 1999 erhielten sie einen neuen Vertrag mit Cooltempo. Nächste Singles wurden »Rumours« (10/00 GB 22), »Still Be Lovin' You« (3/01 GB 11), »So What If I« (7/01 GB 12).

Forever (12/96 GB 6)
Love Guaranteed (3/97 GB 7)
Wonderful Tonight (5/97 GB 3)
Ghetto Romance (7/00 GB 7)
Boy Group, Rhythm & Blues

Damian

DAMIAN v (Großbritannien, * 30. 9. 1964 als Damian Davey in Manchester)
Damian gehörte zum Londoner Ensemble der »Rocky Horror Show«. Speziell der Titel »The Time Warp 2« wurde von den Besuchern gefeiert. Ende 1987 wurde der Titel erstmals als Single veröffentlicht und erreichte einen Platz 51. Im August 1988 kam sie erneut auf den Markt und erreichte Platz 64, und genau ein Jahr später erschien die Platte als Remix erneut und wurde endlich zum Hit. Weitere Singleveröffentlichungen brachten keine Erfolge. Damian ist inzwischen wieder hauptberuflich Schauspieler.

The Time Warp 2 (8/89 GB 7)
Glitter-(Glam)-Rock, One Hit Wonder

Damian, Michael

MICHAEL DAMIAN v (USA, * 26. 4. 1962 als Michael Damian Weir in San Diego/Kalifornien)
Anfang der 80er Jahre veröffentlichte Michael Damian als Debütsingle eine Coverversion des Eric-Carmen-Titels »She Did It«. Show-Master Dick Clark lud den Newcomer ein, in seiner Sendung ›American Bandstand‹ aufzutreten. Der Produzent der amerikanischen Fernsehserie ›The Young And The Restless‹ sah ihn in dieser Show und verpflichtete ihn für die Rolle des Danny Romalotti. 1989 – inzwischen hatte sich diese tägliche Seifenoper zu einer der erfolgreichsten Serien im amerikanischen Fernsehen gemausert – nahm er einen erneuten Anlauf als Sänger, dieses Mal mit einer Coverversion des David-Essex-Hits »Rock On«. Das Ganze war auch auf dem Soundtrack zum Kinofilm »Dream A Little Dream« zu finden. Im selben Jahr gelangen ihm noch zwei weitere Charterfolge – dann war dieser Teil seiner Karriere vorerst wieder einmal beendet. Mit der Nummer »What A Price To Pay« tauchte er Mitte 1991 auf Platz 60 der US-Charts mal ganz kurz wieder auf.

Rock On (3/89 US 1)
Pop

Damn Yankees

JACK BLADES v, b (USA, * 24. 4. 1954 in Palm/Kalifornien), MICHAEL CARTELLONE d (USA, * 7. 6. 1962 in Cleveland/Ohio), TED NUGENT v, g (USA, * 13. 12. 1948 in Detroit/Michigan), TOMMY SHAW v, g (USA, * 11. 9. 1950 in Montgomery/Alabama)
Mit Erscheinen ihres Debütalbums »Damn Yankees« (3/90 US-LP 13) wurden sie als Superstar Rock Group angekündigt. In der Tat hatten zumindest drei der Mitglieder bereits Erfolge vorzuweisen. Ted Nugent war sowohl als Solist wie auch mit den Amboy Dukes erfolgreich. Tommy Shaw kam von Styx, und Jack Blades war vorher Mitglied bei Night Ranger. Den Namen der Band leiteten sie von einem Stück ihrer ersten LP ab, in dem sie die Rolle der USA als selbst ernannte Welt-Sheriffs anprangern. Ende 1992 – inzwischen war ihre zweite LP »Don't Tread« (8/92 US-LP 22) erschienen – erreichten sie mit »Where You Goin' Now« Platz 20 in den USA. Im Frühjahr 1993 kam mit »Silence Is Broken« aus dem Film »Nowhere To Run« eine weitere Hitnotierung im unteren Bereich der Hot 100. Anfang 1995 versuchten sich Shaw und Blades als Duo und veröffentlichten mit »My Hallucination« ein erstes Album, aus dem die Single »I'll Always Be With You« ausgekoppelt wurde.

High Enough (9/90 US 3)
Rock

Siehe auch: Styx; Night Ranger

Damned

CAPTAIN SENSIBLE b (Großbritannien, * 23. 4. 1954 als Raymond Burns in Balham/London), LU EDMUNDS g (Großbritannien, als Robert), PAUL GRAY b (Großbritannien, * 1. 8. 1958), BRIAN JAMES g (Großbritannien, * 18. 2. 1955 als Brian Robertson), ROMAN JUGG g (Großbritannien), BRYN MERRICK b (Großbritannien), RAT SCABIES d (Großbritannien, * 30. 7. 1957 als Chris Miller in Kingston-upon-Thames/Surrey), DAVID VANIAN v (Großbritannien, * 12. 10. 1956 als Letts), ALISTAIR WARD b (Großbritannien)
Punkgruppen waren im Mai 1976, als diese Band zusammenkam, gerade groß angesagt. Die Stars waren die Sex Pistols, und in deren Vorprogramm gaben The Damned im Juli 1976 ihr Debüt. Im November desselben Jahres erschien ihre erste Single »New Rose«, produziert von Nick Lowe. Damned galten als die erste britische Punkgruppe, die in den USA spielte. Am 8. 4. 1977 traten sie im CBGB's in New York City auf. Ab August 1977 kam als zweiter Gitarrist Lu Edmunds in die Band. Schwierigkeiten mit ihrem Produzenten Shel Talmy führten dazu, dass die Band ihn rausschmiß und Nick Mason von Pink Floyd engagierte. Aber auch Mason brachte keinen Erfolg. Scabies verließ die Band und wurde durch Jon Moss – später Culture Club – ersetzt. Im Februar 1978 trennte sich die Gruppe ganz. Brian James, der die Rechte an dem Namen Damned besaß, verkaufte sie noch 1978 an Vanians, Scabies und Sensible, die im Januar 1979 mit Alistair Ward am Bass einen neuen Plattenvertrag unterschrieben und jetzt erstmals Hitparadenerfolge erzielten. Eine ziemlich abgehobene Coverversion des Barry-Ryan-Titels »Eloise« brachte den größten Hit. Es kam zu weiteren personellen Wechseln in der Gruppe. So begann Captain Sensible ab 1982 mit einem Soloprojekt. Im Juli 1989 gab die Gruppe offiziell ihre Trennung bekannt. Ihre erfolgreichsten Alben waren »Strawberries« (10/82 GB-LP 15) und »Phantasmagoria« (7/85 GB-LP 11).

Eloise (2/86 GB 3)
Punk

Siehe auch: Captain Sensible

Dan The Banjo Man

PHIL CORDELL (Großbritannien)
Da werden sich die Amerikaner sehr gewundert haben. In GB hatten sie einen Ableger der Plattenfirma Motown aufgebaut, der sich speziell um den britischen Markt kümmern sollte. Der Musiker Phil Cordell, der auch als Songschreiber, Produzent und Techniker gearbeitet hatte, unterschrieb mit ihnen einen Vertrag als Dan The Banjo Man. Auf der einzigen LP, die erschienen ist, werden die beiden Gitarristen Paul Kendrick und Graham Putland erwähnt. Ansonsten wurden die Instrumente durch Phil alias Dan gespielt. Das Stück »Dan The Banjo Man« kam weder in die britische noch in die amerikanische Hitparade. Unter dem Pseudonym Springwater hatte Phil Cordell 1971 schon einmal einen großen Erfolg mit dem Titel »I Will Return«.

Dan The Banjo Man (11/73 D 1)
Instrumental, One Hit Wonder, Pop

Siehe auch: Springwater

Dana

DANA v (Großbritannien, * 30. 8. 1951 als Rosemary Brown in Belfast)
Dana war gerade 19 Jahre alt, als sie am 21. 3. 1970 in Amsterdam mit »All Kinds Of Everything« den Grand Prix Eurovision für Irland gewann. Der Titel wurde in ganz Europa erfolgreich. Dana nahm auch noch in den 80er Jahren Platten auf, war jedoch erfolgreicher in ihrer Arbeit als Schauspielerin und Pantomimin und trat in unzähligen TV-Shows als Gast auf. Wer eine so bekannte Nase hat, eignet sich für die Politik. 1997 bewarb sie sich um den Posten der Präsidentin von Irland – und gewann nicht. 1999 kam sie, nun als Rosemary Scallon, als Abgeordnete in das Europäische Parlament.

All Kinds Of Everything (4/70 D 4, GB 1; 5/70 GB 3)
Please Tell Him That I Said Hello (1/75 GB 8)
It's Gonna Be A Cold Cold Christmas (12/75 GB 4)
Grand Prix, Schlager

Dana, Vic

VIC DANA v (USA, * 26. 8. 1942 in Buffalo/New York)
1953 sah Sammy Davis jr. den jungen Vic Dana als Tänzer und war von ihm begeistert. Sammy überredete die Familie, nach Kalifornien zu gehen und dort den Jungen als Tänzer und Sänger ausbilden zu lassen. 1960 war er zusammen mit den Fleetwoods auf US-Tournee und erhielt von deren Plattenfirma einen Vertrag. Seine Top-40-Notierungen: »Shangri-La« (3/64 US 27), »Red Roses For A Blue Lady« und »I Love You Drops« (5/66 US 30). Sein erfolgreichstes Album hieß ebenfalls »Red Roses For A Blue Lady« (4/65 US-LP 13).

Red Roses For A Blue Lady (2/65 US 10)
Pop

Dance 2 Trance

JAM EL MAR dj (Deutschland, * 3. 12. 1963 als Rolf Elmer), DAG LERNER dj (Deutschland)
Dieses deutsche Techno-Projekt ist ein Kind des Frankfurter DJs Dag Lerner. 1988 übernahm er den Sonntagmorgen in Frankfurts Flughafendiscothek ›Dorian Gray‹. Aber auch im ›XS‹, der ›Music Hall‹ oder auf Ibiza und in Rom war er als Discjockey erfolgreich. 1989 veröffentlichte er seine erste Maxi »Hantayo/The Joker«. 1990 machte er zusammen mit Jam El Mar alias Rolf Elmer das Techno-Projekt Dance 2 Trance. Ende 1992 erschien die Debüt-CD »Moon Spirits«. Dag zu »P.ower Of A.merican N.atives«: ›Die Indianer haben sich durch monotone Rhythmen und absolute Hingabe zu den Klängen in Trance versetzt. Darin findet sich die Parallele zum Trance-Techno.‹

P.ower Of A.merican N.atives (2/93 D 9)
Dance, Techno, Trance

Siehe auch: Jam & Spoon; Storm

Dandy Warhols

Brent DeBoer d (USA), Erik Gavrilük org (USA), Eric Herford d (USA), Peter Holmström g (USA), Zia McCabe b (USA), Troy Stewart g (USA), Courtney Taylor-Taylor v, g (USA)
Mitte der 90er Jahre formierte sich die Gruppe in Portland/Oregon. Im Dezember 1995 erschien mit »Dandys Rule OK« das erste Album. Mitte 1998 folgte »Come Down« (5/98 GB-LP 16). Mitte 2000 erschien »Thirteen Tales From Urban Bohemia« – und darauf war dann mit »Bohemian Like You« (9/00 GB 42) der erste Top-10-Hit, der erst im zweiten Anlauf unter die ersten 10 kam. Dandy Warhols klangen wie eine Mixture aus Lou Reed, Iggy Pop, Mick Jagger und John Lennon. Von der Presse wurde sie als die ›letzte coole Rockband für mindestens eine halbe Ewigkeit‹ gefeiert. Ihre Singles »Every Day Should Be A Holiday« (2/98 GB 29), »Not If You Were The Last Junkie On Earth« (5/98 GB 13), »Boys Better« (8/98 GB 36) und »Get Off« (6/00 GB 38, 3/02 RE-GB 34) waren zumindest in GB erfolgreich. Für die USA war die Gruppe wohl zu ›britisch‹.

Bohemian Like You (11/01 GB 5)
Rock

Dane

Dane Bowers v (Großbritannien)
Seine ersten musikalischen Sporen verdiente sich Dane als Mitglied der Gruppe Another Level. Zusammen mit der Formation True Steppers gelangen ihm im Jahr 2000 zwei weitere Top-10-Erfolge. Seinen ersten Erfolg als Solist hatte er mit »Shut Up And Forget About It«. An diesem Song hatte Dane selbst mitgeschrieben, ebenso an einem Lied für Faith Evans für den Soundtrack »Bridget Jones Diary«. Ende Mai 2001 erschien mit »Facing The Crowd« sein erstes Album.

Shut Up And Forget About It (3/01 GB 9)
Another Lover (7/01 GB 9)
Pop

Siehe auch: Another Level; True Steppers

Daniels, Charlie

Charlie Daniels v, g, vln (USA, * 28. 10. 1936 in Wilmington/North Carolina)
Ende der 50er Jahre gründete Daniels seine erste eigene Band, die Jaguars, mit denen er bis 1967 zusammenspielte. 1963 nahm Elvis einen Titel, den Charlie geschrieben hatte, auf: »It Hurts Me«. Charlie wurde Studiomusiker in Nashville und begleitete Plattenaufnahmen von Bob Dylan, Ringo Starr, Leonard Cohen, Pete Seeger, Marty Robbins und zahllosen Country-Stars. Außerdem arbeitete er als Produzent: Vier LPs der Youngbloods hat er betreut. 1971 schließlich startete er seine eigene Gruppe, die Charlie Daniels Band.
Die erfolgreichsten Alben: »Fire On The Mountain« (12/74 US-LP 38), »Million Mile Reflections« (5/79 US-LP 5), »Full Moon« (8/80 US-LP 11) und »A Decade Of Hits« (7/83 US-LP 84). Seine Plattenveröffentlichungen gehen bis in die 90er Jahre. 1994 brachte er das Gospelalbum »The Door« auf den Markt.

Uneasy Rider (6/73 US 9)
The Devil Went Down To Georgia (6/79 US 3)
Country, Rock

Danny Wilson

Kit Clark sax, acc (Großbritannien, * 20. 5. 1967 in Dundee/Schottland), Gary Clark v, g (Großbritannien, * 10. 3.

1962 in Dundee/Schottland), GERARD GRIMES key, b (Großbritannien, * 28. 3. 1962 in Dundee/Schottland)
Bevor es zur Gründung der schottischen Formation Danny Wilson kam, hatten Gary Clark und Gerard Grimes bereits als Clark's Commandos u. a. in GB im Vorprogramm von Chris de Burgh gespielt. Anfang 1985 kam als dritter Mann Garys jüngerer Bruder Kit dazu, und man nannte sich zunächst Scots Porridge Notes, dann Spencer Tracy. Als dann angeblich dessen alte Weggefährtin Katharine Hepburn eine millionenschwere Klage anstrengte, musste ein neuer Name her. »Meet Danny Wilson« war der Titel eines alten Frank-Sinatra-Films von 1952. Die Band nannte ihre 1987 erschienene erste LP wie den Film und sich selbst Danny Wilson. »Mary's Prayer« hatte sich Mitte 1987 zuerst in den USA durchsetzen können und war dort bis auf Platz 23 durchgedrungen. Im August desselben Jahres war sie in GB bis auf Platz 42 hochgeklettert und dann wieder rausgefallen. Erst die Wiederveröffentlichung brachte den Erfolg. Nach zwei weiteren mittleren Hits und einer LP fiel die Band 1990 auseinander. 1991 erschien mit »Sweet Danny Wilson« noch einmal eine Zusammenstellung der besten Titel aus den ersten beiden LPs. Die drei verfolgen seitdem Soloprojekte. Von Gary Clark erschien im April 1993 die erste Solo-LP mit dem Titel »Ten Short Songs About Love«.

Mary's Prayer (4/88 GB 3)
Pop

Daphne & Celeste

CELESTE v (USA, * 24. 9. 1983 in Newark/New Jersey), DAPHNE v (USA, * 1. 12. 1982 in Long Beach/New Jersey)
Mit dem Titel »Ooh Stick You« schafften sie einen Überraschungshit in GB. Bis zu diesem Zeitpunkt waren beide in Werbespots aufgetreten. Celeste spielte eine kleine Rolle in einem Film von Woody Allen.

Ooh Stick You! (2/00 GB 8)
Pop

Darin, Bobby

BOBBY DARIN v (USA, * 14. 5. 1936 als Walden Robert Cassotto in Bronx/New York City, † 20. 12. 1973)
Die Amerikaner nannten ihn immer ›Frank Sinatra im Westentaschenformat‹. Ähnlichkeiten zwischen den beiden waren auch in der Tat zu erkennen. Beide italienischer Abstammung, beide arbeiteten sich von unten hoch, beide verstanden es immer wieder, allen musikalischen Trends zu folgen. Bobby Darin allerdings immer eine Nummer kleiner, obwohl er sich sehr bemühte, seinem Idol nahe zu kommen. Als Frank Sinatra Anfang der 60er Jahre seine alte Plattenfirma Capitol verließ, um eine eigene Firma auf die Beine zu stellen, sprang Bobby Darin in diese Lücke. Aber dann kamen die Beatles ebenfalls zu Capitol in den USA und Darins Karriere plätscherte dahin. Als Filmschauspieler versuchte er sich – so wie Frank Sinatra – und hatte einige Erfolge. Allerdings waren es meist Sommer-Sonne-Strand-Filmchen, die keine sonderlichen Anforderungen an seine Schauspielkunst stellten. Für seine Darstellung im Film »Captain Newman, M.D.« wurde er jedoch für einen Oscar nominiert. Rückblickend muss heute festgestellt werden, dass er in der zweiten Hälfte der 50er Jahre seine beste Zeit hatte. Hier ist übrigens ein Gegensatz zu Sinatra festzustellen: Darin hat die meisten seiner Hits selbst geschrieben – Sinatra war stets ›nur‹ der Sänger seiner Hits. Seine erfolgreichsten Alben waren »That's All« (10/59 US-LP 7, 4/60 GB-LP 15), »This Is Darin« (3/60 US-LP 6, 4/60 GB-LP 4), »Darin At The Copa«

(10/60 US-LP 9) und »The Bobby Darin Story« (5/61 US-LP 18).
Zwischen 1960 und 1967 war er mit der Schauspielerin Sandra Dee verheiratet. 1968 gründete er seine eigene Plattenfirma. Anfang der 70er Jahre stellten die Ärzte bei Bobby ein Herzleiden fest. Nach einer Operation am Herzen starb er. 1990 wurde er in die Rock and Roll Hall of Fame aufgenommen.

Splish Splash (6/58 US 3)
Queen Of The Hop (10/58 US 9)
Dream Lover (4/59 US 2, GB 1)
Mack The Knife (8/59 US 1, GB 1)
Beyond The Sea (La Mer) (1/60 US 6, GB 8)
Clementine (3/60 GB 8)
Lazy River (3/61 GB 2)
You Must Have Been A Beautiful Baby (9/61 GB 10, US 5)
Multiplication (12/61 GB 5)
Things (7/62 US 3, GB 2)
You're The Reason I'm Living (1/63 US 3)
18 Yellow Roses (5/63 US 10)
If I Were A Carpenter (9/66 US 8, GB 9)
Pop, Rhythm & Blues, Rock 'n' Roll

Dario G

SCOTT ROSSER dj (Großbritannien, als Rauser in South Wales), PAUL STEPHEN SPENCER dj (Großbritannien), PAUL SPENCER key, dj (Großbritannien), INGFRIED STARUMSTOYL v (Norwegen)
Hinter Dario G verbirgt sich ein Produzententrio aus Manchester, das mit einem Hook aus der Nummer »Life In A Northern Town« von Dream Academy den Song »Sunchyme« hinfummelte und mit diesem Titel am 27. 9. 1997 auf Platz 2 in GB einstieg. Wahrscheinlich wären sie sogar Spitzenreiter geworden, hätte nicht zu diesem Zeitpunkt gerade Elton John mit »Candle In The Wind 1997« Platz 1 belegt. Paul Spencer und Scott Rosser hatten sich im College in einem Kurs über Popmusik kennen gelernt. Nach Abschluss ihres Studiums 1989 richteten sie sich ein Aufnahmestudio ein und begannen zu experimentieren. Nebenher unterrichtete Paul Musik und Rosser spielte in einer Band. Dann lernten sie Stephen Spencer kennen (die beiden Spencers sind nicht verwandt), der zum damaligen Zeitpunkt im Musikvertrieb arbeitete. Dario Gs Song »Carnaval De Paris« machte das ZDF zum Titelthema seiner Fußball-WM-Übertragung 1998 und powerte die Nummer damit zum Hit. Nach einer Pause gelang mit »Dream To Me« (4/01 D 15) und der neuen Frontfrau Ingfried wieder ein Erfolg. Dieser Song bringt eine Mixtur aus »Jill's Theme« von Ennio Morricone (aus »Spiel mir das Lied vom Tod«) und dem Cranberry-Hit aus dem Jahr 1994 »Dreams«.

Sunchyme (9/97 GB 2; 10/97 D 3)
Carnaval De Paris (6/98 GB 5, D 2)
Dream To Me (2/01 GB 9; 4/01 D 9)
Dance, Pop

Darren, James

JAMES DARREN v (USA, * 3. 10. 1936 als James William Ercolani in Philadelphia/Pennsylvania)
Der Sänger und Schauspieler begann seine Karriere 1955 in Hollywood, nachdem er in New York City eine Schauspielschule besucht hatte. 1956 erhielt er seine erste Filmrolle in »Rumble On The Docks«. Danach spielte er 1957 in »The Brothers Rico« und »Operation Madball«. 1959 kamen »The Gene Krupa Story« und »Gidget«. Hier sang er den Titelsong, der als Singleveröffentlichung im April 1959 bis auf Platz 41 in den USA stieg. 1960 kamen zwei weitere Filme hinzu. 1961 spielte er in »The Guns Of Navarone«. Das muss auch seiner Plattenkarriere einen Push gegeben haben. Seinen zweiten Hit »Her Royal Majesty« hatte Carole King geschrieben. In GB erreichte er zwischen 1960 und 1962 vier Platzierungen, jedoch keine unter den ersten 20. Nach 1963 schien seine Plattenkarriere auch in den

USA beendet. 1967 erreichte er noch einmal die Top 40 mit »All«, 1977 sang er »You Take My Heart Away« im Film »Rocky«. Es wurde ein Platz 52. In der Science-fiction-Serie ›The Time Tunnel‹ spielte er in den Jahren 1966/67 Dr. Tony Newman. In der Krimiserie ›T. J. Hooker‹, die in den USA zwischen 1983 und 1986 lief, war er der Officer Jim Corrigan.

Goodbye Cruel World (10/61 US 3)
Her Royal Majesty (2/62 US 6)
Pop

Darts

KENNY ANDREWS v, b (USA, * 30. 8. 1952 in Malvern/Ohio), GEORGE CURRIE g (Großbritannien, in Dundee), MIKE DEACON key (Großbritannien, * 30. 4. 1945 in Surrey), JOHN DUMMER d (Großbritannien, in Surbiton), GRIFF FENDER v (Großbritannien, * 3. 6. 1954 als Ian Collier in Portsmouth), BOB FISH v (Großbritannien, in Southend), DEN HEGARTY v (Großbritannien, * 13. 9. 1954), HORATIO HORNBLOWER sax (Großbritannien, * 15. 1. 1957 als Nigel Trubridge), HAMMY HOWELL key (Großbritannien), RITA RAY v (Ghana, * 11. 12. 1954 als Lydia Murdoch), THUMP THOMPSON b (Großbritannien, als Iain)
Während in der zweiten Hälfte der 70er Jahre Punk- oder New-Wave-Bands aus dem Boden schossen, orientierte sich diese britische Gruppe nach hinten. Einige Mitglieder hatten vorher in der John Dummer Blues Band gespielt. Sie belebte die alte Doo-Wop-Musik wieder neu und hatte damit zumindest in England Erfolg. Geschickt suchten sie sich aus dem Altrepertoire des Rock 'n' Roll und Rhythm & Blues Titel, die sie wieder neu aufnahmen. Ihr erster großer Erfolg war eine Mixtur aus »Daddy Cool« und »The Girl Can't Help It«. Ende der 70er Jahre trennte sich Den Hegarty von den Darts, um eine Solokarriere zu starten, und wurde durch Kenny Andrews ersetzt. Mit ihm konnte die Band ihre Erfolge nicht mehr wiederholen. Es kam zu weiteren personellen Umbesetzungen, die die Gruppe allesamt nicht mehr weiterbrachten. »Darts« (12/77 GB-LP 9) und »Amazing Darts« (11/78 GB-LP 8) waren die erfolgreichsten Alben der Formation.

Daddy Cool/The Girl Can't Help It (11/77 GB 6)
Come Back My Love (1/78 GB 2)
Boy From New York City (5/78 GB 2)
It's Raining (8/78 GB 2)
Get It (2/79 GB 10)
Duke Of Earl (7/79 GB 6)
Pop, Rockabilly

Darude

VILLE VIRTANEN dj (Finnland)
Hinter Darude versteckt sich der Produzent Ville Virtanen (* 1976). Der Name Darude kam von der schwedischen Sängerin Leila K. Sie nannte Ville ›rude boy‹. Daraus entwickelte sich Darude. Die Single »Sandstorm« wurde in Finnland bereits Ende 1999 veröffentlicht und war dort ein großer Hit. Ebenso der Nachfolger »Feel The Beat«. Während der Love Parade des Jahres 2000 war »Sandstorm« einer der meistgespielten Titel. Und nachdem »Sandstorm« auch noch Top-10-Hit in Großbritannien wurde, war der Weg frei für das restliche Europa. Es folgten »Feel The Beat« (12/00 D 18) und »Out Of Control (Back For More)« (9/01 GB 13).

Sandstorm (6/00 GB 3; 9/00 D 6)
Feel The Beat (11/00 GB 5)
Dance

Das Bo

MIRCO BOGOJEVIC rap (Deutschland)
Das Bo alias Mirko war der Frontmann der Formation Fünf Sterne deluxe. Musik für die Pausen auf dem Schulhof. »Wer hätte

das gedacht« (10/99 D 85) machte Bo zusammen mit Falk und Feris MC und hatte damit seine erste Hitnotierung.
»Ja, ja... deine Mudder« (12/99 D 38) und »Die Leude« (8/00 D 39) waren die Top-40-Hits von Fünf Sterne deluxe.

türlich, türlich (sicher, Dicker) (7/00 D 5)
HipHop, Rap

David, Craig

CRAIG DAVID v (Großbritannien, * 5. 5. 1981 in Southampton)
Seinen ersten Erfolg als Sänger hatte David zusammen mit Artful Dodger und dem Hit »Re-Rewind The Crowd Say Bo Selecta«. Danach starte David eine Solokarriere und erreichte mit »Fill Me In« am 15.4. 2000 gleich den Sprung auf Platz 1 in GB. Gleiches schaffte am 5.8. 2000 »7 Days«. Und auch sein Debütalbum »Born To Do It« (8/00 GB-LP 1, 9/00 D-LP 3, 8/01 US-LP 11) erreichte am 26.8. 2000 auf Anhieb Platz 1 der britischen LP-Charts. Ab Mitte 2001 wurde Craig auch in den USA erfolgreich. Mit »Fill Me In« (6/01 US 15) schaffte er dort den Durchbruch.

Fill Me In (4/00 GB 1)
7 Days (8/00 GB 1; 12/01 US 10)
Walking Away (12/00 GB 3)
Rendezvous (3/01 GB 8)
Pop

Siehe auch: Artful Dodger

David, F. R.

F. R. DAVID v, g, per (Tunesien, * 1. 1. 1947 als Robert Fitoussi)
Als er zehn Jahre alt war, zog er mit seinen Eltern nach Paris. Bereits als Teenager erhielt Robert seinen ersten Plattenvertrag und veröffentlichte in den frühen 70er Jahren einige Singles, die jedoch keine Spuren hinterließen. Dann schloss er sich der französisch-marokkanischen Hard-Rock-Formation Variation an. Nachdem diese Gruppe sich getrennt hatte, spielte er mit Café de Paris und in der Band von Vangelis Gitarre und Percussion. Mitte 1982 konnten sich mit seiner Erkenntnis, dass es manchmal schwer fällt, sich vernünftig auszudrücken, so viele Käufer identifizieren, dass es ein weltweiter Hit wurde. Zuerst war es eine Nummer 1 in Frankreich – und in den USA reichte es immerhin noch für Platz 62. Danach hörte man nichts mehr von F.R. David. Wie sang er schon in seinem Hit: ›Words don't come easy.‹ Sein erfolgreichstes Album hieß ebenfalls »Words« (11/82 D-LP 13).

Words (8/82 D 1; 4/83 GB 2)
One Hit Wonder, Schlager

David & Jonathan

DAVID v (Großbritannien, * 23. 8. 1942 als Roger Greenaway in Southmead), JONATHAN v (Großbritannien, * 19. 8. 1940 als Roger James Cook in Bristol)
Greenaway und Cook hatten sich 1965 von der Gruppe Kestrels getrennt und versuchten sich als Songschreiberteam. »You've Got Your Troubles« mit den Fortunes wurde im Juli 1965 ihr erster großer Erfolg als Autoren. Sie selbst hatten mit einer Lennon-McCartney-Komposition, »Michelle« (1/66 GB 11, US 18), ihren ersten Erfolg. Mitte desselben Jahres hatten sie ihren letzten Hit: »Lovers Of The World Unite«. Möglich, dass sie in der Autorentätigkeit für sich die ruhigere Arbeit sahen. Mitte 1968 hörten sie mit David & Jonathan auf, blieben aber weiter als Songschreiberteam zusammen. Andy Williams, Hollies, New Seekers, Cilla Black, White Plains, Congregation, Gene Pitney oder Blue Mink – hier sang Roger Cook mit Madeline Bell – hatten Top-10-Hits von Cookaway Music. 1976 ging Roger Cook nach Nashville und schrieb dort für Interpreten wie Don Williams oder Crystal Gayle Country-Hits. David blieb in

GB, arbeitete weiter als Songschreiber und als Produzent. So wurden durch ihn z. B. die Drifters wieder für die 70er Jahre aufpoliert.

Lovers Of The World Unite (7/66 GB 7)
Folk, Pop

Davidson, Paul

PAUL DAVIDSON v (Jamaika)
»Midnight Rider« war eine Reggae-Version des gleichnamigen Allman-Brothers-Songs. Paul Davidson arbeitete hauptberuflich in einem Tonstudio in Kingston und nahm den Titel an einem produktionsfreien Tag schnell mal auf. Mehr Freizeit hat er wohl nicht gehabt, denn ein weiterer Hit ist ihm nicht gelungen.

Midnight Rider (12/75 GB 10)
One Hit Wonder, Reggae

Davies, Dave

DAVE DAVIES v, g (Großbritannien, * 3. 2. 1947 in Muswell Hill/London)
Dass unter Brüdern die Talente nicht exakt gleich verteilt sind, ist normal. Dass sich Brüder nicht immer gut verstehen und vertragen, ebenfalls. Dabei muss es ja nicht so weit kommen wie bei unseren Urbrüdern Kain und Abel. Ray und Dave Davies, die 1963 die Kinks gründeten und seither in dieser Band spielen, hatten mit der Gruppe mal mehr, mal weniger Erfolg. Ray war derjenige, der alle Hits der Kinks im Alleingang geschrieben hat, der jüngere Dave stand immer in seinem Schatten. Mag sein, dass er deshalb versuchte, der Übermacht des großen Bruders zu entfliehen, als er einige Soloprojekte startete, die zumindest 1967 Dave in das Rampenlicht stellten. »Susannah's Still Alive« wurde ein halbes Jahr nach seinem größten Hit noch ein Platz 20. Dabei ist es allerdings geblieben – Dave ordnete sich wieder der Gruppe unter. Die Beziehung der beiden Brüder Davies scheint teilweise wirklich nicht sehr gut gewesen zu sein. In einem Interview äußerte Ray einmal: ›Unser Verhältnis war niemals gut und wird es auch niemals werden. So wie sich die Kinks im Laufe der Jahre entwickelt haben, kann es gar keinen Frieden geben. Es gab sogar mal einen Punkt, da haben wir uns nur über unsere Rechtsanwälte unterhalten.‹ Vielleicht ist Ray nie auf die Idee gekommen, dass seine ewige Nörgelei, seine ewige Überlegenheit dazu beigetragen hat, Dave klein zu halten. Mochten sie sich auch noch so streiten, mal offen, meist im Verborgenen: Als 1993 mit »Phobia« nach längerer Zeit mal wieder etwas Neues von den Kinks erschien, waren beide Brüder immer noch zusammen; und noch immer schrieb Ray alles alleine. 2001 zog Dave mit eigener Band durch die Lande, auch durch Deutschland.

Death Of A Clown (7/67 D 3, GB 3)
Beat, Pop

Siehe auch: Kinks

Davies, Windsor & Don Estelle

WINDSOR DAVIES v (Großbritannien), DON ESTELLE v (Großbritannien)
Diese beiden britischen Komiker spielten in den 70er Jahren in der BBC-Fernsehserie ›It Ain't Half Hot Mum‹ die Hauptrollen. Windsor Davies war BSM Williams, ein bulliger Sergeant, Don Estelle der feige Schütze ›Lofty‹ Sugden. Die Serie spielte in Indien während des Krieges. Innerhalb dieser Serie sangen sie einen Titel, der über vierzig Jahre zuvor mit den Ink Spots erfolgreich gewesen war: »Whispering Grass«. Im Herbst 1975 schafften sie mit »Paper Doll« noch einen Platz 41 in der Hitparade, dann war der musikalische Erfolg vorbei. Die beiden blieben jedoch zusammen und traten in Kabaretts auf. Später gründete Don seine

eigene Plattenfirma, die er nach seinem Spitznamen in der BBC-TV-Serie Lofty nannte. Ihr erfolgreichstes Album war »Sing Lofty« (1/76 GB-LP 10).

Whispering Grass (5/75 GB 1)
One Hit Wonder, Pop

Davis, Billie

BILLIE DAVIS v (Großbritannien, * 22. 12. 1945 als Carol Hedges in Woking/Surrey)
Die von Robert Stigwood entdeckte weiße Soulsängerin tauchte zum ersten Mal 1962 in den Hitparaden auf: Zusammen mit Mike Sarne sang sie den Novelty-Titel »Will I What?« (9/62 GB 18). Ein Jahr später hatte Billie Davis ihren ersten und größten Soloerfolg mit einer Coverversion des Exciters-Titels »Tell Him«. Der Nachfolgetitel »He's The One« wurde noch ein Platz 40. Dann hörte man fünf Jahre musikalisch nichts von ihr, dafür um so mehr von ihrer stürmischen Affäre mit dem Shadows-Gitarristen Jet Harris und einem schweren Verkehrsunfall der beiden, den sie nur knapp überlebten. 1968 tauchte sie dann noch einmal in GB mit »I Want You To Be My Baby« (12/86 GB 33) auf. Danach zog Billie Davis nach Spanien und verfolgte dort ihre Karriere weiter. 2001 machte sie eine ausgedehnte Tournee mit P.J. Proby durch GB, 2002 war sie wieder zusammen mit Jet Harris unterwegs.

Tell Him (2/63 GB 10)
Pop, Soul

Davis, Mac

MAC DAVIS v, g (USA, * 21. 1. 1942 als Mac Scott in Lubbock/Texas)
Obwohl sich der Sänger, Gitarrist und Songschreiber schon Anfang der 60er Jahre als Musiker versuchte, kam für ihn erst der Erfolg, nachdem Interpreten wie Lou Rawls, Glen Campbell und vor allen anderen O.C. Smith – für den er »Daddy's Little Man« schrieb – und Elvis Presley – für den er »In The Ghetto« und »Don't Cry Daddy« verfasste – seine Kompositionen aufgenommen hatten. 1969 erhielt Mac Davis einen Plattenvertrag als Solist. Sein erster großer Hit war der Millionseller »Baby, Don't Get Hooked On Me«. Zwischen 1974 und 1976 hatte er eine eigene TV-Show in den USA. Außerdem wirkte er in etlichen Filmen als Schauspieler mit und trat regelmäßig in Las Vegas auf. Seine erfolgreichsten Alben waren »Baby Don't Get Hooked On Me« (9/72 US-LP 11) und »Stop And Smell The Roses« (5/74 US-LP 13). Seine Plattenveröffentlichungen gehen bis in die 90er Jahre.

Baby Don't Get Hooked On Me (7/72 US 1)
Stop And Smell The Roses (8/74 US 9)
Country, Pop

Davis, Paul

PAUL DAVIS v (USA, * 21. 4. 1948 in Meridian/Mississippi)
Seinen ersten Erfolg hatte Paul Davis in der Rolle des Peter auf der 1970 erschienenen Konzept-LP »Jesus Christ Superstar«. Im selben Jahr hatte er auch seine ersten Hitparadenerfolge. »I Go Crazy« konnte sich vierzig Wochen in den Charts behaupten – für eine Single eine enorm lange Zeit. Paul war auch noch als Songschreiber und Produzent erfolgreich und wandte sich der Country Music zu. Zusammen mit Marie Osmond stand er im August 1986 auf Platz 1 der Country-Charts mit »You're Still New To Me«. Vielleicht hatte es seiner Popularität geholfen, dass er am 30. 7. 1986 in Nashville eine Schießerei überlebt hatte. Noch einmal Spitzenreiter in den C&W-Charts wurde er mit Tanya Tucker und Paul Over-

street und dem Titel »I Won't Take Less Than Your Love« im November 1987.

I Go Crazy (8/77 US 7)
'65 Love Affair (2/82 US 6)
Pop

Davis, Sammy jr.

SAMMY JR. DAVIS v, d, b, tr, p, vibraphon (USA, * 8. 12. 1925 in Harlem/New York City, † 15. 5. 1990)
Sammy Davis jr. war die Inkarnation des US-Entertainments: Sänger, Filmschauspieler, Unterhalter und vielseitiger Musiker. So spielte er z. B. Piano, Bass, Schlagzeug, Vibraphon und Trompete. Er galt als ausgezeichneter Jazzsänger und seine One-Man-Show machte ihn weltberühmt. Als Filmschauspieler war er u. a. 1959 in »Porgy & Bess«, 1961 in »Pepe« und 1963 in der »Dreigroschenoper« zu sehen. Als Tänzer war er kaum zu schlagen. Sein Vater und sein Onkel Will Mastin, die in den 20er und 30er Jahren in den USA auch schon einen Namen hatten, holten den Junior in ihre Show, als er gerade acht Jahre alt war. (Sein Debüt als Profi – das ist verbürgt – gab er bereits im Alter von zwei Jahren.) Das Trio bereiste die ganzen Vereinigten Staaten. Dann kam der Zweite Weltkrieg, ab 1946 traten sie wieder zu dritt auf. In Hollywood brachen sie in einem Laden, der ›Slapsie Maxie's‹ hieß, alle Rekorde, was die Anzahl der Besucher und deren Begeisterung anging. Am 19. 11. 1954 hatte Sammy einen Autounfall, verlor dabei ein Auge und brach sich die Nase so, dass sie nur schwer wieder zusammengeflickt werden konnte. Ab 1956 spielte er am Broadway, dann die ersten Filme. In den Hitparaden wird er ab 1954 erwähnt. Als Frank Sinatra seine eigene Plattenfirma aufmachte, nahm er auch Sammy Davis jr. und Dean Martin unter Vertrag. Die drei, die auch zusammen in Filmen auftraten, verdienten sich schnell die liebenswürdige Bezeichnung ›Rat Pack‹, was wohl am besten mit Klüngel zu übersetzen ist (Klüngel ist, wenn man einen kennt). Der Millionseller »The Candy Man« stammte aus dem Film »Willy Wonka And The Chocolate Factory«, in dem Gene Wilder die Hauptrolle spielte. Ursprünglich hatte die Mike Curb Congregation das Stück aufgenommen, Sammys Gesang wurde erst später der fertigen Produktion hinzugefügt. Den Verlust seines Auges und die von ihm erkannte Intoleranz um ihn herum machte Sammy zum Gegenstand seines bissigen und sarkastischen Humors. So bezeichnete er sich als den ›einzigen einäugigen jüdischen Nigger der Welt‹. Von ihm stammt auch folgende Aussage: ›Als ich in das Showgeschäft kam, hieß es, für jede Art von Geschmack sei Platz. Deshalb nannte man das auch Variété. Von Vielfalt ist im heutigen Showgeschäft nichts mehr zu spüren.‹ Sammy Davis' jr. Version von »Mr. Bojangles« hat zwar nie in den Hitparaden gestanden, ist aber so ausdrucksstark wie keine andere. Seine erfolgreichsten Alben waren »Starring Sammy Davis Jr.« (5/55 US-LP 1), »Just For Lovers« (10/55 US-LP 5), »What Kind Of Fool Am I And Other Show-Stoppers« (10/62 US-LP 14), »Sammy Davis Jr. At The Coconut Grove« (3/63 GB-LP 19) und »Sammy Davis Jr. Now« (4/72 US-LP 11). Sammy starb an Krebs.

Something's Gotta Give (6/55 US 9)
Love Me Or Leave Me (9/55 GB 8)
The Candy Man (3/72 US 1)
Pop, Rhythm & Blues

Davis, Skeeter

SKEETER DAVIS v (USA, * 30. 12. 1931 als Mary Frances Penick in Dry Ridge/Kentucky)
Skeeter war zwischen 1953 und 1976 regelmäßig in den US-Country-Charts zu

finden. Auf ihren Künstlernamen Skeeter Davis war sie gekommen, als sie 1949 zusammen mit Betty Jack Davis (* 3. 3. 1932) als Davis Sisters auftrat. Die beiden nahmen ab 1952 Platten auf und hatten ihren größten Erfolg im August 1953, als sie mit »I Forgot More Than You'll Ever Know« auf Platz 1 der Country- und auf Platz 18 der Popcharts standen. Am 2. 8. 1953, zwei Wochen bevor die Platte in die Hitparaden kam, war Betty Jack Davis bei einem Autounfall ums Leben gekommen. Skeeter wurde dabei so schwer verletzt, dass sie ein Jahr brauchte, um sich wieder zu erholen. Damit die Davis Sisters dann doch weitermachen konnten, nahm Georgia Davis, Bettys Schwester, deren Platz ein. Ab 1958 machte Skeeter dann Soloplatten, und zwischen 1960 und 1964 war sie auch in den Popcharts erfolgreich. In den Country-Charts wurde sie bis in das Jahr 1976 notiert.

The End Of The World (1/63 US 2)
I Can't Stay Mad At You (9/63 US 7)
Country

Davis, Spencer, Group

SPENCER DAVIS v, g (Großbritannien, * 17. 7. 1939 in Swansea/Wales), MUFF WINWOOD b (Großbritannien, * 14. 6. 1943 als Mervyn in Birmingham), STEVE WINWOOD v, g, key, b, org (Großbritannien, * 12. 5. 1948 in Birmingham), PETE YORK d (Großbritannien, * 15. 8. 1942 in Middlesborough/Yorkshire)

Einen richtigen Grund, weshalb die Band Spencer Davis Group hieß, gab es nicht. Vielleicht weil der Gitarrist Spencer Davis der Älteste in diesem Quartett war. Spund in dieser Gruppe war der jüngere Bruder des Bassisten Muff Winwood, Stevie Winwood. Der spielte Tasteninstrumente und Gitarre, war aber in der Hauptsache der Sänger und neun Jahre jünger als Spencer Davis. Als die Nummer »Keep On Running« im Januar des Jahres 1966 in der britischen Hitparade auf dem ersten Platz stand, war Stevie Winwood gerade 17 Jahre alt. Das lässt die Vermutung zu, dass die Gruppe gerade erst gegründet worden war – falsch: Sie bestand schon seit 1963 in dieser Besetzung. Stevie war also gerade 14 Jahre alt, als man sich formierte. Mit 16 wurde er Profimusiker mit seinen Kumpels. Spencer Davis war vorher Deutschlehrer an der Universität in Birmingham gewesen und hatte sich fest vorgenommen, gegen den aufkommenden britischen Beat anzugehen. Der orientierte sich vorwiegend an den amerikanischen Rock 'n' Rollern. Die Spencer Davis Group nahm einen gehörigen Schuss Rhythm & Blues mit in ihr Programm. Die ersten Platten der Band waren Nachzieher von alten Blues-Standards wie »Dimples« von John Lee Hooker oder Titel wie »Every Little Bit Hurts« und »I Can't Stand It«. Sie blieben einem breiten britischen Publikum jedoch meist unbekannt. Bemerkenswert und bejubelt waren jedoch die Live-Auftritte der Band. Das Publikum war jedesmal von den Socken, wenn es die Stimme des Knaben Stevie Winwood hörte. In der Tat: Da ging der Vorhang auf, und dahinter standen die vier Musiker. Drei sahen aus wie brave Studenten, der vierte wie ein Hauptschüler. Die Musik fing an – und dann begann Stevie zu singen. Zuerst ungläubiges Staunen, dann Begeisterung. Als ich die ersten Bilder der Spencer Davis Group sah, wollte ich auch nicht glauben, dass dieses kleine Lümmelchen der Sänger der Band ist und eine solche Röhre haben sollte. Er hatte aber und schrieb außerdem gute Songs. Aber schon Ende 1967 stand fest, dass der kleine Stevie die Spencer Davis Group verlassen würde, um mit anderen Musikern Traffic zu gründen. Eine weitere Station für ihn war Blind Faith, und seit Anfang der 80er Jahren ist Steve, der lieber auf das ›i‹ verzichtet, weil er sich

inzwischen alt genug fühlt, ein etablierter Solo-Interpret. Die Spencer Davis Group hat sich nach dem Weggang von Stevie Winwood erst einmal getrennt, wurde wieder mit neuen Musikern ins Rennen geschickt und versickerte schließlich im Sande. Spencer Davis hat danach für einige Jahre als Talentsucher für die Plattenfirma gearbeitet, die einst seine Hits rausbrachte. Muff Winwood ist ein anerkannter Produzent in GB, und Pete York trommelt immer noch. In den Hitparaden der 90er Jahre ist allerdings nur noch der kleine große Steve Winwood zu finden.
Die erfolgreichsten Alben der Spencer Davis Group: »Their 1st LP« (1/66 GB-LP 6), »Their 2nd LP« (1/66 GB-LP 3), »Beat With Soul« (5/66 D-LP 10) und »Autumn '66« (9/66 GB-LP 4, 1/67 D-LP 35).

Keep On Running (2/65 GB 1; 2/66 D 8)
Somebody Help Me (3/66 GB 1; 5/66 D 3)
Gimme Some Lovin' (11/66 US 7, GB 2)
I'm A Man (1/67 GB 9; 3/67 US 10)
Beat, Rhythm & Blues

Siehe auch: Traffic; Winwood, Steve

Davis, Tyrone

TYRONE DAVIS v (USA, * 4. 5. 1938 in Greenville/Mississippi)
Davis begann seine Karriere als Chauffeur für Freddie King. Ihn kutschierte er von 1959 bis 1962 durch die Gegend. Seine ersten Plattenaufnahmen machte er 1965 als Tyrone The Wonderboy mit der Gruppe Four Brothers. 1968 gelang ihm der Millionseller »Can I Change My Mind«. Im März 1970 hatte er einen weiteren Millionseller mit »Turn Back The Hands Of Time«. Nach 1976 brach seine Karriere in den Popcharts ab. Ende 1982 hatte er noch einmal einen kleineren Hit. In den R&B-Charts war er bis in die 90er Jahre weiter erfolgreich.

Can I Change My Mind (12/68 US 5)
Turn Back The Hands Of Time (3/70 US 3)
Soul

Dawn

TELMA HOPKINS v (USA, * 28. 10. 1948 in Louisville/Kentucky), TONY ORLANDO v (USA, * 3. 4. 1944 als Michael Anthony Orlando Cassavitis in New York City), JOYCE VINCENT v (USA, * 14. 12. 1946 in Detroit/Michigan)
Tony hatte seinen ersten Top-40-Erfolg mit »Halfway To Paradise« (5/61 US 39). »Bless You« (8/61 US 15) wurde wenig später sein erster und einziger Top-10-Hit – und den in GB. Danach lief erst einmal nichts mehr. Tony arbeitete in der Plattenindustrie als Promotionmann, dann als Manager für einen Musikverlag. Ende der 60er Jahre formierte sich in einem New Yorker Studio eine Gruppe namens Wind. Leadsänger war Tony Orlando. Mit »Make Believe« (9/69 US 28) hatten sie einen Hit. 1970 erhielt Hank Medress – einst Mitglied der Tokens und jetzt Produzent für Bell Records – ein Demoband von Telma Hopkins und Joyce Vincent, die sich selbst Dawn nannten, zugeschickt. Er bat Tony, doch noch eine Leadstimme über das fertige Band zu singen – und damit begann der Erfolg von Tony Orlando & Dawn.
Mitte 1970 erschien die Single »Candida« und wurde ein Millionseller in den USA. Tony Orlando hatte schon ganz vergessen, dass er den Titel aufgenommen hatte, und war sehr erstaunt, die Nummer in den ›Billboard‹-Charts zu sehen. Als Interpret wurde Dawn genannt, womit er nichts anfangen konnte. Als er dann schließlich realisierte, dass er der Sänger dieses Hits war, befiel ihn Angst, er könne seinen Job verlieren, weil er bei einer Konkurrenzfirma eine Platte aufgenommen hatte. Hank Medress konnte ihn nur schwer für weitere Titel von Dawn gewinnen. Der Nachfolgehit »Knock Three Times« war ein weiterer Millionseller. Ab Ende 1971 nannte man sich Dawn featuring Tony Orlando, und erst als es nun darum ging, live aufzutreten, wurden Telma Hopkins und Joyce Vincent in die For-

mation geholt. 1973 gelangen zwei weitere Millionseller: »Tie A Yellow Ribbon Round The Ole Oak Tree« und »Say, Has Anybody Seen My Sweet Gypsy Rose«. Jetzt schien für Tony der Moment gekommen zu sagen, dass er nicht mehr hinten anstehen wolle. Ab sofort erschienen die Platten als Tony Orlando & Dawn. 1977 zog sich Tony Orlando aus dem Musikgeschäft zurück, um wenig später erneut als Solist sein Glück zu versuchen. Die Popularität der Formation war Mitte der 70er Jahre so groß, dass sie zwischen 1974 und 1976 eine eigene TV-Show hatte. Telma Hopkins spielte in einigen Fernsehserien mit. 1988 kamen Tony Orlando und Dawn noch einmal zu einer Reunion-Tour zusammen.

Bless You (10/61 GB 5)
Candida (7/70 US 3; 1/71 GB 9)
Knock Three Times (11/70 US 1; 2/71 D 2; 4/71 GB 1)
What Are You Doing Sunday (7/71 GB 3)
Tie A Yellow Ribbon Round The Ole Oak Tree (2/73 GB 1, US 1; 5/73 D 9)
Say, Has Anybody Seen My Sweet Gypsy Rose (7/73 US 3)
Steppin' Out (Gonna Boogie Tonight) (8/74 US 7)
He Don't Love You (Like I Love You) (3/75 US 1)
Pop

Dawson, Dana

DANA DAWSON v (USA, in Queens/New Yorc City)
Gerade mal 20 Jahre war sie alt, als sie mit der Nummer »3 Is Family« die Briten begeisterte. Dabei war sie zu diesem Zeitpunkt schon ein alter Hase: In ihrer Heimatstadt New York war sie bereits als achtjährige am Broadway in dem Musical »Annie« aufgetreten. Mit 10 gehörten TV-Auftritte zu ihrem täglichen Leben und mit 14 gewann sie einen Texter-Wettbewerb. Zum Preis gehörte ein persönliches Treffen mit Michael Jackson. Als sie in GB ihre ersten Erfolge feierte, war sie in einem anderen Teil Europas bereits ein Star. In Frankreich hatte sich ihre Debüt-LP mehr als 2 Millionen mal verkauft. Mit »Got To Give Me Love« (10/95 GB 27) und »Show Me« (5/96 GB 28) gelangen ihr noch zwei weitere Top-40-Hits.

3 Is Family (7/95 GB 9)
Pop, Soul

Day, Doris

DORIS DAY v (USA, * 3. 4. 1924 als Doris von Kappelhoff in Cincinnati/Ohio)
Ursprünglich wollte die deutschstämmige Amerikanerin Tänzerin werden. Sie verletzte sich jedoch an den Beinen und entschied sich für den Gesang. Ihre Karriere begann Ende der 30er Jahre in der Band von Barney Rapp, der in Cincinnati, der Heimatstadt von Doris, neben einer eigenen Band auch einen eigenen Nachtclub leitete. Barney störte der Nachname Kappelhoff, und er empfahl ihr, sich Day zu nennen – nach ihrem zu diesem Zeitpunkt besten Gesangsstück »Day After Day«. Die nächsten Stationen waren die Bands von Fred Waring und Bob Crosby. Zwischen 1943 und 1946 wurde sie dann die Sängerin der Les Brown Band. Ihr erster Hit, für neun Wochen Nummer 1 in den USA und ein Millionseller, war mit Les Brown »Sentimental Journey«. Noch im selben Monat erreichte ein weiterer späterer Nummer-1-Hit von ihr und Les die Charts: »My Dreams Are Getting Better All The Time«. Bis Doris Les verließ, schaffte sie noch weitere vier Top-10-Erfolge mit ihm. Ab Ende 1947 erschienen dann ihre ersten Soloplatten. »Love Somebody« hieß ihr erster Millionseller. Am bekanntesten wurde sie durch »Whatever Will Be, Will Be« aus dem Hitchcock-Film »Der Mann, der zuviel wusste«, in dem sie neben James Stewart die Hauptrolle spielte. Von den späten 50er bis Mitte der 60er Jahre war sie die populärste und erfolg-

reichste amerikanische Schauspielerin. Das lag vor allem an ihrem natürlichen und nicht affektierten Wesen. Dazu kam eine gehörige Portion komisches Talent. Zu ihren großen Filmerfolgen gehören »Bettgeflüster« 1959, »Mitternachtsspitzen« 1960 und »Ein Hauch von Nerz« 1961. Es durfte im Übrigen wohl in der Tat nur ein Hauch von Nerz sein, denn von ihr stammt der Ausspruch, dass es ›ein Verbrechen ist, ein Tier zu töten, um daraus einen Mantel zu machen‹. Doris machte auch Platten zusammen mit Frankie Laine und Johnny Ray. Zwischen 1968 und 1973 war sie im Fernsehen sehr erfolgreich. In ihrer Show spielte sie die Rolle der Doris Martin. Ihre Serie gilt als eine der frühesten Shows, in der die Situation einer unabhängigen Frau dargestellt wird. 1975 erschien ›Doris Day: Her Own Story‹. Das Buch entwickelte sich zu einem Bestseller.

Für Fans von Doris Day veröffentlichte Bear Family drei CD-Boxen, in denen nun wirklich alles zu finden ist, was sie zwischen 1947 und 1967 aufgenommen hat. Dazu – wie bei dieser Firma üblich – Informationen ohne Ende. Die in den drei Boxen beiliegenden Bücher bringen mehr an Informationen, als man je in Deutschland über Doris Day lesen konnte.

Ihre erfolgreichsten Alben waren »You're My Thrill« (9/49 US-LP 5), »Tea For Two« (10/50 US-LP 3), »Lullaby Of Broadway« (3/51 US-LP 2), »Moonlight Bay« (8/51 US-LP 3), »I'll See You In My Dreams« (1/52 US-LP 1), »By The Light Of The Silvery Moon« (4/53 US-LP 4), »Calamity Jane« (1/54 US-LP 3), »Love Me Or Leave Me« (6/55 US-LP 1), »Day By Day« (2/57 US-LP 11), »20 Golden Greats« (1/79 GB-LP 12) und »Greatest Hits« (11/93 GB-LP 14).

My Dreams Are Getting Better All The Time (3/45 US 1)
Sentimental Journey (3/45 US 1)
'T Ain't Me (6/45 US 10)
Till The End Of Time (8/45 US 3)
You Won't Be Satisfied (Until You Break My Heart) (1/46 US 4)
I Got The Sun In The Morning (6/46 US 10)
The Whole World Is Singing My Song (10/46 US 6)
Love Somebody (5/48 US 1)
It's Magic (7/48 US 2)
My Darling, My Darling (11/48 US 7)
Again (5/49 US 2)
Bewitched (5/50 US 9)
Would I Love You (Love You, Love You) (3/51 US 10)
Shanghai (6/51 US 7)
A Guy Is A Guy (3/52 US 1)
Sugarbush (6/52 US 7; 12/52 GB 8)
My Love And Devotion (11/52 GB 10)
Mister Tap Toe (1/53 US 10)
Let's Walk Thata-Way (7/53 GB 4)
Secret Love (1/54 US 1; 4/54 GB 1)
Black Hills Of Dakota (8/54 GB 7)
If I Give My Heart To You (9/54 US 3, GB 4)
Ready, Willing And Able (4/55 GB 7)
Whatever Will Be, Will Be (Que Sera, Sera) (6/56 US 2, GB 1; 1/57 D 2)
Everybody Loves A Lover (7/58 US 6)
Move Over Darling (3/64 GB 8)
Pop

Dayne, Taylor

TAYLOR DAYNE v (USA, * 7. 3. 1962 als Leslie Wundermann in Long Island/New York)

Während ihrer High-School-Zeit nahm Taylor Dayne Gesangs- und Tanzunterricht und setzte das zunächst zwei Jahre in der Heavy-Metal-Band Felony um, dann in der New-Wave-Band The Next. Als Leslee nahm sie dann zwei Soloplatten für ein Independent Label auf, das kurz darauf dicht machte. Damit waren die Platten dann auch weg. Als Nächstes erschien 1988 die Single »Tell It To My Heart«. Nach 1990 trat eine dreijährige Pause für sie ein. Mit der CD »Soul Dancing« (7/93 US-LP 51) meldete sie sich 1993 zurück. Als Produzent wurde jetzt Clive Davis genannt, der auch schon Whitney Houston

gefördert hatte. Artig bedankte sich Taylor bei ihm, weil er ihr geholfen hatte, ›eine bessere Künstlerin und damit ein besserer Mensch zu werden‹. Auch optisch hatte Clive Taylor ein wenig gestylt. Die Nummer »Can't Get Enough Of Your Love«, 1974 ein Hit für Barry White, erreichte Mitte 1993 in den USA und GB die Top 20. Mit »I'll Wait« (1994) und einem Remix von »Tell It To My Heart« (1996) hatte Taylor zumindest in GB noch zwei weitere Top-30-Hits.
Die erfolgreichsten Alben waren »Tell It To My Heart« (1/88 US-LP 21, 3/88 GB-LP 24) und »Can't Fight Fate« (11/89 US-LP 25).

Tell It To My Heart (10/87 US 7; 1/88 D 1, GB 3)
Prove Your Love (2/88 GB 8, US 7; 4/88 D 4)
I'll Always Love You (6/88 US 3)
Don't Rush Me (11/88 US 2)
With Every Beat Of My Heart (10/89 US 5)
Love Will Lead You Back (1/90 US 1)
I'll Be Your Shelter (5/90 US 4)
Dance, Pop, Rhythm & Blues

Dazz Band

PIERRE DEMUDD v, b (USA), ERIC FEARMAN g (USA), KEVIN FREDERICK key (USA), BOBBY HARRIS v, b (USA), KEITH HARRISON key (USA), SKIP III MARTIN v (USA, in Jersey City/New Jersey), MARLON MCCLAIN g (USA), KENNY PETTUS per (USA), ISAAC WILEY d (USA), MICHAEL WILEY b (USA)
Bobby Harris formierte die Dazz Band Ende der 70er Jahre mit zwei aus Cleveland stammenden Funk-Gruppen: Bell Telefunk und Kinsman Grill House Band. Zunächst nannte er die neue Formation Kinsman Dazz, später nur noch Dazz Band. Den Ausdruck Dazz bildete er aus ›danceable Jazz‹ (= tanzbarer Jazz). Nach zwei wenig erfolgreichen Plattenveröffentlichungen als Kinsman Dazz gingen sie 1980 zu Motown und spielten ganz im Jazz-Funk-Stil von Earth, Wind & Fire. »Let It Whip« brachte ihnen dann auch gleich noch einen Grammy als beste R&B-Gruppe. Erfolge verzeichneten sie danach hauptsächlich in den speziellen schwarzen Hitparaden. Mit »Let It All Blow« gelang ihnen Ende 1984 noch einmal ein Platz 12 in der britischen Hitparade. 1988 verließ Martin III die Dazz Band und wurde Sänger bei Kool & The Gang. Das erfolgreichste Album der Dazz Band: »Keep It Live« (4/82 US-LP 14).

Let It Whip (4/82 US 5)
Funk, Rhythm & Blues

Siehe auch: Kool & The Gang

DB Boulevard

Drei aus der Umgebung von Venedig stammende DJs schlossen sich für dieses Projekt zusammen: Roxy, Alfredo Azzetto und Diego Broggio. Für den Gesang sorgte das Trio Moody. Der britische DJ Roger Sanchez, der für den Londoner Sender Kiss FM arbeitete, kürte die Platte zur ›Essential Record‹ – das genügte den Briten, sie zu kaufen. Über die Club-, Dance- und DJ-Charts kam die Platte schließlich auch in die Pop-Charts.

Point Of View (2/02 GB 3)
Dance

De Angelo, Nino

NINO DE ANGELO v (Deutschland, * 18. 12. 1963 als Domenico Gerhard Gorgolione in Karlsruhe)
Drafi Deutscher soll der Entdecker dieses Interpreten sein, dessen erster Hit aus dem Jahre 1982 stammt. Mit einer deutschen Version von »Guardian Angel«, gesungen von Masquerade alias Drafi Deutscher, der den Titel auch geschrieben hatte, erreichte Nino im November 1983 die Hitparade und wurde Platinseller. Bei Nino hieß die Nummer »Jenseits von Eden«. Über mehrere Wochen stand er

mit seiner Version auf Platz 1 in Deutschland und Masquerade auf Platz 2. Nino de Angelo nahm zusätzlich noch für den englischen Markt eine Version auf, die jedoch nur bis auf Platz 57 kam. Mit den Nummern »Flieger« (4/89 D 13) und »Samuraj« (4/89 D 11) gelangte er im Jahre 1989 noch einmal in die deutschen Top 20. »Flieger«, mitgeschrieben von Dieter Bohlen, war der deutsche Grand-Prix-Beitrag jenes Jahres in Lausanne. Seine erfolgreichsten Alben waren »Junges Blut« (1/84 D-LP 10) und »Jenseits von Eden« (1/84 D-LP 2).

Im Frühjahr 1996 wurde bei Nino Krebs im fortgeschrittenen Stadium diagnostiziert. Eine sofortige Strahlentherapie war unumgänglich – Nino musste sich nicht nur für längere Zeit aus dem Showgeschäft zurückziehen, er musste auch sein Leben völlig umkrempeln. Ende 1997 kam Nino als Platteninterpret mit dem Titel »I Can See The Light« zurück.

2002 kamen Nino und der ehemalige Smokie-Sänger Chris Norman für die Plattenproduktion »Ich mach meine Augen zu (Everytime . . .)« zusammen und traten damit in der ARD-Sendung ›Winterfest der Volksmusik‹ auf.

Jenseits von Eden (11/83 D 1)
Deutscher Schlager, Grand Prix

de Burgh, Chris

CHRIS DE BURGH v (Argentinien, * 15. 10. 1948 als Christopher John Davidson in Buenos Aires)

Seine irischen Eltern waren eine Zeit lang in Argentinien als Diplomaten, und die Familie seines Großvaters besaß dort eine Farm. Im Alter von vier Jahren zog die Familie für kurze Zeit nach Irland und dann zunächst für einige Zeit nach Malta. Als nächste Station folgte Nigeria. Mit siebeneinhalb schickten ihn die Eltern dann nach Irland in ein Internat. Als Chris de Burgh 1986 das Album »Into The Light« veröffentlichte, war er für viele ein Newcomer. »The Lady In Red«, machte ihn einem breiteren Publikum bekannt. Speziell in Deutschland hatte sich Chris schon vorher einen Fanstamm erarbeitet. Nummern wie »The Getaway« 1982, »Don't Pay The Ferryman« 1983 oder »High On Emotion« 1984 waren hierzulande sehr populär. Aber auch das war nicht der Beginn der Karriere von Chris de Burgh. Die Eltern hatten 1960 Irland zum endgültigen Wohnsitz erkoren. Hier hatten sie Bargy Castle, eine Burg aus dem 12. Jahrhundert, erworben, die sie in mühevoller Renovierungsarbeit zum Hotel umbauten. In diesem Hotel unterhielt Chris, der am berühmten Trinity College in Dublin Romanistik und Anglistik studierte, die Gäste. Bevor er überhaupt an eine Profikarriere als Musiker dachte, hatte er Hunderte von Solokonzerten in diesem Hotel gegeben. Hier trug er auch erste eigene Kompositionen vor. Die besten davon fasste er 1975 für sein erstes Album »Far Beyond These Castle Walls« zusammen. Darauf schon Meisterwerke wie »Hold On«, »Windy Night«, »Sin City« oder »Satin Green Shutters«. Jeder dieser vier Titel wäre schon damals für die Hitparaden prädestiniert gewesen, schaffte es aber leider nicht. Von der musikalischen Qualität des Chris de Burgh waren zum damaligen Zeitpunkt nicht viele Käufer überzeugt, aber doch etliche seiner Musikerkollegen. Seine erste größere Tournee machte er im Vorprogramm seiner Label-Kollegen Supertramp. Barry de Souza, Phillip Goodhand-Tait oder Madeline Bell wirkten auf seiner ersten Plattenproduktion mit. Auch die Kritiker überschlugen sich damals vor Begeisterung. Es nützte nichts. Die nächsten LPs, wie »Spanish Train And Other Stories«, »At The End Of A Perfect Day«, »Crusaders« oder »Eastern Wind«, waren wieder handwerklich sehr gut gemacht, wurden aber nicht die großen Verkaufsknüller. Trotzdem wird diese fünfte LP, »Eastern Wind«, als ein Markstein in der Karriere von Chris angesehen. Zum erstenmal arbeitete er bei den Aufnahmen mit einer eigenen Band zusammen. Zum erstenmal engagierte er einen Amerikaner als Produzenten, und zum erstenmal wählte er ein Studio außerhalb Englands. ›Die Produktion hat mir so viel Spaß gemacht wie noch nie zuvor. Früher fühlte ich mich durch die klassische Tradition meiner Musik immer etwas eingeengt. Diesmal sollten jedoch die Kraft und die Spielfreude unserer Live-Auftritte im Mittelpunkt der Arbeit stehen.‹ Wohl, weil auch bisher ein Singlerfolg ausgeblieben war, fasste die Plattenfirma schon mal die besten Stücke von ihm 1981 auf der Langspielplatte »Best Moves« zusammen. Für eine Endabrechnung wohl etwas zu früh. Dazu Chris: ›Um ehrlich zu sein, hatte ich nicht gewusst, was ich tun sollte, bevor »Best Moves« herauskam. Ich hatte nie darüber nachgedacht, eine Zusammenstellung herauszubringen. Es war damals ein Vorschlag der kanadischen Plattenfirma. Obwohl ich dort niemals eine Hitsingle hatte, waren die Verkaufszahlen meiner LPs und die Zahl der Konzertbesucher hoch.‹ Der Schachzug war geschickt. »Best Moves« wurde die erste LP von Chris, die sich in der britischen LP-Hitparade niederschlug. Womit er bis zu diesem Zeitpunkt aber wirklich überzeugen konnte, waren seine Konzerte. Es muss auch mit den menschlichen Qualitäten von Chris de Burgh und seiner Liebenswürdigkeit zu tun haben, dass er über einen so langen Zeitraum Platten veröffentlichen konnte, ohne dass ihn seine Firma fallen ließ. Etliche andere Künstler haben es nie auf fünf Nicht-Chart-LPs in GB gebracht. Dass man ihn nicht hat fallen lassen, erwies sich im Nachhinein ebenfalls als ein guter Schachzug, denn erst jetzt ging die Karriere richtig los.

Chris de Burgh entwickelte sich mehr und mehr zu einem generationenübergreifenden Künstler. Vom ganzen Habitus, von der Kleidung bis zum Gesangsstil ist er sowohl für Dreizehn- wie auch für Siebzigjährige akzeptabel. Chris de Burgh: ›Jedesmal, wenn wir auf Tournee sind, scheint das Publikum immer breitgefächerter zu werden. Die Mehrheit der Fans scheint bei einem Konzert so 15 bis 25 Jahre alt zu sein, aber es ist nichts Ungewöhnliches, ein etwas reiferes Paar zu entdecken, das mit all den anderen gemeinsam auf die Musik abfährt. Bei einem Konzert saßen drei Frauen nebeneinander, eine Großmutter, eine Mutter und ein Teenager. Sie hielten ein Spruchband hoch, auf dem stand: Ein Dankeschön von drei Generationen Chris-de-Burgh-Fans. Und wo wir auch spielen, es ist überall das Gleiche.‹ Seine Lieder waren ebenfalls so konstruiert, dass sie sowohl in Laufbandprogrammen wie in Rocksendungen zu hören waren. Nach dem weltweiten Erfolg von »The Lady In Red« 1986 blieb Chris de Burgh der, der er auch vorher gewesen war: der bescheidene und sympathische Künstler, der auf der einen Seite sagt, er könne jetzt natürlich nicht mehr vor vierzig Leuten im Rheinterrassen-Bierkeller, wo er seine erste Deutschland-Tournee begann, spielen, schon weil die Nachfrage nach Eintrittskarten so groß sei, dass er in den größtmöglichen Hallen spielen müsse, auf der anderen Seite sich aber eben an diese kleinen Anfänge auch noch erinnert. Speziell die deutschen Fans sorgten dafür, dass seine Platten sich weiter verkauften.

Die erfolgreichsten Alben von Chris: »Best Moves« (2/82 D-LP 4), »The Getaway« (10/82 D-LP 1, GB-LP 30), »Man On The Line« (5/84 D-LP 1, GB-LP 11), »The Very Best Of Chris De Burgh« (12/84 GB-LP 6), »Into The Light« (6/86 D-LP 2, GB-LP 2, 9/86 US-LP 25), »Flying Colours« (10/88 GB-LP 1, D-LP 2), »From A Spark To A

Flame – The Very Best Of Chris De Burgh« (10/89 D-LP 2, 11/89 GB-LP 4), »High On Emotion Live From Dublin« (9/90 GB-LP 15, D-LP 8), »Power Of Ten« (5/92 GB-LP 3, D-LP 1), »This Way Up« (5/94 GB-LP 5, D-LP 4), »The Love Songs« (10/97 GB-LP 10) und »Quiet Revolution« (10/99 D-LP 6).

The Lady In Red (7/86 GB 1; 9/86 D 5; 2/87 US 3)
Missing You (10/88 GB 3)
AOR (Adult Orientated Rock), Pop, Soft Rock

De La Soul

PASEMASTER MASE (USA, * 24. 3. 1970 als Vincent Lamont Mason Jr. in Brooklyn/New York City), POSDNUOS (USA, * 17. 8. 1969 als Kelvin Mercer in Bronx/New York City), TRUGOY THE DOVE (USA, * 21. 9. 1958 als David Jude Jolicoeur in Brooklyn/New York City)
Wer unbedingt alles in eine Schublade stecken möchte: Das US-Trio De La Soul aus Long Island, New York, macht Psychedelic Rap. Ihre Plattenfirma behauptet stolz, dass es unglaublich schwer sei, die stilistische Vielfalt von De La Soul auch nur annähernd zu beschreiben: Doo-Wop-Einflüsse, Country à la Johnny Cash, Reggae, Sixties-Soul, Rap, französische Chansons – alles werde in ihrer Musik verarbeitet. Wenn man sieht, bei wie vielen Interpreten sich De La Soul auf ihren Platten bedanken, weil sie Stückchen aus ihren Titeln gesampelt haben, kann man in der Tat von stilistischem Vielklau sprechen. Anfang 1989 erschien mit »3 Feet High And Rising« die erste LP der Formation. Darauf der erste Hit »Me Myself And I«. In ihrer Heimat, den USA, sind sie über einen Platz 34 in den Popcharts nicht hinausgekommen – den belegte »Me Myself And I«, trotzdem ein Millionseller. 1991 erschien ihre CD »De La Soul Is Dead« (5/91 GB-LP 7, 6/91 US-LP 26). 1993 »Buhloone Mindstate«. Die Auskopplung »Breakdawn« aus der 93er CD brachte im September in GB zumindest noch einmal einen Top-40-Hit. Mitte 1996 kam mit »Stakes Is High« ein neues Album der Band. Nach Jahren der Abwesenheit aus den Hitparaden stand Mitte 2000 die Nummer »Oooh« (7/00 GB 29) in den Charts. Als Interpreten wurden genannt De La Soul feat. Redman. Gleichzeitig wurde das Album »Art Official Intelligence: Mosaic Thump« (8/00 US-LP 9) veröffentlicht. Es folgte mit Gast Chaka Khan »All Good« (11/00 GB 33).

The Magic Number/Buddy (12/89 GB 7)
Ring Ring Ring (Ha Ha Hey) (4/91 D 8, GB 10)
Psychedelic, Rap

De'lacy

GLEN BRANCH d (USA), DELACY DAVIS per (USA), GARY GRIFFIN b (USA), RAINIE LASSITER v (USA)
Lassiter hatte die New Jersey School of Performing Arts besucht und bereits etliche Künstler, darunter Adeva, auf Tourneen begleitet. Griffin und Davis waren beide Polizisten und Branch Telefoningenieur. Ihr erster Hit »Hideaway« schaffte in GB den Sprung unter die ersten 10. Der Nachfolger »That Look« kam ziemlich genau ein Jahr später ebenfalls in GB bis auf Platz 19. 1998 remixte Nu Birth den Titel »Hideaway« (2/98 GB 21).

Hideaway (9/95 GB 9)
House

De Paul, Lynsey

LYNSEY DE PAUL v (Großbritannien, * 11. 6. 1950 als Lynsey Rubin in London)
Ihren ersten Kontakt mit dem Showgeschäft hatte Lynsey De Paul als Designerin

für Plattenhüllen. Nachdem sie ein Cover für die Pipkins entworfen hatte, lernte sie deren Produzenten Roger Greenaway kennen und zeigte ihm einige selbst geschriebene Songs. Der fand sie gut und sorgte dafür, dass z. B. die Fortunes im Januar 1972 »Storm In A Teacup« aufnahmen, geschrieben von Lynsey mit Ron Roker, aus dem später Barry Green und dann Barry Blue wurde. Im August desselben Jahres hatte sie ihren ersten Erfolg mit »Sugar Me«. In den folgenden Jahren schrieb sie mit Barry Blue oder Mike Moran etliche Hits für sich und andere. 1977 beteiligte sie sich zusammen mit Mike Moran und dem Titel »Rock Bottom« am Grand Prix Eurovision. Sie kamen hinter der Siegerin Marie Myriam auf Platz 2. Nach dieser Platte trat eine längere Pause ein, die sie vorwiegend in den USA verbrachte. Es muss zu unliebsamen Querelen zwischen ihr und der Plattenfirma gekommen sein. Als sie 1981 wieder mit neuem Material auf den Markt kam, wollte man sie nicht mehr hören.

Sugar Me (8/72 GB 5)
No Honestly (11/74 GB 7)
Rock Bottom (5/77 D 4)
Grand Prix, Pop

De Sykes, Stephanie

STEPHANIE DE SYKES v (Großbritannien, als Ryton)
Stephanie begann als Studiosängerin und im Background-Chor der BBC-Talentshow ›Opportunity Knocks‹. Bei ihrem ersten Hit »Born With A Smile On My Face« waren als Interpreten Stephanie De Sykes with Rain angegeben. Mit »We'll Find Our Day« gelang ihr knapp ein Jahr später, diesmal ohne die Gruppe Rain, ein Platz 17. Beide Stücke stammten aus der TV-Familien-Serie ›Crossroads‹. Danach war sie aus den Charts verschwunden, heiratete später Stu James, den Sänger der Formation Mojo, und versuchte sich wieder als Sängerin unter dem Namen Debbie Stanford.

Born With A Smile On My Face (7/74 GB 2)
Pop

Deacon Blue

GRAEME KELLING g (Großbritannien, * 4. 4. 1957 in Paisley/Strathclyde), LORRAINE MCINTOSH v (Großbritannien, * 13. 5. 1964 in Glasgow), JAMES PRIME key (Großbritannien, * 3. 11. 1960 in Kilmarnock/Schottland), RICKY ROSS v (Großbritannien, * 22. 12. 1957 in Dundee), EWEN VERNAL b (Großbritannien, * 27. 2. 1964 in Glasgow), DOUGIE VIPOND d (Großbritannien, * 15. 10. 1960 in Johnstone/Strathclyde)
Die Ursprünge der schottischen Gruppe gehen zurück bis ins Jahr 1982. Ross, ein Lehrer für schwer erziehbare Kinder, wurde Mitglied in der Glasgower Gruppe Woza. 1983 schickte er ein Solo-Demotape von sich an Verleger in London. Er erhielt den Rat, eine Gruppe zusammenzustellen, mit der er sein Talent als Songschreiber unter Beweis stellen konnte. Ihm gelang es, eine sehr gelungene Mixtur aus Soul Music und sozialkritisch angehauchten Texten zu schaffen. 1985 kam es dann zur Gruppengründung. Ross wählte den Namen Deacon Blue von einem Song der LP »Aja« von Steely Dan. 1986 erhielten sie einen Plattenvertrag von Muff Winwood, einst Mitglied der Spencer Davis Group, der jetzt für die CBS London arbeitete. Im November begannen die Arbeiten an dem ersten Album, und erst zu diesem Zeitpunkt kam die Freundin von Ricky – die er später heiratete –, Lorraine McIntosh, mit in die Band. Im März 1987 erschien »Dignity« als erste Single, die jedoch vorerst nicht in die Hitparaden kam. Nach der ersten LP und einer Tournee wurde das Interesse an der

Band geweckt, und »Dignity« wurde neu abgemischt und wiederveröffentlicht. Dieses Mal erreichte die Platte Platz 31. Bei den vier Liedern auf der Bacharach/David-EP handelte es sich um »I'll Never Fall In Love Again«, »The Look Of Love«, »Are You There (With Another Girl?)« und »Message To Michael«. »Twist And Shout« hatte nichts mit der alten Isley-Brothers-Nummer zu tun. 1994 erschien die CD »Our Town – The Greatest Hits Of Deacon Blue«. Darauf 16 ihrer größten Hits und drei Neuaufnahmen. Der Titelsong war Ende 1992 ein Top-20-Erfolg. »Dignity«, eine weitere Auskopplung aus dieser CD, stand im Frühjahr 1994 ebenfalls in den britischen Top 20 und erreichte damit ihre höchste Position. »Only Tender Love« und »Hang Your Head« 1993 erreichten in GB noch Plätze um Position 20.
Die erfolgreichsten Alben der Band waren »When The World Knows Your Name« (4/89 GB-LP 1), »Ooh Las Vegas« (9/90 GB-LP 3), »Fellow Hoodlums« (6(91 GB-LP 2), »Whatever You Say, Say Nothing« (3/93 GB-LP 4) und »Our Town – Greatest Hits« (4/94 GB-LP 1).
1994 beschlossen die Mitglieder der Formation, sich zu trennen und Soloprojekte zu verfolgen. Ricky veröffentlichte zwei Soloalben, »What You Are« und »New Recording« und begann für Theater und Fernsehen zu komponieren. Dougie wurde erfolgreicher TV-Moderator, Lorraine spielte in dem Film »My Name Is Joe« mit. Ewen spielte mit James Grant und Capercaillie. Graeme produzierte Musik fürs Fernsehen, James arbeitete für Theater und Film. 1999 kam die Formation wieder zusammen und ging auf Tour durch Großbritannien. 2001 erschien mit »Homesick« ein neues Album, aus dem die Singles »Everytime You Sleep« und »A Is For Astronaut« ausgekoppelt wurden. Im Oktober/November 2001 ging die Gruppe wieder auf Tour durch GB.

Real Gone Kid (10/88 GB 8)
Four Bacharach & David Songs (8/90 GB 2)
Twist And Shout (7/91 GB 10)
Pop

Dead End Kids

ROBBIE GRAY v, harm (Großbritannien, * 23. 2. 1957 in Kilmarnock/Schottland), COLIN JUNIOR IVORY g (Großbritannien, * 29. 9. 1959 in Ayr/Schottland), DAVEY JOHNSTON key (Großbritannien, * 27. 7. 1955 in Ayr/Schottland), ALISTAIR KERR v, b (Großbritannien, * 15. 3. 1956 in Bridlington/Yorkshire), RICKY SQUIRES v, d (Großbritannien, * 5. 12. 1956 in Cumnock/Ayrshire)
Johnston und Kerr gründeten in Schottland 1974 die Band Vehicle. Im Sommer 1975 wurde daraus Dead End Kids. Bekannt wurden sie, als sie im Herbst 1976 mit den Bay City Rollers auf Tournee gingen. Es war der britische Songschreiber, Interpret und Produzent Barry Blue, der in dieser Band eine etwas härtere Nachfolgegruppe für die Bay City Rollers sah. Im März 1977 tauchte die von ihm produzierte alte Honeycombs-Nummer »Have I The Right« in der britischen Hitparade auf und blieb der einzige Erfolg dieser schottischen Gruppe.

Have I The Right (3/77 GB 6)
Boy Group, Pop

Dead Or Alive

RUSS BELL g (Großbritannien), PETE BURNS v (Großbritannien, * 5. 8. 1959 als Peter Jozzepi in Liverpool), MARTIN HEALEY key (Großbritannien), WAYNE HUSSEY g (Großbritannien, * 26. 5. 1958 als Jerry Lovelock in Bristol), SUE JAMES b (Großbritannien), TIMOTHY LEVER key (Großbritannien, * 21. 5. 1960), STEVE MCCOY d (Großbritannien, * 15. 3. 1962),

MITCH g (Großbritannien, als Mick Read), JOE MUSKER d (Großbritannien), CHRIS PAGE key (Großbritannien), MIKE PERCY b (Großbritannien, * 11. 5. 1961)

Mit seinen außergewöhnlichen Frisuren soll der Liverpooler Pete Burns, Kopf und einzige Konstante von Dead Or Alive, angeblich schon Boy George inspiriert haben. 1977 war er in einer Band namens Mystery Girls neben Pete Wylie und Julian Cope Mitglied, dann bei Nightmares In Wax. Mit dieser Formation machte er seine erste EP: »Birth Of A Nation«. Aus den Nightmares In Wax gingen nach zahllosen personellen Umbesetzungen 1981 Dead Or Alive hervor, deren erste Plattenaufnahmen in den Independent-Charts auftauchten. Es spielten neben Burns Martin Healey, Sue James, Mitch und Joe Musker. Schon ein Jahr später wurden Mitch und James gegen Wayne Hussey und Mike Percy ausgetauscht. 1983 ging zuerst Hussey – er wurde erst Mitglied bei Sisters Of Mercy und dann bei Mission – und dann Healey und Musker. Neu kamen Lever und McCoy. 1984 erschien die erste LP »Sophisticated Boom Boom«. Die Platte brachte eine abenteuerliche Mischung aus High Energy Disco Sound und Punk. Im selben Jahr kam mit »That's The Way I Like It«, einer Coverversion der KC-&-The-Sunshine-Band-Nummer, der erste Singlerfolg. Produzent der Platte war der Deutsche Zeus B. Held. Der große Erfolg sollte sich einstellen, nachdem Dead Or Alive den Produzenten gewechselt hatten. Jetzt waren Stock/Aitken/Waterman für die Platten verantwortlich. 1985 tourte die Gruppe durch die USA. Die Besetzung lautete jetzt Burns, Lever, Percy, McCoy und neu: Russ Bell und Chris Page, die beide vorher mit Gary Numan gespielt hatten. Bis 1989 erschienen weitere Singles, die jedoch nicht mehr die Top 10 erreichten. Speziell in Japan blieb Burns populär. Dort veröffentlichte er 1995 die Platte »Nukleopatra«, die sich angeblich auf Anhieb 500 000 mal verkaufte.

Das erfolgreichste Album von Dead Or Alive war »Youthquake« (5/85 GB-LP 9, 6/85 D-LP 24, 7/85 US-LP 31).

You Spin Me Round (Like A Record) (12/84 GB 1; 3/85 D 2)

Dance, Pop

Siehe auch: Sisters Of Mercy

Dean, Hazell

HAZELL DEAN v (Großbritannien, * 27. 10. 1956 als Hazell Dean Poole in Chelmsford/Essex)

Im April 1984 kam ihre Platte »Searchin'« in die britischen Charts – im selben Jahr wurde Hazell Dean von der Zeitschrift ›Record Mirror‹ zur besten ›Hi-Energy-Künstlerin‹ des Jahres gewählt. Ihre Platte »Whatever I Do (Wherever I Go)« ist einer der ersten Titel, die die Hitfabrik Stock/Aitken/Waterman hervorbrachte. Danach wurde es einige Zeit stiller um Hazell, bis sie mit »Who's Leaving Who« einen weiteren Top-10-Erfolg verbuchen konnte. In den USA konnte sich Hazell nie behaupten. Möglich, dass sie dafür einfach zu normal war. 1991 trennte sie sich von dem Erfolgsteam Stock/Atiken/Waterman. 1995 gründete sie ihre eigene Plattenfirma Infinity und das Deano Management. Im Zuge des Revivals der 80er Jahre absolvierte sie auch Anfang 2001 noch einige Auftritte.

Searchin' (I Gotta Find A Man) (4/84 GB 6)
Whatever I Do (Wherever I Go) (7/84 GB 4)
Who's Leaving Who (4/88 GB 4)

Dance, Pop

Dean, Jimmy

JIMMY DEAN v (USA, * 10. 8. 1928 als Seth Ward in Plainview/Texas)

Jimmy Dean begann seine Karriere 1946, als er in der Armee war, mit den Tennessee

Haymakers. Noch als Soldat spielte er zusammen mit den Gitarristen Herbie Jones und Marvin Carroll in einem Trio. Nachdem er 1948 entlassen worden war, siedelte er sich in Washington, D.C., an, wo er in diversen Bands mitspielte. 1952 gründete er seine eigene Band Texas Wild Cats. Ab 1953 war der Countrysänger auch als Solist erfolgreich und schaffte zwei Crossover-Hits: »Big Bad John« und »P. T. 109« – dieses Lied behandelt den Einsatz von John F. Kennedy auf dem Torpedoboot P.T. 109, das 1943 versenkt wurde. Auf beiden Titeln spielt Floyd Cramer Piano. Nach längerer Abwesenheit aus den Popcharts erreichte Jimmy mit »I O U« Mitte 1976 zwar nur einen Platz 35 in der Hitparade, aber einen Millionseller. Die Platte war ein Dank an seine Mutter. Sein erfolgreichstes Album war »Big Bad John And Other Fabulous Songs And Tales« (12/61 US-LP 23). Jimmy hatte zwischen 1957 und 1966 regelmäßige TV-Shows bei CBS und ABC. Nebenher betrieb er noch eine Restaurant-Kette und eine eigene Fabrikation von Fleischwürsten. Am 27. 10. 1991 heiratete er die Countrysängerin Donna Meade.

Big Bad John (10/61 GB 2, US 1)
P.T. 109 (3/62 US 8)
Country, Pop

Death In Vegas

RICHARD FEARLESS (Großbritannien), TIM HOLMES (Großbritannien), IGGY POP v, d (USA, * 21. 4. 1947 als James Jewel Osterburg in Ypsilanti/Ann Arbor/Michigan)
Anfangs nannte sich diese Gruppe Dead Elvis. 1996 kam mit »Dirt« (8/97 GB 61) ihre erste Single, die sich jedoch erst ein Jahr später in den offiziellen Charts platzieren konnte. Ihr erstes Chart-Album hieß »Dead Elvis« (3/97 GB-LP 52). »The Contino Sessions« (9/99 GB-LP 19) war nach dem Studio der Gruppe benannt. Erst als sie zusammen mit Iggy Pop den Titel »Aisha« aufnahmen, erreichten sie die Top 10. Death In Vegas spielte eine Kombination Mainstream Rock und Dance Music – auch als ›Electronic Fuzz-Funk Rock‹ bezeichnet.

Aisha (2/00 GB 9)
Dance, Rock

Siehe auch: Pop, Iggy

DeBarge

EL DEBARGE v (USA, * 4. 6. 1961 als Eldra in Grand Rapids/Michigan), RANDY DEBARGE b (USA, * 6. 8. 1958 in Grand Rapids/Michigan), MARTY DEBARGE sax, tr (USA, * 19. 6. 1959 als Mark in Grand Rapids/Michigan), JAMES DEBARGE key (USA, * 22. 8. 1963 in Grand Rapids/Michigan), BUNNY DEBARGE v (USA, * 15. 3. 1955 in Grand Rapids/Michigan)
1978 gründete Bunny mit ihren vier Brüdern die Formation DeBarge. Die fünf waren nur ein Teil der kinderreichen Familie aus Grand Rapids in Michigan. 1979 erhielt die Gruppe einen Vertrag bei Motown, und 1981 wurde ihr Debütalbum »DeBarges« veröffentlicht. Ab 1983 kamen sie in die Singlehitparade und hatten dort ihren größten Erfolg mit einem Song aus dem Berry-Gordy-Film »The Last Dragon«: »Rhythm Of The Night«. Nach dem zweiten Top-10-Hit erschienen die nächsten Platten El DeBarge with DeBarge, und 1986 trennte sich Eldra von seinen Geschwistern und machte Platten als El DeBarge. Die oben genannten Mitglieder hatten noch weitere Brüder. Davon waren Bobby und Tommy in der Gruppe Switch, die es 1978/79 auf einige Erfolge brachte. Die Gruppe Switch wurde von Jermaine Jackson entdeckt. Ein weiterer Bruder war Chico DeBarge, der es 1986 mit »Talk To Me« auf einen Platz 21 in den USA brachte. Private Probleme sorgten für Turbulenzen in der

Familie. James war 1984 kurz mit Janet Jackson verheiratet. Bobby und Chico wurden im Oktober 1988 wegen Kokainhandels verhaftet und verurteilt. Bobby starb am 1995 an Aids.

Rhythm Of The Night (2/85 US 3; 4/85 GB 4)
Who's Holding Donna Now (6/85 US 6)
Pop, Rhythm & Blues

Siehe auch: DeBarge, El

DeBarge, El

EL DEBARGE v (USA, * 4. 6. 1961 als Eldra in Grand Rapids/Michigan)
Seit der Gründung 1978 war El Leadsänger der Geschwistertruppe DeBarge gewesen, so auch auf den Hits der Gruppe seit 1982. 1986 beschloss El, es im Alleingang mit einer Mischung aus Pop und Soul zu versuchen. Großes Vorbild für ihn war immer Michael Jackson gewesen. An dessen Erfolge kam er jedoch nicht im Entferntesten heran. »Who's Johnny« stammte aus dem Film »Nummer 5 lebt«. Hier dürfte der Erfolg des Films dem Titel stark geholfen haben. 1992 erschien mit »In The Storm« die letzte erwähnenswerte CD von El. Produziert hatte er den größten Teil im Team mit Maurice White von Earth, Wind & Fire. Ebenfalls behilflich: Kool Moe Dee als Rapper, außerdem noch Patti Labelle und Chanté Moore als Mitsängerinnen, Nathan East als Bassist, Bob James als Keyboarder und Lee Ritenour als Gitarrist. Mitte 1994 erschien mit »Heart, Mind & Soul« wieder eine neue CD von El, auf der jedoch keine Hits zu finden waren.

Who's Johnny (4/86 US 3)
Pop, Rhythm & Blues

Siehe auch: DeBarge

Dee, Dave, Dozy, Beaky, Mick And Tich

BEAKY g (Großbritannien, * 10. 7. 1944 als John Dymond in Salisbury/Wiltshire), DAVE DEE v (Großbritannien, * 17. 12. 1941 als David Harman in Salisbury/Wiltshire), DOZY b (Großbritannien, * 27. 11. 1944 als Trevor Davies in Enford/Wiltshire), MICK g (Großbritannien, * 4. 3. 1944 als Michael Wilson in Amesbury/Wiltshire), TICH (Großbritannien, * 15. 5. 1944 als Ian Amey in Salisbury/Wiltshire)
Mitglieder dieser Band kamen 1961 zusammen und gehörten zu denen, die sich in Hamburg auf der Reeperbahn ihre Spielpraxis holten. 1963 spielten sie für zwei Monate im Top Ten und entwickelten da auch ihre Mixtur aus Rock 'n' Roll, Rhythm & Blues und witzigem Auftritt. Dave Dee hatte zu diesem Zeitpunkt bereits eine Karriere als angehender Polizist hinter sich. Er gehörte zu denjenigen, die am 17. 4. 1960 auf der A4 zum Unfall eines Ford Consul gerufen wurden. In diesem Auto saßen Eddie Cochran und Gene Vincent. Eddie Cochran starb, Gene Vincent wurde schwer verletzt. Im September 1964 traten Dave Dee And The Bostons, wie sie sich zu diesem Zeitpunkt noch nannten, im Vorprogramm der Honeycombs auf und beeindruckten deren Manager und Songschreiber Ken Howard und Alan Blaikley. Wenig später unterschrieben sie einen Vertrag mit ihnen und nannten sich nun Dave Dee, Dozy, Beaky, Mick And Tich. Im Januar 1965 erschien ihre erste Single »No Time«, die jedoch nicht beeindruckte. Auch ihre nächste Single, »All I Want«, eine Ballade, wurde ein Flop. Mit »You Make It Move« wurden sie im Dezember desselben Jahres zum erstenmal in den Charts verzeichnet. Im August 1969 verließ Dave Dee die Band und versuchte sich als Solist – ohne nennenswerten Erfolg. Der Rest machte als D, B, M & T weiter, brachte es aber nur auf einen Platz 33 mit der Nummer »Mr. President«. 1974 kamen sie alle noch einmal für eine Platte, »She's My Lady«, zusammen, aber ihre Hitzeit war vorbei.

Zu diesem Zeitpunkt arbeitete Dave Dee hauptberuflich auch schon als A&R-Manager für WEA. In den 80er Jahren kam die Gruppe hin und wieder und mit wechselnden Besetzungen für die obligaten Revival-Veranstaltungen wieder zusammen, spielte häufig in Deutschland und trat Ende des Jahrzehnts vorwiegend in ihrem eigenen Club in Marbella in Spanien auf. Ende 1989 tat sich Dave Dee mit den Trümmern der Gruppe Marmalade zusammen und veröffentlichte die Single »Scirocco«, die nicht einmal VW-Fahrer beeindruckte. Dave Dee arbeitete nach seiner großen Zeit mit der Band in der Plattenindustrie und wurde schließlich 1980 Chef seines eigenen Plattenlabels Double D. Das hat ihm aber abgeblich nur Verluste gebracht, weshalb er immer wieder bei Revival-Shows auftrat. Im Frühjahr 1997 erschien mit »Unfinished Business« ein neues Album von Dave, auf dem mit Titeln wie »Where Did I Go Wrong«, »Change Is Gonna Come« oder »It's Over« eine gewisse Larmoyanz rauszuhören war.
Die erfolgreichsten Alben waren »Dave Dee, Dozy, Beaky, Mick & Tich« (7/66 GB-LP 11, 9/66 D-LP 4), und »If Music Be The Food Of Love . . . Prepare For Indigestion« (1/67 GB-LP 27, 2/67 D-LP 4).

Hold Tight (3/66 GB 4; 5/66 D 4)
Hideaway (6/66 GB 10, D 2)
Bend It (9/66 GB 2, D 1)
Hard To Love You (11/66 D 10)
Save Me (12/66 D 2, GB 4)
Okay! (3/67 GB 4; 6/67 D 5)
Touch Me, Touch Me (4/67 D 8)
Zabadak! (10/67 GB 3, D 6)
The Legend Of Xanadu (2/68 GB 1, D 5)
Last Night In Soho (7/68 GB 8)
Beat, Pop

Dee, Joey

JOEY DEE v (USA, * 11. 6. 1940 als Joseph DiNicola in Passaic/New Jersey)

Beim Namen Joey Dee erinnert man sich an Twist oder an Peppermint Lounge. Über diese Peppermint Lounge in New York und die Musiker, die mit ihm spielten, erzählte Joey Dee später einmal in einem Interview: ›Es war dieses Ding, was einem nur einmal im Leben passiert – zur richtigen Zeit an der richtigen Stelle. Kaum ein großer Star, der damals nicht in unseren Laden kam. Ich habe mit Shirley MacLaine getanzt. Sie kam fast jeden Abend. Ebenso Judy Garland. Es kamen John Wayne, Robert Mitchum, viele Senatoren, Mitglieder des englischen Königshauses. Heute hängen bei mir zu Hause Bilder aus dieser Zeit mit all den Persönlichkeiten. Später machte ich direkt um die Ecke vom Peppermint einen eigenen Laden auf. Die Musiker, die dann mit mir spielten, waren die, die wenig später als Young Rascals Erfolge feiern sollten. Einer meiner Musiker war ein junger Mann, der sich Jimmy James nannte und aus Seattle kam. Der ging später nach London, nannte sich Jimi Hendrix und wurde ein riesiger Star. 1963 hatte ich als Background-Chor ein Trio engagiert. Es waren die beiden Schwestern Ronnie und Estelle Bennett und deren Cousine Nedra. Phil Spector hörte sie bei mir, nahm mit ihnen »Be My Baby« auf und machte sie als Ronettes zu Weltstars. Das alles begann mit diesem kleinen simplen Tanz, der damals alle Altersschichten begeisterte und Twist hieß. Danach wurde immer wieder versucht, einen Tanz in dieser Art zu kreieren. Es hat nie wieder so richtig geklappt.‹
Schon 1958 hatte Joey in New Jersey Joey Dee & The Starliters gegründet, aber erst die Twist-Welle – im Januar 1962 hatte sie ihren Höhepunkt erreicht – brachte ihn wirklich nach oben. Hektisch wurde ein Film gedreht, der den fantasievollen Titel »Hey, Let's Twist!« hatte und als Star Joey Dee. Daraus stammte auch »Shout – Part I«. Dann ließ Joeys Erfolg nach. Hier

in Deutschland versuchte er sich als Schlagersänger in deutscher Sprache und flehte »Bitte, bitte, Baby« (1/64 D 30). 1967 veröffentlichte er seine letzte Single. Dann trat eine längere Pause ein, bis er es wieder als Joey Dee & The New Starliters versuchte. 1972 gründete er die Gruppe Hawk. Nach seiner Zeit als Interpret und als Besitzer des Konkurrenzladens der Peppermint Lounge machte er in Florida ein Münzgeschäft auf. Als im November 1980 in New York die New Peppermint Lounge eröffnet wurde, spielte er noch einmal mit.
Joeys größte Albumerfolge waren »Doin' The Twist At The Peppermint Lounge« (12/62 US-LP 2) und »Hey, Let's Twist« (2/62 US-LP 18).

Peppermint Twist – Part I (11/61 US 1)
Shout – Part I (3/62 US 6)
Ya Ya (8/62 D 4)
Twist

Dee, Kiki

KIKI DEE v (Großbritannien, * 6. 3. 1947 als Pauline Matthews in Bradford/Yorkshire)
Über viele Jahre hinweg machte Kiki – auch in deutscher Sprache – Platten, ohne Erfolg zu haben. Kiki Dee gehörte zu den wenigen europäischen Künstlern, die auch beim Plattenlabel Motown bzw. dessen Unterlabel Rare Earth Aufnahmen veröffentlichten. Auf diesem Label hatte sie mit »Love Makes The World Go Round« (3/71 US 87) ihre erste Hitnotierung. »Amoureuse« (11/73 GB 13) war ihr erster Hit in GB. Es folgte »I've Got The Music In Me« (9/74 GB 19, US 12), aber ihre größten Erfolge sollte sie im Duett mit Elton John haben: »Don't Go Breaking My Heart« und »True Love«. Ihren letzten nennenswerten Soloerfolg verzeichnete sie mit dem Titel »Star« (2/81 GB 13).
Ab Mitte der 80er Jahre war Kiki Dee in einigen Londoner Musical-Produktionen zu sehen. Auf dem Hit »Can You Feel The Love Tonight« (5/94 US 4, GB 14, D 14) von Elton John sang sie zusammen mit Rick Astley im Hintergrund.

Don't Go Breaking My Heart (7/76 D 5, US 1, GB 1)
True Love (11/93 GB 2)
Pop, Rhythm & Blues

Deee-Lite

ANI b, dj, computer, SUPER DJ DMITRY key (Ukraine, als Dmitry Brill in Kiew), LADY MISS KIER v (USA, * 15. 8. 1963 als Kier Kirby in Youngstown/Ohio), JUNGLE DJ TOWA TEI computer (Japan, * 7. 9. 1964 als Towa Tai in Tokio)
Dieses in New York beheimatete Trio leitete seinen Namen von einem Song aus dem Musical »Red Hot And Blue« ab, 1936 von Cole Porter geschrieben: »It's D'Lovely«. Die drei versuchten eine Art musikalischen Rundumschlag und haben Flower-power mit Hip-Hop, Psychedelic mit Dance Floor gemixt. Ihre eigene Produktionsfirma nannten sie Sampladelic Productions. Heraus kam der Millionseller »Groove Is In The Heart«. Danach erschienen weitere Singles von Deee-Lite, die an die Debütplatte nicht heranreichten. Schnelllebig, wie die 90er Jahre mit Trends umgehen, wurde bald wieder ein anderer Sample durchs Dorf getrieben. 1994 erschien ihre CD »Dew Drops In The Garden«. Auskopplungen daraus waren jedoch nicht sonderlich erfolgreich. Brill und Kier sind verheiratet. Tei ging 1994 und wurde durch Ani ersetzt. Ihr erfolgreichstes Album war »World Clique« (9/90 GB-LP 14, US-LP 20).

Groove Is In The Heart (8/90 US 4, GB 2)
Dance, Psychedelic

Deele

BABYFACE v, g, syn (USA, * 10. 4. 1959 als Kenneth Edmonds in Indianapolis), DARNELL »DEE« BRISTOL v, per (USA), CARLOS GREENE v (USA), ANTONIO L. A. REID d (USA, * 7. 6. 1957 in Cincinnati/Ohio), KEVIN »KAYO« ROBERSON v, b, syn, per (USA)

Chef dieser 1981 gegründeten Gruppe war Darnell ›Dee‹ Bristol. Mit in der Band spielte das später erfolgreiche Produzenten- und Songwriterteam L.A. Reid und Kenneth ›Babyface‹ Edmonds. Nach einem ersten mittleren Erfolg im Jahre 1984 gelang Deele ein Top-10-Hit mit »Two Occasions«. Danach verließ Edmonds die Band und begann eine Karriere als Babyface.

Two Occasions (2/88 US 10)

Funk, Rhythm & Blues

Siehe auch: Babyface

Deep Blue Something

CLAY BERGUS v, g (USA), JOHN KIRTLAND d (USA), TODD PIPES (USA), TOBY PIPES g, b (USA)

Die Band aus Denton/Texas nannte sich zuerst Leper Messiah. Den Namen hatten sie aus einem Song von David Bowie's »Ziggy Stardust«. Erfolg sollten sie jedoch erst als Deep Blue Something haben. Dabei brauchte ihr erster Hit »Breakfast At Tiffany's« sehr lange, um sich international durchzusetzen. In den USA lief der Erfolg zögerlich an. Die Platte kam im August 1995 in die Charts und brauchte 19 Wochen, um auf Platz 5 zu klettern. Auch in Deutschland zog es sich: in die Charts im April 1996 – bis auf Platz 6 ganze 14 Wochen. Bei den Briten kam die Platte erstmals im Juli 1996 in die Hitparade. Sie stieg bei Platz 55 ein und gleich wieder nach unten. Im September kam sie erneut in die GB-Charts. Diesmal stieg sie bei Platz 3 ein und war zwei Wochen später an der Spitze. Auch in diesem Fall scheint es eher der Song gewesen zu sein, der die Käufer überzeugte. »Josey« (12/96 GB 27) war jedenfalls nur ein typischer Nachfolgehit. Das Album »Home« (9/95 US-LP 46, 10/96 GB-LP 9) blieb ihr erfolgreichstes.

Breakfast At Tiffany's (8/95 US 5; 4/96 D 6; 9/96 GB 1)

AOR (Adult Orientated Rock), Pop

Deep Forest

Die beiden Komponisten Michael Sanchez und Eric Mouquet sind die geistigen Väter dieses Projektes. Zusammen mit den beiden Musikwissenschaftlern Hugo Zempe und Shima Aron gelang es ihnen, eine universale Sprache zu schaffen. Zu hören waren Eingeborenenstämme aus Kamerun, Ghana, Burundi, Senegal und verschiedene Pygmäenstämme. Ihre Gesänge wurden gesampelt und in einem Studio in Brüssel mit tanzbarer Musik unterlegt. Das Projekt erhielt die Unterstützung der Unesco. Eine Singleauskopplung aus der CD von Deep Forest, »Sweet Lullaby«, wurde ab 1992 mehrfach auf den internationalen Markt gebracht. In Deutschland erreichte die Single im Herbst 1992 Platz 31, im Frühjahr 1994 schaffte der Titel dann den Sprung in die britischen Top 10.

Weitere Singlehits waren »Deep Forest« (5/94 GB 20), »Savanna Dance« (7/94 GB 28) und »Marta's Song« (6/95 GB 26). Letztgenanntes Lied wurde von Marta Sebestyen gesungen und stammt aus dem Robert Altman-Film »Prêt-à-Porter«. Die Alben »Deep Forest« (2/94 GB-LP 15) und »Boheme« (6/95 GB-LP 12) waren ebenfalls international erfolgreich.

Auf der 1995 erschienenen Single »Undecided« von Youssou N'Dour zeichneten Mouquet und Sanchez als Produzenten für die Remixe verantwortlich.

Sweet Lullaby (2/94 GB 10)

Instrumental, World Music

Deep Purple

RITCHIE BLACKMORE g (Großbritannien, * 14. 4. 1945 in Weston-Super-Mare), TOMMY BOLIN g (USA, * 1. 8. 1951 als Thomas Richard in Sioux City/Idaho, † 4. 12. 1976), DAVID COVERDALE v (Großbritannien, * 22. 9. 1949 in Saltburn/Lancashire), ROD EVANS v (Großbritannien, * 19. 1. 1945 in Edinburgh), IAN GILLAN v (Großbritannien, * 19. 8. 1945 in Hounslow/Middlesex), ROGER GLOVER b (Großbritannien, * 30. 11. 1945 in Breacon/Wales), GLENN HUGHES b (Großbritannien, * 21. 8. 1952 in Penkridge), JON LORD key (Großbritannien, * 9. 6. 1941 in Leicester), STEVE MORSE g (USA, * 28. 3. 1954 in Hamilton/Ohio), IAN PAICE d (Großbritannien, * 29. 6. 1948 in Nottingham), NICK SIMPER b (Großbritannien, * 3. 11. 1945 in Southhall/Middlesex), JOE LYNN TURNER v

Deep Purple gehört zum Besten, was in dieser Kategorie je antrat. Viele Bands der 80er Jahre versuchten, an das musikalische und technische Vermögen dieser Gruppe heranzukommen, und konnten ihnen doch nicht das Wasser reichen. Vielleicht liegt es auch daran, dass die einzelnen Musiker dieser Formation nicht von der Schulbank in ein Plattenstudio gegangen sind und auf die Gestaltung ihres Outfits – lange Locken, schwarze Lederklamotten, rasselnde Ketten – weniger Wert legten als auf ihre Musik. Deep Purples Mitglieder begannen durchweg in der ersten Hälfte der 60er Jahre in den unterschiedlichsten Gruppen und waren, als sie sich 1968 formierten, schon gestandene Musiker.

Von der Gründung 1968 bis 1990 durchliefen etliche Musiker diese Band, die mit und ohne Deep Purple erfolgreich waren. Insgesamt zählten zum Mitgliederstamm von Deep Purple elf Musiker. Die Band selbst teilt ihre eigene Geschichte in verschiedene Kapitel auf, die sie Mark I, Mark II usw. nennt. Mark II in der Besetzung Gillan, Lord, Blackmore, Glover und Paice wird von vielen Fans der Band als die beste angesehen und hat mit Veröffentlichungen wie »Deep Purple In Rock«, »Fireball« und »Machine Head« in den Jahren 1970 bis 1972 die stärksten Platten vorzuweisen. Auch als genau diese Besetzung in den 80er Jahren noch einmal zusammenkam und 1984 die LP »Perfect Strangers« veröffentlichte, waren sie wieder überaus erfolgreich.

Legendär bleiben die Zwistigkeiten, die immer wieder von der Person Ritchie Blackmore ausgingen. Wäre er ein verträglicherer Mensch, hätte die Band bis in die 90er Jahre zusammenbleiben und Triumphe feiern können.

Mark I hatte den ersten Top-10-Hit für die Band, jedoch nicht in GB, sondern in den USA, mit »Hush«, der Coverversion eines Joe-South-Titels. 1970 kam dann Mark II. In dieser Besetzung erschien auch die Platte, die für viele heute ein Markenzeichen der Band ist: der Millionseller »Smoke On The Water«. Das Auf und Ab und Rein und Raus bei Deep Purple ging auch in den 90er Jahren weiter. Mit dem Titel »The Battle Rages On ...« erschien im Juli 1993 wieder eine neue CD in der Mark-II-Besetzung. Auskopplungen daraus konnten sich nicht durchsetzen. Ende 1994 kam für Ritchie Blackmore als neuer Gitarrist der Amerikaner Steve Morse, der vorher mit den Dixie Dregs, seiner eigenen Steve Morse Band, Kansas und als Solist hervorragende Platten veröffentlicht hatte. Mitte 1995 wurde das alte Album »In Rock« digital überarbeitet und, mit 13 Out Takes aufgefüllt, erneut veröffentlicht. Im Februar 1996 erschien mit »Purpendicular« ein neues Album der Band. Mitte 1998 kam die LP »Abandon«, zu dem der ›Stern‹ unter der Überschrift ›Vom Tresen zurück auf die Bühne‹ schrieb: ›Nie hip, immer erfolgreich: Deep Purple, Lieblingsband aller Musiklehrer, sind wieder da.‹

Die erfolgreichsten Alben für Deep Purple: »Deep Purple In Rock« (6/70 GB-LP 4, 7/70 D-LP 1), »Fireball« (8/71 US-LP 32, 9/71 GB-LP 1, D-LP 1), »Machine Head« (4/72 US-LP 7, D-LP 1, GB-LP 1), »Who Do We Think We Are« (1/73 US-LP 15, 2/73 D-LP 4, GB-LP 4), »Made In Japan« (1/73 GB-LP 16, D-LP 1, 4/73 US-LP 6), »Burn« (3/74 GB-LP 3, D-LP 1, US-LP 9), »Stormbringer« (11/74 GB-LP 6, 12/74 US-LP 20, D-LP 10), »Made In Europe« (12/76 D-LP 10), »Deepest Purple« (7/80 GB-LP 1), »Perfect Strangers« (11/84 GB-LP 5, D-LP 2, 12/84 US-LP 17) und »The House Of Blue Light« (1/87 GB-LP 10, D-LP 1, US-LP 34).

Hush (8/68 US 4)
Black Night (8/70 D 2, GB 2)
Strange Kind Of Woman (2/71 GB 8; 4/71 D 8)
Smoke On The Water (5/73 US 4)
Hard Rock

Dees, Rick

RICK DEES (USA, * 14. 3. 1950 als Rigdon Osmond in Memphis/Tennessee)
Rick Dees begann als Moderator von Morgensendungen in seiner Heimatstadt. Als dann die Diskowelle anschwappte und er davor auch beim Training im Fitnesscenter nicht mehr sicher war, fand er es an der Zeit, eine Parodie auf Diskotitel herauszubringen. Ein Bekannter von Rick konnte wunderbar Entenstimmen nachmachen, dazu fiel ihm der Titel »The Duck« von Jackie Lee ein – fertig war die Idee zu »Disco Duck«. Er dachte auch an einen Titel über Elvis nach dem Motto »He Ate Too Many Jelly Doughnuts«, aber die Ente machte das Rennen und wurde ein Hit für Rick Dees & His Cast Of Idiots. Außer in Memphis konnte man die Platte überall hören. Die anderen Radiostationen in Memphis weigerten sich, den Hit eines Konkurrenten zu spielen; die Eigene betrachtete das als Interessenkonflikt. Deshalb wurde Rick dann auch gefeuert, als er etwas über seine Platte erzählte. Die Konkurrenz zögerte nicht und stellte ihn sofort ein. Später ging er dann nach Los Angeles, wo er sowohl Radio- als auch Fernsehsendungen, z. B. 1984/85 ›Solid Gold‹, moderierte. Weitere Plattenversuche waren nicht erfolgreich. Als Moderator hatte er mehr Glück.

Disco Duck (8/76 GB 6, US 1; 11/76 D 7)
Pop

Def Leppard

RICK ALLEN d (Großbritannien, * 1. 11. 1963), VIVIAN CAMPBELL g (Großbritannien, * 25. 8. 1962 in Belfast), STEVE CLARK g (Großbritannien, * 23. 4. 1960 in Hillsborough/Yorkshire, † 8. 1. 1991), PHIL COLLEN g (Großbritannien, * 8. 12. 1957 in Hackney/London), JOE ELLIOTT v (Großbritannien, * 1. 8. 1959 in Sheffield), TONY KENNING d, RICK SAVAGE b (Großbritannien, * 2. 12. 1960 in Sheffield), PETE WILLIS g (Großbritannien, * 16. 2. 1960)
Vorläufer von Def Leppard kamen 1977 in Sheffield zusammen, als Joe Elliott und Rick Savage in der Heavy-Metal-Band Atomic Mass aufeinander trafen. Noch im selben Jahr änderten sie den Namen in Def Leppard. Nach einigen Umbesetzungen kam die Formation zusammen, die Anfang Januar ihre erste Platte veröffentlichte. Es war eine EP mit drei Titeln, die in einer Auflage von 1000 Stück erschien. Noch im selben Jahr unterschrieben sie einen Plattenvertrag mit Vertigo, und im November erschien mit »Wasted« ihre erste offizielle Single, die auch in den Charts notiert wurde. In den folgenden Jahren wurden etliche LPs und Singles veröffentlicht, die sich im Mittelfeld der Charts plazieren konnten. 1982 wurden die Alkoholprobleme von Pete Willis so stark, dass der Rest der Gruppe beschloss, ihn rauszuschmeißen. Für ihn kam Phil Collen. Im Januar

1984 wurden sie mit amerikanischen Music Awards überschüttet. Um in den Singlecharts richtig erfolgreich zu sein, mussten sie jedoch bis 1987 warten. Für viele Amerikaner ist diese britische Band inzwischen eine US-Formation. Zwischendurch, 1984/85, sah es so aus, als müssten sie ihren Schlagzeuger Rick Allen ersetzen. Am 31. Dezember jenes Jahres wurde er in einen schweren Autounfall verwickelt, der ihm den linken Arm abriss und den rechten schwer verletzte. Die Ärzte nähten ihm den Arm wieder an, mussten ihn jedoch nach drei Tagen wieder abtrennen, weil er sich entzündet hatte. Als im Januar 1985 der Rest der Gruppe mit Aufnahmen zur neuen LP begann, rief Allen an und sagte, er wolle unbedingt zur Gruppe zurückkehren. Im April kam er wirklich zurück und spielt seither bei allen Plattenaufnahmen und den Livekonzerten mit. Er spielt auf einem Fairlight-Computer, den er selbst programmiert hat. Außerdem arbeitet er mit einem Simmons-Electronic-Drum-Kit, gekoppelt mit einem SD57-Computer. Die Tragik der Band setzte sich weiter fort. 1991 wurde Steve Clark nach einer durchzechten Nacht tot in seiner Wohnung in Chelsea, London, aufgefunden. Trotzdem stand die Gruppe tapfer die Arbeit an ihrem fünften Album, »Adrenalize«, durch. Vivian Campbell kam im April 1992 als Ersatz für Steve Clark. Ende 1993 erschien das Album »Retro Active«. Es handelte sich dabei um eine Zusammenstellung von bisher unveröffentlichten Aufnahmen und sogenannten Alternativversionen. Längere Zeit wartete die Fangemeinde nun auf eine neue Platte von Def Leppard. Für den Herbst 1995 war die Veröffentlichung eines neuen Albums vorgesehen, das allerdings nicht fertig wurde. Die Plattenfirma von Def Leppard veröffentlichte schnell statt dessen eine Hitzusammenstellung unter dem Titel »Vault – Greatest Hits 1980 – 1995«. Das angekündigte neue Album mit dem Titel »Slang«erschien schließlich 1996. Die LP-Verkäufe der Gruppe waren in der Vergangenheit enorm: »On Through The Night« (3/80 GB-LP 15, 5/80 US-LP 51), »High 'N' Dry« (7/81 GB-LP 26, 8/81 US-LP 38), »Pyromania« (2/83 US-LP 2, 3/83 GB-LP 18), »Hysteria« (8/87 US-LP 1, GB-LP 1, D-LP 10 – weltweiter Verkauf Ende 1997: 18 Millionen), »Adrenalize« (4/92 US 1, GB-LP 1, D-LP 8), »Retro Active« (10/93 US-LP 9, GB-LP 6), »Vault: Greatest Hits 1980 – 1995« (11/95 US-LP 15, GB-LP 3), »Slang« (5/96 GB-LP 5, 6/96 US-LP 14) »Euphoria« (6/99 GB-LP 11).

Animal (8/87 GB 6)
Hysteria (1/88 US 10)
Pour Some Sugar On Me (4/88 US 2)
Love Bites (8/88 US 1)
Armageddon It (11/88 US 3)
Let's Get Rocked (3/92 GB 2)
When Love And Hate Collide (10/95 GB 2)
Heavy Metal

DeFranco Family

MERLINA DEFRANCO (Kanada, * 20. 7. 1957 in Port Colborne/Ontario), MARISA DEFRANCO (Kanada, * 23. 7. 1955 in Port Colborne/Ontario), NINO DEFRANCO (Kanada, * 19. 10. 1956 in Port Colborne/Ontario), BENNY DEFRANCO (Kanada, * 11. 7. 1954 in Port Colborne/Ontario), TONY DEFRANCO (Kanada, * 31. 8. 1959 in Port Colborne/Ontario)

Die DeFranco Family, eine Familiengruppe aus Ontario, sollte das kanadische Pendant zu den Osmonds, Jackson 5 und der Partridge Family werden. Ein Verleger von Jugendzeitschriften förderte das saubere Image des Quartetts in seinen Publikationen. Zumindest einmal ging die Rechnung auf: »Heartbeat – It's A Lovebeat« wurde im Herbst 1973 ein Millionseller. Mit »Abra-Ca-Dabra« (12/73 US 32) und »Save The Last Dance For Me« (5/74 US 18) gelangen ihnen zwei Nachfolgehits. Nach 1975 waren sie wohl für die Jugendzeitschriften zu alt und verschwanden wieder aus den Charts.

Heartbeat – It's A Lovebeat (9/73 US 3)
Pop

Degrees Of Motion † Biti

BITI v (USA), BALLE LEGEND v (USA), MARIPOSA v (USA), KIT WEST v (USA)
Der erste Hit dieser New Yorker Formation war die Nummer »Do You Want It Right Now« (4/92 GB 31, 6/94 RE-GB 26). Es handelte sich dabei um die Coverversion einer Taylor-Dayne-Aufnahme, die sie auf dem Album »Tell It To My Heart« veröffentlicht hatte. Die Platte wurde zunächst nur in den USA veröffentlicht und war dann die erste Importsingle seit 1989, die sich unter den ersten 10 der britischen Club-Charts platzieren konnte. 1993 erschien »Soul Freedom – Free Your Soul« in den GB-Charts, und im Frühjahr 1994 kam mit »Shine On« eine Platte unter die ersten 10 in Großbritannien, die im Juni 1992 schon einmal veröffentlicht worden war. Beim zweiten Mal wurde Biti gesondert ausgewiesen.

Shine On (3/94 GB 8)
Dance

Dekker, Desmond

DESMOND DEKKER v (Jamaika, * 16. 7. 1941 als Dacres in Kingston)
1963 wurde Desmond Mitglied der Studiogruppe Aces. Seine erste Single hieß »Honour Your Mother And Father«. 1967 wurden die Briten durch »007 Shanty Town« (7/67 GB 14) erstmals auf ihn aufmerksam. Seinen größten internationalen Erfolg hatte Dekker im April 1969, als er als erster jamaikanischer Sänger in GB die Spitze der Hitparade eroberte. »Israelites« hieß diese Aufnahme. Auch in den USA wurde er als der erste erfolgreiche Reggae-Interpret gehandelt. Als die Platte im Mai 1975 erneut in GB veröffentlicht wurde, erreichte sie Platz 10. 1970 veröffentlichte Desmond eine Version des Jimmy-Cliff-Hits »You Can Get It If You Really Want«. Nachdem 1971 sein Produzent Leslie Kong gestorben war, zog Dekker ganz nach London. Dort hatte inzwischen eine neue Generation von Reggae-Künstlern, vor allem Bob Marley, das Sagen. Seinen letzten nennenswerten Single-Erfolg hatte er mit »Sing A Little Song« (8/75 GB 16). 1980 nahm er neue Versionen seiner alten Hits auf und veröffentlichte sie auf dem Album »Black And Dekker«. Mit ihm spielten auf dieser LP die Rumours. 1984 stand Dekker wegen Bankrotts in England vor Gericht und beschwerte sich öffentlich darüber, dass ihm sein Manager nie seine Anteile ausgezahlt habe. 1990 hörten die Briten wieder von ihm, als der TV-Werbespot von Maxwell Tapes mit »Israelites« unterlegt wurde. Statt »Israelites« hieß es allerdings jetzt »My ears are alight«.

Israelites (3/69 GB 1; 5/69 US 9, D 1; 5/75 GB 10)
It Miek (6/69 GB 7)
You Can Get It If You Really Want (8/70 GB 2; 11/70 D 9)
Reggae

Del Amitri

ANDY ALSTON key (Großbritannien), DAVID CUMMINGS g (Großbritannien), JUSTIN CURRIE v, b (Großbritannien, * 11. 12. 1964 in Glasgow), IAIN HARVIE g (Großbritannien, * 19. 5. 1962 in Glasgow), BRIAN MCDERMOTT d (Großbritannien), BRYAN TOLLAND g (Großbritannien), PAUL TYAGI d (Großbritannien)
Die Band formierte sich 1983 in Glasgow um Currie und Harvie. Im Laufe der Jahre

sollten immer wieder wechselnde Musiker zu Del Amitri kommen, aber diese Beiden bilden den Nukleus. Im Mai 1985 erschien ihre Debütplatte »Sense Sickness«. Die Hits der Formation waren »Nothing Ever Happens« (1/90 GB 11), »Move Away Jimmy Blue« (6/90 GB 36), »Spit In The Rain« (11/90 GB 21), »Always The Last To Know« (5/92 GB 13, 8/92 US 30), »Be My Downfall« (7/92 GB 30), »Just Like A Man« (9/92 GB 25), »When You Were Young« (1/93 GB 20), »Here And Now« (2/95 GB 21), »Driving With The Brakes On« (4/95 GB 18), »Roll To Me« (7/95 GB 22), »Tell Her This« (10/95 GB 32), »Not Where It's At« (6/97 GB 21) und »Cry To Be Found« (9/98 GB 40).
Eine sehr intelligente Mischung aus Rock und Folk, dazu gute Texte machten die Qualität dieser Gruppe aus. Die erfolgreichsten Alben: »Waking Hours« (2/90 GB-LP 6), »Change Everything« (6/92 GB-LP 2), »Twisted« (3/95 GB-LP 3), »Some Other Sucker's Paradise« (7/97 GB-LP 6) und »Hatful Of Rain – The Best Of« (9/98 GB-LP 5). Mitte des Jahres 1995 spielten Del Amitri in Cardiff/Wales zusammen mit R.E.M. und den Cranberries – in diese Kombination passen sie ohne Zweifel. Zur Fußballweltmeisterschaft 1998 sang Del Amitri den ›Official Team Scotland Song World Cup '98‹: »Don't Come Home Too Soon« (6/98 GB 15) – eine liebenswerte Bitte, der leider nicht entsprochen wurde.

Roll To Me (7/95 US 10)
AOR (Adult Orientated Rock), Folk, Rock

Del Tha Funkee Homosapien

DEL THA FUNKEE HOMOSAPIEN rap (USA)
›What the fuck is a Funkee Homosapien?‹ fragt Co-Producer Ice Cube auf der Platte »Mistadobalina«. Die Antwort: ›It's a human being, fool, a funky human being.‹ Die Platte enthielt einige Samples aus der Nummer »Mind Power« von James Brown. Wie Dels vollständiger Name lautet, war bisher nicht zu erfahren. Mit dem oben genannten Titel hatte der aus Oakland stammende Rapper einen einzigen Hit. Ansonsten hinterließ der Cousin von Ice Cube keine Spuren in irgendwelchen Charts – außer bei den Gorillaz.

Mistadobalina (5/92 D 9)
Rap

Siehe auch: Gorillaz

Delay, Jan a. k. a. Eißfeld

JAN DELAY (Deutschland, als Jan Eißfeld)
›Der Spiegel‹ und das WDR Fernsehen unterstützten ein ehrgeiziges Projekt mit dem Titel »Pop 2000 – 50 Jahre Popmusik und Jugendkultur in Deutschland«. Es erschien eine Box mit acht CDs, die noch einmal die deutsche Musik ab 1950 Revue passieren ließ. Zusätzlich kam eine neunte CD unter dem Motto ›Das gibt's nur einmal‹. Hier gingen deutsche Interpreten hin und machten neue Versionen von interessanten und wichtigen Titeln der letzten Jahre. So sang z. B. Fünf Sterne deluxe »Yes Sir I Can Boogie«, im Original ein Stück von Baccara, Smudo den Herwig-Mitteregger-Titel »Rudi« oder eben Jan Delay den Nena-Titel »Irgendwie, irgendwo, irgendwann«. Das ganze Projekt erschien auf dem Grönland-Label von Herbert Grönemeyer. Jan Delay war Mitglied der HipHop-Formation Absolute Beginner, die in Hamburg zusammenkam und mit »Liebes Lied« (12/98 D 11) ihren ersten Hit hatte. Eine weitere Top-40-Notierung war »Hammerhart« (4/99 D 38).

Irgendwie, irgendwo, irgendwann (11/99 D 2)
HipHop

Delegates

NICK CASEL v (USA, als Nick Kousaleous), NICK CENCI v (USA), BOB DECARLO v, dj (USA, * 9. 1. 1941)

Der Discjockey Bob DeCarlo spielte mit den beiden anderen Mitgliedern der Delegates vorwiegend Golf. Cenci und Casel hatten in Pittsburgh eine Plattenvertriebsfirma, die Co & Ci hieß. Während des Golfspiels hatten sie immer schon davon gesprochen, dass sie unbedingt mal eine Platte zusammen machen wollten. Das hier war die Realisierung. Sie nahmen aus Hits des Jahres 1972 Schnipsel und verarbeiteten sie in der üblichen Dickie-Goodman-Manier. Nachdem die Platte erfolgreich gewesen war, versuchten sie es mit einer LP und weiteren Singles, aber das System funktionierte nur einmal.

Convention '72 (10/72 US 8)
Pop

Delerium

RHYS FULBER (Kanada), BILL LEEB (Kanada)

Die Nummer »Silence« wurde von Leeb, Fulber und Sarah McLachlan gemeinsam geschrieben und als Delerium feat. Sarah McLachlan veröffentlicht. Sie erschien erstmals Mitte 1999 und erreichte in den britischen Charts Platz 73. Anfang des Jahres 2000 war die Aufnahme dann Spitzenreiter in der irischen Hitparade. Auch in Australien und in Belgien kam der Titel in die Top 10. Als nächstes Projekt erschien von Delerium die Single »Heaven's Earth« (2/00 GB 44). Ein Remix von »Silence« brachte schließlich den ersten Top-10-Hit in GB. Es folgte »Innocente (Falling In Love)« (7/01 GB 32).

Silence (10/00 GB 3)
Pop

Siehe auch: McLachlan, Sarah

Delfonics

RANDY CAIN (USA, * 2. 5. 1945 als Herbert Randal in Philadelphia/Pennsylvania), RITCHIE DANIELS (USA), MAJOR HARRIS v (USA, * 9. 2. 1947 in Richmond/Virginia), WILBERT HART (USA, * 19. 10. 1947 in Philadelphia/Pennsylvania), WILLIAM HART (USA, * 17. 1. 1945 in Washington/D.C.)

Die Formation aus Philadelphia wurde 1965 von den beiden Brüdern William und Wilbert Hart gegründet und nannte sich ursprünglich Four Gents. Ihre ersten Platten machten sie 1967. Danach verließ Ritchie Daniels die Gruppe, um seinen Wehrdienst abzuleisten. Der Rest machte als Trio weiter. Mit dem Stück »La La Means I Love You« hatten sie ihren ersten Erfolg. »Didn't I (Blow Your Mind This Time)« wurde ein Millionseller. 1971 wurde Randy Cain durch Major Harris ersetzt, der seinerseits 1974 ging und recht erfolgreich Soloplatten machte. Mit dem Ausscheiden von Major Harris verschwand die Gruppe aus den Charts, obwohl die beiden Brüder bis Ende der 70er Jahre versuchten, den Erfolg zu wiederholen. Anfang der 90er Jahre reformierten sich die Delfonics in der Besetzung Hart, Hart, Cain und Harris wieder.

La La Means I Love You (2/68 US 4)
Didn't I (Blow Your Mind This Time) (1/70 US 10)
Soft Soul

Siehe auch: Harris, Major

Delgado, Roberto

ROBERTO DELGADO bl (Deutschland, * 15. 11. 1919 als Horst Wende in Zeitz/Sachsen)

Der Komponist, Arrangeur und Bandleader begleitete mit seinem Orchester unendlich viele Schlagerinterpreten auf ihren Platten und war wohl irgendwann der Meinung, dass es jetzt an der Zeit sei, mal ein eigenes Werk zu veröffentlichen.

»Letkiss« war ein weiterer Versuch, mit einem Simpeltanz à la Twist den Durchbruch zu schaffen. Der einzige Unterschied war, dass er nicht aus Amerika oder wie die Reihentänze aus GB kam, sondern aus Finnland. Mit den Händen in den Hüften hüpften die Tänzer wie die Osterhasen übers Parkett. Zum Abschluss gab es drei schnelle Hüpfer hintereinander, und dann wurde der Mittänzer kurz geküßt. Nach einer Saison war's wieder vorbei. Sein erfolgreichstes Album war »Da Capo, Roberto« (2/80 D-LP 11).

Letkiss (2/65 D 3)
Big Band, Instrumental

Dells

VERNE ALLISON v (USA, * 22. 6. 1936 in Chicago/Illinois), CHUCK BARKSDALE v (USA, * 11. 1. 1935 in Chicago/Illinois), JOHNNY CARTER v (USA, * 2. 6. 1935), JOHNNY FUNCHES v (USA), MARVIN JUNIOR v (USA, * 31. 1. 1936 in Harrell/Arkansas), MICKEY MCGILL v (USA, * 17. 2. 1937 in Chicago/Illinois), LUCIUS MCGILL v (USA, in Chicago/Illinois)
Diese Gruppe stammte aus Illinois, wurde 1953 gegründet und machte 1954 als El Rays ihre erste Plattenaufnahme »Darling I Know«, die ein Flop war. 1955 änderten sie ihren Namen in Dells um und hinterließen in den Rhythm-&-Blues-Charts mit der Nummer »Oh What A Nite« im November 1956 ihre ersten Spuren. In die Popcharts, kam die Platte zu diesem Zeitpunkt noch nicht. Anfang der 60er Jahre verließ Johnny Funches die Dells, und Marvin Junior übernahm die Leadstimme. Als neuer Mann kam Johnny Carter dazu. Ende 1962 hatten sie ihre erste Notierung in den Popcharts und von 1968 bis 1974 sind sie regelmäßig dort vertreten. »Oh, What A Night« war eine neue Version des erwähnten ersten Rhythm-&-Blues-Hits. Mit »Give Your Baby A Standing Ovation« (4/73 US 34) gelang ihnen ihr einziger Millionseller. In den R&B-Charts wurden sie bis in die 80er Jahre notiert.

Stay In My Corner (6/68 US 10)
Oh, What A Night (8/69 US 10)
Rhythm & Blues

Deluxe, Samy

SAMY DELUXE (Deutschland, als Sam Semilia/Sorge)
Samy gehörte dem Kreis der Hamburger DJs an, die Mitte der 90er Jahre mit ihrem ›Kerlchen-Rap‹ in Deutschland Erfolg hatten. Zusammen mit DJ Dynamite und Tropf gründete er das Projekt Dynamite Deluxe. Dabei machte Dynamite den DJ, Tropf die Beats und Deluxe galt als MC. Formationen wie Absolute Beginners oder Fünf Sterne Deluxe begleiteten sie auf Tourneen. 1998 kam ihre erste Maxi: »Pures Gift«. Dabei profilierte sich Samy beim Publikum als besonderer Anziehungspunkt, weil ›Samy mehr Skills in vier Zeilen hat als andere auf einem ganzen Doppelalbum‹. Na gut. Mit »Ladies And Gentlemen« (3/00 D 29) hatte das Trio einen ersten Hit. »Grüne Brille« (10/00 D 38) war ein zweiter Erfolg. Das Album »Deluxe Soundsystem« (4/00 D-LP 4) konnte sich erstaunlich hoch in den deutschen LP-Charts platzieren. Aber schon Anfang 2001 trennten sich die drei, und Samy machte als Solist weiter. Seine erste Solosingle hieß »... Hab' gehört ...« (4/01 D 26), sein erstes Soloalbum »Samy Deluxe« (5/01 D-LP 2).

Weck mich auf (9/01 D 4)
HipHop

Demus, Chaka & Pliers

CHAKA DEMUS rap (Jamaika, als John Taylor in Kingston), PLIERS v (Jamaika, als Everton Banner in Kingston)

Chaka Demus und Pliers hatten sich zunächst in den 80er Jahren einen Ruf in Dance-Hall-Kreisen erworben. Die ausgefuchsten Produzenten Sly Dunbar und Robbie Shakespeare produzierten mit ihnen 1993 die CD »Tease Me« (7/93 GB-LP 26, 1/94 RE-GB-LP 1), aus der der Titelsong ausgekoppelt wurde. Der Titel »Twist And Shout« zog sich seit vielen Jahren durch die internationalen Hitparaden. Erstmals brachten ihn 1961 die Top Notes, ein Jahr später hatten die Isley Brothers damit einen Top-20-Hit in den USA. Speziell die Briten liebten das Stück. Die Beatles, Brian Poole & The Tremeloes und Salt 'N' Pepa waren damit erfolgreich. Die Spezialität von Chaka Demus & Pliers war die Verknüpfung von klassischen Pop-Elementen mit Ragamuffin-Groove der 90er Jahre. Die weiteren Hits waren »Murder She Wrote« (3/94 GB 27), »I Wanna Be Your Man« (6/94 GB 19) und »Gal Wine« (8/94 GB 20).

Tease Me (6/93 GB 3)
She Don't Let Nobody (9/93 GB 4)
Twist And Shout (12/93 GB 1)
Pop, Ragamuffin, Reggae

Denise & Johnny

DENISE VAN OUTEN v (Großbritannien), JOHNNY VAUGHAN v (Großbritannien)
»Especially For You« ist eine Coverversion des Hits von Kylie Minogue und Jason Donovan aus dem Jahr 1988. Denise und Johnny sind die Moderatoren von ›C4S Big Breakfast‹, einer britischen Frühstücksfernsehsendung. Sie nahmen das Stück als Benefizplatte für das Projekt Children In Need auf. Denise war schon zuvor einmal in den Charts vertreten. Zusammen mit Cathy Warwick hatte sie die Titel »Wanna Make You Go... Uuh« (11/94 GB 74) und »All I Want« (3/95 GB 36) gesungen. Im Hintergrund zum Hit »Especially For You« sang die Formation Steps.

Especially For You (12/98 GB 3)
Pop

Dennis, Cathy

CATHY DENNIS v (Großbritannien, * 25. 3. 1969 als Catherine Roseanne in Norwich)
Cathy begann als 14-Jährige in der Alan Dennis Band, die ihr Vater leitete. Schon in diesem Alter traf sie auf Danny D., der sie fragte, ob sie es denn ernst meine mit der Musik, und ihr den Ratschlag gab, nach London umzusiedeln. Hier bereitete sie sich in Tanzkursen und an Keyboard und Computern auf ihre Karriere vor. Mit 18 erhielt sie einen Vertrag bei Polydor und traf wieder auf Danny D. Auf dessen Projekt D-Mob und der Single »C'mon And Get My Love« (10/89 GB 15, 12/89 US 10) sang sie mit. Ihre Debüt-Single »Just Another Dream« (7/91 GB 13) konnte sich zuerst in den USA hocharbeiten ebenso wie ihr zweiter Singleerfolg »Touch Me (All Night Long)«. Bemerkenswert an Cathy ist, dass sie nicht nur vorgefertigtes Material singt, sondern sich sowohl als Autorin wie auch als Produzentin beteiligt. Pressetext: ›Das rothaarige Multitalent mit den grünen Augen ist schon jetzt einer der Aufsteiger des Jahres 1991‹. Aber die nächsten Platten erreichten nicht mehr die ersten 10: »Everybody Move« (12/91 GB 25, US 90), »You Lied To Me« (8/92 GB 34, US 32), »Irresistible« (11/92 GB 24, US 61) und »Falling« (2/93 GB 23) fielen gegen die ersten Hits ab. 1994 veröffentlichte Cathy Dennis wieder zusammen mit D-Mob die Single »Why« (2/94 GB 23). »West End Pad« (8/96 25) und eine Coverversion des Kinks-Hits »Waterloo Sunset« (3/97 GB 11) brachten Cathy weitere Hits in GB.
Ihre erfolgreichsten Alben: »Move To This« (8/91 GB-LP 3) und »Into The Skyline« (1/93 GB-LP 8).

Ende der 90er Jahre hatte Cathy Dennis als Coautorin für die Formation S Club 7 Erfolg. Zusammen mit Simon Ellis schrieb sie deren Hit »Two In A Million« und außerdem war sie für einen Großteil der Titel auf dem Album »S Club« verantwortlich. Im Jahr 2000 unterschrieb sie bei der EMI einen Vertrag als Songschreiberin für eine Million Pfund.

Just Another Dream (10/90 US 9)
Touch Me (All Night Long) (3/91 US 2; 5/91 GB 5)
Too Many Walls (7/91 US 8)
Dance, Pop

Denver, John

JOHN DENVER v (USA, * 31. 12. 1943 als Henry John Deutschendorf jr. in Roswell/ New Mexico, † 12. 10. 1997)
Mit 14 goldenen LPs, 8 Platin-LPs und unzähligen Hits, die er für sich und andere schrieb, konnte dieser amerikanische Folk- und Countrysänger stolz auf fast dreißig Jahre Showgeschäft zurückblicken. 1965 suchte das damals populäre Chad Mitchell Trio einen neuen Leadsänger. Unter 250 Bewerbern setzte sich John Denver durch und tourte zwei Jahre mit diesem Trio, sammelte Erfahrungen als Profi und schrieb hin und wieder einen Song. Als ein anderes Trio – Peter, Paul & Mary – Ende 1969 mit der Denver-Komposition »Leaving On A Jet Plane« einen Platz 1 und einen Millionseller in den USA hatte, rissen sich die Plattenfirmen um ihn. Sein erster großer Erfolg war ebenfalls ein Millionseller: »Take Me Home, Country Roads«. 1974/75 hatte er seine ganz große Zeit. »Annie's Song« hatte er für seine Frau Ann Martell geschrieben, mit der er zwischen 1967 und 1983 verheiratet war. »Thank God I'm A Country Boy« wurde live im Universal-City-Amphitheater in Kalifornien aufgenommen. »Calypso« war die B-Seite von »I'm Sorry« und dem Schiff Calypso von Jacques Cousteau gewidmet. Die Liste seiner Erfolge reicht bis in das Jahr 1984. Für sein TV-Special ›An Evening With John Denver‹ gewann er 1975 einen Emmy, eine Art Oscar der Fernsehschaffenden. Als Schauspieler war John 1978 im Film »Oh, God« zu sehen. 1984 spielte er in der damaligen Sowjetunion, 1987 kehrte er noch einmal zurück für ein Benefizkonzert zugunsten der Opfer von Tschernobyl. Seit den 80er Jahren machte er zwar weniger Platten, aber die mit ausgezeichneten Musikern. Seine Zeit nutzte er vor allen Dingen, um sich verstärkt für wohltätige Zwecke und den Umweltschutz zu engagieren. Im Januar 1995 erschien sein Album »The Wild Life Concert«. John starb beim Absturz seines Experimentalflugzeugs, einem Einsitzer, vor der kalifornischen Küste. Im Nachhinein stellte sich heraus, dass Denver keinen gültigen Pilotenschein besaß. Die Lizenz war ihm im Juli 1996 vorläufig entzogen worden, weil er nicht die notwendigen medizinischen Bescheinigungen für eine Erneuerung beibringen konnte. Diese Papiere wiederum waren ihm wegen Alkoholproblemen verweigert worden. Denver war in den letzten Jahren zweimal wegen Trunkenheit am Steuer festgenommen worden. Ein Prozess wegen dieser Delikte stand kurz bevor.
Seine erfolgreichsten Alben: »Rocky Mountain High« (9/72 US-LP 4, 3/73 GB-LP 19), »John Denver's Greatest Hits« (12/73 US-LP 1 – zehnfach Platin, 3/74 GB-LP 7), »Back Home Again« (6/74 US-LP 1, 9/74 GB-LP 3), »An Evening With John Denver« (3/75 US-LP 2, GB-LP 31), »Windsong« (10/75 US-LP 1, GB-LP 14), »Live In London« (5/76 GB-LP 2), »Spirit« (9/76 US-LP 7, GB-LP 9), »John Denver's Greatest Hits, Volume 2« (3/77 US-LP 6, GB-LP 9), »I Want To Live« (12/77 US-LP 45, 2/78 GB-LP 25), »Henry John Deutschendorf, genannt John Denver – Seine

großen Erfolge« (4/79 D-LP 7), »A Christmas Together« (11/79 US-LP 26) mit den Muppets und »The Voice Of America« (5/80 D-LP 10).

Take Me Home, Country Roads (4/71 US 2)
Rocky Mountain High (11/72 US 9)
Sunshine On My Shoulders (1/74 US 1)
Annie's Song (6/74 US 1; 8/74 GB 1)
Back Home Again (9/74 US 5)
Thank God I'm A Country Boy (3/75 US 1)
I'm Sorry (8/75 US 1)
Calypso (10/75 US 2)
Country, Pop

Denver, Karl

KARL DENVER v (Großbritannien, * 16. 12. 1931 als Angus Murdo McKenzie in Glasgow, † 21. 12. 1998)
Vor seiner Karriere als Interpret war er bei der Handelsmarine gewesen und hatte auf seinen Reisen die unterschiedlichsten Musikstile kennen gelernt. Seine Stimme umfasste mehrere Oktaven, und somit hatte er eine gute Ausgangsposition. Sein erfolgreichstes Album hieß wie sein größter Singlehit »Wimoweh« (12/61 GB-LP 7). Nach 1964 wandte er sich mehr und mehr dem Kabarett zu. Mitte 1990 hatte die britische Formation Happy Mondays das Bedürfnis, mit Karl eine Single aufzunehmen. Sie hieß »Lazyitis – One Armed Boxer« und erreichte Platz 46. Er starb in Manchester.

Marcheta (6/61 GB 8)
Mexicali Rose (10/61 GB 8)
Wimoweh (1/62 GB 4)
Never Goodbye (2/62 GB 9)
Pop

Deodato

DEODATO g, key, b (Brasilien, * 21. 6. 1942 als Eumire Deodato Almeida in Rio de Janeiro)
Deodato brachte sich selbst das Spielen mehrerer Musikinstrumente bei. Seine erste professionelle Arbeit war die Begleitung von Astrud Gilberto. 1967 streckte er seine Fühler in die USA aus. 1970 galt er als gesuchter Studiomusiker und hatte mit Roberta Flack, Bette Midler, Frank Sinatra oder Wes Montgomery zusammengearbeitet. 1973 stand er dann selbst im Rampenlicht mit seiner Instrumentalversion von Richard Strauß »Also sprach Zarathustra« – zu diesem Zeitpunkt sehr populär als das Thema aus dem Film »2001«. Ansonsten ist er mehr als LP-Künstler erfolgreich, und man kennt ihn als Produzenten von Kool & The Gang von 1979 bis 1982. Sehr erfolgreich sind auch seine Arbeiten als Komponist und Arrangeur für Film und Fernsehen. Seine erfolgreichsten Alben sind »Prelude« (1/73 US-LP 3) und »Deodato 2« (8/93 US-LP 19).

Also sprach Zarathustra (2/73 US 2; 5/73 GB 7)
Funk, Instrumental, Pop

Depeche Mode

VINCE CLARKE key, syn (Großbritannien, * 3. 7. 1960 in Basildon/Essex), ANDY FLETCHER syn (Großbritannien, * 8. 7. 1960 in Nottingham), DAVE GAHAN v (Großbritannien, * 9. 5. 1962 in Epping/Essex), MARTIN LEE GORE syn (Großbritannien, * 23. 7. 1961 in Basildon/Essex), ALAN WILDER syn (Großbritannien, * 1. 6. 1959 in London)
Im Mai 1980 formierten in Basildon, Essex, Vince Clarke, Martin Gore und Andy Fletcher das Trio Composition of Sound. Schnell merkte Clarke, dass er kein begnadeter Sänger war, und holte als vierten Mann Dave Gahan hinzu. Gahan war es auch, der für die Band den neuen Namen fand. Er las ihn in einem französischen Modemagazin, in dem von ›kurzlebiger Mode‹ die Rede war. Ende des Jahres 1980 verschickten sie etliche Demobänder, erhielten jedoch keine Ant-

wort. Das kleine unabhängige Mute-Label machte schließlich mit ihnen einen Vertrag, nachdem sie für dessen Gruppe Fad Gadget im Vorprogramm gespielt hatten. Im April 1981 erschien ihre Debüt-Single »Dreaming Of Me«. Im Dezember 1981 kündigte Clarke an, die Band verlassen zu wollen, um mit Alison Moyet das neue Projekt Yazoo zu beginnen. Für ihn kam Alan Wilder. Sie hatten ihn durch eine Anzeige im ›Melody Maker‹ gefunden, in der sie geschrieben hatten: ›Name Band. Synthesizer. Must be under 21.‹ (Was er übrigens zu diesem Zeitpunkt nicht mehr war.) Bisher hatte Clarke die Songs der Band geschrieben, jetzt schrieb Martin Gore die Stücke. Die größte Anzahl ihrer Fans dürfte in Deutschland sitzen. Und obwohl die Amerikaner nicht so sehr auf Synthesizer-Bands stehen, erreichten Depeche Mode mit »Enjoy The Silence« dort einen Millionseller. Eine 14 Monate dauernde Welttournee zum Album »Song Of Faith And Devotion« wurde zum Desaster: Gore erlitt eine Herzattacke, Fletcher einen Nervenzusammenbruch und Gahan interessierte sich nur noch für Heroin. Im Mai 1996 setzte er sich eine Überdosis, die ihn für zwei Minuten ins klinische Jenseits brachte – und zur Vernunft. Nach einer Entziehungkur war er ab August 1996 clean. Gore hatte in der Zwischenzeit an neuen Stücken gearbeitet, die nun aufgenommen wurden. Ende 1996 kam als Promosingle das Stück »Barrel Of A Gun«, das im Februar 1997 diverse Singlehitparaden erreichte. Damit wurde erfolgreich auf ein neues Album verwiesen, das »Ultra« hieß. ›Kann sein, dass »Ultra« unser Erwachsenwerden dokumentiert‹, sagte Gore zum Album, das zwar immer noch düster, aber auch glaubhafter klang.

Die erfolgreichsten Alben der Band: »Speak And Spell« (11/81 GB-LP 10), »A Broken Frame« (10/82 GB-LP 8), »Construction Time Again« (9/83 GB-LP 6, D-LP 7), »Some Great Reward« (9/84 GB-LP 5, 10/84 D-LP 3, 1/85 US-LP 51), »The Singles 81–85« (10/85 GB-LP 6, 4/85 D-LP 9), »Black Celebration« (3/86 GB-LP 4, D-LP 2), »Music For The Masses« (10/87 GB-LP 10, D-LP 2, US-LP 35), »101« (3/89 GB-LP 5, D-LP 3), »Violator« (3/90 GB-LP 2, 4/90 US-LP 7, D-LP 2), »Songs Of Faith And Devotion« (4/93 GB-LP 1, US-LP 1, D-LP 1), »Ultra« (4/97 GB-LP 1, D-LP 1, 5/97 US-LP 5) und »The Singles 86–98« (10/98 GB-LP 5, D-LP 1, US-LP 38).

Bemerkenswert das Tribut-Album »For The Masses«, das im August 1998 erschien und auf dem Bands wie Rammstein, Cure, Smashing Pumpkins und andere Coverversionen von Depeche-Mode-Nummern spielten. Nachdem »The Singles 86–98« erschienen war, gingen Depeche Mode nach vier Jahren wieder auf Tournee. 2001 kam die Gruppe mit dem Album »Exciter« (5/01 GB-LP 9, 5/01 D-LP 1, 6/01 US-LP 8). Im Juni begann in Kanada eine Welttournee, die die Gruppe im September/Oktober auch nach Deutschland führte. Und auch in den Single-Charts waren sie wieder erfolgreich. Es folgte »Goodnight Lovers« (2/02 D 15).

Just Can't Get Enough (9/81 GB 8)
See You (2/82 GB 6)
Everything Counts (7/83 GB 6)
People Are People (3/84 GB 4, D 1)
Master And Servant (9/84 GB 9, D 2)
Shake The Disease (5/85 D 4)
It's Called A Heart (9/85 D 8)
Stripped (3/86 D 4)
A Question Of Lust (5/86 D 8)
A Question Of Time (8/86 D 4)
Strangelove (5/87 D 2)
Never Let Me Down Again (9/87 D 2)
Behind The Wheel (1/88 D 6)
Personal Jesus (9/89 D 5)
Enjoy The Silence (2/90 D 2, GB 6; 4/90 US 8)
Policy Of Truth (5/90 D 7)
World In My Eyes (10/90 D 7)
I Feel You (2/93 GB 8, D 4)
Condemnation (EP) (9/93 GB 9)
In Your Room (1/94 GB 8)
Barrel Of A Gun (2/97 D 3, GB 4)
It's No Good (4/97 D 5, GB 5)

Only When I Lose Myself (9/98 D 2)
Dream On (5/01 D 1, GB 6)
I Feel Loved (8/01 D 9)
Freelove (11/01 D 8)
Elektro-Pop

Siehe auch: Assembly; Erasure; Yazoo

Derek & The Dominos

ERIC CLAPTON v, g (Großbritannien, * 30. 3. 1945 als Eric Patrick Clapp in Ripley/Surrey), JIM GORDON d (Großbritannien), CARL RADLE b (Großbritannien), BOBBY WHITLOCK v, key (Großbritannien)

Nachdem Eric Clapton die Supergruppe Blind Faith verlassen und ein kurzes Zwischenspiel bei Delaney, Bonnie & Friends gegeben hatte, gründete er Mitte 1970 mit drei weiteren Mitgliedern der letztgenannten Formation Derek & The Dominos, die nur ein Jahr bestand. In dieser Zeit tourten sie durch GB und die USA, und es entstanden zwei Alben. Zu den Aufnahmen des ersten, »Layla And Other Assorted Love Songs«, nahm Clapton den Gitarristen Duane Allman hinzu. »Layla«, auf 2 Minuten und 43 Sekunden gekürzt, kam im März 1971 in die US-Singlehitparade und erreichte Platz 51. Im Mai 1972 erschien die Single erneut, diesmal mit 7 Minuten 10 Sekunden. Jetzt wurde es ein Top-10-Erfolg. Für diese Nummer erhielt Clapton bei der Grammy-Verleihung 1993 den Preis für den besten Rocksong des Jahres – 22 Jahre nachdem er geschrieben worden war. Das lag daran, dass die Nummer in einer Akustikversion auf dem hervorragenden Album »Unplugged« zu finden war, das 1992 aufgenommen wurde. Das erfolgreichste Album von Derek & The Dominos war »Derek & The Dominos In Concert« (1/73 US-LP 20, 3/73 GB-LP 36).

Layla (5/72 US 10; 8/72 GB 7; 3/82 GB 4)
AOR (Adult Orientated Rock), Blues

Siehe auch: Clapton, Eric

DeSario, Teri

TERI DESARIO v (USA, in Miami)

DeSario hatte ein einziges Mal einen Millionseller in der amerikanischen Hitparade – und das zusammen mit K. C. von der Sunshine Band und dem Titel »Yes I'm Ready«. Vorher hatte sie mit »Ain't Nothing Gonna Keep Me From You« (7/78 US 43) schon einmal in den Charts gestanden. Dieses Stück wurde von Barry Gibb geschrieben und produziert. Ihr erfolgreichstes Album war »Moonlight Madness« (1/80 US-LP 80).

Yes I'm Ready (11/79 US 2)
Disko

DeShannon, Jackie

JACKIE DESHANNON v (USA, * 21. 8. 1944 als Sharon Myers in Hazel/Kentucky)

Die Songschreiberin und Sängerin machte 1959 ihre ersten Plattenaufnahmen als Sherry Lee Myers. 1960 ging sie nach Los Angeles und begann dort, als Songschreiberin zu arbeiten. Inzwischen hat Jackie DeShannon weit über 600 Stücke geschrieben, darunter Hits für die Byrds, Brenda Lee, Rick Nelson, Bobby Vee, die Searchers oder auch Helen Shapiro. Einem breiten amerikanischen Publikum wurde sie bekannt, als sie 1964 für 26 Konzerte im Vorprogramm der Beatles auftrat. Jackie hat außerdem in mehreren Filmen mitgespielt. Ein Superwurf gelang ihr als Co-Autorin der Nummer »Bette Davis Eyes« für Kim Carnes. Jackie heiratete den Komponisten Randy Edelman, der für die Musik in »Ghostbusters II«, »Twins« oder »Kindergarten Cop« verantwortlich ist.

What The World Needs Now Is Love (6/65 US 7)
Put A Little Love In Your Heart (6/69 US 4)
Folk, Rock

Desireless

DESIRELESS v (Frankreich, * 25. 12. 1952 als Claudie Fritsch-Mentrop)
Aus dem 1987er französischen Überraschungserfolg »Voyage Voyage« entwickelte sich ein Hit in ganz Europa, der fast drei Millionen mal verkauft wurde. In Deutschland war er Mitte 1987 eine Nummer 1, in England als Remix im Mai 1988 ein Platz 5. Versuche, diesen Erfolg zu wiederholen, misslangen.

Voyage Voyage (7/87 D 1; 5/88 GB 5)
Disko

Des'ree

DES'REE v (Großbritannien, * 30. 11. 1968 als Des'ree Weeks in London)
Die Tochter westindischer Eltern lebte zwischen 1978 und 1980 auf Barbados – dann wieder in GB, und hier schrieb sie mit 13 ihren ersten Song: »Love Is Here«. Beeinflusst wurde sie nach eigener Aussage von Billie Holiday, Stevie Wonder, Bob Marley und Joan Armatrading – keine schlechten Vorbilder! In GB schickte sie ein erstes Demoband an eine Plattenfirma, die sie unter Vertrag nahm und gleich eine erste Platte mit ihr produzierte. Der ganze Vorgang dauerte nur drei Monate. Diese erste Platte hieß »Feel So High«, kam im August 1991 in die britischen Charts und erreichte Platz 51. Im Januar 1992 gelangte das Stück erneut in die GB-Charts und kletterte nun bis auf Platz 13. In den nächsten Jahren erreichten etliche Platten von ihr die GB-Charts, die jedoch meist in den Regionen unter 40 hängen blieben – mit Ausnahme von »Delicate« (6/93 GB 14) und »You Gotta Be« (4/94 GB 20). In den USA erregte »You Gotta Be« jedoch noch mehr Interesse als in ihrer Heimat. Vorher war sie als Vorprogramm von Seal durch die Staaten getourt und hatte einige wichtige Auftritte im US-TV, besonders bei der NBC. Aber auch VH-1 hatte einen Narren an ihr gefressen. Das Stück wurde zum meistgespielten Video des Senders. Bis die Platte in den USA endlich Platz 5 erreicht hatte, brauchte sie ganze sechs Monate. Eine Wiederveröffentlichung von »You Gotta Be« erreichte in GB im Frühjahr 1995 Platz 14. Mitte 1998 erschien das Album »Supernatural« (7/98 GB-LP 16). Daraus ausgekoppelt wurde mit »Life« ihr erster Top-10-Hit in GB. Auch schön ihre vorherigen Alben »Mind Adventures« (2/92 GB-LP 26) und »I Ain't Movin'« (5/94 GB-LP 13, 11/94 US-LP 27). »You Gotta Be 1999 Mix« kam in die Charts, weil zur Markteinführung des neuen Ford Focus dieser Titel in den TV-Werbespots gespielt wurde. 1999 wurde sie mit einem Brit Award als beste Sängerin ausgezeichnet.

You Gotta Be (9/94 US 5)
Life (6/98 D 8, GB 8)
You Gotta Be (4/99 GB 10)
Rhythm & Blues

Destiny's Child

FARRAH FRANKLIN v (USA), BEYONCÉ KNOWELS v (USA, * 4. 9. 1981), LE TOYA LUCKETT v (USA), LATAVIA ROBERSON v (USA), KELLY ROWLAND v (USA, als Kelendria), MICHELLE WILLIAMS v (USA)
Gegründet wurde das Quartett 1990 in Houston/Texas. La Tavia und Beyonce waren schon in diesen Anfangstagen dabei. 1992 kam Kelly, ein Jahr später LeToya. Zu diesem Zeitpunkt sollen die Mädchen neun bzw. zehn Jahre alt gewesen sein. 1997 wurden sie von Wyclef Jean von den Fugees produziert – und der sah in den Mädchen die neuen Supremes. Zumindest war auf der Plattenhülle ein Spruch von ihm zu lesen: ›They went from a dream to the young Supremes‹. Einen kleinen Unterschied zu den Supremes gab es schon auf den ersten Blick: die vier

jungen Damen hatten sich etliche ihrer Stücke zur ersten LP selbst geschrieben. Ihre Singlehits waren »No No No« (5/98 D 17), »With Me« (7/98 GB 19) und »Get On The Bus« (1/99 GB 15) aus dem Film »Why Do Fools Fall In Love«. Als Gast wirkte auf der letztgenannten Platte Timbaland mit. Es folgten »Bills, Bills, Bills« (8/99 D 19), »Bug A Boo« (9/99 US 33, 12/99 D 20), »Say My Name« (4/00 D 14), »Jumpin' Jumpin'« (9/00 D 31), »Survivor« (3/01 US 17). Auch erfolgreich: das Album »The Writing's On The Wall« (8/99 US-LP 2, GB-LP 10) – siebenfach Platin.
1999 wurden zwei Mitglieder der Band ausgewechselt. Statt LeToya und La Tavia sangen nun Michelle und Farrah im Quartett. Für eine Neuauflage von »Charlie's Angels« sangen sie den Titel »Independent Women Part I«. Das nächste Erfolgsalbum wurde »Survivor« (5/01 GB-LP 1, D-LP 1, US-LP 1). Als nächste Singles kamen »Bootylicious« (7/01 D 16), »Emotion« (11/01 D 21) – eine Coverversion des von den Bee Gees einst für Samantha Sang geschriebenen Hits.
Im Dezember 2001 war zu lesen, die drei würden ab Mitte 2002 getrennte Wege gehen, um Solokarrieren verfolgen zu können. Noch im selben Monat wurde die Trennung wieder dementiert – Soloplatten würden allerdings kommen.

No, No, No (11/97 US 3; 3/98 GB 5)
Bills, Bills, Bills (6/99 US 1; 7/99 GB 6)
Bug A Boo (10/99 GB 9)
Say My Name (12/99 US 1; 4/00 GB 3)
Jumpin', Jumpin' (5/00 US 3; 7/00 GB 5)
Independent Women Part I (9/00 US 1; 11/00 D 10; 12/00 GB 1)
Survivor (3/01 US 2; 4/01 D 8, GB 1)
Bootylicious (6/01 US 1; 8/01 GB 2)
Emotion (9/01 US 10; 11/01 GB 3)
HipHop, Rhythm & Blues, Soul

Detroit Emeralds

JOHNNY ALLEN (USA), MAURICE KING (USA), JAMES MITCHELL (USA, * 27. 5. 1949 in Perry/Florida), PAUL RISER (USA), IVORY TILMON (USA, * 14. 10. 1947 in Little Rock/Arkansas), ABRAHAM TILMON (USA, * 12. 1. 1949 in Little Rock/Arkansas), RAYMOND TILMON (USA, in Little Rock/Arkansas), CLEOPHUS TILMON (USA, in Little Rock/Arkansas)
Die Brüder Abraham, Ivory Tilmon, Cleophus und Raymond Tilmon gründeten in ihrer Heimatstadt Little Rock, Arkansas, in der zweiten Hälfte der 60er Jahre die Band Detroit Emeralds. Mit »Show Time« hatten sie 1968 ihren ersten Hit. 1971 war die Gruppe zu einem Trio geschrumpft, in dem die beiden Brüder Abraham und Ivory plus James Mitchell sangen. In dieser Besetzung hatten sie ihren einzigen Top-10-Erfolg. 1977 kam es zu einer weiteren Umbesetzung. Von den Brüdern war nur noch Abraham Tilmon dabei. Neu waren Paul Riser, Johnny Allen und Maurice King. In dieser Besetzung schafften sie mit einer Neuaufnahme von »Feel The Need In Me« einen Platz 12 in GB. Abraham Tilmon starb 1982 an einem Herzinfarkt.

Feel The Need In Me (2/73 GB 4)
Rhythm & Blues, Soul

Detroit Spinners

Siehe Spinners

Deuce

LISA MARIE ARMSTRONG v (Großbritannien, * 25. 10. 1976 in Oxford), PAUL STEPHEN HOLMES v (Großbritannien, * 25. 2. 1977 in Liverpool), KELLY O'KEEFE v (Großbritannien, * 4. 10. 1976 in Paddington), CRAIG YOUNG v (Großbritannien, * 4. 10. 1975 in Nottingham)
Tom Watkins war einst der Manager der

Pet Shop Boys und Bros. Dann kümmerte er sich um East 17 und offensichtlich hatte er noch Kapazitäten frei. Er stellte die Gruppe Deuce zusammen. »Call It Love« (1/95 GB 11) hieß der Debüt-Hit der Gruppe. Die Band war in der guten alten Tradition von zwei Jungs und zwei Mädels aufgebaut, die niedlich und nett waren und die man sich als Poster an die Wand hängen kann. Die nächste Veröffentlichung der vier brachte den einzigen Top-10-Hit. Mit »On The Bible« (8/95 GB 13) war das erste Jahr erfolgreich abgeschlossen. Als Produzenten und Songschreiber kümmerten sich dann Mike Stock und Matt Aitken um Deuce. Kelly O'Keefe hatte das Quartett verlassen und war durch Mandy Perkins ersetzt worden. Deuce ging auf Tournee durch GB mit Boyzone und hatte einen letzten Hit: »No Surrender« (6/96 GB 29). Ihr erfolgreichstes Album hieß »On The Loose!« (9/95 GB-LP 18).

I Need You (4/95 GB 10)
Pop

Deutscher, Drafi + 9.6.2006

DRAFI DEUTSCHER v (Deutschland, * 9. 5. 1946 als Karl-Heinz in Berlin)
Als 1990 eine CD von Drafi Deutscher mit dem Titel »Hits! Pseudonyme! Raritäten!« erschien, haben sich sicher nicht nur viele Rundfunkredakteure die Augen gerieben, unter welchen Pseudonymen ihnen Drafi immer wieder in die Programme geschlichen ist. Um einige zu nennen: Jack Goldbird, Kurt Gebegern, Renate Vaplus, Hektor von Udesom, Masquerade, Wir, Dave Bolan, Baby Champ, Mr. Walkie Talkie, Big Wigwam und 1986, zusammen mit seiner damaligen Freundin Sylvia Sebald, das Duo Phönix + Aphrodite.
Bereits 1957 nahm Drafi zum erstenmal an einem Talentwettbewerb in Berlin teil und landete auf Platz 1. 1962 gründete er eine erste eigene Beatband, die wiederum einen Talentwettbewerb gewann. Im November 1963 erschien Drafis erste Single »Teeny« (11/63 D 26). Im April 1964 kam »Shake Hands« auf den Markt. Drafi war Prolo, und so benahm er sich auch. Zu seinen Plattenerfolgen kamen Skandalgeschichten, wie sie die Promotionabteilungen der Plattenfirmen sicher nicht besser hätten erfinden können. Was an den Storys, die von der Regenbogenpresse immer wieder aufgekocht, neu gewürzt und dann heiß serviert wurden, wahr war, werden wir wohl nie erfahren. Was er den kleinen Mädchen am Fenster unter welchen Umständen gezeigt hat oder was dazugedichtet wurde, auch nicht. Jedenfalls war Drafi der erste deutsche Schlagersänger, von dem man wusste, dass er einen Unterleib besitzt. Die Presse tat ihre Wirkung: Drafi verschwand aus der Öffentlichkeit und erfand wohl aus diesem Grund auch seine Pseudonyme. Möglich, dass er sich damit auch vor dem Finanzamt verstecken wollte. Von dem vielen Geld, das er in seiner nun schon knapp vierzig Jahre dauernden Karriere verdient hat, ist wenig übrig geblieben. 1,6 Millionen Mark mal kurz in der Spielbank in Travemünde zu verspielen, war für ihn ein Klacks. Unter den Pseudonymen, die erfolgreich waren, finden sich das Duo Mixed Emotions und Masquerade.
Seine erfolgreichsten Alben waren »Drafi« (3/66 D-LP 8), »Gemische Gefühle« (12/86 D-LP 8) und »Diesmal für immer« (12/87 D-LP 10).
1999 tauchte Drafi, nach einigen Schlaganfällen abgemagert und offensichtlich auf dem Gesundheitstrip, wieder mit Oliver Simon als Mixed Emotions auf.

Shake Hands (4/64 D 1)
Keep Smiling (10/64 D 7)
Cinderella Baby (12/64 D 3)
Heute male ich dein Bild, Cindy Lou (5/65 D 1)
Marmor, Stein und Eisen bricht (10/65 D 1)

Nimm mich so wie ich bin (4/66 D 7)
Deutscher Schlager

Siehe auch: Masquerade; Mixed Emotions

DeVaughn, William

WILLIAM DEVAUGHN v (USA, in Washington/D.C.)
In den 70er Jahren gab es in Philadelphia eine Plattenfirma, die Talente suchte, um mit ihnen auf deren eigene Kosten Platten zu produzieren. William DeVaughn schickte Demobänder ein, wurde akzeptiert und sollte 1400 Dollar für die Session mitbringen. Er konnte nur 900 Dollar auftreiben. Dafür wurde dann alles schnell und billig gemacht. Einige Wochen später kam »Be Thankful For What You've Got« auf den Markt und verkaufte sich fast 2 Millionen mal. Zu diesem Zeitpunkt hatte DeVaughn das Interesse an der Musik wieder verloren – er wurde Zeuge Jehovas. Als die Platte Spitzenreiter war, zog er bereits mit Handzetteln von Haus zu Haus. Sporadisch versuchte er es aber auch danach immer mal wieder mit Plattenaufnahmen.

Be Thankful For What You've Got (5/74 US 4)
Rhythm & Blues

DeVorzon, Barry

BARRY DEVORZON v (USA, * 31. 7. 1934 in New York City)
Barry DeVorzon verschlug es schon früh an die Westküste nach Kalifornien. Dort begann er, als Songschreiber, Produzent, Arrangeur, Plattenfirmenbesitzer und Interpret zu arbeiten. Er war der Chef von Barry & The Tamerlanes, die mit »I Wonder What She's Doing Tonight« (10/63 US 21) einen Hit hatten. Veröffentlicht wurde die Platte auf dem Label Valiant, das Barry gehörte und bei dem auch die Cascades ihren Hit »Rhythm Of The Rain« hatten. Schon ab Mitte der 50er Jahre machte sich Barry einen Namen als Songschreiber. Seine Themenmusik zur Fernsehserie »S.W.A.T.« wurde im November 1975 mit Rhythm Heritage eine Nummer 1 in den USA. Seinen größten Erfolg hatte Barry zusammen mit Perry Botkin jr. und dem Millionseller »Nadia's Theme (The Young And The Restless)«. Bis es so weit war, hatte diese Komposition der beiden eine lange Geschichte hinter sich. Sie hieß ursprünglich »Cotton's Dream«, 1970 für den Film »Bless The Beasts And Children« geschrieben, der bei uns als »Denkt bloß nicht, dass wir heulen« in die Kinos kam. Danach nahm man diese Melodie als Thema für die TV-Serie ›The Young And The Restless‹. 1976, bei der Olympiade in Montreal, unterlegte das rumänische Turnwunder Nadia Comaneci ihre Bodenkür mit eben dieser Musik und gewann. Nadia war die herausragende Turnerin der Spiele.
In Deutschland gelang Barry als John Buck & His Blazers der Hit »Chi Chi« (9/59 D 7).

Nadia's Theme (8/76 US 8)
Instrumental, Pop, Rhythm & Blues

Dexy's Midnight Runners

KEVIN ROWLAND v (Großbritannien, * 17. 8. 1953 in Wolverhampton)
Kevin Rowland gründete Ende der 70er Jahre Dexy's Midnight Runners, die mit dem Titel »Geno« ihre musikalische Richtung anzeigten. »Geno« war eine Hommage an den Soulmusiker Geno Washington. Konsequenterweise hieß ihre erste LP »Searching For The Young Soul Rebels« (7/80 GB-LP 6). Im Laufe der Jahre sollte, immer wieder mit wechselnden Musikern, die Band eine Reihe von sehr schönen Hits haben. Nach 1983 ließ der Erfolg nach. 1986 standen sie mit »Because Of You«, dem Thema der Fernsehserie ›Brush Strokes‹, auf Platz 13 in GB.

Allerdings war es schon zu diesem Zeitpunkt mehr ein Soloprojekt von Kevin, der 1987 konsequenterweise das Ende von Dexy's Midnight Runners erklärte. Nicht konsequent war seine Plattenfirma, die 1988 eine Soloplatte von ihm als ›Kevin Rowland of Dexy's Midnight Runners‹ anpries. Erfolgreich war sie trotzdem nicht. Auch schön – und erfolgreich – »Too-Rye-Ay« (8/82 GB-LP 2, 9/82 D-LP 29, 2/83 US-LP 14) und »The Very Best Of Dexy's Midnight Runners« (6/91 GB-LP 12).

Geno (3/80 GB 1)
There There My Dear (7/80 GB 7)
Come On, Eileen (7/82 GB 1; 9/82 D 6)
Jackie Wilson Said (10/82 GB 5)
Come On, Eileen (1/83 US 1)
Pop

DeYoung, Dennis

DENNIS DEYOUNG v, key (USA, * 18. 2. 1947 in Chicago/Illinois)
Seine ersten Erfolge feierte DeYoung als Leadsänger der Gruppe Styx. Begonnen hatte er schon ab 1963 bei den Tradewinds, aus denen 1968 TW4 und schließlich 1970 Styx wurde. 1984 sah DeYoung die Zeit gekommen, eine Solo-LP aufzunehmen, die »Desert Moon« (10/84 US-LP 29) hieß. Eine Auskopplung des Titelsongs brachte Dennis seinen einzigen Top-10-Erfolg. Danach veröffentlichte er zwei weitere LPs und etliche Singles, die aber an die großen Zeiten mit Styx nicht anschließen konnten.

Desert Moon (9/84 US 10)
AOR (Adult Orientated Rock), Pop

Siehe auch: Styx

Di Bart, Tony

TONI DI BART (Großbritannien)
›Eine Debüt-Single, die sich an die Spitze der britischen Charts setzte, hat das Leben des 25-jährigen dreifachen Vaters nicht verändert‹, schrieb die Zeitschrift ›Music Week‹ im August 1994. Dabei schaute es zuerst so aus, als ob der Sohn italienischer Vorfahren, der in GB geboren wurde, ein typischer Teenieschwarm sei. Erstmals war die Nummer »The Real Thing« im September 1993 als blaue Vinylsingle erschienen und hatte wenig Eindruck hinterlassen. Als CD-Single, neu abgemixt von The Joy Brothers, klappte es – die Platte schoss innerhalb von vier Wochen auf Platz 1. Nachfolger »Do It« blieb auf Platz 21 in GB hängen. War der Song schlechter oder hatten die Teenies jetzt erfahren, dass ihr neuer Schwarm Tony Di Bart verheiratet, Vater von drei Kindern und damit nicht mehr so richtig für sie interessant ist? Das würde ja bedeuten, dass es nicht auf die Musik, sondern den Typ ankommt, der sie präsentiert. Ob das wirklich wahr ist?

The Real Thing (4/94 GB 1)
Pop

Di Capri, Peppino

PEPPINO DI CAPRI (Italien, * 27. 7. 1939 als Giuseppe Faiella in Neapel)
Bereits als Vierjähriger versuchte er sich am Klavier. 1956 nahm er an der TV-Nachwuchssendung ›Primo Applause‹ teil und erhielt wenig später seinen ersten Plattenvertrag. 1957 erschien mit »Let Me Cry« seine erste, jedoch noch erfolglose Platte. Als er 1959 an einem Songfestival in Israel teilnahm, änderte er seinen Namen in Peppino Di Capri – im selben Jahr hatte er auch seine ersten Hits in Italien. Seine beste Zeit hatte er zwischen 1960 und 1964. Es gelangen ihm 13 Top-10-Hits in Italien. Im Januar 1973 gewann er das San-Remo-Festival mit der Nummer »Un Grande Amore E Niente Più«. Der Titel wurde wieder Nummer 1 in der italienischen Hitparade. Auch der Nachfolger »Champagne« war erfolgreich. Dann

wurde es ruhig um ihn. 1991 startete er für Italien im Grand Prix Eurovision und belegte mit »Come E Dolce O Mare« immerhin Platz 7.

St. Tropez Twist (8/62 D 3)
Melancholie (1/65 D 10)
Grand Prix, Schlager, Twist

Diamond, Jim

JIM DIAMOND v (Großbritannien, * 28. 9. 1951 in Glasgow)
Jim hatte schon in sehr jungen Jahren in diversen Bands in seiner Heimatstadt gesungen. Bereits mit 16 Jahren wurde er Clubsänger, der speziell auf den deutschen Air Bases mit Gully Foyle Anfang der 70er Jahre tourte. 1975 gründete Jim Bandit, die 1977 ihre erste LP veröffentlichten. Allerdings war der Zeitpunkt denkbar schlecht – Punk war gerade angesagt, und der hatte wenig mit Jims Stil zu tun. Bandit fiel wieder auseinander, Jim Diamond sang mit Alexis Korner und gründete dann in den späten 70er Jahren in L.A. zusammen mit Carmine Appice und Earl Slick eine neue Formation. Noch bevor es zur ersten Plattenproduktion kam, fiel die Band wegen finanzieller Probleme wieder auseinander. Jim kehrte nach Großbritannien zurück, produzierte Zoot Money und schloss sich dann mit dem ehemaligen Tastenspieler von Jeff Beck und Jack Bruce, mit Tony Hymas, zu Ph.D. zusammen, die mit »I Won't Let You Down« einen Hit hatten. Gerade kam der Erfolg, da fing sich Jim eine Hepatitis ein und stand für die Promotion der LP »Is It Safe?« nicht mehr zur Verfügung. 1984 begann er eine Solokarriere und schaffte zwei Top-10-Hits. »Hi Ho Silver« war der Titelsong der erfolgreichen britischen TV-Serie ›Boon‹.

I Should Have Known Better (11/84 GB 1)
Hi Ho Silver (2/86 GB 5)
Pop, Soft Pop

Siehe auch: PhD

Diamond, Neil

NEIL DIAMOND v (USA, * 24. 1. 1941 in Brooklyn/New York City)
Die meisten Lieder, die Neil Diamond gesungen und geschrieben hat, haben eine traurige Grundstimmung. In einem Interview hat er mal erklärt, woran das möglicherweise liegen könnte. Sein Vater war Berufssoldat. Kaum hatte man sich irgendwo niedergelassen, wurde er wieder versetzt. Neil sagte: ›Woran ich mich als Wichtigstes in meiner Kindheit erinnere, ist, dass ich ständig von einer Schule zur nächsten gezogen bin. Unter diesen Umständen war es schwer, Freunde zu finden, und hatte man dann mal einen, zogen wir wieder um. Ich war damals meistens ein Außenseiter, der von niemandem akzeptiert wurde. Das ist wohl der Grund, warum ich mit dem Songschreiben begonnen habe. Als ich 16 Jahre alt war, kam ich mit meiner High-School in ein Sommerferienlager. Dort trat der berühmte Folksänger Pete Seeger auf – nur er alleine auf der Bühne. Er sang selbst geschriebene Lieder zur Gitarre. Das hat mich tief beeindruckt.‹
In dem Titel »I Am . . . I Said« singt Neil davon, wie er zwischen den verschiedenen Landstrichen der USA hin und her schwankt. Da heißt es: ›Los Angeles ist ja ganz nett – meist scheint die Sonne, und es lässt sich gut leben. Palmen wachsen, Mieten sind niedrig, aber ich denke daran zurückzugehen. Denn ich bin in New York geboren und aufgewachsen, und irgendwie komme ich mir vor, als würden mich die Pazifik- und Atlantikküsten hin und her reißen.‹
In den frühen 60er Jahren versuchte sich Neil erfolglos als Songschreiber. Als niemand sein Material aufnehmen wollte, machte er 1961 zusammen mit Jack Parker als Duo Neil & Jack seine ersten Platten. Ende 1965 nahm die Gruppe Jay & The Americans das Stück »Sunday And Me« auf – es kam unter die Top 20 in den

USA. Der Autor hieß Neil Diamond, der damit seinen ersten Erfolg verbuchen konnte. Jetzt interessierte man sich auch für den Interpreten Neil Diamond. 1966 erhielt er einen Plattenvertrag und hatte schon im selben Jahr seinen ersten Top-10-Hit. Nur wenige Monate später hatten die Monkees mit den Nummern »I'm A Believer« und »A Little Bit Me, A Little Bit You« Millionseller – Autor auch dieser Songs: Neil Diamond! Jetzt war er ein gemachter Mann, und auch seine eigenen Platten verkauften so viel, dass sie die Millionengrenze überschritten.

»You Don't Bring Me Flowers« sang er zusammen mit Barbra Streisand. In »The Jazz Singer«, einem Remake des Al-Jolson-Streifens, spielte er 1979 neben Sir Lawrence Olivier eine Hauptrolle und schrieb die gesamte Musik zum Film. Das Album dazu entwickelte sich zur erfolgreichsten Veröffentlichung von Neil Diamond. Es verkaufte sich mehr als 5 Millionen mal.

Ab 1983 hat Neil Diamond zwar noch regelmäßig Platten veröffentlicht, aber ein Single-Erfolg wollte ihm nicht mehr gelingen. Auf der anderen Seite werden seine Lieder noch immer von anderen Interpreten zu Hits gemacht. UB40 hatten mit ihrer Version von »Red Red Wine« 1983 in GB eine Nummer 1.

Seine erfolgreichsten Alben: »Neil Diamond/Gold« (8/70 US-LP 10, 4/71 GB-LP 23, 9/71 D-LP 35), »Tap Root Manuscript« (11/70 US-LP 13, 4/71 GB-LP 19), »Moods« (7/72 US-LP 5, 8/72 GB-LP 7, 9/72 D-LP 9), »Hot August Night« (12/72 US-LP 5, 3/73 D-LP 27, 1/74 GB-LP 32), »Jonathan Livingston Seagull« (11/73 US-LP 2, 2/74 GB-LP 35), »Neil Diamond/His 12 Greatest Hits« (6/74 US-LP 29, 7/74 GB-LP 13), »Serenade« (10/74 US-LP 3, 11/74 GB-LP 11, 12/74 D-LP 1), »Beautiful Noise« (7/76 US-LP 4, GB-LP 10, 8/76 D-LP 1), »Love At The Greek« (2/77 US-LP 8, 3/77 GB-LP 3, D-LP 16), »I'm Glad You're Here With Me Tonight« (12/77 US-LP 6, GB-LP 16, D-LP 13), »20 Diamant Hits« (9/78 D-LP 4), »20 Golden Greats« (11/78 GB-LP 2), »You Don't Bring Me Flowers« (12/78 US-LP 4, 1/79 GB-LP 15, D-LP 38), »September Morn« (1/80 US-LP 10, GB-LP 14, 2/80 D-LP 28), »The Jazz Singer« (11/80 US-LP 3, GB-LP 3, 12/80 D-LP 40), »On The Way To The Sky« (11/81 US-LP 17), »12 Greatest Hits, Vol. II« (5/82 US-LP 48, 6/82 GB-LP 32), »Heartlight« (10/82 US-LP 9), »Classics – The Early Years« (6/83 US-LP 171), »Primitive« (7/84 GB-LP 7, D-LP 21, 8/84 US-LP 35), »The Greatest Hits 1966–1992« (6/92 US-LP 90, 7/92 GB-LP 1) und »The Christmas Album« (10/92 US-LP 8).

2001 erschien »Three Chord Opera«. Dazu las man in der SZ, Neil Diamond sei auf ewig behaftet mit dem Stigma des Mittelmaßes, des Gewöhnlichen und der Spießigkeit. Seine Lieder seien das Gelsenkirchener Barock der Popmusik. Doch er brächte handwerkliches Niveau, das man erst schmerzlich vermisst, wenn man ihn neben seinen Epigonen hört.

Cherry, Cherry (8/66 US 6)
Girl, You'll Be A Woman Soon (4/67 US 10)
Sweet Caroline (Good Times Never Seemed So Good) (6/69 US 4; 2/71 GB 8)
Holly Holy (11/69 US 6)
Cracklin' Rosie (8/70 US 1; 11/70 GB 3, D 7)
I Am . . . I Said (3/71 US 4; 5/71 D 3, GB 4)
Song Sung Blue (5/72 D 6, US 1)
Longfellow Serenade (10/74 US 5, D 2)
Beautiful Noise (10/76 D 6)
You Don't Bring Me Flowers (10/78 US 1, GB 5)
Love On The Rocks (11/80 US 2)
Hello Again (1/81 US 6)
America (4/81 US 8)
Heartlight (9/82 US 5)
AOR (Adult Orientated Rock), Pop, Soft Pop

Dickies

BILLY CLUB b (USA), KARLOS KABALLERO d (USA), STAN LEE g (USA, * 24. 9. 1956), LEONARD GRAVES PHILIPS v, key (USA), CHUCK WAGON g, key (USA)

Gegründet in Los Angeles im Jahre 1977, versuchte die amerikanische Band gegen den britischen New-Wave-Sound anzukommen. Zumindest in ihrer Heimat konnte man damit recht wenig anfangen. Obwohl noch etliche weitere Singles in die britischen Charts kamen, wollte ihnen ein weiterer Top-10-Erfolg nicht gelingen. Nach 1980 wurden sie nicht mehr verzeichnet, machten aber bis 1988 weitere LPs. Ihre erfolgreichste war »The Incredible Shrinking Dickies« (2/79 GB-LP 19).

Banana Splits (The Tra La La Song) (4/79 GB 7)
New Wave

Dickson, Barbara

BARBARA DICKSON v, p (Großbritannien, * 27. 9. 1947 in Dunfermline/Fife/Schottland)

Barbara begann ihre Karriere als Folkmusikerin in einem Trio zusammen mit Rab Noakes und Archie Fisher. In den frühen 70er Jahren machte sie ihre ersten Solo-LPs. In dem Musical »John, Paul, George, Ringo And Bert« trat sie auf und begleitete sich selbst am Piano. Zuerst in Liverpool und später in London waren sich die Kritiker einig, dass ihr Part in diesem Musical der Höhepunkt war. Ab 1976 war Barbara Dickson als Solistin erfolgreich. Mit einer Neuauflage der 1952 von Gerhard Winkler und Fred Rauch geschriebenen Nummer »Mütterlein« hatte sie ihren ersten Top-10-Erfolg. Dieses Lied hatte zuerst Leila Negra gesungen, danach war Nat King Cole mit »Answer Me« erfolgreich, und Wolfgang Sauer sang mit einem veränderten Text »Glaube mir«. Barbaras Version lehnte sich an den Song von Nat King Cole an. Im Duett mit Elaine Paige hatte sie den Hit »I Know Him So Well«, der aus dem Musical »Chess« stammte. Die Bandbreite ihrer Stimme lässt sich am besten durch »January February« (3/80 GB 11, 6/80 D 12) und »Another Suitcase In Another Hall« aus »Evita« belegen. Ihre erfolgreichsten Alben: »The Barbara Dickson Album« (4/80 GB-LP 7), »All For A Song« (2/82 GB-LP 3) und »The Barbara Dickson Songbook« (1/85 GB-LP 5).

Answer Me (1/76 GB 9)
I Know Him So Well (1/85 GB 1)
Pop

Dido

DIDO v (Großbritannien, * 25. 12. 1971 als Dido Armstrong in London)

Rollo Armstrong war der Kopf hinter Faithless. Seine Schwester Dido kam Mitte des Jahres 2000 in den USA mit dem Album »No Angel« (6/00 US-LP 4, 10/00 GB-LP 1, 1/01 D-LP 2). Dido hatte seit ihrem sechsten Lebensjahr eine klassische Musikausbildung absolviert und Piano und Violine gelernt. Als Teenager war sie mit einem klassischen Ensemble auf Tour gegangen. Auch bei Faithless hatte sie schon mitgesungen. Ihr Debütalbum war 1999 erschienen, ohne Aufsehen zu erregen. Dann jedoch fiel Eminem Didos von ihr selbst mitgeschriebener Titel »Thank You« auf. Er sampelte ihn für seinen Titel »Stan«. »Stan« wurde schließlich als Eminem feat. Dido veröffentlicht und ein Erfolg. Daraufhin wurde auch das Album »No Angel« ein Hit. Mit einem Song aus der Serie »Roswell«, die in Deutschland samstags um 17.00 bei Pro 7 lief, hatte sie ihren nächsten Hit: »Here With Me« (2/01 D 20). Es folgte »Take My Hand/Hunter« (9/01 GB 17).

Ende des Jahres 2001 wurde zusammengerechnet: Von Didos Album »No Angel« waren weltweit mehr als 11 Millionen Exemplare verkauft worden!

Thank You (1/01 US 4; 6/01 GB 3)
Here With Me (2/01 GB 4)
Pop

Dino

DINO ESPOSITO v, key (USA, * 20. 7. 1963 in Encino/Kalifornien)
Bevor er eine Karriere als Sänger begann, war er Discjockey und Programmdirektor bei der Radiostation KCEP in Las Vegas. Dino Esposito war in Kalifornien geboren und auf Hawaii und in Connecticut aufgewachsen. 1988 erschien seine erste Platte in den US-Charts. Dabei zeigte sich, dass er nicht nur singen konnte, sondern auf dieser LP auch Keyboards spielte, sie produzierte, arrangierte und alle Songs geschrieben hatte. Der Titel »I Like It« wurde ein Millionseller. Die weiteren Hits außerhalb der Top 10: »Sunshine« (9/89 US 23), »Gentle« (11/90 US 31), »Ooh Child« (7/93 US 27).

I Like It (5/89 US 7)
Romeo (8/90 US 6)
Pop

Dion, Celine

CELINE DION v (Kanada, * 30. 3. 1968 in Charlemagne/Quebec)
Als die frankokanadische Sängerin 1988 in Dublin mit dem Song »Ne Partez Pas Sans Moi« den Grand Prix Eurovision de la Chanson für die Schweiz gewann, war sie musikalisch für die Europäer festgelegt. Grand-Prix-Gewinne bedeuteten meist die Interpretation eines Humptata-Songs und galten qualitativ als Abwertung. Sicher haben sich einige im Dezember 1990 gewundert, dass sie mit »Where Does My Heart Beat Now« bis auf Platz 4 der US-Hitparade hochschoss. Was man zuerst für einen Zufallstreffer hielt, wurde spätestens 1992 als dauerhafter Erfolg bestätigt. Zusammen mit Peabo Bryson sang Celine Dion den mit einem Oscar gekrönten Song »Beauty And The Beast« aus dem gleichnamigen Film. »The Power Of Love« war eine neue Version des Hits von Jennifer Rush aus dem Jahr 1985. Auch in den folgenden Jahren verkaufte Celine international enorm viele Platten. Mit »Pour Que Tu M'Aimes Encore« brachte sie sogar einen französisch gesungenen Titel unter die ersten 10 der GB-Charts. Aber nicht nur ihre Singles verkaufen sich gut, auch ihre Alben sind Renner: »Celine Dion« (4/92 US-LP 34), »The Color Of My Love« (11/93 US-LP 4, 3/94 GB-LP 1), »D'Eux« (10/95 GB-LP 7), »Falling Into You« (3/96 GB-LP 1, US-LP 1 – zehnfach Platin –, D-LP 5), »Let's Talk About Love« (11/97 GB-LP 1, 12/97 US-LP 1 – neunfach Platin –, D-LP 1), »These Are Special Times« (11/98 D-LP 3, US-LP 2) und »All The Way . . . A Decade Of Songs« (11/99 GB-LP 1, D-LP 1, 12/99 US-LP 1 – nach nur sechs Monaten sechsfach Platin). Den Titelsong »All The Way« sang Celine zusammen mit Frank Sinatra.
Zusammen mit Barbra Streisand sang sie die Nummer »Tell Him«. Celine hatte schon immer den Wunsch gehabt, im Duett mit Barbra zu singen – hier ging er in Erfüllung. Nebenbei hatten beide Sängerinnen dieses Stück auf den wenig später erschienenen Soloalben, auf die schon ein wenig hingewiesen wurde. Der Song »My Heart Will Go On (Love Theme From ›Titanic‹)« wurde wie der Film »Titanic« ein Riesenknüller. Am 23. März 1998 erhielt Celine Dion für diesen Titel einen Oscar. Zusammen mit den Bee Gees sang sie deren Komposition »Immortality«. »I'm Your Angel« sang sie im Duett mit R. Kelly und »Sous Le Vent« zusammen mit Garou.
Im Herbst 1999 kündigte sie an, dass sie sich nach ihrem Auftritt im Caesar's Palace in Las Vegas am 1. 1. 2000 mehr oder weniger zur Ruhe setzen werde. Im Oktober 2000 wurde bekannt, dass sie voraus-

sichtlich Mitte Februar 2001 ein Kind zur Welt bringen würde – es kam schließlich am 25. 1. 2001 und war ein Junge. Er wurde auf den Namen René-Charles getauft. Vater war ihr langjähriger Manager und Ehemann René Angelil. Las Vegas hat ihr wohl gefallen: sie schloss mit dem Caesar's Palace einen Vertrag über drei Jahre ab. Innerhalb dieser Zeit will sie 600 Auftritte absolvieren. Im Frühjahr 2002 kam Celine mit dem Album »A New Day Has Come«. Es wurde angekündigt als ihr erstes Studioalbum seit 1997 mit den Worten ›the album the world's been waiting for‹. Ausgekoppelt wurde als Erstes der Titelsong »A New Day Has Come« (3/02 US 38).

Where Does My Heart Beat Now (12/90 US 4)
Beauty And The Beast (1/92 US 9; 5/92 GB 9)
If You Asked Me To (4/92 US 4)
The Power Of Love (11/93 US 1; 1/94 GB 4)
Think Twice (10/94 GB 1)
Only One Road (5/95 GB 8)
Pour Que Tu M'Aimes Encore (9/95 GB 7)
Because You Loved Me (3/96 US 1; 6/96 GB 5)
Falling Into You (3/96 GB 10)
It's All Coming Back To Me Now (8/96 US 2; 10/96 GB 3)
All By Myself (12/96 GB 6; 3/97 US 4)
Tell Him (11/97 GB 3)
My Heart Will Go On (Love Theme From ›Titanic‹) (1/98 D 1; 2/98 GB 1, US 1)
Immortality (6/98 D 2; 7/98 GB 5)
I'm Your Angel (10/98 US 1; 11/98 GB 3)
That's The Way It Is (11/99 US 6, D 8)
A New Day Has Come (3/02 D 9, GB 7)
AOR (Adult Orientated Rock), Grand Prix, Soft Pop

Dion & The Belmonts

ANGELO D'ALEO v (USA, * 3. 2. 1940 in Bronx/New York City), DION DIMUCCI v, g (USA, * 18. 7. 1939 in Bronx/New York City), CARLO MASTRANGELO v (USA, * 5. 10. 1938 in Bronx/New York City), FRED MILANO v (USA, * 22. 8. 1939 in Bronx/New York City)

Geboren wurde Dion genau dort, wo die Chancen, einmal z. B. ein erfolgreicher Geschäftsmann zu werden, denkbar gering sind. Er stammt aus der Bronx, einem der fünf Stadtteile von New York. Über seine Jugend erzählte er mal: ›Ich habe zwei Schwestern und 250 Verwandte. Ich kann mich erinnern an riesige Tische mit Verwandten. Alle sprachen gleichzeitig. Am Kopf saß der Großvater, der die ganze Familie mit milder Strenge zusammenhielt. Mein Vater, ein Puppenspieler, hat die Seele eines Künstlers und bis heute den Körper eines Athleten. Meine Mutter gab uns ihr herrliches Lächeln, ihr warmes Herz und Hühnersuppe. Ich war zehn, als ein Freund meines Vaters bei uns zu Besuch war und Gitarre spielte. Der Klang der Gitarre und seine Stimme füllten den ganzen Raum, und seine Musik war noch da, als er schon weg war. Bei einem Pfandleiher kauften mir meine Eltern für acht Dollar eine Gitarre. Ich bemalte sie mit den Namen meiner Freunde und verschenkte sie an einen Cousin weiter. Es war eine antike Gibson – heute ein gesuchtes Sammlerstück. Ich war 12, als ich den »Honky Tonk Blues« von Hank Williams im Radio hörte. Ich wurde sofort ein Fan und begann eine Plattensammlung. Es dauerte nicht lange, da konnte ich mehr als 200 Countrylieder auswendig. Dann überwand ich meine Schüchternheit und begann, in der Schule zu singen und Gitarre zu spielen. Danach traute ich mich auch in Talentwettbewerbe. Ich fand heraus, dass ich nur meine Augen zu schließen brauchte, und schon war ich in meiner eigenen Welt und konnte die Leute mitreißen.‹

Das alles muss sich so Mitte der 50er Jahre abgespielt haben. An jeder Ecke standen Jugendliche, sangen, spielten – Doo-Wop und Street Corner Serenades waren Begriffe, die jeder New Yorker kannte. Dion und ein paar Freunde sahen bessere Möglichkeiten in Manhattan. Also nahmen sie

den D-Train über die 6th Avenue von der Bronx nach Manhattan, probten im Zug ihre Stücke und trugen sie vor. Sie nannten sich Dion & The Belmonts – Belmonts, weil sie alle aus der Ecke um die Belmont Avenue in der Bronx stammten. Der Rest der Geschichte ist schnell erzählt. Eine kleine unabhängige Plattenfirma, Laurie Records, wurde auf die Jungs aufmerksam, machte mit ihnen einen Vertrag, und Ende 1958 erschien ihre erste Platte. Ein halbes Jahr später hatten sie mit »A Teenager In Love« ihren ersten Top-10-Hit. Aber irgendwie hatte Dion das Gefühl, dass der Erfolg in erster Linie auf ihn zurückzuführen war. Also löste er sich von den Belmonts und machte als Solist weiter. Ab 1960 – er haute immer noch in die Teenagerkerbe – hatte er Erfolg. Bis 1964 hielt er das durch, dann wurde es still um ihn. Es erschienen Platten von ihm als Dion DiMucci. Er sang Lieder mit christlichen Texten. 1968 war er mit dem Titel »Abraham, Martin & John« – ein Lied, das an Abraham Lincoln, Martin Luther King und John F. Kennedy erinnern sollte – wieder in den Hitparaden. Nach 1970 war er ganz verschwunden. 1988 tauchte er wieder auf, spielte mit Bruce Springsteen und veröffentlichte 1989 die LP »Yo Frankie«, auf der so erlauchte Namen wie Bryan Adams, k. d. lang, Lou Reed, Paul Simon oder Patty Smyth zu hören waren. Mit dieser LP war er auch wieder in den Hitparaden zu finden. Ein weiterer Beweis, dass man sich auch als über Fünfzigjähriger mit dreißig Jahren Erfahrung im Popgeschäft behaupten kann. Ebenfalls 1989 wurde Dion in die Rock and Roll Hall of Fame aufgenommen.
Die erfolgreichsten Alben waren »Runaround Sue« (11/61 US-LP 11) und »Lovers Who Wander« (7/62 US-LP 12).

A Teenager In Love (4/59 US 5)
Where Or When (12/59 US 3)
Runaround Sue (9/61 US 1)
The Wanderer (12/61 US 2; 2/62 GB 10)
Lovers Who Wander (4/62 US 3)
Little Diane (7/62 US 8)
Love Came To Me (11/62 US 10)
Ruby Baby (1/63 US 2)
Donna The Prima Donna (9/63 US 6)
Drip Drop (11/63 US 6)
Abraham, Martin And John (10/68 US 4)
Pop, Rock 'n' Roll

Dire Straits

ALAN CLARK key (Großbritannien, * 5. 3. 1952 in Durham), JOHN ILLSLEY b (Großbritannien, * 24. 6. 1949 in Leicester), DAVID KNOPFLER g (Großbritannien, * 27. 12. 1952 in Glasgow), MARK KNOPFLER v, g (Großbritannien, * 12. 8. 1949 in Glasgow), HAL LINDES g (USA, * 30. 6. 1953 als Harold Andrew in Monterey/Kalifornien), PICK WITHERS d (Großbritannien, * 4. 4. 1948)
Im Juli 1977 kratzten Mark Knopfler, ein Teilzeitlehrer, sein Bruder David, ein Sozialarbeiter, der abgebrochene Soziologe John Illsley und der Sessionschlagzeuger Pick Withers 120 Pfund zusammen und nahmen in London ein Demoband mit fünf Liedern auf. Ein Band mit diesen Songs erreichte den BBC-Discjockey Charlie Gillet, der es in seiner wöchentlichen Sendung ›Honky Tonk‹ spielte. Ein Mitarbeiter einer Plattenfirma hörte die Sendung, war von den Stücken stark beeindruckt und nahm die Band unter Vertrag. Im Januar 1978, noch bevor die erste Platte erschien, spielten Dire Straits während einer GB-Tournee für 16 Termine im Vorprogramm von Talking Heads. Im Februar nahmen sie, produziert durch Muff Winwood, für nur 12 500 Pfund ihre erste LP auf.
Von den Mitarbeitern der Plattenfirma, die die Dire Straits 1978 den Medien anpriesen, wurde Euphorisches berichtet. Das sei eine neue Supergruppe aus England – und da man das zumindest dreimal im Monat hört, blieben auch viele Kollegen skeptisch. Dire Straits hieß diese

Band. Was heißt das denn schon wieder? Also, Dire kann z. B. gräßlich, entsetzlich, schauderhaft oder schrecklich bedeuten. Die Dire Sisters sind Furien. Und Straits – da gibt es z. B. die Straits of Gibraltar, die Straße von Gibraltar, also eine Meerenge. Es kann aber auch Engpass, Klemme heißen. Das war es also: Die Musiker waren schrecklich knapp bei Kasse und deshalb Dire Straits. Beim Abhören der ersten LP fiel damals auf, dass der Sänger von seinem Fach nicht sonderlich viel verstand. Dann entstand der Eindruck, dass hier Musiker am Werk waren, die die Geschichte der Popmusik nicht umkrempeln oder gar neu schreiben wollten. Wenn man die Plattenhülle betrachtete, waren hier vier Musiker abgebildet, von denen auf Anhieb mit tödlicher Sicherheit zu sagen war, dass sie nicht über die Schiene Jugend-Jubel-Musikheftchen in die Hitparaden kommen würden. Trotzdem setzte sich diese erste LP durch, was besonders an der Nummer »Sultans of Swing« lag. Was hier wohl überzeugte, war die Einfachheit des Konzepts und das Gitarrenspiel von Mark Knopfler. Schon im Juli 1980 verließ David Knopfler, der jüngere Bruder des Protagonisten, die Band und wurde durch Lindes und Clark ersetzt. Noch erfolgreicher als die Singles waren die LPs der Band: »Dire Straits« (7/78 GB-LP 5, 9/78 D-LP 3, 1/79 US-LP 2), »Communiqué« (6/79 GB-LP 5, D-LP 1, US-LP 11), »Making Movies« (10/80 GB-LP 4, 11/80 US-LP 19, D-LP 7), »Love Over Gold« (10/82 GB-LP 1, D-LP 4, US-LP 19), »Alchemy – Dire Straits Live« (3/84 GB-LP 3, D-LP 8), »Brothers In Arms« (5/85 GB-LP 1, D-LP 1, 6/85 US-LP 1 – neunfach Platin), »Money For Nothing« (10/88 GB-LP 1, D-LP 2, 11/88 US-LP 62), »On Every Street« (9/91 GB-LP 1, D-LP 1, US-LP 12), »On The Night« (5/93 GB-LP 4, D-LP 7), »Sultans Of Swing – The Best Of« (10/98 GB-LP 6, 11/98 D-LP 6).

Mark Knopfler versuchte sich neben Dire Straits auch noch mit anderen Projekten – hervorzuheben sind die Notting Hillbillies, von Mark 1989 gestartet: »Missing... Presumed Having A Good Time« (3/90 GB-LP 2, 3/90 D-LP 6). Auch sein Zusammenspiel mit Chet Atkins auf »Neck And Neck« von 1990 ist bemerkenswert. 1991 erschien das Album »On Every Street«, 1993 die Live-CD »On The Night«. »On Every Street« kam im September 1991 von Null auf Eins in den GB-Charts. Nebenher arbeitete Mark Knopfler auch immer weiter an seinen Soloprojekten. Im Frühjahr 1996 erschien die Single »Darling Pretty« und erreichte Platz 33 in GB. Damit wurde auf das kommende Album »Golden Heart« (4/96 GB-LP 9, D-LP 5) hingewiesen. Mit »Sailing To Philiadelphia« (10/00 GB-LP 4, 10/00 D-LP 1) erschien ein weiteres Soloalbum von Mark. Als Gastmusiker waren darauf Emmylou Harris, Van Morrison oder James Taylor zu hören. Als erste Single wurde »What It Is« ausgekoppelt.

Sultans Of Swing (2/79 GB 8, US 4)
Romeo And Juliet (1/81 GB 8)
Private Investigations (9/82 GB 2)
Money For Nothing (7/85 US 1, GB 4)
Walk Of Life (11/85 US 7; 1/86 GB 2)
Calling Elvis (8/91 D 8)
AOR (Adult Orientated Rock)

Disco Tex & The Sex-O-Lettes

SIR MONTI ROCK III. (USA, * 29. 5. 1942 als Joseph Moses Aponte Montanez jr. in Bronx/New York City)
Sir Monti stammte aus der New Yorker Bronx und war der Besitzer einer Kette von Friseurläden, die Mr. Monti's Saloons hießen. Unter der Leitung von Bob Crewe und zusammen mit einigen Studiomusikern wurde Ende 1974 die Gruppe Disco Tex & The Sex-O-Lettes und die Diskonummer »Get Dancin'« zusammengeschustert. 1977 spielte Sir Monti einen

Discjockey im Film »Saturday Night Fever«, und danach kämmte er wieder Haare. Zum Beispiel war Sir Monti für die wunderschöne Perücke von Andy Warhol zuständig.

Get Dancin' (11/74 GB 8, US 10)
I Wanna Dance Wit' Choo (4/75 GB 6)
Disko

Distel, Sacha

SACHA DISTEL v, g, p (Frankreich, * 29. 1. 1933 in Paris)
Bei uns kennt man Sacha Distel mehr als Haucher des Stücks »Adios Amigo«. Damit dürfte Sacha Distel bei weitem unterschätzt werden. Mit fünf lernte er Klavierspielen, mit 15 Gitarre. Während seines Philosophiestudiums spielte er Dixieland-Musik, dann hörte er Dizzy Gillespie und interessierte sich mehr für modernen Jazz. 1950 gewann er einen Nachwuchswettbewerb, noch im selben Jahr spielte er mit Stan Getz, dem Modern Jazz Quartet, Lionel Hampton und Gillespie. Sacha galt zu dieser Zeit als ausgezeichneter Jazzgitarrist. Ab 1958 war er dann mit meist selbst geschriebenen Liedern erfolgreich. In Frankreich hatte er seine größten Erfolge mit »Scoubidou« 1959 und »Mon Beau Chapeau« 1960. International kam er in die Hitparaden mit »Raindrops Keep Falling On My Head«. Sacha, der Platten in fünf verschiedenen Sprachen aufnahm, wurde 1963 mit dem von ihm geschriebenen Thema zum französischen Film »Les Sept péchés capitaux« für einen Grammy für das beste Lied des Jahres nominiert – es wurde als »The Good Life« ein Hit für Tony Bennett. Sein erfolgreichstes internationales Album hieß »Sacha Distel« (5/70 GB-LP 21).

Adios Amigo (10/62 D 5)
Der Platz neben mir (2/64 D 6)
Raindrops Keep Falling On My Head (1/70 GB 10)
Jazz, Schlager

Divine

NIKKI BRATCHER v (USA, in Newark/New Jersey), TONIA TASH v (USA, in Brooklyn/New York City), KIA THORNTON v (USA, in Inglewood/New Jersey)
17 bzw. 18 Jahre alt waren die drei Mädchen, als sie mit ihrer Debütplatte »Lately« in die US-Hitparade kamen. Nach 12 Wochen erreichten sie endlich Platz 1 in den US-Charts. Mit »One More Try« (4/99 US 29) hatten sie noch einen weiteren Versuch.

Lately (9/98 US 1)
Pop, Rhythm & Blues

Divine Comedy

NEIL HANNON v, g, b, p, per, org (Großbritannien, * 7. 11. 1970 in Londonderry/Nord Irland), JOHN MCCULLAGH v, b (Großbritannien), KEVIN TRAYNOR d (Großbritannien)
Der Songschreiber, Sänger und Multimusiker Neil Hannon, der vorwiegend alleine hinter diesem Projekt steht, bezeichnet sich und seine Musik als ›Brecht plus Cliff Richard‹ – jedenfalls dürfte Divine Comedy mit seinem manierierten Gesangsstil mehr eine britische Angelegenheit bleiben. Mit »Something For The Weekend« (6/96 GB 14) wurde er erstmals in den Charts notiert. Es folgten »Becoming More Like Alfie« (8/96 GB 27), »The Frog Princess« (11/96 GB 15), »Everybody Knows (Exept You)« (3/97 GB 14), »Generation Sex« (9/98 GB 19), »The Certainty Of Chance« (11/98 GB 49) und schließlich National Express«. Zum Erfolg dieser Platte dürfte sicher beigetragen haben, dass Neil ab Anfang Februar 1999 im Vorprogramm von Robbie Williams für insgesamt 19 Auftritte gebucht war. Wobei sich die Frage stellt, ob die Fans von Williams mit Divine Comedy etwas anfangen können. Aber vielleicht ist das ja auch Sinn der Buchung. Sein erstes Album ver-

öffentlichte Neil bereits 1991: »Fanfare For The Comic Muse«. Es blieb erfolglos wie der Nachfolger »Liberation« (1993). In den LP-Charts war »Casanova« (5/96 GB-LP 72, 7/96 RE-GB-LP 48) seine erste Notierung.
Schon erfolgreicher waren »A Short Album About Love« (2/97 GB-LP 13), »Fin De Siecle« (9/98 GB-LP 9) und »A Secret History« (9/99 GB-LP 3). Darauf die Nummer »The Pop Singer's Fear Of The Pollen Count« (8/99 GB 17). Es folgten »Gin Soaked Boy« (11/99 GB 38), »Love What You Do« (3/01 GB 26) und »Bad Ambassador« (5/01 GB 34).

National Express (2/99 GB 8)
Pop

Divinyls

CHRISTINA AMPHLETT v (Australien, * 25. 10. 1960 in Geelong/Victoria), MARK MCENTEE v, g, key (Australien, * 16. 7. 1961 in Perth)
Christina und Mark gründeten diese Band 1980 in Australien. 1983 erschien ihre Debüt-LP »Desperate«, die sie in Australien zu Stars machte. Über die Grenzen des Kontinents hinaus wurden sie erstmals in den USA mit dem Titel »Pleasure And Pain« (1/86 US 76) bekannt. Bis zu diesem Zeitpunkt waren neben den beiden Protagonisten noch weitere Musiker in der Band, die aber eine untergeordnete Rolle spielten. Nach 1986 schien für Christina und Mark der Zeitpunkt gekommen, sich von den anderen zu trennen und für Tourneen wechselnde Musiker anzuheuern. Die beiden zogen nach Paris und schrieben dort eine Reihe Songs. 1991 veröffentlichten sie das Album »Divinyls« (2/91 US-LP 15), auf dem auch ihr einziger Singlehit »I Touch Myself« zu finden war. Im selben Jahr erschien eine Zusammenfassung ihrer Hits auf der CD »Essential Divinyls«.

I Touch Myself (3/91 US 4; 5/91 GB 10)
Rock

Dixie Cups

ROSA LEE HAWKINS v (USA, * 24. 9. 1944 in New Orleans), BARBARA ANN HAWKINS v (USA, * 23. 10. 1943 in New Orleans), JOAN MARIE JOHNSON v (USA, * 15. 1. 1945 in New Orleans), DALE MICKLE v
Dieses schwarze Gesangstrio stammte aus New Orleans. In den ersten sechs Monaten des Jahres 1964 schaffte es nur eine einzige amerikanische Gruppe, auf Platz 1 der amerikanischen Hitparade vorzustoßen. Als der Titel »Chapel Of Love« im Juni 1964 in den USA auf den ersten Platz vordrang, löste er die Beatles mit »Love Me Do« ab. Die Dixie Cups selbst wurden nach drei Wochen durch die Lennon-McCartney-Komposition »A World Without Love«, gesungen durch Peter & Gordon, von der Spitze verdrängt. Joe Jones, ein Sänger aus New Orleans, der mit dem Titel »You Talk Too Much« 1960 einen Top-10-Hit in den USA hatte, sah die drei Sängerinnen bei einem Talentwettbewerb und vermittelte sie an Jerry Leiber und Mike Stoller, die gerade ihr neues Plattenlabel Red Bird gegründet hatten. Die Nummer »Chapel Of Love« war vorher schon von anderen Interpreten, z. B. den Ronettes, erfolglos aufgenommen worden. Diesmal sollte es klappen. Die Dixie Cups schafften bis 1965 weitere Hits. Danach wurde die Plattenfirma Red Bird dichtgemacht, und sie erhielten einen neuen Vertrag bei ABC Records, die sie jedoch nicht in die Charts brachten. Eine der schönsten Aufnahmen der Dixie Cups ist »Iko Iko« (4/65 US 20, 5/65 GB 23), die 1989 im Film »Rain Man« in der Version der Belle Stars zu hören war. Die Dixie Cups nahmen zwar keine Platten mehr auf, tourten aber immer noch. Cousine Joan Ma-

rie war jedoch nicht mehr dabei. Für sie kam Dale Mickle. So traten die Dixie Cups 1992 in der New Yorker Radio City Music Hall auf und feierten dort ihr 30-jähriges Jubiläum.

Chapel Of Love (5/64 US 1)
Pop

Dixiebelles

MARY HUNT v (USA), MILDRED PRATCHER v (USA), SHIRLEY THOMAS v (USA)
Die drei schwarzen Mädchen waren erfahrene Studiosängerinnen in Memphis, bevor sie im September 1963 ihren größten Erfolg mit »(Down At) Papa Joe's« hatten. Es folgte noch »South Town, U.S.A.« (1/64 US 15). Danach waren sie wieder verschwunden.

(Down At) Papa Joe's (9/63 US 9)
Rhythm & Blues

DJ Aligator Project

DJ ALIGATOR v, dj (Dänemark als Ali Mosavat)
Im Dezember 1999 begann Ali mit dem DJ Aligator Project. Auf die Idee kam er, als er in einem Club in Dänemark als DJ arbeitete. Eines Nachts hatten ein paar der Gäste Pfeifen mitgebracht, auf denen sie bliesen, während DJ Aligator Platten auflegte. So entstand die Idee zu seinem ersten Hit. Er hat den Titel selbst produziert, kopiert und dann an ein paar hundert DJs geschickt, die gleich begeistert waren. Als Debütalbum erschien »Payback Time«. Mit dem Albumtitel wollte DJ Aligator seine Dankbarkeit all den DJs gegenüber zum Ausdruck bringen, die von Anfang an an ihn geglaubt hatten. Außerdem zielt er auf all die Schallplattenfirmen, die nicht an das Projekt geglaubt haben.
Sein erstes professionelles Projekt war Factual Beat zusammen mit dem Rapper Rene Dif von der Formation Aqua. Alis nächste Station war die Gruppe Zoom. Der »Whistle Song« (10/00 GB 57) hatte 2000 schon einmal in den Charts gestanden. Im Laufe der nächsten Monate wurde die Platte in GB nur als Import angeboten – und erst als sie Anfang 2002 offiziell erschien, kam der Sprung in die Top 10.

Whistle Song (Blow My Whistle Bitch) (1/02 GB 5)
Dance

DJ Bobo

D. J. BOBO v, dj (Schweiz, * 5. 1. 1968 als Rene Baumann in Kölliken)
Die Mutter ist Schweizerin, der Vater Italiener. D. J. Bobo ist Produzent, Komponist, Texter, Sänger und Tänzer. Er verstand es, mit seiner Show durch perfekte Choreografie, Akrobatik, Feuerwerke und A-cappella-Gesangseinlagen das Publikum zu begeistern und es in das Geschehen auf der Bühne mit einzubeziehen. Neben ihm stehen dabei auf der Bühne: eine Band aus acht Musikern, dazu zwei Tänzerinnen und zwei Begleitsängerinnen. Seine Platten konnten sich in fast ganz Europa unter den ersten 10 platzieren. Unter denen, die in den Charts als ›DJ Soundso‹ firmieren, ragt Bobo heraus. Diese Ausnahmestellung bestätigte er auch in den Jahren 1995 und 1996. Neben den unten erwähnten Top-10-Hits schaffte er in Deutschland mit »Take Control« (1/94 D 12), »There Is A Party« (6/95 D 17), »Love Is The Price« (1/96 D 11), mit VSOP »Shadows Of The Night« (9/97 D 23), »Where Is Your Love« (4/98 D 21) und »Together« (9/99 D 26).
Auch seine Alben waren erfolgreich: »There's A Party« (11/94 D-LP 9), »World In Motion« (10/96 D-LP 3), »Magic« (5/98 D-LP 5), »Level 6« (10/99 D-LP 11), »Planet Colors« (2/01 D-LP 4). Nach einer

Pause kehrte DJ Bobo Anfang 2001 zusammen mit Irene Cara, der Sängerin des Originaltitels, mit »What A Feeling« in die Charts zurück. Am 24. 3. 2001 begann er eine Tournee durch 31 Städte in Deutschland, Österreich und der Schweiz. Motto: ›King of Dance‹.

Somebody Dance With Me (6/93 D 4)
Keep On Dancing (8/93 D 5)
Everybody (6/94 D 2)
Let The Dream Come True (10/94 D 4)
Love Is All Around (2/95 D 10)
Freedom (9/95 D 8)
Pray (9/96 D 3)
What A Feeling (2/01 D 3)
Dance

DJ Bundeskanzler

Ho mir ma ne Flasche Bier (10/00 D 2)

Siehe Raab, Stefan

DJ Dado

DADO computer (Italien, * 6. 1. 1967 als Flavio Daddato)
Während der Original-Interpret Mark Snow mit seiner Komposition mehr den ernsthafteren Teil der TV-Gemeinschaft abdeckte, die sich diese Serie anschaute, war DJ Dado für die Kids und die Diskotheken zuständig. Ab 1983 arbeitete er als DJ in Mailand. Ab 1984 machte er etliche Platten, die speziell in der Dance-Szene erfolgreich waren. Produziert wurde »X-Files« in Mailand. Die Nachfolgeplatte »Metropolis – The Legend Of Babel« kam nur knapp in die deutsche Hitparade. Als Sängerin war darauf Lorene Jaycee zu hören.

X-Files (4/96 GB 8)
Dance

DJ Jean

Dieser holländische Top-DJ tauchte ein einziges Mal in einer internationalen Hitparade auf. Zum Zeitpunkt seines Hits war er 28 Jahre alt.

The Launch (9/99 GB 2)
Dance

DJ Jurgen Presents Alice Deejay

Alice schrieb dieses Lied über ihre Trennung von dem Jungen, mit dem sie zwei Jahre zusammen gewesen war. Während sie in Marokko Ferien machten, kam es zu dem Bruch. DJ Jurgen ist ein Kollektiv von holländischen Discjockeys. Die nächsten Platten erschienen nur noch als Alice Deejay.

Better Off Alone (7/99 GB 2)
Techno

Siehe auch: Alice Deejay

DJ Kool

DJ KOOL rap (USA, als John Bowman Jr. in Washington, D.C.)
Seit 1988 ist DJ Kool im Musikgeschäft. In den USA hat er bislang wenig Spuren in den Charts hinterlassen. So ist er z. B. in den US-Albumcharts bisher lediglich mit »Let Me Clear My Throat« (2/97 US-LP 30) verzeichnet. Die gleichnamige Singleauskopplung konnte nur in GB überzeugen. Bei dem Titel waren Samples aus »Hollywood Swinging« von Kool & The Gang zu hören. Als Gäste waren auf der Platte Doug E. Fresh und Biz Markie zu hören.

Let Me Clear My Throat (2/97 GB 8)

DJ Luck & McNeat

DJ LUCK dj (Großbritannien, als Joel Samuels in Hackney/London), JJ v (Groß-

britannien, als Justin Weekes-Quin in Hampstead/London), McNEAT dj (Großbritannien, als Michael Anthony Rose in Hammersmith/London)
Michael Rose war Ende 1999 schon 10 Jahre im Geschäft. Als MN DJ veröffentlichte er 1989 »Stop The World«. Er nahm Platten auf als Groove In Motion und Corrupted Kru. Dann traf er auf den 4 Jahre jüngeren Samuels bei einer Londoner Piratenstation und die beiden taten sich zusammen als DJ Luck & MC Neat. »A Little Bit Of Luck« erschien erstmals Mitte 1999 und kam nicht in die Charts. Erst die Zweitveröffentlichung brachte sie in die Charts – und gegen alle britischen Gewohnheiten in der Hitparade brauchte die Platte sechs Wochen, um unter die ersten 10 zu kommen. Normalerweise steigen die Platten in die Charts ein und klettern dann nach unten – hier war es mal wieder so wie in den Urtagen der Hitparade: einsteigen und dann langsam nach oben. Als nächster Hit folgte »Masterblaster 2000«, im Original ein Stück von Stevie Wonder. Hier wurde als weiterer Mitspieler ›JJ‹ genannt. Dann kamen »Piano Loco« (3/01 GB 12) und »I'm All About You« (9/01 GB 18).

A Little Bit Of Luck (12/99 GB 9)
Masterblaster 2000 (5/00 GB 5)
Ain't No Stoppin' Us (10/00 GB 8)
Dance

DJ Miko

LOUISE ANNE GARD v (Großbritannien, in Tunbridge Wells/Kent), QUARTOBARO MANIER key (Italien)
Das in Italien beheimatete Duo DJ Miko – Chef ist der italienische In-House-Produzent Manier, die Sängerin stammt aus der Grafschaft Kent – knöpfte sich die Nummer »What's Up« vor, die mit 4 Non Blondes Mitte 1993 erfolgreich gewesen war, und machte daraus einen Hi-Energy-Titel. Das wäre nicht nötig gewesen.

What's Up (8/94 GB 6)
Disko

DJ Ötzi

DJ ÖTZI v (Österreich, * 7. 1. 1971 als Gerry Friedle in St. Johann/Tirol)
Wie die Karriere von DJ Ötzi begann, lässt sich bei Anton aus Tirol nachlesen. Danach kam DJ Ötzi ohne Anton und hatte weitere Hits aus der Ballermann-Ecke: »Gemma Bier trinken...« (6/00 D 15), »Hey Baby (Uh Ah)« (8/00 D 11), »Do Wah Diddy« (6/01 D 29, 12/01 GB 9).
In GB erschien der Titel »Hey Baby« (8/01 GB 1) als Importplatte. Dort hieß Ötzi – da man in GB keine Ö-Strichlein kennt – DJ Otzi.

Hey Baby (8/01 GB 1)
Do Wah Diddy (12/01 GB 9)
Pop

DJ Pied Piper

DJ Pied Piper machte Sendungen für die BBC – und da die meisten DJs das Gefühl haben, sie könnten das, was sie da spielen, besser machen, versuchte sich auch Pied Piper. Dass das, was Mitte 2001 vorwiegend in den Hitparaden stand, wirklich sehr simpel war, zeigte sich daran, dass sein »Do You Really Like It« gleich auf Platz 1 in den GB-Charts einstieg. Geschrieben hatte das Lied Ayia Napa. Mit Pied Piper waren auf dem Song die Masters of Ceremonies zu hören, ein Kollektiv bestehend aus DT, Melody, Sharkey P und Unknown MC. Der Titel war erstmals 2000 erschienen, als Themenmusik für eine Dokumentation verwendet worden, und nachdem Ice-T den Titel im Radio gehört hatte, nahm er DJ Pied Piper unter Vertrag. Dann kam's zum Hit.

Do You Really Like It (6/01 GB 1)
Pop

DJ Quicksilver

ORHAN TERZI computer (Türkei, * 28. 6. 1964)
Orhan wurde in der Türkei geboren, verbrachte aber den größten Teil seines Lebens in Deutschland. Schon im Alter von 15 Jahren begann er als DJ zu arbeiten. Später wurde er Plattenverkäufer in einem Laden, der sich auf Dance-Importe verlegt hatte. Hier kam ihm wohl der Gedanke, dass das auch selbst hinzufummeln ist. Seinen Künstlernamen leitete er ab von einer Art Applausometer, mit dem in Diskotheken die Reaktionen des Publikums auf die Darbietungen der DJs gemessen werden können. Die Nummer »Bingo Bongo« (11/95 D 36) war der erste Hit für ihn. Zusammen mit Tommaso De Donatis schrieb und produzierte er die Titel »I Have A Dream« und »Bellissima«, die erst auf dem kleinen Label DOS OR DIE vertrieben wurden. ›DOS‹ deutet schon ganz klar an, wer hier in Wirklichkeit geschrieben hat: der Computer. In Deutschland und in der Schweiz wurde die Platte als ›Double Hit-CD‹ angeboten und so auch in der Hitparade aufgelistet – die Briten notierten nur »Bellissima«. Die weiteren Hits von Orhan waren »Free«, »Planet Love« (12/97 D 23, 2/98 GB 12), »Escape To Paradise« (11/98 D 31), »Cosmophobia« (11/99 D 36), »Ameno« (3/01 D 18), »Boombastic« (10/01 D 27) als DJ Quicksilver meets Shaggy. 2000 kam Orhan mit dem Projekt Watergate und hatte einen Toip-10-Hit in GB.

I Have A Dream – Bellissima (12/96 D 4)
Bellissima (4/97 GB 4)
Free (5/97 D 4; 9/97 GB 7)
Dance

Siehe auch: Watergate

DJ Sakin & Friends

DJ SAKIN dj (Deutschland, * 14. 6. 1972 als Sakin Bozkurt in Malatya/Türkei), TORSTEN STENZEL key (Deutschland), JANET TAYLOR v
Die Melodie zum ersten Hit »Protect Your Mind (Braveheart)« wurde von James Horner für den Film »Braveheart« (1994) geschrieben. Mel Gibson führte als Bauer William Wallace das schottische Heer gegen die englischen Besatzer an. DJ Sakin überzeugte seine Freunde Torsten Stenzel und Janet Taylor, ihm bei der Neuproduktion dieser Filmmusik zu helfen – Stenzel hatte bereits Erfolge mit Partner DJ Taucher und Ayla, Taylor sang für Jam El Mar und BG The Prince Of Rap. Der nächste Hit wurde »Nomansland« (12/98 D 11, 6/99 GB 14). Es handelte sich bei diesem Titel um eine Neuinterpretation der 1978 von Vladimir Cosma für die TV-Serie ›Die Abenteuer des David Balfour‹ geschriebenen Nummer »David's Song«.

Protect Your Mind (Braveheart) (9/98 D 3)
Protect Your Mind (For The Love Of A Princess) (2/99 GB 4)
Dance, House, Trance

DJ Sammy & Yanou

DJ SAMMY dj (Spanien, * 29. 10. 1969 als Sofiane Bouriah in Mallorca)
Ab Ende der 80er Jahre legte DJ Sammy in der Diskothek ›Joy Palace‹ auf Mallorca Platten auf. Nebenher fummelte er einige Platten zusammen, darunter Titel wie »Life Is Just A Game«, »You're My Angel«, »Price Of Love« (6/97 D 24), »Golden Child« (12/97 D 43) oder »Magic Moment« (5/98 D 67), die sich nicht nur auf der Insel zu Sommer- und Partyhits entwickelten. Auf Mallorca lernte er auch die professionelle Sängerin und Tänzerin Carisma kennen, mit der er das Projekt DJ Sammy Feat. Carisma startete.

Carisma war auf den ersten drei Hitnotierungen zu hören – Sammy und Carisma waren auch der Nucleus der Gruppe Loona. Anfang 1999 kam wieder DJ Sammy Feat. Carisma mit »In 2 Eternity« (2/99 D 31). 2001 trennte er sich von Carisma. Als DJ Sammy & Yanou kam »Heaven«, die Coverversion eines Bryan-Adams-Titels.

Heaven (2/02 D 10)
Dance, Pop

Siehe auch: Loona

DJ's@Work

HERBERT F. dj (Deutschland), LENNY MCDUSTIN dj (Deutschland), OLE VAN DANSK dj (Deutschland)
Bei »Someday ...« wurde die alte Nena-Nummer »Irgendwie, Irgendwo, Irgendwann« verwurschtelt. Die drei DJ's und Produzenten zeigten mit ihrem Hit mal wieder, dass es keinerlei musikalischer Fähigkeiten bedarf, um in der Dance-Szene erfolgreich zu sein. Lieblos wurde die Komposition der beiden Nena-Mitglieder Uwe Fahrenkrog-Petersen und Carlo Karges auf Computer runtergehoppelt. Musik fürs Gesäß, nicht für den Kopf. »Time 2 Wonder« war im Original ein Stück von Fury In The Slaughterhouse.

Someday ... (8/01 D 5)
Time 2 Wonder (4/02 D 8)
Dance

DJ Tomekk

TOMASZ KUKLICZ dj
Ein weiterer Soundtüftler, der der Meinung war: ›was die anderen Mixer können, kann ich auch‹. Seine weiteren Top-40-Hits: »Ich lebe für den HipHop« (7/00 D 11) und »Return Of Hip Hop (Ooh, Ooh)« (2/01 D 13) – als Interpreten wurden DJ Tomekk feat. KRS One, Torch & MC Rene angegeben. Sein Album »Return Of Hip Hop« (2/01 D-LP 5) stieg gleich unter die ersten 10 der deutschen LP-Charts ein.

1, 2, 3, ... Rhymes Galore (9/99 D 6)
Dance, Rap

Siehe auch: Grandmaster Flash

D-Mob

DANNY D. dj, mix (Großbritannien, als Daniel Kojo Poku), GARY HAISMAN v (Großbritannien)
D-Mob ist ein Projekt des Songschreibers, Mixers, Produzenten und Discjockeys Danny D. Da auf seinen Platten als Songautor immer ein D. Poku genannt wird, steht zu vermuten, dass Danny Poku sein vollständiger Name ist. Er arbeitete in verschiedenen Londoner Diskotheken und für die Plattenfirma Chrysalis. Diesen Job schmiss er erst im Januar 1989 hin. Für seine Aufnahmen suchte sich Danny D. stets geeignete Sänger. So wurde der erste Hit von Gary Haisman gesungen, einem Clubmanager der Londoner Dance-Szene. Für seinen zweiten Hit, »It's Time To Get Funky«, verpflichtete er die britische Rap-Gruppe LRS. Den Gesangspart auf »Put Your Hands Together« übernahm Nuff Juice, eine britische Gesangsgruppe. Vor dieser Aufnahme erschien im Oktober 1989 die Nummer »C'mon And Get My Love« (10/89 GB 15). Hier war als Leadsängerin Cathy Dennis zu hören, die ab 1991 mit Soloplatten sehr erfolgreich wurde. 1994 kamen D-Mob und Cathy erneut zusammen und hatten den Hit »Why« (2/94 GB 23).

We Call It Acieed (10/88 GB 3)
It Is Time To Get Funky (6/89 GB 9)
C'mon And Get My Love (12/89 US 10)
Put Your Hands Together (1/90 GB 7)
Dance

DNA

NICHOLAS BATT dj (Großbritannien), NEAL SLATEFORD dj (Großbritannien)

Hinter diesem Kürzel versteckten sich zwei DJs aus Bristol. Was zu dem Millionseller führte, beschrieb ›Der Spiegel‹ 1990 folgendermaßen: ›Unverhofft kam die zuletzt nur mäßig erfolgreiche Pop-Diseuse Suzanne Vega, 31, jetzt zu einem Millionseller: Ihre schon drei Jahre alte Ballade vom romantischen Frühstücksmorgen in »Tom's Diner« füllt weltweit die Tanzflächen. Zwei unter dem Namen DNA kursierende Discjockeys reicherten das karge Frühstück mit einem tanzbaren Computer-Beat an und ließen es ohne Genehmigung der Sängerin auf Platte pressen ... Die um ihren seriösen Ruf besorgte Liedermacherin distanzierte sich zwar umgehend von der Tanznummer, kassierte aber dennoch kräftig mit: Aus Angst vor einer Klage der Plattenfirma A&M, die über die Rechte der Vega-Songs verfügt, verzichtete das Soundtüftler-Duo großzügig auf seine Tantiemen.‹ Eine Woche später veröffentlichte die Polydor, die in Deutschland A&M Records vertreibt, eine Pressemitteilung, in der auszugsweise stand: ›Als Radio One anfing, diese Single im Tagesprogramm einzusetzen, wurde Suzuanne Vegas Plattenfirma aufmerksam. Sie schickte Suzanne Vega und ihrem Manager ein Exemplar, die auf eine Klage verzichteten und die Genehmigung zu einer regulären Veröffentlichung gaben ... Suzanne Vega hat also nicht erst von der Version erfahren, als sie in den Charts war, auch hat sie sich zu keiner Zeit davon distanziert.‹ In dieser Pressemitteilung ist allerdings keine Rede davon, ob nun sie alleine die Tantiemen einstrich oder nicht. Nachfolgehits von DNA wurden »La Serenissima« (8/90 GB 34, 10/90 D 18) und »Can You Handle It« (2/92 GB 17) mit Sharon Redd.

Tom's Diner (7/90 D 1, GB 2; 10/90 US 5)
Disko

Dobson, Anita

ANITA DOBSON v (Großbritannien, * 29. 4. 1949)

Die Schauspielerin und Sängerin wurde auf ihrem Hit von Simon May und seinem Orchester begleitet. Der Titel erschien auf dem Label der BBC, was darauf hinweist, dass es sich dabei um eine Aufnahme aus einer Fernsehserie handelte – sie hieß ›EastEnders‹ und war eine der erfolgreichsten und beliebtesten BBC-Seifenopern der 80er und 90er Jahre. Weitere musikalische Versuche von Miss Dobson schlugen fehl. In den Schlagzeilen stand sie lange als Dauerfreundin von Brian May, dem Queen-Mitglied.

Anyone Can Fall In Love (8/86 GB 4)
Pop

Doctor & The Medics

WENDI ANNADIN v (Großbritannien), COLETTE ANNADIN v (Großbritannien), DOCTOR v (Großbritannien, * 7. 7. 1962 als Clive Jackson), STEVE MAGUIRE g (Großbritannien), MR. VOM d (Großbritannien), RICHARD SEARLE b (Großbritannien)

Das Sextett aus London ist wieder ein typisches One-Hit-Wonder. Mit einem Nachzieher des Norman-Greenbaum-Hits »Spirit In The Sky« aus dem Jahr 1970 hatten sie einen großen Erfolg. Ihr Nachfolgehit hieß »Burn« (8/86 GB 29). Dann nahm sich Roy Wood der Band an. Sie machten zusammen eine neue Version vom Abba-Hit »Waterloo«, die sich dann als ihr Waterloo erwies und auf Platz 45 hängen blieb. Nach dieser letzten Schlacht waren sie aus den Charts verschwunden. Ihr erfolgreichstes Album war »Laughing At The Pieces« (6/86 GB-LP 25).

Spirit In The Sky (5/86 GB 1; 7/86 D 9)
Glitter-(Glam)-Rock

Doctor Spin

Bei Doctor Spin feierten sich Nintendo und sein Game Boy selbst. Executive Producer dieser Aufnahme war Andrew Lloyd Webber. Executive bedeutet, dass er das Geld für die Produktion hingelegt hat. Nintendo wird sich für diese kostenlose Werbung recht herzlich bedankt haben.

Tetris (10/92 GB 6)
Techno

Dodd, Ken

KEN DODD v (Großbritannien, * 8. 11. 1927 in Liverpool)
Seine ersten Auftritte hatte der Sänger und Komiker schon 1954. Für über zwanzig Jahre sollte Ken Dodd einer der populärsten Sänger romantischer Balladen in GB sein. Seine erfolgreichsten Alben waren »Tears Of Happiness« (12/65 GB-LP 6) und »20 Golden Greats Of Ken Dodd« (11/80 GB-LP 8). Seine letzte Chartnotierung hatte Ken Ende 1981.

Love Is Like A Violin (7/60 GB 8)
Tears (9/65 GB 1)
The River (11/65 GB 3)
Promises (5/66 GB 6)
Pop

Dodgy

NIGEL CLARK v, b (Großbritannien, * 18. 9. 1966 in Redditch), ANDY MILLER v, g (Großbritannien, * 18. 12. 1968), MATHEW PRIEST v, d, per (Großbritannien, * 3. 4. 1970), CHRIS SLADE d (Großbritannien, * 30. 10. 1946 als Chris Rees in Pontypridd/Wales)
Dodgy formierte sich in den frühen 90er Jahren in Hounslow/London zuerst als Trio. Chris Slade kam Mitte 1992 – Dodge hatte bereits erste Platten veröffentlicht – als vierter Mann hinzu. Im September 1991 erschien die Debüt-Platte »Summer Fayre/St. Lucia«. Mit Chris kam die erste Hitnotierung: »Lovebirds« (5/93 GB 65). Ab 1995 kamen die Singles kontinuierlich in die höheren Regionen der Charts – die Top-40-Hits: »Staying Out For The Summer« (10/94 GB 38, 6/95 RE-GB als Re-Mix 19), »So Let Me Go Far« (1/95 GB 30), »Making The Most Of« (3/95 GB 22), »In A Room« 6/96 GB 12), »Good Enough«, »If You're Thinking Of Me« (11/96 GB 11), »Found You« (3/97 GB 19) und »Every Single Day« (9/98 GB 32). Die erfolgreichsten Alben der Band: »Homegrown« (11/94 GB-LP 28) und »Free Peace Sweet« (6/96 GB-LP 7). Musikalisch wurde die Gruppe in der britischen Pop-Presse gerne als eine Kombination aus Beatles und Sqeeze beschrieben – und da ist sicher was dran.

Good Enough (8/96 GB 4)
Pop, Rock

DÖF

INGA HUMPE (Deutschland, * 13. 1. 1956 in Hagen), ANNETTE HUMPE v (Deutschland, * 28. 10. 1950 in Hagen), JOESI PROKOPETZ (Österreich), MANFRED TAUCHEN (Österreich)
Manfred Deix sorgte für das Cover der erfolgreichsten LP dieser Formation, die ausgeschrieben Deutsch-Österreichisches Feingefühl heißt. Und so kam es, dass die Mitwirkenden auf der Hülle so aussahen, wie es im Hit »Codo« auch hieß: ›Ich bin so häßlich, so gräßlich häßlich‹. DÖF waren Manfred Tauchen, Joesi Prokopetz und Annette Humpe. Auch Annettes Schwester Inga wirkte bei DÖF mit. Tauchen und Prokopetz waren zwei der bekanntesten Vertreter der Wiener Kabarett- und Musikszene Anfang der 80er Jahre. Gemeinsam mit Wolfgang Ambros hatten sie das satirisch-bissige Rock-Hörspiel »Der Watzmann ruft«

aufgenommen, von dem mehr als 250 000 LPs verkauft wurden. Als im Herbst 1982 die Berliner Band Ideal in Wien eine neue LP aufnahm, kam es zu ersten Kontakten zwischen der Sängerin dieser Formation, Annette Humpe, und dem Duo Tauchen/Prokopetz. Das erste Ergebnis war besagte LP »D.Ö.F.« (7/83 D-LP 9). Ausgekoppelt daraus wurde das Stück »Codo«, das Gold erhielt. Nach einer weiteren Auskopplung aus dieser LP ging Annette Humpe wieder ihre eigenen Wege und Tauchen/Prokopetz auch.

Codo (7/83 D 1)
Neue Deutsche Welle

Dog Eat Dog

JOHN CONNOR v (USA, * 13. 7. 1969), MARC DEBACKER g (USA, * 22. 7. 1970), BRANDON FINLEY d (USA, * 12. 4. 1966), SEAN KILKENNY g (USA, * 24. 6. 1967), DAVE MALTBY d (USA), SCOTT MUELLER key, sax (USA), DAVE NEABORE v, b (USA, * 26. 5. 1970)

Als ›Crossover-Helden aus New Jersey‹ wurden Dog Eat Dog bezeichnet. »No Fronts« war die erste Single, mit der die Band in die Charts gelangte – aber nicht in den USA, sondern in GB. Im August 1995 kam die Platte bis auf Platz 64, was kein gutes Ergebnis war. Erst als die Nummer durch den Mixer gedreht wurde, kam ein Hit heraus: Platz 9 in GB, Platz 45 in Deutschland. Ein Mix wurde von Jay Master Jay genudelt, der einst bei Run-D.M.C. mitgewirkt hatte, und dieser Mix war es dann wohl auch, der die Nummer zu einem Hit machte. Nachfolger »Isms« kam in GB gerade noch bis Platz 43, in Deutschland bis 71. Bei diesem Titel wurden laut Plattenfirma ›Rotzfrech sämtliche Musikstile kombiniert‹ – ein Gemischtwarenladen also. Warten wir auf den nächsten Mixer. Auf »Isms« wurde als neuer Schlagzeuger Brandon Finley genannt.

No Fronts – The Remixes (2/96 GB 9)
Rock, Techno

Doh, Ken

KEN DOH dj (Großbritannien, als Michael Devlin in Newcastle)

Hinter Ken Doh verbirgt sich nicht etwa ein japanischer DJ, sondern der zu diesem Zeitpunkt 28-jährige Michael Davlin, Mitbesitzer der Plattenfirma Bass Generator Records, der auch noch ein Plattenladen angeschlossen ist. Daran sieht man doch deutlich, dass auch die britischen Plattenbosse kreativer sind als ihre deutschen Gegenpole – oder hat schon einmal jemand einen deutschen Plattenfirmenchef unter den ersten 10 der Hitparade gehört?

Nakasaki EP (I Need A Lover Tonight) (3/96 GB 7)
Pop

Dolan, Joe

JOE DOLAN v (Irland, * 16. 10. 1943 in Mullingar/West Meath)

Joe wurde schon als 19-jähriger Profi. 1964 nahm er mit seiner Begleitband Drifters seine ersten Platten auf, die bis in die irischen Top 10 vordrangen. Aber erst als Solist sollte Joe Dolan über die Grenzen von Irland hinaus erfolgreich werden und auch in GB Hits haben. »Make Me An Island« war sein größter Erfolg. Weitere Hits außerhalb der Top 10 waren »Teresa« (11/69 GB 20, 12/69 D 38), »You're Such A Good Looking Woman« (2/70 GB 17) und »I Need You« (9/77 GB 43). Danach blieb sein Erfolg wieder mehr auf Irland beschränkt.

Make Me An Island (6/69 GB 3)
Pop, Schlager

Dolby, Thomas

THOMAS DOLBY v, g, p, org (Ägypten, * 14. 10. 1958 als Thomas Morgan Robertson in Kairo)
Thomas wurde in Kairo als Sohn britischer Eltern geboren. Der ausgezeichnete Musiker und Songschreiber spielte zwischen 1977 und 1979 Keyboards mit Gruppen wie Members, Passions und Fall. 1979 spielte er für einige Monate mit Camera Club und begleitete Lene Lovich auf einer US-Tournee. 1981 veröffentlichte er auf seinem eigenen Independent-Label Armagedon seine erste Single. Obwohl die Platte sich nicht verkaufte, wurde die Gruppe Foreigner auf ihn aufmerksam und bat ihn, auf der LP »4« mitzuwirken. Danach spielte Thomas für Def Leppard. Im Juli 1981 gründete er ein weiteres eigenes Label und verkaufte eine weltweite Lizenz davon an die EMI. 1982 erschien seine erste LP, die besonders in den USA erfolgreich war. Darauf auch sein erster Hit »Windpower« (8/82 GB 32). Als weitere bemerkenswerte Chartnotierungen folgten »Hyperactive!« (1/84 GB 17, 1/94 GB 23 als Remix), »Close But No Cigar« (5/92 GB 22), »I Love You Goodbye« (7/92 GB 36). Seine erfolgreichsten Alben waren »The Golden Age Of Wireless« (5/82 GB-LP 65, 3/83 US-LP 13) und »The Flat Earth« (2/84 GB-LP 14, 3/84 US-LP 35).

She Blinded Me With Science (2/83 US 5)
Elektro-Pop, Pop

Dolce, Joe

JOE DOLCE v (USA, in Painesville/Ohio)
1966 wurde er Mitglied in der Gruppe Sugar Creek, die 1969 ein erfolgloses Album in den USA veröffentlichte. 1974 gründete er eine Poetry Music Fusion Group, die längere Zeit an der Ostküste der Vereinigten Staaten tourte. 1978 verließ er die USA und siedelte sich in Australien an. Dort gründete er die Joe Dolce Theatre Show und erfand die Figur Giuseppi. Als Giuseppi nahm er die Nummer »Shaddap You Face« auf, die in Australien 1980 ein großer Hit wurde. Der Titel nahm freundlich die Sprachschwierigkeiten italienischer Emigranten in den USA auf den Arm. Aber mit diesem einen Hit war das Bedürfnis nach Englisch mit italienischen Brocken erschöpft. Ein weiterer Hit gelang ihm nicht.

Shaddap You Face (2/81 D 1, GB 1)
Schlager

Dollar

THEREZA BAZAR v (Kanada, * 23. 5. 1955), DAVID VAN DAY v (Großbritannien, * 28. 11. 1956 in Brighton)
Die beiden begannen im November 1974 als Mitglieder der Guys & Dolls. Dann trennten sie sich von dem Sextett und starteten im Jahre 1978 mit ihrem Duo Dollar. Mit ihrer eigenen Komposition »Love's Got A Hold On Me« hatten die beiden, von denen bekannt war, dass sie sich nicht sonderlich mochten, ihren ersten Hit. »I Wanna Hold Your Hand« war eine Neuaufnahme des Beatles-Titels. 1983 – inzwischen waren die menschlichen Probleme wohl so schwer geworden, dass sie nicht mehr miteinander weiterarbeiten wollten – trennten sie sich und versuchten sich als Solisten. Da es beiden nicht gelang, Hits zu landen, kamen sie 1986 wieder zusammen. »O L'Amour« war ein Nachzieher einer Erasure-Aufnahme. Van Day ersetzte in der zweiten Hälfte der 90er Jahre Mike Nolan in der Formation Bucks. Das erfolgreichste Album des Duos war »The Dollar Album« (10/82 GB-LP 18).

Love's Got A Hold On Me (8/79 GB 4)
I Wanna Hold Your Hand (11/79 GB 9)
Mirror Mirror (Mon Amour) (11/81 GB 4)
Give Me Back My Heart (3/82 GB 4)

O L'Amour (12/87 GB 7)
Pop, Schlager

Siehe auch: Guys 'n' Dolls

Dolls United

Martin Meinschäfer, Sebastian Schoplick und Dominik Stahlschmidt betrieben im westfälischen Neheim-Hüsten gemeinsam ein Tonstudio. 1994 hatten sie sich die Verlagsrechte an sämtlichen Liedern aus der Fernsehserie der Augsburger Puppenkiste gesichert. Die Originalstimmen wurden mit Techno-Rave-Musik unterlegt, erinnerten so die Älteren an ihre Jugendtage und befriedigten bei den Jüngeren deren Bewegungsdrang. Als Erstes erschien noch 1994 der »Urmel-Lied-Mix« und dann kamen endlich Jim Knopf und Lukas, der Lokomotivführer, mit dem Song »Eine Insel mit zwei Bergen«. Zu diesem Zeitpunkt nervten sich die Deutschen schon gegenseitig mit dem Spruch ›Eine Insel, eine Insel‹. Nachfolgende Platten nach dem gleichen Strickmuster, wie z. B. »Blechbüchse roll« (12/95 D 25) und »Wir bauen eine Falle«, waren weniger erfolgreich. Inzwischen galt es, Dolls United durch irgend jemand darstellen zu lassen. Das übernahmen Suliman Snipes, Nicki Ganshorn und Gogo Stojanovic. Etwa zum selben Zeitpunkt wurden auf einer CD die schönsten Originallieder der Augsburger Puppenkiste veröffentlicht, die das Gefühl der alten Sendungen wesentlich besser transportierte.

Eine Insel mit zwei Bergen (9/95 D 2)
Rave

Domino

DOMINO rap (USA, als Shawn Ivy in St. Louis)
Domino ist der 1962 geborene Rapper Shawn Ivy. Aufgewachsen ist er in Long Beach, Kalifornien. Ende 1993 hatte er mit »Getto Jam« seinen ersten Hit. Wie bei so vielen anderen Rappern beschränkte sich der Erfolg vorwiegend auf die Vereinigten Staaten. Es folgte noch »Sweet Potato Pie« (4/94 US 27) und das Album »Domino« (12/93 US-LP 39). Danach war das Kapitel erledigt.

Getto Jam (11/93 US 7)
Rap

Domino, Fats

FATS DOMINO v, p (USA, * 26. 2. 1928 als Antoine Domino in New Orleans)
Wie kein anderer verkörpert Fats die Musik dieser Stadt am Mississippi. Bereits als Zehnjähriger sang er in und vor den Kneipen von New Orleans für ein paar Pennies. Dann traf er auf den Trompeter Dave Bartholomew, der Leiter eines Tanzorchesters war. Fats erhielt die Chance, in diesem Orchester zu spielen – er nahm an und wurde Mitte der 40er Jahre Pianist von Dave. Mit ihm zusammen hat er die meisten seiner späteren Hits geschrieben. 1949 nahm Fats seine erste Soloplatte auf, die zumindest in den R&B-Charts erfolgreich war: »The Fat Man« stand im Februar 1950 auf Platz 2 und wurde ein Millionseller. »Goin Home« erreichte im April 1952 die R&B-Charts, wurde Spitzenreiter, ebenfalls Millionseller und seine erste Platte, die auch in den US-Popcharts mit Platz 30 verzeichnet wurde. Ab diesem Zeitpunkt bis 1964, dem Jahr, als die Beatles die USA überrollten, hatte er Hit auf Hit. Viele seiner Songs wurden Mitte der 50er Jahre erfolgreich von weißen Interpreten wie z. B. Pat Boone gecovert. Dessen Version von »Ain't That A Shame« ist selbst eine Schande, denn gegen das Original von Fats klingt sie lasch und lahm. Und wenn er auch ab 1964 nicht mehr die Spitzenplätze in den Charts belegte, die Konzerte von ihm waren bis ins 21. Jahrhundert ausverkauf-

te Augen- und Ohrenweiden. Regelmäßig ist er in Las Vegas zu sehen, ansonsten hält er sich oft und gerne zu Hause in New Orleans bei seiner Frau Rosemary und seinen acht Kindern auf. 1986 wurde er in die Rock and Roll Hall of Fame aufgenommen, 1987 war er Gewinner von Grammy's Hall of Fame und dem Lifetime Achievement Award.In Deutschland hatte er seinen größten Erfolg 1992, als Aral einen TV-Spot mit der Nummer »I'm Walkin'« unterlegte. Fats erreichte im Februar 1992 damit immerhin Platz 12 in Deutschland. Am 5. 11. 1998 verlieh ihm Präsident Bill Clinton in Washington die ›National Medal of the Arts‹.

Ain't That A Shame (7/55 US 10)
I'm In Love Again (4/56 US 3)
Blueberry Hill (10/56 US 2; 12/56 GB 6)
Blue Monday (1/57 US 5)
I'm Walkin' (3/57 US 4)
It's You I Love (5/57 US 6)
Valley Of Tears (5/57 US 8)
Whole Lotta Loving (11/58 US 6)
I Want To Walk You Home (8/59 US 8)
Be My Guest (10/59 US 8)
Walking To New Orleans (6/60 US 6)
Rhythm & Blues, Rock 'n' Roll

Dominoe

ANGIE BUCHZYK v, key (Deutschland, * 3. 2. 1965), FRED NEUDERT v, b (Deutschland, * 17. 7. 1959), ROBERT PAPST g (Deutschland, * 10. 12. 1960), JOHNNY ROHDE key (Deutschland, * 2. 11. 1956), MARC SCHIEGL g (Deutschland, * 9. 7. 1968), RICK SHULZ d (Deutschland, * 25. 8. 1961), JÖRG SIEBER v (Deutschland, * 13. 7. 1961)

Als die Band 1987 gegründet wurde, kannten sich die aus dem Umland von München stammenden Musiker teilweise bereits seit zehn Jahren und hatten in verschiedenen Schülerbands den Grundstein für eine Profikarriere gelegt. Schuld am Hit »Here I Am« war ohne Zweifel die Tatsache, dass die deutsche Renault AG den Song für ihre R5-Werbung im Fernsehen benutzt hatte. Danach ging die Keyboarderin Angie und versuchte eine Solokarriere, Robert Papst widmete sich der Studio- und Produzententätigkeit und blieb in dieser Funktion seinen Kollegen verbunden. Ein weiterer Hit wollte Dominoe jedoch nicht mehr gelingen.

Here I Am (1/88 D 4)
Rock

Don & Juan

CLAUDE JOHNSON (USA), ROLAND TRONE (USA)

Don und Juan gehörten ursprünglich zu dem aus Brooklyn stammenden Quartett Genies. 1959 veröffentlichten die Genies die Single »Who's That Knocking«, die es unter die Top 75 in den amerikanischen Charts brachte. Da der Gruppe kein Nachfolgehit gelang, wurde sie von ihrer Plattenfirma gefeuert. Auch weitere Plattenverträge brachten keinen Erfolg. Trone und Johnson verließen daraufhin die Formation und arbeiteten als Anstreicher, bis ein Agent namens Peter Paul sie wiederentdeckte. Als Don & Juan hatten sie ihren einzigen Hit »What's Your Name« auf. Obwohl das Duo bis 1967 weitere Platten aufnahm, konnte es nur mit »Magic Wand« eine weitere Chartnotierung erzielen. Nach dem Tod von Trone im Jahre 1983 übernahm ein anderes früheres Mitglied der Genies, Alexander Faison, den Part des Don.

What's Your Name (2/62 US 7)
Pop

Don Pablo's Animals

Bei Don Pablo's Animals handelte es sich um eine italienische Instrumentalgruppe, die mit einer Diskoversion des Shocking-

Blue-Titels »Venus« in die britische Hitparade kletterte. Dann trieben sie ein anderes Animal durch die Disko.

Venus (5/90 GB 4)
Disko, Instrumental

Donalds, Andru

ANDRU DONALDS v (Jamaika, in Kingston)
Zwei Jahre verbrachte Andru als Straßenmusikant in London, dann erhielt er die Möglichkeit, eine erste Platte aufzunehmen. 1994 erschien mit »Mishale« (12/94 US 38, 4/95 D 18) die Debütsingle, die eine ansprechende Mixtur aus Soul, Pop, Reggae und Folk brachte. Stimmlich erinnerte er an Seal oder Lenny Kravitz. Danach war Andru wieder aus den Charts verschwunden – bis er 1998 auf Michael Cretu traf, der von Andrus Stimme begeistert war und mit ihm eine Coverversion des Air-Supply-Hits »All Out Of Love« produzierte.

All Out Of Love (4/99 D 3)
Pop

Donaldson, Bo & The Heywoods

SCOTT BAKER g (USA), RICHARD ›NICKY‹ BRUNETTI d (USA), GARY COVEYOU sax (USA, * 25. 11. 1958), ROBERT ›BO‹ DONALDSON key, tr (USA, * 13. 6. 1954), MICHAEL GIBBONS v, tr (USA, * 29. 12. 1953), RICHARD JOSWICK v (USA, * 7. 8. 1952), DAVID KROCK v (USA, * 13. 10. 1953)
Die aus Cincinnati, Ohio, stammende Band hatte 1972 ihren ersten Charterfolg in den USA. 1973 spielten sie regelmäßig in Dick Clarks TV-Show ›Action 73‹. Die beiden britischen Songschreiber Mitch Murray und Peter Callander, die schon Hits für Freddie & The Dreamers bzw. Cliff Richard, Sandie Shaw oder Tom Jones geschrieben hatten, gründeten 1974 in GB ihr eigenes Plattenlabel Bus Stop Records. Zu den ersten Künstlern, die sie unter Vertrag nahmen, gehörte die aus Nottingham stammende Band Paper Lace. Wie Mary Hopkin hatten sie in der TV-Serie ›Opportunity Knocks‹ einen Talentwettbewerb gewonnen. Für diese Band schrieben Murray und Callander den Song »Billy Don't Be A Hero«. Als der in GB veröffentlicht wurde und langsam in den Charts kletterte, schickte Bus Stop Records die Platte an mögliche Vertragspartner in Australien und Neuseeland, die sie jedoch mit der Bemerkung zurückschickten, das sei das Schlimmste, was sie jemals erhalten hätten. Auch die Verhandlungen für die USA gestalteten sich schwierig, und inzwischen hatte der amerikanische Produzent Steve Barrie die Paper-Lace-Version gehört und blitzschnell mit Bo Donaldson & The Haywoods eine Coverversion aufgenommen. So kam es, dass Paper Lace in GB Nummer 1 wurden mit »Billy Don't Be A Hero« und in den USA Bo Donaldson. Nachfolgehits wurden »Who Do You Think You Are« (7/74 US 15) und »The Heartbreak Kid« (11/74 US 39). Danach ließ der Erfolg recht schnell nach. Sie tourten mit Dick Clarks Caravan of Stars oder durften als Vorgruppe von den Rascals oder Herman's Hermits auftreten. Ihre letzte Hitnotierung hatten sie bezeichnenderweise Mitte 1975 mit der von Neil Sedaka und Howard Greenfield geschriebenen Nummer »Our Last Song Together«. 1982 gründete Bo eine Firma, die sich auf den Verkauf von Sicherheitseinrichtungen spezialisierte. Gibbons arbeitete in einer Automationsfabrik. 1993 stellte Bo eine Country-Band auf die Beine, die er River Bend nannte.

Billy Don't Be A Hero (4/74 US 1)
Beat, Pop

Donegan, Lonnie

LONNIE DONEGAN v, bj (Großbritannien, *29. 4. 1931 als Anthony Donegan in Glasgow)

Er gilt als der erste britische Superstar im GB der 50er Jahre. In Ken Colyer's Band spielte er Banjo und kreierte den Skiffle-Sound. 1953 kam er in die Band von Chris Barber und ist auf etlichen der besten Dixieland-Platten dieser Gruppe zu hören, so z. B. auf »Ice Cream«. 1954 nahm er als Solist die Nummer »Rock Island Line« auf. Bis Ende 1962 hatte Lonnie alleine in GB 26 Platten unter den ersten 20, 17 davon unter den ersten 10. Der britische Beat-Boom machte auch Lonnie zu schaffen. 1964 nahm er in Nashville mit den Jordanaires und Studiomusikern wie Floyd Cramer einige Titel auf. Zweimal war er in der Grand Ole Opry zu sehen. 1965 brachte er mit »World Cup Willie« den offiziellen britischen Song für die Fußballweltmeisterschaft auf den Markt. Inzwischen hatte er mit Tyler einen eigenen Musikverlag gegründet. Der nahm einen jungen Songschreiber namens Justin Hayward unter Vertrag, dessen Song »Nights In White Satin« für Donegan in den nächsten Jahren ein steter Einnahmequell der Freude wurde. 1967 nahm Tom Jones den Song »I'll Never Fall In Love Again« auf, der in Lonnies Version 1962 untergegangen war. Später nahm auch Elvis den Titel auf – der Song war selbstverständlich auch wieder bei Tyler Music.

In den nächsten Jahren erschienen immer wieder Platten von Lonnie, die jedoch meist unter ferner sangen liefen. 1974 interessierte man sich speziell in Deutschland für Skiffle-Musik. Zusammen mit der Gruppe Leinemann nahm Lonnie eine LP auf. Anlässlich seines 25-jährigen Musikerjubiläums tourte Chris Barber 1975 mit der Originalbesetzung von einst, darunter auch Lonnie, durch die Lande. Steuerschwierigkeiten zwangen Lonnie ab 1977, seinen Aufenthalt in GB auf drei Monate im Jahr zu beschränken. Popstars wie Elton John, Ronnie Wood, Brian May oder Ringo Starr, die Lonnie als eins ihrer Vorbilder ansehen, spielten mit auf einer neuen LP mit dem Titel »Puttin' On The Style«. Produzent war Adam Faith. Auch in den 80er Jahren erschienen weitere Platten von ihm, und Lonnie trat bei Festivals auf oder ging mit anderen, z. B. Billie Jo Spears, auf Tournee. 1990 verkaufte er sein Haus in Kalifornien und siedelte nach Südspanien über.

Im Februar 1992 musste er sich einer Herzoperation unterziehen. Trotzdem trat er 1993 schon wieder auf.

Sein erfolgreichstes Album war »Golden Age Of Donegan« (9/62 GB-LP 3).

Rock Island Line (1/56 GB 8; 3/56 US 8)
Lost John/Stewball (4/56 GB 2)
Bring A Little Water Sylvie/Dead Or Alive (9/56 GB 7)
Don't You Rock Me Daddy-O (1/57 GB 4)
Cumberland Gap (4/57 GB 1)
Gamblin' Man/Putting On The Style (6/57 GB 1)
My Dixie Darling (10/57 GB 10)
Grand Coolee Dan (4/58 GB 6)
Tom Dooley (11/58 GB 3)
Does Your Chewing Gum Lose Its Flavour (2/59 GB 3; 8/61 US 5)
Battle Of New Orleans (6/59 GB 2)
My Old Man's A Dustman (3/60 GB 1)
I Wanna Go Home (5/60 GB 5)
Lorelei (8/60 GB 10)
Have A Drink On Me (5/61 GB 8)
Michael Row The Boat/Lumbered (8/61 GB 6)
The Party's Over (4/62 GB 9)
Pop, Rock 'n' Roll, Rockabilly

Donovan

DONOVAN v (Großbritannien, *10. 2. 1946 als Donovan Phillip Leitch in Glasgow)

Als die Amerikaner ihren Bob Dylan hatten, wollten die Briten auch solch einen Typ von Interpret. In Donovan fanden sie ihn. Und schaut man heute rückblickend

auf seine Hits, stellt man fest, dass er mit Ausnahme von »Universal Soldier« alle seine Songs im Alleingang geschrieben hat – wie Bob Dylan. »Catch The Wind« hieß sein erster Erfolg. »Colours« brachte für viele Poesie frei Haus, aber irgendwie fehlte der Protest eines Bob Dylan. Da kam ein Lied, geschrieben von Buffy Sainte-Marie, gerade recht: »Universal Soldier«. Die Platte erreichte nicht einmal die britische Hitparade und wird doch noch bis heute mit ihm als erfolgreiche Nummer in Verbindung gebracht.
Mitte 1966 – inzwischen war er zum Produzenten Mickie Most gewechselt – erschien »Sunshine Superman«. Allerdings, von Bob Dylan war hier wieder wenig zu verspüren. Donovan wirkte eher freundlich und naiv und konnte es nur schwer verwinden, dass er in der Carnegie Hall, in der Halle, in der Dylan Triumphe gefeiert hatte, vor fast leeren Rängen sang. Was Mickie Most nun mit Donovan machte, könnte man als Folk-Rock made in GB bezeichnen. Es folgte »Mellow Yellow«, Ende 1966 ein Millionseller in den USA – als Flüsterstimme ist Paul McCartney zu hören. Zu dieser Zeit lebte Donovan auf einem Sommersitz, trug lange Roben, predigte die Rückkehr zu Sonne und Erde, zu den grundlegenden Einfachheiten des Lebens. 1973 erschien mit »Cosmic Wheels« eine Platte, die Donovan als Popsatiriker vorstellte, der Tonspielereien auf seine LP zauberte. Besonderes Interesse fand die Aufnahme »The Intergalactic Laxative«, eine Astronautenpersiflage. Möglicherweise hat die Tatsache, dass Donovan eine Spur zu introvertiert war, seinen richtig großen Durchbruch verhindert.
Seine erfolgreichsten Alben waren »What's Bin Did And What's Bin Hid« (6/65 GB-LP 3, 2/66 D-LP 33), »Universal Soldier« (10/67 GB-LP 5) und »Donovan's Greatest Hits« (2/69 US-LP 4). Nach 1974 erging es ihm wie dem von ihm besungenen Eiland. Wiederbelebungsversuche in den nächsten Jahren scheiterten, obwohl er etliche Alben veröffentlichte: »7-Tease« (1974), »Slow Down World« (1976), »Donovan« (1977), »Neutronica« (1980), »Love Is Only Feeling« (1981), »Lady Of The Stars« (1984), »Donovan Rising« (1990) oder »Sutras« (1996).
Lange war nichts mehr von Donovan zu hören – da kam er Ende des Jahres 2001 zusammen mit den No Angels und machte eine neue Version seines alten Hits »Atlantis«. Gebraucht wurde der Titel für den gleichnamigen Film aus der Walt-Disney-Werkstatt.

Catch The Wind (3/65 GB 4)
Colours (6/65 GB 4)
Sunshine Superman (7/66 US 1; 10/66 D 7; 12/66 GB 2)
Mellow Yellow (11/66 US 2; 2/67 GB 8)
There Is A Mountain (10/67 GB 8)
Jennifer Juniper (2/68 GB 5)
Hurdy Gurdy Man (5/68 US 5, GB 4)
Atlantis (2/69 D 1; 4/69 US 7; 12/01 D 5)
Folk

Donovan, Jason

JASON DONOVAN v (Australien, * 1. 6. 1968 in Malvern/Melbourne)
Schon im Alter von elf Jahren spielte der australische Schauspieler und Sänger in einer TV-Serie mit. Seine internationale Karriere begann als Partner von Kylie Minogue in ›Neighbours‹. Als diese Serie in GB ausgestrahlt wurde, machten Stock/Aitken/Waterman die beiden Hauptakteure zu Teenie-Stars. Im Duett mit Kylie Minogue sang er dann auch »Especially For You«. »Any Dream Will Do« stammte aus dem Musical »Joseph And The Amazing Technicolor Dreamcoat« von Andrew Lloyd Webber und Tim Rice, in dem er auch live in London in der Titelrolle auf der Bühne stand. Mitte 1992 vermerkte ›Music Week‹, dass sich Jason Donovan vom Soap-Star zum Singing Star gewandelt habe und dass er soeben seine 15. Single

veröffentlichte, von denen alle zumindest unter den ersten 30 in GB standen.
Seine erfolgreichsten Alben waren »Ten Good Reasons« (5/89 GB-LP 1, D-LP 3), »Between The Lines« (6/90 GB-LP 2) und »Greatest Hits« (9/91 GB-LP 9).

Nothing Can Divide Us (9/88 GB 5)
Especially For You (12/88 D 10, GB 1)
Too Many Broken Hearts (3/89 GB 1)
Sealed With A Kiss (6/89 D 4, GB 1)
Everyday (I Love You More) (9/89 GB 2)
When You Come Back To Me (12/89 GB 2)
Hang On To Your Love (4/90 GB 8)
Rhythm Of The Rain (9/90 GB 9)
Any Dream Will Do (6/91 GB 1)
Happy Together (8/91 GB 10)
Schlager, Soft Pop

Doobie Brothers

JEFFREY »SKUNK« BAXTER g (USA, * 13. 12. 1948 in Washington/D.C.), CORNELIUS BUMPUS key, sax (USA, * 13. 1. 1952), JOHN HARTMAN d (USA, * 18. 3. 1950 in Falls Church/Virginia), MICHAEL HOSSACK d (USA, * 18. 9. 1950 in Paterson/New York), KEITH KNUDSEN v, d (USA, * 18. 10. 1952 in Ames/Iowa), CHET MCCRACKEN d (USA, * 17. 7. 1952 in Seattle/Washington), MICHAEL MCDONALD v, key (USA, * 2. 12. 1952 in St. Louis), JOHN MCFEE g (USA, * 18. 11. 1953 in Santa Cruz/Kalifornien), TIRAN PORTER g (USA), PATRICK SIMMONS v, g (USA, * 23. 1. 1950 in Aberdeen/Washington)
Aus diversen West-Coast-Bands wurde im September 1970 die Gruppe Doobie Brothers gegründet. Doobie ist im kalifornischen Slang eine Bezeichnung für einen Marihuana-Joint. Die Musik, die sie in ihren Anfangstagen gemacht haben, war nicht erfolgreich. Sie spielten vorwiegend in Bars für ein paar Drinks. 1971 brachte Skip Spence, einst Mitglied bei Moby Grape und jetzt Mitbegründer der Doobie Brothers, fertige Bänder zu einer Plattenfirma, die recht angetan war. Die Titel waren in der Besetzung Tom Johnston, Pat Simmons, Dave Shogren und John Hartman aufgenommen. Skip spielte schon nicht mehr mit, vermittelte aber trotzdem. Die Bänder erschienen als erste LP im April 1971, die nicht in die Charts kam. Für die zweite LP, »Toulouse Street« (8/72 US-LP 21), änderte sich die Besetzung, und darauf war dann auch der erste Hit, »Listen To The Music«, zu finden. 1982 machte die Band noch eine Abschiedstournee durch die USA und ging dann auseinander. 1988 kamen sie wieder zusammen und nahmen eine neue LP auf, auf der »The Doctor« war. Die Doobie Brothers wurden in ihrer Bedeutung immer unterschätzt, gleichwohl gehören sie sicher zu den wichtigsten US-Rockgruppen der 70er Jahre. 1993 nahmen sich diverse Mixer, z. B. Ben Liebrand, Wigan Express und Sure Is Pure, den 1973er Hit »Long Train Runnin'« vor und brachten ihn zumindest in GB wieder unter die ersten 10.
Weitere Erfolgsalben waren »The Captain And Me« (3/73 US-LP 7), »What Were Once Vices Are Now Habits« (3/74 US-LP 4, GB-LP 19), »Stampede« (5/75 US-LP 4, GB-LP 14), »Takin' It To The Streets« (4/76 US-LP 8), »Best Of The Doobies« (11/76 US-LP 5) – dieses Album verkaufte sich mehr als zehn Millionen mal –, »Living On The Fault Line« (9/77 US-LP 10, GB-LP 25), »Minute By Minute« (12/78 US-LP 1), »One Step Closer« (10/80 US-LP 3) und »Cycles« (6/89 US-LP 17).

Long Train Runnin' (4/73 US 8)
Black Water (12/74 US 1)
What A Fool Believes (1/79 US 1)
Real Love (9/80 US 5)
The Doctor (5/89 US 9)
Long Train Runnin' (Sure Is Pure Remix) (11/93 GB 7)
AOR (Adult Orientated Rock), West Coast

Doofen

WIGALD BONING v (Deutschland, * 20. 1. 1967 in Wildeshausen/Oldenburg), OLLI DITTRICH v, g, d, p (Deutschland, * 20. 11. 1956 in Offenbach/Main)

Dem steigenden Bedürfnis der Deutschen nach Blödelhits kamen die Doofen nach. Beide hatten bereits vorher Platten veröffentlicht, auf denen sie gezeigt hatten, dass sie als Musiker mehr wollten, mehr konnten – aber das war eben nicht blöd genug. Auch das Album »Lieder, die die Welt nicht braucht« (4/95 D-LP 1) brachte enorme Verkäufe. Der Nachfolger »Melodien für Melonen« (4/96 D-LP 4), auf dem vermerkt war ›jetzt noch schlechter‹, war ebenfalls ein Renner. Es reichte zwar nicht mehr für einen weiteren Singlerfolg, aber wenn sich die Alben verkaufen, ist das ja auch ganz nett. Auch im Fernsehen hinterließen die beiden ihre Blödelspuren. Zusammen mit dem Moorhuhn sang Boning »Gimme More Huhn« (4/00 D 21). 1996 gewannen die Doofen einen Echo in der Sparte Comedy.

Mief! (Nimm mich jetzt, auch wenn ich stinke) (5/95 D 1)
Deutscher Schlager

Doolally

BIGFOOT (Großbritannien, als Daniel Langsman), SHANKS (Großbritannien, als Stephen Meade)

Doolally waren die beiden, die auch als Shanks & Bigfoot erfolgreich waren. Nachdem sie unter diesem Gruppennamen die Nummer »Sweet Like Chocolate« an die Spitze der britischen Charts gebracht hatten, wurden sie auch als Doolally 10 notiert. »Straight From The Heart« kam erstmals im November 1998 in die britische Hitparade und erreichte Platz 20, die Wiederveröffentlichung wurde der Top-10-Hit. Der Gruppenname ist abgeleitet von einer Stadt in Indien, die bekannt wurde, nachdem das Wasser in dieser Stadt verseucht war und die Einwohner dadurch psychisch krank wurden. Danach wurde der Ausdruck ›Doolally Tap‹ ein Synonym für ›verrückt‹. Der Gesang bei »Straight From The Heart« stammte von Sharon Woolf.

Straight From The Heart (8/99 GB 9)
Pop

Siehe auch: Shanks & Bigfoot

Dooleys

JOHN DOOLEY v (Großbritannien, in Whitechapel/London), FRANK DOOLEY v (Großbritannien, in Ilford/Essex), ANNE DOOLEY v (Großbritannien, in Ilford/Essex), JIM DOOLEY v (Großbritannien, in Ilford/Essex), KATHY DOOLEY v (Großbritannien, in Ilford/Essex)

Zunächst sangen die Geschwister nur auf Familienfesten, aber 1973 entschlossen sie sich, Profis zu werden. 1976 schrieben sie sogar Geschichte, weil sie als erste britische Gruppe durch die Sowjetunion tourten. Ihren ersten Hit hatten sie 1977 mit »Think I'm Gonna Fall In Love With You« (8/77 GB 13). Anfang der 80er Jahre wechselte die Familientruppe die Plattenfirma, jedoch ohne bemerkenswerten Erfolg. Trotzdem sind sie mit ihren Auftritten bis heute erfolgreich in Clubs in ihrer Heimat GB. Ihr erfolgreichstes Album war »The Best Of The Dooleys« (6/79 GB-LP 6).

Love Of My Life (11/77 GB 9)
Wanted (6/79 GB 3)
The Chosen Few (9/79 GB 7)
Pop, Schlager

Doonican, Val

VAL DOONICAN v, g, d (Irland, * 3. 2. 1928 als Michael Valentine in Waterford)

Doonican musste lange auf seinen ersten großen Erfolg warten. Schon Mitte der

40er Jahre trat er im irischen Radio auf, spielte danach Schlagzeug in einer Tourband und kam 1952 mit der Gesangsgruppe Four Ramblers nach London. 1959 riet ihm Anthony Newley, es als Solist zu versuchen, und verschaffte ihm eine eigene Radiosendung, die ›A Date With Val‹ hieß. Ab 1964 bis 1967 kam dann die erfolgreiche Zeit von Val in GB, obwohl das die Hochzeit der Beatles war. Seine stark an Perry Como angelehnte Art ließ ihn auch nach seiner Zeit in den Hitparaden weiterhin im Fernsehen präsent sein. Dreimal erhielt er einen TV-Preis als Persönlichkeit des Jahres. Seine erfolgreichsten Alben: »Lucky 13 Shades Of Val Doonican« (12/64 GB-LP 2), »Gentle Shades Of Val Doonican« (12/66 GB-LP 5), »Val Doonican Rocks But Gently« (12/67 GB-LP 1), »Val« (11/68 GB-LP 6) und »World Of Val Doonican« (6/69 GB-LP 2).

Walk Tall (10/64 GB 3)
The Special Years (1/65 GB 7)
Elusive Butterfly (3/66 GB 5)
What Would I Be (11/66 GB 2)
If The Whole World Stopped Loving (10/67 GB 3)
Pop

Doop

PETER GARNEFSKI key (Niederlande), FERRY RIDDERHOF key (Niederlande)
Im Frühjahr 1994 war die Kombination aus Ragtime/Charleston der 20er Jahre mit der House-Music der 90er, »Doop«, ein Hit in Diskotheken und im Radio. Den beiden graduierten holländischen Konservatoriumsstudenten kam die Idee zu diesem Song bei Besuchen diverser House-Partys in ihrem Heimatland. Bei der Musik, die dort mit 185 bis 200 bpm gespielt wurde, kam ihnen die Inspiration für »Doop«: ›Was uns beeindruckte, war die Art, wie die Leute tanzten. Etwa so, wie man in den 20er und 30er Jahren Charleston tanzte.‹ Song- und Duoname waren identisch. In GB sprang die Platte im März 1994 auf Platz 3 und eine Woche später auf Platz 1. Vom Erfolg des Songs wollten sich die beiden ein professionelles Aufnahmestudio bauen. Im November desselben Jahres erschien mit »Huckleberry Jam« eine Nachfolgesingle, deren Richtung von der Plattenfirma als ›Louisiana Blues goes Swamp goes House goes Techno‹ umschrieben wurde. Inzwischen hatten die Diskothekengänger jedoch schon die Mixtur aus Country und Techno entdeckt und hüpften zu »Cotton Eye Joe« von Rednex.

Doop (3/94 D 6, GB 1)
House, Techno

Door, Daisy

DAISY DOOR v (Deutschland, * 30. 1. 1944 als Evelyn van Ophuisen in Duisburg)
Die Sängerin und Schauspielerin Daisy Door sang schon auf der Wanderbühne ihres Vaters und im Kölner Kinderchor. Dann wurde sie Mitglied im Botho-Lukas-Chor und war Synchronsängerin im ›Schulmädchenreport‹. Ihren größten Erfolg hatte sie, als sie für die TV-Serie ›Der Kommissar‹ ein Lied aufnahm, das »Du lebst in deiner Welt (Highlights of my Dreams)« hieß und sich innerhalb von drei Monaten 500 000mal verkaufte. Ein weiterer Erfolg gelang ihr nicht.

Du lebst in deiner Welt (Highlights of my Dreams) (12/71 D 1)
Deutscher Schlager

Doors

JOHN DENSMORE d (USA, * 1. 12. 1944 in Los Angeles/Kalifornien), ROBBY KRIEGER g (USA, * 8. 1. 1946 als Robert in Los

Angeles/Kalifornien), RAY MANZAREK key (USA, * 12. 2. 1939 in Chicago/Illinois), JIM MORRISON v (USA, * 8. 12. 1943 als James Douglas in Melbourne/Florida, † 3. 7. 1971)
Die beiden Musikfreaks Jim Morrison und Ray Manzarek besuchten gemeinsam eine Filmklasse der Universität von Kalifornien. Ray spielte damals mit einer Band in einem Club in Santa Monica: Rick & The Ravens. Mit dieser Gruppe stand auch erstmals Jim Morrison als Sänger auf der Bühne. Gegründet wurden die Doors 1965, als zu Jim und Ray John Densmore und Robby Krieger kamen. Den Namen Doors fanden sie in einem Zitat des englischen Dichters William Blake: ›Es gibt Dinge, die sind bekannt, und es gibt Dinge, die sind unbekannt. Dazwischen sind Türen.‹
Ende 1966 erschien die erste Single, »Light My Fire«. Sie wurde Mitte 1967 ein Millionseller. Wie fast alle anderen Singles der Doors war es eine verkürzte Version der LP-Aufnahme, die auf dem ersten Album der Band zu finden war, das Anfang 1967 erschien. Auf dieser Platte ist auch »The End« zu finden. »The End« war ein Anfang, denn dieser Titel brach mit den alten Traditionen, dass eine Rockaufnahme nach drei, vier oder spätestens fünf Minuten zu Ende sein müsse. Sie brauchten für diesen Titel 11 Minuten und 35 Sekunden. Das brachte den Doors den Ruf ein, die erste Underground-Gruppe Amerikas zu sein. Wenn sie vielleicht auch nicht die erste waren, so waren sie auf jeden Fall eine der Schnellsten, die sich aus dem Underground in den Overground spielte. Der Kritiker Nik Cohn schrieb damals: ›Die Doors sind die wildesten weißen Interpreten Amerikas seit Elvis Presley.‹
»Hello, I Love You« war Mitte 1968 wieder ein Millionseller. Durch diesen Titel bekamen sie Schwierigkeiten mit Ray Davies von den Kinks. Er klagte erfolgreich gegen Morrison, dass dieser »All Day And All Of The Night« von den Kinks kopiert hätte.
»Touch Me« Ende 1968 wurde ebenfalls vergoldet. Nach den ersten Hits begann ein unglaublicher Ego-Trip von Morrison. Hitparadenplätze, Musikkritiker, Fernseh-Shows und Plattenumsätze sagten Jim jeden Tag, was für ein großartiger Kerl er doch sei – bis er daran glaubte. Er pöbelte bei Veranstaltungen und schleuderte dem Publikum seine Verachtung ins Gesicht. Seine Kollegen nahmen ihm das nicht übel, denn sie wussten, dass sie ohne ihn nicht mehr viel sein würden, und er brauchte sie als Hintergrund für seine Eskapaden und als kumpelhaften musikalischen Schutz.
Jim sah sich mehr als Poet. Als er jedoch während eines Konzerts aus Prosabänden vorlesen wollte, murrte das Publikum und rief nach »Light My Fire«. Drogen- und Alkoholprobleme veranlassten ihn, am 12. 12. 1970 die Band zu verlassen. Im März 1971 zog er nach Paris, um sich dort auf das Schreiben von Poesie zu konzentrieren. Sein erstes Buch, ›The Lords And The New Creatures‹, verkaufte innerhalb kürzester Zeit als Hardcover 15 000 Exemplare. Am 3. Juli desselben Jahres wurde er tot in seiner Badewanne gefunden. Als Todesursache wurde Herzversagen infolge von Atemschwierigkeiten angegeben.
Ohne Jim versuchten die restlichen Drei, mit dem Namen Doors weiter Geld zu verdienen. Es funktionierte nicht. 1973 löste sich die Gruppe auf. Die einzelnen Mitglieder machten Soloplatten. Robby Krieger und John Densmore gründeten Butts Band, die zwar gute, aber erfolglose Platten veröffentlichte. Danach machten sie als Solisten und Studiomusiker weiter.
1991 kam ein Film von Oliver Stone in die Kinos, der die Karriere der Gruppe noch einmal aufzeichnete. Val Kilmer spielte Jim Morrison. In der Folge dieses Films

wurde »Light My Fire« neu veröffentlicht. 1993 wurden die Doors in die Rock and Roll Hall of Fame aufgenommen.
Eine ihrer besten Aufnahmen erreichte nie die Top 10: »Riders On The Storm« (7/71 US 14, 9/71 D 28, 10/71 GB 22, 3/76 RE-GB 33). Ohne Jim Morrison gelang dem Trio noch der Hit »The Mosquito« (1/73 D 25).
Die erfolgreichsten Alben der Formation: »The Doors« (3/67 US-LP 2), »Strange Days« (11/67 US-LP 3), »Waiting For The Sun« (8/68 US-LP 1, 9/68 GB-LP 16, 10/68 D-LP 20), »The Soft Parade« (8/69 US-LP 6, 12/69 D-LP 33), »Morrison Hotel/ Hard Rock Café« (3/70 US-LP 4, 4/70 GB-LP 12), »Absolutely Live« (8/70 US-LP 8), »13« (12/70 US-LP 25), »L.A. Woman« (5/71 US-LP 9, 7/71 GB-LP 28, 10/71 D-LP 32), »The Best Of The Doors« (9/73 US-LP 158, 4/91 GB-LP 17), »The Doors Greatest Hits« (11/80 US-LP 17), »The Doors Soundtrack« (3/91 US-LP 8, 4/91 GB-LP 11, 5/91 D-LP 6) und »In Concert« (6/91 US-LP 50, GB-LP 24). Eine Hitkopplung brachte die Doors nach etlichen Jahren mal wieder in die Charts: »The Best Of« (9/00 GB-LP 9).

Light My Fire (6/67 US 1; 6/91 GB 7)
Hello, I Love You (7/68 US 1)
Touch Me (12/68 US 3)
AOR (Adult Orientated Rock), Rock

Dore, Valerie

VALERIE DORE v (Italien, * 28. 5. 1963 als Monica Stucchi in Mailand)
Als die Italiener Mitte der 80er Jahre merkten, wie einfach der gängige Disko-Mumpf zu produzieren war, schmissen sie eine ganze Latte dieser Billigproduktionen auf den Markt. Zu den wenigen Aufnahmen, die sich auch außerhalb ihrer Landesgrenzen durchsetzen konnten, gehörten zwei Titel von Valerie Dore: »The Night« und Nachfolger »Get Closer« (2/85 D 12). Ihre letzte Hitnotierung war »Lancelot« (8/86 D 36).

The Night (12/84 D 5)
Disko

Dorsey, Lee

LEE DORSEY v (USA, * 24. 12. 1924 als Irving Lee in Portland/Oregon, † 1. 12. 1986)
Seine erste Karriere machte der Sänger und Songschreiber in den frühen 50er Jahren als Kid Chocolate. Das war sein Kampfname als Preisboxer. Während einer Party in New Orleans lernte Lee Dorsey den Songschreiber Allen Toussaint kennen, der mit ihm 1961 die ersten Platten produzierte. Noch im selben Jahr gab es den ersten Top-10-Erfolg: »Ya Ya«. Seine letzte Hitnotierung stammt aus dem Jahr 1969.
1976 spielte er auf dem Debütalbum von Southside Johnny & The Asbury Jukes mit und 1980 bei der US-Tournee der Formation Clash. 1991 wurde »Working In The Coalmine« für einen Werbespot für Blaupunkt-Radios eingesetzt und wieder neu veröffentlicht. Lee starb 1986 an einem Emphysem.

Ya Ya (9/61 US 7)
Working In The Coalmine (7/66 GB 8, US 8)
Holy Cow (10/66 GB 6)
Pop, Rhythm & Blues, Twist

Dorthe

DORTHE v (Dänemark, * 17. 7. 1947 als Dorthe Larsen in Kopenhagen)
Bereits als Zwölfjährige nahm Dorthe in Dänemark ihre ersten Platten auf. Als Siebzehnjährige hatte sie ihre erste Hitnotierung in Deutschland mit »Junger Mann mit roten Rosen«. 1967 heiratete sie den Opernsänger René Kollo. 1968 hatte sie ihre beiden Top-10-Erfolge. Nach

1969 gelang ihr kein Verkaufserfolg mehr. 1971 wurde sie von René Kollo geschieden und machte bis in die 90er Jahre weiter Platten.

Sind Sie der Graf von Luxemburg (2/68 D 5)
Wärst du doch in Düsseldorf geblieben (8/68 D 10)
Deutscher Schlager

Double

FELIX HAUG key, d (Schweiz, * 27. 3. 1952), KURT MALOO v, g (Schweiz, * 16. 4. 1953 in Zürich)
Als die beiden Schweizer mit dem Titel »The Captain Of Her Heart« im Oktober 1985 ihren einzigen Erfolg landeten, hatten sie bereits eine bewegte Vergangenheit hinter sich. Kurt hatte gemalt, bevor er in den 70ern erstmals als Musiker Solo-Auftritte bei Galerie-Eröffnungen und Happenings absolvierte. 1976 war er Mitbegründer der neunköpfigen Experimentalband Troppo. Dann veröffentlichte er 1978 seine erste Soloplatte, die Maxisingle »Giant Lady«. Felix spielte ab 1977 für zwei Jahre mit dem Lipschitz Orchestra, einer experimentellen Big Band, wurde dann Mitglied bei Yello und traf 1981 auf Kurt. Die beiden gründeten die Formation Ping Pong, die 1983 einen gefeierten Auftritt beim Montreux Jazz Festival hatte. Kurz darauf löste sich das Trio auf, und Kurt und Felix machten als Duo Double. Noch im selben Jahr erschien ihre erste Single, 1984 der sehr schöne Titel »Rangoon Moon« und 1985 der Hit »The Captain Of Her Heart«, der im Juni 1986 Platz 16 in den USA wurde. Obwohl danach noch sehr viele schöne weitere Titel erschienen, gelang ihnen kein Hit mehr. Mitte der 90er Jahre kam Kurt Maloo mit Soloplatten heraus, darunter eine von Michael Cretu neu produzierte Version von »The Captain Of Her Heart«. Ihr erfolgreichstes Album war »Blue« (10/85 D-LP 14, 7/86 US-LP 30).

The Captain Of Her Heart (10/85 D 10; 1/86 GB 8)
Elektro-Pop, Pop

Double Trouble

siehe Rebel MC

Double Vision

PETRO CERVERO (Spanien), CAROL MCCLOSKEY (Irland)
Eine Irin und ein Spanier schrieben sich einen ›Dancefloorknaller‹, der aus dem Urlaubsland auch nach Deutschland schwappte: »Knockin'«. Ihre zweite und letzte Notierung war »All Right« (4/96 D 38).

Knockin' (11/95 D 5)
Dance

Double You

WILLIE MORALAS v (Italien, * 29. 12. 1965)
Hinter diesem Namen verbirgt sich der Anglo-Italiener Moralas, der mit einer Diskoversion des alten KC-&-The-Sunshine-Band-Hits »Please Don't Go« (5/92 GB 41) in die britische Hitparade kam. Gleichzeitig erschien eine weitere Coverversion der Nummer mit der Formation K.W.S. Die Plattenfirma dieser Gruppe hatte um die Lizenz für die Double-You-Version gebeten, was jedoch abgelehnt worden war. Daraufhin kam K.W.S. dann ohne Genehmigung auf den Markt.

Please Don't Go (6/92 D 3)
We All Need Love (8/92 D 5)
Disko

Siehe auch: K.W.S.

Doucet, Suzanne

SUZANNE DOUCET v (Deutschland, * 27. 8. 1946 in Tübingen)
Nachdem Suzanne als technische Zeichnerin gearbeitet hatte, schaffte sie 1964 ihren ersten und größten Erfolg als Schlagersängerin: »Das geht doch keinen etwas an«. 1966, nach drei weiteren Hitnotierungen, war sie wieder aus den Charts verschwunden. Als Schauspielerin und TV-Moderatorin blieb sie uns erhalten. So moderierte sie unter anderem mit Ilja Richter ab September 1969 ein Jahr lang die Sendung ›4-3-2-1 Hot and Sweet‹. Danach spielte Suzanne Doucet in mehreren Fernsehserien mit, z. B. neben Thomas Fritsch in ›Die Hupe‹, und war seit Ende der 60er Jahre vorwiegend als Produzentin beschäftigt. Mit ihrem Mann zog sie in die USA und machte dort hin und wieder Country-Platten.

Das geht doch keinen etwas an (5/64 D 10)
Deutscher Schlager

Doug E. Fresh

BARRY BEE rap (USA), E. FRESH DOUG rap (Barbados, * 17. 9. 1966 als Douglas Davis), CHILL WILL rap (USA)
Zusammen mit seiner Get Fresh Crew, bestehend aus Barry Bee und Chill Will, brachte der Amerikaner Doug Ende 1985 seinen einzigen Hit »The Show«. Vielen gilt diese Nummer als eine der cleversten Rap-Platten aller Zeiten. Bei diesem einen Hit blieb es, auch wenn sich Doug E. zu ›the world's greatest entertainer‹ kürte. Nach 1989 begegnete uns Doug mit einer New Get Fresh Crew, ab 1994 nur noch unter seinem Künstlernamen.

The Show (11/85 GB 7)
Rap

Douglas, Carl

CARL DOUGLAS (Jamaika)
Aufgewachsen ist Carl in Kalifornien und Europa, wo er eine Ausbildung zum Toningenieur absolvierte. Diesen Beruf übte er auch einige Jahre aus. 1964 gründete er die Formation Big Stampede und zwei Jahre später Explosions, die beide jeweils zwei Singles veröffentlichten. Nächste Station war die Band Gonzales, dann wurde er Sessionsänger für Pye Records. Und dann kam es 1974 zu folgender Situation:
Biddu, ein erfolgreicher britischer Produzent, suchte einen Sänger für den Titel »I Want To Give You My Everything« und erinnerte sich an Carl, mit dem er schon zwei Jahre zuvor gearbeitet hatte. Nach der Aufnahme musste nun noch eine B-Seite her – Carl bot ihm einige selbst geschriebene Titel an, darunter »Kung Fu Fighting«. Für die Produktion blieben gerade mal 10 Studiominuten Zeit, dann war sie im Kasten. Biddu brachte das fertige Band zur Plattenfirma, und die wollten auch die vorgesehene B-Seite hören. Nach Anhören beider Seiten entschloss sich die Firma gegen den ausdrücklichen Willen von Biddu, den Carl-Douglas-Titel als A-Seite herauszubringen. Die Plattenfirma hatte Recht. Douglas war der erste Jamaikaner, der Platz 1 der britischen Charts belegte. Bei uns hatte Carl mit dem Titel »Dance The Kung Fu« (11/74 GB 53) einen weiteren Top-10-Erfolg. »Run Back« (12/77 GB 25) brachte ihm zumindest in GB noch einmal einen Top-40-Hit. International blieb er ein One-Hit-Wonder. Eine Rap-Version von »Kung Fu Fighting« kam 1998 mit der Gruppe Bus Stop featuring Carl Douglas in die Charts. Sein erfolgreichstes Album hieß ebenfalls »Kung Fu Fighting« (1/75 D-LP 10). Heute hat Douglas seine eigene Firma SMV Hamburg, die Filme, Dokumentationen und Werbespots produziert.

Kung Fu Fighting (8/74 GB 1; 10/74 D 1, US 1)
Dance The Kung Fu (12/74 D 5)
Disko, Pop

Siehe auch: Bus Stop

Douglas, Craig

CRAIG DOUGLAS v (Großbritannien, * 13. 8. 1941 als Terry Perkins in Newport/Isle of Wight)
Craig Douglas gehörte zu der Garde britischer Interpreten, die sich Ende der 50er, Anfang der 60er Jahre auf das Nachsingen amerikanischer Hits spezialisiert hatten. Das brachte ihm zwischen 1959 und 1962 immerhin sieben Top-10-Hits ein. Nach 1963 war seine Hitparadenkarriere zu Ende. Dann kamen die Beatles, und das Interesse an Nachsängern schwand. Craig machte weitere Platten, die sich jedoch nicht verkauften. Trotzdem trat er weiter auf. Sein erfolgreichstes Album war »Craig Douglas« (8/60 GB-LP 17).

Only Sixteen (8/59 GB 1)
Pretty Blue Eyes (1/60 GB 4)
The Heart Of A Teenage Girl (4/60 GB 10)
A Hundred Pounds Of Clay (4/61 GB 9)
Time (6/61 GB 9)
When My Little Girl Is Smiling (3/62 GB 9)
Our Favourite Melodies (6/62 GB 9)
Pop

Douglas, Mike

MIKE DOUGLAS v (USA, * 11. 8. 1925 als Michael jr. Dowd in Chicago/Illinois)
Douglas war über viele Jahre, von 1961 bis 1980, Moderator einer Talk-Show in den USA. Lange vorher, zwischen 1945 und 1950, hatte er in der Band von Kay Kyser gesungen. So war er z. B. der Sänger von »Ole Buttermilk Sky«, eine Nummer 1 in den USA im September 1946. Zwei Monate später hatte Kay wieder mit Sänger Mike einen Platz 3 mit »The Old Lamp-Lighter«. 1950 war er im Film »Cinderella« der Sänger der Prinzenrolle. Als Kay Kyser 1950 ziemlich abrupt aus dem Showgeschäft ausstieg, war Mike auf sich allein gestellt. In seiner Heimatstadt Chicago moderierte er eine Show mit dem Titel ›Hi Ladies‹. 1961 zog er nach Cleveland und begann dort eine lokale Talk-Show. Sie wurde so populär, dass sie zwei Jahre später in den gesamten USA ausgestrahlt wurde. Es war die erste Talk-Show, die tagsüber lief und die 1967 einen Emmy gewann. Ein einziges Mal wird Mike Douglas als Solist in den US-Charts aufgeführt: »The Men In My Little Girl's Life«. 1980 entließ man Mike, er wurde gegen den jüngeren Moderator John Davidson ausgetauscht. Für weitere zwei Jahre konnte Mike zumindest noch als Produzent die Show weiter betreuen. 1982 ging auch das zu Ende.

The Men In My Little Girl's Life (12/65 US 6)
Pop

Down Low

MICHAEL DALIEN v, rap (USA, in Groß-Gerau/Hessen), JOE THOMPSON v, rap (USA, als Joseph Uriel in Gary/Indiana)
Mit einer Coverversion des Hooters-Hits »Johnny B.« aus dem Jahre 1987 schaffte das Duo Down Low seinen ersten Top-10-Hit. Die beiden tauchten mit »Vision Of Love« (6/96 D 19) erstmals in den Hitparaden auf. »Murder« (9/96 D 25), »Potion« (1/97 D 37), »Lovething/We Do It Like That« (4/97 D 82) und »Moonlight« (8/97 D 35) folgten – und dann kam der Top-10-Hit. An den meisten anderen Songs hatten die beiden mitgeschrieben – an »Johnny B.« nicht. Joe Thompson war mit der US-Army nach Deutschland gekommen. Seit 1992 lebt er in Köln. Dalien wurde als Sohn eines US-Soldaten in Deutschland geboren und wohnt inzwischen in Heidelberg. »Once Upon A Time« wurde ihr nächster Hit. Hier wurde die Titelmelodie des Films »Spiel mir das Lied vom

Tod«, der in den englischsprachigen Ländern »Once Upon A Time In The West« hieß, verbraten. Wohlgemerkt: die Titelmelodie, nicht »Das Lied vom Tod«, das auch »Der Mann mit der Harmonika« heißt, und auch nicht »Jill's Theme«. Alle drei Stücke stammen aus dem Film »Spiel mir das Lied vom Tod« – und alle drei hat Ennio Morricone geschrieben.

Johnny B. (11/97 D 4)
Once Upon A Time (10/98 D 4)
HipHop, Rap

Dr. Alban

DR. ALBAN v, dj (Nigeria, * 26. 8. 1957 als Alban Nwapa)
Seit seinem fünften Lebensjahr lebt er in Stockholm. Dort studierte er Medizin und ließ sich als Zahnarzt nieder. Nebenher arbeitete er als Discjockey, besaß eine Boutique und eine eigene Diskothek. 1990 nahm er mit der Sängerin Leila K. den Titel »Hello Africa« auf. »This Time I'm Free« wurde im August 1995 seine bisher letzte Chartnotierung in Deutschland, ein Platz 27. Seine erfolgreichsten Alben waren »One Love – The Album« (6/92 D-LP 6) und »Look Who's Talking« (4/94 D-LP 7). 2002 erschien mit »What Do I Do« die erste Single aus seinem neuen Album »Prescription«.

Hello Africa (12/90 D 2)
No Coke (2/91 D 3)
It's My Life (5/92 D 1; 9/92 GB 2)
One Love (9/92 D 7)
Sing Hallelujah (3/93 D 4)
Look Who's Talkin' (3/94 D 3)
Dance, Disko

Dr. Dre

DR. DRE rap (USA, * 18. 2. 1965 als Andre Young in Compton/Kalifornien)
Dr. Dre war Mitbegründer der Formationen N.W.A. und World Class Wreckin' Cru, bevor er eine eigene Karriere begann. Als Produzent hatte er mit Easy-E, D.O.C. und Michel'le erste Erfolge. 1992 gründete er seine eigene Plattenfirma Death Row, auf der er seine Platten veröffentlichte. Ab Anfang 1993 war er mit seinen Songs, die vom Leben in Los Angeles handelten, erfolgreich. Auf seinen beiden ersten Top-10-Hits »Nuthin' But A ›G‹ Thang«, Platinstatus, und »Dre Day«, Goldstatus, rappte der später selbst erfolgreiche und auch wieder von Dr. Dre produzierte Snoop Doggy Dog mit. Dessen Hits erschienen natürlich auch auf dem Plattenlabel Death Row. Dr. Dre ist der Halbbruder von Warren G. »Keep Their Heads Ringin'« stammte aus dem Film »Friday«, in dem Ice Cube eine Hauptrolle spielte. In Europa war die Platte ebenfalls erfolgreich – sowohl in GB als auch in Deutschland erreichte sie die Top 30. Auf zwei Platten, die 1996 Platz 1 in den US-Popcharts erreichten, war Dr. Dre als Gast zu hören: »California Love« (4/96 GB 6, 4/96 D 7, 6/96 US 1) von 2Pac und »No Diggity« (10/96 US 1, 10/96 GB 9, 10/96 D 18) von ›BLACKstreet‹. Zusammen mit L.L. Cool J gelang ihm der Hit »Zoom« (7/98 GB 15), gemeinsam mit Eminem »Forget About Dre« (1/00 US 25), mit Snoop Dog »Still Dre«. Bei »Bad Intentions« wurden Dr. Dre/Knoc-Turn'Al & Mahagony genannt. Seine erfolgreichsten Alben: »The Chronic« (1/93 US-LP 3 – dreifach Platin) und »Dr. Dre – 2001« (12/99 US-LP 2, GB-LP 4 – sechsfach Platin).
1996 verließ Dr. Dre seine eigene Plattenfirma Death Row wieder. Nach Aussage von Dre hatte sich die Firma in eine schlechte Mafia-Karikatur verwandelt. Wenig später wurde 2Pac erschossen, Labelboss Suge Knight von Death Row inhaftiert und Death Row Records ging den Bach runter. Dre gründete mit Aftermath ein neues Label.

Nuthin' But A ›G‹ Thang (1/93 US 2)
Dre Day (5/93 US 8)
Keep Their Heads Ringin' (3/95 US 10)
Still Dre (3/00 GB 6)
Forget About Dre (6/00 GB 7)
The Next Episode (2/01 GB 3)
Bad Intentions (1/02 GB 4)
Rap, Rhythm & Blues

Siehe auch: G., Warren

Dr. Feelgood

LEE BRILLEAUX v, harm (Südafrika, als Lee Green in Durban, † 7. 4. 1994), »BANDSMAN« HOWARTH d, WILKO JOHNSON g (Großbritannien, * 12. 7. 1947 als John Wilkinson in Canvey Island/Essex), JOHN »THE BIG FIGURE« MARTIN d, JOHN »GYPSIE« MAYO g, JOHN POTTER p, JOHN B. SPARKS b (Großbritannien, * 22. 2. 1953)
Die Band wurde 1971 in der Tradition von Johnny Kidd & The Pirates und den frühen Yardbirds gegründet. In ihren Anfangstagen spielten sie unbekümmerten Rock 'n' Roll, gerieten dann aber in das Fahrwasser der Punk-Bewegung. Ihren ersten Single-Erfolg hatten sie mit »Sneakin' Suspicion« (7/77 GB 47). »She's A Wind Up« (9/77 GB 34), »Down At The Doctor's« (9/78 GB 48) und »Milk And Alcohol« (1/79 GB 9, 4/79 D 30) folgten. Wenn ihnen ansonsten auch keine Singleerfolge gelangen, so kann Dr. Feelgood doch auf einen Stamm fester und treuer Fans zurückblicken, die die Konzerte der Band stets zu einem Ereignis werden ließen. Dies ist auch in den USA der Fall, obwohl sie dort wenig Platten verkauften. Ihre Erfolgsalben waren »Stupidity« (10/76 GB-LP 1) und »Sneakin' Suspicion« (6/77 GB-LP 10). Die Fluktuation der Mitglieder in der Band war enorm. Eine 1991 erschienene Platte zeigte, dass von den Urmitgliedern lediglich noch Lee Brilleaux dabei war. Der starb im Alter von 41 Jahren an Krebs.

Milk And Alcohol (1/79 GB 9)
Rock 'n' Roll

Dr. Hook

GEORGE CUMMINGS g (USA, * 28. 7. 1938 in Meridian/Mississippi), JOHN JAY DAVID d (USA, * 8. 8. 1942 in Union City/New Jersey), RIK ELSWIT v, g (USA, * 6. 7. 1945 in New York), BILL FRANCIS v, key (USA, * 16. 1. 1942 als William Francis in Mobile/Alabama), JANCE GARFAT v, b (USA, * 3. 3. 1944 in Kalifornien), BOB WILLARD HENKE g (USA, * 29. 4. 1951), DENNIS LOCORRIERE v, g (USA, * 13. 6. 1949 in Union City/New Jersey), RAY SAWYER v, g (USA, * 1. 2. 1937 in Chicksaw/Alabama), JOHN CHRISTIAN WOLTERS v, d (USA, * 28. 4. 1945 in Pompton Lakes/New Jersey, † 16. 6. 1997)
Die Gruppe formierte sich 1968 in Union City/New Jersey als Chocolate Papers. Als Dr. Hook & The Medicine Show firmierten sie ab Februar 1969. Mit Dr. Hook assoziierte man stets Ray Sawyer, der eine Augenklappe tragen musste, weil er bei einem Autounfall sein rechtes Auge verloren hatte. 1970 traten sie in dem Film »Who Is Harry Kellerman And Why Is He Saying Those Terrible Things About Me« neben Dustin Hoffman auf. Ihren ersten Hit sollten sie mit dem Millionseller »Sylvia's Mother« haben. Noch im selben Jahr folgte mit »The Cover Of Rolling Stone« ein weiterer Millionseller. Ab 1975 erschienen ihre Platten nur noch als Dr. Hook. 1985 versuchten sich sowohl Sawyer als auch Locorriere mit Solokarrieren, die allerdings nicht sonderlich erfolgreich wurden. 1988 zog eine Formation durch GB, die sich Dr. Hook nannte, in der aber außer Ray Sawyer kein altes Mitglied mehr vertreten war. Ihre erfolgreichsten Alben waren »A Little Bit More« (6/76 GB-LP 5), »Dr. Hook's Greatest Hits« (12/80 GB-LP 2) und »Completely Hooked – The

Best Of Dr. Hook« (6/92 GB-LP 3). Anfang 1999 erschien in GB die Hitkopplung »Love Songs« (2/99 GB-LP 8).

Sylvia's Mother (4/72 US 5; 6/72 D 9, GB 2)
The Cover Of Rolling Stone (12/72 US 6)
Only Sixteen (1/76 US 6)
A Little Bit More (6/76 GB 2)
If Not You (10/76 GB 5)
Sharing The Night Together (9/78 US 6)
When You're In Love With A Beautiful Woman (4/79 US 6; 8/79 GB 1, D 8)
Better Love Next Time (1/80 GB 8)
Sexy Eyes (2/80 GB 4, US 5; 5/80 D 2)
AOR (Adult Orientated Rock), Pop

Dr. John

DR. JOHN v, g, d, p (USA, * 21. 11. 1940 als Malcolm Rebennack in New Orleans)
Der Musiker und Songschreiber gilt als Pionier des Swamp Rock. Dr. John begann Mitte der 50er Jahre in seiner Heimatstadt New Orleans als Sessionmusiker für Professor Longhair, Frankie Ford und Joe Tex. Anfang der 60er Jahre produzierte er Lee Allen, Red Tyler und Earl Palmer. Mitte der 60er Jahre ging er nach L. A. und wurde Sessionmusiker, hauptsächlich für Phil Spector. Nebenher spielte er in Formationen wie Zu Zu Band – mit Jessie Hill – oder Morbus & The Three Ghouls. Seit dieser Zeit interessierte er sich für den Voodoo-Kult, für den ihn besonders Prinz Lala begeisterte. Ab 1968 machte er auch als Solist Platten und hatte seinen größten Erfolg mit »Right Place, Wrong Time«. Interessanter als seine Singles sind seine hervorragenden Langspielplatten. So erschienen z. B. 1989 »In A Sentimental Mood«, 1992 »Goin' Back To New Orleans« oder 1994 »Television«, auf denen er bewies, wie gut er ist. Zusammen mit anderen Größen aus New Orleans, z. B. Allen Toussaint oder Lee Allen, nahm er als Crescent City Gold 1994 die CD »The Ultimate Session« auf. Mitte 1998 erschien das hochgelobte Album »Anutha Zone«, 1999 »Duke Elegant«.

Right Place, Wrong Time (4/73 US 9)
Rhythm & Blues

Dr. Motte

DR. MOTTE dj (Deutschland, als Matthias Roeingh)
Dr. Motte gilt als der Vater der Love Parade – auch schön. Ansonsten fummelte er wie viele andere DJ's Techno- und Raveplatten, deren Halbwertszeit zwei Wochen beträgt. »Sunshine« machte er zusammen mit dem Kollegen WestBam. Zur Love Parade 1998 kam die Single »Love Parade 1998 – One World One Future« in die Charts. »Love Parade 2000« war wieder eine Kooperation mit WestBam.

Sunshine (7/97 D 5)
Love Parade 1998 – One World One Future (7/98 D 6)
Love Parade 2000 (6/00 D 9)
Rave, Techno

Dramatics

RON BANKS v (USA, * 10. 5. 1951 in Detroit/Michigan), LARRY DEMPS v (USA, * 23. 2. 1949), WILLIE FORD v (USA), WILLIAM HOWARD v (USA, * 13. 7. 1950, † 22. 2. 2000), ELBERT WILKINS v (USA)
Die oben genannte Besetzung dieser Soulgruppe aus Detroit ist die vom Anfang der 70er Jahre, als die Band ihre größten Erfolge hatte. Die Ursprünge der Band gehen zurück bis in das Jahr 1966, als sie als Dynamics ihre ersten Plattenaufnahmen machten. Außerhalb der USA hatte die Band keine Erfolge. Die letzte Hitnotierung stammt aus dem Jahr 1977. Ron Banks, der immer der Leadsänger der Formation war, begann 1983

mit einer wenig erfolgreichen Solokarriere.

Whatcha See Is Whatcha Get (7/71 US 9)
In The Rain (2/72 US 5)
Soft Soul, Soul

Dream

HOLLY ARNSTEIN v (USA), DIANA ORTIZ v (USA), ASHLEY POOLE v (USA), MELISSA SCHUMAN v (USA)

Was den Mädchen 'N Sync, sollte den Jungs Dream sein. Dieses Girlie-Quartett erhielt einen Plattenvertrag beim legendären Bad Boy Label von Puff Daddy Combs. Danach wurden sie auf eine ausgedehnte US-Tournee als Vorgruppe von 'N Sync geschickt – das Ergebnis war ihr erster Hit »He Loves U Not« (3/01 GB 17). Schnell wurde im Januar 2001 das Album »It Was All A Dream« (2/01 US-LP 6) nachgeschoben und erhielt Platin. »This Is Mine« (5/01 US 39) fiel schon ab – ausgeträumt?

He Loves U Not (9/00 US 2)
Dance, HipHop, Pop

D:ream

PETER CUNNAH (Großbritannien, * 30. 8. 1966 in Belfast), ALAN MACKENZIE dj (Großbritannien)

Mit wechselnden Sängerinnen und Sängern nahmen diese Gruppe ab 1992 diskothekentaugliche Titel auf. Dabei wurden sie von Gospel ebenso beeinflusst wie von Trance-Grooves. Heraus kamen melodiöse Popsongs. Ihre erste Hitnotierung war »U R The Best Thing« (7/92 GB 72 – als Remix 4/93 GB 19). Es folgte »Things Can Only Get Better« (1/93 GB 24 – als Remix 1/94 GB 1, D 20, 5/97 RE-GB 19), »Unforgiven« (7/93 GB 29) und »Star/I Like It« (10/93 GB 26). Jetzt wurde auch »U R The Best Thing« wieder neu gemixt. Weitere Hits außerhalb der Top 10 waren »Take Me Away« (6/94 GB 18), »Blame It On Me« (9/94 GB 25), »Party Up The World« (9/95 GB 20) und »The Power (Of All The Love In The World)« (11/95 GB 40). Die erfolgreichsten Alben waren »D:ream On Volume 1« (10/93 GB-LP 5) und »World« (9/95 GB-LP 5).

Things Can Only Get Better (Remix) (1/94 GB 1)
U R The Best Thing (3/94 GB 4)
Shoot Me With Your Love (7/95 GB 7)
Dance

Dream Academy

GILBERT GABRIEL key (Großbritannien, * 16. 11. 1956 in Paddington/London), NICK LAIRD-CLOWES v, g (Großbritannien, * 5. 2. 1957 in London), KATE ST. JOHN v, sax, oboe (Großbritannien, * 2. 10. 1957 in London)

Die Formation kam Ende 1983 in GB zusammen. Nick und Gilbert hatten zuvor in der Band The Ect gespielt. Auf einer Party trafen sie Kate, die als Mitglied der Gruppe Ravishing Beauties schon als Opener für Teardrop Explodes gespielt hatte. Als Einflüsse gaben Dream Academy den subtilen Songschreiber Nick Drake, den West Coast Psychedelic Rock und amerikanischen Pop der 70er Jahre an. Ihre erste LP erschien im Herbst 1985, darauf auch die Nummer »Life In A Northern Town«. Produziert wurde die Single mit Hilfe von Pink-Floyd-Mitglied David Gilmour. Die Gruppe hielt lange an ihrem Prinzip fest, den englischen Psychedelic Rock wiederzubeleben. Kate St. John schrieb nebenher regelmäßig Themenmusiken für das britische Fernsehen. 1991, nachdem ihr Album »A Different Kind Of Weather« erschienen war, trennte sich die Gruppe. Laird-Clowes arbeitete in der Folgezeit mit Gilmour zusammen und schrieb einige Texte für das Pink-Floyd-Album »The Division Bell«. Samples vom Hit »Life In A Northern Town« fanden sich 1997 wieder im Hit »Sunchyme« von Dario G.

Life In A Northern Town (11/85 US 7)
Psychedelic, Rock

Siehe auch: Dario G

Drews, Jürgen

JÜRGEN DREWS v (Deutschland, * 2. 4. 1945 in Berlin)
Seine Karriere begann in der Band Die Anderen, die in der TV-Sendung ›Show Chance‹ siegte. Seine nächste Station waren die Les Humphries Singers. Ab 1972 wurde er als Solist in den Charts verzeichnet. »Ein Bett im Kornfeld« war die deutsche Version des Bellamy-Brothers-Titels »Let Your Love Flow«. Ein Jahr später versuchte er mit »Barfuß durch den Sommer« einen weiteren Jahreszeitenhit zu landen. Anfang der 80er Jahre, wohl auch enttäuscht davon, dass er in Deutschland stets als Schlager- und nicht als Rocksänger bezeichnet wurde, ging er in die USA und hatte als J. D. Drews mit »Don't Want No-Body« Ende 1980 einen Platz 79 in den US-Charts. Im ›Billboard‹ wurde er als ›German progressive rock singer‹ bezeichnet. Jetzt hatte er die Adjektive, die er liebte, aber keine Plattenverkäufe mehr. Nach langer hitloser Zeit kam er 1989 mit »Irgendwann, irgendwo, irgendwie« und »Mit dir sofort und ohne Ende« zumindest mal wieder in die Top-40. Einige Jahre war er in die Fußstapfen von Dieter Thomas Heck getreten und moderierte die ›Deutsche Schlagerparade‹ in dessen Manier. Produzent der Sendung war Dieter Thomas Heck. Zusammen mit Stefan Raab machte Jürgen eine Neuauflage von »Ein Bett im Kornfeld« (6/95 D 27). Hauptberuflich ist er inzwischen der König vom Ballermann – seine diversen TV-Auftritte sind nach dem Motto ›So blöd wie ihr bin ich schon lange‹. Im Frühjahr 2002 brachte Jürgen Drews ein Best-Of-Album auf den Markt.

Ein Bett im Kornfeld (6/76 D 1)
Barfuß durch den Sommer (5/77 D 6)
Deutscher Schlager

Drifters

DAVID BAUGHAN v (USA, in New York City), TOMMY EVANS v (USA, * 1. 9. 1927), DOC GREEN v (USA, * 8. 10. 1934, † 10. 3. 1989), BOBBY HENDRICKS v (USA, * 22. 2. 1937 in Columbus/Ohio), ELSBEARY HOBBS v (USA, * 17. 1. 1936, † 31. 5. 1996), BEN E. KING v (USA, * 23. 9. 1938 als Benjamin Earl Nelson in Henderson/North Carolina), RUDY LEWIS v (USA, * 23. 8. 1936, † 20. 5. 1964), CLYDE MCPHATTER v (USA, * 15. 11. 1931 als Clyde Lensley in Durham/North Carolina, † 13. 6. 1972), JOHNNY MOORE v (USA, * 14. 12. 1934 in Selma/Alabama, † 30. 12. 1998), BILL PINCKNEY v (USA, * 15. 8. 1925 in Sumter/South Carolina), CHARLEY THOMAS v (USA, * 7. 4. 1937)
Bilder der Drifters zeigen ein Quartett. Im Laufe des langen Bestehens dieser Band wurden insgesamt rund 40 Mitglieder aufgelistet. Konstante in der Gruppe war Johnny Moore, der erstmals im August 1955 zur Band kam. Zwischendurch verließ er die Gruppe mehrere Male, war aber noch bis in die 80er Jahre mit dabei. Gegründet wurden die Drifters Mitte 1953, als Ahmed Ertegun Clyde McPhatter, der gerade als Leadsänger der Dominoes gefeuert worden war, unter Vertrag nahm. Um ihn herum baute er eine neue Band, deren erste Plattenaufnahmen ausgesprochen schlecht gewesen sein müssen. Mit neuen Sängern um McPhatter nahmen sie im August desselben Jahres einen zweiten Anlauf und produzierten »Honey Love«. Im Oktober 1954 kam der Titel in die Popcharts, erreichte zwar nur

Platz 21, wurde aber trotzdem ein Millionseller. Die Besetzung dieser Formation bestand neben McPhatter aus Gerhart Thrasher, Andrew Thrasher und Bill Pinckney. Im Mai 1954 wurde Clyde zur Armee eingezogen und durch Dave Baughan ersetzt. Ab 1956 war Clyde als Solist erfolgreich. Die restlichen Drifters fielen in die Bedeutungslosigkeit zurück. Daran konnte auch der neue Leadsänger Johnny Moore nichts ändern. Im Juni 1957 kam mit Bobby Hendricks wieder ein neuer Leadsänger. Der Manager der Gruppe, George Treadwell, besaß Ende der 50er Jahre die Rechte an dem Namen Drifters, war aber mit dem, was aufgenommen und gesungen wurde, nicht mehr einverstanden. Mitte 1958 schmiss er alle Mitglieder raus und verpflichtete eine andere Gesangsgruppe, die Five Crowns, aus denen er die Drifters machte. Damit hatte die Gruppe in Ben E. King einen neuen Leadsänger. »There Goes My Baby« wurde Mitte 1959 Platz 2 in den USA, »Save The Last Dance For Me« der nächste Hit. Jetzt schien die Zeit gekommen, Ben E. King als Solisten zu vermarkten. Für ihn kam Rudy Lewis zur Gruppe. Der starb 1964 nach einem Herzanfall – ersetzt wurde er für zwei Jahre durch Charley Thomas. Nach 1966 wurden die Drifters in den USA nicht mehr verzeichnet. David Baughan, geboren 1938, starb 1970. In GB begann 1972 eine Renaissance der Drifters. Zunächst wurden Titel wiederveröffentlicht und dann unterschrieben die Drifters – wieder unter dem Leadsänger Johnny Moore – einen neuen Plattenvertrag mit dem britischen Ableger von Bell Records. Roger Cook, Roger Greenaway, Geoff Stephens, Barry Mason, Les Reed und Tony Macaulay, die erste Garde britischer Songschreiber und Produzenten, kümmerten sich nun um diese amerikanische Gruppe. Schon nach den ersten Aufnahmen mit den Drifters waren die Produzenten Cook/Greenaway der Meinung, man sollte zwar Johnny Moore und Bill Fredericks auf den Platten weiter singen lassen, auf die anderen Musiker könne man jedoch verzichten. So kommt es, dass der britische Allround-Studiosänger Tony Burrows und Roger Greenaway auf allen Hits der 70er Jahre Vokalparts übernahmen. In den 80er Jahren – inzwischen war auch Ben E. King zeitweise wieder Mitglied bei der Band – zogen die Drifters immer noch durch die Clubs. 1988 wurden sie in die Rock and Roll Hall of Fame aufgenommen. Johnny Moore starb in London. Die erfolgreichste LP der Drifters war »24 Original Hits« (11/75 GB-LP 2).

There Goes My Baby (6/59 US 2)
Save The Last Dance For Me (9/60 US 1; 11/60 GB 2)
Up On The Roof (11/62 US 5)
On Broadway (3/63 US 9)
Under The Boardwalk (6/64 US 4)
At The Club/Saturday Night At The Movies (4/72 GB 3)
Come On Over To My Place (8/72 GB 9)
Like Sister And Brother (8/73 GB 7)
Kissin' In The Back Row Of The Movies (6/74 GB 2)
Down On The Beach Tonight (10/74 GB 7)
There Goes My First Love (9/75 GB 3)
Can I Take You Home Little Girl (11/75 GB 10)
You're More Than A Number In My Little Red Book (12/76 GB 5)
Rhythm & Blues, Rock 'n' Roll

Driscoll, Julie

JULIE DRISCOLL v (Großbritannien, * 8. 6. 1947 in London)

Julies Karriere begann schon Anfang der 60er Jahre, als sie den Fanclub der Yardbirds leitete und vom Produzenten und Manager dieser Band, von Giorgio Gomelsky, entdeckt wurde. 1965 erschienen ihre ersten Singleplatten als Solistin, nebenher sang sie mit der Formation Steampacket, in der auch Long John Baldry, Rod Stewart und Brian Auger mitmischten.

Als Steampacket auseinanderfiel, gründete sie mit Brian Auger Trinity. Im April 1968 gelang dieser Formation ein Platz 5 in den britischen Charts mit der Bob-Dylan-Komposition »This Wheel's On Fire«. Ansonsten machte Julie Driscoll mehr mit ihren LPs auf sich aufmerksam. Nach der Zusammenarbeit mit der Band veröffentlichte sie Solo-LPs, auf denen Musiker der Gruppen Soft Machine, Nucleus oder Blossom Toes zu hören waren. Ebenfalls als Studiomusiker auf ihren Soloplatten: Keith Tippett, den sie später heiratete und auf dessen Platten sie fortan sang. Nebenher arbeitete sie noch mit dem experimentellen Gesangsquartett Voice zusammen. Ihr erfolgreichstes Album als Julie Driscoll & The Brian Auger Trinity war »Open« (6/68 GB-LP 12).

This Wheel's On Fire (4/68 GB 5)
Psychedelic, Rhythm & Blues, Rock

Driver 67

PAUL PHILLIPS v (Großbritannien)
Hinter Driver 67, der Nummer eines Taxifahrers in London, verbarg sich Paul Phillips. Mit der mehr gesprochenen als gesungenen Aufnahme »Car 67« gelang ihm ein einziger Hit. Der Titel beinhaltet die Aufforderung einer Taxizentrale an den Fahrer des Wagens 67, einen Fahrgast an einer bestimmten Adresse abzuholen. Das lehnt der Fahrer ab, und nachdem die Zentrale um Aufklärung bittet, warum er den Fahrgast nicht abholen wolle, erklärt er, genau dahin sei letzte Nacht seine Freundin gezogen, nachdem sie ihn verlassen habe. Hier setzt nun das große Verständnis der Zentrale ein, die einen anderen Wagen auffordert, der Beförderungpflicht nachzukommen. Da ihm kein Nachfolgehit mehr gelang, versuchte er sich erfolgreich als Verleger von Magazinen wie ›Echoes‹ oder ›Video Trade Weekly‹. An seine Kurzkarriere als Plattenstar möchte er heute nicht mehr erinnert werden.

Car 67 (12/78 GB 7)
Pop

Dru Hill

JAZZ v (USA, * 23. 4. 1979 als Larry Anthony Jr. in Baltimore/Maryland), NOKIO v, tr, p (USA, als Tamir Ruffin in Baltimore/Maryland), SISQO v, b (USA, * 9. 11. 1978 als Mark Andrews in Baltimore/Maryland), WOODY key, d (USA, als James Green in Baltimore/Maryland)
Das Quartett benannte sich nach dem Druid Hill Park in seiner Heimatstadt Baltimore. Erstmals tauchten sie mit dem Titel »Tell Me« (8/96 US 18, 2/97 GB 30) in einer internationalen Hitparade auf. Der Song stammte aus dem Film »Eddie« mit Whoopi Goldberg. Die Musiker der Band spielen sämtliche Instrumente selbst ein und verzichten ganz auf Studiomusiker. Der Name Nokio steht für ›Nasty On Key In Octave‹.
Die weiteren Top-40-Hits: »In My Bed« (5/97 GB 16, 1/98 D 14), »Never Make A Promise«, »Five Steps« (12/97 GB 22), »We're Not Making Love No More« (12/97 US 13), »How Deep Is Your Love«, »These Are The Times« (12/98 US 21, 4/99 RE-US 24). Als Gäste von Will Smith waren Dru Hill auf dessen Hit »Wild Wild West« zu hören. Die erfolgreichsten Alben waren »Dru Hill« (12/96 US-LP 23) und »Enter The Dru« (11/98 US-LP 2). Ab 1998 kam Sisqo auch als Solist.

In My Bed (1/97 US 4)
Never Make A Promise (8/97 US 7)
How Deep Is Your Love (10/98 GB 9, US 3; 11/98 D 8)
These Are The Times (2/99 GB 4)
Rap, Rhythm & Blues, Soul

Siehe auch: Sisqo; Smith, Will

Dschinghis Khan

STEVE BENDER (Deutschland, * 2. 11. 1942 in Mainz), WOLFGANG HEICHEL (Deutschland, * 4. 1. 1950 in Meissen), HENRIETTE HEICHEL (Niederlande, * 13. 11. 1953 in Amsterdam), LESLIE MANDOKI (Ungarn, * 7. 1. 1953 in Budapest), EDINA POP (Ungarn, * 4. 2. 1945 als Marika Kesmarky in Budapest), LOUIS HENRIK POTGIETER (Südafrika, * 4. 4. 1951 in Pretoria)

Nach dem Vorbild der britischen Kollegen, die für bereits geschriebene Titel spezielle Formationen zusammenstellten, mit denen sie dann am Grand Prix teilnahmen, machte das im Februar 1979 Ralph Siegel. Am 17. 3. 1979, nach sechs Wochen intensiver Vorbereitung auf diesen Auftritt, nahm die Gruppe in der Rudi-Sedlmayer-Halle in München mit dem Titel »Dschinghis Khan« an der deutschen Vorentscheidung für den Grand Prix teil und gewann. Am 31. März desselben Jahres, die Veranstaltung fand in Jerusalem statt, belegte die Gruppe Platz 4 beim Grand Prix. In Deutschland wurde die Platte wenig später vergoldet. Nach 1982 tauchte die Formation nicht mehr in den Verkaufshitparaden auf. Einzelne Musiker, wie z. B. Leslie Mandoki, hatten als Solisten Erfolg. Ralph Siegel sprach auch in Bezug auf die Zusammensetzung der einzelnen Mitglieder von exotischer Mischung. Der Texter der Songs, Bernd Meinunger, war der Meinung, er würde mit den Inhalten der Lieder die Weltgeschichte aufarbeiten. Mandoki fühlte sich in dieser Zeit nicht nur unterfordert, wie sein bereits 1981 erschienenes Soloalbum »Back To Myself« zeigte, sondern schämte sich später sogar für diese Episode seines Musikerlebens. Mandoki arbeitete als Songschreiber, Produzent, Arrangeur und auch Schlagzeuger z. B. für Milva, Engelbert, Howard Carpendale oder Toto. Auf weiteren in den 80er und 90er Jahren erschienenen Soloplatten von Mandoki spielten exzellente Musiker wie Al Di Meola, Bobby Kimball, Larry Coryell, Bill Evans, David Clayton-Thomas oder Jack Bruce mit. 1993 rief Mandoki das ausgezeichnete Projekt People ins Leben. Potgieter starb 1998. Die erfolgreichsten Alben der Band: »Dschinghis Khan« (9/79 D-LP 8) und »Rom« (9/80 D-LP 5).

Dschinghis Khan (4/79 D 1)
Moskau (6/79 D 3)
Hadschi Halef Omar (1/80 D 7)
Loreley (6/81 D 6)
Grand Prix, Schlager

Dubliners

CIARAN BOURKE, RONNIE DREW, LUKE KELLY (Irland, * 16. 11. 1939), BARRY MACKENNA (Irland, * 16. 12. 1939), JOHN SHEAHAN (* 19. 5. 1939)

Die Gruppe formierte sich 1962 in Dublin. Erst war man ein Trio, dann stockte man auf fünf Musiker auf. Nach ersten Erfolgen in Irland brachte man die einigermaßen erfolgreiche Single »White Rover/ Rocky Road To Dublin« auf den Markt und nahm am Edinburgh Festival teil. Ihre einzigen Pophits hatten sie mit »Seven Drunken Nights« und zwanzig Jahre später zusammen mit den Pogues und »The Irish Rover«. Mag sein, dass man die Dubliners zur Sauftruppe abstempelte, doch was sie ansonsten draufhaben, zeigt ihre Verwurzelung in der irischen Folklore. 1974 stieg Ronnie Drew vorübergehend aus. Bis zu seiner Rückkehr kam Jim McCann für ihn. Ihre erfolgreichsten Alben: »A Drop Of The Hard Stuff« (5/67 GB-LP 5) und »More Of The Hard Stuff« (10/67 GB-LP 8).

Seven Drunken Nights (3/67 GB 7)
The Irish Rover (3/87 GB 8)
Folk, Pop

Duffy, Stephen »Tin Tin«

STEPHEN »TIN TIN« DUFFY v (Großbritannien, * 30. 5. 1960 in Birmingham)
Stephen war Mitschüler von Nick Rhodes und John Taylor. Mit diesen beiden gehörte er zu den Gründungsmitgliedern von Duran Duran – er war der Sänger dieser Formation. Angeblich scheiterte eine weitere Zusammenarbeit an künstlerischen Differenzen. 1979 verließ Duffy die Band. Als Tin Tin hatte er mit dem Titel »Kiss Me« 1982 einen Hit in den US-Dance-Charts. »Hold It« war im Juli 1983 seine erste Hitnotierung in GB. Jetzt wurde »Kiss Me« auch in GB veröffentlicht. Nach 1985 wurde er in den Hitparaden nicht mehr verzeichnet, aber es erschienen noch weitere Soloplatten von ihm, allerdings hatte er das Tin Tin gestrichen. 1988 veröffentlichte er als The Lilac Time ein ansprechendes Album. Darauf der potenzielle Hit »Return To Yesterday«, der keiner wurde. Insgesamt hat er drei Alben mit dem Projekt Lilac Time veröffentlicht. 1993 – jetzt wieder als Stephen Duffy – erschien mit »Music In Colours« ein neues Album. Auf dieser CD fand er in Nigel Kennedy einen Mitspieler. Die Popsongs auf der Platte verband Nigel mit kleinen musikalischen Themen. Die Streicherarrangements wurden komplett von Kennedy betreut.

Kiss Me (3/85 GB 4)
Elektro-Pop

Duke, Patty

PATTY DUKE v (USA, * 14. 12. 1946 als Anna Marie Patricia Duke in Elmhurst/New York)
Als Kinderstar tauchte Patty Duke zum ersten Mal 1959 am Broadway in dem Stück »The Miracle Worker« auf. Sie spielte die Rolle der blinden und taubstummen Helen Keller, die sie dann auch in der Verfilmung drei Jahre später übernahm. Dafür erhielt sie als bis dahin jüngste Schauspielerin einen Oscar. Danach bekam sie für vier Jahre eine eigene TV-Comedy-Sendung. 1965 erhielt sie einen Plattenvertrag. Als erste Platte veröffentlichte sie »Don't Just Stand There«. Es folgten noch drei weitere Notierungen. Dann wandte sie sich wieder der Schauspielerei zu. In ›Captains And The Kings‹ spielte sie 1976, in den Serien ›It Takes Two‹ 1982/83 und ›Hail To The Chief‹ 1985 – hier spielte sie den ersten weiblichen Präsidenten der USA. Patty erhielt drei Emmys, den ersten für den Fernsehfilm »My Sweet Charlie« 1970, den zweiten für die Miniserie ›Captains And The Kings‹ und den dritten für eine Fernsehversion von ›The Miracle Worker‹ 1979. Dieses Mal spielte sie Helen Kellers Lehrerin.

Don't Just Stand There (6/65 US 8)
Pop

Dunblane

TED CHRISTOPHER v, g (Großbritannien), PETER COBBIN p (Großbritannien), GEORGE FUTTER vln (Großbritannien), KEITH HUNTER b (Großbritannien), MARK KNOPFLER v, g (Großbritannien, * 12. 8. 1949 in Glasgow), TOMMY MILLAR key, b (Großbritannien), CARL ORR g (Großbritannien), BILL THOM d (Großbritannien), DAMON WILSON d (Großbritannien)
›Charity-Hits‹ nennen die Briten Platten, die zugunsten einer Hilfsorganisation oder eines guten Zweckes erscheinen. Genau 12 Jahre nachdem »Do They Know It's Christmas« von der Band Aid erschienen war, schaffte es Dunblane auf Platz 1 in GB. Zwischen 1984 und 1996 kamen insgesamt 15 Charity-Hits auf Platz 1 der britischen Hitparade. Etliche konnten sich auch im restlichen Europa durchsetzen – ganz wenige erreichten die US-Charts. Im Falle von Dunblane galt es, dem Text »Knockin' On Heaven's Door«

(Autor Bob Dylan) eine Zeile hinzuzufügen. Änderungen an seinen Texten hatte Bob nie erlaubt, hier machte er eine Ausnahme. Dunblane stand für eines der schrecklichsten Ereignisse des Jahres 1996. Am 13. März war in diesem kleinen schottischen Ort der 43-jährige Thomas Hamilton mit einem Gewehr in die Grundschule eingedrungen und hatte 16 Schüler, die Lehrerin und sich selbst erschossen. Zu denen, die sich als Dunblane für dieses Plattenprojekt zur Verfügung stellten, gehörten der Sänger Ted Christopher, die Gitarristen Mark Knopfler und Carl Orr, Keyboarder Peter Cobbin und Schlagzeuger Damon Wilson. Im Hintergrund sang der durch die TV-Serie EastEnders bekannte Schauspieler Paul Medford mit. Die Platte kam als Doppel-A-Seite in die GB-Charts. Als zweites Stück war mit »Throw These Guns Away« eine von Ted Christopher geschriebene Nummer zu hören. Der Erlös der Platte ging an drei britische Kinderhilfsorganisationen: Save The Children, Childline und Children's Hospice Association Of Scotland.

Knockin' On Heaven's Door/Throw These Guns Away (12/96 GB 1)
Pop

Dundas, David

DAVID DUNDAS (Großbritannien, * 2. 4. 1943 in Oxford)
Dundas wurde als Sohn des Marquis von Zetland geboren, d. h. er gehört zur englischen Aristokratie. Seine Liebe galt zunächst der Schauspielerei und dem Theater, so war er auch kurze Zeit Mitglied der Royal Shakespeare Company. David konnte sich jedoch im Laufe der Jahre nicht verbessern, und so beschloss er, Musik zu machen. Zusammen mit Roger Greenaway schrieb er ein Werbejingle für Brutus Jeans: »Jeans On«. Die Nummer wurde im Januar 1977 Platz 17 in den USA. Danach verkündete er, dass es bei diesem einen Erfolg nicht bleiben werde. Aber außer »Another Funny Honeymoon« gelang ihm nichts mehr.

Jeans On (7/76 GB 3; 9/76 D 1)
Another Funny Honeymoon (2/77 D 6)
Pop

Dune

BERND BURHOFF (Deutschland), OLIVER FRONING (Deutschland, in Münster), VANESSA HÖRSTER v (Deutschland, * 22. 5. 1978 in Dorsten), JENS OETTRICH (Deutschland, in Münster), VERENA VON STRENGE v (Deutschland)
Dieses Dance-Projekt hatte gleich mit seiner ersten Chartnotierung einen Top-10-Erfolg: »Hardcore Vibes«. »Are You Ready To Fly«, ihr nächster Hit, brachte es Mitte desselben Jahres auf Platz 12. Gleiches gelang mit »Rainbow To The Stars« Anfang 1996. Im August 1996 kam »Million Miles From Home« bis auf Platz 17. Wie kaum einem anderen Dance Act aus Deutschland gelang es Dune, ihre Stücke visuell umzusetzen und daraus Videoclips zu fummeln, die auf allen Musik-TV-Sendern liefen. Und im Gegensatz zu den anderen Dance Acts schaffte es Dune auch, Melodie in die Stücke zu bringen. Selbst eingeschworene Queen-Fans mussten zugeben, dass Dunes Version von »Who Wants To Live Forever« gut gemacht war. Die Sängerin der Nummer war Verena, die im November 1997 mit ihrer ersten Soloplatte kam, die »Finally Alone« hieß. Als Ersatz für sie kam Vanessa. »Keep The Secret« (5/98 D 38) wurde die erste Hitnotierung mit ihr. Ihr erfolgreichstes Album hieß »Forever« (1/97 D-LP 2).

Hardcore Vibes (3/95 D 5)
Can't Stop Raving (10/95 D 7)
Hand In Hand (5/96 D 10)

Who Wants To Live Forever (11/96 D 2)
Dance, Rave

Dunn, Clive

CLIVE DUNN v (Großbritannien, * 9. 1. 1920 in London)
Erstmals tauchte Dunn in den 50er Jahren in der TV-Kinderserie ›Friday Funny Man‹ auf. Dann folgten die Serien ›Tony Hancock Show‹ (1956) und ›The Reunion Party‹ (1959). In der britischen Comedy-TV-Serie ›Bootsie And Snudge‹ – Co-Autor war Marty Feldman – erntete Clive Anfang der 60er Jahre dann seine ersten Lorbeeren. 1965 stieg er in die erfolgreiche BBC-Serie ›Dad's Army‹ ein und spielte in den nächsten zehn Jahren dort mit. Ende 1970, auf dem Höhepunkt seiner Popularität, nahm er den Titel »Grandad« auf, der die kauzige Art und die mit Slang durchsetzte Sprache seiner Rolle in »Dad's Army« widerspiegelte. Nachdem die Serie ihr Ende gefunden hatte, wirkte er in der Sitcom ›My Old Man‹ mit, dann gab die BBC Dunn eine eigene Kindersendung, die ›Grandad‹ hieß und viel Erfolg hatte. 1978 erhielt er den OBE für seine Verdienste im Fernsehen und am Theater. Als Popstar blieb er ein One-Hit-Wonder.
Herbie Flowers, der Clives einzigen Hit mitgeschrieben hatte, war übrigens ein gesuchter Studiomusiker, der den Bass auf Lou Reeds »Walk on the Wild Side« spielte.

Grandad (10/70 GB 1)
Pop

Dupree, Robbie

ROBBIE DUPREE v, g (USA, * 23. 12. 1946 als Robert Dupuis in Brooklyn/New York City)
Als Jugendlicher setzte Robbie Dupree seinen Ehrgeiz daran, der schönste Pfau im Zoo – in diesem Fall New Yorks Stadtteil Brooklyn – zu sein. Ende der 50er, Anfang der 60er Jahre sang er a cappella mit anderen Jungs aus der Gegend. Später spielte er Gitarre und sang in einer Band, zu der auch Nile Rodgers – später Chic – gehörte. Schließlich zog er nach Woodstock. Im April 1980 gelang ihm mit der Eigenkomposition »Steal Away« ein Hit. Das Arrangement erinnert an »What A Fool Believes« von den Doobie Brothers. »Hot Rod Hearts« wurde drei Monate später ein Platz 15 in den USA. Danach verlief seine Plattenkarriere im Sand, Robbie wandelte seine Garage in ein Fitnessstudio um und widmete seine Zeit mit Vorliebe dem Boxen.

Steal Away (4/80 US 6)
AOR (Adult Orientated Rock), West Coast

Dupree, Simon & The Big Sound

ERIC HINE key (Großbritannien), PETE O'FLAHERTY b (Großbritannien), TONY RANSLEY d (Großbritannien), PHIL SHULMAN sax, tr (Großbritannien, * 27. 8. 1937 in Glasgow), RAY SHULMAN g (Großbritannien, * 8. 12. 1949 in Portsmouth), DEREK VICTOR SHULMAN v (Großbritannien, * 11. 2. 1947 in Glasgow)
Bevor die Band ab 1966 in dieser Besetzung spielte, hatten die drei Shulman-Brüder schon verschiedene Gruppen gehabt, darunter die Howlin' Wolves und die Roadrunners. In London gehörten sie bald zu den Clubattraktionen. Ihre ersten Erfolge hatten sie im Funk mit »I See The Light«, »Reservations« und »Daytime Nighttime«. Dann schwenkten sie auf Flower-power um und hatten damit ihren größten Hit: »Kites«. Aufsehen erregte das Sextett noch einmal 1968 mit der Single »We Are The Moles«, die sie als Moles aufnahmen. Viele dachten, es han-

dele sich dabei um eine Aufnahme der Beatles unter Pseudonym. 1969 löste sich die Formation auf, nachdem Derek einen Nervenzusammenbruch erlitten hatte. Er erholte sich wieder und ging zu Gentle Giant, bei denen auch seine Brüder spielten. Mitte der 70er Jahre fiel die Band auseinander. Derek wurde Promotion/Artist Manager für Polygram in New York. 1988 verließ er diese Firma – inzwischen hatte er für sie Künstler wie Bon Jovi oder Dan Reed Network unter Vertrag genommen. Er blieb in den USA, ging erst zu Warner Bros. und schließlich zu BMG.

Kites (11/67 GB 9)
Beat, Psychedelic

Duprees

MIKE ARNONE (USA), TOM BIALAGLOW (USA), JOHN SALVATO (USA), JOE SANTOLLO (USA, † 3. 6. 1981), JOEY VANN v (USA, * 3. 4. 1942 als Joseph Canzano in Jersey City, † 28. 2. 1984)
1956 gründeten Tom und Joey in Jersey City/New Jersey den Vorläufer zu den Duprees. Die beiden waren gerade mal 16 bzw. 13 Jahre alt. Ihre Lieder klangen damals schon so, als würde es sich um alte Standards handeln. Der Titel »You Belong To Me«, ein Nummer-1-Hit für Jo Stafford im Jahre 1952, wurde der einzige Top-10-Erfolg für die Duprees. Es folgten weitere Hitnotierungen bis 1965. Noch ein einziges Mal sollten vier der Musiker als Italian Asphalt & Pavement Company 1970 in den Charts notiert werden: »Check Yourself« wurde allerdings nur ein Platz 97. 1980 sah Joey Vann als Leadsänger der Formation Vintage. 1982 brachte er unter seinem Namen ein Medley aus alten Duprees-Hits als »Joey Vann Medley« heraus. Santolla starb 1981 im Alter von 37 Jahren nach einem Herzanfall, Vann starb 1984.

You Belong To Me (8/62 US 7)
Pop

Duran Duran

STERLING CAMPBELL d (USA), WARREN CUCCURULLO g (USA, * 8. 12. 1956 in Brooklyn/New York City), STEVE FERRONE d (Großbritannien, * 25. 4. 1950 in Brighton/Sussex), SIMON LE BON v (Großbritannien, * 27. 10. 1958 in Bushey/Hertfordshire), NICK RHODES key (Großbritannien, * 8. 6. 1962 als Nicholas Bates in Birmingham), JOHN TAYLOR b (Großbritannien, * 20. 6. 1960 in Birmingham), ANDY TAYLOR g (Großbritannien, * 16. 2. 1961 in Tynemouth/Northumberland), ROGER TAYLOR d (Großbritannien, * 26. 4. 1960 in Birmingham)
1978 formierte sich diese Gruppe in Birmingham aus Nick, John, dem Bassisten Simon Colley und dem Sänger Stephen Duffy. Den Namen entlehnten sie einer Figur aus dem Science-fiction-Film »Barbarella«. Colley und Duffy verließen 1979 die Band und wurden durch Andy Wickett und Schlagzeuger Roger Taylor ersetzt. Die Gruppe machte ihre ersten Demo-Aufnahmen, und nach einigen anderen wurde im selben Jahr Andy Taylor der endgültige Gitarrist. Auch mit dem Sänger tat man sich schwer. Alan Curtis und Jeff Thomas hießen sie für kurze Zeit. Im April 1980 kam schließlich Simon Le Bon zu Duran Duran und mit ihm der Erfolg. Die Gruppe wurde durch ihre Musik und durch ihr Auftreten zu Vorreitern der britischen New-Romantic-Bewegung. Ihre ersten Hits wurden im Frühjahr 1981 notiert. »A View To A Kill« war der Titelsong des gleichnamigen James-Bond-Films. Immer wieder hatte es personelle Veränderungen und Nebenprojekte gegeben. Als Duran Duran Anfang des Jahres 1985 gerade mal keine weiteren Projekte hatten, gründeten Andy und

John Taylor – übrigens sind die Taylors nicht miteinander verwandt – mit Robert Palmer, Bernard Edwards und Tony Thompson Power Station. Im selben Jahr machten die drei verbliebenen Musiker Le Bon, Rhodes und Roger Taylor als Arcadia ein Album und hatten mit »Election Day« einen Hit. 1986 verließ Roger Taylor die Band, ebenso Andy, der eine Solokarriere starten wollte. 1988 – Duran Duran bestand jetzt nur noch aus Le Bon, Rhodes und John Taylor – kamen mit Warren Cuccurullo, vormals Gitarrist bei Frank Zappa und Missing Persons, und Schlagzeuger Steve Ferrone, der mit Brian Auger und der Average White Band gespielt hatte, zwei neue Mitglieder in die Band. Ferrone verließ die Gruppe jedoch nach etwa einem Jahr wieder und wurde durch Sterling Campell ersetzt. Anfang der 90er Jahre erschien mit »Decade« eine Hitzusammenstellung und mit »Liberty« ein neues Album auf dem Markt. Es sah aus, als sei damit das Kapitel Duran Duran abgeschlossen. Im Frühjahr 1993 kamen mit »Ordinary World« und »Come Undone« in der Besetzung Le Bon, Rhodes, John Taylor und Cuccurullo weitere Top-10-Erfolge auf den Markt. Die dazugehörende LP »The Wedding Album« zeigte Duran Duran in Höchstform. Anfang 1995 erschien das Album »Thank You«, auf dem sehr gut gemachte Coverversionen von Dylan-, Costello-, Doors-, Led-Zeppelin- oder Temptations-Songs zu finden waren. Als Gäste wirkten Grand Master Flash, Mark Volman, Howard Kaylan oder Lee Oscar mit. Zwei Auskopplungen aus diesem Album, »Perfect Day« und »White Lines (Don't Do It)«, kamen 1995 auf Platz 28 respektive 17 in GB. Anfang 1997 erschien ein weiteres Solowerk von John Taylor mit dem Titel »Feelings Are Good And Other Lies«. Bei der Gelegenheit wurde dann bestätigt, dass er bei Duran Duran ausgestiegen war, um sich mehr auf seine Solokarriere zu konzentrieren. 2000 kam dann das Album »Pop Trash« von Duran Duran – die Gruppe war nun ein Trio und bestand aus Simon Le Bon, Nick Rhodes und Warren Cuccurullo.

Die erfolgreichsten Alben für Duran Duran: »Duran Duran« (6/81 GB-LP 3, 2/83 US-LP 10), »Rio« (5/82 GB-LP 2, 6/82 US-LP 6), »Seven And The Ragged Tiger« (12/83 GB-LP 1, US-LP 8, D-LP 17), »Arena« (11/84 GB-LP 6, D-LP 1, 12/84 US-LP 4), »Notorious« (12/86 GB-LP 16, US-LP 12, D-LP 22), »Decade« (11/89 GB-LP 5), »Liberty« (9/90 GB-LP 8), »Duran Duran (The Wedding Album)« (2/93 GB-LP 4, 3/93 US-LP 7), »Greatest« (11/98 GB-LP 15).

Mitte 2001 war die Originalbesetzung aus den Anfangstagen – Simon, Nick Rhodes, Roger Taylor, Andy Taylor und John Taylor wieder gemeinsam im Studio und nahm eine neue Platte auf.

Girls On Film (7/81 GB 5)
Hungry Like The Wolf (5/82 GB 5; 12/82 US 3)
Save A Prayer (8/82 GB 2)
Rio (11/82 GB 9)
Is There Something I Should Know (3/83 GB 1; 6/83 US 4)
Union Of The Snake (10/83 GB 3, US 3)
New Moon On Monday (1/84 US 10, GB 9)
The Reflex (4/84 D 8, GB 1, US 1)
Wild Boys (11/84 US 2, D 1, GB 2)
A View To A Kill (5/85 GB 2, US 1, D 9)
Notorious (11/86 GB 7, US 2)
I Don't Want Your Love (10/88 US 4)
All She Wants Is (1/89 GB 9)
Ordinary World (1/93 GB 6, US 3)
Come Undone (4/93 US 7)
Elektro-Pop, New Romantic, Rock

Siehe auch: Arcadia; Power Station

Dury, Ian

IAN DURY v (Großbritannien, * 12. 5. 1942 in Upminster/Essex, † 28. 3. 2000)

Der Sänger und Songschreiber gründete 1970 Kilburn & The High Roads, die 1974 ihre erste LP aufnahmen – veröffentlicht wurde sie erst 1978, nachdem Ian als

Solist Erfolg erzielt hatte und die Band im Juni 1976 auseinander gefallen war. Seine ersten beiden Singles sind ausgesprochen schöne Beispiele für den britischen Pub-Rock in der zweiten Hälfte der 70er Jahre: »Sex And Drugs And Rock 'n' Roll« und »Sweet Gene Vincent«. An Gene Vincent erinnerten auch die Auftritte von Ian, der als Siebenjähriger an Kinderlähmung erkrankte und deshalb teilweise verkrüppelt ist. Seinen ersten Hit hatte Ian mit »What A Waste«. Auch in den 80er Jahren machte Ian noch Platten. Manchmal mit seiner alten Band Blockheads, manchmal mit den Music Students. Seine erfolgreichsten Alben waren »New Boots And Panties!!« (10/77 GB-LP 5) und »Do It Yourself« (6/79 GB-LP 2). 1985 spielte er neben Bob Geldof in dem Film »Number One«. Ein Jahr später sah man ihn in Roman Polanskis »Pirates« und der BBC TV-Serie ›King Of The Ghetto‹. Dury stellte seine Plattenkarriere hinten an und widmete sich der Schauspielerei, dem Schreiben von Film- und Fernsehmusiken und seiner großen Liebe, der Malerei. Im Mai 1998 erklärte Ian, er kämpfe gegen Leberkrebs.

What A Waste (4/78 GB 9)
Hit Me With Your Rhythm Stick (12/78 GB 1)
Reasons To Be Cheerful (Pt. 3) (8/79 GB 3)
Rock

Duval, Frank

FRANK DUVAL v (Deutschland, * 22. 11. 1940 in Berlin)
Der vielseitige Frank begann bereits als 16-Jähriger als Regieassistent an einer Bühne in Berlin. Zusammen mit seiner Schwester Maria machte er als Maria & Franco Duval Platten, z. B. »Teddy Boy« 1959. In die Hitparaden kamen die beiden nicht, aber angeblich sollen von ihrer Aufnahme »Ich leg' mein Schicksal in deine Hand« 900 000 Platten verkauft worden sein. 1962 trennten sich die Geschwister. Maria machte als Solistin weiter, Frank zog's zum Theater, und er war in Musicals wie »My Fair Lady« oder »Irma La Douce« zu sehen und zu hören. Für eine Art Musical-Persiflage auf Goethes ›Faust‹ übertrug ihm der Bayerische Rundfunk eine Auftragsarbeit. Danach folgten weitere Angebote, für Hörspiele die Musik zu schreiben, aber auch für Interpreten wie Ivan Rebroff oder Alexandra. Seit 1977 schreibt er vorwiegend Musik für TV-Serien wie ›Tatort‹, ›Derrick‹, ›Der Alte‹ – aber auch zahllose markante Werbespots und TV-Filme. Mit »Angel Of Mine« gelang ihm 1980 eine goldene Schallplatte in Deutschland. Seine erfolgreichsten Alben waren »Face To Face« (10/82 D-LP 7) und »If I Could Fly Away« (4/83 D-LP 3).

Angel Of Mine (12/80 D 1)
Give Me Your Love (9/83 D 2)
Instrumental, Pogo

Dylan, Bob

BOB DYLAN v (USA, * 24. 5. 1941 als Robert Allen Zimmerman in Duluth/ Minnesota)
›Man nannte ihn den Shakespeare des 20. Jahrhunderts, einen Opportunisten, einen Erzengel, den ersten Poeten der Musikautomaten, einen Messias, einen Propheten, ein geborenes Genie von einem Musiker, einen Charismatiker ersten Ranges; er konnte seinen Fans Banalitäten und Unverständlichkeiten zumuten, er konnte sein eigenes Image zerstören; seine Plattenumsätze stiegen, wenn er sich von der Szene zurückzog, und sie stiegen, wenn er wieder zurückkehrte. Gesprächsthema war er immer, beeinflusst hat er eine Generation von Sängern und Textern; seine Lieder wurden tausendfach nachgesungen, und viele davon werden die Zeiten ebenso überleben wie »La Paloma«, die Neunte von Beethoven oder »Mackie Messer«. Man kann Bob

Dylan mögen oder nicht – ein Jahrhundertphänomen ist er auf jeden Fall.‹ Das schrieb Bob Dylans Plattenfirma im Juni 1981 über ihren Künstler und hat damit Recht.
Zu seinem Künstlernamen inspirierte ihn der walisische Schriftsteller Dylan Thomas (* 27. 10. 1914 in Swansea als Dylan Marlais Thomas, † 9. 11. 1953 New York). Im Dezember 1960 kam Bob nach New York und begann, in den Folk-Clubs von Greenwich Village zu spielen. Im Oktober 1961 erhielt er einen Plattenvertrag von der CBS. Kaum ein Musiker setzte im Laufe seiner Karriere so viele Trends wie er. Dylan war, neben Joan Baez, Anfang der 60er Sprecher der Folk-Protest-Bewegung, dann Initiator des Folk-Rock 1965. Unendlich viele seiner Kompositionen wurden durch andere Interpreten zu Hits gemacht – böse Zungen behaupten gar, dass sie dadurch erst schön wurden. Dass er nicht der zurückgezogene introvertierte Musiker ist, den man ihm immer wieder angedichtet hat, merkte man spätestens, als er mit den Traveling Wilburys locker aufspielte.
Dylan spielte auch in etlichen Filmen mit: »Don't Look Back« 1965, »Eat The Document« 1969, »Pat Garrett And Billy The Kid« 1973, »Hearts Of Fire« 1987. Er selbst drehte den Film »Renaldo & Clara« 1978. 1988 wurde er in die Rock and Roll Hall of Fame aufgenommen. 1991 gewann er den Grammy's Lifetime Achievement Award. 1992 erschien die CD »Greatest Hits Vol. II«, 1994 »Vol. III«. Um die CD für die Fans interessanter zu machen, war auf Folge 3 mit »Dignity« ein neuer Song von Dylan, der allerdings als Hit nicht bezeichnet werden kann. Im März 1995 erhielt Dylan einen Grammy in der Kategorie Best Traditional Folk Album. Damit wurde sein Ende 1993 erschienenes Album »World Gone Wrong« ausgezeichnet. Im Herbst 1997 erschien »Time Out Of Mind«, das von den Kritikern als sein bestes Album der letzten 20 Jahre gefeiert wurde. Bei der Grammy-Verleihung des Jahres 1998 sahnte Bob Dylan ab: Auszeichnungen für »Time Out Of Mind« als Album des Jahres und das Folk-Album des Jahres. Für den Song »Cold Irons Bound« wurde Bob als Rocksänger des Jahres ausgezeichnet. Sein Sohn Jakob gewann einen Preis als Komponist des besten Rocksongs des Jahres: »One Headlight«
Seine erfolgreichsten Alben sind »The Freewheelin' Bob Dylan« (9/63 US-LP 22, 5/64 GB-LP 1), »The Times They Are A-Changin'« (3/64 US-LP 20, 7/64 GB-LP 4), »Another Side Of Bob Dylan« (11/64 GB-LP 8, 2/66 D-LP 24), »Bringing It All Back Home« (5/65 US-LP 6, GB-LP 1), »Highway 61 Revisited« (10/65 US-LP 3, GB-LP 4, 1/66 D-LP 28 – weltweiter Verkauf Ende 1997: 11 Millionen), »Blonde On Blonde« (7/66 US-LP 9, 8/66 GB-LP 3 – weltweiter Verkauf Ende 1997: 15 Millionen), »Bob Dylan's Greatest Hits« (7/66 D-LP 20, 1/67 GB-LP 6, 5/67 US-LP 10), »John Wesley Harding« (1/68 US-LP 2, 3/68 GB-LP 1), »Nashville Skyline« (5/69 US-LP 3, GB-LP 1, 6/69 D-LP 24), »Self Portrait« (7/70 US-LP 4, GB-LP 1, 8/70 D-LP 29), »New Morning« (11/70 US-LP 7, GB-LP 1), »Bob Dylan's Greatest Hits, Vol. II« (12/71 US-LP 14, GB-LP 12), »Planet Waves« (2/74 US-LP 1, GB-LP 7, 3/74 D-LP 34), »Before The Flood« (7/74 US-LP 3, GB-LP 8, 8/74 D-LP 24), »Blood On The Tracks« (2/75 US-LP 1, GB-LP 4), »The Basement Tapes« (7/75 US-LP 7, GB-LP 8), »Desire« (1/76 US-LP 1, GB-LP 3, 3/76 D-LP 11), »Hard Rain« (10/76 US-LP 17, GB-LP 3, 11/76 D-LP 38), »Street-Legal« (7/78 US-LP 11, GB-LP 2, D-LP 16), »Bob Dylan At Budokan« (5/79 US-LP 13, GB-LP 4, 6/79 D-LP 24), »Slow Train Coming« (9/79 US-LP 3, GB-LP 2, D-LP 22), »Saved« (6/80 GB-LP 3, 7/80 US-LP 24), »Shot Of Love« (8/81 GB-LP 6, 9/81 US-LP 33), »Infidels« (11/83 US-LP 20, GB-LP 9, 12/83 D-LP 31), »Biograph« (12/85 US-LP 33), »Oh Mercy« (10/89 US-LP 30, GB-LP 6), »MTV Un-

plugged« (4/95 GB-LP 10, 5/95 US-LP 23), »The Best Of Bob Dylan« (6/97 GB-LP 6, 7/97 D-LP 10) und »Time Out Of Mind« (10/97 US-LP 10, GB-LP 10, D-LP 6).
Bei der Oscar-Verleihung des Jahres 2001 wurden Bob und sein Song »Things Have Changed« aus dem Film »Wonder Boys« mit einer Auszeichnung bedacht. Der Rummel um seinen 60. Geburtstag spülte »The Essential« (6/01 GB-LP 9) in die Charts. Es folgte das Album »Love And Theft« (9/01 GB-LP 3, D-LP 4, US-LP 5).

Times They Are A-Changin' (3/65 GB 9)
Subterranean Homesick Blues (4/65 GB 9)
Like A Rolling Stone (7/65 GB 4, US 2)
Positively 4th Street (10/65 GB 8, US 7)
Rainy Day Women # 12 & 35 (4/66 GB 7, US 2)
Lay Lady Lay (7/69 US 7; 9/69 GB 5)
AOR (Adult Orientated Rock), Folk, Rock

Dyson, Ronnie

RONNIE DYSON v (USA, * 5. 6. 1950 in Washington/D.C., † 10. 11. 1990)
Dyson gehörte auch zu der Garde der Musiker, die durch das Musical »Hair« in das Showgeschäft gekommen sind. Im Juni 1970 gelang ihm mit »(If You Let Me Make Love To You Then) Why Can't I Touch You?« sein einziger Pop-Hit, in den R&B-Charts blieb er bis 1983 erfolgreich. Ronnie starb am 1990 an Herzversagen, verursacht durch ein chronisches Lungenleiden.

(If You Let Me Make Love To You Then) Why Can't I Touch You? (6/70 US 8)
Pop, Rhythm & Blues

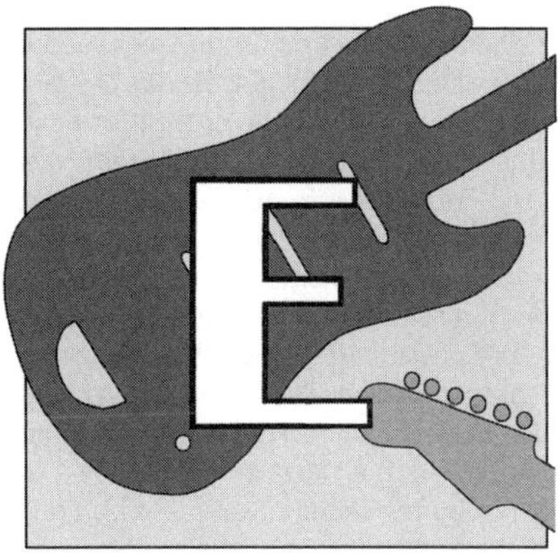

E., Sheila

SHEILA E. v, g, key, b, per (USA, * 12. 12. 1957 als Sheila Escovedo in Oakland/Kalifornien)

Die Tochter des legendären Percussionisten Pete Escovedo ist nicht nur Sängerin, sondern schreibt sich ihre Lieder meist selbst, spielt ebenfalls Percussion, aber auch noch Bass, Gitarre und Keyboards und produziert ihre Plattenaufnahmen in eigener Regie. Ihr Bruder Peto war Mitglied bei Con Funk Shun. Mitte der 70er Jahre spielte sie zusammen mit ihrem Vater in der Gruppe Azteca. Sheila E. gilt als Entdeckung von Prince, auf dessen »Purple-Rain«-Soundtrack sie mitwirkte. Vorher hatten sich schon Musiker wie George Duke, Herbie Hancock, Spyro Gyra, Lionel Richie, Diana Ross oder Marvin Gaye ihrer Talente bedient. Ihre erste LP erschien Mitte 1984 mit dem Titel »The Glamorous Life«, ihre zweite, »Romance 1600«, ein Jahr später. Beide Platten wurden in den USA vergoldet. Der Titelsong der ersten LP war gleichzeitig ihr erster Top-10-Erfolg in den USA. Ihr einziger weiterer Hit in den oberen Regionen war »A Love Bizarre«.

The Glamorous Life (6/84 US 7)
A Love Bizarre (2/86 D 4)
Dance, Rhythm & Blues

E Nomine

Der bekannte Synchronsprecher Christian Brückner, der z. B. die deutsche Stimme von Robert de Niro war, lieh diesem Dancefloor-Projekt seine Stimme. Mit E Nomine wurde eine neue Ära im Dancebereich eingeläutet: elektronische Klänge in Verbindung mit Chorälen und kirchlichen Texten. Als er Ende 1999 »Vater Unser« sprach, waren die Reaktionen gespalten. Darf man in Diskotheken zum Vaterunser tanzen? Auf jeden Fall hörten auf diese Art und Weise viele Jugendliche das Vaterunser erstmals oder nach langer Zeit mal wieder. Es folgten »E Nomine (denn sie wissen nicht, was sie tun)« (3/00 D 29) und »Mitternacht« (11/01 D 13). Im Frühjahr 2002 erschien die Single »Das Tier in mir (Wolfen)« (2/02 D 29) und das Album »Finsternis« (2/02 D-LP 3). Sie scheinen den Nerv der Zeit zu treffen.

Vater Unser (10/99 D 4)
Dance, Techno

E-17

Siehe East 17

Eagles

DON FELDER v, g (USA, * 21. 9. 1947 in Gainesville/Florida), GLENN FREY v, g, key, p (USA, * 6. 11. 1948 in Detroit/Michigan), DON HENLEY v, d (USA, * 22. 7. 1947 in Gilmer/Texas), BERNIE LEADON v, g (USA, * 19. 7. 1947 in Minneapolis/Minnesota), RANDY MEISNER v, b (USA, * 8. 3. 1946 in Scottsbluff/Nebraska), TIMOTHY B. SCHMIT v, b (USA, * 30. 10. 1947 in Sacramento/Kalifornien), JOE WALSH v, g (USA, * 20. 11. 1947 in Wichita/Kansas)

Diese Formation kam im August 1971 in Los Angeles als Quartett, bestehend aus Frey, Leadon, Meisner und Henley, zusammen. Alle hatten vorher in diversen Bands wie Hearts And Flowers, Dillard & Clark, Poco, Flying Burrito Brothers oder Longbranch Pennywhistle gespielt, ehe sie erstmals in der Backing Band von Linda Ronstadt zusammenkamen. Im April 1972, nachdem sie längere Zeit in einem Club in Aspen, Colorado, vier Sets pro Nacht gespielt hatten, um musikalisch zueinander zu finden, erhielten sie einen Plattenvertrag. Ihre erste LP wurde in GB aufgenommen. Darauf auch ihr erster Hit »Take It Easy«, geschrieben von Glenn Frey und seinem Freund Jackson Browne. »Witchy Woman« war dann im September 1972 der erste Top-10-Erfolg der Eagles und stammte ebenfalls vom Debütalbum. Auf ihrer dritten LP »On The Boarder« fand sich dann als Singleauskopplung ihre erste Nummer 1 in den USA, »Best Of My Love«. Ihre vierte LP »One Of These Nights« wurde, wie die nächsten drei folgenden, jeweils Spitzenreiter in der amerikanischen LP-Hitparade. Mit Don Felder hatte sich die Gruppe inzwischen zum Quintett verstärkt und lief zu Höchstform auf. Im Dezember 1975 verließ Bernie Leadon die Band und wurde durch den ehemaligen Leadgitarristen der James Gang, Joe Walsh, ersetzt. Bei der 18. Grammy-Verleihung im Februar 1976 gewannen die Eagles für ihren Titel »Lyin' Eyes« einen Grammy. Im September 1977 verließ Randy Meisner, genervt von dem Stress des Tourens, die Band und wurde durch Timothy B. Schmit, mit dem Meisner schon bei Poco zusammengespielt hatte, ersetzt. Bei der 20. Grammy-Verleihung 1978 wurde »Hotel California« die Platte des Jahres. Im Februar 1981 kündigten die Mitglieder an, sich mehr um ihre Soloprojekte kümmern zu wollen, und stellten fest: ›We will never play again until the hell freezes over‹. Speziell Don Henley und Glenn Frey wurden als Solisten sehr erfolgreich. Ende des Jahres 1994 erschien dann schließlich doch eine neue CD der Eagles mit dem Titel »Hell Freezes Over«. Auf dieser CD waren lediglich vier neue Kompositionen zu hören. Daneben spielten sie Akustikversionen ihrer alten Hits, die sie anlässlich eines MTV-Specials im Frühjahr 1994 aufgenommen hatten. Die 1994er Besetzung der Eagles: Felder, Frey, Henley, Schmit und Walsh. Die Platte erreichte Platz 1 in den Albumcharts und verkaufte bis Ende 1996 trotz negativer Kritiken alleine in den USA 6 Millionen Exemplare. Da sieht man mal wieder: Kritiker kaufen keine Platten. Die Singleauskopplung »Get Over It« erreichte in den USA Ende 1994 Platz 31. Das erfolgreichste Album der Eagles ist »Eagles/Their Greatest Hits 1971–1975« (3/76 US-LP 1 – 27fach Platin –, 3/76 GB-LP 2), die weiteren: »One Of These Nights« (6/75 US-LP 1, 7/75 GB-LP 8), »Hotel California« (12/76 US-LP 1 – 16fach Platin –, GB-LP 2, 1/77 D-LP 3), »The Long Run« (10/79 US-LP 1 – siebenfach Platin, GB-LP 4, D-LP 23), »Eagles Live« (11/80 US-LP 6 – siebenfach Platin, GB-LP 24), »Eagles Greatest Hits, Volume 2« (11/82 US-LP 52 – zehnfach Platin), »Best Of Eagles« (5/85 GB-LP 8), »The Very Best Of The Eagles« (7/94 GB-LP 4, 6/01 RE-GB-LP 3), »Hell Freezes Over« (11/94 US-LP 1 – sechsfach Platin –, GB-LP 28). Davon die Verkaufszahlen bis Frühjahr 1999 alleine in den USA: 25 Millionen. Die »Hell Freezes Over«-Tour, die zunächst nur für ein halbes Jahr geplant war, dauerte zweieinhalb Jahre. 1996 gingen die Eagles wieder auseinander. Zu Silvester 1999 kamen sie zu einem gigantischen Millenniumskonzert im Staples Center in Los Angeles wieder zusammen. Mitte 2001 waren dann die Eagles wieder zusammen und gingen auf Tournee. Don Felder war allerdings nicht mit dabei.

Witchy Woman (9/72 US 9)
Best Of My Love (11/74 US 1)
One Of These Nights (5/75 US 1)
Lyin' Eyes (9/75 US 2)
Take It To The Limit (12/75 US 4)
New Kid In Town (12/76 US 1)
Hotel California (2/77 US 1; 4/77 D 6, GB 8)
Heartache Tonight (10/79 US 1)
The Long Run (12/79 US 8)
I Can't Tell You Why (12/80 US 8)
AOR (Adult Orientated Rock), Folk, West Coast

Siehe auch: Henley, Don; Frey, Glenn

Earth & Fire

JERNEY KAAGMAN v (Niederlande), GERARD KOERTS v, key, p (Niederlande), RON MEYJES g (Niederlande), BERT RUITER b (Niederlande, * 26. 11. 1946 in Amsterdam), AB TAMBOER d (Niederlande)
Am Beginn ihrer Karriere hatte Golden Earring gestanden, mit denen sie gemeinsame Konzerte bestritten und deren Mitglied George Kooymans den ersten Earth-&-Fire-Hit »Season« geschrieben hatte. Bereits 1969 war diese niederländische Formation gegründet worden, und nach »Season« wurden dann auch ihre nächsten Eigenkompositionen Hits. 1971 wählten die Holländer Jerney Kaagman zur besten Sängerin, und mit »Invitation« hatten Earth & Fire wieder einen Hit. Die zweite LP, »Song Of The Marching Children«, wurde international von der Kritik gelobt und beinhaltete mit »Storm And Thunder« einen weiteren Singlehit. Die LPs »Super Starshine« und »Atlantis« wurden vergoldet, das Album »Reality Fills Fantasy« (2/80 D-LP 25) erreichte gar Platinstatus. Den größten Erfolg hatten sie zweifellos mit ihrer Single »Weekend«.

Weekend (2/80 D 1)
Pop

Earth, Wind & Fire

PHILIP BAILEY v, per (USA, * 8. 5. 1951 in Denver/Colorado), ROLAND BATTISTA g (USA), MICHAEL BEALE g (USA), JESSICA CLEAVES v (USA, * 10. 12. 1948 in Los Angeles/Kalifornien), LARRY DUNN key (USA, * 19. 6. 1953 als Lawrence Dunhill in Colorado), WADE FLEMONS v, p (USA, * 25. 9. 1940 in Coffeyville/Kansas, † 3. 10. 1993), JOHNNY GRAHAM g (USA, * 3. 8. 1951 in Kentucky), YACKOV BEN ISRAEL per (USA), RALPH JOHNSON v, d, per (USA, * 4. 7. 1951 in Kalifornia), RONNIE LAWS g, sax (USA, * 3. 10. 1950), AL MCKAY g, per (USA, * 2. 2. 1948), SHERRY SCOTT v (USA), ALEX THOMAS pos (USA), CHET WASHINGTON sax (USA), FRED WHITE d, per (USA, * 13. 1. 1955), VERDINE WHITE v, b (USA, * 25. 7. 1951), MAURICE WHITE v, d (USA, * 19. 12. 1941 in Memphis/Tennessee), DON WHITEHEAD key (USA), ANDREW WOOLFOLK sax, fl (USA, * 11. 10. 1950 in Texas)
Musikalischer Kopf dieser Band war Maurice White, der bereits als Elfjähriger in seiner Heimatstadt Memphis mit seinem Schulfreund Booker T. Jones Schlagzeug spielte. Nachdem er Schlagzeug und Komposition studiert und gar als Lehrer gearbeitet hatte, wurde er 1963 Session-Drummer bei Chess Records und spielte auf Platten von Billy Stewart, Chuck Berry, Jackie Wilson, den Impressions, den Dells und Etta James. 1963 wurde er Mitglied im Ramsey Lewis Trio und spielte auf zehn LPs dieser Formation mit. 1969 gründete er Salty Peppers, 1970 machte er daraus Earth, Wind & Fire und erhielt einen ersten Plattenvertrag. Ab diesem Zeitpunkt bis in die 90er Jahre sollten viele Musiker mit ihm zusammen spielen. Die oben Genannten dürften bei weitem nicht alle sein. Im April 1971 erschien das Debütalbum. Mit »Shining Star« hatten sie ihren ersten Millionseller. Philip Bailey, Ronnie Laws oder auch Maurice White verfolgten außerdem teils recht erfolgreiche Solo-

projekte. Bis in die 90er Jahre hinein verstand es Maurice White, aktuelle Musikrichtungen in seine Titel einfließen und die jeweiligen interessanten neuen Künstler, wie z. B. MC Hammer oder die Boys, auf seinen Platten mitspielen zu lassen. Die acht bis zehn Mitglieder, die jeweils in der Band waren, boten eine ausgezeichnete und mitreißende Bühnenshow. Ein Konzert von Earth, Wind & Fire war ein Erlebnis.

Die erfolgreichsten Alben: »Open Our Eyes« (3/74 US-LP 15), »That's The Way Of The World« (3/75 US-LP 1), »Gratitude« (12/75 US-LP 1), »Spirit« (10/76 US-LP 2), »All 'n All« (12/77 US-LP 3, 1/78 GB-LP 13), »The Best Of Earth, Wind & Fire, Vol. I« (12/78 US-LP 6 – fünffach Platin, GB-LP 6, 4/79 D-LP 28), »I Am« (6/79 US-LP 3, GB-LP 5, 7/79 D-LP 20), »Faces« (11/80 US-LP 10, GB-LP 10), »Raise!« (11/81 US-LP 5, GB-LP 14, D-LP 30) und »The Collection« (5/86 GB-LP 5).

1999 gingen die beiden Mixer Phats & Small hin und überarbeiteten das Stück »September«. Als »September 99« (7/99 GB 25, 9/99 D 40) kam es wieder in die Top 40.

2000 begründete Maurice White, weshalb er nicht mehr mit Earth, Wind & Fire auf Tournee gehe: Er leide an Parkinson. Im selben Jahr wurde die Gruppe in die Rock and Roll Hall of Fame aufgenommen.

Shining Star (2/75 US 1)
Sing A Song (11/75 US 5)
Got To Get You Into My Life (7/78 US 9)
September (11/78 GB 3, US 8)
Boogie Wonderland (5/79 GB 4, US 6)
After The Love Has Gone (7/79 GB 4, US 2)
Let's Groove (10/81 GB 3, US 3)
Rhythm & Blues

Siehe auch: Bailey, Philip

East 17

BRIAN v (Großbritannien, * 8. 8. 1974 als Brian Lee Harvey in London), JOHN v, key, b (Großbritannien, * 26. 3. 1971 als John Darren Hendy in Barking/Essex), TERRY v, key (Großbritannien, * 21. 7. 1974 als Terry Mark Coldwell in London), TONY v, key (Großbritannien, * 21. 10. 1970 als Anthony Michael Mortimer in Stepney/London)

Die Mitglieder der Gruppe East 17 waren durchschnittlich 18 Jahre alt, als sie mit »House Of Love« 1992 ihren ersten Top-10-Hit hatten. Sie benannten sich nach dem Postzustellungsbezirk in London, in dem sie alle wohnten. Ihre Musik brachte eine typische weiße Mixtur (geschrieben von Tony) aus tanzbarem Rap und Hip-Hop, die ihre Plattenfirma als ›fröhlich poppigen Dance Floor‹ bezeichnete. Auf dem amerikanischen Markt konnte sich diese Formation nicht durchsetzen. Mit »Stay Another Day« zeigte die Gruppe jedoch auch schon eine Abkehr vom Teeniestil – es gelang ihnen damit der Weihnachtshit des Jahres 1994 in GB. Bei ihrem Hit »If You Ever«, ließen sie sich von der Sängerin Gabrielle stimmlich unterstützen. Im Januar 1997 teilten drei Musiker von East 17 ihrem vierten Mann, dem Leadsänger Brian Harvey mit, er solle sich doch bitte von der Band lösen. Grund: Harvey hatte zur Designerdroge Ecstacy bemerkt, sie sei auch auf Dauer völlig ungefährlich. Mitte 1997 berichtete die Teenie-Presse, Brian habe sich wieder mit seinen Kumpels versöhnt und sei wieder zurückgekehrt – dafür sei nun Tony ausgestiegen und strebe eine Solokarriere an. Noch im selben Jahr löste sich die Gruppe auf – und kündigte 1998 an, sie werde als Trio ohne Tony weitermachen. Im Herbst erschien mit »Each Time« wieder eine neue Single der Band, die sich jetzt nur noch E-17 nannte. Es folgte »Betcha Can't Wait« (3/99 GB 12).

Die erfolgreichsten Alben der Band waren: »Walthamstow« (2/93 GB-LP 1), »Steam« (10/94 GB-LP 3, D-LP 10), »Up All Night« (11/95 GB-LP 7) und »Around

The World – The Journey So Far« (11/96 GB-LP 3, D-LP 10).
Ende 2000 schien das Thema E-17 auch erledigt. Brian war Gast bei der Formation True Steppers und deren Hit »True Step Tonight« (12/00 GB 25). Im Mai 2001 kam er als Solist mit dem Titel »Straight Up No Bends« (4/01 GB 26). Zusammen mit der Refugee Crew machte er »Loving You (Ole Ole Ole)« (10/01 GB 20).

House Of Love (8/92 GB 10; 11/92 D 6)
Deep (1/93 GB 5)
It's Alright (12/93 GB 3, D 2)
Around The World (5/94 GB 3)
Steam (10/94 GB 7)
Stay Another Day (12/94 D 4, GB 1)
Let It Rain (3/95 GB 10)
Thunder (11/95 GB 4, D 6)
Do U Still? (2/96 GB 7)
If You Ever (11/96 GB 2)
Hey Child (1/97 GB 3)
Each Time (11/98 GB 2)
Boy Group

East Of Eden

DAVE ARBUS v, sax, tr, vln, fl (Großbritannien, * 8. 10. 1941), GEOFF BRITTON d (Großbritannien, * 1. 8. 1943), RON CAINES sax, p (Großbritannien, * 13. 12. 1944), GEOFF NICHOLSON g (Großbritannien), ANDY SNEDDON b (Großbritannien)
Dieser Band, die vorwiegend Instrumentalmusik machte, gelang mit der außergewöhnlichen Nummer »Jig A Jig« ein Hit. Im Laufe des Bestehens dieser Band spielten etliche Musiker mit. Dave Arbus gründete sie 1967 in Bristol, England. Die bis zu diesem Zeitpunkt für Rockgruppen reichlich unpopulären Instrumente wie Geige und Saxophon setzte er geschickt neben Schlagzeug, Gitarre und Bass. In ihren Anfangstagen griffen East Of Eden Ideen der Jazzer John Coltrane und Charles Mingus auf, ließen sich von modernen Komponisten wie Bartók, Ravel und Debussy inspirieren und rundeten das Ganze mit Klängen indischer Raga-Musik ab. Allmählich verwandelte sich der Musikstil jedoch in einen einfacheren Rock bis hin zur Popmusik. Was heute im Nachhinein in Erinnerung bleibt, ist die Tatsache, dass Dave Argus einer der besten britischen Rock-Geiger gewesen ist. So ist er z. B. auf dem Who-Album »Who's Next« zu hören. Geoff Britton ging später zu den Wings. Und was in der zweiten Hälfte der 70er Jahre als East Of Eden firmierte, hatte mit der ursprünglichen Band wenig zu tun. Das erfolgreichste Album der Gruppe hieß »Snafu« (3/70 GB-LP 29).

Jig A Jig (4/71 GB 7)
Folk, Rock

East Side Beat

CARL FANINI v (USA), FRANCESCO PETROCCHI key (Italien)
Fanini, Amerikaner italienischer Abstammung, zog Mitte 1990 nach Italien, in die Heimat seiner Väter. Dort tat er sich mit dem Dance-Musiker Petrocchi, einem erfahrenen Keyboarder, zusammen. Mit ihrer Dance-Version des Christopher-Cross-Hits »Ride Like The Wind« erreichten sie als East Side Beat die britischen Charts. 1994 tauchte Carl als Sänger der Formation Club House auf.

Ride Like The Wind (11/91 GB 3)
Dance

Siehe auch: Club House featuring Carl

Easton, Sheena

SHEENA EASTON v (Großbritannien, * 27. 4. 1959 als Sheena Shirley Orr in Bellshill/Glasgow)
Einen Monat nachdem sie sich erfolgreich bei der EMI in London beworben hatte, machte sie ihren Abschluss als Lehrerin für Sprache und Schauspiel an der Royal Scottish Academy of Music and Drama. Mit »Modern Girl« wurde sie im April

1980 zum ersten Mal in der britischen Hitparade verzeichnet. Im Juli 1980 war sie in der BBC-TV-Sendung »The Big Time«, in der Menschen die Gelegenheit gegeben wird, über ihre Zukunftspläne zu sprechen. In der Sendung sah man Sheena bei ihrer Vorstellung, Sheena bei der Produktion ihrer ersten Single und der Promotionarbeit ihrer Plattenfirma – eine gute Promotion. Gleichzeitig erschien ihre neue Single »9 To 5«. In den USA hieß die Nummer allerdings »Morning Train (Nine To Five)«, weil kurz zuvor Dolly Parton mit dem Titelsong ihres Filmes »9 To 5« in den USA auf Platz 1 gestanden hatte. Man wollte wohl vermeiden, dass Sheena Eastons Single wie eine Coverversion des Dolly-Parton-Titels wirken würde. Überhaupt, vom Aussehen und Gehabe war Sheena Easton für den amerikanischen Markt wie geschaffen. 1981 erhielt sie einen Grammy als Best New Artist. »For Your Eyes Only« war der Titelsong aus dem gleichnamigen James-Bond-Film. Nach ihrem Umzug nach Kalifornien war sie in den USA bis 1991 in den Hitparaden zu finden. »We've Got Tonight« war ein Duett mit Kenny Rogers, »Sugar Walls« war von Alexander Nevermind geschrieben – ein Pseudonym von Prince. Als sie in fünf Episoden von ›Miami Vice‹ die Frau von Sonny Crockett spielte, erreichte die Sendung Traum-Einschaltquoten. Beim Prince-Hit »U Got The Look« 1987 sang Sheena mit. Ende der 80er Jahre vollzog sie endgültig die Verwandlung von einer Schlager- zur Dance-Floor-Sängerin. Ihr erfolgreichstes Album war »A Private Heaven« (10/84 US-LP 15).

Einige Jahre lang hörte man nichts von Sheena. Dann kam im April 2001 das Album »Fabulous«. Von der Plattenfirma wurde das Ganze als Großangriff auf die Disko-Ära bezeichnet.

9 To 5 (7/80 GB 3)
Modern Girl (8/80 GB 8)
Morning Train (Nine To Five) (2/81 US 1)
For Your Eyes Only (6/81 US 4, GB 8; 9/81 D 5)
We've Got Tonight (1/83 US 6)
Telephone (Long Distance Love Affair) (8/83 US 9)
Strut (8/84 US 7)
Sugar Walls (12/84 US 9)
The Lover In Me (11/88 US 2)
Dance, Pop

Easybeats

TONY CAHILL d, DICK DIAMONDE b (Niederlande, * 28. 12. 1947 als Dingeman van der Sluys in Hilversum), GORDON »SNOWY« FLEET d (Großbritannien, * 16. 8. 1945 in Bootle/Lancashire), HARRY VANDA v, g (Niederlande, * 22. 3. 1947 als Johannes Vandenberg in Den Haag), STEVE WRIGHT v (Großbritannien, * 20. 12. 1948 in Leeds/Yorkshire), GEORGE YOUNG v, g (Großbritannien, * 6. 11. 1947 in Glasgow)

1963 kam die Gruppe in Sydney, Australien, zusammen – alle waren mit ihren Eltern nach Australien ausgewandert. Ab 1964 nannten sie sich Easybeats. Mitte 1965 hatten sie mit »She's So Fine« ihre erste Nummer 1 in Australien. Mitte 1966 unterschrieben sie einen weltweiten Vertrag mit United Artists und verlegten ihre Aktivitäten nach GB. Dort erschien Ende 1966 »Friday On My Mind«. Obwohl noch weitere interessante Aufnahmen der Band erschienen, gelang ihnen nur noch mit »Hello, How Are You?« im April 1968 ein Platz 20 in GB. Ende 1969 trennte sich die Gruppe. Vanda und Young gingen zurück nach Australien und eröffneten ein Aufnahmestudio. Mit John Paul Young hatten sie ihre ersten Erfolge. Ab Mitte der 70er Jahre produzierten sie die Band AC/DC, bei denen Georges jüngere Brüder Angus und Malcolm Young spielten. Nur zu produzieren und Songs zu schreiben, war dem Team Vanda/Young zu wenig. Unter den Pseudonymen Paint Box, Marcus Hook Roll Band oder Flash &

The Pan nahmen sie weitere Platten auf. Speziell Flash & The Pan war international erfolgreich.

Friday On My Mind (10/66 GB 6; 1/67 D 10)
Beat, Pop

Siehe auch: Young, John Paul; Flash & The Pan

Ebstein, Katja

KATJA EBSTEIN v (Deutschland, * 9. 3. 1945 als Karin Witkiewicz in Königshütte)
Die Sängerin mit einer klassischen Gesangsausbildung wurde 1965 von Heino Gaze entdeckt. Da ihr der Schlager offensichtlich nicht so lag, wandte sie sich dem Chanson und der Folklore zu. So war sie z. B. bei etlichen Burg-Waldeck-Festivals der späten 60er Jahre mit von der Partie. Mit »Wunder gibt es immer wieder« 1970 und »Diese Welt« 1971 erreichte sie jeweils den 3. Platz beim Grand Prix Eurovision.
Ihre beiden größten Hits sind dann jedoch wieder Schlager oben abgelehnter Sorte: »Der Stern von Mykonos« und »Es war einmal ein Jäger«. 1975 – ob es das war, was sie wirklich wollte? – brachte sie mit »Wilde Rosen und andere Träume« eine LP mit Lyrik von Heinrich Heine, vertont von ihrem damaligen Mann Christian Bruhn, auf den Markt. Dazu sagte sie: ›Ich lasse mich musikalisch und textlich weder von der Schlagerbranche noch von Kritikern einengen und werde so viele Facetten aufzeigen, wie ich kann.‹ Da stellt sich jetzt nur noch die Frage: Kommt Facetten eigentlich von verzetteln?! 1980 machte sie wieder mit beim Grand Prix Eurovision und erreichte mit »Theater« Platz 2. Ihr erfolgreichstes Album war »Mein Leben ist wie ein Lied« (11/70 D-LP 11). 1981 heiratete sie den Filmregisseur Klaus Überall, Katja Ebstein wandte sich mehr der Schauspielerei zu. Inzwischen reist sie als literarische Vortragskünstlerin durch die Lande und tritt mit Texten von Heinrich Heine auf – also war es doch das, was sie wollte.

Der Stern von Mykonos (6/73 D 4)
Es war einmal ein Jäger (11/74 D 4)
Abschied ist ein bisschen wie sterben (3/80 D 10)
Deutscher Schlager, Grand Prix

Echo & The Bunnymen

JAKE BROCKMAN key (Großbritannien), NOEL BURKE v, g, p (Großbritannien, in Belfast), JULIAN COPE v, g, b (Großbritannien, * 21. 10. 1957 in Bargoed/Wales), PETE DE FREITAS d (Trinidad, * 2. 8. 1961 in Port of Spain, † 15. 6. 1989), MARK FOX per (Großbritannien, * 13. 2. 1958), MICHAEL LEE d (Großbritannien), IAN MCCULLOCH v (Großbritannien, * 5. 5. 1959 in Liverpool), LES PATTINSON b (Großbritannien, * 18. 4. 1958 in Ormskirk/Merseyside), DAMON REECE d (Großbritannien), WILL SERGEANT g (Großbritannien, * 12. 4. 1958 in Liverpool), PETE WYLIE v, g (Großbritannien, * 22. 3. 1958 in Liverpool)
Echo & The Bunnymen aus Liverpool brachten musikalisch Neo-Psychedelia, Folk-Elemente, New-Wave-Sounds und eingängige Popmelodien zusammen. Im Mai 1977 formten Ian, Pete und Julian die Crucial Three. Über den Status einer Probenband kam man nie hinaus. Im Juli 1978 kamen Ian und Julian als Mitglieder von A Shallow Madness erneut zusammen, aber wieder ohne sichtbaren Erfolg. Im September 1978 machte Ian mit Will und einer Drum Machine, die sie Echo nannten, ein Demo. Im November desselben Jahres kam mit Les ein dritter Mann in die Band, und noch im selben Monat standen erstmals drei Bunnymen und eine Echo-Maschine auf der Bühne. Ein Jahr später ging Echo in Pension; statt dessen stieg Schlagzeuger Pete de Freitas ein. Vorher jedoch hatte das Trio bereits im

März 1979 die Single »Pictures On My Wall« mit der B-Seite »Read It In Books« veröffentlicht. Ab 1980 wurde die Gruppe in den Hitparaden notiert. Ihre erfolgreichsten Alben waren »Heaven Up Here« (6/81 GB-LP 10), »Porcupine« (2/83 GB-LP 2), »Ocean Rain« (5/84 GB-LP 4), »Songs To Learn & Sing« (11/85 GB-LP 6), »Echo & The Bunnymen« (7/87 GB-LP 4) und »Evergreen« (7/97 GB-LP 8). 1989 schockierte McCulloch seine Bandkollegen mit der Ankündigung, ab jetzt eine Solokarriere verfolgen zu wollen. Für ihn kam Noel Burke. Man hatte gerade mit den Proben für ein neues Album begonnen, als Pete de Freitas mit seinem Motorrad einen Unfall hatte und starb. Für ihn kam Damon Reece zur Band, außerdem nahm man den früheren Road-Manager Brockman hinzu. Mit dem Album »Reverberation« leiteten sie das nächste Kapitel der Bunnymen ein. Da eben nichts für immer ist, war 1997 auch die Pause, die sich die Gruppe auferlegt hatte, zu Ende. Als neuer Drummer wurde Michael Lee vorgestellt. Bei »Nothing Lasts Forever« sang Liam Gallagher von Oasis mit. Er wollte damit beweisen, dass Echo & The Bunnymen zu seinen großen Vorbildern gehörten.

The Cutter (1/83 GB 8)
The Killing Moon (1/84 GB 9)
Nothing Lasts Forever (6/97 GB 8)
New Wave, Pop, Rock

Echobeatz

PAUL BODDY (Großbritannien), DAVE DE BRIAE (Großbritannien)

Mas Que Nada heißt ›Sag nichts mehr‹ – das sagte sich auch die Plattenfirma und ließ wenig darüber heraus, wer sich hinter Echobeatz versteckt und wer was spielt oder singt. Jedenfalls kam der Titel »Mas Que Nada« in die Charts, weil zur WM in Frankreich die Sportfirma Nike einen Spot im TV laufen ließ, der genau mit dieser Melodie unterlegt war. Daraufhin kamen gleich etliche Versionen dieser Jorge-Ben-Komposition auf den Markt. Eine sehr schöne war die Wiederveröffentlichung des Tamba Trios aus dem Jahr 1963. Natürlich erschien auch Sergio Mendes aus dem Jahr 1966 wieder – und ein paar überflüssige Disko-Versionen. Die Platte von Echobeatz jedenfalls gehörte zu den besseren Veröffentlichungen.

Mas Que Nada (7/98 GB 10)
Pop

Echt

GUNNAR ASTRUP key (Deutschland, * 20. 5. 1982), KAI FISCHER g (Deutschland, * 22. 8. 1980), KIM FRANK v (Deutschland, * 24. 5. 1982), ANDREAS PUFFPAFF b (Deutschland, * 20. 4. 1981), FLORIAN SUMP d (Deutschland, * 26. 6. 1981)

1991 gründeten Kai und Flo die Schülerband Seven Up. 1993 kamen Kim und Puffi dazu – damit war Echt geboren. Noch etwas später kam Gunnar zur Gruppe, die eine selbst gebastelte Demo-CD immerhin 1000 mal verkaufte. 1998 begann der Aufstieg der Flensburger Band. Mit »Alles wird sich ändern« (5/98 D 71) legten sie ihre Debütsingle vor. »Wir haben es getan« (10/98 D 23) wurde schließlich ihr erster Top-40-Hit. Ihr Album »Echt« (10/98 D-LP 5) stieg am 26. 10. 1998 gleich in die Top 10 der deutschen LP-Charts ein. Die nächsten Singlehits waren »Wo bist du jetzt?« (12/98 D 20), »Fort von dir« (4/99 D 30) und »Du trägst keine Liebe in dir«, »Weinst du«, »Junimond« (6/00 D 12).

Mit dem Album »Freischwimmer« (9/99 D-LP 1) gelang der Gruppe am 27. 9. 1999 der Sprung von 0 auf 1. Im November 2001 erschien mit »Recorder« ein weiteres Album. Anfang 2002 mussten sie eine geplante Tour absagen, weil der Vorverkauf nicht in Gang kam.

Du trägst keine Liebe in dir (8/99 D 7)
Weinst du (1/00 D 7)
HipHop, Rap

Eddie & The Hot Rods

GRAEME JOHN DOUGLAS g (Großbritannien, * 22. 1. 1950), PAUL GRAY b (Großbritannien, * 1. 8. 1958), DAVE HIGGS g (Großbritannien, * 21. 3. 1950), LEW LEWIS harm (Großbritannien), BARRIE MASTERS v (Großbritannien, * 4. 5. 1956), STEVE NICOL d (Großbritannien, * 17. 2. 1957)
Wie etliche britische Gruppen, die sich in der Mitte der 70er Jahre formierten, versuchten auch Eddie & The Hot Rods aus Southend, Essex, eine Mixtur aus Pub, Punk, New Wave und Rhythm & Blues zu finden. Chuck Berry und die Who waren die Vorbilder dieser Band. Ihre EP »Live At The Marquee« brachte ihnen im September 1976 die erste Hitnotierung in GB. Über die Grenzen des britischen Königreichs hinaus war ihre Musik im Single-Format nicht erfolgreich. 1977 waren viele Kritiker der Meinung, diese Formation sei der legitime Nachfolger der Rolling Stones. Leider hatten sie übersehen, dass die Rolling Stones weitermachten und keinen Nachfolger brauchten. Nachdem Douglas die Gruppe verlassen hatte und Gray zu der Formation Damned ging, löste Masters 1981 Eddie & The Hot Rods auf und wurde Mitglied bei den Inmates, brachte aber später für Auftritte in Pubs und Aufnahmen bei kleineren Plattenlabels Eddie & The Hot Rods wieder zusammen.

Do Anything You Wanna Do (8/77 GB 9)
New Wave, Rhythm & Blues, Rock

Eddy, Duane

DUANE EDDY g (USA, * 26. 4. 1938 in Corning/New York)
1958 entdeckte der Radio-Discjockey Lee Hazlewood, der später mit Nancy Sinatra Hits haben sollte, einen jungen Mann namens Duane Eddy. Der hatte eine ganz eigene Art drauf, Gitarre zu spielen. Er schlug die Gitarre nicht da an, wo es andere Gitarristen tun, sondern ganz tief unten – wo die meisten schon gar nicht mehr hinpacken. Diese Art sollte später als ›Twangy Guitar‹ in die Musikgeschichte eingehen. Eddy und Hazlewood schrieben eine Nummer, die sie »Rebel-'Rouser« nannten. In den nächsten fünf Jahren sollte Duane Eddy mit seinen Instrumentaltiteln mehr als zwölf Millionen Platten verkaufen – und das, obwohl es schwer ist, Instrumentals an den Käufer zu bringen. Die Zusammenarbeit von Duane Eddy und Lee Hazlewood hielt ein paar Jahre an – lange genug, um beide zu reichen Männern zu machen. Der Gitarrenstil von Duane Eddy wurde oft kopiert – aber so, wie er das aufnahm, brachte es keiner zustande. Das ist auch zu hören auf »These Boots Are Made For Walking« von Nancy Sinatra und »Rock And Roll Lullaby« von B.J. Thomas. Zusammen mit den Rebelettes stand er im Frühjahr 1975 wieder in der Hitparade mit »Play Me Like You Play Your Guitar«. Zusammen mit der Gruppe Art Of Noise und seinem alten Titel »Peter Gunn« gelang ihm 1986 wieder ein Hit. 1987 erschien eine neue LP von ihm, die er zusammen mit Musikern, von denen man weiß, dass sie Fans von Duane Eddy waren und sind, aufnahm. Dazu gehörten Jeff Lynne, Paul McCartney, George Harrison, John Fogerty oder Ry Cooder. 1994 wurde Eddy in die Rock and Roll Hall of Fame aufgenommen. Seine erfolgreichsten Alben: »Have ›Twangy‹ Guitar-Will Travel« (1/59 US-LP 5, 6/59 GB-LP 6), »Specially For You« (10/59 GB-LP 6), »The Twang's The

Thang« (3/60 GB-LP 2), »$ 1,000,000.00 Worth Of Twang« (12/60 US-LP 10, 4/61 GB-LP 5) und »Twistin' And Twangin'« (7/62 GB-LP 8).

Rebel-'Rouser (6/58 US 6)
Peter Gunn Theme (6/59 GB 6)
Forty Miles Of Bad Road (6/59 US 9)
Shasam! (4/60 GB 4)
Because They're Young (5/60 US 4; 7/60 GB 2)
Pepe (1/61 GB 2)
Theme From Dixie (4/61 GB 7)
Ballad Of Paladin (8/62 GB 10)
Dance With The Guitar Man (11/62 GB 4)
Play Me Like You Play Your Guitar (3/75 GB 9)
Peter Gunn (3/86 GB 8)
Instrumental, Rock 'n' Roll

Edelweiß

Hierbei handelte es sich um eine ›Sound attack straight from the Alps‹, die sich angeblich in New York formierte. Weder die Plattenfirma noch diejenigen, die sich hinter diesem Projekt verbargen, schienen ernsthaft ein Interesse daran zu haben, dass man möglicherweise einmal mit dem Finger auf sie zeigt. Deshalb sind keine Namen bzw. lediglich Phantasiepseudonyme der Österreicher bekannt: Wurzi alias Walter Werzowa, Martin M. Gletschermayer und Stefan Biedermann alias DJ Freibier. Die Jodeleinlagen lieferte Maria Mathis. Tatsache ist, dass auf der Basis des Titels »SOS« von Abba »Bring Me Edelweiß« gejodelt und gehiphopt wurde. Diese exotische Klangmischung kam Ende 1988 in die Hitparaden. Im April 1989 waren sogar die Briten davon angetan. Nachdem man längere Zeit nichts mehr von ihnen gehört hatte, kamen sie mit »Raumschiff Edelweiß«.

Bring Me Edelweiß (11/88 D 2; 4/89 GB 5)
Raumschiff Edelweiß (10/92 D 7)
Techno

Eden's Crush

ANA MARIA LOMBO (USA, in Kolumbien), MAILE MISAJON (USA, in Kalifornien), NICOLE SCHERZINGER (USA, in Hawaii), IVETTE SOSA (USA, in New Jersey), ROSANNA TAVAREZ (USA, in New York)
Das Quintett war wieder mal Frischfleisch aus der »Reality TV-Show« Popstars. Das Gerangel um neue Gesichter in der Plattenbranche bescherte den Mädchen einen ungeahnten Erfolg. Ihr Album »Popstars« (5/01 US-LP 6) stieg hoch in den US-Charts ein.

Get Over Yourself (3/01 US 8)
Pop

Edison Lighthouse

TONY BURROWS v (Großbritannien, * 14. 4. 1942 in Exeter), RAY DOREY v, b (Großbritannien, * 22. 2. 1949 in Berkshire), STUART EDWARDS g (Großbritannien, * 9. 6. 1946 in Kent), DAVID TAYLOR g (Großbritannien, * 7. 10. 1950 in High Wycombe), GEORGE WEYMAN d (Großbritannien, * 18. 5. 1949 in Kent)
Immer wieder werden in England und in den USA durch Studiosänger Platten aufgenommen, dann auf den Markt gebracht – und danach wird erst entschieden, ob man zu dem Hit, der sich daraus möglicherweise entwickelt, um ihn herum eine Gruppe zusammenstellt. Der erfolgreichste amerikanische Sänger dieser Gattung ist Ron Dante, sein britisches Pendant Tony Burrows. Er sang bei diversen Produktionen die Leadstimme für Kestrels, Ivy League, Flowerpot Men, Edison Lighthouse, White Plains, Brotherhood Of Man, Pipkins oder First Class. Der größte Triumph für Tony Burrows dürfte der 26. 1. 1970 gewesen sein. In der zum damaligen Zeitpunkt populärsten britischen TV-Musiksendung, ›Top of the Pops‹, traten Brotherhood Of Man mit »United We Stand«, White Plains mit »My Baby Loves

Lovin'« und Edison Lighthouse mit »Love Grows (Where My Rosemary Goes)« auf. In allen drei Fällen trat als Leadsänger jedesmal Tony Burrows nach vorn. Die Zuschauer müssen an ihrem Sehnerv gezweifelt haben. Edison Lighthouse gelang nach »Love Grows« kein weiterer Top-40-Hit mehr. War ja auch nicht nötig, denn es gab ja noch andere Gruppen. Die Band, die Tony begleitete, war aus dreißig Gruppen als die beste herausgesucht worden. Sie hatten vorher unter dem Namen Greenfield Hammer gespielt.

Love Grows (Where My Rosemary Goes) (1/70 US 5, GB 1; 3/70 D 8)
Pop

Siehe auch: Flowerpot Men; Brotherhood Of Man

Edmonds, Kevon

KEVON EDMONDS v (USA, in Indianapolis/ Indiana)
Kevon ist der Bruder von Kenneth, der als Babyface schon seit Ende der 70er Jahre erfolgreich ist. Um seinem jüngeren Bruder ein wenig zu helfen, sang Babyface auf dem ersten Hit 24/7 gleich mit. Kevon war vorher schon als Mitglied der Formation After 7 in den Top 10 vertreten gewesen.

24/7 (11/99 US 10)
Pop

Siehe auch: After 7

Edmunds, Dave

DAVE EDMUNDS v, g (Großbritannien, * 15. 4. 1944 in Cardiff/Wales)
Nachdem der Gitarrist, Sänger, Songschreiber und Produzent in Gruppen wie 99ers, Raiders und Image gespielt hatte, nahm er mit Human Beans die erste Platte auf. Im Frühjahr 1968 und nachdem die erste Platte ein Flop gewesen war, änderten sie ihren Namen in Love Sculpture. Jetzt gelang ihnen der erste Hit mit »Sabre Dance«. Im Frühjahr 1969 fiel die Band auseinander. 1970 nahm Dave Edmunds einen alten Smiley-Lewis-Titel auf: »I Hear You Knocking«. Seine Plattenfirma EMI war daran nicht interessiert. Inzwischen hatte Daves Manager Gordon Mills sein eigenes Plattenlabel gegründet, MAM. Darauf wurde die Nummer veröffentlicht und verkaufte mehr als drei Millionen Exemplare. Danach war Dave im Duett mit Nick Lowe und mit der Gruppe Rockpile erfolgreich, hatte aber auch als Solist noch Hits. Als Produzent arbeitet Dave für Shakin' Stevens, Mason Ruffner, Nick Lowe, Elvis Costello, Dion, die Stray Cats, Fabulous Thunderbirds, Flamin' Groovies, Everly Brothers und andere.

I Hear You Knocking (11/70 US 4, GB 1; 1/71 D 3)
Baby I Love You (1/73 GB 8)
Born To Be With You (6/73 GB 5)
Girls Talk (6/79 GB 4)
Rock, Rock 'n' Roll

Siehe auch: Love Sculpture

Edward Bear

ROGER ELLIS v, g (Kanada), LAWRENCE EVOY v, d (Kanada), ROBERT KENDALL org (Kanada), DANIEL MARKS v, g (Kanada), PAUL WELDON key, b (Kanada)
Diese Gruppe begann 1968 in ihrer Heimatstadt Toronto. Den Namen hatten sie von einer Figur aus dem Kinderbuchklassiker ›Pu der Bär‹ des Briten Alan Alexander Milne. In den Anfangstagen wechselten die Mitglieder schnell, dann fand man zu einem Trio zusammen, bestehend aus Paul, Daniel und Lawrence. 1970 haben sie ihren ersten Eintrag in den US-Charts, aber erst nachdem 1971 Marks gegen den Briten Ellis ausgetauscht worden war, kam der Erfolg mit dem von Lawrence geschriebenen Millionseller »Last Song« Ende 1972. Mit »Close Your Eyes« hatten sie im April 1973 noch einen weiteren Top-40-Hit. 1974 verließ Ellis die Band wieder. Weldon war inzwischen

durch Kendall ersetzt worden, und die beiden verbleibenden Musiker machten ohne Hiterfolge als Duo weiter.

Last Song (12/72 US 3)
AOR (Adult Orientated Rock), Folk, Rock

Edwards, Jonathan

JONATHAN EDWARDS v, g (USA, * 28. 7. 1946 in Aitkin/Minnesota)
Nach seiner Militärzeit spielte der Sänger, Gitarrist und Songschreiber in einer Folk-Gruppe, die sich Rivermen nannte, danach zusammen mit einem Folk-Gitarristen als St. James Doorknob. Das Duo spezialisierte sich auf elektrisch verstärkte Versionen von Byrds- und Dylan-Titeln. Sie benannten sich in Headstone Circus um und spielten mehr Blues, dann eine weitere Umbennung in Sugar Creek, die in Richtung Blue Grass tendierten. 1970 verließ Jonathan Edwards die Band und hatte als Solist einen einzigen Top-10-Erfolg und Millionseller mit »Sunshine«. Danach arbeitete er mehr als Produzent oder sang im Hintergrund von Jimmy Buffett oder Emmylou Harris.

Sunshine (11/71 US 4)
AOR (Adult Orientated Rock), West Coast

Edwards, Rupie

RUPIE EDWARDS v (Jamaika, * 4. 7. 1945)
Dieser Produzent, Inhaber von Schallplattenläden, Herausgeber der Zeitung ›Record Retailer‹ und Sänger, hatte mit der Nummer »Ire Feelings (Skanga)« einen Hit, obwohl die BBC den Titel wegen des schlüpfrigen Textes gesperrt hatte. Mit »Lego Skanga« gelang ihm als Nachfolger noch ein Platz 32 in GB, dann war seine Hitzeit außerhalb Jamaikas wieder beendet. Auf Jamaika kannte man Edwards auch als Mitglied der Virtues.

Ire Feelings (Skanga) (11/74 GB 9)
Reggae, Ska

Eels

MARK ›E‹ EVERETT v, g, key (USA, als Mark Everett), BUTCH NORTON d (USA), TOMMY WALTER v, b (USA)
Das Trio aus L.A. formierte sich 1995 im Vorort Echo Park. Sie hatten sich in einem Club namens Mint getroffen und dort zusammen gejammt. 1996 erhielten sie einen Plattenvertrag von der neuen Firma Dreamworks, die David Geffen, Gerry Katzenberg und Steven Spielberg gegründet hatten. Als erstes Album erschien »Beautiful Freak« (2/97 GB-LP 5). Daraus ausgekoppelt wurde »Novocaine For The Soul«. In den USA hat die Band bisher keinen nennenswerten Erfolg verbuchen können. Bevor es zur Gründung der Gruppe kam, hatte Mark Everett als Solist die Alben »A Man Called E« (1992) und »Broken Toy Shop« (1993) aufgenommen. Weitere Hits der Eels außerhalb der Top 10: »Your Lucky Day In Hell« (9/97 GB 35), »Last Stop: This Town« (9/98 GB 23), »Mr. E's Beautiful Blues« (2/00 GB 11) und »Souljacker Part 1« (9/01 GB 30).

Novocaine For The Soul (2/97 GB 10)
Susan's House (5/97 GB 9)
Pop

Egan, Walter

WALTER EGAN v (USA, * 12. 7. 1948 in Jamaica/New York)
Während seiner High-School-Zeit in New York City kam Walter im Alter von 16 Jahren zu der Formation Malibooz, die kalifornische Surf Music spielte. Nach der Auflösung dieser Band studierte er Kunst in Washington. Die meisten ehemaligen Mitglieder der Malibooz lebten ebenfalls

in der Stadt, und man kam als Psychedelic-Country-Gruppe Sageworth & Drums wieder zusammen. 1974 hatte Egan von der Ostküste die Nase voll und zog nach Los Angeles. Er wohnte bei Emmylou Harris, für die er »Hearts On Fire« schrieb, und kam zu der Formation Wheels. Ein Demoband dieser Band führte zu einem Plattenvertrag – allerdings nur für Egan. Mit Hilfe von Fleetwood Mac nahm Walter 1976 sein Debütalbum »Fundamental Roll« auf, das sich nicht sonderlich gut verkaufte. Bei seiner nächsten LP »Not Shy« war die Unterstützung von Fleetwood Mac noch fundierter, und Walter konzentrierte sich mehr auf sein eigenes Material. Auf dieser LP befand sich die Nummer »Magnet And Steel«, die als Single ausgekoppelt und ein Millionseller wurde. Danach hat Walter Egan noch sehr schöne weitere LPs produziert, Singlehits sind ihm keine mehr gelungen.

Magnet And Steel (5/78 US 8)
AOR (Adult Orientated Rock), West Coast

Eiffel 65

MAURIZIO LOBINA key, tamb (Italien, * 30. 10. 1973), GABRY PONTE key (Italien, als Gabriele), JEFFREY RANDONE key (Italien, * 5. 1. 1970 als Gianfranco)
Als Mitte des Jahres 1999 der Titel »Blue (Da Ba Dee)« in die europäischen Hitparaden schoss, stand der Sommerhit des Jahres fest. Wieder einmal kam er aus Italien. Wieder einmal war er eher von der simplen Sorte. So allerdings müssen Sommerhits auch sein. Innerhalb von sieben Wochen nach ihrem Eintritt in die amerikanische Hitparade schoss die Platte auch dort in die Top-10. Im Billboard wurde erstaunt vermerkt: ›Eiffel 65 brings the colorful Europop to the shores of America‹. Es folgten »Move Your Body« und »Too Much Heaven« (4/00 D 35). Und auch das ist typisch für diejenigen, die den Sommerhit stellen: Sie tanzen nur einen Sommer.
Das Album »Europop« (12/99 US-LP 4) erhielt schnell Doppelplatin in den USA.

Blue (Da Ba Dee) (7/99 D 1; 8/99 GB 1; 12/99 US 6)
Move Your Body (11/99 D 4; 2/00 GB 3)
House

Eighth Wonder

GEOFF BEAUCHAMP g (Großbritannien, * 30. 10. 1962), ALEX GODSON key (Großbritannien), STEVE GRANTLEY d (Großbritannien, * 8. 3. 1962), JAMIE KENSIT g (Großbritannien, * 6. 8. 1963), PATSY KENSIT v (Großbritannien, * 4. 3. 1968 in Waterloo/London)
Aus den Resten der Gruppe Spice wurde im Frühjahr 1984 Eighth Wonder gegründet. Mit »Stay With Me« hatte die damals als Sextett auftretende Band Ende 1985 ihre erste Hitnotierung in GB. Schon zu diesem Zeitpunkt stand Patsy Kensit im Vordergrund dieser Band. Sie hatte gerade ihre Rolle als Crêpe Suzette im Film »Absolute Beginners« abgedreht. 1987 war die Gruppe auf ein Quartett geschrumpft, in dem Patsy mit ihrem Bruder Jamie, außerdem Geoff und Alex spielten. Mit Hilfe der Pet Shop Boys und der Nummer »I'm Not Scared« kam der Erfolg. 1989 heiratete Patsy Dan Donovan von Big Audio Dynamite, 1992 Jim Kerr von den Simple Minds. Auf ihre Plattenkarriere hatten beide Interpreten wenig Einfluss. Anfang 1997 hieß es, sie würde Liam Gallagher von Oasis heiraten. Der erste Hochzeitstermin wurde abgesagt, knapp zwei Monate später wurden sie am 7. 4. 1997 in London schließlich doch getraut. Patsy bewegt sich halt immer gerne unter Popstars. Im September 1999 kam ihr gemeinsamer Sohn Lennon zur Welt – Liam war schon immer ein Fan von John Lennon. Am 22. 9. 2000 trennten sich

Liam und Patsy wieder. Die Scheidung wurde mit ›unvernünftigem Verhalten‹ von Liam begründet.

I'm Not Scared (2/88 GB 7; 5/88 D 5)
Pop

808 State

ANDY BARKER (Großbritannien, * 9. 3. 1968 als Andrew), GRAHAM MASSEY (Großbritannien, * 4. 8. 1960), DARREN PARTINGTON v (Großbritannien, * 1. 11. 1969), MARTIN PRICE (Großbritannien, * 26. 3. 1955 in Farnworth/Lancaster), GERALD SIMPSON key (Großbritannien, * 16. 2. 1964 in Manchester)
Die Firma Roland wird sich sehr gefreut haben, denn nach ihrer Drum Machine TR 808 hat sich diese britische Band aus Manchester benannt. Als sie 1989 mit »Pacific – 707« bis auf Platz 10 in die englische Hitparade kamen, wurden sie als ›Zukunftsmusik der Acid-Generation‹ gefeiert. Was sie machten, war eine Reise durch die Geschichte der synthetischen Musik von Tangerine Dream zu Kraftwerk oder Art Of Noise. Der Sänger der Band erklärte die Erfolge von 808 State dadurch, dass die Mitglieder der Formation in Tanzschuppen umherhingen, um zu beobachten, bei welcher Art von Musik das Publikum besonders ausflippt. 1987 galten sie noch als Vorreiter der Acid-Welle, um, wie es in der Presse hieß, im Jahre 1989 Ambient-House-Stil zu machen und 1990 Techno-House-Musik zu produzieren. Dafür, dass speziell diese Szene recht kurzlebig ist, bewiesen 808 State schon Stehvermögen. Auch bis in das Jahr 1998 wurden sie noch in den britischen Charts verzeichnet. Ihre Hits außerhalb der Top 10: »Tunes Splits The Atom« (9/90 GB 18) mit MC Tunes, »Lift/Open Your Mind« (8/91 GB 38), »One In Ten« (12/92 GB 17) mit UB40, »Lopez« (2/97 GB 20), »Pacific/Cubik« (5/98 GB 21).
Ihre erfolgreichsten Alben waren »Ex:El« (3/91 GB-LP 4) und »Gorgeous« (2/93 GB-LP 17).
Gerald Simpson war nur im ersten Jahr in der Band. Schon 1988 stieg er wieder aus und machte als A Guy Called Gerald weiter. Sein einziger Top-40-Hit: »Voodoo Ray (EP)« (4/89 GB 55, 6/89 RE-GB 12).

Pacific State (11/89 GB 10)
The Only Rhythm That Bites (6/90 GB 10)
Cubik/Olympic (11/90 GB 10)
In Yer Face (2/91 GB 9)
Acid-House, Techno

Siehe auch: MC Tunes Versus 808 State

El Pasador

Die Gruppe schaffte mit dem Titel »Amada Mia, Amore Mio« im Februar 1978 Platz 10 in Deutschland. Die Platte wurde auf dem Label Philips veröffentlicht. Mehr gelang ihr nicht.

Amada Mia, Amore Mio (2/78 D 10)
Schlager

Elbert, Donnie

DONNIE ELBERT v (USA, * 25. 5. 1936 in New Orleans, † 26. 1. 1989)
Seine musikalische Karriere begann Donnie in den 50er Jahren bei den Vibraharps. Im Juli 1957 hatte er seine erste Hitsingle als Solist mit »What Can I Do«. Danach war mit der Musik erst einmal Pause, denn er wurde zur Army eingezogen. Nach seiner Entlassung aus der Armee 1961 nahm er einige Platten auf, bevor er 1964 sein eigenes Label gründete. Mit »A Little Piece Of Leather« wurde er in der britischen Club-Szene so erfolgreich, dass er für weitere Promotionzwecke nach GB ging. Er heiratete dort und blieb gleich da. 1970 zog er wieder in die USA zurück, dann hatte er seinen größten Hit mit einer Coverversion des Supremes-Titels »Where Did Our Love

Go«, die Ende 1971 ein Platz 15 wurde. 1972 versuchte er mit einer weiteren Holland-Dozier-Holland-Nummer, »I Can't Help Myself (Sugar Pie, Honey Bunch)« (1/72 US 22, 2/72 GB 11), zu einem Remake-Hit zu kommen. Sein erster Club-Hit »A Little Piece Of Leather« (4/72 GB 27) kam mit Verspätung auch in die Pop-Charts. Sein erfolgreichstes Album hieß »Where Did Our Love Go« (10/71 US-LP 15). 1977 tauchte er noch einmal in den R&B-Charts auf. Schließlich zog er nach Kanada und wurde dort bis Mitte der 80er Jahre A&R-Director für Polygram Records.

Where Did Our Love Go? (1/72 GB 8)
Rhythm & Blues

Electric Light Orchestra

BEV BEVAN d (Großbritannien, * 25. 11. 1944 als Roy Beverly in Birmingham), ANDY CRAIG c (Großbritannien), MICHAEL D'ALBUQUERQUE v, b (Großbritannien, * 24. 6. 1947 in Wimbledon), MICK EDWARDS c (Großbritannien, in Ealing/London), MELVYN GALE c (Großbritannien, * 15. 1. 1952 in London), WILF GIBSON vln (Großbritannien, * 28. 2. 1945 in Dilston/Northumberland), KELLY GROUCUTT b (Großbritannien, * 8. 9. 1945 in Coseley), BILL HUNT key (Großbritannien, * 23. 5. 1947 in Birmingham), MIK KAMINSKI vln, c (Großbritannien, * 2. 9. 1951 in Harrogate/Yorkshire), JEFF LYNNE v, g, key, p (Großbritannien, * 30. 12. 1947 in Birmingham), HUGH MCDOWELL c (Großbritannien, * 31. 7. 1953 in Hampstead/London), RICHARD TANDY g, key, b (Großbritannien, * 26. 3. 1948 in Birmingham), COLIN WALKER c (Großbritannien, * 8. 7. 1949 in Minchinhampton/Gloucestershire), ROY WOOD v, g (Großbritannien, * 8. 11. 1946 als Ulysses Adrian in Birmingham)

Auch wenn heute im Rückblick das Electric Light Orchestra immer als Projekt von Jeff Lynne da steht, so war es doch Roy Wood, der 1971 als treibende Kraft diese britische Formation aus der Taufe hob und auf der ersten LP auch mitspielte. Roy Wood und Jeff Lynne wurden auch gemeinsam als die Produzenten genannt, wobei klar war, dass Jeff der Ansicht war, jetzt sei er mal am Zuge. In der Gruppe Move, die neben ELO noch bis 1972 bestand, hatte stets Roy Wood das Sagen gehabt. Noch vor Wood hatte Jeff Lynne in der Formation Idle Race gespielt. Nachdem sich Roy Wood ab August 1972 wiederum um ein neues Projekt, die Gruppe Wizzard, kümmerte, war Jeff alleiniger Chef bei ELO. Die Art und Weise, wie Jeff Lynne Platten produziert – mit viel Streichern und irgendwo im Hinterkopf immer den Rock 'n' Roll –, ist aus all seinen Produktionen herauszuhören. Ob ELO, Dave Edmunds, Duane Eddy, Roy Orbison, Tom Petty, Traveling Wilburys, George Harrison oder wer auch immer, als Produzent erkennt jeder Jeff Lynne.

Die oben genannten Musiker ließen sich sicher noch durch weitere ergänzen. Speziell was die Streicher anging, war die Fluktuation in der Band recht groß. Durch die Jahre hinweg waren es neben Jeff Lynne vor allem Bev Bevan und Richard Tandy, die der Band treu blieben. Speziell zwischen 1974 und 1983 waren die Langspielplatten der Band in GB und in den USA äußerst erfolgreich: »Face The Music« (10/75 US-LP 8), »A New World Record« (10/76 US-LP 5, 12/76 GB-LP 6, 2/77 D-LP 7), »Out Of The Blue« (11/77 GB-LP 4, US-LP 4, 1/78 D-LP 6), »Discovery« (6/79 GB-LP 1, US-LP 5, D-LP 7), »ELO's Greatest Hits« (12/79 GB-LP 7, US-LP 30), »Xanadu« (7/80 GB-LP 2, D-LP 1, US-LP 4), »Time« (8/81 GB-LP 1, D-LP 1, US-LP 16), »Secret Messages« (7/83 GB-LP 4, D-LP 6, US-LP 36), »Balance Of Power« (2/86 D-LP 18, 3/86 GB-LP 9) und »The Very Best Of The Electric Light Orchestra« (7/94 GB-LP 4).

Auf »Balance Of Power« spielten nur noch Lynne, Bevan und Tandy mit. Die klare, dynamische Handschrift von Jeff Lynne war die Konstante in der Band, führte aber auch dazu, dass sich viele Stücke sehr ähnlich waren. Die LPs »A New World Record« und »Discovery« dürften die Höhepunkte der Formation gewesen sein. Beim Hit »Xanadu« sang Olivia Newton-John mit. Ab 1988 konzentrierte sich Lynne mehr und mehr auf seine Produktionen und nahm zusammen mit Roy Orbison, Bob Dylan, George Harrison und Tom Petty als Traveling Wilburys zwei LPs auf. 1990 erschien mit »Armchair Theatre« eine Solo-LP von Lynne. 1991 ging Bev Bevan ohne Lynne und mit einigen Musikern als ELO 2 auf Welttournee. 1994 arbeitete Jeff Lynne – erklärtermaßen Zeit seines Lebens ein Beatles-Fan – als Coproduzent an den neuen Beatles-Singles »Free As A Bird« und »Real Love« mit. Anfang 2001 kam die Nachricht, Lynne würde bereits seit zwei Jahren an einem neuen Album von ELO arbeiten. Das Album erschien dann auch im 11. Juni 2001 und hieß »Zoom«. Einige Stücke des Albums hatte Jeff fast im Alleingang eingespielt – bei anderen halfen Ringo Starr und George Harrison.

10538 Overture (7/72 GB 9)
Roll Over Beethoven (1/73 GB 6)
Can't Get It Out Of My Head (12/74 US 9)
Evil Woman (11/75 US 10; 1/76 GB 10)
Livin' Thing (11/76 GB 4; 1/77 D 5)
Rockaria! (2/77 GB 9)
Telephone Line (5/77 GB 8, US 7)
Mr. Blue Sky (1/78 GB 6)
Wild West Hero (6/78 GB 6)
Sweet Talkin' Woman (10/78 GB 6)
Shine A Little Love (5/79 US 8, GB 6)
Don't Bring Me Down (8/79 US 4, GB 3, D 5)
Confusion/Last Train To London (11/79 GB 8)
Confusion (12/79 D 6)
Xanadu (6/80 GB 1, D 1; 8/80 US 8)
Hold On Tight (7/81 US 10, GB 4; 8/81 D 2)
AOR (Adult Orientated Rock), Elektro-Pop, Pop

Electronic

JOHNNY MARR g (Großbritannien, * 31. 10. 1963 als John Maher in Ardwick/ Manchester), BARNEY SUMNER v, g (Großbritannien, * 4. 1. 1956 als Bernhard Dicken in Salford/Manchester)

Bernard Sumner war einst der Sänger und Songschreiber bei New Order. Johnny Marr spielte vorher bei Smiths. 1988 schlossen sich die beiden zu dem Projekt Electronic zusammen. Als die Pet Shop Boys von der Idee zu Electronic erfuhren, bot sich Neil Tennant an zu helfen. Tennant und sein Partner Chris Lowe kamen zu den Aufnahmesessions nach Manchester. Tennant schrieb einige Texte und sang beim Titel »Getting Away With It« (12/89 GB 12, 3/90 US 38) mit. Das Duo muss mehr oder weniger als ein Hobby der beiden Protagonisten betrachtet werden. Keinesfalls hatte Sumner seine Arbeit bei New Order aufgegeben, denn auf dem 1993er Album »Republic« wurde er als Mitglied aufgeführt. Marr arbeitete hauptsächlich als Produzent, z. B. für K-Klass und The The. Bei »Disappointed« war wieder Neil Tennant als Sänger zu hören. Die Platte erreichte in Deutschland Platz 20. »Forbidden City« (7/96 GB 14) und »For You« (9/96 GB 16) waren Auskopplungen aus dem Album »Raise The Pressure«. Es folgten »Second Nature« (2/97 GB 35) und »Vivid« (4/99 GB 17). Ihre erfolgreichsten Alben: »Electronic« (6/91 GB-LP 2), »Raise The Pressure« (7/96 GB-LP 8) und »Twisted Tenderness« (5/99 GB-LP 9).

Get The Message (4/91 GB 8)
Disappointed (7/92 GB 6)
Elektro-Pop

Siehe auch: New Order; Smiths

Electronica's

Für schwachsinnige Betriebsfeste und nie endende Saufgelage schrieb der Schweizer Akkordeonist Werner Thomas 1958 den Titel »Dance Little Bird«. 1973 wurde die Nummer als »Dance Birdie Dance« ein großer Erfolg in den Niederlanden. Die holländische Gruppe Electronica's spielte diesen Titel 1980 als »Vogeltjedans/Tchip Tchip« in ihrer Bühnenshow, bei der sie sechs als Enten verkleidete Go-go-Girls tanzen ließen. Im März 1981 war diese Platte dann der Karnevalsschlager der Saison in Deutschland und wurde gar vergoldet. Nachdem nach acht Wochen Platz 1 die Hoffnung berechtigt schien, wir hätten das nun endlich überlebt, schob sich eine Vocal-Version des Titels mit Frank Zander alias Fred Sonnenschein und seine Freunde für vier Wochen an die Spitze. Ihre erfolgreichsten Alben waren »Dance Little Bird« (9/81 D-LP 3) und »Quietschfidelio« (5/81 D-LP 1) – dieses Album erhielt sogar Platin. So sieht man, dass auch Enten goldene Eier legen können.

Dance Little Bird (3/81 D 1)
Schlager

Element Four

PAUL OAKENFOLD, ANDY GRAY

Auch in GB schlug ›Big Brother‹ ein. Zur Serie gab es ein ganzes Album – aber nur ein Stück war im TV auch wirklich zu hören: »Big Brother UK TV Theme«. Zumindest Paul Oakenfold kann schon auf Hitparadenerfahrungen zurückgreifen. Mit den Perfecto Allstarz, Grace und Planet Perfecto hatte er ebenfalls in den Top 10 gestanden.

Big Brother UK TV Theme (9/00 GB 4)
Pop

Siehe auch: Grace; Perfecto Allstarz; Planet Perfecto

Elgins

JOHNNY DAWSON v (USA), SAUNDRA MALLETT EDWARDS v (USA), ROBERT FLEMING v (USA), NORBERT MCCLEAN v (USA), CLEO MILLER v (USA)

Johnny, Cleo und Robert sangen bereits in den 50er Jahren zusammen bei den Sensations, den Five Emeralds und den Downbeats. Als Downbeats nahmen sie jeweils 1959 und 1962 Platten auf, die jedoch nicht erfolgreich waren. Bei derselben Firma, Motown, sang Saundra Mallett Edwards und kam nicht in die Charts. Motown war der Meinung, man müsse die Downbeats und Saundra zusammenbringen und eine neue Formation starten – aus dieser Idee wurden die Elgins. Schon vorher hatte es bei Motown eine Gruppe gegeben, die Elgins hieß – daraus wurden die Temptations. 1966 haben diese Elgins hier ihre erste Hitnotierung in den USA. Über einen Platz 50 kamen sie dort jedoch nie hinaus. Als die Plattenfirma der Gruppe für ihr Gesamtrepertoire 1971 eine Großoffensive auf dem britischen Markt startete, veröffentlichte sie auch altes Material der Elgins. Nach »Heaven Must Have Sent You« folgte noch »Put Yourself In My Place« (10/71 GB 28). Nach diesem Erfolg gingen die Elgins in GB auf Tournee. Leadsängerin Saundra wurde jedoch durch die Sessionsängerin Yvonne Allen ersetzt. Pläne für eine weitere Plattenkarriere scheiterten allerdings. 1989 nahm Yvonne mit Dawson, McClean und Jimmy Charles eine neue Version von »Heaven Must Have Sent You« auf. In dieser Besetzung machten die Elgins bis in die 90er Jahre Platten für Motown, ebenso die ehemalige Leadsängerin Saundra Edwards.

Heaven Must Have Sent You (5/71 GB 3)
Pop, Rhythm & Blues

Elliman, Yvonne

YVONNE ELLIMAN v (USA, * 29. 12. 1951 in Honolulu/Hawaii)

Ihre ersten musikalischen Erfolge hatte Yvonne als Maria Magdalena in »Jesus

Christ Superstar«, sowohl auf der Bühne als auch im Film. Die Auskopplung »I Don't Know How To Love Him« bescherte ihr 1971 eine erste Hitnotierung in den USA. Nachdem sie zwischen 1974 und 1977 in der Begleitgruppe von Eric Clapton (z. B. bei »I Shot The Sheriff«) gesungen hatte, der damals seine Platten auf dem RSO-Label veröffentlichte, gab man ihr 1976 die Möglichkeit, ebenfalls bei RSO Soloplatten aufzunehmen. Bei dieser Firma waren auch die Bee Gees unter Vertrag. Sie schrieben ihr den Hit »Love Me«. Für den Film »Saturday Night Fever« nahm Yvonne Elliman den Titel »If I Can't Have You« auf. Wenn sie nicht gerade Soloaufnahmen macht, ist sie auf unendlich vielen Platten als Sessionsängerin zu hören.

Love Me (11/76 GB 6)
If I Can't Have You (1/78 US 1; 5/78 GB 4)
Disko, Pop

Elliott, Missy ›Misdemeanor‹

MISSY ›MISDEMEANOR‹ ELLIOTT (USA, in Portsmouth/Virginia)
Misdemeanor bedeutet schlechtes Benehmen. Diesem Spitznamen wurde sie in der Öffentlichkeit gerecht. Bis zur Nummer »Hot Boyz« war Missy (* 1971) meist nur als Gast anderer Künstler unter den ersten 10 der Hitparade gewesen oder hatte sie nicht erreicht. Erstmals tauchte die Rapperin als Gast von Lil' Kim bei der Platte »Not Tonight« (7/97 US 6, 8/97 GB 11) auf – außerdem wurden noch ›gefeaturet‹: Da Brat, Left Eye und Angie Martinez. Ihr erste Hitnotierung unter ihrem Namen hatte sie mit »The Rain (Supa Dupa Fly)« (8/97 GB 16). Es folgten »Sock It 2 Me« (10/97 US 12, 11/97 GB 33), »Beep Me 911« (4/98 GB 14), als Gast von Nicole »Make It Hot« (6/98 US 5, 8/98 GB 22), »Hit ›Em With Da Hee« (8/98 GB 25) mit Lil' Kim und Mocheta als Gäste, als Gast von Melanie B. von den Spice Girls »I Want You Back« (9/98 GB 1, 9/98 D 38), als Gast der Gruppe Total »Trippin'« (11/98 US 7), »All 'N My Grill« (9/99 GB 20, 9/99 D 35) mit MC Solar und schließlich »Hot Boyz« (1/00 GB 18). Hier wirkten neben Missy noch Nas, Eve und Q-Tip mit. Es folgten »Get Ur Freak On« (5/01 D 19), »One Minute Man« (7/01 US 15, 8/01 D 38) und das Album »So Addictive« (5/01 GB-LP 10, 6/01 US-LP 2). Den Titel »One Minute Man« sang sie zusammen mit Ludacris.

Hot Boyz (11/99 US 5)
Get Ur Freak On (3/01 US 7; 4/01 GB 4)
One Minute Man (8/01 GB 10)
HipHop

Ellis, Joey

JOEY ELLIS v (USA, in Philadelphia/Pennsylvania)
Ellis hatte das Glück, zusammen mit Tynetta Hare (* in Charlotte/North Carolina) in dem Film »Rocky V« den Titel »Go For It! (Heart And Fire)« singen zu dürfen. Das brachte den beiden Ende 1990 einen Platz 20 in GB ein. Produzent der Nummer war MC Hammer, in dessen Touring-Truppe Ellis mit auftrat. Von der Plattenfirma wurden weitere Veröffentlichungen angekündigt, die sich aber nicht mehr unter den ersten 50 irgendeiner Hitparade platzieren konnten.

Go For It! (Heart And Fire) (12/90 D 4)
Pop, Rap

Ellis, Shirley

SHIRLEY ELLIS v (USA, in Bronx/New York City)
Bis zum Beginn ihrer Solokarriere 1963 sang Shirley Ellis (*1941) in der erfolglosen Formation Metronomes. Nach ihrem Solohit »The Nitty Gritty« wechselte sie ins Novelty-Fach und sang Liedchen, die

ihr Manager und Ehemann Lincoln Chase geschrieben hatte. 1982 nahmen die Belle Stars den »Clapping Song« auf und erreichten damit Platz 11 in GB.

The Nitty Gritty (11/63 US 8)
The Name Game (12/64 US 3)
The Clapping Song (Clap Pat Clap Slap) (3/65 US 8; 5/65 GB 6)
Pop

Ellis-Bextor, Sophie

SOPHIE ELLIS-BEXTOR v (Großbritannien, * 10. 4. 1979)
Die Mutter von Sophie ist die in GB sehr populäre Moderatorin der Kinder-TV-Sendung ›Blue Peter‹. 1996 wurde Sophie Mitglied bei Theaudience. Im Herbst 1997 erschien die Debütsingle »I Got The Wherewithall«. Mit »If You Can't Do It When You're Young; When Can You Do It?« (3/98 GB 48) hatten sie ihre erste Hitnotierung. Es folgten die Top-40-Hits »A Pessimist Is Never Disappointed« (5/98 GB 27) und »I Know Enough (I Don't Get Enough)« (8/98 GB 25). 2000 kam Sophie als Sängerin des Italienischen Dance-Projekts Spiller. 2001 startete sie unter ihrem Namen eine Solokarriere. »Take Me Home (A Girl Like Me)« (8/01 GB 2) stammte von ihrem Debütalbum »Read My Lips« (9/01 GB-LP 3). Der Singlehit war eine Coverversion eines Cher-Titels aus dem Jahre 1979.

Take Me Home (A Girl Like Me) (8/01 GB 2)
Murder On The Dancefloor (12/01 GB 2)
Pop

Siehe auch: Spiller

Embrace

STEVEN FIRTH v (Großbritannien), MIKE HEATON d (Großbritannien), RICHARD MCNAMARA g (Großbritannien), DANNY MCNAMARA v, g (Großbritannien)
Die Brüder McNamara gaben den Ton in dieser aus dem Norden Englands stammenden Rockband an. 1997 kam Embrace mit »Fireworks EP« (5/97 GB 34) erstmals in die britischen Charts. Nachfolger »One Big Family EP« (7/97 GB 21) war schon etwas erfolgreicher und »All You Good Good People« brachte ihnen den ersten Top-10-Hit. Die Platte war schon einmal im Februar 1997 in GB erschienen, hatte aber keinen Eindruck gemacht. Embrace hatte die Nummer noch einmal neu aufgenommen und sie mit einem 40köpfigen Orchester unterlegt – jetzt klappte es. Die Band ließ verlauten, dass der Song »I Made It Through The Rain« von Barry Manilow als Vorlage für den Hit gedient hatte. Mitte 1998 erschien das Album »The Good Will Out« (6/98 GB-LP 1), aus dem die Singles »Come Back To What You Know« und »My Weekness Is None Of Your Business« stammten. Es folgten »Drawn From Memory« (4/00 GB-LP 8) und die Singles »Save Me« (6/00 GB 29) und »I Wouldn't Wanna Happen To You« (8/00 GB 23). Dann kam das Album »If You've Never Been« (9/01 GB-LP 9) und daraus die Singles »Wonder« (9/01 GB 14), »Make It Last« (11/01 GB 35).

All You Good Good People (11/97 GB 8)
Come Back To What You Know (6/98 GB 6)
My Weekness Is None Of Your Business (8/98 GB 9)
Pop, Rock

Emerson, Lake & Palmer

ROBERT BERRY d, KEITH EMERSON key (Großbritannien, * 2. 11. 1944 in Todmorden/Lancashire), GREG LAKE v, b (Großbritannien, * 10. 11. 1947 in Poole/Dorset), CARL PALMER d (Großbritannien, * 20. 3. 1947 in Birmingham), COZY POWELL d (Großbritannien, * 29. 12. 1947 in Cirencester/Glouchester, † 5. 4. 1998)
Als sich die Gruppe im April 1970 formierte, hatten alle Mitglieder bereits einschlägige Erfahrungen in erfolgreichen an-

deren Bands gesammelt. Keith hatte mit den V.I.P's und mit Nice gespielt, Greg war bei King Crimson, und Carl hatte bei Crazy World Of Arthur Brown und Atomic Rooster getrommelt. Nach der Gründung zogen sich die drei Musiker für drei Monate zurück, um an einem neuen Sound zu basteln. Keith Emerson z. B. wollte sich von der Orgel, die er bei Nice stets gespielt hatte, ganz auf einen Moog-Synthesizer verlegen. Ihren ersten größeren Auftritt hatten die Drei im August beim Isle Of Wight Festival, bei dem sie neben den Doors, den Who und Joni Mitchell spielten. Ende des Jahres erschien die erste LP von EL&P, die ein durchschlagender Erfolg wurde. EL&P wurde als die neue Supergruppe gefeiert. Das Jahr 1971 wurde für die Band ein wahrer Triumph. Im jährlich erscheinenden Pop Poll im ›Melody Maker‹ räumten sie enorm ab. Bei der Vorjahresumfrage gehörten sie noch zu den großen Hoffnungen. In diesem Jahr belegten sie gleich vier Top-Positionen: beliebteste britische Band, LP des Jahres »Tarkus«, bester Schlagzeuger Carl Palmer, bester Tastenspieler Keith Emerson. Greg Lake wählte man hinter Jack Bruce zum zweitbesten Bassisten. Ab Mitte der 70er Jahre versuchten sich die einzelnen Musiker als Solisten. Greg Lake machte »I Believe In Father Christmas«, Keith Emerson den »Honky Tonk Train Blues«. 1978 erschien ihr für einige Jahre letztes Studioalbum. 1979 gründete Carl Palmer P. M., ein Quintett, in dem er mit vier amerikanischen Musikern spielte. Die 80er Jahre zeigten einen Keith Emerson, der vorwiegend TV- und Soundtrackmelodien schrieb. 1981 – inzwischen war P. M. auseinandergebrochen – wurde Carl Palmer Mitglied bei Asia. Im September 1983 wurde Greg Lake als Ersatz für John Wetton für einige Monate neben Palmer Mitglied bei Asia. 1985 kamen Keith Emerson und Greg Lake wieder zusammen. Carl Palmer wollte jedoch vorerst nicht zurückkommen. So nahm man, wohl schon um EL&P weiterhin benutzen zu können, Cozy Powell als neuen Schlagzeuger. 1986 erschien die erste LP dieses Trios, die jedoch nicht sonderlich erfolgreich war. Mitte 1986 zog sich Powell wieder aus dem Projekt zurück. 1987 kamen die Urmitglieder wieder zusammen, aber nach einigen Proben stand fest: so nicht! 1988 fanden Emerson und Carl Palmer wieder zusammen, die jetzt als dritten Mann den Amerikaner Robert Berry ins Boot holten. Sie nannten sich jetzt nicht mehr EL&P, sondern 3. 1992 erschien mit »Black Moon« wieder eine gemeinsame LP von EL&P. 1994 brachte die Band »In The Hot Seat« heraus.

Die erfolgreichsten Alben der Formation: »Emerson, Lake & Palmer« (12/70 GB-LP 4, 1/71 D-LP 7, 2/71 US-LP 18), »Tarkus« (6/71 GB-LP 1, 7/71 US-LP 9, D-LP 4), »Pictures At An Exhibition« (12/71 GB-LP 3, D-LP 9, 1/72 US-LP 10), »Trilogy« (7/72 GB-LP 2, US-LP 5, D-LP 6), »Brain Salad Surgery« (12/73 GB-LP 2, D-LP 18, US-LP 11), »Welcome Back My Friends To The Show That Never Ends – Ladies And Gentlemen: Emerson, Lake & Palmer« (8/74 GB-LP 5, 9/74 US-LP 4, D-LP 26) und »Works, Vol. 1« (4/77 US-LP 12, D-LP 10).

Fanfare For The Common Man (6/77 GB 2)

AOR (Adult Orientated Rock), Elektro-Pop, Rock

Siehe auch: Lake, Greg

EMF

James Atkin v (Großbritannien, * 28. 3. 1969 in Cinderford/Gloucester), Derry Brownson key (Großbritannien, * 10. 11. 1970 als Brownstone in Cinderford/Gloucester), Mark Decloedt d (Großbritannien, * 26. 6. 1967 in Cinderford/Gloucester), Ian Dench g, key (Großbritannien, * 7. 8. 1964 in Cinderford/Gloustershire), Zac Foley b (Großbritannien, * 9. 12. 1970 als Zacharias in Cinderford/Gloucester, † 3. 1. 2002)

Als Anfang der 90er Jahre die Rave-Welle durch England zog, kam die große Zeit für fünf 19-jährige Teenager aus Gloucestershire. Der ›Record Mirror‹ schrieb: ›EMF sind Englands Antwort auf die New Kids und die Beastie Boys.‹ Ihre Debüt-Single war »Unbelievable«, kurz darauf gefolgt von »I Believe«. Die nächsten Singles kamen zwar immer noch in die Hitparaden, konnten aber an die Anfangserfolge nicht anschließen. Ende 1992 versuchten EMF ihr Glück mehr mit gespielten Instrumenten als mit Samples. Zusammen mit den Komikern Vic Reeves und Bob Mortimer gelang EMF Mitte 1995 wieder ein Top-10-Hit in GB: »I'm A Believer«, geschrieben von Neil Diamond und mit den Monkees 1967 ein Welthit. Ihr erfolgreichstes Album hieß »Schubert Dip« (5/91 GB-LP 3, US-LP 12).
1995 trennte sich die Band. 1996 wurde James Mitglied bei Bentley Rhythm Ace, später ging er zu Cooler. 2002 wurden die unglaublich weiten Sprünge des Skispringers Sven Hannawald und die darauf folgenden Gefühlsausbrüche im Fernsehen immer wieder mit Auszügen aus »Unbelievable« unterlegt.

Unbelievable (11/90 GB 3; 12/90 D 9; 4/91 US 1)
I Believe (2/91 GB 6)
I'm A Believer (7/95 GB 3)
Pop, Rave

Siehe auch: Reeves, Vic

Emilia

EMILIA v (Schweden, * 5. 1. 1978 als Emilia Rydberg in Stockholm)
Der Vater von Emilia ist ein äthiopischer Musiker, der von ihrer schwedischen Mutter geschieden in New York lebt. Mit 14 begann sie als Sängerin in einer schwedischen Band. Wenig später wurde sie bei einem Schulkonzert in Stockholm entdeckt. Zum Zeitpunkt ihres ersten Hits »Big Big World« war sie 20 Jahre alt – und 1,55m groß. In ihrer Heimat entwickelte sich die Nummer schnell zu einem der Superhits des Jahres 1998, der schließlich mit Doppelplatin ausgezeichnet wurde. Den Song hat Emilia zusammem mit einem gewissen Yogi geschrieben. Yogi ist ein Pseudonym für Lars Anderson, den Sohn von Stig Anderson, der einst die Gruppe Abba managte und an etlichen Hits der Band mitgeschrieben hatte. Auch das Album »Big Big World« (1/99 D-LP 6) wurde erfolgreich. Ein weiterer Hit wurde »Good Sign« (5/99 D 32). Danach trat eine Funkstille ein – Anfang 2001 erschien mit »Kiss By Kiss« wieder eine neue Single und mit »Emilia« ein neues Album.

Big Big World (12/98 D 1, GB 5)
Pop

Eminem

SLIM SHADY EMINEM rap (USA, * 17. 10. 1972 als Marshall Bruce Mathers in St. Joseph/Missouri)
Eminem wurde zwar in Kansas City geboren, wuchs aber in Detroit auf. Der weiße Rapper Eminem (eine Verballhornung von M & M, den beiden Initialen seines richtigen Namens) trat auch als Slim Shady auf. Dr. Dre produzierte mit ihm das Album »The Slim Shady LP« (3/99 US-LP 2), das Eminem schlechte Presse einbrachte, was vor allen Dingen wohl an seinen unfreundlichen Texten lag, die jedoch zugegebenermaßen auch nicht schlimmer sind als die seiner schwarzen Kollegen. Sein erster Top-10-Hit war »My Name Is« (2/99 US 36, 4/99 D 37). Auf »Guilty Conscience« war als Gast Dr. Dre zu hören. Sein nächstes Album hieß »The Marshall Mathers LP« (6/00 GB-LP 2, 6/00 D-LP 3, 6/00 US-LP 1). In den USA stieg die Platte am 10. 6. 2000 gleich auf Platz 1 ein und hatte nach 20 Wochen 7 Millionen Exemplare verkauft. Ein Nebenprojekt von Eminem war die Gruppe D12.

My Name Is (4/99 GB 2)
Guilty Conscience (8/99 GB 5)
The Real Slim Shady (5/00 US 4; 6/00 D 7; 7/00 GB 1)
The Way I Am (10/00 GB 8)
Stan (12/00 GB 1, D 1)
Rap

Siehe auch: D12

Emmie

EMMIE v (Großbritannien, in Manchester)
Anfang 1999, zu diesem Zeitpunkt 21 Jahre alt, wurde Emmie folgendermaßen angekündigt: ›Eine junge, blonde, blauäugige Frau aus Manchester meldet ihre Ansprüche als kommende Popdiva an. In der Regel schreibt Emmie ihre Songs selbst, doch für ihr Single-Debüt hat sie mit »More Than This« einen genialen Song ausgewählt, den Bryan Ferry 1982 für das legendäre Roxy-Music-Album »Avalon« komponierte.‹ Offensichtlich sind ihr ein paar andere Diven in die Quere gekommen.

More Than This (1/99 GB 5)
Pop

Emotions

THERESA DAVIES v (USA, * 22. 8. 1950 in Chicago/Illinois), SHEILA HUTCHINSON v (USA, * 17. 1. 1953 in Chicago/Illinois), JEANETTE HUTCHINSON v (USA, in Chicago/Illinois), WANDA HUTCHINSON v (USA, * 17. 12. 1951 in Chicago/Illinois), PAMELA HUTCHINSON v (USA)
Dieses schwarze Mädchentrio aus Chicago sorgte dafür, dass alles in der Familie blieb. Ihr Vater Joe war der Manager von Wanda, die die Lead-Stimme sang, Sheila und Jeanette, die schon als Kinder die Gospelgruppe Heavenly Sunbeams gegründet hatten. 1968 änderten sie ihre musikalische Richtung und ihren Namen. Jetzt wurden sie die Emotions. Ihre erste Hitnotierung hatten sie mit »So I Can Love You« (5/69 US 39). 1970 wurde Jeanette durch eine Cousine, Theresa Davis, ersetzt. Später kam noch Schwester Pamela zur Gruppe und Jeanette kehrte 1978 wieder zur Formation zurück. »Best Of My Love« wurde ein Millionseller für die Emotions und »Boogie Wonderland« nahmen sie zusammen mit Earth, Wind & Fire auf. Ihr erfolgreichstes Album hieß »Rejoice« (6/77 US-LP 7).

Best Of My Love (6/77 US 1; 9/77 GB 4)
Boogie Wonderland (5/79 GB 4, US 6)
Soul

En Vogue

TERRY LYNN ELLIS v (USA, * 5. 9. 1966 in Houston/Texas), CINDY ANNE HERRON v (USA, * 26. 9. 1965 in San Francisco), MAXINE JONES v (USA, * 16. 1. 1965 in Paterson/New Jersey), DAWN CHERISE ROBINSON v (USA, * 28. 11. 1968 in New London/Connecticut)
Dieses Quartett aus der Gegend um San Francisco wurde von dem Produzententeam Denzil Foster und Thomas McElroy zusammengestellt und startete 1990 mit der Platin-Single »Hold On«. Auch ihre erste Langspielplatte, »Born To Sing« (4/90 US-LP 21, 6/90 GB-LP 23), erhielt eine Platin-Auszeichnung. En Vogue war eine Formation, die die Tradition der Supremes, Pointer Sisters und Sister Sledge fortsetzte. 1992 erschien mit »Funky Divas« (4/92 US-LP 8, 5/92 GB-LP 4) eine CD, die schon vom Titel her deutlich ausdrückte, wie sich die vier von En Vogue selbst am liebsten sahen. Zusammen mit Salt-N-Pepa sangen En Vogue die Nummer »Whatta Man«. Terry Ellis veröffentlichte Ende 1995 das Soloalbum »Southern Gal«, das aber kein so großer Erfolg wurde, dass sie sich von En Vogue trennte. Es gab etliche Gerüchte, En Vogue würde nun endgültig auseinander fallen. Cindy

Herron und Maxine Jones legten eine Babypause ein und schließlich war die Gruppe, nun als Trio, ab 1996 wieder da. Ausgestiegen war Dawn Robinson. »Don't Let Go (Love)« stammte aus dem Film »Set It Off«. Am 13. Juni 1997 erschien ihr drittes Album »EV 3« (6/97 D-LP 9, GB-LP 9, US-LP 8). Nach einer Pause kam En Vogue mit »Riddle« (7/00 GB 33) wieder zurück.

Hold On (5/90 GB 5, US 2)
My Lovin' (You're Never Gonna Get It) (3/92 US 2; 5/92 GB 4)
Giving Him Something He Can Feel (6/92 US 6)
Free Your Mind (9/92 US 8)
Whatta Man (1/94 US 3; 3/94 GB 7)
Don't Let Go (Love) (11/96 US 2; 1/97 D 7, GB 5)
Dance, Rhythm & Blues

Enfield, Harry

HARRY ENFIELD v (Großbritannien)
Ende der 80er Jahre war Enfield einer der schrägsten britischen Komiker. Seine Hauptrolle war die des Maurers namens Loadsamoney. Diese Figur verbriet er auch in seinem einzigen Hit namens »Loadsamoney (Doin' Up The House)«. Es muss sich bei Harry um ein so kurzfristiges One-Hit-Wonder gehandelt haben, dass er keinerlei weitere Spuren hinterlassen konnte.

Loadsamoney (Doin' Up The House) (5/88 GB 4)
Pop

England Dan & John Ford Coley

JOHN FORD COLEY v (USA, * 13. 10. 1948 in Austin/Texas), DAN SEALS v (USA, * 8. 2. 1948 in McCarney/Texas)
Dan Seals kommt aus einer sehr musikalischen Familie. Sein Vater spielte Bas für diverse Country-Stars, z. B. Ernest Tubb oder Bob Wills. Sein Bruder Jimmy war einst Mitglied bei den Champs und später dann im Duo Seals & Crofts. Dans Karriere begann schon Ende der 60er Jahre, als er mit John Ford Coley die Band Southwest F. O. B. gründete. Das Kürzel steht für Freight On Board. Der Erfolg sollte allerdings erst kommen, als die beiden im Duo als England Dan & John Ford Coley ab Mitte der 70er Jahre Platten einspielten. Sie machten Popmusik mit einem leichten Country-Touch. 1979 gingen sie auseinander. Es kam zu langwierigen Auseinandersetzungen mit dem Finanzamt, weil man vergessen hatte, in den guten Jahren die Steuern zu zahlen. 1980 machte Dan Seals Soloplatten als England Dan Seals. 1983 bot die Plattenfirma Liberty Dan einen Vertrag an. Er spielte nun vorwiegend Country Music und war in der entsprechenden Hitparade überaus erfolgreich. In den Pophitparaden stand er mit »Bop« im Januar 1986 auf Platz 42, in den Country-Charts war das ein Platz 1. Alle seine sieben darauffolgenden Singles erreichten Platz 1 in den Country Charts. John machte zusammen mit Kelly Leslie als Kelly Leslie And John Ford Coley 1981 noch ein Album, jedoch ohne Erfolg. Das erfolgreichste Album des Duos hieß »Nights Are Forever« (8/76 US-LP 17).

I'd Really Love To See You Tonight (6/76 US 2)
Nights Are Forever Without You (10/76 US 10)
We'll Never Have To Say Goodbye Again (2/78 US 9)
Love Is The Answer (3/79 US 10)
Country, Pop, West Coast

England/New Order

Dieses Mal wollte sich die englische Fußballnationalmannschaft nicht auf ihre Gesangskünste verlassen und nahm die britische Formation New Order mit an Bord. Genauer gehört, scheint es umgekehrt zu sein, denn einige Mitglieder der damaligen Nationalmannschaft, z. B. Peter Beardsley, John Barnes, Paul Gascoigne, Chris Waddle oder Des Walker, sind lediglich im Refrain als Nachwuchsrapper zu hören. Spitzenreiter im Endspiel der Fußballweltmeisterschaft in Italien wurden wieder mal die Lieblingsgegner der Briten: die Deutschen, die das Endspiel gegen Argentinien 1:0 gewannen. Im Spiel um den 3. Platz siegte Italien über England mit 2:1. »World In Motion« erreichte in den deutschen Charts immerhin Platz 21 – das ist unseren Mannen in GB noch nie gelungen!

World In Motion (6/90 GB 1)
Pop

England United

Wieder einmal Fuballweltmeisterschaft – wieder einmal ein Lied der Engländer zu diesem Thema. Sie ließen sich 1998 von Ian McCulloch (Echo & The Bunnymen), den Spice Girls, Simon Fowler (Ocean Colour Scene) und Tommy Scott (Space) helfen. Der Erlös dieser Platte ging an Kinderheime in Tunesien, Rumänien und Kolumbien. Das sind die drei Teams, gegen die England in Frankreich die ersten Gruppenspiele austrug.

(How Does It Feel To Be) On Top Of The World (6/98 GB 9)
Pop

England World Cup Squad

Bei der Fußballweltmeisterschaft 1970 in Mexiko hatten die Briten wenig zu bestellen. Der Wunsch, schnell wieder nach Hause zu kommen, wurde ihnen erfüllt. Im Viertelfinale verloren sie, trotz eines 2:0-Vorsprungs, nach Verlängerung 3:2. Damit war Deutschland im Halbfinale, verlor aber dann gegen Italien, spielte gegen Uruguay um den 3. Platz und gewann. »Back Home«, das Schlachtlied der Briten zur WM, wurde trotzdem Spitzenreiter. Im selben Jahr erreichte ihre LP »The World Beaters Sing The World Beaters« Platz 4 in den britischen Albumcharts. Zwölf Jahre später schworen die Engländer »This Time (We'll Get It Right)«. Wieder war Fußballweltmeisterschaft, dieses Mal in Spanien. Die Briten brachten es nur bis zur zweiten Finalrunde und mussten nach jeweils einem 0:0 gegen Deutschland und gegen Spanien ausscheiden. Gruppensieger war Deutschland, das bis ins Endspiel vordrang und dann 1:3 gegen Italien verlor. Ähnliche Beteuerungen der englischen Nationalmannschaft 1986 und 1988 kamen nicht mal unter die ersten 60. Erst als sie sich 1990 noch einmal mit New Order zusammentaten, sollte es klappen.
Auch die deutsche Fußballnationalmannschaft versucht sich ja hin und wieder zu besonderen Ereignissen mit Liedlein, die das Zusammengehörigkeitsgefühl der Elf unterstreichen sollen. Hilfreich machen bei solchen Plättchen Udo Jürgens oder Michael Schanze mit. Das Motto der Mannschaft des Jahres 1974, »Fußball ist unser Leben«, kam im November 1973 auf Platz 27, und zusammen mit Udo Jürgens stand »Buenos Dias, Argentina« im März 1978 auf Platz 3 in Deutschland.

Back Home (4/70 GB 1)
This Time (We'll Get It Right) (4/82 GB 2)
Pop

Enigma

MICHAEL CRETU v, key (Rumänien, * 18. 5. 1957 in Bukarest)
Michael Cretu wurde als Sohn einer Österreicherin und eines Rumänen geboren. 1975 emigrierte die Familie nach Deutschland. Michael studierte Musik in Frankfurt

und wurde schnell zu einem erfolgreichen und gesuchten Studiomusiker, Arrangeur und Produzent. Er realisierte Projekte mit Moti Special, Hubert Kah, Peter Cornelius und Cretu & Thiers. Als Solist veröffentlichte er die LPs »Legionäre« und »Chinesische Mauer«. Dann produzierte er Sandra, die am selben Tag, jedoch fünf Jahre später geboren wurde, und hatte mit ihr etliche große Hits. Zum Projekt Enigma sagte er: ›Der Grund, Enigma ins Leben zu rufen, bestand in dem Bedürfnis, eine Musik zu machen, die mir schon sehr lange im Kopf vorschwebte, Enigma hat mir die Möglichkeit gegeben, ohne jegliche Rücksichtnahme auf musikalische Konventionen. Außerdem wollte ich mit Enigma eine Musik schaffen, die ich nirgendwo kaufen kann. Es lag für mich ein besonderer Reiz darin, ein Konzeptalbum zu kreieren, in dem vermeintlich gegensätzliche Stilelemente wie gregorianische Kirchengesänge, schwarze Tanzrhythmen, französischer Sprechgesang und Keyboardklänge à la Art Of Noise und Vangelis miteinander verbunden werden. Die Musik von Enigma sollte eine relaxt atmosphärische Stimmung erzeugen, und zwar nicht als herkömmliche Synthiemusik, sondern auf der Basis schwarzer Rhythmen, die praktisch das Rückgrat der zeitgenössischen Musik bilden. Aus diesem Grundgedanken heraus ist das gesamte Album entstanden.‹ Als Sängerin beschäftigte er bei seinem Projekt u. a. seine Frau Sandra. Die erfolgreichsten Alben von Enigma: »MCMXC A.D.« (12/90 D-LP 3, 12/90 GB-LP 1, 3/91 US-LP 6 – dreifach Platin, die Platte befand sich mehr als 280 Wochen in den US-LP-Charts), »Cross Of Changes« (12/93 D-LP 5, 2/94 GB-LP 1, 2/94 US-LP 9), »Le Roy Est Mort, Vive Le Roy« (12/96 D-LP 3, 12/96 GB-LP 12, 12/96 US-LP 25), »The Screen Behind The Mirror« (1/00 GB-LP 7, 1/00 D-LP 2) und »LSD – Love Sensuality Devotion« (10/01 D-LP 4). 1998 war Cretu mit dem Projekt Trans Atlantic Air Waves aufgetaucht, aber dann war wieder Enigma fällig. 2001 wurde festgestellt, dass Cretu mit Enigma mehr als 25 Millionen Exemplare verkauf hat. Zum Produktionsteam von Cretu gehörte ab 2000 auch Andru Donalds.

Sadness part I (10/90 D 1; 12/90 GB 1; 2/91 US 5)
Mea Culpa, part II (3/91 D 7)
Return To Innocence (1/94 GB 3, D 5; 3/94 US 4)
Elektro-Pop

Siehe auch: Sandra

En-Rage

PIERSON GRANGE d (Großbritannien), TONY JACKSON v (Großbritannien), ANGELA LUPINO b (Großbritannien), TOBY SADLER key (Großbritannien), JEFFREY SAYADIAN g (Großbritannien)
Im Herbst 1992 war diese Formation der weitere Versuch, einen Dance-Floor-Act mit einer Coverversion eines Hits erneut in die Charts zu bringen. En-Rage nahm sich »Run To You« vor, im November 1984 ein Top-10-Hit für Bryan Adams. Tony Jackson hatte vor En-Rage schon mit Paul Young, Billy Ocean und Hot Chocolate gesungen. Diese Formation heißt nur in Deutschland En-Rage. Die Namensänderung war notwendig, weil es in Deutschland bereits eine Gruppe Rage – so nennt sich En-Rage in GB – gibt.

Run To You (10/92 GB 3)
Dance

Enya

ENYA v (Irland, * 17. 5. 1961 als Eithne Ni Bhraonain in Gweedore/Donegal)
Enya kam 1980 zur 1976 gegründeten Familiengruppe Clannad, ein gälisches Wort für Familie. Sie sang auf zwei LPs mit und verließ die Familie 1982 wieder.

Nachdem sie für die BBC mehrere Filmmusiken geschrieben hatte, kam 1988, im leicht verkleideten Pop-New-Age-Stil, »Orinoco Flow (Sail Away)«.
Ihre erfolgreichsten Alben: »Watermark« (10/88 GB-LP 5, 12/88 D-LP 6, 2/89 US-LP 25), »Shepherd Moons« (11/91 GB-LP 1, 12/91 US-LP 17), »The Celts« (11/92 GB-LP 10) – eine Neuveröffentlichung ihres ersten Albums »Enya« aus dem Jahr 1987 –, »The Memory Of Trees« (12/95 GB-LP 5, US-LP 9, D-LP 4) und »Paint The Sky With Stars – The Best Of Enya« (11/97 GB-LP 4, US-LP 30, D-LP 5).
Nach vier Jahren Pause gab es ein neues Studioalbum mit dem Titel »A Day Without Rain« (12/00 GB-LP 6, D-LP 3, US-LP 2, 9/01 RE-D-LP 1). Daraus ausgekoppelt wurde »Only Time« . Gleichzeitig wurde bekannt, dass sie eine der reichsten Personen Irlands ist. Sie residiert in einem eigenen Schloss in Dublin und hat weltweit rund 44 Millionen Platten verkauft.
Nachdem am 11. 9. 2001 durch einen Terroranschlag das World Trade Center zerstört wurde, spielte das amerikanische Radio pausenlos »Only Time«. US-Produzenten hatten dem Lied ein neues Soundgewand verschafft und unterlegten es mit O-Tönen von Fernsehreportagen, Betroffenen und einem Statement von US-Präsident George W. Bush. Daraufhin sprang die Platte auch in der deutschen Hitparade aus dem Stand auf Platz 1. In Deutschland sprang ihr Titel »May It Be« am 28. 1. 2002 von null auf 1 – das Stück stammte aus dem Film »Herr der Ringe«.
Im Januar 2002 erschien eine Anzeige in der Music-Week, in der Enya von ihrer Plattenfirma WEA als ›The Worlds Biggest Selling Artist in 2001‹ gefeiert wurde. Untermauert wurde die Aussage durch ›15 million records sold in 2001, 60 million career album sales, Grammy Winner 2001, Golden Globe Nominee 2002, World Music Awards Winner 2001, World Music Awards Nominee 2002, The Voice of The Lord Of The Rings – Enya . . . the voice of the world‹. Das kann sich sehen lassen!

Orinoco Flow (Sail Away) (10/88 D 2, GB 1)
Book Of Days (8/92 GB 10)
Anywhere Is (11/95 GB 7)
Only Time (7/01 US 10; 10/01 D 1)
May It Be (1/02 D 1)
Folk, Pop

Siehe auch: Clannad

Equals

DERV GORDON v (Jamaika, * 29. 6. 1948), LINCOLN GORDON g (Jamaika, * 29. 6. 1948), EDDY GRANT v, g (Guyana, * 5. 3. 1948 als Edmond Montague Grant in Palisance), JOHN HALL d (Großbritannien, * 25. 10. 1947 in Holloway/London), PAT LLOYD g (Großbritannien, * 17. 3. 1949 als Patrick in Holloway/London)
Musikalisch versuchten sich die Equals in ihren Anfangstagen mit einer Mixtur aus Ska und Pop. Das alles wurde vermischt mit einer Fröhlichkeit, die die Auftritte der Equals zu Ereignissen machte. Die Equals waren zusammengewürfelt aus einem Guayaner, Eddy Grant, zwei Jamaikanern, den Zwilligen Derv und Lincoln Gordon, und den weißen Londonern Hall und Lloyd. Ihren ersten großen Erfolg hatten die Equals in Deutschland. Mike Leckebusch hatte sie für die TV-Sendung ›Beat Club‹ aus Bremen engagiert, und kurz darauf hatten sie mit »I Won't Be There« im Mai 1967 einen Platz 39 in Deutschland.
Als nächste Single kam »Hold Me Closer« mit der B-Seite »Baby Come Back«. Die brachte es im Juli 1967 Platz 11 in Deutschland und knapp ein Jahr später war es dann ein Hit in GB. 1972 verließ Eddy Grant, der die meisten Hits der Band im Alleingang geschrieben hatte, die Gruppe. Er gründete eine eigene Produktions- und Plattenfirma, auf der er seine weiteren Soloplatten veröffentlichte. Rich-

tig erfolgreich sollte er damit seit Beginn der 80er Jahre werden. 1978 nahm er die Equals, bei denen es etliche Umbesetzungen gab, bei seiner Firma Ice unter Vertrag. Nachdem Pato Banton im Herbst 1994 mit einer Coverversion von »Baby Come Back« einen Spitzenreiter in GB gehabt hatte, wurde auch die Originalversion der Equals wiederveröffentlicht. Die brachte es jedoch nicht mehr. Das erfolgreichste Album war »Unequalled Equals« (10/67 D-LP 36, 11/67 GB-LP 10).

Baby Come Back (5/68 GB 1)
Softly, Softly (12/68 D 6)
Green Light (3/69 D 7)
Michael And The Slipper Tree (5/69 D 7)
Viva Bobby Joe (7/69 GB 6)
Rub A Dub Dub (2/70 D 4)
Black Skin Blue Eyed Boys (12/70 GB 9)
Beat, Pop

Siehe auch: Grant, Eddy

Erasure

ANDY BELL v (Großbritannien, * 25. 4. 1964 in Peterborough), VINCE CLARKE key, syn (Großbritannien, * 3. 7. 1960 in Basildon/Essex)
Wenn auch Andy Bell der Sänger von Erasure ist, so muss man doch Vince Clarke als die führende Persönlichkeit dieses Duos bezeichnen. Er gilt als eine der schillerndsten Figuren des britischen Elektro-Pop. Ehe er 1985 Erasure gründete, hatte er bereits Depeche Mode, Yazoo und Assembly erfolgreich hinter sich gebracht. Andy Bell hatte bis dato in einer Metzgerei gearbeitet. Schon 1991 bezeichnete man Erasure als eine der erfolgreichsten britischen Bands aller Zeiten. Die EP »Abba-esque« beinhaltete vier Coverversionen von Abba-Hits: »Lay All Your Love On Me«, »S.O.S.«, »Take A Chance On Me« und »Voulez Vous«. Beide Mitglieder von Erasure machten kein Geheimnis daraus, dass sie ausgemachte Abba-Fans waren. Ihre Geschmackssicherheit drückt sich seit 1994 auch durch besonders schön bunte Cover aus. Im Februar 1995 übernahm die renommierte TV-Sendung ›Top of the Pops‹ als Titelmelodie ein Stück, das ihnen Vince Clarke geschrieben hatte. Die erfolgreichsten Alben von Erasure: »The Circus« (4/87 GB-LP 6), »The Innocence« (4/88 GB-LP 1, 5/88 D-LP 8, 6/88 US-LP 49), »Wild!« (10/89 GB-LP 1), »Chorus« (10/91 GB-LP 1), »Pop! – The First Twenty Hits« (11/92 GB-LP 1), »I Say I Say I Say« (5/94 GB-LP 1, D-LP 6), »Erasure« (11/95 GB-LP 14) und »Cowboy« (4/97 GB-LP 10).
Dann kam wieder eine Pause, die im Dezember 2001 beendet war: Erasure veröffentliche eine limitierte Mini-EP mit dem Titel »Moon And The Sky«, auf der sich fünf Remixe des Titelstücks, Akustik-Versionen älterer Erasure-Stücke, eine Coverversion des Motown-Klassikers »Baby Love« sowie eine neue Version von »A Little Respect« befanden. Zur selben Zeit befanden sich Vince Clark und Andy Bell im Studio, um an neuen Songs zu arbeiten.

Sometimes (10/86 GB 2; 12/86 D 2)
Victim Of Love (5/87 GB 7)
The Circus (10/87 GB 6)
Ship Of Fools (3/88 GB 6, D 9)
A Little Respect (10/88 GB 4)
Crackers International EP (12/88 GB 2)
Drama! (9/89 GB 4)
Blue Savannah (3/90 GB 3)
Chorus (6/91 GB 3)
Love To Hate You (9/91 GB 4)
Breath Of Life (3/92 GB 8)
Abba-esque EP (6/92 GB 1, D 2)
Who Needs Love (Like That) (11/92 GB 10)
Always (4/94 GB 4, D 5)
Run To The Sun (7/94 GB 6)
Dance, Elektro-Pop

Siehe auch: Assembly; Depeche Mode; Yazoo

E-Rotic

JEANETTE CHRISTENSEN v, TERENCE ALLEN DARBY v (USA, * 19. 6. 1963 in New York City), CHÉ JOUNAER v (USA, in

Memphis/Tennessee), LYANE LEIGH v (Deutschland, * 8. 4. 1968 als Lyane Hegemann in Hattingen), RAS MA-TAZ v (USA, * 29. 10. 1970 als Richard Michael Smith in Atlanta/Georgia)
Ab 1994 stand dieses Dance-Projekt in den deutschen Charts. Lyane hatte vorher im Mädchentrio Twenty-One als Solo- und als Studiosängerin gewirkt. Auch bei den Projekten Missing Heart und IQ-Check war sie dabei. Der Amerikaner Smith kam mit der National Football League nach Europa, spielte dann bei den Munich Thunders und wurde danach der zweite Teil von E-Rotic. Ende 1995 kam es zwischen den beiden E-Rotic-Darstellern und den Produzenten David Brandes und John O'Flynn (dahinter versteckt sich Bernd Meinunger) zu Differenzen. Sie schmissen die beiden raus, die dann unter dem neuen Projektnamen S.E.X. Appeal weitermachten, und holten mit Christensen (* 1974) und Darby zwei neue Mitglieder. Ende 1996 stieg Darby freiwillig wieder aus und für ihn kam der 1970 geborene Jounaer, Sohn eines Haitianers und einer Französin. Immer ein wenig schlüpfrig und immer Nachhilfeunterricht für die Deutschen in amerikanischen Slang-Ausdrücken: Dick ist der Schwanz, Billy Boy = Pariser, Tits = Titten. Das war auch der Inhalt der Hits. Die erste Hitnotierung »Max Don't Have Sex With Your Ex« gefiel auch den Briten. Immerhin kam die Platte bis auf Platz 45. »Willy Use A Billy ... Boy« kam Ende 1995 auf Platz 11 in Deutschland. »Help Me Dr. Dick« und »Fritz Love My Tits« brachten es 1996 auf Platz 23 bzw. 28. Auch hier wurde durch die Tatsache, dass auf den Plattenhüllen lediglich Zeichnungen zu sehen waren, die Möglichkeit eines Austauschs der Interpreten ohne Schwierigkeiten gegeben. Smith alias Ras Ma-Taz tauchte 1997 als Mitglied von Magic Affair wieder auf. Im Juli 1997 erschien mit »The Winner Takes It All«, einer Coverversion eines Abba-Hits, eine neue Single des Duos. Inzwischen bestand das Duo aus Jouaner und der Schweizerin Jeannette Meier. Auf der Plattenhülle wurden diese beiden abgebildet – also weg von den Zeichnungen, hin zu realen Personen. Als neues Album erschien »Thank You For The Music« unter dem Motto ›E-Rotic Goes Abba‹.

Max Don't Have Sex With Your Ex (11/94 D 7)
Fred Come To Bed (3/95 D 3)
Sex On The Phone (6/95 D 6)
Dance

Erste Allgemeine Verunsicherung

MARIO GAETTANO BOTTAZZI v (Großbritannien, * 10. 2. 1950 in Harrington), GERHARD BREIT b (Österreich, * 14. 8. 1954 in Herzogenburg), KLAUS EBERHARTINGER v (Österreich, * 12. 6. 1950 in Gmünden), NINO HOLM key (Schweden, * 22. 12. 1950 als Ian Kare Bosson in Göteburg), GÜNTER SCHÖNBERGER g (Österreich, * 8. 2. 1952 in Graz), TOM SPITZER g (Österreich, * 6. 4. 1953 in Graz), ANDREAS STENMO d (Schweden, * 14. 2. 1956 als Anders Kjelt Gustav in Hässleholm)
Diese Formation fand schon 1977 zusammen. Thomas Spitzer und Nino Holm gründeten mit Wilfried die Gruppe Antipasta. Als Andreas Stenmo einstieg, entwickelten sie das Konzept für die Erste Allgemeine Verunsicherung. 1978 erschien die erste LP. Im April 1979 kam Günter Schönberger zu EAV. 1981 gründeten sie ihr eigenes Plattenlabel, 1982 wurde ihnen der Kleinkunstpreis Berliner Wecker verliehen. Mit »Tanz, tanz, tanz (den Apokalypso)« hatten sie im Januar 1983 einen ersten Achtungserfolg in Österreich. Im März des Jahres stieg der Sänger Günther Timischl endgültig aus und gründete mit einigen Freunden STS. Im Juli 1983 wurde der »Alpenrap« ihr erster Hit in den österreichischen und

deutschen Charts. Im November desselben Jahres präsentierte sich erstmals EAV als Septett. Nun war auch Klaus Eberhartinger Mitglied in der Band und gab ihr neue Impulse. Hatten sie es in ihren Anfangstagen noch mit kritischen Texten versucht, so änderte sich das ab Mitte der 80er Jahre in Richtung Blödelpop. Die Wende kommentierte Thomas Spitzer: ›Ich habe stapelweise gute Kritiken von früher zu Hause, aber davon haben wir uns nie eine Semmel kaufen können.‹ 1992 trat eine Pause bei EAV ein. Ende 1994 veröffentlichten sie mit »Nie wieder Kunst (wie immer . . .)« eine neue CD. In Interviews gaben die Musiker zu, dass sie in den letzten Jahren sehr zerstritten gewesen waren. Ende 1996 erschien »The Grätest Hitz«. Gleichzeitig wurde bekannt, dass der innere Kreis von EAV – Spitzer und Eberhartinger – im Studio war und an einer neuen CD mit dem Titel »Im Himmel ist die Hölle los« arbeiteten. Das Album erschien dann auch und wurde im Frühjahr 1998 in Österreich mit Gold ausgezeichnet. Eberhartinger bei der Verleihung: ›Erst wurden wir jahrelang von den Medien gehätschelt. Dann hieß es, wir seien faul geworden und hätten uns in Kenia zur Ruhe gesetzt. Abgesehen davon, dass wir auch dort ein Studio haben, in dem wir arbeiten, sind solche Vorwürfe Blödsinn. Schließlich sind wir – mit einigen längeren Pausen – bis Jahresende 1998 auf Tournee‹. Ihre erfolgreichsten Alben waren »Geld oder Leben« (1/86 D-LP 10), »Liebe, Tod und Teufel« (11/87 D-LP 3) und »Neppomuk's Rache« (6/90 D-LP 2).

Ba-Ba-Banküberfall (1/86 D 7)
Küss' die Hand, schöne Frau (11/87 D 2)
Ding Dong (4/90 D 7)
Samurai (8/90 D 10)
Pop

Eruption

ERIC F.C. KINGSLEY v, d, GREG DUDES PERRINEAU v, g, MORGAN T.D. PERRINEAU v, g, GERRY SPIDER FINGERS WILLIAMS v, g, PRECIOUS WILSON v

Diese Formation war ein weiteres Gebilde von Frank Farian. Ähnlich wie Boney M. oder später Milli Vanilli stellte er Eruption zusammen, ohne dass man heute noch weiß, wer was in dieser Band gespielt oder gesungen hat. In der Hauptsache dürften die vier männlichen Mitglieder der Gruppe gleich geblieben sein. Die weibliche Stimme jedoch wurde von unterschiedlichen Sängerinnen übernommen: Precious Wilson, Jane Joachim oder Kim Davis gehörten dazu. Die beiden größten Erfolge der Formation zeigen deutlich, dass Frank Farian mit diesem Projekt US-Popsongs der 60er/70er Jahre in ein zeitgemäßes Korsett schnürte. »I Can't Stand The Rain« war im Original Titel 1973 ein Hit für die Amerikanerin Ann Peebles gewesen. »One Way Ticket« wurde ursprünglich von Neil Sedaka gesungen. Im August 1994 erschien eine Remix-Version ihres Hits »One Way Ticket«.

I Can't Stand The Rain (1/78 GB 5, D 7)
One Way Ticket (4/79 GB 9, D 7)
Go Johnnie Go (4/80 D 8)
Pop

Siehe auch: Farian, Frank

Escape Club

JOHNNIE CHRISTO v, b (Großbritannien), JOHN HOLLIDAY v, g (Großbritannien), TREVOR STEEL v, g (Großbritannien), MILAN ZEKAVICA d (Großbritannien)

Der Escape Club wurde 1983 in London gegründet. Die Band schaffte es, sich schon wenige Monate nach Gründung als außerordentlich guter Live-Act zu profilieren. Trotz vieler Plattenveröffentlichungen gelang der Band kein Hit in ihrer Heimat. Dafür erreichten sie mit »Wild, Wild

West« im August 1988 die US-Charts. Bis zu diesem Zeitpunkt hatten sie auf Platten meist das, womit sie auf der Bühne ihr Publikum überzeugt hatten, eingespielt. Mit der LP »Wild, Wild West« lösten sie sich von diesem Konzept und nahmen Titel auf, die auch unabhängig von Konzerten Bedeutung hatten. Mit ihrem gitarrenbetonten Rock 'n' Roll lagen sie offensichtlich vom Geschmack ihrer Landsleute zu weit entfernt. »I'll Be There« wurde vom gebürtigen Österreicher Peter Wolf produziert, der unter anderem für Lou Gramm, Starship und Big Country gearbeitet hatte. Das erfolgreichste Album der Band hieß ebenfalls »Wild, Wild West« (8/77 US-LP 27).

Wild, Wild West (8/88 US 1)
I'll Be There (5/91 US 8)
Rock

Eskens, Margot

MARGOT ESKENS v (Deutschland, * 12. 8. 1936 in Düren)
Bevor Margot Eskens 1955 ihre erste Schallplatte aufnahm, hatte sie eine Ausbildung als Zahnarzthelferin abgeschlossen und einen Nachwuchswettbewerb gewonnen. Begleitet wurde sie von Johnny Dane, dem Comedien Quartett und dem Orchester Kurt Edelhagen. Im Duett mit Silvio Francesco, dem Bruder von Caterina Valente, hatte sie die Hits »Calypso Italiano«, »Himmelblaue Serenade« und »Mondschein-Partie«. Ende der 80er Jahre wandte sie sich mehr dem volkstümlichen Schlager zu, 1990 erschien ihre LP »Mein Traumland am Wörthersee«. Bis ins 21. Jahrhundert trat sie regelmäßig in allen Musikantenstadeln des deutschen Fernsehens auf.

Ich möcht' heut ausgehen (10/55 D 3)
Tiritomba (3/56 D 1)
Mamatschi (9/56 D 9)
Cindy, oh Cindy (2/57 D 1)
Calypso Italiano (10/57 D 9)
Himmelblaue Serenade (7/58 D 8)
Mondschein-Partie (3/59 D 5)
Mama (11/64 D 8)
Deutscher Schlager

Essex

BILLIE HILL (USA), ANITA HUMES v (USA), RUDOLPH JOHNSON (USA), RODNEY TAYLOR (USA), WALTER VICKERS (USA)
Die beiden US-Marines Vickers und Taylor waren Anfang der 60er Jahre in Japan stationiert, als sie Essex gründeten. Zurück in den USA, vervollständigten sie die Formation mit den übrigen oben genannten Musikern, nahmen ein Demoband auf und schickten es an Roulette Records. Die zeigten sich interessiert und produzierten mit Essex »Easier Said Than Done«. Ein Nachfolgehit war »A Walkin' Miracle« (8/63 US 12). 1966 löste sich Essex wieder auf. Nachdem Anita sich als Solistin versucht hatte, ging sie wieder zur Army. Rudy wurde Polizist, Billie arbeitet für eine Universität. Vickers hatte Diabetes und starb, nachdem er in ein Koma gefallen war.

Easier Said Than Done (6/63 US 1)
Pop, Rhythm & Blues

Essex, David

DAVID ESSEX v, d (Großbritannien, * 23. 7. 1947 als David Albert Cook in Plaistow/London)
1964 begann der Sänger, Songschreiber und Schauspieler in der Gruppe Everons zunächst als Schlagzeuger. 1965 machte er seine erste Soloplatte, die wie die sieben folgenden Singles – alle aufgenommen zwischen 1965 und 1970 – durchfiel. Bekannt wurde David dann durch das Musical »Godspell«, in dem er ab Oktober 1971 die Rolle des Jesus übernahm.

1972 spielte er mit Ringo Starr in dem Film »That'll Be The Day«. Der Film wurde ein großer Erfolg. Im September 1973 erhielt David einen Plattenvertrag, mit dem dann seine eigentliche Plattenkarriere begann. Produziert wurde er von Jeff Wayne. In der Hitparade tauchte er 1973 zum erstenmal mit »Rock On« auf. Inzwischen machte sich Essex auch einen Namen als Schauspieler. 1974 spielte er neben Adam Faith und Larry Hagman in »Stardust«, der Fortsetzung von »That'll Be The Day«, 1978 war er Che Guevara im Londoner West-End-Musical »Evita«, 1983 Fletcher Christian in einer Musicalversion von »Meuterei auf der Bounty«. Nebenher blieb ihm trotzdem immer noch Zeit, an Alben zu arbeiten, und er gründete mit Lamplight ein eigenes Plattenlabel. Ansonsten erschienen in den 80er und 90er Jahren vorwiegend immer wieder Hitzusammenstellungen seiner frühen Aufnahmen. 1993 erarbeitete er ein Album mit 12 Popklassikern in Essex-Interpretationen. Das Ganze nannte er »Cover Shot«. Ende 1994 erschien das Album »Back To Back«. Die erfolgreichsten Alben: »Rock On« (11/73 GB-LP 7, 1/74 US-LP 32), »David Essex« (10/74 GB-LP 2), »All The Fun Of The Fair« (9/75 GB-LP 3) und »Cover Shot« (4/93 GB-LP 3). Mitte 1998 ging David Essex auf eine Tournee durch Großbritannien. Insgesamt trat er an 60 verschiedenen Orten auf. Grund genug für die Plattenfirma, noch einmal ein Album unter dem Motto »The Very Best Of David Essex« (6/98 GB-LP 31) zu veröffentlichen.

Rock On (8/73 GB 3; 11/73 US 5)
Lamplight (11/73 GB 7)
Gonna Make You A Star (10/74 GB 1)
Stardust (12/74 GB 7)
Rollin' Stone (7/75 GB 5)
Hold Me Close (9/75 GB 1)
Oh What A Circus (8/78 GB 3)
Silver Dream Machine (Part 1) (4/80 GB 4)
A Winter's Tale (12/82 GB 2)
Tahiti (8/83 GB 8)
Pop

Estefan, Gloria

GLORIA ESTEFAN v (Kuba, * 1. 9. 1957 als Gloria Fajardo in Havanna)
Gloria wuchs in Miami auf. 1974 lernte sie auf der Hochzeit von Freunden eine Band kennen, die sich Miami Latin Boys nannte. Der Kopf der Gruppe, Emilio Estefan (* 4. 3. 1953), bot ihr an, in der Band zu singen. Ab 1975 wurde sie ständiges Mitglied, und die Gruppe nannte sich nun Miami Sound Machine. 1978 heirateten Emilio und Gloria, 1979 veröffentlichten sie ihre erste selbst finanzierte LP in spanischer Sprache. Speziell in Mittel- und Südamerika wurden sie schnell zu Stars. Ab September 1984 produzierten sie ihre Platten auch in englischer Sprache und wurden damit für den nordamerikanischen und europäischen Markt interessant. Ab August 1987 erschienen die Platten als Gloria Estefan & Miami Sound Machine, ab 1989 nur noch als Gloria Estefan. Bei »Coming Out Of The Dark« waren im Hintergrund Jon Secada und Betty Wright als Sänger zu hören. 1992 tobte der Hurrikan Andrew über Florida und zerbröselte etliche Häuschen. Gloria Estefan veröffentlichte den Titel »Always Tomorrow« und verzichtete auf ihre Tantiemen zugunsten der Opfer dieses Sturms. Außerdem brachte ein für diese Menschen veranstaltetes Benefizkonzert zwei Millionen Dollar ein. Dafür erhielten Gloria und ihr Mann im März 1993 in Florida eine Auszeichnung für außergewöhnliche Menschenfreundlichkeit. 1994 veröffentlichte Gloria eine Coverversion des Vicki-Sue-Robinson-Titels »Turn The Beat Around« (9/94 US 13, 10/94 GB 21), der in dem Film »The Specialist« zu hören war, in dem Sharon Stone und Sylvester Stallone die Hauptrollen spielten. In den nächsten Jahren veröffentlichte sie weitere Alben und Singles. Die erfolgreichsten Alben: »Primitive Love« (11/85 US-LP 21), »Let It Loose« (6/87 US-LP 6), »Anything For

You« (11/88 GB-LP 1), »Cuts Both Ways« (7/89 US-LP 8, 8/89 GB-LP 1), »Into The Light« (2/91 US-LP 5, GB-LP 2), »Greatest Hits« (11/92 US-LP 15, GB-LP 2), »Mi Tierra« (7/93 US-LP 27, GB-LP 11), »Christmas Through Your Eyes« (11/93 US-LP 43), »Hold Me, Thrill Me, Kiss Me« (10/94 GB-LP 5, 11/94 US-LP 9) und »Gloria!« (6/98 GB-LP 16). »Music Of My Heart« sang sie zusammen mit 'N Sync. Ansonsten förderte Gloria die Karrieren weiterer Latino-Stars, z. B. Jon Secada und Shakira. Ende 2001 schaffte Shakira den Sprung vom lateinamerikanischen auf den internationalen Markt mit dem Hit »Whenever, Wherever«, geschrieben von ihr und Gloria Estefan.

Dr. Beat (8/84 GB 6; 10/84 D 7)
Conga (10/85 US 10)
Bad Boy (3/86 US 8; 9/86 D 6)
Words Get In The Way (6/86 US 5)
Rhythm Is Gonna Get You (5/87 US 5)
Can't Stay Away From You (11/87 US 6; 2/89 GB 7)
Anything For You (3/88 US 1; 7/88 GB 10)
1-2-3 (6/88 US 3; 10/88 GB 9)
Don't Wanna Lose You (7/89 US 1, GB 6)
Here We Are (12/89 US 6)
Coming Out Of The Dark (1/91 US 1)
Miami Hit Mix/Christmas Through Your Eyes (12/92 GB 8)
Music Of My Heart (9/99 US 2)
Dance, Pop

Estus, Deon

DEON ESTUS v, b (USA, in Detroit/Michigan)
Der schwarze Musiker spielte, bevor er einen Hit zusammen mit George Michael hatte, Bass mit Wham!, Marvin Gaye und Brainstorm. Darum half Deon nicht der Himmel, sondern George bei seinem Erfolg »Heaven Help Me«. Schon vorher war er im Vorprogramm von George Michaels 1988er Welttournee aufgetreten.

Heaven Help Me (2/89 US 5)
Pop

Eternal

EASTHER BENNETT v (Großbritannien, * 11. 12. 1972 in London), VERNETTE BENNETT v (Großbritannien, * 17. 5. 1971 in London), KELLE BRYAN v (Großbritannien, * 12. 3. 1975 in London), LOUISE NURDING v (Großbritannien, * 4. 11. 1974 in London)
Die aus dem Süden Londons stammende Formation war nach dem Vorbild von En Vogue aufgebaut. Was den Männern der New-Jack-Swing-Stil, war den Frauen der New Jill Swing. Vorbilder der vier sind Interpreten wie BeBe & CeCe Winans, Boyz II Men oder Johnny Gill, aber auch Stevie Wonder oder Luther Vandross. Im Herbst 1993 erschien ihre Debüt-Single »Stay«. Die beiden Schwestern Bennett hatten im obligatorischen Kirchenchor gesungen, Kelle und Louise studierten gemeinsam Tanz und Schauspiel. Ihre Debüt-CD »Always & Forever« wurde auf Anhieb ein Knüller. Auch 1995/1996 setzte sich der Erfolg von Eternal fort, beschränkte sich aber vorwiegend auf GB. Lediglich die beiden Singleveröffentlichungen »So Good« (8/94 GB 13) und »Crazy« (12/94 GB 15) kamen in der zweiten Hälfte des Jahres 1994 nicht unter die ersten 10. Bevor mit »Power Of A Woman« das zweite Album von Eternal erschien, war Louise Nurding aus der Formation ausgestiegen und hatte eine überaus erfolgreiche Solokarriere begonnen. Sie beschränkte sich bei Plattenveröffentlichungen auf ihren Vornamen. Mit »Someday« durften Eternal als erste britische Sängerinnen einen Walt-Disney-Song interpretieren. Es war die Titelmelodie aus dem Film »Der Glöckner von Notre Dame«. Mit »I Wanna Be The Only One« gelang Eternal der Sprung von Null auf Eins. Mit dem Trio gemeinsam sang auf der Platte als Gast der amerikanische Gospelsänger BeBe (Benjamin) Winans.
Die erfolgreichsten Alben der Gruppe waren »Always & Forever« (12/93 GB-LP 2),

»Power Of A Woman« (11/95 GB-LP 6), »Before The Rain« (3/97 GB-LP 3) und »Greatest Hits« (11/97 GB-LP 2).

Stay (10/93 GB 4)
Save Our Love (1/94 GB 8)
Just A Step From Heaven (4/94 GB 8)
Oh Baby I . . . (11/94 GB 4)
Power Of A Woman (10/95 GB 5)
I Am Blessed (12/95 GB 7)
Good Thing (3/96 GB 8)
Someday (8/96 GB 4)
Secrets (12/96 GB 9)
Don't You Love Me (3/97 GB 3)
I Wanna Be The Only One (5/97 GB 1)
Angel Of Mine (10/97 GB 4)
Dance, Pop

Siehe auch: Louise

Etheridge, Melissa

MELISSA ETHERIDGE v (USA, * 29. 5. 1961 in Leavenworth/Kansas)
Die Sängerin und Songschreiberin hatte sich auf die Fahne geschrieben, wieder handgemachte Musik populär zu machen. Ihr Debütalbum »Melissa Etheridge« (6/88 US-LP 22) erhielt zweifach Platin. Melissa studierte Gitarre am Berklee College of Art in Boston. Von Chris Blackwell, dem Gründer der Plattenfirma Island, wurde sie Ende 1986 in einem kleinen Club in Long Beach, Kalifornien, entdeckt und unter Vertrag genommen. Weitere Erfolgsalben wurden »Brave And Crazy« (10/89 US-LP 22, D-LP 7), »Never Enough« (4/92 US-LP 21) »Yes I Am« (10/93 US-LP 15), »Your Little Secret« (12/95 US-LP 6) und »Breakdown« (10/99 US-LP 12). Dem deutschen Publikum wurde Melissa Etheridge erstmals Ende 1988 vorgestellt, als sie im Vorprogramm von Huey Lewis auftrat und gefeiert wurde. Unter großem Medienrummel trennte sie sich im September 2000 nach 12 Jahren von ihrer Lebensgefährtin, der Regisseurin Julie Cypher. Für Cyphers beide Kinder – Reagenzglasvater ist Altrocker David Crosby – werde die Familie jedoch stets intakt bleiben. Ihre Erfahrungen aus diesen 12 Jahren setzte sie um im Album »Skin« (7/01 US-LP 9, 8/01 D-LP 10).

I'm The Only One (8/94 US 8)
Rock

Europe

IAN HAUGLAND d (Schweden, * 13. 8. 1964 in Nordreisa), JOHN LEVEN b (Schweden, * 25. 10. 1963 in Stockholm), KEE MARCELLO g (Schweden, * 20. 2. 1960 in Ludvika), MICHAEL MICHAELI key (Schweden, * 11. 11. 1962 in Stockholm), JOHN NORUM g (Schweden), TONY RENO d (Schweden), JOEY TEMPEST v (Schweden, * 19. 8. 1963 als Joakim Larsson in Stockholm)
Larsson alias Tempest, der wie Leven und John Norum in einem Vorort von Stockholm aufwuchs, gründete zusammen mit den beiden 1980 seine erste Band: Force. Zwei Jahre später nahmen sie an einem Wettbewerb teil, dessen erster Preis ein Plattenvertrag war. Sie gewannen und erhielten den erwähnten Vertrag. Die Besetzung bestand zu jenem Zeitpunkt aus Tempest, Norum, Leven und Tony Reno und veröffentlichte 1983 die erste LP der Band in Schweden.
Danach gab es personelle Veränderungen. Es war Keyboarder Michaeli dazugekommen und Reno gegen Schlagzeuger Haugland ausgetauscht worden. 1985 erschien »Wings Of Tomorrow«, ihre erste LP als Europe, die auch über die Landesgrenzen von Schweden hinaus veröffentlicht wurde. 1986 kam die LP »The Final Countdown«. Die Gruppenmitglieder zeigten sich im gepflegten Manta-Minipli-Hard-Rock-Look für Kinder. Zum Erfolg von »The Final Countdown« hat auch sicher beigetragen, dass die Aufnahme im Film »Rocky IV« mehrfach zu hören war. Die erfolgreichsten Alben der Formation waren »The Final Countdown« (8/86 D-LP 6,

11/86 GB-LP 9, 11/86 US-LP 8) und »Out Of This World« (8/88 D-LP 10, 8/88 US-LP 19, 9/88 GB-LP 12). Danach veröffentlichte die Gruppe für drei Jahre keine weitere LP, dann erschien »Prisoners In Paradise«. Im März 1995 erschien die Single »A Place To Call Home« als Vorabauskopplung aus dem gleichnamigen Solodebütalbum von Joey Tempest.

The Final Countdown (9/86 D 1; 11/86 GB 1; 1/87 US 8)
Carrie (8/87 US 3)
Hard Rock, Rock

Eurythmics

ANNIE LENNOX v, key, fl (Großbritannien, * 25. 12. 1954 in Aberdeen), DAVE A. STEWART g, key, syn (Großbritannien, * 9. 9. 1952 als David Allan in Sunderland/Tyne&Wear)
Dieses Synthie-Pop-Duo nahm 1981 in Köln sein erstes Album auf. Beide waren vorher zwischen 1977 und 1980 mit der Gruppe Tourists erfolgreich gewesen. Auf der oben erwähnten LP »In The Garden«, produziert von Conny Plank, spielten die deutschen Musiker Robert Goerl, Holger Czukay und Jaki Liebezeit mit. Eine Auskopplung aus dieser Platte, »Never Gonna Cry Again«, ist auch die erste Hitnotierung in GB. Richtig erfolgreich wurden sie 1983 mit der LP »Sweet Dreams (Are Made Of This)« (2/83 GB-LP 3, 5/83 US-LP 15, D-LP 6). »Sisters Are Doin' It For Themselves« sangen sie zusammen mit Aretha Franklin. 1989 erschien die letzte offizielle LP der beiden, »We Too Are One« (9/89 GB-LP 1, D-LP 4, US-LP 34). Die weiteren Erfolgsalben waren »Touch« (11/83 GB-LP 1, 12/83 D-LP 9, 2/84 US-LP 7), »Be Yourself Tonight« (5/85 GB-LP 3, D-LP 8, US-LP 9), »Revenge« (7/86 GB-LP 3, D-LP 5, 8/86 US-LP 12), »Savage« (11/87 GB-LP 7) und »Eurythmics Greatest Hits« (3/91 GB-LP 1, 4/91 D-LP 1).
Der umtriebige Dave Stewart gründete mit Spiritual Cowboys und Vegas eigene Formationen, machte aber auch noch Soloplatten, so z. B. das Stück »Lily Was Here« mit der holländischen Saxophonistin Candy Dulfer. Annie machte Baby-Urlaub und veröffentlichte 1992 mit »Diva« ihre erste Solo-LP. Im August 1998 wurde ein neues Album von Eurythmics angekündigt. Es erschien im Oktober 1999 und hieß »Peace« (10/99 GB-LP 4, 11/99 D-LP 2). Am 16. 2. 1999 standen Eurythmics bei der Brit-Award-Verleihung in der London Arena in den Docklands wieder gemeinsam auf der Bühne. »I Saved The World Today« (10/99 GB 11, D 28) wurde ihre erste Singlenotierung nach langer Zeit. Es folgte »17 Again« (2/00 GB 27).

Sweet Dreams (Are Made Of This) (2/83 GB 2; 4/83 US 1, D 4)
Love Is A Stranger (4/83 GB 6)
Who's That Girl? (7/83 GB 3)
Right By Your Side (11/83 GB 10)
Here Comes The Rain Again (1/84 US 4, GB 8)
Sexcrime (Nineteen Eighty Four) (11/84 D 3, GB 4)
Would I Lie To You? (4/85 US 5)
There Must Be An Angel (Playing With My Heart) (7/85 D 4, GB 1)
Sisters Are Doin' It For Themselves (11/85 GB 9)
Thorn In My Side (9/86 GB 5)
AOR (Adult Orientated Rock), Pop

Siehe auch: Tourists; Stewart, David A.; Lennox, Annie

Evans, Faith

FAITH EVANS v (USA, * 10. 6. 1973 in Newark/New Jersey)
Ihre ersten Platten veröffentlichte sie als Faith. Zu diesem Zeitpunkt war sie verheiratet mit dem Rapper Notorious B.I.G. »You Used To Love Me« (7/95 US 24) war ihre erste Hitnotierung. Es folgte – jetzt schon als Faith Evans – »Soon As I Get Home« (12/95 US 21). Richtig erfolgreich und populär wurde sie, nachdem am 9. 3. 1997 ihr Mann erschossen worden war.

Zusammen mit Puff Daddy sang sie zur Melodie »Every Breath You Take« von Police die Nummer »I'll Be Missing You«, die ein weltweiter Erfolg wurde. Die weiteren Top-40-Hits: »Love Like This« (11/98 US 7, GB 24), als Gast von Whitney Houston bei »Heartbreak Hotel« (12/98 US 2) und »All Night Long« (2/99 US 9, 5/99 GB 23) zusammen mit Puff Daddy. Ihre erfolgreichsten Alben: »Faith« (9/95 US-LP 22) und »Keep The Faith« (11/98 US-LP 6). Ende 2001 erschien mit »Faithfully« ein neues Album von Faith und mit »You Gets No Love« (10/01 US 38) und »I Love You« (1/02 US 15) die nächsten Singles.

Love Like This (11/98 US 7)
All Night Long (2/99 US 9)
Rhythm & Blues

Evans, Maureen

MAUREEN EVANS v (Großbritannien, * 23. 3. 1940 in Cardiff/Wales)
Ihre Gesangskarriere begann Maureen als Angestellte des Embassy Labels, das für die britische Woolworth-Kette preiswerte Coverversionen bekannter Hits aufnahm. In ihrer Heimat Wales war sie bereits seit Ende der 50er Jahre erfolgreich. Ihre nationale Karriere begann Maureen mit »The Big Hurt« (1/60 GB 26). Es folgten »Love Kisses And Heartaches« (3/60 GB 44), »Paper Roses« (6/60 GB 40) und schließlich »Like I Do«. Mit »I Love How You Love Me« (2/64 GB 34) hatte sie ihre letzte Hitnotierung. Maureen gründete eine Familie. Ende der 60er Jahre versuchte sie ein Comeback, aber selbst für die Briten klang sie zu altmodisch.

Like I Do (11/62 GB 3)
Pop

Evans, Paul

PAUL EVANS v (USA, * 5. 3. 1938 in New York City)
Seine ersten Erfolge feierte Paul Evans als Songschreiber. Mitte 1958 hatten die Brüder Herbert und Harold Kalin als Kalin Twins den Top-10-Erfolg »When«, geschrieben von Paul. Das hat ihm zu einem eigenen Plattenvertrag verholfen. Zusammen mit Sue Singleton und Sue Terry, die aus dem Umfeld von Perry Como kamen und sich Curls nannten, nahm er die Nummer »Seven Little Girls Sitting In The Back Seat« auf. 1962 schrieb er die Nummer »Roses Are Red (My Love)«, die für Bobby Vinton ein Millionseller und eine Nummer 1 in der amerikanischen Hitparade wurde. Für Elvis schrieb er die Titel »I Gotta Know« und »The Next Step Is Love«. Dann verfasste er für die Broadway-Show »Loot« und für den Film »Live Young« die Musik. Nachdem lange niemand mehr an Paul Evans gedacht hatte, veröffentlichte er 18 Jahre nach seinem letzten Hit in England die Platte »Hello, This Is Joannie«.

Seven Little Girls Sitting In The Back Seat (9/59 US 9)
Happy-Go-Lucky-Me (5/60 US 10)
Hello, This Is Joannie (The Telephone Answering Machine Song) (12/78 GB 6)
Pop

Eve

EVE JIHAN JEFFERS rap (USA, * 10. 11. 1978 in Philadelphia)
Ihre Karriere begann sie als Sängerin in einer Girl Group – erst später begann sie zu rappen. In einem Strip Club wurde sie von Rapper Mase entdeckt, der sie an Dr. Dre weiterleitete. Mit Dre nahm sie das Lied »Eve Of Destruction« auf, das allerdings keine Spuren in den Charts hinterließ. Dr. Dre war wohl zu sehr mit seinen anderen Neuentdeckungen beschäftigt.

Eve wandte sich an die Plattenfirma Ruff Ryders in New York und wurde hier der erste weibliche Rapper dieses Labels. Ihr Album »Ruff Ryder's First Lady« (10/99 US-LP 1) erhielt schnell Platin. Als Gast von DJ Clue stand sie mit »Ruff Ryders Anthem (Remix)« (2/99 R&B 47) erstmals in den Charts. Zusammen mit Nokio hatte sie ihren ersten Pophit: »What Ya Want« (7/99 US 29). Es folgten »Gotta Man« (9/99 US 26), als Gast von Missy Elliott »Hot Boyz« (11/99 US 5, 1/00 GB 18), »Love Is Blind« (1/00 US 34) mit Faith Evans, »Let Me Blow Ya Mind« mit Gwen Stefani als Gast und »Who's That Girl« (5/01 D 21). Ihr nächstes Album hieß »Scorpion« (3/01 US-LP 4). Als Gast von City High hatte sie den Hit »Caramel« (10/01 US 18).

Let Me Blow Ya Mind (4/01 US 2; 8/01 GB 4; 9/01 D 5)
Who's That Girl (5/01 GB 6)
Rap

Siehe auch: No Doubt

Everett, Betty

BETTY EVERETT v, p (USA, * 23. 11. 1939 in Greenwood/Mississippi, † 19. 8. 2001)
1958 machte Betty ihre ersten Platten. Die erste Hitnotierung für sie war »You're No Good« (11/63 US 51). Der Titel sollte später ein Hit für die Swinging Blue Jeans und für Linda Ronstadt werden. Mit »The Shoop Shoop Song (It's In His Kiss)« hatte Cher im Frühjahr 1991 einen Hit. Im Duett mit Jerry Butler sang Betty Everett erfolgreich »Let It Be Me«. In den R&B-Hitparaden wird sie bis 1978 aufgeführt.

The Shoop Shoop Song (It's In His Kiss) (2/64 US 6)
Let It Be Me (9/64 US 5)
Rhythm & Blues

Everett, Kenny

KENNY EVERETT v (Großbritannien, * 25. 12. 1944 als Maurice James Christopher Cole in Liverpool, † 4. 4. 1995)
Kenny leitete schon in den 60er Jahren eine TV-Show, die sich ›Nice Time‹ nannte. Danach machte er die ›Kenny Everett Video Show‹. Bereits Ende der 60er Jahre nahm Kenny zusammen mit dem ehemaligen Manfred-Mann-Mitglied Mike Vickers seine erste Platte »Nice Time« – wie die TV-Sendung – auf. Alle seine Plattenprojekte waren mehr oder weniger Abfallprodukte aus seinen Fernsehsendungen. Erstmals in den Charts tauchte er zusammen mit Mike Vickers und der Nummer »Captain Kemmen (Retribution)« (11/77 GB 32) auf. Im Alleingang veröffentlichte er »Snot Rap«.

Snot Rap (3/83 GB 9)
Pop

Everly, Phil

PHIL EVERLY v (USA, * 19. 1. 1939 in Chicago/Illinois)
Der jüngere der beiden Everly Brothers hatte ohne seinen Bruder Don zumindest einmal eine Platte unter den ersten 10: »She Means Nothing To Me«. Allerdings war er auch in diesem Falle nicht alleine – Cliff Richard sang die Nummer mit ihm im Duett. Wenige Monate vorher, im November 1982, hatte Phil mit der Nummer »Louise« auf Platz 47 in GB gestanden, ansonsten gelang ihm weder in den USA noch in GB ein großer Hit. Für den Stellenwert, den die beiden Brüder in der Popmusik haben, ein sehr schlappes Ergebnis. 1973 hatte Phil mit der Nummer »God Bless Older Ladies (For They Made Rock & Roll)« einen von Duane Eddy produzierten und von Warren Zevon arrangierten Titel aufgenommen, der es verdient hätte, zum Hit zu werden.

She Means Nothing To Me (2/83 GB 9)
Pop

Everly Brothers

DON EVERLY v (USA, *1.2.1937 in Brownie/Kentucky), PHIL EVERLY v (USA, *19.1.1939 in Chicago/Illinois)
Der Harmoniegesang von Simon & Garfunkel, den Beach Boys, den Mamas & Papas und sogar den Beatles führt zurück zu diesen beiden Brüdern. Sie schafften die perfekte Symbiose aus Rock 'n' Roll, Country, Rhythm & Blues und Folk. Der größte Erfolg der beiden Brüder schaffte, was wenige erreichten: »All I Have To Do Is Dream« war Nummer 1 in den Pop-, den Country- und den Rhythm-&-Blues-Charts. Sie nahmen 1957/58 dem Rock 'n' Roll die Schärfe und machten ihn dadurch auch für die ältere Generation gesellschaftsfähig.

Sie waren noch nicht einmal zehn Jahre alt, als sie im Showgeschäft begannen. Bereits als Siebenjähriger hatte Don Everly jeden Samstag seine eigene 15minütige Radiosendung, die ›Little Donnie Show‹. Immerhin lief diese Sendung sechs Jahre lang. Gerade mal 17 Jahre alt, hat er einen Song geschrieben, den er an die damalige Königin der Country Music, Kitty Wells, verkaufte. Inzwischen war auch sein jüngerer Bruder Phil in seine Fußstapfen getreten, hatte Radiosendungen gemacht und zusammen mit Don Lieder geschrieben. In Nashville, der Welthauptstadt der Country Music, versuchten sie ihr Glück, aber niemand wollte weitere Songs von den beiden.

Am 9.11. 1955 nahmen sie innerhalb von 22 Minuten ein Demoband mit vier Stücken auf. Im Hintergrund spielte die Band von Carl Smith. Am 6.2. 1956 veröffentlichte CBS zwei dieser Lieder: »Keep A-Lovin' Me« mit der B-Seite »The Sun Keeps Shining«. Sie verkauften sich nicht, und die anderen beiden Titel wurden erst gar nicht veröffentlicht. CBS nahm ihre Option nicht wahr, und die beiden Brüder standen wieder ohne Vertrag da. Schließlich war es der berühmte Gitarrist und Talentsucher Chet Atkins, der ihnen auf die Beine half. Dreißig Künstler hatten den Song »Bye Bye Love« abgelehnt und nicht aufnehmen wollen. Den Everly Brothers blieb nichts anderes übrig. Als die Platte im Mai 1957 in die US-Charts kam, werden sich diejenigen, die den Titel abgelehnt hatten, geärgert haben. Der Erfolg der beiden hielt an bis in das Jahr 1965. Ende 1961 wurden die Brüder zur Marine eingezogen, jedoch nur für sechs Monate. Danach gingen sie auf eine Europatournee. Don machte der Druck durch Tourneen und Plattenaufnahmen immer mehr zu schaffen, und er wurde drogenabhängig. Bei einem Konzert in London musste Phil alleine auftreten, Don wurde mit Lebensmittelvergiftung und Erschöpfung entschuldigt. Tatsächlich hatte er innerhalb von 48 Stunden zweimal versucht, sich mit einer Überdosis das Leben zu nehmen. Obwohl Don drei weitere Jahre abhängig blieb, konnten die Brüder zeitweise weiterarbeiten.

Offensichtlich haben sie sich jedoch nur mit Mühe zusammengerauft. Auf Bildern der Everly Brothers jener Tage ist ihr Lachen gequält, fast schon unnatürlich und abstoßend. Am 14.7. 1973 spielten sie im John Wayne Theater in der Knott's Berry Farm in Hollywood. Es kam zum Eklat auf der Bühne. Phil zertrümmerte seine Gitarre und lief wütend davon, Don erklärte dem staunenden Publikum: ›The Everly Brothers died ten years ago.‹ In den nächsten Jahren versuchten sie sich als Solisten, veröffentlichten Singles und LPs, die jedoch alle untergingen. Im Juni 1983 verkündeten die Everly Brothers, sie würden wieder zusammen spielen, ihre Schwierigkeiten seien beseitigt. Im September des Jahres nahmen sie in der Royal Albert Hall in London das Album »The Everly Brothers Reunion Concert« auf. Im Oktober 1984 unter-

schrieben sie einen gemeinsamen neuen Plattenvertrag bei Mercury Records. Paul McCartney schrieb für sie den Titel »On The Wings Of A Nightingale«, der in den USA lediglich ein Platz 50, in GB ein Platz 41 wurde. Produzent der Nummer war ein weiterer Everly-Brothers-Verehrer: Dave Edmunds.
1986 wurden sie in die Rock and Roll Hall of Fame aufgenommen. 1989 nahmen sie zusammen mit den Beach Boys den Titel »Don't Worry Baby« (3/89 D 41) auf, der im Mel-Gibson-Michelle-Pfeiffer-Film »Tequila Sunrise« zu hören war. Der Friede zwischen den beiden schien Bestand zu haben. Im April 1990 heiratete Dons Tochter Erin Guns N' Roses Sänger Axl Rose. 1991 gingen die Everly Brothers auf eine Tour durch Großbritannien, auf der sie von Duane Eddy begleitet wurden. Auch in den USA gingen sie regelmäßig wieder auf Tournee. Ende 1994 kam mit Jason Everly, Sohn von Phil, die nächste Sangesgeneration auf den Markt. Er veröffentlichte die CD »No Ordinary Music«, aus der im Februar 1995 die Single »Cecilia« ausgekoppelt wurde. Es handelte sich dabei um eine Coverversion des Simon-&-Garfunkel-Klassikers – Vater Phil sang im Hintergrund mit.
Ihre erfolgreichsten Alben waren »It's Everly Time« (5/60 US-LP 9, 7/60 GB-LP 2) und »A Date With The Everly Brothers« (12/60 US-LP 9, 3/61 GB-LP 3).

Bye Bye Love (5/57 US 2; 7/57 GB 6)
Wake Up Little Susie (9/57 US 1; 11/57 GB 2)
All I Have To Do Is Dream (4/58 US 1, GB 1)
Bird Dog (8/58 US 1, GB 2)
Devoted To You (8/58 US 10)
Problems (11/58 US 2; 1/59 GB 6)
('Til) I Kissed You (8/59 GB 2, US 4)
Let It Be Me (1/60 US 7)
Cathy's Clown (4/60 GB 1, US 1)
When Will I Be Loved (5/60 US 8; 7/60 GB 4)
So Sad (To Watch Good Love Go Bad) (9/60 US 7)
Lucille/So Sad (To Watch Good Love Go Bad) (9/60 GB 4)
Ebony Eyes (1/61 US 8)
Walk Right Back (2/61 US 7)
Walk Right Back/Ebony Eyes (2/61 GB 1)
Temptation (6/61 GB 1)
Crying In The Rain (1/62 US 6, GB 6)
That's Old Fashioned (That's The Way Love Should Be) (5/62 US 9)
The Price Of Love (5/65 GB 2)
Pop, Rock 'n' Roll

Siehe auch: Everly, Phil

Every Mother's Son

CHRISTOPHER AUGUSTINE d (USA, * 25. 4. 1941 in New York City), DONALD KERR b (USA, in New York City), LARRY LARDEN g (USA, * 10. 8. 1945 in New York City), DENNIS LARDEN g (USA, * 22. 11. 1948 in New York City), SCHUYLER LARSEN b (USA, * 19. 2. 1947 in New York City), BRUCE MILNER p (USA, * 9. 5. 1943 in New York City)
Every Mother's Son stammt aus dem Greenwich Village in New York City und formierte sich um die beiden Brüder Larry und Dennis Larden, die zuvor als Folk-Duo aufgetreten waren. Nachdem sie 1966 auf Bruce Milner getroffen waren, entschlossen sie sich, eine Rockgruppe zu gründen. Der Produzent Wes Farrell nahm sie unter Vertrag, produzierte ihre erste LP und verkaufte die Bänder an MGM Records. Sie erschien Anfang 1967 und daraus ausgekoppelt wurde »Come On Down To My Boat.
Die Gruppe verschwand nach 1968 aus dem Showgeschäft, was wohl auch daran lag, dass sie für die härter werdende Rockmusik zu weich war. Dennis Larden ging später zu Rick Nelsons Stone Canyon Band.

Come On Down To My Boat (5/67 US 6)
Rock

Everything But The Girl

TRACEY THORNE v (Großbritannien, * 26. 9. 1962 in Brookman's Park/Hertfordshire), BEN WATT v, g, key (Großbri-

tannien, *6. 12. 1962 in Barnes/London)
1980 unterschrieben die beiden unabhängig voneinander als Solisten einen Plattenvertrag bei Cherry Red Records. Tracey hatte außerdem mit dem Trio Marine Girls zwei Alben eingespielt, davon das zweite auf dem Cherry-Red-Label. Ihr akustisches Soloalbum »A Distant Shore« verkaufte sich mehr als 60 000 mal in GB. 1982 studierten sowohl Tracey als auch Ben an der Hull University, und sie kamen sich persönlich und beruflich näher. Im Januar 1983 traten sie zum ersten Mal als Everything But The Girl auf, im Juli desselben Jahres erschien mit »Night And Day«, dem Klassiker von Cole Porter, ihre erste Single. Ihren ersten Hit hatten sie mit »Each And Everyone« (5/84 GB 28). Als sie eingeladen wurden, den Titel in der BBC-TV-Sendung »Top Of The Pops« vorzustellen, mussten beide abwinken. Sie arbeiteten gerade an ihren Examina. Im Juli 1984 erschien ihre erste LP, und es sollte noch bis zum Juli 1988 dauern, bis sie mit »I Don't Want To Talk About It« ihren ersten Top-10-Erfolg hatten. Mit dem verträumten Jazz ihres Debütalbums »Eden« aus dem Jahr 1984 waren Tracey und Ben musikalische Wegbereiter für Acts wie Matt Bianco oder Sade. Auf der LP »The Language Of Life« ist die wunderschöne Aufnahme »The Road« zu finden, bei der Stan Getz Tenorsaxophon und Jerry Hey Flügelhorn spielt. 1994 erschien das Album »Amplified Heart«, auf dem sich die Nummer »Missing« befand, die als Single ein weltweiter Erfolg wurde, nachdem einige Mixer an ihr gearbeitet hatten. Die ursprüngliche Version von »Missing« war im August 1994 ausschließlich in die britische Hitparade und dort lediglich auf Platz 69 gekommen. »Walking Wounded« befand sich auf dem Mitte 1996 erschienenen gleichnamigen Album der Band, ebenso das Stück »Single« (10/96 GB 20). Zwischendurch nahm Tracey Thorne zusammen mit Massive Attack den Titel »Protection« (1/95 GB 14) auf.
Die erfolgreichsten Alben der Band: »Love Not Money« (4/85 GB-LP 10), »The Language Of Life« (2/90 GB-LP 10), »Home Movies – The Best Of Everything But The Girl« (5/93 GB-LP 5) und »Walking Wounded« (5/96 GB-LP 4, 6/96 US-LP 37).

I Don't Want To Talk About It (7/88 GB 3)
Missing (Remix 1995) (8/95 US 2; 10/95 GB 3; 12/95 D 1)
Walking Wounded (4/96 GB 6)
Wrong (6/96 GB 8)
AOR (Adult Orientated Rock), Pop

Exciters

CAROL JOHNSON v (USA), BRENDA REID v (USA), HERB ROONEY v (USA, in New York City), LILLIAN WALKER v (USA)
Dieses schwarze Gesangsquartett stammte aus Jamaica in New York City. Brenda, Carol und Lillian hatten zunächst mit ihrer Klassenkameradin Sylvia Wilbur das Quartett Masterettes gegründet, Herb sang mit den Masters, die gelegentlich zusammen mit den Masterettes auftraten. Begonnen hatte er seine Karriere bei den Beltones. Sowohl die Masters als auch die Masterettes nahmen 1961 eine Single auf. Jerry Leiber und Mike Stoller wurden auf die Mädchen aufmerksam und benannten sie in Exciters um. Sie nahmen Herb Rooney zur Abrundung des Sounds hinzu, und da Sylvia ging, blieb es bei einem Quartett. Die Gruppe erhielt 1962 einen Plattenvertrag bei United Artists und kam im Dezember mit »Tell Him« in die amerikanische Hitparade. Mit dieser Nummer schlugen sie eine völlig neue Richtung des Girl Group Rock 'n' Roll ein. Ihre nächste Aufnahme, »He's Got The Power«, wurde von Ellie Greenwich mitgeschrieben, die einmal gesagt hatte, Brenda habe eine der besten Stimmen, die sie je gehört habe. Unter die Top 10

kamen die Exciters trotz guten Materials und eines Wechsels der Plattenfirma nicht mehr, wurden aber bis 1966 in den Hitparaden verzeichnet. Im November 1963 nahmen sie eine weitere Nummer von Ellie Greenwich, die sie mit Jeff Barry geschrieben hatte, auf: »Do-Wah-Diddy« – ohne bemerkenswerten Erfolg. 1964 wurde genau dieser Titel in der Version mit Manfred Mann ein internationaler Spitzenreiter. Ende der 60er Jahre heirateten Brenda und Herb. Als Anfang der 70er Carol und Lillian die Gruppe verließen, wurden sie durch Skip McPhee und Ronnie Pace ersetzt. Die Exciters tourten durch die USA und Europa und schrumpften in den 80er Jahren auf das Duo Brenda und Herb zusammen. Nach seiner Scheidung von Brenda legte sich Herb eine Kosmetikfirma zu, während Brenda die Exciters mit Hilfe ihrer Kinder weiterführte. Einer ihrer Söhne, Mark, wurde ein bekannter Produzent, der z. B. Erik B. And Rakim unter seine Fittiche nahm: Er nennt sich L. A. Reid.

Tell Him (12/62 US 4)
Pop, Rhythm & Blues

Exile

BUZZ CORNELISON key (USA), STEVE GOETZMAN d (USA, * 1. 9. 1950), MARLON HARGIS v, key (USA, * 13. 5. 1949), SONNY LEMAIRE v, b (USA, * 16. 9. 1947), PAUL MARTIN v, g (USA), J.P. PENNINGTON v, g (USA, * 22. 1. 1949 als James P. in Berea/Kentucky), LES TAYLOR v, g (USA)

Exile kam als Fascinations in Lexington/ Kentucky 1963 erstmals zusammen. Ab 1965 nannten sie sich Exiles, ab 1973 dann nur noch Exile. Nachdem sie sich über örtliche Diskos und Schulfeste zu größeren Veranstaltungen hingearbeitet hatten, verschaffte ihnen ein Musikagent die Möglichkeit, zusammen mit der Dick Clarke Caravan Show eine USA-Tournee zu machen. Danach spielten sie bei Sessions von Brian Hyland oder Tommy Roe mit. Zu diesem Zeitpunkt waren die Produzenten und Songschreiber Mike Chapman und Nicky Chinn auf der Suche nach neuen amerikanischen Bands. Mud, Sweet, Smokie und Suzi Quatro hatten sie bereits mit Erfolg in die Hitparaden gepowert. Sie hörten ein Demoband von Exile, das Mike Chapman auf Anhieb gefiel. Er setzte sich ins Flugzeug, hörte sich Exile live an, und drei Wochen später war der Vertrag unterschrieben. Ihre erste Single hieß »Try It On«, konnte sich aber in GB nicht platzieren und in den USA nur ganz knapp. Mitte 1978 gelang mit »Kiss You All Over« ein Millionseller in den USA. Nicht nur für Exile war dies die erste amerikanische Spitzenposition in den Charts, sondern auch für das Team Chinn/ Chapman. In GB wie in den USA hatten Exile noch drei kleinere Nachfolgehits, danach waren sie aus den Popcharts wieder verschwunden. 1983 tauchten sie erstmals in den amerikanischen Country-Charts auf und standen dort zwischen 1983 und 1993 zehnmal auf Platz 1. Pennington hatte die Band 1989 verlassen und war durch Martin ersetzt worden. Im selben Jahr begann Les Taylor eine Solokarriere.

Ihr erfolgreichstes Album war »Mixed Emotions« (8/78 US-LP 14, 1/79 D-LP 27).

Kiss You All Over (8/78 US 1, GB 6; 10/78 D 3)
Country, Pop

Exposé

GIOIA CARMEN BRUNO v (Italien, * 11. 6. 1965), ANN CURLESS v (USA, * 7. 10. 1965 in New York City), JEANETTE JURADO v (USA, * 14. 11. 1966 in Los Angeles/ Kalifornien), KELLY MONEYMAKER v (USA, * 4. 6. 1965 in Fairbanks/Alaska)

Der Songschreiber und Produzent Lewis A. Martinez suchte Mitte der 80er Jahre drei Mädchen, die die von ihm geschriebenen Dance-Songs vortragen konnten. Zwei Jahre lang hat er herumexperimentiert und mit wechselnden Besetzungen Produktionen aufgenommen. Ab Januar 1987 setzte dann der Erfolg ein. Die Besetzung zu diesem Zeitpunkt: Jurado, Curless und Bruno. Den Titel »Point Of No Return« hatte Martinez 1985 schon einmal aufgenommen, allerdings in einer anderen Besetzung. Die neue Version erreichte die Charts. Es folgten bis zum Ende der 80er Jahre etliche Hits. Zwischen 1990 und 1992 legte das Trio eine kleine Pause ein. Bruno verließ Exposé und wurde durch Moneymaker ersetzt. Dann startete Exposé mit dem von Roy Orbison mitgeschriebenen Titel »I'll Never Get Over You (Getting Over Me)« wieder durch. Nach 1993 schafften sie keine weitere Hitnotierung. Ihr erfolgreichstes Album war »Exposure« (2/87 US-LP 16).

Come Go With Me (1/87 US 5)
Point Of No Return (5/87 US 5)
Let Me Be The One (8/87 US 7)
Seasons Change (11/87 US 1)
What You Don't Know (5/89 US 8)
When I Looked At Him (8/89 US 10)
Tell Me Why (12/89 US 9)
I'll Never Get Over You (Getting Over Me) (3/93 US 8)
Dance

Extreme

PAT BADGER b (USA, * 22. 7. 1967 in Boston/Massachusetts), NUNO BETTENCOURT g (Portugal, * 20. 9. 1966 in Azoren), GARY CHERONE v (USA, * 26. 7. 1961 in Malden/Massachusetts), PAUL GEARY d (USA, * 24. 7. 1961 in Medford/Massachusetts)

Extreme entstand in Boston im Jahr 1985 aus den Resten zweier Bands. Zuerst nannten sie sich Dream, dann erhielten sie einen Plattenvertrag und firmierten als Extreme. Ihre Mixtur aus Pop, Metal, Funk und Blues machte sie schnell bei den US-Teenagern zu einer Live-Attraktion. 1989 erschien ihre erste LP, im März 1991 ihr erster Hit: »More Than Words«, eine eher zarte Nummer, die die Band nur mit einer Gitarre begleitete. Sie wurde ein Millionseller. Extreme kann sich speziell mit diesem Titel auf die Fahne schreiben, dass sie das, was wenig später als ›Unplugged‹ mit Künstlern wie Paul McCartney und Eric Clapton erfolgreich auf Platten veröffentlicht wurde, mit initiiert haben. »Hole Hearted« hieß der Nachfolgehit. Im Frühjahr 1995 veröffentlichte Extreme das Album »Waiting For The Punchline«. Von Balladen à la »More Than Words« war darauf wenig zu hören. Dafür rockte man wieder richtig los. Erfolgreich war das nicht – so verwundert es nicht, dass Bettencourt 1997 ein Soloalbum veröffentlichte und Gary Cherone neuer Leadsänger bei Van Halen wurde. Im November 1999 verließ Gary nach nur einem Album Van Halen wieder. Die erfolgreichsten Alben von Extreme: »Pornograffitti« (8/90 US-LP 10, 6/91 GB-LP 12), »III Sides To Every Story« (9/92 GB-LP 2, 10/92 US-LP 10) und »Waiting For The Punchline« (2/95 GB-LP 10, US-LP 40).

More Than Words (3/91 US 1; 7/91 GB 2, D 8)
Hole Hearted (8/91 US 4)
AOR (Adult Orientated Rock), Rock

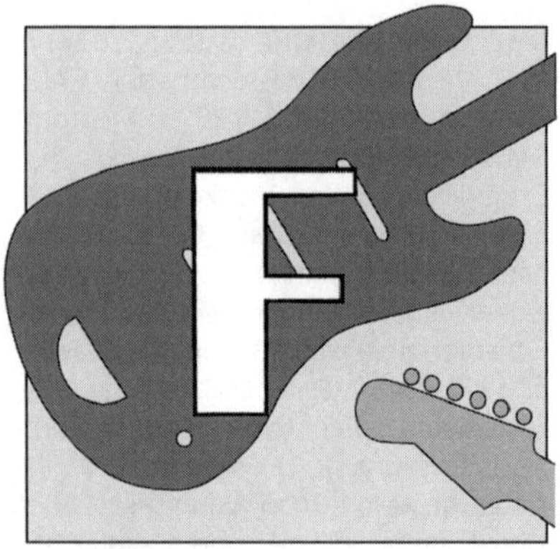

F. P. I. Project

MARCO FRATTY dj (Italien), ROBERTO INTRALLAZZI dj (Italien), CORRADO PRESTI dj (Italien)

Das Kürzel F. P. I. Project steht für die drei professionellen Discjockeys Marco Fratty, Corrrado Presti und Roberto Intrallazzi. Der Titel »Going Back To My Roots« wurde in zwei verschiedenen Gesangsversionen angeboten. Einmal sang Paolo Dini, zum anderen Sharon D. Clarke. Mit »Risky« gelang ihnen Mitte 1990 noch ein Platz 25. Danach erschienen weitere Platten vom F.P.I. Project, die an die ersten Erfolge nicht anschließen konnten. Sharon tauchte später bei der Formation Nomad auf.

Going Back To My Roots/Rich In Paradise (12/89 GB 9)
Rich In Paradise (1/90 D 5)
Dance

Siehe auch: Nomad

Fab

FAB (Großbritannien)

Ende der 80er Jahre machten immer mehr Interpreten Platten, die eher dem technischen als dem stimmlichen Bereich zuzurechnen waren. Fab, ein britischer Produzent, schloss sich bei diesem und bei den folgenden Projekten mit Kollegen zusammen, die sich hinter so wohlklingenden Namen wie MC Parker, MC Number 6 oder Aquamarina versteckten. Das Ganze erschien auf dem eigenen Plattenlabel Brothers Organisation – und so rollten die Pfunde geballt in die eigenen Kassen.

Thunderbirds Are Go (7/90 GB 5)
Dance

Fabares, Shelley

SHELLEY FABARES v (USA, * 19. 1. 1944 als Michelle Fabares in Santa Monica/Kalifornien)

Shelley Fabares ist die Nichte der Schauspielerin Nanette Fabray. Ihre Karriere begann als Mary Stone 1958 in der Comedy-TV-Sendung ›Donna Reed Show‹. Schon mit sieben Jahren hatte sie ihre erste kleine Rolle in einem Film, mit neun stand sie neben Frank Sinatra in einer Fernsehshow. In der zweiten Hälfte der 50er Jahre spielte sie dann Kinderrollen in diversen TV-Sendungen wie ›Captain Midnight‹ oder ›Mickey Mouse Club‹. Richtigen Erfolg hatte sie dann als Tochter von Donna Reed in deren Show. Diese Sendung, in der Shelley bis 1973 mitspielte, war so populär, dass es nur konsequent war, sie als eine der Protagonistinnen auch eine Platte aufnehmen zu lassen. 1964 heiratete sie den erfolgreichen Plattenproduzenten Lou Adler und spielte nun auch in Teenagerfilmen wie »Ride The Wild Surf« neben Fabian. Mit Elvis Presley spielte sie 1965 in »Girl Happy«, 1966 in »Spinout«, 1967 in »Clambake«. Elvis hat später einmal gesagt, Shelley sei die Schauspielerin gewesen, mit der er am liebsten zusammen gespielt habe. Nachdem sich Shelley etwas aus dem Geschäft zurückgezogen hatte, stand sie 1971 wieder im Rampenlicht. In dem TV-Film »Brian's Song« spielte sie die Frau eines sterbenden Athleten.

Die Sendung wurde ein großer Erfolg. Danach war sie in weiteren Fernsehshows und wieder regelmäßig in TV-Serien zu sehen, so z. B. in der ›Brian Keith Show‹ von 1972 bis 1974, ›Practice‹ 1976/77, ›Mary Hartman Mary Hartman‹ 1977/78, ›High Cliffe Manner‹ 1979 und ›One Day At A Time‹ 1981 bis 1984. All diese Sendungen waren Comedy-Shows. In der letzten Serie, ›One Day At A Time‹, spielte im Übrigen ihre Tante Nanette als Grandma Romano mit.

Johnny Angel (3/62 US 1)
Pop

Fabric, Bent

BENT FABRIC p (Dänemark, * 7. 12. 1924 als Fabricius-Bjerre Farric in Kopenhagen)
Schon als Teenager gründete Bent Fabric in seiner Heimat Dänemark eine Jazzband. Mit dieser Formation nahm er die ersten Jazzplatten Dänemarks auf. 1950 wurde er Chef von Metronome Records in Dänemark. Außerdem war er regelmäßig in Fernsehsendungen zu sehen. Für den selbst geschriebenen Instrumentaltitel »Alley Cat« erhielt er einen Grammy in der Kategorie ›Best Rock And Roll Record 1962‹. Als Songschreiber legte er sich das Pseudonym Frank Björn zu. Die schwedische Sängerin Siw Malmkvist, die ebenfalls ihre Platten bei Metronome veröffentlichte, hatte mit dieser Melodie und dem sinnigen Text »Schwarzer Kater Stanislaus« Ende 1962 in Deutschland Erfolg. Eine Zeit lang hatte Bent eine eigene Samstagabend-Show, ansonsten dürfte er sich mehr um die geschäftlichen Angelegenheiten von Metronome gekümmert haben. Sein erfolgreichstes Album hieß ebenfalls »Alley Cat« (10/62 US-LP 13).

Alley Cat (7/62 US 7)
Instrumental, Pop

Fabulous Thunderbirds

KID BANGHAM g (USA), MIKE BUCK d (USA, * 17. 6. 1952), FRAN CHRISTINA d (USA, * 1. 2. 1951 in Westerly/Rhode Island), KEITH FERGUSON b (USA, * 23. 7. 1946 in Houston/Texas, † 29. 4. 1997), PRESTON HUBBARD b (USA, * 15. 3. 1953 in Providence/Rhode Island), DUKE ROBILLARD g (USA), JIMMIE VAUGHAN g (USA, * 20. 3. 1951 in Dallas/Texas), KIM WILSON v, mundh (USA, * 6. 1. 1951 in Detroit/Michigan)
1977 gründete Jimmy, der ältere Bruder von Stevie Ray Vaughan, zusammen mit Kim, Keith und Mike diese texanische Rock-'n'-Roll-und-Rhythm-&-Blues-Gruppe. Zwei Jahre später erschien mit »Girls Go Wild« ihre Debüt-LP. 1980 erschien »What's The Word«. Neu bei der Band war als zweiter Schlagzeuger Fran Christina zu hören. 1981 war Mike Buck nicht mehr mit dabei, und als »Tuff Enuff« erschien, war als neuer Bassist Preston Hubbard als Ersatz für Keith Ferguson zur Band gekommen. 1990 stieg Jimmie aus der Band aus und wurde durch Kid und Duke an der Gitarre ersetzt. Jimmie schloss sich mit seinem Bruder zusammen. Die beiden machten als Vaughan Brothers 1990 die LP »Family Style«. Nach einem Hubschrauberunfall am 27. 8. 1990 starb Stevie Ray. Die Fabulous Thunderbirds veröffentlichten Ende 1991 die LP »Walk That Walk, Talk That Talk«, ihr erfolgreichstes Album war der Platinseller »Tuff Enuff« (3/86 US-LP 13).

Tuff Enuff (4/86 US 10)
Rock

Faces

KENNEY JONES d (Großbritannien, * 16. 9. 1948 in Stepney/London), RONNIE LANE b (Großbritannien, * 1. 4. 1946 in Plaistow/London, † 4. 6. 1997), IAN MCLAGAN key (Großbritannien,

* 12. 5. 1945 in London), ROD STEWART v (Großbritannien, * 10. 1. 1945 als Roderick David in Highgate/London), RON WOOD g (Großbritannien, * 1. 6. 1946 in Hillingdon/Middlesex), TETSU YAMAUCHI b (Japan, * 21. 10. 1947 in Fukuoka)
Im Juni 1969 kam aus den Trümmern der Small Faces und der Jeff Beck Group diese Formation zusammen. Im April 1970 erschien ihre erste LP, »First Step«. Im Laufe der Zeit wurde Rod Stewart mit seinen Soloprojekten sehr viel erfolgreicher als die Faces. »Maggie May« war ein weltweiter Hit geworden, und bei Fernsehauftritten spielten hinter ihm die Jungs aus der Gruppe. Angekündigt wurden sie als Rod Stewart & The Faces. Im Mai 1973 verließ Ronnie Lane die Band und wurde durch den japanischen Bassisten Tetsu Yamauchi ersetzt. Tetsu hatte vorher mit Free gespielt und galt in GB als gesuchter Studiomusiker. Im Dezember 1975 kündigte Rod Stewart an, er werde die Faces verlassen. Zum selben Zeitpunkt wurde die Single »Itchycoo Park« der Small Faces als Wiederveröffentlichung ein Platz 9 in der britischen Hitparade. Wohl auch aus diesem Grunde versuchten Jones und McLagan, die Small Faces zu reformieren. Für dieses Unternehmen gewannen sie gar den ursprünglichen Sänger dieser Formation, Steve Marriott. Im Oktober 1977 spielte Lane mit Pete Townshend auf dessen LP »Rough Mix«. Später erkrankte er an multipler Sklerose und brachte seine Rockkollegen dazu, ihm zu helfen, Geld für die Erforschung dieser Krankheit aufzutreiben. 1979 wurde Kenny Jones Schlagzeuger bei den Who. Die erfolgreichsten Alben der Faces: »A Nod's As Good As A Wink ... To A Blind Horse« (12/71 GB-LP 2, US-LP 6, 3/72 D-LP 34), »Ooh-La-La« (4/73 GB-LP 1, US-LP 21) und »Overture And Beginners« (1/74 GB-LP 3).

Stay With Me (12/71 GB 6)
Cindy Incidentally (2/73 GB 2)
Pool Hall Richard/I Wish It Would Rain (12/73 GB 8)
AOR (Adult Orientated Rock), Rock

Siehe auch: Small Faces; Stewart, Rod

Fagin, Joe

JOE FAGIN v, b (Großbritannien, in Liverpool)
1983 schrieb die Plattenfirma von Joe Fagin zur Veröffentlichung einer Single: ›Nahezu 25 Jahre ist er bereits im Showbiz tätig, in den Bands von Bill Haley, Little Richard und Stevie Wonder lernte er sein Handwerk, und erst vor knapp sechs Monaten startete er seine Solokarriere. Jetzt gelang dem Liverpooler Sänger und Bassisten erstmals ein Top-Hit.‹ Das dürfte bedeuten, dass Joe Fagin zu diesem Zeitpunkt um die vierzig Jahre alt war. 1958 gründete er seine erste Band, die Strangers, mit denen er im legendären Cavern Club spielte. 1960 ging er, wie so viele andere britische Musiker auch, nach Hamburg und spielte dort in den angesagten Clubs. Bei dieser Gelegenheit begleitete er im Star-Club so bekannte Musiker wie Bill Haley, Jerry Lee Lewis oder Little Richard. 1962 wurde er in Paris Mitglied der dortigen Gruppe Playboys, mit denen er seine erste Platte aufnahm. 1965 schloss Joe dieses Kapitel ab und verdingte sich als Backing-Sänger in verschiedenen Bands. Er tourte mit Stevie Wonder, den Exciters und Ben E. King und war zwischendurch Mitglied in der Band Big 6. »That's Livin' Alright« wurde wohl deshalb so erfolgreich, weil es die Titelmelodie der englischen TV-Serie ›Auf Wiedersehen Pet‹ war. In dieser Serie mimte Jimmy Nail, später selbst ein erfolgreicher Pop-Interpret, einen raufIustigen deutschen Maurer.

That's Livin' Alright (1/84 GB 3)
Pop

Fair, Yvonne

YVONNE FAIR v (USA, in Virginia, † 6. 3. 1994)

Yvonne sang fünf Jahre lang in der Revue von James Brown. Dann veröffentlichte sie 1970 erfolglos eine Solosingle und wurde für drei Jahre Sängerin in der Band von Chuck Jackson. Als Solistin gelang Yvonne Fair dann doch ein großer Erfolg: »It Should Have Been Me«. Kim Westen hatte das Original dieses Titels 1963 gesungen, Gladys Knight & The Pips hatten damit 1968 in den USA einen Top-40-Hit. Yvonne konnte aus ihrem Erfolg kein weiteres Kapital schlagen. 1994 starb sie im Alter von 51 Jahren.

It Should Have Been Me (1/76 GB 5)
Pop

Fair Weather

DENNIS BRYON d (Großbritannien, * 14. 4. 1949 in Cardiff/Wales), ANDY FAIRWEATHER-LOW v, g (Großbritannien, * 2. 8. 1948 in Cardiff/Wales), NEIL JONES g (Großbritannien, * 25. 3. 1949 in Llanbradach/Wales), CLIVE TAYLOR b (Großbritannien, * 27. 4. 1949 in Cardiff/ Wales), BLUE WEAVER org (Großbritannien, * 11. 3. 1947 als Mick in Cardiff/ Wales)

Im Jahr 1970 gründete Andy Fairweather-Low diese Formation. Alle Musiker hatten vorher bei Amen Corner gespielt. Nach dem Hit »Natural Sinner« trennten sich die Musiker. Besonders Andy Fairweather-Low, der zu Zeiten von Amen Corner zum Teenager-Star wurde, konnte es nicht verwinden, dass die Band immer noch wie eine Teeniebopper-Gruppe behandelt wurde. Andy hatte ab 1974 Erfolge als Solist.

Natural Sinner (7/70 GB 6)
AOR (Adult Orientated Rock)

Siehe auch: Amen Corner; Fairweather-Low, Andy

Fairground Attraction

ROY DODDS d (Großbritannien), SIMON EDWARDS b (Großbritannien, * 29. 4. 1958), MARK NEVIN g (Großbritannien, * 13. 8. 1959), EDDI READER v (Großbritannien, * 28. 8. 1959 als Sadenia in Glasgow)

Ihre ersten musikalischen Erfahrungen machte die Sängerin Eddi Reader nach Abschluss der Kunstschule als Backgroundsängerin der Gang Of Four. Nachdem die Schottin 1983 nach London gezogen war, arbeitete sie als Sessionsängerin für die Eurythmics, Waterboys und Alison Moyet. Mark Nevin lernte sie kennen, als sie bei der Erstellung eines Samplers auf zwei seiner Songs mitsang. Zu den beiden kamen Edwards und Dodds, der unter anderem mit Working Week und Terence Trent d'Arby gespielt hatte. Diese vier gründeten Fairground Attraction, deren Debüt-Single »Perfect« perfekt einschlug. Schon nach den beiden Top-10-Erfolgen kriselte es in der Band. Offensichtlich war man sich nicht einig, ob man mit dem melancholisch-folkloristischen Mix aus Country Rock und Traditional weiter machen wollte oder nicht. Ihre erste LP, »The First Of A Million Kisses« (5/88 GB-LP 2), erschien und ließ die Transparenz und Klarheit von Eddis Stimme in den Vordergrund treten. Ihre zweite LP »Ay Fond Kiss« wurde zusammengestellt aus älterem Material und Titeln, die wahrscheinlich nicht einmal zur Veröffentlichung vorgesehen waren. Schon 1989 löste sich die Band wieder auf. Eddi legte eine Babypause ein, arbeitete dann als Schauspielerin und veröffentlichte mit »Mirmama« 1992 ihre erste Soloplatte und mit »Eddi Reader« (7/94 GB-LP 4), »Candyfloss And Medicine« (7/96 GB-LP 24) und »Angels & Electricity« (1998) weitere Solowerke.

Perfect (4/88 GB 1; 6/88 D 5)
Find My Love (7/88 GB 7)
AOR (Adult Orientated Rock), Pop

Fairweather-Low, Andy

ANDY FAIRWEATHER-LOW v, g (Großbritannien, * 2. 8. 1948 in Cardiff/Wales)
Nachdem Andy mit Fair Weather nicht den gewünschten Erfolg erreicht hatte, zog er sich zurück in seine Heimat Wales und wollte nichts mehr vom Plattengeschäft hören. 1974 tauchte er mit »Reggae Tune« als Solist auf. Zu Zeiten von Amen Corner und auch Fair Weather war Andy Fairweather-Low ein witziger, spaßiger Zeitgenosse. »Wide Eyed And Legless« deutet vielleicht darauf hin, weshalb er 1975 die Wandlung zu einem sehr ernsthaften, nachdenklichen Mann durchgemacht hatte. Im Song ist davon die Rede, dass sich jemand immer und immer wieder bemüht, keinen Alkohol zu trinken – und sich dafür schämt, doch jeden Abend wieder volltrunken zu sein. Von Andy erschienen mit wechselnden Studiomusikern vier ausgezeichnete Solo-LPs: »Spider Jiving« 1974, »La Booga Rooga« 1975, »Be Bop 'N' Holla« 1976 und »Mega-Shebang« 1980. Danach arbeitete er vor allen Dingen erfolgreich als Studiomusiker und hatte als solcher seinen größten Erfolg als Gitarrist neben Eric Clapton bei der Produktion der 1993 Grammy-gekrönten Platte »Unplugged«.

Reggae Tune (9/74 GB 10)
Wide Eyed And Legless (12/75 GB 6)
AOR (Adult Orientated Rock), Pop

Siehe auch: Amen Corner; Fair Weather

Faith, Adam

ADAM FAITH v (Großbritannien, * 23. 6. 1940 als Terence Nelhams in Acton/London)
1956 war Adam Mitbegründer der Skifflegruppe The Worried Men. Im Januar 1958 erschien mit »(Got A) Heartsick Feeling« seine erste Soloplatte. Weitere Singles folgten, die jedoch alle nicht in die Charts kamen. Adam war zu jener Zeit einer der vielen britischen Versuche, Elvis zu kopieren. 1959 nahm er einen erneuten Anlauf. Dieses Mal sollte es klappen. Seine ersten beiden Chartnotierungen waren gleich Spitzenreiter in GB: »What Do You Want?« und »Poor Me« 1960. Nach 1966 zog er sich aus dem aktiven Musikgeschäft zurück. Schon Anfang der 60er Jahre hatte er nebenher auch als Schauspieler gearbeitet. 1967 spielte er Theater, 1971 war er Star der TV-Serie ›Budgie‹. 1972 entdeckte er den Sänger und Songschreiber Leo Sayer und wurde dessen Manager. Im April 1973 produzierte er Roger Daltreys erstes Soloalbum, das etliche Kompositionen von Leo Sayer beinhaltet. 1974 drehte er mit David Essex den Film »Stardust«, eine Fortsetzung des Essex-Erfolges »That'll Be The Day«. Adam spielte in diesem Film die Rolle eines Starmanagers, den in dem ersten Film Ringo Starr dargestellt hatte. 1976 ging er wieder zum Theater. 1978 produzierte er Lonnie Donegans Album »Puttin' On The Style«, mit dem dieser ein Comeback versuchte. 1979 sah man Adam in »Yesterday's Hero« – dieses Mal als Fußballmanager. 1980 war er neben Roger Daltrey in dem Film »McVicar« zu sehen, der auf der wahren Geschichte des Ausbrecherkönigs John McVicar beruhte. Seit 1991 war Faith auch als Finanzberater bekannt, hatte eine eigene Firma, saß in einem Aufsichtsrat und schrieb eine wöchentliche Kolumne mit Tipps für Geldanleger in der britischen Zeitung ›The Mail On Sunday‹. Sein erfolgreichstes Album war seine erste Notierung in diesen Charts: »Adam« (11/60 GB-LP 6).

What Do You Want? (11/59 GB 1)
Poor Me (1/60 GB 1)
Someone Else's Baby (4/60 GB 2)
When Johnny Comes Marching Home/Mad You (6/60 GB 5)
How About That (9/60 GB 4)
Lonely Pup (In A Christmas Shop) (11/60 GB 4)
Who Am I/This Is It! (2/61 GB 5)
The Time Has Come (10/61 GB 4)
As You Like It (5/62 GB 5)

Don't That Beat All (8/62 GB 8)
The First Time (9/63 GB 5)
Pop

Faith No More

MIKE BORDIN d (USA, * 27. 11. 1962 in San Francisco), RODDY BOTTUM key (USA, * 1. 7. 1963 in Los Angeles/Kalifornien), BILL GOULD b (USA, * 24. 4. 1963 in Los Angeles/Kalifornien), JOHN HUDSON g (USA), JIM MARTIN g (USA, * 21. 7. 1961 in Oakland/Kalifornien), CHUCK MOSELY v (USA), MIKE PATTON v (USA, * 27. 1. 1968 in Eureka/Kalifornien)
Dieses Hard-Rock-Quintett aus San Francisco kam Mitte des Jahres 1990 mit dem Millionseller »Epic« erstmals in die amerikanische Hitparade. Gegründet wurde die Band bereits 1980. 1983 kam als Sänger Chuck Mosely, ein Freund von Bill Gould, in die Band. 1984 erhielten sie einen Plattenvertrag, 1985 erschien die erste LP von Faith No More. Nach einer weiteren LP, »Introduce Yourself«, die Rap und Heavy Rock mixte, kam man zu der Erkenntnis, dass Mosely wohl nicht der richtige Sänger sei. Die Gruppe warf ihn raus und fand im November 1988 Mike Patton. Die dritte LP der Band hieß »The Real Thing« (2/90 US-LP 11, GB-LP 30), und darauf war der erste Singlehit »Epic« zu finden. »I'm Easy« war ein Nachzieher des Commodores-Hits »Easy«. Als neuer Gitarrist tauchte 1997 John Hudson auf. Am 21. 4. 1998 löste sich die Gruppe wegen ›musikalischer Differenzen‹ auf. Ihre weiteren Erfolgsalben waren »Angel Dust« (6/92 GB-LP 2, D-LP 8, 7/92 US-LP 10), »King For A Day/Fool For A Lifetime« (3/95 GB-LP 5, D-LP 8, 4/95 US-LP 31) und »Album Of The Year« (6/97 GB-LP 7, D-LP 2).

Epic (6/90 US 9)
Midlife Crisis (6/92 GB 10)
I'm Easy/Be Aggressive (1/93 GB 3)
Hard Rock, Rock

Faithfull, Marianne

MARIANNE FAITHFULL v (Großbritannien, * 29. 12. 1946 in Hamstead/London)
Ihre Karriere begann, nachdem die Tochter einer österreichischen Baronesse und eines Literatur-Professors und ehemalige Klosterschülerin den Produzenten Andrew Loog Oldham kennen gelernt hatte. Der machte sie mit den Rolling Stones bekannt. Deren Titel »As Tears Go By« wurde 1964 Mariannes erste Single. Ihre Alben zeigten eine ausgewogene Mischung aus Folk und Rockmusik, mit Material von z. B. Tim Hardin, Jacques Brel oder Donovan. Ihre ungesunde Beziehung zu Mick Jagger dämpfte jedoch stark ihren künstlerischen Ehrgeiz. Ab 1966 war sie für fast vier Jahre fest mit Mick Jagger liiert und verlegte sich mehr und mehr auf die Schauspielerei. So spielte sie 1968 neben Alain Delon in dem Film »Girl On A Motorcycle«. Im Mai 1969 wurden Faithfull und Jagger in ihrem Haus in London wegen Drogenvergehen festgenommen. Mitte 1969 waren die beiden in Australien, um den Film »Ned Kelly« zu drehen. Marianne war Co-Star neben Mick Jagger. Zwischen ihr und ihm schien es jedoch etliche Schwierigkeiten gegeben zu haben. Noch während der Dreharbeiten unternahm sie einen Selbstmordversuch und wurde rausgeworfen. 1975 erschien nach einer langen Pause »Dreaming My Dreams«, eine Komposition von Waylong Jennings. Die Platte wurde zwar Nummer 1 in Irland, jedoch kein Hit in GB. Erst im März 1978 erschien eine neue LP von ihr, die aber auch nicht erfolgreich war. 1979 heiratete sie den Bassisten Ben Brierly, Mitglied in der Punkgruppe Vibrators. Im Dezember 1979 erschien mit »Broken English« (2/80 D-LP 4) nach langer Zeit wieder eine hervorragende LP von ihr. Ihre einst klare Stimme klang jetzt rau und heiser. Daraus ausgekoppelt: »The Ballad Of Lucy Jordan«. In den 80er Jahren kümmerte sie sich zunehmend um

ihre Theaterengagements. Am 25./26. November 1989 nahm sie in der St. Ann's Cathedral in Brooklyn das Live-Album »Blazing Away« auf. Bei der Wiederaufnahme ihrer alten Songs wird der Gegensatz zwischen ihrer müden Intonation – die künstlerisch ausgesprochen interessant ist – und dem früheren Optimismus besonders deutlich, quasi eine Spiegelung ihres Lebens. Anfang 1994 nahm das London Symphony Orchestra einige große Erfolge der Rolling Stones auf. Neben Mick Jagger sang auch Marianne Faithfull mit. Im selben Jahr schaffte sie mit dem Film »When Pigs Fly« im Sommer den Durchbruch als ernsthafte Schauspielerin und veröffentlichte im Herbst ihre Autobiografie. Anfang 1995 war sie mit der Nummer »Love Is Teasin'« auf dem Album »The Long Black Veil« der Gruppe Chieftains zu hören – es ist eine der besten Nummern auf dieser Platte, auf der neben ihr Gastmusiker wie Sting, Mick Jagger, Van Morrison, die Rolling Stones oder Tom Jones zu hören sind. Ebenfalls Anfang 1995 erschien mit »The Secret Life« wieder ein neues Album von Marianne. Besonders herausragend war die Nummer »Flaming September«. Ende März widmete das ›Zeit-Magazin‹ Marianne die Titelgeschichte unter der Überschrift ›Wie Phönix aus der Asche‹. 1996 – inzwischen wurde sie schon als die Grande Dame des Rock 'n' Roll bezeichnet – kam wieder ein neues Album von ihr mit dem Titel »20th Century Blues«. Darauf Lieder von Kurt Weill, Noel Coward und Friedrich Holländer. Und auch hier wieder viel Lob von der Kritik, aber keine Spuren in den Charts. Das gelang ihr als Gast der Gruppe Metallica: Die hatten mit dem Album »Reload« im Herbst 1997 einen Knüller. Das Album schoss am 1. 12. 1997 von 0 auf 1 in der deutschen LP-Hitparade. Auf der Singleauskopplung »The Memory Remains« war als Gastsängerin Marianne Faithfull zu hören. Ihr erfolgreichstes Album war ihr Erstes: »Marianne Faithfull« (6/65 GB-LP 12, US-LP 12).

1999 veröffentlichte Marianne das Album »Vagabond Ways«, im Frühjahr 2002 »Kissin Time«. Als Gäste sind darauf Beck (»Sex With Strangers«, »Like Being Born«, »Nobodys Fault«), der Ex-Smashing Pumpkins-Kopf Billy Corgan (»Im On Fire«, »Wherever I Go«, »Something Good«) und der Pulp-Sänger Jarvis Cocker (»Sliding Through Life On Charm«) zu hören. Zu acht der elf Songs stammt der Text aus Marianne Faithfulls Feder, produziert wurden die Stücke in Paris, Los Angeles und London.

As Tears Go By (8/64 GB 9)
Come And Stay With Me (2/65 GB 4)
This Little Bird (5/65 GB 6)
Summer Nights (7/65 GB 10)
The Ballad Of Lucy Jordan (2/80 D 5)
Pop

Faithless

SISTER BLISS key (Großbritannien), JAMIE CATTO v (Großbritannien, * 14. 8. 1968 in London), DIDO v (Großbritannien, * 25. 12. 1971 als Dido Armstrong in London), MAXI JAZZ rap (Großbritannien, * 14. 6. 1957 als Maxwell Fraser), ROLLO key (Großbritannien, * 8. 5. 1969 als Armstrong)

1995 schloss sich diese Formation zusammen. Mit Ausnahme von Jamie Catto hatten sie bereits eine mehr oder weniger große Hitparadenerfahrung. Sister Bliss stand im Herbst 1994 mit »Cantgetaman Cantgetajob (Life's A Bitch)« auf Platz 31 in GB. Sie sang diesen Titel zusammen mit der Amerikanerin Colette. Rollo hatte zu Hause in seinem Schlafzimmer mit zwei Freunden den Titel »Don't You Want Me« aufgenommen, der unter dem Interpretennamen Felix erschien. Seine Produktions- und Mixfähigkeiten stehen außer Frage. So wurden »Fairground« von

Simply Red, »Dreamer« von Livin' Joy oder »Dreams« von Gabrielle erst durch seine Mixarbeit zu Nummer-1-Hits. Er gilt als einer der gefragtesten Produzenten und Remixer der Welt. Maxi Jazz hatte bereits 1984 das Soul Food Café Sound System entwickelt, mit dem er durch die Lande zog. Daraus wurde die Soul Food Café Band, die zusammen mit Jamiroquai, Soul II Soul oder Galliano auftrat. 1992 hatte Maxi sein eigenes Label Namu Records gegründet. Dazwischen dann also Jamie Catto, für den »Across The Universe« von den Beatles der perfekteste Song ist, ›den je ein Ohr vernommen hat‹. Die erste Hitnotierung von Faithless war »Salva Mea (Save Me)«. Nachfolger war »Insomnia« – auf beide Titel wurden die Briten erst aufmerksam, nachdem die Platten sich in Deutschland zum Hit entwickelt hatten. Alle Titel erscheinen auf dem Label Cheeky, dessen Besitzer Rollo ist. Die Musik von Faithless einzusortieren, ist schwer. Dazu Jamie Catto: ›Die Leute tun sich scheinbar ungeheuer schwer damit, uns in eine Schublade zu stecken, dabei ist doch nichts einengender als die Reduzierung auf nur einen Stil, den man bis zum Gehtnichtmehr aussaugt. Wir landen immer wieder beim guten, alten Popsong – ganz egal, in welchem Sound der sich auch präsentiert.‹ Als Ende April 1997 auch noch der Titelsong des Albums als Single erschien, kam auch »Reverence« (11/96 GB-LP 26) in die britischen Top 10. Mit »Sunday 8PM« (10/98 GB-LP 10, D-LP 6) kam im September 1998 das nächste Album. Daraus ausgekoppelt die Single »God Is A DJ«. Zu Faithless gehörte zwischendurch auch mal Dido, die Schwester von Rollo. Sie sang z. B. 1996 die Lead-Stimme bei »Flowerstand Man«. Dido erhielt in den USA 1997 einen Solovertrag von Clive Davis und seinem Arista-Label. Faithless kam 2001 mit dem Album »Outrospective« (6/01 GB-LP 4, 7/01 D-LP 3).

Insomnia (5/96 D 2)
Salva Mea (Save Me) (9/96 D 5; 12/96 GB 9)
Insomnia (Remix) (10/96 GB 3)
Reverence (4/97 GB 10)
God Is A DJ (9/98 D 2, GB 6)
We Come 1 (6/01 GB 3)
Pop

Siehe auch: Dido; Felix

Falco

FALCO v, b (Österreich, * 19. 2. 1957 als Johann Hölzel in Wien, † 6. 2. 1998)
Falco begann als Bassist bei der österreichischen Gruppe Drahdiwaberl. Mit ihr nahm er den Song »Ganz Wien« auf, der für einige Aufregung sorgte. Die Behauptung, ganz Wien stünde unter Kokain, scheint auch ein wenig übertrieben. Ab 1980 machte Falco Soloplatten, und mit dem Titel »Der Kommissar« hatte er im Frühjahr 1982 seinen ersten Hit. Die britische Gruppe After The Fire erreichte mit dem Song Platz 5 in den USA. Seinen größten Knüller landete Falco mit »Rock Me Amadeus«, einer Komposition von ihm und den beiden Bolland-Brüdern. Diese seltsame Mixtur aus englischen und deutschen Brocken gefiel den Amerikanern über alle Maßen. »Vienna Calling« erschien als nächste Single und erreichte im April 1986 in den amerikanischen Charts Platz 18. Auf der Hülle zum Nachfolgehit »Jeanny, Part I« war zu lesen: ›Jeanny ist ein Liebeslied. So ist es konzipiert und durchgeführt. Der erste Teil auf der LP FALCO 3 endet mit Absicht an einem Punkt, der beim Zuhörer Spekulationen auslöst und die Fortsetzung offenlässt. Das ist beabsichtigt und erwünscht.‹ Nicht nur die Zuhörer spekulierten, auch die Rundfunkredakteure. Und weil sie keine vernünftigen Antworten fanden, spielten sie die Platte vorsichtshalber nicht. Trotzdem wurde es eine Nummer 1 in Deutschland. Journalisten zu verblüffen und zu provozieren muss zu den heimli-

chen Lieben von Falco gehört haben. Und wenn die nicht dran waren, dann die Politiker. In »The Sound Of Music« haute er seinen Landsmann Waldheim in die Pfanne. Und als die Diskussionen über Jeanny abebbten, schob er »Coming Home (Jeanny, Part 2, ein Jahr danach)« nach. »Wiener Blut« war die vorerst letzte Platte von ihm, die unter die ersten 10 kam. Seine erfolgreichsten Alben waren »Falco 3« (10/85 D-LP 2, 3/86 US-LP 3, 4/86 GB-LP 32), »Emotional« (11/86 D-LP 1) und »Wiener Blut« (9/88 D-LP 9). Längere Zeit hörte man nichts mehr von Falco, dann tauchte im Frühjahr 1996 in der deutschen Hitparade der Titel »Mutter, der Mann mit dem Koks ist da« auf. Auf der ursprünglichen Platte war als Interpret T>MA aufgeführt. Erst nachdem sie dann in den Charts bis auf Platz 11 geklettert war, kamen Remixe, auf denen als Interpret T>MA a.k.a. Falco genannt wurde. Ein Nachzieher dieses Projektes hinterließ keine Spuren. Wieder als Falco kam »Naked« im August 1996 in die deutschen Charts und erreichte Platz 50. Ende des Jahres siedelte er in die Dominikanische Republik über, um dort ein Aufnahmestudio einzurichten. Am 6. Februar 1998 stieß sein Wagen dort in Puerto Plata mit einem entgegenkommenden Fahrzeug zusammen und Falco wurde bei diesem Unfall getötet. Posthum erschien das Album »Out Of The Dark – Into The Light« (3/98 D-LP 3) und die gleichnamige Single. Es folgten noch »Falco – The Hit-Singles« (6/98 D-LP 7) und »The Final Curtain – The Ultimative Best Of Falco« (3/99 D-LP 2).

Der Kommissar (2/82 D 1)
Rock Me Amadeus (6/85 D 1; 2/86 GB 1, US 1)
Vienna Calling (9/85 D 4; 3/86 GB 10)
Jeanny, Part 1 (12/85 D 1)
The Sound Of Musik (7/86 D 4)
Coming Home (Jeanny, Part 2) (10/86 D 1)
Wiener Blut (8/88 D 9)
Out Of The Dark (Into The Light) (3/98 D 2)
Egoist (9/98 D 4)
Neue Deutsche Welle, Pop, Schlager

Faltermeyer, Harold

HAROLD FALTERMEYER key (Deutschland, * 5. 10. 1952 in München)
Der Münchener arbeitete über viele Jahre als Studiomusiker, Songschreiber, Arrangeur und Produzent. Er war Tastenspieler bei Konstantin Wecker, Amanda Lear, Giorgio Moroder, Donna Summer oder Laura Branigan. 1978 war es der inzwischen in den USA ansässige und erfolgreich arbeitende Giorgio Moroder, der ihn nach Los Angeles holte, wo die beiden an so erfolgreichen Soundtracks wie »Midnight Express« und »American Gigolo« arbeiteten. Einmal in den USA, baten nun Künstler wie Barbra Streisand, Blondie, Cheap Trick oder Patti LaBelle um Harolds Mitarbeit, bevor ihm mit »Axel F« 1985 ein Hit unter seinem Namen gelang. Das Stück stammte aus dem Erfolgsfilm »Beverly Hills Cop« mit Eddie Murphy, der darin Axel Foley spielte. Harold Faltermeyer wurde mit diesem Titel 1985 für einen Grammy nominiert, der dann aber schließlich an Jan Hammer und sein »Miami Vice Theme« ging. Ein Jahr später erhielt Harold dann einen Grammy für »Top Gun Anthem« aus dem Film »Top Gun«. Harold gilt als profilierter Produzent.

Axel F (3/85 US 3; 5/85 GB 2, D 2)
Dance, Instrumental

Fame, Georgie

GEORGIE FAME v, p (Großbritannien, * 26. 6. 1943 als Clive Powell in Leigh/ Lancashire)
Fame gilt als einer der besten Rhythm-&-Blues-Interpreten in GB. Sein Plattendebüt gab er als Pianist auf »Pistol Packin' Mama« von Gene Vincent. 1961 wurde er Mitglied in Billy Furys Begleitgruppe, den Blue Flames. 1962, mittlerweile ohne Fury, expandierten die Blue Flames von vier auf sieben Musiker und spielten Jazz-Rock mit Bläsern, Georgie versuchte sich

nun als einer der ersten in ganz London auf der Hammondorgel. Er hatte Booker T. und Jimmy McGriff auf diesem Instrument gehört. 1963 erhielten die Blue Flames einen Plattenvertrag, und als Debütalbum erschien »Rhythm And Blues At The Flamingo« (1/65 GB-LP 8). 1964 erschien das zweite Album, »Fame At Last«, und jetzt zeigte sich, dass die Gruppe eine geschickte Mixtur aus afrokubanischer Musik, Blue Beat und frühem Ska machte. Bei den Singlehits »Yeh Yeh« und »Get Away« waren als Interpreten auf der Plattenhülle Georgie Fame & The Blue Flames angegeben. 1967, nun ohne Blue Flames, machte Georgie, wie die Plattenfirma sinnigerweise auf der Hülle vermerkte, die ›lyrische Gangsterballade zum gleichnamigen Warner-Brothers-Film‹, »The Ballad Of Bonnie And Clyde«. Seine erfolgreichsten Alben waren »Sweet Things« (5/66 GB-LP 6) und »Sound Venture« (10/66 GB-LP 9). 1971 tat sich Georgie mit einem anderen Veteranen der britischen R&B-Musik, mit Alan Price, zusammen und veröffentlichte die LP »Fame And Price, Price And Fame Together«. Die gemeinsame Single »Rosetta« kam im Frühjahr 1971 auf Platz 11 in GB. In den folgenden Jahren trat er immer wieder mit großen Orchestern oder Big Bands auf, war in zahllosen Fernsehsendungen zu sehen, machte TV-Werbung und stellte immer wieder Bands zusammen, die er Blue Flames nannte. 1989 spielte er auf Van Morrisons Album »Avalon Sunset« und ging mit ihm auf Tournee. 1991 erschien die LP »Cool Cat Blues«, auf der Van Morrison, Boz Scaggs, Steve Gadd, Richard Tee und Robben Ford mitspielten. 1992 kam er mit »The Blues And Me«, dieses Mal machten unter anderem Dr. John, Ben Sidran, Hugh McCracken und Stanley Turrentine mit.

Yeh Yeh (12/64 GB 1)
Get Away (6/66 GB 1)
The Ballad Of Bonnie And Clyde (12/67 GB 1; 2/68 D 9, US 7)
Beat, Bluebeat, Rhythm & Blues

Family

TONY ASHTON v, key (Großbritannien, * 1. 3. 1944 in Blackburn/Lancashire, † 28. 5. 2001), ROGER CHAPMAN v (Großbritannien, * 8. 4. 1942 in Leicester), JIM CREGAN g, b (Großbritannien, * 9. 3. 1946), RICK GRECH b, vln (Frankreich, * 1. 11. 1945 in Bordeaux, † 17. 3. 1990), JIM KING sax, fl (Großbritannien, * 5. 5. 1942 in Kettering/Northamptonshire), POLI PALMER key (Großbritannien, * 25. 5. 1943 als John), ROB TOWNSEND d (Großbritannien, * 7. 7. 1947 in Leicester), JOHN WEIDER b (Großbritannien, * 21. 4. 1947), JOHN WETTON v, b (Großbritannien, * 12. 7. 1949 in Derby), CHARLIE WHITNEY g (Großbritannien, * 24. 6. 1944 in Leicester)

1962 gründete Charlie Whitney die Gruppe Farinas. 1964 machten sie ihre ersten Plattenaufnahmen, 1967 änderten sie ihren Namen in Family, und jetzt war Roger Chapman Sänger dieser Formation. Ihre erste Single hieß »Scene Through The Eye Of A Lens«, die im September 1967 erschien und sich nicht verkaufte. Im Juli 1968 kam »Music In A Doll's House« (8/68 GB-LP 35) und damit ein erster Erfolg. Produzent der Platte war Dave Mason von Traffic. Im Vorprogramm von Tim Hardin traten sie erstmals in der Royal Albert Hall auf. Im April 1969 ging Rick Grech zu Blind Faith. Für ihn kam John Weider. Im Oktober desselben Jahres verließ Jim King die Band, für ihn kam John Palmer. Im Juni 1971 ging Weider, um Stud zu gründen. Sein Ersatz wurde John Wetton. Ende 1972 verließen Palmer und Wetton Family, um als Studiomusiker bzw. als Mitglied von King Crimson weiterzuspielen. Für die beiden kamen Tony

Ashton und Jim Cregan. Im Laufe der Jahre sollten etliche sehr gute LPs von Family erscheinen, die zumindest in GB auch recht erfolgreich waren:
»Family Entertainment« (3/69 GB-LP 6), »A Song For Me« (2/70 GB-LP 4) und »Anyway« (11/70 GB-LP 7). Die einzigen Singlehits wurden »The Weaver's Answer« (8/70 GB 11), »In My Own Time« und »Burlesque« (9/72 GB 13). Im Oktober 1973 fiel Family auseinander. Chapman und Whitney gründeten Streetwalkers, bevor sie Solokarrieren starteten. Als Sänger für Mike Oldfield hatte Chapman den Hit »Shadow On The Wall«, im Herbst 1983 Platz 4 in Deutschland. Cregan ging zu Cockney Rebel und dann zur Band von Rod Stewart. Ashton und Townsend spielten zusammen mit Medicine Head.

In My Own Time (7/71 GB 4)
Rock

Family Dogg

ALBERT HAMMOND v, g (Großbritannien, * 18. 5. 1942 in London), MIKE HAZELWOOD (Großbritannien, † 6. 5. 2001), STEVE ROWLAND (Großbritannien)
Diese eher als Studioformation zu bezeichnende Gruppe kam 1969 zusammen. Rowland hatte bereits eine Karriere als Filmemacher, Schauspieler und Plattenkünstler hinter sich und dann eine Produktionsfirma gegründet, die sich um Künstler wie Dave Dee, Dozy, Beaky, Mick And Tich, Herd, P. J. Proby oder die Magic Lanterns kümmerte. Obwohl Hammond und Hazelwood ein ausgezeichnetes Songschreiberteam bildeten, hatte Family Dogg ihren einzigen Hit mit einer Nummer von Cook und Greenaway: »Way Of Life«. Alle weiteren Single-Versuche scheiterten. Danach zeichnete sich die Formation vor allem durch den schnellen Wechsel der Musiker um Hammond, Hazelwood und Rowland aus, und auch die drei waren vorrangig mit anderen Projekten beschäftigt. So fiel diese Gelegenheitsformation dann auch Anfang der 70er Jahre wieder auseinander.

Way Of Life (5/69 GB 6)
Soft Pop

Siehe auch: Hammond, Albert

Family Stand

PETER LORD v, key (USA), VERRON JEFFREY SMITH sax (USA), SANDRA ST. VICTOR v (USA)
Das Trio aus New York verschmolz auf seinen Platten Rhythm & Blues bis Hip-Hop, Rock bis Jazz. Alle drei Künstler hatten bereits als Studiomusiker gearbeitet. Smith spielte in den 80er Jahren als Saxophonist für Carly Simon, James Ingram, Freddie Jackson, Melba Moore oder Jellybean. Lord ist auf Alben von Miki Howard und Donna Allen zu finden, Sandra war als Backgroundsängerin für Chaka Khan und andere Künstler unterwegs. »Ghetto Heaven« blieb bisher der einzige Erfolg der Family Stand. Im Januar 1998 kam der Titel in einem Remix von Jeff Ishmael erneut auf Platz 30 in GB.

Ghetto Heaven (3/90 GB 10)
HipHop, Rhythm & Blues

Fancy

FANCY v (Deutschland, * 7. 7. 1946 als Manfred Alois Segieth in München)
Zwei verschiedene Interpreten bzw. Gruppen firmierten unter diesem Namen. Einmal ein britisches Quartett, das sich Anfang der 70er Jahre darauf spezialisierte, Oldies neu aufzupolieren. So gelangen dieser Gruppe zwei Achtungserfolge in den USA: »Wild Thing« (6/74 US 14) – es war die Coverversion des Troggs-Hits – und »Touch Me« (10/74 US 19).
Der Fancy, der hier in dieses Buch gehört,

weil er einen Hit unter den ersten 10 einer Hitparade hatte, sang als Tess Teigis deutsches Schlagergut, war damit aber nicht erfolgreich. Ab 1984 nannte er sich Fancy. Er orientierte sich, auch was sein Outfit betraf, stark an Steven Strange bzw. dessen Formation Visage. Mit »Chinese Eyes« erreichte Fancy die Top 10. Über die Grenzen kam er mit seinen Disko-Billigproduktionen nie hinaus. 1998 wurden seine Nummern neu gemixt – als »Mega Mix '98« (7/98 D 20) erreichte er wieder die Charts. Einen neuen Karriereanlauf nahm er Anfang 2002 mit dem Album »Locomotion« – daraus ausgekoppelt wurde eine Cover-Version des alten Roy-Orbison-Hits »Pretty Woman«.

Chinese Eyes (9/84 D 9)
Disko

Fantastic Johnny C

FANTASTIC JOHNNY C v (USA, * 28. 4. 1943 als Johnny Corley in Greenwood/South Carolina)
1967 – die Soulwelle war auf dem Höhepunkt, und Interpreten wie Arthur Conley, Wilson Pickett und Otis Redding hatten ihre große Zeit – entdeckte der Produzent, Songschreiber und Manager Jesse James, dessen richtiger Name James McClelland ist und der in den 60er Jahren selbst als Bluessänger Platten aufnahm, Johnny Corley, dessen Stimme sehr an Pickett erinnerte. In der Tat hätte der einzige Top-10-Erfolg von Fantastic Johnny C sehr wohl auch ein Hit für Pickett werden können: »Boogaloo Down Broadway«. 1968 hatte Fantastic Johnny C noch drei weitere Eintragungen in den US-Charts, dann ließ die Soulwelle nach, und er war schnell wieder vergessen.

Boogaloo Down Broadway (10/67 US 7)
Soul

Fantastics

JOHN CHEATDOM v (USA), DON HAYWOODE v (USA), RICHIE PITTS v (USA), JEROME RAMOS v (USA)
Don, Jerome und John waren Mitglieder bei der aus Brooklyn, New York City, stammenden Gruppe Velours, die es Ende der 50er Jahre zu zwei kleineren Hits in den USA brachte. Als Fantastics tauchten sie Anfang der 70er Jahre wieder auf und hatten mit »Something Old, Something New« einen Hit in GB. Das Quartett war, ähnlich wie die Drifters, eine der vielen amerikanischen Rhythm-&-Blues-Bands, die von jungen britischen Songschreibern und Produzenten Anfang der 70er Jahre aus der Versenkung geholt wurden. Wie die Drifters fanden sich auch die Fantastics auf dem Bell Label wieder, und auch hier waren es Cook, Greenaway und Macauley, die die Songs schrieben und produzierten. Die Zusammenarbeit der drei Briten mit den Drifters begann 1972. Möglich, dass sie aus diesem Grunde auf weitere Produktionen mit den Fantastics verzichteten.

Something Old, Something New (3/71 GB 9)
Rhythm & Blues

Fantastischen Vier

THOMAS D v (Deutschland, * 30. 12. 1968 als Thomas Dürr in Ditzingen), DEE JOT mix (Deutschland, * 11. 12. 1967 als Michael Beck in Stuttgart), SMUDO v (Deutschland, * 6. 3. 1968 als Michael Bernd Schmidt in Offenbach/Main), ANDY Y. syn (Deutschland, * 17. 11. 1967 als Andreas Rieke in Ludwigsburg)
Das erste Album des HipHop-Quartetts aus Stuttgart erschien 1991 und hieß »Jetzt geht's ab«. Richtig ab ging es dann ein Jahr später. Die Fantastischen Vier überraschten im Herbst 1992 die Deutschen mit »Die da!?!«. Der Text war witzig, und die dazugehörige LP »Vier gewinnt« zeigte, dass

Hip-Hop in deutscher Sprache durchaus möglich ist. Neben den witzigen Sachen schafften Die Fantastischen Vier es, in ihren Songs kritische Überlegungen anzustellen. Auch musikalisch zeigten sie mit ihrem dritten Album »Die 4. Dimension«, was sie drauf hatten. Allerdings: Titel wie »Tag am Meer« waren für die »Die-da!?!«-Fans musikalisch schon wieder zu kompliziert und »Zu geil für diese Welt«. 1994 nahm Smudo mit der Jazzkantine eine gute Produktion auf. 1995 kamen sie wieder mit einem gemeinsamen Album. »Lauschgift« transportierte mit »Sie ist weg« wieder eine Nummer 1 in den deutschen Charts. »Populär«, »Nur in deinem Kopf« und »Raus«, ebenfalls auf dem Album und als Singles ausgekoppelt, brachten es in den deutschen Charts wieder nur auf mittlere Positionen. Unter den vielen Rappern und Hiphoppern, die sich in den letzten Jahren in Deutschland und in deutscher Sprache versuchten, sind die Fantastischen Vier mit Abstand die Besten und Beständigsten. Die erfolgreichsten Alben: »4 gewinnt« (9/92 D-LP 3), »Lauschgift« (9/95 D-LP 2), »4:99« (5/99 D-LP 1), »MTV Unplugged« (11/00 D-LP 6).
Ab Herbst 1997 kam Thomas D. auch als Solist.

Die da!?! (9/92 D 2)
Sie ist weg (9/95 D 1)
MfG (4/99 D 2)
HipHop, Rap

Siehe auch: D, Thomas

Far Corporation

PETER BISCHOF v (Deutschland), CURT CRESS d (Deutschland, * 11. 8. 1952 in Schlierbach), JOHAN DAANSEN g, FRANK FARIAN v (Deutschland, * 18. 7. 1941 als Franz Reuther in Kirn/Nahe), BOBBY KIMBALL v (USA, * 29. 3. 1947 als Robert Toteaux), STEVE LUKATHER g (USA, * 21. 10. 1957 in Los Angeles/Kalifornien), ROBIN MCAULEY v, DAVID PAICH key (USA, * 25. 6. 1954 in Los Angeles/Kalifornien)
Mitte der 80er Jahre versuchte Frank Farian, verantwortlich für Erfolge von Boney M., Eruption oder Milli Vanilli, der Welt zu zeigen, dass er auch ein hervorragender Rockmusiker ist. Zusammen mit den oben genannten Musikern produzierte er eine LP mit Rock Classics. Eine Auskopplung daraus, Led Zeppelins »Stairway To Heaven«, erreichte die GB-Charts. Obwohl Far Corporation noch weitere gute Nummern veröffentlichte, so z. B. Mitte 1987 eine neue Version von Cockney Rebels »Sebastian«, gelang kein weiterer Erfolg mehr. Die Fülle von guten Musikern führte allerdings dazu, dass das ganze Projekt sehr bombastisch klang.

Stairway To Heaven (10/85 GB 8)
AOR (Adult Orientated Rock), Pop

Fardon, Don

DON FARDON v (Großbritannien, * 19. 8. 1943 als Donald Maughn in Coventry/West Midlands)
Don Fardon begann als Sänger in der Band Sorrows, die im Januar 1965 ihre erste Single veröffentlichte und die sich bis 1967 hielt. Ihr größter Erfolg war »Take A Heart« (9/65 GB 21). Im November 1967 erreichte Don mit einer Coverversion des Box-Tops-Hits »The Letter« in Deutschland Platz 34. Mitte 1968 kam Don mit der John-D.-Loudermilk-Komposition »(The Lament Of The Cherokee) Indian Reservation« bis auf Platz 20 in der amerikanischen Hitparade. Dann sollte es wieder zwei Jahre dauern, bis er in den Charts auftauchte: »Belfast Boy« kam im Frühjahr 1970 in die britische Hitparade und wurde Platz 32. Im Oktober 1970 kam »Indian Reservation«, der Titel, der zwei Jahre zuvor in den USA ein Hit war, nun in die britischen und wenig später

auch in die deutschen Charts. Don Fardons Fehler war, dass er immer wie eine Kopie von Joe Cocker klang.

Indian Reservation (10/70 GB 3; 1/71 D 9)
Beat, Pop

Fargo, Donna

DONNA FARGO v (USA, * 10. 11. 1949 als Yvonne Vaughan in Mt. Aire/North Carolina)
Yvonne war Englischlehrerin in Covina, Kalifornien, und trat nebenher in Clubs als Donna Fargo auf. 1969 machte sie ihre ersten Platten, 1972 gab sie ihr Lehramt auf, wohl auch weil ihre Platte »The Happiest Girl In The Whole U.S.A.« im Mai 1972 in die amerikanischen Popcharts kam, Platz 11 erreichte und ein Millionseller wurde. Die Nachfolgeplatte »Funny Face« wurde ebenfalls Millionseller in den USA. Bis 1975 hatte sie noch sechs weitere Eintragungen in den Popcharts. In der Country-Hitparade belegte sie sechsmal Platz 1 und war dort noch bis in die 90er Jahre verzeichnet. Donna gründete ihren eigenen Musikverlag. 1991 musste sie mit ihrem Mann Bankrott erklären. Seit 1978 ist sie an Multipler Sklerose erkrankt.

Funny Face (9/72 US 5)
Country, Pop

Farian, Frank

FRANK FARIAN v (Deutschland, * 18. 7. 1941 als Franz Reuther in Kirn/Nahe)
Nach einer Lehre als Koch gründete Farian 1962 seine erste Band, die er Schatten nannte. Mitte der 60er Jahre wandte er sich dann mehr der Soulmusik zu, machte mit seiner Band Coverversionen von US-Hits und nahm ab 1963 als Frankie Farian und die Schatten seine ersten Schallplatten auf. Anfang der 70er Jahre erfolgte der nächste Stilwechsel: Er verlegte sich auf Balladen. Sein größter Erfolg wurde »Rocky«. Schon damals bewies er, dass er den richtigen Riecher für jeweils angesagte Musikrichtungen hatte. Ab 1976 hatte er in Europa Erfolge mit Boney M. und der Diskogruppe Eruption. Alleine von der Nummer »Rivers Of Babylon« von Boney M. wurden 20 Millionen Singles verkauft. Ende der 80er Jahre kreierte er Milli Vanilli, die Anfang der 90er Jahre zugeben mussten, dass sie nicht selbst auf den Hitsingles gesungen hatten. Dass Frank mit Boney M. und Milli Vanilli mehrfacher Millionär geworden ist, wissen wir. Eine seiner erfolgreichsten Neuentdeckungen in der zweiten Hälfte der 90er Jahre dürfte das Trio No Mercy gewesen sein.

Rocky (2/76 D 1)
Deutscher Schlager, Pop

Siehe auch: Roberts, Austin; Milli Vanilli; Boney M.; No Mercy; Eruption; Far Corporation

Farlowe, Chris

CHRIS FARLOWE v (Großbritannien, * 13. 10. 1940 als John Henry Deighton in London)
Seinen Künstlernamen leitete Chris vom Jazzgitarristen Tal Farlowe ab. Er war gerade 13 Jahre alt, als er seine erste Band machte, die John Henry Skiffle Group. 1957 gewann er mit dieser Truppe die All England Championship. 1959 – inzwischen mehr an Rhythm & Blues und Rock 'n' Roll interessiert – gründete er die Thunderbirds. Ihr Profidebüt gaben sie, als sie für einen Monat in der Frankfurter Astoria Bar engagiert waren. Danach wurde Chris neben Musikern wie Eric Burdon, Zoot Money und Georgie Fame in Londons Rhythm-&-Blues-Zentrale, dem Flamingo Club in der Wardour Street, einer der Stars. An der Bar des Flamingos arbeitete ein gewisser Andrew Loog Oldham, der nebenberuflich Manager einer R&B-Gruppe aus Richmond war, die sich Rol-

ling Stones nannte. Er ließ Farlowe einen Vertrag unterschreiben und organisierte einen Plattenvertrag für ihn. 1962 veröffentlichte Farlowe für Decca die Single »Air Travel«. 1963/64/65 erschienen bei Columbia fünf Singles von ihm, die jedoch keinen Eindruck hinterließen. Im August 1965 erschien mit dem »Stormy Monday Blues« eine Single von ihm als Little Joe Cook. Viele, die diese Platte hörten, waren der Meinung, dass es sich hier um einen schwarzen amerikanischen Bluessänger handeln müsse. Im Oktober 1965 erhielt Chris einen Plattenvertrag bei Immediate Records, aber »The Fool«, produziert von Eric Burdon, wurde wieder ein Flop. Im Februar 1966 produzierte Mick Jagger Chris Farlowe und den Titel »Think« (2/66 GB 37). Die Nummer war eine Komposition von Jagger/Richard ebenso wie »Out Of Time«. Sein erfolgreichstes Album war »14 Things To Think About« (4/66 GB-LP 19). Im Mai 1968 lösten sich die Thunderbirds auf, Chris zog sich aus dem Musikgeschäft zurück und kümmerte sich um sein kleines Londoner Antiquitätengeschäft, das sich auf Memorabilia aus dem Zweiten Weltkrieg spezialisiert hatte. Im September 1970 kam er mit der Band Hill zurück. Danach wurde er Mitglied bei Colosseum. Im November 1971 sang er mit Atomic Rooster, danach tauchte er nur noch sporadisch – mal als Solist, mal mit einer Band – auf. 1988 war er der Sänger auf »Outrider«, einer Solo-LP von Jimmy Page. 1992 erschien die bemerkenswerte CD »Waiting In The Wings« mit neuem Material von Chris. Eine ganze Reihe von bekannten britischen Musikern half bei der Produktion, z. B. die Gitarristen Mickey Moody, Alvin Lee, Albert Lee oder Clem Clempson, die Bassisten Boz Burrell oder Leo Lyons und die Backgroundsängerinnen Vicky Brown und Sam Brown. Im Herbst 1997 erschien mit »Bread & Circuses« nach vielen Jahren wieder ein neues Studioalbum der Gruppe Colosseum. »Daughter Of Time« war 1970 die letzte LP dieser Gruppe gewesen. Leadsänger war damals wie 1997 Chris Farlowe. Neben ihm spielten Jon Hiseman, Dick Heckstall-Smith, Clem Clempson, Dave Greenslade, Mark Clarke, Chris Davis und Dave O'Higgins. 2000 behauptete er von sich, er sei so gut wie nie zuvor. Da hatte er sich gerade mal wieder von Colosseum getrennt.

Out Of Time (6/66 GB 1)
Pop, Rhythm & Blues, Rock

Farm

ROY BOULTER d (Großbritannien, * 2. 7. 1964 in Liverpool), STEVE GRIMES g (Großbritannien, * 4. 6. 1962 in Liverpool), PETER HOOTON v (Großbritannien, * 28. 9. 1962 in Liverpool), CARL HUNTER b (Großbritannien, * 14. 4. 1965 in Bootle), BEN LEACH key (Großbritannien, * 2. 5. 1969 in Liverpool), ANDY MCVANN d (Großbritannien), KEITH MULLEN g (Großbritannien), PHILLIP STRONGMAN b (Großbritannien)

Die Karriere von The Farm begann 1983 in Liverpool. Nach 22 personellen Umbesetzungen stand 1989 folgende Line-up fest: Hooton, Grimes, Leach, Mullen, Hunter. Die musikalische Richtung der Band brachte Gitarrenmusik in der Tradition englischer Gruppen wie Jam, Clash oder XTC, das Ganze unterlegt mit einem modernen treibenden Groove. Peter Hooton über die Anfangsjahre: ›Damals bezeichneten die Leute unsere Musik als Ska meets Dexy's Midnight Runners.‹ 1985 schon hatte Farm mit »Hearts And Minds« einen erste Notierung in der britischen Indie-Hitparade. Der große Erfolg kam mit »Groovy Train«. Nach 1991 kam es zu Umbesetzungen in der Band. Von der Urbesetzung blieben nur Hooton und Grimes. Gut bekommen ist es der Band nicht, denn die Erfolge ließen nach. Zusammen mit Pete Wylie hatten sie den Hit »Sinful!« (4/91 GB 29) – und wieder als Gruppe »Don't You Want Me« (10/91 GB 18). Das erfolgreichste Album war »Spartacus« (3/91 GB-LP 1).

Groovy Train (9/90 GB 6)
All Together Now (12/90 GB 4; 2/91 D 5)
Pop, Rock

Farnham, John

JOHN FARNHAM v (Großbritannien, * 1. 7. 1949 in Dagenham/Essex)
Mit sechs Jahren sang John bei Benefizveranstaltungen, mit zehn zog er mit seinen Eltern nach Melbourne, Australien. Mit sechzehn begann er dort eine Klempnerlehre. Die ganzen Jahre über sang er nebenher bei Schul- bzw. später bei Tanzveranstaltungen. 1965 wurde John für zwei Jahre der Leadsänger der Strings. Nächste Station seiner Karriere waren Auftritte in einer täglichen Fernsehsendung – und dort fiel er David McKay, einem Produzenten der Plattenfirma EMI, auf. Zuerst sang John nun für eine Werbekampagne, nach einer Privatvorstellung vor McKay bekam er dann einen Plattenvertrag. McKay wollte nun unbedingt, dass John einen Titel aufnahm, der in England kein Hit geworden war: »Sadie The Cleaning Lady«. John erinnerte sich später, dass er den Song auf keinen Fall machen wollte, er mochte ihn nicht und hielt ihn für dumm. Trotzdem vertraute er auf McKays Riecher und nahm den Titel im Oktober 1967 gehorsam auf – er wurde in Australien eine Nummer 1 und die bis dahin meistverkaufte australische Platte. John Farnham wurde über Nacht populär, und zwar nicht nur bei den Teenies, sondern auch bei deren Eltern. Er war der Typ, der der ganzen Familie gefiel. Dieser Hit war kein Zufallstreffer. Zwischen 1967 und 1972 folgten weitere zwölf Singles und sechs LPs mit Goldstatus. Darüber hinaus strich er sämtliche australischen Musikpreise ein, die ein Sänger gewinnen kann. Nebenher spielte er in diversen Fernsehproduktionen als Schauspieler und auch in verschiedenen Musicals mit. Im Februar 1982 kam John als Ersatz für den ausscheidenden Leadsänger Glen Shorrock zur australischen Formation Little River Band, bei der er bis 1987 blieb. »The Other Guy« 1982 und »We Two« 1983 waren auch in den USA erfolgreiche Singles. Ab 1987 machte John wieder Soloplatten und hatte Erfolg mit »You're The Voice«. Speziell in Deutschland verfügte er über einen großen Stamm von Fans. »Age Of Reason« wurde im September 1988 ein Platz 20 in der Hitparade. 1993 veröffentlichte er die CD »Then Again...«, die in Australien 230 000-mal verkauft wurde und damit dreifachen Platinstatus erhielt. Es war zugleich das meistverkaufte Album des Jahres 1993 in Australien. Die Auskopplung »Seemed Like A Good Idea (At The Time)« kam in Deutschland nur knapp unter die ersten 60. Sein erfolgreichstes Album, das von dem Singlehit »You're The Voice« profitierte, hieß »Whispering Jack« (3/87 D-LP 4, 7/87 GB-LP 35).

You're The Voice (3/87 GB 6, D 1)
AOR (Adult Orientated Rock)

Siehe auch: Littler River Band

Farris, Dionne

DIONNE FARRIS v (USA, in Bordentown/ New Jersey)
Zusammen mit Arrested Development hatte Dionne ihre ersten Erfolge – sie sang den Titel »Tennessee«, für den die Band einen Grammy gewann. Kein Wunder, dass Dionne diesen Erfolg zum Anlass nahm, sich als Solistin zu etablieren. Die Nummer »I Know« kam Anfang 1995 in die US-Charts und wurde gleich ein Top-10-Hit. Kurz danach erschien ihr Debüt-Album »Wild Seed – Wild Flower« – für einen weiteren Singlehit reichte es nicht.

In GB kam die Platte bis auf Platz 41, in Deutschland auf 59.

I Know (1/95 US 4)
Pop, Rhythm & Blues

Siehe auch: Arrested Development

Fat Boys

MARK »PRINCE MARKIE DEE« MORALES rap (USA, * 19. 2. 1960 in Brooklyn/New York City), DARREN »THE HUMAN BEAT BOX« ROBINSON rap (USA, * 10. 6. 1967 in Brooklyn/New York City, † 10. 12. 1995), DAMON »KOOL ROCKSKI« WIMBLEY rap (USA, * 4. 11. 1966 in Brooklyn/New York City)

Die drei wurden ihrem Namen sehr gerecht. Zusammen genommen wogen die drei Jungs 750 Pfund. 1983 gewannen sie einen Rap Contest, der von der Produktionsfirma Tin Pan Apple ausgerichtet wurde. Noch im selben Jahr erschien als Debütplatte die EP »Reality«. Bis zu diesem Zeitpunkt nannten sie sich noch Disco 3. Als Mitte 1984 ihre Single »Fat Boys« in die amerikanischen Rhythm-&-Blues-Charts einstieg, benannten sie sich nach diesem ersten Erfolg. 1987 spielten sie mit in dem Film »Disorderlies«. Im selben Jahr hatten sie einen Hit mit der alten Surfnummer »Wipeout« (7/87 US 12, 10/87 D 30), auf der die Beach Boys mitspielten. Mitte 1988 nahmen sie sich den größten Hit von Chubby Checker, »The Twist«, vor und machten daraus »The Twist (Yo, Twist)« (6/88 US 16). Leadsänger des Stückes war Chubby Checker himself. Zur Feier des 70. Geburtstages von Nelson Mandela im Londoner Wembley-Stadion traten die Fat Boys zusammen mit Checker auf. Ihr erfolgreichstes Album war »Crushin'« (6/87 US-LP 8). Darren Robinson starb 1995. Todesursache: Herzstillstand.

Wipeout (8/87 GB 2)
The Twist (Yo, Twist) (6/88 D 1, GB 2)
Disko, Rap, Twist

Siehe auch: Checker, Chubby; Beach Boys

Fat Joe

FAT JOE rap (USA, als Joseph Cartagena in Bronx/New York City)

Der Sohn puertorikanischer/kubanischer Eltern hatte Ende 1993 mit »Flow Joe« seine erste Platte in den US-Charts. Während der 90er Jahre dümpelte er mit seinen Aufnahmen in den unteren Bereichen der Pop-Charts. Das Album »Don Cartagena« (9/98 US-LP 7) brachte ihm den Durchbruch. Als Gast von Brandy war er auf einem Remix ihres Titels »Top Of The World« zu hören. 1999 gründete er zusammen mit Big Punisher, Cuban Link, Armageddon, Prospect und Triple Seis Terror Squad. Die veröffentlichten als erstes Album »Terror Squad: The Album« (10/99 US-LP 22). Jennifer Lopez veröffentlichte mit Fat Joe und Big Pun den Titel »Feelin' So Good« (4/00 GB 15). Mit dem Gast R. Kelly gelang Fat Joe der Hit »We Thuggin'« (10/01 US 15). Ende 2001 kam Fat Joe mit dem Album »J.O.S.E.: Jealous Ones Still Envy«. Bei »What's Luv« wurde als Gast Ashanti genannt.

What's Luv? (2/02 US 5)
Rap

Fat Larry's Band

ART CAPEHART tr, fl (USA), TED COHEN g (USA), DARRYL GRANT per (USA), FAT LARRY JAMES d (USA, * 2. 8. 1949 in Philadelphia/Pennsylvania, † 5. 12. 1987), DOUG JONES sax (USA), LARRY LABES b (USA), JIMMY LEE sax, pos (USA), ERSKINE WILLIAMS key (USA)

Auch in diesem Fall ist der Name Fat Larry's Band Programm. Der Sänger und Schlagzeuger der nach ihm benannten Band brachte ein gutes Schlachtgewicht auf die Waage. Seit Anfang der 70er Jahre machte die Gruppe aus Philadelphia richtungweisende Disomusik. 1976 erschien die Debüt-LP »Feel It«, auf der sich mit »Center City« (7/77 GB 31) ihre erste Hitnotierung befand. »Zoom« wurde ihr größter Erfolg.

Zoom (9/82 GB 2)
Disko, Rhythm & Blues

Fat Les

KEITH ALLEN v (Großbritannien), DAMIEN HIRST v (Großbritannien), ALEX JAMES v, b (Großbritannien, * 21. 11. 1968 in Dorset), ROLAND RIVRON d (Großbritannien)
Kopf dieser Formation ist der Sänger Keith Allen. Er hatte in der Vergangenheit unter anderem für England den Song zur Fußballweltmeisterschaft 1990, »World In Motion« mit England/New Order, geschrieben. Auch für die Europameisterschaft 1996 war er als Autor an dem Titel »England's Irie« der Formation Black Grape beteiligt. »Vindaloo« kam also pünktlich zur Fußballweltmeisterschaft 1998 in die Charts. Zum Fest 1998 brachten sie »Naughty Christmas (Goblin In The Office)« (12/98 GB 21) auf den Markt. Das Video zur Platte zeigte ein George-Michael-Double auf der Toilette – sehr geschmackvoll. Bei »Jerusalem« firmierte die Formation als Fat Les 2000. Es handelt sich bei dieser Aufnahme um ein Lied von William Blake, geschrieben 1804 mit dem Titel »And Did Those Feet In Ancient Time«. Die Musik stammte von Edward Elgar, geschrieben 1922. Der Song war das offizielle englische Thema zur Europameisterschaft 2000.

Vindaloo (6/98 GB 2)
Jerusalem (6/00 GB 10)
Pop

Siehe auch: England/New Order

Fatback Band

GEORGE ADAM fl (USA), BILL CURTIS d (USA), JOHNNY FLIPPIN b (USA), JOHNNY KING g (USA), EARL SHELTON sax (USA), GEORGE WILLIAMS tr (USA)
Diese Formation, deren Mastermind der Schlagzeuger Bill Curtis war, wurde in GB ab 1975 erfolgreich. Mit »Yum, Yum (Gimme Some)« (9/75 GB 40) hatten sie ihre erste Hitnotierung. Es folgten »(Are You Ready) Do The Bus Stop« (12/75 GB 18) und »(Do The) Spanish Hustle«, ihr erster Top-10-Hit. In zeitlichen Abständen gelang es der Fatback Band immer mal wieder, einen Titel in die britischen Charts zu bringen. Über eine Position 30 kamen sie jedoch bis 1987 nicht mehr hinaus. Die Nummer »I Found Lovin'«, die erstmals 1984 in den britischen Charts auftauchte, dann als Remix im September 1986 und schließlich als Re-Entry im September 1987 wiederum die Charts erreichte, war ihr letztes Aufbäumen. Ihr erfolgreichstes Album hieß »Raising Hell« (3/76 GB-LP 19). In den USA nannte sich die Gruppe nur Fatback. Dort war ihr erfolgreichstes Album »Hot Box« (4/80 US-LP 44).

(Do The) Spanish Hustle (2/76 GB 10)
I Found Lovin' (9/87 GB 7)
Rhythm & Blues

Fatboy Slim

NORMAN COOK v, g, b (Großbritannien, * 31. 7. 1963 als Quentin Cook in Brighton/Sussex)
Hinter Fatboy Slim verbirgt sich ein weiteres Mal Norman Cook. Für ihn als Interpret war das sein größter Erfolg seit »Turn On, Tune In, Cop Out« unter dem Namen Freakpower im Jahr 1995. Zwischenzeitlich hatte er sich einen Namen als erfolgreicher Remixer gemacht. So war es ihm zu verdanken, dass die Formation Cornershop mit »Brimful Of Asha« erfolgreich war. Für Fatboy Slim war es die dritte Hitnotierung in den Charts. Die erste war »Going Out Of My Head« (5/97 GB 57). Danach folgten »Everybody Needs A 303« (11/97 GB 34) und die Top-10-Hits »The Rockafeller Skank« (6/98 D 28),

»Gangster Trippin« und »Praise You«. Das erste erfolgreiche Album wurde »You've Come A Long Way Baby« (10/98 GB-LP 2). Die Nummer »Sunset (Bird Of Prey)« beinhaltete einen Sample mit der Stimme des verstorbenen Doors-Sängers Jim Morrison und war eine Auskopplung aus »Halfway Between The Gutter And The Stars« (11/00 GB-LP 8).

The Rockafeller Skank (6/98 GB 6)
Gangster Trippin (10/98 GB 3)
Praise You (1/99 GB 1)
Right Here Right Now (5/99 GB 2)
Sunset (Bird Of Prey) (10/00 GB 9)
Star 69 (5/01 GB 10)
Pop

Siehe auch: Freak Power; Housemartins; Beats International; Mighty Dub Cats

Fearon, Phil

PHIL FEARON v (Jamaika, * 30. 7. 1956)
Phil zog 1962 nach GB. Die erste musikalische Station dort für den Multi-Instrumentalisten, Sänger und Songschreiber war die Gruppe Hott Wax. In der zweiten Hälfte der 70er Jahre gehörte er zu der Formation Kandidate. Anfang 1982 eröffnete Phil ein eigenes Tonstudio in London und startete diverse musikalische Projekte. Eins davon trug den Namen Galaxy. Unter diesem Gruppennamen erschien dann auch »Dancing Tight«. Ein Jahr später kam »What Do I Do« in die Charts und dieses Mal wurden als Interpreten Phil Fearon & Galaxy genannt. »Everybody's Laughing« 1984 und »I Can Prove It« 1986 waren weitere Top-10-Erfolge für Phil. Letztgenannte Platte erschien nur noch unter Phil Fearon. Nach 1986 ist ihm kein Erfolg mehr gelungen. Er konzentriert sich inzwischen ganz auf die Produktion kommerzieller Dance-Platten in seinem Heimstudio. Von seiner Plattenfirma wurde Phil als führender Vertreter des ›Happy-Go-Lucky-Souls‹ bezeichnet. Sein erfolgreichstes Album war »Phil Fearon & Galaxy« (8/84 GB-LP 8).

Dancing Tight (4/83 GB 4)
What Do I Do (3/84 GB 5)
Everybody's Laughing (7/84 GB 10)
I Can Prove It (8/86 GB 8)
Dance

Feddersen, Helga

HELGA FEDDERSEN v (Deutschland, * 14. 3. 1930 in Hamburg, † 24. 11. 1990)
Mit einem Nachzieher von »You're The One That I Want«, im Original ein Duett zwischen Olivia Newton-John und John Travolta, hatte Helga Ende 1978 einen Platz 4 in der deutschen Hitparade: »Du, die Wanne ist voll«. Ihr Partner, der John Travolta sehr ähnlich sieht, war Dieter Hallervorden (* 5. 9. 1935). Den deutschen Text schrieb Frank Dostal, einst Mitglied bei den Rattles. Helga Feddersen begann ihre Karriere als Schauspielerin und hatte Engagements an den Hamburger Kammerspielen und in Gelsenkirchen. Sie spielte in mehreren Filmen mit und hatte etliche Fernsehrollen. Ihre schauspielerische Karriere wurde 1955 unterbrochen, als ihr Gesicht nach einer Tumoroperation entstellt wurde. 1957 wagte sie einen Neuanfang als Souffleuse und Regie-Assistentin beim NDR. Schließlich übernahm sie auch wieder Rollen, vor allem beim Fernsehen. 1969 schrieb sie ihr erstes TV-Spiel, ›4 Stunden vor Elbe Eins‹. Es folgten weitere Drehbücher für Fernsehspiele wie ›Gezeiten‹, ›Im Fahrwasser‹ und schließlich ›Sparks in Grönland‹, womit sie ihrem Vater ein Denkmal setzte. Als Schauspielerin kam mehr und mehr ihre komische Begabung zum Durchbruch. Mit Dieter Hallervorden spielte sie satirische Sketche in der TV-Reihe ›Abramakabra‹. Ende der 70er/Anfang der 80er Jahre war sie neben Frank Zander als Moderatorin in der genialen ›Plattenküche‹ zu sehen. Wieder gab es eine krankheitsbedingte Pause.

1989 spielte sie in der Fernsehkrimiserie ›Großstadtrevier‹. Sie konnte jedoch nur kurze Zeit arbeiten, dann machte ihr der Krebs wieder stark zu schaffen. Außerdem hatte sie mehrere Wochen in einer Nervenklinik verbringen müssen, um von Magersucht geheilt zu werden. Dieter Hallervorden machte bis weit in die 90er Jahre erfolgreich in eigenen TV-Serien von sich reden. Als Platteninterpret stand er mit »Punker Maria« und »Tierischer Tango« 1981 unter den ersten 20 in der deutschen Hitparade.

Du, die Wanne ist voll (11/84 D 4)
Deutscher Schlager

Feeder

TAKA HIROSE b (Japan), JON LEE d (Großbritannien, † 7. 1. 2002), GRANT NICHOLAS v, g (Großbritannien)
Die Band kam 1995 zusammen. Nicholas und Lee hatten vorher schon mit Reel und Raindancer gespielt. Nachdem der japanische Bassist Hirose hinzugekommen war, spielten sie zunächst unter dem Gruppennamen Real. Immer noch 1995 erhielten sie einen Plattenvertrag und änderten ihren Namen in Feeder. Ihre erste Hitnotierung war »Tangerine« (3/97 GB 60). Die Top-40-Hits: »High« (10/97 GB 24), »Suffocate« (2/98 GB 37), »Day In Day Out« (4/99 GB 31), »Insomnia« (6/99 GB 22), »Yesterday Went Too Soon« (8/99 GB 20) und schließlich ihr erster Top-10-Hit. Ihr erstes erfolgreiches Album war »Yesterday Went Too Soon« (9/99 GB-LP 8). Es folgten »Seven Days In The Sun« (4/01 GB 14), »Turn« (7/01 GB 27), »Just A Day EP« (12/01 GB 12) und das Album »Echo Park« (5/01 GB-LP 5).

Buck Rogers (1/01 GB 5)
Grunge, Rock

Feliciano, José

JOSÉ FELICIANO v, g (Puerto Rico, * 10. 9. 1945 in Lares)
José Feliciano wurde blind geboren, 1950 zog er mit seinen Eltern nach New York. Schon früh spielte er sehr gut Gitarre und hatte bereits 1954 seine ersten Auftritte in Spanish Harlem in New York. Anfang der 60er Jahre wurde er in Greenwich Village in den Folk-Kreisen bekannt und machte 1963 seine ersten Platten, die vorwiegend für den amerikanischen Latin-Markt bestimmt waren. 1968 gewann er einen Grammy als bester neuer Künstler. Seine Version des Doors-Hits »Light My Fire« wurde 1968 sein größter Erfolg, und lediglich in Deutschland sollte er 1971 mit »Que Sera« einen weiteren Top-10-Hit haben. Bemerkenswerte weitere Aufnahmen von ihm waren z. B. seine Version von »Suzie Q« oder seine Eigenkomposition »Rain«. Seit 1987 hatte José einen dreiteiligen Vertrag mit der EMI, um klassische Gitarrenmusik, englischen Pop und auch spanische Aufnahmen zu machen. Außerdem machte er für eine andere Firma Jazz-Aufnahmen. Vielseitig! Mitte 1996, inzwischen hatte er einen Plattenvertrag bei PolyGram Latino unterschrieben, veröffentlichte er das Album »El Americano«. Sein erfolgreichstes Album war »Feliciano!« (7/68 US-LP 2, 11/68 GB-LP 6).

Light My Fire (7/68 US 3; 9/68 GB 6)
Que Sera (7/71 D 7)
Instrumental, Pop

Felix

FELIX mix (Großbritannien), ROLLO key (Großbritannien, * 8. 5. 1969 als Rollo Armstrong)
Außer der Tatsache, dass er 19 Jahre alt war und aus Essex stammte, konnte man über Felix 1992 nichts in Erfahrung bringen. Zu lesen war, er sei ein Angestellter

beim Finanzamt und wolle deshalb anonym bleiben. Wie dem auch sei, der kleine Mixer Felix benötigte für seine Aufnahmen wechselnde Stimmen, so arbeiteten mit ihm Kenny Kee, Donna Gardia oder Steele. »Don't You Want Me« war seine erste Hitnotierung. Es folgten »It Will Make Me Crazy« (10/92 GB 11) und »Stars« (5/93 GB 29). »Don't You Want Me« kam 1995 in einem Remix erneut in die Top 10 und ein weiterer Remix erreichte im Oktober 1996 Platz 17 in GB. Bei »Stars« erfuhr man zumindest, dass die Stimme auf der Platte einem gewissen Ronald Clarke gehörte. Hierbei handelte es sich um Rollo, und der wiederum bildete ein Viertel von Faithless und wurde einer der erfolgreichsten Mixer der zweiten Hälfte der 90er Jahre. Fazit: Felix = Ronald Clarke = Rollo. Das erfolgreichste Album hieß »Felix # 1« (4/93 GB-LP 26).

Don't You Want Me (8/92 D 2, GB 6)
It Will Make Me Crazy (11/92 D 5)
Don't You Want Me (Remix) (8/95 GB 10)
Dance, Techno

Siehe auch: Faithless

Fender, Freddy

FREDDY FENDER v (USA, * 4. 6. 1937 als Baldemar Huerta in San Benito/Texas)
Der Sänger und Songschreiber mexikanischer Abstammung machte zwischen 1956 und 1959 unter seinem richtigen Namen für ein kleines Plattenlabel Songs in spanischer Sprache mit Rockabilly-Touch. 1960 bis 1963 verbrachte er im Staatsgefängnis von Louisiana wegen eines Drogenvergehens. Dann änderte er seinen Namen, damit er, wie er selbst sagte, ›den Gringos besser seine Platten unterjubeln‹ konnte. Zwischen 1963 und 1968 veröffentlichte er Platten auf einem kleinen Label in New Orleans. Der Erfolg kam erst, als Freddy ein Lied teilweise in Englisch, teilweise in Spanisch sang: »Before The Next Teardrop Falls« wurde 1975 ein Millionseller ebenso wie der Nachfolgehit »Wasted Days And Wasted Nights«. Diesen Titel hatte Freddy Fender im Jahr 1959 schon einmal aufgenommen – damals ohne Erfolg. In den nächsten beiden Jahren erschienen weitere Singles von ihm. Danach war er aus den Charts verschwunden. 1985 musste er wegen schwerer Alkoholprobleme in eine Klinik. 1987 spielte er unter der Regie von Robert Redford in dem Film »The Milagro Beanfield«, und 1990 wurde er Mitglied bei den Texas Tornados. Ende 2001 kam er in die Country-Album-Charts mit »Forever Gold«. 2002 war er speziell in Lateinamerika und in den Latin Charts der USA wieder überaus erfolgreich.

Before The Next Teardrop Falls (2/75 US 1)
Wasted Days And Wasted Nights (6/75 US 8)
Country, Pop, Texmex

Fendrich, Rainhard

RAINHARD FENDRICH v (Österreich, * 27. 2. 1955 in Wien)
1980 begann die Karriere des Sängers, Liedermachers und Schauspielers. In Wien spielte er eine Rolle bei »Jesus Christ Superstar«. Schon ein Jahr später, 1981, gelang Rainhard Fendrich mit »Strada Del Sole« ein erster großer Erfolg in Österreich. In Titeln wie »Schickeria« 1982 und »Es lebe der Sport« 1983 fanden sich nicht nur die Öster-, sondern auch die Westerreicher wieder. »Macho Macho« kam Mitte 1988 auch in die deutsche Hitparade. 1991 erschien das Album »Nix is fix«, und auf dieser Erkenntnis baute später eine Fernsehshow von diesem Herzblatt auf.

Macho Macho (7/88 D 2)
Schlager

Ferguson, Jay

JAY FERGUSON v, g, p (USA, * 10. 5. 1947 als John Ferguson in Burbank/Kalifornien)
1967 war Jay Mitbegründer der West-Coast-Rockgruppe Spirit. Auf den ersten vier LPs war er als Gitarrist und Leadsänger zu hören. Dann ging er und wurde durch J. Christian Staehely ersetzt. 1984 war er noch einmal mit Spirit auf dem Album »The Thirteenth Dream« zu hören. Der größte Single-Erfolg von Spirit war im Frühjahr 1969 »I Got A Line On You«, Platz 25 in den USA. 1971 gründete er zusammen mit Mark Andes, der wie er von Spirit kam, Jo Jo Gunne, benannt nach einer Nummer von Chuck Berry. Es erschienen vier LPs dieser Formation. Als größter Single-Erfolg wird »Run Run Run« genannt. Mark Andes ging vor der Produktion der vierten LP wieder zurück zu Spirit, Ferguson machte danach als Solist weiter. Im Sommer 1976 erschien seine erste Solo-LP, »All Alone In The Endzone«. Mit »Thunder Island« gelang ihm 1977 sein größter Hit. Auch »Shake Down Cruise« (5/79 US 31) war noch recht erfolgreich. Er veröffentlicht weiter Soloalben und ist vor allen Dingen als Sessionsänger bei Produktionen anderer Künstler zu hören.

Thunder Island (12/77 US 9)
AOR (Adult Orientated Rock), West Coast

Siehe auch: Jo Jo Gunne

Fernandez, Luisa

LUISA FERNANDEZ v (Spanien, * 14. 8. 1961 in Vigo)
Die Sängerin lebte seit 1973 in Hamburg. Mit 15 Jahren begann sie eine Lehre als Friseuse und nahm im selben Jahr an einem Nachwuchswettbewerb in einer kleinen Diskothek ihres Ortes teil. Sie gewann und bekam tatsächlich den versprochenen Plattenvertrag. In der Jury saß David Parker, der sie fortan betreute und für sie die Nummer »Lay Love On You« schrieb. Neun Monate nach der deutschen Notierung später kam der Titel in die britische Hitparade und erreichte Platz 31. Es folgten Auszeichnungen à la der goldene Hammer von der Zeitschrift ›Pop‹, der goldene Gürtel von ›Pop Photo‹ und das goldene Label der Branchenzeitschrift ›Musikinformationen‹ als Nachwuchsneuentdeckung des Jahres 1978. Es folgten weitere Veröffentlichungen im Disko-Stil. »Give Love A Second Chance« wurde Mitte 1978 Platz 11 in Deutschland. In den 80er Jahren tat Luisa Fernandez sich mit Peter Kent zusammen und erreichte mit »Solo Por Ti« im September 1986 Platz 18 in Deutschland.

Lay Love On You (2/78 D 7)
Disko, Schlager

Ferrante & Teicher

ARTHUR FERRANTE p (USA, * 7. 9. 1921 in New York City), LOUIS TEICHER p (USA, * 24. 8. 1924 in Wilkes-Barre/Pennsylvania)
Ab 1947 spielten die beiden Pianisten zusammen. Sie hatten sich bereits im zarten Kindesalter kennen gelernt, und beide besuchten die Juilliard School of Music in New York. Nach ihrem Abschluss arbeiteten sie sowohl als Lehrer wie auch als Konzertpianisten. 1948 entschieden sie sich endgültig für ihre Karriere als Piano-Duo Ferrante & Teicher und gingen mit klassischen Orchestern auf Tournee.
Im Laufe der nächsten Jahre wechselten sie von der Klassik langsam zu Standards von Richard Rodgers, Jerome Kern oder Cole Porter über und versahen sie mit eigenen Arrangements für zwei Pianos. Mit »Theme From The Apartment« aus dem bezaubernden Film mit Shirley MacLaine und Jack Lemmon hatte das Duo 1960 seinen ersten Top-10-Erfolg in den USA. Ende 1960 war es wieder eine Musik aus einem Film, die den größten Erfolg brachte: »Exodus«. Weitere Hits

wurden »Tonight« aus Bernsteins »West Side Story« und die Themenmusik aus »Midnight Cowboy«. Ihr erfolgreichstes Album war ihre erste Notierung in diesen Charts überhaupt: »West Side Story & Other Motion Picture & Broadway Hits« (11/61 US-LP 10).

Theme From The Apartment (7/60 US 10)
Exodus (11/60 US 2; 3/61 GB 6)
Tonight (10/61 US 8)
Midnight Cowboy (11/69 US 10)
Instrumental, Pop

Ferry, Bryan

BRYAN FERRY v, key (Großbritannien, * 26. 9. 1945 in Washington/Tyne&Wear/ Durham)

Der Sänger, Keyboarder und Songschreiber begann mit der 1971 gegründeten Band Roxy Music. Die musikalischen Vorlieben von Ferry galten seit seinem zwölften Lebensjahr Charlie Parker. Mit sechzehn begann er, selbst Gedichte zu verfassen, inspiriert durch die Entdeckung, dass er an demselben Tag Geburtstag hat wie T. S. Eliot. Er studierte an der Universität von Newcastle und formierte hier seine erste Amateurband, Gas Board. Nach Beendigung seines Kunststudiums bei Richard Hamilton, Englands führendem Exponenten auf dem Gebiet der Pop-art, wurde Ferry Kunsterzieher und quittierte den Job, als er Roxy Music gründete. Neben seinen Platten mit Roxy Music begann 1973 mit dem Album »These Foolish Things« eine parallele Karriere als Solist. Mit der Coverversion der Bob-Dylan-Nummer »A Hard Rain's Gonna Fall« stand er 1973 erstmals in den Top 10. Sein britischer, introvertierter Gesangsstil war nichts für den amerikanischen Markt. Dort kam keine seiner Platten unter die ersten 30. Seine erfolgreichsten Soloalben: »These Foolish Things« (11/73 GB-LP 5), »Another Time, Another Place« (7/74 GB-LP 4), »In Your Mind« (3/77 GB-LP 5), »Boys And Girls« (6/85 GB-LP 1, 6/85 D-LP 9), »Bete Noir« (11/87 GB-LP 6), »Taxi« (4/93 GB-LP 2), »As Time Goes By« (11/99 GB-LP 16), »Slave To Love« (7/00 GB-LP 11).

Im April 2002 veröffentlichte Bryan mit »Frantic« ein neues Album. Als erste Auskopplung erschien »It's All Over Now Baby Blue«, die alte Bob-Dylan-Nummer.

A Hard Rain's Gonna Fall (9/73 GB 10)
Let's Stick Together (6/76 GB 4)
Extended Play EP (8/76 GB 7)
This Is Tomorrow (2/77 GB 9)
Slave To Love (5/85 GB 10)
AOR (Adult Orientated Rock), Glitter-(Glam)-Rock

Siehe auch: Roxy Music

Ferry Aid

Am 6. 3. 1987 lief die britische Autofähre ›Herold Of Free Enterprise‹ aus dem belgischen Hafen Zeebrugge und kenterte wenig später. 188 Menschen kamen dabei ums Leben. Diesem ›Ferry Disaster‹ widmete – unterstützt vom britischen Massenblatt ›The Sun‹ und dem Produktionsteam Stock/Aitken/Waterman – eine Ansammlung von britischen Künstlern als Ferry Aid eine Coverversion des Beatles-Titels »Let It Be«, um die Hinterbliebenen der Opfer dieser Katastrophe finanziell zu unterstützen. Michael Jackson war zwar an der Produktion nicht beteiligt, da er aber zu jenem Zeitpunkt die Rechte an allen Beatles-Titeln besaß, stellte er diese Nummer lizenzfrei zur Verfügung. Am 14., 15. und 16. März drängelten sich in den PWL Studios in London die Künstler, die in GB Rang und Namen hatten. Um einige zu nennen: Paul McCartney, Mark Knopfler, Kate Bush, die Drifters, Gary Moore, Suzi Quatro, Alvin Stardust oder Boy George. Die Liste der mitwirkenden Künstler, die von A wie Alarm bis W wie Working Week ging, umfasst mehr als achtzig Namen. Die Platte erschien am 4.4., landete gleich auf Platz 1 der englischen Hitparade und hielt diese Position für drei Wochen.

Let It Be (4/87 D 3, GB 1)
Pop

Fettes Brot

DOKTER RENZ rap (Deutschland, * 23. 7. 1974 als Martin Schrader), KÖNIG BORIS rap (Deutschland, * 18. 6. 1974 als Boris Lauterbach), SCHIFFMEISTER rap (Deutschland, als Björn Warns)
Das Trio aus Pinneberg versuchte sich seit Mitte der 90er Jahre mit Rap. Zuerst mehr auf die norddeutsche Tiefebene bezogen, dann auch in ganz Deutschland akzeptiert. Im April 1994 erschien ihre erste Single »Mitschnacker«. Es folgten »Definition von Fett« (10/94), »Männer« (2/95) und das Album »Auf einem Auge blöd (aber der Erfolg gibt uns Recht)« (4/95). Ihr Song »Nordisch By Nature« (9/95 D 17) war ihre erste Hitnotierung. »Jein« wurde dann ihr erster Top-10-Hit. Und wie es weitergeht: »Mal sehen«, im Herbst 1996 ein Platz 68 und das Album »Außen Top-Hits, innen Geschmack« (10/96 D-LP 10). Nach einem leichten Durchhänger ging es im Herbst 1998 erfolgreich weiter. Ihr Album »Fettes Brot lässt grüßen« (10/98 D-LP 9) kam auf Anhieb unter die ersten 10 der LP-Charts. Weitere erfolgreiche Alben wurden »Fettes Brot für die Welt« (5/00 D-LP 10) und »Demotape« (10/01 D-LP 11) mit der Single-Auskopplung »The Grosser« (12/01 D 26) – eine gut gemachte Bearbeitung der Steve-Miller-Nummer »The Joker«.

Jein (4/96 D 10)
Schwule Mädchen (9/01 D 9)
HipHop, Rap

Fialka, Karel

KAREL FIALKA v (Indien, in Bengal)
Der Sohn einer Schottin und eines Tschechen wurde in Indien geboren. 1980 erschien eine erste LP von ihm, darauf seine erste Singlenotierung »The Eyes Have It«. Seinen einzigen Top-10-Erfolg hatte Karel mit »Hey Matthew«. Der Inhalt des Hits: Ein Vater im Gespräch mit seinem sechs Jahre alten Sohn Matthew, und sie unterhalten sich darüber, was tagein, tagaus über das Fernsehen auf Matthew einwirkt. Die Sendungen, die Matthew dann aufführt, sind die, die in den 90er Jahren über das Privatfernsehen auf unsere Kinder einhämmern. ›He-Man‹, ›The A-Team‹, ›Airwolf‹, ›Rambo‹, ›Dukes of Hazzard‹. Der besorgte Vater fragt ihn schließlich, was er denn mal werden möchte. Und da kommt dann raus, wie das Kind diese Serien umsetzt: Er möchte ein Soldat sein, ein Straßenkämpfer, ein Captain, ein Zauberer, ein Cowboy, ein Feuerwehrmann, ein Pilot und schließlich: Er möchte gerne sein Freund sein. Matthew sagt am Schluss, er hofft, dass alles nur ein Spiel ist. Das hoffen Millionen besorgte Eltern inzwischen bei uns auch. 1997 veröffentlichte Karel zusammen mit Paul Roberts – ehemals Sniff 'n' The Tears – ein Folkalbum, das jedoch nicht erfolgreich wurde.

Hey Matthew (9/87 GB 9)
Pop

Fiction Factory

EDDIE JORDAN key (Großbritannien), GRAHAM MCGREGOR b (Großbritannien), CHIC MEDLEY g (Großbritannien), MIKE OGLETREE d (Großbritannien), KEVIN PATTERSON v (Großbritannien)
Musikalisch orientierte sich Fiction Factory, deren Köpfe Kevin und Chic sind, an Synthie-Pop à la Heaven 17 und Tears For Fears. 1984 gelang dieser Formation ein einziger Top-10-Erfolg mit »(Feels Like) Heaven«. 1984 ist auch die erste LP von Fiction Factory erschienen: »Throw The Warped Wheel Out«. Nach diesem ersten

Erfolg muss es interne Schwierigkeiten in der Gruppe gegeben haben. Als mit »Another Story« Mitte 1985 eine zweite LP erschien, waren nur noch Kevin und Chic mit an Bord, alle anderen Musiker wurden als Gäste bezeichnet. Ein Hit gelang nicht.

(Feels Like) Heaven (1/84 GB 6; 3/84 D 10)
Elektro-Pop

Fiddler's Dram

Immer zu Weihnachten verfallen die Briten in eine ganz merkwürdige Stimmung. Jedenfalls kaufen sie Platten, die sie den Rest des Jahres nur als Schnittmuster für Pancakes benutzen würden. Im Dezember 1979 war es wieder einmal so weit. Die musikalisch etwas nach rückwärts orientierte Platte »Day Trip To Bangor (Didn't We Have A Lovely Time)« erinnerte an die 20er, 30er Jahre, als man mit dem Bus, der möglichst noch offen sein musste, an die Seaside nach Bangor, einen Ferienpark in Wales, fuhr und sich dort flaschenweise den Cidre hinter den Binder kippte. Mann, was haben wir gelacht. Außerhalb von GB wurde die Aufnahme der Fiddler's Dram aus völlig unerklärlichen Gründen kein Erfolg.

Day Trip To Bangor (Didn't We Have A Lovely Time) (12/79 GB 3)
Pop

Fierce

Chantal Alleyne v (Großbritannien), Alisha Peters v (Großbritannien), Sabrina Weathers v (Großbritannien)
Das Trio hatte mit »Sweet Love 2K« den ersten Titel, der in den 80er, 90er und den 00er Jahren zu einem Erfolg wurde. Anita Baker erreichte mit »Sweet Love« Ende 1986, M-Beat featuring Nazlyn 1994 die britischen Top 20. Fierce selbst stand mit »Right Here Right Now« (1/99 GB 25) erstmals in den Charts. Es folgten »Days Like That« (5/99 GB 11) und »So Long« (8/99 GB 15), bevor mit »Sweet Love 2K« erstmals die Top 10 erreicht wurden.

Sweet Love 2K (2/00 GB 3)
Pop

Fifth Dimension

Billy Davis Jr. v (USA, * 26. 6. 1939 in St. Louis), Florence LaRue v (USA, * 4. 2. 1944 in Philadelphia/Pennsylvania), Marilyn McCoo v (USA, * 30. 9. 1943 in Jersey City/New Jersey), Lamonte McLemore v (USA, * 17. 9. 1939 in St. Louis), Ronald Townson v (USA, * 20. 1. 1941 in St. Louis/Missouri, † 2. 8. 2001)
Diese in Los Angeles beheimatete Gruppe kam 1966 zusammen. McCoo und McLemore hatten 1963 mit drei anderen Musikern das Quintett Hi-Fi's gegründet. Nachdem sie mit Ray Charles auf Tournee gegangen waren, trennten sich zwei Mitglieder, Harry Elston und Floyd Butler, um die Friends Of Distinction zu gründen. Marilyn arbeitete als Verkäuferin, und Lamonte nahm seinen früheren Job als Fotograf wieder auf. 1966 kamen McCoo, LaRue, McLemore, Davis jr. und Townson zunächst als Versatiles zusammen, benannten sich dann in Vocals um und schließlich in Fifth Dimension. Ihre erste Hitparadennotierung stammt aus dem Januar 1967 und hieß »Go Where You Wanna Go«. Mitte desselben Jahres wurde »Up-Up And Away« der erste Top-10-Erfolg der Formation. Diese ersten Hits wurden von Johnny Rivers produziert, der sie bei seinem eigenen Label Soul City unter Vertrag genommen hatte. 1968 wurde ihr Jahr. »Stone Soul Picnic«, geschrieben von Laura Nyro, wurde ein Millionseller. Bei der Grammy-Verleihung sahnten sie ab. »Up-Up And Away«, geschrieben von Jim Webb, wur-

de als bester Song des Jahres ausgezeichnet. Außerdem erhielten sie in diesem Jahr folgende Grammys: die beste Platte, die beste zeitgenössische Platte, beste Vokal- und beste zeitgenössische Gruppe. »Aquarius/Let The Sunshine In« aus dem Musical »Hair« wurde wieder Millionseller und erreichte in GB Platz 11. Der »Wedding Bell Blues« (geschrieben wieder von Laura Nyro) wurde im Herbst 1969 ebenfalls Millionseller. Genau diese Glocken erklangen auch für Billy Davis und Marilyn McCoo, die sich ab 1976 von der Gruppe trennten und als Duo erfolgreich waren. Mit »One Less Bell To Answer« und »(Last Night) I Didn't Get To Sleep At All« hatten Fifth Dimension zwei weitere Millionseller. Nach Davis und McCoo schied auch Townson aus, und die Formation präsentierte sich im Frühjahr 1978 in der Besetzung LaRue, McLemore, Terri Bryant, Mic Bell und Danny Miller Beard. Schon auf der nächsten LP war Danny gegen Lou Courtney ausgetauscht worden. Nach 1976 ist der Band allerdings auch kein Hit mehr gelungen. Die erfolgreichsten Alben der Band: »Up, Up And Away« (6/67 US-LP 8), »The Fantastic Fifth Dimension« (4/69 D-LP 3), »The Age Of Aquarius« (5/69 US-LP 2, 8/69 D-LP 4) und »The 5th Dimension/Greatest Hits« (5/70 US-LP 5).

Up-Up And Away (6/67 US 7)
Stoned Soul Picnic (6/68 US 3)
Aquarius/Let The Sunshine In (3/69 US 1; 5/69 D 2)
Wedding Bell Blues (9/69 US 1)
One Less Bell To Answer (10/70 US 2)
(Last Night) I Didn't Get To Sleep At All (4/72 US 8)
If I Could Reach You (9/72 US 10)
Flower-power, Soul

Siehe auch: McCoo, Marilyn & Billy Davis Jr.

Fine Young Cannibals

ANDY COX g (Großbritannien, *25. 1. 1956 in Birmingham), ROLAND GIFT v (Großbritannien, *28. 5. 1962 in Birmingham), DAVID STEELE key, b (Großbritannien, *8. 9. 1960 in Isle of Wight)

Im Juni 1985 landete ein völlig unbekanntes Trio gleich mit seiner ersten Single »Johnny Come Home« einen Hit in GB. Ihren Namen hatte die Formation von dem Robert-Wagner-Film »All The Fine Young Cannibals« übernommen. Prägnant für den Gruppensound und sofort herauszuhören war Roland Gifts soulig angehauchte, klare Kopfstimme. Nebenher entwickelte er sich schon Ende der 80er Jahre mehr und mehr zum Schauspieler. Die gesamte Gruppe war 1987 im Film »Tin Man« zu sehen, aus dem auch das Stück »Good Thing« stammte. In den beiden Streifen »Sammy & Rosie tun es« und »Scandal« zeigte Roland Gift, was er als Schauspieler drauf hat. Während Roland seiner Schauspielerei nachging, schrieben Andy und David die Musik zum Steve-Martin-Film »Ein Ticket für zwei« und hatten unter dem Pseudonym Two Men, A Drum Machine & A Trumpet im Januar 1988 den britischen Top-20-Erfolg »I'm Tired Of Getting Pushed Around«. Darüber hinaus produzierten sie mit den Wee Papa Girl Rappers einige Tracks. Die Schauspielerei gefiel Roland Gift dermaßen gut, dass er mit einer Theatertruppe als Romeo in ›Romeo und Julia‹ auf Tournee ging. Ende 1996 erschien nach längerer Zeit wieder ein neues Album der Fine Young Cannibals. Allerdings handelte es sich vorwiegend um Remixe der alten Titel. »Flame«, eine neue Nummer von diesem Album, brachte es in GB bis auf Platz 17. Am 27. 1. 1997 erschien »Crazy«, ein Titel aus dem Jahr 1988, als Remix und mit der Aussage der Plattenfirma: ›Alle schönen Geschichten gehen einmal zu Ende, und so ist dies die letzte Singleveröffentlichung der Fine Young Cannibals‹. Die Platte schaffte es in GB gerade mal auf Platz 36. Die erfolgreichsten

Alben der Formation waren »The Raw And The Cooked« (2/89 GB-LP 1, D-LP 3, 3/89 US-LP 1) und »The Finest« (11/96 GB-LP 10). 2002 kam Roland als Solist und veröffentlichte im März die Single »It's Only Money«.

Johnny Come Home (6/85 GB 8)
Suspicious Minds (1/86 GB 8)
Ever Fallen In Love (3/87 GB 9)
She Drives Me Crazy (1/89 D 2, US 1, GB 5)
Good Thing (4/89 D 8, US 1, GB 7)
AOR (Adult Orientated Rock), Pop

Fireballs

ERIC BUDD d (USA, * 23. 10. 1938), JIMMY GILMER v, p (USA, * 15. 9. 1940), STAN LARK b (USA, * 27. 7. 1940), DOUG ROBERTS d (USA, † 18. 11. 1981), CHUCK THARP v (USA, * 3. 2. 1941), GEORGE TOMSCO g (USA, * 24. 4. 1940 in Raton/New Mexico), DAN TRAMMELL g (USA, * 14. 7. 1940)

Diese Band gründete sich, als die Mitglieder noch in Raton, New Mexico, zur Schule gingen. 1958 machten sie ihre ersten Plattenaufnahmen, mit »Torquay« (9/59 US 39) kam der erste Hit. Es folgten »Bulldog« (1/60 US 24) und »Quite A Party« (6/61 US 27). Die ersten Hits der Band waren Instrumentals. Wohl auch aus diesem Grund ging 1960 Chuck Tharp, der Sänger, und in Jimmy Gilmer fand man Ersatz. Die Fireballs produzierten die meisten ihrer Platten in dem Studio, in dem auch Buddy Holly und Buddy Knox schon in den 50er Jahren ihre Hits aufgenommen hatten. Besitzer war Norman Petty, das Studio stand in Clovis, New Mexico. Mit »Sugar Shack« gelang der Gruppe, die jetzt als Jimmy Gilmer & The Fireballs firmierte, 1963 ein Millionseller. Auch die nächsten beiden Hitnotierungen führten Jimmy Gilmer im Bandnamen auf. 1967 war Gilmer häufiger Gast in den Clubs im Greenwich Village in New York. Dort traf er öfter den Songschreiber Tom Paxton. Dessen Titel »Bottle Of Wine« gefiel Jimmy so gut, dass er ihn aufnahm. Die Plattenfirma, bei der die Fireballs inzwischen unter Vertrag waren, mochte die Aufnahme jedoch nicht. Sie wechselten zu einer anderen Firma, die »Bottle Of Wine« jetzt wieder nur als Fireballs veröffentlichte. 1969 ging Gilmer nach Los Angeles und gründete dort eine neue Band. Als das nicht funktionierte, wurde er Mitarbeiter von United Artists Music in Nashville und später Vizepräsident von CBS Songs.

Viele Fans von Buddy Holly stehen den Fireballs mit sehr gemischten Gefühlen gegenüber. Durch den gemeinsamen Produzenten Norman Petty besteht eine Verbindung zwischen dieser Band und Holly. Der hinterließ nach seinem Tod eine ganze Latte unfertiger Aufnahmen, die er in seiner New Yorker Wohnung alleine mit seiner Gitarre aufgenommen hatte. Um daraus nun fertige Platten zu machen, unterlegte Norman Petty mit den Fireballs den Gesang von Holly völlig neu. Unter diesen Produktionen befinden sich bekannte Titel wie »Maybe Baby«, »Love Is Strange« oder »Good Rockin' Tonight«.

Sugar Shack (9/63 US 1)
Bottle Of Wine (12/67 US 9)
Instrumental, Rock 'n' Roll

Firefall

MARK ANDES b (USA, * 19. 2. 1948 in Philadelphia/Pennsylvania), JOCK BARTLEY v, g (USA, * 16. 5. 1959), LARRY BURNETT v, g (USA), MICHAEL CLARKE d (USA, * 3. 6. 1944 als Michael James Dick in New York City, † 19. 12. 1993), DAVID MUSE key, sax, fl (USA), RICK ROBERTS v, g (USA, * 31. 8. 1949 in Florida)

Diese Formation brachte einen sensiblen Country-Soft-Rock, angelehnt an die Songs von Poco und den Eagles. Bei der illustren musikalischen Vorgeschichte der einzelnen Musiker kein Wunder. Ihre erste Hitnotierung hatten sie mit »Livin' Ain't Livin'« (6/76 US 42). Zwei Monate später erschien »You Are The Woman«. Weitere Hits waren »Cinderella« (3/77 US 34), »Just Remember I Love You« (8/77 US 11), »Strange Way« (9/78 US 11) und »Headed For A Fall« (4/80 US 35). Ihre erfolgreichsten Alben waren »Firefall« (5/76 US-LP 28), »Luna See« (8/77 US-LP 27) und »Elan« (10/78 US-LP 27). David Muse kam erst 1977 zu Firefall. Mark Andes, der vorher bei Spirit und Jo Jo Gunne war, ging 1980 zu Heart. Der Sänger Rick Roberts, der auch die meisten Hits der Band im Alleingang geschrieben hatte, war vorher Mitglied bei den Flying Burrito Brothers gewesen. Dort hatte er schon mit Mike Clarke gespielt, der außerdem zu der Urbesetzung der Byrds gehörte. Nach 1980 drehte sich das Besetzungskarussell. Am längsten blieb noch Jock Bartley bei Firefall.

You Are The Woman (8/76 US 9)
Soft Rock

Firehouse

MICHAEL FOSTER d (USA), BILL LEVERTY g (USA), PERRY RICHARDSON b (USA), C. J. SNARE v (USA)
Leadsänger C. J.: ›Wir sind bloß vier Jungs, die versuchen, ein bisschen gute Musik zu machen, die den Leuten Spaß macht.‹ Auch der Plattenfirma CBS fiel 1990 auf: ›An der hart umkämpften Hard-Rock-Front braucht man schon etwas mehr als nur eine laute Bühnenanlage, um aus der Masse herauszuragen.‹ 1990 erschien die Debütplatte dieser aus North Carolina stammenden Formation. Bon Jovi hatte die Jungs bei einem Club-Gig mit Begeisterung gesehen und den entscheidenden Push für den ersten Plattenvertrag gegeben. Ihre erste Hitnotierung war »Don't Treat Me Bad« (3/91 US 19). Es folgten »Love Of A Lifetime« und »When I Look Into Your Eyes«. Ihr bisher letzter Singlehit war »I Live My Life For You« (2/95 US 26). Ihre erfolgreichsten Alben waren »Firehouse« (3/91 US-LP 21) und »Hold Your Fire« (7/92 US-LP 23).

Love Of A Lifetime (6/91 US 5)
When I Look Into Your Eyes (8/92 US 8)
Hard Rock

Firm

GRAHAM LISTER (Großbritannien), JOHN O'CONNOR (Großbritannien)
Diese Formation hier ist nicht zu verwechseln mit der gleichnamigen Gruppe um Jimmy Page und Paul Rodgers. Die hier gemeinte Firma bestand u. a. aus John O'Connor und Graham Lister und hatte sich mehr dem Jux verschrieben. Zum erstenmal tauchten sie 1982 in der britischen Hitparade mit einem Titel über eine Figur der britischen Fernsehserie ›Minder, Arthur Daley‹ auf. Da jeder das Gefühl hatte, hier handele es sich um ein typisches One-Hit-Wonder, wunderte es niemanden, dass man von Firm nichts mehr hörte. Mit einer weiteren Nummer aus einer TV-Serie erreichten sie 1987 ganz knapp noch einmal die britischen Charts. Und dann geschah, was niemand für möglich gehalten hätte: »Star Trekkin'«, dieser Song über Klingonen, Beamen und Captain Kirk, erreichte innerhalb von nur drei Wochen den Spitzenplatz der britischen Hitparade. Die Musik basierte auf einem alten deutschen Volkslied.

Star Trekkin' (6/87 GB 1)
Pop

First Choice

LAWRENCE COTTREL v (USA), LACONYA FLEMING v (USA), ROCHELLE FLEMING v

(USA, * 11. 2. 1950 in Philadelphia/Pennsylvania), ANNETTE GUEST v (USA, * 19. 11. 1954 in Chester/Pennsylvania), URSULA HERRING v (USA), JOYCE JONES v (USA, * 30. 7. 1949), DEBBIE MARTIN v (USA)

Das schwarze Damentrio startete 1971 unter dem Namen Debronettes. 1973 – nun als First Choice – hatten sie ihren ersten Hit mit »Armed And Extremely Dangerous« (3/73 US 28, 5/73 GB 16). Es folgte »Smarty Pants«. 1977 verließ Joyce das Trio und wurde durch Ursula Herring ersetzt. Die wiederum ging zwei Jahre später wieder, und für sie kam Debbie Martin. 1984 trennte sich die Formation. Drei Jahre später stellte Rochelle Fleming First Choice zusammen mit ihrer Cousine Laconya Fleming und Lawrence Cottrel wieder auf die Beine. Ein Erfolg in den Hitparaden gelang ihnen nicht mehr. Mitte 1997 erschien »Armed And Extremely Dangerous« in mehreren Remixen erneut in Deutschland.

Smarty Pants (8/73 GB 9)
Soul

First Class

TONY BURROWS v (Großbritannien, * 14. 4. 1942 in Exeter), JOHN CARTER v, g, b (Großbritannien, * 20. 10. 1942 als John Shakespeare in Birmingham), DEL JOHN (Großbritannien), CHAS MILLS (Großbritannien)

Wieder ein Studioprojekt, das sehr wahrscheinlich erst zusammengestellt wurde, nachdem sich »Beach Baby« zu einem Hit gemausert hatte. Tony Burrows war wieder einmal der Sänger, um den sich unbekannte Studiomusiker scharten. Als die Platte Platz 13 wurde, musste sie dargestellt werden können, und da kam es wohl zu der Zusammenkunft einiger Musiker für TV-Sendungen. Besonders erfolgreich war die Platte in den USA. In GB reichte es nur für den einen Hit, in den USA kamen mit »Dreams Are Ten A Penny« und »Funny How Love Can Be« noch zwei weitere Nummern mit First Class in die Charts. Beide Titel wurden durch andere Interpreten allerdings erfolgreicher. Produzent der Platte war John Carter, der offensichtlich auch Rechte an diesem Gruppennamen hatte und ihn immer mal wieder verwandte.

Beach Baby (7/74 US 4)
Pop

Fitzgerald, Scott

SCOTT FITZGERALD v (Großbritannien, in Schottland)

Fitzgerald ist wieder einmal einer der vielen, der aus der Kaderschmiede der »Hair«-Aufführungen hervorging. Es folgten Filmaufnahmen, Club- und Theaterauftritte und schließlich eine eigene Tournee mit der Scott Fitzgerald Show. 1977 traf er den Produzenten Jonathan Hodge, der mit ihm und der Sängerin Yvonne Keeley aus einem alten Titel von Saint-Saens, mit Reggae-Rhythmen unterlegt, »If I Had Words« machte. Zehn Jahre sollte es dauern, bis man danach wieder etwas von Scott hörte. 1988 sang er für Großbritannien beim Grand Prix den Titel »Go«, der den 2. Platz belegte. In der britischen Hitparade kam Scott damit nur bis auf Platz 52.

If I Had Words (1/78 GB 3)
Grand Prix, Pop, Reggae

Five

RICHARD ABIDIN BREEN v (Großbritannien, * 29. 6. 1979 in Hackney/London), JASON PAUL BROWN v (Großbritannien, * 13. 6. 1976 in Aldershot), SEAN KIERAN CONLON v (Großbritannien, * 20. 5. 1981 in Leeds), RICHARD NEVILLE v (Groß-

britannien, * 23. 8. 1979 in Birmingham), SCOTT ROBINSON v (Großbritannien, * 22. 11. 1979 in Basildon/London)
Bob und Chris Herbert – Vater und Sohn und Entdecker der Spice Girls – hatten die fünf Jungs aus 3 000 Bewerbern ausgewählt. Sie hatten eine Anzeige geschaltet, in der sie fragten ›Do you want to be a Spice Boy?‹. System klar und deutlich: neue Gesichter für die Teenies! Denniz Pop, der schon 3T, Ace Of Base oder die Backstreet Boys produzierte, besorgte die Akustik. In den Anfangstagen schrieb sich der Gruppenname 5ive – das zog einen Rechtsstreit nach sich, den die Band verlor. Es bestehe eine Verwechslungsgefahr – mit was oder wem, wurde von der Plattenfirma leider nicht berichtet. Die erste Single »Slam Dunk/Da Funk« erreichte gerade die Top 10. Nachfolger »When The Lights Go Out« stieg am 14. 3. 1998 auf Platz 4 in GB ein. Im Juni 1998 kam dieser Titel auch in die US-Charts und erreichte schließlich die Top 10. Der Titel stammte von Eliot Kennedy, der auch Songs für die Spice Girls gebastelt hat. Bei der Veröffentlichung dieser Platte legte die Band noch einmal Wert auf die Feststellung, dass sie keine Boy Group sind, sondern eine ›Lad-Band‹. Lad ist ein Slangwort für Kumpel. Welch ein Unterschied! Ihr Debütalbum »Five« (7/98 GB-LP 1) stieg am 4. 7. 1998 gleich auf Platz 1 der GB-LP-Charts ein. Die Nummer »Everybody Get Up« brachte Samples aus »I Love Rock 'n' Roll« von Joan Jett. Mit »We Will Rock You« stieg die Gruppe am 29. 7. 2000 auf Platz 1 in GB ein. Als Interpreten wurden Five + Queen genannt – von Queen spielten Brian May und Roger Taylor bei der Neuaufnahme des Titels mit. »Let's Dance« stieg ebenfalls auf Platz 1 der GB-Charts ein – am 25. 8. 2001. Kurz danach gab die Gruppe bekannt, dass sie sich trennen wird. Trotzdem veröffentlichte die Plattenfirma der Jungs noch weitere Platten, so z. B. »Closer To Me« am 22. 10. 2001. Die erfolgreichsten Alben: »Five« (7/98 GB-LP 1), »Invincible« (11/99 GB-LP 4), »Kingsize« (9/01 GB-LP 3) und »Five – Greatest Hits« (12/01 GB-LP 9).

Slam Dunk (Da Funk) (12/97 GB 10)
When The Lights Go Out (3/98 GB 4; 6/98 US 10)
Got The Feeling (6/98 GB 3)
Everybody Get Up (9/98 GB 2)
Until The Time Is Through (11/98 GB 2)
If Ya Gettin' Down (7/99 GB 2)
Keep On Movin' (11/99 GB 1)
Don't Wanna Let You Go (3/00 GB 9)
We Will Rock You (7/00 GB 1; 8/00 D 8)
Let's Dance (8/01 GB 1)
Closer To Me (11/01 GB 4)
Boy Group

Five Americans

JOHN DURRILL key (USA, * 20. 8. 1941 in Houston/Texas), NORMAN EZELL g (USA), JIM GRANT b (USA), MIKE RABON v, g (USA), JIMMY WRIGHT d (USA)
Die ursprünglich aus Durant, Oklahoma, stammende Band formierte sich 1964 in Dallas, Texas. Im selben Jahr wurden ihre ersten Platten produziert. Nach zwei kleineren Erfolgen wechselten sie die Plattenfirma und erhielten als neuen Produzenten Dale Hawkins, der in den 50er Jahren durch seinen Hit »Suzie Q« bekannt geworden war. Ihre erste Hitnotierung war »I See The Light« (1/66 US 26). Dann folgten »Western Union«, »Sound Of Love« (5/67 US 36) und »Zip Code« (8/67 US 36). Nach 1968 war sie aus den Charts verschwunden, 1969 löste sie sich auf. Mike Rabon tauchte in den 70er Jahren bei der Gruppe Gladstone auf. John Durill wurde ein erfolgreicher Songschreiber. So schrieb er z. B. den Hit »Dark Lady« für Cher.

Western Union (3/67 US 5)
Beat, Pop

Five Man Electrical Band

RICHARD BELANGER d (Kanada), MICHAEL BELANGER per (Kanada), LES EMMERSON v, g (Kanada), THEODORE GOROW key, sax (Kanada), BRIAN RADING b (Kanada)

Diese Formation gründete sich in den frühen 60er Jahren und nannte sich zuerst Staccatos. Mitte der 60er Jahre erhielten sie einen Plattenvertrag und hatten in Kanada mehr als zwölf kleinere Hits. Der größte davon hieß »Half Past Midnight«. 1969 traten sie im Whisky A Go-Go und im Troubador in Los Angeles auf. Während sie dort waren, nahmen sie in den Studios von Capitol eine neue LP auf. Einer der Titel dieser neuen LP hieß »The Five Man Electrical Band«, nach dem sich die Gruppe nun benannte. 1971 wurde »Signs«, eine Komposition von Les Emmerson, ein Millionseller. Mit »Absolutely Right« (10/71 US 26) gelang der Gruppe noch ein Hit außerhalb Kanadas. Nach 1974 verschwanden sie ganz aus den Hitparaden. Der Titel »Signs« wurde 1991 mit der Gruppe Tesla erneut ein Top-10-Erfolg in den USA. Das dazugehörende Album nannte Tesla »Five Man Acoustical Jam«.

Signs (5/71 US 3)
AOR (Adult Orientated Rock), Rock

Five Stairsteps

JAMES BURKE (USA), CUBIE BURKE (USA), KENNETH BURKE (USA), DENNIS BURKE (USA), ALOHA BURKE (USA), CLARENCE BURKE (USA)

Diese Gruppe aus Chicago wurde aus den vier Brüdern und einer Schwester Burke gegründet. Ab 1967 kam noch ihr fünfjähriger Bruder Cubie hinzu, und die Formation nannte sich Five Stairsteps & Cubie. Ab 1966 hatten sie regelmäßige Eintragungen in den Popcharts, kamen da jedoch bis 1970 nicht unter die ersten 40. Anders in den Rhythm-&-Blues-Charts: dort wurden die meisten ihrer Platten unter den ersten 20 aufgelistet. Anfang 1970 nannten sie sich wieder nur Five Stairsteps. »O-o-h Child« war die B-Seite der aktuellen Single der Band, die A-Seite war »Dear Prudence«, eine Komposition von Lennon/McCartney. Bis 1971 wurden Platten der Gruppe, die sich jetzt nur noch Stairsteps nannte, in den US-Charts aufgeführt, dann waren sie verschwunden. 1972 trennten sie sich. Bis auf Clarence und Kenneth, die Sessionmusiker wurden, begannen alle eine Ausbildung. 1976 nahmen Clarence und Kenneth mit den Brüdern Denis und James wieder eine Platte auf und standen mit »From Us To You« unter den ersten 10 der R&B-Charts. Diese Nummer erschien auf dem Dark Horse Label von George Harrison und wurde produziert durch Billy Preston. Dazu erschien eine bemerkenswerte LP mit dem Titel »2nd Resurrection«. Trotzdem wurde die Platte kein großer Erfolg, sie trennten sich wieder, und Clarence gründete die Invisible Man's Band, während Kenneth als Keni Burke eine Karriere als Solokünstler und Produzent verfolgte.

O-o-h Child (5/70 US 8)
Soul

Five Star

LORRAINE SAMANTHA JEAN PEARSON v (Großbritannien, * 10. 8. 1967 in Romford/Essex), DENIECE PEARSON v (Großbritannien, * 13. 6. 1968 in Romford/Essex), DORIS MAY PEARSON v (Großbritannien, * 8. 6. 1966 in Romford/Essex), STEDMAN PEARSON v (Großbritannien, * 29. 6. 1964 in Romford/Essex), DELROY PEARSON v (Großbritannien, * 11. 4. 1970 in Romford/Essex)

1983 baten die drei Schwestern Lorraine, Doris und Deniece ihren Vater, einen ehemaligen Profigitarristen und Songschreiber, ein gerade selbst geschriebenes Stück aufnehmen zu dürfen. Vater Buster Pearson hatte während der 60er Jahre als Mitglied einer Tourband Interpreten wie Wilson Pickett, Lee Dorsey, Desmond Dekker oder Jimmy Cliff durch GB begleitet. Außerdem hatte er für ein unabhängiges Reggae-Label als Songschreiber und Produzent gearbeitet. Nach dieser ersten Aufnahme der Töchter, von der der Vater begeistert war, machte er ein Demo von einem Stück, das Lorraine geschrieben hatte, und mit dieser Nummer hatten sie dann im September 1983 ihren ersten Fernsehauftritt. Inzwischen hatten sich noch die beiden Brüder Stedman und Delroy zu den Schwestern gesellt, und man trat als Five Star auf. Ab 1985 waren sie regelmäßig in der britischen Hitparade vertreten. Der Wunsch, einigen bestimmten Mitgliedern der Jackson Family ähnlich zu sehen, steht den Five Star ins Gesicht geschrieben. Ende der 80er Jahre – die Familie war inzwischen auf ein großes Anwesen gezogen und hatte sich dort ein Studio gebaut – ließ der Erfolg der Gruppe nach. Vater Buster verplemperte das Geld für unnütze Dinge, und die Zeitungen schlachteten die finanziellen Schwierigkeiten der Familie aus. 1990 mussten sie ihr Fünfsterne-Anwesen räumen, weil sie finanziell am Ende waren. Im Oktober 1991 musste sich Stedman vor Gericht wegen Unzucht verantworten und wurde verurteilt. 1992 versuchten sie mit dem Verkauf ihrer Bühnenkleider und ihrer Goldenen Platten Geld zu verdienen. Sie brachten es bei einer Auktion lediglich auf 1 593 Pfund. 2001 lebte die Familie im San Fernando Valley in Kalifornien. Sie traten immer noch als Five Star auf, obwohl nur noch Lorraine, Stedman und Deniece den Gruppennamen repräsentierten. Lorraine veröffentlichte schon 1988 ihr erstes Buch »Her, Me And Reality«. 2001 schrieb sie immer noch Kindergeschichten. Zu diesem Zeitpunkt erschien mit »Funktefied« eine neue Single und ein Album wurde angekündigt.

Die erfolgreichsten Alben der Formation waren »Silk And Steel« (8/86 GB-LP 1) und »Between The Lines« (9/87 GB-LP 7).

System Addict (1/86 GB 3)
Can't Wait Another Minute (4/86 GB 7)
Find The Time (7/86 GB 7)
Rain Or Shine (9/86 GB 2)
Stay Out Of My Life (2/87 GB 9)
The Slightest Touch (4/87 GB 4)
Middle Of The Road (MOR)

Five Tops

LEO LEANDROS v (Griechenland, * 23. 8. 1926 als Leo Papathanassiou in Astakos)

Hinter dieser Gruppe versteckte sich Leo Leandros, der in den 50er Jahren ein recht erfolgreicher Schlagerinterpret in Griechenland war. Dann ging er nach Deutschland und arbeitete hier außerdem noch als Produzent. »Banana Boat Song« (9/57 D 11) war seine erste Notierung in der Hitparade. Es folgten bis Mitte 1963 noch Top-40-Hits mit »Mustafa« (6/60 D 2), »Tum-Balalaika« (2/61 D 29), »Bananas« (7/61 D 25) und »Piccolina« (7/63 D 31).
Mit einer deutschsprachigen Coverversion des Four-Seasons-Hits »Rag Doll« gelang Leo als Five Tops sein größter Knüller. Nachfolgehits waren »Warte auf das Glück« (5/65 D 22) und »Frag doch nur dein Herz« (1/66 D 28). Danach kümmerte sich Leo mehr um die Karriere seiner Tochter Vicky.

Rag Doll (1/65 D 4)
Schlager

5000 Volts

TINA CHARLES v (Großbritannien, * 10. 3. 1955 als Tina Hoskins), TONY EYERS g (Dänemark, * 29. 8. 1947 in Kopenhagen), MARTIN JAY g (Großbritannien, * 27. 7. 1953 in London), LUAN PETERS v (Großbritannien, in London)

Der in der zweiten Hälfte der 70er Jahre

recht erfolgreiche Komponist und Studiomusiker Tony Eyers ließ 1975 von einer Studioformation das von ihm geschriebene Stück »I'm On Fire« (10/75 US 26) aufnehmen. Er hatte vor, falls daraus ein Hit werden würde, eine dazugehörende Gruppe zusammenzustellen. Er veröffentlichte den Titel in Deutschland unter dem Gruppennamen Airbus. Aus rechtlichen Gründen hieß die Gruppe bei uns so, in GB nannte sie sich 5000 Volts. Nachdem der Titel in die britische Hitparade gekommen war, erschien er in Deutschland ebenfalls als 5000 Volts mit dem Zusatz Airbus. Allerdings stimmte das Cover der Platte insofern nicht mehr, als darauf das Fotomodell Luan Peters abgebildet wurde, gesungen wurde das Stück jedoch von Tina Charles. Die wiederum hatte einen Exklusivvertrag bei der CBS. 5000 Volts erschien in England bei der Phonogram, und nun musste Tina die Gruppe aus rechtlichen Gründen verlassen. Luan Peters blieb nur kurz, und Tina durfte – warum auch immer – jetzt plötzlich doch wieder Platten mit 5000 Volts produzieren. Tina Charles war als Solistin bis zum Ende der 70er Jahre erfolgreich.

I'm On Fire (9/75 D 1, GB 4)
Dr. Kiss Kiss (7/76 GB 8)
Disko

Siehe auch: Charles, Tina

Fixx

CHARLIE BARRET b (Großbritannien), DAN K. BROWN b (Großbritannien), CY CURNIN v, g (Großbritannien, * 12. 12. 1957), RUPERT GREENALL key (Großbritannien, * 30. 3. 1950), JAMIE WEST-ORAM g (Großbritannien, * 19. 2. 1954), ADAM WOODS d (Großbritannien, * 8. 4. 1952)

Fixx, musikalisch durch Formationen wie Talking Heads oder Television beeinflusst, kam 1979 als letzte Besetzung der Band Portrait zusammen. Ihre Single »Lost Planes« brachte erste Achtungserfolge. 1982 wurden sie erstmals in den britischen Charts notiert. »Shuttered Room« hieß ihre Debüt-LP 1982. Die Briten konnten mit den Platten von Fixx wenig anfangen – ihre größten Hits wurden in den USA aufgelistet – »Saved By Zero« (5/83 US 20), »The Sign Of Fire« (11/83 US 32), »Are We Ourselves?« (8/84 US 15), »Secret Separation« (5/86 US 19) und »How Much Is Enough« (3/91 US 35). Produzent der Band war Rupert Hine. Eine ihrer schönsten Aufnahmen kam nie in die Charts: »Less Cities, More Moving People«. Ihr erfolgreichstes Album heißt »Reach The Beach« (5/83 US-LP 8). Als Songschreiber war Cy mitverantwortlich für den Tina-Turner-Hit »Better Be Good To Me«.

One Thing Leads To Another (8/83 US 4)
Elektro-Pop, Techno

Flack, Roberta

ROBERTA FLACK v, p (USA, * 10. 2. 1937 in Asheville/North Carolina)

Da Roberta Flack in eine sehr musikalische Familie geboren wurde, studierte sie konsequenterweise Musik. Für Plattenaufnahmen wurde sie Ende der 60er Jahre von dem Pianisten Les McCann entdeckt, der sie in einem Nachtclub in Washington gehört hatte, wo sie Jazz sang und Piano spielte. 1969 erhielt sie einen Plattenvertrag. Zunächst erschienen zwei Alben, ohne dass sie daraus einen Singlehit erzielen konnte. Im Duett mit Donny Hathaway stand sie Mitte 1971 erstmals in den US-Top-30 mit »You've Got A Friend«. Im März 1972 gelang ihr der Millionseller »The First Time Ever I Saw Your Face«. Das Stück hatte sie für ihre Debüt-LP im Jahr 1969 aufgenommen. Drei Jahre später drehte Clint Eastwood den Thriller »Play Misty For Me«, in dem er einen Discjockey darstellt, der von einem neurotischen weiblichen Fan verfolgt und bedroht wird. In dem Film wurde auch der Titel »The First Time Ever I Saw Your Face« gespielt und erlangte dadurch genügend Popularität, um zu einem Hit zu werden und den Grammy für den Song und die Platte des Jahres zu gewinnen. 1973 gewann Roberta, die sich auf Balladen spezialisiert hatte, den Grammy als beste Sängerin des Jahres und hatte mit »Killing Me Softly With His Song« wieder den Song des Jahres. Dieser Titel wurde auch wieder Millionseller in den USA. Sie wurde einmal gefragt, von wem denn eigentlich in diesem Lied die Rede sei. Sie sagte, sie habe das Lied ja nicht geschrieben, aber sie wisse, dass die amerikanische Folksängerin und Songschreiberin Lori Lieberman Anfang der 70er Jahre im Troubadour in Los Angeles Don McLean gehört hatte, als der seinen Nummer-1-Hit »American Pie« vortrug. Seine Präsentation auf der Bühne hatte sie schwer beeindruckt. Das erzählte sie den beiden Songschreibern Norman Gimbel und Charles Fox, die daraufhin für Lori ein Lied mit dem Titel »Killing Me Softly With His Blues« schrieben. Durch Zufall hörte Roberta Flack diesen Song während eines Fluges von Los Angeles nach New York und war ganz angetan. Der Titel gefiel ihr ausnehmend gut, aber sie war der Meinung, dass sie ihn besser interpretieren könnte – womit sie auch Recht hatte. Während niemand den Song von Lori kennt, wurde Robertas Version 1973 ein weltweiter Hit.

Über eine Million mal verkauften sich zudem die Titel »Where Is The Love« 1972 und »The Closer I Get To You« 1978 zusammen mit Donny Hathaway und »Feel Like Makin' Love« 1974 als Solistin. Nachdem ihr Gesangspartner Donny Hathaway 1979 Selbstmord begangen hatte, zog sich Roberta zunächst vom Plattengeschäft zurück. 1983 – jetzt im Duett mit Peabo Bryson – war sie erfolgreich mit »Tonight, I Celebrate My Love«. 1991 gelang ihr mit Gastsänger Maxi Priest der Top-10-Hit »Set The Night To Music«. 1996 hatte die US-Formation Fugees mit einer angerapten Version von »Killing Me Softly With His Song« einen europaweiten Hit. Daraufhin veröffentlichte man auch wieder Robertas Version, die zumindest in Deutschland unter die ersten 40 kam.

Ihre erfolgreichsten Alben: »First Take« (1/70 US-LP 1), »Roberta Flack & Donny Hathaway« (5/72 US-LP 3, 6/80 GB-LP 31), »Killing Me Softly« (9/73 US-LP 3), »Blue Lights In The Basement« (1/78 US-LP 8) und »Softly With These Songs – The Best Of Roberta Flack« (2/94 GB-LP 7).

Einige ihrer Platten, darunter den Erfolg »Feel Like Makin' Love«, hat Roberta selbst unter dem Pseudonym Rubina Flake produziert.

The First Time Ever I Saw Your Face (3/72 US 1)
Where Is The Love (6/72 US 5)
Killing Me Softly With His Song (1/73 GB 6, US 1)
Feel Like Makin' Love (6/74 US 1)
The Closer I Get To You (2/78 US 2)
Back Together Again (5/80 GB 3)
Tonight, I Celebrate My Love (8/83 GB 2)
Set The Night To The Music (9/91 US 6)
Soft Soul

Flash & The Pan

HARRY VANDA v, g (Niederlande, * 22. 3. 1947 als Johannes Vandenberg in Den Haag), GEORGE YOUNG v, g (Großbritannien, * 6. 11. 1947 in Glasgow)

Nachdem 1969 die Easybeats auseinander gefallen waren, bildeten die beiden Bandkollegen George und Harry ein sehr erfolgreiches Autorenduo. Außerdem versuchten sie sich immer wieder mal als Duo und versteckten sich hinter Namen wie Band Of Hope, Marcus Hook, Paintbox und eben Flash & The Pan. Flash & The Pan schaffte einige schöne Hits: »Waiting

For A Train«, »Midnight Man«, »Early Morning Wake Up Call« (7/85 D 26) und »Ayla« (11/87 D 26).
Von ihren gesanglichen Qualitäten scheinen sie nicht sonderlich überzeugt zu sein. Eingebettet in ein üppiges Arrangement, klangen sie immer so, als würden sie durch ein Megaphon oder hinter einem Vorhang singen.

Waiting For A Train (5/83 GB 7)
Midnight Man (4/85 D 7)
Elektro-Pop

Fleetwood Mac

BEKKA BRAMLETT v (USA, * 19. 4. 1968 in Westwood/Kalifornien), LINDSEY BUCKINGHAM v, g (USA, * 3. 10. 1947 in Palo Alto/Kalifornien), BILLY BURNETTE g (USA, * 8. 5. 1953 in Memphis/Tennessee), MICK FLEETWOOD d (Großbritannien, * 24. 6. 1942 als Michael John Kells in Redruth/Cornwall), PETER GREEN g (Großbritannien, * 29. 10. 1946 als Peter Greenbaum in Bethnel Green/London), DANNY KIRWAN g (Großbritannien, * 13. 5. 1950 in London), DAVE MASON v, g (Großbritannien, * 10. 5. 1946 in Worcester), CHRISTINE MCVIE v, key (Großbritannien, * 12. 7. 1943 als Perfect in Birmingham), JOHN MCVIE b (Großbritannien, * 26. 11. 1945 in London), STEVIE NICKS v (USA, * 26. 5. 1948 als Stephanie Nicks in Phoenix/Arizona), JEREMY SPENCER g (Großbritannien, * 4. 7. 1948 in Hartlepool), RICK VITO v (USA, * 13. 10. 1949 in Darby/Pennsylvania), BOB WELCH v, g (USA, * 31. 7. 1946 in Los Angeles/Kalifornien)
Im Juli 1967 spielten die Musiker, die als Bluesbreakers die aktuelle Begleitband von John Mayall bildeten, als Backing-Band für den amerikanischen Bluesmusiker Eddie Boyd. Der nahm für Mike Vernon und dessen Label Blue Horizon eine Langspielplatte auf. Mike Vernon war von den Musikern, die Boyd begleiteten, sehr angetan. Von John Mayall weiß man, dass er innerhalb der Band sehr autoritär wirkte. Also nahmen die Bluesbreakers das Angebot von Vernon an, für sein Label eine neue Gruppe zu gründen und ohne John Mayall zu spielen. Ihr Debüt gaben sie am 12. 8. 1967 beim Windsor Jazz And Blues Festival. Am 3. November erschien mit »I Believe My Time Ain't Long« ihre erste Single, auf der als Interpreten Peter Green's Fleetwood Mac genannt wurden. Vernon wollte sicher die Popularität von Peter Green ausnutzen, denn immerhin hatte der Eric Clapton bei John Mayall ersetzt. Als Fleetwood Mac begannen, orientierten sie sich stark an den großen amerikanischen Bluesvorbildern, wie z. B. Elmore James. Zeitweise waren sie die beste Bluesgruppe Großbritanniens. Ihre erste Hitnotierung hatten sie im April 1968 in GB mit dem von Peter Green geschriebenen Titel »Black Magic Woman« (4/68 GB 37), 1971 ein Erfolg für Santana. Als nächste Single erschien »Need Your Love So Bad«, und dann kam, immer noch 1968, »Albatross«. Schon in jenen Anfangstagen änderte sich die Besetzung regelmäßig. Im September 1968 hatte erstmals Christine Perfect, später McVie, auf der LP »Mr. Wonderful« gespielt, obwohl sie noch Mitglied bei Chicken Shack war. Im selben Monat kam als dritter Gitarrist Danny Kirwan zur Band. Ende Mai 1970 verließ Peter Green die Gruppe. Wenig später wurde Christine Perfect, inzwischen John McVies Ehefrau, festes Mitglied. Im Februar 1971 verließ auch Jeremy Spencer die Band, die nun in die Bedeutungslosigkeit zu versinken schien. Im April desselben Jahres kam der amerikanische Musiker Bob Welch als festes Mitglied zur Band. Die anderen versprachen sich von ihm einen Push auf dem amerikanischen Markt. Bob Welch hatte vorher im Trio Paris gespielt, die Shows von James Brown und Aretha Franklin be-

gleitet und noch davor in der Showband Seven Souls in Las Vegas gespielt. Im August 1972 wurde Kirwan aus der Band geworfen, weil er sich weigerte, öffentlich aufzutreten. Für ihn kam Bob Weston, der vorher zusammen mit Long John Baldry gespielt hatte. Außerdem kam als weiterer Sänger von der Gruppe Savoy Brown Dave Walker. Mitte 1973 war Fleetwood Mac wieder auf Platz 2 der britischen Singlehitparade, aber nicht etwa mit einer neuen Nummer, sondern mit dem wiederveröffentlichten »Albatross«. Zu diesem Zeitpunkt verließ Walker die Gruppe bereits wieder und ließ sie als Quintett zurück. Ende des Jahres begann Weston eine Affäre mit Jenny Fleetwood. Mick schmiß Weston daraufhin aus der Band. Im Dezember 1974 ging Bob Welch. Nun schien die Band am Ende. Da kam in Form der beiden Amerikaner Lindsey Buckingham und Stevie Nicks der erhoffte frische Wind. »Over My Head« wurde Ende 1975 der erste Top-20-Hit der Band in den USA. Das Ganze klang viel amerikanischer als alles, was die Gruppe vorher gemacht hatte. Es war so amerikanisch, dass jetzt die Briten damit nichts mehr anfangen konnten. Im Frühjahr 1977 erschien die LP »Rumours«, die sich zu einem weltweiten Erfolg entwickelte und mehr als 25 Millionen Exemplare verkaufte. Auskopplungen aus diesem Album waren ebenfalls erfolgreich. Anfang der 80er Jahre begannen die Soloaktivitäten der einzelnen Mitglieder, und teilweise wusste man schon nicht mehr, wer denn nun noch Mitglied oder wer schon gegangen war. Im Juli 1987 verließ Lindsey Buckingham die Band. Für ihn kamen Billy Burnette und Rick Vito. 1993 verließen Burnette und Vito Fleetwood Mac wieder, ebenso kündigte Stevie Nicks an, sie wollte nicht mehr mit Fleetwood Mac spielen. Trotzdem kam die Erfolgsbesetzung der 70er, 80er Jahre im Januar 1993 noch einmal zusammen, um bei der Inauguration des neuen amerikanischen Präsidenten Bill Clinton zu spielen. Der hatte den Fleetwood-Mac-Song »Don't Stop« während seiner Wahlkampagne als Motto genommen. Zu den verbleibenden drei Musikern John McVie, Mick Fleetwood und Christine McVie gesellten sich Ende 1993 Bekka Bramlett, Chefin der Gruppe Zoo und Tochter von Delaney und Bonnie Bramlett, und Dave Mason. Von Peter Green erschien im Frühjahr 1997 ein neues Album mit dem Titel »Splinter Group« angekündigt. Neben ihm spielten z. B. Cozy Powell und Neil Murray. Mitte 1997 kündigten Nicks, Buckingham, Christine und John McVie sowie Mick Fleetwood eine Reunion-CD an, auf der sie ihre großen Hits noch einmal unplugged aufnehmen wollten. Am 22. und 23. 5. 1997 hatten die fünf Musiker in den Warner-Brothers-Studios eine exklusive Live-Show für ein MTV-Special aufgenommen, das weltweit am 12. 8. 1997 gezeigt wurde. Der Mitschnitt dieser Show erschien am 18.8. unter dem Titel »The Dance« (9/97 US-LP 1, GB-LP 15) als Album. Neben den großen Hits waren darauf auch drei neue Stücke zu hören.

Die weiteren erfolgreichen Alben der Band waren »Fleetwood Mac« (3/68 GB-LP 4), »Mr. Wonderful« (9/68 GB-LP 10), »Then Play On« (10/69 GB-LP 6), »Bare Trees« (4/72 US-LP 70), »Fleetwood Mac« (8/75 US-LP 1 – fünfach Platin), »Rumours« (2/77 US-LP 1, GB-LP 1, 4/77 D-LP 6), »Tusk« (10/79 GB-LP 1, 11/79 US-LP 4, D-LP 3), »Mirage« (7/82 GB-LP 5, US-LP 1, D-LP 12), »Tango In The Night« (4/87 GB-LP 1, D-LP 2, 5/87 US-LP 7), »Greatest Hits« (12/88 GB-LP 3, US-LP 14, D-LP 9 – achtfach Platin) und »Behind The Mask« (4/90 GB-LP 1, US-LP 18, D-LP 4).

1998 wurde Fleetwood Mac in die Rock and Roll Hall of Fame aufgenommen.

Albatross (12/68 GB 1; 5/73 GB 2)
Man Of The World (4/69 GB 2)
Oh Well (10/69 GB 2, D 5)

The Green Manalishi (With The Two-Prong Crown) (5/70 GB 10)
Go Your Own Way (1/77 US 10)
Dreams (4/77 US 1)
Don't Stop (7/77 US 3)
You Make Loving Fun (10/77 US 9)
Tusk (10/79 GB 6, D 7, US 8)
Sara (12/79 US 7)
Hold Me (6/82 US 4)
Oh Diane (12/82 GB 9)
Big Love (3/87 US 5, GB 9)
Little Lies (8/87 US 4, GB 5; 10/87 D 3)
Everywhere (4/88 GB 4)
AOR (Adult Orientated Rock), Blues, Rock, West Coa

Siehe auch: Nicks, Stevie; Buckingham, Lindsey; McVie, Christine

Flint, Berni

BERNI FLINT v (Großbritannien, * 26. 5. 1952)
Mit 22, nachdem er erfolglos in zwei verschiedenen Bands gespielt hatte, sang und spielte er als Solist in Pubs, Clubs, Bingo Halls und anderen aufregenden Orten. Der Manager eines Clubs in Liverpool gab ihm den Rat, sich bei der Fernsehsendung ›Opportunity Knocks‹ vorzustellen. Diese damals wöchentlich ausgestrahlte TV-Sendung, in der sich Nachwuchskünstler präsentieren konnten, brachte etlichen Künstlern den Durchbruch, z. B. Mary Hopkin. Berni Flint trat im Herbst 1976 dort zum ersten Mal auf, gewann zwölf Wochen lang hintereinander diesen Wettbewerb, wurde in ganz GB bekannt und erhielt einen Plattenvertrag. Mit »I Don't Want To Put A Hold On You« kam er 1977 in die britische Hitparade. Geschrieben hatte er den Titel im Alleingang. Nachfolger »Southern Comfort« (7/77 GB 48) kam noch in die Charts – danach war verschwunden.

I Don't Want To Put A Hold On You (3/77 GB 3)
Pop

Flip & Fill feat. Kelly Llorena

FILL (Großbritannien, als Mark Hall), FLIP (Großbritannien, als Graham Turner)
Flip und Fill waren bei dem italienischen Plattenlabel Bella Donna unter Vertrag und hatten in Italien drei Hits – »Walkin' On Sunshine«, »Memory« und »Free Your Soul«. Für die Produktion von »True Love Never Dies« (3/01 GB 34) nahmen sie sich als Sängerin Kelly Llorena hinzu. Die war bereits mit der Formation N-Trance und dem Titel »Set You Free« erfolgreich gewesen. Kelly sang auch mit diversen anderen Formationen, so z. B. mit Force & Styles. Nachdem der Titel »Set You Free« mit N-Trance im Herbst 2001 erneut in die Charts kam, wurde auch »True Love Never Dies« Anfang 2002 noch einmal veröffentlicht.

True Love Never Dies (2/02 GB 7)
Pop

Flippers

KLAUS BACKHAUS b, sax (Deutschland, * 30. 5. 1943), ROLAND BAUSERT v, g (Deutschland, * 17. 1. 1944), MANFRED FRIEDRICH DURBAN d, tr (Deutschland, * 28. 9. 1942), FRANZ WILLI HALMICH key, sax (Deutschland, * 10. 1. 1944), BERND HENGST v, g, d (Deutschland, * 18. 4. 1947), OLAF MALOLEPSKI v, g (Deutschland, * 27. 3. 1946)
Diese Gruppe wurde 1965 unter dem Namen Dancing Show Band gegründet. 1969 benannten sie sich in Flippers um und hatten noch im selben Jahr mit »Weine nicht, kleine Eva« einen Top-10-Erfolg. Der Nachfolgehit »Sha La La, I Love You« kam sechs Monate später unter die ersten 10. Bis 1975 wurden weitere Hits der Gruppe notiert. Dann trat bis 1986 eine Hitpause ein. Inzwischen hat sich die Gruppe auf ein Trio reduziert, in dem Bernd, Olaf und Manfred spielen. LPs der Flippers verkauften sich speziell in der

zweiten Hälfte der 80er und in den 90er Jahren enorm gut: »Träume – Liebe – Sehnsucht« (3/87 D-LP 5), »Liebe ist...« (4/89 D-LP 3), »Lotosblume« (10/89 D-LP 5), »Sieben Tage Sonnenschein« (9/90 D-LP 6), »Liebe ist... II« (4/91 D-LP 7), »Unsere Lieder« (6/94 D-LP 3), »Liebe ist... mein erster Gedanke« (5/96 D-LP 7), »Maskenball« (10/99 D-LP 8) und »Der Floh in meinem Herzen« (10/00 D-LP 7).

Weine nicht, kleine Eva (10/69 D 8)
Sha La La, I Love You (4/70 D 9)
Deutscher Schlager

Flirts

CHRISTINA CRISCIONE v, ANDREA DEL CONTE v, DEBRA GAYNOR v, CHRISTIE ANGELICA MUHAW v, HOPE RAYMAN v, REBECCA SULLIVAN v

Zwei Jahre nach ihrem Hit »Passion« hatten sie mit »Helpless (You Took My Love)« noch einmal einen Platz 13 in Deutschland. Wer von den oben genannten Damen bei welcher Platte zu hören ist oder ob es sich möglicherweise um Künstlernamen handelt, unter denen sie dann aufgetreten sind, ist nicht mehr zu ermitteln. Wahrscheinlich wird nicht einmal Bobby Orlando, der die Titel für das Trio schrieb, wissen, wer was auf den Platten der Flirts gemacht hat. Gerade bei diesen Kunstgruppen, die die anspruchslose Diskomusik der 80er Jahre aufgenommen haben, ist das auch völlig belanglos.

Passion (2/83 D 4)
Disko

Floaters

CHARLES CLARK (USA), LARRY CUNNINGHAM (USA), JONATHAN MIGHTY (USA), RALPH MITCHELL (USA), PAUL MITCHELL (USA), MIDGET MURRAY (USA)

Die Floaters wurden bereits 13 Jahre vor ihrem einzigen Hit 1964 in Detroit gegründet. 1976 sahen drei Mitglieder der Detroit Emeralds die Band und waren davon so angetan, dass sie sie baten, für ihre anstehende US-Tour das Vorprogramm zu bestreiten. Sie brachten sie mit einer Plattenfirma zusammen, und nachdem der Vertrag unterzeichnet war, schrieben die drei Detroit Emeralds Titel für das Debütalbum der Formation, das sie auch produzierten. »Float On«, ein Schnitt von dieser Debüt-LP, schoss Mitte 1977 in die Hitparaden. Ein weiterer Hit ist den Floaters nie gelungen, was sie, wie sie später einmal erzählten, auf der einen Seite als Belastung empfunden haben, sie auf der anderen Seite aber auch glücklich machte, überhaupt einen gehabt zu haben. Larry Cunningham erzählte später in einem Interview: ›Ohne diesen einen Hit wären wir gar nichts. Heute treten wir immer noch auf der Bühne auf, und solange unsere Show stimmt, machen wir weiter. Es gibt Hunderte von Gruppen, die würden ihr Leben dafür hergeben, könnten sie auf einen solchen Hit verweisen.‹ Ihr erfolgreichstes Album war »Floaters« (6/77 US-LP 10, 8/77 GB-LP 17).

Float On (7/77 GB 1, US 2)
Soft Soul

Flowerpot Men

TONY BURROWS v (Großbritannien, * 14. 4. 1942 in Exeter), JOHN CARTER v, g, b (Großbritannien, * 20. 10. 1942 als Shakespeare in Birmingham), NEIL LANDON v (Großbritannien, * 26. 7. 1941), KEN LEWIS v, key (Großbritannien, * 3. 12. 1942 als Kenneth James Hawker in Birmingham), CARLO LITTLE d (Großbritannien), JON LORD key (Großbritannien, * 9. 6. 1941 in Leicester), PETE NELSON v (Großbritannien, * 10. 3. 1945), GED PECK g (Großbritannien), ROBIN

SHAW v (Großbritannien, * 6. 10. 1945), NICK SIMPER b (Großbritannien, * 3. 11. 1945 in Southhall/Middlesex)
Flowerpot Men ist wieder einmal eine Gruppe, die erst entstanden ist, nachdem das Produkt bereits fertig war. Carter und Lewis waren vorher Mitglied bei Carter-Lewis & The Southerners. 1964 bildeten sie, zusammen mit Perry Ford (* als Brian Pugh), Ivy League. Sie hatten im Zuge der Flower-power-Welle den Titel »Let's Go To San Francisco« geschrieben und aufgenommen. Wenige Monate zuvor hatte Scott McKenzie mit »San Francisco (Be Sure To Wear Flowers In Your Hair)« einen weltweiten Hit. Es gab etliche, die auf dem ausgerollten Blumenteppich wandeln wollten. Carter und Lewis sind die Stimmen, die auf dem Hit zu hören sind. Da beide jedoch keine Lust mehr hatten, für TV- oder andere öffentliche Auftritte ihre Stimmen bzw. ihre Köpfe hinzuhalten, engagierten sie vier Studiosänger, darunter der schon häufig erwähnte und viel benutzte Tony Burrows. Zu denen, die im TV Mimikri zum fertigen Band machten, gehörten auch die späteren Deep-Purple-Mitglieder Jon Lord und Nick Simper.

Let's Go To San Francisco (8/67 GB 4)
Flower-power, Pop

Siehe auch: Ivy Leagne

Flowers, Mike Pops

MIKE FLOWERS bl (Großbritannien, als Roberts)
Was Guildo Horn und Dieter Thomas Kuhn für den deutschen Schlager, ist Mike Flowers für die britische Popmusik. Sein Markenzeichen: eine blonde Perücke, die sicher nicht mehr als 1 Pfund gekostet hat. Er selbst: ›Ich glaube, mein Erfolg liegt an meinen Dreimarksperücken. Die Frauen sind total heiß darauf. Sie wollen sie streicheln und sagen, es sei eine tolle Farbe.‹ Vor seinem Starruhm war Mike Flowers Lehrer in Liverpool. Er nahm sich alles, was es an guten und teuren Popsongs gab, und machte daraus weichgespülte Easy Listening Music. Die erste Aufnahme, mit der er in den britischen Charts auftauchte, war eine Fahrstuhlversion des Oasis-Titels »Wonderwall«. 1996 kam er mit »Light My Fire/Please Release Me« und »Don't Cry For Me Argentina« unter die ersten 40 der britischen Charts. Dass er die ganze Sache nicht so ernst nimmt, wie es vielleicht scheinen mag, sieht man an folgender Antwort. Auf die Frage, wer denn die höhere Chart-Position in GB erhalten würde, er oder Madonna, sagte er: ›Möge die bessere Blondine gewinnen.‹ In diesem Projekt involviert: Mike Stock und Matt Aitken, die bekanntlich einen guten Riecher für Hits haben. Vom Gewinn aus dem Hit baute sich Mike ein Studio. 2002 wohnte er im Süden von London und arbeitete gerade an einer neuen Version von »Di Ya Think I'm Sexy?« und an einem Projekt namens »Leisureland«. Außerdem wollte er endlich seine deutsche Freundin namens Simone heiraten. Das sind doch tolle Zukunfspläne.

Wonderwall (12/95 GB 2)
Soft Pop

Floyd, King

KING FLOYD v (USA, * 13. 2. 1945 in New Orleans)
Der Sänger und Songschreiber stammt aus New Orleans. Mit zwanzig Jahren machte King Floyd seine ersten Schallplatten. Ende 1970 wurde der Titel »Groove Me« ein Millionseller. Nach zwei weiteren kleinen Hits, darunter »Baby Let Me Kiss You« (3/71 US 29) war er wieder aus den Charts verschwunden.

Groove Me (10/70 US 6)
Funk, Soul

Flying Lizards

DAVID CUNNINGHAM p (Großbritannien), DEBORAH EVANS v (Großbritannien)
Der Oberlurch dieser Formation, der mit wechselnden Studiomusikern arbeitete, hatte offensichtlich eigene Vorstellungen von Coverversionen. Mit Vorliebe ermordete er Oldies und ließ Titel wie »Tutti Frutti«, »Then He Kissed Me« oder »What's New Pussycat« so erklingen, dass man bedauerte, dass sie je geschrieben wurden. Es ist nicht bekannt, ob einer der Autoren oder Originalinterpreten eine Unterlassungsklage gegen Cunningham angestrengt hat. Sein erster und einziger Top-10-Hit war »Money«, einst von Berry Gordy zur Geldbeschaffung geschrieben. Und da zumindest er welches damit gemacht hat, wird er ruhig geblieben sein. Ansonsten ist die Musik, zu der eine große Dame namens Sally monoton und ohne große Gesangsausbildung spricht, elektronisch, kalt und gefühllos. Wenn Cunningham damit Zeitgefühl vermitteln wollte, so ist ihm das gelungen. Wollte er vermitteln, dass jeder auf einer Platte als Sänger auftauchen kann, so gelang ihm auch das. Während »Sex Machine« von James Brown pure Lust ist, vermittelt Flying Lizards' Version mechanische Pflichterfüllung. Als weibliche Stimme wird auch Deborah Evans erwähnt – was die Sache auch nicht besser macht. Cunningham arbeitete auch mit Gruppen wie The Pop Group, Modettes, Electric Chair oder This Heat.

Money (8/79 GB 5)
Elektro-Pop

Flying Machine

STUART COLMAN b (Großbritannien), STEVE JONES g (Großbritannien), TONY MACAULEY (Großbritannien), ANTHONY NEWMAN v, g (Großbritannien), GEOFF STEVENS (Großbritannien), PAUL WILKINSON d (Großbritannien)
Ein weiteres britisches Studioprojekt um die Songschreiber Tony Macauley und Geoff Stevens. Sie schrieben und produzierten Titel aus der Serie locker und flockig, tausendmal gehört und nicht weh tuend. In GB hatten sie damit keinen Erfolg, in den USA hingegen wurde die Aufnahme »Smile A Little Smile For Me« ein Millionseller. Mit »Baby Make It Soon« hatten sie eine weitere Hitnotierung. Danach wandten sich Tony und Geoff anderen Projekten zu. So waren sie z. B. maßgeblich am Erfolg der Drifters in den 70er Jahren in GB beteiligt. Nachdem sich der erste Erfolg der Flying Machine einstellte, wurde in bewährter Manier eine Band zusammengestellt, in der Tony Newman der Leadsänger war. Es ist schon erstaunlich, bei wie vielen Projekten speziell in GB und in Deutschland die Fans und Käufer an der Nase herumgeführt wurden. In den USA gab es noch eine weitere Gruppe, die Flying Machine hieß und in der der spätere Solostar James Taylor mitwirkte.

Smile A Little Smile For Me (10/69 US 5)
Middle Of The Road (MOR), Pop

Flying Pickets

DAVID BRETT v (Großbritannien), KEN GREGSON v (Großbritannien), RICK LLOYD v (Großbritannien), RED STRIPE v (Großbritannien, * 4. 3. 1946 in Manchester), GARETH WILLIAMS v (Großbritannien)
Wenn die Mitglieder der Flying Pickets so locker nebeneinander standen, wirkten sie wie eine Neuauflage der Panzerknacker, die die Polizei gerade den Zeugen des Verbrechens zur Identifizierung vorführte. Die sechs nebeneinander, und man glaubte, 150 Jahre Zuchthaus zu sehen. 1980 hatten sie sich bei der Produktion eines Musicals kennen gelernt. Sie spielten und sangen in der Theaterkompanie 7:84, so benannt nach der Be-

rechnung, dass 7 Prozent der Bevölkerung über 84 Prozent des Gesamtvermögens verfügen. Alle Mitglieder hatten außerdem bereits etliche Jahre Erfahrung in der Kleinkunstszene und speziell mit dem politischen Theater auf dem Buckel. Bei »One Big Blow«, einem Politmusical über Bergarbeiterprobleme, spielten und sangen sie zur Musik von Rick Lloyd. Dieses Musical führte sie auf ausgedehnte Tourneen durch England und Skandinavien. Bei den zwangsläufig langen Autobahnfahrten vertrieben sich die sechs die Zeit, indem sie ihre Lieblingssongs intonierten. Musikinstrumente standen nicht zur Verfügung. Es wurde die Tradition des A-cappella-Gesangs gefördert, d. h. der rein vokalistische, nicht von Instrumenten unterstützte Gesang. 1983 feierten sie mit ebendiesem Gesang beim Edinburgh Festival Triumphe, und man ging auf Tournee durch GB. Anfangs sangen sie noch alte Stones-, Phil-Spector- und Motown-Nummern, dann kamen Stücke von Bruce Springsteen, David Bowie und Bob Marley hinzu. Als sie dann im Herbst 1983 den Vince-Clarke-Titel »Only You« aufnahmen, der ein Jahr zuvor mit Yazoo bis auf Platz 2 der britischen Hitparade gekommen war, staunte die Fachwelt. Nachfolgehit war »When You're Young And In Love«. Obwohl noch viele schöne Platten erschienen, gelang ihnen kein weiterer Erfolg mehr. Glatzkopf Red Stripe verließ die Flying Pickets 1986 und ließ den Rest als Quintett zurück. Erst 1992 erschien mit der Crowded-House-Nummer »Don't Dream It's Over« eine neue Produktion, die sehr ansprechend, aber auch sehr erfolglos war. In den Album-Charts wurden sie mit »Lost Boys« (6/84 GB-LP 11) notiert.

Only You (11/83 D 1, GB 1)
When You're Young And In Love (4/84 GB 7)
Doo Wop, Soft Pop

Flynn, Jerome

siehe Robson & Jerome

Focus

JAN AKKERMAN g (Niederlande, * 24. 12. 1946 in Amsterdam), COLIN ALLEN d, HANS CLEUVER d, MARTIJN DRESDEN b, CYRIEL HAVERMANNS b, DAVID KEMPER d, BERT RUITER b (Niederlande, * 26. 11. 1946 in Amsterdam), PIERRE VAN DER LINDEN d (Niederlande, * 19. 2. 1946 in Amsterdam), THIJS VAN LEER key, fl (Niederlande, * 31. 3. 1948 in Amsterdam)

Mit der niederländischen Formation Brainbox beginnt die Geschichte von Focus. Jan Akkerman und Pierre van der Linden hatten in dieser Gruppe gespielt. Danach waren beide bei Johnny & The Cellar Rockers, dann trennten sich ihre Wege. 1969 gehörte Jan Akkerman zur Gründungsmannschaft von Focus. Mit »In And Out Of Focus« erschien 1970 die erste LP dieser ›New Rock Group from Holland‹. Mitglieder waren Jan, Thijs, Hans und Martijn. Auf dieser ersten LP befanden sich schon Titel wie »Focus« oder »House Of The King«. Mit »Moving Waves« erschien 1971, produziert von dem britischen Bluesspezialisten Mike Vernon, die zweite LP von Focus. Als Bassist war Havermanns zu hören. Auf der Platte die Nummer »Hocus Pocus«, die im Januar 1973 in die britische Hitparade kam und Platz 20 wurde. Im selben Monat kam »Sylvia« ebenfalls in die britischen Charts. Beide Titel kamen auch in die amerikanische Hitparade. Die Gruppe wurde mit Preisen überhäuft, sie galten als die besten Newcomer, und immer noch 1973 wurde Jan Akkerman im ›Melody Maker‹ zum weltbesten Gitarristen erkoren. Die Musik von Focus lebte von der Konfrontation Rock und Klassik. Thijs van Leer hatte am Konservatorium in Amsterdam Musik studiert. Seine Vorliebe galt Kompositionen von Bach und Händel, und er beschäftigte sich mit der Musik aus der Renaissance und dem Barock. Der musikalische Background von Jan Akkerman war mehr die Rockmusik. Dass diese Synthese aus Rock, Jazz und Improvisationen auch in den USA erfolgreich war, ist erstaunlich. Auf der anderen Seite war es wohl auch nur eine vorübergehende Begeisterung. Die nachfolgenden Projekte von Focus fanden zwar ihr spezielles Publikum, waren aber für Singlehitparaden nicht sonderlich geeignet. Alle Mitglieder der Band versuchten sich auch als Solisten, und das Musikerkarussell drehte sich recht schnell. Jan Akkerman machte eine ganze Reihe von für Gitarrenfreaks interessanten Platten. Nachdem Akkerman 1975 die Band verlassen hatte, wurde es stiller um Focus. 1978 kam »Focus con Proby«. Hier spielten bis auf Bert Ruiter völlig neue Musiker mit: Als neue Gitarristen Philip Catherine und Eef Albers, Schlagzeuger Steve Smith, und der Gesang wurde vom Amerikaner P. J. Proby übernommen. Eine witzige, aber nicht erfolgreiche Mischung. Für ein Special des niederländischen Fernsehens kam die Urbesetzung von Focus 1990 noch einmal zusammen. Die erfolgreichsten Alben: »Moving Waves« (11/72 GB-LP 2, 1/73 US-LP 8) und »Focus 3« (12/72 GB-LP 6, 4/73 US-LP 35).

Sylvia (1/73 GB 4)
Hocus Pocus (3/73 US 9)
AOR (Adult Orientated Rock), Jazz Rock

Fogelberg, Dan

DAN FOGELBERG v, g, key, p (USA, * 13. 8. 1951 in Peoria/Illinois)
Der Musiker und Songschreiber machte seine erste LP 1971. Seine sensiblen Kompositionen kamen besonders bei der Generation der Eagles- und Crosby-Stills-Nash-&-Young-Fans an. Genau diese Clique spielte auf Platten von Dan Fogelberg mit und umgekehrt. Anfang der 70er Jahre arbeitete er als Folksänger in Los Angeles, spielte mit Van Morrison und war als begehrter Studiomusiker auf Platten von Jackson Browne oder Randy Newman zu hören. Seinen ersten Hit hatte Dan im Februar 1975 mit »Part Of The Plan«. Zusammen mit dem Flötisten Tim Weisberg nahm er 1978 die sehr schöne LP »Twin Sons Of Different Mothers« auf. Darauf der Titel »The Power Of Gold«, Ende 1978 ein Platz 24 in den amerikanischen Charts. Ein Jahr später kam mit »Longer« Dans erste Single in die Top 10. Fogelberg beherrscht die Musikstile von Balladen bis Rock und veröffentlicht nach wie vor gute Platten. Dazu gehörte z. B. die CD »River Of Souls« aus dem Jahre 1993, auf der sich die tolle Nummer »Magic Every Moment« befindet. Dieses Stück kam im Frühjahr 1994 lediglich in die deutsche Hitparade und erreichte Platz 55. Seine erfolgreichsten Alben waren »Souvenirs« (12/74 US-LP 17), »Captured Angel« (10/75 US-LP 23), »Nether Lands« (6/77 US-LP 13), »Twin Sons Of Different Mothers« (9/78 US-LP 8) mit Tim Weisberg, »Phoenix« (12/79 US-LP 3), »The Innocent Age« (9/81 US-LP 6) und »Dan Fogelberg/Greatest Hits« (11/82 US-LP 15).

Longer (12/79 US 2)
Same Old Lang Syne (12/80 US 9)
Hard To Say (8/81 US 7)
Leader Of The Band (11/81 US 9)
AOR (Adult Orientated Rock), West Coast

Fogerty, John

JOHN FOGERTY v, g (USA, * 28. 5. 1945 in Berkeley/Kalifornien)
Das hat es ja schon oft gegeben: Eine Platte erscheint, wird zum Hit, und jemand tritt auf den Plan und sagt: Hey, das ist doch meine Nummer, die ist geklaut. Genau dieses ist George Harrison passiert,

dessen Nummer »My Sweet Lord« verteufelt »He's So Fine« von den Chiffons gleicht. Kommentar von George: ›99 Prozent der neueren Popmusik ähneln irgendwelchen anderen Popsongs.‹ 1988 stand in San Francisco ein Musiker vor Gericht, der bezichtigt wurde, bei sich selbst geklaut zu haben. John Fogerty, einst Kopf von Creedence Clearwater Revival, wurde von der Plattenfirma Fantasy, bei der die Gruppe alle ihre Hits veröffentlichte, angeklagt, seine Nummer »Run Through The Jungle« aus dem Jahr 1970 als »Old Man Down The Road« 1984 noch einmal veröffentlicht zu haben. Mit anderem Text, versteht sich, aber mit derselben Melodie. In der Tat gibt es da Übereinstimmungen. Warum auch nicht? Weshalb sollte ein Künstler nicht eine von ihm geschriebene Melodie noch einmal verwenden dürfen? Das Problem scheint mir ein amerikanisches zu sein. Bei uns hat der Urheber – also der Autor eines Titels – sehr wohl die Möglichkeit, ein eigenes Stück irgendwann mal wieder neu aufzunehmen. In den USA kann man eine Nummer mit Haut und Haaren und allen Nutzungsrechten an einen anderen abtreten. Und damit verliert man auf immer und ewig das Recht an seinem eigenen Stück. Zu eben einer solchen Nutzungsrechtsabgabe wird sich John Fogerty in den Anfangstagen von CCR vertraglich verpflichtet haben, und da hatte er 1988 schlechte Karten, nachdem er ein Stück aufgenommen hatte, das einem alten gleicht. Fogerty bestritt, wie damals auch George Harrison, wissentlich ein anderes Stück kopiert zu haben. ›Wenn ich eine neue Nummer schreibe, setze ich mich hin und versuche, den besten Rock 'n' Roll zu schreiben, der mir einfällt‹, sagte John. Seine Rechtsanwälte behaupteten vor Gericht, diese beiden Titel von Fogerty wären so genannte Swamp-Musik, und deshalb seien sich die Nummern zwar ähnlich, aber keinesfalls gleich. Weshalb sich seine alte Firma Fantasy auf einen Rechtsstreit mit ihrem alten Goldesel Fogerty einließ, ist nur schwer zu verstehen. Die Gründe dürften eher privater Natur gewesen sein. Neu war der Zwist zwischen den beiden allerdings nicht. Immerhin war die kreative Fähigkeit von Fogerty jahrelang durch Verträge mit Fantasy lahm gelegt. Der Besitzer dieser Plattenfirma, Saul Zaentz, wurde von Fogerty auf dem Album »Centerfield« mit den Titeln »Zanz Kant Dance« und »Mr. Greed«, also Herr Habgier, bedacht. Saul Zaentz verklagte Fogerty und dessen neue Plattenfirma WEA auf 142 Millionen Dollar Schadenersatz wegen übler Nachrede. Vielleicht konnte Herr Habgier doch tanzen. Das Gericht entschied jedoch in allen Fällen zu Fogertys Gunsten.

1972, in demselben Jahr, als Creedence Clearwater Revival auseinander gegangen waren, veröffentlichte Fogerty als Blue Ridge Rangers vier Singles und eine LP. Die erfolgreichste wurde »Jambalaya«. Ab Ende 1973 erschienen Singles unter seinem Namen, darunter »Rockin' All Over The World«, im Herbst 1975 ein Top-30-Hit in den USA und im Oktober 1977 ein Erfolg für Status Quo. Nach 1976 erschienen keine weiteren Neuaufnahmen von John Fogerty bis zu eben »The Old Man Down The Road«, zu finden auf seiner LP »Centerfield« (1/85 US-LP 1, 2/85 D-LP 23). In der Zwischenzeit sind Plattenveröffentlichungen von ihm selten geworden. 1997 erschien nach langer Zeit mit »Blue Moon Swamp« mal wieder ein neues Album, für das er Anfang 1998 mit einem Grammy für das beste Rockalbum des Jahres ausgezeichnet wurde. Am 9. Juni 1998 veröffentlichte er mit »Premonition« ein neues Live-Album, auf dem nun auch wieder alte Songs von CCR zu hören waren.

The Old Man Down The Road (12/84 US 10)
AOR (Adult Orientated Rock), Rock 'n' Roll

Siehe auch: Creedence Clearwater Revival

Fontana, Wayne & The Mindbenders

WAYNE FONTANA v (Großbritannien, * 28. 10. 1945 als Glyn Ellis in Manchester), ROBERT F. LANG b (Großbritannien, * 10. 1. 1946 in Manchester), RIC ROTHWELL d (Großbritannien, * 11. 3. 1944 in Stockport/Cheshire), ERIC STEWART v, g (Großbritannien, * 20. 1. 1945 in Manchester)

Wayne begann bereits als Fünfjähriger in einer lokalen Skifflegruppe in Manchester. Mit acht Jahren hatte er seine erste eigene Gruppe, mit fünfzehn verließ er die Schule und begann eine Lehre als Fernmeldetechniker bei Tag, nachts spielte er mit seiner Gruppe The Jets. Im Sommer 1963 suchte die Plattenfirma Fontana Records in ganz GB nach neuen Talenten. Auch Wayne und seine Band sollten sich vorstellen, aber nur der Bassist Robert Lang kam zum vereinbarten Termin. Zufälligerweise waren Eric Stewart und Ric Rothwell, die sich mit einer anderen Gruppe vorstellen wollten, gerade anwesend. Die vier taten sich zusammen, spielten und wurden zu ihrer eigenen Überraschung mit einem Plattenvertrag bedacht. Glyn Ellis änderte nun seinen Namen nach dem Label in Wayne Fontana. Die erste Single war eine Coverversion von Fats Dominos »My Girl Josephine« (7/63 GB 46). Mit »Um Um Um Um Um«, im Original ein Hit für Major Lance in den USA, hatte die Gruppe ihren ersten Top-10-Erfolg. Im Oktober 1965 verließ Wayne die Band, um eine Solokarriere zu beginnen. Es erschienen von ihm vier Singles in den Charts, wovon »Pamela Pamela« (12/66 GB 11) die schönste und erfolgreichste war. Bei den Mindbenders hatte inzwischen Eric Stewart den Leadgesang übernommen. Ihre letzte Hitnotierung stammt vom September 1967. 1968 verließ Rothwell die Band und eröffnete ein Antiquitätengeschäft, Lang zog sich aus dem Musikgeschäft zurück, kam dann aber Mitte der 70er Jahre wieder mit der Gruppe Racing Cars. Die letzte Besetzung der Mindbenders bestand aus Eric Stewart, James O'Neil, Paul Hancox und Graham Gouldman. Stewart und Gouldman machten nach der endgültigen Auflösung der Gruppe als Hotlegs weiter, aus denen sich dann 10cc entwickelte. Das erfolgreichste Album der Formation war »Wayne Fontana & The Mindbenders« (2/65 GB-LP 18).

Um Um Um Um Um Um (10/64 GB 5)
Game Of Love (2/65 US 1, GB 2)
A Groovy Kind Of Love (1/66 GB 2; 4/66 US 2)
Beat

Siehe auch: 10cc; Hotlegs

Foo Fighters

WILLIAM GOLDSMITH d (USA), DAVE GROHL d (USA, * 14. 1. 1969 in Warren/Ohio), NATE MENDEL b (USA), PAT SMEAR g (USA)

Dave Grohl hatte mit Nirvana gespielt. Ein halbes Jahr nach dem Tod von Kurt Cobain nahm er ein eigenes Album auf, das er »Foo Fighters« nannte. Die Musiker, die danach in der gleichnamigen Gruppe spielten, waren bei der Produktion als Studiomusiker zugegen. Erst danach wurde das Ganze zu einer richtigen Gruppe. Den Gruppennamen übernahmen sie von kugelförmigen Lichtgebilden, die amerikanische Piloten während des Zweiten Weltkrieges erstmals über dem deutschen Luftraum gesehen hatten. Manche hielten diese Kugeln für Geheimwaffen, andere für Ufos. Foo Fighters ist eine Band, die musikalisch nicht in die Fußstapfen von Nirvana trat. Dave, der bei Nirvana das Schlagzeug bediente, wechselte nun zur Gitarre und übernahm den Leadgesang. Sein zweiter Gitarrist Pat Smear hatte vorher bei den Germs, Mendel und Goldsmith bei Sunny Day Real Estate gespielt. Die mit Singles nur in GB erfolgreichen Foo Fighters schafften mit ihrer ersten Hitnotierung »This Is A Call« auch ihren bisher größten Erfolg. »I'll Stick Around« (9/95 GB 18), »For All The Cows« (12/95 GB 28), »Big Me« (4/96 GB 19), »Monkey Wrench« (5/97 GB 12), »Everlong« (8/97 GB 18), »My Hero« (1/98 GB 21), »Walking After You« (8/98 GB 20), »Learn To Fly« (10/99 GB 21, 10/99 US 19) und »Breakout« (9/00 GB 29) waren die weiteren Top-40-Hits. Die erfolgreichsten Alben: »Foo Fighters« (7/95 US-LP 23, GB-LP 3), »The Colour And The Shape« (5/97 GB-LP 3, US-LP 10) und »There Is Nothing Left To Lose« (11/99 GB-LP 10, US-LP 10). Grohl hatte inzwischen den Soundtrack für den Film »Touch« geschrieben.

This Is A Call (7/95 GB 5)
Rock

Fool's Garden

Peter Freudenthaler v, p (Deutschland, * 19. 2. 1963 in Pforzheim), Volker Hinkel v, g (Deutschland, * 21. 6. 1965 in Calw), Thomas Mangold b (Deutschland, * 25. 9. 1965 in Calw), Roland Röhl key (Deutschland, * 6. 4. 1971 in Calw), Ralf Wochele d (Deutschland, * 23. 2. 1968 in Pforzheim)

Eine der großen Überraschungen des Jahres 1996 aus Deutschland war ganz ohne Zweifel die Formation Fool's Garden aus Pforzheim. Die Erfolgsbesetzung des Jahres 1996 war bereits 1991 zusammengekommen. 1993 erschien das Album »Once In A Blue Moon«, 1994 setzte sich Fool's Garden gegen 700 Mitbewerber durch: Mit dem Song »Wild Days« wurde ein Musikvideo für die Firma C&A erstellt. Dann erschien 1995 »Dish Of The Day« (12/95 D-LP 1) und darauf befand sich »Lemon Tree«. Der Song wurde nicht nur in Deutschland ein Erfolg, sondern europaweit. In GB erreichte die Platte Platz 26. Spezialität der Gruppe ist melodiebetonter, harmonischer Pop. Besonders die Hook Line von »Lemon Tree« machte bisher den Erfolg der Formation aus. Die nachfolgenden Singles, die ebenfalls aus demselben Album ausgekoppelt waren, kamen an diesen Erfolg nicht heran. Mit »For Sale« erschien nach längerer Pause im Frühjahr 2000 wieder ein neues Album. Als Single wurde »Suzy« ausgekoppelt. Offensichtlich entsprach es nicht der Vorstellung der Plattenfirma der Band. Im Februar 2002, nach einem Wechsel der Company, kamen sie bei der Polydor mit »25 Miles To Kissimee«.

Lemon Tree (12/95 D 1)
Pop

Force, Ricardo da

Siehe N-Trance

Force M.D.'s

Jessie Lee Daniels v (USA), Stevie Lundy v (USA), Antoine Maurice »T. C. D.« Lundy v (USA), Charles Richard Nelson v (USA, † 10. 3. 1995), Trisco Pearson v (USA)

Dieses New Yorker Quintett begann, als die Mitglieder auf der Fähre von Staten Island nach Manhattan mit Doo-Wop-Songs die Passagiere unterhielten, um sich ihr Taschengeld zu verdienen. Als der Rap Anfang der 80er Jahre aufkam, waren die fünf Jungs gleich mit von der Partie. Zuerst nannten sie sich Dr. Rock & The M.C.'s, dann Force M.D.'s. M.D. ist in diesem Fall die Abkürzung für Musical Diversity. 1984 erschien ihre Debütplatte »Let Me Love You« in den R&B-Charts, noch im selben Jahr hatten sie darin mit »Tears« ihren ersten Top-10-Hit. »Tender Love« war schließlich ein Top-10-Hit in den USA und wenig später Platz 23 in GB. Das Stück stammte aus dem Film »Krush Groove«, was wohl zum Erfolg beitrug.

Danach erreichten sie mit »Love Is A House« 1987 zwar noch einmal den Spitzenplatz in den R&B-Charts – für eine Position oberhalb der ersten 70 in den Pophitparaden reichte es jedoch nicht mehr. Daniels verließ die Band 1987, Nelson starb im Alter von nur 30 Jahren nach einem Herzanfall.

Tender Love (2/86 US 10)
Doo Wop, Rap, Rhythm & Blues

Ford, Lita

LITA FORD v, g (USA, * 23. 9. 1959 als Rosanna in London/Großbritannien)
Lita spielte bereits als 15-jährige in der in Los Angeles beheimateten Mädchen-Hard-Rockband Runaways Leadgitarre. Im April 1979 löste sich die Gruppe wieder auf, und die einzelnen Mitglieder versuchten sich alle mit mehr oder weniger Glück als Solistinnen. Im März 1984 erschien eine Solo-LP von Lita, ab 1988 war sie erfolgreich: »Kiss Me Deadly« wurde im März 1988 Platz 12 in den USA. Im Duett mit dem Hard-Rock-Kollegen Ozzy Osbourne gelang ihr ein Jahr später mit dem Titel »Close My Eyes Forever (Remix)« ihr einziger Top-10-Hit. Ihr erfolgreichstes Album war »Lita« (2/88 US-LP 29).

Close My Eyes Forever (Remix) (3/89 US 8)
Hard Rock

Foreigner

JOHN EDWARDS v, DENNIS ELLIOTT d (Großbritannien, * 18. 8. 1950 in London), ED GAGLIARDI b (USA, * 13. 2. 1952 als Edward John in New York City), LOU GRAMM v (USA, * 2. 5. 1950 als Grammatico in Rochester/New York), AL GREENWOOD key (USA, in New York City), MICK JONES g (Großbritannien, * 27. 12. 1944 in London), IAN MCDONALD g, key (Großbritannien, * 25. 6. 1946 in London), RICK WILLS b (Großbritannien)
1976 wurde diese aus Amerikanern und Briten bestehende Gruppe gegründet. Als sie zusammenkamen, schrieb die Presse wieder mal von einer neuen Supergruppe. Wenn damit gemeint sein sollte, dass alle Bandmitglieder bereits mit anderen Formationen erfolgreich gewesen waren, so stimmt das zumindest für die drei Briten. Mick Jones hatte bereits mit Spooky Tooth und Ian Lloyd gespielt, Ian McDonald arbeitete bei King Crimson, T. Rex, Herbie Mann und ebenfalls Ian Lloyd, und Dennis Elliott war Schlagzeuger bei If und Ian Hunter. Die drei Amerikaner hatten weniger bekannte Stationen durchlaufen. Lou Gramm war zwischen 1971 und 1976 auf zwei LPs der Gruppe Black Sheep zu hören. Im April 1977 erschien die Debüt-LP von Foreigner, auf der gleich der erste große Singlehit »Feels Like The First Time« zu hören war. Ebenfalls auf dieser ersten LP: »Cold As Ice«. »Hot Blooded« und »Double Vision« stammten von der zweiten LP der Band. Auf dem dritten Album der Band, »Head Games«, kam es zur ersten Umbesetzung. Rick Wills war für Ed Gagliardi zur Band gekommen. Fast zwei Jahre vergingen bis zu dem vierten Album, das schlicht »4« hieß. Inzwischen spielten auch nur noch vier Musiker, nämlich Jones, Gramm, Elliott und Wills in der Gruppe. Ab 1987 erschienen auch Soloplatten von Lou Gramm. Viele vermuteten schon damals, dass das nun das Ende von Foreigner sei. Die Gruppe veröffentlichte aber mit »Inside Information« 1988 und »Unusual Heat« 1991 noch zwei weitere Alben. Allerdings, auf »Unusual Heat« ist als neuer Leadsänger John Edwards zu hören. Inzwischen hatte auch schon Mick Jones eine Soloplatte auf dem Markt, und er kündigte an, er wolle sich nun mehr um Produktionen kümmern, z. B. geht Billy Joels »Stormfront« auf sein Konto. Auch als Songschreiber konzentrierte er sich jetzt mehr auf Arbeit für andere. So schrieb er mit

Eric Clapton »Bad Love«. Trotzdem hielt er Foreigner die Treue. Lou Gramm gründete noch 1991 eine Band, die er Shadow King nannte. Mitte 1992 kehrte er zu Foreigner zurück. Rick Wills verließ Foreigner und ging zu Bad Company. Dennis Elliott verließ die Gruppe ebenfalls und eröffnete ein Holzgeschäft. Ende 1994 erschien mit »Mr. Moonlight« eine neue CD von Foreigner, aus der die Single »White Lie« ausgekoppelt wurde. Neben Gramm und Jones waren nun Bruce Turgon, Jeff Jacobs und Mark Schulman zu hören. Insgesamt kann Foreigner auf mehr als 22 Millionen verkaufte Alben in den letzten 20 Jahren alleine in den USA zurückblicken. Mitte der 90er Jahre verlor Mick Jones nach eigener Aussage das Interesse an Musik und zog sich aus dem Geschäft zurück. 1998 produzierte er etliche Stücke für ein neues Album von Tina Arena: »In Deep«. Darauf eine Coverversion von »I Want To Know What Love Is«. Gleichzeitig wurde bekannt, dass er und Lou Gramm an der Neubelebung von Foreigner arbeiteten. Die beiden hatten mit teilweise neuen Musikern ein neues Album eingespielt, dessen Veröffentlichung für den Sommer 1999 vorgesehen war. Jones hatte außerdem an der Musik für den Film »Still Crazy« mitgearbeitet. Er handelte von der in den 70er Jahren erfolgreichen fiktiven britischen Rockband Strange Fruit, die sich nach etlichen Schwierigkeiten in den 90ern wieder reformiert. Hauptrollen spielten Jimmy Nail und Billy Connolly.
Die erfolgreichsten Alben: »Foreigner« (3/77 US-LP 4), »Double Vision« (7/78 US-LP 3, 8/78 GB-LP 32), »Head Games« (9/79 US-LP 5, 10/79 D-LP 39), »4« (7/81 US-LP 1, GB-LP 5, 8/81 D-LP 4), »Foreigner Records« (12/82 US-LP 10, D-LP 22), »Agent Provocateur« (12/84 GB-LP 1, D-LP 1, 1/85 US-LP 4), »Inside Information« (1/85 US-LP 15, 1/88 D-LP 7) und »The Very Best… And Beyond« (10/92 US-LP 123).

Feels Like The First Time (3/77 US 4)
Cold As Ice (7/77 US 6)
Hot Blooded (7/78 US 3)
Double Vision (9/78 US 2)
Urgent (7/81 US 4)
Waiting For A Girl Like You (10/81 US 2; 12/81 GB 8)
I Want To Know What Love Is (12/84 D 3, GB 1, US 1)
Say You Will (12/87 US 6)
I Don't Want To Live Without You (3/88 US 5)
AOR (Adult Orientated Rock), Rock

Siehe auch: Stories

Forrest

FORREST THOMAS v (Niederlande)
Der Sänger, dessen Eltern farbige Einwanderer aus den ehemaligen niederländischen Kolonien waren, hatte mit »Rock The Boat« seinen größten Hit. Das Stück war neun Jahre zuvor mit Hues Corporation ein Millionseller und Platz 1 in der amerikanischen Hitparade gewesen. Coproduziert wurde Forrest von dem zum damaligen Zeitpunkt noch recht unbekannten Ben Liebrand, der sich später zu einem erfolgreichen Mixer entwickeln sollte. Aufgenommen wurde das Ganze in Hilversum. Für die Briten muss der Eindruck entstanden sein, dass es sich bei Forrest um einen amerikanischen Interpreten handelte. Jedenfalls wird er in den entsprechenden Publikationen immer noch als ›US male vocalist‹ bezeichnet. »Feel The Need In Me« (5/83 GB 17) war seine einzige weitere Hitnotierung.

Rock The Boat (2/83 GB 4)
Disko

4 The Cause

BJ v (USA, * 13.8.1982 als Bennie Edwards in Chicago/Illinois), J-MAN v (USA, * 2.7. 1982 als Jason Edwards in Chicago/Illinois), MISS LADY v (USA, * 10.5.1981 als Shonna Edwards in

Chicago/Illinois), SHORTY v (USA, * 26. 9. 1984 als Reshona Edwards in Chicago/ Illinois)

Die Kindertruppe aus Oak Park in der Nähe von Chicago hatte mit einer Neuaufnahme des Ben E. King-Hits »Stand By Me« im HipHop-Stil in Frühjahr 1998 einen Hit in Deutschland – die Kids kannten die Originalversion wohl nicht mehr. Die Väter der Gruppe, die beiden Brüder Leroy und Bennie, waren selbst Musiker und konnten so den Cousins und Cousinen helfen. 1993 gründeten sie ihre erste Gruppe, die sie Young Warriors 4 The Cause nannten. Ihre erste Platte »Up On It« soll angeblich in den USA ein Achtungserfolg gewesen sein – in den Charts schlug sich das jedoch nicht nieder. 1997 wurden sie von dem Management unter Vertrag genommen, das auch die Kindertruppe Moffats betreute. Die entschlossen sich, die Kids erst einmal in Deutschland zu starten. Es war ihnen wohl bewusst, dass Tenniebands hierzulande gut an die Kinder zu bringen sind. Im Herbst 1998 wurde »Stand By Me« (10/98 GB 12) auch in GB veröffentlicht.

Stand By Me (4/98 D 2)
Pop, Soul

Fortunes

ROD ALLEN b (Großbritannien, * 31. 3. 1944 als Rodney Bainbridge in Leicester), ANDY BROWN d (Großbritannien, * 7. 1. 1946 in Birmingham), DAVID CARR key (Großbritannien, * 4. 8. 1943 in Leyton/ Essex), GLEN DALE v, g (Großbritannien, * 2. 4. 1943 als Richard Garforth in Deal/ Kent), SHEL MACRAE v, g (Großbritannien, * 8. 3. 1943 als Andrew Semple), BARRY PRITCHARD v, g (Großbritannien, * 3. 4. 1944 in Birmingham, † 21. 1. 1999)

1963 erhielten die Fortunes einen Plattenvertrag und galten als eine der ersten Bands aus der britischen Provinz, denen das gelang. Kurz darauf erschien als ihre erste Single »Summertime Summertime«, eine Coverversion des Titels der amerikanischen Gruppe Jamies. Im Januar 1964 erschien der Titel »Caroline«, der zwar nicht in die britische Hitparade kam, sich aber trotzdem in die Ohren der Briten bohrte, nachdem der britische Piratensender Radio Caroline dieses Stück als Erkennungsmelodie einsetzte. Mitte 1965 erschien der größte Hit der Fortunes: »You've Got Your Troubles«. Im Juni 1966 verließ Dale die Band und wurde durch MacRae ersetzt. Es sollte sechs Jahre dauern, bis die Band mit »Freedom Come Freedom Go« ihren nächsten Top-10-Erfolg hatte. Inzwischen hatte 1968 David Carr die Band verlassen, die damit auf ein Quartett reduziert wurde. In den USA waren sie Mitte 1971 recht erfolgreich mit »Here Comes That Rainy Day Feeling Again«: Platz 15. Ihr letzter Top-10-Hit war »Storm In A Teacup«. Obwohl sie danach noch etliche Platten veröffentlichten, schafften sie keinen Erfolg mehr.

You've Got Your Troubles (7/65 US 7, GB 2)
Here It Comes Again (10/65 GB 4)
Freedom Come Freedom Go (9/71 GB 6)
Storm In A Teacup (1/72 GB 7)
Middle Of The Road (MOR), Pop

Foundations

ERIC ALLENDALE pos (Dominikanische Republik, * 4. 3. 1936), PAT BURKE sax, fl (Jamaika, * 9. 10. 1937), CLEM CURTIS v (Trinidad, * 28. 11. 1940), MIKE ELLIOTT sax (Jamaika, * 6. 8. 1929), TONY GOMEZ org (Sri Lanka, * 13. 12. 1948 in Colombo), TIM HARRIS d (Großbritannien, * 14. 1. 1948 in London), PETER MACBETH b (Großbritannien, * 2. 2. 1943 in London), ALAN WARNER g (Großbritannien, * 21. 4. 1947 in London), COLIN YOUNG v (Barbados, * 12. 9. 1944)

Diese Gruppe kam Mitte der 60er Jahre in GB zusammen und versuchte, den amerikanischen Motown-Sound zu kopieren. 1967 erhielten sie einen Plattenvertrag und hatten ab diesem Zeitpunkt bis zum Ende der 60er Jahre etliche Hits. Ihr größter war auch ihr erster: »Baby Now That I Found You« 1967. 1968 wurde der Leadsänger Clem Curtis gegen Colin Young ausgewechselt, und auch Mike Elliott verließ die Gruppe. 1970 trennte sich die Formation. Später versuchten sich andere Musiker unter dem Namen Foundations, jedoch ohne Erfolg. »Build Me Up, Buttercup« kam 1998 erneut in die Charts, weil der Song im Film »There's Something About Mary« zu hören war.

Baby Now That I've Found You (9/67 GB 1)
Build Me Up Buttercup (11/68 GB 2; 1/69 US 3)
In The Bad Bad Old Days (3/69 GB 8)
Pop, Rhythm & Blues

4 Non Blondes

CHRISTA HILLHOUSE v, b (USA, * 28. 11. 1961 in Fort Bliss/Arkansas), LOUIS METOYER g, LINDA PERRY v, g (USA, * 15. 4. 1965 in Massachusetts), DAWN RICHARDSON d (USA, * 19. 4. 1964 in Pasadena/Kalifornien), ROGER ROCHA g

Das Debütalbum dieser aus San Francisco stammenden Band, erschienen im Frühjahr 1993, war eine der Überraschungen des Jahres. Die Band spielte Rock, beeinflusst durch Blues, Funk und Country. Diese Mischung brachte es – sogar bei den deutschen Käufern. Besonders die Nummer »What's Up« (4/93 US 14), tat ihre Wirkung: Platz 1 in den deutschen Charts. Die Stimme und das Songschreibertalent von Linda Perry war das größte Kapital von 4 Non Blondes – sie sang die Leadstimme und schrieb die meisten Songs im Alleingang. Die Titel, die auf der Debüt-CD »Bigger, Better, Faster, More!« (4/93 US-LP 13, 7/93 GB-LP 4, 8/93 D-LP 1) zu hören waren, stammten allerdings nicht aus dem Jahre 1993. Die meisten Stücke hatte die Band schon in den Jahren zuvor aufgenommen, und somit stellte die CD eine Art Sammlung ihrer schönsten Titel dar. »Dear Mr. President«, neben »What's Up« eine der stärksten Nummern auf der CD, war gar aus dem Jahre 1989. Auf »Bigger, Better, Faster, More!« wurden bis auf »Drifting« noch alle Stücke vom Gitarristen Metoyer gespielt. Kurz vor Erscheinen der Platte verließ er die Band und wurde durch Roger Rocha ersetzt. Mitte 1996 erschien mit »In Flight« die erste Solo-LP von Linda Perry, die mehr oder weniger floppte. Danach sang sie im Hintergrund von Jethro Tull oder Sheryl Crow auf deren Tourneen, baute sich in L.A. ein eigenes Studio, in dem sie der lokalen Szene auf die Beine helfen möchte, und gründete mit Rockstar Records ihre eigene Plattenfirma. Der Film »Pink As The Day She Was Born« wurde von ihr produziert. Der Film bezog sich wohl auf die Sängerin Alicia Moore, die als Pink ab 2000 erfolgreich war. Für Pink schrieb Linda den weltweiten Top-10-Hit »Get The Party Started«.

What's Up (6/93 D 1, GB 2)
Rock

Four Pennies

ALAN BUCK d (Großbritannien, * 7. 4. 1943), FRITZ FRYER g (Großbritannien, * 6. 12. 1944 als David Roderick Carnie), LIONEL MORTON v, g (Großbritannien, * 14. 8. 1942), MIKE WILSH b (Großbritannien, * 21. 7. 1945)

Diese Viererformation stammte aus Blackburn in England. Leadsänger Morton hatte dort sieben Jahre im Kirchenchor gesungen – sicher eine gute Voraussetzung für seine spätere Hauptrolle im Musical »Jesus Christ Superstar«. Alan Buck hatte bei Johnny Kidds Pirates und Joe Browns

Bruvvers getrommelt, bevor er zu den Four Pennies kam, die sich anfangs Lionel Morton Four nannten. Im Oktober 1963 bekamen die Four Pennies ihren Plattenvertrag und machten ihre erste Aufnahmesession. »Do You Want Me To?« war im Januar 1964 ihre erste Hitnotierung in GB. Die zweite Single, »Juliet«, wurde dann gleich ihr größter Erfolg. Diese selbst geschriebene, recht schnulzige Nummer kam drei Monate später in die Charts und erreichte den Spitzenplatz. Bis 1966 wurden sie noch mit drei Top-20-Hits verzeichnet. Eine lang anhaltende Karriere konnten sie nicht verfolgen. Fryer wurde erfolgreicher Plattenproduzent, Morton Schauspieler. Ihr erfolgreichstes Album war »Two Sides Of Four Pennies« (11/64 GB-LP 13).

Juliet (4/64 GB 1)
Pop

4 P.M.

LARRY MCFARLAND v (USA), ROBERTO PENA v (USA), RENE PENA v (USA), MARTY WARE v (USA)
4 P.M. steht für ›For Positive Music‹ – was immer das ist. Der Song »Sukiyaki« jedenfalls ist ein ausgesprochener Dauerbrenner. Alle Jahre wieder gibt es eine neue Version dieser Melodie, die dann auch erfolgreich wird. Die Originalversion stammt aus dem Jahre 1963 und war mit dem Japaner Kyu Sakamoto Spitzenreiter in den USA. Dort war 1981 die Gruppe Taste Of Honey mit ihrer Version auf Platz 3 der Charts. Mit einem Nachfolgehit tat sich 4 P.M. schwer. Und im Frühjahr 1995 veröffentlichten die vier Jungs aus Baltimore/Maryland das Album »Now's The Time«, das es aber nicht unter die ersten 100 der US-Albumcharts brachte.

Sukiyaki (9/94 US 8)
One Hit Wonder, Soft Soul

Four Seasons

CHARLIE CALLELO v, b (USA), DON CICCONE v (USA, * 28. 2. 1946 in New York City), JERRY CORBETTA v, key (USA, * 23. 9. 1947 in Denver/Colorado), BOB CREWE (USA, * 12. 11. 1931 in Belleville/New Jersey), TOMMY DEVITO v, g (USA, * 19. 6. 1928 in Montclair/New Jersey), NICK DEVITO v (USA, * 12. 9. 1924 in Montclair/New Jersey), BOB GAUDIO v, g, org (USA, * 17. 11. 1942 in Bronx/New York City), LARRY LINGLE g (USA, * 4. 4. 1949 in Kansas City/Missouri), JOE LONG v, b (USA), HANK MAJEWSKI v (USA), NICK MASSI v, b (USA, * 19. 9. 1927 als Nicholas Macioci in Newark/New Jersey, † 24. 12. 2000), GERRY POLCI v, d (USA, in Passiac/New Jersey), LEE SHAPIRO key (USA), FRANKIE VALLI v (USA, * 3. 5. 1934 als Francis Castelluccio in Newark/New Jersey)
Von Jersey City aus sieht man die berühmte Skyline von Manhattan – Jersey City gehört schon zum Bundesstaat New Jersey, und Jersey City hat absolut nichts vom Glanz und Glimmer, den New York ausstrahlt – oder zumindest auszustrahlen scheint, wenn man auf der falschen Seite des Hudson Rivers wohnt. Dort liegen vergammelte Industriestädte wie Newark, Union City oder Hoboken. Jeder, der sich ein bisschen für Popmusik interessiert, weiß, dass Frank Sinatra aus Hoboken kommt. Jeden Abend muss er als Kind die Lichter von New York gesehen haben – und jeden Abend hat er sicher davon geträumt, diese Stadt einmal zu erobern. In seinem Hit »New York, New York« singt er ja auch davon, dass er diese Stadt erobern will, denn schafft man es in New York, schafft man es überall. Die Anzahl der Träumer italienischer Abstammung, die sich selbst als Gesangsstars sehen und hören und die auf der Westseite des Hudson, also in New Jersey, leben und in den dort zuhauf ansässigen Zementfabriken arbeiten, ist im Laufe der letzten fünfzig Jahre

sicher nicht kleiner geworden. Schätzungen behaupten, auf der New-Jersey-Seite würden jederzeit mehr Gesangsquartette und Musiker italienischer Herkunft zu finden sein, als es in Neapel je zusammen gegeben hat. Überhaupt haben die Italiener die amerikanische Popmusik beeinflusst wie kein anderes Volk: Frank Sinatra wurde bereits genannt, Perry Como, Vic Damone, Dion, Dean Martin, Al Martino und viele mehr hatten italienische Eltern oder Großeltern – und so auch die Four Seasons.

Bereits 1955 kamen Frankie Valli, die beiden Brüder DeVito und Majewski als Variatones. 1956 nannten sie sich Four Lovers und hatten unter diesem Namen im selben Jahr »You're The Apple Of My Eye« (5/56 US 62) in den US-Charts. 1959 kam von den Royal Teens Bob Gaudio und ersetzte Nick DeVito. Nick Massi ersetzte Majewski, und 1961 spielten sie in der Besetzung Valli, Gaudio, Massi und Tommy DeVito. Zu diesem Zeitpunkt arbeiteten sie als Studiomusiker für den Produzenten Bob Crewe. Die Gruppenbezeichnung Four Seasons übernahmen sie von einer Bowlingbahn in New Jersey, die eben so hieß. Crewe und Gaudio schrieben einige Nummern, die diese vier nun aufnahmen. »Sherry« erschien im Herbst 1962. 1965 ging Nick Massi, der durch Charlie Callelo und später durch Joe Long ersetzt wurde. Im selben Jahr versuchten sich die Four Seasons unter dem Pseudonym Wonder Who? und hatten mit der Bob-Dylan-Nummer »Don't Think Twice« einen Platz 12 in den USA. Es erschienen noch weitere Singles unter diesem Namen, die diesen Erfolg jedoch nicht wiederholen konnten. 1971 verließ Tommy DeVito die Band und setzte sich zur Ruhe. 1972 hatte auch Bob Gaudio keine Lust mehr, öffentlich aufzutreten. Ab diesem Zeitpunkt gab es zahllose Umbesetzungen in der Gruppe. Auch Frankie Valli verließ die Gruppe hin und wieder, um erfolgreich Soloplatten zu veröffentlichen. Dieses Spiel wiederholte sich mehrfach. Um seine Stellung als Leadsänger zu unterstreichen, erschienen Ende der 60er Jahre die Platten als Four Seasons featuring Frankie Valli und ab 1975 als Frankie Valli & The Four Seasons. Anfang der 70er Jahre hatte man die Gruppe schon endgültig abgeschrieben, als ihr 1975 mit »Who Loves You« und dem Millionseller »December, 1963 (Oh, What A Night)« zwei Hits gelangen. Bei letztgenanntem Titel wurde der Leadgesang von Gerry Polci übernommen. Ende 1980 wurden sie letztmalig in den Charts notiert.

Man kann die Four Seasons heute zweifellos als Institution in der Musik bezeichnen, schon wegen ihres brillanten Falsett-Pops. 1990 wurden sie in die Rock and Roll Hall of Fame aufgenommen. Im August 1994 kam »December, 1963 (Oh, What A Night)« erneut in die amerikanische Hitparade und erreichte immerhin Platz 14. Als die Platte am 11. 2. 1995 letztmalig in der US-Hitparade verzeichnet wurde, hatte sie sich insgesamt 54 Wochen darin halten können. Die erfolgreichsten Alben der Formation: »Sherry & 11 Others« (10/62 US-LP 6, 7/63 GB-LP 20), »Big Girls Don't Cry And Twelve Others« (3/63 US-LP 8), »Dawn (Go Away) And 11 Other Great Songs« (3/64 US-LP 6), »Rag Doll« (8/64 US-LP 7), »The 4 Seasons' Gold Vault Of Hits« (12/65 US-LP 10), »Greatest Hits« (11/76 GB-LP 4) und »The Very Best Of Frankie Valli And The 4 Seasons« (3/92 GB-LP 7).

Sherry (8/62 US 1; 10/62 GB 8)
Big Girls Don't Cry (10/62 US 1)
Walk Like A Man (1/63 US 1)
Candy Girl (7/63 US 3)
Dawn (Go Away) (2/64 US 3)
Ronnie (4/64 US 6)
Rag Doll (6/64 US 1; 8/64 GB 2; 11/64 D 6)
Save It For Me (8/64 US 10)
Let's Hang On! (10/65 GB 4, US 3)
Working My Way Back To You (1/66 US 9)
I've Got You Under My Skin (9/66 US 9)
Tell It To The Rain (12/66 US 10)

C'mon Marianne (6/67 US 9)
Night (4/75 GB 7)
Who Loves You (8/75 US 3, GB 6)
December, 1963 (Oh, What A Night) (12/75 US 1, GB 1)
Silver Star (4/76 GB 3)
Pop, Rock 'n' Roll

Siehe auch: Valli, Frankie

Four Tops

RENALDO »OBIE« BENSON v (USA, in Detroit/Michigan), ABDUL »DUKE« FAKIR v (USA, * 26. 12. 1935 in Detroit/Michigan), LAWRENCE PAYTON v (USA, in Detroit/Michigan, † 20. 6. 1997), LEVI STUBBS v (USA, * 6. 6. 1936 als Levi Stubbles in Detroit/Michigan)

Die Four Tops wurden 1953 als Four Aims in ihrer Heimatstadt Detroit gegründet. Um nicht mit den Ames Brothers verwechselt zu werden, änderten sie ihren Namen schnell in Four Tops. Schon damals waren die vier Mitglieder, die bis in die 90er Jahre als Four Tops auftreten sollten, dabei.

1956 machten sie ihre ersten Plattenaufnahmen für Chess Records, dann für die Plattenfirmen Red Top, Riverside und Columbia Records. Bevor sie 1963 einen Vertrag mit Motown unterschrieben, waren sie mit Billy Eckstine auf Tournee. Die erste LP, »Breakin' Through«, war kein Durch-, sondern ein Einbruch. Dann kam Mitte 1964 die Single »Baby, I Need Your Loving«, die sich bis auf Platz 11 in den USA hocharbeitete. Im Mai 1965 dann der ganz große Erfolg mit »I Can't Help Myself«. Ihren einzigen ausgewiesenen Millionseller hatten die Four Tops im Frühjahr 1973 mit »Ain't No Woman (Like The One I've Got)«. Ihr letzter Top-10-Hit »Loco In Acapulco« stammte aus dem Film »Buster«. 1990 wurden sie in die Rock and Roll Hall of Fame aufgenommen. 1995 waren die Four Tops mit den Temptations, den Spinners, den Supremes und Jr. Walker in der ›Legend Of Motown‹-Tour unterwegs. Bei den anderen Formationen hatte sich viel verändert; teilweise waren von der Originaltruppe keine bzw. nur noch wenige Mitglieder dabei. Die Four Tops traten mit den vier Mitgliedern an, mit denen sie 43 Jahre zuvor begonnen hatten. 1997 starb Lawrence Payton im Alter von 59 Jahren an Leberkrebs.

Die erfolgreichsten Alben waren »Four Tops On Top« (8/66 US-LP 32, 11/66 GB-LP 9), »Four Tops Live!« (12/66 US-LP 17, 2/67 GB-LP 4), »The Four Tops Greatest Hits« (9/67 US-LP 4, 1/68 GB-LP 1), »Four Tops Reach Out« (8/67 US-LP 11, 11/67 GB-LP 4) und »Magnificent 7« (5/71 GB-LP 6).

I Can't Help Myself (5/65 US 1; 3/70 GB 10)
It's The Same Old Song (7/65 US 5)
Reach Out I'll Be There (9/66 US 1, GB 1)
Standing In The Shadows Of Love (12/66 US 6, GB 6)
Bernadette (3/67 GB 8, US 4)
Walk Away Renee (12/67 GB 3)
If I Were A Carpenter (3/68 GB 7)
It's All In The Game (5/70 GB 5)
Still Water (Love) (10/70 GB 10)
Simple Game (9/71 GB 3)
Keeper Of The Castle (11/72 US 10)
Ain't No Woman (Like The One I've Got) (2/73 US 4)
When She Was My Girl (10/81 GB 3)
Loco In Acapulco (12/88 GB 7)
Motown Sound, Rhythm & Blues, Soul

Fourmost

BILLY HATTON b (Großbritannien * 9. 6. 1941 in Liverpool), DAVE LOVELADY d (Großbritannien * 16. 10. 1942 in Liverpool), MIKE MILLWARD v, g (Großbritannien * 9. 5. 1942 in Bromborough/Cheshire), BRIAN O'HARA v, g (Großbritannien * 12. 3. 1942 in Liverpool † 27. 6. 1999)

Am 1. 3. 1961 spielten die Fourmost im legendären Cavern Club in Liverpool. Die Beatles gaben ihr erstes Konzert erst zwanzig Tage später in diesem Club. O'Hara und Hatton hatten als Teenager 1958 die Four Jays gegründet, und unter diesem Namen spielten sie jetzt auch erstmals im Cavern Club. Die oben angegebene Besetzung kam im September 1962 zustande, und erst jetzt wurden sie Profimusiker.

Nachdem er schon Gerry & The Pacemakers, Billy J. Kramer With The Dakotas, The Big Three und Tommy Quickly unter Vertrag hatte, nahm Brian Epstein Mitte 1963 die Fourmost unter seine Fittiche. Ende August erschien ihre erste Single, »Hello Little Girl«, die wohl auch, weil es sich um eine Lennon-McCartney-Komposition handelte, zum Hit wurde. Alle Titel der Fourmost wurden übrigens von George Martin produziert. 1966 war die Gruppe verschwunden. Mike starb im April jenes Jahres an Leukämie. Die anderen traten später weiter in Clubs auf. Brian O'Hara beging 1999 Selbstmord.

Das erfolgreichste Album war »Fourmost Sound« (2/64 GB-LP 15).

Hello Little Girl (12/63 GB 9)
A Little Loving (4/64 GB 6)
Beat

49ers

DAWN MITCHELL v

Dawn Mitchell, auf Grenada geboren und in England lebend, begann ihre Karriere in Bands wie Eruption und Cool Notes. 1978 war sie mit einem britischen Musical auf Tournee in Italien, als sie für die Gruppe Le Streghe ein Angebot erhielt. Sie mauserte sich in Italien zu einer populären Sängerin und arbeitete mit Stars wie Mina oder Adriano Celentano.

1983 trat sie in New York auf und wurde während dieser Zeit stark durch die Musik von Billie Holiday beeinflusst. Später ging sie nach Italien zurück und veröffentlichte 1985 den Titel »When You Want It«. Es folgten Werbespots bekannter Firmen, und Ende der 80er Jahre, als das House-Music-Fieber durch Italien zog, wurde unter dem Namen 49ers mit ihr der Titel »Touch Me« aufgenommen. »Don't You Love Me« (3/90 GB 12, 4/90 D 26) und »Girl To Girl« (6/90 GB 31) waren noch zwei Nachfolgehits. Optisch wurden ihre Auftritte durch die Tänzerin Josy aufgepeppt. Als nach einer knapp dreijährigen Pause erneut eine Platte der 49ers erschien, wurde als Sängerin Ann-Marie Smith genannt. Ihr Titel »Rockin' My Body« (3/95 GB 31) kam zumindest in die Top 40.

Touch Me (12/89 GB 3; 2/90 D 7)
House

Siehe auch: Cappella

Fox

HERBIE ARMSTRONG v, g (Irland), NOOSHA FOX v (Australien, * 8. 12. 1944 als Susan Traynor), JIM FRANK d (Großbritannien), JIM GANNON v, g (Großbritannien), PETE SOLLEY v, key (Großbritannien, * 19. 10. 1948), GARY TAYLOR b (Großbritannien), KENNY YOUNG v, g (USA)

Die Musiker kann man getrost als eine Ansammlung von Studiocracks bezeichnen, die den Gesang von Noosha Fox begleiteten und für Auftritte zusammenkamen. Noosha, die in Australien geboren wurde, kam mit zwei Freundinnen nach England und gründete dort die Gruppe Wooden Horse. Sie tourten zusammen mit Georgie Fame und Alan Price durch GB.

1974 lernte Noosha Kenny Young kennen, der bereits Titel für Nancy Sinatra, die Seekers, die Drifters, Status Quo und andere geschrieben hatte. Er schrieb für sie die Nummer »Only You Can«, die in Los Angeles aufgenommen wurde. Der Nachfolgehit war »Imagine Me, Imagine You« (5/75 GB 15). »S-S-S-Single Bed«

markierte das Ende der Erfolgsserie von Fox. Ab 1977 versuchte sich Noosha als Solistin und hatte noch einen Hit mit »Georgina Bailey« (11/77 GB 31). Trotzdem kam die Band in demselben Jahr noch einmal zur Produktion eines Albums zusammen. Herbie Armstrong und Kenny Young gründeten ebenfalls noch in jenem Jahr die Formation Yellow Dog. Später wurde Armstrong Solist und arbeitete von 1978 bis 1982 mit Van Morrison.
Ihr erfolgreichstes Album hieß »Fox« (5/75 GB-LP 7).

Only You Can (2/75 D 2, GB 3)
Imagine Me, Imagine You (6/75 D 7)
S-S-S-Single Bed (4/76 GB 4)
Disko, Middle Of The Road (MOR)

Fox, Samantha

SAMANTHA FOX v (Großbritannien, * 15. 4. 1966 in London)
Ihre Karriere begann sie in GB als Mädchen von Seite 3 mit den Maßen 92–59–84. Bei so viel Brustumfang vermuteten Plattenproduzenten offensichtlich auch Stimme. Für die zweite Hälfte der 80er Jahre und die piepsigen Diskonummern, die zu diesem Zeitpunkt angesagt waren, genügte sie in der Tat. Mit der Aufforderung »Touch Me (I Want Your Body)« hatte sie ihren ersten Hit. Als ihr die Behandlung durch die englische Presse zu viel wurde, zog sie nach Amerika. 1991 beendete sie dort ihren ersten Film als Schauspielerin: »The Final Embrace«. 1996 erschien nach langer Zeit mit »Let Me Be Free« mal wieder eine neue Single von Samantha, die jedoch nicht weiter auffiel. Ihr erfolgreichstes Album war »Touch Me« (7/86 GB-LP 17, 8/86 D-LP 9, 11/86 US-LP 24). 2001 machte sie Schlagzeilen, als sie mit ihrer Managerin Myra Stratton zusammenzog. ›Sam war noch niemals so verliebt wie jetzt. Sie hat mit Männern sehr viel schlechte Erfahrung gemacht und mit Myra eine Frau gefunden, die gleichzeitig ihre Managerin, ihre beste Freundin und ihre Liebhaberin ist‹, wurde in ›News Of The World‹ berichtet.

Touch Me (I Want Your Body) (3/86 D 4, GB 3; 11/86 US 4)
Do Ya Do Ya (Wanna Please Me) (6/86 D 5, GB 10)
Nothing's Gonna Stop Me Now (3/87 GB 8; 6/87 D 6)
Naughty Girls (Need Love Too) (2/88 US 3)
I Wanna Have Some Fun (11/88 US 8)
Middle Of The Road (MOR)

Fox The Fox

GINO JANSEN b (Niederlande), ROY KUSHEL key (Niederlande), HAN LANGKAMP d (Niederlande), SILHOUETTE MUSMIN v, key (Niederlande), BERTH TAMAELA v, g (Niederlande), KIER VON DE WERF g (Niederlande)
Köpfe dieser Formation waren Berth Tamaela und Silhouette Musmin. Berth hatte sich vor Gründung der niederländischen Formation Fox The Fox in Holland bereits einen Namen gemacht durch seine Arbeit mit Boozy und mit Alides Hidding, der später die Time Bandits gründete. Für die Texte der einzelnen Titel war Silhouette verantwortlich. Die Band tauchte im Jahr 1984 zweimal in der deutschen Hitparade auf, und ihr erster Eintrag war auch gleich ihr größter Erfolg: »Precious Little Diamonds«. Ende des Jahres gelang ihnen mit »Flirting And Showing« noch eine Notierung auf Position 40.

Precious Little Diamonds (7/84 D 5)
Pop

Foxx, Inez & Charlie

CHARLIE FOXX v (USA, * 23. 10. 1939 in Greensboro/North Carolina), INEZ FOXX v

(USA, * 9. 9. 1942 als Inez Fox Fletcher in Greensboro/North Carolina)
Zuerst machte Inez Foxx 1960 als Solistin unter dem Künstlernamen Inez Johnston mit »A Feeling« ihre erste Platte. Vorher hatte sie in der Gospelgruppe Tide Chorus gesungen. Bruder Charlie arbeitete zu diesem Zeitpunkt schon als Songschreiber, und seine Bearbeitung eines alten Kinderliedes brachte den beiden zusammen den Hit »Mockingbird«. Fast sechs Jahre später kam die Nummer auch in die GB-Charts, erreichte allerdings nur Platz 34. Die beiden arbeiteten bis zum Ende der 60er Jahre zusammen, brachten es aber zu keinem weiteren Hit. In den 70er Jahren machte Inez wieder Soloplatten, die alle gut, aber wenig erfolgreich waren.

Mockingbird (6/63 US 7)
Pop

Foxy

Carl Driggs v (USA), Joe Galdo v, d (Kuba, * 7. 2. 1951), Ish Ledesma v (Kuba, * 2. 10. 1952), Charlie Murciano v, key (Kuba, * 20. 2. 1953), Arnold Paseiro b (Kuba, * 30. 10. 1950), Richie Puente per (Kuba, * 15. 6. 1953)
Mit dem Aufkommen der Diskomusik hatte die aus Miami stammende Band Mitte der 70er Jahre die ersten Erfolge. Die Gruppe verstand es ausgezeichnet, Rhythm & Blues, Reggae, Jazz, Salsa und Disko miteinander zu verbinden. Salsa wohl auch schon deshalb, weil mit Richie Puente der Sohn des Salsa-Königs Tito Puente in der Band spielte. 1976 erschien die LP »Foxy«. Darauf ein Titel, den sich die in den ganzen USA zu sehende TV-Sendung ›Disco '76‹ als Erkennungsmelodie nahm. Damit hatte sich die Band selbst zu sehr auf die Disko-Schiene gebracht. Nach »Hot Number« (3/79 US 21) war ihre Hitzeit schon wieder vorüber. Zwischen dem ersten und dem zweiten Hit verließ Carl Driggs die Band, und Ish übernahm nun ganz den Leadgesang. Nach dem Auseinanderbruch der Gruppe gründete Ish zuerst Oxo, dann Company B. Das erfolgreichste Album von Foxy hieß ebenfalls »Get Off« (7/78 US-LP 12).

Get Off (7/78 US 9)
Disko

Fragma

Damae v (Deutschland, als Daniela Klein in Köln)
»Toca's Miracle« war aus zwei Nummern zusammengesetzt: Fragma mit »Toca Me« (9/99 GB 11) und Coco mit »I Need A Miracle« (11/97 GB 39). Fragma war ein weiteres Projekt von Ramon Zenker. Coco sang bereits im Alter von 16 Jahren in London in Clubs. Mit 18 zog sie nach Bristol und wurde Leadsängerin von Sub Love, die mit »One By One« und »Always On My Mind« in den Clubs von GB sehr erfolgreich waren. Später wurde aus Sub Love die Formation Way Out West und Coco zog zurück nach London. Sie wurde Sessionsängerin und nahm mit Photek, Wildchild und East 17 Platten auf. »Toca's Miracle« wurde in Nottingham von DJ Vimto gemixt und war erst nur als Bootleg auf dem Markt. Als die Platte dann offiziell erschien, schoss sie am 22. 4. 2000 gleich auf Platz 1 der GB-Charts. Bei dem Titel »Everytime You Need Me« wurde als Gast Maria Rubia genannt. Im Herbst 2001 wurde als neue permanente Sängerin Damae verpflichtet. Gleichzeitig wurde eine neue Single, »Say That You're Here« (12/01 GB 25), und ein Album für das Frühjahr 2002 angekündigt.

Toca's Miracle (4/00 GB 1)
Everytime You Need Me (1/01 GB 3)
You Are Alive (5/01 GB 4)
Dance

Frampton, Peter

PETER FRAMPTON v, g (Großbritannien, * 22. 4. 1950 in Beckenham/Kent)
Peter war gerade mal 16 Jahre alt, als er Mitglied der britischen Band Herd wurde. Die Formation brachte es auf zwei Hits, dann ging Peter und gründete 1969 zusammen mit Steve Marriott von den Small Faces, Greg Ridley von Spooky Tooth und Jerry Shirley Humble Pie, die es auf einen einzigen Hit brachten. Im Juni 1972 gründete er mit Peter Frampton's Camel seine eigene Band, ab 1974 veröffentlichte er Platten nur noch unter seinem Namen. Nachdem ihm kein Hit gelingen wollte, kündigte er an, er werde sich ganz aus dem Musikgeschäft zurückziehen und zum Abschluss noch ein letztes Konzert geben. Dieses Konzert im Winterland in San Francisco wurde mitgeschnitten und unter dem Titel »Frampton Comes Alive!« (1/76 US-LP 1, 5/76 GB-LP 6, 12/76 D-LP 4) als Doppel-LP veröffentlicht. Der Erfolg war überwältigend. Ausgekoppelte Singlehits: »Show Me The Way« und »Do You Feel Like We Do«. Dann merkten die Käufer, dass Peter doch nicht ausstieg, und fühlten sich betrogen – aus mit den Hits. 1978 spielte Peter im Film »Sgt. Pepper's Lonely Hearts Club Band« die Rolle des Billy Shears, im selben Jahr verunglückte er mit einem Auto auf den Bahamas und musste für einige Monate pausieren. In den folgenden Jahren erschienen immer wieder Platten von Peter, von denen sich keine nur annähernd so gut verkaufte wie »Frampton Comes Alive!«. Im Jahre 1995 rechnete man hoch. Alleine in den USA wurden 6 Millionen Exemplare verkauft, weltweit 15 Millionen. Damit galt diese Platte in den USA als das bestverkaufte Live-Album aller Zeiten. Ebenfalls erfolgreich war das Album »I'm In You« (6/77 US-LP 2, GB-LP 19, D-LP 37). Anfang 1994 veröffentlichte er nach längerer Zeit eine hochgelobte CD. Bei dem von Frampton mit Steve Marriott zusammen geschriebenen Titel »Out Of The Blue« wirkte der am 20. 4. 1991 verstorbene Marriott noch mit.

Show Me The Way (2/76 US 6; 5/76 GB 10)
Do You Feel Like We Do (9/76 US 10)
I'm In You (5/77 US 2)
AOR (Adult Orientated Rock), Rock

Siehe auch: Herd; Humble Pie

Francis, Connie

CONNIE FRANCIS v (USA, * 12. 12. 1938 als Concetta Rosa Maria Franconero in Newark/New Jersey)
Als die kleine Connie Francis vier Jahre alt war, begann sie Akkordeon zu spielen. Ihren ersten Auftritt als Gesangsprofi hatte sie mit elf. Mit zwölf sang sie bereits in der ›Startime Show‹ des NBC-Fernsehens, und es dauerte nicht lange, bis sie ihren ersten Schallplattenvertrag in der Tasche hatte. Zunächst sang sie für zwei Jahre Liedchen, die keiner hören wollte. Dann hatte sie Ende 1957 zusammen mit Marvin Rainwater den Titel »The Majesty Of Love«, der zwar nur Platz 93 in den US-Charts erreichte, angeblich aber trotzdem ein Millionseller wurde. Jetzt merkte auch die Plattenfirma, dass mehr hinter dieser kleinen Connie stecken musste und dass vielleicht das Material, das man sie hatte singen lassen, nicht richtig war. Der Vater von Connie machte den Vorschlag, seine Tochter solle doch das Lied singen, das er schon seit vielen, vielen Jahren zu seinem Lieblingsstück erkoren hatte: »Who's Sorry Now«, geschrieben im Jahre 1923, damals ein Riesenerfolg und mit sechs verschiedenen Interpreten in den Hitparaden. Nach einigem Zögern willigte die Firma im November 1957 ein. Ein junges Mädchen sollte eine Nummer aus den 20er Jahren singen – so richtig überzeugt waren die Herren von der Record Company nicht. Im Februar 1958 kam der Titel in die US-Charts und kletterte hoch bis auf

Platz 4. Über Nacht war Connie ein Star in den USA. Über viele Jahre hinweg war Connie nun eine der erfolgreichsten amerikanischen Sängerinnen. Zwischen 1958 und 1964 war sie regelmäßig in den Hitparaden zu finden. 1964 war dann ihre Hochzeit in den USA und in GB vorüber. Die Fans in Deutschland sind, ähnlich wie die japanischen, über viel Jahre treu. Hierzulande stand sie bis Ende 1967 immer wieder in der Hitparade. Wohl für ihre deutschen Fans sang sie ihr Spätwerk »Es ist so schön, dass es dich gibt«. Schon vorher hatte sie etliche ihrer englischsprachigen Hits auch in Deutsch gesungen – so wurde aus »Everybody's Somebody's Fool« »Die Liebe ist ein seltsames Spiel«. Sie war in Vergessenheit geraten, als sie im November 1974 wieder auf die Titelseiten geriet. Nach längerer Abwesenheit von der Bühne war sie bei der Westbury Music Fair in New York aufgetreten, als ihr auf dem Weg zurück in ihr Motel von einem Triebtäter aufgelauert wurde, der sie vergewaltigte. Für längere Zeit war Connie nicht mehr in der Lage zu singen. Im Herbst 1978 versuchte sie ein Comeback in einer Sendung von Dick Clark, dem bekannten TV-Moderator, der sich schon seit den Tagen des Rock 'n' Roll mit Musiksendungen beschäftigt. Sie sang ein Medley ihrer großen Erfolge und kam gut beim Publikum an. Im März 1981 ereilte sie ein weiterer Schicksalsschlag: In seinem Zuhause in New Jersey wurde ihr Bruder ermordet. In ihrer Autobiografie, die im September 1984 erschien, schreibt sie, dass sie sieben Jahre nach der Vergewaltigung gerade wieder neu beginnen wollte, als das geschah. 1989 nahm sie zusammen mit Boy George den Titel »Something Stupid« auf. 1992, als in Deutschland aus vielen alten Titeln Medleys zusammengeschustert wurden, nahm man sich auch die Hits von Connie vor und machte aus »Schöner fremder Mann«, »Die Liebe ist ein seltsames Spiel«, »Barcarole in der Nacht«, »Paradiso« und »Napoli« den Titel »Jive Connie«. Diesen Erfolg wollte die Plattenfirma von Connie wiederholen und brachte »Go, Connie, Go« (8/92 D 23) auf den Markt. Hier wurden jetzt die englischsprachigen Titel von Connie verwurstet : »Lipstick On Your Collar«, »Someone Else's Boy«, »Everybody's Somebody's Fool«, »Oh, Lonesome Me« und »Bye Bye Love«. Ihre erfolgreichsten Alben: »Italian Favorites« (2/60 US-LP 4), »Rock 'n' Roll Millionsellers« (3/60 GB-LP 12), »More Italian Favorites« (12/60 US-LP 9), »20 All Time Greats« (6/77 GB-LP 1) und »The Singles Collection« (4/93 GB-LP 12).

Who's Sorry Now (2/58 US 4; 4/58 GB 1)
Carolina Moon/Stupid Cupid (8/58 GB 1)
My Happiness (12/58 US 2; 2/59 GB 4; 5/59 D 6)
Frankie (5/59 US 9)
Lipstick On Your Collar (5/59 US 5; 7/59 GB 3)
Among My Souvenirs (11/59 US 7)
Mama (2/60 US 8)
Mama/Robot Man (5/60 GB 2)
Everybody's Somebody's Fool (5/60 US 1; 8/60 GB 5)
Die Liebe ist ein seltsames Spiel (8/60 D 1)
My Heart Has A Mind Of Its Own (8/60 US 1; 11/60 GB 3)
Many Tears Ago (11/60 US 7)
Where The Boys Are (1/61 US 4)
Where The Boys Are/Baby Roo (3/61 GB 5)
Breakin' In A Brand New Broken Heart (4/61 US 7)
Schöner fremder Mann (6/61 D 2)
Together (6/61 US 6; 9/61 GB 6)
When The Boy In Your Arms (Is The Boy In Your Heart) (11/61 US 10)
Eine Insel für zwei (12/61 D 7)
Lili Marleen (2/62 D 9)
Don't Break The Heart That Loves You (2/62 US 1)
Second Hand Love (5/62 US 7)
Tu mir nicht weh/Paradiso (6/62 D 1)
Vacation (7/62 US 9, GB 10)
Wenn du gehst (12/62 D 2)
Barcarole in der Nacht (6/63 D 1)
Die Nacht ist mein (10/63 D 3)
Du musst bleiben, Angelino (4/65 D 10)
Jive Connie (3/92 D 2)
Pop, Rock 'n' Roll

Franke, Christian

CHRISTIAN FRANKE v (Deutschland, * 15. 2. 1956 in Nürnberg)
Franke schaffte mit der Nummer »Ich wünsch' dir die Hölle auf Erden« Ende 1981 seinen einzigen Top-10-Erfolg in Deutschland. »Was wäre, wenn...« (5/82 D 26) und »Wenn du gehst, stürzt nicht der Himmel ein« (11/82 D 36) waren weitere Notierungen in den Verkaufs-Charts, dann war er wieder verschwunden. Ende der 80er Jahre veröffentlichte Christian Franke unter dem Pseudonym Phantom Of The Blue englischsprachige Platten – seine unverwechselbare Falsettstimme fiel trotzdem auf.

Ich wünsch' dir die Hölle auf Erden (12/81 D 7)
Deutscher Schlager

Franke & The Knockouts

TOMMY AYERS key (USA), BILLY ELWORTHY g (USA), LEIGH FOXX b (USA), CLAUDE LEHENAFF d (USA), BLAKE LEVINSON key (USA), BOBBY MESSANO g (USA), FRANKE PREVITE v (USA), TICO TORRES d (USA, * 7. 10. 1953 als Hector in New York City)
Das amerikanische Quintett wurde 1980 in New Brunswick/New Jersey gegründet. Previte hatte vorher mit Freunden in der Halle des Hauptbahnhofs von New Brunswick gesungen, weil dort so ein schönes Echo ist. Danach machte er Platten mit der Oxford Watch Band und einer Heavy-Metal-Gruppe namens Bull Angus. Mit den Knockouts und dem Titel »Sweetheart« hatte er seinen größten Hit. »You're My Girl« (7/81 US 27) und »Without You (Not Another Lonely Night)« (4/82 US 24) waren noch zwei weitere Notierungen. Elworthy verließ die Band 1982, für ihn kam Messano. 1984 gingen Levinson und LeHenaff und wurden durch Ayers und Torres ersetzt, was der Band jedoch auch keinen Erfolg mehr brachte. Als Songschreiber war Previte an dem Superhit »(I've Had) The Time Of My Life« aus dem Film »Dirty Dancing« beteiligt.

Sweetheart (3/81 US 10)
Soft Rock

Frankie Goes To Hollywood

PETER GILL d (Großbritannien, * 8. 3. 1964 in Liverpool), HOLLY JOHNSON v (Sudan, * 9. 2. 1960 als William in Khartum), BRIAN »NASHER« NASH g (Großbritannien, * 20. 5. 1963), MARK O'TOOLE b (Großbritannien, * 6. 1. 1964 in Liverpool), PAUL RUTHERFORD v (Großbritannien, * 8. 12. 1959 in Liverpool)
Frankie Goes To Hollywood kam Ende 1980 zusammen. Es sollte zwei Jahre dauern, bis die Band ihren ersten Auftritt im britischen Radio und Fernsehen hatte. Und wieder ein Jahr später, im Herbst 1983, erschien mit »Relax« ihre erste Single auf dem Plattenlabel Zang Tumb Tumm, das dem cleveren Musiker und Produzenten Trevor Horn gehörte. Nachdem die Platte von der BBC als obszön abgelehnt und nicht gespielt wurde, entwickelte sie sich zum Renner. Innerhalb von nur drei Monaten überschritt die Verkaufsmarke die Millionengrenze. Die Platte erreichte Platz 1 in GB und wurde trotzdem nicht von der BBC in der Sendung ›Top of The Pops‹ gespielt, was dem Verkauf nur noch weitere Impulse gab. Nachdem »Relax« Ende 1983 in die britischen Charts gekommen war und Platz 1 erreicht hatte, fiel sie wieder raus und kam im März 1984 erneut in die Hitparade und erreichte Platz 2. Bis auf Platz 1 konnte sie nicht kommen, weil da schon die Nachfolgesingle »Two Tribes« stand. Anfang 1985, nachdem »Relax« im Film »Police Academy« zu hören war, kam sie auch in die US-Charts. In der Presse gab es immer wieder Gerüchte, nicht die Mitglieder der Band, sondern Studiomusiker würden auf

den Platten spielen. 1987 wurde die Band offiziell aufgelöst, Johnson und Rutherford machten weiter als Solisten. Johnson strebte außerdem einen Prozess gegen ZTT-Records an. Seiner Meinung nach hatte er zu wenig Tantiemen erhalten. Das Gericht gab ihm Recht.

2000 kam die Nummer »The Power Of Love« erneut in die Top-10. Diese Version wurde von Rob Searle, einem DJ aus Portmouth, gemixt. Rob hatte seine Version schon als Bootleg angeboten. ZTT, die Plattenfirma von Frankie Goes To Hollywood, zog die richtige Konsequenz und veröffentlichte sie offiziell und hatte damit den Hit unter Kontrolle.

Die erfolgreichsten Alben der Formation: »Welcome To The Pleasuredome« (11/84 GB-LP 1, US-LP 33, D-LP 4), »Liverpool« (11/86 GB-LP 5, D-LP 5) und »Bang! The Greatest Hits Of Frankie Goes To Hollywood« (10/93 GB-LP 4, 11/93 D-LP 8).

Relax (11/83 GB 1; 1/84 D 1; 1/85 US 10; 10/93 GB 5)
Two Tribes (6/84 D 1, GB 1)
The Power Of Love (12/84 D 4, GB 1; 12/93 GB 10; 7/00 GB 6)
Welcome To The Pleasure Dome (3/85 GB 2; 4/85 D 9)
Rage Hard (9/86 D 1, GB 4)
Warriors (Of The Wasteland) (12/86 D 7)
Elektro-Pop, Glitter-(Glam)-Rock

Siehe auch: Johnson, Holly

Franklin, Aretha

ARETHA FRANKLIN v (USA, * 25. 3. 1942 in Memphis/Tennessee)

Die Karriere von Aretha begann 1961 und geht bis in die 90er Jahre. Bereits mit 14 Jahren nahm sie ihre ersten Platten auf. 1960 erhielt sie einen Plattenvertrag von Columbia Records, die sie jedoch noch sehr in Richtung Jazz und Gospel trimmten. Erst als sie ab 1967 mit ihren Platten auf Atlantic Records erschien und Soul sang, kam der Erfolg. In der ewigen Bestenliste der Rhythm-&-Blues-Künstler belegt Aretha Franklin hinter James Brown den 2. Platz. Nach 1976 wurde sie von vielen abgeschrieben. Dann meldete sie sich 1985 wieder zurück. Sie machte in den 80ern einige interessante Duettplatten, z. B. mit Annie Lennox, Whitney Houston, George Benson, Keith Richards und, 1987 zusammen mit George Michael »I Knew You Were Waiting For Me«. Ebenfalls 1987 wurde Aretha als erste Frau in die Rock and Roll Hall of Fame aufgenommen. 1994 hatte sie mit »A Deeper Love« aus dem Film »Sister Act 2« einen Hit. Nachdem sie längere Zeit nicht mehr in den Charts aufgetaucht war, kam sie im Frühjahr 1998 mit der Platte »A Rose Is Still A Rose« (3/98 US 26, GB 22). Hier machte sich wieder bezahlt, dass sie keine Berührungsängste mit jüngeren Kollegen hat. Der Titel war produziert von Lauryn Hill, die wiederum die Sängerin der Fugees war. Für ihr Album, das wenig später erschien, hatte sie sich als Produzenten außerdem Puff Daddy und Narada Michael Walden ausgesucht. Ihre erfolgreichsten Alben: »I Never Loved A Man The Way I Love You« (4/67 US-LP 2, 8/67 GB-LP 36), »Aretha Arrives« (8/67 US-LP 5), »Aretha: Lady Soul« (2/68 US-LP 2, 4/68 GB-LP 25, 9/68 D-LP 18), »Aretha Now« (7/68 US-LP 3, 9/68 GB-LP 6, 11/68 D-LP 26), »Aretha Live At Fillmore West« (6/71 US-LP 7), »Amazing Grace« (6/72 US-LP 7), »Who's Zooming Who?« (7/85 US-LP 13) und »Greatest Hits (1980–1994)« (3/94 US-LP 85, GB-LP 27).

I Never Loved A Man (The Way I Love You) (3/67 US 9)
Respect (4/67 US 1; 6/67 GB 10)
Baby I Love You (7/67 US 4)
A Natural Woman (You Make Me Feel Like) (9/67 US 8)
Chain Of Fools (12/67 US 2)
(Sweet Sweet Baby) Since You've Been Gone (3/68 US 5)
Think (5/68 US 7)
I Say A Little Prayer (8/68 GB 4, US 10)

The House That Jack Built (6/68 US 6)
Bridge Over Troubled Water (4/71 US 6)
Spanish Harlem (7/71 US 2; 9/71 D 6)
Rock Steady (10/71 US 9)
Day Dreaming (3/72 US 5)
Until You Come Back To Me (That's What I'm Gonna Do) (11/73 US 3)
Freeway Of Love (6/85 US 3)
Who's Zoomin' Who (9/85 US 7)
Sisters Are Doin' It For Themselves (11/85 GB 9)
I Knew You Were Waiting (For Me) (1/87 GB 1, US 1, D 5)
A Deeper Love (2/94 GB 5)
Memphis Sound, Pop, Rhythm & Blues, Soul

Franklin, Erma

ERMA FRANKLIN v (USA, in Memphis/Tennessee)
Die jüngere Schwester von Aretha schaffte Ende 1967 mit »(Take A Little) Piece Of My Heart« gerade mal einen Platz 62 in der amerikanischen Hitparade. Der Titel wurde später von Janis Joplin gesungen, und sehr erfolgreich. Jahrelang hatte man nichts mehr von Erma Franklin gehört, bis Ende 1992 Levi's hinging und für einen Werbespot eben jene Nummer »Piece Of My Heart« verwendete.

(Take A Little) Piece Of My Heart (10/92 GB 9)
Pop, Soul

Franklin, Rodney

RODNEY FRANKLIN v, p (USA)
Franklin schaffte in GB mit dem Instrumental »The Groove« im Frühjahr 1980 einen Hit. Für einen Diskotitel war das Stück recht ansprechend. Ein Nachfolger ist nicht gelungen. Franklin spielte auch auf Platten von Freddie Hubbard, Marlena Shaw oder Bill Summers. Soloplatten machte er ab 1978.

The Groove (4/80 GB 7)
Disko, Jazz

Frantique

VIVIENNE SAVOIE v (USA)
Das aus Philadelphia stammende Mädchen-Tanz-Diskotrio wurde 1979 zusammengestellt. Leadsängerin war Vivienne Savoie. Sie nahmen ein Album auf, auf dem »Strut Your Funky Stuff« zu finden war. Es blieb bei diesem einen Hit, geschrieben und produziert vom Team Jack Robinson und James Bolden, das auch für den Tina-Charles-Hit »I Love To Love« verantwortlich war. In den USA wurden Frantique in keiner Hitparade notiert.

Strut Your Funky Stuff (8/79 GB 10)
Dance, Disko

Freak Power

JAMES CARMICHAEL JR. d (Großbritannien), NORMAN COOK v, g, b (Großbritannien, * 31. 7. 1963 als Quentin in Brighton/ Sussex), DALE DAVIES b (Großbritannien), PETE ECKFORD per (Großbritannien), JESSE GRAHAM b (Großbritannien), CYRIL MCCAMMON v, key (Großbritannien), ASHLEY SLATER v, pos (Großbritannien), EDDIE STEVENS key (Großbritannien), LUCY VANDI v (Großbritannien)
Mastermind hinter diesem Projekt ist Norman Cook, der mit so unterschiedlichen musikalischen Richtungen wie Pizzaman oder Mighty Dub Kats in der zweiten Hälfte der 90er Jahre Erfolge hatte. Während die beiden genannten Gruppen mehr für den schnellen Verzehr gedacht waren, wollte er mit Freak Power (manchmal wird der Gruppenname auf den Platten zusammengeschrieben, manchmal getrennt!) etwas Erdiges aufziehen. All jene, die mit Techno und Disko nichts anfangen können, sollten angesprochen werden. Der Titel »Turn On, Tune In, Cop Out« (10/93 GB 29) kam erst in die Top 10, nachdem Levi's und später auch Peugeot ihn in Werbespots einsetzten. Nachfolgehit wurde »No Way« (5/98 GB 29). Spätestens zu diesem Zeitpunkt

hat Mastermind Norman Cook gemerkt, dass die Zeiten für Mighty Dub Kats und ähnliche Projekte lukrativer sind. Das erfolgreichste Album von Freak Power hieß »Drive-Thru Booty« (4/95 GB-LP 11).

Turn In, Tune In, Cop Out (3/95 GB 3)
AOR (Adult Orientated Rock)

Siehe auch: Housemartings; Fatboy Slim; Mighty Dub Kats; Beats International

Fred, John & His Playboy Band

ANDREW BERNARD sax (USA, * 11. 4. 1945 in New Orleans), HAROLD COWART b (USA, * 4. 6. 1944 in Baton Rouge/Louisiana), TOMMY DE GENERES key (USA, * 3. 11. 1946 in Baton Rouge/Louisiana), JOHN FRED v (USA, * 8. 5. 1941 als John Fred Gourrier in Baton Rouge/Louisiana), RONNIE GOODSON tr (USA, * 2. 2. 1945 in Miami Beach), JOE MICELI d (USA, * 9. 4. 1946 in Baton Rouge/Louisiana), JIMMY O'ROURKE g (USA, * 14. 3. 1947 in Fall River), CHARLIE SPINOSA tr (USA, * 29. 12. 1948 in Baton Rouge/Louisiana)
Fred stellte schon 1956 seine erste Band zusammen. Mit der Nummer »Shirley« wurde er im Frühjahr 1959 erstmals in den US-Charts notiert. Der große Wurf sollte ihm und seiner Band Ende 1967 mit »Judy In Disguise (With Glasses)« gelingen. Der Song war als Parodie auf das Beatles-Stück »Lucy In The Sky With Diamonds« gedacht. Im Frühjahr 1968 stand »Hey Hey Bunny« unter den Top 60 der US-Charts. Danach wurde Fred nie mehr notiert und statt dessen Produzent.

Judy In Disguise (With Glasses) (11/67 US 1; 1/68 D 1, GB 3)
Beat, Pop

Freddie & The Dreamers

PETE BIRRELL b (Großbritannien, * 9. 5. 1941 in Manchester), ROY CREWDSON g (Großbritannien, * 29. 5. 1941 in Manchester), BERNIE DWYER d (Großbritannien, * 11. 9. 1940), FREDDIE GARRITY v (Großbritannien, * 14. 11. 1936 in Manchester), DEREK QUINN g (Großbritannien, * 24. 5. 1942 in Manchester)
Garrity, Kopf dieser Formation aus Manchester und Umgebung, arbeitete hauptberuflich als Milchmann und spielte nebenher erst in der Skiffle-Gruppe Red Sox, danach mit John Norman Four und den Kingfishers, aus denen 1961 Freddie & The Dreamers wurden. 1963 erhielten sie, nachdem sie u. a. auch im Hamburger Top Ten Club aufgetreten waren, einen Plattenvertrag. Im Sog der Beatles wurden auch Freddie & The Dreamers 1963 nach oben geschwemmt. Ihr erfolgreichstes Album hieß »Freddie & The Dreamers« (11/63 GB-LP 5, 4/65 US-LP 19). Im Oktober 1968 löste sich die Gruppe auf. Freddie startete zusammen mit Pete Birrell die populäre britische Kinder-TV-Sendung ›Little Big Time‹. 1976 legte er mit anderen Musikern Freddie & The Dreamers neu auf, um bei einer Reihe von Revival-Konzerten auftreten zu können. 1988 gab er sein Bühnendebüt als Schauspieler in dem Shakespeare-Stück ›The Tempest‹.

If You Gotta Make A Fool Of Somebody (5/63 GB 3)
I'm Telling You Now (8/63 GB 2; 3/65 US 1)
You Were Made For Me (11/63 GB 3)
I Understand (11/64 GB 5)
Beat

Freddy

FREDDY QUINN v (Österreich, * 27. 9. 1931 als Franz Eugen Helmuth Manfred Nidl-Petz in Niederfladnitz)
Freddy selbst sagt, dass sein richtiger Name Manfred Quinn sei. Er erklärt die Irritation seines Namens so: Petz sei der Nachname seines Stiefvaters, den er nie akzeptierte; sein Taufpate war ein gewisser Franz Eugen Helmuth Nidl. Irgend je-

mand habe seine Taufurkunde mal in die Hände bekommen und daraus falsche Schlüsse gezogen.

Seit Mitte der 50er Jahre gehörte er zu den erfolgreichsten Platteninterpreten in Deutschland. Seine erste Hitnotierung war im Frühjahr 1956 der Titel »Heimweh«, der sich insgesamt mehr als acht Millionen mal verkaufte. Die Liste seiner Verkaufserfolge in den Hitparaden reicht bis in die 80er Jahre. Auch in den englischsprachigen Ländern waren seine Aufnahmen erfolgreich. Freddy spielte in etlichen Filmen mit, die inhaltlich jedoch seichterer Natur waren. Außerdem war er in Musicalproduktionen zu sehen, trat wie in seinen Anfangsjahren auch im Zirkus auf und moderierte zahlreiche Fernsehsendungen.

Seine erfolgreichsten Alben waren »Freddy auf hoher See« (7/62 D-LP 2), »Heimweh nach St. Pauli« (11/62 D-LP 2), »Weihnachten auf hoher See« (1/64 D-LP 1), »Freddy und das Lied der Prärie« (7/64 D-LP 4), »Ein Abend mit Freddy« (5/65 D-LP 7), »Die Stimme der Heimat« (11/65 D-LP 10), »Von Kontinent zu Kontinent« (4/66 D-LP 9), »Freddy: Das große Wunschkonzert« (11/67 D-LP 10), »Nimm mich mit, Freddy« (10/78 D-LP 5) und »Komm mit auf große Fahrt« (8/80 D-LP 4).

Heimweh (5/56 D 1)
Sie hieß Mary Anne (6/56 D 6)
Rosalie (8/56 D 1)
So geht das jede Nacht (9/56 D 10)
Bel Sante (10/56 D 6)
Heimatlos (4/57 D 1)
Wer das vergißt (5/57 D 3)
Einmal in Tampico (11/57 D 5)
Der Legionär (7/58 D 1)
Ich bin bald wieder hier (10/58 D 1)
Die Gitarre und das Meer (3/59 D 1)
Unter fremden Sternen (10/59 D 1)
Irgendwann gibt's ein Wiedersehn (4/60 D 7)
Melodie der Nacht (4/60 D 4)
Weit ist der Weg (11/60 D 4)
La Paloma (8/61 D 1)
Alo-Ahe (5/62 D 5)
Keine Bange, Lieselotte (11/62 D 9)
Junge, komm bald wieder (12/62 D 1)
Laßt mich noch einmal in die Ferne (8/63 D 3)
Allein wie du (9/63 D 9)
Gib mir dein Wort (4/64 D 5)
Vergangen, vergessen, vorüber/So ein Tag so wunderschön wie heute (11/64 D 4)
5000 Meilen von zu Haus (7/65 D 5)
Abschied vom Meer (11/65 D 5)
Hundert Mann und ein Befehl (4/66 D 1)
Eine Handvoll Reis (11/66 D 6)
Morgen beginnt die Welt (5/67 D 7)
Seemann, weit bist du gefahren (12/67 D 6)
Deutscher Schlager

Free

JOHN »RABBIT« BUNDRICK key (Großbritannien, * 21. 10. 1948), ANDY FRASER b (Großbritannien, * 7. 8. 1952 in London), SIMON KIRKE v, d (Großbritannien, * 28. 7. 1949 in Shrewsbury/Shropshire), PAUL KOSSOFF g (Großbritannien, * 14. 9. 1950 in London, † 19. 3. 1976), PAUL RODGERS v (Großbritannien, * 17. 12. 1949 in Middlesborough), TETSU YAMAUCHI b (Japan, * 21. 10. 1947 in Fukuoka)

Diese Formation kam im Frühjahr 1968 zusammen. Mitte 1969 erschien die Debütsingle »Broad Daylight«, die sich nicht in den Charts platzieren konnte. Die Band machte sich schnell einen Namen als ausgezeichneter Live-Act. Ein Jahr später erschien »All Right Now«. Schon im Mai 1971 hatte sich die Gruppe wegen des mangelnden Verkaufserfolges getrennt. Einzelne Mitglieder hatten Soloprojekte angestrengt, aber nachdem die auch nicht sonderlich erfolgreich waren, kam man im Januar 1972 erneut zusammen. Mitte desselben Jahres ging Fraser wieder und gründete die Sharks. Kossoff hatte schwere Drogenprobleme, und mit Tetsu und Rabbit, die mit Kossoff und Kirke bereits in der zweiten Hälfte des Jahres 1971 eine Band gebildet hatten, kamen zwei neue Mitglieder zu Free. Mitte 1973 ging

Free endgültig auseinander. Rodgers erhielt das Angebot, bei Deep Purple zu singen, machte jedoch mit Kirke Bad Company. Tetsu ersetzte Ronnie Lane bei den Faces, Rabbit ging zu den Who. 1976 starb Kossoff auf einem Flug nach New York an Herzversagen. Rodgers machte später mit Jimmy Page The Firm und danach mit Kenny Jones The Law. Die erfolgreichsten Alben waren »Fire And Water« (7/70 GB-LP 2, 8/70 D-LP 30, 9/70 US-LP 17), »Free Live!« (6/71 GB-LP 4), »Free At Last« (7/72 GB-LP 9), »Heartbreaker« (2/73 GB-LP 9), »The Free Story« (3/74 GB-LP 2) und »The Best Of Free – All Right Now« (3/91 GB-LP 9).

All Right Now (6/70 GB 2; 8/70 D 5, US 4; 2/91 GB 8)
My Brother Jake (5/71 GB 4)
Wishing Well (1/73 GB 7)
Rock

Siehe auch: Bad Company

Free Movement

JOSEPHINE BROWN v (USA), GODOY COLBERT v (USA), CHERYL CONLEY v (USA), JENNIFER GATES v (USA), CLAUDE JEFFERSON v (USA), ADRIAN JEFFERSON v (USA)
Einige Mitglieder dieser aus Los Angeles stammenden Gesangsgruppe hatten vorher Erfahrung in Gospelchören gesammelt. »I've Found Someone Of My Own« war die erste Hitnotierung der Band. Noch im selben Jahr kam »The Harder I Try (The Bluer I Get)« (12/71 US 50). Danach wurden Free Movement nicht mehr notiert.

I've Found Someone Of My Own (5/71 US 5)
Soul

Freeez

PETER MAAS b (Großbritannien), PAUL MORGAN d (Großbritannien), JOHN ROCCA v (Großbritannien, * 23. 9. 1960 in London), ANDY STENNET key (Großbritannien)
Diese Band stand Mitte 1980 erstmals in den GB-Charts mit »Keep In Touch«. »Southern Freeez« und »I.O.U.« waren die Top-10-Erfolge der Formation. 1987 kamen Remix-Versionen dieser beiden Titel erneut in die britische Hitparade, jedoch nicht unter die ersten 20. Ihr erfolgreichstes Album hieß »Southern Freeez« (2/81 GB-LP 17).

Southern Freeez (2/81 GB 8)
I.O.U. (6/83 GB 2; 8/83 D 8)
Funk

Freeman, Bobby

BOBBY FREEMAN v (USA, * 13. 6. 1940 in San Francisco)
Der Sänger und Songschreiber gründete im Alter von 14 Jahren seine erste Gruppe, die Romancers. Daraus wurden später die Vocaliers. Erfolgreich sollte Bobby Freeman jedoch nur als Solist sein. Seine erste Hitnotierung »Do You Want To Dance« wurde auch ein Erfolg für Del Shannon, die Beach Boys, Mamas & Papas, Bette Midler und die Ramones. »C'mon And Swim« war sechs Jahre später ein weiterer Hit. Nach 1964 wird er nicht mehr notiert.

Do You Want To Dance (5/58 US 5)
C'mon And Swim (7/64 US 5)
Rhythm & Blues

French, Nicki

NICKI FRENCH v (Großbritannien, in Carlisle)
Ein weiteres Produkt aus dem Hause Mike Stock und Matt Aitken. Jim Steinmans Nummer »Total Eclipse Of The Heart« wurde durch die beiden auf Hi-NRG-Level gebracht, und Nicki durfte singen. Angeblich

startete sie ihre Karriere als Sängerin in diversen Londoner Bands, als sie gerade mal 12 Jahre alt war. John Springgate, ehemaliges Mitglied der Glitter Band, hörte Nicki bei einem Auftritt singen. Er war es, der die Idee hatte, sie eine Dance-Version von »Total Eclipse Of The Heart« singen zu lassen. Das Ganze geschah im Club State 52 in Middlesborough. Der Besitzer dieses Ladens hatte gleichzeitig auch ein eigenes Plattenlabel, und auf diesem wurde Springgates Produktion veröffentlicht. Stock und Aitken hörten diese Platte und waren so begeistert, dass sie im Herbst 1994 Nicki eine neue Version aufnehmen ließen, die dann auf Platz 54 in GB einstieg und wieder weg war. Eine Wiederveröffentlichung Anfang 1995 brachte dann den Hit. Dieses Mal waren auch die Amerikaner davon begeistert. Der Nachfolger »For All We Know« brachte Nicki lediglich einen Platz 42 in GB. Die Carpenters hatten mit diesem Titel Anfang 1971 einen Top-10-Hit in den USA gehabt. Immer noch 1995 erschien von Nicki eine dritte Single, »Do You Ever Really Love Me«, die nur Platz 55 in GB erreichte. Im Jahre 2000 vetrat Nicki Großbritannien mit dem Titel »Don't Play That Song Again« (5/00 GB 34) beim Eurovision Song Contest, dem ehemaligen Grand Prix Eurovision, und erreichte lediglich Platz 16 – die schlechteste Platzierung, die ein britischer Künstler bei diesem Wettbewerb je erreichte.

Total Eclipse Of The Heart (1/95 GB 5; 4/95 US 2)
Dance

French Affair

BARBARA ALCINDOR v (Frankreich, in Paris), TORSTEN DREYER (Deutschland, in Kiel), KARSTEN DREYER (Deutschland, in Kiel)

Die Mutter von Barbara (* 1974) war eine Tänzerin aus der Karibik. Barbara zog mit 20 Jahren nach London. Dort arbeitete sie als Modedesignerin und Model, bevor sie als Backgroundsängerin für französische Künstler wie Soulie B, Assasins und MC Solaar arbeitete. 1995 kehrte sie nach London zurück und arbeitete wieder als Model. 1999 wurde sie von den Dreyer-Brüdern in einem Londoner Club entdeckt. Zusammen mit den beiden schrieb sie die Nummer »My Heart Goes Boom«. Es folgten »Do What You Like« (4/00 D 24) und »Sexy« (10/01 D 38).

My Heart Goes Boom (1/00 D 1)
Dance

Fresh 4

FLYNN rap (Großbritannien), JUDGE dj (Großbritannien), KRUST dj (Großbritannien), LIZZ E. v (Großbritannien), SUV D dj (Großbritannien)

Das aus Bristol stammende Discjockey-Team Judge, Krust, Suv D, der Rapper Flynn und die Gastsängerin Lizz E. nahmen Ende 1989 eine neue Version des Rose-Royce-Hits »Wishing On A Star« auf. Zu einem Nachfolgehit reichte es offensichtlich nicht mehr.

Wishing On A Star (10/89 GB 10)
Dance

Freundeskreis

DJ FRICTION rap (Deutschland, * 22. 5. 1970 als Martin Welzer in Leonberg), MAX HERRE rap (Deutschland, * 22. 4. 1973 in Stuttgart), PHILIPPE KAYSER key, rap (Deutschland, * 21. 12. 1959 in Stuttgart), AHMED SÉKOU NEBLETT rap (USA, * 16. 7. 1971 in Boston)

Noch eine Rap/HipHop-Formation aus dem Stuttgarter Raum. Neben den Fantastischen Vier versuchten sie sich als zweite Macht in den deutschen HipHop-Charts aufzubauen – so richtig sollte es nicht gelingen. »A-N-N-A« war erstmals im Februar 1996 als »Immer wenn es regnet (A.N.N.A)« veröffentlicht worden. Als Interpreten wurden Maximilian und sein Freundeskreis genannt. Nachdem die Platte sich nicht verkaufte, hatten die Fantastischen Vier die Rechte an der Nummer gekauft und sie auf ihrem eigenen Plattenlabel ›Four Music‹ im Juni 1997 erneut veröffentlicht. Das wiederum wurde von Columbia/Sony-Music vertrieben – und die sorgten für den notwendigen Promotionaufwand, um die Platte zu einem Hit zu machen. Mit »Esperanto« (5/99 D-LP 3) gelang ihnen ein erster Albumerfolg. Im Sommer 1999 galt Max Herre als der neue Rap-Star in Deutschland. Die ›Bravo‹, bis heute Zentralorgan für die Clearasilaltersklasse, widmete ihm eine Doppelseite – Überschrift: »Max Herre, der Jesus von Benztown«. Benztown ist natürlich Stuttgart in der Sprache der Kids. Im Artikel wird er als ›die neue Lichtgestalt im deutschen HipHop‹ bezeichnet. In einem Spiegelartikel zur Situation der Jugend des Jahres 1999 wirkte er einigermaßen verstört. Ergab doch eine Umfrage, dass auf dem Wunschzettel der 12- bis 16-jährigen an erster Stelle ein Handy steht, an zweiter Stelle eine Play-Station – und dass diese Generation kaum noch Musik kauft. Die Soundtracks der Computerspiele reichen ihnen vollkommen aus. Max Herre: ›Diese Generation verstehe ich nicht mehr.‹ Als nächster Singlehit erschien »Tabula Rasa Part II« (2/00 D 30). Gäste auf dieser Platte waren Gentleman, Sékou & Stress.

A-N-N-A (7/97 D 6)
Mit dir (7/99 D 9)
HipHop, Rap

Siehe auch: Glashaus

Frey, Glenn

GLENN FREY v, g, key, p (USA, * 6. 11. 1948 in Detroit/Michigan)

Der Gitarrist, Tastenspieler, Sänger und Songschreiber war in seinen Jugendtagen mit Bob Seger in der gemeinsamen Heimatstadt Detroit in einer Band. Mit John David Souther gründete Glenn 1968 das Duo Longbranch Pennywhistle, das eine LP aufnahm und drei Jahre bestand. Schließlich gehörte er 1971 zu den Gründungsmitgliedern der Eagles, die bis 1980 bestanden. Viele der größten Hits dieser Formation schrieb Glenn Frey mit. Nach dem Auseinanderbruch der Eagles bildete Frey ein Team mit dem Songschreiber Jack Tempchin und veröffentlichte ab 1982 Soloplatten. Mit dem Thema aus dem Erfolgsfilm »Beverly Hills Cop«, »The Heat Is On«, gelang ihm der erste Hit. Seine nächste Top-10-Notierung stammte wieder aus einem Film: »You Belong To The City« war 1985 in ›Miami Vice‹ zu hören. Danach übernahm Frey auch eine Rolle in dieser Serie. Seine erfolgreichsten Alben waren »No Fun Allowed« (6/82 US-LP 32) und »The Allnighter« (7/84 US-LP 22, 7/85 GB-LP 31). 1992 veröffentlichte er die wunderschöne CD »Strange Weather«. Als 1994 nach 14 Jahren mit »Hell Freezes Over« wieder eine neue CD der Eagles erschien, war Glenn mit von der Partie.

The Heat Is On (12/84 US 2; 4/85 D 4)
You Belong To The City (9/85 US 2)
AOR (Adult Orientated Rock), West Coast

Siehe auch: Eagles

Frida

FRIDA LYNGSTAD v (Norwegen, * 15. 11. 1945 als Anni-Frid Synni in Bjorkasen/Narvik)

Frida feierte Triumphe als Teil der Formation Abba. Ihre Versuche als Solistin waren nicht sonderlich erfolgreich. Einzig ihre Aufnahme »I Know There's Something Going On«, produziert von Phil Collins, kam in die Hitparaden. Geschrieben hatte diesen Hit Russ Ballard. Sie heiratete den deutschen Prinzen Ruzzo Reuss und zog mit ihm in die Schweiz. Mit der Band »Ratata« kam sie 1987 noch einmal in Schweden zu Hitehren – dann hörte man lange nichts mehr von ihr. 1992 sang sie für die Umweltorganisation Artister for Miljöh den Julian-Lennon-Song »Saltwater«, 1997 war sie plötzlich wieder mit dem Soloalbum »Djupa Andetag« auf dem Markt.

I Know There's Something Going On (9/82 D 5)
Middle Of The Road (MOR), Pop

Siehe auch: ABBA

Friedman, Dean

DEAN FRIEDMAN v (USA, in New Jersey)
Der Sänger und Songschreiber hatte bereits im zarten Alter von neun Jahren seinen ersten Plattenvertrag. Seine erste Hitnotierung schaffte er im Frühjahr 1977 mit »Ariel« (4/77 US 26). »Lucky Stars« wurde sein größter Erfolg. Seine Plattenveröffentlichungen reichten zwar bis weit in die 80er Jahre, ein Hit gelang ihm jedoch nicht mehr. Wie Jim Croce war Dean mit seinen größten Erfolgen auf dem Plattenlabel Lifesong zu hören – und wie Jims Musik hatte auch Deans einen rockigen Folk-Touch. Friedman gründete später seine eigene Firma, die Videospiele produzierte, und schrieb vor allem weiter Musik für Film und Fernsehen. Sein erfolgreichstes Album war »Well, Well, Said The Rocking Chair« (10/78 GB-LP 21).

Lucky Stars (9/78 GB 3)
Pop, Soft Pop

Friend & Lover

CATHY POST v (USA, als Conn in Chicago/Illinois), JAMES POST v (USA, * 28. 10. 1939 in Houston/Texas)
James hatte als Leadsänger in der Band Rum Runners fungiert, Cathy war Sängerin und Chorus-Line-Tänzerin. Nach ihrer Heirat 1964 machten sie als Duo Friend & Lover gemeinsam Platten. »Reach Out Of The Darkness« war ihr erster Hit. Der Nachfolger »If Love Is In Your Heart« kam schon nur noch knapp unter die ersten 90. Danach erreichten sie nichts mehr und trennten sich sowohl privat als auch beruflich. James veröffentlichte als Solist Platten.

Reach Out Of The Darkness (5/68 US 10)
Pop

Friends Of Distinction

FLOYD BUTLER v (USA, * 5. 6. 1941 in San Diego/Kalifornien, † 29. 4. 1990), JESSICA CLEAVES v (USA, * 10. 12. 1948 in Los Angeles/Kalifornien), HARRY JAMES ELSTON v (USA, * 4. 11. 1938 in Dallas/Texas), BARBARA JEAN LOVE v (USA, * 24. 7. 1941 in Los Angeles/Kalifornien)
Die aus Los Angeles stammende Gruppe schaffte mit »Grazing In The Grass« 1969 einen Millionseller. Es folgte »Going In Circles« (8/69 US 15), ebenfalls ein Millionseller. Nach »Love Or Let Me Be Lonely« ließ der Erfolg nach, und nach 1971 waren sie ganz aus den Hitparaden verschwunden. Zwei der vier Mitglieder – Butler und Elston – hatten vorher bei den Hi Fi's gesungen, bei denen auch Marilyn McCoo und LaMonte McLemure Mitglieder waren, die später zu Fifth Dimension gingen. Nach 1971 war Barbara Love ausgestiegen. Der Rest versuchte sich weiter als Trio, musste jedoch bald aufgeben. Cleaves wurde Mitglied bei Earth, Wind & Fire.

Grazing In The Grass (4/69 US 3)
Love Or Let Me Be Lonely (3/70 US 6)
Middle Of The Road (MOR), Soul

Frijid Pink

THOMAS BEAUDRY b (USA), KELLY GREEN v (USA), RICK STEVENS d (USA), GARY RAY THOMPSON g (USA), JON WEARING b (USA), CRAIG WEBB g (USA), LARRY ZELANKA key (USA)

Die Gruppe aus Detroit kam im Frühjahr 1967 zusammen. Die Urmitglieder waren Green, Thompson, Harris, Stevens und Zelanka. Schon 1968 wurde Harris gegen Beaudry ausgewechselt. Sie brachten 1970 eine Musik, wie sie von Mitch Ryder, MC 5, Bob Seger oder Terry Knight gemacht wurde: ein Mittelding aus Rock 'n' Roll, Garagen-Punk und Underground. Ihre Version von »House Of The Rising Sun« wurde 1970 ein Millionseller. Noch im selben Jahr kamen zwei weitere Hitnotierungen in die US-Charts, von denen jedoch keine über eine Position 50 hinauskam. Daran änderten auch Umbesetzungen in der Gruppe nichts. Ihr erfolgreichstes Album hieß »Frijid Pink« (1/70 US-LP 11, 5/70 D-LP 37).

House Of The Rising Sun (2/70 D 1, GB 4, US 7
Rock

Frl. Menke

FRL. MENKE v, key (Deutschland, * 4. 11. 1960 als Franziska Menke in Hamburg)

Die Sängerin, Keyboarderin, Komponistin und Produzentin kam im Zuge der neuen deutschen Welle 1982 in die deutschen Hitparaden mit »Hohe Berge«. »Traumboy« (9/82 D 39) und »Tretboot in Seenot« (3/83 D 24) waren weitere Hitnotierungen. In den 90er Jahren kam Franziska Menke als Schlagersängerin.

Hohe Berge (5/82 D 10)
Neue Deutsche Welle

Froboess, Conny

CORNELIA FROBOESS v (Deutschland, * 28. 10. 1943 in Wriezen a. d. Oder)

Ach ja, wir neigen dazu, in Kistchen zu packen – und wer einmal drin ist, kommt nur schwer und ganz selten wieder raus. Also: ein erfolgreich singendes Kind kommt logischerweise in die Kiste Kinderstars. Wenn es dann wenige Jahre später, vielleicht nach dem Stimmbruch oder dem Abitur, da weiterzumachen versucht, wo es einst aufhörte, klappt das in ganz seltenen Fällen. Die kleine Cornelia war gerade siebeneinhalb Jahre alt, als sie »Pack die Badehose ein« sang. Der Papa hatte das Stück geschrieben, und auch der nächste Hit, der im Winter 1951/52 kam, stammte aus seiner Feder: »Hei, hei, hei so eine Schneeballschlacht«. 1953 war ein lausiger Sommer. Es regnete Bindfäden. Die inzwischen fast Zehnjährige sang »Lieber Gott, lass die Sonne wieder scheinen – für Mama, für Papa und für mich«. Rührend, und den Nerv der ganzen Nation treffend. Aber dann schien es aus zu sein. Klar, einen Stimmbruch hatte sie nicht, aber ein Teenager hat auch noch andere Probleme. 1958 war sie wieder da. Sie hatte den Sprung vom Kinder- zum Teeniestar geschafft. Die Top-40-Hits außerhalb der Top 10: Mit Will Brandes »Ich möcht mit dir träumen« (2/59 D 13) und »Jolly Joker« (2/59 D 12) – mit ihm sang sie auch »Teenager Melodie« –, »Holiday in Honolulu« (4/59 D 12), »Mister Music« (8/59 D 16), »Little Girl« (10/59 D 16), »Ein Mädchen mit 16« (12/59 D 23), »Yes, My Darling« (3/60 D 13) mit Rex Gildo, »Lippenstift am Jackett« (6/60 D 27), »Sag mir, was du denkst« (8/60 D 21) mit Peter Kraus, »Firulin« (6/61 D 40) mit Rex Gildo, »Ich bin für die Liebe nicht zu jung« (6/61 D 19), »Mariandl« (9/61 D 20), »Mein Vater war ein Cowboy« (9/61 D 17) und »Ein Kuss und noch ein Kuss« (11/61 D 28).

Ab 1963 legte sie, nun ja schon fast 20

Jahre alt, ihr Teenie-Image ab und nannte sich Conny Froboess. Weitere Hits: »Du bist mir so sympathisch« (3/63 D 24), »Verliebt, verlobt, verheiratet« sang sie mit Peter Alexander, »Skip-du-bi-du« (7/63 D 16), »Hey, Baron Münchhausen« (11/64 D 33), »Diese Nacht hat viele Lichter« (1/65 D 22) und »Ich geh durch den Regen« (5/66 D 38).

Nach 1966 verlegte sie sich mehr auf ihr schauspielerisches Talent – mit Erfolg. Sie tauchte als Schauspielerin im Fernsehen und auf der Bühne auf. Ende der 70er Jahre spielte sie an den Münchener Kammerspielen in Stücken von Wedekind und Botho Strauß. Eine vielseitige Kleine Cornelia also, die so unterschiedliche Preise wie den Großen Otto in Gold, den Silbernen Bambi, den Goldenen Bildschirm, die Goldene Kamera und den Lubitsch-Preis gewonnen hat. Wie auch immer von uns in eine Kiste gepackt: zu früh. Wer weiß, was noch alles von ihr kommt.

I Love You Baby (4/58 D 2)
Diana (4/58 D 2)
Auch du hast dein Schicksal in der Hand (7/58 D 6)
Blue Jean Boy (10/58 D 3)
Teenager Melodie (1/59 D 7)
Hey Boys, how do you do (1/59 D 4)
Ob 15, 16, 17 Jahre alt (4/59 D 7)
Kleine Lucienne (8/59 D 8)
Midi-Midinette (7/60 D 4)
Zwei kleine Italiener (2/62 D 1)
Lady Sunshine und Mr. Moon (8/62 D 3)
Verliebt, verlobt, verheiratet (6/63 D 7)
Drei Musketiere (12/63 D 4)
Schlager

Fugees

LAURYN HILL v (USA, * 25. 5. 1975 in East Orange/New Jersey), WYCLEF JEAN g, rap (Haiti, * 17. 10. 1969 als Jeannel Wyclef), PRAS MICHEL rap (Haiti, * 19. 10. 1972 als Samuel Prakazrel)

1996 war das Jahr der Fugees. Der Gruppenname dieser 1989 in South Orange/New Jersey gegründeten Formation ist eine Abkürzung von Refugee Camp – damit wurde auf die Herkunft der beiden Cousins Praz und Clef angespielt. Beide stammen aus Haiti und sind von dort in die USA geflüchtet. ›Refugee Camp‹ = Flüchlingslager! Ihr erstes Album war 1993 »Blunted On Reality«. Es folgte 1996 das Album »The Score«(3/96 US-LP 1, 3/96 GB-LP 2, 4/96 D-LP 1), das bis zum Jahresende 1996 4 Millionen Exemplare verkaufte. Die Singles der Fugees waren in den USA – im Gegensatz zu den Albumverkäufen – deutlich weniger erfolgreich. Die erste Hitnotierung der Gruppe gab es in den USA mit der Nummer »Nappy Heads« (7/94 US 49). Es folgte der Titel »Fu-Gee-La« (12/95 US 29, 4/96 GB 21), für den es Gold gab. Dieses Stück war auch die erste Single, die sich international durchsetzen konnte. Die nachfolgenden Singles »Killing Me Softly« und »Ready Or Not« wurden in der zweiten Hälfte 1996 in Europa große Erfolge, in den USA kamen sie nicht einmal in die Hot 100. Auch eine neue Version des Bob-Marley-Hits »No Woman, No Cry« brachte den Fugees Ende 1996 in GB Top 10 und in Deutschland Platz 33, aber keine Notierung in den USA. Aber 4 Millionen verkaufte Alben in den USA sind doch ein schöner Trost. Außerdem setzte es 1997 zwei Grammys: als beste R&B-Gruppe sowie für das Album »The Score«. »Rumble In The Jungle«, ihr erster Hit des Jahres 1997, stammte aus dem Film »When We Were Kings«, der die Geschichte des Boxkampfes Muhammad Ali gegen George Foreman 1974 in Zaire beinhaltete und mit einem Oscar für den besten Dokumentarfilm ausgezeichnet wurde. Wyclef Jean, von seiner Plattenfirma als ›HipHop-Amadeus‹ bezeichnet, veröffentlichte Mitte 1997 das Soloalbum »The Carnival«. Auch Praz und Lauryn Hill veröffentlichten erfolgreich Soloplatten.

Fu-Gee-La (5/96 D 6)
Killing Me Softly (6/96 GB 1; 7/96 D 1)
Ready Or Not (9/96 D 8, GB 1)
No Woman, No Cry (11/96 GB 2)
Rumble In The Jungle (3/97 GB 3)
Dance, Rap, Soul

Siehe auch: Hill, Lauryn; Michel, Pras; Jean, Wyclef

Fuldner, Phil

DJ MOGUAI dj (Deutschland), PHIL FULDNER dj (Deutschland)
Für die Zeichentrick-Serie »Captain Future« hatte einst Christian Bruhn die Titelmelodie geschrieben, ohne dass diese viel Eindruck hinterließ. 1998 wurde die Serie vom Wiederholungstäter Sat1 ins Programm genommen – und viele der Kids von einst, inzwischen älter, aber nicht erwachsener geworden, schauten sich die Weltraumabenteuer des Captain Future erneut an. Die beiden Ruhrgebiets-DJs Fuldner und Moguai fummelten aus der Titelmelodie zur Serie unter dem Titel »The Final« einen Danceknüller, der es auf Anhieb unter die ersten 10 der deutschen Charts brachte. Einen Nachfolger haben sie bisher nicht geschafft.

The Final (3/98 D 7)
Dance, Rave

Full Force

CURT BEDEAU v, g (USA), GERRY C CHARLES v, key (USA), JUNIOR SHY SHY CLARKE b (USA), B-FINE GEORGE v, per (USA), PAUL-ANTHONY GEORGE v (USA), BOWLEGGED LOU GEORGE v (USA)
Diese aus Brooklyn stammende Truppe gilt als konsequentester Vertreter der Urban Dance Music. Bereits 1970 hatten die Brüder B-Fine, Paul-Anthony und Bowlegged Lou als Amplifiers begonnen. Neun Jahre später kamen ihre Cousins Gerry C, Shy Shy und Curt dazu – und fertig war Full Force. Für Lisa Lisa, James Brown oder Samantha Fox schrieben oder produzierten sie Songs. Ein einziges Mal brachten sie es auf einen Pophit, und das nicht etwa in den USA, sondern in GB mit »Alice I Want You Just For Me«. Ende 1992 veröffentlichte die Gruppe die CD »Don't Sleep«. Darauf befand sich ein Gemisch aus Funk, Blues, Soul, Jazz und Hip-Hop, aber auch Schleicher wie »Making Love On The Dance Floor«.

Alice I Want You Just For Me (12/85 GB 9)
Dance, Rap

Siehe auch: Lisa Lisa & Cult Jam

Fuller, Bobby Four

RANDY FULLER b (USA), BOBBY FULLER v, g (USA, * 22. 10. 1942 als Robert in Baytown/Texas, † 18. 7. 1966), DALTON POWELL d (USA), DEWAYNE QUIRICO d (USA), JAMES REESE g (USA)
Rock 'n' Roll in den 60er Jahren – Elvis hatte schon kurz nach seinen ersten Hits auf seicht umgeschwenkt, Buddy Holly war tot, Chuck Berry und Bill Haley waren weg vom Fenster. Mitte der 60er Jahre dann die Hinwendung zu Psychedelic-Sound, Folk-Rock, »California Dreaming«, Acid, Protest – aber Rock 'n' Roll? In US-Garagen wurde eine Art Punk-Rock vorgelegt, wurde der Weg bereitet für die Punkbewegung in GB in den 70er Jahren. Das klang zumindest noch so urwüchsig wie der Rock 'n' Roll in den 50er Jahren, aber ansonsten hatte er nichts zu melden. Die Fans waren immer noch da, aber die neue Musikergeneration lernte mehr und mehr, mit Verstärkern, Mehrspuraufnahmen, Klangverzögerung usw. umzugehen. Rock 'n' Roll war zu gradlinig, zu einfach. Natürlich gab es auch hier Ausnahmen – und dazu gehörte Bobby Fuller mit drei weiteren Musikern. Sie nannten sich Bobby Fuller Four und waren wie Relikte aus einer längst vergangenen Zeit anzuhören. In El Paso, Texas, hatten sie Ende der 50er Jahre begonnen,

Musik zu machen. Für kleine texanische Plattenfirmen wurden einige Aufnahmen gemacht, die heute kein Mensch mehr kennt. Erst nachdem sie in Texas alles erreicht hatten, was es zu erreichen gab, gingen sie in das ›Promised Land‹ der Musiker. Chuck Berry hatte schon davon gesungen, und der musste es ja schließlich wissen. In L.A. spielten sie in einem Hotel, es folgte ein Plattenvertrag mit einem Label aus Kalifornien und schließlich der erste größere Hit, »Let Her Dance«. Dass die Bobby-Fuller-Four-Musiker Fans von Buddy Holly waren, ließ sich leicht heraushören. So hörte das auch Sonny Curtis, einst Mitglied bei den Crickets, der Band von Buddy Holly. Sonny hatte eine Nummer geschrieben, die er Bobby Fuller gab: »I Fought The Law«. Damit schien der Weg für die Band klar, denn auch die nächste Platte der Bobby Fuller Four – »Love's Made A Fool Of You« (4/66 US 26), geschrieben 1958 von Buddy Holly – kam in die Charts, aber dann war schnell alles vorbei. 1966 starb Bobby Fuller, die Umstände sind nie genau geklärt worden. Mal heißt es, er habe Selbstmord begangen, mal ist er bei einem Autorennen tödlich verunglückt und mal haben ihn Gangster einfach umgelegt. Wie dem auch sei, er wurde tot in seinem Auto aufgefunden, und die Band war am Ende, bevor es richtig losgegangen war. Der Bruder von Bobby, Randy, wollte die Formation weiterführen. Sie nannten sich Randy Fuller Four, aber das hatte alles keinen Zweck, die Luft war aus der Sache raus. Schade, vielleicht wäre die Geschichte des Rock 'n' Roll mit Bobby Fuller anders weitergegangen.

I Fought The Law (1/66 US 9)
Rock 'n' Roll

Fun Boy Three

LYNVAL GOLDING g (Großbritannien, * 24. 7. 1951 in Coventry), TERRY HALL v (Großbritannien, * 19. 3. 1959 in Coventry), NEVILLE STAPLES v, d, per (Jamaika, * 11. 4. 1956 in Christiana)

Die ›Fun Boy Three‹ Staples, Hall und Golding kamen von der Gruppe Specials, die als Begründer der New-Ska-Bluebeat-Bewegung in GB galt. Mitte 1981 hatten sie sich von der Band getrennt, und noch im selben Jahr wurde »The Lunatics (Have Taken Over The Asylum)« (11/81 GB 20) ihr erster Charterfolg in GB. Erstmals unter die ersten 10 kamen sie, als sie sich mit Bananarama für »It Ain't What You Do It's The Way That You Do It« zusammentaten. »Tunnel Of Love« und »Our Lips Are Sealed« waren zwei eigene Top-10-Erfolge für die drei Jungs. Danach fiel die Band wieder auseinander. Hall kam später mit Colourfield, als Solist und zusammen mit David A. Stewart 1992 als Vegas. 1994 veröffentlichte er die hoch gelobte Soloplatte »Home«. Die erfolgreichsten Alben der Fun Boy Three waren »The Fun Boy Three« (3/82 GB-LP 7) und »Waiting« (2/83 GB-LP 14). 1994 veröffentlichte Hall das Soloalbum »Home«, das vom ›Spiegel‹ gefeiert wurde mit der Aussage: ›Dem Sänger Terry Hall ist mit feinsinnigem Understatement-Pop das beste britische Album des Jahres gelungen‹. Die Briten haben versagt: Die Platte kam nicht in die Charts.

It Ain't What You Do It's The Way That You Do It (2/82 GB 4)
Really Saying Something (4/82 GB 5)
Tunnel Of Love (2/83 GB 10)
Our Lips Are Sealed (4/83 GB 7)
Pop, Ska

Siehe auch: Specials; Stewart, David A.

Fun Factory

STEPHAN BROWAREZYK rap (Deutschland, * 15. 1. 1972 in Hamburg), TONI COTTURA key, rap, dj (Deutschland, * 7. 6. 1971 in Hamburg), RODNEY HARDISON rap (USA, * 24. 5. 1969 in Durham), MARIE-ANETT MEY v (Frankreich, * 3. 6. 1971 in Paris)

Gedacht war Fun Factory als multikulturelles Bandprojekt und die perfekte Umsetzung der europäischen Dance Music. Die Sängerin Marie-Anett ist französischer Abstammung, Toni und Steve kommen aus Deutschland und Rapper Rod D. aus den USA. Die erste Hitnotierung von Fun Factory war die dritte Singleveröffentlichung der Fabrik. »Fun Factory's Theme« und »Groove Me« schafften nicht den Sprung in die Hitparade, »Close To You« wurde in Deutschland ein Top-20-Hit und kam knapp ein Jahr später, im März 1995, unter die ersten 50 der US-Charts. »Take Your Chance«, noch 1994, »Pain« Anfang 1995, »I Wanna Be With U« und »Celebration« (Mitte und Herbst 1995) kamen alle mehr oder weniger knapp an die Top-10-Marke heran. Erstaunlicherweise war es dann die Nummer »Doh Wah Diddy«, die im Januar 1996 den ersten Top-10-Hit für die Gruppe brachte. Im Original war das Stück von den Exciters und schrieb sich »Do-Wah-Diddy«. Dann kam die britische Formation Manfred Mann und schrieb den Titel »Do Wah Diddy Diddy« und hatte einen Welthit. Fun Factory machte »Doh Wah Diddy« daraus. »Don't Go Away« brachte Fun Factory die bisher letzte Hitparadennotierung in Deutschland und in den USA. Inzwischen hat Toni Cottura mit »Da Partyboom« Anfang 1997 eine erste Soloplatte auf den Markt gebracht. Mitte des Jahres wurde bekannt, dass sich die Band aufgelöst hat. Browarezyk und Mey machten zusammen mit dem Rapper Ray Horton als Fun Affairs weiter. Hardison versuchte sich wie Cottura als Solist.

Doh Wah Diddy (1/96 D 6)
Dance

Fun Lovin' Criminals

STEVE BOROVINI d (USA), FAST key, b, mundh (USA, als Brian Leiser), MACKIE JASON d (USA), HUEY MORGAN v, g (USA)

Diese Gruppe formierte sich 1993 in Syracuse/New York aus drei ehemaligen Nachtclub-Türstehern. 1994 veröffentlichten sie ihre ersten eigenen Singles bei einer Independent-Firma. Schnell wurden sie mit anderen New Yorker Bands wie Beastie Boys, Lordz Of Brooklyn oder Young Black Teenagers verglichen. 1995 erschien mit der EP »Fun Lovin' Criminals« ihre erste Platte. 1996 kam ihr Album »Come Find Yourself« (7/96 GB-LP 10, 6/97 RE-GB-LP 7), das sich jedoch nur in Großbritannien durchsetzen konnte. Von den Kritikern jedenfalls wurde es hoch gelobt. Auch erfolgreich: das Album »100 % Colombian« (9/98 GB-LP 3). Ihre erste Singlenotierung hatte die Formation mit »The Grave And The Constant« (6/96 GB 72). Die weiteren Top-40-Hits: »Scooby Snacks« (8/96 GB 22), »The Fun Lovin' Criminal« (11/96 GB 26), »King Of New York« (3/97 GB 28), »I'm Not In Love/ Scooby Snacks« (7/97 GB 12), »Love Unlimited« (8/98 GB 18) – eine Hommage an Barry White –, »Big Night Out« (10/98 GB 29), »Korean Bodega« (5/99 GB 15). 1999 kam von der Gruppe Bad Brains für Steve als neuer Schlagzeuger Mackie. 2000 veröffentlichten sie das Album »Loco« (3/2001 GB-LP 5). Als der Titelsong als Single ausgekoppelt wurde, hatte die Band ihren ersten Top-10-Hit. Musikalisch erinnerte das Trio jetzt an eine Mixtur aus Freakpower und Climax Blues Band.

Loco (2/01 GB 5)
HipHop, Rock

Funk, Farley »Jackmaster«

FARLEY »JACKMASTER« FUNK dj (USA)

»Love Can't Turn Around« gilt als eine der ersten in der Pophitparade erfolgreichen House-Sound-Platten. Farley »Jackmaster« Funk war DJ in einem Club in Chicago. Seine ersten Platten nahm er als Rude Boy Farley Keith auf. Am Hit »House Nation« der House Master Boyz & The Rude Boy Of House aus dem Jahre 1987 war er beteiligt. Seine erste Soloplatte wurde 1986 die Top-Tanzplatte des Jahres. Auf diesem Titel ist Darryl Pandy zu hören, dessen Stimme angeblich sechseinhalb Oktaven umfasst. Pandy trat später als Nightmare auf und gehörte zu einem DJ-Team, das sich zuerst Hot Mix 5 und dann Jackmaster 5 nannte.

Love Can't Turn Around (8/86 GB 10)
House

Funk Masters

Bo Kool rap (Großbritannien), Juliet Roberts v (Großbritannien, * 11. 1. 1962), Tony Williams dj (Großbritannien)
Der aus London stammende Radio-DJ Tony Williams steckte hinter diesem Projekt. Mit ihm zusammen trat der Rapper Bo Kool auf. Für den einzigen Hit der Funk Masters, »It's Over«, verpflichteten sie die Sängerin Juliet Roberts. Dann war es over. Roberts war 1984 Mitbegründerin von Working Week gewesen und ab 1993 als Solistin erfolgreich.

It's Over (6/83 GB 8)
Disko, Funk

Funkadelic

George Clinton v, g (USA, * 22. 7. 1940 in Kannapolis/North Carolina), Ray Davis v (USA, * 29. 3. 1940 als Raymond in Sumter/South Carolina), Ramon »Tiki« Fulwood d (USA, * 23. 5. 1944 in Philadelphia/Pennsylvania), Clarence »Fuzzy« Haskins v (USA, * 8. 6. 1941 in Elkhorn/West Virginia), Eddie Hazel g (USA, * 10. 4. 1950 in Brooklyn/New York, † 23. 12. 1992), William Jr. Nelson b (USA, * 28. 1. 1951 in Plainfield/New Jersey), Maceo Parker sax (USA, * 14. 2. 1943 in Kinston/North Carolina), Lucius Ross g (USA, * 5. 10. 1948 in Wagram/North Carolina), Calvin Simon v (USA, * 22. 5. 1942 in Beckley/West Virginia), Grady Thomas v (USA, * 5. 1. 1941 in Newark/New Jersey), Bernard Worrell key (USA, * 19. 4. 1944 in Long Beach/New Jersey)
Der Kopf dieser Formation, George Clinton, gründete schon 1955 die Doo-Wop-Gruppe Parliaments. Später strich er das ›s‹, und als Parliament hatte Clinton die beiden Millionseller »Tear The Roof Off The Sucker (Give Up The Funk)« (5/76 US 15) und »Flash Light« (2/78 US 16). In dieser Gruppe spielten zeitweise 40 Mitglieder, die auch Platten machten als P. Funk All Stars, Parlet oder eben Funkadelic. Clinton versuchte in der letztgenannten Band, psychedelische Musik mit Funk und Rock zu mixen. Funkadelic hatte die erste Hitnotierung bereits Ende 1969 mit »I'll Bet You«. »One Nation Under A Groove – Part I« (9/78 US 28) wurde ein Millionseller und in GB der einzige Top-10-Hit dieser Formation. Ab 1981 veröffentlichte Clinton, der als musikalischer Trendsetter gilt, Soloplatten. Bernard Worrell aus seiner Truppe tauchte später als Gastmusiker bei den Talking Heads auf. Die erfolgreichsten Alben: »Mothership Connection« (2/76 US-LP 13) und »Funkentelechy Vs. The Placebo Syndrome« (12/77 US-LP 13) als Parliament, »One Nation Under A Groove« (10/78 US-LP 16) als Funkadelic. Als Gast von Ice Cube war Clinton auf »Bop Gun (One Nation)« (7/94 US 23, 8/94 GB 22) zu hören. Es handelte sich dabei um eine Rapversion des alten Titels »One Nation Under A Groove«. 1996 stellte Clinton The P-Funk All Stars zusammen. 1997 wurde Parliament/Funkadelic in die Rock and Roll Hall of Fame aufgenommen.

One Nation Under A Groove – Part I (12/78 GB 9)
Funk, Rhythm & Blues, Soul

Furtado, Nelly

NELLY FURTADO v (Kanada, * 2. 12. 1978 in Victoria/British Columbia)
Die Tochter portugiesischer Eltern spielt nicht schlecht Gitarre und Ukulele, außerdem Posaune und Keyboard. Mit 14 schrieb sie ihre ersten Songtexte. Sie startete ihre Karriere im HipHop-Duo Nelstar. Ihren Durchbruch als Solistin hatte Nelly bei der Verleihung der Juno Awards am 4. 3. 2001 in Toronto – der kanadische Juno Award ist dem US-Grammy gleichzusetzen. Sie gewann in vier Kategorien: ›Bester Nachwuchskünstler‹, ›Bester Produzent‹, ›Bester Songschreiber‹ und ›Beste Single‹ für den Titel »I'm Like A Bird«. Ihr erstes Album »Whoa, Nelly!« (3/01 GB-LP 2) wurde von der Kritik sehr gelobt. So schrieb zum Beispiel ein Kritiker: ›Diese Platte wird man noch in 10 Jahren hören.‹ Nelly singt in Englisch, Portugiesisch und Hindi.

I'm Like A Bird (3/01 US 9, GB 5)
Turn Off The Light (8/01 US 5; 9/01 GB 4)
Pop

Fury, Billy

BILLY FURY v (Großbritannien, * 17. 4. 1941 als Ronald Wycherley in Dingle/Liverpool, † 28. 1. 1983)
Auch Billy klang Ende der 50er Jahre so, als wolle er amerikanischer als die Amerikaner sein. Er sang Titel aus den USA für den britischen Markt – und dieses System funktionierte bekanntlich bis zu dem Zeitpunkt, als die Beatles 1964 den amerikanischen Markt beherrschten und die Briten sich nun nicht mehr selbst kopieren konnten. Billy schaffte es, zwischen 1959 und 1966 elf Titel unter die ersten 10 der britischen Charts zu bringen. Seine erfolgreichsten Alben waren »Halfway To Paradise« (9/61 GB-LP 5) und »Billy« (5/63 GB-LP 6). 1971 musste er sich einer Operation am offenen Herzen unterziehen, machte aber weiterhin Platten, die er auf seinem eigenen Fury Label veröffentlichte. 1973 spielte er neben Ringo Starr und David Essex im Film »That'll Be The Day« den Part des Stormy Tempest. 1982, gerade hatte er mit einer großen Plattenfirma einen neuen Vertrag unterschrieben, verschlechterte sich sein Gesundheitszustand, und die Produktion einer neuen LP wurde immer wieder hinausgeschoben. 1983 starb er nach einem Herzanfall.

Colette (3/60 GB 9)
Halfway To Paradise (5/61 GB 3)
Jealousy (9/61 GB 2)
I'd Never Find Another You (12/61 GB 5)
Last Night Was Made For Love (5/62 GB 4)
Once Upon A Dream (7/62 GB 7)
Like I've Never Been Gone (2/63 GB 3)
When Will You Say I Love You (5/63 GB 3)
In Summer (7/63 GB 5)
It's Only Make Believe (7/64 GB 10)
In Thoughts Of You (7/65 GB 9)
Pop

Fyne, Sylk-E.

SYLK-E. FYNE v, rap (USA, in South Central/Los Angeles)
Entdeckt wurde sie von der verstorbenen Rock-Legende Eazy E. Bei ihrem ersten Top-10-Hit »Romeo And Juliet« wurde sie von Chill unterstützt.

Romeo And Juliet (2/98 US 6)
Rap, Rhythm & Blues

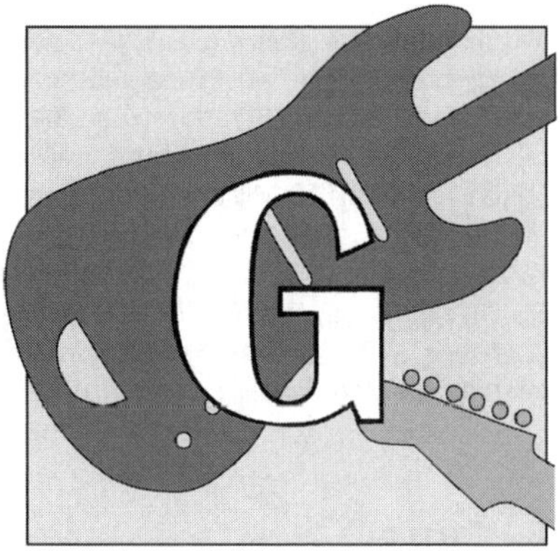

G, Ali

Ali G (Großbritannien, als Sacha Baron Cohen)
Ali nahm seinen Hit zusammen mit Shaggy auf. »Me Julie« stieg auf Platz 2 der britischen Charts ein – und hatte dafür 83 000 Platten verkaufen müssen. Damit wäre man vor einigen Jahren nicht einmal in die Top 20 gekommen. Unter den Jugendlichen erfreute sich die ›Ali G Show‹ wegen der flotten Sprüche großer Beliebtheit. So zu sprechen wie Ali war den Briten schon einige Web-Sites wert. Ali spiegelte den Gossenjargon wider. So war zum Beispiel ein ›Bruver‹ ein Schwarzer und ›Boh‹ eine Begrüßung. Eine Art von Witz, bei dem Tom Gerhard grüßen lässt.

Me Julie (3/02 GB 2)
Rap

G., Gina

Gina G. v (Australien, als Gina Gardener)
Gina zog 1987 nach Melbourne, um sich dort der Gruppe Bass Culture anzuschließen. Ihr erster Singleerfolg in Australien war 1992 die Nummer »Love The Life«, ein Top-40-Hit. Die TV-Serie »Neighbours« verhalf der Platte zum Erfolg. Wie viele Australier zog es auch Gina nach GB. Dort legte sie zuerst in einem angesagten Londoner Club Platten auf und war Mitglied im Dance Act Bass Culture. 1996 sollte sie mit einem von Steve Rodway von Motiv 8 geschriebenen Lied GB beim Grand Prix Eurovision in Oslo vertreten. Ihr Song »Ooh Aah ... Just A Little Bit« erreichte einen schlappen Platz 7. Ganz anders in den GB-Charts. In Deutschland reichte es gerade mal für Platz 88. Der Song schien schon wieder vergessen, als ihn im November 1996 die Amerikaner entdeckten. Im Verlauf der nächsten Wochen sollte die Platte bis auf Platz 12 kommen. An ihrem zweiten Hit in GB, »I Belong To You«, hatte Gina schon mitgeschrieben. Damit war sie der erste Künstler aller Zeiten, der mit einem Titel eines Grand-Prix-Wettbewerbs in den Top 10 debütierte und danach gleich einen weiteren Top-10-Hit hatte. Anfang 1997 wurde ihr Debütalbum »Fresh!« (4/97 GB-LP 12) veröffentlicht. Darauf die Nummer »Ti Amo« (6/97 GB 11), die klang wie »La Isla Bonita« von Madonna.

Ooh Aah ... Just A Little Bit (4/96 GB 1)
I Belong To You (11/96 GB 6)
Fresh! (3/97 GB 6)
Disko, Grand Prix, Pop

G., Kenny

Kenny G. sax (USA, * 6. 7. 1956 als Kenneth Gorelick in Seattle/Washington)
Das Saxophonspielen lernte Kenny bereits als Kind, nachdem er als Zehnjähriger im Fernsehen einen Auftritt eines Saxophonisten gesehen hatte. 1974 tourte er mit der Franklin-High-School-Band durch Europa. Zwei Jahre später spielte er mit dem Love Unlimited Orchestra von Barry White. Dann beschloss er, erst einmal etwas Vernünftiges zu lernen, und studierte Rechnungswesen in Seattle. Sein

Studium an der University of Washington schloss er magna cum laude ab. Während dieser Zeit machte er allerdings auch schon seine ersten Platten mit einer lokalen Funkband und spielte bei vielen Auftritten angesehener Künstler mit.
Nächste Station war Jeff Lorber Fusion, eine Jazzrockband, die für Arista Platten aufnahm. 1981 machte diese Plattenfirma einen Solovertrag mit Kenny. Seine erste Hitnotierung stammt aus dem April 1984. In GB kam »Hi! How Ya Doin'?« in die Charts. Sein erster großer Erfolg war 1987 »Songbird«. Später war der Titel, wenn auch nur kurz, in dem Film »Pretty Woman« zu hören. 1987 war Kenny G. inzwischen auch ein gesuchter Studiomusiker, der zu Aufnahmen von Whitney Houston, Natalie Cole oder Aretha Franklin gebeten wurde.
Umgekehrt sang z. B. Smokey Robinson auf Kennys Album »Silhouettes« mit. Weitere Hits außerhalb der Top 10: »Don't Make Me Wait For Love« (8/87 US 15), »Silhouette« (10/88 US 13), »Missing You Now« (1/92 US 12, 5/92 GB 28) mit Michael Bolton, »Forever In Love« (12/92 US 18), »By The Time This Night Is Over« (5/93 US 25) mit Peabo Bryson und »Auld Lang Syne« (12/99 US 7).
Mögen seine Singles auch nicht hoch in die Charts kommen, seine Albenverkäufe sind enorm: »G Force« (3/84 US-LP 62), »Gravity« (6/85 US-LP 97), »Duotones« (9/86 US-LP 6, 8/87 GB-LP 28), »Silhouettes« (10/88 US-LP 8), »Live« (12/89 US-LP 16), »Breathless« (12/92 US-LP 2, 5/93 GB-LP 4), »Miracles – The Holiday Album« (11/94 US-LP 1), »The Moment« (10/96 US-LP 2, GB-LP 19), »Greatest Hits« (12/97 US-LP 19) und »Faith: A Holiday Album« (12/99 US 6). Da können einem Singles wirklich egal sein!
Eines der bekanntesten Duette von Kenny dürfte im Januar 1993 das mit dem amerikanischen Saxophonisten und Präsidenten Bill Clinton gewesen sein, der Kennys Musik favorisierte. Kenny gilt als der amerikanische Nummer-1-Instrumentalist der 90er Jahre, die LP »Breathless« als das bestverkaufte Instrumentalbum aller Zeiten – mehr als 10 Millionen Exemplare hat er davon alleine in den USA verkauft.

Songbird (4/87 US 4)
Auld Lang Syne (12/99 US 7)
Instrumental, Jazz, Pop

G., Warren

WARREN G. rap (USA, * 10. 6. 1970 als Warren Griffin III. in Long Beach/Kalifornien)
Auf dem Plattenlabel Death Row, gegründet von seinem Halbbruder Dr. Dre, veröffentlichte Warren G. zusammen mit dem Rapper Nate Dogg im Frühjahr 1994 die Nummer »Regulate«. Die Platte konnte sich innerhalb weniger Monate international durchsetzen. Dazu hatten zwei Dinge beigetragen: ein Motiv aus dem Stück »I Keep Forgettin' (Everytime You're Near)« von Michael McDonald, das in den Hit eingearbeitet wurde, und die Tatsache, dass »Regulate« in dem erfolgreichen Film »Above The Rim« zu hören war. Der Film, ein Basketball-Street-Movie, war zumindest in den USA ein Renner, und der Soundtrack verkaufte sich innerhalb weniger Monate mehr als zwei Millionen mal. Nate Dogg ist Mitglied in Snoopy Doggy Dogg's Tha Dogg Pound. Für die Produktion des Titels war selbstverständlich Dr. Dre verantwortlich. »Regulate« zeigte, dass fließende Beats, Vokalharmonien und HipHop durchaus zu verbinden sind. »What's Love Got To Do With It« war ein Hit für Tina Turner gewesen und »I Shot The Sheriff« stammte im Original von Bob Marley.
Seine erfolgreichsten Alben: »Regulate . . . G Funk Era« (6/94 US-LP 2, 8/94 GB-LP 25) und »Take A Look Over Your Shoul-

der (Reality)« (3/97 D-LP 8, GB-LP 20, 4/97 US-LP 11).

Regulate (4/94 US 2; 7/94 D 7, GB 5)
This D.J. (7/94 US 9)
What's Love Got To Do With It (10/96 D 3; 11/96 GB 2)
I Shot The Sheriff (2/97 GB 2)
Rap, Rhythm & Blues

Siehe auch: Rapsody

Gabriel, Gunter

GUNTER GABRIEL v (Deutschland, * 11. 6. 1942 als Günther Caspelherr in Bielefeld)
Musikalisch orientierte sich Gunter Gabriel an Interpreten wie Johnny Cash. 1974 wurde er als bester Nachwuchssänger mit der Goldenen Europa ausgezeichnet. Titel wie »Er ist ein Kerl (der 30-Tonner-Diesel)« (2/74 D 16) oder »Hey Boß, ich brauch' mehr Geld« hoben ihn aus der Masse der üblichen Schlagerklischees heraus. Ab Mitte der 70er Jahre ließ sein Erfolg nach, und er verlegte sich nun mehr auf das CB-Funker- und Trucker-Image. Als Komponist, Texter oder Produzent arbeitete er für Juliane Werding, Frank Zander, Wencke Myhre oder Peter Alexander. So schrieb er z.B. für Juliane Werding »Wenn du denkst, du denkst, dann denkst du nur, du denkst« 1975, für Frank Zander schrieb er den Text zu »Ich trink' auf dein Wohl, Marie« 1974. Nachdem sein Erfolg nachließ, merkte er, dass jetzt »Ohne Moos nichts los« ist, und: »Man muss das Leben eben nehmen, wie das Leben eben ist«. Wie er später erzählte, haben falsche Freunde dafür gesorgt. Eines seiner Pseudonyme war Bobby Ford. Lange Zeit hörte man wenig oder nur ›Yellow-Pressiges‹ von Gunter. Zum Abschied der DM meldete er sich Ende 2001 mit dem Lied »Bye Bye Deutsche Mark« zurück.

Hey Boß, ich brauch' mehr Geld (5/74 D 6)
Hey, Yvonne (warum weint die Mami?) (10/74 D 5)
Komm unter meine Decke (12/75 D 7)
Country, Deutscher Schlager

Gabriel, Peter

PETER GABRIEL v, d (Großbritannien, * 13. 2. 1950 in Cobham/Surrey)
Peter erzählte einmal, dass er eine sehr glückliche und freie Kindheit hatte. Mit 13 ging er zu einer privaten Grundschule, und als er in das Internat Charterhouse kam (auch Mike Rutherford und Tony Banks von Genesis besuchten diese Schule), wurde er nach eigener Aussage fett und picklig. Er war der Ansicht, dass er nicht das hätte, was man braucht, um Mädchen zu bekommen. Popmusiker wie die Beatles oder die Rolling Stones hätten es da einfacher, und außerdem wollte er auch das Geld. Das war vielleicht auch der Grund, weshalb er zusammen mit Tony Banks 1965 die Band Garden Wall gründete. Als Kind hatte er einige Jahre Klavierstunden, hörte aber mit neun Jahren damit auf. Schon mit zwölf begann er, Songs zu schreiben. Das erste Lied hieß »Sammy The Slug«, also ›Sammy, die Wegschnecke‹. ›Jeder andere schrieb über Mädchen, und ich schrieb über Schnecken. Das zeigt, woran ich zu diesem Zeitpunkt interessiert war‹, sagte Peter Gabriel später. Mit 13 bekam er ein Schlagzeug, und zwei Jahre später hatte er seinen ersten Gig. Als Sänger tat er sich zu diesem Zeitpunkt überhaupt noch nicht hervor. Allerdings entdeckte er schon bald seine Vorliebe fürs Verkleiden und für Hüte. Er stellte sie selbst her und verkaufte sie in der Carnaby Street und auf dem Antikmarkt in Chelsea. Seine Kostümierungen und Ideen ließen später die Genesis-Auftritte zu Theaterspektakeln und ersten Multimedia-Ereignissen werden. Er stand für die Zuschauer immer im Mittelpunkt und wurde als Kopf der Gruppe angesehen. Daher war das Ent-

setzen groß, als Gabriel im Mai 1975 Genesis nach einem Konzert in Frankreich verließ. Er hatte ganz persönliche Gründe dafür. Seine Frau erwartete ihr erstes Baby, und es gab große Komplikationen. Die Ärzte befürchteten, dass das Kind nicht überleben würde, und Peter Gabriel war die Familie zu diesem Zeitpunkt wichtiger als die Karriere.

Nach seinem Weggang von Genesis begann für Peter Gabriel eine außerordentlich erfolgreiche Solokarriere. Es dauerte jedoch zwei Jahre, bis er seine erste Platte veröffentlichte oder wieder auftrat. 1977 erschien »Peter Gabriel«, und Gabriel startete seine erste Solotournee durch die Vereinigten Staaten und Kanada. 1980 erschien sein drittes Album auch in Deutsch, die Textübersetzungen kamen von dem deutschen Filmregisseur und Autor Horst Königstein, der in Deutschland mit Rockmusikern wie Udo Lindenberg zusammenarbeitete. Als 1982 Peters viertes Album erschien, wurde es wieder zusätzlich in einer deutschen Fassung herausgegeben. Den Hit »Don't Give Up« sang er im Duett mit Kate Bush. Die Tradition der teilweise surrealistischen Texte von Genesis setzt sich in Songs wie »Solsbury Hill« (4/77 GB 13) z. B. fort. Spitze sind auch die Videos zu seinen Songs. Hier ist vor allem der preisgekrönte Clip zu seinem Hit »Sledgehammer« hervorzuheben. Auch als Komponist von Soundtracks macht er Furore. 1990 konnte er einen Grammy für seine Musik »Passion – Music For The Last Temptation Of Christ« einheimsen. Neben alldem setzt sich Peter Gabriel unermüdlich bei Benefizkonzerten und durch persönliches Engagement für aktuelle Probleme ein.

Seine erfolgreichsten Alben: »Peter Gabriel« (3/77 GB-LP 7, US-LP 38, 4/77 D-LP 24), »Peter Gabriel« (6/78 GB-LP 10), »Peter Gabriel« (6/80 GB-LP 1, US-LP 22, D-LP 9), »Peter Gabriel (Security)« (9/82 GB-LP 6, 10/82 US-LP 28), »Peter Gabriel Plays Live« (6/83 GB-LP 8, 7/83 D-LP 40), »So« (5/86 GB-LP 1, 6/86 US-LP 2, D-LP 2), »Shaking The Tree – Sixteen Golden Greats« (12/90 US-LP 48), »Us« (10/92 GB-LP 2, US-LP 2, D-LP 1) und »Secret World Live« (9/94 GB-LP 10, D-LP 8, 10/94 US-LP 23).

1992 gründete Gabriel seine eigene Plattenfirma Real World. Nun war er in der Lage, Musiker wie Manu Katche, Youssou N'Dour und andere zu unterstützen. Auf diesem Label veröffentlichte die Formation Afro Celt Sound System im Frühjahr 2001 den Titel »When You're Falling«. Als Gastsänger wird Peter Gabriel vermerkt.

Games Without Frontiers (2/80 GB 4)
Sledgehammer (4/86 D 7, US 1, GB 4)
Big Time (11/86 US 8)
Don't Give Up (11/86 GB 9)
Steam (2/93 GB 10)
AOR (Adult Orientated Rock)

Siehe auch: Genesis

Gabrielle

GABRIELLE v (Großbritannien, * 16. 4. 1970 als Louise Gabrielle Bobb in London)

Das Markenzeichen von Gabrielle ist die Augenklappe. 1991 veröffentlichte sie auf einem kleinen Independent Label den Titel »Dreams«, der als Sample das Gitarren-Intro von Tracy Chapmans »Fast Car« beinhaltete. Tracy verweigerte die Einwilligung. 1993 unterschrieb Gabrielle einen Vertrag bei einer größeren Plattenfirma, und »Dreams« wurde neu eingespielt. »Fast Car« war allerdings immer noch deutlich herauszuhören. 1993 wurde Gabrielle bei den Brit Awards als Best Newcomer ausgezeichnet. Als Gast der Gruppe East 17 gelang Gabrielle Ende 1996 der Hit »If You Ever«. Es handelte sich dabei um eine Coverversion des Debüthits »If You Ever Fall In Love« der US-Gruppe Shai. Ihr erster Hit des Jahres

1997 war »Walk On By«, ein Titel, der alle Jahre wieder in einer neuen Version erscheint: Dionne Warwick, Isaac Hayes, Gloria Gaynor, Strangles, Average White Band, D Train und Sybil hatten damit seit 1964 Hits. Geschrieben wurde der Song von Burt Bacharach und Hal David. Bei »Rise« handelte es sich um eine aufpolierte Version von »Knockin' On Heaven's Door« von Bob Dylan, dessen Hook gesampelt wurde. Gabrielles erfolgreichste Alben sind »Find Your Way« (10/93 GB-LP 9), »Rise« (10/99 GB-LP 1), »Dreams Can Come True – Greatest Hits« (11/01 GB-LP 2).

Dreams (6/93 GB 1)
Going Nowhere (10/93 GB 9)
Give Me A Little More Time (2/96 GB 5)
Walk On By (2/97 GB 7)
Sunshine (10/99 GB 10)
Rise (2/00 GB 1)
When A Woman (6/00 GB 6)
Out Of Reach (4/01 GB 4)
Don't Need The Sun To Shine (To Make Me Smile) (11/01 GB 9)
Pop

Gaines, Rosie

ROSIE GAINES v, key (USA)

Anfang der 90er Jahre begann Rosies Karriere. Zusammen mit Prince war sie auf dessen Platte »Diamonds And Pearls« zu hören. Rosie wurde Sängerin, Keyboarderin und Star in der New Power Generation von Prince – und erhielt einen Soloplattenvertrag von Motown Records. 1995 erschien ihr Debütalbum »Closer Than Close«, auf dem als Gast nun seinerseits Prince mitwirkte. Rosie und Prince schrieben z. B. die Nummer »I Want U« (11/95 GB 70) zusammen. Aber weder das Album noch die Singles konnten in den USA gefallen. »Closer Than Close« kam nicht einmal in die LP-Charts. Und dann im Mai 1997: Der Titelsong des Albums aus dem Jahre 1995 stieg auf Platz 4 in die britische Hitparade ein. »I Surrender« (11/97 GB 39) folgte.

Closer Than Close (5/97 GB 4)
Funk, Jazz, Soul

Gala

GALA RIZZATTO v (Italien)

Gala zog mit dem Song »Freed From Desire« quer durch den europäischen Kontinent. Von Italien über Frankreich, die Beneluxländer und Deutschland kam das Lied schließlich Mitte 1997 in GB an und erreichte hier prompt die Top 10. Viele Deutsche erkannten nicht, dass der Titel »Freed From Desire« hieß und fragten nach ›More And More‹ oder ›Nanananana‹ – vielleicht ein Grund dafür, dass die Nummer hierzulande auf Platz 14 hängen blieb, weil sie beim Plattenhändler unter diesem Titel aus verständlichen Gründen nichts fanden. Gala, zum Zeitpunkt des Hits angeblich 22 Jahre alt, hatte ihren Wohnsitz zwischenzeitlich nach New York verlegt, um sich dort ihrem Psychologie-Studium zu widmen. Nachfolger »Let The Boy Cry« (12/97 GB 11) und »Come Into My Life« (8/98 GB 38) hatten nicht die gleiche Ohrwurmqualität wie der Vorgänger »Freed From Desire«.

Freed From Desire (7/97 GB 2)
Dance

Gall, France

FRANCE GALL v (Frankreich, * 9. 10. 1947 als Isabelle Gall in Paris)

France war in ihrer Heimat das Teenageridol der 60er Jahre. 1965 gewann sie für Luxemburg den Grand Prix mit »Poupée De Cire, Poupée De Son«. Vorher hatte sie in Frankreich bereits 1964 den Spitzenreiter »Sacré Charlemagne« gehabt. Nach dem Grand-Prix-Sieg folgten weitere Erfolge mit »Les Sucettes« 1966,

»Musique« 1977, »Il Jouait Piano Debout« 1980 und »Tout Pour La Musique« 1982. In Deutschland hatte sie z. B. mit »A Banda« (5/68 D 16) und »Ein bisschen Goethe, ein bisschen Bonaparte« (8/69 D 14) noch Hiteintragungen. Nachdem sie für unseren Markt über Jahre hinweg verschwunden war, tauchte sie plötzlich wieder auf mit »Ella Elle L'a«, einem Titel über Ella Fitzgerald, und »Babacar« (7/88 D 14). Ihr erfolgreichstes Album hieß ebenfalls »Babacar« (6/88 D-LP 7). Die meisten ihrer Hits schrieb ihr Produzent und Ehemann Michael Berger, der im August 1992 im Alter von 44 Jahren nach einem Herzinfarkt starb. France Gall engagierte sich in letzter Zeit verstärkt in der Politik.

Poupée De Cire, Poupée De Son (5/65 D 2)
Ella Elle L'a (4/88 D 1)
Grand Prix, Pop, Schlager

Gallagher & Lyle

BENNY GALLAGHER v, g (Großbritannien, in Lagrs/Ayrshire/Schottland), GRAHAM LYLE v, g (Großbritannien, in Lagrs/Ayrshire/Schottland)
Begonnen haben die beiden Schotten bei verschiedenen Beatgruppen, um schließlich ihre ersten gemeinsamen Erfolge als Songschreiber zu haben. Für Dean Ford & The Gaylords schrieben sie den Titel »Mr. Heartbreak's Here Instead«. Nachdem sie 1968 nach London gezogen waren, wurden Gallagher & Lyle Haus- und Hofkomponisten für das Apple Label. So schrieben sie z. B. für Mary Hopkin die Titel »Sparrow« und »International«. Ab 1969 gehörten sie zu der Formation McGuinness Flint, für die sie die Hits »When I'm Dead And Gone« und »Malt And Barley Blues« schrieben. Anfang der 70er Jahre verließen sie diese Formation, um als Duo Karriere zu machen, was ihnen in kommerzieller Hinsicht aber erst ab 1976 gelang. In GB brachten sie in diesem Jahr zwei Titel in die Top 10: »I Wanna Stay With You« und »Heart On My Sleeve«, bei letztgenanntem sang Andy Fairweather-Low mit. »Breakaway« (9/76 GB 35) und »Every Little Teardrop« (1/77 GB 32) waren weitere nennenswerte Hits. Breakaway (2/76 GB-LP 6) war ihr erfolgreichstes Album. Auch als Songschreiber waren ihre Talente immer stärker gefragt. So übernahm z. B. Art Garfunkel ihre Komposition »Breakaway«. Trotzdem trennte sich das Duo 1979, um Soloprojekte zu verfolgen. Als Songschreiber tat sich Lyle später mit Terry Britten zusammen. Von den beiden stammt z. B. »What's Love Got To Do With It« für Tina Turner oder »Just Good Friends« für Michael Jackson. Auch an Songs wie »I Should Have Known Better« von Jim Diamond und einem weiteren Tina-Turner-Hit, »We Don't Need Another Hero«, schrieb Lyle mit.

I Wanna Stay With You (2/76 GB 6)
Heart On My Sleeve (5/76 GB 6)
Pop

Siehe auch: Manfred Mann; McGuinness Flint

Gallant, Patsy

PATSY GALLANT v (Kanada, * 15. 8. 1948 in Campbelton/New Brunswick)
Patsy war eins von zehn Kindern. Mit drei Jahren begann sie mit drei Schwestern als Gallant Sisters zu singen. Ein Talentsucher überredete die Familie, nach Montreal überzusiedeln, wo die vier für je 100 Dollar die Woche auftraten. Sieben Jahre sangen sie in Clubs und Kaffeehäusern. 1967 trennten sie sich, und Patsy Gallant trat fortan alleine auf. Da sie zweisprachig aufwuchs, machte sie französische und englische Fernsehshows. 1970 unterzeichnete sie einen Schallplattenvertrag. Mehr Geld verdiente sie jedoch mit Werbespots. Da sie ihre Platten sowohl in Englisch als auch in Französisch sang, hatte

sie erste Erfolge in Europa. 1976 sang sie »Mon Pays« und hatte damit ihren ersten größeren Erfolg in Kanada und Frankreich. 1976 erhielt sie in Kanada eine Auszeichnung als beste Sängerin des Jahres für ihr Album »From New York To L.A.« Der ausgekoppelte Titelsong – eine englische Version von »Mon Pays« – war schließlich im September 1977 ihr einziger Top-10-Hit. 1988 trat sie u.a. in den Musical »Cats« und »Piaf, l'amour triomphe de tout« auf. Bis ins 21. Jahrhundert blieb sie als Musicaldarstellerin und Schauspielerin aktiv.

From New York To L.A. (9/77 GB 6)
Dance, Disko

Gallery

BRENT ANDERSON g (USA), DANNY BRUCATO d (USA), DENNIS COVARICK b (USA), FRED DICENSO v, g (USA), CARL FREEMAN g (USA), JIM GOLD v, g (USA, * 12. 1. 1947), BILL NOVA v, g, per (USA)

In den frühen 70er Jahren arbeitete Jim Gold in Detroit tagsüber als Schweißer. Abends sang er mit einem Trio in einer Cocktail-Lounge. Eines Abends kam Dennis Coffey in diese Bar und hörte Jim Gold singen. Dennis fand die Stimme überzeugend und bot ihm einen Vertrag an. Schnell wurde »Nice To Be With You« in einem Detroiter Studio aufgenommen. Kein Mitglied seines Trios spielte bei der Platte mit, sondern nur Studiomusiker. Erst als sich die Nummer zum Hit entwickelte, wurde Gallery zusammengestellt. Der unbeschwerte Sommersong erfreute sich schnell großer Beliebtheit bei den Radiostationen. In Deutschland erreichte die Platte Mitte 1972 Platz 28. Mit »I Believe In Music« (8/72 US 22) und »Big City Miss Ruth Ann« (12/72 US 23) gelangen noch zwei Nachfolgehits.

Nice To Be With You (2/72 US 4)
Middle Of The Road (MOR)

Galway, James

JAMES GALWAY fl (Großbritannien, * 8. 12. 1939 in Belfast)

Der Konzertflötist begann ab 1975 eine Solokarriere. Vorher war er Mitglied und erster Flötist in diversen Orchestern, darunter die Berliner Philharmoniker, das Royal Philharmonic Orchestra und das London Symphony Orchestra. Mit einer Instrumentalversion des John-Denver-Hits »Annie's Song« aus dem Jahre 1974 hatte Galway vier Jahre später Platz 3 in den britischen Popcharts. Dabei blieb es. Seine LP-Veröffentlichungen reichen bis in die 80er Jahre, seine erfolgreichste war »James Galway Plays Songs For Annie« (9/78 GB-LP 7). Anfang der 90er Jahre lebte er mit seiner Familie in der Schweiz.

Annie's Song (5/78 GB 3)
Instrumental

Gap Band

CHARLES WILSON v (USA, in Tulsa/Oklahoma), ROBERT WILSON b (USA, in Tulsa/Oklahoma), RONNIE WILSON key, tr (USA, in Tulsa/Oklahoma)

Die drei aus Tulsa/Oklahoma stammenden Brüder machten aus drei Straßennamen ihrer Heimatstadt – Greenwood, Archer und Pine – die Abkürzung Gap als ihren Gruppennamen. Anfang bis Mitte der 70er Jahre spielten sie, bekannt als Wilson Brothers, in diversen Clubs und Gemeindesälen von Tulsa. Dann nahm sie der ortsansässige Rock 'n' Roller Leon Russell in sein Vorprogramm, und als sie schließlich gebeten wurden, als Support Act für die Rolling Stones zu spielen, nannten sie sich Gap Band. Was sie schafften, war, Soul, Pop, Disko und Funk zu verschmelzen. Mitte 1980 hatte die Gap Band in GB mit »Oops Up Side Your Head« ihren ersten Top-10-Hit. Ein Remix dieser Platte kam Mitte 1987 wieder in die britischen Top 20. Die Diskoformation

Snap sollte 1990 mit demselben Titel, jetzt als »Ooops Up«, erfolgreich sein. Es folgten durch die 80er Jahre tanzbare Titel, die sich jedoch von den stupiden, sonst üblichen Diskonummern wohltuend abhoben. In den USA war »Early In The Morning«, Mitte 1982 ein Platz 24, ihr größter Erfolg. Zwischendurch war Charles Wilson Mitglied in der Backing Band der Gruppe Eurythmics. 2000 erschien mit »Bridging The Gap« sein erstes Soloalbum.

Oops Up Side Your Head (7/80 GB 6)
Big Fun (12/86 GB 4)
Funk, Rhythm & Blues

Garbage

DUKE ERIKSON g, key, b (USA), SHIRLEY MANSON v, g (Großbritannien, * 3. 8. 1967 in Edinburgh), STEVE MARKER g (USA), BUTCH VIG d (USA)
1994 kam diese Grunge-Band mit melodischem Touch in Wisconsin/USA als Trio zusammen. Bei einer MTV-Produktion lernten die drei Shirley Manson kennen, die lange Zeit mit der schottischen Formation Goodbye Mr. Mackenzie gesungen hatte. Im Herbst 1995 erschien ihr Debütalbum »Garbage« (9/95 US-LP 20, 10/95 GB-LP 6), das förmlich zu Singles zerpflückt wurde. »Only Happy When It Rains« brachte der Gruppe den ersten Top-30-Hit. »Queer« kam Ende 1995 auf Platz 13 in GB, und der Nachfolger »Stupid Girl« war schließlich der erste Top-10-Hit. »Milk«, gemixt von Tricky, wurde ihre erste Hitnotierung in Deutschland, wo die Platte knapp in die Top 100 kam. Schlagzeuger Butch Vig hatte sich vorher als Produzent von Nirvana, Soul Asylum, den Smashing Pumpkins und Sonic Youth bereits einen Namen gemacht. Der Melody Maker schrieb über Garbage: ›Die Band hört sich an wie die Go-Go's, gemixt mit Nine Inch Nails und Curve.‹ Im Frühjahr 1998 erschien mit »Version 2.0« (5/98 GB-LP 1, D-LP 4) das zweite Album der Band. Für den James-Bond-Streifen »Die Welt ist nicht genug« besorgte Garbage den Titelsong »The World Is Not Enough« (11/99 GB 11, D 38). Nach einer Pause meldete sich die Gruppe 2001 wieder mit dem Album »Beautiful Garbage« (10/01 GB-LP 6, D-LP 6) und der Single »Androgyny« (10/01 GB 24) zurück. Es folgte »Cherry Lips« (2/02 GB 22).

Stupid Girl (3/96 GB 4)
Milk (11/96 GB 10)
Push It (5/98 GB 9)
I Think I'm Paranoid (7/98 GB 9)
When I Grow Up (2/99 GB 9)
Grunge

Garcia

GARCIA g, d, tr (Deutschland, als Antonio Berardi)
1996 kamen einige südamerikanisch und mexikanisch angehauchte Nummern in die deutsche Hitparade, darunter auch der Titel »Vamonos (Hey Chico Are You Ready)«. Interpretiert wurde die Nummer durch einen gewissen Garcia – das sollte wohl Latinocharme versprühen. Hinter dem Projekt steckte laut Plattenfirma der in Deutschland mit italienischen Eltern geborene Antonio Berardi. Der hatte angeblich schon mit der Muttermilch Musik aufgesogen, beschäftige sich von klein auf mit Trommeln und Trompeten, Gitarren und Bandgründungen. Als Kopf einer Funkband gewann er einen Nachwuchswettbewerb. Schließlich kaufte er sich ein Home-Recording-Studio und produzierte eigene Stücke, auf denen er rappte. Bei einem Studiojob kam es zur Gründung des Projektes Garcia und zur Aufnahme des Hits. Nachfolger »Te Quiero, Latina« liebten die Deutschen schon nicht mehr so – er erreichte lediglich Platz 85. Mitte

1997 erschien die Nummer »Bamboleo« (7/97 D 14), die den Nerv der zu diesem Zeitpunkt nach Rhythmus gierenden Tänzer traf. Nach 1999 wurden sie nicht mehr in den Charts notiert.

Vamonos (Hey Chico Are You Ready) (7/96 D 8)
Dance

Gardiner, Boris

BORIS GARDINER v (Jamaika, * 13. 1. 1949)
Boris begann seine Karriere in der Carl Malcolm Band. Als Solist tauchte er 1970 erstmals in der britischen Hitparade auf. Der Instrumentaltitel »Elizabethan Reggae« stand eine Woche unter den Top 50, dann war er wieder verschwunden. Als Interpret war damals nicht Boris Gardiner angegeben, sondern irrtümlicherweise Byron Lee. Eine Woche später tauchte sie wieder in den Charts auf, immer noch unter dem Interpreten Lee. Erst in der sechsten Woche wurde dem wirklichen Interpreten die ihm gebührende Ehre zuteil. Jedoch wurde sein Name falsch geschrieben, nämlich Gardner. Danach hörte man 16 Jahre lang nichts mehr von ihm, bis er mit »I Want To Wake Up With You« offensichtlich die Geschenkplatte des Jahres 1986 lieferte. Der Nachfolgehit »You're Everything To Me« erreichte Platz 11, und jetzt werden wir wohl bis 2002 warten müssen, bis sein nächster Hit erscheint.

I Want To Wake Up With You (7/86 GB 1)
Reggae

Garfunkel, Art

ART GARFUNKEL v (USA, * 5. 11. 1941 als Arthur Garfunkel in Forest Hills/New York)
Sein Geburtstag wird in vielen Publikationen mit dem von Paul Simon verwechselt. In den Anfangstagen ihrer Karriere hießen sie Tom & Jerry – wobei Tom Graph das Pseudonym von Art Garfunkel und Jerry Landis das von Paul Simon war. Wenn also nun die Geburtstage der beiden geschrieben wurden, kam zuerst der von Art und dann der von Paul. Nachdem sie dann aber als Simon & Garfunkel bekannt wurden, hatten sie die Reihenfolge der beiden Namen umgedreht – und viele Journalisten behielten die Reihenfolge der Geburtstage bei und lagen damit also genau verkehrt. Jedenfalls: Im Buch ›Old Friends Simon And Garfunkel, A Dual Biography‹ ist Paul Simon am 13. 10. 1941 geboren und Art Garfunkel am 5. 11. 1941 – und so ist es richtig.
1953 trafen sich an der Forest Hill High School Paul und Art. Beide spielten mit in einer Schulaufführung von ›Alice in Wonderland‹. Der eine spielte den White Rabbit, der andere Cashier Cat. 1955 sangen sie zusammen den Titel »Sh-Boom« bei einer High-School-Aufführung und entschlossen sich, gemeinsam Stücke zu schreiben. Für vier Dollar ließen sie noch im selben Jahr das Copyright für ihren Titel »The Girl For Me« eintragen. 1957 hatten sie als Tom & Jerry mit »Hey, Schoolgirl« einen Platz 49 in den USA. Nachdem weitere Hits nicht gelangen und auch ihre High-School-Zeit 1959 zu Ende ging, trennten sie sich. Art ging zur Columbia University und studierte dort Mathematik und Architektur. Als Artie Garr nahm er zwei erfolglose Singleplatten auf, und schließlich tat er sich wieder mit Paul zusammen, und sie spielten folkorientiertes Material, erstmals als Simon & Garfunkel. 1964 erhielten sie einen Plattenvertrag, Ende 1965 erreichte »The Sounds Of Silence« Platz 1 in den USA und wurde ein Millionseller. Die Erfolge von Simon & Garfunkel gingen bis in das Jahr 1970. Dann trennten sie sich, weil Art lieber in die Schauspielerei wechseln wollte. Schon im Mai 1969 hatte er im Film

»Catch 22« mitgespielt. Der Film war in Italien gedreht worden und war eine schwarze Kriegskomödie. Jetzt hatte Art erneut ein Angebot, in einem Film mitzuspielen. Es ging um den Streifen »Carnal Knowledge«, in dem er neben Jack Nicholson, Candice Bergen und Ann-Margret agierte. Paul war das alles ganz recht, denn es ärgerte ihn schon lange, dass Garfunkel den Ruhm einheimste, weil er die Stimme hatte, während Simon aber die Songs schrieb. Im Herbst 1973 erschien dann nach längerer Pause wieder eine Single von Garfunkel. Jimmy Webb hatte den Titel »All I Know«. 1975 nahmen Simon & Garfunkel auch wieder einen gemeinsamen Titel auf, der »My Little Town« hieß. Ansonsten gingen sie weiter getrennte Wege. Bis Art 1979 die Mike-Batt-Komposition »Bright Eyes« in dem Zeichentrickfilm »Watership Down« sang, war wenig von ihm zu hören. Diese Platte wurde Spitzenreiter in GB, stand 19 Wochen in den Charts und ist einer der seltenen Millionseller in GB, in den USA kam sie nicht einmal in die Hot 100. Danach widmete sich Art wieder mehr der Schauspielerei. Alleine 1979 dreht er zwei Filme: eine Hauptrolle im Film »Bad Timing« und »Illusions«. Hin und wieder arbeitete er auch wieder mit Paul Simon für einige Konzerte zusammen, darunter eine Veranstaltung am 19. September 1981 im New Yorker Central Park, die gefilmt wurde und als Platte erschien. Im Anschluss daran gingen sie auf eine 12monatige Welttournee. Im Verlauf dieser Tour kam es jedoch zu erneuten Spannungen zwischen den beiden. Trotzdem kommt es immer wieder zu Reunion-Konzerten, meist zu wohltätigen Zwecken, so auch im Jahre 1993. Weitere Hits brachte Art nicht mehr zustande. Seine letzte Single-Hitnotierung war »A Heart In New York City«, in den USA im Herbst 1981 ein Platz 66. 1996 erschien mit »The Very Best Of Art Garfunkel« ein Album, das er am 12./13. April desselben Jahres live in der Halle auf Ellis Island vor New York City aufgenommen hatte, in der über viele Jahrzehnte die US-Einwanderer registriert worden waren. Neben ihm waren auf der Platte Eric Weissberg, Michael Brecker und James Taylor zu hören. Zu seinen erfolgreichsten Alben gehören »Angel Clare« (9/73 US-LP 5, 10/73 GB-LP 14), »Breakaway« (10/75 US-LP 7, 11/75 GB-LP 7), »Watermark« (2/78 US-LP 19, 3/78 GB-LP 25), »Fate For Breakfast« (4/79 GB-LP 2, 7/79 D-LP 6), »My Best« (9/84 D-LP 4) und »Art Garfunkel Album« (11/84 GB-LP 12).

All I Know (9/73 US 9)
I Only Have Eyes For You (9/75 GB 1)
Bright Eyes (3/79 GB 1; 6/79 D 3)
Soft Pop

Siehe auch: Simon & Garfunkel

Garnett, Gale

GALE GARNETT v (Neuseeland, * 17. 7. 1942 in Auckland)
1951 kam sie in die USA und machte ab 1960 Platten. Nebenher arbeitete sie ab ihrem 15. Lebensjahr als Schauspielerin und war in vielen Fernsehsendungen zu sehen, z. B. ›Hawaiian Eye‹, ›Bonanza‹ oder ›77 Sunset Strip‹. »We'll Sing In The Sunshine« war ihr einziger Plattenerfolg. 1964 gewann sie mit diesem Titel einen Grammy für die beste Folkplatte. Sie setzte sich damit gegen die nominierten Konkurrenten Harry Belafonte, Peter, Paul & Mary, Bob Dylan, New Christy Minstrels, Miriam Makeba und Woody Guthrie durch. Ende der 60er Jahre sang sie, beeinflusst von der Hippie-Bewegung, über Regenbogen und andere zauberhafte Dinge, konnte aber keine Platten verkaufen. Anfang der 70er Jahre zog sich Gale Garnett aus dem Musikgeschäft zurück.

We'll Sing In The Sunshine (8/64 US 4)
Folk, Pop

Garrett, Leif

LEIF GARRETT v (USA, * 8. 11. 1961 in Hollywood/Kalifornien)
Bereits als Teenager trat Leif Garrett in Fernsehserien wie ›Cade's County‹, ›Gunsmoke‹, ›Odd Couple‹ oder ›Family‹ auf. 1975 spielte er in der Abenteuer-TV-Serie ›Three For The Road‹ den Endy Karras. Ab 1977 machte Leif auch Platten. Seine erste Hitnotierung war eine Neuaufnahme des alten Beach-Boys-Hits »Surfin' USA« (bzw. des alten Chuck-Berry-Hits »Sweet Little Sixteen«). Wahrscheinlich waren sich die Produzenten von Leif einig, dass der US-Teenie-Markt neben Shaun Cassidy, dessen Plattenkarriere drei Monate vorher begonnen hatte, ein weiteres Teenageridol vertragen könnte. Leif kam an die Erfolge von Shaun nie heran. Nach 1981 war er wieder aus den Charts verschwunden.
Drei Tage vor seinem 18. Geburtstag verunglückte er mit seinem Porsche. Sein Beifahrer Roland Winkler wurde dabei so schwer verletzt, dass er bis heute gelähmt ist. Leif war gerade auf dem Weg zu seinem Kokain-Dealer. In den 80er und 90er Jahren versuchte er, von den Drogen loszukommen und wieder als Schauspieler Fuß zu fassen. 1998 wurde er von den sensiblen Kollegen von VH-1 in der Sendung »Behind The Music« mit Roland Winkler konfrontiert. Kurz danach starb Leifs Freundin, was ihn erneut in eine starke Heroinabhängigkeit trieb. Mitte 1999 wurde er verhaftet und musste sich einem Entziehungsprogramm unterziehen. Im selben Jahr gründete er die Formation Godspeed, die sich allerdings nicht hielt. 2001 – inzwischen lebte er wieder in Hollywood – gründete er F8.

Surfin' USA (12/77 D 6)
I Was Made For Dancin' (11/78 US 10; 1/79 GB 4; 3/79 D 10)
Middle Of The Road (MOR), Surf-Music

Garrick, David

DAVID GARRICK v (Großbritannien, * 12. 9. 1945 als Phillip Darryl Core in Liverpool)
Davids Gesangskarriere begann in einem Liverpooler Kirchenchor. Vier Jahre lang machte er eine Ausbildung zum Opernsänger und trat während dieser Zeit schon auf, um sich die Stunden zu finanzieren. Er schwärmte für Mario Lanza, Mozart und Beethoven. Dann änderte er seine Meinung und wollte Popmusik machen. Zunächst managte er eine Beatgruppe. Dann ging er mit Freunden eine Wette ein: Er wollte im Cavern Club auf die Bühne gehen, eine Opernarie singen – und die Leute würden ihm zuhören. Er gewann. Es dauerte nicht mehr lange, bis der ›Poppera‹-Sänger einen Plattenvertrag bekam. Einen ersten Erfolg hatte David Garrick mit der Jagger-Richards-Komposition »Lady Jane« (6/66 GB 28). Der Nachfolgehit »Dear Mrs. Appleby« (9/66 GB 22) brachte ihm seinen größten Erfolg in Deutschland. Damit war hier zum Star avanciert – mit »Please Mr. Moving Man« (5/67 D 25) und »Don't Go Out Into The Rain« (12/67 D 26) kamen hierzulande noch zwei weitere Hits, dann war es wieder vorbei. Seinen Künstlernamen übernahm er von dem bedeutendsten britischen Schauspieler gleichen Namens des 18. Jahrhunderts. Ende der 70er Jahre zog es David nach Südafrika, in den 80er Jahren schipperte er Touristen in einem eigenen Ausflugsdampfer über den Nil.

Dear Mrs. Appleby (12/66 D 1)
Beat, Pop

Gary's Gang

BILL CATLONO per (USA), BOB FORMAN sax (USA), AL LAURICELLA key (USA), JAY LEON pos (USA), ERIC MATTHEW g (USA), RINO MINETTI key (USA), GARY TURNIER g (USA)

Die New Yorker Eric und Gary spielten bereits als Teenager in verschiedenen Gruppen und brachten sich das Gitarrespielen selbst bei. Sie arbeiteten als Barmusiker, bis sie genug Geld verdient hatten, um ein eigenes Studio einzurichten. Sie nahmen mit den oben erwähnten Musikern das Album »Keep On Dancin'« (3/79 US-LP 42) auf. Ihren größten Singleerfolg hatte Gary's Gang mit der Auskopplung »Keep On Dancin'« in Großbritannien.

Keep On Dancin' (2/79 GB 8)
Pop

Gat Decor

BEVERLI SKEETE (Großbritannien), SIMON SLATER (Großbritannien)
»Passion« war erstmals 1992 in GB veröffentlicht worden und hatte dabei einen Platz 29 erreicht. Wer hinter dem Projekt steckte, wurde damals nicht verraten: ›Its perpetrators are extremly publicity-shy at present‹. Heute weiß man, dass es Simon Slater war. Die Platte verschwand bald vom Markt und wurde in Dance-Kreisen für 30 Pfund gehandelt. 1996 war »Passion« das Thema der BBC-TV-Sendung »Ski Sunday«. Daraufhin wurde der Titel erneut veröffentlicht und kam dieses Mal in die Top 10. Beim Mixen der Platte mit Gesang wurde Beverli Skeete gefeaturet. Nachfolgehit zumindest in der Diskothekenszene war »Do You Want It Right Now«.

Passion (3/96 GB 6)
House

Gately, Stephen

STEPHEN GATELY v (Irland, * 17. 3. 1976 in Dublin)
Stephen begann seine Karriere als Sänger mit der Teenieband Boyzone. Als er im Juni 1999 erklärte, er sei homosexuell, wunderten sich höchstens ein paar kleine Mädchen. Als Solist hatte er mit »New Beginning/Bright Eyes« seinen ersten Erfolg. Der erstgenannte Titel wurde von Simon Climie mitgeschrieben, der zweite war eine Cover-Version des Art Garfunkel Hits aus dem Jahr 1979 und war jetzt das Thema einer TV-Bearbeitung von »Watership Down«. Mit »I Believe« (10/00 GB 11) und »Stay« (5/01 GB 13) folgten weitere Hits.Sein Debütalbum hieß »New Beginning« (7/00 GB-LP 9).

New Beginning/Bright Eyes (6/00 GB 3)
Pop

Siehe auch: Boyzone

Gates, Gareth

GARETH GATES v (Großbritannien, * 12. 7. 1984 als Gareth Paul in Bradford)
Auch er kam aus der britischen TV-Sendung »Pop Idol« – wie Will Young und Rik Waller. Gleich seine erste Veröffentlichung sprang am 30. 3. 2002 von 0 auf 1 in GB: »Unchained Melody« (3/02 GB 1). Damit war Gates der vierte Interpret, der mit dieser Nummer Platz 1 in GB belegte – die anderen waren Jimmy Young (1955), die Righteous Brothers (1990) und Robson & Jerome (1995). Insgesamt standen neun verschiedene Versionen des Titels in den britischen Charts.

Unchained Melody (3/02 GB 1)
Pop

Gay Dad

NICK CROWE d (Großbritannien), NIGEL HOYLE b (Großbritannien), CLIFF JONES v, g (Großbritannien), JAMES RISEBORO key (Großbritannien), CHARLEY STONE g (Großbritannien)
Die Band wurde 1997 vom Ex-Journalisten Jones, dem Ex-Medizinstudenten Hayle und dem Magazinverleger Crowe

gegründet. Die beiden anderen kamen später hinzu. Sie spielten im Vorprogramm von Superstar und Mansun. Ende 1998 machten sie sich auf ihre erste eigene Tour. Ihre Debütplatte in den Charts war »To Earth With Love«. Es folgte »Joy!« (6/99 GB 22). »Leisure Noise« (6/99 GB-LP 14) erschien als erstes Album.

To Earth With Love (1/99 GB 10)
Rock

Gaye, Marvin

MARVIN GAYE v (USA, *2.4. 1939 als Marvin Pentz Gay jr. in Washington/D.C., †1.4. 1984)
Der Soulsänger und Songschreiber begann im Kirchenchor seines Vaters. Nächste Station waren die Rainbows, bei denen er mit Don Covay und Billy Stewart spielte. 1957 ging er zu den Marquees, die später Harvey Fuqua unter seine Fittiche nahm und aus ihnen eine Neuauflage seiner Moonglows als Harvey & The Moonglows machte. 1958 hatten sie in den USA den Hit »Ten Commandments Of Love« (9/58 US 22). Als Fuqua 1960 mit seiner Frau Gwendoline Gordy nach Detroit ging, kam Marvin Gaye mit und wurde Sessiondrummer bei Tamla Motown. 1961 heiratete er Anna Gordy, die Schwester des Tamla-Motown-Chefs Berry Gordy jr. Damit wurde er Mitglied im Motown-Clan. Zuerst spielte er Schlagzeug bei den frühen Hits von Smokey Robinson & The Miracles und Stevie Wonder. So spielt Marvin z. B. auf »Fingertips«, dem ersten Spitzenreiter von Wonder in den USA, mit. Dann brachte er Soloplatten auf den Markt. Seine erste Veröffentlichung hieß »Let Your Conscience Be Your Guide«. Seine vierte Single wurde der erste Erfolg: »Stubborn Kind Of Feeling« im Oktober 1962; im Hintergrund sangen die Vandellas, deren Hit »Dancing In The Street« Gaye mitgeschrieben hatte. »Pride And Joy«, ebenfalls mit den Vandellas im Hintergrund, wurde Mitte 1963 der erste Top-10-Erfolg für Gaye. Zwischen 1977 und 1982 gelang ihm recht wenig. Probleme mit Drogen und der Steuerbehörde zwangen ihn, seinen Wohnsitz für drei Jahre nach Europa zu verlegen. 1975 hatte er sich von Anna getrennt, und als er mit »Sexual Healing« 1982 einen Millionseller hatte, war er inzwischen bei CBS unter Vertrag. Bei Tamla Motown hatte er neben seinen Soloplatten auch etliche Top-10-Erfolge zusammen mit Tammi Terrell. Nachdem sie auf der Bühne in seinen Armen zusammengebrochen war, entdeckte man bei ihr einen Gehirntumor, an dem sie 1970 starb. Weitere Partnerinnen für ihn waren Diana Ross, Mary Wells und Kim Weston.
In Zeitungsberichten über Marvin wurde stets betont, dass er jemand war, der der Popmusik und dem Rhythm & Blues eine neue Richtung gegeben hat. Ebenso wird konstatiert, dass er durch engagierte Textinhalte glänzte und dass es ihm gelang, unterschiedlichste musikalische Stilmittel wie Blues, Rock, Soul, Jazz, Bossa Nova usw. zu verschmelzen. Auf der anderen Seite konnte man auch stets lesen, dass er höchst introvertiert, schweigsam und unberechenbar war. Zwischen den Vorstellungen seines Vaters, eines Geistlichen der apostolischen Kirche, und Marvins Vorstellungen und Auffassungen müssen höllenweite Unterschiede gewesen sein. Das mag zu den Streitigkeiten geführt haben, die darin gipfelten, dass der Vater seinen Sohn einen Tag vor dessen 45. Geburtstag erschoss.
1987 wurde Marvin Gaye in die Rock and Roll Hall of Fame aufgenommen. Im Frühjahr 1994 kam mit »Lucky Lucky Me«, aufgenommen im Januar 1965, eine bisher unveröffentlichte Single von ihm auf den Markt, die es knapp in die britischen Top 75 schaffte.

Seine erfolgreichsten Alben: »Diana And Marvin« (1/71 GB-LP 6), »What's Going On« (6/71 US-LP 6), »Let's Get It On« (9/73 US-LP 2, 11/73 GB-LP 39), »Marvin Gaye Live!« (7/74 US-LP 8), »I Want You« (4/76 US-LP 4, 5/76 GB-LP 22), »Marvin Gaye Live At The London Palladium« (4/77 US-LP 3) und »Midnight Love« (11/82 US-LP 7, 11/82 GB-LP 10, 1/83 D-LP 20).
Im März 1994 kam die CD »The Very Best Of Marvin Gaye« (4/94 GB-LP 3) auf den Markt, darauf auch Titel, die bisher unveröffentlicht waren. Und schließlich stellten die Briten ein Album mit seinen Liebesliedern zusammen, das ebenfalls wieder ein Verkaufserfolg wurde: »The Love Songs« (2/00 GB-LP 8). Mitte 2001 wurde der Film »What's The Worst That Could Happen?« mit Danny DeVito und Martin Lawrence in den USA gestartet. Darin war der Song »Music« (6/01 US 22, 10/01 GB 36) zu hören, der als Erick Sermon feat. Marvin Gaye veröffentlicht wurde. Das Stück hieß im Original bei Marvin Gaye »Turn On Some Music«. Im Film außerdem weitere unveröffentlichte Titel von Gaye aus dem Jahr 1982, die er für sein Album »Midnight Love« aufgenommen und dann nicht berücksichtigt hatte.

Pride And Joy (5/63 US 10)
How Sweet It Is To Be Loved By You (11/64 US 6)
I'll Be Doggone (3/65 US 8)
Ain't That Peculiar (10/65 US 8)
Your Precious Love (9/67 US 5)
If I Could Build My Whole World Around You (12/67 US 10)
Ain't Nothing Like The Real Thing (4/68 US 8)
You're All I Need To Get By (7/68 US 7)
I Heard It Through The Grapevine (11/68 US 1; 2/69 GB 1; 4/86 GB 8)
Too Busy Thinking About My Baby (4/69 US 4; 7/69 GB 5)
That's The Way Love Is (8/69 US 7)
Onion Song (11/69 GB 9)
Abraham, Martin And John (5/70 GB 9)
What's Going On (2/71 US 2)
Mercy Mercy Me (The Apology) (7/71 US 4)
Inner City Blues (Make Me Wanna Holler) (10/71 US 9)
Trouble Man (12/72 US 7)
Let's Get It On (7/73 US 1)
You Are Everything (3/74 GB 5)
Got To Give It Up (Pt. I) (4/77 US 1, GB 7)
Sexual Healing (10/82 GB 4, US 3)
Motown Sound, Rhythm & Blues, Soft Soul, Soul

Gayle, Crystal

CRYSTAL GAYLE v (USA, * 9. 1. 1951 als Brenda Gail Webb in Paintsville/Kentucky)
Sie ist die jüngere Schwester von Loretta Lynn, die ab 1960 in den Country-Charts jede Menge Hits hatte. Mit ihr und einer weiteren Schwester, Peggy Sue, trat sie ab 1967 als Loretta Lynn Sisters auf. 1970 unterzeichnete sie einen eigenen Plattenvertrag und stand ab diesem Zeitpunkt wie ihre Schwester regelmäßig in den Country-Charts. Loretta ist insgesamt gesehen erfolgreicher in den Country-Hitparaden als Schwester Crystal Gayle – allerdings hatte sie auch bereits zehn Jahre früher ihre ersten Erfolge. Aber im Gegensatz zu Loretta schaffte Crystal einige Crossover-Hits: »Don't It Make My Brown Eyes Blue« und zusammen mit Eddie Rabbitt »You And I«. 1979 war sie die erste Country-Interpretin, die eine Tour durch China machen durfte. Ihre größten Albumerfolge waren die beiden Platinplatten »We Must Believe In Magic« (9/77 US-LP 12, 1/78 GB-LP 15), »When I Dream« (7/78 US-LP 52, 9/78 GB-LP 25) und »The Crystal Gayle Singles Album« (8/80 GB-LP 7).

Don't It Make My Brown Eyes Blue (8/77 US 2; 11/77 GB 5)
You And I (10/82 US 7)
Country, Pop

Gayle, Michelle

MICHELLE GAYLE (Großbritannien, in London)

Als die erste Platte von Michelle erschien, staunten die Briten. Sie kannten das Gesicht aus der TV-Serie ›EastEnders‹. Und dort hieß sie Hattie Tavernier. Michelle wurde im Londoner Norden geboren und wuchs mit der Soul-und-Reggae-Plattensammlung ihrer Großeltern in deren Haus auf. Steve Jervier, der schon für Boyz II Men, Jade und Take That gearbeitet hatte, half ihr bei »Looking Up« (8/93 GB 11), ihrem ersten Hit. Narada Michael Walden war es, der ihre zweite Single »Sweetness« produzierte. Es scheint mehr der Bekanntheitsgrad der Schauspielerin Gayle zu sein, der »Sweetness« zum Erfolg verhalf, denn die Platte klingt eher nach Kleinmädchenpop. Mit »I'll Find You« (12/94 GB 26), »Freedom« (5/95 GB 16) und »Happy Just To Be With You« (8/95 GB 11) hatte sie weitere Hitnotierungen. Nach »Do You Know« gelang ihr noch der Single-Hit »Sensational« (4/97 GB 14). »Sensational« (5/97 GB-LP 17) hieß auch ihr erfolgreichstes Album.

Sweetness (9/94 GB 4)
Do You Know (2/97 GB 6)
Dance, Pop

Gaynor, Gloria

GLORIA GAYNOR v (USA, * 7. 9. 1949 als Gloria Fowles in Newark/New Jersey)

Gloria Gaynor ist eine der Sängerinnen, die ihren ersten Erfolg nicht dem Radio, sondern den Diskotheken verdankt. 1965 nahm sie eine erfolglose Single auf. 1970 wurde sie, nachdem sie in einer Diskothek ein Stück gesungen hatte, von den Soul Satisfiers gebeten, sie auf einer Tournee zu begleiten. Nach einem Jahr gab sie auf und ging zurück in ihre Heimatstadt Newark. Im Dezember 1973 nahm sie den Titel »Honey Bee« auf, der zwar in die Rhythm-&-Blues-Charts, nicht aber in die Hot 100 kam. Ende 1974 kam sie mit einer Neuauflage des Jackson-5-Hits »Never Can Say Goodbye« aus dem Jahre 1971. Es folgten weitere Titel, die in diese Kerbe schlugen – schon bekannte Soulnummern auf Disko zu trimmen. Nach 1975 schien ihre Karriere zu Ende zu sein, da brachte sie mit »I Will Survive« einen weiteren Diskothekenhit auf den Markt. Wieder trat eine Pause ein, bevor sie Ende 1983 mit einem Titel aus »Ein Käfig voller Narren«, »I Am What I Am«, noch einmal auf Position 13 in GB landete. Es sind weitere Platten von ihr erschienen, und bei dieser Art von Musik ist es durchaus möglich, dass die ›Queen Of The Discotheques‹ plötzlich wieder einen Hit hat. Das trotzige »I Will Survive« hat sich im Laufe der Jahre zur Hymne der Homosexuellen entwickelt und taucht immer wieder in den Charts auf. 1998 nahm Gloria das Stück erneut auf – diesmal mit einem ›latin-spanish touch‹. Bei der Gelegenheit wurde vermerkt, dass sich die Nummer inzwischen weltweit mehr als 20 Millionen mal verkauft hatte. Ihre erfolgreichsten Alben waren »Never Can Say Goodbye« (2/75 US-LP 25, 3/75 GB-LP 32, 4/75 D-LP 12) und »Love Tracks« (1/79 US-LP 4, 3/79 GB-LP 31, 5/79 D-LP 34).

Never Can Say Goodbye (11/74 GB 2, US 9)
Reach Out I'll Be There (4/75 D 5)
I Will Survive (12/78 US 1; 2/79 GB 1; 4/79 D 7; 6/93 GB 5)
Disko

Gazebo

GAZEBO v (Libanon, * 18. 2. 1960 als Paul Mazzolini in Beirut)

Sein Vater, ein italienischer Diplomat, wurde in regelmäßigen Abständen immer wieder in andere Länder versetzt. Bei Gazebos Geburt war eben gerade Beirut an der Reihe. Seine Mutter Stephanie war vor ihrer Ehe in Amerika Sängerin. 1974 – inzwischen war Gazebo in L. A. – gründete er eine Schülerband, die Skunk Tussle hieß. In dieser Zeit sammelte er auch erste Erfahrungen in einer Theatergruppe in Los Angeles. 1983 schloss er in Rom ein Studium in französischer Literatur erfolgreich ab. Mit der von ihm mitverfassten Nummer »I Like Chopin« hatte er über die Landesgrenzen Italiens hinaus im August 1983 eine Nummer 1 und eine goldene Schallplatte erreicht. Nachfolgehit wurde »Lunatic«. Im selben Jahr schrieb er für Ryan Paris den Hit »Dolce Vita« mit. Danach tauchte er unter. Ob er vielleicht in einer anderen Verkleidung als Plazebo für italienische Disko-Hits sorgt, ist nicht bekannt, wäre aber gut möglich. In der Albumhitparade stand »Gazebo« (9/83 D-LP 4).

I Like Chopin (8/83 D 1)
Lunatic (12/83 D 4)
Disko

Gazza & Lindisfarne

GAZZA v (Großbritannien, * 27. 5. 1967 als Paul Gascoigne in Newcastle)
Die Briten liebten den trinkfesten Fußballer von den Tottenham Hotspurs, die von einer deutschen Brauerei gesponsert wurden, wie kaum einen anderen Anfang der 90er Jahre. Den Deutschen wurde er bekannt, nachdem er nach dem verlorenen WM-Spiel gegen Deutschland 1990 in Turin seinen Tränen freien Lauf ließ. Dass Fußballer nicht unbedingt gute Sänger sind, trotzdem aber erfolgreich Platten machen, kommt nicht nur in England vor. Zusammen mit der in den 70er Jahren auf gesellige Folk-Trinklieder festgelegten Formation Lindisfarne, die wie Gazza aus Newcastle kommt, nahm er die Nummer »Fog On Tyne (Revisited)« auf. »Fog On Tyne (Revisited)« war der Titelsong des gleichnamigen 1971 erschienenen Albums von Lindisfarne gewesen. Die Nachfolgesingle »Geordie Boys (Gazza Rap)« kam zumindest noch in die Top 40. Fußball spielen konnte Gazza besser.

Fog On Tyne (Revisited) (11/90 GB 2)
Pop

Siehe auch: Lindisfarne

Gebrüder Blattschuß

HARALD »WURZEL« GRIBKOWSKY v (Deutschland), HANS MARQUARDT v (Deutschland, * 3. 1. 1950), BEPPO POHLMANN v (Deutschland, * 24. 12. 1951), JÜRGEN VON DER LIPPE v, g (Deutschland, * 8. 6. 1948 als Jürgen Dohrenkamp in Bad Salzuflen), HARALD WOLFF v (Deutschland, * 4. 1. 1957)
Diese Formation der ›Spaßvögel der Berliner Kneipenszene‹ wurde im Frühjahr 1976 gegründet. Im April 1977 erschien mit »Dümmer, als du denkst« die erste LP der Gebrüder. Die zweite LP hieß »bla-bla blattschuß«, aus der der Titel »Kreuzberger Nächte« ausgekoppelt wurde. Die Platte wurde zum Sauf- und Schunkellied des Jahres 1978 und erhielt eine goldene Schallplatte. Nach dieser zweiten LP verließ Jürgen von der Lippe die Gruppe, um sich seiner Karriere als Solist und TV-Moderator zu widmen. Nach der ersten LP hatte sich bereits Wurzel verabschiedet. Die restlichen drei brachten weitere Platten auf den Markt, z. B. im September 1979 »Gebrüder Blattschuß GmbH & Chor KG – Gesänge mit beschränkter Hoffnung«. Der Erfolg der »Kreuzberger Nächte« ließ sich nicht wiederholen. Nach 1982 werden sie in keinen Hitlisten mehr notiert. 1992 brachte Beppo Pohlmann zusammen mit Kalle Ricken als Blattschuss & Die Blaue Geige neue Platten auf den Markt.

Kreuzberger Nächte (10/78 D 2)
Deutscher Schlager

Siehe auch: von der Lippe, Jürgen

Geddes, David

DAVID GEDDES v, d (USA, * 1. 7. 1950 in Michigan)
David stellte als 16-Jähriger die Band Rock Garden zusammen, die es jedoch zu keinem Hit brachte. Für fünf Jahre war er der Schlagzeuger dieser Formation, die zwar einige Veröffentlichungen für Capitol Records machte, dann aber aufgab. David Geddes ging zurück aufs College, und nach einiger Zeit versuchte er sich als Solist. Wiederum blieb der Erfolg aus. 1975 nahm er einen erneuten Anlauf und schaffte es dieses Mal mit »Run Joey Run«. Der Nachfolgehit war »The Last Game Of The Season (A Blind Man In The Bleachers)« (11/75 US 18). Mehr gelang ihm nicht.

Run Joey Run (8/75 US 4)
AOR (Adult Orientated Rock)

Geier Sturzflug

DEFF BALLIN key (* 26. 7. 1954), WERNER BOROWSKI v, b (Deutschland, * 24. 10. 1948), JOHN FIEHE v, sax (* 24. 1. 1957), FRIEDEL GERATSCH v, g (Deutschland, * 30. 9. 1951), UWE KELLERHOFF v, d (Deutschland, * 6. 11. 1956), MICHAEL VOLKMANN v, g (Deutschland, * 20. 11. 1959)
Entdeckt wurde die Band von Peter Kent, der sie zeitweise auch produzierte. Ihre Plattenfirma bot sie an als ›Spezialisten für ausgelassene Zugabenstimmung mit ganzer, unübertrefflicher Individualität‹. Anfang 1983 kam diese Ruhrpott-Formation im Zuge der Neuen Deutschen Welle mit ihrem Song »Bruttosozialprodukt« bis auf Platz 1 der deutschen Hitparade. Die Platte verkaufte sich über 500 000-mal und wurde mit Gold ausgezeichnet. Der Nachfolgetitel »Besuchen Sie Europa (solange es noch steht)« erreichte vier Monate später Platz 11 in den deutschen Charts und ist den Mitgliedern angeblich als ein ›flotter Werbespruch eines amerikanischen Touristikunternehmens‹ aufgefallen. Während der Titel »Bruttosozialprodukt« allzuoft als Aufschwungshymne missverstanden wurde, hielt man ihnen den Europabesucher-Song als destruktiv vor. Dabei sah ihre Plattenfirma das alles viel simpler: ›Geier Sturzflug stehen stellvertretend für eine Losgeh-Musik, die Reggae, Ska und Rockklänge in sich vereint. Das musikalische Nest der Geier liegt zweifellos zwischen Bochum und der Karibik. Die Texte der Gruppe sind ironisch, realistisch und geradeaus.‹ Nach »Pure Lust am Leben« und »Einsamkeit«, beide 1984, verschwanden sie aus der Hitparade, was sicher auch mit dem Ende der Neuen Deutschen Welle zu tun hatte. Ihr erfolgreichstes Album war »Heiße Zeiten« (6/83 D-LP 15). Dazu schrieb die Plattenfirma: ›Die Texte haben es in sich. Ungeschminkte Alltagsbeschreibungen, harte Ruhrpottwirklichkeit, Kulturkritik und Zukunftsangst bilden die Inhalte.‹ Dazu kann man nur noch schwer tanzen und grölen, und das war ein weiterer Grund, weshalb sie aufgaben. Ab Mitte der 80er Jahre versuchte sich Geratsch als Solist.

Bruttosozialprodukt (3/83 D 1)
Neue Deutsche Welle

Geils, J., Band

STEPHEN JO BLADD v, d (USA, * 13. 7. 1942 in Boston/Massachusetts), MAGIC DICK harm (USA, * 13. 5. 1945 als Richard Salwitz in New London/Connecticut), JEROME GEILS g (USA, * 20. 2. 1946 in New York), SETH JUSTMAN v, key (USA, * 27. 1. 1951 in Washington/D.C.), DANNY KLEIN b (USA, * 13. 5. 1946 in New York), PETER WOLF v (USA, * 7. 3. 1946 als Peter Blankfield in Bronx/New York City)
1967 wurde diese Formation in Boston,

Massachusetts, gegründet. Zuerst nannten sie sich J. Geils Blues Band, was auf den ersten beiden Alben der Band auch musikalisch zum Ausdruck kommt. Hier wurde noch fast urwüchsiger Rhythm & Blues gespielt. Schnell wurde die Gruppe als besonders guter Live-Act bekannt. Ab 1971 wurden sie in den Singlecharts verzeichnet, aber erst die beiden Millionseller »Centerfold« und »Freeze-Frame« waren Top-10-Erfolge. Im Herbst 1983 verließ mit Peter Wolf der absolute Frontman der Band die Gruppe, die ohne ihn wieder in die Bedeutungslosigkeit fiel. Ihre erfolgreichsten Alben waren »Bloodshot« (4/73 US-LP 10) und »Freeze-Frame« (11/81 US-LP 1, 2/82 GB-LP 12, 3/82 D-LP 13).

Centerfold (11/81 US 1; 2/82 GB 3)
Freeze-Frame (2/82 US 4)
AOR (Adult Orientated Rock), Rock

Genesis

TONY BANKS key (Großbritannien, * 27. 3. 1950 in East Heathley/Sussex), PHIL COLLINS v, d (Großbritannien, * 30. 1. 1951 als Philips David Charles in Chiswick/London), PETER GABRIEL v, d (Großbritannien, * 13. 2. 1950 in Cobham/Surrey), STEVE HACKETT g (Großbritannien, * 12. 2. 1950 in London), JOHN MAYHEW d (Großbritannien), ANTHONY PHILLIPS v, g (Großbritannien, * 14. 12. 1951 in Putney/London), MIKE RUTHERFORD v, g, b (Großbritannien, * 2. 10. 1950 als Michael in Guildford/Surrey), JOHN SILVER d (Großbritannien), CHRIS STEWART d (Großbritannien), RAY WILSON v (Großbritannien, in Schottland)

Die Ursprünge von Genesis gehen zurück bis ins Jahr 1965. Die Schüler Anthony Phillips, Mike Rutherford, Tony Banks und Peter Gabriel des exklusiven Charterhouse blickten noch Jahre später mit recht skeptischen Erinnerungen auf dieses Internat zurück. Möglich, dass sie das Musikmachen als Ventil für die Eintönigkeit des Schulbetriebes sahen. Im Mai 1965 gründeten Anthony Phillips und Mike Rutherford die Band Anon, Tony Banks und Peter Gabriel wurden Mitglieder bei Garden Wall. Verständlich, dass nach jedem abgelaufenen Schuljahr die Karten in diesen Schülerbands neu gemischt werden mussten. Schon im nächsten Schuljahr musste aus diesen beiden bestehenden Gruppen eine neue formiert werden, die sich New Anon nannte. Als Schlagzeuger kam Chris Stewart hinzu. Mit ihm und Anthony Phillips, Tony Banks, Mike Rutherford und Peter Gabriel stand damit die Urbesetzung von Genesis, die im September 1966 ein Demoband mit einem selbst geschriebenen Song aufnahm. Im Januar 1967 schickten sie das Band an den ehemaligen Charterhouse-Schüler Jonathan King, der jetzt für Decca Records arbeitete. Er war so begeistert, dass er weitere Demos finanzierte. Und er verpasste der Gruppe ihren Namen: Genesis.

Dezember 1967: Die Schüler unterschreiben in London einen Jahresvertrag mit Decca, und es findet die erste offizielle Aufnahmesession statt. Am 22. 2. 1968 veröffentlicht die große Plattenfirma Decca die erste Single von Genesis: »The Silent Sun« mit der B-Seite »That's Me«. Das Ereignis bleibt unbemerkt. Im Mai geht Schlagzeuger Chris Stewart, als neuer Mann kommt John Silver. Im selben Monat erscheint die zweite Single »A Winter's Tale« – auch ein Flop. In den Sommerferien nimmt die Band ihre erste LP auf, die im März 1969 erscheint. Die Enttäuschung der Jungs ist groß. Was sie aufgenommen haben, wird durch Jonathan King mit Streichern zugezuckert – die Stücke sollten nach der Gruppe Moody Blues klingen. Die Rechnung ging nicht auf: Die LP verkaufte sich nur 650-mal und gilt heute bei den Sammlern unter

den Genesis-Fans als ›Blaue Mauritius‹. Im Juni 1969 erschien als letzte Genesis-Platte bei Decca »Where The Sour Turns To Sweet« – ein Flop. Im Juni waren alle Bandmitglieder endlich mit der Schule fertig. Drummer John Silver verließ die Band, für ihn kam John Mayhew, der seinerseits 1970 durch Phil Collins ersetzt wurde. Jetzt ging auch Urmitglied Anthony Phillips. Für ihn stieg wenig später Steve Hackett ein. Für viele Genesis-Fans ist diese Besetzung die eigentliche Urformation.
Möglich, dass das Lampenfieber von Peter Gabriel dazu beigetragen hat, der Band ihren ersten Erfolg zu bescheren. Mit wunderlichen Verkleidungen, mit Masken und zahlreichen Requisiten, die sich Peter überstülpte, um seine Nervosität zu beruhigen, erregte die Band großes Aufsehen. Es bildete sich schon 1971 eine Fangemeinde, die sich speziell für dieses ›Rock And Role‹, ›Musik im Kopf – Abenteuer im Gehirn‹ begeisterte. Die Gruppe war ständig unterwegs, bis Peter sich den Knöchel brach. Statt weiter auf Tour ging man ins Studio und nahm die Langspielplatte »Nursery Cryme« auf. Diese LP tauchte wenig später in den italienischen LP-Charts auf und war der erste Hit für Genesis.
Im Januar 1972 trat Genesis zum erstenmal außerhalb von GB auf. Sie spielten in Brüssel, und auch hier kamen die theatralischen Elemente von Peter Gabriel gut an. Im Mai erschien die Single »Happy The Man«, blieb aber unbeachtet. Im Oktober folgte das nächste Album der Gruppe unter dem Titel »Foxtrot« – und endlich stellte sich der kommerzielle Erfolg ein. Der 24 Minuten lange Titel »Supper's Ready« von dieser LP wurde zu einer Art Hymne bei Live-Auftritten der Gruppe. Im Dezember gaben Genesis ihr Debüt in den USA. Am 12. Dezember spielten sie bei der Benefizshow des Senders WNEW-FM in der Philharmonic Hall in New York. Einen Tag vorher traten sie in einem College in der Nähe von Boston auf.
Das Jahr 1973 begann für Genesis mit einer ausgedehnten Tour durch GB – zum erstenmal war die Band Headliner. Im Februar wurden in Lancashire und Manchester Live-Mitschnitte für das amerikanische Radioprogramm ›The King Biscuit Flower Hour‹ gemacht. Daraus wurde dann die LP »Genesis Live«. Im März starteten sie ihre erste US-Tournee. Im Oktober 1973 löste Tony Smith den bisherigen Manager der Formation, Tony Stratton-Smith, ab – die beiden sind übrigens nicht miteinander verwandt. Das Jahr endete, wie es begann: Auf eine ausgedehnte Tour durch GB folgte eine ebensolche durch die USA.
Im Januar 1974 spielte Genesis an fünf Abenden im ausverkauften Drury Lane Theater in London. Mit »Selling England By The Pound« stiegen sie im Februar zum erstenmal in die US-Charts ein, die LP kam auf Platz 70. Den ersten Singlehit konnte Genesis im April verzeichnen: »I Know What I Like (In Your Wardrobe)« (4/74 GB 21). Im Mai 1975 wurde in St. Etienne in Frankreich zum letztenmal »The Lamb Lies Down On Broadway« aufgeführt, damit hatte Genesis dieses Programm 102-mal absolviert. Traurig für alle Fans: Peter Gabriel beendete damit seine Genesis-Zeit. Er verließ die Gruppe. Mike Rutherford, Tony Banks, Steve Hackett und Phil Collins begannen mit der Arbeit an der nächsten LP. Collins wurde der neue Leadsänger. Für die vielen Fans, die sich die Band bis zu diesem Zeitpunkt erobert hatte, schien damit das Kapitel Genesis abgeschlossen. Sie konnten sich einfach nicht vorstellen, dass dieser vielseitig begabte Peter Gabriel durch den zwar spaßigen, aber bis zu diesem Zeitpunkt fast ausschließlich als Schlagzeuger in Erscheinung getretenen Phil Collins zu ersetzen sei. Die Sorgen der Fans, dass Genesis nach dem Weggang von Peter Gabriel in die Bedeutungslosigkeit versinken würde, waren unbegründet. Anfang 1977 krisel-

te es in der Gruppe. Steve Hackett war mit seiner Arbeit bei Genesis nicht mehr zufrieden. Im Juni 1977 warf er das Handtuch und ließ den Rest als Trio stehen. Sicher, mit Phil Collins, Tony Banks und Mike Rutherford waren es nur noch drei der ersten Erfolgsformation von Genesis, die weiterhin das Aushängeschild blieben. Aber es gab immer noch weitere Gastmusiker, die speziell bei Live-Auftritten die Band unterstützten. Hier ist vor allem der amerikanische Session-Schlagzeuger Chester Thompson zu nennen, der bei Konzerten dafür sorgt, dass Phil Collins, der selbstverständlich den Drum-Part bei den Plattenaufnahmen spielt, sich als Sänger auf der Bühne frei bewegen kann. Auch der ehemalige Yes- und King-Crimson-Schlagzeuger Bill Bruford hat einige Zeit mit Genesis gespielt. Bei den Plattenaufnahmen übernahm Mike Rutherford den Part von Steve Hackett. Für Live-Auftritte engagierte die Band den amerikanischen Ausnahme-Gitarristen Daryl Stuermer, der vorher mit Musikern wie George Duke oder Jean-Luc Ponty zusammen Platten aufgenommen hatte und später auch auf den Soloplatten von Collins, Banks und Rutherford mitspielte.

Schon von Anfang an war Genesis eine Gruppe, die sich mehr durch LP-Verkäufe auszeichnete. Auch in den 90er Jahren waren sie mit einer weltweiten Tournee erfolgreich. Am 28. März 1996 verkündete Phil Collins, dass er sich auf seine eigenen Projekte – Film-, Jazz- und Soloplatten – konzentrieren werde. Für ihn wurde Mitte 1997 als neuer Sänger der 28-jährige Schotte Ray Wilson, vorher Sänger bei Stiltskin, vorgestellt, und mit »Calling All Stations« (9/97 D-LP 2, GB-LP 2) erschien dann auch ein neues Album. Die erfolgreichste Singleauskopplung daraus war »Congo« (8/97 D 31, GB 29). Ohne Zweifel waren die Fans durch den Weggang von Phil Collins verunsichert. Eine US-Tour wurde mangels Interesse abgesagt, und ein Auftritt im 17 000 Besucher fassenden Londoner Earl's Court wurde in eine kleinere Halle verlegt. Anfang 1999 erschien Ray Wilson mit einer neuen Band namens Cut – was allerdings vorerst nicht sein Ausscheiden bei Genesis bedeutete. Mitte 1999 gingen die fünf Ur-Genesis Gabriel, Collins, Rutherford, Banks und Hackett gemeinsam in ein Studio und produzierten für ein ›Best Of‹-Album eine neue Version von »Carpet Crawlers«. 2000 war Genesis am Ende. Ein zweites Album der Gruppe Cut wurde von der Plattenfirma abgelehnt. Ray Wilson kündigte an, sich als Solist zu versuchen.

Die erfolgreichsten Alben waren »Foxtrot« (10/72 GB-LP 12, 12/72 D-LP 45), »Genesis Live« (8/73 GB-LP 9), »Selling England By The Pound« (10/73 GB-LP 3), »Nursery Cryme« (5/74 GB-LP 39), »The Lamb Lies Down On Broadway« (12/74 GB-LP 10, US-LP 41), »A Trick Of The Tail« (2/76 GB-LP 3, 3/76 US-LP 31), »Wind & Wuthering« (1/77 GB-LP 7, US-LP 26, 2/77 D-LP 19), »Seconds Out« (10/77 GB-LP 4, 11/77 D-LP 17), »And Then There Were Three« (4/78 GB-LP 3, D-LP 2, US-LP 14), »Duke« (4/80 GB-LP 1, D-LP 2, US-LP 11), »Abacab« (9/81 GB-LP 1, 10/81 US-LP 7, D-LP 6), »Three Sides Live« (6/82 GB-LP 2, US-LP 10, D-LP 22), »Genesis« (10/83 GB-LP 1, D-LP 1, US-LP 9), »Invisible Touch« (6/86 GB-LP 1, D-LP 2, US-LP 3), »We Can't Dance« (11/91 GB-LP 1, D-LP 1, US-LP 4), »Turn It On Again – Best 81–83« (3/92 D-LP 8), »Live – The Way We Walk Volume 1: The Shorts« (11/92 GB-LP 3, D-LP 2, 12/92 US-LP 35) und »Live – The Way We Walk Volume 2: The Longs« (1/93 GB-LP 1, D-LP 2, 2/93 US-LP 20), »Turn It On Again – The Hits« (11/99 GB-LP 4, 11/99 D-LP 1).

Follow You Follow Me (3/78 D 8, GB 7)
Turn It On Again (3/80 GB 8)
Abacab (8/81 GB 9)
3 x 3 EP (5/82 GB 10)
Mama (9/83 GB 4, D 4)

That's All! (11/83 US 6)
Invisible Touch (5/86 US 1)
Throwing It All Away (8/86 US 4)
Land Of Confusion (11/86 D 7, US 4)
Tonight, Tonight, Tonight (2/87 US 3)
In Too Deep (4/87 US 3)
No Son Of Mine (11/91 GB 6, D 3)
I Can't Dance (1/92 GB 7, US 7, D 4)
Invisible Touch Live (11/92 GB 7)
AOR (Adult Orientated Rock), Pop, Rock

Siehe auch: Mike & The Mechanics; Collins, Phil; Gabriel, Peter

Gentry, Bobbie

BOBBIE GENTRY v (USA, * 27. 7. 1944 als Roberta Lee Streeter in Chickasaw/Mississippi)

Für unsere Ohren klingt Bobbie ja eher wie ein Männervorname, aber in den USA ist das eine gebräuchliche Abkürzung für Roberta und für Robert. Bobbie wurde da geboren, wo sich die Rednecks am tiefsten bücken und deshalb der Sonnenbrand im Nacken am intensivsten ist. Sie stammt aus Chickasaw, Mississippi. Dort interessiert die Menschen am meisten, wie die nächste Ernte ausfallen wird, wie hoch der Mississippi steht und ob denn Abraham Lincoln wirklich gelebt hat – er hat, und deshalb ist die Sklaverei dort auch abgeschafft.

Diese Menschen, diese Gegend und dieses Lebensgefühl werden auch im größten Hit von Bobbie Gentry beschrieben. Die Familie sitzt am Tisch, isst und unterhält sich über Belanglosigkeiten – so z. B., dass der Vater noch soundso viel Land pflügen muss, dass man die Erbsen doch mal bitte rüberreichen soll und ähnlich Weltbewegendes. Und dazwischen sagt dann irgend jemand: ›Übrigens, habt ihr gehört? Heute ist Billie Joe McAllister von der Tallahatchie-Brücke gesprungen.‹ Warum, welche Beweggründe er gehabt haben mag, wird nicht erörtert. Es wird lediglich festgestellt, dass er sowieso nicht alle Tassen im Schrank hatte und von ihm nicht allzu viel zu erwarten war. Mit am Tisch sitzt die Tochter des Hauses. Ihr Bruder sagt, sie sei doch mit diesem Typen schon mal ins Kino gegangen. Außerdem – gestern hätte er beobachtet, wie dieser Billie Joe auf der Brücke gestanden und zusammen mit einem Mädchen etwas in den Fluss geworfen hätte. Das Mädchen habe ihr sehr ähnlich gesehen. Niemand in der Familie weiß, dass die Tochter Billie Joes Freundin war. Es interessierte auch keinen. Und was die beiden in den Fluss geworfen haben? War es eine Puppe, ein Ring oder ein anderes Geschenk? Im Lied wird es nicht gesagt. Vielleicht waren es die ungeklärten Fragen, das Mysteriöse, was das Lied so erfolgreich und populär machte. Im Herbst 1967 kam Bobbie Gentry damit in die US-Charts und erreichte Platz 1. Mit einem Schlag war Bobbie als Sängerin und Autorin dieser Geschichte aus dem Süden der USA berühmt. Die Story war so faszinierend, dass 1976 aus diesem 4 Minuten und 13 Sekunden langen Song ein Spielfilm gedreht wurde. Robby Benson und Glynnis O'Connor spielten die Hauptrollen. Und jetzt erfuhr man, was passiert war: Billie Joe hatte die Puppe seiner Freundin runtergeschmissen und sich dann später selbst umgebracht, weil er sich seiner homosexuellen Neigungen bewusst wurde – ja, ja, der Süden.

Bobbie Gentry hatte noch weitere Hits, so z. B. im Duett mit Glen Campbell, »All I Have To Do Is Dream«. In GB war sie so erfolgreich, weil man ihr dort wegen ihrer großen Ähnlichkeit mit Priscilla Presley eine eigene TV-Show gegeben hatte. Nach 1971 verlief ihre Karriere im Sand, 1978 heiratete sie den Sänger Jim Stafford – inzwischen ist sie wieder von ihm geschieden. Sie zog sich aus dem aktiven Showbusiness zurück und kümmerte sich nur noch um ihre Geschäfte, z. B. ihre eigene Produktionsfirma. Ihre erfolgreichsten Alben hießen »Ode To Billie Joe« (9/67 US-

LP 1) und »Bobbie Gentry & Glen Campbell« (10/68 US-LP 11).

Ode To Billie Joe (8/67 US 1)
I'll Never Fall In Love Again (8/69 GB 1)
All I Have To Do Is Dream (12/69 GB 3)
Country, Pop

Gentrys

BRUCE BOWLES v (USA), BOBBY FISHER g, sax, p (USA), JIMMY HART v (USA), JIMMY JOHNSON tr, org (USA), PAT NEAL b (USA), LARRY RASPBERRY v, g (USA), LARRY WALL d (USA)

Die in Memphis stationierten Gentrys kamen 1963 zusammen. Mit der Nummer »Keep On Dancing« hatten sie ihren einzigen nennenswerten Erfolg. 1966 fiel die Gruppe auseinander. 1969 hatte Jimmy als einziges Originalmitglied die Formation wieder neu belebt und für Sun Records einige Aufnahmen gemacht, die sich jedoch nicht verkauften. 1975 wurde ein erneuter Comeback-Versuch gestartet, der ebenfalls danebenging.

Keep On Dancing (9/65 US 4)
Pop, Rock

Geordie

BRIAN GIBSON d (Großbritannien, * 6. 3. 1951 in Gateshead), TOM HILL b (Großbritannien, * 11. 4. 1950 in Sheriff Hill/Gateshead), BRIAN JOHNSON v (Großbritannien, * 5. 10. 1947 in Dunston/Newcastle), VIC MALCOLM g (Großbritannien, * 3. 12. 1946 in South Shields/Durham)

Von der Anlage her war diese Formation wie Slade zu sehen. Rauer, ungeschliffener Rock, möglichst rotzig und laut vorgetragen. Als Vic Malcolm die Band im Februar 1972 gründete, nannte er sie USA. Dann stellte er fest, wo er lebte, und nannte seine Band ein halbes Jahr später Geordie. Geordie ist ein umgangssprachlicher englischer Ausdruck für die Northumberländer, d. h. die Bewohner des Gebiets um Newcastle in Nordengland. Ende 1972 hatten sie mit »Don't Do That« (12/72 GB 32) ihre erste Hitnotierung. Ihr einziger Top-10-Hit war vier Monate später »All Because Of You«. 1973 gelangen der Band noch zwei weitere Hits, dann verschwand sie aus den Charts. Von Geordie sprach man erstmals wieder, als der Sänger Brian Johnson im April 1980 als Ersatz für den verstorbenen Bon Scott zu AC/DC ging. Nachdem 1976 die letzte LP von Geordie erschienen war, hatte Johnson als Staubsaugervertreter gearbeitet.

All Because Of You (3/73 GB 6)
Hard Rock, Rock

George, Sophia

SOPHIA GEORGE v (Jamaika)

Sophia erreichte Ende 1985 mit dem Pop-Reggae »Girlie ... Girlie« die britischen Charts. Wie viele ihrer Landsleute hatte sie diesen einen Hit in GB und ward dann nicht mehr gesehen. In Deutschland erreichte dieser Titel im Frühjahr 1986 Platz 20.

Girlie ... Girlie (12/85 GB 7)
Pop, Reggae

Georgia Satellites

DAN BAIRD v, g (USA, * 12. 12. 1953 in San Diego/Kalifornien), MAURO MAGELLAN d (Brasilien, in Rio de Janeiro), RICK PRICE v, b (USA, * 15. 8. 1951 in Atlanta/Georgia), RICK RICHARDS v, g (USA, * 30. 3. 1954 in Jasper/Georgia)

Baird und Richards spielten 1980 in der Formation Keith & The Satellites. Wenig später verließ Bassist Keith Christopher die Gruppe, der Rest nannte sich nur noch Satellites. 1983 nahmen Baird, Richards und ihre damaligen Mitstreiter Dave Hewitt und Randy Delay ein Demoband mit sechs Songs auf, das sie an alle erreichbaren Plattenfirmen schickten. Als keine Antworten kamen, ging Dave Hewitt und wurde durch Magellan ersetzt. 1984 stieg Dan Baird aus, wurde Mitglied in einer Band in North Carolina, die sich Woodpeckers, später The Woods, nannte. Richards und Magellan spielten derweil mit einer Rock-'n'-Roll-Band, während einzig Kevin Jennings, der Roadmanager der Satellites, mit den alten Demos der Band weiter hausieren ging. Erfolg hatte er schließlich in England, wo im Frühling 1985 unter dem Titel »Keep The Faith« bei einer Independent-Plattenfirma eine EP der Satellites erschien. Baird, Richards und Magellan ließen sich überreden, für ein paar Gigs in GB wieder zusammenzukommen. Dazu brachten sie den Bassisten Rick Price mit, der in letzter Zeit mit ihnen gespielt hatte. Zurück in den USA und jetzt unter dem Namen Georgia Satellites, packten sie es auch in der Heimat neu an. Im Frühjahr 1986 wurde ein Vertrag unterschrieben, und im September erschien das erste Album der Gruppe. Es brachte rohen, draufgängerischen Rock 'n' Roll in durchaus klassischer Tradition. Unüberhörbar jedoch auch Einflüsse aus der Country-Ecke. »Keep Your Hands To Yourself« blieb ihr einziger Singlehit. Ihr erfolgreichstes Album war »Georgia Satellites« (11/86 US-LP 5). 1992 verließ Baird die Georgia Satellites.

Keep Your Hands To Yourself (11/86 US 2)
Rock

Gérard, Danyel

DANYEL GÉRARD v (Frankreich, * 7. 3. 1939 als Gérard Daniel Kherlakian in Paris)
Der Sohn eines Armeniers und einer Italienerin wuchs in Rio de Janeiro auf. Mit zwölf Jahren kam er nach Paris. 1954 wurde er Mitglied in der Rockband The Dangers. Er ist Komponist vieler französischer Hits, die auch von deutschen Interpreten wie Udo Jürgens oder Caterina Valente gesungen wurden. Seinen größten Erfolg hatte Danyel Gérard – der zu diesem Zeitpunkt stets mit einem Hut auftrat, was wohl seine Glatzenbildung verbergen sollte – mit »Butterfly«. Eine englischsprachige Version kam in GB auf Platz 11, in den USA auf Platz 78. Seine weiteren Hits außerhalb der Top 10: »Harlekin« (2/72 D 12), »Meine Stadt (von Japan nach Amerika)« (10/72 D 26), »Isabella« (6/73 D 40) und »Ti-Lai-Lai-Li« (1/74 D 37). Inzwischen besitzt er eine gutgehende Produktionsfirma.

Butterfly (4/71 D 1)
Middle Of The Road (MOR), Schlager

Gerardo

GERARDO rap (Ecuador, * 16. 4. 1965 als Gerardo Mejia in Guayaquil)
Im Alter von zwölf Jahren zog Gerardo mit seinen Eltern nach Glendale, Kalifornien. 1990 machte er seine ersten Plattenaufnahmen und rappte in ›Spanglisch‹, halb Spanisch, halb Englisch. Zu diesem Zeitpunkt wurde er als Sexsymbol für Teenies aufgebaut. Er spielte in Filmen wie »Can't Buy Me Love« und »Colors« mit. Im Februar 1991wurde »Rico Suave« ein Millionseller. Als einziger Nachfolgehit gelang ihm »We Want The Funk« (5/91 US 16). Auch erfolgreich sein Album »Mo' Ritmo« (2/91 US-LP 36). Später wurde er A&R-Director für Interscope Records.

Rico Suave (2/71 US 7)
Rap, Rhythm & Blues

Gerry & The Pacemakers

LES CHADWICK b (Großbritannien, * 11. 5. 1943 als John Leslie in Liverpool), LESLIE MAGUIRE key (Großbritannien, * 27. 12. 1941 in Wallasey/Cheshire), FREDDIE MARSDEN d (Großbritannien, * 23. 10. 1940 in Liverpool), GERRY MARSDEN v, g (Großbritannien, * 24. 9. 1942 in Liverpool)

Gerry spielte in verschiedenen Liverpooler Skiffle-Bands, bevor er 1958 seine eigene Gruppe, die Mars Bars, und 1959 mit seinem Bruder Freddie Gerry & The Pacemakers gründete. 1962 nahm Brian Epstein sie unter Vertrag – in jenen Tagen lief alles, was aus Liverpool kam und dann auch mit Epstein arbeitete, wie verrückt. Gleich ihre erste Platte wurde Platz 1 in GB: »How Do You Do It?«. Wie ihr Hit »Ferry Cross The Mersey« hieß auch ein Film mit und über die Liverpooler Szene. Kurze Gastspiele darin gaben die Fourmost oder Cilla Black. Nach 1965 flaute der Merseybeat ab und somit auch der Erfolg für Gerry. 1968 löste sich die Gruppe auf. Gerry versuchte es weiter als Solosänger. Nach zwei Singles, die nicht in die Hitparaden kamen, erhielt er das Angebot, im überaus erfolgreichen West-End-Musical »Charlie Girl« die männliche Hauptrolle zu übernehmen, die bis zu diesem Zeitpunkt Joe Brown inne hatte. Für fünf Jahre spielte Gerry in diesem Musical mit, dann wurde er für eine kommerzielle britische TV-Gesellschaft Moderator einer Kindersendung – auch das erfolgreich. Im britischen Fernsehen war er außerdem häufig als Zeitzeuge der Merseybeat-Ära zu sehen. Das führte dazu, dass er 1975 die Pacemakers neu formierte und eine Tournee startete, die speziell in den USA ein großer finanzieller Erfolg wurde. 1979 – zwischendurch hatte er wieder als Solist gearbeitet – brach er erneut mit den Pacemakers zu einer ›Sound Of The 60s Tour‹ auf. Der Titel »You'll Never Walk Alone« wurde im Laufe der Jahre zur Hymne des FC Liverpool und des gesamten englischen Fußballs. Als es im Mai 1985 in der rund 80 km östlich von Liverpool gelegenen Stadt Bradford zu einem verheerenden Brand während eines Fußballspiels kam, bei dem 53 Menschen verbrannten und viele schlimme Verletzungen davontrugen, wurde der Bradford Disaster Fund gegründet. Um ihn finanziell zu unterstützen, nahm eine Formation, die sich The Crowd nannte, den Titel »You'll Never Walk Alone« neu auf und stellte die Tantiemen zur Verfügung. Eine weitere Benefizplatte wurde für die Opfer der Fußballkatastrophe von Sheffield im Frühjahr 1989 veröffentlicht: »Ferry Cross The Mersey« wurde Spitzenreiter in GB, Platz 5 in Deutschland. Wieder war Gerry einer der Initiatoren und Mitsänger. Als Interpreten wurden an erster Stelle die Christians genannt. Ihre erfolgreichsten Alben hießen »How Do You Like It?« (10/63 GB-LP 2) und »Ferry Across The Mersey« (2/65 GB-LP 19, US-LP 13).

How Do You Do It? (3/63 GB 1; 7/64 US 9)
I Like It (5/63 GB 1)
You'll Never Walk Alone (10/63 GB 1)
I'm The One (1/64 GB 2)
Don't Let The Sun Catch You Crying (4/64 US 4, GB 6)
Ferry Cross The Mersey (12/64 GB 8; 2/65 US 6)
Merseybeat

Siehe auch: Christians; Crowd

Getz, Stan

STAN GETZ sax, pos (USA, * 2. 2. 1927 als Stanley Gayetzsky in Philadelphia/Pennsylvania, † 6. 6. 1991)

Er begann seine Karriere 1943 bei Jack Teagarden. Obwohl erst 15 Jahre alt, wurde Stan Profiposaunist in dessen Band. In den beiden nächsten Jahren spielte er mit Stan Kenton, dann mit Benny Goodman und Jimmy Dorsey. Goodman bezeichnete ihn schon damals als den besten Tenorsaxophonisten aller Zeiten. 1947 trat er erst mit einem eigenen Trio auf und schloss sich noch im selben Jahr Woody Herman an. Mit ihm spielte er bis 1949 und ist zu hören auf dessen Titel »Early Autumn«, der ihm frühen Ruhm einbrachte. In den 50er Jahren hatte er eigene kleine Gruppen und stand regelmäßig in den Jazz Polls an der Spitze. Schwierigkeiten mit Drogen und Alkohol führten zu einem Einbruch seiner Karriere. Nach dem Ausrauben eines Drugstores kam er ins Gefängnis. Wieder in Freiheit, setzte er sich nach Dänemark ab. Dort spielte er bis zum Ende der 50er Jahre mit dänischen und amerikanischen Musikern. 1961 kehrte er in die USA zurück und nahm mit »Focus« eine LP auf, die sein Spiel mit Geigen unterlegte. Dadurch erneuerte er seinen Ruf als führender Jazzmusiker. Im folgenden Jahr nahm er »Jazz Samba« (9/62 US-LP 1, 2/63 GB-LP 15, 2/63 D-LP 16) zusammen mit dem Gitarristen Charlie Byrd auf. Auf diesem Album befand sich der Hit »Desafinado« (9/62 US 15, 11/62 GB 11, 2/63 D 16). Getz erhielt dafür einen Grammy, den ersten von insgesamt elf, die er gewann. Zu behaupten, dass damit die Bossa-Nova-Welle ausgelöst wurde, ist richtig. Danach erschien die LP »Getz/Gilberto« (6/64 US-LP 2), auf der »The Girl From Ipanema« zu finden war. Gesungen wurde der Titel von Astrud Gilberto und ihrem Mann, dem brasilianischen Sänger und Gitarristen Joao Gilberto, der die eine Hälfte des oben erwähnten LP-Titels bildete. Für diese Platte ernteten sie den Grammy als das Album des Jahres. Mit den vorherrschenden Stilrichtungen Ende der 60er Jahre, Free Jazz und Rock-Jazz, konnte Getz wenig anfangen. Er zog wieder nach Europa, dann zurück in die USA und leitete eigene Bands. Getz beeinflusste die Karriere solcher Musiker wie Chick Corea, Tony Williams oder Gary Burton. In den 80er Jahren änderte sich Getz mehr zum gefühlvolleren Balladenstil. Vermutlich auch, weil er wusste, dass er Leberkrebs hatte und sich dadurch seine Einstellung zu vielen Dingen veränderte. Trotzdem klangen seine Aufnahmen nicht etwa traurig, sondern eher gelassen-heiter.

The Girl From Ipanema (6/64 US 5)
Jazz

Ghetto People feat. L-Viz

L-VIZ v (Deutschland, als Detlef Malinkewitz)
Dass es offensichtlich nicht so schwer ist, wie Elvis zu singen, merkt man an der Vielzahl der Imitatoren. Hier machte sich der deutsche Produzent Ralf Pisch mal wieder die Tatsache zunutze, dass altbekannte Nummern den Hörern und Plattenkäufern schneller ins Ohr gehen. Die Ghetto People versteckten sich hinter Namen wie Daddy Dee, Apples und Face. L-Viz gab Detlef Malinkewitz. »In The Ghetto« – 1969 ein Welthit für Elvis Presley – wurde mit Rap unterlegt und brachte den Hit für Ghetto People. Danach nahmen sie sich den Song »Fever« vor und verhunzten ihn nach dem selben Prinzip.

In The Ghetto (10/96 D 6)
Dance, Rap

Gibb, Andy

ANDY GIBB v (Großbritannien, * 5. 3. 1958 in Manchester, † 10. 3. 1988)
Was seine drei älteren Brüder konnten, traute sich Andy auch zu. Im Alter von sechs Monaten zog er mit den Eltern und den Brüdern Barry, Robin und Maurice nach Australien. Im Alter von neun Jahren kehrte er wieder nach GB zurück. Zwischen 1977 und 1980 verlief seine Karriere vor allen Dingen in den USA recht erfolgreich. Ab 1981 wollte Andy kein Superhit mehr gelingen. Für zwei Jahre mimte er den Moderator in der amerikanischen TV-Sendung ›Solid Gold‹. 1983

spielte er am Broadway die Hauptrolle in »Joseph And The Amazing Technicolour Dreamcoat«. Danach brachte man ihn schließlich mehr mit Drogen und Frauengeschichten in Verbindung. Im Frühjahr 1988 war er in GB und hatte gerade einen neuen Plattenvertrag mit Island unterschrieben. Dann starb er überraschend in einem Krankenhaus in Oxford. Als offizielle Todesursache wurde Herzversagen genannt. Hinter vorgehaltener Hand wurde von erneuten Drogenproblemen gesprochen. Seine erfolgreichsten Alben waren »Flowing Rivers« (7/77 US-LP 19) und »Shadow Dancing« (6/78 US-LP 7, 8/78 GB-LP 15).

I Just Want To Be Your Everything (4/77 US 1)
(Love Is) Thicker Than Water (11/77 US 1)
Shadow Dancing (4/78 US 1)
An Everlasting Love (7/78 GB 10, US 5)
(Our Love) Don't Throw It All Away (10/78 US 9)
Desire (1/80 US 4)
Pop

Gibb, Barry

BARRY GIBB v (Großbritannien, * 1. 9. 1946 in Douglas/Isle of Man)
Der älteste der drei Brüder Gibb war mit seinen Soloaktivitäten nicht sonderlich erfolgreich. Als Duettpartner konnte man ihn allerdings gut gebrauchen. So hatte er zusammen mit der Australierin Samantha Sang Ende 1977 einen Platz 3 in den USA mit dem Titel »Emotion«. Ende 1980, Anfang 1981 war er erfolgreich mit Barbra Streisand und den Titeln »Guilty« und »What Kind Of Fool«. Dass er ansonsten keine Soloerfolge aufweisen kann, dürfte ihn bei dem enormen Erfolg der Bee Gees nicht weiter schmerzen.

Guilty (11/80 US 3)
What Kind Of Fool (1/81 US 10)
Pop

Siehe auch: Bee Gees; Sang, Samantha

Gibb, Robin

ROBIN GIBB v (Großbritannien, * 22. 12. 1949 in Douglas/Isle of Man)
Nachdem den Bee Gees schon Ende der 60er Jahre die Erfolge zu Kopf gestiegen waren und es zu Streitigkeiten innerhalb der Band kam, war es Robin Gibb, der als Erster aus dem Trio ausbrach und Soloplatten machte. Seine erste Hitnotierung war »Saved By The Bell«. Weitere Hits außerhalb der Top 10: »One Million Years« (1/70 D 14), »August October« (3/70 D 12), »Oh! Darling« (8/78 US 15), »Another Lonely Night In New York« (8/83 D 16), »How Old Are You« (11/83 D 37) und »Boys Do Fall In Love« (5/84 D 21, 6/84 US 37).
Sein erfolgreichstes Album war »How Old Are You?« (5/83 D-LP 6).

Saved By The Bell (7/69 D 5, GB 2)
Juliet (5/83 D 1)
Pop

Siehe auch: Bee Gees

Gibson, Debbie

DEBBIE GIBSON v (USA, * 31. 8. 1970 in Long Island/New York)
Debbie richtete sich bereits als 13-Jährige zu Hause ein kleines Studio ein, in dem sie selbst geschriebene Titel aufnahm. Ihr erstes Geld verdiente sie sich mit Werbespots, in denen sie sang oder schauspielerte. Mit der LP »Out Of The Blue« kam 1987 der Erfolg. Das Album wurde mehr als drei Millionen Mal verkauft, und Auskopplungen daraus wurden ihre ersten Top-10-Erfolge. Danach wurde Debbie Gibson für die Teenie-Hitparaden wohl zu alt. Ihre erfolgreichsten Alben: »Out Of The Blue« (9/87 US-LP 7, 1/88 GB-LP 26, »Electric Youth« (2/89 US-LP 1, 2/89 GB-LP 8) und »Anything Is Possible« (12/90 US-LP 41) – das stimmt. 1993 stand sie zusammen mit Craig McLachlan – gemeinsam waren sie in London die Stars im

Musical »Grease« – mit einer Nummer daraus in den Charts: »You're The One That I Want« (7/93 GB 13).

Only In My Dreams (5/87 US 4)
Shake Your Love (10/87 US 4, GB 7)
Out Of The Blue (1/88 US 3)
Foolish Beat (4/88 US 1; 7/88 GB 9)
Lost In Your Eyes (1/89 US 1)
Pop

Gibson Brothers

ALEX GIBSON v, key (Martinique), PATRICK GIBSON v, d (Martinique), CHRIS GIBSON g, per (Martinique, * 20. 6. 1960)
In den 70er Jahren kamen die drei Brüder Gibson nach Paris und wurden dort durch das Management, das auch Diskoformationen wie Ottawan betreute, produziert. Das Ganze klang nun wie eine Mixtur aus karibischen Klängen und Diskosound. Ihr erster Hit war Anfang 1979 der Titel »Cuba« (6/79 D 22). Weitere Notierungen außerhalb der Top 10 waren: »Cuba/Better Do It Salsa« (2/80 GB 12), »Mariana« (7/80 GB 11, 7/80 D 14) und »Latin America« (12/80 D 38). Danach waren sie zwar aus den Charts verschwunden, als Live-Act waren sie jedoch noch lange unterwegs.

Ooh! What A Life (7/79 GB 10)
Que Sera Mi Vida (If You Should Go) (11/79 GB 5; 2/80 D 4)
Disko

Gilder, Nick

NICK GILDER v (Großbritannien, * 7. 11. 1951 in London)
Gilder wanderte mit seiner Familie im Alter von zehn Jahren aus. 1971 gründete er mit Jimmy McCulloch die Formation Sweeney Todd, die 1976 mit ihm als Leadsänger den Titel »Roxy Roller« bis auf Platz 90 in die US-Charts brachte. Nachdem er die Gruppe verlassen hatte, wurde Bryan Adams der Sänger dieser Band, und »Roxy Roller« wurde erneut veröffentlicht: Mit Bryan Adams als Leadsänger wurde es ein Platz 99. Ab 1977 veröffentlichte Nick Soloplatten. Sein Titel »Hot Child In The City« erhielt Platinstatus. Weitere Top-40-Hits gelangen ihm nicht mehr. Sein erfolgreichstes Album hieß »City Nights« (9/78 US-LP 33).

Hot Child In The City (6/78 US 1)
AOR (Adult Orientated Rock)

Gildo, Rex

REX GILDO (Deutschland, * 2. 7. 1935 als Ludwig Alexander Hirtreiter in Straubing, † 26. 10. 1999)
Rex Gildo gehörte zu den beständigsten deutschen Schlagerinterpreten. 1958 machte er als Alexander Gildo seine erste Plattenaufnahme: »Cafeteria Santa Lucia«. Sein erster Hit kam mit »Sieben Wochen nach Bombay« (2/60 D 13). Da das Bedürfnis nach Duos Anfang der 60er Jahre in Deutschland groß war, steckte man Rex mal mit Conny, mal mit Gitte unter eine Schlagerdecke. Heraus kamen mit Conny »Yes, My Darling« (3/60 D 13) und mit Gitte »Vom Stadtpark die Laternen« oder »Jetzt dreht die Welt sich nur um dich«.
Der erste Top-10-Erfolg für Rex war »Das Ende der Liebe«. Es handelte sich dabei um eine deutsche Version von »Tell Laura I Love Her«, im Original von Ray Peterson. Mitte 1962 stand er mit »Kleiner Gonzales« auf Platz 1 – zusammen mit der englischsprachigen Version von Pat Boone. Im Laufe der nächsten Jahre wirkte er in mehr als dreißig Filmen mit. Die Liste seiner Plattenveröffentlichungen reicht bis in die 90er Jahre, und auch im Fernsehen war er in regelmäßigen Abständen zu sehen, wenn er auch manchmal, wie ein Gericht bestätigte, beim ›Hossa‹ etwas danebenlag. Sein erfolgreichstes Album war »Rex Gildo« (5/67 D-LP 13).
Am 23. Oktober 1999 sprang Rex aus dem Fenster einer Münchener Wohnung

im 2. Stock. Drei Tage später starb er an Herzkreislaufversagen, verursacht durch eine Herzquetschung, die er sich neben anderen Verletzungen bei diesem Sturz zugezogen hatte.

Das Ende der Liebe (12/60 D 8)
Kleiner Gonzales (8/62 D 1)
Maddalena (3/63 D 4)
Zwei blaue Vergißmeinnicht (6/63 D 4)
Vom Stadtpark die Laternen (9/63 D 1)
Jetzt dreht die Welt sich nur um dich (6/64 D 8)
Dondolo (1/69 D 10)
Fiesta Mexicana (10/72 D 5)
Marie, der letzte Tanz ist nur für dich (10/74 D 6)
Der letzte Sirtaki (9/75 D 9)
Deutscher Schlager

Gill, Johnny

JOHNNY GILL v (USA, * 22. 5. 1966 in Washington/D.C.)
Der kleine Johnny Gill wurde durch die Sängerin Stacey Lattisaw entdeckt. Er sang zu diesem Zeitpunkt in der Familienband Wings Of Faith. Das hatte er bereits im Alter von fünf Jahren begonnen. Seine ersten Soloplatten machte er im Jahre 1983. Sein erster Hit war ein Duett mit Stacey 1984: »Perfect Combination«. Nachdem Bobby Brown 1986 New Edition verlassen hatte, kam Gill als dessen Ersatz 1987 dazu. Mit ihm hatten sie Mitte 1988 den Top-10-Erfolg »If It Isn't Love«. 1990 löste sich New Edition auf. Drei Mitglieder machten als Bell Biv DeVoe, Ralph Tresvant und Johnny Gill als Solisten weiter. Seine Hits außerhalb der Top 10: »Fairweather Friend« (10/90 US 28), »Silent Prayer« (4/92 US 31) und der Millionseller »Slow And Sexy« (10/92 US 33, GB 17) mit Shabba Ranks. 1996 gelangen ihm mit »Let's Get The Mood Right« und »It's Your Body« zwei Hitnotierungen in den amerikanischen Charts, jedoch nur in den mittleren Bereichen. Als sich dann im selben Jahr New Edition entschloss, eine Neuauflage ihrer Band zu starten, waren sowohl er als auch der von ihm ersetzte Bobby Brown mit von der Partie.
Seine erfolgreichsten Alben waren »Johnny Gill« (5/90 US-LP 8) und »Provocative« (6/93 US-LP 14, GB-LP 41). Zusammen mit Keith Sweat und Gerald Levert kam er 1997 als Trio LSG.

Rub You The Right Way (5/90 US 3)
My, My, My (8/90 US 10)
Rhythm & Blues

Siehe auch: New Edition; LSG

Gilla

GILLA v (Österreich, * 7. 2. 1950 als Gisela Wuchinger in Linz)
Gilla studierte in Salzburg Musik – nebenher gründete sie eine Rockband, die Seventy Five Music hieß und sich wohl auf 1975 bezog. In jenem Jahr machte sie auch Bekanntschaft mit Frank Farian, der mit ihr eine Soloplatte produzierte: »Willst Du mit mir schlafen geh'n« (5/75 D 24) war eine deutsche Version von »Lady Marmalade« von LaBelle und wurde recht erfolgreich, obwohl sich einige Rundfunkanstalten weigerten, den Titel zu spielen. Nachfolger »Tu es!« war sogar noch erfolgreicher.

Tu es! (12/75 D 10)
Deutscher Schlager

Gillette

GILLETTE v (USA, * 16. 9. 1973 als Sandra in Chicago/Illinois)

Siehe 20 Fingers

Gilstrap, Jim

JIM GILSTRAP v (USA, in Pittsburg/Texas)
Jim Gilstrap ließ sich in Los Angeles nieder und wurde dort ein gesuchter Studiosän-

ger. Seinen ersten großen Erfolg hatte er 1972 als Sänger auf »Talking Book« mit Stevie Wonder, hinter dem er auch auf weiteren LPs sang. Auch Quincy Jones, Paul Williams, Peggy Lee, Martha Reeves, Ringo Starr, Elkie Brooks, Thelma Houston, Bill Withers, Neil Diamond, Barbra Streisand, Michael Jackson, Elton John und viele andere bedienen sich seiner gesanglichen Qualitäten. Ein Hit unter seinem Namen gelang ihm mit »Swing Your Daddy«, ansonsten sang er in der zweiten Reihe.

Swing Your Daddy (3/75 GB 4)
Pop, Rhythm & Blues

Gin Blossoms

DOUGLAS HOPKINS g (USA, †5. 12. 1993), SCOTT JOHNSON g (USA), BILL LEEN b (USA), PHILLIP RHODES d (USA), JESSE VALENZUELA v, g (USA), ROBIN WILSON v (USA)
In Tempe/Arizona formierte sich diese durch die Byrds und andere Country-Rocker beeinflusste Band im Jahr 1987. 1990 veröffentlichten sie auf ihrem eigenen Independent Label ihr selbst finanziertes Debütalbum »Dusted«. Das brachte ihnen einen Vertrag mit der Plattenfirma A&M ein. 1993 erschien das von Ex-Replacement-Mitglied John Hampton produzierte Album »New Miserable Experience« (5/93 US-LP 30). Als Single wurde die von Hopkins geschriebene Nummer »Hey Jealousy« (7/93 US 25, 2/94 GB 24) ausgekoppelt. Weitere Top-40-Hits: »Found Out About You« (11/93 US 25, 4/94 GB 40), »Follow You Down« (4/96 GB 30) und »Til I Hear From You« (2/96 US 11, 2/96 GB 39). Am 5. Dezember 1993 erschoss sich Doug Hopkins im Alter von 32 Jahren. Anfang 1994 kam als Ersatz Scott Johnson zu den Gin Blossoms. Wie in vielen anderen Fällen war wohl auch hier der Tod eines Bandmitglieds mit dafür verantwortlich, dass der Verkauf eines Albums – hier »New Miserable Experience« – anzog. Insgesamt wurden 4 Millionen Exemplare abgesetzt. Im Frühjahr 1996 erschien als nächstes Album »Congratulations I'm Sorry«. Die daraus ausgekoppelte Single »Follow You Down/Til I Hear It From You« brachte der Gruppe den ersten Top-10-Hit.

Follow You Down (2/96 US 9)
Rock

Ginuwine

GINUWINE v (USA, * 15. 10. 1975 als Elgin Baynor Lumpkin in Washington/D.C.)
Elgin sang bereits als Kind mit der Teenie-Gruppe Finesse Five, die die Formation Jackson 5 als ihr Vorbild ansah. Lumpkin war stets ein großer Fan von Michael Jackson gewesen, seit er ihn 1983 im TV-Special ›25 Years Of Motown‹ gesehen hatte. An seinem ersten Hit »Pony«, der Platin erhielt, hatte er selbst mitgeschrieben. »When Doves Cry« war eine Coverversion des Prince-Titels. Das Stück »Holler« (3/98 GB 13) verfehlte die Top 10. Bei »What's So Different?« wurde der alte Hit »Valleri« der Monkees aus dem Jahre 1968 verbraten.
Seine Erfolgsalben hießen »Ginuwine The Bachelor« (10/96 US-LP 26), »100 % Ginuwine« (4/99 US-LP 5) und »The Life« (4/01 US-LP 3).

Pony (9/96 US 6)
When Doves Cry (9/97 GB 10)
What's So Different? (3/99 GB 10)
Differences (7/01 US 4)
Rap, Rhythm & Blues

Girl Thing

JODI ALBERT v (Großbritannien, * 22. 7. 1983 in Tinkers/London), MICHELLE

CLAIRE BARBER v (Großbritannien, * 5. 1. 1979 in Blackpool), ANIKA BOSTELAAR v (Niederlande, * 5. 6. 1981 in Etten-Leur/Rotterdam), LINZI MARTIN v (Großbritannien, * 2. 4. 1981 als Lindsay Sarah in Manchester), NIKKI STUART v (Großbritannien, * 4. 7. 1979 als Nicola Jane in Bradford)

Wieder mal eine Girl-Band, die von einem Profi zusammengestellt worden war: von Simon Cowell, der auch für den Erfolg von Robson & Jerome verantwortlich war. Im Pressetext zur Gruppe hieß es: ›Alle fünf Mädchen können singen, tanzen, rappen und haben sich vorgenommen, allen anderen Mädchen klar zu machen, was wichtig ist: sei du selbst und habe Spaß – dann kann nichts falsch laufen.‹ Na also! Es folgte »Girls On Top« (11/00 GB 25).

Last One Standing (7/00 GB 8)
Pop

Gitte

GITTE v (Dänemark, * 29. 6. 1946 als Gitte Haenning-Johansson in Kopenhagen)

Schon als Kind wurde die Dänin durch ihren Vater, der Musiker und Volkssänger war, in Richtung Showgeschäft gelenkt. Als Achtjährige sang sie mit ihm zusammen den Titel »Ich heirate Papi«. Die Platte wurde in Dänemark ein Erfolg. Mit elf Jahren sang sie, auf einem Stuhl stehend und begleitet von der Jazzcombo des Vaters, »Stormy Weather«. In der Folgezeit sollte sie noch viele Jazznummern singen, darunter zusammen mit dem Bassisten und Cellisten Oscar Pettiford und dem Saxophonisten Stan Getz. In Deutschland lernten wir Gitte unter Umständen von der falschen Seite kennen. 1963 sang sie beim Deutschen Schlagerfestival in Baden-Baden mit und belegte mit dem Titel »Ich will 'nen Cowboy als Mann« den 1. Platz. Damit hatte sie zumindest für den deutschen Markt ihr Image weg. Das wiederum war daran schuld, dass Jazz-LPs, die sie z. B. zusammen mit der Big Band von Kenny Clarke und Francy Boland aufgenommen hatte, völlig untergegangen sind. Gitte war Schlagersängerin und damit basta. Regelmäßig war sie in allen nur möglichen Fernsehsendungen mit ihren Schlagern, die mal mehr, mal weniger anspruchsvoll waren, vertreten. Gitte ist sicher eine der unterbewertetsten Sängerinnen in Deutschland. Hätte sie sich mehr an ihren Titel »Man muss schließlich auch mal nein sagen können« aus dem Jahr 1966 gehalten, als sie Seichtes wie »So schön kann doch kein Mann sein« sang, wäre sie auch als Jazzsängerin akzeptiert worden. Ihr erfolgreichstes Album war »Berührungen« (11/83 D-LP 9). In den 80er Jahren wurde sie anspruchsvoller in ihren Texten und damit für die Hitparaden zu gut.

Ich will 'nen Cowboy als Mann (7/63 D 1)
Vom Stadtpark die Laternen (9/63 D 1)
Jetzt dreht die Welt sich nur um dich (6/64 D 8)
Ich hab' die Liebe verspielt in Monte Carlo (8/74 D 10)
Freu dich bloß nicht zu früh (7/80 D 10)
Deutscher Schlager

Gitti & Erica

ERICA BRUHN v (Deutschland, * 17. 7. 1956 als Erica Bruhn, geb. Goetz, in Obernburg/Main), GITTI GOETZ v (Deutschland, * 17. 1. 1959 in Obernburg/Main), JANINE KAREN OLSEN v (Deutschland, * 21. 6. 1958 in Berlin)

1972 siegten Gitti & Erica bei einem Talentwettbewerb, 1973 wurden sie von Christian Bruhn produziert, der 1976 Erica heiratete. Das mehr für Kinder gedachte Lied »Heidi« kann ohne weiteres als ein Vorläufer des volkstümlichen Schlagers angesehen werden. Es war der Titelsong der gleichnamigen ZDF-

Zeichentrickserie nach dem Roman von Johanna Spyri. Zeitweilig wurde Erica Bruhn, die auch als Lady Lily englischsprachige Soloplatten aufnahm, durch die Sängerin Janine Karen Olsen, die sich Erika nannte, ersetzt.

Heidi (1/78 D 4)
Deutscher Schlager

Siehe auch: Lady Lily

Glamma Kid

GLAMMA KID v (Großbritannien, als Iyael Iyasus Tafari Constable in Hackney/London)

Er begann seine Karriere als DJ mit einer Truppe aus Hackney, die sich Glamma Guard nannte. Bei mehreren kleinen unabhängigen Plattenfirmen veröffentlichte er verschiedene Reggaeaufnahmen, 1998 erhielt er einen Plattenvertrag bei WEA und gewann einen Award als Best Reggae Act. 19 Jahre war Glamma Kid alt, als er mit einer Coverversion des Sade-Hits »The Sweetest Taboo« seinen ersten Top-10-Hit hatte. Mit »Fashion '98« (11/98 GB 49) wurde er erstmals in den britischen Charts notiert. 1998 gewann er einen Award bei der Veranstaltung MOBO (Music of Black Origin). Als Mitsängerin bei »Taboo« wurde Shola Ama aufgeführt. Der nächste Hit »Why« war im Original ein Stück von Carly Simon aus dem Jahr 1982. Auf dem Titel sangen Marcelle Duprey und Rita Campbell. Es folgte »Bills 2 Pay« (9/00 GB 17).

Taboo (4/99 GB 10)
Why (11/99 GB 10)
Pop, Reggae

Glashaus

MARTIN HAAS v (Deutschland), MOSES PELHAM rap (Deutschland, * 24. 2. 1971 in Frankfurt/Main), CASSANDRA STEEN v

Glashaus kamen 2001 als Nebenprojekt von Moses Pelham zusammen. Ihr Debüt-Song »Wenn das Liebe ist« war gleich ein Top-10-Hit. Martin Haas war in diesem Projekt für die Texte zuständig, Moses P hauchte den Text und Cassandra Steen sang. Cassandra hatte bereits auf dem Freundeskreis-Debütalbum »Quadratur des Kreises« und der Single »Wenn der Vorhang fällt« mitgewirkt.

Wenn das Liebe ist (3/01 D 5)
Pop

Siehe auch: Freundeskreis

Glass Tiger

AL CONNELLY g (Kanada, * 10. 10. 1960), ALAN FREW v (Kanada, * 8. 11. 1959), MICHAEL HANSON d (Kanada, * 1. 1. 1963), WAYNE PARKER b (Kanada, * 13. 11. 1960), SAM REID key (Kanada, * 1. 12. 1963)

Die Band begann unter dem Gruppennamen Tokyo. Alle Mitglieder spielten vorher in anderen Gruppen, die aus der Nähe von Toronto kamen: ein Teil in Heavy-Metal-, ein anderer in mehr Wave-orientierten Popbands. Mitte 1986 erschien mit »Don't Forget Me (When I'm Gone)« eine erste erfolgreiche Single. Produziert wurde Glass Tiger von Jim Vallance, der durch seine Zusammenarbeit mit Bryan Adams bekannt wurde. Vallance schrieb auch an den ersten großen Hits der Band mit. Die erste LP »The Thin Red Line« (7/86 US-LP 27) überschritt zwei Wochen nach Erscheinen die Goldmarke und erreichte nur kurze Zeit später Platin-Status. Auch ihre zweite LP, »Diamond Sun« (5/88 US-LP 82), die im April 1988 erschien, wurde wieder durch Vallance betreut. Als Gastsänger wirkten auf der Platte die Chieftains, Irlands älteste Folkgruppe, und Lisa Dalbello mit. Trotzdem war der Erfolg schon nicht mehr so groß wie bei der ersten LP. Sehr schön war auch ihr Titel »My Town« (10/91 GB 33), auf dem ohne dass er namentlich auf der Hülle erwähnt werden durfte, Rod Stewart mitsang.

Someday (11/86 US 7)
Don't Forget Me (When I'm Gone) (12/86 US 2)
AOR (Adult Orientated Rock), Rock

Glitter, Gary

GARY GLITTER v (Großbritannien, * 8. 5. 1940 als Paul Francis Gadd in Banbury/ Oxfordshire)

Als Paul Russell & His Rebels kam er 1958 zum ersten Mal ins Musikgeschäft. Als Künstlernamen hatte er sich den Nachnamen seines Stiefvaters zugelegt. Sie spielten öfter im Safari Club am Trafalgar Square in London, in dem Robert Hartford Davis, ein Filmproduzent, die Band sah und der Manager von Paul Gadd wurde. Er verschaffte ihm einen Plattenvertrag mit Decca Records, und im Januar 1960 erschien die Ballade »Alone In The Night«. Dieses Mal nannte sich Gadd Paul Raven (weil sein Stief- ein Rabenvater war?). 1961 spielte er eine kleine Rolle in dem Film »Stranger In The City«, produziert von Davis. Im August 1961 erschien seine zweite Single, »Walk On Boy«. Auch diese Platte floppte. Im November 1961 gründete er Paul Raven & Boston International. Die nächsten fünf Jahre verbrachte diese Formation meist in Deutschland, wo sie ein beliebter Live-Act wurde. 1968 erhielt Gadd seinen nächsten Plattenvertrag als Solist und veröffentlichte die Single »Music Man«, dieses Mal als Paul Monday. Auch das ein Flop. Noch im selben Jahr erschien »Soul Thing«, jetzt wieder als Paul Raven, aber auch wieder ein Flop. Im Oktober 1969 kam die Single »We Are All Living In One Place«, auf der dreitausend Menschen zu hören waren, die alle vor dem Büro von MCA Records mitsingen durften. Leadstimme sang Rubber Bucket alias Paul Gadd. Ein weiterer Versuch als Paul Monday 1969, wieder als Paul Raven 1970, und jetzt nach mehr als zehn Jahren unter diversen Namen schien er die Lust verloren zu haben. Da tauchte er neben Murray Head, Ian Gillan, Yvonne Elliman oder Mike D'Abo als Sänger im Rice-Webber-Musical »Jesus Christ Superstar« auf. Die Platte wurde ein weltweiter Erfolg. Er veränderte sein Image und machte 1971 unter dem Namen Gary Glitter – der Name wurde ausgewählt aus weiteren Vorschlägen wie z. B. Terry Tinsel, Stanley Sparkle und Vicky Vomit – die Nummer »Rock 'n' Roll (Parts 1 & 2)«. Womit niemand gerechnet hatte: Die Platte wurde ein Hit. In den nächsten drei Jahren sollte er hintereinander zehn Top-10-Hits haben. Seine erfolgreichsten Alben: »Glitter« (10/72 GB-LP 8, 2/73 D-LP 36), »Touch Me« (6/73 GB-LP 2, 7/73 D-LP 21) und »Remember Me This Way« (6/74 GB-LP 5).

Die Musiker, die ihn begleiteten, starteten ab 1974 im Übrigen eine eigenständige Karriere. Nachdem er zwischen 1976 und 1984 nur noch in den unteren Positionen der Hitparade aufgetaucht war, stand er im Dezember 1984 mit »Another Rock 'n' Roll Christmas« wieder unter den ersten 10. 1988 setzte ihm die britische Band Timelords in dem Lied »Doctorin' The Tardis« ein musikalisches Denkmal. Sie sangen »Everybody loves Gary Glitter«. Zwischenzeitlich schien seine Karriere durch eine Überdosis Drogen und später durch einen Bankrott endgültig beendet, aber Gadd überlebte auch das, tourt heute noch als Gary Glitter durch GB und erfreut sich als kleine Musiklegende seiner Beliebtheit in der Presse. Ende 1992 hatte er nach längerer Pause mal wieder zwei Hitnotierungen im unteren Bereich der britischen Charts. Mit Fug und Recht kann er von sich behaupten, heute der älteste Pfau im Paillettenzoo zu sein. 1999 kam der Name Gary Glitter wieder in die Schlagzeilen: Er wurde zu vier Monaten Gefängnis verurteilt, weil auf der Festplatte seines Computers Kinderpornografie entdeckt worden war.

Rock 'n' Roll (Parts 1 & 2) (6/72 US 7, GB 2; 8/72 D 4)
I Didn't Know I Loved You (Till I Saw Rock 'n' Roll) (9/72 GB 4)
Do You Wanna Touch Me? (Oh Yeah) (1/73 GB 2)
Hello Hello I'm Back Again (4/73 GB 2, D 10)
I'm The Leader Of The Gang (I Am) (7/73 D 6, GB 1)
I Love You Love Me Love (11/73 D 8, GB 1)
Remember Me This Way (3/74 GB 3)
Always Yours (6/74 GB 1)
Oh Yes! You're Beautiful (11/74 GB 2)
Love Like You And Me (5/75 GB 10)
Doing Alright With The Boys (6/75 GB 6)
Another Rock And Roll Christmas (12/84 GB 7)
Glitter-(Glam)-Rock

Siehe auch: Glitter Band; Timelords

Glitter Band

HARVEY ELLISON (Großbritannien), TONY LEONARD (Großbritannien), PETE PHIPPS (Großbritannien), GERRY SHEPHARD (Großbritannien), JOHN SPRINGATE (Großbritannien)
Ursprünglich bildeten diese Musiker die Backing Group für den Sänger Gary Glitter. Nebenher machten sie ab 1974 auch ohne Gary Karriere. Ihre große Besonderheit war, dass sie zwei Schlagzeuger beschäftigten. Zur Hochzeit der Beliebtheit von Gary Glitter gelangen auch der Glitter Band eine Reihe von Top-10-Hits. Im Februar 1977 trennten sich die Musiker, kamen aber 1981 noch einmal zusammen, um mit ihrem früheren Mentor auf Tournee zu gehen. Ihre erfolgreichsten Alben waren »Hey« (9/74 GB-LP 13) und »Rock 'n' Roll Dudes« (5/75 GB-LP 17).

Angel Face (3/74 GB 4; 5/74 D 6)
Let's Get Together Again (10/74 GB 8)
Just For You (10/74 GB 10)
Goodbye My Love (1/75 GB 2)
The Tears I Cried (4/75 GB 8)
People Like You And People Like Me (2/76 GB 5)
Glitter-(Glam)-Rock

Siehe auch: Glitter, Gary

Go West

PETER COX v (Großbritannien, * 17. 11. 1955), RICHARD DRUMMIE v, g, key (Großbritannien, * 20. 3. 1959)
Bevor Peter und Richard 1982 die Formation Go West gründeten, hatten sie schon längere Zeit als Songschreiber zusammen gearbeitet, u. a. für Peter Frampton oder David Grant. Nachdem sie einen Plattenvertrag erhalten hatten, waren sie ab 1985 erfolgreich mit Titeln, die sich durch hohe Musikalität, gutes Arrangement und die markante Stimme von Cox auszeichneten. Der legendäre Produzent Arif Mardin bezeichnete ihre Musik als ›Modern Motown‹. »We Close Our Eyes« war der einzige Top-10-Hit für die beiden in GB. Ihre Aufnahme »Don't Look Down« gefiel Sylvester Stallone so gut, dass er Cox und Drummie für den Soundtrack seines Films »Rocky IV« die Nummer »One Way Street« schreiben ließ. In den USA erreichten sie mit »King Of Wishful Thinking« Mitte 1990 Platz 8. Geholfen hat wohl in diesem Fall, dass das Stück im Film »Pretty Woman« vorkam. Für das Video zu »We Close Our Eyes« engagierte Go West übrigens das zu jener Zeit wohl beste Videoteam: Godley und Creme. Ende 1993 standen sie mit einer gut gemachten Coverversion von »Tracks Of My Tears« (10/93 GB 16), einst ein Hit für Smokey Robinson, in den Charts. Ihre erfolgreichsten Alben waren »Go West/ Bangs And Crashes« (4/85 GB-LP 8) und »Aces And Kings – The Best Of Go West« (10/93 GB-LP 5).

We Close Our Eyes (2/85 GB 5)
King Of Wishful Thinking (5/90 US 8)
Elektro-Pop

Godley & Creme

LOL CREME v, g, key (Großbritannien, * 19. 9. 1947 als Lawrence Creme in Manchester), KEVIN GODLEY v, d (Großbritannien, * 7. 10. 1945 in Manchester)
1963 spielten beide in der in Manchester bekannten Band Sabres. Eine weitere Gruppe aus dieser Stadt, die Whirlwinds – in dieser Band spielte zu diesem Zeitpunkt Graham Gouldman –, nahm als B-Seite einer Single ein Lied auf, das Lol Creme geschrieben hatte. Gouldmans nächste Gruppe, die Mockingbirds, hatte Kevin Godley als Schlagzeuger. Die Arbeit dieser drei miteinander wurde intensiver. So nahmen sie z. B. als Frabjoy & Runcible Spoon eine Single auf. Im August 1970 kam es zur Gründung von Hotlegs, die mit »Neanderthal Man« einen Platz 2 in den GB-Charts haben sollten. Mitglied bei den Hotlegs war außerdem Eric Stewart, vorher bei den Mindbenders. 1972 produzierten die vier ein Demo des Titels »Donna« für die Beatles-Firma Apple. Nachdem die den Titel nicht wollten, erhielten sie einen Plattenvertrag von Jonathan Kings Firma UK Records. King gab ihnen den Namen 10cc, und in den nächsten vier Jahren hatten sie acht Top-10-Erfolge, darunter zweimal Platz 1. Im November 1976 trennten sich Godley und Creme von 10cc und begannen mit den Arbeiten an einem Dreiminutenstück, aus dem dann das Dreifachalbum »Consequences« wurde. Zu ihrem Titel »Cry« gab es ein hervorragend gemachtes Video, in dem eine Folge von Gesichtern gezeigt wird, die sich nach und nach verändern, indem sie ineinander übergehen. Das Video wurde mehrfach preisgekrönt und begründete ihre Karriere als Videokünstler. In dieser Eigenschaft nahmen z. B. Visage, La Toyah, Herbie Hancock, Duran Duran, Police oder Frankie Goes To Hollywood ihre Dienste in Anspruch. Godley & Creme galten lange Zeit auf diesem Gebiet als die Besten. Eine ihrer schönsten Aufnahmen war »A Little Piece Of Heaven« (4/88 D 26). Das erfolgreichste Album wurde »Changing Faces – The Very Best Of 10cc And Godley & Creme« (8/87 GB-LP 4).

Under Your Thumb (9/81 GB 3)
Wedding Bells (11/81 GB 7)
Cry (5/85 D 8)
AOR (Adult Orientated Rock), Elektro-Pop

Siehe auch: Hotlegs; 10cc

Goggi, Loretta

LORETTA GOGGI v (Italien)
Bereits mit elf Jahren stand Loretta zum ersten Mal vor einer Kamera. Nach diversen Theater- und Fernsehauftritten war sie bald Italiens bekanntester Kinderstar. 1970 nahm sie ihre erste Platte auf. Danach tourte sie gemeinsam mit ihrer Schwester Daniela als Duo Go & Go durch Italien. 1979 hatte sie mit »L'Aria Del Sabato Sera« und »Cicciottella« ihre ersten Hits. Im Frühjahr 1981 wurde »Maledetta Primavera« ein europäischer Erfolg. Danach zog sie sich wieder nach Italien zurück.

Maledetta Primavera (7/81 D 8)
Schlager

Go-Go's

ELISSA BELLO d (USA), CHARLOTTE CAFFEY g, key (USA, * 21. 10. 1953 in Santa Monica/Kalifornien), BELINDA CARLISLE v (USA, * 17. 8. 1958 in Hollywood/Kalifornien), MARGOT OLAVERRA b (USA), GINA SCHOCK d (USA, * 31. 8. 1957), KATHY VALENTINE b (USA, * 7. 1. 1959), JANE WIEDLIN v, g (USA, * 20. 5. 1958 in Oconomowoc/Wisconsin)
Die Urformation der Go-Go's startete im Mai 1978 in Hollywood. Zu diesem Zeitpunkt wussten sie wenig über Musikinstrumente und Gesang, aber nachdem

sie im Keller des Punk-Clubs ›Masque‹ ihren ersten erfolgreichen Auftritt hatten, entschlossen sie sich, es zu lernen. Nach einigen Umbesetzungen in der Gruppe spielten sie erst vorwiegend im Süden Kaliforniens, dann in GB als Vorprogramm von Madness und den Specials. Ihre erste Hitparadennotierung hatten sie mit »Our Lips Are Sealed« (8/81 US 20). Aus ihrer ersten LP »Beauty And The Beat« (8/81 US-LP 1) wurde als zweite Single »We Got The Beat« ausgekoppelt, die ein Millionseller wurde. Als weiteres Erfolgsalbum erschien »Vacation« (8/82 US-LP 8). Nach »Head Over Heels« (3/84 US 11) ließ der Erfolg nach. Jane Wiedlin verließ die Gruppe als Erste, um sich einer Solokarriere zu widmen. Am 10. 5. 1985 gaben die Go-Go's auf einer Pressekonferenz bekannt, dass sie sich trennen würden. Belinda Carlisle bereitete sich mit Hilfe ihrer Kollegin Charlotte Caffey auf eine Solokarriere vor, die auch recht erfolgreich wurde. Caffey gründete 1989 die Gruppe The Graces. Am 28. 3. 1990 kamen die Go-Go's für ein Benefizkonzert im Universal-Amphitheater zusammen. Das führte zu einer Reunion-Tour im selben Jahr. Anfang 1995 wurde eine Doppel-CD veröffentlicht, auf der sich außer den großen Hits der Band auch einige Neuaufnahmen befanden, die 1994 in der Besetzung Carlisle, Wiedlin, Valentine, Caffey und Schock aufgenommen wurden. Im Rahmen der Promotion zu dieser CD waren sie auch in Deutschland unterwegs, und man erfuhr, dass sich die Mädchen immer noch nicht grün waren. Während der Tour wurde die hochschwangere Charlotte Caffey durch Vicki Peterson von den Bangles ersetzt. Die Auskopplung »The Whole World Lost Its Head« brachte es im Frühjahr 1995 zumindest auf Platz 29 in GB. Da es ansonsten kein Verkaufserfolg war, fiel diese Reunion auch kurz aus. Nach 15 Jahren gingen die Go-Go's 2001 in der Besetzung Carlisle, Wiedlin, Valentine, Caffey und Schock wieder ins Studio und nahmen ein neues Album mit dem Titel »God Bless The Go-Go's« auf. Als erste Single erschien »Unforgiven«, geschrieben von Caffey, Wiedlin und Billie Joe Armstrong von der Gruppe Green Day.

We Got The Beat (1/82 US 2)
Vacation (7/82 US 8)
AOR (Adult Orientated Rock), Punk, Rock

Gold, Andrew

ANDREW GOLD v (USA, * 2. 8. 1951 in Burbank/Kalifornien)
Der Sänger, Multi-Instrumentalist und Songschreiber ist der Sohn des Komponisten Ernest Gold und der Sängerin Marni Nixon. Schon Mitte der 60er Jahre gründete er zusammen mit Peter Bernstein, dem Sohn von Elmer Bernstein, verschiedene Gruppen, die sich Doberman, Herd oder Wails nannten. 1969, wieder mit Peter, Carla Bonoff und anderen, gründete er Bryndle. Die Gruppe erhielt einen Plattenvertrag und arbeitete sechs Monate an einer LP, die dann jedoch nicht veröffentlicht wurde. 1971 ging Bryndle auseinander. Mit Peter Bernstein gründete Andrew jetzt die Rangers. 1974 tourte er für neun Monate mit Linda Ronstadt und spielte auf ihrer LP »Heart Like A Wheel«. So ist er z. B. auf der Singleauskopplung »You're No Good« als Leadgitarrist, Pianist, Schlagzeuger und Percussionspieler zu hören. 1975 wurde seine erste Solo-LP veröffentlicht. Nebenher spielte er als Studiomusiker auf unzähligen Platten von Kollegen mit. Auch hier ein Beispiel: Auf Art Garfunkels »I Only Have Eyes For You« spielte Andrew Gitarre, Piano und Schlagzeug. Ab 1977 war er als Solist dann auch erfolgreich. Im März des Jahres kam »Lonely Boy« in die amerikanische Hitparade. Ein Jahr später wurde »Thank You For Being A Friend« in den USA Platz 25 – das Stück wurde in den

nächsten Jahren in den USA sehr populär, weil sie als Erkennungsmelodie der TV-Serie ›Golden Girls‹ benutzt wurde. »Never Let Her Slip Away« war sein letzter Top-10-Erfolg. Ende 1992 stand der Titel erneut auf Platz 5, dieses Mal in einer Coverversion von Undercover. Sein erfolgreichstes Album war »All This And Heaven Too« (2/78 US-LP 81, 4/78 GB-LP 31). 1985 bildete er zusammen mit dem Briten Graham Gouldman die Formation Wax, die mit dem Titel »Building A Bridge To Your Heart« (8/87 GB 12, 10/87 D 19) einen Hit hatte.

Lonely Boy (3/77 US 7)
Never Let Her Slip Away (3/78 GB 5)
AOR (Adult Orientated Rock), West Coast

Goldbug

ADIL (Großbritannien), RICHARD WARMSLEY (Großbritannien)

Zwei illustre Gestalten des Londoner Nachtlebens standen hinter diesem Projekt. Walmsley gehörte einst zum Kern der britischen Gruppe Beatmasters, Adil war für die Promotion des ›Magick-Clubs‹ zuständig. Was Adil innerhalb von Goldbug gemacht hat, bleibt unklar – vielleicht einfach nur die Promotion für das Produkt, und die war nicht schlecht. Immerhin kam die Platte in GB auf Anhieb in die Top 10. Auf der anderen Seite hatte er es auch nicht allzu schwer. Den Riff aus dem Rock-Klassiker »Whole Lotta Love« dürfte jeder irgendwann einmal gehört haben. Das gekoppelt mit einem Häppchen aus einer bekannten Kinowerbung der 70er Jahre – ›Pa pa, pa pa, pa pa, pa pa‹ – musste zumindest kurzfristig zu einem Hit werden. Und genauso kam es auch: Die Platte stieg auf Platz 3 in GB ein und fiel dann langsam, aber sicher wieder nach unten. Dabei blieb es.

Whole Lotta Love (1/96 GB 3)
Dance

Siehe auch: Beatmasters

Golden Earring

PETER DE RONDE g, JAAP EGGERMONT d (Niederlande), RINUS GERRITSEN v, b (Niederlande, * 9. 8. 1946 als Marinus in Den Haag), BARRY HAY v, g, sax, fl (Indien, * 16. 8. 1948 in Fyzabad), GEORGE KOOYMANS v, g (Niederlande, * 11. 3. 1948 in Den Haag), FRANS KRASSENBURG v, FRED VAN DER HILST d, HANS VAN HERWERDEN g, CESAR ZUIDERWIJK d (Niederlande, * 18. 7. 1948 in Den Haag)

Die Ursprünge dieser Gruppe gehen zurück bis in das Jahr 1961. Gerritsen und Kooymans spielten gemeinsam in einer Schulband. Ab 1962 nannten sie sich Golden Earring, und bis zum ersten Erfolg sollte es noch viele Umbesetzungen innerhalb der Band geben. 1968 hatten sie ihre ersten großen Verkaufserfolge in den Niederlanden. Es folgte eine Tour durch Europa und die USA. 1969 kam von der Gruppe Living Blues der Schlagzeuger Cesar Zuiderwijk, und mit ihm stand die Erfolgsbesetzung Kooymans, Gerritsen, Hay und Zuiderwijk. Ihre erste Hitnotierung in Deutschland hatten sie Ende 1970 mit »Back Home« (10/70 D 15). 1971 hieß ihr Hit »Holy Holy Life« (3/71 D 24), 1972 »Buddy Joe« (6/72 D 12). Im Herbst 1973 sollte ihr größter Erfolg erscheinen: »Radar Love« (5/74 US 13). Danach gab es eine längere Hitpause für die Band. 1982 hatte Golden Earring mit »Twilight Zone« in den USA wieder einen Platz 10. Ihr erfolgreichstes Album hieß »Moontan« (2/74 GB-LP 24, 5/74 US-LP 12).

Nach 1984 wurden keine Hits der Band mehr notiert. 1992 erschien mit »The Naked Truth« ein Album, das Unplugged-Versionen ihrer großen Hits brachte. 1995 veröffentlichten sie ihr neues Studioalbum »Face It«. Daraus ausgekoppelt als Single wurde »Hold Me Now«.

Radar Love (10/73 D 5; 12/73 GB 7)
Twilight Zone (11/82 US 10)
Rock

Goldie

Goldie brachte es mit »Making Up Again« im Mai 1978 auf einen Platz 7. Ansonsten gab es für diese Formation unter diesem Namen kein ›Making up again‹! Ab 1994 gab es eine neue Formation Goldie, die es bisher jedoch nicht auf einen Top-10-Erfolg brachte.

Making Up Again (5/78 GB 7)
Pop

Goldsboro, Bobby

BOBBY GOLDSBORO v (USA, * 18. 1. 1941 in Marianna/Florida)
Nur so nebenher machte Bobby während seines Studiums in der kleinen Stadt Dothan, Alabama, mit einer Gruppe namens Webbs Musik, und der Höhepunkt ihrer Karriere war erreicht, als eines Tages Roy Orbison in ihre Stadt kam, um dort aufzutreten. Nun darf man solche Tourneen nicht mit heutigen vergleichen. Die Künstler kamen nicht mit einem ganzen Trupp in die Auftrittsorte, sondern suchten sich meist erst vor der Veranstaltung eine geeignete Begleitformation. Die fand Roy Orbison in den Webbs. Roy fand aber gleich noch etwas: Gefallen an der Band und besonders an dem Gesang von Bobby Goldsboro. Als er wenige Monate später wieder in der Gegend auftrat, heuerte er die Band erneut an und fragte sie bei dieser Gelegenheit, ob sie nicht mit ihm auf eine Tournee durch die ganzen Staaten gehen wollten. Bobby Goldsboro fragte seine Eltern um Rat. Die reagierten – wie wohl alle Eltern rund um den Erdball – mit der Bemerkung, dass sie es lieber sähen, wenn er sein Studium beendete. Bobby war jedoch von der Welt der Musik und den Möglichkeiten, vor Publikum zu spielen, so infiziert, dass er alles hinschmiss und mit Roy Orbison auftrat.
Für zweieinhalb Jahre war er im Team von Orbison. Er schrieb mit ihm zusammen einige Nummern und versuchte nun auch langsam, aber sicher, als eigenständiger Autor und Gesangssolist zu Erfolgen zu kommen. Im Herbst des Jahres 1963 war es dann so weit: Die selbst geschriebene Nummer »See The Funny Little Clown« kam in die amerikanischen Top 10. Und noch immer stand Bobby Goldsboro Abend für Abend neben und/oder hinter Roy Orbison auf der Bühne. Dass das Gerede vom ausgesprochen kollegialen Roy Orbison, das man nach seinem Tod häufig lesen konnte, wirklich stimmte, bewies sich Anfang 1964. Bobbys Nummer erreichte die Top 10 in den USA, und damit waren die Weichen für eine Solokarriere gestellt. Orbison riet Goldsboro, sich doch von ihm zu trennen und es als Solist zu versuchen. Gleichzeitig bot er ihm aber auch noch an, sofort zu ihm zurückkehren zu können, falls es nicht so funktionieren würde, wie er sich das vorstellte. Eine noble Geste in einem Business, das immer wieder nicht ganz zu Unrecht als ›Haifischbranche‹ bezeichnet wird. Bobby Goldsboro kehrte nicht zu Roy Orbison zurück. Er machte seinen Weg und hatte schließlich 1968 mit dem »Honey« einen weltweiten Hit. »Honey« brachte Goldsboro Auftritte in den wichtigsten amerikanischen Fernsehsendungen und zwischen 1972 und 1975 eine eigene TV-Show. »Summer (The First Time)« lieferte die gedankliche Vorlage für Peter Maffays Titel »Und es war Sommer«. Sein erfolgreichstes Album hieß ebenfalls »Honey« (4/68 US-LP 5).

See The Funny Little Clown (1/64 US 9)
Honey (3/68 GB 2, US 1; 6/68 D 8; 3/75 GB 2)
Summer (The First Time) (8/73 GB 9)
Soft Pop

Goldtrix presents Andrea Brown

DANNY GOLDSTEIN (Großbritannien), JAMIE QUINN (Großbritannien)
Andrea ist die Nichte von Bobby Brown. In einem Studio in den USA nahm sie a cappella den Titel »It's Love« auf, der über einige Umwege in die Hände des britischen Produzentenduos Goldtrix kam. Zuerst wurde der Titel zum Clubhit in GB, dann auch im Radio. Dem Titel wurden einhellig Sommerhit-Qualitäten bescheinigt.

It's Love (Trippin') (1/02 GB 6)
Dance

Gompie

PETER KOELEWIJN v (Niederlande, * 29. 12. 1940 in Eindhoven)
Peter Koelewijn steckte hinter diesem Projekt. Er hatte in seiner Heimat bereits für viel Furore gesorgt und galt als der holländische Ralph Siegel. Seine Platte »Kom Van dat dak af/De Hele Stad Is Gek En Dol« kam 1968 in die holländische Hitparade und gilt da bis heute als Super-Rock-'n'-Roll-Oldie. Insgesamt gehen 30 Hitsingles in den Niederlanden auf sein Konto. Angeblich sollen in einem holländischen Pub namens Gompie jedesmal, wenn der Inhaber den Titel »Living Next Door To Alice« von Smokie spielte, die Besucher die Zeile »Alice, Who The X Is Alice« gegrölt haben. Die Platte wurde in den Beneluxländern schnell ein Erfolg und einer der Partyhits des Jahres. In GB kam die Nummer im Mai 1995 in die Charts und erreichte Platz 34. Eine Wiederveröffentlichung vier Monate später bescherte Platz 17. Hätte die Gruppe Smokie nicht so lange geschlafen und ihre Version schneller veröffentlicht, würde heute keiner mehr von Gompie sprechen. Zumindest die Briten liebten die Version ihrer Landsleute mehr.

Alice, Who The X Is Alice (6/95 D 2)
Pop

Goo Goo Dolls

MIKE MALININ d (USA, * 10. 10. 1967 in Washington/DC), JOHNNY RZEZNIK v, g (USA, * 5. 12. 1965 in Buffalo/New York), ROBBY TAKAC v, b (USA, * 30. 9. 1964), GEORGE TUTUSKA v, d (USA)
Das Trio aus Buffalo – Schlagzeuger Tutuska wurde 1995 durch Malinin ersetzt – brachte Power Punk. Ihr Album »A Boy Named Goo« (9/95 US-LP 27) sollte ›Partyspaß mit Garantie‹ bringen und verkaufte sich immerhin zwei Millionen mal. Produziert wurde es von Hüsker-Dü-Soundmann Lou Giordano. Die Auskopplung »Name« aus diesem Album brachte für die Gruppe den ersten Top-10-Erfolg. Vor allen Dingen MTV und die alternativen Radiostationen der USA sorgten dafür. Ihre Singleveröffentlichung »Long Way Down« 1996 stammte aus dem Soundtrack zum Film »Twister«, »Iris« aus »City Of Angels«. Es folgten die Singles »Slide«, »Black Balloon« (7/99 US 18), »Broadway« (4/00 US 24). Ein weiteres Erfolgsalbum wurde »Dizzy Up The Girl« (10/98 US-LP 15).

Name (10/95 US 5)
Iris (5/98 US 9)
Slide (9/98 US 8)
Punk, Rock

Good Men

DJ ZKI dj (Niederlande), DOBRE dj (Niederlande)
DJ Zki und Dobre veröffentlichten die Nummer »Give It Up« auf dem neu gegründeten Plattenlabel ›Fresh Fruit‹. Im Großraum Amsterdam hatten sich die beiden bereits einen Namen als Discjockeys und Produzenten von Interpreten wie SIL, World Series Of Life, Trancesetters

oder Virtual Reality gemacht, als sie 1992 ihre ersten gemeinsamen Projekte unter den Pseudonymen Rene & Gaston, No. 1 und Klatsch starteten. Als Good Men sollte ihnen 1993 der erste große Wurf gelingen. In Deutschland kam die Platte bis auf Platz 17, in den USA auf 71. Im Frühjahr 2001 tauchten die beiden als Chocolate Puma wieder erfolgreich in der britischen Hitparade auf.

Give It Up (10/93 GB 5)
Dance

Siehe auch: Chocolate Puma

Goodies

TIM BROOKE-TAYLOR v (Großbritannien, * 17. 7. 1940 in Buxton/Derbyshire), GRAEME GARDEN v (Großbritannien, * 18. 2. 1943 in Aberdeen/Schottland), BILL ODDIE v (Großbritannien, * 7. 7. 1941 in Rochdale/Lancashire)
1974 wurden diese drei in GB mit dem Comedy Award als die besten Kabarettisten Englands ausgezeichnet. Ihre Plattenfirma fand damals: ›Bei den Goodies bezieht sich das Wort Kabarettist jedoch lediglich auf den guten und humorvollen textlichen Inhalt ihrer Titel. Im Vordergrund steht aber ihre fantastisch tanzbare und mitreißende Musik, die man am besten als Crazy Rock bezeichnet.‹ Ihr erster Hit war Ende 1974 die doppelte A-Seite »The Inbetweenies/ Father Christmas Do Not Touch Me«. Die Mitglieder dieser Formation kannten sich bereits seit Anfang der 60er Jahre. Gemeinsam absolvierten sie ihre Ausbildung in Cambridge und wurden Mitglieder verschiedener Shows. Oddie und Brooke-Taylor waren z. B. mit John Cleese bei der Cambridge Circus Show. Brooke-Taylor arbeitete für Theater und Film, Oddie für Fernsehsendungen, Garden hatte inzwischen seine Approbation als Arzt. 1970 begannen die drei mit ihrer Fernsehserie ›The Goodies‹. 1980 trennten sie sich. Oddie, begeisterter Ornithologe, schrieb mehrere Bücher über dieses Thema und ist Moderator einer Jazzsendung im Rundfunk. Garden moderiert Game-Shows und Gesundheitssendungen. Brooke-Taylor ist in Comedy-Serien zu sehen.

The In Betweenies/Father Christmas Do Not Touch Me (12/74 GB 7)
The Funky Gibbon/Sick Man Blues (3/75 GB 4)
Pop

Goodman, Dickie

DICKIE GOODMAN v (USA, * 19. 4. 1934 in Hewlett/New York, † 6. 11. 1989)
Zusammen mit seinem Partner Bill Buchanan machte er das, was man später als ›Break-in‹-Platten bezeichnete. Aus Hits wurden kurze Schnipsel verwendet, die dann mit einem Kommentar dazwischen zu einer mehr oder weniger dusseligen Geschichte und einem neuen Hit verarbeitet wurden. Anfangs sträubten sich noch die Plattenfirmen der Originalinterpreten, dann merkten sie, dass dieses Verfahren einen neuen Push für den alten Hit und den jeweiligen Künstler brachte, und waren mit der Wiederverwertung einverstanden – eine frühe Form von Schlagermüllrecycling. Buchanan & Goodman hatten ihren ersten Hit mit »The Flying Saucer (Part 1 & 2)« (8/56 US 3). Noch dreimal wurden sie mehr oder weniger erfolgreich in den US-Hitparaden notiert, bevor sich Buchanan 1959 aus dem Musikgeschäft zurückzog. Danach machte Dickie kurz mit Mickey Shorr das Duo Spencer & Spencer. Seit 1961 war Goodman zwar als Solist mit Novelty-Songs in der amerikanischen Hitparade verzeichnet, hatte aber erst Ende 1975 mit »Mr. Jaws«, einer Veralberung des Films »Jaws«, der bei uns »Der Weiße Hai« hieß, einen einzigen weiteren Hit.

Mr. Jaws (9/75 US 4)
Pop

Goombay Dance Band

OLIVER BENDT v (Deutschland, * 29. 10. 1946 als Jürgen Knoch in Potsdam)

Oliver Bendt war der Chef dieses Familienunternehmens. Nachdem er vier Jahre lang Mitglied der Regensburger Domspatzen war, wurde er durch Filme wie »Königswalzer« und »Weil du arm bist, musst du früher sterben« zum Kinderstar. Von Synchronarbeiten über Abitur, Lehre als Reprofotograf bis zur Musikhochschule in Hamburg verliefen die nächsten Stationen. Er wurde Mitglied der Beatgruppe The Ventures (nicht zu verwechseln mit der amerikanischen Formation) und spielte dann in Hamburg in Musicals wie »Hello, Dolly« oder »Hair« mit. Von Wyn Hoop wurde er als Schlagerstar entdeckt. Ab Anfang der 70er Jahre veröffentlichte er in Deutschland Platten. Sein größter Erfolg war »Was ich tat, tat ich nur für Maria« (8/71 D 33). Seine letzte Hitnotierung aus dem Jahr 1976, die sich zumindest in den Rundfunk-Hitparaden platzieren konnte, hieß »Martinique«. Nach 1976 schien er wie verschwunden. Genau in diese besungene Gegend, auf die Westindischen Inseln, hatte es ihn verschlagen. So war auch die B-Seite seines größten Erfolges schon ein Hinweis auf sein Traumziel: »Mein Girl in Kingstontown«. Dort bastelte er an einer ganz neuen Karriere, der Goombay Dance Band. Diese Formation bestand aus seiner Frau Alicia, den Kindern Danny und Yasmin und den nicht zur Familie gehörenden Mitgliedern Dorothy Hellings, Wendy Doorsen und Mario Slijngaard. 1979 kam »Sun Of Jamaica« in die deutsche Hitparade und wurde Spitzenreiter. Ihren größten Knüller landete die Goombay Dance Band mit dem Stück »Seven Tears«. Nach 1983 wurden keine Hits mehr notiert. Zu ihrer Show gehörte immer die Vermittlung der Illusion, sich in der Karibik zu befinden. Um das authentisch zu gestalten, lernte Oliver Bendt auch noch das Feuerschlucken. Auch in den 90er Jahren tourte die Goombay Dance Band durch die Lande. Ihre erfolgreichsten Alben: »Zauber der Karibik« (6/80 D-LP 3), »Tropical Dreams« (3/82 D-LP 9) und »Seven Tears« (4/82 GB-LP 16).

Sun Of Jamaica (12/79 D 1)
Aloha-Oe, Until We Meet Again (5/80 D 5)
El Dorado (10/80 D 4)
Rain (3/81 D 9)
Seven Tears (2/82 GB 1)
Pop

Goons

MICHAEL BENTINE v (Großbritannien), TERENCE SPIKE MILLIGAN v (Indien, * 16. 4. 1918 in Admadnagar, † 27. 2. 2002), HARRY SECOMBE v (Großbritannien, * 8. 9. 1921 als Harold Donald Secombe in Swansea/Wales, † 11. 4. 2001), PETER SELLERS v (Großbritannien, * 8. 9. 1925 als Richard Henry Sellers in Southsea, † 24. 7. 1980)

Diese vier starteten 1951 eine BBC-Radio-Comedy-Show, die ›Crazy People‹ hieß. Bevor sich das ganze ›The Goons‹ nannte, stieg Michael Bentine aus. Satirische, witzige und surreale Comics waren die Inhalte der Goons-Sendungen, die als Vorläufer zu Monty Pythons Flying Circus zu sehen sind und die die Beatles in der Ausführung ihrer ersten beiden Filme beeinflussten. Einer der bekanntesten Sprüche aus dieser Sendung wurde die stehende Redensart von Bluebottle, gespielt von Sellers: ›You dirty rotten swine – you deaded me.‹ Bei der Beerdigung von Sellers soll Secombe bemerkt haben: ›Bluebottle is deaded now.‹ Musikalisch wirkten sich ihre Sendungen auf Gruppen wie Scaffold oder die Bonzo Dog Doo-Dah Band aus. Mitte 1956 erschien die Weihnachtsplatte »I'm Walking Backwards For Christmas«. Im September desselben

Jahres wurde »Bloodnok's Rock 'n' Roll Call« mit der B-Seite »Ying Tong Song« veröffentlicht, der Mitte 1973 erneut erschien. Peter Sellers wurde später zum gefeierten Filmstar und hatte auch als Solist Plattenerfolge, ebenso Harry Secombe. Die erfolgreichsten Alben der Goons: »Best Of The Goon Shows« (11/59 GB-LP 8) und »Last Goon Show Of All« (11/72 GB-LP 8).

I'm Walking Backwards For Christmas/Bluebottle Blues (6/56 GB 4)
Bloodnok's Rock 'n' Roll Call/Ying Tong Song (9/56 GB 3)
Ying Tong Song (7/73 GB 9)
Pop

Siehe auch: Secombe, Harry

Gordon, Lonnie

LONNIE GORDON v (USA, in Bronx/New York City)

Die ehemalige Chorsängerin von Chaka Khan hatte in Bands wie Strykers, Nytjar und als Backgroundsängerin bei Melissa Morgan und Alyson Williams begonnen. Lonnie Gordon zog nach London und wurde dort von Phil Manzanera, dem früheren Gitarristen von Roxy Music, produziert. Doch dann nahmen sich Stock/Aitken/Waterman der Amerikanerin an und machten mit ihr den Titel »Happenin' All Over Again«. Es folgten weitere Singles, die sich jedoch nicht mehr unter den Top 30 platzieren konnten. Da nützte auch kein Wechsel des Studios nach Bologna zu einem italienischen Produzententeam.

Happenin' All Over Again (1/90 GB 4)
Dance

Gore, Lesley

LESLEY GORE v (USA, * 2. 5. 1946 in New York City)

Lesley gehört zu den Sängerinnen, die mit ihrem ersten Hit auch gleich ihren größten haben: Ihre erste Plattenaufnahme überhaupt, »It's My Party«, kam im Mai 1963 in die Hitparaden. Dabei war dieser Erfolg recht zufällig. Sie sang in einer siebenköpfigen Studentenband, die ihren ersten bezahlten Job im Prince George Hotel in Manhattan hatte. Zuerst wollten die Jungs für diesen besonderen Anlass keine Sängerin, doch Lesley war an jenem Abend anwesend, weil sie sich den Auftritt ansehen wollte. Da sie nun schon mal da war, durfte sie auch zwei Nummern mitsingen, und ausgerechnet an dem Abend saß in der Cocktail-Lounge Quincy Jones, der zu diesem Zeitpunkt festangestellter Produzent bei Mercury Records war. Es kam zu einem Vertrag und zum ersten Erfolg. Es folgten bis 1967 knapp zwanzig weitere Hits. »You Don't Own Me« wäre sicher Nummer 1 geworden, hätten nicht die Beatles mit »I Want To Hold Your Hand« genau in der Woche, als Lesley Platz 2 wurde, ihren ersten Spitzenreiter in den USA gehabt. Zwangsläufig spielte Lesley auch in verschiedenen Teenie-Filmen und Fernsehshows und -serien mit. Dann war eine Zeit lang Pause, bis sie 1972 wieder mit einer LP auf den Markt kam. Wiederum drei Jahre später erschien das wieder von Quincy Jones produzierte Album »Immortality«. Ansonsten hatte sie Erfolge als Songschreiberin. Zusammen mit ihrem Bruder, dem Oscar-Gewinner Michael Gore, schrieb sie z. B. Titel für den Film »Fame«. Im September 1981 standen Dave Stewart und Barbara Gaskin mit einer Neuauflage von »It's My Party« in den Charts.

It's My Party (5/63 GB 9, US 1)
Judy's Turn To Cry (7/63 US 5)
She's A Fool (9/63 US 5)
You Don't Own Me (12/63 US 2)
Pop

Gorillaz

DAMON ALBARN v (Großbritannien, * 23. 3. 1968 in Whitechapel/London), DAN THA AUTOMATOR , DEL THA FUNKEE HOMOSAPIEN rap (USA)

»Gorillaz« war eine Cartoon-Serie, die Jamie Hewlett kreiert hatte. Von ihm stammte auch das Tank Girl. Jamie war einst ein Wohnungsgenosse von Damon Albarn von der Gruppe Blur gewesen. Wahrscheinlich aus alter Verbundenheit hat Damon sein neues Projekt Gorillaz genannt. Die erste Veröffentlichung dieser Formation war die EP »Tomorrow Comes Today«. Dann folgte der Top-10-Hit »Clint Eastwood«. Del Tha Funkee Homosapien hatte 1992 den Top-10-Hit »Mistadobalina« gehabt. Ende 2001 wurde bekannt, dass Steven Spielberg Interesse bekundet habe, die »Gorillaz« auf die Kinoleinwand zu bringen. Das erste Album hieß schlicht »Gorillaz« (4/01 GB-LP 3, 5/01 D-LP 3) und konnte beeindrucken. Weitere Singlehits wurden »Rock The House« (11/01 GB 18) und »Tomorrow Comes Today« (3/02 GB 33).

Clint Eastwood (3/01 GB 4; 4/01 D 2)
19/2000 (7/01 GB 6)
Pop

Siehe auch: Del Tha Funkee Homosapien; Blur

Gorme, Eydie

EYDIE GORME v (USA, * 16. 8. 1931 in New York)

Die Amerikanerin türkisch-spanischer Abstammung begann als Sängerin in den Big Bands von Tommy Tucker und Tex Beneke. Ab 1953 sah man sie regelmäßig bis 1957 in der ›Tonight Show‹ von Steve Allen. Am 29. 12. 1957 heiratete sie den Sänger Steve Lawrence. Ab 1956 war Eydie in den US-Charts zu finden. Zusammen mit ihrem Mann sang sie als Steve & Eydie. 1960 gewannen die beiden für ihr Album »We Got Us« einen Grammy, ihren größten Singleerfolg hatten sie mit »I Want To Stay Here«. 1966 gewann Eydie einen Grammy als beste Sängerin für ihren Titel »If He Walked Into My Life« aus dem Musical »Mame« und schlug dabei immerhin die Mitbewerberinnen Ella Fitzgerald, Sandy Posey, Nancy Sinatra und Barbra Streisand. 1979 nahmen die beiden als Parker & Penny Platten auf, die jedoch erfolglos waren. Steve und Eydie Gorme hatten 1958 eine eigene TV-Show. Mit ihrer gemeinsamen Sendung ›Steve And Eydie Celebrate Irving Berlin‹ im Jahr 1979 sahnten sie bei der Emmy-Verleihung ab. Steve und Eydie standen zwar nicht mehr in den Hitparaden, aber ansonsten waren sie recht erfolgreich, so z. B. bei Auftritten in der Carnegie Hall und bei der 1991er Diamond Jubilee Tour von Frank Sinatra anlässlich seines 75. Geburtstages.

Yes My Darling Daughter (6/62 GB 10)
Blame It On The Bossa Nova (1/63 US 7)
I Want To Stay Here (8/63 GB 3)
Pop

Gott, Karel

KAREL GOTT v (Tschechische Republik, * 14. 7. 1939 als Gottar in Pilsen)

Karel arbeitete zunächst als Elektriker und erhielt danach eine Gesangsausbildung am Konservatorium in Prag. Ab 1958 spielte er Theater, 1964 gründete er sein eigenes Theater in Prag. 1963 wurde seine erste Schallplatte veröffentlicht, und seit dieser Zeit zählt Karel zu den beliebtesten Sängern in der ehemaligen CSSR. In Deutschland war er ab 1967 erfolgreich. Sein erster Hit »Weißt du wohin« erreichte im Mai 1967 Platz 33 und anderthalb Jahre später Platz 9. Aber auch ohne Hitparaden brachte er regelmäßig Singles auf den Markt und dürfte inzwischen bei mehr als hundert LP-Veröffentlichungen sein. Seine erfolgreichsten Alben waren »Die goldene Stimme aus

Prag« (10/68 D-LP 1, 11/70 RE-D-LP 9), »In mir klingt ein Lied« (8/69 D-LP 9), »Von Böhmen in die Welt« (8/71 D-LP 3), »Triumph der goldenen Stimme« (9/79 D-LP 2) und »Guten Abend, gute Laune« (1/81 D-LP 2). Die Jüngeren kennen seine Stimme von der Einleitungsmelodie zur TV-Serie ›Die Biene Maja‹. In den 90er Jahren stellte Karel Gott noch ein anderes Talent unter Beweis: Er outete sich als Maler.

Weißt du wohin (12/68 D 9)
Lady Carneval (2/69 D 10)
Was damals war (8/69 D 8)
Einmal um die ganze Welt (10/70 D 10)
Deutscher Schlager

Gottschalk, Thomas

THOMAS GOTTSCHALK v (Deutschland, * 18. 5. 1950 in Bamberg)
TV-Moderator, Supernase, zärtlicher Chaot und einmaliges Mitglied bei GLS-United, zusammen mit zwei Kollegen. Wetten, dass »Rapper's Deutsch« (4/80 D 49) die einzige Chartnotierung war – Na sowas! 2001 wollte er nach einer verlorenen Saalwette an der Vorausscheidung des Grand Prix teilnehmen, zog dann seine Kandidatur jedoch wieder zurück. Der für diese Vorausscheidung geschriebene Titel »What Happened To Rock 'n' Roll« erschien dann aber trotzdem im Februar 2001. Auszug aus dem von Thomas selbst geschriebenen Text: ›Ich hab die Schnauze voll/Öder Techno, blöder Rap/dazu tanzt ein gepiercter Depp/Ich brauch Gitarrensound/und den alten Underground.‹ Mit anderen Worten: Wir wollen den Status quo behalten.

What Happened To Rock 'n' Roll (3/01 D 4)

Grace

DOMINIQUE ATKINS v (Großbritannien), JOY (Großbritannien), PAUL OAKENFOLD (Großbritannien), PATTI (Großbritannien)
Patti und Joy, die es in der britischen Clubszene zu einiger Popularität gebracht hatten, verkörperten Grace. Hinter ihnen standen der britische Dance-Mastermind Paul Oakenfold und sein Plattenlabel Perfecto und die Sängerin Dominique Atkins. Ihre erste Single »Not Over Yet« erschien erstmals 1993 und kam nicht in die Charts. Bei einer Wiederveröffentlichung des Titels kam die Platte im Frühjahr 1995 in die Top-10. »I Want To Live« (9/95 GB 30), »Skin On Skin« (2/96 GB 21), »Down To Earth« (1/96 GB 20, 7/97 RE-GB 29 als Remix), »If I Could Fly« (9/96 GB 29) und »Hand In Hand« (5/97 GB 38) waren weitere Top-40-Hits. Das Stück »Not Over Yet« kam 1999 als »Not Over Yet 99« (8/99 GB 16) erneut in die Charts. Als Interpreten wurden Planet Perfecto feat. Grace angegeben.

Not Over Yet (4/95 GB 6)
Dance

Siehe auch: Perfecto Allstarz; Planet Perfecto; Element Four

Graham, Jaki

JAKI GRAHAM v (Großbritannien, * 15. 9. 1956 in Birmingham)
Jaki – Tochter jamaikanischer Eltern – sang mit Dee Harris in der Band Ferrari. Danach ging sie zur Medium Wave Band, bevor sie sich mit dem Sänger, Songschreiber und Produzenten Derek Bramble zusammentat und eine Solokarriere startete. Als erste Platte wurde 1984 »What's The Name Of Your Game« veröffentlicht. Zusammen mit dem Sänger David Grant hatte sie ihren ersten Top-10-Erfolg: »Could It Be I'm Falling In Love«. Das gab Jaki einen Push, und sie war bis zum Ende der 80er Jahre regelmäßig mit Titeln in GB vertreten. 1992 gründete sie zusammen mit Paul Hardcastle das Duo Kiss The Sky. Einzig erwähnenswerte Veröffentlichung: im selben Jahr »Living For You«. Auf dem Titel

waren Samples von Minnie Ripertons »Loving You« zu hören. Jakis Songschreiber Derek Bramble hatte zwischenzeitlich die Aufmerksamkeit von David Bowie erregt, der mit ihm Bowies Langspielplatte »Tonight« produzierte. Später ging Derek in die USA und produzierte dort unter anderem Vanessa Williams. 1990 schrieb er zusammen mit Whitney Houston »I Belong To You«. Mitte 1994 stand Jaki Graham mit »Ain't Nobody«, im Original ein Hit von Rufus & Chaka Khan, noch einmal in den britischen Top 50.

Could It Be I'm Falling In Love (3/85 GB 5)
Round And Round (6/85 GB 9)
Set Me Free (5/86 GB 7)
Pop

Graham, Larry

LARRY GRAHAM v, b (USA, * 14. 8. 1946 in Beaumont/Texas)
Der schwarze Texaner spielte schon als Jugendlicher im Familientrio mit. 1966 wurde er Bassist bei Sly & The Family Stone. Bis 1972 blieb er, danach gründete er Graham Central Station, die einen ähnlichen Funk-Rock spielten wie Sly & The Family Stone. Zwischen 1974 und 1976 brachte es die Band auf vier Hitnotierungen. Ab 1980 begann Larry eine Solokarriere, und mit dem Titel »One In A Million You« hatte er einen Millionseller. Nach zwei weiteren Hitnotierungen wurde er nicht mehr genannt. 1985 sang er mit Firefox, 1986 nahm er ein Duett mit Aretha Franklin auf.

One In A Million You (6/80 US 9)
Rhythm & Blues

Gramm, Lou

LOU GRAMM v (USA, * 2. 5. 1950 als Grammatico in Rochester/New York)
Die Karriere des Sängers und Songschreibers begann mit der Gruppe Black Sheep. Ab 1976 wurde er Mitglied bei Foreigner. Ab 1987 erschienen Soloplatten von Lou. »Midnight Blue« und »Just Between Me And You« waren seine beiden Top-10-Hits. Sein erfolgreichstes Album war »Ready Or Not« (2/87 US-LP 27). Hatte Lou bis 1991 immer auch noch mit Foreigner gearbeitet, so wurde er jetzt durch Johnny Edwards ersetzt, und Gramm machte nur noch Soloplatten. Noch 1991 gründete er eine Band, die er Shadow King nannte. Mitte des Jahres 1992 kehrte er zu Foreigner zurück.

Midnight Blue (1/87 US 5)
Just Between You And Me (10/89 US 6)
AOR (Adult Orientated Rock)

Siehe auch: Foreigner

Granata, Rocco

ROCCO GRANATA v (Italien, * 16. 8. 1938 in Figline Vigliaturo)
Das werden Rocco Granata und Salvatore Adamo gemeinsam haben: Als die Eltern der beiden in Italien keine Arbeit mehr fanden, wanderten sie nach Belgien aus. Dort, in den Kohlegruben im Norden des Landes, gab es genug zu arbeiten. Rocco Granata entdeckte früh die Liebe zur Musik. Er wollte nicht nur die Rocknummern der Endfünfziger nachsingen, sondern sich auch selbst etwas schreiben. Heraus kam das Lied »Marina«, das dann jedoch niemand haben wollte. Der knapp Zwanzigjährige lief mit diesem Titel von Plattenfirma zu Plattenfirma, von Verlag zu Verlag. Keiner biss an. Rocco ließ sich nicht davon abbringen, diesen Song zu veröffentlichen, mietete sich kurz entschlossen mit seiner Band ein Studio und nahm den Titel in eigener Regie auf. Rocco und seine Freunde verteilten die Single in einigen Musikläden in ihrer Nachbarschaft. Es begann ein Run auf diese Aufnahme, es kamen Angebote für

Plattenverträge, und angeblich sollen insgesamt zehn Millionen Singles dieser Platte verkauft worden sein, was durchaus möglich ist. Das alles fand im Jahre 1959 statt. Die Platte wurde Platz 1 in der deutschen Hitparade, fast in ganz Europa ein Hit, und selbst in den USA kam der Titel bis auf Platz 31. Seine weiteren Hits: »Oh, Oh, Rosi« (2/60 D 14), »La bella« (5/60 D 18), »Ein Italiano« (7/60 D 37), »Rocca-Cha-Cha« (10/60 D 38), »Irena« (6/61 D 15), »Signorina Bella« (10/61 D 37) und »Marina (Remix)« (9/89 D 17). Nebenbei schrieb er noch Aufnahmen für andere, wie z. B. Dean Martin, Dalida, Caterina Valente oder die Four Aces. Schließlich hatte Rocco keine Lust mehr am Vagabundenleben, ging zurück nach Belgien und gründete eine eigene Schallplattenfirma samt Vertrieb. Auch komponierte er u. a. für Rainer Werner Fassbinder.

Marina (10/59 D 1)
Buona Notte (6/63 D 5)
Schlager

Grand Funk Railroad

DON BREWER d (USA, * 3. 9. 1948 in Flint/Michigan), MARK FARNER g (USA, * 29. 9. 1948 in Flint/Michigan), CRAIG FROST key (USA, * 20. 4. 1948 in Flint/Michigan), MEL SCHACHER b (USA, * 3. 4. 1951 in Owosso/Michigan)

1966 wurden Brewer und Farner Mitglieder von Terry Knight & The Packs. Es erschien eine Single: »I (Who Have Nothing)« (11/66 US 46). 1968 kam der Bassist Mel Schacher, der vorher bei ? & The Mysterians gespielt hatte, zur Band. Daraufhin verließ Knight die Gruppe, wurde ihr Manager, Produzent und änderte ihren Namen – inspiriert durch The Great Trunk Railroad – in Grand Funk Railroad. Dass sich die Band damit keinen edlen Ritter als Manager an Land gezogen hatte, sollte sie erst drei Jahre später merken. Das Trio dümpelte bis 1972 mehr oder weniger erfolglos durch die Singlehitparaden, war allerdings in den LP-Charts mit fünf Platin-LPs und einer Gold-LP vertreten, bis 1973 mit dem Keyboarder Craig Frost ein vierter Mann zur Band kam. Inzwischen hatte man den Manager Terry Knight, dessen richtiger Name Richard Terrance Knapp ist, gefeuert. John Eastman, Paul McCartneys Schwiegervater, übernahm das Management. Der Ritter war mehr Knappe gewesen und hatte die Band knapp bei Kasse gehalten. Es setzte eine Serie von Multimillionen-Dollar-Prozessen. Im September 1973 produzierte Todd Rundgren mit der Band, die sich jetzt nur noch Grand Funk nannte, die LP »We're An American Band«. Der Titelsong wurde Nummer 1 in den USA. Nachfolger wurden »Walk Like A Man« (11/73 US 19) und eine Neuaufnahme von »Loco-Motion«, im Original ein Hit von Little Eva. Ab 1976 nannte man sich wieder Grand Funk Railroad, schaffte aber keinen Hit mehr und trennte sich. Farner versuchte sich als Solist, die anderen machten die Gruppe Flint mit dem Gitarristen Billy Elworthy. Im Januar 1981 kamen Farner, Brewer und der Bassist Dennis Bellinger wieder als Grand Funk zusammen. Frost war inzwischen in der Band von Bob Seger. Sie nahmen ein Live-Album auf, das allerdings nicht sonderlich beeindrucken konnte. Inzwischen hatte Farner ein Reformhaus eröffnet und wurde streng religiös, nachdem ihn seine Frau mit zwei Kindern verlassen hatte. Sie kamen aber später zurück, und ein drittes Kind wurde 1983 geboren. 1983 erschien mit »What's Funk?« das zweite und letzte Album der reformierten Gruppe. Danach fiel die Band endgültig auseinander. Es wird geschätzt, dass sie zwanzig Millionen LPs verkauft haben. Brewer ging zu seinem alten Kumpel Frost in die Silver Bullet Band von Bob Seger. 1988 nahm Farner für ein christliches Plattenlabel eine

LP auf, die allerdings nur in Bibelbüchereien verkauft wird.
Die erfolgreichsten Alben der Band: »Grand Funk« (1/70 US-LP 11), »Closer To Home« (7/70 US-LP 6), »Live Album« (12/70 US-LP 5, 3/71 D-LP 17), »Survival« (5/71 US-LP 6), »E Pluribus Funk« (12/71 US-LP 5), »Phoenix« (10/72 US-LP 7, 11/72 D-LP 25), »We're An American Band« (8/73 US-LP 2), »Shinin' On« (3/74 US-LP 5) und »All The Girls In The World Beware!!!« (12/74 US-LP 10).

We're An American Band (7/73 US 1)
The Loco-Motion (3/74 US 1; 6/74 D 10)
Some Kind Of Wonderful (12/74 US 3)
Bad Time (4/75 US 4)
Hard Rock, Rock

Grandmaster Flash

KURTIS BLOW rap (USA, * 9. 8. 1959 in New York City), DUKE BOOTEE rap (USA, als Ed Fletcher), COWBOY rap (USA, * 20. 9. 1960 als Keith Wiggins, † 8. 9. 1989), KIDD CREOLE rap (USA, als Nathaniel Glover), GRANDMASTER FLASH rap (Barbados, * 1. 1. 1958 als Joseph Saddler), LAVON (USA), MELLE MEL rap (USA, als Melvin Glover), RAHEIM rap (USA, als Guy Todd Williams), SCORPIO (USA)
1977 begann Flash, der schon geraume Zeit als Discjockey mit einer mobilen Diskothek in der Bronx gearbeitet hatte, die Mix- und Scratch-Technik des Bronxer DJs Jamaican Kool Herc zu vervollständigen. Er bezog Cowboy, Kidd Creole und Melle Mel in seine Auftritte mit ein und nannte sich nun Grandmaster Flash & The 3 MCs. Schließlich nahm er noch zwei weitere Rapper hinzu, Duke Bootee und Kurtis Blow, der später durch Raheim ersetzt wurde, und man nannte sich Grandmaster Flash & The Furious Five. Ende 1979 hatte die Sugarhill Gang mit »Rapper's Delight« einen großen Erfolg, und sämtliche New Yorker Plattenfirmen rafften alle Rapper zusammen, um mit ihnen weitere Platten aufzunehmen. Flash veröffentlichte mit »Superrappin'« seine Debütplatte, die kein Erfolg wurde. Es folgten weitere Flops, und erst 1982 sollte es klappen. Bei »The Message« wurde erstmals die Rap Music als Vehikel für politische und soziale Probleme eingesetzt. »White Lines (Don't Don't Do It)« entwickelte sich zur Antikokain-Hymne. In den USA schaffte Flash als höchste Position mit »The Message« Platz 62 in den Popcharts. Die von ihm besungenen Themen wurden wohl von vielen Amerikanern als New-York-spezifisch erachtet. Unter der Leitung von Flash machten Grandmaster Melle Mel & The Furious Five ebenfalls Platten, die jedoch auch nicht den Crossover in die Popcharts schafften. Überhaupt war die unterschiedliche Bezeichnung für immer dieselbe Musikart und fast immer dieselbe Formation sehr irreführend. 1987 kam die Originaltruppe noch einmal zusammen. Im Herbst 1998 meldete sich der Grandmaster nach einer weiteren Pause mit dem Album »Flash Is Back« zurück.

The Message (8/82 GB 8)
White Lines (Don't Don't Do It) (2/84 GB 7)
Step Off (Part 1) (12/84 GB 8)
Rap

Siehe auch: DJ Tomekk

Grange Hill Cast

Die jugendlichen Schauspieler der britischen BBC-TV-Serie ›Grange Hill School‹ setzten sich 1986 an die Spitze der Antidrogen-Kampagne ›Just Say No – To Drugs‹. Nachdem dieser Song als Single von der BBC-eigenen Plattenfirma veröffentlicht wurde, kam das Stück unter die britischen Top 10. Den Rap lieferte Mmoloki Chrystie. Der Nachfolgesong der Grange Hill Cast, »You Know The Teacher«, brachte nichts mehr.

Just Say No (4/86 GB 5)
Pop

Grant, Amy

AMY GRANT v (USA, * 25. 11. 1960 in Augusta/Georgia)

Als Amy Grant 1985 zum ersten Mal in den US-Popcharts auftauchte, hatte sie als Sängerin christlich angehauchter Songs in den USA schon lange Erfolg. Lieder mit christlichen Inhalten werden in den USA durchaus rockiger und poppiger angeboten als anderswo. Schon aus diesem Grund ist der Sprung von Gospel Music zur Popmusik relativ klein und wird auch von vielen Interpreten mit Erfolg geschafft. Fünfmal konnte Amy bisher den Grammy in Empfang nehmen, davon 1982, 1983, 1984 und 1988 als beste Gospelsängerin. Der Spitzname von Amy Grant war über viele Jahre ›The First Lady of Contemporary Christian Music‹. Im Duett mit Peter Cetera hatte Amy im Herbst 1986 eine Nummer 1 in der amerikanischen Pophitparade: »The Next Time I Fall«. Ab 1991 war sie dann auch als Solistin überaus erfolgreich. Danach legte sie eine Babypause ein – sie ist verheiratet mit dem Sänger und Songschreiber Gary Chapman und hat mit ihm die Kinder Matt, Millie und Sarah. Ihre erfolgreichsten Alben: »Unguarded« (6/85 US-LP 35), »Amy Grant – The Collection« (9/86 US-LP 66), »Heart In Motion« (3/91 US-LP 10, 6/91 GB-LP 25), »Home For Christmas« (10/92 US-LP 2), »House Of Love« (9/94 US-LP 13) und »Behind The Eyes« (9/97 US-LP 8). Trotz der Poperfolge macht sie auch weiterhin christliche Musik.

The Next Time I Fall (9/86 US 1)
Baby Baby (2/91 US 1; 5/91 D 8, GB 2)
Every Heartbeat (6/91 US 2)
That's What Love Is For (9/91 US 7)
Good For Me (1/92 US 8)
AOR (Adult Orientated Rock), Soft Rock

Grant, David

DAVID GRANT v (Jamaika, * 8. 8. 1956 in Kingston)

David Grant begann in dem Duo Linx. Nachdem das 1982 auseinander gefallen war, machte David als Solist weiter. Seine erste Hitnotierung war »Stop And Go« (4/83 GB 19). Mitte 1983 hieß sein erster Top-10-Erfolg »Watching You, Watching Me«. Im Duett mit Jaki Graham gelang ihm der Hit »Could It Be I'm Falling In Love«. Längere Zeit war er als Englands Antwort auf Michael Jackson bezeichnet worden. Jetzt stellte sich heraus, dass er, zumindest was den Erfolg anging, nicht mithalten konnte. »Mated« (11/85 GB 20) war seine letzte nennenswerte Hitnotierung. Zusammen mit seiner Frau Carrie versuchte er sich ohne viel Erfolg als Sugar Shack. Als Sessionsänger war David dann auf Platten von N-Trance oder der Lighthouse Family zu hören. Außerdem präsentiert er im britischen TV Musiksendungen. Auch als Schauspieler versuchte er sich im Fernsehen und auf der Bühne. 1997 war er dabei, das alte Material mit Linx neu zu mischen und wieder auf den Markt zu bringen. Zusammen mit seiner Frau machte er ein Gospelalbum und plante eine R&B-Platte.

Watching You, Watching Me (7/83 GB 10)
Could It Be I'm Falling In Love (3/85 GB 5)
Disko

Siehe auch: Linx

Grant, Eddy

EDDY GRANT v, g (Guyana, * 5. 3. 1948 als Edmond Montague Grant in Palisance)

Eddy kam 1960 nach London. Dort gründete er 1965 mit Schulfreunden seine erste Gruppe, aus der später die Equals wurden. Ab 1967 bis Ende 1970 war diese Band sehr erfolgreich – die meisten Hits wurden von Eddy geschrieben. 1972 löste sich Eddy von den Equals und gründete eine eigene Produktions- und Plattenfirma, auf der auch seine Soloplatten veröffentlicht werden. Sein erster Solohit war »Living On The Front Line« (6/79 GB 11). Es folgten bis 1984 etliche Top-10-Hits – sein größter Erfolg war »Electric Avenue«. Dann folgte nach einer Pause von rund vier Jahren der Antiapartheid-Song »Gimme Hope Jo'anna«, der ihm zumindest in Europa wieder einen großen Hit bescherte. Sein erfolgreichstes Album war lange Zeit »Killer On The Rampage« (11/82 GB-LP 7, 1/83 D-LP 11, 4/83 US-LP 10). Dann wurde Mitte 2001 mit viel Promotionaufwand das Album »The Greatest Hits« (5/01 GB-LP 3) in die britische Hitparade gepusht. Auch die Singleauskopplung »Electric Avenue« kam als ›ringbang remix by Peter Black‹ wieder in die Top Ten.

Do You Feel My Love (11/80 GB 8)
I Don't Wanna Dance (10/82 D 7, GB 1)
Electric Avenue (1/83 D 9, GB 2; 4/83 US 2; 6/01 GB 5)
Gimme Hope Jo'anna (1/88 GB 7; 5/88 D 4)
Pop, Reggae

Siehe auch: Equals

Grass Roots

STEVE BARRI v (USA), CREED BRATTON g (USA, * 8. 2. 1943 in Sacramento/Kalifornien), RICK COONCE d (USA, * 1. 8. 1947 in Los Angeles/Kalifornien), WARREN ENTNER v, g (USA, * 7. 7. 1944 in Boston/Massachusetts), ROB GRILL v, b (USA, * 30. 11. 1944 in Los Angeles/Kalifornien), DENNIS PROVISOR org (USA, * 5. 11. 1950 in Los Angeles/Kalifornien), P.F. SLOAN v (USA, als Philip in Los Angeles/Kalifornien)

Bevor diese Band mit der Nummer »Where Were You When I Needed You« 1966 ihren ersten Hit hatte, spielten diverse Musiker in dieser Formation. Die Ursprünge gehen zurück bis in das Jahr 1964. Dann nahmen die beiden Songschreiber Steve Barri und P. F. Sloan diesen ersten Hit mit Studiomusikern auf, und als der dann in die Charts kam, wurde Grass Roots mit den oben angegebenen Musikern erneut zusammengestellt. Leadsänger von »Let's Live For Today« war Rob Grill. »Midnight Confessions« wurde 1968 ein Millionseller. Bis 1975 wurde die Gruppe in den Charts notiert. Das erfolgreichste Album der Band war »Golden Grass« (11/68 US-LP 25). Zwischendurch wechselten die Musiker. Rob Grill versuchte später eine Solokarriere. 1980 erschien eine Solo-LP, die er mit Hilfe von John McVie, Lindsey Buckingham und Mick Fleetwood von Fleetwood Mac aufgenommen hatte. 1981 machte er eine Tournee als Rob Grill & Grass Roots.

Let's Live For Today (5/67 US 8)
Midnight Confessions (8/68 US 5)
Sooner Or Later (6/71 US 9)
Beat, Pop

Grateful Dead

TOM CONSTANTEN key (USA), JERRY GARCIA g (USA, * 1. 8. 1942 als Jerome John in San Francisco, † 9. 8. 1995), DONNA GODCHAUX v (USA, * 22. 8. 1947 in San Francisco), KEITH GODCHAUX key (USA, * 14. 7. 1948 in San Francisco, † 23. 7. 1980), MICKEY HART d (USA, in Long Island/New York), BILL KREUTZMANN d (USA, * 7. 4. 1946 in Palo Alto/Kalifornien), PHIL LESH b (USA, * 15. 3. 1940 als Philip Chapman in Berkeley/Kalifornien), RON »PIGPEN« MCKERNAN key (USA, * 8. 9. 1945 in San Bruno/Kalifornien, † 8. 3. 1973), BRENT MYDLAND key (Deutschland, * 21. 10. 1952 in München, † 26. 7. 1990), BOB ›ACE‹ WEIR g (USA, * 16. 10. 1947 als Robert Hall in San Francisco), VINCE WELNICK key (USA, * 21. 2. 1951 als Vincent Leo in Phoenix/Arizona)

Diese legendäre Band wurde 1966 in San Francisco gegründet. In den frühen 60er Jahren hatten sich Jerry Garcia und Bob

Weir, Ron McKernan und Bill Kreutzmann schon in diversen Gruppen der Bay Area getroffen. McKernan und Kreutzmann spielten bei den Zodiacs, Garcia in einer Folk-Blues-Band namens Wildwood Boys. Später trafen sich Garcia, McKernan und Kreutzmann in Mother McCree's Uptown Jug Champions. Mitte der 60er Jahre war Acid eine in Kalifornien legale Droge. Die meisten Mitglieder der dann schließlich 1966 gegründeten Formation Grateful Dead hatten damit regelmäßige Erfahrungen. 1966 erhielten sie einen Plattenvertrag, und schon nach ihrer ersten LP galten sie als eine der einflussreichsten Gruppen der Flower-power-Periode. Ihre Debütplatte »The Grateful Dead« erreichte in den USA zwar nur Platz 73 in der LP-Hitparade, wurde aber trotzdem vergoldet. In den nächsten Jahren bis 1981 erschienen immer wieder mehr oder weniger erfolgreiche LPs, auf denen sich allerdings keine Singlehits befanden. Innerhalb der Band kam es zu Umbesetzungen. Mickey Hart und Tom Constanten kamen 1968 zur Gruppe. Constanten verließ sie wieder 1970, Hart 1971. 1972 kam das Ehepaar Godchaux in die Gruppe, 1973 starb McKernan an den Folgen eines Leberleidens, das sicher auf den langjährigen Drogenkonsum zurückzuführen war. 1975 kam Hart wieder zurück. Mydland wurde 1979 in die Band genommen, nachdem das Ehepaar Godchaux wieder gegangen war. Keith Godchaux starb Mitte 1980 an den Folgen eines Motorradunfalls. Mydland starb 1990 an einer Überdosis Drogen. Bevor von der Formation Tubes als Ersatz für ihn Vince Welnick kam, sprang kurzfristig Bruce Hornsby ein. 1982 erkrankte Garcia, der heroinabhängig war, an Diabetes und fiel in ein lebensbedrohendes Koma. Erst Ende der 80er Jahre erholte er sich und mit ihm die Band. Mit »In The Dark« (7/87 US-LP 6) erschien das kommerziellste und erfolgreichste Album von Grateful Dead, darauf mit »Touch Of Grey« der einzige Hit. 1994 wurde Grateful Dead in die Rock and Roll Hall of Fame aufgenommen. Ein endgültiges Ende der ›Deadheads‹ – wie sie von ihren Fans genannt wurden – kam, nachdem im August 1995 Jerry Garcia an einem Herzinfarkt gestorben war.

Weitere Erfolgsalben waren »Workingman's Dead« (6/70 US LP 27), »American Beauty« (12/70 US-LP 30), »The Best Of/ Skeleton's From The Closet« (3/74 US-LP 75) und »Terrapin Station« (8/77 US-LP 28).

Touch Of Grey (7/87 US 9)

AOR (Adult Orientated Rock), Psychedelic, Rock, We

Gray, David

DAVID GRAY v, g, key (Großbritannien, in Manchester)

David (* 1968) wuchs an der walisischen Küste auf. Während seiner Schulzeit war er Mitglied verschiedener Punkbands in Liverpool. Mit 17 begann er, eigene Titel zu schreiben, die in die Kategorie Folk einzuordnen sind. Ron Holden von der britischen Polydor hörte ein Demo von David Gray, schmiss seinen Job hin und wurde Grays Manager. In den nächsten Jahren trat Gray im Vorprogramm von Maria McKee, Kirsty MacColl oder Shawn Colvin auf. Einmal gehörte er zum Vorprogramm von Joan Baez, die bemerkte, Davids Texte seien die besten seit denen des jungen Bob Dylan. 1993 erschien seine Debüt-LP »A Century Ends«, ein Jahr später kam »Flesh«, 1996 »Sell, Sell, Sell«. In dem Film »This Year's Love« spielte er den Chef einer Band, in der auch Kathy Burke mitwirkte. Schon 1998 hatte David auf seinem eigenen Plattenlabel 1HT das Album »White Ladder« veröffentlicht. Mit »Please Forgive Me« (12/99 GB 72, 10/00 RE-GB 18) hatte er seine erste Notierung in den britischen Pop-Charts. Danach wurde »White Ladder« (5/00 GB-LP 1) auf dem East-West-Label erneut veröffentlicht und kam nun in die LP-Charts. Nachdem er seine ersten Erfolge hatte, erinnerte sich seine Plattenfirma an die Dinge, die er schon früher aufgenommen hatte, und brachte sie als »Lost Songs 95–98« (2/01 GB-LP 7) auf den Markt. Die nächsten Singlehits waren »This Year's Love« (3/01 GB 20), »Sail Away« (7/01 GB 26), »Say Hello, Wave Goodbye« (12/01 GB 26).

Babylon (7/00 GB 5)
Pop

Gray, Dobie

DOBIE GRAY v (USA, * 26. 7. 1940 als Lawrence Darrow Brown in Brookshire/Texas)
1960 ging er nach Los Angeles und nahm Platten unter den Pseudonymen Leonard Victor Ainsworth, Larry Curtis und Larry Dennis auf. Seinen ersten Hit hatte er als Dobie Gray Anfang 1965 mit »The In Crowd« (1/65 US 13, 2/65 GB 25). Nachdem er danach jahrelang versucht hatte, eine weitere Platte hoch in den Charts zu platzieren, gab er 1971 auf und wurde Mitglied in der Hard-Rock-Gruppe Pollution. Zwei Jahre später überraschte er wieder mit einem Solohit: »Drift Away«. Zwischen den beiden Solokarrieren war er als Schauspieler und Sänger am Broadway und in L.A. in »Hair« zu sehen.

Drift Away (2/73 US 5)
Soft Pop

Gray, Macy

MACY GRAY v (USA, * 6. 9. 1969 als Natalie McIntyre in Canton/Ohio)
Macy wuchs in Canton/Ohio auf. Ihre Eltern besaßen eine ganze Latte christlich angehauchter Platten – und schickten die kleine Macy zum Piano-Unterricht. Ihre Schulzeit verbrachte sie auf einer ansonsten nur von Weißen besuchten Penne, danach besuchte sie in L.A. eine Filmschule. In der Sammlung ihrer Eltern fand sie Platten von Sly Stone, James Brown, Stevie Wonder oder Aretha Franklin, die sie sehr mochte. Sie zog ganz nach Los Angeles und schrieb Texte für Freunde. Irgendwann sprang sie für eine Sängerin ein und überzeugte als Interpretin. 1999 erschien ihr Debütalbum »On How Life Is« (7/99 GB-LP 3, 8/99 US-LP 6, 12/99 D-LP 19). Aus diesem Album stammte die Nummer »I Try« (11/99 D 16), die sich zu ihrem ersten weltweiten Hit entwickelte. Es folgten »Still« (3/00 GB 18) und »Why Didn't You Call Me« (8/00 GB 38).
Kritiker schrieben, sie sei eine Mischung aus Prince, Parliament, Aretha Franklin und James Brown. Gut beschrieben! Als Gast von Fatboy Slim kam sie mit dem Hit »Demons« (1/01 GB 16) und als Gast der Gruppe Blackeyed Peas mit »Request & Line« (5/01 GB 31). Dann machte sie zusammen mit Erykah Badu den Titel »Sweet Baby« (9/01 GB 23), der auch auf ihrem nächsten Album zu hören war: »The Id« (9/01 GB-LP 1, 10/01 D-LP 10, US-LP 11).

I Try (10/99 GB 6; 2/00 US 5)
Pop, Soul

Great White

LORNE BLACK b (USA), AUDIE DESBROW d (USA, * 17. 5. 1957), GARY HOLLAND d (USA), MARK KENDALL g (USA, * 29. 4. 1957), MICHAEL LARDIE key (USA, * 8. 9. 1958), TONY MONTANA b (USA), JACK RUSSELL v (USA, * 5. 12. 1960)
Diese aus L.A. stammende Band formierte sich 1981. Ein Jahr später veröffentlichten sie die auf eigene Kosten produzierte Mini-LP »Out Of The Night«, die ihnen ei-

nen Plattenvertrag einbrachte. Die dann 1984 veröffentlichte LP »Stick It« erfüllte jedoch nicht das, was sich die Plattenfirma versprochen hatte – und Great White wurde wieder aus dem Vertrag entlassen. 1986 produzierten sie erneut auf eigene Kosten eine LP: »Shot In The Dark«, die der Band zu einem neuen Vertrag verhalf. Black und Holland stiegen zu diesem Zeitpunkt aus und wurden durch Montana und Desbrow ersetzt. Außerdem nahm Great White als fünften Mann den Keyboarder Michael Lardie in die Gruppe. Jetzt stellte sich auch der Erfolg ein: »Once Bitten, Twice Shy«, 1975 ein Hit für Ian Hunter, erreichte im Frühjahr 1989 die US-Top 10. Anfang 1992 stieg Montana kurz vor Beginn der Aufnahmen zur LP »Psycho City« aus. Dave ›The Beast‹ Spitz spielte für ihn auf der Platte. Mitte 1994 erschien das Album »Sail Away«, das eine Bonus-CD eines Live-Auftritts in Anaheim in Kalifornien beinhaltete. Ihre erfolgreichsten Alben waren »Once Bitten« (7/87 US-LP 23) und »... Twice Shy« (5/89 US-LP 9).
Ende 2001 stieg Jack zum zweiten Mal binnen weniger Jahre bei Great White aus und kündigte an, er werde 2002 sein erstes Solowerk herausbringen.

Once Bitten, Twice Shy (5/89 US 5)
Hard Rock

Greaves, R. B.

R. B. GREAVES v (Guyana, * 28. 11. 1944 als Ronald Bertram Aloysius in Georgetown)
R. B. Greaves, ein Neffe von Sam Cooke, wurde auf einer US Air Force Base in Guyana geboren. Aufgewachsen ist er im Seminole-Reservat in Kalifornien – Greaves ist Halbindianer. 1963 ging er als Sonny Childe & The TNT's nach GB, war allerdings dort nicht erfolgreich. Zurück in den USA hatte R. B. schließlich mit der Mixtur aus Reggae, Ska und Soul, »Take A Letter Maria«, Ende 1969 einen Hit. Nachfolgehit wurde »Always Something There To Remind Me« (1/70 US 27). In den 70er Jahren wandte sich Greaves der Country Music zu, jedoch ohne kommerziellen Erfolg.

Take A Letter Maria (10/69 US 2)
Pop, Rhythm & Blues

Green, Al

AL GREEN v (USA, * 13. 4. 1946 als Greene in Forest City/Arkansas)
Ende der 50er Jahre trat der Sänger und Songschreiber mit der Gospelgruppe Greene Brothers auf. Seine ersten Platten machte er 1960. Von 1964 bis 1967 war er Mitglied der Gruppe Creations. Mit seinem Bruder Robert Green und Lee Virgins sang er 1967/68 in der Band Soul Mates. Als Al Greene & The Soul Mates hatte er Ende 1967 seinen ersten Hit. Ab 1969 sang er als Solist. Die meisten seiner Hits hat er selbst geschrieben. »Tired Of Being Alone« wurde Mitte 1971 ein Millionseller in den USA. Der Nachfolgehit war »Let's Stay Together«, ebenfalls Millionseller. Die erfolgreichsten Alben von Green waren »Let's Stay Together« (2/72 US-LP 8), »I'm Still In Love With You« (10/72 US-LP 4) und »Call Me« (5/73 US-LP 10). 1980 wandte sich Al Green wieder der Gospelmusik zu. 1988 sang er im Duett mit Annie Lennox den Titel »Put A Little Love In Your Heart«. Mit Arthur Baker & The Backbeat Disciples gelang ihm Ende 1989 in Deutschland ein Top-10-Hit. Auch U2, Elton John oder Lenny Kravitz ließen Al auf ihren Platten mitsingen. 1993 erschien die gut gemachte CD »Don't Look Back«, auf der mit »Love Is A Beautiful Thing« ein potenzieller Hit war. Er brachte es jedoch in GB und Deutschland nur unter die ersten 60. 1995 wurde er in die Rock and Roll Hall of Fame aufgenommen.

Tired Of Being Alone (10/71 GB 4)
Let's Stay Together (12/71 GB 7, US 1)
Look What You Done For Me (4/72 US 4)
I'm Still In Love With You (7/72 US 3)
You Ought To Be With Me (10/72 US 3)
Call Me (Come Back Home) (2/73 US 10)
Here I Am (Come And Take Me) (7/73 US 10)
Sha-La-La (Make Me Happy) (9/74 US 7)
Put A Little Love In Your Heart (11/88 US 9)
The Message Is Love (12/89 D 6)
Soul

Green, Robson

Siehe Robson & Jerome

Green Day

BILLIE JOE v, g (USA, * 17. 2. 1972 als Billie Joe Armstrong in San Pablo/Kalifornia), TRÉ COOL d (Deutschland, * 9. 12. 1972 als Frank Edwin Wright III.), MIKE DIRNT v, b (USA, * 4. 5. 1972 als Michael Pritchard in Kalifornien), JOHN KIFTMEYER d (USA), AL SOBRANTE d (USA)
Wunderbar wurde der Stil der Gruppe durch die britische Presse charakterisiert: ›Retro Punk-Rock für Amerikaner – und jetzt auch für Briten, die Buzzcocks, Dickies, Ramones oder vielleicht sogar aus den 60er Jahren die Monkees vermissen‹. Billie Joe und Mike spielten Ende der 80er Jahre in Rodeo in der Nähe von Berkeley/Kalifornien in der Gruppe Sweet Children. Billie Joes Schwester Ana spielte Schlagzeug – und die galt es auszuwechseln. Für sie kam Al Sobrante – und ab sofort nannten sich die drei Green Day. Schon ein Jahr später – 1990 – kam für ihn Kiftmeyer und der wurde noch im selben Jahr durch Tré Cool ersetzt. Anfang 1994 erschien das Album »Dookie« (2/94 US-LP 2, 10/94 D-LP 4, GB -LP 13) – vierzehnfach Platin. Die Singleauskopplung »Basket Case« (8/94 GB 55, 1/95 RE-GB 7, 3/95 D 18) brachte der Band einen ersten Top-10-Hit. »Welcome To Paradise« (10/94 GB 20), »Longview« (3/95 GB 30), »When I Come Around« (5/95 GB 27), »Geek Stink Breath« (10/95 GB 16), »Stuck With Me« (1/96 GB 26), »Brain Stew/Jaded« (6/96 GB 28), »Hitchin' A Ride« (10/97 GB 25), »Time Of Your Life (Good Riddance)« (1/98 GB 11), »Redundant« (5/98 GB 27), »Minority« (9/00 GB 18) und »Warning« (12/00 GB 27) folgten. In den USA hat die Band bisher noch keinen Singlehit. Dafür erhielten sie 1994 einen Grammy als ›Best Alternative Music Performance‹. Die nächsten Alben waren »Insomniac« (10/95 US-LP 2 – zweifach Platin, 10/95 GB-LP 8), »Nimrod« (10/97 GB-LP 11, US-LP 10) und »Warning:« (10/00 GB-LP 4, 10/00 US-LP 4). Grund für den Erfolg von »Time Of Your Life (Good Riddance)« war eine Preiskampagne der Plattenfirma Warner in GB, die die Alben diverser Bands sehr günstig anbot, die dann gleich in den Singlecharts besser notiert wurden.

Basket Case (1/95 GB 7)
Punk, Rock

Green Jelly

COWGOD (USA), PINATA HEAD (USA), ROCK 'N' ROLL PUMPKIHN (USA), MARSHAL DUH STAXX v (USA, als Bill Manspeaker), JOE SUBPOPPY (USA)
Als im Mai 1993 die CD »Cereal Killer Soundtrack« (4/93 US-LP 23, 7/93 GB-LP 18) veröffentlicht wurde, legte die Plattenfirma als Information einen Waschzettel bei, auf dem unter anderem zu lesen stand: ›Überlegen Sie sich genau, ob Sie sich wirklich diese Platte anhören sollten! Sie könnten ziemliche Kopfschmerzen bekommen, Ihnen könnte übel werden, oder Sie könnten wie die Bandmitglieder enden! Lesen Sie lieber ein Buch! Wir haben Sie gewarnt! Green Jelly hatten von Anfang an ein klares Ziel vor Augen:

Sie wollten der Welt schlechteste Band werden.‹ Das MTV-Zeitalter half ihnen, trotz dieser Vorgaben erfolgreich zu werden. Green Jelly befanden sich auf MTV in guter Gesellschaft mit Beavis und Butthead.

Als sie sich 1981 in Kenmore/Buffalo/New York formierten, nannten sie sich Green Jello. Dann kam der Lebensmittelkonzern Kraft und verbot den Namen, weil ein Produkt mit diesem Namen auf dem Markt war. Sie spielten erst in den Punk Clubs um Buffalo und gingen dann nach Hollywood. Dort erhielten sie nach etlichen Jahren einen Plattenvertrag, der zur Debüt-Platten »Cereal Killer Soundtrack« führte. Eine Art Grunge-Comedy-Märchen von drei kleinen Schweinchen und dem großen Harley Wolf brachte ihnen einen ersten internationalen Hit: »Three Little Pigs« kam im Frühjahr 1993 in die US-Charts und wurde Platz 18, in Deutschland 12. Wie die Mitglieder richtig heißen, wollen sie, möglicherweise, um sich nicht die Zukunft zu verderben, bisher nicht rauslassen.

Three Little Pigs (6/93 GB 5)
Grunge

Greenbaum, Norman

NORMAN GREENBAUM v, g (USA, * 20. 11. 1942 in Malden/Massachusetts)

1965 gründete er die Psychedelic-Formation Dr. West's Medicine Show & Junk Band. Die Gruppe brachte es Ende 1966 auf eine Hitnotierung: »The Eggplant That Ate Chicago« (11/66 US 52). 1967 trennte sich die Gruppe wieder, und Norman machte Platten als Solist. Die Aufnahme »Spirit In The Sky«, geschrieben von ihm selbst, wurde 1970 zu einem weltweiten Hit. Der Erfolg dieser Aufnahme dürfte zum Großteil auf den außergewöhnlichen Gitarrenriff zurückzuführen sein. Sein erfolgreichstes Album hieß ebenfalls »Spirit In The Sky« (2/70 US-LP 23). 1972 erschien seine dritte und letzte LP. Danach zog er sich aus dem Musikgeschäft zurück und wurde Ziegenzüchter auf einer Farm in Petaluma/Kalifornien.

Nachdem er von dem Farmleben die Nase voll hatte, versuchte er sich in Los Angeles erneut als Plätteninterpret. Er schrieb neue Songs, die jedoch von der Industrie abgelehnt wurden. Eine Zeit lang arbeitete er als Koch. Finanziell bekam er wieder Oberwasser, als 1986 eine Coverversion von »Spirit In The Sky« mit Doctor & The Medics ein Hit wurde. Außerdem tauchte Normans Originalversion in diversen Filmen und Werbemelodien auf. 1994 versuchte er sich erneut mit selbst geschriebenen Songs und nahm davon auch Demoversionen auf. Erschienen ist bisher nichts. 2000 hatte er wieder die Rechte an seinen alten Alben und plante, sie zuzüglich unveröffentlichter Bonus-Tracks wieder neu zu veröffentlichen.

Spirit In The Sky (2/70 GB 1, US 3; 5/70 D 1)
AOR (Adult Orientated Rock), Flowerpower, Psyched

Greene, Lorne

LORNE GREENE v (Kanada, * 12. 2. 1914 in Ottawa, † 11. 9. 1987)

Der Schauspieler begann seine Karriere 1940 als Chefsprecher beim CBS Radio und blieb drei Jahre. Sein weltweiter Erfolg begann 1959, als er die Rolle des Ben Cartwright in ›Bonanza‹ übernahm. Die Serie lief bis 1973 in den USA und wird mit schöner Regelmäßigkeit auch bei uns wiederholt. In der Rolle des Commander Adama verlegte er von 1978 bis 1980 in der Fernsehserie ›Battlestar Galactica‹ seinen Wirkungskreis in den Weltraum. Als Plattenstar hat Lorne einen Hit gesprochen: »Ringo«, in GB kam die Platte auf Platz 22. Sein erfolgreichstes Album war

»Welcome To The Ponderosa« (11/64 US-LP 35). Greene starb an Herzversagen.

Ringo (10/64 US 1)
Pop

Greyhound

SONNY BINS key (Jamaika), CARL DOUGLAS (Jamaika), FREDDIE NOTES (Jamaika), GLENROY OAKLEY v (Jamaika, * 12. 2. 1949), DANNY SMITH d (Jamaika), TREVOR WHITE (Jamaika)
Glenroy kam 1960 von Jamaika nach London. Er sang erst in einigen lokalen Bands und wurde dann Profimusiker mit heute unbekannten Gruppen. Seine letzte Formation hieß Glenroy & The Oracles. Diese Band unternahm eine Tournee durch Italien, während der sie ihren Lkw zu Bruch fuhren. Danny Smith, der Kopf der Rudies, bot ihm an, in seiner Band zu singen. Das war 1970, und man beschloss, den Gruppennamen in Greyhound zu ändern. Schnell spezialisierten sie sich darauf, großen Hits und Standards Reggae einzuhauchen. Greyhound machte vorwiegend Coverversionen von Titeln wie »Moon River« (1/72 GB 12), »I Am What I Am« (3/72 GB 20), »Dream Lover« oder »Love Is Blue«. Die Gruppe Three Dog Night stand ein Jahr nach Greyhound mit »Black And White« an der Spitze der US-Charts.

Black And White (6/71 GB 6)
Reggae

Grid

DAVID BALL key, syn (Großbritannien, * 3. 5. 1959 in Blackpool), RICHARD NORRIS v, g, key, dj (Großbritannien, * 23. 6. 1965 in London)
Richard Norris schrieb im ›New Musical Express‹ die House-Kolumne ›Space Cadet‹ und war außerdem für andere britische Musikzeitschriften tätig. 1988 produzierte er gemeinsam mit Genesis P. Orridge von Psychic TV die Acid-House-Compilation »Jack The Tab«. Bei der Gelegenheit lernte er Dave Ball, Exkeyboarder und Mastermind von Soft Cell, kennen. Gemeinsam gründeten sie noch im selben Jahr The Grid. Seinen ersten Auftritt in den britischen Charts hatte das Duo mit »Floating« (7/90 GB 60). Als Produzenten waren sie danach tätig für Happy Mondays, Marc Almond, Pet Shop Boys und Erasure. Im Herbst 1993 stand ihr Titel »Texas Cowboys« auf Platz 21 in GB. Ende 1994 erreichte die Platte die britischen Top 20. Das lag wohl daran, dass sie zwischenzeitlich mit der Nummer »Swamp Thing« einen Top-10-Hit hatten, der es in Deutschland immerhin bis auf Platz 13 brachte. Dieser Titel dürfte als Vorreiter von »Cotton Eye Joe« der Formation Rednex gelten. Das erfolgreichste Album von Grid war »Evolver« (10/94 GB-LP 14). Ende der 90er Jahre produzierte Ball ein Album von Kylie Minogue, für das er auch Songs schrieb. Außerdem machte er Re-Mixe für David Bowie, Blackstar Liner oder Faust. 1999 trafen sich Ball und Marc Almond wieder, um neue Songs zu schreiben.

Swamp Thing (6/94 GB 3)
House

Siehe auch: Soft Cell

Groce, Larry

LARRY GROCE v (USA, * 22. 4. 1948 in Dallas/Texas)
Groce begann seine Karriere als Verfasser von Kinderliedern für die Plattenproduktionen von Walt Disney. Mit einem Novelty-Song, der live in McCabe's in Santa Monica aufgenommen wurde, hatte er seine einzige Hitnotierung: »Junk Food Junkie«.

Junk Food Junkie (1/76 US 9)
Folk, Pop

Grönemeyer, Herbert

HERBERT GRÖNEMEYER v (Deutschland, * 12. 4. 1956 als Herbert Arthur Wiglev Clamor Grönemeyer in Göttingen)
Herbert war ab Mitte der 70er Jahre auf Theaterbühnen, später auch in Filmen zu sehen. Seinen Durchbruch als Schauspieler hatte er 1981, als er eine der Hauptrollen in dem Film »Das Boot« spielte. Zu behaupten, dass er nach diesem Erfolg eine Karriere als Sänger begann, ist falsch. Er hatte bereits ab 1977 als Leadsänger der Kölner Jazzrock-Gruppe Ocean Platten aufgenommen. 1978 erschien seine erste Solo-LP, 1981 seine LP »Total egal«, die er zusammen mit Edo Zanki und seiner Band aufnahm. Hier ist schon ansatzweise das zu hören, was ihn dann bei seinen späteren Produktionen auszeichnete. 1982 spielte er neben Nastassja Kinski in dem Film »Frühlingssinfonie«. 1984 erschien »Bochum«, mit 1,4 Millionen verkaufter Exemplare die erfolgreichste LP des Jahres. Die Platte sollte die bis zu diesem Zeitpunkt meistverkaufte LP der deutschen Rockgeschichte sein. 1985 drehte er »Väter und Söhne«: Grönemeyer ist als Filmpartner und Enkel von Burt Lancaster zu sehen. Im März 1986, genau zwei Jahre nach dem Album »Bochum«, erschien »Sprünge«. Grönemeyer verteilte in den Texten bissige Rundumschläge zur Lage der Nation. Seinen ersten Singleerfolg hatte er mit der Nummer »Männer«. Aus der 1988 erschienenen LP »Ö« wurde als Single »Was soll das?« ausgekoppelt. Zu diesem Zeitpunkt versuchte Capitol, Herbert Grönemeyer auf dem amerikanischen Markt zu etablieren, und veröffentlichte die LP »What's All This«. Trotz massiver Werbung hatte die Platte keinen Erfolg. Darauf kann er auch verzichten, denn inzwischen ist er in Deutschland einer der erfolgreichsten LP-Verkäufer. Aus der 1990 erschienenen LP »Luxus« wurde sein dritter Top-10-Hit »Deine Liebe klebt« ausgekoppelt. 1993 erschien »Chaos«. In demselben Jahr kassierte er für diese CD Platin, vierfach Platin für »Bochum«, dreifach Platin für »Ö« und zweifach Platin für »Sprünge«. 1994 wollte Grönemeyer wohl noch beweisen, dass er immer noch auf der Höhe der Kids ist, und veröffentlichte eine Technoversion von »Chaos«, die im Innencover ein 3-D-Illusionsbild enthält, das dem geneigten Betrachter die Buchstaben des Wortes Chaos um die Augen fliegen lässt. Als Mitte der 90er Jahre die Anzahl der Zuschauer von Viva zunahm, musste auch MTV mehr für den deutschen Markt tun. Sie luden Herbert Grönemeyer als den ersten deutschsprachigen Künstler in die Sendung ›MTV Unplugged‹ ein. Zeitgleich erschienen »Unplugged Herbert« aus dieser Sendung und »Grönemeyer Live«. Bei dem zweiten Album handelte es sich um Mitschnitte der »Chaos«-Tour 1993/94. Beide Platten wurden Verkaufserfolge. 1998 erschien sein nächstes Album, aus dem der Titelsong »Bleibt alles anders« (3/98 D 25) in die Singlecharts kam.
Nochmal alle seine Erfolgsalben: »4630 Bochum« (5/84 D-LP 1), »Sprünge« (3/86 D-LP 1), »Ö« (4/88 D-LP 1), »Luxus« (10/90 D-LP 1), »Chaos« (6/93 D-LP 1), »Live« (11/95 D-LP 3), »Unplugged« (11/95 D-LP 6) und »Bleibt alles anders« (5/98 D-LP 1).

Männer (6/84 D 7)
Was soll das? (4/88 D 3)
Deine Liebe klebt (8/90 D 8)
AOR (Adult Orientated Rock), Pop, Rock

Groove Theory

AMEL LARRIEUX v (USA, in New York City), TREY LORENZ v (USA, * 19. 1. 1969 in Florence/South Carolina), BRYCE WILSON (USA, in New York City)
Bryce Wilson hatte bereits auf Platten in den Top 10 mitgewirkt – als Bryce Luvah kam er 1990 zweimal unter die ersten 10 der britischen Hitparade. Er war zu die-

sem Zeitpunkt Mitglied der Gruppe Mantronix. Gleich die erste Single des Duos Groove Theory aus New York wurde vergoldet und ihr einziger Top-10-Erfolg. Im Hintergrund von »Tell Me« singt Trey Lorenz, der mit »Someone Hold Me« 1992 in den USA einen Top-20-Hit hatte und der Mariah Carey im selben Jahr auf ihrem Hit »I'll Be There« begleitete.

Tell Me (8/95 US 5)
Rhythm & Blues

Siehe auch: Mantronix

Gross, Henry

HENRY GROSS v, g (USA, * 1. 4. 1951 in Brooklyn/New York City/New York City)
Bevor Henry eine Solokarriere begann, war er Leadgitarrist in der Gruppe Sha Na Na. Nachdem er mit den Doobie Brothers, den Beach Boys und Aerosmith getourt war, hatte er sich als Rocker etabliert. Sein einziger großer Erfolg und Millionseller ist jedoch eher seichter Natur: »Shannon«. Nachdem er 1976 diesen großen Erfolg gehabt hatte, war er Star im New Yorker Club Bottom Line. Mit »Springtime Mama« (7/76 US 32) gelang ihm noch ein Nachfolgehit – dann war er aus den oberen Regionen der Charts wieder verschwunden.

Shannon (2/76 US 6)
AOR (Adult Orientated Rock), Pop

Guano Apes

SANDRA NASIC v (Deutschland, * 25. 7. 1976), DENNIS POSCHWATTA d (Deutschland, * 22. 7. 1974), HENNING RÜMENAPP g (Deutschland, * 24. 4. 1976), STEFAN UDE b (Deutschland, * 14. 4. 1974)
1994 in Göttingen gegründet, gewannen sie ein Jahr später einen Nachwuchswettbewerb und erhielten einen Plattenvertrag. Ihr Debütalbum »Proud Like A God« erschien 1997. Schnell wurde die Band zur ›Kultgruppe des Crossover‹, was immer das bedeuten soll. Jedenfalls nahm die Formation alle Zutaten, aus denen sie das Rezept für einen Erfolgscocktail vermutete: Stagediving, eine Frontfrau, die wie ein wildgewordener Derwisch über die Bühne fegte, Power-Drums, ultraharte Gitarrensoli. Mit »Lords Of The Boards« legten sie die offizielle Snowboarder-Hymne vor. Sehr erfolgreich auch ihr Album »Proud Like God« (1/98 D-LP 5), das im Januar 1998 in die LP-Charts kam und ein Jahr später immer noch darin vertreten und immmer noch in den Top-10 war. Mit einem Nachzieher des Alphaville-Hits »Big In Japan« gelang der nächste Hit. Es folgte das Album »Don't Give Me Names« (5/00 D-LP 1), das am 15. 5. 2000 gleich auf Platz 1 der deutschen LP-Charts einstieg.Zusammen mit Michael Mittermeier nahm die Gruppe als Guano Babes den Titel »Kumbayo!« auf. Die Plattenfirma verkaufte die Nummer als ›die erste Gospel-Metal-Platte der Welt‹. Mehr zu diesem Titel siehe bei Michael Mittermeier.

Open Your Eyes (2/98 D 5)
Lords Of The Boards (9/98 D 10)
Big In Japan (4/00 D 9)
Kumba Yo! (4/01 D 3)
Heavy Metal

Siehe auch: Mittermeier, Michael

Guess Who

CHAD ALLAN v, g (Kanada, als Allan Kobel), BOB ASHLEY p, RANDY BACHMAN v, g (Kanada, * 27. 9. 1943 in Winnipeg/Manitoba), BURTON CUMMINGS v, key (Kanada, * 31. 12. 1947 in Winnipeg/Manitoba), JIM KALE b (Kanada, * 11. 8. 1943 als Michael James), GREG LESKIW g (Kanada, * 5. 8. 1947 als Gregory), DON MCDOUGALL g (* 5. 11. 1947), GARRY PETERSON d (Kanada, * 26. 5. 1945), DOMINIC TROIANO g, BILL WALLACE g (* 18. 5. 1949 als William), KURT WINTER g (Kanada, * 2. 4. 1946, † 14. 12. 1997)

Diese Gruppe wurde 1963 in Winnipeg gegründet. Allan, Bachman, Peterson, Ashley und Kale machten erst Platten als Reflections, dann als Chad Allan & The Expressions. 1966 ging Bob Ashley, der durch Burton Cummings ersetzt wurde. Burton übernahm auch den Leadgesang. Wenig später ging auch Chad Allan. Im Juni 1970 verließ Randy Bachman die Gruppe, um Bachman-Turner Overdrive zu gründen. In der Folgezeit kam es zu etlichen Umbesetzungen. 1975 löste sich die Band auf. Mit »These Eyes« gelang Guess Who im Frühjahr 1969 ein Millionseller. Bei »Clap For The Wolfman« 1974 war derjenige, dem der Applaus galt, auch selbst zu hören: der populäre amerikanische Discjockey Wolfman Jack. Burton Cummings hatte auch als Solist Erfolg. 1979 versuchten sich Allan, Kale und McDougall mit drei weiteren Musikern noch einmal als Guess Who – vergebens. 1983 kamen Guess Who mit Bachman und Cummings noch einmal zusammen, nahmen ein Album auf und gaben einige Konzerte. Große Resonanz beim Publikum fand das ebenso wenig wie die Tour von Bachman und Cummings 1987. Besser erging es den beiden im Jahr 2000: eine weitere Reunion-Tour kam gut beim Publikum an. Eine Doppel-CD von diesem Ereignis erschien vorerst nur in Kanada und wurde hochgelobt. Das erfolgreichste Album von Guess Who war »American Woman« (2/70 US-LP 9).

These Eyes (4/69 US 6)
Laughing (7/69 US 10)
No Time (12/69 US 5)
American Woman (3/70 US 1; 5/70 D 6)
Share The Land (10/70 US 10)
Clap For The Wolfman (7/74 US 6)
AOR (Adult Orientated Rock), Rock

Siehe auch: Bachman-Turner Overdrive; Cummings, Burton

Gun

ADRIAN CURTIS g (Großbritannien, * 26. 6. 1949 als Adrian Gurvitz), PAUL CURTIS b (Großbritannien, * 6. 7. 1947 als Paul Gurvitz), LOUIE FARRELL d (Großbritannien, * 12. 12. 1947 als Brian Farrell)
Gun, nicht zu verwechseln mit der gleichnamigen schottischen Band, die Ende der 80er Jahre ihre ersten Erfolge hatte, war in den Singlecharts nur einmal erfolgreich: Ende 1968 mit der Nummer »Race With The Devil«. Das Trio nahm noch eine gleichnamige LP auf, die allerdings erfolglos blieb. Mit einem neuen Schlagzeuger, Tony Newman, gründeten Adrian und Paul Three Men Army. Auch dieses Projekt war unkommerziell. 1974 formierten sie mit Ginger Baker die Baker Gurvitz Army. Ab Ende der 70er Jahre machte Adrian auch Soloplatten.

Race With The Devil (11/68 GB 8)
Hard Rock

Siehe auch: Gurvitz, Adrian

Gun (Schottland)

GUILIANO GIZZI g (Großbritannien), MARK KERR d (Großbritannien), MARK RANKIN v (Großbritannien, * 5. 4. 1967 in Glasgow/Schottland), SCOTT SHIELD d (Großbritannien), BABY STAFFORD g (Großbritannien)
Diese aus Glasgow stammende Gruppe veröffentlichte 1989 ihr vielbeachtetes Debütalbum »Taking On The World«. »Better Days«, eine Auskopplung daraus, erreichte Platz 33 in den britischen Charts. Der Kern der Band, Rankin und die beiden Brüder Gizzi, war noch nicht einmal zwanzig Jahre alt, als dieses Debütalbum erschien. Vor allem ihre Live-Auftritte brachten Gun Anfang der 90er Jahre eine Reihe Fans. 1990 spielten sie mit der ebenfalls aus Glasgow kommenden Formation Simple Minds als deren Support Act im Londoner Wembley Stadium vor 72 000 Fans. Mick Jagger und Keith Richards wählten Gun aus über siebzig Bands als Vorgruppe für ihre ›Urban Jungle World Tour‹ aus, die ins-

gesamt von 2,5 Millionen Zuschauern gesehen wurde. Ihr zweites Album »Gallus« (4/92 GB-LP 14) erschien im Frühjahr 1992. Gallus bedeutet im Glasgower Dialekt ›das Beste‹. Auf dieser Platte war statt Stafford Alex Dickson zu hören. Mitte 1994 erschien ihr drittes Album »Swagger« (8/94 GB-LP 5). Shields war inzwischen durch Kerr ersetzt worden, Dickson ersatzlos gestrichen. Aus »Swagger« wurde die Single »Word Up« ausgekoppelt. Nachfolger »Don't Say It's Over« kam im September 1994 in die britischen Top 20.

Word Up (7/94 GB 8)
Hard Rock

Guns n' Roses

STEVEN ADLER d (USA, * 22. 1. 1965 in Cleveland/Ohio), GILBY CLARKE g (USA, * 17. 8. 1962 in Cleveland/Ohio), ROB GARDNER d (USA), TRACII GUNS g (USA), PAUL HUGE g (USA), DUFF ROSE MCKAGAN b (USA, * 5. 2. 1965 als Michael McKagan in Seattle/Washington), DIZZY REED key (USA, * 19. 6. 1963 in Hinsdale/New York), AXL ROSE v, g (USA, * 6. 2. 1962 als William Bailey in Lafayette/Indiana), SLASH g (Großbritannien, * 23. 7. 1965 als Saul Hudson in Stoke-on-Trent), MATT SORUM d (USA, * 19. 11. 1960 in Mission Viejo/Kalifornien), IZZY STRADLIN g (USA, * 8. 4. 1962 als Jeffrey Isbell in Lafayette/Indiana)

Diese Band wurde nach dem Vorbild der Rolling Stones aufgebaut: Das Böse-Buben-Image sollte Schlagzeilen bringen. Das tat es auch. So schrieb z. B. der ›Stern‹ unter der Überschrift ›Krawall für die Kids‹: ›Guns n' Roses, die wildeste Rock-'n'-Roll-Band der Welt, schockiert mit Skandalen und Exzessen die Eltern der Fans.‹ Gegen Mitte der 80er Jahre wurde die Mixtur aus Punk und traditionellem Heavy-Metal-Rock zuerst in Los Angeles populär. In den Anfängen spielten Axl Rose, Izzy Stradlin, McKagan, Tracii Guns und Rob Gardner als Rose, dann als Hollywood Rose und schließlich als Guns n' Roses. Im Mai 1985 verließen Guns und Gardner die Gruppe und wurden durch Slash und Adler ersetzt. Im Mai 1986 veröffentlichten sie mit »Live?! Like A Suicide« ihre erste EP auf ihrem eigenen unabhängigen Plattenlabel UZI Suicide Records, die sich überraschend gut verkaufte und die großen Plattenfirmen auf sie aufmerksam machte. Im Juli 1986 erhielten sie einen Plattenvertrag bei Geffen Records. Im August 1987 erschien ihr Debütalbum »Appetite For Destruction«. Eine erste Singleauskopplung, »Welcome To The Jungle«, kam in den USA überhaupt nicht in die Hitparade, in GB wurde es Platz 67. Erst eine spätere Wiederveröffentlichung und Verwendung im Soundtrack des Clint-Eastwood-Films »Dead Pool« sollte einen Erfolg bringen. Zwischenzeitlich ging die Band auf England-Tournee und begann im Mai 1988 eine US-Tour, erst an zweiter Stelle hinter Aerosmith genannt, dann jedoch schnell als die Hauptattraktion. Die Pressearbeit und die rotzig-freche Art von Axl Rose machten den Namen der Band schnell populär. 57 Wochen, nachdem ihr Debütalbum in die amerikanische LP-Hitparade gekommen war, erreichte es Platz 1. Insgesamt wurden 13 Millionen Exemplare verkauft. Die zweite Singleauskopplung »Sweet Child O'Mine«, die schon sehr viel gemäßigter ist, wurde Mitte 1988 Platz 1 in den amerikanischen Singlecharts. Diesen Song hatte Axl Rose für seine damalige Freundin Erin Everly geschrieben, die er im April 1990 heiratete. Erin ist die Tochter von Don Everly von den Everly Brothers. Drei Wochen später wurden sie wieder geschieden. Im Oktober 1990 verließ Steven Adler die Band, von der Gruppe Cult kam Matt Sorum. Stradlin verließ im Herbst 1991 die Gruppe, für ihn kam von Kills For Thrills Gilby Clarke. 1992

erschien eine Soloplatte von Izzy Stradlin, begleitet von den Ju Ju Hounds. 1993 kam »The Spaghetti Incident?« als neue CD auf den Markt – sie brachte Coverversionen alter Hits, die die Mitglieder der Gruppe angeblich an ihre Jugendtage erinnerten. Die Band riet im Covertext: ›Tu dir einen Gefallen und besorge dir die Originale.‹ – Ein guter Vorschlag. Als dreizehnter, auf der Plattenhülle nicht erwähnter Track war die Nummer »Look At Your Game Girl« zu hören, geschrieben von dem Massenmörder Charles Manson. Als Single wurde »Since I Don't Have You« ausgekoppelt; der Song war im Frühjahr 1958 ein Hit für die Skyliners gewesen. Ende 1994 kam dann nach längerer Pause eine neue Single von den ›Gunners‹, wie sie von ihren Fans genannt werden. Aber auch diesmal war es keine neue Komposition der Band, sondern eine Coverversion eines Rolling-Stones-Titels: »Sympathy For The Devil« aus dem Film »Interview With A Vampire« mit Tom Cruise und Keanu Reeves. Zum selben Zeitpunkt schmiss Axl Rose Clarke aus der Band und ersetzte ihn durch seinen alten Weggenossen Paul Huge. Überhaupt schienen interne Schwierigkeiten in der Gruppe den Fortbestand von Guns n' Roses zu gefährden. Als Slash im Februar 1995 die Solo-LP »Slash's Snakepit« veröffentlichte, spielten fast alle Mitglieder von Guns n' Roses mit Ausnahme von Axl Rose mit. Dessen Gesangspart übernahm bei Slash der Exleadsänger der Gruppe Jellyfish, Eric Dover. Auf die Frage an Slash, ob es denn bald ein neues Album von Guns n' Roses geben würde, antwortete er Anfang 1995, dass Axl mehr Balladen singen und er rockiger sein wolle. Anfang 1997 las man, dass Axl Rose als Ersatz für Slash Steve Jones in die Band nehme. Steve hatte vorher bei Sex Pistols und Neurotic Outsiders gespielt. Nachdem längere Zeit nichts von der Band zu hören gewesen war, steuerte Guns n' Roses für den Arnold-Schwarzenegger-Film »End Of Days« die Nummer »Oh My God« bei. Von der alten Gruppenbesetzung war außer Axl nur noch Dizzy Reed dabei. Neue Mitglieder waren Tommy Stinson, Josh Freese und Paul Huge.
Exorbitant die LP-Verkäufe der Formation. Alleine von den vier ersten Alben der Band in den US-Charts wurden insgesamt 30 Millionen Exemplare verkauft: »Appetite For Destruction« (8/87 US-LP 1, 8/87 GB-LP 5), »G N' R Lies« (12/88 US-LP 2, 12/88 GB-LP 22), »Use Your Illusion II« (9/91 D-LP 2, 9/91 GB LP 1, 10/91 US-LP 1), »Use Your Illusion I« (9/91 D-LP 4, 9/91 GB-LP 2, 10/91 US-LP 2) und »The Spaghetti Incident?« (12/93 US-LP 4, 12/93 GB-LP 2, 12/93 D-LP 5).

Sweet Child O'Mine (6/88 US 1; 6/89 GB 6)
Welcome To The Jungle (10/88 US 7)
Paradise City (1/89 US 5; 3/89 GB 6)
Patience (1/89 US 4; 7/89 GB 10)
You Could Be Mine (7/91 GB 3, D 5)
Don't Cry (9/91 US 10, GB 8)
Live And Let Die (12/91 GB 5)
November Rain (3/92 GB 4, D 9; 6/92 US 3)
Knockin' On Heaven's Door (5/92 GB 2, D 5)
Yesterdays/November Rain (11/92 GB 8)
Ain't It Fun (11/93 GB 9)
Since I Don't Have You (6/94 GB 10)
Sympathy For The Devil (1/95 GB 9)
Hard Rock

Guru Josh

GURU JOSH key (Großbritannien, als Paul Walden), MAD MICK sax (Großbritannien)
Guru Josh wurde von seiner Plattenfirma als ›Raver‹ bezeichnet. Sie schrieb im Februar 1990 weiter: ›Raver sind die Leute, die seit ungefähr einem Jahr die englischen Clubs beherrschen. Sie ziehen durch vier, fünf Diskotheken pro Nacht und ziehen ihre kurze Show ab. Guru Josh an seinem Keyboard und sein Partner Mad Mick am Saxophon sind im Moment die größten in der Clubszene.‹ Alle Titel

wurden von Paul Walden im Alleingang oder von ihm mit Mick Weston geschrieben. Es steht zu vermuten, dass Mad Mick gleich Mick Weston ist. Ebenfalls 1990 stand »Whose Law (Is It Anyway)?« (6/90 GB 26) als Nachfolgehit in den Charts.

Infinity (2/90 GB 5; 4/90 D 2)
Rave

Gurvitz, Adrian

ADRIAN GURVITZ g (Großbritannien, * 26. 6. 1949 in London)
Nachdem er als Musiker für Billie Davis, Screaming Lord Sutch und The Savages gespielt hatte, gründete Adrian zusammen mit seinem Bruder Paul die Rockgruppe Gun. »Race With The Devil« wurde der einzige nennenswerte Hit dieser Formation. Mit seinem Bruder machte er weiter auf der Hard-Rock-Schiene Three Men Army und schließlich mit Ginger Baker die Formation Baker Gurvitz Army. Zwischendurch arbeitete Adrian mal mit Buddy Miles, mal mit Graeme Edge von Moody Blues. Sonderlich erfolgreich war das alles nicht, und wohl auch deshalb zog er sich nach Kalifornien zurück, wo in Zusammenarbeit mit vier Toto-Musikern und den Bläsern von Earth, Wind & Fire 1979 das Album »Sweet Vendetta« entstand. 1982 erschien sein Album »Classic«, auf dem er wieder mit seinem Bruder Paul zusammen spielte. Musikalisch war er damit allerdings meilenweit von dem entfernt, was er über viele Jahre gemacht hatte.

Classic (1/82 GB 8)
Pop

Siehe auch: Gun

Gusto

GUSTO key, dj (USA, als Edward Greene in Trenton/New Jersey)
24 Jahre alt war Gusto, als ihm mit dem Titel »Disco's Revenge« ein Top-10-Hit gelang. Die Platte war in GB erst als Import ein Knüller, bis sich eine britische Firma fand, die sie offiziell veröffentlichte. Die Bassline des Stückes war gesampelt aus der Diskonummer »Groovin' You«, in den 70er Jahren mit Harvey Manson aufgenommen. Die Platte war der in Philadelphia geborenen Disko-Diva Phyllis Hyman gewidmet, die sich am 1. 7. 1995 im Alter von 45 Jahren das Leben genommen hatte. Als Nachfolgehit versuchte sich Gusto an der Nummer »Let's All Chant«, die es in GB jedoch nur bis auf Platz 21 brachte. Originalinterpret Michael Zager hatte es damit in GB 1978 auf Platz 8, Pat & Mick zehn Jahre später bis auf Platz 11 gebracht.

Disco's Revenge (3/96 GB 9)
Disko

Guthrie, Gwen

GWEN GUTHRIE v (USA, * 9. 7. 1950 in Newark/New Jersey, † 4. 2. 199)
Gwen war gerade acht Jahre alt, als ihr ihr Vater das Pianospiel beibrachte. Sie sang in etlichen Gospelchören und studierte am Newark State College. Nach ihrem Abschluss arbeitete sie eine kurze Zeit als Grundschullehrerin. Nebenher schrieb und sang sie Werbejingles. Gwen stieg 1974 als Profi ins Musikgeschäft ein. Sie begann ihre Karriere als Sessionsängerin für Aretha Franklin. Quincy Jones, Roberta Flack, Stevie Wonder, Stephanie Mills, Diana Ross, Luther Vandross, Peter Tosh und Kenny Loggins wurden von ihr ebenfalls gesanglich unterstützt. Dass sie nicht nur singen konnte, bewies sie 1975. Zusammen mit Ben E. King war sie für dessen Hit »Supernatural Thing« verantwortlich. Im selben Jahr schrieb sie sechs Titel für das Sister-Sledge-Album »Circle Of Love«. Auch Roberta Flack, Isaac Hayes oder Angela Bonfill sangen ihre Komposi-

tionen. Während einer Studiosession mit Peter Tosh auf Jamaika lernte sie Sly Dunbar und Robbie Shakespeare kennen, die 1982 ihr Debütalbum produzierten. Mit dem Titel »Ain't Nothin' Goin' On But The Rent« (11/86 D 21) hatte Gwen ihren einzigen Top-10-Erfolg. In den Top 40 waren noch »(They Long To Be) Close To You« (10/86 GB 25) und »Good To Go Lover/ Outside In The Rain« (2/87 GB 37). 1998 stellten die Ärzte bei ihr Krebs fest. Sie starb daran im Februar 1999.

Ain't Nothin' Goin' On But The Rent (7/86 GB 5)
Pop, Reggae

Guys 'n' Dolls

THEREZA BAZAR v (Kanada, * 23. 5. 1955), JULIE FORSYTH (Großbritannien, * 4. 4. 1958 in Watford), DOMINIC GRANT (Großbritannien, * 21. 8. 1949 in London), PAUL GRIGGS (Großbritannien, * 20. 11. 1948 in Hatfield), MARTINE HOWARD (Großbritannien, * 14. 4. 1956 in Cardiff), DAVID VAN DAY v (Großbritannien, * 28. 11. 1956 in Brighton)

Im November 1974 kamen die Guys 'n' Dolls zusammen. Zwei Monate arbeitete man an der ersten Single »There's A Whole Lot Of Loving«. »You Don't Have To Say You Love Me« war eine Neuaufnahme des Dusty-Springfield-Erfolges. Überhaupt hatte die Band sich darauf spezialisiert, Remakes alter Hits von z. B. Roberta Flack, den Beach Boys oder den Righteous Brothers zu veröffentlichen. Nach 1978 gelang der Gruppe kein Erfolg mehr. Thereza Bazar und David van Day verließen die Formation und machten unter der Anleitung des Produzenten Trevor Horn als Duo Dollar weiter. Sie brachten es auf etliche Top-10-Erfolge in GB. Thereza Bazar versuchte sich später außerdem als Solistin. Der Rest machte als Quartett weiter. Der Erfolg ließ jedoch nach.

There's A Whole Lot Of Loving (3/75 GB 2)
You Don't Have To Say You Love Me (2/76 GB 5)
Pop

Siehe auch: Dollar

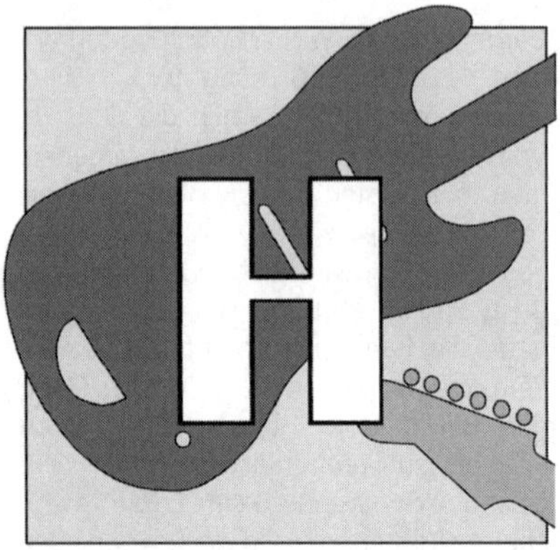

Haak, Nico

NICO HAAK v (Niederlande, * 19. 10. 1939 in Delft, † 13. 11. 1990)
Der Sänger und Entertainer kam im Frühjahr 1976 mit der deutschsprachigen Novelty-Nummer »Schmidtchen Schleicher« in die deutsche Hitparade. Mit der Feststellung »Unter dem Schottenrock ist gar nichts« erreichte er knapp ein Jahr später noch einmal die deutschen Top 20. Dann war sein Gastspiel bei uns wieder vorbei.

Schmidtchen Schleicher (3/76 D 4)
Deutscher Schlager

Haddaway

HADDAWAY v (Trinidad, * 9. 1. 1965 als Nestor Alexander Haddaway)
Seine Eltern wanderten mit Haddaway in die USA aus, als er acht Jahre alt war. Dort studierte er später Marketing, machte aber auch eine Ausbildung als Sänger und Tänzer. Beides kombinierte er, als er 1987 in Deutschland als Tänzer, Choreograf und PR-Manager arbeitete. Auf Fashionshows führte er mit seiner Truppe Nestor & Crew Mode vor. Dann sang er in der Kölner Gruppe Elegato, ab 1993 veröffentlichte er Soloplatten, und mit »What Is Love« hatte er seinen ersten internationalen Hit. Noch in demselben Jahr hatte er weitere Erfolge mit »Life« und »I Miss You«. »Catch A Fire« (8/95 D 38, GB 39) und »Lover Be Thy Name« (11/95 D 65) zeigten an, dass die Erfolgskurve nach unten ging. Mit der Single »What About Me« und dem Album »Let's Do It Now« meldete er sich Mitte 1997 wieder zurück. Sein erfolgreichstes Album war »Haddaway Album« (9/93 D-LP 5, 10/93 GB-LP 19, 1/94 RE-GB-LP 9). Lange hörte man nichts mehr von Haddaway – dann erschien Anfang 2002 mit »Love Makes« ein neues Album.

What Is Love (2/93 D 2; 6/93 GB 2)
Life (8/93 GB 6, D 2)
I Miss You (12/93 GB 9)
Rock My Heart (3/94 GB 9, D 10)
Disko

Hagara, Willy

WILLY HAGARA v (Österreich, * 4. 6. 1927 in Wien)
Der Postbeamte Hagara wurde 1946 während eines Nachwuchswettbewerbs entdeckt. Danach nahm er Gesangs- und Schauspielunterricht und sang schließlich über die Bedürfnisse und Träume der Nachkriegszeit: »Grüß das Haus am Missouri«, »Nur in Portofino«, »Karneval in Portugal«, »Champagner für alle«, »Mandolinen und Mondschein«. Der Titel »Eine Kutsche voller Mädels« war 1956 sein erster Top-10-Erfolg. Nach 1962 wurde es still um ihn.

Eine Kutsche voller Mädels (6/56 D 10)
Casetta in Canada (2/58 D 3)
Freunde fürs Leben (10/60 D 8)
Pepe (2/61 D 9)
Caterina (7/62 D 7)
Deutscher Schlager

Haircut 100

Blair Cunningham d (USA, * 11. 10. 1957 in Harlem/New York City), Mark Fox per (Großbritannien, * 13. 2. 1958), Nick Heyward v (Großbritannien, * 20. 5. 1961 in Beckenham/Kent), Graham Jones g (Großbritannien, * 8. 7. 1961 in Bridlington/North Yorkshire), Les Nemes b (Großbritannien, * 5. 12. 1960 in Croydon/Surrey), Phil Smith sax (Großbritannien, * 1. 5. 1959 in Redbridge/Ilford)
Die Teenie-Pop-Formation wurde 1980 zunächst als Trio gegründet. Ab März 1981 kam als fester Schlagzeuger Blair Cunningham in die Band, wenig später dann der Saxophonist Phil Smith. Im Oktober 1981 hatten sie ihre Debütsingle »Favourite Shirts (Boy Meets Girl)« in den Charts. Mark Fox, der bisher lediglich bei Studioproben mitgespielt hatte, wurde im Dezember 1981 ebenfalls festes Mitglied. Im November 1982 wurde bekannt, dass Nick Heyward die Gruppe verlassen werde. Mark Fox, der die Band schon vorher verlassen hatte, weil er Schwierigkeiten mit Nick hatte, kehrte jetzt zurück und übernahm den Leadgesang. Im Januar 1983 erschien die erste Solosingle von Nick Heyward, der es bis 1988 in GB auf neun Hits, aber auf keinen Top-10-Hit brachte. Ohne Nick Heyward brachten Haircut 100 aber auch keine Single mehr unter die ersten 10. Mitte 1984 trennte sich die Formation. Schlagzeuger Cunningham tauchte später bei den Pretenders auf. Mark Fox wurde 1987 A&R-Manager bei der Plattenfirma East West. Er war es, der für diese Company Beloved und Jimmy Nail unter Vertrag nahm. Als Studiomusiker waren auch die anderen Mitglieder von Haircut 100 bei diversen Produktionen von Paul McCartney, Rick Astley oder Echo & The Bunnymen zu hören. Das erfolgreichste Album der Band war »Pelican West« (3/82 GB-LP 2).

Favourite Shirts (Boy Meets Girl) (10/81 GB 4)
Love Plus One (1/82 GB 3)
Fantastic Day (4/82 GB 9)
Nobody's Fool (8/82 GB 9)
Elektro-Pop

Hale & Pace & Stonkers

Gareth Hale v (Großbritannien), Norman Pace v (Großbritannien)
Die in GB bekannten Komiker Hale und Pace, in einer britischen TV-Werbung auch bekannt als die Two Rons, luden die Creme der britischen Musiker ins Studio ein, um mit ihnen zusammen eine Benefizplatte aufzunehmen. Der Erlös kam der Organisation Comic Relief zugute, die Projekte für Behinderte, Obdachlose, arbeitslose Jugendliche, Drogen- und Alkoholabhängige in England und lang- und kurzfristige Entwicklungshilfe in Afrika unterstützt. Im Rahmen dieses Projektes sind schon häufiger Platten veröffentlicht worden, die zu Hits wurden, so z. B. Cliff Richard & The Young Ones mit dem Titel »Living Doll«. Zu den Musikern, die als Stonkers spielten, gehörten Brian May von Queen, Tony Iommi von Black Sabbath und Dave Gilmour von Pink Floyd als Gitarristen, Neil Murray als Bassist, Roger Taylor und Cozy Powell als Schlagzeuger. Produziert wurde das Projekt von Brian May.

The Stonk (3/91 GB 1)
Comic Relief, Pop

Hall, Daryl

Daryl Hall v (USA, * 11. 10. 1948 als Daryl Franklin Hohl in Pottstown/Philadelphia)
Schien es erst, als seien die Soloaktivitäten von Daryl das Ende des Duos Hall & Oates, so stellte sich später heraus, dass die beiden nach einer längeren Pause doch

wieder gemeinsam Platten aufnahmen. Nach zwei weiteren Hitnotierungen schien die Soloerfolgszeit für Daryl zu Ende zu sein. 1994 sang Daryl den offiziellen Song für die Fußballweltmeisterschaft in den USA: »Gloryland« (7/94 GB 36) zusammen mit The Sounds Of Blackness.
1995 nahm er im Duett mit Dusty Springfield »Wherever Would I Be« auf. Sein erfolgreichstes Soloalbum war »Three Hearts In The Happy Ending Machine« (8/86 GB-LP 26, 9/86 US-LP 29, 9/86 D-LP 43).

Dreamtime (8/86 US 5)
AOR (Adult Orientated Rock)

Siehe auch: Hall & Oates

Hall & Oates

DARYL HALL v (USA, * 11. 10. 1948 als Daryl Franklin Hohl in Pottstown/Philadelphia), JOHN OATES v, g (USA, * 7. 4. 1949 in New York City)
Hall & Oates studierten beide in Philadelphia an der Temple University. Damals spielten sie bereits in Bands: Hall war Mitglied bei den Temptones, Oates bei den Masters. Zusätzliches Studiengeld verdienten sie sich als Backgroundsänger, und so lernten sie sich 1967 auch kennen. Sie entdeckten ihr gemeinsames Interesse an Rhythm & Blues und Soulmusik, gingen vorerst jedoch noch getrennte Wege. Ab 1969 arbeiteten sie enger zusammen. 1972 unterschrieben sie einen gemeinsamen Plattenvertrag als Hall & Oates. Der Soulproduzent Arif Mardin war für die erste Veröffentlichung dieses Duos noch im Jahre 1972 verantwortlich. Die Platte wurde ein Flop. 1974 erschien die LP »Abandoned Luncheonette«, die sich bis auf Platz 33 in der LP-Hitparade hocharbeitete und Goldstatus erreichte. 1975 wechselten sie die Plattenfirma, ab 1976 belegten sie Spitzenplätze in den Hitparaden. Nach 1985 trat eine Pause ein. Daryl Hall machte eine erfolgreiche Solo-LP. 1988 kam »Everything Your Heart Desires« wieder unter die ersten 10. Die Musik der beiden wurde als Blue Eyed Soul bezeichnet. Ihre Vorläufer waren die Righteous Brothers, nach ihnen kam mit diesem Musikstil erfolgreich Michael Bolton. Hall & Oates gelten als das erfolgreichste Duo der Rockära und haben die Everly Brothers von Platz 1 verdrängt. 1990 erschien das Album »Change Of Seasons«, teilweise produziert durch Jon Bon Jovi und Danny Kortchmar. Die daraus ausgekoppelte Single »So Close« erreichte in den USA Platz 11. Im Herbst des Jahres 1997 kamen Hall & Oates dann wieder mit einem gemeinsamen Projekt – sie veröffentlichten das Album »Marigold Sky« und die Single »Promise Ain't Enough«.
Die erfolgreichsten Alben: »Voices« (8/80 US-LP 17), »Private Eyes« (9/81 US-LP 5, 2/82 GB-LP 8), »H2O« (10/82 US-LP 3, GB-LP 24, 1/83 D-LP 32), »Rock 'n Soul, Part 1« (10/83 GB-LP 16, 11/83 US-LP 7), »Big Bam Boom« (10/84 US-LP 5), »Ooh Yeah!« (5/88 US-LP 24) und »The Best Of Hall & Oates – Looking Back« (10/91 GB-LP 9).

Sara Smile (1/76 US 4)
She's Gone (7/76 US 7)
Rich Girl (1/77 US 1)
Kiss On My List (1/81 US 1)
You Make My Dreams (5/81 US 5)
Private Eyes (8/81 US 1)
I Can't Go For That (No Can Do) (11/81 US 1; 1/82 GB 8)
Did It In A Minute (3/82 US 9)
Maneater (10/82 GB 6, US 1)
One On One (1/83 US 7)
Family Man (4/83 US 6)
Say It Isn't So (10/83 US 2)
Adult Education (2/84 US 8)
Out Of Touch (9/84 US 1)
Method Of Modern Love (12/84 US 5)
Everything Your Heart Desires (4/88 US 3)
AOR (Adult Orientated Rock), Rhythm & Blues

Siehe auch: Hall, Daryl

Halliwell, Geri

GERI HALLIWELL v (Großbritannien, * 6. 8. 1970 als Geraldine Halliwell in Watford/Hertfordshire)
Geri begann ihre Karriere als Sängerin und Songschreiberin mit den Spice Girls. Ihr Spitzname in der Band war ›Ginger Spice‹. Am 1. Juni 1998 gab Geri bekannt, sie werde die Spice Girls verlassen. Der Rest deutete an, als Quartett weiterzumachen. Geri unterschrieb im Oktober 1998 einen Solovertrag mit der EMI, der ihr angeblich zwei Millionen Pfund garantierte. Ihre Debütsingle »Look At Me« (5/99 D 22) erschien am 10. 5. 1999. Ihr Debütalbum hieß »Schizophonic« (6/99 GB-LP 4). Nächster Singleerfolg wurde »Mi Chico Latino« (8/99 D 28). Diese Platte stieg am 28. 8. 1999 gleich auf Platz 1 der britischen Charts ein. Als nächstes Album erschien »Scream If You Wanna Go Faster« (5/01 GB-LP 5).

Look At Me (5/99 GB 2)
Mi Chico Latino (8/99 GB 1)
Lift Me Up (11/99 GB 1)
Bag It Up (3/00 GB 1)
It's Raining Men (5/01 D 5, GB 1)
Scream If You Wanna Go Faster (8/01 GB 8)
Calling (12/01 GB 7)
Pop

Siehe auch: Spice Girls

Halo James

CHRISTIAN JAMES v (Großbritannien, * 21. 12. 1964), NEIL PALMER key (Großbritannien, * 25. 3. 1966), RAY ST. JOHN g (Großbritannien)
Anfang 1990 wurde Halo James als der heißeste Hoffnungsträger der Britischen Insel bezeichnet. Ray St. John hatte vorher in der ersten Band von Sade gespielt und deren Hit »Smooth Operator« mitgeschrieben. Ende 1989 veröffentlichte das Trio die Single »Could Have Told You So«. Damit hatten sie bisher ihren einzigen Erfolg – recht wenig für den heißesten Hoffnungsträger. Ihr erfolgreichstes Album war »Witness« (4/90 GB-LP 18).

Could Have Told You So (12/89 GB 6)
Pop

Hamilton, Joe Frank & Reynolds

JOE FRANK CAROLLO v, d, b (USA, in Leland/Mississippi), ALAN DENNISON v (USA, in Marion/Ohio), DAN HAMILTON v, g (USA, * 1. 6. 1946 als Daniel Robert in Spokane/Washington, † 23. 12. 1994), TOMMY REYNOLDS v, d (USA, als Thomas Clark in New York City)
Dan Hamilton war bereits mit 15 Jahren in L. A. ein gesuchter Studiomusiker und spielte auf Platten von Jerry Lee Lewis, Johnny Rivers, Chad & Jeremy oder den Ventures. Danach wurde er Sänger in der TV-Show ›Shindig‹ und gründete später mit anderen Musikern das lockere Konglomerat T-Bones. Carollo und Reynolds waren zwei der Musiker, die da mitspielten. Die drei blieben zusammen, bis die T-Bones in den späten 60er Jahren auseinander fielen. 1971 kamen die drei wieder zusammen, dieses Mal als Hamilton, Joe Frank & Reynolds. »Fallin' In Love« erschien auf dem damals gerade neu gegründeten Playboy Label. Reynolds hatte die Gruppe schon 1972 verlassen und war durch Dennison ersetzt worden. Trotzdem machten diese drei unter dem alten Gruppennamen bis 1976 weiter. Dann nannten sie sich Hamilton, Joe Frank & Dennison. Ein Hit gelang ihnen jedoch nicht mehr. Hamilton starb 1994 im Alter von 48 Jahren während einer Operation.

Don't Pull Your Love (5/71 US 4)
Fallin' In Love (6/75 US 1)
Soft Rock

Hamilton, Lesley

LESLEY HAMILTON v (Deutschland, als Lesley Scheuermann in Saarbrücken)

Die in Deutschland produzierte Lesley Hamilton hatte laut ihrer Plattenfirma ›franko-amerikanische Vorfahren, einen internationalen Pass und gilt als Inkarnation eines weiblichen Weltbürgers‹. Der deutsche Produzent Rolf Soja nahm mit ihr 1978 die LP »No Hollywood Movie« auf. Die Singleauskopplung des Titelsongs war Lesleys einzige Hitnotierung. 1981 folgte wieder mit Rolf Soja die LP »Give An' Take«.

No Hollywood Movie (6/78 D 8)
Middle Of The Road (MOR)

Hamilton, Lynne

LYNNE HAMILTON v (Großbritannien, in Chorley)

Lynne Hamilton kam Mitte der 60er Jahre in das Duo Caravelles, das vor ihrer Zeit mit »You Don't Have To Be A Baby To Cry« im August 1963 einen Top-10-Hit in GB gehabt hatte. Sie wanderte später nach Australien aus und nahm dort 1979 »On The Inside«, das Titellied zur TV-Serie ›Prisoner Cell Block H‹, auf. Erst zehn Jahre später – wahrscheinlich lief nun diese Serie auch in GB – wurde es die einzige Hitnotierung dieser Sängerin.

On The Inside (Theme From ›Prisoner Cell Block H‹) (4/89 GB 3)
Pop

Hamlisch, Marvin

MARVIN HAMLISCH p (USA, * 2. 6. 1944 in New York City)

Marvin ist Komponist zahlreicher Soundtracks. Für den von ihm mitverfassten Titel »The Way We Were« erhielt er 1974 zwei Grammys. Außerdem erhielt er im selben Jahr einen Grammy als bester neuer Künstler und einen für den Titel »The Entertainer« als beste Instrumentalnummer. Für »The Way We Were« kassierte er außerdem noch zwei Oscars und für »The Entertainer« aus dem Film »Der Clou« einen. Neben vielen Erfolgstiteln, die er schrieb, sticht sein Broadway-Musical »A Chorus Line« heraus, für das er wieder mit Preisen überschüttet wurde, darunter auch der Pulitzer-Preis für Drama. »The Entertainer« war 1902 von Scott Joplin geschrieben worden. Sein größter Albumerfolg war »The Sting« (1/74 US-LP 1, 9/74 D-LP 39). Bis in die 90er Jahre stammen zahlreiche Titel aus erfolgreichen Filmen aus seiner Feder, so schrieb er z. B. zusammen mit Carole Bayer Sager »Nobody Does It Better«, ein Hit für Carly Simon aus dem James-Bond-Film »Der Spion, der mich liebte« oder »I've Finally Found Someone« für Barbra Streisand, John Lange und Bryan Adams aus dem Film »The Mirror Has Two Faces« (1996).

The Entertainer (3/74 US 3)
Instrumental, Pop

Hammer, Jan

JAN HAMMER key (Tschechische Republik, * 17. 4. 1948 in Prag)

Jan kam 1968 aus der Tschechischen Republik in die USA. Er begann als Barpianist in Boston, dann begleitete er Sarah Vaughan ein Jahr durch die USA, Kanada und Japan. Danach spielte er mit Jeremy Steig, von 1970 bis 1974 in John McLaughlins Mahavishnu Orchestra und schließlich mit Jerry Goodman. Es folgten weitere Plattenproduktionen mit David Earle Johnson und mit Neil Schon als Schon & Hammer. Ab 1977 war er auch auf etlichen Produktionen von Al Di Meola zu hören. Auch Jeff Beck griff immer wieder auf Jan Hammer zurück. Dann kam für Jan der große Erfolg mit einer

Musik, mit der er bis zu diesem Zeitpunkt wenig zu tun gehabt hatte: Der TV-Renner ›Miami Vice‹ wurde von ihm musikalisch betreut. Seine beiden Top 10 Hits stammten aus dieser Serie. Damit hatte er sich einen Namen als Schreiber von TV-Melodien gemacht. Er war dann auch verantwortlich für das Thema zu der europäischen Krimiserie ›Eurocops‹. Das Album »Miami Vice« (10/85 US-LP 1) verkaufte mehr als vier Millionen Exemplare.

Miami Vice Theme (9/85 GB 5, US 1; 1/87 D 5)
Crockett's Theme (4/87 D 4; 9/87 GB 2)
Instrumental, Jazz, Rock

Hammond, Albert

ALBERT HAMMOND v, g (Großbritannien, * 18. 5. 1942 in London)

Albert verbrachte seine ersten Lebensjahre in Gibraltar. Noch viele Jahre später sprach er mit einem unverwechselbar spanischen Akzent in seinem Englisch. Mit 15 machte er seine erste Platte, »New Orleans«, die er selbst im Stil von Buddy Holly komponiert hatte. Jetzt gründete er mit seinem Bruder die Gruppe Diamond Boys, die in Spanien recht erfolgreich war. Sie brachten es zu einem Plattenvertrag mit RCA in Spanien. Mit 18 ging Albert zurück nach England und gründete dort mit einem anderen Mitglied der Diamond Boys, Richard Cartwright, das Duo Albert & Richard. Die beiden tourten durch Europa, nahmen einige Platten auf und spielten in verschiedenen, an die Beatles-Filme angelehnten Streifen mit. 1966 traf er auf Mike Hazelwood, mit dem er ein Produktions- und Songschreiberteam gründete. In der Folgezeit schrieben sie unendlich viele Hits für Leapy Lee, die Pipkins, Hollies, Blue Mink usw. Hammond und Hazelwood versuchten sich dann auch als Interpreten unter den Pseudonymen Family Dogg und Magic Lanterns. In den frühen 70er Jahren ging Albert nach Los Angeles und startete dort eine Solokarriere. Sein Titel »It Never Rains In Southern California« wurde Ende 1972 ein Millionseller in den USA. Nach 1975 wurde es still um Albert. Mitte der 80er Jahre tat er sich mit dem Holländer Albert West zusammen. Außer »Give A Little Love«, Anfang 1987 ein Platz 40 in den deutschen Charts, war von ihren Produktionen keine erfolgreich. Von den Tantiemen, die er durch die von ihm geschriebenen Songs kassiert, dürfte er gut leben können.

It Never Rains In Southern California (10/72 US 5; 2/73 D 9)
The Free Electric Band (6/73 D 4)
I'm A Train (3/74 D 2)
Everything I Want To Do (9/74 D 7)
Down By The River (9/75 D 8)
Pop, Soft Pop

Hancock, Herbie

HERBIE HANCOCK key (USA, * 12. 4. 1940 in Chicago/Illinois)

Herbie wandelte erst auf klassischen Pfaden. Seit seinem siebten Lebensjahr hatte er Klavierunterricht, und bereits zwei Jahre später trat er öffentlich auf. Ab 1961 arbeitete er in New York mit Donald Byrd zusammen, danach mit Oliver Nelson, Eric Dolphy, Dexter Gordon und von 1963 bis 1968 mit Miles Davis. Herbie schaffte es, sowohl im Jazz- als auch im Poplager erfolgreich zu sein. 1974 veröffentlichte er die Platte »Head Hunters« (1/74 US-LP 13), die Platinstatus erreichte. Darauf zu finden seine Eigenkomposition »Watermelon Man«. 1983 erschien »Future Shock« (9/83 US-LP 43), eine Synthese aus Jazz, Rock und Scratching. Daraus ausgekoppelt wurde die Single »Rockit«. In die amerikanische Hitparade kam die Nummer im September 1983, erreichte nur Platz 71 und wurde trotzdem ein Millionseller und mit einem Grammy

belohnt. Eine weitere Grammy-Auszeichnung erhielt er 1984 für die Platte »Sound-System«. 1987 erhielt er für seine Musik zu dem Film »Round Midnight« einen Oscar. 1993 hatte die Formation US3 einen Hit mit dem Titel »Cantaloop«, der ursprünglich von Hancock stammte.
Ende 2001 veröffentlichte seine Plattenfirma über Herbie folgenden Text: ›Er ist einer der ganz großen Musiker des 20. Jahrhunderts, sein Werk eine der bedeutendsten Fundgruben für junge Talente, die die Zukunft der Musik gestalten. Er war einer der ersten Elektroniker, brachte die Welt mit Fender Rhodes und Hammond Clavinets in Kontakt. Kein so ernsthafter und hoch talentierter Musiker hat so viele Grenzübertretungen begangen: vom elfjährigen Wunderkind, das ein Mozart-Klavierkonzert mit Sinfonieorchester aufführte, über seine einflussreiche Zeit als Zögling von Miles Davis, seine Fuzz-Wah-Pedal-getriebenen Jazz-Rock-Projekte der späten 60-er Jahre, die Afro Experimente der frühen 70er, die folgenden Funk-Meisterwerke (mit »Head Hunters«, dem ersten Jazzalbum, das eine Platinauszeichnung erhielt) bis hin zu der ganzen Litanei seiner elektronischen Vorwegnahmen in den 80er Jahren. Als DJ-Rebellen in den 90ern sein Werk für ihre Zwecke rupften (seit US 3's »Cantaloop Island« wurde sein Repertoire lückenlos ausgebeutet), wandte sich der Herbie wieder Jazz-Standards und klassischer Komposition zu, nicht ohne sie gleichsam zu erneuern, indem er Künstler der unterschiedlichsten stilistischen Herkunft in den Schaffensprozess einband. Das gipfelte 1998 in dem mit drei Grammys ausgezeichneten »Gershwin's World«, einem der Hauptwerke unter seinen knapp fünfzig Alben.
Und nun: Mit 61 Jahren nimmt er ein paar Veteranen und eine Top-Garde junger progressiver Musiker an die Hand und bereitet mit ihnen den Weg ins musikalische 21. Jahrhundert. »Future 2 Future« heißt die CD, auf der Herbie Hancock optisch und musikalisch wie ein Zwanzigjähriger wirkt. Mit seinen Gästen hat er konventionelle Instrumente mit den technischen Möglichkeiten des neuen Jahrtausends reinterpretiert und ein Werk geschaffen, das alle Grenzen überschreitet und sie dabei in sich verschränkt. Mit dabei: Bill Laswell, Wayne Shorter, Jack DeJohnette, Carl Craig, A Guy Called Gerald, Chaka Khan, Dana Bryant, Rob Swift und einige mehr. Das Album ist das erste Produkt auf Hancocks neuem Label Transparent Music, das sich als Labor für eine Zukunft weisende Weltmusik versteht. Eine Musik, die an nichts mehr interessiert ist, als Genre-Grenzen zu überwinden und ihre Gegensätze trotzdem virtuos zu artikulieren. Mit Transparent Music kehrt Herbie Hancock nach den Jahren 1973–1988 zu Columbia zurück.‹

Rockit (7/83 GB 8; 9/83 D 6)
Jazz Rock

Hank The Knife & The Jets

PIERRE J. BEEK v (Niederlande, * 26. 12. 1945), HENK BRUYSTEN b (Niederlande, * 30. 5. 1946), ROBERT MIJNHART d (Niederlande, * 4. 3. 1948), HANS VAN GEFFEN g (Niederlande, * 3. 12. 1948), JAN VAN HAAFTEN b (Niederlande, * 8. 12. 1946)
Die Rockgruppe Hank The Knife & The Jets formierte sich im April 1975. Wenig später erreichten ihre Titel »Guitar King« und »Stan The Gunman« die Charts. Nach einer weiteren Notierung 1976 war die Band wieder aus den Hitparaden verschwunden. Der Kopf der Formation, Henk Bruysten, hatte 1965 seine erste Band gegründet, wurde 1973 Bassist bei der holländischen Rock-'n'-Roll-Gruppe Long Tall Ernie & The Shakers, und als er

dort nicht komponieren durfte, gründete er seine eigene Formation.

Guitar King (7/75 D 4)
Stan The Gunman (11/75 D 9)
Rock 'n' Roll, Rockabilly

Hanselmann, David

DAVID HANSELMANN v (Deutschland, * 6. 4. 1952 in Stuttgart)
Der Sänger und Songschreiber versuchte sich mit Gruppen wie Message, Triumvirat, Overdrive, Fire Horse und mit dem Duo Evans & Hanselmann. Er sang mit Anne Haigis und Paul Vincent und versuchte sich als Solist mal unter seinem Namen, mal unter dem Pseudonym O'Hara. Zur Fußball-WM 1990 veröffentlichte er den Schlachtruf »Go Get The Cup«. Deutschland holte den Cup und ließ David sicher verwirrt zurück. Jahrelang hatte er Rockmusik gesungen, und jetzt hatte er Erfolg mit so etwas.

Go Get The Cup (7/90 D 4)
Pop

Hanson

ZAC HANSON d (USA, * 22. 10. 1985 als Zacharias Walker in Arlington/Virginia), TAYLOR HANSON v, key (USA, * 14. 3. 1983 in Tulsa/Oklahoma), ISAAC HANSON g, b (USA, * 17. 11. 1980 in Tulsa/Oklahoma)
Die drei minderjährigen Brüder machten im Frühjahr 1997 auf sich aufmerksam. Angeblich hatten die drei bereits seit 1992 mehr als 100 Songs geschrieben und etliche davon auf zwei Alben (1994 und 1996) veröffentlicht, die sie in Eigenregie herausbrachten und vorwiegend bei Konzerten und in Plattenläden in ihrer Heimatstadt Tulsa verkauften. Ihr Debütalbum bei einer Major Company hieß »Middle Of Nowhere« (5/97 US-LP 2 – vierfach Platin –, 6/97 GB-LP 1, 6/97 D-LP 1) und erschien im Frühjahr 1997 – in GB erreichte es am 21.6. gleich Platz 1 in den LP-Charts. Als ihre Lieblingskünstler gaben die drei Otis Redding, Chuck Berry und Aretha Franklin an. »I Will Come To You« stammte vom Weihnachtsalbum »Snowed In« (12/97 US-LP 7). Mit dem Album »3 Car Garage – The Indie Recordings '95–'96« (5/98 US-LP 6) wurde auch das Uraltmaterial von Hanson versilbert. Nach einer Pause kam Hanson wieder mit »This Time Around« (4/00 US 20) und »If Only« (4/00 GB 15). Mitte 2001 wurde für 2002 ein Album angekündigt, auf dem als Gäste z. B. Carole King oder Ed Robertson von Barenaked Ladies zu hören waren.

Mmmbop (5/97 US 1; 6/97 GB 1, D 1)
Where's The Love (9/97 GB 4)
I Will Come To You (11/97 US 9, GB 5)
Boy Group, Pop, Rock

Happenings

RALPH DEVITO v (USA), THOMAS GIULIANO v (USA), BERNIE LAPORTA v (USA), DAVID LIBERT v (USA), BOB MIRANDA v (USA)
Die vier Mitglieder dieser Formation stammten alle aus New Jersey. Während ihres gemeinsamen Militärdienstes in Fort Dix sangen sie erstmals zusammen. Zurück vom Militär, gründeten sie die Four Graduates. Ihre ersten Gesangsaufnahmen machten sie Anfang der 60er Jahre als Backgroundsänger. So sind diese vier immerhin auch im Hintergrund bei den Four Seasons zu hören. Schließlich machten sie mit »What A Lovely Way To Spend An Evening« und »Candy Cream« ihre ersten Platten. 1965 gründeten die Tokens ihr eigenes Plattenlabel B. T. Puppy Records, und die Four Graduates unterzeichneten dort einen Vertrag. Sie änderten ihren Namen in Happenings und hat-

ten mit »See You In September« ihren ersten Hit. »I Got Rhythm« war 1930 von George und Ira Gershwin für das Musical »Girl Crazy« geschrieben worden. Nach einigen weiteren Hits war es mit der Karriere der Gruppe Ende 1969 vorbei. In den 80er Jahren traten Miranda und Giuliano mit zwei anderen Sängern bei Oldie-Shows wieder als Happenings auf.

See You In September (7/66 US 3)
I Got Rhythm (4/67 US 3)
Pop

Happy Clappers

SANDRA EDWARDS v (Großbritannien), MARTIN KNOTTS, GREAME RIPLEY, CHRIS SCOTT key
Die Happy Clappers kamen Anfang der 90er Jahre in Newcastle zusammen. Ihren ersten Hit sollten sie 1995 mit dem Titel »I Believe« haben. Er wurde Mitte des Jahres Platz 21. Kurz darauf erschien »Hold On« (8/95 GB 27) und jetzt erreichte »I Believe« die Top 10. Danach verließen Ripley und Knotts die Band, und Scott holte als Sängerin Sandra Edwards hinzu, die vorher bei der Formation Abbacadabra gesungen hatte. »Can't Help It« (6/96 GB 18) und »I Believe 97« (11/97 GB 28) waren die letzten Hits.

I Believe (11/95 GB 7)
House

Happy Mondays

MARK »BEZ« BERRY per (Großbritannien, * 18. 4. 1964 in Manchester), PAUL DAVIS key (Großbritannien, * 7. 3. 1966), MARK »COW« DAY g (Großbritannien, * 29. 12. 1961 in Manchester), PAUL RYDER b (Großbritannien, * 24. 4. 1964 in Manchester), SHAUN WILLIAM RYDER v (Großbritannien, * 23. 8. 1960 in Little Hulton/ Manchester), GARY »GAZ« WHELAN d (Großbritannien, * 12. 2. 1966 in Manchester)
Die Ursprünge dieser britischen Band aus Manchester gehen zurück bis in das Jahr 1980. Zuerst waren die Jungs lediglich ein loser Zusammenschluss, der sich für Musik und Alkohol interessierte. 1983 nannten sie sich, inspiriert durch den New-Order-Hit »Blue Monday«, Happy Mondays. 1984 wurden sie bei einem der unzähligen Battle-of-the-Bands-Wettbewerbe auf den letzten Platz verschlagen. 1985 erschien mit »Delightful« eine EP mit drei Nummern. Wenig später kam mit Mark Berry das letzte Mitglied zu der Band. Ende 1986 kamen sie mit dem ehemaligen Velvet-Underground-Mitglied John Cale zusammen, der mit ihnen zehn Tage produzierte. Das Resultat erreichte die Independent Charts in GB. Ihren ersten Hiteintrag hatte die Gruppe im September 1989 mit »W.F.L.«, dem Remix einer früheren Single der Band, die »Wrote For Luck« hieß. Neu gemixt wurde sie von Vince Clarke von Erasure. Anfang 1990 wurden sie in verschiedenen britischen Musikmagazinen zu den besten Newcomern gewählt. »Step On« war eine Coverversion des John-Kongo-Hits »He's Gonna Step On You Again« aus dem Jahr 1971. Wer die Nummer »Lady Marmalade« von LaBelle kennt, kennt auch »Kinky Afro«. Inzwischen galten die Happy Mondays mit den Stone Roses als führende Band des Rave-Booms. Anfang 1993 gab es einige Drogenprobleme in der Band, die schließlich dazu führten, dass sich die Gruppe trennte. Zuerst nannte sich der Rest Mondays – dann wurde daraus die Gruppe Black Grape. Das erfolgreichste Album der Happy Mondays: »Pills 'n' Thrills And Bellyaches« (11/90 GB-LP 4). 1999 kamen Happy Mondays wieder zusammen. Der Grund: Es galt, Steuerschulden in enormer Höhe zu begleichen, wie Shaun verkündete. Es erschien das Album »Greatest Hits« (6/99 GB-LP 11).

Step On (4/90 GB 5)
Kinky Afro (10/90 GB 5)
Rave, Rock

Siehe auch: Black Grape

Hardcastle, Paul

PAUL HARDCASTLE computer (Großbritannien, * 10. 12. 1957 in London)
Der Soundtüftler begann Anfang der 80er Jahre bei Direct Drive und wurde 1982 Mitglied bei First Light. 1984 gründete Paul eine eigene Plattenfirma und hatte darauf 1985 mit der durchschnittlichen Altersangabe der US-Soldaten im Vietnamkrieg einen Welterfolg: »Nineteen«. Die Platte erreichte Platz 15 in den USA. Bei der nächsten Chartnotierung, »Just For The Money« (11/85 GB 19) wirkten Bob Hoskins und Sir Laurence Olivier mit. Von Paul stammte die Themenmusik zur englischen TV-Sendung ›Top Of The Pops‹: »The Wizard« (10/86 GB 15). Seitdem schreibt er in erster Linie Musik für Fernsehserien, produziert und mixt und nimmt ab und zu unter Pseudonymen Platten auf. So war er z. B. als Silent Underdog, Direkt Drive oder First Light in den GB-Charts. Er machte jedoch auch Produktionen als Beeps International, oder Deff Boyz, die mit »Swing« (8/90 D 27) einen Top-40-Hit hatten.1992 bildete er mit Jaki Graham das Duo Kiss The Sky. 1993 brachte Paul als Jazzmasters eine CD auf den Markt. Wer außer ihm daran beteiligt war, ist dem Plattencover nicht zu entnehmen. Als Erklärung stand lediglich darauf: ›Jazzmasters is a new style of dance music presented by Paul Hardcastle.‹ Nebenher betrieb er sein eigenes Plattenlabel Fast Foward Records und schrieb u. a. die Musik für die BBC-Serie »S Club 7« oder den Soundtrack für den Film der Spice Girls.

Nineteen (5/85 D 1, GB 1)
Don't Waste My Time (2/86 GB 8)
Elektro-Pop

Hardy, Françoise

FRANÇOISE HARDY v (Frankreich, * 17. 1. 1944 in Paris)
Françoise Hardy war 18 Jahre alt, als sie mit ihren ersten selbst geschriebenen Liedern die französischen Altstars wie Aznavour, Brassens, Bécaud, Brel usw. in den Hitparaden hinter sich ließ. Die älteren Franzosen waren erstaunt über dieses junge Mädchen, das da fast nichtssagende, monoton vorgetragene Liedchen trällerte. Aber die Jugendlichen sahen sich und ihre Interessen eher durch die junge Françoise vertreten. Sie wirkte schüchtern und linkisch – egal, die jugendlichen Käufer machten sie auf Anhieb zum Star. Ihren ersten Hit konnte sie 1962 mit dem selbst geschriebenen Titel »Tous Les Garçons Et Les Filles« verbuchen. Es folgten »Le Temps De L'Amour« 1963, »Mon Amie La Rose« 1965 und »Message Personnel« 1973. Wunderschön, wenn auch nicht erfolgreich, war ihre Nummer »Star«. In Deutschland hatte sie ihren größten Erfolg mit »Frag den Abendwind«. Franzosen hatten es bei uns immer schwer, mit ihren Liedern in die Hitparaden zu kommen – auch die großen Stars. Françoises Lieder wurden hierzulande meist auch nur dann Hits, wenn sie ins Deutsche übertragen waren. In GB wurde sie dreimal in den Charts notiert, ihr größter Erfolg dort war »All Over The World«, 1965 Platz 16. In Frankreich machte sie sich nicht nur als Sängerin, sondern auch als Schauspielerin und Model einen Namen. Dass ihre internationale Karriere bereits Ende der 60er Jahre abflaute, lag sicher auch an ihrer immer stärker werdenden Bühnenangst. In Frankreich zog sie sich Anfang der 70er Jahre aus dem Showgeschäft zurück und zu ihrem Kollegen Jacques Dutronc. Als das erste gemeinsame Kind geboren wurde, gab die zarte Französin kernige Interviews vor allem zum Thema Emanzipation. Es erschienen immer wieder Platten von ihr, die

jedoch die alten Erfolge nicht wiederholen konnten. Inzwischen war sie mit Dutronc verheiratet, hatte ein zweites Kind und blickte zeitweise in die Zukunft – im wahrsten Sinne des Wortes: Für eine französische Radiostation betätigte sie sich hin und wieder als Astrologin. 1995 erschien als Auskopplung der CD »Paris« von Malcolm McLaren die Single »Revenge Of The Flowers« – als Sängerin für diesen Titel hatte er sich Françoise Hardy geholt, die auch den französischen Text beisteuerte. Ihr erfolgreichstes Album in Deutschland war »Porträt in Musik« (5/65 D-LP 4). 1996 erschien das Album »Danger« und schließlich 2000 »Clairobscur«. 2001 sang sie zusammen mit Henri Salvador auf dessen CD den Titel »Le Fou De La Reine«.

Frag den Abendwind (7/65 D 7)
Schlager

Siehe auch: ABBA

Harley, Steve & Cockney Rebel

JIM CREGAN g, b (Großbritannien, * 9. 3. 1946), JEAN-PAUL CROCKER g, vln (als Paul Avron Jeffreys), STUART ELLIOTT d, GEORGE FORD b, STEVE HARLEY v (Großbritannien, * 27. 2. 1951 als Steven Nice in London), PAUL AVRON JEFFREYS b (* 13. 2. 1952, † 21. 12. 1988), DUNCAN MACKAY v, key (Großbritannien, * 26. 7. 1950), MILTON REAME-JAMES key

1973 gründete der ehemalige Zeitungsjournalist und Folksänger Steve Harley die Formation Cockney Rebel. Noch im selben Jahr erhielten sie einen Plattenvertrag und veröffentlichten ihr Debütalbum »Human Menagerie«. »Judy Teen« war eine Auskopplung aus dieser LP. Als sie 1974 sie mit »Mr. Soft« ihren zweiten Erfolg hatten, war die Gruppe schon wieder auseinander gefallen. Das lag vor allen Dingen an Harleys Besessenheit, sich selbst ständig in den Vordergrund zu stellen, und an seiner negativen Haltung der britischen Musikpresse gegenüber. Um 1974 beim Reading-Festival und im Rainbow Theater in London auftreten zu können, stellte Harley eine neue Gruppe zusammen. Von der ersten Besetzung blieb lediglich der Schlagzeuger Stuart Elliott übrig. Neu kamen Jim Cregan, Duncan Mackay und George Ford. In dieser Besetzung begann man Ende des Jahres mit einer neuen LP, die in den Abbey-Road-Studios in London aufgenommen wurde. Im Februar 1975 kam »Make Me Smile (Come Up And See Me)« in die britischen Charts. Als Interpreten wurden jetzt Steve Harley & Cockney Rebel genannt. Nachdem ihm mit »Here Comes The Sun«, der George-Harrison-Komposition, ein weiterer Hit gelungen war, löste Harley erneut die Band auf und zog in die USA. Es folgten einige Singles, die nur auf untere Hitparadenplätze kamen. Nach 1983 geriet Harley in Vergessenheit. Zusammen mit Sarah Brightman und dem Titelsong aus dem Musical »The Phantom Of The Opera« stand er im Januar 1986 wieder in den britischen Charts. Trotzdem folgten keine weiteren Hits. 1989 machte er eine Reunion-Tour durch GB. Von den Originalmitgliedern war wieder nur noch Stuart Elliott mit dabei. Hin und wieder kommen einige der Mitglieder bis in die 90er Jahre zusammen, um wieder als Cockney Rebel aufzutreten. Der schönste Titel der Formation, als sie sich noch Cockney Rebel nannte, war die Nummer »Sebastian« (3/74 D 30). Urbassist Paul Avron Jeffreys gehörte zu den 259 Insassen des PanAm-Jumbo-Jets, der nach einem Sprengstoffanschlag am 21. 12. 1988 auf die schottische Ortschaft Lockerbie abstürzte. Ende 1995 kam der Titel »Make Me Smile (Come Up And See Me)« erneut in die britische Hitparade und erreichte Platz 33. Schuld daran war die Tatsache, dass das Lied in der Carlsberg-Bierwerbung im Fernsehen lief. Das erfolgreichste Album von Cockney Rebel hieß »The Psychomodo« (6/74 GB-LP 8). Das erfolgreichste Album als Steve Harley & Cockney Rebel: »The Best Years Of Our Lives« (3/75 GB-LP 4).

Judy Teen (5/74 GB 5)
Mr. Soft (8/74 GB 8)
Make Me Smile (Come Up And See Me) (2/75 GB 1)
Here Comes The Sun (7/76 GB 10)
The Phantom Of The Opera (1/86 GB 7)
Glitter-(Glam)-Rock, Pop

Harpo

HARPO v (Schweden, * 5. 4. 1950 als Jan Svensson)
Nachdem er in Stockholm eine Theaterschule besucht hatte, führte er selbst Regie, schrieb Bücher und versuchte sich an Theaterstücken. Seine ersten Erfolge als Sänger, dessen Markenzeichen ähnlich wie bei Sandie Shaw barfüßige Auftritte waren, hatte er 1974 in seiner Heimat Schweden mit »Baby Boomerang« und »Teddy Girl«. Seinen größten Hit »Moviestar« hatte er selbst geschrieben. Nach 1977 zog er sich aus dem Showgeschäft zurück, um für fünf Jahre Pause zu machen. 1982 versuchte er sich mit einer neuen LP mit dem Titel »The Fool Of Yesterday Will Be The Fool Of Tomorrow«. Danach erlitt er einen schweren Unfall, von dem er sich nur langsam erholte. Ab Anfang der 90er Jahre wurde er wieder aktiv und veröffentlichte Mitte 1994 die Single »Sounds Like Love« und ein neues Album mit dem Titel »Harpo«. Im August desselben Jahres war er auf einer ausgedehnten Tournee durch Deutschland. Als Markenzeichen trat er immer noch barfuß auf, dazu jetzt allerdings mit Augenklappe. In der Folgezeit entwickelte sich Harpo zu einem bildenden Künstler mit eigenen Ausstellungen. Zu Weihnachten 1997 veröffentlichte er den treffenden Titel »Christmas«. Sein erfolgreichstes Album war »Smile« (1/77 D-LP 20).

Moviestar (9/75 D 1)
Motorcycle Mama (2/76 D 9)
Horoscope (7/76 D 3)
Middle Of The Road (MOR), Pop

Harris, Anita

ANITA HARRIS v (Großbritannien, * 3. 6. 1942 in Midsomer Norton/Somerset)
Bevor sie ihre Gesangskarriere begann, nahm Anita Harris Schauspiel- und Tanzunterricht und ging im zarten Alter von 16 Jahren in die USA nach Las Vegas, um dort in einer Show zu tanzen. Ende der 50er Jahre kehrte sie in ihre Heimat zurück und wurde Mitglied bei den Cliff Adams Singers. Nächste Station waren die Grandiers, in denen auch Gerry Dorsey Mitglied war, bevor er sich in Engelbert Humperdinck verwandelte. Mitte der 60er Jahre startete sie dann ihre Solokarriere. Ihr erster war auch gleich ihr größter Erfolg: Mitte 1967 erreichte sie mit »Just Loving You«, geschrieben von Tom Springfield, dem Bruder von Dusty, die Charts. Es folgten noch drei weitere Hitnotierungen, die jedoch nicht mehr unter die ersten 20 kamen. Nach 1968 war ihre Hitzeit wieder vorüber. Sie war danach vor allem als Schauspielerin tätig.

Just Loving You (6/76 GB 6)
Pop

Harris, Jet & Tony Meehan

TERENCE »JET« HARRIS g (Großbritannien, * 6. 7. 1939 in Kingsbury/Middlesex), TONY MEEHAN d (Großbritannien, * 2. 3. 1942 als Daniel Joseph Anthony Meehan in Hampstead/London)
1958 formierten sich die Shadows. Zu Hank Marvin und Bruce Welch stießen im Laufe des Jahres Jet Harris und als letzter

im Dezember Tony Meehan. Auf Titeln wie »Apache«, »F.B.I.« oder »Kon-Tiki« waren die beiden zu hören. Tony Meehan verließ die Shadows im Oktober 1961 und wurde durch Brian Bennett ersetzt. Im April 1962 verließ Jet Harris die Shadows, für ihn kam Brian Locking. Meehan wollte sich um Produktionen für die Plattenfirma Decca kümmern und unterschrieb außerdem einen Solovertrag bei dieser Firma. Harris unterzeichnete ebenfalls einen Plattenvertrag bei Decca als Solist. Mit »Besame Mucho« und »Main Title Theme From Man With The Golden Arm« hatte er noch im selben Jahr zwei Hits in GB. Ende des Jahres bildeten Jet und Tony ein Duo und nahmen den Titel »Diamonds« auf. Ihr erfolgreichstes Album war »Jet & Tony« (6/63 GB-LP 3). Danach war ihre gemeinsame Hitzeit wieder vorüber. Tony Meehan gründete eine eigene Combo und hatte im Januar 1964 mit »Song Of Mexico« einen letzten Top-40-Hit in GB. Danach baute er seine Position als Produzent und Arrangeur aus. Harris hatte starke berufliche und private Probleme und konnte keine weitere Karriere verfolgen.
1975 sagte Jet in einem Interview: ›Zwei Flaschen Wodka am Tag, das ist so mein Level‹. 1996, nachdem er als Busschaffner, Fensterputzer, Barman, Kellner und ähnlichen Jobs gearbeitet hatte, ging er in Bournemouth zu einem Konzert von Hank Marvin. Nach dem Konzert traf er in einer Bar auf Janet, die dort bediente. Die beiden heirateten – es war Jets vierte Ehe – und damit ging es wieder bergauf. Die Gitarrenfirma Burns aus London verschaffte ihm das Geld für eine Therapie, die ihn vom Alkohol wegbrachte. Inzwischen spielt er wieder hin und wieder in einer Band namens Diamonds. Mit ihm spielen unter anderen auch Alan Jones und Cliff Hall, die auch einmal Mitglieder der Shadows waren. Außerdem bei den Diamonds: Clem Cattini, einst Drummer der Tornados.

Diamonds (1/63 GB 1)
Scarlett O'Hara (4/63 GB 2)
Applejack (9/63 GB 4)
Instrumental, Rock

Siehe auch: Shadows

Harris, Keith & Orville

KEITH HARRIS v (Großbritannien)
Der britische Bauchredner Keith Harris trat regelmäßig in Fernsehsendungen der BBC auf und wurde stets von einer vogelähnlichen Figur begleitet, die herrlich lustig war. Diese ulkige Figur trug den Namen Orville. »Orville's Song« erreichte Weihnachten 1982 Platz 4. Hätte Keith Harris einen Esel singen lassen, wäre es vielleicht eine Nummer 1 geworden. Ein Jahr später versuchte er sich wieder an einem Weihnachtslied. Dieses Mal wurde Keith Harris von Dippy begleitet, der mehr aus der Steinzeit stammte. Nicht einmal die Briten wollten Weihnachten ein prähistorisches Tier in der Wohnung haben. Zwei Jahre später – wieder zu Weihnachten – sang Keith Harris mit Orville »White Christmas«. Die Briten bestraften diesen Verrat an Bing Crosby mit einem Platz 40.

Orville's Song (12/82 GB 4)
Pop

Harris, Major

MAJOR HARRIS v (USA, *9.2.1947 in Richmond/Virginia)
Major begann seine Karriere mit den Jarmels. Von 1971 bis 1974 war er Mitglied bei den Delfonics, und danach machte er Soloplatten. Sein größter Erfolg war die Nummer »Love Won't Let Me Wait«, die ein Millionseller wurde. Noch im selben Jahr hatte Major Harris zwei weitere Hitnotierungen, dann war seine Popkarriere zunächst beendet. 1983 tauchte er in den USA noch einmal in der Rhythm-&-Blues-

Hitparade mit »All My Life« auf. In GB kam die Platte unter die Top 75. Ende der 80er Jahre ging er zu den wiederbelebten Delfonics. Sein erfolgreichstes Album war »My Way« (3/75 US-LP 28).

Love Won't Let Me Wait (3/75 US 5)
Rhythm & Blues

Harris, Richard

RICHARD HARRIS v (Irland, * 1. 10. 1930 in Limerick)
Richard studierte in London an der Academy of Music and Dramatic Art. 1956 gab er sein Bühnendebüt, 1958 hatte er in »Alive And Kicking« seine erste Filmrolle. Zu seinen erfolgreichen Filmen gehören »Kanonen von Navarone« 1961, »Meuterei auf der Bounty« neben Marlon Brando 1962, »Lockender Lorbeer« 1963 – diese Rolle brachte ihm eine Oscar-Nominierung ein –, »Die Bibel« 1966 – hier spielte er Kain –, »Camelot« als König Arthur 1967 oder »Die Wildgänse kommen« neben Richard Burton 1978. Als Platteninterpret schlug er nur einmal richtig zu: mit der Jimmy-Webb-Komposition »MacArthur Park«, die auch auf seinem Album »A Tramp Shining« (5/68 US-LP 4) zu hören war. Dann verlegte er sich wieder aufs Filmen.
Ende der 90er Jahre lebte Richard eine Hälfte des Jahres im Savoy Hotel in London und die andere Hälfte auf einer eigenen Insel in den ›West Indies‹.

MacArthur Park (5/68 GB 4, US 2)
Pop

Harris, Rolf

ROLF HARRIS v, p (Australien, * 30. 3. 1930 in Perth)
Der Sänger, Pianist und Songschreiber wurde mit dem Titel »Tie Me Kangaroo Down Sport« Mitte 1960 über die Grenzen des fünften Kontinents hinaus bekannt. Harris machte sich danach im britischen Fernsehen mit regelmäßigen Kindersendungen in der BBC einen Namen. 1969 sang er »Two Little Boys«. Es stellte sich die Frage, in welchem Krieg sich die zwei kleinen Jungs befanden. Zweiter Weltkrieg? Erster Weltkrieg? Noch weiter zurück: das Lied wurde 1903 von einem gewissen Harry Lauder geschrieben und aufgenommen, und er besang darin die Situation von zwei kleinen Jungen im amerikanischen Bürgerkrieg. Anfang 1993 brachte er eine australische Känguruh-Version des Led-Zeppelin-Hits »Stairway To Heaven« auf den Markt und kehrte nach 24 Jahren in die Hitparaden zurück. Diese Version von Rolf Harris entstand, weil ein australischer Fernsehsender an 22 verschiedene Künstler den Auftrag gegeben hatte, jeweils ihre persönliche Fassung des Songs einzuspielen. Rolfs skurrile, mit akustischer Gitarre und traditionellen australischen Instrumenten wie einem Didgeridoo, dem Blasrohr der Aborigines, sowie rhythmisch schwingenden Metallblechen eingespielte Version war die erfolgreichste. Nachdem es mit »Stairway To Heaven« so gut geklappt hatte, versuchte er es drei Jahre später mit »Bohemian Rhapsody«. Das brachte ihm Mitte 1996 einen Platz 50 in GB. Eine Neuaufnahme von »Sun Arise« (10/97 GB 26) schaffte auch den Sprung in die Top 40. Im Herbst 2000 las man, dass er einen Plattenvertrag mit dem Rap-Label Tommy Boy unterschrieben hatte. Darauf erschien dann auch die Single »Fine Day« (10/00 GB 24).

Tie Me Kangaroo Down Sport (7/60 GB 9; 6/63 US 3)
Sun Arise (10/62 GB 3)
Two Little Boys (11/69 GB 1)
Stairway To Heaven (2/93 GB 7)
Country, Pop

Harrison, George

GEORGE HARRISON v, g (Großbritannien, * 24. 2. 1943 in Wavertree/Liverpool, † 29. 11. 2001)

Mitte der 50er Jahre wurde George Mitglied in der Gruppe seines Bruders Pete, den Rebels. 1958 kam er zu den Quarrymen, aus denen sich Johnny & The Moondogs, Johnny & The Silver Beatles, Silver Beatles und schließlich 1960 die Beatles entwickelten, die zwischen 1962 und 1970 neue Maßstäbe in der Popmusik setzten. Mit »Here Comes The Sun« und »Something« schrieb George Harrison zwei der schönsten Beatles-Nummern. Aber auch »Taxman« oder »While My Guitar Gently Weeps« wurden von ihm alleine verfasst. Im November 1968 veröffentlichte George als erster Beatle ohne die Gruppe eine eigene Platte. Es war der Soundtrack zu dem Film »Wonderwall«. Nachdem Ende 1970 die Beatles auseinander gefallen waren, war George der erste, der mit »My Sweet Lord« weltweiten Erfolg als Solist haben sollte. Wie sich später herausstellte, war der Titel stark an den Hit »He's So Fine« von den Chiffons angelehnt, der Anfang 1963 ein Spitzenreiter in den USA war. George Harrison hat immer behauptet, der Edwin-Hawkins-Singers-Hit »Oh Happy Day« habe ihn zu »My Sweet Lord« inspiriert. Nach einem Rechtsstreit musste Harrison sich jedenfalls die Tantiemen mit den Verfassern des Chiffons-Titels teilen. Im August 1971 spielte Harrison, auf Bitte seines Freundes Ravi Shankar, mit beim »Concert For Bangladesh«. Neben ihm spielten im New Yorker Madison Square Garden Musiker wie Bob Dylan, Ringo Starr, Leon Russell oder Eric Clapton. Nachdem es wegen einer Plattenveröffentlichung zwischen den einzelnen Firmen, bei denen die jeweiligen Künstler unter Vertrag waren, zu rechtlichen Schwierigkeiten kam, stellte Harrison einen eigenen Scheck aus, um den Hilfsfonds für Bangladesh zu unterstützen. »Got My Mind Set On You« war keine Komposition von Harrison, sondern wurde im Original 1962 erfolglos von James Ray aufgenommen. Obwohl George Harrison einer der ersten der Fab Four war, der erkannte, dass es im Leben mehr gibt, als ein Beatle zu sein, erinnerte er sich in »When We Was Fab« an diese Zeit. Ähnliches war ja schon bei »All Those Years Ago« der Fall. Neben seinen gesanglichen Aktivitäten hatte George Harrison schon Mitte 1974 seine eigene Plattenfirma Dark Horse und seine eigene Filmproduktionsfirma Handmade Films gegründet. Diese sorgte dafür, dass Monty Python, nachdem sich die EMI aus dem Projekt »Das Leben des Brian« zurückgezogen hatte, den Film fertigstellen konnte. Handmade Films war in den 80er Jahren verantwortlich für Filme wie »Time Bandits«, »Mona Lisa« oder »Water«. 1988 erschien eine Platte der Traveling Wilburys, auf der neben Jeff Lynne, Roy Orbison, Tom Petty und Bob Dylan auch George Harrison mitwirkte. 1992 unterstützte der schon immer grün angehauchte Harrison in GB den Wahlkampf einer neuen ökologischen Partei, der Natural Law Party. Er trat in der Londoner Royal Albert Hall auf und wurde unterstützt von Ringo Starr, Gary Moore und Joe Walsh. Die Presse sprach von einem triumphalen Comeback. Im Dezember 1991 hatte sich Harrison, unterstützt u. a. von Eric Clapton, Andy Fairweather-Low und Nathan East, auf eine Japan-Tournee begeben. Der Mitschnitt »Live In Japan« war erstaunlich gut. Im Dezember 1992 erhielt Harrison von der amerikanischen Musikzeitschrift ›Billboard‹ den ersten Century Award, der für außergewöhnliche, zeitlose künstlerische Arbeit und Verdienste verliehen wird.

Seine erfolgreichsten Alben: »All Things Must Pass« (12/70 US-LP 1, GB-LP 4, 2/71 D-LP 10), »The Concert For Bangla Desh« (1/72 US-LP 2, GB-LP 1, 2/72 D-LP 29), »Living In The Material World« (6/73 US-

LP 1, 7/73 GB-LP 2, D-LP 20), »Dark Horse« (12/74 US-LP 4), »Extra Texture (Read All About It)« (10/75 US-LP 8, GB-LP 16) und »Cloud Nine« (11/87 GB-LP 10, US-LP 8).
1997 wurde George Harrison ein Tumor am Kehlkopf entfernt. Anfang 2001 entfernten Ärzte der Mayo Klinik in Rochester/Minnesota bei ihm einen Lungentumor. Mitte des selben Jahres wurde er in der Schweiz wegen eines Hirntumors behandelt. Am 23. 7. 2001 stand in der Presse, dass sich George Martin im ›Sunday Mirror‹ folgendermaßen geäußert habe: ›Er weiß, dass er bald sterben wird, und er akzeptiert das. Er ist sehr gelassen, er versteht, dass jeder irgendwann gehen muss, und er hat sich damit abgefunden.‹ Der Widerruf kam prompt – schon drei Tage später ließ Harrison verlauten, er sei aktiv und es gehe ihm sehr gut. Von den Presseberichten sei er ›enttäuscht und angewidert‹ und sie seien ›unwahr, unsensibel und unerwünscht‹. Im Übrigen: George Martin habe ›zu keinem Zeitpunkt mit einer Zeitung gesprochen‹.
Nach seinem Tod wurde der Titel »My Sweet Lord« wieder neu veröffentlicht. Er stieg am 26. 1. 2002 auf Platz 1 der britischen Hitparade ein – und verdrängte damit den Titel »More Than A Woman« von Aaliyah von der Spitze. »My Sweet Lord« ist erst die zweite Platte in der britischen Hitparade, die nach einer längeren Abwesenheit aus den Charts erneut die Spitzenposition erreichen konnte. Die erste war »Bohemian Rhapsody« von Queen. Auch die erreichte Platz 1 erneut, weil Freddie Mercury, der Queen-Sänger, kurz zuvor verstorben war.

My Sweet Lord (11/70 US 1; 1/71 D 1, GB 1; 1/02 GB 1)
What Is Life (2/71 D 3, US 10)
Bangla Desh (8/71 GB 10)
Give Me Love (Give Me Peace On Earth) (5/73 GB 8, US 1)
All Those Years Ago (5/81 US 2)
Got My Mind Set On You (10/87 GB 2, US 1; 12/87 D 7)
AOR (Adult Orientated Rock), Beat

Siehe auch: Orbison, Roy; Beatles

Harrison, Noel

NOEL HARRISON v (Großbritannien, * 29. 1. 1934 in London)
Der Sohn des großen englischen Schauspielers Rex Harrison gab 1962 sein Bühnendebüt. 1965 wurde eine erste Platte in der britischen Hitparade notiert. Mit »Windmills Of Your Mind« aus dem Film »Thomas Crown ist nicht zu fassen« hatte Noel seine einzige Begegnung mit den Niederungen des Top-10-Geschäfts. Danach wandte er sich wieder dem Theater zu, wurde Farmer in Nova Scotia/Kanada, setzte drei Ehen in den Sand und tingelte mit Theaterstücken und Musicals durch die US-Provinz. Im Jahr 2000 wurde er dabei gesichtet, wie er in einem Kiosk in Hollywood Zeitungen verkaufte.

Windmills Of Your Mind (2/69 GB 8)
Pop

Harrow, Den

DEN HARROW v (USA, * 4. 6. 1962 als Manuel Stefano Zandri in Boston/Massachusetts)
Den Harrow wurde zwar in Boston geboren, hat aber seit dem vierten Lebensjahr seinen Wohnsitz in Mailand. Was er musikalisch brachte, war der typische italienische Diskosound aus der zweiten Hälfte der 80er Jahre. Wenn man seinen Künstlernamen schnell hintereinander ausspricht, kommt man auf Denaro, in Oberitalien bedeutet das schlicht und ergreifend Geld. Das machte er mit »Bad Boy« und »Charleston«, 1986 Top-20-Hits in Deutschland, und »Don't Break My Heart«. Den hatte das Gesicht, zu dem

man bravo sagte. 1986 bekam er den Silbernen Otto, 1987 den Goldenen Otto, 1988 war er wieder Otto Normalverbraucher.

Don't Break My Heart (4/87 D 4)
Disko, Pop

Harry, Deborah

DEBBIE HARRY v (USA, * 1. 7. 1945 als Deborah in Miami/Florida)
Die amerikanische Sängerin und Filmschauspielerin begann in der zweiten Hälfte der 60er Jahre in der Folk-Rockband Wind In The Willows, die 1968 eine LP veröffentlichte. Danach arbeitete sie als Playboy-Bunny und Barfrau. Anfang der 70er Jahre stieg sie als Sängerin in die Glitter-Rockband Stilettoes ein. Mitglied in dieser Formation wurde später der Gitarrist Chris Stein. 1974 trennten sich Harry und Stein von den Stilettoes und gründeten Angel & The Snakes, aus denen dann 1975 Blondie wurde. Bis 1982 hatte diese Band jede Menge Hits. Dann trennte sich Debbie von der Gruppe und machte als Solistin weiter. Zwischenzeitlich hatte sie sich auch um ihre Filmkarriere gekümmert: In »Videodrome«, »Hairspray«, »Roadie«, »Union City« oder »Tales From The Dark Side – The Movie« spielte sie mit, außerdem auch in Fernsehserien. 1989 veröffentlichte sie das Album »Def, Dumb And Blonde«. Nach vierjähriger Pause erschien Mitte 1993 die Single »I Can See Clearly«, die es in GB bis auf Platz 23 brachte. Produzent war Arthur Baker. Der Titel war ausgekoppelt aus ihrem vierten Soloalbum »Debravation«. Ihr erfolgreichstes Soloalbum war »Koo Koo« (8/81 GB-LP 6, US-LP 25).

French Kissin' In The USA (11/86 GB 8)
AOR (Adult Orientated Rock), Pop

Siehe auch: Blondie

Harry J. All Stars

HARRY JOHNSON key (Jamaika)
Diese jamaikanische Gruppe, benannt nach dem Tastenspieler des Quintetts Harry Johnson, kam Ende 1969 mit der Nummer »Liquidator« in die britische Hitparade. Wie so viele Interpreten des Trojan-Labels brachten sie es lediglich auf einen Hit. Als »Liquidator« rund zehn Jahre später wieder veröffentlicht wurde, kam der Titel bis auf Platz 42. Ansonsten gelang Harry J. All Stars unter diesem Namen nichts.

Liquidator (10/69 GB 9)
Ska

Hart, Corey

COREY HART v (Kanada, * 31. 5. 1962 in Montreal)
Corey wuchs in Spanien und Mexiko auf. Mit 14 Jahren veröffentlichte er mit seinem Landsmann Paul Anka seine erste Single. Knapp 18-jährig vertrat er neben Dan Hill Kanada bei dem World Song Festival im Budakan in Tokio. Mit 21 hatte er seinen ersten großen Erfolg: »Sun Glasses At Night«. Dieser Titel stammte von seiner ersten LP »First Offense« (7/84 US-LP 34), die er in GB aufgenommen hatte. Die Reihe der Mitspieler konnte sich sehen lassen. Paul Burgess von Jethro Tull und 10cc, Gary Tibbs, der mit Roxy Music und Adam & The Ants gespielt hatte, und Eric Clapton wirkten mit. Bis in die 90er Jahre erschienen weitere rockige und gut gemachte Platten, die sich jedoch nicht mehr unter den ersten 10 platzieren ließen. Mitte 1992 kam Corey Hart auf einem neuen Plattenlabel mit der LP »Attitude And Virtue«, die eine Mixtur aus Rhythm & Blues, Rock 'n' Roll und Reggae brachte. Sein erfolgreichstes Album war »Boy In The Box« (7/85 US-LP 20).

Sun Glasses At Night (5/84 US 7)
Never Surrender (6/85 US 3)
AOR (Adult Orientated Rock), Pop

Hartley, Richard & Michael Reed Orchestra

RICHARD HARTLEY (Großbritannien), MICHAEL REED bl (Großbritannien)
Für das britische Eistanzpaar Jayne Torvill und Christopher Dean produzierten Richard Hartley und Michael Reed für die durch Tuborg Lager gesponserte Eistanzmeisterschaft von Großbritannien, die am 18. 11. 1983 im Nottingham Ice Rink stattfand, die Musik. Es war eine Mixtur aus »Bolero« von Ravel und »Capriccio Espagnole« von Rimski-Korsakow. Auf der zweiten Seite dieser dazu erschienenen EP waren »Barnum On Ice« und »Discoskate« zu hören. Zwischen dem 7. und dem 19. 2. 1984 wurden in Sarajevo die Olympischen Winterspiele ausgetragen. Torvill und Dean gewannen mit weitem Vorsprung eine Goldmedaille im Eistanzen. Am 25. 2. 1984 kam die Platte als »The Music Of Torvill & Dean EP« in die britischen Charts. Es war also weniger die Qualität der Musik, sondern eher die Schönheit des Eistanzes, die die Werke von Ravel und Rimski-Korsakow in die Pophitparade brachte.

The Music Of Torvill & Dean EP (2/84 GB 9)
Instrumental, Pop

Hartman, Dan

DAN HARTMAN v (USA, * 4. 11. 1950 in Harrisburg/Pennsylvania, † 22. 3. 1994)
1973 wurde der amerikanische Multi-Instrumentalist und Sänger Mitglied in der Gruppe von Edgar Winter. 1976 stieg er aus und machte als Solist Platten. Sein größter Hit »I Can Dream About You« stammte aus dem Film »Streets On Fire«. Dan Hartman hatte sich auf Filmsongs spezialisiert und machte sich einen Namen als Produzent. In Westport, Connecticut, hatte er sich inzwischen ein eigenes Studio gebaut. Zu seinen Klienten gehörten die Average White Band, Neil Sedaka oder auch James Brown. Für Brown produzierte er »Living In America«, zu hören in »Rocky IV«. Dan starb an einem Gehirntumor.

Instant Replay (10/78 GB 8)
I Can Dream About You (5/84 US 6)
Rock

Harvey, Alex

ALEX HARVEY v (Großbritannien, * 5. 2. 1935 in Glasgow, † 4. 2. 1982)
Alex Harvey machte seit Mitte der 50er Jahre mit wechselndem Erfolg und wechselnden Musikern die unterschiedlichste Musik. Seine Karriere begann in Skiffle-Bands. Danach spielte Alex in der Big Soul Band, mit der er zwischen 1958 und 1966 durch ganz Europa zog, inklusive des legendären Hamburger Star-Clubs. Zwischendurch trat er als Balladensänger oder als Entertainer und Clown in Kabaretts und Clubs auf. Fünf Jahre lang war er Mitglied im Londoner »Hair«-Ensemble. Mit der 1973 von ihm gegründeten Sensational Alex Harvey Band gelang ihm mit einer Coverversion von »Delilah« sein einziger Top-10-Hit. Ein Jahr später stand seine Sicht der »Boston Tea Party« auf Platz 13 in GB. Sein erfolgreichstes Album hieß »Tomorrow Belongs To Me« (5/75 GB-LP 9). Nach 1978 löste er seine Band auf und machte als Solist weiter. Einen Tag vor seinem Geburtstag starb er nach einem Herzschlag während einer Tournee durch Belgien.

Delilah (7/75 GB 7)
Rock

Haskell, Gordon

GORDON HASKELL (Großbritannien, * 27. 4. 1946 in Bournemouth/Dorset)
Gordon Haskell hatte mit einem Freund gewettet, dass er mit einem ganz gerin-

gen Betrag eine Platte aufnehmen könnte. Der schlug ein und heraus kam die gelassene, jazzige Ballade »How Wonderful You Are«. Im Dezember 2001 stand dieses Lied in der britischen Hitparade und wurde von den BBC-Hörern häufiger gewünscht als die Klassiker »Hey Jude« oder »My Way«.
Im Musikgeschäft ist er seit Mitte der 60er Jahre. Er spielte mit britischen Flower-Power-Musikern, mit Fleur De Lys, einer Neuauflage der schon nicht mehr erfolgreichen Formation Cupid's Inspiration, Ende der 60er Jahre mit King Crimson, dann Anfang der 70er das Soloalbum »It Is And It Isn't«, Zusammenarbeit mit Tim Hardin, Alvin Lee und Van Morrison. 1984 hatte er so viele Schulden, dass er nach Dänemark abtauchte. Dort spielte er in kleinen Bars und Clubs, bezahlte seine Schulden und kehrte schließlich Ende der 90er Jahre nach England zurück. Zusammen mit handverlesenen Musikern nahm er in einem einzigen Take den Titel »How Wonderful You Are« auf. Haskell wollte produzieren wie einst Fats Domino oder Chuck Berry. In einem Aufwasch, der die Spielfreude der Musiker heraushören lässt. Zu den Musiker gehören z. B. Hamish Stuart und Robbie McIntosh, die einst mit der Average White Band spielten. Am selben Tag wurden noch weitere Stücke aufgenommen. Die erschienen auf dem Album »Harry's Bar« (1/02 GB-LP 2).

How Wonderful You Are (12/01 GB 2)
Jazz, Pop

Hasselhoff, David

DAVID HASSELHOFF v (USA, * 17. 7. 1952 in Baltimore/Maryland)
Für den heimischen amerikanischen Markt war der Gesang des Amerikaners nicht geeignet. Deutsche Kinder, die David Hasselhoff als ›Knight Rider‹ kannten, liebten ihn. Ende 1978 hatte Mark Seaberg den Titel »Looking For Freedom« aufgenommen, der bis auf Platz 16 der deutschen Charts kam. Jack White hatte die Nummer damals mitgeschrieben und produzierte das Stück Anfang 1989 mit David neu. Davids gesangliche und schauspielerische Fähigkeiten sind sehr umstritten, werden aber von den jugendlichen Konsumenten von ›K.I.T.T.‹ oder ›Baywatch‹ akzeptiert. Zusammen mit der minderjährigen Gwen nahm er die herzzerreißende Schmonzette »Wir zwei allein« auf, die zu Weihnachten 1993 genau richtig kam. Seine erfolgreichsten Alben: »Looking For Freedom« (9/89 D-LP 5), »Crazy For You« (9/90 D-LP 7) und »David« (9/91 D-LP 8).

Looking For Freedom (3/89 D 1)
Is Everybody Happy (6/89 D 8)
Wir zwei allein (12/93 D 9)
Schlager

Hathaway, Donny

DONNY HATHAWAY v, key (USA, * 1. 10. 1945 in Chicago/Illinois, † 13. 1. 1979)
1964 traf Donny, während er in Washington Musik studierte, auf Roberta Flack. Er spielte Keyboards im Ric Powell Jazz Trio. 1968 lernte er in Chicago Curtis Mayfield kennen, der ihn bat, mit der Sängerin June Conquest einige Platten im Duett aufzunehmen. Außerdem arbeitete er für Chess Records mit Woody Herman und als freier Produzent für Stax mit Carla Thomas und den Staple Singers. Ein Jahr später freundete sich Donny mit dem Saxophonisten King Curtis an, der ihn der Plattenfirma Atlantic empfahl. Die machte einen Vertrag mit Hathaway als Produzent, Songschreiber und Sänger. Im Februar 1970 erschien seine erste eigene Platte, aber richtig Erfolg sollte er im Duett mit seiner alten Studienkollegin Roberta Flack haben. Die erste gemeinsa-

me Platte hieß »You've Got A Friend« (6/71 US 29). »Where Is The Love« und »The Closer I Get To You« waren Millionseller für Donny und Roberta. Auch sein erfolgreichstes Album war eine Duettplatte: »Roberta Flack & Donny Hathaway« (5/72 US-LP 3, 6/80 GB-LP 31). Sein im Bitter End in New York City aufgenommenes Album »Donny Hathaway Live« (3/72 US-LP 18) war beeindruckend. Am 13. 1. 1979 fiel Donny aus dem 15. Stock des Essex-House-Hotels in New York. Von der Polizei wurde das als Selbstmord hingestellt. Freunde von Donny waren da anderer Meinung.

Where Is The Love (6/72 US 5)
The Closer I Get To You (2/78 US 2)
Back Together Again (5/80 GB 3)
Rhythm & Blues, Soul

Siehe auch: Flack, Roberta

Hawkes, Chesney

CHESNEY HAWKES v (Großbritannien, * 22. 9. 1971 in Windsor/Berkshire)
Chesney ist der Sohn von Chip Hawkes, der einer der Leadsänger der Tremeloes war. Als Roger Daltrey, Sänger der Who, für den Film »Buddy's Song« einen Filmsohn suchte, fiel seine Wahl auf Chesney Hawkes. Der spielt darin einen jungen Musiker, dessen Vater total über den Erfolg seines Sohnes ausrastet und damit dessen Karriere in Gefahr bringt. Zum Soundtrack von »Buddy's Song« (4/91 GB-LP 18) steuerte Chesney auch eigene Songs bei. Der Titel »The One And Only« war jedoch von Nik Kershaw geschrieben. Der Titel war nicht nur in »Buddy's Song« zu hören, sondern wurde auch für den Soundtrack von »Doc Holiday« mit Michael J. Fox übernommen. Mitte 1993 erschien die CD »Get The Picture«, auf der jedoch kein potenzieller Hit zu finden war. Ab 1994 versuchte sich auch Chesneys Schwester Keeley Hawkes als Interpretin. Von beiden sah man jedoch nichts mehr in den Charts. Als die Hits ausblieben, spielte Chesney Theater und gründete die Gruppe Ebb, in der auch seine Brüder Jodie (Drums) und Paul (Gitarre) spielten.

The One And Only (2/91 GB 1; 4/91 D 8; 8/91 US 10)
AOR (Adult Orientated Rock), Pop

Hawkins, Edwin

EDWIN HAWKINS v (USA, in Oakland/Kalifornien)
1967 startete Edwin Hawkins seine erste eigene Gospelgruppe als den Northern California State Youth Choir. Mit seinen Edwin Hawkins Singers veröffentlichte er den Titel »Oh Happy Day«. Zusammen mit Melanie kamen die Edwin Hawkins Singers ein Jahr später wieder unter die ersten 10 der US-Charts: »Lay Down (Candles In The Rain)«. Die Sängerin Dorothy Morrison, die die Leadstimme bei »Oh Happy Day« gesungen hatte, trennte sich von der Gruppe und begann eine Solokarriere, die 1969 und 1970 zu zwei Top-100-Hits führte. Die Edwin Hawkins Singers tourten weiter und nahmen gelegentlich auch mal eine Platte auf. Ihr erfolgreichstes Album hieß »Let Us Go Into The House Of The Lord« (5/69 US-LP 15).

Oh Happy Day (4/69 GB 2, US 4; 6/69 D 1)
Lay Down (Candles In The Rain) (4/70 US 6)
Soul

Hawkins, Sophie B.

SOPHIE B. HAWKINS v, g (USA, * 1. 11. 1967 als Sophie Ballantine in Manhattan/ New York City)
Sophies Musik ist nur schwer einzuordnen, als Einfluss gibt sie David Bowie, Ludwig van Beethoven, Barbra Streisand, Thelonius Monk und John Coltrane an.

Sie interessierte sich schon früh für Jazz und absolvierte ihre ersten öffentlichen Auftritte als Schlagzeugerin einer New Yorker Punkband. In den frühen 80er Jahren spielte sie Percussion in Bryan Ferrys Backing Band. Ihre Debüthit war »Damn I Wish I Was Your Lover« (7/92 GB 14, D 15). Mit einer Nachfolgesingle tat sie sich lange schwer, obwohl »California, Here I Come« (9/92 GB 53, 11/92 D 77) zumindest genauso schön war wie ihr erster Hit. Sophie gehörte zu der Riege der neuen Interpretinnen der 90er Jahre, die sich ihr Material ohne fremde Hilfe selbst schreiben können. Im Herbst 1994 stand ihr Titel »Right Beside You« (8/94 GB 13, D 17) sowohl in GB als auch in Deutschland unter den ersten 20. Mitte 1995 erschien ihr Album »Whaler«. Darauf mit »As I Lay Me Down« (3/95 GB 24) ein Hit in den USA. Im Jahr 2000 veröffentlichte sie bei der Plattenfirma Columbia das Album »Timbre«. Im Mai 2001 erschien das Album erneut, dieses Mal auf ihrem eigenen Label Trumpet Swan.

Damn I Wish I Was Your Lover (4/92 US 5)
As I Lay Me Down (6/95 US 6)
AOR (Adult Orientated Rock), Rock

Hawkwind

DAVE BROCK v, g (Großbritannien, in Isleworth/Middlesex), BOB CALVERT v, fl (Südafrika, * 9. 3. 1945 als Robert Calvert in Pretoria, † 14. 8. 1988), DIK MIK DAVIES syn (Großbritannien, in Richmond/Surrey), DEL DETTMAR syn (Großbritannien, als Thornton Heath in Thornton Heath/Crydon), JOHN HARRISON b, SIMON KING d (Großbritannien, in Oxford/Oxfordshire), HUW LLOYD LANGTON g, LEMMY v, b (Großbritannien, * 24. 12. 1945 als Ian Fraser Kilminster in Stoke-on-Trent/Staffordshire), TERRY OLLIS d, MICK SLATTERY g, DICK TAYLOR g (Großbritannien, * 28. 1. 1943 in Dartford/Kent), NIK TURNER v, sax, fl (Großbritannien, in Oxford)

Hawkwind war das letzte Relikt der Hippie-Psychedelic-Mode. Manchmal hatte man das Gefühl, dass die Gruppe sich nie ernsthaft bemühte, etwas Kommerzielles zu produzieren. Auf der anderen Seite waren sie auch mit ihrer audiovisuellen Mixed-Media-Show allen anderen Gruppen um Jahre voraus. Diese Londoner Band, die sich wohl wie eine Art Experimentier-Club empfand, wurde 1969 gegründet. In der Besetzung Brock, Turner, Dik Mik, Harrison, Ollis und Slattery kam es zu den ersten Auftritten. Ende 1969 verließ Slattery die Gruppe und wurde durch die Gitarristen Huw Lloyd Langton und Dick Taylor ersetzt. In dieser Besetzung wurde nun die erste LP eingespielt, die von dem Space Rock, den die Gruppe zu jeder Zeit und an jedem Ort bei Free-Concerts spielte, wenig hören ließ. Sicher hatte die Gruppe mit allem gerechnet, nur nicht damit, dass sie es einmal mit »Silver Machine« zu einem Hit bringen würde. Die erfolgreichsten Alben der Band waren »In Search Of Space« (11/71 GB-LP 18), »Doremi Fasol Latido« (12/72 GB-LP 14) und »Space Ritual Alive« (6/73 GB-LP 9). Im Laufe der nächsten Jahre änderte sich die Besetzung immer wieder. Mitglieder gingen, kamen wieder oder wurden ersetzt. Zeitweise nannte man sich Hawklords, um rechtliche und vertragliche Komplikationen zu vermeiden. Ab 1979 firmierten die Musiker wieder als Hawkwind. In den 80er Jahren war Ginger Baker kurzfristig Mitglied der Formation, die bis in die 90er Jahre Platten veröffentlichte. Sänger Bob Calvert, der 1974 als Captain Lockheed & The Starfighters Platten veröffentlicht hatte, starb 1988 nach einem Herzanfall. Lemmy stieg 1975 aus und gründete Motorhead.

Silver Machine (7/72 D 6, GB 3)
Psychedelic, Rock

Hayes, Darren

DARREN HAYES v, g (Australien, * 8. 5. 1972 in Brisbane)
2000 trennte sich Darren von seinem Partner, mit dem er die Formation Savage Garden bildete, und lebt inzwischen in San Francisco. Im März 2002 erschien mit »Spin« das erste Soloalbum von Darren. Ausgekoppelt wurde »Insatiable«.

Insatiable (3/02 GB 8)
Pop

Siehe auch: Savage Garden

Hayes, Isaac

ISAAC HAYES v, p (USA, * 20. 8. 1938 in Covington/Tennesse)
Der amerikanische Sänger, Pianist, Songschreiber, Schauspieler und Produzent begann als Sessionmusiker für Aufnahmen von Otis Redding und anderen Künstlern des Stax-Labels. Zusammen mit dem Songschreiber David Porter komponierte er eine Reihe bekannter Soulhits wie »Soul Man« oder »Hold On! I'm A Comin'«. Ende der 60er Jahre veröffentlichte er seine ersten eigenen Platten. Das Thema aus dem Film »Shaft«, »Theme From Shaft«, machte aus ihm einen Superstar. Isaac erhielt für die Nummer einen Oscar und einen Grammy. Er hatte auch weitere Erfolge mit Filmmusiken, z. B. »Tough Guys« und »Truck Turner«. Seine erfolgreichsten Alben: »Hot Buttered Soul« (7/89 US-LP 8), »The Isaac Hayes Movement« (4/70 US-LP 8), »Shaft« (8/71 US-LP 1, 12/71 GB-LP 17) und »Black Moses« (12/71 US-LP 10, 2/72 GB-LP 38). 1972 galt Isaac Hayes in der internationalen Presse als der führende Interpret des New Soul. Isaac spielte auch in etlichen Filmen mit. Im Dezember 1976 musste er jedoch trotz seiner großen Erfolge Bankrott anmelden. Er hatte über 6 Millionen Dollar Schulden. Seine Plattenproduktionen reichten bis weit in die 90er Jahren. Für viele ist er der ›Original Rapper‹ – sein Einfluss ist speziell bei Barry White oder Marvin Gaye und deren ›Bedroom Rap‹ zu hören. Als Schauspieler sah man Isaac Hayes in dem Film »Die Klapperschlange« als Chef der Verbrecherbande auf der Gefängnisinsel Manhattan. Für die Zeichentrickserie ›South Park‹ sprach er die Stimme der Figur ›Chef‹ und hatte mit einer Platte unter diesem Pseudonym den Hit »Chocolate Salty Balls (PS I Love You)« (12/98 GB 1).

Theme From Shaft (10/71 US 1; 12/71 GB 4)
Disco Connection (4/76 GB 10)
Instrumental, Rhythm & Blues, Soul

Siehe auch: Chef

Haysi Fantayzee

PAUL CAPLIN key (Großbritannien), KATE GARNER (Großbritannien, * 9. 7. 1953 in Wigan/Lancashire), JEREMIAH HEALY dj (Großbritannien, * 18. 1. 1962)
Musikalisch vorbelastet in diesem Trio war nur Caplin, der vorher Keyboarder bei einer britischen Formation gewesen war. Kate war Modefotografin, Jeremiah Discjockey. Die Nummer »John Wayne Is Big Leggy« kam vor allem über die Diskotheken und Clubs in die Hitparaden. In GB erreichte sie Platz 11. Nachfolgehit wurde »Shiny Shiny« (1/83 GB 16, 2/83 D 22). 1983 trennten sie sich wieder. Healy schrieb Musik für TV-Werbung, bevor er eine Solosingle veröffentlichte und später zu E-Zee Posse ging. Was von Haysi Fantayzee in Erinnerung blieb, war der von ihnen kreierte Lumpen-Look.

John Wayne Is Big Leggy (11/82 D 3)
Disko, Pop

Hayward, Justin

JUSTIN HAYWARD v, g, p (Großbritannien, * 14. 10. 1946 in Swindon/Wiltshire)
Bevor Justin Ende 1966 Mitglied bei Moody Blues wurde, hatte er bereits etliche

Stationen durchlaufen. Zusammen mit Marty Wilde und dessen Frau hatte er ein Trio gegründet, Theater gespielt und einige erfolglose Singles veröffentlicht. Er löste bei Moody Blues Danny Laine ab. Mit Justin kam es zum größten Erfolg der Formation: »Nights In White Satin«. Moody Blues machten Platten bis in die 90er Jahre. Zwischendurch fanden einzelne Mitglieder der Gruppe immer wieder Gelegenheit, alleine oder im Duo andere Projekte zu verfolgen. 1970 hatte die Band ihre eigene Plattenfirma Threshold gegründet, auf der die meisten dieser Projekte erschienen. Justin Hayward und sein Bandkollege John Lodge erreichten mit »Blue Guitar« im Oktober 1975 die britische Hitparade. Ihr gemeinsames Album hieß »Blue Jays« (3/75 GB-LP 4, US-LP 16). 1978 erschien das Konzeptalbum »War Of The Worlds«. Es handelte sich dabei um eine von Jeff Wayne musikalisch aufbereitete Version von »Krieg der Welten«. Justin Hayward sang unter anderem den Titel »Forever Autumn«.

Blue Guitar (10/75 GB 8)
Forever Autumn (7/78 GB 5)
AOR (Adult Orientated Rock), Soft Pop

Siehe auch: Moody Blues

Haza, Ofra

OFRA HAZA v (Israel, * 19. 11. 1957 in Tel Aviv, † 24. 2. 2000)
Die israelische Sängerin jemenitischer Abstammung erhielt in ihrem Heimatland bereits im Alter von 14 Jahren einen Grammy als beste Live-Interpretin. Nach einigen anderen Auszeichnungen wurde sie 1980/81 durch Israels Top-Radiostationen zur besten Sängerin gewählt. 1983 vertrat sie Israel beim Grand Prix Eurovision und belegte Platz 2 mit »Hi«. Spätestens seit diesem Zeitpunkt gehörte sie in Israel zu den populärsten und erfolgreichsten Sängerinnen. Was Ofra Haza 1988 auf den Markt brachte, war eine Fusion aus jemenitischer Volksmusik und zeitgemäßem tanzbaren Funk. Möglich, dass dieser Titel auch deshalb so bekannt wurde, weil Eric B. And Rakim auf ihrer Hitsingle »Paid In Full« vom November 1987 Stücke aus der Nummer gesampelt hatten. »Im Nin'Alu« kam im April 1988 in die britischen Charts und wurde Platz 15. Mit »Galbi« (8/88 D 20) versuchte Ofra Haza, diesen Erfolg zu wiederholen. Ihr erfolgreichstes Album hieß »Jemenite Songs« (7/88 D-LP 9). Auch auf Produktionen anderer Künstler wirkte sie mit, so z. B. bei den Sisters Of Mercy und »Temple Of Love« oder aber zusammen mit Stefan Waggershausen bei dessen Titel »Jenseits von Liebe«, der es im Frühjahr 1993 auf Platz 71 in den deutschen Charts brachte. Bei »My Love Is For Real« (6/95 GB 28, US 28) von Paula Abdul singt sie ebenfalls im Hintergrund mit. Als Solistin veröffentlichte sie Anfang 1995 die Single »Mata Hari«, die aus dem im April 1995 erschienenen Album »Queen In Exile« stammte. Ofra Haza starb an Aids.

Im Nin'Alu (6/88 D 1)
Grand Prix, Pop, World Music

Head, Murray

MURRAY HEAD v (Großbritannien, * 5. 3. 1946 in London)
Der britische Sänger, Songschreiber und Schauspieler wurde bekannt, als er in der Plattenproduktion von »Jesus Christ Superstar« als Judas mitmachte. Seine erste Hitnotierung in den USA hatte er im Januar 1970 mit dem Titel »Superstar« aus eben diesem Musical. Ein Titel aus dem Musical »Chess«, geschrieben von Tim Rice und Benny Andersson und Björn Ulvaeus von Abba, brachte Murray den größten Erfolg: »One Night In Bangkok«. Der Refrain wurde gesungen von Anders Glenmark. Obwohl Murray Head sehr vie-

le andere schöne Platten aufgenommen hat, z. B. »Say It Ain't So« 1975, blieb das sein einziger Hit.

One Night In Bangkok (12/84 D 1; 2/85 US 3)
Pop

Head, Roy

ROY HEAD v (USA, * 9. 1. 1943 in Three Rivers/Texas)
Der Amerikaner begann Mitte der 60er Jahre mit seiner eigenen Band Traits. Nachdem sie 1965 einen Plattenvertrag erhielten, nannten sie sich Roy Head & The Traits. Ihr erster sollte auch ihr größter Erfolg werden: »Treat Her Right«. Danach versuchte er sich als Solist, und als es mit Rock- und Popmusik nicht mehr klappte, machte er wie so viele vor und nach ihm auf Countrysänger. Auf diesem Sektor hatte er mit »Come To Me« 1977 seinen größten Erfolg.

Treat Her Right (9/65 US 2)
Country, Rock

Healey, Jeff

JEFF HEALEY v, g (Kanada, * 25. 3. 1966 in Toronto), JOE ROCKMAN v, b (Kanada, * 1. 1. 1957 in Toronto), TOM STEPHEN d (Kanada, * 2. 2. 1955 in St. John/New Brunswick)
Das kanadische Blues-Rock-Trio hatte seinen einzigen Singlehit mit »Angel Eyes«. Makaber, wenn man bedenkt, dass Gitarrist und Sänger Jeff Healey seit dem ersten Lebensjahr blind ist. Die Debüt-LP dieser Band hieß »See The Light« (10/88 US-LP 22). Die drei Musiker waren 1985 zusammengekommen. Jeff, der seit seinem dritten Lebensjahr Gitarre spielt, hatte bereits mit 15 seine erste Band gegründet, die Blue Direction hieß. 1985 spielte er mit dem Bluesgitarristen Albert Collins zusammen, der vom Spiel des jungen Jeff stark beeindruckt war. Noch im selben Jahr gründete er seine Jeff Healey Band, und sie nahmen auf ihrem eigenen Label einige Singles auf. 1988 erhielten sie einen Plattenvertrag bei Arista, 1989 erschien ihre erste LP. Die Platte verkaufte sich über zwei Millionen Mal, und die Band ging auf eine Welttournee. 1989 spielte die Band im Film »Roadhouse« mit, in der Hauptrolle Patrick Swayze. Jeff spielte einen blinden Bluesgitarristen. Auf der zweiten LP der Band, »Hell To Pay« (6/90 US-LP 27, GB-LP 18), waren als Sessionmusiker Jeff Lynne, Mark Knopfler, Bobby Whitlock, Paul Shaffer oder George Harrison zu hören. George sang Backing Vocals und spielte akustische Gitarre mit Jeff Lynne bei »While My Guitar Gently Weeps«. 1992 erschien mit »Feel This« eine weitere ausgezeichnete LP der Jeff Healey Band, Anfang 1995 kam »Cover To Cover« – wie der Titel schon sagt, spielten Jeff und seine Band auf diesem Album Coverversionen bekannter Stücke vorwiegend aus dem Bereich Rhythm & Blues. Eine Besonderheit am Gitarrenspiel von Healey ist, dass er sich die Gitarre quer auf den Schoß legt und wie eine Zither spielt.

Angel Eyes (6/89 US 5)
AOR (Adult Orientated Rock), Blues, Rock

Hear'Say

DANNY FOSTER (Großbritannien), MYLENE KLASS (Großbritannien), KYM MARSH (Großbritannien), SUZANNE SHAW (Großbritannien), NOEL SULLIVAN (Großbritannien)
Die Debütsingle dieser Formation, »Pure And Simple«, stieg am 24. 3. 2001 gleich auf Platz 1 ein und verkaufte innerhalb einer Woche 550 000 Exemplare. Nur zwei Platten hatten bisher in GB innerhalb der ersten Woche mehr Exemplare abgesetzt: Elton Johns »Candle In The Wind« und Band Aids »Do They Know It's Christ-

mas«. Für ein Debüt war es die höchste Verkaufszahl innerhalb einer Woche in GB. Mylene Klass hatte das Angebot erhalten, für Robbie Williams während dessen Tournee 2001 Backing Vocals zu singen, musste das jedoch ablehnen, nachdem sie für diese Formation ausgewählt worden war. Auch das erste Album von Hear'Say schaffte gleich den Sprung an die Spitze: »Popstars« (4/01 GB-LP 1). Gleich in der ersten Woche wurden über 600 000 Alben verkauft.

Pure And Simple (3/01 GB 1)
The Way To Your Love (7/01 GB 1)
Everybody (12/01 GB 4)
Pop

Heart

MARK ANDES b (USA, * 19. 2. 1948 in Philadelphia/Pennsylvania), DANNY CARMASSI d, SCHUYLER DEALE b, MIKE DEROSIER d (Kanada, * 24. 8. 1951 als Michael), ROGER FISHER g (USA, * 14. 2. 1950), STEVE FOSSEN b (USA, * 15. 11. 1949), HOWARD LEESE g, key (Kanada, * 13. 6. 1951), JOHN PURDELL v, key, NANCY WILSON v, g, key (USA, * 16. 3. 1954 in San Francisco), ANN WILSON v (USA, * 19. 6. 1950 in San Diego/Kalifornien)

1970 wurde Ann Wilson in Seattle Mitglied der Band Army. Fossen und Fisher hatten die Band bereits 1963 gegründet. Ann und ihre Schwester Nancy hatten vorher mit Ann Wilson & The Daybreaks und Bordersong gesungen und gespielt. 1972 legte man den militärischen Namen ab und nannte sich White Heart. 1974, nachdem sie das College beendet und sich als Solo-Folksängerin versucht hatte, kam auch Nancy Wilson zur Band, die sich jetzt nur noch Heart nannte. 1975 ließ sich die Gruppe in Vancouver, Kanada, nieder, und sie erhielten ihren ersten Plattenvertrag. »Dreamboat Annie« (4/76 US-LP 7, 1/77 GB-LP 36), eine Mixtur aus Folkballaden und Hard Rock, war noch im selben Jahr ihre erste LP-Veröffentlichung. Eine Auskopplung daraus, »Magic Man«, war der erste Top-10-Erfolg. Im Dezember 1976 ging die Gruppe zurück nach Seattle und unterschrieb einen neuen Plattenvertrag bei CBS. Es kam zu einem weiteren Wechsel der Plattenfirma, und auch innerhalb der Band gab es Umbesetzungen. 1982 waren Mark Andes, der vorher mit Spirit, Jo Jo Gunne und Firefall gespielt hatte, als neuer Bassist und Danny Carmassi von Montrose als Schlagzeuger hinzu gekommen. Anfang der 90er Jahre kamen drei frühere Mitglieder der Band, Fossen, Derosier und Roger Fisher, mit einigen Exmitgliedern von Sheriff als Hard-Rock-Act Alias zusammen. Im Duett mit Mike Reno und Robin Zander hatte Ann Wilson 1984 bzw. 1988 weitere Hits. Die Schwestern Wilson veröffentlichten 1992 in den USA eine EP als Lovemongers. Ende 1993 erschien mit »Desire Walks On« auch wieder eine neue CD von Heart. Andes hatte 1993 Heart wieder verlassen. Für ihn ist Schuyler Deale in die Band gekommen. Als zweiter Keyboarder kam noch John Purdell hinzu. Die kanadische Sängerin Dalbello sang Backing Vocals. Eine Auskopplung aus »Desire Walks On«, »Will You Be There In The Morning«, wurde Ende 1993 zumindest in GB ein Top-20-Erfolg. Die erfolgreichsten Alben der Band waren »Little Queen« (5/77 US-LP 9, 7/77 GB-LP 34, 10/77 D-LP 34), »Magazine« (4/78 US-LP 17), »Dog & Butterfly« (10/78 US-LP 17), »Bebe Le Strange« (3/80 US-LP 5), »Greatest Hits/Live« (12/80 US-LP 13), »Heart« (7/85 US-LP 1, 10/85 GB-LP 19), »Bad Animals« (6/87 US-LP 2, 7/87 GB-LP 7) und »Brigade« (4/90 US-LP 3, GB-LP 3). Alleine in den USA verkaufte die Gruppe mehr als 20 Millionen Alben.

Magic Man (7/76 US 9)
Barracuda (8/77 D 8)
Tell It Like It Is (11/80 US 8)
What About Love? (6/85 US 10)
Never (9/85 US 4)
These Dreams (1/86 US 1)
Nothin' At All (4/86 US 10)
Alone (5/87 GB 3, US 1)
Who Will You Run To (8/87 US 7)
Never/These Dreams (3/88 GB 8)
All I Wanna Do Is Make Love To You (3/90 GB 8, US 2)
AOR (Adult Orientated Rock), Rock

Siehe auch: Alias; Reno, Mike & Ann Wilson

Heatwave

ERNEST BERGER d (Tschechische Republik), ERIC JOHNS g (USA, in Loa Los Angeles/Kalifornien), BILLY JONES v, MARIO MANTESE b (Spanien), J.D. NICHOLAS v (Großbritannien, * 12.4. 1952 als James Dean in Watford/Hertshire), ROD TEMPERTON key (Großbritannien), JESSIE WHITTEN (USA, in Chicago/Illinois), KEITH WILDER v (USA, in Dayton/Ohio), JOHNNIE WILDER v (USA, * 3.7. 1949 in Dayton/Ohio)

Johnnie Wilder gründete 1972 während seiner Militärzeit zusammen mit seinem Bruder Keith in Kaiserslautern Johnnie Wilder's Chicago Heatwave. Nach der Militärzeit tourte die multinationale Truppe – Mantese ist Spanier, Berger Tscheche –, die auch keine Rücksicht auf die Hautfarbe ihrer Mitglieder nahm, durch die amerikanischen Clubs in der Bundesrepublik und ging dann nach GB und zog dort jahrelang durch die englische Show-Provinz. 1976 sollte der Band der erste große Erfolg gelingen. Sie veröffentlichte die LP »Too Hot To Handle« (8/77 US-LP 11), auf der sich die Nummer »Boogie Nights« befand. Nach einem schweren Autounfall verließ Mantese die Band. Whitten wurde während eines Besuchs in Chicago 1977 erstochen. Ein weiteres Erfolgsalbum hieß »Central Heating« (4/78 US-LP 10, 5/78 GB-LP 26). 1979 hatte Johnnie einen schweren Autounfall und sitzt seitdem im Rollstuhl. Auf der LP »Current« aus dem Jahr 1982 war außer den beiden Brüdern Wilder nur noch Ernest Berger von der alten Besetzung übriggeblieben. Rod Temperton, der die großen Hits der Band im Alleingang geschrieben hat, ist inzwischen ein gesuchter Produzent und Songschreiber. 1990 erschien »Gangsters Of The Groove«. Für Johnnie Wilder war mit Billy Jones ein neuer Sänger in die Band gekommen. Außer Keith Wilder war von der Hitformation der 70er Jahre nun keiner mehr bei Heatwave.

Boogie Nights (1/77 GB 2; 7/77 US 2)
The Groove Line (5/78 US 7)
Always And Forever/Mind Blowing Decision (11/78 GB 9)
Disko, Rhythm & Blues

Heaven 17

GLENN GREGORY v (Großbritannien, * 16.5.1958 in Sheffield), IAN CRAIG MARSH syn (Großbritannien, * 11.11. 1956 in Sheffield), MARTYN WARE syn (Großbritannien, * 19.5. 1956 in Sheffield)

Bis zum Jahr 1977, als sie Mitbegründer von Human League waren, arbeiteten Ware und Marsh als Computerprogrammierer. Im Oktober 1980 trennten sie sich von Human League und gründeten die British Electric Foundation, abgekürzt B.E.F., eine Produktionsfirma für verschiedene Projekte. Das erste Projekt wurde Heaven 17, benannt nach einer Gruppe in Anthony Burgess' Buch ›Clockwork Orange‹. Als dritten Mann holten sie sich den ehemaligen Fotografen Gregory. Im März 1981 erschien ihre erste Single. Zwei Jahre später erreichte »Temptation« als erste Platte die 10. Bis 1987 folgten weitere Veröffentlichungen. Im September 1988 wurde bekannt, dass sich Ware und

Gregory nur noch um Produktionen kümmern wollten. Ware und Marsh ließen die B.E.F. wieder aufleben, die es jedoch nie zu einem nennenswerten Erfolg brachte. Ende 1992 wurde »Temptation« als Remix wiederveröffentlicht. Das erfolgreichste Album der Band war »The Luxury Gap« (5/83 GB-LP 4, D-LP 7).

Temptation (4/83 GB 2)
Come Live With Me (6/83 GB 5)
Temptation (Remix) (11/92 GB 4)
Elektro-Pop

Siehe auch: Human League

Heavy D. & The Boyz

DJ EDDIE F dj (USA, * 25. 3. 1968 als Edward Ferrell), G. WHIZ rap (USA, * 20. 10. 1968 als Glen Parrish in New Rochelle/New York), HEAVY D. rap (Jamaika, * 24. 5. 1967 als Dwight Myers), TROUBLE T-ROY rap (USA, * 19. 10. 1967 als Troy Dixon, † 15. 7. 1990)

Das Rap-Quartett Heavy D. & The Boyz aus Mont Vernon, New York, brachte Ende 1986 mit einer Coverversion des Jean-Knight-Titels »Mr. Big Stuff« aus dem Jahr 1971 seine erste Platte in die amerikanischen Rhythm-&-Blues-Charts. Laut Aussage der Musiker begann das Ganze, nachdem Heavy D. in Atlantic City 15 000 Dollar gewonnen hatte, dieses Geld Eddie F lieh, der sich damit einen Drum-Computer kaufte. Danach begannen sie mit Demo-Aufnahmen, und schließlich kam G. Whiz hinzu, der allerdings vornehmlich als Tänzer fungierte. 1987 erschien das Debütalbum »Living Large«. 1989 kam die LP »Big Tyme« (7/89 US 19), die Platinstatus erreichte. Ihre erste Hitsingle war wieder eine Coverversion: »Now That We Found Love« war 1978 bereits ein Top-10-Erfolg für Third World gewesen und noch davor ein Titel der O'Jays. Weitere Singlehits waren »Is It Good To You« (11/91 US 32), »Got Me Waiting« (3/94 US 20), »Nuttin' But Love« (7/94 US 40) und »This Is Your Night« (10/94 GB 30). Heavy D., der seinem Namen alle Ehre macht, beschäftigt sich in seinen Texten vornehmlich mit dem, was die Menschheit am Aussterben hindert, allerdings geht er damit etwas freundlicher und mit weniger Machogehabe um als viele Rap-Kollegen. Er selbst bezeichnet sich als übergewichtigen Liebhaber des Rap und Geldverdienens. Trouble T-Roy kam 1990 im Alter von 22 Jahren bei einem Unfall während eines Auftritts in Indianapolis ums Leben. Folgende Alben der Band waren erfolgreich: »Peaceful Journey« (7/91 US-LP 21), »Blue Funk« (1/93 US-LP 40), »Nuttin' But Love« (6/94 US-LP 11) und »Waterbed Hev« (5/97 US-LP 9). Heavy D. spielte auch im Film »Who's That Man?« mit und wurde 1995 Präsident der Plattenfirma, die seine Hits veröffentlicht hatte: Uptown Records.

Now That We Found Love (7/91 GB 2; 8/91 D 4)
Rap

Hebb, Bobby

BOBBY HEBB v, g (USA, * 26. 7. 1941 in Nashville/Tennessee)

Anfang der 50er Jahre war er im Alter von zwölf Jahren einer der ersten schwarzen Künstler, die an Nashvilles Grand Ole Opry auftraten. Nachdem er bei Chet Atkins weiter das Gitarrenspiel gelernt hatte, ging er nach New York und spielte mit dem Duo Mickey & Sylvia. Als diese beiden sich trennten, kam es zu der kurzlebigen Formation Bobby & Sylvia. Danach veröffentlichte er Soloplatten. Im November 1963 waren es zwei tragische Ereignisse, die ihn den Song »Sunny« schreiben ließen: Am 22. November wurde der amerikanische Präsident John F. Kennedy in Dallas ermordet, einen Tag später wurde Bobbys Bruder bei einem Raubüberfall getötet. Bobby versuchte, diesen Song an einen Verleger zu verkaufen, doch niemand akzeptierte. Erst fast drei Jahre später – man mag gar nicht glauben, wie viele Hits angeblich auf diese Art und Weise zustande gekommen sind – war am Ende einer Aufnahmesession Zeit übrig, die Bobby für die Produktion dieses Titels nutzte. In den Jahren danach konzentrierte sich Hebb mehr auf das Songschreiben, so z. B. »A Natural Man« für Lou Rawls 1971. 1976 wurde eine Neuauflage von »Sunny« als »Sunny '76« veröffentlicht.

Sunny (6/66 US 2)
Country, Pop

Hedgehoppers Anonymous

LESLIE DASH (Großbritannien, * 3. 4. 1943), RAY HONEYBALL (Großbritannien, * 6. 6. 1941), ALAN LAUD (Großbritannien, * 13. 3. 1946), JOHN STEWART (Großbritannien, * 18. 3. 1941), MICK TINSLEY (Großbritannien, * 16. 12. 1940)

Alle Mitglieder waren in der britischen Royal Air Force, als sie 1963 die Gruppe Trendsetter gründeten. Wenig später nannten sie sich Hedgehoppers, und als 1965 Jonathan King ihr Manager wurde, kam es zu Hedgehoppers Anonymous. Ihre erste Single war der von Jonathan King geschriebene Titel »It's Good News Week«. Es folgten weitere Singleveröffentlichungen, von denen aber keine in die Charts kam. Der Höhenflug der anonymen Tiefflieger war damit vorbei.

It's Good News Week (9/65 GB 5)
Pop

Heights

ALEX DESERT v (USA), KEN GARITO v, g, d (USA), CHERYL POLLAK v, sax (USA), CHARLOTTE ROSS v (USA), SEAN THOMPSON v (USA), ZACHARY THRONE v, g, key, b (USA), JAMIE WALTERS v, g (USA, * 13. 6. 1969 als James)

›The Heights‹ ist der Titel einer amerikanischen Fernsehserie, in deren Mittelpunkt die Geschichte der gleichnamigen Band steht. Die Serie beschreibt die Herausforderungen des Alltags, mit denen die Mitglieder der Formation, die aus dem Arbeiterviertel The Heights kommen, konfrontiert werden. ›The Heights‹ beruht auf den Erfahrungen des Skriptschreibers Tony Spiridakis, der in seiner Jugend in Garagenbands spielte. Auf der einen Seite war es also das Nachspielen des Films »Commitments«, auf der anderen Seite geht es zu wie in der amerikanischen ›Lindenstreet‹. Da ist J. T. Banks, der als Mechaniker in einer Autowerkstatt arbeitet und in der Band den attraktiven Leadsänger mimt; Rita, die Saxophonistin, die in einem Bierhandel arbeitet; Hope Linden (!!!), eine schöne Gitarristin und einziges Mitglied aus wohlhabendem Haus; Stan Lee, der Bassist, der mit seinem Vater eine Billardhalle betreibt; Lenny Wieckowski, der Keyboarder, der Straßenklänge in seine Musik mixt; Dizzy Mazelli, der Schlagzeuger, der sich Sorgen um seine schwangere Freundin macht; oder Alex O'Brien, der Songschreiber der Band, der in Rita verliebt ist. Viel Stoff für viel Luft. Zur TV-Serie erschien ein Soundtrack. Daraus wurde als Single »How Do You Talk To An Angel« ausgekoppelt. Der Soundtrack zeigte zumindest, dass – soweit sie es wirklich selbst gespielt haben – die Schauspieler keine schlechten Musiker sind. Als Gastmusiker waren u. a. Billy Preston, Michael Landau, Dean Parks oder Leland Sklar zu hören. Jamie Walters spielte auch mit in der in der TV-Serie »Beverly Hills 90210« und hatte mit »Hold On« (1/95 US 16) einen Solohit.

How Do You Talk To An Angel (10/92 US 1)
AOR (Adult Orientated Rock), Pop

Heino

HEINO v (Deutschland, * 13. 12. 1938 als Heinz Georg Kramm in Düsseldorf)
Nachdem er eine Bäckerlehre beendet hatte, betätigte er sich ab 1957 als Versicherungsvertreter. Schon während seiner Lehrzeit war er mit zwei Freunden als Düsselperten aufgetreten. Danach trat er bei Betriebsfesten und zum Karneval als Alleinunterhalter auf und gründete schließlich das Trio OK Singers. Heino sang zu diesem Zeitpunkt vorwiegend Lieder von Freddy Quinn und René Carol nach, die seiner Stimmlage entgegenkamen. 1965 trat Heino bei einer Modenschau in Quakenbrück an der Hase auf und beeindruckte den dort als Stargast anwesenden Dr. Karl-Heinz Schwab alias Ralf Bendix. Der wurde Heinos Produzent und verschrieb ihm Lieder aus der Volkslied-, Seefahrts- und Kameradschaftsecke. 1966 erschien mit »Jenseits des Tales« die erste Single, ab 1967 begann für ihn der Erfolg. »Wir lieben die Stürme« (7/67 D 16) war seine erste Platte in der deutschen Hitparade. Es folgten »Wir wollen zu Land ausfahren« (11/67 D 29), »Die Sonne von Mexiko« (3/68 D 16), »Zu der Ponderosa reiten wir« (9/68 D 26), »Treue Bergvagabunden« (1/69 D 26), »Wenn die Kraniche zieh'n« (5/69 D 36), »Karamba, Karacho, ein Whisky« (9/69 D 27), »Hey Capello« (5/70 D 23) und »In einer Bar in Mexiko« (12/70 D 14). »Mohikana Shalali« war schließlich 1971 sein erster Top-10-Hit. Nach 1981 ließ Heinos Erfolg nach, dann kam er mit der Acid-Mixversion von »Enzian« (7/89 D 18) wieder in die Hitparade und wurde nun auch von den Jugendlichen gefeiert. Zwischendurch hatte er zusammen mit seiner Frau, von der er sagt, dass sie ihm die Probleme abnimmt, die er ohne sie nicht hätte, eine TV-Sendung mit Volksmusik. Auch ohne Hitparaden hatte Heino durch die Jahre seine Fans.
Seine erfolgreichsten Alben waren »Heino – Seine großen Erfolge« (7/70 D-LP 10), »In einer Bar in Mexico – Seine großen Erfolge 2« (10/71 D-LP 8), »Die schönsten Volkslieder der Welt« (6/72 D-LP 8), »Heino – Seine großen Erfolge 3« (12/72 D-LP 3), »Heino – Seine großen Erfolge 4« (12/73 D-LP 3), »Heino – 20 Superhits« (11/76 D-LP 9), »Hurra, wir fahren ins Grüne« (10/78 D-LP 9) und »Lieder der Berge« (12/80 D-LP 3).

Mohikana Shalali (8/71 D 7)
Blau blüht der Enzian (10/72 D 2)
Edelweiß (11/73 D 5)
La Montanara (12/73 D 3)
Die schwarze Barbara (6/75 D 5)
Deutscher Schlager

Heintje

HEINTJE v (Niederlande, * 12. 8. 1955 als Hendrik Nikolaus Simons in Bleijerheide)
Heintjes Vater war Bergmann und Kneipenbesitzer. Als Kind sang er in der väterlichen Gaststätte gerne und oft zur Musikbox. Gerade mal zehn Jahre alt, wurde er 1965 bei einem Talentwettbewerb von dem holländischen Manager Addy Kleyngeld entdeckt. Der brachte Heintje zu dem deutschen Produzenten Wolfgang Roloff, der gerade als Ronny selbst ein erfolgreicher Interpret war. 1966 machte Heintje seine ersten Platten, als Zwölfjähriger hatte er seinen ersten Hit: »Mama« kam im Januar 1968 in die deutsche Hitparade und wurde gleich Spitzenreiter. 1960 war diese im Ursprung italienische Nummer ein Top-10-Erfolg für Connie Francis in den USA gewesen. »Deine Tränen sind auch meine« (4/70 D14) und »Es kann nicht immer nur die Sonne scheinen« (10/70 D 12) waren Nachfolgehits, »Schneeglöckchen im Februar, Goldregen in Mai« war Anfang 1971 der letzte Top-10-Hit. Nach dem Stimmbruch – 1971 – ließ der Erfolg für

den Kinderstar nach. »Ich denk' an dich« (11/73 D 18), jetzt als Heintje Simon, war seine letzte Notierung unter den ersten 20. Ein hoher Anteil des Plattenumsatzes in Deutschland Ende der 60er Jahre – man spricht von 20 Prozent – ging auf Heintjes Konto. Bis Mitte 1971 hatte er es auf 28 goldene Schallplatten gebracht. Nebenher spielte er noch in einigen Filmen mit – angeblich erhielt er für sein Mimenspiel in »Zum Teufel mit der Penne« 6 000 DM, für »Heintje – einmal wird die Sonne scheinen« bereits 100 000 DM. Jeweils 1968 und 1969 erhielt er den Goldenen Löwen von Radio Luxemburg.
Seine erfolgreichsten Alben: »Heintje« (5/68 D-LP 1), »Weihnachten mit Heintje« (11/68 D-LP 2), »Ich sing ein Lied für dich« (10/69 D-LP 1), »Dein schönster Tag« (7/70 D-LP 6) und »Herzlichst« (12/70 D-LP 6). Ende der 80er Jahre kam er als Hein Simon wieder, 1995 brachte er eine überflüssige Techno-Version von »Mama« und seit 1991 versucht er sich auf dem weiten Feld des volkstümlichen Schlagers.

Mama (1/68 D 1)
Du sollst nicht weinen (6/68 D 1)
Heidschi Bumbeidschi (10/68 D 1)
Ich sing' ein Lied für dich (4/69 D 1)
Scheiden tut so weh (9/69 D 4)
Schneeglöckchen im Februar, Goldregen im Mai (3/71 D 4)
Deutscher Schlager

Heinz

HEINZ BURT v, g, b (Deutschland, * 24. 7. 1942 in Hagen, † 7. 4. 2000)
Heinz begann 1960 bei den Tornados, die zuerst die Begleitgruppe von Billy Fury waren, dann aber mit dem durch Joe Meek produzierten Instrumentaltitel »Telstar« 1962 einen Spitzenreiter in GB und in den USA hatten. Heinz, der erste männliche Wasserstoffblondie der britischen Popszene und Sexprotz der Gruppe, versuchte sich ab Mitte 1963 als Solist. Sein größter Erfolg wurde eine Hommage an Eddie Cochran: »Just Like Eddie«. Zu der Begleitgruppe von Heinz, den Outlaws, gehörten Richie Blackmore, Chas Hodges und Mike Underwood. In den folgenden zwei Jahren stand Heinz mit drei weiteren Titeln in den Charts: »Country Boy« (11/63 GB 26), »You Were There« (2/64 GB 26) und »Questions I Can't Answer« (10/64 GB 39). Sein erfolgreichstes Album hieß »Live It Up« (2/64 GB-LP 12). Ende der 60er Jahre zog sich Burt, nachdem er in einigen Popfilmen gespielt hatte, zurück. 1976 tauchte er als Schauspieler im Fernsehen auf. Zwischendurch arbeitete er bei Ford in Dagenham am Fließband und strich Züge für British Rail an, arbeitete als Bäcker und als Kartoffellieferant. Dann erkrankte er an Multipler Sklerose und starb im April 2000.

Just Like Eddie (8/63 GB 5)
Instrumental, Pop, Rock

Siehe auch: Tornados

Hello

JEFF ALLEN d (Großbritannien, in London), BOB BRADBURY v, g (Großbritannien, * 14. 1. 1956 in London), VIC FAULKNER b (Großbritannien, * 27. 2. 1956 in London), KEITH MARSHALL v, g (Großbritannien, * 5. 6. 1956 in London)
Die britische Formation Hello aus dem Londoner Norden gehörte zu den typischen Teenie-Bands Mitte der 70er Jahre. 1974 erhielten sie einen Plattenvertrag und nahmen als erste Single eine Coverversion des Chuck-Berry-Hits »Carol« auf. Mit ihrer zweiten Veröffentlichung, wieder eine Coverversion, erreichten sie dann die britischen Top 10. »Tell Him« war vorher ein Hit für die Exciters und Billie Davis gewesen. Der durch Russ Ballard geschriebene Titel »New York Groove« kam knapp ein Jahr später in die Hitparade.

Damit hatte die Band, die hoch gelobt wurde, ihr Pulver wieder verschossen.

Tell Him (11/74 GB 6)
New York Groove (10/75 D 7, GB 9)
Boy Group, Pop

Siehe auch: Marshall, Keith

Helloween

ROLAND GRAPOW g (Deutschland, * 30. 8. 1959), MARKUS GROSSKOPF b (Deutschland, * 21. 9. 1965), KAI HANSEN g (Deutschland), MICHAEL KISKE v (Deutschland, * 24. 1. 1968), INGO SCHWICHTENBERG d (Deutschland, * 18. 5. 1965), MICHAEL WEIKATH g (Deutschland, * 7. 8. 1962)
Kai Hansen gründete diese Band 1983 in Hamburg. 1984 erschien ihre erste Platte. Ihr einziger Singlehit war die Nummer »Dr. Stein«. Mit den beiden LPs »Keeper Of The Seven Keys Part I« und »Keeper Of The Seven Keys Part II« (9/88 D-LP 5) waren sie auch international erfolgreich und verfehlten nur knapp einen Platz unter den ersten 100 der amerikanischen LP-Charts. In Deutschland wurden sie jeweils mit Gold ausgezeichnet. 1989 verließ Hansen die Band, veröffentlichte Soloplatten und gründete seine neue Formation Gamma Ray. Helloween gelten neben den Scorpions als die erfolgreichste Heavy-Band aus Deutschland. 1991 erschien die CD »Pink Bubbles Go Ape«, Mitte 1993 veröffentlichte Helloween die CD »Chameleon«.

Dr. Stein (9/88 D 10)
Hard Rock

Helms, Jimmy

JIMMY »HELMSY« HELMS v, g (USA, in Florida)
Nachdem Jimmy während seiner Militärzeit in der Fort Jackson Army Band gespielt hatte, versuchte er sich später als Sänger. Er trat regelmäßig in der ›Merv Griffin‹ TV-Show auf und war Ensemblemitglied bei dem Musical »Hair«. Sein einziger Top-10-Hit gelang ihm nicht in seiner Heimat, sondern in GB mit der Soulballade »Gonna Make You An Offer You Can't Refuse«. Danach war er zunächst verschwunden. Erst Ende der 80er Jahre tauchte Jimmy Helms als Mitglied der Gruppe Londonbeat auf.

Gonna Make You An Offer You Can't Refuse (2/73 GB 8)
Pop, Rhythm & Blues, Soft Soul

Siehe auch: Londonbeat

Henderson, Joe

JOE HENDERSON v (USA, in Como/Mississippi, † 24. 10. 1964)
Joe begann in der Fairfield Four Gospel Group. Mit dem Titel »Snap Your Fingers« gelang ihm im Frühjahr 1962 sein einziger Top-10-Hit. Es folgten noch zwei weitere Notierungen, danach war Joe Henderson wieder vergessen. Möglich, dass sich keine weiteren Erfolge einstellten, weil seine Stimme sehr stark an Brook Benton erinnerte, der zum selben Zeitpunkt recht erfolgreich war. Joe starb in einem Hotel in Nashville.

Snap Your Fingers (5/62 US 8)
Rhythm & Blues

Hendrix, Jimi

BILLY COX b (USA, * 16. 10. 1941 in Wheeling/West Virginia), JIMI HENDRIX v, g (USA, * 27. 11. 1942 als Johnny Allen in Seattle/Washington, † 18. 9. 1970), BUDDY MILES d (USA, * 5. 9. 1946), MITCH MITCHELL d (Großbritannien, * 9. 6. 1947 als John in Ealing/London), NOEL REDDING b (Großbritannien, * 25. 12. 1945 als David in Folkstone/Kent)
Die meisten LPs von Hendrix erschienen nach seinem Tod, die meisten davon sind

schlecht. Manche so schlecht, dass man sie nur veröffentlichen konnte, weil der Interpret zu einem Veto nicht mehr fähig war. Bis zu seinem Tod war Hendrix ein ausgezeichneter Gitarrist gewesen. Nach seinem Tod wurde er als der große Magier bezeichnet. Plattenhüllentext: ›Jimi Hendrix, dieser amulettgeschmückte und kettenbehangene Hexenmeister, hat seinen Zauberstab, die Gitarre, für immer aus der Hand gelegt, und mit ihm stirbt nicht nur ein genialischer, ein stilbildender Musiker. Wer ihn verstanden hat, betrauert mit ihm ein Idol, das zur Identifizierung einlädt, in dem man sich selbst wie in einem Spiegel wiederfindet. Alles, was Hendrix in seiner Musik mitgeteilt hat, Leidenschaft und Unrast, knapper Humor und eine unsentimentale Sehnsucht nach Schönheit, das war nicht seine, das war jedermanns Sache. Und wo er akustisches Neuland betreten hatte, ob er nun ins Blues-Land der Mütter herabgestiegen war, ob er die elektronisch sirrende Galaxis erforschte, da hatte er seine ihm treu und begeistert ergebenen Gefolgsleute. Millionen und aber Millionen von Anhängern begleiteten seinen Weg. Nur ins Reich der dunklen Schatten, dahin sollte ihm niemand folgen.‹

So weit ein Plattentext, zu finden auf einer LP, auf der Jimi mit Curtis Knight spielt – nein, man sollte besser sagen: hinter Curtis Knight spielt. Wäre Jimi nicht ins Reich der Schatten gegangen, wohin wir ihm – das sollte auch der Schreiber der Plattenzeilen wissen – alle mit ungeheurer Sicherheit folgen werden, hätte die Plattenfirma auch nicht diese LP veröffentlicht. Es war haarsträubend, was nach seinem Tod für LPs auf den Markt kamen, bei denen Hendrix mitgespielt hat oder haben soll. Teilweise ist die Qualität der Platten so schlecht, dass man vermuten muss, irgendein Tonbandamateur hat in irgendeinem Laden zufällig den Kassettenrecorder laufen lassen, als Jimi spielte. Der Amateur saß dabei in der letzten Reihe. Lediglich das 1994 veröffentlichte Album »Blues« fällt aus der Reihe ›nicht anhörenswert‹ heraus.

Hendrix brachte sich als Teenager das Gitarrespielen selbst bei und war Mitglied in diversen High-School-Bands. 1961 ging er zur Armee und wurde Mitte 1962 nach einem Unfall beim Fallschirmspringen wieder entlassen. Zwischenzeitlich hatte er unter dem Pseudonym Jimmy James Auftritte von Sam Cooke, B. B. King, Chuck Jackson, Jackie Wilson, Solomon Burke und Hank Ballard begleitet. Das lag auch an der Eigenart der US-Musiker jener Zeit, die nicht mit einer festen Band durch die Gegend zogen, sondern sich bei Veranstaltungen immer neue Begleitgruppen in den jeweiligen Städten zusammensuchten. Weltmeister in dieser Beziehung war Chuck Berry, von dem man weiß, dass er häufig auf der Bühne stand mit Musikern, die nicht einmal seine Titel kannten. Auch nach seiner Entlassung aus der Armee begleitete Jimi im Süden der USA tourende Musiker und versuchte sich nun auch erstmals mit einer eigenen Band. Little Richard, Ike & Tina Turner, Wilson Pickett gehörten zu denen, die sein Gitarrenspiel für ihre Auftritte nutzten. 1964 zog Hendrix nach New York, spielte dort vorwiegend mit den Isley Brothers und ist auf all ihren im Jahr 1964 aufgenommenen Platten dabei. In jener Zeit lernte er auch Curtis Knight kennen, mit dem er häufig zusammen auftrat und Songs schrieb. 1965 schrieb Knight, nachdem ihm Jimi gesagt hatte, er werde nur noch fünf Jahre leben, den prophetischen Song »Ballad Of Jimi«. Im Oktober 1965 unterschrieb Jimi einen Plattenvertrag, der ihm einen Dollar und ein Prozent von allen Einnahmen durch Platten von Curtis Knight garantierte. Mitte 1966 gründete Hendrix Jimmy James & The Blue Flames, die eine Mixtur aus Rhythm-&-Blues-Standards und selbst geschriebenem Material spielten. Diese Gruppe trat häufig im Greenwich Village in New York auf. In demselben Jahr sah der damalige Animals-Bassist Chas Chandler Hendrix im Café ›Wha?‹, überredete ihn, mit ihm nach London zu gehen, um für ihn dort eine Band zusammenzustellen. Im September 1966 flogen sie nach London, und Chas stellte Jimi Mitch Mitchell und Noel Redding zur Seite. Die Formation nannte sich Jimi Hendrix Experience. Noch im selben Jahr erschien die erste Single, »Hey Joe«. »Voodoo Chile« war sein einziger Spitzenreiter, in den USA kam er nie über eine Position 20 hinaus. Jimi Hendrix Experience war offiziell im November 1969 auseinander gefallen. Als 1970 eine neue LP von Jimi erschien, spielte er mit Musikern, die er schon in seinen Jugendtagen in den USA kennen gelernt hatte: Bill Cox am Bass und Buddy Miles am Schlagzeug. Jimi nannte das Ganze eine Gruppe von Zigeunern, Band Of Gypsys. Die LP mit der Band Of Gypsys war die vierte, die Jimi aufgenommen hatte.

Als Jimi Hendrix am Freitag, dem 18. 9. 1970 starb, wurden Vermutungen über seinen Tod angestellt. Die einen sprachen von einer Überdosis Drogen, andere behaupteten, er habe sich selbst das Leben genommen. Jimi starb nach einem Zusammenbruch in der Wohnung seiner deutschen Freundin Monika Dannemann. Als sie in ihr Appartement kam, fand sie Jimi in einem komaähnlichen Zustand. Sie rief Eric Burdon an, der ihr empfahl, einen Notarzt zu benachrichtigen. Als nach zwanzig Minuten der Notarztwagen kam, lebte Jimi noch. Als er im St. Mary's Abbott Hospital in Kensington ankam, war er bereits tot. Die offizielle Todesursache lautete: Ersticken an Erbrochenem.

Seine erfolgreichsten Alben: »Are You Experienced?« (5/67 GB-LP 2, 8/67 US-LP 5, D-LP 17), »Axis: Bold As Love« (12/67 GB-LP 5, 2/68 US-LP 3, 3/68 D-LP 21), »Smash Hits« (4/68 GB-LP 4, 9/68 D-LP 19, 8/69 US-LP 6), »Electric Ladyland« (10/68 US-LP 1, 11/68 GB-LP 6, 1/69 D-LP 12), »Band Of Gypsys« (5/70 US-LP 5, 7/70 GB-LP 6, 8/70 D-LP 15), »Jimi Hendrix Live« (10/70 D-LP 9), »The Cry Of Love« (3/71 US-LP 3, 4/71 GB-LP 2, 5/71 D-LP 15), »Experience« (8/71 GB-LP 9), »Hendrix In The West« (2/72 GB-LP 7, 3/72 US-LP 12), »Crash Landing« (3/75 US-LP 5, 8/75 GB-LP 35), »Cornerstones 1965–1970« (11/90 GB-LP 5), »The Ultimate Experience« (11/92 GB-LP 25, 5/93 US-LP 72) und »Blues« (4/94 GB-LP 10, 5/94 US-LP 45).

1992 wurde er in die Rock and Roll Hall of Fame aufgenommen. Im selben Jahr wurde ihm für sein Lebenswerk ein Grammy verliehen.

Zum 30. Todestag wurde eine neue Hitkopplung von Jimi veröffentlicht: »Experience Hendrix – The Best Of« (9/00 GB-LP 10).

Hey Joe (1/67 GB 6)
Purple Haze (3/67 GB 3)
The Wind Cries Mary (5/67 GB 6)
All Along The Watchtower (10/68 GB 5)
Voodoo Chile (11/70 GB 1)
Blues, Psychedelic, Rock

Henley, Don

DON HENLEY v, d (USA, * 22. 7. 1947 in Gilmer/Texas)

Don begann seine musikalische Karriere im Sommer 1963 in der Gruppe Four Speeds, ging dann zu Felicity, die 1969 ihren Namen in Shiloh umänderten und 1970 unter der Regie von Kenny Rogers eine Platte produzierten, die laut Don grauenhaft war. Im April 1971 wurde er Mitglied in der Begleitband von Linda Ronstadt, um schließlich im August 1971 bei der Gründung der Eagles dabei zu sein. 1981, nach vielen sehr großen Erfolgen der Eagles, verkündeten die übrig gebliebenen Mitglieder, nun Soloprojekte verfolgen zu wollen. So auch Don, der mit »Leather And Lace«, im Duett mit Stevie Nicks seinen ersten Top-10-Hit hatte. Auch seinen letzten Top-10-Hit sang er im Duett: mit Patty Smyth. Als die Eagles 1994 eine neue CD mit dem Titel »Hell Freezes Over« veröffentlichten, war auch Don Henley wieder mit dabei. Viele Stücke der Eagles und natürlich seine Solohits wurden von Don alleine oder im Team geschrieben. Im miesen Sommer 1998 veröffentlichten die Briten die Single »Boys Of Summer« neu – und Don hatte wieder einen Platz 12 in den Charts. Die erfolgreichsten Soloalben: »Building The Perfect Beast« (12/84 US-LP 13, 3/85 GB-LP 14, D-LP 28) und »The End Of Innocence« (7/89 US-LP 8, GB-LP 17). Nach elf Jahren veröffentlichte Don Henley mit »Inside Job« (6/00 US-LP 7) wieder ein Soloalbum.

Leather And Lace (10/81 US 6)
Dirty Laundry (10/82 US 3)
The Boys Of Summer (11/84 US 5)
All She Wants To Do Is Dance (2/85 US 9)
The End Of The Innocence (6/89 US 8)
Sometimes Love Just Ain't Enough (8/92 US 2)
AOR (Adult Orientated Rock), West Coast

Siehe auch: Eagles

Hepburn

JAMIE BENSON v (Großbritannien), SARAH DAVIES b (Großbritannien), BEVERLY FULLEN d (Großbritannien), LISA LISTER g (Großbritannien)

Diese Girl-Band wurde 1997 gegründet. »I Quit« war ihre erste Hitnotierung. Zu diesem Zeitpunkt war nicht einmal ein Album geplant. Es folgten die Singlehits »Bugs« (8/99 GB 14) und »Deep Deep Down« (2/00 GB 16). Als Album erschien »Hepburn« (9/99 GB-LP 28).

I Quit (5/99 GB 8)
Pop

Herd

ANDY BOWN g, key (Großbritannien, * 27. 3. 1946 als Andrew Bown), TONY CHAPMAN d (Großbritannien), TERRY CLARK v (Großbritannien), PETER FRAMPTON v, g (Großbritannien, * 22. 4. 1950 in Beckenham/Kent), ANDREW STEELE d (Großbritannien), GARY TAYLOR g, b (Großbritannien)

Die beiden Songschreiber Ken Howard und Alan Blaikley hatten sich 1964 zu einem Songschreiber-und-Management-Team zusammengeschlossen. Ihre erste Entdeckung war die Formation Honeycombs, für die sie unter dem Pseudonym Howard Blaikley den Titel »Have I The Right« schrieben. Dann gelang ihnen eine ganze Reihe Hits mit Dave Dee, Dozy, Beaky, Mick And Tich. Mitte 1967 suchten sie eine Band, die die klassisch beeinflussten Stücke »From The Underworld« und »Paradise Lost« (12/67 GB 15), die sie geschrieben hatten, aufnehmen konnte. Sie fanden sie in der 1965 gegründeten Formation Herd. »I Don't Want Our Loving To Die« war ebenfalls eine Howard-Blaikley-Komposition. Innerhalb der Gruppe mehrten sich jetzt jedoch die Stimmen, die selbst geschriebenes Material spielen wollten. Besonders Peter Frampton, den man 1968 zum ›The Face Of The Year‹ gewählt hatte, wollte mehr in den Vordergrund. Als ihm das nicht gelang, verließ er Ende 1968 Herd und gründete mit Steve Marriott Humble Pie. Andy Bown spielte wenig später mit Andy Fairweather-Low, dann mit Status Quo.

From The Underworld (9/67 GB 6)
I Don't Want Our Loving To Die (4/68 GB 5)
Pop, Psychedelic

Siehe auch: Frampton, Peter; Humble Pie

Hermanos Rigual, Los

Einer der größten Sommerhits des Jahres 1962 war »Quando Caliente El Sol«. Der

Deutsche Joe Menke schrieb die deutsche Version »Liebe, die nie vergeht«, mit der Ende 1962 gleich zwei Interpreten auf Platz 10 der deutschen Hitparade standen. Zum einen Vittorio, zum anderen Los Hermanos Rigual.

Liebe, die nie vergeht (11/62 D 10)
Deutscher Schlager

Herman's Hermits

Karl Green b (Großbritannien, * 31. 7. 1947 in Salford/Manchester), Keith Hopwood g (Großbritannien, * 26. 10. 1946 in Manchester), Derek Leckenby g (Großbritannien, * 14. 5. 1943 in Leeds, † 4. 6. 1994), Peter Noone v (Großbritannien, * 5. 11. 1947 in Manchester), Barry Bean Whitwam d (Großbritannien, * 21. 7. 1946 in Manchester)

Obwohl Herman's Hermits zwischen 1964 und 1970 mehr als zwanzig Platten in die britische und neunzehn in die amerikanische Hitparade brachten, fällt einem zu der Band höchstens das Gesicht von Peter Noone ein. Seine recht hohe Stimme und sein breites, fröhliches Grinsen waren unverwechselbar. Ohne die Band war Peter nichts, dafür war die Band nichts ohne ihn. Noone spielte Anfang der 60er Jahre in der TV-Seifenoper ›Coronation Street‹, dem Vorbild der ›Lindenstraße‹. 1961 erhielt er das Angebot, neben Judy Garland in einem Film zu spielen. Seine Eltern legten ein Veto ein. 1963 gründeten die oben genannten Mitglieder die Band Heartbeats, in der Peter Noone mit dem Nachnamen Novak auftrat. 1964 machten sie als Herman's Hermits ihre ersten Platten. Den Managern der Band war aufgefallen, dass zwischen Peter Noone und einer Figur aus dem Fernseh-Cartoon ›The Rocky And Bullwinkle Show‹, die Sherman hieß, eine enorme Ähnlichkeit bestand. Deshalb war man auf Herman & His Hermits, später auf Herman's Hermits abgekürzt, gekommen. Der Produzent Mickie Most hingegen entdeckte eher eine Ähnlichkeit zwischen Noone und dem jungen John F. Kennedy und schlug vor, die Gruppe als die netten Jungs von nebenan zu verkaufen und dementsprechende Lieder zu produzieren. Im August 1964 erschien ihre Debüt-Single in der britischen Hitparade und erreichte Platz 1: »I'm Into Something Good«. Nun ging es bis Ende der 60er Jahre Schlag auf Schlag. Die erfolgreichsten Alben der Formation: »Introducing Herman's Hermits« (2/65 US-LP 2), »Herman's Hermits On Tour« (6/65 US-LP 2) und »The Best Of Herman's Hermits« (11/65 US-LP 5). 1970 fiel die Gruppe auseinander. 1970 fiel die Gruppe auseinander, Peter versuchte es als Solist – einziger Hit: »Oh You Pretty Thing« (5/71 GB 12), geschrieben durch David Bowie, der auf der Platte auch Piano spielte. In Los Angeles gründete er Ende der 70er Jahre die Formation Tremblers, die keine Spuren hinterließ. Für den Soundtrack zum Film »Naked Gun« nahm er noch einmal die Nummer »I'm Into Something Good« auf. In der Folgezeit machte Peter Noone weitere Soloplatten und reformierte in unregelmäßigen Abständen seine Band, um bei Oldie-Veranstaltungen wieder als Herman's Hermits aufzutreten. 1983 – zurück in Großbritannien – hatte er als Schauspieler Erfolg: er spielt in »The Pirates of Penzance« eine Hauptrolle. In der Folge kehrte er immer wieder in die USA zurück und moderierte dort Musik-TV-Sendungen. Aber auch in den 90er Jahren war er immer mal wieder mit den Überresten von Herman's Hermits unterwegs – von den Originalmitgliedern waren nur noch Leckenby und Whitwam mit dabei. 1994 hatte Leckenby mit der Band eine dreiwöchige Tournee beendet, als er in ein Krankenhaus eingeliefert wurde. Er starb an Lymphknotenkrebs. Im Frühjahr 1998 zog Noone mit einer ›Teen

Idols Tour‹ durch die USA. Er wurde begleitet von Davy Jones und Bobby Sherman.

I'm Into Something Good (8/64 GB 1)
Can't You Hear My Heartbeat (1/65 US 2)
Silhouettes (2/65 GB 3, US 5)
Mrs. Brown You've Got A Lovely Daughter (4/65 US 1)
Wonderful World (4/65 GB 7, US 4)
I'm Henry VIII I Am (7/65 US 1)
Just A Little Bit Better (9/65 US 7)
A Must To Avoid (12/65 GB 6, US 8)
Listen People (2/66 US 3)
Leaning On The Lamp Post (4/66 US 9)
No Milk Today (10/66 GB 7, D 2)
Dandy (10/66 US 5)
There's A Kind Of Hush (2/67 US 4, GB 7)
Sunshine Girl (7/68 GB 8)
Something's Happening (12/68 GB 6; 2/69 D 6)
My Sentimental Friend (4/69 GB 2)
Years May Come, Years May Go (2/70 GB 7)
Beat, Middle Of The Road (MOR), Pop

Hermes House Band

ROBIN v (Niederlande), JUDITH v (Niederlande), JOOP v (Niederlande)
Das Trio wurde 1985 gegründet. Angeblich soll der Name ihrer damaligen Studentenverbindung, Hermes, als Vorlage für den Bandnamen gedient haben. Musikalisch lebten sie nach dem Motto ›Keine Party ohne uns‹ und ›immer ein fröhliches LaLaaaaLala‹. Der alte Gloria-Gaynor-Song »I Will Survive« (5/99 D 17) lieferte die Vorlage für ihre erste Hitnotierung. Der Song war in etlichen Ländern Europas Nummer 1. Die Single stand in Deutschland über 25 Wochen in den Charts und war schließlich aus keinem Fußball-Stadion und allen angeschlossenen Ballermännern mehr wegzudenken. Es folgten weitere Coverversionen: »Can't Take My Eyes Off Of You« (1/00 D 28), »Country Roads«, »Que Sera Sera« (10/01 D 21). Auch erfolgreich: »The Album« (8/01 D-LP 7).

Country Roads (6/01 D 2; 12/01 D 7)
Pop

Hernandez, Patrick

PATRICK HERNANDEZ v, g (Frankreich, * 6. 4. 1949 in Guadeloup)
Der Sohn einer österreichisch-italienischen Mutter und eines andalusischen Vaters, ein erfolgreicher Flamenco-Gitarrist, wurde in Paris geboren. Nachdem er jahrelang mit einem Sextett durch Europa gezogen war, wurde er von einem flämischen Produzenten für die Schallplatte entdeckt. Im belgischen Waterloo wurde 1978 seine Debüt-LP produziert. Darauf »Born To Be Alive«, als Singleauskopplung ein Platz 16 und Millionseller in den USA. Trotz erheblicher Anstrengungen, auch Anfang der 80er Jahre seinen Erfolg fortzusetzen, gelang ihm kein Hit mehr. Heute spricht man von ihm höchstens noch einmal im Zusammenhang mit Madonna, die 1979 mit der Patrick Hernandez Revue in Frankreich durch die Diskotheken tingelte. Sein erfolgreichstes Album hieß ebenfalls »Born To Be Alive« (7/79 D-LP 20).

Born To Be Alive (3/79 D 1; 6/79 GB 10)
Disko

Hewett, Howard

Siehe Babyface

Hi-Five

RODERICK POOH CLARK v (USA, * 27. 2. 1973), TORIANO EASLEY v (USA, * 10. 12. 1973), TRESTON IRBY v (USA), RUSSELL NEAL v (USA, * 28. 5. 1974), MARCUS SANDERS v (USA, * 17. 9. 1973), LITTLE TONY THOMPSON v (USA, * 2. 9. 1975 in Waco/Texas)

Die fünf schwarzen Musiker waren ein weiterer Versuch, den Erfolg der Jackson 5 zu wiederholen. Ihr erster Hit »I Like The Way (The Kissing Game)« wurde ein Millionseller. Zu diesem Zeitpunkt hatte Easley die Gruppe verlassen und war durch Treston Irby ersetzt worden. 1993 verließen Clark und Neal Hi-Five. Als neue Mitglieder wurden Shannon und Terrance genannt. 1995 tauchten die ersten Solo-Hits von Tony Thompson in den R&B-Charts auf. »I Wanna Love Like That«, geschrieben von Babyface, brachte es auch in die Popcharts.

I Like The Way (The Kissing Game) (2/91 US 1)
I Can't Wait Another Minute (6/91 US 8)
She's Playing Hard To Get (8/92 US 5)
Pop, Rhythm & Blues

Hi-Gate

JINA v (Großbritannien), JUDGE JULES (Großbritannien), PAUL MASTERSON (Großbritannien)
Die beiden Radio One Mitarbeiter Judge Jules und Paul Masterson standen hinter diesem Projekt. Masterson hatte schon als Candy Girls oder Dorothy &Yomanda Hits in den Charts gehabt. Sängerin Jina sang in der Gruppe Superfly. Jules und Masterson lebten beide in London N6 – Highgate. Daher der Projektname. Als nächste Hits folgten »I Can Hear Voices/Caned And Unable« (8/00 GB 12) und »Gonna Work It Out« (4/01 GB 25).

Pitchin' (In Every Direction) (1/00 GB 6)
Pop

Higgins, Bertie

BERTIE HIGGINS v, d (USA, * 8. 12. 1944 in Tarpon Springs/Florida)
Inspiriert durch den alten Humphrey-Bogart-Lauren-Bacall-Film »Key Largo«, schrieb sich Bertie Higgins 1981 den gleichnamigen Song. Es blieb der einzige Erfolg für diesen vielseitigen Interpreten. 1964 hatte er seine ersten Platten aufgenommen. Von 1964 bis 1966 spielte er Schlagzeug in der Backing Group von Tommy Roe, den Roemans. Dass ihm außer dieser wunderschönen Ballade »Key Largo« nichts gelungen ist, ist schade.

Key Largo (11/81 US 8)
AOR (Adult Orientated Rock), Soft Pop, West Coast

Highland

DEAN rap, NICOLE HEILAND v (Deutschland), PATRICE v
Ein Multi-Kulti-Trio aus Berlin, das aus dem Nachnamen von Nicole ihren Gruppennamen ableitete. Mit »Bella Stella« gelang der erste, mit »Se Tu Vuoi« (5/00 D 20) ein zweiter Hit.

Bella Stella (1/00 D 8)
Pop, Rap

Hill, Benny

BENNY HILL v (Großbritannien, * 25. 1. 1925 als Alfred Hawthorne Hill in Southampton, † 20. 4. 1992)
Der Slapstick-Komödiant Benny Hill wurde den britischen Fernsehzuschauern ab 1969 bekannt. Zehn Jahre später wurde er zur Überraschung der Amerikaner auch in den USA erfolgreich, allerdings wurden die Folgen von ihm für den US-Markt editiert. Den schwachsinnigen Humor und die vielen Oben-ohne-Mädchen konnten die Amerikaner erst nachts ab 23.00 Uhr bewundern. Für Filmplots wie »Die tollkühnen Männer in ihren fliegenden Kisten« und »Chitty Chitty Bang Bang« war er wie geschaffen. Auch als Platteninterpret versuchte er sich. Seine erste Hitnotierung hieß »Gather In The Mushrooms« (2/61 GB 12). Zum Weihnachts-

fest 1971 gelang ihm der Spitzenreiter in GB mit der Geschichte von »Ernie (The Fastest Milkman In The West)«. Nach seinem Tod kam die Platte erneut in die britischen Charts und erreichte die Top 30. Sein erfolgreichstes Album hieß »Words And Music« (12/71 GB-LP 9).

Ernie (The Fastest Milkman In The West) (11/71 GB 1)
Pop

Hill, Chris

CHRIS HILL (Großbritannien)
Der Brite Chris Hill schnippelte in der Tradition der Amerikaner Buchanan und Goodman aus Hits Teilchen heraus und bastelte daraus neue Platten. Jeweils zum Weihnachtsfest 1975 und 1976 konnte er mit »Renta Santa« und »Bionic Santa« Platz 10 in GB erreichen. Dann hatte sich die Masche glücklicherweise tot gelaufen.

Renta Santa (12/75 GB 10)
Bionic Santa (12/76 GB 10)
Pop

Hill, Dan

DAN HILL v (Kanada, * 3. 6. 1954 in Toronto)
Dan gelang Ende 1977 mit dem Titel »Sometimes When We Touch« ein erster Hit. So sehr er sich auch bemühte, er schaffte in den Jahren danach keinen weiteren Erfolg. Hill schrieb Songs für andere, z. B. Jeffrey Osborne, George Benson, Tina Turner oder Celine Dion. Rund zehn Jahre nach seinem ersten Erfolg erschien »Can't We Try« sein zweiter Hit. Mit ihm zusammen sang Vonda Shepard. Eine Begründung für seine Abwesenheit aus den Hitparaden lieferte er selbst: ›Als ich anfing, waren die Songs das Wichtigste und nicht das Aussehen. Ich werde nie ein Videostar sein, deshalb müssen meine Songs es bringen. Heute mehr denn je.‹ Sein erfolgreichstes Album hieß »Longer Fuse« (12/77 US-LP 21).

Sometimes When We Touch (11/77 US 3)
Can't We Try (6/87 US 6)
Soft Pop

Hill, Faith

FAITH HILL v (USA, * 21. 9. 1967 als Audrey Faith Perry in Starr/Mississippi)
Mit der Nummer »Wild One« (10/93 C&W 1) tauchte sie erstmals in einer US-Hitparade auf. »It Matters To Me« (12/95 US 74) war die erste Hitnotierung in den Popcharts. Zusammen mit ihrem Mann Tim McGraw hatte sie den Hit »It's Your Love«. Im März 1998 kam »This Kiss« (11/98 GB 13) in die US-Charts und brauchte 30 Wochen, um schließlich in die Top-10 zu gelangen. Anfang 1999 stand die Nummer immer noch in den Top 20. Ihr Hit »There You'll Be« stammte aus dem Film »Pearl Harbor«. Ihre erfolgreichsten Alben sind »Take Me As I Am« (1/94 US-LP 59), »It Matters To Me« (9/95 US-LP 29), »Faith« (5/98 US-LP 7), »Breathe« (11/99 US-LP 1) und »There You'll Be« (10/01 GB-LP 6).

This Kiss (3/98 US 7)
Breathe (11/99 US 2)
The Way You Love Me (3/00 US 6)
There You'll Be (5/01 US 10; 6/01 GB 3; 7/01 D 8)
Country, Pop

Siehe auch: McGraw, Tim

Hill, Jonny

JONNY HILL v (Österreich, * 27. 7. 1940 als Fery Gillming in Graz)
Die Lieder von Jonny schwankten zwischen Schlager und Country. Entdeckt wurde er von Lothar Olias, der viele Hits für Freddy geschrieben hat. In diese Rich-

tung wollte er auch Jonny Hill aufbauen, was nicht glückte. Mit dem Truckersong »Ruf Teddybär eins-vier«, einer deutschen Version des Red-Sovine-Hits »Teddy Bear« aus dem Jahre 1976, gelang ihm sein einziger Hit in Deutschland. Im Fernsehen war er der Moderator einer Sendung, die sich an die Freunde des Country-Schlagers richtete: ›Kilometer 330‹.

Ruf Teddybär eins-vier (3/79 D 8)
Country, Deutscher Schlager

Hill, Lauryn

LAURYN HILL v (USA, * 25. 5. 1975 in East Orange/New Jersey)
Lauryn startete ihre Karriere mit den Fugees. 1996 war das Jahr für diese Band. 1997 kam Lauryn wie alle anderen Bandmitglieder auch als Solistin. Ihren ersten Erfolg hatte sie mit »The Sweetest Thing« (9/97 GB 18). 1998 hatte Lauryn auch als Produzentin Erfolg. Der Titel »A Rose Is Still A Rose« von Aretha Franklin wurde von ihr geschrieben und produziert. Im Spätsommer 1998 erschien Lauryns Soloalbum »The Miseducation Of Lauryn Hill« (9/98 US-LP 1, 10/98 D-LP 9, GB-LP 2), das am 12. 9. 1998 auf Platz 1 der US-LP-Charts einstieg. Daraus ausgekoppelt wurden »Doo Wop (That Thing)« (9/98 D 17) und »Ex-Factor«. Letztgenannte Nummer sampelte »Can It Be So Simple« vom Wu Tang Clan – die wiederum hatten sich an »The Way We Were« von Gladys Knight & The Pips angelehnt, die eine Coverversion der Nummer von Barbra Streisand aufgenommen hatte. So kommt doch alles wieder, was einmal gut war. Im Januar 1999 erschienen Anzeigen der Plattenfirma Columbia, die beinhalteten, dass Lauryn für insgesamt 10 Grammys nominiert wurde – für so viele wie noch nie eine Frau vorher. Sie gewann schließlich fünf der begehrten Preise: Album des Jahres, bester Nachwuchsinterpret, bestes R&B Album, beste R&B Sängerin und bester R&B Song.

Doo Wop (That Thing) (10/98 GB 3; 11/98 US 1)
Ex-Factor (2/99 GB 4)
Pop, Rap, Rhythm & Blues

Siehe auch: Fugees

Hill, Vince

VINCE HILL v (Großbritannien, * 16. 4. 1937 in Coventry)
Vince stand erstmals Mitte 1962 in den britischen Charts mit dem Titel »The River's Run Dry« (6/62 GB 41). Mitte 1966 sang er eine englische Version des Udo-Jürgens-Titels »Merci Cheri« (6/66 GB 36), und 1967 kam er mit dem Titel »Edelweiss« aus dem Musical »Sound Of Music«. Bis 1971 hatte er noch einige weitere Hits, dann war seine Zeit vorbei. Der englische Crooner unterhielt 1984 die Gäste des Kreuzfahrtschiffs QE2 bei ihrer Weltreise.

Edelweiss (2/67 GB 2)
Pop, Schlager

Him

EMERSON BURTON key (Finnland, als Jani Purtinnen), GAS LIPSTICK d (Finnland, * 8. 2. 1976 als Mika Karppinen), LINDE ›LILLY‹ LAZER g (Finnland, * 12. 8. 1976 als Mikko Lindström), MIDGÉ AMOUR b (Finnland, * 19. 12. 1974 als Mikko Paananen), VALO v (Finnland, * 22. 11. 1976 als Ville Hermanni), ZOLTAN PLUTO key (Finnland, * 26. 9. 1977 als Juska Salminen)
Him wurde 1996 in Finnland gegründet. Him steht für »His Infernal Majesty«. Damit soll schon auf den düsteren Gothic Sound der Band hingewiesen werden, die ihre Musik als Love-Metal bezeichnet. Kopf der Band ist Ville Valo, der die Songs schreibt und singt. Als seine musikali-

schen Vorbilder gibt er Black Sabbath und Led Zeppelin an. Von Ville wird lediglich der Bassist Mikko erwähnt, mit dem er vor Jahren schon in Helsinki in einer Schülerband spielte. Wer außerdem neben ihm in der Gruppe ist, scheint uninteressant. Erstmals tauchte Him im September 1998 mit dem Album »Greatest Lovesongs Vol. 666« in den deutschen Charts auf. Daraus ausgekoppelt wurden die Singles »Wicked Game« und »When Love And Death Embrace«. »Join Me« wurde wohl auch deshalb ein Erfolg, weil er im Film »The 13th Floor« zu hören war. Es folgten »Right Here In My Arms« (3/00 D 22), »Poison Girl« (7/00 D 34), »Gone With The Sin« (11/00 D 19), »Pretending« (7/01 D 10), »In Joy And Sorrow« (10/01 D 17) und »Heartaches Every Moment« (1/02 D 20).
Die erfolgreichsten Alben von Him: »Razorblade Romance« (2/00 D-LP 1) und »Deep Shadows . . .« (9/01 D-LP 2).

Join Me (11/99 D 1)
Pretending (7/01 D 10)
Pop, Rock

Hinnen, Peter

PETER HINNEN v (Schweiz, * 19. 9. 1941 in Zürich)
Peter war bereits Mitte der 50er Jahre als niedlicher Kinderstar erfolgreich. Auch in unseren Breiten sollte er mit Liedchen wie »Rosmarie«, noch als Peterli Hinnen, Ende 1956 seinen ersten Top-10-Erfolg haben. Dann folgte eine stimmbruchbedingte Pause. 1962 meldete er sich wieder zurück. «Cowboy-Vagabunden« (11/64 D 22) als Peter & Su, »In Alabama steht ein Haus« (3/65 D 20) und »Eine Rose blüht in Colorado« (7/65 D 30) waren noch weitere Hits, danach verschwand er aus den Hitparaden.

Rosmarie (10/56 D 9)
Auf meiner Ranch bin ich König (3/62 D 5)
Siebentausend Rinder (5/63 D 2)
Im Tal der blauen Berge (11/63 D 10)
Die Rose von Mexiko (8/64 D 7)
Deutscher Schlager

Hirt, Al

AL HIRT tr, bl (USA, * 7. 11. 1922 als Alois Maxwell in New Orleans)
Al, der den Spitznamen ›New Orleans Trumpet King‹ trug, war Mitte der 60er Jahre mit einigen jazzorientierten Instrumentals erfolgreich. Bevor er unter seinem eigenen Namen Platten aufnahm, spielte er mit den Dorsey Brothers und Hoarce Heidt und leitete in den späten 50er Jahren eine eigene Dixieland-Combo. »Java« wurde sein größter Erfolg. Nach 1965 war seine Hitzeit wieder vorüber. Seine erfolgreichsten Alben: »Honey In The Horn« (9/63 US-LP 3), »Cotton Candy« (5/64 US-LP 6) und »Sugar Lips« (8/64 US-LP 9). Anfang des Jahres 1999 entdeckten die Deutschen ihre Vorliebe für Instrumentalmusik der 50er Jahre und Interpreten wie Perez Prado und Al Hirt. Sein Titel »Java« kam als »Java (All Da Ladies Come Around)« (3/99 D 16) mit dem New Yorker Kevin B. Tyson als Q Connection in die deutschen Charts. Hirt starb in New Orleans an Leberversagen.

Java (1/64 US 4; 6/64 D 6)
Instrumental, Jazz, Pop

Hi-Tension

JEFFREY GUISHARD v, per, KENNETH JOSEPH v, b, DAVID JOSEPH key (Großbritannien, * 30. 7. 1957), PATRICK MCLEAN sax, PAUL MCLEAN v, g, PAAPA MENSAH d, PAUL PHILLIPS v, g, DAVID REID d, LEROY WILLIAMS per
Hi-Tension war eine in GB beheimatete schwarze Funkband. Die erste Platte die-

ser Formation erschien im März 1978. Sie hieß wie die Gruppe »Hi-Tension« (5/78 GB 13). Als Nachfolgesingle erschien »British Hustle/Peace On Earth«. Nachdem ihre erste LP erschienen war, sagte Kenneth Joseph: ›Soul ist eine amerikanische Musik, und wir hatten bisher in Großbritannien keine schwarze Funkband. Unser einziges Ziel ist es im Moment, so gut zu werden wie die amerikanischen Bands.‹ Das Ziel wurde nicht erreicht: Es folgte kein Hit mehr.

British Hustle/Peace On Earth (8/78 GB 8)
Funk, Rhythm & Blues

Hithouse

PETER SLAGHUIS v, dj, mix (Niederlande, * 21. 8. 1963)
Hinter dem Projekt Hithouse steht der Discjockey Peter Slaghuis, der sich vor allem als Mixer und Sampler betätigte. Am 11. 3. 1985 wurde er bei der Weltmeisterschaft im Diskomixen im Londoner Hippodrom vierter. Zur selben Zeit erschien von ihm ein Projekt, das er Video Kids nannte. Ein Jahr später verschaffte er der Formation Nu Shooz mit einem Remix ihres Titels »I Can't Wait« einen Top-10-Hit in den US-Charts. Auch Maria Vidals »Body Rock«, Abbas »Lay All Your Love On Me« und eine 1988er Version des Petula-Clark-Klassikers »Downtown« wurden von ihm aufpoliert. 1988 kam unter der Überschrift ›This is the sound of house music‹ »Jack To The Sound Of Underground« (11/88 GB 14) und danach »Move Your Feet To The Rhythm Of The Beat« (5/89 D 26).

Jack To The Sound Of Underground (1/89 D 6)
Disko, House

Siehe auch: Video Kids

Hoffmann & Hoffmann

GÜNTHER HOFFMANN v (Deutschland, * 4. 10. 1951 in Karlsruhe, † 15. 3. 1984), MICHAEL HOFFMANN v (Deutschland, * 3. 12. 1950 in Karlsruhe)
Die beiden Brüder Hoffmann erzielten ihre ersten Erfolge mit deutschen Versionen englischer oder amerikanischer Hits. »Himbeereis zum Frühstück« (7/77 D 14) war ihr erster Hiterfolg. Es handelte sich um eine deutsche Version des Bellamy-Brothers-Titels »Crossfire«. Es folgten mit »Alles, was ich brauche, bist du« (3/80 D 22) und »Wenn ich dich verlier'!« (7/80 D 35) weitere Chartnotierungen. Mit dem Lied »Rücksicht« belegte das Duo bei der deutschen Vorentscheidung zum Grand Prix Eurovision 1983 den 1. Platz. Beim Grand Prix selbst, der in München stattfand, kamen sie auf Platz 5. Danach gelang den beiden kein weiterer Erfolg. Günter verübte in Rio de Janeiro Selbstmord. Michael machte nach einer kurzen Pause als Solist weiter, allerdings ohne Erfolg.

Rücksicht (4/83 D 8)
Schlager

Holiday, Tony

TONY HOLIDAY v (Deutschland, * 24. 12. 1947 als Rolf Peter Knigge in Hamburg, † 14. 2. 1990)
Der Erfolg von Tony begann 1977. Mit dem Titel »Tanze Samba mit mir« hatte er seinen ersten Hit – es handelte sich dabei um eine deutsche Version von »A Far L'Amore Cominica Tu (Liebelei)« von Raffaella Carra. »Nie mehr allein sein« (3/80 D 15) war noch ein weiterer Hit. Sechs Jahre wusste er, dass er keine Chance hatte, gegen seine Immunschwäche zu gewinnen – er starb an AIDS.

Tanze Samba mit mir (10/77 D 4)
Deutscher Schlager

Hollies

Bernie Calvert key, b (Großbritannien, * 16. 9. 1944), Allan Clarke v (Großbritannien, * 5. 4. 1942 als Harold Allan in Salford/Lancashire), Alan Coates v, g (Großbritannien), Bobby Elliott d (Großbritannien, * 8. 12. 1942 in Brierfield), Eric Haydock b (Großbritannien, * 3. 2. 1943 in Burnley/Lancashire), Tony Hicks v, g (Großbritannien, * 16. 12. 1943 in Nelson/Lancashire), Graham Nash v, g (Großbritannien, * 2. 2. 1942 in Blackpool), Alan Parker key (Großbritannien), Mikael Rickfors v (Schweden), Ray Stiles v, g, b (Großbritannien, * 20. 11. 1946 in Carshalton/Surrey), Terry Sylvester v, g (Großbritannien, * 8. 1. 1945 in Liverpool)

Die Ursprünge der Hollies gehen zurück bis in das Jahr 1961. Die Schulfreunde Clarke und Nash traten als Two Teens auf. Als Haydock und ein Schlagzeuger namens Don Rathbone dazukamen, nannten sie sich Fourtones, dann Deltas und schließlich, als noch ein weiterer Gitarrist dazukam, Hollies. Anfang 1963 suchten alle britischen Produzenten und Plattenfirmen in ganz GB nach weiteren Beatles. Der EMI-Produzent Ron Richards sah die Hollies im Cavern Club in Liverpool spielen und lud sie nach London ein. Von den Dolphins kam nun noch Hicks zur Band, die im April 1963 ihre erste Single aufnahm, ein Revival der Coasters-Nummer »Just Like Me« (5/63 GB 25). Im April 1966 verließ Haydock die Band und wurde durch Bernie Calvert ersetzt, der früher mit Hicks bei den Dolphins gespielt hatte. Mitte 1968 wurde bekannt, dass Graham Nash die Band verlassen werde. Nash ging in die USA und wurde Teil von Crosby, Stills & Nash. Für ihn kam Terry Sylvester, der vorher mit den Escorts und den Swinging Blue Jeans gespielt hatte. Während der Erfolg für die Hollies in GB nachließ, wurde er in den USA immer größer. Ende 1971 verabschiedete sich Allan Clarke von den Hollies und wurde durch Mikael Rickfors ersetzt. Mit ihm hatten die Hollies nur einen Hit: »The Baby« (2/72 GB 26, 3/72 D 23). Im Juli 1973, nach zwei erfolglosen Soloalben, kam Clarke wieder zurück, und Rickfors verschwand Richtung Schweden. Die Band hatte gemerkt, dass sie ohne Clarke nur die Hälfte wert war. Ihr großer Hit »Long Cool Woman (In A Black Dress)«, der von einem älteren Album ausgekoppelt war und Allan Clarke als Leadsänger hatte, zeigte deutlich, wie notwendig er für die Band war. Wahrscheinlich waren sie deshalb auch bereit, Clarkes Bedingung, neben seiner Gruppenarbeit auch Soloplatten veröffentlichen zu dürfen, zu akzeptierten. »The Air That I Breathe« zeigte, dass die Entscheidung richtig war. Durch die 80er Jahre hörte man wenig von den Hollies. Im Mai 1981 verließen Sylvester und Calvert die Gruppe. Clarke, Elliott und Hicks blieben als Trio zurück. 1982 nahm Graham Nash noch einmal mit den verbleibenden Hollies Platten auf, darunter ein Revival des Supremes-Hits »Stop In The Name Of Love« (6/83 US 29). Nash kehrte jedoch wieder in die USA zurück und arbeitete dort mit David Crosby. Ende 1988 kamen die Hollies mit »He Ain't Heavy, He's My Brother« wieder in die britische Hitparade und erreichten Platz 1. Der britische Ableger von Miller Light Bier hatte diesen Titel für eine TV-Werbekampagne eingesetzt. 1993 erschien zum dreißigjährigen Jubiläum der Gruppe eine CD mit 25 ihrer größten Hits. Als 26. Aufnahme war »The Woman I Love« zu hören, eine Komposition von Nik Kershaw. Es war ihre 56. Singleveröffentlichung. Die Besetzung bestand jetzt aus Clarke, Hicks und Elliott, dazu Ray Stiles, einst Mitglied bei Mud, Alan Coates und Alan Parker. Im Februar 2000 erklärte Allan Clarke offiziell (zum wievielten Mal?) seinen Austritt aus der Band. Als Grund gab er an, dass er sich in Zukunft um seine schwerkranke Frau Jeni kümmern wolle. Seinen Platz bei den Hollies nahm Carl Wayne, einst Move, ein. Im selben Jahr machte Allan gemeinsame Sache mit dem Düsseldorfer Projekt Et Cetera, dessen Chef Ulrich Eichblatt war.

Die erfolgreichsten Alben der Band waren »Stay With The Hollies« (2/64 GB-LP 2), »Hollies« (10/65 GB-LP 8), »Greatest Hits« (8/68 GB-LP 1, 1/69 D-LP 20), »Hollies Sing Dylan« (5/69 GB-LP 3), »Hollies Live Hits« (3/77 GB-LP 4) und »20 Golden Greats« (7/78 GB-LP 2).

Stay (11/63 GB 8)
Just One Look (2/64 GB 2)
Here I Go Again (5/64 GB 4)
We're Through (9/64 GB 7)
Yes I Will (1/65 GB 9)
I'm Alive (5/65 GB 1)
Look Through Any Window (9/65 GB 4)
I Can't Let Go (2/66 GB 2)
Bus Stop (6/66 D 9, GB 5, US 5)
Stop Stop Stop (10/66 GB 2, US 7, D 4)
On A Carousel (2/67 D 8, GB 4)
Carrie-Anne (6/67 GB 3, D 8, US 9)
Dear Eloise (1/68 D 8)
Jennifer Eccles (3/68 GB 7; 5/68 D 8)
Sorry Suzanne (3/69 D 7, GB 3)
He Ain't Heavy, He's My Brother (10/69 GB 3, D 9; 12/69 US 7; 9/88 GB 1)
I Can't Tell The Bottom From The Top (4/70 GB 7)
Long Cool Woman (In A Black Dress) (6/72 US 2)
The Air That I Breathe (2/74 GB 2, D 4; 4/74 US 6)
AOR (Adult Orientated Rock), Beat, Pop

Siehe auch: Crosby, Stills & Nash

Holly, Buddy

BUDDY HOLLY v (USA, *7. 9. 1936 als Charles Hardin in Lubbock/Texas, † 3. 2. 1959)

Der 3. 2. 1959 war der Tag, an dem die Musik gestorben ist – zumindest wird das von Don McLean in seinem Hit »American Pie« behauptet. Alle, die danach kamen, waren Schmarotzer, die vom Erbe eines Mannes lebten, der 1959 mit einem kleinen Flugzeug abstürzte. Mit ihm saßen in der Maschine der Pilot und zwei weitere Popstars jener Zeit: Big Bopper und Ritchie Valens – wobei zumindest Ritchie Valens auch das Zeug zum Superstar hatte. Diese drei Stars plus Dion & The Belmonts waren mit der »Winter Dance Party« durch die Lande unterwegs. Buddy Holly hatte sich mehrfach darüber beklagt, dass der Tourneebus zu kalt und unfreundlich sei – überhaupt waren die Umstände nicht gerade angenehm für die Künstler. Die Jahreszeit in einer Gegend, die als besonders kalt gilt, war absolut unglücklich gewählt. Nach einem Auftritt fuhr der Bus teilweise bis zu 600 Meilen durch die Nacht zum nächsten Auftrittsort, und nicht selten blieb er wegen einer Panne dann auch noch irgendwo liegen. An jenem 2. Februar befand sich die Tour-Karawane in Clear Lake, einem kleinen Ort 10 Meilen westlich von Mason City. Am nächsten Tag sollten sie in Moorhead, Minnesota, spielen, 430 Meilen entfernt. Wohl auch aus diesem Grund hatte sich Buddy am Montag, den 2. 2. 1959, entschlossen, mit der kleinen Mietmaschine nach Fargo, North Dakota, zu fliegen. Von da aus musste er nur noch den Red River überqueren, und schon war er in Moorhead. Nachdem die Party gegen Mitternacht beendet war, fuhren die drei zum nahe gelegenen Flugplatz. Kurz vor ein Uhr startete die Maschine, eine kleine rote Beechcraft Bonanza. 36 Dollar pro Nase hatten die Musiker hingelegt. Der Flug sollte nicht lange dauern. Nur ungefähr acht Meilen von Mason City entfernt stürzte die Maschine auf ein Feld – alle Insassen waren sofort tot. Und damit auch der Rock 'n' Roll? War Buddy Holly zu diesem Zeitpunkt überhaupt noch ein Rock-'n'-Roll-Interpret? Seine letzten Plattenaufnahmen belegen, dass er sich wie alle anderen Interpreten jener Tage mehr und mehr vom Rock 'n' Roll zurückgezogen hatte. Ob Elvis Presley oder Little

Richard, alle waren seichter geworden. Schluchzende Geigen umschmeichelten auch die, die einst geschworen hatten, eine andere Musik zu machen. Was Buddy Holly in seinen frühen Tagen mit Songs wie »Peggy Sue« oder »That'll Be The Day« geschaffen hat, ist unsterblich. Aber so manches Lied, das er dann geschrieben hat, war schon recht lau – lag dafür allerdings auch voll im Trend.

Begonnen hatte Buddy in einem Duo mit Bob Montgomery im Jahr 1954. Die beiden nahmen Demos im Western-Bop-Stil auf. Im Januar 1956 erhielt Buddy einen Plattenvertrag und nahm in Nashville als Buddy Holly & The Three Tunes erste Platten auf. Die Three Tunes waren der Gitarrist Sonny Curtis, der Bassist Don Guess und der Schlagzeuger Jerry Allison. Jerry sollte später als Ivan einige Plattenaufnahmen machen. Im Februar 1957 machte Buddy in Clovis, New Mexico, in den Studios von Norman Petty erste Platten als The Crickets. Diese Gruppe bestand nun aus dem Gitarristen Niki Sullivan, dem Bassisten Joe B. Mauldin und wieder Jerry Allison. Ob nun Platten von Buddy Holly & The Crickets oder nur von den Crickets erschienen, es handelte sich immer um dieselben Musiker. Der Grund für diese Konfusion ist darin zu sehen, dass sie zwei Plattenverträge hatten: Alles, was bei Brunswick erschien, firmierte unter The Crickets; alles, was bei Coral erschien, lediglich unter Buddy Hollys Namen. Spätere Wiederveröffentlichungen berücksichtigten diese Unterteilung meist nicht mehr. Offiziell trennten sich Buddy Holly und die Crickets im Herbst 1958.

Buddys größte Erfolge als Crickets waren »That'll Be The Day«, »Oh Boy« und »Maybe Baby«, im Frühjahr 1958 Platz 17 in den USA. Als Buddy Holly hatte er die Hits »Peggy Sue«, »Rave On«, »It Doesn't Matter Anymore«, »Brown-Eyed Handsome Man«, »Bo Diddley« und »Wishing«. 1986 wurde Buddy Holly in die Rock and Roll Hall of Fame aufgenommen. Seine erfolgreichsten Alben: »Buddy Holly Story« (4/59 US-LP 11, 5/59 GB-LP 2), »Buddy Holly Story Volume 2« (10/60 GB-LP 7), »That'll Be The Day« (10/61 GB-LP 5), »Reminiscing« (3/63 US-LP 40, 4/63 GB-LP 2), »Buddy Holly Showcase« (6/64 GB-LP 3), »Buddy Holly's Greatest Hits« (7/67 GB-LP 9), »Everlasting Hits« (6/68 D-LP 19), »20 Golden Greats« (3/78 GB-LP 1, D-LP 1), »True Love Ways« (2/89 GB-LP 8), »Words Of Love« (2/93 GB-LP 1), »The Very Best Of Buddy Holly« (8/99 GB-LP 25).

That'll Be The Day (8/57 US 1)
Oh Boy (11/57 US 10)
Peggy Sue (11/57 GB 6, US 3)
Rave On (6/58 GB 5)
It Doesn't Matter Anymore (2/59 GB 1)
Brown-Eyed Handsome Man (3/63 GB 3)
Bo Diddley (6/63 GB 4)
Wishing (9/63 GB 10)
Pop, Rock 'n' Roll

Hollywood Beyond

MARK ROGERS v, g, p (Großbritannien, * 3. 3. 1960)

Mark Rogers definierte seine Musik als ›ein wenig östlich orientierter Swamp Rock mit einem Schuss Heavy Metal‹. »What's The Colour Of Money?« wurde von der Plattenfirma als ›abenteuerlicher, aber extrem tanzbarer Stilmix‹ dargestellt. Angeblich lernte Mark Rogers klassisches Piano, sah dann drei Konzerte von Black Sabbath und wurde dadurch in Richtung Hard Rock umgelenkt. Er stieg vom Piano auf Gitarre um, schwärmte für Hendrix und sammelte Live-Erfahrung in diversen Latin-Jazz-Bands. Produzent war der durch seine Arbeit mit den Pet Shop Boys bekannte Stephen Hague. Der Nachfolgehit »No More Tears« kam knapp unter die ersten 50. Danach hatte er keinen Erfolg mehr.

What's The Colour Of Money? (7/86 GB 7)
Pop

Holm, Michael

MICHAEL HOLM v (Deutschland, * 29. 7. 1943 als Lothar Walter in Stettin)
Im Duett mit Bert Berger, sie nannten sich die Missouris, kam Michael Holm 1961 bei den Deutschen Schlagerfestspielen auf Platz 2 mit »Texas Jimmy«. Gemeinsam hatten sie den Hit »Der King« (3/63 D 29), und danach trennten sie sich wieder. Hinter Bert Berger verbarg sich der aus Österreich stammende Albert Schützenberger, der schon als Boy Berger ab 1959 Platten aufgenommen hatte. Produzent der Missouris war Mal Sondock. Michael Holm veröffentlichte als Solist »Lauter schöne Worte«, kam damit im August 1962 bis auf Platz 46 und gab erst einmal die Musik auf. Er studierte fünf Semester Jura in Berlin, und dann merkte er: »Alle Wünsche kann man nicht erfüllen« (4/65 D 16). Richtig erfolgreich wurde er Ende der 60er Jahre, als er mit »Mendocino« Mitte 1969 eine goldene Schallplatte erhielt. Mit Beginn der 80er Jahre war seine Hitzeit vorüber. Michael machte zusammen mit Drafi Deutscher das Duo Blue Brothers, mit Joachim Heider Mike & Joe und Daisy Clan – dieser Clan hatte den Hit »Muny, Muny, Muny« (1/69 D 27). Sein erfolgreichstes Album war »Die großen Erfolge« (12/74 D-LP 11).
Ende der 80er Jahre war er international erfolgreich mit seiner New-Age-Gruppe Cusco. Michael Holm ist sicherlich einer der fleißigsten Songschreiber und Produzenten. Von ihm stammen Titel wie »Nur ein Kuß, Maddalena«, »Fiesta Mexicana« oder »Ein Lied kann eine Brücke sein«. Sein alter Hit »Tränen lügen nicht« feierte in einer Technoversion mit Mark' Oh als »Tears Don't Lie« eine Auferstehung. Daraufhin veröffentlichte Michael Holm seine Version ebenfalls noch einmal, zeitgemäß aufpoliert. 1998 produzierte er mit Guildo Horn den Titel »Guildo hat euch lieb«.

Mendocino (7/69 D 3)
Barfuß im Regen (2/70 D 6)
Wie der Sonnenschein (10/70 D 9)
Ein verrückter Tag (5/71 D 6)
Tränen lügen nicht (10/74 D 1)
Wart auf mich (9/75 D 4)
Musst du jetzt gerade gehen, Lucille (7/77 D 4)
Deutscher Schlager

Holman, Eddie

EDDIE HOLMAN v (USA, * 3. 6. 1946 in Norfolk/Virginia)
Eddie nahm in den frühen 60er Jahren seine ersten Platten auf. »Hey There Lonely Girl« wurde zum Millionseller. Das Original dieses Stückes war 1963 mit Ruby & The Romantics als »Hey There Lonely Boy« erschienen und hatte damals Platz 27 erreicht. Eddie blieb in den Rhythm-&-Blues-Charts erfolgreich. Seit Anfang der 90er Jahre veröffentlicht er auf seinem eigenen Label Agape christliche Lieder.

Hey There Lonely Girl (12/69 US 2; 10/74 GB 4)
Pop, Soul

Holmes, Clint

CLINT HOLMES v (Großbritannien, * 9. 5. 1946 in Bournemouth/Dorset)
Als Kind kam er nach Buffalo, New York. Mit der Nummer »Playground In My Mind« hatte der Softsänger 1973 . Seine musikalische Karriere hatte er 1964 begonnen. Erst bevorzugte er einen weichen, an Johnny Mathis und Andy Williams erinnernden Gesangsstil, dann wurde er dynamischer. Die Single »Playground In My Mind« war Mitte 1972 erschienen, und neun Monate lang lag sie wie Blei in den Regalen. Alle glaubten

bereits an einen totalen Flop, dann kam die Nummer doch noch in die Charts. Allerdings gelang Clint kein weiterer Hit, und somit reiht er sich ein in die Garde der One-Hit-Wonders. In diesem Fall machte nicht der Sänger den Hit, sondern der Song. Holmes musste später zugeben: ›Die meisten Leute erinnern sich an das Lied, aber nicht an den Typen, der es gesungen hat.‹

Playground In My Mind (3/73 US 2)
Soft Pop

Holmes, Rupert

RUPERT HOLMES v (Großbritannien, * 24. 2. 1947 in Northwitch/Cheshire)
Der in GB geborene Sänger zog im Alter von sechs Jahren mit seinen Eltern in den US-Staat New York. Sein Vater war amerikanischer GI, seine Mutter Britin. Noch während der Schulzeit gründete er seine erste Gruppe, die Nomades. Sein Hauptmusikinstrument war die Klarinette. Ende der 60er Jahre nahm er zusammen mit der Studioband Street People einige Platten auf. Die Nummer »Jennifer Tomkins« brachte es im Frühjahr 1970 in die US-Top-40.Danach schrieb und arrangierte er z. B. für die Drifters, Platters, Barbra Streisand, Dolly Parton, Mac Davies, Manhattan Transfer und Gene Pitney. Einer seiner größten Erfolge als Songschreiber war der Titel »Timothy«, im Januar 1971 ein Top-20-Hit in den USA für die Gruppe Buoys. Holmes ist bei dieser Aufnahme am Piano zu hören. Zwischendurch wurde er Mitglied der Cuff Links, als Ron Dante nach deren erstem Hit das Handtuch schmiss. Als Produzent betätigte er sich für Sailor, Strawbs, Sparks oder auch John Miles. Sein Erfolg als Interpret kam mit der Nummer »Escape (The Pina Colada Song)«. Nach 1981 wird er, obwohl er noch sehr viele schöne Titel veröffentlicht hat, nicht mehr in den Charts notiert. 1986 gewann er für das von ihm geschriebene Musical »The Mystery Of Edwin Drood« – als Vorlage diente das Buch von Charles Dickens – einen Tony Award. Sein erfolgreichstes Album, auf dem auch die meisten seiner Hits zu finden waren, hieß »Partners In Crime« (11/79 US-LP 33).

Escape (The Pina Colada Song) (10/79 US 1)
Him (1/80 US 6)
AOR (Adult Orientated Rock), Pop

Holt, John

JOHN HOLT v (Jamaika, in Kingston)
John hatte seit seinem zwölften Lebensjahr an verschiedenen Talentwettbewerben teilgenommen und schließlich einen Plattenvertrag erhalten. Seine erste Single veröffentlichte er 1963. Ab 1965 war er für drei Jahre Sänger bei der Formation Paragons. Danach startete er eine Solokarriere, die zumindest in seiner Heimat sehr erfolgreich verlief. In GB war er einer der jamaikanischen Musiker, die als Reggae-Superstar angekündigt wurden und dann nach einem einzigen Top-10-Erfolg wieder in der Versenkung verschwanden. Holt machte eine Reggaeversion von Kris Kristoffersons »Help Me Make It Through The Night«. Danach war er weiterhin in seiner Heimat erfolgreich.

Help Me Make It Through The Night (12/74 GB 6)
Pop, Reggae

Hondells

RITCHIE BURNS v (USA, * 4. 5. 1941 als Richard Burns), GARY USHER (USA, † 25. 5. 1990)
Diese Formation war ein Studioprojekt des Produzenten Gary Usher, der damit auf der Surf-Music-Welle mitschwamm. Usher gilt als der ungekrönte König der Surf/Hot Rod Music. Zusammen mit Brian

Wilson, dem gekrönten König, schrieb er einige der erfolgreichen Beach-Boys-Titel, z. B. die Nummer »In My Room«. Eine ganze Reihe selbst geschriebener Titel ließ er von Studiomusikern und -sängern aufnehmen, darunter waren Jan Berry von Jan & Dean, Glen Campbell, Bruce Johnston, Terry Melcher oder Dennis Wilson von den Beach Boys. Diese Ansammlung von Musikern verkaufte er dann als Four Speeds, Super Stocks, Wheelmen, The Revells, Knights, Ghouls, Silly Surfers oder eben Hondells. Als »Little Honda« ein Hit wurde, existierte keine Gruppe. Geschrieben wurde die Nummer von Brian Wilson. Ritchie Burns, der auf der Single im Hintergrund mitgesungen hatte, arbeitete zu diesem Zeitpunkt als Kassierer in einer Bank. Um für eine LP der Hondells, die schnell zusammengeschustert wurde, ein Coverfoto von den Hondells zu machen, nahm man ihn und ein paar weitere Bankangestellte, fotografierte sie und hatte die Plattenhülle. Die dann zusammengestellten Hondells waren erfolgreicher, als alle erwartet hatten. Sie machten eine Tour, traten in der ›Dick Clark Show‹ und in ›Shindig‹ auf und spielten 1965 in drei Strandfilmen mit. Ein Nachfolgehit wollte ihnen jedoch nicht mehr gelingen, und nach 1970 war der Name Hondells aus den Medien ganz verschwunden. Gary Usher starb am 25. 5. 1990.

Little Honda (9/64 US 9)
Pop, Surf-Music

Honesty '69

MARC INNOCENT v (Deutschland, * 25. 8. 1968 in Lank-Latum), RAMON ZENKER (Deutschland, * 11. 11. 1968 in Willich)
Die beiden Gruppenmitglieder von Honesty '69 waren zusammen mit den Produzenten Thomas Gesell und Willi Grossmann im Sommer 1989 in New York und hörten dort in Diskotheken den Titel »French Kiss« von Lil Louis. Zurück in Deutschland, versuchten sie, den Titel zu kaufen, konnten ihn aber nicht bekommen. Also beschlossen sie kurzerhand, eine Coverversion aufzunehmen, und hatten damit auch Erfolg. Noch größeren Erfolg hatte jedoch die Originalversion von Lil Louis – er erreichte Platz 2.

French Kiss (9/89 D 7)
Dance, Techno

Honey Cone

SHELLIE CLARK v (USA, in Brooklyn/New York City), DENISE MILLS v, CAROLYN WILLIS v (USA, in Los Angeles/Kalifornien), EDNA WRIGHT v (USA, in Los Angeles/Kalifornien)
In den späten 60er Jahren wurde das typische Mädchentrio Honey Cone aus gestandenen Backgroundsängerinnen zusammengestellt. Edna war vorher bei den Raelettes und ist die Schwester von Darlene Love, Carolyn war bei den Girlfriends und Bob B. Soxx & The Blue Jeans und Shellie bei Ike & Tina Turner und Little Richard gewesen. 1969 sangen die drei im Hintergrund von Burt Bacharach in einem Andy-Williams-TV-Special. Edna, die mit Eddie Holland aus dem Team Holland/Dozier/Holland bekannt war, wusste, dass er zuschauen würde. Eddie war von dem Auftritt so angetan, dass er sie bei seinem neuen Plattenlabel Hot Wax unter Vertrag nahm. Mitte 1969 erschien die erste Single »While You're Out Looking For Sugar« in den US-Charts. Im Frühjahr 1971 hatten sie den Millionseller »Want Ads«. Vier Monate später ein weiterer Millionseller »Stick-Up« (8/71 US 11). Nach einigen weiteren Singles – darunter »One Monkey Don't Stop No Show Part I« (11/71 US 15) und »The Day I Found Myself« (2/72 US 23) – war 1973 die Zeit von Honey Cone vorbei, und die Mädchen kümmerten sich wieder um Studioarbei-

ten. Zwischenzeitlich war Carolyn durch Denise ersetzt worden. Carolyn hatte im Frühjahr 1976 zusammen mit Seals & Crofts den Titel »Get Closer« in den Charts.

Want Ads (4/71 US 1)
Beat, Pop

Siehe auch: Seals & Crofts

Honeybus

RAY CANE b (Großbritannien, als Raymond Byart in London), PETE DELLO v, g (Großbritannien, als Peter Blumson in London), COLIN HARE v, g (Großbritannien, als Colin Nicholls in London), JIM KELLY v, g (Großbritannien, in Schottland), PETE KIRCHER d (Großbritannien, * 21. 1. 1948 in Folkstone/Kent)
Honeybus wurde 1967 in GB gegründet. Obwohl die meisten Stücke von Honeybus durch Cane geschrieben wurden, stammt der einzige Hit der Band von Dello. Alle Mitglieder hatten vorher in anderen Bands oder als Sessionmusiker gespielt. Im Juni 1967 erschien ihre Debütsingle »Delighted To See You«. Sie setzte sich ebenso wenig durch wie »Do I Figure In Your Life«, veröffentlicht im Oktober desselben Jahres. Ihre dritte Single war »I Can't Let Maggie Go«. Genau zu diesem Zeitpunkt wollte Pete Dello nicht mehr weitermachen und verließ die Gruppe im Sommer des Jahres. Für ihn kam Jim Kelly. Trotz drei weiterer Singleveröffentlichungen, darunter »Girl Of Independent Means«, konnte die Formation dem One-Hit-Wonder-Status nicht entgehen. 1969 trennten sich die Musiker auf Anraten ihres Managers. Ihre einzige LP, »Story«, erschien erst nach der Trennung. Ihr Hit wurde später in einer Brotwerbung eingesetzt. In den 70er Jahren veröffentlichte Dello Platten als Pete Dello & Friends.

I Can't Let Maggie Go (3/68 GB 8)
Soft Pop

Honeycombs

DENNIS D'ELL v (Großbritannien, * 10. 10. 1943 als Denis Dalziel in London), JOHN LANTREE b (Großbritannien, * 20. 8. 1940 in Newbury/Berkshire), ANNE »HONEY« LANTREE d (Großbritannien, * 28. 8. 1943 in Hayes/Middlesex), MARTIN MURRAY g (Großbritannien, * 7. 10. 1941 in London), PETER PYE g (Großbritannien, * 12. 7. 1946 in London), ALAN WARD g (Großbritannien, * 12. 12. 1945 in Nottingham)
Die Honeycombs kamen in Hackney/Nordlondon 1963 als Sherabons zusammen. Es handelte sich dabei um eine ausgesprochen durchschnittliche Band, die nur dadurch auffiel, dass sie mit der Exfriseuse Honey Lantree einen weiblichen Schlagzeuger hatte. Just zu jener Zeit begann das Songschreiber-Team Ken Howard und Alan Blaikley, erfolgreich zu werden. Joe Meek übernahm die Produktion dieser Gruppe, und Howard/Blaikley schrieben die Nummer »Have I The Right«. Es folgten zwei weitere Eintragungen im unteren Chartbereich, dann kam mit »That's The Way« (8/65 GB 12) ein letztes Aufbäumen. Nach dem ersten großen Erfolg ging die Gruppe auf eine ausgedehnte Tour in Australien, was sich im Nachhinein als Fehler herausstellte. Nach ihrer Rückkehr wurde Murray gegen Pye ausgetauscht. 1966 war die Gruppe wieder in die Bedeutungslosigkeit zurückgefallen. Ein weiterer Grund dürfte sein, dass sich das Songschreiber-Team Howard/Blaikley inzwischen mehr um Dave Dee, Dozy, Beaky, Mick And Tich kümmerte. D'ells Versuche, in den 70er Jahren eine Solokarriere zu starten, schlugen fehl.

Have I The Right (7/64 GB 1; 9/64 US 5)
Rhythm & Blues

Honeydrippers

JEFF BECK g (Großbritannien, * 24. 6. 1944 in Wallington/Surrey), JIMMY PAGE g (Großbritannien, * 9. 1. 1944 in Heston/London), ROBERT PLANT v (Großbritannien, * 20. 8. 1947 in Birmingham), NILE RODGERS g, b (USA, * 19. 9. 1952 in New York City)

Das Projekt dieser vier Superstars kann man getrost als Spaß an der Freude betrachten. Ähnlich wie die Traveling Wilburys, Little Village oder die Notting Hillbillies kamen hier prominente Musiker zusammen, die gemeinschaftlich ihren musikalischen Vorlieben frönten. Robert Plant war vorher bei Led Zeppelin, Jimmy Page bei den Yardbirds und Led Zeppelin, Jeff Beck bei den Yardbirds und als Solist erfolgreich und Nile Rodgers bei Chic. Wenn man diese Namen hört, denkt man eher, dass ein gemeinsames Projekt dieser vier in Richtung Heavy Metal geht. Statt dessen kam Blues, Rock 'n' Roll und Doo Wop, kamen Songs, die Standards in den 40er, 50er und 60er Jahren waren. Eine Singleauskopplung aus dem Album, das jedoch nur fünf Titel enthielt und deshalb mehr als EP bezeichnet werden muss, war »Sea Of Love«. Dieses Stück war 1959 mit Phil Phillips ein Platz 2 in den USA. Das Mini-Album war angekündigt worden als »Volume One« (10/84 US-LP 4) und wurde mit Platin ausgezeichnet. Bedauerlicherweise ist es zu einer zweiten Folge nicht gekommen.

Sea Of Love (10/84 US 3)
AOR (Adult Orientated Rock), Rhythm & Blues

Siehe auch: Chic; Yardbirds; Led Zeppelin

Honeyz

HEAVENLI ABDI v (Deutschland, als Susan Emma Roberts), NAIMA BELKHAITI v (Frankreich), CELENA CHERRY v (Großbritannien, als Celena Francina Alexander in London), MARIAMA GOODMAN v (* 29. 12. 1977)

Die drei Mädchen wurden vom Management-Team First Avenue aufgebaut, das auch schon die Karriere von Eternal, Dina Carroll und Michelle Gayle in Schwung gebracht hatte. Die 21-jährige Britin Celena war angeblich in Paris Sängerin in einem Nachtclub, als sie die Französin Naima traf. Die beiden freundeten sich an und gingen gemeinsam nach London – hier trafen sie auf die Deutsche Heavenli, die dort gerade Urlaub machte. Wenig später erhielten sie einen Plattenvertrag – und wenn sie nicht gestorben sind, dann singen sie noch heute. Immerhin: an ihrem ersten Hit hatten die drei mitgeschrieben. Im März 1999 verließ Heavenli das Trio und wurde durch Mariama Goodman ersetzt, die vorher bei Solid Harmonie gesungen hatte. Ihr erfolgreichstes Album hieß »Wonder No. 8« (12/98 GB-LP 33).

Finally Found (9/98 GB 4)
End Of The Line (12/98 GB 5)
Love Of A Lifetime (4/99 GB 9)
Never Let You Down (10/99 GB 7)
Won't Take It Lying Down (3/00 GB 7)
Pop

Hooters

ERIC BAZILIAN v (USA, * 21. 7. 1953), RICK CHERTOFF (USA), ROB HYMAN v, key (USA, * 24. 4. 1950), MINDY JOSTYN vln (USA), ANDY KING v, b (USA), JOHN LILLEY g, per (USA), FRAN SMITH JUNIOR b (USA), DAVID UOSIKKINEN d (USA, * 11. 2. 1954)

Im jamaikanischen Slang heißt eine Melodika ›Hooter‹. Das Album »Nervous Night« (5/85 US-LP 12) brachte dieser Gruppe aus Philadelphia von der Zeitschrift ›Rolling Stone‹ eine Auszeichnung als beste neue amerikanische Band ein. 1972 lernten sich Hyman, Bazilian und Rick Chertoff, der inzwischen ihr Produzent wurde, auf der Uni kennen. Sie gründeten Baby Grant, aus denen 1980 die Hooters wurden. Ihre erste erfolgreiche Single hatten sie mit »All You Zombies« (9/85 D 17). Überhaupt ist diese Gruppe in Europa, und da speziell in Deutschland, erfolgreicher als in den USA. Vorher hatten sich Hyman und Eric Bazilian als Koautoren und Arrangeure bei Cyndi Laupers Millionseller-Album »She's So Unusual« einen Namen gemacht. »Day By Day« der Hooters kam Ende 1985 unter die Top 20 in den USA. Ihren größten Singleerfolg erreichten sie in Deutschland: »Johnny B«. Bei den Hooters ist man nie sicher, ob es sich bei ihnen um eine Rock- oder um eine Folkband handelt. Sehr schön ihre Version von Hedy Wests »500 Miles« aus dem Jahr 1989. Als spezielle Gäste singen Peter, Paul & Mary mit. Zu diesem Zeitpunkt stieg der Bassist King aus und wurde durch Fran Smith Junior ersetzt. 1993 erschien die CD »Out Of Body«, 1994 »Hooters Live«, aufgenommen am 2. und 3. 12. 1993 bei Konzerten in Bonn und Osnabrück. Sehr schön auf den Sound der Hooters wirkte sich die Hinzunahme der Geigerin Mindy Jostyn aus, die jedoch leider nicht lange in der Band blieb. Im August 1994 veröffentlichten sie mit »Heimliche Sehnsucht« eine deutschsprachige Single. Der deutsche Text stammte von Heinz-Rudolf Kunze. Inzwischen hat Bazilian weitere schöne Stücke geschrieben, die durch andere zu Hits wurden, so z. B. »One Of Us« von Joan Osbourne, produziert von Rick Chertoff, dem Kumpel aus alten Philadelphia-Tagen.

Johnny B (10/87 D 7)
AOR (Adult Orientated Rock), Folk, Pop

Hootie & The Blowfish

MARK BRYAN g (USA, * 6. 5. 1967 in Gaithersburg/Maryland), DEAN FELBER b (USA, * 9. 6. 1967 in Bethesda/Maryland), DARIUS RUCKER v, g (USA, * 13. 5. 1965 in Charleston/South Carolina), SONI SONEFELD d (USA, * 20. 10. 1964 als Jim Sonefeld in Grand Rapids/Michigan)
Die Gruppe formierte sich an der Universität von South Carolina. Ihr erstes Album »Cracked Rear View« (7/94 US-LP 1, 3/95 GB-LP 12) , war ein absoluter Knüller. Innerhalb von zweieinhalb Jahren verkaufte es mehr als 14 Millionen Exemplare. 1986 hatten Rucker und Bryan die Formation Wolf Brothers gegründet. Als nächster kam ein Jahr später Felber zu dem Duo, und man gründete Hootie & The Blowfish. Der Name ist eine Mixtur aus den Spitznamen zweier Jungen, mit denen Rucker befreundet war. Sonefeld war der Letzte, der zu der Gruppe kam. Er hatte vorher bei Tootie & The Jones gespielt. 1990 wurden erste Demoaufnahmen gemacht. Mitte 1993 erschien die selbst finanzierte EP »Kootchypop«. Aufgrund dieser EP erhielten sie am 31. 10. 1993 einen Plattenvertrag bei Columbia. Am 5. Juli 1994 erschien ihr oben genanntes Debütalbum. Die erste Auskopplung daraus wurde gleich ein Top-10-Hit: »Hold My Hand«. Auch »Let Her Cry« und »Only Wanna Be With You« stammen von diesem Album. Im April 1996 erschien das zweite Album der Band »Fairweather Johnson« (5/96 US-LP 1, GB-LP 9). Bei der Singleauskopplung »Old Man & Me (When I Get To Heaven)« (4/96 US 13) handelt es sich um ein Lied, das schon auf dieser erwähnten ersten selbst finanzierten EP aus dem Jahr 1993 zu finden war. Nach ihrem dritten Album »Musical Chairs« (9/98 GB-LP 15, 10/98 US-LP 4) trat eine Pause ein, in der die einzelnen Mitglieder an Soloalben bastelten. Für Ende 2001 war ein neues Album der Band angekündigt.

Hold My Hand (10/94 US 10)
Let Her Cry (3/95 US 9)
Only Wanna Be With You (8/95 US 6)
Pop, Rock

Hopkin, Mary

MARY HOPKIN v (Großbritannien, * 3. 5. 1950 in Pontardawe/Wales)

Im Mai 1968 gewann Mary in der Nachwuchs-TV-Show ›Opportunity Knocks‹ den ersten Preis. 1967 hatte sie bereits ihre erste EP in walisischer Sprache aufgenommen: »Llais Swynol Mary Hopkin«. In ›Opportunity Knocks‹ hatte Twiggy Mary Hopkin gesehen, daraufhin ihren Kumpel Paul McCartney angerufen und ihm diese Sängerin empfohlen. Den Reiz von Mary machte sicher die niedliche Kleinmädchenstimme aus, die so zerbrechlich und verletzlich klang. Im August erschien »Those Were The Days«, produziert von McCartney und geschrieben von Gene Raskin. Die Melodie basierte auf dem russischen Volkslied »Darogui Dlimmoyo«. Die Platte verdrängte »Hey Jude« von Platz 1 in GB und verkaufte insgesamt mehr als acht Millionen Exemplare. Als Nachfolgesingle kam der von McCartney geschriebene Titel »Goodbye«. In den USA und in Deutschland wurde er Top 20. Mit »Knock Knock Who's There« nahm Mary im März 1970 am Grand Prix Eurovision teil, der in Amsterdam stattfand. Mary belegte Platz 2, überholt wurde sie nur noch von einer, die offensichtlich noch zerbrechlicher klang: Dana gewann für Irland mit »All Kinds Of Everything«, ein Lied, das Mary auch gut hätte singen können. Danach ließ Marys Erfolg nach. Im Dezember 1971 heiratete sie den bekannten britischen Produzenten Tony Visconti und sang nur noch ab und zu im Hintergrund auf Platten von Ralph McTell, David Bowie oder Thin Lizzy. 1981 war sie neben Mike Hurst (früher mit den Springfields) und Mike D'Albuquerque (ehemals ELO) im Trio Sundance, das die Single »What's Love« veröffentlichte. Sie war ganz niedlich, kam aber nicht in die Charts. Im selben Jahr trennte sie sich von Visconti und kam mit Dennis Locorriere von Dr. Hook zusammen. Im Mai 1984, wieder zurück aus den USA, wurde sie Leadsängerin der Gruppe Oasis. In dieser Band spielte Peter Skellern Piano und Julian Lloyd Webber Cello. Ihre Single »Hold Me« kam nicht in die Charts, eine LP erreichte Platz 23. Nachdem Mary krank wurde, stieg sie kurz vor einer geplanten Tournee aus der Band aus. 1988 war sie mit anderen Künstlern der EMI bei George Martins Projekt »Under Milk Wood« mit dabei. 1994 war sie als Songschreiberin so etabliert, dass sie den Auftrag erhielt, für TV-Dokumentationen und Filme die Musik zu schreiben. Anfang 1997 sagte sie in einem Interview, dass sie genug Material für ein weiteres Album hätte, das rockiger würde als alles, was sie bisher gemacht hatte. Außerdem fügte sie hinzu: ›Wenn ich einen Vertrag nach meinen Vorstellungen bekommen könnte und nicht auf Tour gehen müsste, dann wäre ich glücklich.‹ Ihr erfolgreichstes Album war »Postcard« (3/69 GB-LP 3, 3/69 US-LP 28).

Those Were The Days (9/68 US 2, D 1, GB 1)
Goodbye (4/69 GB 2)
Temma Harbour (1/70 GB 6)
Knock Knock Who's There (3/70 GB 2)
Folk, Grand Prix, Pop

Horn, Guildo

GUILDO HORN v (Deutschland, * 14. 3. 1953 als Horst Chabbi, geborener Köhler in Trier)

›Für Guildo Horn ist der Schlager weder eine schrille Lachnummer noch ein Heiligtum. Im Gegensatz zu vielen Combos, die sich darauf beschränken, alte Evergreens immer wieder aufzuwärmen, hat Guildo dem Schlager neues Leben eingehaucht, ihn versöhnt mit der heutigen Zeit‹ – das schrieb seine Plattenfirma zum Album »Danke« (9/97 D-LP 3). 1998 betrieb Guildo mit Vehemenz seine Beteiligung für Deutschland am Grand Prix Eurovision. Für ihn hatte ein gewisser Alf Igel den Song »Guildo hat euch lieb!« geschrieben und damit dann auch am 26. 2. 1998 die Vorentscheidung zur Teilnahme am Grand Prix gewonnen. Hinter Alf Igel versteckte sich Stefan Raab, TV-Moderator und selbst Platteninterpret. Bis zu diesem Zeitpunkt waren Guildo Horn & Die Orthopädischen Strümpfe mit Titeln wie »Ich find' Schlager toll«, »Ich mag Steffi Graf« oder »Tanz den Horn« in den Hitparaden nicht angekommen – jetzt stützte ihn und seine Strümpfe plötzlich die Nation. Alle großen Blätter brachten nach dem 26. 2. Lobreden über den ›Meister‹, wie er von seinen Fans genannt wird. Der ›Spiegel‹ berichtete über ihn genau in der Ausgabe, auf deren Titelblatt gefragt wurde »Welches Ziel hat die Evolution?«. Der Artikel war überschrieben mit »Triumphgeheul in Ironesien« – hoffentlich hat auch Ralph Siegel die Ironie verstanden. Interessant die Antwort von Horn auf die Frage, woher seine Liebe zum Schlager komme: »Ich habe jahrelang als Musikpädagoge in einer Werkstatt mit geistig behinderten Erwachsenen gearbeitet. Das Schlager-Ding löst bei denen, die es hören, direkt tiefste Emotionen aus. Selbst die schwächsten Fälle konnten die Texte auswendig. Das blanke Gefühl vereint unheimlich – egal welchen Intellekt, welche Sozialisation du hast. Daraus habe ich meine Diplomarbeit gemacht. Sie heißt ›Befreiung von der Vernunft‹.« So muss man den deutschen Schlager angehen – dann klappt es auch in der Nachtbar! Beim Grand Prix am 9. Mai 1998 belegte Guildo immerhin Platz 7 und schaffte es, dass mehr als 12 Millionen Fernsehzuschauer die Sendung verfolgten. Das Institut für Demoskopie in Allensbach befragte zwischen dem 4. und 13. Mai 1998 genau 2129 Deutsche, wie sie Guildo Horn finden. ›Mag ich nicht‹ sagten immerhin 61 % und das Institut stellte nüchtern fest: Guildo hat uns alle lieb – aber nicht alle lieben Guildo.

Ende 1999 kam der Film »Waschen Schneiden Legen« in die Kinos, in dem Guildo die Hauptrolle des Friseurlehrlings Toni Schatz spielt, der sein Handwerk in einem sauerländischen Dorfsalon lernt. Die Kritik sprach schon im Vorfeld von ›Schund‹ oder ›Widmung für den schlechten Geschmack‹ – was hatten die erwartet? Horn als Staatsschauspieler?

Guildo hat euch lieb! (3/98 D 4)
Schlager

Hornsby, Bruce

BRUCE HORNSBY v, p (USA, * 23. 11. 1954 in Williamsburg/Virginia)
Bruce, der sich später viele seiner Nummer selbst schreiben sollte, lernte auf der High-School das Pianospielen und studierte dieses Instrument später. 1978 begann er in den Südstaaten der USA mit einer selbst gegründeten Band eine endlose Tour durch Bars und Cocktail-Lounges. 1980 zog er mit seinem Bruder nach Los Angeles, wo die beiden einen Dreijahresvertrag bei der 20th Century Publishing Company unterschrieben, der ihnen ein regelmäßiges Einkommen als Songschreiber sicherte. Ein Jahr später trafen sie Huey Lewis, der besonders von Bruces Pianospiel beeindruckt war. 1983 spielte Bruce während einer langen US-Tournee in der Gruppe von Sheena Easton. 1985, nachdem er acht Jahre lang Songs geschrieben hatte, die keiner haben wollte, gründete er seine eigene Band Range und erhielt einen Plattenvertrag bei der RCA. Im Jahr darauf erschienen die ersten Platten von Bruce Hornsby & The Range. Sein erster Hit war »The Way It Is«. Nach der ersten erfolgreichen LP, »The Way It Is« (6/86 US-LP 3, 9/86 GB-LP 16, D-LP 10) erschien 1988 mit »Scenes From The Southside« (5/88 US-LP 5, GB-LP 18) wie-

der ein Millionseller. 1990 kam »A Night On The Town« (6/90 GB-LP 23, 7/90 US-LP 20). Zwischenzeitlich spielte Bruce auch auf Platten von Huey Lewis, Clannad, Brenda Russell, Patti Austin, Kim Carnes, Don Henley, den Cowboy Junkies und vielen anderen. Nach der dritten LP trennte sich Hornsby von seiner Gruppe The Range, und nach drei Jahren Pause erschien im Frühjahr 1993 mit »Harbor Lights« (4/93 US-LP 46, 5/93 GB-LP 32) ein neues Album. Wer so viel auf Alben von anderen spielt, kann mit der Hilfe von Freunden rechnen, wenn er mal etwas Neues macht: Auf seiner 93er Platte spielten z. B. Jerry Garcia, Bonnie Raitt, Pat Metheny und Phil Collins mit. Im August 1995 veröffentlichte er das Album »Hot House«. »Walk In the Sun«, eine Auskopplung daraus, war seine bisher letzte Hitnotierung. 1999 spielte Bruce zusammen mit den ehemaligen Grateful Dead-Mitgliedern Bob Weir, Phil Lesh und Mickey Heart und einigen anderen in der Band Other Ones.

The Way It Is (9/86 US 1)
Mandolin Rain (1/87 US 4)
The Valley Road (4/88 US 5)
AOR (Adult Orientated Rock), Soft Rock

Hot

CATHY CARSON v (USA, * 7. 10. 1953), JUANITA CURIEL v (USA, * 25. 2. 1953), GWEN OWENS v (USA, * 19. 6. 1953)
Cathy und Gwen trafen sich, als sie sich um einen Job in Wolfman Jacks ›Shock And Rock Review Show‹ bewarben. Sie nannten sich Sugar & Spice. 1976 hatten sie einige Auftritte, so z. B. in der ›Bill Cosby Show‹. Dann kam als drittes Mitglied Juanita hinzu, und das Trio nannte sich Hot. Nachdem sie einen Plattenvertrag hatten, erschien Anfang 1977 ihre erste LP. Daraus wurde der Millionseller »Angel In Your Arms« ausgekoppelt. Danach folgten zwei weitere Hitnotierungen, die aber nicht über einen Platz 60 hinauskamen. Das Bemerkenswerte an diesem Trio war die Tatsache, dass Juanita eine Latina, Gwen eine Schwarze und Cathy eine Weiße war. Gemischtrassige Trios sind in den USA recht selten.

Angel In Your Arms (2/70 US 6)
Disko, Pop

Hot Butter

STAN FREE syn (USA)
Hinter Hot Butter verbirgt sich der US-Synthesizer-Spieler Stan Free, der auf Platten von John Denver, Arlo Guthrie oder auch dem Boston Pops Orchestra mitwirkte. Mit dem Titel »Popcorn«, der sich anhörte, wie er heißt, hatte Stan einen weltweiten Hit. Der Versuch, diesen Erfolg mit Instrumentals wie »Apache«, »Pipeline« oder »Tequila« zu wiederholen, schlug fehl. Der Titel »Popcorn« wurde 1970 von Gershon Kingsley geschrieben und dem Moog-Synthesizer gewidmet. In sehr deutlicher Weise zeigt »Popcorn«, dass der Moog-Synthesizer als Musikinstrument zu jenem Zeitpunkt noch sehr entwicklungsfähig war.

Popcorn (7/72 D 1, GB 5, US 9)
Elektro-Pop, Instrumental

Hot Chocolate

ERROL BROWN v (Jamaika, * 12. 11. 1948 in Kingston), TONY CONNOR d (Großbritannien, * 6. 4. 1947 in Romford/Essex), FRANKLYN DE ALLIE g, LARRY FERGUSON key (USA, * 14. 4. 1948 in Nassau/Bahamas), HARVEY HINSLEY g (Großbritannien, * 19. 1. 1948 in Northampton), IAN KING d, PATRICK OLIVE per (Grenada, * 22. 3. 1947), TONY WILSON v, b (Trinidad, * 8. 10. 1947)
1969 formierte sich diese britische Grup-

pe, die als erste Single auf dem Apple-Label mit der Erlaubnis von John Lennon eine Reggaeversion von »Give Peace A Chance« veröffentlichte. Ein Apple-Mitarbeiter war es, der die Formation The Hot Chocolate Band nannte. Für die Label-Kollegin Mary Hopkin schrieben sie den Titel »Think About The Children«. 1970 unterschrieben sie einen Vertrag mit Mickey Most von RAK Records. Errol Brown und Tony Wilson hatten Most drei Songs angeboten, die ihm gefielen. »Bet Yer Life I Do« nahm er für Herman's Hermits, »Think About Your Children« für Mary Hopkin und »Love Is Life« für die inzwischen auf Hot Chocolate abgekürzte Formation. Im August desselben Jahres kam »Love Is Life« in die britische Hitparade. Zu diesem Zeitpunkt schor sich Errol eine Glatze und wurde so zum optischen Mittelpunkt der Band. In den Anfangsjahren kam es noch zu etlichen Umbesetzungen. Ihr Titel »Brother Louie« wurde in den USA kein Erfolg. Aber als die amerikanische Gruppe Stories Mitte 1973 diese Platte als Coverversion veröffentlichte, wurde sie Spitzenreiter und Millionseller. 1984 erschien die letzte Neuaufnahme von Hot Chocolate. 1987 ging der holländische Discjockey Ben Liebrand hin, mixte »You Sexy Thing« neu ab und fügte eine Rhythmusgruppe hinzu. In demselben Jahr lösten sich Hot Chocolate auf. Browns erste Soloplatte »Personal Touch« erreichte noch im selben Jahr Platz 25 in GB. Ende 1990 unterschrieb er einen Plattenvertrag mit PWL, dem Label von Stock/Aitken/Waterman. 1993 knüpfte er mit »Emmalene (That's No Lie)« inhaltlich an »Emma« an. Produziert hatte Dieter Bohlen. Als der Song »You Sexy Thing« 1997 im Film »The Full Monty« (der deutsche Verleihtitel war »Ganz oder gar nicht«) eingesetzt wurde, kam er am 22. 11. 1997 gleich auf Platz 6 der britischen Charts. Hot Chocolate tourt immer noch durch die Gegend – als Leadsänger fungiert Greg Bannis. Die erfolgreichsten Alben: »Hot Chocolate Greatest Hits« (11/76 GB-LP 6), »20 Hottest Hits« (12/79 GB-LP 3), »The Very Best Of Hot Chocolate« (2/87 GB-LP 1, 4/87 D-LP 4), »2001« (8/87 D-LP 6) und »Their Greatest Hits« (3/93 GB-LP 1).

Love Is Life (8/70 GB 6)
I Believe (In Love) (8/71 GB 8)
Brother Louie (4/73 GB 7)
Emma (3/74 GB 3; 2/75 US 8)
A Child's Prayer (8/75 GB 7)
You Sexy Thing (11/75 GB 2, US 3; 1/76 D 8; 11/97 GB 6)
So You Win Again (6/77 D 6, GB 1)
Put Your Love In Me (11/77 D 7, GB 10)
Every 1's A Winner (11/78 US 6)
No Doubt About It (5/80 GB 2, D 3)
Girl Crazy (4/82 GB 7)
It Started With A Kiss (7/82 GB 5)
What Kinda Boy You're Lookin' For (Girl) (5/83 GB 10)
You Sexy Thing (Remix) (1/87 GB 10; 3/87 D 5)
Rhythm & Blues, Soft Soul

Hotlegs

LOL CREME v, g, key (Großbritannien, * 19. 9. 1947 als Lawrence Creme in Manchester), KEVIN GODLEY v, d (Großbritannien, * 7. 10. 1945 in Manchester), ERIC STEWART v, g (Großbritannien, * 20. 1. 1945 in Manchester)

Angeblich wurde der Titel »Neanderthal Man« von der oben genannten Formation lediglich aufgenommen, um das neue Equipment ihres Strawberry-Studios zu testen. Alle Musiker hatten bereits vorher in anderen Gruppen gespielt und sollten nach Beendigung des Tests als 10cc in den 70er Jahren sehr erfolgreich werden. Ein Mitarbeiter von Philips Records hörte dieses Band und bot 500 Pfund Vorschuss an, um es als Platte zu veröffentlichen. Die Nummer wurde weltweit über zwei Millionen Mal verkauft. Das Geld war also gut angelegt. Danach veröffentlichten die Hotlegs noch zwei weitere Singles und eine LP mit dem Titel »Thinks: School Stinks«. Nichts davon war erfolgreich. Wenig später kam es zur Gründung von 10cc.

Neanderthal Man (7/70 D 4, GB 2)
AOR (Adult Orientated Rock), Pop

Siehe auch: 10cc; Godley & Creme; Fontana, Wayne & The Mindbenders

Hotshots

BRAIN BENNETT (Großbritannien), CLIVE CRAWLEY (Großbritannien)
Clive Crawley war Anfang der 70er Jahre mit der Popmusik recht unzufrieden und auf der Suche nach einer Band, die ihm gefallen könnte. Zusammen mit einem Freund – Brian Bennett, der im Gegensatz zu Crawley Musiker war und auch gerade eine Sessionband zusammenstellen wollte – ging Crawley ins Studio, um die Nummer »Snoopy Versus The Red Baron« als sämigen Pop-Reggae aufzunehmen. Das Original stammte von der amerikanischen Formation Royal Guardsmen, war 1966/67 ein Top-10-Hit und ist dem Nachzieher vorzuziehen. Überzeugt, dass Hotshots kein One-Hit-Wonder sei, machte Crawley sich auf die Suche nach Musikern, die mit dem Hit live auftreten und weitere Erfolge liefern könnten. Es wurde nichts draus.

Snoopy Versus The Red Baron (6/73 GB 4)
Pop, Reggae

Houghton, Steven

STEVEN HOUGHTON v (Großbritannien, in Sheffield)
Steven hatte mit dieser Nummer seinen ersten Hit in GB. Der Titel hatte in der Vergangenheit mehrfach in den Hitparaden gestanden. Im Original stammte er von der LP »Madness Money & Music«, 1982 aufgenommen von Sheena Easton. Lou Rawls (1983), Lee Greenwood (1984), Bette Midler (1989) und Bill Tarney (1994) standen damit bereits in den Charts. Steven Houghton, zum Zeitpunkt des Hits 26 Jahre alt, spielte in der ITV-Fernsehserie »London's Burning« die Rolle des Feuerwehrmannes Gregg Blake. Vorher hatte er sieben Jahre lang im Londoner West End auf der Bühne gestanden. Unter anderem spielte er den Munkustrap in Cats. Gleichzeitig mit der Single erschien auch sein Debütalbum. Darauf Cover-Versionen von »Ain't No Sunshine« (Bill Withers), »Truly« (Lionel Richie) oder »The First Time Ever I Saw Your Face« (Roberta Flack).

Wind Beneath My Wings (11/97 GB 3)
Pop

House Of Pain

DANNY BOY v (USA, * 12. 12. 1968 als Daniel O'Connor in Los Angeles/Kalifornien), DJ LETHAL dj (Lettland, * 18. 12. 1972 als Leor DiMant), EVERLAST v (USA, * 18. 8. 1969 als Erik Schrody in Valley Stream/New York)
Die drei Mitglieder trafen sich an der Taft High School in Woodland Hills/Kalifornien. Die Eltern von Schrody und O'Connor waren eingewanderte Iren, die von DiMont Letten. House Of Pain machte sich schnell in der amerikanischen Hip-Hop-Szene in Los Angeles einen Namen und schafften mit »Jump Around« einen Platinseller. Gleich zwei Hits anderer Künstler wurden für diese Nummer geplündert: »Harlem Shuffle« von Bob & Earl und »Jump« von Kris Kross. Neben HipHop nennen die drei scheinbar unvereinbare Musikrichtungen wie Punk, Jimi Hendrix, Led Zeppelin und Soul als Ideenlieferanten für ihre Titel. Herausgekommen ist, wie die Plattenfirma der Band schreibt, ›ein Album voller roher, ungeschliffener Musik, ungewöhnlich und gut‹: »House Of Pain« (8/92 US-LP 14). Mit einem knappen Jahr Verspätung er-

reichte »Jump Around« mit dem zusätzlichen Titel »Top O' The Morning To Ya« auch die britischen Top 10. Mitte 1994 erschien ihre zweite CD, »Same As It Ever Was« (7/94 US-LP 12, GB-LP 8). Kritiker stellten fest, dass sie jazziger und cooler als die Debütplatte klang. 1999 kam DJ Lethal als Mitglied von Limp Bizkit.
1998 hatte Schrody einen schweren Herzanfall. Er war bereits klinisch tot, wurde aber reanimiert. Der Grund lag wohl auch darin, dass er im Vorfeld zu jedem Auftritt von House Of Pain eine halbe Flasche Hennessy Cognac schlucken musste, um in ›Stimmung‹ zu kommen. Nach diesem Zwischenfall studierte Schrody den Koran und wurde gläubiger Moslem. Seine Eskapaden auf der Bühne unterließ er fast vollständig. Er leidet an einem unheilbaren Aneurysma. Nach dieser Pause kam Everlast als Solist und hatte mit dem Album »Whitey Ford Sings The Blues« (10/98 US-LP 9, 3/99 D-LP 12) und der Single »What It's Like« (12/98 US 13, 2/99 GB 34, 3/99 D 17) erste Erfolge. Danach erschien im Oktober 2000 das Album »Eat At Whitey's«. Als nächste Single kam »Black Jesus« (1/01 GB 37).
Everlast war auch Gast auf dem Album »Supernatural« von Santana. Mit den Tantiemen von diesem Album dürfte er mehr verdient haben als durch all seine anderen Platten. Im Frühjahr 2001 war er mit seiner Live-Band The White Folx auf Deutschlandtournee. Für Mitte 2001 kündigte Everlast eine Wiederbelebung von House Of Pain mit Danny Boy und DJ Lethal an.

Jump Around (6/92 US 3)
Jump Around/Top O' The Morning To Ya (5/93 GB 8)

HipHop, Pop, Rap

Siehe auch: Limp Bizkit

Housemartins

NORMAN COOK v, g, b (Großbritannien, * 31. 7. 1963 als Quentin in Brighton/Sussex), STAN CULLIMORE g (Großbritannien, * 6. 4. 1962 in Hull/Humberside), PAUL HEATON v, g (Großbritannien, * 9. 5. 1962 in Birkenhead), DAVID HEMINGWAY v, d (Großbritannien, * 20. 9. 1960 in Hull), TED KEY v, g, HUGH WHITAKER d

Diese Band formierte sich 1984. Die Mitglieder zu diesem Zeitpunkt waren Cullimore, Key, Heaton und Whitaker. 1985 erhielten sie einen Plattenvertrag, als erste Single kam »Flag Day«. Nachdem die sich nicht in den Charts behaupten konnte, ging Ted Key und eröffnete ein vegetarisches Restaurant. Für ihn kam im November 1985 Norman Cook. Ihre erste Single mit dem neuen Sänger, »Sheep«, erreichte im März 1986 als erste Platte der Housemartins die britischen Charts. Vier Monate später standen sie mit »Happy Hour« zum erstenmal unter den Top 10. Wiederum sechs Monate später kamen sie mit einer Coverversion des Hits des Trios Isley Jasper Isley, »Caravan Of Love«. Im Juni 1987 wurde Schlagzeuger Whitaker durch Hemingway ersetzt. Im Laufe des Jahres 1987 folgten drei weitere Top-20-Hits. Im Februar 1988 gab die Gruppe bekannt, dass Housemartins als Projekt von vornherein nur auf drei Jahre angelegt war und sich jetzt trennen werde. Norman Cook erklärte das Ende auch damit, dass er der Ansicht sei, die Gruppe habe »den Leuten nur als Soul getarnten Müll verkauft«. Er veröffentlichte 1989 seine erste Soloplatte und kam später mit den Projekten Beats International, Freak Power und Mighty Dub Katz. 1998 wurde er als der Übervater des ›Big Beat‹ gefeiert – hier wurde getarntem Müll nur ein neuer Name gegeben. Auch ein Spruch von Norman Cook: »Guter Geschmack ist der Feind jeden Fortschritts.« Paul Heaton und Dave Hemingway gründeten Beautiful South. Mitte 1993 wurde Hugh Whitaker von einem englischen Gericht zu sechs Jahren Gefängnis verurteilt, weil

er auf einen früheren Geschäftspartner mit einer Axt losgegangen war und versucht hatte, dessen Haus anzuzünden.
Die erfolgreichsten Alben: »London 0 Hull 4« (7/86 GB-LP 3), »The People Who Grinned Themselves To Death« (10/87 GB-LP 9) und »Now That's What I Call Quite Good!« (5/88 GB-LP 8).

Happy Hour (6/86 GB 3)
Caravan Of Love (12/86 D 2, GB 1)
Pop, Soft Rock

Siehe auch: Freak Power; Beautiful South; Beats International; Fatboy Slim; Mighty Dub Kats

Housemaster Boyz & The Rude Boy Of House

Die Formation Housemaster Boyz & The Rude Boy Of House schwamm auf der House-Music-Welle mit und erreichte im September 1987 die britische Hitparade mit »House Nation«. Das Original des Songs entstand in Chicago im Zuge der House-Bewegung. Rude Boy Farley Keith, der sich später Farley ›Jackmaster‹ Funk nennen sollte, coverte dieses Lied. Ein Duo namens House Engineers machte aus dieser Coverversion noch einmal einen Remix. Auf der Bühne erschien mit den Housemaster Boyz ein Trio, das nie mit ihnen im Studio gestanden hatte.

House Nation (9/87 GB 8)
House

Houston, Thelma

THELMA HOUSTON v (USA, * 7. 5. 1946 in Leland/Mississippi)
Die Karriere von Thelma begann in der gospelorientierten Gruppe Art Reynolds Singers. Diese Formation machte bereits Gospel-Rock, bevor das Mode wurde. »Tell It Like It Is« war eine LP der Band, die im Jahre 1966 bei Capitol Records erschien. Thelmas Stimme fiel der Plattenfirma auf, und sie machte einen Solovertrag mit ihr. Jimmy Webb produzierte mit ihr das Debütalbum »Sunshower«. 1970 hatte Thelma Houston ihre erste Hitnotierung: »Save The Country«. Aber erst nachdem sie einen Plattenvertrag mit Tamla Motown gemacht hatte, kam der Erfolg. »Don't Leave Me This Way« war ursprünglich von Harold Melvin & The Bluenotes aufgenommen worden. Obwohl danach viele weitere Platten erschienen, konnte sie diesen Erfolg nicht wiederholen. Thelma war auch als Schauspielerin in Filmen wie »Norman ... Is That You?«, »Death Scream« und »The Seventh Dwarf« zu sehen. Ihr erfolgreichstes Album war »Any Way You Like It« (12/76 US-LP 11).

Don't Leave Me This Way (12/76 US 1; 3/77 D 5)
Motown Sound, Soul

Houston, Whitney

WHITNEY HOUSTON v (USA, * 9. 8. 1963 in Newark/New Jersey)
Whitney ist musikalisch sehr stark vorbelastet. Ihre Mutter ist Emily ›Cissy‹ Houston, Leadsängerin der Sweet Inspirations, die als Gruppe Platten auf dem Markt hatten und außerdem zu den besten Backing Groups gehörten. Sie waren z. B. auf etlichen Hits von Elvis Presley und Aretha Franklin zu hören. Zur Familie gehört auch Dionne Warwick, die Whitneys Cousine ist. Mit elf begann Whitney ihre Gesangskarriere in einer Gospelgruppe. Als Teenager war sie Backgroundsängerin für Chaka Khan und Lou Rawls. 1981 startete sie eine Karriere als Model und war in Zeitschriften wie ›Glamour‹ oder ›Seventeen‹ zu sehen. Ihre erste Hitnotierung hatte sie zusammen mit Teddy Pendergrass und dem Titel »Hold Me« Mitte 1984. Ab 1985 begann eine einzigartige Karriere. »You Give Good Love« kam im Mai 1985 in die US-Charts und wurde Platz 3. Sieben darauffolgende Singles er-

reichten in Reihe Platz 1 in den amerikanischen Charts. »I Will Always Love You« aus dem Film »Bodyguard«, in dem sie neben Kevin Costner eine Hauptrolle spielte, wurde weltweit eine Nummer 1. Der Soundtrack zum Film verkaufte sich alleine in den USA mehr als 15 Millionen mal. »I Will Always Love You« war im Original eine Aufnahme von Dolly Parton, die diese u. a. 1982 in dem Film »The Best Little Whorehouse In Texas« gesungen und damit bereits 1974 auf Platz 1 der Country-Charts gestanden hatte. Nach dem Erfolg von »Bodyguard« kamen weitere Filme: »Waiting To Exhale«, in dem sie nicht sang, eine Neuverfilmung von »Cinderella«, in dem sie wieder Gelegenheiten hatte, ihre Stimme hören zu lassen, und »The Preacher's Wife«. »When You Believe« sang sie im Duett mit Mariah Carey. Bei ihrem nächsten Hit »Heartbreak Hotel« wurden als Gäste Faith Evens und Kelly Price genannt. »If I Told You That« sang sie im Duett mit George Michael, »Could I Have This Kiss Forever« zusammen mit Enrique Iglesias.

Am 18. 7. 1992 heiratete sie den Sänger Bobby Brown. Die beiden machte einige Schlagzeilen und hatten dann ein gemeinsames Kind – eben »Something In Common«. Die Ehe mit Bobby Brown schien nicht der Renner gewesen zu sein. Alkoholexzesse, Prügeleien und Drogengerüchte bringen das Paar schon Ende der 90er Jahre immer wieder in die Schlagzeilen. Im Januar 2000 wird Whitney am Flughafen von Hawaii mit Marihuana erwischt. Einen Monat später wird sie nach den Proben für die Oscar-Verleihung ›wegen schlechter körperlicher Verfassung‹ aus dem Programm gestrichen. Mitte 2000 meldet ›Time‹, Whitney sei kokainabhängig – bei einem Konzert in Atlantic City vergisst sie ihre Texte und geht weinend von der Bühne. Ende 2000 wird sie auf den Bahamas von geschockten Fans als aufgedunsen und verwirrt erlebt. Bilder vom Mai 2001 zeigen eine völlig verwirrte und hilflose Whitney Houston in Beverly Hills.

Ihre Nummer »The Star Spangled Banner« aus dem Jahr 1991 – die damals live während des Super Bowl aufgenommen worden war – wurde nach dem Terroranschlag auf das World Trade Center am 11. 9. 2001 erneut veröffentlicht. Unter dem patriotischen Eindruck jener Tage kam die Platte diesmal bis in die Top 10. Ende 2001 kehrte Whitney für 100 Millionen Dollar zur Plattenfirma Arista zurück.

Die erfolgreichsten Alben von Whitney waren »Whitney Houston« (3/85 US-LP 1, 8/85 D-LP 2, 12/85 GB-LP 2), »Whitney« (6/87 US-LP 1, D-LP 1, 7/87 GB-LP 1), »I'm Your Baby Tonight« (11/90 US-LP 4, GB-LP 4, D-LP 3), »The Bodyguard« (11/92 GB-LP 1, 12/92 D-LP 1, US-LP 1), »The Preacher's Wife« (12/96 US-LP 3, D-LP 9) und »My Love Is Your Love« (11/98 D-LP 2, US-LP 13, GB-LP 4). Auf der Hülle zu »My Love Is Your Love« wurde vermerkt: ›Whitney's first studio album in eight years!‹. Dann kamen mal wieder »The Greatest Hits« (5/00 GB-LP 1, D-LP 2, 6/00 US-LP 5), die am 27. 5. 2000 auf Platz 1 der britischen Charts einstiegen.

You Give Good Love (5/85 US 3)
Saving All My Love For You (8/85 US 1; 11/85 GB 1)
How Will I Know (12/85 US 1, GB 5)
Greatest Love Of All (3/86 US 1, GB 8)
I Wanna Dance With Somebody (Who Loves Me) (5/87 US 1, GB 1, D 1)
Didn't We Almost Have It All (8/87 US 1)
So Emotional (10/87 US 1, GB 5)
Where Do Broken Hearts Go (2/88 US 1)
Love Will Save The Day (5/88 GB 10; 7/88 US 9)
One Moment In Time (9/88 US 5, GB 1, D 1)
I'm Your Baby Tonight (10/90 US 1, GB 5, D 5)
All The Man That I Need (12/90 US 1)
Miracle (4/91 US 9)
I Will Always Love You (11/92 D 1, GB 1, US 1)
I'm Every Woman (1/93 US 4, GB 4)
I Have Nothing (2/93 US 4; 4/93 GB 3)

Exhale (Shoop Shoop) (11/95 US 1)
Count On Me (3/96 US 8)
Step By Step (12/96 D 8)
I Believe In You And Me (12/96 US 4)
Heartbreak Hotel (12/98 US 2)
When You Believe (12/98 GB 4, D 8)
It's Not Right But It's Okay (3/99 GB 3; 5/99 US 4)
My Love Is Your Love (6/99 D 2; 7/99 GB 2; 9/99 US 4)
If I Told You That (6/00 GB 9)
Could I Have This Kiss Forever? (9/00 D 5; 10/00 GB 7)
The Star Spangled Banner (9/01 US 6)
Pop, Soft Soul

Howard, Adina

ADINA HOWARD v (USA, * 14. 11. 1974 in Grand Rapids/Michigan)
Auf »Freak Like Me« war als Gastsänger Michael Speaks zu hören – außerdem Samples aus der Nummer »I'd Rather Be With You«, 1976 erfolgreich mit Bootsy's Rubber Band von William ›Bootsy‹ Collins. Die Nachfolgesingle »My Up And Down« war mehr ›down‹ – nur Platz 68 in den USA. Als Gastsängerin von Warren G. bei der Nummer »What's Love Got To Do With It« stand Adina Ende 1996 unter den ersten 10 in GB und in Deutschland. Ihr erfolgreichstes Album war »Do You Wanna Ride?« (3/95 US-LP 39).

Freak Like Me (2/95 US 2)
Rhythm & Blues

Siehe auch: G., Warren

Howard, Billy

BILLY HOWARD v (Großbritannien)
Dieser Komiker tauchte ein einziges Mal in den heimatlichen Charts auf. Mit »King Of The Cops« war eine Parodie auf den Roger-Miller-Song »King Of The Road«. Angeregt wurde er dazu durch diverse Fernsehpolizisten, die anscheinend enormen Eindruck auf ihn machten. Der Nachfolgeversuch hieß »The Disco Cops«.

King Of The Cops (12/75 GB 6)
Pop

Howard, Robert

DR. ROBERT v, g (Großbritannien, * 2. 5. 1961 als Bruce Robert Howard in Norfolk)
Zusammen mit der amerikanischen Sängerin Kym Mazelle gelang Howard, der hauptberuflich als Dr. Robert der Leadsänger der Blow Monkeys war, der Hit »Wait«. Diesen Song hatte er ursprünglich im Duett mit Sam Brown aufgenommen. Die später entstandene Version mit Kym gefiel ihm aber besser und wurde dann auch veröffentlicht.

Wait (1/89 GB 7)
Pop

Siehe auch: Blow Monkeys

H-Town

JOHN ›DINO‹ CONNOR v (USA, in Houston/Texas), SHAZAM CONNOR v (USA, in Houston/Texas), DARRYL ›GI‹ JACKSON v (USA, in Houston/Texas)
Das ›H‹ in H-Town steht für ›Heavy Hitter‹. Das Trio stammte aus Houston und brachte typischen Soft Rhythm & Blues, wie er Anfang der 90er Jahre in den USA von Tausenden Gruppen aufgenommen wurde. Ihr erster Hit war der Platinseller »Knockin' Da Boots«, den sich die Jungs selbst geschrieben hatten. Die Nachfolgesingle »Lick U Up« kam schon nur noch knapp unter die ersten 70. Für den Film »Above The Rim« mit 2Pac sangen sie die Nummer »Part Time Love«, die H-Town Im Frühjahr 1994 zumindest in den R&B-Charts einen Top-10-Hit brachte. Ihre letzten Hitnotierungen waren »A Thin Line Between Love And Hate« (2/96 US 37) und »They Like It Slow« (10/97 US 35). Ihr erfolgreichstes Album war »Fever For Da Flavor« (4/93 US-LP 16).

Knockin' Da Boots (4/93 US 3)
Rhythm & Blues, Soft Soul

Hudson-Ford

JOHN FORD g, b (Großbritannien, * 1. 7. 1948 in Fulham/London), RICHARD HUDSON g, d (Großbritannien, * 9. 5. 1948 als Richard William Stafford Hudson in London)
John und Richard lernten sich 1967 in der britischen Gruppe Five Proud Walkers kennen. Über Velvet Opera stießen sie zu den Strawbs, für die sie etliche Songs schrieben, z. B. den Hit »Part Of The Union«. 1973 trennten sie sich von den Strawbs wegen ›musikalischer Differenzen‹ und machten als Duo Hudson-Ford weiter. Im August 1973 hatten sie ihre erste Platte in den Charts: »Pick Up The Pieces«. Es erschienen 1974 weitere schöne Stücke, die sich jedoch nicht mehr unter den ersten 10 platzieren konnten, und so lösten sie 1975 das Duo wieder auf. 1979 machten die beiden als Monks gemeinsam Platten und hatten den Hit »Nice Legs, Shame About Her Face« (4/79 GB 19). Ende der 80er Jahre war Richard auf einer LP der wieder neu formierten Strawbs zu hören.

Pick Up The Pieces (8/73 GB 8)
AOR (Adult Orientated Rock), Folk, Pop

Siehe auch: Strawbs

Hue & Cry

GREGORY KANE key (Großbritannien, * 9. 9. 1966 in Glasgow), PATRICK KANE v (Großbritannien, * 10. 3. 1964 in Glasgow)
Der größte Hit der beiden Brüder war »Labour Of Love«. 1993 wurde das Stück erneut veröffentlicht und kam bis auf Platz 25. Ihre Alben »Remote/The Bitter Suite« (12/88 GB-LP 10) und »Stars Crash Down« (6/91 GB-LP 10) waren erfolgreicher als ihre Singles. Neben der Musik hat Patrick noch eine Reihe anderer Beschäftigungen. Er betätigt sich als Musikjournalist und TV-Moderator und ist außerdem Rektor der Universität von Glasgow. Zusammen mit Fish gründete er die Organisation Artists For An Independent Scotland.

Labour Of Love (6/87 GB 6)
Elektro-Pop

Hues Corporation

TOMMY BROWN (USA, in Birmingham/Alabama), HUBERT ANN KELLEY (USA, * 24. 4. 1947 in Fairchild/Alabama), ST. CLAIR LEE (USA, * 24. 4. 1944 als Bernard St. Clair Lee Calhoun Henderson in San Francisco), KARL RUSSELL (USA, * 10. 4. 1947 in Columbus/Ohio), FLEMING WILLIAMS (USA, in Flint/Michigan)
Dem schwarzen Trio aus Los Angeles, das 1969 gegründet wurde, gelang Mitte 1974 ein Welthit mit »Rock The Boat«. Diese Art von Soft Soul, deren hauptsächliche Vertreter George McCrae und eben Hues Corporation waren, erfreute sich Mitte der 70er Jahre enormer Beliebtheit. Der einzige weitere Hit von Hues Corporation war »Rockin' Soul« (10/74 US 18, 10/74 GB 24, 11/74 D 32). Mitte 1974 verließ Fleming Williams die Band und wurde durch Tommy Brown ersetzt, der seinerseits 1975 von Karl Russell abgelöst wurde. Nach 1977 gelang ihnen kein weiterer Hit mehr. Ihr erfolgreichstes Album war »Freedom For The Stallion« (6/74 US-LP 20).

Rock The Boat (5/74 US 1; 7/74 D 7, GB 6)
Soft Soul

Human Beinz

RICHARD BELLEY v, g, mundh (USA), JOE ›TING‹ MARKULIN g (USA), MEL PACHUTA b (USA), MIKE TATMAN d (USA)

Der Band aus Youngstown/Cleveland, Ohio, gelang mit der 1962 von den Isley Brothers geschriebenen und aufgenommenen Nummer »Nobody But Me« ein Hit. Sie versuchte weiter, mit psychedelisch angehauchten Rocksongs in die Charts zu kommen, was ihnen jedoch nicht gelang. Als auch das zweite Album kein Erfolg wurde, trennten sich die Musiker.

Nobody But Me (12/67 US 8)
Psychedelic, Rock

Human League

IAN BURDEN b (Großbritannien, * 24. 12. 1957 in Sheffield), JO CALLIS g, syn (Großbritannien, * 2. 5. 1955 in Glasgow), JOANNE CATHERALL v (Großbritannien, * 18. 9. 1962 in Sheffield), RUSSELL DENNETT g (Großbritannien), IAN CRAIG MARSH syn (Großbritannien, * 11. 11. 1956 in Sheffield), PHILIP OAKEY v (Großbritannien, * 2. 10. 1955 in Sheffield), SUSANNE SULLEY v (Großbritannien, * 22. 3. 1963 in Sheffield), NEIL SUTTON key (Großbritannien), MARTYN WARE syn (Großbritannien, * 19. 5. 1956 in Sheffield), ADRIAN WRIGHT (Großbritannien, * 30. 6. 1956 in Sheffield)

Human League bildete sich in Sheffield im Herbst 1977 aus der Gruppe Future. Noch im selben Jahr gaben sie sich den neuen Namen Human League nach dem gleichnamigen Computerspiel. Anfang 1978 verschickten sie drei Demos an diverse Independent Labels. Im März erhielten sie einen Plattenvertrag, und als erste Single erschien »Being Boiled«. Zu jenem Zeitpunkt sollte sich die Platte jedoch nicht durchsetzen können. Ihren ersten Hit hatten sie mit »Holiday 80«, bestehend aus zwei Singles. Auf einer befand sich eine neue Version von »Being Boiled«. Heute im Rückblick wird häufig gesagt, dass mit diesem Hit der Weg frei gemacht wurde für etliche synthesizerorientierte Bands in GB. Der große Erfolg stellte sich jedoch immer noch nicht ein. Ware und Marsh verließen im Oktober 1980 Human League, gründeten die British Electric Foundation und später Heaven 17. Oakey und Wright hatten weiterhin die Rechte am Namen Human League. Sie holten sich mit Ian Burden einen neuen Bassisten und mit Joanne und Susanne zwei Tänzerinnen und Sängerinnen in die Gruppe. Mit dieser neuen Besetzung wurde der Sound der Band wesentlich kommerzieller als vorher. Im Mai 1981 kam von der Gruppe Rezillos mit Jo Callis ein weiterer Synthesizerspieler. Jetzt stellte sich der Erfolg ein. Mit »The Sound Of The Crowd« (5/81 GB 12) gelang ein erster Hit. Im Januar 1982, in der Folge des großen Hits, wurde »Being Boiled«, so wie das Stück schon einmal Mitte 1978 veröffentlicht worden war, wieder auf den Markt gebracht. Im Oktober 1984 nahm Phil Oakey zusammen mit Giorgio Moroder den Titel »Together In Electric Dreams« auf. 1985 verließ Callis die Band, um mit Feargal Sharkey zu spielen. Nach 1986 ließ der Erfolg der Formation nach. Ende 1990 – jetzt in der Besetzung Oakey, Sulley, Catherall und den neuen Mitgliedern Dennett und Sutton – erschien das sechste Album der Band, »Romantic«. Danach gab es wieder eine Pause, und im Januar 1995 veröffentlichten die ›Wegbereiter und wichtigsten Protagonisten des Synthie-Pops‹ das Album »Octopus«. Human League war auf das Trio Oakey, Sulley und Catherall geschrumpft. Von diesem Album stammte auch »One Man In My Heart« (3/95 GB 13). Ende 1995 erschien ein Remix ihres Hits »Don't You Want Me«, der es bis auf Platz 16 brachte. Die erfolgreichsten Alben: »Dare« (10/81 GB-LP 1, 2/82 US-LP 3, D-LP 19), »Love And Dancing« (7/82 GB-LP 3) als League Unlimited Orchestra, »Hysteria« (5/84 GB-LP 3), »Crash« (9/86 GB-LP 7, D-LP 14, 10/86 US-LP 24), »Greatest Hits« (11/88

GB-LP 3) und »Octopus« (2/95 GB-LP 6).
Wieder vergingen einige Jahre, bis etwas Neues von Human League zu hören war. Mitte 2001 kamen sie mit dem Album »Secrets«.

Love Action (I Believe In Love) (8/81 GB 3)
Open Your Heart (10/81 GB 6)
Don't You Want Me (12/81 GB 1, US 1; 2/82 D 5)
Being Boiled (1/82 GB 6; 5/86 D 6)
Mirror Man (11/82 GB 2)
(Keep Feeling) Fascination (4/83 US 8, GB 2)
Human (8/86 D 5, US 1, GB 8)
Tell Me When (1/95 GB 6)
Elektro-Pop

Siehe auch: Moroder, Giorgio

Humble Pie

DAVE »CLEM« CLEMPSON g (Großbritannien, * 5. 9. 1949 in Tamworth/Staffordshire), PETER FRAMPTON v, g (Großbritannien, * 22. 4. 1950 in Beckenham/Kent), STEVE MARRIOTT v, g (Großbritannien, * 30. 1. 1947 in Bow/London, † 20. 4. 1991), GREG RIDLEY b (Großbritannien, * 23. 10. 1943 in Carlisle/Cumbria), JERRY SHIRLEY d (Großbritannien, * 4. 2. 1952)
1968 lernte Steve Marriott von den Small Faces Peter Frampton kennen, der vorhatte, sich von der Formation Herd zu trennen. Im Frühjahr 1969 brach Steve endgültig mit den Small Faces und stellte mit Peter eine neue Gruppe zusammen, die er Humble Pie nannte. Von den Spooky Tooth kam der Bassist Greg Ridley, von einer unbekannten Gruppe mit dem Namen Apostolic Intervention der Schlagzeuger und Gitarrist Jerry Shirley. Schon nach den ersten Proben der neuen Formation überschlugen sich die englischen Musikzeitschriften mit positiven Kritiken. Man sprach von einer neuen Supergruppe. Im Juni 1969 unterzeichnete Humble Pie einen Plattenvertrag, und kurz darauf erschien mit »As Safe As Yesterday Is« die erste LP der Gruppe. Wenig später wurde die erste Single veröffentlicht. Der Verkaufserfolg ließ allerdings zu wünschen übrig, wenn man von Supergruppe spricht. »Natural Born Bugie« blieb der einzige Top-10-Erfolg dieser Band. Steve Marriott hatte in einem Interview als Grund für den Zusammenschluss von Humble Pie die Entwicklung einer neuen Musik genannt, die aus dem Rahmen fallen sollte. Genau das tat sie aber nicht. Humble Pie klang im ersten Jahr wie Small Faces in alten Zeiten. Im Oktober 1971 verließ Frampton die Band, um eine Solokarriere zu beginnen, die recht zögernd, aber dann umso heftiger los ging. Für ihn kam ›Clem‹ Clempson. 1975 fiel die Band auseinander. 1980/81 kam sie noch einmal zusammen. Marriott und Shirley waren von der Urformation dabei. Bobby Tench, Gitarre, und Anthony Jones, Bass, waren die Mitspieler. Steve Marriott verbrannte in seinem Bett, nachdem er wohl vergessen hatte, seine Zigarette auszumachen und das Schlafzimmer in Flammen aufging. 2002 erschien mit »Back On Track« ein neues Album von Humble Pie. Die Besetzung war jetzt Bobby Tench, Greg Ridley, Jerry Shirley und Dave Colwell.

Natural Born Bugie (8/69 GB 4)
AOR (Adult Orientated Rock), Rock

Siehe auch: Frampton, Peter; Small Faces

Humperdinck, Engelbert

ENGELBERT HUMPERDINCK v (Indien, * 2. 5. 1936 als Arnold George Dorsey in Madras)
Zu diesem Zeitpunkt ging im britischen Empire die Sonne nicht unter – und überall verteilten sich die Briten rund um den Globus, um für die Krone Ruhm und Reichtum zu scheffeln. Arnold hatte auch noch ein paar Geschwister – neun, um es korrekt zu sagen. Als in der Zeit des

Kampfes um die indische Unabhängigkeit das Pflaster für die Briten in Indien zu heiß wurde, verließ Vater Dorsey mit seinen zehn Kindern dieses fruchtbare Land und machte sich in Richtung Heimat auf. 1946 kam er mit all seinen Kindern an. Klein Engelbert ging brav zur Schule und kam irgendwann auch mal zur Musik. Schon 1958 erschien seine erste Platte – und in den nun folgenden neun Jahren hatte er mal einen Plattenvertrag, mal hatte er keinen. Mal hatte er ein festes Engagement mit einer Tanzkapelle, mal hatte er keins. Meist sang er unter dem Namen Gerry Dorsey. Das alles änderte sich, als er auf Gordon Mills traf, der Manager von Tom Jones war. Gordon wusste, dass Tom Jones bei den Frauen als Tiger angesagt war. Jetzt brauchte er für die anderen Damen eine Schmusekatze. Arnold George Dorsey sah aus, als habe man den Namen Engelbert nur für ihn erfunden. Er machte den Eindruck eines Softies, der gerade eine Hungersnot überlebt hatte und das Unglück dieser Welt genau kennt. Er rührte bei den Damen ganz andere Gefühlsregionen an als Tom Jones – mehr die mütterlichen. Mit hohlen Wangen, traurigen Augen und Backenbart tropfte ihm die Melancholie aus allen Knopflöchern seiner Anzüge aus der Zeit um die Jahrhundertwende. Und um das Märchenhafte, Asche-Hänsel und Grete-Wittchen, auch noch zu unterstreichen, nannte ihn sein neuer Manager Engelbert Humperdinck. Sie wissen, der Komponist der Oper »Hänsel und Gretel«. Als »Release Me« in den Hitparaden wie eine Bombe einschlug, waren die Erben des Opern-Humperdinck sauer. Sie strengten einen Prozess an, den sie schließlich auch gewannen. Zumindest in Deutschland darf sich der Künstler Arnold George Dorsey jetzt nicht mehr Engelbert Humperdinck, sondern nur noch Engelbert nennen. Nach drei Jahren und etlichen Hits war die große Zeit der Plattenverkäufe wieder vorbei. Ähnlich wie sein Stallkollege Tom Jones verdiente sich Engelbert von da an sein Stroh in Las Vegas und allen angeschlossenen Spielcasinos. Hin und wieder erscheinen auch mal neue Platten von ihm, die inzwischen von Horst Nußbaum produziert werden. Auch der hat sich ein Pseudonym zugelegt: Jack White. Später sorgte gar Dieter Bohlen für neue Platten von Engelbert. Seine erfolgreichsten Alben waren »Release Me« (5/67 GB-LP 6, 6/67 US-LP 7), »The Last Waltz« (11/67 GB-LP 3, 12/67 US-LP 10), »A Man Without Love« (8/68 GB-LP 3, US-LP 12, 11/68 D-LP 9), »Engelbert« (3/69 GB-LP 3, US-LP 12), »Engelbert Humperdinck« (12/69 GB-LP 5, 1/70 US-LP 5), »Engelbert Humperdinck – His Greatest Hits« (12/74 GB-LP 1), das Doppel-Platinalbum »After The Lovin'« (11/76 US-LP 17), »Träumen mit Engelbert« (10/86 D-LP 1) und das mit Fernsehen beworbene »At His Very Best« (4/00 GB-LP 5).
Anfang 1999 kam Engelbert mit dem Oldie »Quando Quando Quando« (1/99 GB 40) mal wieder in die britischen Top 40.

Release Me (1/67 GB 1; 4/67 US 4)
There Goes My Everything (5/67 GB 2)
The Last Waltz (8/67 GB 1)
Am I That Easy To Forget (1/68 GB 3)
A Man Without Love (4/68 D 6, GB 2)
Les Bicyclettes De Belsize (9/68 GB 5)
The Way It Used To Be (2/69 GB 3)
Winter World Of Love (11/69 GB 7)
After The Lovin' (10/76 US 8)
Middle Of The Road (MOR)

Humphries, Les

LES HUMPHRIES v, p (Großbritannien, * 10. 8. 1940 als Humphreys in London)
Les Humphries lernte schon als Kind das Klavierspielen. Sehr jung wurde er Berufssoldat in der Armee der britischen Königin, die er nach zwölf Jahren wieder verließ. In der Armee hatte er sich als Musiker

betätigt. Danach wurde er Mitglied in einer der vielen britischen Bands, die das Gefühl hatten, dass sich richtiges Geld nur in Hamburg verdienen ließ. 1968 bot sich Les die Chance, Mitglied in einer deutschen Band zu werden, die sich Wonderland nannte und in der neben ihm ehemalige Musiker der Rattles spielten: Achim Reichel, Frank Dostal, Dicky Tarrach und Helmut Franke. Wonderland wurde mit großem Werbeaufwand gestartet, der Titel »Moscow« (7/68 D 15) war auch nicht schlecht, aber so schnell, wie die Band aus dem Boden geschossen war, verschwand sie auch wieder. Etwa zu dieser Zeit zogen die Edwin Hawkins Singers durch die Welt und hatten mit der Nummer »Oh Happy Day« einen Riesenhit. Diese Truppe brachte Les Humphries auf die Idee, ebenfalls auf die Mixtur aus Gospel und Spiritual zu setzen und einen eigenen Chor zu gründen. Das geschah, und von 1971 bis 1976 hatten die Les Humphries Singers jede Menge Hits. Zu dem festen Stamm derjenigen, die im Chor von Les Humphries trällerten, gehörten Jürgen Drews und John Lawton. Letzterer lehnte angeblich das Angebot von Deep Purple ab, deren Sänger zu werden – er wollte in der Truppe von Humphries bleiben. Der hat sich im Laufe der Jahre mit den Singers eine goldene Nase verdient, denn er hat alle Hits geschrieben oder zumindest bearbeitet, was ihm das Geld brachte. Wenn es stimmt, dass Neid die aufrichtigste Form der Anerkennung ist, genoss Les Humphries nach 1976 viel Anerkennung. Er ging durch die Yellow Press mit seiner damaligen Frau Dunja Raiter, und die Geschichte seiner Steuerhinterziehung machte Schlagzeilen. Unbestritten: Für Songs, die Stimmung machen, hatte er einen guten Riecher. 1992 brachte Les Humphries mit illustrer Unterstützung eine in London produzierte neue Platte auf den Markt.

Die erfolgreichsten Alben: »(We'll Fly You To The) Promised Land« (5/71 D-LP 9), »We Are Goin' Down Jordan« (10/71 D-LP 2), »Old Man Moses« (4/72 D-LP 2), »Mexico« (10/72 D-LP 2), »Sounds '73« (3/73 D-LP 8), »Mama Loo« (4/73 D-LP 1) und »Kansas City« (4/74 D-LP 3).

We Are Goin' Down Jordan (9/71 D 3)
Mexico (9/72 D 2)
Mama Loo (2/73 D 1)
Kansas City (1/74 D 2)
Middle Of The Road (MOR)

Hurley, Steve »Silk«

STEVE »SILK« HURLEY (USA, in Chicago/Illinois)
Steve »Silk« Hurley ist ein typischer Vertreter der House Music, die angeblich in seiner Heimatstadt Chicago ihre Wurzeln hat. Zusammen mit Keith Nunnally brachte er als JM Silk 1986/87 zwei kleinere Hits in die GB-Charts. »Jack Your Body« war die erste Nummer 1, von der mehr als die Hälfte als Maxi verkauft wurde. Mit einer Laufzeit von 26 Minuten ist die Maxi allerdings kaum noch als Single zu bezeichnen. Mit diesem einzigen Erfolg kann sich Hurley zu den One-Hit-Wonders zählen. Gut zehn Jahre später tauchte Hurley zusammen mit den Voices Of Life zumindest noch einmal in den GB-Charts auf: »The Word Is Love« (3/98 GB 26).

Jack Your Body (1/87 GB 1)
House

Hyland, Brian

BRIAN HYLAND v (USA, * 12. 11. 1943 in Queens/New York City)
Brian gründete bereits mit zwölf Jahren seine erste Band, die Delphis. Mit sechzehn Jahren hatte er als Solist seinen ersten großen Erfolg mit »Itsy Bitsy Teenie Weenie Yellow Polka-Dot Bikini«. Sicher

haben viele erwartet, dass Brian ein typisches One-Hit-Wonder sei, und in der Tat kam erst einmal nichts mehr von ihm. Doch im Frühjahr 1962 erschien mit »Ginny Come Lately« wieder ein Hit. Die Platte war im Gegensatz zu seinem ersten Hit reifer und weniger kindisch. Die Nachfolgenummer hieß »Sealed With A Kiss«. Danach plätscherte seine Karriere dahin. 1970 erschien mit »Gypsy Woman« wieder eine Hitsingle. Nach 1971 war seine Karriere beendet. 1975 veröffentlichten die Briten noch einmal »Sealed With A Kiss«.

Itsy Bitsy Teenie Weenie Yellow Polka-Dot Bikini (7/60 GB 8, US 1; 9/60 D 9)
Ginny Come Lately (5/62 GB 5; 7/62 D 10)
Sealed With A Kiss (6/62 US 3; 8/62 GB 3; 6/75 GB 7)
Gypsy Woman (9/70 US 3)
Pop, Soft Pop

Hynde, Chrissie

Siehe Pretenders und Cher

Hypnosis

Der Titel »Pulstar« wurde von Vangelis geschrieben, ebenso die B-Seite »End Title (Blade Runner)«. Während hierzulande die Neue Deutsche Welle tobte, machte sich jenseits der Alpen Italo-Disko breit. Mit elektronischen Aufnahmegeräten wurden Produktionen der billigsten Art massenweise fabriziert. Einige davon blieben dann in den Ohren hängen, und die wenigsten kamen unter die ersten 10. Bei Hypnosis wird es sich wohl um A. Maiola handeln, der das Stück arrangierte. Jedenfalls versuchte Hypnosis noch einmal in die gleiche Kerbe zu hauen und nahm eine neue Version von »Oxygen« auf, die es allerdings Anfang 1984 nur knapp unter die ersten 40 in Deutschland schaffte.

Pulstar (11/83 D 10)
Disko

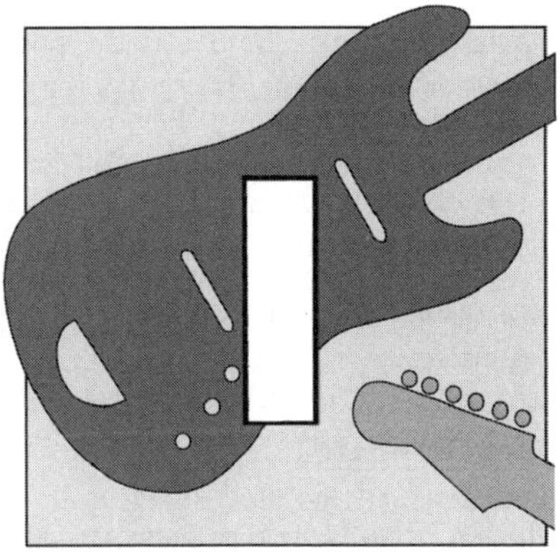

I Santo California

DOMENICO »MIMMO« AJELLO b (Italien, * 12. 3. 1950), PIETRO BARBELLA v (Italien, * 18. 5. 1949), MASSIMO CASO g (Italien, * 20. 5. 1958), DONATO FARINA d (Italien, * 25. 1. 1957), GIANNI GALIZIA g (Italien, * 21. 6. 1952), SIMONETTA MARINI v (Italien, * 5. 4. 1955)

Ein typisch italienischer Urlaubshit, der 1975 Nummer 1 in der italienischen Hitparade wurde, wurde in Deutschland erfolgreich, als alle Touristen im Herbst wieder zu Hause waren: »Tornero«. Die Band I Santo California wurde um 1973 gegründet. Die ursprünglich aus fünf männlichen Mitgliedern bestehende Formation tingelte zunächst erfolglos durch die Diskotheken. Bei einem Auftritt in Rom lernten sie die Sängerin Simonetta Marini kennen. Die ersten drei Platten wurden Flops. Dann kam der Hit »Tornero«. In Italien und in der Schweiz hatten sie bis 1977 noch weitere Erfolge.

Tornero (9/75 D 2)
Middle Of The Road (MOR), Schlager

Ian, Janis

JANIS IAN v, g, p (USA, * 7. 4. 1951 als Janis Eddy Fink in New York City)

Janis erhielt bereits mit drei Jahren Klavierunterricht. Mit elf spielte sie Gitarre, mit zwölf schrieb sie ihre eigenen Lieder und trat öffentlich auf. Ihre erste Platte machte sie mit sechzehn. Es wurde der Hit »Society's Child« (5/67 US 14), den zunächst keine Rundfunkstation spielen wollte. Erst nachdem sie damit in einem Leonard-Bernstein-TV-Special aufgetreten war, kam die Platte in die US-Charts. Ihr Album »Janis Ian« (6/67 US-LP 29) war ein Erfolg, dann veröffentlichte sie noch diverse LPs bei verschiedenen Firmen, aber mit 19 schien ihre Karriere beendet. 1974 kam sie dann mit der LP »Stars« (6/74 US-LP 83) auf den Markt. Im Titelsong wird vom Auf und Ab, von den Ängsten und Hoffnungen der so genannten Stars gesungen. Dann kam das Album »Between The Lines« (3/75 US-LP 1), für das sie Platin erhielt. Auf dieser LP war auch ihr größter Single-Erfolg: »At Seventeen«, für den sie einen Grammy als ›Best Femal Vocal‹ erhielt. »Aftertones« (1/76 US-LP 12) und »Miracle Row« (1/77 US-LP 45) waren noch einigermaßen erfolgreich – ein Knüller wie »Between The Lines« gelang ihr nicht wieder. 1993 veröffentlichte sie nach 10 Jahren mit »Breaking Silence« ein neues Album – bei der Gelegenheit outete sie sich als Lesbierin.

At Seventeen (6/75 US 3)
AOR (Adult Orientated Rock), Folk, Soft Pop

Ice MC

ALESSIA v (Italien, * 19. 5. 1967 in Laspezia), JASMIN HEINRICH v (Deutschland, * 30. 12. 1970 in Hamburg), ICE MC v (Großbritannien, * 22. 3. 1965 als Ian Colin Campbell in Nottingham)

Ice MC wurde in GB geboren, lebte aber seit 1984 in Florenz. In Italien nahm er auch seine Platten auf – typische Disko-Produktionen, die für den schnellen Verbrauch bestimmt waren. Der Versuch, seinen ersten Erfolg zu wiederholen, gelang teilweise: »Scream« erreichte im März 1990 die deutsche Hitparade und schaffte immerhin Platz 14. Die gleiche Platzierung erreichte Mitte 1994 »Think About The Way« und im Herbst 1994 »It's A Rainy Day«. Als Sängerin war neben Ice MC auf den Platten bis 1994 Jasmin Heinrich zu hören. 1995 wurde sie gegen Alessia eingetauscht.

Easy (10/89 D 3)
Disko

Icehouse

IVA DAVIES v, g (Australien, * 22. 5. 1955), MICHAEL HOSTE key, BOB KRETSCHMER g, JOHN LLOYD d, GUY PRATT b, ANDY QUNTA key, KEITH WELSH b
1980 gründete Iva in Sydney die Gruppe Flowers, die im Mai desselben Jahres mit »Can't Help Myself« ihren ersten Top-10-Hit in Australien hatte. Ende des Jahres veröffentlichten die Flowers ihre erste LP mit dem Titel »Icehouse«, die recht erfolgreich in Australien und Neuseeland wurde. Icehouse ist im australischen Slang ein Ausdruck für Irrenhaus. Im Februar 1981 änderten sie ihren Namen in Icehouse in Anlehnung an diese erste LP, um einen Konflikt mit einer schottischen Gruppe namens Flowers zu vermeiden. Ihren ersten Erfolg außerhalb Australiens hatte die Band Ende 1981 mit »We Can Get Together« in den USA. »Hey Little Girl« wurde für die Band der erste Top-10-Hit. Die Aufnahme klang, als sei es ein Titel von Bryan Ferry. Anfang 1990 erschien die LP »Great Southern Land«, die hervorragend ist, sich aber auf dem Markt nicht durchsetzen konnte. Ende 1994 versuchte man erneut, »Great Southern Land« an den Käufer zu bringen. Dazu erschien eine Doppel-CD mit dem Titel »Full Circle«. Darauf die Remixe ihrer größten Erfolge. Ihr erfolgreichstes Album war »Primitive Man« (4/83 D-LP 5).

Hey Little Girl (4/83 D 5)
Electric Blue (2/88 US 7)
AOR (Adult Orientated Rock), Rock

Ides Of March

BOB BERGLAND b, MIKE BORCH d, RAY HERR g, JOHN LARSON tr, LARRY MILLAS g, fl, JIM PETERIK v, key (USA, * 11. 11. 1950), CHUCK SOUMAR per
Ides Of March formierte sich Mitte der 60er Jahre in Chicago. Ihren Namen fanden sie im Shakespeare-Drama ›Julius Caesar‹. Alle sieben Mitglieder der Gruppe waren Schulfreunde. Nachdem sie einen Plattenvertrag erhalten hatten, gelangen ihnen 1966 zwei kleinere Hits. Dann kam »Vehicle«. Mit dem Bläserarrangement klang dieser Titel ein wenig nach Blood, Sweat & Tears oder Chicago. Es blieb ihr größter Erfolg, denn nach zwei weiteren kleinen Hits fiel die Band 1973 wieder auseinander. Jim Peterik überlebte die Gruppe als Mitglied von Survivor.

Vehicle (3/70 US 2)
AOR (Adult Orientated Rock)

Siehe auch: Survivor

Idol, Billy

BILLY IDOL v (Großbritannien, * 30. 11. 1955 als William Michael Albert Broad in Stanmore/Middlesex)
Billy gründete 1976 die Punkgruppe Chelsea, aus der noch in demselben Jahr Generation X wurde. Der größte Hit dieser Formation war »King Rocker« (1/79 GB 11). Ab 1982 veröffentlichte Idol Soloplatten. Mit blond gefärbter Punkfrisur, Rotzmund, Ketten und Motorradunfällen versuchte

Billy Idol über die Jahre, seinem Image gerecht zu werden. Auf der anderen Seite trat er bei zahllosen Benefizkonzerten auf und ist inzwischen weitaus erfolgreicher und weicher geworden als die meisten seiner Punkkollegen aus den Anfangstagen. 1993 erschien »Cyberpunk«, für die Computergeneration mit einer Diskette ausgestattet. Die daraus ausgekoppelte Single »Shock To The System« erreichte Mitte desselben Jahres Platz 30 in GB.
Seine erfolgreichsten Alben: »Rebel Yell« (12/83 US-LP 6, 9/84 D-LP 2, 9/85 GB-LP 36), »Vital Idol« (6/85 GB-LP 7, 10/85 D-LP 8, 10/87 US-LP 10), »Whiplash Smile« (11/86 GB-LP 8, US-LP 6, D-LP 9), »Idol Songs: 11 Of The Best« (7/88 GB-LP 2) und »Charmed Life« (5/90 GB-LP 15, US-LP 11, D-LP 5). 2002 erschien mit »Storytellers« ein Album von Idol, auf dem er seine größten Hits live und unplugged noch einmal veröffentlichte.

Eyes Without A Face (5/84 US 4; 7/84 D 10)
White Wedding (7/85 GB 6)
Rebel Yell (9/85 GB 6)
To Be A Lover (10/86 US 6)
Sweet Sixteen (5/87 D 2)
Mony Mony ›Live‹ (9/87 GB 7, US 1)
Cradle Of Love (5/90 US 2)
AOR (Adult Orientated Rock), Punk, Rock

Ifield, Frank

FRANK IFIELD v (Großbritannien, * 30. 11. 1936 in Coventry)
Frank zog mit seiner Familie 1946 nach Australien. Die dortigen Radiostationen spielten viel Country Music. Er wurde ein Country-&-Western-Fan und begann, diese Lieder nachzusingen. 1950 nahm er mit »Did You See My Daddy Over There« seine erste Platte auf. Im Laufe der nächsten Jahre wurde er der größte Popstar Australiens. 1959 kehrte er nach GB zurück und gehörte dort bis zum Beginn der Beatlemania zu den absoluten Superstars. In den Charts wurden seine Platten bis Anfang 1967 notiert. Seine erfolgreichsten Alben waren »I'll Remember You« (2/63 GB-LP 3), »Born Free« (9/63 GB-LP 3), »Blue Skies« (3/64 GB-LP 10) und »Greatest Hits« (12/64 GB-LP 9). Zusammen mit den Backroom Boys gelangten Ifield und »The Yodelling Song« Ende 1991 noch einmal in die britische Hitparade. 1996 zwang ihn eine Lungenerkrankung, sich aus dem Musikgeschäft zurückzuziehen.

I Remember You (7/62 GB 1; 9/62 US 5)
Lovesick Blues (10/62 GB 1)
Wayward Wind (1/63 GB 1)
Nobody's Darlin' But Mine (4/63 GB 4)
Confessin' (6/63 GB 1)
Don't Blame Me (1/64 GB 8)
Pop

Iglesias, Enrique

ENRIQUE IGLESIAS v (Spanien, * 8. 5. 1975)
Der Vater heißt Julio. Und so klingt auch der Sohn. Und wie der Vater ist auch der Sohn ausgesprochen erfolgreich: Innerhalb von 3 Jahren verkaufte er 13 Millionen Alben, vom Billboard wurde er als bester neuer Künstler (1996), Künstler des Jahres (1997) und Bester Latin Pop Artist (1998) ausgezeichnet. Außerdem zierte er in 2 Jahren 50 Cover von großen Zeitschriften, erhielt eine Auszeichnung als bester Komponist, einen Grammy als bester Latin Performer, mehr als 250 goldene Platten und mehr als 130 Platinplatten. Sein erster Top-40-Hit war »Bailamos«. Zum Erfolg von »Bailamos« hat sicher beigetragen, dass das Stück in dem Film »Wild Wild West« zu hören war. Den Hit »Could I Have This Kiss Forever« sang Enrique zusammen mit Whitney Houston. Erfolgreich auch seine Alben »Enrique« (12/99 D-LP 7), »Escape« (11/01 US-LP 2, D-LP 3, 1/02 GB-LP 2) und die ausgekoppelte Single »Escape« (2/02 US 17).

Bailamos (7/99 US 1; 8/99 D 10; 9/99 GB 4)

Be With You (4/00 US 1)
Could I Have This Kiss Forever? (9/00 D 5; 10/00 GB 7)
Hero (9/01 US 3; 10/01 D 3; 2/02 GB 1)
Escape (3/02 D 6)
Pop

Iglesias, Julio

JULIO IGLESIAS v, g (Spanien, * 23. 9. 1943 als Iglesias de la Cueva in Madrid)
Julio, der in fünf verschiedenen Sprachen mehr als hundert Millionen Platten verkaufte, wurde manchmal als der spanische Frank Sinatra bezeichnet. Dabei hätte er gut der spanische Pelé werden können. Jedenfalls wurde ihm nachgesagt, dass er eine glänzende Karriere als Fußballer bei Real Madrid vor sich hätte, bis er nach einem Autounfall teilweise gelähmt war.
Während der Rekonvaleszenz lernte er Gitarrespielen und begann Songs zu schreiben. Mit dem selbst verfassten Titel »La Vida Sigue Igual« gewann er 1968 das Song-Festival in Benidorm. Ende 1972 hatte er mit »Wenn ein Schiff vorüberfährt« seinen ersten Top-10-Hit in Deutschland. 1988 sang er mit Stevie Wonder im Duett »My Love«. Zusammen mit Willie Nelson nahm er die sämige Nummer »To All The Girls I've Loved Before« auf, in der zwei ältere Herren in Stammtischmanier über ihre verflossenen Lieben balbutieren. Den amerikanischen Möchtegern-Machos gefiel die Platte so gut, dass sie im Frühjahr 1984 ein Hit wurde. Um sich auf dem amerikanischen Markt zu platzieren, sang Julio Iglesias auch im Duett mit Diana Ross. Mag ihm der nordamerikanische Markt nicht zu Füßen liegen, der südamerikanische tut es auf jeden Fall. 1993 trat Julio in Nashvilles Grand Ole Opry auf und nahm bei der Gelegenheit ein Duett mit Dolly Parton auf. Seine erfolgreichsten Alben: »Begin The Beguine« (11/81 GB-LP 5), »Zärtlichkeiten« (12/81 D-LP 9), »Julio« (4/83 US-LP 32, 7/83 GB-LP 5), »1100 Bel Air Place« (9/84 D-LP 7, GB-LP 14, US-LP 5), »Crazy« (5/94 GB-LP 6, 6/94 US-LP 30) und »La Carretera« (8/95 GB-LP 6).

Wenn ein Schiff vorüberfährt (11/72 D 6)
Begin The Beguine (10/81 GB 1)
Quiereme Mucho (Yours) (3/82 GB 3)
To All The Girls I've Loved Before (3/84 US 5)
My Love (8/88 GB 5)
Deutscher Schlager, Pop

Iio

In der britischen Hitparade vom 10. 11. 2001 wurden zum ersten Mal im neuen Jahrhundert die ersten fünf Plätze von amerikanischen Acts belegt: Auf 1 stand Afroman mit »Because I Got High«, 2 belegte Neueinsteiger Iio mit »Rapture«, 3 Alicia Keys mit »Fallin'«, 4 Jennifer Lopez mit »I'm Real« und 5 die Dandy Warhols mit »Bohemian Like You«.
Aus New York stammen Iio – dahinter stecken der Produzent Markus Moser und die in Libyen geborene Sängerin Nadia. Sie trafen sich 2000 in Deutschland, wo Moser eigentlich eine deutsche Girlgroup unter Vertrag nehmen wollte, sich dann aber für Nadia als Solistin entschied.

Rapture (Tastes So Sweet) (11/01 GB 2)
Pop

Illic, Bata

BATA ILLIC v (Jugoslawien, * 30. 9. 1939 in Belgrad)
Bata studierte in seiner Heimat Jugoslawien Englisch und Italienisch und war zwei Jahre als Lehrer tätig. 1963 kam er nach Deutschland und spielte und sang hier fast ausschließlich in amerikanischen Clubs. 1967 veröffentlichte er seine erste Platte in deutscher Sprache. 1968 gelang ihm mit dem Titel »Mit verbundenen

Augen« sein erster Top-20-Hit. Zwischen 1970 und 1977 war er erfolgreich. Seine Plattenveröffentlichungen reichen bis in die 90er Jahre.

Candida (11/70 D 4)
Judy, I Love You (5/71 D 9)
Michaela (5/72 D 1)
Schwarze Madonna (12/73 D 6)
Deutscher Schlager

Imagination

ASHLEY INGRAM v, g, key, b (Großbritannien, * 27. 11. 1960 in Northampton), LEEE JOHN v (Großbritannien, * 23. 6. 1957 als John Lesley McGregor in Hackney/London), ERROL KENNEDY v, d (Jamaika, * 9. 6. 1953 in Montego Bay)
1978 zog Ashley von Northampton nach London, um dort sein Glück zu machen. Sänger Leee (dieses dreifache e soll für ›extra exciting energy‹ stehen) war in London geboren und hatte nach der Scheidung seiner Eltern für fünf Jahre mit dem Vater in den USA gelebt und dort angeblich als Backgroundsänger für die Delfonics und Chairmen Of The Board gesungen. Nach seiner Rückkehr tingelte er in diversen Bands, wobei er auf Ashley traf. Der Dritte im Bunde war 1963 mit seinen Eltern von den Westindischen Inseln nach England eingewandert. Er hatte sich zum Zeitpunkt der Gründung von Imagination bereits einen Namen als Sessionschlagzeuger gemacht. Die Debütsingle des Disko-Funk-Trios kam im Frühjahr 1981 in die britischen Charts: »Body Talk«. Nach Anfang 1985 wurden sie nicht mehr in den Charts notiert. 1988 erschien mit »Instinctual« wieder eine neue Single, die Imagination nach dem Fortgang von Errol Kennedy nur noch als Duo zeigte. Die Platte konnte sich lediglich auf Platz 62 in GB behaupten.
Die erfolgreichsten Alben der Band waren »In The Heat Of The Night« (9/82 GB-LP 7, D-LP 6), »Night Dubbing« (5/83 GB-LP 9, 6/83 D-LP 33) und »Imagination – All The Hits« (8/89 GB-LP 4).

Body Talk (5/81 GB 4)
Just An Illusion (3/82 GB 2; 6/82 D 7)
Music And Lights (6/82 GB 5)
Disko, Funk

Imbruglia, Natalie

NATALIE IMBRUGLIA v (Australien, * 4. 2. 1975 in In der Nähe von Sydney)
Auch bei ihr hatte mal wieder das Fernsehen geholfen, sie zu einem Plattenstar zu machen. Wie Kylie Minogue, Jason Donovan, Stephan Dennis und Craig McLachlan hatte sie in der australischen Dauerserienseifenoper »Neighbours« so lange (1992–1995) die Beth gespielt, bis sie für die Schallplatte reif war.
Mitte 1996 zog sie nach London, um hier wie viele ihrer australischen Kollegen an ihrer Musikkarriere zu basteln. Die meisten Stücke für ihr Debütalbum »Left In The Middle« (12/97 GB-LP 5, 2/98 D-LP 4, 3/98 US-LP 10), das am 24. 11. 1997 erschien, hatte sie selbst geschrieben. Produziert wurde sie von Phil Thornalley, einst Mitglied bei Cure, und von Nigel Godrich, der Gleiches auch für Radiohead tat. Thornalley hatte an »Torn« auch mitgeschrieben – und als erster hatte die Gruppe Ednaswap das Stück aufgenommen. Dann war es Trine Rain, die ihn auf ihrem Album »Beneath My Skin« veröffentlichte – aber erfolgreich war er erst in der Version von Natalie. Im Februar 1998 erschien mit »Big Mistake« ihre nächste Single, die am 14. 3. auf Platz 2 der britischen Charts einstieg. Im Herbst folgte »Smoke«.
Danach legte Natalie eine Pause ein, machte kleinere Beiträge für Soundtracks und kam schließlich im Herbst 2001 mit dem Album »White Lilies Island« wieder zurück. Darauf »That Day« (11/01 GB 11).

Torn (11/97 GB 2; 12/97 D 4)
Big Mistake (3/98 GB 2)
Smoke (10/98 GB 5)
Wrong Impressions (3/02 GB 10)
Pop

Immature

MARQUES ›BATMAN‹ HOUSTON v (USA), JEROME ›ROMEO‹ JONES v (USA), KELTON ›LDB‹ KESSEE v (USA)
Der Gruppenname dieses aus Los Angeles/Kalifornien stammenden Trios ist Programm: Immature. Die drei Jungstars waren zum Zeitpunkt ihres ersten Top-10-Hits »Never Lie« zusammen gerade mal 36 Jahre alt. Durch den US-Kinoknüller »House Party III« und die legendäre ›Arsenio Hall Show‹ wurden sie gepusht. Unterstützung fanden sie zudem in einem Video, das die drei Jungs an einem wunderschönen Strand mit glasklarem, türkisfarbenem Wasser zeigt. Die Gleichaltrigen waren auf Anhieb begeistert. Ihr erste Hitnotierung hatten sie mit »Tear It Up (On Our Worst Behavior)« im Herbst 1992 in den US-R&B-Charts. »Never Lie« wurde dann der erste Pophit und eine Goldene Schallplatte. Die weiteren Top-40-Hits: »Constantly« (11/94 US 16), »We Got It« (12/95 US 37, 3/96 GB 26), »Please Don't Go« (5/96 US 36), »Watch Me Do My Thing« (2/97 US 32) und »Stay The Night« (10/99 US 23).

Never Lie (7/94 US 5)
Rhythm & Blues

Impressions

RICHARD BROOKS v (USA, in Chattanooga/Tennessee), ARTHUR BROOKS v (USA, in Chattanooga/Tennessee), JERRY BUTLER v (USA, * 8. 12. 1939 in Sunflower/Mississippi), FRED CASH v (USA, * 8. 10. 1940 in Chattanooga/Tennessee), SAM GOODEN v (USA, * 2. 9. 1939 in Chattanooga/Tennessee), LEROY HUTSON v (* 4. 6. 1945), RALPH JOHNSON v, CURTIS MAYFIELD v (USA, * 3. 6. 1942 in Chicago/Illinois), REGGIE TORIAN v
Mayfield, Gooden, Butler und die Brüder Arthur und Richard Brooks gründeten 1957 in Chicago die Gruppe Roosters. Ende des Jahres bekamen sie einen festen Manager, der ihren Namen in Impressions umänderte. Er verschaffte ihnen einen Plattenvertrag, und im Mai 1958 nahmen sie die Single »For Your Precious Love« auf, die wenig später bis auf Platz 11 in die US-Popcharts kam. Als Interpreten wurden Jerry Butler & The Impressions genannt, was wohl sicher auch dazu beigetragen hat, dass Jerry die Gruppe verließ, um sich als Solist zu versuchen. Er sollte ab 1960 bis Ende der 70er Jahre erfolgreich sein. Sein Leadgesang wurde nun von Curtis Mayfield übernommen. Als Ersatz für Butler kam Fred Cash. Die Brüder Brooks verließen die Formation 1962. Mayfield selbst ging 1970 und startete eine Solokarriere, für ihn kam Leroy Hutson. 1973 ging Hutson wieder, und für ihn kamen Reggie Torian und Ralph Johnson. Johnson wurde 1976 Mitglied bei Mystique. Butler, Mayfield, Gooden und Cash kamen 1983 noch einmal für eine Tour zusammen. 1991 wurden sie in die Rock and Roll Hall of Fame aufgenommen. Die größte Zeit der Gruppe war, als sie nach 1962 als Trio auftrat. »Amen« war zu hören in dem Film »Lilien auf dem Feld«. Die meisten Hits der Band hatte Curtis Mayfield geschrieben. Deshalb versank die Gruppe nach seinem Abschied in der Bedeutungslosigkeit. Das erfolgreichste Album der Impressions war »Keep On Pushing« (8/64 US-LP 8).

It's All Right (9/63 US 4)
Keep On Pushing (6/64 US 10)
Amen (11/64 US 7)
Soul

Siehe auch: Mayfield, Curtis

Incognito

MAYSA LEAK v, JEAN PAUL »BLUEY« MAUNICK v, g, key (Frankreich, in Mauritius), LINDA MURIEL v

Kopf dieses in London beheimateten Jazz-Funk-Projektes ist der Franzose Maunick. Im Alter von 10 Jahren war er 1967 mit seiner Mutter von Mauritius nach London gezogen. 1978 gründete er die Formation Light Of The World, die mit »Swingin'« (4/79 GB 45) ihren ersten und mit »I'm So Happy/Time« (3/81 GB 35) ihren größten Hit hatte. 1980 kam als weiteres Projekt Incognito hinzu.

Der Name, den Maunick seiner neuen Gruppe gab, ist bezeichnend. Incognito ist mehr oder weniger gesichtslos – »Ich bin eben nur der Mann hinter den Kulissen. Bei Incognito sollen nicht unbedingt die Musiker sondern vielmehr der ›Way of Music‹, der Sound von Incognito im Vordergrund stehen.« Dieser Sound ist für Acid-Jazz-Liebhaber mittlerweile unverwechselbar, eine Mischung aus Jazz, R'n'B, Funk und Soul und absolut dancefloortauglich.

Die erste Single von Incognito war »Parisienne Girl« (11/80 GB 73). 1981 erschien ihr Debütalbum »Jazz Funk« (4/81 GB-LP 28). Zu den Mitgliedern der ersten Tage gehörten Paul ›Tubs‹ Williams, Ganiyu ›Gee‹ Bello, Ray Carless, Jef Dunn, Vin Gordon und Peter Hinds. Nach diesem ersten Album trennte man sich und Maunick arbeitete als Produzent – z. B. von Maxi Priest. 1990 kam Incognito wieder zurück, erstmals mit einer Sängerin. In den folgenden Jahren arbeitete er mit wechselnden Musikern und Sängerinnen zusammen. Der einzige Top-10-Hit der Formation, die Nummer »Always There« (8/91 D 20), wurde z. B. durch Jocelyne Brown gesungen. Der Titel wurde erst durch einen Remix von David Morales zum Hit – was Maunick natürlich sehr ärgerte.

Die weiteren Top-40-Hits der Gruppe: »Don't You Worry 'Bout A Thing« (6/92 GB 19), die Coverversion eines Stevie-Wonder-Hits, »Pieces Of A Dream« (3/94 GB 35), »Everyday« (5/95 GB 23), »Jump To My Love/Always There« (5/96 GB 29). Das erfolgreichste Album war »100 Degrees And Rising« (6/95 GB-LP 11).

In den USA war Maunick auch als Produzent gefragt. So arbeitete er z. B. mit Chaka Khan oder George Benson.

Maysa Leak hatte Incognito 1994 verlassen und ging in den Stall von Stock/Aitken/Waterman. Von den Young Desciples kam 1995 Joy Malcolm – gleichzeitig stieß Pamela Anderson zur Band.

Wieder trat eine längere Pause ein, bis es zu einer neuen Platte von Incognito kam. 2001 erschien das Album »Life, Stranger Than Fiction«, auf dem neben der Konstante Maunick Sarah Brown, Dianne Joseph, Kelli Sae und Xavier Barnett für den Gesang sorgten. Im selben Jahr kam mit Citrus Sun ein weiteres Projekt von Maunick. Mit dabei von der Average White Band Jim Mullen.

Always There (6/91 GB 6)
Funk, Pop

Incubus

BRANDON BOYD v (USA), MIKE EINZIGER g (USA), CHRIS KILMORE dj (USA), DIRK LANCE b (USA), JOSE PASILLAS d (USA)

Die Band fand sich in Calabasas/Kalifornien zusammen. Ihr erster Hitparadenauftritt war eher mager: »Make Yourself« (11/99 US-LP 47). Auch die nächsten Alben war nicht die Renner: »When Incubus Attacks Vol. 1« (9/00 US-LP 41) und »Fungus Amongus« (11/00 US-LP 116). Aus »Make Yourself«, das dann im Laufe der Monate mehr als 1,4 Millionen Mal verkauft wurde, stammte der erste Top-10-Hit »Drive«. Inzwischen hatte sich unter den Rockfans in den USA herumgesprochen, dass Incubus von Scott Litt produziert wurde, der auch für die Erfolge von

R.E.M. oder Nirvana verantwortlich war. Dann kam das Album, das alles für die Band änderte und sie in die ›Oberliga‹ beförderte: »Morning View« (11/01 US-LP 2). Jetzt war von der ›Neuen Rock-Sensation‹ die Rede. Was die Band spielte, war nicht schlecht gemachter Alternativ-Rock – sonst nichts. Als nächste Single erschien »Wish You Were Here« (2/02 GB 27).

Drive (2/01 US 9)
Rock

Indeep

MICHAEL CLEVELAND, REGGIE MEGLIORE v, ROSE MARIE RAMSEY v

Mike Cleveland stellte die Formation Indeep zusammen und ist für den Sound und die Titel verantwortlich. Mit der Nummer »Last Night A D.J. Saved My Life« hatte das Trio seinen größten Hit. Möglich, dass die Soundeffekte – Telefonklingeln, Reifenquietschen, Frauenschrei, Toilettenspülung – zum Erfolg des Titels beigetragen haben. Da er damit alle Geräusche, die die Welt bietet, offensichtlich auf einmal verbraucht hat, ist ihm ein Nachfolgehit nicht gelungen, und die letzte Spülung galt ihm.

Last Night A D.J. Saved My Life (2/83 D 10)
Disko, Pop

Indios Tabajaras, Los

ANTENOR MOREYRAR LIMA g (Brasilien, als Herundy), NATALICIO LIMA g (Brasilien, als Musiperi)

Das Indianerduo Los Indios Tabajaras bestand aus den beiden Brüdern Natalicio Lima und Antenor Moreyrar Lima. Angeblich waren sie seit Anfang der 40er Jahre zunächst in Südamerika, dann auch in Mexiko und Südeuropa durch die Lande gezogen und hatten dort auf ihren Gitarren südamerikanische Folklore gespielt. Natalicio und Antenor Lima sollen ihre Künstlernamen sein, ihre richtigen sind Musiperi und Herundy. Aufgenommen hatten sie das Stück »Maria Elena« im Februar 1958 in New York. Fünf Jahre später wurde der Titel, der 1941 eine Nummer 1 für Jimmy Dorsey und sein Orchester gewesen war, mit den Indios veröffentlicht und zum Hit. Das Lied »Maria Elena« war 1933 von Lorenzo Barcelata geschrieben worde. Er hatte das Stück der Frau des damaligen mexikanischen Präsidenten gewidmet, die Maria Elena hieß. Die stimmungsvolle, altmodisch und ohne jegliche Overdubs oder andere Instrumente aufgenommene Platte entwickelte sich zur Überraschung aller Beteiligten zu einem weltweiten Hit, in Deutschland immerhin noch Platz 36. Das Stück hätte von jedem Gitarrenduo der nördlichen Hemisphäre aufgenommen werden können. Mit indianischer Folklore hat dieses Gitarreninstrumental absolut nichts zu tun. Ein Nachfolgehit gelang nicht mehr, was sie zu einem echten One-Hit-Wonder macht.

Maria Elena (9/63 GB 5, US 6)
Instrumental, Soft Pop

Information Society

JAMES CASSIDY b, AMANDA KRAMER key, PAUL ROBB , KURT VALAQUEN v

1985 schloss sich in Minneapolis das amerikanische Techno-Dance-Quartett Information Society zusammen. Der Titel »What's On Your Mind (Pure Energy)« wurde Mitte 1988 ein Millionseller in den USA. 1990 verließ Amanda Kramer die Band. Seine letzte Hitnotierung hatte das Trio mit »Think« (10/90 US 28). Die Plattenfirma der Formation verkaufte die Gruppe als Act, der ›Tanzmusik mit Herz und Hirn‹ macht. Auf ihrer CD »Hack« warnt die Gruppe selbst auf der Plattenhülle: ›Dies ist keine Kunst!‹ Ihr erfolgreichstes Album hieß »Information Society« (8/88 US-LP 25).

What's On Your Mind (Pure Energy) (7/88 US 3)
Walking Away (11/88 US 9)
Dance, Techno

Ingmann, Jörgen

JÖRGEN INGMANN g (Dänemark, * 26. 4. 1925 als Ingmann-Pedersen in Kopenhagen)
»Apache« war Ingmanns Version des Jerry-Lordan-Titels. Die Shadows, die ihn vor Jörgen Ingmann aufgenommen hatten, kamen damit überhaupt nicht in die amerikanische Hitparade. Zusammen mit seiner Frau Grethe Ingmann gewann Jörgen 1963 in London für Dänemark den Grand Prix Eurovision mit dem Titel »Dansevise«. Seinen größten Erfolg in der Bundesrepublik sollte Jörgen mit dem »Drina-Marsch« haben. Nach 1966 war seine Hitzeit wieder vorüber.

Apache (1/61 D 6, US 2)
Drina-Marsch (3/64 D 5)
Grand Prix, Instrumental, Pop

Ingram, James

JAMES INGRAM v (USA, * 16. 2. 1956 in Akron/Ohio)
James kam 1973 von Akron nach Los Angeles. Dort traf er den Keyboarder Leon Haywood, mit dem er die Gruppe Revelation Funk gründete. Über einige Umwege hörte Quincy Jones ein Demoband und war von Ingrams Stimme beeindruckt. Er bat ihn, auf seiner LP »The Dude« zu singen. Ausgekoppelt aus dieser Platte wurden die Singles »Just Once« (8/81 US 17) und »One Hundred Ways« (12/81 US 14). Jetzt nahm Quincy Jones ihn unter Vertrag für sein Qwest-Label und schrieb mit ihm zusammen die Nummer »P.Y.T. (Pretty Young Thing)«, die 1982 auf Michael Jacksons Erfolgsalbum »Thriller« zu hören war. Zusammen mit Patti Austin nahm Ingram den Titel »Baby, Come To Me« auf, der zum Millionseller wurde und im Film »Best Friends« zu hören war. Seine erste LP erschien 1983 und hieß »It's Your Night« (11/83 US-LP 46, 3/84 GB-LP 25). Daraus ausgekoppelt wurde die Single »Yah Mo B There« (12/83 US 19, 1/85 GB 12 als Remix), die James zusammen mit Michael McDonald gesungen hatte. In der Folgezeit nahm James Platten auf mit Kenny Rogers und Kim Carnes und als Studiomusiker mit den Brothers Johnson, Howard Hewett oder Luther Vandross. »Somewhere Out There« aus dem Film »An American Tail« sang James zusammen mit Linda Ronstadt.

Baby, Come To Me (4/82 US 1)
Somewhere Out There (12/86 GB 8, US 2)
I Don't Have The Heart (8/90 US 1)
Rhythm & Blues

Ingram, Luther

LUTHER INGRAM v (USA, * 30. 11. 1944 als Luther Thomas in Jackson/Tennessee)
Luther Ingram sang in seiner Heimatstadt zusammen mit seinen Brüdern in einer Gospelgruppe. Dann ging er nach New York, um mit Jerry Leiber und Mike Stoller zu arbeiten. Mitte der 60er Jahre erhielt er einen Plattenvertrag. Seine ersten Singleveröffentlichungen waren Flops. Mit »My Honey And Me« gelang ihm 1970 die erste Hitnotierung. »(If Loving You Is Wrong) I Don't Want To Be Right« war sein größter Erfolg. Nach zwei weiteren Notierungen verschwand er aus den Popcharts, machte jedoch bis Ende der 80er Jahre weiter Platten, mit denen er vorwiegend in den Rhythm-&-Blues-Charts verzeichnet wurde.

(If Loving You Is Wrong) I Don't Want To Be Right (6/72 US 3)
Rhythm & Blues

Inner Circle

LESTER ADDERLEY g, TREVOR BROWN v, CARLTON COFFEY v (* 21. 2. 1954), CHARLES FARQUHARSON key, LANCELOT HALL d (* 7. 2. 1960), BERNARD »TOUTER« HARVEY key (* 25. 10. 1956), IAN LEWIS b (Jamaika, * 1. 11. 1958), ROGER LEWIS g (Jamaika, * 29. 6. 1956), CALVIN MCKENSIE d, JACOB MILLER v (* 4. 5. 1956, † 23. 3. 1980)

Die beiden Brüder Roger und Ian Lewis gründeten die Gruppe Inner Circle 1968 auf Jamaika. Neben den Brüdern spielten die Musiker, die später als Third World erfolgreich werden sollten. Nachdem ein Feuer den Club in Kingston, in dem die Gruppe regelmäßig auftrat, niederbrannte, kam es zu einer Neuformierung mit McKensie, Harvey und Farquharson. Zu diesem Zeitpunkt machten sie auch ihre ersten Platten. 1974 kam als Leadsänger Jacob Miller zur Band, und damit gab es auch die ersten Hits. »Everything Is Great« war im Frühjahr 1979 die erste Hitnotierung in GB. Man war gerade auf dem Weg nach oben und beeindruckte in GB die Soul- und Dancefans, als Jacob Miller 1980 bei einem Autounfall ums Leben kam. Ersatz für ihn wurde Trevor Brown. Die Band setzte sich nun nach Miami ab, eröffnete dort ein Aufnahmestudio und machte Platten mit Joe Tex und der 2 Live Crew. 1990 kam als neuer Sänger Carlton Coffey zur Band, die einen neuen Plattenvertrag bei Warner Brothers erhielt. Sie nahmen den Titel »Bad Boys« auf, der schließlich das Thema für die TV-Sendung ›Cops‹ wurde. Mit der Tralala-Fun-Nummer »Sweat (A La La La La Long)« gelang ihnen ein Welthit. Ihre Coverversion des Songs »Games People Play« (7/94 D 27) von Joe South wurde ihr letzter Hit. Gleichzeitig erschien mit »Reggae Dancer« eine neue CD der Gruppe. 1996 kam als neues Album »Da Bomb«. Ihr erfolgreichstes Album hieß »Bad Boys« (5/93 US-LP 64) und wurde mit Platin ausgezeichnet.

Sweat (A La La La La Long) (8/92 D 1; 5/93 GB 3)
Rock With You (12/92 D 8)
Bad Boys (4/93 US 8)
Dance, Pop, Reggae

Inner City

PARIS GREY v (USA, * 5. 11. 1965 als Shanna Jackson in Glencove/Illionois), KEVIN SAUNDERSON (USA, * 5. 5. 1964 in Brooklyn)

Saunderson ist der Produzent, Studiozauberer, Songschreiber und Mastermind hinter Inner City. Seine Mutter soll angeblich in der Urbesetzung der Supremes mitgesungen haben. In den späten 80er Jahren tauchten Kevin und Paris in der Techno-Dance-Szene der USA auf, waren aber vorwiegend mit ihren Titeln in GB erfolgreich. »Big Fun« erreichte in den USA die Top 100. Kevin gilt als einer der gefragtesten Produzenten in Richtung Dance Floor. So machte er z. B. Remix-Versionen von Aufnahmen der Wee Papa Girl Rappers, von Neneh Cherry oder Paula Abdul. Nach längerer Abwesenheit aus der Hitparade gelang ihnen mit »Your Love« im Frühjahr 1996 wieder ein Top-30-Hit in GB. Bei »Good Life (Buena Vida)« aus dem Jahre 1999 hatte Inner City den alten Hit von 1988 neu aufgenommen. Diesmal kam er mit teilweise spanischem Text und Flamenco-Gitarren. Ihr erfolgreichstes Album war »Paradise« (5/89 GB-LP 3).

Big Fun (9/88 GB 8; 11/88 D 5)
Good Life (12/88 D 2, GB 4)
Ain't Nobody Better (4/89 GB 10)
Good Life (Buena Vida) (2/99 GB 10)
Dance, Funk, Techno

Inoj

INOJ v (USA, als Joni in Washington D.C.)

22 Jahre war sie alt, als Inoj mit einer Coverversion des Cyndi-Lauper-Hits »Time After Time« in die Charts kam. Zur Platte lag auch die richtige Aussprache des Namens: ›I Know Jay‹. Der merkwürdige Name ist die Umdrehung ihres richtigen Vornamens Joni. Sie wuchs in Washington D.C. auf, wo ihre Eltern eine Oldie-Radiostation betrieben – schon als Kind kam sie also mit Musik in Berührung. Bevor sie sprechen konnte, sang sie lautmalerisch Musikstücke nach. Ihren ersten Erfolg als Sängerin hatte sie mit der Nummer »Love You Down« (2/98 US 25) gehabt, einst ein Hit für Ready For The World.

Time After Time (8/98 US 6)
Pop

Insterburg, Ingo

INGO INSTERBURG v (Deutschland, * 6. 4. 1934 als Ingo Wetzker in Insterburg)
Zusammen mit Karl Dall (* 1. 2. 1941 in Emden), Peter Ehlebracht und Jürgen Barz, die alle sangen und diverse Instrumente spielten, gründete Ingo 1967 in Berlin die deutsche Musik-Kabarett-Gruppe Insterburg & Co. Es erschien eine ganze Latte von Blödel-LPs, die jedoch nur in Fachkreisen Gefallen fanden. Ihre LPs »Sketsch Up« 1972 und »Hohe Schule der Musik« 1973 kamen in der LP-Hitparade unter die ersten 40. Eine Single von Ingo, die Nummer »Ich liebte ein Mädchen«, war 1974 erfolgreich. Ja, das war's – dann doch noch nicht. Nachdem in den 90er Jahren das Land größer geworden war, liebte Ingo natürlich auch in Pankow und Marzahn. Im August 1995 erschien die Single »Ich liebte ein Mädchen in Pankow«. Es war offensichtlich allen egal.

Ich liebte ein Mädchen (3/74 D 8)
Deutscher Schlager

Interactive

TOBY LEE CONNER v, MARC INNOCENT v (Deutschland, * 25. 8. 1968 in Lank-Latum), JENS LISSAT computer (Deutschland), RAMON ZENKER (Deutschland, * 11. 11. 1968 in Willich)
1990 kamen Ramon Zenker und Jens Lissat zusammen, um Interactive aus der Taufe zu heben. Interaktiv war eins der großen Modeworte der 90er Jahre. Der Begriff Interaktion kam in den 50er Jahren in der Soziologie auf und meinte damit die wechselseitige Bezugnahme von zwei oder mehreren Personen oder Gruppen. In der Diskothek Königsburg in Krefeld probierten die beiden ihren neuen Musikstil noch 1990 mit der Nummer »The Techno Wave« mit Erfolg aus. Dort hatten sich die beiden auch kennen gelernt. Jens war damals Discjockey und Ramon Produzent. Bei der zweiten Single entfernte man sich vom anonymen Techno-Projekt. Marc Innocent kam als Sänger und Texter hinzu. Zenker und Innocent hatten 1989 bei dem Projekt Honesty '69 zusammengearbeitet und mit »French Kiss« einen Top-10-Hit gehabt. Jens Lissat war in der Zeit vor Interactive mit dem Projekt Off-Shore auf dem Markt und hatte 1990 mit »I Can't Take The Power« einen Top-10-Hit in GB. 1992 gelang Interactive ein erster Erfolg mit »Who Is Elvis« (1/92 D 12). Nachfolger war »Dildo« (6/92 D 31). 1994 kam als vierter Mann Andreas Schneider zu Interactive. Eine Coverversion der Nummer »Forever Young«, im Original ein Stück von Alphaville, brachte der Formation den ersten Top-10-Hit. Die Platte kam im April 1996 in die britische Hitparade und erreichte immerhin Platz 28. »Living Without Your Love« (4/95 D 17) und »Tell Me When« (9/95 D 38) waren die weiteren Hitnotierungen. 1996 kam Interactive mit dem neuen Sänger Toby Lee Conner. Der hatte 1994 seine erste Platte mit dem Dance-Projekt Indie veröffentlicht. Sein Einstand bei Inter-

active war die Single »Sun Always Shines On TV«, im Original ein Stück der Formation A-Ha – und für Interactive kein Chart Entry.

Forever Young (10/94 D 7)
Dance, Techno

Siehe auch: Honesty '69; Off-Shore

Intermission

Hinter diesem Techno-Rave-Projekt steht die Frankfurter Hitfabrik Dance Music Production, der unter anderem Michael Eisele, Dietmar Stähle, Nosie Katzmann, Thomas Hübler und Helmut Apel angehören. Gut möglich, dass Helmut Apel lediglich ein Apple Computer ist. Die Firma Intercord schrieb: ›Wer genau dahintersteckt, soll nicht verraten werden.‹ Von DMP wurden bereits Acts wie Captain Hollywood oder Loft betreut. Auf »Piece Of My Heart« sang Valerie Scott. Auf den nächsten Produktionen war es die aus San Francisco stammende Studiosängerin Lori Glori, die den Gesangspart übernahm. »Six Days« (5/94 D 20), »Give Peace A Chance« (11/94 D 29), »Planet Love« (7/95 D 24) waren die weiteren Hitnotierungen. Ende 1994 wurde bekannt, dass sich Lori Glori von nun an ausschließlich ihrer Solokarriere widmen wollte.

Piece Of My Heart (10/93 D 8)
Rave, Techno

Intruders

Samuel »Little Sonny« Brown v, Eugene »Bird« Daughtry v (USA, * 29. 10. 1939 in Kinston/North Carolina, † 25. 12. 1994), Robert »Big Sonny« Edwards (USA, * 22. 2. 1942 in Philadelphia/Pennsylvania), Bobby Starr v (USA, * 19. 1. 1937 in Baltimore/Maryland), Phil Terry v (USA, * 1. 11. 1943 in Philadelphia/Pennsylvania)

Die Intruders aus Philadelphia gründeten sich 1960. Ein Jahr später machten sie ihre ersten Plattenaufnahmen. Ab 1966 waren sie unter den Fittichen von Kenny Gamble und Leon Huff auf deren Plattenlabel unter Vertrag. (Anmerkung: Gamble und Huff sind verantwortlich für Hits von Billy Paul, den O'Jays oder Harold Melvin und den Blue Notes.) Und mit der typischen Philly-Sound-Nummer »Cowboys To Girls« gelang ihnen im Frühjahr 1968 ein Millionseller in den USA. 1970 wurde Leadsänger Sam Brown durch Bobby Starr ersetzt. Nach 1973 war ihre Hit-Zeit wieder vorüber.

Cowboys To Girls (3/68 US 6)
Pop, Soul

INXS

Garry Gary Beers v, b (Australien, * 22. 6. 1957 in Sydney), Jon Farriss v, d (Australien, * 10. 8. 1961 in Perth), Andrew Farriss key (Australien, * 27. 3. 1959 in Perth), Tim Farriss g (Australien, * 16. 8. 1957 in Perth), Michael Hutchence v (Australien, * 22. 1. 1960 in Honkong, † 22. 11. 1997), Kirk Pengilly v, g, sax (Australien, * 4. 7. 1958 in Sydney)

Die Ursprünge der Band gehen zurück in das Jahr 1977. In Sydney wurden die Farriss Brothers gegründet – Michael war schon mit dabei. Ab 1979 nannte sich die Band INXS, die erste Platte erschien im Mai 1980. Zuerst waren sie nur in Australien, dann weltweit erfolgreich. »The One Thing« (3/83 US 30) war ihre erste Hitnotierung außerhalb Australiens. Große internationale Erfolge feierten sie ab 1986: »Need You Tonight« (10/87 GB 58, 12/87 D 16, 11/88 RE-GB 2), »Devil Inside« (5/88 D 33), »New Sensation« (1/88 GB 25, 3/88 D 35), »Never Tear Us Apart« (6/88 GB 24), »Suicide Blonde« (9/90 GB 11, D 23) und »Disappear« (11/90 GB 21). Nebenher versuchte sich Michael 1987 als Schauspieler im Film »Dogs In Space« und gründete 1989 die Gruppe Max Q. Ab 1991 waren sie in den USA nicht mehr sonderlich erfolgreich – dafür aber in GB: »Good Times« (1/91 GB 18) mit Jimmy Barnes, »Bitter Tears« (7/91 GB 30), »Shining Star (EP)« (11/91 GB 27), »Heaven Sent« (7/92 GB 31), »Baby Don't Cry« (9/92 GB 20), »Taste It« (11/92 GB 21) und »Beautiful Girl« (2/93 GB 23). 1993 kam die CD »Full Moon, Dirty Hearts«. Die Auskopplung »The Gift« (10/93 GB 11) verfehlte nur knapp die Top 10. Ende 1994 erschien ein Greatest-Hits-Album, auf dem die Nummer »The Strangest Party (These Are The Times)« (10/94 GB 15) zu finden war. 1995 schien es, als sei INXS auseinander gefallen. Auf dem »Batman Forever«-Soundtrack erschien ein Solostück von Hutchence. 1996 wurde ein neuer Manager der Gruppe vorgestellt. »Elegantly Wasted« (3/97 GB 20) brachte der Band 1997 wieder einen Hit.

Die erfolgreichsten Alben der Band waren »Listen Like Thieves« (11/85 US-LP 11), »Kick« (11/87 US-LP 3, GB-LP 9), »X« (10/90 US-LP 5, GB-LP 2, D-LP 9), »Live Baby Live« (11/91 GB-LP 8), »Welcome To Wherever You Are« (8/92 GB-LP 1, US-LP 16, D-LP 8), »Full Moon, Dirty Hearts« (11/93 GB-LP 3) und »The Greatest Hits« (11/94 GB-LP 3, D-LP 9).

Am 22. 11. 1997 wurde Hutchence in einem Hotel in Sydney tot aufgefunden. Er war in Australien, um dort eine Jubiläumstour zum 20-jährigen Bestehen von INXS vorzubereiten. Im November 1999 erschien ein Soloalbum mit bisher unveröffentlichen Songs von Hutchence. Darauf der Titel »Slide Away«, den er im Duett mit Bono von U2 kurz vor seinem Tod komponiert und aufgenommen hatte.

Drei Jahre nach Michaels Tod versuchte INXS einen Neustart. Als Ersatz für Hutchence stand Jon Stevens am Mikrofon. Der hatte vorher schon mit Noise WorksSlash zusammengearbeitet. 2001 nahm sich Tall Paul den Titel »Precious Heart« (8/01 GB 14) vor und veröffentlichte ihn als Tall Paul vs. INXS. Par-T-One vs. INXS brachten im selben Jahr den Titel »I'm So Crazy« (11/01 GB 19) in die Charts.

What You Need (1/86 US 5)
Need You Tonight (10/87 US 1; 11/88 GB 2)
Devil Inside (2/88 US 2)
New Sensation (5/88 US 3)
Never Tear Us Apart (8/88 US 7)
Suicide Blonde (9/90 US 9)
Disappear (11/90 US 8)
AOR (Adult Orientated Rock), Rock

Irish Rovers

JIMMY FERGUSON v (Irland), WILCIL MCDOWELL v (Irland), GEORGE MILLAR v (Irland), WILL MILLAR v (Irland), JOE MILLAR v (Irland)

Die fünf Mitglieder der Irish Rovers waren in Irland geboren und dann nach Kanada gegangen. Alle konnten singen und spielten diverse Instrumente. 1964 wurde diese Band in Alberta, Kanada, gegründet. Anfang 1968 hatten sie mit dem von Shel Silverstein geschriebenen Stück »The Unicorn« einen Erfolg. Es gelangen noch zwei weitere Hits im selben Jahr. Danach verschwanden sie aus den Charts für etliche Jahre. Erst im Frühjahr 1981, dieses Mal nur noch als Rovers, kam die Nummer »Wasn't That A Party« (2/81 US 37) in die Charts. In Kanada war die Band über die Jahre mit Live-Auftritten und im Fernsehen durchaus erfolgreich. 1972 war die Band für ein TV-Special in Irland und entschied sich danach, patriotische irische Volkslieder aus ihrem Repertoire zu streichen. Will Millar: ›Die alten Volkslieder sind ein Vehikel für Hass anstelle von Glück geworden. Wenn Friede ist in Nordirland, werden wir sie wieder singen.‹ Ihr erfolgreichstes Album hieß ebenfalls »The Uniorn« (4/68 US-LP 24).

The Unicorn (3/68 US 7)
Folk, Pop

Iron Maiden

BLAZE BAILEY v, CLIVE BURR d (* 8. 3. 1957), PAUL DI'ANNO v (Großbritannien, * 17. 5. 1959 in Chingford/London), BRUCE DICKINSON v (Großbritannien, * 7. 8. 1958 als Paul Bruce in Worksop), JANICK GERS g (Großbritannien, in Hartlepool), STEVE HARRIS b (Großbritannien, * 12. 3. 1956 in Leytonstone/London), NICKO MCBRAIN d (Großbritannien, * 5. 6. 1954), DAVE MURRAY g (Großbritannien, * 23. 12. 1955 in London), DOUG SAMPSON d, ADRIAN SMITH g (Großbritannien, * 27. 2. 1957 in London), DENNIS STRATTON g (Großbritannien, * 9. 11. 1954 in London)

Der Bassist Steve Harris hatte die Pub-Band Smiler gegründet, und nachdem er damit nicht weiterkam, suchte er sich neue Musiker, mit denen er im Mai 1976 Iron Maiden formierte. Neben ihm waren Murray, Di'anno und Doug Sampson mit dabei. Die in London ansässige Band spielte das Jahr 1977 durch in Pubs und Kneipen. Sie versuchten immer wieder, eine Plattenfirma für ihre Musik zu begeistern, was ihnen aber nicht gelang. Schließlich veröffentlichten sie auf ihrem eigenen Plattenlabel eine EP mit Demos. Ein Londoner Discjockey spielte diese EP in der Diskothek Bandwaggon Soundhouse, und sie wurde dort ein Heavy-Metal-Club-Hit. Die nächsten zwölf Monate trat die Gruppe unentwegt in genau diesem Laden auf. Auch 1979 waren sie auf der Suche nach einem Plattenvertrag. Im Oktober traten sie im Londoner Marquee Club auf und luden alle Vertreter von großen Plattenfirmen ein – keiner kam. Wieder veröffentlichten sie mit »The Soundhouse Tapes« eine EP, die man nur über Mail-order beziehen konnte. Ende des Jahres kam mit Tony Parsons ein neuer Gitarrist zur Band. Und schließlich erhielten sie doch noch 1979 einen Plattenvertrag bei der EMI. Für Parsons kam Stratton, Sampson ging und wurde durch Clive Burr ersetzt. Ihre erste Hitnotierung war »Running Free« (2/80 GB 34). Ihr Debütalbum »Iron Maiden« wurde daraufhin Platz 4 in der britischen LP-Hitparade. Im Oktober 1980 verließ Stratton die Band. Für ihn kam Adrian Smith. Im September 1981 ging auch Di'anno, und für ihn kam Dickinson. Mit ihm kam auch die erste Top-10-Platte: »Run To The Hills«. Im April 1990 erschien das erste Soloalbum von Bruce Dickinson. Adrian Smith verließ die Band und wurde durch Janick Gers ersetzt. Auffällig an den Platten der Band sind die martialischen Cover, die die Musik auch nicht freundlicher gestalten. Nach dem Ende der Europatournee 1993 verließ Leadsänger Dickinson die Gruppe, um sich zukünftig mehr seinem Privatleben, der Schriftstellerei und seiner Solokarriere zu widmen. Als neuer Sänger wurde 1994 Blaze Bailey vorgestellt, der vorher bei Wolfsbane war. Ende 1995 erschien das Iron-Maiden-Album »The X Factor«. Darauf der Top-10-Hit »Man On The Edge«. Die erfolgreichsten Alben für Iron Maiden: »Iron Maiden« (4/80 GB-LP 4) mit Paul Di'Anno, »Killers« (2/81 GB-LP 12, 3/81 D-LP 10) ebenfalls mit Paul, »The Number Of The Beast« (4/82 GB-LP 1, D-LP 11, US-LP 33), »Peace Of Mind« (5/83 GB-LP 3, 6/83 D-LP 8, US-LP 14), »Powerslave« (9/84 GB-LP 3, D-LP 9, US-LP 21), »Live After Death« (10/85 GB-LP 2, D-LP 15, 11/85 US-LP 19), »Somewhere In Time« (10/86 GB-LP 3, D-LP 8, US-LP 10), »Seventh Son Of A Seventh Son« (4/88 GB-LP 1, D-LP 4, US-LP 12), »Running Free/Sanctuary« (2/90 GB-LP 10), »Women In Uniform/Twilight Zone« (3/90 GB-LP 10), »Purgatory/Mai-

den Japan« (3/90 GB-LP 5), »Run To The Hills/The Number Of The Beast« (3/90 GB-LP 3), »Flight Of Ikarus/The Trooper« (3/90 GB-LP 7), »Running Free (Live)/Run To The Hills (Live)« (4/90 GB-LP 9), »Wasted Years/Stranger In A Strange Land« (4/90 GB-LP 9), »Can I Play With Madness/The Evil That Men Do« (4/90 GB-LP 10), »No Prayer For The Dying« (10/90 GB-LP 2, D-LP 7, US-LP 17), »Fear Of The Dark« (5/92 GB-LP 1, D-LP 5, US-LP 12), »A Real Live One« (4/93 GB-LP 3), »The X Factor« (10/95 GB-LP 8) und »Virtual XI« (4/98 GB-LP 16). Die Titel, die zwischen Februar und April 1990 aufgeführt werden, waren so genannte 12-Inch-Singles, die wegen ihres hohen Verkaufspreises nicht in den Single-Charts geführt wurden.
Anfang 2000 wurde bekannt, dass Bruce zu Iron Maiden zurückgekehrt war. Mit ihm erschienen die Single »The Wicker Man« (5/00 D 38) und das Album »Brave New World« (6/00 GB-LP 7, D-LP 3). 2001 spielte Iron Maiden bei einem Festival in Rio de Janeiro – es wurde mitgeschnitten und als Single erschien erneut die Nummer »Run To The Hills«.

Run To The Hills (2/82 GB 7; 3/02 GB 9)
Can I Play With Madness (3/88 GB 3)
The Evil That Men Do (8/88 GB 5)
The Clairvoyant (11/88 GB 6)
Infinite Dreams (11/89 GB 6)
Holy Smoke (9/90 GB 3)
Bring Your Daughter . . . To The Slaughter (1/91 GB 1)
Be Quick Or Be Dead (4/92 GB 2)
Fear Of The Dark (Live) (3/93 GB 8)
Hallowed By Thy Name (9/93 GB 9)
Man On The Edge (10/95 GB 10)
The Wicker Man (5/00 GB 9)
Heavy Metal

Irwin, Big Dee

BIG DEE IRWIN v (USA, * 4. 8. 1932 als Difosco T. Ervin jr. in Brooklyn/New York City, † 27. 8. 1995)
Während seiner Militärzeit war der Amerikaner bei der Air Force auf Grönland stationiert. Ab 1954 sang er mit den Pastels. Deren Titel »Been So Long« war Anfang 1958 Platz 4 in den Rhythm-&-Blues-Charts und Platz 24 in den Popcharts. 1959 fiel diese Band auseinander, und Irwin begann eine Solokarriere. Mitte 1963 kam in den USA »Swinging On A Star« auf den Markt, eine Platte, mit der Bing Crosby 1944 schon einmal eine Nummer 1 in den USA hatte. Die Platte erreichte Platz 38. Auf der Plattenhülle wurde nur Big Dee Irwin, nicht jedoch Little Eva genannt, die mit ihm im Duett sang. Ein weiterer Hit ist ihm nicht gelungen. Ab 1976 nahm er als Difosco Platten auf und hatte zumindest mit »Face To Face« einen kleineren Hit in der amerikanischen Rhythm-&-Blues-Hitparade. Er schrieb Hits für Ray Charles, Isaac Hayes, Nancy Wilson, Tom Jones und viele andere. 1995 starb er an Herzversagen.

Swinging On A Star (11/63 GB 7)
Pop, Rhythm & Blues

Isaak, Chris

CHRIS ISAAK v (USA, * 26. 6. 1956 als Christopher Josef in Stockton/Kalifornien)
1985 erschienen die ersten Platten von Chris Isaak. Von der Presse wurde er als neuer, kommender Rock-'n'-Roll-König und als ›charmanter und intelligenter Rock-Entertainer‹ gefeiert. In den ersten Jahren gelangen ihm keine Hits. Dann nahm David Lynch für seinen Film »Wild At Heart« die Mitte 1989 erschienene Nummer »Wicked Game«, die sich daraufhin zum Hit entwickelte. Mit Rock hat der Titel wenig zu tun. Es wäre auch eine schöne Nummer für Billy Idol gewesen. Danach wurde Chris als Crooner in der Tradition von Roy Orbison bezeichnet. Im Frühjahr 1991 gelang ihm mit »Blue Hotel« (2/91 GB 15, 4/91 D 19) ein weiterer Hit.

Seine erfolgreichsten Alben waren »Heart Shaped World« (7/89 US-LP 2), »Wicked Game« (1/91 GB-LP 3, 2/91 D-LP 3) und »Forever Blue« (6/95 US-LP 31, GB-LP 27).
Als Filmschauspieler macht Chris inzwischen auch eine gute Figur. So spielte er z. B. in »Married To The Mob«, »Das Schweigen der Lämmer« oder »Little Buddah«. Anfang 2002 erschien mit »Always Got Tonight« wieder ein neues Album von Chris.

Wicked Game (11/90 GB 10; 12/90 US 6; 2/91 D 9)

AOR (Adult Orientated Rock), Pop, Rock

Isley Brothers

MARVIN ISLEY v, ERNIE ISLEY v (USA, * 7. 3. 1952), VERNON ISLEY v, RONALD ISLEY v (USA, * 21. 5. 1941 in Cincinnati/Ohio), RUDOLPH ISLEY v (USA, * 1. 4. 1939 in Cincinnati/Ohio), O'KELLY ISLEY v (USA, * 25. 12. 1937 in Cincinnati/Ohio, † 31. 3. 1986)

Die vier Brüder O'Kelly, Rudolph, Vernon und Ronald gründeten in ihrer Heimatstadt Cincinnati Anfang der 50er Jahre eine Gospelgruppe. Das Quartett sang vorwiegend in Kirchen in Ohio und Kentucky. Begleitet wurden sie von ihrer Mutter Sally Bernice Isley. Nachdem Vernon 1954 bei einem Autounfall ums Leben gekommen war, traten seine Brüder ein Jahr lang nicht mehr auf. Am 17. 4. 1956 zogen Ronald, Rudolph und O'Kelly nach New York und machten dort ihre erste Plattenaufnahme: »The Cow Jumped Over The Moon«. Mitte 1959 erschien der Titel »Shout«, der es zumindest unter die Top 50 brachte und den Joey Dee 1962 und Lulu 1964 und 1986 zum Hit machten. Die Brüder brachten fleißig Platten auf den Markt. Die meisten davon schafften es nicht einmal unter die ersten 100. »Twist And Shout« (6/62 US 17) wurde dann ihr erster Hit. Brian Poole & The Tremeloes und die Beatles sangen diesen Titel nach. Im April 1966 brachten die Isley Brothers bei Tamla Motown den Titel »This Old Heart Of Mine« auf den Markt, der in GB auf Platz 47 und bei einer Wiederveröffentlichung zweieinhalb Jahre später auf Platz 3 kam. Nun gelang ihnen 1969 auch in den USA ein großer Wurf: »It's Your Thing« wurde Millionseller. 1973 hatte sich das Trio erweitert. Die beiden jüngeren Brüder Ernie und Marvin und Cousin Chris Jasper kamen hinzu. 1984 lösten sie sich wieder von den Isley Brothers und machten als Isley Jasper Isley weiter. Mit dem Titel »Caravan Of Love« schrieben diese drei 1985 einen Song, der mit den Housemartins Ende 1986 eine Nummer 1 in GB werden sollte. Im März 1986 starb O'Kelly nach einem Herzanfall. Im September 1988 veröffentlichte die britische Gruppe Christians eine Neuaufnahme von »Harvest For The World«. 1989 erschien eine neue LP der Isley Brothers featuring Ronald Isley. Mitte 1990 nahm Rod Stewart »This Old Heart Of Mine« auf. Mit ihm zusammen sang Ronald Isley – die Platte wurde Platz 10 in den USA. Im November feierte die Plattenfirma der Isley Brothers mit einer Kompilation das vierzigjährige Jubiläum dieser Gruppe. Inzwischen hatte Ernie Isley sein Soloalbum »High Wire« veröffentlicht. Mitte 1992 – inzwischen in der Besetzung Ronald, Ernie und Marvin Isley – erschien die CD »Tracks Of Life«, mit der das Bestehen der Isley Brothers auch in der fünften Dekade weiter fortgesetzt wurde. In demselben Jahr wurden sie in die Rock and Roll Hall of Fame aufgenommen. Mitte 1996 erschien mit »Mission To Please« ein neues Album der Isley Brothers. Ihre nächste LP erschien erst Mitte 2001: »Eternal« (8/01 US-LP 3). Daraus ausgekoppelt kam der Titel »Contagious« in die Charts. Als Interpreten wurden The Isley Brothers Feat. Ronald Isley aka Mr. Biggs genannt – Ronald hatte 1996 in einem Video von R. Kelly diese Figur gespielt. Außerdem wirkte auch Chanté Moore auf dieser Platte mit, die R. Kelly produzierte. Damit hatten die Isleys in den 50er, den 60er, den 70er, den 80er, den 90er Jahren und im neuen Jahrtausend Platten in der Hitparade. Das macht ihnen so schnell keiner nach.

Weitere erfolgreiche Alben der Isley Brothers: »3 + 3« (9/73 US-LP 8), »The Heat Is On« (6/75 US-LP 1), »Harvest For The World« (5/76 US-LP 1), »Go For Your Guns« (4/77 US-LP 6), »Showdown« (4/78 US-LP 4), »Go All The Way« (4/80 US-LP 8) und »Between The Sheets« (6/83 US-LP 19).

This Old Heart Of Mine (10/68 GB 3; 3/90 US 10)
It's Your Thing (3/69 US 2)
Behind A Painted Smile (4/69 GB 5)
That Lady (Part 1) (7/73 US 6)
Fight The Power Part 1 (6/75 US 4)
Harvest For The World (7/76 GB 10)
Rhythm & Blues

It Bites

JOHN BECK key (Großbritannien), BOB DALTON d (Großbritannien), FRANCIS DUNNERY v, g (Großbritannien, * 25. 12. 1962), DICK NOLAN b (Großbritannien)

Das Quartett It Bites kam 1982 in Egremont, England, zusammen. Alle vier Mitglieder hatten vorher in den unterschiedlichsten Bands gespielt, Dunnery z. B. in einer Punkgruppe. Zuvor hatte er als Ingenieur gearbeitet. Die Berufe der anderen reichen vom Maurer zum Fabrikarbeiter. Ihre erste Plattenveröffentlichung ging vollkommen unter, aber 1986 gelang ihnen dann ein Hit mit »Calling All The Heroes«. Mit der grundlegenden Stilrichtung scheint diese Formation sich etwas schwer zu tun. Die Plattenfirma vermarktete sie als Teenie-Band, sie selbst sahen sich eher als Rockmusiker. Dafür waren spätere Alben dann bluesorientiert. Über seine Zeit mit It Bites sagte Dunnery: ›Auf Video sahen wir aus wie die beschissenen Osmonds, auf Platte hörten wir uns an wie 10cc und live waren wir Mahavishnu Orchestra meets Rush.‹ Später spielte Francis in der Band von Robert Plant und gründete sein eigenes Plattenlabel Aquarian. Darauf erschien 2001 ein neues Soloalbum.

Calling All The Heroes (7/86 GB 6)
Pop, Rock

Ivan

IVAN v (Spanien, * 17. 7. 1962 als Juan Carlos Ramos)

Ivans erste Platte, »Sin Amor«, erschien 1979 und kam bis auf Platz 1 der spanischen Charts. Es war eine spanische Version des Titels »Dschinghis Khan«. Im Frühjahr 1981 stand er mit »Te Quiero Tanto« wieder auf Platz 1. Danach wurde es etwas ruhiger um ihn bis zur »Fotonovela«. In Spanien gelangen ihm noch etliche weitere Erfolge. Bei uns war seine Novela wieder vorüber.

Fotonovela (2/85 D 9)
Pop

Ives, Burl

BURL IVES v (USA, * 14. 6. 1909 als Burl Icle Ivanhoe in Huntington Township/Illinois, † 14. 4. 1995)

Ives begann seine Karriere in den späten 30er Jahren am Broadway und agierte ab Mitte der 40er Jahre in unendlich vielen Filmen und im Fernsehen. In seinem ersten Film »Smoky« war er 1945 als singender Cowboy zu sehen. Neben James Dean spielte er 1955 in »Jenseits von Eden« einen Sheriff. 1958 erhielt er den Oscar für die beste Nebenrolle in dem Film »Weites Land«. Noch im selben Jahr war er Big Daddy in »Die Katze auf dem heißen Blechdach«. 1959 spielte er neben Alec Guinness in dem britischen Film »Unser Mann in Havanna«. Wenn es darum ging, Großgrundbesitzer aus dem Süden der USA darzustellen, war Burl immer die richtige Besetzung. Für seine Arbeit auf dem Gebiet der Country- und Folkmusik erhielt er mehrfach Auszeichnungen. Von den 40er bis zu den 60er Jahren galt er als einer der populärsten Folksänger. Schon Anfang der 30er Jahre begann er, sich im verstärkten Maß für die amerikanische Volksmusik zu interessieren. Fast zwei Jahre zog er durch die USA, verdiente sich mit verschiedenen Jobs sein Geld, trat als Sänger – angekündigt als ›The Blond Tenor with His Guitar‹ – und Banjospieler auf und sammelte Folksongs, die er später, als er mehr als 500 zusammen hatte, in Büchern veröffentlichte. Ab 1940 hatte er regelmäßige Radiosendungen in den USA, gedacht für die ganze Familie. Burl erzählte Geschichten und sang dazwischen Lieder, und ganz Amerika sang an den Lautsprechern mit. Noch in den 40er Jahren hatte er seine ersten Popsongs in der Hitparade. Zusammen mit den Andrews Sisters hatte er seine erste Hitnotierung »Blue Tail Fly« (7/48 US 24). Es folgten »Lavender Blue (Dilly Dilly)« (2/49 US 16), seine Version von »Riders In The Sky (Cowboy Legend)« (4/49 US 21), »On Top Of Old Smokey«, begleitet von Percy Faith und seinem Orchester, »The Wild Side Of Life« (7/52 US 30), »Call Me Mr. In-Between« (7/62 US 19) und »Mary Ann Regrets« (11/62 US 39). Sein erfolgreichstes Album war »It's Just My Funny Way Of Laughin'« (6/62 US-LP 24). Anfang der 70er Jahre spielte er in den USA in der TV-Serie ›The Bold Ones‹ mit. Das Erfolgsrezept von Burl Ives war, dass er eine so sympathische Ausstrahlung hatte, dass ihn alle Kinder gerne zum Opa gehabt hätten. Er starb 1995 an Krebs.

On Top Of Old Smokey (5/51 US 10)
A Little Bitty Tear (12/61 US 9; 1/62 GB 9)
Funny Way Of Laughin' (4/62 US 10)
Folk, Pop

Ivy League

JOHN CARTER v, g, b (Großbritannien, * 20. 10. 1942 als John Shakespeare in Birmingham), PERRY FORD v, key, sax (Großbritannien, als Brian Pugh), KEN LEWIS v, key (Großbritannien, * 3. 12. 1942 als Kenneth James Hawker in Birmingham)

Das Trio gehört zu den wenigen britischen Formationen, die sich an dem durch Falsett-Stil gekennzeichneten Satzgesang typisch amerikanischer Gruppen wie Beach Boys, Four Seasons oder Four Freshmen orientierten. Als Einzige der Wenigen sollten sie damit Erfolg haben. Carter und Lewis hatten bei den Southerners zusammengespielt, zu denen auch Jimmy Page gehörte. Die Gruppe hatte keinen Bestand, aber Carter und Lewis machten als Songschreiberteam und Sessionsänger weiter. Perry Ford, ebenfalls Songschreiber, trafen sie häufig als Studiosänger, und Ende 1964 beschlossen die drei, als Trio Platten zu veröffentlichen. Ivy League gelangen zwei Top-10-Hits. 1966 verließ Carter das Trio und wurde durch Tony Burrows (!) ersetzt. Kurz darauf ging auch Lewis. Ford hielt als Kopf ständig wechselnder Besetzungen bis Ende der 60er Jahre durch. Carter/Lewis hatten weiterhin Erfolg mit Projekten wie Flowerpot Men oder White Plains.

Funny How Love Can Be (2/65 GB 8)
Tossing And Turning (6/65 GB 3)
Pop

Siehe auch: White Plains; Flowerpot Men

Ixi

IXI v (Deutschland, * 4. 11. 1962 als Gaby Tiedemann in Elmshorn/Hamburg)
Als Anfang der 80er Jahre die Neue Deutsche Welle für einige Jahre erfolgreich war, schwamm auch Ixi mit. Ihre erste Single hieß »Detlev«. Wegen der Zeile ›Detlev, ich bitte dich, geh doch für mich auf den Strich‹ wurde die Platte in den Rundfunkanstalten nicht gespielt. Ein »Knutschfleck« hingegen ist weniger bedrohlich für die Moral. Weitere Hits sind ihr nicht gelungen.

Der Knutschfleck (4/83 D 8)
Neue Deutsche Welle

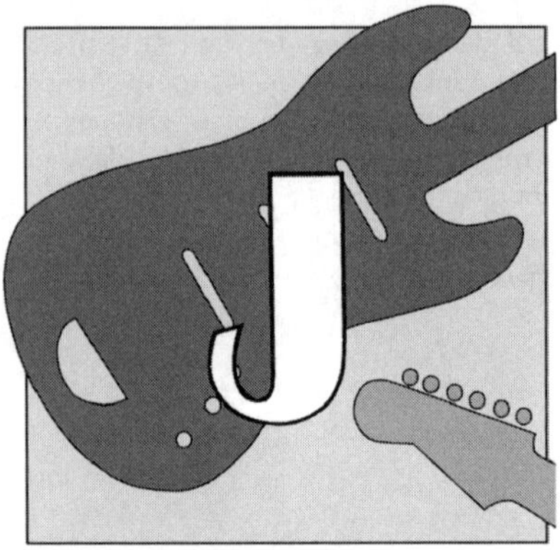

J. T. & The Big Family

J. T. steht für Jocker's Team – und Jocker ist ein italienisches Modewort für Discjockey. Die Formation J. T. & The Big Family ist eine der vielen Truppen, die in Italien schnell und preiswert Nummern für den kurzlebigen Diskomarkt produzierten. In den meisten Fällen schaffen es diese Studioformationen lediglich, einen Hit zu veröffentlichen, dann ist es wieder aus. So auch bei J. T. & The Big Family, die mit »Moments In Soul« Anfang 1990 einen Platz 30 in Deutschland hatten. Neun Autoren haben diesen einzigen Hit geschrieben – so viele wären nicht nötig gewesen.

Moments In Soul (3/90 GB 7)
Disko

Ja Rule

JA RULE rap (USA, *29. 2. 1976 als Jeffrey Atkins in Hollis/Queens/New York City)
Jeffrey hatte 1998 sein erstes Erfolgsjahr. Er tauchte als Gast auf Platten von Jay-Z, Blackstreet und Dru Hill auf. Seine erste eigene Hitnotierung war der Titel »Holla Holla« (4/99 US 35). »Put It On Me« listete als Interpreten Ja Rule featuring Lil' Mo & Vita. Es folgten »Between Me And You« (9/00 US 11, 3/01 GB 26) – hier war als Gast Christina Milian vermerkt – und »I Cry« (5/01 US 40) – hier war als Gast Lil' Mo zu hören. Dann lud er sich mit Case wieder Gäste ein: »Living It Up«. Bei »Always On Time« (3/02 D 28) wurde er von Ashanti unterstützt. Ja Rule sang als Gast von Jennifer Lopez auf »Ain't It Funny« (7/01 D 13, 8/01 GB 3, 12/01 US 1).
Seine erfolgreichsten Alben: »Venni Vetti Vecci« (6/99 US-LP 3), »Rule 3:36« (10/00 US-LP 1) und »Pain Is Love« (10/01 US-LP 1, 10/01 GB-LP 3).
Nebenher war Ja Rule noch Mitglied in der Rap-Gruppe Murderers. Neben ihm waren Vita, Black Child und Tah Murdah in dieser Band. Mit »Irv Gotti Presents . . . The Murderers« (4/00 US-LP 15) hatten sie einen ersten Erfolg.

Put It On Me (12/00 US 8)
Livin' It Up (9/01 US 6)
Always On Time (11/01 US 1; 2/02 GB 6)
Rap

Jack 'n' Chill

VLAD NASLAS, ED STRATTON
Hinter diesem Pseudonym verstecken sich Vlad Naslas und Ed Stratton. Mit einer Verballhornung des bekannten Songtitels »The House That Jack Built« – »The Jack That House Built« – hatten sie Mitte 1987 einen Platz 48 in GB. Als die Platte im Januar 1988 erneut in die britischen Charts kam, erreichte sie Platz 6. Was sie machten, beschrieb ihre Plattenfirma folgendermaßen: ›Dynamischer Synthetik-Dance-Floor-Power haben sich Jack 'n' Chill verschrieben. Dabei sind geschickt Synthesizer und akustische Klangerzeuger vermischt: Messerscharfe Bläser mit viel Biss, ein schwungvoll groovendes Piano wechseln mit Drum-Computern, die unwiderstehlich treiben und andererseits ge-

wissermaßen gedämpft werden durch gezogen-melodische Keyboardteppiche.‹ So macht man Hits – aber eben nur einen.

The Jack That House Built (1/88 GB 6)
Disko, House

Jacks, Terry

TERRY JACKS v, g (Kanada, * 29. 3. 1946 in Winnipeg/Manitoba)
Jacks begann als Rhythmusgitarrist und Leadsänger bei der Formation Chessmen. Während einer TV-Show für einen kanadischen Fernsehsender lernte er Susan Pesklevits kennen, die er später heiratete und mit der er das Quartett Poppy Family gründete. 1973 zerbrach sowohl die Ehe als auch die Gruppe. Beide machten als Solisten weiter. Terry hatte seinen größten Erfolg mit »Seasons In The Sun«. Ein halbes Jahr später versuchte man, in die gleiche Kerbe zu hauen, und veröffentlichte »If You Go Away«. Beide Stücke waren Kompositionen von Jacques Brel mit englischen Texten von Rod McKuen. Im Original hießen sie »Le Moribond« bzw. »Ne Me Quitte Pas«. Terrys Coverversionen sind im Gegensatz zu Brels Originalen stark überzuckert. »Seasons In The Sun« hatte zehn Jahre zuvor ohne nennenswerten Erfolg das Kingston Trio aufgenommen. »Seasons In The Sun« galt auch am Ende der 90er Jahre immer noch als die meistverkaufte kanadische Single aller Zeiten: insgesamt wurden 13 Millionen Exemplare abgesetzt.
Mitte der 90er Jahre lebte Jacks auf seiner großen Farm in der Nähe von Vancouver. Er war Besitzer der Plattenfirma Goldfish Records, bei der auch schon seine großen Soloerfolge erschienen sind und die gelegenlich immer noch Platten veröffentlichte – auch von Susan, von der er inzwischen geschieden war. Auf keinen Fall wollte er noch einmal als Interpret auf eine Bühne.

Seasons In The Sun (1/74 US 1; 3/74 D 1, GB 1)
If You Go Away (6/74 GB 8)
Soft Pop

Siehe auch: Poppy Family

Jackson, Chad

CHAD JACKSON dj, mix (Großbritannien)
Auch Chad gehört wieder in die Reihe Meistermixer und DJs. Begonnen hat er im legendären Hacienda Club in Manchester. Sein Talent als Mixer und auch als Komponist sprach sich herum. Prince, Soul II Soul, Neneh Cherry, Public Enemy und viele andere nahmen seine Dienste in Anspruch. Mit einer eigenständigen Single, die Soul-Jazz-Einflüsse aufwies, kam Chad Jackson Mitte 1990 in die britische Hitparade: »Hear The Drummer (Get Wicked)«. Ein weiterer Hit gelang ihm nicht.

Hear The Drummer (Get Wicked) (1/90 GB 3)
Techno

Jackson, Dee D.

DEE D. JACKSON v (Großbritannien, als Deidre Cozier)
Dee D. hatte Anfang 1978 Erfolg mit dem Titel »Automatic Lover«, den sie in München produziert hatte und bei dem im Hintergrund Jimmy McShane alias Baltimora mitsang. Das Ganze stammte aus einem Album, das sich »Cosmic Curves« nannte und im 21. Jahrhundert spielen sollte. Ein junges Mädchen, enttäuscht von ihrem Liebhaber, einem Roboter, beschließt, die Erde zu verlassen. Sie fliegt in den Weltraum auf der Suche nach der totalen Erfüllung in der Liebe, von der sie so viel gehört hat. Nach einer langen Reise erreicht sie die Galaxis der Liebe. Dort scheint es Dee D. Jackson so zu gefallen, dass sie nie wieder auf die Erde zurückkam. Deshalb gab es auch keinen Nachfolgehit.

Automatic Lover (4/78 GB 4; 6/78 D 5)
Disko

Siehe auch: Baltimora

Jackson, Janet

JANET JACKSON v (USA, * 16. 5. 1966 in Gary/Indiana)
Sie muss denselben Gesichtschirurgen haben wie ihr Bruder Michael. Jedenfalls geht ihre Verwandlung vom kleinen Pummelchen zur scharfen Disko-Mieze Hand in Hand mit der von Michael, nur dass der sich vom kleinen netten schwarzen Jungen zu einem großen netten weißen Jungen verwandelte. Von all den Familienmitgliedern, die versuchten, zumindest annähernd an den Erfolg des übermächtigen Michael Jackson heranzukommen, ist es ihr noch am ehesten gelungen. Janet ist die jüngste aus dem Clan der Jackson Family. 1974 trat sie während einer Show der Brüder im MGM-Grand Hotel in Las Vegas erstmals öffentlich auf. 1977 war sie in diversen Fernsehsendungen zu sehen, wenig später wirkte sie in der Serie ›Fame‹ mit. 1982 erschienen ihre ersten, nicht sonderlich erfolgreichen Platten. 1986 wurde sie über Nacht zum Superstar. »What Have You Done For Me Lately« hieß ihr erster weltweiter Top-10-Erfolg. Die LP »Rhythm Nation 1814« verkaufte sich mehr als 6 Millionen Mal. Der Albumtitel bezieht sich auf das Jahr, in dem Francis Scott Key die amerikanische Nationalhymne schrieb. Außerdem: R ist der achtzehnte Buchstabe im Alphabet, N der vierzehnte. Daraus ausgekoppelt wurden sieben Singles, die unter die Top 5 kamen, vier davon wurden gar Spitzenreiter. 1991 unterschrieb Janet Jackson einen Plattenvertrag bei Virgin Records, der ihr 32 Millionen Dollar zusicherte. Mitte 1992 brachte sie zusammen mit Luther Vandross den Titel »The Best Things In Life Are Free« aus dem Film »Mo' Money«. Außerdem gab sie 1993 ihr Debüt als Filmschauspielerin. Sie spielte Justice, die weibliche Hauptrolle in »Poetic Justice«. Pünktlich zum Weihnachtsgeschäft 1995 fasste man Janets Hits noch einmal zusammen auf dem Album »Design Of A Decade 1986/1996«. Als Gast ihres Bruders Michael sang sie auf dessen Hit »Scream« mit. Im Herbst 1997 erschien mit »The Velvet Rope« wieder ein neues Album von Janet, aus dem der Hit »Got 'Til It's Gone« ausgekoppelt wurde. Als Gast war auf der Nummer der Rapper Q-Tip von der Gruppe A Tribe Called Quest zu hören. Außerdem ein Sample aus »Big Yellow Taxi« von Joni Mitchell – Joni galt immer als absolutes Idol von Janet. Den Hit »Together Again«, der am Welt-Aids-Tag auf den Markt kam, widmete Janet all ihren Freunden, die an Aids gestorben waren. »What's It Gonna Be?!« sang sie zusammen mit Busta Rhymes. Ihre erfolgreichsten Alben: »Control« (3/86 US-LP, 4/86 GB-LP 8, D-LP 36), »Janet Jackson's Rhythm Nation 1814« (9/89 GB-LP 4, 10/89 US-LP 1), »janet.« (5/93 GB-LP 1, D-LP 5, 6/93 US-LP 1 – sechsfach Platin), »Design Of A Decade 1986/1996« (10/95 US-LP 3, GB-LP 2, D-LP 10), »The Velvet Rope« (10/97 US-LP 1, GB-LP 6, D-LP 5), »All For You« (5/01 GB-LP 2, D-LP 3, US-LP 1).
Ab 1997 verzichtete sie auf ihren Platten auf den Nachnamen und nannte sich nur noch Janet.
Neben Eddie Murphy spielte sie im Jahre 2000 in »Familie Klumps und der verrückte Professor« die Rolle der konservativen Denise Gaines. Aus diesem Film stammte dann auch der Singlehit »Doesn't Really Matter«.

What Have You Done For Me Lately (2/86 GB 3, US 4; 6/86 D 8)
Nasty (5/86 US 3; 7/86 D 9)
When I Think Of You (8/86 US 1, GB 10)
Control (11/86 US 5)
Let's Wait Awhile (1/87 US 2; 3/87 GB 3)
Miss You Much (9/89 US 1)
Rhythm Nation (11/89 US 2)
Escapade (1/90 US 1)
Alright (4/90 US 4)

Come Back To Me (6/90 US 2)
Black Cat (9/90 US 1)
Love Will Never Do (Without You) (11/90 US 1)
The Best Things In Life Are Free (5/92 US 10; 8/92 GB 2, D 8)
That's The Way Love Goes (5/93 GB 2, D 9, US 1)
If (7/93 US 4)
Again (10/93 US 1, GB 6)
Because Of Love (1/94 US 10)
Any Time, Any Place/And On And On (5/94 US 2)
You Want This/70's Love Groove (10/94 US 8)
Whoops Now/What'll I Do (3/95 GB 9)
Runaway (9/95 US 3, GB 6)
The Best Things In Life Are Free (Remix) (12/95 GB 7)
Got 'Til It's Gone (10/97 GB 6)
Together Again (12/97 US 1, D 2, GB 4)
I Get Lonely (4/98 GB 5; 5/98 US 3)
Doesn't Really Matter (6/00 US 1; 8/00 GB 5)
All For You (3/01 US 1; 4/01 GB 3)
Someone To Call My Lover (6/01 US 3)
Pop, Rhythm & Blues

Siehe auch: Jackson 5/Jacksons

Jackson, Jermaine

JERMAINE JACKSON v (USA, * 11. 12. 1954 in Gary/Indiana)
Jermaine war Mitglied in der Familiengruppe Jackson 5 bis zum Jahre 1975, als die Band Motown verließ. Er glaubte wohl zu diesem Zeitpunkt, die angestammte Plattenfirma nicht verlassen zu können, schon weil er im Dezember 1973 Hazel Joy Gordy, die Tochter von Berry Gordy jr., geheiratet hatte. Seit 1984 veröffentlicht Jermaine Platten – bis dahin war die Trennung von Hazel Joy vollzogen. In den 80er Jahren dümpelte er eher in den unteren Regionen der Singlecharts. Im Herbst 1984 hatte er im Duett mit Pia Zadora und dem Titel »When The Rain Begins To Fall« einen Hit. Im selben Jahr tat er sich mit seinen Brüdern noch einmal für das »Victory«-Album und eine Tournee zusammen. Ende 1991 erregte er Aufsehen, weil er in dem Titel »Word To The Badd!!« unverhohlen die kosmetischen Veränderungen seines Bruders und dessen Wechsel der Hautfarbe anklagte. Trotz dieser Promotion schaffte es die Nummer nicht, in die oberen Regionen der Hitparade vorzustoßen. Sein erfolgreichstes Album war »Let's Get Serious« (4/80 US-LP 6, 5/80 GB-LP 22).

Daddy's Home (12/72 US 9)
Let's Get Serious (3/80 US 9; 5/80 GB 8)
When The Rain Begins To Fall (10/84 D 1)
Do What You Do (2/85 GB 6)
Pop, Rhythm & Blues

Siehe auch: Zadora, Pia; Jackson 5/Jacksons

Jackson, Joe

JOE JACKSON v, p (Großbritannien, * 11. 8. 1954 in Burton-upon-Trent/Staffordshire)
Joe kam 1974 zur Pub-Band Edward Bear. Zwei Jahre später ging er zu Arms & Legs, mit denen er drei erfolglose Singles veröffentlichte, die er geschrieben hatte. 1977 verließ er die Gruppe und wurde im Playboy Club in Portsmouth der Hauspianist. Ein Jahr später versuchte er in London, Demos von eigenen Songs an eine Plattenfirma zu verkaufen. Schließlich erhielt er einen Vertrag bei A&M Records, und im Oktober 1978 wurde seine erste Single veröffentlicht: »Is She Really Going Out With Him« (6/79 US 21, 8/79 GB 13). 1982 zog Joe Jackson nach New York und veröffentlichte bis in die 90er Jahre eine Reihe interessanter LPs, die alle von hohem musikalischen Standard und Können zeugen, kommerziell aber relativ erfolglos blieben. Gleiches gilt für die 1994 erschienene CD »Night Music«. Seine erfolgreichsten Alben: »Night And Day« (7/82 GB-LP 3, 7/82 US-LP 4, 5/83 D-LP 11) und »Steppin' Out – The Very Best Of Joe Jackson« (9/90 GB-LP 7).

It's Different For Girls (1/80 GB 5)
Steppin' Out (8/82 US 6; 1/83 GB 6)
AOR (Adult Orientated Rock), Jazz, Pop

Jackson, Michael

MICHAEL JACKSON v (USA, * 29. 8. 1958 als Michael Joseph Jackson in Gary/Indiana)

Was immer Michael Jackson gemacht hat, es ragt in jeder Hinsicht aus allem Gewöhnlichen heraus. Gerade mal ein Teen, hatte er mit seinen Brüdern 1969/70 als Jackson 5 mit »I Want You Back«, »ABC«, »The Love You Save« und »I'll Be There« vier Spitzenreiter hintereinander in den US-Popcharts. Seit seinem fünften Lebensjahr hat er mit dieser Formation gesungen. Schon ab 1971 veröffentlichte er auch Soloplatten. Seine Nummer »Ben«, der Titelsong aus dem Film über eine trainierte Ratte, wurde sein erster Spitzenreiter als Solist. Die Zeit des Stimmbruchs, wenn er ihn denn nun gehabt hat, ist spurlos an ihm vorübergegangen. 1978 spielte er neben Diana Ross im Filmmusical »The Wiz«. Ab 1979 brachte er unentwegt Solosingles und LPs auf den Markt, die ungewöhnlich erfolgreich waren. Wenn man mal von den Singles absieht, dann ist seine LP »Thriller« alleine ein solch kommerzieller Erfolg, wie er keinem Künstler der 80er Jahre gelang. Die Platte, für die es 1983 den Grammy als Album des Jahres gab, war von Quincy Jones produziert worden und verkaufte sich alleine in den USA mehr als 26 Millionen Mal, weltweit wird der Verkauf auf 45 Millionen geschätzt! Nach wie vor gilt diese Platte als eins der bestverkauften Alben in der Plattengeschichte. 1991 unterschrieb Michael Jackson einen Multi-Media-Vertrag mit Sony über eine Milliarde Dollar. Die musikalischen Qualitäten von Michael Jackson sind weitaus höher einzuschätzen, als es die meisten Kritiker tun. Alleine die Liste der Musiker, die oft und gerne mit ihm zusammenspielen bzw. gespielt haben, beweist, dass Michael keine Lusche sein kann. Außerdem, seine Qualitäten als Tänzer sind ebenfalls hoch einzuschätzen. Seine Autobiografie widmete Michael Jackson seinem Idol Fred Astaire, der wiederum selbst Michael als großen Tänzer einstufte. Lange wurde gerätselt, wer denn das ›Mystery Girl‹ beim Hit »In The Closet« war – es war Prinzessin Stéphanie von Monaco. Mag man sich über seine Naivität manchmal lustig machen, so sollte man nicht vergessen, dass Michael Jackson immer noch dabei ist, die Kindheit nachzuholen, die er nie hatte. Anfang der 90er Jahre wurden Gerüchte laut, dass Michael Jackson seine kindlichen Spielgefährten missbraucht haben soll. Am 26. 5. 1994 heiratete er in der Dominikanischen Republik die Tochter von Elvis, Lisa Marie Presley, was von der Presse ebenso genüsslich ausgeschlachtet wurde. Im Januar 1996 reichte Lisa Marie die Scheidung ein. Ende desselben Jahres wurde bekannt, dass Michael Vater werden sollte. Mutter des Sohnes Prince Michael Jackson Jr. war Debbie Rowe, die er überraschend schnell nach Lisa Marie geheiratet hatte. 1998 erwartete das Paar ein zweites Kind. Nebenher lief die Hit- und Tourneemaschine weiter. Beim Titel »Scream« sang seine Schwester Janet mit. Als Tariano, Taryll und Tito Jee Jackson, drei Söhne seines Bruder Tito, ihren Onkel Michael baten, ihre Gruppe 3T doch ein wenig anzuschieben, ließ der sich nicht lange bitten. Bei »Why«, ein Top-10-Hit in GB, sang er kräftig mit und war auch als Produzent zur Stelle.

Seine erfolgreichsten Alben: »Ben« (8/72 US-LP 5, 1/73 GB-LP 17), »Off The Wall« (9/79 US-LP 3, GB-LP 5, 1/80 D-LP 25), »Thriller« (12/82 US-LP 1 – 37 Wochen an der Spitze, GB-LP 1, 1/83 D-LP 1), »18 Greatest Hits« (7/83 GB-LP 1), »Farewell My Summer Love« (6/84 GB-LP 9, 7/84 D-LP 40), »Bad« (9/87 US-LP 1, GB-LP 1, D-LP 1), »Dangerous« (11/91 GB-LP 1, 12/91 US-LP 1, D-LP 1), »HIStory: Past, Present And Future – Book I« (6/95 GB-LP 1, D-LP 1, 7/95 US-LP 1) und »Blood On The Dancefloor« (5/97 GB-LP 1, D-LP 2).

Im Oktober 1999 reichte Debbie Rowe die Scheidung von Jackson ein.
2001 erklärte Michael Jackson, er würde mit seinen Brüdern Tito, Jermaine, Jackie, Marlon und Randy ein Reunion-Album aufnehmen. Wir werden hören! Im Herbst 2001 erschien Michaels lange angekündigtes Soloalbum »Invincible« (11/01 GB-LP 1, D-LP 1, US-LP 1). Daraus wurde vorab ausgekoppelt »You Rock My World« (9/01 US 10, 10/01 GB 2, D 6). Es folgten »Butterflies« (11/01 US 14) und »Cry« (12/01 GB 25). Während das Album von einem Großteil der Presse zerrissen wurde, äußerte sich Ali Campbell von UB40 in ›Q‹: ›Ich halte es für ein tolles Album. Er ist zurück zu seinen Wurzeln und singt Rhythm & Blues. Besser als dieses Rock-Zeugs, was er auf »HIStory« gemacht hat.‹

Got To Be There (10/71 US 4; 2/72 GB 5)
Rockin' Robin (3/72 US 2; 5/72 GB 3)
Ben (8/72 US 1; 11/72 GB 7)
Ain't No Sunshine (8/72 GB 8)
Don't Stop 'Til You Get Enough (7/79 US 1; 9/79 GB 3)
Rock With You (11/79 US 1; 2/80 GB 7)
Off The Wall (11/79 GB 7; 2/80 US 10)
She's Out Of My Life (4/80 US 10, GB 3)
One Day In Your Life (5/81 GB 1)
The Girl Is Mine (11/82 US 2, GB 8)
Billie Jean (1/83 D 2, GB 1, US 1)
Beat It (2/83 US 1; 4/83 GB 3, D 2)
Wanna Be Startin' Somethin' (5/83 US 5, GB 8)
Human Nature (7/83 US 7)
Say Say Say (10/83 US 1, GB 2)
P.Y.T. (Pretty Young Thing) (10/83 US 10)
Thriller (11/83 GB 10; 2/84 US 4)
Farewell My Summer Love (6/84 GB 7)
I Just Can't Stop Loving You (8/87 US 1, GB 1, D 2)
Bad (9/87 US 1, GB 3, D 4)
The Way You Make Me Feel (11/87 GB 3, US 1)
Man In The Mirror (2/88 US 1)
Dirty Diana (5/88 D 3, US 1; 7/88 GB 4)
Another Part Of Me (8/88 D 10)
Smooth Criminal (11/88 US 7, GB 8, D 9)
Leave Me Alone (2/89 GB 2)
Black Or White (11/91 GB 1, D 2, US 1)
Remember The Time (1/92 US 3, D 8)
Remember The Time/Come Together (2/92 GB 3)
In The Closet (4/92 US 6, GB 8)
Who Is It (7/92 D 9, GB 10)
Heal The World (11/92 D 3, GB 2)
Give In To Me (2/93 GB 2, D 10)
Will You Be There (7/93 GB 9, US 7)
Scream (6/95 US 5, GB 3, D 8)
You Are Not Alone (9/95 US 1, GB 1, D 4)
Earth Song (11/95 D 1; 12/95 GB 1)
They Don't Care About Us (4/96 GB 4, D 1)
Stranger In Moscow (11/96 GB 4)
Blood On The Dance Floor (4/97 D 5; 5/97 GB 1)
History/Ghost (7/97 GB 5)
You Rock My World (9/01 US 10; 10/01 D 6, GB 2)
Pop, Rhythm & Blues

Siehe auch: 3T; Jackson 5/Jacksons; Jackson, Janet

Jackson, Wanda

WANDA JACKSON v, g, p (USA, * 20. 10. 1937 als Wanda Jean Goodman in Maud/Oklahoma)
Wanda war auf den Gebieten Rockabilly und Country erfolgreich. Schon mit 13 hatte sie bei der lokalen Radiostation in ihrem Heimatort in Oklahoma eine tägliche Sendung. 1954 nahm sie mit Hank Thompson ihre ersten Platten auf. Im selben Jahr brachte sie zusammen mit Billy Gray »You Can't Have My Love«, im Sommer jenes Jahres ein C&W-Top-10-Hit. Nach einer Tournee mit Elvis Presley wollte sie sich auf dem Rocksektor versuchen, aber Titel wie »Let's Have A Party« 1960 oder »In The Middle Of A Heartache« 1961 kamen nur unter die Top 40. Ihren einzigen Top-10-Hit überhaupt hatte sie in Deutschland mit dem Schlager »Santo Domingo«. Ab 1961 war Wanda wieder bis 1974 regelmäßig in den Country-Charts vertreten. Dann nahm Wanda Jackson bis auf eine Rock-'n'-Roll-LP vor allem christliche Lieder auf. 1994 wurde ihr Song »Let's Have A Party« für die Werbung verwendet und damit erneut populär.

Santo Domingo (4/65 D 5)
Country, Deutscher Schlager, Rockabilly

Jackson 5 / Jacksons

RANDY JACKSON v (USA, * 29. 10. 1960 als Steven Randall Jackson in Gary/Indiana), MARLON JACKSON v (USA, * 12. 3. 1957 in Gary/Indiana), TITO JACKSON v (USA, * 15. 10. 1953 als Toriano Adaryll Jackson in Gary/Indiana), JACKIE JACKSON v (USA, * 4. 5. 1951 als Sigmund Esco Jackson in Gary/Indiana), JERMAINE JACKSON v (USA, * 11. 12. 1954 in Gary/Indiana), MICHAEL JACKSON v (USA, * 29. 8. 1958 als Michael Joseph Jackson in Gary/Indiana)

Die Gruppe wurde 1963 als Trio mit den Brüdern Jackie, Tito und Jermaine gegründet. Dazu kamen später die Cousins Johnny Jackson als Schlagzeuger und Ronnie Rancifer als Pianist. 1964 ersetzten Marlon und Michael die beiden Cousins. Im darauffolgenden Jahr gewannen sie einen lokalen Talentwettbewerb. Ihr Vater wurde ihr Manager und fuhr sie von ihrer Heimatstadt Gary, Indiana, in einem VW-Bus zu Auftritten in Chicago und anderen Städten. Noch in demselben Jahr gewannen sie in New York im Harlemer Apollo Theater einen weiteren Wettbewerb. Gladys Knight & The Pips traten 1967 in Indiana auf, im Vorprogramm die niedlichen Jackson 5. Gladys hatte zu diesem Zeitpunkt einen Plattenvertrag mit Motown Records und machte jetzt den Boss dieser Firma, Berry Gordy jr., auf die Jungs aufmerksam. Aber erst veröffentlichten die Jackson 5 bei dem lokalen Plattenlabel Steel Town ihre erste Single, »Big Boy«, die jedoch erfolglos blieb. Wieder spielten sie im Vorprogramm einer Motown-Gruppe, Bobby Taylor & The Vancouvers. Auch diese Band wurde wieder bei Motown vorstellig und sagte eine große Zukunft für die fünf voraus. 1969 nahm Berry Gordy sie schließlich unter Vertrag und schickte sie samt Familie nach Hollywood, um ihnen die Möglichkeit zur Vervollkommnung und zu Proben zu geben. Im Oktober 1969 hatten sie ihren ersten Live-Auftritt als Motown-Gruppe im Vorprogramm von Diana Ross und den Supremes. Ihre erste Platte war ein Stück, das Berry Gordy und drei weitere Songschreiber, die sich The Corporation nannten, geschrieben hatten und das eigentlich für Gladys Knight & The Pips gedacht war. Es war die Nummer »I Want You Back«, die kurz nach Erscheinen ein Millionseller wurde. Damit begann eine glänzende Karriere für die Gruppe im Allgemeinen und für Michael Jackson im Besonderen. Die Band blieb bis 1975 bei Motown und brachte es auf 18 Hitnotierungen in den US-Charts, davon acht Top-10-Erfolge und vier Nummer-1-Hits. Der Grund für die Trennung von Motown war die Tatsache, dass sie lediglich 2,7 Prozent an Tantiemen für ihre verkauften Platten erhielten und es ihnen nicht gestattet war, eigenes Material zu schreiben. Die Jackson 5 gingen zu Epic Records, ebenso Michael Jackson als Solist. Motown strengte einen Prozess gegen die Gruppe wegen Vertragsbruches an, es ging dabei um 20 Millionen Dollar. 1980 wurde der Rechtsstreit beendet. Die Jacksons verloren den Prozess, mussten jedoch nur 600 000 Dollar bezahlen. Dafür behielt Motown die Rechte am Namen Jackson 5. Wohl um von Motown nicht auch namensrechtlich belangt werden zu können, hatten sie sich seit ihrem Weggang nicht mehr Jackson 5, sondern Jacksons genannt. Der Einzige, der diesen Firmenwechsel nicht mitmachte, war Jermaine, der in die Gordy-Familie eingeheiratet hatte. Für ihn kam Randy Jackson, und erstmals machten jetzt auch die beiden Schwestern LaToyah und Rebbie zeitweise mit. »Enjoy Yourself« wurde ihre erste Platinplatte. »Shake Your Body (Down To The Ground)« verkaufte ebensoviel. Die erfolgreichsten Alben: »Diana Ross Presents The Jackson Five« (1/70 US-LP 5, 3/70 GB-LP 16), »ABC« (6/70 US-LP 4,

8/70 GB-LP 22), »Third Album« (9/70 US-LP 4), »Lookin' Through The Windows« (6/72 US-LP 7, 11/72 GB-LP 16), »Destiny« (12/78 US-LP 11, 5/79 GB-LP 33), »Triumph« (10/80 US-LP 10, GB-LP 13), »18 Greatest Hits« (7/83 GB-LP 1) und »Victory« (7/84 US-LP 4, GB-LP 3, D-LP 5). In den Jahren danach wurden immer wieder Platten von den Jacksons veröffentlicht. Bruder Michael war manchmal hilfreich zur Stelle. Bei »State Of Shock« ist als Gastsänger Mick Jagger zu hören. Im Januar 1985 sangen Michael, Jackie, Marlon, Randy, Tito und LaToyah mit etlichen der besten amerikanischen Künstler zusammen für das Projekt USA For Africa. Ende der 80er Jahre waren die Jacksons wieder zu einem Quartett geschrumpft, in dem Jackie, Jermaine, Tito und Randy sangen. Im März 1996 begann ein neues Kapitel in der Musikgeschichte der Familie Jackson. Drei Söhne von Tito hatten als 3T ihren ersten Plattenerfolg. Die Original-Jackson-5 wurden 1997 in die Rock and Roll Hall of Fame aufgenommen. 2001 erklärte Michael Jackson, er würde mit seinen Brüdern Tito, Jermaine, Jackie, Marlon und Randy ein Reunion-Album aufnehmen. Wir werden hören!

I Want You Back (11/69 US 1; 1/70 GB 2)
ABC (3/70 US 1; 5/70 GB 8)
The Love You Save (5/70 US 1; 8/70 GB 7)
I'll Be There (9/70 US 1; 11/70 GB 4)
Mama's Pearl (1/71 US 2)
Never Can Say Goodbye (4/71 US 2)
Sugar Daddy (12/71 US 10)
Lookin' Through The Windows (11/72 GB 9)
Doctor My Eyes (2/73 GB 9)
Dancing Machine (3/74 US 2)
Enjoy Yourself (11/76 US 6)
Show You The Way To Go (6/77 GB 1)
Blame It On The Boogie (9/78 GB 8)
Shake Your Body (Down To The Ground) (2/79 US 7, GB 4)
Can You Feel It (2/81 GB 6)
Walk Right Now (7/81 GB 7)
State Of Shock (6/84 US 3)
I Want You Back Remix (4/88 GB 8)
Motown Sound, Pop, Rhythm & Blues

Siehe auch: Jackson, Janet; USA For Africa; Jackson, Jermaine; Jackson, Michael

Jade

TONYA KELLY v (USA, in Chicago/Illinois), JOI MARSHALL v (USA, in Chicago/Illinois), DI REED v (USA, in Houston/Texas)
Jade gehörte zu der neuen Generation von Gesangstrios, die mit wechselnden Leadstimmen Rhythm & Blues und Soul präsentierten. Tonya Kelly sang vorher im Morris Ellis Orchestra und als Studio- und Sessionsängerin. Di hatte im Soundtrack zum Streifen »Houseparty 2« gesungen, und Joi war ebenfalls Sessionsängerin. Mitte 1992 hörte man Jade auf dem Soundtrack zu »Class Act«, einem der zahlreichen Filme des neuen schwarzen amerikanischen Kinos. Aus diesem Film stammte ihre erste Hitnotierung »I Wanna Love You« (7/92 US 16). Im November 1992 erschien mit »Jade To The Max« (1/93 US-LP 56) ihr Debütalbum mit der Single »One Woman« (6/93 US 22, 9/93 GB 22), als nächstes »Mind, Body And Song« (10/94 US-LP 80). Daraus ausgekoppelt wurde »Every Day Of The Week« (11/94 US 20, 2/95 GB 19). Im April 1995 wurde bekannt, dass sich das Trio getrennt hatte.

Don't Walk Away (12/92 US 4; 3/93 GB 7)
Pop, Rhythm & Blues, Soul

Jagged Edge

BRANDON CASEY v (USA), BRAIN CASEY v (USA), KYLE NORMAN v (USA), RICHARD WINGO v (USA)
Die vier Jungs aus Atlanta/Georgia – nicht zu verwechseln mit einer gleichnamigen Formation aus GB, die Ende der 80er/Anfang der 90er Jahre einige kleinere Erfolge hatte – standen mit der Nummer »The Way That You Talk« (9/97 US 65) erstmals

in den Charts. Als Gäste wurden Da Brat und JD genannt – sie selbst nannten sich zu diesem Zeitpunkt Brasco und Case Dinero, Wingo Dollar und Quick. Es folgten die Singles »Gotta Be« (8/98 US 23), »He Can't Love U« (12/99 US 15) und »Let's Get Married« (5/00 US 11).
Ihr erstes Album in den Charts war »A Jagged Era« (3/98 US-R&B-LP 19, 3/98 US-LP 104). Viel erfolgreicher war Album Nummer 2: »J.E. Heartbreaker« (2/00 US-LP 8). Hier zeigten die Jungs ihre Stärke, die ihre Plattenfirma wie folgt beschreibt: ›Sie geben ohne Scheu ihre innersten Gefühle preis, sie sagen alles, was Frauen von Männern hören wollen, wenden aber ein, dass es oft die Frau ist, die sich nicht zum Äußersten bekennt‹. Für die soaperprobten Teenies des 21. Jahrhunderts genau das Richtige: Seife für die Ohren, damit das Schmalz raus kommt! Versprochen = Promise. Zusammen mit Nelly hatten sie den Hit »Where The Party At« (9/01 D 37, 10/01 GB 25). Das nächste Erfolgsalbum hieß »Jagged Little Thrill« (7/01 US-LP 3).

Promise (12/00 US 9)
Where The Party At (6/01 US 3)
Pop, Rhythm & Blues

Jagger, Mick

MICK JAGGER v (Großbritannien, * 26. 7. 1943 als Michael Philip Jagger in Dartford/ Kent)
Seine Vorliebe für Rhythm & Blues brachte den jungen Mick schon Anfang der 60er Jahre in die entsprechenden Clubs von London und Umgebung. Mit der Gruppe Blues Incorporated um Alexis Korner sammelte er seine ersten Bühnenerfahrungen. Korner war es auch, der den sich langsam bildenden Rolling Stones die ersten Auftritte ermöglichte. Als er mit seiner Gruppe wegen einer TV-Sendung ein Gastspiel im Marquee Club in London nicht wahrnehmen konnte, sprangen die Rolling Stones ein. Das war der Beginn einer lang anhaltenden Rock-'n'-Roll-, Rhythm-&-Blues- und Hitgruppe. Ab 1970 versuchte sich Jagger neben seiner Tätigkeit als Leadsänger auch als Solist. Sein Titel »Memo From Turner« (11/70 GB 32, 12/70 D 30) stammte aus dem Film »Performance«, in dem er auch eine Hauptrolle spielte. 1970 hatte er auch in dem Film »Ned Kelly« die Hauptrolle übernommen. In den folgenden Jahren sang er vorwiegend mit den Rolling Stones zusammen. Erst Mitte 1984 hatte er dann ohne die Stones, dafür zusammen mit den Jacksons mit »State Of Shock« Erfolg. Ein Jahr später sang er im Duett mit David Bowie »Dancing In The Street«. Die erfolgreichsten Alben als Solist: »She's The Boss« (3/85 GB-LP 6, US-LP 13, D-LP 4), »Primitive Cool« (9/87 GB-LP 26, D-LP 8) und »Wandering Spirit« (2/93 GB-LP 12, US-LP 11, D-LP 3).
Mitte 2001 war Mick Jagger mit den Aufnahmen für ein neues Soloalbum beschäftigt, das im November unter dem Titel »Goddess In The Doorway« (12/01 D-LP 2) erschien. Unterstützt wurde er von zum Beispiel Pete Townshend und Lenny Kravitz. Das Verkaufsergebnis war nicht berauschend. In den ersten Wochen nach Erscheinen wurden in Großbritannien ganze 954 Exemplare verkauft. Das reicht für Platz 85 in der LP-Hitparade (was ja auch schon wieder eine Aussage ist).

State Of Shock (6/84 US 3)
Dancing In The Street (8/85 GB 1, US 7; 9/85 D 5)
AOR (Adult Orientated Rock), Pop

Jaggerz

THOM DAVIS key, tr, BENNY FAIELLA g, b, DONALD IRIS v, g, BILLY MAYBRAY v, d, b, JIM PUGLIANO d, JIMMY ROSS b, pos
Das Rock-Sextett Jaggerz aus Pittsburgh

spielte ab Mitte der 60er Jahre vorwiegend in der Umgebung seiner Heimatstadt. Ende 1969 veröffentlichten sie die Platte »The Rapper«, die wie eine Fusion von Bayou-Rock und Bubblegum klang. Das Stück wurde geschrieben von Domenic Ierace, der sich auf Platten auch Donald/Donnie Iris oder Domenic Terrace nannte. »The Rapper« wurde ein Millionseller. Nach zwei weiteren Chartnotierungen gelang der Gruppe kein Erfolg mehr. Iris verließ die Band, die ohne ihn mit häufigen personellen Veränderungen weiterspielte, während er eine Solokarriere versuchte, die nicht in Gang kam. 1976 wurde er Mitglied bei Wild Cherry, die gerade den Platinseller »Play That Funky Music« veröffentlicht hatten. 1979 machte er wieder eine Soloplatte. Von 1980 bis 1985 war er mit insgesamt sieben Titeln in den US-Top-100-vertreten. Der größte Erfolg war im Frühjahr 1982 »My Girl«, ein Platz 25. Er trat durch die 80er Jahre weiter auf, und ein fester Bestandteil seiner Show war die Nummer »The Rapper«. Als einen Vorläufer des Rap kann man diesen Titel nicht bezeichnen. Hier wurde das Wort vielmehr noch in seiner Bedeutung als Slangausdruck für einen hartnäckigen Schürzenjäger benutzt, der weibliche Wesen durch einen ununterbrochenen Redefluss für seine Ziele gewinnen will.

The Rapper (1/70 US 2)
Rock

Jakatta

DAVE LEE key, mix (Großbritannien)
Vor allen Dingen der Songschreiber, Produzent und Keyboarder Lee verbarg sich hinter Jakatta. Im Laufe seiner Karriere hat er bereits etliche Pseudonyme verwendet, so zum Beispiel Raven Maize, Phase II, Joey Negro (»Do What You Feel« (11/91 GB 36) und »Enter Your Fantasy« (7/92 GB 35)), Hedboys (»Girls & Boys« (8/94 GB 21)) und Li Kwan. Als Produzent schaffte Lee den Hit »Relight My Fire« mit Take That. Das Stück »American Dream«, das von Swati Naketar gesungen wurde, basierte auf dem Soundtrack zum Film »American Beauty«. Danach ließ sich Lee erst einmal ein paar Jahre Zeit, bis er mit »So Lonely«, einer Coverversion des Monsoon-Hits – der von George Harrisons »Within Without You« beeinflusst war –, 2002 wieder in die Charts kam.

American Dream (2/01 GB 3)
So Lonely (2/02 GB 8)
Pop

Jam

RICK BUCKLER d (Großbritannien, * 6. 12. 1955 als Paul Richard in Woking/Surrey), BRUCE FOXTON g (Großbritannien, * 1. 9. 1955 in Woking/Surrey), PAUL WELLER v, g, b (Großbritannien, * 25. 5. 1958 als John Weller in Woking/Surrey)
Paul Weller war Gründungsmitglied der britischen Formation Jam, die als eine der Pionierbands des New Wave gilt. Als erste Single wurde »In The City« (5/77 GB 40, 4/80 RE-GB 40) veröffentlicht. Nachdem »Going Underground/Dreams Of Children« errolgreich geworden war, kamen am 26. 4. 1980 sechs alte Singles von Jam auf einen Schlag als Re-Entries in die britische Hitparade. Das wiederholte sich nach »Beat Surrender«: Am 22. 1. 1983 kamen auf einen Schlag acht alte Singles der Band wieder in die Top 75. In den darauffolgenden beiden Wochen kamen vier weitere alte Aufnahmen in die Charts, was bedeutet, dass Anfang Februar 1983 14 Titel von Jam gleichzeitig in den Top 75 standen. Die sozial- und klassenkritischen Texte der Formation zeigten deutlich den Einfluss der Kinks bzw. von deren Songschreiber Ray Davies. Bemerkenswert, dass Jam es mit keinem seiner vielen großen Hits in GB in

die US-Charts schaffte. Anfang 1983 löste sich Jam auf. Im März desselben Jahres erschien die erste Single von Wellers neuem Projekt Style Council. Foxton veröffentlichte ab 1983 Soloplatten. »Freak« wurde für ihn Mitte 1983 Platz 23 in GB.
Die erfolgreichsten Alben von Jam: »All Mod Cons« (11/78 GB-LP 6), »Setting Sons« (11/79 GB-LP 4), »Sound Affects« (12/80 GB-LP 2), »The Gift« (3/82 GB-LP 1), »Dig The New Breed« (12/82 GB-LP 2), »Snap« (12/83 GB-LP 2), »Greatest Hits« (7/91 GB-LP 2), »Direction Reaction Creation« (6/97 GB-LP 8) und »The Very Best Of Jam« (10/97 GB-LP 9).

The Eton Rifles (11/79 GB 3)
Going Underground/Dreams Of Children (3/80 GB 1)
Start (8/80 GB 1)
Funeral Pyre (6/81 GB 4)
Absolute Beginners (10/81 GB 4)
Town Called Malice/Precious (2/82 GB 1)
Just Who Is The Five O'Clock Hero (7/82 GB 8)
The Bitterest Pill (I Ever Had To Swallow) (9/82 GB 2)
Beat Surrender (12/82 GB 1)
New Wave

Siehe auch: Weller, Paul; Style Council

Jam & Spoon

JAM EL MAR dj (Deutschland, * 3. 12. 1963 als Rolf Elmer), PLAVKA v, MARK SPOON (Deutschland, als Markus Löffel)
Jam & Spoon ist wieder ein Technoprojekt aus Frankfurt, das von Jam El Mar und Mark Spoon geleitet wurde. Der Gesang auf ihren Platten stammte von Plavka. Beim zweiten Hit »Find Me (Odyssey To Anyoona)« (7/94 D 17, 9/94 GB 37, 9/95 RE-GB 22) hatte auch der mit anderen Projekten erfolgreiche Nosie Katzmann seine kleinen Mixgriffel im Spiel. »Right In The Night (Fall In Love With Music)« (2/94 GB 31) schaffte erst nach einer Wiederveröffentlichung in GB den Sprung unter die ersten 10. Nach einer längeren Pause kam Jam & Spoon Mitte 1997 mit »Kaleidoscope Skies« (5/97 D 16) wieder in die deutsche Hitparade zurück. Die Nummer klang nach »Do That To Me One More Time« von Captain & Tennille. Es folgte »Be.Angeled« (5/01 D 16, 3/02 GB 31) – der Titel stammte aus einem Episodenfilm, der sich mit der ›Love Parade‹ in Berlin beschäftigte. Die beiden standen auch als Tokyo Ghetto Pussy oder als Storm in den Charts.

Right In The Night (Fall In Love With Music) (11/93 D 6; 6/95 GB 10)
Techno

Siehe auch: Storm; Dance 2 Trance

Jamelia

Gast auf dem ersten Top-10-Hit war der Jamaikaner Beenie Man. Die erste Hitnotierung der 18-jährigen Jamelia war »I Do« (7/99 GB 36). 2000 war sie für den Brit-Award in der Kategorie bester britischer Newcomer nominiert. Ihr nächster Hit war »Call Me« (6/00 GB 11).

Money (3/00 GB 6)
Pop, Reggae

Siehe auch: Beenie Man

James

DAVID BAYNTON-POWER d (Großbritannien, * 29. 1. 1961 in Manchester), TIMOTHY BOOTH v (Großbritannien, * 4. 2. 1960 in Manchester), SAUL DAVIES v, g (Großbritannien, * 28. 6. 1965 in Manchester), ANDY DIAGRAM tr (Großbritannien, in Manchester), JAMES GLENNIE b (Großbritannien, * 10. 10. 1963 in Manchester), LARRY GOTT g (Großbritannien, * 24. 7. 1957 als James Gott in Manchester), MARK HUNTER key (Großbritannien, * 5. 11. 1968 in Manchester), ADRIAN OXAAL (Großbritannien), GAVAN WHELAN d (Großbritannien, in Manchester)

Die Lieblingsband von Morrissey erhielt 1983 mit dessen Hilfe einen Plattenvertrag in ihrer Heimatstadt Manchester bei Factory Records. Die frühen Singles des Quartetts Booth, Glennie, Gott und Whelan, eine Mixtur aus Folk und New Wave, waren kein kommerzieller Erfolg. 1985 wechselten sie ihre Plattenfirma und veröffentlichten drei LPs. Nach einem erneuten Wechsel des Labels wurde Schlagzeuger Whelan durch Baynton-Power ersetzt. Neu hinzu kamen Davies, Hunter und Diagram. 1991 kamen die ersten Top-10-Hits. Die Band selbst sieht sich in der Tradition von Gruppen wie Cure, U2 oder auch Clash. Im Herbst 1993 – jetzt produziert von Brian Eno – schlug James eine neue Richtung ein: weg von den schrammelnden Gitarren und hin zu einem puren, von großen Arrangements befreiten Sound. Es erschien die CD »Laid«. Daraus ausgekoppelt: die Single »Sometimes« (9/93 GB 18). Anfang 1997 erschien mit »Whiplash« ein neues Album der Gruppe, darauf die Singles »She's A Star« und »Tomorrow« (5/97 GB 12). Die Plattenfirma sprach von ›vielen internen Turbulenzen‹, die der Produktion vorausgegangen waren. Als neues Mitglied wurde Adrian Oxaal genannt.
Die Albumerfolge: »Gold Mother« (6/90 GB-LP 2), »Seven« (2/92 GB-LP 2), »Laid« (10/93 GB-LP 3), »Whiplash« (3/97 GB-LP 9), »The Best Of James« (4/98 GB-LP 1) und »Millionaires« (10/99 GB-LP 2).

Sit Down (3/91 GB 2)
Sound (11/91 GB 9)
She's A Star (2/97 GB 9)
Sit Down (Remix) (11/98 GB 7)
Pop

James, Etta

ETTA JAMES v (USA, * 25. 1. 1938 in Los Angeles/Kalifornien)
›Miss Peaches‹ war der Spitzname von Etta, die 1955 mit »The Wallflower« (2/55 R&B 1) als Etta James & The Peaches einen Spitzenreiter in den R&B-Charts hatte. In den weißen Popcharts war Georgia Gibbs mit dem Titel erfolgreich – der von Etta war besser. Der Song war als Antwort auf den Hank-Ballard-Hit »Work With Me Annie« gedacht, weshalb er auch als »Roll With Me Henry« bekannt wurde. Bei Georgia Gibbs hieß der Titel schließlich »Dance With Me Henry (Wallflower)«. Bis 1978 folgten insgesamt 30 Notierungen in den R&B-Charts, darunter die Nummern »Good Rockin' Daddy« (11/55 R&B 6), »All I Could Do Was Cry« (5/60 R&B 2), »If I Can't Have You« (8/60 R&B 6), »My Dearest Darling« (9/60 R&B 5), »At Last« (1/61 R&B 2), »Trust Me« (4/61 R&B 4), »Don't Cry, Baby« (8/61 R&B 6), »Something's Got A Hold On Me« (3/62 R&B 4), »Stop The Wedding« (8/62 R&B 6), »Pushover« (5/63 R&B 7) und »Tell Mama« (11/67 R&B 10). In den Popcharts waren »Pushover« (4/63 US 25) und »Tell Mama« (11/67 US 23) ihre größten Hits. Lange hatte man in den Hitparaden nichts mehr von ihr gehört, als sich in GB Coca-Cola des Titels »I Just Want To Make Love To You« besann und ihn für einen TV-Werbespot für Cola-Light benutzte. Etta hatte den Titel 1960 aufgenommen – nach 36 Jahren wurde er jetzt ein Hit. Veröffentlicht hatte sie gerade eine neue LP mit dem Titel »Time After Time«. 1993 war Etta in die Rock and Roll Hall of Fame aufgenommen worden.

I Just Want To Make Love To You (2/96 GB 5)
Rhythm & Blues, Soul

James, Jimmy & The Vagabonds

RUPERT BALGOBIN d, PHILIP CHEN b (Großbritannien, * 21. 10. 1954), RUSSELL COURTNEY d, MATT FREDERICKS sax, CHRIS GARFIELD g, MILTON JAMES sax, JIMMY JAMES v (Jamaika, * 15. 9.

1940), ALAN KIRK key, COUNT PRINCE MILLER v, CARL NOEL org, WALLACE WILSON g, ALAN WOOD b
1964 kam Jimmy James nach England und gründete diese britische Soulband. Vorher hatte er in seiner Heimat bereits mit einigen Plattenveröffentlichungen lokale Erfolge. Ihren ersten Hit hatten Jimmy James & The Vagabonds mit »Red Red Wine« (9/68 GB 36), einer Komposition von Neil Diamond. Mit demselben Titel hatten Ende 1983 UB40 eine Nummer 1 in GB. 1976 hatte sich Jimmy James mit Wood, Garfield, Courtney und Kirk eine völlig neue Vagabundentruppe zusammengestellt, die jetzt von dem Produzenten Biddu betreut wurde.

Now Is The Time (7/76 GB 5)
Pop, Soul

James, Tommy & The Shondells

EDDIE GRAY g (USA, * 27. 2. 1948 in Scottsdale/Pennsylvania), TOMMY JAMES v (USA, * 29. 4. 1947 als Thomas Gregory Jackson in Dayton/Ohio), PETER LUCIA d (USA, * 2. 2. 1947 in Morriston/New Jersey), RONALD ROSMAN key (USA, * 28. 2. 1945 in Dubois/Pennsylvania), MIKE VALE b (USA, * 17. 7. 1943 in Greenburg/Pennsylvania)
Als James 1959 Tommy James & The Shondells gründete, war er gerade zwölf Jahre alt. 1963 nahm er den Titel »Hanky Panky« auf, der sich jedoch nicht durchsetzen konnte. Erst als die Platte Mitte 1966 erneut veröffentlicht wurde, kam der Erfolg. 1970 löste James die Shondells auf und machte als Solist weiter. Nach 1973 verschwand er aus den Hitparaden, bis er 1980 mit »Three Times In Love« (1/80 US 19) noch einmal einen Hit hatte. 1987 gelangte die US-Sängerin Tiffany mit dem Titel »I Think We're Alone Now« an die Spitze der US-Charts. Das erfolgreichste Album der Band war »Crimson & Clover« (2/69 US-LP 8).

Hanky Panky (6/66 US 1; 8/66 D 3)
I Think We're Alone Now (2/67 US 4)
Mirage (4/67 US 10)
Mony Mony (4/68 US 3; 6/68 D 3, GB 1)
Crimson And Clover (12/68 US 1; 2/69 D 1)
Sweet Cherry Wine (3/69 US 7)
Crystal Blue Persuasion (6/69 US 2)
Draggin' The Line (6/71 US 4)
Pop

Jamiroquai

WALLACE BUCHANAN per (Großbritannien, * 29. 11. 1965), SIMON KATZ g (Großbritannien, * 16. 5. 1971), JASON KAY v (Großbritannien, * 30. 12. 1969 in Stratford/Lancashire), DERRICK MCKENZIE g, d (Großbritannien, * 27. 2. 1962 in Islington/London), TOBY SMITH key (Großbritannien, * 29. 10. 1970 als Grafféty-Smith), NICK VAN GELDER d (Niederlande), STUART ZENDER b (USA, * 18. 3. 1974 in Philadelphia/Pennsylvania)
Die aus Ealing, London, stammende Acid-Funk-Jazzformation leitete ihren Namen vom Stamm der Irokesen ab. Das Markenzeichen von Sänger Jason war in den Anfangstagen eine Riesenmütze mit zwei Hörnern. Ihre erste Hitnotierung hatte die Gruppe mit »When You Gonna Learn« (10/92 GB 52, 2/93 RE-GB 69, 9/93 RE-GB 28). 1993 erschien das Debütalbum »Emergency On Planet Earth«. Musikalisch versuchte Jamiroquai eine Verbindung von Jazz, Disko und Funk, die sich wohltuend vom üblichen Disko-Sound der Jahre 1993/94 abhob. Für »Virtual Insanity« erhielt die Gruppe 1998 einen Grammy in der Kategorie ›Best Performance By A Duo Or Group With Vocal‹. »Deeper Underground« (8/98 D 30) aus dem Film »Godzilla« stieg am 25. 7. 1998 gleich auf Platz 1 der GB-Charts ein. Es folgte »Foolosophy« (3/02 GB 14).
Die erfolgreichsten Alben der Formation:

»Emergency On Planet Earth« (6/93 GB-LP 1), »The Return Of The Space Cowboy« (10/94 GB-LP 2), »Travelling Withour Moving« (9/96 GB-LP 2, D-LP 9, 2/97 US-LP 24), »Synkronized« (6/99 GB-LP 1, D-LP 1) und »A Funky Odyssey« (9/01 GB-LP 1, D-LP 2).

Too Young To Die (3/93 GB 10)
Stillness In Time (7/95 GB 9)
Virtual Insanity (8/96 GB 3)
Cosmic Girl (12/96 GB 6)
Alright (5/97 GB 6)
Deeper Underground (7/98 GB 1)
Canned Heat (6/99 GB 4)
Little L (8/01 GB 5)
Disko, Funk, Jazz

Siehe auch: M-Beat

Jan & Dean

JAN BERRY v (USA, * 3. 4. 1941 in Los Angeles/Kalifornien), DEAN TORRENCE v (USA, * 10. 3. 1940 in Los Angeles/Kalifornien)

Die beiden machten Surf-, Fun-, Car-, Girl-Music. Die Themen Surfen, Spaß, Autos und Mädchen dominierten Ende der 50er, Anfang der 60er Jahre in der West Coast Music. Zu den bekanntesten Vertretern dieser Musikgattung gehörten Jan & Dean und die Beach Boys. Jan und Dean hatten 1957 die Gruppe Barons zusammen mit vier Freunden gegründet. Zu diesen Barons gehörten Bruce Johnston am Piano, der später bei den Beach Boys auftauchte, und Sandy Nelson am Schlagzeug. 1958 fielen die Barons auseinander. Jan und Dean und Arnie Ginsburg blieben übrig. Diese drei nahmen den Titel »Jennie Lee« auf. Dean sang die Leadstimme. Das Ganze spielte sich in Jans Garage ab. Während Dean für sechs Monate zu Reserveübungen eingezogen wurde, hörte ein Mitarbeiter von Marty Melcher, dem Vater von Terry Melcher und Ehemann von Doris Day, ein Band von »Jennie Lee« und wollte es veröffentlichen. Berry und Ginsburg machten einen Vertrag mit ihm und veröffentlichten den Titel als Jan & Arnie. Der Nachfolger »Gas Money« kam schon nicht mehr unter die ersten 80. Als Dean von seinem Militärdienst zurückkam, verließ Ginsburg die beiden, die jetzt als Jan & Dean ihre Platten veröffentlichten. Jan & Dean machten einen Plattenvertrag mit Lou Adler und Herb Alpert, die nun die Aufnahmen des Duos betreuten und auf ihrem Label Dore veröffentlichten. »Baby Talk« wurde der einzige Top-10-Erfolg auf diesem Label in den USA. Ab 1962 wechselte das Duo zu Liberty, und mit dem Erfolg der Beach Boys sollten nun auch Jan & Dean Hits haben: »Surf City« war von Brian Wilson geschrieben. Die Liste ihrer Hits geht bis in das Jahr 1966. Die Zusammenarbeit mit den Beach Boys ging so weit, dass Jan & Dean fast immer im Vorprogramm der Band spielten und dass man sich auch bei Plattenaufnahmen gegenseitig half. So sang Dean bei dem Beach-Boys-Hit »Barbara Ann« die Leadstimme, was nicht gerade zur Verbesserung des ohnehin angespannten Verhältnisses zwischen ihm und Jan beitrug. Am 12. 4. 1966 verunglückte Jan Berry schwer mit seinem Auto. Seine Corvette fuhr ungebremst auf einen parkenden Lastwagen. Berry entging nur knapp dem Tod. Nachdem er einige Zeit im Koma gelegen hatte, war er über Monate gelähmt. Außerdem trug er schwere Hirnverletzungen davon. Er musste viele Dinge von Grund auf neu erlernen. Der Genesungsprozess zog sich über Jahre hin. Versuche der beiden, nach der Genesung von Jan wieder ins Geschäft zu kommen, funktionierten nicht. Dean gründete später seine Grafik-Firma Kittyhawk und wurde ein ausgezeichneter Cover-Designer. 1972 unterschrieb Berry einen Solovertrag mit Lou Adler. Die Veröffentlichung einer Platte brachte jedoch keinen Erfolg. Dean seinerseits gründete die Formation Legendary

Masked Surfers zusammen mit Bruce Johnston und Terry Melcher, die jedoch auch nur Flops veröffentlichte. 1978 brachte ABC-TV die Dokumentation ›Dead Man's Curve‹, in der die Geschichte von Jan & Dean noch einmal nacherzählt wird. Ihr erfolgreichstes Album hieß »Drag City« (1/64 US-LP 22).

Jennie Lee (5/58 US 8)
Baby Talk (8/59 US 10)
Surf City (6/63 US 1)
Drag City (12/63 US 10)
Dead Man's Curve (3/64 US 8)
The Little Old Lady (From Pasadena) (6/64 US 3)
Pop, Surf-Music

Jan & Kjeld

KJELD WENNICK v (Dänemark, * 3. 2. 1944 in Kopenhagen), JAN WENNICK v (Dänemark, * 27. 7. 1946 in Kopenhagen)
Die beiden Brüder hatten ihren ersten Erfolg bereits im Kindesalter mit dem »Tiger Rag« (12/59 D 28). Die Nachfolgesingle »Banjo-Boy« (6/60 US 58, GB 36) wurde vergoldet. Bis 1963 folgten weitere zwölf Hits – die Erfolge außerhalb der Top 10: »Mach doch nicht immer so viel Wind« (3/60 D 39), »Tingelingeling, mein Banjo singt« (6/60 D 16), »Penny-Melodie« (6/60 D 16), »Träumen kann man was man will« (11/60 D 13), »Blacky And Johnny« (12/60 D 27), »Viele bunte Lichter« (6/61 D 22), »Zwei kleine Italiener« (2/62 D 28) und »Piccolina« (8/63 D 31) – dann machte der Stimmbruch dem Gesang ein Ende. Der Musik blieben die beiden Brüder jedoch erhalten – sie gründeten z. B. eine eigene Management- und Produktionsfirma. Zu ihren Künstlern gehörten Laid Back und Ace Of Base, die dank der Wennicks zu Hitruhm kamen.

Banjo-Boy (2/60 D 1)
Hello, Mary Lou (8/61 D 2)
Küsse im Mondschein (7/62 D 10)
Deutscher Schlager

Jankowski, Horst

HORST JANKOWSKI p, bl (Deutschland, * 30. 1. 1936 in Berlin, † 29. 6. 1998)
Horst gewann zwischen 1955 und 1965 in der Bundesrepublik immer den ersten Preis, wenn es um den besten Jazz-Tastenspieler des Jahres ging. Da man damit allerdings kein Geld verdienen konnte, machte er nebenher Musik im Südfunk-Orchester bei Erwin Lehn. Weltweiten Erfolg sollte Jankowski mit der von ihm geschriebenen Nummer »A Walk In The Black Forest« (5/65 US 12) haben – in die deutsche Hitparade kam sie nicht. Sein Album »The Genius Of Jankowski« (5/65 US-LP 18) war ebenfalls nur international erfolgreich. 1975 wurde er Leiter des RIAS-Tanzorchesters in Berlin, spielte mit vielen Jazzstars zusammen, u. a. Ella Fitzgerald und Miles Davis, und schrieb Film- und Fernsehmelodien. Er starb 1998 an einem Krebsleiden in Radolfzell am Bodensee.

A Walk In The Black Forest (7/65 GB 3)
Instrumental, Pop

Japan

RICHARD BARBIERI key (Großbritannien, * 30. 11. 1957), STEVE JANSEN d (Großbritannien, * 1. 12. 1959 als Steven Batt in Lewisham/London), MICK KARN sax (Großbritannien, * 24. 7. 1958 als Anthony Michaelides in London), DAVID SYLVIAN v (Großbritannien, * 23. 2. 1958 als David Batt in Lewisham/London)
Die 1977 gegründete Band spielte eine von Roxy Music beeinflusste Musik. Im selben Jahr eröffnete die deutsche Plattenfirma Hansa in London eine Dependance und suchte per Nachwuchswettbewerb neue Gruppen. Japan bewarben sich, gewannen den Wettbewerb und erhielten einen Plattenvertrag. Im März 1978 erschien ihre Debüt-Single »Don't Rain On My Parade«, eine Nummer aus

dem Musical »Funny Girl«. Die Platte wurde ein Flop. Im Frühjahr 1979 erschien, produziert von Giorgio Moroder, »Life In Tokyo«. Wieder wurde die Platte kein Erfolg in GB, dafür aber in Japan. Mitte 1980 unterschrieben sie einen neuen Plattenvertrag mit Virgin Records und veröffentlichten mit »Gentlemen Take Polaroids« (10/80 GB 60) ihre erste Chart-Single. Ein Jahr später erschien mit »Quiet Life« (9/81 GB 19) eine alte Hansa-Single wieder neu. Das erfolgreichste Album der Band war »Oil On Canvas« (6/83 GB-LP 5). Ende 1982 fiel die Band auseinander. Die einzelnen Mitglieder versuchten sich mit Soloprojekten. Sylvian arbeitete mit dem japanischen Musiker Ryuichi Sakamoto: »Bamboo Houses/Bamboo Music« (8/82 GB 30) und aus dem Film »Merry Christmas, Mr. Lawrence«, in dem Sakamoto auch mitspielte, »Forbidden Colours« (7/83 GB 16). Ab 1984 veröffentlichte Sylvian Soloplatten. Erfolgreich waren »Red Guitar« (6/84 GB 17) und »Brilliant Trees« (7/84 GB-LP 4).

1990 kam Japan als Quartett wieder zusammen und arbeitete an neuem Material. Mit dabei waren Jansen, Karn, Barbieri und Sylvian. Heraus kam aber kein neues Produkt von Japan, sondern eine Formation, die sich Rain Tree Crow nannte. Kommerziell war das nicht der große Erfolg und die Jungs gingen wieder ihre eigenen Wege. 1993 machte David ein Album mit Robert Fripp. Jansen, Barbieri und Karn veröffentlichten im März 1994 das Album »Beginning To Melt«. 1999 – inzwischen wohnte David mit seiner Frau Ingrid Chavez in Minneapolis in den USA – kam der Hit »I Surrender« (3/99 GB 40).

Ghosts (3/82 GB 5)
I Second That Emotion (7/82 GB 9)
Elektro-Pop

Jarre, Jean-Michel

JEAN-MICHEL JARRE syn (Frankreich, * 24. 8. 1948 in Lyon)

1968 wurde Jean-Michel Mitglied der Music Research Group in Paris. Ein Jahr später nahm er sein erstes Album mit elektronisch-akustischer Musik, »The Cage«, auf. 1971 verließ er die Music Research Group, komponierte Ballettmusik zu »AOR« und leitete die Aufführung an der Pariser Oper. In den folgenden Jahren schrieb er Soundtracks, komponierte für Film, Bühne, Fernsehen und Werbung. »Oxygene« war sein erster internationaler Erfolg. Das amerikanische Magazin ›People‹ wählte ihn daraufhin zur Personality of the Year. Sein erstes Open-air-Konzert auf der Place de la Concorde in Paris besuchten eine Million Zuschauer. Damit wurde er in das ›Guinness Buch der Rekorde‹ eingetragen. Erstmals setzte er dabei Pyrotechnik, Riesenprojektionen und Laser ein, die seine späteren Konzerte in China – hier war er 1981 der erste westliche Künstler, der von der chinesischen Regierung eingeladen wurde –, Houston, Lyon und den Londoner Docklands zu Sensationen machten. In den Singlehitparaden war Jarre nicht mehr unter den Top 10 zu finden. Er hatte noch einige internationale Top-40-Hits: »Oxygene IV« (9/77 D 16), »Oxygene 8« (3/97 GB 17) und »Oxygene 10« (7/97 GB 21). Dafür waren die LPs dieses führenden französischen Synthesizerspielers weltweit erfolgreich: »Oxygene« (8/77 GB-LP 2, 10/77 D-LP 8), »Magnetic Fields« (6/81 GB-LP 6, D-LP 9), »The Concerts In China« (5/82 GB-LP 6, D-LP 35), »Musik aus Zeit und Raum« (2/83 D-LP 3), »Rendez-Vous« (4/86 GB-LP 9, D-LP 20) und »Revolutions« (10/88 GB-LP 2). Verheiratet war er mit der Schauspielerin Charlotte Rampling. 1997 – nachdem etliche Technokünstler hingegangen waren und Material von Jarre gecovert hatten – veröffentlichte er eine Fortsetzung von »Oxygene«. Ein neues Album hieß demzufolge »Oxygene 7 – 13«. Dieses Album produzierte er wieder in seinem Haus in Paris. Zur Fußball-WM 1998 in Frankreich machte er zusammen mit Apollo Four Forty eine neue Version seiner Nummer »Rendez-Vous 98« (7/98 GB 12). Die Platte wurde in GB zu einem Hit, weil ITV die Melodie zum Titelthema für ihre WM-Fernsehübertragungen machte. 2000 kam er, begleitet von Natacha, mit »C'est La Vie« (2/00 GB 40).

Oxygene Part IV (8/77 GB 4)
Elektro-Pop, Instrumental

Jarre, Maurice

MAURICE JARRE (Frankreich, * 13. 9. 1924 in Lyon)
Über vierzig Jahre lang war er einer der führenden Komponisten von Filmmusiken. 1951 schrieb er für das Theaterstück ›Der Prinz von Homburg‹ die Musik. Kurz darauf wechselte er in das Filmfach und komponierte für viele französische Produktionen den Soundtrack. Anfang der 60er Jahre erweiterte er sein Wirkungsgebiet dann auch auf englische oder amerikanische Filme, so z. B. »Der längste Tag« 1962. Im selben Jahr gewann Jarre einen Oscar für die Musik zu »Lawrence von Arabien« (3/63 US-LP 2) mit Peter O'Toole. Seinen zweiten Academy Award gewann er drei Jahre später für »Doktor Schiwago« (3/66 US-LP 1, 9/66 GB-LP 3, 2/67 D-LP 2). Zu seinen weiteren Soundtracks in den 60er Jahren gehörten u. a. »The Professionals«, »Grand Prix«, »Gambit«, »The Damned« oder »Topaz« – ein Film von Alfred Hitchcock. Auch in den nächsten Jahrzehnten war er mit seiner Filmmusik erfolgreich. Die zu »Eine Reise nach Indien« brachte ihm 1984 wieder einen Oscar, »Der einzige Zeuge« zumindest eine Nominierung. Weitere erfolgreiche Kompositionen schrieb er u. a. für »The Year Of Living Dangerously«, »Mad Max Beyond Thunderdome« (8/85 US-LP 39, D-LP 7), »Enemy Mine«, »The Mosquito Coast«, »No Way Out«, »Fatal Attraction«, »Gorillas In The Mist« – hier wurde er wieder für den Oscar nominiert –, »Der Club der toten Dichter« oder »Enemies, A Love Story«. Bis in die 90er Jahre war er einer der erfolgreichsten Film- und TV-Komponisten.

Schiwago-Melodie (11/66 D 4)
Instrumental, Pop

Jarreau, Al

AL JARREAU v (USA, * 12. 3. 1940 in Milwaukee/Wisconsin)
Seine musikalische Karriere begann Al recht spät. 1966 absolvierte er ein Masters Degree in Psychologie, zog dann nach San Francisco und nahm einen Job als Rehabilitationshelfer an. Gleichzeitig begann er mit dem George Duke Trio durch die Clubs zu ziehen. Mit 28 Jahren gab er seinen Job auf und wagte den Sprung ins Profimusiklager. In Kalifornien wurde er schnell populär, obwohl er sich zu diesem Zeitpunkt mehr als Jazzsänger profilierte. Als er Ende der 60er Jahre in New York gastierte, lernte er zwei andere aufstrebende junge Künstler kennen: Bette Midler und Quincy Jones. Mitte 1975 erschien als Debütalbum »We Got By«, das kein Erfolg wurde. Der Chef des deutschen WEA-Ablegers, Sigi Loch, war nach Anhören der Platte von der Qualität des Sängers überzeugt. Er lud ihn ein, in Hamburg im Onkel Pö zu singen. Jarreau kam, und am nächsten Tag stand in der ›Süddeutschen Zeitung‹: ›Der Mann ist ein Phänomen, und wenn ihm die Zukunft gehört, können Leute, die an der Popmusik nicht nur das Poppige, sondern auch die Musik lieben und die im Augenblick zu verzagen beginnen, wieder Hoffnung fassen, ja aufatmen.‹ Zwei

Wochen später las man im ›Spiegel‹: ›In Hamburgs Popkneipe Onkel Pö begann wieder einmal eine Karriere.‹ Noch im selben Jahr trat er bei den Berliner Jazztagen auf und feierte Triumphe. Inzwischen gewann er etliche Male den Grammy als bester Jazz-Vocalist. Ab 1981 war er auch in der amerikanischen Singlehitparade erfolgreich. Seinen größten Hit hatte er mit der Single »Moonlighting Theme«, der Titelmelodie aus der Fernsehserie ›Das Model und der Schnüffler‹. Ansonsten sind mehr die LPs von Al Jarreau erfolgreich: »Breakin' Away« (8/81 US-LP 9), »Jarreau« (4/83 US-LP 13, GB-LP 39, 5/83 D-LP 25) und »L Is For Lover« (9/86 D-LP 7).

Moonlighting Theme (3/87 GB 8)
Jazz, Pop, Rhythm & Blues

Jay & The Americans

JAY BLACK v (USA, * 2. 11. 1938 als David Blatt), SANDY DEANE (USA, * 30. 1. 1943 als Yaguda), HOWIE KANE (USA, * 6. 6. 1942 als Howard Kershenbaum), MARTY SANDERS g (USA, * 28. 2. 1941), JOHN »JAY« TRAYNOR v, KENNY VANCE (USA, * 9. 12. 1943 als Kenny Rosenberg)
Ende 1959 kamen Vance, Yaguda, Kane und der ehemalige Sänger der Mystics, John Traynor, in New York City als Harbor-Lites zusammen. 1961 spielten sie den Produzenten Jerry Leiber und Mike Stoller vor, die ihnen einen Plattenvertrag bei United Artists verschafften. Die Plattenfirma wollte die Formation als Binky Jones & The Americans veröffentlicht sehen, was den Hafenlichtern nicht gefiel. Der Kompromiss war dann Jay & The Americans. Im Herbst 1961 erschien mit »Tonight« aus der »West Side Story« ihre erste Single. 1962 kam Marty Sanders als weiteres Mitglied in die Gruppe. Wenig später verließ John ›Jay‹ Traynor die Formation, und Sanders schlug seinen alten Freund David Blatt als Leadsänger vor. Der wurde schließlich auch genommen, änderte seinen Namen in Jay Black und sollte mit Jay & The Americans in den nächsten fünf Jahren etliche Hits haben. 1969 gehörten zur Studioband von Jay & The Americans die später als Steely Dan bekannten Musiker Donald Fagen und Walter Becker. In Großbritannien waren sie noch mit der EP »Living With Jay & The Americans« (10/66 GB-EP 10) erfolgreich. Die letzte Hitnotierung stammt aus dem Jahr 1970. David Blatt machte als Jay Black ab 1980 Soloplatten. Ansonsten tourte er mit neuen Musikern als Jay Black & The Americans vorwiegend in und um New York. Ihr erfolgreichstes Album hieß »Jay & The Americans Greatest Hits!« (11/65 US-LP 21).

She Cried (3/62 US 5)
Come A Little Bit Closer (9/64 US 3)
Cara, Mia (6/65 US 4)
This Magic Moment (12/68 US 6)
Pop

Jay & The Techniques

CHARLES CROWL (USA), DANTE DANCHO (USA), RONALD GOOSLY (USA), KARL LANDIS, GEORGE LLOYD, JAY PROCTOR v (* 28. 10. 1940), JOHN WALSH
Diese gemischtrassige Gruppe kam aus Allentown, Pennsylvania, und formierte sich Mitte der 60er Jahre. 1967 erhielten Jay & The Techniques einen Plattenvertrag, und ihre erste Veröffentlichung war »Apples, Peaches And Pumpkin Pie«. Bis 1968 hatten sie noch zwei weitere Top-40-Hits mit »Keep The Ball Rollin'« (10/67 US 14) und »Strawberry Shortcake« (1/68 US 39), danach fiel die Band wieder auseinander. In den 70er Jahren kamen sie wieder zusammen und machten einige Platten, die sich jedoch in den Hitparaden nicht mehr platzierten.

Apples, Peaches And Pumpkin Pie (7/67 US 6)
Pop, Rhythm & Blues

Jaynetts

YVONNE BUSHNELL v (USA, in Bronx/New York City), ETHEL DAVIS v (USA, in Bronx/New York City), ADA RAY v (USA, in Bronx/New York City), JOHNNIE LOUISE RICHARDSON v (USA, * 29. 7. 1945 in Bronx/New York City, † 25. 10. 1988), MARY SUE WELLS v (USA, in Bronx/New York City)

Mitte 1963 kam ein A&R-Mitarbeiter einer Chicagoer Plattenfirma nach New York und suchte eine weibliche Gesangsgruppe für sein Label. Zu den Angesprochenen gehörte die Produzentin, Komponistin und Besitzerin der Plattenfirma J&S Records Zelma Sanders. Die verwies auf zwei Mädchen, die als Solistinnen auf ihrem Label sangen, Davis und Bushnell. Dazu gesellte man Ray und als viertes Mitglied Wells, die sich auf eine Anzeige in der ›New York Post‹ gemeldet hatte, in der Sängerinnen gesucht wurden. Diese vier Mädchen nahmen den Titel »Sally, Go 'Round The Roses« auf, den Zelma geschrieben hatte. Erst nach der Aufnahme wurde die Tochter von Zelma, Johnnie Louise Richardson, in die Formation aufgenommen. Johnnie war vorher eine Hälfte des Duos Johnnie & Joe gewesen, die 1957 den Top-10-Hit »Over The Mountains 'Cross The Sea« hatten. Der Band half dieses Hinzunehmen eines fünften Mitglieds nicht, es gab keinen weiteren Hit. Richardson starb 1988 nach einem Hirnschlag.

Sally, Go 'Round The Roses (8/63 US 2)
Pop

Jay-Z

JAY-Z rap (USA, * 4. 12. 1969 als Shawn Corey Carter in Brooklyn/New York City)

Jay-Z ist ein Rapper aus Brooklyn. Er wuchs auf in dem Sozialwohnprojekt Marcy. Seine Jugend beschrieb er als die Wahl zwischen Gewalttätigkeit oder das Haus gar nicht erst zu verlassen. Er wählte die Gewalt. Mit 16 verließ er das Haus nur noch mit Pistole im Hosenbund. Er klaute in Supermärkten und verkaufte Crack. Da das Gesetz keine Rücksicht auf ihn nahm, nahm er keine Rücksicht auf das Gesetz. Mit 20 wurde ihm langsam klar, dass das auf Dauer so nicht weitergehen konnte. Er versuchte, Basketballprofi zu werden, und bekam ein Sportstipendium am College. Befreundet war er mit einem Jungen aus der Nachbarschaft, der Christopher Wallace hieß. Aus dem wurde später Notorious B.I.G, und der half ihm 1996, eine eigene Plattenfirma namens Roc-A-Fella aufzubauen. Notorious B.I.G. produzierte auch Jay-Zs Debütalbum »Reasonable Thought« (7/96 US-LP 23). Seine erste Hitnotierung in den Charts war »Ain't No Nigga« (4/96 US 50), die immerhin Gold erhielt. Als Gastrapper wirkte auf der Platte Foxy Brown mit. Als Gast von Foxy hatte Jay-Z die Hits »I'll Be« (2/97 US 7, 6/97 GB 9) und »Ain't No Playa« (5/97 GB 31). Zusammen mit ihr und Babyface gelang ihm der Hit »Sunshine« (11/97 D 18, GB 25). Weitere Single-Hits waren »Can't Knock The Hustle« (9/96 US 73, 3/97 GB 30), »Wishing On A Star« (2/98 GB 13) und »The City Is Mine« (6/98 D 28, GB 38). Seine nächsten erfolgreichen Alben waren »In My Lifetime, Vol. 1« (11/97 US-LP 3) und »Vol 2 ... Hard Knock Life« (10/98 US-LP 1). Bis zum Jahresende 1998 hatte sich das Album mehr als vier Millionen Mal verkauft. Ausgekoppelt daraus wurde sein erster Top-10-Hit, der mehr oder weniger aus dem Broadway-Musical »Annie« stammt, das 1977 seine Uraufführung hatte. Seinen Künstlernamen erklärt er wie folgt: ›Jay steht für meinen Spitznamen Jigga (Floh), weil ich früher so klein und schmächtig war. Z steht für Zero, meine Glückszahl.‹ 1998 wurde er vom Billboard zum Rapper des Jahres gewählt. Aus dem Film »Rush

Hour« kam sein nächster Hit: »Can I Get A...« (10/98 US 19, 3/99 GB 24, D 12). Das Jahr 2000 begann gut für Jay-Z. Sein Album »Vol.3...Life And Times Of S. Carter« (1/00 US-LP 1) stieg am 15. 1. 2000 gleich auf Platz 1 der US-LP-Charts ein. Als Single kam »I Just Wanna Love You (Give It 2 Me)« (10/00 US 11, 12/00 GB 17). Der Titel beinhaltet Samples aus dem Song »Give It To Me« von Rick James. Auch sein nächstes Album »The Dynasty Roc La Familia (2000 – ...)« (11/00 US-LP 1) stieg gleich wieder auf Platz 1 ein. Als Gast von R. Kelly kam er in die US-Top-40 mit der Nummer »Fiesta« (3/01 US 7). Im Alleingang folgte »Izzo (H.O.V.A.)« (10/01 GB 21) und das Album »The Blueprint« (9/01 US-LP 1). Weiter ging es mit »Girls, Girls, Girls« (10/01 US 17, 1/02 GB 11).
2002 wurde Jay-Z von einem US-Gericht zu drei Jahren auf Bewährung verurteilt. Er hatte im Kit Kat Club in New York im Dezember 1999 dem Plattenproduzenten Lance ›Un‹ Rivera ein Messer in den Magen gerammt. Jay-Z musste dem Opfer 1,3 Millionen Dollar Schmerzensgeld zahlen.

Hard Knock Life (Ghetto Anthem) (12/98 D 5, GB 2)
Izzo (H.O.V.A.) (7/01 US 8)
Rap

Siehe auch: Kelly, R.; Brown, Foxy

Jazzy Jeff & Fresh Prince

JAZZY JEFF dj (USA, * 22. 1. 1965 als Jeff Townes in Philadelphia/Pennsylvania), FRESH PRINCE rap, dj (USA, * 25. 9. 1968 als Will Smith in Philadelphia/Pennsylvania)
Hinter diesem HipHop-Duo verbargen sich die aus Philadelphia stammenden Amerikaner D.J. Jeff Townes und der Rapper Will Smith, die zunächst als D.J. Jazzy Jeff & The Fresh Prince firmierten. Die beiden hatten im Sommer 1991 einen Platinhit mit dem Titel »Summertime« (8/91 D 12, 8/94 RE-GB 29). Ihre erste Chartnotierung stammt aus dem Jahre 1986: »Girls Are Nothing But Trouble« (10/86 GB 21, 10/88 US 57). 1987 erschien ihr Debütalbum »Rock The House« (4/87 US-LP 83), das mit Gold ausgezeichnet wurde. »Parents Just Don't Understand« (5/88 US 12) wurde ein Millionseller, Nachfolger war »A Nightmare On My Street« (7/88 US 15). Das nächste Album hieß »He's The D.J., I'm The Rapper« (4/88 US-LP 4) und erhielt dreimal Platin. Auch die Nachfolgealben »And In This Corner« (11/89 US-LP 39), »Homebase« (7/91 US-LP 12) und »Code Red« (10/93 US-LP 64) erhielten Gold bzw. Platin. Für ihre Titel »Parents Just Don't Understand« und »Summertime« kassierten sie Grammys. Bei den American Music Awards erhielten sie zweimal einen Preis für das beliebteste Rap-Album und einmal als beliebteste Rap-Künstler. Nach ihrem großen Hit hatten sie mit »Ring My Bell« (10/91 US 20), einem Remake des Anita-Ward-Hits, einen weiteren Erfolg. 1993 – jetzt als Jazzy Jeff & Fresh Prince – schaffte das Duo mit »Boom! Shake The Room« (8/93 US 13) wieder keinen Top-10-Hit in den USA, trotzdem aber wieder einen Millionseller. Gleichzeitig wurde die CD »Code Red« veröffentlicht, die eine ansprechende Verbindung von Jazz, Funk und Hip-Hop brachte. »I'm Looking For The One (To Be With Me)« (11/93 GB 24) und »Can't Wait To Be With You« (2/94 GB 29) brachten dem Duo zwei weitere Hits. 1996/7 kam für Will Smith alias Fresh Prince der große Erfolg: als Schauspieler sah man ihn in den Filmen »Independence Day« und neben Tommy Lee in »Men In Black« in Hauptrollen. Der Titelsong des Films »Men In Black« brachte ihm als Solist einen ersten Top-10-Hit. In GB gelang dem Duo mit einer Coverversion der Bill-Withers-Nummer »Lovely Daze« (7/98 GB 37) ein weiterer Hit. Bei der Gelegen-

heit wurde bekannt, dass die beiden weltweit mehr als 14 Millionen Platten verkauft hatten.

Summertime (6/91 US 4; 8/91 GB 8)
Boom Shake The Room (9/93 D 8, GB 1)
HipHop, Rap

Siehe auch: Smith, Will

Jean, Wyclef

WYCLEF JEAN g, rap (Haiti, * 17. 10. 1969 als Jeannel Wyclef)
Nachdem die Fugees eine Pause gemacht hatten, veröffentlichte Wyclef Jean, von seiner Plattenfirma als ›HipHop-Amadeus‹ bezeichnet, Mitte 1997 das Soloalbum »The Carnival« (7/97 US-LP 16, GB-LP 40). Die daraus ausgekoppelte Single »We Trying To Stay Alive« (6/97 GB 13) war besonders in GB erfolgreich. Hier wurde die Bee-Gees-Nummer »Stayin' Alive« verwurstet. Seine Version von »Guantanamera« (9/97 GB 25, D 29) war zumindest in Europa erfolgreich. Als Gast der Gruppe Destiny's Child stand er in den Charts mit »No No No«. Ebenfalls vom Album »The Carnival« stammte »Gone Till November«. Im Herbst rappte Wyclef mit Pras Michel & Free zu »Another One Bites The Dust« und hatte einen weiteren Hit. Es folgte »New Day« (10/99 GB 23) mit Bono als Gast. Als nächstes Album erschien »The Ecleftic: 2 Sides II A Book« (9/00 US-LP 9, 2/01 GB-LP 5), daraus ausgekoppelt »It Doesn't Matter«. »It Doesn't Matter« beinhaltete unter anderem Samples aus »Take Me Home Country Roads« von John Denver. Mit Mary J. Blige zusammen kam »911« (10/00 US 38, 11/00 D 12). Es folgten »Perfect Gentleman« und »Wish You Were Here« (12/01 GB 28, 12/01 D 40).
Anfang 2002 arbeitet Wyclef an einem neuen Album: »Masquerade – Message To The Streets« wurde als Titel angekündigt. Es erschien Anfang Juni. Schon Ende Februar gab es eine Vinyl-Bemusterung mit »PJ's«, einer Ode an Street-Music-Projekte auf der ganzen Welt. Als musikalische Gäste bestätigten sich Claudette Ortiz vom Rap-Trio City High und ein gewisser Tom Jones.

Gone Till November (2/98 US 7; 5/98 GB 3)
Another One Bites The Dust – Queen/Wyclef Jean feat. Pras & Free (11/98 GB 5)
It Doesn't Matter (9/00 GB 3)
911 (12/00 GB 9)
Perfect Gentleman (7/01 GB 4, D 7)
Pop, Rap, Rhythm & Blues

Siehe auch: Blige, Mary J.; Hill, Lauryn; Michel, Pras; Destinya's Child; Queen; Fugees

Jeanette

JEANETTE v (Deutschland, * 22. 2. 1981 als Biedermann in Berlin)
Die Schauspielerin und Sängerin wurde Anfang 1999 mit dem Marianne-Rosenberg-Hit »Er gehört zu mir« zur ›BILD‹-Schlagerkönigin gewählt. Daraufhin erschien im März ihre erste Single »Das tut unheimlich weh« und ab April drehte die ehemalige Friseurin-Azubi ihre ersten Szenen für ›Gute Zeiten, schlechte Zeiten‹. Im September 2000 erschien von ihr die Single »Go Back«, zwei Monate später das Album »Enjoy«.

Go Back (10/00 D 8)
How's It Got To Be (10/01 D 7)
No More Tears (3/02 D 10)
Schlager

Jeanette

JEANETTE v (Großbritannien, * 10. 10. 1951 in London)
Jeanette wurde in London als Kind spanischer Eltern geboren. Die Familie zog in die USA, kehrte aber nach Spanien zurück, als Jeanette 14 Jahre alt war. Ende der 60er Jahre wurde sie Sängerin in einer Gruppe namens Picknick, die in Spanien

sehr populär gewesen sein soll. Anfang der 70er Jahre startete sie eine Solokarriere. Als die großen Hits ausblieben, zog sie nach Wien und heiratete den ungarischen Musiker Laszlo Kristof. Erfolg hatte sie schließlich mit dem Titel »Porque Te Vas«, der im Frühjahr 1977 die deutsche Hitparade erreichte und Spitzenreiter wurde. Das Lied stammte aus dem spanischen Film »Cria Cuervos« (»Züchte Raben«), was in diesem Fall jedoch sicher nicht dazu beigetragen hat, dass der Titel zum Erfolg wurde. Der von dem spanischen Regisseur Carlos Saura hervorragend inszenierte Film, der anhand einer Madrider Familie den inneren Zerfall der Gesellschaft in der Franco-Zeit beschreibt, steht im krassen Gegensatz zu dem piepsig gesungenen und eher einfach strukturierten Liedchen. In der Hauptrolle war die damalige Lebensgefährtin von Saura, Geraldine Chaplin, zu sehen. Jeanette konnte ihren Erfolg nicht mehr wiederholen. 1981 tauchte sie noch einmal in der spanischen Hitparade mit »Frente A Frente« auf.

Porque Te Vas (1/77 D 1)
Pop

Jefferson Airplane/Jefferson Starship

SIGNE ANDERSON v (USA, * 15. 9. 1941 als Signe Toly Anderson in Seattle/Washington), MARTY BALIN v, g (USA, * 30. 1. 1942 als Martin Jerel Buchwald in Cincinnati/Ohio), JACK CASADY b (USA, * 13. 4. 1944 als John Casady in Washington/D.C.), CRAIG CHAQUICO g (USA, * 26. 9. 1954 in Sacramento/Kalifornien), PAPA JOHN CREACH vln (USA, * 28. 5. 1917 als John Creach in Beaver Hills/Pennsylvania, † 22. 2. 1994), SPENCER DRYDEN d (USA, * 7. 4. 1938 in New York City), AYNSLEY DUNBAR d (Großbritannien, * 10. 1. 1946 in Liverpool), DAVID FREIBERG g, b (USA, * 24. 8. 1938 in Boston/Massachusetts), PAUL KANTNER v, g (USA, * 12. 3. 1941 in San Francisco), JORMA KAUKONEN v, g (USA, * 23. 12. 1940 in Washington/D.C.), GRACE SLICK v (USA, * 30. 10. 1939 als Grace Barnett Wing in Chicago/Illinois), SKIP SPENCE d (Kanada, * 18. 4. 1944 als Alexander Spence in Windsor/Ontario, † 16. 4. 1999), MICKEY THOMAS v (USA, * 3. 12. 1948 in Cairo/Georgia)

Als nach dem Sommer der Liebe 1967 im Laufe der Jahre die Luftturbulenzen zunahmen, brach zuerst Airplane ab. Die Ziele wurden weiter gesteckt und sollten zu den Sternen reichen – also her mit einem Starship. In der Mitte der kalten 80er Jahre musste schließlich Jefferson dran glauben – übrig blieb Starship.

Jefferson Airplane wurde 1965 gegründet. Die amerikanische Jugend war sauer auf die Regierung, sauer über das, was sie in Vietnam mitmachen musste. Viele flüchteten sich in Drogen oder Religionen, andere proklamierten, dass es nur der Macht der Blumen bedürfe, um diesem Spuk ein Ende zu bereiten. Flower Power wurde zu einem Slogan. Man sprach von der so genannten ›Love Generation‹, von ›Love-in‹, von ›Be-in‹. Das Zentrum dieser Bewegung war San Francisco und dort wiederum der Vorort Haight-Ashbury. Speziell dort, wo sich die beiden Straßen Haight und Ashbury kreuzen, waren noch Jahre später durch all die vielen Anhänger der Flower-Power-Bewegung alle Straßenschilder abmontiert worden. Sie hängen als Souvenirs und Erinnerungen an diese Zeit in den Wohnungen amerikanischer Familien, die ihre Pfeifchen in die Ecke gelegt und sich inzwischen etabliert haben und Fans der ersten Stunde waren. Es begann die große Zeit der Poster, der bedruckten T-Shirts und der Aufkleber. 1966 hatten jede Menge Autos in San Francisco einen Sticker mit der Aufschrift ›Jefferson Airplane Loves You‹. Dabei handelte es sich bei Jefferson Airplane um eine Gruppe, die sich mehr aus unbedarften Idealisten zusammensetzte als aus handfesten Musikern. Ähnlich wie Grateful Dead, die aus derselben Stadt stammten, spielten sie auf möglichst vielen so genannten Free Concerts vor ihren bekifften Fans. Nach der ersten LP von Jefferson Airplane wurde die Sängerin Signe Anderson ausgewechselt. Signe war bemüht, aber wenig erfahren. Für sie kam, von einer anderen San-Francisco-Band, Great Society, das ehemalige Model Grace Slick, das ebenfalls bemüht und wenig erfahren war, aber bombig aussah. Ab sofort hatten Jefferson Airplane eine Frontfrau, die sich im wahrsten Sinne des Wortes sehen lassen konnte. Außerdem stellte sich schnell heraus, dass sie auch in der Lage war, Lieder zu schreiben. An nur sieben Tagen, dem 31. 10., 1., 3., 14., 15., 16. und 22. 11. 1966 nahmen sie im RCA Victor's Musiccenter of the World Studio in Hollywood »Surrealistic Pillow« auf, ihre erste LP mit Grace als Sängerin. Auf dieser LP waren gleich zwei Nummern zu finden, die die Amerikaner so beeindruckten, dass sie unter die ersten 10 der amerikanischen Singlehitparade kamen: »Somebody To Love« und »White Rabbit«. Die LP gilt heute als die Top-Platte des psychedelischen Acid Rock und als die LP, die mit zum Boom des San Francisco Sound und all seiner Spielarten beigetragen hat. Mit Liedern wie »San Francisco (Wear Some Flowers In Your Hair)«, gesungen von Scott McKenzie, wurde die Flower-Power-Welle schon wieder so kommerzialisiert, dass sich die, die damit begonnen hatten, mit Grausen abwandten. Beim Monterey Pop Festival 1967 war wohl der Höhepunkt der Flower Children erreicht: Selbst Polizisten waren von der Kraft der Blumen so beeindruckt, dass sie Grünzeugs am Helm trugen.

Nach 1972 verschwand Jefferson Airplane, um zwei Jahre später wieder als Jefferson Starship aufzusteigen. Von der alten Besetzung waren noch fünf Musiker übrig geblieben, darunter auch Grace Slick. »Miracles« und »Count On Me« waren die beiden Top-10-Hits dieser Formation. Im Laufe der nächsten zehn Jahre war die Band mit wechselnden Erfolgen und häufig wechselnden Mitgliedern in der Luft. Ein entscheidender Einschnitt war am 17. 6. 1978 der Auftritt der Band beim Loreley-Festival, bei dem Grace Slick nicht auf der Bühne erschien, weil sie sturztrunken war. Enttäuschte Fans zündeten die Bühne an, und es kam zu einem großen Sachschaden. Drei Monate später verließ Marty Balin die Band, und übrig war von den Originalmitgliedern nur noch Paul Kantner. Als neuer Leadsänger kam im April 1979 Mickey Thomas, der auf Alvin Bishops Hit »Fooled Around And Fell In Love« die Leadstimme gesungen hatte. Von Balin erschienen einige sehr gute und auch erfolgreiche Platten. Insgesamt neun LPs von Jefferson Starship wurden vergoldet. Dann kam es 1984 zu Schwierigkeiten in der Band: Urmitglied Paul Kantner stieg aus und verbot den anderen Musikern, unter dem bisherigen Gruppennamen weiterzumachen. Also ließ man Jefferson fallen, wurde zu Starship und machte mit Titeln wie »We Built This City« noch einmal darauf aufmerksam, dass sie es waren, die an der Musikgeschichte von San Francisco entscheidend mitgebastelt hatten.

1989 erschien wieder ein Album von Jefferson Airplane in der Besetzung Balin, Slick, Kantner, Kaukonen und Casady. Die Platte brachte ihnen einen Preis des Musikmagazins ›Rolling Stone‹ ein: für das unwillkommenste Comeback einer Band. 1990 trennten sich die Musiker wieder. 1996 wurden sie in die Rock and Roll Hall of Fame aufgenommen. Im Herbst 1998 erschien mit »Windows Of Heaven« nach neun Jahren ein neues Studioalbum von Jefferson Starship. Von den alten Musikern waren noch Balin, Kantner und Casady mit von der Partie – als neue Sängerin fungierte Diana Mangano.

Die erfolgreichsten Alben von Jefferson Airplane: »Surrealistic Pillow« (3/67 US-LP 3), »After Bathing At Baxter's« (12/67 US-LP 17), »Crown Of Creation« (9/68 US-LP 6), »Bless Its Pointed Little Head« (3/69 US-LP 17), »Volunteers« (11/69 US-LP 13, 3/70 GB-LP 34) und »The Worst Of Jefferson Airplane« (12/70 US-LP 12).
Erfolgsalben von Jefferson Starship: »Dragon Fly« (10/74 US-LP 11), »Red Octopus« (7/75 US-LP 1), »Spitfire« (7/76 US-LP 3, 7/76 GB-LP 30), »Earth« (3/78 US-LP 5) und »Freedom At Point Zero« (12/79 US-LP 10, 2/80 GB-LP 22).
Die erfolgreichsten Alben von Starship: »Knee Deep In The Hoopla« (10/85 US-LP 7) und »No Protection« (7/87 US-LP 12, GB-LP 26).

Somebody To Love (4/67 US 5)
White Rabbit (6/67 US 8)
Miracles (8/75 US 3)
Count On Me (3/78 US 8)
We Built This City (9/85 US 1; 12/85 D 10)
Sara (12/85 US 1)
Nothing's Gonna Stop Us Now (1/87 US 1; 3/87 GB 1, D 3)
It's Not Over ('Til It's Over) (6/87 US 9)
AOR (Adult Orientated Rock), Psychedelic, Rock, We

Siehe auch: Balin, Marty

Jeffreys, Garland

GARLAND JEFFREYS v (USA, in Brooklyn/New York City)
Garland wurde 1944 als Sohn eines Mulatten und einer Puertoricanerin geboren. Er studierte Kunst, war für ein Jahr an der Uni in Florenz, gab sein Studium aber dann zugunsten der Musik auf. Zuerst sang er in Clubs in New York, dann mit der Band Grinder's Switch, mit der er 1969 eine LP aufnahm. 1970 sah Garland wieder als Solist in Kaffeehäusern. In den folgenden sieben Jahren entstanden eine LP und zwei Singles, die von der Kritik gelobt und von den Käufern übersehen wurden. Eine dieser Singles, »Wild In The Streets«, gilt als Klassiker in Sachen Underground. 1976 unterschrieb er einen Plattenvertrag bei A&M, und ein Jahr später erschien die LP »Ghost Writer« (3/77 US-LP 140). Diese Mixtur aus Rhythm & Blues, Rock und Reggae, die Garland präsentierte, kam beim amerikanischen Publikum nicht sonderlich gut an. Seinen ersten internationalen Erfolg hatte er demzufolge auch nicht in den USA, sondern in Deutschland mit »Matador«. Auf der Single »Hail Hail Rock 'n' Roll« (12/91 D 12) zählt Garland noch einmal die Helden des Rock 'n' Roll auf. Das Video zu dieser Platte zeigte wohl die Hauptschwierigkeit, mit der sich Garland auseinander zu setzen hat: Er ist weder weiß noch schwarz, was ihn in den USA für beide Lager bedauerlicherweise inakzeptabel macht.

Matador (6/80 D 2)
AOR (Adult Orientated Rock), Reggae, Rhythm & Blue

Jelly Beans

ALAN BREWER v, MAXINE HERBERT v, ELYSE HERBERT v, DIANE TAYLOR v, CHARLES THOMAS v
Diese farbige Formation aus Jersey City, New Jersey, erhielt 1964 einen Plattenvertrag. Die Produzenten und Songschreiber Ellie Greenwich und Jeff Barry nahmen zwei Singles mit ihnen auf. Die erste, »I Wanna Love Him So Bad«, wurde gleich ihr größter Erfolg. Die Nachfolgesingle »Baby Be Mine« erreichte nur noch Platz 51. Während Phil Spector sehr viel Wert auf seine Wall of Sound legte, ging es bei den Musikstücken von Barry und Greenwich um typische Teenagerlyrik, viel Melodie und einen simplen Hook. Die Formation Jelly Beans verschwand nach ihren beiden Singles wieder in der Versenkung.

I Wanna Love Him So Bad (6/64 US 9)
Pop

Jellybean

JELLYBEAN mix (USA, * 7. 11. 1957 als John Benitez in Bronx/New York City)

Er gilt als der ›Godfather of Remixes‹ – und genau damit hatte er auch seine ersten Erfolge. Für die Musik zu »Flashdance« 1982 saß er am Mischpult. Sein Debüt als Produzent gab er 1983 mit Madonnas Titel »Holiday«. Auch Songs wie »Say Say Say« von Paul McCartney oder »Love Is A Battlefield« von Pat Benatar wurden von ihm bearbeitet. Seinen ersten eigenen Erfolg hatte Jellybean – diesen Spitznamen handelte er sich ein, weil er eine Vorliebe für eine ganz besondere Sorte Gummibärchen hat – mit »Sidewalk Talk«, geschrieben von Madonna. Sein größter Erfolg war »Who Found Who«. Was Jellybean, außer dass er an den Reglern sitzt, noch für seine Platten tut, ist nicht ganz klar. Der Gesang jedenfalls stammt von Interpreten wie Adele Bertai, Steven Dante, Richard Darbyshire oder Elisa Fiorillo. Als Remixer jedenfalls scheint er wirklich zu den ganz Großen zu gehören. Hall & Oates, Whitney Houston, David Bowie, Elvis Costello, Debby Harry oder Billy Joel sind alles Interpreten aus der Pop-Oberliga, die mit seinen Remixen Charterfolge feierten.

Who Found Who (11/87 GB 10)
Techno

Jesus & Mary Chain

BOBBY GILLESPIE v, d (Großbritannien, * 22. 6. 1964 in Schottland), DOUGLAS HART b (Großbritannien, in Schottland), JOHN MOORE d (Großbritannien, * 23. 12. 1964 in Schottland), JIM REID v, g (Großbritannien, * 29. 12. 1961 in Glasgow/Schottland), WILLIAM REID v, g (Großbritannien, * 28. 10. 1958 in Glasgow/Schottland), RICHARD THOMAS d (Großbritannien, in Schottland)

Diese schottische Band aus East Kilbride ließ die psychedelische Experimentierfreudigkeit der 60er Jahre wieder auferstehen und gilt als Mitbegründer des Noise Pop. Der Gesang beschwört, die Gitarren leisten Minimalarbeit, dazu hämmernde Velvet-Akkorde. 1985 kam mit »Never Understand« die erste Single der Formation in die britischen Charts. Die Musiker waren 1983 zusammen gekommen. Ende 1985 erschien mit »Psychocandy« (11/85 GB-LP 31) das Debütalbum der Band, das von der britischen Musikpresse als ›Post-Punk-Meisterstück‹ gefeiert wurde. Darauf die Nummer »Some Candy Talking« (7/86 GB 13). Im Januar 1986 entschloss sich die Band, ein halbes Jahr zu pausieren. Gillespie nutzte die Zeit und gründete seine eigene Band Primal Scream, in der er als Leadsänger fungierte. Als im August 1986 wieder Live-Auftritte von Jesus & Mary Chain anstanden, saß John Moore am Schlagzeug. Wenig später setzte er sich wieder von der Band ab und gründete John Moore's Expressway. 1987 zeigte William Reid als Leadsänger, außer ihm war nur noch sein Bruder dabei. Die beiden gingen auch auf Tour, und während der Auftritte wurden durch einen Roadie von Kassette die Schlagzeugparts über PA eingespielt. Die beiden Brüder Reid hatten immer wieder Probleme mit Drogen, die ihnen internationale Gefängniserfahrung verschafften. In Toronto zog Reid Fans vor der Bühne den Mikrofonständer über den Kopf. Wenig später weigerte sich das US-Fernsehen, Titel der Band zu spielen, weil sie den Namen als Blasphemie bezeichneten. Im August 1988 kam mit Richard Thomas von der Gruppe Dif Juz ein neuer Schlagzeuger. Wer allerdings neben den beiden Brüdern Reid spielt, ist belanglos – sie geben die Richtung der Gruppe an. Die erfolgreichsten Alben: »Darklands« (9/87 GB-LP 5), »Barbed Wire Kisses« (4/88 GB-LP 9), »Automatic« (10/89 GB-LP 11), »Honey's Dead« (4/92 GB-LP 14), »The

Sound Of Speed« (7/93 GB-LP 15) und »Stoned And Dethroned« (8/94 GB 13).

April Skies (5/87 GB 8)
Reverence (2/92 GB 10)
Pop, Rock

Jesus Jones

BARRY D key (Großbritannien, * 29. 9. 1965 als Richard Foxwell Baker in Carshalton/Surrey), JERRY DEBORG g (Großbritannien, * 30. 10. 1963 in Kentish Town/London), MIKE EDWARDS v (Großbritannien, * 22. 6. 1964 als Michael James in London), GEN d (Großbritannien, * 23. 4. 1964 als Simon Matthews in Devizes/Wiltshire), ALAN JAWORSKI b (Großbritannien, * 31. 1. 1966 als Doughty in Plymouth/Devon)
Von der Presse wurden sie als Klaukünstler bezeichnet, und es wurde klar gemacht, dass ›fünf soundsostarke Londoner Jungs mit Erfolg im Grabbeltisch der Popgeschichte nach recyclingfähigen Teilen für ihr wüstes Musikpuzzle wühlen.‹ Jesus Jones schaffte 1991, was nur wenigen Bands gelingt. Sie überzeugten die Popfans, die Techno-House-Freaks und gleichzeitig die College-Rock-Radiohörer. Die Band aus London wurde 1988 von Mastermind Mike Edwards gegründet, der neben EMF das Zugpferd der sogenannten New British Invasion in den USA war. Ihr zweites Album »Doubt« (2/91 GB-LP 1, US-LP 25) erreichte Platinstatus. Den ersten Singleerfolg hatte die Band 1989 mit »Info-Freako« (2/89 GB 42). Ein weiteres Erfolgsalbum war »Perverse« (2/93 GB-LP 6).

International Bright Young Thing (1/91 GB 7)
Right Here, Right Now (4/91 US 2)
Real, Real, Real (8/91 US 4)
The Devil You Know (1/93 GB 10)
Pop, Rock

Jesus Loves You

MARK HAMILTON b (Großbritannien, * 21. 3. 1977), RICK MCMURRAY d (Großbritannien, * 11. 7. 1975 in Larne, Co. Antrim/Nordirland), TIM WHEELER v, g (Großbritannien, * 4. 1. 1977 in Downpatrick, Co. Down/Nordirland)

Siehe Boy George

Jethro Tull

MICK ABRAHAMS v, g (Großbritannien, * 7. 4. 1943 in Luton/Bedfordshire), MARTIN ALLCOCK key, IAN ANDERSON v, fl (Großbritannien, * 10. 8. 1947 in Edinburgh), BARRIEMORE BARLOW d (Großbritannien, * 10. 9. 1949), MARTIN BARRE g (Großbritannien, * 17. 11. 1946), CLIVE BUNKER d (Großbritannien, * 12. 12. 1946 in Blackpool), GERRY CONWAY d (Großbritannien, * 11. 9. 1947 in Norfolk), GLENN CORNICK b (Großbritannien, * 24. 4. 1947 in Barrow-in-Furness/Cumbria), MARC CRANEY d, JOHN EVANS d (Großbritannien, * 28. 3. 1948 als Evan in Blackpool), JOHN GLASCOCK b (Großbritannien, in London, † 17. 11. 1979), JEFFREY HAMMOND-HAMMOND b (Großbritannien, * 30. 7. 1946), EDWIN JOBSON key (Großbritannien, * 28. 4. 1955 in Billingham/Teeside), DAVE PEGG b (Großbritannien, * 2. 11. 1947), DOANE PERRY d, PETER-JOHN VITTESSE key
Wer neben Ian Anderson mit Jethro Tull gespielt hat, ist völlig unerheblich. Den Sound bestimmte Ian, dessen Markenzeichen das einbeinige Flötenspiel war. 1963 gründete er zusammen mit Jeffrey Hammond-Hammond und John Evans die Gruppe Blades, benannt nach dem Lieblingsclub von James Bond. Mitte der 60er Jahre spielten sie vorwiegend jazzorientierten Blues und tanzbare Soulmusik, änderten ihren Namen erst in John Evan Band, dann in John Evan's Smash. John Evans Name stand hauptsächlich deshalb

im Vordergrund, weil seine Mutter den Kleintransporter bezahlte, mit dem die Band durch die Gegend fuhr. 1967 verließ Hammond-Hammond die Gruppe und wurde durch Cornick ersetzt. Nach einem London-Trip blieben nur noch Anderson und Cornick übrig, die um sich mit Mick Abrahams und Clive Bunker eine neue Formation aufbauten. Aus den Namen Navy Blue, Bag Of Blues und Jethro Tull suchten sie sich den letztgenannten, Name eines Agrarwissenschaftlers, aus. Im Frühjahr 1968 erschien ihre erste Single, die jedoch nicht erfolgreich war. Im August desselben Jahres traten sie beim Sunbury Jazz & Blues Festival auf und räumten ab. Die Plattenfirma Island Records bot ihnen einen Vertrag an. Ihre erste LP war »This Was«. Nur einen Monat später gab es Schwierigkeiten innerhalb der Band. Anderson und Abrahams stritten sich so, dass Mick die Formation verließ und Blodwyn Pig gründete. Für ihn kamen kurzfristig Tony Iommi, später Black Sabbath, und David O'List von Nice, bevor Martin Barre endgültig den Platz besetzte. Singleplatten der Band waren nicht sonderlich erfolgreich. Ihre LPs blieben Renner. Bis Ende 1992 brachten sie alleine in den USA 24 LPs in die Charts. Ihre erfolgreichsten waren: »This Was« (11/68 GB-LP 10), »Stand Up« (8/69 GB-LP 1, 10/69 US-LP 20, D-LP 5), »Benefit« (5/70 GB-LP 3, US-LP 11, D-LP 5), »Aqualung« (4/71 GB-LP 4, D-LP 5, 5/71 US-LP 7), »Thick As A Brick« (3/72 GB-LP 5, 4/72 D-LP 2, 5/72 US-LP 1), »Living In The Past« (6/72 D-LP 8, 7/72 GB-LP 8, 11/72 US-LP 3), »A Passion Play« (7/73 US-LP 1, GB-LP 13, 8/73 D-LP 5), »War Child« (10/74 US-LP 2, 11/74 GB-LP 14, D-LP 27), »Minstrel In The Gallery« (9/75 US-LP 7, GB-LP 20, 10/75 D-LP 30), »M.U. – The Best Of Jethro Tull« (1/76 US-LP 13), »Songs From The Wood« (2/77 GB-LP 13, 3/77 US-LP 8, D-LP 34), »Crest Of A Knave« (9/87 GB-LP 19, D-LP 10, 10/87 US-LP 32) und »Rock Island« (9/89 GB-LP 18, D-LP 5).

Die Musiker innerhalb der Band wechselten recht schnell. 1979 starb John Glascock nach einer Herzoperation. 1989 wurde zum ersten Mal ein Grammy Award für die Kategorie Best Hard Rock/Metal Performance vergeben, und den gewann ausgerechnet Jethro Tull. 1993 – zum 25jährigen Jubiläum dieser Gruppe, i. e. Ian Anderson – erschien eine CD-Kassette in der Aufmachung einer Zigarrenkiste und brachte auf drei CDs Live-Material von Jethro Tull, auf einer waren die klassischen Songs als Remixe zu finden. Dabei ein aufwändiges Beiheft, in dem alle 21 Musiker abgebildet sind, die als feste Mitglieder in der Band waren.

Living In The Past (5/69 GB 3)
Sweet Dream (11/69 GB 7)
Teacher/The Witch's Promise (1/70 GB 4)
AOR (Adult Orientated Rock), Pop, Rock

Jets

EUGENE WOLFGRAMM (USA, * 24. 9. 1967 in Samoa/South Pacific), ELIZABETH WOLFGRAMM (USA, * 19. 8. 1972 in Salt Lake City/Utah), KATHI WOLFGRAMM (USA, * 6. 9. 1970 in San Diego/Kalifornien), HAINI WOLFGRAMM (USA, * 25. 1. 1968 in San Francisco), RUDY WOLFGRAMM (USA, * 1. 3. 1969 in Salt Lake City/Utah), EDDIE WOLFGRAMM (USA, * 14. 8. 1966 in Torrance/Kalifornien), LEROY WOLFGRAMM (USA, * 19. 7. 1965 in Tonga/South Pacific), MOANA WOLFGRAMM (USA, * 13. 10. 1973 in Salt Lake City/Utah)

Die Eltern dieser 1984 in Minneapolis gegründeten achtköpfigen Geschwistertruppe, Mormonen, stammten von der Südpazifikinsel Tonga. Von dort zogen sie nach Kalifornien, dann nach Salt Lake City und schließlich nach Minneapolis. Leroy hatte schon 1978 mit seiner Mutter Vake und einigen Schwestern die Formation Quasar gegründet, die polynesische

Songs in Clubs und Hotels vortrug. Als sie in Minneapolis in einem Hotel auftraten, das Bankrott anmelden musste und sie kein Geld erhielten, blieben sie dort. 1984 wurde aus Quasar Jets. Alle Mitglieder können zumindest zwei Instrumente spielen. Don Powell, ein ehemaliger Manager von Motown Records, sah sie und finanzierte ein Demoband, das zu einem Vertrag mit der Plattenfirma MCA führte. Don wurde ihr Manager. Ihr erstes in den Charts notiertes Album »The Jets« (4/86 US-LP 21) wurde mit Platin ausgezeichnet, »Magic« (11/87 US-LP 35) erhielt noch Gold. Eugene hatte die Jets 1988 verlassen, um unter dem Pseudonym Gene Hunt zusammen mit Joe Pasquale das Duo Boys Club zu gründen. 1992 mussten die Jets Bankrott anmelden, weil sie angeblich ihrem Manager 500 000 Dollar schuldeten. Danach spielten sie wieder wie in ihren Anfangstagen im Mittleren Westen. Ihr erster Hit »Crush On You« wurde 1997 durch den Kindersänger Aaron Carter wieder neu belebt.

Crush On You (4/86 US 3; 1/87 GB 5)
You Got It All (11/86 US 3)
Cross My Broken Heart (6/87 US 7)
Rocket 2 U (1/88 US 6)
Make It Real (4/88 US 4)
Pop

Jett, Joan

JOAN JETT v, g (USA, * 22. 9. 1959 als Larkin in Philadelphia/Pennsylvania)
Joan begann 1976 in der rein weiblichen Hard-Rockband Runaways, deren größter Erfolg 1977 die LP »Queens Of Noise« war, die es in den US-Charts bis auf Platz 172 brachte. 1979 fielen die Runaways wieder auseinander. Joan ging nach London und nahm dort Platten mit den ehemaligen Sex Pistols Paul Cook und Steve Jones auf. Im Juli 1980 wurde sie mit Herzklappeninfektion und Lungenentzündung in ein Krankenhaus eingeliefert. Nach der Genesung gründete sie Joan Jett & The Blackhearts, die ab Anfang 1982 erfolgreich waren. Ihr erster Hit erhielt Platin: »I Love Rock 'n' Roll«. 1987 spielte sie in dem Film »Light Of Day« neben Michael Fox den Leader einer Rock-'n'-Roll-Band namens Barbusters. Ihre erfolgreichsten Alben, für die es jeweils Platin gab, waren »I Love Rock 'n' Roll« (12/81 US-LP 2, 5/82 GB-LP 25, 6/82 D-LP 31) und »Up Your Alley« (5/88 US-LP 19).

I Love Rock 'n' Roll (2/82 US 1; 4/82 D 6, GB 4)
Crimson And Clover (5/82 US 7)
I Hate Myself For Loving You (6/88 US 8)
Hard Rock, Pop

Jewel

JEWEL v (USA, * 23. 5. 1974 als Kilcher in Homer/Alaska)
Jewel wuchs auf einer riesigen Farm in der Nähe der Gemeinde Homer in Alaska auf. Ihr Großvater Yule war während des Zweiten Weltkrieges aus der Schweiz nach Alaska ausgewandert. Ihre ersten internationalen Schritte tat Jewel im Tross von Bob Dylan, Neil Young und Willy DeVille. 1995 legte sie eine Nonstop-Tournee durch die gesamten USA hin. Ihr Debütalbum »Pieces Of You« (2/96 US-LP 4) war bereits 1994 erschienen, kam dann schließlich in die Charts und verkaufte sich mehr als 11 Millionen Mal. Ihr erster Singlehit war »Who Will Save Your Soul« (6/96 US 11). Jewel war 1997 in zwei Kategorien für einen Grammy nominiert, kam aber nicht zum Zug. Nachdem die Nummer »You Were Meant For Me« 42 Wochen in den Charts war und langsam nach unten fiel, wurde am 13. 9. 1997 die Platte als Doppel-A-Seite verkauft. Als A-Titel wurde nun »Foolish Games« genannt – die Platte stieg wieder nach oben und kam erneut in die Top 10. Das lag aber sicher auch daran, dass die Nummer

»Foolish Games« in dem Film »Batman & Robin« zu hören war. 1998 veröffentlichte sie die Gedichtesammlung »A Night Without Amour«, spielte in dem Bürgerkriegsfilm »Ride With The Devil« eine Hauptrolle und veröffentlichte im November ihr zweites Album »Spirit« (12/98 US-LP 3 – vierfach Platin), das von Kritikern schon im Vorfeld als brillant bezeichnet und in der Woche des Erscheinens in den USA mit Platin bedacht wurde. Daraus ausgekoppelt: »Hands«. Es folgte »Down So Long« (6/99 GB 38). 1999 veröffentlichte sie ein Weihnachtsalbum mit dem Titel »Joy« und Ende 2001 kam sie mit dem Album »This Way« (12/01 US-LP 9) und der Single »Standing Still« (11/01 US 25).

You Were Meant For Me (11/96 US 2)
Foolish Games/You Were Meant For Me (9/97 US 7)
Hands (10/98 US 6)
Folk, Pop

Jigsaw

BARRIE BERNARD b (Großbritannien, * 27. 11. 1944 in Coventry), TONY CAMPBELL g (Großbritannien, * 24. 6. 1944 in Rugby/Midlands), DES DYER v, d (Großbritannien, * 22. 3. 1948 in Rugby/Midlands), CLIVE SCOTT key (Großbritannien, * 24. 2. 1945 in Rugby/Midlands)
Bernard hatte mit Pinkerton's Assorted Colours gespielt, Campbell mit den Mighty Avengers. Scott und Dyer hatten ihr Geld als Songschreiber z. B. für Engelbert verdient. 1966 kam es zur Gründung von Jigsaw. Sie brauchten neun Jahre und dreizehn Singles, bis sie endlich mit einem Titel aus dem Film »The Man From Hong Kong« ihren ersten – und größten – Erfolg hatte: »Sky High«, veröffentlicht auf ihrem eigenen Label Splash. »Love Fire« (2/76 US 30) und »If I Have To Go Away« (8/77 GB 36) blieben ihre einzigen weiteren Top-40-Notierungen. 1989 gingen Dyer und ein weiteres Originalmitglied von Jigsaw erneut ins Studio, um zusammen mit dem Mix-Mastermind Phil Harding, der für Erfolge von ABC, Depeche Mode oder Womack & Womack zeichnet, »Sky High« noch einmal völlig neu zu produzieren – es wurde ein Flop.

Sky High (8/75 US 3; 11/75 GB 9)
Pop

Jilted John

GRAHAM FELLOWES v (Großbritannien, in Sheffield)
Hinter diesem Pseudonym verbarg sich der Schauspieler Graham Fellowes. Mit der selbst geschriebenen Nummer »Jilted John«, einem Monolog über die Leiden eines jungen Liebenden, hatte er seinen einzigen Hit. Nach diesem Erfolg veröffentlichte er eine LP, die dann auch eine Antwort von Jilted Johns Rivalen Gordon The Moron enthielt. Danach wandte er sich wieder ganz der Schauspielerei zu und übernahm z. B. für einige Monate die Rolle des Les Charlton in der britischen Seifenoper ›Coronation Street‹, dem Vorbild der deutschen Produktion ›Lindenstraße‹.

Jilted John (12/78 GB 4)
Pop

Jimmy & The Rackets

JAMES »JIMMY« DUNCOMBE v, g (Großbritannien, * 4. 4. 1943 in London), BARRY JEFFERS p (Großbritannien, * 20. 7. 1943 in London), LAWRENCE SPECTOR b (Großbritannien, * 28. 12. 1939 in London), REGINALD WASHINGTON d (Großbritannien, * 19. 4. 1942 in London)
Nachdem Duncombe in mehreren Amateurgruppen gespielt hatte, wurde er 1960 Gitarrist bei Sonny Stewart & The

Dynamos. Ab Herbst 1961 gastierten sie für rund ein Jahr in Deutschland. So spielten sie z. B. mit Tony Sheridan und den Beatles im Star-Club in Hamburg. Zurück in GB, stellte sich Duncombe eine eigene Band zusammen, die er Continentals nannte und mit denen er wieder nach Deutschland ging. Hier spielte die Gruppe, weil es mit den Auftritten nicht so recht klappen wollte, in Ludwigsburg am 25. 2. 1964 innerhalb von nur dreieinhalb Stunden zwölf Titel ein – die meisten davon waren Coverversionen bekannter Rock-'n'-Roll-Nummern. Eine Agentur sollte diese Stücke in Deutschland rumreichen, um Auftrittsmöglichkeiten zu ergattern. Derweil zogen sich die Musiker wieder nach GB zurück, stellten auch dort einer Agentur die Demobänder vor, die sofort eine Aufnahmesession organisierte. Die Band wurde Vorgruppe der Beatles und der Kinks und nahm als Hearts die erfolglose Platte »Young Woman/Black Eyes« auf. Währenddessen hatte das Tonstudio in Ludwigsburg die Bänder an die Plattenfirma Elite-Spezial verdealt, die den Titel »Skinny Minnie« veröffentlichte. Als Gruppennamen hatten sie sich Rackets ausgesucht. Es folgten »My Soul« (8/64 D 17), »Only You« (3/65 D 30) und »Pretend« (3/65 D 28), und nach dem Frühling 1965 waren die zwölf Titel, die die Jungs an jenem einen Tag aufgenommen hatten, aufgebraucht. Später eingespielte Titel waren nicht mehr erfolgreich. 1966 heiratete Duncombe eine Schweizerin und zog fest nach Zürich. Nach etlichen Umbesetzungen in der Band löste sie sich 1969 auf. Spätere Versuche von Duncombe, noch einmal als Platteninterpret sein Glück zu versuchen, scheiterten. Er arbeitete als Tontechniker und wurde schließlich in der Schweiz selbstständiger Berater für Konzeption und Betrieb von Tonstudios. Außerdem kümmerte er sich um die Belange der Schweizer Countrysängerin Doris Ackermann und seiner Tochter Miriam.

Skinny Minnie (8/64 D 6)
Rock 'n' Roll

Jive Bunny & The Mastermixers

LES HEMSTOCK dj (Großbritannien), IAN MORGAN mix (Großbritannien), JOHN PICKLES mix (Großbritannien), ANDY PICKLES mix (Großbritannien)
Das Konzept dieser Soundtüftler war simpel: Originalhits von den 20er bis 60er Jahren wurden gesampelt und tanzbar gemixt. Köpfe des Projektes Jive Bunny & The Mastermixers waren der Discjockey Les Hemstock und die Mixer Ian Morgan, Andy Pickles und John Pickles. Dazu kam eine John Anderson Band, die Übergänge ausglich. Heraus kamen, um es flapsig zu sagen, Mixed Pickles. Ob »Glenn Miller Medley« oder »Rock 'n' Roll Party Mix«, wüst wurde hier zusammengekoppelt, was nicht zusammengehört. Mit »Swing The Mood« hatte dieses Projekt Mitte 1989 die erste Platte auf dem Markt In den USA wurde die Platte vergoldet und erreichte Platz 11. Zusammengekoppelt war »Let's Twist Again« mit »In The Mood«, »Tutti Frutti« mit »Rock Around The Clock« usw. Nach 1990 war die Masche ausgereizt. Ihre erfolgreichsten Alben waren »Jive Bunny The Album« (12/89 GB-LP 2, 1/90 US-LP 26) und »It's Party Time« (12/90 GB-LP 23).

Swing The Mood (7/89 D 1, GB 1)
That's What I Like (10/89 D 6, GB 1)
Let's Party (12/89 GB 1)
That Sounds Good To Me (3/90 GB 4)
Can Can You Party (8/90 GB 8)
Techno

Jo Boxers

CHRIS BOSTOCK b (Großbritannien, * 23. 11. 1962 in Bristol), DAVE COLLARD key (Großbritannien, * 17. 1. 1961 in Bris-

tol), ROB MARCHE g (Großbritannien, * 13. 10. 1962 in Bristol), SEAN MCLUSKY d (Großbritannien, * 5. 5. 1961 in Bristol), DIG WAYNE v (USA, * 20. 7. 1958)
Diese Band, die nur 1983 erfolgreich war, hatte als Leadsänger den farbigen Amerikaner Dig Wayne. Der Rest der Truppe hatte vorher als Begleitgruppe von Vic Godard gespielt und sich Subway Sect genannt. Die Pop-Soul-Band spielte eine Mischung aus englischem Soul, Swing und Rhythm & Blues. Weitere Hitnotierungen waren »Just Got Lucky« (9/83 US 36) und »Johnny Friendly« (8/83 GB 31). 1986 trennten sich Jo Boxers. Dig Wayne machte mit Unterstützung von Dave Collard und Mike Reilly (früher bei Matt Bianco) eine Solo-LP. Der Rest der Musiker wurde nun bis 1989 Begleitgruppe von Sandie Shaw. 1989 verließ Chris Bostock die Musiker. Rob Marche und Sean McLusky gründeten die Formation If?, die 1991 wieder auseinander fiel. Dig Wayne arbeitete als Schauspieler/Sänger. Für etliche Jahre spielte er im Londoner West End in »Five Guys Named Mo«. Danach sah man ihn in Filmen wie »Judge Dredd« und »Young Americans«. Anfang 2000 arbeitete er als Bühnenbildner in Los Angeles.

Boxer Beat (2/83 GB 3)
Just Got Lucky (5/83 GB 7)
Pop, Soul

Jo Jo Gunne

MATTHEW ANDES v, g (USA, in Kalifornien), MARK ANDES b (USA, * 19. 2. 1948 in Philadelphia/Pennsylvania), STAR DONALDSON g, JAY FERGUSON v, g, p (USA, * 10. 5. 1947 als John in Burbank/Kalifornien), JAMES RANDALL b (USA, * 14. 2. 1949 in Dallas/Texas), CURLY SMITH d (USA, * 31. 1. 1952 in Wolf Point/Montana), CHRIS STAEHELY g (USA, * 25. 1. 1952 in Austin/Texas)
Diese Band gilt in den USA als führender Vertreter des frühen Punk Rock. 1971 kamen verschiedene Mitglieder von erfolgreichen Bands, um Jo Jo Gunne zu gründen. Ferguson und Mark Andes waren vorher bei Spirit, Matt Andes hatte mit Canned Heat gespielt und Curly Smith mit Pumpkin. 1972 erhielten sie einen Plattenvertrag und hatten mit »Run Run Run« (3/72 US 27) ihren einzigen Hit. 1973 kam für Mark Andes James Randall. 1974 ging Matt Andes und wurde durch Star Donaldson ersetzt. Ein Jahr später trennte sich die Gruppe, und Jay Ferguson machte erfolgreich Soloplatten. Mark Andes wurde Mitglied bei Firefall und Heart.

Run Run Run (3/72 GB 6)
Punk, Rock

Jodeci

JO JO HAILEY v (USA, * 10. 6. 1971 als Joel Hailey in Charlotte/North Carolina), K-CI HAILEY v (USA, * 2. 9. 1969 als Cedric Hailey in Charlotte/North Carolina), MR. DALVIN v (USA, * 23. 7. 1971 als Dalvin DeGrate in Newport News/Virginia), DE VANTE SWING v (USA, * 29. 9. 1969 als Donald DeGrate in Newport News/Virginia)
Die beiden schwarzen Brüderpaare aus North Carolina veröffentlichten 1991 ihr Debütalbum »Forever My Lady«, (9/91 US-LP 18), das sich über drei Millionen Mal verkaufte und einen Soul Train Award gewann. Daraus ausgekoppelt wurden etliche Hits, darunter »Forever My Lady« (10/91 US 25) und »Come & Talk To Me« (4/92 US 11). 1993 erschien ein neues Album der Jodeci mit dem Titel »Diary Of A Mad Band« (1/94 US-LP 3). Darauf auch zu finden: der Millionseller »Lately«, »Cry For You« (11/93 US 15, 1/95 GB 20) und »Feenin'« (3/94 US 25, 7/94 GB 18). Im Herbst 1995 kam dann das Album »The Show – The After-Party – The Hotel« (7/95 GB-LP 4, 8/95 US-LP 2). Erfolgreiche Sing-

leauskopplungen daraus: »Freek'N You« (6/95 US 14, GB 17), »Love U 4 Life« (11/95 US 31, GB 23) und »Get On Up« (5/96 US 22, GB 20).

Lately (6/93 US 4)
Rhythm & Blues

Siehe auch: K-Ci & JoJo

Joe

JOSEPH THOMAS v, g (USA, in Cuthbert/ Georgia)
Joe (* 1972), ein Priestersohn, lernte von seinem Vater das Gitarre-, Schlagzeug- und Klavierspielen. Außerdem sang er im Kirchenchor. Erstmals tauchte er mit »I'm In Luv« (8/93 US 64, 1/94 GB 22) in den Charts auf. In GB folgte der Top-40-Hit »The One For Me« (6/94 GB 34). Danach war länger Funkstille und dann kam die Platte »All The Things (Your Man Won't Do)« (2/96 US 11, 4/96 GB 34), die es zu Gold brachte. Für den Film »Body Call« nahm Joe den Titel »Don't Wanna Be A Player« (5/97 US 21, 6/97 GB 16) auf, der ebenfalls vergoldet wurde. Wieder nur in den britischen Top 40 waren »The Love Scene« (9/97 GB 22) und »Good Girls« (1/98 GB 29). Als Gast von Big Punisher war Joe auf »Still Not A Player« (6/98 US 24) zu hören. Dieser Titel kombinierte die beiden Stücke »I'm Not A Player« von Big Punisher und »Don't Wanna Be A Player« von Joe. Wieder aus einem Film, »Rush Hour«, stammte die Nummer »Faded Pictures« (12/98 US 10), die Joe zusammen mit Case aufgenommen hat. Als Gast von Mariah Carey machte Joe die Nummer »Thank God I Found You« (12/99 US 1, 2/00 D 28, 3/00 GB 10) – außer ihm machten auf dieser Platte auch 98 mit. Dann kam mit »I Wanna Know« endlich die erste eigenständige Top-10-Platte für Joe. Sein erstes Album war »Everything« (9/93 US-LP 105, 2/94 GB-LP 53). Album zwei erreichte schon eine bessere Platzierung: »All That I Am« (8/97 US-LP 13, 8/97 GB-LP 26). Dann kam »My Name Is Joe« (5/00 US-LP 2). Zusammen mit der Gruppe Mystikal gelang ihm der Top-10-Hit »Stutter« (4/01 D 12). Der Titel stammte aus dem Film »Double Take«. Alleine sang er die Hits »I Wanna Know« (5/01 GB 37) und »Let's Stay Home Tonight« (2/02 GB 29).
Inzwischen hatte sich Joe auch einen Namen als Songschreiber und Produzent gemacht. So betreuete er Aufnahmen von Mariah Carey, BeBe Winans und Babyface. Anfang 2002 erschien mit »Better Days« wieder ein neues Album von Joe.

I Wanna Know (1/00 US 4)
Stutter (1/01 US 1; 2/01 GB 7)
Rhythm & Blues

Siehe auch: Case

Joe Public

JOE »J. R.« CARTER v, g, JOSEPH JAKE SAYLES v, key, d, KEVIN »KEV« SCOTT v, d, b, DWIGHT »DEW« WYATT v, key, d
Das schwarze Quartett aus Buffalo brachte eine gesunde Mixtur aus Rap, gemixten Songs und neu geschriebenen melodischen Nummern. Jedes einzelne Mitglied steht sowohl als Sänger wie auch als Instrumentalist seinen Mann. Der Titel »Live And Learn« war wie ein Gegenpol zu den destruktiven Rap-Titeln Anfang der 90er Jahre. In Deutschland erreichte die Platte Platz 16.

Live And Learn (3/92 US 4)
Pop, Rap

Joel, Billy

BILLY JOEL v, p (USA, * 9. 5. 1949 als William Martin in Hicksville/Long Island N.Y.)
1964 gründete Billy seine erste Gruppe Echos, aus denen später die Lost Souls wurden. In den späten 60er Jahren spielte

er mit den Hassles, die eine erfolglose LP veröffentlichten. Danach machte er zusammen mit dem Schlagzeuger Jon Small das Hard-Rock-Duo Attila. Nach der Veröffentlichung eines Albums trennte sich dieses Duo schnell wieder, und Joel versuchte sich als Solist. Im April 1971 unterschrieb er einen Vertrag mit der Firma Family Productions, der ihn für die nächsten 20 Jahre an diese Company band. Family Productions erhielt Tantiemen aus allen Hits, die Billy Joel bis 1991 schrieb. Ende 1971 erschien das Album »Cold Spring Harbor«, das allerdings zu diesem Zeitpunkt keine Spuren in den Charts hinterließ. Ab 1974 war er als Solist und Songschreiber erfolgreich. Sein erster Hit war das mehr oder weniger autobiografische Stück »Piano Man« (2/74 US 25). 1985 heiratete er das Supermodel Christie Brinkley (von der er sich 1994 wieder trennte), 1987 war er auf Tournee in Russland und nahm dort eine Live-LP auf. 1990 gewann er den Grammy's Legend Award. Seine ersten Grammys hatte er bereits 1978 erhalten. »Just The Way You Are« war Platte und Song des Jahres. 1979 gewann er für »52nd Street« den Grammy für das Album des Jahres und den als bester Sänger. Ein Jahr später erhielt er den Grammy als bester Sänger für die LP »Glass House«. 1991 verlieh ihm die Universität Fairfield in Connecticut einen Ehrendoktor. Das Bemerkenswerteste an Billy Joel ist die Tatsache, dass er alle seine Hits alleine geschrieben hat. Lediglich »Cold Spring Harbor«, 1984 eine Wiederveröffentlichung seines ersten Albums aus dem Jahr 1971, und »Street Life Serenade« von 1974 erreichten in der amerikanischen Hitparade nicht den Status einer Platinplatte. 1993 veröffentlichte er nach einer längeren Pause die CD »River Of Dreams« (4 Millionen Mal verkauft), deren Titelsong als Single ein weltweiter Erfolg wurde. Das Plattencover wurde von Christie Brinkley gemalt, die erstens ein Supermodel und zweitens damals noch Joels Frau war. Mitte 1997 erschien mit »To Make You Feel My Love« eine neue Single von Billy – es handelt sich dabei um eine Komposition von Bob Dylan. Seine erfolgreichsten Alben: »Piano Man« (1/74 US-LP 27), »Turnstiles« (6/76 US-LP 122), »The Stranger« (10/77 US-LP 2, 3/78 GB-LP 25), »52nd Street« (10/78 US-LP 1, 11/78 GB-LP 10, 2/79 D-LP 19), »Glass House« (3/80 US-LP 1, GB-LP 9, 4/80 D 24), »Songs In The Attic« (10/71 US-LP 8), »The Nylon Curtain« (10/82 US-LP 7, GB-LP 27, D-LP 34), »An Innocent Man« (8/83 US-LP 4, D-LP 36, 9/83 GB-LP 2) und »Greatest Hits, Volume I & II« (7/85 US-LP 6, GB-LP 7, 8/85 D-LP 33), »The Bridge« (8/86 US-LP 7, GB-LP 38), »Kohu, ept« (11/87 US-LP 18), »Storm Front« (10/89 D-LP 5, 11/89 US-LP 1, GB-LP 5), »River Of Dreams« (8/93 US-LP, GB-LP 3, D-LP 2) und »The Ultimate Collection« (3/01 GB-LP 4). Insgesamt hat Billy mehr als 60 Millionen Alben verkauft – da spielen Singles nur noch eine untergeordnete Rolle.

Im August 2000 verkündete Billy Joel, vorerst keine Popmusik mehr zu machen: ›In der Klassik gibt es keine Beschränkungen, keine Radioformate, auf die man achten muss, keine Fragen, ob die kleinen Mädchen das wohl mögen. Ich kann alles tun.‹ Der klassisch ausgebildete Musiker sah sich dabei in guter Gesellschaft: ›Sting war Jazz-Musiker, Elton John hat Blues gespielt. Wir haben alle unsere Facetten‹.

Am 19. 12. 2001 zeigte Arte eine TV-Dokumentation unter dem Titel »Die Akte Joel«. Die Sendung handelte von Karl Joel, einem jüdischen Versandhandel-Besitzer, der mit seiner Familie aus Nazi-Deutschland flüchten musste – die Firma wurde von einem gewissen Josef Neckermann übernommen. Karl Joel war der Großvater von Billy – und so ritt Josef für Deutschland und spielte und sang Billy

für die USA. Die Sendung beinhaltete ein Treffen der Enkel von Karl und Josef. Dabei wurde klar, dass bei den Enkel-Neckermännern ein typischer Fall von fehlendem Schuldbewusstsein vorliegt.
Von der Stiftung ›MusiCares‹ wurde Billy zur ›Person des Jahres 2002‹ gewählt. Die Jury wollte damit ›sein musikalisches Werk und seine kreative Arbeit‹ würdigen.

Just The Way You Are (11/77 US 3)
My Life (11/78 US 3)
You May Be Right (3/80 US 7)
It's Still Rock And Roll To Me (5/80 US 1)
Tell Her About It (7/83 US 1; 12/83 GB 4)
Uptown Girl (9/83 US 3, GB 1)
An Innocent Man (12/83 US 10; 2/84 GB 8)
You're Only Human (Second Win) (7/85 US 9)
Modern Woman (6/86 US 10)
A Matter Of Trust (8/86 US 10)
We Didn't Start The Fire (9/89 GB 7, US 1; 11/89 D 4)
I Go To Extremes (1/90 US 6)
The River Of Dreams (6/93 GB 3, US 3; 8/93 D 4)
AOR (Adult Orientated Rock), Pop, Rock

John, Elton

ELTON JOHN v, p (Großbritannien, * 25. 3. 1947 als Reginald Kenneth Dwight in Pinner/Middlesex)
Elton, ein begnadeter Sänger, Pianist und Songschreiber, begann seine Karriere 1961 bei Bluesology, die sich nach einer Plattenserie von Django Reinhardt benannt hatten und ab 1965 professionell Musik machten. Die erste Platte dieser Formation hieß »Come Back Baby«, geschrieben von Elton. Im Dezember 1966 wurde Long John Baldry der Sänger dieser Formation, die sich kurz darauf in John Baldry Show umbenannte. Mitte 1967 verließ Elton Baldry, da er mit dessen Musikrichtung nicht einverstanden war. Im selben Jahr traf er Bernie Taupin, mit dem er eine lang anhaltende und sehr erfolgreiche Songschreiberkarriere begann. Im März 1968 erschien die erste Solosingle von Elton, »I've Been Loving You Too Long«. Die Platte wurde kein Hit, ebenso wenig wie seine zweite, »Lady Samantha«. Britische Interpreten wie Lulu, Roger Cook oder auch der alte Kollege Baldry nahmen zwischenzeitlich Stücke auf, die John und Taupin gemeinsam geschrieben hatten. Mitte 1969 erschien mit »Empty Sky« die erste LP von John, die auch nicht sonderlich erfolgreich wurde. John spielte zu diesem Zeitpunkt als Studiomusiker bei etlichen Produktionen mit. So ist er auf den Hollies-Titeln »He Ain't Heavy, He's My Brother« und »I Can't Tell The Bottom From The Top« als Pianist zu hören. Seine erste Singlenotierung hatte er mit »The Border Song«, im Herbst 1970 Platz 92 in der amerikanischen Hitparade. Danach ging es Schlag auf Schlag. Von diesem Zeitpunkt an bleibt Elton John bis ins 21. Jahrhundert erfolgreich. In den USA steht er in der Liste der erfolgreichsten Künstler seit 1955 hinter Elvis Presley, den Beatles, Stevie Wonder und James Brown auf Platz 5. In seiner Heimat GB tat er sich mit dem 1. Platz der Charts sehr schwer. Erst als er zusammen mit Kiki Dee »Don't Go Breaking My Heart« sang, gelang ihm Platz 1. Um ihm als Solist auch einmal einen Spitzenplatz zu gönnen, veröffentlichte seine Plattenfirma die beiden 1989er Hits »Healing Hands« und »Sacrifice« noch einmal als Doppel-A-Seite. Diese, seine 66., Single wurde vielleicht jedoch auch so erfolgreich, weil er in einer BBC-Talk-Show verkündete, dass alle Tantiemen für diese und alle zukünftigen Singles an Aids-Organisationen gehen werden. Im Duett mit George Michael, Kiki Dee und RuPaul gelangen ihm auch in den 90er Jahren Erfolge. 1994 wurde Elton John in die Rock and Roll Hall of Fame aufgenommen. In demselben Jahr schrieb er die Musik zu dem Walt-Disney-Film »Der König der Löwen«. Die Songs »Can You Feel The Love Tonight« und »Circle Of

Life« sind musikalische Höhepunkte des Films. Im März 1995 wurde »Can You Feel The Love Tonight« als bester Filmsong mit einem Oscar ausgezeichnet. Bereits im Frühjahr 1995 hatte die CD zum Film »König der Löwen« alleine in den USA sieben Millionen Exemplare abgesetzt. Natürlich erreichte sie auch Platz 1 in den US-Albumcharts. Anfang 1995 erschien sein Album »Made In England«, das von Kritikern als eins seiner besten Werke bezeichnet wurde. Seine erfolgreichsten Alben: »Elton John« (5/70 GB-LP 11, 10/70 US-LP 4), »Tumbleweed Connection« (1/71 GB-LP 6, US-LP 5), »Madman Across The Water« (11/71 US-LP 8), »Honky Chateau« (6/72 GB-LP 2, US-LP 1), »Don't Shoot Me I'm Only The Piano Player« (2/73 GB-LP 1, US-LP 1, 4/73 D-LP 16), »Goodbye Yellow Brick Road« (10/73 US-LP 1, 11/73 GB-LP 1), »Caribou« (7/74 GB-LP 1, US-LP 1, 9/74 D-LP 30), »Elton John's Greatest Hits« (11/74 GB-LP 1, US-LP 1), »Empty Skies« (2/75 US-LP 6), »Captain Fantastic And The Brown Dirt Cowboy« (6/75 GB-LP 2, US-LP 1, 7/75 D-LP 22), »Rock Of The Westies« (11/75 GB-LP 5, US-LP 1, 1/76 D-LP 33), »Here And There« (5/76 GB-LP 6, US-LP 4), »Blue Moves« (11/76 GB-LP 3, US-LP 3, 1/77 D-LP 39), »Greatest Hits Volume 2« (10/77 GB-LP 6, US-LP 21), »A Single Man« (11/78 GB-LP 8, US-LP 15, 5/79 D-LP 17), »Your Songs« (11/82 D-LP 1), »Too Low For Zero« (6/83 GB-LP 7, US-LP 25, 6/83 D-LP 5), »Breaking Hearts« (6/84 GB-LP 2, 7/84 US-LP 20, D-LP 5), »Ice On Fire« (11/85 GB-LP 3, D-LP 5), »Live In Australia« (7/87 US-LP 24), »Elton John's Greatest Hits Volume 3 (1979–1987)« (10/87 US-LP 84), »Sleeping With The Past« (9/89 GB-LP 1, US-LP 23, D-LP 9), »The Very Best Of Elton John« (11/90 GB-LP 1, D-LP 2), »The One« (6/92 GB-LP 2, D-LP 1, 7/92 US-LP 8), »Duets« (12/93 GB-LP 5, D-LP 10, US-LP 25), »Made In England« (4/95 GB-LP 3, US-LP 13, D-LP 4), »Love Songs« (11/95 GB-LP 4, D-LP 7, 10/96 US-LP 24) und »The Big Picture« (10/97 GB-LP 3, US-LP 9, D-LP 8).

Als am 6. September 1997 in London die Trauerfeier für Diana stattfand, sang Elton John in der Westminster Abbey für die Prinzessin von Wales, mit der er befreundet war. Bernie Taupin hatte den Text zum Hit »Candle In The Wind« für diesen Anlass umgeschrieben. Statt ›Goodbye, Norma Jean‹ hieß es jetzt ›Goodbye, England's Rose‹. Elton nahm diesen Titel unter der Leitung von George Martin neu auf und setzte ihn als zweite Nummer auf seine zu diesem Zeitpunkt aktuelle Single »Something About The Way You Look Tonight«. Diese Double-A-Side stieg am 20. 9. 1997 in GB und am 21. 9. 1997 in der Schweiz und am 22. 9. 1997 in Deutschland auf Platz 1 der Hitparaden ein. Bereits am 27. 9. 1997 hatte die Platte in GB mehr als 2,2 Millionen Exemplare verkauft und war mit 4-fach Platin ausgezeichnet worden. In der ersten Oktoberwoche zeichnete sich ab: Die Platte wird die meistverkaufte Single aller Zeiten. Zu diesem Zeitpunkt führte die Platte die Hitparaden in 14 Ländern an und es wurden bereits 21 Millionen Stück weltweit verkauft. In den USA erreichte die Platte am 11. 10. 1997 ebenfalls auf Anhieb Platz 1 und wurde an jenem Tage mit 8-fach (!) Platin ausgezeichnet. In den USA wurde die Single zuerst als »Candle In The Wind 1997/Something About The Way You Look Tonight« in den Charts notiert – so dürfte es auch realistischer sein. Später drehten sie es allerdings wieder um – hatte John interveniert? Die Spitzenverkäufer bis zu diesem Zeitpunkt: 30 Millionen Einheiten von »White Christmas« mit Bing Crosby und 25 Millionen von »Rock Around The Clock« mit Bill Haley & His Comets. Am 17. 10. 1997 kam schließlich die Meldung, dass bis zu diesem Datum innerhalb von 37 Tagen knapp 32 Millionen Singles von »Candle In The Wind 97« verkauft wurden – und damit war der Rekord von Bing Crosby überholt. Bing hatte für seine 30 Millionen Plattenverkäufe 55 Jahre gebraucht. Am 24. 2. 1998 schlug ihn die britische Königin – zum Ritter. Damit war auch er ein ›Sir‹. Hier noch ein paar Fakten, die nicht direkt mit seiner Musik zu tun haben:

Am 14. 2. 1984 heiratete Elton John die deutsche Tontechnikerin Renate Blauel – warum, weiß kein Mensch. Auf der anderen Seite: Er steckte viel Geld in den Fußballclub Watford, obwohl er nicht Fußball spielt. Inzwischen ist er von Renate wieder geschieden. 1973 hatte Elton seine eigene Plattenfirma Rocket Records gegründet. Als Schauspieler sah man ihn in der Filmversion von »Tommy«. Er spielte den Pinball Wizard. Mit der Presse hat Elton John seit Mitte der 70er Jahre einige Probleme. Ob es nun sein luxuriöses Haus, seine umfangreichen Sammlungen von Kleidung, Brillen, Hüten und Platten, seine privatesten Probleme, seine Glatzenbildung oder seine Gewichtsschwankungen sind – alles wird ausgewalzt. Elton John hat es jedoch geschafft, diese Dinge ohne Rufschädigung in den Griff zu bekommen. Er bleibt einer der erfolgreichsten und beständigsten Paradiesvögel im schnelllebigen Showgeschäft. Seinen ersten Top-10-Hit im Jahre 1999 hatte Elton zusammen mit der US-Countrysängerin LeAnn Rimes: »Written In The Stars«. Das Stück stammte aus dem Disney-Bühnenmusical »Aida«, das Elton zusammen mit Tim Rice geschrieben hatte.

Weder in seinen Liedern noch in seinem Handeln ist Elton je als politischer Mensch aufgefallen. Trotzdem hielt er es für richtig, im September 2000 bei einer Veranstaltung der US-Demokraten die Tasten für Al Gore zu rühren. Während eines Abendessens für 300 geladene Gäste setzte er sich an das Geflügel und sang mehr als die vier vorgesehenen Lieder. Er begründete seinen Einsatz folgendermaßen: ›Wenn Ihr für den Vizepräsidenten stimmt, geht es mit diesem Land aufwärts. Aber ich fürchte, es wird zurück ins Mittelalter geworfen, wenn Ihr für den anderen Kerl stimmt.‹ Eine schlimme Vorstellung, denn im Mittelalter war dort, wo sich die heutigen USA befinden, wirklich wenig los. Sein nächstes Album hieß »One Night Only – Greatest Hits« (11/00 GB-LP 7).

Im September 2001 kam er wieder mit einem neuen Studioalbum: »Songs From The West Coast« (10/01 GB-LP 2). Im Dezember kündigte er an, dies sei sein letztes Album. Bei einem Konzert in Manchester/New Hampshire in den USA sagte er zu den Fans: ›Ich liebe es, für Euch zu singen, aber ich hasse die Schallplattenindustrie.‹

Your Song (11/70 US 8; 1/71 GB 7)
Rocket Man (4/72 GB 2, US 6)
Honky Cat (8/72 US 8)
Crocodile Rock (11/72 GB 5, US 1, D 3)
Daniel (1/73 GB 4; 4/73 US 2)
Saturday Night's Alright For Fighting (7/73 GB 7)
Goodbye Yellow Brick Road (9/73 GB 6, US 2)
Bennie And The Jets (2/74 US 1)
Don't Let The Sun Go Down On Me (6/74 US 2; 12/91 D 4, GB 1, US 1)
The Bitch Is Back (9/74 US 4)
Lucy In The Sky With Diamonds (11/74 US 1, GB 10)
Philadelphia Freedom (3/75 US 1)
Someone Saved My Life Tonight (7/75 US 4)
Island Girl (10/75 US 1)
Pinball Wizard (3/76 GB 7)
Don't Go Breaking My Heart (7/76 GB 1, US 1, D 5; 2/94 GB 7)
Sorry Seems To Be The Hardest Word (11/76 US 6)
Song For Guy (12/78 GB 4)
Mama Can't Buy You Love (6/79 US 9)
Little Jeannie (5/80 US 3)
Blue Eyes (3/82 GB 8)
I Guess That's Why They Call It The Blues (4/83 GB 5, GB 5)
I'm Still Standing (7/83 GB 4; 9/83 D 10)
Sad Songs (Say So Much) (5/84 GB 7, US 5)
Passengers (8/84 GB 5)

Nikita (10/85 GB 3, D 1; 1/86 US 7)
That's What Friends Are For (11/85 US 1)
Candle In The Wind (11/87 US 6; 1/88 GB 5)
I Don't Wanna Go On With You Like That (6/88 US 2)
Sacrifice/Healing Hands (6/90 GB 1)
The One (6/92 GB 10, US 9)
True Love (11/93 GB 2)
Can You Feel The Love Tonight (5/94 US 4)
Circle Of Life (12/94 D 10)
Live Like Horses (12/96 GB 9)
Something About The Way You Look Tonight/ Candle In The Wind 1997 (9/97 GB 1, D 1)
Candle In The Wind 1997/Something About The Way You Look Tonight (10/97 US 1)
Written In The Stars (3/99 GB 10)
I Want Love (10/01 GB 9)
AOR (Adult Orientated Rock), Pop, Rock

Siehe auch: Rush, Jennifer

John, Robert

ROBERT JOHN v (USA, als Robert John Pedrick jr. in Brooklyn/New York City/New York)
Robert begann seine Karriere in einer der vielen typischen Street-Corner-Gruppen seiner Heimatstadt New York. Als Solist machte er mit zwölf Jahren seine erste Platte. Unter dem Namen Bobby Pedrick jr. stand Ende 1958 in den US-Charts der Titel »White Bucks And Saddle Shoes«. Die Platte erreichte Platz 74. Als Leadsänger der Formation Bobby & The Consoles hatte er 1963 einen regionalen Erfolg mit dem Titel »My Jelly Bean«. Ab 1968 veröffentlichte er Platten als Robert John und hatte seine erste Hitnotierung mit »If You Don't Want My Love« (4/68 US 49). Nach »The Lion Sleeps Tonight«, auch bekannt als »Wimoweh« und ein Hit mit den Tokens hörte man lange Jahre nichts mehr von ihm, bis er mit der selbst geschriebenen Nummer »Sad Eyes« einen Millionseller hatte. Nach vier weiteren Hitnotierungen bis 1983 war Robert John wieder aus den Hitparaden verschwunden. Stetiges Hindernis in der Karriere dieses ausgezeichneten Songschreibers und Sängers dürfte die Tatsache sein, dass er nicht der Typ für Titelseiten und Teenie-Postillen ist.

The Lion Sleeps Tonight (1/72 US 3)
Sad Eyes (5/79 US 1)
AOR (Adult Orientated Rock), Pop

Johnny Hates Jazz

CLARK DATCHLER v, key (Großbritannien, * 27. 3. 1961 in Surrey), CALVIN HAYES key, d (Großbritannien, * 23. 11. 1962 in London), MIKE NOCITO g, b (Deutschland, * 5. 8. 1959 in Wiesbaden), PHIL THORNALLY v, g (Großbritannien, * 5. 1. 1964 in Worlington/Suffolk)
Der erste war in diesem Fall auch der größte Erfolg dieser britisch-amerikanischen Formation: »Shattered Dreams«. Weitere Top-40-Hits waren »I Don't Want To Be A Hero« (8/87 GB 11, 9/87 D 17, 7/88 US 31), »Turn Back The Clock« (11/87 GB 12, 1/88 D 19) und »Heart Of Gold« (2/88 GB 19). Ihr erfolgreichstes Album hieß »Turn Back The Clock« (1/88 GB-LP 1, 1/88 D-LP 5).
Datchler hatte vorher bereits im Alter von 17 Jahren eine feste Anstellung in einem großen Musikverlag. Hayes – Sohn des erfolgreichen Produzenten und Plattenfirmenbesitzers Mickie Most – und der in England aufgewachsene Amerikaner Nocito kamen über die Studioarbeit zur Musik. Keyboarder Calvin lernte bei einer Session Kim Wildes Bruder Ricky kennen und arbeitete mit ihm als Koproduzent. Nocito hatte als Toningenieur an Platten von Pink Floyd, Cure und Police gearbeitet. Nachdem Datchler das Trio verlassen hatte, versuchte sich der Rest mit dem neuen Sänger Phil Thornalley – erfolglos. Clark zog mit seiner holländischen Freundin in die Niederlande, versuchte sich erfolglos als Solist und zog schließlich nach San Francisco.

Shattered Dreams (4/87 GB 5; 6/87 D 7; 3/88 US 2)
Elektro-Pop, Pop

Johns, Sammy

SAMMY JOHNS v (USA, * 7. 2. 1946 in Charlotte/North Carolina)
Seit seinen Jugendtagen war Sammy Johns ein Fan von Elvis Presley. Kein Wunder also, dass er stets bemüht war, sich so wie dieser zu bewegen und so zu singen. 1963 wurde Sammy Mitglied bei den Devilles, die mit dem Titel »Makin' Tracks« zumindest einen regionalen Hit landen konnten. Nach zehn Jahren löste sich die Gruppe auf, und Sammy sang als Solist weiter. Bei einem Auftritt in seiner Heimatstadt Charlotte, North Carolina, wurde er von Talentsuchern einer Plattenfirma aus Atlanta entdeckt, die ihn unter Vertrag nahmen. Nach zwei erfolglosen Singles veröffentlichte er »Early Morning Love«, Ende 1974 unter den Top 100 in den USA. Die Nachfolgeplatte »Chevy Van« wurde ein Millionseller. Diesen Erfolg konnte Sammy nicht mehr wiederholen.

Chevy Van (2/75 US 5)
Pop

Johnson, Andreas

ANDREAS JOHNSON v (Schweden)
Andreas wuchs als Sohn eines Jazzer-Ehepaares in der Nähe von Stockholm auf. Erst zog es ihn nach Berlin, dann nach New York. Schließlich ging er zurück nach Schweden und gründete die Gruppe Planet Waves. Die Band erhielt einen Plattenvertrag – trotzdem fiel sie wieder auseinander und Andreas versuchte sich als Solist. Mit »Glorious« hatte er seinen ersten Erfolg. Er zog mit der Rolling Stone Road Tour durch GB und durfte im Vorprogramm der Cranberries auftreten. Sein erstes Album hieß »Liebling« (1999), sein zweites »Daddly Happy« (2002). Die Single »Shine« kam Anfang 2002. Es handelte sich dabei um den Titelsong zum Film »666 – Trau keinem, mit dem du schläfst!«.

Glorious (2/00 GB 4)
Pop

Johnson, Don

DON JOHNSON v (USA, * 15. 12. 1948 in Flatt Creek/Missouri)
Don ist einer der vielen Macho-Schauspieler, die Mitte der 80er Jahre im Fernsehen so beliebt wurden. Dieses ›Geh-mir-aus-dem-Weg‹-Image mit knappen T-Shirts, Sonnenbrillen und Boss-Anzügen verkörperte kaum einer so glaubwürdig wie Don. Er als Detective James ›Sonny‹ Crockett war ab 1984 für etliche Jahre unschlagbar. Fünfzehn frustrierende Jahre hatte er hinter sich, als er die Rolle in der TV-Serie ›Miami Vice‹ erhielt. Seine erste Hauptrolle hatte er 1970 in dem psychedelischen Drogenfilm »The Magic Garden Of Stanley Sweetheart« übernommen, in dem die 60er-Jahre-Generation ziemlich merkwürdig dargestellt wurde. 1973 folgte der Kultfilm »A Boy And A Dog«, in dem wir lernten, was nach einem Atomkrieg so auf der Erde los ist. Ende der 70er Jahre begann Don sich mehr und mehr für die Arbeit im Fernsehen zu interessieren. Er machte zwischen 1976 und 1981 nicht weniger als fünf Pilotfilme für TV-Serien, die nie gedreht wurden. Außerdem wirkte Don in etlichen TV-Filmen mit, darunter ›Elvis And The Beauty Queen‹. Don war selbstverständlich Elvis. Nachdem die Rollen weniger und die Aufgaben kleiner wurden, handelte sich Don Alkoholprobleme ein, die die anderen Schwierigkeiten sicher nicht verringerten. Dann kam die Chance mit ›Miami Vice‹ – und Don wurde über

Nacht zum Star. Wer in einer TV-Serie eine gute Figur macht, darf auch singen – und Don machte das nicht schlecht. »Tell It Like It Is« war ein Nachzieher des Aaron-Neville-Hits aus dem Jahr 1966. Don Johnson war zweimal mit seiner Kollegin Melanie Griffith verheiratet. Seine erfolgreichsten Alben waren »Heartbeat« (9/86 US-LP 17, 1/87 D-LP 3) und »Let It Roll« (7/89 D-LP 3). Don Johnson weiß, wie man an den Plattenverkäufen besser verdienen kann: Er hat an den meisten B-Seiten seiner Hits mitgeschrieben.

Heartbeat (8/86 US 5; 12/86 D 6)
Tell It Like It Is (7/89 D 2)
Pop

Johnson, Holly

HOLLY JOHNSON v (Sudan, * 9. 2. 1960 als William in Khartum)
Holly wurde 1978 Mitglied bei Big In Japan und machte schließlich nach einigen Plattenaufnahmen, die kein kommerzieller Erfolg wurden, als Solist weiter. Im August 1980 war er bei der Gründung von Frankie Goes To Hollywood mit dabei, die 1984 die Hitparaden beherrschten. Nachdem sich die Gruppe im April 1987 offiziell aufgelöst hatte, versuchte sich Holly erneut als Solist und sollte dieses Mal erfolgreicher werden. Auch als Solist hatte Holly wieder Schwierigkeiten mit seinem neuen Label. Bei FGTH war er vor allem mit den finanziellen Konditionen nicht zufrieden gewesen, jetzt störte ihn, dass er als Mensch und Künstler nicht mit seinen Eigenheiten akzeptiert wurde. Er trennte sich von seiner Plattenfirma und sucht seitdem den idealen Vertrag. Die Zeit verbringt er mit dem Schreiben von Songs und einer Autobiografie. Außerdem malt er, was er als Therapie betrachtet. 1993 gab Johnson bekannt, er leide an der Immunschwäche Aids. Seit 1996 wurde er mit einer Kombinationstherapie behandelt. Seitdem, sagte er 2001, ginge es ihm gesundheitlich sehr viel besser. 2001 wurden seine Bilder in der Summer Exhibition der Royal Academy of Arts in London ausgestellt. Er selbst beschrieb seine Art der Malerei als figurativ, an Warhol erinnernd. Ebenfalls 2001 erschien mit »Soulstream« ein neues Album von Johnson. Sein erfolgreichstes Album heißt »Blast« (5/89 GB-LP 1, D-LP 5).

Love Train (1/89 D 4, GB 4)
Americanos (4/89 D 2, GB 4)
Elektro-Pop

Siehe auch: Frankie Goes To Hollywood

Johnson, Johnny & The Bandwagon

BILLY BRADLEY v (USA, in Rochester/New York), ARTHUR FULLILOVE v (USA, in New York City), JOHN JOHNSON v (USA, in Florida), TERRY LEWIS v (USA, in Baltimore/Maryland)
Das schwarze Soulquartett konnte seine einzigen Top-10-Hits in GB verbuchen. Bevor die vier Sänger sich zusammenschlossen, hatten sie sich als Solisten versucht. Nach ihrem ersten Erfolg war die Gruppe von den USA nach GB gezogen. Ursprünglich hatten sie als Bandwagon firmiert, und erst als nach und nach die Originalmitglieder ausstiegen und nur noch Johnson übrig blieb, benannte er die Formation in Johnny Johnson & The Bandwagon bzw. Johnny Johnson & His Bandwagon um. Viel gebracht hat ihm das nicht. Der kommerzielle Erfolg schwand bald.

Breaking Down The Walls Of Heartache (10/68 GB 4)
Sweet Inspiration (7/70 GB 10)
Blame It On The Pony Express (11/70 GB 7)
Rhythm & Blues, Soul

Johnson, Marv

MARV JOHNSON v, p (USA, * 15. 10. 1938 als Marvin Earl Johnson in Detroit/Michigan, † 16. 5. 1993)
Die Karriere des Farbigen Marv Johnson begann Mitte der 50er Jahre in der Gesangsgruppe Serenaders. 1958 machte er seine ersten Plattenaufnahmen, und dann war er im Januar 1959 der Sänger, der auf der neuen Plattenfirma von Berry Gordy jr. den Titel »Come To Me« (3/59 US 30) mit der Plattennummer Tamla 101 herausbrachte. Nachdem seine Karriere als Interpret beendet war, arbeitete er ab Anfang der 70er Jahre als Promoter für die Firma Tamla Motown. Er trat jedoch auch noch regelmäßig auf, und während eines Konzertes 1993 erlitt er einen Schlaganfall und starb.

You Got What It Takes (11/59 US 10; 2/60 GB 7)
I Love The Way You Love (3/60 US 9)
I'll Pick A Rose For My Rose (1/69 GB 10)
Motown Sound, Pop, Rhythm & Blues

Johnson, Paul

Der aus Chicago stammende Produzent/Remixer/DJ hatte mit seiner Nummer »Get Get Down« (10/99 D 29) erst einen Dancehit in Deutschland, Frankreich, Italien, Belgien und Spanien, bevor das Stück auch von den Briten entdeckt wurde.

Get Get Down (9/99 GB 5)
Dance

Johnston, Sabrina

SABRINA JOHNSTON v (USA)
Sabrina kam von New Jersey nach London und sang dort bei Mick Jagger vor, der gerade Backgroundsängerinnen suchte. Sie bekam den Job nicht und versuchte eine Solokarriere. Zusammen mit ihrem Mann Ken schrieb sie etliche Songs. Nach »Peace« folgten zwei weitere Hitnotierungen. Mitte 1992 erschien ihre erste LP, wieder nur mit Songs des Ehepaares.

Peace (9/91 GB 8)
Pop

Joling, Gerard

GERARD JOLING v (Niederlande, * 29. 4. 1960 in Alkmaar)
Jolings Titel »No More Boleros« blieb sage und schreibe 29 Wochen in der deutschen Hitparade. Die Plattenfirma pries den Song an mit den Worten: ›Ein sanfter Schmusesong, wie geschaffen für gewisse Momente.‹ 1988 vertrat Gerard Joling seine Heimat beim Grand Prix mit der Nummer »Shangri-La« und landete auf Platz 9. Angeblich sang er bei dieser Gelegenheit erstmals in seiner Muttersprache.

No More Boleros (12/89 D 5)
Grand Prix, Schlager

Jon & Vangelis

JON ANDERSON v (Großbritannien, * 25. 10. 1944 in Accrington/Lancashire), EVANGELOS PAPATHANASSIOU key (Griechenland, * 29. 3. 1943 in Valos)
Der Brite Jon und der Grieche Evangelos kamen Ende der 70er Jahre zusammen. Anderson war der Leadsänger der Gruppe Yes, Vangelis hatte einst als Tastenspieler bei Aphrodite's Child gespielt. Ihr erster Hit war »I Hear You Now«. Ihre erfolgreichste Aufnahme wurde »I'll Find My Way Home«. Die Zusammenarbeit der beiden ging sporadisch weiter. Beide brachten auch Soloplatten heraus. Die Erfolgsalben von Jon & Vangelis: »Short Stories« (1/80 GB-LP 4, 4/80 D-LP 30) und »The Friends Of Mr. Cairo« (7/81 GB-LP 17, 1/82 RE-GB-LP 6, 3/82 D-LP 17).

I Hear You Now (1/80 GB 8)

I'll Find My Way Home (12/81 GB 6; 2/82 D 6)
AOR (Adult Orientated Rock), Elektro-Pop, Pop

Siehe auch: Yes

Jones, Aled

ALED JONES v (Großbritannien, in Wales)
Dieser Waliser Chorknabe, dessen reine Sopranstimme die Briten begeisterte, stand zusammen mit dem BBC Welsh Chorus und dem Titel »Memory« (7/85 GB 42) erstmals in den britischen Charts. »Walking In The Air« stammte aus der BBC-Serie ›The Snowman‹. Ein weiterer Top-40-Hit gelang ihm nicht mehr.
Zusammen mit Anita Hegerland und Barry Palmer sang er auf »Pictures In The Dark« von Mike Oldfield.
Die LPs »Voices From The Holyland« (4/85 GB-LP 6) und »All Through The Night« (6/85 GB-LP 2) waren sehr erfolgeich. In seiner Hochzeit Mitte der 80er Jahre hatte Aled eine eigene Fernsehserie in GB, und His Masters Voice veröffentlichte seine Platten unter der Nummer Aled 1, Aled 2 usw. Dann kam der Stimmbruch. Aled versuchte sich als Moderator einer Kinder-TV-Sendung, besuchte die Royal Academy Of Music, gründete die Rockgruppe A2Z und übernahm 1995 die Hauptrolle im Musical »Joseph And The Amazing Technicolour Dreamcoat«. 1998 erschien mit »From The Heart« ein weiteres Soloalbum, das aber keine Spuren in den Charts hinterließ. Er arbeitete weiter auf den Bühnen im Londoner West End, wo er auch wohnt. Seine Stimme hat sich zum hohen Bariton gewandelt. Laut eigener Aussage sing er etwas tiefer als Pavarotti – aber er könne immer noch als Counter Tenor auftreten und träfe das hohe C.

Walking In The Air (11/85 GB 5)
Pop

Jones, Casey

CASEY JONES g (Großbritannien, * 21. 3. 1939 als Brian Casser in Liverpool)
Während einer Lehre als Koch in Liverpool übte Casey in seiner Freizeit Gitarre. Mit seiner ersten Band, Cass & The Casanovas, spielte er zunächst Folk, dann Beat. Sie traten vorwiegend im Casanova Club auf. Der Umgang mit ihm war wohl nicht immer so einfach, denn seine Mitspieler beschlossen, die Band aufzulösen, damit sie Cass loswurden und machten als Trio weiter. 1962 gründete Casey die Nightsounds und 1963 nahm er als Casey Jones & The Engineers den Titel »One Way Ticket auf«. Nach einiger Zeit ließen ihn auch hier seine Bandkollegen von jetzt auf gleich sitzen. In diesem Fall waren es Eric Clapton und Tom McGuinness. In mehreren Folgen der Serie um Kommissar Maigret wirkte Casey mit. Schließlich gründete er Casey Jones & The Governors, tourte erst durch England, dann durch Deutschland und war einer der vielen britischen Musiker, die sich hier festsetzten, Platten aufnahmen und mehr Erfolg hatten als in ihrer Heimat. Sie spielten vorwiegend Rock-Standards wie »Lucille« oder »Dr. Feelgood«. Mit dem Huey-Piano-Smith-Titel »Don't Ha Ha« hatte die Truppe ihren ersten Hit. Es folgten noch weitere Veröffentlichungen von Casey ohne die Governors. Nach 1966 war er aus den Charts verschwunden. Noch 1997 tourte er mit einer Truppe, die immer noch Governors hieß, durch die Lande – und immer noch wurde »Don't Ha Ha« als der Grund dafür genannt, dass man ihn unbedingt ansehen sollte. Sein erfolgreichstes Album hieß demzufolge ebenfalls »Don't Ha Ha« (5/65 D-LP 10).

Don't Ha Ha (1/65 D 2)
Jack The Ripper (9/65 D 9)
Pop, Rock 'n' Roll

Jones, Donell

DONNELL JONES v (* in Chicago)
Erstmals hörte die Musikwelt von Donell, als er auf dem Album »Bedtime Stories« von Madonna im Hintergrund sang. Er schrieb Songs für TLC, Usher, 702 und Silk. Seinen ersten eigenen Auftritt in den Charts hatte Donell mit »In The Hood« (7/96 US 79). Schon erfolgreicher wurde »Knocks Me Off My Feet« (11/96 US 49, 2/97 GB 58). Der richtige Erfolg kam mit »U Know What's Up«. Weitere Hits wurden »Where I Wanna Be« (4/00 US 29) und »Shorty (Got Her Eyes On Me)« (5/00 GB 19).

U Know What's Up (9/99 US 7; 1/00 GB 2)
Pop, Rhythm & Blues

Jones, Grace

GRACE JONES v (Jamaika, * 19. 5. 1950 in Spanishtown)
Grace wuchs in New York auf. 1976 war sie ein gesuchter Kleiderständer, der auf den Covers von Vogue und Elle erschien. 1977 veröffentlichte sie ihre erste Platte »Sorry« – zu spät, die Platte war draußen und erreichte Platz 71 in den US-Charts. Hits: »Private Life« (7/80 GB 17), »I've Seen That Face Before« (8/81 D 16), »Slave To The Rhythm« (10/85 GB 12, D 4, als Re-Mix 5/94 GB 28), »Pull Up The Bumper/La Vie En Rose« (1/86 GB 12, D 26), »Love Is The Drug« (3/86 GB 35) und »I'm Not Perfect (But I'm Perfect For You)« (11/86 D 39). Ihre erfolgreichsten Alben waren »Nightclubbing« (5/81 GB-LP 35, US-LP 32, 8/81 D-LP 8), »Living My Life« (11/82 GB-LP 15), »Slave The The Rhythm« (11/85 GB-LP 12, D-LP 10) und »Island Life« (12/85 GB-LP 4, D-LP 22). Erstaunlicherweise wurden ihre Nummern »Libertango« und »Victor Should Have Been A Jazz Musician« kein Erfolg. Dabei waren das ihre besten Titel. Grace Jones wirkte in etlichen Filmen mit, so z. B. in »Vamp«, neben Arnold Schwarzenegger in »Conan der Barbar« und in »Im Angesicht des Todes« als Mayday, Gegenspielerin von James Bond.

Slave To The Rhythm (11/85 D 4)
Pop, Rhythm & Blues

Jones, Howard

HOWARD JONES v, syn, p (Großbritannien, * 23. 2. 1955 als John Howard in Southampton)
Howard gehörte zu den Sängern und Soundtüftlern, die Anfang der 80er Jahre mit neuen Ideen und neuen Klängen in GB auftauchten. Sein Spitzname ist ›Synth Wizard‹. 1970 spielte er zum erstenmal in einer Band. Er lebte zu diesem Zeitpunkt mit seinen Eltern in Kanada. Zurück in GB, begann er ein Studium am Music College in Manchester, gab aber auf und arbeitete in einer Fabrik. Später wurde er Klavierlehrer und spielte nebenher in Amateurbands. Ab 1979 spielte er Synthesizer und begann, in Pubs und Clubs seinen Gesang mit ebendiesem Instrument zu begleiten. 1983 erhielt er einen Plattenvertrag, nachdem er Demos von »New Song« und »What Is Love« verschickt hatte. »New Song« wurde dann auch seine Debüt-Single. Howards Spezialität ist die vegetarische Küche. 1987 eröffnete er in New York ein entsprechendes Restaurant, das nach wenigen Monaten abbrannte. Howard ist jedoch auch für sein soziales Engagement bekannt. Er arbeitete mit an einem Antiheroin-Projekt, einem Rehabilitationszentrum für Drogen- und Alkoholkranke und veranstaltete 1987 ein Benefizkonzert zugunsten der Opfer des Hurrikans Irene. Sehr erfolgreich auch seine Alben: »Human's Lib« (3/84 GB-LP 1, D-LP 8), »Dream Into Action« (3/85 GB-LP 2, 4/85 US-LP 10) und »One To One« (10/86 GB-LP 10).

New Song (9/83 GB 3)
What Is Love (11/83 GB 2; 2/84 D 6)
Pearl In The Shell (5/84 GB 7)
Like To Get To Know You Well (8/84 GB 4)
Things Can Only Get Better (2/85 US 5, GB 6)
Look Mama (4/85 GB 10)
No One Is To Blame (4/86 US 4)
Elektro-Pop, Pop

Jones, Oran »Juice«

ORAN »JUICE« JONES v (USA, in Houston/Texas)
Oran wuchs in Harlem auf und begann dort 1982 seine Laufbahn als Sänger und Komponist. Zusammen mit seinem Schulfreund Kurtis Blow schrieb er den Titel »Rockin'«. Im Gegenzug produzierte der Orans erste Single »Rock Your Body Down«. Def Jam Records aus New York wurde ab Mitte der 80er Jahre weltweites Aushängeschild für progressive schwarze Musik. Sie nahmen den Balladensänger unter Vertrag und veröffentlichten mit »The Rain« dessen größten Hit. Alle Nachfolgesingles schafften keinen Eintrag in die Pophitparaden.

The Rain (9/86 US 9; 11/86 D 3, GB 4)
Pop, Rhythm & Blues

Jones, Paul

PAUL JONES v (Großbritannien, * 24. 2. 1942 als Paul Pond in Portsmouth/Hampshire)
Ende 1962 formierten sich in London die Mann-Hugg Blues Brothers, zu denen Paul gehörte. Im Mai 1963 änderte die Band ihren Namen in Manfred Mann. Paul war der Sänger aller Hits von Manfred Mann von den Anfangstagen, bis er ab Mitte 1966 eine Solokarriere versuchte. Er wurde durch Mike D'Abo ersetzt. »I've Been A Bad Bad Boy« stammte aus dem Film »Privilege«, in dem Jones neben dem Model Jean Shrimpton die Hauptrolle spielte. Danach wurde es stiller um Paul, bis er als Mitglied der Blues Band wieder auftauchte, die zwar keine Singleerfolge aufweisen kann, dafür aber sehr stimmungsvolle LPs veröffentlichte. Bei Radio 2 der BBC moderierte Jones eine wöchentliche Blues- und Gospelsendung.

High Time (10/66 GB 4)
I've Been A Bad Bad Boy (1/67 GB 5)
Beat, Pop

Siehe auch: Manfred Mann

Jones, Rickie Lee

RICKIE LEE JONES v (USA, * 8. 11. 1954 in Chicago/Illinois)
Rickie machte ihre ersten Platten 1979, erhielt einen Grammy als bester neuer Künstler und schlug damit die Konkurrenten Blues Brothers, Dire Straits und Knack. Es sollte zehn Jahre dauern, bis sie wieder einen Grammy erhielt. Zusammen mit Dr. John sang sie »Makin' Whoopee«, was ihnen die Auszeichnung für den besten Jazzgesang eines Duos oder einer Gruppe einbrachte. Dazwischen lagen etliche Hochs und Tiefs. Ihre erfolgreichsten Alben waren »Rickie Lee Jones« (4/79 US-LP 3, 6/79 GB-LP 18) und »Pirates« (8/81 US-LP 5, GB-LP 37). Mitte der 80er Jahre schien Rickie in der Bedeutungslosigkeit versunken zu sein. Ende der 80er Jahre tauchte sie mit der von Walter Becker produzierten LP »Flying Cowboys« wieder auf. Es stellte sich heraus, dass sie in den letzten fünf Jahren Alkoholprobleme gehabt hatte. 1985 war sie nach einer Konzerttournee durch Australien, Europa und den Ostblock nach Tahiti gegangen und hatte dort ihren späteren Mann, den französischen Musiker Pascal Nebet-Meyer, kennen gelernt. Danach lebte sie für einige Zeit in Frankreich, bevor sie nach Kalifornien ging. 1991 erschien die CD »Pop Pop«. Mit Pop hatte die Platte allerdings recht wenig zu tun. Dieses voll

akustische Album sollte die musikalische Bandbreite von Tin-Pan-Alley-Standards der 20er Jahre über Showthemen bis zu Jimi Hendrix abdecken. Rickie dazu: ›Ich war so weit, dass ich es Anti-Pop nennen wollte. Es ist nicht Jazz in dem Sinne, wie Leute, die Jazz mögen, Jazz verstehen. Es reflektiert meine eigene Sichtweise. Dies ist ein sehr spezielles Album.‹ Mit ihr spielten u. a. der außergewöhnliche Gitarrist Robben Ford und der Bassist Charlie Haden. 1993 erschien mit »Traffic From Paradise« wieder eine schöne CD von ihr.

Chuck E.'s In Love (4/79 US 4)
AOR (Adult Orientated Rock)

Jones, Tammy

TAMMY JONES v (Großbritannien)
Tammy wurde schon früh als ›The Face of '69‹ gefeiert, gewann dann einen Talentwettbewerb und hatte ihren einzigen Hit mit »Let Me Try Again«. Es handelte sich bei dem Song um die englische Version des französischen Titels »Laisse Moi Le Temps«, den englischen Text hatten Paul Anka und Sammy Cahn geschrieben. 1973 hatte Frank Sinatra damit einen kleineren Hit in den USA gehabt. Dieser Wunsch, es noch einmal versuchen zu dürfen, wurde nicht erhört, und sie blieb ein One-Hit-Wonder. Später wechselte sie in die Cabaret-Szene, versuchte sich an Songs, die sonst die Spezialität von Tom Jones oder Shirley Bassey waren, und wechselte Mitte der 80er Jahre zur Country Music – alles ohne weiteren Hit.

Let Me Try Again (4/75 GB 5)
Pop

Jones, Tom

TOM JONES v (Großbritannien, *7.6. 1940 als Thomas John Woodward in Pontypridd/Wales)
Der Waliser muss Sandie Shaw sehr dankbar sein. Ihr wurde das Lied »It's Not Unusual« angeboten; sie lehnte ab, weil es ihr nicht gefiel. Damit begann der Aufstieg des Bergarbeiters Tom Jones, der seine musikalische Laufbahn 1963 als Sänger bei Tommy Scott & The Senators begonnen hatte. 1965 gewann er einen Grammy als bester neuer Künstler, und seit diesem Zeitpunkt hält die Karriere von Tom mit unterschiedlichen Resultaten bis ins 21. Jahrhundert an. Nach 1972 wurde der ›Tiger‹ als Star in Las Vegas und anderen amerikanischen Spielcasinos eine Attraktion. Seine Auftritte ließen nach wie vor die Damen in Reihe 1 bis 5 schwach werden, aber die Plattenkäufer blieben aus. Dann kam das Jahr 1987, und die Kids kannten Boy George oder George Michael – aber wer war Tom Jones? »A Boy From Nowhere« stammte aus dem Musical »Matador«. Ein Jahr später machte Tom zusammen mit Art Of Noise eine Neuauflage der Prince-Nummer »Kiss«. Auch in den 90er Jahren nahm er Platten auf, z. B. sehr schöne Titel zusammen mit Van Morrison. Im Februar 1993 stand Tom Jones mit einer Coverversion des Beatles-Songs »All You Need Is Love« unter den ersten 20 der britischen Charts. Es handelte sich dabei um eine Benefizplatte für die Children's Charity Childline. 1994 veröffentlichte er die CD »The Lead And How To Swing It«, produziert von so unterschiedlichen Cracks wie Trevor Horn, Jeff Lynne, Youth oder Teddy Riley. 1999 nahm Tom mit einer Latte von zu diesem Zeitpunkt erfolgreichen Künstlern – darunter Robbie Williams, Divine Comedy, Heather Small, Zucchero, Barenaked Ladies, Portishead, Pretenders, Simpley Red, Van Morrison, Natalie Imbruglia, Stereophonics – das Album »Reload« auf. Als Single wurde die Nummer »Burning Down The House« ausgekoppelt, auf der Tom zusammen mit den Cardi-

gans zu hören war. Das Stück wurde nach knapp 11 Jahren ein weiterer Top-10-Hit für Tom. Zusammen mit Mousse T. hatte er den Hit »Sex Bomb«, mit den Stereophonics »Mama Told Me Not To Come«. Seine erfolgreichsten Alben waren »Green Green Grass Of Home« (4/67 GB-LP 3, 9/67 D-LP 35), »Live At The Talk Of The Town« (6/67 GB-LP 6), »13 Smash Hits« (12/67 GB-LP 5, 4/68 D-LP 6), »Delilah« (7/68 GB-LP 1, 8/68 D-LP 2), »Help Yourself« (12/68 GB-LP 4, 1/69 D-LP 9, 2/69 US-LP 5), »This Is Tom Jones« (6/69 GB-LP 2, 6/69 US-LP 4, 8/69 D-LP 9), »Tom Jones Live In Las Vegas« (11/69 GB-LP 2, 11/69 US-LP 3, 1/70 D-LP 23), »Tom« (4/70 GB-LP 4, 5/70 US-LP 6), »I (Who Have Nothing)« (11/70 GB-LP 10, 11/70 US-LP 23), »She's A Lady« (5/71 GB-LP 9, 5/71 US-LP 17, 7/71 D-LP 34), »20 Greatest Hits« (3/75 GB-LP 1), »The Complete Tom Jones« (6/92 GB-LP 8) und »Reload« (10/99 GB-LP 1, D-LP 3).

It's Not Unusual (2/65 GB 1; 4/65 US 10)
What's New Pussycat? (6/65 US 3)
Green Green Grass Of Home (11/66 GB 1, D 6)
Detroit City (2/67 GB 8)
Funny Familiar Forgotten Feelings (4/67 GB 7)
I'll Never Fall In Love Again (7/67 GB 2; 7/69 US 6)
I'm Coming Home (11/67 GB 2)
Delilah (2/68 GB 2, D 1)
Help Yourself (7/68 D 1, GB 5)
A Minute Of Your Time (12/68 D 9)
Love Me Tonight (5/69 GB 9)
Without Love (12/69 GB 10, US 5)
Daughter Of Darkness (4/70 GB 5)
She's A Lady (2/71 US 2, D 7)
Till (10/71 GB 2)
The Young New Mexican Pupeteer (4/72 GB 6)
A Boy From Nowhere (4/87 GB 2)
Kiss (10/88 GB 5)
Burning Down The House (9/99 GB 7)
Sex Bomb (1/00 D 3; 5/00 GB 3)
Mama Told Me Not To Come (3/00 GB 4)
Pop

Joplin, Janis

JANIS JOPLIN v (USA, * 19. 1. 1943 in Port Arthur/Texas, † 4. 10. 1970)
Man sagt ihr nach, sie sei die beste Bluessängerin aller Zeiten nach Bessie Smith gewesen – zumindest war sie die beste weiße Bluessängerin. Ihre Karriere begann in Austin, Texas. In Clubs und Kneipen sang sie Lieder von Leadbelly, Odetta und auch von Bessie Smith. Aus dieser Zeit sind später nach ihrem Tod Mitschnitte erschienen, die ein Tonbandamateur aufgenommen hatte und die mehr historischen Wert haben. Kurzfristig war sie Mitglied bei den Waller Creek Boys und 1963 für einige Zeit in San Francisco, wo sie in einigen Clubs sang, manchmal alleine, manchmal mit Jorma Kaukonen. 1966 war sie wieder in Texas, schrieb sich am College ein, schmiedete Hochzeitspläne und wollte das Singen schon aufgeben. Dann wurde nichts aus der Hochzeit; sie ging wieder zurück nach San Francisco und wurde dort Leadsängerin von Big Brother & The Holding Company. Mitte 1967 spielte die Formation beim Monterey Pop Festival, und Janis galt als eine der Entdeckungen dieser Veranstaltung. Bob Dylans Manager Albert Grossman nahm die Gruppe unter Vertrag. Wenig später erschien ihr Debütalbum. Zuerst war die Band nur an der West-, dann auch an der Ostküste erfolgreich. Im September 1968 gab Manager Grossman bekannt, dass sich Janis Ende des Jahres von der Gruppe trennen werde. Zu diesem Zeitpunkt wurde die LP »Cheap Thrills« Nummer 1 der US-Charts. Die Singleauskopplung »Piece Of My Heart« kam im August 1968 in die Charts und erreichte Platz 12. Am 1. Dezember hatte Janis ihren letzten Auftritt mit Big Brother & The Holding Company, die sich daraufhin auflösten. Die nächsten Auftritte absolvierte sie mit der Kozmic Blues Band. Mitte 1969 war sie neben Joe Cocker, Jimi Hendrix, Buddy Miles und Edwin Hawkins Headliner beim Newport

Festival. Ab 1970 nannte sie ihre Begleitgruppe Full Tilt Boogie. Damit ging sie auf Tournee durch Europa und machte ihre besten Plattenaufnahmen. Aus dieser Zeit stammen auch die Bilder einer Janis Joplin, die jeder irgendwann einmal gesehen hat: das mehr oder weniger unscheinbare Mädchen mit den großen Augen, die hinter einer großen runden Brille versteckt sind; in der Hand eine Flasche Four Roses, schaut sie ängstlich, und ihre Angst scheint sie mit Alkohol zu bekämpfen. Ein Spruch von ihr aus dieser Zeit lautete: ›Wer Drogen nimmt, muss verrückt sein, wenn er sich doch mit Whiskey vollsaufen kann.‹ Der Spitzname von Janis war Pearl, und so hieß dann auch ihre letzte LP, deren Veröffentlichung sie schon nicht mehr erlebte. Auf dieser Platte befand sich eine hinreißend schöne Version des Kris-Kristofferson-Songs »Me And Bobby McGee« – ihr einziger Hit, den sie aber nicht mehr erlebte. Freiheit, so heißt es in diesem Lied, bedeutet, dass du nichts zu verlieren hast. Die Umkehrung davon: Besitz macht dich, ob du willst oder nicht, unfrei. Das entsprach genau der Beatnik-Philosophie der 60er und 70er Jahre, verkörpert durch Janis Joplin, die als ihr Lebensziel angab: ›Live fast, love hard, die young.‹ Es ist ihr gelungen. Janis Joplin war der Typ, der nach außen hin nichts besaß und auch nichts zu verlieren hatte. Wenn sie auf der Bühne stand, schlief sie nach eigener Aussage mit den 25 000 Menschen, die da unten standen und ihr zuhörten, um dann in Jubel auszubrechen. Nach diesem Gewaltakt ging sie alleine nach Haus – das Klischee des traurigen Clowns oder des kleinen armen, reichen Mädchens. Ihr Leben war die Vorlage zum Film »The Rose« mit Bette Midler.
Ihre erfolgreichsten Alben: »I Got Dem Ole Kozmic Blues Again, Mama!« (10/69 US-LP 5), »Pearl« (1/71 US-LP 1, 3/71 D-LP 3), »Joplin In Concert« (5/72 US-LP 4, 7/72 GB-LP 30, D-LP 28) und »Janis Joplin's Greatest Hits« (7/73 US-LP 37).
Janis starb an einer Überdosis Heroin. 1995 wurde sie in die Rock and Roll Hall of Fame aufgenommen. Zu Recht.

Me And Bobby McGee (1/71 US 1; 4/71 D 8)
Flower Power, Pop, Rhythm & Blues, Rock, West Coast

Jordan, Mario

MARIO JORDAN v, d (Deutschland, * 1. 6. 1950 in Elkhoven/München)
Einen Tag ohne Diebels Alt wird sich Mario Jordan sicher nicht mehr vorstellen können. Jedenfalls brachte ihm die Werbemelodie für dieses Getränk seinen einzigen Hit. Mario Jordan war bis zu diesem Tag an vielen Studioproduktionen und Werbejingles als Chorsänger beteiligt. Jetzt hatte er Erfolg. Als 15-Jähriger begann er als Schlagzeuger in einer der zahllosen Beatbands. Da er der Einzige in der Band war, der Englisch konnte, musste er singen. Anfang der 70er Jahre war er zusammen mit Konstantin Wecker und Harold Faltermeyer in der Gruppe Zauberberg. 1975 erschien eine erste eigene, von Konstantin Wecker produzierte LP. Zusammen mit Bernie Paul als Produzent nahm er die Nummer »Bist du sauer?« auf, die ein Diskotheken-Dauerbrenner wurde. Trotz dieser vielen musikalischen Aktivitäten war es dann dieser Werbesong, der den Erfolg brachte. Welch eine Karriere.

Welch ein Tag (4/92 D 7)
Deutscher Schlager

Jordan, Montell

MONTELL JORDAN v (USA, in Los Angeles/ Kalifornien)
Runde zwei Meter ist dieser R&B-Sänger, der gleich mit seinem ersten Hit einen

Knüller landete: »This Is How We Do It« . Gesampelt wurde aus der Nummer »Children's Story«, mit der es Slick Rick (* 14. 1. 1965 als Ricky Walters in Wimbledon/London, Großbritannien), britischer Rapper jamaikanischer Herkunft, 1989 bis auf Platz 5 in den US-R&B-Charts brachte. Für Montell wurde es eine Platinplatte. Die nächsten Hits waren die mit Gold bedachte Nummer »Somethin' 4 Da Honeyz« (8/95 US 21, GB 15), »I Like It« (6/96 US 28, 10/96 GB 24) aus dem Film »The Nutty Professor«, »Falling« (10/96 US 18), »What's On Tonight« (2/97 US 21) und schließlich »Let's Ride« (5/98 GB 25). Gäste von Montell waren das Rap-Schwergewicht Master P. und Silkk ›The Shocker‹ – die drei hatten den Titel auch gemeinsam geschrieben. Nach einiger Zeit kam als nächster Hit »Get It On Tonight« (12/99 D 21, 4/00 GB 15). Sein erfolgreichstes Album hieß »This Is How We Do It« (4/95 US-LP 12).

This Is How We Do It (2/95 US 1)
Let's Ride (3/98 US 2)
Get It On Tonight (10/99 US 4)
Rhythm & Blues

Journey

JONATHAN CAIN key (USA, * 26. 2. 1950 in Chicago/Illinois), AYNSLEY DUNBAR d (Großbritannien, * 10. 1. 1946 in Liverpool), STEVE PERRY v (USA, * 22. 1. 1949 in Hanford/Kalifornien), PRAIRIE PRINCE d (USA, * 7. 5. 1950 in Charlotte/North Carolina), ROLLO key (Großbritannien, * 8. 5. 1969 als Armstrong), NEAL SCHON g (USA, * 27. 2. 1954 in San Mateo/Kalifornien), STEVE SMITH d (USA, * 21. 8. 1954), GEORGE TICKNER v, g (USA), ROSS VALORY b (USA, * 2. 2. 1949)
Journey wurde 1973 in San Francisco in der Besetzung Schon, Rolie, Tickner, Valory und Dunbar gegründet. Schon und Rolie hatten vorher bei Santana gespielt. Tickner verließ die Band 1975. Mitte 1977 kam als Leadsänger Robert Fleischman, der jedoch schon fünf Monate später durch Steve Perry ersetzt wurde. Damit begann der Erfolg. Die erste Hitnotierung hatte Journey 1978 mit »Wheel In The Sky«. Im November 1978 verließ Dunbar die Band und wurde durch Steve Smith ersetzt. Im April 1981kam für Rolie von den Babys Jonathan Cain. Rolie machte erst als Solist Platten und gründete 1991 zusammen mit Valory und Smith die Gruppe Storm. Ab 1984 veröffentlichte Perry neben seiner Bandarbeit auch Soloplatten. 1986 wurde aus Journey ein Trio, bestehend aus Perry, Schon und Cain. Im Frühjahr 1987 wurde bekannt, dass sich Journey trennen wolle. Cain und Valory gingen in die Band von Michael Bolton. 1989 waren Schon und Cain Mitbegründer von Bad English. 1992 waren Schon, Rolie und Smith in der Gruppe Harline zusammen. Zusammen genommen verkauften sich die Alben von Journey alleine in den USA mehr als 35 Millionen Mal, die Erfolgreichsten: »Infinity« (2/78 US-LP 21), »Evolution« (4/79 US-LP 20), »Departure« (3/80 US-LP 8), »Captured« (2/81 US-LP 9), »Escape« (8/81 US-LP 1, 3/82 GB-LP 32), »Frontiers« (2/83 US-LP 2, GB-LP 6, 3/83 D-LP 30), »Raised On Radio« (5/86 US-LP 4, GB-LP 22) und »Greatest Hits« (12/88 US-LP 10).
Ende 1992 erschien das Album »Time 3«, eine Dreifach-CD mit insgesamt 55 Titeln, von denen 11 bis zu diesem Zeitpunkt unveröffentlicht waren. Ende 1996 kam Journey in der Besetzung Perry, Schon, Cain, Valory und Smith wieder zurück. Das Album hieß »Trial By Fire« (11/96 US-LP 3). Die erste Singleauskopplung war »When You Love A Woman« (10/96 US 12). Danach wieder für fünf Jahre Stille. 2001 kam Journey wieder zurück. Diesmal ohne Steve Perry, dafür mit dem neuen Leadsänger Steve Augieri.

Who's Crying Now (7/81 US 4)
Don't Stop Believin' (10/81 US 9)
Open Arms (1/82 US 2)
Separate Ways (Worlds Apart) (2/83 US 8)
Only The Young (1/85 US 9)
Be Good To Yourself (4/86 US 9)
Rock

Siehe auch: Perry, Steve

Judge Dread

ALEX HUGHES v (Großbritannien, † 12. 3. 1998)
Seine Karriere begann er als Bodyguard der Rolling Stones. Dann wurde er Discjockey einer mobilen Diskothek, die vorwiegend in der Grafschaft Kent im Einsatz war. Angeblich haben ihn die Mädchen immer nach ein paar schlüpfrigen Reggaeplatten gefragt. Das hat ihn auf die Idee gebracht, selbst welche aufzunehmen. »Big Six« (8/72 GB 11) hieß die erste Platte, die seine erste Hitparadenplatzierung wurde – und das, obwohl sowohl Radio Luxemburg als auch BBC 1 diese Größe nicht spielten. Es folgten die Top-40-Hits »Big Seven«, »Big Eight« (4/73 GB 14), »Je T'Aime (Moi Non Plus)«, »Big Ten« (9/75 GB 14), »Christmas In Dreadland/Come Outside« (12/75 GB 14), »The Winkleman« (5/76 GB 35), »Y Viva Suspenders« (8/76 GB 27) und »5th Anniversary EP« (4/77 GB 31). Danach war das Thema durch den Verbalerotiker, der 2,02 m groß war und 280 Pfund wog, ausgereizt. Obwohl nicht mehr in den Hitparaden, war er trotzdem weiterhin mit öffentlichen Auftritten im Geschäft. Bei einem Konzert in Canterbury stand er am Donnerstag, den 12. März 1998, auf der Bühne, als er einen Herzanfall erlitt und starb. Das Publikum war zunächst der Ansicht, der Zusammenbruch würde zu seiner Bühnenshow gehören. Judge Dread wurde 53 Jahre alt. Sein erfolgreichstes Album war »Bedtime Stories« (12/75 GB-LP 26).

Big Seven (12/72 GB 8)
Je T'aime (Moi Non Plus) (7/75 GB 9)
Pop, Reggae

Jürgens, Andrea

ANDREA JÜRGENS v (Deutschland, * 15. 5. 1967 in Herne/Westfalen)
Bereits als Zehnjährige hatte sie mit der Trennungsschnulze »Und dabei liebe ich euch beide« ihren größten Hit. Weitere Top-40-Erfolge waren »Ich zeige dir mein Paradies«, »Ein Herz für Kinder« (6/79 D 14), »Eine Rose für dich« (11/79 D 19), »Mama Lorraine« (9/81 D 11) und »Japanese Boy« (11/81 D 9) – eine deutsche Version von Anekas gleichnamigem Hit. Ihr erfolgreichstes Album war »Weihnachten mit Andrea Jürgens« (12/79 D-LP 1, 1/81 RE-D-LP 5). Es erhielt zweimal Platin.

Und dabei liebe ich euch beide (1/78 D 4)
Ich zeige dir mein Paradies (7/78 D 5)
Japanese Boy (11/81 D 9)
Deutscher Schlager

Jürgens, Udo

UDO JÜRGENS v, p (Österreich, * 30. 9. 1934 als Udo Jürgen Bockelmann in Ottmanach/Kärnten)
Jürgens ist einer der erfolgreichsten Interpreten und Songschreiber der Nachkriegsjahre. Als 16-Jähriger gewann er mit dem Titel »Je t'aime« einen Komponistenwettbewerb des Österreichischen Rundfunks in Klagenfurt. 1951 wurde er hauptberuflich Musiker und gründete die Udo Bolan Combo. 1954 hatte er einen ersten Plattenvertrag – er legte sich den Künstlernamen Udo Jürgens zu und als erste Platte erschien »Es waren weiße Chrysanthemen«. Ab Ende der 50er Jahre versuchte er sich als Schlagersänger und machte Titel wie »Der lachende Vagabund«, »Es zieht ein Spielmann durch das Land«, »Die Insel des Glücks« oder »Hey

Stop! Das ist meine Braut«. Letztgenannter Titel war im Original »Be My Guest« von Fats Domino. 1960 nahm er am Schlagerfestival in Knokke als Mitglied des deutschen Teams teil. Für das Lied »Jenny« (1/61 D 36) erhielt er den Pressepreis – und damit hatte er schließlich seine erste Hitnotierung in Deutschland, nachdem das Lied in Belgien schon ein Hit war. 1961/2 spielte Udo in etlichen deutschen Unterhaltungsfilmen mit, so z. B. in »Unsere tollen Tanten«, »Unsere tollen Nichten«, »Drei Liebesbriefe aus Tirol«. Seine Komposition »Reach For The Stars« (7/61 GB 1) wurde ein Knüller in GB für Shirley Bassey – jetzt nahm auch in Deutschland das Interesse an Udo Jürgens zu. Mitte 1964 kam sein Titel »Warum nur, warum« bis auf Platz 21 in Deutschland. Matt Monro sang einen Nachzieher dieser von Jürgens geschriebenen Nummer als »Walk Away« und erreichte damit Platz 4 in GB. Das brachte Udo Jürgens einige Tantiemen und einen Ruf als guter Songschreiber ein. Ab 1965 kam der Hitparadenerfolg für Udo. Mit »Merci Cheri« gewann er 1966 den Grand Prix Eurovision in Luxemburg. »Buenos Dias, Argentina« sang er zusammen mit der Deutschen Fußball-Nationalelf. Die Liste seiner Erfolge geht bis in die 90er Jahre. Hatte er in seinen Anfangsjahren mehr Liebeslieder geschrieben, so waren seine Werke ab 1975 durchaus tiefer gehend. Speziell auf LPs hat er eine ganze Reihe sehr ernsthafter, kritischer und von so manchen Zeitgenossen ungeliebte Lieder gesungen. Beispielhaft dafür seine 1993 erschienene CD »Café Größenwahn«.

Seine erfolgreichsten Alben waren »Portrait in Musik« (10/65 D-LP 4), »Was ich dir sagen will« (10/67 D-LP 2), »Mein Lied für dich« (5/68 D-LP 5), »Udo« (10/68 D-LP 2), »Udo Live« (6/69 D-LP 1), »Udo '70« (10/69 D-LP 2), »Das goldene Udo-Jürgens-Album« (6/70 D-LP 8), »Udo '71« (12/70 D-LP 4), »Meine Lieder« (1/75 D-LP 3) und »Udo 40« (12/76 D-LP 10).

Er gehört zu den wenigen deutschsprachigen Stars, die von sich behaupten können, dass ihre Musik generationsübergreifend ist. Und wer von der Generation der um die Mitte der 50er Jahre Geborenen in den 70er Jahren über Udo gelacht hat, sollte sich heute mal »Geschieden« oder »Gefeuert« anhören – oder »Ich war noch niemals in New York«. Mit großem Aufwand wurde am 30. 9. 2000 die Tatsache gefeiert, dass er jetzt das Lebensalter erreicht hatte, von dem er immer behauptet hatte, da finge das Leben an. Das Album zur Feier hieß demzufolge auch richtig »Mit 66 Jahren (was wichtig ist...)« (10/00 D-LP 9).

Sag ihr, ich lass' sie grüßen (5/65 D 9)
Siebzehn Jahr', blondes Haar (10/65 D 4)
Merci Cheri (3/66 D 4)
Sag mir, wie (10/66 D 4)
Cotton Fields (5/68 D 5)
Mathilda (10/68 D 6)
Es wird Nacht, Senorita (1/69 D 6)
Anuschka (9/69 D 6)
Griechischer Wein (12/74 D 1)
Aber bitte mit Sahne (7/76 D 5)
Buenos Dias, Argentina (3/78 D 3)
Deutscher Schlager, Grand Prix, Pop

Junior

JUNIOR v (Großbritannien, * 10. 11. 1961 als Norman Giscombe)

Junior wurde als Zukunft des britischen Souls gehandelt, konnte diese Erwartungen aber nicht erfüllen. Nach seinem ersten Top-10-Hit kam er mit »Too Late« (7/82 GB 20) noch einmal in die Charts, dann wurde es ruhig um ihn. Er wechselte mehrmals die Plattenfirma, aber keiner gelang es, ihm zum Durchbruch zu verhelfen, obwohl seine Aufnahmen von den Kritikern gelobt wurden und sich alle über die Qualität seiner Stimme einig waren. 1986 machte er zusammen mit Jimmy Somerville, Paul

Weller und Billy Bragg die Formation Red Wedge. Erst 1987 tauchte er wieder einmal in den Top 10 auf: Zusammen mit Kim Wilde sang er »Another Step Closer To You«. Bis in die 90er Jahre nahm er weiter Platten auf, jetzt als Junior Giscombe. Unter diesem Namen hatte er seinen größten Erfolg mit »Then Came You« (8/92 GB 32). Sein Neffe Richard Blackwood sollte sich Ende der 90er Jahre als Stand-Up Comedian ein Star im britischen TV entwickeln.

Mama Used To Say (4/82 GB 7)
Another Step Closer To You (4/87 GB 6)
Pop, Soul

Siehe auch: Blackwood, Richard

Just Friends

MATTHIAS FUCHS v (Deutschland, * 17. 10. 1975 in Berlin), FARES GABRIEL HADID v (Deutschland, * 4. 4. 1973 in Regensburg), DANIEL HÖFERLIN v (Deutschland, * 17. 12. 1971 in Berlin), SABINE MANKE v (Deutschland, * 15. 2. 1970 in Strausberg), JESSICA SCHULTE v (Deutschland, * 26. 8. 1973 in Hamburg), DENISE ZICH v (Deutschland)
Durch die deutsche Fernsehsendung ›Gute Zeiten, schlechte Zeiten‹ wurde die Formation Caught In The Act gefördert. Als die aus dem Gröbsten raus waren, kamen Just Friends an die Reihe. Das in Berlin ansässige Quartett hatte mit »Ever And Ever« einen ersten Erfolg. »The Present That I Want« (9/95 D 23) und »Friends« (3/96 D 19) belegten noch hohe Positionen. Die nächsten Singles fielen unter die Platz-50-Marke. Inzwischen hatte man Denise gegen Jessica ausgetauscht, im Frühjahr 1997 ging Matthias Fuchs und dafür kam Fares Gabriel Hadid. Mit ihm wurde eine Coverversion des Abba-Titels »One Of Us« aufgenommen. Ihre letzte Hitnotierung war »Take My Heart« (10/98 D 29).

Ever And Ever (10/95 D 5)
What Is Love (9/97 D 7)
Middle Of The Road (MOR), Pop

Justice, Jimmy

JIMMY JUSTICE v (Großbritannien, * 15. 12. 1939 als James Anthony Bernard Little in Carlshalton/Sussex)
Er wurde im Alter von zwanzig Jahren von Emile Ford entdeckt, der Jimmy in einer Bar hatte singen hören. Ford verhalf ihm zu einem Plattenvertrag, aber seine ersten Veröffentlichungen 1960 als Jimmy Justice & The Jury floppten. Daraufhin zog Justice zunächst nach Schweden, wo er mehr Erfolg hatte. 1962 nahm er eine wunderschöne von Bob Leaper arrangierte Coverversion des Drifters-Hits »When My little Girl Is Smiling« auf. Sein dritter und letzter Erfolg war »Spanish Harlem« (8/62 GB 20). »When My Little Girl Is Smiling« und »Spanish Harlem« waren Nachzieher von amerikanischen Hits, die wegen der Beschränkung der BBC auf bestimmte Zeiten, in denen ausländische Interpreten gesendet werden durften, überhaupt aufgenommen wurden. Dazu kam die so genannte Needle Time, in der Platten gespielt werden durften. Ansonsten traten Künstler in BBC-eigenen Produktionen auf, und da waren natürlich die britischen Interpreten, weil vor Ort, im Vorteil. In den meisten Fällen waren die Coverversionen schlechter als die Originale. Jimmy Justice war da eine Ausnahme. Er nahm bis in die 70er Jahre Platten auf.

When My Little Girl Is Smiling (3/62 GB 9)
Ain't That Funny (6/62 GB 8)
Pop

Justified Ancients Of Mu Mu

BILL DRUMMOND key (Südafrika, * 29. 4. 1953 als William Butterworth), ROCKMAN ROCK key (Großbritannien, als Jim Cauty)

Jim Cauty und Bill Drummond waren die Masterminds hinter KLF, den Timelords und 2K. Mit der Nummer »It's Grim Up North« hatten sie unter dem Pseudonym The Justified Ancients Of Mu Mu Ende einen Hit. Im Song wurde der Norden Englands als ziemlich finster hingestellt. Einige britische Parlamentsmitglieder fühlten sich angeblich veranlasst, im englischen Unterhaus gegen diesen Slogan »It's Grim Up North« zu wettern. Im Song selbst, unterlegt mit Techno-Music, wurden lediglich nordenglische Städte aufgeführt, in denen, so wird es am Schluss deutlich, wenn der Wind unter Rabengekrächze übers Land fegt, ›der Hund verfroren ist‹.

It's Grim Up North (11/91 GB 10)
Elektro-Pop, Techno

Siehe auch: KLF; Timelords

JX

JAKE WILLIAMS key
Jake hatte mit »Son Of A Gun« (4/94 GB 13) seinen ersten Hit. Als Remix kam die Nummer mehr als ein Jahr später erneut in die Hitparade und erreichte diesmal die Top 10. Die Platte gewann schließlich den Award als beste Clubnummer des Jahres 1995. Es folgten »You Belong To Me« (4/95 GB 17), »There's Nothing I Won't Do« – hier war als Sängerin Karlina zu hören – und »Close To Your Heart« (3/97 GB 18).

Son Of A Gun (8/95 GB 6)
There's Nothing I Won't Do (5/96 GB 4)
Dance, House

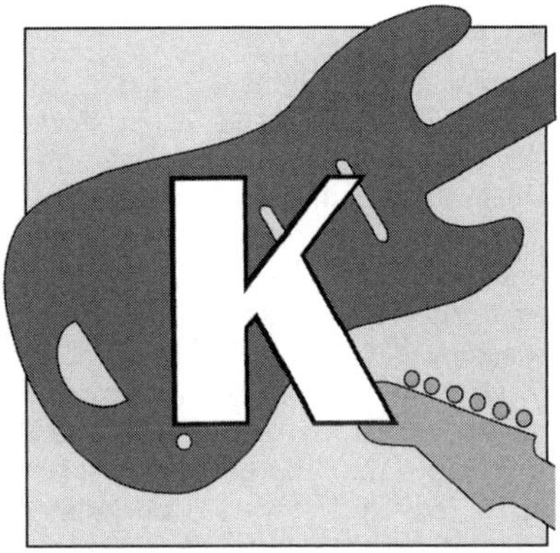

K., Leila

Mit ihrem Vater, einem Footballspieler, lebte sie einige Jahre in Deutschland. Als sie 15 war, hatte ihr Vater, ein marokkanischer Moslem, sie einem Mann zur Ehe versprochen – Leila machte sich dünne. Die schwedischen Produzenten Rob 'n' Raz entdeckten bei einem Talentwettbewerb in einer Stockholmer Disko die Rapperin Leila K., die zu diesem Zeitpunkt gerade 17 Jahre alt war. Als Rob 'n' Raz feat. Leila K. nahmen sie den Titel »Got To Get« auf, der sich zu einem Diskothekenhit in ganz Europa entwickelte. Die Disko-Szene wurde Anfang der 90er Jahre erheblich durch schwedische Interpreten, deren Wurzeln in Afrika liegen, beeinflusst. Neben Leila K. sind da Dr. Alban oder La Camilla zu nennen. Nachfolgehit wurde »Rok The Nation« (4/90 D 21). Danach trat eine längere Pause ein. Ende 1992 – jetzt ohne Rob 'n' Raz – brachte Leila K. unter den Produzenten Denniz Pop und Douglas Carr »Open Sesame« in die Charts. Dann veröffentlichte sie eine neue Version des Plastic-Bertrand-Hits »Ça Plane Pour Moi« (5/93 D 13).

Got To Get (11/89 GB 8; 1/90 D 3)
Open Sesame (12/92 D 5)
Dance, Disko

K. P. & Envyi

ENVYI rap (USA, als Susan Hedgepeth), K. P. rap (USA, als Kia Phillips)
Die erste Chartnotierung dieses weiblichen Rapduos brachte gleich eine goldene Schallplatte: »Swing My Way«. Dabei blieb es.

Swing My Way (12/97 US 6)
Rap

K.W.S.

DELROY JOSEPH v (Großbritannien), CHRIS KING (Großbritannien), WINSTON WILLIAMS (Großbritannien)
Die aus Nottingham stammenden Produzenten Chris King und Winston Williams nahmen Anfang 1992 eine Coverversion des KC-&-The-Sunhine-Band-Hits »Please Don't Go« auf. Nachdem die Platte in Deutschland in die Top 10 eingestiegen war, wurde sie aus rechtlichen Gründen wieder vom Markt genommen. Angeblich hatte K.W.S. Passagen derselben Nummer von Double You gesampelt. Sänger des Titels war Delroy Joseph, der vorher bei T Cut F gesungen hatte, aber kein festes Mitglied bei K.W.S. war. Auch als nächste Single erschien eine Coverversion. Dieses Mal hatte sich K.W.S. »Rock Your Baby«, 1974 ein weltweiter Hit für George McCrae, ausgesucht. Weitere schöne Oldies wurden von ihnen nicht ermordet.

Please Don't Go (4/92 GB 1; 6/92 US 6, D 7)
Rock Your Baby (8/92 GB 8)
Techno

K2

MARTIN PELZ rap (Deutschland, * 3. 3. 1975 in München), NINA POETHEN v (Deutschland, * 19. 6. 1972 in München)

Dass Techno wirklich vor gar nichts mehr Halt machte, bewies dieses Projekt aus München, in dem u. a. die Sängerin Nina und der weiße Rapper Martin mitwirkten. Der Produzent Klaus Munzert hatte die beiden zusammen gebracht. Mit dem Louis-Trenker-Schlachtruf »Der Berg ruft« und 138 bpm schlich sich K2 in die Hitparade. Offensichtlich kamen sie vom Berg wieder runter, und sie hörten eine Nachtigall trapsen: »Die Nachtigall singt« (1/95 D 18). Das Album »Der Berg ruft«, aus dem die Singles ausgekoppelt wurden, bezeichnete die Plattenfirma von K2 als den ›musikalisch gewordenen Alptraum eines Luis Trenker: ein ewiger Kampf des Menschen mit den Urgewalten des Berges‹. Holdrio!

Der Berg ruft (8/94 D 3)
Techno

K7

LOUIS ›KAYEL‹ SHARPE (USA, * 25. 8. 1969 als Kayel Figueroa in Spanish Harlem/New York City)
Hinter K7 steckt Louis ›Kayel‹ Sharpe. Er war vorher bei der Formation TKA, die zwischen 1986 und 1992 mit sechs Titeln im unteren Bereich der amerikanischen Hitparade stand. Sharpe verließ diese Gruppe 1993 und startete sein Projekt K7. Im November 1993 erschien das Debütalbum »Swing Batta Swing«, auf dem sich die Nummer »Come Baby Come« (9/93 US 18, 3/94 D 24) befand, die in den USA Goldstatus erreichte. Auf der einen Seite machte K7 Rap, auf der anderen Seite zeigte sich aber auch seine Vorliebe für die schwarze Musik der 30er und 40er Jahre. Bei dem Titel »Hi De Ho« (4/94 GB 17) merkt man seine Affinität zu Cab Calloway. Aber auch Reggae und Funk verstand K7 zu kombinieren.

Come Baby Come (12/93 GB 3)
Funk, HipHop, Rap, Reggae

Kaci

Nachfolger für Britney Spears? Kaci kommt aus der Teenie-Star-Schmiede Flordia. Konsequent wurde sie mit Auftritten im Vorprogramm der Backstreet Boys oder von O-Town geschult. Die Briten waren die Ersten, die die zum Zeitpunkt ihrer ersten Hits 15-Jährige entdeckten. »Paradise« (3/01 GB 11) und »Tu Amore« (7/01 D 24) waren ihre ersten Hitnotierungen. Mit der Tony-Romero-Nummer »I Think I Love You«, die 1970 schon ein Hit für die Partridge Family war, kam der erste Top-10-Erfolg. Die Plattenfirma schreibt über Kaci: ›Die gute Laune und der Jugendcharme der Britney Spears trifft auf das Talent und die Souveränität einer Jennifer Lopez – nur noch viel unverbrauchter, originärer und lebhafter‹.

I Think I Love You (2/02 GB 10)
Pop, Teeniestar

KaH, Hubert

KLAUS HIRSCHBURGER b (Deutschland, * 4. 2. 1963 in Reutlingen), HUBERT KAH v (Deutschland, * 21. 3. 1961 als Hubert Kemmler in Tübingen), MARCUS LÖHR g (Deutschland, * 14. 3. 1963 in Reutlingen)
Als 1982 die Neue Deutsche Welle die Hitparaden überschwemmte, kam Hubert mit seiner Band und den Titeln »Rosemarie« und »Sternenhimmel«. Sein erfolgreichstes Album war »Meine Höhepunkte« (5/82 D-LP 7). Schon zwei Jahre später war die NDW wieder vorbei. Nach einer längeren Pause erschien 1986 seine LP »Tensongs«. Hubert sang jetzt englische Texte. Die Platte war nach internationalen Maßstäben produziert, ausgekoppelt wurde »Limousine«. 1989 erschien mit »Sound Of My Heart« eine sehr gut gemachte CD von Hubert KaH, die sich jedoch am Markt nicht durch-

setzen konnte. Produzent war Michael Cretu, mit dem Hubert Kemmler im Laufe der Jahre sehr eng und erfolgreich zusammen arbeitete. Als Texter und Songschreiber für Interpreten wie Sandra, Two Of Us, Cretu/Thiers oder Bonnie Bianco hatte Hubert etliche Erfolge. 1995 erschien nach siebenjähriger Pause ein Comeback-Album, auf dem er u. a. mit den Wiener Sinfonikern zu hören war. Als erste Single erschien »C'est La Vie«, die Hubert zusammen mit seiner Ehefrau Susanne geschrieben hatte.

Rosemarie (4/82 D 3)
Sternenhimmel (9/82 D 2)
Limousine (6/86 D 8)
Neue Deutsche Welle, Pop

Kaiser, Roland

ROLAND KAISER v (Deutschland, * 10. 5. 1950 als Roland Keiler in Berlin)
Was ihn wohl immer am meisten geärgert hat, war die Tatsache, dass man den Wandel von »Sieben Fässer Wein« zu »Hummer ist der beste Koch« so wenig bemerkt hat. Das Publikum wollte Roland Kaiser als Interpreten sanfter Lieder und nicht als zeitkritischen Songschreiber. Nach einer Lehre als Kaufmann arbeitete er in der Werbeabteilung eines Autohauses. Der deutsche Produzent Gerd Kämpfe entdeckte ihn und nahm mit ihm Mitte der 70er Jahre die ersten Platten auf. »Santa Maria« legte sein Image endgültig fest. Inzwischen besitzt er seine eigene Produktionsfirma für TV-Sendungen und war mit der Schauspielerin Anja Schüte verheiratet, von der er sich 1994 öffentlich trennte.
Seine erfolgreichsten Alben: »Dich zu lieben« (9/81 D-LP 1) und »Ich fühl mich wohl in deinem Leben« (9/84 D-LP 10).

Sieben Fässer Wein (11/77 D 7)
Santa Maria (9/80 D 1)
Lieb mich ein letztes Mal (4/81 D 3)
Dich zu lieben (9/81 D 5)
Manchmal möchte ich schon mit dir (9/82 D 7)
Deutscher Schlager

Kajagoogoo

STEVE ASKEW g (Großbritannien, * 9. 12. 1957 in Leighton Buzzard/Hertfordshire), NICK BEGGS v, b (Großbritannien, * 15. 12. 1961 in Leighton Buzzard/Hertfordshire), LIMAHL v (Großbritannien, * 19. 12. 1958 als Chris Hamill in Leighton Buzzard/Hertfordshire), STUART CROXFORD NEALE v, syn (Großbritannien, in Leighton Buzzard/Hertfordshire), JEREMY STRODE d (Großbritannien, * 17. 1. 1958 in Leighton Buzzard/Hertfordshire)
Diese Teenie-Formation traf Anfang der 80er Jahre genau den Musiknerv der Jugendlichen. Mit Ausnahme von Limahl hatten die vier anderen Musiker 1980 erst als Art Nouveau, dann als Handstands gespielt. 1981 gab Chris Hamill alias Limahl – der Künstlername ist ein Anagramm seines Nachnamens – in einer britischen Musikzeitung eine Anzeige auf, in der stand: ›22jähriger, gut aussehender, talentierter Sänger und Songschreiber mit Phantasie und Ehrgeiz sucht vier Jungs mit den gleichen Qualifikationen.‹ Neben etlichen obszönen Anrufen meldete sich auch Nick Beggs, dessen Formation auf der Suche nach einem Leadsänger war. Die zwei Parteien tauschten Demobänder aus und waren recht zufrieden mit dem, was sie hörten. Gemeinsam suchten sie nach einem Namen, der möglichst nichts bedeuten sollte. Sie fanden ihn in den ersten Lauten, die von einem Baby zu hören sind: ›Ga-Ga-Goo-Goo‹. Daraus wurde Kajagoogoo. 1982 traf Limahl auf Nick Rhodes von Duran Duran, der der Band zu einem Plattenvertrag verhalf. Im Januar 1983 erschien ihre Single »Too Shy«. 1983 verließ Limahl die Band wieder und

strebte eine Solokarriere an. Nick Beggs übernahm nun den Leadgesang, so auch bei dem gut gemachten Stück »Big Apple«. 1984 kam es noch zu zwei weiteren Hitnotierungen, dann verließ Strode die Gruppe, und die drei verbleibenden Musiker hatten 1985 als Kaja noch eine Hitnotierung. Das erfolgreichste Album war »White Feathers« (4/83 GB-LP 5, 5/83 D-LP 7).

Noch im selben Jahr lösten sie sich auf. 1988 tauchte Nick in der Formation Ellis, Beggs & Howard wieder auf, die mit »Big Bubbles, No Troubles« im Herbst desselben Jahres einen Top-20-Hit in Deutschland hatte.

Too Shy (1/83 GB 1; 3/83 US 5, D 1)
Ooh To Be Ah (4/83 GB 7)
Big Apple (9/83 GB 8)
Boy Group, Pop

Siehe auch: Limahl

Kamen, Nick

NICK KAMEN v (Großbritannien, * 15. 4. 1962 in Epping/London)

Nick Kamen wurde durch einen Werbespot für Jeans bekannt, in dem er in einem Waschsalon einen coolen Striptease hinlegte. Das alleine genügt natürlich noch nicht, eine Platte zu besingen. Allerdings war Madonna von diesem Spot so begeistert, dass sie dem Briten ein Lied schrieb und ihn dann auch noch produzierte. Viele vermuteten in Nick eine Eintagsfliege, doch dann erschien im Frühjahr 1990 die von ihm selbst geschriebene Nummer »I Promised Myself« in den Charts. Es folgten weitere Veröffentlichungen. 1992 erschien das Album »Whatever, Whenever«.

Each Time You Break My Heart (11/86 GB 5; 1/87 D 8)
I Promised Myself (3/90 D 5)
Elektro-Pop

Kamoze, Ini

INI KAMOZE v (Jamaika, * 9. 10. 1957 in Kingston)

Zum Erfolg von »Here Comes The Hotstepper« hatte sicher beigetragen, dass der Titel in Robert Altmans Film »Prêt A Porter« aus dem Jahre 1994 zu hören, in dem u. a. Sophia Loren und Julia Roberts mitwirkten. Den Song hatte Ini bereits im Frühjahr 1992 aufgenommen. Der Film half – und außerdem hatte der Song einen hohen Wiedererkennungswert: Aus der von Chris Kenner und Fats Domino geschriebenen Nummer »Land Of 1000 Dances«, 1963 ein Hit selbst für Kenner und 1966 der größte Erfolg für Wilson Pickett, hatte Ini ein charakteristisches Element übernommen. Der Name soll angeblich ›Berg des wahren Gottes‹ bedeuten.

Here Comes The Hotstepper (9/94 US 1; 1/95 D 6, GB 4)
Rap

Kandi

KANDI BURRUSS v (USA, in Atlanta/Georgia)

Kandi Burruss war Mitglied der Formation Xscape und entwickelte sich sich zu einer erfolgreichen Songschreiberin. So schrieb sie mit an Nummern wie »No Scrubbs« von TLC, »Bills, Bills, Bills« von Destiny's Child, »There You Go« von Pink, »X-Girlfriend von Mariah Carey, »It Makes Me Ill« von 'N Sync, »Good Guy« von Boyz II Men, »The Best Man« von Faith Evans oder »Get Crunk Tonight« von Joe. Im Herbst 2000 kam Kandi dann als Solistin und brachte das Album »Hey Kandi« und den Singlehit »Don't Think I'm Not« (8/00 US 24). Zusammen mit Sole und JT Money hatte sie den Hit »Four, Five, Six« (10/99 US 21).

Don't Think I'm Not (11/00 GB 9)
Rhythm & Blues

Siehe auch: Xscape

Kane, Eden

EDEN KANE v (Indien, * 29. 3. 1942 als Richard Sarstedt in Neu Delhi)
Seinen Künstlernamen entlieh er dem Film »Citizen Kane« von Orson Welles. Seinen ersten Erfolg hatte er 1960 als Schauspieler in dem Film »Drinks All Round«. Zwischen 1961 und 1964 gelangen dem Briten fünf Top-10-Hits. Sein erster war auch sein größter: »Well, I Ask You«. Erst in den 70er Jahren hörte man wieder von Eden. Zusammen mit seinen Brüdern Clive Sarstedt und Peter Sarstedt trat er als Sarstedt Brothers auf – ohne Erfolg. Clive und Peter hatten sich auch als Solisten versucht. Clive mit wenig, Peter mit großem Erfolg. Edens erfolgreichstes Album hieß »Hits« (9/62 GB-LP 12). Mitte der 60er Jahre zog Eden nach Australien und hatte dort eine eigene erfolgreiche TV-Serie. Schließlich ging er in die USA, zog nach Hollywood, heiratete und lebt seither auf einer eigenen Ranch in Arizona. Aber auch in Hollywood war er weiterhin aktiv: er gehört zu dem Team, das den »Star Trek« in der Luft hält. 1997 zog er zusammen mit Marty Wilde, Joe Brown, John Leyton und den Vernons in der ›Solid Gold Rock 'n' Roll-Tour‹ durch GB.

Well, I Ask You (6/61 GB 1)
Get Lost (9/61 GB 10)
Forget Me Not (1/62 GB 3)
I Don't Know Why (5/62 GB 7)
Boys Cry (1/64 GB 8)
Pop

Siehe auch: Sarstedt, Peter; Sarstedt, Robin

Kano

PIERO CAIRO computer, ROSANNA CASALE v, LELLA ESPOSITO v, BRUNO GERGONZI d, LUCIANO NENZATTI syn, STEFANO PULGA key, GLEN WHITE v
Diese Diskoband ist ein frühes Beispiel dafür, dass diese Art von Musik von Italien aus über Europa schwappte. Wie so viele Interpreten nach ihnen produzierten sie in Mailand. Ende 1981 hatten sie ihre erste Notierung in den amerikanischen Charts. »Can't Hold Back (Your Loving)« erreichte allerdings nur Platz 89. 1991 versuchte Kano, den Hit »Another Life« noch einmal mit einem Remix '91 zu beleben. Es funktionierte nicht. Ihr erfolgreichstes Album hieß ebenfalls »Another Life« (8/83 D-LP 19).

Another Life (7/83 D 10)
Disko

Kansas

PHIL EHART d (USA, * 4. 2. 1950 in Kansas), BILLY GREER b (USA), DAVE HOPE b (USA, * 7. 10. 1949 als David in Kansas), KERRY LIVGREN g (USA, * 18. 9. 1949 in Kansas), STEVE MORSE g (USA, * 28. 3. 1954 in Hamilton/Ohio), ROBBY STEINHARDT vln (USA, * 25. 5. 1950 als Robert in Mississippi), STEVE WALSH v, key (USA, * 15. 6. 1951 in St. Joseph/Missouri), RICHARD WILLIAMS g (USA, * 1. 2. 1950 in Kansas)
Diese Band wurde 1970 in Topeka, Kansas, als White Clover gegründet. 1972 kam Steve Walsh zur Formation, die sich wenig später in Kansas umbenannte. Auf typischen Rock abonniert, waren es meist jedoch die zarteren Aufnahmen dieser Gruppe, die Erfolg haben sollten. »Carry On Wayward Son« (12/76 US 11) war ihre erste Hitnotierung und wurde vergoldet. »Dust In The Wind« stammte von der LP »Point Of Know Return«. 1981 verließ Walsh die Band und wurde durch John Elefante ersetzt. In den 80er Jahren wurde Livgren recht bekannt mit christlicher Rockmusik, die in den USA sehr erfolgreich und populär ist. Nach 1984 schien Kansas am Ende. Im Oktober 1986 kamen Walsh, Ehart und Williams wieder als Kansas zusammen. Neu hinzu kam von den Dixie Dregs Steve Morse und außerdem

Billy Greer. »All I Wanted« (11/86 US 19) wurde nach vier Jahren Pause wieder ein Hit für Kansas. Die neue Besetzung war wesentlich härter als die ursprüngliche. Schnell wurde klar, dass sich Steve Morse musikalisch in die Band nicht eingliedern konnte. Er verließ die Gruppe, versuchte eine Solokarriere und wurde Ende 1994 statt Richie Blackmore Gitarrist bei Deep Purple. 1990 versöhnten sich Walsh und Livgren, und Letzterer kehrte wieder zu Kansas zurück. In der Besetzung Livgren, Walsh, Williams, Ehart, Hope und Greer tourten sie Ende desselben Jahres durch Deutschland und kündigten auch an, dass sie an einer neuen LP arbeiteten. Das Ergebnis hinterließ keinerlei Spuren. Kansas machte stets die Rockmusik, mit der die Briten rein gar nichts anfangen können.
Die erfolgreichsten Alben von Kansas: »Leftoverture« (11/76 US-LP 5), »Point Of Know Return« (10/77 US-LP 4), »Two For The Show« (11/78 US-LP 32), »Monolith« (6/79 US-LP 10) und »The Best Of Kansas« (9/84 US-LP 154).

Dust In The Wind (1/78 US 6)
AOR (Adult Orientated Rock), Rock

Kanté, Mory

MORY KANTÉ v, harp (Guinea, * 24. 2. 1950 in Kissidougou)
Während seines Studiums in Mali perfektionierte Kanté seinen Gesang und seine Beherrschung der Kora, der westafrikanischen Harfe. Später spielte er zusammen mit der Rail Band und deren Star Salif Keita sowohl lateinamerikanische als auch deren Manding-Musik. Mory gelang es zunehmend, die Spielweise der Kora mit westlichen Stilen wie Jazz, Reggae, Funk und Rock zu kombinieren. Nebenher vereinfachte er den Manding-Stil und setzte moderne Studiotechnologie ein. 1987 wurde die LP »Akwaba Beach« veröffentlicht, daraus ausgekoppelt die Nummer »Ye Ke Ye Ke«, die in den Charts von sieben europäischen Ländern auf Platz 1 stieg. Von der Plattenfirma wurde der Song angekündigt: ›Ye Ke Ye Ke, der welterste Afro-House-Schlager vom weltersten Elektro-Griot.‹ Im März 1995 stieg die Nummer »Ye Ke Ye Ke« erneut in die britischen Top 30 ein. Ende 1996 kam ein erneuter Remix dieses Titels wieder unter die ersten 30 in GB.

Ye Ke Ye Ke (6/88 D 2)
World Music

Kaoma

MICHEL ABIHSSIRA per (Brasilien), JACKY ARCONTE b (Brasilien), JEAN-CLAUDE BONAVENTURE conga (Brasilien), LOALWA BRAZ VIEIRA v (Brasilien, * 3. 6. 1953), CHYCO ROGER DRU syn (Brasilien), FATOU NIANG v (Brasilien), MONICA NOGUEIRA v (Brasilien)
Selten haben sich die Medien weltweit für einen an und für sich simplen Tanz so begeistern können wie 1989 für den Lambada. Das mag vor allem daran gelegen haben, dass die optische Darstellung, speziell der Tänzerinnnen, sehr schöne Bilder brachte. Dass sich selbst die Tagesthemen nicht zu schade waren, diesen Ohrwurm zu propagieren, ist schon erstaunlich. Die Platte fiel wie eine Seuche über Europa her, und kaum eine Stunde verging, in der man dieses Lied nicht im Radio hörte. Irgendwann wusste man nicht mehr, ob die Nummer Kaoma und die Ausführenden Lambada waren oder umgekehrt. War auch ziemlich egal. Man guckte auf die knappen Höschen der Tänzerinnen und war beruhigt. Was bei schlanken Brasilianerinnen grazil und erotisch aussah, wirkte bei den hierzulande obligaten Maßen freilich meist mehr oder weniger plump, entbehrte aber nicht einer gewissen Komik. Die Bemühungen der europäischen, speziell der deutschen Lam-

bada-Tänzer hatten schon was für ›Pleiten, Pech und Pannen‹. Was nach dem Song »Lambada« geschah, der im September 1989 in die deutsche Hitparade kam und alleine hier zwei Millionen Mal verkauft wurde, war unfassbar. Jeder versuchte sich an einem Lied, in dem irgendwo »Lambada« zumindest vorkommen musste. Helga Feddersen und Olli Maier machten »Lärmbada«, Peter Behrens vom Trio »Der lila Lederhosenlambada«, oder Boney M.s »Malaika« wurde im Lambada-Remix wieder neu veröffentlicht. Chyco und Roberta, das blonde weiße Mädchen und der krausköpfige braune Junge, die im Video von Kaoma gezeigt hatten, wie man Lambada auch tanzen kann, machten ebenfalls Lambada-Platten. Wie so viele Tänze zuvor und so viele, die noch kommen werden, tanzte man diesen nur einen Winter. Ihr erfolgreichstes Album wurde »World Beat« (1/90 US-LP 40).

Lambada (9/89 GB 4, D 1)
Pop

Karat

HERBERT DREILICH v, g (Deutschland, * 5. 12. 1942), THOMAS KURZHALS key (Deutschland, * 13. 12. 1953), CHRISTIAN LIEBIG b (Deutschland), HENNING PROTZMANN v, b (Deutschland, * 12. 2. 1946), BERND RÖMER g (Deutschland, * 6. 9. 1944), MICHAEL SCHWANDT d (Deutschland, * 4. 11. 1952), ULRICH SWILLMS key (Deutschland, * 7. 3. 1947)
Karat wurde 1973 in der damaligen DDR gegründet. Alle Musiker können auf eine profunde musikalische Ausbildung zurückblicken. Ende 1979 erschien das Debütalbum »Albatros« (2/81 D-LP 40), auf dem die Single »Über sieben Brücken musst du gehen« (1/81 D 15) enthalten war. Peter Maffay sang diesen Titel nach und erreichte damit im Dezember 1980 Platz 4 in der Hitparade. »Der blaue Planet« (11/81 D 14) und »Jede Stunde« waren die weiteren Hitnotierungen. Auch nach dem Zusammenschluss konnte Karat mit auf hohem Niveau stehenden deutschsprachigen Songs die Fans bei der Stange halten. Ihre erfolgreichsten Alben: »Schwanenkönig« (9/80 D 26) und »Der blaue Planet« (4/82 D-LP 8).

Jede Stunde (7/82 D 9)
Pop

Katrina & The Waves

ALEX COOPER d (Großbritannien), VINCENT DE LA CRUZ b (USA), KATRINA LESKANICH v (USA, * 10. 4. 1959 in Topeka/Kansas), KIMBERLEY REW g (Großbritannien)
Katrina und Vince kamen 1976 nach GB, da ihre beim Militär arbeitenden Eltern dorthin versetzt wurden. Rew und Cooper waren Absolventen der Cambridge University. Rew hatte außerdem bei der Formation Soft Boy gespielt und sich mit selbst geschriebenen Songs als Solist versucht. 1982 kam die Rock-Pop-Formation Katrina & The Waves zusammen, und ihre beiden ersten Alben wurden nur in Kanada veröffentlicht. Im Frühjahr 1985 schließlich gelang ihnen mit »Walking On Sunshine« der erste Erfolg. Weitere Erfolge außerhalb der Top 10 wurden »Do You Want Crying« (7/85 US 37), »Sun Street« (7/86 GB 22) und »That's The Way« (7/89 US 16). In unveränderter Besetzung erschien 1993 die CD »Edge Of The Land«, aus der u. a. »Honey Lamb« ausgekoppelt wurde. Im April 1995 erschien die Single »Turn Around« als Vorabauskopplung des gleichnamigen Albums. Am 3. 5. 1997 vertrat die Band GB beim Grand Prix Eurovision in Irland mit dem von Kimberley Rew geschriebenen Stück »Love Shine A Light«. Die Gruppe gewann mit 227 Punkten vor Gastgeber Irland und der Nummer »Mysterious Woman« (157

Punkte), gesungen von Marc Roberts, und der Türkin Sebnem Parker aus Istanbul mit »Dinle« (121 Punkte). Deutschland landete mit 22 Punkten abgeschlagen auf den hinteren Rängen. Ihr erfolgreichstes Album war »Katrina & The Waves« (4/85 US-LP 25, 6/85 GB-LP 28).

Walking On Sunshine (3/85 US 9; 5/85 GB 8)
Love Shine A Light (5/97 GB 3)
AOR (Adult Orientated Rock), Grand Prix, Rock

Kavana

KAVANA v (Großbritannien, * 4. 11. 1977 als Anthony Kavanagh in Manchester)
Wieder eine der schönen Geschichten, wie sie nur das Schaugeschäft schreiben kann: Nigel Martin-Smith, der Manager von Take That, ließ sich in Manchester von einer Frau aus Teeblättern die Zukunft lesen. Diese Frau hatte einen 18-jährigen Sohn – und der hieß Kavana. Nigel nahm ihn mit, ließ ihn sechs Monate in seinem Büro arbeiten, um dort an Titeln für sein erstes Album zu schreiben. Seine erste Hitnotierung war »Crazy Chance« (5/96 GB 35, 6/96 D 79), mitgeschrieben von Howard Donald von der Gruppe Take That. Sein nächster Hit hieß »Where Are You« (8/96 GB 26). Den hatte sich Kavana schon alleine geschrieben. Schließlich erschien seine erste Top-10-Single »I Can Make You Feel Good«, danach »MFEO«. Die Kürzel steht für ›Made For Each Other‹. Im April 1997 erschien nun auch das Album, an dem er so lange geschrieben hatte. Immerhin hatte Kavana neun Titel wirklich alleine hingefummelt. Irgendwie erinnert die Geschichte von Kavana an die von Rick Astley – allerdings hatte der eine bessere Stimme, sah aber nicht so aus, wie sich die Teenies ihren Traumboy vorstellen. Mit »Special Kind Of Something« (8/98 GB 13), »Funky Love« (12/98 GB 32), »Will You Wait For Me« (3/99 GB 29) hatte Kavana seine nächsten Hits.

I Can Make You Feel Good (1/97 GB 8)
MFEO (4/97 GB 8)
Pop

Kay, Janet

JANET KAY v (Großbritannien)
Ein mit dünnem, fast nervendem Stimmchen gesungenes Reggae-Stück war der einzige Hit dieser britischen Sängerin. Die gleiche Nummer sang sie 1990 noch einmal zusammen mit der Fernsehmoderatorin Lindy Layton. Diesmal wurde es ein Platz 22. Als Interpreten wurden angegeben Lindy Layton feat. Janet Kay. Ansonsten sieht man die Britin häufig in zahllosen Sitcoms als Schauspielerin.

Silly Games (6/79 GB 2)
Reggae

KC & The Sunshine Band

HARRY WAYNE CASEY v, key (USA, * 31. 1. 1951 in Hialeah/Florida), RICHARD FINCH b (USA, * 25. 1. 1954 in Indianapolis)
Casey und Finch waren die Köpfe hinter KC & The Sunshine Band. Casey war 1973 noch in einem Plattenladen als Verkäufer angestellt. Nebenher arbeitete er ohne Bezahlung in einem Tonstudio und lernte so den Umgang mit Tonbändern und Aufnahmegeräten. Im selben Studio arbeitete als Bassist Richard Finch, mit dem er sich anfreundete. Sie gründeten eine eigene Band, die sie KC & The Sunshine Junkanoo nannten. KC ist ein Kürzel des Nachnamens von Harry. Mit ihnen spielten je nachdem neun bis elf Musiker. 1974 erhielten sie einen Plattenvertrag und veröffentlichten als Debüt-Single »Blow Your Whistle«. Neben Casey und Finch spielten Studiomusiker mit. Die Platte wurde kein Erfolg. Mitte 1974

schrieben und produzierten die beiden für George McCrae »Rock Your Baby«. Die Platte entwickelte sich zum Millionseller. Im Herbst immer noch desselben Jahres kam ihr Titel »Queen Of Clubs« in die Hitparade. Ab diesem Zeitpunkt bis 1984 wurden sie in den Hitparaden notiert. Zusammen mit Teri DeSario hatte KC Ende 1979 den Millionseller »Yes, I'm Ready«. Am 15. 1. 1982 wurde Harry Casey bei einem Autounfall schwer verletzt. 1983 hatte er sich jedoch wieder so weit erholt, dass er seine eigene Plattenfirma Meca gründen konnte. 1991 kam ein Remix von »That's The Way (I Like It)« in die britische Hitparade. Der Titel war zwar als Remix ausgezeichnet, basierte aber nicht auf der Original-Single-Version. Ihr Song »Please Don't Go« kam 1992 wieder zu Top-10-Ehren mit den Formationen K.W.S. und Double You. 1998 kamen Coverversionen von KC-Titeln erneut in die Charts. Aus »Get Down Tonight« machte die Kunstformation Bamboo »Bamboogie« (1/98 GB 2), und »That's The Way I Like It« kam mit der Gruppe Clock zum gleichen Zeitpunkt auf Platz 11 in GB. Die erfolgreichsten Alben der Formation hießen »KC & The Sunshine Band« (8/75 US-LP 4, 8/75 GB-LP 26), »Part 3« (10/76 US-LP 13) und »Greatest Hits« (3/80 GB-LP 10).

Queen Of Clubs (8/74 GB 7)
Get Down Tonight (7/75 US 1)
That's The Way (I Like It) (8/75 GB 4; 10/75 US 1)
(Shake, Shake, Shake) Shake Your Booty (7/76 US 1)
I'm Your Boogie Man (2/77 US 1)
Keep It Coming, Love (7/77 US 2)
Please Don't Go (8/79 US 1; 12/79 GB 3)
Yes, I'm Ready (11/79 US 2)
Give It Up (7/83 GB 1)
Disko

K-Ci & JoJo

JO JO HAILEY v (USA, * 10. 6. 1971 als Joel Hailey in Charlotte/North Carolina), K-CI HAILEY v (USA, * 2. 9. 1969 als Cedric Hailey in Charlotte/North Carolina)
Die beiden Brüder schafften ihre ersten Hits als Teil des Quartetts Jodeci. Schon ab 1995 hatte K-Ci auch außerhalb von Jodeci Erfolg. Die Nummer »If You Think You're Lonely Now« (2/95 US 17) wurde ein erster Hit. Zusammen mit seinem Bruder JoJo war K-Ci bei dem Titel »How Do U Want It« (6/96 US 1, GB 17) Gast von 2Pac. Zum gleichen Zeitpunkt kamen auch die ersten Platten der Brüder ohne Jodeci. »You Bring Me Up« (6/97 US 26, 8/97 GB 21) erschien 1997 als Single, gleichzeitig wurde das Album »Love Always« (7/97 US-LP 6) angekündigt. Das allerdings würde nicht den Split von Jodeci bedeuten, erklärte die Plattenfirma. Eine weitere Auskopplung aus »Love Always« war »All My Life«. Sie stieg auf Platz 15 ein und sprang dann an die Spitze – das hatten bisher nur die Beatles mit »Paperback Writer« im Jahre 1966 geschafft. Weitere Singlehits wurden »Don't Rush (Take Love Slowly)« (9/98 GB 16), »Tell Me It's Real« (10/99 GB 40, 9/00 RE-GB 16) und »Crazy« (12/00 US 11, 5/01 GB 35), weitere Erfolgsalben: »It's Real« (7/99 US-LP 8) und »X« (12/00 US-LP 20).

All My Life (3/98 US 1; 4/98 D 5, GB 8)
Tell Me It's Real (5/99 US 2)
Rap, Rhythm & Blues

Siehe auch: Jodeci

Keating, Johnny

JOHNNY KEATING (Großbritannien)
Der Arrangeur und Orchesterleiter hatte sich darauf spezialisiert, Melodien für Film, Funk und Fernsehen zu schreiben und zu spielen. Etliche seiner Aufnahmen machte er zusammen mit dem Londoner Symphonie-Orchester, so z. B. die Themenmusik zu »Onedin Line« oder »Sleepy Shores«, das Thema zur Fernsehserie ›Owen M.D.‹. Im Frühjahr 1962 hatte

Keating mit dem »Theme From ›Z Cars‹« einen britischen Pophit. Auch Titel von Adam Faith und Emile Ford & The Checkmates wurden von ihm arrangiert bzw. von seinem Orchester begleitet.

Theme From ›Z Cars‹ (3/62 GB 8)
Instrumental, Pop

Keating, Ronan

RONAN KEATING v (Irland, * 3. 3. 1977 in Dublin)
Mit »When You Say Nothing At All« kam die erste Soloplatte des Boyzone-Mitglieds Keating. Das Stück hatten die Amerikaner Paul Overstreet und Don Schlitz geschrieben. Im Original hatte der Countrysänger Keith Whitley das Stück 1987 aufgenommen: (9/88 C&W 1). Eine Version von Alison Krauss & Union Station war 1995 in der Kategorie Best Country Performance By A Duo Or Group With Vocals für einen Grammy nominiert. Neben seinen Aktivitäten mit der Gruppe Boyzone und als Solist betätigte sich Keating auch als Manager, z. B. von Westlife. Sein erstes Album »Ronan« (8/00 GB-LP 1, 9/00 D-LP 2) stieg am 12. 8. 2000 gleich auf Platz 1 der Album-Charts ein. Im März 2002 erschienen eine neue Single und das Album »Destination«.

When You Say Nothing At All (8/99 GB 1; 9/99 D 6)
Life Is A Rollercoaster (7/00 GB 1; 8/00 D 10)
The Way You Make Me Feel (12/00 GB 6)
Lovin' Each Day (4/01 GB 2)
Pop

Siehe auch: Boyzone

Keegan, Kevin

KEVIN KEEGAN v (Großbritannien, * 14. 2. 1951 in Doncaster/York)
Radi Radenkovic sang »Bin i Radi – bin i König«, Gerd Müller »Dann macht es bum«, Franz Beckenbauer »Gute Freunde kann niemand trennen« – warum sollte also der Fußballer Kevin Keegan nicht auch singen dürfen? Sein Titel »Head Over Heels In Love« war von den Smokie-Musikern Chris Norman und Pete Spence geschrieben und von Nicky Chinn und Mike Chapman produziert. Zu diesem Zeitpunkt spielte Kevin gerade beim Hamburger SV und war als ›Mighty Mouse‹ ein allgemeiner Sympathieträger. Danach widmete er sich wieder Dingen, die er besser konnte. So ging er als 33-Jähriger in das Scheichtum Bahrein am Persischen Golf und erhielt als ›Demonstrationsspieler‹ 40 000 DM die Woche. Er ließ sich an der Costa del Sol nieder, um Anfang der 90er Jahre wieder nach England zurückzukehren und dort Manager von Newcastle United zu werden. Mit ihm wurde der Verein 1994 Spitzenreiter der britischen Premier League. Keegan hatte mit dem Verein einen Vertrag abgeschlossen, der ihm bis zum Jahr 2002 rund 10 Millionen Mark zusicherte. In Fachkreisen wurde Keegans Geschäftssinn stets noch höher eingeschätzt als sein fußballerisches Können.

Head Over Heels In Love (6/79 D 10)
Pop

Keith

KEITH v (USA, * 7. 5. 1949 als James Barry Keefer in Philadelphia/Pennsylvania)
Schon als Teenager entschloss sich Keith, Sänger zu werden. Als Keith & The Admirations machte er 1965 seine ersten Plattenaufnahmen. Mit »Ain't Gonna Lie« (9/66 US 39) wurde er erstmals in den Charts notiert. Bei bei diesem Titel und bei »98.6« wurde er von den Tokens begleitet. 1967 gelangen ihm noch zwei Hitnotierungen. Dann wurde er zum Militär eingezogen und kam, nachdem er die Truppe unerlaubt verlassen hatte, ins Gefängnis. Danach war seine Karriere beendet.

98.6 (12/66 US 7)
Pop

Kelis

KELIS ROGERS v (USA, in Harlem/New York City)
19 Jahre war sie alt, als sie mit »Caught Out There« ihren ersten Hit hatte. Über Kirchenchor und Schultheater kam sie an die renommierte LaGuardia School For Performing Art. Ihr Plattendebüt gab sie als Gast von Ol' Dirty Bastard auf der Single »Get Your Money«. Zuerst stand »Caught Out There« in den Niederlanden, Skandinavien und Deutschland in den Hitparaden, bevor die Briten das Stück entdeckten. Vor allem die vehement vorgetragene Zeile ›I hate you so much right now!‹ bohrte sich in die Ohren der Diskogänger. Kelis will ihren Namen ›Ka-Leese‹ ausgesprochen wissen. Ihr erstes Album erschien im Frühjahr 2000 und hieß »Kaleidoscope«. Es folgten »Good Stuff« (6/00 GB 19) und »Young, Fresh N' New« (11/01 GB 32).

Caught Out There (3/00 GB 4)
Rap, Rhythm & Blues, Soul

Kelly, R.

R. KELLY v (USA, * 8. 1. 1969 als Robert in Chicago/Illinois)
Kelly begann seine Karriere Anfang der 90er Jahre als R. Kelly & Public Announcement. Um ihn herum sang und tanzte eine Ansammlung von wechselnden Menschen. Seinen ersten Auftritt in der US-Hitparade hatte er mit »She's Got That Vibe« (11/91 R&B 7, 3/92 US 59, 5/92 GB 57). Nachdem er international bekannter geworden war, erreichte die Nummer Ende 1994 bei einer Wiederveröffentlichung Platz 3 in GB. Ab Ende 1993 firmierte er nur noch als R. Kelly. Der Song »Sex Me (Parts I & II)« (10/93 R&B 8, US 20) wurde vergoldet. Am 31. 8. 1994 hatte Kelly die Sängerin Aaliyah geheiratet. Auf der Nummer »Down Low (Nobody Has To Know)« war als Gast Ronald Isley von den Isley Brothers zu hören. »I Believe I Can Fly« stammte aus dem Film »Space Jam«. Auch »Gotham City« stammte wieder aus einem Film. Diesmal waren »Batman & Robin« am Erfolg beteiligt. »I'm Your Angel« sang er im Duett mit Celine Dion. Als Gast von Puff Daddy hatte er den Hit »Satisfy You« (9/99 US 2, 10/99 D 2). Jay-Z wurde als sein Gast beim Top-10-Hit »Fiesta« genannt. »The World's Greatest« stammte aus einem Film, in dem die Lebensgeschichte Muhammed Alis mit Will Smith in der Hauptrolle erzählt wurde.
Seine erfolgreichsten Alben: »Born Into The 90's« (2/92 US-LP 42) »12 Play« (11/93 US-LP 2, GB-LP 20), »R. Kelly« (11/95 GB-LP 18, 12/95 US-LP 1), »R.« (11/98 D-LP 8, US-LP 2) und »TP-2.com« (11/00 US-LP 1, 11/00 D-LP 2). Der Albumtitel bezog sich auf Kellys erste erfolgreiche LP »12 Play« – sozusagen die ›Wiederholung von Twelve Play‹.
Am 26. 3. 2002 veröffentlichte R. Kelly zusammen mit dem Rapper Jay-Z das gemeinsame Album »The Best Of Both Worlds«.

Bump N' Grind (2/94 US 1; 1/95 GB 8)
She's Got That Vibe (10/94 GB 3)
You Remind Me Of Something (11/95 US 4)
Down Low (Nobody Has To Know) (3/96 US 4)
I Can't Sleep Baby (If I) (7/96 US 5)
I Believe I Can Fly (12/96 US 2; 2/97 D 3; 3/97 GB 1)
Gotham City (7/97 US 9, D 6, GB 9)
I'm Your Angel (10/98 US 1; 11/98 GB 3)
If I Could Turn Back The Hands Of Time (10/99 GB 2; 11/99 D 2)
I Wish (10/00 D 10)
Fiesta (3/01 US 6; 6/01 D 8)
The World's Greatest (2/02 D 5; 3/02 GB 4)
Rap, Rhythm & Blues

Siehe auch: Puff Daddy

Kelly Family

ANGELO KELLY v (Spanien, * 23. 12. 1981 in Pamplona), MAITE KELLY v (Deutschland, * 4. 12. 1979 in Berlin), PATRICK ›PADDY‹ KELLY v (Irland, * 5. 12. 1977 in Dublin), BARBY KELLY v (Spanien, * 28. 4. 1975 in Belascoain/Gamonal), JOEY KELLY v (Spanien, * 20. 12. 1972 in Gamonal/Toledo), JIMMY KELLY v (Spanien, * 18. 2. 1971 in Gamonal/Toledo), PATRICIA KELLY v (Spanien, * 25. 11. 1969 in Gamonal/Toledo), JOHN KELLY v (Spanien, * 8. 3. 1967 in Talavera), KATHY KELLY (USA, * 6. 3. 1963 in Leominster/Massachusetts), DANIEL KELLY v, g (USA)

Anfang der 70er Jahre war der Gymnasiallehrer Daniel Kelly zu Hause in Michigan, USA, den American Way of Life satt und zog samt Frau und Kindern nach Europa. All seinen Kindern hatte er Singen, Tanzen und Instrumente spielen beigebracht. Durch ganz Europa zog die Kelly Family, die hier mehr als Iren und weniger als Amerikaner angesehen wurden. Das lag zum Teil an ihrem Gesangsrepertoire, zum anderen daran, dass sie in der Tat irischer Abstammung sind. Besonders in Deutschland kam die Gruppe gut an und dürfte auf jedem Marktplatz und in jeder noch so kleinen Turnhalle irgendwann einmal aufgetreten sein. Dazu der ›Spiegel‹: ›Einfach herzig, dieser pausbackige Kinderchor. Da stehen bleiben hieß die Uhr anhalten, irgendwann zwischen Quäker- und Nachkriegszeit.‹ 1988 ließen sie sich im Kölner Rheinhafen auf einem Hausboot nieder und schafften das Unmögliche: Sie hielten sich vom kommerziellen Musikbetrieb fern und setzten trotzdem Millionen um. 1978 nahm Vladimir Cosma für die TV-Serie ›Die Abenteuer des David Balfour‹ »David's Song« auf. Dazu machte Dan Kelly einen Text, und mit »Who'll Come With Me« (3/80 D 15) hatten sie ihren ersten Hit. Der große Wurf sollte der singenden Familie 1994 mit »An Angel« und dem Album »Over The Hump« gelingen. Damit dürften sie in der Tat ›über den Berg‹ sein. Der Gesamtumsatz der Familie wurde 1994 auf weit über 50 Millionen Mark geschätzt. Die Kinder werden es nicht leicht haben, den Intentionen von Vater Kelly zu folgen: den Versuchungen wie Auswüchsen der Konsum- und Überflussgesellschaft zu widerstehen. Mutter Barbara Kelly, die sich eigentlich 15 Kinder wünschte, starb nach dem zwölften an Krebs. Zwei erwachsene Kinder sind inzwischen ausgestiegen, ein behindertes lebt in den USA. Der Erfolg der Kellys ging auch 1995/96 weiter nach oben. Anfang 1997 standen in den von ›Bravo‹-Lesern zusammengestellten ›Bravo‹-Charts nicht selten vier oder mehr Titel der Gruppe unter den ersten 10. Das Album »Over The Hump« (9/94 D-LP 1) hatte sich Anfang 1997 in Deutschland 3,1 Millionen und in Gesamteuropa 4,5 Millionen Mal verkauft. Das Album »Almost Heaven« (11/96 D-LP 1) brachte es innerhalb weniger Monate auf 1,3 Millionen verkaufte Exemplare nur in Deutschland und auf 2,3 Millionen europaweit. »Growin' Up« (11/97 D-LP 1) stieg am 17.11. gleich auf Platz 1 der deutschen LP-Charts ein. Am 15. 7. 1998 kaufte die Kelly Family für 13,1 Millionen Mark das zwangsversteigerte Schloss Gymnich, das einst das Gästehaus der Bundesregierung war. Geschäftswert: 24,1 Millionen Mark. Böse Zungen schlugen vor, die Gruppe solle auf dem Schlossgraben ihr Hausboot wassern, damit sie sich auch richtig zu Hause fühlen. Als nächstes Album erschien »From Their Hearts« (11/98 D-LP 3). 2002 beteiligten sie sich an der Vorausscheidung zum Grand Prix Eurovision mit dem Titel »I Wanna Be Loved« (3/02 D 31), kamen aber nicht mal unter die ersten 3.

An Angel (10/94 D 2)
I Can't Help Myself (7/96 D 1)

Because It's Love (9/97 D 3)
The Children Of Kosovo (6/99 D 8)
Folk, Pop

Kemp, Johnny

JOHNNY KEMP v (Bahamas, in Nassau)
Der Sänger, Tänzer, Schauspieler und Songschreiber trat in den Nachtclubs seiner Heimatstadt auf, als er erst 13 Jahre alt war. 1979 zog er mit seiner Familie nach Harlem. Hier feierte man ihn schnell als hoffnungsvolles Talent in der Tradition des amerikanischen Rhythm & Blues und Soul. Seinen ersten Hit hatte Johnny Kemp im Frühjahr 1986 in der US-Rhythm-&-Blues-Hitparade mit »Just Another Lover«. Zwei Jahre später stand er in eben jenen Charts auf Platz 1 mit »Just Got Paid«. Die Platte entwickelte sich zum Millionseller. »Birthday Suit« (2/89 US 36) war ein Titel aus dem Film »Sing«. Ansonsten gelang dem Hochgelobten nichts.

Just Got Paid (5/88 US 10)
Pop, Rhythm & Blues

Kemp, Tara

TARA KEMP v, p (USA, * 11. 5. 1964 in San Francisco)
1990 entdeckten zwei amerikanische Produzenten Tara Kemp als Sängerin einer Band in der Bay Area um San Francisco. Sie bahnten der Sängerin, Songschreiberin und klassisch ausgebildeten Pianistin einen Weg als Solistin. »Hold You Tight« wurde Millionseller. Nachfolger war »Piece Of My Heart«.

Hold You Tight (1/91 US 3)
Piece Of My Heart (5/91 US 7)
Pop

Kendricks, Eddie

EDDIE KENDRICKS v (USA, * 17. 12. 1939 in Union Spring/Alabama, † 5. 10. 1992)
Schon während der Zeit auf der High-School in Birmingham, Alabama, lernte Eddie Paul Williams kennen. Die beiden sangen in diversen Doo-Wop-Gruppen. Als beide 17 waren, zogen sie nach Detroit und gründeten dort eine Band, die sie Primes nannten. 1960 wurden beide Mitglieder in der populäreren Konkurrenzgruppe Distants. Aus dieser Band wurden die Elgins und ab 1961 die Temptations. Eddie sang etliche der großen Hits dieser Formation. 1970 verließ er die Band und startete eine Solokarriere, die bis 1985 anhielt. Sein erfolgreichstes Album war »Eddie Kendricks« (6/73 US-LP 18). Zusammen mit seinem ehemaligen Temptations-Kollegen David Ruffin trat er beim Live-Aid-Konzert auf und gab eine bemerkenswerte Vorstellung im New Yorker Apollo Theater, zu der dann auch noch Daryl Hall und John Oates stießen. Nach diesem Erfolg erhielten die beiden einen Plattenvertrag und veröffentlichten Titel als Ruffin & Kendricks. David Ruffin starb am 1. 6. 1991 an einer Überdosis Drogen. Eddie Kendricks überlebte ihn nicht lange. Kurz nach Ruffins Tod stellten die Ärzte bei Eddie Lungenkrebs fest, der auf seinen hohen Zigarettenkonsum zurückgeführt wurde.

Keep On Truckin' (Part 1) (8/73 US 1)
Boogie Down (1/74 US 2)
Motown Sound, Rhythm & Blues

Siehe auch: Temptations

Kenner, Chris

CHRIS KENNER v (USA, * 25. 12. 1929 in Kenner/Louisiana, † 25. 1. 1976)
Kenner war in den 50er Jahren ein populärer Songschreiber in New Orleans. 1957 nahm er den Titel »Sick And Tired« auf, mit dem er bis auf Platz 13 in den

Rhythm-&-Blues Charts kam. Der Besitzer der Plattenfirma Instant Records schlug ihm Anfang der 60er Jahre vor, auf seinem Label zu singen. Mit der zusammen mit Allen Toussaint komponierten Nummer »I Like It Like That, Part 1« erreichte Chris Mitte 1961 die US-Charts und wurde Spitzenreiter. In den folgenden Jahren hat er noch etliche erfolgreiche Titel geschrieben, so z. B. zusammen mit Fats Domino die Nummer »Land Of 1000 Dances«, die in der Version von Wilson Pickett 1966 ein Riesenhit der Soulära wurde. Auch Fats Domino, Dave Clark Five oder die Walker Brothers übernahmen seine Kompositionen. 1968 wurde er wegen Vergewaltigung einer Minderjährigen zu einer Gefängnisstrafe verurteilt, und zeit seiner Karriere hatte er Probleme mit Alkohol. Trotzdem gehen einige der besten Rhythm-&-Blues-Aufnahmen auf sein Konto. Er starb 1976 nach einem Herzinfarkt. 1994 wurde eine Sequenz aus »Land Of 1000 Dances« in den Hit »Here Comes The Hotstepper« von Ini Kamoze eingearbeitet, der dadurch direkt einen hohen Wiedererkennungswert erlangte.

I Like It Like That, Part 1 (5/61 US 2)
Rhythm & Blues

Kenny

RICK DRISCOLL v, g (Großbritannien, * 1. 5. 1957 als Richard Driscoll in Enfield/Middlesex), CHRISTOPHER LACKLISON key (Großbritannien, * 15. 10. 1956 in London), CHRIS REDBURN b (Großbritannien, * 14. 3. 1957 in Enfield/Middlesex), YAN STYLE g (Großbritannien, * 16. 1. 1957 in Enfield/Middlesex), ANDY WALTON d (Großbritannien, * 1. 10. 1957 in Enfield/Middlesex)
1973 veröffentlichte auf dem RAK-Label in GB ein Kenny zwei Titel, die in die britischen Charts kamen. Die Nummer »Heart Of Stone« erreichte Platz 11, in Deutschland Platz 28. Ein Jahr später kam auf demselben Label Kenny mit »The Bump« in die Charts. Im ersten Fall handelte es sich um den irischen Sänger Tony Kenny, im zweiten um die oben erwähnte Gruppe aus Enfield, Middlesex. Der Solist Kenny hatte noch den Hit »Give It To Me Now« (6/73 GB 38). Die Gruppe Kenny hatte noch Hits mit »Baby I Love You, Okay!« (6/75 GB 12) einen Hit außerhalb der Top 10.

The Bump (12/74 GB 3)
Fancy Pants (3/75 GB 4)
Julie Ann (8/75 GB 10)
Boy Group, Pop

Kent, Peter

PETER KENT v (Deutschland, * 9. 9. 1948 als Peter Hedrich in Herten)
Kent gründete mit 18 seine erste Band Six De Conduits. Sie spielten vorwiegend die Hitparaden rauf und runter. 1969 spielte Kent den Claude im Musical »Hair«. Es folgten Rollen in »Jesus Christ Superstar« und »Godspell«. Ab 1972 machte er in München in der Kleinkunstszene so genannte anspruchsvolle Schlager. In der Formation Love Generation sammelte er ab 1975 Profierfahrung. 1979 lernte er den Produzenten Harald Steinhauer kennen, der ihm einen Solovertrag besorgte. »It's A Real Good Feeling« hatte der Sangeskollege Bernie Paul unter dem Pseudonym Vincent Promo geschrieben. Nach 1982 gelang ihm kein Erfolg mehr. Zusammen mit seiner Frau Luisa Fernandez hatte er im Herbst 1986 den Top-20-Hit »Solo Por Ti«. Später beschäftigte er sich auch mit Produktionen, so z. B. für Geier Sturzflug.

It's A Real Good Feeling (1/80 D 1)
Schlager

Kerkeling, Hape

HAPE KERKELING v (Deutschland, * 9. 12. 1964 als Hans-Peter Kerkeling in Recklinghausen)

Eigentlich ist es total normal, dass sich Fernsehgrößen auch auf Platten verewigen. Als kleiner Kotzbrocken Hannilein hüpfte er als Känguru durch die Lande und bekam zwei Pönkten für seine Moderation bei der deutschen Grand-Prix-Vorentscheidung, die er erst erträglich machte. Seine Sendungen von der IFA in Berlin gehörten zu den wenigen ansehenswerten. Unvergessen sein Auftritt als falsche Königin Beatrix (›... mal lecker Mittag essen gehen‹) oder als streng recherchierender Journalist bei der Bundespressekonferenz (›... warum wird hier kein Gebäck gereicht?‹). Seine kindisch-anarchische Art hat er sich durch die Jahre bewahrt. 1991 wurde zum Hape-Kerkeling-Jahr. Seine Feststellung »Das ganze Leben ist ein Quiz« klang irgendwie lustig, war aber ganz ernst gemeint. Anfang 1992 überraschte er mit seiner Betrachtung »Hurz!!!«, wobei es sicher gut war, dass man mal darüber geredet hat. 1992 kam sein Debütfilm »Kein Pardon« in die Kinos. Es war, wie er selbst sagte, ›eine komische Tragödie aus vertrautem öffentlich-rechtlichem Anstaltsmuff‹. Sein Motto scheint zu sein ›Witzischkeit kennt keine Grenze‹. Und das macht er so lange, bis es uns gefällt. Das bedeutet, dass er eine lang anhaltende Karriere vor sich hat. Mögen Willi und die Windzors uns noch lange erhalten bleiben.

Das ganze Leben ist ein Quiz (9/91 D 7)
Hurz!!! (2/92 D 4)
Deutscher Schlager

Kern, Renate

RENATE KERN v (Deutschland, * 23. 1. 1945 als Renate Poggensee in Tann i.d. Rhön, † 18. 2. 1991)

Die Tochter der Pianistin Gertrud Poggensee absolvierte eine Gesangs- und Tanzausbildung. Mit Schlagerlein wie »Kiss And Shake« oder »Du bist meine Liebe« hatte sie 1965 ihre ersten Hits. Ende der 60er Jahre ging sie mit dem Orchester James Last auf internationale Tournee. Nachdem sich ab Mitte der 70er Jahre keine Hits mehr einstellten, sang sie als Nancy Wood Country-Songs. Das brachte ihr Ende 1981 mit »Imagine That« eine Hitnotierung in den US-Country-Charts. Anfang der 90er Jahre muss Renate Kern unter starken Depressionen gelitten haben. Sie verbrachte etliche Zeit im Krankenhaus und erhängte sich an einem Dachbalken im Wohnzimmer ihres Hauses in der Nähe von Oldenburg.

Lieber mal weinen im Glück (8/68 D 10)
Country, Deutscher Schlager

Kershaw, Nik

NIK KERSHAW v (Großbritannien, * 1. 3. 1958 als Nicolas David in Bristol/Somerset)

Meist nimmt Kershaw seine Platten im Alleingang auf. 1983 erschien seine erste Platte »I Won't Let The Sun Go Down On Me«, die erst nach der zweiten Single »Wouldn't It Be Good« zu Hitruhm kam. In den 90er Jahren gelang Nik Kershaw kein Erfolg als Interpret. Dafür schreibt er für andere, z. B. für Chesney Hawkes dessen Hit »The One And Only« oder für die Hollies »The Woman I Love«. Seine erfolgreichsten Alben waren »Human Racing« (3/84 GB-LP 5, 4/84 D-LP 8) und »The Riddle« (12/84 GB-LP 8, D-LP 12). 2001 wurde das Album »To Be Frank« von seiner Plattenfirma mit ›der Retter guter Popmusik ist zurück‹ angekündigt.

Wouldn't It Be Good (1/84 GB 4; 4/84 D 2)
I Won't Let The Sun Go Down On Me (6/84 GB 2)
The Riddle (11/84 D 8, GB 3)

White Boy (3/85 GB 9)
Don Quixote (8/85 GB 10)
Elektro-Pop

Keys, Alicia

ALICIA KEYS v, p (USA, * 25. 1. 1981 als Alicia Augello-Cook in New York City)
Alicia ist die Tocher einer italienischen Mutter und eines schwarzen Vaters. Ihr Hit »Fallin'« ist ihrer Mutter gewidmet, der sie nach eigener Aussage alles verdankt. Mit fünf begann Alicia mit Klavierunterricht, im Alter von 10 kam sie in den Chor der Performance Art School in Manhattan, mit 16 begann sie ein Musikstudium an der Columbia University. 1998 unterzeichnete sie einen Plattenvertrag bei Arista Records, wechselte dann aber 1999 zu dem Label J-Records von Clive Davis.
Bereits seit ihrem 14. Lebensjahr arbeitete Alicia an Songs, die schließlich auf ihrem Album »Songs In A Minor« (7/01 US-LP 1, 9/01 D-LP 2, GB-LP 7), das am 14. Juli 2001 in den USA von 0 auf 1 schoss, erschienen. Die meisten Titel hatte sie selbst geschrieben und/oder produziert. Bei dem Song »Girlfriend« arbeitete sie mit Jermaine Dupri, bei »Rock With U« mit Isaac Hayes. Dieser Titel erschien 2000 auf dem Soundtrack zu »Shaft 2000«. 2001 gewann sie bei dem MTV Video Music Award in der Kategorie Best New Artist In A Video. Ihr nächster Singlehit wurde »A Woman's Worth« (3/02 GB 18).

Fallin' (6/01 US 1; 9/01 D 2; 11/01 GB 3)
A Woman's Worth (10/01 US 7)
Rhythm & Blues

Khan, Chaka

CHAKA KHAN v (USA, * 23. 3. 1953 als Yvette Marie Stevens in Great Lakes/Illinois)
Als Teenager arbeitete Chaka für die Black-Panther-Bewegung. Während dieser Zeit legte sie sich den Namen Chaka Khan zu, wobei Chaka ›Feuer‹ bedeutet. 1969 wurde sie Mitglied bei Shades Of Black, 1970 bei Look & Chain und Lyfe und 1972 als Ersatz für Paulette McWilliams Leadsängerin bei Ask Rufus, aus denen schließlich im August 1973 nur noch Rufus wurde. Diese Soulgruppe aus Chicago hatte sich vorher bereits einen Namen als Smoke gemacht. Im Laufe der nächsten Jahre sollte es sehr viele Wechsel in der Besetzung geben. Ihr Hitdebüt gaben sie mit dem von Stevie Wonder geschriebenen Millionseller »Tell Me Something Good«. Danach nannte man sich Rufus featuring Chaka Khan. Mit »Sweet Thing« gelang ihnen wieder ein Millionseller. Ab 1978 nannte sich die Gruppe Rufus & Chaka Khan. Trotzdem unterschrieb Chaka Ende des Jahres wegen Schwierigkeiten innerhalb der Formation einen Solovertrag und veröffentlichte ihre erste LP. Mit der Singleauskopplung »I'm Every Woman« hatte sie 1978 ihre erste Hitparadennotierung. Ein Remix dieser Nummer erreichte 1989 in GB die Top 10. 1992 sang Whitney Houston den Titel in ihrem Erfolgsfilm »Bodyguard« und verhalf ihm erneut zu Hitruhm. Im August 1979 trennte sich Chaka von Rufus und veröffentlichte nur noch unter ihrem Namen Platten. »I Feel For You« wurde von Prince geschrieben, Stevie Wonder spielte Mundharmonika, Grandmaster Melle Mel rappte. 1989 erschien die Quincy-Jones-Nummer »I'll Be Good To You« als Duett von Chaka Khan und Ray Charles und wurde ein Top-20-Hit in den USA. Anfang der 90er Jahre lebte Chaka in Mannheim. Ihre Schwester sang als Taka Boom, ihr Bruder war Mark Stevens von den Jamaica Boys. Ihre Tochte Milini ist Mitglied der Gruppe Pretty In Pink. Im Herbst 1995 gelang Chaka zusammen mit Guru ein Platz 28 in GB. Der Hit hieß »Watch What You Say«. Ein Jahr später

stand sie auf Platz 25 in den USA mit »Missing You«. Neben ihr waren Brandy, Tamia und Gladys Knight zu hören. Der Titel stammte aus dem Film »Set It Off«. Ihre erfolgreichsten Alben waren »Rags To Rufus« (6/74 US-LP 4), »Rufusized« (1/75 US-LP 7), »Rufus featuring Chaka Khan« (12/75 US-LP 7), »Ask Rufus« (2/77 US-LP 12), »I Feel For You« (10/84 US-LP 16, GB-LP 15, 11/84 D-LP 17) und »Life Is A Dance – The Remix Project« (6/89 GB-LP 14).
Ende 1996 erschien »Epiphany – The Best Of Chaka Khan Volume One«.

Tell Me Something Good (6/74 US 3)
Once You Get Started (2/75 US 10)
Sweet Thing (1/76 US 5)
Ain't Nobody (3/84 GB 8)
I Feel For You (9/84 GB 1, US 3; 11/84 D 4)
I'm Every Woman (Remix) (5/89 GB 8)
Ain't Nobody (Remix) (7/89 GB 6; 8/89 D 9)
Pop, Rhythm & Blues

Kicks Like A Mule

NICK HALKES (Großbritannien), RICHARD RUSSELL (Großbritannien)
Nick und Richard waren Mitarbeiter einer englischen Plattenfirma. »The Bouncer« spiegelte die Erfahrungen wider, die viele Diskogänger am Eingang zu ihren Tanztempeln machen: ›Dein Name steht nicht auf der Liste, du kannst nicht rein.‹ Diesen Satz hatten die beiden während einer Tour durch die Londoner Clubs aufgenommen und mit typischer Diskomusik unterlegt. Nick und Richard hatten als Produzenten bereits für T99 und Cubic 22 gearbeitet. Kicks Like A Mule veröffentlichten den Hit auf dem Tribal Base Label, das Rebel MC gegründet hatte.

The Bouncer (2/92 GB 7)
Dance

Kid Creole & The Coconuts

KID CREOLE v, g, b (Kanada, * 12. 8. 1950 als Thomas Augustus Darnell Browder in Montreal), ADRIANA KAEGI v (Schweiz, in Zürich), COATI MUNDI v (als Andy Hernandez)
Zusammen mit seinem Halbbruder Stony Browder jr. hatte August Darnell alias Kid Creole in den 70er Jahren die Gruppe Dr. Buzzard's Original Savannah Band gegründet, deren tolle Platte »Whispering/ Cherchez La Femme/Se Si Bon« (11/76 US 27) mehr Erfolg verdient gehabt hätte. 1979 löste sich Darnell von seinem Halbbruder und machte mit Kid Creole & The Coconuts seine eigene Band. Mit dabei waren die Schweizerin Adriana Kaegi – mit Kid verheiratet – und Coati Mundi. Außerdem im Laufe der nächsten Jahre eine wechselnde Menge von Musikern, die alles in allem eine Musik machten, die im Ritz in New York ankam wie im Rockpalast. In den USA hatte die Truppe keinen sonderlichen Erfolg – anders in GB. 1982 schlug die Band richtig zu, nach 1983 ließ der Erfolg nach. Ihr erfolgreichstes Album war »Tropical Gangsters« (5/82 GB-LP 3, 7/82 D-LP 18). 1990 hatten sie einen Hit mit der Nummer »The Sex Of It« (4/90 GB 29), die Prince geschrieben hatte. Nachdem man einige Jahre nichts von Kid Creole gehört hatte, kam er Anfang 1997 mit der Single »Why Why«. Das Stück hatte er in Hamburg aufgenommen. Mitautor der Nummer war neben Darnell Taco. Als Album wurde »Conquest Of You« angekündigt. 2002 stand er in einem Dance Musical in Hamburg auf der Bühne.

I'm A Wonderful Thing, Baby (5/82 GB 4)
Stool Pigeon (7/82 GB 7)
Annie I'm Not Your Daddy (10/82 GB 2)
Pop

Kidd, Johnny & The Pirates

ALAN CADDY g (Großbritannien, * 2. 2. 1940 in Chelsea/London, † 16. 8. 2000), CLEM CATTINI d (Großbritannien, * 28. 8. 1938 in London), BRIAN GREGG b (Großbritannien), JOHNNY KIDD v (Großbritannien, * 23. 12. 1939 als Frederick Heath in Willesden/London, † 7. 10. 1966)
Der Sänger und Gitarrist Johnny gründete 1959 Johnny Kidd & The Pirates, die heute im Rückblick als eine der ersten Hard-Rock-Gruppen Englands und als Vorläufer für viele Heavy-Metal-Bands gelten. Ihren ersten Erfolg hatten sie mit »Please Don't Touch« (6/59 GB 25). Die von Johnny geschriebene Nummer »Shakin' All Over« wurde von vielen Beatgruppen der frühen 60er Jahre gecovert. Ab Anfang 1964 machten die Pirates auch ohne Johnny Kidd Platten. Im April 1966 trennte sich Johnny endgültig von der Gruppe, weil er wegen des fehlenden Interesses an seiner Musik in Depressionen versunken war. Einen Monat später gründete er die New Pirates, mit denen er gerade auf Tournee war, als er bei einem Autounfall in der Nähe von Manchester ums Leben kam. Nick Simper, der später Gründungsmitglied von Deep Purple werden sollte, saß mit ihm im Auto. Dass Johnny Kidd mit seiner Musik eine der treibenden Kräfte des aufkommenden britischen Beats war, wird heute weitgehend vergessen. Sein erfolgreichstes Album hieß ebenfalls »Shakin' All Over« (1/61 GB-LP 11).

Shakin' All Over (6/60 GB 1)
I'll Never Get Over You (7/63 GB 4)
Beat, Rock 'n' Roll

Kids From »Fame«

Die Kids From »Fame« waren wieder ein Beispiel dafür, wie man durch eine Fernsehserie zu Hits kommen kann. Nachdem 1980 der Film »Fame« über eine New Yorker Schule für Tanz, Musik, Literatur usw. in die Kinos gekommen war, kaufte die amerikanische Fernsehgesellschaft NBC die Rechte daran und machte eine TV-Serie daraus, die vor allem in GB und in Deutschland erfolgreich wurde. Da zwangsläufig in dieser Serie gesungen werden musste, wurde auch die Plattenindustrie aufmerksam, und es erschienen insgesamt fünf Alben mit Titeln aus dieser Serie, die immer von anderen Künstlern mit Unterstützung von ausgezeichneten Sessionmusikern aufgenommen wurden. »Hi-Fidelity« wurde von Valerie Landsburg gesungen, »Starmaker« vom ganzen Team. Lediglich mit »Friday Night (Live Version)« (4/83 GB 13) hatten sie noch einen Top-40-Hit. Nach 1983 war »Fame« für die Kids vorbei. Erstaunlicherweise hat keiner aus diesem Team später eine Solokarriere als Sänger aufbauen können. Die erfolgreichsten Alben: »The Kids From ›Fame‹« (7/82 GB-LP 1), »The Kids From ›Fame‹ Again« (10/82 GB-LP 2), »The Kids From ›Fame‹ Live« (2/83 GB-LP 8) und »The Kids From ›Fame‹ Songs« (5/83 GB-LP 14).

Hi-Fidelity (8/82 GB 5)
Starmaker (10/82 GB 3)
Disko

Kihn, Greg

GREG KIHN v (USA, * 10. 7. 1950 in Baltimore/Maryland)
Kihn zog Mitte 1974 nach Kalifornien, um dort seine ersten Plattenaufnahmen zu machen. 1975 gründete er seine eigene Greg Kihn Band, die vor allem in Bars und Clubs in und um San Francisco auftrat. In der Gruppe, die mehrere LPs veröffentlichte, kam es immer wieder zu Umbesetzungen. Gregs erste Singlehitnotierung war »The Breakup Song (They Didn't Write 'Em)« (5/81 US 15). Nach »Jeopardy« folgte nur noch »Lucky« (2/85 US 30). Ab 1985 veröffentlichte er als Solist Plat-

ten. Sein erfolgreichstes Album war »Kihnspiracy« (3/83 US-LP 15).

Jeopardy (1/83 US 2)
AOR (Adult Orientated Rock), Rock

Kilius, Marika

MARIKA KILIUS v (Deutschland, * 24. 3. 1943 in Frankfurt a. M.)
Dass Sportler hervorragende Sänger sein müssen, hört man ja öfter. Irgendwie hat das allerdings in den letzten Jahren nachgelassen. So sind bisher lediglich heiße Bremsscheiben von Michael Schumacher bekannt. Auch Boris Becker und Steffi Graf haben bisher nur in die Tennissaiten gegriffen. Dabei waren die vielen Sportler, die während der letzten dreißig Jahre die Hitparaden bevölkerten, auch keine begnadeten Sänger. Das Traumpaar für alle Mütter war Anfang der 60er Jahre Marika Kilius mit ihrem Partner Hans-Jürgen Bäumler. Auch nachdem sie gegen Mitte der 60er Jahre privat und geschäftlich getrennte Wege gingen, wurde immer noch bedauert, dass ausgerechnet diese beiden nicht zusammengefunden hatten. Ihren ersten ganz großen Triumph feierten Marika Kilius und Hans-Jürgen Bäumler bei den Olympischen Spielen 1960. Hinter dem kanadischen Paar Barbara Wagner/ Robert Paul belegten sie den 2. Platz. 1961 sollte die Weltmeisterschaft in Prag die Vorherrschaft von Wagner/Paul, die in den vier Jahren zuvor auch die Weltmeisterschaft gewannen, beendet werden. Aber 1961 wurde die Weltmeisterschaft vom Veranstalter abgesagt. 1962, es blieb beim Austragungsort Prag, sollte nun alles klar gemacht werden. Doch dann berührten sie sich während der Kür mit den Kufen ihrer Schlittschuhe, Marika stürzte, und Weltmeister wurden die Kanadier Jelinek/ Jelinek. 1963 war es dann endlich so weit: Am 28. Februar wurden Marika und Hans-Jürgen in Cortina D'Ampezzo Weltmeister im Eiskunstlauf der Paare. Im Februar 1964 konnten sie diesen Erfolg in Dortmund wiederholen. Die Chancen, bei den nächsten Olympischen Spielen 1964 in Innsbruck die Goldmedaille zu holen, standen also blendend. Sie galten als die Favoriten im Paarlauf, und die Enttäuschung war groß, als die beiden schließlich nur eine Silbermedaille gewannen. Mit einem hauchdünnen Vorsprung gewann das russische Ehepaar Ludmilla Belousowa und Oleg Protopopow. Im Nachhinein sprachen manche Kritiker von einer ungerechten bzw. parteiischen Wertung der Punktrichter zugunsten der Russen. Wie dem auch sei – wovon heute so gut wie überhaupt nicht mehr gesprochen wird: Kilius und Bäumler hätten ihre Goldmedaille zurückgeben müssen, denn sie hatten bereits vor der Olympiade Profiverträge unterschrieben. So gaben sie ›nur‹ die Silbermedaille zurück. Goldmedaillengewinner wurde bei dieser Olympiade der Eiskunstläufer Manfred Schnelldorfer. Er durfte dafür im September 1964 in die deutsche Pophitparade einziehen. Marika Kilius hatte bereits im März 1964 ihren ersten großen Erfolg mit »Wenn die Cowboys träumen«. Drei Monate später sang sie mit »Honeymoon in St. Tropez«. Mit »Ich bin kein Eskimo« (7/64 D 23), »Kavalier, Kavalier« (11/64 D 18) und »Erst kam ein verliebter Blick« (11/65 D 26) gelangen noch drei weitere Hits. Später wurde sie Immobilienmaklerin in Frankfurt.

Wenn die Cowboys träumen (3/64 D 2)
Honeymoon in St. Tropez (6/64 D 2)
Deutscher Schlager

Siehe auch: Bäumler, Hans-Jürgen; Schnelldorfer, Manfred

Kim, Andy

ANDY KIM v (Kanada, * 5. 12. 1946 als Androwis Jovakim in Montreal)
Der als Sohn libanesischer Eltern geborene Sänger und Songschreiber schrieb in

der auslaufenden Phase der Bubblegum Music Ende der 60er Jahre mit am Hit »Sugar Sugar« der Archies. Er selbst hatte als Interpret Erfolg von 1969 bis 1974. Es folgte eine Pause, bedingt durch einschneidende familiäre Ereignisse wie den Tod des Vaters. Erst 1983 tauchte Andy Kim mit einer neuen LP auf. Jetzt nannte er sich Barron Longfellow. Ein Singlehit gelang ihm nicht mehr.

Baby, I Love You (5/69 US 9)
Rock Me Gently (6/74 US 1; 8/74 GB 2)
AOR (Adult Orientated Rock), Soft Pop

Kincade, John

JOHN KINCADE v (Großbritannien, als John Knowles in Southport/Liverpool)
John zog mit 17 nach London, hielt sich mit Gelegenheitsjobs über Wasser und machte abends aus Spaß Musik. Er gründete ein Trio, das erfolglos blieb, und zog für einige Zeit nach Spanien. Nach seiner Rückkehr nach England nahm er mit verschiedenen Formationen Platten auf. Inzwischen hatte John Carter, der zusammen mit Ken Lewis viele Hits der 60er Jahre geschrieben und auch gesungen hatte, den Song »Dreams Are Ten A Penny« aufgenommen. Er hatte dafür in einem Studio an einem Tag alle Instrumente und auch den Gesang eingespielt. Die Platte wurde in GB veröffentlicht als Kincade, kam jedoch nicht in die Charts. In Deutschland wurden die Rechte an die Firma Bellaphon verkauft, und hier wurde die Platte zum Hit. Jetzt stellte sich für John Carter die Frage, wie man den Song bei Auftritten darstellen konnte. Selbst wollte er nicht mehr auf Tournee gehen, und so verpflichtete man eine Band, in der John Knowles sang, der seinen Namen nun in John Kincade umänderte. »Dreams Are Ten A Penny« wurde Ende des Jahres in Deutschland ein Millionseller. 1973 splitteten Kincade als Gruppe und John Kincade als Solointerpret. Die Gruppe hatte mit »Do You Remember Marilyn« (6/73 D 20) und »How Can I Fly?« (7/74 D 35) Erfolg, John Kincade als Solist mit »Shine On Me Woman« (8/73 D 18) und »Til I Kissed You« (3/74 D 12).

Dreams Are Ten A Penny (11/72 D 2)
When (11/74 D 10)
Middle Of The Road (MOR)

King

PAUL KING v (Großbritannien, * 20. 11. 1960 in Coventry), JAMES JACKEL LANTSBERY g (Großbritannien, in Coventry), ADRIAN LILLYWHITE d (Großbritannien, in Coventry), MICK ROBERTS key (Großbritannien, in Coventry), TONY WALL b (Großbritannien, in Coventry)
Dieses Quartett aus Coventry wurde 1983 gegründet. Leadsänger Paul King war vorher Mitglied bei den Reluctant Stereotypes gewesen. Nachdem sie einen Plattenvertrag erhalten hatten, gingen sie lange auf Tour und schufen sich einen Kreis von Stammfans. Trotzdem wurden ihre ersten LPs und die ersten Singles kein kommerzieller Erfolg. Der kam Ende 1984: King spielte im Vorprogramm von Culture Club und wurde so einem größeren Publikum bekannt. Anfang 1985 wurde daraufhin ihre Single »Love And Pride« wiederveröffentlicht. Auch die LP »Steps In Time« (2/85 GB-LP 6) konnte sich jetzt behaupten. In demselben Jahr gelang ihnen noch ein weiterer Erfolg mit »Alone Without You«. Nach einer zweiten LP trennte sich die Formation bereits im darauffolgenden Jahr, und Paul King versuchte sich als Solist – jedoch ohne nennenswerten Erfolg. Den hatte er später als Video-Jockey bei dem Musikkanal MTV.

Love And Pride (1/85 GB 2; 3/85 D 8)
Alone Without You (8/85 GB 8)
Pop

King, B. B.

B. B. KING v, g (USA, * 16. 9. 1925 als Riley B. in Itta Bena/Mississippi)
Der Ausnahmegitarrist, Sänger und Songschreiber begann seine Karriere Ende der 40er Jahre als Discjockey einer eigenen Radioshow. Er nannte sich ›Riley King, der Blues Boy von der Beale Street‹. ›Blues Boy‹ führte zu der Abkürzung B. B. 1939 gründete er das Gospelquartett Elkhorn Singers. 1947 spielte er mit Bobby Bland und Johnny Ace als Beale Streeters. Ab 1949 nahm er regelmäßig Soloplatten auf. Von 1951 bis in die 80er Jahre brachte er es auf weit über siebzig Hits in den R&B-Charts. »Three O'Clock Blues« 1951, »You Know I Love You« 1952, »Please Love Me« 1953 und »You Upset Me Baby« 1954 waren Spitzenreiter in den R&B-Charts. Ab 1957 wurde er auch in den Popcharts notiert. Dort war sein größter Erfolg »The Thrill Is Gone« (12/69 US 15). 1987 wurde er in die Rock and Roll Hall of Fame aufgenommen. Im selben Jahr erhielt er einen Grammy für sein Lebenswerk. B. B. King hat auf schwarze und weiße Bluesmusiker wesentlichen Einfluss ausgeübt, weil er die traditionellen Begriffe des Blues auch verließ und sich dem Rhythm & Blues zuwandte. Zu den großen Fans von King gehörte stets Bono von der Gruppe U2. Für die Produktion der Nummer »When Love Comes To Town« holte er sich 1989 den inzwischen 63-jährigen King, der damit erstmals zu Top-10-Ehren kam. 1991 veröffentlichte King die LP »There Is Always One More Time«, auf der neben ihm mit Joe Sample, Jim Keltner oder Michael Landau die Spitze der amerikanischen Studiomusiker spielte. 1994 veröffentlichte er zusammen mit Diane Schuur die CD »Heart To Heart«. Die weiße blinde Pianistin Diane Schuur, die mehrfache Grammy-Preisträgerin ist, erfüllte sich nach eigener Aussage damit einen lang gehegten Traum. Den Namen ›King of the Blues‹ oder ›Vaterfigur des heutigen Blues‹ hat B. B. sich redlich verdient. Der ›Rolling Stone‹ schrieb über ihn zu Recht: ›Jeder Blues- und Rockgitarrist, der ihn nicht als einen wichtigen Einfluss nennt, ist entweder ein Lügner oder ein Ignorant.‹
Zusammen mit Eric Clapton nahm er das Album »Riding With The King« (6/00 D-LP 2, 7/00 US-LP 3) auf.

When Love Comes To Town (4/89 GB 6)
AOR (Adult Orientated Rock), Blues

King, Ben E.

BEN E. KING v (USA, * 23. 9. 1938 als Benjamin Earl Nelson in Henderson/North Carolina)
Eigentlich unvorstellbar – in einer ganz normalen Popgruppe, den Drifters, spielten 28 Musiker. Nicht alle auf einen Schlag, aber im Laufe der Jahre, und die begannen immerhin 1953, setzte es so einige Sänger bei dieser Formation. Und von diesen Sängern muss immer einer der so genannte Leadsänger sein, also derjenige, der den größten Teil eines Stückes singt, während die anderen im Hintergrund ›Schubidu‹ machen. Ein Mann namens Clyde McPhatter war der erste, der das 1953 machte. Nach zwei Jahren vertauschte er das Mikro mit einer Knarre und sang nun für Onkel Sam. Einer seiner Nachfolger bei den Drifters war Ben E. King. Er begann seine musikalische Karriere noch während der High-School-Zeit als Mitglied in der Doo-Wop-Gruppe Four B's. Nächste Station waren die Moonglows, und ab 1956 gehörte er als richtiger Profi zu den Five Crowns, die Mitte 1958 zu den neuen Drifters wurden, nachdem der Manager der Originalformation die Mitglieder gefeuert hatte und – da er die Rechte an dem Namen ›Drifters‹ besaß – kurzerhand aus den Five Crowns die neuen Drifters machte. King war Leadsänger bei »There

Goes My Baby« Mitte 1959 und bei dem wohl größten Erfolg der Formation: »Save The Last Dance For Me«. Bereits im Mai 1960 verließ King die Drifters und begann eine Solokarriere. Er hatte Glück: Phil Spector und Jerry Leiber schneiderten ihm einen Song auf den Leib, der ihn hoch in die Hitparaden katapultierte: »Spanish Harlem«. Es folgten »Stand By Me« – von King selbst mitgeschrieben. Der wiederholte Erfolg von »Stand By Me« war darauf zurückzuführen, dass der Song in dem gleichnamigen Film aus dem Jahr 1986 und in einer Jeanswerbung zu hören war. Zusammen mit Bo Diddley und Doug Lazy nahm Ben E. King 1991 eine Version von »Book Of Love« für den gleichnamigen Film auf. Er tritt nach wie vor regelmäßig vor allem in und um New York auf und veröffentlicht Platten, tut sich jedoch mit Singlehits schwer.

Spanish Harlem (12/60 US 10)
Stand By Me (5/61 US 4; 10/86 US 9; 2/87 D 2, GB 1)
Supernatural Thing – Part I (2/75 US 5)
Soul

Siehe auch: Drifters

King, Carole

CAROLE KING v (USA, *9. 2. 1940 als Carole Klein in Brooklyn/New York City)
Carole bildete zusammen mit ihrem damaligen Mann Gerry Goffin in den 60er Jahren eines der erfolgreichsten Komponisten-Duos überhaupt. Mehr als hundert Hits schrieben die beiden: »Up On The Roof«, »Will You Love Me Tomorrow«, »Take Good Care Of My Baby«, »The Loco-Motion« u.v. a. Carole sorgte in diesem Team für die Musik, Gerry schrieb die Texte. Bereits im Alter von vier lernte sie Klavierspielen und schrieb als Teenager ihre ersten Songs. Im Schlepptau ihres Nachbarn Neil Sedaka zog sie nach Manhattan, arbeitete als Sessionsängerin und arrangierte. An einem College traf sie ihren späteren Mann Gerry Goffin, mit dem sie zwischen 1958 und 1968 verheiratet war. Anfang der 60er Jahre gründeten sie eine eigene Plattenfirma, die aber auf Dauer nicht bestehen konnte. 1967 ging die Ehe in die Brüche, Carole King zog nach Los Angeles. Dort gründete sie zunächst das Trio City und begann ab 1970 eine Solokarriere.
Ihren ersten Hit hatte Carole mit »It Might As Well Rain Until September« (8/62 US 22). 1971 erschien ihre LP »Tapestry« (4/71 US-LP 1, 7/71 GB-LP 4), die sich weltweit über 24 Millionen Mal verkaufte. Das Werk wurde 1972 mit vier Grammies ausgezeichnet: Album des Jahres 1971, »It's Too Late« Platte des Jahres, »You've Got A Friend« Lied das Jahres und Carole als beste Sängerin des Jahres. Außerdem erhielt noch James Taylor für seine Interpretation des Titels »You've Got A Friend« einen Grammy als bester Sänger des Jahres. Aus »Tapestry« wurde auch ihr größter Hit ausgekoppelt: »It's Too Late« (5/71 US 1, 8/71 GB 6). Die New York Times bezeichnete sie als Rocksängerin, ›die auch die Andy Williams-Fans nicht erschreckt‹. In den 80er Jahren zog sich Carole mehr und mehr aus dem Showgeschäft zurück und trat fast nur noch bei Wohltätigkeitskonzerten auf. 1989 kam das Album »City Streets«, 1993 »Colour Of Your Dreams«.
Weitere erfolgreiche Alben: »Music« (12/71 US-LP 1, 1/72 GB-LP 18), »Rhymes & Reasons« (11/72 US-LP 2, 12/72 GB-LP 40), »Fantasy« (6/73 US-LP 6), »Wrap Around Joy« (9/74 US-LP 1), »Really Rosie« (3/75 US-LP 20), »Thoroughbred« (2/76 US-LP 3), »Simple Things« (8/77 US-LP 17) und »Her Greatest Hits« (4/78 US-LP 17). 1990 wurde sie und Gerry Goffin in die Rock and Roll Hall of Fame aufgenommen. Ende 2001 kam sie mit dem Album »Love Makes The World«.

It Might As Well Rain Until September (9/62 GB 3)

It's Too Late (5/71 US 1; 8/71 GB 6)
Sweet Seasons (1/72 US 9)
Jazzman (8/74 US 2)
Nightingale (1/75 US 9)
AOR (Adult Orientated Rock), Pop

King, Claude

CLAUDE KING v, g (USA, * 5. 2. 1923 in Keithville/Louisiana)

King war bereits in jungen Jahren ein guter Gitarrist und zeigte früh Interesse am Songschreiben. Noch bevor Claude 1942 in die Navy eingezogen wurde, machte er zusammen mit den Rainbow Boys einige Aufnahmen. 1947 – inzwischen spielte Claude mit den Kentuckians – kamen erste kommerzielle Plattenaufnahmen. Seine erste Notierung in den Country-Charts hatte er jedoch erst 1961 mit der Nummer »Big River, Big Man«. In dieser Hitparade sollte er bis 1977 mit insgesamt dreißig Titeln auftauchen. Seine letzten Plattenaufnahmen machte er Mitte 1979. Mit der Nummer »Wolverton Mountain« wagte er sich ein einziges Mal in die Top 40 der Popcharts. In den 80er Jahren war er auch als Schauspieler zu sehen, so z. B. in dem Film »Swamp Girl« und in der TV-Serie ›The Blue And The Grey‹.

Wolverton Mountain (5/62 US 6)
Country

King, Diana

DIANA KING v (Jamaika, * 8. 11. 1970 in St. Catherine)

Eins von 15 Kindern soll sie sein – und mit 13 ausgerissen, um Nachtclubsängerin zu werden. Na ja, aus Jamaika kommen eben nicht die, die schon mit vier im Gospelchor gesungen haben, hier braucht es andere Geschichten. Ihre Debütsingle war »Change Of Heart« – sie kam nicht in die Charts. Immerhin hatte aber Shabba Ranks diese Platte gehört und nahm Diana mit auf eine Tournee. Er half auch dabei, dass Diana für den Soundtrack des Films »Cool Runnings« den Titel »Stir It Up« singen konnte. Auch das wurde zumindest als Single kein Hit. »Shy Guy«, mitgeschrieben von Diana, war dann ihr erster Knüller. Die Platte wurde in den USA vergoldet und erreichte Platz 13. 1999 schrieb sie zusammen mit Celine Dion die Nummer »Treat Her Like A Lady« und sang bei Celines Aufnahme des Titels im Hintergrund mit.

Shy Guy (6/95 D 6; 7/95 GB 2)
Pop, Reggae

King, Evelyn »Champagne«

EVELYN »CHAMPAGNE« KING v (USA, * 29. 6. 1960 in Bronx/New York City)

Es muss ja nicht immer Tellerwäscher sein, Putzfrau geht auch. Das zeigt sich an der Karriere von Evelyn King. Sie arbeitete in dem Sigma-Studio von Gamble und Huff als Putzfrau und wurde dort entdeckt. Mit der Diskowelle wurde auch sie zum Erfolg hochgeschwemmt. Ihre Debüt-Single »Shame« wurde 1977 veröffentlicht und erreichte nach Umwegen über Clubs und Diskos ein Jahr später die amerikanischen Charts. Diese Single wurde ebenso vergoldet wie der Nachfolger »I Don't Know If It's Right« (1/79 US 23). In den USA wurde sie bis 1986, in GB bis 1988 in den Charts notiert. Dann war in den Pophitparaden auch die letzte Diskowelle abgeebbt. Ihr erfolgreichstes Album war »Smooth Talk« (5/78 US-LP 14).

Shame (6/78 US 9)
Love Come Down (8/82 GB 7)
Disko

King, Jonathan

JONATHAN KING v (Großbritannien, * 6. 12. 1944 als Kenneth King in London)
Der Sänger, Songschreiber, Produzent, Musikjournalist und Eigner der Plattenfirma U.K. Records schrieb, noch während er an der Cambridge University Englisch studierte, seinen ersten Hit: »Everyone's Gone To The Moon«. Im Laufe der nächsten Jahre machte er Platten unter etlichen Pseudonymen: als Sakkarin »Sugar Sugar« (4/71 GB 12, 6/71 D 21) und »Hang On Sloopy« (10/71 D 38), als Shag »Loop Di Love«, unter dem Namen One Hundred Ton & A Feather »It Only Takes A Minute«. Bubblerock wurde mit »Satisfaction« (1/74 GB 29) verzeichnet, die Weathermen mit »It's The Same Old Song« (1/71 GB 19). Außerdem erschienen seine Platten als 53rd & 3rd, Sound 9418 oder Father Abraphart & The Smurps.
Nebenher schrieb Jonathan King in etlichen Musikzeitschriften über Popmusik, produzierte die erste LP von Genesis, denen er den Namen gab, und förderte oder entdeckte Gruppen wie 10cc, Kursaal Flyers oder Hedgehoppers Anonymous. Unter welchen Namen er sonst noch zu hören war – ohne einen Hit –, weiß wohl nur er selbst. Als Produzent zumindest steckte er hinter der Nummer »Johnny Reggae« mit den Piglets. Leadstimme sang die Schauspielerin Adrienne Poasta in klassischem Cockney-Dialekt. Unter seinem Namen hatte Jonathan einen weiteren Top-10-Hit in GB: »Una Paloma Blanca«. Seit Anfang der 80er Jahre war er im britischen Fernsehen ein Superstar. Regelmäßig berichtete er aus seinem zweiten Wohnsitz New York in der BBC-Sendung ›Entertainment USA‹. Außerdem hatte er eine eigene wöchentliche Kolumne in der britischen Tageszeitung ›Sun‹ – Thema: Popmusik! 1997 war er die treibende Kraft hinter dem Grand-Prix-Gewinner Katerina & The Waves. 1998 unterschrieb er einen Vertrag, nachdem er für die Mediengruppe Sanctuary Music zukünftige Plattenstars suchen soll.

Everyone's Gone To The Moon (7/65 GB 4)
Loop Di Love (10/72 GB 4)
Una Paloma Blanca (9/75 GB 5)
It Only Takes A Minute (6/76 GB 9)
Pop

Siehe auch: One Hundred Ton And A Feather; 10cc; Shag; Piglets

King, Ricky

RICKY KING g (Deutschland, * 12. 3. 1946 als Hans Lingenfelder in Rastatt)
Bevor Ricky ab 1975 Soloplatten machte, hatte er eine Ausbildung zum Rundfunk- und Fernsehtechniker, eine Zeit bei der Band Hit Kids und zahlreiche Studioproduktionen anderer Künstler hinter sich. Aus seiner ersten LP, die 1976 erschien, wurde die Single »Verde« ausgekoppelt. Die LP wurde vergoldet, und Ricky King ging zunächst mit Costa Cordalis auf Tournee. Auch seine zweite LP wurde vergoldet und enthielt wieder einen Hit: »Le Rêve«. Seine erfolgreichsten Alben: »Fantastic Guitar Hits« (10/76 D-LP 10), »Golden Guitar Hits« (2/77 D-LP 11), »Zauber der Gitarre« (9/79 D-LP 4), »Golden Guitar Symphonies« (6/81 D-LP 15), »Happy Guitar Dancing« (9/82 D-LP 3) und »Südsee-Träume« (9/83 D-LP 11).

Verde (8/76 D 3)
Le Rêve (1/77 D 7)
Instrumental, Middle Of The Road (MOR)

King, Solomon

SOLOMON KING v (USA, in Kentucky)
Solomon war bereits seit 1948 bemüht, sich im Showgeschäft durchzusetzen. Zunächst war er bei jüdischen Gottesdiensten als Vorsänger aufgefallen, dann absolvierte er eine Ausbildung als Opernsänger. In seiner Heimat gelang ihm trotzdem nie ein Erfolg. Nach zwanzig Jahren

schaffte er einen Hit in GB: »She Wears My Ring«. Der Titel basierte auf dem klassischen Stück »La Golandrina«. Mit »When We Were Young« (5/68 GB 21) gelang ihm noch ein typischer Nachfolgehit.

She Wears My Ring (1/68 GB 3)
Middle Of The Road (MOR)

Kingsmen

GARY ABBOTT d (USA), LYNN EASTON v, sax (USA), JACK ELY v, g (USA), DON GALLUCCI key (USA), MIKE MITCHELL g (USA), BOB NORDBY b (USA), NORM SUNDHOLM b (USA)

Die Kingsmen waren eine der ersten amerikanischen Garagen-Rockbands. Sie formierten sich 1957 in Portland, Oregon. 1962 wurden sie die Hausband in Portlands beliebtestem Teenager-Club, ›The Chase‹. In diesem Club wurde 1963 ein Band mitgeschnitten, das auch als LP erschien. Die erste Single der Kingsmen war die Nummer »Louie Louie«, die sie angeblich in so kurzer Zeit aufgenommen haben, dass sie an Studiokosten lediglich 38 Dollar zu bezahlen hatten. »Louie Louie« war im Original ein Stück von Richard Berry & The Pharaohs aus dem Jahr 1957. Nach diesem Erfolg für die Kingsmen löste Easton Ely als Leadsänger und Chef der Band ab. Zur Melodie von »The Jolly Green Giant« hatten die Olympics bereits 1960 einen anderen Text gesungen und als »Big Boy Pete« aufgenommen. In den darauf folgenden beiden Jahren standen die Kingsmen noch jeweils zweimal in den US-Charts, kamen aber über eine Position 40 nicht mehr hinaus. Lange war nichts mehr von den Kingsmen zu hören – bis im Herbst 1998 darüber berichtet wurde, dass die Gruppe gegen die Plattenfirmen Gusto Records und GML Inc. am US-Supreme Court einen Rechtsstreit gewonnen hatte, der die Firmen verpflichtete, ausstehende Tantiemen rückwirkend bis zum Jahre 1993 für die Nummer »Louie Louie« zu zahlen. Alben der Kingsmen wurden stets nur live aufgenommen, ihr erfolgreichstes war »The Kingsmen Vol. II« (9/64 US-LP 15).

Louie Louie (11/63 US 2)
The Jolly Green Giant (1/65 US 4)
Punk, Rock

Kingston Trio

DAVE GUARD v (USA, * 19. 10. 1934 als Donald David in Honolulu/Hawaii, † 22. 3. 1991), NICK REYNOLDS v (USA, * 27. 7. 1933 als Nicholas Wells in San Diego/Kalifornien), BOB SHANE v (USA, * 1. 2. 1934 als Robert Castle Schoen in Hilo/Hawaii)

Eifersuchtsdramen und Dreiecksgeschichten – in der Popmusik ein dankbares und immer wieder gerne aufgegriffenes Thema. Gerade in der Folk- und Country-Musik kommt es immer wieder vor. Im Wilden Westen wurde ja auch nicht lange gefackelt, sondern gleich geschossen. So auch in der traurigen Geschichte von Tom Dooley, der für seine schlimme Tat am Ast einer alten Eiche büßen musste. In den 50er Jahren wurde in den USA die Folkmusik wieder ausgesprochen populär. Das Kingston Trio war eine der Formationen, die sich dieser Musikrichtung verschrieben hatten. »Tom Dooley« wurde ihr größter Erfolg. In dem Jahr, als die Platte erschien, erhielten sie sogar einen Grammy für die beste Country-&-Western-Performance, obwohl der Titel nie in die Country-Hitparade kam. Dafür war er allerdings in allen Popcharts zu finden, und das ist wesentlich gewinnträchtiger als ein Auftauchen in den Country-Charts. Als die Platte in Deutschland veröffentlicht werden sollte, wussten die Plattenverantwortlichen, dass das deutschsprachige Publikum mit der Geschichte vom um sich stechenden Tom Dooley erst mal nichts anfangen konnte. Also beauftragte man das Kingston Trio, für den deutschen Markt ein anderes Intro zu sprechen. Möglich, dass diese in holprigem Deutsch gesprochene Einleitung dazu beitrug, den Titel auch hierzulande zu einem Erfolg zu machen. Das Kingston Trio befand sich in den USA von 1958 bis 1961 permanent auf Tournee. Alle wollten das Trio sehen und die grauslige Moritat hören. Dann stieg der geistige Kopf der Band, Dave Guard, 1961 aus und gründete die Whiskyhill Singers. Später ging er nach Australien und wurde dort Moderator einer TV-Show. Außerdem schrieb er verschiedene Bücher, u. a. ein Handbuch über Gitarrentechnik. Er wurde durch John Stewart ersetzt. Nachdem das Trio dann endgültig auseinander gefallen war, machte sich zumindest in den 70er Jahren noch dieser John Stewart einen Namen als Popinterpret. Die anderen waren weg vom Show-Fenster. Die erfolgreichsten Alben der Band waren »The Kingston Trio« (11/58 US-LP 1), »From The Hungry I« (2/59 US-LP 2), »The Kingston Trio At Large« (6/59 US-LP 1), »Here We Go Again!« (11/59 US-LP 1), »Sold Out« (4/60 US-LP 1) und »String Along« (8/60 US-LP 1).

Tom Dooley (9/58 US 1; 11/58 D 1, GB 5)
Reverend Mr. Black (4/63 US 8)
Country, Folk, Pop

Kinks

MICK AVORY d (Großbritannien, * 15. 2. 1944 in Hampton Court/London), JOHN DALTON b (Großbritannien, * 21. 12. 1947), RAY DAVIES v, g (Großbritannien, * 21. 6. 1944 in Muswell Hill/London), DAVE DAVIES v, g (Großbritannien, * 3. 2. 1947 in Muswell Hill/London), GORDON EDWARDS key (Großbritannien, * 26. 12. 1946 in Southport/Merseyside), IAN GIBBONS key (Großbritannien), JOHN GOSLING key (Großbritannien), MARK HAILEY key (Großbritannien), BOB HENRIT d (Großbritannien, * 2. 5. 1944 als Robert in Broxbourne/Hertfordshire), ANDY PYLE b (Großbritannien), PETER QUAIFE b (Großbritannien, * 31. 12. 1943 in Tavistock/Davon), JIM RODFORD b (Großbritannien, * 7. 7. 1945 in St. Albans/Hertfordshire)

Im Herbst 1963 verschaffte sich die Amateur-Rhythm-&-Blues-Combo Ravens mit der Hilfe von zwei Managern einen Plattenvertrag bei Pye Records. Im Januar 1964 kam ein dritter Manager dazu, Larry Page, der ihren Namen in Kinks änderte. Am 4. 2. 1964 erschien die Single »Long Tall Sally«, ein Nachzieher der Little-Richard-Nummer. Aber erst nachdem sie dazu übergegangen waren, eigenes Material zu schreiben, sollten sie Erfolg haben. Im Sommer 1964 erschien »You Really Got Me«. Die Platte dürfte zu den Hymnen der Jugendlichen der 60er Jahre gehören. Im selben Jahr wurde »All Day And All Of The Night« der Nachfolgehit. Nachdem die Doors 1968 ihren Titel »Hello, I Love You« veröffentlicht hatten, bekamen sie Schwierigkeiten mit Ray Davies. Er klagte erfolgreich gegen Morrison, dass dieser »All Day And All Of The Night« von den Kinks kopiert hätte.

Nach »Dead End Street« 1966 und »Waterloo Sunset« und »Autumn Almanac« 1967 schienen die Kinks wie so manche andere Gruppe aus GB, deren erste Erfolge um 1963/64 lagen, langsam, aber sicher in der Versenkung zu verschwinden. Aber 1970 kamen sie mit »Lola« und »Apeman«. Danach trat allerdings wirklich eine lange Pause ein. Erst mit »Come Dancing« und »Don't Forget To Dance« 1983 gelangen der Gruppe wieder Erfolge. »Come Dancing« war in den USA die erfolgreichste Platte der Kinks überhaupt. Die Konstante in der Band waren die Brüder Davies. Ansonsten gab es um sie herum etliche Musiker, die mit ihnen spielten. Nachdem Peter Quaife schon 1966 die Gruppe für einige Zeit verlassen hatte, stieg er im April 1969 endgültig aus. Für ihn kam John Dalton. Im April 1971 nahm die Gruppe John Gosling als Keyboarder hinzu. Im November 1976 verließ Dalton die Band wieder und wurde durch Andy Pyle ersetzt. Der seinerseits ging im April 1978 und machte später zusammen mit Gosling, der im Juni 1978 die Kinks verließ, die Gruppe United. Die beiden wurden durch Edwards und Rodford ersetzt. Im Juli 1979 kam als Keyboarder Ian Gibbons. Nachdem Mitte der 80er Jahre die Band längere Zeit nicht mehr auftrat und mehr oder weniger nicht mehr bestand, nahmen die beiden Brüder 1989 für eine US-Tournee wieder neue Musiker hinzu. Es kamen der Keyboarder Mark Hailey und der Schlagzeuger Henrit. Die Line-up bei der Veröffentlichung von »Phobia« 1993: die beiden Brüder Davies und die ehemaligen Argent-Mitglieder Jim Rodford und Bob Henrit. Zwischendurch hatte Ray Davies immer mal wieder angekündigt, er werde die Band nun endgültig verlassen. Zum Glück hat er es sich immer wieder anders überlegt. Niedlich war Rays Auftritt im Film »Absolute Beginners«, in dem er den Vater von Patsy Kensit spielte.

1990 wurde die Band in die Rock and Roll Hall of Fame aufgenommen. Anlässlich dieses Ereignisses kam die Originalbesetzung der Kinks noch einmal zusammen. Auch der inzwischen in Kanada lebende Quaife, der sich einen Namen als Airbrush-Künstler gemacht hatte, war dabei. Nach den Beatles, den Rolling Stones und den Who waren sie die vierte britische Formation, der diese Ehre zuteil wurde. 1993 erschien die LP »Phobia«, die von Kritikern als schwach abgetan wurde. Aber speziell der Titel »Did Ya« setzte durchaus die alte Kinks-Tradition fort. Ray Davies ist zweifellos einer der profiliertesten und vielseitigsten Songschreiber dieser Zeit. Seine Texte zeichnen sich durch sehr genaue Beobachtungen seiner Mitmenschen aus, die er in knappe, aussagestarke und manchmal ironische Zeilen umsetzt. Auf der anderen Seite legte er mit Songs wie »Celluloid Heroes« oder »Don't Forget To Dance« melancholische und sensible Titel vor, in denen er den Verfall von Werten bedauert, dabei aber doch tröstend bleibt. In »Come Dancing« beschreibt er den Niedergang eines Tanzpalastes, der abgerissen wurde und an dessen Stelle nun ein Supermarkt steht. Im März 1997 erschien die Doppel-CD »To The Bone«. Es waren darauf außer zwei neuen Titeln neue Interpretationen der alten Hits zu hören.

Die erfolgreichsten Alben: »Kinks« (10/64 GB-LP 3, 2/65 D-LP 7), »Kinda Kinks« (3/65 GB-LP 3, 5/65 D-LP 12), »Kinks Kontroversary« (12/65 GB-LP 9, 4/66 D-LP 8), »Kinks Greatest Hits« (8/66 US-LP 9), »Well Respected Kinks« (9/66 GB-LP 5), »Sunny Afternoon« (12/67 GB-LP 9) und »Ihre 20 größten Hits« (3/79 D-LP 4).

1994 wurde Rays Biografie unter dem Titel »X-Ray« veröffentlicht. Und als er vom Verlag gebeten wurde, ein wenig Promotion für das Buch zu machen und bei ausgesuchten Buchandlungen daraus zu lesen, sagte er zu. Während der Lesungen kamen Zuhörer, die bemerkten, er müsse doch eigentlich seine Geschichte, die so eng mit seinen Lieder verbunden sind, mit Musik untermalen. Im März 1995 begann er daraufhin öffentliche Auftritte unter dem Motto »Storyteller«. Er las aus seinem Buch und hatte Musiker dabei, die angesprochene Titel anspielten oder auch ausspielten. Das Ganze wurde ein Erfolg und ist 1998 als Album mit dem Titel »Storyteller« erschienen – es ist hinreißend schön. Ray erzählt, wie er auf der Suche nach einem Schlagzeuger auf Mick Avory traf, wie er »You Really Got Me« geschrieben hat, wie die Plattenfirma den Song nicht haben wollte usw.

You Really Got Me (8/64 US 7, GB 1)
All Day And All Of The Night (10/64 GB 2; 12/64 US 7)
Tired Of Waiting For You (1/65 GB 1; 3/65 US 6)
Set Me Free (5/65 GB 9)
See My Friend (8/65 GB 10)
Till The End Of The Day (12/65 GB 8)
Dedicated Follower Of Fashion (3/66 GB 4)
Sunny Afternoon (6/66 D 7, GB 1)
Dandy (10/66 D 1)
Dead End Street (11/66 GB 5; 1/67 D 5)
Waterloo Sunset (5/67 GB 2; 7/67 D 7)
Autumn Almanac (10/67 GB 3)
Lola (7/70 GB 2, D 2, US 9)
Apeman (12/70 GB 5, D 8)
Come Dancing (5/83 US 6)
AOR (Adult Orientated Rock), Beat, Pop, Punk, Rock

Kinney, Fern

FERN KINNEY v (USA, in Jackson/Mississippi)
Fern begann ihre Karriere Ende der 60er Jahre im Mädchentrio Poppies, das 1966 einen mittleren Erfolg hatte. Sie blieb zwei Jahre und arbeitete danach hauptsächlich als Sessionsängerin. Bereits 1968 hatte sie ihre erste Solosingle aufgenommen. 1970 zog Fern Kinney sich nach ihrer Heirat aus dem Musikgeschäft zurück und nahm nur gelegentlich Studiojobs an. Erst 1980 gelang ihr mit »Together We Are Beautiful« ihr einziger Hit. Im Original war der Song vom Autor des Liedes, Ken Leray, schon drei Jahre zuvor aufgenommen worden. Da weitere Erfolge ausblieben, widmete sie sich wieder der Sessionarbeit und vor allem der Familie.

Together We Are Beautiful (2/80 GB 1)
Pop, Rhythm & Blues

Kirby, Kathy

KATHY KIRBY v (Großbritannien, * 20. 10. 1940 in Ilford/Essex)
Als Teenager wollte Kathy Kirby aufgrund ihrer Erfolge im Schulchor Opernsängerin werden. Das änderte sich 1956, als sie den Orchesterleiter Ambrose kennen lernte und drei Jahre bei ihm sang. Weitere Stationen waren die Big Bands von Danny Boyle und Nat Allen. Nach Clubauftritten in London und Madrid gewann sie schließlich einen Plattenvertrag. Erfolg hatte sie jedoch erst, nachdem sie 1963 regelmäßig im britischen Fernsehen auftrat. Ihre erste Hitnotierung war im August 1963 der Titel »Dance On«, eine Gesangsversion des Instrumentalhits der Shadows. Auch ihre beiden weiteren Erfolge waren Coverversionen: »Secret Love« war ursprünglich von Doris Day, und »Let Me Go Lover« stammte im Original von Teresa Brewer. Mit »You're The One« (5/64 GB 17) und »I Belong« (3/65 GB 36) folgten noch zwei weitere Top-40-Hits. Mit »I Belong« nahm Kathy 1965 am Grand Prix teil und belegte Platz 2. Geschrieben hatte den Titel Daniel Boone. Schlagzeilen machte Kathy danach nur noch durch ihr bewegtes Privatleben und ihre berufliche Unzuverlässigkeit. Gelegentlich trat sie bei Nostalgieveranstaltungen auf. Ihr erfolgreichstes Album war »16 Hits From ›Stars And Garters‹« (1/64 GB-LP 11).

Secret Love (11/63 GB 4)
Let Me Go Lover (2/64 GB 10)
Pop

Kiss

ERIC CARR v, d (USA, * 12. 7. 1950 als Paul Caravello in Brooklyn/New York City, † 24. 11. 1991), PETER CRISS v, d (USA, * 20. 12. 1945 als Peter Crisscoula in Brooklyn/New York City), ACE FREHLEY v, g (USA, * 27. 4. 1950 als Paul Daniel in Bronx/New York City), BRUCE KULICK v, g (USA, * 12. 12. 1953), GENE SIMMONS v, b (Israel, * 25. 8. 1949 als Chaim Witz in Haifa), ERIC SINGER d (USA, * 12. 5. 1958

als Johnnie Menzinger), MARK ST. JOHN v, g (als Mark Norton), PAUL STANLEY v, g (USA, * 20. 1. 1950 als Paul Stanley Eisen in Queens/New York City), VINNIE VINCENT v, g (als Vincent Cusano)
Kiss hatten im Januar 1973 ihren ersten Auftritt. Um aus dem Überangebot an Heavy-Metal-Rockbands hervorzustechen, legten sie sich Gesichtsbemalungen wie Grock in seinen besten Zeiten und Phantasiekostüme zu und kamen dadurch speziell bei den Kids besser an. Im Januar 1974 unterschrieb die Urbesetzung Simmons, Stanley, Frehley und Criss einen Plattenvertrag. Ihre erste Hitnotierung hatten sie 1974 mit »Kissin' Time«. 1975 kam der Erfolg – darunter die sehr gemäßigte Nummer »Beth«, die ein Millionseller wurde. Eins ihrer weltweit erfolgreichsten Stücke war das überhaupt nicht metallene »I Was Made For Lovin' You«, schon fast als Schlager zu bezeichnen. »God Gave Rock And Roll To You II« stammte aus dem Film »Bill And Ted's Bogus Journey«. Die oben erwähnte Gesichtsbemalung hatte zur Folge, dass innerhalb der Band Mitglieder wechseln konnten, ohne dass es jemand bemerkte. Den ersten Wechsel gab es, als im Mai 1980 Peter Criss die Gruppe verließ, um eine Solokarriere zu beginnen. Alle vier Mitglieder hatten im Übrigen schon im Herbst 1978 simultan je eine Solo-LP veröffentlicht. Für Criss kam Eric Carr, der nach seinem Tod 1991 durch Eric Singer ersetzt wurde. 1982 verließ Ace Frehley die Band, gründete Frehley's Comet, und für ihn kam Vincent. Der ging zwei Jahre später wieder und gründete eine eigene Band, die er Vinnie Vincent's Invasion nannte. Ein Jahr lang wurde er durch Mark St. John ersetzt, ab 1985 durch Bruce Kulick. Am 18. 9. 1983 traten Kiss exklusiv für MTV ohne Masken auf – als sie die Bühne betraten, wusste keiner, um welche Gruppe es sich da eigentlich handelte. Nicht nur durch Phantasiekostüme und Kriegsbemalung lenkten sie von ihrer Musik ab, sondern auch durch eine perfekt inszenierte Bühnenshow, bei der es nur so donnerte, blitzte und blutete. Es gibt Gruppen, die sind ohne so etwas ausgekommen. Auf die Frage, wie lange es Kiss noch geben wird, antwortete Gene Simmons: ›So lange wir noch stehen können.‹ Ende 1996 erschien »Greatest Kiss«. Gleichzeitig ging die Gruppe auf Tournee in der Besetzung Simmons, Stanley, Criss und Frehley. Die Jungs hatten sich entschlossen, noch einmal in ihre alten Kostüme zu steigen und wieder ihr Make-up aufzulegen. Die Tournee war völlig ausverkauft. In Deutschland spielten Die Ärzte im Vorprogramm. 1998 gingen die vier ins Studio und produzierten das Album »Psycho Circus« (10/98 D-LP 5, US-LP 3). Nach Erscheinen des Albums stellten Musikjournalisten erstaunt fest: Nach 14 Platin- bzw. Multi-Platin-Alben, nach 10 Gold-Alben und nach insgesamt 24 Jahren im Geschäft hatte Kiss mit »Psycho Circus« die höchste Platzierung in den US-LP-Charts.
Die weiteren Hitalben: »Alive!« (10/75 US-LP 9), »Destroyer« (4/76 US-LP 11, 5/76 GB-LP 22, 9/76 D-LP 36), »Rock And Roll Over« (11/76 US-LP 11, 2/77 D-LP 39), »Love Gun« (7/77 US-LP 4, 8/77 D-LP 18), »Alive II« (11/77 US-LP 7), »Double Platinum« (5/78 US-LP 22), »Dynasty« (6/79 US-LP 9, 7/79 D-LP 8), »Kiss Unmasked« (6/80 US-LP 35, D-LP 4), »Music From The Elder« (11/81 D-LP 10), »Lick It Up« (10/83 US-LP 24, GB-LP 7, 10/83 D-LP 18), »Animalize« (10/84 US-LP 19, GB-LP 11, D-LP 25), »Crazy Nights« (10/87 US-LP 18, 11/87 GB-LP 4), »Smashes, Thrashes & Hits« (12/88 US-LP 21), »Revenge« (5/92 GB-LP 10, 6/92 US-LP 6) und »Alive III« (5/93 GB-LP 24, 6/93 US-LP 9).
Gene Simmons entwickelte sich im Laufe der Jahre zum ›King Of Merchandising‹. Er verkaufte den Kiss-Fans Slips aus Peit-

schenschnüren, Blut-spuckende Fontänen oder Pantoffeln im Grusel-Look. 2001 kam er auf eine neue Idee. Für schlappe 4 000 Dollar konnte der Fan bei ihm einen schönen Kiss-Sarg kaufen.

Beth (9/76 US 7)
I Was Made For Lovin' You (7/79 D 2)
Crazy Crazy Nights (10/87 GB 4)
Forever (2/90 US 8)
God Gave Rock And Roll To You II (1/92 GB 4; 3/92 D 9)
Hard Rock

Kissoon, Mac & Katie

MAC KISSOON v (Trinidad, * 11. 11. 1943 als Gerald Farthing in Port of Spain), KATIE KISSOON v (Trinidad, * 11. 3. 1951 als Kathleen Farthing in Port of Spain)
Die beiden Geschwister zogen mit ihren Eltern Ende der 50er Jahre nach GB. 1965 bildeten sie die eine Hälfte des Quartetts Marionettes, das von Marty Wilde produziert wurde. Während sie später zusammen bei den Rag Dolls sangen, nahm Katie schon unter dem Namen Peanut Soloplatten auf. Mit dem eher simpel gestrickten Stück »Chirpy Chirpy Cheep Cheep« erreichte das Duo Mitte 1971 Platz 41 in GB und 20 in den USA. Erfolgreicher mit diesem Titel waren zum selben Zeitpunkt Middle Of The Road, die mit ihrer Version Spitzenreiter in GB wurden. »Sugar Candy Kisses« und »Don't Do It, Baby« waren zwei Top-10-Erfolge für die Kissoons. Danach gelangen ihnen noch zwei weitere Hitnotierungen, bevor sie aus den Charts verschwanden. Katie Kissoon entwickelte sich später zu einer sehr gesuchten Backgroundsängerin. So ist sie z. B. auf LPs von Van Morrison, Elkie Brooks, John Miles, Wham!, Elton John, Billy Ocean, Chris Rea und nicht zuletzt auf der überaus erfolgreichen Unplugged-CD von Eric Clapton zu hören.

Sugar Candy Kisses (1/75 GB 3)
Don't Do It Baby (5/75 GB 9)
Pop, Rhythm & Blues

Kiz

KIZ v (Deutschland, * 12. 12. 1956 als Joachim Gaiser in Reutlingen)
Kiz kam Anfang der 80er Jahre im Zuge der Neuen Deutschen Welle. Wie von so vielen anderen Künstlern, die zu diesem Zeitpunkt in die Charts kamen und dann mit einer Blödelnummer erfolgreich waren, hörte man auch von Kiz danach lange nichts mehr, obwohl noch zwei weitere Singles und eine LP erschienen. Schon vorher hatte Joachim Gaiser in verschiedenen Musikformationen gesungen. 1973 gründete er in seiner Heimatstadt Reutlingen The Barbin Rocks. Drei Jahre später die Shakin' Daddes Band – den Spitznamen Daddes hat er sich bis in die heutigen Tage bewahrt. 1980 The United Night Charlies und schließlich die Erfolge als Kiz. Den Rest der 80er Jahre verbrachte er als Rundfunkmoderator und Organisator von Live-Veranstaltungen und Oldienächten. Ab dem Beginn der 90er Jahre schrieb er neben seiner Rundfunkarbeit für diverse Zeitschriften über Musik. Ab 1995 arbeitete er an der szenischen Ausarbeitung des Musicals »Pico«, das am 10. 4. 1997 in Hamburg im Delphi, dessen künstlerische Leitung Gaiser übernommen hatte, uraufgeführt wurde. Neben den Rattles war darin Isabell Varell zu hören.

Die Sennerin vom Königssee (1/83 D 3)
Neue Deutsche Welle

K-Klass

BOBBY DEPASOIS v (Großbritannien, in Wales), RUSS MORGAN key (Großbritannien, in Wales), PAUL ROBERTS key (Großbritannien, in Wales), CARL THOMAS

key (Großbritannien, in Wales), ANDY WILLIAMS key (Großbritannien, in Wales)
Diese Waliser House-Music-Band formierte sich 1989. Zwei Jahre später kam sie mit dem Titel »Rhythm Is A Mystery« erstmals in die Hitparade. Im Vorprogramm von 808 State hatten sie sich erstmals einem größeren Publikum vorgestellt. Nach der Veröffentlichung ihrer Debütsingle »Wild Life« nahmen sie die Sängerin Bobbi Depasois in die Band und hatten dann den ersten Hit. Weitere Top-40-Hits waren »So Right« (4/92 GB 20), »Don't Stop« (11/92 GB 32), »Let Me Show You« (11/93 GB 13) und »What You're Missing« (5/94 GB 24). Sie selbst stellten einmal fest: ›Jeder kann lernen, mit einem Synthesizer umzugehen, und jeder kann eine Danceplatte machen. Man muss nur wissen, wie man gute macht.‹ Ende 1993 erschien mit »Universal« das Debütalbum von K-Klass.

Rhythm Is A Mystery (11/91 GB 3)
House

Klaus & Klaus

KLAUS BAUMGART v (Deutschland), KLAUS BÜCHNER v, d (Deutschland, * 26. 3. 1948 in Hamburg)
Das Duo veröffentlichte ab 1982 Titel, die jedes Betriebsfest zum Ballermann und jede Butter-Busfahrt, bei der Wärmedecken an den alten Mann gebracht werden, zu einem Schunkelerlebnis machten. Ihr erstes Stimmungslied war 1983 »Da steht ein Pferd auf'm Flur«. Mitte 1985 wurde »An der Nordseeküste« mit Gold belohnt. Ihr erfolgreichstes Album hieß ebenfalls »An der Nordseeküste« (11/85 D-LP 22). Klaus Büchner war auch als Sänger der Gruppe Torfrock tätig, die Ende 1990 mit »Beinhart« einen Spitzenreiter in Deutschland und ebenfalls eine Goldene schaffte. 1997 trennte sich Büchner von Baumgart, der mit Andreas Neumann und Claas Vogt zwei Nachfolger anheuerte. Die drei nannten sich nun Trio Klaus & Klaus.

An der Nordseeküste (8/85 D 5)
Der Eiermann (12/88 D 8)
Deutscher Schlager

Siehe auch: Torfrock

KLF

BILL DRUMMOND key (Südafrika, * 29. 4. 1953 als William Butterworth), ROCKMAN ROCK key (Großbritannien, als Jim Cauty)
Kopf dieser Formation ist Drummond. Ende der 70er Jahre gehörte er zu den Gründern des britischen Zoo-Labels und managte später Echo & The Bunnymen und Teardrop Explodes. Cauty (* 1954) war Mitte der 80er Jahre Mitglied in der Band Brilliant. Zusammen machten sie zunächst das Projekt Justified Ancients Of Mu Mu, das immer neben den anderen Projekten wie Timelords und später KLF bestand. 1987 kamen sie zum ersten Mal als KLF mit »What The Fuck Is Going On«, gesampelt aus Titeln von Abba, den Beatles, Led Zeppelin und anderen. KLF steht für Kopyright Liberation Front, d. h. für die Freigabe von Rechten an Musiktiteln. Das sah zumindest eine der ›beklauten‹ Formation nicht so: Abba klagte, und die Platte musste vom Markt genommen werden. Die wenigen veröffentlichten Scheiben sind dafür heute umso mehr wert. KLF kann allerdings auch als Kürzel für Kybernetic Liberation Front oder Kings Of Low Frequency stehen. 1988 erreichten sie als Timelords mit Unterstützung von Gary Glitter und dem Titel »Doctorin' The Tardis« den Spitzenplatz der britischen Charts. 1990 mutierten sie wieder zu KLF und hatten im Herbst des Jahres einen Hit. »What Time Is Love« war bereits 1988 erstmals erfolglos veröffentlicht worden. Die nächste Single »Kylie Said To Jason« wurde ein Flop. Dann

klappte es wieder mit »3 A.M. Eternal«. Für ihren Titel »Justified And Ancient« holten sie sich die zu diesem Zeitpunkt schon ziemlich in Vergessenheit geratene amerikanische Countrysängerin Tammy Wynette. Zur 500-Jahres-Feier der Entdeckung Amerikas machte KLF »America: What Time Is Love«. Fünf Jahre später waren die beiden wieder da – diesmal nannten sie sich 2K und veröffentlichten die Single »***k The Millennium« (10/97 GB 28). Im Titel wurde »Theme From Shaft« von Isaac Hayes verwurschtelt. Das erfolgreichste Album von KLF war »The White Room« (3/91 GB-LP 3, 6/91 US-LP 39).

What Time Is Love (Live At Trancentral) (8/90 GB 5; 10/90 D 6)
3 A.M. Eternal (1/91 D 3, GB 1; 6/91 US 5)
Last Train To Trancentral (5/91 D 4, GB 2)
Justified And Ancient (12/91 D 3, GB 2)
America: What Time Is Love (3/92 D 6, GB 4)
Elektro-Pop, Techno

Siehe auch: Timelords; Justified Ancients Of Mu Mu

Klubheads

ITTY BITTY key, GREATSKI key, BOOZY WOOZY key

Aus den Niederlanden kam dieser Dance-Hit, hinter dem drei Keyboarder standen. Zwei davon hatten als Itty Bitty Boozy Woozy im November 1995 schon einmal einen Hit unter den ersten 40 in GB: »Tempo Fiesta (Party Time)«. Als Autoren wurden Van Der Zwan und Groeneveld genannt – das dürften die richtigen Namen von Bitty und Woozy sein. Nach dem Top-10-Hit kamen noch »Discohopping« (8/97 GB 35) und »Kickin' Hard« (8/98 GB 36).

Klubhopping (5/96 GB 10)
Techno

Klymaxx

CHERYL COOLEY v, g, BERNADETTE COOPER v, d, rap, ROBBIN GRIDER v, g, syn, JOYCE »FENDERELLA« IRBY v, b, LYNN MALSBY v, key, syn, LORENA PORTER SHELBY v, JUDY TAKEUCHI per, ANN WILLIAMS g

Das Debütalbum dieser reinen Mädchenband erschien 1981. Die meisten Songs hatten die Mitglieder selbst geschrieben. Bandgründerin war 1979 in Los Angeles Bernadette Cooper, die zuvor Schlagzeug in verschiedenen, von Männern geleiteten Bands gespielt hatte. Bis 1984 war Klymaxx auf ein Sextett geschrumpft, nachdem Takeuchi und Williams das Oktett verlassen hatten. »Meeting In The Ladies Room« war Mitte 1985 die erste Hitnotierung der Band in den USA. Mit »I Miss You« erreichten Klymaxx ihren Höhepunkt. »Man Size Love« (7/86 US 15) stammte aus dem Film »Running Scared« mit Gregory Hines und Billy Crystal. »I'd Still Say Yes« (5/87 US 18) war die letzte Hitnotierung der sechs Mädchen in den Popcharts. 1989 halbierte sich die Mitgliederzahl. Das Trio bestand noch aus Cooley, Porter und Grider. Ihr erfolgreichstes Album hieß »Meeting In The Ladies Room« (2/85 US-LP 18).

I Miss You (9/85 US 5)
Dance, Rhythm & Blues

Knack

BERTON AVERRE g (USA, * 13. 12. 1954 in Van Nuys/Kalifornien), DOUG FIEGER v, g (USA, * 20. 8. 1952 in Detroit/Michigan), BRUCE GARY d (USA, * 7. 4. 1952 in Burbank/Kalifornien), PRESCOTT NILES b (USA, * 2. 5. 1954 in New York City), BILL WARD d (Großbritannien, * 5. 5. 1948 in Birmingham)

Fieger, Sänger, Gitarrist und Songschreiber von Knack, spielte Anfang der 70er

Jahre als Bassist in der Gruppe Sky. Mitte der 70er Jahre arbeitete er als Sessionmusiker und war bei dieser Gelegenheit auch kurzfristig mit der Kölner Band Triumvirat zusammen. Zur Gründung von Knack kam es im Mai 1978 in den USA. Mitte 1979 gelang The Knack mit »My Sharona« der größte Hit. Ihre Plattenfirma versuchte eine Zeit lang, sie als Beatles-Klons zu verkaufen. In ihren Titeln kombinierte die Formation Pop der 60er Jahre mit der Produktionstechnik der 70er. Mit ihren Texten eckten sie teilweise an. So wurde ihnen in »Good Girls Don't« (9/79 US 11) offener Sexismus vorgeworfen. Auch Doug Fiegers arrogantes Verhalten der Presse gegenüber und in Interviews trug nicht gerade dazu bei, wohlwollendes Entgegenkommen zu wecken. Nachdem sich ihre dritte LP als Flop herausstellte, der einfach zu altmodisch war, trennten sich die Musiker 1982. Doug versuchte sich mit Taking Chances, die anderen mit Game – keines der Unterfangen war erfolgreich. 1986 schlossen sie sich wieder als The Knack zusammen. Mit Billy Ward kam ein neuer Schlagzeuger zur Gruppe, der neben Fieger, Averre und Niles auf der 1991 veröffentlichten LP »Serious Fun« trommelte. Nachdem der Song »My Sharona« in dem Film »Reality Bites« zu hören war, kam er im April 1994 erneut in die amerikanische Hitparade, erreichte jedoch nur Platz 91. Das erfolgreichste Album der Band war »Get The Knack« (6/79 US-LP 1, 8/79 D-LP 24).

My Sharona (6/79 GB 6, US 1)
Rock

Knight, Beverley

BEVERLEY KNIGHT (Großbritannien)
1998 und 1999 erhielt sie eine Auszeichnung als bester R&B-Act in Großbritannien. Erstmals stand mit sie »Flavour Of The Old School« (4/95 GB 50, 10/95 RE-GB 33) in den Charts. Bei »Made It Back« (5/98 GB 21) war als Gast Redman zu hören. Während sie in ihren Anfangstagen mehr als Teeniestar abgetan wurde, nahm man Beverley langsam ernst. Nach ihren Preisen wurden auch ihre Platten erfolgreicher. »Rewind (Find A Way)« (8/98 GB 40), »Made It Back 99« (4/99 GB 19), »Greatest Day« (7/99 GB 14), »Sista Sista« (12/99 GB 31) und »Get Up!« (11/01 GB 17) waren ihre nächsten Erfolge. Anfang 2002 kam sie mit dem Album »Who I Am« (3/02 GB-LP 7), daraus ausgekoppelt ihre erste Top-10-Single.

Shoulda Woulda Coulda (3/02 GB 10)
Pop, Soul

Knight, Gladys & The Pips

LANGSTON GEORGE v (USA), WILLIAM GUEST v (USA, * 2. 6. 1941 in Atlanta/Georgia), ELENOR GUEST v (USA), BRENDA KNIGHT v (USA, in Atlanta/Georgia), MERALD »BUBBA« KNIGHT v (USA, * 4. 9. 1942 in Atlanta/Georgia), GLADYS KNIGHT v (USA, * 28. 5. 1944 in Atlanta/Georgia), EDWARD PATTEN v (USA, * 2. 8. 1939 in Atlanta/Georgia)
1951 gewann die kleine Gladys in der Fernsehsendung ›Ted Mack's Original Amateur Hour‹ 2000 Dollar. Zu diesem Zeitpunkt sang sie schon im Gospelchor von Morris Brown. Ein Jahr später gründete sie mit ihrem Bruder Merald, Schwester Brenda, Cousine Elenor und Cousin William Guest eine eigene Gospelgruppe. 1957 überredete sie ein weiterer Cousin, James ›Pips‹ Woods, als Profis aufzutreten, wurde ihr Manager und nannte die Band Pips. 1959 verließen Brenda Knight und Elenor Guest das Familienunternehmen und wurden durch Edward Patten und Langston George ersetzt. 1958 hatten sie die erste erfolglose Platte aufgenommen, 1960 sangen sie einen Johnny-Otis-Song aus dem Jahr 1952 nach:

»Every Beat Of My Heart«. Die Platte wurde erst einmal kein Erfolg. Erst als sie das Stück anderthalb Jahre später noch einmal aufnahmen, kam es in die US-Pophitparade. Nun wurden die Platten unter dem Namen Gladys Knight & The Pips veröffentlicht, und diese Formation sollte bis in die 90er Jahre erfolgreich sein. Zusammen mit Dionne Warwick, Elton John und Stevie Wonder nahm Gladys Ende 1985 die Nummer »That's What Friends Are For« auf, die ein Millionseller und Spitzenreiter in den USA wurde. Eine ihrer schönsten Nummern war sicher »The Way We Were – Try To Remember«. Im Februar 1989 gewann die Formation einen Grammy. Danach trennte sich Gladys von den Pips und machte als Solistin weiter. Zwischen 1977 und 1980 hatte sie bereits Platten ohne die Pips aufgenommen, dies jedoch aus rechtlichen Gründen. 1989 sang Gladys mit »Licence To Kill« den Titelsong aus dem gleichnamigen James-Bond-Film. Der Gruppe gelang es, sowohl mit Rhythm & Blues als auch mit Mainstream-Pop erfolgreich und gut zu sein. 1991 erschien Gladys Solo-LP »Good Woman«. Danach konzentrierte sie sich auf TV-Auftritte und ging mit dem Musical »Madame Lilly« auf Tournee. Im Herbst 1994 erschien, produziert von Babyface, Don Was, BeBe Winans, George Duke und anderen, das Album »Just For You«. 1996 wurde die Formation in die Rock and Roll Hall of Fame aufgenommen. Zusammen mit Brandy, Tamia und Chaka Khan hatte Gladys den Hit »Missing You« (8/96 US 25).

Die erfolgreichsten Alben: »Neither One Of Us« (3/73 US-LP 9), »Imagination« (10/73 US-LP 9), »The Best Of Gladys Knight & The Pips« (2/76 GB 6) und »30 Greatest« (11/77 GB-LP 3).

Every Beat Of My Heart (5/61 US 6)
I Heard It Through The Grapevine (10/67 US 2)
If I Were Your Woman (11/70 US 9)
Neither One Of Us (Wants To Be The First To Say Goodbye) (1/73 US 2)
Midnight Train To Georgia (9/73 US 1; 5/76 GB 10)
I've Got To Use My Imagination (11/73 US 4)
Best Thing That Ever Happened To Me (2/74 US 3; 8/75 GB 7)
On And On (5/74 US 5)
The Way We Were – Try To Remember (4/75 GB 4)
Baby Don't Change Your Mind (5/77 GB 4)
That's What Friends Are For (11/85 US 1)
Licence To Kill (6/89 D 3, GB 6)
Pop, Rhythm & Blues

Knight, Jean

JEAN KNIGHT v (USA, * 26. 1. 1943 in New Orleans)

Jean sang in den frühen 60er Jahren an Wochenenden in kleinen Clubs. 1970 wurde ein bekannter Produzent und Arrangeur aus New Orleans auf sie aufmerksam und engagierte sie als Sessionsängerin für Plattenaufnahmen. Mit der Nummer »Mr. Big Stuff« hatte Jean ihren einzigen nennenswerten Erfolg. Weitere Platten wurden Flops. 1985 nahm Jean Knight eine Coverversion der Zydeco-Platte »My Toot Toot« auf, die ihr zumindest noch einmal Platz 50 in den USA einbrachte.

Mr. Big Stuff (5/71 US 2)
Rhythm & Blues, Soul

Knight, Jordan

JORDAN KNIGHT v (USA, * 17. 5. 1970 in Worcester/Massachusetts)

Nachdem die Zeit von New Kids On The Block Mitte der 90er Jahre endete, versuchten sich einzelne Mitglieder dieser Formation erfolgreich als Solisten: Donnie Wahlberg, Joey McIntyre und – Jordan. Dem gelang allerdings nur ein Singlehit und das Album »Jordan Knight« (6/99 US-LP 29).

Give It To You (4/99 US 10; 10/99 GB 5)
Boy Group, Pop

Siehe auch: New Kids On The Block

Knight, Robert

ROBERT KNIGHT v (USA, * 21. 4. 1945 in Franklin/Tennessee)
Zusammen mit einigen Freunden gründete Robert in den späten 50er Jahren die Gesangsgruppe Paramounts. Während eines New-York-Trips lernten sie einen Produzenten von DOT Records kennen, der mit ihnen einen Plattenvertrag machte. DOT veröffentlichte drei Singles, eine als Paramounts, zwei als Solosingles von Robert. Alle drei wurden Flops, und die Band verschwand wieder. Mitte der 60er Jahre sang Robert mit den Fairlanes, die 1967 einen Plattenvertrag erhielten. Schließlich war es dann aber doch wieder Robert, der als Solist den Titel »Everlasting Love« (9/67 US 13, 1/68 GB 40, 3/74 RE-GB 19) aufnahm. Erfolgreich hingegen wurde eine Coverversion dieses Titels von der Gruppe Love Affair. Die hatten mit dem Song Anfang 1968 einen Spitzenreiter. Roberts einziger Top-10-Erfolg war »Love On A Mountain Top«. Danach konzentrierte sich Robert, der Chemie studiert hatte, auf seine Forschungstätigkeit und tritt seitdem nur noch gelegentlich auf.

Love On A Mountain Top (11/73 GB 10)
Pop, Soul

Kon Kan

BARRY HARRIS g, p (Kanada, in Toronto), KEVIN WYNNE v (Kanada, in Toronto)
Barry Harris, Mastermind des aus Toronto stammenden Duos Kon Kan, arbeitete bei einer Versicherung. Da ihn das nicht sonderlich befriedigte, kündigte er und wurde Discjockey in einer Diskothek seiner Heimatstadt. Im Frühjahr 1988 traf er den Sänger Kevin Wynne, mit dem er den Titel »I Beg Your Pardon« aufnahm, der Ende 1988 in die amerikanischen Charts kam und dort Platz 15 wurde. Auf originelle Weise wurde in diesem Song der Lynn-Anderson-Klassiker »Rose Garden« zitiert. Kon Kan strebte eine Synthese aus stilistischer/technischer Innovation und bewährten Songstrukturen an. Für den Dance-Floor-Bereich gedacht, waren die folgenden Stücke des Duos wohl zu kompliziert.

I Beg Your Pardon (3/89 GB 5; 5/89 D 8)
Dance

Kongos, John

JOHN KONGOS v (Südafrika, * 6. 9. 1945)
In seiner Heimat Südafrika machte John bereits mit 15 Jahren seine erste eigene Band, die er Dukes nannte. Musikalisch war die Gruppe von den Shadows beeinflusst, die Anfang der 60er Jahre Superstars auch in Südafrika waren. Aus den Dukes wurden die G-Men, die ab 1963 in Südafrika sehr erfolgreich waren. Ab 1966 machte er Platten in GB, als erste die Single »I Love Mary«. Auch mit seiner britischen Band Scruggs nahm er etliche Singles auf, jedoch ohne jeden Erfolg. 1969 überraschte John als Solist mit der hervorragenden LP »Confusion About A Goldfish«. Aber erst, als er von Gus Dudgeon produziert wurde, hatte er mit »He's Gonna Step On You Again« seinen ersten Hit. Gus Dudgeon produzierte zu diesem Zeitpunkt auch Elton John. So ist es nicht verwunderlich, dass auf den Platten von John Kongos vorwiegend die Musiker mitspielten, die auch auf Elton-John-Platten zu hören waren. Als »Step On« hatten die Happy Mondays mit Johns Titel im April 1990 einen Platz 5 in den britischen Charts. Im Text setzt sich Kongos mit den sozialen und politischen Problemen seiner Heimat Südafrika aus-

einander, vor allem mit der Tatsache, dass die Schwarzen in ihrem eigenen Land durch die Weißen zu Fremden gemacht werden. Nach seinem zweiten Hit war John Kongos mehr als Songschreiber erfolgreich gewesen. Daliah Lavi sang eine deutsche Version des Kongos-Titels »Would You Follow Me« als »Willst du mit mir gehn«. »He's Gonna Step On You Again« kam 1990 noch einmal neu auf den Markt. Gus Dudgeon hatte einen Remix davon angefertigt. Das erfolgreichste Album von John hieß »Kongos« (1/72 GB-LP 29).

He's Gonna Step On You Again (5/71 GB 4)
Tokoloshe Man (11/71 GB 4)
AOR (Adult Orientated Rock), Rock

Kool & The Gang

RONALD »THE CAPTAIN« BELL sax (USA, * 1. 11. 1951 in Jersey City/New Jersey), ROBERT »KOOL« BELL tr (USA, * 8. 10. 1950 in Jersey City/New Jersey), GARY BROWN v (USA, in Jersey City/New Jersey), »FUNKY« GEORGE BROWN d (USA, * 5. 1. 1949 in Jersey City/New Jersey), SKIP III MARTIN v (USA, in Jersey City/New Jersey), ODEEN MAYS v (USA, in Jersey City/New Jersey), ROBERT »SPIKE« MICKENS tr (USA, in Jersey City/New Jersey), CHARLES »CLAYDES« SMITH g (USA, * 6. 9. 1948 in Jersey City/New Jersey), WOODY SPARROW g (USA, in Jersey City/New Jersey), JAMES »J.T.« TAYLOR v (USA, * 16. 8. 1953 in Jersey City/New Jersey), DENNIS »DEE TEE« THOMAS sax (USA, * 9. 2. 1951 in Jersey City/New Jersey), RICK WESTFIELD key (USA, in Jersey City/New Jersey)

Robert ›Kool‹ Bell war der Gründer von Kool & The Gang. 1964 startete man als Jazzcombo Jazziacs. 1967 begleiteten sie als Soul Music Review in ihrer Heimatstadt Jersey City, New Jersey, Soulkünstler, die dort auftraten. Danach wandten sie sich mehr und mehr dem Rhythm & Blues zu, firmierten erst als New Dimensions, dann als New Flames und schließlich als Kool & The Flames. Um jedoch Verwechslungen mit James Browns Famous Flames zu verhindern, nannten sie sich noch im selben Jahr, 1968, Kool & The Gang. 1969 erhielten sie ihren ersten Plattenvertrag und zählen seit diesem Zeitpunkt zu den festen Größen der Rhythm-&-Blues- und Soul-Szene. »Jungle Boogie« und »Hollywood Swinging« waren die ersten und Millionseller. Bis 1978 hatte die Band keinen festen Leadsänger. Ab diesem Zeitpunkt wurde es James ›J. T.‹ Taylor, der die Band 1988 wieder verließ, eine erfolgreiche Solokarriere begann und durch Gary Brown, Odeen Mays und den ehemaligen Leadsänger der Dazz Band, Skip Martin, ersetzt wurde. 1992 erschien das Album »Unite«, auf dem sich zeigte, dass die Band immer noch in der Lage war, aktuelle Strömungen aufzugreifen und zu verarbeiten. Ob Funky-Sounds, Ragamuffin oder HipHop, alles war zu hören. Produziert wurden sie jetzt von L.A. Reid und Babyface, zwei ausgebufften Dance-Spezialisten. Die Besetzung änderte sich im Laufe der Jahre. Auf der 1992er LP waren von der Urbesetzung noch die beiden Brüder Bell, Dennis Thomas und Charles Smith dabei. 1996 erschien das Album »State Of Affairs«, aus dem als erste Single »In The Hood« ausgekoppelt wurde. Als Sänger war jetzt wieder James ›J. T.‹ Taylor dabei.

Die erfolgreichsten Alben der Formation waren »Lady's Night« (9/79 US-LP 13), »Celebrate!« (10/80 US-LP 10), »Something Special« (10/81 US-LP 12, 11/81 GB-LP 10), »Twice As Kool« (5/83 GB-LP 4) und »Emergency« (12/84 US-LP 13, D-LP 26).

Jungle Boogie (12/73 US 4)
Hollywood Swinging (4/74 US 6)
Ladies Night (10/79 US 8, GB 9)
Too Hot (1/80 US 5)

Celebration (10/80 US 1, GB 7)
Get Down On It (12/81 GB 3; 12/82 US 10)
Ooh La La La (Let's Go Dancin') (10/82 GB 6)
Joanna (11/83 US 2)
Joanna/Tonight (2/84 GB 2)
(When You Say You Love Somebody) In The Heart (4/84 GB 7)
Misled (11/84 US 10)
Fresh (3/85 US 9)
Cherish (5/85 GB 4; 7/85 US 2, D 5)
Victory (11/86 US 10)
Stone Love (2/87 US 10)
Rhythm & Blues, Soft Soul, Soul

Koreana

MARIE HONG v (Korea, als Hwa-Ja Hong), TOM LEE v (Korea, als Seung-Kyu Lee), CATHY LEE v (Korea, als Lee Oea-Sook), JERRY LEE v (Korea, als Yong-Kyu Lee)
Dass diese für unsere Breiten unerhebliche Formation erfolgreich wurde, lag weder an der Qualität des Titels noch an der gesanglichen Leistung, sondern an der Tatsache, dass dieser Song als der offizielle 1988er Seoul Olympic Song galt. Während der Eröffnungsfeier, die ja von Olympiade zu Olympiade gigantischer wird und die sportlichen Ereignisse, die danach folgen, in den Schatten stellt, sang Koreana dieses Lied, das weltweit übertragen wurde. Mit Korea selbst schien die Gruppe inzwischen lediglich die Abstammung gemeinsam zu haben. Marie Hong und die Brüder Tom und Jerry Lee wurden 1975 von einem Schweizer Manager nach Paris eingeladen, der ihnen den Namen Arirang Singers gab und mit ihnen Titel produzierte, die zu Disko-Hits wurden. Cathy Lee trug einen Sieg in der deutschen Fernsehsendung ›Talentschuppen‹ davon und arbeitete danach mit den Arirang Singers, ab 1978 unter dem Namen Arirang. Giorgio Moroder war es schließlich, der den Titel »Hand In Hand« schrieb und mit der Band produzierte. Koreana hat sich zu einer der erfolgreichsten asiatischen Gruppen in Europa entwickelt. Der koreanische Kulturminister zeichnete sie als ›musikalische Botschafter des Landes der Morgenstille‹ aus.

Hand In Hand (9/88 D 1)
Middle Of The Road (MOR)

Korgis

ANDY DAVIS g, d, STUART GORDON g, vln, PHIL HARRISON key, per, JAMES WARREN v, g, b (Großbritannien, * 25. 8. 1951 in Bristol)
Nachdem Warren in einigen lokalen Bands gespielt hatte, wurde er 1970 Profimusiker mit der Formation Stackridge, zu der auch Andy Davis gehörte. 1974 verließ Warren die Band wieder, weil, wie er sagte, ›eine musikalische Linie nicht zu erkennen war und die Kritiker und Fans nicht wussten, was sie mit uns anfangen sollten‹. Vier Jahre zog er sich zurück. 1978 konnte er Andy Davis überreden, bei Stackridge auszuscheiden und mit ihm neu anzufangen. Weil das Geld fehlte und Manager und Plattenfirmen zunächst nicht viel mit diesen beiden im Sinn hatten, verwandelten sie ihre Wohnung in ein Plattenstudio. Den Gesang nahmen sie im Treppenhaus auf, die Gitarrenpassagen spielten sie in der Küche ein, und das Schlagzeug wurde im Wohnzimmer aufgestellt. So entstand die erste LP und die erste Singlenotierung »If I Had You« (6/69 GB 13). Ihr Top-10-Erfolg war »Everybody's Got To Learn Sometime«. Inzwischen war Andy Davis wieder ausgestiegen, und dafür waren Harrison und Gordon hinzugekommen. Auch die hielten es nicht lange mit James Warren, dem Einzelgänger, aus. Anfang der 80er Jahre fiel die Band ganz auseinander. James konzentrierte sich mehr aufs Songschreiben und auf Studioarbeit. Ab 1984 veröffentlichte Warren im Alleingang und/oder mit wechselnden Musikern immer mal wieder Platten als Korgis.

Everybody's Got To Learn Sometime (5/80 GB 5)
Elektro-Pop, Pop

Kosheen

DARREN DECODER (Großbritannien), SIAN EVANS v (Großbritannien), MARKEE SUBSTANCE (Großbritannien)
Die beiden Produzenten Darren und Markee wurden auf der Suche nach einer Sängerin in Bristol fündig: Dort trafen sie Sian, deren Stimme ihnen auf Anhieb gefiel. Damit liefern Kosheen einen weiteren Beweis dafür, dass am so genannten Bristol-Mythos etwas dran sein muss. Vermutlich liegt es daran, dass es verhältnismäßig viele Clubs in dieser Stadt gibt und deshalb viele britische Musiker nach Bristol gehen. »Hide U« war die erste Single der Gruppe, als erstes Album erschien »Resist«. In der Presse wurde das Trio als ›Drum-'n'-Bass-Sensation‹ gefeiert, dabei wollten sie laut Darren nur »mit guten Melodien positive Stimmung erzeugen und dann mit Kumpels einen trinken.« Als nächste Single erschien »Catch« (12/01 GB 15).

Hide U (9/01 GB 6)
Dance

Kraftwerk

KARL BARTOS d (Deutschland, * 31. 5. 1952 in Berchtesgaden), KLAUS DINGER per (Deutschland), WOLFGANG FLÜR per (Deutschland, * 17. 7. 1947 in Frankfurt/Main), ANDREAS HOHMANN per (Deutschland), RALF HÜTTER v, key, d (Deutschland, * 20. 8. 1946 in Krefeld), KLAUS ROEDER g, vln (Deutschland), FLORIAN SCHNEIDER-ESLEBEN v, key, d (Deutschland, * 7. 4. 1947 in Bodenseeraum)
Die musikalische Bandbreite dieser Band lässt sich am besten daran abmessen, dass sie einen Pop Music Disco Award bekommen haben, als die Antistars der deutschen Rockszene bezeichnet wurden und, wie ›Sounds‹ schrieb, ›die Raffinesse zeitgenössisch-elektronischer Musik mit der Dynamik der Rockmusik verbinden‹. Köpfe des Unternehmens Kraftwerk waren immer Ralf Hütter und Florian Schneider. Bereits 1968 nahmen sie sich vor, zukünftig ihre Pläne in einer Organisation zu verwirklichen. Demoaufnahmen der Hütter/Schneider Organisation wurden 1969 in England als Platte veröffentlicht. Ab 1970 spielten sie als Kraftwerk und bauten sich in ihrer Heimatstadt Düsseldorf ein eigenes Studio, das sie Kling-Klang nannten. Zur Aufnahme ihrer ersten LP nahmen sie Klaus Dinger, der später zu Neu ging, und Andreas Hohmann mit ins Studio. »Kraftwerk 2« nahmen Hütter und Schneider wieder im Alleingang auf, ebenso ihre dritte LP »Ralf & Florian«. Ende 1974 erschien das Album »Autobahn«, auf dem mit Klaus Roeder und Wolfgang Flür wieder zwei Gastmusiker mitspielten. Eine Auskopplung des Titelsongs und Kürzung auf Singleformat bescherte der Band im Frühjahr 1975 einen Platz 25 in den US-Popcharts, 11 in GB. Von den Lesern des ›Melody Maker‹ wurde die Single unter die drei besten des Jahres gewählt. In der Folge ließ sich die Gruppe immer länger Zeit, um neue Projekte zu veröffentlichen. Die Single »Computer Love/The Model« erschien Mitte 1981 und erreichte Platz 36 in GB. Bei einer Wiederveröffentlichung ein halbes Jahr später wurde sie Spitzenreiter. Die deutsche Version hieß »Das Model«. Die weiteren Hits außerhalb der Top 10: »Die Roboter« (6/78 D 25, 6/91 RE-D 18), »Pocket Calculator« (5/81 GB 39), »Showroom Dummies« (2/82 GB 25), »Tour De France« (8/83 GB 22, 8/84 RE-GB 24), »Musique Non Stop« (11/86 D 13) und »The Robots« (6/91 GB 20). Alles in allem dürfte Kraftwerk je-

doch mehr eine LP-Formation sein. Viele britische Synthie-Bands der 70er und 80er Jahre berufen sich auf Kraftwerk und geben diese deutsche Formation als ihre größte Inspiration an. In der Tat ist der Einfluss von Schneider und Hütter auf die Entwicklung der Popmusik der 80er und 90er Jahre nicht hoch genug einzuschätzen. Hütter sagte Anfang der 90er Jahre: ›Unsere Musik hat sehr viel mit Emotionen zu tun. Technologie und Emotion können durchaus Hand in Hand gehen.‹ Im Frühjahr 1997 kam mit Yamo und dem Album »Time Pie« ein neues Projekt des ehemaligen Mitgliedes Wolfgang Flür. Im selben Jahr stand plötzlich der ›Krautrock‹ und damit auch Kraftwerk in GB wieder hoch im Kurs. Die Gruppe stand dann nach sieben Jahren Abwesenheit anlässlich der Eröffnung des ZKM (Zentrums für Kunst und Medientechnologie) am 18. Oktober 1997 in Karlsruhe wieder auf einer deutschen Bühne. Beobachter fragten sich, ob das Hantieren der Musiker auf der Bühne mit ihren minimalistischen Melodien an den Reglern und Keyboards echt oder nur ein Fake war. So erklang die Nummer »Die Roboter« konsequenterweise in Abwesenheit der Musiker – und beim letzten Titel »Musik Non Stop« verließ einer nach dem anderen die Bühne und der Titel lief trotzdem weiter. Jedenfalls haben sich viele Zuschauer bei den meisten Stücken gefragt, warum überhaupt Mitglieder von Kraftwerk auf der Bühne standen.

Die erfolgreichsten Alben: »Kraftwerk« (5/71 D-LP 30), »Autobahn« (2/75 US-LP 5, 5/75 D-LP 7, 5/75 GB-LP 4), »Radio-Aktivität« (2/76 D-LP 22), »The Man-Machine« (5/78 GB-LP 53, 1/82 RE-GB-LP 9), »Die Mensch-Maschine« (6/78 D-LP 12), »Computer World« (5/81 GB-LP 15, 6/81 US-LP 72), »Computerwelt« (6/81 D-LP 7), »Electric Cafe« (11/86 D-LP 23) und »The Mix« (6/91 GB-LP 15, 7/91 D-LP 7).

Nach langer Pause erschien mit »Expo 2000« (12/99 D 35, 3/00 GB 27) mal wieder eine neue Single der Gruppe. Wie schon häufig wurde auch ein neues Album angekündigt.

Autobahn (5/75 D 9)
Computer Love/The Model (12/81 GB 1)
Das Model (3/82 D 7)
Elektro-Pop, Techno

Kramer, Billy J. & The Dakotas

RAY JONES b (Großbritannien, * 20. 10. 1939 in Oldham), BILLY J. KRAMER v (Großbritannien, * 19. 8. 1943 als William Howard Ashton in Bootle/Merseyside), ROBIN MACDONALD g (Großbritannien, * 18. 7. 1943 in Nairn/Schottland), TONY MANSFIELD d (Großbritannien, * 28. 5. 1943 als Anthony Bookbinder in Salford), MIKE MAXFIELD g (Großbritannien, * 23. 2. 1944 in Manchester)

Billy begann als Mitglied der Liverpooler Band Coasters, die als Halbprofis arbeiteten. In dieser Gruppe hörte ihn Brian Epstein singen und kaufte Kramer dessen Manager für 50 Pfund ab. Im Januar 1963 unterschrieb Kramer einen Sechsjahres-Managementvertrag mit Epstein. Weil die Coasters ihren Tagesjob nicht aufgeben wollten, stellte Brian Epstein Billy die aus Manchester stammende Gruppe The Dakotas zur Seite. Nach ein paar Proben und einer Show im Cavern Club schickte Epstein die Gruppe erst einmal für drei Wochen in den Hamburger Star-Club zum Üben. Danach besorgte er für die Jungs einen Vertrag mit Parlophone und George Martin, der auch die Beatles produzierte. Nur drei Monate nach der Vertragsunterzeichnung erschien die erste Single von Billy J. Kramer & The Dakotas in den britischen Charts. Es war »Do You Want To Know A Secret?«. Den Titel hatte Brian Epstein den Jungs besorgt. Das Original war auf der gerade aufgenommenen dritten LP der Beatles zu hören.

Ihre nächste Single war fünf Monate später »Bad To Me«, von John Lennon extra für Kramer geschrieben. »Trains And Boats And Planes« (5/65 GB 12) war die letzte Hitnotierung der Formation. Die Dakotas ohne Billy J. Kramer hatten den Hit »The Cruel Sea« (7/63 GB 18). Billy J. versuchte sich als Solist, spielte aber immer auch noch mit den Dakotas zusammen. Das erfolgreichste Album war »Listen To Billy J. Kramer« (11/63 GB-LP 11).

1968 löste sich die Gruppe auf, und Kramer trat erst einmal als Solist auf, machte jede Menge erfolglose Platten, teilweise auch unter seinem richtigen Namen, und tourte 1973 mit neuen Dakotas wieder durch die USA. Plattenveröffentlichungen von ihm gab es bis weit in die 80er Jahre, so z. B. 1983 die fast autobiografische Single »You Can't Live On Memories«. 1984, er hatte inzwischen seine starken Alkoholprobleme überwunden, zog er in die USA und ließ sich in Long Island nieder. 1996 kehrte er nach GB zurück, gründete wieder eine Band mit dem Namen Dakotas und trat wieder regelmäßig auf.

Do You Want To Know A Secret? (5/63 GB 2)
Bad To Me (8/63 GB 1; 5/64 US 9)
I'll Keep You Satisfied (11/63 GB 4)
Little Children (2/64 GB 1, 4/64 US 7)
From A Window (7/64 GB 10)
Merseybeat, Pop

Kraus, Peter

PETER KRAUS v (Deutschland, * 18. 3. 1939 als Peter Krausenecker in München) Peter begann seine Karriere als Schauspieler in Filmen wie »Das fliegende Klassenzimmer« 1954. Als die deutsche Plattenindustrie merkte, dass sich Rock 'n' Roll verkaufte, machten sie aus Peter einen Elvis-Verschnitt. Seine erste Plattenveröffentlichung war Ende des Jahres 1956 eine deutsche Version von Little Richards »Tutti Frutti«, wobei die Fassung von Presley hierzulande beliebter und erfolgreicher war als das Original von Little Richard. Mitte 1957 war der Titel »Susi Rock« seine erste Hitnotierung und gleich ein Top-10-Erfolg.

Von diesem Zeitpunkt stand er bis 1964 regelmäßig in den deutschen Charts, hatte 15 Top-10-Erfolge und mit »Hula Baby« 1958 und mit »Sweety« 1962 zweimal den Spitzenplatz in Deutschland. Kraus sang auch mit Conny Froboess, mit Alice und Ellen Kessler oder zusammen mit Jörg Maria Berg als James Brothers. Kraus veröffentlichte bis in die 90er Jahre Platten, war zwischenzeitlich ein gesuchter Fernseh-Entertainer – ›Bang Bang‹, ›8 x 1 in Noten‹ oder ›Hallo Peter‹ hießen seine eigenen TV-Show-Serien – und dürfte der erfolgreichste deutschsprachige Rock-'n'-Roll-Interpret sein. 1990 erschien seine Autobiografie ›Wop-babalu-ba – Mein ver-rocktes Leben‹. 1991/92 veröffentlichte er jeweils eine CD unter der Überschrift »Rock 'n' Roll Schmuseparty«. 1996 erschien unter dem Titel »Teenagerträume, Liebeleien und Sugarbabys« eine Box mit insgesamt 10 CDs, in denen die ersten 10 Jahre von ihm dokumentiert werden. Alle seine Hits zwischen 1956 und 1965 sind in dieser Box enthalten. Außerdem alle seine Hits, die er zusammen gesungen hat mit den James Brothers, Gus Backus, Lil Babs, Alice und Ellen Kessler, Dany Mann, Conny Froboess oder Mickey Main.

Susi Rock (7/57 D 8)
O Baby mach dich schön (5/58 D 5)
Wenn Teenager träumen (5/58 D 7)
Hula Baby (7/58 D 1)
Mit siebzehn (8/58 D 2)
Sugar Baby (12/58 D 2)
Teenager Melodie (1/59 D 10)
Ich möcht' mit dir träumen (1/58 D 8)
Honey Baby (du passt so gut zu mir) (5/59 D 3)
Kitty-Cat (6/59 D 3)
Tiger (11/59 D 8)

Va bene (9/60 D 6)
Blue Melodie (6/61 D 6)
Schwarze Rose, Rosemarie (11/61 D 5)
Sweety (8/62 D 1)
Silvermoon (4/64 D 6)
Deutscher Schlager, Rock 'n' Roll

Kravitz, Lenny

LENNY KRAVITZ v, g, d, b, p (USA, * 26. 5. 1964 als Leonard Albert in Brooklyn/New York City)
Der Multi-Instrumentalist Kravitz wuchs in New York und Los Angeles auf und spielte schon als Kind Klavier, Gitarre, Schlagzeug und Bass. Als Mitglied des California Boys Choir trat er in den berühmtesten amerikanischen Opernhäusern auf und sang klassische Werke. Nach dem Schulabschluss mietete er sich ein Studio und nahm als Romeo Blue Demos auf, die er an diverse Plattenfirmen schickte. Erst nach etlichen Anläufen erhielt er einen Plattenvertrag. 1989 erschien mit »Let Love Rule« (11/89 US-LP 61, 5/90 GB-LP 56) seine erste LP. Die Singleauskopplung des Titelsongs brachte ihm seine erste Hitnotierung. »It Ain't Over 'Til It's Over« war sein erster Top-10-Hit. »Are You Gonna Go My Way« war der Titelsong des gleichnamigen Albums, das alleine in den USA mehr als 2 Millionen Exemplare absetzte. Danach war Lenny ein vielbeschäftigter Mann. Auf der Bühne stand er mit Aerosmith oder Guns N' Roses, im Studio sang er mit Mick Jagger, als Produzent betreute er Vanessa Paradis. Seine psychedelicgefärbten Gitarrenriffs und seine Vorliebe für den Sound der 60er Jahre ließen viele seiner Titel so klingen, als habe man sie schon einmal gehört. Genial verknüpft er Aufnahmetechnik der 90er Jahre mit dem Sound der 60er. »Fly Away« war bereits 1998 veröffentlicht worden und wurde erst zum Hit, nachdem der Titel von Peugeot für TV-Werbespots benutzt wurde. Seine Ehe mit Lisa Bonet hielt gerade mal drei Jahre – Lisa spielte in der erfolgreichen ›Bill Cosby Show‹. Die erfolgreichsten Alben: »Mama Said« (4/91 GB-LP 8, US-LP 39), »Are You Gonna Go My Way« (3/93 GB-LP 1, US-LP 12, D-LP 7), »Circus« (9/95 GB-LP 5, US-LP 10, D-LP 8), »5« (5/98 D-LP 6, GB-LP 18, US-LP 28), »Greatest Hits« (11/00 D-LP 2, US-LP 2), »Lenny« (11/01 D-LP 5, US-LP 12) – daraus ausgekoppelt »Stillness Of Heart« (3/02 D 38).

It Ain't Over 'Til It's Over (6/91 US 2)
Are You Gonna Go My Way (2/93 GB 4)
Fly Away (2/99 GB 1)
Again (11/00 US 4)
Funk, Rhythm & Blues, Rock

Krebs, Diether

DIETHER KREBS v (Deutschland, * 11. 8. 1947 in Essen; † 4. 1. 2000 in Hamburg)
Als Schauspieler hatte er seinen ersten großen Erfolg als Schwiegersohn von Ekel Alfred Tetzlaff. In unzähligen Sketchup- und ähnlich gelagerten Sendungen spielte er meist den etwas trottligen Blödmann und stellte vor allen Dingen sein komisches Talent unter Beweis. Daneben war Diether Krebs u. a. lange Zeit als Kommissar der Soko zu sehen. Wer so lange so erfolgreich Fernsehen macht, muss zwangsläufig auch irgendwann eine Platte veröffentlichen. In »Ich bin der Martin, ne . . . ?!« sprach Diether den aus den 60er Jahren übrig gebliebenen Softie Martin im selbst gestrickten Rentierpullover, der froh war, dass er mal darüber geredet hat. Er starb in seinem Haus in Hamburg an Krebs.

Ich bin der Martin, ne . . . ?! (7/91 D 3)
Deutscher Schlager

Kris Kross

Mack Daddy rap (USA, * 1. 5. 1978 als Chris Kelly in Atlanta/Georgia), Daddy Mack rap (USA, * 10. 1. 1979 als Chris Smith in Atlanta/Georgia)

Dieses Kinder-Rap-Duo aus Atlanta, dessen größte Tat es war, sich die Klamotten falsch herum anzuziehen, war im Frühjahr 1992 die Sensation in den USA. Ihr Titel »Jump« erhielt zwei Platinplatten. Damit war für alle Gleichaltrigen klar: Wer den Reißverschluss an der Hose noch da hat, wo er eigentlich gedacht und notwendig wäre, ist einer von gestern. Weitere Hits außerhalb der Top 10: »Warm It Up« (6/92 US 13, 7/92 GB 16, 8/92 D 22), »It's A Shame« (12/92 GB 31), »Alright« (7/93 US 19) und nach einer Pause kehrten sie mit »Tonite's Tha Night« (12/95 US 12) wieder zurück.

Ihr Debüt-Album »Totally Krossed Out« (4/92 US-LP 1, 6/92 GB-LP 31) erreichte in nur sechs Wochen Platz 1 in den US-LP-Charts und verkaufte über vier Millionen Platten. Das hatte mehr als 20 Jahre kein Debüt-Album mehr geschafft. 1993 kamen Kris Kross mit dem Album »Da Bomb« (8/93 US-LP 13) auf den Markt. Ihr bisher letztes Album war »Young, Rich & Dangerous« (1/96 US-LP 15). Dann waren die Jungs so um die 20 – und da sehen falsch herum getragene Hosen einfach nur noch blöd aus.

Jump (4/92 GB 2, D 2, US 1)
HipHop, Rap

Kröger, Hannes

Peter Hoffmann (Deutschland), Hannes Kröger v (Deutschland, als Sascha Wahlbeck), Franz Plasa (Deutschland)

Das Hamburger Produzententeam Hopla, bestehend aus Peter Hoffmann und Franz Plasa, brachte eine musikalischen Collage aus Original-Textspuren des legendären Hans-Albers-Films »Große Freiheit Nr. 7« und einem unterlegten Disco-Groove: »Der blonde Hans«. Dazu kam ein spektakuläres Video, in dem Filmszenen aus dem Hans-Albers-Klassiker mit Hannes Kröger, dessen richtiger Name Sascha Wahlbeck ist, kunstvoll gemischt wurden. Als sie 1989 mit »Es wird Nacht auf St. Pauli – Der blonde Hans Part II« den Erfolg zu wiederholen versuchten, war für die Bar-Kasse nichts mehr zu holen, und es setzte eine Blankenese.

Der blonde Hans (8/88 D 5)
Deutscher Schlager, Techno

Krüger, Mike

Mike Krüger v, g (Deutschland, * 14. 12. 1951 als Michael Friedrich Wilhelm in Ulm)

Mike Krüger kam Mitte der 70er Jahre mit Titeln, die nicht tiefgründig, sondern unterhaltend sind und die man hierzulande als Blödelsongs bezeichnet, in die Charts. »Mein Gott, Walther« (9/75 D 38), eine B-Seite, entwickelte sich zum ersten Erfolg für Krüger und zur ersten Hitnotierung. Seine Platten nahm er mit Vorliebe live auf, so z. B. in Danny's Pan, einem Folk-Club in Hamburg. Seit »Der Nippel« erfolgreich in den Siinglecharts war, ist Mike Krüger in den Köpfen der Deutschen als lustig verinnerlicht. Noch im selben Jahr 1980 machte er im ZDF seine erste Personality-Show, der drei weitere folgten. 1981 begann er eine Serie mit Kinofilmen, in denen er neben Thomas Gottschalk agierte: »Piratensender Powerplay«, »Die Supernasen«, »Zwei Nasen tanken Super« und »Die Einsteiger«. 1985 drehte er mit Susanne Uhlen »Seitenstechen«, 1986 »Geld oder Leber« mit Ursula Monn, 1989 »Die Senkrechtstarter« mit Tina Plate und Karl Dall. Seine erfolgreichsten Alben: »Mein Gott, Walther« (8/75 D-LP 1), »Also denn!«

(5/76 D-LP 10), »Auf der Autobahn nachts um halb eins« (5/77 D-LP 10) und »Der Nippel« (4/80 D-LP 2). Ab 1986 moderierte er für einige Jahre die TV-Sendung ›Vier gegen Willi‹, 1990 präsentierte er die ›Superlachparade des NDR‹ und später Sendungen beim Privatfernsehen. Seit Februar 1996 sitzt Mike Krüger im festen Team der Comedyshow »7 Tage – 7 Köpfe« (über sieben Millionen Zuschauer). Jede Woche teilt Krüger aus. Mit »Holländer-Witzen« gegen Rudi Carrell und »Schönheits-Tips« für Kalle Pohl. Die Zoten, die Mike allwöchentlich verballert, reichen für so viel Zündstoff, dass im September 1997 Mike Krügers neue CD mit dem Titel »Rudi mit dem gelben Nummernschild« erschien. Die Premiere des Liedes feierte er bereits live in der Sendung »7 Tage – 7 Köpfe«. Danach setzte eine Flut von Zuschaueranfragen nach dem Song ein. Im Juli 1997 startete Mike Krügers RTL-Show »Kennen Sie den?« – die alternative Witzeshow. Im Sommer 1999 wurde das TV-Movie »Voll auf der Kippe« bei RTL ausgestrahlt, in dem Mike Krüger die Hauptrolle spielte.

Der Nippel (4/80 D 1)
Deutscher Schlager

Krush

CASSIUS CAMPBELL (Großbritannien), MARK GAMBLE (Großbritannien), RUTH JOY v (Großbritannien)
Diese Formation verstand sich als Antwort auf die Techno-Funk-Master aus Chicago. Im Herbst 1987 hatte die Band auf Eigeninitiative die selbst geschriebene Nummer »House Arrest« an die englischen Clubs bemustert. Kurze Zeit später kam sie in alle Funk–, Black- und Dance-Charts. Erst dann folgte ein Vertragsabschluss mit einer Plattenfirma. Die veröffentlichte die Single offiziell im November 1987. Danach war der Hausarrest aufgehoben, und Krush durfte sich wieder frei bewegen. Ruth Joy machte als Solistin ab 1989 Platten und hatte mit »Don't Push It« und »Feel« zwei kleinere Hits in GB.

House Arrest (12/87 GB 3; 2/88 D 5)
Techno

Kuhn, Paul

PAUL KUHN v, p (Deutschland, * 12. 3. 1928 in Wiesbaden)
Nachdem er das musische Gymnasium in Frankfurt besucht hatte, studierte er von 1945 bis 1952 am Konservatorium in Wiesbaden Musik. Schon 1946 hatte er das Paul Kuhn Trio gegründet und spielte nebenher Piano in diversen Jazzbands. Im Herbst 1955 hatte Paul mit dem Titel »Der Mann am Klavier« einen ersten Hit. Auf der einen Seite ein begnadeter Jazzpianist, auf der anderen Seite »Die Farbe der Liebe«, »Butterfly Doll« oder die ziemlich fragwürdige Aussage »Es gibt kein Bier auf Hawaii«. Sein erfolgreichstes Album war »Tanzparty bei Paul, Folge 1 – 3« (7/62 D-LP 4). Zwischen 1968 und 1980 war er Leiter der SFB Big Band. Er erhielt etliche Auszeichnungen, so z. B. 1971 die Goldene Kamera, 1978 den Deutschen Schallplattenpreis.

Der Mann am Klavier (8/55 D 4)
Die Farbe der Liebe (6/58 D 3)
Butterfly Doll (4/59 D 10)
Es gibt kein Bier auf Hawaii (10/63 D 5)
Deutscher Schlager

Kula Shaker

ALONZA BEVAN b, tab (Großbritannien, * 24. 10. 1970 in London), JAY DARLINGTON key (Großbritannien, * 3. 5. 1968 in Sidecup), CRISPIAN MILLS v, g (Großbritannien, * 18. 1. 1973 in London), PAUL WINTERHART d (Großbritannien, * 19. 9. 1971 in London)

1995 war das erste Jahr für Kula Shaker, in dem sie in GB Erfolg hatten. Musikalisch erinnerten sie an die zweite Hälfte der 60er Jahre: an die Beatles, an Psychedelic- und progressive Bands jener Tage. Nachdem sie an einem Band-Wettbewerb in Manchester teilgenommen hatten, durften sie als Gewinner das 4-Track-Demo »Killer« aufnehmen. Ihre erste Hitnotierung in GB war »Grateful When You're Dead – Jerry Garcia Was There« (5/96 GB 35). Zwei Monate später erschien »Tattva«. Bei »Hush« handelte es sich um eine Komposition von Joe South, die 1968 durch die Gruppe Deep Purple zu einem Top-10-Hit in den USA wurde. »Sound Of Drums« stammte vom zweiten Album der Band, »Strange Folk«. Das erste Album der Band mit dem Titel »K« (9/96 GB-LP 1) war sofort ein Riesenerfolg. Es folgte »Peasants, Pigs & Astronauts« (3/99 GB-LP 9).

Im Herbst 1999 wurde bekannt, dass Mills bei Kula Shaker aussteigen werde. Gleichzeitig wurde ein erstes Soloalbum angekündigt. Wenig später löste sich Kula Shaker auf.

Tattva (7/96 GB 4)
Hey Dude (9/96 GB 2)
Govinda (11/96 GB 7)
Hush (3/97 GB 2)
Sound Of Drums (5/98 GB 3)
Britpop, Pop, Rock

Kunze, Heinz Rudolf

HEINZ RUDOLF KUNZE v (Deutschland, * 30. 11. 1956 in Espelkamp)

Heinz Rudolf Kunze studierte Germanistik und Philosophie, bevor er ab Anfang der 80er Jahre deutschsprachigen Rock machte. 1980 nahm er mit Erfolg am deutschen Pop-Nachwuchsfestival in Würzburg teil. Ein Jahr später erschien seine erste LP »Reine Nervensache«. 1982 kam »Eine Form von Gewalt« auf den Markt, und erstmals ging er mit seiner Band, die er Verstärkung nannte, auf Tournee. Von der Deutschen Phonoakademie erhielt Kunze im Mai 1983 den Deutschen Schallplattenpreis für »Eine Form von Gewalt«. Im selben Jahr beschäftigte er sich erstmals mit dem amerikanischen Songschreiber Randy Newman – er verfasste für den ›Spiegel‹ ein Essay und moderierte im NDR und im RIAS eigene Newman-Sendungen, dessen Art des Songschreibens Kunze beeinflusste. In der Singlehitparade wurde er 1985 zum erstenmal mit »Dein ist mein ganzes Herz« notiert – es blieb sein einziger Top-40-Hit. Bemerkenswert z. B. seine Titel »Heul mit den Wölfen«, »Alles gelogen«, »Kinderlied«, »Leg nicht auf«, »Fetter alter Hippie« oder »Einfacher Mann«. Textlich und musikalisch sind die Songs von Kunze für die Singlehitparaden viel zu komplex und hintergründig. Dafür sind seine Alben regelmäßig in den entsprechenden Charts. Die erfolgreichsten: »Dein ist mein ganzes Herz« (12/85 D-LP 10), »Wunderkinder« (10/86 D-LP 18), »Brille« (3/91 D-LP 4), »Kunze: Macht Musik« (3/94 D-LP 11), »Korrekt« (3/99 D-LP 12), »Halt!« (1/01 D-LP 10). Kunze übersetzte einige Musicals in die deutsche Sprache, so z. B. »Les Misérables« und »Miss Saigon«.

2002 erschien das Album »Wasser bis zum Hals steht mir«.

Dein ist mein ganzes Herz (12/85 D 8)
AOR (Adult Orientated Rock), Rock

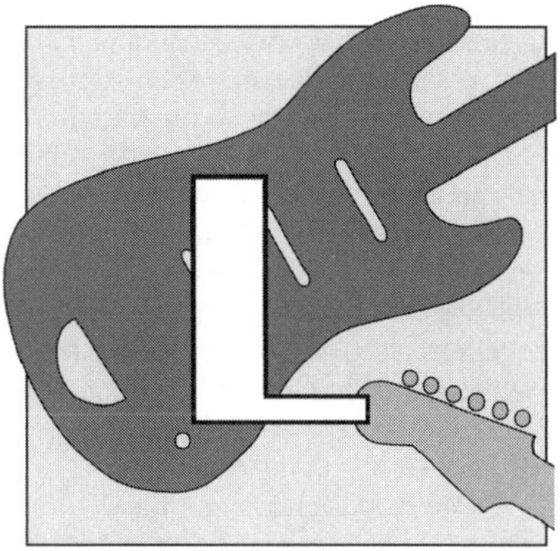

L.A. Mix

Les Adams dj (Großbritannien)
Hinter dem Kürzel L.A. Mix steht der britische Radio- und Club-DJ Les Adams. Nachdem ihm mit »Don't Stop (Jammin')« die erste Hitnotierung gelungen war, kam im Frühjahr 1988 »Check This Out«. Lediglich »Get Loose« (7/89 GB 25) kam danach noch in die Top 40.

Check This Out (5/88 GB 6)
Dance

L.A. Style

Denzil Slemming dj (Niederlande)
Denzil Slemming, ein holländischer DJ, steckte hinter dem Dancehit »James Brown Is Dead«. Im April 1992 wurde der Titel erstmals in den US-Charts notiert. Dort kletterte er bis auf Platz 59, dann merkten die Amerikaner, dass James Brown noch lebt. Die ebenfalls niederländische Formation Holy Noise merkte das auch und veröffentlichte die Platte »James Brown Is Still Alive«, was wiederum die Gruppe Traumatic Stress veranlasste, »Who The Fuck Is James Brown?« auf einer Platte zu fragen. Die Frage war zumindest so blöd wie die Aussage, James Brown sei tot. Der wird sich vielleicht sogar über die kostenlose Promotion gefreut haben – Hauptsache, der Name ist richtig geschrieben.

James Brown Is Dead (10/91 D 6)
Techno

L.T.D.

Alvino M. Bennett d, Lorenzo Carnegie sax (USA, als Arthur in Haines City/Florida), Henry Davis b (USA, in Los Angeles/Kalifornien), Jimmie Davis syn, p, org (USA, in North Carolina), Johnny McGhee g (USA, in Chicago/Illinois), Onion Miller Jr. sax (USA, als Abraham Joseph in North Carolina), Billy Osborne syn (USA, in Providence/Rhode Island), Jeffrey Osborne v, d (USA, * 9. 3. 1948 in Providence/Rhode Island), Andre Ray v, Jake Riley pos (USA, in Miami/Florida), Carle Vickers tr, Melvin Webb per (USA, in Kansas City/Missouri), Leslie Wilson v
L.T.D. steht für Love, Togetherness and Devotion. Ihren ersten Hit hatten sie mit »Love Ballad« (10/70 US 20), der es in den R&B-Charts bis auf Platz 1 brachte. Die Formation hatte als Love Man, Ltd. ihre Karriere begonnen. Dann kürzten sie sich auf Love, Ltd. ab und schließlich nur noch L.T.D. In ihren Anfangstagen hatten sie das Duo Sam & Dave musikalisch begleitet. Nachdem man als Sänger Jeffrey Osborne gewonnen hatte, ging die gesamte Band nach Kalifornien. 1971 waren sie die Backup-Sänger für Merry Clayton und hatten ab 1976 dann Erfolge unter eigenem Namen. Ende 1977 kam der Millionseller »(Everytime I Turn Around) Back In Love Again«. Die erfolgreichsten Alben von LTD waren »Something To Love« (8/77 US-LP 21), »Togetherness« (6/78 US-LP 18) und »Devotion« (7/79 US-LP 29). 1982 verließ Jeffrey Osborne die Gruppe und startete

eine Solokarriere, die im selben Jahr mit dem ersten Top-40-Hit begann und bis in die 90er Jahre reichte. Als Ersatz für ihn kamen Leslie Wilson und Andre Ray.

(Everytime I Turn Around) Back In Love Again (10/77 US 4)
Funk, Rhythm & Blues

La Bionda

MICHELANGELO LA BIONDA v (Italien), CARMELO LA BIONDA v (Italien)
Die Brüder Carmelo und Michelangelo hatten 1978 mit »One For You, One For Me« einen der Sommerhits des Jahres in Deutschland. Zu diesem Zeitpunkt waren die beiden Italiener keine Neulinge im Plattengeschäft mehr. Sie hatten Amanda Lear entdeckt und »Tornero« mit der Gruppe I Santo California produziert. Außerdem schrieben sie Hits für Middle Of The Road, Milva oder Ricchi E Poveri. Die meisten ihrer Aufnahmen hatten die Brüder im Münchener Country-Lane-Studio aufgenommen, in dem sie auch in der Folgezeit arbeiteten und vorwiegend mit deutschen Studiomusikern spielten, die jedoch auch nicht helfen konnten, den Hit zu wiederholen. Ihr erfolgreichstes Album war »La Bionda« (8/78 D-LP 10).

One For You, One For Me (6/78 D 3)
Disko

La Bouche

DONALD LANE MCCRAY JR. rap (USA, * 13. 4. 1962 in Fort Bragg/North Carolina), MELANIE THORNTON v (USA, * 13. 5. 1967 in Charleston/South Carolina, † 24. 11. 2001)
McCray war noch in Deutschland bei der US Air Force, als er zusammen mit Melanie den Titel »Sweet Dreams« aufnahm, der über Italien und Frankreich schließlich auch in die deutsche Hitparade kam. Auf der deutschen Single wurde als Rapper ein gewisser Robert Haynes genannt. Ob Robert oder Donald, wer neben Melanie rappt, bleibt ziemlich egal. »Be My Lover« wurde in Europa der Nachfolgehit. Aber diesmal kamen La Bouche auch in die US-Charts. Danach wurde dort auch »Sweet Dreams« veröffentlicht und kletterte im Frühjahr 1996 bis auf Platz 13. Zum selben Zeitpunkt erschien »Be My Lover« noch einmal als Remix in GB und kam dieses Mal bis auf Platz 25. Ende 1996 erschien »Bolingo (Love Is In The Air)« (11/96 D 26). Es folgte »You Won't Forget Me« (10/97 D 29). »Sweet Dreams – Album« (7/95 D-LP 3, 2/96 US-LP 28) erhielt Platin. Insgesamt hat La Bouche bis Ende 1996 weltweit 5,2 Millionen Tonträger verkauft.
Im Mai 2000 erschien mit der neuen Sängerin Natascha Wright wieder eine Single von La Bouche: »All I Want« heißt der Titel, mit dem das Duo nicht nur an alte Erfolge anknüpfen, sondern auch neue musikalische Wege gehen will.
Natascha Wright begleitete bereits Haddaway auf seiner Welttournee als Backgroundsängerin. Für D.J. Bobo sang sie die lead vocals der Produktionen »Freedom« und »Love Is The Price« und stand mit ihm auf der Bühne, dafür erhielt sie jeweils eine Goldene Schallplatte. Sie fasziniert durch ihre kraftvolle, erotische Stimme und eine perfekte Performance auf der Bühne. Auch als Songschreiberin hat sie sich bereits einen Namen gemacht und so stammt auch der Text zu »All I Want« zu fünfzig Prozent aus ihrer Feder.
Von Melanie Thornton erschien im November 2000 mit »Love How You Love Me« die erste Solosingle. Einen Monat später kam ihr erstes Soloalbum. Sie starb in der Nähe von Zürich bei einem Flugzeugabsturz. Sie saß in einer Maschine der Cross Air von Berlin nach Zürich.

Sweet Dreams (8/94 D 8)
Be My Lover (3/95 D 1; 11/95 US 6)
Dance

Siehe auch: Thornton, Melanie

LaBelle, Patti

PATTI LABELLE v (USA, * 24. 5. 1944 als Patricia Louise Holt in Philadelphia/Pennsylvania)
Patti und Cindy Birdsong waren 1961 Mitglied bei den Ordettes. Ihre beiden Schulfreundinnen Sarah Dash und Nona Hendryx sangen bei den Del Capris. Als sich diese beiden Gruppen im Herbst 1961 auflösten, machten die vier als Blue Belles weiter. Ab Mitte 1963 nannten sie sich dann Patti LaBelle & The Blue Belles. 1967 ging Cindy Birdsong zu den Supremes, 1971 kürzte das Trio den langen Namen auf LaBelle. »Lady Marmalade« wurde ihr größter internationaler Erfolg. 1977 trennten sich die Mädchen und versuchten ihr Glück als Solistinnen. Zusammen mit Michael McDonald hatte Patti den Hit »On My Own«. 1994 erschien Pattis Album »Gems«, darauf die Single »The Right Kinda Lover«, die auch in dem Film »Beverly Hills Cop III« Verwendung fand. Im Oktober desselben Jahres eröffnete sie in Philadelphia einen eigenen Club, den sie ›Chez LaBelle‹ nannte. Anfang 1996 war LaBelle mit dem Stück »My Sweet Love« auf dem Album zum Film »Waiting To Exhale« vertreten, das an der Spitze der amerikanischen LP-Charts stand. Ihre erfolgreichsten Alben waren »Nightbirds« (12/74 US-LP 7) mit LaBelle und unter ihrem Namen »Winner In You« (5/86 US-LP 1; GB-LP 30, 7/86 D-LP 31).

Lady Marmalade (1/75 US 1)
On My Own (3/86 US 1, 5/86 GB 2)
Disko, Rhythm & Blues

Lady Lily

LADY LILY v (Deutschland, * 17. 7. 1956 als Erica Bruhn, geb. Goetz in Obernburg/Main)
Zusammen mit ihrer Schwester Gitti war Lady Lily 1978 mit dem Titellied aus der TV-Serie ›Heidi‹ in Deutschland erfolgreich. Produziert wurden sie von Christian Bruhn, mit dem Lili bzw. Erica seit 1976 verheiratet war. Auch als Lady Lily war sie mit Melodien aus TV-Serien erfolgreich. Besonders prädestiniert, solche Erfolge nach sich zu ziehen, sind die alljährlichen Kurzserien zum Jahresende. Damit hatte Lady Lily gleich mehrfach Glück. Zunächst erreichte sie Anfang 1985 mit der Musik aus dem Weihnachtsmehrteiler ›Patrik Pacard‹ Platz 11 der deutschen Hitparade. Genau ein Jahr später gelang ihr dann wieder mit einem TV-Song ihr größter Hit: »Non è Vero« aus der Serie ›Oliver Maass‹. Als sie es 1991 mit dem Thema aus ›Hans im Glück‹ wieder versuchte, tauschte sie einen Goldbatzen gegen eine Scheibe, die wie Blei in den Regalen liegen blieb.

Non è Vero (1/86 D 7)
Schlager

Siehe auch: Gitti & Erica

Lage, Klaus

KLAUS LAGE v (Deutschland, * 16. 6. 1950 in Soltau)
1968 gewann Klaus Lage einen Bandwettbewerb. Ab 1974 spielte er beim Berliner Rockensemble mit. Im Frühjahr 1980 erschien seine erste Solo-LP, die schon deutlich in Richtung deutschsprachiger Rock ging. Bemerkenswert seine kongeniale Übersetzung des Janis-Joplin-Liedes »Mercedes Benz«. 1982 erschien als nächste LP »Positiv«, auf der er mit seiner Begleitband Druck spielte. Der Titel »1000 und 1 Nacht (Zoom!)« wurde sein erster Single-Hit. Von dem Reim ›Tausendmal berührt, tausendmal ist nichts passiert‹ fühlten sich offenbar viele angesprochen. 1985 sang er für den Schimanski-Film »Zahn um Zahn« den Titel »Faust auf Faust«. Sein Lied »Monopoly« lief zwar erfolgreich im Funk, blieb in den Verkaufs-Charts aber bei Platz 47 hängen.

Darin die Zeile ›Deinen Job macht jetzt ein Stück Silikon, wen juckt das schon‹. Seine erfolgreichsten Alben waren »Schweißperlen« (8/84 D-LP 3) und »Heiße Spuren« (10/85 D-LP 8).

1000 und 1 Nacht (Zoom!) (6/84 D 5)
Faust auf Faust (Schimanski) (10/85 D 10)
Pop, Rock

Laid Back

JOHN GULDBERG g (Dänemark, in Kopenhagen), TIM STAHL key (Dänemark, in Kopenhagen)
Das Duo überraschte Mitte 1983 mit dem relaxten Sommerhit »Sunshine Reggae«. Udo Jürgens sollte sich später mit seinem Titel »Die Sonne und du« an diesen Hit anlehnen. Als Nachfolgesingle kam die Veröffentlichung »High Society Girl«, und in den USA erreichte die B-Seite von »Sunshine Reggae«, »White Horse«, die Dance-Charts und Platz 26 in den Popcharts. Danach schien Laid Back vergessen, bis sie plötzlich Ende 1989 mit »Bakerman« kamen. In GB erreichte die Platte die Top 50. Im Hintergrund sang die ebenfalls aus Dänemark stammende Sängerin Hanne Boel mit, die auch ausgezeichnete Soloplatten veröffentlichte. Ihr erfolgreichstes Album hieß »Keep Smiling« (9/83 D-LP 11).

Sunshine Reggae (8/83 D 1)
High Society Girl (12/83 D 9)
Bakerman (11/89 D 9)
Laid Back, Pop

Lake, Greg

GREG LAKE v, b (Großbritannien, * 10. 11. 1947 in Poole/Dorset)
Greg war die Stimme von Emerson, Lake & Palmer. Im Januar 1969 wurde er Gründungsmitglied von King Crimson. Mitte 1970 kam es dann zur Formierung von Emerson, Lake & Palmer. Deren bekanntester Titel war der von Greg geschriebene Song »Lucky Man«. Mehrfach fiel die Band auseinander und kam doch wieder zusammen. Greg selbst hatte einen Soloerfolg, die Weihnachtsplatte »I Believe In Father Christmas«,. 1992 war Lake bei der Reformierung von EL&P wieder mit dabei. 1983 hatte er für kurze Zeit John Wetton bei der Formation Asia ersetzt.

I Believe In Father Christmas (12/75 GB 2)
Pop, Rock

Siehe auch: Emerson, Lake & Palmer

Lambrettas

JEZ BIRD v, g (Großbritannien), MARK ELLIS v, b (Großbritannien), DOUG SANDERS v, g (Großbritannien), PAUL WINTER d (Großbritannien)
Die Lambrettas aus Brighton wurden zusammen mit einigen anderen britischen Formationen 1979/80 im Zuge des Mod-Revivals populär. Ihre erste Singleveröffentlichung auf Elton Johns Rocket-Label erregte kein Aufsehen, aber mit einem Remake des Leiber-Stoller-Hits »Poison Ivy« sicherten sie sich ihren größten Erfolg. Der Titel »D-A-A-ANCE« (5/80 GB 12) war ein typischer Nachfolgehit. Ihre Debüt-LP »Beat Boys In The Jet Age« (7/80 GB-LP 28) erschien – und das war's dann.

Poison Ivy (3/80 GB 7)
Pop

Lance, Major

MAJOR LANCE v (USA, * 4. 4. 1941 in Chicago/Illinois, † 3. 9. 1994)
Major Lance war zwischen 1963 und 1965 erfolgreich. Nachdem er sich als Amateurboxer und Tänzer bei Record-Hop-TV-Shows versucht hatte, sang er mit den Five Gospel Harmonaires und

wurde Mitglied bei den Ideals. 1959 nahm er seine erste Soloplatte auf. Seine erste Hitnotierung wurde auch gleich sein erster Top-10-Erfolg: »The Monkey Time«. Im Frühjahr 1964 kam »Um, Um, Um, Um, Um, Um«. Beide Hits hatte Curtis Mayfield geschrieben. Nachdem ihm Anfang der 70er Jahre in den USA nichts mehr gelang, zog Major von 1972 bis 1974 nach GB. 1975 gründete er zusammen mit Al Jackson von Booker T. & The MG's ein eigenes Plattenlabel, auf dem er nun auch seine Platten veröffentlichte. Zwischen 1978 und 1981 saß er wegen Kokainhandels im Gefängnis, danach war er weiter auf Festivals oder in Clubs zu hören. Im Juni 1994 sang er noch beim 11th Chicago Blues Festival, wenig später starb er an Herzversagen.

The Monkey Time (7/63 US 8)
Um, Um, Um, Um, Um, Um (1/64 US 4)
Rhythm & Blues, Soul

Landers, Audrey

AUDREY LANDERS v (USA, * 18. 7. 1958 in Philadelphia/Pennsylvania)
Diese Schauspielerin wurde bei uns durch die Rolle der Afton Cooper bekannt, die sie von 1981 bis 1984 in der TV-Serie ›Dallas‹ spielte. Als Sängerin wurde Audrey Landers von Jack White entdeckt. Ihr erster Hit war »Manuel Goodbye«, eine Komposition von Gerd Grabowski alias G.G. Anderson. Es folgten »Little River« (10/83 D 28), »Playa Blanca« (4/84 D 38) und das Album »Wo der Südwind weht« (10/84 D-LP 4). 1985 wirkte sie in der Verfilmung des Broadway-Musicals »A Chorus Line« mit.

Manuel Goodbye (4/83 D 10)
Schlager

Landscape

RICHARD JAMES BURGESS v, d (Großbritannien), CHRISTOPHER HEATON key (Großbritannien), ANDY PASK b (Großbritannien), PETER THOMAS syn, tr (Großbritannien), JOHN WALTERS syn (Großbritannien)
Nachdem das 1975 gegründete Quintett keinen Erfolg mit seiner an Jazz-Funk orientierten Instrumentalmusik hatte, schwenkte es ab 1980 auf die Segnungen der Technik um. Sie setzten Computer und Synthesizer ein und sangen jetzt auch. Die erste Single in diesem Stil wurde gleich ein Dance-Hit, aber kein Charterfolg. Der kam 1981 mit dem Titel »Einstein A Go-Go«. Die folgende Single beschäftigte sich mit dem Hitchcock-Psychopathen »Norman Bates« (5/81 GB 40). Zu fünft nahmen sie noch einige Platten auf, 1983 schrumpften sie zum Trio Landscape 3. 1984 löste sich die Formation endgültig auf. Burgess machte sich einen Namen als Produzent von Spandau Ballet oder Living In A Box. Das erfolgreichste Album von Landscape: »From The Tea Rooms Of Mars To The Hellholes Of Uranus« (3/81 GB-LP 16).

Einstein A Go-Go (2/81 GB 5)
Funk, Instrumental

Lange feat. Skye

LANGE dj (Großbritannien, in Shrewsbury), SKYE v (Großbritannien)
Lange hatte seine eigene Produktionsfirma. Als Mixer machte er sich Ende der 90er Jahre einen Namen. Sein Remix von »Protect Your Mind« mit DJ Sakin brachte den Erfolg für diese Platte. Für Lost Witness mixte er »Happiness Happening«, für Eye To Eye feat. Taka Boom »Just Can't Get Enough (No, No, No, No)«. 2002 versuchte er es mit der Sängerin Skye und hatte mit »Drifting Away« einen ersten Hit.

Drifting Away (1/02 GB 9)
Dance

Larks

DON JULIAN v (USA, * 7. 4. 1937 in Los Angeles/Kalifornien, † 6. 11. 1998), CHARLES MORRISON v (USA, in Los Angeles/Kalifornien), TED WATERS v (USA, in Los Angeles/Kalifornien)

Ursprünglich nannte sich diese 1953 gegründete Gruppe aus Los Angeles Don Julian & The Meadowlarks. Ihre ersten Platten machten sie 1954. Ein Jahr später waren sie regional erfolgreich mit der Nummer »Heaven In Paradise«. Nachdem nichts Richtiges gelang und Don unter etlichen Gruppennamen – z. B. Medallions – mit immer wieder wechselnden Musikern erfolglose Platten veröffentlicht hatte, sah er 1964 die Kinder seiner Schwester vor der Tür zu »Dancin' On The Streets« von Martha & The Vandellas tanzen. Er kannte den Tanz nicht und fragte die Kids, was das für ein Tanz sei. Die Kids sagten ›Jerk‹ und boten Don an, ihm diesen Tanz beizubringen. Sie meinten ›if you don't know how to do it, come on, i'll teach you‹. Don ging nach Hause und schrieb schnell einen Text um diese Zeile und hatte mit »The Jerk« seinen einzigen Hit. Andere Gruppen gingen hin und brachten ebenfalls ›Jerk‹-Platten auf den Markt: »Cool Jerk« mit den Capitols, »Everybody Jerk« mit Bob & Earl, »Come On And Do The Jerk« mit den Miracles und etliche andere. Nach wenigen Monaten war diese ›Dance Craze‹ wieder vorbei und somit waren die Nachfolgehits von den Larks, »Soul Jerk« und »Mickey's East Coast Jerk« auch schon wieder der Schnee vom vergangenen Jahr. Den einzigen Hit hat er mit den beiden oben angegebenen Sängern aufgenommen. Don Julian starb 1998 in Los Angeles an Lungenentzündung.

The Jerk (11/64 US 7)
Rhythm & Blues

Larson, Nicolette

NICOLETTE LARSON v (USA, * 17. 7. 1952 in Helena/Montana, † 16. 12. 1997)

Nicolette begann ihre Karriere als Sessionsängerin bei Neil Young, Jesse Colin Young, Linda Ronstadt, Hoyt Axton, Emmylou Harris, Van Halen und vielen anderen. Ab 1978 war sie dann selbst in den Charts zu finden. Die von Neil Young geschriebene Nummer »Lotta Love« wurde ihr erster Erfolg. »Let Me Go, Love« (1/80 US 35) sang sie im Duett mit Michael McDonald. Im selben Jahr stand Nicolette Larson mit der Nitty Gritty Dirt Band und dem Titel »Make A Little Magic« (6/80 US 25) in den US-Charts. Als Gast sang sie bei Christopher Cross und dem Stück »Say You'll Be Mine« (3/81 US 20) mit. Nach 1982 konzentrierte sie sich anscheinend wieder mehr auf ihre Studioarbeit. Zumindest gelang ihr kein Soloerfolg mehr. Ihr erfolgreichstes Album hieß »Nicolette« (11/78 US-LP 15). Verheiratet war sie mit dem Sessiondrummer Russ Kunkel. Sie starb an einem Gehirnödem.

Lotta Love (11/78 US 8)
AOR (Adult Orientated Rock), Pop, Rock

LaSalle, Denise

DENIS LASALLE v (USA, * 16. 7. 1939 als Denise Craig in LeFlore County/Mississippi)

Nachdem ihre Karriere als Romanautorin nicht von Erfolg gekrönt war, wandte sich Denise Ende der 60er Jahre dem Songschreiben zu und nahm erste Platten auf, die ebenfalls erfolglos waren. 1969 gründete Denise LaSalle zusammen mit ihrem Mann eine Produktionsfirma und arbeitete weiterhin als Autorin und Produzentin für andere Künstler. Anfang der 70er Jahre reichte ihr das nicht mehr, und sie nahm ihre Kompositionen auch wieder selbst auf. Ihr erster Erfolg war der Millionseller »Trapped By A Thing Called Love« (8/71 US 13), ein Platz 1 in den Rhythm-&-Blues-Charts, in denen sie bis 1980 weiter aufgeführt wurde. Ihre höchste Chartnotierung hatte mit der Novelty-Nummer »My Toot Toot«. Diese mit Cajun-Feeling angelegte Platte wurde noch im selben Jahr von etlichen Interpreten, darunter auch Fats Domino, gecovert. Bis in die 90er Jahre nahm sie weiter Platten auf. Später arbeitete sie auch als Plattenproduzentin und war die Besitzerin der Radiostation WFXX in Jackson/Tennessee.

My Toot Toot (6/85 GB 6)
Pop, Soul

Lasgo

EVY GOFFIN v (Belgien), PETER LUTS mix (Belgien), DAVID VERVOORT mix (Belgien)
Evy Goffin hatte gerade eine Solokarriere geplant, als Lasgo mit der Dance-Nummer über Spanien in die deutschen Charts kam. Auch in GB wurde die Single durch das Dance-Label Positiva veröffentlicht. Kopf des Unternehmens ist ohne Zweifel Peter Luts, der seit etlichen Jahren für diverse Formationen schrieb, mixte und produzierte. Im Herbst 2001 kam das Album »Some Things«, im März 2002 mit »Alone« (3/02 D 22) eine neue Single.

Something (10/01 D 8; 3/02 GB 4)
Dance

Lattisaw, Stacy

STACY LATTISAW v (USA, * 25. 11. 1966 in Washington/D.C.)
Stacy war gerade mal zwölf Jahre alt, als sie ihre erste LP aufnahm. Ab 1979 war sie in den US-R&B-Charts, ab 1980 auch in den Popcharts erfolgreich. »Jump To The Beat« wurde allerdings nur ein Hit in GB. In den USA schaffte sie drei Top-40-Hits: »Let Me Be Your Angel« (8/80 US 21), »Love On A Two Way Street« (6/81 US 26) und »Miracles« (8/83 US 40). Zusammen mit ihrem Jugendfreund Johnny Gill nahm sie 1984 die Nummer »Perfect Combination« auf – war es leider nicht, denn sie kam nur bis auf Platz 75. Ab 1986 veröffentlichte sie ihre Platten bei Tamla Motown und ließ Jellybean Benitez produzieren – es half auch nicht. Der Sprung vom frühreifen Kinderstar zur akzeptierten Funk-Sängerin ist nie richtig gelungen.

Jump To The Beat (6/80 GB 3)
Dance, Pop, Rhythm & Blues

Lauch, Peter & die Regenpfeifer

PETER LAUCH v (Deutschland)
Diese Gruppe überraschte Ende 1964 mit dem Titel »Das kommt vom Rudern, das kommt vom Segeln«. Das Stück befand sich textlich auf einem Stammtischniveau, das kaum noch zu unterbieten war. Rudern und Segeln waren im Text lediglich Synonyme für Pudern und Vögeln. Während weltweit die Beatles und der Merseybeat erfolgreich waren, wurde bei uns vom Rudern und Segeln gesungen. Mit »Blaue Tavernen« (9/62 D 38) hatte Peter Lauch seine erste Hiteintragung, »Im Bett« (6/65 D 32) war der letzte Erfolg dieser Gruppe. Sein erfolgreichstes Album war wohl auch sein Motto »Für Spießer verboten« (5/65 D -LP 31).

Das kommt vom Rudern, das kommt vom Segeln (9/64 D 1)
So ein Seemann macht es richtig (1/65 D 8)
Deutscher Schlager

Lauer, Martin

MARTIN LAUER v, g (Deutschland, * 2. 1. 1937 in Köln)
Lauer wurde in den 50er Jahren zum ersten deutschen Leichtathlet und Zehnkämpfer von Weltklasse. 1958 wurde er Europameister über 110 m Hürden. Sein 1959 in Zürich aufgestellter Weltrekord hatte über 13 Jahre Bestand. Olympisches Gold gewann er als Schlussläufer mit der 4x100-m-Staffel in Rom. Lauer brachte es insgesamt auf 8 Deutsche Jugendmeister- und 17 Deutsche Meistertitel. 1959 wählte man ihn in Deutschland zum Sportler des Jahres, in Australien zum Weltsportler, von Tracks & Field in den USA zum Weltleichtathlet und die Helmstiftung zum Europasportler. Dann fesselte ihn eine Blutvergiftung für längere Zeit ans Bett, und Martin vertrieb sich die Langeweile durch Gitarrenspiel und Gesang. Außerdem begann er, Schlager zu komponieren und zu texten. Dem angehenden Akademiker wurden jedoch durch den cleveren Produzenten Kurt Feltz Songs auf den Leib geschneidert – die wiederum zu singen, kostete Martin zunächst, wie er später zugab, reichlich Überwindung: ›Ja, ich komme morgen schon hin, Sacramento, zu meiner Marylin.‹ »Sacramento« (8/62 D 27) wurde die erste Hitnotierung für Lauer. Nachfolgesingle war »Die letzte Rose der Prärie«. In diese Kerbe wurde nun noch mehrfach geschlagen: »Wenn ich ein Cowboy wär'«, »Sein bestes Pferd« und »Taxi nach Texas« hießen die weiteren Hits. 1969 zog sich Martin ganz aus dem Schlagergeschäft zurück und arbeitete danach als Diplomingenieur.

Die letzte Rose der Prärie (11/62 D 10)
Wenn ich ein Cowboy wär' (5/63 D 9)
Sein bestes Pferd (9/64 D 5)
Taxi nach Texas (2/65 D 7)
Deutscher Schlager

Lauper, Cyndi

CYNDI LAUPER v (USA, * 20. 6. 1953 als Cynthia Anne Stephanie Lauper in Queens/New York)
Cyndi begann ihre Karriere 1974 bei Doc West, war danach bei Flyer und 1978 schließlich Gründungsmitglied bei Blue Angel. Diese Gruppe veröffentlichte 1980 eine LP, die nicht erfolgreich war, woraufhin die Band wieder auseinander ging. 1983 erhielt sie einen Soloplattenvertrag, und noch im selben Jahr erschien ihr Debütalbum »She's So Unusual«, das sich bis Ende 1996 alleine in den USA 5 Millionen Mal verkaufte. Darauf auch ihr erster Hit: »Girls Just Want To Have Fun«. Seit diesem Zeitpunkt war sie, immer durch längere Pausen unterbrochen, erfolgreich. Mitte 1992 erschien die Single »The World Is Stone« aus dem Musical-Soundtrack »Tycoon«, das auf der französischen Produktion »Starmania« aus dem Jahr 1978 beruhte. Die Musik stammte von Michel Berger, die englischen Texte von Tim Rice. Cyndis Interpretation dieser Ballade wurde von Michel Berger so kommentiert: ›Es ist, als hätte ich diesen Song allein für Cyndi geschrieben.‹ 1993 veröffentlichte sie dann die LP »Hat Full Of Stars«. Zum Anfang ihrer Karriere hatte Cyndi das Image eines farbenprächtigen Punk-Paradiesvogels, der einerseits den Jugendlichen gefiel, die Eltern aber auf der anderen Seite nicht beunruhigte. Im Laufe der Zeit wandelte sich das, und sie zeigte, dass sie als Sängerin und Songschreiberin ernst zu nehmen war. Sie selbst sagte dazu: ›Die Leute, die früher mit Steinen nach mir warfen, weil ich mich so unkonventionell kleidete, laufen jetzt selbst in aberwitzig bunten Klamotten herum und färben sich die Haare bunt.‹ Im Frühjahr 1995 kam sie mit einer neuen Version des Gene-Pitney-Hits »I'm Gonna Be Strong«, die ihr in GB einen Top-40-Hit bescherte und bewies, dass man Titel auch zerbrüllen kann. Ihre er-

folgreichsten Alben waren »She's So Unusual« (12/83 US-LP 4, 2/84 GB-LP 16, 7/84 D-LP 23), »True Colors« (10/86 US-LP 4, GB-LP 25, D-LP 20), »A Night To Remember« (5/89 US-LP 37, 7/89 GB-LP9) und »Twelve Deadly Cyns... And Them Some« (9/94 GB-LP 2). Cyndi spielte inzwischen auch in Filmen mit, so z. B. in »Vibes« oder »Life With Mikey«. 1991 heiratete sie den Schauspieler David Thornton.

Girls Just Want To Have Fun (12/83 GB 2, US 2; 3/84 D 6)
Time After Time (4/84 D 6, US 1; 6/84 GB 3)
She Bop (7/84 US 3)
All Through The Night (10/84 US 5)
The Goonies 'R' Good Enough (5/85 US 10)
True Colors (8/86 US 1)
Change Of Heart (11/86 US 3)
I Drove All Night (5/89 GB 7, US 6)
Hey Now (Girls Just Want To Have Fun) (9/94 GB 4)
Pop

Laura

LAURA SCHNEIDER v (Deutschland, * 10. 8. 1979 in München)
Nach ihrem Schulabschluss besuchte sie eine Schauspielschule in München und wurde dann für die TV-Soap »Marienhof«' entdeckt. ›Die Rollenfigur im »Marienhof«' ist eine für mich sehr interessante, schauspielerische Aufgabe‹, sagt Laura. ›Ich kann mich mit ihr identifizieren, aber man sollte sie nicht mit mir verwechseln! Sie ist sympathisch, temperamentvoll, streitet sich, hat manchmal seltsame Ideen – eben ein interessanter Charakter, aber ich selbst bin doch noch anders...‹. Mit »Immer wieder« hatte sie ihren ersten Hit. Im August 2000 wurde bekannt, dass sie mit der Doppelbelastung Schauspielerin und Rapperin nicht klar kam. Im Herbst stieg sie beim ›Marienhof‹ aus und verkündete gleichzeitig, dass in der nächsten Zeit keine neue Single mehr von ihr herauskommen würde. Am 11. 11. 2000 hatte sie ihren letzten Drehtag und erklärte, sie wolle nun nach Amerika auswandern.

Immer wieder (11/99 D 3)
Rap

Laurel & Hardy

OLIVER HARDY v (USA, * 18. 1. 1892 als Oliver Norvell in Harlem/Georgia, † 7. 8. 1957), STAN LAUREL v (Großbritannien, * 16. 6. 1890 als Arthur Stanley Jefferson in Ulverston/Lancashire, † 23. 2. 1965)
Bei uns waren sie Dick & Doof, in den USA schlicht Laurel & Hardy – hier wurde also erst der Dünne, dann der Dicke genannt. Doof war von den beiden sowieso keiner. Sie gelten als das cleverste und erfolgreichste Komikerduo aller Zeiten – und das zu Recht. 1917 drehten sie in den USA zusammen ihren ersten Film, »Lucky Dog«. Im Laufe der nächsten dreißig Jahre spielten sie gemeinsam in mehr als hundert Filmen. In dem Streifen »Way Out West« aus dem Jahr 1937 sangen sie den Titel »The Trail Of The Lonesome Pine«, der sich Ende 1975 in GB zu einem postumen Hit entwickelte.

The Trail Of The Lonesome Pine (11/75 GB 2)
Pop

Laurens, Rose

ROSE LAURENS v (Frankreich, * 4. 3. 1953 in Paris)
Rose ist die Tochter eines Polen und einer Französin. Zuerst arbeitete sie als Schauspielerin, dann auch als Sängerin. Mitte 1982 erschien unter dem Titel »Déraisonnable« ihre erste LP. Ein Jahr später folgte als Single der Titel »Africa (Voodoo Master)«, der in Frankreich Spitzenreiter wurde. Als Nachfolgesingle kam in Deutschland noch »Mamy Yoko« (9/83 D 37) – aber an den ersten Erfolg nicht heran.

Africa (Voodoo Master) (6/83 D 3)
Pop

Lavi, Daliah

DALIAH LAVI v (Israel, * 12. 10. 1940 als Daliah Levenbuch)
Daliah wuchs in einem kleinen Dorf in Israel auf. 1952 spielte Kirk Douglas die Hauptrolle in dem Film »Der Gaukler«, der in jenem Dorf Shave Zion gedreht wurde. Die Geschichte erzählt, dass Kirk ihr zum zwölften Geburtstag ein Balletttrikot und die dazu gehörenden Schuhe schenkte. Zwei Jahre später schrieb er ihr einen Brief und bot ihr an, in Schweden Ballett zu studieren. Mit 15 musste sie auf Anraten des Arztes aufgeben, weil ihr Blutdruck zu niedrig sei. 1956 drehte sie ihren ersten Film, »Brennender Sand«. Seit diesem Zeitpunkt war sie die exotische Brünette in internationalen Filmen. Mit Christopher Lee drehte sie »Der Dämon und die Jungfrau«, mit Lex Barker »Das Stahlnetz des Dr. Mabuse« und mit Thomas Fritsch »Das schwarz-weiß-rote Himmelbett«. Die Aufzählung zeigt schon die Bandbreite der Schauspielerin Lavi, die speziell Karl-May-Fans aus »Old Shatterhand« (1964) kennen. 1965 spielte sie mit Curd Jürgens und Peter O'Toole in »Lord Jim«, 1967 sah man sie in »Casino Royale«. Insgesamt brachte sie es auf über 20 Filme. Ab 1969 widmete sie sich auch dem Gesang. 1970 unterschrieb sie einen Plattenvertrag, und Mitte desselben Jahres hatte sie ihre erste Hitnotierung mit »Liebeslied jener Sommernacht« (6/70 D 19). Die weiteren Hits außerhalb der Top 10: »Jerusalem« (6/71 D 26), »Wer hat mein Lied so zerstört, Ma?« (3/71 D 11), »Ich glaub' an die Liebe« (3/72 D 25), »Meine Art, Liebe zu zeigen« (11/72 D 25), »Wär ich ein Buch« (2/73 D 32), »Es geht auch so« (5/73 D 36), »Nichts haut mich um – aber du« (4/75 D 38) und »Weißt du, was du für mich bist« (6/77 D 12).
Ihre erfolgreichsten Alben: »Daliah Lavi« (5/71 D-LP 2) und »Willst du mit mir geh'n« (10/71 D-LP 7).
1977 heiratete sie den Fabrikanten Chuck Gans und zog sich aus dem Musikgeschäft zurück. Wie sie im Jahre 2000 berichtete, hat sie diesen Schritt nie bereut. Sie war sogar der Meinung, dass diese Heirat ihre Rettung war und dass das Showgeschäft sie früher oder später kaputt gemacht hätte. Öffentlicher Ruhm und privates Glück wären kaum miteinander vereinbar. Vor Chuck Gans war sie mit drei anderen Männern verheiratet. Die waren, wie Lavi selbst sagte, immer nur hinter ihrem Geld her gewesen.

Oh, wann kommst du? (10/70 D 4)
Willst du mit mir gehn (9/71 D 9)
Deutscher Schlager

Lawrence, Steve

STEVE LAWRENCE sax, p (USA, * 8. 7. 1935 als Steven Leibowitz in Brooklyn/New York City)
Steve studierte Piano, Saxophon, Komposition und Arrangement, gewann 1952 einen Talentwettbewerb und wurde im selben Jahr mit der Nummer »Poinciana« in den US-Charts auf Platz 21 verzeichnet. Großen Erfolg hatte er ab 1954 für vier Jahre in der TV-Sendung ›Tonight Show‹. Steve heiratete am 29. 12. 1957 die ebenfalls zum Team gehörende Sängerin Eydie Gorme. Ab 1959 hatten die beiden ihre eigene Fernsehsendung. Steve sang auch mit seiner Frau im Duett. Seit den 70er Jahren sah man sie vorwiegend in Nachtclubs. 1979 nahmen sie als Parker & Penny Platten auf. Seit Mitte der 60er Jahre hatte sich Lawrence eine Karriere als Broadway- und TV-Schauspieler aufgebaut. Sein erfolgreichstes Album hieß »Here's Steve Lawrence« (6/58 US-LP 19).

Party Doll (2/57 US 5)
Pretty Blue Eyes (11/59 US 9)
Footsteps (3/60 GB 4, US 7)
Portrait Of My Love (3/61 US 9)
Go Away Little Girl (11/62 US 1)
I Want To Stay Here (8/63 GB 3)
Pop

Siehe auch: Gorme, Eydie

Lawrence, Vicki

VICKI LAWRENCE v (USA, * 26. 3. 1949 in Inglewood/Kalifornien)
Mit 15 Jahren wurde Vicki Lawrence Mitglied bei den Young Americans, einer Gesangstruppe, die durch die USA zog und regelmäßig in Fernsehsendungen auftrat. Eines Tages machte sie ein Reporter auf ihre verblüffende Ähnlichkeit mit dem Comedy-Star Carol Burnett aufmerksam. Vicki schickte daraufhin ein Bild und einen Brief an Carol Burnett, und zu ihrer großen Überraschung wurde sie von ihr angerufen. Sie sei auf der Suche nach einer Schauspielerin, die in einer Fernsehserie ihre jüngere Schwester spielen sollte. Obwohl gerade erst 18 Jahre alt und ohne jede schauspielerische Ausbildung, erhielt Vicki diesen Job und war bis 1979 in dieser Rolle zu sehen. 1973 schrieb Bob Russell, mit dem sie zu diesem Zeitpunkt kurzfristig verheiratet war, den Song »The Night The Lights Went Out In Georgia«. Die Platte wurde ein Millionseller. Im selben Jahr gelangen ihr noch zwei weitere Hitnotierungen. Über einen Platz 75 kam sie jedoch nicht hinaus. Ab 1983 hatte sie ihre eigene Comedy-Serie, ›Mama's Family‹, die über etliche Jahre lief.

The Night The Lights Went Out In Georgia (2/73 US 1)
Pop

Le Roc, Kele

KELE LE ROC v (Großbritannien, in East End/London)
Die zum Zeitpunkt ihres ersten Hits 20-jährige Kele – ihre Eltern waren aus Jamaika eingewandert – hatte 1995 mit »Let Me Know« ihre erste Platte veröffentlicht. Die führte zu einem Managementvertrag mit First Avenue, von denen auch Eternal, Michelle Gayle oder die Honeyz betreut und beraten wurden. Das Management schickte Kele nach Hollywood, um dort mit dem Interpreten/Produzenten/Songschreiber Robbie Nevil ein Album zu produzieren. Als Ergebnis erschien im November 1998 das Album »Everybody's Somebody« (4/99 GB-LP 44), aus dem »Little Bit Of Lovin'« ausgekoppelt war.

Little Bit Of Lovin' (10/98 GB 8)
My Love (3/99 GB 8)
Pop

Leandros, Vicky

VICKY LEANDROS v (Griechenland, * 23. 8. 1948 als Vassiliki Papathanassiou in Korfu)
Ihre Jugend verbrachte Vicky teilweise in Athen und dann in Hamburg. Mit »Messer, Gabel, Schere, Licht« (7/65 D 16) gelang ihr – damals noch nur unter ihrem Vornamen Vicky – der erste Hit. Bis 1970 veröffentlichte sie weitere Singles als Vicky. 1967 vertrat sie Luxemburg beim Grand Prix Eurovision und belegte mit »L'Amour Est Bleu« den vierten Platz. Instrumentalversionen dieses Titels waren mit Paul Mauriat, der die Nummer geschrieben hatte, und mit Jeff Beck erfolgreich. 1972 – nun als Vicky Leandros – vertrat sie Luxemburg erneut beim Grand Prix. Dieses Mal sollte sie mit »Après Toi« gewinnen. Die Platte wurde Platz 11 in Deutschland und vergoldet. In England kam sie als »Come What May« bis auf den 2. Platz. Inzwischen ist sie mit Enno

Baron von Ruffin verheiratet und Mutter dreier Kinder. Nachdem die aus dem Gröbsten raus waren, versuchte sich Vicky auch wieder als Schlagersängerin. Anfang 1997 stand sie unter den deutschen Top 100 mit der Nummer »Günther gestehe«. Dann sang sie die deutsche Version des Welthits »My Heart Will Go On« aus dem Film »Titanic«: »Weil mein Herz dich nie vergisst« (4/98 D 25). Ihre erfolgreichsten Alben: »Vicky Leandros« (6/72 D-LP 7), »Meine Freunde sind die Träume« (7/73 D-LP 13), »Mein Lied für dich« (8/74 D-LP 4), »Lieder, die ich liebe« (4/77 D-LP 20) und »V.L.« (4/77 D-LP 16).

Come What May (4/72 GB 2)
Ich hab' die Liebe gesehn (7/72 D 2)
Die Bouzouki klang durch die Sommernacht (5/73 D 4)
Theo, wir fahr'n nach Lodz (5/74 D 1)
Du lässt mir meine Welt (11/74 D 9)
Ich liebe das Leben (2/76 D 10)
Auf dem Mond, da blühen keine Rosen (3/77 D 9)
Deutscher Schlager, Grand Prix

Lear, Amanda

AMANDA LEAR v (China, * 18. 11. 1946 als Amanda Tapp in Hong Kong)
1973 sah man Amanda Lear erstmals auf der Plattenhülle einer LP. Roxy Music hatte sie für »For Your Pleasure« auf dem Cover abgelichtet. Ihre Plattenfirma stellte sie folgendermaßen vor: ›Am 18. November wurde sie als Sohn eines britischen Marineoffiziers und einer Chinesin in Hongkong – einige Jahre später ließ sie sich operativ vollständig zur Frau umwandeln – geboren. Sie wuchs in Südfrankreich und London auf, studierte in Paris mit 16 Kunst und bereiste später als gefragtes Fotomodell die ganze Welt.‹ Ab 1976 machte sie Platten, und nur die Deutschen fielen auf ›den‹ Sängerin rein. Ihre letzte Hitnotierung aus dem Jahr 1981 hieß »Egal« – genau! In den 70er Jahren war sie lange Modell für Dalí gewesen, in dessen Haus sie auch lebte. In den 80ern kam sie dann selbst als Malerin und in den 90ern als peepende Moderatorin. Ihr erfolgreichstes Album war »Sweet Revenge« (5/78 D-LP 4).

Queen Of China-Town (8/77 D 2)
Follow Me (4/78 D 3)
Disko

Led Zeppelin

JOHN BONHAM d (Großbritannien, * 31. 5. 1947 in Birmingham, † 25. 9. 1980), JOHN PAUL JONES key, b (Großbritannien, * 3. 1. 1946 als John Baldwin in Sidecup/Kent), JIMMY PAGE g (Großbritannien, * 9. 1. 1944 in Heston/London), ROBERT PLANT v (Großbritannien, * 20. 8. 1947 in Birmingham)
Nachdem die Yardbirds im Juli 1968 auseinander gefallen waren, beschlossen der britische Sänger und Songschreiber Jimmy Page und Bassist Chris Dreja, als New Yardbirds weiterzumachen. Die Gruppe wurde für eine zehntägige Tour durch Skandinavien gebucht. Als Page neue Musiker in die Gruppe aufnehmen wollte, ging Chris Dreja und wurde Fotograf. Der ehemalige Sessionmusiker und Arrangeur John Paul Jones kam als Bassist. Terry Reid und B. J. Wilson von Procol Harum lehnten das Angebot, Mitglied der Gruppe zu werden, ab. Reid schlug stattdessen den 19-jährigen Rhythm-&-Blues-Sänger Robert Plant vor. Jimmy Page und Bandmanager Peter Grant sahen Robert Plant bei einem Auftritt mit der Band Hobbstweedle in Birmingham. Plant hatte sein Plattendebüt bereits 1966 als Mitglied der Gruppe Listen gegeben. 1967 veröffentlichte er zwei Solosingles, die beide erfolglos blieben. Im selben Jahr wurde er Mitglied von Band Of Joy (diese Band hatte damals keine Platten veröffentlicht, erst 1978

brachte die Polydor Archivmaterial heraus). Page machte Robert ein Angebot. Der nahm an und schlug John Bonham als Schlagzeuger für die New Yardbirds vor. Nachdem die Gruppe innerhalb von zwei Wochen ihre erste LP aufgenommen hatte, begann sie mit der Tournee. Zurück in GB, hörte Jimmy Page einen Spruch von Keith Moon, der ihm gefiel: ›Wenn das so weitergeht, fallen wir runter wie ein bleierner Zeppelin (... going down like a lead zeppelin).‹ Keith meinte damit immer Auftritte, die absolut in die Hose gingen. Page strich das ›a‹ aus ›lead‹, und fertig war Led Zeppelin. Ihr erster Hit war der Superknüller »Whole Lotta Love«. Das schönste Stück von Led Zeppelin wurde, wohl wegen der Länge, nie als Single veröffentlicht: »Stairway To Heaven«. 1992 gab eine australische Comedy-TV-Show an 22 verschiedene Künstler den Auftrag, jeweils ihre persönliche Interpretation des Led-Zeppelin-Songs einzuspielen. Die 22 australischen Interpreten lieferten skurrile, schrille, komische und überwältigende Versionen ab. Kommerziell am erfolgreichsten war Rolf Harris, der es in GB damit zu einem Top-10-Hit brachte. Nach dem Tod von John Bonham am 25. 9. 1980 erklärten die übrigen Mitglieder, sie wollten nach dem ›Verlust eines lieben Freundes‹ nicht mehr als Gruppe weitermachen. Ab April 1981 sang Plant mit seiner immer mal wieder zusammenkommenden Band Honeydrippers und veröffentlichte im Juli 1982 seine erste Solo-LP »Pictures At Eleven«, ein Jahr später »The Principle Of Moments – daraus ausgekoppelt wurde die sehr schöne Single »Big Log« (7/83 GB 11, 9/83 US 20). Im Frühjahr 1988 kamen die drei verbleibenden Musiker von Led Zeppelin plus Jason Bonham, der in die Rolle des verstorbenen Vaters schlüpfte, zusammen und spielten im Madison Square Garden in New York zur Feier des 40jährigen Bestehens von Atlantic Records »Stairway To Heaven« und »Whole Lotta Love«. Speziell Robert Plant fand das nicht besonders komisch. Wenig später erschien Jimmy Pages erstes Soloalbum. Led Zeppelin gelten als eine der anspruchsvollsten Heavy Bands der Rockära und haben eine Reihe nachfolgender Musiker beeinflusst. 1993 kam Jimmy Page zusammen mit David Coverdale von Deep Purple mit dem Projekt Coverdale/Page. Robert Plant veröffentlichte die ausgezeichnete LP »Fate Of Nations« mit der hervorragenden Single »29 Palms«. Ende 1994 kamen Page und Plant für die gemeinsame CD »No Quarter« wieder zusammen. Die Presse sprach von ›Zeppelins Rückflug – Zwei ältere Herrn wollen den Led-Zeppelin-Mythos zu neuem Leben erwecken‹. Auf der Platte waren neben vier neuen Titeln zehn alte Led-Zeppelin-Nummern zu hören. Die Neuaufnahmen hielten den Originalen nicht stand, wohl auch deshalb, weil an der Stimme von Robert Plant der Zahn der Zeit nagte. Die Verkäufe der alten Led-Zeppelin-Alben hielten auch in den 90er Jahren weiter an. Am 26. Januar 1996 erhielt die Gruppe in den USA ihre 16. Platinplatte für »Led Zeppelin IV«. Damit waren sie in der Liste der bestverkauften Langspielplatten aller Zeit in den USA auf Platz 4.

Die erfolgreichsten Alben: »Led Zeppelin« (2/69 US-LP 10, 4/69 GB-LP 6, 4/70 D-LP 32), »Led Zeppelin II« (11/69 GB-LP 1, US-LP 1, 1/70 D-LP 1), »Led Zeppelin III« (10/70 US-LP 1, 11/70 GB-LP 1, D-LP 3), »Four Symbols« (11/71 GB-LP 1, US-LP 2, 12/71 D-LP 9), »Houses Of The Holy« (4/73 GB-LP 1, US-LP 1, D-LP 8), »Physical Graffiti« (3/75 GB-LP 1, US-LP 1, 4/75 D-LP 17), »Presence« (4/76 GB-LP 1, US-LP 1, D-LP 27), »The Song Remains The Same« (11/76 GB-LP 1, US-LP 2, 12/76 D-LP 28), »In Through The Out Door« (9/79 GB-LP 1, US-LP 1, D-LP 28), »Coda« (12/82 GB-LP 4, US-LP 6), »Remasters« (10/90 GB-LP 10, 3/92 US-LP 47), »Led

Zeppelin (Boxed Set)« (11/90 US-LP 18), »Boxed Set 2« (10/93 US-LP 87), »BBC Sessions« (11/97 GB-LP 23, 12/97 US-LP 12) und »Early Days – The Best Of Led Zeppelin Volume One« (12/99 US-LP 71).

1995 wurden Led Zeppelin in die Rock and Roll Hall of Fame aufgenommen. Ende 1997 wurde bekannt, dass die Gruppe alleine in den USA mehr als 68 Millionen Alben verkaufte und in der ewigen US-Bestenliste Platz zwei belegte – Platz 1 für die Beatles mit mehr als 100 Millionen verkauften Alben. Im März 1998 erschien die Single »Most High« (4/98 GB 26), die auf das Album »Walking Into Clarksdale« (5/98 US-LP 8, GB-LP 3, D-LP 13) von Robert Plant und Jimmy Page hinweisen sollte. Zusammen mit Puff Daddy hatte Jimmy Page den Hit »Come With Me« (6/98 US 4, D 3, GB 2) aus dem Film »Godzilla«.

Mitte 2000 tauchte Robert Plant als Sänger der neuen Formation Priory Of Brion auf. Mitglied dieser Gruppe war auch Kevin Hammond, der mit Plant bereits bei Band Of Joy gespielt hatte. Anfang 2001 kam die Nachricht, Plant würde demnächst ein Album mit Priory Of Brion veröffentlichen, das jedoch nur über Mailorder zu kaufen sei.

Whole Lotta Love (11/69 US 4; 2/70 D 1)
Immigrant Song (1/71 D 6)
The Ocean (6/73 D 8)
Heavy Metal, Rock

Siehe auch: Honeydrippers

Lee, Brenda

BRENDA LEE v (USA, * 11. 12. 1944 als Brenda Mae Tarpley in Lithonia/Georgia)
Mit zwölf Jahren erhielt Brenda einen Plattenvertrag. Als Profi hatte sie bereits im Alter von sechs Jahren begonnen. In ihren Anfangstagen nannte man sie Little Miss Dynamite. »One Step At A Time« (3/57 US 43) wurde ihre erste Hitnotierung. Wie auch z. B. Wanda Jackson sang Brenda Lee eine Reihe von deutschsprachigen Stücken. Dazu gehören die beiden Hitnotierungen »Wiedersehn ist wunderschön« (5/64 D 23) und »Ich will immer auf dich warten« (11/64 D 15). Die deutschen Produzenten waren mit fertigen, von James Last eingespielten Instrumentalbändern nach Nashville gekommen, wo Brenda nur noch die Gesangsstimme darüber aufnehmen musste. In den 70er Jahren machte sie Country-Platten, die in den entsprechenden Hitparaden erfolgreich waren. Ihre erfolgreichsten Alben: »Brenda Lee« (8/60 US-LP 5), »This Is . . ... Brenda« (11/60 US-LP 4) und »All Alone Am I« (3/63 US-LP 25, 4/63 GB-LP 8).

1981 sah man sie im Burt-Reynolds-Jackie-Gleason-Film »Smokey And The Bandit II«, 1990 war sie auf dem Soundtrack zum Film »Dick Tracy« zu hören. 1997 wurde Brenda in die Country Music Hall Of Fame aufgenommen.

Sweet Nothin's (12/59 US 4; 4/60 GB 4)
I'm Sorry (5/60 US 1)
That's All I Gotta Do (6/60 US 6)
I Want To Be Wanted (9/60 US 1)
Emotions (12/60 US 7)
You Can Depend On Me (3/61 US 6)
Fool # 1 (11/61 US 3)
Break It To Me Gently (1/62 US 4)
Speak To Me Pretty (4/62 GB 3)
Everybody Loves Me But You (4/62 US 6)
Here Comes That Feeling (6/62 GB 5)
All Alone Am I (9/62 US 3; 1/63 GB 7)
Rockin' Around The Christmas Tree (11/62 GB 6)
Losing You (3/63 GB 10, US 6)
As Usual (1/64 GB 5)
Dum Dum (6/91 US 4)
Country, Pop

Lee, Dee C.

DEE C. LEE v (Großbritannien, * 6. 6. 1961 als Diane Sealey)
Die Sängerin und Songschreiberin Dee C. Lee begann als Chorsängerin mit Wham!

und Style Council. In der Hauptsache bestritt sie ihren Lebensunterhalt jedoch als Fotomodell. Ab 1985 veröffentlichte sie auch Soloplatten und hatte mit »See The Day« einen Hit. Die Nachfolgesingle kam gerade noch unter die Top 50. Im Dezember 1986 heiratete sie Paul Weller von Style Council. Als Gast von Guru sang sie »No Time To Play« (11/93 GB 25).

See The Day (11/85 GB 3)
Pop

Lee, Dickey

DICKEY LEE v (USA, * 21. 9. 1936 als Richard Lipscomb in Memphis/Tennessee)
Der Country- und Popsänger und Songschreiber nahm während seiner High-School-Zeit in Memphis ab 1957 erste Platten für das dort ansässige Sun-Label auf. Sein größter Hit gelang ihm 1961 mit der Ballade »Patches«, die ein Millionseller wurde. Es folgten »I Saw Linda Yesterday« (12/62 US 14) und »Laurie (Strange Things Happen)« (5/65 US 14). Danach wollte ihm kein Pophit mehr gelingen. Er wandte sich der Country-Musik zu und war mit »Never Ending Song Of Love« (9/71 C&W 8), »Rocky« (8/75 C&W 1), »Angels, Roses, And Rain« (1/76 C&W 9) und »9,999,999 Tears« (9/76 C&W 3, 11/76 US 52) erfolgreich. Interpreten wie Don Williams, Brenda Lee, Anne Murray oder Glen Campbell nahmen von Lee verfasste Titel auf.

Patches (8/62 US 6)
Country, Pop

Lee, Jackie

JACKIE LEE v (Irland, * 29. 5. 1936 in Dublin)
Ihre musikalische Karriere begann Jackie Lee bereits als Kind unter dem Pseudonym Child Star. 1956 nahm sie erste Platten auf, und Ende der 50er Jahre wurde sie Mitglied in der Showband Squadronaires. Zusammen mit ihrem Mann gründete sie in den 60er Jahren Jackie & The Raindrops. 1967 nahm sie eine Solosingle als Emma Rede auf, wie alle bisherigen Projekte ohne Erfolg. Der kam 1968 mit der Titelmelodie aus einer britischen Kinderfernsehserie, »White Horses«. Die Single hatte sie als Jacky aufgenommen. Unter ihrem richtigen Namen veröffentlichte sie die Single »Rupert« (1/71 GB 14). In den USA sang sie Ende der 60er Jahre für einige Soundtracks, z. B. »Barbarella«.

White Horses (4/68 GB 10)
Pop

Lee, Johnny

JOHNNY LEE v (USA, * 3. 7. 1946 als John Lee Ham in Texas City/Texas)
In den frühen 60er Jahren spielte dieser Sänger und Songschreiber in verschiedenen Rockbands, dann gründete er seine eigene Gruppe Road Runners. Zurück aus Vietnam, war er Mitglied in der Band von Mickey Gilley und trat in dessen Club in Pasadena, Texas, auf. Später eröffnete Lee einen eigenen Club, nur wenige Meilen von Mickeys entfernt. 1975 hatte er seine erste Eintragung als Solist in den Country-Charts. 1980 kam er dort mit »Lookin' For Love« auf Platz 1 und hatte damit einen Millionseller und einen Pop-Hit. Das Stück stammte aus dem Film »Urban Cowboy«. In den Jahren danach gelangen ihm viele weitere Country-Erfolge, darunter vier Nummer-1-Hits. Für die Top 40 des Pop reichte es nicht mehr. Von 1982 bis 1984 war er mit der Schauspielerin Charlene Tilton verheiratet, bekannt als Lucy aus ›Dallas‹.

Lookin' For Love (7/80 US 5)
Country, Rock

Lee, Leapy

LEAPY LEE v (Großbritannien, * 2. 7. 1942 als Lee Graham in Eastbourne)
Die Sänger Leapy Lee, Tom Jones und Engelbert hatten denselben Manager. Dieser Gordon Mills war eingestandenermaßen ein Fan der Nashville Music. Mit Leapy Lee produzierte er zunächst den Titel »Little Arrows« (10/68 US 16). Danach spielte Lee in Nashville eine LP ein, aus der die Nummer »Good Morning« (1/70 GB 29) ausgekoppelt wurde. Dann beschäftigte sich der sprunghafte Lee mehr mit Trinkgelagen und gelegentlichen Raufereien, bis er schließlich wegen Körperverletzung verurteilt wurde und ins Gefängnis musste. Danach arbeitete er kurzfristig als Produzent und zog schließlich nach Mallorca, wo er in Bars auftrat und später seine eigene eröffnete.

Little Arrows (8/68 GB 2; 10/68 D 5)
Pop

Leeds United FC

Die aktuelle Mannschaft des Leeds United FC muss im April des Jahres 1972 sehr gut gewesen sein. Der Song »Leeds United« erreichte Platz 10 in GB, und offensichtlich müssen danach die Qualitäten der Fußballer und der Sänger nachgelassen haben. Ein weiterer Hit gelang ihnen nicht.

Leeds United (4/72 GB 10)
Pop

Left Banke

MICHAEL BROWN key (USA, * 25. 4. 1949 als Michael Lookofsky in New York City), GEORGE CAMERON d (USA), TOM FINN b (USA), STEVE MARTIN v (USA), JEFF WINFIELD g (USA)
Die aus New York stammende Gruppe formierte sich 1966. Der Vater von Mike Brown hatte ein eigenes Aufnahmestudio und verschaffte den Jungs einen Plattenvertrag. Die erste Notierung von Left Banke in den Charts war der Titel »Walk Away Renee«. Die Nachfolgesingle »Pretty Ballerina« erreichte noch Platz 15, danach gelang ihnen kein weiterer Hit mehr. 1968 fiel die Band wieder auseinander. Mike Brown formierte eine weitere erfolgreiche Band, die Stories. Danach versuchte er sich als Solist und gründete später die Beckies.

Walk Away Renee (9/66 US 5)
Soft Pop

Siehe auch: Stories

Leftfield

NEIL BARNES (Großbritannien), PAUL DALEY (Großbritannien)
Das britische Instrumental/Produktions-Duo schaffte mit »Song Of Life« (12/92 GB 59) eine erste Hitnotierung. »Open Up« (11/93 GB 13) als Leftfield Lydon, »Original« (3/95 GB 18) als Leftfield Halliday, »The Afro-Left EP« (8/95 GB 22) als Leftfield featuring Djum Djum und »Release The Pressure« (1/96 GB 13) folgten. Das erste Erfolgsalbum war »Leftism« (2/95 GB-LP 3). Danach trat eine Pause ein, die mit dem Erscheinen der Single »Afrika Shox« beendet war. Als Gast war auf dieser Platte der Amerikaner Afrika Bambaataa zu hören. Wenig später kam das Album »Rhythm And Stealth« (10/99 GB-LP 1). Britische DJs wählten diese Platte zum besten Dance-Album aller Zeiten. Der nächste Singlehit war »Dusted« (12/99 GB 28).

Afrika Shox (9/99 GB 7)
Dance

Leismann, Renate & Werner

RENATE LEISMANN v (Deutschland, * 16. 4. 1942 in Schmallenberg), WERNER

LEISMANN v (Deutschland, * 31. 12. 1936 in Schmallenberg)
Die Geschwister Leismann waren ab Mitte 1962 bis 1974 erfolgreich.
Entdeckt hatte die beiden, die vorher als Textildesigner gearbeitet hatten, Peter Frankenfeld 1959 in seiner Fernsehsendung ›toi, toi, toi‹. Ihr größter Hit war Ende 1962 »Gaucho Mexicano«. Weitere Erfolge außerhalb der Top 10: »Im kleinen Dorf am Rio Grande« (7/63 D 11), »Goldene Sonne von Mexiko« (11/63 D 23), »Rot blüh'n die Rosen« (4/64 D 26), »Ein Boy ist ein Boy« (9/64 D 15), »Warten ist so schwer« (3/65 D 17), »Das Leben ist wunderbar« (7/65 D 24), »Mir geht's genauso wie dir« (7/65 D 21), »Dreamboat« (10/65 D 31), »Ein Schlafsack und eine Gitarre« (7/73 D 16) und »Ein Häuschen auf zwei Rädern« (1/74 D 33). Ihr erfolgreichstes Album war »Wir sind jung, die Welt ist offen« (9/67 D-LP 9).

Gaucho Mexicano (12/62 D 3)
Deutscher Schlager

Lemon Pipers

WILLIAM ALBAUGH d (USA, † 20. 1. 1999), BILL BARTLETT g (USA), IVAN BROWNE v, g (USA), R.G. NAVE org (USA, als Reginald), STEVE WALMSLEY b (USA)
Die Band begann in ihrer Heimatstadt Cincinnati als Ivan & The Sabres. Daraus wurden 1967 die Lemon Pipers, die versuchten, eine Mixtur aus Psychedelic und Bubblegum zu produzieren. Ihre erste Hitnotierung war gleich ihr größter Erfolg: »Green Tambourine«. 1968 gelangen ihnen noch zwei weitere Eintragungen, die jedoch nicht über Platz 40 hinausgingen. Das Problem der Gruppe wird wohl gewesen sein, dass sie sich auf der einen Seite nicht mit dem Bubblegum-Image von Bands wie Ohio Express oder 1910 Fruitgum Co. identifizieren konnten, auf der anderen Seite aber mit ihnen in einen Topf geschmissen wurden. Bill Bartlett tauchte 1977 mit Ram Jam in den Charts auf. Nach 1969 hörte man von den anderen Bandmitgliedern nichts mehr.

Green Tambourine (12/67 US 1; 2/68 GB 7; 3/68 D 10)
Bubblegum

Len

BURGER PIMP (Kanada), D.ROCK (Kanada), DJ MOVES (Kanada), PLANET PEA AKA KUDU 5 (Kanada), SHARON (Kanada)
1991 gründeten Burger Pimp und seine Schwester Sharon die Formation in Toronto. Der Stil der Band hält sich nicht an irgendwelche Regeln – was angesagt ist, wird verbraten. Das reicht in der Regel zumindest für einen Hit – und bei dem hatten sie Samples aus »More More More« von Andrea True Connection verwendet. Für einen weiteren internationalen Hit reichte es nicht.

Steal My Sunshine (8/99 US 9; 12/99 GB 8)
HipHop, Pop

Lennon, John

JOHN LENNON v, g (Großbritannien, * 9. 10. 1940 in Liverpool, † 8. 12. 1980)
Eine häufig zu lesende Kurzbeschreibung von John Lennon lautete: Rebell, Genie und Idol der Beatles-Ära. Wer vom Autorenteam Lennon/McCartney was geschrieben hat, lässt sich inzwischen in der eingschlägigen Literatur nachlesen. In den meisten Fällen hört man es allerdings auch gut raus. Seichte Melodien wie »Yesterday«, »All My Loving«, »Let It Be«, »The Long And Winding Road« waren Pauls Sache, härtere Stücke wie »A Hard

Day's Night«, »Come Together«, »Lucy In The Sky With Diamonds« oder »Ballad Of John And Yoko« Johns Domäne. Die Beatles waren noch zusammen, als John Lennon mit »Unfinished Music No. 1/Two Virgins« im November 1968 sein erstes Solowerk auf den Markt brachte. Von Musik kann man allerdings im Zusammenhang mit dieser Platte nicht sprechen. Sein erstes Studioalbum erschien im Dezember 1970 und brachte Highlights wie »Mother« oder »Working Class Hero«. Knapp ein Jahr später kam die LP »Imagine«, die reifste Platte von John Lennon, mit Stücken wie »Jealous Guy«, »How Do You Sleep« oder dem Titelsong »Imagine«. Lennons erste Solosingle in den internationalen Charts war »Give Peace A Chance«. Als 1992 eine Sportartikelfirma unter dem Zeichen der griechischen Siegesgöttin Nike den Song »Instant Karma« in ihren Werbespots verwandte, kam er erneut in die deutsche Hitparade. Ein später Sieg des Kommerz über die Grundsätze John Lennons. Vermutlich hat man seine Witwe zur Einwilligung gezwungen – mit Geld. Nach dem Tod von John Lennon im Dezember 1980 wurde »Imagine« nach ihrem Re-Entry in den britischen Charts Spitzenreiter. Neben seinen musikalischen Aktivitäten betätigte sich Lennon auch auf anderen künstlerischen Gebieten. Zusammen mit seiner Frau Yoko Ono organisierte er seit den 60er Jahren z. B. Bed-Ins für den Frieden und veranstaltete Performances – Bagism, das Pflanzen von Eichen als Symbol der Vereinigung von Ost und West – und sorgte gemeinsam mit Yoko dafür, dass den Medien auch nicht das geringste Ereignis ihrer Beziehung entging. Bis sich John Lennon nach 1975 mehr oder weniger vollständig aus dem Musikgeschäft zurückzog, gelangen ihm noch einige Top-10-Hits. Nach der Geburt seines Sohnes Sean 1975 kümmerte sich John für einige Jahre um Haushalt und Kindererziehung, während Yoko Ono die nicht unerheblichen geschäftlichen Angelegenheiten betreute. In der Presse war in zunehmendem Maße von seinen persönlichen Schwierigkeiten und seinem Kampf mit der amerikanischen Einwanderungsbehörde zu lesen. Im Juli 1976 erhielt John endlich seine Green Card. Bei der Anhörung hatten Künstler wie Gloria Swanson, Norman Mailer oder John Cage zu seinen Gunsten ausgesagt. Obwohl diese Anhörung mehr oder weniger eine Formalität war, hielt sie den Richter nicht davon ab, zu fragen, ob er dem Staat denn möglicherweise zur Last fallen und um Sozialhilfe bitten könnte. Nach der Anhörung amüsierte John sich königlich darüber, dass die heißbegehrte Green Card in Wirklichkeit blau war. Nach der fünfjährigen Pause wurde im Herbst 1980 die LP »Double Fantasy« angekündigt. Auf den Yoko-Ono-Teil der Phantasie hätte man gut verzichten können. Die erste Vorabauskopplung »(Just Like) Starting Over« brachte es in den USA und in GB gleich auf Platz 1. Auch die LP kam bei ihrem Erscheinen weltweit in allen Charts auf den Spitzenplatz. Auf der Platte finden sich sieben Lieder von John Lennon und sieben von Yoko Ono, und sicher nicht nur wegen des Todes von John Lennon wurde sie mit einem Grammy als Album des Jahres bedacht. Am Abend des 8. 12. 1980 kehrte John Lennon gerade von Promotionaktivitäten für diese neue LP in seine Wohnung im Dakota Building in New York City zurück, als er von Mark David Chapman vor dem Haus erschossen wurde. Die weltweite Reaktion war eminent. Die ›Frankfurter Allgemeine Zeitung‹ schrieb: ›Die Bestürzung wird wohl bei allen aus der Generation der 30-jährigen ähnlich tief gewesen sein. Da ist etwas von und in uns mitgetroffen, und das geht über reine Betroffenheit hinaus. John Lennon ist Sinnbild einer poetischen Existenz, er verkörpert die friedliche Seite unseres

Gefühlshaushalts.‹ Dass John Lennon ganz anders sein konnte, wurde durch viele Bücher klar, die nach seinem Tod über ihn geschrieben wurden, wenn auch manches darin in das Reich der Fabelwelt gehört. Chapman wurde zu zwanzig Jahren Gefängnis verurteilt und wurde danach in eine Nervenheilanstalt eingewiesen. Im Dezember 1992 sagte er in einem Fernsehinterview, er hätte niemals eine reale Person töten wollen, sondern lediglich eine Vorstellung und ein Albumcover.

Ein anderer Aspekt – ähnlich wie nach dem Tod von Jimi Hendrix, Janis Joplin, Elvis Presley und vielen anderen – war die Vermarktung von Johns Tod. Plattenzusammenstellungen wurden veröffentlicht, die Single »Woman« kam im Januar 1981 in die Hitparade und wurde ein Millionseller. 1994 wurde John Lennon in die Rock and Roll Hall of Fame aufgenommen.

Seine erfolgreichsten Alben: »The Plastic Ono Band – Live Peace In Toronto 1969« (1/70 US-LP 10), »John Lennon/Plastic Ono Band« (12/70 US-LP 6, 1/71 GB-LP 11, 3/71 D-LP 39), »Imagine« (9/71 US 1, 10/71 GB-LP 1, 11/71 D-LP 10, 2/81 RE-D-LP 15), »Mind Games« (11/73 US-LP 9, 12/73 GB-LP 13), »Walls And Bridges« (10/74 US-LP 1, GB-LP 6), »Rock 'n' Roll« (3/75 US 6, GB-LP 6, 4/75 D-LP 37), »Shaved Fish« (11/75 US-LP 12, GB-LP 8), »Double Fantasy« (11/80 GB 1, 12/80 US-LP 1, D-LP 2), »The John Lennon Collection« (11/82 GB-LP 1, 12/82 US-LP 33), »Milk And Honey« (2/84 GB-LP 3, US-LP 11, D-LP 20), »Imagine: John Lennon« (10/88 US-LP 31) und »Lennon Legend – The Very Best Of« (11/97 GB-LP 4).

Give Peace A Chance (7/69 D 4, GB 2)
Instant Karma (We All Shine On) (2/70 GB 5, US 3; 6/92 D 7)
Power To The People (3/71 GB 7; 4/71 D 7)
Imagine (10/71 US 3; 11/75 GB 6; 2/81 D 7; 12/99 GB 3)
Happy Xmas (War Is Over) (12/72 GB 4; 12/80 GB 2)
Whatever Gets You Thru The Night (9/74 US 1)
9 Dream (12/74 US 9)
(Just Like) Starting Over (11/80 GB 1, D 4, US 1)
Woman (1/81 US 2, GB 1, D 4)
Watching The Wheels (3/81 US 10)
Nobody Told Me (1/84 US 5, GB 6)
AOR (Adult Orientated Rock), Pop, Rock, Rock 'n' R

Siehe auch: Beatles

Lennon, Julian

JULIAN LENNON v, d (Großbritannien, * 8. 4. 1963 in Liverpool)

Sein Plattendebüt gab Julian bei der Nummer »Ya Ya«, die auf der LP »Walls And Bridges« seines Vaters zu finden ist. Julian spielte, gerade elf Jahre alt, bei dieser Aufnahme Schlagzeug. Dass er John Lennons Sohn ist, ist unüberhör- und -sehbar. 1984 erschien seine erste Platte. Seine erste Hitnotierung war »Too Late For Goodbyes«. Julian erspielte nur noch einen weiteren Top-10-Erfolg: »Valotte«. Obwohl Julian in den folgenden Jahren weitere, auch durchaus gute Aufnahmen veröffentlichte, kam er lange nicht mehr in die Top 20. Erst »Saltwater« wurde wieder ein Top-10-Hit. Seine erfolgreichsten Alben waren »Valotte« (11/84 GB-LP 20, 11/84 US-LP 17) und »The Secret Value Of DayDreaming« (4/86 US-LP 32).

1994 kamen mehr und mehr Gerüchte auf, dass es unter Umständen doch zu einer Reunion der Beatles kommen könnte. Julian sollte dabei den Platz des ermordeten Vaters einnehmen. Doch stattdessen zog sich Julian frustriert aus dem Musikgeschäft zurück, schrieb jedoch hin und wieder neue Nummern, von denen z. B. »Cole's Song« im Film »Mr. Holland's Opus« auftauchte. Er selbst spielte in »Leaving Las Vegas« eine Nebenrolle. 1998 erschien dann nach sieben Jahren wieder ein neues Album von Julian: »Photograph Smile«. Er selbst zu den Jahren zwischen 1994 und 1998: ›Es gab eine Zeit, und die ist noch gar nicht so lange her, da hätte ich am liebsten alles, was ich bis dahin gemacht hatte, aus meinem Leben getilgt. Ich fragte mich, wie ich je meinen eigenen Weg finden soll, wenn doch immer wieder die Vergleiche kommen. Jetzt ist mir klar geworden, dass sie nie verschwinden werden, egal, was ich tue. Aber das ist OK. Das ist mein Karma.‹

Valotte (10/84 US 9)
Too Late For Goodbyes (10/84 GB 6; 1/85 US 5)
Saltwater (8/91 GB 6)
Pop

Lennox, Annie

ANNIE LENNOX v, key, fl (Großbritannien, * 25. 12. 1954 in Aberdeen)
Die schottische Sängerin und Songschreiberin gründete zusammen mit Dave Stewart und dessen bestem Freund Peet Coombs das Trio Catch, das mit »Borderline« einen kleinen Hit in Holland hatte. Im Juni 1979 kamen weitere Mitglieder zu dieser Formation, die nun ihren Namen in Tourists änderte. 1979/80 gelangen ihnen zwei Top-10-Erfolge. Im Oktober 1980, noch während die Band durch Australien tourte, trennte man sich. Annie und Dave machten als Eurythmics weiter, die bis 1986 erfolgreich waren. Im Duett mit Al Green hatte Annie den Hit »Put A Little Love In Your Heart«. Danach nahm sie eine Babypause, um schließlich im Frühjahr 1992 mit dem hervorragenden Album »Diva« (4/92 GB-LP 1, D-LP 6, 5/92 US-LP 23) auf den Markt zu kommen. Daraus ausgekoppelt wurde als erste Single »Why«. Nachfolger wurden »Walking On Broken Glass« und »Little Bird«. Nach fast dreijähriger Pause veröffentlichte sie Anfang 1995 die CD »Medusa« (3/95 GB-LP 1, D-LP 4, 4/95 US-LP 11), die in den britischen Albumcharts auf 1 einstieg. Darauf befanden sich ausschließlich Kompositionen anderer Songschreiber, die für Annie Lennox eine ganz besondere Bedeutung haben. Als Singleauskopplung erschien »No More ›I Love You's‹«, im Original ein Stück von The Lover Speaks. Sehr schön auch ihre Interpretation von Bob Marleys »Waiting In Vain«.

Put A Little Love In Your Heart (11/88 US 9)
Why (3/92 GB 5)
Walking On Broken Glass (8/92 GB 8)
Little Bird/Love Song For A Vampire (2/93 GB 3)
No More ›I Love You's‹ (2/95 GB 2)
AOR (Adult Orientated Rock), Pop

Siehe auch: Eurythmics; Tourists

Lester, Ketty

KETTY LESTER v (USA, * 16. 8. 1934 als Revoyda Frierson in Hope/Arkansas)
Geboren wurde die Sängerin und Schauspielerin in dem inzwischen berühmten Ort Hope im Staate Arkansas. Ihre musikalische Karriere begann sie in San Francisco. Sie absolvierte eine Europatournee und ging dann zu Cab Calloway. Nachdem Ketty Lester nach New York gezogen war, erhielt sie einen Plattenvertrag und hatte 1962 einen Top-10-Hit auf beiden Seiten des Atlantiks mit »Love Letters«, 1945 ein Hit für Dick Haymes, 1987 einer für Alison Moyet. Es blieb Kettys einzige Notierung unter den ersten 10. Sie wandte sich dann der Schauspielerei zu und tauchte in Fernsehserien wie ›Dr. med. Marcus Welby‹, ›Days Of Our Lives‹ oder ›Rituals‹ auf und von 1978 bis 1983 in ›Unsere kleine Farm‹ – hier spielte sie die Hester Sue Terhune. In ›Morning Star/ Evening Star‹ übernahm sie 1986 die Rolle der Nora Blake. 1985 machte sie erneut Plattenaufnahmen – allerdings mit christlicher Musik.

Love Letters (2/62 US 5; 4/62 GB 4)
Pop

Let Loose

ROBBY JEFFREY (Großbritannien, * 30. 11. 1969), LEE MURRAY d (Großbritannien, * 14. 5. 1971), RICHIE WERMERLING v, key (Großbritannien, * 11. 5. 1970)

›Wir wollen die Popmusik von ihrem schlechten Ruf befreien und sie wieder zu dem machen, was sie ursprünglich einmal war! Mit diesem nicht ganz unbescheidenen Credo sind die drei in London lebenden Engländer angetreten, der Welt des Pops eine Frischzellenkur zu verpassen. Ihre Ambitionen gehen dabei weder in Richtung der ausgetretenen Pfade von Teenie-Pop noch in die des Techno. Sie wollen mit ihrer Band Let Loose die große Tradition britischer Popbands der 80er fortsetzen, wie sie vertreten wurde von Bands wie Duran Duran oder Tears For Fears.‹ Mit diesen Zeilen wurde die erste Single von Let Loose, »Crazy For You«, im April 1993 angekündigt. Ob eine Tour durch englische und deutsche Schulhöfe, durch die Levi's Stores und WOMs dieser Welt der richtige Weg ist, die ausgetretenen Pfade des Teenie-Pop zu verlassen, sei dahingestellt. Jedenfalls tat diese Vorarbeit an der Basis der Singleplattenkäufer ihre Wirkung. Bei der Erstveröffentlichung erreichte »Crazy For You« Platz 44 in GB, erst bei der Wiederveröffentlichung wurde es ein Hit. Nachfolger »Seventeen« erreichte im Herbst 1994 Platz 11. Die deutschen Teenies hielten sich zurück. Auch die nachfolgenden Hits beschränkten sich auf GB. Ihr erfolgreichstes Album hieß »Let Loose« (11/94 GB-LP 20).

Crazy For You (6/94 GB 2)
Best In Me (4/95 GB 8)
Make It With You (6/96 GB 7)
Pop

Lettermen

TONY BUTALA v (USA, * 20. 11. 1940 in Sharon/Pensylvania), BOB ENGEMANN v (USA, * 19. 2. 1936 in Highland Park/ Michigan), JIM PIKE v (USA, * 6. 11. 1938 in St. Louis)

1960 kam es in Los Angeles zur Gründung der Lettermen, die Ende 1961 mit einer Coverversion des Doris-Day-Hits aus dem Jahre 1952, »When I Fall In Love«, ihren ersten Hit hatten. Vorher hatten Bob und Jim, die beide an der Brigham Young University in Utah studierten, gemeinsam in örtlichen Clubs gesungen. Ein weiterer Platz 7 gelang den Lettermen mit einer Mixtur aus den beiden Songs »Goin' Out Of My Head/Can't Take My Eyes Off You«. Die Lettermen sangen vorwiegend seichtes Standardmaterial, das sich auf Langspielplatten besser verkaufte als auf Singles. So brachten sie es im Laufe der Jahre auf 32 Hitnotierungen in den amerikanischen LP-Charts, die Erfolgreichsten: »A Song For Young Love« (2/62 US-LP 6), »The Hit Sounds Of The Lettermen« (8/65 US-LP 13), »The Best Of The Lettermen« (10/66 US-LP 17), »The Lettermen!!! ... And ›Live!‹« (11/67 US-LP 10), »Goin' Out Of My Head« (4/68 US-LP 13) und »Hurt So Bad« (9/69 US-LP 17).

Auch als Live Act war das Trio sehr gefragt. 1968 verließ Bob Engemann die Band und wurde durch Gary Pike, Jims Bruder, ersetzt, für den wiederum sechs Jahre später Donny Pike kam. Nach 1971 ließ der Erfolg nach.

When I Fall In Love (11/61 US 7)
Goin' Out Of My Head/Can't Take My Eyes Off You (12/67 US 7)
Pop

Level 42

BOON GOULD g (Großbritannien, * 4. 3. 1955 in Shanklin), PHIL GOULD d (Großbritannien, * 28. 2. 1957 in Hongkong),

GARY HUSBAND d (Großbritannien), MARK KING v, b (Großbritannien, * 20. 10. 1958 in Cowes), MIKE LINDUP key (Großbritannien, * 17. 3. 1959 in London), ALAN MURPHY g (Großbritannien, † 19. 10. 1989)

Der Name stammt aus dem Kultbuch ›Per Anhalter durch die Galaxis‹, in dem ›42‹ die Antwort auf die Frage ist, worin der Sinn des Lebens liegt. Mark King war der Gründer dieser Band, die sich 1980 zusammenfand. In den Anfangstagen spielte die Gruppe rein instrumentalen Jazz-Funk. Im Mai 1980 erschien auf einem kleinen Independent-Label mit »Love Meeting Love« die erste Single der Gruppe, auf der Mark auf Drängen des Produzenten nun auch sang. Die Platte wurde zwar kein großer Hit und fiel lediglich in den Diskotheken besonders auf, führte aber zu einem Vertrag mit einer großen britischen Plattenfirma. Die neue Company veröffentlichte erst einmal die alte Single der Band neu, die nun auch in die Charts kam. Ende 1987 verließen die beiden Brüder Gould die Band. 1988 waren außer King und Lindup noch Gary Husband und Alan Murphy zu hören. 1989 erkrankte Murphy schwer und starb im Oktober desselben Jahres. Auf der LP »Guaranteed«, die im Herbst 1991 erschien, spielte Level 42 in Trio-Besetzung mit Gastmusikern. 1994 erschien das Album »Forever Now«. Unter den Gastmusikern war nun auch wieder Phil Gould zu hören. Level 42 war inzwischen auf das Duo King und Lindup geschrumpft. Die erfolgreichsten Alben: »Standing In The Light« (9/83 GB-LP 9, D-LP 27), »World Machine« (10/85 GB-LP 3, 11/85 D-LP 12, 3/86 US-LP 18), »Running In The Family« (3/87 GB-LP 2, D-LP 4, 4/87 US-LP 23), »Staring At The Sun« (10/88 GB-LP 2, D-LP 8), »Level Best« (11/89 GB-LP 5), »Guaranteed« (9/91 GB-LP 3) und »Forever Now« (3/94 GB-LP 8).

The Sun Goes Down (Living It Up) (7/83 GB 10)
Something About You (9/85 GB 6; 2/86 US 7)
Lessons In Love (4/86 GB 3; 6/86 D 1)
Running In The Family (2/87 GB 6)
To Be With You Again (4/87 GB 10)
It's Over (9/87 GB 10)
Disko, Funk, Pop

Levert

MARC GORDON v (USA, * 8. 9. 1964 in Cleveland/Ohio), SEAN LEVERT v (USA, * 28. 9. 1968 in Cleveland/Ohio), GERALD LEVERT v (USA, * 13. 7. 1966 in Cleveland/Ohio)

Vater der beiden Brüder ist Eddie Levert, der über viele Jahre hinweg der Kopf der O'Jays war. Die Gruppe Levert war von vielen Plattenfirmen abgelehnt worden, weil sie zu sehr nach den O'Jays klang. 1985 erhielten sie einen Vertrag bei einem Independent-Label, und nun wurde ihre Debütplatte »I'm Still« veröffentlicht, die es in die Rhythm-&-Blues-Hitparade brachte. Danach wechselten sie zu der großen Plattenfirma Atlantic, die der Band den Hit »(Pop, Pop, Pop, Pop) Goes My Mind« bescherte, Platz 1 in den Rhythm-&-Blues-Charts. Ihren größten Erfolg sollten sie im Sommer 1987 haben, als die Platte »Casanova« Nummer 1 in den Rhythm-&-Blues-Charts, Millionseller und ein Pop-Hit wurde. In den Rhythm-&-Blues-Charts gelangen dem Trio weitere Erfolge, in den Pophitparaden nicht. Ihre erfolgreichsten Alben waren »The Big Throwdown« (9/87 US-LP 32) und »For Real Tho'« (4/93 US-LP 35). Ab 1988 hatte Gerald Levert auch etliche Soloerfolge. Die größten waren »Private Line« (10/91 R&B 1), »Baby Hold On Me« (1/92 R&B 1, US 37), zusammen mit seinem Vater und »I'd Give Anything« (8/94 US 28). Geralds erfolgreichste Alben waren »Private Line« (11/91 US-LP 48) und »Groove On« (9/94 US-LP 18), »Father And Son« (11/95 US-

LP 20) und »Love & Consequences« (8/98 US-LP 17). In den 90er Jahren intensivierte Gerald die Zusammenarbeit mit seinem Vater. Es kam zu einigen gemeinsamen Plattenveröffentlichungen. Zusammen mit Keith Sweat und Johnny Gill nahm Gerald ab 1997 als LSG erfolgreich Platten auf und auch weiter als Solist mit den Alben »G« (3/00 US-LP 8) und »Gerald's World« (10/01 US-LP 6).

Casanova (8/87 GB 9, US 5; 10/87 D 10)
Rhythm & Blues, Soul

Siehe auch: LSG

Lewie, Jona

JONA LEWIE v (Großbritannien, * 14. 3. 1947)
Nachdem er in etlichen britischen Bands gespielt hatte, ging Jona Lewie 1969 in die USA und veröffentlichte dort fünf Titel auf dem Yazoo-Label. Zurück in GB, wurde er Mitglied bei Brett Marvin & The Thunderbolts. Der Höhepunkt in der Karriere dieser Band, in der niemand Brett Marvin hieß, kam, als sie im Vorprogramm von Derek & The Dominos spielen durften. In der Folge davon wurde eine Single, die sie vorher schon aufgenommen hatten, wieder veröffentlicht. Dieses Mal jedoch unter dem Gruppennamen Terry Dactyl & The Dinosaurs. Das Stück hieß »Seaside Shuffle«. Danach verließ Jona die Band, veröffentlichte einige Soloplatten und gründete 1976 die Jive Bombers. 1977 unterschrieb er einen Plattenvertrag bei der kleinen innovativen Firma Stiff Records. Im Frühjahr 1980 kam mit »You'll Always Find Me In The Kitchen At Partys« (5/80 GB 17, 7/80 D 23) die erste Hitnotierung für ihn. Zu Weihnachten desselben Jahres rückte Jona mit »Stop The Cavalry« an. Es folgte noch »Louise (We Get It Right)« (6/81 D 30). Dabei blieb es.

Stop The Cavalry (10/80 GB 3; 2/81 D 2)
Pop

Siehe auch: Dactyl, Terry

Lewis, Barbara

BARBARA LEWIS v (USA, * 9. 2. 1943 in South Lyon/Michigan)
Diese Sängerin, Songschreiberin und Multi-Instrumentalistin hat angeblich schon im Alter von neun Jahren begonnen, erste Lieder zu schreiben. Ihre ersten Platten nahm Barbara Lewis 1961 auf. Zwischen 1963 und 1967 gelangen ihr zehn Hitnotierungen in den US-Charts. Ihr erster war gleich ihr größter Hit: »Hello Stranger«. Barbara hatte die Nummer selbst geschrieben. Im Hintergrund sangen die Dells. Es folgten außerhalb der Top 10 noch die Hits »Puppy Love« (1/64 US 38), »Baby, I'm Yours« (6/65 US 11), »Make Me Your Baby« (9/65 US 11) und »Make Me Belong To You« (7/66 US 28). In den frühen 70er Jahren stieg sie aus dem Plattengeschäft aus.

Hello Stranger (5/63 US 3)
Rhythm & Blues

Lewis, Charles D.

CHARLES D. LEWIS v, b (St. Vincent)
1989 war Lambada der große Tanzrenner in Film, Funk und Fernsehen. 1990 war es schon wieder vorbei, und es gab einen neuen Trend. Der von der Insel St. Vincent stammende und auf Barbados aufgewachsene Charles D. Lewis hatte den Tanzhit 1990: »Soca Dance«, eine Mischung aus Soul und Calypso, USA und Karibik. Lewis hatte 1973 mit ein paar Schulfreunden seine erste Band Harmony gegründet, die es auf den Kariben zu einigen Hits brachte. Schließlich engagierte Eddy Grant sie als seine Begleitgruppe. Während einer Deutschlandtournee benannte sich die Band um in Caribbean

Rhapsody, blieb in Deutschland und veröffentlichte hier einige Platten. 1981 verließ Lewis die Gruppe und schloss sein Bass-Studium in München ab. Im August 1989 führte er erstmals mit einem selbst gesungenen Stück die karibischen Charts an, und dann kam das Soca-Fieber – für einen Sommer.

Soca Dance (9/90 D 10)
Pop

Lewis, C. J.

C. J. LEWIS dj (Jamaika)
Der in London lebende Jamaikaner arbeitete bereits als 14jähriger als Discjockey auf Straßenfesten. Mit 16 zog er mit seinen Eltern nach Jamaika zurück und hörte hier den Reggae in seiner ursprünglichen Form. Wieder in London, veröffentlichte er auf einem Independent-Dance-&-Reggae-Label seine ersten Singles, darunter »Hypnotic Love« und »Why Do Fools Fall In Love«, die beide die Spitzenposition der UK-Reggae-Charts erreichen konnten. Als C. J. aus dem Drifters- und Searchers-Klassiker »Sweets For My Sweet« eine Reggaeversion machte, kam er erstmals in die GB-Charts. In Deutschland wurde der Titel unter den ersten 30 notiert. Die Nachfolgesingle »Everything Is Alright (Uptight)« war im Original ein Stevie-Wonder-Hit aus dem Jahr 1965. Immer noch 1994, erschien als dritte Single »Best Of My Love« (10/94 GB 13), im Original mit den Emotions 1977 ein Spitzenreiter in den USA. Auf seinem Debütalbum »Dollars« (9/94 GB-LP 44) befanden sich neben den erwähnten Songs jede Menge Eigenkompositionen von Lewis. In die Charts kamen noch »Dollars« (12/94 GB 34) und »R To The A« (9/95 GB 34) – danach wurde er nicht mehr in den Charts gesichtet.

Sweets For My Sweet (4/94 GB 3)
Everything Is Alright (Uptight) (7/94 GB 10)
Pop, Reggae

Lewis, Donna

DONNA LEWIS v, p (Großbritannien, in Wales)
Zum Hit »I Love You Always Forever« wurde Donna, die den Song alleine geschrieben hat, durch den Roman »Love For Lydia« des britischen Schriftstellers Herbert Ernest Bates (1905 – 1974) inspiriert. Der Waliserin gelang mit dem Song zuerst ein Hit in den USA – und hätten Los Del Rio mit »Macarena« nicht wochenlang die Spitze gehalten, wäre sie sicher Nummer 1 geworden. Wales rechnete nach und kam zu dem Ergebnis, dass der Erfolg von Donna in den USA der größte seit 1971 war – da hatte Landsmann Tom Jones mit »She's A Lady« ebenfalls Platz 2. Nachfolger »Without Love« (12/96 US 41, 2/97 GB 39) war schon deutlich schwächer – und damit war ihre Hitzeit wieder vorbei. Ihr Album »Now In A Minute« (7/96 US-LP 31) wurde mit Platin ausgezeichnet.

I Love You Always Forever (6/96 US 2; 9/96 D 7, GB 5)
Soft Pop

Lewis, Gary & The Playboys

DAVID COSTELL b (USA, * 15. 3. 1944 in Pittsburgh/Pennsylvania), GARY LEWIS v, d (USA, * 31. 7. 1945 als Levitch in Los Angeles/Kalifornien), ALAN RAMSEY g (USA, * 27. 7. 1943 in Danfied/New Jersey), DAVID WALKER key (USA, * 12. 5. 1943 in Montgomery/Alabama), JOHN WEST g (USA, * 31. 7. 1939 in Uhrichville/Ohio)
Seinem Vater, dem Filmschauspieler Jerry Lewis, sieht er sehr ähnlich. Gary war Schlagzeuger, Sänger und Kopf der 1964 gegründeten Band Gary Lewis & The Playboys. Den ersten Hit der Gruppe, »This Diamond Ring«, hatte Al Kooper mitgeschrieben. Es folgten immer mit wenigen Monaten Abstand sechs Top-10-Hits und

»My Heart's Symphony« (7/66 US 13, 2/75 GB 36), »(You Don't Have To) Paint Me A Picture« (10/66 US 15), »Where Will The Words Come From« (12/66 US 21). Anfang 1967 wurde Gary zum Militär eingezogen, und 1968 fiel die Band auseinander. Vorher standen noch »Girls In Love« (5/67 US 39) und »Sealed With A Kiss« (6/68 US 19) in den Charts. Zu Beginn der 90er Jahre zog Gary mit etlichen anderen Acts aus den 60er Jahren für vier Monate durch die USA in einer 30-Years-Of-Rock-'n'-Roll-Tour. Mitte 1992 kündigte er an, er wolle eine LP mit neuem Material veröffentlichen. Zumindest in Deutschland ist nichts erschienen.
Seine erfolgreichsten Alben waren »This Diamond Ring« (3/65 US-LP 26), »A Session With Gary Lewis And The Playboys« (9/65 US-LP 18) und »Golden Greats« (10/66 US-LP 10).

This Diamond Ring (1/65 US 1)
Count Me In (4/65 US 2)
Save Your Heart For Me (7/65 US 2)
Everybody Loves A Clown (9/65 US 4)
She's Just My Style (12/65 US 3)
Sure Gonna Miss Her (3/66 US 9)
Green Grass (5/66 US 8)
Beat, Pop

Lewis, Huey & The News

MARIO CIPOLLINA b (USA, * 10. 11. 1954), JOHNNY COLLA g, sax (USA, * 2. 7. 1952), BILL GIBSON d (USA, * 13. 11. 1951), CHRIS HAYES g (USA, * 24. 11. 1957), SEAN HOPPER key (USA, * 31. 3. 1953), HUEY LEWIS v (USA, * 5. 7. 1950 als Hugh Antony Cregg III in New York City)
1967 trampte der Amerikaner Huey als Straßenmusiker durch Europa. Zurück in den USA, spielte er zuerst mit Slippery Elm und schließlich mit Clover, die 1976 ihre Debüt-Single »Chicken Funk« veröffentlichten. Der Produzent war Nick Lowe. 1977 brachte Clover vier weitere Singles und zwei LPs. Leadsänger war Huey – kein Erfolg! Außerdem begleiteten sie Elvis Costello auf dessen LP »My Aim Is True«. Im Mai 1979 trennte sich Clover, und genau ein Jahr später wurde die Gruppe The News gegründet. Deren erste Hitnotierung war »Do You Believe In Love«. Von diesem Zeitpunkt bis zum Jahre 1988 waren Huey Lewis & The News eine der führenden Mainstream-Rockbands. »I Want A New Drug« wurde ein Millionseller. »The Power Of Love« stammte aus dem Film »Zurück in die Zukunft« und wurde ebenfalls ein Millionseller. Den Hit »Jacob's Ladder« schrieb Bruce Hornsby. Dann trat eine Hitpause ein, die mit »Couple Days Off« (4/91 US 11, 4/91 D 40) zumindest kurzfristig unterbrochen wurde. 1994 veröffentlichte Lewis das Album »Four Chords & Several Years Ago«, auf dem Klassiker aus der R&B-Geschichte in authentischem Sound zu hören waren. Auskopplungen daraus, z. B. »But It's Alright«, im Original ein Song von J.J. Jackson, oder »(She's) Some Kind Of Wonderful«, ein Hit für Soul Brothers Six, Fantastic Johnny C. und auch Grand Funk, hinterließen bei den Fans wenig Eindruck. Die Nummern stießen nicht bis unter die ersten 40 der US-Charts vor. Seine erfolgreichsten Alben: »Sports« (10/83 US-LP 1, 12/84 D-LP 29, 9/85 GB-LP 23), »Fore!« (9/86 US-LP 1, GB-LP 8, D-LP 5) und »Small World« (8/88 US-LP 11, GB-LP 12, D-LP 8).
2000 sang er zusammen mit der Schauspielerin Gwyneth Paltrow im Duett eine neue Version des Smokey-Robinson-Titels »Cruisin'«. Das Stück war sehr gut gelungen – die Käufer wollten es nicht wahrhaben.

Do You Believe In Love (2/82 US 7)
Heart And Soul (9/83 US 8)
I Want A New Drug (1/84 US 6)
The Heart Of Rock & Roll (4/84 US 6)
If This Is It (7/84 US 6)

The Power Of Love (6/85 US 1; 2/86 GB 9)
Stuck With You (8/86 US 1)
Hip To Be Square (10/86 US 3)
Jacob's Ladder (1/87 US 1)
I Know What I Like (4/87 US 9)
Doing It All For My Baby (7/87 US 6)
Perfect World (7/88 US 3)
AOR (Adult Orientated Rock), Rock, Rock 'n' Roll

Lewis, Linda

LINDA LEWIS v (Großbritannien, in London)

Die britische Sängerin mit dem außergewöhnlichen Stimmumfang von fünf Oktaven begann ihre Karriere im Showgeschäft als Statistin in Filmen wie »Help« oder »A Taste Of Honey«. Während ihrer Schulzeit spielte sie in Bands und gründete bald ihre eigene Formation White Rabbit, bevor sie zu Ferris Wheel ging. Anfang der 70er Jahre wurde sie eine gesuchte Sessionsängerin. So ist sie z. B. auf Platten von Al Kooper, Cat Stevens, Manfred Mann's Earthband, Peter Bardens, Chris Spedding, Rod Stewart oder David Bowie zu hören.

Mitte 1973 gelang Linda Lewis ein Hit in eigener Regie: »Rock-A-Doodle-Doo« (6/73 GB 15), von ihr selbst geschrieben. Zwei Jahre später machte sie eine Coverversion des Betty-Everett-Hits »The Shoop Shoop Song (It's In His Kiss)« – bei Linda wurde Shoop Shoop gestrichen, und die Platte hieß nur »It's In His Kiss«. Cher hatte übrigens mit wieder demselben Song im Frühjahr 1991 Platz 1 in GB. Linda brachte mit »Baby I'm Yours« (4/76 GB 33) und »I'd Be Surprisingly Good For You« (6/79 GB 40) noch zwei weitere Top-40-Hits in die britischen Charts und war dann wieder als Sessionsängerin beschäftigt. Ihr erfolgreichstes Album war »Not A Girl Anymore« (8/75 GB-LP 40).

It's In His Kiss (7/75 GB 6)
Pop

Lewis, Ramsey

RAMSEY LEWIS key (USA, * 27. 5. 1935 in Chicago/Illinois)

Die erste Station dieses Keyboarders und Songschreibers waren die Cleffs. Als die sich 1955 auflösten, machte Ramsey mit dem Bassisten Eldee Young und dem Schlagzeuger Isaac Red Holt das Ramsey Lewis Trio. Sie veröffentlichten eine ganze Reihe recht erfolgreicher LPs und hatten mit der Nummer »The ›In‹ Crowd« Mitte 1965 sogar einen Top-10-Hit. Es folgten »Hang On Sloopy« (11/65 US 11) und »A Hard Day's Night« (1/66 US 29). Danach trennte sich das Trio. Holt und Young holten sich einen neuen dritten Mann und machten als Holt-Young Trio weiter. Lewis seinerseits gründete mit dem Bassisten Cleveland Eaton und dem Drummer Maurice White – der spätere Chef von Earth, Wind & Fire – eine neue Ausgabe des Ramsey Lewis Trios, die mit »Wade In The Water« (7/66 US 19, 4/72 GB 31) erfolgreich war. 1982 kam die ursprüngliche Formation kurzfristig wieder zusammen. Die erfolgreichsten Alben von Ramsey waren »The In Crowd« (8/65 US-LP 2), »Hang On Ramsey!« (2/66 US-LP 15, 5/66 GB-LP 20), »Wade In The Water« (9/66 US-LP 16) und »Sun Goddess« (12/74 US-LP 12).

The ›In‹ Crowd (7/65 US 5)
Instrumental, Jazz, Pop

LFO (Lyte Funkie Ones)

RICHARD CRONIN v (USA, * 30. 8. 1976 als Richard Burton in Boston), BRADLEY FISCHETTI v (USA, * 11. 9. 1977 in New York City), BRIZZ GILLIAS v (USA, * 19. 1. 1976 als Brian Gillias), DEVIN LIMA v (USA, * 18. 3. 1977 in New Bedford)

1997 kam auf dem Höhepunkt der Boygroupwelle dieses Trio aus den USA. Auch sie gingen den bewährten Erfolgsweg über Deutschland und veröffentlichten ihre erste Single »Step By Step« (3/97 D 79), eine Coverversion des NKOTB-Hits, zunächst nur hier. Dann traten sie im Vorprogramm der Backstreet Boys und von 'N Sync auf. Zurück in den USA waren sie im Vorprogramm von LL Cool J und auch wieder den Backstreet Boys zu sehen. Als der große Erfolg nicht einsetzte, verließ Brian Gillias das Trio und wurde durch Devin Lima ersetzt. In den US-Charts wurden sie erstmals mit »If I Can't Have You« (11/98 US 70) verzeichnet. Es handelte sich dabei um eine Coverversion des Yvonne-Elliman-Hits aus dem Jahr 1978, geschrieben von den Bee Gees. Im Billboard wurde die Band als »dance trio from Sheffield/England« bezeichnet. Der große Erfolg kam mit »Summer Girls« (9/99 GB 16) und dem Album »LFO« (9/99 US-LP 21). Nach »Girl On TV« trat zunächst eine Pause ein, und erst im Herbst 2001 kam mit »Life Is Good« ein neues Album und daraus die Single »Every Other Time«.

Summer Girls (7/99 US 3)
Girl On TV (11/99 US 10; 2/00 GB 6)
Boy Group

Liberty

MICHELLE HEATON (Großbritannien), TONY LUNDON (Großbritannien), KEVIN SIMM (Großbritannien), JESSICA TAYLOR (Großbritannien), KELLI YOUNG (Großbritannien)
Liberty waren eigentlich Verlierer – das Quintett schied im Finale der britischen Ausgabe von ›Pop Stars‹. Allerdings hatten sie Glück im Unglück: der Produzent Pete Devereux, eine Hälfte von »Artful Dodger«, sah sie und war so angetan, dass er beschloss, sich um sie zu kümmern. Und so wurden die fünf dann doch noch Popstars. Zu diesem Zeitpunkt war Kelli 19, Kevin 20, Tony 22, Michelle 20 und Jessica 20 Jahre alt. Als nächste Single erschien »Doin' It« (12/01 GB 14).

Thinking It Over (10/01 GB 5)
Pop

Lieutenant Pigeon

NIGEL FLETCHER d (Großbritannien), STEPHEN JOHNSON b (Großbritannien), HILDA WOODWARD key (Großbritannien), ROBERT WOODWARD p (Großbritannien)
»Mouldy Old Dough« heißt im Deutschen ›immer die Knete‹. Der Titel kam im September 1972 in die Hitparaden, war aber schon acht Monate zuvor veröffentlicht worden. Das Trio hatte vorher unter dem Namen Stavely Makepiece die erfolglose Single »Edna« aufgenommen. Der Wechsel zu Lieutenant Pigeon brachte dann den Erfolg. Diese Instrumentalaufnahme enthält außer der gesprochenen Wiederholung des Titels und dem ›Vo-De-O-Do‹, gesungen wie durch ein Megaphon der 20er und 30er Jahre, keinen Text. An der Produktion dieser Platte war neben Rob Woodward auch dessen Mutter Hilda beteiligt. Als Nachfolgesingle erschien »Desperate Dan« (12/72 GB 17), die dem Vorgänger sehr ähnlich war. Danach quittierte Leutnant Taube den Dienst.

Mouldy Old Dough (9/72 D 9, GB 1)
Pop

Lifehouse

SERGIO ANDRADE b (USA), STUART MATHIS g (USA), JASON WADE v, g (USA), RICK WOOLSTENHULME d (USA)
Die Rockband aus Malibu/Kalifornien kletterte mit dem Debütalbum »No Name Face« (11/00 US-LP 6) gleich in die Platin-Rängen. Aus diesem Album wurde »Hanging By A Moment« (9/01 GB 25) ausgekoppelt. Noch 2001 stieg Gitarrist Mathis wieder aus und der Rest machte als Trio weiter.

Hanging By A Moment (2/01 US 2)
Rock

Lightfoot, Gordon

GORDON LIGHTFOOT v, p (Kanada, * 17. 11. 1938 in Orillia/Ontario)
Bob Dylan oder Elvis Presley, Jerry Lee Lewis oder Pete Seeger, Peter, Paul & Mary oder Johnny Cash, Barbra Streisand oder Judy Collins – sie alle haben schon mal eine Nummer von Lightfoot aufgenommen und damit einen Hit gehabt. Bevor Gordon als Solist erfolgreich wurde, arbeitete er als Pianist und Arrangeur für Werbejingles. Als Nächstes begann er, beeinflusst von Tom Paxton und Bob Dylan, Songs zu schreiben. Sein erster Erfolg als Autor war »For Lovin' Me« mit Peter, Paul & Mary im Januar 1965. Im selben Jahr nahm der Kanadier dann auch selbst Platten auf. Seine erste Hitnotierung hatte er mit dem wunderschönen Titel »If You Could Read My Mind«. 1974 gelang ihm der Millionseller »Sundown«. »The Wreck Of The Edmund Fitzgerald« erzählte die Geschichte eines Schiffes, das im November 1975 im Lake Superior, einem der Großen Seen Nordamerikas, sank. Gordon Lightfoot schrieb weiterhin Songs, ohne jedoch in den Hitparaden vertreten zu sein. Seine erfolgreichsten Alben waren »Sundown« (2/74 US-LP 1), »Cold On The Shoulder« (3/75 US-LP 10), »Gord's Gold« (11/75 US-LP 34) und »Summertime Dream« (6/76 US-LP 12). In den 80er Jahren hatte Gordon Alkoholprobleme. 1993 veröffentlichte er das Album »Waiting For You«, seine erste Studio-LP seit zehn Jahren. Wie Gordon im Jahr 2000 in einem Interview bemerkte, haben ihm ›Drogen, Suff und verschiedene Ehen‹ viel Ärger eingebracht.

If You Could Read My Mind (12/70 US 5)
Sundown (4/74 US 1)
Carefree Highway (8/74 US 10)
The Wreck Of The Edmund Fitzgerald (8/76 US 2)
Country, Folk, Pop

Lighthouse Family

TUNDE BAIYEWU v (Großbritannien, * 25. 11. 1968 in London), PAUL TUCKER key (Großbritannien, * 12. 8. 1968 in Cambridge)
Paul und Tunde – der 15 Jahre in Nigeria gelebt hatte – lernten sich beim Studium an der Polytechnischen Universität in Newcastle kennen und gründeten dort 1993 die Formation Lighthouse Family. Als erste Single veröffentlichten sie den schön gemachten, melodischen Titel »Lifted«, der im Frühjahr 1995 erstmals in die britischen Charts kam, allerdings nur bis auf Platz 61. Im Februar 1996 wurde die Nummer erneut in der britischen Hitparade notiert und jetzt ein Top-10-Hit. Auch der Nachfolger »Ocean Drive« (10/95 GB 34, 6/96 RE-GB 11) wurde beim zweiten Anlauf erfolgreicher. Die nächsten Singles waren »Goodbye Heartbreak« (9/96 GB 14) und »Loving Every Minute« (12/96 GB 20) – alle vier Titel stammten vom Debütalbum »Ocean Drive« (11/95 GB-LP 74, 3/96 RE-GB-LP 3), das sich im Laufe der Zeit mehr als 1,5 Millionen Mal verkaufte. Im Herbst 1997 erschien das Album »Postcards From Heaven« (11/97 GB-LP 2, D-LP 5), aus dem die Singles »Raincloud« und »High« ausgekoppelt wurden. Im Herbst 2001 erschien mit »Whatever Gets You Through The Day« (12/01 GB-LP 7, 12/01 D-LP 3) ein neues Album. Als erste Single daraus erschien »(I Wish I Knew How It Would Feel To Be) Free/One«, die einen Sample aus der Nummer »One« von U2 beinhaltete. Es folgte »Run« (3/02 GB 30).

Lifted (2/96 GB 4)
Raincloud (10/97 GB 6)

High (1/98 GB 4; 3/98 D 4)
Lost In Space (6/98 GB 6)
»(I Wish I Knew How It Would Feel To Be) Free« (11/01 D 10, GB 6)
Blues, Pop, Soul

Lightning Seeds

IAN BROUDIE v, g, key (Großbritannien, * 4. 8. 1958 in Liverpool)
Ian Broudie gründete 1989 Lightning Seeds. Vorher hatte er bei Big In Japan, Secrets und den Original Mirrors gespielt. Als Produzent verhalf er Echo & The Bunnymen, Icicle Works, Wah! und The Fall zum Erfolg. 1983 gründete er die Gruppe Care. Die erste Hitnotierung als Lightning Seeds war »Pure« (7/89 GB 16, 5/90 US 31). Es folgten »The Life Of Riley« (3/92 GB 28), »Sense« (5/92 GB 31), »Lucky You« (8/94 GB 43, 10/95 RE-GB 15), »Change« (1/95 GB 13), »Marvellous« (4/95 GB 24), »Perfect« (7/95 GB 18), »Ready Or Not« (3/96 GB 20), »What If...« (11/96 GB 14), »Sugar Coated Iceberg« (1/97 GB 12) und »You Showed Me«. Letztgenanntes Stück hatten zwei Mitglieder der US-Gruppe Byrds geschrieben, und es war im Frühjahr 1969 in den USA ein Top-10-Hit für die Turtles gewesen. Die Formation Salt 'N' Pepa erreichte mit demselben Titel Ende 1991 Platz 15 in GB. Neben Broudie spielen bei Live-Auftritten und auf Platten wechselnde Musiker mit. Kopf und Herz des Unternehmens ist er. Das erfolgreichste Album für Lightning Seeds war »Like You Do... The Best Of« (11/97 GB-LP 5). Zusammen mit dem britischen Komikerduo Baddiel & Skinner gelang Broudie der Hit zur Fußballeuropameisterschaft 1996 in England. Die Nummer »Three Lions« entwickelte sich dort zum Spitzenreiter. Ende 1999 kam Lightning Seeds mit dem Titel »Life's Too Short« (11/99 GB 27). Als Mitglieder wurden außer Broudie noch Martin Campbell, Bass, Angie Pollack, Keyboards und Zak Starkey, Schlagzeug, genannt. Zak ist der Sohn von Ringo Starr.

Three Lions (6/96 GB 1)
You Showed Me (4/97 GB 8)
Pop

Siehe auch: Baddiel & Skinner

Lil Bow Wow

LIL BOW WOW rap (USA, * 9. 3. 1987 als Shad Lamar Moss in Columbus/Ohio)
Über seinen richtigen Namen gibt es offensichtlich noch Irritationen. Während die einen berichten, er heiße Bryan-Michael Cox, sagen die anderen, sein Name sei Chad Lamar Moss. Sein erster Top-10-Hit »Bow Wow (That's My Name)« (12/00 US 21) beinhaltete Samples aus dem Andy-Gibb-Hit »Shadow Dancing«. Snoop Doggy Dogg hatte den Jungen mit den seltenen Fertigkeiten entdeckt, als der gerade mal sechs Jahre alt war: Lil kann ohne Pause 16 Phrasen aufeinanderfolgend rappen, und das mit extremer Schnelligkeit bei gleichzeitig sauberer Akzentuierung der einzelnen Silben – so zumindest preist ihn seine Plattenfirma an. An den Texten arbeitet er mit. Ansonsten ist es mal wieder der Produzent Jermaine Dupri, der hinter seinem größten Hit steckt. Seine erste Hitnotierung war »Bounce With Me« (8/00 US 20) zusammen mit Xscape, sein erstes Album hieß »Beware Of Dog« (10/00 US-LP 8).

Bow Wow (That's My Name) (4/01 D 9, GB 6)
Rap

Lil' Kim

LIL' KIM rap (USA, * 11. 7. 1975 als Kimberly Denise Jones in Brooklyn/New York City)
Kim war das einzige weibliche Mitglied in der Junior M.A.F.I.A., in der außer ihr acht

weitere Mitglieder rappten. Notorious B.I.G. protegierte das Projekt, das mit »Player's Anthem« (7/95 R&B 7, US 13) einen ersten Hit hatte. Immerhin erreichte die Platte Goldstatus. M.A.F.I.A. stand für Masters At Finding Intelligent Attitudes. Nachfolger »I Need You Tonight« (12/95 R&B 43, 2/96 GB 66) schaffte nicht den Sprung in die Top 100 in den USA, obwohl hier als Gast Aaliyah zu hören war. Dann erschien »Get Money« (2/96 US 17) und wurde mit Platin bedacht – hier war es Notorious selbst, der als Gast die notwendige Power lieferte. Lil' Kim stand erstmals mit der Nummer »No More Games« (4/96 US 92) in den Charts. Als Interpret wurde Skindeep featuring Lil' Kim of Junior M.A.F.I.A. angegeben. Auf dem Nachfolger »No Time« (11/96 US 18) wirkte Puff Daddy unterstützend mit. Ende 1996 erschien ihr Album »Hard Core« (11/96 US-LP 11), das Platin erhielt. Daraus ausgekoppelt wurde die Nummer »Crush On You« (7/97 GB 36, 10/97 RE-GB 23). »Not Tonight« (8/97 GB 11) wurde schließlich ihr erster Top-10-Hit – aber auch hier wurde wieder ›gefeatured‹: Da Brat, Left Eye, Missy ›Misdemeanor‹ Elliott und Angie Martinez wirkten auf der Platte mit, die aus dem Film »Nothing To Lose« stammte. Ein weiteres Erfolgsalbum wurde »The Notorious Kim« (7/00 US-LP 4). 2001 schlossen sich Christina Aguilera, Lil' Kim, Mya und Pink zusammen, um eine Neuaufnahme des Titels »Lady Marmalade« zu singen. Das Stück stammte aus dem Nicole Kidman/Ewan McGregor-Musical »Moulin Rouge«. Als Lil' Kim feat. Phil Collins erschien der Titel »In The Air Tonite«.

Not Tonight (7/97 US 6)
Lady Marmalade (4/01 US 1; 6/01 GB 1; 7/01 D1)
In The Air Tonite (7/01 D 3)
Rhythm & Blues

Lil Louis

LIL LOUIS dj (USA, als Louis Burns in Chicago/Illinois)
Lil, ein bekannter DJ in der Chicagoer Club-Szene und Sohn des Bluesgitarristen Bobby Sims, hatte einen der Dancefloor-Hits des Sommers 1989: das mit stumpfsinnigem Rhythmus unterlegte Liebesgestöhn »French Kiss« – gestöhnt wurde von Shawn Christopher. Die Platte schien genau den Nerv der isolierten Diskothekengänger getroffen zu haben, die so zumindest den Eindruck zwischenmenschlicher Intimität akustisch »genießen« konnten, ohne sich selbst mit anderen Menschen beschäftigen zu müssen. Auch weitere Platten von Lil Louis waren musikalisch und textlich eher schlichter Natur: »I Called U« (1/90 GB 16) und »Save My Life« (9/92 GB 74) – beide als Lil Louis & The World. Danach hörte man längere Zeit nichts mehr von Lil, bis 2000 der US-Mixer Josh Wink Lil's Nummer »How's Your Evening So Far« (8/00 GB 23) überarbeitete. Als Interpreten wurden Josh Wink & Lil Louis angegeben.

French Kiss (7/89 D 2, GB 2)
Dance

Lil' Romeo

LIL' ROMEO rap (USA, als Percy Romeo Miller)
Bei »My Baby« handelt es sich um eine Coverversion des Stückes »I Want You Back« der Jackson 5. Mitautor des Songs ist Berry Gordy jr. Lil' Romeo war zum Zeitpunkt seines ersten Hits gerade mal 11 Jahre alt. Er ist der Sohn des Rappers Master P. Sein erstes Album hieß »Lil' Romeo« (7/01 US-LP 6).

My Baby (5/01 US 3)
Rhythm & Blues

Limahl

LIMAHL v (Großbritannien, * 19. 12. 1958 als Chris Hamill in Leighton Buzzard/Hertfordshire)
Sein Künstlername ist ein Anagramm seines Nachnamens. Mit der Teenie-Band Kajagoogoo hatte Limahl ab 1983 einige Hits, bevor er noch im selben Jahr die Gruppe verließ, um als Solist weiterzusingen. Speziell die deutschen Fans hielten ihm die Stange. International hatte er seinen einzigen nennenswerten Erfolg mit »Never Ending Story«, dem von Giorgio Moroder geschriebenen Thema aus der Verfilmung des Michael-Ende-Buches »Die unendliche Geschichte«. Das erfolgreichste Soloalbum hieß »Don't Suppose« (10/84 D-LP 6).
1986 erhielt Limahl einen Plattenvertrag von Clive Davis/Arista in New York. Die Plattenfirma gab eine Viertelmillion Dollar aus, um vier Titel zu produzieren. Dann konnte man sich nicht einigen, welche Aufnahme man nun veröffentlichen sollte, und alle Beteiligten verloren das Interesse aneinander. 1988 machte Limahl unter dem Pseudonym Jupiter Remixproduktionen von Livin' Joy, Peter Andre, Toni de Bart oder Kim Wilde. Gegen Ende der 90er Jahre wurde er wieder als Limahl verstärkt gebucht. Ende 2000 tourte er mit der Show ›What A Feeling‹ bis zum April 2001 durch ganz Europa.

Only For Love (11/83 D 8)
Never Ending Story (8/84 D 2; 10/84 GB 4)
Pop

Siehe auch: Kajagoogoo

Limerick, Alison

ALISON LIMERICK v (Großbritannien)
Geboren im Oktober 1960, begann sie ihre Karriere auf Rollen. Sie spielte mit bei der West-End-Produktion »Starlight Express«. Ihre erste Hitnotierung hatte sie im Frühjahr 1991 mit »Where Love Lives«, ein Platz 27 in GB. Ein Remix ihres ersten Hits brachte Alison ihren einzigen Top-10-Hit. Weitere Hits außerhalb der Top 10: »Make It On My Own« (2/92 GB 16, 9/96 RE-GB 30), »Time Of Our Lives« (1/94 GB 36) und »Love Come Down« (3/94 GB 36).

Where Love Lives (Remix) (7/96 GB 9)
Dance

Limmie & The Family Cookin'

LIMMIE SNELL v (USA, in Dalton/Alabama), MARTHA STEWART v (USA, in Ohio), JIMMY THOMAS v (USA, in Ohio)
Das Trio Limmie & The Family Cookin' aus Ohio kam Anfang der 70er Jahre zusammen. Die beiden Schwestern Martha Stewart und Jimmy Thomas hatten vorher schon zusammen bei der Band Sugarcakes gesungen, Bruder Limmie veröffentlichte als Lemmie B. Good Soloplatten. Ende 1972 wurde das Trio erstmals in der US-Pophitparade mit »You Can Do Magic« notiert. Nach »A Walkin' Miracle« gelang ihnen zwar kein Hit mehr, aber in den Diskotheken waren sie als Live Act noch in den nächsten zehn Jahren sehr beliebt.

You Can Do Magic (7/73 GB 3)
A Walkin' Miracle (4/74 GB 6)
Pop, Soul

Limp Bizkit

WES BORLAND g (USA), DJ LETHAL dj (Lettland, * 18. 12. 1972 als Leor Di-Mant), FRED DURST v (USA, * 20. 8. 1971 in Gastonia/North Carolina), JOHN OTTO d (USA), SAM RIVERS b (USA)
Die Gruppe wurde 1994 in Jacksonville/Florida als Quartett gegründet. Fünfter Mann wurde DJ Lethal 1995, nachdem er aus der Formation House of Pain ausgestiegen war. 1997 erschien ihr Debüt-

album »Three Dollar Bill, Y' All $« (4/98 US-LP 22). Es folgte »Significant Other« (7/99 US-LP 1, 7/99 GB-LP 26). Fans dieser Gruppe hatten sich auf Alben eingeschossen. Erst als Limp Bizkit eine Single aus dem Film »Mission: Impossible 2« veröffentlichten, hatten sie ihren ersten Single-Hit. Für einen Videoclip zur Single »Rollin'« gab die Gruppe 6,9 Millionen Mark aus. Er entstand auf dem World Trade Center in New York. Ihr nächstes erfolgreiches Album war »Chocolate Starfish And The Hot Dog Flavored Water« (10/00 GB-LP 1, 10/00 D-LP 1, 11/00 US-LP 1 – fünffach Platin). Daraus ausgekoppelt wurde »My Generation« (11/00 D 23, 11/00 GB 15). Es folgten »Rollin'«, »My Way« (6/01 D 38, 6/01 GB 6) und »Boiler« (11/01 GB 18) und das Album »New Old Songs« (12/01 D-LP 10).

Take A Look Around (Theme From ›MI 2‹) (7/00 D 4, GB 3)
Rollin' (1/01 GB 1; 2/01 D 10)
My Way (6/01 GB 6)
Heavy Metal, HipHop, Nu Metal, Rock

Lind, Bob

BOB LIND v (USA, * 25. 11. 1942 in Baltimore/Maryland)
Mitte der 60er Jahre erhielt Bob einen Plattenvertrag und wurde von seiner Firma als Folk-Rocker angekündigt. Seine ersten Aufnahmen wurden von Jack Nitzsche produziert, mit Leon Russell am Piano. Unter den aufgenommenen Titeln war auch die Nummer »Elusive Butterfly«. Alle weiteren Veröffentlichungen von Bob Lind kamen nicht über einen Platz 60 hinaus. Andere Interpreten jedoch hatten mit Songs aus seiner Feder Erfolg. Dazu gehören Cher, Adam Faith, Marianne Faithfull, Noel Harrison, Bobby Sherman, Nancy Sinatra, die Turtles und die Yardbirds. Seine letzte Single veröffentlichte Bob 1971. Danach zog er sich aus dem Plattengeschäft zurück und ging in die Wüste von New Mexiko und schrieb Romane und Kurzgeschichten. Hin und wieder trat er in Folk- oder C&W-Clubs auf.

Elusive Butterfly (1/66 US 5; 3/66 GB 5)
Soft Pop

Lind, Espen

ESPEN LIND v (Norwegen, * 13. 5. 1971 in Oslo)
In seiner Heimat war Espen bereits ein Star, als er 1997 durch die Teenie-Presse promotet wurde. Tenor: ›Mit der traurigen, wunderschönen und herzerweichenden Ballade »When Susannah Cries« traf der 26jährige Sänger mitten ins Herz.‹ Der Song ist eine Auskopplung aus dem Album »Red«. In Norwegen kam das Stück schon Mitte 1997 in die Charts, blieb dort 20 Wochen und erreichte Platz 1. Zusammmen mit seiner Landsfrau Sissel (Sissel Kyrkjebo Skoller) sang er 2001 im Duett den Titel »Where The Lost Ones Go«.

When Susannah Cries (12/97 D 9)
Pop

Lindenberg, Udo

UDO LINDENBERG v, d (Deutschland, * 17. 5. 1946 in Gronau)
Als Zwölfjähriger erhielt Udo ein Schlagzeug, auf dem er in den folgenden Jahren üben und bald als Musiker in Jazzbands und Ami-Clubs spielen sollte. 1968 trommelte er in der Hamburger Folk-Truppe City Preachers. Ein Jahr später gründete er mit Orbit seine erste eigene Band. Daneben arbeitete er als Studiomusiker und hatte Auftritte mit Knut Kiesewetter. Schließlich verschlug es ihn von Hamburg nach München, wo er 1970 Mitglied bei Klaus Doldinger im Jazzquartett, bei Motherhood und bei Passport wurde. 1971

spielte er in der Jazzrock-Gruppe Emergency und veröffentlichte seine erste Soloplatte, noch in englischer Sprache. »Daumen im Wind« war ein Jahr später seine erste deutschsprachige LP, die richtungweisend für den deutschsprachigen Rock werden sollte. Vertraten viele deutsche Musiker bis zu jenem Zeitpunkt vehement die Meinung, Rockmusik und deutsche Sprache könnten nicht miteinander harmonieren, so belehrte Udo sie eines Besseren. Die LPs »Andrea Doria«, »Ball Pompös« und »Votan Wahnwitz« brachten eine gelungene Mixtur aus Rock und Blödelsongs. Ausgedehnte Tourneen von Udo waren stets gut besucht. Sein erster Single-Erfolg war Ende 1981 ein Duett mit dem zehnjährigen Pascal – Sohn des Pianisten Jean-Jacques Kravetz –, der Antwort auf die Frage suchte: »Wozu sind Kriege da?« Im Frühjahr 1983 gelang Udo sein einziger Top-10-Hit mit dem »Sonderzug nach Pankow«. Eine der Promotionaktivitäten für diese Platte bestand in einem offenen Brief an den Staatsratsvorsitzenden Erich Honecker, in dem er um eine Jodel-Lizenz für die DDR bat. Heute im Rückblick wird ihm diese Episode wahrscheinlich selbst sehr merkwürdig vorkommen. Der »Sonderzug nach Pankow« hieß im Original »Chattanooga Choo Choo«. Es erschienen noch weitere Singles von ihm in den Charts, die jedoch nicht mehr unter die ersten 10 kamen. Dafür sind die meisten seiner zahlreichen LPs absolute Verkaufserfolge geworden: »Alles klar auf der Andrea Doria« (2/74 D-LP 23), »Ball Pompös« (10/74 D-LP 3), »Votan Wahnwitz« (6/75 D-LP 3), »Galaxo Gang« (3/76 D-LP 4), »Panik Udo« (7/76 D-LP 34), »Sister King Kong« (12/76 D-LP 8), »Panische Nächte« (11/77 D-LP 31), »Lindenbergs Rock-Revue« (6/78 D-LP 15), »Dröhnland Symphonie« (1/79 D-LP 15), »Livehaftig« (4/79 D-LP 15), »Der Detektiv« (10/79 D-LP 22), »Panische Zeiten« (5/80 D-LP 12), »Meine Panik« (12/80 D-LP 17), »Utopia« (4/81 D-LP 5), »Intensivstationen« (3/82 D-LP 16), »Keule« (5/82 D-LP 9), »Odyssee« (2/83 D-LP 3), »Lindstärke 10« (7/83 D-LP 21), »Götterdämmerung« (2/84 D-LP 3), »Sündenknall« (4/85 D-LP 11), »Radio Eriwahn präsentiert« (9/85 D-LP 17) und »Gänsehaut« (6/88 D-LP 5).
Im Frühjahr 2001 stellte Udo zusammen mit Bundestagspräsident Wolfgang Thierse und Schauspieler Ben Becker in Berlin die Initiative Rock gegen rechte Gewalt vor. 30 Künstler forderten das Verbot der NPD. Mit vier bundesweiten Konzerten im Februar wollten etliche Künstler zum Widerstand gegen den Rechtsextremismus aufrufen.

Sonderzug nach Pankow (2/83 D 5)
Pop

Lindisfarne

ROD CLEMENTS v, b, vln (Großbritannien, * 17. 11. 1947 in North Shields/Tyne And Wear), SIMON COWE g, mand (Großbritannien, * 1. 4. 1948 in Jesmond Dene/Tyne And Wear), ALAN HULL v, g, p (Großbritannien, * 20. 2. 1945 in Newcastle-upon-Tyne, † 19. 11. 1995), RAY JACKSON g, harm, mand, mundh (Großbritannien, * 12. 12. 1948 in Wallsend/Tyne And Wear), RAY LAIDLAW d (Großbritannien, * 28. 5. 1948 in North Shields/Tyne And Wear)
Das nordenglische Quintett nannte sich zunächst Downtown Fraction, ab 1968 Lindisfarne, nach einer Insel vor der Küste von Northumbria. Im darauffolgenden Jahr erschien die Debüt-LP der Folk-Rocker. Nach einigen Umbesetzungen trennte sich die Band 1975, um dann jedoch 1976 wieder in Originalbesetzung zusammenzukommen. »Run For Home« wurde für etliche Jahre ihr letzter Hit. Im November 1990 stand die Formation nach langer Pause wieder in den briti-

schen Charts: Zusammen mit dem Fußballer ›Gazza‹ Paul Gascoigne, der ebenfalls aus Newcastle stammt, nahmen sie ihren Titel »Fog On The Tyne« noch einmal auf und erreichten diesmal Top 10. Sicher hatte das mit der Popularität des Fußballers zu tun. Die erfolgreichsten Alben von Lindisfarne: »Fog On The Tyne« (10/71 GB-LP 1), »Nicely Out Of Tune« (1/72 GB-LP 8) und »Dingly Dell« (9/72 GB-LP 5).

Meet Me On The Corner (2/72 GB 5)
Lady Eleanor (5/72 GB 3)
Run For Home (6/78 GB 10)
Fog On The Tyne (Revisited) (10/90 GB 2)
Folk, Pop

Siehe auch: Gazza & Lindisfarne

Lindsay, Mark

MARK LINDSAY v, sax (USA, * 9. 3. 1942 in Cambridge/Idaho)
Lindsay war Sänger, Saxophonist und Songschreiber mit Paul Revere & The Raiders. Ab 1969 versuchte sich Mark als Solist. Mit dem Millionseller »Arizona« hatte er seinen größten Hit. Den Raiders blieb er allerdings bis 1975 verbunden: Er produzierte sie auch weiterhin. Zusammen mit Steve Alaimo nahm er auch Platten als Unknowns auf. Nach 1977 zog er sich ganz aus dem Plattengeschäft zurück, begann aber 1990 mit der Arbeit an seinem ersten Soloalbum nach 18 Jahren.

Arizona (12/69 US 10)
Pop

Siehe auch: Revere, Paul & The Raiders

Linear

WYATT »RIOT« PAULEY v, g (USA, * 11. 11. 1968), CHARLIE PENNACHIO v (USA, * 2. 11. 1967), JOEY »BANG« RESTIVO v, per (USA, * 30. 4. 1967)
Linear formierte sich Ende der 80er Jahre in Fort Lauderdale, Florida. Im Alleingang nahmen sie den Titel »Sending All My Love« auf und schafften ohne Unterstützung einer großen Plattenfirma damit einen Radiohit in Florida, Texas und Kalifornien. Nachdem bereits 50 000 Exemplare verkauft worden waren, erhielten sie einen Plattenvertrag. »Sending All My Love« wurde noch einmal aufgenommen und kam im Anfang 1990 in die US-Charts. Mit »T.L.C.« (5/92 US 30) gelang der Gruppe noch ein weiterer Hit.

Sending All My Love (2/90 US 5)
Pop

Lingo, Laurie & The Dipsticks

PAUL BURNETT dj (Großbritannien), DAVE LEE TRAVIS dj (Großbritannien)
Die beiden bekannten britischen Discjockeys nahmen im Frühjahr 1976 eine Coverversion des C.W.-McCall-Hits »Convoy« auf und machten daraus »Convoy G.B.«. Dass ein Convoy in GB anders ist als einer, der auf den Highways der Staaten fährt, ist sonnenklar. Nebel ist eine typisch britische Angelegenheit, und damit beginnt der Song, der sicher spaßig gemeint war, oder? 1985 nahm Paul Burnett als Pee Bee Squad noch mal eine Platte auf, die allerdings noch weniger spaßig war und deshalb auch weniger Erfolg hatte.

Convoy G.B. (4/76 GB 4)
Country, Pop

Linkin Park

CHESTER BENNINGTON v (USA, * 20. 3. 1976 in Phoenix/Arizona), ROB BOURDON d (USA, * 20. 1. 1979 in Calabasas/Kalifornien), BRAD DELSON g (USA, * 1. 12. 1977 in Agoura/Kalifornien), JOSEPH HAHN dj (USA, * 15. 3. 1977 in Glendale/Kalifornien), PHOENIX b (USA, * 8. 2. 1977 als Dave Michael Farrell in Plymouth/

Massachusetts), MIKE SHINODA v, rap (USA, * 11. 2. 1977 in Agoura/Kalifornien)
Die Band stammt aus Santa Monica/Kalifornien. 1991 wurde von Shinoda und Delson mit Xero eine erste Band gegründet. Daraus entwickelte sich Linkin Park. Sie kamen auf ihren Gruppennamen, weil es ›in jeder amerikanischen Stadt einen Lincoln Park gibt‹. Als sie dann feststellten, dass die Internetadresse www.lincolnpark.com schon vergeben war, kürzten sie ein. 1991 kamen sie auf die Idee, Metal mit HipHop zu mixen – das Ergebnis wurde schließlich als ›Nu Metal‹ verkauft. Es sollte bis in das Jahr 2000 dauern, bis sich der Erfolg einstellte. Der kam mit dem Album »Hybrid Theory« (11/00 US-LP 7, 1/01 GB-LP 4, 2/01 D-LP 2). Darauf auch die ersten Singlehits »One Step Closer« (1/01 GB 24, 3/01 D 32), »Crawling« (4/01 GB 16, 6/01 D 14), »Papercut« (6/01 GB 14), »In The End« (10/00 D 13). Vor der Aufnahme zur Erfolgs-LP »Hybrid Theory« war Phoenix 1998 wegen seines Studiums ausgestiegen – 2001 kehrte er zurück.

In The End (10/01 GB 8; 11/01 US 2)
Rap, Rock

Linx

BOB CARTER key (Jamaika, in Kingston), ANDY DUNCAN d, per (Großbritannien), CANUTE EDWARDS g (Großbritannien), DAVID GRANT v (Jamaika, * 8. 8. 1956 in Kingston), SKETCH MARTIN b (West Indies, in Antigua)
Obwohl hier fünf Musiker genannt werden, war die britische Formation eher ein Duo. Grant und Martin waren jedenfalls diejenigen, die die Richtung bestimmten. Im Herbst 1980 wurde mit »You're Lying« (9/80 GB 15) der erste Hit von Linx notiert, danach folgte mit »Intuition« der größte Erfolg. Nach »Throw Away The Key« (6/81 GB 21), »So This Is Romance« (9/81 GB 15), »Can't Help Myself« (11/81 GB 55) und »Plaything« (7/82 GB 48) fiel die Gruppe auseinander. Das erfolgreichste Album für Linx hieß ebenfalls »Intuition« (3/81 GB-LP 8). David und Sketch waren bei der Produktion ihres dritten Albums, als sie feststellten, dass ihnen die Arbeit mit Linx keinen Spaß mehr machte. Sketch wurde Mitglied der erfolglosen Gruppe 23 Skidoo und verschwand dann in der Versenkung. Nicht einmal seine Tantiemen konnten ihm überwiesen werden, weil niemand wusste, wo er sich aufhielt. David Grant hatte als Solist einige Erfolge.

Intuition (3/81 GB 7)
Funk, Pop

Siehe auch: Grant, David

Lipps, Inc.

STEVEN GREENBERG v, key, d, b, syn, per (USA, * 24. 10. 1950 in Minneapolis/Minnesota), CYNTHIA JOHNSON v (USA, * 6. 4. 1956 in St. Paul/Minnesota), IVAN RAFOWITZ key (USA), TOM RIOPELLE g (USA), DAVID RIVKIN g (USA)
Dieses Funkmusik-Projekt wurde 1977 in Minneapolis gegründet und von dem Produzenten, Songschreiber und Multi-Instrumentalisten Steven Greenberg geleitet. Cynthia sang vorher bei Flyte Tyme, die später als Time Begleitgruppe von Prince werden sollten. Anfang des Jahres 1980 kam die erste Platte von Lipps, Inc. in die US-Charts, wurde über eine Million mal verkauft: »Funky Town«. Sängerin der Nummer war die Schwarze Miss Minnesota des Jahres 1976, Cynthia Johnson. Mehrere Versuche, den Erfolg zu wiederholen, misslangen. In den 90er Jahren tauchte Johnson als Leiterin der Mädchentruppe Kat Klub wieder auf. Das erfolgreichste Album von Lipps, Inc. war »Mouth To Mouth« (4/80 US-LP 5, 7/80 D-LP 11).

Funky Town (3/80 US 1; 5/80 D 1, GB 2)
Disko

Liquid Gold

ELLIE HOPE v (Großbritannien)
Im Zuge der Disko Music formierte sich die GB-Band Liquid Gold um die Sängerin Ellie Hope und hatte mit »Anyway You Do It« (12/78 GB 41) ihren ersten Hit. Treibende Kraft hinter dem Projekt war der Produzent Adrian Baker. Nach den beiden Top-10-Erfolgen gelangen der Formation noch drei weitere Hitnotierungen, bevor sie sich verflüssigte.

Dance Yourself Dizzy (2/80 GB 2)
Substitute (5/80 GB 8)
Disko

Liquido

TIM EIERMANN v, g (Deutschland), WOLFGANG MAIER d (Deutschland), WOLFGANG SCHRÖDEL v, g, key, p (Deutschland), STEFAN SCHULTE-HOLTHAUS b (Deutschland)
Die vier Jungs aus Heidelberg versuchten »die typischen Synthesizer-Klänge der 80er mit dem Gitarrensound der 90er zu kombinieren«. »Narcotic« wurde von der Band in Eigenregie veröffentlicht und an ausgesuchte Medienvertreter verschickt. Als dann die Platte von einigen Sendern gespielt wurde, erhielt Liquido einen Vertrag. Als zusätzliche Sängerin ist auf »Narcotic« noch Stefanie Nerpel zu hören. Als Markenzeichen verkaufte die Gruppe ihre gestrickten Pullunder im 70er-Jahre-Stil. Ihr erstes Album »Liquido« (2/99 D-LP 4) war auf Anhieb ein Hit unter den ersten 10 der LP-Charts. 2002 erschien ihr drittes Studioalbum »Why Are You Leaving«. Der Titelsong fand Verwendung in dem Bernd-Eichinger-Film »Knallharte Jungs«.

Narcotic (10/98 D 3)
Elektro-Pop, Rock

Lisa Lisa & Cult Jam

MIKE HUGHES per (USA, in New York City), ALEX »SPANADOR« MOSLEY g, key, b (USA, in New York City), LISA VELEZ v (USA, * 15. 1. 1967 in Harlem/New York City)
1984 kam Lisa Lisa & Cult Jam in New York zusammen. Gleich ihre erste Platte »I Wonder If I Take You Home« (5/85 GB 53, 6/85 US 34, 8/85 RE-GB 12) wurde in den Charts notiert. Im Studio begleitet und produziert wurde das Trio von der Gruppe Full Force, die 1978 als Amplifiers gegründet worden war. Full Force selbst hatte etliche Hits in der Rhythm-&-Blues-Hitparade, schaffte aber nicht den Crossover zu den Popcharts. Ein Jahr nach dem ersten Hit erreichte »All Cried Out« die amerikanischen Top 10. Wiederum knapp ein Jahr später kamen sie mit »Head To Toe« und »Lost In Emotion«. Es folgten »Little Jackie Wants To Be A Star« (4/89 US 29), »Let The Beat Hit 'Em« (6/91 US 37, 7/91 GB 17) und »Skip To My Lu« (3/94 GB 34). Ihre erfolgreichsten Alben waren »Lisa Lisa & Cult Jam With Full Force« (8/85 US-LP 52) und »Spanish Fly« (5/87 US-LP 7). Anfang 1994 erschien mit »LL 77« Lisa Lisas Debüt-Album als Solistin.

All Cried Out (7/86 US 8)
Head To Toe (4/87 US 1)
Lost In Emotion (8/87 US 1)
Rhythm & Blues

Lisa Marie Experience

NEIL HINDE key (Großbritannien), DEAN MARRIOTT key (Großbritannien)
Anfang 1995 hatten die beiden Keyboarder auf dem Liverpooler Label 3 Beat die

Platte »Do That To Me« veröffentlicht, die keinerlei Eindrücke in den Charts, wohl aber in den Clubs hinterließ. Nachdem die Nummer nichts wurde, versuchte sich Marriott unter dem Pseudonym Cordial als Solist und hatte zwei weitere Clubhits. Hinde hingegen machte weiter als DJ im Republika in Sheffield und im Luxor in Leicester. Dann kam im Frühjahr 1996 die Nummer »Keep On Jumpin'«, die ihnen den ersehnten Hit bescherte. Danach wurde ihre erste Aufnahme »Do That To Me« erneut veröffentlicht, blieb aber auf Platz 33 hängen. Nebenher machten sich die beiden auch noch einen Namen als Mixer. Meltdown, Nicole, Klubbheads, Angelheart, Kelli Rich, Nootropic und andere profitierten von ihren goldenen Mixgriffeln.

Keep On Jumpin' (4/96 GB 7)
Techno

Little Anthony & The Imperials

CLARENCE COLLINS v (USA, * 17. 3. 1939 in Brooklyn/New York City), ANTHONY GOURDINE v (USA, * 8. 1. 1940 in Brooklyn/New York City), TRACY LORD v (USA), GLOUSTER ROGERS v (USA), SAMMY STRAIN v (USA, * 9. 12. 1940), ERNEST JNR. WRIGHT v (USA, * 24. 8. 1939 in Brooklyn/New York City)
Seine ersten Plattenaufnahmen machte der kleine Anthony 1955 als Mitglied der Formation Duponts, bevor er zu den Chesters ging, die sich nach Abschluss eines Plattenvertrages in Imperials umbenannten. Auf die Idee, Little Anthony davor zu setzen, kam der Discjockey Alan Freed. Ab 1958 bis 1977 wurden Hits der Gruppe verzeichnet. Sammy Strain, der 1964 Mitglied der Imperials wurde, verließ die Band 1975 und ging zu den O'Jays. Anthony Gourdine nahm in den 80er Jahren religiöse Platten auf. 1989 sang er im Hintergrund auf einer LP von Nancy Wilson mit. Clarence Collins trat mit einigen Musikern noch lange in Las Vegas und ähnlichen Vergnügungsorten als Imperials auf. Ernest Wright wurde eines der vielen Platters-Mitglieder. 1992 kamen einige Mitglieder von Little Anthony & The Imperials für ein Oldie-Konzert im Madison Square Garden in New York zusammen. Was zuerst wie eine einmalige Reunion aussah, wurde zu einer längerfristigen Neuformierung der Gruppe.

Tears On My Pillow (11/58 US 4)
Goin' Out Of My Head (11/64 US 6)
Hurt So Bad (2/65 US 10)
Pop

Little Eva

LITTLE EVA v (USA, * 29. 6. 1943 als Eva Narcissus Boyd in Bellhaven/North Carolina)
Sie war Babysitter bei Carole King und deren damaligem Mann Gerry Goffin, als die beiden ihr den Vorschlag machten, eine neue Komposition für ein Demoband zu singen. Allerdings war das kein Zufall, denn Carole King hatte Little Eva für sich arbeiten lassen, weil sie wusste, dass sie gut singen konnte und es nur eine Frage der Zeit war, bis sie eine Platte machen würde. Eva sang das Demo von »The Loco-Motion«, und dieses Band sollte Dee Dee Sharp vorgespielt werden, für die das Lied eigentlich gedacht war. Dee Dee lehnte jedoch ab, und so kam es zu der Veröffentlichung von Little Eva. Als die Platte genau zehn Jahre später noch einmal in GB veröffentlicht wurde, erreichte sie Platz 11. Nachfolgesingles waren 11/62 US 12, 1/63 GB 30) und »Let's Turkey Trot« (2/63 US 20, 3/63 GB 13). »Let's Turkey Trot« war übrigens Note für Note vom Song »Little Girl Of Mine« abgeschrieben, der 1956 mit den Cleftones in den US-Charts stand. Ihren letzten Top-10-Hit hatte sie im Duett mit Big Dee

Irwin. »Swinging On A Star« war 1944 ein Spitzenreiter für Bing Crosby in den USA gewesen. Nach 1964 gelang ihr kein Erfolg mehr. »The Loco-Motion« wurde noch einmal eine Nummer 1 in den USA: 1974 mit Grand Funk. 1988 stand Kylie Minogue mit ihrer Version auf dem 2. Platz in GB. 1970 versuchte Little Eva einen Neuanfang als Little Eva Harris. Er missglückte. Danach arbeitete sie als Köchin und lebte zeitweise von Sozialhilfe. 1992 wurde sie zu einer Doo-Wop-Show eingeladen und kam beim Publikum sehr gut an. Daraufhin spielte sie eine neue CD ein, die allerdings auch nicht der große Erfolg wurde. Trotzdem konnte sie jetzt wieder regelmäßig bei Oldie-Shows auftreten. So sah man sie zum Beispiel im März 2000 bei der Porsche Oldie-Show in Stuttgart.

The Loco-Motion (6/62 US 1; 9/62 GB 2)
Swinging On A Star (11/63 GB 7)
Pop

Little River Band

PETER BECKETT v, g (Großbritannien, in Liverpool), BEEB BIRTLES g (Niederlande, * 28. 11. 1948 als Gerard Birtlekamp in Amsterdam), DAVID BRIGGS g (Australien, * 26. 1. 1951 in Melbourne), JOHN FARNHAM v (Großbritannien, * 1. 7. 1949 in Dagenham/Essex), RICK FORMOSA g, GRAHAM GOBLE g (Australien, * 15. 5. 1947 in Adelaide), GEORGE MCARDLE b (Australien, * 30. 11. 1954 in Melbourne), ROGER MCLACLAN b, DEREK PELLICCI d (Australien, * 18. 2. 1953), GLENN SHORROCK v (Großbritannien, * 30. 6. 1944 in Rochester/Kent)

Einige Mitglieder dieser 1975 gegründeten Formation hatten vorher in London in der Gruppe Mississippi gespielt. Glenn Shorrock hatte bereits 1965 seine ersten Plattenaufnahmen mit den Twilights gemacht. Von 1969 bis 1971 spielte er mit Axiom, danach machte er etliche Soloplatten. 1975 veröffentlichte die Little River Band ihr Debütalbum, das in Australien zum Album des Jahres gewählt wurde. Im April 1976 erhielten sie einen weltweiten Plattenvertrag, der jetzt dafür sorgte, dass man Platten der Band überall kaufen konnte. Ihre erste Hitnotierung in den USA – der Mainstream-Pop-Rock der Band war für den britischen Markt nicht geeignet – war »It's A Long Way There« (9/76 US 28). Mitte 1978 gelang mit »Reminiscing« der größte Erfolg. Die erfolgreichsten Alben der Band waren: »Sleeper Catcher« (6/78 US-LP 16), »First Under The Wire« (8/79 US-LP 10) und »Greatest Hits« (12/82 US-LP 33).
1983 verließ Glenn Shorrock die Gruppe und wurde durch John Farnham ersetzt. Es folgten zahllose personelle Änderungen bis 1985. 1987 kehrte Shorrock zurück, und John Farnham startete eine erfolgreiche Solokarriere. 1991 erschien die CD »Worldwide Love«. Von den Urmitgliedern waren Shorrock und Goble mit dabei. 1992 kam Peter Beckett, der ehemalige Leadsänger der Gruppe Player, zur LRB.

Reminiscing (7/78 US 3)
Lady (1/79 US 10)
Lonesome Loser (7/79 US 6)
Cool Change (10/79 US 10)
The Night Owls (8/81 US 6)
Take It Easy On Me (12/81 US 10)
AOR (Adult Orientated Rock), Pop, Rock

Siehe auch: Farnham, John

Liverpool FC

Manchmal hat man den Eindruck, dass Profifußballer nicht richtig ausgelastet sind, denn anders fällt es schwer zu erklären, weshalb immer wieder solche Mannschaften mit Plattenaufnahmen und sogar in den Hitparaden auftauchen. Der Liverpool FC schaffte bisher seit 1977 fünf Eintragungen in den britischen Charts, davon zwei unter den ersten 10.

Anfield Rap (Red Machine In Full Effect) (5/88 GB 3)
Pass And Move (The Red Time) (5/96 GB 4)
Pop

Livin' Joy

TAMEKA STAR v (Italien), GIANNI VISNALDI g (Italien), PAOLO VISNALDI key (Italien)
Die Brüder Paulo und Gianni Visnaldi aus Italien zeigten den Briten nicht nur mit Livin' Joy, wo's zur Disko geht – sie waren auch involviert in die Formation Alex Party. Mit »Dreamer« (9/94 GB 18) hatte Livin' Joy die erste Hitnotierung. Dann kam die Platte als Remix erneut auf den Markt und wurde diesmal Nummer 1. Es folgten »Don't Stop Movin'« und »Follow The Rules«. Nach »Where Can I Find Love« (4/97 GB 12) und »Deep In You« (8/97 GB 17) war ihre Hit-Zeit wieder vorüber.

Dreamer (Remix 1995) (5/95 GB 1)
Don't Stop Movin' (6/96 GB 5)
Follow The Rules (11/96 GB 9)
Techno

Siehe auch: Alex Party

Living In A Box

ANTHONY CRITCHLOW d (Großbritannien, * 1. 3. 1960), RICHARD DARBYSHIRE v, g (Großbritannien, * 8. 3. 1960 in Stockport/Cheshire), MARCUS VERE key (Großbritannien, * 29. 1. 1962)
1987 erschien die Debüt-LP des Pop-Trios Living In A Box. Gleich ihre erste Singlenotierung – Titel gleich Gruppenname – erreichte die Charts. Weitere Erfolge außerhalb der Top 10 wurden »Scales Of Justice« (6/87 GB 30, 7/87 D 35), »So The Story Goes« (9/87 GB 34) mit Bobby Womack, »Blow The House Down« (3/89 D 28) und »Gatecrashing« (6/89 GB 36). Die erfolgreichsten Alben waren »Living In A Box« (5/87 GB-LP 25) und »Gatecrashing« (7/89 GB-LP 21).
Darbyshire sang auch auf Jellybeans Album »Jellybean Rocks The House« mit. 1994 erschien sein erstes Soloalbum, unterstützt von Albert Hammond und Lisa Stansfield.

Living In A Box (4/87 D 4, GB 5)
Blow The House Down (2/89 GB 10)
Room In Your Heart (9/89 GB 5)
Pop

LL Cool J

LL COOL J rap (USA, * 16. 8. 1968 als James Todd Smith in Queens/New York City)
Ladies Love Cool James, so der vollständige Bühnenname des amerikanischen Rappers LL Cool J, wurde 1985 in dem Film »Krush Groove« gesichtet. Noch im selben Jahr tauchte er erstmals in der Hitparade auf: »I Can't Live Without My Radio« brachte es auf Platz 15 in den US-R&B-Charts. Ein Jahr später veröffentlichte er seine erste LP. Mitte 1987 tauchte er mit »I'm Bad« (7/87 US 84, GB 71) erstmals in der amerikanischen und britischen Pophitparade auf. »I Need Love« (8/87 US 14) war der erste internationale Hit für den coolen James. »Going Back To Cali« (2/88 US 31, GB 37), »I'm That Type Of Guy« (6/89 US 15), »Around The Way Girl« und »Mama Said Knock You Out« (4/91 US 17) wurden alle Millionseller. Obwohl solche Texte gerade bei Rappern leider keine Seltenheit sind, wurde James speziell in den USA wegen seiner offensichtlichen Frauenfeindlichkeit nicht sonderlich geschätzt. 1993 kam die LP »14 Shots To The Dome«, auf der – wie die Plattenfirma sagte – ›Street Sound vom Feinsten‹ zu hören sei. ›Die 14 auf dem Album enthaltenen Songs weisen den Weg: Rap- und Hip-Hop-Elemente – tanzbar,

gnadenlos und cool.‹ Schöner kann man's nicht sagen. Nach einer Abwesenheit aus den Charts kam er 1995 wieder: »Hey Lover« brachte es zu Platin – im Hintergrund sangen Boyz II Men. Der Song basierte auf der Nummer »The Lady In My Life« von Michael Jackson. Und immer noch 1995: »Sittin' Up In My Room« kam mit Brandy in die US-Charts und erhielt Gold. Als Gast war LL zu hören. Der Song stammte aus dem Film »Waiting To Exhale« mit Whitney Houston. Ende 1996 war LL Gast von Babyface auf der Nummer »This Is For The Lover In You«. Auch das Jahr 1997 begann gut für ihn. Sein Titel »Ain't Nobody« aus dem Film »Beavis And Butt-Head Do America« stieg am 8.2. auf Platz 1 in GB ein. »Phenomenon« beinhaltete Samples von »Who Is He And What Is He To You« von Bill Withers und »White Lines« von Grandmaster Flash. Außerdem machte die Platte schon einmal Werbung für das gleichnamige Album, das wenig später erschien. In den USA hatte LL mit ›In The House‹ seine eigene TV-Show. ›I Make My Own Rule‹ war der Titel seiner Biografie, die auch noch 1997 erschienen war. Darin eine Geschichte, wie sein Vater seine Mutter und seinen Großvater erschossen hat – genau daraus machte LL den Song »Father«, in dem Samples vom Song »Father Figure« von George Michael verwendet wurden. Auch die Alben von LL waren überaus erfolgreich: »Radio« (1/86 US-LP 46), »Bigger And Deffer« (6/87 US-LP 3), »Walking With A Panther« (7/89 US-LP 6), »Mama Said Knock You Out« (10/90 US-LP 16), »14 Shots To The Dome« (4/93 US-LP 5), »Mr. Smith« (12/95 US-LP 20), »All World« (11/96 US-LP 29, GB-LP 23), »Phenomenon« (10/97 GB-LP 37, 11/97 US-LP 7), »G.O.A.T. feat. James T. Smith: The Greatest Of All Time« (9/00 US-LP 1). Als Filmschauspieler sah man ihn 2001 in den Action-Streifen »Rollerball« und »Kingdome Come«.

I Need Love (9/87 D 6, GB 8)
Around The Way Girl (12/90 US 9)
Hey Lover (11/95 US 3)
Doin It (3/96 US 9)
Loungin (7/96 US 3; 10/96 GB 7)
Ain't Nobody (2/97 GB 1)
Phenomenon (11/97 GB 9)
Father (3/98 GB 10)
HipHop, Rap

Siehe auch: Monstars

Lobo

LOBO v (USA, *31. 7. 1943 als Roland Kent Lavoie in Tallahassee/Florida)
Lobo spielte mit einigen Gruppen zusammen: Rumours, Sugar Beat, Me & The Other Guys und 1961 bei Legends – hier wirkten Jim Stafford und Gram Parsons mit. Anfang der 70er Jahre kam er als Solist. »Me And You And A Dog Named Boo« erreichte als erster Titel die Charts. Der Erfolg des Millionsellers »I'd Love You To Want Me« in Deutschland war darauf zurückzuführen, dass das Stück mehrfach in der Krimiserie ›Der Kommissar – Sonderbare Vorfälle im Hause des Professor S.‹ zu hören war. Bis zum Ende der 70er Jahre hatte er Pophits mit »It Sure Took A Long, Long Time« (4/73 US 27), »How Can I Tell Her« (6/73 US 22), »Standing At The End Of The Line« (4/74 US 37), »Don't Tell Me Goodnight« (3/75 US 27) und »Where Were You When I Was Falling In Love« (7/79 US 23). Sein erfolgreichstes Album war »Of A Simple Man« (10/72 US-LP 37, 12/73 D-LP 15). Danach tauchte er mehr in den Country-Hitparaden auf. 1974 hatte er bereits seinen eigenen Verlag gegründet. Zusammen mit zwei anderen Musikern bildete er außerdem die Country-Gruppe Wolfpack. Ansonsten geht er, wie er selbst von sich sagte, lieber fischen, golfen und faulenzen oder verbringt die Zeit mit seiner Familie.

Me And You And A Dog Named Boo (4/71 US 5; 6/71 GB 4)

I'd Love You To Want Me (9/72 US 2; 10/73 D 1; 6/74 GB 5)
Don't Expect Me To Be Your Friend (12/72 US 8)
Pop, Soft Pop

Lobo

LOBO v (Niederlande)
Dieser Lobo war ein holländischer Sänger, der mit einer karibischen Disko-Show auf Tournee war und dessen einziger Hit auch genauso hieß: »The Caribbean Disco Show«. Danach versuchte er mit Medleys wie »Lobo's Gospel Show« oder »The Soca Calypso Party« in die gleiche Kerbe zu hauen, was gründlich misslang.

The Caribbean Disco Show (7/81 GB 8)
Disko

Lock 'n' Load

NILZ PIJPERS dj (Niederlande, als Niels in Vlaardingen), FRANCIS ROOIJEN dj (Niederlande, * 20. 5. 1975 als Frank van Rooijen in Oudewater)
Francis und Nilz waren zum Zeitpunkt ihres Hits bekannte DJs in Holland. Nilz arbeitete außerdem als A&R-Manager für Mid-Town Records. Vor ihrem internationalen Erfolg hatten die beiden schon Platten als 4th Groove & Flipped Fantastica aufgenommen. »Blow Ya Mind« hatten sie bereits 1998 aufgenommen, veröffentlicht wurde der Titel jedoch erst, nachdem Club Caviar ihn neu gemixt hatte. Den neuen Mix für die Veröffentlichung in GB besorgte Yomanda.

Blow Ya Mind (4/00 GB 6)
Dance

Loeb, Caroline

CAROLINE LOEB v (Frankreich, * 5. 10. 1955)
Caroline wurde Mitte 1987 zur europäischen Sommerüberraschung in allen Diskotheken. »C'est La Ouate« erreichte selbst in der Bundesrepublik, in der es französische Platten im allgemeinen recht schwer haben, die Top 10. Die Platte war zunächst von einer ganzen Reihe von Firmen abgelehnt worden, bis die Polydor sie schließlich veröffentlichte und damit einen Spitzenreiter in Frankreich und in Italien hatte. Der Nachfolgehit »A Quoi Tu Penses?« schaffte schon nicht einmal mehr den Sprung unter die ersten 60. Inzwischen arbeitet Caroline für Film, Fernsehen und Theater.

C'est La Ouate (8/87 D 10)
Disko

Loeb, Lisa & Nine Stories

TIM BRIGHT g (USA), JONATHAN FEINBERG d (USA), DANIEL LITTLETON g (USA, * 28. 2. 1967), LISA LOEB v, g (USA, * 11. 3. 1968 in Bethesda/Maryland), JOE QUIGLEY b (USA)
Lisa Loeb, die auf den ersten Blick aussah wie die US-Antwort auf Nana Mouskouri, schaffte einen Top-10-Hit mit »Stay (I Missed You)«. Dazu hatte beigetragen der Erfolg des Films »Reality Bites«, in dem der Song zu hören war. Der erste Hit aus »Reality Bites« war »Baby I Love Your Way« von Big Mountain. Der Film erzählt von Leben und Liebe der heutigen Kids auf der Schwelle zum Erwachsenwerden. Die Kinobesucher fühlten sich wohl besonders von der traurigen und trotzigen Stimme Lisa Loebs angesprochen. Mit »Do I Sleep« (9/95 US 18) und »I Do« (11/97 US 17) verfehlte Lisa die Top 10. Ihr erfolgreichstes Album hieß »Tails« (10/95 US-LP 30, GB-LP 39).

Stay (I Missed You) (5/94 US 1; 9/94 GB 6)
Pop

Loft

GINA MOHAMMED v (USA, * 12. 6. 1972 in Newport News/Virginia), RICHARD RANKS v (Jamaika, * 1. 10. 1962 als Williams in Kingston), COURTNEY WILLIAMS v (Jamaika, * 16. 11. 1960 in Kingston)

Eine weitere Produktion aus dem Hause DMP (Dance Music Production) aus dem Frankfurter Raum. Die Nummer »Summer Summer« kam genau zur richtigen Jahreszeit. Nachfolgehits wurden »Hold On« (11/93 D 21) und »Love Is Magic« (4/94 D 25). Der gebürtige Jamaikaner Courtney Williams war mit der US Army nach Deutschland gekommen. 1989 folgten sein Bruder Richard und der Rest der Familie. Die aus Virginia stammende Sängerin Gina – sie war damals 14 Jahre alt – lernte bei einem Studiojob ihrer Mutter Frank Farian kennen. Der engagierte sie auf der Stelle für sein Projekt Real Milli Vanilli. Als Gina dann die Brüder Williams kennen lernte, war das die Geburtsstunde von Loft. DMP – u. a. wieder mit Nosie Katzmann – sorgten dann dafür, dass der von den Williams-Brüdern geschriebene Song »Summer Summer«, der Reggae-Einflüsse beinhaltet, für die Dance-Music-Szene aufbereitet wurde.

Summer Summer (7/93 D 10)
Dance

Logan, Johnny

JOHNNY LOGAN v (Australien, * 13. 5. 1955 als Sean Patrick Michael Sherrard O'Hagan in Melbourne)

Der Sohn irischer Einwanderer machte noch in Australien mit seinem Bruder Mike und dem gemeinsamen Freund Rob die Band Rob Strong & The Gates. Nach einem erfolglosen Jahr ging Johnny Logan nach Irland, beteiligte sich an einem Talentwettbewerb und erhielt die Hauptrolle in dem Rockmusical »Adam & Eve«. Danach erneut eine Rockgruppe, dieses Mal Sean O'Hagan & The Rainbow. Die Band hielt auch nicht lange durch, machte aber einen Produzenten auf den Sänger aufmerksam, dem dann ein Solovertrag angeboten wurde. Der erste große Erfolg kam für Johnny Logan, als er für Irland beim Grand Prix Eurovision startete und 1980 mit »What's Another Year« gewann. Danach muss er etliche Probleme mit seinem Manager, seiner Ehefrau und sich selbst gehabt haben. Er verschwand für einige Zeit in die Türkei, und zur Überraschung aller tauchte er 1987 wieder beim Grand Prix mit dem selbst geschriebenen Lied »Hold Me Now« auf und gewann ein zweites Mal. Aber auch dieses Mal gelang es ihm nicht, seinen Ruhm über den Grand-Prix-Titel hinaus zu festigen. Als Songschreiber war er noch zweimal beim Grand Prix erfolgreich: 1984 belegte Linda Martin mit seiner Nummer »Terminal 3« den zweiten Platz und 1992 gewann Linda Martin mit »Why Me«, geschrieben von Logan unter seinem richtigen Namen Sean Sherrard.

What's Another Year (5/80 D 2, GB 1)
Hold Me Now (5/87 D 2, GB 2)
Grand Prix, Pop

Loggins & Messina

KENNY LOGGINS v, g (USA, * 7. 1. 1947 in Everett/Washington), JIM MESSINA v, g (USA, * 5. 12. 1947 in Maywood/Kalifornien)

Jim Messina spielte von September 1967 bis Mai 1968 bei Buffalo Springfield Bass, um dann mit Richie Furay im August 1968 Poco zu gründen. Jim blieb bis November 1970 und wurde dann Produzent für CBS. Diese Firma hatte, nachdem er den Hit »House At Pooh Corner« für die Nitty Gritty Dirt Band geschrieben hatte, den Sänger und Songschreiber Kenny Loggins als Solokünstler unter Vertrag genom-

men. Messina sollte die erste LP von Loggins betreuen, doch die Zusammenarbeit wurde dermaßen intensiv, dass sie dann als Kenny Loggins With Jim Messina veröffentlicht wurde. Nach dem Millionseller »Your Mama Don't Dance« kamen noch »Thinking Of You« (3/73 US 18) und »My Music« (11/73 US 16). Die erfolgreichsten Alben des Duos: »Sittin' In« (3/72 US-LP 70), »Loggins And Messina« (11/72 US-LP 16), »Full Sail« (11/73 US-LP 10), »On Stage« (5/74 US-LP 5), »Mother Lode« (11/74 US-LP 8), »Native Songs« (1/76 US-LP 16) und »The Best Of Friends« (12/76 US-LP 61).
Im November 1976 trennten sie sich und versuchten sich beide als Solisten. Messina mit weniger, Loggins mit mehr Erfolg. Als sich im Januar 1989 die Urformation von Poco wieder zusammenfand, war auch Jim Messina mit dabei.

Your Mama Don't Dance (11/72 US 4)
AOR (Adult Orientated Rock), West Coast

Siehe auch: Loggins, Kenny

Loggins, Dave

DAVE LOGGINS v, g (USA, * 10. 11. 1947 in Mountain City/Tennessee)
Dave ist ein Cousin von Kenny Loggins und im Gegensatz zu ihm ein echtes One-Hit-Wonder. Mit dem zugegebenermaßen sehr schönen Titel »Please Come To Boston« gelang ihm sein einziger Hit. Der Nachfolgetitel »Someday« kam nicht einmal mehr unter die ersten 50. Als Studiomusiker ist Dave auf Platten von Anne Murray, Jimmy Buffett, Crystal Gayle oder Bobby Bare zu hören.

Please Come To Boston (6/74 US 5)
Pop, Soft Pop

Loggins, Kenny

KENNY LOGGINS v, g (USA, * 7. 1. 1947 in Everett/Washington)
Kenny machte mit den erfolglosen Gruppen Gator Creek und Second Helping seine ersten Plattenaufnahmen. Nachdem er 1969 mit der schon nicht mehr erfolgreichen Band Electric Prunes getourt war, wurde er fest angestellter Songschreiber. Kenny Loggins erhielt hundert Dollar die Woche. 1971 schrieb er die Nummer »House At Pooh Corner«, die ein Hit für die Nitty Gritty Dirt Band wurde. Nach diesem Erfolg erhielt Kenny einen Plattenvertrag als Solist.
Das ehemalige Buffalo-Springfield- und Poco-Mitglied Jim Messina wurde als Produzent für Kenny verpflichtet. Die beiden entschlossen sich jedoch, ein Duo zu gründen, das in den folgenden vier Jahren zusammenspielte. Nach der Trennung machten beide als Solisten weiter, wobei Kenny erfolgreicher war. Bei »Whenever I Call You Friend« sang Stevie Nicks von Fleetwood Mac. »I'm Alright« war das Thema aus dem Film »Caddyshack«, und »Footloose« stammte aus dem gleichnamigen Film. Auch seine beiden weiteren Top-10-Hits waren Titel, die aus Filmen stammten: »Danger Zone« aus »Top Gun« und »Nobody's Fool« aus »Caddyshack II«. Stetige Nachfrage findet die Nummer »Heartlight« bei den deutschen Radiohörern. Sie ist zu finden auf der CD »High Adventure« aus dem Jahr 1982. Der Song wird in der amerikanischen Hitparade im März 1983 auf Platz 24 als »Welcome To Heartlight« aufgeführt. Seine erfolgreichsten Alben waren »Celebrate Me Home« (5/77 US-LP 27), »Nightwatch« (7/78 US-LP 7) und »Keep The Fire« (10/79 US-LP 16), »High Adventure« (9/82 US-LP 13), »Return To Pooh Corner« (5/94 US-LP 65) und »Yesterday, Today, Tomorrow – The Greatest Hits Of Kenny Loggins« (4/97 US-LP 39). Besonders mit Filmmusiken hält sich Kenny in den Hitparaden. Das Album zum Film »Footloose« (2/84 US-LP 1 – 9fach Platin, 4/84 GB-LP 7, 5/84 D-LP 3) wurde ebenfalls ein Hit.

In den 80er Jahren hatte Kenny starke Drogen- und Alkoholprobleme – und Probleme damit, keinen Hit mehr zu landen. Mit dem aufkommenden Adult Radio Format in den USA fand er dann doch wieder ein Forum für seine Platten. Anfang 1997 war Kenny wieder mit einem Titel aus einem Film auf dem Markt: »For The First Time« aus dem Film »Tage wie dieser«, in dem Michelle Pfeiffer und George Clooney die Hauptrollen spielten. 2001 nahm Kenny eine Platte mit Justin Hayward von Moody Blues auf, die als Duett erscheinen soll, und für Sommer 2002 ist ein neues Album geplant.

Whenever I Call You Friend (7/78 US 5)
I'm Alright (7/80 US 7)
Footloose (1/84 US 1; 4/84 D 4, GB 6)
Danger Zone (5/86 US 2)
Nobody's Fool (7/88 US 8)
AOR (Adult Orientated Rock), Pop, West Coast

Siehe auch: Loggins & Messina

Lolly

LOLLY v (Großbritannien, als Anna Klumby)

Teenie-Sängerin Lolly aus den West-Midlands (geboren im Mai 1975) hatte vor ihrem ersten Hit »Viva La Radio« unzählige Auftritte in TV-Werbungen und West End Musicals. Die Plattenfirma weigerte sich, ihren richtigen Namen zu veröffentlichen. Ihr zweiter Hit »Mickey« war eine Coverversion der gleichnamigen Komposition des Hits Chinn/Chapman. Toni Basil war 1982 damit erfolgreich. Ihr erstes Album hieß ganz richtig »My First Album« (10/99 GB-LP 21). Nach den ersten folgten mit »Per Sempre Amore« (5/00 GB 11) und »Girls Just Wanna Have Fun« (9/00 GB 14) weitere Hits. »Girls ...« war eine Coverversion des Cyndi-Lauper-Hits. Zum gleichen Zeitpunkt, Herbst 2000, wurde mit »Pick 'n' Mix« ein neues Album angekündigt.

Viva La Radio (7/99 GB 6)
Mickey (9/99 GB 4)
Big Boys Don't Cry/Rockin' Robin (12/99 GB 10)
Pop

London Boys

EDEM EPHRAIM v (Großbritannien, * 1. 7. 1963, † 26. 1. 1996), DENNIS FULLER v (Großbritannien, * 19. 6. 1963, † 26. 1. 1996)

Das Duo wurde in Deutschland entdeckt und produziert. Dass die beiden in Hamburg wohnten, versuchten sie in Interviews möglichst immer zu verschweigen. Sie wollten nicht als deutsche Disko-Truppe abgetan werden. Ihre erste Platte, »Requiem«, kam Ende 1988 in die britischen Charts und belegte Platz 59. Vier Monate später schaffte sie einen Re-Entry. Mit »London Nights« wurden sie erstmals auch in Deutschland verzeichnet. Ihr erfolgreichstes Album hieß »The Twelve Commandments Of Dance« (7/89 GB-LP 2). Anfang der 90er Jahre ließ der Erfolg des Duos nach.
Edem und Dennis waren auf dem Weg zu einem Auftritt, als sie bei einem Autounfall ums Leben kamen.

Requiem (4/89 GB 4)
London Nights (7/89 GB 2)
Disko

Londonbeat

JIMMY »CHIRPY« CHAMBERS v (Trinidad, * 20. 1. 1946), GEORGE CHANDLER v (USA, in Atlanta/Georgia), JIMMY »HELMSY« HELMS v, g (USA, in Florida), WILLIAM »WILLY« M. g (Großbritannien, als William Henshall in London)

Dave A. Stewart, der mit den Eurythmics und seinen vielen anderen Projekten offensichtlich zeitlich nicht ausgelastet war, gründete 1988 seine eigene Plattenfirma

Anxious. Eine seiner ersten Bands, die er unter Vertrag nahm, war Londonbeat. 1987 war die Gruppe als Beat Jockeys gegründet worden, drei der Mitglieder – Chambers, Helms und Chandler – hatten gesanglich Paul Young unterstützt. Ihren ersten Hit hatte die Band mit »9 A.M. (The Comfort Zone)« (11/88 GB 19), 1990 gelang ihnen der Superhit »I've Been Thinking About You«. Ihr erfolgreichstes Album war »In The Blood« (10/90 GB-LP 34, 3/91 US-LP 21). Nach gruppeninternen Schwierigkeiten stieg Mitte 1994 George Chandler aus. Der Rest machte als Trio weiter. Jimmy Helms hatte übrigens schon Hits vor seiner Zeit mit Londonbeat.

I've Been Thinking About You (9/90 D 1, GB 2; 2/91 US 1)
You Bring On The Sun (6/92 D 6)
Dance, Middle Of The Road (MOR), Pop

Siehe auch: Helms, Jimmy

Lonestar

MICHAEL BRITT g (USA), RICHIE MCDONALD v, g (USA), KEECH RAINWATER d (USA), JOHN RICH v, b (USA, * 7. 1. 1974 in Amarillo/Texas), DEAN SAMS key (USA)

›Wir sind alle große Fans der Eagles‹, sagt die Band aus dem Lonestar State, also aus Texas. 1992 wurde sie allerdings in Nashville gegründet. In den folgenden beiden Jahren zogen sie durch die USA, um sich ihren potenziellen Fans zu präsentieren. Die fanden sie allerdings eher unter den Country- als den Rock-Fans. Das Quartett ließ sich in Nashville nieder und hatte mit »Tequila Talkin'« (8/95 C&W 8) eine erste Hitnotierung. Die nächsten Hits blieben vorerst auch auf die C&W-Charts beschränkt – die erfolgreichsten Singles: »No News« (1/96 C&W 1), »Runnin' Away With My Heart« (5/96 C&W 8), »Come Cryin' To Me« (5/97 C&W 1), »You Walked In« (8/97 C&W 12, 11/97 US 93) und »Everything's Changed« (7/98 C&W 2). Die ersten Erfolgsalben waren »Lonestar« (2/96 C&W-LP 11), »Crazy Nights« (7/97 C&W-LP 16). Gründungsmitglied John Rich stieg 1998 aus und versuchte sich später als Solist. Ab 1999 versuchte sich die Band auch in den Pop-Charts zu etablieren. Für das Album »Lonely Grill« (6/99 US-LP 28) erhielten sie schließlich Dreifachplatin. Ausgekoppelt daraus wurde »Amazed« (4/00 GB 21), die erst am 4. 3. 2000 Platz 1 erreichte. Kommentiert wurde das mit der Feststellung, dass das die erste Country-Platte seit »Islands In The Stream« aus dem Jahre 1983 sei, die die Spitze der Pop-Charts erreichte. Weitere Top-40-Hits waren »Smile« (12/99 US 39), »What About Now« (6/00 US 30), »Tell Her« (11/00 US 39), »I'm Already There« (5/01 US 24). Erfolgreich auch das Album »I'm Already There« (7/01 US-LP 9).

Amazed (6/99 US 1)
Pop, Rock, West Coast

Long, Shorty

SHORTY LONG v, p (USA, * 20. 5. 1940 als Frederick Earl Long in Birmingham/Alabama, † 29. 6. 1969)

Der Pianist, Sänger und Songschreiber Shorty Long war in den 50er Jahren für zwei Jahre Mitglied der Ink Spots und machte 1962 seine ersten Soloplatten. Sein einziger nennenswerter Erfolg war die Novelty-Nummer »Here Comes The Judge«, die es auf Platz 30 in GB und 38 in Deutschland brachte. Möglich, dass seine Karriere noch weiter gegangen wäre, aber 1969 ertrank er bei einem Bootsunglück auf dem Detroit River in Kanada.

Here Comes The Judge (6/68 US 8)
Pop, Rhythm & Blues

Lonyo

Mit 14 Jahren wurde Lonyo Spieler für das Fulham-Team in London. Mit 17 erlitt er eine ersthafte Verletzung und er musste seine Fußballkarriere aufgeben. Zusammen mit drei Schulfreunden gründete er die Formation D-Firm. Sie erhielten einen Vertrag mit First Avenue, die auch Eternal, Louise und andere britische Künstler betreuten – aber nach drei erfolglosen Jahren fiel die Band auseinander. Lonyo versuchte sich als Solist unter dem Alias Comme Ci Comme Ca. Er traf auf die Garage-Band DEM2 und sang für sie die Nummer »Destiny« (10/98 GB 58), die sich zu einem Underground-Hit entwickelte. Mit der Band trat Lonyo auch bei diversen Partys auf. Dann traf er erneut auf Nigel Lowis, der als Produzent für Eternal gearbeitet und sich seine eigene Plattenfirma Riverhorse zugelegt hatte. Der machte mit Lonyo einen Vertrag als Solist. Die erste Veröffentlichung brachte gleich den Top-10-Hit »Summer Of Love«. Es folgte »Garage Girls« (4/01 GB 39).

Summer Of Love (7/00 GB 8)
Pop

Look

MICK BUSS g (Großbritannien), JOHNNY FONTAINE v (Großbritannien)
»I Am The Beat« war der größte Hit der britischen Formation Look um den Sänger Johnny Fontaine und den Gitarristen Mick Buss, der mit »Feeding Time« im August 1981 noch ein Platz 50 in GB gelang, und dann nichts mehr. Die Band hinterließ keinerlei weitere Spuren.

I Am The Beat (12/80 GB 6)
Pop

Looking Glass

LARRY GONSKY key (USA, * 20. 10. 1949), JEFFREY GROB d (USA, * 6. 12. 1950), ELLIOT LURIE v, g (USA, * 19. 8. 1948 in Brooklyn/New York City), PIETER SWERVAL b (USA, * 13. 4. 1948 in Toms River/New Jersey, † 23. 1. 1990)
1969 wurde diese Band als Rockgruppe gegründet. Danach wurden sie in ihrem Stil etwas seichter. Nachdem Looking Glass bei Motown und Rolling Stones Records Plattenverträge hatten, die nichts brachten, verbuchten sie Mitte 1972 auf Epic Records ihren ersten Erfolg: »Brandy (You're A Fine Girl)«. Ein Jahr später gelang ihnen mit »Jimmy Loves Mary-Anne« (7/73 US 33) noch ein Hit. Als sie nach ihrem Spitzenreiter auf Tour gingen, enttäuschten sie das Publikum, da »Brandy« absolut untypisch für ihre Live-Auftritte war. Sie spielten normalerweise viel härtere Sachen, als dieser Hit ahnen ließ. Bald darauf trennte sich die Formation, und Lurie versuchte sich erfolglos als Solist. Später wurde er Produzent vor allem für Filmmusik, so z. B. für »Perfect« mit Jamie Lee Curtis und John Travolta.

Brandy (You're A Fine Girl) (6/72 US 1)
AOR (Adult Orientated Rock), Soft Pop

Loona

CARISMA v (Niederlande, * 16. 9. 1970 als Marie-José van der Kolk), DJ SAMMY dj (Spanien, * 29. 10. 1969 als Sofiane Bouriah in Mallorca)
DJ Sammy legte bereits seit Ende der 80er Jahre in der Diskothek Joy Palace auf Mallorca Platten auf. Dort lernte er auch die professionelle Sängerin und Tänzerin Carsima kennen, mit der er das Projekt DJ Sammy & Carisma startete. Carisma machte auch bei Loona mit. Der erste Hit »Bailando« wurde in Kooperation mit dem RTL Kino Sommer gepusht. Ursprünglich war die Platte 1995 mit dem spanisch/belgischen Projekt Paradisio erschienen, konnte sich jedoch in Deutschland nicht durchsetzen. Die Neuinterpreta-

tion von Loona 1998 schaffte es. Eine Coverversion war auch »Hijo De La Luna«. 1989 hatte die spanische Gruppe Mecano damit in den Hitparaden gestanden.

Bailando (6/98 D 1)
Hijo De La Luna (12/98 D 1)
Mamboleo (7/99 D 3)
Latino Lover (7/00 D 6)
Disko, Pop

Siehe auch: DJ Sammy & Yanou

Lopez, Jennifer

JENNIFER LOPEZ v (USA, * 24. 7. 1970 in Bronx/New York City)
Die Schauspielerin puertorikanischer Abstammung, die als bestbezahlte Latina Hollywoods gilt, hatte ihren Durchbruch mit »Living Colour«, einer amerikanischen Sitcom. Danach war sie in Spielfilmen wie »Money Train« 1995, »Selena« 1996 – über die 1995 ermordete erfolgreiche gleichnamige Sängerin –, »Blood And Wine« neben Jack Nicholson 1997, »Anaconda« 1997, »U-Turn« 1998, »Out Of Sight« 1998 – neben George Clooney –, »The Cell« 2000, »The Wedding Planner« 2001 und »Angel Eyes« 2001 zu sehen. Ab 1999 war sie dann auch als Sängerin erfolgreich. Neben ihrer Debütsingle wurde auch ihr Album »On The 6« (6/99 US-LP 8, GB-LP 14, D-LP 3) ein Erfolg. Benannt ist das Album nach der U-Bahn-Linie 6, mit der sie immer zum Tanz- und Gesangsunterricht von der Bronx nach Manhattan fuhr. Zu Jennifers Produzenten gehören Rodney Jerkins und Puff Daddy. Es folgten die Hitalben »J.Lo« (2/01 GB-LP 2, 2/01 D-LP 1, 2/01 US-LP 1) und »J To Tha L-O! The Remixes« (2/02 US-LP 1, 3/02 GB-LP 4, 4/02 D-LP 5). Davon stammte »Ain't It Funny Remix« (3/02 D 18).

If You Had My Love (5/99 US 1; 7/99 D 5, GB 4)
Waiting For Tonight (10/99 US 8; 11/99 GB 5)
Love Don't Cost A Thing (12/00 US 3, D 6; 1/01 GB 1)
Play (5/01 GB 3)
I'm Real (7/01 US 1; 11/01 GB 4)
Ain't It Funny (8/01 GB 3; 12/01 US 1)
Ain't It Funny Remix (3/02 GB 4)
Latin Pop

Lopez, Trini

TRINI LOPEZ v, g (USA, * 15. 5. 1937 als Trinidad Lopez III in Dallas/Texas)
Seine Mixtur aus Texmex, Folk und Happy Time Music brachte ihm Mitte 1963 einen weltweiten Erfolg: »If I Had A Hammer«. Speziell in den gerade aufkommenden Diskotheken in den USA war diese Nummer, die ursprünglich ein Protest-Folksong von Pete Seeger war, ein Hammer. Der amerikanische Plattenproduzent Don Costa hatte den Sänger und Gitarristen entdeckt, als er im berühmten PJ's Nightclub in Los Angeles spielte. Er verschaffte ihm einen Plattenvertrag auf dem Frank-Sinatra-Label Reprise. 1966 spielte Lopez in »Das dreckige Dutzend« neben Lee Marvin, Ernest Borgnine, Charles Bronson, John Cassavetes und Robert Ryan die Rolle des Pedro Jiminez. Lopez gehörte zu den Künstlern, die live immer am besten sind. So entstanden viele seiner LPs während seiner Auftritte in Clubs, und auch seine beiden Top-10-Hits sind live eingespielt. Seine erfolgreichste Studio-Singleproduktion war der Titel »Lemon Tree« (1/65 US 20, 5/65 D 38). Seine erfolgreichsten Alben: »Trini Lopez At PJ'S« (7/63 US-LP 2, 10/63 GB-LP 7, 12/63 D-LP 2), »More Trini Lopez At PJ'S« (12/63 US-LP 11, 2/64 D-LP 6), »Trini Lopez In London« (3/67 GB-LP 6) und »Happy Trini Lopez« (1/81 D-LP 9). Bis Ende der 70er Jahre nahm er weitere Platten auf, während der 80er sang er hauptsächlich in Las Vegas.

If I Had A Hammer (7/63 US 3; 9/63 GB 4; 11/63 D 2)
America (12/73 D 3)
Folk, Pop, Texmex

Lorain, A'Me

A'ME LORAIN v (USA, in Simi Valley/Kalifornien)

A'Me Lorain sang zusammen mit ihrem Verlobten Victor Indrizzo und ihrem Bruder Fred Trujillo in der Gruppe Family Affair. Im Januar 1990 erschien ihre Debüt-Solosingle »Whole Wide World« aus dem Film »True Love«. Der Film wurde ein Flop, die Platte kletterte in den US-Charts nach oben. Mit »Follow My Heartbeat« hatte sie noch eine weitere Hitnotierung.

Whole Wide World (1/90 US 9)
Pop

Lord Tariq & Peter Gunz

PETER GUNZ rap (USA), LORD TARIQ rap (USA)

Aus dem Titel »Black Crow« der Gruppe Steely Dan fummelten schon 1994 die beiden Jungs aus der Bronx die Nummer »Deja Vu (Uptown Baby)« (5/98 GB 21). Keiner wollte sie damals haben – also haben sie sie auf ihrem eigenen Plattenlabel Codeine veröffentlicht. Lange passierte nichts, dann haben New Yorker DJs den Titel im Herbst 1997 auf die Playlist gesetzt und er kam in die US-Charts. Zwei Monate dümpelte das Stück unterhalb der Position 40 – dann kam sie innerhalb fünf weiterer Wochen unter die ersten 10. Ihr erfolgreichstes Album war »Make It Reign« (6/98 US-LP 38).

Deja Vu (Uptown Baby) (11/97 US 9)
HipHop

Lords

PETER »MAX« DONATH d (Deutschland, * 11. 8. 1944 in Berlin), KNUT KUNTZE b (Deutschland, in Berlin), LEO LIETZ g (Deutschland, * 31. 12. 1943 als Klaus Peter in Hammerstein), LORD ULLI g (Deutschland, * 24. 7. 1942 als Ulli Günther in Berlin, † 13. 10. 1999), RAINER PETRY g (Deutschland, * 5. 7. 1944 in Berlin), BERND ZAMULO b (Deutschland, * 16. 8. 1944 in Cuxhaven)

Die Lords kamen 1959 als Skiffle Lords zusammen, was ein deutlicher Hinweis auf ihren damaligen Musikstil ist. Ab 1963 nannten sie sich nur noch Lords und konzentrierten sich auf an britischem Beat orientierte Musik. In der Besetzung Günther, Lietz, Petry, Kuntze und Donath gewannen sie im legendären Hamburger Star-Club im September 1964 bei einem Wettbewerb unter dem Motto ›Wer spielt so wie die Beatles?‹ den ersten Preis: einen Plattenvertrag. Ihre Debüt-Single nahmen sie noch in deutscher Sprache auf. Nach einem schweren Autounfall musste Knut Kuntze im Februar 1965 ersetzt werden. Für ihn kam zunächst Heinz Hegemann und ab August 1965 Bernd Zamulo. Ihre erste Hitnotierung kam ein Jahr später, nachdem sie sich auf englischsprachige Aufnahmen verlegt hatten, mit »Shakin' All Over« (8/65 D 11), im Original ein Titel von Johnny Kidd & The Pirates. Wenig später erschien »Poor Boy« (10/65 D 12), geschrieben von Peter Lietz. Hier lernten wir dann, dass er direkt nach seiner Geburt weder sprechen noch gehen konnte. Weitere Hits: »Que Sera« (1/66 D 21), »Greensleaves« (3/66 D 14), »What They Gonna Do« (9/66 D 34), »Have A Drink On Me« (12/66 D 19), »Gloryland«, »John Brown's Body« (2/68 D 11), »And At Night« (7/68 D 40), »Good Time Music« (11/68 D 35), »People World« (3/69 D 17) und »Three-Five-Zero-Zero« (8/69 D 27). Wenn sie inzwischen auch als arrivierte deutsche Beatband galten, so kann man an Aufnahmen wie »Greensleeves«, »Lost John«, »Seven Daffodils« oder »Have A Drink On Me« die Skiffle-Vergangenheit der Formation heraushören. Die erfolgreichsten Alben waren »In Black And

White – In Beat And Sweet« (5/65 D-LP 12) und »Shakin' All Over« (12/65 D-LP 16). Mit Beginn der 70er Jahre verschwanden die Lords aus den Hitparaden. Mitglieder wechselten, und die Band war zeitweise ganz aufgelöst. Regelmäßig kamen sie jedoch wieder für Oldie-Konzerte zusammen. So auch im Herbst 1999, als die Gruppe am 9.10. in Berlin zum 40-jährigen Bühenjubiläum auftrat. Während des Konzertes brach Ulli zusammen, schlug auf den Hinterkopf auf und zog sich einen Schädelbruch zu. Er fiel in ein Koma, aus dem er nicht mehr erwachte – Ulli starb vier Tage später. Am 12. Mai 2001 traten die restlichen Lords im Düsseldorfer Savoy Theater unter dem Motto ›Die Legende lebt‹ auf. Ohne Ulli?

Gloryland (9/67 D 5)
Beat, Pop

Loring, Gloria

GLORIA LORING v (USA, * 10. 12. 1946 in New York City)

Wieder einmal eine amerikanische TV-Größe, die es auch ins Plattengeschäft drängte. Gloria Loring spielte in der Fernsehseifenoper ›Days Of Our Lives‹ die Rolle der Liz Curtis. Carl Anderson war ebenfalls Schauspieler, der allerdings auch schon Erfolge als Sänger hatte. Am Broadway und im Film spielte er in der Rockoper »Jesus Christ Superstar« den Judas. 1984 tauchte er mit dem Titel »Magic« in der amerikanischen Rhythm-&-Blues-Hitparade auf. »Friends And Lovers« kam mit Gloria und Carl 1986 in die amerikanische Pophitparade – es blieb ihr einziger Erfolg. Auch Soloaktivitäten der beiden – sollte es sie gegeben haben – zeichneten sich nicht in den Hitparaden ab.

Friends And Lovers (7/86 US 2)
Pop

Los Bravos

MIGUEL VICENS DANUS b (Spanien, * 21. 6. 1944 in Palma de Mallorca), MANOLO FERNANDEZ org (Spanien, * 29. 9. 1943 in Sevilla), MICHAEL KOGEL v (Deutschland, * 25. 4. 1944 in Berlin), ANTONIO MARTINEZ g (Spanien, * 3. 10. 1945 in Madrid), PABLO GOMEZ SAMLLEHI d (Spanien, * 5. 11. 1943 in Barcelona)

Michael Kogel spielte Anfang der 60er Jahre mit der Gruppe Michael & The Firebirds, die den Titel »Der Knüller Mausi Müller« aufnahm. Der deutsche Produzent Nils Nobach brachte Michael in Spanien mit der Gruppe Los Sonor zusammen. Aus Mitgliedern dieser Band und aus Musikern einer weiteren spanischen Formation, den Runaways, wurde nun Mike & The Runaways. 1966 wurden sie in Spanien zur Nr.-1-Gruppe gewählt. In London nahmen sie im April 1966 als Los Bravos den Titel »Black Is Black« auf. Im Nachhinein wurde allerdings bekannt, dass außer Michael von der Gruppe niemand im Studio anwesend war. Ihr erfolgreichstes Album hieß ebenfalls »Black Is Black« (10/66 GB-LP 29). 1969, nach dem Tod des Keyboarders Manolo, fiel die Band auseinander. Mike bekam angeblich ein Angebot von Jimmy Page, in dessen neu zu gründende Formation einzusteigen. Er entschloss sich jedoch zu einer Solokarriere als Mike Kennedy, und so wurde Robert Plant Sänger in Jimmys Band Led Zeppelin. Mit »Louisiana« stand Mike 1972 in den amerikanischen Hot 100. 1986 kamen Los Bravos wieder für eine mehrmonatige Tournee durch Spanien zusammen. Ansonsten blieb Kennedy dort ein Star und veröffentlichte regelmäßig neue Platten.

Black Is Black (6/66 GB 2; 8/66 D 4, US 4)
Beat, Pop

Los Del Rio

ANTONIO ROMERO MONGE v, g (Spanien), RAFAEL RUIZ PERDIGONES v, g (Spanien)

Wie ein warmer Regen kam über die beiden älteren Herren der Bewegungsdrang der westlichen Welt. Ganze Staaten und Stadien tanzten im Macarena-Fieber, was bei vielen Menschen sehr lustig aussah, so zum Beispiel bei der amerikanischen Außenministerin Madeleine Albright vor den Vereinten Nationen. Der Song »Macarena« war 1993 ein großer Erfolg in Spanien. Aber erst nachdem die Bayside Boys (Carlos A. de Yarza und Mike Triay) den Titel noch einmal abmixten und den Part von Monge und Perdigones zurücknahmen und statt dessen Mädels englisch dazu singen ließen, kam der internationale Erfolg. Die Platte stieg im September 1995 in die amerikanische Hitparade ein, kletterte bis auf 45 und fiel dann wieder raus. Im Mai 1996 stieg sie auf Platz 47 in den USA wieder ein und erreichte am 3. August 1996 Platz 1. Diesen Spitzenplatz gab »Macarena« erst nach 14 Wochen, und nachdem es viermal Platin gesetzt hatte, wieder ab. Aber nicht nur das: Auch die Originalversion von »Macarena« kam im Juli 1996 in die US-Charts und erreichte immerhin noch Platz 23. Zeitgleich standen also die beiden Versionen des Stückes hoch in den amerikanischen Hot 100. Bezeichnenderweise stand der Sender, der »Macarena« erstmals mit einem Power Play in den USA gespielt hatte, in Seattle, der Heimat des Grunge. Auf jeden Fall: die beiden Spanier, die ihr 30-jähriges Bühnenjubiläum bereits hinter sich hatten, haben dank »Macarena« die Rente durch.

Macarena (Bayside Boys Mix) (3/96 D 1; 5/96 US 1; 6/96 GB 2)
Dance, Pop

Los Lobos

STEVE BERLIN sax (USA, * 14. 9. 1955 in Philadelphia/Pennsylvania), DAVID HIDALGO v, g (USA, * 6. 10. 1954 in Los Angeles/Kalifornien), CONRAD LOZANO b (USA, * 21. 3. 1951 in Los Angeles/Kalifornien), LUIS PEREZ d (USA, * 29. 1. 1953 in Los Angeles/Kalifornien), CESAR ROSAS v, g (USA, * 26. 9. 1954 in Los Angeles/Kalifornien)

1973 formierte sich diese Gruppe in Los Angeles. Zwei Jahre probten sie, bevor sie das erste Mal öffentlich auftraten. Ihre vorwiegend akustisch gespielte Musik war eine Mixtur aus Rock 'n' Roll, Rockabilly und mexikanischer Folklore. Die gängige Abkürzung dafür lautet Tex-Mex-Music. 1978 nahmen sie auf eigene Kosten ihr Debütalbum »Just Another Band From L.A.« auf, das sie bei Veranstaltungen an Zuschauer verkauften. Ein Auftritt 1980 im Vorprogramm von Public Image Ltd in Los Angeles musste nach zehn Minuten abgebrochen werden: das Punk-Publikum konnte mit der Musik nichts anfangen und bewarf Los Lobos mit Flaschen. Ein Gutes hatte das Ereignis dennoch: Die Musikindustrie wurde auf die Formation aufmerksam. 1983 erhielten sie einen Plattenvertrag. Ihre erste Hitnotierung war die interessante Frage »Will The Wolf Survive?« (3/85 US 78). Zwei Jahre später hatten sie den Welthit »La Bamba« aus dem gleichnamigen Film, in dem das Leben von Ritchie Valens erzählt wurde, der ebenfalls Amerikaner mexikanischer Abstammung war. Die Gruppe spielte selbst auch im Film mit. »Come On, Let's Go« (9/87 US 21, GB 18), ebenfalls aus dem Film, wurde noch ein weiterer Singleerfolg. Danach gelang ihnen kein Hit mehr. Ihr erfolgreichstes Album war der Soundtrack zu »La Bamba« (7/87 US-LP 1, 8/87 GB-LP 24).

La Bamba (6/87 GB 1, US 1; 8/87 D 7)
Pop, Rock 'n' Roll, Texmex

Lou & The Hollywood Bananas

LOU DEPRIJK (Belgien)
Lou Deprijk war Mitglied der Formation Two Men Sound und Produzent von Plastic Bertrand. Im Herbst 1979 nahm er zusammen mit zwei nicht genannten Sängerinnen den französischen Titel »Kingston Kingston« auf, der in Deutschland erfolgreich wurde. Lou bezeichnete ihn als ersten Versuch, französischen Reggae zu machen. Ob er in Feuer- oder Neuseeland weitere Erfolge hatte, weiß man nicht. In Deutschland jedenfalls blieb es bei diesem einzigen Hit.

Kingston Kingston (9/79 D 6)
Disko

Lou, Luchie & Michie One

LUCHIE LOU v, dj, mix (Großbritannien, in London), MICHIE ONE dj (Großbritannien, in London)
Die beiden Mädchen stammen aus dem Süden Londons. Luchie Lou arbeitete mit der HipHop-House-Crew The Blapps Posse, die mit der Single »Don't Hold Back« bei Rave-Partys sehr populär war. Michie startete als Discjockey mit der englischen Frauencombo Gold Label. Außerdem arbeitete sie mit der Band Double Trouble. Die ersten Singles des Duos hießen »Somebody Else's Guy« und »Rich Girl«. Letzteres eine Umarbeitung von »If I Were A Rich Man« aus »The Fiddler On The Roof«. Mit »Shout« – im Original ein Stück der Isley Brothers – gelang den beiden ihr erster Hit. Als Gäste von Suggs sangen sie auf deren Hit »Cecilia« mit.

Shout (5/93 GB 7)
Rave

Siehe auch: Suggs

Louise

LOUISE NURDING v (Großbritannien, * 4. 11. 1974 in London)
Als Mitglied des Mädchenquartetts Eternal hatte Louise ihre ersten Erfolge. Ab 1995 machte sie Soloplatten, und gleich ihre erste Chartnotierung »Light Of My Life« war ein Top-10-Hit. Anfang 1996 erschien »I'm Walked Love« (3/96 GB 17), im Original ein Stück von Exposé. Von den Briten wurde Louise zur Schönsten des Königreichs gewählt. Im Herbst 1997 erschien mit »Woman In Me« ein neues Album. Daraus ausgekoppelt »Arms Around The World« und »Let's Go Round Again«, im Original ein Stück der Average White Band. Damit hatte Louise insgesamt sechs Titel unter den ersten 10 der britischen Hitparade und war die erfolgreichste britische Sängerin der 90er Jahre. Mit »Two Faced« hatte sie ihren ersten Hit im Jahr 2000. Inzwischen hatte sie den Fußballstar Jarnie Redknappe aus Liverpool geheiratet. Wenig später erschien das Album »Elbow Beach«. Dorthin, auf die Bahamas, hatte sie mit Jarnie ihre Hochzeitreise gemacht. Ihre erfolgreichsten Alben: »Naked« (7/96 GB-LP 7), »Woman In Me« (10/97 GB-LP 5), »Changing Faces – The Best Of« (9/01 GB-LP 9).

Light Of My Life (10/95 GB 8)
Naked (6/96 GB 5)
Undivided Love (8/96 GB 5)
One Kiss From Heaven (11/96 GB 9)
Arms Around The World (10/97 GB 4)
Let's Go Round Again (11/97 GB 10)
Two Faced (7/00 GB 3)
Stuck In The Middle With You (9/01 GB 4)
Pop

Siehe auch: Eternal

Love Affair

MAURICE BACON d (Großbritannien, * 26. 1. 1952), REX BRAYLEY g (Großbritannien, * 3. 1. 1949), STEVE ELLIS v (Großbritannien, * 7. 4. 1950), MORGAN FISHER key (Großbritannien, * 1. 1. 1950), LYNTON GUEST key (Großbritan-

nien, * 28. 11. 1951), MICK JACKSON b (Großbritannien, * 27. 1. 1950)
Angeblich ließ ein Damenhandtaschen-Hersteller namens Sidney Bacon in Musikblättern Musiker suchen, die er zu einer Band zusammenstellen wollte. 10 000 Pfund wollte er an Vorschuss zahlen, 500 Pfund für die Bühnenkleidung und 30 Schilling pro Nacht, Roadie inbegriffen. Es meldeten sich die oben genannten Musiker mit Ausnahme von Lynton Guest, der Morgan Fisher für kurze Zeit ablöste. Die Gruppe nahm einen Hit des Amerikaners Robert Knight, »Everlasting Love«, auf und machte daraus ihre erste Single. Viele Jahre später erzählte Produzent Mike Smith, außer dem Leadsänger Steve Ellis sei damals bei der Aufnahme des Titels kein Mitglied von Love Affair auch nur in der Nähe des Studios gewesen. Sie waren ihm einfach zu schlecht, und so stellte er dem Sänger Studiomusiker zur Seite. Die oben erwähnte Geschichte könnte natürlich auch so sein, dass Sidney Bacon um seinen Sohn Maurice Musiker gesucht hatte, damit aus dem ein erfolgreicher Musiker würde. 1970 löste sich die Band auf. Steve Ellis blieb weiter im Musikgeschäft. Er gründete die Formation Ellis, mit der er zwei LPs aufnahm, und war seither bei den Widowmakers. Nach 1991 spielte er als Steve Ellis's Love Affair. 2001 hatte er Material für ein neues Album – aber keine Plattenfirma. Fisher gründete eine eigene Band, die er Morgan nannte, spielte später mit den British Lions, The Third Ear Band, Mott The Hoople und machte auch Solo-LPs. 1982 spielte er Keyboards bei der Europatournee der Gruppe Queen. 1985 eröffnete er in Tokio ein eigenes Studio. Bacon spielte erst mit Fisher in dessen Band Morgan, stellte für Oldie-Veranstaltungen verschiedene Besetzungen von Love Affair zusammen und wurde dann Musikverleger. Jackson spielte in einer Gruppe namens Calvary, verließ dann das Musikgeschäft, wurde Autoverkäufer und später GB-Verkaufsdirektor für Alfa Romeo. 1999 nahmen er, Bacon und Fisher einen neuen Song auf, den sie »It's A Love Affair« nannten. Brayley spielte mit der Gruppe Muscles und ging dann ins Speditionsgeschäft.

Everlasting Love (1/68 GB 1)
Rainbow Valley (4/68 GB 5)
A Day Without Love (9/68 GB 6)
Bringing On Back The Good Times (7/69 GB 9)
Middle Of The Road (MOR), Pop

Love & Rockets

DANIEL ASH v, g, key (Großbritannien), KEVIN HASKINS key, d (Großbritannien), DAVID JAY v, key, b (Großbritannien)
1983 war Bauhaus auseinander gefallen. Peter Murphy begann eine Solokarriere. Ash und Haskins arbeiteten als Tones On Tail, Jay spielte mit Jazz Butcher. Weihnachten 1985 kamen Jay, Ash und Haskins wieder zusammen und gründeten Love & Rockets. Den Bandnamen hatten sie vom Titel eines Underground-Comics abgekupfert. 1987 stand ihre LP »Express« auf Platz 72 in den US-Charts. Überhaupt kristallisierte sich heraus, dass Love & Rockets auf dem amerikanischen Markt erfolgreicher werden würden als in GB. Mit »Love & Rockets« (5/89 US-LP 14) kam eine weitere LP in die US-Charts. Die daraus ausgekoppelte Single »So Alive« erreichte die Top 10. Begünstigt wurde der Hit durch ein professionell gemachtes Video, in dem sehr viel Bein gezeigt wurde. 1991 erschien eine Soloplatte von David Jay.

So Alive (5/89 US 3)
Elektro-Pop, Pop

Love City Groove

BEANZ (Großbritannien, als Stephen Rudden), JINGLES v, b (Großbritannien),

GREG LESTER v, g (Großbritannien), REASON v, rap (Großbritannien), JAY WILLIAMS v, rap, dj (Großbritannien), JAH WOBBLE b (Großbritannien, als John Wordle)
Eine Truppe, die der Meinung war, man müsse den Grand Prix Eurovision einmal aufmischen. Obwohl sie wussten, dass Rapper eigentlich bei diesem Wettbewerb nicht gefragt sind, bewarben sie sich ›just for fun‹, um GB 1995 beim Grand Prix zu vertreten. Sie gewannen den Vorwettbewerb, waren in Dublin dabei – und belegten schließlich Platz 10. Die Franzosen und die Österreicher hatten jeweils 12 Punkte gegeben, aber 10 Länder, darunter Deutschland, hatten das Lied mit überhaupt keinen Pönkten bedacht. Die Briten kümmerte es wenig. Im eigenen Land kam die Platte in die Charts. Neben dem Quartett Beanz, Jay, Jingles und Reason waren auf diversen Mixen der Gitarrist Grag Lester und der Bassist Jah Wobble zu hören. Zu einem weiteren Hit langte es nicht – wie bei so vielen Grand-Prix-Teilnehmern.

Love City Groove (4/95 GB 7)
Grand Prix, Pop, Rap

Love Committee

Seit Jahren gibt es jedes Jahr im Sommer eine Hymne zur Love Parade – meist produziert von Dr. Motte und WestBam, den Vätern der Veranstaltung – so auch im Jahr 2001, als die beiden allerdings erstmals auf ihre Prominenten (Künstler)-Namen verzichteten und das Ergebnis als Love Committee veröffentlichten.

You Can't Stop Us (7/01 D 10)
Dance

Love Message

Unter dem Namen Love Message hatten sich etliche Dance- und Teenie-Acts zusammengefunden, um in Hamburg die Aids-Seelsorge zu unterstützen. Das Projekt war 1992 gegründet worden und kümmerte sich um HIV-Infizierte. Love Message startete 1996 eine umfassende Aufklärungskampagne, die sich in erster Linie an die Jugendlichen richtete. Was an Überschüsssen erwirtschaftet wurde, ging an ein zum damaligen Zeitpunkt in Planung befindliches Aids-Hospiz in Hamburg, das ›Hamburg Leuchtfeuer‹ hieß. Alle Künstler, die mitmachten, verzichteten auf ihre Lizenzen zugunsten der Aids-Seelsorge. U 96, Fun Factory, Scooter, Mr. President, Worlds Apart und E-Rotic waren auf dem Song zu hören.

Love Message (2/96 D 4)
Dance

Love Sculpture

DAVE EDMUNDS v, g (Großbritannien, * 15. 4. 1944 in Cardiff/Wales), BOB »CONGOS« JONES d (Großbritannien), TOMMY RILEY d (Großbritannien), JOHN WILLIAMS b (Großbritannien)
Zusammen mit der Gruppe Human Beans machte der Gitarrist, Sänger und Songschreiber Dave Edmunds 1967 seine erste Platte mit dem Titel »Morning Dew«. Im Frühjahr 1968, nachdem die Single ein Flop geworden war, änderten sie ihren Namen in Love Sculpture. Ende desselben Jahres gelang ihnen mit dem »Sabre Dance« von Khatschaturjan Platz 28 in Deutschland. Im Laufe des Jahres verließ Tommy Riley die Band, für ihn kam Bob Jones. Daraufhin fiel die Band im Frühjahr 1969 auseinander. Dave Edmunds war danach als Solist erfolgreich.

Sabre Dance (11/68 GB 5)
Instrumental, Rock

Siehe auch: Edmunds, Dave

Love Unlimited Orchestra

BARRY WHITE v (USA, * 12. 9. 1944 in Galveston/Texas)

Das aus vierzig Personen bestehende Studioorchester wurde von Barry White dirigiert, der auch für die Arrangements verantwortlich war. Ursprünglich sollten die Musiker nur die Platten des Mädchentrios Love Unlimited begleiten, das es mit »Walkin' In The Rain With The One I Love« im Frühjahr 1972 auf einen Millionseller und Platz 14 brachte. Auf der Nummer war auch Barry Whites Stimme zu hören, allerdings nur am Telefon. Das Trio bestand aus den Schwestern Linda und Glodean James und Diana Taylor. Die drei Mädchen stammten aus San Pedro/Kalifornien. Barry White war ihr Manager und Produzent. Außerdem heiratete er Glodean am 4. 7. 1974 – geschieden wurden sie 1988. 1981 nahmen die beiden Duette auf. Zurück zu Love Unlimited Orchestra: Auch auf Singles von Barry White selbst spielte es mit. Ein eigener Hit gelang dem Orchestra mit »Love's Theme«. 1977 spielten sie das Thema zum Dino-De-Laurentiis-Film »King Kong«. Ein Mitglied des Orchesters wurde später als Solist erfolgreich: Saxophonist Kenny G. Das erfolgreichste Album von Love Unlimited hieß »Under The Influence Of ...« (9/73 US-LP 3, 3/74 D-LP 28), die erfolgreichsten Alben des Orchesters waren »Rhapsody In White« (2/74 US-LP 8) und »White Gold« (11/74 US-LP 28, 2/75 D-LP 34).

Love's Theme (12/73 US 1; 2/74 GB 10)
Instrumental, Phillysound, Soft Soul

Siehe auch: G., Kenny; White, Barry

Loverboy

PAUL DEAN g (Kanada, * 19. 2. 1946), MATTHEW FRENETTE d (Kanada), DOUG JOHNSTON key (Kanada), MIKE RENO v (Kanada, * 8. 1. 1955 als Rynoski), SCOTT SMITH b (Kanada, † 30. 11. 2000)

Diese Band wurde 1978 in Vancouver gegründet. Im Januar 1981 erreichte »Turn Me Loose« als erste Single der Band die US-Charts. Der erste Top-10-Erfolg war »Lovin' Every Minute Of It«. »Heaven In Your Eyes« aus dem Film »Top Gun« kam im Herbst 1986 in den USA auf Platz 12. Loverboy dürfte man auch eher als LP-Gruppe betrachten. Die erfolgreichsten Alben der Band: »Loverboy« (1/81 US-LP 13), »Get Lucky« (11/81 US-LP 7), »Keep It Up« (7/83 US-LP 7, D-LP 25) und »Lovin' Every Minute Of It« (9/85 US-LP 13).

Als typische Mainstream-Rockband hatte die Gruppe keinen Erfolg in GB. Der Sänger Mike Reno nahm im Duett mit Ann Wilson von der ebenfalls aus Kanada stammenden Formation Heart das Stück »Almost Paradise ... Love Theme From Footloose« auf. Anfang der 90er Jahre sang er zusammen mit Neal Schon von Journey und Neil Shilkin im Projekt Just If I. Außerdem machte er Soloplatten.1989 verließ Doug Johnson die Band, die sich daraufhin auflöste. Paul Dean veröffentlichte als Solist das Album »Hardcore«. Scott Smith ertrank Ende 2000.

Lovin' Every Minute Of It (8/85 US 9)
This Could Be The Night (1/86 US 10)
AOR (Adult Orientated Rock), Rock

Siehe auch: Wilson, Ann

Lovich, Lene

LENE LOVICH v (USA, * 30. 3. 1954 als Marlene Premilovich in Detroit/Michigan)

Lene wurde als Tochter einer englischen Mutter und eines jugoslawischen Vaters geboren. Im Alter von 13 kehrte sie mit ihrer Mutter nach GB zurück. 1979 erschien ihre erste Platte: »Lucky Number«. Es blieb der größte Erfolg von Lene, die von der englischen Presse als Horrormieze, als Mischung aus Rapunzel und Rosenrot oder aber auch als erfrischender Nichtroutinier bezeichnet wurde. Zumindest gab sie vielen Mut, es doch auch einmal mit Popmusik zu versuchen und Songs zu schreiben. Ihr erfolgreichstes Album war »Flex« (2/80 GB-LP 19, 3/80 D-LP 39).

Lucky Number (2/79 GB 3)
New Wave, Pop

Lovin' Spoonful

STEVE BOONE v, b (USA, * 23. 9. 1943 in Champ Lejeune/North Carolina), JOE BUTLER v, d (USA, * 16. 9. 1943 in Long Island/New York), JOHN SEBASTIAN v, g, harm, mo (USA, * 17. 3. 1944 in New York City), ZAL YANOVSKY v, g (Kanada, * 19. 12. 1944 in Toronto), JERRY YESTER key (USA)
Lovin' Spoonful wurde von John Sebastian 1965 gegründet. Die Gruppe spielte eine fröhliche Mischung aus Country- und Folk-Music mit einem leichten Flower-Power-Touch. Die Aufnahme »Do You Believe In Magic« war im August 1965 die erste Platte von Lovin' Spoonful, die in den USA notiert. In den Top 40 wurden sie noch notiert mit »Darling Be Home Soon« (2/67 US 15), »Six O'Clock« (4/67 US 18) und »She Is Still A Mystery« (10/67 US 27). Ihre erfolgreichsten Alben waren »Daydream« (4/66 US-LP 10, 5/66 GB-LP 8) und »The Best Of The Lovin' Spoonful« (3/67 US-LP 10). Zal Yanovsky verließ die Formation bereits 1967 und versuchte sich als Solist. Er wurde durch Jerry Yester ersetzt. Nach dem Ende von Lovin' Spoonful 1968 wurde John Sebastian erfolgreicher Songschreiber und Solokünstler. Das erfolgreichste Stück der Gruppe, »Summer In The City«, kam im Sommer des Jahres 1994 in einer Coverversion von Joe Cocker wieder zu Hit-Ehren.

Do You Believe In Magic (8/65 US 9)
You Didn't Have To Be So Nice (11/65 US 10)
Daydream (2/66 US 2; 4/66 GB 2)
Did You Ever Have To Make Up Your Mind? (5/66 US 2)
Summer In The City (7/66 GB 8, US 1; 9/66 D 5)
Rain On The Roof (10/66 US 10)
Nashville Cats (12/66 US 8)
Flower-power, Folk, Rock

Siehe auch: Sebastian, John

Low, Bruce

BRUCE LOW v (Surinam, * 26. 3. 1913 als Ernst Bjelke in Paramaribo, † 4. 3. 1990)
Nachdem er einen Großteil seiner Jugend in Holländisch-Guayana verbracht hatte, kam er zurück in die Niederlande und nahm ein Sportstudium auf. Nach einem Sportunfall 1934 sattelte er auf Musik um. Er studierte eine Zeit lang in Berlin, und wieder in Holland, sang er im Niederländischen Kammerchor. Nach dem Krieg versuchte er sich als Unterhaltungskünstler, vornehmlich mit Hillbilly-Songs und Spirituals. Es folgten erste Radio-Auftritte und Engagements für Galas und bunte Abende in Holland. Bruce Low trat in bester Al-Jolson-Manier, als Schwarzer verkleidet, vor das Publikum. Mit diesem Programm war er 1949 in Wien engagiert und erhielt dort ein Angebot für einen Schallplattenvertrag. Noch in Wien wurden 1949 die ersten Plattenaufnahmen gemacht. Dazu gehörten »Riders In The Sky« in englischer und »Heimweh nach Virginia« in deutscher Sprache. Im November 1950 nahm er »Leise rauscht es am Missouri« auf und hatte damit seinen ersten Erfolg in Deutschland. 1953 hatte er zwei große Hits: »So viel Wind und keine Segel« und »Tabak und Rum«. Ein großer Erfolg 1955 war »Das alte Haus von Rocky Docky«. Ab 1956 – inzwischen gab es die Hitparade – wurde er mit einigen Top-10-Hits notiert. Seine erfolgreichsten Alben waren »Heimat, deine Sterne« (8/62 D-LP 21), »Glocken der Heimat« (9/62 D-LP 24) und »Der Joker« (8/74 D-LP 17).

Wenn die Sonne scheint in Texas (3/56 D 3)

Und es weht der Wind (9/56 D 2)
Noah (9/71 D 5)
Das Kartenspiel (4/74 D 6)
Die Legende von Babylon (8/78 D 6)
Deutscher Schlager

Lowe, Nick

NICK LOWE v, b (Großbritannien, * 24. 3. 1949 in Woodbridge/Suffolk)
Der Bassist, Sänger und Songschreiber gründete zusammen mit dem Gitarristen Brinsley Schwarz 1965 Kippington Lodge, die in den darauffolgenden Jahren fünf Singles veröffentlichten, die alle nicht in die Hitparaden kamen. Im Oktober 1969 entschlossen sich Nick und Brinsley, die Gruppe in Brinsley Schwarz umzubenennen. Es erschienen vier LPs, die ebenfalls keine kommerziellen Knüller wurden. Im März 1975 trennte sich die Gruppe. Nick wurde Produzent von Kursaal Flyers, Dr. Feelgood und Graham Parker. Unter den Pseudonymen Disco Brothers und Tartan Horde veröffentlichte er zwei Singles – ohne Erfolg. Im August 1976 erschien seine erste Solosingle – man ahnt es bereits: ohne Erfolg. In der Folge produzierte er Damned, Elvis Costello, Clover – zu diesem Zeitpunkt war Huey Lewis Mitglied der Gruppe – und Dave Edmunds. 1976 war er Mitbegründer von Stiff Records und gehörte zu den Pionieren des Punk. Im Juli 1977 wurde Nick Mitglied in Edmunds' Gruppe Rockpile. Nebenher versuchte er sich weiter an einer Solokarriere. Ab 1978 gelangen ihm endlich Hits: »I Love The Sound Of Breaking Glass«, »Crackin' Up« (6/79 GB 34) und »Cruel To Be Kind« (7/79 US 12, 8/79 GB 12). Seine erfolgreichsten Soloalben waren »The Jesus Of Cool« (3/78 GB-LP 22) und »Labour Of Lust« (7/79 US-LP 31).
Verheiratet ist Lowe mit Carlene Carter, der Stieftocher von Johnny Cash. Wie Mickey Jupp, den er auch produzierte, Graham Parker, Elvis Costello, Ian Dury oder Dave Edmunds gehört auch Nick Lowe zu den Fans von Chuck Berry, was man etlichen seiner Produktionen deutlich anhört. Lowe nimmt immer noch eigene Platten auf, die jedoch kommerziell nicht erfolgreich sind, sehr schön sind z. B. »I Knew The Bride (When She Used To Rock 'n' Roll)« oder »All Men Are Liars«. Als Produzent ist er nach wie vor anerkannt, und 1992 kam er mit Ry Cooder, Jim Keltner und John Hiatt für das Projekt Little Village zusammen, das eine hervorragende LP veröffentlichte.

I Love The Sound Of Breaking Glass (3/78 GB 7)
Pop, Rock, Rock 'n' Roll

Lownoise, Charly & Mental Theo

CHARLY LOWNOISE v (Niederlande, * 17. 6. 1968 als Ramon Roelofs in Den Haag), MENTAL THEO v (Niederlande, * 14. 2. 1965 als Theo Nabuurs in Hertogenbosch)
Computer der ersten Generation schienen für den musikalischen Background dieses Duos zu sorgen, das mit einfachsten Mitteln in der zweiten Hälfte der 90er Platten produzieren konnte. Um beim Kindergeburtstag die richtige Stimmung in der Hüpfburg zu erzeugen, waren die Hits bestens geeignet. Überhaupt hatten die beiden immer so gute Laune, dass man als normaler Mitteleuropäer reinhauen wollte. Jedenfalls sehnte man sich nach Hot Butter und »Popcorn« zurück – da machten die Computer wenigstens noch eine Melodie. Hin und wieder waren Charly und Theo auch auf eine Stimme angewiesen. So sang zum Beispiel bei ihrem Hit »Party« (2/97 D 25) Ellen Kuiper mit. Nachfolgehit »Just Can't Get Enough« (6/97 D 28) war die Coverversion eines Depeche-Mode-Titels. 2001 trennte sich das Duo und Mental machte

als Solist weiter. Als erste Single erschien »Stars 2002« – geschrieben wurde das Stück jedoch noch von Theo & Charly. Charly gründete das Duo Starsplash.

Wonderful Days (3/95 D 8; 10/01 D 4)
Stars (9/95 D 10)
Rave

Siehe auch: Starsplash

LSG

JOHNNY GILL v (USA, * 22. 5. 1966 in Washington/D.C.), GERALD LEVERT v (USA, * 13. 7. 1966 in Cleveland/Ohio), KEITH SWEAT v (USA, * 22. 7. 1961 in Harlem/New York City)
›Three Stars Shining Together‹ schrieb der Billboard über dieses Trio. Sie verkauften bisher als Solisten, Songschreiber und Produzenten mehr als 25 Millionen Alben und hatten mehr als zwanzig Top-10-Hits. Warum sie sich zusammenschlossen, bleibt wohl ihr kleines Geheimnis – nötig hatten die drei es nicht. »LSG« (11/97 US-LP 4) hieß dann auch das erste Album, das im Herbst 1997 erschien und aus dem die Nummer »My Body« ausgekoppelt wurde. Auf dem Album Gastauftritte von Missy ›Misdemeanor‹ Elliott, MC Lyte, Busta Rhymes und anderen.

My Body (11/97 US 4)
Pop, Rhythm & Blues

Siehe auch: Gill, Johnny; Levert; Sweat, Keith

Lucid

CLARE CANTY v (Großbritannien), ADAM RYAN CARTER key (Großbritannien), MARK HADFIELD key (Großbritannien)
Nach dem Top-10-Hit gelangen dem Trio aus Manchester mit »Crazy« (2/99 GB 14) und »Stay With Me Till Dawn« (10/99 GB 25) zwei weitere Hits – und danach hörte man nichts mehr von ihnen. Laut Plattenfirma haben sich die drei unter recht seltsamen Umständen kennen gelernt: bei einem Fahrradunfall, zu spätem Eintreffen bei einem Gig und einem Fußballspiel. »Stay With Me Till Dawn« war die Coverversion einer Judie-Tzuke-Nummer.

I Can't Help Myself (8/98 GB 7)
Dance

Lucilectric

RALF GOLDKIND g, key (Deutschland, * 13. 8. 1963 als Droge), LUCIE VAN ORG v (Deutschland, * 1. 9. 1971)
Das Duo Lucilectric war der deutschsprachige Überraschungserfolg des Jahres 1994. Dabei war der Erfolg der beiden auch einer Reihe von Zufällen zu verdanken. In der TV-Sendung ›Geld oder Liebe‹ mit Jürgen von der Lippe sagte kurzfristig die Formation Bon Jovi ab, und als Ersatz sprangen Lucilectric ein. Bei ›Verstehen Sie Spaß‹ waren es die Scorpions, die ausfielen und Lucilectric die Möglichkeit gaben, die Lücke zu füllen. So kamen sie zu zwei wichtigen Prime-Time-Sendungen. Luci hatte bereits Anfang der 80er Jahre als Elfjährige in einer Band gespielt. Danach verdiente sie sich ihre Brötchen als Backgroundsängerin für Heinz Rudolf Kunze, Juliane Werding oder Karl Dall. Ralf begann seine Karriere als Posaunist in der Berliner Band Flucht nach vorn. Im Mai 1992 trafen die beiden aufeinander. Sie schrieben gemeinsam einige Stücke, die unter der Aufsicht von Annette Humpe und Andreas Herbig, die schon den Leipziger Prinzen auf die Sprünge geholfen hatten, produziert wurden. Die Singleauskopplung »Mädchen« sprach mit ihrer kessen und selbstbewussten Aussage das Publikum schnell an. Im Frühjahr 1994 erreichte der Titel Platz 2 in den deutschen Charts, weil Mariah Carey mit »Without You« die Spitze blockierte.

Im Herbst 1994 wurden sie mit Preisen überschüttet: RTL-Löwe, Bambi und goldene Schallplatten regneten auf sie nieder. Ihre Plattenfirma veröffentlichte zu den Titeln von Lucilectric: ›Ein bisschen klingt's, als hätten Nena, die Ärzte, Drafi Deutscher und Nina Hagen am Grab von Trude Herr ein Fläschchen aufgemacht.‹ Die Nachfolgesingle »Hey Süßer« (9/94 D 33) brachte noch eine ordentliche Chartnotierung, »Liebe macht dumm« (4/96 D 89) und »Fernsehen« (9/96 D 92) erreichten nur noch die unteren Regionen der Top 100. Jetzt musste ein Richtungswechsel her – mit dem Girlie-Image war keine Platte mehr zu verkaufen und Luci inzwischen einfach dafür zu alt. Schnell wurde aus ihr die ›Femme fatale der Berliner Musikszene‹ (Aussage ihrer Plattenfirma 1997) gezimmert und sie zum ›singenden Aphrodisiakum jenseits der Love Parade‹ gestempelt. Mit »Tiefer« erschien im September 1997 das dritte Album des Duos, das folgendermaßen beschrieben wurde: ›Zwischen zartem Hauchen und hartem Fauchen, mal minimal, mal brachial – angreifbar, verletztlich, unwiderstehlich. Echte Popmusik ohne doppelten Boden‹.

Mädchen (3/94 D 2)
Neue Deutsche Welle, Pop

Luhrmann, Baz

BAZ LUHRMANN v (Australien)
Der zum Zeitpunkt seines Hits 35 Jahre alte Filmemacher Luhrmann – von ihm stammte die Neuverfilmung von »Romeo & Julia« aus dem Jahr 1996 – ließ den Text von dem ebenfalls aus Australien stammenden Lee Perry mit amerikanischem Akzent sprechen. Die Instrumentalsamples stammen von Quindon Tarvers Gospel-Coverversion des Rozalla-Hits »Everybody's Free (To Feel Good)«. Diese Version wurde in der bereits angesprochenen Romeo-und-Julia-Verfilmung verwendet. Der ironische Inhalt des Hits bezieht sich auf einen Artikel der Kolumnistin der Chicago Tribune, Mary Schmich, vom 1. 6. 1997. 2001 brachte Luhrmann den Film »Moulin Rouge« ins Kino. Dafür hatte er einen Soundtrack zusammengestellt, der zum Beispiel von Bono (U2) eine neue Version des Titels »Children Of The Revolution« brachte. Als erste Auskopplung des Soundtracks erschien »Lady Marmalade«, einst ein Hit für LaBelle, jetzt gesungen von Christina Aguilera, Lil' Kim, Mya und Pink, der gleich in die amerikanischen Top 10 kam. Hauptdarstellerin Nicole Kidman sang eine überraschend gute Version des Madonna-Hits »Like A Virgin«. Luhrmann gab an, Kidman würde in Zukunft im gleichen Atemzug mit Marlene Dietrich oder Madonna genannt. Ihr Costar Ewan McGregor sang im Film eine neue Version des Elton-John-Hits »Your Song«. Das Ganze sah Luhrmann als postmodernes Musical, angesiedelt im Paris der Jahrhundertwende und theatralisch überhöht bis zur Künstlichkeit. Alle wichtigen Szenen des Films werden gesungen. Sein erfolgreichstes Album war »Something For Everybody« (3/99 US-LP 24).

Everybody's Free (To Wear Sunscreen) (6/99 GB 1)
Pop

Lulu

LULU v (Großbritannien, * 3. 11. 1948 als Marie McDonald McLaughlin Lawrie in Lennox Castle/Glasgow)
Gerade mal 15 Jahre alt, leitete sie die Gruppe Glen Eagles, die ihren Namen in Luvvers umänderte und als eine der ersten erfolgreichen Gruppen der Beat-Ära gilt. Mit einer Coverversion des Isley-Brothers-Titels »Shout« hatten Lulu & The Luvvers im Frühjahr 1964 ihren ersten Top-10-Hit

– diese Nummer bescherte Lulu 22 Jahre später wieder einen Hit: »Shout – Brand New 1986 Re-Recording«. Dazwischen lag eine lange Latte von sehr unterschiedlichen Hits. 1967 spielte sie neben Sidney Poitier die Rolle eines frechen Cockney-Girls im Film »To Sir With Love« – sie sang auch den Titelsong des Films. 1969 sang sie für GB beim Grand Prix Eurovision und wurde Sieger mit »Boom Bang-A-Bang«. Nach der David-Bowie-Nummer »The Man Who Sold The World« kam eine lange Pause. Zwischendurch war sie von 1969 bis 1973 mit Maurice Gibb von den Bee Gees verheiratet. 1993 erschien mit »Independence« wieder eine hervorragende LP von ihr, von der der Titelsong Anfang des Jahres als Single erschien und Platz 11 in GB erreichte. Sie sang ihn im Duett mit Bobby Womack. Im selben Jahr veröffentlichte Tina Turner die Nummer »I Don't Wanna Fight«, an der Lulu mitgeschrieben hatte. Als Gast der britischen Teenie-Band Take That hatte Lulu Ende 1993 den Hit »Relight My Fire«. Anfang 1995 ging sie mit Take That auf Tournee. Ihre erfolgreichsten Alben waren »To Sir With Love« (11/67 US-LP 24) und »The Most Of Lulu« (9/71 GB-LP 15).

In GB blieb sie über die Jahre hinweg gut im Geschäft, wenn auch nicht in den Hitparaden. Ob sie gut beraten war, sich Anfang Oktober 2000 im Rover Werk in Longbridge auf den letzten Mini zu setzen, der dort vom Band lief, bleibt dahingestellt. Hat was von Auslaufmodell!

Shout (5/64 GB 7; 7/86 GB 8)
Leave A Little Love (6/65 GB 8)
The Boat That I Row (4/67 GB 6)
To Sir With Love (9/67 US 1)
Me The Peaceful Heart (2/68 GB 9)
I'm A Tiger (11/68 GB 9; 1/69 D 4)
Boom Bang-A-Bang (3/69 GB 2; 5/69 D 8)
The Man Who Sold The World (1/74 GB 3)
Relight My Fire (10/93 GB 1)
Grand Prix, Middle Of The Road (MOR), Pop

Lundberg, Victor

VICTOR LUNDBERG v (USA, * 2. 9. 1923 in Grand Rapids/Michigan, † 14. 2. 1990)
Als Victor Lundberg mit dem Millionseller »An Open Letter To My Teenage Son« kam, war er der Besitzer einer Firma, die sich auf Radio- und Fernsehwerbespots spezialisiert hatte, und Nachrichtensprecher bei WMAX in Rapid City. Offensichtlich haben ihn die Hippies mit ihren langen Haaren und alles, was mit der Flower-Power-Generation zu tun hatte, schwer beschäftigt. Im offenen Brief an seinen Sohn setzte es Ratschläge zuhauf, und wohl deshalb wurde diese Platte die schnellstverkaufte gesprochene Aufnahme in der Geschichte der Schallplatte überhaupt. Er versuchte danach, eine ganze LP mit netten Ratschlägen an die Leute zu bringen. Das war ein bisschen zu viel des Guten.

An Open Letter To My Teenage Son (11/67 US 10)
Pop

Luniz

KNUMSKULL rap (USA, in Oakland/Kalifornien), YUKMOUTH rap (USA, in Oakland/Kalifornien)
Das Rap-Duo aus Oakland/Kalifornien betrat Mitte 1995 die Szene. Der Song »I Got 5 On It« sampelte ein bisschen Material von Kool & The Gang und brachte es zu Platinehren. Nachfolgesingle war »Playa Hata« (5/96 GB 20) . Eine Wiederveröffentlichung von »I Got 5 On It« als »Urban Takeover Remix« kam im Oktober 1998 noch einmal auf Platz 28 in GB. Das lag vor allen Dingen auch daran, dass der TV-Sender Channel 5 die Nummer für eine Werbekampagne benutzte. Ihr erfolgreichstes Album hieß »Operation Stackola« (7/95 US-LP 20).

I Got 5 On It (6/95 US 8; 10/95 D 2; 2/96 GB 3)
HipHop, Rap

Luv

JOSÉ ANDREOLI v (Niederlande, als Wijdeven), PATTY BRARD v (Neuguinea, * 25. 3. 1955), MARGA SCHEIDE v (Niederlande), RIA THIELSCH v (Niederlande)

Das Mädchentrio kam 1977 zusammen und trat zunächst in einer heimischen TV-Serie auf. Ab 1977 konnten sie in ihrer Heimat auch erste Hits verzeichnen. Für »You're The Greatest Lover« gab es in Deutschland eine goldene Schallplatte. 1980 wurde Patty durch Ria Thielsch ersetzt, und nach 1980 wurden sie nicht mehr in den Charts notiert. Im September 1981 schrieb die Plattenfirma: ›Nun ist es also endgültig wahr. Luv, die für zwei bis drei Jahre Hit auf Hit in die Charts lieferten, dem deutschen Fernsehpublikum bestens vertraut waren, haben sich aufgelöst.‹ Man veröffentlichte noch schnell eine LP, die »Goodbye Luv« hieß, und damit war die Sache erledigt. Erstaunlich, dass auf vier Langspielplatten der Formation kein einziges Mal der Name der drei Mädchen genannt wird. Schaut man sich die Bilder auf den Hüllen genauer an, stellt man fest, dass dahinter Methode stand. Lediglich die blonde Sängerin, die mit Vornamen Marga heißt, blieb konstant bei der Formation. Wer neben ihr hüpfte, war völlig egal. 1990 kam eine neue Platte von Luv, auf der einige der größten Hits in einem Medley zu hören waren. Dazu schrieb die Plattenfirma: ›Neben dem Original-Mitglied Marga gibt es zwei neue Mitglieder: Diana und Michelle.‹ Wieder nur Vornamen, damit man sie möglichst schnell wieder austauschen kann. Ein Erfolg wurde es nicht. 1993 kam ein »Luv Dance Medley«. Wer weiß, wer darauf sang. Wen interessiert's?

You're The Greatest Lover (10/78 D 1)
Trojan Horse (12/78 D 3)
Casanova (5/79 D 6)
Disko

L-Vis

siehe Ghetto People

Lynch, Kenny

KENNY LYNCH v (Großbritannien, * 18. 3. 1939 in Stepney/London)

Seine musikalischen Erfolge begannen mit Coverversionen von US-Hits für den britischen Markt. Die erste Hitnotierung hatte Kenny Mitte 1960 mit »Mountain Of Love« (7/60 GB 33). »Up On The Roof« war im Original ein Hit der Drifters, »You Can Never Stop Me Loving You« war in den USA erfolgreich mit Johnny Tillotson und in Deutschland als »Das kannst du mir nicht verbieten« mit Bernd Spier ein Spitzenreiter. Nach 1965 wurde Kenny für längere Zeit nicht mehr verzeichnet. Im August 1983 hatte er noch einmal einen Platz 50 in GB mit »Half The Day's Gone And We Haven't Earned A Penny«. Aber auch wenn er nicht in den Hitparaden auftauchte, hat er noch einige Pennies verdient. Sein Bühnendebüt gab er bereits im Alter von zwölf Jahren zusammen mit seiner Schwester. Einige Jahre später sammelte er erste musikalische Erfahrungen in einer Band. Seit Mitte der 60er Jahre gehört er zu den bekanntesten und meistbeschäftigten schwarzen britischen Entertainern im Fernsehen. Außerdem wirkte er in einigen Filmen mit und war als Songschreiber an dem Nummer-1-Hit der Small Faces, »Sha La La La Lee«, beteiligt, der bei Kenny Lynch Music Ltd. verlegt wurde. Er erhielt den OBE, zog nach Henley-on-Thames/Oxfordshire und wurde Nachbar von George Harrison. 1996 veröffentlichte er das Jazz-Album »After Dark« und machte mit ehemaligen Mitgliedern von Bad Company die Gruppe Stash.

Up On The Roof (12/62 GB 10)
You Can Never Stop Me Loving You (6/63 GB 10)
Pop

Lynn, Barbara

BARBARA LYNN v, g (USA, * 16. 1. 1942 als Barbara Lynn Ozen in Beaumont/Texas)

Entdeckt wurde die Sängerin, Gitarristin und Songschreiberin in einem Club in Texas. Mit der selbst verfassten Nummer »You'll Lose A Good Thing« hatte sie 1962 einen Spitzenreiter in den Rhythm-&-Blues-Charts. Bis 1968 gelangen Barbara Lynn noch acht weitere Hitnotierungen in den US-Charts, von denen aber keine über einen Platz 60 hinauskam. Ihren Titel »Oh! Baby (We Got A Good Thing Goin')« nahmen die Rolling Stones für ihre LP »Rolling Stones, Now« auf.

You'll Lose A Good Thing (6/62 US 8)
Pop, Rhythm & Blues

Lynn, Tami

TAMI LYNN v (USA, in New Orleans)

Tami nahm 1965 den von Bert Berns geschriebenen Titel »I'm Gonna Run Away From You« auf. Erstmals wurde die Nummer 1966 veröffentlicht, ohne in irgendeiner Hitparade registriert zu werden. Vier Jahre später wurde die Platte in GB veröffentlicht. Wiederum vier Jahre später kam sie noch einmal in GB auf den Markt und erkletterte Platz 36. Tami Lynn hatte 1962 ihre ersten Platten aufgenommen, die zumindest in New Orleans erfolgreich waren. Ansonsten betätigte sie sich mehr als Backgroundsängerin, z. B. bei Plattenaufnahmen von Dr. John. 1972 sang sie mit den Rolling Stones auf deren Platte »Exile On Main Street«.

I'm Gonna Run Away From You (5/71 GB 4)
Pop, Rhythm & Blues

Lynyrd Skynyrd

BOB BURNS d (USA, in Jacksonville/Florida), CAROL CHASE v (USA), ALLEN COLLINS g (USA, * 19. 7. 1952 in Jacksonville/Florida, † 23. 1. 1990), KURT CUSTER d (USA), MIKE ESTES d (USA), STEVE GAINES g (USA, * 14. 9. 1949 in Seneca/Montana, † 20. 10. 1977), OWEN HALE d (USA), RANDALL HALL g (USA), ED KING g (USA, * 4. 9. 1949), DALE KRANTZ-ROSSINGTON v (USA), RICKEY MEDLOCKE v, g (USA, * 17. 2. 1950 in Jacksonville/Florida), BILLY POWELL key (USA, * 3. 6. 1952 in Jacksonville/Florida), ARTIMUS PYLE d (USA, * 15. 7. 1948 in Spartansburg/South Carolina), GARY ROSSINGTON g (USA, * 4. 12. 1951 in Jacksonville/Florida), HUGHIE THOMASSON v, g (USA), RONNIE VAN ZANT v (USA, * 15. 1. 1948 in Jacksonville/Florida, † 20. 10. 1977), JOHNNY VAN ZANT v (USA), LEON WILKESON b (USA, * 2. 4. 1952 in Jacksonville/Florida, † 27. 7. 2001)

Lynyrd Skynyrd formierten sich schon 1965 während der Schulzeit der meisten Mitglieder dieser Gruppe in Jacksonville, Florida. Der Gruppenname ist die Verballhornung des Namens Leonard Skinner, der damals ihr Sportlehrer war. Mit ihrem ersten hatte die Gruppe auch gleich ihren größten Hit: »Sweet Home Alabama«. Der Song war eine Antwort auf Neil Youngs Titel »Southern Man« und »Alabama«, in denen er den Süden und die Südstaatler stark kritisierte. Lynyrd Skynyrd sangen nun ihrerseits, dass man Neil Young in den Südstaaten nicht bräuchte. Al Kooper war es, der diese Gruppe entdeckt hatte und sie produzierte. Die Gruppe war gerade auf dem Weg, eine der erfolgreichsten Southern-Rock-Gruppen zu werden, doch dann stürzten Ronnie van Zant, Steve Gaines, dessen Schwester Cassie und der Manager der Gruppe am 20. 10. 1977 mit einem Privatflugzeug ab. Alle kamen ums Leben. 1979 kamen Collins und die ehemaligen Skynyrd-Mitglieder Rossington, Powell und Wilkeson zur Rossington-Collins Band zusammen, die sich jedoch 1982 schon wieder auflöste. Allen Collins gründete seine eigene Band. Nach einem Autounfall 1986, bei dem seine Freundin ums Leben kam, war Allen querschnittgelähmt – er war betrunken gefahren. 1987 gingen Lynyrd Skynyrd in der Besetzung Rossington, Powell, Pyle, Wilkeson, King, Hall und Johnny van Zant auf eine Reunion-Tour. Bei einem Konzert kam Collins in seinem Rollstuhl auf die Bühne und erzählte von seinen Erfahrungen. Ein Video dieses Auftritts wurde bei allen folgenden Konzerten der Tour gezeigt. Am 23. 1. 1990 starb er an einer Lungenentzündung. 1991 erschien die LP »1991« in der Besetzung Rossington, King, Hall, Wilkeson, Powell, Pyle, Custer und Johnny van Zant. 1993 wurde die CD »The Last Rebel« veröffentlicht, 1994 »Endangered Species«. Pyle hatte die Band 1993 verlassen und war durch Estes ersetzt worden. Custer ging 1994, und für ihn kam Hale. In der Besetzung Rossington, Wilkeson, Powell, Johnny Van Zant, Hale, Dale Krantz-Rossington, Carol Chase, Rickey Medlocke (ex-Blackfoot) und Hughie Thomasson (ex-Outlaws) erschien im Frühjahr 1997 das Album »Twenty«. Darauf auch ein Duett der Brüder Ronnie und Johnny Van Zant. Die Stimme von Ronnie war während eines Konzertes am 9. 7. 1976 in Atlanta aufgezeichnet worden. Johnny machte auch Plattenaufnahmen mit einem weiteren Van Zant-Bruder, mit Donnie, dem Chef der Formation 38 Special: »Brother To Brother« und »Van Zant II«. Die erfolgreichsten Alben der Band waren »Lynyrd Skynyrd (pronounced leh-nerd skin-nerd)« (9/73 US-LP 27), »Second Helping« (5/74 US-LP 12), »Nuthin' Fancy« (4/75 US-LP 9), »One More For The Road« (10/76 US-LP 9, 11/76 GB-LP 17), »Street Survivors« (11/77 US-LP 5, GB-LP 13), »Skynyrd's First... And Last« (9/78 US-LP 15), »Gold & Platinum« (12/79 US-LP 12) und »Skynyrd's Innyrds/Their Greatest Hits« (7/91 US-LP 11).

Sweet Home Alabama (7/74 US 8)

AOR (Adult Orientated Rock), Rock, West Coast

Siehe auch: 38 Special; Strawberry Alarm Clock

Notizen

Notizen

Notizen

Notizen

Notizen

Notizen

Notizen

Notizen

Notizen

Notizen

Notizen

Notizen